李文海文集

卷一

（上）

《李文海文集》编委会　编

中国人民大学出版社
·北京·

《李文海文集》

编委会

1995 年在中国人民大学资料楼（今人文楼）前

与齐赫文斯基（右二）、戴逸（右三）等

李文海（1932—2013），江苏无锡人，中国人民大学原党委书记、校长，一级教授。1952 年进入中国人民大学历史研究班学习，1955 年毕业后留校。1973 年任中共北京市委宣传部副部长。1983 年起，历任中国人民大学历史系主任、清史研究所所长。1985 年任中国人民大学副校长，1987 年任党委书记兼副校长，1994 年至 2000 年任校长。

李文海是中共十四大、十五大代表，第十四届中央纪律检查委员会委员，第九届全国人大代表，曾任中国史学会会长、国务院学位委员会历史学学科评议组组长、中央马克思主义理论研究和建设工程首席专家、国家社科基金历史学学科评议组组长、教育部历史学教学指导委员会主任、中国中共党史学会副会长、中华人民共和国国史学会副会长、中国高等教育学会副会长等职。

李文海在中国高等教育第一线工作几十年，长期担任中国人民大学主要领导，对中国人民大学和全国高等教育的发展做出了重要的贡献。他坚持从事并领导中国近现代史的教学科研工作和全国历史学规划发展事业，为改革开放后中国历史学学科建设与发展做出了卓越贡献。他大力呼吁要充分认识人文社会科学在高等教育中的地位和作用，必须对文科建设给予高度重视。他是近代中国社会史研究的重要探索者，是中国近代灾荒史研究的开拓者，是国家清史纂修工程的主要倡导者和推动者，并以自己卓越的研究成果和治学方法，赢得了崇高声望，留下了宝贵的学术遗产。

出版说明

一、本文集收录李文海1955年至2013年的各类著述，包括专著（含合著）、论文集及文章。

二、本文集共六卷，其中卷一、卷二收录专著及论文集共8部，卷三至卷六收录1955年至2013年撰写的、未曾编入论文集的各类文章。收入文集的论著，以当时出版和发表的时间为序。

三、编入本文集的论著，因当时出版和发表时间相隔久远，文字繁简并存，编辑体例不一，此次出版，按通用规范进行了处理，统一了注释体例，校正了其中的错漏和衍字，但对反映当时状况（如古今地名对照等）而不便改动的内容，则保留原貌。

四、编入本文集的论著，系李文海与他人合作完成的，以及以笔名发表的，一并予以注明。

《李文海文集》编委会

目　　录

伟大的革命先行者孙中山

太平天国社会风情

灾荒与饥馑：1840—1919

伟大的革命先行者孙中山

北京，书目文献出版社，1985。

孙中山是我国近代历史上杰出的爱国主义者与民主主义者，是一位伟大的革命先行者。按照毛泽东同志的科学说法，中国反帝反封建的资产阶级民主革命，正规地说起来，是从他开始的。① 在中华民族争取独立、民主和富强的艰难而又壮丽的事业中，孙中山建立了不可磨灭的丰功伟绩。

孙中山的一生是战斗的、革命的一生。在他光辉的生命历程里，经历了一次次的困顿挫折，进行了不屈不挠的英勇斗争。为了叙述的方便，我们可以把孙中山的生平大体分为以下四个阶段：

第一阶段：1866—1895 年（自出生至 29 岁）。这是孙中山从一个关心祖国命运、热切希冀国家富强的青少年逐步成长为一个革命者的过程。

第二阶段：1895—1911 年（自 29 岁至 45 岁）。在这个时期，孙中山作为中国革命民主派的一面旗帜，领导了伟大的辛亥革命，推翻了腐朽、反动的清朝政权，结束了延续两千多年的封建君主专制制度。

第三阶段：1911—1922 年（自 45 岁至 56 岁）。孙中山为保卫共和制度，与形形色色的军阀势力进行持续不断的斗争，并在屡遭失败的情况下继续寻求救国之路。

第四阶段：1922—1925 年（自 56 岁至 59 岁），在中国共产党和国际无产阶级的帮助下，孙中山把旧三民主义发展为新三民主义，成为社会主义力量的真诚的朋友。

下面，我们就按照这个线索简要地介绍孙中山的生平事业。

---

① 参见《毛泽东选集》，1 版，第 2 卷，527 页。

第一阶段：1866—1895年

一、贫苦的童年

孙中山于清同治五年十月初六（1866年11月12日）凌晨，出生在广东省香山县翠亨村的一个农民家里。

孙中山诞生的时代，对于中国人民来说，是一个交织着深重的民族苦难和阶级苦难的时代，是一个充满着剧烈的矛盾和斗争的时代。从孙中山诞生前二十六年发生的鸦片战争开始，外国资本主义通过军事的屠杀、政治的控制和经济的掠夺，一步一步地把中国社会拖向了半殖民地的深渊。几千年来束缚着中国人民特别是农民的全部封建宗法制度，此时由于它的政治代表清朝政府逐渐沦为外国侵略者统治中国的支柱，而变得更加凶恶、残暴，更加令人难以忍受。为了反抗民族压迫和阶级压迫，中国人民进行了英勇的斗争。1840年和1856年，爆发了以反对外国侵略为主要内容的两次鸦片战争；1851年，爆发了以反对本国封建统治为主要内容的太平天国农民运动。但是，这些斗争都在中外反动势力的镇压下失败了。坚持斗争十余年的太平天国，它的首都天京的陷落，正好发生在孙中山出生前两年。

童年时代僻处山村的孙中山，并不能一下子就真正理解外国侵略者和本国封建统治者带给中国人民的灾难。孙中山对于社会的最初认识，首先还是从他的切身生活开始的。

孙中山的家庭是一个贫苦佃农的家庭。父亲孙达成曾做过鞋匠，后来租了两亩土地，一面耕种，一面兼作更夫，勉强维持生活。所以，当孙中山刚刚学会走路之后不久，就常常随着他的姊姊上山砍柴以及担任其他的田间劳动。关于孙中山的童年生活，宋庆龄同志曾有过这样的描写："孙中山是从民间来的。他对我讲过许多早年的事情。他生于农民的家庭。他的父亲种田。他县里的人民都是农民。孙中山很穷，到十五岁才有鞋子穿。他住在多山的地区，在那里，小孩子赤足行路是件很苦的事。在他和他的兄弟没有成人以前，他的家住在一间茅屋里，几几乎仅仅不致挨饿。他幼年吃的是最贱的食物，他没有米饭吃，因为米太贵了。他的主要食物是白薯。"①

孙中山十岁的时候，才开始进入私塾读书，接受一些初级的封建传统文化的教育。但是在"读书之余"，却仍然要"耕于垄亩"，过着半耕半读的生活。

有这样一个传说：在孙中山就读村塾期间，有个曾参加过太平天国的老兵，时常把太平天国的革命故事讲给孙中山听。孙中山听了这些故事之后，对洪秀全深为钦慕，自许为"洪秀全第二"。这虽然只是一个传说，但孙中山的家乡离洪秀全的家乡本来不远，太平军革命的风雷又刚刚过去，英雄的农民革命斗争业绩成为孙中山生活教科书的第一章，这却是完全合乎逻辑的。

这样的半耕半读一直到十二岁，孙中山的生活却起了一个颇大的变化，这就是他的檀香山之行。

原来当孙中山五岁的时候，他的大哥孙眉因家庭生活困难，便跑到檀香山去谋生，几年之内，经营畜牧业发了家。因此，1878 年 5 月，孙中山便随着他母亲前往檀香山，住在他哥哥那里。从此，孙中山便结束了那种贫苦农民的生活，而转到了一个资产阶级家庭的环境里；同时，他也结束了受封建传统文化教育的学习生涯，转而去接受西方国家为殖民地人民所办的教育。

1879 年秋，孙中山就读于英国教会所办的意奥兰尼学校（男子中学），在那里读了三年，以优良成绩毕业。1882 年秋，入美国教会所办的奥阿厚书院（高级中学），读书一年。

在这四年中间，孙中山初步接受了与封建思想相对立的近代科

① 宋庆龄：《为新中国奋斗》，5 页。

学思想，这使他感觉到西方资本主义的教育制度、教育方法和教育内容，要比中国的那一套封建的东西好得多。据他自己说，正是从这儿产生了改良祖国的愿望。1912 年他在岭南学堂演讲时回忆说：

> 忆吾幼年，从学村塾，仅识之无。不数年得至檀香山，就傅西校，见其教法之善，远胜吾乡。故每课暇，辄与同国同学诸人，相谈衷曲，而改良祖国、拯救同群之愿，于是乎生。①

在檀香山，除了西方的资产阶级教育以外，孙中山还看到了更多的东西：巨大而神奇的机器，在海上迅速飞驶的轮船，整洁的街道，便利可靠的邮政，等等。这一切西方的物质文明，都使初离家园的这位少年感到古旧中国的落后。孙中山很快就对“西方文明”发生了好感。作为钦慕“西方文明”的一个内容，他甚至对基督教产生了信仰。

但是他的大哥却怕他“沾染西化过深”，觉得还是让他回国为好。于是，1883 年 7 月，十七岁的孙中山重又返回了他曾经在那度过他可贵的童年时代的小小的山村。

二、医人和医国

孙中山在家乡住了半年多。由于他在村子里破除迷信，毁坏了村庙北极殿中的偶像，为当地豪绅所不容，被迫再一次离家，前往香港。1883 年 11 月，入英国教会所办的拔萃书室读书，不久退学。次年 4 月，转入域多利书院（后改名皇仁书院）学习。

正在这时，中法战争发生了。1884—1885 年的中法战争，是一次因法国侵略越南和中国南部边境而引起的战争。中越两国人民对法国侵略者进行了英勇的抵抗。虽然在清朝统治者的失败主义方针指导下，清政府苦心经营多年的“南洋水师”只是在一瞬间就在马尾海战中被法国军舰所歼灭，但在陆地上，在越南北部的谅山，中

① 《孙中山全集》，第 2 卷，359 页。

越军民却取得了痛歼法军的巨大胜利。可是，正当谅山大捷的同时，一意求和的清政府却在天津和敌人签订了屈辱的条约，又一次出卖了中国的大量主权。

祖国的任人宰割的命运使得孙中山担忧，清朝政府腐朽卑劣的行径使得孙中山愤慨，劳动群众万众一心的斗志使孙中山受到鼓舞!① 原先，他只是感到中国一切都是落后的，他热诚地希望祖国好起来；现在，他开始了解到，要国家好起来，首先必须对陈旧腐败的封建政治和文化进行改革。孙中山开始有了一定程度的政治觉悟，他对现存统治秩序产生了怀疑和动摇。

于是，孙中山日夜思索如何献身于改革祖国的事业。经过认真的考虑，他决定首先去当一名医生。孙中山做出这个决定，是完全符合他将近二十年的生活经历和当时的思想状况的。一则，基于他自童年时代就萌发了的对苦难人民的深切同情，他认为一个医生可以最直接地拯救人们的切身痛苦（他说“医术亦救人之术也”）；二则，他认为，西方科学的输入正是改造古旧中国事业的一个重要部分，而当时中国的医学界，还丝毫没有接触到西方的医学科学（他说：“中国人不懂得西医，更可以说中国没有西医，我学医不是谋个人的利益，而是志在救世”）；再则，他认为医生这个职业，比较自由，与社会各个阶层有广泛的接触，便于他寻求和结交热心改造祖国的同志（他说：他之学医是“以学堂为鼓吹之地，借医学为入世之媒”）。

1886 年春末，他进入广州博济医院附设之南华医学堂习医。次年 10 月，又转学香港西医书院，在那里，他整整苦读了五年。

孙中山学习很努力，几乎每一门课程都名列前茅。

但是，他并没有把自己的全部精力局限在课堂上和实验室里。他始终关注着更为广阔的天地。他如饥似渴地吸收着他所接触到的古今中外的一切知识：案头放着卷帙浩繁的二十四史，墙上挂着篇

---

① 孙中山曾在香港目睹了中国工人为支援中法战争而掀起的一次规模巨大的爱国斗争。他们拒绝为在战争中被打伤的法国兵舰修理，拒绝为法轮搬运货物，并且放火焚毁停泊香港的法国炮艇。当这些正义行动遭到香港英国当局的干涉和镇压时，香港的中国工人进行了罢工斗争，这次罢工持续了十余天，终于取得了胜利。据记载，这一切曾大大激发了孙中山发愤御侮的勇气。

幅巨大的中国地图，在深夜里，他孜孜不倦地阅读着法国革命史和达尔文的《物种起源》……

除了读书之外，他还常常在同学中间纵论国事。他热心地宣说着祖国的危状，清朝政权的腐化无能，并且公然表同情于太平天国运动。但是，听的人却大多表现得十分冷淡，有的甚至侧目而视，“惊而却走”。只有郑士良等极少数人跟他志同道合。此外，他还结识了陈少白、尤列、杨鹤龄等人。由于他们常在一起谈论一些惊世骇俗之言，所以被人们称作“四大寇”。

1892 年 7 月，孙中山以第一名的优异成绩在西医书院毕业。毕业之后，便到澳门去正式行医。他的医务发展得很顺利，以致遭到了澳门葡籍医师的忌妒和排挤。1893 年春，孙中山不得已只好迁到广州营业。

一年多的医生生涯增加了他不少社会阅历，使得他改革社会的心思更加迫切起来。而这时，国家的前途也更显危殆，特别是日本企图侵略朝鲜和中国的阴谋已十分露骨，中日矛盾已经异常尖锐。在这种情势下，孙中山开始感觉到“医术救人，所济有限”，“若夫最大权力者，无如政治。政治之势力，可为大善，亦能为大恶。吾国人民之艰苦，皆不良之政治为之”①。他既然认识到“不良政治”带给人们的苦难比之疾病带给人们的更普遍、更深重，因此，他就再也不能满足于仅仅做人体的医生，而决心要去做国家的“医生”了。他相信，“医人”是重要的，但最好的医人办法是首先去“医国”。

1894 年初，孙中山果然抛弃了他的医务，开始了他“改革中国恶劣政治”的实际努力。

三、上书李鸿章

这时，孙中山所能提出来的改革中国的方案，仍然只是在当时

---

① 《孙中山全集》，第 2 卷，359 页。

的“维新志士”中间所通行的那个公式：“要救国，只有维新，要维新，只有学外国。”① 这种维新思想的具体内容，主要是要求国家独立，要求保护和发展工商业，要求清政府做某些民主改革。中法战争后，这种维新思想正因资本主义的开始成长和民族危机的日益深重而逐渐发展成为一种社会思潮，并且还有进一步发展为政治运动的趋势。

1894年以前，孙中山虽然与维新派的首领康有为还没有发生过直接的接触②，但他与一些重要的维新人士却有着密切的往还。著名的早期改良派何启是孙中山学医时就读的西医书院的创办人，另一个著名的改良派郑观应和孙中山出生在同一个县份。他们都曾给孙中山以很大的影响。郑观应甚至曾把孙中山在报上发表的两篇文章收在自己的政论名著《盛世危言》里。这些改良派人士，为了宣传自己的政治主张，不断地向封建朝廷和一些有实力的封疆大吏上书进言，“倡行新政”。孙中山后来回忆说，对于这种活动，“予当时深表同情”。

因此，孙中山的第一个政治活动，正是向当时的北洋大臣李鸿章上了一封万言书，这也就完全不足为怪了。

1894年春，孙中山自广州到达上海。在上海，他访问了郑观应，并通过郑的介绍，会见了另一个著名的改良派人士王韬。郑、王同孙中山一起对上李鸿章的书稿做了修改加工。同年6月，孙中山北上天津，将万言书设法呈递给了李鸿章。

李鸿章是洋务派的首领，当时在清朝政府里掌握着很大的权力。由于洋务派标榜“求强”“求富”的口号，竭力模仿西方资本主义国家在武器制造、生产技术和某些自然科学方面的成果，因此，“洋务”的招牌曾在一个时期里迷惑了一些人。但是，尽管“洋务”措施一个接着一个付诸实施，国家却不仅没有真正富强起来的迹象，反而一天天更深地陷入了半殖民地的泥坑。因此，到中法战争后，

① 毛泽东：《论人民民主专政》。

② 有记载说，孙中山在广州行医时，曾托友人转达康有为，“欲与结交”，后卒以康有为“妄自尊大”而未谋面。（参见《戊戌前孙康二派之关系》，见《革命逸史》初集）

对洋务活动不满的呼声渐渐地多了起来。

孙中山在《上李鸿章书》里，也对洋务活动进行了批评。他写道：

> 窃尝深维欧洲富强之本，不尽在于船坚炮利、垒固兵强。……我国家欲恢扩宏图，勤求远略，仿行西法以筹自强，而……徒惟坚船利炮之是务，是舍本而图末也。①

那么，孙中山认为什么才是“本”呢？他在那封万言书里说：“富强之大经，治国之大本”，“在于人能尽其才，地能尽其利，物能尽其用，货能畅其流”。所谓“人能尽其才”，主要是模仿资本主义的教育制度，创办新式学校，精心培养和合理使用人才；“地能尽其利”，主要是设农官，讲农学，采用新式农具，发展农业生产；“物能尽其用”，主要是奖励发明创造，推广机器生产，节省物力，开发矿藏；“货能畅其流”，主要是整顿关卡税收，保护商业，建设近代交通运输事业。孙中山希望李鸿章能采纳这些建议，并且说，如果这些建议能够付诸实施，那么，国家的富强是指日可待的。

可以看出，孙中山的这个革新祖国的纲领，和当时的其他“维新志士”的主张并没有什么本质的不同，也还是一个不触动封建统治而企求发展资本主义、挽救国家免于危亡的纲领。也可以看出，孙中山的纲领虽然没有超越改良思想的范围，但却强烈地表达了他对于祖国的繁荣富强的期望和憧憬。

孙中山一面不满于洋务派的“舍本而图末”，并对之提出了批评；而另一方面，却仍然对洋务派首领李鸿章存在着幻想，希冀封建买办势力的政治代表能帮助他实现自己的政治理想。“与虎谋皮”，孙中山的失望是注定了的。果然，李鸿章极为冷淡地对待了孙中山的万言书。那时，甲午战争即将爆发，中日两国均已出兵朝鲜，李鸿章正在芦台督师，当他看到孙中山的万言书时，只是随便地说了一句：“打仗完了以后再说吧！”孙中山“听了这句话，知道没有办

---

① 《孙中山全集》，第1卷，8页。

法，闷闷不乐的回到上海……所有的希望完全成为泡影”①。

孙中山在上书失败后感到了深深的失望，但是，在我们今天看来，倒不如说这是件绝大的好事。孙中山在封建统治者面前的碰壁，使他开始转回头来，去寻求一条新的斗争道路。

四、迈开革命的第一步

上书失败以后，目光敏锐的孙中山开始感觉到，指望依靠封建统治者来革新祖国，只不过是梦幻泡影。这一认识，由于中日甲午战争的发生，而更加明确起来。

1894 年 8 月 1 日，中日两国同时宣战，甲午战争正式爆发。甲午战争是得到英美帝国主义支持的日本蓄谋已久而发动的一次侵华战争。这次战争，显然于国家、民族的命运关系十分重大。战端既开，清军在封建统治集团的失败主义的指挥下，海陆两路均遭败北。因此，人心激愤，举国震动。但丧心病狂的清朝统治者仍在歌舞升平，大修颐和园，穷奢极欲地庆祝慈禧太后的六十寿辰。孙中山目睹这一切，痛切地感受着“庸奴误国，荼毒苍生”的悲愤，在“怃然长叹”之余，终于明白了“和平之法，无可复施”，“知和平之手段不得不稍易以强迫”②。至此，孙中山已经最后下定了推翻清朝政权的决心。带着这种决心，孙中山于 1894 年 10 月再赴檀香山，以便“向旧日亲友集资回国，实行反清复汉之义举”③。

经过了一个多月的筹备，孙中山在檀香山组织了第一个资产阶级革命团体——兴中会。最初，入会的只有二十余人，以后陆续增加到一百三十人左右。在这些人中间，除了有一小部分是工人、小职员和小商人等之外，大概有一半以上是华侨资产阶级。孙中山最早的革命活动，首先从华侨资产阶级中间开始，这并不是偶然的。

---

① 陈少白：《兴中会革命史要》。

② 《孙中山全集》，第 1 卷，52 页。

③ 《革命逸史》，第 4 集，3 页。

华侨资产阶级有很多人是小商人出身，甚至有的是工人出身，同国内封建统治阶级联系较少。同时因为他们接触了西方资本主义文化，又受到帝国主义者的歧视，对清朝政府的腐败无能早有不满，容易产生革命情绪。

在《兴中会章程》里，孙中山大声疾呼地指出：祖国正处在危急存亡之秋，列强正张牙舞爪、虎视眈眈地企图对中国“瓜分豆剖”“蚕食鲸吞”；而清朝政府却“因循苟且，粉饰虚张”，以致“辱国丧师”！这是一个充满了爱国主义激情的文件，正是这个文件，在我国历史上第一次发出了“振兴中华”的响亮呼喊。

在《兴中会盟书》中，孙中山还提出了“驱除鞑虏，恢复中国，创立合众政府”的政治口号。这里的“合众政府”虽然没有说明究竟是什么样的政府，因此这个口号仍嫌不够明确，然而这却是第一次正式表明了以建立一个新的政府来代替旧的清朝政府的斗争目标，它是资产阶级民主革命的最原始的纲领。

1895 年 1 月，孙中山在檀香山筹集了一笔小小的款项，匆匆赶回香港。因为这时清朝政府在甲午之战中败局已定，旅顺陷落，京津告危，孙中山认为这是推翻清朝政府的大好时机，所以想利用这个机会在广州发动武装起义。

孙中山到香港后，即召集了自己的旧友陈少白、郑士良、陆皓东等，并且通过尤列的介绍，与辅仁文社的杨衢云、谢缵泰等相联合，共同组成了香港兴中会总会。杨衢云、谢缵泰都是华侨知识分子，他们的辅仁文社成立于 1892 年，在三合会中颇有号召力量。因此，兴中会从它成立时起就同会党有着密切的联系。

接着，孙中山立即着手广州起义的具体筹备工作。他们罗致人力，购置武器，策划军事，起草文书。先设“乾亨行”于香港，后创办“农学会”于广州，作为掩护起义准备工作的公开机关。经过了半年多的准备，孙中山认为大致已经就绪，便决定在 10 月 26 日（阴历重九日）正式发难。

这一次起义的主力，是几千名散处在香港、香山、顺德、北江、惠州直至潮州一带的会党群众，另外，还联络了广州城内一部分清朝的防营和水师兵勇。具体的行动计划是：重九日晨，聚集在香港的三千会党群众设法混入广州，会合原先潜伏在市内的队伍，分路四出，分头进攻清政府各重要衙署。事先并决定，广州军务由孙中山亲自指挥，杨衢云在香港负责一切后勤事务。

重九日，黎明还没有降临大地，散处在广州各地的起义队伍的负责人就纷纷到总指挥部领取命令口号，准备行动。但是，香港的队伍却一直杳无踪影。一直等到八点钟，孙中山才接到杨衢云的急电，说香港的队伍因布置尚未完备，需二日后才能到达广州。这个临时变故完全打乱了原来的计划，孙中山只得宣布暂时延期举事。但是事机不密，为清政府驻港密探所侦悉，兴中会内部也有叛徒向官府告密。两广总督得知消息后，立即逮捕了陆皓东等共七十余人。结果，起义还没有发动，就惨遭镇压，陆皓东等英勇牺牲。

广州起义是孙中山所发动的第一次武装起义。孙中山在甲午战争前后，经历了一个巨大转变，这个转变，意义是十分重大的。因为，他从一般的要求政治改革发展到举行武装起义，这说明他在思想上已敢于藐视那暂时在表面上还十分强大的封建统治者，并且敢于动员起暂时还显得弱小的革命力量来进行武装斗争，正是在这个意义上，表明了孙中山已开始走上了革命家的道路。这是孙中山一生适应历史发展的第一步重要阶梯。

但是，这个时候的孙中山却不能不悄悄地逃离祖国，因为广州起义失败后，清政府侦骑四出，到处在悬赏捉拿他。1895 年 10 月 29 日，孙中山由澳门潜赴香港。11 月，又东渡日本，开始了他一生中的第一次政治流亡。

这时，孙中山正好走过了人生旅途的一半路程，年满二十九岁。

第二阶段：1895—1911 年

一、传播革命种子

1895 年 11 月 17 日，孙中山到了日本横滨。在这里，他组织了兴中会横滨分会，参加者有华侨二十余人。年底，孙中山离开日本，重赴檀香山。檀香山本是兴中会始创之地，但这时却有不少会员因为失败而灰心，会务也基本陷于停顿。孙中山虽然竭力加以整顿，重新发展了一批会员，并且成立了“练兵会”，作为训练武装干部的组织，但“卒以风气未开，进行迟滞”①。

孙中山见在檀香山一时难有发展，便于 1896 年初夏，起程前往美洲。

他首先在太平洋东岸的旧金山登陆，然后横穿美洲大陆，一直到大西洋西岸的纽约。沿途每到一地，总要留住十天半月，向当地华侨痛陈国危民困的惨状，宣传革命救国的道理。但是，孙中山发现，“美洲华侨之风气蔽塞，较檀岛为尤甚”。他后来描述当时的情况说：“然而劝者谆谆，听者终归藐藐，其欢迎革命主义者，每埠不过数人或十余人而已。”②

孙中山奔波各地，响应他的革命号召的人暂时还不多，然而，重要的是，革命的播种工作已经开始了。孙中山自己说得好：“然当时予之游美洲也，不过为初期之播种。”是啊，这是播种，辛勤的、艰难的播种。而革命的种子总是要发芽、生长的，革命的星火总会燎原的。

---

① 《孙中山选集》，2 版，194 页。

② 同上书，195 页。

虽然孙中山的活动没有立刻收到显著的成效，但这却更加触动了清朝政府对他的忌恨，他们害怕孙中山，把他看作洪水猛兽一般。清政府派出大批密探跟踪他，驻日、驻美、驻英的公使和驻旧金山等地的领事，奉命要想尽一切办法逮捕他。在他的周围布满了陷阱。

1896 年 9 月底，孙中山离美赴英，到达伦敦。

伦敦的清使馆立即知道了孙中山到来的消息。经过了周密的布置，在 10 月中旬的一个星期天的早晨，正当孙中山行经清使馆附近的时候，他们将他绑架了。

孙中山被幽禁在清使馆的一个楼上。清朝驻英公使准备将他偷偷押回中国，如果不行，便就地杀害。但是，当这个阴谋还没有来得及实施的时候，孙中山说服了清使馆的英籍清洁工人，通过他，将自己被囚的消息通知了自己的英国友人康德黎。康德黎是孙中山在香港学医时的老师和挚友，得知这个消息后，便立刻到处奔走，设法营救。最后，孙中山终于在被囚禁了十三天之后获释。这就是著名的“伦敦蒙难”。经过这次事件，孙中山在国外的影响大大增加了。

从 1896 年底直至次年 6 月，孙中山继续留在伦敦。这时，他潜心于考察西欧各国的政治制度，并苦心钻研各种社会学说和自然科学理论。据清使馆所雇侦探的报告书说，孙中山在这期间，差不多“毫无变更的每日赴大英博物院”。在那里，他博览群书，几乎对一切都产生兴趣：外交、法律、矿物、农业、畜牧、机械、政治、经济等各种书籍都看，而尤其重视社会问题和政治问题。他这样日夜苦读，是有着明确的政治目的的。后来他曾说，他所治的一切学问，都是“革命之学问”，凡任何有助于增进革命知识和能力的，他都认真去研究，作为组成他的“革命学”的素材。这一段时期的观察和研究，大大充实了他的资产阶级民主主义革命思想的内容，孙中山自己认为，他以后所倡导的三民主义的基本观点，正是在这个时期里奠定基础的。

为了更加接近那动荡多难的祖国，以便就近开展革命活动，孙中山在 1897 年 7 月离开英国，经加拿大重抵日本。从这年秋天起直到 1900 年春天，孙中山往返于东京、横滨、长崎等地，“鼓吹革命主义”。日本的华侨共有一万多人，但几年之内信仰革命的不过百余人而已，还不到在日华侨总数的百分之一。

孙中山在各地宣传革命，暂时还只有很少的人欢迎他，拥护他，说明在这个时候，革命形势还没有形成，革命高潮尚未到来。正如一个同情孙中山革命事业的日本友人所写的那样：“当孙逸仙避迹扶桑之日，正康有为得志清国之时。”① 这个时候，以孙中山为代表的革命派在海外流亡，中国的政治舞台上，还是以康有为为代表的资产阶级维新派的全盛时代。

原来，甲午战争失败后，维新派激于亡国之祸迫在眉睫，便通过上书请愿、开学会、办报纸等方式，发动了一个颇有声势的变法维新运动，并且取得了具有爱国思想的光绪帝的支持。最后，在 1898 年 6 月至 9 月，出现了所谓的戊戌“百日维新”的高潮，通过发布上谕的形式，在政治、经济、文化各个方面提出了许多改革的措施，一时在政治上呈现出一派生机勃勃的景象。

但煊赫一时的“百日维新”很快就结束了，因为以掌握朝廷实权的慈禧太后为首的封建顽固势力，对于任何一点政治改革都感到恐惧和仇恨。1898 年 9 月，慈禧发动了政变，结果是光绪帝被囚，一批积极参与变法的活动分子被惨杀，所谓“新政”则全部被废除。康有为和梁启超，从炙手可热的皇帝亲信一变而为被到处缉捕的“钦犯”，他们无路可走，终于也逃亡到了日本。

孙中山对于康、梁本来就抱着争取合作的愿望，这次共同的流亡生涯，使他更觉得双方合作会有实现的可能。于是，他多次派人去劝康、梁“改弦易辙，共同实行革命大业”。但康有为却并未从变法的失败中吸取教训，相反，却更加感觉到光绪帝对他的“皇恩浩荡”，表示即使“肝脑涂地”，也要报答“圣明”光绪帝的知遇之恩。因此，他对于要根本推翻清朝皇室统治的革命运动，极不以为然，对于孙中山的合作建议，自然也就置若罔闻。甚至当梁启超一度表

① 宫崎寅藏：《三十三年落花梦》。

示出某种愿意合作的意向时，也遭到康有为的严厉斥责。

1899 年 8 月，康、梁正式组织“保皇会”。这年冬，梁启超前往檀香山。孙中山满腔热血，将檀香山的兴中会会员介绍给他。不料梁启超到了檀香山后，到处进行“名为革命，实则保皇”的欺骗宣传，结果很多兴中会会员，连孙中山的大哥在内，都上当受骗，变成了保皇党人。

这时，在广大劳动人民中间，长期酝酿着的反对帝国主义侵略的革命情绪正日益高涨，终于在 1900 年春爆发了伟大的反帝爱国的义和团运动。

还在义和团运动即将兴起的时候，孙中山就感受到下层群众中革命情绪的激荡。因此，1899 年夏，他就派人往国内各地去联络会党。这年底，三合会、哥老会的代表在香港与兴中会讨论合作，议定三会结成一个名为“兴汉会”的大团体，并公推孙中山为总会长。会后，宫崎寅藏携带总会长的印章赴日交给孙中山。

1900 年春夏之间，孙中山决定利用义和团在北方迅速发展的时机，在广东惠州一带重新发动一次武装起义。

这一年 7 月，孙中山率领同志前往香港，香港英国殖民当局不准登岸，孙中山便在船上召集会议，制定了起义的具体计划：动员深圳湾畔新安一带的会党群众，由郑士良负责指挥，在惠州三洲田起义，然后沿海东进，直趋厦门。孙中山则先赴台湾，组织人力与武器的补充。待郑士良率众攻到厦门后，孙中山即与之会师，然后回师广州，组织革命政府。

一切按计划进行。孙中山到了台湾，郑士良在惠州的深山密林中也聚集了六百多人，但是枪支弹药和粮食都深感缺乏，因此一时尚难大举。正在屯兵待发之际，清政府却已得悉了消息，便派兵五千余人前往围剿。现在是箭在弦上，不得不发了。郑士良果断地从被动中争取主动，阴历闰八月中秋的深夜，当清军合围尚未成功时，他组织了一支八十人的敢死队，趁着明朗的月色，猛烈袭击清军的一个据点沙湾。这一仗打得很成功，杀伤及俘获清军七十余人，缴获洋枪四十支。起义军先声夺人，军威大振。接着，起义军沿海东进，在不到半个月的时间里，连续攻占了宝安、镇隆、淡水、永湖、平海、三多祝等地，队伍发展到两万余人。

起义军胜利发展的消息传到了在台湾的孙中山那里，孙中山便积极准备内渡指挥和筹运枪械支援。但这时，日本政局发生动荡，新组的内阁明令禁止中国革命党在台湾活动，不准日本军人参加起义军。再加上一些假装同情中国革命的日本政客从中破坏，准备运给起义军的枪械全是废铁。接济枪械的计划陷于破产，孙中山只得派人通知郑士良"外援难期"，命郑自决进止。

起义军血战半月，虽屡获胜利，队伍也大为扩充，但枪支弹药却已告罄竭，郑士良只得将两万余人悉数解散。

孙中山发动的第二次武装起义——惠州起义，就这样失败了。

孙中山自己认为，从 1895 年广州之役的发动到 1900 年惠州起义的失败，这五年间，是他一生革命活动中"最艰难困苦之时代"。国内的起义连遭挫折，海外的鼓吹成效甚少，使孙中山发出"革命前途，黑暗无似"[①] 之叹！但是孙中山不愧为一个坚定的、勇敢的战士，他在暂时的黑暗里沉着行进，寻求和企望着曙色的到来。

果然，一个新的变化出现了。孙中山回忆说：1895 年广州起义失败的时候，社会上一般的舆论还都把他看作"乱臣贼子，大逆不道"，所到之处，许多人都把他视若"毒蛇猛兽"；在 1900 年惠州起义以后，则已很少听到人们对他恶声相加，反而有不少人为他的失败而"扼腕叹息"了。[②] 人们这种"前后相较，差若天渊"的态度的变化，是觉醒的征兆，是新的革命高潮快要到来的征兆。

二、创建中国同盟会

从 20 世纪头一个春天开始，资产阶级的民主革命运动出现了一个新局面。这是 19 世纪末叶的全部历史进程发展的必然结果。

---

① 《孙中山选集》，2 版，197 页。

② 参见上书，199 页。

1898 年的戊戌维新运动在知识界初步传播了资产阶级民主思想，这个运动的失败则表明依靠清朝政府实行改革是根本行不通的；1900 年的义和团反帝斗争激发了人民群众的爱国主义情绪，这次运动的失败则表明旧式农民斗争无法在新的历史条件下取得胜利。这两次紧相连接的深刻的阶级搏斗，不仅预示着旧的斗争即将让位于资产阶级领导的民主革命，而且也在思想上和政治上促进了这个革命。

国内外反动派在上述两大历史事件中进一步暴露了自己狰狞的、丑恶的面目。外国帝国主义和本国封建统治者，通过对中国人民的血腥屠杀和镇压，对一切进步和正义事业的敌视，成为教育更多的人走上革命道路的反面教员。

这就是孙中山为什么感到在 1900 年后他的事业得到更多人同情和支持的客观原因。

但除此之外还有一个主观力量方面的因素，那就是孙中山所倡导的民主革命，这时已有了它自身的社会基础，这就是由于资本主义经济的产生和初步发展，中国资产阶级已开始形成了独立的政治力量。孙中山就正是这个新兴阶级的政治代表。

1900 年底，孙中山因惠州之役失败，再次亡命日本。这时在日本迎候他的已不只是百余个赞助革命的华侨，而且还有为数众多的倾心革命的留学青年。这些留学生大多是资产阶级、小资产阶级知识分子，因为对国内政治状况感到失望和寻求救国真理而远离国门的。在孙中山到达日本后的几年间，留日学生急剧增加到几千人。孙中山积极在留学生中进行工作，取得了极好的成绩。留学生中的革命情绪迅速高涨。

1902 年 4 月 26 日，东京的留学生在章太炎等的发起下举行“支那亡国二百四十二周年纪念会”。二百四十二年前，正是南明永历朝覆亡和清政权在全国建立它的统治的年头，因此，举行这样一个纪念会，显然是在宣扬“反满复汉”的思想，这个主题虽然民主主义内容还不够鲜明，却表示了坚决反对清朝政府反动统治的态度。孙中山特地从横滨率领十余人赶往参加。这个纪念会在革命知识分子中掀起了出版革命书刊和组织革命团体的热潮，成为革命转趋昂扬的信号。

这个时期像雨后春笋般陆续出版的革命报刊，有《国民报》《大陆》《新湖南》《湖北学生界》《江苏》《浙江潮》《苏报》等。这些报纸杂志上发表的文章，义正词严地痛斥反动统治，热情洋溢地讴歌革命斗争。除报刊外，还广泛传播着一些宣传革命的小册子，其中最出色和最著名的，有邹容的《革命军》和陈天华的《猛回头》《警世钟》。1903 年 5 月，在上海出版的《苏报》连续刊载了章太炎为《革命军》写的序文及《驳康有为书》的摘要，公然称呼光绪为“载湉小丑”。6 月，清政府勾结上海公共租界工部局查封了《苏报》，逮捕了邹容和章太炎，企图以此遏止革命影响的扩展，这就是名震一时的“苏报案”。但是，革命不仅没有被高压手段所遏止，反而更加高涨起来了。

于是，在兴中会以外的另一些资产阶级革命小团体纷纷组织起来。1904 年初，黄兴、陈天华、宋教仁等在长沙组织了“华兴会”；同年 7 月，吕大森、刘静庵等在武昌组织了“科学补习所”，后来又改组为“日知会”；11 月，蔡元培、陶成章等在上海组织了“光复会”。这些革命小团体的建立，大大增强了革命声势。

这个时期，在兴中会联络下的一部分会党武装于广州，在华兴会联络下的一部分会党武装于湖南，都曾先后发动过武装起义，但全都失败了。除此之外，自发的农民暴动也风起云涌。据记载，1903 年规模较大的有十九次，1904 年增加到五十二次，伟大的民众的海洋已整个动荡起来了。

孙中山在 1904 年 8 月发表的《中国问题的真解决》的文章中宣称：“全国革命的时机，现已成熟。”① “中国现今正处在一次伟大的民族运动的前夕，只要星星之火就能在政治上造成燎原之势。”② 他形象地把清朝政府比作一座即将倒塌的房屋，这座房屋的整个结构已从根本上彻底地腐朽了。孙中山对革命形势的估计，是完全符合

---

① 《孙中山全集》，第 1 卷，252 页。

② 同上书，254～255 页。

当时的历史实际的。

在这“山雨欲来风满楼”的日子里，孙中山仍然奔波在海外各地。自 1902 年底开始，他离开日本，前往南洋。在越南河内组织了兴中会分会。次年春，又到暹罗（今泰国），在华侨中扩展革命力量。接着，又回到日本，在东京青山练兵场附近开办军事学校，组织中国留学生中的革命青年学习手枪、步枪射击等初步军事知识，以训练军事人才。9 月，他前往檀香山。翌年 3 月，转赴美国。在这期间，他为了团结和改造华侨中的会党组织，亲自加入了“致公堂”，并且努力在“致公堂”原有的“反清复明”宗旨中添加进民主主义革命思想的内容。

1904 年 12 月，孙中山离开美国前往欧洲，在欧洲各国的中国留学生和华侨中发展革命组织。半年之间，在比利时的布鲁塞尔、德国的柏林、法国的巴黎，都有一批人积极响应孙中山的号召，组成了革命团体。在布鲁塞尔时，孙中山还访问了第二国际的常设执行机构——国际社会党执行局主席王德威尔得和书记胡斯曼，并曾提出接纳他的革命组织为第二国际成员的请求。这表明，孙中山在主观上很早就认为自己领导的运动带有社会主义的性质。

革命的发展在孙中山面前提出了一个新任务：必须把分散的革命力量汇集起来，把各个地方性的革命小团体联合成一个统一的革命政党。孙中山及时地完成了这个任务。1905 年 7 月，孙中山又一次来到革命力量汇聚中心的日本。在这里，他和华兴会、光复会以及科学补习所的代表几经酝酿，最后终于在有十七省代表参加的筹备会上协议成立一个统一革命组织——中国同盟会。

1905 年 8 月 20 日，中国同盟会在东京举行成立大会。大会一致公推孙中山为该会总理，并且决定接受孙中山在两年前即已提出的“驱除鞑虏，恢复中华，创立民国，平均地权”的口号，作为这个革命组织的共同纲领。同盟会成立后，孙中山对这个纲领做了进一步的阐发，形成了他的著名的三民主义。

“驱除鞑虏，恢复中华”的中心内容是要求推翻以满洲皇室为最高统治的清朝政权，这是孙中山的民族主义。孙中山认定：“由满洲人来将国家加以改革，那是绝对不可能的，因为改革意味着给他们以损害。”① 只有根本推翻这个黑暗腐败的政府，才能使中国从落后和被帝国主义蹂躏的境遇中摆脱出来。孙中山之所以反对清朝政权，不只因为它是满洲贵族的朝廷，而且更因为它是封建势力的代表，是帝国主义的鹰犬。因此，孙中山的民族主义要比以往那种带有民族复仇主义色彩的单纯“反满”口号进了一步，他说：“我们并不是恨满洲人，是恨害汉人的满洲人。”②

孙中山并没有停留在民族主义这一点上，他超越了单纯民族革命的思想，提出了民权主义。民权主义的核心就是同盟会纲领中的“创立民国”。孙中山说：“中国数千年来都是君主专制政体，这种政体，不是平等自由的国民所堪受的。”③ 因此他认为：“照现在这样的政治论起来，就算汉人为君主，也不能不革命。”④ 他主张在推翻清廷之后，必须建立共和政体，让国民来选举总统，选举议员，组织议会和制订宪法。在由他起草的《中国同盟会革命方略》里，他响亮地号召说：“敢有帝制自为者，天下共击之！”⑤

在提出民族主义、民权主义的同时，孙中山还提出了民生主义。民生主义是孙中山从关怀、同情劳动人民的悲惨境遇出发，企图避免资本主义贫富不均的祸害，在祖国建立普遍幸福的一种主观社会主义。它的实际步骤就是同盟会纲领中的“平均地权”。“平均地权”并不包含消灭封建土地所有制的内容，它只是通过“核定天下地价”的办法，使“革命后社会进步之增价，则归于国家，为国民所共享”⑥。孙中山以为实行这个办法之后就能造成一个“家给人足，四海之内无一夫不获其所”⑦ 的社会了。这自然只是一种空想。但它在客观上却一定程度地反映了农民对于土地的迫切要求，具有明显的反封建的革命民主主义精神。

孙中山曾经给他的三民主义做过概括的说明，他说：

> 我们革命的目的是为众生谋幸福。因不愿少数满洲人专利，

---

① 《孙中山全集》，第1卷，251页。
②③④ 同上书，325页。
⑤⑥⑦ 同上书，297页。

故要民族革命；不愿君主一人专利，故要政治革命；不愿少数富人专利，故要社会革命。[①]

三民主义的提出是孙中山的一个巨大的贡献，也是他顺应历史发展而不断前进的第二步重要阶梯。尽管在他的三民主义中还存在着一些重大的缺陷：虽然它揭露了列强侵略中国的野心，炽烈地宣扬着爱国主义精神，但对于帝国主义却抱着幻想，没有认清帝国主义是中国人民和革命的头号敌人；虽然它抨击了专制独裁政体，触及了土地问题，但对于封建主义也还缺乏足够的认识和批判。尽管有这样一些缺点，但孙中山的三民主义却不仅表现了激进的民族资产阶级和小资产阶级的政治要求，而且在一定程度体现了中国人民的共同愿望以及中国社会在其发展道路上的迫切要求。由于三民主义被同盟会所接受，就使得中国近代历史上第一次出现了一个比较系统和明确的资产阶级民主革命纲领。

孙中山为了在同盟会中贯彻三民主义，经过了严重的斗争。在同盟会的筹备会议上，就有一部分人主张将会名定为“对满同盟会”，以表示这个革命组织的基本任务只在“排满”。只是在孙中山的坚持和说服下，这种意见才被否定了。接着又有人主张取消“平均地权”的口号，也是经过反复辩难，这个口号才得以保留在纲领中。

中国同盟会固然是革命发展的产物，但它既经产生之后，又进一步推进了革命的发展。孙中山回忆同盟会成立之后的情形说：“不期年而加盟者逾万人，支部则亦先后成立于各省。从此革命风潮一日千丈，其进步之速，有出人意表者矣！”[②]

三、与改良派的论战

同盟会成立以后，立即努力在两条战线上开展斗争：一条是思

---

① 《孙中山全集》，第1卷，329页。

② 《孙中山选集》，2版，201页。

想战线上的斗争，它的主要矛头是针对着改良派；另外一条是武装斗争，它的矛头直接指向封建统治机器。孙中山是这两条战线斗争的组织者和旗手。

孙中山对于改良派的斗争，早在同盟会成立以前就已开始了。

以康有为和梁启超为首的保皇派，在流亡海外之后，虽然继续做了一些宣传资产阶级社会学说的有益工作，也对以慈禧为首的封建顽固势力进行了不断的揭露和斗争，但他们固执地坚持改良，敌视革命。梁启超曾说，在他们面前有两个敌人："官僚社会"（封建顽固势力）和"莠民社会"（革命势力），对于这两个敌人，他们只能"急其所急，而先战其一"。他们错误地把革命派看作最主要的对手。当革命迅速发展的时候，他们不惜与"官僚社会"携手，集中全力抵制革命。

早在1902年前后，孙中山就已开始意识到改良派"反对革命，反对共和"，替封建统治者"为虎作伥"，实在是革命道路上必须清除的绊脚石。清朝政府的面目是已经暴露无遗了，但改良派因为曾经一度为政治改革而做过斗争，即使到这个时候也仍然以争取政治进步的面目出现，因此颇能迷惑一部分群众。正因如此，从思想斗争的要求来说，批判改良派反对革命的言论，就成了迫切的任务。

1904年孙中山的第二次美洲之行，就开始了对于改良派的坚决斗争。他在《檀山新报》上发表了《敬告同乡书》和《驳保皇报书》①，指出改良派自命为"爱国"，但他们所爱的只是"大清国"，并不是"中华国"。同时，揭露了改良派"名为革命，实则保皇"的欺骗，指出"彼辈所言保皇为真保皇，所言革命为假革命"。并且反复说明"革命与保皇，理不相容，势不两立"，两者"如黑白之不能混淆，如东西之不能易位"。

1904年6月，孙中山在美国旧金山写信给他的同志，报告他和改良派斗争的情形："弟近在苦战之中，以图扫灭在美国之保党，已到过五六处，俱称得手。今拟通游美地有华人之处，次第扫之，大

---

①　二文见《孙中山全集》，第1卷，230～233页。

约三四个月后当可就功。”①

1905年8月，孙中山刚从欧洲来到日本，东京的中国留学生和华侨举行了一次盛大的欢迎会。在这有一千三百余人参加的大会上，孙中山又一次对改良派做了尖锐深刻的批判。他针对保皇派散布的“中国的改革最宜于君主立宪，万不能共和”的谬论，指出：“且世界立宪，亦必以流血得之，方能称为真立宪。同一流血，何不为直截了当之共和，而为此不完不备之立宪乎？”② 孙中山这一次在同盟会成立前夕的慷慨演说，对同盟会的成立起了直接的推动作用。

同盟会成立后，革命派和改良派的斗争空前地激烈起来。

从革命派方面说，同盟会的成立壮大了自己的队伍，同时又有了三民主义这一面鲜明的思想旗帜，再加上同盟会机关报《民报》的创办提供了一个坚固的阵地，因此，他们对于改良派的攻势大大凌厉起来。

从改良派方面说，他们眼见着自己思想阵地日益被削弱，便拼命地向孙中山的三民主义进行反扑。同时，清朝政府为了欺骗人民和抵制革命，恰好在这时宣布了“预备立宪”，这件事给了改良派极大的鼓舞，认为既然清朝政府准备实行“立宪”政治，那么，今后只要恳求和催促清政府早日“行宪”就行了，革命派要推翻这个政府，简直是大逆不道。

于是，一场针锋相对的思想斗争就这样展开了。

改良派声称孙中山的民族主义是无的放矢，因为满洲人早已同化于汉族，在国家的政治、经济和社会生活中，满汉早已平等。因此，反满革命是完全不必要的，以满洲皇室为最高统治的清朝政权是不应该推翻的。革命派回答说：满洲统治者坚持民族压迫，他们把广大中国看作他们的私产，把各族人民看作他们的“家奴”，因此，“不为种族革命则不能立宪”，不推翻清朝政府就不能取得国家的进步。

改良派用所谓的开明专制来抵制孙中山的民权主义。他们说，

---

① 《孙中山全集》，第1卷，240页。

② 同上书，283页。

中国的国民愚昧落后，“没有能力组织一完备之国家”，所以根本就没有“共和资格”。因此，君主是不可废的，专制制度是不能动摇的，只要君主能实行立宪，“专制”得“开明”一些，就行了。革命派坚决地驳斥了这种谬说。他们指出，中国的落后，并不是由于“国民恶劣”，而是由于“政府恶劣”，只有推翻这个恶劣政府，实行西方最先进的“共和政治”，国家才会强盛。人民虽然因为几千年封建统治的束缚，暂时还缺乏管理政治的能力，但只要经过革命的洗礼，经过教育和训练，必能“养成自由平等之资格”。他们指出，改良派宣扬什么“开明专制”“君主立宪”，实质上是替清朝政府做了帮凶。

改良派对孙中山的民生主义特别仇视。梁启超甚至说，即使有人用匕首对准他的胸膛，他也要坚决反对“社会革命”。这是不难理解的。因为他们害怕，如果孙中山提倡的“社会革命”果真实现，定会造成“富族畏避，贫民专政”的局面，而这是他们无论如何也不能容忍的。他们指责说，这是孙中山企图以此煽动“赌徒、光棍、大盗、小偷、流氓、狱囚之悉为我用”。对于这种污蔑，革命派以对贫富不均的不合理现实的尽情揭露作为回答。他们说，少数人“坐食土地之利”，多数人潦倒穷愁、痛苦呻吟，“是为地权之失乎”，“是为人权之失乎”。他们强调，根据先哲的“博爱平等”的理想，矫正这种贫富不均的现象完全是正义的、合理的。

这场斗争的结果是革命派取得了政治上、思想上的极大胜利。改良派的错误言论的市场大大缩小，人们的民主主义觉悟迅速提高，革命的影响像插上了双翅似的凌空飞翔。这一切就为革命的进一步发展铺平了道路。

孙中山“在这一场斗争中是中国革命民主派的旗帜”[①]。这一场斗争，也可以说是一次保卫和宣传三民主义的思想运动。

应该指出的是：由于三民主义存在着前面曾经提及的那些重要缺陷，因此，在这一次斗争中，革命派对一些问题的阐述，仍然有

① 毛泽东：《纪念孙中山先生》。

着模糊和不足之处。例如，孙中山对于批驳“革命足以召瓜分”的错误观点，曾给予了足够的重视。在1904年最初反驳改良派的文章中就谈到了这一点，直到1908年，孙中山还在《中兴日报》上发表了题为《论惧革命召瓜分者乃不识时务者也》的文章。但尽管他谈得很多，却始终只是在外国帝国主义者也许不会干涉甚至可能赞助中国革命的设想中打圈子。此外，对于革命是否会造成“下等社会”的“骚乱”的问题，他也只是表示可以使革命有秩序地进行以避免群众的暴乱。坚决地反对帝国主义的思想是缺乏的，坚决地发动和依靠群众的思想也是缺乏的。这一切，正是他所代表的那个半殖民地半封建社会资产阶级软弱性的表现。

四、在武装斗争的前线

同盟会成立以后的孙中山，还把极大的注意力集中在另一条战线——反清的武装起义上。毛泽东同志说：“从孙中山组织革命的小团体起，他就进行了几次反满的武装起义。到了同盟会时期，更充满了武装起义的事迹，直至辛亥革命，武装推翻了清朝。”① 从孙中山开始从事革命活动一直到清朝政府的覆灭，他一共组织了对于旧政权的十次武装冲击，其中除了前已提及的广州起义和惠州起义发生在兴中会时期外，另外八次都是在同盟会成立以后进行的。

1907年以前，孙中山以日本为基点，往返于南洋各地，宣传三民主义，发展革命组织，并指导国内的革命运动。清政府慑于革命之日益发展，便加紧了对孙中山的迫害。清廷驻日公使要求日本政府“驱逐”孙中山出境，他们以为这样便可以釜底抽薪，使当时以日本为活动中心的革命派“群龙无首”，革命便可以烟消云散了。1907年3月，孙中山被迫离开日本，到了越南河内。

在河内，孙中山计划发动一次以广东的潮州为右翼，以广西的

① 毛泽东：《战争和战略问题》。

钦州、廉州为左翼，以广东的惠州为中路的规模巨大的武装起义。潮州—惠州—钦、廉二州，正好沿着中国南海海岸组成一条平行线。在这条平行线上，潮州是会党聚集之地，并且孙中山预先派有同盟会会员在那里组织联络；惠州则孙中山早在 1900 年即在这里组织过暴动，革命影响并未泯灭，而且七年前的老战士还有一些仍然健在；钦、廉一带，这时正因官府捐税苛繁，农民组织了武装的抗捐斗争，并且已发展到释狱囚、毁官衙的地步，实际上已形成了自发的农民暴动的局面。孙中山计划在这一条线上的三个点同时发动，虽然未必见得能取得最后的胜利，但如能呵成一气，互为犄角，彼此声援，显然能给清政权以比较沉重的打击，其影响将是很大的。

但是事态的发展并没有如预期的那样进行。由于组织不够严密，领导也过于分散，所以起义的发动先后参差，各自为战，结果迅速地被清军各个击破了。

1907 年 5 月 22 日，起义先在潮州的黄冈爆发。原来这个地方已经组织了武装力量一千余人，正当群众沸沸扬扬地在筹集军械、赶制旗帜之时，当地的土豪劣绅却已将消息密告给清朝政府了。清军前往剿捕，起义军便乘机先发。七百名起义者在 22 日晚上趁月色攻入黄冈县署，成立了“军政府”。但是起义军只坚持了一周，便在清朝的大批援军的围攻下失败了。这便是孙中山领导的第三次起义——潮州黄冈起义。

惠州党人在 6 月初才听到黄冈起义的消息，便仓促起来响应。6 月 2 日，一百数十人在离惠州城约二十里的七女湖揭起了战斗的旗帜。他们虽数次击退了来攻的清军，但终因孤立无援，又加击败黄冈起义的清军也赶来镇压，他们只得在苦战了十二天之后，于弹尽粮绝的情形下，将枪械埋于地下，然后宣布解散。这便是孙中山领导的第四次起义——惠州七女湖起义。

钦、廉一带的起义一直在潮、惠起义之后三个月才发动起来。在组织起义的过程中，孙中山没有把主要注意力放在发动已经拿起武器的抗捐抗税的农民方面，却把希望寄托在镇压农民暴动的清朝新军的“反正”上。固然，当地新军的一个统领赵声是同盟会会员，但另一统领郭人漳却是个首鼠两端的投机分子。他假意许诺“反正”，但当9月1日几百名起义群众在王光山正式发难，并在四天后攻占了廉州的防城之后，他就立即背信弃义地掉转枪口，派兵攻打起义军。起义军受到农民武装的热烈支援，战斗得十分勇敢。当时的一份外国报纸报道说：“孙中山之革命军，不知用何战术，能一战而去敌兵四分之三，可称奇捷。”但终因腹背受敌，寡不敌众，孙中山发动的第五次起义——防城起义又告失败，起义军不得已退入广西边陲的十万大山。

过了三个月，即在这一年的12月2日，孙中山又在广西边防要隘镇南关（今友谊关）发动了第六次起义。这儿地处中越边境，又距十万大山不远，孙中山选择在这里起义，是考虑到既便于从越南直接接济声援，又可与防城之役退入十万大山的队伍会合。起义军攻占镇南关的第二日，孙中山亲自率领同盟会重要负责人黄兴等从河内赶到前线，指挥战斗。当他到达镇南关的时候，已是深夜，他立即燃炬登山。这是孙中山从1895年第一次武装起义失败、逃亡国外十二年之后，重新踏上祖国的土地。孙中山登上起义军占领的炮台后，一面激励士气，一面指挥战斗。一个目击者回忆说：

> 我跟孙中山上了炮台，看见黄明堂（按：黄明堂是这次起义的直接负责人）及其他军官正在中台、南台、北台来往巡视。忽然镇南关方面打来一个炮弹，伤了一个士兵。孙中山立即叫人负去好好医治，又问哪一个开炮还击。有一个姓龙的炮手走过来上弹还炮，孙中山很高兴……孙中山对士兵说：“满清太腐败，太可恶，我们一定要将它推翻，我们的革命一定成功，大家努力吧！”士兵们听了他的话，都非常感动。①

在孙中山亲临前线的鼓舞下，几百名起义军同四千清军激战七昼夜，清军死伤数百人。但屯驻在十万大山的队伍因道途阻隔，未能前来，起义军终因弹尽粮绝，不得已退入越南燕子山。

镇南关起义失败后，孙中山又遭越南的法国殖民政府当局“驱

---

① 《辛亥革命回忆录》，第2集，436页。

逐出境”。到这时为止，孙中山差不多在邻近中国东南的各个地方已无“立足之地”，因为日本、南洋、香港、越南、泰国等地都禁止孙中山居留。孙中山只得将继续发动起义的责任交付给黄兴等人。黄兴等根据孙中山的指示，先后又于 1908 年 3 月在广西上思、1908 年 4 月在云南河口、1910 年 2 月在广州发动了三次武装起义。这些起义，也都因为缺乏周密的准备和充分的群众基础而失败了。

一次又一次的失败挫折，一次又一次的流血牺牲，使得有一些革命者感到灰心丧气了。孙中山形容当时的情形是：“举目前途，众有忧色。询及将来计划，莫不唏嘘太息，相视无言。”① 但孙中山要看得更远一些。他坚决相信革命形势正在日益成熟，只要继续奋斗，胜利定然在望。为了激扬同志们的革命意志，孙中山决定在广州进行一次有充分准备的，同时也是破釜沉舟的起义。

1910 年 11 月，孙中山在槟榔屿召集了黄兴、赵声等重要干部，筹划广州起义的具体行动方案。会上决定由黄兴负责军事方面的准备工作，孙中山则前往欧洲，负责筹款购械。

孙中山在华侨中间募集了大约二十万元的经费，同时黄兴也已召集了各省的同盟会会员，组成了八百多名的“选锋队”（敢死队）。于是，1911 年 4 月 27 日，起义便在广州爆发了。

起义的枪声一响，黄兴等便率领“选锋队”直攻两广总督衙门。督署虽很快攻下了，但起义军的其他两路却因领导人的犹疑而没有动作，结果黄兴一路成为孤军，他们和清军血战到第二天，由于损失过重而陷于失败。在这次起义中，革命党人表现了无比的英雄气概，很多人慷慨牺牲。起义失败后，广州人民把牺牲的烈士葬于黄花岗，所以这次起义被称作黄花岗起义。

黄花岗起义是孙中山领导的第十次武装起义。除了孙中山直接领导的这些武装斗争外，其他革命党人也发动了很多次武装斗争，著名的如 1906 年湖南、江西交界的萍（乡）浏（阳）醴（陵）起义、1908 年的安庆起义等。所有这些起义，虽然都以失败而告终，

---

① 《孙中山选集》，2 版，206 页。

但却产生了深远的政治影响。它们沉重地打击了清朝政府的反动统治，吸引和鼓舞了相当广大的人民起来坚决地参加反对清朝政府的斗争。革命烈士的鲜血，对于人民是动员战斗的红旗，对于反对派是烧毁一切的烈火。

孙中山常常喜欢讲一句话：“失败是成功之母。”果然，黄花岗起义失败后不过几个月，武昌起义的成功就到来了，统治了中国人民几千年的君主专制制度终于被革命烈火烧毁了！

第三阶段：1911—1922 年

一、临时大总统

辛亥革命发生了！

1911 年 10 月 10 日晚上，在武昌响起的枪声，像在火药桶里点燃了导线一样，引起了人民郁积已久的革命怒火的大爆发。革命的发展真如迅雷不及掩耳，在不到两个月的时间里，全国绝大多数省份都竖起了革命的旗帜，纷纷脱离清朝政府，宣告独立。

辛亥革命是在孙中山的号召之下发生的。孙中山所倡导的三民主义，是这次革命的政治纲领；孙中山所组织的同盟会，是这次革命的领导核心。以同盟会为中心，联合了一切反清的力量，正是这种革命力量的联合，促成了武昌起义的成功。

革命发生的时候，孙中山却还远在美国。在他从报纸上读到革命军占领武昌的消息的前一天，他正因为无力筹措一次新的武装起义所需的款项而劳心焦思。及至他得悉了武昌起义已经发生的消息之后，还感到颇为突然和意外。

孙中山认定此时他应该“先从外交方面致力”，以便对革命有更多的帮助。于是，他匆匆往来于美、英、法各国，劝说这些国家的政府，希冀它们能同情和援助中国的革命。

11 月中旬，孙中山在巴黎电告国内，说他已“循途东归”。在这封电报里，他表示希望赶快组织新政府，推定总统，以便“巩固国基”。至于总统的人选，他以为或者黎元洪或者袁世凯都行。

黎元洪本来是清朝驻湖北的新军协统①，此时已在起义者的强迫下担任了湖北军政府的都督；袁世凯本来是清朝的北洋大臣兼直隶总督，此时因为要对付革命，清朝皇室已起用他为“内阁总理大臣”——孙中山怎么会表示赞同这样两个人物来担当革命新政权的总统呢?

事情还需从武昌起义以后的政治形势谈起。

武昌起义后，各省纷纷宣告独立，在革命人民的冲击下，旧的朝廷是再也统治不下去了。但是，政局并不完全控制在革命派的手里。宣告独立的各省，虽然都挂起了革命的白旗②，组织了新的政府，但在新政府里活动的却有不少旧人物：清朝政府的军阀官僚和立宪派中的一些著名士绅。旧军阀旧官僚本来是革命的对象，作为资产阶级上层和部分开明地主政治代表的立宪派在长时间里也一直对革命抱反对态度，但当革命的烈火已经熊熊地燃烧起来，眼见扑灭无术之时，他们中的很多人便转而表示赞同革命。其中当然不乏真心诚意地转变了政治立场的人，但大部分却带有一种政治投机的性质，他们使自己披上一件革命的外衣，钻到革命阵营中间，竭力在内部争夺权力，以保持和发展自己的政治地位与势力。

领导这次革命的资产阶级在政治上的软弱，促进了这种局势的形成。他们盼望革命早日成功，而在他们心目中，只要清朝政府倒台、民国招牌挂起,革命就算是成功了。只要口头上表示拥护共和，拥护革命，不管他是什么人，他们都愿意与之合作，视为同志。在革命以前，他们进行了顽强的斗争，但革命起来了，却不敢把斗争坚持到底，因此也就无力去摘取日益成熟的胜利之果。

从革命阵营方面说，不论是“假革命”还是“真革命”，都希望早日结束革命；从反革命方面说，帝国主义和本国的大地主大买办

---

① 协统，相当于后来军队中的旅长。

② 辛亥革命时，各省的革命军并没有统一的旗帜，但大多数用白旗，表示涤除旧政府之污秽、开创纯洁美好的新世纪之意。因此，在当时挂白旗是拥护和投诚革命的表示。

阶级，都要求赶快扼杀革命。

际遇时会，袁世凯就在这种情势下出山了。

袁世凯是中外反革命共同选中用来重建大地主大买办的集中统治的新工具。中外反革命认定：为了扼杀革命，只好用袁世凯来代替清王朝。资产阶级革命派则认为，如果能利用袁世凯的力量废掉清朝皇帝，如果袁世凯能够宣布赞成共和，那倒未始不是一条取得革命“胜利”的捷径，这样，即使让袁世凯来做总统也未尝不可。

前面所说的孙中山的那封电报，就是这种错综复杂形势下的产物。

但孙中山并不是对革命形势的危机毫无察觉。1911 年 12 月 25 日，孙中山返回祖国，抵达上海。这时，南方独立各省与北方袁世凯之间商讨如何使革命妥协的所谓“南北和议”正在进行，孙中山踏上上海土地的第一句话就是：“予不名一钱也，所带回者革命之精神耳！革命之目的不达，无和议之可言也。”①

孙中山到达上海后的第四天，各省代表选举他为临时大总统，但同时又决定请他在当选后致电袁世凯，示意袁世凯如能使清帝退位，当即避席。孙中山迫于形势，果然给袁去了电报，表示他只是“暂时承乏”，总统一职仍是“虚位以待”。

1912 年 1 月 1 日，孙中山在南京就任临时大总统。3 日，任命各部总长，正式组成了资产阶级式的南京临时政府。

中华民国算是正式诞生了。

孙中山在就职宣言里宣布：“临时之政府，革命时代之政府也！十余年来，从事于革命者，皆以诚挚纯洁之精神，战胜所遇之艰难。即使后此之艰难远逾于前日，而吾人惟保此革命之精神，一往而莫之能阻。”②

孙中山真正努力地设法把革命精神贯注到政治设施中去。在他担任临时大总统的短短的日子里，他力所能及地颁布了一些民主法

---

① 《孙中山选集》，2 版，211 页。

② 《孙中山全集》，第 2 卷，3 页。

令，如废止刑讯、禁烟剪辫、救济农民、解放奴婢、禁止贩卖人口等，显示了一种蓬蓬勃勃的革命新气象。

革命精神也体现在身任总统的孙中山的日常生活中间。一位曾在临时政府任职过的同盟会老会员回忆说：

> 孙先生在南京任临时大总统时，扫除了中国旧官僚讲排场、摆架子的恶习，也减除了一些官僚式的繁文缛节，无论官阶大小都著同样制服，这种制服以后称为中山服，流行至今。孙先生的生活非常简单朴素，很平民化。①

当时，有人称孙中山为“平民总统”。据记载，当孙中山被选为临时大总统的那一天，他回答记者的访问时曾说：南京新政府不应该像过去的统治者那样，建设华丽的宫殿，如果实在没有房子，“则盖设棚厂以代之亦无不可”。

孙中山全心全意地献身于革命，他的一生都过着简朴清廉的生活，他也要求其他革命同志不为利禄所动。孙中山在许多次演讲中谆谆告诫人们：一个革命者绝不可“借革命来图一个人的私利，借革命这条路来做终南捷径，来升官发财”②。对于这个，孙中山确实是身体力行的。

当然孙中山并不是丝毫没有弱点。他过于简单地认为“满清时代权势利禄之争，我人必久厌薄”，竟致连人民之权、革命之势也不屑去一争，这就是孙中山在种种压力下一再表示可以让位给袁世凯的思想出发点。

1912年2月12日，袁世凯在北京演出了一出“逼宫”的活剧，迫令清帝退位。次日，孙中山向南京参议院辞临时大总统职，并荐袁世凯自代。在同一个时间里，民国政府和清王朝都把权力交给了袁世凯。

清朝统治被推翻了，几千年的君主专制制度最后结束了，这是辛亥革命所取得的巨大胜利。但清政权垮台，袁世凯起来，封建买

---

① 《辛亥革命回忆录》，第1集，199页。

② 《孙中山选集》，2版，913页。

办的反动统治依然未动。革命的果实没有落在人民的手里，却被大地主大买办反动派代表人物袁世凯篡窃去了。

孙中山曾想方设法地限制和约束袁世凯。在他提出辞职的时候，附有这样三个条件：

（1）临时政府地点设在南京；

（2）袁世凯应该到南京受任总统；

（3）袁世凯受任总统后，必须遵守《中华民国临时约法》。

孙中山天真地以为，如果袁世凯离开了北京那个北洋军阀官僚的老巢穴，又受到具有资产阶级民主精神的《中华民国临时约法》的束缚，那么，袁世凯也许就不能为所欲为了。

这一切当然无济于事。老奸巨猾的袁世凯表面上接受了这些条件，实际上却根本不加理睬。

1912年4月1日，也就是在孙中山担任临时大总统整整三个月后，孙中山正式宣布卸职，袁世凯在北京走马上任。

孙中山下野，袁世凯上台，这表明辛亥革命终于失败了。孙中山后来对于这一点有过很正确、很精辟的认识：

> 曾几何时，已为情势所迫，不得已而与反革命的专制阶级谋妥协。此种妥协，实间接与帝国主义相调和，遂为革命第一次失败之根源。夫当时代表反革命的专制阶级者，实为袁世凯。①

可惜，这个认识乃是在事情发生了十二年以后的认识。在当时，孙中山却还完全不能了解这些，他并没有能一下子就看清楚时局的真相。他到处宣传说："今日满清退位、中华民国成立，民族、民权两主义俱达到，唯有民生主义尚未着手，今后吾人所当致力的即在此事。"②

于是，孙中山作为一个"共和国民"，一心一意地致力于他的"社会事业"去了。

---

① 《孙中山选集》，2版，587页。

② 《孙中山全集》，第2卷，319页。

二、“二次革命”

孙中山既然认为“政治革命”业已成功，继之的便应该是“和平的社会革命”，也就是用“发展实业”来使国家臻于富强。在孙中山看来，“交通为实业之母，铁道又为交通之母”，所以，他决心以在野之身用十年时间修铁路二十万里，以奠定中国富强的基石。在他卸任总统以后的最初几个月里，他奔波各地，考察了京张、津浦、胶济等重要铁路干线，拟订了一个庞大的铁路建设计划，组织了“中华民国铁道协会”，并且受任为全国铁路督办。

狡猾诡诈的袁世凯感到此时还有必要借重于这位革命元勋，因为袁世凯觉得，政权虽已落到了自己手中，但自己的根基还不巩固；汹涌澎湃的民主潮流也不能不稍加应付，而孙中山的革命威望则正是可以用来为自己装点门面的最好饰物。1912 年 8 月，袁世凯电邀孙中山入京“共商国是”，孙中山也就在这个月的 24 日进京与袁会晤。

在北京，孙中山与袁世凯一共会谈了十三次，据说，“每次谈话时间自下午四时至晚十时或十二时，更有谈至次晨二时后者”。袁世凯施展了全部口是心非的两面派伎俩，在会谈中间，竭力表示他和孙中山在政治问题上“所见略同”。甚至孙中山认为袁世凯必定会反对的“平均地权”一节，袁也竟然“不特不反对，且肯定以为事所当然”。① 于是，孙中山受到了迷惑，居然对袁世凯深信不疑。会谈结束后，孙中山回到上海，发表演讲说：

> 余在京与袁总统时相晤谈，讨论国家大政策，亦颇入于精微。故余信袁之为人，很有肩膀，其头脑亦甚清楚，见天下事均能明彻，而思想亦很新。不过，作事手腕稍涉于旧，盖办事本不能全采新法。……欲治民国，非具新思想、旧经练旧手段

① 参见《梁燕孙年谱》。梁燕孙即梁士诒，是袁世凯的心腹，会谈的参加者。

者不可，而袁总统适足当之。①

1912年10月，袁世凯授予孙中山大勋位，孙中山表示自己“不欲于社会上独占特别阶级，若滥膺勋位，殊与素心相违”，辞而不受。

1913年2月，孙中山带着“托付得人”的满意心情，为了他的建设二十万里铁路的理想而东渡日本，进行考察。

当孙中山在北京与袁世凯会谈期间，发生了同盟会改组为国民党的事情。原来，早在武昌起义之后不久，一些力主妥协的同盟会会员就提出了“革命军起，革命党消”的口号，这个口号受到了一切旧势力的支持，一时到处流传，甚嚣尘上。后来，宋教仁等人以同盟会联合统一共和党等四个政团，组成国民党，将许多国会议员、内阁成员及地方官僚等均拉入党内，声势虽然大了许多，但同盟会时代的革命精神却大为削弱了。孙中山虽觉得这样做法不甚妥当，但还是在名义上担任了国民党的理事长。不久，孙中山委宋教仁为代理理事长，实际负责党务。

国民党在宋教仁等的积极活动下，在所谓的国会选举中取得了多数，成为国会中的多数党。于是，宋教仁便进一步想建立国民党的责任内阁。袁世凯是个野心极大的阴谋家，他可以在口头上赞成各种各样的政见，但要从他手里分出任何一点权力却是他所绝不许可的。1913年3月20日，宋教仁突然在上海车站被刺身死。宋遇刺后，舆论大哗。袁世凯被迫假惺惺地下令“穷究主名”，穷究的结果，原来“主名”不是别人，正是大总统袁世凯。

刺杀宋教仁的枪声惊醒了孙中山。孙中山完全不同于那些抛却革命初衷的政客。他之所以上了袁世凯的圈套，一方面是迫于客观的形势，一方面是因为经验不够、认识不足。现在，袁世凯凶恶的反革命面目暴露了，孙中山也就立即丢掉幻想，准备斗争。在宋教仁遇刺以后的第四天，孙中山从日本赶回上海，坚决举起了反袁的旗帜。

---

① 《孙中山全集》，第2卷，484～485页。

但是这时的国民党再也不是辛亥以前的同盟会了。国民党内部充满了投机分子和封建官僚，早已在很大程度上脱离了人民。孙中山力主武力讨伐袁世凯，国民党内许多人却坚决主张“静候法律解决”。

正当国民党内部在如何对付袁世凯的问题上意见分歧、莫衷一是的时候，袁世凯却积极做好了战争的准备。1913 年 6 月，袁世凯连续免除了江西、广东、安徽三个省的国民党都督的职务。7 月，他就正式向以孙中山为代表的民主势力发出了“讨伐令”。

在袁世凯大兵压境的情况下，大家不得不同意孙中山的主张，仓促应战。7 月 12 日，原江西都督李烈钧在江西湖口宣布独立，组织讨袁军。15 日，黄兴在南京举兵讨袁。以反对袁世凯、保卫共和为目的的“二次革命”正式开始了！

但“二次革命”在不到两个月的时间里就迅速遭到了失败。江西和南京的讨袁军在袁世凯的进攻下败北，本已宣布独立的安徽、湖南、广东、福建、四川五省，见形势不好，又纷纷宣布取消独立。袁世凯终于以反革命的武力统一了中国。

“二次革命”失败后，袁世凯下令通缉孙中山。缔造民国的孙中山遭到了民国总统的通缉，在民国的土地上无法存身，又一次逃亡到了日本。

孙中山在 1913 年底到了日本以后，发现他所领导的革命力量几乎已成瓦解之势：有的仍然对袁世凯抱着幻想，有的害怕袁世凯的力量而不敢反对，有的贪图目前的和平而不欲与之决裂。总之是如孙中山所说那样：“败丧之余，群思持重，缓进之说，十人而五。”①孙中山竭力鼓舞大家的斗志，勖勉大家“既不可以失败而灰心，亦不能以困难而缩步，精神贯注，猛力向前！”

为了重新凝聚革命力量，进行反袁斗争，孙中山决心组织一个新的政党，这便是 1914 年 6 月在日本东京成立的中华革命党。

孙中山很想吸取过去失败的教训，但他却还没有能力来正确地

① 《孙中山选集》，2 版，112 页。

总结经验。为了避免吸收党员过分庞杂，造成组织涣散，他特别规定组建中华革命党要“正本清源”，提出：（1）摒斥官僚，（2）淘汰伪革命党，“以收完全统一之效”。这是完全正确的。但是他不了解，组织上的统一必须以思想上、政治上的统一为基础，但在政治上他却没有能提出一个明确的革命纲领。他只是着眼于组织手续和形式上的严格，例如规定“凡入党人员”必须宣誓甘愿“牺牲生命自由权利”，服从孙中山一人，为入党之“唯一条件”。此外，还采取了某些秘密会社的落后的组织形式。结果，就使得中华革命党更加和广大群众隔开了，以致它始终只是一个影响不大的秘密小团体。

中华革命党成立后，孙中山曾任命了一些人为中华革命军司令，到沿海沿江各省去活动，但都没有多大成效。1914 年江浙和广东的几次起义，1915 年 12 月上海的肇和军舰起义，都失败了。

袁世凯既然用武力建立了他的反革命统一大业，他的厉行帝制的野心便越来越无所忌惮了。在国会选举他为正式总统之后，他悍然解散了国会；在修订后的《中华民国约法》中规定了总统具有皇帝般的权力之后，他又公然废除了《中华民国约法》。接着，袁世凯便正式着手把中华民国改成中华帝国，梦想黄袍加身，准备登极当洪宪皇帝了。袁世凯危险地玩弄着帝制之火，日近一日地走向了灭亡的边缘。

袁世凯的帝制丑剧愈演愈热闹，他的罪恶也在人民面前暴露得愈来愈充分，于是便引起了全国人民的坚决反对。袁世凯过于迷信他的武力了。他原本以为靠他的武力可以把全国人民玩弄于股掌之上，却不料在人民怒火的燃烧下，连原先依附于袁世凯的若干地方军阀和立宪党人也被迫举起了反袁的旗帜。袁世凯众叛亲离了。1916 年 6 月 6 日，这个“孤家寡人”在忧愤交加下结束了生命。

孙中山在袁世凯死去前一个多月回到上海。这时，他的认识有了提高。在 1913 年他最先举起反袁的旗帜时，他还只是认为“国家安危只系于袁氏一人之去留”，但在他回到上海以后发表的《讨袁宣言》里，已认识到要“保持民国，不徒以去袁为毕事”[①]了。孙中山的这个认识是完全正确的。袁世凯死了，民国却仍在风雨飘摇之中，更加艰苦的斗争在等待着这位年刚半百的革命家。

三、“护法”运动

“袁氏未去，当与国民共任讨贼之事；袁氏既去，当与国民共荷监督之责，决不肯使谋危民国者复生于国内。”孙中山在1916年5月9日发表的《讨袁宣言》中所说的这几句话，既像是对袁世凯死后政治局势的预言，也像是他关于自己政治态度的誓词。袁世凯死后，“谋危民国者”不断地“复生于国内”，孙中山对此毫不妥协，为保卫民主而继续不断地进行着斗争。

袁世凯是帝国主义各国侵华的工具。袁死后，帝国主义各国各自寻找其得力的工具，结果是造成了军阀割据和混战的局面。窃据着北京中央政权的是以国务总理段祺瑞为首的皖系军阀，它继承了北洋军主力，主要依靠日本帝国主义的支持。北洋系统的另一派系，以冯国璋为首的直系军阀，霸占了直隶、江苏、江西、湖北等省，受着美帝国主义的操纵。统治着东北地区的是以张作霖为首的奉系军阀[②]，是日本帝国主义扶持下的又一个工具。此外，在其他地区，则有滇系军阀唐继尧、桂系军阀陆荣廷、粤系军阀陈炯明、湘系军阀谭延闿等。

这些大大小小的军阀，为了扩充自己的实力，把国家主权肆无忌惮地廉价出卖，对人民横征暴敛、尽情搜刮，同时，相互间兵连祸结、内战不已。他们的统治，真正是“洒向人间都是怨”[③]！

孙中山对于这些军阀的认识，经历了一个逐步发展和逐步深化

① 《孙中山选集》，2版，112页。

② 奉，指奉天。当时东北共分三省，即奉天、吉林、黑龙江，通称“东三省”。

③ 毛泽东词《清平乐》的上阕：“风云突变，军阀重开战。洒向人间都是怨，一枕黄粱再现。”

的过程。

最初，段祺瑞政府在孙中山的再三促请下，表示恢复《中华民国临时约法》，重新召开国会。孙中山认为，“北京存《约法》，复国会，共和形式已具”，虽然执政的并非革命党人，但既然他们已表示“赞成共和”，那就应当“望之信之，使展其所能”。

孙中山“望之信之”的结果是一切均告落空。段祺瑞果真“展其所能”了，但他最擅长的能力是抄袭袁世凯的故智。在袁世凯死了刚好一年的时候，段祺瑞像袁世凯一样，撕毁了《中华民国临时约法》，解散了国会。

接着又有封建余孽第二次企图粉碎那块已被践踏得不成样子的民国招牌的张勋复辟事件。1917 年 7 月 1 日，长江巡阅使兼安徽督军张勋趁北京政局动乱之机，把他的“辫子兵”① 开进北京，拥挟已被废黜的清朝宣统皇帝溥仪出来复辟。这次事件遭到了全国的反对。本来默许支持的段祺瑞见风转舵，赶跑了张勋。

段祺瑞自命为“再造民国”的元勋，进一步集中权力于一身，仍然拒绝召开国会和恢复《中华民国临时约法》。

经过这次事件，孙中山终于认清了北京军阀政府的真面目。他一而再，再而三地告诫人们说，危害民国的有两种人：一种是“真复辟”，如张勋；一种是“伪共和”，如段祺瑞。“今日之患，非患真复辟者之众，正患伪共和者之多。”② “张勋虽败，而段祺瑞等以伪共和易真复辟，其名则美，其实尤窳。民国之号虽复，而祸乱之机方始。”③

不但循其名，而且要责其实；不但看是否打出共和的招牌，而且还要看它是真是假。孙中山吃了一堑，长了一智。

于是他正式和北京的军阀政府决裂。1917 年 7 月，他由上海南下广州，组织中华民国军政府，揭起了“护法”的旗帜。9 月 1 日，

---

① 清制，男子都得留辫。辛亥革命后，临时大总统孙中山曾通令剃辫，革去清陋俗。张勋为了表示他清朝遗老的立场，他的军队仍一律留辫，被人称为“辫子兵”。

② 《孙中山全集》，第 4 卷，118 页。

③ 同上书，124 页。

跟随孙中山南下的一些国会议员举行非常会议，选举孙中山为军政府大元帅。于是，南北两个政府对峙的局面便正式形成。

"护法"运动是孙中山自1913年以来继反袁斗争而发动的第二次保卫民主的斗争。这个运动的目标是争取恢复作为民主共和国象征的《中华民国临时约法》和国会。这个斗争当然是有进步意义的。但是，它却缺乏广泛的群众基础。"专制余孽、军阀官僚潜窃擅权，无恶不作，此辈一日不去，宪法即一日不生效力，无异废纸，何补民权！""假使只有白纸黑字之宪法，决不能保证民权，俾不受军阀之摧残。"① 这个真理，孙中山一直到晚年才认识清楚；但是此时的人民群众却因为身受军阀统治的重重痛苦，已经远不能以恢复一纸空文的《中华民国临时约法》为满足了。

孙中山的"护法"运动既然不是建立在广泛的人民斗争的基础上，它也就只能以南方各省的地方军阀实力为基础。军政府的两位副大元帅，一个是滇系军阀唐继尧，一个是桂系军阀陆荣廷②。孙中山所主要依靠的就是这两支力量。但他们对于什么《中华民国临时约法》和国会根本没有兴趣，他们和孙中山合作，只是借"护法"之名，以巩固和扩大自己的实力和地盘。他们和北京政府并不是真正的对立，只要时机适当，他们随时可以和北方军阀握手言欢。

果然，南北和议背着孙中山偷偷地进行了。孙中山得知这个消息后，坚决地表明态度说："此次西南举义，既由于蹂躏《约法》，解散国会，则舍恢复《约法》及旧国会外，断无磋商之余地！"

与孙中山同床异梦的西南军阀，觉得孙中山这种坚决态度是他们酝酿妥协的障碍，便设计排挤孙中山。1918年5月，军政府改组，取消元帅，改设政务总裁七人，以老官僚岑春煊为主席。孙中山虽仍被选为总裁之一，但实际上是被排斥了。军政府经过这一改组，便完全变成了徒具形式的议和组织。

孙中山辞去了军政府的总裁职务，在辞职通电中，他痛快淋漓

① 《孙中山选集》，2版，588页。

② 陆荣廷原是清的一名将领。孙中山1907年在镇南关起义时，带兵前往镇压的就是他。孙中山曾经同他面对面地作过战。

地指斥西南军阀“毒害地方，结连叛逆，欺骗国会，藐视人权”。他表示绝不与这些军阀“共饰护法之名，同尸误国之罪”①。孙中山不仅认清了北方军阀的假共和面目，而且也认清了南方军阀的假共和面目，他愤怒地说：“南与北如一丘之貉！”

四、在黑暗中求索

1918年5月，孙中山离开广州，绕道日本，6月26日抵达上海。在这里他一直住了两年多。

在这个时期里，孙中山带着对于祖国的前途和人民生活的深切关怀，埋头著述。他先后写作了《孙文学说》、《实业计划》和《民权初步》——合称为《建国方略》。孙中山鉴于过去历次革命的失败的一个重要原因是人们对革命宗旨信仰不笃、奉行不力，因此，他在《孙文学说》中特别强调要建立一个正确的、坚定的革命信念，破除那种畏难惧险的心理。抱着把中国改造成一个工业强国的强烈愿望，孙中山写了《实业计划》，这是在中国第一次提出进行大规模工业建设的蓝图。《民权初步》是为了让人民能学会行使民权的基础知识而写的，在这里表现了孙中山期待中国人民成为国家的真正主人的真诚心愿。在《孙文学说》的序文中，孙中山充溢着忧愤和切望的心情说道：“民国成立之后……国事则日形纠纷，人民则日增痛苦，午夜思维，不胜痛心疾首！”他希望人民“能万众一心，急起直追，以我五千年文明优秀之民族，应世界之潮流，而建设一政治最修明、人民最安乐之国家！”②

然而，问题不在于有无良好的愿望。尽管孙中山对于黑暗的现实忧心如焚，对于美好的未来心向往之，但他仍然没有能找到一条摆脱黑暗现实和革新祖国的正确途径。《建国方略》提出了种种美好的设想，有不少值得赞赏的东西，可是在中国究竟应该建立

---

① 《总理全集》下册，“文电”，165页。

② 《孙中山选集》，2版，117页。

一个怎样的国家、依靠什么力量来进行革命这个根本问题上，这部著作并没有给出正确的答案。因此，等待着他的还不能不是新的失败。

1919 年 10 月，孙中山将中华革命党改组为中国国民党，重新提出三民主义作为这个党的政纲，同时也将过去中华革命党的组织方式做了某些改变。这是孙中山企图扩大他的党的政治力量的一次努力。但改变以后的党的政治纲领和组织路线只不过是回到了同盟会时期的状态，它仍然不能适应业已发展了的政治形势的需要。加之孙中山正同时遭受着南北军阀的排挤，孑然局处上海一隅，因此他的党的事业仍然未见有多大起色。

到 1920 年 11 月，孙中山却又有了新的机会回到广东，因为粤系军阀陈炯明在孙中山的支持下打跑了陆荣廷。于是，孙中山在广州重新恢复了军政府。

1921 年 5 月，广东军政府改成正式政府，孙中山被选为非常大总统。但是实际权力却操在粤军总司令兼广东省省长陈炯明手里。

孙中山一面出师西征陆荣廷，力图巩固广东根据地，一面积极准备北伐。这时，北京政权已落入直系军阀吴佩孚的手中。孙中山为了讨伐吴佩孚，和原来的敌人皖系军阀段祺瑞以及奉系军阀张作霖、一些地方小军阀如浙江的卢永祥等人的信使往还，企图利用各派军阀的矛盾建立一个反吴同盟。但这样做的结果，只是更加湮没了斗争的革命色彩。

对内依靠粤系军阀，对外与皖系、奉系等军阀谋合作，很显然，孙中山的广州政权是很不稳固的。

1922 年 5 月，北方直奉战争爆发，孙中山正准备配合奉军，出兵北伐，吴佩孚却迅速击败了张作霖。狡猾的吴佩孚在取得胜利后，一面通电恢复国会，拥护《中华民国临时约法》，把“护法”的旗帜从孙中山手里夺了过去；一面加紧勾结陈炯明，策动陈炯明从背后给孙中山反戈一击。英帝国主义为了扑灭孙中山在广东的势力，也竭力对吴佩孚和陈炯明的勾结从中促成。

陈炯明的粤军本是孙中山在任大元帅期间亲自培植起来的，后来孙中山被陆荣廷等排挤，住在上海，为了在财政上支持陈炯明，还曾将他自己在上海的住宅（一些华侨出资购赠的）两次抵押，一次得款二万元，一次得款二万五千元，悉数交充粤军军费。但陈炯明是个野心极大的阴谋家。他盘踞广东，俨然是个土皇帝，所作所为与其他军阀没有两样。当他在广东的地位逐渐巩固以后，便进一步着手攫取更大的权力。

对人民事业毫无二心的孙中山虽然一时可以成为陈炯明暂时借重的护符，却毕竟是陈炯明进一步扩张权势的障碍。于是，在英帝国主义的策动和直系军阀的收买下，陈炯明便决心叛变。

还在北伐期间，陈炯明便对北伐军事多方牵制。孙中山为了坚持北伐，便免去陈炯明的粤军总司令和广东省省长之职，但仍任他为广东军政府的陆军总长。陈炯明当然更加心怀不满。

1922 年 6 月，陈炯明乘孙中山在韶关督师的机会，在广州纵兵哗变。孙中山立即赶回广州，还想劝说陈炯明回心转意。当孙中山回到观音山总统府的时候，丧心病狂的陈炯明竟然派兵包围了总统府，并发炮轰击观音山。在火光烛天、炮声震地的危急情势下，孙中山沉着地冲出了叛军的包围圈，走避永丰兵舰。

孙中山又一次在他的“合作者”的背叛下遭到了挫折。

在广州湾的军舰上，孙中山坚持了两个月，用军舰上极少的武装和陈炯明的叛军进行战斗。8 月中，孙中山不得不再一次只身返回上海。

到了上海以后，孙中山在一封信里这样回顾了他的不断失败不断斗争的经历：

> 文率同志为民国而奋斗垂三十年。中间出死入生，失败之数不可偻指，顾失败之惨酷未有甚于此役者。盖历次失败虽原因不一，而其究竟则为失败于敌人。此役则敌人已为我屈，所代敌人而兴者，乃为十余年卵翼之陈炯明。①

然而，孙中山像以往一样，并没有被失败所征服。他早已把自

① 《孙中山选集》，2 版，518 页。

己的全部生命交给了争取祖国进步的革命大业，他是绝不会放弃斗争的。但是，现在应该怎样来进行新的斗争呢？什么才是真正的出路呢？到哪里去寻求共同斗争的可靠力量呢？

孙中山在黑暗中执着地求索着。

第四阶段：1922—1925年

一、在绝望里遇到了共产党

正当百折不挠的孙中山遭受着一次又一次失败，在他的革命征途上似乎“山穷水尽疑无路”的时候，新兴的、代表着历史未来的无产阶级，向这位杰出的资产阶级革命家伸出了友谊之手。在这双巨手的支持和帮助下，孙中山勇敢地开始了划时代的转变，使他的思想和革命事业都进入了一个“柳暗花明又一村”的新境界。

最早的鼓舞和支持来自国际无产阶级，来自伟大的无产阶级专政的苏维埃俄国。俄国的无产阶级和劳动人民，在列宁和布尔什维克党的领导下，取得了十月社会主义革命的胜利。革命胜利后的第二年，即1918年8月，苏俄外长致书孙中山，对孙中山反对军阀所做的持续斗争表示赞佩。这封信充分表达了第一个社会主义国家的人民对中国革命事业的关切之情。

孙中山从十月革命的胜利和国际无产阶级的关怀中得到了鼓舞。同年9月，他怀着激动的心情拍了回电，这封电报是直接发给列宁的。电文中写着：

> 中国革命党对于贵国革命党员之艰苦卓绝的奋斗，表示极大的敬意，而且更希望中俄两国革命党团结一致，共同奋斗！

这份珍贵的标志着中苏两国人民革命友谊的纪念品，至今还保存在莫斯科的列宁博物馆里。

以后，孙中山同列宁多次函电往还，讨论革命问题。列宁也多次发表文章，高度评价和赞扬孙中山领导的革命运动。

十月革命开辟了人类历史的新纪元。在十月革命的号召之下，我国于1919年发生了彻底地反对帝国主义和封建主义的五四运动。从此，正在日益壮大的中国无产阶级登上了政治舞台。

孙中山虽没有直接领导五四运动，但他热烈支持这一场具有伟大意义的斗争。他在上海接见了全国学联的代表，参加了上海爱国学生的集会，并发表演说、书信，声援学生的正义行动。他从这次运动中看到了群众的力量。他说："试观今次学生运动，不过因被激而兴，而于此甚短之期间收绝伦之巨果，可知结合者即强也。"① 稍后，他又说："五四运动以来，一般爱国青年，无不以革新思想为将来革新事业之预备。于是蓬蓬勃勃，发抒言论。……扬葩吐艳，各极其致，社会遂蒙绝大之影响。且以顽劣之伪政府，犹且不敢撄其锋。……倘能继长增高，其将来收效之伟大且久远者，可无疑也。"②

随着十月革命的炮声而传来的马克思主义，和我国的工人运动相结合，产生了伟大的中国共产党。从此，中国历史进入了一个完全崭新的时代。

中国共产党总结了近代人民斗争的经验，科学地分析了现实政治和社会状况，在历史上破天荒第一次规定了反帝反封建的政纲，提出了打倒帝国主义、打倒军阀的口号，为全国人民指出了明确的政治方向。这一切当然不能不给予备受帝国主义和封建军阀迫害排挤而又找不到正确前进道路的孙中山以强烈的影响。

1920年秋，经陈独秀介绍，孙中山在上海会见了共产国际远东局派到中国来的第一个使者维金斯基。次年冬，正当孙中山率师北伐的时候，共产国际代表马林经李大钊的介绍，在张太雷陪同下，到桂林与孙中山会见，进行了三次长谈。马林向孙中山提出了两点建议：（1）要将国民党改组成为联合社会各阶层尤其是工农群众的政党；（2）要建立革命的武装，为此，最好能创办军官学校。孙中山对于这次会晤，感到非常高兴。

1922年8月，当孙中山因陈炯明的叛变而来到上海的时候，中国共产党正好在一个月以前召开了第二次全国代表大会。这次大会

---

① 《孙中山选集》，2版，479页。

② 同上书，482页。

详细地分析了中国社会的性质、中国革命的性质和革命的动力等，提出了“打倒军阀”、“推翻国际帝国主义的压迫”和建立一个统一的“真正民主共和国”的斗争纲领，并且做出了关于建立“民主的联合战线”的决议。这次大会的宣言指出：“我们无产阶级相信在现今的奋斗进行中间，只有无产阶级的革命势力和民主主义的革命势力合同动作，才能使真正民主主义革命格外迅速成功。”

中国共产党在 1922 年 8 月发表的《第一次对时局的主张》里，对于孙中山领导的国民党做了实事求是的分析，指出：“中国现存的各政党，只有国民党比较是革命的民主派，比较是真的民主派。”同时，对于国民党内“往往有不一致的行动及对外有亲近一派帝国主义的倾向，对内两次与北洋军阀携手”的妥协动摇的错误，也做了诚恳善意的批评。

孙中山还是第一次听到这样公正而中肯的评论。这对于正在探索和彷徨中的孙中山，无疑是一种最有力的帮助。

接着，中国共产党的代表李大钊、瞿秋白和林伯渠等，与孙中山进行了会谈。在孙中山寓所庭院的草地上，中国共产党的代表和孙中山漫步谈心，讨论着祖国的命运和前途，讨论着革命斗争的方针和方法。孙中山如饮甘泉地聆听着，激动地谈论着。他二十几年来一直在寻求救国的道路，只有到这个时候才像是拨云见日，找到了一条真正的康庄大道！

与此同时，苏俄代表越飞也多次与孙中山的代表廖仲恺等进行商谈，并同孙中山本人进行了会晤，于 1923 年 1 月发表了著名的《孙文越飞联合宣言》。《宣言》充分表达了孙中山对于十月革命的深切同情，也表达了他对获得苏联援助的渴望。同时，《宣言》也再一次表明了社会主义苏联对中国革命的关怀和对孙中山的友谊。

在中国和国际无产阶级的帮助下，孙中山的革命精神更加振奋了。他决心接受中国共产党的建议，改组中国国民党。1922 年 9 月，孙中山召集了有中国共产党人参加的会议，专门研究国民党改组计划。会后，孙中山又进行了改组国民党的实际筹备工作。

1923 年元旦，孙中山发表了《中国国民党宣言》。次日，公布

《中国国民党党纲》。又次日，公布《中国国民党总章》。这一系列行动，表明了孙中山改组国民党的决心。在《中国国民党宣言》中，孙中山提出了革命必须发动人民群众的思想，说“革命事业，由民众发之，亦由民众成之”，革命的政党和领袖“则立于民众之地位而为之向导”。《中国国民党宣言》还抨击了帝国主义国家强迫订立的种种不平等条约，提出“除去民族间之不平等”的斗争目标，以及实行普选制度、制定工人保护法以争取“劳资间地位之平等”、改良农村组织以争取“地主、佃户间地位之平等”等具体政治纲领。这一切都是孙中山在过去从来没有提出过的，这表明孙中山的思想随着时代的发展而有了长足的进步。

不久，南方的政局又有了新的变化。留驻在广西的一部分滇军和一部分桂军，以拥护孙中山为名，进军广州，赶走了陈炯明。1923 年 2 月，孙中山便再回广州，重建了大元帅府。在这里，孙中山集中全力进行了国民党改组的工作。

二、新三民主义

孙中山回到广州后，发表了一系列的演说、谈话和宣言，反复说明改组国民党的必要性和改组时应该遵循的基本方针，这些基本方针是在孙中山对他以往的思想和革命活动深刻总结的基础上提出来的。

孙中山批判了过去幻想依靠帝国主义援助中国革命的错误认识，指出英、法、美帝国主义是“横暴者之主干”，“必不为受屈者之友朋”。“支那之革命，实为欧洲帝国主义宣布死刑之先声也，故列强政府之反对支那革命无所不至者此也。”① 因此，今后可靠的国际援助，只能指望于社会主义的苏联，因为苏联是“受屈人民之救主而强权者之大敌”（533 页）。孙中山称赞“俄国革命党不仅把世界最大

① 《孙中山选集》，2 版，534 页。本节以下凡摘自该书之引文均只在其后标页码，不再注书名，以免繁冗。

威权之帝国主义推翻，且进而解决世界经济政治诸问题。这种革命，真是彻底的成功”（580页）。因此，孙中山得出结论说：“吾等想革命成功，一定要学他。”① 他亲笔写下了这样的至理名言：“今后之革命，非以俄为师，断无成就。”

孙中山批判了过去企图依靠军阀武装进行革命的错误，指出军阀“是为个人升官发财而战争”，过去与他们中间某些派系合作，“此是借人之力量，以干革命事业，而终不可靠者也”②。他进一步指出军阀统治的存在，正是革命失败的根源。他说：“民国以来，我们革命党只推翻大皇帝，那些小皇帝还没有推翻，故民国徒有民国之名，仍受专制之实。”（573页）“现在各省的督军、师长和北京的总统、总长，都是小皇帝。”（573页）孙中山一再强调说，革命力量的真正强大的源泉在人民之中，“革命行动，欠缺人民心力，无异无源之水、无根之木”（578页）。“以人民之心力做基础，为最足靠；若单独倚靠兵力，是不足靠的。”（578页）革命“要人民来赞成，如果多数人赞成革命，便可成功”（578页）。稍后，他还明确地说明了人民的主体，正是广大的工农群众。他说：“农民是我们中国人民之中的最大多数，如果农民不参加革命，就是我们革命没有基础。”（935页）“中国工人要受外国经济的压迫，间接的要做外国资本家的奴隶。”（910页）因此，他们在革命中是十分重要的力量。

孙中山清醒地了解国民党内存在着很大一批功名利禄之徒，他们“以加入本党为做官的终南捷径”（524页），因此，国民党逐渐“失却原来奋斗之精神”（526页）。为了把国民党重新改造成为一个具有革命生气的政党，就不能不依靠中国共产党的帮助。孙中山坚决地说：“国民党正在堕落中死亡，因此要救活它就需要新血液。”③ 这里所说的“新血液”，就是指吸收共产党员加入国民党。

不是指望帝国主义的援助而是指望社会主义的援助，不是依靠

①② 《要靠党员成功，不专靠军队成功》。此文收入《孙中山选集》初版，2版未收入。

③ 宋庆龄：《为新中国奋斗》，87页。

封建军阀的力量而是依靠工农群众的力量，不是倚重国民党内的妥协分子而是和中国共产党合作，这是孙中山总结他几十年斗争与失败的历史而得出的主要经验教训。根据这些宝贵的经验教训，孙中山提出了“联俄、联共、扶助农工”三大政策。

1923年6月，中国共产党在广州举行了第三次全国代表大会，着重讨论了和国民党建立革命统一战线的问题。大会分析了建立统一战线的必要性和可能性，确定了和国民党合作的政策，决定共产党员以个人身份加入国民党，帮助国民党改组成为民主的、革命的联盟。

由于孙中山的努力和中国共产党的推动，改组国民党的时机完全成熟了。1924年1月，国民党在广州正式召开了第一次全国代表大会。

孙中山坚决地依靠了参加大会的共产党员，以及国民党左派如廖仲恺等人，使这次大会取得了很大的成功。大会通过了孙中山提出的“联俄、联共、扶助农工”三大政策，通过了新的党纲、党章，选举了有著名共产党员李大钊、毛泽东、瞿秋白等参加的国民党中央执行委员或中央候补执行委员，孙中山自己仍然被选为国民党的总理。

在开会期间，恰值无产阶级革命导师列宁逝世。噩耗传来，孙中山悲痛万分，立即提议休会三日，表示哀悼，并且发表演说，称颂列宁“是一个革命之大成功者，是一个革命中之圣人，是一个革命中最好的模范”（606页）。同时，亲书“国友人师”的挽词，表示对列宁的敬爱和悼念。

1月23日，大会通过了《中国国民党第一次全国代表大会宣言》，在这个宣言里，孙中山对他的三民主义做了新的解释；

（1）民族主义。明确规定了反对帝国主义、争取民族独立的内容。《宣言》说：“国民党之民族主义，有两方面之意义：一则中国民族自求解放；二则中国境内各民族一律平等。”（591页）特别着重指出：“民族解放之斗争，对于多数之民众，其目标皆不外反帝国主义而已。”（591页）

（2）民权主义。批判了那种“往往为资产阶级所专有，适成为压迫平民之工具”（592 页）的“所谓民权制度”，指出真正的民权应“为一般平民所共有，非少数人所得而私也”（592 页）。同时还明确规定：“凡真正反对帝国主义之个人及团体，均得享有一切自由及权利；而凡卖国罔民以效忠于帝国主义及军阀者，无论其为团体或个人，皆不得享有此等自由及权利。”（592 页）

（3）民生主义。直接提出了分配土地给农民和限制私人资本的原则，即所谓“平均地权”和“节制资本”。这一次提出的“平均地权”，与同盟会时期的“平均地权”，在内容上有了很大的不同。《宣言》指出：“酿成经济组织之不平均者，莫大于土地权之为少数人所操纵”（593 页），因此“农民之缺乏田地沦为佃户者，国家当给以土地，资其耕作”（593 页）。后来，孙中山对“平均地权”又做了进一步的申述，提出了“耕者有其田”的口号。关于“节制资本”，《宣言》规定：“凡本国人及外国人之企业，或有独占的性质，或规模过大为私人之力所不能办者，如银行、铁道、航路之属，由国家经营管理之，使私有资本制度不能操纵国民之生计。”（593 页）

孙中山把旧三民主义发展为新三民主义，这表明，孙中山和中国共产党人虽然具有各不相同的宇宙观，但在 20 世纪 20 年代，在怎样进行中国民主革命的问题上，却达到了基本一致的结论。这是因为，孙中山在不断失败的经验中终于体会到，在帝国主义和封建主义压迫下的中国，资产阶级民主共和国的理想是难以实现的，因此，他转而接受了中国共产党提出的资产阶级民主革命阶段的基本纲领。

这个转变，是孙中山顺应历史发展而不断前进的第三个重要阶梯，也是他一生不断前进的一个最重要的阶梯。而集中表达这个转变的《中国国民党第一次全国代表大会宣言》，则“区分了三民主义的两个历史时代。在这以前，三民主义是旧范畴的三民主义，是旧的半殖民地资产阶级民主革命的三民主义，是旧民主主义的三民主义，是旧三民主义。在这以后，三民主义是新范畴的三民主义，是新的半殖民地资产阶级民主革命的三民主义，是新民主主义的三民主义，是新三民主义”①。

孙中山的新三民主义，是联俄、联共、扶助农工三大政策的三民主义。孙中山曾明确地说明，他的三大政策是实行新三民主义的唯一方法。他强调，三民主义和三大政策是不可分割的，它们合在一起才是对他的新的革命政治纲领的唯一“正确解释”。

孙中山的新三民主义的各项主张和中国共产党在民主革命阶段上的政纲，基本上是相同的。因此，新三民主义就成为中国共产党和孙中山的国民党合作的政治基础。

三大政策的确定和新三民主义的提出，是经过了激烈的斗争的。国民党中数量不小的一批右派分子，以张继、居正、邓泽如、冯自由等为首，竭力反对孙中山的三大政策和新三民主义。在国民党一大召开前夕，他们就屡次向孙中山进言，反对共产党员加入国民党。在会议期间，他们又别有用心地提出所谓“反对党中有党”的提案，企图排挤和打击真诚同国民党合作的共产党员。李大钊等严肃地驳斥了这种破坏统一战线的谬论。

对于右派分子的反对和破坏，孙中山的态度是坚决的。当时曾任国民党中央候补执行委员的林伯渠同志，在孙中山诞辰九十周年纪念会上的讲话中生动地讲到这一点：

> 顽固分子坚决反对中山先生的新政策。他们宁愿革命失败，宁愿中国继续做帝国主义的半殖民地，也要反对共产党。同这些顽固分子相反，中山先生决不甘心革命的失败。他认定中国共产党是使中国革命获得发展的力量，不同这个力量合作就得不到中国的解放。他斥责坚决反共的顽固分子说：“你们不同共产党合作，我就解散国民党，加入共产党。”他问那些顽固分子说：“你们仍旧反对同共产党合作么？”顽固分子回答说，他们不肯放弃自己的主张。中山先生就毫不迟疑地对他们说：“那么好，开除你们的党籍！”②

---

① 毛泽东：《新民主主义论》。

② 《人民日报》，1956年11月12日。

除了那些公开反对改组国民党、反对国共合作的人以外，还有一些人则采取阳奉阴违的策略，暗中反对，如胡汉民、汪精卫、邹鲁等就是如此。对于这些人，孙中山也是有所了解和警惕的。在一封信里，孙中山写道："今日革命非学俄国不可，而汉民已失此信仰。……精卫本亦非俄派之革命。……汉民、精卫恐皆不能降心相从。"

孙中山是这样勇敢和坚定，他完全不理睬国民党内部右派分子种种公开的阻挠或暗中的破坏，昂首阔步地在新的革命道路上奋勇前进！他充满着必胜的信念，响亮地宣布说：

> 此次我们通过宣言，就是从新担负革命的责任，就是计划彻底的革命。终要把军阀来推倒，把受压〈迫〉的人民完全来解放，这是关于对内的责任。至对外的责任，有要反抗帝国侵略主义，将世界受帝国主义所压迫的人民来联络一致，共同动作，互相扶助，将全世界受压迫的人民都来解放！（600页）

三、北上前后

孙中山和中国共产党之间的具有伟大历史意义的合作关系的建立，开始了孙中山革命事业的一个新时期。

首先，在共产党的大力帮助下，孙中山创办了黄埔学校，建立了革命军队的基础。在这所革命军事学校里，建立了党代表制度和政治工作制度，担任政治部主任的著名共产党人周恩来对学校的创建和发展做出了重要的贡献。黄埔军校培养出来的革命军事人才，在第一次大革命中曾经起了重要的作用。

其次，在孙中山"扶助农工"政策的推动下，特别是在中国共产党的直接领导下，工农运动也日益开展起来。国民党改组后，在各级党部中设立了工人部，领导开展工人运动。1924年7月，在广州爆发了著名的"沙面大罢工"，这次罢工的矛头针对着帝国主义，罢工坚持了一个多月而胜利结束，成为工人运动开始高涨的标志。

在工人运动迅速发展的同时，广东的农民运动也积极开展起来，全省有二十余万农民建立了农会组织。发动起来的工农群众，还建立了自己的人民革命武装——工团军和农民自卫军。

孙中山在蓬勃发展的工农运动面前感到无比的欢欣鼓舞。宋庆龄回忆说，当1924年7月召开广东全省第一次农民大会时，她和孙中山眼见许多衣衫褴褛、赤脚背筐的农民神采奋发地从各乡步行了好几十里路来到广州，参加大会，孙中山兴奋和感动地说："这是革命成功的起点!"①

但是，正当广东的局面呈现一种欣欣向荣的景象，革命形势日趋高涨的时候，帝国主义却由于恐惧而加紧了对中国革命的干涉，它们处心积虑地要扼杀和颠覆这个刚刚诞生的革命政权。

首先是在广东有着特殊势力的英帝国主义，千方百计地怂恿和支持陈炯明向广州进攻，它"从香港暗输军械给陈炯明，以香港为陈炯明阴谋密探的中心地，想颠覆广州革命政府，根本铲除中国的民族革命运动"②。孙中山坚决地派兵东征，使得英帝国主义利用陈炯明进攻广州的阴谋计划遭到了失败。

接着又发生了所谓的"截留关余"事件。原先，在军政府时期，广东海关的税收，除了偿付一部分外债利息之外，余款系按比例分别交给军政府和北京政府的。但现在管理广东海关的英国人却把关税余款悉数交拨北京的军阀政府，英帝国主义企图用这个办法在经济上扼杀广东的革命政权。孙中山对此提出了坚决的抗议，他庄严地声明："中国海关始终为中国国家机关，本政府辖境内各海关，自应遵守本政府命令。且关税之汇交北京，不啻资助其战费，以肆其侵略政策。"他指出，如果英帝国主义不改变这种做法，革命政府就要截留关余，收管海关。这时，帝国主义立刻赤裸裸地露出了它们的凶恶面目，在北京的所谓外交团竟然在1923年12月集中了二十余艘军舰（其中有英舰四艘，美国、法国各两艘，日本一艘），驶进黄埔，进行武力威胁。孙中山虽然

---

① 宋庆龄：《为新中国奋斗》，6页。

② 《孙中山辛亥革命后之第二功绩》，载《向导》，第107期。

一再表示了截留关余的决心，但终因帝国主义的武装干涉而未获结果。

但是帝国主义并不就此歇手。它们又进一步策划更大的阴谋，煽动广州的商团武装进行反革命叛乱。

商团本是广东商界维持商业秩序的一个自卫组织，但这时它却操纵在反动的买办阶级手里。它的头头是英国汇丰银行广州分行的买办、入了英国籍的中国人陈廉伯。英帝国主义居心叵测地对陈廉伯说："如果你能够运动商团反对政府，我们英国便帮助你组织商人政府。"英帝国主义的走狗陈廉伯当然是唯命是从，便积极地展开了反革命活动。他一方面将商团的组织扩大到广东所有的城镇，一方面又与农村中欺压农民的地主武装民团勾结起来。同时，又用英帝国主义供给的金钱向外国大批购买军火，私自运入广州，准备一旦时机成熟，就要将革命势力"一扫而空"。

正当商团的反革命阴谋日益显露之时，广州革命政府在1924年8月11日查获了商团私运入口的大批枪械，计长短枪一万支、子弹三百万发。孙中山立刻下令将这批军火扣留。

陈廉伯一面组织了一千多商人向孙中山请愿，要求发还枪械；一面煽动各地商人罢市。到8月下旬，先后实行罢市的达一百多个城镇，广州各大商号竟然无耻地悬挂起英国国旗。商团还紧张地集结队伍，准备向革命政府进攻。在这种情势下，孙中山立即宣布陈廉伯的罪状，下令通缉，同时调动军队，准备武力镇压。

在革命和反革命双方剑拔弩张、一触即发之际，英帝国主义干脆从幕后走向幕前，公然出面干涉。8月28日，九艘英舰开到白鹅潭，将大炮指向中国战舰。次日，英国总领事致书广州革命政府，威胁说"中国当局"如不妥协，英国海军将"立即行动"。

对于孙中山来说，这是一个严重的考验。孙中山经受住了这个考验，在广大革命群众热烈支持之下，于9月1日发表了对外宣言，坚决地申斥了英帝国主义的猖狂挑衅。宣言中说：

> 盖帝国主义所欲毁坏之国民党政府，乃我国中唯一努力图保持革命精神之政府，乃唯一抗御反革命之中心，故英国之炮

欲对之而发射。从前有一时期，为努力推翻满清；今将开始一时期，为努力推翻帝国主义之干涉中国，扫除完成革命之历史的工作之最大障碍。①

在孙中山义正词严的立场面前，英帝国主义终于不敢做进一步的行动，它公开进行武装干涉的阴谋被粉碎了。

商团的反革命活动，也得到了国民党右派的暗中支持。他们有些人是“阳拥政府，阴护商团”；有些人是“犹疑妥协，居中取巧”；有些人是“名为调停，实则怂恿”。由于右派的百般阻挠，广州革命政府没有能利用有利时机迅速镇压商团武装，结果是助长了反革命气焰，使广州局势处于异常危急之中。

10 月 10 日，商团猖狂地开枪射击庆祝游行的队伍，当场死伤百余人。接着，他们更肆无忌惮地在广州市街上横冲直撞，到处张贴反革命告示和标语，攻击共产党，诋毁苏联，号召推翻革命政府，要求孙中山下野。到 14 日晚上，商团竟包围了政府各机关，并居高临下，开枪射击。

中国共产党坚决主张立即对商团的反革命叛乱严加镇压。在共产党领导下，革命的工农武装工团军和农民自卫军纷纷表示坚决支持革命政府。孙中山接受了中国共产党的正确主张，当机立断，下定决心“立即起义杀贼，绝无反顾”，“誓必尽灭省中之奸兵奸商，以维持革命之地盘!”

14 日晚上，政府军队在工农武装的帮助和配合下，与商团展开了激战。只在几个小时之内，商团便被击溃。15 日黎明，反革命叛乱迅速地被平定了!

这是一个巨大的胜利。它粉碎了帝国主义的挑战，巩固了广州革命政权。

商团事件期间，孙中山曾决定再一次出师北伐。在《北伐宣言》里，孙中山指出，这次北伐的目的“不仅在推倒军阀，尤在推倒军

① 《孙中山选集》，2 版，941 页。

阀所赖以生存之帝国主义”①。

但是这时孙中山所能真正加以依靠的革命武装还是很小的。黄埔军校初创不久，力量不大，广东的主要军队仍然是只加收编而没有经过根本改造的军阀部队。再加上革命的后方正处于不稳定的局面，因此这次北伐仍然没有取得什么结果。

孙中山这次北伐的直接目标，本来是想讨伐窃据北京政权的直系军阀曹锟、吴佩孚的势力，不料孙中山的讨伐没有成功，曹、吴却在全国人民反对浪潮的冲击和军阀的内部争斗中倒台了。1924年9月，张作霖出兵进攻曹锟、吴佩孚，爆发了第二次直奉战争。直系将领冯玉祥受革命高涨形势的影响，倒戈反直，发动了“北京政变”，曹、吴的统治宣告瓦解。“北京政变”后，政权重新落入段祺瑞手里。冯玉祥提出邀请包括孙中山在内的各方人士到北京商讨时局问题。在中国共产党的建议和支持下，孙中山决定离粤北上。但是，孙中山的这一次北上同民国初年应袁世凯之邀北上，情况已有了根本的不同，因为这一次北上的目的，不是为了与军阀势力妥协而是为了与军阀势力进行斗争，为了“宣传革命主义”。

1924年11月10日，孙中山发表了《时局宣言》，重新申述了改组以后国民党的对内对外政策，并号召举行由人民团体直接选出、能够代表人民意愿的国民会议，以解决中国政治问题。

1924年11月13日，孙中山起程北上。

孙中山离粤之后，经香港、上海，取道日本，于12月4日抵达天津。一路上，孙中山不论在演讲、谈话还是在函电中，反复强调的都是反对帝国主义和封建军阀，其具体目标就是召开国民会议和废除不平等条约。例如，在上海的一次记者招待会上，孙中山说：“中国现在祸乱的根本，就是在军阀和那援助军阀的帝国〈主义〉。我们这次来解决中国问题，在国民会议席上，第一点就要打破军阀，第二点就要打破援助军阀的帝国〈主义〉。打破了这两个东西，中国才可以和平统一，才可以长治久安。”②

---

① 《孙中山选集》，2版，944页。

② 同上书，964页。

孙中山并没有存在过多的幻想。他清楚地知道他的这些主张，“段祺瑞、张作霖辈必不赞同”。但重要的问题是以此向人民宣传，激发人民的斗争意志。果然，全国各地的人民对孙中山的主张表示了热烈的支持。在孙中山北上期间，广州、上海、南京、北京、天津、济南、青岛等各大城市和湖南、湖北、安徽、浙江等省的人民团体，纷纷发表通电，拥护孙中山的主张，并分别成立了“国民会议促进会”。

决心与全国人民为敌的封建军阀，一面赶紧筹备御用的主要由军阀政客参加的所谓“善后会议”，以抵制孙中山提出的“国民会议”，一面在 12 月 7 日由段祺瑞发表《外崇国信宣言》，表示尊崇不平等条约，以抵制孙中山提出的“废除不平等条约”的主张。

12 月 14 日，段祺瑞派代表到天津去迎接孙中山。孙中山坚决拒绝参加“善后会议”，并且正颜厉色地对迎接他的代表说：“我在外面要废除不平等条约，执政府偏要尊重不平等条约。你们要升官发财，怕外国人，又何必来欢迎我?”

孙中山在帝国主义和封建势力面前岿然不动。反动派不论是用军事威胁，还是用政治欺骗，都不能使孙中山有任何的动摇。可惜的是，病魔却在这时损害了这位坚强的革命战士，孙中山病倒了。

四、永生

孙中山在广州尚未北上之前，身体就不很健康，但他为了人民革命事业，仍然抱病北上。由于旅途的劳顿和紧张的工作，他的肝病发作了起来。到 1924 年 12 月，他的病情已经很严重，医生都劝告他，假如再不摒除一切，悉心治疗，就很危险。然而孙中山却仍然没有一刻放松革命工作。

他的病情一天天恶化，12 月 28 日，只得从天津进入北京就医。经过了三个多月的治疗，终于没有能够挽救住这个可贵的生命。

1925 年 3 月 12 日，这位伟大的中国人民革命的儿子与世长辞了！

在弥留之际，孙中山忍受着濒死的苦痛，不断地喊着："同志啊！继续我的主义！以俄为师！"他并且意味深长地向周围的人们说："我死了，四面都是敌人，你们是很危险的。希望你们不要为敌软化。"最后，在一声声渐呼渐弱的"和平……奋斗……救中国！"的喊声中，闭上了他那明澈锐利的双眼。

孙中山的一生，是伟大的革命家的一生，"他全心全意地为了改造中国而耗费了毕生的精力，真是鞠躬尽瘁，死而后已"①。

孙中山是勇敢的。他始终站在时代的前列，为着祖国的进步和人民的幸福而战斗。不论在他面前的敌人暂时看起来是何等强大，只要他确切认识到这些敌人是祖国进步的障碍和毒害人民的蠹贼，他就毫不迟疑地与之坚决斗争。正如他自己所说的："吾志所向，一往无前！"

孙中山是坚强的。不论在革命过程中遇到何等严重的困难，严重的挫折，甚至严重的失败，他从来不动摇对事业的信念，从来不丧失必胜的信心。

孙中山是谦虚的。他热爱学习。他自己说过："我一生的嗜好，除了革命之外，只有好读书。我一天不读书，便不能够生活。"他不断地寻求真理，在真理面前，他毫不犹豫地抛弃陈旧的观念。正因如此，他就能够使自己的主观认识紧紧跟上客观形势的发展，不断前进。

孙中山在他心脏停止跳动前的最后一分钟还没有忘怀人民革命事业，他在留给人民的最后遗言中总结他一生的斗争经验，殷切地嘱咐说：

> 余致力国民革命凡四十年，其目的在求中国之自由平等。积四十年之经验，深知欲达到此目的，必须唤起民众及联合世界上以平等待我之民族，共同奋斗。②

---

① 毛泽东：《纪念孙中山先生》。

② 《孙中山选集》，2版，994页。

孙中山在他心脏停止跳动前的最后一分钟还没有忘怀他与伟大苏联人民的深厚友谊，他在《致苏联遗书》中写道：

> 我在此身患不治之症。我的心念此时转向于你们，转向于我党及我国的将来。
>
> 你们是自由的共和国大联合之首领。此自由的共和国大联合，是不朽的列宁遗与被压迫民族的世界之真遗产。……
>
> …………
>
> 亲爱的同志，当此与你们诀别之际，我愿表示我热烈的希望，希望不久即将破晓，斯时苏联以良友及盟国而欣迎强盛独立之中国，两国在争世界被压迫民族自由之大战中，携手并进以取得胜利。①

孙中山知道“革命尚未成功”，但是他坚信，只要继续战斗，黑暗就会过去，“不久即将破晓”。历史发展的进程完全证实了孙中山的预言。

孙中山的逝世，引起了全国人民的同声哀悼。在北京，几十万人民向孙中山的遗体告别。在全国各地，则有更多的人为孙中山举哀追悼。据当时的记载，“各省都市以及边远特别区，无一不有民众自动举哀，自动开会追悼，参加追悼会之人数，自数十百以至十数万，几可视各地人民之多寡而定其人数之多寡”②。

孙中山的逝世，也引起了国际工人阶级和进步人民的哀悼。俄共（布）中央在致国民党中央执行委员会的唁电中说：

> 孙中山的伟大事业是不会和孙中山一同死去的，孙中山的事业将活在中国的工人和农民的心里，而使中国人民的敌人发抖。③

中国共产党中央委员会在《为孙中山之死告中国民众》书中说：

---

① 《孙中山选集》，2版，995页。

② 《人民对孙中山的悼念》，载《人民日报》，1955年3月12日。

③ 《斯大林全集》，第7卷，45页。

> 全中国的民众啊！为中国民族自由而战的孙中山先生死了，我们急须以猛烈的行动告诉全世界帝国主义者及其工具——中国军阀：全中国为自由而战的民众是不死的呵！①

是啊，孙中山虽然死了，人民是不死的！孙中山的革命精神在人民中间也是永远不会泯灭的！

毛泽东同志说："现代中国人，除了一小撮反动分子以外，都是孙先生革命事业的继承者。"②

中国人民在中国共产党的领导下，完成了孙中山没有完成的民主革命，并且把它发展为社会主义革命。中国人民就是用这样的斗争和努力，来继承和发展了伟大先驱者孙中山的革命事业。

孙中山永远活在中国人民心里！

---

① 《向导》周报，第107期。

② 毛泽东：《纪念孙中山先生》。

太平天国社会风情

李文海、刘仰东著，北京，中国人民大学出版社，1989。

转换一个视角
——代序

在文化史和社会史的研究开始日趋热闹的当口，我们写作了这一本主要是描述太平天国统治区社会习俗和风土人情的小册子，实在很有一点“赶时髦”的嫌疑。永远不要落后于时代潮流，这本来是一个革命者起码应具的品质；但一味地甚至是一窝蜂地“赶时髦”，却并非一种应该提倡的社会心理。每当读到某些如鲁迅所说永远“髦得合时”的名家的大著，尽管讲得头头是道，心里却总不免对其高论打一点折扣。推己及人，我也就很怕别人把自己看作时髦派的一员。于是，觉得有必要对这“赶时髦”的嫌疑洗刷一番。理由也很简单，因为这本小册子的写作，肇端于五年以前，那时，文化史也好，社会史也好，都还没有“热”起来。

1983 年夏天，我利用暑假，写了一篇题为《太平天国统治区社会风习素描》的文章，后来发表在《太平天国学刊》第 3 辑上。发表前，有一两位看到初稿的朋友，认为这个题材比较新颖，很可以把它扩充成书。人总还是听顺耳的话容易，虽然只是一两个人说了一两句也许只不过是普通的客气话，自己便欣然同意，决心一试。不料，决心刚下，我的工作却有了变动，上班时间必须用全副精力去处理各式各样的杂务，历史研究变成了“业余的业余”的爱好。眼看由自己来完成这个计划是不行了，我便找到仰东同志，问他肯不肯合作。仰东爽快地答允了。说是“合作”，实际上，从原来的文章扩充成为书稿，却全是仰东独力完成的，我只是在最后做了一点文字的润饰和修改。因此，这本小册子的最主要的劳动应该说是仰东付出的。

那么，当初为什么要写那么一篇有关太平天国统治区社会风习的文章呢？

近年来人们在对史学研究的状况进行回顾和思考时，常常发出这样一个批评：以往对于统治阶级人物及其活动研究得太少了，学者的兴趣过多地集中在农民或者资产阶级的反封建斗争上。这个批评是有根据的。以中国近代史为例，太平天国运动是中华人民共和国成立后发表论著最多的一个领域，似乎正可以提供一个证明。有些人把产生这种偏颇的原因归咎于过分强调了马克思主义的阶级斗争观点，其实，这恰恰是极大的误解。恩格斯在专门阐述马克思的“新的历史观”即唯物史观的一段话中说，这种历史观证明了“过去的全部历史都是在阶级对抗和阶级斗争中发展的”①。“为什么会这样呢？这只是因为在人类发展的以前一切阶段上，生产还是如此不发达，以致历史的发展只能在这种对抗形式中进行，历史的进步整个说来只是极少数特权者的事，广大群众则不得不为自己谋取微薄的生活资料，而且还必须为特权者不断增殖财富。”② 如此说来，我们对于那些对“历史的进步”起着重要甚至是主要作用的“极少数特权者”的忽视和冷漠，与其说是坚持了唯物史观，不如说是背离了它。

但问题还有另外一个方面。过去相对地忽视了对于统治阶级的研究，但是否说，对人民群众，对历史上普通老百姓的普通生活，已经给予足够的注意了呢？也不是。在这一方面，研究也是相当薄弱的。

仍然以太平天国史的研究为例。太平天国定都天京以后，在一些地区先后建立了相对稳定的统治。太平天国政权对这些地区的统治，短则数月，长则几年甚至十余年。那么，在这样一段时间里，当地人们（当然是各色各样包括不同阶级、不同社会地位和不同政治态度的人们）的社会生活是怎样的呢？太平天国为他们提供了一个什么样的生活环境呢？这一场被某些封建统治者形容为“天崩地坼”的大风暴对人们日常的、普通的生活习俗和生活方式发生了些

①② 《卡尔·马克思》，见《马克思恩格斯全集》，中文1版，第19卷，123页。

什么样的影响呢?

对于这些饶有趣味的问题，却似乎没有得到研究太平天国史的学者足够的注意。有一些论著触及了太平天国统治区的经济生活和政治生活的某些方面，但社会生活的更广阔的领域，却一直在很大程度上被摒斥于研究视野之外。这种情况不能不使人感到遗憾。列宁说过:“唯物主义者即马克思主义者是最先提出不仅要分析社会生活的经济方面而且必须分析社会生活的各个方面这一问题的社会主义者。”① 马克思甚至认为:“现代历史著述方面的一切真正进步，都是当历史学家从政治形式的外表深入到社会生活的深处时才取得的。”② 这两段话至少足以表明，对于那些看起来似乎细小甚至有点琐碎的普通老百姓的生活世态和习俗的研讨，不仅不悖于唯物史观，其实倒反而是唯物史观本身的要求。

一定历史时期的社会风情，像一面多棱镜一样，虽然片断、零散，却能够从不同侧面和不同层次反映出那个社会的某些真实面貌。研究太平天国统治区的社会风情，自然也会有助于对太平天国运动本质的了解。当时人对这一点是看得很清楚的。呤唎就曾经说过，他同他的“所有友人和熟人”最初正是根据“亲眼见到”的“太平天国的生活和风俗”来认识和判断这场运动的。③ 一些外国侵略者在派人到天京去时，也反复强调要注意搜集“关于你们所通过地区的居民或占领者的职业、服饰、食物、家庭和社会习惯、教育和性格等情报”④。而那些顽固坚持清朝封建统治立场的人，则把太平军占领后带来的风俗的变化看作心腹大患，常熟的封建文人龚又村在《自怡日记》中就记他和朋友们在一起谈论，“谓吾邑若复，粮额也要变，文体也要变，风俗也要变”⑤。从这些出发于不同目的的议论

---

① 《什么是“人民之友”以及他们如何攻击社会民主主义者?》，见《列宁全集》，中文1版，第1卷，141页。

② 《马志尼和拿破仑》，见《马克思恩格斯全集》，中文1版，第12卷，450页。

③ 参见呤唎:《太平天国革命亲历记》(上)，298页。

④ 《麦华陀等一八五四年六月访问天京文件辑录》，见《太平天国史译丛》，第1辑，4页。

⑤ 《太平天国史料丛编简辑》，第4册，459页。

中，都可以看出当时人们对社会风习的重视。

我们太习惯于从政治的角度去观察和分析历史事变了。这本小册子不过是想转换一个视角，从这个角度，也许可以看到某些以往未曾见过的历史面貌。

文海

1988年10月3日于西苑

宗教活动

传统的宗教心理——席卷而过的拜上帝风暴——化神奇为腐朽——佛门魔力

太平天国运动的创始人和领导者洪秀全，是凭借神的魅力，通过宗教门槛走上封建统治秩序的叛逆之路的。自从他创立了拜上帝会之后，这种中国老百姓非常陌生的宗教形式，一度吸引了成千上万的信徒，在那场天翻地覆的农民战争中产生了巨大的精神力量。但是，洪秀全也许从来没有料到，他所宣称的全知全能的伟大上帝，在太平天国统治区域却遇到了强劲的天敌。那便是佛祖释迦牟尼。

事情得从更远的时候说起。

汉代传入中国，在魏晋年间大规模展现出佛陀世容的佛教，几乎一直在长江中下游流域延展不衰，形成传统的根深蒂固而广为人们信奉的宗教体系，直至太平军的到来。

佛教自印度经中国西部跃入内地后不久，马上遇到了大分裂、大动荡的有利机会，于是，在支离破碎的魏晋南北朝迅猛、广泛、深入地传播开来。当时，我国佛门事业的先驱纷纷西行探经，大量经书被翻译过来，气势恢宏的寺庙建筑群落也开始出现；佛教甚至被某些政权宣布为国教，地位无可动摇；以至于成为一代帝王的梁武帝萧衍，竟然要三次舍身佛寺，甘愿丢掉王冠而去做释迦牟尼的虔诚弟子。难怪晚唐诗人杜牧大为感慨："南朝四百八十寺，多少楼台烟雨中。"凑巧的是，这"多少楼台"，恰恰大都坐落在后来的太平天国统治区域。梁朝时，确也有人做过统计："都下佛寺，五百余所，穷极宏丽。僧尼十余万，资产丰沃。所在郡县，不可胜言。"①

① 转引自范文澜：《中国通史简编》（二），436 页。

可见，在南朝，佛教已显示出社会化的大趋势，进入了“大多数人去皈依佛宗”① 的时代。

既然南京的栖霞寺、杭州的灵隐寺、无锡的惠山寺、镇江的甘露寺等香火不绝，那些参禅念经的和尚、烧香磕头的百姓，就总是一代接着一代成为社会生活的积极活动者，在社会风情画中占有自己的一席之地。

确实，佛教观念在紧接着的大一统的隋唐年间不仅没有淡化的迹象，而且以更强盛的生命力，继续延伸和发展着。这时候，各种佛门宗派林立，佛书、经书铺天盖地。我们可以随手举出许多这样或者那样的现象来：据说，南天竺国（印度）僧人金刚智听说中国佛法兴盛，特意不远万里，取海道经广州到内地招收门徒；在统治者中间，隋文帝大兴佛事，隋炀帝的女儿出家苍岩山，武则天在当政以前，也有过削发为尼的经历；晚唐时代，在一次被称为“会昌法难”的大规模禁佛活动中，竟然拆除全国大寺院 4 600 所，中小寺院 4 万所，僧尼还俗者达 26 万人之多……这些现象，都有力地说明了佛教的社会化已经不仅是一种趋势，而且成为确凿的、毋庸置疑的事实了。

历经宋元明清时代，佛教的命运虽然几经周折，时起时落，然而，这种宗教习俗早已稳稳地深入民间。南宋以杭州为都城，明朝开国时定都在南京，这些后来太平天国的统治区域一直处在佛门烟火的熏陶之中。及至太平天国起义时的清王朝，乍看上去，佛教的位置似乎远不如从前的鼎盛时期，但它作为一种民间习俗所产生的能量，至少仍保持着以往的迷人风采。1689 年春天，康熙皇帝第二次南巡回到北京后，不无感慨地道出他的观感：“江南人崇信佛老者多矣!”实际上，人们的内心深处，早就习惯于遵从逢年过节、红白喜事入庙烧香拜佛的宗教法规了。

从民俗学的角度着眼，佛教最初在华夏土地上的诞生还很难说明什么。但是，一千多年过去后，当它仍然经久不衰地生存着，并

---

① 李泽厚：《美的历程》，105 页。

且走过几个朝代，走进千家万户的时候，我们有理由认为，这种宗教观念作为一股超自然的力量，已经加入了社会风俗的行列，成为人们普遍的心理依托。相当漫长的宗教岁月提醒我们，那南朝的舍利塔、隋唐的宗门、宋明的香炉、清朝的寺观……便是人们心中的佛教！

终于有一天，由于太平天国运动的勃起，长久以来笼罩在长江中下游流域的传统的宗教气氛，在一夜之间竟荡然无存，面目全非了。代之而来，掠过江浙大地的，是一股强劲的“拜上帝风暴”。

人们清楚，太平天国运动是一场急风暴雨式的反对现存封建统治秩序的政治和军事斗争，它所采取的一切形式的方针政策措施都符合这个前提，宗教形式更是一个重要的方面，许多研究者对此做过大量的、有见地的探讨。然而，我们最终要寻求的目标却不在这里，我们只是想在社会风习的范畴之内，回溯和考察太平天国统治地区普通老百姓的宗教生活。

起义之前，洪秀全在几番投考落第的潦倒之中受着一本基督教小册子的影响，开始致力于他毕生的抱负。他和他的战友在广西紫荆山一带创建了著名的拜上帝会，作为他们发动起义的组织核心。在此前后，洪秀全还创作过多部宗教作品，为拜上帝会奠定了指导思想。这个宗教团体明显受着基督教教义的影响。但是，由于洪秀全等人对西方宗教的一知半解，他们的基督教知识同样很不充分、不健全、不系统。对于这一点，一些熟谙基督教的西方人后来曾做过比较恰当的评述。英国教士维多利亚就认为拜上帝教教徒“没有灵性上的教导，不懂祈祷和礼拜的仪式……对于圣餐礼、基督教圣职和教会组织等等，没有明确的观念和清晰的知识”①。亲身参加了太平天国运动的另一位英国人呤唎也表示出类似的看法：“他们遵守了并举行了基督新教的一切主要圣礼，由于他们是根据自己的理解去解释的，所以有些正确，有些却是不正确的。不幸，他们并未正确地理解圣餐。”② 既然这样，他们的宗教活动形式必然既包容某些

① 《太平天国革命亲历记》（上），116页。

② 同上书，251～252页。

基督教因素又夹杂着某些中国宗教的成分。不错，有人比较详尽地描述过他们不伦不类的宗教活动：

> 广西教徒聚集礼拜时，男女分座，先唱一首赞美上帝诗。毕，由主任人宣讲上帝之仁慈，或耶稣之救赎大恩，及劝诫人悔改罪恶，勿拜偶像，真心崇事上帝。凡有人皈依教道者，即施以水礼，不问其受教日期之长短也。洗礼仪式如下：在神台上置明灯二盏，清茶三杯，大概所以适应中国人之观感也。有一张忏悔状，上写各受洗礼者之姓名，至行礼时由各人朗诵读，乃以火焚化使达上帝灵鉴。乃问求礼者："愿不拜邪神否？愿不行恶事否？愿恪守天条否？"各人悔罪立愿毕，乃下跪，主任人于是由一大碗清水中，取水一杯灌于受洗者顶上，且灌且喃："洗涤从前罪恶除旧更新。"行礼毕，新教徒起立，将清茶饮了，并以碗中清水自洗心胸，用以表示洗净内心也。彼等又常到河中自行沐浴，同时认罪祈祷上帝赦宥。已受洗之徒即可领受各种祈祷文，于早晚及进膳时念之。①

我们看到，某些西方宗教形式诸如赞美诗、祈祷、忏悔、洗礼被极不规范地纳入拜上帝教的宗教仪式，而基督教仪式中最为关键的两项内容——守圣餐和读《圣经》，却被轻易地忽略掉了。

由于许多社会因素，这样的宗教活动在偏远的两广山区民间逐渐蔓延开来。从紫荆山一隅到广西东南的大部地区以至广东省境内，都愈来愈多地出现了拜上帝教教徒的足迹。在这个日益庞大的宗教家庭中，既有农民、手工工人，又有地主、富豪，甚至还有受着传统中国文化熏陶的读书人。他们从社会的各个阶层中走到一起，使拜上帝教的局面迅速打开。后来的太平天国杰出将领、忠王李秀成回顾说："天王（洪秀全）常在深山内藏，密教世人敬拜上帝……是以一人传十，以十传百，百传千，千传万……每村或百家、或数十家中，或有三五家肯从，或十家八家肯从。"②

---

① 简又文：《太平天国全史》，111 页。

② 罗尔纲：《李秀成自述原稿注》，80～81 页。

金田起义之后，拜上帝会的宗教信条和宗教仪式在全体太平军中仍然被奉若神明。那么，随着太平军的北进和节节胜利直至占领江南，一场骤烈的“拜上帝风暴”，在多大程度上影响着这个政权统治下群众的宗教心理和宗教生活呢？

太平天国运动的参加者和经历者中，英国人呤唎这样说过：“在他们政权统治下的所有家庭全都用《圣经》代替了佛教。”① “两千多年来的传统积习，古代圣贤的名教格言，世代相仍的放荡淫佚和偶像崇拜，全都涤除于一旦。”② 他显然是带着赞赏的态度说这番话的，而另一位中国人则带着懊丧的心情慨叹太平天国的统治弄得儒、释、道“三教俱废”③。

就这两个人的一两句话，我们似乎看到了这场风暴摧枯拉朽的力量。其实，这些话并不完全符合当时的历史实际。

确实，靠着拜上帝教起家的太平天国领导者，是想用政权的力量把拜上帝教推行到民间的。定都天京后，具有法律效用的《天朝田亩制度》就详细规定了“内外诸官及民”包括所有“男妇”及“童子”，都要从事读圣书、做礼拜、“颂赞天父上主皇上帝”等活动。“每七七四十九礼拜日，师帅、旅帅、卒长更番至其所统属两司马礼拜堂讲圣书教化民，兼察其遵条命与违条命及勤惰。如第一七七四十九礼拜日，师帅至某两司马礼拜堂，第二七七四十九礼拜日，师帅又别至某两司马礼拜堂，以次第轮，周而复始。旅帅、卒长亦然。”④《醒世文》中也有“为民务宜守本分，逆天者亡顺天存。尔们亦是爷生养，务各认识圣父亲。天父上帝当虔敬，切勿私自拜邪神”⑤ 的训诫。到了太平天国晚期，洪仁玕在1861年（咸丰十一年）发布的《喧谕众民》文告中，仍然强调凡“投诚天朝，仍为中国华民者”，都应“诚心敬拜天父上帝造化万物大主宰，切不可拜一切人

① 《太平天国革命亲历记》（上），212页。

② 同上书，243页。

③ 虞阳避难叟汤氏辑：《鳅闻日记》，载《近代史资料》，1963年第1期，111页。

④ 《太平天国印书》（上），413页。

⑤ 《太平天国印书》（下），666页。

手所做之木石死妖该杀”①。他们不厌其烦地颁布文告、诏书，一遍遍重复着内容相同的政策和规定。当然，这些还不够。

为了树立起一个上帝的形象，他们把拜上帝教的一整套宗教活动贯彻到人们的日常生活中去。太平天国初期，实行“男女分馆”的制度（我们在以后还要专门谈这个问题），“馆”中的每一个成员，每天清晨都要祈祷；三餐饭前都要在“饭主”的带领下背诵赞美诗，更主要的则是每隔七天就要做一次的“礼拜”了。“礼拜日”的前一天，“伪帅遣人负礼拜旗一面，鸣钲于市，大呼明日礼拜，各宜虔敬，不得怠慢，各馆即于是夜三更交子时后点灯二盏，供茶三杯，肴三盛，饭三盂，鸣锣集众”②。礼拜时，“几个长毛坐上头，馆内有多少人都站在二面”，然后，一起念“赞美经”“天父赞”之类，念毕，又一齐跪下，由太平军老战士默诵“悔过奏章”③，有的地方还“将洋绉褂裤付诸火，谓之缴还天父”④。“如礼拜三次无故不至，则转告伪帅斩首示众”，有时还要对人们能否背诵经句进行定期考试。这样的礼拜形式在各地并不是完全一致的，有的“坐着”，有的“跪着”，也有的“站着”，供物和念诵的经文也各有不同，但大抵总不外乎上面叙述的那样一套程序。

1855年（咸丰五年）春天，太平天国宣布取消“分馆”制度后，这种用行政命令的办法使所有城市居民都“敬拜天父上帝”的事也就随之而告终了。然而，作为太平天国首都的天京也许是一个例外，因为一直到1861年，天京城内和城外的居民，每天傍晚仍然要在天王府的锣声的召唤下一齐进行祈祷。呤唎自称目睹了这样的现象：“天王府头一道庭院中置大锣数面，每日祈祷，鸣锣为号。锣声挨户传送，直传到城中遥远的角落，再由城上的哨兵传到四郊。城内和城外乡村，人人屈膝祈祷。我经常站在古老的南京城上，夕阳的余晖在周围投下了奇异的阴影，下面发出了人民的喃喃祈祷声。”⑤不

① 《太平天国印书》（上），784页。
② 中国史学会主编：《太平天国》（三），262页，“中国近代史资料丛刊”本。
③ 《太平天国》（五），66页。
④ 《太平天国》（四），653页。
⑤ 《太平天国革命亲历记》（下），292页。

过，我们对这一段牧歌式的描写，暂时还只能抱着存疑的态度。这不仅因为它只是一个孤证，而且还因为这位好心的英国朋友，出于对太平天国运动的强烈热爱和同情，在自己的记载中时常发出一些不甚客观的夸张之词。至于在天京以外的其他城市和乡村，则任何类似这样的迹象都找不到了。

然而，太平天国政权在群众面前并没有也不可能完全收起了拜上帝的宗教旗帜。这面旗帜依然是太平天国运动的政治依托。或者说，没有拜上帝的人们，就不可能存在一个太平天国政权。于是，随着分馆制度的夭折，强制性的、大规模的、单一的宗教生活形式逐渐被各式各类的宗教宣传所替代。太平天国统治区的人们在许多场合，仍然可以强烈地感受到拜上帝的宗教气氛。

翻开太平天国文献，我们很容易注意到，在天朝颁布、张贴的大量文告中，一般总是有许多宗教语言，“凡事必称天”，就此从事拜上帝教的宣传；许多政治性的措施也往往要加上某些宗教上的论证。浙江秀水一位叫沈梓的乡绅在他的日记中记述了这样的宗教宣传，他写道：“余从白雀寺走过，见长毛有告示，系南京伪天皇规条，有十诫、十嘱、十除、十斩四十条。其说总以天主、耶稣为教主，盖教匪也。所谓嘱、诫、除、斩者，不可胜记。约略举以而言，则诫者，诫人犯教中之禁也。嘱者，劝人从其教也。除者，除去恶习，如乌烟、花酒、释道之类。斩者，斩违教者也……又有歌咒几句，叫人朔望礼拜，亦忘之矣。”① 这里记的虽然是1861年的浙江秀水的情形，却反映了太平天国统治区的一般情况。不能否认，类似的文告比比皆是，目不暇接，对拜上帝教多少起着渲染的作用。

太平天国军政官员经常要向群众“讲道理”。这种类似以后的“讲演”的说教形式，自然每每都存在甚至突出着对拜上帝的宣传。每到“讲道理”时，“必鸣金集众，筑坛场，张灯彩，鼓吹”，造成不小的声势。然后，由一位太平军老战士“升高座，论说天条……究其所述，则谓天父莫大功德……”② 沈梓在他日记的另一篇中描

① 《太平天国史料丛编简辑》，第4册，74页。

② 《太平天国资料汇编》，第2册，315～316页。

述“讲道理”的情景时也说：“所讲说者，百姓皆要敬天，所以遭难者皆不敬天所致。”① 曾经详细记述了太平天国统治区状况的《贼情汇纂》也记载：太平军每“讲道理”时，“贼目先敷衍邪教套话一番……贼目讲邪教禁令，谓之天情”②。这样的口头宣传形式或许比发布千篇一律的文告更具魅力，因为语言往往比文字更容易以生动和形象的内容扣住人们的心弦。我们应当注意到一位叫缪维廉的英国牧师的亲身体验，他说：“我有时在一天之中讲道数小时，听众甚多，且极注意……就传布于人民之间的宗教知识的总的情况看来，他们正在奠定一种宗教的基础，他们纵使不是在心里，至少也是在思想上，响应了慈悲的福音。”③ 这虽然不无夸张之处，但是，另外一些当事人的回顾，却也证实了这位英国传教士的话中并非毫无可信之点。可以这样认为，“讲道理”的形式，在特定的时间、场合和特定的条件下，有过一定的收效。

太平天国还印刷了大量的宗教宣传品，向群众广为散发。据毛隆保《见闻杂记》记载，江西丰城群众到南昌向太平军“进贡”，“送礼归者，各得书数本”，其中有《天条书》、《天父下凡诏书》、天历、《幼学诗》等，内容很多是关于拜上帝教的。④ 一位到过太平天国统治区的西方旅行者也发现那里一些地方每所房间都有他们的宗教书。⑤ 1861年（咸丰十一年）春天，缪维廉牧师在天京与太平军的一位青年战士谈话，双方进行了这样的问答：

问：“耶稣做过什么伟大的事？”

答：“救主拯救罪人，降生世上，代替罪人受难牺牲，以便拯救我们脱离罪恶与患难。”

问：“是否相信这些道理？”

答：“当然相信。”

---

① 《太平天国史料丛编简辑》，第4册，72页。

② 《太平天国》（三），267页。

③ 《太平天国革命亲历记》（下），368页。

④ 参见《太平天国史料丛编简辑》，第2册，59～60页。

⑤ 参见《太平天国史译丛》，第2辑，71页。

问：“所有的官署内全都注意教导属下的文武人员么？”

答：“是的。天京里面的每个男人、女人和到一定年龄的儿童，全都能背诵天父的赞美颂。”

问：“乡间的人民怎么样呢？”

答：“那些短发的人还没有受到充分的教导，可是圣书是发给他们了，他们可以学习。”①

1861年（咸丰十一年），距离天京的失陷已经为时不远了。我们看到，这时的太平天国对拜上帝教的宣传活动做得还是很认真的，这也同天朝最高决策者的主观意志分不开。这再一次使我们判定，只要太平天国政权存在一天，“拜上帝风暴”就不会过去。事实上，太平天国的领导人也正是倚托这样的宗教生活局面来维持他们的偶像地位。到了1864年夏天，天京城已经被湘军团团围住，内无粮草，外无援兵。当李秀成建议弃城时，却遭到洪秀全严厉的斥责：“朕奉上帝圣旨、天兄耶稣圣旨下凡，作天下万国独一真主，何惧之有？……朕铁桶江山，尔不扶，有人扶。尔说无兵，朕之天兵，多过于水，何惧曾妖者乎？”②

太平天国的统治者虽然为了推行拜上帝教而煞费心机，始终不渝，但只要我们稍稍留意一下自从太平军定都天京以后十余年的光景，就会发现，太平天国的拜上帝教政策，发生了多么微妙的变化。从开始的强制性做礼拜，到定出规条，到讲道理，最后，一般来说，只以劝诫、动员、教导和让人们学习为限，并不再强制人们直接从事具体的拜上帝活动，这样的变化意味着，一场强劲的风暴，势头渐渐减弱了。

在拜上帝会的宗教信念中，最基本和最主要的是相互关联的两个内容：一是敬拜“天下凡间大共之父”“独一真神”皇上帝，另一是不拜皇上帝以外的一切“妖魔邪神”。从当时的某些人一直到当代的少数太平天国研究者，据此而把太平天国称作“反对偶像崇拜”

① 《太平天国革命亲历记》（下），385～386页。

② 《李秀成自述原稿注》，307页。

“废除偶像崇拜”的运动，把太平天国的农民英雄称作“打破偶像主义者”，这自然是不确切的，因为上述两方面内容本来是一个问题的两个侧面，太平天国不过是要用新的偶像崇拜去替代旧的偶像崇拜而已。但我们也确实看到，在实际行动中，太平天国用于破坏旧的偶像崇拜的措施，是远远超过于建立新的偶像崇拜的努力的。其具体表现就是，对于新的偶像崇拜，除了一个短时期之外，一般只停留在文字的或口头的宣传和提倡上，而对旧的偶像崇拜的破除，却一直以军事和政治的力量强制推行。而且这样的变神奇为腐朽的大规模行动，几乎是与太平天国运动相始终的。

太平天国的领导人把反对和破坏神佛（所谓“死妖”）的斗争放在与反对清朝统治阶级（所谓“活妖”）的斗争差不多同等重要的地位。如果回顾一下太平天国的早期斗争史，可以清楚地看到在这次农民战争爆发之前，拜上帝会会众反对“死妖”的斗争，正是后来反对“活妖”斗争的先导。而当战争进行了三年之后，杨秀清在《太平救世歌》的序文中曾这样总结这一段历史：“故自金田首倡大义，万众欢腾，诛灭群妖，焚毁妖庙，扫除邪秽，尽返真醇。此数千年以来未有若此巍巍之功德也。”① 这里所说的“诛灭群妖”，是指摧毁清政府的军事力量和政治统治；而“焚毁妖庙”，则是指对佛道寺观的破坏扫荡。在杨秀清看来，这两方面是可以相提并论的，都是亘古未有的巍巍大功业。到了太平天国后期，洪仁玕仍然把反对“拜邪魔、信邪说”视作天朝新于清朝之根本所在：“干王谕曰：倘我天朝之人，仍依妖之俗例拜邪魔、信邪说，叛皇天、恃己力，一切妖样而行，又何敢自称为新乎！”②

在这样的思想指导下，太平天国在所经过和占领的城市和乡村，都雷厉风行地进行了破寺庙、毁神像的活动。这种摧枯拉朽般的情景，给当时当事的人们内心留下了深刻的、难以磨灭的印象。那些对从前的偶像一往虔诚的平民百姓甚至不敢想象，两千年以来，一代又一代人们心中的神圣象征骤然间受到如此惊人的侵害和践踏。

---

① 《太平天国印书》（上），141页。

② 《太平天国印书》（下），774页。

处在19世纪的中国人还望不见文明的曙光，他们无论怎样也不能摆脱世世代代的传统信仰，太平天国的做法无异于要拆去他们内心的精神支柱，这顿时在人们中间引起了莫大的恐慌和失落。正因如此，神庙、偶像被毁坏的时情时景，在当事人和目睹者的文章、日记、回忆录中被大量记录下来。我们按地区罗列一些记载，从中可以看出太平天国实行这一措施的普遍性、持久性和坚决性。

湖南：

自孔圣不加毁灭外，其余诸神概目为邪。遇神则斩，遇庙则烧。①

湖北武昌：

然不信诸神及浮屠氏，遇寺观辄火之，目为妖庙。②

安徽：

贼勒焚神像，藏匿者有罪。③

江苏南京：

贼遇庙宇悉谓之妖，无不焚毁。姑就金陵言，城外则白云寺、灵谷寺、蒋侯庙、高座寺、天界寺、雨花台亭、长干塔、吕祖阁、天后宫、静海寺，城内则鹫峰寺、朝天宫、十庙等处，此犹其最著者，至无名寺观则指不胜屈，间遇神像无不斫弃。④

江苏镇江：

贼于神像无不毁坏……金山、北固山梵宇甘露寺俱付一炬，万岁楼为列朝胜迹，亦成焦土。⑤

江苏无锡：

---

① 佚名：《粤匪犯湖南纪略》。
② 佚名：《武昌兵燹纪略》。
③ 储枝芙：《皖樵纪实》。
④ 佚名：《粤逆纪略》。
⑤ 海虞学钓翁：《粤氛纪事诗》。

毁保圣寺头门，坏哼哈二将之像。①

江苏苏州：

及贼入城，庙宇寺院神像，莫不铲除。②

一切神佛庙宇，或毁或焚，无有存者。③

江苏常熟：

庵观寺院，若城中之致道观、致和观、慧日寺、方塔寺、白衣庵，及城外之破山寺、三峰寺、维摩寺、拂水寺、龙殿、小云栖寺、普福寺、普仁寺、资福寺、接待寺、新塔寺，毁坏甚多，间有存者，惟破房数间而已。在各乡镇者亦有破坏，然较之在城附郭，则大相悬殊矣。④

江苏青浦：

遇有神像则必毁坏之。⑤

浙江绍兴：

贼最恶神佛，遇祠庙，必毁，否则以刀砍塑像，或以粪污涂之，目为土妖。⑥

浙江慈溪：

见庙像辄焚毁。⑦

浙江海宁：

毁拆观庙无算。⑧

浙江秀水：

---

① 杨引传：《野烟录》。
② 潘钟瑞：《苏台麋鹿记》。
③ 王步青：《见闻录》。
④ 佚名：《避难纪略》。
⑤ 姚济：《小沧桑记》。
⑥ 王彝寿：《越难志》。
⑦ 柯超：《辛壬琐记》。
⑧ 冯氏：《花溪日记》。

又闻万寿山本觉寺被陡门长毛拆毁，将砖瓦营造土城炮台，而濮院翔云观、东岳庙等亦被长毛拆毁。①

浙江乐清：

贼毁城内神祠殆甚，仆其像，投之水火，乡村诸社庙虽未毁，然像设罕有完者。②

浙江温岭：

好纷纷改作，尽毁神庙，惟圣庙及朱子庙无损。③

江西南昌：

进外（进贤门外）如绳金塔寺、法华堂、圆觉堂、宿觉堂、百福寺、天寿寺、法云律堂、祇园庵、珠林庵，惠外（惠民门外）如圆觉寺、观音庵、西方庵，德外（德胜门外）如天空寺、泰宝寺、龙光寺、龙河寺、悦仙堂、北兰寺、药师院，章外（章江门外）如石亭寺等，类不可胜数，皆焚毁殆尽。④

江西湖口：

乡下庙宇尽行拆毁，即著百姓搬运。⑤

山东临清：

各庙神像皆毁，文庙大成殿焚，圣像及两庑木主无存者，松柏多数百年物，亦被焚枯死，各庙神像或剜目、斫手足及首，无一全者。⑥

我们仅仅列举了我们所看到记载的一小部分，但是已经可以看出，地域上由南到北，时间上自始至终，太平天国一直坚持破毁寺观神像的方针。当然，除去打破旧偶像这个最主要的宗旨外，有些

---

① 沈梓：《避寇日记》。
② 林大椿：《粤寇纪事诗》。
③ 叶蒸云：《辛壬寇记》。
④ 邹树荣：《蔼青诗草》。
⑤ 张宿煌：《备志纪年》。
⑥ 马振文：《粤匪陷落临清纪略》。

太平军毁坏寺庙、神像还出于另外的目的，如江苏无锡附近的一些太平军破坏寺庙，是“因陈年墙硝可为药”①，还有的太平军“将佛像剖开，取其金宝”，有人为此赋诗感谓道：“堪叹如来高丈六，却缘怀宝破身躯。”② 也可能这不过是着眼于政治目的之外的某种意外收获，却也无疑会使太平军的这一措施显示出更大、更猛烈的势头。无论怎样，张德坚所说太平军“见庙宇即烧，神像即毁”③，杜文澜所说太平军“所过名城繁镇、梵宫宝刹，必毁拆殆尽，朱碧绀黄悉薪之，金身法相悉火之”④，以及一位参加了太平天国运动的外国无名氏所说的“一见到庙宇太平军就立刻毁掉，而且任何人不准在房屋里设神位”⑤，是完全真实的。太平天国的许多政策方针，前后常有变化，唯独于此事一以贯之，这自然是十分值得注意的。

寺庙和神像被毁，难免使人联想到赖此为生的僧人、道士的下场。有的记载说太平军“见僧道即杀”⑥，太平军“最恨僧道，见者必杀”⑦，“伪示有逢僧尽杀之说”⑧。也确有一些和尚听信这类传闻，“遇匪即逃”⑨，但这却是一种过甚其词的失实传闻。我们不仅没有看到太平天国曾经发出过“逢僧尽杀”之类的告示，也根本没有看到过滥杀僧道的具体史实。⑩ 在我们看到的记载中，有的地方僧人被太平军请去烹庖⑪，也有的地方僧人和太平军相安无事⑫。事实上，对于太平天国的统治者来说，虽然没有了庙，留着和尚也是无妨的，因为此时他们已经没有可能按照原来的身份生存下去。不过，

---

① 《太平天国史料丛编简辑》，第2册，177页。

② 《太平天国史料丛编简辑》，第6册，380页。

③ 《太平天国》（三），315页。

④ 《太平天国资料汇编》，第1册，316页。

⑤ 《太平天国史译丛》，第2辑，71页。

⑥ 《太平天国史料丛编简辑》，第6册，380页。

⑦ 《太平天国》（四），377页。

⑧ 《太平天国史料专辑》，495页。

⑨ 《太平天国史料丛编简辑》，第4册，364页。

⑩ 简又文在《太平天国全史》中也认为：“毁寺观诚有之，杀僧道则不尽然。”这个看法是实事求是的。

⑪ 参见《太平天国史料丛编简辑》，第5册，72页。

⑫ 参见《太平天国》（四），377页。

太平天国政权确实明令禁止僧道诵经念佛，也禁止群众“奉佛敬神”。《鳅闻日记》载：“不许僧道诵经拜忏，稍与争执，刀背乱砍。”[①]《劫余灰录》说：“贼禁人间僧道追荐，不许奉佛敬神，见则以香烛置之厕中。”[②]禁令的范围，甚至包括不准“民间供奉家堂、灶神”[③]，“不准以纸钱、饭菜追敬祖先”[④]，看起来，一切佛道鬼神都被打入十八层地狱，一个神奇的世界已经化为灰烬，真是相当彻底了。

可是，事情并没有这样简单。一把火可以很容易地把寺观庙宇烧个精光，一纸命令却很难将人们千百年来形成的宗教心理随意改变；毁坏泥塑木雕的神像是轻而易举的，要摧毁人们心目中具有超自然力量的神像的地位却无法一蹴而就。在那些记录太平军打破神佛偶像的文字中，没有一处带有肯定和赞赏的口吻，恰恰相反，倒是充斥着对这种行径的愤怒和谴责。可以说，太平天国禁止人们“奉佛敬神”的命令，遭到了群众默默的，然而是顽强的抗拒。

太平天国的领导者显然低估了根深蒂固的传统宗教观念的影响和力量。我们在前面已经展现过这样的事实：传统宗教特别是佛教，在中国有了几个朝代千百年的历史，在群众中有着深厚而又广泛的影响。江南的“四百八十寺”足以体现出它的无可动摇地位，那无数寺庙中的香火更具有神圣的魅力。“南人信鬼神，固沿习俗……神佛塑像，吴人敬奉如生。”[⑤]其实，岂止是“南人”“吴人”而已，在全国大部分地区，不仅一般没有文化的人们，就是在封建士大夫中，许多人也满脑子神仙鬼怪、因果报应的那一套。在太平军占领常熟前夕，有人就描写了当地知识分子如何热衷于请神求仙的情景：“有读书子弟，始由扶乩请仙，联诗作对，继而妄请上界大圣大神，虔心邀福。乩判略示，疑逗天机，必倾心信感。后渐入魔道，诵经礼忏，制备庄严，练习礼仪，纠集五六十人，礼忏设醮，居然锣鼓

① 《近代史资料》，1963 年第 1 期，111 页。

② 《太平天国史料丛编简辑》，第 2 册，162 页。

③ 《太平天国史料专辑》，37 页。

④ 《太平天国史料丛编简辑》，第 6 册，394 页。

⑤ 《太平天国》（五），273 页。

钟磬，步罡踏表，儒冠道服，不知成何体统!”① 事实上，历史发展的局限性使那些“神佛塑像”如以往各个动荡或者平静、萧条或者繁盛的朝代一样，对于包括知识分子在内的绝大多数中国人来说，具有一种神秘的力量，几乎使这样一个智慧而伟大的民族都跪倒在它的脚下。因此，我们可以毫不夸张地说：在历代封建统治者的提倡下（当然这也适应中华民族的心理需要），佛教思想已经是当时社会上占统治地位的一种宗教思想。用简单的办法宣布它是荒谬的和非法的，显然不能达到取缔这种思想的目的。更何况，轰轰烈烈的太平天国运动，使当时的社会一直处在极不安定的动荡状况下，生活在惶恐和不安之中的人们不能不感受到对社会动荡的荏弱无力，也就不能不对皈依超自然的传统宗教力量产生更加强烈的愿望。

生活在太平天国统治区的人们，对统治者宣扬的拜上帝教的态度一直是冷淡的和厌恶的，根本谈不上什么热衷和虔诚，即使被强迫进行一些宗教活动，都不过随意应付罢了。安徽合肥一个叫周邦福的商人，由于识字，被太平军认作“先生”，他就自称是“敷衍抄写赞美经，教虏者念”②。这种“敷衍”的态度比较典型地反映了太平天国统治区绝大多数人对于拜上帝教的真正心理。而我们看到的一个明显的事实是，这里的人们依然用极其虔敬的心情礼神拜佛。当然，在通常的情况下，是稍为隐蔽地进行的；但也不乏公开的、明目张胆的活动，只要条件允许这样做的话。

现代学人柳亚子先生的曾祖父柳兆薰，留下了一部庞大的日记稿，他是一个目睹了太平天国运动的江南大地主，更是一个虔诚的佛教信徒。据他的日记记载，当1860年（咸丰十年）六月太平军占领了他的家乡吴江芦墟以后，他仍多次带着他的子侄至庙中敬神。下举几例。

1860年10月22日（咸丰十年九月初九）：

饭后，衣冠至本庙观音大士前、刘王神前焚香虔叩。③

① 柯悟迟：《漏网喁鱼集》，32页。
② 《太平天国》（五），68页。
③ 《太平天国史料专辑》，143页。

1861年3月13日（咸丰十一年二月初三）：

> 饭后诵经毕，率应墀、应奎衣冠至广阳庙拈香烛，至文帝、武帝前叩头拜祝，默求保佑免劫。复至观音菩萨前叩头拈香，求三十签，下下。①

同年6月20日（咸丰十一年五月十三日）：

> 饭后，不具衣冠，穿夏长衫，具蔬果、香、酒、烛至庙（按：疑为“广”字之误）阳庵叩拜文帝、武帝。今日武帝圣诞。②

1862年3月3日（同治元年二月初三）：

> 朝上，拈香烛在大厅上陈设，恭拜文帝圣诞，武帝前亦谨奉一瓣香，同供拜叩。广阳庙有土毛窟，不洁净，故于家中悬拜。③

这几则日记中，最后一次提到，因为广阳庙中驻扎了太平军（所谓“土毛”），所以只得悄悄地在“家中悬拜”了。至于平时在家里进行的佛事活动就更为经常化，他日记中最常见的词句恐怕就要算作“虔诵经咒”一类的了，宗教活动在柳兆薰的日常生活中几乎像吃饭、睡觉一样频繁和持续不断。不仅如此，他还经常“与家人谈佛理”④到深夜，认为在动荡年间还“能得在家居住，佛力护持，此福未易当也”⑤。

这样的事情在其他人的日记中同样时有所见：

龚又村《自怡日记》1860年11月26日（咸丰十年十月十四日）：

> 随兄进周神庙拈香。⑥

1860年（咸丰十年）五月：

---

① 《太平天国史料专辑》，170页。
② 同上书，191页。
③ 同上书，238页。
④ 同上书，231页。
⑤ 同上书，232页。
⑥ 《太平天国史料丛编简辑》，第4册，377页。

诣风宪城隍庙焚香。①

沈梓《避寇日记》1861年2月10日（咸丰十一年正月初一）：

老母命往圆觉庵、白雀寺、观音菩萨祠及众安桥施公祠烧香。②

这都是一些公开的拜佛活动，慑于太平军的威力而被迫关起门来的佛事就更不胜枚举了。龚又村的另一则日记则表明了群众祈神拜佛的普遍性，1862年9月15日（同治元年八月二十二日）：

今夏祀火神，家家用纸钱，予家仅香烛，今特补礼，命子代叩神前。③

在相当一些地区，僧道依然十分活跃，他们到处代人念佛诵经，设坛打醮，有时甚至忙得不可开交。《自怡日记》中就描述过1860年（咸丰十年）二月在常熟殑伽庵出现的一个罕见的拜佛场面："望日……时适缴香，众僧齐集佛前，纸镪纷投，每家分金三百二十，来焚香听法者斋厨留膳，鼓吹齐鸣，香火甚盛。"④ 日记中还提到作者之兄亡故后，曾"遣羽士唪经镇宅"⑤。《柳兆薰日记》中也提到自己的儿子病后，"请紫云庵僧代诵《金刚经》一千卷，祈求病体能愈"⑥，尽管后来这一千卷《金刚经》并没有挽救他儿子的性命。沈梓的《避寇日记》甚至讲到这样一个情况：1860年夏，太平军占领的秀水县濮院镇发生瘟疫，旧历十月"初九日，为先姊六七之期，拟邀僧礼佛，僧以镇人死者多，而佛事忙，弗能齐集而止"⑦。和尚的生意如此兴隆，这大概是坚决反对"拜一切邪神"的太平天国领导者所万万没有料想到的。

日记，通常是个人活动、思想的一种带有隐秘色彩的记录和表

---

① 《太平天国史料丛编简辑》，第4册，349页。
② 同上书，64页。
③ 同上书，459页。
④ 同上书，395页。
⑤ 同上书，383页。
⑥ 《太平天国史料专辑》，239页。
⑦ 《太平天国史料丛编简辑》，第4册，48页。

现方式。在当时，日记的作者自然不会考虑到它后来的发表和传播。因此，这些日记具有相当的可信度，比起呤唎等人的著作，它所再现的人们虔诚地笃信佛教的场面，显然要更加接近于历史的真实。

问题还远不止于此。在一些地方，人们还公开举行大规模的、有众多群众参加的敬神拜佛的宗教活动，如平时举办“佛会”，收获时敬神演剧，天旱时请佛祈雨，等等。佚名的《庚申避难日记》中，多次出现“城隍庙焰口，兴教寺亦焰口”①、“余至陶家宅佛会家吃面”②、“饭后，到元田里钱姓家为三官佛会，代伟儿烧香，缴社钱，吃面而回”③ 等记载，这是常熟的情形。《柳兆薰日记》中有“村人敬神演剧，尚有升平景象”④、“村人敬神，雅奏一日”⑤ 的记载，这是吴江的情形。《癸丑纪闻录》中则有“因旱请佛祷雨”⑥ 的记载，这是嘉善的情形。这些记载显然表明，至少在这些地区，这样一些活动是为太平天国政权所容许或者默认的。

这样的现象频繁出现，看起来未免有点怪诞，但却并不是难以索解的。太平军将士并不是生活在真空之中，他们也不可避免地受到自己生活的那个社会条件的制约。不但是大部分新战士，就是一些两广的“老兄弟”，接受具有千百年传统的释道观念也远比接受陌生的拜上帝教教义容易和自然得多。这一点，只要看看李秀成的自述就可以理解了。他在自述中多次以否定的口吻批评洪秀全“一味靠天”“认实无情”“言天说地”“具（俱）信天灵”，而在解释太平天国“除神像”一事时，他说这“是天王之意，亦是神圣久受烟香之劫数……此是先机之定数”⑦，也就是说，还是不自觉地以释道观念去解释太平天国打击释道的行动。

正因为这样，在一些地方，太平天国关于禁止人们“奉佛敬神”

---

① 《太平天国史料丛编简辑》，第4册，511页。
② 同上书，538页。
③ 同上书，549页。
④ 《太平天国史料专辑》，135页。
⑤ 同上书，143页。
⑥ 同上书，525页。
⑦ 《李秀成自述原稿注》，154页。

的政策得不到全面的贯彻，就是很自然的事了。仅仅是“弛禁”现象，似乎还不能更令人信服地表明太平天国的宗教态度的转变，问题的关键还在于，传统宗教的魅力使得不少地方的太平军乃至他们的高级领导人本身就在那里“奉佛敬神”。拜上帝教的第二号人物、经常“借天父下凡”的杨秀清，有一次率太平军进入南京真武庙时，竟也“甫登殿阶，忽匍匐仆地，战栗不能起，叩首无数”①，拜倒在佛门的脚下。忠王李秀成为祭奠阵亡的部下，“每属岁直霜降后，广召众僧，建醮追祭，躬拈香痛哭叩拜”②。这些太平天国的头面人物尚且如此，其他太平军虔诚的程度，更丝毫不比当地老百姓逊色了。

《避寇日记》中曾颇为生动地讲到一些太平军主张拆庙，而另一部分太平军又明令反对拆庙的情形。1861 年 8 月 6 日（咸丰十一年七月初一），符天燕钟良相到濮院，在翔云观戏台上“讲道理”，讲毕，问翔云观何以有几处被拆毁。当地的师帅答以是陡门太平军所拆，“钟因言日后倘再来拆，可来禀我等说”③。后来，钟果然“出令不许拆庙”④。过了一年，又有“桐乡长毛至濮院拆毁关帝庙，兼捉船。既而嘉兴伪廖天安以文书至，禁止勿毁，遂止”⑤。太平天国地方政权在这个问题上政令的不统一，正是根源于思想上的不统一。

凡是求神拜佛活动比较盛行的地方，不是得到太平军的默许，就是有太平军的直接参与。据《自怡日记》载，1861 年 9 月 12 日（咸丰十一年八月初八），有顾秋谷兄弟“建雷醮”，“表书大清咸丰”年号，被驻当地的太平军发现，“夺去铙钹等件，勒罚钱文”⑥。但太平军惩罚的是不该不用太平天国年号而仍奉清朝的正朔，却并不是反对“建雷醮”本身。因此，到了次年春天，日记中就多次出现了“殑伽庵香会，热闹似往时”“香火复盛”“诸善女喃喃拜佛”“旋过殑伽庵，适诸善女拜经，栴檀沁鼻”的记载。稍为使人感到滑

---

① 《太平天国》（四），398 页。
② 《清季野史》，359 页。
③ 《太平天国史料丛编简辑》，第 4 册，72 页。
④ 同上书，156 页。
⑤ 同上书，191 页。
⑥ 同上书，406 页。

稽的是，为了避免太平天国政权的干涉禁阻，人们在观音大士的脑袋上缠上了一块红绢。所以日记的作者一面看到“鼓吹齐鸣、香火甚盛”，发出了“尘世久不觏矣”的欢呼；一方面又因为“恐佛遭匪毁，首缠红绢，大士亦致屈辱”，发出了“可为寒心”的慨叹。① 但缠上了红绢的观音大士，从严格的拜上帝教教义来说，毕竟还是“邪神”，并不因为略加装扮就“立地”不成“佛”了。事实表明，只要在某一点上有了缺口，群众中的习惯势力就会很快把禁令全线冲垮。

上面的材料反映了某些太平军的这样一种意向：宗教问题可以让步，但在如用什么年号、奉什么正朔这类政治问题上则不能随便。实际上，有些太平军就连这样的原则也并不坚持。《避寇日记》中讲到了这样一件事：1863 年（同治二年）春，濮院镇上发生了几次火灾。东岳庙皂班金聋子乘机放出“吾镇有大火灾”的谣言，“于是镇人皆惧，敛钱延羽士禳灾，定于廿二、三、四日设醮坛于周家场曹氏祠堂，张长毛（按：指顶天豫张镇邦）亦往烧香。廿二日，罗庵为贼火药局亦有火灾。廿四日上天表，仍书咸丰年号焉”②。

太平军为了避祸求福而礼神拜佛的事，绝不止上面一例。《花溪日记》就记有 1862 年（同治元年）浙江海宁太平军因各处“瘟疫大发，死无算”，而向神佛“祈禳”的事。③ 《寅生日录》记载吴县横泾镇的城隍庙里有“无数穹窿山道士大设醮坛，因为长发住在庙中共有八十余人，不过两旬内死去五六十人（此时瘟疫蔓延），所以众发俱有恐惧之心，以为祷此，即可免罪”④。这类事，不仅发生在中小城镇，甚至发生在如苏州、杭州这样的大城市中。据《自怡日记》，有一个名叫慧觉的僧人亲口告诉日记作者：“前寓山塘度凡庵，伪将熊病，曾来求药方，迨疾愈酬佛檀香一担、鞭爆二千，施红绫等件，致各匪信从，香筵极盛。”作者由此联系到常熟的现实说：

---

① 参见《太平天国史料丛编简辑》，第 4 册，395 页。

② 同上书，242 页。

③ 参见《太平天国》（六），707 页。

④ 《太平天国史料专辑》，428 页。

“常城匪疾亦祀神斋佛，原拟摈废纸马，各店仍卖者坐罚，至此禁弛。”① 既然自己也进行着神佛的活动，则一切关于不准“拜邪神”的禁令为之失效，当然是势所必至的了。到太平天国后期，这种情况就愈益普遍。有的材料反映，太平军甚至把过去亲手焚毁的庙宇重新修建，以供自己祈祷之用。丁葆和《归里杂诗》中谈到钱塘的情况时说：“贼见神像呼为死妖，壬癸之间（1862—1863 年），贼气已衰，贼妇仍乞佛慈，以保性命。上天竺大殿已毁，复起小殿，争相祈祷。”② 简单地把这类记载一概目之为地主阶级的污蔑之词，是未必妥当的，因为这种现象的出现，并不违背农民阶级思想发展的脉络和逻辑。

我们记述的是一场信仰风俗领域里的尖锐较量。现在看来，到了太平天国的晚期，靠强权推行下来的拜上帝教在愈来愈广泛的太平天国统治地区只能落得名存实亡的悲剧性下场，尽管太平天国的领袖曾把他们自己塑造的上帝抬到吓人的程度，而最终那个上帝还是被人们忘却了。在整个太平天国历史时期，拜上帝教毕竟无法在绝大多数人的内心深处停留片刻，烙下一道印痕。事情的结局与洪秀全等拜上帝教的忠诚信仰者美好的愿望恰恰相悖，被他们几乎毁掉了的传统宗教世界，始终为多数民间百姓的心灵所拥抱。我们知道，自从传统的宗教诞生以来，中国社会出现过无数的动荡和更迭，然而，那片神秘的信仰世界却从未遭到过另外的强权宗教的征服，太平天国领导者的这个大胆尝试，似乎是有意要来验证一下传统的宗教魅力，于是，便构成了这场信仰世界里前所未见的历史性的较量。虽然太平天国宗教政策的结局是悲剧性的，但这并不影响它在信仰习俗的历史进程中所占的特殊位置。

---

① 《太平天国史料丛编简辑》，第 4 册，450 页。

② 《太平天国史料丛编简辑》，第 6 册，461 页。

服饰装束

衣无定式——两种截然对立的审美观——易服风波——男禁蓄辫，女禁缠足

在服饰和装束方面，太平天国的领导者曾经与他们进行的伟大斗争一样施展过某种意义上的划时代的创举。然而，单就服饰而言，无论这种“创举”多么独特，多么惹人瞩目和博得慨叹，那终究还谈不上是太平军可以引为骄傲的本色。这个“拜上帝大家庭”的绝大多数成员，当初确实是穿着“破衫褴褛、衣不遮体”的老百姓本色服装在穷乡僻壤的两广山区起家的，否则，我们便很难想象太平天国的领袖会具有那么出色的号召力。接着，由于战争，由于动乱，也由于一时难以改变的积习和无知，太平军和他们的眷属在服饰打扮上一直保留着一种很随便的无定制姿态。《贼情汇纂》记载说：“贼由粤西至长沙，尚皆布衣蓝缕，缝数寸黄布于衣襟，以为记号；囚首垢面，鹑衣百结者，比比皆是；即首逆洪秀全、杨秀清等，亦止红袍红风帽而已。”① 这样的随便现象，后来竟一度发展到了不伦不类的可笑地步。太平军刚一攻克武汉，便马上被繁华的市景搅得眼花缭乱、扑朔迷离，他们见到绚丽、昂贵的服装，“虽觉华丽可喜，然多不能辨识”。于是，有人撕裂妇女的“红蓝裙裤”裹在头上，拆开“金绣挽袖”系在腰间；也有人将被面或者“西洋引花饭单”包在头上；妇女有的身穿“男子马褂”，脚踏“厚底镶鞋”，而男子则穿着女式的“阔袖皮袄”。如果得到华贵的貂狐绸缎长衣，便把它齐腰剪断，“改作窄袖小襟短袄”；得到“海龙紫貂之袖”，则用来抹桌子。② “颠倒

---

① 《太平天国》（三），172页。

② 参见《太平天国》（二），174页。

错杂，无奇不有。”① 这些描述显然是以敌对者的口吻对太平军发出的嘲弄和讥评，但却也并非夸张到毫无实际依据的程度。可以这样认为，直至占领武昌为止，太平军对于服饰同以往的农民起义者一样，很是随便，还来不及做出什么统一的规定，即使有过一些初步设想，也不可能马上付诸实施。因此，这个时期的太平天国政权在服饰上没有任何特色可言；或者说，这种在服饰上的无特色正是它的特色。那些同清朝社会风尚完全相悖的装束特征，有相当一部分是出于一种来自偏僻乡村的地方习惯罢了。

武昌之战的告捷，使太平军沿江挺进南京已经显示出不可逆转的势态。这时，军心、民心趋向安定，山里出来的战士也见过了世面，为适应建立自己的统治政权的需要，太平天国的领导者开始对军中不同地位的人在服饰方面做出一些不同的规定。正像《金陵杂记》中所说的那样：“贼陷武昌之后，舆马服饰即有分别。迨踞金陵以后，日益猖獗。”② 到了南京，这方面的规定愈来愈严密，愈来愈烦琐，甚至因此设立了“典衣衙”这样的专职机构。从袍服、靴帽的质料、颜色、式样、花式乃至长短尺寸，无不根据官职的大小定出不同的标准，这从一个侧面反映了太平天国队伍中等级分化愈来愈森严的趋势。

按照天朝这时的规矩，洪秀全和杨秀清早已卸下了当初威风抖擞的“红袍红风帽”。一般说来，被封为王、侯、国亲、丞相者，可以穿绣着金龙的缎料黄袍马褂，戴着向后垂下的黄色神帽，而“洪、杨两逆所穿衣服靴帽，自顶至足，无一不黄”③。这非常清晰地表明了太平天国统治者所崇尚的颜色，与历代统治过中国的帝王们并无二致。当然，对于另外一些资格较老的太平军，则“不论有官无官……准著黄马褂”。“自将军以下至师帅”，都穿红袍马褂，戴着“一种非常独特的华丽头饰，用红布制成，覆以金箔和刺绣”，这是一种缀有龙纹的朝帽。④

① 《太平天国史料丛编简辑》，第6册，457页。

②③ 《太平天国》(四)，638页。

④ 参见《太平天国》(二)，173~177页；《太平天国史料专辑》，63页；《太平天国史译丛》，第1辑，35页。

应该说明的是，尽管太平军迅速改变了以往在服饰问题上毫无定规的做法，为“分别职级”而制订了一系列等级分明的服饰标准，并以崭新的姿态和鲜艳的色彩展现在人们面前，但自始至终，长期的社会风尚的惯性使这支队伍一直没有机会形成固定的类似统一军服的服装式样。目睹了太平军风采的人们大都能觉察到这一点。《归里杂诗》说：“贼之服色随掳随著，未尝一定，惟额扎绸巾，腰不系带，足履花鞋，相见一跪，对食辄相箕踞而已。”①《避难纪略》说：“贼之衣服亦无定式。”②《贼情汇纂》说：“其制屡定屡更。”③《苏台麋鹿记》也说：“贼之服色，毫无定制，大略惟盘辫、裹头、短衣、散裤腿为一律，以五色绸绉条挂裤腰以矜华美。”④ 一位到过镇江和南京的外国人，也写下太平军“可以随便穿什么颜色的衣服”⑤。可见，即使在太平天国后期，太平军在服饰方面，似依然没有什么“定式”或“定制”，只是在长期的实际生活中形成了某些共同的风格，如前面提到的裹头、扎巾、短衣、花鞋之类。促使这些服饰风格形成的，不外乎以下三个因素：一是作为与旧王朝相对立的农民武装队伍的政治标志的象征；二是劳动群众传统生活方式的影响；三是适应行军打仗的战斗需要。罗尔纲先生在谈到太平军每每把地主士绅的长袍截为短袄穿着的历史现象时指出：“长衫与短衫只是衣服的两种样式，本身并没有阶级性，但是，在当时中国封建社会里，长衫是地主阶级的服装，而短衫却是农民及其他劳动者的服装。”⑥太平军改长衫为短衣，“这是一种有意识的行动，其中含有浓厚的阶级意识”⑦。这确是颇有见地的分析。

无论怎样，这时的太平军已经可以尽情地装扮自己了。不用说太平天国的领导者和高级将领，他们早就拥有最为昂贵、精美的绫

---

① 《太平天国史料丛编简辑》，第6册，462页。
② 《太平天国史料专辑》，63页。
③ 《太平天国》（三），178页。
④ 《太平天国》（五），279页。
⑤ 《太平天国史译丛》，第2辑，60页。
⑥ 《太平天国史迹调查集》，145页。
⑦ 同上书，146页。

罗绸缎和狐裘貂皮，就是中下级军官和广大的最普通的太平天国战士以及他们的家属，也一扫从前“破衣烂衫”的模样，在天京和其他一些城镇的街上，表现出独特的、斑斓的、绚丽而又令人目眩的风姿。看得出，这些有血有肉、历经了创伤和奋斗的太平军战士，一旦摆脱了因贫困、战乱而导致的衣不遮体的面貌，同样会马上萌发出一种人类不可遏抑的爱美天性。到过太平天国统治区的法国公使布尔布隆说：“他们的服装绚烂夺目。”[①] 英国人麦华陀也认为：“他们都特别偏爱绚丽夺目的颜色。”[②] 至于“脂粉艳妆”“华装炫目”“衣华服”“动则琳琅有声”之类有关太平军服饰装束的描绘，更是不绝于当时的目击者的笔下。一般说，在人们的穿戴打扮上，头部装饰往往最为丰富，太平军恰恰在发式上独具特色，这当然不意味着他们的头上还缠着“被面”和“裙裤”，那都是过去了的事情。这时的太平军全都“蓄发不剪，编成辫子，用红丝线扎住，盘在头上，状如头巾，尾端成一长穗，自左肩下垂”[③]。有时候，他们也戴一种大草帽，“装饰美丽，帽顶很小，帽边阔约一尺，使他们有一种特别华美的神采”[④]。无论戴不戴帽子，戴什么样式的帽子，他们的发式始终都保持着这样的风格，这同长期以来戴着瓜皮帽，背拖长辫，毫无特色可言的清朝臣民头部装饰相比，称得上是放出异彩了。当然，倘若以标准的审美观来审视，在颜色的对比、肥瘦长短的比例、花纹的配合等方面，太平军的衣着还很难创造出完美无瑕的谐调水准，但这毕竟显示出一种姿态、一种特色、一种前所不见的服装潮流。对太平天国抱着深切同情并亲身参加了这个运动的呤唎，就竭力盛赞太平军的服装“使他们有一种特别华美的神采”，“真是威武非凡”，“简直使人不能想象还有比这更华丽更耀目的服装了”[⑤]。但是，对于太平军的服饰，也有另外一些人似乎完全随着自己的政治态度给予了与呤唎的看法迥然不同的美学评价。被英国公

---

① 《太平天国史译丛》，第 2 辑，第 19 页。

② 《太平天国史译丛》，第 1 辑，35 页。

③④ 《太平天国革命亲历记》（上），52 页。

⑤ 同上书，52～53 页。

使包令派到天京去的麦华陀就认为，“反叛者的衣着有些特别”，帽子“极像小丑帽”，穿着“绚丽夺目的颜色”的衣服的太平军，“具有令人眼花缭乱的外观”，使人觉得“模样邋遢、粗野，乍一看很可怕”①。曾经访问过苏州的英国牧师艾约瑟也将太平军形容为“外貌粗鄙的人”，说他们“带着各种不相称的装饰在街上行走”②。一个与太平天国有着杀父之仇的地主文人，一见到“头上系黄绉纱，订帽花一朵，身上穿棉裲、棉马褂，脚上着花鞋子”的太平军，就觉得“甚为可恨”③。也有的人嘲笑“赭衣花履，窄袖宽裆”的太平军服装“有如囚样”④。

那么，被一些人誉为华美绝伦而被另一些人诋为丑陋无比的太平军服饰，对太平天国统治区的普通群众发生了些什么影响呢？在新政权下生活的人们在服饰装束方面与生活在旧政权统治下的时候有些什么变化呢？

大家知道，太平天国运动曾得到了相当一部分贫苦农民和其他下层群众的欢迎、支持。对于一些积极拥护太平天国革命的人来说，太平军的一举一动、一言一行，都具有一种新奇的、诱人的魅力。因此，在这个圈子里，太平天国的服饰也就可以最紧密地反映着人类文化和历史生活面貌，也就是说，仿效太平军的服饰装束，已经在一定的范围里成为一种时尚。《自怡日记》记载，太平军在常熟“开市颇盛，牌署天朝，掌柜者俱土人，亦辫红履朱，诩诩自得”⑤。又说：“无耻土奸，往往更换贼衣，借凌乡懦，见之可憎。”⑥ 如果透过因出于阶级偏见而使用的诬蔑性语言，我们就可以看到当时确实存在着某些人以效法太平军装束为荣的心理。这种情况在其他材料中也有反映。如《避难纪略》中就谈及有的乡官“穿着衣服与贼

---

① 《太平天国史译丛》，第1辑，35页。

② 《太平天国史料译丛》，117页。

③ 《太平天国史料专辑》，429页。

④ 《太平天国史料丛编简辑》，第4册，391页。

⑤ 同上书，397页。

⑥ 同上书，391页。

无异”，由乡官组织的群众武装“穿亦与贼同，不知者每认为城中之贼”[①]。《花溪日记》甚至说，海宁通元镇“镇人尽小帽无结，发系红绳”。太平军的服饰简直有风靡全镇之势了。

不过绝不应该夸大这种现象的普遍程度。实际上，大部分群众只是用好奇的，有时甚至是带点冷漠的神色看着太平军的服饰，而自己依然穿着祖上留下来的传统式样的衣衫，以至有些地方的太平军不得不出面干预。江苏常熟一带有个叫石龙桥的地方的太平军便制定出一项土政策，凡是从这里通过的行人，“有身穿皮马褂一件纳税或贰百，或壹百，或数十文，或二十文，总视马褂好歹，不一其价，穿皮裲者亦然；穿青布长衫者稍新十四文，旧则七文”。太平军使用“经济制裁”的手段去限制人们穿长袍马褂的旧服装，以推行适合于太平天国的服饰潮流，结果，弄得“人人回避，不过行其处”[②]。在另外一些地方，也出现同样或者类似的现象。有人将婚礼挪到半夜举行，担心“偶服礼服为贼见而劫持也”[③]；也有人在新年之际脱去节日盛装，“恐招贼怪”[④]。这种情况表明，相当一部分群众在服饰问题上也是抱着一种恋旧拒新的心态，他们为了维持旧的衣冠而宁肯躲躲闪闪以避开太平军的干预。

从正式的官方文书上看，太平天国对群众服装只有极简单的规定，这主要见诸1861年新镌的《钦定士阶条例》。这个文件详细设计了状元、榜眼、探花、武士、国士、达士、约士、杰士、俊士、秀士等的衣帽袍靴式样。除此之外，还规定：“拟民间居常所戴之帽

太平天国《钦定士阶条例》中所规定的服饰式样

	帽式	袍式	靴
状元	方翅纱帽，加镶黄玉额一个，左右插金花二枝	红色大袖	方头乌靴

① 《太平天国史料专辑》，72页。

② 《太平天国史料丛编简辑》，第4册，491页。

③ 《太平天国》(五)，321页。

④ 《太平天国史料丛编简辑》，第4册，425页。

续前表

	帽式	袍式	靴
榜眼	方翅纱帽，加镶黄玉额一个，左插金花一枝	紫色大袖	方头乌靴
探花	方翅纱帽，加镶黄玉额一个，右插金花一枝	紫色大袖	方头乌靴
武士	同榜眼、探花，仅去其帽准，换缨球一朵，色依玉色为准	大袖	方头乌靴
国士	纱帽，或天青，或乌色，后用横圆翅，前安金镶大红帽珠一颗	大袖，色青、蓝不论	方头乌靴
达士	纱帽，或天青，或乌色俱可，后用横尖翅，前安金镶红帽珠一颗	大袖，色青、蓝不论	方头乌靴
约士	角巾，或缎，或绉，可用青、红等色，后用二飘带，蓝玉方帽准在前，帽身绣花	大袖，色青、蓝不论	方头乌靴
杰士	圆巾，或缎，或绸，可用青、蓝、红色，后用二飘带，前安白玉方帽准一块，帽身绣花	大袖，色青，蓝不论	方头乌靴
俊士	方巾，或缎，或绸，皆用乌色，前安白玉方准一块	大袖，色青、蓝不论	方头乌靴
秀士	扁巾，或缎，或绉，或红、蓝、玉色皆可	大袖，色青、蓝不论	方头乌靴

皆用乌布纂帽，其富厚殷实之人，则细缎绉纱，任由自便，但不得用别样颜色，致与有官爵者相混……拟民间喜事所戴之帽形如圆月，内用硬胎，或加红额壹个；所穿之袍青、蓝、乌色为准。”① 这与《燐血丛钞》所说“民人，红巾，青、蓝、黑色衣”② 是一致的。这部《钦定士阶条例》出自干王洪仁玕等人之手，显然具有法律的权

① 《太平天国印书》（下），754 页。
② 《太平天国史料专辑》，391 页。

威约束力，它虽然对各个阶层人们的服饰装束定出一个比较细致的规范，但是我们看到，除去冠式这个太平天国历来特别注意的标志而外，在别的方面，“任由自便”“色青、蓝不论”等字眼，仍然体现着一种宽松而灵活的姿态。这个服饰式样的规定究竟是在多大程度上和多大范围内被付诸实施的，它是否为生活在太平天国统治区域的绝大多数普通群众所衷心赞许，我们还未能得出明了的印象。不过我们可以提供这样一种现象，太平天国初破南京时的装束特征和服饰规矩（其中有些一直延续到后来），曾经引起无论是诋毁还是赞誉他们的中外人士的一再关注和评说，而对于这样一个由陈玉成、洪仁玕等人起草，经过洪秀全审定的服饰章程，就从未招来某些诧异抑或赞叹的议论。也可能这样的规定与从前无异，不足为怪，或者说，这只是一个原则上的规定，群众是否情愿遵从悉听其便。但至少在我们看到的当事者的记忆中，还没有人将这个服饰规定视为一种莫大的禁锢，大概太平天国的领导者早就聪明地意识到，强加给人们一个偶像，比起强迫人们穿同样的衣服要重要得多了。

可是在有的地区，某些地方政权较之这个规定走得要更远一些，曾有以行政命令“使民间效其服饰”[①] 的做法。这就难免要惹出一些麻烦事来。在江苏盛泽，就因此发生了一场轰动过那一带的“易服风波”。沈梓在 1862 年 3 月 7 日（同治元年二月初七）的日记中，回溯了这件事情的原委：

> （同治元年）正月十二日，余在盛泽闻长毛欲改服饰，男子皆红扎巾，不许戴毡帽，女子不许著裙子。黎里已出告示，凡道里间戴毡帽则除之，拖辫发者则割之，女子曳裙子则扯之，故盛泽亦将复然。余初不信，后晤岳蓉邨，知望边果有伪文移至盛泽整顿服饰。[②]

后来，盛泽的太平军果然“纷纷除人毡帽”，以至动到“赌局巨魁”、枪船头子孙少湘的头上，孙扬言：“廉耻则尽人所有，岂得尽

① 《太平天国》（四），593 页。

② 《太平天国史料丛编简辑》，第 4 册，134 页。

人而丧之？人谁无妻孥？人谁无头足？而官绅当为百姓先，今官绅未尝尽易其服，而欲令百姓从之，不亦难乎？男子无帽，何以御寒？女子无裙，何以蔽身？此固无须易者。今盛泽绅士及军师帅若必欲易之，则请各绅士及军师帅之妻女去裙曳裤，敲锣迎于镇，令百姓见之，俾知所向，夫然而有不遵此制者，我孙少湘受其咎；若其不能，则我当先打各绅士及军师帅之家，而后及长毛。”结果，不仅盛泽地区，连邻近的“新塍、濮院”等处，也“遂无易服饰之议”。①当然，这里的情况较为复杂，因为带头阻止太平军“易服饰之议”的是枪船势力，而枪船是一支在太平天国与清朝两个政权之间首鼠两端，在实际活动中则专门残害人民的反动武装。但问题不在枪船头子孙少湘个人，而在于孙的这一段话，虽然颇带些“泼皮”口吻，却在很大程度上是符合群众心理的。因此，当这一带地区停止“改服饰”后，群众显然是大大松了一口气。

像盛泽地区这样大张旗鼓地“整顿服饰”，似乎并不多见，但禁止男子戴帽和妇女穿裙，则相当普遍。蓼村遁客写的《虎窟纪略》，是记苏州情形的，就提到太平军禁“民间戴帽”②。《柳兆薰日记》记吴江情形说，“去帽之令甚严”③。李光霁《劫余杂识》记浙江乌程情况，说太平军“不准戴小帽，只准戴半西瓜式毡帽御寒，违者究罚”④。张宿煌《备志纪年》记江西湖口情形，也提到“不许戴毡帽”⑤。而《山曲寄人题壁》则有“贼人不准穿裙，途间相遇者，尽行扯去”⑥之说。所谓“女子去裙男去帽”⑦，确实是太平天国政权对于变易群众服饰的重要内容。太平军在入天京城不久以后，抓到一个姓汪的廪生，让他脱去帽子，汪答道：“此我朝元服也，我又头

---

① 参见《太平天国史料丛编简辑》，第4册，134～135页。
② 《太平天国史料专辑》，40页。
③ 同上书，233页。
④ 《太平天国》（五），321页。
⑤ 《近代史资料》，总34号，190页。
⑥ 《太平天国史料丛编简辑》，第6册，386页。
⑦ 《太平天国》（四），737页。

冷，若何可去?”于是，被拉出城“杀于石城桥上”[1]。这种明面上顽固抗拒的现象是很鲜有的，但太平天国禁止戴帽的规定，却实在说不出多少充足的理由，在某种程度上确实影响了人们日常生活的需要。《自怡日记》的作者龚又村就因为“久苦头风”，而托别人代买过帽子，以“解首疾”。[2] 1854 年 1 月 29 日（咸丰四年正月初一），天京城内女馆里，也出现了“着裙共相庆贺”[3] 的现象，虽然妇女们后来因此受到了杖责和枷锁，但她们的愿望，却是关不住的。因此，从实施情况来看，这些命令在很大程度上是“下而不行”[4]，或者执行了一段即因难以贯彻而“寝而不究”[5]。

历史是一面复杂而又多棱的镜子。我们现在看到的太平天国统治区的服饰现象仅仅是它折射出的一道光柱，如果仅凭这些就天真地以为太平天国对于服饰装束的宽松态度使人们仍然可以遵循以往的服饰习惯和审美标准来装扮自己的话，那显然还是很不全面的，因为这样的比较灵活的态度只是体现在一般群众的服饰方面。在下面几件事情上，太平天国的态度又是十分鲜明而坚决的，绝无可以商量的余地。一件是严格禁止穿着清朝的正式官服；另一件是要求男子蓄发、妇女放足，严禁薙头和缠足。这就使得我们完全不可能再从习惯、实用、观赏或者别的什么角度去审视太平天国的服饰装束规定的缘起了，政治色彩一下子笼罩在生活的末结上，也就是说，我们遇到了直接关系到在政治上站在哪个政权一边的原则问题。

太平天国曾经在自己的正式文告中多次论说这两件事的政治意义。以杨秀清和萧朝贵的名义发布的《奉天讨胡檄》激昂慷慨地写道：“夫中国有中国之形象，今满洲悉令削发，拖一长尾于后，是使中国之人变为禽兽也。中国有中国之衣冠，今满洲另置顶戴，胡衣猴冠，坏先代之服冕，是使中国之人忘其根本也。”[6] 类似的意思，

---

① 《太平天国》(四)，698 页。

② 参见《太平天国史料丛编简辑》，第 4 册，425～426 页。

③ 《太平天国》(四)，659 页。

④ 《太平天国史料专辑》，238 页。

⑤ 《太平天国资料》，191 页。

⑥ 《太平天国印书》(上)，109 页。

曾在其他一些文件中反复申述。在向群众“讲道理”时，也常常要大谈“不许剃头，留须蓄发，复中原古制等说”①。在这些充满着反满气息的言词里，包含着明确的反抗现有统治秩序的内容，半个世纪以后，另外一个阶级的造反者又曾经提出了同样的命题和要求。吟唎说过，薙头蓄辫和翎顶衣冠确实是占据了封建王朝最高统治地位的满洲贵族强加于汉族及其他各民族的一种“奴隶标记”。② 也正如《太平天国初期纪事》的两位法国作者所说，“剪去辫子”和“脱去满洲服装”这两件事，看起来虽然简单，“其实十分严重，因为这样便犯了大逆不道的罪，这样做非有极大的勇气不可。事实上，剪去辫子等于拔刀出鞘”③。他们的意思是说，剪辫一举，无异于向清王朝统治者正式发布了一个武装反叛的政治宣言书。至于妇女缠足，那是一个非常古老的陋习了。满洲贵族的女子在入关时几乎和太平天国的妇女们同样放着天足，康熙皇帝还曾经下过“禁裹足令”，一度使汉族妇女长期以来的缠足习惯得到稍许改变。但是，一直到太平天国运动暴发时为止，缠足仍然是世代相传的占统治地位的社会习俗。现在天朝兄弟们实际上正在做着从前清朝皇帝做过的事情，尽管二者的出发点和政治含义有着完全不同的内容。实际上，这种巧合不能不说是一个历史的误会。他们把所有的在清朝政权统治下行而不禁的东西，都视为清朝固有的传统习惯，否则严厉地禁止缠足这个彻头彻尾的“中原古制”，就无从说起了。

于是，在那片本来就充满着动荡的土地上，太平军兵锋所到之处，凡见到清王朝的朝衣朝冠，必竭力加以破毁，他们宁愿穿着戏班服装出外行军打仗，也要将清朝官服“随处抛弃”“往来践踏”。而对藏有这类物件的主人，则通常要加以惩责。“贼以官为妖，见朝衣、朝冠、补褂、翎顶之类，以为妖器，人家有此服物，则蹂躏益甚。”④ “其詈本土绅士为妖，凡诰命、旗匾尽行拆毁，靴冠、袍套

---

① 《太平天国史料丛编简辑》，第 4 册，72 页。

② 参见《太平天国革命亲历记》（上），49 页；（下），574 页。

③ 《太平天国初期纪事》，34 页。

④ 《太平天国》（五），279 页。

斥为妖装，搜得科罚。”[①]“有顶戴、靴服及印封等物者，已预固藏，搜得即不免。”[②]即使并非官服，只是秀才、举人等由清政府给予功名者的法定衣冠和一些在特殊场合穿戴的礼服，也一概在禁止服用之列。《柳兆薰日记》就记载，当作者去太平军占领的梨川镇时，发现“街上衣冠不能着矣”[③]。《自怡日记》也说，1862年（同治元年）过年时，“贺岁多不衣冠，恐招贼怪也”[④]。前面我们已经提到，有些人不敢在白天举行结婚仪式，恐“偶服礼服为贼见而劫持”[⑤]。值得注意的是，能够穿得上前面提到的几种服装的人们总是极少数有钱、有势、有地位的大户人家和官僚乡绅，对于他们来说，太平天国政权禁止他们服用“妖器”“妖装”之类，是同其他政治上和经济上的打击相随而来的，正因为如此，太平天国的举措也就颇引起那些衣冠士绅们的伤心。柳兆薰有一天在晾晒被太平天国禁止服用的冠帽时，就无限感慨地说：“未识衣冠可重振否也？思之闷极。”[⑥]如果我们联想到在封建时代通常将“簪缨”“衣冠”之类冠于“望族”之前作为具有显赫身份的表征，那我们对生活在太平天国统治区的地主士绅们那种无可奈何而又愤愤不平的叹息也就完全可以理解了。

禁止妇女缠足，这个在今天看来有着百分之一百二十充足理由的主张和行动，在当时却在社会生活中引起了更加强烈的冲击波。太平天国的女战士竟以她们的天足平趟了一千年历史的禁区。一入南京城，太平天国即严令“妇女悉去脚缠”[⑦]，“违者斩首”[⑧]。起初每到夜间，由女百长到女馆“逐一查看，有未去脚缠者，轻则责打，重则斩脚”[⑨]，许多妇女因为突然解去束缚，“几不能移跬步”[⑩]。令

---

① 《太平天国史料丛编简辑》，第4册，354页。
② 《太平天国》（四），694页。
③ 《太平天国史料专辑》，165页。
④ 《太平天国史料丛编简辑》，第4册，425页。
⑤ 《太平天国》（五），321页。
⑥ 《太平天国史料专辑》，237页。
⑦ 《太平天国》（四），395页。
⑧ 《太平天国》（三），316页。
⑨ 《太平天国》（四），395页。
⑩ 《太平天国》（三），316页。

人痛心的是，绝大多数的妇女并不觉得这是一种解放，反而是在不情愿地忍受强制，这不能不成为苦难的中国人民的悲剧，连呤唎这样无限忠于太平天国的外国人也在不断地感叹着这一点。

至于蓄发之令和薙头之禁，太平天国做得更是雷厉风行。这方面的记载俯拾皆是。我们注意到，命令群众蓄发，大抵是太平军占领一个地方以后所发布的头一道公告和采取的头一个政治行动。在太平军的参加者中，一看头发的长短就足以断定出他们来自哪个地方了。对于拒绝蓄发者，太平天国在各处不断发出严惩的命令，宣布“有再剃者杀无赦”①，“新薙者锁禁治罪”②，“如有薙者或修去半段者……索取银钱”③，“凡剪发剃胡刮面……斩首不留”④。一个没有留下姓名却留下一部《庚申避难日记》的常熟人在1862年（同治元年）三月份一个月内就记述过几起“薙头”事件：

3月30日（三月初一）：

> 闻庙桥长毛不许人拖辫子，今日割去一人辫子，悬示于众。

4月16日（三月十八日）：

> 有新剃头者，有修去鬓者，押在馆中。

5月21日（四月二十四日）：

> 朝晨掳新剃发者二人，将辫子结在项家茶馆门次。

不仅常熟如此，其他地方概不例外。吴县“陆伯墓居民某剃发，至蠡墅，贼目见之，缚去欲斩首”，后来改成“杖五十棍”，“方三棍而骨已碎”⑤；浙江练市“有一乡人剃发过市”，被太平军发现，“擒至馆中，曹头目令笞之数十，其人不服，怒目相视，投之以机。曹大怒杀之，掷其首于河”⑥。这般严刑峻法的频繁出现，除了反映出

① 《太平天国》（六），783页。
② 《太平天国》（五），318页。
③ 《太平天国史料丛编简辑》，第4册，496页。
④ 《太平天国》（三），231页。
⑤ 《太平天国史料专辑》，32页。
⑥ 《江浙豫皖太平天国史料选编》，196页。

太平天国对实行这一方针的重视和坚决之外，也透露出一个讯息，表明抗拒这一措施的也颇不乏人。其中一部分当然是出于地主阶级的政治对立，但更多的一些人则是由于封建正统观念的作祟。

由于毫无保留和毫不宽贷，蓄发的潮流一泻而不能收拾，在当时人们生活中成了一件大事，最后竟然惊动了一个左右着太平天国命运的人物——杨秀清。

事情发生在天京。

在太平天国搜捕到的薙头者中，有一些是“因疮因虱”而不得不剪掉头发的。由于受到酷刑，“不得已以通大营对”。于是太平军当即又“吹号角传齐城中人等验发，凡剪发者尽锁入贡院。并传令，如各馆尚有剪发之人，不速交送至贡院，查出即杀。于是各馆纷纷送人至贡院，计男子两千余人”。不仅这样，还抓去妇女两千多人、幼童数百人。这些人本来难免杀头之祸，谁也没有料到后来会出现这样一个戏剧性的场面。有一天，东王杨秀清的“亲母”来到东王府击鼓鸣冤，“言其子因疮剪发，被锁至贡院，求释放”。听说以后的杨秀清终于勃然大怒，拍案正色道：“因疮剪发，事出有因，何至冤屈乃尔，我之舅尚然，不知冤屈多少兄弟姊妹矣!”他马上发出谕告：“果系因疮因虱，只要馆长去保，尽皆释放。”① 有了这一点灵活性，“薙发之禁”的雷厉风行的程度也就稍稍地打了点儿折扣了。

这里应该提一下关于“剃头凭”的事。蓄发既然是归顺太平天国的标志，自然也就是反叛清朝的记号。这么一来，来往于太平天国统治区和清王朝统治区的商人，就大感不便了。太平天国政权为了保护和鼓励商业发展，普遍实行发放“剃头凭”的办法。《避寇日记》云：“土人不得剃发，而商贾中有往上海、通州、海门去者，不能不剃。至从上海、通州、海门归者，短发又不便，因有向贼中说明缘故，而取伪凭为据者，曰剃头凭。”② 在一封私人信件里也提到，“尤奇者，人有剃头凭。以过江贸易为词，钱之多寡在日

① 《太平天国》(四)，662页。

② 《太平天国史料专辑》，65页。

期之远近”[①]。这种发放“剃头凭”的办法，并不是一种权宜之计或偶然发生的个别现象，而是在太平天国地方政权的正式文告中公开宣布的一贯政策。如海宁的太平军驻军长官就曾经“谕百姓剃头过江贸易，每给剃头凭，须费仅廿六文，剃者甚众”[②]。秀水的太平军首领也贴出告示，“其出外经营者，准其剃头”[③]。这种政策，对于太平天国的商业发展显然起了积极的作用。

既然蓄发与否意味着对太平天国政权是否拥护的一种表示，群众对这个问题的态度，自然是与对这个政权的态度是基本一致的。我们已经提到过，有相当多的人对蓄发持保留的甚至抗拒的态度，有的地方太平军刚一离开，当地群众便以为“长毛既遁，官兵且至”，于是“争先剃发”[④]；“长毛”“发贼”这样的称号不胫而走，也说明了一部分人对蓄发的反感。这一点我们毋庸讳言。但是这并不等于否定这样一个现象：也有相当多数的群众似乎是比较容易地接受了蓄发的命令，至少许多人并不如那些地主分子一样地把这看作什么奇耻大辱。洪仁玕在《英杰归真》中专门有一段话是反驳那些反蓄发舆论的，其中举出反对蓄发的一个最主要理由不过是长发不易栉洗，会引起“头皮起痒”。[⑤] 这种出奇温和的反对理由，反而表明对大多数人来说，蓄发的政治必要性已是不言而喻、理所当然的事。据呤唎说，他在苏州附近的平望逗留时，为了“尽可能地去观察太平天国和太平军，我常去访问附近的村庄，以调查村民对太平天国的统治有什么感想。……尤其使我感动的是他们都乐于留发，这是太平和自由的标记”[⑥]。呤唎还记载，当他船上留了长发的水手要离开太平天国统治区而回到上海去时，他们“坚决不肯剃头”，一个年轻小伙子甚至“在理发师动手剃头的时候，像孩子似地哭了起

① 《近代史资料》，1955 年第 3 期，84 页。
② 《太平天国史料丛编简辑》，第 4 册，245 页。
③ 同上书，73 页。
④ 同上书，155 页。
⑤ 参见《太平天国印书》（下），768 页。
⑥ 《太平天国革命亲历记》（上），50 页。

来”[①]。我们认为呤唎的这段叙述并不过分，基本上是符合实际的。因为我们可以从一些反面材料中得到印证。1854年（咸丰四年）十月，曾国藩在一个奏折中曾经说：“小民劫于凶威，蓄发纳贡，习为固然，虽经谕令剃发，狐疑观望，设官军稍有败衄，则四面皆贼。”[②] 在反革命武装的胁迫下“谕令薙发”，尚且“狐疑观望”，可见对于大多数群众来说，蓄发确乎是自愿的，至少是“习为固然”的行动。

① 《太平天国革命亲历记》（上），297页。
② 《太平天国资料汇编》，第2册，273页。

婚丧礼仪

“并无礼节”的礼节——婚礼——丧礼——习惯势力的顽抗

在北京城的东西两面，各有一个著名的气势磅礴的皇陵建筑群。每一位清朝的帝王在登极之后，都要到这东陵或者西陵，遴选一块身后的风水宝地，接着，便要兴师动众地筹划起他们未来的丧事……

可是，在遥遥相对的天京城里同清王朝激烈抗衡过十多年之久的太平天国的一代天王洪秀全，在离开这个世界时，却没有留下什么陵寝，他甚至坚决不去享用凡人本不可或缺的棺椁，更谈不上竖起一座留给后人凭吊的墓碑了。

这个鲜明的对照，究竟是怎样造成的呢？仅仅是因为客观条件的不同，还是由于观念的差异呢？更深一步说，是否是植根于两个不同阶级的文化心理的对立呢？我们从这里出发，便会自然而然地越过具体的葬礼方式，把问题再向前迈进一步，进而去窥探太平天国的礼仪世界。那么，问题应当这样提出：太平天国对待传统的封建礼俗采取了什么样的态度？在太平天国统治范围内，人们的葬礼、婚俗、庆寿活动乃至日常交往方式，是否发生了地覆天翻的变革？太平天国政权和传统势力在人生礼俗上冲击和反冲击的较量，究竟导致了怎样的结局？

封建统治阶级历来把礼仪看作维系封建政治关系和伦理关系的重要手段。一切反抗传统秩序的斗争也不可避免地要触及对封建礼仪的冲击。从总体趋势上看，太平天国运动的崛起，无疑也意味着对根深蒂固的封建礼俗世界的挑战。因此，太平军最初的立场是斩钉截铁的。他们将“打躬叩首”的参拜揖让之礼斥为“妖礼”。“虽贼礼拜天父，群下朝洪逆，亦止长跪。其余伪官互见平行，并无礼节。”《贼情汇纂》的作者介绍说：“贼知粗鄙人绳以礼法，则手足无措，故简略之，使其易知易从耳。”① 这种略带讥刺的评说反映出作者的封建阶级傲慢与偏见，但另一方面却也说明了一点——太平天国政权无视封建礼仪陋俗的勇敢态度。自然，太平天国对于封建传统礼俗的摒弃并不能表明他们排斥所有的人际礼仪，太平军“亦有庆吊之礼，与常人全异。上下主从，不分贵贱，共牢而食，亦无坐位，男女淆乱，不忌内外，自相称呼，俱是兄弟”②。这倒很有一点《天朝田亩制度》中所描绘和向往的那种大同世界的味道。这些被封建地主阶级讥为“不成体统”“不成规模气概”的东西，却多少反映了劳动群众中自发的民主倾向，当然，也反映了农民群众对维护等级关系的封建礼仪的否定。可惜的是，随着太平天国领导集团日益受封建主义的侵蚀，礼仪方面的民主倾向也愈来愈减弱和愈淡薄了。

上述情况仅仅属于一些笼统的轮廓式的介绍，而那些具体的礼俗场面，则是我们更加有兴趣去探究和考察的，既然不能背离社会风习的宗旨，就让我们从封建时代视作人生头等大事的男婚女嫁说起吧。

我们已经领略过太平天国时代的宗教生活和衣着打扮，那么，太平天国对于原有的结婚礼俗的态度，实际上也就不言而喻了。的确是这样，太平天国曾经比较明确地表示过要在婚丧礼仪方面革除清朝“妖礼”的意图。《天朝田亩制度》在讲到“民人”的“婚娶吉喜”时，强调要将“一切旧时歪例尽除”“凡天下婚姻不论财”。既然要废除婚俗上的“妖礼”，就必须创造出一个有章可循的方式取而代之。无论如何，婚礼是不能回避的。因此，还是在《天朝田亩制度》中，又规定了婚娶喜事的费用“俱用国库”，“不得多用一钱”，这是实践“凡天下婚姻不论财”反对自古以来铺张礼俗的一个具体步骤。一般说来，太平天国节俭的婚事是由两司马操办，仪式的重要部分自然离不开“祭告天父上主皇上帝”。

婚礼上的祭告连同生日、满月等一切吉事仪式共用这样一个

① 《太平天国》(三)，171页。

② 《鳅闻日记》，载《近代史资料》，1963年第1期，103页。

奏章：

> 小子△△△
小女△△△跪在地下，祷告天父皇上帝，恳求天父皇上帝祝福小子△△△
小女△△△满月迎亲嫁娶等事，虔具牲馔茶饭，敬奉天父皇上帝，恳求天父皇上帝祝福小子△△△
小女△△△家中吉庆，万事胜意。托救世主天兄耶稣赎罪功劳，转求天父皇上帝在天圣旨成行，在地如在天焉。俯准所求，心诚所愿。[①]

大概是当事人履行完这个简单的祭告仪式后，历来被人们视为人生的莫大喜事的婚礼也就告终了。在一些地方，婚礼举行前，新郎和新娘还要一同去办理一个登记手续，向当地政府领取专门的票签。票签上注明男女双方的姓名、年龄、籍贯等，一式两份，称作“合挥”，有如今天的结婚证书。这里照录一份后来发现的太平天国时代的“合挥”：

> 合挥　　永字第叁拾陆号
> 绮天豫队议政司
> 李大明年二十四岁安徽省庐州郡舒城县人
> 配妻柴大妹年十七岁浙江省绍兴郡会稽县人

在这张“合挥”上盖上龙凤大印，他们方能以合法夫妻的身份生活下去。

如果按照呤唎的叙述，这样的制度似乎已经在很大程度上被付诸实施了。他说：“各种异教俗礼全被废弃。男女从未谋面即行结婚的旧俗，选择吉日的迷信，以及致送聘金等等全被革除净尽。唯有新娘将下垂的长发挽起成髻，以及新郎于夜间率乐队、灯笼、轿子和骑着马的友人（首领结婚则尚有旗帜、仪仗等）至女家迎娶这两件

---

① 《太平天国印书》（上），29页。

事仍旧保持着昔日的风俗。……我曾经多次见到太平天国所举行的婚礼，我可以说，除了不用指环以外，其他一切仪式都跟英国礼拜堂中的婚礼无异。新人同赴礼拜堂（即‘天厅’，每一村或管辖二十五家的两司马的官署内均设有天厅，至于官长则在自己的天厅内举行婚礼），教士为之祈祷，并严格审查新娘、新郎的教理，再联合新人的右手，双方彼此接受了之后，教士以圣父圣子圣灵的名义为之祝福，宣告婚礼结束。”①

我们不应怀疑这些描绘在太平天国里是否具有一定的真实性和可靠性，因为作为一个英国人，呤唎甚至在这块异国的土地上举行了他自己庄重的婚礼。他对于自己的婚礼场面的记叙，除了更为隆重和热闹一些以外，大致相同于我们上述记录的程序。倘若不是这样，也就很难想象，一个外国基督徒会把他一生最重要的美好时刻放在中国度过。但是，呤唎毕竟只生活在太平天国统治中心的圈子里，这就必定大大地限制了他的视野，从而可以说，他所描写的一切究竟具有多大的普遍性，仍然留有可以怀疑的余地。

实际上，历史的真相既没有那样简单，也没有那样纯净。

在太平天国社会中的确能看到这样的现象，民间娶嫁时“草草成礼”，不具聘礼，不宴宾客，不用鼓乐，只是举行一个极其简单的“合卺”仪式，婚礼就算完成，婚姻关系就告确立了。《紫蘋馆诗钞》的作者王永年在太平军占领南京以后的第四天“迎娶涂氏”时，“凡彩舆、鼓吹、执事之类皆无之，惟短烛一对交拜而已”②。王永年或许是较早地尝到了变革婚礼的滋味的人物。像沈梓、柳兆薰这样江浙一带或大或小的地主富绅们，势必也要经历或者目睹大体相类的场面。柳兆薰在太平军占领他的家乡以前，曾经趋临一位亲戚的隆重婚礼，他在“菜极鲜盛”的婚筵上“说及杭城”时（已被太平军占领），还发生过“吾辈真居福地矣”的带有几分庆幸的感慨。③ 几个月以后，他的又一位亲戚成婚时，他却不得不记下和上一次完全

① 《太平天国革命亲历记》（上），253页。
② 《太平天国史料丛编简辑》，第6册，395页。
③ 参见《太平天国史料专辑》，105页。

相反的情形："应祉侄草草合卺成礼，无一贺客……诸事草草，不开门，不宴客，时势使然，不能不尔也，言之可叹。"那天晚上，他只得"吃便夜饭而还"，终于由于"闷惧"，而久久没有入睡。① 因为太平军的到来，已经打破了他所习惯了的婚礼场面。常熟人沈梓的一段有关他"五妹"婚事的日记，也道出了这样的情形，他写道："先是六月中菊裳有信来，云五妹许字陈莼溪久，此刻乱世，宜草草出阁。……因致信菊裳，嘱陈姓以小船来娶以去，不必举动也。……屋主人闻之，谓妹将就彼家出嫁，又欲索钱，乡人并不许停船在河埠云。余泣谓主人曰：余妹虽闺女，然此刻逃难，非出嫁也。汝见婿家并未具一聘礼，余亦并不制一嫁衣，视寻常丫环出嫁且相悬绝，况余尚将载妹至家取零物，然后下船至双，何尝就你家出嫁也，何索钱为？乡人乃解。"② 另一位常熟人柯悟迟在《漏网喁鱼集》中也记有"嫁娶不敢作乐，不敢筵宴，仅不过草草一拜而已"的状况。有钱人家在结婚礼仪上的任何"草草行事"之举，往往更能意味着这种变化的广度和深度。

是不是据此可以认为，太平天国有效地在群众中进行了婚礼改革，摒弃了传统的那一套烦琐、迷信、铺张的迎亲仪式，使《天朝田亩制度》中规定婚礼要"用之有节"的精神真正得到贯彻了呢？不，还不能这么说。事实上，上面所说的那些现象，一般是在局势动乱的情况下出现的。有的是太平军刚刚占领，军事行动尚未停止；有的是清军与太平军拉锯地区，战事时有发生；有的是事主只身逃难在乡间，人生地疏，举目无亲。所以，举办婚事之家时常有"此刻乱世""已被灾""时势使然，不能不尔"一类的感叹。而太平天国明确规定和倡导过的、吟唎则耳闻目睹了的结婚礼仪形式，毕竟不曾出现在他们的记叙中。后来，只要太平天国的统治相对稳定，群众暂时没有了兵革之忧、离乱之苦，他们在举办婚事的时候，就又立即恢复了旧观。

也是柳兆薰，在他侄子结婚一年之后，1861 年 11 月 25 日（咸

---

① 参见《太平天国史料专辑》，144～145 页。

② 《太平天国史料丛编简辑》，第 4 册，43 页。

丰十一年十月二十三日），他又参加了一个朋友的儿子的婚礼，那时的情形就完全不同了。他在日记中用去比平日多出一倍甚至几倍的篇幅勾画出婚礼的一天。一早，他就匆匆前往，“至则宾客满堂，主人引至新宅内坐席”。下午，又“宴饮共十席，桂岩同座，鼓吹盈耳，惜旧时衣冠不见，可叹”①。请看，从“宾客满堂”到“鼓吹盈耳”，其热闹场面同一年前作者侄儿结婚时“无一贺客”“不开门，不宴客”的冷清况味是何等鲜明的对比！有趣的是，这天晚上，他又是“终夜不成寐”，但这一次绝非因为心情的“闷惧”，而是闹洞房闹得太晚了。一年时间，前后迥异，并不是太平天国关于婚礼的政策有了什么变化，只不过是政治局势已经日趋稳定而已。柳兆薰略感不足的是“惜旧时衣冠不见”，这一点，我们在前面已经交代，是由于太平天国严格禁止穿着清朝冠服的缘故。

类似这样排场十足、热闹非凡的婚礼，在太平天国统治区绝不是仅见的。龚又村在《自怡日记》中记载1861年（咸丰十一年）底他参加一个本家子侄辈的婚礼，说：“时同堂各房喜宴三日，坐客亦盛于往时，斗彩弄牌，借消永夕。”② 不久以后，在另一桌婚宴上，又是“拇战尽欢，旨酒嘉肴，尘世中难得此隽味”③。1862年12月4日（同治元年十月十三日），日记作者记载了参加又一个婚礼的情形：“胡芳梅（建业）长子（厚坤）完姻，予往贺。……宴于木屋，嘉肴旨酒，异味满筵，主人欲博下箸，不惜万钱也。”④ 1861年2月14日，柯悟迟在娶儿媳妇时，也是一派“开贺如故，鼓乐宴会，欢聚一堂”⑤ 的热闹景象。

这些人家的婚礼场面，一方面确凿地显示出在太平天国统治区，地主豪绅在经济上并没有遭到致命打击，他们依旧可以过着锦衣玉食、一掷万金的豪华生活，另一方面也告诉我们，太平天国政权对婚礼方面并没有什么认真的限制，有的婚礼的规模甚至“盛于往

① 《太平天国史料专辑》，218页。
② 《太平天国史料丛编简辑》，第4册，419页。
③ 同上书，433页。
④ 同上书，471页。
⑤ 《漏网喁鱼集》，51页。

时”，这就使所谓“一切旧时歪例尽除”的断言，在很大程度上不免成为一句空话。

或者说，我们还没有机会直接看到太平军对婚礼的态度。那么好，就让我们再翻一翻沈梓的《避寇日记》，这里恰恰记下了一桩太平军亲自参与民间婚礼的事情：1862年1月25日（咸丰十一年十二月二十六日），有一支太平军途经浙江秀水濮院镇普家村，当晚村里正有人举行婚礼。一名太平军士兵听到鼓乐声，前去打听，当他听说是村人成婚时，便征得师帅朱芝应的允诺，走进了洞房。这时，“新郎红包头、红马衣、黄马褂行合卺礼，令婚家具酒食二筵，一以饷贼首，一以饷贼首之妻属，贼喜甚”①。这个婚礼显然与传统的婚礼并没有什么两样，而新郎的吉服则明显地违背了《钦定士阶条例》的规定，然而太平军不仅丝毫未加干涉，反而颇为高兴地接受了喜宴的邀请。意味深长的是，日记作者并不以为太平军的这种做法有什么值得诧怪或者违反常规之处，可见这正是许多太平天国地方政权的一贯态度。

其实，太平军的步伐还不仅仅就迈到这里，在一些地方，他们甚至走得更远了。他们本身的婚礼，已经完全背离了《天朝田亩制度》的宗旨。1861年春天，苏州附近的木渎镇有一位太平军头目娶妻，那天，“鼓乐彩旗，略似民间”，唯一的区别是“不行合卺礼”②。所谓“略似民间”，自然是指略似民间的传统婚礼之意。而这件事的目击者并没有看到新人进行“敬拜上帝”的仪式。这种情况，同样绝非唯一或者偶然的现象。1863年3月27日（同治二年二月初九），沈梓在日记中记道：“陡门卡上长毛娶亲，娶濮院蔡家浜熊姓女及庙桥许姓女，办酒席卅余桌，用鼓乐请大士地赞神歌。”③另一位日记的作者更是广泛地概括了常熟地区的形势：“自岁底到今（指自咸丰十年末至次年春），长毛婚娶民间甚多，每有乡官熟识等

---

① 《太平天国史料丛编简辑》，第4册，115页。
② 《太平天国史料专辑》，31页。
③ 《太平天国史料丛编简辑》，第4册，238页。

人做媒，聘赀柯金丰厚，酬赠不吝。”① 现在如果再回味起那种以“祭告皇上帝”的方式完成婚礼的做法，恐怕真的有点“天国”里的味道了。这一点也不奇怪，因为《天朝田亩制度》作为富于幻想和理想色彩的“蓝图”，早就化作了一纸空文。既然如此，那么呤唎关于太平天国已经把请媒人、送聘金等“结婚旧俗”全都“革除净尽”的说法，自然也是不符合事实的，至少并不符合天京以外广大地区的历史真实。

由于太平军处于掌权的地位，从某种意义上说，已经成了当地的“新贵”，所以一般说来，婚礼的规模、排场，大抵要比民间阔绰铺张得多。王彝寿在《越难志》中曾记述绍兴太平军三次婚礼情形。一次是勋天福胡兴霖娶画士李某长女，“择日迎娶，鼓吹旗帜夹道路，贼兵皆披红簪花，歌呼踊跃”②。一次是见天安姚克刚娶李某次女，“迎娶之盛，更胜于胡”③。再一次是廒天安陆顺福娶某女，“迎娶之日，锦衣白马，旗帜夹道，鼓吹多至数十部，愚民或艳羡之”，据说，办这次婚事一举即“费银三万余”④。《柳兆薰日记》谈到盛川太平军婚礼情形时说：“知局中喜事极阔，约二千号，在平时虽大绅衿不能如是也。”⑤《鳅闻日记》记常熟监军汪胜明娶媳妇时，“局中人合他处乡官潘竹斋等，各醵分。于姜振之宅，铺设新房，整备酒筵、鼓乐、花瓶、喜嫔、灯彩、花爆，一应俱全，迎娶成亲。贺客赴筵并杂差帮喜。徐兆康为首，率领一班红布扎头之人，跪贺新贵，领取赏封。……各乡官俱派富户酌具银洋二三十元或十余两往送贺分。”⑥ 这位常熟的太平军地方长官竟借婚礼大醵“贺分”。而绍兴的太平军首领办一次婚礼花去三万两银子，盛川的太平军首领婚宴邀请两千位客人，以致引起当地人们的“艳羡”，甚至像柳兆薰这样拥有三四千亩土地的大地主，也认为是在清朝政权统治下的“大绅衿”所望尘莫及的。如此说来，在有些地方，太平天国的婚礼

---

① 《近代史资料》，1963 年第 1 期，115 页。

②③ 《太平天国史事拾零》，148 页。

④ 同上书，168 页。

⑤ 《太平天国史料专辑》，235 页。

⑥ 《近代史资料》，1963 年第 1 期，96～97 页。

较之传统封建婚礼，“歪例”不仅未除，反而颇有点“古已有之，于今为烈”的味道了。

应当承认，展示太平天国时代的婚礼状况，实在不同于描述其他的社会风习方面。只要稍稍留神，寺庙或者赌馆，岁尾佳节，服饰发型……毕竟在各种历史记载中经常可见甚至俯拾皆是。相对而论，呈现在我们眼前的每一桩婚礼的场面，都算是吉光片羽了。遗憾的是，即便是当时当事的人们，也来不及珍重这个最值得留恋和记忆的时刻。或许正因如此，太平天国的领导者便以为打破旧偶像远比破除并无太大影响的传统婚礼要重要和有意义得多，渐渐地难免掉以轻心，不但不再去计较民间婚礼是否套入了太平天国的模式里，甚至在某些地方，即使是太平军本身成婚，也完全背叛了他们崇尚的拜上帝教的宗旨，可以听其自然了。然而，在太平天国统治区中心和上层社会里，则能够看到那种不伦不类的被洪秀全们改造过的婚礼现象。英国人呤唎本身的婚礼就确凿地印证了这一点。

让我们把话题稍稍扯远一点，谈及太平天国时代的丧礼。

至少从远古的周礼时代开始，传统丧礼一直以极强的生命力送走华夏民族数不清道不尽的平凡或者非凡的人的人生旅程。积淀到数千年以后的太平天国时代，那些堂皇或者破陋的墓穴早已遍布中国大地的每一个角落，随之而渐渐形成的丧礼观念在人们心中已经获得了牢牢不可动摇的地位。这个庄重、悲恸而又不无荒唐的丧礼时刻要经历停尸、招魂、吊丧、殡仪、送葬诸项程序，每一道程序的每一个步骤都牵系着生者对死者坚定而麻木的信仰和至高的祝福。因此不论是富户还是穷人，也不论是繁缛还是简约、是奢靡还是俭朴，丧礼作为人们留在世界上的最后一点足迹，历来被视作一桩无与伦比的大事。以太平天国政权统治过的杭州城来看，“每出一殡，动费千金，中户必费数百金，棺前上路用和尚、道士、尼姑至数百人，旗牌执事、鼓吹、车马及送殡亲友常数千人”①。杭州城里的这种大张旗鼓的丧礼活动，同样也代表着太平天国占领下的其他城镇

① 段光清：《镜湖自撰年谱》，150页。

和村落所固有的社会风习。

总的看来，在太平天国统治时代，比起婚礼，丧事的场面要常见得多，这对我们考察太平天国在丧礼制度上的变革提供了机会。可以说，太平天国对丧礼的改革，要更切实一些，也更严格一些。

太平天国比较明确地提出在丧礼方面应该革除的“坏规矩”的若干方面，以及适合于天国气氛的新形式，在有些场合，还对这样做的理由做了一定的说明。概括起来，大致包含以下一些内容：

（1）“升天是头顶好事，宜欢不宜哭。”①

（2）“丧事不可做南无，大殓、成服、还山俱用牲醴茶饭祭告皇上帝。”② 祭告皇上帝的奏章如下：

> 小子△△△
小女△△△ 跪在地下，祈祷天父皇上帝。今有小灵魂△△△在某月某日某时升天，今虔具牲馔茶饭，敬奉天父皇上帝，恳求天父皇上帝升恩，准小灵魂△△△得上天堂，得享天父皇上帝大福。又恳求天父皇上帝看顾扶持 小子△△△
小女△△△ 家中大小个个安康，百无禁忌，怪魔遁藏，万事胜意，大吉大昌。托救世主天兄耶稣赎罪功劳，转求天父皇上帝在天圣旨成行，在地如在天焉。俯准所求，心诚所愿。

（3）“所有升天之人，俱不准照凡情歪例，私用棺木，以锦被、绸绉包埋便是。”③

（4）“父母死，禁不得招魂设醮。”④ 事实上，洪秀全早在金田起义前就宣传反对“修斋建醮”：“死生灾病皆天定，何故诬民妄造符？作福许妖兼送鬼，修斋建醮尚虚无。”⑤

---

① 《天条书》，重刻本。

② 《天条书》，初刻本。

③ 《贼情汇纂》卷8，《伪律诸条禁》。

④ 《备志纪年》。

⑤ 《原道救世歌》。

（5）反对葬墓讲风水。洪仁玕在《钦定军次实录·葬墓说》中，力辟选墓地讲风水的习俗。指出："盖孝子仁人之掩其亲，不忍暴露污秽，有辱己辱亲之念，别无求富求贵之意也。……更可怪者，为人之子，以在生父母为可有可无之亲，而死后骨骸视为求富求贵之具。"① 认为这是一种"妄念"。

以上这些内容，大致构成了太平天国的丧礼观。这种观念的形成，有的是从拜上帝教的宗教信条演化而来，像第（1）（2）两条；有的是适应战争环境的需要，像第（3）条；也有的则确实具有反对旧的世俗心理或封建迷信的含义，像第（4）（5）两条。

这个葬礼规程如果完全付诸实施，那确实应该成为中国历史上值得大书特书的事。不过，实际上，我们在初期的太平天国社会中看到的景象并不完全是这样，太平天国的当权者最注重的仅仅是其中的一项，并为此做了很大努力以至身体力行。这便是实行"禁止棺葬"这个大胆而奇特的、前所未有的葬礼变革。

太平天国政权曾反复出示，人死不准用棺，"贼以人死用棺为犯天条，禁之严"②。"贼出伪示，死不用棺，用则为妖；香火不设，设则为邪。"③ 对于这种规定，太平天国的有些领导人是身体力行的。前面我们提到，1864 年（同治三年）6 月，洪秀全突然死去时，就没有用棺椁，只是"以黄龙缎袱裹尸"④。能享用黄龙缎袱，在太平天国，恐怕是至高无上的葬礼形式了。赖汉英死，"亦不过用大红洋绉被裹葬而已"⑤。还有其他一些高级将领也是如此。这种身体力行，倒并非为了给人们做出表率，让大家去效法，应该说，这种做法是洪秀全、赖汉英以及更多的太平军将士诚心诚意向往的一种美好归宿。现在，他们只不过想把这样的归宿强加给每一个"升天"的天国子民罢了。1855 年（咸丰五年），一个叫唐培植的清朝水师拖工在汉阳一带被俘，他因不肯屈降，被太平军"钉手足、丛射而

① 《太平天国》（二），608～609 页。
② 《太平天国资料汇编》，第 2 册，89 页。
③ 《太平天国资料汇编》，第 1 册，316 页。
④ 同上书，327 页。
⑤ 《太平天国史料丛编简辑》，第 5 册，79 页。

死”。死后，颇讲些义气的太平军却为他的气节所“感服”，于是，当下破例地用太平天国葬王的礼仪，“以帛裹尸葬汉阳城外”①。至于死者的意愿，他们自然不去也无法顾及了。

可是，数千年根深蒂固的传统信仰，使太平天国葬礼改革的倡导者错打了算盘，当他们意识到他们四处散播的《天条书》之类的宣传品并不能赢得多少人心时，对于一般民人，就不得不常常以强制的手段禁止棺葬。“贼匪之令，凡死者无分贵贱，以被裹尸而葬，不用棺木。故当破城后，见民家预备寿材棺板，概行打碎，或作柴薪，或作筑台、筑土城之用，无少留者。”② 《自怡日记》记载常熟城外“棺柩悉被焚毁，延烧至八昼夜”③，佚名《粤逆纪略》也说太平军曾“将南京各处空棺劈烧殆尽”④；还有的将棺柩堆积起来，“积高数丈以越城”，然后，“掷火烧之”，直至灰烬⑤。更加厉害一点的是，甚至对已入殓的尸体，还要“撬棺戮尸”“劈棺戮尸”。如《自怡日记》就记载太平军在常熟，将张荫槐家“新停三柩被劈戮尸”，还将“死未终七”的丁凤池“撬棺戮尸”的事。⑥ 当然，这种劈撬棺木的行径，偶尔也不免夹杂着某些另外的企图，如有记载称一些地方“女柩无一不发，盖利其首饰”⑦，“掘棺肆砍，携其首而去”⑧。然而无论怎样，“禁用棺木”“劈棺毁尸”，最基本的方面还是为了贯彻葬礼改革的初衷。可是，这与千百年来形成的传统习惯太难统一，使千百万群众的传统心理太难接受了。因此，这就不可避免地在太平天国统治区域内引起了极为强烈的反应。人们愤懑、诅咒、恐惧、悲哀，一遇丧事，便惶惶不安。《道咸宦海见闻录》的作者张集馨，太平天国时期在外做官，他的母亲病故时，太平军恰恰

---

① 《湖南地方志中的太平天国史料》，172 页。
② 《太平天国史料丛编简辑》，第 5 册，79 页。
③ 《太平天国史料丛编简辑》，第 4 册，340 页。
④ 《太平天国史料丛编简辑》，第 2 册，50 页。
⑤ 参见上书，155 页。
⑥ 参见《太平天国史料丛编简辑》，第 4 册，351、380 页。
⑦ 《太平天国史料丛编简辑》，第 2 册，155 页。
⑧ 张集馨：《道咸宦海见闻录》，177 页。

逼近他江苏老家，他深知“贼氛无定”，“遍地长发老贼”正日益威胁着其母的丧事，为此而弄得“寝食不安”“寝食俱废”“昼夜悬心”，当得知“大事已完时”，便“绝无记念”了。[①] 这样的心理状况尽人皆有，以至当时颇有一些文人墨客写了以此为吟咏题材的诗作，如林大椿的《粤寇纪事诗》中有《发停棺》一首：“贼来劈棺如儿戏，众棺齐开见残骴。……可怜白骨刀下磬，阴云渗淡阴风悲。有罪无罪谁得知，生保首领死戮尸。”[②] 马寿龄《金陵癸甲新乐府》有《庆升天》一首：“煌煌诰谕满城郭，无用衣衾与棺椁。灵魂既登极乐界，皮囊无碍填沟壑。”[③] 我们可以据此想象，在连棺木都不能保证的前提下，其他的葬礼程序也就只能成为人们热切盼望的幻想了。

太平天国为什么要如此雷厉风行地禁用棺木呢？在太平天国的文书中，我们没有看到直接的解释。由于这一措施与民间传统积习大相径庭，所以当时的人们便极自然地以“邪教”教规目之，但如果仔细加以考察，就可以发现用拜上帝的宗教观念去解释是说不通的。因为在专门叙述太平天国宗教仪式和戒条的《天条书》中，初刻本在谈到丧事时曾有这样的文字：“临盖棺、成服、还山、下柩时，大声唱曰：奉上主皇上帝命，奉救世主耶稣命，奉天王大道君王全命，百无禁忌，怪魔遁藏，万事胜意，大吉大昌。”[④] 这里提到“盖棺”“下柩”，证明在太平天国初期，按照拜上帝教的仪式，是允许棺葬的。这一段话，在定都天京后重刻的《天条书》里，被删掉了。因此，我们可以推测，禁止棺葬并非拜上帝教宗教观念所固有的内容，而是在金田起义到定都天京这一段千里转战的过程中逐渐形成的。其主要原因恐怕是因为战争中人员的大量死亡，不允许按照民间一般习惯实行棺葬，由此而提出了棺葬是“妖礼”的说法。而这种观念一经形成之后，太平天国的将士们（包括他们至高无上的天王洪秀全在内）便带着宗教的虔诚态度去实心奉行，这倒是一个事实。

---

① 参见《道咸宦海见闻录》，240～244页。

② 《太平天国史料丛编简辑》，第6册，455页。

③ 《太平天国》（四），740页。

④ 《太平天国印书》（上），30页。

但是，要一个多世纪以前的人们接受人死不用棺木这样一种思想和做法，实在是太困难了。我们读某些太平天国时期的日记笔札，当作者在悼念自己在战乱中亡故的亲友时，往往感到最悲痛的并不是死亡本身，而是没有能给死者一口像样的棺木。龚又村谈到自缢而死的长女时说："死无棺殓，葬无冢埋，予愧慈父矣，尚忍言哉!"[①] 沧浪钓徒谈到自己母亲弥留情形时说："被难日，寿木为贼掠去，遂决计出城，至常熟界，问：有棺木乎？或曰：有。乃喜，而谓子妇曰：吾可以终于此矣。"[②] 把棺木看得似乎比生命还重要，今天看来未免有点令人难以索解，但在当时却确确实实是颇为典型的一种社会思想。许多人在太平天国占领时无法对亲人实行棺葬，但也绝不甘心，一旦太平军撤走，便马上回来寻找到亲人的尸体，"具殓扶榇归葬"[③]。看来，传统的丧葬习俗告诉人们，如不能使死者得到一口棺木，对于生者来说，不啻是一桩莫大的罪过呢!

因此，我们看到，太平天国统治区的群众千方百计顽强地抗拒关于不准棺葬的禁令。南京人胡思燮在《患难一家言》中记述了他为家人收尸的情况。他的族伯在太平军攻入后阖家自尽，"一朝毕命者凡十一人"。按照传统礼俗安葬他们，这对胡思燮来说，确实是一个不小的难题。但他仍旧不肯屈从太平天国统治者规定的做法，而是东奔西求，设法买到几口棺木，"将族伯夫妇及陈姬母女殓入"。其他人虽没能有幸以棺木入殓，然而做到这一步，胡思燮已经承担着很大的风险了。[④] 有的人实在弄不到棺木，宁可用"米柜殓而殡之"[⑤]，也不能让家人裹着布帛入葬。看来，任何一种只凭一时的强制力量，既没有充分的宣传教育，又缺乏具体措施使之持之以恒的禁令，总不免在习惯势力面前退却和瓦解。

那么，到了太平天国后期，群众依旧相当普遍地实行棺葬，葬礼大抵还是传统的丧礼，也就毫不足怪了。这时，一场禁止棺葬的

---

① 《太平天国史料丛编简辑》，第4册，375页。

② 《太平天国史料丛编简辑》，第2册，154页。

③ 《湖南地方志中的太平天国史料》，674页。

④ 参见《太平天国史料丛编简辑》，第2册，333～334页。

⑤ 《太平天国史料丛编简辑》，第4册，331页。

风暴早已过去，人们议论更多的不再是太平天国的道道禁令，而是棺木的奇缺和昂贵。这一方面表明连年的动乱岁月使失去亲人的家庭不断增多，同时也客观地提醒了我们，棺材竟然成了紧俏货。事实上，许多豪绅和富有人户已经不再对下本钱筹划葬事有太多的顾忌了，一些颇为排场的葬礼形式也时能映入人们的眼帘。

1860 年（咸丰十年）秋天，沈梓的姐姐病重，她对沈梓说："若我死，尔当如何?"沈梓回答："尔尚有私资一百千，余以五十千为丧费，余五十千为葬费耳。"① 10 月 2 日（八月十七日），沈梓之姊死，他便"自朝至日中，寻亲故，购棺木衣物不可得，盖是时死人多，棺木居奇者价昂数倍。……午后，始定买邻媪寿椋"②。过了半个月，沈梓的妻子也相继去世，"是时吾镇（指秀水县濮院镇，这一带正流行瘟疫）死者日必四五十人，棺木贵不可言，尚以得购棺木为幸"③。

1861 年 1 月 6 日（咸丰十年十一月二十六日），柳兆薰参加了一个朋友的丧礼，"虽因时事艰难，一应减省，然杂乱无章，未免俭不中礼，惟棺木生江处办。廿一洋一千，尚属楚楚"。次日，"入殓"，"亲邻来吊"，"举殡"，依次进行，这些传统的丧事规矩并没有被略去。④

1861 年 11 月 28 日（咸丰十一年十月二十六日），柳兆薰又参加姻伯杨斗翁的葬礼，"至则诸吊客纷来，衣冠济济，乱后甚难见之象。午前送殓，升炮排场，如此丧礼，均斗翁忠厚之报也"⑤。

1862 年 3 月 16 日（同治元年二月十六日），柳兆薰的二儿子"欢喜而逝"。他又不得不亲主丧事。第二天晚上，"二儿之柩运到，视之木料干洁，做工亦佳，生江此番格外顶真，亦是二儿之福"。第三天，隆重的丧礼自一早开始，先是"三鼓起来，二儿入殓物件亲为检点"。卯时，送殓。"殓毕，东、西邻齐来慰唁"。饭后，"用大船一号，举殡于南玲圩祖茔祠堂偏屋，立乙山，辛向坐东朝西，登

---

① 《太平天国史料丛编简辑》(四)，40～41 页。

② 《太平天国史料丛编简辑》，第 4 册，41 页。

③ 同上书，43 页。

④ 参见《太平天国史料专辑》，157～158 页。

⑤ 《太平天国史料专辑》，219 页。

基在已午之间”。晚上，还要“荤菜两席”，招待亲友。①

1862年10月29日（同治元年九月初七），龚又村参加从妹的殡礼，“时僧道同坛，偕诗友高勿斋、刘怡然等听笙歌，品肴馔，继以斗牌”②。

1863年3月27日（同治二年二月初九），一位不留姓名的作者叙述他为自己儿子举行葬礼的情形说：“余买棺成殓，晚夜回丧，棺停小石桥新阡。”③

最为惹人注意的，是呤唎亲眼见到的一桩奇特的丧礼。事情发生在他随太平军自苏州开回天京的途中的一个村落。他写道：“我们刚刚经过了一个村庄，就遇到一队乡民抬着一口棺材到坟地去。我和欧洲的同伴全都极为惊奇，他们并未按照中国人的通常风俗把尸体埋葬或筑坟，而是把木桩做成的两个木叉插在地上，再把棺材放在木叉的两端上面。我们向人打听，他们告诉我们说，死人是被雷电殛死的，全国的普遍习惯都是把雷殛死的人的棺材放在离开地面的木桩上的。”④

在其他的我们不能一一枚举的丧事中，还曾出现过“用羽士”“送阴阳”“放焰口”等细节。

现在，这些葬礼情景足以说明，尽管不同人家的丧礼，由于各种条件的制约，有的俭省，有的排场，但对于棺葬，则绝不马虎，必千方百计“买棺成殓”而后已。在许多地方，人们已经可以按生者和死者共同的心愿送走亲人，仪式也有殓尸、成服、还山、举殡、停柩、出殡等颇为复杂的过程。在这里，我们又遇到这样一种现象：太平天国政权的禁令，常常受到群众中千百年习惯势力的无声抗拒而在实际生活面前显得无能为力。

太平天国政权面临着这样一个困难的抉择：如果坚持禁令，就将同广大群众（绝不只是封建地主阶级）处于尖锐对立的地位；如

① 参见《太平天国史料专辑》，241～242页。
② 《太平天国史料丛编简辑》，第4册，467页。
③ 同上书，552页。
④ 《太平天国革命亲历记》（下），453页。

果要避免这样的对立，就只能收起或者放松禁令。看来，太平天国政权基本上采取了后一种态度。

我们在历史记载中发现，太平天国后期不仅对棺葬并不如像初占天京时那样严厉禁止，甚至对公开出售棺木的人也不加干涉。更有甚者，有的地方政权对因饥疫而死的难民，还代买棺木加以葬殓。《避寇日记》1862 年 1 月 24 日（咸丰十一年十二月二十五日）载："在仲宅遇保郕人云，自十月、十一月中，临平、长安等处人逃在屠甸寺，寄居乡镇庙宇及皁田院者饥寒交迫，死者数千人，屠镇局中为买松板作棺木殓之。"① 也有的不肖太平军战士借此机会在死人身上大赚一把，"甚至厝棺未葬者，亦将死人倒出，以棺卖于人，无所不至"②。《庚申避难日记》提到，一个叫作黄德芳的乡官（旅帅），因故自杀身死，"禀福山余大人赏结〈给〉买棺钱贰十千文"③。可见，到了太平天国后期，一些地方政权负责人，在观念上不但不把棺葬看作有违太平天国政策之事，反而认为是理所当然的了。即使是忠王李秀成这样的率领太平军同清军殊死搏斗的太平天国高层领导人，也曾慷慨地用棺木送走了他的许多敌人。在攻占苏州后李秀成曾遇到这样一件事情，江苏巡抚徐有壬在屋内盥洗，人报太平军到，徐有壬要大家逃走，自己"即溺于池中"，"内寝卧女尸于床，意其妾也，共死六人"。忠王颇为这样的"忠臣"所慨叹，下令"以杪枋殓之，埋于池侧"④。我们在前面曾谈到 1855 年（咸丰五年）时，太平军怀着同样的心情用帛裹葬了一位清朝水师拖工，相比之下，杪枋替代了锦帛，这应当是一个值得注意的变化。此外，李秀成在著名的自述中还讲到他曾为清朝的江南提督张国梁、浙江巡抚王有龄、杭州将军瑞昌、乍浦副都统杰纯等"寻其尸首，用棺收埋"。⑤ 事实上李秀成不但用棺木埋葬了这些清朝文武大员，还曾在攻克杭州时对"在城饿死者发薄板棺木万有余个，费去棺木

① 《太平天国史料丛编简辑》，第 4 册，114 页。
② 同上书，502 页。
③ 同上书，523 页。
④ 《太平天国史料丛编简辑》，第 2 册，160 页。
⑤ 参见《李秀成自述原稿注》，207、249、250 页。

钱财二万余千”[1]。李秀成这样大规模地发放棺木，无疑背离了太平天国的政策原则，却在很大程度上赢得了人心。

尽管这样，也应该注意到，战争和动乱毕竟还是在一定程度上冲毁了传统丧礼的面貌。隆重而规模浩大的“大出丧”毕竟是极为罕见的了，“草草行事”成为大多数葬礼的基调。在更多的平民百姓中间，千百人惨死于战乱而无葬身之地的情景并不鲜见。一般来说，在太平军和清军之间每一次攻守战之后，就会出现大批大堆的无葬礼可言的尸骨。这些死尸中除去双方战亡的官兵外，还有受殃及的广大的流离失所的百姓。即使是每场争夺以外，处在战争、瘟疫、饥饿、离乱困扰下的人们，生命也可以说经常朝不保夕，至于有些人不堪忍耐这样的生活而自寻短见的现象，更是层出不穷。那么，我们也应当追寻一下这些人的归宿，来充实这个很难完善的话题。

在大量反映当时社会场面的历史资料中，经常可以发现“时尸横遍地，人踏尸行”“罹难死不足蔽幸……积尸不下万千”“遍地难民，死者枕藉”这样的记载。传统丧礼习俗无论怎样深入人心、不可抗拒，在战乱频仍的情况下，也变得苍白无力了。一个叫克劳福德的美国传教士在乘船访问苏州的途中，就看到“河中不断飘浮着大批死尸”，“他们在行进中碰到的死尸越来越多，肿胀而腐烂，一幅令人作呕的景象简直无法形容”，“当船临近目的地时，河中的死尸竟然多到无法行船”[2]。可以想象，这些死者就这样飘荡着、腐烂着，化为鱼食或者流入大海。没有棺木，更何谈葬礼！有些地方战乱之后，死者能被收尸掩埋，就算得到了一个不错的归宿了。扬州城为清军收复以后就“收尸约有八万众，每尸用芦席一张”[3]。杭州城被收复后，死者“不下十万人，尸横通衢”。据说是有几位“义士”“出资购槥千具，不足，则以门板、窗楞、柜木四面束缚以殓其尸，不能遍给，仅裹首足投于万松岭，掘数大坑瘗之”[4]。不过，这

---

① 《李秀成自述原稿注》，263 页。

② 《清代西人见闻录》，172 页。

③ 《江浙豫皖太平天国史料选编》，97 页。

④ 同上书，136 页。

种情况的发生，既不是由于太平天国禁止棺葬的命令，也不是千百年习惯势力抗拒葬礼改革的失效，而是超出于人们主观意志之外的客观现实，使人们根本失去了考虑以何种形式安葬尸骨的余地。

至于婚丧礼仪以外的其他一些诸如生日、寿诞等人生大礼，我们不想多花笔墨了。这并不是因为没有这方面的材料，而是由于太平天国政权并未对这些方面做过太多的干预和变革，在稍微安定的环境中，人们是可以按照自己的意愿履行传统的礼仪形式的，过多的描述这些传统礼俗显然并没有太多的意义。应当指出的是，一旦遇上动乱岁月，这些礼俗规矩同样要或多或少地受到影响。《道咸宦海见闻录》的作者张集馨在过五十七岁生日时就“令家人无许拜寿”。声称：“生民涂炭，家室流转，尚说生日耶?”① 这样的心情不失为太平天国时代具有相当代表性的一种普遍的社会心理。

---

① 《道咸宦海见闻录》，176 页。

过节度岁

年节的冷清与热闹——天历与“妖历”——圣诞节——元宵节——清明节——中秋节

1862年2月10日（同治元年正月十二日），这是太平天国政权在全面溃败以前所拥有的最后一个天历新年。饶有意味的是，在始终动荡着的天国土地上，这个新年比起以往更是异常的热闹、喜庆和庄重，很可惜，这种热烈场面终究掩盖不住某种悲怆的送终气氛。

我们不妨权借浙江的两个地方做窗口：

浙江平湖：除夕，忠王李秀成的一支部队每人“赠钱一百文”，作为压岁钱。这天的晚饭“每桌八簋，殊丰盛，旨酒佳肴，彩杯象箸”。夜间，“金鼓喧天，通宵爆竹”，“又给众弟兄茶食，每桌十样，极精致，又各与钱一百文”。元旦，“各个鸡唱而起，盥漱毕，即到天福堂上，整备敬天福礼，燃大烛如臂，猪头三牲，大菜八簋，四海味，糖食八碟。威仪更加整肃，先打锣鼓三通，点了百子高升，然后朗诵，诵毕，又打三通……”天历新年的中午，还举行了声势浩大的游行活动，“锣鼓喧天，枪声震地”。午后，“各馆头子来往拜年，或亲来，或遣儿子来，俱用名片，络绎不绝”。①

浙江秀水：颁令除夕这天封刀，“弟兄各执兵器出巡，见有血气者则开刀，见血为度。街道禁民行走，恐伤及百姓也。是夜，各店家燃通宵炬烛，放爆竹，为贼庆令节，不许闭门高卧”。元旦，“满堂丝竹，灯烛辉煌”。②

在其他一些地区，太平天国的地方政权同样接到上面的命令，

① 参见《太平天国》（六），741～742页。

② 参见《太平天国史料丛编简辑》，第4册，127页。

举行了异常隆重的庆贺天历新年的活动。

像这样隆重贺年的场面，在差不多十年以前的武昌街头，也曾经出现过一次。当时，太平军在胜利地攻克的武昌城里迎来了1853年的天历新年。据《武昌纪事》记载，新年之际，“金鼓鞺鞳”，整座城镇“俨然一大剧场，城内爆竹如雷，街巷地上爆竹纸厚至寸许”①。

历史给予历史的记述者一次很巧的机会。当年武昌街头的爆竹声，是在欢庆新年又是在宣告胜利。九年以后的这个盛大的新年场面，却恰恰成为太平天国失败前留下的一个纪念了。而在这两个值得记下的天历新年之间，即使是不肯放过任何一个讴歌太平天国机会的《太平天国革命亲历记》的作者呤唎，也捕捉不到如此热烈的过年气氛了。

尽管这样，还不能就断定忠于太平天国的人们对天历新年的淡漠，因为在十余年的太平天国政权里，大大小小、形形色色的麻烦事确实出得太多了，这无形或有形地干扰着他们一年一度的喜庆日子。起初，男女分馆，家庭被拆散，过于刻板的集体生活，毫无生机和色彩；接着，天京内讧，石达开出走，数万人殒命；再接着清军攻陷镇江，围困南京。动乱和战争接连不断地笼罩着这块土地。虽然太平天国的领导者曾经非常郑重地发布过庆祝新年的《天王诏旨》，但那催人振奋的“天国新”“山海新”“万象新”一类漂亮的词句，最终因为天国父老们的“心有余而力不足”，不得不成为一纸空文了。

由冯云山、洪仁玕等人发明创造出来的“天历”，虽然有政权的力量强制加以推行，却并不能改变这样一个事实：在天京乃至整个太平天国统辖的地区，更多的人仍习惯于按照固有的传统历法庆祝新年。这恐怕是天历新年遭到冷落的又一个要素。因为人们素所尊崇的这个节日，有着远古得数不清年头的历史魅力。他们的先辈、先辈的先辈……一直恪守下来并视为辞旧布新的时刻，它的牢不可

① 《太平天国》(四)，597页。

破的地位，显然大大超出了其他的社会习俗，新颁布的天历当然不可能被更多的人从内心里加以接受。那么，我们应当换一个角度，看一看除天历新年之外，太平天国统治区的人们是怎样度过传统的新年的。

同前面论述的一样，由于太平天国统治区总的说来处于战乱的环境中，因此人们过年度岁的气氛，较之所谓承平时期，要冷清得多，在不少地区都缺乏通常会有的那种欢乐热闹的气氛。然而，许多人还是以日记或其他方式，记下了新年的情景，似乎是在有意地强调这种冷清的气氛，并不代表他们的心愿。以咸丰十一年（1861年）春节为例，我们看到这样一些记载。

浙江秀水：

余镇俗例于（岁末腊月）廿三、廿四作醉司命之举，爆竹声比户相同。是时里井无炊烟，风景凄然，惟予家独举炊耳。……（元月）初一日，天晴明，老母命往圆觉庵、白雀寺、观音菩萨祠及众安桥施公祠烧香，年年游人纷沓士女咸集之香海寺，至此则寥落无人。①

江苏苏州：

是年不拜贺，不宴客，民间不换衣冠，不贴春联，无一新年景象。②

江苏无锡：

年节窘迫殊甚。除夕，买肉半斤、鱼两条以泣祭先祖，凄凉之况，殆不能堪也。③

江苏常熟：

正月朔，各庙香烟减，因神佛像非毁坏即搬去，衣冠肃肃

---

① 《避寇日记》。
② 蓼村遁客：《虎窟纪略》。
③ 张乃修：《如梦录》。

拜贺新春者概免。①

除夕……闻是日东乡未办门牌，各镇处被长毛劫掠年高（糕）三百余甑……（正月）初三，拜年无人。②

这样的情况，在别的年头别的地方亦大致如此。《花溪日记》记浙江海宁1862年（同治元年）过年时，"罢贺新年，无闻一爆竹声"③。次年，"又罢贺新春"④。《辛壬寇记》记载浙江温岭1862年过年时，"除夕大雪，各铺户俱闭，人家门亦不启，四街人迹萧条甚矣。乃令两男炽炭于炉，扫雪烹茶，以消严寒……壬戌正月元旦，雪霁，立门外移时，不见一人，人家俱未换桃符，庆吊亦不相往来矣"⑤。住在常熟的柯悟迟大概是有感于多年来"家家兴味萧索"的凄冷年关，在1863年（同治二年）的除夕颇为伤心地咏叹道："只得且过今宵，又虚度一年岁月而已！"⑥

从被记述下来的情景看，会有一种过年的凄冷的感觉。这也许可以从一个侧面反映，太平天国政权的建立并没能使大多数人感受到解放的巨大欢乐。但是这凄凉的景象并不意味着人们业已将传统的年节完全抛之脑后。除了前面谈及的"惟予家独欢"这样闷在家里偷偷庆贺的方式外，在一些地方仍然显示出或多或少的迎新气象。《庚申避难日记》记述了1862年（同治元年）除夕常熟市面上的情况："市上照常，颇似年节气象。各店归帐，尚属如旧，入市人亦大热闹"⑦，第二年除夕，也是"市上热闹，生意颇隆，还帐亦好"⑧。只不过不如从前那样大庆大贺的架势罢了。

在以往任何的朝代中，处在不同社会阶层的人们，过年具有完全不同的意义。对于富人、剥削者是欢乐的节日，而对那些被剥削、

① 《漏网喁鱼集》，51页。
② 佚名：《庚申避难日记》。
③ 《太平天国》（六），699页。
④ 同上书，709页。
⑤ 《近代史资料》，1963年第1期，203页。
⑥ 《漏网喁鱼集》，78页。
⑦ 《太平天国史料丛编简辑》，第4册，548页。
⑧ 同上书，570页。

被奴役的贫苦人民，则往往是很难熬过的年关。这就不免会使人们产生这样一个问题：是不是由于太平天国实行了在政治上和经济上打击地主阶级的政策，使得这些地主分子不再能像往昔那样过着欢乐富裕的生活，因此在他们的笔下，把年景描写得如此冷冷清清、凄凄戚戚，不过是发泄对旧日的留恋和对今日的不满呢？

我们不能排除有这样的因素在内，但有一点可以肯定，那就是在太平天国统治区，绝不曾造成一种与清朝统治时完全颠倒的局面：过年，对于穷人已经成为欢乐的节日，只是对于富人才感到“风景凄然”。

为什么这样说呢？

首先，我们所看到的冷冷清清的过年场面，其中的不拜贺、不宴客、不换衣冠、不贴春联、不换桃符、不闻爆竹声等，并不是仅仅在讲那些富有的作者自身的情况，而是一种一般的概括描写。其中几乎所有的活动，都是从很久远的年代传承下来的辞旧布新的社会习俗。它们并不为地主阶级所独有，在略能维持温饱的广大群众中也是通行的。因此，所谓没有“新年景象”，也就在一定程度上具有普遍的社会意义。

其次，我们的观察如果深入一步，就会发现，地主富绅在过年的时候，虽然要略逊于往昔，但仍然要比一般老百姓阔绰和热闹得多。

我们可以解剖两个典型。

江苏常熟地区有一个小地主龚又村。他在《自怡日记》中，讲到1862（同治元年）度岁的情形。有两段总的描写，表明从整个社会上来看，过年是大不如往昔的：“念自贼踞吾吴，十家九破，往年家家画米囤，贴门神，拜年贺寿，一例删除。但见野田鸦噪，雪屋雀巢。”“唯新正神祠佛宇荒废者多，纸镪价昂，人不滥用，烧香者寥寥……声稀爆竹，帖少宜春，迥非昔年光景。”但是，在叙述到他本人过年的活动时，这番今不如昔的感叹便被一派欢乐景象所取替。从正月初一到十五，他几乎无日不往各至亲好友家贺岁宴饮。在这半个月里，他或者“斗牌掷采”“拇战尽欢”，或者“呼卢喝雉，终日畅怀”，或者“围炉暖酒”“衔杯畅叙”，或者“飞字八巡，劝酬无算”。在他所参与的宴筵上，旨酒佳肴，也都备极丰洁。日记中充斥了这样的句子：“品金波酒剧佳”“鸡豚鸭卵俱出糟床，他如熏鱼等味并是仙品”“家鸡海错，鲁脍豚蹄可口”“肴馔鼎烹”“醴甘肴洁，余味在齿颊间”“肴精酒冽”等。由于应酬忙不过来，日记中竟发出了“殊觉食多口寡”的叹息。[①] 如果联系到同一日记在稍后一段时间谈及普通农民生活的一则记载：“见天久不雨，例破黄梅，农民望云益甚，致米珠粟玉，度日大难。”[②] 我们就可以想象到，当时地主的生活，同农民相比，仍然存在着天壤之别。

另一个是前面提到过的有三四千亩地的吴江大地主柳兆薰。在他的日记中连续记载了太平军占领前后所过的几个年节情况。太平军占领后的头一个年（1861 年，咸丰十一年）和第二个年（1862 年，同治元年），他是在家乡过的；第三个年（1863 年，同治二年）是逃到上海过的；第四个年（1864 年，同治三年）太平军已经失败，吴江重又沦入清朝政府之手。柳兆薰过这四个年节，情况并没有太大的变化。1861 年（咸丰十一年）元旦，他在日记里夹叙夹议地记述了这一天一系列的贺年活动：“朝起。……率墀侄、奎儿拜如来佛，东厨司命，家祠内叩谒。饭后，至羹梅友庆堂拜当年先世神像，次行家人拜贺礼毕，与两兄茶话片时。今岁新年，得此团聚，相安无恙，已叨祖宗福庇无涯。羹梅姻亲陶少山、吴诵衣冠来贺，茶话而去。诵老长于河洛数，云卜大局，今岁可望官兵收复。下午率儿侄辈舟至大港拜贺……晚间回家。是日诚心斋素。夜间补诵经咒宝训，祈求免遭大劫。”[③] 第二天、第三天、第四天的日记中同样表现出年节的气氛。或者有人“衣冠来贺”，或者召人来“吃年酒，略具粗肴相款”[④]。使人感觉不到什么动乱不安的影子。第二年（1862 年，同治元年）的春节似乎闹得更加红火。除夕上午就“洒扫中堂……五代图、祖父母神像张挂瑞荆堂……位置一切，均极楚楚，

---

① 参见《太平天国史料丛编简辑》，第 4 册，422～429 页。

② 同上书，446 页。

③④ 《太平天国史料专辑》，164 页。

谢神祭先”①。这天夜晚，也是“阖家团坐，略饮屠苏”②。从元旦一早，便又像去年那样开始了一系列的“拈香叩拜如来菩萨”“参拜先人神像”“男女依次各行贺岁礼”“亲友衣冠来贺”③等贺年活动，一直继续到年初五以后。除此之外，还要接灶神、接财神，忙乱而热闹，充满了过节的气氛。虽然出门时由于太平天国的禁令而不敢穿着清朝衣冠，但在家中拜祖、拜神时，仍然要“衣冠肃肃”。这一切，实在同重归清政权统治下的第四个年节，看不出什么太大的区别。倒是在上海过的第三个年，由于流离在外，虽然“比邻爆竹之声，锣鼓之喧，颇为热闹”④，但作者本人时刻记挂着“家中今夜不堪闻问矣”⑤，显得有些凄凉的意味。

我们已经领略到两个新年（天历新年和传统新年）的种种场面。现在似乎更应当知道一些太平天国的领导者对于过年这个社会风俗的态度或者说政策，因为他们的意向无疑会对社会上的过年气氛产生直接的影响。太平天国的统治者既然制造并且颁布施行了天历，那么，它显然应当具有法定计时的效力。因此，一般来说，太平天国政权是严格推行天历，禁止群众按原来的历法（太平天国把它称为“妖历”或“妖朝历”）过年度岁的。《避寇日记》记载，1861年（咸丰十一年）岁末，盛泽的太平军就早早出告示，要求镇人按天历过年，如违背这个法令而仍按“妖历”过年的，就要“治罪”。腊月二十四是民间例行的“送灶日”，这一天，“镇有送灶者被长毛拉去，谓仍用妖朝历”⑥；大年三十晚上，“长毛巡行街道，欲觅民间请土地及祭祖者拉以去，镇人知之，乃闭门而祭”⑦。有的被太平军发现，就于元旦日“被锁敲锣迎四栅，令其自喊曰：‘有人过年者，与我一体带械。’”⑧

这种情况，在其他地方也屡有发现。

---

①② 《太平天国史料专辑》，231页。

③ 同上书，232页。

④⑤ 同上书，297页。

⑥ 《太平天国史料丛编简辑》，第4册，114页。

⑦ 同上书，116页。

⑧ 同上书，122页。

常熟：

> 除夕晴，明日是同治元年，毛贼预有示禁，以正月十二为元旦，各店铺不能闭户。及十二日，贼又不许开店，新年气象固无。帐簿只开壬戌年，十二年又不能写矣。①
>
> 除夕，家家兴味萧索，祀神祭先，常恐被贼知觉，幸未骚扰，只得且过今宵，又虚度一年岁月而已。②

慈溪：

> 以今年（同治元年）正月十二日为元旦。先出伪示，晓谕民间：不准仍照旧历，不准缨帽拜祖。③

杭州：1862年（同治元年）过年时，太平军“下令民间”一律按天历过年，甚至采取了“有不遵者族”的严厉措施。④

其实，这种禁止按旧历度岁的政策早在太平天国刚刚定都天京时就已实行了。1854年（咸丰四年），也就是太平军占领天京后的第二年元旦，城中女馆里就有人因“着裙共相庆贺”，被发觉后，“或杖或枷，目为妖”。牌尾馆中“间有庆贺，为贼所觉，亦多受杖”。当然，妇女穿裙是犯了太平天国的禁条，但恐怕受惩罚更主要更直接的原因，还出在庆贺传统新年上，因为按照天历，这年要到正月初七才是元旦。⑤ 可见，从定都天京开始，直至太平天国末期，要求群众按天历过年的规定大体未变。当新的习俗尚未养成（也不可能养成）、旧的习俗又被视为不合法的情况下，绝大多数的人们自然只能冷冷清清地度过年节了。

我们还想说明一点。看起来，无论是过“天历新年”还是过旧历新年，在贺年的气氛上似乎没有什么太大的差异，“惟历不同”而已，同样是“旨酒佳肴”“灯烛辉煌”，同样是“行贺礼，衣鲜衣”，

---

① 《漏网喁鱼集》，56页。
② 同上书，78页。
③ 《太平天国资料》，182页。
④ 参见《太平天国史事拾零》，148页。
⑤ 参见《太平天国》（四），659页。

同样是燃放爆竹。但也不能不看到，在同样的气氛的背后，太平天国于贺年的形式上摒弃了一些东西，又添入了一些东西。这除了我们叙述过的宗教形式上的明显差异外，也体现在相互拜年的习惯上。有人对太平军中的拜年方式这样介绍说：“头目服五色衣，首缠红黄绸，乘马，五、六、七人一起，马前各有举伪衔旗者一人，擎红黄伞者一人，马后随小贼一二人，进门必齐喊升官发财。见馆目，则上前一跪，馆目答跪，伪职较大者一答跪略一蹲地。头目之妇所谓贞人者，亦窄袖艳装，不挽髻，用彩线结辫盘额上，抹粉涂脂，乘马得得行，有小贼一二人在辔首护持之，往来称贺，全不为怪。”①这恐怕是一个颇为典型的写照了。

如果我们仅仅看到过年的情景，就以为洞晓了整个太平天国统治区过节的各种风貌，并从而断定这个社会的萧条抑或繁盛，这不免要把复杂、纷繁、多面的历史现象看得过于单一和简单化了。在一年当中，还有另外一些特殊日子和传统节日、纪念日。人们又是怎样对待这些日子的呢？

太平天国的领导者曾经正式规定过六个节日：

太兄升天节	正月十三日
报爷节	二月初二
太兄暨朕登极节	二月二十一日
爷降节	三月初三
东王升天节	七月二十七日
哥降节	九月初九

这六个节日在1859年（天历己未玖年）十月所颁布的两个《天王诏旨》中相继出现。

（天历）十月十四日的诏书中说：

天历首重孝顺爷，七日礼拜福禄加。二月初二报爷节，谢爷差朕斩妖蛇。三月初三爷降节，天国迩来共一家。本年三更诛凶

① 《太平天国史料丛编简辑》，第1册，329页。

首，从此万郭归爷妈。天历二重恭敬哥，舍命赎罪活人多。正月十三哥升爷，普天铭感福江河。二月念一哥登极，亦朕登极人间和。九月初九哥降节，靠哥脱罪记当初。天历三重识东王，降托东王是父皇。爷前下凡空中讲，爷今圣旨降托杨。七月念七东升节，天国代代莫些忘。谢爷降托赎病主，乃衾世人转天堂。①

这些节日的日期、缘起、意义都说得很清楚了，使人感到遗憾的是，我们并无法展现出庆祝这些节日的盛大场面，因为不论是太平天国的参加者、支持者和敌视者，还是在太平天国的上流社会和平民阶层，都没有留下我们需要的记载。纵使《天王诏旨》中"每年六节……永远如是""真道天情，家喻户晓""天国代代遵三重"之类的辞藻，看来也仅仅是一纸空文罢了。倒是没有包括在这六个正式节日中的圣诞节（耶稣诞生日），在一些地方是要被庆祝的。来自西方世界的呤唎，就曾在东方的一个小城镇（浙江嘉兴）度过了1861年的圣诞节。这在19世纪中叶应当说是极为罕见的了。他在记述那个节日时满怀感慨地写道："太平天国人们过此节日比我们早两日，他们似乎比我们更为敬重这个节日。我赠送荣王一件圣诞节礼品，在他的府中非常快乐地度过了这一天。天厅举行了特别的礼拜后，府中设盛宴招待城中所有的首领。我的朋友怀特和我一同出席了宴会，我们都认为在我们一生中这是最愉快的圣诞节。"② 当然，这毕竟不是来自整个社会的信息，这样的场面是否普遍出现并为更多的人所接受，就很难说了。

总的看来，属于被太平天国承认的节日，都不大被人们记起，更谈不上普天同庆。除了社会动荡这个重要原因外，人们共同的社会心理因素也是不可忽视的。传统的节日之所以成为某种社会风习，必定有一个世代传承的历史发展过程，在一代接着一代的人们心中，逐渐积淀下来，形成某种普遍的、固定的观念和心灵寄托。而太平天国政权的到来，在毫无社会基础的情况下，硬性规定出人们没有

① 《太平天国印书》（下），722页。

② 《太平天国革命亲历记》（下），578页。

听说过也无从理解的一些节日，毋庸说这些节日施行起来并没有多大的社会效果和社会意义，仅仅从19世纪中国人民社会心理的角度出发，承受这些莫名其妙的节日，看来也是有些过分唐突了。

我们眼前不由地又闪现出几个古老悠久而世代不衰的传统节日来：那“元宵”的喧闹、“清明”的肃穆、“中秋”的团圆……

农历正月十五日夜晚，是盛大而欢闹的元宵节。中华民族有一个无形的传统习惯，喜好把每个月正中月圆的那一天，视为美好的时刻，而正月十五又恰恰是新年之后的头一个圆月日。不知道从何时开始，每年这天夜晚普天张灯，大地喧腾。古人还特意设计了一道用糯米粉做成的球形加馅食品，就以节日命名为“元宵”。过元宵节的方式，大体上类似于对新年的庆贺，如举办灯会、摆宴席、吃元宵、燃放鞭炮等，并没有什么更为特殊的内容。渐渐地，元宵节实际上也就成为人们庆贺新年的一个组成部分了。我们既然已经看到了太平天国统治区域的年景，元宵节自然也是可想而知的。稍微不同的是，太平天国政权曾在一些地方出面干预群众庆贺旧历新年，对于元宵节却似乎无动于衷。前面提到龚又村在1862年（同治元年）正月从初一到十五日的贺年活动，他在过新年时还说过：“贺岁多不衣冠，恐招贼怪。”十五天之后的元宵节，他和亲友去“谒问心坛主滕云亭”时，便可以看到一派歌舞升平的欢闹场面了。那天，“群仙毕集、各神齐降”，庙中“香火颇盛，犹是升平”，戏台上的歌声“亦足悦耳”，而“街市喧哗，百货丛集”更是“较盛往时”，丝毫没有反映出受到太平天国政权某种干预的迹象。①

清明节，一向受到人们的重视，在太平天国的天历上，也特地标出这一个节日。清明节之所以如此被人看重，主要因为这是一个祭祖扫墓的庄重时刻，在家族观念极浓的封建时代，这一点自然具有相当的神圣性。除了少数正在进行战争的地区受到一些影响外，一般情况下，太平天国统治地区的人们都可以正常从事扫墓活动。吴县大地主柳兆薰在日记中记载了自1860年（咸丰十年）至1865

① 参见《太平天国史料丛编简辑》，第4册，427～429页。

年（同治四年）所过的五个清明节的情形。第一个和第五个清明节是在清政权统治下度过的，第二、第三个是在太平天国政权统治下度过的。其中，除第四个清明节因远离家乡无法扫墓外，其余几个都一样进行了隆重的祭祖扫墓活动。已经是太平天国时代的 1861 年（咸丰十一年），在清明节前的三天，柳兆薰就率领子侄，到各处父祖“墓上祭扫”，4 月 4 日是清明正日，“祀先祠，堂内设享”。次日，又乘船至邻乡先祖公墓前，“祭奠扫墓”，事毕，阖族人“饮散福酒，共八席，五十人，菜极丰盛”，“宴饮欢甚”。1862 年（同治元年），也是在清明的前几天，柳兆薰就连日各处拜奠，清明节当天，外出祭扫时，遇到太平军的关卡也“不避、不查”，“是行极从容”。祭扫完毕，依旧是同亲友“饮散福酒”“小叙茶相日”“尽兴而返”，类似的活动持续到清明节后的两三天。① 上述的扫墓活动，同清朝政权统治下所过的清明节并无什么异样，所以柳兆薰自己也说：“乱后吾族此典未废。”② 并不是柳兆薰一家如此，因为他在两年的日记中都已经指出“清明冷节，乡间补吊甚行”（1861 年）③，“补吊者纷纷”（1862 年）④，可见是具有相当的普遍性。自然，在一般老百姓那里，扫墓的仪式是绝不会如此排场的。

中秋（八月十五日）是民间普遍重视的又一个重要节日。这个节日的主要内容是阖家团圆，而兵荒马乱的战争环境，不可避免要造成离乱之苦，也就不能不给这个节日蒙上一层阴翳。因此，总的说来，中秋的节日气氛，同年节一样，要略逊于平时。尽管如此，在太平天国统治区，只要局势安定，人们在这一天还是照例赏月观灯。如《漏网喁鱼集》记 1860 年（咸丰十年）常熟情形说：“中秋节吾方依然赏月。”⑤ 《劫余小记》记扬州情形说：“（咸丰）八年中秋节，辕门桥观灯者拥簇如盛时。”⑥ 这是太平天国统治区群众生活

① 1861、1862 年的活动详见《太平天国史料专辑》，173、174、245、246 页。
② 《太平天国史料专辑》，367 页。
③ 同上书，173 页。
④ 同上书，245 页。
⑤ 《漏网喁鱼集》，47 页。
⑥ 《太平天国史料》，87 页。

相对安定的反映。当然，也有人大兴今不如昔之叹，《避寇日记》作者沈梓就是其中的一个。他对家乡秀水濮院镇过中秋的情况有一段对比性的描写，那是在看到东岳庙被拆毁后“有感而发”的。他说，道光以来，“中秋踏月之风特盛”，“是日，各豪富家悉出古玩、宝玉、名人书画，于各殿宇各台阁陈设殆遍，灯烛辉煌，里中纨绔子弟，登吹台，倚笛度曲，声达九霄，彻夜不绝。士女游观，踏歌步月，络绎往来十锦塘岸上，舟中灯光与水光相映。后虽渐衰，余风未息。今一旦荆榛瓦砾矣”①。柳兆薰在过1860年（咸丰十年）的中秋节时刚刚得知“乱世可骇听闻”的许多事，已经无心饮酒赏月了。他满怀愁绪地在日记中写道：“佳节今宵，红巾满地，虽未遭劫，恐惧益深，甚无好怀也。身子疲软，闷闷而已。”② 当然，他们只是描写了社会生活的一个方面，就是“富豪之家”“纨绔子弟”在太平天国运动前穷奢极欲地过中秋节的情况以及在太平军声威下发出的颤抖。至于贫苦农民在啼饥号寒声中如何度过这个节日，则被轻轻地掩盖了，或者说根本就没有被纳入他们的视野之内。就这个意义说，在太平天国统治区，“豪富”们如果在过中秋节这类节日的时候确实稍为敛迹，那倒未始不是一件值得称道的好事情。

---

① 《太平天国史料丛编简辑》，第4册，71页。

② 《太平天国史料专辑》，139页。

家庭结构

大家庭——“馆”的诞生和败落——天朝新贵——普通人家的悲欢离合

我们已经或者将要讨论的所有话题——宗教、节日、服饰、礼仪、妇女地位、各项禁例、社会文化——几乎都很难撇开“家庭”这个概念，但是，这里仍然用得着对太平天国时代的家庭生活场面做一次笼统的匆匆巡礼。因为，抛开很多必不可少的东西不论，单只天国领袖们一度史无前例地破除家庭的设想和举动，也就很值得大书特书一番了。

许多太平天国史的研究者从宗教而不是从日常生活的角度关注过拜上帝会的大家庭，有时候，宗教生活和日常生活可以相互包容，难分彼此。内心极富幻想色彩的拜上帝教的缔造者洪秀全，在早期一些著名作品中，除了宣扬和讴歌上帝之外，还刻意追求一个“天下总一家，凡间皆兄弟”的大家庭时代。字里行间，频频可见“天下多男人，尽是兄弟之辈；天下多女子，尽是姊妹之群”“皇上帝天下凡间大共之父”“天下一家，共享太平”之类看上去非常虚幻渺茫的美好向往。其实，在那些著作发表后不久，从某种意义上说，这些理想追求就和紧迫的现实需要惊人地走到一起了。金田起义之前，在积极的筹划过程中，洪秀全等人面对家庭这个战时的障碍因素，已经意识到有“联合一体共御公敌之必要”。于是，一个现实生活中的大家庭真的应运而生。拜上帝教徒“将田产屋宇变卖，易为现金，而将一切所有缴纳于公库，全体衣食俱由公款开支，一律平均”①。这样的形式开始替代了一家一户的日常生活单位。当时许多拜上帝

① 《太平天国》(六)，870页。

教的领袖人物诸如洪秀全、杨秀清、冯云山、萧朝贵、韦昌辉和石达开等人，他们或者贫窭或者富有，都一概入伙，与大家并无二致。大家庭形式解除了许多准备投身革命活动而又踌躇不决的人们的后顾之忧，“因有此均产制度，人数愈为加增，而人人亦准备随时可弃家集合”①。拜上帝会的声威和力量得到了可喜的发展。

洪秀全最初迈出这一步，绝非荒唐的抉择。因为，在夺得天下之前，暂时取消家庭，建立“公库”，无疑会增强太平军的战斗力和加快战争胜利的步伐，这在以后太平军挺进南京的征途上，获得了一次又一次的印证。从金田村到南京城，太平天国一直维持一种军事宗教大家庭的整体，即便是老幼和妇女，也被纳入一定的军事建制。在这个被称作大家庭的整体中，实际上实行着一种类似军事共产主义的生活制度，任何物品都是公共的，食品和衣物等日常生活用品都放在公共仓库中，金银财宝全归“圣库”，由领导者配给属下各种必需品。在这期间，太平天国不断颁布各类“礼制”“条规”“军目”“诏书”等，充实和完善这个浩浩荡荡的“家庭大军”的环节和体系。洪秀全作为太平天国的最高统治者和天父天兄的代言人，一再重申，这个大家庭的成员“各宜为公莫为私，总要一条草(心)”②，“凡一切杀妖取城所得金宝绸帛宝物等项，不得私藏，尽缴归天朝圣库”③，“但当创业之初，必有国而后有家，先公而后及私”④。太平天国正是凭借这样整齐、严密的组织结构，一直保持着精锐的战斗力量，连连攻克永安、全州、郴州、武昌、九江、芜湖，直至南京。

本来，在太平天国民众欢呼着涌向南京、镇江、扬州以及长江两岸更多的城镇和乡村，新的首都和新的统治秩序都初步确立的时候，“战时共产主义”的里程碑早已被迈过，我们应该可以走进无论是从遥远的金田村征战而来还是长期生活在这里的各个家庭，在千门万户中寻找我们要讲述的话题了。可是，历史的演化远不如我们

---

① 《太平天国》(六)，870页。
②③ 《太平天国印书》(上)，120页。
④ 同上书，121页。

想象得那么顺利，我们只好承认，在太平天国建都两年左右的时间内，暂时还不能回避“没有家庭”这样一个莫名其妙的现实。

1853年前后，一种太平天国独创的日常生活单位——“馆”，取代了连年征程中的军营，也取代了南京、镇江、扬州等主要城镇里原有的家庭生活结构，成为近代乃至全部中国历史中人类生活历程的一个瞩目点。

早在攻克武昌时，胜利在望的太平天国领导人马上在占领了的城镇实施起这一措施。他们把全体城镇居民，不分老幼，一律按照“男女分馆”的政策，“以数姓并居一家，亦以二十五人为率”①，男子集中到男馆，妇女归入女馆，“概令归馆住宿，彼此不许往来”②。据《武昌纪事》介绍，人们显然极不情愿接受这种生活方式，而太平军却几乎采取了非常强硬的逼迫手段把人赶到馆中，“迟延者鞭箠促之”。一时间，“妇女虽青年弓足者，莫不躬自负担，抱儿挈女，络绎衢巷”③。《鄂城纪事诗》所载的情形则更为严重：“或有男至女馆，女至男馆，一经败露，即时斩首。”④ 毕竟，太平天国只在武昌停留了不到一个月，我们只能极其简单地介绍到这里，能够更加完整地认识馆的面貌，那是太平天国政权占领南京以后的事了。

那时，暂时的四面告捷使太平天国领导人腾出更多的时间和精力对天京及其附近的大城小镇迅速实行大刀阔斧的家庭变革。太平军进入南京后的四五天，也就是军事行动刚刚结束，天王洪秀全、东王杨秀清等领导人尚未入城之时，就开始了组织“男女分馆”的工作。这项工作干得雷厉风行，往往是当场令全家大小，略带一点随身衣物，不得有须臾迟延，立即各归各馆。一般说来，每馆的定员都以25人为准，这就意味着必须对原有的小格局的家庭居室进行扩充和改造。通常，一些未被毁坏的庙宇和已不住人的房屋、仓库都被利用作馆；在一些地方，由于商业被禁止，店铺成了理想的馆址，太平

---

① 《太平天国》（四），595页。
② 《太平天国史料丛编简辑》，第1册，30页。
③ 《太平天国》（四），596页。
④ 《太平天国资料》，37页。

军往往拆去柜台，留着地板睡觉，柜台则作为“堆垛垃圾之用”。

这些馆舍时常被粗粗草饰一番，太平军在门上贴有各种门条（对联）。门条或大或小，纸张或黄或白，字迹或朱或墨，远不如他们制定政策那样有规矩。除了这些字迹潦草、“常有谬伪”的对联外，还有将“硾蜡笺、鱼子、块金，装潢成幅而悬空者，乃裱成楹联之一，以铺户招牌一扇配对于左右檐下”①。当然，极少数对联“若黄缎装成者，字画端整，而幅式较小”②，便属于相当考究的一类了。

馆内的布置大体一致，除去日常生活必备的设施外，最为突出的特点就是极富宗教色彩。有的记载说：“馆子门前各有一幛，大者以帐幔，小者以门帷，幛中更悬僧道庄严之大欢门以为华美。居中设香案，方供桌围具备，桌陈清水三杯，不知何意。或即彼赞美语中所谓上帝、天父、天兄耶？不烧阡帛楮镪，不点线香，惟檀降（?）等枝杂焚之；或则铲瓶花卉，供养甚清；或则碗盏壶罂，胪陈甚乱。”③ 在另外一些记述中，设帏幔、花瓶、酒盏的情形也大致如此。看来，除去饮食、睡眠、劳动等人类生存所必需的活动外，在丧失了亲人情爱和家庭欢乐的馆子里，人们唯一享有的权利，就是叩拜上帝了。

值得注意的是，这时的馆落，在种类上早已远远超过了武昌城内的初创时期。除了普通的男馆女馆，还有一些具有行政职能效用的专业馆，例如机匠馆、育才馆、瓦木馆、熬硝馆、掩埋馆等，设置这些专业馆，大概是出于应付由于战乱而百废待举的大家业。此外，还有一种专门收养“老而无依者”及病伤人员的“牌尾馆”（或称“尧民馆”）。住在这种馆里的人一般不去参加战斗和繁重的体力劳动，每天只干一些“扫街道”“拾字纸”一类轻闲活计。因此，为了躲避战乱和劳苦，很多人装病进入牌尾馆，有时竟达七八千人之多。④

---

①② 《太平天国》（五），278页。

③ 同上书，279页。

④ 参见《太平天国》（四），653页。

就这样，在太平天国的首都天京，在镇江，在扬州……家庭——作为长久以来，人类遮风露、耐寒暑、休息与团聚的生息场所，作为自从私有制产生以后的整个社会赖以存在的细胞，竟然被人为地轻易取缔了。

大量的历史记载告诉人们，太平天国在实施以馆代家的措施时，并未遇到公开的有组织的抗拒。天京等地很快就显示出各种馆落林立的盛大景观。这是否就意味着，类似“军事共产主义”大家庭的做法获得了莫大的成功呢？完全不是，我们的结论恰恰相反。对于这一点，只要我们稍微注意一下那些无论是出于自愿还是迫于强制踏进馆子的“兄弟姊妹”的日常生活，就不能不感到，太平天国领导人在他们相对稳定的统治区域仍然坚持以前的大家庭式生活结构是多么不合时宜也不得人心。在这些地方，原来的家庭成员，无论夫妻、父子、兄弟、姊妹，都被迫进行着另外的排列组合，禁止任何交流。“父母、弟兄、妻子立刻离散……虽夫妇、母子不容相通”①，“男女异地，夫妇不相闻”②。“如果夫妇暂相语，谓之犯天条”③，立即施加惩罚。有时，难免出现这样的情景，原来的家庭成员偶然在街头相遇，即便这样，“只许隔街说话，万分伤心，不许流泪”④，否则就有杀头之祸。在馆内，从前一般人家必不可少的精神寄托，如拜佛，用纸钱、饭菜追敬祖先，以及各个家庭中普遍存在的物质享受，如饮酒、吸烟等，都被一概取缔，至于历来被视为天伦之乐的感情交流、夫妻生活，更是被可笑地加以严禁。甚至在一些生活小节上，如“无病贪睡，闻锣不至，或稍涉嬉戏”，都要受到“杖责”的处罚。有两名身居高位的太平天国领导人，就因为到女馆中与他们的妻子幽会，被革去了“侯”的爵位，其中一人夫妻双双被杀。这样的惨剧在没有家庭的禁欲年代，在更多的平民百姓中间，不知发生过多少！事实上，“男女分馆”政策始终引起广大群众对太

① 《太平天国》（四），695 页。
② 《太平天国》（五），104 页。
③ 同上书，164 页。
④ 《太平天国史料丛编简辑》，第 6 册，393 页。

平天国政权的疑惧和不满，从社会心理的角度来说，传统的家庭生活方式对绝大多数的天国民众具有真正的魅力。抛开精神寄托、物质享受等长久以来的生活轨迹被打乱不说，中国有一句老话，常常以“家破人亡”作为最大的不幸，现在，人亡虽则未必，“家破”的不幸，已经落到了每个家庭成员的头上。更为残酷的是，人们得时时忍受着有家不能归，亲人近在咫尺却无法交流的痛苦煎熬。纵使“伤心万分”，却还“不许流泪”！我们不能不遗憾地感到，无论出于什么样的动机，太平天国领袖们在这条空想和虚妄的道路上，确实走得太远了！

最初设馆时，一些人就心怀疑惧，或者东躲西藏，拒不入馆；或者联络一些亲友，男女分别聚居在一起，组织所谓“私馆”。胡思燮在《患难一家言》中，就记他为了对付太平天国的男女分馆政策，在躲藏了一阵之后，由于太平军对“隐于僻巷未入馆者”查究甚严，觉得实在躲不过去了，“揣其势，非入女馆不可。乃与母兄商，暂于金沙井觅空屋，可容数十人者居之，自设两馆，以女奴为牌头应差役，余兄仍居宅旁，供给一切”①。更有一些人索性挈妇将雏，逃离城镇，宁愿流为难民也不入馆，这类的现象不绝于当时人们的耳闻目睹。可以想象，这样一种强制拆散家庭的做法，自然会搞得“阖城无一安居者”②。于是，许多馆中出现了各种抗议方式。最普遍的，是“走为上策”，逃之了事。《金陵杂记》说：“城中被掳男女，无时不思逃窜。”③《金陵纪事》则云：“自男女各分馆后，既不能得民欢心，又不能禁人逃走。”就连千里迢迢征战而来的太平军老战士中，也不乏逃亡的现象。到了 1854 年（咸丰四年）五月，天京一带的广西太平军已经不满千人了。谢介鹤在《金陵癸甲纪事略》中，以一系列的统计数字，最终得出“男馆逃走者多，新附者少”的可信结论。④ 另一位有心人张继庚则对 1853 年（咸丰三年）女馆人数

① 《太平天国史料丛编简辑》，第 2 册，378 页。

② 《太平天国资料》，37 页。

③ 《太平天国》（四），624 页。

④ 参见上书，664～665 页。

做了前后的数字对照，“至女馆九月间犹有二十三万之众，本月则只十一万有零矣”①。更有甚者，达到了“女馆遂空”的地步。对于有些不甘心屈就又不情愿逃走或者无处可逃的人来说，下场往往更为可悲。有人介绍说：“是时贼令男女分居，有同室者斩以殉。于是有室不能保，有家不敢归，坐此阖门殉节者甚多。”② 一些人看到这“父母、兄弟、妻子立刻离散，家业顿抛”的悲惨处境，“遂于夜间或阖室焚烧，或全家自缢，或近河塘牵连投水，纷纷无数。……次日分析男女愈急，而乘夜遁归自尽者连日未休”③。自杀者是否如此之多，是大可怀疑的，但终究不能完全否定有这样的事实。连太平天国的正式文告中也曾说过：“在尔民人，以为荡我家资，离我骨肉，财物为之一空，妻孥为之尽散，嗟怨之声，至今未息。”④

到 1855 年（咸丰五年）春天，在定都天京两年之后，太平天国政权终于被迫宣告了这场引起社会生活大混乱的拆散家庭运动的结束，使自己的社会政策后退到现实生活所许可的范围之内，重新承认家庭作为社会细胞的合法性。人们又可以回到家中，然而，肯定会有相当数量的家庭，早已根本不可能“破镜重圆”了。

就整个太平天国时代来说，两年的时间毕竟不是很长，它还不足以代表太平天国的家庭生活潮流，更何况，这场浩劫式的家庭变革的覆盖面仅局限于太平天国统治力量较强的几个主要城市和附近的一些乡镇，在更多、更广泛的太平天国统治区，虽然也出现了设馆的现象，却还不至于闹到了取消家庭的严重地步。到过太平天国的美国使者麦莲同一个时期就在镇江和芜湖看到了两种截然相反的情况。在镇江，“城内见不到妇孺，已变成一座大兵营。整个城郊区瓦砾一片，城内非公用房屋一概封闭起来”⑤。而在芜湖，“大部分城区、郊区有人居住，因此可以看见家庭、男人、女人与儿童在自己的房屋中生活，可以看见商人在各自的店铺中做买卖”⑥。可见，

---

① 参见《太平天国》（四），776 页。
② 《太平天国史料丛编简辑》，第 2 册，335 页。
③ 《太平天国》（四），695 页。
④ 《太平天国文书汇编》，114 页。
⑤⑥ 《太平天国史译丛》，第 2 辑，47 页。

在稍稍远离太平天国统治中心的区域，一些地方领导人在执行天国政权的政策上，还是颇有点顺乎民意的灵活性的。

设馆以外，按照生活程度，可以粗略地将太平天国时代的家庭划分为几个层次。人们瞩目的天王、东王以及其他高级领导人，这些太平天国政权的新贵渐渐构成一个特权阶层，他们可以践踏任何他们自己郑重颁布过的生活准则，许多研究者因此断定他们早已从农民政权的领导人蜕变为封建王朝的腐化当权者；原来富有或略具资产的地主、乡绅，像沈梓、柳兆薰、龚又村等人，他们的家庭虽然在太平天国运动中遭受到不同程度的冲击和劫难，引起他们惊慌失措，但一般来说，他们当中的大多数家庭仍然能过着花天酒地或至少是丰衣足食的生活；广大人民群众的千家万户，他们代表着太平天国时代家庭生活的主流，这些家庭的悲欢离合，恰恰更为准确地显示着一个时代的生活风貌。

在属于上层社会的太平天国前后期高级领导人圈子里，追逐浮华、奢靡的家庭生活享受，一直被视为某种时髦，渐渐流于一种风气、一种根深蒂固的陋习。我们特别注意到，拥有极其豪华的住宅和别墅，是很多当权者的追求目标。王步青在太平天国占领苏州后，就曾目睹了这样一番情景："贼目之大者，广造第宅，穷极土木，其小者，择民间巨室而扩充之，皆巍然自命王府，出入鼓吹。"① 当天京城内的老百姓被赶离家门的时候，洪秀全、杨秀清、韦昌辉、石达开、秦日纲、陈承熔、黄玉昆、赖汉英这些头面人物的住宅也正在翻修和营建之中。据说，为建造"第一家庭"的住宅，曾经毁掉数以万计的民居。这座城堡加宫殿式的府邸最终建成于1854年。它建成之后一再博得来自各方面的赞叹："（天王府）城周围十余里，墙高数丈，内外两重，外曰太阳城，内曰金龙城，殿曰金龙殿，苑曰后林苑。雕琢精巧，金碧辉煌。"② 也有人描述得更为具体："雕镂工丽，饰以黄金，绘以五彩，庭柱用朱漆蟠龙，鸱吻用鎏金，门

---

① 《太平天国史料专辑》，540页。

② 《太平天国》（三），164页。

窗用绸缎裱糊，墙壁用泥金彩画，取大理石屏铺地。”[1] 真可谓“穷极壮丽”“侈丽无匹”，排场到家了。东王杨秀清和其他高级领导人同样拥有一流豪华的住宅，他们或者像洪秀全那样，“多毁民居，拓益其巢穴”[2]，或者抢占城内上好的官府、衙署、民居，大施扩展，在墙上和门上涂上他们喜爱的夺目颜色。没有多久，在天京城里，“许多巍峨的宫殿和官邸占有显著的地位”[3]。在天京和李秀成做过邻居的呤唎，曾有幸成为这座“极为雄伟美观”的王府的客人，他面对忠王的住宅禁不住连连叫绝：“整座王府显示了中国工匠的巧妙技艺，石刻、窗棂雕刻、木刻、天花板雕刻、墙壁雕刻全都各具巧心，精美绝伦。”[4] “除天王府外，忠王府是城内最雄伟最华丽的建筑。”[5] 他竟然能在数年之后的回忆中用大块的篇幅细致入微地描绘出忠王府的里里外外，从走廊、厅堂、庭园到壁画、草木、装饰物，甚至还清晰地记得当时花园中树木、花卉的名称和位置。我们不能否认，这样的大兴土木，具有十足的劳民伤财的一面，早已有人为此奉上严厉的申斥或深深的遗憾。但就犹如两千多年前建造长城那样，人们的巨大代价使太平天国领袖人物的居室，构成了划时代的建筑特色。这也同样是我们不能否认的。

当然，仅仅以居室、住宅的环境来断定他们的生活状况，似乎还令人感到有些缺憾。除此而外，在他们的日常生活中，还有一个共同点，就是“妻妾满堂”。许多人试图弄清洪宅内女子的数目，有的说仅“月宫”（妻子）就有八十八人[6]，也有的说是“一百零八妻”，一位外国游客打听到“宫中只许女子居住，闻宫内共有女子千名”[7]，更有人干脆以“无数美女”相称。《金陵杂记》也记述说，洪、杨、韦、石、秦等王府中“均有妇女在内，或千百人，或百余

---

① 《太平天国》（四），394 页。
② 同上书，654 页。
③ 《太平天国革命亲历记》（上），187 页。
④ 同上书，189 页。
⑤ 同上书，190 页。
⑥ 参见《太平天国》（二），855 页。
⑦ 《天京游记》。

人，其中美丽粗恶皆有”[1]。我们从一位“得备见贼人著述”的作者笔下，发现了这方面的具体规定：“一等王，娶王娘一人，贞人二十人，随使女四十四人；降一等，减贞人二人，使女四人。一品官娶贞人一人，女使十人，随使女十二人；降一等，减女使一人，使女一人。不入品有职者，娶贞人一人，女使一人，随女使一人。”[2] 这种纵情和贪图享乐的生活方式，或多或少、或重或轻地影响着他们本人的生活节奏和家庭氛围。顶天侯秦日纲因为“颇贪女色，逐日安居内室”，两耳不闻窗外事，竟然能在敌人兵临城下、满城惶乱之时，还“高卧未起”，不为所动，一位敌视太平天国的时人不免讥讽道：“酒色迷人，亦能移贼性情也。”[3] 杨秀清患有眼病，据医生私下密传：“只缘色欲太重，致肝肾两亏，因有是疾也。”[4] 我们估计，像杨秀清那样因纵欲而伤损了身体的情况，已不属于个别的例外。更严重的家庭危害还不在此，许多领导人习惯于喜新厌旧、见异思迁的生活作风，“贼妇时而更易”[5]，而这些被换来换去的“妻子”们，往往都不是出于情愿，而是被“软功威逼”、劫掠而来的。因而，无论是金碧辉煌，还是山珍海味、绫罗绸缎，都掩饰不住这些上流家庭中的悲剧气氛。至于夫妻恩爱、儿女情长、阖家欢睦的生活情景，在类似的生活圈子里，可以肯定，是极为鲜有的事情。

在生活上，太平天国权贵们可以拥有一切，包括宫殿般的住宅和大量的美女，也包括他们想要得到的甚至不曾想到的珍奇家当和其他享受。这些令人垂涎的特权，属于他们生活道路上一段共同的里程。事实上，由于经历、性格、素养、爱好上的差异，他们各自的家庭并没有被纳入共同的生活轨迹，这就意味着，在某些共同的前提下，他们每一个家庭还有着自己独特的生活方式、生活情趣和生活节奏。读过几年旧书、富有幻想色彩的天王洪秀全同许多历史

---

① 《太平天国》(四)，629 页。
② 《太平天国史料专辑》，392 页。
③ 《太平天国》(四)，629 页。
④ 同上书，628 页。
⑤ 《太平天国史料专辑》，392 页。

人物一样，在获得成功以后，便过早地把自己封闭起来，过着一种隐蔽莫测的神秘生活，他“僻处深宫，从不出户”，他住宅的大门上“悬挂朱漆金字牌扇”，上面标明：“示谕众臣工，到此定行踪，若然不止住，立刻性命终。”① 即使是在起义征程中长期患难与共的挚友，如杨秀清、韦昌辉、石达开等人，也很难迈进天王府的门槛。以至于一再有讹言流传。太平军的劲敌向荣就曾将自己听到的“洪秀全实无其人……现在刻一木偶，饰以衣冠，阏置伪天王府内”②的传闻上奏给咸丰皇帝。像这样怀疑洪秀全的存在的，还不仅仅是向荣一人。长久如此，他使自己的身心陷于自我摧残的境地，他的悲剧式的生活方式，是可想而知的。

比较起来，穷苦人出身的东王杨秀清，在天京过着更为无遮无拦的暴发户式的奢侈生活。从前，他既无洪秀全那样的读书经历，也不像韦、石等人那样出身富有。一旦得势，他便比他的战友们更容易养成毫不节制、排场无度的生活作风。除了前面我们提到的有关他的生活情况外，在其他的生活细节上，他的家庭也都体现着出奇的、不可一世的奢华，这一点，对于凡是有兴趣于太平天国运动的人们来说，都不会是陌生的。我们还想强调的是，杨秀清的生活姿态在太平天国领导人的家庭生活中更具有典型性。《寇难琐记》有如下记载：“伪职无论尊卑，凡有一郡一邑一乡镇之守，无不威福自擅，一饮食间，必方丈前陈珍馐，罗列玩好，服御穷极工巧，土木之雕墙峻宇，侍妾之纤妙娉婷，供奉惟恐不足，所常莅事之处，香案帷幛毕备，雀屏龙涎，地欲天棚，色色精雅。暑日设一大扇，以彩绳结于两旁，凉则卷之似幔，热则舒之，以两人运扇鼓荡，满座皆习习生风。诸所用物，皆称是。微员冗职尚如此奢华，彼居金陵、居省会者，其侈靡当更倍蓰。”③ 至于那些高级领导人每人日常生活侧重上的差异，如杨秀清喜欢鸟雀，石达开爱花，洪仁玕嗜酒……则仅仅表明他们的兴趣爱好不一罢了。

---

① 《太平天国》（四），394 页。

② 《太平天国》（七），175 页。

③ 《江浙豫皖太平天国史料选编》，155 页。

到了后来，这些大大小小的家庭，出于种种原因，有的已经家破人亡，像杨秀清、韦昌辉以及他们的心腹亲信；有的也衰败下去，接近破落。在太平天国濒临灭亡的最后一个时期，由于国势日下，高级领导人的家境也优裕不到哪去了。曾经为自己建造了金碧辉煌的住宅的李秀成，后来也不得不一再变卖家中母亲以及妻女的首饰，以至落到了“家内无有金银”的惨况。① 忠王的家庭尚且这样，其他的头面人物或者更低级一些的领导人的家况，恐怕更应该是随着天朝的命运江河日下了吧？

很显然，在整个太平天国时代，这些富有的特权者的家庭虽然不能撇开毋论，但毕竟是极少数的，处于金字塔顶尖的位置。那么，相对而言，绝大多数的普通家庭的命运，才应该引起我们更充分的关注，因为，只有这些人家的悲欢离合，最能清晰而完整地体现着一个时代的文化特征和民俗风貌。

如果按照呤唎的说法，我们尽可以放心地以为，在太平天国，人们的家庭生活普遍沉浸在美满、富裕、安乐、欢畅的气氛中。请看他对一些太平天国统治下的人民群众生活状况的描述：

江苏吴县芦墟等村：

> 人民都在忙着收割，显然要比湖那边清统辖区的农民富裕得多……人们穿着很好的衣服，商店充塞着货品，处处都显出兴旺景象。最令人惊奇的是乞丐完全绝迹……村里，只见到一群一群富裕的、忙碌的、面容和蔼的中国人和一大堆一大堆刚由船上卸在岸上的货物。②
>
> 我在村里散步时，见到人民态度友善……许多人拉我到他们家里去喝茶饮酒。③
>
> 这里的一切都是欢腾鼓舞的，如同喜庆吉日一样。④

盛泽：

---

① 参见《李秀成自述原稿注》，325 页。

② 《太平天国革命亲历记》（上），47 页。

③ 同上书，48 页。

④ 同上书，49 页。

这是一个很大的村庄，居房达五千户以上，商店鳞次栉比……中国人的各项消费品都极为充斥。①

南京：

人民显出了自由欢畅的神情，完全没有清政府统治下的中国人所露出的那种畏缩卑贱的样子。②

呤唎还记载他特地到一些村庄调查人们对太平天国统治的想法，得到了“他们在各方面都十分满意”③ 的令人高兴的答复。

对于呤唎所唱的颂歌，一概听信抑或否定都难免会失之偏颇，我们必须充分地估计出这位好心人颇为自信的结论中的历史背景。在呤唎的描述中，我们大致可以得到这样两点印象：各种消费品非常丰富，人们生活都很富裕；人民群众阖家欢睦、心情舒畅。从某种意义上说，这样的结论并非毫无可信度，呤唎是在1859年（咸丰九年）的夏天抵达中国的，而他第二年进入太平天国世界时，恰恰赶上太平军克复苏南，李秀成在苏浙一带苦心经营的最好时机。在这期间，天京动乱的阴影已经抹去，太平军大规模的作战部署时时奏效，太平天国政权得到进一步巩固和发展，这是太平天国起义近十年来最好的一段时间。于是，李秀成等太平天国的实权人物清晰地认准情势，一再颁布有益于人民群众生活和生产的政策、命令，例如减轻赋税、通商惠工、促进农事活动等。加之政权稳固、社会趋于安定，苏南一度呈现出一派繁荣、富饶的面貌。在宜兴，“商贾云集，交易日数十万金”；在无锡，“各镇口热闹如城市”；在吴江，“市上热闹，生意繁盛，较平时数倍”；在常熟，“河海各船稠密”；在苏州，“百货云屯”，“船来日多，售亦日盛，乡民过午，满载而归，奚止利市三倍”④。这些历史记载同呤唎的见闻显然大体吻合。因此，我们可以相信他的有关人民家庭生活比较宽松富裕的论断。

---

① 《太平天国革命亲历记》（上），50页。

② 同上书，187页。

③ 同上书，50页。

④ 转引自《李秀成自述原稿注》，223页。

但是，在程度上是否真达到了如他所宣称的“一切都是欢腾的”“人民显示出了自由欢畅的神情”“他们在各方面都十分满意”等的地步，则显然还需要取得更加实际的旁证。

事实上，确认呤唎等人的某些所见所闻，绝不意味着承认他们所描绘的生活情景可以在时间上和空间上覆盖整个太平天国统治区域的千家万户。这一方面是因为呤唎的到来不前不后，恰巧碰上一个最合适的时机；另一方面，我们还必须注意到，呤唎并未走遍所有的太平天国统治区，即使是他行迹所到之处，也多少带着一些行色匆匆、走马观花的味道。他虽然曾在自己的著述中具体讲述了若干中国人的家庭生活，但这些家庭有相当一部分如我们叙述的那样，属于太平天国特权阶层的范畴；在他的许多中国友人当中，也很难找得出多少当地的真正平民百姓。所以，他的言论，就很难作为我们分析太平天国社会家庭生活的典型根据了。至于其他史料提供的商业繁荣、物质丰富的可喜情景，无疑都说明了各地太平天国政权在改善人民生活状况方面，做出过不同程度的积极努力。可是，这样短暂的现象和局面并未得到长久的维持和发展，与我们看到的更多更广泛的记载相比较，就普通人家的生活而论，值得称道之处随着时局的演变愈来愈显得微不足道了。

除了一些主观因素，例如太平天国在对过年过节、婚丧礼仪、服饰装束等传统的生活习惯进行人为的变革或者硬性限制，或多或少地影响了人们的日常生活而外（我们已在或将在各章节中分别说明），对于普通人家家庭最猛烈的冲击，恐怕要算作因战乱而引起的社会动荡了。太平天国在夺取南京之后，这个政权始终处在风雨飘摇之中，外患内讧接连不断，尤其是天京事变以后，许多城池在太平军和清朝政府军之间被激烈地夺来夺去。对于这一点，从事太平天国政治和军事方面研究的学者已经说得够多了，我们要补充的，恰恰是容易被疏忽的一个并非无关紧要的方面。在这场漫长而激烈的战争中，无论孰是孰非、孰胜孰败、孰优孰劣，处于战争氛围长年累月困扰中的普通人家，是全然不能按照传统习惯平安生活下去的。在许多地方，太平天国政权的统治者即使纠正了取消家庭的生活方式的极端错误，却并不能真正扭转“妻离子散、家破人亡”这个残酷的现实。当我们随手在连篇累牍的历史遗著中做着摘录时，就感到简直是不胜枚举了：

湖南长沙：

咸丰初元，粤西贼起……犯长沙，狼奔豕突，屯聚城外，附郭庐舍，荡然无存，而普济堂栋宇随毁，孤贫老弱流离道路。①

江苏苏州：

原住的居民都已经不在了。全城居民非逃即死，或自动参加了太平军。看不见妇女和儿童。许多房屋的门窗被拆毁做了燃料，许多宫殿般的府第变成了马厩。拆散了的贵重家俱随处可见。新娘洞房里的摆设被人践踏在脚下。这里一只男孩鞋，那里一顶少女帽子或一绺头发。到处杂乱不堪。②

江苏镇江：

南门外民房已十毁其九。……西门外民房为贼烧尽。……城内外贼烧民房，烟与云接。数日以来，火光不息……避难之民日形困苦，督兵者曾不之顾。③

江苏太仓：

此次经贼剿洗一空，阖城可云家无完壁，户有横尸。……附近各镇大为惊吓，奔避如蚁。④

浙江海盐：

居民四处漂流，乞食不给，大半路毙。⑤

浙江平湖：

---

① 张延琦等：《长沙县志》。

② 福斯特：《访问太平天国》。

③ 佚名：《蘋湖笔记》。

④ 《漏网喁鱼集》，42页。

⑤ 《避寇日记》。

（咸丰十一年）二月初四日，贼陷花溪镇……是夜逃迁络绎，灯火星散……数千里远近皆废眠食，奔逃无地。……凡前后两次逃难，有旷野聚数千人息夜者，一舟聚五六十人无遮盖风雨物者。过江覆没海中者，迁避数处复为枪匪劫去者，故惟先逃者家人团聚，后逃者妻子离散，惟望家乡火发，尽存焦土矣。①

这里引用的历史资料，大抵出自敌视太平天国运动者的手笔，文中的“匪”“贼”便是对太平军的蔑称。他们把一切罪责完全推到太平军的头上，是不足为怪的。但如果撇开造成这种苦难的责任问题，则当时频繁而残酷的军事冲突，确曾给普通老百姓的家庭带来毁灭性的灾难，却是无可置疑的事实。像这样的历史现象，如果仅仅是一度或者暂时地在某些太平天国统治区域出现过，而并没有形成风卷整个太平天国时空的巨浪狂涛，我们自然绝不该将这种属于偶发现象夸大到足以代表太平天国时代的家庭生活潮流的程度。然而，令人遗憾的是，这确是一幅绝顶的处于社会动荡中家庭冲击波的鸟瞰图，它的覆盖面和冲击力都远远地超乎当初太平天国统治者破除家庭的壮举。就这个意义而言，我们正面对着一个我们一直在讴歌的悲惨世界！一百多年以前，家庭的职能还极为可观，尤其是在中国长期封闭的自给自足的社会里，家庭更往往是人们人生道路上的唯一目标，许多中国人的一生或者大半生有着足不出户的经历。但是，无论是家庭的固有职能（生儿育女），还是家庭的基础职能（生产、生活）、家庭所派生的职能（娱乐、休息、信仰），它们能正常发挥作用的首要前提，是完善的家庭居室和家庭成员。而在上面描述的一幅幅图景中，历史事实残酷地印证着一种平安的田园牧歌式的传统家庭生活方式的毁灭。既然是百姓“非逃即死”，房屋“十毁其九”，也就无所谓“家庭”可言了。浙江武义县知县唐淳有一幢漂亮的住宅，据说也是“堂室壮丽”“穷极土木之功”。1858 年（咸丰八年）六月间，太平军闯入了这所内藏万贯的府第。数月之后，一个姓袁的仆人“入其户”，“见尸骨累累，支分节解，臭不可乡

① 《花溪日记》。

（向）迩。其女若媳，奔走街巷间，憔悴枯槁，全无愧色，而家已破矣”①。当然，受到冲击的家庭遍及各个阶层，除了像唐淳这样的清朝官吏——他们往往是太平军重点打击的对象——而外，一些曾显赫一世的富豪乡绅，也不得不流落于四处奔命的难民之间，我们多次谈及的吴江大地主柳兆薰，就曾为避战乱跑到上海的亲戚家里躲了一阵，并且时常发出有家不能归的感慨。至于一般的平民百姓，也不能不受到战乱的损害，在“阖城可云家无完壁，户有横尸”的悲惨处境中，还怎么可能维持住自己的家庭呢？《镜湖自撰年谱》的作者段光清就曾在杭州城外见到住在荒郊破屋中的难民们当中“有易子而食者”。他还从这些难民亲生的儿女中买下了一个女孩。

太平天国政权有过惊天动地的起义壮举和辉煌的军事战绩，有过打下中国半壁江山的可歌可泣的动人故事，从宏观上讲，这已经不朽于中华民族的历史进程之中。可是，在太平天国，也上演着无数的家庭悲剧。这也许是谱写这一幕悲壮史剧的无法避免的代价，但毕竟这个代价是太过沉重了。

---

① 《江浙豫皖太平天国史料选编》，182页。

巾帼风貌

对男尊女卑的挑战——未曾冲破的封建藩篱——区域文化的差异和撞击——政策的调整

对于生活在太平天国时代的妇女，吟唎说过这样一番话："太平天国的妇女可以自由交际，她们的地位被大大提高，这是标志太平天国超越清政府的无数革新措施之一。"① "太平天国社会制度中最值得称赞的就是妇女地位的改善，她们已经由亚洲国家妇女所处的卑贱地位提高到文明国家妇女所处的地位了。太平天国革除了两千年来妇女所受到的被愚昧和被玩弄的待遇，充分地证明了他们的道德品质的进步性。"② 特别值得我们注意的是，在上面的评论中，吟唎已经把中国妇女地位的改善和提高摆到了他赞不绝口的太平天国各项政策和措施"之最"的位置，这还不够，他甚至大胆断言，他所看到的太平天国妇女境况已经达到了文明国家的先进水准。在一段时间里，许多研究者对这个话题所发的议论，大抵没有超出吟唎在一个世纪以前的估价。于是，太平天国政权在妇女缠足、买卖婚姻、一夫多妻、女子蛰居深闺等方面敢于打破传统陋习的变革魄力，便一度被认为是有口皆碑的史诗般的壮举。

对于吟唎的上述描写，我们不应该简单地凭直觉去赞同抑或推翻。我们愿意将这个十分有意义的课题，重新带回到一百多年以前的太平天国社会，对历史生活中真实的妇女形象和她们的行为踪迹来做公允的判别和说明。

当初，像洪秀全和杨秀清这样的太平天国领袖人物在他们的奋

① 《太平天国革命亲历记》(上)，185页。

② 同上书，239页。

斗目标中，很难说已经具有了如呤唎所称道的那种将妇女从两千年来受奴役被压迫的境况中解放出来的伟大志向，因为他们既没有生活在能够产生这种观念的社会条件和环境之中，也从未有过接触这样一种先进意识的机缘。洪秀全受过封建文化的扎实熏陶，同时又勇敢地冲破了封建文化的钳制和藩篱；杨秀清则是一位目不识丁、四面漂泊、以烧炭为生的流浪者；其他几位太平天国领导人，也都具有同他们两人差不多的教育经历和与林则徐、魏源等思想家决然迥异的文化素养。正是在这样一种文化心理的背景下，太平天国领导人在妇女问题上，也曾大发过一阵扬弃某些封建传统观念的议论，甚至将这些看法郑重地列入太平天国政权正式颁布的文件中，在一定程度上，确实改变了妇女苦难深重的人生命运。

金田起义四五年之前，洪秀全撰写了一系列著名的带有宗教色彩的纲领性著作。在其中的《原道醒世训》中，他疾声力呼："天下多男人，尽是兄弟之辈；天下多女子，尽是姊妹之群。何得存此疆彼界之私？何可起尔吞我并之念？"① 这可以说是太平天国领导人最早冲击传统伦理观念的论调。后来，洪秀全在《原道觉世训》中，号召"天下凡间我们兄弟姊妹"共同对付一切"妖魔鬼神"，再一次把男女之间的关系摆到了相提并论的平等位置。在其他一些诗文论说中，"天下一家""兄弟姊妹""皇上帝子女"等具有破俗倾向的言论和观点，都是洪秀全等人不厌其烦地反复倡导的。男女并提，几乎成了洪秀全和他的战友们言论文辞中的一种特有风格。金田起义之后，太平天国领导人这种男女平列的思想，便纳入这个政权的变革章程之中而被一再强调。在日常生活和宗教活动中，都能见到许多这方面的明确规定。像具有法律效力的《天朝田亩制度》就确定了"凡分田照人口，不论男妇"的平等分配原则，这是一项破毁男尊女卑的坚固藩篱的实践活动；太平天国在理论上提倡过一夫一妻的婚姻制度，还强调"凡天下婚姻不论财"，从另一个领域涤荡陋俗；在他们奉为最不可亵渎的宗教活动中，男女一体享有共同的权

① 《太平天国印书》(上)，15～16页。

利便显示出更为神圣的意味。《天朝田亩制度》规定："凡礼拜日，伍长各率男妇至礼拜堂，分别男行女行，讲听道理。"① 在太平天国，确实常常可以见到这样的情景：许多男男女女以兄弟姊妹的情谊聚集一堂，履行庄重、神圣的宗教仪式。这里所强调的"分别男行女行"，不过是要求男女分立在同一礼拜堂的两侧而已，毫无等级色彩，也不同于封建礼教中的"男女授受不亲"的戒规。呤唎在《太平天国革命亲历记》中收选了为数不多的几帧插图，其中一幅题为《一个太平天国的礼拜堂》，为我们描绘了这样一个画面：一位正在"讲道理"的太平天国首领手持讲稿站在礼拜堂一端，他的身后并立着几名吹鼓手，他的两侧便是参拜、听讲的太平天国普通居民，一边为男子，一边是妇女和儿童，有坐有立。整个礼拜堂确实洋溢着一种男女间和谐、平等、轻松的气氛。结合《天朝田亩制度》的规定和呤唎本人的亲身所历，我们有理由相信这不是一幅被夸张了的或完全是凭空想象的图画。在另外一些方面，太平天国政权同样强调这种平权意识，女子享有与男子相同的受教育的机会和权利，可以读书、参加科举考试，甚至可以介入政治，都是一些难能可贵的创见。许多相对杰出的女子因此成为太平天国的女状元、女榜眼、女探花、女丞相、女检点、女将军、女指挥……

所有这些事情，都发生在一个男尊女卑的国度和男尊女卑的时代，无怪乎呤唎发出如此热烈的讴歌，这确是值得赞颂和惊叹的历史进步。如果就太平天国统治集团里的决策人物的精神深处做一些探析，便能够发现，这种对待妇女问题的进步意识，多半是起于他们在对封建统治秩序叛逆过程中自发产生的朴素的民主主义倾向。无论是洪秀全、冯云山、洪仁玕，还是杨秀清、萧朝贵，还是韦昌辉、石达开，尽管他们的人生经历各不相同甚或大相径庭，然而他们起初下定造反决心的动机好像都十分一致，这种一致性便体现在他们受到封建社会黑暗不公的贬抑、压迫、摧残之后迅速萌发、膨胀起来的愤懑之情和一腔怒火。像洪秀全做出掀倒孔子牌位的惊人

---

① 《太平天国印书》（下），410页。

之举，就是一个典型的写照。这种自发的、朴素的民主主义思想倾向，在我们谈论过的各方面风土人情的变革中都得到了淋漓尽致的表现，自然，在妇女地位这个重要的传统习俗上，便促成了那种大胆挑战男尊女卑的可喜现象。

太平天国起义爆发之后，马上开始了气势磅礴的战争挺进。太平天国领导人的所有变革意识都在这场大规模长时间的军事行动中接受考验和检验。在妇女问题上，客观形势实际上向他们提出了这样一个严峻的问题：在战争中将妇女摆在一个什么位置？按照常理推论，太平天国领导人在妇女问题上的破俗意识必然要因为战争而被搁置，可是事实正好相反，残酷的你死我活的战争需要尽可能多的力量的投入，而洪秀全一再发出的“兄弟姊妹”共同对付“妖魔鬼神”的召唤，恰好能够满足吸引更多的拜上帝教的信仰者投入战斗的要求。所以，洪秀全从未把战场看作“男人的世界”。事实上，正因为这长达两年的千里转战，使妇女和男子之间的平等关系得到了进一步的加强和深化，为这样的破俗行为在后来的太平天国统治区域一再延展创造了机会。

这种状况，还同太平天国运动诞生地广西的独特的区域文化有密切的关系。

太平军中久经风霜的女战士，大都长期生息在中国最偏远的山寨里，那里的自然环境、文化水准和生活习俗，造就了她们特有的精神面貌。在很大程度上，她们同男子干同样的活计，出同样的力气，甚至穿同样的衣服，走同样的人生道路；她们的外在表现，也常常给人留下不亚于男子的强悍粗犷印象。许多记载特别留心记下这一特点，有的称她们“赤足蓬首，壮健如男子”①，甚至“勇健过于男子”②；有的说她们“颇矫健”“力能任重”；等等。正因如此，她们有可能大批投入太平军中，并在行军作战中创造了赫赫的功勋；反过来，长期的出生入死的战斗生活，又进一步开拓了她们的眼界，增强了她们豪放的气概。

---

①② 《太平天国》(三)，292 页。

在金田起义之前，尽管洪秀全早就一再男女并论，但拜上帝会的领导核心中，却从未产生过一位妇女领袖。在从金田到南京的征途上，她们却脱颖而出，威风凛凛，冲锋陷阵，驰骋疆场，出现了许多女中豪杰。这大概足以说明，正是似乎最不适宜妇女活动的刀光剑影的战场，倒是不可思议地为妇女提供了一个施展才能的舞台。许多著述或者出于赞美，或者出于诅咒，都曾记录了太平军女战士同男子并肩作战的英勇战斗业绩。呤唎在讲到当时的太平军女军时说："革命初期，她们曾勇敢参战，有的并担任了军官职务。"① 那位颇有些传奇色彩的太平天国女军领袖苏三娘，便是在战斗中进一步成长起来的典型女中豪杰。据说：苏三娘"凶悍绝伦，女兵千余名，俱广西大脚婆，全用黑旗，杀戮最惨"②。吴家桢也在《金陵纪事杂咏》诗第 17 首中，专门描绘了这支女兵队伍："八百女兵都赤脚，蛮衿扎裤走如风。"③ 攻克武昌城后，苏三娘率部随杨秀清沿江东去，占领天京，挺进镇江，挥师扬州，所到之处，清军无不披靡，真可谓："雄雌谁得辨肖娘。"④ 这样一些描写，如果从政治角度看，充分反映出在冲击封建统治秩序的农民战争中，妇女可以或者曾经创造出何等惊天动地的业绩；倘若从社会风俗的角度着眼，则太平天国女战士身上那种无视封建礼俗的村姑农妇的豪爽气概，实在也因为战场上的拼杀而表现得淋漓尽致了。

现在，我们必须强调这样的事实，我们看到并加以描绘的太平军中妇女群众飒爽英姿的图景，同在近代文明曙光的照耀下而闪烁出的妇女解放异彩的画面，毕竟还是性质很不相同的两码事。因为，不论是太平天国领导人的思想上或理论上，还是在太平天国统治区社会生活的实践中，妇女解放从来都不曾作为一种指导方针提出过，更不曾作为一种生活准则哪怕是企图在现实世界中去加以贯彻和体现。

---

① 《太平天国革命亲历记》(上)，241 页。

② 《太平天国》(四)，367 页。

③ 转引自《太平天国人物》，482 页。

④ 转引自上书，483 页。

在太平天国政权的最高领导人洪秀全和杨秀清的思想深处，在妇女问题上一直存在着看似奇特实则自然的矛盾。一方面，他们大唱男女一家的赞歌，并且勇敢地践踏了男尊女卑的封建等级观念；另一方面，他们并未彻底摒弃甚至还十分赞赏某些男尊女卑的封建论调，他们在妇女问题上的总体认识，实际上还停留在深受封建三纲五常影响的低水平状态。因此，在太平天国社会里，歧视妇女的传统习俗不仅没有绝迹，反而被太平天国领导人大加张扬起来乃至被他们奉为生活信条。

大概还是在作战途中，洪秀全就有了三宫六院的嫔妃，他还以"皇上帝"的名义颁布圣旨，迫不及待地制定"整肃后宫"的方案。这个方案规定："男理外事。""女理内事。""后宫姓名、位次，永不准臣下称及谈及。""后宫面永不准臣下见。""臣下话永不准传入（宫内）。"① 这些规则无疑会使宫中的妇女饱受禁锢，与世隔绝。占领南京以后，洪秀全果然将他所有的"娘娘"禁闭起来，外人（包括居一人之下、万人之上的东王在内）根本无法踏进天王府的门槛，还谈何"见面"与"传话"呢？这种局面刚刚开始，有关宫中的流言和猜测便接踵而起，四处传扬，仅宫内"娘娘"的数目就被传得五花八门、莫衷一是，至于宫里妇女们的生活处境，我们目前还没有见到令人信服的确凿记载。不过，洪秀全在这期间深居简出的生活中创作了一部《天父诗》，从这部诗稿中可略加推断出妇女在这位太平天国最高统治者心目中的位置以及她们在宫中的生活情形，也不难窥其大要。他极其详尽地制定了后妃们一系列的清规戒律，声称："服事不虔诚，一该打；硬颈不听教，二该打；起眼看丈夫，三该打；问王不虔诚，四该打；躁气不纯静，五该打；讲话极大声，六该打；有喙不应声，七该打；面情不欢喜，八该打；眼左望右望，九该打；讲话不悠然，十该打。"② 他还一再借天父天兄之口教训后妃说："咁多小婶有半点嫌弃怠慢，我胞弟云中雪飞。"③ "众小媳，

① 《太平天国文书汇编》，38页。

② 《太平天国印书》（下），574页。

③ 同上书，575页。

他（天王）说尔这样尔就这样，说尔那样尔就那样，不使得性，不逆得他。逆他就是逆我天父，逆天兄也。"① 可以肯定的是，上面苛求到近乎虐待的生活原则，被实际贯彻在妇女日常活动的时时刻刻，而洪秀全本人早已无异于历史上任何一个残害妇女的虐待狂的封建帝王了，这与他曾经倡导和实践过的"天下男女皆兄弟姊妹"的叛逆精神相去得何等遥远！

更为严重的是，这种歧视妇女的悲剧并不仅仅出现在天王府内，杨秀清、韦昌辉、石达开以及其他太平天国领袖人物和高级将领的家中也都妻妾满堂，这些可怜的妇女大都按照中国封建社会传统的选美方式被选进统治者的门下，饱尝着不同程度的不平等的境遇。洪秀全竟然还坐在他至高无上的王位上，向全社会重弹起"三从四德"的陈调。他在另一部叫作《幼学诗》的诗稿中一再散布"妻道在三从，无违尔夫主""夫道本于刚""妇言终莫听"② 之类浓厚的封建思想意识，成了压迫和歧视妇女的最卖劲的吹鼓手。

过去，研究者太习惯于用一种单调的色彩去涂抹历史人物，洪秀全既然是发动和领导一场伟大农民战争的英雄，似乎他的形象就只能是一尊完美无瑕的圣洁的神。事实上，对于洪秀全、杨秀清在内的所有的太平天国领袖人物充满矛盾的内心世界，应当抱着不去回避也无足为怪的求实态度去进行探究，更应该明白，这种矛盾的心理现象是符合社会发展的一般规律和人物思想演变的内在逻辑的。洪秀全等在妇女问题上，既有背离男尊女卑的封建伦理观念、主张给予妇女更多权利的朴素的民主主义意识，又在总体观念上跳不出封建三纲五常的框框，这不正同他们在政治上敢于发动冲击现存封建统治秩序的农民战争，又最终不免日益使自己建立的政权趋向封建化，是完全一致、也完全合乎规律的吗？

撇开太平天国领导者主观意识上的矛盾不谈，我们还面临着另外一个客观世界的矛盾：当一批久经风霜而超凡脱俗的巾帼英豪来到秀丽的江南地区时，是她们的生活风貌影响并改变着当地妇女的

---

① 《太平天国印书》（下），590页。
② 《太平天国印书》（上），62页。

生活情趣，还是相反，是那些泼悍、强勇的“大脚婆”所固有的山村女人的生活作风与性格特征，最终被江浙一带温良、窈窕、贤淑的女性风度所替代、所同化、所淹没？

不错，当这个新的妇女群体刚刚闯入江南社会时，她们很难完全再按照过去那一套生活方式继续生活下去了。新的环境使她们注定要在一些方面做出相应改变，不管她们是否意识到并乐于这样做。可是，她们原有的生活惯性仍然强有力地左右着她们自身的生活命运，同时也强有力地冲击着江南妇女的生活准则。在相当长的一段时间里，生活在太平天国统治区的两个妇女群体，并没有形成真正的融合，无论站在政治、经济或者别的什么角度来观察，她们的前途都受到本身固有的生活风习的制约及另一个妇女群体的影响和渗透。这种相互影响、相互渗透又相互排斥、相互抵触的复杂关系，形成了天朝一代妇女的独特生活风貌。

人们注意到，那些被呼为“大脚婆”的客籍妇女，很有分寸地调整了自己的生活方式。刚刚踏进南京城那会儿，她们还“双足如漆，多有不着鞋袜不着裙者”①，然而没过多久，就全都披戴起江南妇女素所喜好的五彩斑斓的服装，崭露出她们爱美的天性，令人刮目相看。在当时人的笔下，有的记载她们“窄袖艳装，不挽髻，用彩线结辫盘额上，抹粉涂脂”②；有的描述她们“衣华服，系金玉等镯，动则琳琅有声”③。在一些地方，她们的装束简直成为一种时尚，“女人梳头，以广西式为上，湖南、北次之，余皆不贵”④。如果我们回想起中华人民共和国成立初期，妇女们如何竞相穿着列宁服以为最时髦的装束，那么，在太平天国定都南京之初，以广西发式作为最时髦的梳妆，也就完全可以理解了。这是随着政治影响力而来的生活方式的影响力量的一种虽然微小却颇深刻的表现。关于她们穿着打扮的详细情景，我们已经专门地描述和议论过，再一次

---

① 《太平天国》(三)，174页。
② 《太平天国史料丛编简辑》，第1册，329页。
③ 《太平天国史料丛编简辑》，第2册，32页。
④ 《太平天国史料丛编简辑》，第6册，402页。

捡起这个话题，无非是想揭开两个妇女群体之间相互影响的一个帷幕。看来，这时的大脚妇女们如果回溯起不久前她们跋涉在紫荆山山麓的情景，恐怕也很有些不堪回首的况味了。

我们是不是在面对这样一个现实，她们打算彻底改变自身的剽悍形象而去追求江南女子柔美玲珑的风度？不，事情并不是那么简单，她们在日常生活的习惯上稍稍靠向另一个妇女群体的同时，照旧保持着许多独特的风貌。仅就缠足这个江南妇女的鲜明特色而言，她们坚决地加以排斥，甚至赤脚上街，丝毫不顾当地女人以及更多男人的惊奇目光；更有许多大脚妇女在街上“骑马执鞭而过”。这些积习是太平军女战士在初到天京后仍能够保持住旺盛精力和战斗风格的一个重要因素。在许多方面，她们仍然愿意同男子做同样的事情，享有看上去平等的权利。

可是，论及更多的江浙妇女，就完全是另外一种情景。这个一向默默生息在封套和枷锁中的闭塞的妇女群体，在突兀而至的拜上帝旋风面前，早就晕头转向，茫然到不知所措的地步。许多历史记载异口同声地告诉人们，她们在太平军到来以后，也迅速地改变着自身的形象。不过并不同于来自客籍的太平军女战士，她们在心甘情愿的变化中，享受到某种说不出的惬意和滋润，她们命运中的所有大大小小的变动，几乎都是被强制实施的。因而，这可以被称作一种阵痛。大概最为刺伤她们的，是被剥夺了穿裙和缠足的“权利”。对于这两个问题，前面已有过粗略的说明，为了强调这场冲击对妇女生活产生的深刻影响，这里还要不避重复之嫌，谈一谈缠足的风波。

广西妇女习惯于天足，这当然是无可指摘的事情；太平天国的当权者要求所有的天朝妇女都放开长年缠裹着的小脚，这本来也是无可指摘甚或是值得称道的事情，我们完全可以把这个前所未有的创举看成是一种了不起的进步。可悲的是，打破长时期积重难返的缠足习俗，从肉体、心灵和视觉上，都简直使受到解放实惠的江南女子蒙受了莫大的痛苦和难堪。《贼情汇纂》记述说：“贼婆皆粤西溪峒村媪，赤足健步，无异男子，初至江宁，即传令妇女不准缠足，违者斩首。已缠之足忽去束缚，几不能跬步。而贼党督令挑抬，其呼号之惨可以想见。”[①]《金陵癸甲纪事略》也讲道：“妇女皆去脚带，赤足而行，寸步维艰，足皆浮肿，行迟又被鞭打，呼号之声，不绝于道。”在畸形的社会里，使人体畸形的“三寸金莲”，竟被绝大多数人视为美艳绝伦。这种畸形的审美观，也牢牢地统治着作为直接受害者的妇女自身。尽管每一位妇女在缠足时流尽了痛苦的眼泪，但却仍然由衷地把那条裹脚布视作每一个正经女子不可须臾或缺的护身符记。于是在一些地方，面对着太平天国政权禁止缠足的禁令，万般无奈的妇女只好以死表示抗议，竟然在十天之内“寻死者以千计”[②]，直至迫使颁令者收回了禁条。

发生在天朝的这种由于区域文化的差异而形成的妇女间矛盾的日趋尖锐化，还不仅仅表现在缠足这样的细节上，它还理所当然地渗透到妇女世界的方方面面，并且，这种矛盾状况由于两个妇女群体政治地位的不同而更形加深。在太平天国社会，不少太平军女战士因为战功而成为大大小小的当权者，她们享有和男子平等的职位和地位，被不断委以女两司马、女百长、女监军、女总制甚至女丞相等，参与国家政要，声威煊赫。然而，只要稍稍留意，就会弄明白，江南女子与这些头衔几乎无缘，大小女职尽落客籍人手中。《金陵省难纪略》说：“女人无论老少，呼曰新姊妹，聚二十余人为一馆，老姊妹辖之曰牌长。老姊妹者广西女人也，亦不论老少。”[③]《贼情汇纂》云：粤西妇女至天京后“皆受伪职与伪朝官等，有军师、丞相以下各名目统辖，续裹妇女为之服役”[④]。《金陵杂记》也介绍说，所有名目的女官职，“皆广西山洞泼悍大脚妇女为之”[⑤]。

于是出现了这样的现象：两个不同的妇女群体，在某种意义上形成了当权与不当权、管理与被管理的关系。从太平军女战士的经历和精神面貌来说，她们曾经浴血奋战、驰骋疆场，这时充任一定

---

① 《太平天国》（三），316页。
② 《太平天国史料丛编简辑》，第5册，82页。
③ 《太平天国》（四），695页。
④ 《太平天国》（三），292页。
⑤ 《太平天国》（四），622页。

的工作岗位当然是力所能及的，而且这本来也是合情合理的事情。而问题的实质在于这些客籍妇女有着与江南女子全然不同的文化背景，她们并没有意识到她们自身与江南妇女之间某些外貌特征的不符存在着多么深刻的文化差异，她们很可能以为去掉那些小脚妇女的裹脚布就能使她们像自己一样健步如飞。因此，在实际工作中，那些健壮的女官往往不体谅江南妇女长期形成的孱弱体质和悲惨处境，苛求她们按照自身文化区域的特性去承担力所不及的苦役。这就不可避免地酿成许多悲剧，而且，女官愈是恪守职责，也就愈受她们所管辖的江南妇女的痛恨。很有些人诅咒这些女官“其性残若豺狼”①，“日以凌虐妇女为戏，直令其求死不得”②。对于那些忠于职守的太平天国女官来说，显然是有些被冤枉了。

无论怎样，在太平天国定都天京的最初几年，江南妇女确实陷入了极其困苦的生活处境。她们被强迫组织起来干各种各样的繁重活计。《金陵杂记》介绍：“妇女入馆后，日以劈竹签、挑砖、负米为事，不堪其苦。”③“夏秋间又令妇女出城挑挖濠沟，随后又准令出城拾柴，冬初又准其抬同馆死尸出城埋葬。”④《乙丙日记》的态度比较客观：“贼本山乡之人，其妇女耕耘织染无非素习，而不知金陵妇女不能也。于是以己之能谓人必能，凡负米、舂稻、伐竹、掘濠、担砖、刈麦、获稻、负盐、担水之事皆责其各自为谋，各自效力。又以裹足不便，责其放足，而不知既小则不能复大也。因而哗然谓其暴虐。然此特江苏妇女苦之尔，若安徽妇女则视为固然，无足怪也。”⑤据说，在营造著名的天王府和改造东王府时，女馆中的每名妇女一天要搬十次砖头，往返十余里，收工后，早就“疲敝不堪矣！”⑥其他一些历史著述，诸如《金陵癸甲纪事略》《盾鼻随闻录》《贼情汇纂》《患难一家言》《法国公使天京聘访记》以及向荣上给咸丰皇帝的奏稿，都从不同角度对妇女从事的强体力劳动给予了关注。

---

①② 《太平天国》(四)，623页。

③ 同上书，622页

④ 同上书，623页。

⑤ 转引自《太平天国史事考》，327页。

⑥ 《太平天国史料丛编简辑》，第5册，82页。

显然，对于这样的艰辛劳作，许多江南妇女撑不了多少时候就不堪忍受了。她们不得不在逃亡和自杀之间做出选择，一些脆弱的女子走上了绝境。我们注意到这样一种变化，天京起初设立掩埋馆时，只有三十人，“分为南北两处，为女馆中抬埋死尸”，后来，大概由于忙不过来，“又添立两馆，可以抬尸出城”，再后来，仍忙不过来，只好“令馆中妇女自抬”①。据《金陵杂记》的作者估计，仅1855年春天到1856年仲夏，生活在天京女馆中的妇女“约死已有万余”②，占妇女人数的十分之一左右。虽然不全是非生理性的死亡，但这时的死亡率已经不能和从前同日而语了。对于更多渴望生机而又不堪苟且在女馆的人们，便只有一条极担风险的逃亡之路。逃亡被拿获的后果，《金陵杂记》讲得颇为清楚：“如被贼识破者，登时用绳捆缚，送回女军枷责鞭扑，则随贼妇任意所为，然妇女一经此番惊辱，性命亦难保矣。”③ 即使这样，还是涌现了层出不穷的“冒险家”。她们或乘收割稻米之隙弃城而遁，或借抬尸、砍柴之机出逃。后来，由于出现灾情，粮食紧缺，太平天国政权对于她们的出逃也只好采取放任的态度，有的地方居然出现了“女馆遂空”的状况。

这个令江南妇女付出艰辛代价的日子毕竟没有延续到太平天国政权的结束。太平天国领导人在变革实践中很快悟出并迅速纠正了他们的闪失。先是在一些地方，裹足的禁令相继被解除，江南妇女的意愿（尽管是多么落后的意愿）得到了理解和尊重，杨秀清甚至还亲自过问此事；接着，恢复已经取消的家庭，在女馆里充担劳役的江南妇女得以回到家中与家人相聚，重操旧业；后来，太平天国政权又严令禁止建都初年已成风气的掳掠妇女的现象，李秀成断然下令地方首领将“未得龙凤批”所掠的妇女送回，违者论斩。④ 可以说，在后期的太平天国社会里，妇女各方面的权益大都得到维护。女馆固然没有取消，但它已经被赋予了新的职能，一部分妇女被编

---

① 《太平天国》（四），622页。

②③ 同上书，623页。

④ 参见《太平天国史料专辑》，391页。

入女馆，与绝大部分群众过着正常的家庭生活是并存的。这种情况与1855年以前的政策有着性质上的不同。《苏台麋鹿记》曾明确讲到这种区别："金陵之陷也，贼勒民分别男女设馆，不许同室，而日给以米，男之精壮者为牌面，老幼为牌尾。至苏城却不尽沿此例，间或设立女馆，无非虚言恫喝。"① 一般说来，妇女的生活风习不再遭到普遍而强烈的冲击，只要太平天国政权相对稳定，一切都还算平静。

现在，需要我们再进一步探究的问题在于，在这种平和的社会环境中，生活在太平天国政权下的无论是广西、两湖还是江南的妇女，最终体现着一种什么样的生活风貌？比起太平天国政权以外的清朝封建统治区域，她们的生活风貌是否发生了具有积极意义的变化呢？

对此，我们特别注意到一些到过太平天国统治区的西方人所特有的观察，倘若我们在开头引用的呤唎的见解还很有些可商榷之处的话，那么他的同胞、英国牧师缪维廉的描述，似乎要客观得多。1861年春天，缪维廉到天京传道，他在街上看到许多妇女，"她们全都穿着很好的衣服，态度庄重……不少妇女停下来听我们讲道，她们的举止总是极有礼貌。这是前所未见的新现象，使我们想起了国内的生活情景"②。这至少可以说明，生活在太平天国社会的妇女的精神面貌，远不是这位英国牧师在清朝统治区域见到的情景所可以比及的。而呤唎则见到过一些更令人赞叹的情景，有一次，直王在武汉设宴款待呤唎和他的朋友。使呤唎"大为诧异"的是，直王的夫人携子女也来入席，这种情况不仅同中国妇女深居闺中的风俗相反，即使是在世界最文明的英国，此刻也是妇女和儿童退席的时候。而呤唎却见到"直王的妻子、两个女儿以及家中其他的妇女，全都参加谈话，毫无拘束"③。这个家庭显然达到了较高层次的文明水准，连呤唎也承认，这是他在中国人中间从未见到的。

---

① 《太平天国》(五)，276页。
② 《太平天国革命亲历记》(下)，385页。
③ 《太平天国革命亲历记》(上)，185～186页。

到了天朝的后期，可以说，当初两个妇女群体之间的深刻裂痕，已经日渐弥合。作为客籍的山村妇女虽然始终不肯接受缠足的习俗，但她们自身的剽悍习性和特征早已所存无几，她们当中的一部分人过着相对优裕的生活，“无不锦衣玉食，出入鸣钲乘马，张黄罗伞盖，女侍从数十人，喧阗于道”①。长此以往，“养成娇惰，藜藿变成膏粱，非复曩时慓悍能耐劳苦矣”②。这个结论固然带着敌视者的贬抑，却比较符合她们在优裕的环境中所产生的一种渐变的内在逻辑。

至于更多的普通妇女，不论她们遵从什么样的生活方式和倾向于哪个政权，她们所体现的“态度庄重”“极有礼貌”等令西方人也赞叹不已的生活风貌，显然意味着广大妇女在太平天国里的生活情景和社会地位，比起过去长期受歧视和迫害的悲惨处境，有了一个长足的进步。

---

①② 转引自卢开宇：《试论太平天国时期的妇女解放问题》，载《徐州师院学报》，1981年第2期，64页。

戒赌始末

赌风炽盛——天国的禁赌令——自我弛禁——死灰复燃——枪船凶焰

扬州到杭州——也就是地理概念中的长江下游流域和钱塘江（富春江）流域——是太平军力量所指的中心区域。难得的水网圩田和自然气候使这片乐土历来有着令人神往的富庶景象。“腰缠十万贯，骑鹤下扬州”“上有天堂，下有苏杭”等传世称道以及历朝无数诗人的歌叹，都并非毫无根据的夸张。尽管这种富足具有十分明显的小生产条件下低标准的相对意义。

任何事物都有正反两个方面。相对富庶使相当一部分人过着安居乐业至少是略具温饱的生活，但同时也相应带来了某些令人头痛的社会问题。赌博的流行就是其中之一。

由于生活的相对安逸，人们有着比较充裕的闲暇时间。在社会文明程度并不发达的中国社会，除了一年当中屈指可数的几个节日外，几乎没有什么日常正当的娱乐方式，那么，对于一些数量可观的不甘寂寞的人来说，充裕的时间和一定的财力就为赌博的滋生和蔓延提供了机会。

同样，由于富足，商品经济在这里较为发达。商品经济的发展对社会心理所产生的一个重要影响是冒险行为的发展和增加。赌博活动则能从一个侧面典型地体现冒险精神。因此，这也是这一地区人们赌博行为泛滥的心理前提。

于是，随着各种因素的具备，江南的赌博形成一股令人不安的社会风潮。这个古老的民间游戏正在以娱乐方式将千家万户逼上绝境。这样深刻而广泛的社会污染早在太平军的到来之前就已经密布宁、沪、杭地区，并且蔓延至更远的安徽、湖南、广东一带。

我们不妨先来领略一番江南社会赌风的厉害。

《镜湖自撰年谱》的作者段光清在太平天国攻打杭州前曾任浙江按察使，他在书中颇为感慨地讲述了一桩查拿赌徒的经过。段光清刚被擢升为浙江按察使后，很想干出几件“新官上任三把火”的事情。虽然深知“大宅之赌局，县府差役及营署员弁，俱有随规，官不往拿，亦不能拿”的状况，还是甘冒不韪，亲往“查拿”了一回。赌局的人闻讯惊问：“谁来拿赌?”当知道查禁者来自官方，便放心下来：“彼皆得我规费，何惧惧哉!”在查拿之后回府的途中，他见到“街上观者笑之，以年来未闻有在杭城中拿赌者也”。也就在查处赌局的当天夜晚，“亲到差宅来问者，灯火络绎”。身为清朝地方要员的段光清，也不得不发出“局赌书差气焰夺人”的慨叹。①

王步青、沈梓等以及一些未知名的当事者在他们的“见闻录”“日记”“笔记”中，都各自以大量的记载印证了段光清的说法，甚至更有过之。王步青在讲到太平军占领前苏州府属赌风炽盛的情况时说：“时俗尚樗蒲，风行各镇，平望尤甚，官禁之不止。”② 沈梓记述江浙一带情形时说：“咸丰年赌风大盛，而各赌魁皆以豪横称。”③《寇难琐记》的作者也称江浙一带“赌博之风，遍地盛行”，大量的赌徒“终日据案，招摇在市”，“风俗之坏，于斯极矣”④。

像这样聚赌成风的状况不仅仅出现在江浙一带。朱用孚《摩盾余谈》讲到洪秀全老家广东的情形说：“佛山镇为天下四镇之首，各省商贾云集。俗喜博，对岸曰鹰嘴沙，十里之遥，博场数百家，中间青楼妓以万计。”⑤

像这样聚赌成风的状况，也不仅仅出现在民间。曾国藩在《议汰兵疏》中深为忧患地承认：“兵伍之情状……聚开赌场，各省皆然。”⑥

---

① 参见《镜湖自撰年谱》，146～147页。

② 《太平天国史料专辑》，557页。

③ 《太平天国史料丛编简辑》，第4册，326页。

④ 《江浙豫皖太平天国史料选编》，160页。

⑤ 《太平天国史料丛编简辑》，第1册，152页。

⑥ 《太平天国史事拾零》，30页。

好了，不必再赘述那些冗长的史料或者罗列更多的现象来做证明，上述当时当事人物的典型概括和结论已经完全显示出这种恶习的严重程度。需要强调的是，赌博之风不仅盛行于繁华的城镇，也蔓延至穷乡僻壤；不仅盛行在民间，也蔓延至军旅；不仅盛行在平民之家，也蔓延至王朝的地方官府。李召棠在《乱后记所记》中谈到安徽贵池县赌博之风的蔓延时写道："赌，向见父老借乐余年，继则儿童戏耍矣。向惟男子有此恶习，继乃妇女消闲矣。"①

不难想见如此严重的赌博之风所造成的祸害。有多少人因此输得精光乃至倾家荡产、卖儿卖女卖妻甚至赌掉自己的生命；有多少由此发端的抢劫、盗窃造成的人间悲剧，以及别的各式各样的社会公害。当时的有识之士、太平天国的领导人和今天按照现代思维去重新认识和评判历史的人们都非常清楚，赌博之风这个"致乱之由"的陋俗，对于社会安定、统治政权稳固、人民群众安居乐业来说，是非禁不可的了。

在金田起义前，拜上帝会的领导人就反复宣传过禁赌的主张。洪秀全在著名的《原道救世歌》中写道："第六不正为赌博，暗刀杀人心不良。戒，戒，戒！理不当。求之有道得有命，勿以诈骗坏心肠。命果有兮何待赌，命无即赌愿难偿。……无所不为因赌起，英雄何苦陷迷乡。不义之财鸩止喝，士民工商耐久长。千个赌钱千个贱，请尔易虑细思量！"② 金田起义后，这些带有宗教劝善色彩的思想就以军事纪律的形式在太平军中认真加以施行。在英国学者柯文南先生前些年发现和披露的一批史料中，就有一张太平天国在1853年以"汉大明统兵大元帅"名义所发的禁赌告示，宣称："为严禁赌博以安军心事：窃谓赌博之局一设，即输赢之势两分。输赢之势既分，即口粮之资必竭。或毁拆楹桷，或砍伤树木，或取窃民家财物，或变卖军装器械，甚至争竞而相戕贼，失时而误事机，其流害盖有不可胜言者。合行出示谕禁，不准尔军兵日夜赌博。如敢故违，察

① 《近代史资料》，总34号，177页。

② 《太平天国印书》（上），13页。

出著该旗首按律治罪。各宜凛遵。”① 好在太平天国起家的两广偏僻山区，赌博之风尚未横扫而过，况且连年的战争不可能为赌博行为提供任何方便的机会。因此，军中官兵以此为嗜好的现象还很为鲜见，比起禁烟、禁酒、禁淫掠妇女来，禁赌的条令就不大为太平天国的领导人所再三强调了。但这绝不意味着赌博陋习可以在太平天国世界里得到任何一点宽允。

及至太平天国在江浙皖一带建立起自己的统治区，太平天国领导人耳闻目睹过我们前面讲述的江南赌风之后，抑制赌风的弥漫便愈来愈被提到日程上来。一些禁赌规定同禁烟、禁酒的规定一起被推广到社会上，成为要求全社会遵奉的一种政策性措施。陈庆甲《金陵纪事诗》云：“骨牌、骰子、烧酒、水旱烟皆为贼中禁物。”② 可以从中悟到，赌博被排在首禁的位置。这样的禁令并不仅仅局限于天京一地，而是普遍施行于太平天国整个统治区。所以大量地方性材料也反映，太平天国于“烟、酒、赌博概不准”③，太平军“出告示劝人戒赌，戒鸦片，先以妻子衣食为喻，继以精神血气父母遗体为喻，长篇累牍，居然苦口婆心”④。

自从定都天京之后，太平天国的领袖们以改朝换代的气势，在他们所统治的区域内颁布过很多禁令，诸如禁止拜佛、棺葬、薙发等，我们在前几节中曾经对这些做过描述，并分析了这些禁令的社会影响和政治后果。尽管这样，我们并没有理由怀疑太平天国的所有禁令。只要想到炽盛的赌博之风于社会、于家庭、于每个人的利害关系，就不难明白，太平天国的大力禁赌，是何等地切中时弊！

可惜的是，如同其他许多禁令一样，关于赌博的禁令，尽管并不为广大群众中的多数所不容，也并不妨碍人们的正常生活和心理活动，却在最后同样变成了一纸空文。

之所以出现如此的结果，有着颇为复杂的社会原因。

---

① 《太平天国文献史料集》，39 页。

② 《太平天国史料丛编简辑》，第 6 册，403 页。

③ 同上书，394 页。

④ 《太平天国史料丛编简辑》，第 4 册，74 页。

当浩浩荡荡的太平天国大军涌向江浙皖地区时，那些不可一世的赌馆似乎略微震颤了一下，惊慌失措的赌徒们万万料想不到，没过多久，挑着“严令禁赌”大旗的太平军官兵，居然也成了他们的同路人。

金田起义时，太平军无疑有着鲜明的志向和顽强苦斗精神，凭着这样的素质，他们才得以赢得群众，并在军事上节节取胜。可是，一旦跃为统治者，同以往历朝的农民起义队伍一样，太平军的斗志便迅速涣散下去，越来越多的将士们从观念上不愿受各种战争年代的禁令约束，自上至下，无不如此。我们在翻阅大量太平天国时期的历史资料时，往往要受到一种矛盾现象的迷惑：一方面，太平军反复颁布禁令，也时有惩处违禁者的记录；另一方面，他们又每每成为对禁令进行自我破坏的一种力量，结果常常弄得有令不行，有禁不止。正是这样一种出自太平天国营垒中的矛盾和渐变，使本来已经垂死的赌博孽种又求得了生机。加上随着战争形势的发展，队伍的扩大，成分愈来愈复杂，纪律愈来愈松弛，禁赌之类的规定最终“渐成具文”。太平军队伍内部嗜赌的情况，则愈演愈烈了。

一般来说，太平军将士的赌博技巧还相当欠娴熟，远远赶不上民间以此为生的赌徒。前者大多采用“以两文钱掷阴阳向背为胜负”[①] 的简易方式聚赌。有位目睹者曾以“贼赌博”为题专门介绍太平军的“嗜赌”：他们选用乾隆时代的“青钱”两枚，“旋转之，覆以碗，或字或背，猜中即胜”。方式虽说简便，但赌注往往押得很大。由于任何一个参与者都不甘轻易服输，这样的“哄聚”常常彻夜不息。“或一语不洽，辄怒目拍案，甚至举刀相向，不以为奇。”[②]更有甚者，一些太平军将领的随从，竟然明目张胆地开起“博局”来了。[③] 可见，太平军队伍自身已在赌博的泥潭中愈陷愈深。赢红了眼的有之，输红了眼的有之，急红了眼的更有之，而洪秀全当年“戒，戒，戒!”的疾呼，倒完全被赌场的哄闹气氛淹没掉了。

---

① 《太平天国》(五)，135 页。

② 《太平天国史料丛编简辑》，第 2 册，332 页。

③ 参见《太平天国史料丛编简辑》，第 4 册，154 页。

看来，无论禁赌告示再怎样铺天盖地，禁赌宣传又如何大张旗鼓，都已不能产生什么作用。出自太平军营垒内部的嗜赌现象，至少意味着他们对赌博恶习的容忍和默许。虽然一些地方尚能做到“平时或示禁，度岁则弛”，可是，像毁神庙、佛像那样摧枯拉朽式的扫荡赌场，早已无法想象了。试想，一旦太平军将士对赌博奉行弛禁的主张乃至将其引为“嗜好”，天国上下的赌风，还可以轻易被遏制住吗？

正如我们可以预料得到的那样，由于太平天国政权的禁止而在社会上一度敛迹的赌博，又在太平军本身带头破坏禁令的情况下在社会上再度死灰复燃，几乎是完全恢复了旧观——如果不说是“于今为烈”的话。

下面，请看两个事实。

沈梓在《避寇日记》里介绍了一位叫朱祥森的服装商人开的赌局——字宝场。这个字宝场自 1861 年 11 月 3 日（咸丰十一年十月初一）开张后，生意无比兴隆。“请吾镇知名之士以为宝官，盖至是不赌皆赌矣。举凡贡监、生童、红闺妇女、贩夫卖妇、总角学生，无论识字不识字，群起而打字宝，每日问三宝。于是沿街店口及杂货小菜摊上，茶坊酒肆之人皆如土木偶，人呼之不应，无不手执一纸，行思坐想，凝神静以求一中，举国若狂，日盛一日，而妇女针线箧中及小儿衣裤带上之钱收括净尽云。”① 沈梓没有特别说明，在这伙嗜赌如命的人群中，是否包括一些太平军官兵。其实，无论有没有太平军的参与或者阻挠，这种局面都势必要继续下去。

《寅生日录》的作者蒋寅生自称“并非好赌之人”。1862 年 5 月 19 日（同治元年四月二十一日），他从苏州来到母亲避难的横泾。自第二天起，他便开始在赌场上游荡，起初只是看看，渐渐也“至庙中押宝”。在以后的十多天里，赌场便成为他每天必然光顾的去处，所押的赌注也从十文、三十文涨到六十文。他不仅自己去赌，还替母亲、姨母押宝。他在赌博的过程中也常常遇上太平军战士，但在

① 《太平天国史料丛编简辑》，第 4 册，90 页。

日记中，并没有太平军干涉赌场的记录。他显然是在太平军的刀光剑影下沾染上这种恶习的，那么，太平军对此熟视无睹的放任态度，对于赌博的弛禁，助了极为关键的一臂之力。

其实，即便还有这样一些太平军，他们一仍旧惯，始终将《原道救世歌》奉为行为准则，牢记洪秀全“千个赌钱千个贱”的教诲，在或高或低、时起时伏、逐渐衰微下去的禁赌呼叫声中表现出毫不留情的顽强态度，也绝不可能使情况变得更好一些。赌博的重新泛滥已经变成一种无法逆转的社会趋向，因为太平天国的禁赌令不但受到太平军内和社会上无形而又强大的旧社会陋习的有力抗拒，而且还得到有形的反动武装枪船势力的公开挑战。

枪船是一种什么样的武装呢？在二百四十五万分之一比例尺的清代版图上，长江以南、钱塘江以北的苏浙诸府区域，除著名的太湖以外，还星罗棋布地点缀着赤山湖、石臼湖、固城湖、梁城湖、长荡湖、滆湖、漕湖、昆承湖、阳澄湖、澄湖、淀山湖、泖湖等许多湖泊，至于因相对微小一些而无法纳入者，恐怕能数以百计，那些更多的如梭如织的河网，则早就无法数计了。这个区域内的几乎任何一个位置，都处在河流或者湖泊的环绕之中，江南水乡，一派水色湖光！

枪船，顾名思义，是一种水上的武装。如此稠密的水系，把江浙一带织成一张四通八达的天然交通网络，枪船便应运而生，滋蔓开来。在太平军开入以前，枪船武装已经十足地崭露出地头蛇的姿态。

无论冠冕堂皇也好，实实在在也好，赌博之俗确也在清朝统治者的禁列之中。就清朝的地方政府而言，不免要有些查禁之举，碰上如段光清这样的“清官”，往往还会兴师动众，或多或少地给赌徒以不安之感。轻则破其财源，毁其场所；重则缉拿归案，施以刑罚。一般的赌徒也只得自认倒霉，可也确有相当一些靠聚赌致富而“以豪强称”的赌魁，他们霸道成性，绝不情愿失去自己罪恶的生财之源。于是，面对官府，赌魁们最终选择了以武装护赌的办法。他们借鉴早年太湖湖滨的猎人们为求生计所使用的“枪船”形式，纷纷组织起一支支小股武装，“集无赖数百人，私制炮火枪刀，造小船容四五人者名曰枪船，就各镇市设博场名曰老作”[1]。这样，枪船武装便成为江南赌场的武装后盾。据目击者描述，这类枪船“平底狭头，不甚阔大。船头架抬炮一座。艄上插大旗一面，或大书某姓，或另编一字为号不等。船中陈列军器。船上乡勇都是游手无赖之徒为之，双橹双浆，行动如飞”[2]。也有的枪船“首尾皆置枪炮，舟（中）为坐卧地，藏女子（大概是以演戏形式招来赌者）”[3]。还有的“每船二人，前一人持枪，后一人摇橹”[4]，“八动橹之顷，可放三枪”[5]。一般说，枪船本身的构造大致如此，几乎都以小巧灵敏快速、便于隐蔽也便于出击为主要特性。赌魁们在枪船武装的保护下，“各盖厂聚博徒，招女优时装演剧，昼夜不辍，曰花鼓戏，佐以妓船各一二十艘，常川停泊，曰跳板船，画舫笙歌，靡靡达旦。匪类则借此以招博徒，得彩以供挥霍，数千亡命，恃众横行，睚眦杀人，戕官拒捕”[6]。“日则横刀过市，骚扰闾阎，夜则十百成群，四出劫掠。”[7]清朝的地方当权者对枪船势力的如此跋扈深感恼怒和忧虑，虽然还难以从当时人的记忆中得到清政权与枪船武装斗争的确切描述，但从那些出于维护清朝统治集团利益的作者笔下的慨叹中，可以清楚看出，清政府也曾“剿办枪船匪徒，严饬各属侦缉”，最终却大都因为“守土官力不能禁，任其跋扈，亦付之无可如何”[8]。毕竟，“强龙不压地头蛇”，枪船不能禁，赌场当然也就照开不误了。

及至太平军开到，太平军与清军的激战，清军的溃败反扑，使江浙大地上呈现出一派风云变幻、动荡不安的复杂政治局面。那么，枪船势力的政治动向，对于当时的社会面貌、社会习俗、社会气氛来说，倒成为一个难以回避的话题了。

总地看去，枪船势力并没有旗帜鲜明地倒向清政府或太平天国

---

① 《太平天国》（五），311页。
② 《漏网喁鱼集》，130页。
③ 《太平天国史料丛编简辑》，第1册，265页。
④⑤ 《太平天国史料丛编简辑》，第2册，17页。
⑥⑦ 《太平天国》（五），311页。
⑧ 《江浙豫皖太平天国史料选编》，169页。

政权的任何一方。这一方面可能是由于他们觉得还难以看出两个敌对政权中谁的胜利把握更大，因此需要观望一下，以选择更为可靠的靠山；另一方面大概也由于两个政权对赌博现象都不曾明令弛禁乃至提倡，从而使枪船头子觉得有必要对双方都保持一定的距离。据一位对枪船武装“颇具见识”的后来人的看法，枪船“素无大志，既非助清，亦非助洪，与两方俱通气”①。这似乎是较为准确的概括。那么，对于这样在政治上抱着骑墙态度的枪船武装，清政府和太平天国便都竭力拉拢，企图招之归顺。就清政府而言，自然想利用枪船作防堵太平军之用，因而，曾不惜以重金收雇。1861 年初秋，咸丰皇帝发布了这样一道上谕：

> （江苏巡抚）薛焕奏筹办招抚解散乘机规复苏州名城一折。据称：常熟贼目（一度投靠太平军的地主武装头子。——引者）钱安邦（即钱桂仁）与苏州城内之贼李绍熙（即李文炳）均欲乘间投诚，束身归罪，永昌镇团董徐佩瑗（枪船头子。——引者）拟招集内河各路枪船，预备同时接应，该抚拟分派水陆各队由高资、靖江、镇江分三路同时进攻……著即照所议办理。②

这次策反活动虽然一时没有得逞，但枪船势力甚至引起清朝封疆大吏乃至最高统治者的注意，却是一件意味深长的事。

相对而言，在太平军占领了苏浙一带之后，枪船武装一般多倾向于表面上依附太平军，但大都是“虽投顺发贼，而不甚服发贼管辖”③。他们照旧剃头，照旧赌博，照旧胡作非为，公然抗拒太平天国的法令。一个骄横而独霸几镇的吴江县枪船头子卜小二，虽然易帜太平军军旗，却劣迹依旧，屡屡截杀太平军“打先锋”者，干着见利忘义的“剥毛皮”勾当。④ 即便如此，还是不能否认，在一些地方，太平军曾借枪船之手，取得过局部重要战役的胜利。1859 年，清军总兵江长贵从安徽移防至江苏苏州府平望镇。他想依靠利用枪

---

① 《江浙豫皖太平天国史料选编》，126 页。

② 《漏网喁鱼集》，131 页注〔6〕。

③ 《太平天国史料丛编简辑》，第 2 册，176 页。

④ 参见《江浙豫皖太平天国史料选编》，127 页。

船的力量攻剿太平军，枪船头目吴砂锅佯作答应。第二年春天，李秀成部攻陷苏州，他的部将自苏州开往嘉兴，路过平望时，江长贵出兵迎战。按说满应当助这位总兵一臂之力的吴砂锅，却“自后攻之”，使江部清军大溃。[①] 太平军亦因此局面大开。也有的太平军在深入僻村时，“喜驾枪匪小船”。大概是出于急欲安抚利用的愿望，太平天国政权在对付枪船的基本方针上采取了十分错误的抉择，既没有坚决消灭这支反动武装，也没有对之进行分散改编，而是保持“羁縻”甚至放任的态度，只要不公开反叛太平天国政权，就各不相扰，实际上承认了枪船武装的合法存在。也就是那个卜小二，由于和太平军建立了联系，便“横行江河，至为威赫”[②]。

可以说，在太平天国年间，枪船势力的发展比从前更为迅猛了。“最著名者，枪船以千计，其次为数百、为数十不等。”[③] 他们“各争胜逞强，多造船只……游弋数百里内，几于充塞江湖矣”[④]。我们不妨道出一些枪船头目的名字：盛泽一带的孙七、小鸡法度、沈三，平望镇的吴砂锅，震泽县属之严墓镇的卜小二……竟都是一群起不出大号来的地痞无赖之徒。据说其中的卜小二之船“威名独盛”，“党羽既繁，精壮亦聚，横行江湖上，数百里间如入无人之境”[⑤]。

我们看到，枪船武装既超然游离于两个政权之外，又首鼠两端于两个政权之间，动荡的社会环境使其不断地把握着发展自己的时机，在江浙的青山秀水里足足折腾了七八年之久。生活于民国时代的吴江人万流对枪船有过一番比较精辟的论述，他说：“当太平军未至时，县官已失去其统治力，而利用当地之地痞豪强以安其位，一也。知识阶级之绅士，与略有武装之地痞互相为用，二也。一般人民，均屈服于地痞及绅士之下，三也。枪船之逐江长贵与‘剥毛皮’，何信义之剿枪船，均表现主客之不相容，四也。”[⑥] 看来，“多

---

① 参见《江浙豫皖太平天国史料选编》，126页。
② 同上书，160页。
③ 同上书，128页。
④ 同上书，169页。
⑤ 同上书，171页。
⑥ 同上书，128页。

行不义必自毙”，虽为一句有无数事实为铁证的古训，却暂时还没有应验到枪船的身上。

在枪船势力的庇护下，赌博习俗不但说不上被禁绝，反而变本加厉地盛行起来，其他一些社会陋俗诸如烟、娼等也张扬一时（我们在下一章还要专门论述）。为了更形象地阐明这种社会现象，我们在大量的历史记载中摘引若干段落：

江苏吴江县：

黎川卜小二、孙四喜、阿玉等，横行无忌。聚党数千人，啸集船上，枪炮皆备，名曰枪船。各镇搭棚演戏，以聚赌为事。剃发、剃须，不受贼禁令，贼亦莫之敢问。①

江苏吴县：

朝在房间押字宝账，其宝共有三十四门，俱是话物等类，且话物又有别名，所以押者需多打几门，如能押着者，一文可赢三十文。此间（指横泾乡）共有两处，一在城隍庙，一在混堂内，押者甚不少。……看押宝者喧闹异常，皆枪船上人所起，略看而回。……闻茶馆内明日又欲开一字宝局，亦枪船上所起，俱是括地皮之人，虽未能谓强盗，可以谓之软盗。②

江苏吴江县练市：

自壬戌正月起，盛开赌博，小船数百停泊市河，大率旗上所标某记者为之首倡，可异者本地儒流旧家，各醵钱作本，招集无赖，聚赌抽头，又有教□著名文士呼卢喝采，终日据案，招摇在市，风俗之坏，于斯极矣。③

江苏常熟：

季苇卿、卢器轩、朱竹书邀余归圩观剧，买鲥鱼侑酒……画舫数十，博局亦多，几忘乱世。……予同词仙及家福庭、廉

① 《虎窟纪略》。

② 蒋寅生：《寅生日录》。

③ 佚名：《寇难琐记》。

斋莘庄茶话，以火酒拨闷，水榭忘寒，阑外画舫往来，多是到赌场者。……步至莘庄答陈霭亭，承留酒食，同过小桥卡及粮局。……两岸茗馆、酒坊、博场、烟铺兼有唱书，颇觉热闹。……家朴园、雅园炰鳖烧猪备酒饭茶点船只，载予赴归圩。……舞台女乐至日晚始上，演《双望郎》，两假女一真女，形神毕肖，惜声俱不扬。惟酒馆肴香，芦棚茗净，点心亦可口，不似接场。新炮船彩旗高下，俨观龙舟，而试枪之声不绝。……器轩、朴园、春桥于博场得彩，爰作东道。见东路火光烛天，想为恶匪冲突。①

浙江秀水：

先是湖州逃难船在新塍者几五六百，日久粮罄，妇女皆上岸行乞，视之皆良家子也。新塍西栅，每日赐粥一餐。……其上则二里桥花鼓戏场，锣鼓喧天，声闻数里，喝雉呼卢，昼夜不辍，几忘其为长毛世界者。余由新至濮……吾镇赌风大作，大街上为盛，雷潭、塌坊浜皆停枪船。②

浙江海宁：

七星党起，枪船数百，旗号星字，于各处开赌，招勇俱薙发。……赌风之盛，莫过于此。自黄店、沈塘南来镇乡凡数百处，谓老作。屋皆强僭，专事勒诈，凭空起衅，势甚猖獗，花溪共十八作，枪船百余只，俱强伐墓木所造。③

虽然我们只是引用了有关材料的一小部分，但已经可以清晰地看到这样一幅图景：街上赌场烟铺林立，河中歌舫妓船相望。富豪们（有时还加上混入太平军中的某些“新贵”）呼卢喝雉，狂啖豪饮，纵情声色，寻欢作乐。而在旁边，则有成群的难民面有菜色，衣衫褴褛，到处行乞。如果不是那些富豪们在酒足饭饱之余，不时

① 《自怡日记》。
② 《避寇日记》。
③ 《花溪日记》。

发出一二声“几忘世乱”之类的叹息，有时也还不免要听到和看到一点枪声火光，我们也差不多要忘记这竟是太平天国统治区的社会生活情景了！

当时有一些人认为，太平天国所以对枪船势力采取放任态度，主要是因为太平军无力加以镇压。其实这是不正确的。如果态度坚决、认识明确，要对付乌合之众的枪船武装，太平军还是绰有余力的。同治元年（1862 年）太平军在太湖四周同时出击，兜剿枪船，就是一个不容置喙的例证。据后人万流采访了解，当时“卜小二部在新市一带者被杀几四五百人，市河为之不流。各地全行溃散。卜小二、砂锅俱死，喇叭死于平望……”① 在同一场围剿中，1862 年 7 月 9 日（同治元年六月十三日），太平军对浙江秀水的枪船武装也发动了一次大规模打击，“自陡门而吾镇、桐乡、屠甸市、庙牌卡等处，无不会齐拿获，庙牌杀十四人，吾镇杀三人，陡门杀二十余人”，此后，“赌匪逃匿净尽，各镇各乡无枪船踪迹”，“自是赌局豪横之风始息”。《避寇日记》作者沈梓颇有感慨地说：“余生三十余年，目不见赌，独有此时，窃叹长毛号令，清时地方官所不逮也。”② 可惜这种镇压措施没有贯彻始终，等到风声稍缓，枪船势力便重又活跃起来，甚至以行贿手段买通了某些太平天国的地方官，公开打出“奉令”的旗号，再度大开赌局。这就清楚地说明，赌博之类社会黑暗现象之不能禁绝，根本的原因还应该从太平天国本身去寻找。

我们这样说，丝毫也不意味着低估太平天国农民英雄们的高尚道德心和改革社会陋习的善良愿望。只是想说，当问题涉及复杂而又根深蒂固的传统社会生活时，仅仅有美好的愿望是不够的，没有细致而恰当的政策，不经过持久不懈的努力，要取得改革的成效，是极其困难的。

---

① 《江浙豫皖太平天国史料选编》，128 页。

② 《太平天国史料丛编简辑》，第 4 册，180～181 页。

烟娼之禁

纯化社会风气的追求——雷厉风行禁止鸦片——禁酒、禁娼、禁奴——历史的教训

当初，太平天国的领导人曾努力设计和创造出一套拜上帝子女均应遵守的独特的行为规范，其中在不少方面表现了对传统陋习公开挑战和决裂的勇气，也不乏无视正当的民间传统习俗的鲁莽。他们颁布了大量禁令，诸如我们前面提到并粗略地考察过的禁拜邪神、禁着清朝衣冠、禁薙发、禁棺葬、禁用“妖历”等。这些禁令就其性质、作用和后果来说，相互间有着很大的差异，但无论如何，我们在上一章刚刚谈及的禁赌活动和这里将要讨论的有关烟、娼方面的政策，其出发点是具有明显的纯化社会风气、提高道德风尚的斗争性质和进步意义的。

太平天国的几位主要领导人本来都没有沾染上述几种恶习的机缘。长年僻居在边远区域的荒村野寨里，使他们带有天然的纯朴甚至某种禁欲主义的色彩。因此，自发起拜上帝会开始，他们就反复抨击赌博、吸烟（鸦片）、酗酒、嫖娼等危害社会的陋俗，也就毫不足怪了。洪秀全曾谆谆告诫人们：“他若自驱陷阱者，炼食洋烟最癫狂。为今多少英雄汉，多被烟枪自打伤。即如好酒亦非正，成家宜戒败家汤。请观桀纣君天下，铁统江山为酒亡。”① “天父上帝最恶酒，切莫鬼迷惹灭亡。”② 对于淫乱之事，洪秀全更是列其为不正之首，斥之为“人变为妖”的勾当。作为拜上帝教的创始人和最高权

---

① 《太平天国印书》（上），13页。

② 转引自华强：《太平天国禁酒诰谕与天酒》，载《历史教学》，1984年第9期，57页。

威，洪秀全的道德宣传自然而然地转化为拜上帝教的宗教教规。当时，起义的壮举还在隐秘的筹划之中，可以说，这种反对烟酒嫖赌的号召为即将发动的运动树立了一个纯洁正派的形象，对团聚和吸引贫苦群众起着不可忽视的积极作用。

金田起义后，《原道救世歌》中那些带有宗教劝善色彩的思想就以军事纪律的形式在太平军中认真加以施行。1852年颁布的《定营规条十要》中第三条就有“不得吹烟饮酒”的规定。[①] 1854年，杨秀清专门发布一项《禁酒诰谕》，指出：“闻得朝内军中嗜酒滋事者甚属不少，此等行为，殊甚痛恨!”饮酒“最易乱人性情，一经沉酣，遂致改变本来面目，乘兴胡为”。他强调，“自谕之后，仍还有私自饮酒者”，即“将吃酒人犯遵旨斩首示众”。他还申明：“一经有人拿获送案，除将吃酒人犯遵旨斩首示众外，并将获犯之人奏封恩赏丞相，以奖其功。如知情不举，亦一体治罪，决不宽贷。”[②] 后来，洪仁玕在《资政新篇》中亦有如下主张：“禁酒及一切生熟黄烟、鸦片，先要禁为官者，渐次严禁在下，绝其栽植之源，遏其航来之路，或于外洋入口之烟，不准过关。走私者杀无赦。”[③] 这样的坚定立场得到洪秀全的肯定赞许。总之，诸如烟、酒、娼等方面的禁令，在太平天国军队中曾大加宣扬并严格执行了一段时间。入主天京以后，曾发生过这样一件事情。一个叫赖桂英的太平军军官在天京城内新桥一带拿获一群偷吸洋烟的士兵，这顿时引起了杨秀清、韦昌辉、石达开等人的高度重视。他们甚至专为此事联名上奏洪秀全，奏请天王亲自裁夺。洪秀全果断地手批：“弟等所议皆是，周亚九等即斩首不留。”[④] 这显然表现了天国领袖们对败坏风俗的无论何人都严惩不贷的决心，同时似乎也多少说明，在太平天国初期，类似的现象还不多见，杀一儆百，就足以使天国的禁令在军中继续保持应有的权威。

---

① 参见《太平天国印书》(上)，66页。
② 《太平天国文书汇编》，89页。
③ 《太平天国印书》(下)，689页。
④ 《太平天国文书汇编》，169页。

军中如此，在民间情况又是如何呢？

同其他有些做法相仿，太平天国的领导者也曾毫不犹豫地将关于禁止烟、酒、娼的命令从军中扩展到民间。我们不妨从他们大量散发和张贴的告示中选摘两条："洋烟、黄烟不可贩卖吸食也。洋烟为妖夷贻害世人之物，吸食成瘾，病入膏肓，不可救药。黄烟有伤肤体，无补饥渴，且属妖魔恶习。倘有贩卖者斩，吸食者斩，知情不禀者一体治罪。"① "凡聚集饮酒……一概全斩。"② 满篇斩、斩、斩，是何等严厉！事实上，在太平天国社会里，的确弥漫过一阵剿尽邪风恶俗的战斗气氛。呤唎就曾不无感慨地盛赞道："所有访问过太平天国的城市和军营的人们全都知道，他们对十诫的解释是非常严格的，他们不仅有效地禁止了甚至在最讲道德的欧洲国家中也盛行的罪恶嗜好。他们废除了鸦片、卖淫、迄今仍在中国盛行的奴仆买卖、亚洲妇女的低落地位。"③ 即便是太平天国政权的一些敌对者，也不乏认可这样的事实的较为客观的评论。赵烈文在《能静居士日记》中引用一个从天京逃出的人的话说："街内巡查极多，烟、酒之禁最严。间有私卖旱烟者，亦不能明吃。吃水烟、鸦片者，一人俱无。"④ 孙亦恬《金陵被难记》亦说："贼令无分上下，不准吸烟，食鸦片必杀。有吸建烟、水潮烟者察出枷号，鸣锣游街示众。"⑤ 张汝南《金陵省难纪略》则具体记述了太平天国禁烟的步骤和措施："禁烟及鸦片。烟谓之黄烟，鸦片谓之洋烟。犯吸黄烟者枷责，以烟具置枷上，荷之游街。犯吸洋烟者杀，后宽限令戒，限后一月内犯者枷三个礼拜，两个月内犯者枷七个礼拜，三月内犯者杀。"⑥ 太平天国的这些政策措施，也从当时访问天京并会晤过太平军高级领导人的一些外国人的报道中获得了证实。一位曾游历了镇江和天京的西方人介绍说："我们常常见到的是抽鸦片人的首级。这

① 《太平天国文书汇编》，90 页。
② 《太平天国》（三），231 页。
③ 《太平天国革命亲历记》（下），574 页。
④ 《太平天国史料丛编简辑》，第 3 册，256 页。
⑤ 《太平天国史料丛编简辑》，第 5 册，81 页。
⑥ 《太平天国》（四），715 页。

些首级都拉在杆子上，两人抬到大街，一人敲锣，另一个宣布罪状，警戒大众。”[①] 塞克斯于1861年8月21日（咸丰十一年七月十六日）在致《每日新闻》编辑的信中写道：“太平军把禁烟禁酒当成了教规。据曾在南京住过一个时期的杨笃信牧师说，南京城里看不到大烟馆和酒店。”[②] 麦华陀、鲍林等在访问东王时，甚至直接提出这样一个问题：“吸烟、抽鸦片、酗酒、奸淫等是否严禁，以及我们依何法惩治犯者?”杨秀清斩钉截铁地回答说：“凡食洋烟、水旱等烟及吃酒并奸淫，皆我主天王遵天父圣旨斩邪不赦也。”[③] 最能明白显示这一迹象的，是经营鸦片贸易的怡和洋行上海支行在写给香港总行的信中，不断地诉及他们生意上颇不景气的艰难处境：“从上月二十二号到现在，进口商手里的鸦片，一箱也没有卖得出去。”[④] “鸦片市场仍旧极其呆滞。”[⑤] “过去十天内，我们鸦片存货只提出了两箱，此外我一笔也没有卖出过。”[⑥] 太平军领袖们在禁烟行动上的坚决和果敢，较之20年以前在广东虎门出现过的销烟壮举似乎是毫不逊色的。

我们注意到，太平天国领导人在禁烟、禁酒上表现出来的雷厉风行的严肃性和坚决性，并没有取消任何必要的灵活性和对具体情况的区别对待。在大多数场合，他们在处理此类问题时常常是留有分寸的。首先，对于一般的饮酒者，他们往往不大追究责任（少数有严重酗酒行为者除外）；其次，他们对待不同的吸烟者，处置态度并不一律。除染有吸食鸦片（洋烟）恶习者外，对抽其他土烟、黄烟的人，一般并不处以极刑。许多告示上甚至明确宣布抽什么样的烟，分别处以什么样的刑罚。而对于贩运鸦片或开设烟馆的人，则是格杀勿论。太平天国的领导者把鸦片看作戕害民族机体、败坏社会风气之大敌，其识见恰恰与民族英雄林则徐不谋而合，并同当时

---

① 《太平天国史译丛》，第2辑，60页。
② 《太平天国史译丛》，第1辑，69页。
③ 同上书，14页。
④ 同上书，157页。
⑤ 同上书，169页。
⑥ 同上书，171页。

已转而对鸦片采取放任态度的大多数封建统治者形成了鲜明的对比。

要能恰当地估价太平天国严禁鸦片的社会意义，我们还得捡起一个稍稍老一点的话题，说明一下鸦片造成的社会污染究竟是何等严重。

这个问题，在较太平天国运动早十年的鸦片战争发生之前，人们就已经谈论得很多了。实际上，鸦片传入中国的时间，要追溯到17世纪的清初乃至明代。不过，那时输入的鸦片一般仅供药用，还丝毫显现不出足以改变一个国家命运的迹象，因而也从未引起广泛的重视。及至吸食鸦片的方法传入中国后，它的真正能量才多少提醒了清朝统治集团，在1729年（雍正七年）和1796年（嘉庆元年），清政府两度颁令，禁止吸食和输入鸦片。几十年过去后，当初的禁令早已成为具文，马克思在遥远的欧洲道破了问题的关键："中国人在道义上抵制的直接后果是英国人腐蚀中国当局、海关职员和一般的官员。浸透了天朝的整个官僚体系和破坏了宗法制度支柱的营私舞弊行为，同鸦片烟箱一起从停泊在黄埔的英国趸船上偷偷运进了天朝。"① 这样的状况愈演愈烈，直至著名的鸦片战争的前夜。那时，面对极其险巇的国家前程，禁烟派旗手林则徐疾声预言，这样下去，几十年之后，"中原几无可以御敌之兵，且无可以充饷之银"。当然这句著名的断言还只是从封建王朝的统治着眼，远远没有揭示鸦片对民族、对社会造成的毒害的全部内容。接着，就爆发了那场人所共知的以鸦片作为名称的战争。战争结束以后，烟毒泛滥的问题，不仅没有收敛（更谈不上解决），反而变本加厉。这里，我们引一首以清军同太平军对比的《新乐府》，略示鸦片烟怎样深刻地腐蚀了清王朝统治支柱之一的军队的情形："小兵草草灯一盏，对眠吐纳语声软。大帅岩岩灯两碗，左左右右免辗转。吸烟未了又熬烟，烟鬼满营烟满天。翻羡贼人法令严，手乍持枪（指烟枪）头已悬。"② 太平军的严厉禁烟与清朝军队的"烟鬼满营"形成了何等鲜明的对照！我们再来看看民间的城镇乡村。李召棠在《乱后记所记》中谈到安徽贵池县的烟害时写道："池城之害……尤莫甚于烟馆。……

① 《马克思恩格斯选集》，1版，第2卷，26页。

② 《太平天国》（四），742页。

鸦片，道光初年池城始闻其名。由是而富民开始矣，由是而贫民效尤矣，由是而奸民设厂，是犹闭户开灯，继乃启门卖土矣。以上流弊，皆乱之阶，吾池如此，他郡可知，况所见到，有更甚于池者哉。此记未乱之先致乱之由之所纪者也。”① 这里，我们且不论作者将吸烟纳入主要的“致乱之由”是否准确，就我们评判和估价太平天国大力禁烟的社会意义来说，上述历史记载（实际上还有更多的例证）不是已经很充分说明一切了么！

除了烟、酒之禁外，太平天国还禁娼妓、禁淫乱、禁卖人为奴。太平天国明确宣告：“娼妓最宜禁绝也。男有男行，女有女行，男习士农工商，女习针指中馈，一夫一妇，理所宜然。倘有习于邪行，官兵、民人私行宿娼、不遵条规开娼者，合家剿洗，邻佑擒送者有赏，知情放纵者一体治罪，明知故犯者斩首不留。”② 据胡思燮在《患难一家言》中介绍说，在太平天国初期，这类禁令已经严到了“男有入女馆者，无问军民杀无赦”③ 的残酷地步。前面提到过的那位外国无名氏也曾“看见三个男人三个女人因私通斩首，还有一个年轻的男人因乱伦被砍头肢解，女的只斩首”④。有关禁止娼妓和卖人为奴的情况，呤唎在《太平天国革命亲历记》中大为张扬道：

> 太平天国妇女或结婚成为家庭一员，或入姊妹馆（许多大城市都设有姊妹馆，由专人管理），而不准单身妇女有其他生活方式。这条法律是为了禁娼，违者处以死刑。自然这是非常有效的办法，因为在太平天国所有城市中，娼妓是完全绝迹的。⑤
>
> 太平天国彻底废除了令人憎恶的奴隶制，这个禁令是严厉执行的，违者不论男女一概斩首论处。禁止男奴的法律尚无关紧要，因为男奴在中国并不普遍，但是对于或多或少都是奴隶的妇女来说，这样一种重大的革新措施，就是完全必要的了。⑥

① 《近代史资料》，总34号，177页。
② 《太平天国文书汇编》，90页。
③ 《太平天国史料丛编简辑》，第2册，338页。
④ 《太平天国史译丛》，第2辑，60页。
⑤ 《太平天国革命亲历记》（上），232页。
⑥ 同上书，242页。

> 中国的穷苦人民出卖女儿是习以为常的，只要考虑一下中国的广大人口以及这么多的女孩子全都买去操此贱业，那么其后果也就可想而知了。在中国广大的偏僻地区，我曾看见一些自十二岁到二十岁的年轻漂亮姑娘被她们的母亲和投机商人标价出卖，每名卖价自六元至三十元不等。我常常听见中国人说："有时可以以若干文钱一斤的价钱买到一个漂亮姑娘，比猪肉还贱。"太平天国是严厉取缔这类事件的，如果没有外国人的干涉，他们就可以教导全国人民唾弃这类事件了。①

我们只能老实承认，我们没有看到有任何材料来支持或者否定呤唎关于太平天国确已"彻底废除了令人憎恶的奴隶制"的论断。可能是本来就缺乏这样的记载，但更大的可能是囿于我们见闻的寡陋。至于娼妓，则肯定它已"在太平天国所有城市中""完全绝迹"，却并不符合当时的历史实际。即便如此，轻易忽视和否定太平天国在这些方面为社会的文明化而竭尽的努力，或者不切实际地要求天国上下一夜之间荡涤尽一切社会污秽，都肯定会有悖于尊重历史规律的求实精神。毕竟，那还是 19 世纪中叶的中国社会。

我们在充分肯定太平天国禁烟、禁酒、禁娼、禁奴等政策的同时，也不能不遗憾地告诉人们，这场一度称得上轰轰烈烈的移风易俗运动，并没能扭转多少太平天国统治下的中国社会的精神面貌，而那些看上去严明的禁令，最终却往往被践踏得支离破碎。

如果说，来自外部的枪船武装以其强劲的地头蛇姿态扼杀了太平天国禁赌措施的话，那么，深为可悲的是，禁止烟、酒、娼、奴各项政策的被破坏，在很大程度上，应归咎于这些政策的制定者和太平军内部的腐败行径。这些禁令之不能贯彻始终，最初只是由于等级观念的作祟，破坏了政策的普遍适用性。对于太平天国的高级领导人，许多禁令或者生活准则是可以不予服从、不加理睬的。当太平天国宣布婚姻应当是一夫一妻制的时候，并不妨碍天王、东王等可以有几十个甚至几百个"娘娘"。杨秀清一面大声指斥淫乱的邪

① 《太平天国革命亲历记》(上)，243 页。

恶，一面广为选美，藏之府下，似乎对他这样的特殊人物来说，这些行径是排除在“邪恶”之外的。即使在淫掠之禁最严的“金陵初破”时期，也能看到天王以下的诸王可以不受“不准私藏妇女”规定约束的记载。[①] 当时封王尚不如后期之滥，能够得到“例外”的特权的还只是极少数人，但它不能不对下面产生极大的消极影响。著名的太平天国将领钟方礼、林凤祥等人竟以“设女试”为名，霸占女子，据说“发女榜后，俱入伪宫，隔数日发还”[②]。这个记载在很大程度上是属于封建统治阶级的恶意中伤，问题是，既然天王、东王等可以后宫粉黛以百数，那么，一些高级将领，迟早会群相效尤，也就可以说是意料中的事了。

关于烟酒之禁也是一样。“贼众禁食鸦片及水旱各烟，伪王及大头目均私吸之，洪逆嗜食黄叶片烟，其物本产广东嘉应州，刻不离手，伪宫中均效之，竟以珠玉镶嵌烟管。”[③] 东王杨秀清的弟弟曾公然向英国人索取美酒，而他的一个妹夫曾将自己的酒送给外国客人。这一索一送、一饮一醉之间，恐怕就全然不知那禁酒的“天条”为何物了。翻译官富赐礼就曾在太平天国上层人物的宴席上品尝过一种十分猛烈的“天酒”，他在《天京游记》中详细叙述了他在忠王李秀成的住宅里参加的一次豪华宴会的经过后指出：“由此显见他们高级的领袖并不遵行天王之荒谬的禁令，因席上人人尽量畅饮。洋酒固人所共赏，天酒亦一再满斟，壶干了又倒新的。抽烟亦是常事，为座中人人所好者。”[④] 后来，富赐礼在拜访干王时还注意到，太平天国统治集团中头脑较为冷静和清醒的洪仁玕竟然嗜酒如命，他告诉富赐礼说，当天王下诏禁酒时，他恳求特许，“谓非有酒不能吃饭”。富赐礼见到，在他的寝室内，的确堆着几个“英国葡萄酒”瓶子。[⑤] 也难怪，这时的洪秀全、杨秀清、洪仁玕乃至太平天国的各路王侯们，早已不再是从前创业于荒山野寨之间的斗士了。上有所

---

① 参见《太平天国》（四），434页。
② 同上书，439页。
③ 同上书，393页。
④ 《太平天国》（六），952页。
⑤ 参见上书，956页。

好，下必甚焉。高级将领既然可以置烟酒之禁于不顾，自然也就难以杜绝中下级将领的效法仿行。再加上随着形势的发展，队伍的扩大，成分愈来愈复杂，纪律愈来愈松弛，禁赌禁烟的规定就“渐成具文”。《贼情汇纂》说：“至于烟酒为贼最禁之物。吸洋烟谓之犯天条，杀无赦。水旱烟名曰黄烟，名酒曰潮水，有犯禁吸饮者，重则立决，轻亦枷杖。贼令虽严，然未能周察，故杀者自杀，而食者自食也。”①《鳅闻日记》也说：“贼中素禁吸烟，至鸦片则愈犯戒。前黄逆之众，吸者甚少。兹缘苏、徽二府人多，故染洋烟者十分之八也。”② 英国传教士爱约瑟等人在苏州城见到“普通士兵与一些首领都任意吸烟”。“我们听到一位首领（他本人虽然不吸烟）提到他们愿意得到供应的物品清单时，把鸦片列为首位。”③ 顾深在《虎穴生还记》中记述他被太平军抓去的一段经历时说，他在一条船上“见一贼衣华服，兰缎裹头，横卧吸鸦片”；第二天，被带到另一条船中，又看见“有两老贼在焉，年各望七，对卧吸鸦片”。其中一人问他是否会吸烟，当得知其“喜吸水烟黄烟”时，便将一个“短竹烟管”给他享用。④ 至于喝酒的场面，就更是司空见惯了。有的和尚不避烟酒之忌，专门沽酒款待太平军，遂得以人庙两全；甚至一些对太平军怀有仇恨的人利用太平军嗜酒现象摆上了鸿门宴。1852 年（咸丰二年）秋天，一支太平军开到湖南省城南门外独桅港一带，闯入一户人家。这家兄弟两人佯作热情迎客，要“沽酒”相待，暗中置以毒药，四个太平军战士在欢快之间“饮尽酣”。不料“顷之，腹痛”，“须臾，四贼皆死”⑤。当然，更多的太平军官兵们不会担心碰上这类惨剧，是大可以一醉方休的。

至于禁娼、禁奴，我们没有看到这些禁令如何遭到破坏的具体轨迹的确切资料，但在太平天国某些统治区域，奴婢依然存在，娼妓的活动甚至相当“兴隆”，则是确凿无疑的事实。在上一章中，我

① 《太平天国》（三），187 页。
② 《近代史资料》，1963 年第 1 期，103 页。
③ 《太平军在上海》，60 页。
④ 参见《太平天国》（六），732～733 页。
⑤ 《湖南地方志中的太平天国史料》，62 页。

们曾说，在枪船武装活跃的地方，“街上博场烟铺林立，河中歌舫妓船相望”，这种描写，绝不是毫无根据的夸张。沈梓在《避寇日记》中就曾记载说，浙江秀水县的“白龙洋停妓船二百余艘，琉璃窗，锦绣帐，箫管声细细，厌饫粱肉，长毛富商出入其中，千金一掷”。《自怡日记》的作者龚又村，也曾记某晚由友人“引予上歌舫，始逢娼女秀宝，因有客嘱分坐别船”。这种景象，与呤唎所说“在太平天国所有城市中，娼妓是完全绝迹的”论断，实在是太不协调了。

在上章和本章中，我们不无遗憾地叙述了太平天国的英雄们，如何从一种善良的愿望出发，对各式各样的社会陋习进行勇敢地挑战，又如何在各种内部的和外部的力量的抗拒下，在某种意义上甚至说有时是在亲手扼杀下，使这些改革的努力遭到了可悲的失败。我们从这样一个历史悲剧中，也许可以更加了解转变不良社会风气的艰难，促使我们对之付出更多的锲而不舍的努力。

文化心态

文化传统与反传统——谈吐之间——壁画风格——舞台上下

在南京城里一条叫作堂子街的小巷深处，至今还颇为完整地保留着一幢太平天国高层人物的住宅。这个地道的天朝时代建筑正在吸引着大批的凭吊者。饶有意味的是，它的扬名，不是因为建筑自身的奇妙和独特，也不是因为里面曾经住过谁——这座王府主人的姓名还是个谜。那么，人们竞相到这里来，其实无非都为了一睹它的艺术奥妙——室内那些令人惊叹的大幅壁画。当初，在太平天国统治者的大力倡导下，像这样具有很高历史价值和艺术价值的作品还遍布金华、绍兴、苏州、杭州、南京以及这个政权所统辖的其他角角落落，在很多属于或者经历了太平天国时代的建筑内，壁画都曾是最时髦的一种工艺精品。完全可以这样说，壁画，那是曾经风靡了太平天国世界的一项民间艺术。

就在壁画创作成为时尚的同时，另一项文化事业的建设也受到太平天国领袖们的格外倾心。他们创造性地变革了一些几千年间人们一贯遵循的字、词、称谓，并且将这些词语规定到实际生活的书写和谈吐之中，于是，这样的词语连同另外一些富有区域性和时代感的方言、隐语、称谓一道，构成了太平天国社会独特的语言风貌。

可是，对于别的一些文化艺术活动，太平天国的领导人往往就不太在乎了，像音乐、舞蹈、戏曲以及壁画之外的其他美术形式，这些同样富于传统魅力的文艺品种，就好像都没有得到一个举国“热”起来的机会，其中有的最初还在太平天国政权的查禁之列。尽管这样，仍然应当注意到，传统的文艺形式在太平天国社会里从未被禁锢到堪称“杜绝”的程度，在某些时候和某些地区，它们一样可以流行，甚至被纳入太平天国的正式活动，它们只不过不是特别显赫和未曾被大张旗鼓地提倡罢了。

这是一个再笼统不过的概述。那么，这个文化风貌似乎说明了这样的现象：同别的社会风习方面相比较，太平天国政权对于文化活动，表现出稍微宽容甚或是积极一些的姿态。探讨它的究竟，很容易使我们想起金田起义前的一些往事。

太平天国领导集团的造反精神和破除旧俗的决心，是随处可见、尽人皆知的事情。其实，在他们令人瞩目的叛逆行为表象的背后，还有一个发人深省的事实：他们当中的许多人之所以勇敢地踏上起义的征程，竟是由于自己幻想的另一条锦绣前途被彻底断送之后而不得不走的人生道路。他们也曾是封建时代那种最为常规的读书—科举—做官—成名的人生准则的忠实追求者。

在第一代太平天国领导人当中，除了洪秀全这面旗帜，还有杨秀清、冯云山、萧朝贵、韦昌辉、石达开、胡以晃等人。他们当中只有杨秀清和萧朝贵出身寒微，确系穷困到了读不上书的地步；而洪秀全、冯云山、韦昌辉、胡以晃等人都曾在清朝政府的科场上跃跃欲试。洪秀全读烂了四书五经，一直在受封建文化的系统的熏陶，他 15 岁即头一次参加试举，落榜之后，一而再，再而三地锲而不舍，直到 1843 年，他在步入中年后的第四次也是彻底落榜以后，才雄心勃勃地去筹划造反的壮举。对此，有人发过一句颇为精辟的议论："如果秀全考试顺利，那就被满清一个举人、进士之类收拾这一位天王了。"① 冯云山、韦昌辉和胡以晃也都饱尝过科场失意的痛苦滋味，并因此放弃了"学而优则仕"的名训。石达开虽未到过科场，却并非没有读书的抱负，据他本人自称是"自幼读书未成，耕种为业"②，然后起家造反的，他的文化素养和文才在太平天国社会中颇为著称。

太平天国最核心的统治集团中许多人物这种秀才式的经历，决定了这个政权在走向封建统治秩序的叛逆之路时，往往还带着一些难以割断的文化天性，这便不同于以往历史上任何一支揭竿而起的

① 广州市文物管理处：《花县洪秀全史迹调查简报》。

② 《太平天国》（二），780 页。

农民起义队伍。这种精神深处的微妙差异，使他们在进行政治活动时，愿意采取某些传统文化方式。一位叫沧浪钓徒的笔者曾注意到这样的现象："识字能书，贼颇敬重，均以先生称之，其余皆不足重。"① 另一方面，他们在政治上对封建秩序的叛逆和军事上对封建统治的对抗，又不能不使他们在文化上产生某种反传统精神。拿洪秀全来说，他除了是一位杰出的农民领袖外，同时还是一位热烈的文学爱好者，他创作了一批技巧不高却为数可观的诗稿，像《百正歌》《原道救世歌》《幼学诗》《太平救世歌》《天父诗》等，他的许多政治宗旨和叛逆心理，都在其中的不少诗句里得到反映。太平天国的其他领导人，即使是十分缺乏文化素养者，也终究不能不同某种文化现象发生摆脱不掉的因缘。如东王杨秀清就是一个戏迷和戏剧活动的热心倡导者，他扭转了太平天国初期戏剧活动被冷落甚或被查禁的暗淡局面。至于壁画艺术，更使几乎所有的太平天国领导人都表现出莫大的兴趣，成为他们的住宅里不可或缺的精美装饰物。

于是，太平天国政权的文化意识，就必然地决定和影响着整个社会的民间文化面貌，那么，如果更加细微地讨论下去，在这样的文化面貌的背后，究竟又反映着什么样的文化心理呢?

太平天国富有特色的用字、用词、用句、用语，常常令许多研究者眼花缭乱并且因此耽溺于考据的癖好之中。长期研考太平天国史的简又文先生说："太平军中隐语术语甚多，加以方言俗语与文言掺杂，由是多有词句不明、意义难于索解者。"② 而亲身经历过太平天国时期并编纂了《贼情汇纂》的张德坚，对此显得同样无可奈何，他将这些词语称作"盗中之隐语""劫盗之廋词""杂邪书之诞语""窜易偏旁字画，改换名邑"，他的结论也是"实足乱人耳目""多不可诘究"。这两位虽然一个出于学术目的，一个出于政治目的，却无可怀疑地都熟谙太平天国运动的各个方面，既然他们尚且对此感到困惑莫解，对于我们当然也更是一个值得探究的文化话题了。

---

① 《太平天国史料丛编简辑》，第 2 册，143 页。

② 《太平军广西首义史·自序》。

首先应该明白，简又文和张德坚所谈论的这种太平天国语言，只能显示出太平天国社会语言风貌的一个侧面。这个侧面包括一些拜上帝教的宗教术语、太平天国政权避讳用语、两广的方言、中国南方秘密社会中的隐语等，其中的宗教语言系洪秀全等拜上帝会领导人依据他们并不纯熟的西方宗教知识结合自身政治运动的需要的发明创作；两广方言和某些隐语本不属于太平天国的发明，它们早就流传在太平天国家乡的民间，但由于被太平军带到了江南社会，就当然地落在了太平天国的名下；唯有避讳用语使太平天国的统治者费了不少功夫。其实，在简又文和张德坚的论述之外，我们还应该注意到，随着太平天国政权在江南社会的诞生，必然地产生一些新的社会现象和新生事物，譬如“馆”和与“馆”有关的一系列词语以及别的行为概念，开始在太平天国统治区域里流行起来。这些词语显然同样归属在太平天国语言风貌的范畴当中，它们往往流传得更广泛也更持久。既然我们要达到揭示一个特定时代的文化心态的目的，对于太平天国社会语言风貌的两个方面，就不能不都给予足够的注意。

太平天国政权能够在文字变革方面有所作为，这至少说明了统治这个政权的核心集团，具有以往的农民起义领袖们所难以达到的文化水准。但是，他们之所以这样做，却并非为了献身于一项文化事业的建设，出于避讳和由此引申的政治目标，才是他们为之努力的根本。

对于这一点，洪秀全和太平天国政权都从不掩饰。洪秀全当初说过这样一句话：“一切鬼话、怪话、妖话、邪话一概删除净尽，只留真话、正话。”① 太平天国正式颁布的《钦定敬避字样》则更完准地申明他们这项变革的宗旨：“凡于奏本谕禀及一切文书往来有所当讳字样，各宜凛遵敬避，以见朝拱尊敬之意，不得引用误书，致有亵渎。至于凡情典故并一切荒诞妖样避句，概须灭迹消声，删除净尽，方于真道无有朦混也。”② 按照这样的准则，无论是应当受到崇

① 《太平天国》（三），190页。
② 《太平天国印书》（下），802页。

尚还是憎恶的字样，都在变革（避讳）之列。于是，像“上帝”“天王”“天兄”“天父”“基督”“耶稣”等词语中所含括的汉字都被实行了令人费解的变革。太平天国头面人物的名字“秀全”“秀清”“朝贵”“云山”“达开”“昌辉”分别被改作“绣泉”“绣菁”“潮桂”“芸珊”“闼阶”“玱晖”，天父、天兄被呼为“高老”“高兄”；洪秀全则另外还有“禾乃”“三星兄”之类的称呼；而有的汉字，竟有几种变法之多，一个“王”字，便被改成“狂、汪、黄、相、坣”五种读音、意义完全不同的汉字。对于一些他们厌恶、畏惧和忌讳的字词，太平天国政权同样忙不迭地找到替换字眼，像“烟”“酒”“醴”“仙”“龙”“鬼”“咸丰”“败”“退”之类，都被改得面目全非。在有的太平天国官方文书中，遇有“酒”字出现，便代之以其他饮料“汤”“汁”“茶”或其他食物“豆”“麦”“面”“饼”等。对于烟则有相对固定的称呼，旱烟一般被称作“红粉”，水烟称作“黄粉”。对于他们深恶痛绝的清朝皇帝的年号，都要冠以“犬”字偏旁，成了“狨獯”之类。当然，凡“凶”必称“吉”，凡“败”“退”必言“胜”，也都成了这一变革文字活动中的常规现象。

出于政治目的的文字避讳现象绝不是在太平天国统治集团手中开创的，甚至可以说它早就成为王朝统治者加强皇权的一种惯伎。然而不同的是，在中国的历史上，还没有哪个皇帝将避讳的规模发展到堪称语言文字的变革的地步，他们只是在极有限的诸如皇帝姓名和年号上做文章，这充其量只影响到个别字、词的使用。而太平天国政权的做法则产生了巨大的影响。他们不仅避讳洪秀全的姓名，而且避讳杨秀清、冯云山、萧朝贵、石达开、韦昌辉和其他一些太平天国人物的姓名；他们不仅避讳他们认为应当受到崇敬的字眼，而且避讳令他们憎恶的词句。可以想见，这样一来，所引起的一些常用字、词的变革，会造成多么令人莫名其妙的后果。

当然，也确有一些字、词，大概是为便于书写而被简化的。《见天天军主将戎佽天义吴习玖给赐天燕陈调用裁缝底稿》① 中有这么

① 见《太平天国学刊》，第4辑，160页。

一句话："访得弟处并弟统下各馆才缝多名。"这里的"才"字显系"裁"字的简写，而"裁"字究其所以，并不在避讳当中。此外，如"副"简化为"付"，"银"简化成"艮"，大约都可以算作这样的用意。

倘若我们先撇开政治上的缘由，这样的变革现象，又反映的是什么样的心理意识呢？

对于洪秀全和太平军中的一班知识分子来说，竭力促成这样的变革（特别是对他们厌憎的传统文化字眼的否定），显然缘起于他们成为封建文化牺牲品的逆反心理。洪秀全曾如饥似渴地研习封建文化，后来又将它们咒为"鬼话""妖话""怪话""邪话"，就是这种心情最恰当的体现。然而，太平军中的知识分子毕竟是极少数，他们形成不了一股强有力的文化力量，在进行变革的同时，建立起自己特有的科学的语言文字秩序。同时，他们也缺乏这样的预感，当一些常用字、词被取缔和改造之后，必然要陷入一种文字语言混乱的状态。《贼情汇纂》的作者对此以历史为鉴评说道："考古篡窃之君，必多所更张以自炫，如王莽尽改汉官仪，武后多更唐制之类。他如叛逆寇盗，亦莫不僭置伪官，任意标榜，以故载籍中有宇宙大将军、天公将军诸名号，然于文字犹不敢有所创易。南汉刘龑取'飞龙在天'之义造龑字。武后之名取'日月当空'义造曌字，并改制十数字。宋明帝性多忌讳，以辒近祸，改孤字；人有言白门者，辄曰白汝家门。后世且深讥之。然从未有狂悖恣肆、窜易文字至数十字之多者。有之，自粤匪始。"① 这固然是对太平天国改文造字的大肆攻击，却也不无某些道理。至少可以说明，太平天国统治集团整体的文化素养还未曾达到这样的程度——对于人们长期习惯沿用的传统文字、词语和称谓的巨大潜功能，给予具有一定水准的正当估价。至于说那些便于书写的简化字在一定范围内的运用，也只能归因于使用者自身文化程度的低落，与我们今天为着普及文化而有计划有步骤地进行的"文字改革"实在是性质完全不同的两码事。

① 《太平天国》（三），242页。

如果一定要同今天的某种文化现象相类比，倒不如去联想至今在一些偏远地区仍触目皆是的书有不规范简化字的种种招牌，这是一种明显的缺乏文化素养的表现。一百多年前，同样的情况恰恰时常出现在一些太平天国的正式文书内，恐怕也只能意味着太平军中普遍的低水平的文化意识。对于这一点，还可以有一个佐证：声威赫赫的李秀成在临刑前留下的那部自述，竟然错误连篇，其中有这样一段话："这邦（帮）百姓密藏于我，那邦（帮）百姓得我宝物，民家见利而争……因此我而藏不往（住），是以被两国（个）奸民获拿，解送前耒（来）。"文法且不必细论，单只这四十余字中居然有五处错别字之多，就已经说明了这位太平天国杰出将领和他统辖的太平军的整体文化的问题所在了。

从某种程度上说，滥施避讳在太平天国领袖们的眼前也许暂时可以造成他们曾经幻想过的一些情景，使全社会呈现出一派"天国"气氛。没有失败，没有社会污染，没有任何神圣的象征遭到亵渎。事实上，以往一些缺乏胸襟的帝王们在这方面的统治实践，足以证明了这种做法的荒唐。对于文字，封建统治者的避讳的可笑程度并不亚于农民领袖，虽然如前所述，他们在施行避讳的程度和范围上也许不如太平天国。然而，太平天国政权在这方面的可悲，在于企图袭用（并在实际上发展了）封建统治者的办法，作为在政治上反对封建统治秩序的一种手段。看来，太平天国领袖们仍然缺乏一种作为社会变革的开拓者的魄力和气度。

他们即使成为一个时代的统治者，也没有能摆脱长年被束缚在土地上而产生的狭隘的小农意识，这种农民本色决定了他们在掌权之后追求的，势必是一种表面上的田园牧歌的时代，他们甚至为此采取了滥施避讳而不计实效的办法。

事实上，他们的目的并没有达到。这些晦涩、费解甚至令人莫名其妙的词语并没有得到广泛的推行，它们只是更多地出现在太平天国政权的官方文书上，即使是在太平天国内部，许多词语也没有得到遵循，以至于太平天国政权不得不再颁布一个《钦定敬避字样》，并在前面强调："乃今本章文书之内，多有未能敬谨遵避者，是以屡蒙圣诏下颁，教导周详，并多操劳圣心，御笔改正。”① 在属于太平天国政权之外的历史著述中，我们还从未发现有按照被改造之后的文字记述史实的情形。除了这些字、词缺乏科学性和系统性，极易导致混乱而外，还有一个至关重要的因素：江南社会是文化程度相对发达的地区，这里的文化水平普遍要明显高于太平天国的发源地，因而，人们的内心深处实在不可能接受这些烦琐而又不近情理的避讳规则。这是无论太平天国政权怎样宣传、倡导和强令都无济于事的一种牢固的文化心理。

倒是另外有一些不属于为避讳而改文造字的词语，虽然也明显带着太平天国的时代烙印，却得以在江南社会流行一时。它们包括太平军之间的称谓、隐语以及一些新生的行为概念。就拿“称谓”来说，这虽然是最常见、最流行和最普通的语言现象，说来也是意味深长的。

洪秀全创作《原道觉世训》时，将第一句话写作：“天下总一家，凡间皆兄弟。”② 第一段中，又有“我们兄弟姊妹”③ 之说。从此“兄弟”“姊妹”即成为拜上帝教以及后来的太平军中彼此间开口不离的亲密称呼。到了天京之后，由于队伍的不断扩充，便依照人们加入太平军的先后，有“老兄弟”“老姊妹”“新兄弟”“新姊妹”之称。这种全社会间无分老幼均以兄弟、姊妹相呼的情景，开始并不大为人所理解，《贼情汇纂》就嘲讽说：“父子夫妇人之大伦，贼逆天背理，不知长幼尊卑之序，安知有兄弟，是其所谓兄弟者，不惟自兄其兄，自弟其弟，并欲强一切而兄弟之，于是有老兄弟、新兄弟之称，强妇女而姊妹之，有老姊妹、新姊妹之呼。”④ 其实，这不过是一个天大的误解，洪秀全也曾对此特别说明过：“自人肉身论，各有父母姓氏，似有此疆彼界之分，而万姓同出一姓，一姓同出一祖，其原亦未始不同。若自人灵魂论，其各灵魂从何以生？从

---

① 《太平天国印书》(下)，802页。
② 《太平天国印书》(上)，16页。
③ 同上书，17页。
④ 《太平天国》(三)，180页。

何以出？皆禀皇上帝一元之气以生以出，所谓一本散为万殊，万殊总归一本。”① 这就表明，太平军中的所谓“兄弟”“姊妹”的概念，已经远远超乎这些称谓原有含义，成为一种特定时代的泛称。在太平天国初年设馆替代家庭的一段时间里，这样的称谓更是得到广泛流传的机会。《金陵省难纪略》的作者记述说：“女人无论老少，呼曰新姊妹，聚二十余人为一馆，老姊妹辖之曰牌长。”② 比起《贼情汇纂》的论述，这样相互间的称呼在张汝南看来已经不足为怪了。我们看到的有关太平天国的历史著述，大都出自这个政权敌对分子的手笔，他们对太平军的称呼颇为一致，最为常见的是“贼”，还有“发贼”“长毛贼”“长毛”“发逆”等，对太平天国妇女则呼之为“大脚婆”“蛮婆”“蛮妇”“贼妇”等，撇开诅咒的成分，这些称呼确实反映着太平军蓄发、放足、健壮的实际特点。倘若仔细品味，似乎很可以从中察觉到一种区域间的文化意识上的差异。尽管洪秀全当初号召大家以兄弟相称时或许有更深远的用意，然而，这种称谓在广大太平军战士中的流行，恰恰体现了来自偏远山寨的农民起义队伍的粗犷本色。他们相互间没有那种森严的封建等级意识，更不受封建文人之间烦琐礼节的束缚，再加上彼此间在并肩战斗中结下的深厚情谊，“兄弟”“姊妹”无疑最能恰如其分地反映着他们之间的关系。所以，在太平军一路风尘的征程中和奠都天京最初的一段日子里，彼此这样的称呼也是一种特定文化心态的外在反映。那么，将太平军男女战士唤做“长毛”“发逆”“蛮婆”“大脚婆”的那些封建文人，体现的则是另外一种文化观念。他们对太平军粗犷的山寨村民本色投去鄙夷的眼神，动辄指斥、嘲弄、讥讽，而奉传统的道德观念为神圣不可冒犯。所以，他们每每视太平军非“贼”即“匪”、即“逆”，从未有过彼此平等的意识，对太平军外在的表现，自然也都冠以“长毛”“蛮”“大脚”之类含有恶意的称谓，这当然地体现着他们对太平军特有的文化观念的排斥和诋毁。

有些词语，虽然颇为隐晦，但寓意却不乏形象、实际和生动的

---

① 《太平天国印书》（上），16～17页。

② 《太平天国》（四），695页。

特点，因而也就自然地在太平天国社会流传甚广，为太平军和太平军以外的普通民众所共同承认。像“打先锋”（指太平军搜缴官僚地主的浮财）、“打江山”（从事起义活动）、“打水泡”（即奸淫行为）、“云中雪”（刀的别称）、“龙凤合挥”（结婚证书）、“剥毛皮”（枪船势力袭击太平军）、“反草”（变节）、剃头凭（剃头证明）、牌尾（老、幼、病、残者）、润化（大便）、润泉（小便）……这些称谓以及词语虽不为一些封建文人所欣赏，却由于与生活密切相关和自身的形象上口，在普通的百姓中间并不受到忌讳，其中一些词语甚至贯串太平天国社会的始终。

壁画创作，一直是研究者在讴歌太平天国的艺术成就时所不能不盛赞的话题，然而，对于其他形式的艺术作品和文化典籍，太平军则常常报以毫不留情的毁灭性一击。在一些纪实性的历史著述中，时常可闻因书画被洗劫而感发的叹息声。《水窗春呓》的作者记说：“吾乡张叔未解元家素封，自冠年嗜金石书画，积六十年所购不下数万，即前明项子京天籁阁不过如是。贼来皆散佚，所存仅十之三，亦散落人间矣。”[①]《漏网喁鱼集》记述苏州一带的情形时说：“苏城中所藏金银珠翠外，其磁铜玉石书籍字画，可谓罄洗一空。毁损以外，尚可填山塞海。最可惜者，字画必遭裂碎，书籍不全，我恐焚书坑儒之后，未有如是之大劫也。”[②] 潘钟瑞也曾谈及太平军将“人家楹联屏幅补壁之具，尽行扯碎”[③] 的行为。那么，现在的问题是，太平军在如此随意地毁伤某些美术形式的同时，却要去狂热地崇尚另一种形式的美术作品——壁画，这究竟意味着什么？

确实，壁画这门极其古老的艺术形式在渐趋衰败了几个朝代之后，竟然于太平天国社会突然一振，又留下了辉煌的篇章！

太平天国政权一入天京就为此设立了“绣锦营”这样专门处理包括壁画在内的刺绣绘画事务的工作机构。据《越州纪略》记载，

---

① 欧阳兆熊、金安清：《水窗春呓》，78页。

② 《漏网喁鱼集》，51页。

③ 《太平天国》（五），285页。

太平军四处“招工匠，穷绘事”[1]，《金陵杂记》记述：“两湖贼有知画者，为伪绣锦，掳胁各处并省中画士，为之画旗、画伞、画轿衣，各贼首巢穴门扇墙壁，无一不画。”[2] 多少年之后，呤唎在李秀成的忠王府做客时，见到“墙上的空隙处”“都绘有各种各样的壁画”[3]。可见，无论是在太平天国社会的前期还是晚期，壁画创作的热潮始终都没有冷却下来。

这里特别要提一下1853年秋冬之交，太平军的北伐队伍在驻屯天津静海著名的民间年画产地杨柳青时的一段往事。杨柳青是太平天国力量所达的最北处，太平军来到这里后，对于年画并未采取简单粗暴的禁毁办法，而是注意执行了保护和提倡的政策。但是，在绘画内容上，却做了一定的约束，大概是将他们离开天京前所熟悉的太平天国壁画情调纳入杨柳青年画的创作准则。于是，杨柳青在这段时期内所出品的年画，无不具有同南京堂子街壁画完全吻合的基调和风格，这一南一北的遥相互映，难道不正体现着太平天国绘画风格的艺术魅力？

至于说壁画的题材，《金陵杂记》称：“贼之画亦有伪制，如洪逆之门画双凤，谓之凤门，杨、韦之门画龙、虎，伪丞相门画象，以下画狮、豹、鹿、兔，墙壁画鱼、雁、鹅、鸭等类。”[4] 呤唎在李秀成家墙壁上欣赏到的则是一幅幅“神话、战争、山水”[5] 的图景，而浙江金华著名的侍王府内现存壁画中，既有神话、山水、花卉，又有动物和人物。可见，太平天国的壁画大体表现出不拘一格的创作题材。据说，起初太平天国统治者曾严禁壁画中出现龙的形象，这肯定是由于龙作为清朝皇权的象征而被斥为妖类、打入冷宫的。后来，这种“龙禁”的局面逐步得到改观，甚至龙还成为壁画创作的主要题材，然而，与清王朝有关的典故、话题，仍旧是绝不允许被拓绘出来的。

---

① 《太平天国》(六)，768页。
② 《太平天国》(四)，619页。
③ 《太平天国革命亲历记》(上)，190页。
④ 《太平天国》(四)，619页。
⑤ 《太平天国革命亲历记》(上)，190页。

大概可以设想，这项古老的富有原始色彩的艺术形式，之所以能在长久衰落的境况下绝路逢生，辉煌一时，关键的一点是，这种绘画艺术的通俗风格与来自山区的农民起义队伍的粗犷气度正相呼应，因此它的受宠，是其他形式的美术作品所难以替代的。

壁画的确是一种属于劳苦群众的艺术创作，据说在魏晋时期曾有少数文人墨客尝试过寺院壁画的拓绘，但很快他们就飘然离去，大概这种通俗的艺术手笔除了让他们叫苦不迭而外，永远也表达不出那种自命儒雅的清谈风度。然而，千百年后，它却得到了太平军将士的共鸣。我们知道作为一支以农民为主的起义队伍，他们整体的文化素养还很难达到欣赏那些所谓高雅的艺术作品的水平，即便是读了几年书的太平天国领导人，也由于自身区域文化和农民本色的限制以及起义斗争的经历，使他们往往更偏爱那些能够渲染气氛的大红大绿的巨幅画面，因此，他们理所当然地扬弃了许多相当珍贵的古书、字画，而选择了无论从规模上还是色彩上都恰恰能迎合他们粗犷的审美心理的壁画。在侍王府现存的壁画中，长宽逾数米的就不少见，最大的画是大门东壁的一幅《子母狮玩绣球图》，高3.07米，宽达3.72米。① 也只有那些经过磨难的穷苦画匠能够完成这种异常艰苦的劳动。除了墙壁，门、梁、柱、屋檐都成了画匠们一显身手的目标。在着色上，呤唎称为“色彩鲜明、光耀夺目”②，《金陵杂记》的作者则将这种情形斥责为：“登高壁勉为设色，笔墨遭难矣。”③ 如果整体形容一番，那种浓墨重彩、四面涂抹的情调，难道不是我们今天仍然似曾相识的一种颇具乡土气息的艺术风格么？所不同的是，在太平天国的壁画中，时常可以见到一些威武、雄劲的烈禽猛兽，这很可以看作这支农民队伍叛逆心理和斗争精神的自然流露。

当然，还需捎带说明一下，壁画的流行，除了太平天国政权的

---

① 参见严军、王士伦：《金华太平天国侍王府的建筑与壁画艺术》，载《文物》，1981年第9期，57页。

② 《太平天国革命亲历记》（上），190页。

③ 《太平天国》（四），619页。

努力倡导，还与广大群众对这种艺术作品的喜闻乐见不无关系。在太平天国所请的画匠们四处涂抹的时候，广大的人民群众总是抱以欣赏而不是厌恶或者认为不吉祥的态度，况且，壁画的创作者大都是来自中下层的民间艺人，他们的创作风格能够符合普通百姓的审美情趣。就广大的普通群众来说，对于那些名贵的书画，既欣赏不到，也欣赏不了，更谈不上试手创作了，而他们内心所向往或者拥有的色彩、图案、情趣，却可以轻易而且清晰地从壁画中欣赏得到。因此，应当注意到，壁画艺术同样为太平军之外的人民群众的心灵所拥抱。

由于太平天国政权对壁画艺术奉行始终如一的倡导政策，加上人杰地灵的重要因素，它的艺术价值不断升华，整体水平有了长足的进步。著名的美术大师傅抱石先生对堂子街王府中所描绘的《孔雀》一画给予了盛赞："《孔雀》一画的表现，实在值得我们敬佩，下部岩石旁边约十来朵用没骨法画的牡丹花，每朵姿势各异。……特别是上部那一株占大半壁画面的姿态挺拔的苍松，线条和墨韵、艺术上都达到了一定程度。松身鳞藓重重，用浓淡干湿各样不同的水墨画就。而松针朵朵隆叠，变化不乱，用花青一挥而就。若此表现即求之纸绢之上，亦难能。"① 这又表明，人民群众的创作素质和鉴赏心理也在随着壁画艺术的发展而不断得到提高。然而，太平天国政权毕竟只存在了十余年的光景，壁画的发展趋势是否能使它完全脱离原有的质朴风格而走向另一种艺术境界，就无从理论了。

我们提到过，在壁画建设和文字变革之外，太平天国政权从未对别的哪项文化活动进行过热心的扶持和提倡，因而，传统的文艺习俗有时不免处于被冷落的境况，甚或经历过种种曲折和磨难，但这样的情况大多发生在太平天国政权建都天京后的一段不长的时间里。

在太平天国初期的某些官方"文告"中，曾明确规定不准"唱邪歌""编选歌谣"。"凡邪歌邪戏一概停止，如有聚人演戏者全行

---

① 《光明日报》，1953年7月16日。

斩首。”[①] 这实际上意味着民间音乐、舞蹈、戏剧、诗歌在太平天国社会中失去了合法活动的席位。“贼禁演戏”“言演剧为邪教”戏剧为“生妖十九项”之一，纭纭之说被历史记述者一再提及。当时，一个新的政权刚刚诞生，社会颇不安定，家庭结构又被打乱，很多普通居民的日常生活尚无着落，冒死罪去演戏或者看戏，这是一种天方夜谭。所以，固然有很多作者留心记下了太平天国的禁令，而对于触犯禁令遭到严惩的现象，还没有谁提供给我们。后来这种禁令具体是在何时被取消的，我们不清楚，可以肯定的是，戏剧活动在太平天国社会的复兴有着同其他社会风俗迥然不同的变幻经历。据王韬在《瓮牖余谈》内透露：“贼初以演戏为邪歌，继于池州得戏班衣服器具数十箱，回金陵，乃招优伶装演，筑台于清凉山腰大树下，东王观之甚喜，于是，贼中皆尚戏剧。”谢介鹤也在《金陵癸甲纪事略》中对这件事做了与王韬大致相同的记述。看得出，演戏的禁而复兴，不再如同我们前面一再讲过的情景，是由于群众千方百计的抗拒而迫使太平天国政权做出让步，而恰恰相反，正是太平天国政权自己改变了初衷，他们从一些“优伶”的表演中发现了戏曲活动的乐趣。后来，戏剧活动便颇为普遍地在太平军中流行开来。

湖北武昌：

贼匪于祭灶时，大宴十日，作乐演剧论功行赏，差等井井有条。[②]

浙江绍兴：

（太平军）闭城渡岁……拘梨园演剧。[③]

无锡：

南直街皆贼目大馆，高台演戏剧，颇觉喧填。[④]

---

① 《太平天国》（三），232页。

② 《贼陷湖北密单》。

③ 《越难志》。

④ 《如梦录》。

苏州：

（太平军）以神像毁弃于河内……搭起高台唱戏。①

江苏吴江：

东西辕门临水造楼五间，以为戏台。②

天京：

戏班甚兴，唱戏赏号。③

音乐、舞蹈这些艺术品种同戏剧有着不可分割的密切关系，既然要演剧，就不能不唱出调子，也不能没有伴奏甚或伴舞。更何况，太平天国除了不准“唱邪歌”外，对音乐活动并不反感，他们有一支著名的鼓吹乐队，在一些重要的庆典仪式上，如礼拜、度岁、贺捷、成婚等场合，经常是“鼓乐喧天”的。在戏剧活动变得日益时兴的同时，音乐和舞蹈活动也渐渐活跃起来，不被限制。《庚申避难日记》记述苏州城内圆妙观被改作公馆之后，观中“弹唱者依然如故”，太平军则“搭起高台唱戏”④，他们相安无事，观者自然也就各得其乐。

既然太平军中的高级人物中不乏戏迷（如杨秀清、李世贤等），太平军战士又时常搭台唱戏，戏剧等舞台艺术也就成为太平天国社会中十分贫乏的文化生活中难得的正当文娱活动了。在太平天国的统治区里，《自怡日记》的作者龚又村就是一个十足的戏迷，他不仅时常光顾戏场，或者在一些茶肆酒楼之类的场合听卖艺的童女唱小曲、弹琵琶，而且还愿意对戏中的音乐、演员的扮相和服饰等津津乐道一番，从未遇到过任何麻烦。在柳兆薰、佚名等人的日记里也有很多关于演戏的记载。至于那些枪船势力肆虐的地区，更是一幅“靡靡达旦”“昼夜不辍”的轻歌曼舞的升平图景。

---

① 《庚申避难日记》。

② 《避寇日记》。

③ 赵烈文：《能静居士日记》。

④ 《太平天国史料丛编简辑》，第4册，477页。

那么，就像太平天国选择了壁画而不是别的字画、选择了“兄弟”“姊妹”而不是别的称谓一样，他们在舞台艺术方面当然也有自己独特的偏好。太平军所喜爱的剧目，一般说来多是根据中国古典名作中脍炙人口的传说所改编的故事，诸如《空城计》《尉迟访贤》《太白醉写》《失印救火》《长生殿》等，剧情中多充溢着军事谋略和藐视权贵的气氛。他们喜爱的舞蹈像《藤牌舞》《矛子舞》《剑桨舞》，顾名思义就可以清楚，这些舞蹈的动作几乎都是由翻滚、抢背和武打中的扑、跌、纵、跳等操练形式编排而成，即使是音乐，太平军也选择了能振奋军情的鼓吹曲，他们的文艺欣赏与戎马倥偬的战斗生涯是如此合拍，而绝不带任何闲情逸致的色调。他们经常把这些文娱活动安排在许多郑重的庆典仪式上进行的习惯实在可以说明，舞台活动对于太平军来说，与其称之为消遣式的娱乐，倒更不如说是一种鼓舞斗志的必要的仪式。

当然，在太平天国社会，还有另外一个舞台天地，反映着江南社会传统的艺术偏好。譬如龚又村在《自怡日记》中提到的《倚秋香》《双望郎》这样的剧目以及弹琵琶、唱小曲的表演方式。花鼓戏也是异常活跃的剧种。江南的传统习俗和两广的传统习俗毕竟不是一回事，这里的人们看戏听曲纯属是要寻找那些能使他们开心作乐的某种快感而已。

这两种风格迥异的舞台艺术能够在太平天国社会并行，至少可以说明，在它们各自的欣赏者的灵魂深处之间，大约还有可以相互理解的一面。这种相互理解的全部外在表现，就在于艺术上自由民主的空气在太平天国社会从未被刀光剑影的政治风云所吞没。

结　语

我们对太平天国统治区生活习俗和社会风情的若干方面，做了一些探索性的考察。我们只是力求如实地把当时的社会风貌反映出来，并不太多地去考虑这样的反映将会增添还是有损于伟大的太平天国运动的历史地位和光彩。事实上，历史本身是个客观存在，任何人为的装饰或有意的贬抑都不会改变它的本来面目。

灾荒与饥馑：1840—1919

李文海、周源著，北京，高等教育出版社，1991。

序

李　侃

近代中国一百多年的历史，是充满了屈辱与苦难、奋斗与抗争、变革与革命、失败与胜利的历史，是中国各族人民在火与铁的考验中用生命和鲜血写成的历史。每当人们回顾以往这段历史的时候，都会情不自禁地为饱经忧患的祖国而痛愤，为中华民族艰苦卓绝的斗争而自豪。

中国人在遭受苦难的时候，经常把“天灾”与“人祸”联系在一起。近代中国最大、最深的“人祸”，就是帝国主义的侵略掠夺和封建主义的压迫盘剥。对这个近代历史的主题，已经有许多历史学家写出了多种多样的著作，今后也一定还会有更多更好的著作。然而对于“天灾”，却没有引起历史学家应有的注意，迄今为止还没有一本关于近代灾荒史的专门著作出版。李文海等同志专门叙述中国近代灾荒历史的《灾荒与饥馑：1840—1919》一书，可以说是一部开拓性的历史新著，不仅充实了近代中国历史的内容，加强了近代中国历史研究的薄弱环节，而且填补了近代中国历史的一个重要空白。

“天灾”与“人祸”，无论从内容上还是从形式上看，两者似乎是不同的东西，然而又往往是互为因果、交相而至的东西。所谓“天灾”，既是自然现象，又表现为社会现象。近代中国社会的动荡、社会矛盾的激化、人民群众的反抗斗争，以及社会生产力的状况、土地关系和人口的阶级构成，等等，都与灾荒有着密切的关系。在一定意义上也可以说，不了解和不研究近代中国灾荒史，就不能更深刻、更全面地认识近代中国社会，就不能真正认识中国的国情。

“天灾”作为一种自然灾害，看起来似乎是不分贫富，不论贵贱，一经发生，社会各阶级各阶层都蒙受其害。然而在阶级社会里，直接受害最深、最重的仍然是劳动人民，特别是广大贫苦农民。包括近代在内史不绝书的水、旱、蝗等灾害发生之后的“悉成泽国”“赤地千里”“哀鸿遍野”“饿莩载途”种种悲惨图景，基本上都讲的是农村和农民。在中国人口中占绝大多数的农民，是中国古代和近代社会物质财富的基本生产者，又是“天灾”和“人祸”深重苦难的直接承受者。在广大农民还不可能从阶级的剥削和阶级的对立中认识自己、发现自己，从而具有阶级的自觉的年代，在还不可能用科学的观点认识自然灾害发生原因的年代，在更没有力量去抵御和战胜自然灾害的年代，他们最直接、最美好的愿望，就是渴望有一个“风调雨顺”“五谷丰登”“国泰民安”“安居乐业”的生存条件和生活环境。这些朴实而美好的愿望，其实不过是维持生存的基本条件，顶多也不过是希望得到温饱而已。然而严酷的现实却是地主阶级敲骨吸髓的剥削、残酷无情的压迫，到了近代，又加上资本主义、帝国主义无止境的掠夺和榨取，腐败的清政府已经一步步沦为侵略者的附庸，进而成为“洋人的朝廷”。老大的中华帝国，已经到了民穷财尽、亡国灭种的危殆边缘。“人祸”加剧“天灾”，“天灾”加剧“人祸”。在“天灾”“人祸”交相煎迫、内忧外患接踵而至的险恶风云中，中华民族还有生存发展、独立自主、置身于世界民族之林的余地吗？中国人民还有站立起来、扬眉吐气的一日吗？历史做了斩钉截铁的回答：能！为什么能？因为中华民族和中国人民，是不甘屈服的民族和人民；因为中国人民在百年的苦难、百年的苦斗、百年的追求、百年的试验中，历史地选择了唯一能够救中国、唯一能够发展中国的道路，这就是中国共产党领导中国人民选定的社会主义道路。

在中华民族和中国人民用一百多年的时间，用无数的生命和鲜血，最后推倒了压在自己头上的“三座大山”，沿着历史必然的道路，为实现社会主义现代化而开始新的万里长征的路上，尽管我们还必须肩负着历史遗留下来的沉重负担，遇到这样那样的困苦与挫折，但是我们必须也能够排除万难，奋勇前进！任何具有民族良知的中国人，任何有志气的中华民族子孙，只要对近代中国百年来“天灾”“人祸”的肆虐，对百年来历史命运和历史行程有所了解、有所认识，那么就没有理由因为目前中国的贫穷落后而自馁、自卑、自弃，因为我们的先人，已经在那样难以想象的艰难困苦中，在硝烟弥漫、血肉横飞、灾荒饥馑、水深火热中，终于把我们这个民族和人民从濒临灭亡的危难中拯救出来，难道走上社会主义光明大道的后来者，就不能踏着先烈们的足迹，完成他们的未竟之业，开辟新的未来吗？历史和现实已经和正在做出肯定的回答：能！谓予不信，请读一读自鸦片战争以来的近现代中国史，请读一读这本《灾荒与饥馑：1840—1919》！

“天灾”或曰自然灾害，确实不是人的意志所能决定的，也不是人的力量所能完全防止的自然现象，即使在科学技术发达到如此高度的今天，对某些自然灾害也还是只能做到一定程度的预防，减少灾害造成的损失，而不可能完全杜绝和“制止”。然而随着社会的不断进步，科学技术的不断发展，人类抵御自然灾害、战胜自然灾害的能力毕竟是大大增强了。而中国社会主义制度的建立与巩固，虽然在经济、文化和科学技术上还不够发达，但是由于有共产党的领导和为人民服务的人民政权，在防御和战胜自然灾害方面，已经显示出巨大的优越性。当今中国为什么可以用占全世界7%的耕地养活占全世界22%的庞大人口？中国人的平均寿命为什么从1949年前的34岁增加到现在的69岁？在近代平均两年漫决一次的黄河为什么中华人民共和国成立以来岁岁安澜？许多恶性传染病为什么得到了预防和消灭？所有这些，都是人民政府依靠人民群众大力实施防灾救灾、治江治河、兴修水利、抗旱防涝、防疫治虫、植树造林、防风固沙等措施的结果。再以人们普遍关心的中国人口问题来说，从1953年到1989年36年间，全国人口从不到6亿猛增到11亿，人口的剧增，已经对社会主义现代化甚至对民族的生存与发展带来了严重的问题，以致非实行严格的控制人口和计划生育不可。而返观历史，据专家们研究统计，中国人口从1850年的4.3亿到1953年的5.8亿，一百多年的时间，人口只增加了1.5亿，可谓是相当低的增长率。这里抛开中华人民共和国成立以后在人口问题上的严重失误不说，从另一个历史角度看，如果不是推翻了帝国主义、封建主义和官僚资本主义的统治，人口的快速增长是不可能的。在整个民族的生存都难以保证的条件下，在战争、灾荒、饥馑、疫病连续不断地夺取人民财产的情况下，人口增长的缓慢，正说明“天灾”与“人祸”对整个民族的摧残与扼杀。

《灾荒与饥馑：1840—1919》的作者李文海等同志，是以真挚的爱国热忱，饱含对百年民族苦难的悲怆，以广阔的历史视野和冷静、科学的态度，审视中国近代历史和近代社会；以历史的使命感和时代的责任感，撰写了第一本中国近代灾荒简史。我无意对此书和它的作者做“礼貌”式的恭维和赞扬，更无力对此书做恰如其分的估价和评论，只是凭着一点对真诚关心祖国和人民历史命运的史学同行的尊重和感激，在这里表示我的一点微薄的心意。历史和现实，时时使我痛切地感到，时代赋予我们这一代史学工作者的任务是何等艰巨而意义深远！在这国际政治风云急剧变幻、各种各样的社会思潮迎面扑来、五花八门的“理论”接踵而至、历史面貌被弄得扑朔迷离的时刻，作为历史唯物主义者，怎样才能站稳自己的脚跟，清醒而严肃地对待历史和现实，已经成为不能不正视、不能不回答的问题。《灾荒与饥馑：1840—1919》用自己的实践，从一个侧面，一个过去曾被忽视的历史领域，正视和回答了这个问题。而这也正是我对此书及其作者表示尊敬和感激的原因所在。

上面说了一些似乎与此书既有关又无关的话，说对说错并不重要，因为此书的价值和意义自会经受读者和时间的检验，并不会因为我的这无足轻重的议论而改变的。

是为序。

1990年5月1日

序

彭　明

“中国近现代国情丛书”计划第一批出书八本，《灾荒与饥馑：1840—1919》（以下简称《灾荒与饥馑》）是最早交稿的一本。作者之一李文海教授系中国人民大学党委书记、副校长，党政事务已经忙得不可开交，但他还是抽出晚间的业余时间写作，按期完成了这本专著。编委会同人对他这种孜孜不倦、刻苦治学的精神非常感佩。所以，当作者嘱为此书作序的时候，我也就欣然同意了。

我愿为此书作序的另一个原因是：我的家乡（豫东夏邑）是历史上的重灾区，像书中所引“十年倒有九年荒”的那种安徽凤阳花鼓调，我在童年也会唱。根据记忆，每届春荒，家乡出走乞讨者不绝如缕。就在前不久，我在主编《中国现代史资料选辑》时，还看到了这样一份档案材料：“豫东夏邑灾情甚重，全县民众十分之七以上逃往各地，境内青苗树皮均被食尽。”［《全国经济委员会关于各省水灾调查报告》（1948 年），存南京中国第二历史档案馆）］这里讲的虽然是 1948 年，但冰冻三尺非一日之寒，看了《灾荒与饥馑》一书，就不难从历史上找到原因。

作者曾参加 70 万字的《近代中国灾荒纪年》一书的编写（最近已由湖南教育出版社出版）。《纪年》依据清宫档案、官方文书、文集、笔记、书信、日记、地方志及报纸、杂志等，资料相当丰富。《灾荒与饥馑》一书就是在《纪年》的基础上写成的。因此，我感到资料翔实是本书的第一个特点。

材料丰富，但又不能简单地罗列，因为本书是一本专著，所以它的理论分析也是较强的。正如作者所引恩格斯在《自然辩证法》中所说“自然界作用于人”“人也反作用于自然界”。本书不仅有专节论述“人祸加深了天灾”（第一章第二节），而且全书也都贯串着天灾与人祸的密切关系。抗战期间国民党统治区的河南人有一句口头语：“河南四荒，水、旱、蝗、汤（汤恩伯）”，它很形象地反映了两者的关系。有史、有论、史论结合是本书的第二个特点。

通俗易懂，可读性强，是“中国近现代国情丛书”体例一再要求的。我是看本书注意到了这一点的。全书的开篇在“十年倒有九年荒”的节题下引了老舍在自传体小说《正红旗下》的一段生动描写，把旧中国的水、旱灾景象，呈现在读者的面前。再如1887年黄河在郑州决口时的那段描写，数万民夫对“克扣侵渔，以致堤薄料缺”而导致河决的一位官员切齿痛恨，将其痛打之后，“肢解投河”以泄民愤（第一章第二节），读来也是很感人的。文字通畅，事例感人，我觉得是本书的第三个特点。

近年来，史学界常有“史学危机”或“历史无用”等说法。我虽然不同意这些说法，但有些现象却还是值得我们注意的。例如，历史书的可读性差，有的书写得比较呆板，使人不愿意看，书出了卖不出去；再如，有的历史题材面不宽，而且重复过多，特别是中国近现代史，大都是政治史，经济、军事、文化方面的较少，一些具体领域的专史则更为少见。前者是写法问题，后者是选题问题，后者比前者可能更为重要。因此，开拓近代历史研究的新领域，是摆脱“危机”“无用”等困境的很重要的途径。“中国近现代国情丛书”编委会在讨论出书计划时，是非常注意这一点的。现在出的这本《灾荒与饥馑》，不但对当代青年了解旧中国的国情很有益处，而且对治史、修志以及防止自然灾害、治理环境等实际工作，也是很有用处的。这可以说是本书的第四个特点。

1987年，联合国大会通过决议，确定在1990年到2000年，开展“国际减轻自然灾害十年”的活动。中国灾害防御协会为此召开会议，认为：“我国是一个自然灾害频繁、灾害损失严重而防灾意识又比较薄弱的大国，应积极响应参加这项活动。”① “中国近现代国

① 《人民日报》，1988年2月13日。

情丛书”推出的第一批书中的这本《灾荒与饥馑》，算是中国史学界参加“国际减轻自然灾害十年”的一项活动，也算是对那种“历史无用论”等说法的一个回答。

1990 年 4 月于中国人民大学林园

前　言

自然灾害是全人类的共同大敌。人类一直在同各种自然灾害的顽强斗争中艰难地发展着自己。我国地域辽阔，地理条件和气候条件都十分复杂，自古以来就是一个多灾的国家。邓云特（即邓拓）的《中国救荒史》有这样一个统计：

> 我国历史上，水、旱、蝗、雹、风、疫、地震、霜、雪等灾害，自西历纪元前1766（商汤十八年）至纪元后1937年止，计3 703年间，共达5 258次，平均约每六个月强即罹灾一次。

其中，水旱灾害又是各种自然灾害中发生最频繁的，“据文字记载，从公元前206年到1949年的2 155年间，几乎每年都有一次较大的水灾或旱灾”①。

历史进入近代之后，由于封建统治的日趋腐败，帝国主义的肆意掠夺，社会的动荡，经济的凋敝，使本来就十分薄弱的防灾抗灾能力更形萎缩，自然灾害带给人们的痛苦和劫难也更为严重。一遇自然灾害发生，不是洪水泛滥、尽成泽国，就是田园坼裂、赤地千里。灾民遍野，道殣相望，几乎成为近代社会司空见惯的现象。自然灾害曾经给予我国近代的经济、政治以及社会生活的各个方面以深刻的影响，同时，近代经济、政治的发展也使得这一时期的灾荒带有自己的时代特色。

因此，研究中国近代灾荒史，应该是中国近代史研究中一个十分重要的领域。它一方面可以使我们更深入、更具体地去观察近代社会，从灾荒同政治、经济、思想文化以及社会生活各方面的相互

---

① 《人民日报》，1990年3月14日。

关系中，揭示出有关社会历史发展的许多本质内容；另一方面，也可以从对近代灾荒状况的总体了解中，得到有益于今天加强灾害对策研究的借鉴和启示。

毛泽东同志把灾荒问题看作了解国情、研究国情的一个重要方面。在1955年所写的《关于农业合作化问题》中，他指出："中国的情况是：由于人口众多、已耕的土地不足（全国平均每人只有三亩田地，南方各省很多地方每人只有一亩田或只有几分田），时有灾荒（每年都有大批的农田，受到各种不同程度的水、旱、风、霜、雹、虫的灾害）和经营方法落后，以致广大农民的生活，虽然在土地改革以后，比较以前有所改善，或者大为改善，但是他们中间的许多人仍然有困难，许多人仍然不富裕，富裕的农民只占比较的少数，因此大多数农民有一种走社会主义道路的积极性。"最近，党中央多次提出，应该对广大群众特别是青少年进行国情教育，使他们了解中国的历史，了解中国的现实，以便从实际出发，对我们国家、民族的发展前景有一个清晰的认识，进一步坚定为实现四个现代化的宏伟目标而奋斗的信念。就这个方面来说，研究中国近代灾荒史，也是一件极有意义的工作。

遗憾的是，在历史科学的百花园中，灾荒史的研究似乎一直是一个被人遗忘的角落。1938年，商务印书馆出版了前面提到的邓拓同志的《中国救荒史》，这是我国第一部力图用唯物主义历史观去观察和分析自然灾害以及人们与之做斗争的历史现象的力作。可惜这部开创性的著作几乎成了绝响，此后再也没有人在这个领域里继续耕耘，自然也就谈不上有什么值得称道的收获。在此期间虽然也有一点有关自然灾害的年表、图表一类的资料书，但或失之于过分简略，或仅反映局部地区的情形，就总体上看，灾荒史研究领域虽不能说还是一块未被开垦的处女地，但说它是中国近代史研究中的一片空白或薄弱环节，大概不算过分。

在这种情况下，我们中国人民大学清史研究所和历史系的几位同志（李文海、林敦奎、宫明、周源），于1985年正式组成"近代中国灾荒研究"课题组，着手对我国近代灾荒问题进行初步的探索。

我们深知这项工作的复杂和艰难，不敢有“填补空白”之类的雄心大志，只想起一点“拾遗补阙”的作用，为这块久被冷落的园地增添上一草一木。经过5个寒暑的努力，总算有了一点小小的结果：前年末，完成了70万字的《近代中国灾荒纪年》，现已由湖南教育出版社出版发行；如今又写出了这本《灾荒与饥馑：1840—1919》初稿，将作为“中国近现代国情丛书”的一种，交由高等教育出版社出版。由于林敦奎和宫明正在全力为课题计划中第三本书《晚清灾荒丛谈》的写作做准备，所以本书是由李文海和周源负责撰写的。周源写了第七、第八两章，其余部分均由李文海执笔。写作过程中，得到了校内外许多同志及“中国近现代国情丛书”编委会的热情支持和帮助，我们在此谨表示由衷的感谢。

在本书的体例方面，有一点需要说明的，那就是为了便于阅读，我们在公历的年月日后面用括号加注了旧历；在古今地名或行政区划有变化时，于首次出现古地名时用括号加注了今地名，以后续见则不再注，以省篇幅。

20世纪的最后十年，被联合国确定为“国际减轻自然灾害十年”，这反映了世界各国人民抗御自然灾害的共同意志，具有十分重要的意义。本书的出版，恰值这项活动正在开展之际，我们极其高兴地愿把这本小册子作为献给这项活动的一件微薄的礼物。

1990年3月21日

第一章　中国近代灾荒与社会生活

第一节　“十年倒有九年荒”

> 黄河不断泛滥，像从天而降，海啸山崩滚向下游，洗劫了田园，冲倒了房舍，卷走了牛羊，把千千万万老幼男女飞快地送到大海中去。在没有水患的地方，又连年干旱，农民们成片地倒下去，多少婴儿饿死在胎中。是呀，我的悲啼似乎正和黄河的狂吼、灾民的哀号，互相呼应。

这是老舍先生在他的著名的自传体小说《正红旗下》中，对他出生的那个时代——19世纪末叶自然灾害情况的一段生动描写。这段文字是如此之确切和真实，以致我们在把它作为文艺作品阅读的同时，也完全可以当作历史资料来对待。

大概现已年过半百的读者，多半曾经听到过一首颇为流行的凤阳花鼓，可惜我已只记得其中并不连贯的两小段：

> 说凤阳，道凤阳，凤阳本是好地方；
> 自从出了朱皇帝，十年倒有九年荒。
> 大户人家卖田地，小户人家卖儿郎；
> 我家没有儿郎卖，身背花鼓走四方。

前一段是讲灾荒的频繁；后一段是讲一旦灾荒发生后，灾民们卖儿鬻女、流离失所的悲惨情景。我至今也没有太弄明白，为什么偏偏把灾荒同那位明代的开国君主朱元璋联系起来：仅仅是因为朱元璋出生于凤阳并在大灾奇荒中度过了他坎坷的童年这点历史因缘呢，还是多少包含着把朱元璋作为封建君主专制主义的象征的意味，朦胧而曲折地反映着人们已经察觉到了自然灾害同封建政治之间某种不可分割的关联？但无论如何，“十年倒有九年荒”这句话，却是对旧中国灾荒状况的十分简洁而且极为精当的概括——至少对于本书所要涉及的近代社会是如此。

一旦接触到那么大量的有关灾荒的历史资料后，我们就不能不为近代中国灾荒之频繁、灾区之广大及灾情之严重所震惊。就拿水灾来说，在各种自然灾害中，这是带给人们苦难最深重、对社会经济破坏最巨大的一种，而在一些重要的江、河、湖、海的周围，几乎连年都要受到洪水海潮的侵袭。黄河是决口、泛滥最多的一条大河，有道是：“华夏水患，黄河为大。”尽管封建阶级吹嘘说“有清首重治河，探河源以穷水患”①，但实际上还是“溃决时闻，劳费无等，患有不可胜言者”②。而且进入近代以后，黄河“愈治愈坏”，河患更加严重。1885 年 12 月 26 日（光绪十一年十一月二十一日）的上谕也承认：“黄河自铜瓦厢决口后，迄今三十余年，河身淤垫日高，急溜旁趋，年年漫决。”③ 据不完全统计，自 1840 年到 1919 年的 80 年间，发生黄河漫决的年份正好占了一半，即平均两年中即有一年漫决，而且有时一年还漫决数次。至于黄河漫决所造成的灾难，我们将在以下几章中做具体的叙述。

我国第一大河的长江，全长 6 300 千米，流域面积达 180 多万平方千米。长江两岸特别是中下游地区，历来是我国重要的产粮区。尽管由于上游两岸山岩矗立，在宜昌以东进入广阔的平原地区后，水流又比较平缓，加之还有许多湖泊调节水量，所以较之黄河来说，造成的水患要小得多。但在近代的 80 年间，也曾发生 30 余次漫决，只是浸淹的区域较黄水泛滥所造成的为小而已。

流经湖北、河南、安徽、江苏 4 省的淮河，也曾是一条带给人们无穷灾难的河流。特别是安徽、江苏两省，“沙河、东西淝河、洛河、洱河、芡河、天河，俱入于淮。过凤阳，又有涡河、澥河、东

---

①② 《清史稿》卷 126。这里的“河”专指黄河。

③ 《光绪朝东华录》(二)，总 2042 页。

西濠及滍、浍、沱、潼诸水，俱汇淮而注洪泽湖”①。一旦淮河涨水，“淮病而入淮诸水泛溢四出，江、安两省无不病”②。1910年(宣统二年)，侍读学士恽毓鼎曾经因为“滨淮水患日深”，上过一个奏折，其中说：“自魏晋以降，濒淮田亩，类皆引水开渠，灌溉悉成膏腴。近则沿淮州县，年报水灾，浸灌城邑，漂没田庐，自正阳至高、宝，尽为泽国。实缘近百年间，河身淤塞，上游不通，水无所归，浸成泛滥。”③ 我们一开始提到的十年九荒的凤阳，其主要灾荒正是来源于淮河的涨溢淹浸。

位于京师附近的永定河，在从鸦片战争开始到清王朝灭亡的71年间，曾发生漫决33次，也是平均两年一次。有关永定河漫决而造成严重水患的具体情况，我们将在下面做专门的论述。这里只简单地列举一下晚清时期永定河历年漫决的时间、地点，以使读者有一个总体的印象：

1843年8月27日(道光二十三年闰七月初三)，北6工汛北遥堤11号蛰塌20余丈。

1844年(道光二十四年)五月底，南7工5号决口。

1850年(道光三十年)五月底，北7工8号、9号堤顶漫溢30余丈。

1853年(咸丰三年)夏秋之际，南3工13号堤岸被水冲塌百余丈。

1856年7月19日(咸丰六年六月十八日)，南7工堤面漫溢40余丈；7月29日(六月二十八日)，北4上汛10号及北3工12号均冲决20余丈。

1857年8月7日(咸丰七年六月十八日)，北4上汛10号漫塌20余丈。

1859年(咸丰九年)七月初，北3工12号堤埝冲塌70余丈。

1867年8月8日(同治六年七月初九)，北3工5号堤身漫塌30余丈。

---

①②③ 《清史稿》卷128。高，指高邮湖；宝，指宝应湖。

1868年5月5日（同治七年四月十三日），南4工堤埝漫塌20余丈；8月24日（七月初七），南上汛15号堤工塌卸。

1869年（同治八年）五月间，北下4汛漫决。

1870年（同治九年）六月间，南5工决口。

1871年（同治十年）六月及七月，分别在南2工6号及南岸石堤5号漫决。

1872年（同治十一年）七月，北下汛17号漫口60余丈。

1873年8月7日（同治十二年闰六月十五日），南4工9号漫口。

1874年（同治十三年）六月初，漫口数处，使顺天府所属之东8个县（通州、蓟州、三河、香河、宝坻、宁河、武清、东安）及北5个县（密云、顺义、怀柔、昌平、平谷）“半成泽国”。

1875年（光绪元年）七月间，南2工漫口。

1878年8月20日（光绪四年七月二十二日），北6工14号漫口。

1883年8月27日（光绪九年七月二十五日），南5工17号冲决成口。

1884年（光绪十年），永定河决。具体月日、地点不详。

1887年3月16日（光绪十三年二月二十二日），南8下汛13号漫口20余丈；8月11日（六月二十二日），南7工西小堤4号漫溢，口门40余丈。

1888年（光绪十四年）七月，北上汛12号漫决；九月，南2工17号漫口。

1890年7月21日（光绪十六年六月初五），北上汛2号漫口70余丈。

1892年7月17日（光绪十八年六月二十四日），南上汛2号漫口40余丈，北3工12号及北2上工5号堤身亦均塌溃。

1893年7月25日（光绪十九年六月十三日），南上汛34号、14号，北上汛5号、7号，北中汛9号、10号及北下汛1号至5号同时漫溢。

1896年（光绪二十二年）夏，北中汛6号、7号及北6汛相继溃决。

1898年（光绪二十四年）夏，永定河溢。具体月日、地点不详。

1904年（光绪三十年）六、七月间，北下汛漫决。

1907年7月29日（光绪三十三年六月二十日），南5工11号、19号漫溢成口；次日，北甲上汛14号堤身刷开。

1911年8月30日（宣统三年七月初七），南3工尾20号漫溢成口，口门宽140余丈。

不难想象，在这样高的漫决频率之下，生活在这条河流两岸的居民，所过的是一种什么样颠连困苦的生活！

湖南的湘、资、沅、澧四大河，都汇流于洞庭湖，然后注入长江，使洞庭湖成为我国第二大淡水湖。本来，拥有如此丰富的水利资源，自然条件极为优越，洞庭湖周围地区理应是物产丰盈的鱼米之乡。但由于封建统治者对湖区不加治理，不但使洞庭湖对长江水量的调节作用日益减小，而且出现了沿湖州县如巴陵、岳州（今均属岳阳）、临湘、华容、安乡、南县、澧州（今澧县）、安福（今临澧）、武陵（今属常德）、龙阳（今汉寿）、沅江、湘阴等几乎年年“被水成灾”的怪现象。据《清实录》及其他有关资料记载，中国近代史的80年中，上述地区明确有遭受水灾记录的共达72年，另一年为出乎常规地出现了旱荒，其余7年则因资料缺乏而情况不明。湖南的一些地方官僚称这些地区“滨临河湖，地处低洼，俱系频年被淹积歉之区……各灾民糊口无资，栖身无所，情形极其困苦，且多纷纷外出觅食”①，倒也所言不虚。

谈到水患，不能不涉及江、浙两省的海塘问题。《清史稿》说：“海塘惟江、浙有之。于海滨卫以塘，所以捍御咸潮，奠民居而便耕稼也。在江南者，自松江之金山至宝山，长三万六千四百余丈。在浙江者，自仁和之乌龙庙至江南金山界，长三万七千二百余丈。”②

---

① 录副档，道光二十九年六月十八日湖南巡抚赵炳言折。本书所引之录副档或朱批档，均为中国第一历史档案馆所藏清代档案，下不一一注明。

② 《清史稿》卷128。

江苏的滨海之地，因为面对的海湾“平洋暗潮，水势尚缓”，所以海塘还颇能起一点拦阻海潮的作用。浙江“则江水顺流而下，海潮逆江而上，其冲突激涌，势尤猛险”，一旦海塘坍塌，“海水漂入内地百里，膏腴变为斥卤，田禾粒米不登”。加之潮涨海溢之时，势极汹涌，潮头高达数丈，“潮头一过，浪涌如山”，居民连躲避都来不及，往往“漂溺不计其数”。晚清时期，“海塘大坏”。据称，“综计两省塘工，自道光中叶大修后，叠经兵燹，半就颓圮”①。因此，海塘溃决之事，连年发生。浙江水灾，相当一部分与海塘坍塌有关，而且只要是由海潮引起的水灾，一般灾情都较严重。太平天国时期，浙江嘉兴附近农村的一个小地主，面对着海潮浸淹、流民塞途的情形，感慨地说：“海塘工事，承平所难，况当乱离，岂有修筑之期乎！塘不修筑，则海水不能不注溢，田禾不能不被害。然则此等流民，自今一二年中，岂能复归故土乎！”②

上面我们只是从水灾的角度，从各个侧面来反映近代中国大地上灾荒的频发性。水灾之外，各种自然灾害还有很多很多。按照《清史稿》的说法，自然灾害的种类，除去一些迷信的内容，还包括恒寒、恒阴、水潦、淫雨、雪霜、冰雹、恒燠、恒旸、灾火、风霾、蝗蝻、疾疫、地震、山颓等。如果不要那么烦琐，只讲常见的灾害，至少也应该提到水、旱、风、雹、火、蝗、震、疫诸灾。在一个时期和一个地区，或者是一灾为主，或者是诸灾并发。因此，在说明灾荒的频发程度时，还需要以地区为单位，对各类灾荒做一点综合的考察。下面，我们举出几个地区，为读者提供一点例证。

位于珠江下游的广东省，气候条件优越，降水量不但充沛，而且季节分配比较均匀，因此农业生产和其他经济发展一向较好。即使这样，在近代历史上这里也不时有各种自然灾害发生。据张之洞在1886年11月10日（光绪十二年十月十五日）的奏折所说，广东水患“从前每数十年、十数年而一见，近二十年来，几于无岁无

① 《清史稿》卷128。

② 沈梓：《养拙轩笔记》，见《太平天国史料丛编简辑》，第2册，269页。

之”①。据不完全统计，近代 80 年中，该省遭受较大水灾 22 次，局部地区水灾 18 次，先旱后涝或水旱兼具的灾荒 2 次，较大旱灾 1 次，较大风灾 8 次。

直隶的情况要比广东严重得多。前面已经讲到永定河连年漫决的情形，再加上这一地区的其他一些河流如滦河、沙河、大清河、潴龙河、拒马河、滹沱河、徒骇河、南北运河等也不时漫溢，使水灾成为这一地区的主要威胁。谭嗣同在《上欧阳中鹄书》中说：“顺直水灾，年年如此，竟成应有之常例。”② 据统计，近代 80 年中，顺直地区遭受较大水灾竟有 38 次；但与此同时，旱灾也并不少见，较严重的旱灾有 7 次，水旱灾害同时发生的有 22 次；另有一些年份则还伴有蝗灾、震灾、雹灾及瘟疫。“中稔”以上的年景在该地整个近代历史上只占一小部分。

安徽也是多灾省份之一。该省兼跨长江、淮河两流域，其中横贯北部的淮河，河床坡度甚小，汇入支流又极多，加上雨季雨量集中，极易造成水灾，已如前述。所以有人说，皖省“滨临河湖之区，本来水涨即淹，岁岁报灾”③。而皖西山地及皖南丘陵地带，都是“平陆高原”，只有“雨润水足”，才能获得收成；一旦雨水略少，立即亢旱成灾。因此，安徽地区自然灾害的一个特点，常常是诸灾杂陈，水旱并作。据不完全统计，近代 80 年中，发生较大水灾 22 次，较大旱灾 3 次，同时发生水旱之灾 13 次，水、旱、风、虫、疫诸灾并发或同时发生其中 3 种以上灾害 20 次。

最后我们还想举山东作为一个例子，因为有人曾对整个清代山东的水旱灾害做过颇为认真的统计：“在清代 286 年中，山东曾出现旱灾 233 年次，涝灾 245 年次，黄、运洪灾 127 年次，潮灾 45 年次。除仅有两年无灾外，每年都有不同程度的水旱灾害。按清代建制全省 107 个州县统计，共出现旱灾 3 555 县次，涝灾 3 660 县次，黄、运洪灾 1 788 县次，潮灾 118 县次，全部水旱灾害达 9 121 县次

---

① 《光绪朝东华录》（二），总 2175 页。

② 《谭嗣同全集》（增订本）下册，449 页。

③ 朱批档，光绪二十三年十月十八日安徽巡抚邓华熙折。

之多，平均每年被灾 34 县，占全县数的 31.8%。”① 这里需要补充说明的只是：愈到晚清，山东的水旱灾害（尤其是水灾）愈益严重，其原因我们将在下面的有关章节中做具体的分析；另外，这里的灾荒数字只涉及水、旱两类，还有许多其他种类的灾荒未包括在内。

上述情况足以说明，在中国近代社会，“十年倒有九年荒”这句话，丝毫不是文学上的夸张，而是实际生活的真实写照。

第二节　人祸加深了天灾

自然灾害，顾名思义，是由自然原因造成的，就这个意义说，是天灾造成了人祸。但是，人生活在一定的自然环境之中，同时也生活在一定的社会条件之下；自然现象同社会现象从来不是互不相关而是相互影响的。恩格斯在批评自然主义的历史观的片面性时说道：“它认为只是自然界作用于人，只是自然条件到处在决定人的历史发展，它忘记了人也反作用于自然界，改变自然界，为自己创造新的生存条件。”② 每当人们通过自己的智慧和劳动，改变自然界，有效地克服自然环境若干具体条件的不利影响时，便能减轻或消除自然灾害带来的灾难。反之，社会生活中经济、政治制度的桎梏和阶级利益的冲突，妨碍或破坏着人同自然界的斗争时，人们便不得不俯首帖耳地承受大自然的肆虐和蹂躏。遗憾的是，后一种情况，在剥削阶级掌握着统治权力的条件下，是屡见不鲜的。从这个意义上说，人祸又常常加深了天灾。

愈是生产力低下、社会经济发展较落后的地方，人类控制和改变自然的能力愈弱，自然条件对人类社会的支配力愈强。近代历史上自然灾害的普遍而频繁，从根本上来说，当然是由于束缚在封建

① 袁长极等：《清代山东水旱自然灾害》，见《山东史志资料》，1982 年第 2 辑，150 页。

② 恩格斯：《自然辩证法》，见《马克思恩格斯选集》，1 版，第 3 卷，551 页。

经济上的小农经济生产力水平十分低下而产生的结果。以一家一户为经济单位的小农经济，是极其脆弱的。如毛泽东同志所指出的：在漫长的封建社会，自给自足的自然经济占主要地位。封建统治阶级拥有最大部分的土地，而农民则很少土地，或者完全没有土地。农民常常要将收获的四成、五成、六成、七成甚至八成以上，以地租的形式奉献给地主、贵族和皇室享用。除残酷的地租剥削以外，地主阶级的国家又强迫农民缴纳贡税，并强迫农民从事无偿的劳役，去养活一大群的国家官吏和主要是为了镇压农民之用的军队。“中国历代的农民，就在这种封建的经济剥削和封建的政治压迫之下，过着贫穷困苦的奴隶式的生活。”① 历史进入近代之后，封建社会演变成半殖民地半封建社会，但农民的经济地位和生产力水平，却并没有多少变化。在这样的经济条件下，他们不可能有有效的防灾抗灾能力。一遇水旱或其他自然灾害，只好听天由命，束手待毙。胡适在谈到中国人对付灾荒的办法时，不无嘲笑意味地说：“天旱了，只会求雨；河决了，只会拜金龙大王；风浪大了，只会祷告观音菩萨或天后娘娘；荒年了，只好逃荒去；瘟疫来了，只好闭门等死；病上身了，只好求神许愿。”② 这段话，虽仍有他惯常存在的那种民族自卑心理的流露，却也不能不说在一定程度上反映了那个时代的社会现实。当然，对这种现象进行嘲笑未免有失公正，把产生这种状况的原因只是看作观念的落后也过于浅薄。如同其他社会现象一样，归根到底，在这里经济状况也起着决定性的作用。

但仅仅把问题归结为生产力水平的低下，或者放大一点说，全部从经济的角度去分析问题，也还是很不全面的。有必要把视野扩展一点，从社会政治领域考察一下近代灾荒频发的缘由。

事实上，把自然灾害同社会政治相联系的看法，在历史上很早就产生了。这突出地表现在所谓“天象示警”的传统灾荒观念上：一切大的自然灾害的发生，“皆天意事先示变”，是老天爷对人们的一种警告或警诫。因为“天人之际，事作乎下，象动乎上”，人间社

---

① 毛泽东：《中国革命和中国共产党》。

② 《胡适论学近著》，638页。

会生活和政治生活的不正常，必然引起“天变”。这种灾荒观念，几乎流传了几千年，一直到清代还在实际生活中起着很大的影响。不过，同样从“天象示警”的观点出发，却可以引出消极的和积极的两种不同的态度来。消极的态度是竭力用“祈禳”来对待天灾，如清王朝规定：“岁遇水旱，则遣官祈祷天神、地祇、太岁、社稷。至于（皇帝）亲诣圜丘，即大雩之义。初立天神坛于先农坛之南，以祀云师、雨师、风伯、雷师；立地祇坛于天神坛之西，以祀五岳、五镇、四陵山、四海、四渎、京畿名山大川、天下名山大川。”① 似乎只要“祈禳”得越虔诚，天灾就可以防止或减少发生了。这自然是一种自欺欺人的办法。积极的态度则要求从灾荒的发生中“反躬责己”，修明政治。如1882年（光绪八年），有一位名叫贺尔昌的御史上奏说：“比年以来，吏治弛废，各直省如出一辙，而直隶尤甚。灾异之见，未必不由于此。”② 在戊戌变法中惨遭慈禧杀害的“戊戌六君子”之一的刘光第，于1894年（光绪二十年）所上的《甲午条陈》中这样说：“国家十年来，吏治不修，军政大坏。枢府而下，嗜利成风。丧廉耻者超升，守公方者屏退。谄谀日进，欺蔽日深。国用太奢，民生方蹙。上年虽有明谕申饬，言者不计，牵涉天灾。而上天仁厚，眷我国家，屡用示警。故近年以来，畿辅灾潦频仍，京师城门，水深数尺，天坛及太和门均被水灾。今年二月天变于上，三月地鸣于外城，旋有倭人肇衅之事，此殆非偶然也。”③ 他要求皇帝“引咎自责，特降罪己之诏”，“痛戒从前积习之非”，并认为只有这样才能使全国同仇敌忾，团结御侮，抵抗日本的侵略，取得甲午战争的胜利。这些话，虽然并没有科学地揭示灾荒发生的原因，但无疑有着揭露时弊的战斗的进步意义。

在我国近代历史上，对灾荒问题谈得最深刻的，要数民主革命的伟大先行者孙中山先生。关于灾荒频发的原因，他着重强调两点：一是人们对生态环境的破坏，另一是封建政治的窳败。关于前一点，

① 《清朝文献通考》卷96。
② 《光绪朝东华录》（二），总1445页。
③ 《刘光第集》，2页。

他在刚刚从事政治活动之初，就在一封信中写道：“试观吾邑东南一带之山，秃然不毛，本可植果以收利，蓄木以为薪，而无人兴之。农民只知斩伐，而不知种植，此安得其不胜用耶?”[①] 后来，他更明确地指出：“近来的水灾为什么是一年多过一年呢? 古时的水灾为什么是很少呢? 这个原因，就是由于古代有很多森林，现在人民采伐木料过多，采伐之后又不行补种，所以森林便很少。许多山岭都是童山，一遇了大雨，山上没有森林来吸收雨水和阻止雨水，山上的水便马上流到河里去，河水便马上泛涨起来，即成水灾。所以要防水灾，种植森林是很有关系的，多种森林便是防水灾的治本方法。”[②] 防止旱灾也是一样，“治本方法也是种植森林。有了森林，天气中的水量便可以调和，便可以常常下雨，旱灾便可以减少”[③]。关于后一点，他很早就认为：“中国人民遭到四种巨大的长久的苦难：饥荒、水患、疫病、生命和财产的毫无保障。这已经是常识中的事了。”[④] 这种令人不堪忍受的情况是怎样造成的呢? 他非常鲜明地回答说：“中国所有一切的灾难只有一个原因，那就是普遍的又是有系统的贪污。这种贪污是产生饥荒、水灾、疫病的主要原因，同时也是武装盗匪常年猖獗的主要原因。官吏贪污和疫病、粮食缺乏、洪水横流等等自然灾害间的关系，可能不是明显的，但是它很实在，确有因果关系，这些事情决不是中国的自然状况或气候性质的产物，也不是群众懒惰和无知的后果。坚持这说法，绝不过分。这些事情主要是官吏贪污的结果。”[⑤]

这两个方面，前者主要是社会方面的原因（当然并非同政治绝对无关），孙中山的有关论述，不但在当时是无与伦比的，即使在今天，也并没有完全为所有的人们所真正了解。尽管我们已日益认识到保护自然环境和生态平衡的极端重要性，但由于对自然界过度索取而遭到大自然无情惩罚的事例还是屡见不鲜。后者主要是政治方

① 《孙中山全集》，第 1 卷，1～2 页。

② 《孙中山全集》，第 9 卷，407 页。

③ 同上书，408 页。

④⑤ 《孙中山全集》，第 1 卷，89 页。

面的原因，在这方面，有无数历史事实足以证明孙中山的说法确实是不刊之论。

还是从黄河说起。晚清时期为什么会出现“河患时警”的现象呢?《清史纪事本末》是用以下这段话来回答这个问题的：

> 南河岁费五六百万金，然实用之工程者，什不及一，余悉以供官吏之挥霍。河帅宴客，一席所需，恒毙三四驼，五十余豚，鹅掌、猴脑无数。食一豆腐，亦需费数百金，他可知已。骄奢淫佚，一至于此，而于工程方略，无讲求之者。①

这大概很可以作为孙中山关于灾荒源于官吏贪污的生动注脚。实际上河工之弊，真是说不胜说，像一位官员所揭露的：“防弊之法有尽，而舞弊之事无穷。”连道光皇帝在上谕中也承认，对于黄河，基本上是“有防无治”的状况。上谕引用当时的河道总督张井的奏折说：“历年以来，当伏秋大汛，司河各官，率皆仓皇奔走，抢救不遑。及至水落霜清，则以现在可保无虞，不复再求疏刷河身之策。渐至河底日高，清水不能畅出，堤身递增，城郭居民尽在河底之下，惟仗岁请金钱，将黄河抬于至高之处。”1825年（道光五年）十月的这个上谕问道：朝廷每年治理黄河的“修防经费数百万金”，“惟似此年年增培堤堰，河身愈垫愈高，势将何所底止?”②

其实，说对黄河“有防无治”，还未免是一种过于美化的说法。在那个时候，“治”固然谈不上，“防”也常常因为各种原因而成为具文，每当大汛来临之际，“司河各官”中真正能够“仓皇奔走，抢救不遑”的能有几人？这里，我们可以提供一个颇具典型意义的实例：1887年9月29日（光绪十三年八月十三日），黄河在河南郑州决口。决口之前，黄河大堤上数万人“号咷望救”，在“危在顷刻”的时候，“万夫失色，号呼震天，各卫身家，咸思效命”。但因为管理工料的幕友李竹君“平日克扣侵渔，以致堤薄料缺”；急用之时，“无如河干上曾无一束之秸、一撮之土”，大家只得“束手待溃，徒

---

① 《清史纪事本末》卷45，《咸丰时政》。

② 《河南通志·经政志稿·河防·豫河工程考》。

唤奈何!”河决之时，河工、居民对李竹君切齿痛恨，痛打一顿之后，便将他“肢解投河”，以泄民愤。河道总督成孚“误工殃民”，决口前两天，“工次已报大险”，但成孚“借词避忌”，拒不到工，次日，他慢慢吞吞地走了40里路，住宿在郑州以南的东张；及到达决口所在，他不做任何处置，“惟有屏息俯首，听人詈骂”。而向朝廷奏报时，却竭力讳饰。本来是决口，却说成是漫口；本来决口四五百丈，却说成决口三四十丈；本来是“百姓漂没无算”，却说成“居民迁徙高阜，并未损伤一人”。① 广大群众的生命财产就这样成了腐败黑暗的封建政治的牺牲品。

几乎谁都知道，那个时候的“河工习气”，一方面是“竞尚奢靡”，一方面是“粉饰欺蒙”，靠这样的管理机构去防止水灾，自然无异于缘木求鱼。但这还毕竟只是防灾不力，比这更有甚者，则是人为地制造水灾。如1882年（光绪八年）夏，有人参劾湖北署理江陵县令吴耀斗，当长江、汉水涨溢之时，竟任意将子贝垸堤开挖，使南岸700余垸“田庐尽没”。吴耀斗这种“决堤殃民”的罪行，引起群情激愤，清政府也不得不下令彻查。最后，湖北巡抚涂宗瀛以“查无实据”为由，认为“毋庸置议”，就此不了了之。三年后，又有人奏：“广东频遭水患，皆由土豪占筑围坝牟利所致”，因为一些地方土豪凭借势力，私筑围坝，壅塞水道，水势被阻，便不免泛滥成灾。这也是由于人为的因素而加重了自然灾害的一种表现。对于这种现象，广东督抚查了两年，得到的结论与前一例完全一模一样，还是那四个字：“毋庸置议”。

一旦自然灾害发生，能像下一章将要谈到的林则徐那样同广大群众战斗在抗灾斗争第一线的好官，实在是凤毛麟角。如前面提到的成孚那样束手无策的，是大多数。还有一些则更为恶劣，平日自诩为“民之父母”的地方官，在灾害来临时，早已置自己的“子民”于不顾，慌慌张张地逃之夭夭了。这里也可以随手举一个例子：同治末年，四川发生水灾，酆都（今丰都）知县徐濬镛当江水进城时，

① 参见录副档，光绪十三年九月二十七日翰林院编修李培元、高钊中、蒋艮折。

“并未救护灾黎”，而是匆匆忙忙地收拾了细软，登上一只大船，一走了之。事后徐濬镛虽得了个革职处分，但到光绪初年，就多方活动，要求平反。像这类事情，真可以说是举不胜举。

至于乘机贪污勒索、大发“赈灾”财的，更是司空见惯了。关于这方面的情况，我们将在后面辟出专门章节来论述，这里只是为了说明人祸怎样加深了天灾，先举出一些例子。

1882年（光绪八年），安徽发生十数年未有的大水灾。“水灾地广，待赈人稠”。直隶候补道周金章，领了赈款银十七万两，赴安徽办理赈灾事宜。他只拿出二万余两充赈，其余的统统“发商生息”，中饱私囊。①

1893年（光绪十九年），山东巡抚福润因为将历城等8个濒临黄河的州县灾民安置完毕，要求朝廷奖擢“出力人员”。但这种安置灾民究竟意味着什么呢？据有人揭露，原利津知县钱镛，纵容汛官王国柱，“将临海逼近素无业主被潮之地安插灾民，而以离海稍远素有业主淤出可耕之田，大半夺为己有”。灾民迁入被潮之地后，“民未种地，先索税租”，钱镛、王国柱在灾民身上“催科征比”，一共搜刮了“二万余千，尽饱私囊”。他们事先领了藩库银二万余两，本来是“为灾民构房买牛之用”的，但他们只拿出一小部分分给灾民，“其余尽以肥己”。为了可以报销，他们“逼令灾民出具甘结，威胁势迫，以少报多，以假混真”。灾民迁入新区不久，突然有一天“风潮大作，猝不及防，村舍为墟，淹毙人口至千余名之多。甚至有今日赴海而明日遂死者，不死于河而死于海，不死于故土而死于异乡”。这时，利津知县已由吴兆镤接任。吴兆镤不但“佯为不知，坐视不救”，弄得哭声遍野，惨不忍闻，反而强迫老百姓“送万民衣伞”，而且大排筵宴，替他母亲祝寿。“被灾之民，有舆尸赴公堂号泣者，有忍气吞声而不敢言者，又有阖家全毙而无人控告者。”② 利津如此，其余亦可概见。老百姓遇到这样的灾难，天灾耶？人祸耶？真是有点说不大清了。

---

① 参见《清德宗实录》卷168。

② 《光绪朝东华录》(三)，总3281页。

甲午战争后，清政府增加了许多苛捐杂税。御史曹志清在谈到地方官吏“敲骨吸髓”“虎噬狼贪”地大肆搜刮的情形之后，还说了这么一段话：“尤可骇者，去秋水灾，哀鸿遍野，皇上轸念民艰，拨款赈济，乃闻滦州、乐亭各州县将赈银扣抵兵差，声言不足，仍向民间苛派，灾黎谋食维艰，又加此累，多至转于沟壑，无所控告。”他深有感触地说：“是民非困于灾，直困于贪吏之苛敛也。”①

1897年（光绪二十三年），江苏北部大水成灾，灾民达数十万人之多。但“赈务所活灾黎不过十之一二”，其余的“转徙道殣”，冻馁而亡，弄得“城县村落，十室九空”。为什么出现这种悲惨情景呢？据御史郑思赞分析，“推原其故，不由于办赈之迟，而由于筹赈之缓”。因为灾象已显时，各州县官“但知自顾考成，竟以中稔上报”。等到灾情十分严重后，仍“征收无异往日”。这种情况，不能不使大批灾民日趋死亡。所以郑思赞慨叹说：“是沟壑之民不死于天灾而反死于人事。”②

“民非困于灾”而“困于贪吏之苛敛”也好，“沟壑之民不死于夫灾而反死于人事”也好，都充分说明了这样一点：在观察、分析、研究自然灾害问题时，绝不能同社会问题割裂开来，绝不能无视政治的因素。

第三节　灾荒对社会经济和人民生活的严重影响

在以往的历史文献中，每当讲到自然灾害的严重后果时，总常用“饥民遍野”“饿莩塞途”等来加以形容。由于经过了高度的抽象和概括，对这些字眼所包含的具体内容，往往不去细想。实际上，在这短短的几个字的背后，含着多少血和泪、辛酸和悲哀！只有具体而深入地去研读近代历史上有关灾荒的各种记载和资料，我们才

---

① 《光绪朝东华录》（四），总3632页。

② 录副档，光绪二十四年六月初四郑思赞折。

能痛切地了解我们这个灾难深重的民族，经历了中外反动派在政治上奴役欺压的苦难，经历了特权阶级在经济上残酷朘削掠夺的苦难，经历了封建伦理纲常钳制束缚的苦难，此外，还经历了自然灾害带来的水深火热的苦难。这些苦难，是我们永远不应该忘记的，因为它们将成为推动我们投身“振兴中华，实现四化”的宏伟事业的强大精神力量。

灾荒对社会生活的严重影响，首先表现在对人民生命的摧残和戕害上。一次大的自然灾害，造成人口的死亡，数字是十分惊人的。这里可以简单地举一些例子。

水灾：1906 年（光绪三十二年），湖南大水，“淹毙人不下三万，情状惨酷”。1912 年（民国元年），浙江东南部宁波、温州等地遭洪水狂飙猛袭，仅青田、云和等 5 县即“共计淹毙人口至二十二万有奇”。至于当洪水汹涌而至时，侥幸未被浊浪吞没、露宿在屋顶、树梢，一面哀戚地注视着水中漂浮的尸体，一面殷切而无望地等待着不知何时才能到来的“赈济”的芸芸灾民，更是不计其数。如 1884 年（光绪十年）黄河在山东齐东等县决口，灾民达百万余人。1906 年（光绪三十二年）江苏大水灾，“统计各处灾民不下二三百万”，仅聚集在清江一处的灾民，“每日饿毙二三百人”。1917 年直隶大水灾，总计“灾民达五百六十一万一千七百五十九名口”，这些灾民“房屋漂没，移居高阜，所食皆草根、树叶，所住皆土穴席棚，愁苦万分，不堪言状”。

旱灾：1877 年（光绪三年）的著名大旱荒，山西很多村庄，居民不是阖家饿死，就是一户所剩无几，甚至有“尽村无遗者”。有的历史资料概括说：“一家十余口，存命仅二三；一处十余家，绝嗣恒八九。”仅太原一个城市，“饿死者两万有余”。至于在千里赤地上，靠剥挖树皮、草根，罗捉猫犬鼠雀，最后不得不艰难地吞咽着观音土而苟延残喘的灾民，则更是随处可见。据记载，这一年山西这样的灾民有 500 余万，河南有 500 余万，陕西有 300 余万，甘肃有近 100 万，直隶缺乏具体数字，只是说“嗷鸿遍野”。这些灾民，有的勉强存活了下来，但相当一部分仍因经受不住饥寒的煎熬而陆续死去。到这年冬天，仅河南开封一城“每日拥挤及冻馁僵仆而死者数十人”，山西全省“每日饿毙何止千人!”1902 年（光绪二十八年），四川大旱灾，灾区遍 90 余个州县，灾民每州县少则 10 余万，多者 20 余万，全省共计“灾民数千万”。1909 年（宣统元年），甘肃春夏久旱不雨，连同上两年全年亢旱，出现连续 995 日“旱魃为虐”的严重灾害，以至于“不独无粮，且更无水”“牛马自仆，人自相食”。全省饿死多少人虽无确切统计，但有人作诗说是“回看饿莩余，百不存八九”。数量之大，当可想见了。

风灾：1862 年 7 月 27 日（同治元年七月初一），“广东省城及近省各属风灾，纵横及千里，伤毙人口数万”。1864 年 7 月 13 日（同治三年六月初十），一场飓风，使上海黄浦一带“人死万余”，浙江定海“溺死兵民无数”。1874 年 9 月 22 日（同治十三年八月十二日），香港、澳门发生大风灾，波及广东，“统计省内各处商民之殉此灾者，殆不下一万人云”。1878 年 4 月 11 日（光绪四年三月初九），广州再次遭暴风侵袭，“倒塌房屋一千余间，覆溺船只数百号，伤毙人口约计不下数千人”；一说“房屋倾毁九千余所，大树拔折二百余株，伤毙至万余人”；更有称“男女老稚压毙及受伤者几及数万”者。如果做一点对比，也许可以使我们对上述风灾的严重程度有一个更加清晰的认识：《纽约时报》于 1989 年 9 月 19 日发表文章，历数 20 世纪发生的最厉害的大西洋飓风，自 1900 年至 1980 年，共列 19 次，其中损害最严重的分别为 1900 年 9 月 8 日发生在美国得克萨斯州的加尔维斯顿的飓风，1928 年 9 月 12 日至 17 日发生在西印度群岛和佛罗里达的飓风，1963 年 10 月 4 日至 8 日发生在古巴与海地的“弗洛拉”飓风，死亡人数均为 6 000 人。稍次的是 1930 年 9 月 3 日发生在多米尼加共和国的飓风，以及 1974 年 9 月 19 日至 20 日发生在洪都拉斯的“法伊夫”飓风，死亡人数均为 2000 人。其余的死亡人数均在千人以下。这与前面所说伤毙动辄“万余”“数万”的情况，真是小巫见大巫了。

疾疫：1849 年（道光二十九年），湖南“全省大疫”，仅同善堂等所施棺木就“以数万计”，到后来疫死者愈来愈多，无力置备棺木，只得挖坑随地掩埋了事。1910年（宣统二年），东北三省鼠疫流行，疫毙人数“达五六万口之谱”。

严重的自然灾害，除了造成人口的大量死亡以外，还对社会经济造成巨大的损伤和破坏。其实，人口的大规模伤亡，本身也是对社会生产力的极大摧残，因为人——准确一点说是劳动者，本来就是生产力系统中起主导作用的因素，或者如列宁所说，是**“全人类的首要的生产力”**①。但问题还远远不止于此。较大的水、旱、风、雹或地震等灾害，除了造成人员伤亡以外，一般都伴有对物质财富的严重破坏，如庐舍漂没、屋宇倾圮、田苗淹浸、禾稼枯槁、牛马倒毙、畜禽凋零等。这里也可以随手举几个并非最严重的例子：1844年（道光二十四年）夏，福州发生水灾，仅闽县一地就“被淹田园四万四千四百三十余亩”；1846年（道光二十六年）五月，江苏青浦大水，一次就“漂没数千家”；同年六月，吉林珲春因河水涨溢，该县八千余垧田地中，“水冲无收者六千余垧”，就是说约80%的田地被水冲毁，毫无收成；1849年（道光二十九年）春复之间，浙江连雨40余日，“以致上下数百里之内，江河湖港与田联成一片，水无消退之路”，在这广大区域之内，庄稼颗粒无收自不待言，而且“房屋倾圮，牲畜淹毙”，也“不知凡几”；1851年（咸丰元年）三月末，新疆伊犁连降大雪，四月中，又暴雨倾盆，雨水加消融之雪水，一下子把许多田地冲成深沟，“田亩不能垦复者”达36 982亩之多，庄稼冲毁的自然就更多了。至于大旱之年，饥民在剥掘树皮、草根以果腹的同时，被迫“争杀牛马以食”，结果在灾情缓解之后，却没有牲畜、种子等基本生产资料可用以恢复生产的情形，则更是普遍存在的。

根据《清实录》中历年有关蠲缓被灾地区钱粮的上谕来统计，清王朝宣布因灾蠲缓钱粮的州县，每年少则200余个，多则300余个。应该说明，这个数字是极不完全的，特别是一些经济落后的边远地区，那里的钱粮征收在清政府的全部财政收入中本来就不占什么重要的地位，所以那些地方一向很少报灾（当然并不意味着自然

① 《在全俄社会教育第一次代表大会上的讲话》，见《列宁全集》，中文2版，第36卷，346页。

灾害很少)，自然也就谈不上蠲缓之事。但即使如此，也已很能说明自然灾害对全国的社会经济带来的影响是何等重大。按照清朝的行政区划，光绪朝以后，“凡府厅州县一千七百有奇”①。也就是说，清王朝因为自然灾害的原因而不得不减征、缓征或免征钱粮的地区，每年约占全国府厅州县的约 1/8 到 1/6。清朝对怎样才算“成灾”是有严格规定的，即只有减产五成以上，直至颗粒无收的，才准予报灾，在这个范围之内，再按灾情的轻重分别确定蠲缓钱粮的数额。那么，这也就意味着在晚清时期，就全国而言，每年通常有约 1/8 到 1/6 的地区，收成不足一半，严重的甚至减收七成、八成、九成或根本就颗粒无收。

每当发生重大的水旱或其他灾害之后，决非一两年之内就可以缓过劲来，把社会生产恢复到正常水平的。更何况，近代自然灾害的一个显著特点，是灾害的续发性非常突出。如直隶省，自 1867 年（同治六年）至 1874 年（同治十三年），曾连续 8 年发生遍及全省的水灾，其中后 4 年灾情十分严重，紧接着 1875 年（光绪元年）又发生较大旱灾；1885 年（光绪十一年）至 1898 年（光绪二十四年），曾连续 14 年发生全省性水灾，紧接着 1899、1900 年（光绪二十五、二十六年）又发生两年旱灾。又如两湖地区，自 1906 年（光绪三十二年）至 1915 年，湖北除 2 年外连续 8 年发生水灾，湖南则连续 10 年发生水灾，其中一半以上年份的灾情颇为严重。类似的情况各地都有。这样的连续被灾，旧灾造成的民困未苏、疮痍未复，新的打击又接踵而至，不但对社会经济的破坏极为严重，而且抗灾防灾的能力每况愈下，使得同样程度的灾害造成的后果更具灾难性，更使人无力承受。在连续几年大灾之后，往往十几年、几十年都难以恢复元气。如下一章将要叙述的鸦片战争期间黄河连续 3 次大决口，造成河南省自祥符（今属开封）到中牟一带长数百里、宽六十余里的广阔地带十余年间一直成为不毛之地，“膏腴之地，均被沙压，村庄庐舍，荡然无存”。第四章将要叙述的光绪初年连续 3 年的大旱

① 《清史稿》卷 54。

荒，使山西省“耗户口累百万而无从稽，旷田畴及十年而未尽辟”。都说明较大自然灾害对社会经济所带来的消极影响是那样长远、持久而难以消除。

灾荒对社会生活影响的再一个方面，是增加了社会的动荡与不安定，激化了本已相当尖锐的社会矛盾。

清朝封建统治者常喜欢宣扬他们如何“深仁厚泽，沦浃寰区，每遇大灾，恩发内帑部款，至数十万金而不惜”①。辛亥革命后，窃取了胜利果实的袁世凯也吹嘘他的政府“实心爱民”“遇有水旱偏灾，立即发谷拨款，施放急赈，譬诸拯溺救焚，迫不及待”②。要说这些话完全是无中生有的欺骗宣传，倒也未必。去掉自我标榜的成分，应该说，他们对赈灾问题，从主观上还是比较重视的。其原因，并不是如他们自己所说的出于“爱民”之意、“悯恻”之心，而是他们清醒地懂得，大量的饥民、灾民、流民的存在，会增加社会的动荡不安，直接威胁到本已岌岌可危的统治秩序的“稳定”。在统治集团的来往文书中，充斥了这样的语句：“近年生计日艰，莠民所在多有，猝遇岁饥，易被煽惑”；“忍饥无方，又恐为乱”；“民风素悍，加以饥驱，铤而走险”；“设使匹徒借是生心，灾黎因而附和，贻患何堪设想?!”这些话颇能道出问题的实质。在辛亥革命前夕，梁启超从另外一种立场发表了大体相似的议论：“中国亡征万千，而其病已中于膏肓，且其祸已迫于眉睫者，则国民生计之困穷是已。……就个人一方面论之，万事皆可忍受，而独至饥寒迫于肌肤，死期在旦夕，则无复可忍受。所谓铤而走险，急何能择，虽有良善，未有不穷而思滥者也。”③

在近代历史上，即使在“承平”之时，也就是阶级斗争相对缓和的情况下，在局部地区，因为灾荒以及赈灾中的种种弊端而引起小规模群众斗争的事，也是经常发生的。1841 年（道光二十一年）浙江归安县灾民因反对地方官“卖灾”而闹事，就是一个小小的例

① 录副档，光绪二十四年八月二十七日两江总督刘坤一、江苏巡抚奎俊折。
② 《东方杂志》，第 12 卷第 11 号，7 页。
③ 沧江：《论中国国民生计之危机》，载《国风报》，第 1 年第 11 期，5～6 页。

子。起先，前县令徐起渭于“报灾各区轻重等差，勘详不实；又定价卖灾”；后来，接任知县赵汝先又“与乡民约定，完纳条银，再给灾单，及至完成，爽约不给”。终于引起了“灾民滋扰”。[①] 1849 年（道光二十九年），江苏大水灾，各地农村不断发生的“抢大户”“借荒”等斗争，是又一类型的例子：嘉定“其时乡间抢大户，无日不然”[②]；娄县“乡中富户以怕抢故，纷纷搬入城中。然仅可挈眷，不能运物，运则无有不抢”[③]。所以，左宗棠曾经发表过这样的意见：“办赈须借兵力”——赈灾的时候，一只手要拿点粮、拿点钱，救济灾民；另一只手要拿起刀、拿起枪，以防灾民闹事。他说：“向来各省遇有偏灾，地方痞匪往往乘机掠食，或致酿成事端。故荒政救饥，必先治匪也。”[④]“匪类借饥索食，仇视官长，非严办不足蔽辜。韩、郃饥民啸聚，起数颇多，亟宜一面赈抚，一面拿首要各犯，以靖内讧。”[⑤]

及至社会矛盾十分尖锐、阶级斗争或民族斗争日趋紧张的时候，自然灾害往往成为诱发大规模群众起事的重要客观条件；受到灾荒的打击而流离失所的数量巨大的灾民，又往往成为现存统治秩序的叛逆力量，源源不绝地加入到战斗行列中去。这在太平天国运动、义和团运动以及辛亥革命运动中，得到了最清楚不过的表现。太平天国的领导者在历数封建清王朝的罪恶时，就特别强调了“凡有水旱，略不怜恤，坐视其饿莩流离，暴露如莽”[⑥] 这一条。一个外国人把“很多地区的庄稼由于天旱缺雨而歉收，人民的心里烦躁不安”[⑦] 看作义和团兴起的重要原因之一。严复在谈到辛亥革命发生的“远因和近因”时则提到了“近几年来长江流域饥荒频仍”[⑧] 这个因素。不论这些运动在性质上是何等不同，广大群众勇敢地拿起

---

① 参见《清宣宗实录》卷 364。

② 王汝润：《馥芬居日记》，见《清代日记汇钞》，184 页。

③ 姚济：《己酉被水纪闻》，载《近代史资料》，1963 年第 1 期。

④ 《左宗棠未刊书牍》，132 页。

⑤ 同上书，133 页。

⑥ 《东王杨秀清西王萧朝贵发布奉天讨胡檄布四方谕》，见《太平天国文书汇编》，105 页。

⑦ 《清末民初政情内幕》（上），422 页。

⑧ 同上书，782 页。

武器，义无反顾地同中外反动势力展开殊死搏斗，无论如何是值得讴歌的。但我们毕竟不应该忘记，不少人是付出了极为惨痛的代价，是在饥寒交迫甚至家破人亡的困境中被迫走上“造反”之路的。我们赞颂他们的斗争精神，却要诅咒促使他们起来斗争的种种苦难——其中自然也包括自然灾害带来的苦难。

第一章　道光后期（1840—1850）的全国灾情

第一节　鸦片战争爆发后连续三年的黄河大决口

作为中国近代史开端的鸦片战争，它的发生和清朝的失败，不论在政治上、经济上还是在社会心理上，都产生了极大的震颤。恰恰在这一时期，发生了连续三年的黄河大决口，即1841年（道光二十一年）的河南祥符决口，1842年（道光二十二年）的江苏桃源（今属泗阳）决口，以及1843年（道光二十三年）的河南中牟决口。这三次黄河漫决，受灾地区主要为河南、安徽、江苏等省，波及山东、湖北、江西等地，这些地区大都离鸦片战争的战区不远。因此，严重的自然灾害，不能不给战祸造成的社会震动更增添了几分动荡不安。

在中国历史上，黄河曾孕育了中华文明，也带给了人们数不尽的灾难。到了晚清时期，黄河“愈治愈坏”，正如《清史稿》所说，“河患至道光朝而愈亟”①。鸦片战争期间连续三年的黄河大决口，正是道光朝河患的突出表现。

1841年夏，正当英国侵略军肆虐闽、浙之际，黄河于8月2日（六月十六日）在河南祥符县上汛31堡决口。冲出决口的黄水曾包围开封达8个月之久，这在我国灾荒史上也是极为罕见的。赵钧《过来语》记：“六月初八日，黄河水盛涨。至十六日，水绕河南省垣，城不倾者只有数版。城内外被水淹毙者，不知凡几。”② 这时的

① 《清史稿》卷383。

② 《近代史资料》，总41号，133页。

开封城，“形如釜底，堤高于城，河水冲决，势如建瓴”①，真是危险已极。一份专门奏报此事的折片称：“臣于七月二十二日到省，正至急至危之时，即驻宿城关，督率官民日夜防守。目击浪若山排，声如雷吼。城身厚才逾丈，居然迎溜以为堤，而狂澜攻不停时，甚于登陴而御敌。民间惶恐颠连之状，呼号惨怛之音，非独耳目不忍见闻，并非语言所能殚述。所赖官绅士庶不避艰危，凡可御水之柴草砖石，无不购运如流；凡力能做工之弁役兵民，无不驰驱恐后。始能抢修稳固，化险为平。”“计自上年六月望后至本年二月初旬，共阅八月之久。”折片说：“此次省城被水，实出非常，为二百年来所未有。”② 此折原件残缺，作者不详，但据奏折内容推断，似为替代文冲任东河河道总督的朱襄所上。

原来的河督文冲，先是被朝廷革去职务，后来又“枷示河干”。堂堂的总督竟被枷号示众，这可以说是极大的羞辱了，但对于文冲来说，却实在是罪有应得。据记载，文冲任河督时，与河南巡抚牛鉴“同在一省”，却“久不相能”，专搞摩擦，且“视河工为儿戏，饮酒作乐，厅官禀报置不问，至有大决”。③ 可见文冲实为这场大灾难的直接责任者。待河决之后，文冲又荒唐地主张暂缓堵筑决口，放弃开封，迁省会于洛阳。文冲的这个错误主张遭到清廷特意派往河南“督办东河大工”的大学士王鼎、通政使慧成等人的抵制，才未实现。如果真按文冲的意见去办，千万群众将葬身鱼腹，后果真是不堪设想。所以前往江苏赴按察使之任的李星沅路过河南时，在日记中也写道：“（文冲）妄请迁省洛阳，听其泛滥，以顺水性，罪不容于死矣！约伤人口至三四万，费国帑须千百万，一枷示何足蔽辜？汴人欲得其肉而食之，恶状可想！”④

河南巡抚牛鉴虽然不同意文冲的错误主张，但也并未积极组织抗洪斗争。河决之后，牛鉴见水势直冲开封，只是“长跪请命”，祈

---

① 《邹鸣鹤传》，见《清代七百名人传》中册。

② 录副档，道光二十二年二月二十八日折。

③ 详见《李星沅日记》上册，279～280页。

④ 同上书，280页。

求上苍保佑。水围开封后，牛鉴一味注意“力卫省城”，不及其他。虽上谕曾强调“省城固为紧要，亦不可顾此失彼，著牛鉴多集人夫料物，设法分疏溜水，抢护堤工缺口”，但牛鉴等仍以“正河业经断流，护堤决口，势难抢筑”为借口，“专议卫省城”，对省城以外的救灾事宜，根本置之不理。结果，省城虽获保全，但河南各属一片汪洋，且“下游各处间被淹浸，又兼江水盛涨，江宁、安徽、江西、湖北等省，均有被灾地方”①。

河决祥符后，大溜直奔开封西北城角，分流为二，汇向东南，又分南北两股，“计经行之处，河南、安徽两省共五府二十三州县，被灾轻重不等”②。因为河南属江苏、安徽的上游，黄河在河南决口，全黄之水汇集洪泽湖，又四处漫溢，故“三省之荡析离居不堪设想”，而且这次漫决正值夏间，夏粮未收，所以灾民更难存活。时任翰林院检讨的曾国藩在家书中说：“河南水灾，豫楚一路，饥民甚多，行旅大有戒心。”③

这时，在鸦片战争中坚持反侵略斗争的林则徐，正好因受到一部分投降势力的排挤，被道光帝“发往伊犁效力赎罪”。王鼎极力请求将林则徐暂留河南协助治河救灾，得到朝廷允准。林则徐在遣戍途中自扬州“折回东河”，于9月30日（八月十六日）到达开封。他亲驻祥符六堡河上，往返筹划指挥，得到灾民的热烈欢迎，他们交口称赞：“林公之来也，汴梁百姓无不庆幸，咸知公有经济才，其在河上昼夜勤劳，一切事宜，在在资其赞画。”④ 在东河工次，林则徐赋诗描述此次水灾之惨状：“尺书来讯汴堤秋，叹息滔滔注六州（原注：时豫省之开、归、陈，皖省之凤、颍、泗六属被淹）。鸿雁哀声流野外，鱼龙骄舞到城头。谁输决塞宣房费，况值军储仰屋愁。江海澄清定河日，忧时频倚仲宣楼。”另诗中还有“狂澜横决趋汴城，城中万户皆哭声”之句。这些诗句，既反映了

---

① 《清宣宗实录》卷369。
② 《清宣宗实录》卷359。
③ 《曾国藩全集·家书》一，14页。
④ 《林则徐年谱》（增订本），367页。

这次水灾的严重程度，也抒发了一位关心民瘼的正直封建官吏的忧时之情。

在鸦片战争正在进行的过程中，清政府在军费支出十分浩繁的情况下，好不容易筹措了500余万两银子，几经周折，一直到第二年的4月3日（二月二十三日），才总算把祥符决口堵合。但仅仅过了4个多月，黄河又在江苏桃源县北崔镇汛决口。

1842这一年，江苏由夏入秋，亢旱甚久。一部分地区由于上年黄水泛滥的积水未消，另一部分地区则因久旱缺雨，所以麦秋“合计通省约收五分有余”，歉收本已十分严重。不料到8月22日（七月十七日），黄河突于桃源县北崔镇汛决口190余丈。与此同时，上游徐州府附近之铜山、萧县，亦因“水势涌猛，闸河不能容纳，直过埝顶，致将铜山境内半步店埝工冲刷缺口”①。所以这一年江苏黄水漫溢，实有两处，正如本年岁末两江总督耆英、江苏巡抚程矞采奏折所云：“本年入夏以来，黄水异涨，桃源县北岸扬工长堤漫溢，萧县地方亦因启放天然闸座等处，以致该二县沿河低洼田地均被淹浸。”② 只是由于决口处已处黄河下游，距入海口不远，故遭漫水淹浸面积较少。曾国藩在一封家信中估计：“黄河决口百九十余丈，在江南桃源县之北，为患较去年河南不过三分之一。”③

河决桃源之后，清廷将南河河道总督麟庆革职，命吏部左侍郎潘锡恩接任。潘上疏报告水情说：“黄河自桃北崔镇汛、萧家庄北决口，穿运河，坏遥堤，归入六塘河东注。正河自扬工以下断流，去清口约有六七十里之远，回空漕船，阻于宿迁以上。”④ 恰好途经灾区的官僚太常寺少卿李湘棻向朝廷报告说：“臣行至宿迁县，知桃源县北厅扬工下萧家庄漫成口岸。路遇被水灾民询称‘今岁异涨陡发，实历年所未有’。臣缘堤而行，察看北岸水痕，大半高及堤顶，全仗子埝拦御，情形危险至极。……晤河臣麟庆，据称：‘漫溢口门已有

① 录副档，道光二十三年七月初二署两江总督璧昌、江苏巡抚孙善宝折。

② 录副档，道光二十二年十二月二十七日耆英、程矞采折。

③ 《曾国藩全集·家书》一，31页。

④ 《清史稿》卷383。

百余丈，水头横冲中河，向东北由六塘河、海州一带归海。彼处旧有河形，大溜趋赴，势若建瓴，当不致十分泛滥。惟运河淤垫，急宜挑浚。’”①

1842 年的桃源决口，虽较上年祥符决口为轻，但仍然带给当地人民以极大的灾难。程矞采在奏折中报告灾情称：“窃照桃源、萧县二县，本年或因扬工漫溢，或因开放闸河水势过大，以致田亩庐舍均被浸没，居民迁徙，栖食两无。……在田秋粮尽被淹浸，驿路亦被淹没。”② 户部尚书敬徵、工部尚书廖鸿荃会奏此次黄水漫溢造成的损失，计：桃源县境内“秋禾多被淹没，庐舍亦间有冲塌，情形较重，成灾九分”者共 17 图，“因黄水汇归六塘等河，并无堤埝捍御，禾稼亦被淹损，情形次重，成灾七分”者共 11 图。沭阳县境内“始因缺雨，继遭黄水漾漫，秋禾无获”者共 9 镇 12 保。清河（今清江市）、安东（今涟水）、海城等县，“亦因先旱，复被淹浸，秋禾间有损伤，以致收成歉薄”。③ 又据淮安府知府曹联桂报告，桃源县应需赈抚的户口 10 516 户，其中大口 17 492 口，小口 9 188 口。从这些数字看，这次黄河决口所造成的灾区面积，并不很小，受灾人口也有相当数量；再加上春夏之旱，苏南的苏州、松江二府属又因秋雨连绵，“秋禾被水歉收”，以致形成了江苏全省性的灾祲。这一年，正是清政府鸦片战争失败，被迫在南京与英国签订第一个丧权辱国的不平等条约的一年，当地人民既目睹了民族的屈辱，又身受着天灾的侵袭，在这种双重打击之下，物质生活和精神心理都受到何等严重的摧残，也就可想而知了。

继上两年黄河漫决之后，1843 年 7 月末，黄河又在河南中牟县下汛 9 堡漫口，造成连续三年黄水决口的严重状况。

这一年夏秋之间，河南省大雨连朝，淫霖不绝。黄水盛涨，大溜涌进，于 7 月末“将中牟下汛八堡新埽，先后全行蛰塌”。正当防河官兵集料抢补的时候，不料大溜“忽下卸至九堡无工之处，正值

① 录副档，道光二十二年折。
② 录副档，程矞采折。
③ 参见录副档，道光二十二年十月十五日敬徵、廖鸿荃折。

风雨大作，鼓溜南击，浪高堤顶数尺，人力难施，堤身顿时过水，全溜南趋，口门塌宽一百余丈”①。由于这一带土性沙松，又正“值大汛河水盛涨之际”，所以口门不断扩大，数日后“刷宽至二百余丈”。9月8日（闰七月十五日）的上谕则称“现在口门塌宽至三百六十余丈”，“下游州县”被灾程度，“较之上次祥符漫口，情形更为宽广”②。

事件发生后，清政府始则将河道总督慧成革职留任，接着又正式“革任”，并像对待前任河督文冲一样，“枷号河干，以示惩儆”。河督一职，派原库伦办事大臣钟祥接任，并命礼部尚书麟魁、工部尚书廖鸿荃“督办河工”。但工程进展缓慢，第二年整整一年，“黄流未复故道”，被淹田地未能涸复，河南、安徽、江苏“三省灾黎，流离失所”。直至1845年2月2日（道光二十四年十二月二十六日），中牟决口始告合龙。

这种情况，自然要给沿河人民带来更大的苦难。在被水灾区，衣食无着、流离失所甚至家破人亡的，比比皆是。

就河南本省而言，河南巡抚鄂顺安于1843年12月3日（道光二十三年十月十二日）奏称：“豫省本年夏秋大雨频仍，兼之黄河及各处支河屡次盛涨泛溢，滨河及低洼各州县村庄均被淹渍，并有雨中带雹及飞蝗停落之处。”③ 大面积的水灾，再加上局部地区的雹灾和蝗灾，势孤力单、脆弱无力的小农经济，还能有什么抗拒能力？据鄂顺安后来的两次奏报，中牟漫口后，共有16个州县“地亩被淹”。其中“被灾最重”的有中牟、祥符、通许3县及阳武（今属原阳）的一部分；“被灾次重”的有陈留（今属开封）、杞县、淮宁（今淮阳）、西华、沈丘、太康、扶沟等7县；“被灾较轻”的有尉氏、项城、鹿邑、睢州（今睢县）等4个州县。另有郑州等10个州县虽被水较轻，考城（今属兰考）等23个州县虽只是局部地区“被水、被雹、被蝗”，也都造成了歉收。而在那些重灾区和次重灾区，不少地方是颗粒无收的。

---

① 《清宣宗实录》卷394。
② 录副档，道光二十三年。
③ 录副档，鄂顺安折。

安徽的灾情，同河南几乎是不相上下。中牟决口后，清政府就在上谕中指出："皖省自上次河决祥符，所有被灾州县，元气至今未复。本年漫水，建瓴直下，太和、阜阳、颍上以及滨淮各州县地方，或房屋塌卸，或田亩淹没，情形较前更重。"① 在另一个上谕中又说："河南中牟漫水，皖省地处下游，被淹必广。现据查明，顶冲之太和县，通境被灾；分注之亳州及滨淮十余州县，洼地淹入水中。"② 一直到寒露以后，水未消退，不少地区秋收完全落空。这一年，安徽全省因灾蠲缓额赋之地区达37个州县。

这一年开始时，江苏遇到了像上年一样的严重春旱，二麦"收成大为减色"。江苏是鸦片战争中受战祸最烈的地区之一，又连年遭水，"情形尤为困苦"。但到了秋后，又阴雨连绵，加之上游"黄水来源不绝"，结果不少地方"山水、坝水下注，湖河漫溢，低洼田亩被淹"。也有些地方，"或因雨泽愆期，禾棉不能畅发，继被暴风大雾，均多摧折受伤"③。据统计，沭阳及上年黄河决口之桃源县，不少田地都"成灾八分"（即只有二分收成），其余上元（今属南京）等53个州县，虽"勘不成灾"，但均"收成减色"。

鸦片战争爆发后连续三年的黄河大决口，造成的危害可以说是灾难性的，因为它们不仅在当时给人民带来了巨大的痛苦，而且所伤的元气，在很长的时间里都未能恢复。一直到10年之后，即1851年2月20日（咸丰元年正月二十日），朝廷根据陕西布政使王懿德的奏疏，还发布了这样一道谕旨："王懿德奏，由京启程，行至河南，见祥符至中牟一带，地宽六十余里，长逾数倍，地皆不毛，居民无养生之路等语。河南自道光二十一年及二十三年，两次黄河漫溢，膏腴之地均被沙压，村庄庐舍荡然无存，迄今已及十年，何以被灾穷民，仍在沙窝搭棚栖止，形容枯槁，凋敝如前？"④ 上谕中这个"何以"问得很好，但封建统治阶级自己恐怕永远也无

① 《清宣宗实录》卷395。

② 《清宣宗实录》卷396。

③ 录副档，道光二十三年十月二十三日璧昌、孙宝善折。

④ 《清文宗实录》卷26。

法做出正确的回答。无情的黄水，把“膏腴之地”变成“地皆不毛”，但时隔10年，老百姓仍“凋敝如前”，这难道仅仅是老天爷的原因吗?

第二节　道光二十六、二十七年的秦豫大旱

步入近代社会的最初5年，全国自然灾害的形势主要以洪涝为主。除了上一节所说黄河连续三年决口外，其他地区也不断发生较大的水灾。如位于长江沿岸的湖北省，自1840年至1844年(道光二十年至二十四年)，几乎没有一年不受到严重水灾的侵袭。1840年，该省于夏季大雨兼旬，山水陡发，长江、汉水同时并涨，漫溢成灾，“各州县被水民人，纷纷逃往他省”。湖广总督周天爵在这年秋天的一个奏折中曾报告说：“查得江夏等州县逃户，已回者共九千八百三十五户，未回者共五千八百五十八户。”[①] 江夏属今武汉市，这些地方的灾民尚且纷纷逃荒，穷乡僻壤之地就更毋论了。有材料表明，这一年的湖北外逃灾民，不仅流入邻近省份，且有远及两广、贵州者。1841年，湖北又因夏秋间“江、汉二水叠次异涨，加以山水频发，被淹三十余州县，贫黎待哺孔殷”[②]。当武汉官绅发动捐输赈济后，饥民闻风而至，聚集在省城的不下10余万人，大口每日可领制钱12文，小口领6文，以勉强维持残生。“迨冬春之间，雨雪交加，冻馁物故者日以数百人计。”[③] 1842年，因江水盛涨，荆江大堤上渔埠工段，于7月4日（五月二十六日）漫溃一口，江水冲开荆州郡城，城内被水，居民纷纷爬上屋顶、树梢，当时淹毙马113匹，城垣坐陷膨裂29处，房屋被水倒塌1 026间。一直到7月11日（六月初四），城内的积水才渐行消退。此外，沿江的一些民堤也多有溃决。1843年，湖北13个州县低洼田地被

① 《清宣宗实录》卷339。
② 录副档，道光二十四年五月十二日湖广总督裕泰、湖北巡抚赵炳言折。
③ 录副档，道光二十二年七月二十四日御史徐嘉瑞折。

淹，也有少数高阜之区稍形受旱。到1844年（道光二十四年），长江于七月间又在荆州府漫溢，口门刷宽至150余丈之多，不仅荆州郡城城圮灌水，而且西邻的松滋、枝江也“大水入城”。全省27个州县被水受灾，其中最严重的为江陵、公安、石首、监利、松滋5县，这些地区“被淹田地涸复较迟，耕耘失时，兼系频年被水之区，民力拮据，来春播种无资”①。

在这5年里，直隶省于1843、1844年有两次较大的水灾。头一年因南运河在东光、故城一带决口，永定河在北6工汛决口，共35个州县受轻重不等之水害。第二年因永定河南7工5号堤身蛰塌10余丈，加之连日大雨，使45个厅州县低洼田地被淹。奉天（今辽宁省）则自1841年至1844年连续4年大水成灾。此外，遭受较大水灾的尚有福建（1842、1844年）、广东（1842、1843年）、浙江（1841年）、山西（1842、1843年）、陕西（1841、1842、1843年）、江西（1842、1844年）、四川（1843年）等省。在这期间，只有部分省区的局部地区发生较严重的旱灾。另外，1842年6月11日（道光二年五月初三），新疆巴里坤宜禾县发生7级地震，造成死伤100余人、坍屋5 400余间的重大损失。

到1845年（道光二十五年），全国灾情就呈现出水旱杂陈的形势。接着发生了连续两年的以旱为主的灾荒，特别突出的便是秦豫大旱灾。

1846年（道光二十六年），陕西发生严重旱荒，尤以关中地区为甚。西安、同州、凤翔等府所属各县，自开春起就一直无雨，夏秋时虽有微雨，然墒不及寸，四野枯焦。麦秋和大秋都收成歉薄，冬麦也未能下种，据记载：“粮价腾涨，百姓纷纷逃荒。次年春，情景更惨。关中东部饥民流徙道途，死者不可胜数，卖儿鬻女以至弃婴者比比皆是。”② 此时，正值林则徐遣戍新疆后被释回，在此任陕西巡抚。在这一时期他所写的信札中，对陕西灾情有十分具体的描述。如10月17日（八月二十八日）致陈德培信中云：“夏秋雨泽稀少，

① 录副档，道光二十四年十一月二十七日裕泰、赵炳言折。

② 《旧民主主义革命时期陕西大事记述》，8页。

秋收歉薄，已无补救之方。而种麦届期，最不可误，屡经设坛祈祷，始获两次甘霖。二麦尚可播种，然仍未见深透，盼泽犹殷。”① 12月1日（十月十三日）致杨以增函称：“且目睹天时之旱，麦不能种，种不能生，蒿目焦心，只有添疾而不能减。”② 1847年2月13日（道光二十六年十二月二十八日）致陈德培函称：“关中秋冬大旱，秋收既甚荒歉，冬麦又未种齐，人心惶惶，市粮昂贵，虽经设法调剂，并奏请缓征，而棘手多端，殊难言罄。向谓此间为海内第一完善之地，讵命穷者至此，遂遇灾荒！”③ 林则徐是封建统治阶级中难得的关心民瘼的封疆大吏，为了减轻自然灾害的消极影响，他曾采取了不少救荒措施。除上引材料中所说的“奏请缓征”外，还实行“平粜”；由官府收养那些“穷极之民以及老幼废疾”，仅西安省城即收养三四千人；劝令“有力之户量出钱米，各济各村”；针对老百姓“争杀牛以食”的现象，采取“官为收牛，偿其值，劝富民质牛予以息”的办法以保护生产力。④ 但一来林则徐此时已是60余岁的老病之躯，二来他个人的力量也难以挽回封建政治的腐败现象，所以旱灾造成的祸害仍然极为严重。当时陕西朝邑（今属大荔）的一位78岁的老举人李元春在给护理陕西巡抚杨以增的上书中谈及他家乡的灾情说：“朝邑之灾，比他处为甚。麦多未种，种亦未出。……现在饥民流徙满路，或有缢树、赴水、投崖而死者。其未徙之家，有阖门坐待饿杀者；有煮食干瓜皮、辣菜叶而卒无以延生者。其中鬻妻鬻子女弃婴儿者，殆不可胜数。”⑤

除陕西外，直隶、山东、浙江、河南都先旱后涝。直隶的旱情，至六月间始行解除。当时在京师任翰林院侍讲学士的曾国藩在1846年6月10日（道光二十六年五月十七日）的家书中说：“京师今年久旱，屡次求雨，尚未优渥，皇上焦思。”⑥ 由于自春至

---

① 《林则徐书简》（增订本），253页。

② 同上书，257页。

③ 同上书，268页。

④ 参见上书，456～457页。

⑤ 李元春：《上护院杨至堂大人言救荒书》，见《桐阁文钞》卷6。

⑥ 《曾国藩全集·家书》一，133页。

夏雨泽稀少，夏麦收成大减。山东也“因二麦被旱，兼被风沙，收获无多”①。浙江也是一直到六月未降透雨，连西湖都干涸了，有的地方还加上虫灾，早稻被虫咬死，“甚有通段不留一株者”。河南安阳、临漳、武安、涉县（上三县今属河北省）、汲县、新乡、辉县、获嘉、延津、修武、武陟、温县、原武、阳武（上二县今合为原阳）等县因受旱荒，二麦无收。这一年遭旱灾侵袭的，还有安徽的安庆、池州等府州属，山西保德、垣曲等10个厅州县，以及湖南长沙东南各县。

1847年（道光二十七年），全国发生旱灾的地区和范围较上年又有了更大的扩展，形成了陕西、山西、河南、安徽、山东联为一片的大旱荒区。

陕西受上年大旱影响，本年夏收仍属荒歉。正月下旬，林则徐在致蒲城知县沈功枚的信中，谈及上年旱灾对本年夏收之影响：“上冬荒歉之象，西（指西安府）、同（指同州府）、凤（指凤翔府）以同州为甚，而同属又以朝（指朝邑）、韩（指韩城）、蒲（指蒲城）为甚。通邑已种之麦，不过二三，即使春初得有透雨，亦不过补种杂粮，丰字早已无望，若再如此亢旱，并歉字亦不足以蔽之矣。目前满地扬尘，无处可以挥锄秉耒，自食其力者，安得不刮及树皮！”② 他在夏初所上的一个奏折中也说：“陕西省西安、同州、凤翔、乾州等府州属，上年秋冬亢旱日久，二麦播种失时。嗣于腊内得有雪泽，又被大风刮散，存积无多，地土仍形干燥。迨本年二月中旬，始获透雨，农功得有转机，实深庆幸。但该管州属，皆系平原地土，一年之计，专靠麦收，上冬种麦本稀，及至春雨普沾，已在清明时节，只可播种秋粮，直至八、九月间，方能有收。是今岁青黄不接，较往年为日更长。”③

与陕西毗连的山西、河南，旱情也极为严重。山西因亢旱而致夏麦歉收的，包括临汾、洪洞、襄陵、太平（上二县今均属襄汾）、翼城、曲沃、浮山、乡宁、永济、临晋、猗氏（上二县今合为临

① 录副档，山东巡抚崇恩折。

② 《林则徐书简》（增订本），272页。

③ 《林则徐集·奏稿》下，959页。

猗)、荣河、万泉（上二县今合为万荣)、虞乡、解州（今属运城)、安邑（今属夏县)、夏县、平陆、芮城、绛州（今属新绛)、闻喜、稷山、垣曲、河津、赵城（今属洪洞）25个州县。河南的旱灾，则较山西更甚。1847年9月5日（道光二十七年七月二十六日)，清廷根据“豫省缺雨”情况，发布上谕说：“因思河南两次大工之后，元气未复，民鲜盖存，当此苦旱异常，小民颠沛情形，不忍设想。”① 4天后，又谕：“本年河南省开封等府属雨泽稀少，二麦歉收。……昨又据鄂顺安奏到，该省亢旱异常，报灾几及通省。”② 从谕旨看出，河南旱情一直处于不断发展的趋势。8月8日（六月二十八日）的上谕，提到被旱州县还只是17个，11月6日（九月二十九日）的上谕增为41个州县，到12月9日（十一月初二）的上谕中，旱灾范围已扩展至64个州县。有的地方，如南乐县，竟发生“人相食”的惨事。③

与河南旱灾并称的还有山东的旱灾。曾国藩在1847年11月22日（道光二十七年十月十五日）的一封家信中写道：“近日河南大旱，山东盗贼蜂起，行旅为之不安。”④ 曾国藩的年谱在这一年中也记载：“是岁山东、河南亢旱，盗贼蜂起，两省大吏，交部严议。”⑤ 这里所谓的“盗贼”，自然主要是指那些因受旱荒而饥寒交迫又敢于冲击封建统治秩序的贫苦农民。对于他们来说，如果不铤而走险，便只有饿死道途。《莘县志》中就有这样的记载：“二十七年，岁大饥，道殣相望。”⑥ 这一年，山东全省被旱再加上被虫、被风的灾区一共达66个州县。

因为豫、鲁大旱，清朝政府原本打算在江苏、安徽两省购买粮食，运往灾区救急。不料安徽及江、浙的部分州县，同样遭到长期

---

① 《清宣宗实录》卷444。“河南两次大工”，即指上节黄河两次在河南境决口后的治河工程。

② 《清宣宗实录》卷445。

③ 参见《中国历代天灾人祸表》下，1625页。

④ 《曾国藩全集·家书》一，160页。

⑤ 《曾国藩全集·年谱》一，8页。

⑥ 《太平军北伐资料选编》，602页。

干旱的侵袭。安徽巡抚王植向清廷奏称："本年安徽省亢旱日久，江北尤甚。收成歉薄，粮价增昂，势难接济邻省。"① 在这种情势下，清政府只得将在皖购粮的计划取消。

江、浙两省在这一年是水旱兼具，但旱灾是主要的。段光清在《镜湖自撰年谱》中记浙江建德的灾情说："六月，天旱，民间惶恐。以去年旱荒，若今年又旱，则生机将绝也。"② 乡间一些青年想迎神求雨，按当地的旧俗，只要"求雨抬神入城"，业主就要向佃户减收地租，因此遭到业主们的反对；但后来旱情愈来愈严重，最后业主们也不得不同意乡民"求雨抬神入城"了。

发生严重干旱的还有湖南中部地区。这一年，湖南省的南北两端及东半部大水成灾，但以长沙为中心的中部，包括长沙、平江、新化、浏阳、湘乡、桂阳，则干旱缺雨。"平江春无水灌秧，苗尽枯死。浏阳、湘乡且螟螣害稼。"③ 此外，湘西的乾州厅入秋后遭虫、旱灾害，据记载："乾州苗民屯田，因水冲沙压，荒废甚多。入秋又遭虫、旱，收成歉薄。而汉、苗地主催征勒索租谷，变本加厉，从而激起广大苗族农民的不满。"④

在以旱灾为主的这两三年时间里，1845 年（道光二十五年）台湾先后发生的强烈地震和猛烈台风，也是一个不能不加记述的突出事件。

1845 年正月，台湾彰化县猝发强烈地震，损失严重。据统计，震塌 4 200 余户房屋，被压罹难的人口 380 余名，受伤者不计其数。据《中国地震目录》判断，此次地震震级 7 级，烈度 9 度。到六月初旬，台湾府境大雨连宵，同时发生强大台风，"台湾等县海口，淹毙居民三千余人"⑤。清政府立即命令台湾镇总兵武攀凤、福建台湾道熊一本勘察灾情。12 月 24 日（十一月二十六日），武、熊奏报勘查情形说："台邑（今台南市）境内，惟附近海口之文贤、水凝、新化、永康、武定等五里被灾较重，房屋倒塌者七百二十六户，难民

① 《清宣宗实录》卷 447。
② 《镜湖自撰年谱》，28 页。
③ 《湖南自然灾害年表》，87 页。
④ 《湖南省志》，第 1 卷，15 页。
⑤ 《清宣宗实录》卷 421。

一千八百六十三名口；其次长兴、仁德、效忠、安定、善化、归仁、保西等七里，房屋倒塌者四百二十八户，难民一千零十三名口；此外，离海较远之新昌、广储、大穆蜂、崇德、永丰、新丰、依仁、仁和等八里，房屋倒塌者一百零二户，难民五百四十名口。总计被灾一千二百五十六户，难民三千四百一十六名口。……鹿耳门海口一带淹毙淘海民人三百四十二命，遭风商船十一只，淹毙水手四十命。……陆地倒塌房屋压毙一百零三命。……安平□□□□□港被风击碎吕宋国[①]夷船一只，查验难夷二十六名。……凤山（今高雄）境内……惟海边荒埔地面，穷民搭盖草寮栖止，淘摸海物为生，忽于夜间风雨交作，海水沸腾，草寮被风吹去，人民之逃避不及者，被水淹毙，统计数十里内捡获海岸遗尸二百三十二具。……查验中路之埤头、南仔坑、半屏、阿公店、大湖等处，惟阿公店地势高平旷衍，民房倒塌一百九十四间，难民五百八十四名口。……嘉邑境内……近海之下湖、蚶子寮、黛仔挖、新港、全尾墩、蝦仔寮、下岺仔、泊仔寮、竹笛寮等九庄，地势较低，当风雨淘涌之时，海水沸腾，汪洋莫测，俄顷之间，九庄悉为巨浸，其民人之沦入大洋者无从稽核，捞获海边及内港一带遗尸二千三百八十四具。……查该九庄被淹八百七十五户，逃走得生难民一千□□□□七名口。其距海较远之青蚶寮、新庄□□□□□仔脚、万兴庄、水尾新庄、茜口湖、乌麻园、沙岺后庄、援仔脚、三姓寮、大尖山、伟曾寮、宜梧等十五庄，被灾七十九户，难民一百三十一名口。……另有击碎商船逃生水手一百六十七名。……该县城垣倾圮百余丈，衙署、仓库、监狱、兵房各有损坏处所。……又据安平协副将转据该营游击、守备等报称，本年六月初七日午后，大雨倾盆陡降，东南台风猛烈异常，加以内山溪流冲出，海潮涨溢，平地一片汪洋。至卯刻，风雨稍间，潮流始渐退。查验三营校场，演武厅倒为平地，各衙署、营居、军局、炮台、军装等项无不损坏……各战哨□□□被冲刮漂没。……内营载差哨船暨大小商渔船只，击碎损坏甚多。”[②]

---

① 清代通常以“大吕宋”指西班牙，“小吕宋”指菲律宾。此外“吕宋国”何指待考。

② 录副档，道光二十五年十一月二十六日武攀凤、熊一本折。原件残缺。

一场台风竟造成如此惨重的损失，这在近代灾荒史上也是颇为少见的。

第三节　道光末年的东南各省大水灾

紧接着秦豫大旱荒之后，在道光朝的最后三年里，东南各省连续发生了特大水灾。

1848年（道光二十八年），全国的自然灾害有：台湾的彰化、嘉义一带于12月3日（十一月初八）发生强烈地震，造成压死2 000余人、压塌房舍20 000余间的重大损失；广西贵县发生严重蝗灾，“禾苗菽麦嚼食一空”；直隶、山西、甘肃等部分州县有水、旱、雹灾；作为主要灾情的“东南六省之水”。这里所说的“东南六省”，系指苏、皖、豫、浙、鄂、赣，实际上还应加上全年遭水之湘、夏旱秋涝之鲁，共8省。

8省水灾，尤以江苏为重。这年夏间，连降暴雨，黄河、长江上游盛涨，加之海潮汹涌，高达丈余，海水内灌，苏南地区遍地皆水。张集馨《道咸宦海见闻录》描写南京附近情形说：“接南中家信，金陵、仪征一带，居民皆架木栖止，余家天安桥宅亦复水深数尺。哀鸿遍野，百姓其鱼。”[①] 位于苏北、皖北交界处的洪泽湖，因承接滔滔下泻的黄水，湖内水位迅速升高。江南河道总督潘锡恩深恐湖水横决，不得已将车逻等坝启放，以便宣泄湖水。但水位仍以每日两三寸的速度增高，于是又启放昭关坝、义河水坝。这一来，洪泽湖的水势虽然渐消，与洪泽湖相连而处于下游的高宝湖[②]却“积涨更甚”，最终导致了里运河等的河堤溃溢。由于迭次放水及河堤漫溢，下游州县多被浸灌，造成百姓流离、灾民遍野的凄惨景象。江苏巡抚陆建瀛在一个奏折中说：“起放各坝，被水淹灌各州县，民

---

① 《道咸宦海见闻录》，106页。

② 高宝湖为高邮湖与宝应湖之合称。

情困苦。”① 在另一奏折中又说：“高、宝一带被水，贫民南下，先经臣督饬地方官查办劝捐留养事宜，一面咨会浙江，如有越境觅食者，即分别截回妥办。……计留养已将万口。”② 翌年四月初接任江苏巡抚的傅绳勋在到任后也上疏说：“上年江海湖河并涨，各坝齐开，江、淮、扬、常等属，被灾地方较广，商贩稀少，粮价日增。”③ 有材料说，江苏灾民逃荒到浙江的，共有“男妇一万余名口”。据统计，江苏全省本年遭受水灾的地区包括 65 个厅州县及 9 个卫。

江苏西邻的安徽、南邻的浙江，也都被水成灾。安徽巡抚王植向朝廷报告称：“安徽省本年滨临江淮各州县，被灾较宽，民情困苦。”④ 这年底，清廷发布的谕旨中亦有“本年安徽省江淮异涨，圩堤漫缺成灾”⑤ 之句。据上谕宣布，这年安徽因受水灾而蠲免田赋的地区包括巢县、怀远等 40 个州县。浙江因受水灾、风灾而缓征田粮的地区包括仁和（今属杭州）、富阳等 31 个县卫。但实际上，尚有一些受灾严重的地区，并未包括在内。如上述的 31 个县卫中，并无温州，而温州的水灾却极重。赵钧《过来语》对温州的灾情有这样一段生动的描写：“（七月）十六日潮鸣，十七日风起，十八日大风雨。是日……之水，山水出，潮水入，近江村落，被灾为甚。低洼处水与墙平，漂溺不计其数。据仙港孙君汝标说：平阳坑、镇江垟、了岙、下涂四处更甚。又据鲍文浩自郡归说：永邑（指永嘉）近江地方，尸浮如萍。某村有一家，少长八人，共系于屋梁，坐以待毙。后其屋随风水漂搁高楼，竟得无恙。又据涵彩自郡东门归说：十八日朝夕两潮，同时接长，风雨之大，殊为少见。”⑥

湖南、湖北的灾情，较上述数省，实在是有过之而无不及。湖南前几年虽也有局部地区遭水，但主要是旱荒，这一年却突然全省

① 《清宣宗实录》卷 458。
② 录副档，陆建瀛片。
③ 录副档，傅绳勋片。
④ 录副档，王植片。
⑤ 《清宣宗实录》卷 462。
⑥ 《近代史资料》，总 41 号，146 页。

遭洪涝之灾，弄得“所在饥馑”。据《湖南省志》记载：“道光廿八年六月，滨湖地区大水。武陵（今属常德市）西堤溃决，漂没民庐无数。龙阳（今汉寿）、沅江、安乡等县，田地房屋也多被冲毁，各垸收成无着，灾民乏食，人心动荡。”① 事实上，这一年从夏间到入秋以后，一直大雨不止，滨湖的围垸多发生溃决，各地新谷登场，“尽生芽蘖”，有的芽须长到3寸来长。谷价昂贵，省城长沙一斗米要1 000文。嗷嗷待哺的灾民，聚集于长沙的竟达几十万人。“哀鸿遍野，饿殍满城，惨不忍睹。至全省淹没田庐人畜不胜计，各种农副产品荡然无存。湘阴一带水深齐屋脊，至次年犹未退，受灾至烈。”② 至于湖北的情形，曾国藩在一封家信中称之为“大水奇灾”。《清史稿》曾把湖北本年的洪水列入罕见的“灾异”记录之中，说：“松滋、安陆、随州（今随县）大水；黄州大水至清源门；保康大水，田庐多损。”③ 在清政府发布的一份邸报中，载有武昌城外，“江潮几与城平”。地方官只能在城楼上向灾民散发干粮，“淹没田庐，不知凡几”。湖广总督裕泰因“本年湖北省灾区宽广”，请求朝廷从邻省拨一些银款作赈灾之用，但当时东南各省“半皆被水成灾”，自顾不暇，哪里还有余款支援别人？清廷只得要求湖北省的地方大吏自行设法，劝喻“绅耆富室”“急公赴义”。上谕说：“湖北附近省份，如安徽、江苏亦各报成灾，所存库款，均经请留备用。……惟念该省此次被灾至三十余州县之多，当此亿万灾黎嗷嗷待哺，傥查办稍缓，或措置失宜，必致转徙流离。……当此满目逃亡，呼吸之间，所全不止千百，即各省绅耆富室，痛痒相关，必有急公赴义者，惟在大吏谆谆劝谕，启发至诚，借举众擎，隐弭灾沴。”④ 这个上谕在大谈了一通赈灾的重要性之后，口风一转，把责任一股脑儿全推到地方官绅的身上，实际上完全采取了袖手旁观的态度。

此外，这一年江西夏秋大水，全省20个州县遭淹，其中尤以南

① 《湖南省志》，第1卷，16页。
② 《湖南自然灾害年表》，87页。
③ 《清史稿》卷40。
④ 《清宣宗实录》卷459。

昌等13个县被淹较重。河南被水地区，则达50个州县之多。山东临清等11个州县夏季亢旱，兼遭风灾，但到秋后，全省大部分地区又发生水灾，部分地区兼有蝗、雹灾害，被水、被蝗、被雹地区遍及57个州县。

继1848年（道光二十八年）的东南8省大水之后，第二年又发生了三江（江苏、浙江、江西）、两湖（湖北、湖南）、安徽大水灾。《清史纪事本末》云："夏四月，江苏、浙江、安徽、湖广大雨五旬，余水骤涨，田尽没。水之大，为百年所未有。"① 曾国藩在9月1日（七月十五日）的一封家书中说："如今年三江、两湖之大水灾，几于鸿嗷半天下。"② 清政府的上谕中也多次提到江、浙、皖、鄂等省"皆因雨多水涨，各属漫淹较广，灾民荡析离居，嗷嗷待哺"，"被灾之区，均极宽广"；江西、湖南等地，"亦多偏灾"。在这些省份中，仍以江苏省被灾最重。

1849年（道光二十九年）的春夏之交，江苏地区即因雨泽过多，禾稼受损。到闰四月初旬以后，大雨滂沱，连宵达旦，江河湖水盛涨，低洼田地的积水无从宣泄。仲夏以后，仍然是淫雨连朝，昼夜不止，结果是"二麦歉收，秧苗浸损"。而且"旧涨未消，新水复溢"，江苏南部的苏州府、松江府、常州府、镇江府、太仓州所属各州县境内，"一望汪洋，田河莫辨"。低洼地区积水丈余，浅水平畴之地水深也有五六尺或两三尺不等，不但庄稼尽在水中，许多房屋也被淹没。苏北的扬州府、淮安府等地，也因为连朝骤雨，兼之江潮盛涨，水势有长无消，圩堤冲破，田庐漂没。江宁省城里进行科举考试的贡院，水深三四尺，以至原定八月举行的乡试，不得不展期举行；连两江总督衙署里也有一两尺积水。南京城里的居民纷纷避居钟山之上。据逃荒百姓反映，这一年的大水，不但超过了上年，甚至超过了1823年（道光三年）的特大洪灾。江苏巡抚傅绳勋在一个奏折中详细描述此次灾情称："本年自闰四月初旬起至五月止，两月之中，雨多晴少，纵有一日微阳，不敌连朝倾注。平地水深数尺，

① 《清史纪事本末》卷40，《道光世局》。
② 《曾国藩全集·家书》一，194页。

低区不止丈余，一片汪洋，仅见树梢屋角。二麦既败于垂成，禾苗更伤于未种，民力多方宣泄，无计不施，而水势有长无消，工本徒费，涸复无期，秋成失望。一灾并伤二稔，民情困苦异常。苏、松、常、镇、太等属三十四厅州县，无处不灾，而且情形极重。其江阴等属又因江潮泛涨，圩堤处处冲坍，居民猝不及防，间有毙伤人口，哭声遍野，惨不忍闻。露宿篷栖，不计其数。江宁省城已在巨浸之中，苏州水亦进城，间段被淹，实为从来未有之事。小民当此田庐全失、栖食俱无之际，强者乘机抢夺，弱者乞食流离，在所不免。”① 在一些私人笔记中，对这一年江苏各地的灾荒情形也有十分具体的反映。如沈梓《避寇日记》说四月间大雨连降近一个月，“江苏平地成巨浸”。王永年《紫蘋馆诗钞》说由于遍地大水，南京城中糖坊桥竟“水深三尺”。赵钧《过来语》称苏州自6月7日（闰四月十七日）到7月9日（五月二十日）共33天之内，“无日不雨，大雨如注”。柯悟迟《漏网喁鱼集》记常熟情形最为详尽：“春，雨多晴少。四月廿六日甲子，夜微雨起，滂沱不已。至闰四月初五，水涨三尺，渐退，时正刈麦，淋漓不已。十八日复甚于前，又退。后或而蒙蒙，或而如注，麦经芽烂。间有日色，阳光曦微。至五月十三，昼夜倾盆，水骤深六七尺，远近圩岸悉破。极目汪洋，庐舍坍没，迁徙无从，浮柩乘风而逐者，不知千万。高区挪措翻稻，幸有低区未莳之秧。六月初，交大暑，而木棉经淹，仅存一息，补种豆外杂粮。米价腾贵，布客绝迹。”② 由于灾情严重，一些无衣无食、挣扎在死亡线上的饥民，自发起来开展“吃大户”“借荒”等斗争，遭到封建统治阶级的残酷镇压。

浙江省自春夏以来，雨多天寒，春蚕已苦歉收。不料自6月6日（闰四月十六日）以后，连雨40余日，“或霭雨终朝，或滂沱竟夜”，结果是“上下数百里之内，江河湖港与田联为一片，水无消退之路。房屋倾圮，牲畜淹毙，不知凡几”③。一些老人也都称从来没

① 录副档，傅绳勋折。

② 《漏网喁鱼集》，11页。

③ 录副档，浙江巡抚吴文镕折。

有经历过如此严重之灾，受灾人口比1843年（道光二十三年）的洪灾还要成倍增加。在一些私人笔记中，有的描写是“水势滔天，桥梁俱没”；有的说是“水内灌及阶，陆地荡舟”；也有的则说：“平时舟行河中，今日船摇宅上，农室倾坍，市店闭歇，尸浮累累，哀鸿嗷嗷。”由于雨水过多，省城杭州贡院里号舍墙屋塌圮严重，浙江本年的文闱乡试也不得不展期到九月举行。与江苏的情形一样，浙江的灾民为了求得生存下去的权利，曾自发结群而起，向“富户”强行“乞米”，开展“吃大户”等斗争。封建统治者下令“格杀勿论”，或将为首者拘捕，“至责数千，钉桩大堂下，缚跪烈日中，半日即毙”。一些幸免于葬身鱼腹的灾民，最后还是不免被吃人的封建法制夺去了生命。据浙江巡抚吴文镕所列清单，本年浙江全省受灾田亩共达99 191顷14亩。

江西于春夏之交，即雨泽过多。五月后，又连降大雨，低乡田庐圩堤，或遭淹没，或被冲缺。加之江水倒灌，鄱阳湖顶阻，使得沿江沿湖田庐普遍被淹。百姓趋避高处，露宿阜野，衣不蔽体，食不果腹，生计十分艰难。据统计，全省遭受水灾者21县，其中尤以德化（今属九江市）、德安、瑞昌、湖口、彭泽5县最重。

号称“两湖”地区的鄂、湘二省，灾情同样十分严重。湖北自春至夏，阴雨过多，以致江湖并涨，低洼田地都被漫淹。到五月中下旬，更是“大雨倾盆，势如河泻，连宵达旦，无或少息”。近20天中竟无半天晴日。结果是各路山水齐发，上游四川、湖南、河南、陕西之水一齐汇归长江、汉水，下游江苏、安徽等地则河湖涨溢，顶阻不纳。于是滔滔洪水，在湖北境内到处泛滥，“汪洋一片，河湖不分”。省城武昌积水深至三四尺到丈余不等，西、南、北三面城门，都已堵闭，只有城东靠着山峦，地居高阜，城门还可以依时启闭，以便行人出入。城墙因浸淹日久，也有不少地方倒塌破坏。城内街市房屋，十之七八被淹，连各处衙署及贡院等也不能免。汉阳府城的情形与此大略相同。而商业重镇汉口，受灾程度更为严重，据记载：“铺户民居及盐店盐行，均在水中。盐务亦因水大，难以起载，小贩不前，销数甚形短绌。城内外被水居民，有移住船上者，有迁居高阜者。其贫穷小民，多住城上，露宿棚栖，甚为困苦。”①其余蒲圻、兴国（今阳新）、大冶、通山、钟祥、京山、云梦、应城、公安、石首、监利、松滋等30余个州县，也都遭洪水冲淹。当地的地方官吏惊呼，像这样严重的洪涝灾害，“实为从来未有之事”。据估计，仅汉口一处，聚集待赈的灾民“大小男妇不下二十余万口之多”，“省城内外就食灾黎，亦有一万数千余人”②。

湖南这一年的水灾，在当地地方史上被称为“己酉大荒”。自三月起，连续阴雨，整个夏间淫霖不绝，使得湘江、资江、沅江、澧江及洞庭湖大水涨发，堤垸田庐多有被淹。在遭灾州县中，尤以洞庭湖周边的武陵、龙阳、沅江、益阳、湘阴、澧州（今澧县）、安乡、华容及岳州卫为重。武陵因上游诸水骤发，朗江宣泄不及，将东、西护城长堤及63村障冲溃，田禾悉被淹没，房屋大半倒塌，人不是淹死，就是饿死，有记载说这里“户口多灭”。龙阳县102处村障被冲，益阳县88处官民堤垸被冲，沅江县91垸先后被冲溃，华容县53垸、48都地亩被冲淹，安乡县97处官民堤垸被冲溃，澧州86处堤埂被冲溃，湘阴县69处官民垸围被冲溃，临湘县82处垸围被冲溃。这些地方，都是“频年被淹积歉之区”，百姓平时无积蓄，再遇上如此巨灾，“糊口无资，栖身无所”，艰难困苦之状，也就可以想见了。即使比上述重灾区稍轻的地方，自然灾害造成的苦难，也是触目惊心的。据记载，永顺县连续阴雨，“自三月至于六月，大水入城，西关桥圮”③。安福县“三月至五月淫雨，岁饥。民食草根、树皮，饿莩载道”④。“湘潭城乡散居饥民数万人。”⑤“醴陵饥民络绎逃徙，四五千人为一队，觅食无着，遍地乏谷，终至倒地气绝。武冈人人皆是菜色，饥民或匿山中，见有负米者即邀夺之。”⑥“石门食盐亦随米俱尽，至次年犹多饿毙者。沅陵饥死者枕藉成列，村舍或空无一人。”⑦被灾饥民，不是逃荒乞食，就是鬻妻卖子。据湖

① 录副档，道光二十九年六月初一湖广总督裕泰、护理湖北巡抚唐树义折。

② 录副档，道光二十九年九月十八日裕泰、唐树义折。在后来的奏折中，曾具体说明麕集汉口的“就食灾民”共230580余人。

③④《湖南通志》卷244，5140页。

⑤⑥⑦《湖南自然灾害年表》，88页。

南巡抚赵炳言报告，省城长沙先后给赈或资送各地的灾民共大小男妇211 890余名口。至于人口价钱，则十分便宜，有的官僚地主，竟有拿一粉团换一妇女的，也有以400大钱买一妇一女一子的。由于水潦积郁，加上饿殍遍地，造成瘟疫流行，给挣扎在死亡线上的人民以新的打击。请看对于这次瘟疫的这样一段描写："全省大疫，至明年四月乃止，死者无算。方疫之作也，死者或相枕藉，同善堂及各好善之家，施棺以数万计。夜行不以烛者，多触横衔死人，以致倾跌。盖其时饥者元气已尽，又加以疫，人人自分必死。尝见有扶杖提筐，趑趄于道，忽焉掷筐倒地而死者；有方解裈遗矢，蹲而死者；有叩门呼乞，倏焉无声而死者。人命至此，天惨地愁矣！"①

安徽的灾情，远较上年为重。自春季起，就雨水过多，入夏后，淫雨兼旬，江潮有长无消，终于在全省造成大面积的洪涝灾害。据安徽巡抚王植禀报，怀宁县的水势比上年还要大至3尺有余，"被淹积水愈深，平坂田庐、城厢街道间多积水，情形加重"。桐城县"田庐尽在水中"，城厢、衙署、监狱、仓廒均有积水，不少房屋、城墙倒塌。太湖县平地水深丈余，水离檐脊只两三尺，"田庐概被冲淹"。宿松县的水势也较上年大至一尺六七寸，沿河一带房屋倒塌，田地冲压，居民纷纷迁避高阜。望江县"城乡市镇一片汪洋"。贵池县城内水深四五尺，"衙署、民房均被淹"。东流县（今属东至）连稍高的地亩也都被漫淹，沿江滨湖的洼平田地，积水就更深了。芜湖县"县城四门，平地水深数尺"。繁昌县"滨江沿河市镇房舍半没水中，城内水深四五尺不等"。当涂县"郡城五门虽经筑坝堵御，而外水高于城内，平地水深六七尺不等，水过城门，漫入城厢"。城内县署、学院、衙署水与屋檐相平，房舍全行倒坍。各灾民"稍有银钱者，俱觅船避往山乡，困苦者济渡城上，捐给席片、馍饼，暂且栖身"。庐江县城内平地也是水深六七尺，"衙署、监狱、仓廒、库房俱被淹没、坍卸"。建平县（今郎溪）"东南二乡沿河一带及西乡圩田，尽在水中"。② 此外，铜陵、无为、和州（今和县）、含山等，灾情与

① 《湖南通志》卷244，5140页。

② 参见录副档，道光二十九年六月十二日王植折。

上述州县大略相同；潜山、歙县、休宁、祁门、绩溪、宣城、南陵、泾县、太平、青阳、石棣（今石台）、建德（今属东至）、巢县、凤阳、五河等州县，也或因山洪下注，或因湖河水涨，分别有轻重不等的田地被淹、房屋被冲等灾情；黟县、旌德、合肥、舒城、定远、寿州（今寿县）、凤台、怀远、颍上、霍邱、泗州（今泗县）、滁州（今滁县）、全椒、来安、广德等州县，亦皆“田地被水”。

这一年，除东南各省外，发生水灾的还有云南的昆明一带、贵州北部的遵义等府、四川的剑州（今剑阁）等县、广东南雄等7个州县、京师及直隶武清等35个州县、奉天锦州地方、黑龙江的齐齐哈尔等城、山西太原等地、陕西三原等州县。从受灾地区来说，基本上是一次全国性的水灾了。

道光朝的最后一年，即1850年（道光三十年），江、浙、皖、湘、鄂等省仍有较大之水灾，但就全局而论，这一年的灾情已较上年为轻。江苏自9月19日（八月十四日）起，烈风暴雨两昼夜，洪泽湖沿堤石工蛰塌千余丈，湖水汹涌横决，巨浪如山，“见之令人心悸”。全省受灾地区达61个厅州县。浙江于五月底六月初，狂风暴雨，潮势汹涌，一下子将海塘石工冲缺60余丈，以后续又刷宽，口门达百丈之多。海潮内灌，周围地区水深至3丈有奇。至八月中旬，又接连两昼夜大雨倾盆，“连绵如注，无一息之停”。加之西北风猛烈异常，连巡抚衙门里的百年老树也被吹折。此次灾情，较海塘决口更为严重。据统计，这一年浙江受灾地区达50个州县。安徽于五月下旬连日大雨，7月11日（六月初三）蛟水骤发，霍山、望江等县田地房屋被冲没，并有淹毙人口之事。湖北于五月中旬后，暴雨不绝，江、汉、湖、河同时并涨，低洼田地多被漫淹。7月12日（六月初四）及8月22日（七月十五日），长江在江陵县境两次决口，口门刷宽170余丈，“口门内外冲成深潭”，使周围地区积潦成灾。湖南洞庭湖周围10余个州县，再度被水，各地冲溃堤垸甚多。

这时正值太平天国农民战争爆发的前夕。不久以后，洪秀全、杨秀清等领导的太平军，在冲出广西之后，就以雷霆万钧之势，纵横驰骋在前面提到的湘、鄂、赣、皖、江、浙的广大土地上。太平军在这些地区之所以能得到迅速的发展壮大，不能不说与这些地区连续遭受3年大水灾，社会上存在着数以千万计的无衣无食的灾民，有着密不可分的关系。

第三章　水旱蝗疫交乘的咸丰、同治朝（1851—1874）灾荒

第一节　咸丰、同治朝频发的水旱灾害

晚清的咸丰、同治两朝，在中国近代历史上，是一个充满了尖锐的冲突、复杂的矛盾和急剧的动荡的时期。从1851年（咸丰元年）起，太平天国农民战争就像狂飙一样，席卷神州大地，对封建统治秩序进行了无情的扫荡。拿起武器的贫苦农民，在长达10余年的时间里，纵横18省，攻占600余城，并在长江下游的广袤土地上建立了与清朝封建政权相对峙的另一个政权。封建统治阶级动员了自己全部的军事的、政治的和经济的力量，才好不容易地在1864年（同治三年）六月把这场伟大的农民运动镇压下去。但太平军的余部、捻军以及受太平天国运动影响而风起云涌的少数民族起事，仍继续坚持斗争，有的一直到同治末年才被平息。在这期间，还穿插了由外国侵略者发动的第二次鸦片战争，英法联军不但肆无忌惮地在我国的土地上烧杀抢掠，而且还一度占领了京师；沙俄也趁火打劫，通过武力威胁的手段强占了我国北方的大片领土。处于内外交困下的封建统治者，竭尽全力维护封建王朝的生存，再也无力兼顾抗灾防灾的活动，这就大大削弱了当时社会本来就十分低下的防御自然灾害的能力。更何况殖民主义者发动的侵略战争和封建统治者组织的镇压农民起义的反革命战争，有意无意地随时制造或扩大着新的灾荒，这就不能不使这一时期的自然灾害状况呈现出更加严重的形势，并形成了某些鲜明的特点。

在这20多年时间里，各类灾荒的频发程度甚高。为了给读者一个总体的印象，我们将一些主要省份的灾荒状况，分别按咸丰朝和同治朝各列一简表于本节后。

这两张简表所反映的灾害面貌自然是十分粗略的，因为灾区的大小和灾情的轻重没有能够得到具体的表述。不过，我们在制作简表时，已经预先把仅仅发生在一隅之地的局部偏灾略而不计了，所以，用来说明这一时期各类灾害的频繁，还是一目了然的。

至于这一时期灾害的严重程度，我们需要举出一些典型的事实。

咸丰皇帝即位的头一年，即1851年，黄河于9月15日（八月二十日）在江苏丰县北岸大决口，口门始宽近50丈，后来又继续塌宽至180余丈。① 在这以前的半个多月，运河在甘泉县（今属扬州）境已告溃溢。这样，苏北地区便成为一片汪洋。江南道监察御史吴若准在奏折中说："此次江北连遭水厄，地方较广，非寻常偏灾可比。……臣复闻通、泰场灶被淹，伤人奚止数万，灾民纷纷四散。"② 这里所说的"通、泰场灶"，是指南至通州（今南通）、北至盐城的18个盐场，这些盐场"灶田庐舍，多被淹浸，垮场坍塌，卤灰漂淌"，损失极重。连这里都伤人超过数万，其余地方就更可想见了。特别是丰北决口附近的丰、沛二县，"浸成泽国"，有的地方水深达三四丈。据当时任内阁学士的胜保说，"丰北淹没生民千万"③，"沿河饥民，人皆相食"④。漫溢出来的黄水，直趋山东微山等湖，串入运河，以致靠近微山湖、昭阳湖、独山湖、南旺湖及运河附近的济宁、鱼台、峄县（今枣庄市）、滕县、金乡、嘉祥等州县，运道和民田都被浸淹。据山东巡抚陈庆偕奏报："自济宁以南至峄县境内，河湖一片，汪洋三百余里。"⑤ 其中，最重的是鱼台，"水及城堤"；其次是济宁和滕县；再次是峄县、金乡、嘉祥等县。在这些地区，被淹的村庄，多的四五百村，少的也有一二

① 有些材料说"三四百丈"或"数百丈"。

② 录副档，咸丰元年闰八月二十八日吴若准折。

③ 《忆昭楼时事汇编》，见《太平天国史料丛编简辑》，第5册，284页。

④ 同上书，286页。

⑤ 录副档，咸丰元年九月初六日陈庆偕折。

百村，“淹毙人口不计其数。其田庐之漂没，生民之荡析，更不知凡几矣”。

河决丰北后，拖了很久未能堵合。清朝政府虽发帑巨万以治河工，但一直劳而无功，到第二年，“黄河将竣而复决”。所以，苏北、鲁南一带，仍是遍地积潦。直至1853年（咸丰三年）二月，丰工始行合龙。在这长达一年半的时间里，当地群众真正生活在水深火热之中。有一个叫曹蓝田的人在1853年初目睹沿途情景，写道：“（正月）二十六日，至清江浦，饥民夹道，愁苦之声，颠连之状，惨不忍言。越日渡河，行经邳州（今邳县）、桃源、宿迁等处，沿途饿莩，市井街巷多弃尸。询之土人，皆云前年河决丰北，去年塞而复决，死者过多，故收葬者少。”① 就在同一时间，刑部左侍郎罗惇衍上过这样一个奏折：“丰工决口后，小民流离失所，江苏之清河、宿迁、邳州，山东之滕县、鱼台、嘉祥等处，所在民多饿莩，尸骸遍野。请饬两河总督、江苏巡抚，分饬地方官督同绅士耆老，广置义冢殓埋。”② 丰工合龙后，这些地区的积水，数年未能涸复。一直到下节将要叙及的铜瓦厢决口发生、黄河改道后，遭受丰工决口影响的地区才逐渐恢复生产。

到咸丰中期的1856年（咸丰六年），发生了包括苏、浙、皖、鄂、湘、豫、鲁、陕8省的大旱灾。这一年的旱灾，灾区广，灾情重，不少地方“为数十年所未有”。

江苏头年一冬无雪，本年“自春徂夏，雨泽稀少”；尤其是五月以后，一直亢晴无雨，偶有阵雨，也“入土不濡”；入秋以后，“亢旱尤甚”。湖荡全都干涸，田地龟裂，禾稼枯萎。一直到八月初旬后，方得透雨。此时不仅秋稻收成无着，补种杂粮也已节令过迟。据地方官奏报，“苏属本年自夏徂秋被旱情形，为数十年所未有”。在一些私人笔记中，有的说是“大旱百余日”，“运河尽涸”；有的说是“是年之苦亢旱，春间无大雨，黄梅又不雨，河水尽竭”；有的说“时久旱，河港皆涸，城中恃井以汲。至是井亦竭，渴者至漉泥汁饮

① 《癸丑会试纪行》，见《太平天国史料丛编简辑》，第2册，319页。
② 《罗惇衍传》，见《清代七百名人传》上册。

之，人心惶惧”。至于饥民生活，更是惨不可言：有的地方“斗粟值金一两”；有的地方“民食罄竭，采野蔬石粉糊口，道殣相望”；更有的地方，竟发生“人相食”的悲惨事实。这里，我们只引一段记载苏北旱荒情形的材料：“自五月至七月不雨，江北奇旱。下河诸湖荡素称泽国，至是皆涸，风吹尘起，人循河行以为路。乡民苦无水饮，就岸脚微润处掘尺许小穴，名井汪，待泉浸出，以瓢勺盛之，恒浑浊有磺气，妇子争汲，视若琼浆玉液。田中禾尽槁，飞蝗蔽日，翅嘎嘎有声。间补种荞、菽，亢不能生，即生亦为蝗所害。斗米须钱七百，麦值与之齐，凡民家不饘粥而偶得一饭，邻女羡且忌。”① 当时，清朝政府军与太平天国农民军、捻军之间正在进行激烈战斗，“兵乱兼大旱，几至饿莩盈野”。

浙江的灾情虽较江苏稍轻，实亦相差无几。由于亢旱日久，河水干涸，地土燥裂，苏杭之间舟楫不通，杭州的西湖滴水无存，干坼见底。全省收成，较好之处也只有三四分，严重的地方颗粒无收。浙江巡抚何桂清在一封私人信札中，称这次旱灾是“七十年来未有之事”②。据何桂清年终报告，全省受灾地区包括杭、嘉、湖、宁、绍、台、金、衢、严、处10个府的68个州县卫。

安徽这一年的旱情，据称也是“为耆民所仅见”。尤其是皖北地区，“入春以来，本属雨泽愆期，禾苗未能遍插。自夏徂秋，骄阳酷暑，未沛甘霖，井涸地干，半多断汲”。结果是“田禾全行枯槁”，轻灾区收成在五分以上，重灾区则千里赤地，收成无着。广大灾民“或吞糠咽秕以延命，或草根、树皮以充饥，鹄面鸠形，奄奄垂绝，流离颠沛情形，虽使绘流民之图有不能曲尽其状者”③。有一首诗是描写在这年的大旱之后，翌年全椒县米珠薪桂、饿殍遍野的情景的，在一定程度上颇能反映皖北旱荒的一般面貌：“咸丰春逢丁巳年，全椒斗米钱三千。村村饿莩相枕藉，十家九空无炊

---

① 臧穀：《劫余小记》，见《太平天国资料》，87页。

② 《何桂清等书札》，42页。

③ 录副档，咸丰六年八月十七日安徽巡抚福济折。

烟。”[1]“遍野饥民实可伤，少壮相率逃遐方。衰翁老妪行不得，鹄面鸠形倒路旁。”[2] 全省 8 府 5 州，大部分地区都受到旱灾的侵袭。

湖南的洞庭湖周围地区，本是连年被涝的“水潦之乡”，这一年也转遭旱歉，粮价昂贵。湖北的武昌、汉阳、黄州、郧阳、荆州、荆门各属，从四月至九月未下透雨，“遍地田禾多经黄萎”。河南省的大部分地区，也旱蝗成灾，饥民纷纷渡河北上，由山东入直隶，逃荒谋生，“南阳一带饥民竟有食树皮者”。山东上一年“黄水为灾”，到这年春季，还有不少地方遍地积水，但入夏以后，连日亢旱，全省因旱、蝗、水、风而受灾的区域达 85 个州县。陕西的安康等地，也“大旱、大饥”，灾情颇重。

这里列举的两次水、旱灾荒，或者历时较久，或者灾区较广，情形较为突出。但在一个局部地区，在稍短的时间内，造成严重灾害的，为数还很多。现将咸丰、同治年间的一些重大自然灾害，除前已论述及下面另有专节说明者外，择要列举如下。

1851 年（咸丰元年）：台湾澎湖列岛于 4 月 5 日至 7 日（三月初四至初六）连刮飓风，形成“咸雨”，厅属受灾较重地区居 70%。新疆伊犁地区三月末连降大雪，四月中暴雨倾盆，加之积雪消融，山水暴发，损毁田地 37 000 亩。湖北夏间大雨，江、汉、湖、河同时并涨，20 余个州县田地被淹。直隶于夏间连降暴雨，29 个州县被水成灾。浙江八月间海塘坍圮，近海州县多为潮水浸淹。

1852 年（咸丰二年）：浙江大旱，西湖水涸。陕西兴安府大水，府治安康水冲入城，多人被溺丧生。福州部分州县大雨成灾，平和县百余人遭淹罹难。

1853 年（咸丰三年）：京师及直隶地区大水成灾，永定河、北运河、子牙河、卫河先后漫溢，80 余个州县被淹。六月间，福建省福州、福宁、汀州、泉州等府淫雨成灾，淹毙人口近千名。

1854 年（咸丰四年）：江西广昌县大水淹城，“淹毙男妇以万计，官厅民舍，仅存十之一二”[3]。

---

[1][2] 同治续修《全椒县志》卷 9，《艺文志》之金醍《米贵谣》，钞本。
[3] 《清史稿》卷 40。

1855年（咸丰五年）：湖北应城、孝感、黄陂等处淫雨两月，河湖并涨，田野间“一片汪洋，非船莫渡”。江苏南旱北涝，受灾63个厅州县。

1856年（咸丰六年）：直隶北涝南旱，永定河漫溢。六月间，松花江水漫溢，吉林三姓（今黑龙江省依兰县）、打牲乌拉（今吉林市）等地被淹。

1857年（咸丰七年）：七月中下旬，因连朝大雨，浙江海塘猝被冲塌，部分地区遭数十年未有之水灾。福建龙溪等县暴雨成灾，648人死亡。

1859年（咸丰九年）：浙江先涝后旱，全省68个州县受灾田地达40 000余顷。

1860年（咸丰十年）：浙江春间大雨连月，夏秋间钱塘江两岸海塘大坏，田庐漂没无算。

1861年（咸丰十一年）：江西、湖南、湖北大水成灾。浙江温、台沿海州县夏间旱情严重；海宁等地既亢旱日久，又遭海潮冲淹。吉林大雨，三姓、宁古塔（今黑龙江省宁安县）等地冲没田宅，淹毙人口。

1862年（同治元年）：二、三月间，新疆塔尔巴哈台地区（今塔城）大风雪，冻死牲畜万余头。6月7日（五月十一日），台湾嘉义等地发生地震，数千人遭难。7月27日（七月初一），广州及广东滨海地区猝遇风灾，“纵横及千里，伤毙人口数万”①。

1863年（同治二年）：安徽发生严重水、旱灾害，“皖南食人肉，每斤买百二十文”②。

1864年（同治三年）：河南先旱后涝，黄河于中牟上汛13堡地方溃塌大堤。

1865年（同治四年）：五月间，“江浙水灾，居民淹毙十余万”③。

---

① 《清史纪事本末》卷50，《同治中兴》。

② 《曾国藩全集·家书》二，977页。

③ 《清史纪事本末》卷50，《同治中兴》。

1866年（同治五年）：山东春旱夏涝，秋禾被水，饥民数十万。湖北秋旱严重，八月下旬，又突遭暴雨，汉水上游发水，直灌下游2 000余里，“沿江郡邑水没雉墙”。江苏、安徽也大水成灾。

1867年（同治六年）：陕甘大饥，发生“人相食”之惨象。

1868年（同治七年）：黄河于河南省境上南厅荥泽汛10堡决口，河南全省40余个州县遭受水灾；安徽也多处被水，颍州府地方尽成泽国；山东受黄河决口影响，运河、徒骇河漫口。甘肃华池等县秋间大雨45日，百姓纷纷逃荒。

1869年（同治八年）：本年江、浙、两湖、安徽、江西等省，雨水过多，江湖盛涨，普遍遭受水灾，不少田庐被淹。

1870年（同治九年）：湖北、湖南及奉天部分地区，大水成灾。八月间，湖南衡阳大火，延烧3 000余家。

1871年（同治十年）：是年夏，河南沁河、汜水先后水涨漫溢，全省75个厅州县被水。八月初，黄河于山东郓城侯家林地方决口，黄水窜入南旺湖，倒漾入运河，沿河州县多遭水淹。

1872年（同治十一年）：新疆“见十数年未见之雨，闻数十年未闻之雷”①。

1873年（同治十二年）：奉天大水，灾民达54万余人之多。江、浙夏季大旱，田禾枯槁，河井皆涸；秋间，飓风连刮4昼夜，毁屋伤人。黄河于山东境漫决，豫、鲁被灾。长江于湖北境多次漫溃，江水冲入公安县城。

1874年（同治十三年）：福建、台湾及澎湖列岛多次为台风侵袭，摧毁城垣、民房，沉失轮船，伤毙人口。9月22日（八月十二日），香港、澳门发生特大风灾，波及广东，全省因灾罹难者达万人。

以上，我们提供了一个咸丰、同治年间水旱及其他灾荒的综合面貌。在这期间，还有一些需要集中论述的专门灾害，将在以下各节分别加以说明。

---

① 罗正钧：《左宗棠年谱》，232页。

咸丰朝主要省区灾荒简况

灾情 年份 地区	1851（咸丰元年）	1852（咸丰二年）	1853（咸丰三年）	1854（咸丰四年）	1855（咸丰五年）	1856（咸丰六年）	1857（咸丰七年）	1858（咸丰八年）	1859（咸丰九年）	1860（咸丰十年）	1861（咸丰十一年）
直隶	水	水、风、雹、震	水	水、旱、蝗、雹	水、蝗	水、旱、蝗	蝗、旱、水、雹	旱、蝗、水、风、雹	水、旱	水、旱、雹	水、旱、虫、雹
山东	水	水、震	水、震	水、旱、虫、风、雹	水	旱、蝗、水、风	水、旱、风、虫、雹、震	水、旱、虫、风、雹	水、旱、虫、风、雹	水、旱、风、虫、疫	旱、风、虫、水、疫
江苏	水	水、震	水、旱、疫、震	水、旱、震	旱、蝗、水、震	旱	水、旱、蝗	水、旱、风	水、旱、虫	水、疫、震	水、旱、雪、雹
浙江	水、旱、风	旱	水、震	水、旱、风、疫	水、旱	旱、蝗	水	水、旱、风	水、旱、虫、风、雹	水、疫	旱、水、雪
安徽	水	水、旱、风	水		水、旱	旱、蝗	水、旱、蝗、风	水、旱		水	水、疫
江西	水		水、旱	水	水、旱	水、旱	水、旱	水		水	水

续前表

灾情　年份 地区	1851 (咸丰元年)	1852 (咸丰二年)	1853 (咸丰三年)	1854 (咸丰四年)	1855 (咸丰五年)	1856 (咸丰六年)	1857 (咸丰七年)	1858 (咸丰八年)	1859 (咸丰九年)	1860 (咸丰十年)	1861 (咸丰十一年)
湖南	水	旱、水、震	水、旱、虫、震	水、雹、震	水、旱、雹	旱	水、旱、蝗	水、虫	水	水、震	水
湖北	水、震	水、旱、风、震	水、风、震		水、旱、震	旱、蝗、震	水、旱、蝗、雹	水、旱、蝗	水、旱	水、震	水
河南	水、雹	水、雹	水、震	水	水、旱、蝗、雹	水、旱、蝗	水、旱、蝗	水、旱	水、旱	水、旱	水、旱、虫
山西		旱		雹		水、蝗	蝗、雹		水、雹	水、旱	水
陕西	水、震	水	水、风	水、雹		旱、蝗	水、旱、蝗	蝗、雹、震	疫	旱、蝗	
甘肃	水、雹、风、旱	水、旱、风、雹、霜、震	水、旱、雹、霜		水、旱、雹、霜	水、旱、雹、霜	水、旱、风、雹		水、旱、霜、雹	水、旱、雹	水、旱、雹、霜
新疆	雪、水		震					水、旱	旱		

续前表

灾情 年份 地区	1851（咸丰元年）	1852（咸丰二年）	1853（咸丰三年）	1854（咸丰四年）	1855（咸丰五年）	1856（咸丰六年）	1857（咸丰七年）	1858（咸丰八年）	1859（咸丰九年）	1860（咸丰十年）	1861（咸丰十一年）
四川				震	震						
云南	旱	旱			旱		雪、水	疫			水、疫、震
贵州			水				水、雹		水、雹、震		
广西		蝗	蝗	蝗		水	震				
广东			水						水		水
福建（含台湾）	风	水	水			水	水	水、疫			
奉天	水				震	水、震			水		震
吉林	水					水		水、旱			水、霜

同治朝主要省区灾荒简况

灾情　年份 地区	1862（同治元年）	1863（同治二年）	1864（同治三年）	1865（同治四年）	1866（同治五年）	1867（同治六年）	1868（同治七年）	1869（同治八年）	1870（同治九年）	1871（同治十年）	1872（同治十一年）	1873（同治十二年）	1874（同治十三年）
直隶	水、旱、蝗、疫		水、旱、雹	水、旱、雹	水、旱、雹	旱、水、震	水	旱、水	旱、水	水	水、旱、蝗、雹	水	水
山东	水、旱、风、虫、疫	旱、风、雹	水、旱、虫		旱、水、虫、风、雹	水、旱、风、虫	水、旱、虫、雹	旱、雹、水、风、虫	水、旱、虫	水	水、旱、风、虫	旱、水、虫	水、旱、风、雹
江苏	水、旱、疫	疫	水、旱、风、震、疫	水	水、旱	水、旱	水、旱	水、旱	水、旱	水、旱	水、旱、震	旱、震、风、水	水、旱
浙江	水、旱、疫	旱、疫	水、旱、风、疫	水、旱	水、旱、风、霜、震	水、旱、风、雹、虫、震	水、旱、风、雹	水、旱、风、虫		水、旱、风、雹	水、旱、风、雹、虫	旱、水、风	水、风、虫、疫
安徽	水、旱、蝗、疫	水、旱	水、旱	水、旱	水	水、旱、风、虫	水、震	水、旱、风、虫	水、旱、风、虫	水、旱、风、虫	水、旱、风、虫	水、旱、风、虫	水、旱、风、虫
江西		水、旱、震	水、旱		水、旱	水、旱	水、旱、虫	水	水、旱	水、旱		水、旱	水、旱

续前表

地区＼灾情＼年份	1862（同治元年）	1863（同治二年）	1864（同治三年）	1865（同治四年）	1866（同治五年）	1867（同治六年）	1868（同治七年）	1869（同治八年）	1870（同治九年）	1871（同治十年）	1872（同治十一年）	1873（同治十二年）	1874（同治十三年）
湖南	水、旱、虫	水、旱、疫	水、旱、风、虫	水、旱、风、雹、虫	水、旱	水	水、旱	水	水、火	水、旱	水	水	水、旱
湖北	水、旱、风、虫、震	水、旱、虫	水、旱、虫、雹、震	水、震	水、旱	水、旱、震	水、旱、雹、震	水	水	水、震	水	水、旱	水、旱
河南	水、旱、蝗、疫	水、旱、雹	水、旱	水、旱	水、旱	水、旱	水	水、旱	水、旱	水	水、旱	水、旱	水、旱、蝗
山西	震	水		水	水	水	水	水	水、旱、雹	水	水、旱		水、雹
陕西	蝗、疫	雹、疫			旱	水、雹	水		旱、雹			水	水、风、雹
甘肃	雹	水、风、霜				疫	水						
新疆	风、雪										水		

续前表

灾情 年份 地区	1862（同治元年）	1863（同治二年）	1864（同治三年）	1865（同治四年）	1866（同治五年）	1867（同治六年）	1868（同治七年）	1869（同治八年）	1870（同治九年）	1871（同治十年）	1872（同治十一年）	1873（同治十二年）	1874（同治十三年）
四川						水			水、震	水、旱	水	水、蝗	
云南	震、疫												
贵州	旱、疫												
广西				旱	旱、疫			旱			旱		
广东	风	水	水	旱						水	水、旱		风
福建（含台湾）	震		风、疫			风、震						水、风	风
奉天			水				水		水	水	水	水	水
吉林		水				水	水		旱				

第二节　铜瓦厢决口与黄河大改道

在今中国大地上，有一段被称为“废黄河”或“淤黄河”的旧河道，自今河南省兰考县北铜瓦厢向东，经江苏省徐州、淮阴等县市直达黄海。这段河道早已干涸，虽仍有部分地段留有残迹，但大部已垦为农田。不过，在1855年（咸丰五年）以前，滔滔不绝的黄水却正是通过这里流入大海的。

自古以来，黄河素以“善淤、善决、善徙”而闻名于世。就拿黄河改道来说，历史上有记载的较大的改道就有26次，平均百余年一次；至于小的改道，那就难以数计了。1855年的铜瓦厢决口，造成了离现在最近的一次黄河大改道，成为近代黄灾史上的一个重大事件。

铜瓦厢位于河南兰阳县（今属兰考）黄河北岸。1855年春夏间，由于雨水偏多，黄河水势盛涨，铜瓦厢3堡的堤工就频频告危。7月31日（六月十八日）以后，水势越来越大，强劲的南风，刮得黄水巨浪掀腾，终于在8月1日（六月十九日）漫溢过水。次日冲开缺口，口门宽达70余丈。这次决口，与前几年的丰北决口就大不一样了，因为丰北距海较近，所淹之地较少，铜瓦厢处于上游①，此处决口，黄水漫淹之地自然要宽广得多。9月6日（七月二十五日）的上谕曾详细叙述铜瓦厢决口后黄河改道的具体情形：“（东河河道总督）李钧奏查明漫水经由处所一折。据称，黄流先向西北斜注，淹及封丘、祥符二县村庄，复折转东北，漫注兰仪、考城及直隶长垣②等村落。复分三股，一股由赵王河走山东曹州府迤南下注，两股由直隶东明县（今属山东省）南北二门分注，经山东濮州（今属

---

① 这里所说的“上游”是相对而言。黄河的上、中、下游，有严格的界说，一般以今内蒙古自治区托克托县河口以上为上游，河口至河南省郑州桃花峪为中游，桃花峪以下为下游。

② 兰仪为兰阳与仪封厅之合称，现与考城合并为兰考县。长垣今属河南省。

范县)、范县，至张秋镇，汇流穿运，总归大清河入海等语。黄流泛溢，经行三省地方，小民荡析离居。”①

铜瓦厢决口后，封建统治阶级就如何解决黄河改道问题，展开了一场争论。一种意见主张抢堵决口，迫使黄水回复淮徐故道。另一种意见主张“因势利导”，沿着漫水走向，“设法疏消”，使黄水通过山东境内入海。这时，清政府正集中全副精力对付太平天国和捻军的起义，几年之内，仅军饷已耗银 3 000 万两左右，哪里还拿得出钱来兴筑河工？最后，清政府决定采取后一种意见，在上谕中说：“历届大工堵合，必需帑项数百万两之多，现值军务未平，饷糈不继，一时断难兴筑。若能因势利导，设法疏消，使横流有所归宿，通畅入海，不至旁趋无定，则附近民田庐舍，尚可保卫，所有兰阳漫口，即可暂行缓堵。”② 其实，这里所说的最具有实质性的一句话就是铜瓦厢决口“暂行缓堵”(实际是不再堵筑)，至于“因势利导，设法疏消”云云，不过是任黄水四处横行、对人民被淹的灾难不闻不问的一种冠冕堂皇的遁词。结果，黄水泛滥之处，周围居民只能自发地“先就河涯筑有小埝，随湾就曲，紧逼黄流”，以后逐步加高堤岸，逐渐形成今日黄河自河南通过山东境内，于利津、垦利两县间流入渤海的基本流向。

清朝政府对黄河改道采取的这种无为而治的方针，不能不使人民的生命财产遭到极为严重的损失。有材料说，铜瓦厢“漫决之初，大溜浩瀚奔腾，水面横宽数十里至百余里不等”③。不难想象，横宽几十里甚至百余里的滚滚洪流，如脱缰的野马一般四处乱窜、咆哮汹涌，水过之处，将有多少无辜的生命葬身鱼腹？又有多少屋宇财产付之东流？至于田地被淹、禾稼被毁，就更不待言了。

具体灾情，就河南来说，由于铜瓦厢地处豫东，临近河南与山东的交界处，因此黄水所淹区域，主要只是兰仪、祥符、陈留、杞县等数县，这些地方“水势汪洋”“灾黎遍野”。但从兰仪以下河南至江苏的黄河旧河道，由于河水旁趋，正河断流，“下游已成涸辙”，

---

①② 《清文宗实录》卷 173。

③ 录副档，咸丰六年七月十七日礼部尚书瑞麟、盛京将军庆琪折。

数百里“徒步可行”，造成严重的干旱缺水状态。而此次黄河改道受害最烈的地区，则为直隶的南部与山东的西部。据记载：“东河兰阳汛黄水漫溢，延及直隶开州（今属河南省濮阳市）、东明、长垣各州县。”① 其中尤以东明县水患最重。黄水将东明县城四面环绕，整个东明城处于黄水包围之中，“以城为堤，情形吃重”。这种危急的情况延续了两年之久，未能缓解，因为铜瓦厢决口一直未堵，所以黄水来源也就始终不绝。当地群众曾在极困难的条件下，设法在县城东南方向修筑一条大坝，并开挖一条引河，以便拦阻黄水。“乃黄流势猛，旋筑旋冲，垣墙日久被水，渐形坍塌。”所以到 1857 年 6 月 13 日（咸丰七年五月二十二日），直隶总督谭廷襄还向朝廷紧急奏报说：“兹据该县禀报，城西北隅因南面、西面各有大溜一股，齐至其下会合，紧抱城角，折向东，乃回溜漩涡日夜摩荡，外面城砖蛰陷九十余丈，仅存土垣。此外，坐蛰、坍卸、裂缝之处，虽经随时保护，惟瞬届伏汛，恐难抵御。”②

山东的情况就更为严重。佚名《山东军兴纪略》记载此事说：“夏六月，甚雨兼旬，黄河滈瀑，风涛斗号，遂溃兰仪之铜瓦厢大堤。河决而北，山东郓、钜、濮、范诸县成泽国，全黄入大清河以达于海。于是不特沿边曹、单、金、鱼、邹、滕、峄变居黄南，凡大清河东北数十州县皆在黄南矣。”③ 9 月 12 日（八月初二）的上谕也说：“本年豫省兰阳汛黄水漫溢，直注东省，穿过运河，漫入大清河归海。菏泽、濮州以下，寿张、东阿以上，尽被淹没。他如东平等十数州县，亦均被波及，遍野哀鸿。”④ 据山东巡抚崇恩报告，这一年因受黄水漫淹而成灾十分（即颗粒无收）的有菏泽县邓庄等 266 个村庄，濮州李家楼等 1 211 个村庄，范县宋名口等 344 个村庄；成灾九分的有菏泽县大傅庄等 226 个村庄，濮州姜家堤口等 139 个村庄，范县张康楼等 140 个村庄，阳谷县张博士集等 492 个村庄，寿

---

① 《清史列传》卷 45，《桂良传》。

② 录副档，谭廷襄折。

③ 《捻军》（四），29 页。

④ 《清文宗实录》卷 174。

张县（今属阳谷）何家庄等391个村庄；成灾八分的有菏泽县桑庄等278个村庄，城武县（今成武）王家庄等211个村庄，定陶县黄德村等80个村庄，巨野县刘家庄等90个村庄，郓城县丘东等449个村庄，濮州高家庄等101个村庄，范县张常庄等34个村庄，寿张县阎家堤等264个村庄，肥城县刘家庄等105个村庄，东阿县枣园村等32个村庄，东平州（今东平县）陈辛庄等160个村庄，平阴县盆王庄等93个村庄，齐东县郭家庄等226个村庄，临邑县杨家庄等54个村庄；成灾七分的有菏泽县唐庄等272个村庄，城武县前宋家湾等165个村庄，定陶县折桂村等38个村庄，巨野县庞家庄等81个村庄，范县朱堌堆等63个村庄，肥城县栾湾庄等36个村庄，东阿县山口村等39个村庄，东平州赵老庄等84个村庄，平阴县宋子顺庄等71个村庄，齐东县王家寨等31个村庄，禹城县小洼等63个村庄，临邑县高家庄等58个村庄；成灾六分的有菏泽县傅家庄等143个村庄，城武县刘家桥等263个村庄，定陶县牛王庄等32个村庄，巨野县大李家庄等48个村庄，范县高常庄等8个村庄，阳谷县东灼李等168个村庄，东平州关王庙等16个村庄，平阴县吉家庄等14个村庄，齐东县东赵家庄等50个村庄，禹城县小于等32个村庄。① 从这些数字中，也就能充分地看出这次灾荒带给广大人民群众何等巨大的苦难了。

此次铜瓦厢决口造成的黄河大改道，为当时正与清政府进行艰苦武装斗争的捻军，创造了进一步发展的条件和机会。据《中兴别记》说：原先，山东兖州府的邹县、滕县、峄县，济宁州的金乡、鱼台县，曹州府的曹县、单县，都在黄河以北，捻军常常是活动到黄河边上，就退了回去，因为无法飞越到北岸去，所以清朝官兵把黄河倚为天险。黄河改道之后，上述这些地方都移到了黄河以南，于是，捻军在这些地区就可以长驱直入，任意往来，捻军的势力也就更加迅速地发展起来。

这次黄河改道，对于山东省的影响特别强烈。这种影响不仅表

---

① 参见录副档，咸丰六年三月初七崇恩折。

现在当年的严重水患上，更重要的是表现在以后水灾次数的急剧增加。过去，山东受黄河泛滥之害，都是从外省特别是河南省波及而致，自铜瓦厢决口后，山东的黄河洪灾则以省内决口居绝对多数。据统计，从铜瓦厢决口到1912年清王朝覆亡的57年中，山东省因黄河决口成灾的竟有52年之多，其中38年是决于省内的。“在决口成灾的52年中，共决口263次，平均每年决口4.7次，相当于改道前的16倍，决口之频繁确是惊人。”① 在52个成灾年头里，共出现3个特大洪年、14个大洪年、22个洪年及13个小洪年，“共成灾966县次，平均每年17.3县被灾，为改道前的7倍”②。黄河改道确实给山东人民带来了无穷的灾难。

第三节 咸丰年间的严重蝗灾

在中国近代历史上，蝗灾一直是各种自然灾害中较为常见，也颇具破坏性的一种。而在晚清时期，咸丰朝是发生蝗灾最集中也是最严重的一个阶段，所以我们在本章中有必要辟出专节来加以叙述。

晚清时期，人们对蝗虫尚无科学的认识。有的人认为蝗虫是“鱼虾遗子”所化生，大抵滋生在水灾之后；有的人认为是一种不知名的小虫所变，“因旱而生”；更有人把蝗虫视作“神虫”。一旦蝗灾发生，封建统治者或者到刘猛将军庙拈香祈祷，请求“神虫”嘴下留情，不要吞噬庄稼；或者以邻为壑，设法把蝗虫驱赶出自己的辖区了事；好一点的，则“示民捕捉，计斤给钱”，用“设局收买”的办法鼓励人们灭蝗。清朝还有一种制度，即一旦发现蝗灾，即要调集军队，前去助民“捕蝗”。这种制度不能说没有起过一点积极的作用，但在许多情况下，特别是到晚清政治腐败的现象愈来愈严重之后，也反而常常给老百姓增添了麻烦。有些军队到达灾区后，即向当地多方需索，不但要好吃好喝招待，而且要送一笔可观的贿赂；

①② 袁长极等：《清代山东水旱自然灾害》，见《山东史志资料》，1982年第2辑，170页。

否则，这些军队便以“捕蝗”为名，把地里尚未被蝗虫吃尽的庄稼故意踩得稀烂。所以，一旦发现蝗灾，老百姓竟宁肯隐匿不报，因为他们知道，这些封建军队实在比蝗虫更可怕，与其引来兵灾，倒不如忍受蝗害。

咸丰初，首先是广西连续3年发生蝗灾。1852（咸丰二年）年九、十月间，广西浔州、梧州两府所属的武宣、平南、桂平、容县及郁林州所属的兴业（今属玉林）、北流等县，都有飞蝗入境。此外，据岑溪县禀报，九月下旬“有飞蝗沿边经过，并未入境”。贵县县令报告，10月20、21日（九月初八、初九）等日，县属石陇墟等处，“有飞蝗入境，随即扑灭”。藤县县令报告，1853年1月10、11日（咸丰二年十二月初二、初三），该县的蚒蛇洲、大黎、安城等地，忽然有大群蝗虫丛集，经组织人力扑捕，再加阴雨严寒，冻死不少，“查勘业已净尽，菜蔬杂粮均无损伤”。柳州府也禀报，该府所属的马平（今柳江）、雒容（今属鹿寨）、来宾等县，秋冬间都“间有蝗虫发生，均随起随捕，立时扑灭”。[①] 所有这些地方官的报告，都竭力掩饰蝗虫造成的灾害程度，不是说飞蝗“并未入境”，就是说入境后“立时扑灭”，或者庄稼“均无损伤”。实际情况却并非如此。有一个名叫严正基的人，在第二年写的《论粤西贼情兵事始末》中说：“柳、庆上年旱蝗过重，一二不逞之徒倡乱，饥民随从抢夺，比比而然。”[②] 柳指柳州府，庆指庆远府，文中指出这些地方“旱蝗过重”，因此到处都是饥民，他们为了活命，在一些人的倡导下，不得不铤而走险，起来斗争。

1853年（咸丰三年），广西的蝗灾更形严重。三月间，象州、武宣、桂平、贵县、来宾等地，就有蝗蝻萌生，并有飞蝗停集。进入夏季后，蝗虫飞集的地区又扩大到雒容、平南、岑溪、修仁（今属荔浦）、柳城、罗城、宜山、天河（今属罗城）、迁江、宾州（今宾阳）、横州（今横县）、永淳（今属横县）、永福、灵川、临桂等地。据广西巡抚劳崇光报告，一直到八月末，象州、武宣、贵县、平南的蝗

① 参见录副档，咸丰三年正月二十七日广西巡抚劳崇光片。
② 《太平天国史料丛编简辑》，第2册，5页。

虫捕捉“尚未净尽”。不过他依然使用讳饰灾情的故伎，不是说“飞蝗多停落于高岭草地之间，因田间水深苗短，蝗不能集，是以无损伤”，就是说“禾稻虽有伤损，尚不甚多”①。但事实恐不尽然。有记载说，灵山县这一年“飞蝗蔽天，田禾俱尽”②。灵山既然“田禾俱尽”，蝗虫存活有半年之久的象州等地，怎么倒反而会庄稼毫无损伤呢？

1854年（咸丰四年），蝗灾在广西继续蔓延。据7月28日（七月初四）的上谕说，这一年广西的“被蝗灾区”包括永福、永宁（今属永福）、荔浦、修仁、象州、融县（今融水苗族自治县）、柳城、来宾、宜山、武缘（今属武鸣）、迁江、桂平、平南、贵县、武宣、宣化（今属南宁市）、横州、崇善（今属崇左）、养利（今属大新）、左州（今属崇左）、永康（今属扶绥）、宁明22个州县，以及万承、龙英、都结、结安、结纶、全茗、茗盈、镇远、下石、上龙、凭祥、江州、罗白、罗阳14个土州县。③ 与此同时，北方的直隶境内，唐山、滦州（今滦县）、固安、武清也发生了蝗灾，武清还因此而造成了饥馑的年景。

1855年（咸丰五年），直隶连续第二年发生蝗灾，不过这一年的受灾地区，从上年的津东、津北转移到了津南和津西，主要集中在静海和新乐一带。同时，从这一年起，江苏又发生了连续3年的蝗虫灾害。本年江苏总的灾情，呈南旱北涝之势。在苏南地区，伴随着严重的亢旱，一些地方还有较大的蝗灾。如无锡就发生了“大旱蝗”，城中崇安寺里有一棵多年大桑树，桑叶全被蝗虫食尽，枝干都被折仆，庄稼就更不用说了。结果这一地区形成了“米珠薪桂，民不聊生”的状况。④

1856年（咸丰六年）是直隶连续第3年和江苏连续第2年发生蝗灾的年头。实际上，这一年也是中国近代历史上蝗害最广的一年，受灾地区除上述两省外，还包括浙江、安徽、湖北、湖南、河南、

---

① 录副档，咸丰三年七月十八日、八月二十九日劳崇光片。

② 《太平天国时期广西农民起义资料》上册，18页。

③ 参见《清文宗实录》卷135。所谓“土州县”，较正规之州县辖区要小，文中所列之14个土州县，均位于桂西南之太平府境内。

④ 参见《纪无锡县城失守克复本末》，见《太平天国》（五），246页。

山西、山东、陕西等省。山东道监察御史方濬颐在一个奏折中说："今年入夏以来，雨泽愆期，旱蝗甚广，不独畿辅为然。以臣所闻，山东、河南两省，除被黄水泛滥之区，其余各府，如山东之济、兖、沂、青、泰、武，河南之开、归、彰、怀、卫等属，旱蝗尤甚。江苏、浙江则数百里亢旱，禾稼收成不过十分之二三。湖北黄州、襄阳一带，闻亦间生蝗蝻。至安徽一省，江北之庐、凤、颍、滁、六、泗各属，到处亢旱，遍野飞蝗。是东南灾歉竟有六省之多。"① 本章第一节中，我们已对本年东南数省的旱荒情况做了描述，这里再着重将蝗灾情形做一点具体的说明。

直隶的大部地区，都受到飞蝗的袭击。直隶总督桂良 9 月 9 日（八月十一日）的奏折中说："自五月以后，省北一带节次大雨，山水陡发，各河道亦同时盛涨，而省南州县得雨稀少，又形亢旱，并有蝻孽萌生及飞蝗过境之处。……现据保定、文安、宝坻、宁河、遵化、新城、雄县、平乡、曲周、鸡泽、肥乡、广平、磁州（今磁县）、邯郸、成安、永年、沙河、大名、元城（今属大名）、开州等州县先后禀报，均已扑捕尽净，其余各属亦将次捕尽。"② 9 月 26 日（八月二十八日）又奏："先后据大名府属之大名、元城、开州、南乐、清丰（上二县今均属河南省）、东明、长垣，广平府属之永年、邯郸、成安、肥乡、广平、鸡泽、磁州，并保定、河间、天津、冀州（今冀县）等府州属之束鹿、东光、南皮、枣强等二十州县具报，蝻孽萌生，旋即扑灭净尽，田禾无伤。嗣于七月杪有飞蝗自西南而来，经过省垣。随又委员分路确查，即据保定、天津、正定三府所属之唐县、祁州（今安国）、高阳、安州（今属安新）、庆云（今属山东省）、获鹿、元氏、晋州（今晋县）、无极并冀州、赵州等十一州县禀报，飞蝗经过，并无停落。惟永平府属之昌黎，保定府属之清苑、安肃（今徐水）、定兴、新城、容城、完县、蠡县、雄县，河间府属之阜城，天津府属之天津、青县、静海、沧州，正定府属之正定、阜平、栾城、灵寿，顺德府属之邢台、沙河、平乡、内丘，广平府属之曲周、清河，遵化州

① 录副档，咸丰六年八月二十九日方濬颐折。

② 录副档，咸丰六年八月十一日桂良折。

并所属之玉田，冀州属之衡水，定州属之曲阳等二十八州县具报，飞蝗停落，均已搜捕净尽。勘明早禾多已成熟收割，其晚禾谷豆间有残食，不过一隅中之一隅，与收成大局并无妨碍。惟集众扑打，践踏稍重之区，由该州县议请减免差徭，以示体恤。”① 此外，热河地方于9月25日（八月二十七日）至10月6日（九月初八）之间，也不断有一群群飞蝗自西南往东北方向飞过，其中栾平、丰宁、赤峰（今属内蒙古自治区）等县，有一部分蝗虫入境停落。

在前面所引的桂良的奏报中，反复强调的无非是“飞蝗经过，并无停落”；或虽有停落，但“旋即扑灭净尽，田禾无伤”。这几乎是当时封建官吏在发生蝗害后通常都会采取的一种讳饰手法。其实，封建朝廷也并非不清楚这一点。这年秋天，顺天府属文安县10余村庄“蝗蝻甚多，伤害禾稼”，而署文安县知县樊作栋还是照老办法，报告说是“蝻子萌生，扑灭净尽”“飞蝗过境，并未停落”。不料咸丰皇帝忽然认起真来，指出这完全是欺骗，“实属玩视民瘼”，下令将樊作栋等人“交部严加议处”。这其实是杀鸡给猴看，是给那些匿灾不报的封疆大吏一个留有面子的间接警告。在此以前，咸丰皇帝还在9月16日（八月十八日）的谕旨中强调他亲睹飞蝗在京师漫天飞翔的情景：“昨日亲见飞蝗成阵，蔽空往来。现虽节逾白露，禾稼渐次登场，尚有未经收获之处，京畿一带农田被灾，谅必不少。”②

江苏的蝗害，本年要比上年严重得多。据署江苏巡抚赵德辙奏报，该省蝗虫丛集前后有两次，一次是8月16日（七月十六日），“大江南北递报飞蝗过境”；另一次是9月4日（八月初六），“苏省飞蝗亦蔽天而至”。实际远不止此。佚名《平贼纪略》说，7月27日（六月二十六日），无锡、金匮（今属无锡）就有“飞蝗自西北来境”，飞来时，就像一大片云彩一样，把太阳都遮住了。一停下来，“食禾如疾风扫叶，顷刻而尽”。蝗虫密密麻麻地停在“败屋危墙”上时，这些墙屋，“则摇摇欲圮”。“农夫始畏若神，执香跪求。继而鸣锣驱逐，间有不食禾而食树叶、芦苇者，因之乡民皆迎供猛将军

① 录副档，咸丰六年八月二十八日桂良折。

② 《清文宗实录》卷206。

神祷之。旋为官示民捕捉，计重给钱，网而焚之，稍杀其势。然高田禾槁，低田蝗食，民欲生而不得矣。”① 在其他一些记载中，有的说苏北地区自五月至九月不雨，“飞蝗蔽天”；有的说镇江 9 月 14 日（八月十六日）“蝗飞漫天”，次日又“蝗飞障天”；有的说金坛“飞蝗蔽天，啮草木皆尽”；有的说常熟七月间“有蝗虫驾海来南，落花地尚不开口，所食野草竹叶。来势满天遍野，如阵云障雾，遮天蔽日”。到八月初，蝗虫愈来愈多，振翅而飞，像漫天猛雪一般，连日色都为之暗淡无光了。蝗虫落地栖息，堆起来竟有尺把来厚。“禾稻刚秀，非头即根咬断，即千百亩，亦可顷刻而尽。”有的说嘉定 9 月 3 日（八月初五）“蝗虫蔽天”，自西北往东南飞去，次日城里还有不少；还有的记南京一带“蝗虫为灾，每过境时，日月为之蔽光”。从以上这些生动而具体的记载中，我们看到了一幅何等可怕的蝗虫肆虐的图画。

浙江的蝗灾，虽不如江苏之甚，但有的地方，也“飞蝗蔽天”，从江苏方向飞来，并且“一日数至”。老百姓大感惶恐，“皆鸣锣敲物以扑之”。安徽北部地区，也“因蝗蝻四起，低洼圩田复被蝗食殆尽”。湖北东部的武昌府、汉阳府、黄州府及北部的襄阳府所属地方，“均有飞蝗蠢动”，光化的蝗灾尤重。河南被蝗地区，计有宁陵、通许、虞城、洧川（今属长葛）、尉氏、睢州、杞县、鹿邑、考城、祥符、鄢陵、陈留、柘城、固始、商城、许州（今许昌）等 16 个州县，河南巡抚英桂在奏报这些地方的灾情时，也是强调“飞蝗过境，或蝗子生发，有过而不留者，有一经停落及甫经萌动即时扑灭者；间有蔓延较广，即用重金收买，自二三千斤至五六千斤不等。声明田禾微有损伤，不过一隅中之一隅，不致成灾”②。不过另外有材料则称，河南由于旱蝗，灾民四处逃荒，有些地方的饥民，竟有食树皮以苟延残喘的。此外，山西的交城、文水、平陆、芮城等地，山东的泰安、兖州、沂州、济宁、济南、东昌等地，陕西的渭南等地，也都有“蝗螟为灾”。有的地方“蝗灾以后，野无青草”，以致连牲

---

① 《太平天国史料丛编简辑》，第 1 册，237～238 页。

② 录副档，咸丰六年八月二十八日英桂片。

口也都瘦饿而死，老百姓更是“饥馑荐臻”，谋生乏术了。

1857年（咸丰七年），全国性的蝗灾从上年的峰巅开始回落，但这只是指灾害程度而言，受灾面积却仍同上年大致相仿。直隶地区已是连续遭灾的第4年。据《清史稿》记载，这年直隶的“昌平、唐山、望都、乐亭、平乡蝗；平谷蝻生，春无麦；青县蝻好生；抚宁、曲阳、元氏、清苑、无极大旱蝗；邢台有小蝗，名曰蠕，食五谷茎俱尽”①。据署直隶总督谭廷襄奏，一直到7月8日（闰五月十七日）上折之日，“直隶各属”的蝗虫“尚未一律净尽”，而且成安、元城、邯郸等地还继续有蝗虫飞入境内。江苏的蝗灾仍是各省中最严重的。这年春天，蝗蝻就开始萌生，农民虽挖掘蝻子，但无法遍掘，天稍暖，蝗蝻就到处丛生。到五月间，蝗虫就从“小而无翼”的跳蝻成长为“生翼而飞”的飞蝗，“各州县皆然”。等到蝗虫漫山遍野时，已经建立了政权的太平天国农民军“即出示捕收，每斤七八文。于是老稚借有生计。然愈捕愈多，愈后愈大。又出示设局收买，每斤十五六文”②。即使采取了这样一些措施，蝗虫也并不能很快扑灭，有的地方“蝗虫积地有尺许厚”。据记载，9月18日（八月初一）那一天，常熟一带“有蝗虫，即遮天蔽日，较旧秋来势，更胜十倍。间落地，豆荚、草根，一饮而尽，稻亦有伤”③。在安徽的潜山县，官庄一带的蝗虫堆在地上有尺把来厚，龙山一带厚五六寸。陕西巡抚曾望颜于夏秋间两次向朝廷奏报“飞蝗入境”，宝鸡县秋天的庄稼和树叶全被蝗虫吃尽，华阴也发生蝗灾。河南正阳等地的蝗灾也颇重，据说六月间曾一度“飞蝗蔽天，日色昏黄”；原籍河南光州的安徽布政使李孟群在奏折中谈到他家乡的情形时说：“秋间蝗灾较早，一食无余，民间之苦异常，有数十里无炊烟者。”④ 湖南遭蝗灾的有长沙、醴陵、湘潭、湘乡、攸县、安化、龙阳、武陵、平江、安福（今临澧）、新化、清泉（今属衡阳）、衡阳、常宁10余个州

① 《清史稿》卷40。
② 《漏网喁鱼集》，30页。
③ 同上书，31页。
④ 录副档，咸丰七年十二月二十一日李孟群折。

县，尽管每个州县都曾挖掘蝗卵块“百数十万不等”，但有的地方蝗虫聚集时，仍然“其数无万，晚稻俱残”。湖北蝗灾情形，据《清史稿》载：“秋，咸宁、汉阳、宜昌、归州（今秭归）、松滋、江陵、枝江、宜都、黄安（今红安）、蕲水（今浠水）、黄冈、随州蝗；应山蝗，落地厚尺许，未伤禾；钟祥飞蝗蔽天，亘数十里；潜江蝗。”① 这里有一个现象需要说明一下：文中说，应山的蝗虫，落地有尺许之厚，但并未啮食禾稼，这种现象有没有可能呢？在一定的条件下，是可能的。因为蝗虫身体里有一个气囊，它要迁飞的时候，常要将气囊鼓足气，才有气力飞得远，飞时还可以减轻体重，增加浮力。但气囊鼓足气后，会把消化管压缩，此时下落，如体内养料尚未消耗尽，蝗虫就不感到饿，也就不食庄稼。如对消化管的压力已减小，体内所贮养料又已耗完，蝗虫就会大嚼一顿，如蝗虫甚多，一会儿就可把庄稼吃得精光。应山的蝗虫，如属于前一种情况，那也还是合乎情理的。当然也不排斥封建统治者利用这点作为讳灾的一个理由。此外，山西、山东的部分州县，也有蝗蝻为害，有的地方也相当严重，如《牟平县志》载：“飞蝗蔽野，食禾稼几尽，灾祲频仍。”

1857 年（咸丰七年）以后，蝗灾就逐渐减少。1858 年（咸丰八年）只有直隶、陕西、湖北的局部地区发现蝗虫。此后直至咸丰朝结束，只有 1861 年（咸丰十一年）在陕西省的岐山等地有蝗灾发生。在中国近代历史上蝗灾最集中、最普遍的一段时期就这样过去了。

第四节　咸、同之交的瘟疫大流行

在本章所涉及的这一历史时期里，由于剥削者和被剥削者、压迫者和被压迫者之间所进行的那一场血与火相交织的殊死搏斗，曾经在很多地方造成了尸横遍野、血流成河的悲惨景象。这就为疫病的流行提供了一个客观条件。特别是在咸、同之交，瘟疫曾经在不

---

① 《清史稿》卷 40。

少地区到处传染蔓延，成为威胁人民生命的一大灾难，这显然不是一种偶然的社会现象。

早在1853年（咸丰三年），正当太平军攻克南京，清政府组织江南、江北两个大营，在江苏战场进行激烈战斗的时候，南京一带就因为死尸过多，不及掩埋，恰又遇上“天大旱，赤地千里”，以致造成“疫气流行”的状况。南京城里的太平军和南京城外的清军，“均多死者”。翌年，浙江一些地方又发生较严重的瘟疫。《过来语》记温州一带三月间情形说：“现在疫气到处传染，大荒之岁，加以疾病，死丧累累。饿莩处处有之，亦日日有之。据行乞一妇人言，死者无人殡，任犬噬食，朝见全尸，夕止半体，可哀孰甚！”① 又说：“上半年瘟疫流行，近海村落为甚。钱桥、梅头二村，各失丁二千；上戴一村百七十丁，失去一百；鲍田、海安，失皆不少。”② 还有材料说，乐清县从正月到六月，百姓一方面因上年大水灾，饥馑乏食，另一方面又加上疾疫流行，结果是“死亡相继”。1858年，福建建昌、宁化等地也发生大瘟疫，据正在福建率师与太平军作战的曾国藩向朝廷报告说，这些地方疾疫流行的程度“为从来所未见”。曾国藩还具体描述了湘军各部因为传染疫病而大量减员的情况，如萧启江部就有1 300余人得病，吴国佐部得病的也不下800余人，刘长佑的新城防军因传染时疫而“死去大半”，以致不得不回湖南去重募新军。另外，云南的江川县也“疫疠大作”，病死、饿死的，每天从城上抛向野外，“不计其数”。不过，以上所说的都还只是发生在个别省份的局部地区。

到1860年（咸丰十年），瘟疫流行的地区就同时扩展到数省。最严重的是浙江。这年初春，浙江淫雨连绵；夏秋间，又发生海潮冲坍海塘之事，萧山、宁波等地，海潮汹涌而至时，浪高2丈有余，“海水淹死人无数，房屋皆坍”。与此同时，嘉兴、湖州两府又发生大瘟疫，有的地方“每十家中必有死者二”，甚至一个小镇“死者日必四五十人，棺木贵不可言”。《避寇日记》在九月间记一个名叫新

① 《近代史资料》，总41号，159页。
② 同上书，160页。

塍的小镇的情形："是时新塍亦瘟疫流行，死者无数……自此月初六雨后，天涔涔雨，阴惨之气逼人。瘟疫大作，死者日以五六十人，而染病者都是寒疾之状，多则二日，少则一周时许，亦有半日即死者。直至廿三、四雨止，疫稍稀。"① 江苏疫病流行的地区主要在苏南。如无锡在六、七、八月的3个来月中，"疫气盛行，死亡相藉"。常熟五月间"时疫又兴，死亡相继"；七月间，"有因疠气所蒸，十死其二三，其余惧而他行者"。吴县一带，秋冬之间"大瘟疫，死者甚多"。这一年，太平军经与清军激战，占领了苏州，据说，当地的百姓，或战死，或因水灾淹死，或因灾乏食冻饿而死，再加上因染疾而死，"人民几去其半"。山东部分州县，时疫流行也极为严重。如《峄县志》对这一年该地怎样因瘟疫而造成人口大量死亡的情形，有如下一段极为形象的描写："是时连岁荒歉，飞蝗蔽天。仲夏后瘟疫大作，有病一二日即死者，亦有病一二时即死者，甚至方食矢箸遽仆案下，言笑未终而气脉已绝。以故沿街臭秽塞鼻刺心，出户者触之而蹶，送殡者遭之而僵。城固不足三里，而一日殒没者至百余人。"②

翌年，山东一些地方仍有疾疫流行。如《莱阳县志》记该县夏间因疠疫居民"死亡殆半"；《续滕县志》记该县"疫大作，损口不胜计"。同时发生瘟疫的还有安徽、云南二省。安徽部分州县，春夏间淫雨成灾，长江水较平时涨高一丈有余，麦收大歉。五月后，一些地区又出现了严重的疾疫。据黄崇惺的《凤山笔记》所说，徽州的老百姓，在战乱中死亡的只占"十之二三"，而清军占领徽州以后，"以疾疫亡之六七"。而疾疫的流行，又同战争、水灾、饥荒有直接的因果关系。按该书的描述，在太平军与清军作战过程中，即有一些人战死；加之水灾造成的饥荒，乡民没有粮食，"往往掘野菜和土而食"，有的地方"有至于食人者，于是饥饿而毙者亦不可胜计"③。在战乱和饥荒的情况下，很多死尸无人掩埋，秽气郁积，病毒四散，传染病便自然要不可遏止地蔓延开来。安庆的情形较徽州

---

① 《太平天国史料丛编简辑》，第4册，46～47页。

② 《捻军》（三），398页。

③ 《近代史资料》，1963年第1期，140页。

更为严重，据称染疫而亡的“十有八九”。瘟疫不仅流行于社会上，而且侵袭到兵营中，据左宗棠致刘长佑的信所说，他的军队在婺源（今属江西省）作战后，“士卒患疾者逾半，物故者亦近千人”①。云南的腾越（今腾冲）地区，既有大水，又有大疫，百姓苦不堪言。

1862年是瘟疫流行最广的一年，遭灾地区包括直隶、山东、河南、安徽、江苏、浙江、陕西、云南、贵州等省。《津门见闻录》有一段文字，是讲这一年瘟疫流行经过的：“五月之初，疫自奉天至大沽、于家堡流行。天津以二十五日至六月初六日、二十日间为最甚，至六月十三、四日稍息。后闻此疫遍于天下，盖自津而南也。我乡百余家，死者四十余人。”② 按照这个记载，疫病是从东北传入京津，再由京津地区传往南方各省的。这个说法是否完全符合实际情况，尚待证实，但这一年在全国的大片土地上发生了流传极广的传染病，则显然是确凿无疑的。

拿京津地区来说，《翁同龢日记》中曾提及，七月间，“涿州以南微伤旱，时疫传染，村落多哭声”，“闻天津、通州（今属北京）时疫盛行，浸及都下，大约转筋痧居多”。朱克敬《瞑庵杂识》也有“都中之疫疠行”的记载。有材料说，天津海河北岸有一位和尚，能治疫病，每天前去求治的有上万人之多，从这里也可见染疾人之众了。

有一些省份，局部地区疫病虽颇严重，但流行地区不广，影响尚较小。如山东文登县，秋间“疠疫大作，民多死亡”；陕西华州（今华县）“大疫”；河南正阳县自三月到七月“瘟疫大行，被传染者大半，死伤颇多”；云南永昌府“瘟疫大行，尸骸遍地”；贵州天柱县“发大瘟，十死八九”。浙江疾疫流行区稍广，包括北部的嘉兴、东部的绍兴及西部的处州府，都有瘟疫发生，有的上吐下泻，“不及一昼夜即死”，“死者累累”。有的地方太平军中也“疮痍及瘟疫大发，死无算”。

苏、皖二省，疫情就要严重得多了。江苏这一年是南旱北涝。

---

① 《左宗棠年谱》，79页。
② 《第二次鸦片战争》（一），594页。

苏南地区由于入夏后亢旱无雨，不少田地开耕的只有十之二三，百姓本来就生计艰难。不料夏秋之间，又普遍流行起瘟疫来，而且来势极凶，传染甚广。最严重的是上海，流行一种名叫“子午痧”或“吊脚痧”的时疫，有的说“朝发夕死”，也有的说“无方可治，不过周时”，十分厉害，每天要死几十人。后来又蔓延到松江、苏州、太仓、常熟一带。《小沧桑记》谈松江的情形说：“加以疫疠盛行，日有十数家，市様为之一空。”[①] 又说：“自七、八月以来，城中时疫之外，兼以痢疾，十死八九。十室之中，仅一二家得免，甚至有一家连丧三四口者。”[②] 苏州、太仓、吴江等地的情形也大致相仿。常熟则“无家不病，病必数人”，而且数人中必有一二人因无法救治而亡，弄得“素衣盈途”。南京一带，也是疾疫盛行。正在围困天京的湘军，就曾因为染疾的太多而大大削弱了战斗力。据称，湘军“苦疠疫”，军士相互传染，“死者山积”。曾国藩在向朝廷的奏报中说湘军染疫生病的超过一万。几年以后，曾国藩在《金陵湘军陆师昭忠祠记》中还回忆起当时情景说：“我军薄雨花台，未几疾疫大行，兄病而弟染，朝笑而夕僵，十幕而五不常爨。”还说：一个人死了，几个人去送葬，等到送葬回来，送葬队伍中倒有一半人在途中就疫发而殁了。瘟疫的猖獗，于此可见一斑。

安徽因上年有较大水灾。秋收不足五分，所以这一年春荒就颇为严重。二、三月间，皖南百姓就有“人食人肉”的现象。入夏以后，又发生了蔓延极广的瘟疫。在安徽镇压太平天国运动的湘军，“疾殁者十之二三，患病者十之三四”，能够出队打仗的不及四成。仅宁国（府治在今宣城）一地，两月之间，兵民因染疫而死的就达两三万人。当时的悲惨景象，在下面一段文字中有很形象的刻画：“行路者面带病容，十居八九。城内外五六里，臭腐不可堪忍。沿路尚有尸骸，有旋埋而掩埋之人旋毙者。城河三里许，漂尸蛆生，或附船唇而上。城中之井及近城河水，臭浊至不可食，食之者辄

① 《太平天国》（六），507页。

② 同上书，513页。

病。”①一直到“秋风已深，而疫病未息”，不少地方到处是尸骸狼藉，无人收埋，生了病也无人侍药。连曾国藩也不得不惊呼，这是“宇宙之大劫，行军之奇苦”。

1863、1864年（同治二、三年），瘟疫流行的范围较1862年（同治元年）已渐趋缩减，但每年仍有4个省份。1863年发生疾疫的有江苏、浙江、湖南、陕西。其中，上海因时疫流行而死亡的超过20 000人。浙江一些地区流行“吐泻霍乱之病”，即使小村镇也“每日辄毙数十人”；左宗棠指挥蒋益澧部清军进攻富阳，全军“仅万余人，皆病疫”。陕西“自夏徂秋，疫疠大作，死亡甚多，至有全家无一生者”，百姓“半死刀兵，半死疫疠，通省皆然”。湖南的嘉禾、永绥（今花垣）等地，疫情也颇为严重。1864年发生疾疫的有江苏、浙江、福建、贵州，其中尤以浙江、贵州为重。浙江的湖州府，六月间“每日死者动以百计”；贵州的遵义，夏秋间“疫大作，有全家病卧者，有相继抱病者，有一家全行病故者，有一家存二三人者，四乡尤甚”。秋收时，农民一边下地收谷，一边因“染瘴扑地，十死五六”，弄得庄稼熟在地里而无人敢去收割。清江厅也“以瘟疫盛，遍死流离，疫病盈庭，尸埋满地”。

自此以后直至同治朝结束，虽然在个别年头和个别地区还有疫病发生，但已大体属于正常的情况，与前数年那种集中的、大面积的疾疫盛行，在性质上有所不同了。

第五节　同治年间连续九年的永定河漫决

“可怜无定河边骨，犹是春闺梦里人。”这是自号“三教布衣”的唐朝诗人陈陶在《陇西行》一诗中脍炙人口的名句。诗中提到的无定河，就是现在北京附近的永定河。

永定河是“畿辅五大河”之一。②“旧名卢沟，上流曰桑干。”

① 《太平天国史料丛编简辑》，第6册，220页。

② 其余四河为南运河、北运河、大清河、子牙河。

卢沟的“卢”是黑的意思，所以又名“黑水河”。“水徙靡定，又谓之无定河。康熙三十七年，赐名永定。”① 1871 年（同治十年）十二月，直隶总督李鸿章在奏疏中曾论述永定河地位之重要：“永定河南北两岸，绵亘四百余里，为宛平、涿州、良乡、固安、永清、东安、霸州、武清等沿河八州县管辖地面……永定河为畿南保障，水利民生，关系尤巨。”② 但是，康熙皇帝虽然把这条河的名字从“无定”改成了“永定”，河患却并不因此而消失，仍然是连年漫决，使这条横贯畿辅的大河，成为威胁京畿的重要祸害。1823 年（道光三年），河臣张文浩曾上奏说：“永定河水性悍急，一遇大雨，动辄拍岸，步步生险。土性纯沙，所筑之堤不能坚固，每遇大溜顶冲，随即坍溃。防守之难，甚于黄河……永定河绵长四百余里，两岸皆沙，无从取土，不能处处做堤，俱成险工。而出山之水，湍激异常，变迁无定，动辄挖根漫顶，如水浸盐，遇极盛涨时，堤防断不足恃。”③《永定河志》也说它“有小黄河之目，水性激，挟沙与黄河同”。

上一章已经说过，晚清时期，永定河平均两年漫决一次。其中，同治年间曾经创造了连续 9 年决口 11 次的历史纪录④，给永定河两岸的人民带来了巨大的灾难。

连续 9 年的永定河决口是从 1867 年（同治六年）开始的。这一年，京师和直隶地区自春至夏，“雨泽愆期，久形亢旱”，眼看一场旱灾就要形成。不料六月下旬以后，一连几天连降大雨，山水涨发，永定河水“陡长数丈，兼之风雨猛骤，水面抬高”，以致宛平县（今属北京）境的北 3 工 5 号堤身漫坍 30 余丈。同时，其他各河也一齐盛涨，直隶南部的开州、东明、长垣一带又受黄水泛滥的影响，结果这一年“畿辅大饥”，仅天津一地每天靠粥厂施食勉强度日的饥民就达万余人。特别是通州、三河、武清、宝坻、香河、宁河、霸州

① 《光绪顺天府志》，1230 页。

② 同上书，1418 页。

③ 同上书，1583 页。

④ 最后一次为光绪元年，即 1875 年。

（今霸县）、保定、固安、永清、东安（今安次）、宛平、房山、雄县、天津、青县、静海、沧州、丰润等19个州县，灾情极重，不少村庄成灾六、七、八、九、十分不等。

1868年（同治七年），永定河两度漫溢。第一次在4月5日（三月十三日）。经过情况是：本年正、二月间，连阴细雨，永定河大堤土性沙松，雨水渗透后，软散不坚，加上天气日暖，上下游冰凌同时化解，结果全河水势汹涌，各工段纷纷报险。4月3日（三月十一日），固安县境4工17号冲刷堤身七八丈宽，守堤兵夫竭力抢堵。两天后，突然北风大作，河水咆哮奔腾，猛涨三四尺有余，漫上埝顶，一涌而过，冲开决口，口门宽达20余丈。第二次在8月25日（七月初八）。当时，已连续下雨10天左右，河水大涨，深处达2丈4尺有余，许多地段水与堤平，险情迭出。据称，水势之大，“实为四十年来未有之奇”。24日（初七）深夜，“水势续涨，北风大作，骇浪腾空，越过埝顶”，至25日凌晨4时，水又陡长两三尺，终于“大溜一涌而过，口门刷坍十余丈”。以后口门继续塌宽，洪水四处浸淹。与此同时，滹沱河也因水势盛涨，漫溢横流，脱离故道，改道北徙。由于永定、滹沱两河漫决，使直隶广大地区遍遭水害，漫及地区包括霸州、固安、永清、束鹿、深州（今深县）、安平、饶阳、肃宁、河间、献县、任丘、保定、雄县、文安、大城等地。

1869年（同治八年），直隶灾情呈旱涝相叠之势。自春入夏，全省亢旱缺雨，朝廷为此特“降旨祈祷”；永年县群众因春旱严重，“讹言久旱不雨系教堂十字架之故”，在武生魏长庆带领下，锯毁教堂十字架，砸毁家具等物，造成教案。但四月后，部分地区即有雨雹发生。进入五月，又淫雨连绵，终于在6月30日（五月二十一日）发生永定河北下4汛堤岸漫决之事。这次漫口，经伏、秋二汛，一直未能合龙。最后，清政府专拨银40 000两，纠集人力，多备物料，直至十一月间始告堵合。与此同时，永定河以南的滹沱河，也因水涨漫溢，灾情与上年不相上下。据直隶总督曾国藩奏报：“不特文安一邑变为洪湖，即大城、雄县、任丘、饶阳、安平等属，亦皆淹没田庐，浸占驿路。小民荡析离居，栖托无所。”① 这一年，直隶遭受水灾的地区达58个州县。但直隶西南部地区，旱象一直未曾解除，尤以“南三府”即南部的大名、顺德、广平3处最为严重。

1870年（同治九年），直隶的灾情仍同上年一样，既有旱荒，又有水患。年初，春旱即甚严重。二月间，直隶总督曾国藩就奏报说：“去岁天时亢旱，年谷不登。自冬徂春，雨雪过于稀少，麦收又已失望。嗷嗷千里，流民塞途。”② 4月30日（三月三十日），曾国藩在给他弟弟的信中又说：“近十日来，亢旱如故。此间麦秋全坏，无可救药，焦灼之至。”③ 此后的一两个月中，他在致家人及友人的书函中多次有这样的笔墨：“天气亢旱狂风，人心皇皇，余焦灼异常”④；“久旱不雨，官民皇皇”⑤；“此间情形，自三月以后，久无雨泽，二麦业已失收，秋禾不能播种。竟日狂风卷土，昏霾燥热，通省官民，皇皇无策”⑥。但到六月间，永定河又在永清县境的南5工漫决，半月之内，决口并有逐步扩展之势，致使曾国藩在家书中发出“今又闻永定河决口之信，弥深焦灼，自到直隶，无日不在忧恐之中”⑦的惊叹！再加上滹沱河连续第三年泛滥成灾，使这一年直隶全省遭受水、旱、雹、虫灾害的州县达60个之多。

1871年（同治十年），直隶发生特大水灾，其严重程度，有的说是“为数十年来所未有”，有的甚至说“乃数百年来罕见之灾”。灾害的起因，是由于夏秋间淫雨不绝，引起各河漫溢。不仅永定河在六月间于良乡县境的南2工6号漫口，七月间又在南岸石堤5号复决，使良乡、涿县一带遍遭淹浸；而且草仓河、拒马河、海河、南运河、北运河也先后漫溢，“横流泛滥”，使一些村庄全遭淹没，田庐、禾稼多被冲毁。顺天、保定、天津、河间等府“几成泽国”，从保定到京师，旱路早已不通，只有用舟楫才能往来。一直到第二年，

①② 《曾文正公全集·奏稿》卷4。
③ 《曾国藩全集·家书》二，1364页。
④ 同上书，1367页。
⑤ 同上书，1368页。
⑥ 《曾国藩未刊信稿》，286页。
⑦ 《曾国藩全集·家书》二，1373页。

“田庐没于水中者”还是“所在多有”。同治皇帝为此专门降旨，于8月21日（七月初六）亲自“拈香祈祷”。这自然丝毫无济于事，灾荒还是愈来愈发展。据统计，这一年直隶被水灾区广达87个州县。翌年9月19日的《申报》对这次大水灾有这样的记载：“去年夏秋之际，阴雨连绵，数月不止，河水盛涨，奔堤决口，地之被水者长几千里，广亦八百余里。天津境内之房屋为水冲倒者，不可胜计，百姓之露处于野者，不下七八万人焉。若总直隶一省而计之，则损坏之房产等物所值奚止千百万，而民人之颠沛流离无栖止者，又奚止为万人哉！”

1872年（同治十一年），继上年的大水灾之后，京师和直隶地区又发生严重水灾。上引《申报》的报道，在追叙了前一年的大水情景之后，接着写道：“今年夏秋之间，雨又大作，较之去年为尤甚。永定河堤为水冲塌，运河亦冲破河埂，水泛滥平地之中，漫淹数十州县，民人皆束手待毙，涕泣呼天而已。夫去年之灾固甚重也，而今年则倍蓰焉。”说本年的灾情比上年加倍严重，这带有当时报纸消息中常有的夸张成分；但也不可否认，这一年的水灾确实给人民群众造成了又一次巨大的苦难。据记载，六月中旬，京师连下了3日3夜的暴雨，仅一天的雨量，就使京城街道上积水达7寸之深，各处道路无不被淹，“房屋之倒塌者，不计其数”。天津郊外一片汪洋，而各处川渎的水势还是有涨无已；从天津往京城的道路，大半都被水淹，有的地方积潦有2尺多深。永定河、滹沱河两岸，漫溢出来的河水任意流淌，把许多村庄都浸淹在浊浪之中。礼部尚书兼顺天府尹万青藜在奏折中说：“讵料六月下旬以后，大雨连绵，山水下注，河流漫溢，平地水深丈余及数尺不等。所有西路之宛平、涿州、良乡、房山，南路之文安、大城、保定、霸州、固安、永清、东安，东路之宝坻、武清、蓟州（今蓟县）、香河、三河、通州等十七州县陆续禀报秋禾被水。……各该州县非濒临大河，即接近诸山，此次山水、河水汹涌异常，经过村庄，不但禾稼全被冲淹，即房屋亦多冲刷倾圮，且有人口淹没之处。至洼下地方，积水汇归，为害尤甚。”①

① 《清代海河滦河洪涝档案史料》，469页。

但据清廷所发谕旨，本年被水成灾地区共30个州县，只较上年遭灾州县的1/3略多一点。

1873年（同治十二年）是永定河连续第7年漫决，也是直隶地区连续第3个大水灾年。六月以前，直隶地区天时尚可，麦收可达中稔，秋禾亦已播种。不料六月以后，一气下了个把月的连朝大雨，“西北口外及直、晋、豫诸山之水奔腾汇注，各河同时异涨，处处出槽，漫溢平地”。连年漫决的永定河，河水不断暴涨，卢沟桥以下连底水深达一丈七八尺。8月3日（闰六月十一日）以后，仍是昼夜大雨倾盆不止，永定河水又陡涨2尺有余，终于在8月7日（闰六月十五日），上年决口刚合龙不久的永定河，又在固安县境的南4工9号漫口，口门宽50余丈。水由固安、霸州一带顺流东下，不少村庄的田地房舍多被冲没。除永定河外，温榆河、蓟运河、拒马河、大清河、潴龙河、滹沱河、漳河、卫河等也先后被冲决，顺天府属及新城、雄县、安州、蠡县、高阳、安平、饶阳、河间、献县、任丘、保定、霸州、元城、大名、吴桥、交河、青县、静海等地“冲荡颇甚”，受灾极重。通州境内的潮白河也在平家疃决口，造成通州、香河、三河、平谷、蓟州、宝坻6个州县“田庐淹没，运道亦被阻滞”的严重局面。9月24日（八月初三），《申报》报道直隶灾情说：“昨接天津来信云，今登高楼远望，西边及西南各处，眼界所及，惟水是见。津门为各水趋海之区，直隶一省之水皆归焉，若运河一带，则山东江南之水，亦有流入者。其他则永定、滹沱、子牙、淀湖，以及各小河之水，亦均由此以入海。各河若有决口未堵，是以各水皆溢，原田不见；租界左右各处较低者，沉浸水中；郡城内外，沿河诸店面皆被水；城内街衢，多已成河。又阅保定府所来函云，彼处所有河堤，久已决圮，水惟顺性而流，四面田园，均有变为沧海之叹。各客之往来者，正如泛海，各处遥望，地皆难觅，均渺茫似重洋也。此保定、天津诸客所目睹，他处虽无确耗，亦可推而知也。”据接替曾国藩任直隶总督的李鸿章向朝廷报告，本年直隶各地受灾情形为：通州、三河、武清、蓟州、香河、宁河、霸州、保定、文安、大城、固安、永清、东安、顺义、怀柔、雄县、高阳、安州、河间、献县、任丘、交河、景州（今景县）、东光、天津、青县、静海、沧州、定州（今定县）等 29 个州县，共有成灾八分之村庄 451 个，成灾七分之村庄 1 227 个，成灾六分之村庄 1 073 个，成灾五分之村庄 882 个。另有一些村庄虽勘不成灾，但也收成歉薄。

1874 年是同治朝的最后一年，这一年交伏以后。又是大雨连宵，使永定河六月初漫口数处，潮白河也在平家疃上年决口以北处漫决 200 余丈，虽然灾情较前 3 年为轻，但顺天府属的“东八县、北五县半成泽国”[①]，收成大为减色，有的地方“并有颗粒无收之处”。

1875 年已是光绪元年。由于这一年是永定河连续第 9 年决口，所以在本节中也要做一交代。本年京师和直隶地区本是旱年，但伏汛期间，却有连旬之阴雨天气，使永定河在良乡、涿州境内的南 2 工发生漫决。这次永定河决口，在局部地区造成水潦，但并未改变二地的干旱面貌。这一点，我们在下一章的开头还要讲到。

以京师为中心的顺天府和直隶地区，在全国具有特殊的政治地位，在这里发生的自然灾害，对于当时的政治和社会生活的影响，远远超出了其他地区之上。我们对永定河连续 9 年漫决给予了特别的注意，其原因也正在于此。

---

① 顺天府共辖 24 州县，“东八县”为通州、蓟州、三河、香河、宝坻、宁河、武清、东安，“北五县”为密云、顺义、怀柔、昌平、平谷，大部分为今北京市所属地方或相邻地区。

第四章　“丁戊奇荒”前后（1875—1890）

第一节　光绪初元的旱灾

1874年（同治十三年），年仅19岁的同治皇帝病逝，载湉继位，定1875年为光绪元年。光绪朝的头两年，直隶、山西、陕西、甘肃、河南等省发生干旱，成为中国近代历史上最严重的特大旱荒——“丁戊奇荒”的前奏。

1875年，京师及直隶地区虽然有上一章已经论及的永定河连续第9年漫决，局部地区遭受水淹之事，但从全局来看，却是一个干旱的年头。《清史纪事本末》载：“夏四月，京师大旱。”5月11日（四月初七）的上谕也说：“京师入春以来，雨泽稀少，节逾立夏，农田待泽孔殷。”① 6月25日（五月二十二日）的《申报》刊登了这样一条消息：“张家口、古北口等地，天气亢旱，麦收大坏。又闻北省各处并时有蝗虫之灾等语。”一直到第二年的3月10日（二月十五日），《申报》还载文说：“去冬直隶全省雨水较少，田多龟坼，每遇微风轻飏，即尘埃四起，几至眯目，故出门殊乏味耳。津郡四周五百里内，麦尽枯槁无收，或有势将萎败者。现时正当播种新麦，而又以干旱不能从事，未免增悬耜之嗟也。”因为亢旱严重，一些封建官僚纷纷提出各种对策和建议。如兵部右侍郎、直毓庆宫授读夏同善就提出：“畿辅旱，请凿井灌田苏之。”② 国子监司业宝廷也因“畿辅旱，日色赤，市言讹騳，建议内严防范，外示镇定，以安人

① 《清德宗实录》卷7。

② 《清史稿》卷441。

心”[①]。清流派健将、当时任日讲起居注官的张佩纶，则更抓住“晋、豫饥，畿辅旱”的困难形势，“引祖宗成训”，提出“诚祈”“集议”“恤民”“省刑”四条政见，要求朝廷“上下交儆”[②]。足见京师之旱，已引起朝野相当的震动。

除直隶外，山西、陕西、河南、甘肃也有很严重的旱灾。谭嗣同在他所作的《刘云田传》中写道：“光绪初元，山西、陕西、河南大饥，赤地方数千里。句荫不生，童木立槁，沟渎之馑，水邕莫前，殂夕横辙，过车有声，札疠踵兴，行旅相戒。”[③] 这一段话，并非过分的夸张，因为在其他一些资料中可以得到具体的印证。如前面所引的《清史稿》几个列传的记载中，夏同善曾经因这年“晋、豫饥”，建议挪移海防关税经费作为赈恤之资；宝廷也因为晋、豫旱荒而要求皇帝下罪己诏，广开言路，并督责臣工振刷吏治；清流派的另一员干将、当时任侍读学士的黄体芳，以晋、豫饥荒为由，提出“筹急赈、整吏治、清庶狱”的主张，一时颇受社会舆论的赞誉。至于甘肃，因“各郡大旱”，聚集于秦州（今天水市）的饥民竟达数十万之众。[④] 所以，薛福成在1876年代李鸿章起草的一封信中，做了这样的描画：“客岁南北荐饥，晋、豫尤甚。灾区之广，饥民之多，实二百年来所仅见。而劝赈之檄，逮于十省。南洋诸岛国及东西两洋，亦皆闻风筹款，集腋成裘，以效输将而全睦谊。”[⑤] 事实上，薛福成也好，李鸿章也好，他们显然都不曾预料到，被他们称作“实二百年来所仅见”的1875年（光绪元年）之旱，还只是一场连续数年之久的骇人听闻的特大旱灾的小小的序幕。

1876年（光绪二年），在旱区的范围和旱情的严重程度上，都较上年有了进一步的发展。

直隶地区，这一年呈先旱后涝之势。入春以来，一直雨泽稀少，至六月间旱情发展到巅峰，麦秋总计仅得半收。直隶总督李鸿章在

①② 《清史稿》卷444。

③ 《谭嗣同全集》（增订本）上册，19页。

④ 参见《陶模传》，见《清代七百名人传》中册。

⑤ 《代李伯相复沈太史（谷城）书》，见《庸盦文别集》卷3，92页。

一封书信中说："直、东久旱，麦既无收，秋禾未种。饥民遍野，赈抚无赀。"[1] 再加上又有蝗虫肆虐，在早已枯萎的黍麦根茇上，密密麻麻的蝗虫啮嚼吞食，"飞鸿遍泽，日夕嗷嗷"，把本已奄无生机的庄稼残株"搜罗殆尽"。不料夏秋之间，又连绵阴雨，西北方向的山水奔腾下注，使大清河、滹沱河、潴龙河、南运河、漳河、卫河同时涨漫，各处的支河民堤也多被冲决，大片土地为洪水所淹。据统计，直隶这一年遭受水、旱、风、雹灾害的地区达 63 个州县。直隶的南邻河南省，情况与直隶大体相仿，自春至夏，同样是"雨泽愆期，麦收歉薄，秋禾受伤，旱象日见"。据《郭嵩焘日记》记载，日记主人曾接到东河河道总督曾国荃的信，告诉他"河南旱势更甚于直隶"[2]。特别是黄河以北的彰德、怀庆、卫辉 3 府，旱情更为严重。但入秋以后，原先干旱得最厉害的彰德、卫辉以及光州等地，又淫霖不绝，阴雨连绵，不少田地被淹，禾稼受损。不过全省的大部地区，"雨泽仍稀"，依然是以旱为主。通省合计，收成在一半左右，"乏食贫民，所在多有"，仅开封一地，靠赈灾粥厂就食的灾民即达"七万有奇"。

山东、安徽、陕西、江苏北部及山西、奉天的部分地区，则是全年皆旱。山东从开春直至仲秋，一直未下透雨，所以《山东通志》称这一年全省都是"大旱，民饥"（只有章丘等小部地区有一段时间"得雨过大"，略遭水害）。《字林西报》刊登记者 6 月 6 日（五月十五日）所写的通讯，谈自天津至德州沿途目击情形："自天津起程，由运粮河舟行五百里而至德州，觉沿路农民俱嫌旱干太甚。幸一月之前得有雨泽，故高粱、棉花其本得高二寸许。除此五百里至百里外，所有麦田竟颗粒无收，一望郊原遍是黄土，惟数弓小圃，借人力滋培者，得有青葱之色耳。土人见有从远方来者，俱询以别府景象，而不知到处皆然也。垄畔草根、树皮掘食殆尽，食物等项价目早晚不同，各地方俱闻有逃荒等事，闻德州之南已有数次，德州之

---

① 《李鸿章致潘鼎新书札》，98 页。

② 《郭嵩焘日记》，第 3 卷，40 页。

东三里内，穷苦灾黎，成群向殷户求乞，只图一饱，并不吵闹。”[①] 6月3日（五月十二日）的《申报》还载有这样一段消息：“西历五月二十九日烟台来信，据云天时亢旱，但见油然之云，并无沛然之雨，麦已不能有秋。本年通省收成而论不到三分，杂粮一切价已昂贵，莱州府属闻有闹荒者聚集数千人。”由于灾情严重，有些地方出现了“道殣相望”的惨象。[②]

灾区往下延伸，苏北、皖北也有极严重的旱灾。数年后，两江总督沈葆桢、江苏巡抚吴元炳向朝廷奏报时追叙本年苏北旱情说：“光绪二年，江北各属被旱，海州（今连云港市）、沭阳歉收甚广。”[③] 由于旱灾严重，大批饥民纷纷南渡，加上鲁、皖流民，也麇集江南，造成很大社会问题。有材料说：“淮、徐、海、沭大饥，官赈勿给，而民气刚劲，饥则掠人食，旅行者往往失踪，相戒裹足。”[④] 1877年1月11日（光绪二年十一月二十七日）的上谕也说：“本年江北旱灾较重，饥民四出，兼以山东、安徽灾黎纷纷渡江，前赴苏、常就食，业经沈葆桢等筹款抚恤，惟饥民为数较多，江南岁仅中稔，户鲜盖存，诚恐赈费不敷，亟应豫为筹画。”[⑤] 据江苏巡抚吴元炳奏报，从十月初开始，苏北的饥民纷纷过江，流亡到苏州一带，“十百成群，殆无虚日”。苏南的地方官员和士绅在各地设厂留养，计苏州共留养16 500余口，苏、松、太各属分养8 000余口，常州收养3 100余口，江阴收养4 600余口，镇江收养3 000余口，扬州收养41 900余口。此外，尚有“随时分起遣回就地给赈者”9 400余口。总计各处共收养遭灾流民约9万人。皖北的旱情略同于苏北。12月4日（十月十九日）的上谕说：“安徽巡抚裕禄奏，皖北庐、凤、颍、滁、泗等属被旱成灾。”[⑥] 数日后，《申报》刊载裕禄

---

① 1876年6月13日《申报》转载。

② 参见《山东旅京同乡莱阳事变实地调查报告书》，见《山东近代史资料》，第2分册，6页。

③ 录副档，光绪五年闰三月二十一日沈葆桢等折。

④ 《清朝碑传全集》（补编）卷19，《李金镛传》。

⑤ 《清德宗实录》卷43。

⑥ 《清德宗实录》卷41。

的奏稿原文，其中说："本年皖北之庐、凤、颍、滁、泗等府属，自入夏后亢旱日久，禾苗未能一律栽插。嗣夏至间得雨泽，赶紧补种，又复连日烈日，类多黄萎。……现据勘复，低洼处所尚属有秋，地势稍高者则大半歉薄，若冈田竟有颗粒无收者。就通境高低牵算，收成约有五分有余。"[①] 这一年，安徽全省遭受旱灾的地区达 48 个州县。

陕西这一年也是大旱，夏秋歉收，冬麦多未下种，即使有少数地方播种了冬麦，也大多苗色萎黄，因缺水而不能正常生长。山西太原等府，因夏间亢旱，秋禾收成歉薄，特别是汾州府属的介休、平遥等县，旱情尤重，几至颗粒不收。此外，奉天的义州（今义县）地方，也因亢旱缺雨，庄稼大受损伤，补种的晚禾又受严霜冰冻，造成"灾黎遍野，日不聊生"的凄惨景象。据统计，仅这一地就有饥户共 108 927 户，可见灾情之严重。

在谈及 1876 年（光绪二年）的自然灾害时，我们着重叙述了北至辽宁、西至陕西、南至苏皖、东至大海的数千平方千米大旱区的灾情，因为这对了解下一节将要专门论述的"丁戊奇荒"有着直接的关系。但如果要全面反映这一年全国的灾害面貌，我们不能不提到发生在中国南部特别是江西、福建和台湾的大水灾。

江西从五月中旬起，丰城、进贤、临川（今抚州）、万安、吉水、清江、新淦（今新干）、峡江等地就大雨淋漓，河水涨丈余，沿河的田禾房舍都被浸淹，圩堤也纷纷溃决。6 月 11 日（五月二十日），一场瓢泼大雨倾盆而下，南丰"城外平地水深二丈数尺，波涛汹涌，冲坍城墙二十余丈，城内尽为泽国，官署、民房倒塌甚多，沿河房屋坍塌十分之六，人口损伤不少"[②]。这场暴雨之后，省城南昌又连续几昼夜下了滂沱大雨，加之抚州、建昌、吉安、临江等府境的河水都汇集到赣江，省河宣泄不及，到 6 月 15、16 日（五月二十四、二十五日）水势涨到一丈四尺有余，城厢内外低洼处所积水达两三丈不等，低处的房舍全都淹没在水中。6 月 27 日（闰五月初

---

① 《申报》，1877 年 1 月 18 日。

② 《申报》，1876 年 8 月 28 日。

六）的《申报》报道说：“五月二十有二日，南昌大水，一由西河赣州、吉安、临江、瑞州诸水入之，一由剑江、抚州、建昌（今永修）诸水入之。须臾之间，众流毕会，骤涨至五六尺高，漫过城外大街，灌入濠沟，沿濠坡堤随即冲陷，其势汹汹，坏及居民屋宇。自抚州门外将军渡至德胜门绵亘二十余里，遍为泽国。复由濠沟透至琉璃、澹台两门，被患者以章江门为最甚，盖其地势低下，又当水冲，水齐屋檐，多遭淹没。”8 月 12 日（六月二十三日）《申报》又载：“本月初六日，赣河、瑞河之水，复汹涌而至。……俱由西河溢入，初七日遂淹城外马头各铺。……初八日沿城濠沟灌满，凡低处屋宇又经浸入。初九日淹没中沙河蓼洲上圆觉寺。浮桥头下并接官亭一带，凡近河外街之行口店面，均在水中。于是惠民、广润、章江、琉璃、澹台五门外，皆为泽国。”此外，吉安城外的街市一概冲没，该县樟树镇附近的一个村庄八九十户人家，绝大部分被洪水吞没，只有两三户幸免于难。广昌的大水“不但漫过城墙，即城外最高处，房屋尽皆淹没”，该县的甘竹镇全被浊浪冲去，“所存者仅数户而已”。

与江西毗连的福建，入春以后就雨水淋漓，“迄无连日晴霁”。6 月 7 日（五月十六日）起，又连续暴雨 4 日，昼夜不息。闽江上游之水奔腾下注，又遇到海潮顶涌，水势更骤。据福建巡抚丁日昌奏报：“（福州）城外西、南、东三路，深至七八尺、丈余不等；城内西、南、东三路，水深六七尺至八九尺；即最高之北门，亦有积水一二尺。水深之处，弥漫无涯，所有庙宇、营房、塘汛，闽县、侯官二县衙署、监狱，城乡民居、田园、道路、桥梁，均被淹浸。被难居民，或攀树登墙，或爬蹲屋上，号呼之声不绝于耳。”① 据乡里父老谈，福建在 1834 年（道光十四年）和 1844 年（道光二十四年）曾有两次大水灾，而这一年的洪水，较那两次更高 3 尺有余。老百姓不但财产遭到巨大损失，生命也有很大牺牲，一些人被倒塌的房屋压毙，更多的人则为洪水吞噬，葬身鱼腹。7 月 1 日（闰五月初

① 《闽省水灾办理拯恤情形疏》，见《丁禹生政书》（下），576 页。

十）的《申报》报道说："福州近因水灾，其大桥、小桥一带，现闻捞得尸身五六千具。有谓此五六千中福州本地人不过二百光景，余皆上流被灾之人也。然则既见者已有此数，未见者正不知几许矣，是得不谓之奇灾乎！"

与此同时，台湾在四月至六月间，也连遭飓风、暴雨的袭击。台湾郡城（今台南市）从7月29日（六月初九）起，暴雨连下9日9夜，城墙倒塌，城内积水，商船击沉，人口淹毙。其余各地也大水成灾。再加上飓风肆虐，仅6月13日（五月二十二日）一夜台风，就造成颇为惨重的损失，丁日昌在《台北遭风情形片》中报告说："一时木拔瓦飞，噶玛兰（今宜兰县）衙署、监狱等项俱有塌损，民房吹倒三四百间，压毙男女三名。苏澳泊近海口，又值南风当冲，以致营盘、库局一起倒成平地，幕丁受伤者十数人，营勇压毙三名，民间草房倒坏八十余间，仅剩瓦屋三十余间而已。"①

从上面的叙述可以看出，光绪朝的开首两年，全国自然灾害的形势是颇为严峻的。但是，在接踵而至的岁月里，将要面临的是更加严峻的局面。

第二节 惨绝人寰的"丁戊奇荒"

按照干支纪年，1877年（光绪三年）是丁丑年，1878年（光绪四年）为戊寅年。这两年，以山西、河南为中心，旁及直隶、陕西、甘肃全省及山东、江苏、安徽、四川之部分地区，形成一个面积辽阔的大旱荒区。由于灾情的严重程度超过中国近代历史上任何一次旱灾，再加上这些地区大部分已经亢旱两年，所以是灾上加灾，造成赤地千里、饿殍遍野的触目惊心的悲惨景象，史称"丁戊奇荒"。

1877年（光绪三年）春间，山西滴雨未下，加上上年一冬无雪，故春荒即很严重，一些贫民只能"挖食草根、树皮"，勉强度日。由

---

① 《丁禹生政书》（下），643页。

春至夏，虽偶有微雨，但从未深透，麦收无望。农民们只得改种荞麦杂粮，以冀略作补救。“无如自夏徂秋，天干地燥，烈日如焚，补种之苗出土仍复黄萎，收成觖望。”① 这一来，不但粮食无处可购，连树皮、草根也无处可挖了。6 月 30 日（五月二十日）的《申报》载文称：“据山西公车到京述及去年荒干旱，至今尚无透雨，境内之民大苦。荐饥至剥榆树皮为食，或将树皮晾干磨粉，搀以杂面及高粱等，作饼食之。树皮且尽，又取小石子磨粉，和面为食。”在此之前一个月，前任山西巡抚鲍源深就向朝廷上疏奏报灾情说：“以目前荒状而论，太原、汾州、平阳、霍、隰（今隰县）为最甚，蒲、解、绛稍次之。……原冀春雨依时，可接麦熟，讵意亢旱日久，官民捐赈，力均不支，到处灾黎，哀鸿遍野。始则卖儿鬻女以延活，继则挖草根、剥树皮以度岁。树皮既尽，亢久野草亦不复生，甚至研石成粉，和土为丸，饥饿至此，何以成活。是以道旁倒毙，无日无之，惨目伤心，兴言欲涕。”② 现任巡抚曾国荃称：“各属亢旱太甚，大麦业已无望，节序已过，不能补种。秋禾其业经播种者，近亦日就枯槁。至于民间因饥就毙情形，不忍殚述。树皮、草根之可食者，莫不饭茹殆尽。且多掘观音白泥以充饥者，苟延一息之残喘，不数日间，泥性发胀，腹破肠摧，同归于尽。隰州及附近各县约计，每村庄三百人中，饿死者近六七十人。村村如此，数目大略相同。甚至有一家种地千亩而不得一餐者。询之父老，咸谓为二百余年未有之灾。”③ 王锡纶《怡青堂文集》中有这样一段令人不忍卒读的描写：“光绪丁丑，山西无处不旱，平、蒲、解、绛、霍、隰，赤地千里；太、汾、泽、潞、沁、辽次之。盂、寿以雹，省北以霜，其薄有收者大同、宁武、平定、忻、代、保德数处而已。……被灾极重者八十余区，饥口入册者不下四五百万。……而饿死者十五六，有尽村无遗者。小孩弃于道，或父母亲提而掷之沟中者。死者窃而食之，或肢割以取肉，或大脔如宰猪羊者……或悬饿死之人于富室之

① 《山西通志》卷 82，《荒政记》。

② 《光绪朝东华录》（一），总 409 页。

③ 《曾忠襄公奏议》卷 5。

门，或竟割其首掷之内以索诈者。层见叠出、骇人听闻。”① 据统计，全省受灾地区包括太原、阳曲、榆次、太谷、祁县、徐沟（今属清徐）、交城、文水、临汾、襄陵、洪洞、浮山、太平、岳阳（今安泽）、曲沃、翼城、汾西、乡宁、吉州（今吉县）、长治、长子、屯留、襄垣、潞城、黎城、壶关、汾阳、平遥、介休、孝义、临县、石楼、永宁（今离石）、宁乡（今中阳）、怀仁、山阴、应州（今应县）、朔州（今朔县）、右玉、平鲁、凤台（今晋城）、阳城、陵川、沁水、永济、临晋、猗氏、荣河、万泉、虞乡、辽州（今左权）、榆社、沁州（今沁县）、平定州（今平定县）、盂县、忻州（今忻县）、武乡、沁源、代州（今代县）、解州（今属运城）、崞县（今原平）、安邑、夏县、平陆、芮城、绛州、稷山、河津、闻喜、绛县、垣曲、霍州（今霍县）、赵城（今属洪洞）、灵石、隰州、大宁、蒲县、永和、和林格尔厅（今内蒙古自治区和林格尔县）、清水河、萨拉齐厅（今内蒙古自治区土默特右旗）、托克托厅（今内蒙古自治区托古托县）82 个厅州县。

这样大面积和长时间的干旱，给人民带来的影响自然是灾难性的。灾害发生后，清政府专门派工部侍郎阎敬铭前往山西，考察灾情，稽查赈务。阎敬铭报告视察情形说：“臣敬铭奉命周历灾区，往来两三千里，目之所见皆系鹄面鸠形，耳之所闻无非男啼女哭。冬令北风怒号，林谷冰冻，一日再食，尚不能以御寒，彻旦久饥，更复何以度活？甚至枯骸塞途，绕车而过，残喘呼救，望地而僵。统计一省之内，每日饿毙何止千人！目睹惨状，夙夜忧惶，寝不成眠、食不甘味者已累月。”② 一个专记此次大灾的碑文这样写：“光绪三年，岁次丁丑，春三月微雨，至年终无雨；麦微登，秋禾尽无，岁大饥。……人食树皮、草根及山中沙土、石花，将树皮皆剥去，遍地剜成荒墟。猫犬食尽，何论鸡豚；罗雀獾鼠，无所不至。房屋器用，凡属木器每件买钱一文，余物虽至贱无售；每地一亩，换面几两、馍几个，家产尽费，即悬罄之室亦无，尚莫能保其残生。人死

① 《中国近代农业史资料》，第 1 辑，741 页。
② 《光绪朝东华录》(一)，总 514～515 页。

或食其肉，又有货之者；甚至有父子相食、母女相食，较之易子而食、析骸以爨为尤酷。自九、十月至四年五、六月，强壮者抢夺亡命，老弱者沟壑丧生；到处道殣相望，行来饿殍盈途。一家十余口，存命仅二三；一处十余家，绝嗣恒八九。少留微息者，莫不目睹心伤，涕洒啼泣而已。此诚我朝二百三十余年来未见之惨凄，未闻之悲痛也。”①

如果说这个碑文较多的还只是一些概括性的描写和形容的话，那么，《申报》刊载的一份1878年初抄录的《山西饥民单》，就完全以具体而详尽的数字，为我们提供了一幅毛骨悚然的人间地狱般的画面：“灵石县三家村九十二家，（饿死）三百人，全家饿死七十二家；圪老村七十家，全家饿死者六十多家；郑家庄五十家全绝了；孔家庄六家，全家饿死五家。汾西县伏珠村三百六十家，饿死一千多人，全家饿死者一百多家。霍州上乐平四百二十家，（饿死）九百人，全家饿死八十家；成庄二百三十家，（饿死）四百多人，全家饿死六十家；李庄一百三十家，饿死三百人，全家饿死二十八家；南社村一百二十家，饿死一百八十人，全家饿死二十九家；刘家庄九十五家，饿死一百八十人，全家饿死二十家；桃花渠十家，饿死三十人，全家饿死六家。赵城县王西村，饿死六百多人，全家饿死一百二十家；师村二百家，饿死四百多人，全家饿死四十家；南里村一百三十家，饿死四百六十人，全家饿死五十家；西梁庄十八家，饿死十七家。洪洞县城内饿死四千人；师村三百五十家，饿死四百多人，全家饿死一百多家；北杜村三百家，全家饿死二百九十家，现在二三十人；曹家庄二百家，饿死四百多人，全家饿死六十家；冯张庄二百三十家，现在二十来人，别的全家都饿死了；烟壁村除四十来人都饿死了，全家饿死一百一十家；梁庄一百三十家，全家饿死一百多家；南社村一百二十家，全家饿死一百多家，现在四十来人；董保村除了六口人，全都饿死了；漫地村全家饿死六十多家；下桥村除了三四十人，都饿死了，全家饿死八十二家。临汾县乔村

① 郑国盛：《一篇碑文——丁丑大荒记》，载《中国青年》，1961年第5、6期。

六百余家，饿死一千四百人，全家饿死一百多家；麻社村四百家，饿死一千四百人，全家饿死一百多家；高村一百三十家，饿死二百二十人，全家饿死八十余家；夜村八十家，除三十人都死了，全家饿死七十多家。襄陵县城内饿死三四万；木梳店三百家，饿死五六百人；义店一百二十多家，饿死了六分。绛州城内大约一千八百家，饿死二千五百人，全家饿死六十家，小米三千三百文一斗；城南面三个村子五百一十家，今有二百八十家，死一千多人，全家饿死二百家；城北面六个村子，一千三百五十家，死二千四百人，全家饿死五百余家；城东面五个村子，一千七百家，死一千二百人，饿死三百多家；城西面六个村子，一千九百家，饿死一千五百人，全家饿死一百余家。太平县米三千二百一斗，三十斤重；六个村子饿死一千多人，全家饿死一百余家。曲沃县五个村子九百七十家，全家饿死四百家，饿死二千余人。蒲州府万泉县、猗氏县两县，饿死者一半，吃人肉者平常耳。泽州府凤台县冶底村一千家，六千人饿死四千人；天井关三百家，现存六十家，全家饿死二百四十家；阎庄村三百六十家，全家饿死二百六十家；窑南村八十五家，全家饿死七十四家，下余五六家人亦不全；阎庄村符小顺将自已亲生的儿子六岁活杀吃了；巴公镇亲眼见数人分吃五六岁死小孩子，用柴火烧熟；城西面饿死有七分，城东面饿死有三分，城南面饿死有七分，城北面饿死有三分。……阳城县所辖四面饿死民人有八分；川底村二百家，饿死一百九十二家。沁水县所辖大小村庄饿死人有八分。高平县所辖大小村庄人饿死七分。潞安府八县光景不会（好）多少。所最苦者襄垣县、屯留县、潞城县。屯留县城外七村内饿死一万一千八百人，全家饿死六百二十六家。……潞城县城外六个村庄五千家，饿死三千人，全家饿死三百四十五家。襄垣县城外十一村内二千家，饿死两千人。汾州府汾阳县城内万家，饿死者十分中有二分。……汾阳县城东面七村内四千八十家，饿死二千二百人；城西面三村内一千二百家，饿死者十分中有三分；城北面七村内一万家，饿死者十分中有三分；城南面念村内五千家，饿死者十分中有三分：共有名之村大约三百六十村，饿死者足有三分。孝义县城内五千家，饿死者有三分；城东面八村内二千八百家，饿死者有三分；城南面十六村内一千九百六十家，饿死者有三分；城西面十九村内二千家，饿死者有三分；城北面十村内一千一百七十家，饿死者有三分。米粮不敢行走，因强夺之人甚多。死人遍地，有卖人肉者，此外混行无能人食干泥、干石头、树皮等。……太原县所管地界大小村庄饿死者大约有三分多。太原府省内大约饿死者有一半。太原府城内饿死者两万有余。光绪四年正月念日抄。"①

这份材料虽然长了一点，但我们还是基本上全文照录了——中间也有几处略有删节，被删掉的内容主要是关于怎样人吃人的具体的、细节的描写。这些描写无疑是完全真实的，唯其如此，更使我们不忍心将这些文字加以引述，以免使我们的读者在心灵上造成过于沉重的负担；当然，我们这样做，丝毫也不意味着要读者不去正视我们民族在历史上确实曾经承受过的创深痛剧的苦难。

山西这一次空前旱荒，按照山西巡抚曾国荃的说法，是"赤地千有余里，饥民至五六百万之多，大祲奇灾，古所未见"②。而15年后接任山西巡抚并监修《山西通志》的张煦在追述这次大灾的影响时则称："耗户口累百万而无从稽，旷田畴及十年而未尽辟。"③ 可见这次大旱荒灾难性的后果，历10余年仍未能得到彻底消除。

河南的灾情，同山西约略相同。对这一年的自然灾害，史书上通常以"晋豫大旱"或"晋豫大饥"并称。这年自春至夏，河南也一直是雨少晴多，麦秋只有一半收成；入夏后更是"连日灾风烈日，干燥异常"，而且连续酷暑，超过正常年份。立秋以后，虽局部地区有些零星细雨，但大部分地区仍持续亢旱，土地干裂，草禾黄萎，杂粮亦无法补种。特别是开封、河南④、彰德、卫辉、怀庆5府，情形较重。其中，怀庆府的济源、原武，卫辉府的汲县、淇县，"沟渠俱涸，被旱尤甚"。1878年1月11日（光绪三年十二月初九）的

---

① 《申报》，1878年4月11日。

② 《曾忠襄公奏议》卷8。

③ 《山西通志》卷82，《荒政记》。

④ 清代河南省的河南府，系指以洛阳为中心，东至巩县、登封，南至嵩县，西全永宁（令洛宁）、渑池，北至黄河的一片地区。

《申报》刊载河南通讯说："某等自十月初十日由清江起早前往，一入归德府界，即见流民络绎，或哀泣于道途，或僵卧于风雪，极目荒凉，不堪言状。及抵汴城，讯问各处情形，据述本年豫省歉收者五十余州县，全荒者二十八州县。若怀庆所属之济源，卫辉所属之获嘉，陕州所属之灵宝，河南所属之孟津及原武、阳武、修武等县，皆连旱三年，尤为偏重。其地非特树皮、草根剥掘殆尽，甚至新死之人，饥民亦争相残食。……而灵宝一带，饿殍遍地，以致车不能行。如此奇灾，实所罕有。较诸海州、青州之荒更加数倍。即如汴城虽设粥厂，日食一粥，已集饥民七八万人，每日拥挤及冻馁僵仆而死者数十人，鸠形鹄面，累累路侧，有非流民图所能曲绘者。日前风雪交加，而冻毙者更无数之可稽。所死之人，并无棺木，随处掘一大坑，无论男女，尸骸俱填积其中。夜深呼号乞食，闻者酸心，见者落泪。汴城灾象如是，其余可想而知。"稍后，该报又载文谈豫省灾情："去岁歉收者五十余州县，全荒者二十八州县，约计河南饥民有百余万，河北饥民有数百万，即汴梁城中，日有路毙，其余乡曲不问可知。省城外粥厂共有五处，每处约有七八千人，因饥寒而死者指不胜屈。"① 据统计，自1877年（光绪三年）七月至1878年（光绪四年）七月，一年之内，河南全省共赈过灾民男女大小计6 221 200余丁口，但仍有不少"饥民流亡，委填沟壑者不少"②。

直隶的旱灾虽"较晋、豫稍轻，然亦数十年所未有"③。年初，京畿及直境即有春荒。入夏以后，又亢旱缺雨，一直到次年三月间才陆续得雨，然仍未深透，直至四月间旱象才基本解除。长达年余的持续干旱，使一些地方"嗷鸿遍野，赈不胜赈"。陈康祺《郎潜纪闻初笔》中有一则笔记，是专谈天津粥厂情形的，文中说："今年直隶旱暵，闻天津粥厂，多冻饿践踏死者。而篷席遭焚，数千灾黎，熸于一炬。"④ 除旱灾外，还有蝗灾，特别是保定以西、河间以南，

① 《申报》，1878年2月14日。文中"河南"指河南省黄河以南地区，"河北"指河南省黄河以北地区。

② 《清德宗实录》卷68。

③ 《李鸿章致潘鼎新书札》，103页。

④ 《郎潜纪闻初笔》卷4，89页。

“旱蝗相乘，灾区甚广”。再加上获鹿等地又“大降冰雹”，在200余里的地带上，像拳头大小的冰雹密集而下，“田中禾稼尽被击损”，“人多击死者”。多种自然灾害，迫使无衣无食的灾民只得铤而走险。武强县有千余灾民，拿起武器，组成“砍刀会”，活动于景州、阜城、武邑、枣强、衡水、饶阳一带，“地方官形同聋聩”，对之束手无策；霸州、通州、固安、故城等地也多有灾民组织武装，进行抢粮斗争。

这一年，“陕、甘亦复苦旱”①。尤其是陕西省，据称“旱灾与山西埒”②。在一些资料中，有的说“关中大旱，赤地千里，榆边饥民无虑数万，涂莩相枕藉”；有的说“关中旱，饥卒数十万，民倍之，情势岌岌，间不容发”。特别是同州地区，“尤为极重极惨”。御史刘锡金奏称，同州府属的大荔、朝邑、郃阳（今合阳）、澄城、韩城、白水各县，“因旱歉收，麦田不过十之一二”③；华州、潼关等地，“秋苗尽为田鼠、蝗虫所害，粮价骤增”④。刘锡金的报告得到了当时新闻报道的印证。10月3日（八月二十七日）的《申报》载文说：“秦中自去年立夏节后，数月不雨，秋苗颗粒无收。至今岁五月，为收割夏粮之期，又仅十成之一。至六、七月，又旱，赤野千里，几不知禾稼为何物矣。……前二年，河南、山西二省先受旱灾，尽向秦中告粜，故存米更属无多。目下同州府所辖之大荔、朝邑、郃阳、澄城、韩城、蒲城，及（附）近各州县，民有菜色，俱不聊生。饥民相率抢粮，甚而至于拦路纠抢，私立大纛，上书‘王法难犯，饥饿难当’八字。”据陕西巡抚谭钟麟奏报，自10月7日（九月初一）至翌年六月底，陕西全省赈过的灾民总计达314万余人。

此外，山东的鲁西北各州县，也有较重的旱灾，全省靠施粥度日的灾民，每日2万人左右；江苏、安徽的部分地区，旱蝗之灾甚重，飞蝗麇集之处，“竟至堆积盈尺”。

在谈到1877年（光绪三年）的大旱灾时，还应该提到川北的奇

---

① 《清德宗实录》卷52。

② 《清朝碑传全集》（补编）卷18，《陕西布政使蒋凝学神道碑》。

③④ 《清德宗实录》卷55。

旱。川北西连陕、甘，实际上也是以晋、豫为中心的大旱区的组成部分。《南江县志》对川北的旱灾有颇为翔实的记载："丁丑岁，晋、豫、秦三省大旱。……是年，川之北亦旱，而巴（中）、南（江）、通（江）三州县尤甚。……方初夏之未旱也，禾苗茂彧，谓可无恐。商人营什一之利，运谷下游贩卖，而谷一耗。越五月不雨，六月又不雨，闾里震荡，奸党乘机窃夺，而谷又一耗。所存者有几何哉！讵至秋，弥旱，赤地数百里，禾苗焚槁，颗粒乏登，米价腾涌，日甚一日，而贫民遂有乏食之惨矣！蔬糠既竭，继以草木，而麻根、蕨根、棕梧、枇杷诸树皮掘剥殆尽。红籽一斗价至一缗，更复啖谷中泥土，俗曰神仙面。至冬而豆麦青苗亦盗食之，耕牛几无遗种。登高四望，比户萧条，炊烟断缕，鸡犬绝声。凶荒之状，寿期颐者曾不经睹。……服鸩投环、堕岩赴涧轻视其身者日闻于野。父弃其子，兄弃其弟，夫弃其妻，号哭于路途，转徙于沟壑者，耳目不忍听睹。……是冬及次年春，或举家悄毙，或人相残食，殣殍不下数万。仁厚者始施棺，次施席，席不继则掘深坎丛葬之，名曰万人坑。灾之异，盖如此独怪。"①

总之，1877 年（光绪三年）是以特大旱荒而载入近代史册的。但是，神州之大，全国的灾情不可能不呈现错综复杂的形势。在其他一些地区，旱灾以外的各种灾害也还是纷陈迭出。如福建继上年大水之后，于五月间再遭洪水侵袭，福州城内水深及丈，房屋倒塌，田禾淹没，溺饥而亡者甚多，灾情较上年更重。翁同龢在其日记中称福建这次大水是"累年奇灾未之有也"②。

进入 1878 年（光绪四年），山西、河南、直隶仍有相当严重的旱灾发生，但同上年相比，情况有了一些变化。一是旱区已较上年大为缩小，陕西、四川已不是旱灾而是水患；山东、江苏、安徽、甘肃则是水、旱、风、雹、虫灾并存，有的地区（如山东德州等处）虽灾情较重，但大多省区已略近平常年份；即使河南、直隶也是先旱后涝，与上年之全年干旱有所不同。二是继续干旱地方，从总体

① 《南江县志》，第 2 编，38 页。
② 《翁同龢日记》，第 2 册，917 页。

上来说，在灾情严重的程度上已略轻于上年，也就是说，连续数年的特大旱灾业已度过了它的巅峰阶段。尽管当时有人这样说：“光绪丙子、丁丑岁大旱，戊寅尤甚。自畿辅西迄秦晋，赤地数千里。”①但所谓“戊寅尤甚”，并非指是年的旱情更甚于上年，而是指连续数年的大旱，人民生活的艰难困苦已达到无以复加的程度，群众对于自然灾害的承受力，已差不多到极限了。

山西仍然是第一位的重灾区。自春至夏，依然是雨泽稀少，持续干旱，连河水都“深不盈尺”。在极其严重的春荒情况下，清政府想方设法从别省调运的一些赈济粮，也都因水运不通而“往往滞于中途，万难速到饥民之口”。如由卫河发运赈粮的船只，大都搁浅在河南卫辉一带，“日久未能前进”。进入山西省界，则由于道路逼仄，山径崎岖，全靠马拉驴驮，“辗转飞挽”，行进艰难；更何况大灾之后，牲畜也倒毙一空。所以广大饥民虽望赈殷切，但无异画饼充饥。结果，到处是“民不聊生，困苦流离，道殣相望”。一位外国传教士在这年春天到绛州等地进行实地调查，提供了一个触目惊心的报告：“计绛州城内民户大约一千八百家，今逃荒者大约五百有余家，饿死者大约二千五百名，并有全家饿死者六十家零。……绛州城外向南一带村乡，如谭家庄、郭家庄、文侯村三处，先年民户大约五百一十家，今只留二百八十家，逃走者二十余家，饿死者大约一千有零，全家饿死者二百余家。城北一带如庄儿上、永丰庄、南张村、北张村、官庄、梁村六处，先年民户大约一千三百五十家，今只留八百三十家，全家饿死者五百余家，饿死者二千四百有零，而逃荒者则绝少。城东一带如狄庄、站里、娄庄、木站、店头五处，先年民户一千七百有零，今只留一千四百有零，全家饿死者三百余家，饿死者一千二百有零，逃荒者二十余家。城西一带如三林镇、东夷村、西夷村、樊村、李村、武上村六处，先年民户大约一千九百有零，今留一千八百有零，全家饿死者一百有零，饿死者一千五百有零。绛州迤北之太平县界所属师庄镇、宜先村、李村、老师禹村、落里

① 《清朝碑传全集》（续编）卷45，《札克丹传》。

庄、西月庄六处，全家饿死者一百余家，饿死者一千有零。……绛州以南之曲沃县所辖隘口驿、桥杨、成西、河村、史店五村，先年民户九百七十家，今留四百余家，全家死亡者四百余家，饿死者二千有零。曲沃县较绛州尤甚。再据蒲州府所辖万泉县并猗氏县之人亲言，是地人民饿死者一半有余，食人肉视为常事，无足轻重。……村庄之口粮，大半皆系柿树皮、柳树皮、果树皮、麦糠、麦秆、谷草、草根与夫死人之骨、骡马等骨碾细食之，虽有微搅面者不上十分之一，更有食尸骸者。……至于家犬鸡猫等畜，早已食尽。况且不止米面为艰也，即榆树皮、草根目下寻获亦非易易，百家之中仅有四五家有产者，亦以产变物。况全家饿民死于屋内，日久无人埋葬，或赤身弃于村外者，或掷于沟壑者，人食狼吞，惨不忍见。……非独绛州所辖之处而然，即西南至陕西省界，东南至河南省界，周围十几州县界内一皆未种也。”① 五月间，在持续了一年多的干旱之后，总算下了几场小雨，人们满怀希望，翘首企盼着旱象的解除，以便转歉为丰。谁料想，从六月至九月，又遭连续亢旱，秋收再告失望。这样，饥饿而死的人，以及“人相食”的现象，就更加普遍了。阎敬铭和曾国荃在联名上折的奏疏中曾这样说：“古称易子而食，析骸而爨，今日晋省灾荒，或父子而相食，或骨肉以析骸，所在皆有，岂非人伦之大变哉！”②

河南从本年春间起，就“旱荒尤甚”，再加上疠疫流行，使灾民纷纷逃荒求活，一些地方的老百姓“逃亡过半，村落为墟”。不少人被迫卖妻鬻子，而奸商及人口贩子则趁机勒索，“辗转掠贩”。不料到七月间，又连降暴雨，沁河因水势过旺，冲决漫口，造成水灾，160余处村庄遭淹。前旱后涝，使受灾地区十分广阔，据统计，成灾灾区共72处之多，占全省面积的70%。“被灾之广，受灾之重，为二百数十年来所未有。”③ 由于灾民极多，河南地方政府不得不在省城开封设立粥厂和专门收容灾民的“栖流所”10余处，“慈幼堂”收

---

① 《申报》，1878年4月1日。
② 《山西通志》卷82，《荒政记》。
③ 《中国近代农业史资料》，第1辑，745页。

养的幼儿以数千计。此外，还在延津、武陟、获嘉、新安、渑池、灵宝、阌乡（今属灵宝）等地分设粥厂以“抚辑流亡”。据东河河道总督李鹤年及河南巡抚涂宗瀛报告，一年之内，“计通省就赈灾黎实有六百数十万之多”。第二年的春夏间，又“赈过男女大小贫民”1 142 400 余丁口。还有不少灾民逃荒到邻省乞食，仅安徽一省就收养 83 000 余人，“资送过境灾民” 30 000 余口。

直隶的旱情，自开春起一直延续到六月末梢。其间虽于 1878 年 4 月 7 日（光绪四年三月初五）、4 月 17 日（三月十五日）及 4 月 20 日（三月十八日）等先后降雨四五寸不等，但始终未能深透，故“灾荒甚重”“灾区太广”。河间等属灾重的地方，耕田的牛马“宰卖殆尽，耕作难兴”。李慈铭在《姚叔怡墓志铭》中记：“光绪四年之春，畿辅旱灾，秦、晋、豫皆大灾。民之流亡以亿万计，其中十之一奔赴京师。一时士大夫盱目伤心，仗义争先，率钱聚米，号呼相救。”① 但是，尽管士大夫们“号呼相救”，却并不能解救麇集在都城的大批灾民水深火热的困厄。御史刘恩溥早在本年 3 月 16 日（二月十三日）就向朝廷奏报说：“窃五城地面向设收养贫民之处，不一而足。近日外来贫民日多一日，实不能容。粥厂虽多，而领粥之人太广，每日竟不得一饱。驯良者沿门告乞，忍饿以全生；桀骜者沿街抢夺，舍命而不悔。闻近来老幼暨妇女辈凡街市行走者，其负载物件及首饰等，辄欺其不能追捕，任意肆抢。”② 数日后，户科掌印给事中夏献馨又奏：“至于京师五城地面，外来觅食饥民甚众。近日倒毙日多，横尸道路。”③ 但进入七月下旬，则又连日暴雨，引起永定、滹沱等河河水漫溢，濒河州县又转旱为涝，不少田地被淹，难以耕作，一直到次年春天，仍积水未消。这一年，直隶全省遭受旱、潦、虫、疫灾害的地区达 86 个州县。

以上就是 1877、1878 年（光绪三、四年）特大旱灾的基本情况。

尽管我们对“丁戊奇荒”花费了较多的笔墨，但只是勾画了这

① 《国闻周报》卷 9，第 37 期。

② 录副档，光绪四年二月丨三日刘恩溥折。

③ 录副档，光绪四年二月二十六日夏献馨折。

一次“千古巨祲”的一个大致的轮廓。但愿我们大家永远不要忘记我们的前人曾经遭受过如此巨大的苦难，更但愿这样的苦难永远成为历史的陈迹。

第三节　甘肃大地震

到了1879年（光绪五年），那一场持续数年、波及数省的可怕的空前大旱灾，总算噩梦般地过去了。（应该说明，这一年山西省春夏间仍“亢旱如故”，依然是“赤地千里”，不仅麦收大减，而且秋禾难播，一直到7月末始得透雨，旱情解除。）尽管在东起直鲁、西迄陕甘的广阔土地上，到处都还是一派大灾之后的荒凉破败景象——全村人饿死或外出逃荒而没有人烟的村庄，缺乏劳力和牲畜而无力复耕的土地，几乎是触目可见，但毕竟，龟裂的土地已开始湿润，河沟里重新流淌起涓涓碧水，田野上也点缀上了片片绿色。从这次大灾难中幸存下来的人们，满怀着希望，开始盘算着重建家园的计划。正在这时，甘肃发生了一次震级达8级、烈度为11度的强烈地震，这次地震影响到四川、陕西、山西、河南、湖北等省，这无异于给正在从大旱灾中复苏的群众一次新的沉重的打击。

这次地震发生在7月1日（五月十二日）。事实上，两天以前，就开始有预震。7月1日大震后，又经历了将近10天的余震，“其间或隔日微震，或连日稍震即止”，一直到7月11日（五月二十二日）才结束。震中在甘肃南部与四川接壤的阶州（今武都）和文县一带。9月3日（七月十七日）的上谕曾引用内阁学士张之洞关于这次地震的奏折说：“五月中旬，甘肃地震为灾，川、陕毗连，同时震动。东至西安以东，南过成都以南，纵横几二千里。”① 这里讲的是地震影响的范围。至于地震所造成的损失，《弢园随笔》中有《阶州地震》条目，曾综合各种资料，做了这样的记述：

① 《光绪朝东华录》（一），总783页。

> 光绪五年己卯春，甘肃阶州地震，有声如雷，荡决数百里。城内外十铺共死六百九十四人，四乡共死八千五百六十四人；文县共死一万七百九十二人；成县、西固、秦安共死约二千余人；秦州、礼县、西和、徽县最轻，亦共死五百余人。阶州下游巨镇，曰洋汤河，万家烟火，倏成泽国，鸡犬无踪，竟莫考其人数。①

这个材料所提供的罹难人数，虽然并不十分精确，但大体能反映这次震灾所造成的巨大损失。下面我们根据《清代地震档案史料》等书的有关记载，将各地的具体灾情缕述如下。

阶州：南乡压死的共 4 100 余人，牲畜、房屋毙坏 60%；西乡压死 1 800 余人，牲畜、房屋毙坏 40%；北乡压死 1 300 余人，牲畜、房屋毙坏 60%；东乡压死 650 余人，牲畜、房屋毙坏 20%。城外万寿山上的玉皇宫、龙兴寺，玉凤山上的太山庙，共坍塌佛殿 60 余间。州署的大堂、二堂、官衙房及仪门头门的梁柱，多半攲斜，墙壁倒塌过半。各处的小房大都塌坏。城墙垛口全行摇落，城身也多半坼裂。“山裂水涌，滨城河渠，失其故道，上下游各处，节节土石堆积，积潦纵横。”由于地层断裂挤压，城中突然鼓起一个约 2 里周围的土阜，“各处山飞石走，地裂水出”。南山发生崩塌，冲压西南城墙数十丈及民居 200 余家，遭难死亡者共 9 881 人。

文县：城垣倾圮，衙署、仓廒、监狱、学宫、寺庙等也都倒塌。离县城东北 50 千米处的临江关全部陷没。县城之内，塌损民房 750 余间，倒塌者 80 余间，压死 26 人。城外倒塌民房 2 800 余间，全行倒塌者 350 余间。西路鹄飞、东峪、马莲河等地 19 处，共压死 5 868人、牲畜 1 590 余头，由于山压、水冲而倒塌的房屋占 60%～80%。北路盘通、尖山、临江、河水等 17 处，共压死 4 849 人，倒塌山庄房屋牲畜 30%～70%。

几乎是与地震同时（现在还弄不清是否由地震所引发），阶州和文县曾发生大水。据《清史稿》载：“五月……文县大水，城垣倾

① 转引自秦翰才：《左宗棠逸事汇编》，64 页。

圮，淹没一万八百三十余人。六月，文县南河、阶州西河先后水涨，淹没人畜无算。”① 如果把压死和淹死的人数加在一起，那么，仅震中地区，有数字可查的即有4万余人在这次灾害中悲惨地丧生了。

除震中地区外，受地震影响而遭较重破坏的地区还有下列。

西固：城垣周围共崩塌约75丈，寺庙、学宫均有坍塌。各处房屋坍塌80%，各乡道路皆有崩断。共压死437人，压毙牲畜80%。

礼县：城墙震裂数处，各有长2丈余之裂缝；垛口震塌99个，震裂224个。各衙署房墙都有倒塌，仓廒震塌6间，文庙的围墙震塌2丈，其余墙屋倒塌无数。“地裂水涌。”东、南、西乡共压死42人。

西和：四面城墙共裂缝10余处，震倒垛墙97丈。衙署摇倒。城外以南乡和北乡最重，南乡摇坏房屋2 200余间，死伤38人；北乡摇坏房屋1 990余间，死伤9人。城乡共摇损民房6 600余间，死伤70人。

秦州：仓廒、监狱、衙署、贡院等处房屋多有损坏。“山隤川移。”东乡、北乡共压死32人。

秦安：四周城垛震落，并有裂缝。马王庙全部倒塌，其余庙宇都倾斜。官署的墙垣和树木均有裂歀，各仓廒大都坍塌，存者寥寥。东乡坍塌房屋300余座，压死13人，重伤20余人。西乡压死1人。其余各乡房屋均有闪裂。

南坪（今属四川省）：城墙震塌百余丈，道路、桥梁也多有坍塌。汤珠河以下至柴门关共塌毁杉板房屋2 960余间，城乡附近及东、南、北3路共塌毁杉板房屋4 053间，死伤300余人。汤珠河沟因山岩崩坠，河水壅塞，后又冲开，水势汹涌，致使河北岸之民房尽行淹坏，“伤人无数”。

徽县：四城垛墙倒塌44个，裂缝198处。庙宇、书院、衙署凡稍古旧之房大都倾倒。城内倒塌房屋9间，压死2人，伤3人。四乡亦有不少民房被震塌。

---

①《清史稿》卷40。

清水：城垣内的拦马墙一律坍塌，东、南、北城城垣有裂缝，塌落数处。炮台窝铺震塌数处。衙署墙倒。城乡共震塌民房523间，庙宇73间，压死7人，压毙牲畜55头。

临潭：有人被压死，数不详。

成县：墙垣损裂，死21人。

此外，破坏较轻之地区为：

山西省之浮山；

甘肃省之华亭、镇原、通渭；

四川省之平武、广元、昭化（今属广元）、罗江（今属德阳）、漳腊、松潘、绵州（今绵阳）、阆中、中江、巴州（今巴中）；

陕西省之凤县、沔县（今勉县）、略阳、宁羌（今宁强）、宝鸡、麟游、盩厔（今周至）、乾州（今乾县）、蓝田、邠州（今彬县）、长武、留坝、褒城（今属汉中）、永寿。

受地震波及之地区包括：

甘肃省之崇信、兰州、泾州（今泾川）、灵台、安化（今庆阳）、平凉、静宁、安定（今定西）、陇西、两当、肃州（今酒泉）、安西、宁州（今宁西）、盐茶（今宁夏回族自治区海原县）、隆德、泾源（上二县今均属宁夏回族自治区）；

四川省之万县、开县、夹江、峨眉、荣县、达县、富顺、隆昌、忠州（今忠县）、资州（今资中）、垫江、兴文、成都、华阳（今属成都）、重庆、綦江、南川、合州（今合川）、江油、石泉（今北川）、雅安、苍溪、宜宾、彰明（今属江油）、盐亭、乐山、东乡（今宣汉）、绵竹、梓潼、三台、酉阳、简州（今简阳）、安县、蓬州（今蓬安）、广安、奉节、遂宁、蓬溪、大竹、太平（今万源）、卢县、剑州、叙永、合江、永川、荣昌、梁山（今梁平）；

陕西省之西安、汧阳（今千阳）、陇州（今陇县）、潼关、肤施（今延安）、泾阳、三原、渭南、富平、孝义（今柞水）、大荔、朝邑、华州、蒲城、峡山、汉中、洋县、西乡、怀远（今横山）、佛坪、镇巴、紫阳、葭州（今葭县）、醴泉（今礼泉）；

河南省之渑池、洛宁、濮阳、阌乡、临颍；

山西省之曲沃、翼城、夏县、芮城、稷山、怀仁、浑源；

湖北省之孝感、京山、潜江、云梦、光化；

贵州省之桐梓、贵阳等地。

从以上情况可以看出，这一次地震，损失甚重，影响颇大。地震发生后，一些地方官及时向朝廷做了报告，但也有的地方官并不声张，更说不上采取积极的救灾措施了。如给事中吴镇即曾奏劾署四川总督丁宝桢“讳灾不报”，在清廷的追查下，丁宝桢才不得不报告了重庆等府及梓潼等县受地震影响、阆中等县城墙震塌、南坪一地“伤人甚重”等情形，但申辩并非“讳灾不报”，只是因为“委查禀报未齐，是以具奏稍迟”，清政府对此也就不了了之。

将近一年之后，即 1880 年 6 月 22 日（光绪六年五月十五日），上次震中的甘肃文县，又一次发生地震。从某种意义上说，这仍然可以看作上年强烈地震的一次余震。这次地震造成的破坏，据《中国地震目录》载：“都习署儒学照壁全倒，仓廒崩塌三座，垛堞倒七十余个，东门甫修及半，摇倒瓮门。死四人，伤五十余人。城外三十里之石坊乡墙倒，伤九人。关家山崩压四人。”①

1881 年 7 月 20 日（光绪七年六月二十五日），仍然在前年发生强烈地震的阶州附近，连续第三年地震。《清史稿》称此次地震“震毙四百八十人，倾倒民房四千有奇，牲畜无算”②。护理陕甘总督杨昌濬的奏折谈得比较详细：“本年六月二十五日，甘南各州县地震，经臣查明附片驰奏。……旋据阶州详报，续查该州属之柳林里、永川里、石门里、角弓镇等处，被灾压毙男女大小四十二名口，受伤二十七人，倒塌房屋一百二十余间，伤毙牲畜一百余只。礼县详报，续查该县与阶州西固接壤之白家庄、岳平里、大潭等处，压毙男女大小三百四十七名口，受伤近百人，房屋倒塌不少，伤毙牲畜三百余只。”③ 但另一些材料所报震情较此略重，如上面提到的岳平里、大潭一带，共倾倒房屋 4 800 余间，压死 480 人，压毙牲畜无算；西

① 《中国地震目录》，第 1 集，182 页。

② 《清史稿》卷 44。但该书称地震发生于“十月”，则有误。

③ 《光绪朝东华录》（二），总 1196 页。

固（故城在今舟曲）震塌城楼1处，官署、民房均有塌损，城内压死1人。阶州坍塌垛口1 100余个，城身开裂38丈余，城内房屋亦有损坏。阶州所属的柳林里等处，灾情与上引材料大致相符。这次地震波及地区，包括甘肃的西和、兰州、陇西、通渭、平凉、秦州、秦安、泾州、文县、西宁（今属青海省）、固原（今属宁夏回族自治区），陕西的汧阳、华州、华阴、西安、凤翔、汉中、肤施、乾州、邠州、鄜州（今富县）、安康、岐山、凤县，四川的广安、射洪。①

在诸多的自然灾害中，地震也是频繁发生而使中国人民饱受其苦的灾害之一。从历史记载，可以知道我国是多地震的国家，自夏代以来，有文字可据的，大小地震不下3 000余次。当然这种记录是极不完全的，因为就我国来说，通过仪器来观测地震，实际上是到20世纪30年代才开始的；在这以前，尽管早在一千多年前就已有了能够指示地震方向的地动仪，但对于地震发生的时间、地区、强度等的测定，主要还是通过人们的直感和对地震现场的观察分析，拿地震学的术语来说，它还是属于宏观地震学的范围。但即使是这样较为粗略的记载，也已给我们提供了一幅因地震频发而造成巨大灾难的图画。仅以本章所涉及的历史时期来说，除个别年份外，在中国大地上几乎年年都有震灾发生。为了使读者能有一个概略的了解，下面我们逐年列出这一时期地震发生的最简要的情况。

1875年（光绪元年）五月，湖南靖州（今靖县）地震，贵州南部地震。

1876年（光绪二年），云南永平、大理先后地震，贵州绥阳、瓮安、仁怀（今赤水）、婺川（今务川）等地先后地震。

1877年（光绪三年）四月，广东合浦地震；7月4日（五月二十四日），贵州绥阳地震；九月，云南武定地震。

1878年（光绪四年）五月间，江苏无锡多次地震；8月7日（七月初九），云南宁蒗地震；十月，湖北襄阳地震。

① 参见《中国地震目录》，第1集，183页。

1879年（光绪五年），除前述甘肃大地震外，5月12日（闰三月二十二日），四川江油地震；4月18日（三月二十七日），贵州普安厅（今盘县）地震；6月3日（四月十四日）及6月7日（四月十八日），江苏南京有轻微地震；7月13日（五月二十四日），贵州平越、湄潭地震；冬，云南龙陵、弥勒先后地震。

1880年（光绪六年），除前述甘肃文县地震外，尚有9月30日（八月二十六日）之直隶滦州地震、四川茂州（今茂汶羌族自治县）地震及十月之湖北襄阳地震。

1881年（光绪七年），除前述甘肃阶州、礼县地震外，台湾曾多次发生地震；五月，四川越巂厅（今越西县）地震；6月17日（五月二十一日），福建地震；岁末，云南弥勒地震。

1882年（光绪八年），台湾多次发生地震；6月3日（四月十八日），福州有轻微地震；8月5日（六月二十二日），江苏地震；12月2日（十月二十二日），直隶深州一带数百里内地震有声，有死伤人口事。

1883年（光绪九年）春，台湾地震。

1884年（光绪十年）冬，甘肃秦州及云南普洱先后地震，伤人塌屋。

1885年（光绪十一年）初，甘肃秦州又震，波及清水、文县、阶州、西和及陕西之陇县、凤翔、郿县（今眉县）、蓝田、汉中、大荔、岐山、凤县等地。2月21日（正月初七），辽宁营口地震。

1886年（光绪十二年），1月13日（光绪十一年十二月初九），广东汕头地震；6月1日（四月二十九日），云南丘北地震。

1887年（光绪十三年），4月8日（三月十五日），广东饶平地震；五月，甘肃红水地震；12月16、17日（十一月初二、初三），云南石屏、建水发生强烈地震，死2 000人左右，伤2 600余人。

1888年（光绪十四年），6月13日（五月初四），山东渤海湾地震；11月2日（九月二十九日），甘肃靖远一带地震。

1889年（光绪十五年）八月，宁夏灵武地震；九月，直隶大名地震；此外，新疆绥定（今霍城）等处亦有震。

1890 年 2 月 17 日（光绪十六年正月二十八日），青海西宁地震；4 月 22 日（三月初四），云南剑川地震；10 月 6 日（八月二十三日），云南丽江地震；此外，山西武乡等处亦有震。

在如此众多的地震灾害中，我们特地挑出甘肃大地震来做专门论述，不仅是因为它紧接在“丁戊奇荒”之后，因而显得危害更加突出，而且还因为这次大地震所造成的破坏是极为严重的。据各种记载，从 1840 年（道光二十年）到 1919 年的 80 年间，压死万人以上的灾难性大地震，一共只有两次。一次是 1850 年 9 月 12 日（道光三十年八月初七）的四川西昌大地震，另一次就是本节所述的甘肃大地震。但四川西昌大地震，遭难人数有两种说法：一种记载是“压毙 20 650 余人”①，一种记载是 2 876 人②。不论按何种说法，甘肃大地震无疑是中国近代史上造成破坏最大的一次地震。

第四节　光绪朝中期的黄河连年漫决

从 1882 年（光绪八年）起，黄河连年漫决，又成为形成灾荒的一大问题。我们只要举出这样一个数字，就足以说明这一问题的严重性：自 1882 年到 19 世纪的最后一年即 1899 年（光绪二十五年）的 18 年间，黄河幸免决口的只有 1888、1891、1894、1899 年（光绪十四、十七、二十、二十五年）4 年。为了节省篇幅，并且同章节划分的时限相一致，这里我们只描述从 1882 年至 1890 年（光绪十六年）黄河连续 8 年漫决（中间仅 1888 年除外）的情景。

1882 年全国被水省份较多，其中“安徽、江西、浙江三省夏间猝发蛟水，被灾尤重”③。洪水暴发时，安徽的英山（今属湖北省）、潜山、太湖等县，“田庐人民，漂没淹毙，不可数计”；江西的玉山、上饶、广丰、德兴、都昌、鄱阳（今波阳）、湖口、浮梁（今属景德镇市）、德安、建昌等县也“冲决田庐，淹毙人口甚多”；浙江则杭、

① 参见《中国地震目录》，第 1 集，170 页。
② 参见李善邦：《中国地震》，233 页。
③ 《清德宗实录》卷 153。

嘉、湖、金、衢、严6府同时被淹，杭州城内河道尽满，街市积水，加之风潮侵袭，海塘多处决口，造成“漂没庐舍千数百所，淹毙不可胜计”的惨重损失。除此之外，黄河于夏秋间在山东境内多次决口，也使得山东广大地区发生较严重的水灾。

这一年夏秋之间，黄水盛涨，山东之历城、章丘、齐东（今属邹平）等县，多处发生民堤漫决；滦口上游屈律店等处，连开4口，使历城、章丘、济阳、齐东、临邑、乐陵、惠民、阳信、商河、滨州（今滨县）、海丰（今无棣）、蒲台等州县“多陷巨浸，淹毙人口不可胜计”。稍后，汹涌的黄水又将历城所属的桃园口民堤冲决，河水灌入徒骇河。八月初，黄水续涨丈余，水患日深一日。据山东巡抚任道镕奏报：“桃园决口，黄水源源不绝，前涨未消，续涨骤至，村落被冲，瞬成泽国，极目所致，浩渺无涯。”① 历城县正当大溜，受灾最重，“房屋冲塌，一片汪洋，小民千百成群，或凫水奔逃，或登高阜，或栖树巅，嗷嗷待哺”，综计被洪水淹死231人，灾民达127 000余名，冲塌房屋60 200余间。济阳也是重灾区，被淹最重的郭家庄等139村庄，共有灾民47 900余名，冲塌房屋40 300余间；稍轻之赵家庄等234村庄，灾民也在90 000以上。章丘县被淹71村庄，大小灾民40 000余名。惠民县全境漫溢，滨州被淹300余村庄，其余各州县灾情轻重不等。据12月11日（十一月初二）《申报》载，此次“山东黄水为灾，被害八九州县，约灾民有四十余万口”。四川总督丁宝桢在次年夏间追述此次黄河决口的影响说：“山东上年黄河决口，闻济南、武定沿河各州县冲刷甚惨。其民人庐墓、田园现付洪流者无论矣，而现在孑遗之民，当此地无可耕，又值青黄不接谋生无计，势恐不至饿毙殆尽不止。”②

1883年（光绪九年），一开春，黄河凌水就“陡长丈余”，历城、齐河、长清、济阳、齐东等县境内的民埝纷纷决口，济阳县城垣被冲塌20余丈，惠民县属的清河镇冲塌民房800余间。6月22日（五月十八日）至27日（二十三日），黄水又骤然猛涨，湍激异常，齐

① 朱批档，光绪八年九月初五任道镕折。

② 录副档，丁宝桢片。上奏日期不洋，朱批日期为光绪九年六月初四。

东、利津、历城等处民埝漫溢，决口数十丈至二三百丈不等，使这些地方“灾黎遍野，荡析离居”。霜降以后，黄水在齐东等处又一次漫溢，济阳、齐东、蒲台等处堤埝都被冲决，“利津县近海村庄，淹毙人口甚众”。到十一月间，上年刚刚合龙的桃园再度决口，孙葆田为翰林院修撰陈冕所作的墓志铭中就有“光绪癸未，河决山东桃园，灾民四十余万”[①] 的记载。除黄河外，卫河也曾“漫溢出槽”。由于灾区面积较广，所以灾民甚多，数十万嗷嗷待哺的饥民，或北上就食京师，或南下逃亡淮扬，更多的则麇集省城。张之洞在 8 月 9 日（七月初七）的奏折中说：“查山东河决为灾，经年未塞，本年夏间复决数口，泛滥数百里，灾民数十万流离。”[②] 本年接任山东巡抚的陈士杰也奏报说：“核计历城、齐东、章丘、齐河、济阳、长清、邹平、惠民、滨州、沾化、商河、利津、乐安（今广饶）、临邑等十四州县，大小灾黎共折实大口七十五万五百余名。”[③] “山东灾民就食省垣者十余万口，或在山冈搭棚栖止，或露宿附近关厢，归耕无期，日日待哺。”[④] 山东黄水泛滥，一直影响到直隶南部的开州、东明、长垣一带，这一年直隶自六月后本来就连降暴雨，使永定、青龙、滦河、武烈“诸河同时暴涨，堤岸尽没于水”，造成“泛滥二十余州县之广，洵为数十年未有之奇灾”，再加上山东黄河决口的影响，直隶的灾情就更为严重了。

1884 年 7 月 1 日（光绪十年闰五月初九），因风雨交作，黄水陡涨丈余，黄河又在齐东县的萧家庄、阎家庄，历城县下游的霍家溜、河套圈，利津县南岸下游等处漫决成口。特别是齐东县漫决的几处民埝，宽的 300 余丈，窄的不下 100 余丈，大堤亦被冲决 400 余丈。数十村庄被淹，直至青城县境，伤毙人口千余。前年和去年漫决的桃园口，本年又告冲决。此次水灾，又造成大批灾民。据山东巡抚陈士杰 12 月 7 日（十月二十日）奏报，历城等 20 个州县“大小灾

---

① 《清朝碑传全集》（补编）卷 9。
② 录副档，张之洞折。
③ 录副档，光绪九年十一月二十八日陈士杰折。
④ 录副档，光绪九年十二月初七陈士杰折。

黎共折实大口一百一十一万三千一百六十一口半”；翌年春间，陈士杰又奏报春赈“大小灾黎共折实大口五十万四千八百四十口半”。事实上，一些地方官吏对赈灾银米大量克扣，丧心病狂地大发灾荒财，1885年冬御史恩隆参劾福山县令的奏折就是一个典型的例子：“（福山县）去年水灾甚重，冲塌房屋不可胜计，并淹毙人口，城垣冲倒亦数十丈。灾民始则禀请报灾，该县皆不准行。嗣经该管官饬查，始行派差查验。该管官饬令于冲塌民房每间发大钱三千文，该县仅发三百文，约计所发通县倒塌房屋之钱不过数十千文，不足该管官饬令发给一村之数。后至去年九月间，有贫民请领冲塌房屋钱文，该县即不肯发，以致灾民莫不嗟怨。”① 此外，伏秋大汛期间，直隶东明县境的黄河堤岸，也因黄水盛涨，将中汛11、12铺堤身漫刷成口，幸好还没有造成山东那样大的损失。

1885年（光绪十一年）夏秋间，山东境内的黄河又多次决口。最先发生河决的是前几年决口的老地方——齐河、历城一带。伏汛期间，这里的民埝先后被水冲决，虽然堰头镇、杨家庄的决口较快地堵合了，但郭家寨口门刷宽近百丈，赵家庄口门刷开70余丈，黄水从这些口子流出，汹涌咆哮，到处肆虐。不料祸不单行，六月底七月初，“大雨如注，连宵达旦”，黄水陡涨丈余，又在寿张、长清境内决口。寿张的口门10余丈，长清口门刷开数十丈，河决时正值黑夜，居民趋避不及，当即有50余人为洪流吞没。据陈士杰奏报，此次黄水泛滥，“灾区甚广，查明被灾人口有三十余万之多”②。

1886年（光绪十二年），黄河在山东境内依然决口数次。年初，章丘县属之何王庄发生河决，口门宽90余丈，“灾民颠沛情形，惨不忍言”。三月初，黄河水势盛涨，章丘、济阳、惠民等县的民埝大堤又先后漫溢决口多处，其中吴家寨、安家庙两处口门虽很快抢堵，未造成太大损失，但王家圈、姚家口等处则“口门甚宽，被淹甚广”。三个月之后，又因伏汛盛涨，黄河第三次漫决，决口分别在齐河县的赵庄和历城县的河套圈。到九月初，黄河又在寿张县境的徐

① 录副档，光绪十一年十一月初十恩隆片。

② 《光绪朝东华录》（二），总1995页。

家沙窝圈堤漫溢，这已是本年黄水在山东境内的第4次漫决，造成濮州、范县一带大水成灾。据统计，山东这一年遭受水灾、风灾、雹灾、虫灾及个别地区有旱灾的共78个州县。

1887年（光绪十三年），黄河先后在山东、直隶、河南3省决口，造成的灾害较前几年都要严重。五月中旬，黄河先于山东齐河县境内的朱家圈民埝决口，堤身浸塌20余丈，冲出之水直向东流，一路村庄多被浸淹。这次决口，直至12月7日（十月二十三日）始行堵合。河决齐东后不久，黄河又在直隶开州境内大辛庄漫溢。开州毗连山东，漫水直灌山东的濮州、范县、寿张等地，又顺流南下，穿过运河，淹及阳谷、东阿、平阴一带。由阳谷又分流一股，从茌平以南淹及禹城辖境。一直到9月29日（八月十三日）黄河又在河南郑州决口后，黄水南泄，郑州以下的黄河断流，才使山东境内的灾情得到控制。但郑州河决所造成的危害，却要比前两次的严重得多。开始，口门宽30余丈，以后陆续冲刷，竟塌宽至300余丈。汹涌的黄水从中奔腾而出，湍悍异常，流分三股，直趋东南下游，“所至人民、庐舍多被沉沦，有幸而获生者，率迁移高阜，栖息树枝，以待拯援”①。河南巡抚倪文蔚奏报各地被水情形说：“伏查此次黄河漫溢，由石桥口奔腾泛滥，直注东南，经过开封、陈州两府属，旁及归德府属鹿邑县境。……先后接据各府州县禀报，水由郑州东北两乡东姚等堡流入中牟县市王庄出境，被水者一百一二十村庄。中牟县城被水围绕，漫水所及三百余村庄。由中牟而入祥符县，大溜趋向朱仙镇南之闹店及西南之赵店、正南之并腰铺、东南之西市等堡。水趋尉氏，围绕县城，由正北歇马营折向正东，直趋扶沟县境，计长一百余里，城垣四面皆水。漫水及于鄢陵县之部村等处，共淹浸四十余村庄。其通许之吴台、邸阁等处数十村庄，亦有漫水，深至七八尺不等。而太康县境，水由崔桥至长营，挟河出槽，直趋东南，入于鹿境。其西华县惟沙河以南三十余村庄不受水害。西华与淮宁、商水两县接壤之周家口北寨，为淮宁地面，亦被水淹。淮宁县境，

① 《光绪朝东华录》（二），总2311页。

水由柳林集会贾鲁河、大沙河之水，散漫靡常，致淹一千五百数十村庄，南流入于项城县，由李村等牌流赴沈丘县纸店等处，遂从槐店出境。至归德府属鹿邑一县，亦经黄水漫及，由西南乡囚冢集等处流入洺河、黄沟河，东流入于安徽太和县境。此各属现被水灾之情形也。臣详加查核，以中牟、尉氏、扶沟、西华、淮宁、祥符、郑州七州县为最重，太康、项城、沈丘、鄢陵、通许次之，商水、杞县、鹿邑又次之。”① 据约略统计，以上 15 个州县待赈灾民达 190 万人左右。

1888 年（光绪十四年），虽然黄河没有新决之口，但上年郑州决口却很长时间未曾合龙。清政府特命礼部尚书李鸿藻赴河南督办河工，又起用前河南巡抚李鹤年署理东河河道总督，会同在任河南巡抚倪文蔚合力抢堵决口。从年初起，大坝开工，至六月间，筑成东坝 247 丈、西坝 358 丈。七月，连排水坝共成 600 余丈，挑引河 2 900余丈。眼看大功即将告成，不料伏秋大汛骤然到来，决口处黄水冲激，浪高力猛，将新修坝身冲陷数处，而工料业已告罄，只得“暂议停工固守”。清政府下令将李鹤年“褫职遣戍”，倪文蔚摘去顶戴，“革职留任”，李鸿藻责令回京。直到秋汛过后，才继续接筑，至年末才算正式合龙。也就是说，在这一年的时间里，滔滔黄水一直倾泻不息，漫淹着豫东各州县的大片土地。

1889 年（光绪十五年），全国很多省份都有较大的水灾，具体情形我们将在下一节中做专门论述。这里只简单提一下，这一年黄河曾分别在直隶的长垣县境，山东的章丘、历城、齐河境内决口，使全国性的水灾更加增加了严重程度。

1890 年（光绪十六年）夏，黄河又在山东齐河县高家套决口，埝身刷塌 30 余丈。稍后，又有多处漫溢，据 10 月 3 日（八月二十日）的上谕说：“本年山东黄河两岸及滨临运河各州县黄流漫溢，兼值山东湖水同时泛滥，濮州等处三十七州县低洼村庄被淹甚广。”②

中国有句老话，叫作“华夏水患，黄河为大”。上面的情况充分说明，这句话实在是人们的经验之谈。在旧中国，曾经流传着这样

① 《光绪朝东华录》（二），总 2350 页。

② 《清德宗实录》卷 288。

一首民谣："黄河边，黄河边，三年两头淹。家无家，粮无粮，刀尖之上过时光。"这确实是黄河两岸人民悲惨处境的真实写照。

第五节　光绪十五年的全国性大水灾

1889年（光绪十五年），中国腹地的主要省份，几乎同时发生了相当严重的水灾，这在近代灾荒史上也并不是常见的。广东道监察御史恩溙在12月1日（十一月初九）的一个奏折中概括当年全国灾情说："本年水灾，西极长江上游，东尽浙之瓯越，夙昔产米之地，几于尽作灾区，失业贫民难以数计。"① 可以想见，那些主要产粮区，也是清朝政府主要财赋来源的地方，同时遭灾，给予当时政治、经济、社会生活的影响和打击，无疑是十分巨大的。

我们先从长江上游的四川省说起。四川地势较高，每年夏间，常常因为发生暴雨，水势宣泄不及，发生局部地区的水潦之灾。但这一年的情况却与平常年景不同，夏秋之间，全省被水灾区竟达38个厅州县之多。据各州县地方官报告，4月28日（三月二十九日），龙安府的石泉县和顺庆府的蓬州就"发蛟涨水"，7月13、14日（六月十六、十七日）石泉县又两次大水，蓬州并遇冰雹。保宁府的南江和巴州，6月27日（五月二十九日）大水。重庆府的綦江县6月29、30日（六月初二、初三）大水。雅州府的名山县7月9日（六月十二日）大水。忠州的酆都县7月11、12日（六月十四、十五日）大水。此外，7月13、14、15日（六月十六、十七、十八日），平武县、江油县、彰明县、剑州、绵州、三台县、安县、遂宁县、射洪县、铜梁县、邛州（今邛崃）、蒲江县、井研县、夹江县、洪雅县、乐山县、犍为县先后大水。7月28日至31日（七月初一至初四），江油、彰明、剑州、绵州、三台、射洪、邛州等又再度被水。合州也于7月31日（七月初四）遭大水漫淹。除以上地区外，夏秋

① 录副档，光绪十五年十一月初九恩溙折。

之间，尚有灌县、黔江、越巂、中江、南充、蓬溪、垫江、奉节、岳池、广安、广元、太平、合江等厅州县陆续被水。四川总督刘秉璋对这次灾情的估计是："被灾各处堤堰、城垣、桥梁、道路、房屋，浸灌冲决甚多；田禾、人民、牲畜、财产、货物，漂流淹没亦众。众水势来极悍，所幸退亦迅速。惟沙泥淤塞之田地、盐井，挑挖为难；坍塌毁坏之堤堰、城垣，工程甚巨。灾黎待赈孔殷。"① 据统计，这一年四川全省共有灾民 53 840 户、262 000 余丁口。

四川南邻的云南，则呈先旱后涝之势。夏秋之交，还是亢旱缺雨，但入秋以后，阴雨连绵，以致东川、昆阳（今属晋宁）、太和（今属大理）3 府州县均遭水灾，河堤冲倒，田地被淹，收成歉薄。

从四川沿长江顺流而下，湖北、湖南水灾也颇严重。湖北地区夏秋两汛，即因雨水过多，江河并涨，各州县堤塍漫溃，田亩多被浸淹。不料八月下旬以后，"雨势连绵，竟日彻宵，时逾兼旬，未停点滴"。于是水势日涨一日，以致武昌、汉阳、黄州、安陆、德安、荆州各府，低洼田亩大都被淹；就是地处上游的襄阳、宜昌、郧阳、施南等府，晚稻杂粮也因为久受雨溃，日逐霉烂，严重的甚至"颗粒无余"。据湖广总督裕禄、湖北巡抚奎斌在奏疏中分析，湖北因"滨临江、汉，地称泽国"，素来容易发生水患。但本年的水灾与以往不同，"往年或因上游发水，受害仅在洼区，尚可以高阜之收成补低田之灾歉。本年则因久雨成灾，处处皆有积潦，无论高低田地，受患从同"。并且说："本届灾区之广、灾象之深，实较光绪十三年为更甚。饥民嗷嗷待哺，势难刻延。"② 十一月底，张之洞接任湖广总督。他到任才 10 天左右，就会同湖北巡抚奎斌联名向朝廷奏报灾情，称这一年的水灾"为十余年来未有之灾"，并说："省城对岸之汉阳府汉口镇等处，灾黎扶老携幼远来就食者，已有五万余口。……陆续前来者逐日增添。现在节逾冬至，饥民老弱妇女匍匐于风霜泥涂之中，号寒啼饥之声实为耳不忍闻，目不忍睹。……现在低田未

① 朱批档，光绪十五年八月初三刘秉璋折。
② 朱批档，光绪十五年十月初六裕禄、奎斌折。

尽涸出，补种之麦苗恐难一律畅茂，来年若遇春荒，尤属不堪设想。”① 湖南洞庭湖周围地区，包括湘阴、益阳、巴陵（今属岳阳）、龙阳、沅江、澧州、安乡、华容、安福、武陵等州县，由于地势低洼，基本上是十年九潦，只要夏间雨水稍多，近湖的田地即半遭淹没。这一年五、六月间，因水势较大，淹没之地较常年更宽。其中，以武陵、龙阳两县“受灾尤烈”。武陵县官民围堤多处溃决，河洑、德山一带，40余间房屋被冲毁，30余人遭淹死；龙阳县也有淹毙人口、倒塌房屋等情。此外，湘阴县“四城皆水，下游围田多溃”；桃源县“夏大水，秋潦更甚”。湘南的蓝山县于六月间还发生大雹灾，冰雹“圆者如杯，块者如掌”，自西而东，密集而下，人畜被打伤甚多，庄稼更遭到极大的损害。

湖北东邻的安徽省，五月下旬至六月上旬，多次大雨滂沱，安庆府的宿松、太湖、潜山、怀宁等县，因地势低洼，田地多遭漫淹；皖北的凤阳、颍州二府广大地区，因雨多水涨，颍河、淮河承受河南下泻之水，众流交汇，宣泄不及，同时漫溢。其中，尤以霍邱、颍上、寿州、凤台、怀远、凤阳、五河7个州县灾情最为严重，寿州整个城垣被洪水所包围，四门紧闭，急风巨浪不断撞击城墙，情形十分危急。无数居民“栖止高阜，口食维艰”。九月间，又连降暴雨10余天，“江、淮复涨，低区水漫，晚粮失收”。长江沿岸的安庆、池州、太平三府，淮河沿岸的泗州、凤阳、颍州三府，以及皖南的宁国府、广德州部分地区，又遭水潦之灾。但个别地方也有旱灾。据统计，全省遭受水旱之灾的共有34个州县。

位于长江最下游、以长江三角洲和太湖流域为中心的江、浙二省，春夏间本来风调雨顺，丰收有望，但八月下旬以后，却连降暴雨，发生大面积严重水灾。两江总督曾国荃在11月19日（十月二十七日）的奏折中说：“江苏、浙江两省，本年入夏后田禾畅茂，正期秋后丰登。讵八月下旬连朝淫雨，九月三旬几于无日不雨，以致转丰为歉，被灾均重，浙江尤甚。”② 两日前，曾国荃还曾会同江苏

① 录副档，光绪十五年十二月初九张之洞、奎斌折。

② 朱批档，光绪十五年十月二十七日曾国荃片。

巡抚刚毅专折奏报江苏灾情："苏省本年秋成之时，遽遭浙江蛟水下注，兼以淫雨滂沱日久，变丰为啬。其间低田尽皆成灾，高田亦属歉收。"① 以浙江情形而论，受灾最重的是杭州、嘉兴、湖州三府，次重的是宁波、绍兴二府，此外，台州、金华、严州、温州、处州等也"俱被水灾"。浙江全省11府中，未曾报灾的仅衢州一府而已，也就是说，被水之处几遍及浙江全境。按照浙江巡抚崧骏的说法，这年的水灾是"三十年来未有之奇灾"。浙籍京官孙诒经在奏折中认为崧骏的说法是符合实际的，并且说：水灾发生时"将届秋收，农民工本业经用罄，专待新稼登场为仰事俯蓄之计，一旦尽付洪流，困苦颠连，万无生事"②。江苏的灾情，以苏州府最重，松江、太仓次之，常州、镇江又次之。苏州府属之中，又以震泽（今属吴江）、吴江、昆山、新阳（今属昆山）为最严重。因为震泽、吴江西连浙江，北邻太湖，"为众流所归"，加之地势低洼，所以遍地都是积潦；直至年底，震泽"未经涸出之田"尚"十居五六"，吴江也有"十之三四"。新阳、昆山虽稍轻一些，但水最多时也"皆成一片汪洋"。此外，苏州附近的长洲、元和、吴县（三地今均属苏州市），至腊月间仍有20％～30％的土地未曾涸复，"田畴宛在水中"。被淹之地，不仅秋收无着，而且由于豆麦未能下种，来年的春收也已无望。据统计，江苏全省被灾地方达70个厅州县。

大部分处于华北平原的直隶、山东、河南三省，这一年也是遍地皆水。上一节曾论述，1887年（光绪十三年）河决郑州后，决口年余未曾合龙。这种情况，一方面使河南东部久遭黄水淹浸，另一方面又使山东地区因黄河断流而缺水致旱。故1889年（光绪十五年）一开春，山东的春荒就十分严重。河南道监察御史余联沅在6月6日（五月初八）的一个奏折中说："臣伏查山东自海口淤塞频罹水患，郑州决口以后，河虽南徙，而连年荒旱歉收如故。迨郑工合龙，水仍漫溢，因以饥馑荡析离居。闻其最重者有四府十八州县，如齐东、利津一带，禾苗焦枯，粒不及种，草根、树皮，罗掘殆尽，

① 录副档，光绪十五年十月二十五日曾国荃、刚毅折。

② 《清史列传》卷58，《孙诒经传》。

贫富无分，道殣相望，质妻鬻子，惨不忍闻。至有谓上年豫、皖河决其灾无以复加，不意山东近日困苦情形更十倍于是也。”[①] 山东登莱青道盛宣怀在一份电报中也说：“青州、利津等处大灾，麦苗、草皮俱已食尽，每村日有饿殍。”[②] 但到了夏间，黄河又多处决口。先是在7月22日（六月二十五日），章丘县境大寨金王庄等庄护庄圈埝被冲，将南面大堤漫溢，并塌陷堤身30余丈。同时，历城西纸坊的民埝也告漫溢。章丘、邹平、新城、青城、高苑（以上二县今合为高青县）、博兴境内均有被水村庄。8月9、10日（七月十三、十四日），齐河县境黄水水势盛涨，张村等处堤埝又先后漫溢，漫出之水灌入徒骇等河，加以雨水、山水、泉流汇注，两岸村庄多被漫淹。这一年山东水灾，以齐东、高苑、博兴、乐安、齐河、惠民、济阳、禹城为最重，章丘、濮州、寿张、范县、历城、邹平、长山（今属邹平）、滨州、沾化、阳信、临邑、海丰、商河次之，南岸的东平、平阴、长清、东河也因山水为黄流所阻，无从消疏，以致泛滥成灾。这样大面积的水灾，必然造成极大数量的灾民。以齐河县为例，该县原有村庄900余处，被水的村庄374处，受灾户口260 075口。全省受灾地区共82个州县，以受灾较重的28个州县计算，共有灾民2 695 800余人。如果说山东是先旱后涝的话，那么河南则是水上加水。郑州决口一年多未曾合龙，本已造成遍地汪洋的局面，但到7月31日（七月初四），黄河又在河南河内（今沁阳）境内王贺庄沁河北岸漫溢，下游的武陟、修武、获嘉、新乡等县均遭淹浸。接着，8月29日至31日（八月初四至初六）、9月16日至18日（八月二十二日至二十四日）、9月22日至24日（八月二十八日至三十日），又连降暴雨，使延津、获嘉、辉县等地，沟满濠平，河槽涨溢，田地多被淹没，房舍坍塌不少，田禾大受损伤。在伏秋交接之际，由于黄水盛涨，直隶长垣县的民埝又被冲缺，黄水漫入河南滑县一带，使豫北又遭水患。至于直隶的灾情，直隶总督李鸿章在1890年1月9日（光绪十五年十二月十九日）的奏折中报告说：“本年顺直地方，

① 录副档，光绪十五年五月初八余联沅折。

② 录副档，护理江苏巡抚黄彭年片。

秋初阴雨连绵，山水下注，遂致蓟、沟、宣惠、大清、赵王、南运、子牙、漳、卫、滏阳等河漫溢出槽，并沥水汇归，洼区被淹，黄河两岸村庄浸没尤多，计秋禾灾歉者四十州县。”① 其中，武清、蓟州、保定、文安、大城、安州、献县、景州、吴桥、东光、天津、青县、静海、盐山、任县、玉田、开州、东明、长垣19个州县，各成灾五分至九分不等。宁河、霸州、安肃、河间、任丘、沧州、南皮、庆云、沙河、南和、唐山、平乡、巨鹿、永年、邯郸、鸡泽、元城、大名、南乐、丰润、隆平（今属隆尧）21个州县，也各有部分村庄歉收三四分不等。

黄土高原的陕、甘二省，这一年也久雨成灾。陕西省六月至八月间，淫雨连绵，使全省大部地区秋禾歉收。尤其是南部山区，因气候阴寒，历来少种谷麦，“秋粮向以苞谷、洋芋为大宗”，由于连续阴雨，洋芋大都腐烂，苞谷亦收成稀少。一些地方还加上雹灾，如绥德州，1889年9月13日（光绪十五年八月十九日）“风雨交作，兼降冰雹”，东乡的郭家川、延家川两村庄被雹打伤秋禾地1 700余垧，地内糜谷、黑豆全被打坏，只有高粱、粟谷间有一二分收成。卜家沟等5村庄被雹打伤秋禾地3 280余垧，各种秋粮颗粒无收。通计灾情，以砖坪、安康、紫阳、平利、镇平、佛坪、留坝、褒城、镇安、山阳、孝义、宁陕、江口13处为最重，汉阴、洵阳（今旬阳）、石泉、沔县4处为次重，白河、定远（今镇巴）、宁羌、略阳、南郑、城固、洋县、凤县、咸宁、长安（上二县今均属西安）10处稍轻。甘肃全省尚属中等年景，但阶州、文县一带，在夏秋之间，也因雨水过多，造成灾荒。这里山多田少，地气高寒，所以洋芋产量占各类粮食总产的60%。收获时洋芋既因水歉收，部分收获入窖的也因雨伤日久，霉烂变质，“不但不能作种，即食之亦生疾病”，当地居民生计艰难，嗷嗷待哺。

在南方，广东也发生了较大面积的水灾。四月，新安县（今宝安）地方突然刮起飓风，“九龙、东涌、大鹏等处寨城均有坍塌，沿

---

① 朱批档，光绪十五年十二月十九日李鸿章折。

海倒塌房屋甚多，压毙八人，沙壅田禾数十亩”。四、五月间，从化县河水暴涨，冲决堤埂1 500余丈，倒塌民房30余间。五月初，因连降暴雨，东江河水陡涨丈余，下游的归善（今惠州市）、博罗二县“城市村庄低下之处均被浸灌，水深数尺”。博罗被冲决堤埂1 200余丈，倒塌房屋200余间，淹死妇女1人，田禾约损失20%。东莞也被冲决堤基9处，倒塌房屋数十间。6月1日（五月初三），平运县的差干、邹坊、黄畲等乡，突然于晚上“山水骤涨，漂溺人口、倒塌房屋、淹没田禾不少”。次日，镇平县（今蕉岭）由于江西之水自北注入，福建之水自东汇归，各乡山水暴涨，白马、文基、兴福、招福、同福、艾坝、金沙、蓝坊、徐溪、石磜、广福、高思、丰乐等乡同时冲决河堤水坡一万数千丈，倒塌房屋数千间，淹毙人民数百名，沉没盐船200余艘，壅压粮田82 400余石，70%的田禾被淹受损。6月5日（五月初七）夜间，嘉应州（今梅县）的松源堡河水陡涨丈余，淹死人口数十，冲去铺房千余间，下游海阳县（今潮安）境内捞获掩埋流尸200余具；白渡堡“亦被水冲损房屋、田禾甚多”。此外，广州府属的增城，惠州府属的河源、长宁（今新丰）、永安（今紫金）、海丰、龙川、连平，潮州府属的海阳、潮阳、丰顺、揭阳、饶平、大埔等州县，也有轻重不等的水患，只是漫水消退较快，尚未造成重大的损失。

1889年正处于中法战争和中日甲午战争两次大的侵华战争之间，民族危机日益严重；就国内的政治形势来说，这一年正是慈禧宣布“归政”、光绪亲理政务之时。为了向慈禧表示曲尽孝道，光绪要求直隶总督李鸿章、两江总督曾国荃、两广总督张之洞筹拨“万寿山工程银”共280万两以修整颐和园，再加上光绪大婚费银500万两，最高封建统治者置范围如此之广、灾情如此之重的全国性大水灾于不顾，仍一味骄奢淫逸，连户部尚书翁同龢与因病在家的军机大臣阎敬铭晤谈时，也不禁“谈及时事，涕泗横流”。更何况，政治局势明显呈现不稳趋势，颇有影响的四川余栋臣起义正在这时发生。在这种情况下，严重的自然灾害对当时社会生活的影响，也就愈发显得突出了。

第五章　世纪之交（1891—1911）的主要自然灾害

第一节　19 世纪末叶连年发生的顺直水灾

本章所涉及的时间，是封建清王朝的最后 20 年，也是中国封建君主专制制度彻底溃灭的一段历史行程。在这 20 年中间，恰好经历了 19、20 两个世纪的交替更迭。旧世纪末的政治动荡，新世纪初的革命风云，都同这一阶段发生的自然灾害有着密不可分的联系。

在叙述这一时期的主要自然灾害时，我们首先要说说 19 世纪末叶几乎连绵不绝的顺直水灾。

戊戌维新运动的激进人物谭嗣同，在奉命进京“参与新政事宜”后，曾写信给他的老师欧阳中鹄说：“顺直水灾，年年如此，竟成应有之常例。”①

如果从 1891 年（光绪十七年）算起，一直到 1898 年（光绪二十四年）止，8 年间，顺直地区确实没有一年不曾发生过较大的水灾，有的年头灾情还极为严重。

1891 年春间，直隶局都地区有“旱蝗伤稼”；但入夏以后，文安、大城、安州、武清、宝坻、宁河、乐亭、青县、静海、沧州、南皮、盐山、庆云、永年、曲阳、献县等 16 个州县，即因雨水过旺，被水成灾。其中，安州“因多年积涝，禾稼未能播种，颗粒无收”；“文安县洼地积水未消，又因连次大雨，沥水汇归，洼边田禾亦被淹浸”。特别是承德府建昌县（今辽宁省凌源县）东北敖汉旗地

① 《谭嗣同全集》（增订本）下册，449 页。

方，东接朝阳县（今属辽宁省），西连赤峰县（今属内蒙古自治区），南接平泉州（今河北省平泉县），上年即因亢旱歉收，粮价昂贵，至六月初，突然“风雨交加，经旬不止”。7 月 22 日（六月十七日）夜晚，“风雨甚寒，忽杂霜霰，田禾被伤”。9 月 16、17 两日（八月十四、十五日），“又连朝霜冻，田禾尽成枯草”。而且受霜冻之灾的，建昌县一带“各处皆然”。只有该县东南乡一二百里境内，地气较暖，受灾较轻，但却有较严重的虫害，“啖食谷苗，叶穗全无”。①

1892 年（光绪十八年），“顺直各属自春徂夏，雨泽稀少，麦收减色”。但从 6 月 28 日（六月初五）起，一直到 7 月 19 日（六月二十六日）止，几乎是连朝大雨，“通宵达旦，势若倾盆”。加以上游山水暴发，西南邻省诸水又奔腾汇注，结果是“各河同时狂涨，惊涛骇浪，高过堤巅”，导致永定、南运、北运、大清、潴龙、潮白、拒马等河先后漫溢。沿河州县“猝被沉灾，庐舍、民田尽成泽国，平地水深数尺至丈余不等”。天津一带，地势本就低洼，加之海潮倒灌，弄得遍地皆水，浩瀚汪洋，一望无际。交通断绝，文报不通。顺天、保定、天津、河间等府，普遍受灾，秋收无着。通州等 41 个州县灾情甚重。直隶南部的开州、东明、长垣三地，也因黄水漫溢，“本年秋禾被水灾歉”。西北部的“张家口外各处，严霜早降，几至颗粒无收，灾深民困”。东北部的承德府所属地方，也因霜灾歉收。这样，遭受水灾和霜灾的地区几乎遍布直隶的各个角落。再加上 7 月 20、21 日（六月二十七、二十八日）等日起，京城周围有大批蝗虫飞过，“自北而南，复由南而北，匝野蔽天，不可数计”，使顺天府各州县禾稼受伤不少。

但 1893 年（光绪十九年）的顺直水灾，较之上两年更为普遍而严重。六月以后，大雨倾盆，连日不断，东北、西北边外的山水暴发，奔腾汇注，汹涌异常。永定河、南北运河、大清河、潴龙河、潮白河、子牙河、滦河、蓟运河、凤河等，同时狂涨，纷纷漫溢。上下千余里，一片汪洋，平地水深丈余，“田庐冲淹，人畜漂流”。

---

① 参见录副档，直隶总督李鸿章片。上奏日期不详，朱批日期分别为光绪十七年十二月初二、初三。

据直隶总督李鸿章报告，通州、三河、武清、宝坻、蓟州、宁河、静海、香河、霸州、保定、文安、大城、固安、永清、东安、大兴、宛平、良乡、房山、涿州、顺义、怀柔、密云、滦州、卢龙、乐亭、清苑、安肃、定兴、新城、博野、容城、蠡县、雄县、安州、高阳、河间、献县、肃宁、任丘、吴桥、天津、青县、盐山、开州、东明、长垣、丰润、玉田、隆平、深州、武强、饶阳、安平等54个州县，有的村庄成灾十分，颗粒无收；还有些村庄分别成灾五分至九分不等。昌平、满城、望都、完县、祁州、沧州、南皮、无极、邯郸、鸡泽等10个州县，分别歉收三四分不等。尤其严重的是，京城内外，皆为水淹。8月5日（六月二十四日），巡视中城御史文博等奏报说："自本月十一日起，一连三日，大雨如注。前三门水深数尺，不能启闭。城内之官宅民居，房屋穿漏，墙垣倒塌，不计其数。人口之为墙压毙及被水淹者，亦复不少。并有四围皆水，不能出户，举家升高，断炊数日者。被灾之深，情形之重，为数十年所未见。……至于城外之各村镇，有为山水所冲，有为洪河所灌，一片汪洋，均成泽国。……现在附郭之区，水虽渐已消退，而屋宇荡然，田禾尽没。人皆露宿，家无寸椽，至有为墙倒所伤而呻吟于田畔，村落如洗而群聚于庙中。荡析离居，无地为炊，待哺嗷嗷，殊堪悯恻。"① 《益闻报》在一篇报道中记载，在秋末冬初，不少饥民无力养活子女，只能带到街头出卖，幼童卖钱数百文，十岁上下的少年已经可以役使，能卖钱千余文，"话别分离之苦，恸哭街头，殊令闻者伤心，见者惨目"②。

1894年（光绪二十年）是中日甲午战争爆发的一年。六月间，日本侵略者首先在朝鲜挑起战火，经过了多次中日军队之间的陆战和海战，终于在九月下旬，日本侵略军的铁蹄开始践踏我国的辽东半岛，在很短的时间里，大连、旅顺先后失守，威海、牛庄等地相继陷落。与此同时，以慈禧为首的封建统治者，一直在全力以赴地筹办慈禧60寿辰的"万寿庆典"。在民族矛盾十分尖锐的背景下，

① 《清代海河滦河洪涝档案史料》，570页。
② 《益闻报》，第1326号，光绪十九年十月二十九日。

封建统治阶级虽然分化为主战、主和两派，并展开了激烈的斗争，但主和派的势力始终占上风，妥协投降的方针一直在清政府对日方略中居主导地位。清朝封建统治者既要解决巨大的军费开支，又要聚敛巨额钱财供慈禧“万寿庆典”肆意挥霍，当然无暇也无力去顾及全国各地尤其是发生在顺直地区的比较严重的自然灾害。这一年的前半年，顺直地区风调雨顺，颇有丰收的希望。不料自五月下旬开始，直到七月底为止，近两个月的时间，接连不断的狂风暴雨袭击华北平原，邻省诸水一齐汇注到直隶地区，“汹涌奔腾，来源骤旺，下游宣泄不及，以致南运、北运、大清、子牙、滏阳、潴龙、潮白、蓟、滦各河纷纷漫决，平地水深数尺至丈余不等，汪洋一片，民田、庐舍多被冲塌”①。再加上有些地方还“有被潮、被雹之处”，使本年直隶全省受灾地区达 68 个州县，歉收地区达 34 个州县，合计秋禾灾歉的州县共有 102 个之多。据李鸿章说，本年与上年相比，“水灾之重”，大体相等，而“灾区之广，殆有过之”。由于连年遭水潦之灾，人民的生活极为困苦，其中尤以永平、遵化两府所属州县最为严重。这些地区不但“雨水连绵”，而且“冰雹频降”，结果是庄稼全毁，收成无着，饥民遍野，饿殍塞途。浙江道监察御史李念兹于次年春间上折报告该地情形说：“永平、遵化两处十属州县……人烟稠密，虽在丰年，所出之粮不敷本处之用，况复连遭水潦，盖藏久空。去年被水尤甚，收成不及十分之一，小民无以为食，专恃糠秕。入春以来，不但糠秕全无，并草根、树皮剥掘已尽，无力春耕，秋成无望，较寻常之青黄不接更形危机。……访查该处情形，一村之中，举火者不过数家，有并一家而无之者。死亡枕藉，转徙流离，闻有一家七八口，无从觅食，服毒自尽。懦弱之民扶老携幼，遇饭熟时闯入人家就食；其凶悍者结伙成群，专抢囤积，名曰‘分粮’。而明火抢劫之案，层见叠出，官长恐激生变，不敢过问。”②据热河都统崇礼报告，这一带的饥民，纷纷向热河地区逃荒就食，

---

① 录副档，光绪二十年十二月十九日直隶总督李鸿章折。此时李鸿章因甲午战争中指挥失利，受到革职留任处分。

② 录副档，光绪二十一年二月二十八日李念兹折。

“日以千数”，一直到第二年的夏天仍“络绎不绝”。

1895年（光绪二十一年）的春天，中日战争还在继续进行，关外百姓由于日本侵略军残酷野蛮的屠杀蹂躏，纷纷向关内逃亡。而顺直地区因连年大水成灾，再加上本年入春以后又“天寒大雪，播种失时”，所以春荒就十分严重，当地百姓自顾尚且不暇，哪有余力照顾关外的难民？御史洪良品在4月16日（三月二十二日）的一个奏折中说：“自光绪十六年起，淫雨为灾，连年水患，畿南一带百姓困苦，拆房毁柱，权作薪售，以为生计。……去年积水太久，冬冻未消，麦不能种。小民坐食数月，籽种、牲畜食卖一空。现在遍野荒地，无力市牛布种，耕收望绝。”[①] 3月24日（二月二十八日）的《申报》报道天津至唐山铁路沿线的情况：“客有于役火车者为言，不独津郡饥荒，即附车各村落，一过糖坊，上至胥各庄、唐山、林西、洼里，每一停车，饥民男女，鹄面鸠形，随客乞钱，如蜎之集。……连日大雨，饥继以寒，饿死冻死仍复不知几何。十余龄幼女，不过售十数元，骨肉分离，为婢为妾，在所不恤。”据署理直隶总督王文韶报告，唐山一带，三月间骤然聚集饥民数万人，以后愈聚愈多，到四月初等待赈济的灾民竟达10余万人之多。唐山一地如此，其他各处可以想见。但从4月27日（四月初三）起，顺直地区连续三个昼夜，狂风暴雨不息，芦台、北塘一带又遭海啸侵袭，沿海村庄及驻扎该地的防军营垒猝被淹没，唐山以上的铁路均被水冲断。不但各河纷纷漫溢，平地积水也是少则数尺，深则丈余。宁河、宝坻、盐山、沧州、静海、天津境内的田园民居，“悉遭淹灌，压毙人口不少”。翁同龢在日记中也记录了这次暴雨、海啸所造成的巨大损失，说当地居民“淹毙甚多”，驻军“计六十余营被其害”。被灾地区，从天津至秦皇岛，一体皆然。事实上，四月初的这一次暴雨，使顺天府各州县“田地淹没，麦苗固已黄萎，早禾亦被浸伤，平地水深尺余，房屋倾圮无数，实与沿海一带灾区无异”。京师周围的灾民，在洪水浸淹、衣食无着的情况下，当然只能扶老携幼进京觅食，

① 录副档，光绪二十一年三月二十二日洪良品折。

以冀求得一线生机。谁料想涌入京城的灾民，“既至，则所领之粥不足供一饱，伏施之钱米亦无。……不得已，馁卧路隅、待死沟壑者有之，沿门行乞、随车拜跪者有之。……以致城垣之下，衢路之旁，男女老稚枕藉露处，所在皆有。饥不得食，惫不得眠，风日昼烁，雾露夜犯，道殣相望”[①]。恶劣的生存条件，导致饥民中疫疠流行，据统计，夏间一月之内因染时疫而路毙者即达 3 000 余人，尚不包括由步军统领衙门和顺天府直接掩埋者在内。这一年，直隶全省被水、被潮、被雹地方共有 57 个州县。

1896 年（光绪二十二年），顺直地区连续第 7 年遭受水灾，据直隶总督王文韶奏称：“本年顺直水势之大，灾情之重，实与（光绪）十六、十八、十九等年相等。”[②] 这年六月以后，连降暴雨，上游山水暴发，各河同时狂涨，结果是潮白、永定、子牙等河相继溃决，沿河低洼之区水深数尺至丈余不等，许多地方田地、房舍尽遭淹没。直隶南部的开州、东明、长垣一带，又有黄水泛滥。全省成灾州县共计 32 个。

1897 年（光绪二十三年）的顺直水灾，灾情较前几年略轻，但被水地区仍有 43 个州县。只是降雨时间较往年稍迟，已在入秋以后，故造成之危害相对较小。主要是顺天府所属之武清、宝坻、宁河，直隶所属之天津、静海、深州、安州、高阳、饶阳等处，因地势低洼，多被淹浸。这些地方的老百姓“困苦颠连，不堪言状”[③]。

1898 年（光绪二十四年），直隶全省降雨量并不过多，但因主要集中于京津以东、以南地区，给这些地方造成相当严重的水灾。六、七月间，滹沱河因大雨水势暴涨，漫溢成灾，“上下百数十里，南北四五十里，其间若深州、饶阳、安平、献县、大城各州县境半成巨浸”。宝坻县属新安镇、黄庄之间南北百余里，林亭口、黑狼口迤东五六十里，也都“被水甚重”。玉田、丰润、宁河等县，同时被灾。据直隶总督裕禄奏报，玉田县成灾五六分的有 74 个村庄，歉收三四

① 录副档，光绪二十一年七月二十九日御史熙麟折。
② 录副档，光绪二十二年七月十八日王文韶折。
③ 朱批档，光绪二十三年九月十二日王文韶折。

分的有 90 个村庄；丰润县成灾五分至七分的共 191 个村庄，歉收三四分的有 69 个村庄；献县成灾七分的有 53 个村庄，歉收四分的有 9 个村庄；饶阳成灾五六分的共 40 个村庄，歉收三四分的有 41 个村庄；深州歉收三四分的有 12 个村庄。此外，天津附近的永定河下游霍家场、葛渔城两处，溢出之水灌入凤河，将萧庄、艾蒲庄凤河东堤冲决两口，直逼北运河西岸，又造成 10 余决口，使这一带"上下百余里，数十村庄，皆在水中"，极目而望，一片汪洋。当地居民"十室九空，困苦已极"。本年直隶全省被水地区共计 52 个州县。直隶的东北部，如赤峰、建昌、平泉、朝阳等地，虽未遭水，却在七月间受霜冻侵袭，晚禾受伤，收成甚薄；受灾严重的地方，只有正常年景的一二分收成。

我们曾经讲过，由于顺直地区所处的特殊的地理位置，在这里发生的较为重大的自然灾害，不能不对当时的政治、经济和社会生活发生更加直接和深刻的影响。在顺直地区连续 9 年水灾的这段时间里，光绪皇帝不仅亲自"祈晴"，而且还专门颁发谕旨，声称："非常灾异，我君臣惟当修省惕厉，以弭天灾。"① 至于留漕米、拨部帑、发仓米、免粮赋等，更是每年都要有几次专门的上谕。但所有这一切，都没有能从根本上减轻当地百姓所受到的难以言喻的灾难，也没有能真正稳定社会的动荡和不安。

第二节　戊戌维新时期以潦为主的全国灾荒

在上节所涉及的时间里，自然并不是仅仅顺直地区有较严重的水灾，有的省份，也曾发生颇重的水旱灾害。如 1892 年，奉天辽河泛滥，"滨河两岸低洼处所，田亩村屯悉遭淹浸"；吉林夏秋间淫雨、霜冻为灾，千百余里间"荒凉满目，民多菜色"；山东因黄河暴涨，相继在惠民、利津、济阳、章丘 4 县境内决口，卫河、运河亦在临

① 《清史稿》卷 24。

清州境内漫溢，造成84个州县灾歉；河南卫河于六月间漫溢，汲县、新乡等10个县被淹，灾民10余万，另有46个厅州县收成歉薄；山西先旱后涝，通省灾情甚重，有些地方“村店居民或殍或逃或鬻，十室九空，其存者三五零落，沿路丐钱，口称野菜掘完，树皮剥尽”，“每村饿毙日数十人……竟有易子析骸之惨，其困苦情形，与光绪三、四年大略相同”。1895年贵州全省亢旱，“自春至闰五月下旬，及六月初始迭次得雨，迨七月间，干旱如故，田禾多半无收”；浙江也在夏秋间先后受旱、被风，灾区甚广；而山东、河南则因黄河及运河、卫河、沁河等先后漫溢，造成大面积的水灾。但总的来说，受灾时间较短，持续数年大灾的情况很少出现，因此恢复尚不甚难，而且就全国而言，不少年份还勉强可以算是中等年景。一直到戊戌维新运动从酝酿到趋于高潮的那一段时间里，才又连续三年发生了以潦为主的全国性灾荒。

1896年（光绪二十二年），除上节已经谈过的直隶外，尚有四川、云南、山东、山西、河南、安徽、湖北、江苏、陕西、奉天、吉林、黑龙江等地发生较大水灾。

四川这年初南部的富顺、南溪一带曾发生地震，虽然死伤人数只数十名，震毁房屋数百间，但在这以后，全省多处地方发生“山崩地陷”的现象。山崩地陷造成江壅河塞，再加上长期阴雨，就使得在相当辽阔的地面上出现洪涝之灾。据四川总督鹿传霖奏报，川东的绥定、夔州、酉阳三府，从春季到夏间，一直阴雨连绵，“山多塌裂，倾压民房，各河河水陡涨漫溢，被灾情形甚重”①。8月28日（七月二十日），重庆府的江津县雷电交加，河水暴涨，山岩崩塌。各处的田地、房屋、什物、桥梁、庙宇多被冲毁，6人被洪水吞没，4人被压伤亡，被灾共199户。夔州府的大宁县（今巫溪）也在同日突降暴雨，河水陡涨数丈，东北城墙臌裂15丈，县属盐厂、羊场等处的田禾、铺户、灶房、桥梁、庙宇也有很多被冲塌，淹没民房30家，冲毁共249户。8月30日（七月二十二日）、9月2日（七月二

---

① 《清德宗实录》卷397。

十五日），紧邻江津的綦江县淫雨为灾，河水大发。县属沱湾、石角镇等处“地裂山垒”，淹坏田亩不少，被灾贫民共115户。从9月24日（八月十八日）至10月2日（八月二十六日），万县连续数日大雷雨，黑龙沟、龙井湾等地，山岩先后坍塌15处，损毁田地400余亩、房屋40余间，被灾者共计90余户。10月2日至4日（八月二十六日至二十八日），绥定府的东乡县久雨不止，中坪山等处山土崩裂，“田园、庐墓概被陷没，稻谷、房屋荡然无存”，9人被压死，受灾居民300余户、2 000余人。这种山崩造成危害的具体情景，我们也许可以把重庆关署理税务司花荪在1901年12月31日（光绪二十七年十一月二十一日）所写的一个报告作为例证。他在报告中回忆说：“1896年9月29日的夜间，距云阳县城以上15英里扬子江的大场，发生剧烈的山崩。在这个地点的河床原阔约1 200英尺，被坠下的泥土和巨石塞至只约阔250英尺，造成强大陡险的一道激流，以致货运停顿，几百只民船被阻在下面……频繁出险，丧失许多生命。”① 这一年四川多次发生的山崩地陷引发水灾的情况，给人们留下如此深刻的印象，以致不少私人信札和日记中也不断提到此事。如《翁同龢日记》十一月记：“四川折奏，绥定、夔州、酉阳山崩壅江，江溢流数千家，覆船无数，奇灾也。”② 川籍京官刘光第在书信中也说：“今年川南地震特久。然川东乃山崩地陷，石出滩壅，数百年罕见之灾发于一旦。”③ “川东为水冲去者，为地陷者，殆不下数千家（原注：夔、酉二属所在地陷尤多），伤田地、伤人口不少；重属地亦陷。”④ 他在次年春间所写的一封信中还谈道：“川东忠、夔、绥数属，见在有人吃人之惨（原注：全家饿死者甚多）。”⑤ 鹿传霖在一个奏折中则声称：上述这些地方，“每一州县造报贫民丁口至三十余万之多，赈粜兼施，办到新陈相接，计已需款在百万两以上，

① 《近代重庆经济与社会发展》，131页。
② 《翁同龢日记》，第5册，2060页。
③ 《刘光第集》，269页。
④ 同上书，271页。“重属”指重庆府属。
⑤ 同上书，272页。“忠”指忠州。

库储奇绌，应付无方”[1]。四川以南的云南在年初也有地震，入秋后又阴雨连绵，部分地区也有冲决河堤、淹没田禾甚至溺毙人口的事情。

山东这一年又发生了黄河决口事件。6月28日（五月十八日），利津县北岸赵家菜园地方，因风狂浪急，河水汹涌，将堤身冲塌70余丈，水由东北土塘顺流而下，漫淹了周围的大片土地。8月12、13（七月初四、初五）等日，章丘县境内大雨倾盆，连宵达旦，东南山区的山水直泻而下，由瓜漏河直灌绣江河，又漫入护城河，一时宣泄不及，终于漫溢成灾，将县城东南关的民房、铺户及城西北沿河一带村庄的民房冲塌2 000余间，11人因逃避不及而为洪水吞没。这一年，山东全省82个州县“或因阳雨失时，或因河流漫溢”，“收成均形歉薄”。山西省夏秋之间，也有淫雨为灾，山水、河流同时并涨，有的地方又有冰雹、霜冻，全省22个厅州县“秋禾或颗粒无收，或成灾轻重不一”。

河南省太康、扶沟、西华、淮宁、杞县、通许、鄢陵7县，春间因天时亢旱，虫灾蔓延，麦收受到较大影响。五月以后，全省连降大雨，沟渠盈满，洼地大多积水。特别是信阳、南阳、南召、裕州（今方城）、舞阳、商城、叶县等地，在大雨之后，或河流漫溢，或山水奔注，平地水深数尺，大都发生冲塌房屋、漂没民船、伤毙人畜等事。全省共55个州县被水减产。安徽省潜山、英山、太湖、六安等地，五月间阴雨过多，山洪暴发，浸淹大片土地，情形较重。此外，另有31个州县遭程度不等的水、旱、风、虫灾害。湖北省应山、孝感、罗田等6个州县于五月间山水并发，“房屋多被冲倒，田地多被沙压”，并有淹毙人畜之事。七月下旬，秋汛骤临，川水、汉水同时涨发，一旬之内，河水陡涨至2丈有余，奔腾直下，势不可挡，濒临汉水的荆门、京山、潜江，濒临长江的江陵、公安、监利、松滋等州县，堤垸纷纷漫溃，不少田庐被淹，人口亦有损伤。洪水甚至漫入潜江、宜昌城内。据湖北巡抚谭继洵奏报，这些地区“受灾之重为近年罕见”，仅沙市一地就聚集待赈饥民不下数万人。按御

---

① 朱批档，光绪二十三年六月初十鹿传霖折。

史张仲炘的估计，湖北西部的郧阳、宜昌、施南三府，“被灾丁口约在百万以外”。湖广总督张之洞次年春间所上的奏折中也说，这一带“秋间淫雨数十日，米谷、苞谷、番薯、洋芋全行坏烂。各该处皆系穷山僻壤，处处贫瘠，仅食杂粮，素无盖藏。运贩难达，又无他项生计，灾民苦极。数月来，多食草根、树皮及观音土，食者辄病，饿殍枕藉，抢夺繁兴”①。江苏自夏至秋雨水过多，苏南一带田禾受伤，收成歉薄；苏北有些地方，低处水深七八尺，高处亦四五尺不等，灾情更重。

东北的奉天、吉林、黑龙江，也都有相当严重的水灾。7月23、24（六月十三、十四日）等日，奉天安东县（今辽宁丹东市）大东沟一带，下了滂沱大雨，加上海水暴涨，平地潮涌四五尺，西南、西北一片汪洋。仅冲倒之民房即达3 000余间，一时逃避不及而被水淹死的，仅一处苇塘中即积尸数十百具，详细数字无法统计。据盛京将军依克唐阿、奉天府尹松林报告，本年奉天被水的灾民共计206 826人。吉林夏秋间淫雨不绝，松花江、牡丹江、图们江等大小江河漫溢，灾区甚广，灾情甚重。仅三姓一地，即有被灾居民32 260人，其中被灾十分的八旗兵丁、闲散官庄丁户17 083口，冲塌房屋2 911间，淹死3人。珲春的城垣冲毁过半，城内不少房屋倒塌，城外田禾悉被水浸，淹死3人，被灾十分的八旗兵丁共6 578人。黑龙江呼兰等处也被水成灾。

1897年（光绪二十三年），上列省份中除山西由涝转旱外，其余各省仍继续遭受水灾；同时，遭洪水侵袭地区尚有扩大趋势，广东、广西、贵州、湖南、江西、甘肃、新疆也都有程度不等的水患。

上年淫雨为灾、灾荒奇重的四川东部地区，进入本年后又转潦为旱。但时过不久，三、四月间，酉阳州所属的酉阳、彭水、黔江、秀水4县，又“暴雨连旬，继以冰雹，压毁田庐，麦之将刈者，秧之甫生者，无不淹坏。甚至山地冲成石田，收成失望”②。这时存粮早已吃完，新粮又毫无着落，一般老百姓只得“掘草根、树皮”维

① 《张文襄公电稿》卷2。

② 朱批档，光绪二十三年六月初十四川总督鹿传霖折。

持生活。到年末，成都将军兼署四川总督恭寿综述四川全省灾情说：江北厅（今江北县）、奉节、隆昌、秀山、江津等县“水涨山倾，冲塌民房田禾，淹毙男女丁口”；通江、长寿、涪州（今涪陵）、万县、开县、酆都、垫江、富顺、巫山、盐源（今盐源彝族自治县）等州县“被水冲毁田地、禾粮、民房、庙宇、桥梁、道路，并淹毙男女丁口”；达县、石柱厅（今石柱县）、酉阳州、广安州、岳池县、懋功厅（今小金县）等处，“大雨、巨雹打毁田禾杂粮，倾倒民房，压毙人口”。由于连续遭灾，人民生活的困苦程度异常严重。前引重庆关署理税务司花荪的报告中有如下一段描写：“1897 年这一年，将被志为川东饥荒最严重之年，其受灾的严重，虽四川省年龄最老的人亦未曾见过。嘉陵江上溯到保宁府为灾区西界，大宁县、夔州府、万县和梁山县颗粒无收——后二县是人口稠密之区。更西一带，收成因发霉损失一半，西北部完全无灾。……饿死的人成千累万，凶年传染疫病，死者更多。农民抛弃内地家乡，来到沿江一带，希图得到公家赈济。……据说各善堂单在巴县已施放棺木 8 000 具，乞丐阶层完全绝灭了。”① 四川以南的云南、贵州二省，均先旱后涝。云南夏初雨泽愆期，一些庄稼无法栽种。入秋后，又阴雨连绵，使低洼处所多被水淹；宾川、昆明、禄劝、平彝（今富源）等州县均有河堤决口、冲没田庐及淹毙人口之事。贵州春季略有旱象，四月至七月，部分地区“雷雨飞腾，山崩蛟涌，洪涛暴发，冲激为灾”，灾重之地，有成灾八分至十分者。

长江中下游平原，这一年也是遍地水灾。春夏间，湖北省降雨甚多，使长江、汉水提前盛涨，水势汹涌澎湃，将京山县唐心口堤岸冲溃。经奋力抢堵，决口刚刚合龙，不料大汛恰至，又遭漫溢，长江、汉水两岸田庐多被淹没。一直到这年底，被淹之地还没有全部涸复。通计全省被水州县达 30 余个。有些地方灾情特别严重，如天门、汉川两地，地处三台湖流域，接近长江、汉水交汇之处，这里的被水灾民即达数十万，“不惟无粮可食，无田可耕，抑且无地、

① 《近代重庆经济与社会发展》，135 页。

无屋可栖止”。湖南从年初到端午，5个月内，一直雨多晴少，使春收豆麦损失过半，不但低田多遭水淹，高处田禾也因缺乏阳光生长艰难。夏秋之间，澧州、湘阴、华容、永定（今属大庸）、桑植、邵阳、新化等地又继续遭大雨侵袭，不断发生冲毁田屋、伤害人畜之事。江西降雨时间集中在四、五月间，使得鄱阳湖泛涨，赣江水势陡涨8尺3寸，近江濒湖各州县的田亩、房屋、圩堤纷纷淹浸冲决，受灾地区达28个州县。安徽自二月后，直到八月间，经历了半年多时间的长期阴雨，特别是六月中，瓢泼大雨连下10余昼夜，使得淮河、涡河、浍河同时泛溢，淝河、沙河、淠河之水滔滔灌入长江、淮河；洪泽湖本已淤垫日高，诸水汇归，宣泄不及，周围多被浸淹。淮河流域“本来水涨即淹，岁岁报灾”，但本年的灾情远较往岁为重。不过，正如颍上县一位拔贡生高溥昌在当时所上的递呈中所揭露的：“州县官为浮收计，匿灾不报；即报，亦不实。”① 所以地方官往往把灾情说得较轻。如安徽巡抚邓华熙曾做过这样的估计：麦收“低洼虽属歉收，高阜并无大损”；秋禾“平陆高原”“咸获有秋”，只是“滨临河湖之区”受灾稍重，但秋成也“均在五分以上”。但实际情况却完全不是这个样子。1898年5月19日（光绪二十四年闰三月二十九日），吏部尚书孙家鼐、芦津铁路督办胡燏棻上折谈及皖省灾情时说：“灾情之重，民情之苦，有不敢壅于上闻者。皖省凤、颍、泗等处，自去年二月至八月淫霖败稼，午秋两季收获甚微。淮、浍、涡、淝同时并涨，滨河左右一片汪洋。凤阳府知府冯煦亲查灾户，除寿州、定远高阜处所灾势较轻外，凤阳县有五万余口，凤台县有二万余口，怀远县、宿州（今宿县）皆六万余口，灵璧县合境皆灾，则有十万余口。其泗州一属在凤阳下游，灾区之重更可知矣。盖以颍州一府及寿州、定远灾势稍轻者计，当已有百万口。以现放之赈款与灾民之数计之，每人所得不过银一二钱，仅能度数日之命。灾宽日久，人何以堪？是以草根、树皮掘食殆尽，道殣相望，遍野流亡，有郑监门流民之图所不能尽绘者矣。”② 江苏的灾

① 该呈现存中国第一历史档案馆。

② 录副档，光绪二十四年闰三月二十九日孙家鼐、胡燏棻折。

情，较安徽有过之而无不及。五月间，连续10余天倾盆大雨，使夏麦基本失收。稍后，又“秋霖连绵，山河合溜。稻粱菽麦，旁及菜蔬，霉烂漂流，一时俱尽。城县村落，十室九空”。尤其是苏北地区，被灾极重。邳州、宿迁、睢宁、沭阳、安东等地，不但田地积水，而且道路被淹，交通断绝。这些地方的灾民纷纷南下就食，仅涌入通州（今南通）一地的难民即有1.3万余人。据两江总督刘坤一给漕运总督松椿等的信中提供的数字，海州、沭阳、安东、清河4个州县有灾民20余万，清河、桃源所属之鱼沟、王家集等处有灾民16万有奇，清江南来灾民前后共12万多。

山东的水灾，一方面是由于黄河岁首岁尾两次凌汛决口，另一方面是夏季多雨使部分地区田庐漂没。第一次凌汛决口发生在2月23日（正月二十二日），历城、章丘地方因冰凌壅塞，水势陡涨，以致民埝被决，小沙滩口门宽至20余丈，胡家岸口门宽至40余丈。决口之水由历城、章丘、齐东、高苑、博兴、乐安等县入海，造成了很大一片灾区。第二次凌汛决口发生在12月13日（十一月二十日），利津县地方因连日刮着凛冽的北风，天气奇寒，上游的黄水挟着冰凌顺流而下，来势凶猛，终于将利津迤下的姜庄民埝冲刷，并使姜庄迤上的扈家滩大堤漫决成口，刷宽10余丈，水由沾化县的钩盘河入海，又在上次决口的北面造成一片灾区。另有夏季暴雨成灾，使东平、东阿等处“受患与黄流无异”。

河南、陕西及东北三省的灾情，则大体与上年相仿。

西陲的甘肃、新疆，南国的广东、广西，这一年也发生轻重不等的水灾。特别是在新疆，乌鲁木齐西北的呼图壁地方，因被水和被蝗而颗粒无收的土地近万亩，乌什厅所属的洋萨尔、玉尔滚等地被水成灾十分的土地3 131余亩，使这些地方的百姓生活极为困苦，冻饿而死者不少。广东往往是“暴雨、飓风同时交作”，一面是疾风怒吼，一面是大雨倾盆，因此受的损失也格外巨大。仅9月17日（八月二十一日）那一天，雷州府海康县“陡起非常飓风，急雨如注，咸潮暴涨”，居民“避无可避”，一下子就有130余人被溺死或压死；琼州府琼山县在同一天也有许多民房被刮倒，10余人被淹死，商船、渔船、渡船多被风漂损。据称，“此次飓风亦是十数年来所仅见”①。

1898年（光绪二十四年）是戊戌维新运动进入高潮，光绪皇帝在康有为、梁启超等人推动下实施变法并惨遭失败的一年。这一年的自然灾害仍然是颇为严重的，正好与充满着尖锐矛盾和剧烈冲突的政局相呼应。事实上，康有为等人发动变法维新运动，一个重要的动因就是出于对因人民生活的困苦而造成社会动荡的担心，正如康有为在1895年的“公车上书”中所说的：“民日穷匮，乞丐遍地，群盗满山，即无外衅，精华已竭，将有他变。”可惜的是，光绪的变法并没有能改变“民日穷匮，乞丐遍地，群盗满山”的状况，千百万因遭受水旱灾荒而无家可归的灾民，依然只能翘首企盼着封建政权偶尔发出的一点可怜的施舍或自己四处寻觅草根、树皮以苟延残喘——当然，这是说如果能侥幸活下来的话。

这一年有一些省份（如山西、奉天、江西、湖南、湖北、云南、甘肃等）是水旱杂错的，但相当一部分省份主要是水灾，而且灾情颇为严重。除直隶的情况上节已经叙述过外，被水较重的地区尚有下列。

四川：已连续三年大水。这年六月，又因雨水过多，造成全省灾祲。由于沱水涨发，资州州署的大堂、仓廒、监狱都浸泡在水中，城墙倒塌臌裂数十丈，“田土淹没甚多，淹毙丁口无数”。紧挨资州的资阳县，因金雁江水涨，县城的东门塌陷，城内进水，仓廒、监狱也悉被淹没，“淹毙丁口甚众”。资州以南的内江县，资阳以北的简州，沿河的街道、市场、田禾、民宅均遭水淹，桥梁、道路毁断的也不少，简州城的东、南、北三门全被水包围。川北的广元、川南的犍为、四川中部的射洪等县，也因河水涨溢，遍地漫水。富顺县雒水大涨，把城垣冲塌数十丈，淹没城外东、南、西三面街房及乡场多处民房。涪江涨水，又将遂宁县沿河百数十里的民宅、田地统统淹没。嘉陵江的江水，则浸灌了巴县、江北一带的无数田土、房舍。

---

① 朱批档，光绪二十三年九月二十八日广东巡抚许振祎析。

全省遭受水灾的地区近30个州县，通计收成只达平常年景的一半。

河南：本已连年歉收，“本年自春徂秋，又几于无月不雨，而且动辄兼旬，以致各河漫溢，附近各村庄均被淹浸”①。梅溪、潘河、涧河在五月间漫溢，巴沟、蟒河、涝河在六、七月间出槽，再加上8月8日（六月二十一日）黄河在直隶长垣县境的五间房决口，顺流下注，使河南省的360余村庄“悉遭巨浸”，这就造成了该省大面积的水灾。尤其是滑县、永城、温县三地，形成一个三角形，遭遇了“十数年来所罕有”的重灾。据统计，这三处受严重灾害的村庄共达1 042个。其中，滑县被淹的村庄360个，成灾五分、七分、九分不等，灾民约22万人；永城县被淹村庄大抵成灾五分，灾民5万余人；温县被淹村庄也成灾五分，灾民2.5万余人。其余的40余个州县，一般秋成都在五分略多。

山东：前面已经讲过，自铜瓦厢决口造成黄河改道后，山东的黄患频仍。但据山东巡抚张汝梅奏报：“然水势之大，灾情之重，从未有如今岁伏汛之甚者。”六月下旬、七月初旬，黄河在济阳桑家渡及东阿高王庄决口，漫水挟徒骇河而行，纵横泛滥，所经之处，平地水深浅者一二尺，深则三四尺，造成了黄河以北、济阳以东“广自十余里至五六十里不等，长自二十余里至百余里不等”的一片广阔的黄泛区。差不多与此同时，黄河又在历城杨史道口决口，漫水挟小清河而行，纵横泛滥，所经之处，平地水浅者四五尺，深者丈余，又造成了黄河以南、章丘以东“广自十余里至七八十里不等，长自二十余里至七八十里不等”的另一片广阔的黄泛区。据奉旨查看山东赈务的溥良报告说：前一灾区的老百姓，虽有淹死的，但还未听说有饿死的；虽然所食大多是糠核一类的东西，但总算还不必掺杂柳叶、麦草、棉子等物。总之，灾情相对来说还算较轻。而后一灾区，则“溜势甚猛，涸退又迟，即地势稍高之处，禾稼皆漂没一空，庐舍亦坍塌殆尽。其民有淹毙者，有疫毙者，有饿毙者，有陷入淤泥而毙者。其幸而未毙者，则自秋徂冬，绵历数月，大都先

---

① 朱批档，光绪二十四年十二月十一日河南巡抚裕长折。

淘柳叶以杂糠核而食，继采麦苗屑、棉子以杂糠核而食。且立春前后，田野犹多冰凌，春麦犹未能补种。即东风解冻，可以补种春麦，而麦种亦复难得，麦秋仍无可望。父老每一言及，辄为泪下。此等苦状，以齐东、高苑、博兴为多，齐东一县又与各县灾区四面毗连，其民尤为困敝”[①]。有材料记载，黄水漫淹时，当时被浊浪吞没的即有 5 万人，至于后来冻饿而亡的，更是难以数计。

江苏：这一年江苏被水的时间较上年为早，灾情也“较上年殆有过之”。四月下旬就连遭大雨，加之山东省山水骤发，沂河、运河的水涌入苏境，使徐州、海州、淮安等府的堤埝纷纷被冲，低田普遍遭淹。6 月 30 日（五月十二日）以后，又连降暴雨，通宵达旦，“沟浍盈溢，洼区□漫”，造成徐、淮、海一带一片汪洋，尽成泽国。六月中旬以后，仍然是雨多晴少，淫霖相继，田地更难涸复。这些地区本已连续两年被灾，本年春间就已掘草根、树皮为食，夏秋又颗粒无收，百姓生活之艰难，自可想见。据两江总督刘坤一、江苏巡抚奎俊报称，“次贫之户亦复转为极贫，数百万灾黎嗷嗷待哺”。但当地政府筹到的赈款，总共只有 20 万两，“以灾民百余万当之，每口仅得银二钱，安能济事!”灾民不能坐以待毙，只得纷纷南下，逃荒谋生，至年末“先后已不下二三十万”。但流落到他乡后，并不一定就找到了生路，他们举目无亲，饥寒交迫，以至“槁项黄馘而毙者，日不下数十人”，真是悲惨已极。

第三节　义和团运动时期以旱为主的全国灾荒

戊戌变法失败以后，慈禧太后对维新派人士进行了残酷的镇压，对不利于己的新政全部加以推翻，中国政治改革的一线生机遭到了无情的扼杀。正是在这个时候，久受欺压和凌辱的下层群众，将长期积郁在胸中的怒火汇集成灼地腾空的熊熊烈焰，掀起了反帝爱国

① 朱批档，光绪二十五年正月初七溥良折。

的义和团运动。运动的发动者和参加者，不论在精神上还是在物质上，都缺乏先进的武器。指导他们行动的是掺杂着浓厚迷信色彩的朴素的爱国主义思想，而手中执持着用来对抗洋枪大炮的不过是原始的大刀长矛。这样的运动无法避免悲惨失败的命运。尽管这一场伟大的斗争，不仅震动了中国，而且震撼了世界，但最终在八国联军（一段时间里还有清朝政府军）的残酷屠杀下，几十万，也许是上百万（具体数字将永远无法查清）中华儿女躺倒在血泊里，使我们的民族又一次经历了巨大的创痛和苦难。

这种民族的苦难，因在这一时期遍及全国不少省区的严重旱灾而更加深重了。

1899年（光绪二十五年），当义和拳在山东和直隶一带日益发展和活跃的时候，全国的自然灾害，一反前三年以潦为主的态势，变成了在相当广阔的范围中普遍出现干旱的现象。旱灾主要集中在以往一向频遭水患的黄河流域，清廷的一个上谕这样说："本年夏秋以来，雨泽稀少，直隶、山西、山东、河南等省，被旱之区甚广。"①

前面我们专门叙述了直隶连续9年发生水灾的情形。但这一年，却偏偏久旱不雨。直隶总督裕禄12月1日（十月二十九日）向朝廷奏报说："遵查顺直各属地近海滨，素称瘠苦，又当连年大祲，粮价奇昂。本年夏令虽得雨数次，均未深透。入秋以来，天时亢旱，灾象已见。穷黎困苦，户鲜盖藏。"②《义和团杂记》中也有这样的记载："光绪廿五年春天至冬，未得下雨，汗（旱），春麦未种。……直隶三省未下透雨，廿六年至五月未下透雨，皆未种上。"③ 据统计，这一年直隶全省因旱而致灾歉的地区共33个州县，另外局部地区有被水之处。

山西自入秋以后，一直亢旱缺雨，延至年底，仍无雨雪，所以"省垣南北一律皆旱"。秋收大减，冬麦也无法播种，加之有些地方被霜、被雹、被冻，造成"收成歉薄几于通省皆然"。

---

① 《清德宗实录》卷451。
② 朱批档，光绪二十五年十月二十九日裕禄折。
③ 《义和团史料》上，4～5页。

山东的登、莱、沂、青4个府，春旱严重，二麦歉收。七月间，“虫食禾稼净尽，粮价昂贵，较光绪二年加倍”。其中，登州的海阳、莱阳、招远，莱州的平度、即墨，沂州的莒州（今莒县）、沂水、日照，青州的诸城、安丘灾情最重，“饿殍枕藉，倒毙在途”。虽由地方政府购粮平粜，煮粥散放，但因系“前此被水连年灾祲之余，元气未复”，所以还是“民情倍形困苦”。

河南春夏之间，本来雨水调匀，颇有丰收之望。但入秋以后，连续干旱，竟成灾歉。旱情尤以黄河以北的怀庆、彰德、卫辉3府为最甚，有人奏报说：“河南地近畿疆，连年积祲，元气未复。幸省南一带五月间得有透雨，山田旱稻收获有五分上下，未尽成灾。惟闻河北三府上芒麦收减色，秋禾枯槁，颗粒未熟。加以冬无积雪，土膏未发，二麦未能播种。弥望千里，飞鸟尽绝。饥民百什成群，聚众攫食。有司不之省恤，转讳言灾。大吏不以上闻，徒虚待赈。”① 以怀庆府的济源县为例，该处“秋旱特甚，禾稼大半受伤”，南北两乡龙潭、轵成等里共230个村庄，成灾六分，收成只有四分；西乡的在城等里及东乡的万杴山等共133个村庄，成灾五分，收成只得一半。全县灾民计29 508户，其中大口98 175人、小口21 642人。全省综计被旱及被雹地方共58个州县。

陕、甘两省也发生大面积旱荒。陕西被旱加上被雹、被霜而成灾的地方包括咸宁、长安（上二县今均属西安）、泾阳、同官（今铜川）、富平、三原、耀州（今耀县）、醴泉、肤施、延川、靖边、甘泉、安塞、延长、保安（今志丹）、宁羌、略阳、榆林、怀远、葭州、神木、府谷、澄城、乾州、武功、鄜州、绥德、米脂、清涧、吴堡等州县。其中有些地方旱情相当严重，如府谷县收成只有二分的土地有48 436亩余；神木县收成只有二分的土地有38 130亩余；武功县除近河滩地稍有收获外，大部分土地收成不足二分，甚至有颗粒无收的；宁羌州的阳平关一带，“遍地皆山，受旱较久”，因此灾情也极重；葭州“自夏徂秋，亢阳日久”，全县平均收成在三分上

① 录副档，光绪二十五年存片，上奏人及上奏月日不详。

下。甘肃遭旱地方较陕西为少，有20余个州县。

此外，广西贺县因秋季连续干旱，共有16万亩土地禾稼枯萎，成灾五分至七分不等。

到了1900年（光绪二十六年），义和团运动进入高潮，作为一种历史的巧合，各地的旱灾也较上年有了进一步的发展。

义和团曾经巧妙地把当时的自然灾害同外国侵略者的罪恶联系起来。他们在各类传单、揭帖、告白、歌谣等宣传品中反复强调，当时北方中国广大地区之所以久旱不雨，正是由于洋鬼子的行径惹恼了老天而降下的惩罚，“天无雨，地焦干，只因鬼子止住天”，“天久不雨，皆由上天震怒洋教所致”，因此，只有“扫除外国洋人，象（才）有细雨”，“不平不能下大雨”，“扫平洋人，才有下雨之期”。这样，就把对洋人罪恶的揭露同广大群众特别是农民的切身利害联系了起来，因此，这样的宣传颇能奏效于一时。当然，由于它毕竟不是一种科学的解释，所以其宣传效果也就终究不能持久，譬如，一旦天下大雨，旱象解除，又将怎样来说明外国侵略者的滔天大罪呢？但不管怎样，严重的旱灾成为义和团运动迅速发展的一个诱因，则是毫无疑问的。《天津政俗沿革记》在讲到1900年义和团日趋活跃的情景时，有这样的记载：“光绪二十六年正月，山东义和拳其术流入天津，初犹不敢滋事，惟习拳者日众。二月，无雨，谣言益多。痛诋洋人，仇杀教民之语日有所闻。习拳者益众。三月，仍无雨，瘟气流行。拳匪趁势造言，云：‘扫平洋人，自然得雨。’四月，仍无雨。各处拳匪渐有立坛者。”① 按照这个材料的描写，几乎可以说是义和团的活动同旱情的发展是同步增长的。英国公使窦纳乐在这一年的5月21日（四月二十三日）写给英国外交大臣的信中，也十分明确地指出：“我相信，只要下几天大雨，消灭了激起乡村不安的长久旱象，将比中国政府或外国政府的任何措施都更迅速地恢复平靖。”② 这个看法虽然很不全面，但却并不是毫无道理。但窦纳乐紧接着就说“然而天降甘霖是如此的不可期”——这真是不幸而言中。

① 《义和团史料》下，961页。文中“拳匪”是对义和团的污称，下同。

② 同上书，541页。

在整个夏季和秋季，甘霖始终没有从天而降，无情的旱魃在北国大地猖狂肆虐。大批大批的灾民纷纷加入到义和团的斗争行列，这就使得义和团的声势更加壮大起来。正如一个材料中所说的："北方久罹河患，今年又久旱，不能播种，农民仰屋兴嗟，束手无策，以致附从团匪者，实繁有徒。"①

首先是直隶地区，自春入夏，一直雨泽愆期，特别是直隶南部的大名、顺德、广平 3 府，麦收大受损失。六月初，下过一阵透雨，人们满心希望旱情从此可以缓和，不料入秋以后，又连续干旱，造成"畿辅荒旱，赤地千里，民不聊生"②。据直隶总督李鸿章奏报，献县、曲周、高阳、沙河、平乡、广宗、永年、肥乡、广平、磁州、元城、大名、隆平、宁晋、饶阳等 15 个州县，各有数十或数百村庄"成灾五、六、七分，及歉收三四分不等，民情困苦异常"；安州、青县、静海、沧州、南皮、邢台、南和、巨鹿、任县、邯郸、成安、鸡泽、威县、新河、深州等 15 个州县，也各有数十或数百村庄"歉收三四分不等"，虽然勘不成灾，民力也不免拮据。事实上，李鸿章的报告并未反映顺直地区灾情的全貌。例如，这里没有提到的顺天、柏乡、威县、清河等地的州志或县志中，都有"大旱""春夏大旱""晚禾尽萎""五谷不登，十室九空"等记载。此外，由于黄水泛滥，黄河沿岸的开州、东明、长垣 3 个州县田地被淹。开州的长村里等 70 个村成灾七分，大卫村等 35 个村歉收四分；长垣县的任双禄村等 113 个村成灾八分，温寨村等 83 个村成灾六分，冯作村等 242 个村歉收三分；东明县的白寨村等 55 个村歉收四分，前师家村等 70 个村歉收三分。而在京、津等大城市，又因为天时不正，疫病广为流行。如："自四月以来，天气亢旱异常，京城内外，喉症、瘟疫等病相继而起，居民死者枕藉。"③ 天津也因春夏无雨，"瘟气流行，杂灾渐起"④。

---

① 佚名：《综论义和团》，见《义和团史料》上，172 页。

② 《袁世凯奏议》（上），191 页。

③ 《庚子记事》，247 页。

④ 《天津拳匪变乱纪事》，见《义和团》（二），8 页。

义和团的发祥地山东，本年春间，因天气骤暖，上游冰解，黄河之水猛涨。仅2月18日（正月十九日）晚10时至次日凌晨4时，数小时内，河水陡涨至八九尺之多。澎湃的激流夹杂着满河的冰凌，使不少处堤岸被冲漫决。滨州北岸的张肖堂家地方，漫口50余丈，水深2丈左右，漫水直趋东北，经滨州、惠民、阳信、沾化、利津，由洚河人海。“方口门漫溢之始，建瓴而下，附近村庄正当其冲，因逃避不及，致以淹毙人口。其房屋倒塌，资粮漂没，尤难数计。情形极为可悯。”① 据统计，滨州被淹602村庄，蒲台被淹12村庄，利津被淹164村庄，沾化被淹69村庄。但入夏以后，不少州县又被旱成灾。如《续修济阳县志》记：“（光绪）二十六年六月，旱，日赤如血。”《清平县志》记：“二十六年夏，大旱，饥。”《临清县志》记：“二十六年庚子夏，大旱，饥。”邱县、馆陶、堂邑等地，也因亢旱失收。河南的阌乡、林县等地，也因“夏秋并旱，麦禾歉收”；全省歉收地区达64个州县。

旱情最严重的地区，一为山西，一为陕西。山西春夏间一直多晴少雨，田畴干燥。有时虽阴云密布，但经风一吹，仍云散雨消。二麦枯萎、收成锐减之处，包括临汾、太平、洪洞、襄陵、介休、祁县、永宁、荥河、神池、稷山、岚县、汾阳、平遥、宁乡、石楼、翼城、乡宁、吉州、大同、怀仁、保德、闻喜、垣曲、灵石、赵城、阳曲、太谷、徐沟、兴县、孝义、临县、曲沃、沁源、绛县、河津、霍州、蒲县37个州县。及至入秋以后，旱象继续发展。特别是太原、汾州、平阳、蒲州、解州、绛州、霍州等府州，“得雨较迟，晚禾被旱，察看情形，最为灾重”；晋北的大同、朔平二府及口外各厅，“雨迟霜早，受灾亦重”。全省“实在成灾者共计六十余处”。这些地方，“重者颗粒无收，轻者收成歉薄，自十分以至五分以上不等。要皆民情困苦，待哺嗷嗷”②。由于旱荒异常，赤地千里，致“饥民孔多，饿殍枕藉，三晋人心，莫不皇皇”③。“旱乡

① 《袁世凯奏议》（上），96～97页。

② 朱批档，光绪二十六年十 月二十八日山西巡抚锡良折。

③ 刘大鹏：《退想斋日记》，见《义和团在山西地区史料》，11页。

之民，壮者多逃于外，老弱妇女四出拾槐豆、扫蒺藜以食，树皮都刮尽。”①

陕西这一年被旱成灾的地区，计60余个州县，“饥黎至百数十万之多”。11月5日（九月十四日）的上谕这样说：“户部奏，陕西连岁歉收，今年亢旱尤甚，麦收既已失望，杂粮迄未长成，节逾霜降，春麦不能下种。通省惟西（安）、同（州）、凤（翔）三属向来稍有盖存，近时亦苦力有不及，而北山一带，地本硗薄，更无隔宿之储。”② 陕西巡抚岑春煊也奏报说：“本年亢旱日久，灾区甚广，且大半连年无收，绝少盖藏，情形十分困苦。”并具体列举重灾区为高陵、三原、泾阳、醴泉、咸阳、富平、大荔、韩城、蒲城、白水、岐山、扶风、肤施、安塞、甘泉、安定（今子长）、延长、延川、定边、靖边、府谷、神木、邠州、旬邑（今三水）、淳化、长武、鄜州、宜君、洛川、中部（今黄陵）、乾州、武功、永寿、绥德、米脂、清涧、吴堡等37个州县，次重灾区为咸宁、长安、兴平、同官、临潼、渭南、耀州、蓝田、朝邑、郃阳、澄城、华州、凤翔、麟游、保安、宜川、榆林、葭州、怀远等19个州县。此外，盩厔、鄠县（今户县）、陇州、宝鸡、汧阳、城固、褒城、佛坪、沔县、华阴、汉阳、镇安、白河、潼关等地，也有程度不同的灾歉。岑春煊在奏折中还提及自己的眷属自甘肃来陕途中目睹的情景：“于路见老幼遑遑逃荒求食，及邠、乾间残黎尤多，略一施予，车不得行。问之，皆数日犹不得一饱粗粝者，枯焦羸瘠，去死一间。……近日各属文报攫金夺食之辈不一而足。转瞬严令，树皮、草根且尽，不至于人相食不止。”③ 事实上，在岑春煊上折之前，当时的报纸电讯中已有“近日陕西饥荒更甚，致有食人之事”的报道。

在八国联军攻陷北京的前夜，慈禧于8月15日（七月二十一日）清晨带领光绪、大阿哥溥儁及少数王公大臣仓皇出逃，经过72天时间的长途跋涉，最后穿过直隶、山西而到达西安。沿途所经之

---

① 《临汾县志》，转引自《义和团史料》下，1019页。

② 《光绪朝东华录》（四），总4565页。

③ 朱批档，光绪二十六年十月十四日岑春煊折。

处，正是本年旱灾最严重的地区。开始逃难之初，慈禧一行曾过了几天颇为狼狈的生活，但一旦他们离侵略军稍远、有了较为可靠的安全感之后，他们立刻又故态复萌，置正在受到严重干旱煎熬而挣扎于死亡线上的老百姓的巨大苦难于不顾，重又过起了锦衣玉食、骄奢淫逸的生活。他们在太原临时"驻跸"的短暂时间里，"居巡抚署，帷幄器物甚设，比于宫中"。扈从的7 000余兵丁，有将近一半"散而为盗"，"会山西岁不登，米价腾跃，从兵不得食，时出劫掠，民苦之"。从山西到陕西，一路之上，需索供应更成为老百姓的一大灾难。"自太原以西旱，流徙多，而州县供亿，皆取于民，民重困。诏乘舆所过，无出今年税租。然大率已尽征，取应故事而已。武卫军又大掠，至公略妇女入军。"① 真是天灾加上人祸，哪里还有老百姓的生路！

陕西以南的四川，山西以南的河南，也有相当一部分地区遭旱荒之灾。四川被旱成灾之处，为江北、巴县、南部、南充、蓬州、清溪、雷波等7个厅州县；另有垫江、梁山、秀山、通江、会理、荥经、峨边、青神、珙县、筠连等地，虽未成灾，但也因旱歉收。河南一些州县"夏秋并旱，麦禾歉收"，全省粮食大幅度减产的州县达64个。

受旱较重的，还有长江以南的湖南、江西两省。湖南巡抚俞廉三于12月2日（十月十一日）专折奏报该省灾情说："本年入夏以来，雨泽稀少。……迨至七、八月间，连日亢晴，风高水涸，中晚二稻大半干枯，遂成灾象。"据调查，长沙府的湘乡、醴陵、安化，衡州府的衡阳、清泉，永州府的零陵、祁阳，宝庆府的邵阳、武冈，岳州府的巴陵、临湘，辰州府的沅陵，沅州府的黔阳，永顺府的永顺、保靖，以及靖州直隶州、永绥直隶厅等，都被旱成灾。还有一些地方，虽不成灾，但也收成歉薄。这时，北方义和团的斗争尚未完全失败，南方虽因实行"东南互保"，没有形成大的群众斗争，但也毕竟是民心动荡，政局不稳。所以，俞廉三在上面那个奏折中忧

① 李希圣：《庚子国变记》，见《义和团》（一），32页。

心忡忡地说："臣查湖南本非产麦之区，虽或播种，为数无几。专恃稻谷，以供日食。现在本省既已失收，而邻省粮价亦多昂贵，来湘采买者亦复不少。民间向鲜盖藏，日前更虞匮乏，来岁秋成为期甚远，节交冬令，霜雪将严，小民生计愈形穷蹙，情形已极可怜。加以地方伏莽素多，人心浮动，日甚一日。设使匪徒借是生心，灾黎因而附和，贻患何堪设想！"① 江西因亢旱时间稍短，入秋后即降透雨，所以灾情较湖南为轻，但也有 32 个州县被灾。

至于局部地区遭受旱灾侵袭的，还有贵州、新疆、甘肃、浙江、江苏等省，只是这些地区，除旱灾外，往往同时也有水灾发生，因此从总体来说，不能归入旱区而已。

19 世纪的最后一年，就是在这样大面积的旱荒情况下度过的。

第四节 清王朝覆亡前夕的几次重大自然灾害

历史进入了 20 世纪之后，资产阶级领导的民主革命运动日益蓬勃地发展起来，最后终于在 1911 年（宣统三年）爆发了具有伟大历史意义的辛亥革命。这次革命推翻了清朝的统治，结束了中国两千多年来的君主专制制度，产生了中华民国，提高了中国人民的民主主义觉悟。尽管由于领导这次革命的资产阶级本身的软弱，没有也不可能完成资产阶级民主革命的反帝反封建的任务，但它却确实为中国人民革命事业开辟了前进的道路。

清王朝在革命势力的冲击下迅速土崩瓦解，被送入了坟墓，这正好不容置疑地表明，封建君主专制制度已经日暮途穷，再也没有任何生命力了。在中国历史上最后一个封建王朝临终弥留的最后 10 年时间里，不但政治腐败、经济崩溃、外祸日亟、人心动荡，就是对频繁发生的自然灾害，也更加失去了防灾抗灾的能力。在辛亥革命前夕，与革命党人发动和组织的多次武装起义相呼应，曾广泛发

① 朱批档，光绪二十六年十月十一日俞廉三折。

生席卷全国的下层群众的自发反抗斗争，而这些自发斗争在很大程度上与当地的自然灾害有着密切的关系。

1901年（光绪二十七年），全国不少重要省份发生严重水灾。当时有一个上谕说："东南滨江数省，皆被水患。"其实被水地区，远不止"东南滨江数省"，而是北至松辽平原，南及闽粤沿海，几乎遍及了半个中国。

我们不妨先从长江流域说起。《翁同龢日记》这年夏天记："长江自鄂以下决堤，不可胜计。"① 湖北的黄梅等县，在五月间暴雨连朝，长江、汉水同时并涨，使这些地方的"田庐禾稼，大半淹没"。湖南在同一期间也"连日大雨如注"，特别是6月19、20、21日（五月初四、初五、初六）及6月28、29日（五月十三、十四日），雨势尤猛，"山原潦水汹涌奔腾，小涧巨川同时泛涨"，结果使长沙府的益阳、湘潭、攸县、醴陵、长沙、善化（今属长沙）、浏阳、湘阴，岳州府的平江、巴陵、华容，常德府的武陵、龙阳、沅江、桃源等县，"傍山沿溪田地多被水冲沙压，平畴同遭漫淹，沿河堤垸尤多溃决。房屋或经冲激，或因浸渍坍塌，或随水漂流，为数不少"②。当水来之时，老百姓纷纷攀附到屋顶、树梢勉强度活，有趋避不及的，便葬身浊浪，惨遭灭顶。江西遭暴雨袭击，较湖南略早。6月16日（五月初一）以后，即"大雨滂沱，连宵达旦，河水宣泄不及，陡成巨涨"。6月23、24日（五月初八、初九），东边抚州、建昌二府的抚河、汝河、盱江、临水等汹涌澎湃，奔腾而下；西边吉安、赣州二府的同江、泸水、王江、恩江、濊水、桃江、濂水等也相逼而至，一齐汇入赣江，使南昌附近的江水"骤涨二丈有余，城厢内外低洼处所均有积水二三尺不等"。全省遭浸淹的地区达40余个州县，其中尤以义宁、南昌、新建、武宁、进贤、清江、新淦、贵溪、安仁（今余江）、鄱阳、余干、浮梁、乐平、星子、建昌、德化、德安、端昌等18个州县情形最重，不仅"田庐皆在水中"，而且"居民避居屋顶楼房，或聚于未没之沙州，四顾茫茫，无舟济

---

① 《翁同龢日记》，第5册，2326页。

② 朱批档，光绪二十七年六月初五革职留任的湖南巡抚俞廉三折。

渡”。被淹田地，均已颗粒无收。翰林院侍读学士朱益藩等赣籍京官在奏疏中对这年的江西水灾有较详细的叙述：“臣等叠接家书，江西自本年五月初间以后，大雨旬余。赣州、吉安、抚州、饶州等府蛟洪迭发，江流暴涨，堤圩坍塌甚多，省河之水涨至二丈有奇。义宁、武宁、建昌等州县，城内水深丈余，庐舍、人民、禾稼、牲畜，漂流不计其数。其逃避高阜者，饥饿呼号，几不忍闻。江右据长江上游，各府州县之水，仅恃湖口一处为之宣泄，如使洪流速退，尚不至竟成巨灾。不意长江同时水涨，内江之水阻遏不出，环鄱阳湖数百里一片汪洋，顿成泽国，水势一时不能遽退，则灾象因之愈重。……伏查近年以来，苏、皖、湘、鄂等省偏灾屡见，均来江西采买米石，各处旧谷贩卖久空。以本省二十五年水灾，二十六年旱灾，小民日食不赡，遑问盖藏，此时早稻尚未收获，狂流所经，颗粒无望。以千数百里枵腹待哺之民，一旦罹此沈灾，实堪悯恻。”① 据《北京新闻汇报》报道，江西山洪陡发之时，旬日之间，即有4 000 余人为洪水所吞没。至秋间，仅在南昌靠施粥就食为生的饥民“日不下三四万人”。

安徽的灾情，与江西不相上下。自 6 月 23 日（五月初八）起，“淫雨兼旬，通宵达旦，上游蛟水下注，加以各处山水分流汇江，以致江水陡涨数丈，为近年所未见”。7 月 17 日至 19 日（六月初二至初四），又“大雨倾盆，狂飙骤作，洪涛巨浪，鼓啮奔腾”。此后，曾畅晴近一旬，接着又于 8 月 25、26、30、31 日（七月十二、十三、十七、十八日）等日“复遭连朝暴雨，继以狂风，大木为拔，江水续涨”。先后三次的暴风骤雨，使许多州县圩堤被冲决，田宅被冲毁，并多处发生淹毙人口之事。如安庆两处决口，共 30 余丈，江水奔涌而出，“沿堤居民，或登屋顶，或蹑内山，或攀树枝，呼号待救”，后虽经救起千余人，但仍有 10 余人溺水而亡。雨止后，仅风餐露宿避居城外堤上之灾民即达 3 万余人。东流县西南城垣漫没，江南岸 150 余里地带，一片汪洋，“几与大江无所区别”。宣城县漫决圩堤 30 余处。繁昌县大小圩堤 124 处，无不漫溃。芜湖县大小圩

① 录副档，光绪二十七年六月初十朱益藩等折。

堤共漫决58处，内河外江相通，滔滔灌注，全县田禾十之三四被淹。和州所属保大圩中48个村庄同时淹没。全省被灾地方达45个州县，尤以安庆府属的怀宁、桐城、望江，庐州府属的无为州，太平州属的当涂、繁昌、芜湖，池州府属的铜陵、东流各县及和州最为严重。据安徽巡抚王之春奏报，“各属遭水穷民，统计不下数十万，风餐露宿，待哺嗷嗷”①。处于长江最下游的江苏，五、六月间，先受暴雨侵袭，后又风潮肆虐，沿江沿海一带，尽成泽国。全省圩埂被冲决共千余处，南京城内“积潦深至数尺”，9月24日（八月十二日）之上谕称“此次苏省水灾，实为数十年所未有”②。

河南、山东二省，因黄河先于8月5日（六月二十一日）在兰仪县漫溢出槽，三日后又在章丘、惠民二县境内决口，造成大面积水灾。河南仅兰仪、考城二县，即有27人在黄水漫溢时被淹丧生，民房26 345间被水冲毁，共有灾民7 211户、31 789人。此外，河内、修武等60个州县也因“夏秋雨泽连绵，洼地多有积水，秋禾受伤，收成歉薄”③。山东被灾地区，以章丘、惠民、滨州等处为最重，邹平、蒲台、青城、济阳等县稍次，全省遭水旱灾害的共达84个州县。直隶春夏间本极亢旱，夏收受到很大影响，不料入秋以后，淫雨不止，南运河、北仓河先后漫决，天津一带被淹颇重。尤其是六月下旬，滦平连遭暴雨，造成山水暴涨，一次即有220人被冲殒命。全省因水、雹、虫灾造成灾歉的达101个州县。

此外，南方的浙江、福建、广东，西南的云南，东北的奉天、黑龙江等，也都大雨成灾，群众的生命财产受到很大的损失。

从1902年（光绪二十八年）到1905年（光绪三十一年），虽然全国各地偏灾不断，但较大的自然灾害，主要是以下几次：1902、1904年（光绪二十八、三十年）四川两次大旱，1904年（光绪三十年）山东利津县黄河决口，1905年（光绪三十一年）的云、贵水灾及江苏风潮之灾。

---

① 朱批档，光绪二十七年七月十六日王之春折。

② 《清德宗实录》卷486。

③ 《锡良遗稿·奏稿》，第1册，160页。

四川在1900、1901年（光绪二十六、二十七年）即干旱缺雨，收成受损。到1902年（光绪二十八年），发生了该省历史上少见的大旱，被称为“壬寅大祲”。这年春天，春旱就极重。入夏后，又滴雨未下，不但杂粮失收，秧苗也无法栽插。干旱持续到秋冬之间，这就不可避免地造成了灾难性的后果。《蓬溪近志》对这一年该县的灾情有这样的描述：“自光绪二十六、七等年，频遭旱灾，民间积贮早空。迨壬寅遘奇荒，受创尤巨。辛、壬冬春之交，县民无所得食，扶老襁幼，迁徙他乡，转死道途者，已难胜计。其不能去者，或男女相守，僵于牖下；或骨肉并命，惨填沟壑；或将尽之喘，卖及儿女，以图一饱；或一家之长，先杀其属，后乃自裁。市廛寥落，闾巷无烟。徙死之余，孑遗无几。”① 这里记载的虽是一县的情景，却在一定程度上具有普遍的意义。因为据当时任四川总督兼署四川将军的奎俊奏报说，“先后据报灾区多至九十余处”；而三年后接任四川总督的锡良则声称，1902年川省“旱地弥广”，受灾范围达115个厅州县，每一县极贫、次贫的灾民“多者二十余万，少亦十数万”。这一年，为赈济灾民，共动用仓谷12 445石、银4 525 365两。除旱灾外，局部地区还有风灾、雹灾，仅4月22日（三月十五日）那一天，在离顺庆府城30里一带地方，突然刮起狂风，下起冰雹，扫及南充、西充、岳池三县之境，死伤共300余人，“树木房屋之倒拔，禾麦畜产之伤害，不可胜计。”两年后，即1904年（光绪三十年），四川再次发生严重旱荒。从四月起，川东北的夔州府、绥定府、重庆府、顺庆府、保宁府、潼川府及资州、泸州地方，“愆阳连月，郊原坼裂，草木焦卷。已种者，谷则萎败不实，苕则藤蔓不生，田畴荒涸过多，几有赤地千里之状。乡民奔走十数里以求勺水，往往蔬蕨悉绝，阖门待毙”②。因为此次旱灾离前次大旱仅一年之隔，“前灾元气未复”，所以带给人民的痛苦更加深重。据称，此次大旱，受灾面积59个州县，灾民达200万，清廷筹拨赈款2 927 990两。与川东北大旱同时，四川西部之打箭炉、角洛汛、将军梁等处地方，于8月30日

① 《义和团史料》下，1070页。

② 朱批档，光绪三十年六月二十四日署四川总督锡良折。

（七月二十日）、9月9日（七月三十日）、9月11日（八月初二），连续三次发生地震，不但大批房屋坍塌，还有400余人惨遭压毙。

1904年（光绪三十年）另一处较大灾害，发生在山东境内。这年正月初，由于天气突然变暖，黄河上游河面解冻，冰块挟流而下，到利津县境，拥积河中，水势抬高，终于漫过王庄等处大堤，冲决成口，50余村庄全部被淹。到五月间，又因连续阴雨，河水逐日上涨，将利津县南岸大堤冲开，口门刷宽100余丈。全省受灾地区达86个州县。

1905年（光绪三十一年）五、六月间，贵州的镇远、兴义、郎岱、遵义等厅县，因突遭大雨，河水溪水猛然涨发，泛滥成灾。洪水冲溢时，如万头猛兽咆哮而至，将许多民房、堤埂、道路、桥梁一齐冲毁，居民被溺毙者数百人。特别是郎岱厅所属岩觉地方，7月6日（六月初四）、7月13日（六月十一日）两次暴雨，使该处平地水深丈余，不但使沿河不少居民全家漂流，甚至河湾村全村均为山石所覆压，阖村居民，除刘玉元夫妇幸免于难外，全部死于非命。其余各州县亦因秋雨过多，收成歉薄。通计全省收成只六分有余。稍后，云南省也大雨成灾。昆明水灌入城，城内各街巷水深数尺及丈余不等。同时被灾的尚有邓川（今属洱源）、蒙化（今巍山彝族回族自治县）、石屏、新兴（今玉溪）、大关、寻甸、永年、浪穹（今洱源）、太和、会泽等州县。这次水灾给人留下的印象是如此之深，以致在三年之后，继任云贵总督的锡良，在回顾此次水灾时，仍心有余悸地声称："滇省前于光绪三十一年七月间，淫雨兼旬，城外金汁、盘龙等河堤同时漫决，附省数十里民房田亩，概被漂没，灾情奇重。……溯查被灾之始，水势汹涌，深及丈余，数万户灾黎仓猝逃生，率匍匐于城垣及附近高阜，露坐环列，无食无栖，悲惨号呼，目不忍睹。"① 与云贵大水灾差不多同时，江苏发生了淹死上万人的特大潮灾。两江总督周馥、江苏巡抚陆元鼎在八月间上奏清廷说："本月初三、四两日，风潮猛涌，川沙、宝山、南汇、崇明等属沙洲居多，被灾淹毙人口至数千之多，情形甚惨。"② 《东方杂志》对此曾做专门

---

① 录副档，锡良片。上奏日期不详，朱批日期为光绪三十四年二月十五日。

② 《清德宗实录》卷548。

报道，于灾情估计更为严重："江苏沿海大风潮，川沙、宝山、南汇、崇明等处，淹毙人命以万计，上海商埠被水，货物损失值千余万。"[①]

从这几年的情形看，尽管可以看出自然灾害同群众斗争之间密切相关的端倪，如四川两次大旱之时，正是以"灭清、剿洋、兴汉"为口号的四川义和团斗争进入高潮之日，但由于这一时期资产阶级革命派还正在积聚力量，统一的资产阶级革命政党中国同盟会一直到1905年8月才刚刚成立，因此，群众自发的反抗斗争还犹如星星之火，尚未形成燎原之势。不过，到了1906年（光绪三十二年）之后，情况就大为改观了。

1906年底，爆发了著名的萍浏醴起义。这次起义虽然不是由同盟会总部直接策划发动，却明显是在同盟会的影响下发生的。起义军曾迅速发展到数万人，虽然前后只活动了半个多月，却给清朝反动统治以极大的震动。这次起义发生在湖南、江西交界处，而这一年湖南正遭受严重水灾，湘赣交界一带又有重大旱灾。除萍浏醴起义外，这一年全国还发生抗租、抢米风潮及饥民暴动等自发反抗斗争约199起，其中一些在规模和影响上较大的事件，主要发生在浙江、江苏、安徽、湖北、江西、广东等省，这些省份几乎无一例外地遭水潦灾害，而且大都灾情极重。

春夏间，两湖地区连降大雨，长江、汉水、湘江同时并涨，泛滥成灾。湖南省自一月下旬开始，即大雨不止；三、四月间，雨势更厉。长沙一带"连阴至四阅月之久"，结果是积水横决，衡州、永州、长沙、常德4府，"沿岸纵横上下，各居民之生命财产付之一洗；数百里间，汪洋一片"。数十万灾民，"皆冻馁交侵，四乡乞食"[②]。据5月15日（四月二十二日）的《时报》报道，长沙周围"宽三百里、长六百里一带之禾田中，水势高十五尺，淹毙人不下三万，情状惨酷，令人不堪寓目"[③]。正因为灾情严重，灾民们衣食无着，因此饥民抢米事件不断发生，"平江、湘阴、长沙、浏阳一带尤

① 《东方杂志》，第9卷第7号，6页。
② 《湖南省志》，第1卷，243页。
③ 《中国近代农业史资料》，第1辑，731页。

甚。平江林姓方储米减粜，抢掠一空；湘阴易姓连日被掠二次；其长乐地方抢粜已数十起，无一拿获；长沙、浏阳乡中稍有积储之家，匪徒十百成群，持械勒粜，杂投瓦砾，不敢计较”①。另据有关人士的回忆，“一九〇六年长江流域各省大水灾，国内局势更加动荡不安”②，正是萍浏醴起义在彼时彼地发生的重要背景。而起义军首领之一的龚春台，确曾利用这年夏秋之际湘赣交界一带发生旱灾、粮食短缺、米价上涨的情况，以“打开浏阳城后，没收富户钱粮，大家就有饭吃”号召群众。湖北省水灾情况也颇为严重，据湖广总督兼管湖北巡抚张之洞奏报，入夏以后，荆州所属沿河之江陵、监利、枝江、松滋、石首、公安等县“近水田地悉数被淹”，“刻下一片汪洋，田禾尽没，积水均深丈余，秋收万无可望”③。

安徽北部，二月间即有“洪水为灾”。夏秋之际，又因雨水过旺，江湖盛涨，全省均遭漫淹，尤以皖北的凤阳、颍州、泗州等地为最重。御史李灼华于次年3月28日（二月十五日）上奏说：“皖北自去岁春夏之交，淫雨六十余日，山水暴发，淮、泗、沙、汝、淝等河同时并涨，平地水深数尺，上下千余里，尽成泽国。间有高阜地方，其麦之成熟登场者，大雨兼旬，全行霉烂，颗粒无收。入秋水退，赶种秋禾，乃中秋前后雨势倾盆，不减于夏，河水复相灌注，晚稼扫荡一空。遍野鸿嗷，流亡相属。……近闻饥民饿毙者，日凡四五十人。有阖家男妇投河自尽者，有转徙出境沿途倒毙者。道殣相望，惨不忍闻。”④ 江苏的灾情更甚于安徽。由于长江上游湘、汉之水“建瓴下注”，再加上五、六月间“淫雨为灾”，使得全省“八府一州”共61个州县的“低处田庐悉遭淹没”。这年九月接任两江总督的端方，一到任后，就看到“灾民纷纷外出”，“人心惶惶，谣言四起”，他估计“各处灾民不下二三百万”。他很怕这么多的灾民滋生事端，便极力广搭棚厂，安集饥民，“以免散至四方，为

① 《辛亥革命前十年间民变档案史料》上册，401～402页。文中“匪徒”为对抢米饥民之污称。

② 《湖南文史资料选辑》，第10辑，125页。

③ 录副档，光绪三十二年六月初四张之洞折。

④ 录副档，光绪三十三年二月十五日李灼华折。

急则治标之计”。据他报告，清江留养饥民最多，共 490 000 余口，扬州 60 000 余口，江宁 53 000 余口，镇江 22 000 余口。至次年末，他又综合各州县册报，称全省共赈济灾民 7 304 648 口。但实际上，仍有不少灾民因冻饿而死，据御史吴钫奏报，聚集在清江一处的灾民，“每日饿毙二三百人，沭阳一县灾户约三十余万，每日饥毙亦三数百人，草苗、树皮剥食俱尽，弃男鬻女，所在皆然”①。而地方官吏却对“救荒要政，漠不关心”，有的官吏在察看灾情时“索贿受规”，有的竟将赈灾粮款“折扣散放”，以“罔利营私”，这就把灾民进一步推向了绝境。周实在《睹江北流民有感》一诗中做了这样的描写：“寂寞蓬门四壁立，凄凉芦絮褐衣单。那知华屋雕梁客，坐拥红炉竟说寒。”

此外，浙江于七月间狂风暴雨，江流涨溢，湖水倒灌，受灾“地面既广，户口甚众”；广东自春至夏，大雨滂沱，江水暴涨，狂风并作，广州、肇庆、高州、钦州（今属广西壮族自治区）等地泛滥成灾；河南闰四月下旬至五月上旬连朝大雨，山水暴发，开封、郑州、卫辉等地纷纷被淹；福建七月间风雨交作，通宵达旦，漳州府属的龙溪、南靖、诏安等县冲决堤岸 3 600 余丈，数十人被淹罹难；江西、广西、直隶则水旱兼具；云南则亢旱不雨，赤地千里。总之，1906 年是一个全国遭受重大自然灾害的年头。

1907、1908 年（光绪三十三、三十四年），抢米风潮曾稍见沉寂，这同这一时期自然灾害的略呈轻缓之势，显然并非偶然的巧合。当时灾情较重的，主要是 1907 年直隶、黑龙江的先旱后潦，造成大面积禾稼失收；1908 年广东三次遭飓风暴雨侵袭，灾民达百万之众。其余各省，大体均能接近平常年景。

1909 年（宣统元年），全国下层群众的自发反抗斗争约 149 次，其中几次规模较大的抢米风潮和饥民暴动，主要发生在浙江和甘肃两省。② 恰恰这一年这两省的灾情最为严重。甘肃省本来已连续干旱两年，不意本年入春后又“雨雪愆期”，至四月中尚未得有透雨。6 月 19 日（五月初二）的《大公报》报道甘肃旱情说：“连年以来，

---

① 录副档，光绪三十二年十二月初七吴钫折。

② 参见《辛亥革命史》中册，327～328 页。

天久不雨，而今岁为尤甚。春麦颗粒无收，秋禾至今未种，该处农事向以罂粟及烟叶为大宗，日用粮食多靠北山一带，而北山一带连年歉收。今岁全省皆未得雨，旱干更甚，麦秋已至，不独无粮，且更无水，竟有人食人之概。穷民纷纷逃荒，粮价日增。”7 月 10、17 日（五月二十三日、六月初一）的《民呼报》也接连报道说：“旱魃为虐，未闻有至三岁者。甘民之灾，不必问其地域之如何，而其九百九十五日之亢旱，有不至于牛马自仆、人自相食者乎!”① “甘肃省兰州府素苦干旱，近年来降雨稀少，已罗于贫苦之境，今年特甚。春麦秋禾均未放种，烟叶为该省之重要产物，亦无一不枯萎者。日常之杂谷，强半仰给于北山一带地方，近亦连年收获鲜少，乃至本年则粒谷皆无，且饮水亦至枯竭。今竟呈析骸相食之现象。”② 持续干旱引起饥民骚动，安定甚至发生饥民围城求食之事。清政府软硬兼施，加以镇压。革命文学团体“南社”主要成员高旭，目睹灾民之惨状，恨贪官之暴行，特作《甘肃大旱灾感赋》：“天既灾于前，官复厄于后。贪官与污吏，无地而蔑有。歌舞太平年，粉饰相沿久。匿灾梗不报，谬冀功不朽。一人果肥矣，其奈万家瘦！官心狠豺狼，民命贱鸡狗。屠之复戮之，逆来须顺受。况当赈灾日，更复上下手。中饱贮私囊，居功辞其咎。甲则累累印，乙则若若绶。回看饿莩余，百不存八九。彼独何肺肝，亦曾一念否?”③

谁知六月初以后，又连日大雨，旱象虽告解除，却又因山水涨发，使皋兰（今属兰州）、金县（今榆中）、河州（今临夏）、平番（今永登）、沙泥、秦州、三岔、秦安、伏羌（今甘谷）、宁灵等地川边低地，田禾大部被冲淹。渭源、狄道（今临洮）、安定、会宁、固原（今属宁夏回族自治区）又遭雹灾。故 11 月 9 日（九月二十七日）的《大公报》载文说：“兰州函云，自五、六月间迭次得雨后，民间虽已赶种小麦、荞麦，奈入秋之后，连日大雨，黄河暴涨，兰州西关房屋多为河流冲倒，沿岸居民淹没大半，所有浮桥、木舰等毁去

---

① 《民呼、民吁、民立报选辑》(一)，175 页。

② 同上书，199 页。

③ 《辛亥革命诗词选》，215～216 页。

无算，而天气阴霾久不开霁，噫！何天之弃我甘民至于此极也。”

浙江的情形正好与甘肃相反，先是四、五月间连遭淫雨，积潦成灾，杭州、嘉兴、湖州、绍兴、严州5府田地被淹，秧苗多霉烂。有的田中积水深逾一丈，风浪甚巨。六月后，又连续数十日滴雨未降，加之夜夜南风，田地干坼更速，补种之苗又告枯萎。到后来“池港皆涸，无水可车，田皆龟裂，前功尽弃”。弄得农民们“有向田痛哭者，有闭户自尽者。连日扶老携幼，进城跪香，告灾求赈，并请发款开浚河港者，情词凄惨，目不忍睹”。但地方官不但置之不理，还“呵叱而驱逐之”，甚至“匿讳灾情，一味催逼钱粮”。连当时一些报纸也尖锐抨击说：“呜呼！此地狱变相耶，抑预备立宪之现象耶？海内热心君子，痛甘陇之奇荒，大声疾呼，为民请命，抑知浙中之同胞，陷此悲惨困苦之活地狱，岂竟忍不为之援手乎？”①

除甘肃、浙江二省外，这一年湖南、湖北也有颇为严重的水灾。湖南五月间“淫雨兼旬”，加之长江上游水势猛泻，将公安县境的护堤冲溃400余丈，永定、慈利、石门、安福等县沿河一带田庐也都被冲毁。江水直趋洞庭湖，同时沅江、酉江、资江、澧江诸水也灌注入湖，使滨湖的南洲、华容、武陵、龙阳、沅江各厅县围堤也纷纷漫溃。全省“被灾之重，为近年所未有”，据统计，“各处灾民不下百余万人，嗷嗷待哺，非赈不能存活”②。而湘中的长沙、宝庆、衡州各府，又“雨旸不时，半遭虫旱”。这样，就使得全省大部分地区皆陷于饥馑，许多人只能“靠剥树皮、挖草根，勉强过活”，或流入长沙等大城市行乞为生，“妇女无处行乞，母子相抱而哭，或将三五岁幼孩忍心抛弃”；至于卖儿鬻女之事，更为常见，“其价：小儿七八岁的仅三四百文，青年女子亦不过一二万文，甚至不及一万”③。湖北的水灾，“延袤六府一州”，“被淹之广，实为多年所未有”。水灌武昌、汉口城内，许多街道积水数尺，不少居民“均已高搭水阁，老幼悉寝处其上”。最苦的是汉口后城外济生堂一带的贫民

① 《民呼、民吁、民立报选辑》（一），252页。
② 朱批档，宣统元年九月十四日湖南巡抚岑春煊折。
③ 《湖南省志》，第1卷，273页。

窟，居住着万余家棚户，“皆系各轮搬货小工、铁路运土车工以及无业贫民，既无地可以迁徙，又难以高搭水阁，惟有终日淹没水中，听天由命而已”①。

此外，安徽、广东、江苏、奉天、吉林、新疆等省，也都洪涝为灾，有些地方灾情还极其严重。仅以《大公报》有关吉林水灾的报道为例，即可见一斑：“吉林于本月（指旧历六月）初八日早四钟，天忽大雨倾盆，时降时止。比晚雷雨交作，江中洪流泛滥，城内外低洼之处，尽成泽国，说者谓四五十年来从未见过，诚巨灾也。……松花江水向深数尺，自此次大雨后，陡涨一二丈。潮流涌激，不可阻遏。江岸南北骤宽数丈，西关南岸尤全行浸灌，惟见汪洋一片，中有数株杨柳而已。”② “兹据四乡警局报告，各处淹浸死亡之户口甚多。四局四区界内大屯淹没百余家，死亡十余口。络络街淹浸八十余家，死一百一十余口。哈达湾淹没七八十家，死二三十口。金家屯淹没八十余家，榆林子淹没六七十家，棋盘街淹没百余家，大小唐房淹没百余家，小天齐街淹没四十余家，以上所死人口未详。传闻各江湾河套尸横遍野，三区界内江密峰街淹毙人民六十余口，孟家屯淹毙十七口，蔡家屯淹毙五十余口，巴虎屯四十余口。又距省六十余里大江门口山裂，雨水骤至，冲没百余户，约死三百余口，唐家崴子淹没七十家。又新开河约淹毙七百余口，其距该河附近各屯，约淹毙千余口。统上被淹民户以数百计，死亡人口以数千计，诚巨灾也。”③

到了1910年（宣统二年），下层群众自发的反抗斗争发展到了最高峰，据不完全统计，全国这一类斗争陡然上升到266次。这种情况的出现，生动地反映出革命的形势已经日见成熟，统治阶级再也不能照旧统治下去，人民群众再也不能照旧生活下去了。这种形势的造成，自然有着多方面的原因，但自然灾害的普遍发生，也不能不是一个不容忽略的因素。为了说明这一点，我们只要指出下面

---

① 《民呼、民吁、民立报选辑》（一），172～173页。

② 《大公报》，1909年8月11日。

③ 《大公报》，1909年8月15日。

这个事实就足够了：1910 年（宣统二年）发生的抢米风潮，其特点之一，就是几乎全部发生在长江中下游的湖北、湖南、安徽、江西、江苏 5 省。① 而这一年全国的自然灾害，主要集中在两个大范围：一是东北三省，另一就是长江中下游五省（如果扩大一点，还应加上与此五省紧邻的河南、浙江两省）。

东北的黑龙江、吉林、奉天三省，于夏秋之际，连降暴雨，致使嫩江、松花江、柳河、坤河等纷纷发水，大片土地被淹。由于水势猛疾，一些地方受害甚重。如奉天新民城，为柳河漫水冲灌。“当水发时，官民猝不及防，登时奔注城市，洪涌四达，水深四五尺、七八尺不等。顷刻人声鼎沸，屋巅、树梢相继猱升呼号待救，府署、监狱均被水淹，审判厅全数倾倒，旧存文卷及器皿、衣物均被漂失。”② 除水灾外，东北三省还发生严重的鼠疫流行，造成人口的大量死亡。据记载：“宣统二年，岁次庚戌九月下旬，黑龙江省西北满洲里地方发现疫症，病毙人口。旋由铁道线及哈尔滨、长春、奉天等处侵入直隶、山东各界，旁及江省之呼兰、海伦、绥化，吉省之新城、长安、双城（今属黑龙江省）、宾州（今黑龙江省宾县）、阿城、长春、五常（今属黑龙江省）、榆树、磐石、吉林各府厅州县。报章所登东三省疫毙人数，自去岁九月至今年二月底止，约计报知及隐匿者已达五六万口之谱。”③ 这大概是中国近代历史上最严重的一次鼠疫流行。在这年底，清王朝甚至专门发出上谕，要求外务部、民政部、邮传部共同会商，研究对策，并指出，如果一旦在关内发现有鼠疫传染的迹象，就立即“将京津火车，一律停止，免致蔓延”。这也可见问题的严重程度了。

至于长江中下游的水灾，湖北则江汉湖河同时泛涨，当时的报章以“水灾惨重，十室九空”来加以形容。仅黄冈一县，河水泛溢时，即有数百人为洪水吞没，“计被灾之区，约长五六十里，报绝者

① 参见《辛亥革命史稿》，第 2 卷，418 页。

② 朱批档，宣统二年八月十四日东三省总督锡良折。

③ 曹廷杰：《防疫刍言及例言序》，见《曹廷杰集》，275 页。又据《东方杂志》第 8 卷第 1 号第 15 页《中国大事记》载：综计鼠疫死亡人数一万九千余人。

数十户，田园被沙压者无算，其生存之人，刻皆无家可归”①。像这样的灾区全省有 28 个州县。安徽夏秋之际，暴雨成灾，仅皖南的宣城、南陵、繁昌等县，即有 20 余万亩田地被淹；而皖北之灾情，更远远超过皖南。传教士罗炳生关于皖北的水灾有如下的报告：“此次皖北百姓多言今年灾状为历史上所罕见，以今年夏秋之交之暴雨，实为历史记载中所罕见，故秋禾全数悉被淹没，核其面积约占七千英方里之广，人民被灾而无衣食者约有二百万。近数月来，死亡之惨，日甚一日。”② 其中，尤以凤阳府的宿州、灵璧、怀远，颍州府的蒙城、涡阳，泗州的五河为最重。亳州算是受灾次重地区。但据《东方杂志》的报道，也都够触目惊心的了：“颍州府属亳州于六月二十六日起，烈风暴雨彻夜通宵，直至七月初二始止，城垣倾倒四十余丈，雉堞崩塌十余丈；北门、西门城楼，同时倾颓，外垣亦倒六十余丈；城中屋宇倾圮者，不可数计。涡水涨二丈余深，桥梁漂没，船只沉溺，两岸数百家尽付东流，田中秋禾摧折已尽，城厢内外压毙二十余人。至七月初三日，又被倾盆大雨，城厢房屋倾塌益多。州境之宋塘河、赵王河、武家河、百尺河、油河均多漫溢，河下营业小户将千家均倾家荡产，树厂木料、缸厂窑货被水冲去十之七八，水势之大为数十年来所未见。粮价飞腾，且无处购买，断炊十之四五。”③ 江西灾情较安徽略轻，但也自夏至秋，多次暴雨，使“丰城以下沿湖十四州县田亩大半概被浸没，广大无边之腴田一时尽成泽国”。江苏年初则雨雪交加，夏秋则淫雨连绵，夏麦秋禾大半霉烂，尤其是苏北的邳州、睢宁、安东、沭阳等地，“庐舍多荡为墟，流亡者十逾五六，每行数里、十数里罕见人烟。或围敝席于野中，或牵破舟于水次，稚男弱女蜷伏其间，所餐则荞花、芋叶，杂以野菜和煮为糜，日不再食。甚则夫弃其妇，母弃其子，贩鬻及于非类，孑遗无以自存。惨劫情形，目不忍睹”④。此外，稍北的河南，稍南

① 《东方杂志》，第 7 卷第 8 号，236 页。

② 《东方杂志》，第 7 卷第 11 号，351～352 页。

③ 《东方杂志》，第 7 卷第 8 号，235～236 页。

④ 录副档，宣统三年正月十四日江皖查赈大臣冯煦折。

的浙江，也各有三四十州县遭洪涝灾害。河南仅滑县一处，即有299个村庄“顿成巨浸”。浙江一些地方“庐舍冲坍，人畜漂流，惨毙无数”，仅嵊县一次就“捞获尸身二百余具”；东阳县洪水暴注时，“骆店村三十余家，全行冲没，竟无一存。西蒋村二十六家，则仅存三家。双湖村二十四家，则仅存一家。水发时正在半夜，人皆深入睡乡，故遇灾之时，竟连房屋、床铺漂流而去，不知所之。翌日，死尸沿路横搁，真有目不忍睹耳不忍闻之惨”①。

这里要特别讲讲湖南的情况。因为这一年发生的长沙抢米风潮，是震动全国的重大事件，也是辛亥革命前夕群众斗争的一个突出例子。关于这次风潮的详细经过，在一些著作中已经讲得不少，但直接引发这次斗争的湖南自然灾害情况，却大抵还是语焉不详。在这一年以前，湖南已经连续数年遭水灾，米谷早已缺乏。这年初夏以后，始则天寒地冻，继则暴雨狂风，造成又一次全省性的罕见奇灾。6月1日（四月二十四日）的《大公报》报道说：“湘省自前月二十四日起，天气奇冷，与隆冬无异，是夜竟降冰雹。本月初四、五两日夜，雷电大雨，继以暴风，初六清晨水结成冰，田园蔬果，概被损伤。刻下河水陡涨三丈余，已至城外，倘再阴雨，则城内又不免水灾矣。濒河一带各府州县，近又纷纷驰报水灾。……常德府城因朗江水势陡涨，下南门现已封闭，市面冷落异常。该郡去岁水灾，居民流离失所，惨不忍闻，至今且有鬻妻卖子以图存活者。刻下元气未复，又遭阴雨，麦豆杂粮损失过半，所播稻种多不发生，其饥馑情形，诚有不堪设想者。沅江、龙阳、湘阴各县属滨河而居者，此次天雨不止，河水陡至，屋宇概成泽国，牲畜、器皿无一存者，死者至数百人。……澧州、石门、安福、安乡等州县，去岁水灾地方，困苦情形，伤心惨目；今春北围垸各处甫经修复，又被冲塌，凄惨情形较前更甚，刻已树皮、草根剥食殆尽，间有食谷壳食观音土，因哽噎腹胀，竟至毙命者。……湘潭县连日狂风暴雨，继以冻雪，四乡秧苗均已打损十成之八，非再行下种不可。当夏令而有此

---

① 《东方杂志》，第7卷第8号，231～234页。

朔风冻雪，真奇灾也。”① 全省灾民达10余万人，他们离乡背井，四处流浪，苟延残喘。聚集在长沙等大城市的灾民“老弱者横卧街巷，风吹雨淋，冻饿以死者，每日数十人”。长沙的抢米风潮正是在这样的具体背景下发生的。

1911年（宣统三年），上面提到的这些省份，再一次普遍发生严重水患，两湖、江、浙等省，灾情与上年不相上下。武昌起义的枪声，正是在广大人民群众啼饥号寒的伴奏下打响的。人民群众不堪忍受天灾下腐朽黑暗的封建统治带来的种种人祸，于是，他们便理所当然地把这样的封建王朝扔进了历史的垃圾堆里。

---

① 《大公报》，1910年6月1日。

第六章　政局动荡下的民初（1912—1919）灾荒

第一节　连年不绝的大面积水灾

封建君主专制主义的清王朝的被推翻，具有资产阶级共和国性质的革命政权——南京临时政府的成立，是辛亥革命的一个伟大的胜利。以孙中山为临时大总统的南京临时政府，在它存在的短短三个月时间里，曾经采取了一系列有利于社会发展的革新措施；在革命风雷的激荡下，民主精神也在全社会得到了新的昂扬。许多关心国家前途命运的人对这些新气象感到欢欣鼓舞，满以为从此中国有了希望。但时隔不久，在中外反动势力的内外夹攻下，软弱的资产阶级不得不将革命胜利果实拱手让给了帝国主义和封建势力的工具袁世凯。虽然资产阶级革命派为挽救共和国而继续进行了各种斗争，但都遭到了失败。“中华民国”变成了一块徒有其名的空招牌，代替清王朝统治的不过是封建军阀的争夺和混战。当时鲁迅讲过的一段话，颇能代表一部分爱国爱民的热心人士的心态：“见过辛亥革命，见过二次革命，见过袁世凯称帝，张勋复辟，看来看去，就看得怀疑起来，于是失望，颓唐得很了。”① 一些先进的人们，正是在失望之余，开始了勇敢的新的探索，终于在1919年爆发了五四运动，稍后又成立了中国共产党，使中国的民主革命进入了一个新的历史阶段。

显然，民初的这一段时间，是一个政局动荡的时期。在这样一

① 鲁迅：《〈自选集〉自序》。

种社会政治背景之下，自然灾害的情况又是怎样的呢？

首先一个值得注意的现象，就是从1912年到1919年，几乎没有一年不发生大面积的水灾。可以这样说，在这个历史阶段，水灾是中国社会最主要的一种自然灾害。

1912年，水灾较严重的省份有安徽、江苏、福建、广东、湖南、直隶、陕西、四川、浙江、云南等。正月中，刚刚就任临时大总统不久的孙中山曾两次批文，指示安排安徽的救灾事宜，在其中的一个批文中说："皖省灾情之重，为数十年所仅见。居民田园淹没，妻子仳离，老弱转于沟壑，丁壮莫保残喘。本总统忝为公仆，实用疚心。"[①] 鉴于皖北连年水灾，实"因淮河淤塞所致"，上海华洋义赈会曾提出要求治淮，但这时政权已落入袁世凯的北京临时政府之手，一心只想着争权夺利的袁世凯当然不会对治淮感兴趣，此议自然不了了之。孙中山还在3月27日（二月初九）发布《令财政部拨款实业部赈济清淮灾民文》，文中引用江北都督蒋雁行的电文说："前奉大总统来电，以江北灾情甚重，已筹款发交张总长（按：指实业部总长张謇）分别办理。现在清淮一带，饥民麇集，饿尸载道，秽气散于城郊，且恐郁为鼠疫。当此野无青草之时，定有朝不保夕之势。睹死亡之枕藉，诚疾首而痛心。现虽设有粥厂，略济燃眉，无如来者愈多，无从阻止，粥厂款项不继，势将停止。苟半月内无大宗赈款来浦接济，则饥民死者将过半矣。"[②] 这几个文件，不但反映了安徽、江苏两省1911、1912年灾情的严重，也反映了作为"国民公仆"的孙中山在短短的当政期间对人民疾苦的真诚关怀。

1911年，福建省的漳州、泉州等地，五月间"连日淫雨为灾"，有的地方水深丈余，田禾大都被淹。福州城内"街市几成泽国，来往者非舟不可"，特别是"西南门外一带房屋悉遭大水漂没，居民既不安于室，又无米为炊，惶恐之状至不忍言"。厦门自6月2日（四月十七日）起，连雨20余日，弄得"商务萧条，民不聊生"[③]。广东

① 《批卢安泽等呈》，见《孙中山全集》，第2卷，187页。

② 《孙中山全集》，第2卷，282页。

③ 《申报》，1912年6月22日。

省的石龙、新会、江门、三水、高明及粤东的惠州、潮州所属地方，因夏间雨水过多，“禾田杂粮尽遭淹没，饥民遍地，令人目不忍睹”。潮州府的惠来县水围县城，使城门不能出入，后又“雷雨大作，水势更凶，城之北隅被水推倒约三丈余，为从来数十年未有之奇灾”①。湖南自8月6日（六月二十四日）以后，曾连续暴雨数昼夜，使“河水陡涨二丈有奇”；九月初，再次连日大雨。两次遭水，使不少地方庐舍漂没，田禾浸淹，益阳、安化等县“淹毙人口甚多”。湘东萍醴交界地方，铁路被冲毁，造成火车停开；各路电线亦因洪水冲毁，而多阻隔。陕西南部在五月中“淫雨连日，河水暴涨，沿江一带田禾尽被漂没，桥梁、道路破坏者难以悉数”。四川也有洪水为灾，据《申报》报道，仅石砫厅（今石砫县）一地，在7月8日（五月二十四日）洪峰穿城而过时，就有千余人为浊浪所吞没，至于财产的损失，就更无法计算了。报上的文章说，这次水灾使该城“街巷变为沟渠，市井变为沙漠”，是“历来未有之奇灾”。

灾情最重的，是直隶和浙江。这年夏间，直隶的永定、大清、滹沱、子牙、咸水、北运等河相继泛决，数百里土地上，大水白茫茫一片，一望无际。直隶省议会副议长王箴三在上海张园向“顺直水灾上海义赈会”报告说，这次水灾，“灾区有三十六州县之广，灾民达一百四十余万之多。非随流漂泊，即露宿风栖”②。据称，直隶的这次水灾，是进入20世纪以后最严重的一次。浙江的水灾完全是突发性的，灾难的降临集中在8月29日（七月十七日）8时至11时的短短三小时之内，呼啸怒号的狂飙，卷挟着瓢泼的大雨，还掀着巨大的海浪，使沿海的宁波、台州、温州及处州等府，遭到措手不及的摧残。9月19日（八月初九）的《申报》报道宁波、处州的灾情说：“据谓溺毙者共有五万人，无家可归者共有十万人之众。此信虽得自宁波，然所指遭殃之地，必宁波、温州之中间……该两处水灾尤以青田、缙云两邑为最重，死伤人口计在二十八万有奇，其未经淹毙者数几百万，但家室荡然，饥寒交迫，无住无食，何以为

① 《申报》，1912年7月10日。
② 《申报》，1912年10月26日。

生?”次日，该报又专报处州府灾情说：“(该府）水灾异常奇重，实为数百年来所未有。顷悉该处共有十县，青田、云和等五县漂没无存，共计淹毙人口至二十二万有奇。”

1913年，除湖南、广东、安徽、浙江、直隶继续遭受水灾外，新受水灾的省份又有湖北、广西、吉林、山西等地。其中，浙江的重灾区，仍在温州、处州一带。七月末，连续风雨交作，山水陡发，洪水由青田下泻，直灌永嘉、瑞安，“城镇村落，多被淹没，田园庐墓，损失尤夥，死亡约以十数万计”①。直隶的灾情虽较上年为轻，但永定河、大清河、运河各堤也都先后决溢，水发时，“淹毙人口约二三千人”之多，损失也颇为惨重。除此以外，灾情严重的地区，一为湖南，一为广东。湖南自入春以来，即雨水过多。4月20日（三月十四日）以后，又连日阴雨，河水大涨。长沙的城门被水封闭，无法开启；城内低处，水深几至一丈。5月17日（四月十二日）的《申报》报道说：“湘省连日阴雨，山洪骤发，河水陡涨数丈。上流自衡州、醴陵、湘乡、湘潭及各口岸，下流自省城西北门外新河口、沙湖洲、三汊矶、靖港、乔口、湘阴、芦林潭，凡沿河各处居民，屋宇水已齐檐。男女老幼，无门可走，多蜷伏屋脊。而又天雨不止，冲倒房屋，淹毙人口，不可以数计。有全家数十口遭淹毙者，有屋宇全栋随波直流而下者，水中尸骸及牲畜什物，所在皆有。”广东在春夏之交，多次遭狂风暴雨侵袭，西江、北江一带地方，房屋基围多被冲塌，人畜禾稻淹没无算。5月4日（三月二十八日）的《申报》以《粤省风水大灾之惨象》为题发文说：“昨夜三点钟时，自飞来峡上至英德县属，忽起狂风，继则滂沱大雨，直至午后一点始息。闻琶江附近，当起雨时，先雨雹约一小时之久，大如鸡蛋。雨止后，英德一带之江河忽然澎涨，其来源颇猛，一日夜之久，竟涨至一丈余，如源潭关前琶江口横石等墟及附近各村乡，多被淹浸，致田间野地亦成为一片汪洋。当狂风陡起之际，闻胡联村倒塌房屋数间，树木多被拔起，又粤汉铁路横石站全间瓦盖亦被揭去。……

---

① 《东方杂志》，第9卷第4号，4页。

此次西江水涨，其故缘于上游雨水过多。从化县于本月二十四日早四点钟起至暮止，倾盆大雨，以致山水暴发，各处纷报崩基，计当时鱼梁尾埠基围崩四十余丈，新河基围崩十余丈，大凹村基围崩至七八十丈，麻村石峡各崩围二三十丈，东区大石洞、韶洞冲塌屋宇无数。除牲畜不计外，溺毙数十人。麻村墟大富围石峡各村，适当其冲，全村屋宇皆被冲塌，家具、牲畜悉被漂流，溺毙十余人。人民饥饿无依情形，至为惨苦。而县城城门各处，亦浸至二丈余，县署亦被冲塌。约计损失总数在百万内外，实为近年来罕见之奇灾云。”入秋以后，长乐（今五华）、普宁、靖远、陆丰、惠州等地，又风雨成灾。长乐县一次即冲毁店屋数千间，淹毙人民百余口；普宁淹毙八十余人；陆丰县城内水深六尺余，房屋倒塌十之八九；其余的也损失惨重。

1914 年，主要遭受水灾的省份为直隶、吉林、黑龙江、山东、山西、江西、湖南、四川、贵州、广东、广西，其中灾情尤重的仍为湖南、广东，另一则为四川。

湖南自夏至冬，迭遭淫雨。五月初，即连日大雨，使醴陵、湘乡、益阳、嘉禾等地“田禾庐舍，尽遭漂没”。6 月 16 日（五月二十三日），再次大雨，沅江、澧江、资江、浏阳河等同时暴涨，湘潭、浏阳、益阳、湘乡、湘阴、新化、沅江等 20 余个县复遭水淹。特别是省城长沙，因湘江之水不断上涨，冲决圩堤，突被洪流浸灌，灾情极重。6 月 28 日（闰五月初六）的《申报》载：长沙北门外的汤头圩“被水冲溃。并闻附近之捞刀河一带，亦于是晚冲毁房屋甚多，淹毙人口不计其数。省城沿河一线，城外上自南湖港，下至草码头，接近新河，所有房屋一律被淹，无少间断。城内则自学宫以上至北门以下（历七城门），沿城住户亦皆被淹，有齐檐者，有封顶者。居民多掀屋瓦坐之屋脊，以待施赈，警察用划船给粥。……大小西城门水势，距门顶最高处仅隔尺余，凡坐小划出入者，均须俯伏划上方能过去。至附城各居民，当房屋被淹时，均纷纷搭梯向城墙垛口缘入，以为出路。……并有被水灾民，升楼上屋，而水势亦随涨随高，竟至不能栖止者，多用门板、木盆浮水而出，借以逃生。”6 月份水灾刚刚过去，7 月 15、16 日（闰五月二十三、二十四日）又连降暴雨两昼夜，长沙再度被淹，湘潭受灾最重，周围百余里间，汪洋一片。而且此次发水，“既在黑夜，又值大雨，人民多在睡乡，一旦忽罹此厄，乡间又无船只，所有房屋多系历年土墙，一经水淹即已坍塌，男妇大小非遭压毙，即遭溺毙，故此次房屋之倾倒者以千数百计，人口之溺毙者亦以千数百计”[①]。萍醴、株醴铁路多处为洪水冲断，长沙火车仅能开至株洲。待至十月，衡阳、泸溪、羊角脑等地，又迭遭水、风、虫灾。广东入夏以后，连日大雨如注，西江暴涨，北江也同时泛滥，酿成巨灾。据《东方杂志》报道，仅广州、肇庆两府，就有“灾黎数十万，灾区广约九千方里”[②]。6 月 27 日（闰五月初五）的《申报》报道更为详细：“西江水道，处粤省之上游，故一遇水患，水势就下，各属受害无穷。顷悉梧州地方，连日西潦暴涨，水长二丈有奇，计都城而下肇庆、高要（今属肇庆）、高明（今属高鹤）等处，水势均长八尺，其余南海之九江、鹤山（今属高鹤）之大基头，新会之大河围，顺德之龙江、龙山、容奇、桂洲约长七尺，香山（今中山）之小榄八围约长六尺，三水、佛山等处亦如之。最奇此次水长极为迅速，故各处基围之未经修补者，目下大为危险。又连日西潦暴涨之大，实为近年所罕见，十四、五两日，梧州水涨二丈七八，其顺流而下所经之封川（今属封开）、西宁（今郁南）、德庆、高要各属，均遭潦患。……此次西潦暴涨，其水势之速而猛，实为数百年所仅见。据父老传闻，水之至大者，初则乾隆甲寅（1794 年），次则咸丰甲寅（1854 年），此两甲寅肇庆围均崩决，近则光绪乙酉（1885 年）。不料今年甲寅，比较从前两甲寅及乙酉，均涨过二三尺之多。”四川之成都及其南部地区，久晴不雨，亢旱成灾。大邑、富顺、雅安、天全、丹棱、眉山、珙县、广汉、南川、兴文、安岳、资阳等县，河塘干涸，田地龟裂，禾苗焦枯，米价腾贵。但重庆及灌县一带，却连续阴雨，江水暴发，河流盛涨，被水成灾。不料到夏末秋初，原先干旱地区，也连降大雨，特别是

---

① 《申报》，1914 年 7 月 31 日。

② 《东方杂志》，第 11 卷第 2 号，14 页。

省城成都，因锦江漫溢，城区被淹，溺毙人口，造成巨灾。9 月 14 日（七月二十五日）《申报》载：“省城自 8 月 22 日夜起，倾盆大雨，檐溜如注。23 日一日未息，夜亦如之。24 日午前雨犹大，午后稍息，然犹纷纷未止也，是夜淋滴终宵，及旦稍休。25 日 9 时，仍沛然而下。三日来各街长流如河，深者至膝至腰，浅者没胫没踝。最深之地，厥惟西门少城，其次则北门文庙等街，再则南门二三等巷，其他各街有全淹者，有淹大半者，有淹数段者，非赤足芒鞋不能越而过也。若东南城根，则不堪问矣。公寓铺户入室登堂，一片汪洋，望之兴叹。有灶下生波不能举火者，有床头作浪不能卧息者。……惟少城情形尤为可怜，祠堂街一带无有一家不进水，无有进水不深没腿膝者，旧将军署顺利及通顺各街，有淹至胸腹以上者，诚数十年来未有之巨灾也”。又说：“8 月 22 日夜起，成都省城大雨倾盆，一连五日未止。锦江暴涨，水溢于岸，东南环城一带，一碧万顷。……24 日晨至夕，由九眼桥冲过之死尸，约三十人之谱。此外有已死者，有未死者。”一直到 20 余天后，水始渐退。

1915 年水灾的重灾区，集中在东北三省。此外，直隶、山东、河南、湖南、湖北、江西、江苏、浙江、广东、广西、云南也都有程度不同的洪涝之灾，其中广东的灾情较上年更重。

这一年黑龙江夏季雨水过多，江河涨发，使虎林、密山、饶河、富锦、呼兰、兰西、肇州、大赉、拜泉、青冈、绥化、汤原、龙江、泰来、海伦、巴彦、木兰、庆城、通河、铁骊、通北、讷河等 22 县被淹。特别是呼兰县的灾情最为惨重，8 月 16 日（七月初六）的《申报》有如下报道：“江省呼兰县于 7 月 29 日天气忽变，大雨如注，转瞬水深四五尺。30 日雨势更大，水又盛涨，呼兰河之水较两岸高丈余，河心不能容，遂澎湃四溢，涛奔浪涌，直达数十里，溢入街中低下之处，浪花直超过屋巅。商民之家多被水淹没，房宇倒塌者甚多，沿街电杆倾斜，田禾冲刷，货物漂泊更不知凡几。至 8 月 1 日，水势皆退，人民之心得以少定。然大田之中，低下之地，仍一片汪洋也。闻此次呼兰之水，系从古所未有，街内卸下之水深者达丈余，皆从窗户涌入，商民一时情急，均将门扇卸下，权作舟楫，乘之逃命。无如人民多不识撑驾之术，加之水势过急，被水冲去者不计其数。至于乡间更不忍言，逼近呼兰河之村庄，无一不大受其害。最甚者为郎家窝铺，该屯约五十余家，河水突来，浪如山立，全屯之中，并不见有一屋存在。”吉林省开春后因天气突然转暖，各处积雪消融，水均归入松花江中，江面冰层开解，冰块顺流而下，此倾彼轧，堵塞江面，使江水骤然大涨，吉林城内不少商店、民居均被淹毁，“颇有栋折榱崩之势”。入夏后，又多次大雨，松花江再度涨发，省北的大荒地、下洼子，省西的桦皮厂、崔家屯、搜登站等处临河田地，无不遭淹。尤其是饮马河水势最大，沿河的吉林、双阳、长春、德惠等县，“田地被冲无算”。奉天7月26日（六月十五日）以后即连日阴雨，8月1日（六月二十一日）发生特大暴雨，“势如倒泻银河，两日夜方休”。辽阳的太子河，锦县的大凌河，新民的柳河，铁岭的辽河以及巨流河、浑河、蒲河等，都泛溢出槽。鸭绿江一昼夜间暴涨一丈七八尺，以致横流泛滥，沿江平地水深七八尺。据辽沈道尹荣淑章报告，这次水灾，被淹共11县，仅新民县就有130余村被淹，被灾民户9 000余家，灾民30 000余人；锦县四乡被灾村庄90余处，灾民共2 000余户，房屋倒塌4 000余间，而县城附近则损失更重。①

广东已是连续第5年遭受水灾，前两年均为重灾地区。这年夏天，又发生大洪灾，灾区之广，灾情之重，都超过上年。五月中，因连降暴雨，东江、西江、北江同时猛涨，广州适当其冲。7月10日（五月二十八日），广州街头低处即已积水；12日（六月初一）水势骤涨，部分街巷水深逾尺；13、14日（初二、初三）浸高三五尺不等，深处达七八尺有奇，有的地方“水淹至过屋，纷纷倾塌。男妇老幼，哭啼呼救，惨不忍闻”。广州以外，北江的连县、连山（今连山壮族瑶族自治县）、阳山、翁源、清远、佛冈、英德、龙门等县，东江的增城、河源、兴宁、博罗、惠阳、龙川、东莞等县，西江的高要、三水、四会、德庆、新兴、南海等县，同被重灾；茂名、

① 参见《申报》，1915年8月16日。

吴川、化县、信宜、合浦、肇庆、惠州、悦城、韶关等地也皆有水患。佛山镇洪水涌过时，“全镇数十万难民，露宿岗顶，绝食待救。传闻死于难者二万余人，塌屋亦有千数百间”①。

1916 年全国的水灾，相对来说较前几年为轻。湖北、江西、贵州、陕西等省，虽都遭水，但被淹的只是局部地区，如湖北主要集中在襄河附近的天门、汉川、潜江、沔阳等县（据称这些地区“溺毙人民牲畜甚夥”），江西集中在景德镇周围（据称景德镇“居民死于水者约数千人”），贵州集中在遵义一带（据称此处水灾“损失约在百万金以上”），陕西集中在蒲城、富平、华县、大荔等县（据称这里冰雹“击毙人畜”，洪水“冲毁田庐”）。全省范围内普遍被水的，主要是江苏、安徽二省。江苏六、七月间，淫雨连绵，河湖并涨，造成苏南的常州、苏州、吴县、吴江、昆山、奉贤、无锡、镇江等地，苏北的六合、扬州、高邮、宝应、兴化、盐城、东台、阜宁、赣榆、安东、灌云、桃源等地，“田庐尽被淹没，居民溺毙不少”。安徽也因夏季雨水过多，圩堤漫溢，使濒临淮河的各县“秋禾尽淹，庐舍莫保”。

1917 年，全国遭受水灾的省份达到 12 个，而且其中有一半左右灾情均颇严重。其中最重的要数直隶地区，“水患所至，几及全境”。自 7 月 15 日（五月二十七日）以后，连日倾盆大雨。至 7 月 27 日（六月初九）夜间，永定河突然决口百余丈，汹涌的河水掀起巨浪，直向下游奔腾而去。宛平县 20 余村被淹，漫水在固安县境溢入小清河，小清河不能容纳，又溢入牤牛河，“沿河禾稼尽被淹没”。由于大清河水势盛涨，使霸县县城附近“全成泽国，沿堤一带房屋倒塌无计”。安次县因暴雨积水，再加永定河漫水的冲击，100 余村被淹，四城全被水围。武清县也因永定河漫水横流，数十村庄尽遭淹没。此外，南北运河、潮白河、箭杆河、拒马河等也相继冲溃，仅箭杆河两岸即有 300 余村庄被淹。涿县“乡城全成泽国，该县统计三百九十余村，今被灾者已在三百村左右。房屋十倒七八，灾区人民除

① 《申报》，1915 年 7 月 25 日。

被水淹毙者外，其余残存者，或一家数口，露宿房顶；或身无寸缕，避居他村。悲惨情形，不堪目睹。而被灾最重者，有阖村一屋不留，其乡民尚露宿泥潭之中，奄奄待毙。其灾情之重，相传为数十年来所未有”①。入秋后，又连降大雨，天津与保定之间也变成一片汪洋，仅天津城内即有灾民数十万人。京汉、京奉、津浦等铁路及桥梁被洪水冲坏，不能通车。督办京畿一带水灾河工善后事宜处的熊希龄致上海总商会函称：“总计京直被灾一百余县，灾区一万七千六百四十六村，灾民达五百六十一万一千七百五十九名口，尚有大名、抚宁、长垣未据造报，未经列计在内。”② 据《字林西报》公布的数字，则称此次直隶大水灾，灾区共 105 县，被淹区域共 1.2 万平方英里，房屋被冲者 8 万处，恃赈济为活的达 300 万人，田禾被毁者值 1 亿元。

除直隶外，湖北长江水势猛涨，冲决堤垸，淹没良田万顷，武昌城内各街均为水浸，“汉阳之城，宛在水中，登城而望，四围皆水”。全省受灾者 20 余个县。湖南湘江暴涨，安乡、沅江、南县、长沙、安化、新宁、华容、湘潭、汉寿、衡阳、祁阳、丰阳、桂阳、永明、衡山、嘉禾、岳阳、湘阴、南乡、常德、澧县、岳州、临湘、通道、宝庆、武冈、益阳等地，广大群众挣扎在浩渺波涛之中，嗷嗷待哺。一些人在洪水冲淹时惨遭灭顶，仅沅江一县即“淹毙人口三百余名”。奉天六月后淫雨不止，巨流河、大凌河、浑河、辽河、洮河、柳河、青河、柴河等先后泛滥，33 县被水成灾。据统计，受灾最重的新民县冲倒房屋 7 500 余间，淹毙人民不知其数，待赈灾民四五万人；辽源县灾民 30 000 余口，冲倒房屋 3 900 余间，淹死男女 37 人；锦县待赈灾民 30 000 余人，冲毁房屋 2 900 余间，冲去男女 54 人；铁岭被水灾民 10 000 余户，冲毁房屋 2 300 余间，淹死男女 27 人；西丰待赈灾民 5 000 余人，冲毙人口 71 名；开源灾民 9 000 余人，冲倒房屋 2 200 余间，淹死不少；梨树县灾民 10 000 余户；平康县灾民 5 700 余人，冲倒房屋 760 余间；其余各县亦有轻重

---

① 《申报》，1917 年 8 月 8 日。

② 《申报》，1918 年 2 月 5 日。

不等的损失。

1918、1919年，遭受水灾的地区，虽然前者有广东、福建、云南、贵州、湖南、湖北、江西、河南、山东、直隶、奉天等省，后者有江苏、浙江、广东、福建、湖南、湖北、安徽、江西、河南、陕西、直隶等省，但或者成灾只是局部地区，或者水退较速，总体看灾情略轻于前数年。较重者，如1918年广东22个州县被淹成灾，贵州威宁县一带“饥民不下万户”；1919年江苏南部普遍洪水泛滥，湖北灾区面积“周围大至一千余里”。这对当时这些地区的社会生活所产生的影响，自然也是不小的。

综观民初这一段时间，连续不断的大面积水灾，始终像一头凶恶的猛兽，无情地吞噬着人民的生命财产；尤其像广东、湖南等省，几乎是十年九涝。人民在这样的社会环境中，真可以说是生活在“水深火热”之中了。

第二节　旱、蝗、风、火之灾

上一节，我们强调并用事实表明了，在辛亥革命后到五四运动前的这段时间里，对中国社会威胁和损害最大的自然灾害是洪涝之灾。这当然不是说，不存在其他形式的灾害。事实上，其他各种自然灾害不仅存在，在局部地区还是极为严重的。

拿旱灾来说，在这一时期，我们不能不提到1912年的河南之旱、1914年的浙江之旱、1915年的四川之旱、1916年的湖南之旱及1919年的云南之旱。

自1912年夏季以后，河南即亢旱不雨，一直持续到1913年的整个春天，都未下透雨。结果，便形成遍及全省的大旱荒。《申报》刊载的《河南旱荒调查记》说：“河南自去岁六月不雨，迄于今春，麦已枯槁，秋禾未播，哀鸿遍野。……兹将该省各处惨状分志于左：［开封流民之塞途］汴垣旧日设有粥厂兼有教养局，专收无业贫民。近日各处饥民因无地就食，群趋于汴，其数已达三万以上，充途塞巷，马车不能行驶。转为饿莩者，每日约有百余。［怀庆之吃人肉］客有自河朔来者言，前在怀郡东北某山麓，见一贫民，携八九岁之小儿逃荒，旋因步履不慎，跌倒于地而死，小儿号泣道旁，旋亦死焉。次日某村人前往掩埋，至则见死人股部之肉，不知被何许人刮尽而去，盖该处人吃人已数见不鲜矣。［唐县之全家饿死］唐县山坡上某甲，老幼八口，其母年逾七十，饿而死。某甲拟出外设法埋葬，正举足出门，不料为槛所阻，跌死于地，其妻及子女兄均谓除死外更无他法，相对而泣。翌日，八口尽死在一处，呜呼惨矣!”① 这里虽只是一鳞半爪的花絮式的描写，但通过这几个小镜头，反倒比读那些“饿莩塞途”之类的概括性叙述，对这次旱灾的情况有更为深切具体的感受。试想，仅开封街头每天就有百余人因饥饿乏食而身亡，这是一幅何等悲惨的情景!

1914 年夏，浙江各地久不得雨，富春江、新安江沿岸及金华一带，亢旱成灾，“禾稻多被槁死，收成极为歉薄”。尽管粮食稀少，米价昂贵，但这次只能算是中等程度的旱灾。因为据报载，“山民无从得钱，则食番薯、玉蜀黍以度日”，虽然这二者“枯死亦不少”，但比起吃草根、树皮、观音土的日子来，应该说是有天壤之别了。

1915 年的四川大旱，情形就要严重得多。由于冬春间雨泽未沾，所以四川各地“山粮尽枯，小春失望，田水枯竭，播种无从。东南西北各道，几于无县不荒。贫民采食草根、树皮充饥，被灾之重，为数十年所未有”②。资中、内江及附近各县千余里范围内的大片土地，干坼龟裂，禾苗尽枯。遂宁县境内饥民发生“吃大户”现象，“相率向富家有谷者坐食”。南川县因干旱异常，米价涨至 2 400 余文一斗，竟发生了一李姓饥民“杀子充饥”、其妻伤子而自缢、本人悔痛亦自杀的悲惨事件。忠县灾区遍及全县，极贫、次贫灾民达 40 000 余户、150 000 余口之多，“饥民鬻妻弃子，掘剥蕨根、树皮以食者，所在皆是”。垫江也是水田干涸，豆麦无收，全县百余里范围之内，皆成灾区，极贫、次贫的灾民 8 000 余户、29 000 余口。彰明、安岳

① 《申报》，1913 年 5 月 4 日。
② 《东方杂志》，第 12 卷第 5 号，6 页。

等县旱象较别处更重，“极贫之户因度日维艰，有卖妻鬻子苟延旦夕者，亦有仰药自杀或投河而死者，凄惨之状，笔难尽述”。四川筹赈总局一个叫罗震炘的调查员，在一封信中描述他目睹的灾情说：“三月五日夜泊长寿，询悉该县自去岁十月至今，亢旱甚久，田水枯竭，小春已无可望。……次日抵涪陵，灾象尤甚。民多菜色，斗米三十六斤价至二千五六，倚山一带恐慌万状，贫民恒以树皮、草根、麻头充食。……日前县属尖山子居民秦姓，因饥寒交迫为富绅冉某所知，赠钱一钏，意在拯诸穷途，不图秦姓受赠，潜买砒霜割肉和食，毒毙全家八口，至今谈者犹为凄然泪下。……七号小住酆都，访问灾情，较涪尤烈。并亲见名山天子殿树皮，已被饥民剥食殆尽，实为历来未有惨剧。”①

1916年，全国遭受旱灾的有湖南、山西、河南三省；但后二省只是春旱，麦收虽受影响，全年年景尚属中平。湖南之旱发生于五月之后，持续至次年春间，干旱时间颇长，灾情自然也重。特别是湘南地区，地势较高，山陵甚多，相当一部分稻田全恃雨水灌溉，这些地方“竟至粒米无收”。起初还希望冬季麦收或能补稻之不足，不料冬麦也因旱枯萎，人民生活之困苦，也就不难想见了。

1919年云南的旱灾，也是比较严重的。4月13日（三月十三日）《申报》的一段报道，概括地说明了这次旱灾的基本情况：“自去年阳历8月25日至今半年，天气异常亢旱，颗雨未下，以致已栽之一切豆麦杂粮，全行炕毁，小春已无收成。因此全省人民异常恐慌。米价昂贵，比较去年高几倍。灾民遍地，惨不忍睹。而全省尤以迤东之昭通、东川一带为最，所有旷地发生之野菜、树根、草茎，均已拔食净尽，实数年来未见惨状也。”

旱灾之外，还有蝗灾。在这一段历史时期中，蝗灾的发生也几乎是连年不绝的，但大多数年份，都只是出现在个别省份的局部地区，为害不大。在较大范围内造成重大危害的，主要集中在1914、1915年。

---

① 《申报》，1915年4月10日。

1914年，安徽、河南、江苏、湖南、湖北均有蝗灾发生。安徽这一年夏秋之间，“风雹旱蝗，灾荒几及全省”[①]，其中尤以蝗害最烈。据安徽都督倪嗣冲称，滁县、和县、盱眙（今属江苏省）、全椒、来安、定远、合肥、繁昌等县，“蝗蝻发见竟蔓延十数里或数十里之遥”，造成收成大减。但地方当局以“时局艰难”为名，仍多方搜括，开征钱粮。安徽巡按使韩国钧承认，由于蝗灾及其他灾害，全椒、天长、凤阳、灵璧、舒城、宿县、盱眙、来安、合肥、凤台、五河、寿县、滁县、蒙城、庐江、定远、怀远、东流等18县，全年收成不及五厘或一分；泗县、霍邱、巢县、颍上、六安、阜阳、霍山、亳县、怀宁、桐城、建德、无为、宿松、望江、贵池、铜陵、含山、潜山、太平、和县、太湖、青阳、南陵、泾县、涡阳、太和、宣城等27县，灾情虽然稍轻，但收成也不足六分。但除最重之全椒蠲免四成外，其余均“仍饬酌量开征”[②]。河南有45县“或遭风患，或遇雹击，或罹水厄，或被虫伤”，其中尤以邓县、方城、沁阳、南阳、淅川、遂平、潢川、息县、西平、确山、南召、罗山等12县被灾最重。江苏“入夏以来，先旱后蝗，继以大水”，灾区之广，遍及全省。如6月26日《申报》载：“东海蝗飞遍野，伤禾甚烈”；赣榆县当“蝗灾正盛”之时，又遭大雨，“尸骨漂流暂难数计，老弱垂毙者露宿嗷嗷”；邳县、宿迁、沭阳等县，也都是“旱蝗之后继以大水者”。所以1915年1月17日的《申报》载文说：“去岁江苏巨灾，旱蝗遍省，以江北为尤甚”；“此次灾区之广几遍全省，旱蝗之后，江北地方益以水灾，赤地千里，居民流离”。湖南、湖北这一年主要是水灾，上节已经做过介绍，但局部地区也有蝗灾。如湖北江汉、襄阳、荆南等30余个县，就有“旱魃肆虐，兼受蝗害”；襄阳各属“多因上年苦旱，致生蝗蝻，遍野皆是，大为田禾之害。……今岁春收颇旺，人皆庆幸，不意蝗蝻复现，秋获已无望矣”[③]。

1915年，除安徽、河南、湖北仍有蝗害发生外，京津地区也于

---

① 《东方杂志》，第11卷第4号，10页。
② 《申报》，1915年1月13日。
③ 《申报》，1914年7月1日。

五月中旬后有蝗蝻萌生，以后逐步蔓延，至七月下旬至八月下旬间，更是飞蝗成群，“连绵交飞，天日为暗，人民惊惶异常”①。安徽蝗灾面积较广，合肥、庐江、无为、全椒、桐城、怀宁、滁州、来安、定远、巢县、盱眙等县，“均各有之”。河南先后发现蝗蝻的，主要集中在沈丘、新野、济源数县，受灾区域较安徽为小。湖北春夏之际曾遭水灾，本以为蝗虫不易生长，不料入夏以后，不但蝗虫蔓延甚广，而且蝗祸甚烈。7 月 11 日（五月二十九日）的《申报》载文说：“鄂省自本月 2 号以来，天气晴爽。各处蝗虫之前传被雨渍死者，皆不可信，至是蝗见日光，振翼蜂起。武汉一带，无日不见大批蝗虫，遮天蔽日，盘旋半空，亦有离地数丈或丈许或数尺而飞者，即行如鲫之街巷，均见有蝗掠面而过。武汉人民昔闻蝗祸之酷烈，今不幸目睹，大为惊惧。蝗过之处，男女老少皆大呼‘看蝗虫’，其声甚惨，盖人民于食粮前途无限之恐怖也。闻 5 号四时，有由汉阳飞越大江至省垣之一队，飞行历二小时之久始尽。……又闻省城落蝗，以南乡石嘴为最，东乡金口、招贤、五里界、青山等乡，亦莫不有。白沙洲地方并有自生之蝗，尚未生翅，而与黄冈县对岸之鄂城县葛仙镇亦有落蝗。汉阳东家涝为生蝗最多之地，禾苗已十食七八。汉口后湖与柏泉，虽有蝗，未为大害。汉川县则受害最酷，不独伤禾稼，即四月麦熟之际，已被跳蝻啮食。该县黑牛渡一带，现几野无青草，如古书所载蝗祸情状无异。现在襄河两岸如沔阳、汉川、天门、潜江等县，大江两岸如汉阳、夏口、黄陂、武昌、鄂城、圻水等邑，俱有蝗之足迹，若不迅速扑灭，湖北全省恐不一月，即蔓延俱到。”除上述地区外，尚有随县、枣阳、光化、谷城、黄冈、广济、圻春、江陵等县，亦遭其害。总计此次湖北有 20 多个县发生蝗害，“所过之处，早稻顷刻咀尽，农民大为恐慌”。

一般来说，蝗灾常常同旱灾相联系，风灾又常常同水灾相联系，所谓“风伯雨师”往往联袂而至。在上一节叙述水灾情况时，我们已多少涉及一些地区发生的风灾。但有几次主要因飓风而造成巨大

---

① 《东方杂志》，第 12 卷第 11 号，4 页。

损失的事件，还应该在这里略做一点交代。1913年4月21日（民国三年三月十五日）夜半，广西桂林突遭飓风侵袭，“乌云起于空际，转瞬西南风大作，雷电继之。浓云泼墨，疾如奔马，并降雨雹。斯时风力之猛，拔木塌屋，为近来所未见”①。这次大风，把停泊在水东门外的船只，漂没撞坏了数百艘；文昌门外一带的民房，几乎一扫而空；城内外百余株数十年大树，尽皆连根拔倒；连石牌坊等也毁坏不少。至于全城被风吹塌的公廨、庙宇、民房、店屋，更是无法数计；即使有些房屋侥幸未塌圮，屋顶的瓦也大半被揭去。在树木及建筑物纷纷倒塌之时，有不少人被压死、压伤。1914年6月29日（民国三年闰五月初七），湖北斧头湖畔的咸宁县，“忽然狂风暴雨大作，雷电交加”，东乡一带许多房屋被风刮塌，不少人被压伤，“棚屋则多随风卷至空中，大木被拔不知其数，田禾十九损伤，诚该邑从来未有之风劫也”②。同年9月19日（七月三十日），武汉也“忽起大风，势极猖獗，曲尽翻江搅海之能。江中舟船为其颠覆，岸上房屋为所摧折，死人不知凡几，亦一时之浩劫”③。湖北省的这两次风灾，更加剧了全省自然灾害的严重程度。

1915年上海、浙江的风灾，则是这一时期中损害最大的一次。7月27日（六月十六日），福州至长江口间海岸之旋风，经浙江沿海进入上海。当晚，上海狂风骤起，大雨倾盆，一直持续了近20个小时才始渐平静。“当风力最猛之时，吹坍房屋不少，其船只之遭险，电杆之被折者，亦不计其数。……浦江潮水骤涨增数尺，黄浦江中大小民船冲翻沉溺者甚多，查至28号午刻为止，计有二百余艘，溺毙男女人口不少；沿浦滩所览电灯电话杆木，被风吹倒折断者，约有一百余根；房屋墙壁吹坍者亦颇不少。……闸北药水厂北面且有潮水上岸，冲去茅棚一百余间，瓦屋数十间，其他各处茅棚亦都被冲。……沿路之树亦为风拔起，受伤者约数十人。……又闻闸北共和路塌倒房屋数十处，新闸路川虹浜平屋吹塌墙壁数十处，其他如

① 《申报》，1913年5月22日。
② 《申报》，1914年7月10日。
③ 《申报》，1914年9月25日。

西藏路、大庆里北、福建路、云南路、九江路等处倒塌房屋，亦复不少。大南门外江北贫民所搭之草屋平屋，均遭风坍毁。……沪南既有风雨，又有潮，以致里外马路里街等低洼之处，积水成渠，电车停驶，一切船只货物均难运卸，昨日各商店及茶酒等肆俱停止营业。……公共租界各处房屋被风吹倒者不可胜计，压毙人口甚多。”① 据上海县知事沈宝昌对此次上海风灾的调查，“综计南北两市共坍毁商店房屋一百余间，半毁者一百余处；坍毁民屋九百余间，半毁者八百余处；因塌屋压毙者大小六名，捞获溺毙十三名；因塌屋被压受伤者三十余人。此外吹倒树木，损折电杆，坍毁路面，漂失船只，触处皆有，所受损失甚巨”②。上海附近的苏州、青浦、松江乃至长江北岸的南通、扬州等地，也受这次旋风影响，造成程度不同的损失。旋风途经浙江时，不仅挟带暴雨，而且掀起海潮，使杭州湾周围的广大地区发生数十年未有之大海啸，形成巨灾。据当时新闻报道，海宁冲倒海塘 30 余丈，“潮水内灌，将塘后居民庐舍牲畜漂没百余户”；海盐潮势奇猛，海水漫塘而过，被淹颇广；绍兴东塘一带被风雨损坏塘身五丈余，丁家堰沿塘浪高一丈有余，塘上庐舍漂没尽空，“一时罹灾之家指难偻屈”。特别是海潮来时，“居民皆在梦中，均被卷入江心，所脱难者不及过半。当于次日检点损失，闻已失去人口一百数十人，牛羊鸡犬不知其数，棉花亦被一浪打尽”；萧山北海正塘塘身裂陷数十丈，江水内灌，“所有庐舍、鸡犬及种植等物，尽在洪涛巨浸中”；平湖、余姚、上虞等地，也因狂风骤雨，摧毁房屋、树木无数，淹毙人口、牲畜不少。据浙江巡按使屈映光估计，“各地受灾人民在万户以上，田庐、牲畜、器具损害，不可胜数，实为从前未有之奇灾”③。

到 1918 年，广州又遭受一次大风灾。这次风灾发生在 8 月 15 日（七月初九），具体情形，《申报》有颇为详细的报道：“15 日阴霾蔽空，八时许即有狂风卷地而来，旋复大雨如注。迨至十二时较前

---

① 《申报》，1915 年 7 月 29 日。

② 《申报》，1915 年 8 月 17 日。

③ 《东方杂志》，第 12 卷第 10 号，2 页。

益为紧急，有如万马奔腾，不特凉棚、风兜、窗棂诸物纷纷为风吹去，即园林树木，亦多被摧残。……及下午五时，风雨仍未稍息，各街多已淹没，为风吹下之物，触目皆是，各街铺户且多闭门，暂停贸易。……远望白鹅潭，惟见一片汪洋，随风汹涌，已无船只来往，景象亦甚惨淡。闻芳花棣各围园之果木，是日摧残已尽，且复拔起老树多株，损失颇大。船艇为风击沉者亦有数艘，大沙头之花艇闻亦几濒于危。至吹倒墙壁、篷檐及屋宇倒塌一部分伤毙人命者，则已随处皆见，纪不胜纪。”①

俗话说：“水火无情。”火灾虽同水、旱、风、虫等完全因自然条件所造成的灾害略有不同，其中还有诸如“失慎”等人为因素在内，但其对于人们的危害，则与水灾等并无二致。由于本书主要任务是描述近代社会自然灾害的基本轮廓和总的趋向，因此迄今为止对于很大程度上带有偶发性的火灾未著一字，但这并不等于说在本章以前的整个晚清时期，没有发生过重大的火灾。下面所举是一些灾情较大的例子。1870 年（同治九年）八月，湖南衡阳大火，“延烧三千余家”。1878 年 4 月 11 日（光绪四年三月初九）晚广州大火，“死亡枕藉，其破腹、折足、断臂而死者犹为常事，甚者或双足倒悬断壁之中，或只身高矗危竿之上，伤心惨目”。1884 年（光绪十年）秋间因天时亢旱，四川发生多起火灾：9 月 21 日（八月初三），彭家县属郁山镇大火，“延烧民房百余家”；9 月 26 日（八月初八），酆都大西门不戒于火，“共烧民房一千五百家”，34 人葬身火海；次日，涪州南门校场坝失火，“烧毁沿城房屋、盐号、庙宇三千余家，烧毙居民男女约有百余丁口”。1892 年（光绪十八年）冬，广东高要县属金利墟大火，“延烧民房二百余间，男女致毙一千余名口”。1894 年（光绪二十年），四川省发生多起较大火灾，其中最严重的在巴县城内，一次被烧铺户 1 082 家；金堂县延烧民房 1 000 余家。1907 年 9 月 7 日（光绪三十三年七月三十日）夜，福建省福州城内大火，“延烧店房二千家”。1911 年 5 月 8 日（宣统三年四月初十），吉林省城

① 《申报》，1918 年 8 月 22 日。

大火，历 23 小时始被扑灭，全城五分之二地区被烧，焚毁店铺、衙署、第宅共 2 458 户。以上这些事例，当然远未反映晚清火灾的全貌，只是略见一斑而已。从民国成立到五四运动这段时间，却也有下述几次较大的火灾，是在概述灾荒情况时不应该完全略而不提的。

1915 年 7 月 13 日（民国四年六月初二），广州发生特大火灾。这年夏天，广东水灾颇重，这在上一节中已有具体叙述。正当广州水势浩瀚之际，避水楼居的西关十三行商民，在做饭时不慎失火，附近的同兴街全系火油、火柴商店，被其延及，油箱爆炸，火油随水浮流各街，油到之处店房悉行着火。瞬息之间，数路火起，风势猛烈，不可响迩。从 13 日下午 4 时起，一直烧到 14 日中午 12 时，大火尚未全部扑灭。据广东省警察厅 7 月 16 日（六月初五）报告，此次火灾“焚去店铺约二千八百余间，被焚而死者万余人，现已捞获死尸一千六百余，军警因往救护火灾而死者亦逾千数，消防队三十三名死去三十人，仅存三人亦受伤。……被火各街调查如下：十三行（起火地点），被累者白米街、显镇坊、杉木栏、福德里、浆栏街、十七甫、怀远驿、杨巷、装帽街、故衣街、宁远坊、登龙街、打铜街、烧至□泰来上、兴隆东、清乐街、长乐街、拱日门、鸡栏、联兴街、靖远街、荥阳街、同文街、同安街、同兴街”①。水灾加火灾，广州一地灾民即达 20 万人左右。这次火灾，造成损失之惨重，在中国近代历史上恐怕是无出其右的了。

但仅仅过了不到半年时间，黑龙江的索伦山发生了一次森林大火，死伤人数虽大大少于广州火灾，而延烧面积却达到 500 余里之广。据《东方杂志》载：1916 年 1 月 25 日（民国四年十二月二十一日），“黑龙江索伦山，因蒙人游猎放火，遂致延烧，火势蔓延五六百里，直入奉省洮南境内，三日始灭。蒙人布包、牲畜、牧场、秧草，均付一炬，受灾甚重”②。2 月 14 日（正月十二日）的《申报》叙述较详：“索伦山四面环山，草木丛杂，蒙民习惯每于春秋之季，游猎放火，往往蔓延至于不可收拾。……乃闻上月 25 日，突见西南

① 《申报》，1915 年 7 月 23 日。

② 《东方杂志》，第 13 卷第 3 号，2 页。

一带岭巅火起，烟焰冲天，一时大风陡起以助其势，延烧三日，直入奉省洮南山境始灭。本属金银□草根台乌拉斯台等处，四围环山，所有蒙人房屋布包（即蒙古包）、牛马羊狗各项牲畜、森林，以及牧场、秧草，均付一炬，闻火由图什业图旗山境起，延烧五百余里，以致索伦山蒙人咸受其害，现在牧畜无地，税驾无所，诚自来未有之巨灾也。”同年11月15日（十月二十日），福建省福州城内夜间起火，“延烧二千余家，焚死人畜颇众”①。这也是这一时期之内较为重大的祝融之灾。

这一节我们把民初时期除水灾以外的几种重大灾害做了简要的叙述，如果加上第一节的内容，应该说这个时期的主要自然灾害的大致轮廓已经向读者描绘出来了，但是还有一种重要灾害没有涉及，那就是震灾。我们认定有必要把地震灾害做专节来论述，因为这个时期，正是我们国家的地震活跃期。

第三节 地震活跃期与宁夏大地震

首先要向读者说明的是，本节在体例上做了一点小小的变通：本书涉及的时限，本来是按照传统的对中国近代史的断限，从1840年的鸦片战争到1919年的五四运动。唯独本节的叙述，却延伸到1920年为止。这是因为灾荒史毕竟不同于政治史，它很难以某个政治事件为标志而将其戛然切断，在1919年以后，地震活跃期还持续了好几年，而1920年发生的宁夏大地震，却是这一个活跃期中震情最严重、造成损失也最巨大的一次。从此以后一直到1949年，虽然地震仍然十分频繁，但从死亡人数来说，却没有任何一次地震可以和宁夏大地震相比拟。因此，可以把1920年的宁夏大地震看作这一个地震活跃期的巅峰。既然如此，自然就不应该把这次大地震排斥在本书的视野之外，这不但是理所当然的，而且我们也相信是会为

① 《东方杂志》，第13卷第12号，4页。

读者所乐于接受的。

事实上，这一次的地震活跃期从清王朝的最后几年即宣统年间就开始了。1909 年（宣统元年），台湾曾连续三次发生地震，山西和顺、云南弥勒、云南剑川等也先后出现震灾。1910 年（宣统二年），台湾境内的地震自春至冬，先后发生 6 次；此外，江苏黄海、云南龙陵、直隶蔚州、新疆塔什库尔干、内蒙古和林格尔等地，也都有地震发生。1911 年（宣统三年）发生地震的地区有江西九江、云南会泽及西藏朵隆等地。进入民国以后，地震就更为频繁。仅以 6 级以上的较大地震来说，除 1912 年的地震没有达到这样大的震级外，从 1913 年起，则有如下。

1913 年：3 月 6 日（正月二十九日），西藏仲巴附近先后在上午 10 时、下午 7 时连续地震 2 次；七月间，四川冕宁地震；12 月 21 日（十一月二十四日），云南峨山地震。

1914 年：7 月 6 日（闰五月十四日），台湾花莲地震；8 月 5 日（六月十四日），新疆巴里坤地震。

1915 年：1 月 6 日（民国三年十一月二十一日），台湾基隆以东海中地震；4 月 28 日（三月十五日），青海曲麻莱地震；5 月 5 日（三月二十二日），青海治多东地震；12 月 3 日（十月二十七日），西藏拉萨东地震。

1916 年：8 月 28 日（七月三十日），台湾南投地震；11 月 15 日（十月二十日），台湾埔里附近地震。

1917 年：1 月 5 日（民国五年十二月十二日），台湾埔里再次地震；1 月 24 日（正月初二），安徽霍山西南地震；7 月 4 日（五月十六日），台湾基隆以东海中先后于晨 8 时及中午 1 时半左右，连续地震 2 次；7 月 31 日（六月十三日），云南大关地震；9 月 5 日（七月十九日），青海门达台一带地震。

1918 年：2 月 5 日（民国六年十二月二十四日），西藏拉孜、日喀则地震；2 月 10 日（民国六年十二月二十九日），吉林图们附近地震；2 月 13 日（正月初三），广东南澳地震；3 月 27 日（二月十五日），台湾苏澳东地震；4 月 10 日（二月二十九日），吉林珲春北地震。

1919年：3月11日（二月初十），浙江东海地震；5月29日（五月初一），四川炉霍一带地震；7月24日（六月二十七日），新疆阿图什北地震；8月26日（闰七月初二），四川甘孜一带地震；8月29日（闰七月初五），台湾埔里附近地震；11月1日（九月初九），广东南澳地震；12月21日（十月三十日）凌晨3时半台湾台东东北海中地震，1小时后台湾兰屿以东海中又发生地震。

在以上这些地震中，损失较大的主要有以下几次：

一次是1913年的云南峨山地震。这次地震发生于12月21日（十一月二十四日）晚11时半左右，发震时，峨山城内民居破毁十之八九，城垣、桥梁倒塌甚多；地裂数寸，田中有水沙喷出。当场有942人死亡，112人受伤。震中附近的通海倒塌房屋千余间，压死9人。河西城垛倒塌2处共20余尺，城乡民房倒塌多处；县城压死1人，各乡死343人，伤154人。玉溪城垣震倒5处共16丈；民房旧者多倒塌，压死11人。此外，个旧、江川、昆明、普宁、姚安、宜良、陆良均受波及，并有不同程度的破坏。

另一次是1917年的云南大关地震。这次地震发生在7月31日（六月十三日）早晨7时54分。震中纵横百里之内，村落、房屋全部折断倒塌；由于山岳崩颓，山石滚落，将五连峰下横江江流堵截，使河水暴溢。死于此次地震的达1 800余人。地震波及地区，包括盐津、镇雄、昭通、巧家及乐山等地，均有轻重不等之损失。

再一次是1918年的广东南澳地震。这次地震发生在2月13日（正月初三）下午2时许，处于震中的南澳，屋宇几乎全部倒塌，夷为平地，居民死伤80%，尸体被压于断垣残壁之下，久久无人收葬。汕头滨海马路裂一大缝，长约百丈，喷热水；对海岛上石山峰峦倾落山下，海水腾涌；城内楼房、戏院、衙署、商店，塌坏甚多。诏安倒塌民房3 400余间，居民死伤甚多。在半径约400千米圆周内的广东、福建、江西三省部分地区，包括潮安、揭阳、云霄、澄海、漳浦、漳州、长汀、厦门、连江、海澄、泉州、普宁、丰顺、梅县、蕉岭、广州、饶平、惠来、大浦、兴宁、龙南、定南、赣州、长乐、上杭以及东山岛等地，均遭不同程度的破坏。影响所及，北至江苏的苏州、上海和安徽的安庆等地，南至香港，东达台湾及澎湖列岛，西迄广西桂江沿岸。

到了1920年，就发生了自鸦片战争一直到中华人民共和国成立之前破坏性最大的一次地震——宁夏大地震。

这次大地震发生于12月16日（十一月初七）晚8时零5分，震中在甘肃海原（今属宁夏），震级达8.5级，震中烈度12度。地震发生时，东六盘山地区村镇埋没，地面有的隆起，有的凹陷，山崩地裂，黑水横流。据称，因此次地震而死亡的人数不下20万。特别是震中的海原城，全城房屋荡平，全县死73 027人，伤者十之八九，牲畜被压毙者41 638头。海原东南的固原县，城区也全部被毁，所有建筑物一概坍塌，崩落的山石将河道壅塞，水流四溢，滨河之地多裂缝，全县死3万人，压毙牲畜6万余头。海原以南的静宁，也是地裂水涌，城区屋宇全部荡平，乡村有20余村落覆没无存，地震中有12 447人丧生。会宁除房屋大部倒塌外，也因山崩土裂出现整个村庄被埋没之事，全县死亡13 942人。通渭城乡房舍倾圮无余，河流壅塞，平地裂缝，涌水喷沙，有全村覆没者，也有阖村仅一二户幸存者，死者达1万余人，伤者3万余人。海原以北的同心，全城夷为平地。

除以上的烈震区以外，还在东起庆阳、南至西和、西至兰州、北达灵武的今宁夏、甘肃、陕西三省广大区域内，形成一个重破坏区。其中，隆德城内建筑物大部倒塌，城外覆没村窑甚多，死2 134人，压毙牲畜5 292头。秦安房屋倒塌69 054间，坏窑洞477座，死伤3 134人，牲畜压毙2 256头（一说死10 000人，牲畜30 000余头）。天水地陷山裂，马跑泉镇土地变形，摇变为一河川，水能行舟，房舍坍塌甚多，居民死伤数无确切统计，但数不在少。宁县城垣崩陷，房屋倒塌十之六七，4 000余人被压罹难，牲畜压毙10 000余头。甘谷倒塌房屋20 000余所，山崩地陷，涌出黑水，死1 365人，伤3 934人，牲畜压死25 144头。庆阳城垣、城楼倾圮，共塌窑房15 394间，压死2 405人、牲畜26 000余头。合水倒塌房屋十分之六，700 余人丧生，压毙牲畜 3 000 余头。泾原倒塌房屋十分之七，死 4 000 余人、牲畜 12 000 余头。定西房屋倒塌一半，死 4 200 余人，牲畜 6 000 余头。靖远城墙多处崩裂，田中裂缝冒水喷沙，死伤人畜数不详。泾川崦嵫山、大堡山山顶开裂，坏房屋 1 451 间，窑洞 631 孔，全县压死 730 人、牲畜 369 头。环县房屋倒塌十分之七，死 3 000 余人，压毙牲畜 75 000 余头。礼县塌房 6 000 余间，死 90 余人，伤 25 人，压毙牲畜 1 200 头。清水塌房 7 890 间，死伤 334 人，压毙牲畜 1 649 头。灵武倒塌房屋十分之二，死 300 余人，压毙牲畜 700 余头。金积倒塌房屋十分之七，10 000 余人罹难，压毙牲畜 22 000 头。中卫倒塌房屋十分之四，死 700 余人，压毙牲畜 1 000 余头。庄浪倒塌房屋十分之四，死 1 000 余人，压毙牲畜 5 000 余头。陇西倒塌房屋十分之六，死 7 000 余人，压毙牲畜 10 000 余头。西和倒塌房屋十分之七，4 000 余人丧生，压毙牲畜 15 000 余头。灵台倒塌房屋十分之三，死 1 000 余人，压毙牲畜 7 000 余头。榆中倒塌房屋十分之四，死 900 余人，压毙牲畜 1 200 余头。临潭倒塌房屋十分之二，死 900 余人，压毙牲畜 1 000 余头。临洮倒塌房屋十分之三，死 700 余人，压毙牲畜 1 000 余头。漳县倒塌房屋十分之四，620 余人死亡，3 000 余头牲畜被压毙。正宁倒塌房屋 451 余间、窑洞 468 孔，死伤 97 人，压毙牲畜 58 余头。阴平倒塌房屋十分之四，死 700 余人，压毙牲畜 2 000 余头。武山倒塌城垣 34 丈、垛口 446 个，房屋震毁不少，死伤 322 人，压毙牲畜 884 头。陇县城坠山崩，压死 700 余人。岐山墙倒房塌，地裂深沟，死伤甚多。凤翔倒塌房屋 4 319 间、窑洞1 043孔，2 353 人伤亡，压毙牲畜 3 342 头。渭源震毁房屋 778 间，死 13 人，压毙牲畜 380 头。镇原县北的慕家滩山崩，形成一个 40 余亩的水潭，全县震毁房屋、窑洞共 11 840 间，死伤 3 005 人，压毙牲畜 3 904 头。崇信城垛大半震落，城楼崩裂，房屋倒塌甚多，木林镇建筑物全遭破坏，死 900 余人，压死牲畜 2 000 余头。平凉死2 000 余人，200 余户全户灭绝。华亭倒塌房屋 500 余间、窑洞 66 孔，死 37 人，伤 5 人，压毙牲畜 81 头。

在重破坏区的外围，有一个范围更大的轻破坏区。在这个区域内，也普遍发生倒塌房屋、压死人畜之事；其损失虽较重破坏区为小，但有的县罹难人数也有达500余人的（如扶风），死数10人的县份就更多。属于轻破坏区的，有宁夏的银川、宁朔、平罗、盐池，甘肃的两当、徽县、永登、临泽、武威、西宁、景泰、兰州、成县、临夏、洮沙（今属临洮）、和政，四川的成都，陕西的南郑、城固、华县、华阴、朝邑、兴平、扶风、武功、凤县、醴泉、永寿、榆林、西安、三原、邠县、泾阳、盩厔、宝鸡、略阳、澄城、横山、安塞、宜川、韩城、大荔，山西的太原、汾阳、临汾、新绛、芮城、太谷、榆次、武乡、曲沃、永和、临晋、离石，以及河南的阌乡、修武等地。

受此次地震波及的地区就更多了。除上列数省外，甚至直隶的文安、完县、武清、永清、霸县、磁县、邯郸、天津，山东的观城、郓城、堂邑、馆陶、武城、清平，湖北的郧西、老河口、襄阳、汉口，安徽的太和、蒙城、合肥、无为、桐城，江苏的无锡、苏州、上海，都有震感。有的地区并发生轻微的破坏。

12月16日（十一月初七）强震以后，又持续了很长一段时间的余震。1921年1月30日（民国九年十二月二十二日）的《申报》载："12月16日夜，甘肃地震，30日止。计此两礼拜中，每日夜震数次，每次最少数分钟，全省各县，均成灾难，轻重有差。"有的余震也造成相当大的破坏，如12月25日（十一月十六日）的余震达6¾级，12月28日（十一月十九日）的余震达6级。所以甘肃督军张广建在一个文电中说："且连日各地仍震动不息，人心惶恐，几如世界末日将至。"①

可以想见，造成如此悲惨后果的大地震，不但对于灾区人民是一个可怕的毁灭性的打击，对于当时整个中国社会也不能不引起强烈反响。一位老地震工作者回忆说："1920年冬，西北地区海原大地震，死人二十万，震惊了全国上下。"② 这一年，北方5省发生大旱灾，《申报》曾以整版篇幅登过这样一幅广告："现在北方有几千万

---

① 《大公报》，1921年1月11日。

② 李善邦：《中国地震》。

灾民，没有饭吃，没有衣穿，快要饿死了，冻死了。恳诸公省下一次请客吃酒的钱，捐助华洋义赈会，救活几个灾民，功德无量。”待到海原大地震发生后，报上多次发表评论，认为这次震灾“实较本年北五省旱灾情形为尤重”。《申报》的文章则称：“此次陕、甘两省地震，损失之巨，为历来所罕见。”① 由直、奉军阀控制的北京政府，为了向社会做一点姿态，“以甘肃地震情形极烈”，不得不做出5点决定：一是责成地方政府“将受灾实况调查”；二是表示要对“损坏交通与重要建筑积极修补”；三是除北京政府拨一点赈恤款项外，不足部分应“妥由地方详筹”；四是对无处居住的灾民，要求各地设立“栖流所”加以安置；五是加强警察的防范措施，以防止所谓“灾区匪患”。事实上，其中关于赈灾的一些规定，大抵都是具文。前引甘肃督军张广建的文电中谈到震灾以后的幸存者悲惨生活情景时说：“所遗灾民，无衣无食无住，流离惨状，目不忍睹，耳不忍闻。苦人多依火炕取暖，衣被素薄，一旦失所，复值严寒大风，忍冻忍饥，瑟瑟露宿，匍匐扶伤，哭声遍野。不特饿殍，亦将僵毙。牲畜伤亡散失，狼狗亦群出吃人。”② 在那个时候，政治上是豺狼当道、军阀混战，“洒向人间都是怨”；社会生活中是灾荒连年、饿殍遍野，“万户萧疏鬼唱歌”。广大群众忍受着天灾、人祸的双重摧残，他们何等热切地企盼着有一个新的天、新的地、新的山河、新的世界啊！

---

① 《申报》，1921年1月24日。

② 《大公报》，1921年1月11日。

第七章　清代封建统治阶级荒政述略

第一节　清政府的仓储政策

从前面的叙述可以看到，在近代社会，各种各样的自然灾害曾经给了人们以何等深重的苦难。在当时那种社会条件和生产水平之下，人们没有可能从根本上改变靠天吃饭的命运。千千万万的贫苦农民，代代相承，“日出而作，日入而息”，胼手胝足，用极为简陋的生产工具，在广袤的土地上辛勤耕作，养育着众多的人口，支撑着庞大的上层建筑，创造着具有悠久历史的中华民族的物质文明和精神文明。但他们自己的命运，包括本身生命的维持和延续，在很大程度上还是取决于老天爷的恩赐，气候、水文等自然条件是决定农业生产丰歉的关键因素，因此，风调雨顺，五谷丰登，成了人们普遍和最高的祈愿。我们已经用详尽的历史事实说明，人们的这种美好的愿望，往往是落空的、无法实现的。在整个近代中国社会，灾荒与饥馑像一个巨大的阴影，始终伴随着人们的生活，几乎到了形影不离的地步。

灾荒的频繁发生，对于人民群众固然是深重的灾难，对于封建统治阶级也是一个严重的威胁。这不仅因为它直接导致封建王朝主要财政来源田赋收入的减少，更重要的是，大量饥民、灾民、流民的存在，会增加社会的动荡不安，威胁到封建统治秩序的稳定。中国封建社会历史上不乏这样的实例：一次大的或较大的自然灾害发生后，使本来已存在的严重阶级矛盾更趋尖锐，在死亡线上挣扎的农民群众，为了生存，不得不铤而走险，抢掠地主和官府，最终发展成大规模的农民起义和农民战争，严重削弱以至推翻封建王朝的统治。历代封建统治阶级从自身的利益和安危出发，也不能不对如何抗御自然灾害、消除自然灾害带来的后果予以高度的重视，逐步设计和规定许多对付自然灾害的措施和办法，这就是历代封建王朝的所谓荒政。清朝是中国历史上的最后一个封建王朝，清朝统治者吸取、借鉴了历代封建王朝的经验教训，形成了自己一整套周密而完整的救荒机制。1840年以前，更具体地说，在清中期，清政府的荒政已基本完备、定型，并在清后期仍一直起着决定、规范作用。因此，当我们谈到近代社会封建统治阶级的救荒政策和措施的时候，常常要联系到整个清王朝荒政的基本状况，以便大家对这个问题有一个历史的了解。

说起荒政，首先要介绍清政府的仓储政策。

在中国历史上，由于水旱无常、灾歉时见，农业生产始终处于波动状态，人民的生活与社会的稳定均直接受到影响，因此，历朝历代的统治者都十分重视储粮备荒、救荒，有关的经济思想亦很发达。早在《礼记·王制篇》中就有这样的论述："国无九年之蓄，曰不足；无六年之蓄，曰急；无三年之蓄，曰国非其国也。三年耕必有一年之食，九年耕必有三年之食，以三十年之通，虽有凶旱水溢，民无菜色，然后天子食，日举以乐。"这种"耕三余一""耕九余三"的经济思想一直影响、指导着后人的思想与实践。清代统治者继承、总结了前人积蓄备荒的思想和经验，对仓储问题十分重视。如康熙帝认为："民生以食为天，必盖藏素裕而后水旱无虞。自古耕九余三，重农贵粟，所以藏富于民，经久不匮"，谕令各省督抚"督率有司，晓谕小民，务令力田节用，多积米粮，俾俯仰有资，凶荒可备"①。乾隆帝更认为"地方积谷备用乃惠民第一要务"②。

早在清王朝定鼎中原之初，顺治帝在位期间，即多次颁谕，责成各地方官员恢复常平等仓，以仓储积谷多寡定有司的功罪，并颁布常平仓谷粜籴则例。但由于清初国内处于战乱状态，社会经济受到严重破坏，农民死亡逃徙，土地大量荒芜，到处呈现一片荒凉萧

① 《清圣祖实录》卷81。

② 《清朝通典》卷14。

条景象，所以上述措施并未收到多大的实效。

康熙中期以后，国内战乱逐渐平息，社会形势趋于稳定，又历经雍正、乾隆两朝，受明末清初战乱严重破坏的社会经济得到恢复和发展，出现了社会稳定、经济繁荣的“康乾盛世”。社会经济环境的好转，为清政府的仓储政策的实施提供了有利的条件。这期间，清政府的仓储制度才完全确立，并全面推行，主要有以下三种，即常平仓、社仓、义仓。这三种仓储制度，就名称而言，均古已有之，并不是清王朝的新发明。这三种仓储制度在清代也有一个发展、完善的过程。这里只着重对康、雍、乾期间确立的，并为后来嘉、道、咸、同、光、宣各朝所遵行的上述三种仓储制度及其作用予以概要的介绍。

一、常平仓

清代，最常见、最普遍的官仓为常平仓。各直省州县，以及各地驻防军队的卫所，都设有常平仓。

在一般年景下，常平仓的基本作用是适时粜籴，调节平抑粮价，以稳定农业生产和人民生活。通常，每年秋收季节，新粮登场，粮价低廉，易滋谷贱伤农之弊；而每年春夏间青黄不接时，又因粮价高昂，百姓难以承受。常平仓于秋获时买进新粮，刺激粮价适度上涨，而于次年春夏时将存粮卖出，平抑粮价，即所谓“春夏出粜，秋冬籴还”。常平仓谷每年粜籴并不是全出全进，而是“存七粜三”，即春夏出粜时，只拿出仓额的30%。但这只是清政府的一般性规定，具体的比例，还要因时因地而定。如1735年（雍正十三年）内阁学士方苞即提出，“江淮以南地气卑湿，若通行存七粜三，恐霉烂实多”①。随后，清政府就对各省存粜比例，做了更为具体和灵活的规定，如湖南省长沙等45个府州县地势干燥，仍按“存七粜三”之例；永州等31个府厅县卫地势稍湿，则存粜各半；龙阳等4个县因“地势尤卑”，则“粜七存三”。若遇岁歉米贵之年，“亦不拘三七之

① 《清朝通典》卷13。

例，随时定数发粜”①。另外，常平仓春夏粜谷粮价比照市价适度减低，具体减价幅度大小不一。1742年（乾隆七年）谕称：“减价粜谷，于成熟之年每石照市价核减五分，米贵之年每石照市价核减一钱……但思荒歉之岁，谷价甚昂，止照例减价一钱，则穷民得米仍属维艰，不沾实惠。嗣后著该督抚临时酌量情形应减若干，预行奏闻请旨。”②

除了调节平抑粮价外，常平仓的另一个作用是赈恤灾民。逢遇自然灾害，清政府照例要对灾民进行赈济，常平仓积谷于灾荒之年即可发挥它的这一作用。

常平仓积谷的主要来源是由地方官员向所属官绅士民劝输。为此，1682年（康熙二十一年），清政府颁布了州县卫所官员劝输常平各仓谷议叙之例以为刺激、鼓励，规定：“一年内劝输至二千石以上者，纪录一次；四千石以上者，纪录二次；遇加至万石以上者，加一级。”③ 在正常情况下，常平仓可凭自己的谷本滚动式地发展、扩大：春夏间虽减价平粜，但一般仍比秋季的买进价为高，其间的价格差成为常平仓的盈余，用于抵偿“鼠耗”和盘量时的折耗，也可用于各种人工食用之费，再多余者，即可成为谷本的增殖部分，在下一年度中可多购米贮仓。由于常平仓谷源于本境官绅士民的输纳捐助，为避免挫伤他们的积极性，按清制，各州县常平仓积谷只供本州县平粜赈济之用，不得拨解外运。

常平仓设于州县治所，由州县官亲自负责，严格管理，该省督抚严加稽核。州县官如升迁、调任，须将存谷照正项钱粮移交，短少者，以亏空钱粮罪论处。④ 州县官员因保管不善，致使仓谷霉烂者，“革职留任，限一年内赔完复职；逾年不完，解任；三年外不完，定罪，著落家产追赔”⑤。

康、雍、乾时期，清王朝经常规定各直省州县常平仓额，总的

---

①② 《清朝通典》卷14。

③ 《清朝通典》卷13。

④ 参见《清朝文献通考》卷22。

⑤ 《清史稿》卷121。

来说，是随着当时经济的发展而不断提高额定之数。如 1691 年（康熙三十年），“令直省各州县所捐谷石，大县存五千石，中县存四千石，小县存三千石。……嗣又令直属捐谷各州县再加贮一倍”①。1748 年（乾隆十三年），又定各直省常平仓额：直隶 2 154 524 石，奉天 1 000 022 石，山东 2 959 386 石，山西 1 315 837 石，河南 2 310 999 石，江苏 1 528 000 石，安徽 1 884 000 石，江西 1 370 730 石，浙江 2 800 000 石，湖北 520 935 石，湖南 702 133 石，四川 10 298 000 石，广东 2 953 660 石，广西 1 274 378 石，云南 701 500 石，贵州 507 000 余石，福建 2 566 490 石，陕西 2 733 000 余石，甘肃 3 280 000 石。② 当年，直隶所属州县常平仓实贮谷合计已达 3 306 000 余石③，业已超出当年新定该省常平仓额数。

这里需要说明的是，常平仓只是清代官仓中最普遍、最常见的一种，其他还有省仓、府仓，以及设在京畿的京仓、通州仓，各地八旗驻防、绿营兵军营、边防要塞、水陆要冲等处均设有官仓。这些官仓同样也有平粜、赈恤的功能。康、雍、乾时期，财力充裕，清廷经常或发国帑购米，交各省府州县仓存贮、平粜，或令各省州县截留漕米用于平粜、仓贮，这是清中央政府直接掌握的机动财力。

二、社仓

清代统治者虑及“直隶各省州县虽设有常平仓收贮米谷，遇饥荒之年不敷赈济，亦未可定。应于各村庄设立社仓，收贮米谷”④。清代社仓，设于乡村中，由村人自行管理，属于民办性质，与常平仓等官仓有严格区别。

1703 年（康熙四十二年），令各省设立社仓，以“诚实之人经管，上岁加谨收贮，中岁粜借易新，下岁量口发赈”⑤，兼具平粜、赈济功能，就其作用而言，与常平仓相同。1715 年（康熙五十四

---

① 《清朝通典》卷 13。
② 参见《清朝通典》卷 14。
③ 参见《清高宗实录》卷 323。
④ 《大清会典事例》卷 193。
⑤ 《清朝通典》卷 13。

年），清政府又规定了社仓劝输办法：凡富民捐谷五石者，免本身一年杂项差徭；多捐一二倍者，照数按年递免。绅衿捐谷四十石者，州县给匾；六十石者，知府给匾；捐至二百五十石者，咨部给以顶戴。凡给匾之家，永免差役。[1] 但康熙似乎对办好社仓缺乏信心。1721年（康熙六十年），在山西赈灾的左都御史朱轼曾奏请在山西立社仓，以备荒歉。康熙颇不以为然，认为社仓董其事者无权无役，借出之米难以催还，必致司事者无故为人赔偿，并将了朱轼一军，让他久住山西，鼓励试行，“若所言有效，甚善”。朱轼知难而退，随奏请“俯鉴臣愚，免令试行”。[2]

雍正即位后，对社仓之事十分重视，于1724年（雍正二年）定社仓事例，使社仓制度得到进一步完善。建立社仓的基本原则是，地方官劝谕百姓捐谷建仓，“听其自为，不当以官法绳之”，地方官的职责只在“善为倡导于前，留心稽核于后，使地方有社仓之益，而无社仓之害”。具体办法和规定是，地方官先将向村民劝输的社仓米石，于公所、寺院等处暂存，待出借米石所得“息米”增多，在本村建社仓收贮。社仓积谷，全赖本村绅民捐助，并造册登记，捐至十石、三十石、五十石以上者，递加花红[3]、匾额奖励。如经年不倦，捐至三四百石者，给以八品顶戴。每社设正、副社长二人，负责出纳。凡借社仓谷一斗，收息二斗，小歉之年减半收息，大歉之年全免。办至十年后，息米倍于本谷，改为“加一行息”。出入仓谷时，使用部颁量具。夏天计口给发，冬天依限完纳。社仓有用印官簿二本登记仓粮数目，一本由社长掌握，一本缴州县存查，“其存查之本，夏缴秋领，冬缴春领”，供州县官员查核。对于社仓事务，“凡州县官止听稽查，不许干预出纳”。1730年（雍正八年）的上谕，又申明各社仓借给之例，“凡遇荒歉贫民借领仓谷者，每石止收息谷十升，遇小歉免息还仓”。乾隆年间，又重申这个规定，“永著为

① 参见《清朝文献通考》卷34。

② 参见《清史编年》，第3卷，559～560页。

③ 旧时风俗，插金花、披红绸是表示喜庆的意思，名为“花红”。后引申为凡是犒赏及奖金也称“花红”。

例”，并规定，“每息谷十升，以七升归仓，以三升给社长作修仓、折耗”①。1739年（乾隆四年），清政府规定社长“三年更换，以杜欺弊”，并将借户谷数、姓名“粘贴晓示，以除捏冒”②。雍正、乾隆朝的社仓制度与康熙朝的有关规定的主要区别是，社仓存粮只向本村人加息出借，不用以平粜、赈济。

雍、乾两朝对于各省社仓予以积极扶持。如1735年（雍正十三年），对云南社仓存贮未及千石者，于常平仓、官庄等谷内动拨五百石或八百石作为仓本，令社长经管，俟足千石之额，再将常平仓等仓归还原款，1738年（乾隆三年），又批准四川省“粜卖常平谷价银，买补正项外，余银均买作社粮，以为民倡”。1761年（乾隆二十六年），安徽一省社仓归还的官谷本就多达153 360石。③

三、义仓

清代，常平仓为官仓，设在州县城；社仓是民仓，设在乡村；而义仓也是民办，设于市镇。在州县范围内，三者构成一个互为补充的仓储网络。

顺、康、雍三朝即屡见命令各州县地方设立义仓的诏谕，但从现有材料看，乾隆初年对义仓的建设抓得最紧，而这时推行义仓最力的省份要算直隶。

1746年（乾隆十一年）十月，清廷命地方大吏广泛劝募设立义仓。三年后，方观承出任直隶总督，劝办义仓颇见成效。他所制定的《畿辅义仓条例》规定，士民捐谷10石，给以花红；30石，奖以匾额；200石，具题九品顶戴；300石，奖以八品顶戴；400石，授以七品顶戴。至1753年（乾隆十八年），直隶义仓告成，方观承绘《畿辅义仓图》呈报朝廷，其时全省有144个州县、39 687个村庄，设立了义仓1 005座。

1751年（乾隆十六年），直隶布政使曾颁布义仓规条，于义仓制

---

① 《清朝通典》卷13。
② 《清朝通典》卷14。
③ 参见《清朝通典》卷14。

度规划甚详。在正常年景下，义仓同社仓一样，也是“出纳积息”，具体办法是：“每年于青黄不接时，分半出借，定于三月下旬开仓。仓正、副核明某应借若干，具榜送官标发，贴仓门。愿借者互保具领，自数斗至二石止。如已借常、社仓谷，不准再借。一村无捐户者，不准借；愿借杂粮，听。借谷限秋收十月内还仓。收成八分以上，加一收息；六、七分，免其加息，每斗加谷三合；五分以下，缓至次年秋后，分别加、免还仓。谷息以丰年之入，每百石收息十石，以一石为仓正、副纸张饭食，一石为仓谷折耗，一石为铺垫之资，其七石除动支仓谷工食外，存作修仓建廒之资，余者积贮。州县官每年十二月逐乡同仓正、副盘查，取甘结，加印结，详报道、府。仓正、副有侵混者，则严究之。”上述作用，与社仓同。不同之处在于，义仓还具赈恤功能：“遇岁荒，出谷碾米，附立粥厂，每日散一次，人给一筹，缴筹领粥，大口五合，小口二合，日煮米五石，可食大口千余人。……遇凶荒，计户散谷，第上、中、下户，上户责偿，中、下免。准谷之多少以算户，视户之众寡以贷谷，有田者来岁还仓。或宽期二年，均免息；无田者免偿，则极、次贫户，既皆得食。”对于义仓的管理人员有如下规定：“每乡谷数在五百石以内者，立仓正一名，责其经管；一千石以上者，添仓副一名。令公举端谨殷实之人充当，免差徭，选乡耆，不用生监。许径赴官署白事，不准胥役隔手，平时亦不准胥役至仓。经理勤妥者，每岁正月传集公堂，劳以酒食，鼓励之。三年无误，由州县详府、直隶州给匾奖励；六年，详布政司给匾；十年，详院给匾。徇私者革惩，侵蚀者治罪赔补。”①

第二节　灾情的呈报与调查

有清一代，清政府管辖的国土十分辽阔，每年都会有数以千百

---

① 《光绪顺天府志》卷55。

计的大大小小的自然灾害发生，给人民的生命财产、农业生产带来程度不同的损失和破坏。为了及时、全面地了解全国各地自然灾害的情况及造成的损失破坏，拿出对策，清政府对受灾地区灾情的呈报和调查的程序有明确的规定。

一、灾情的呈报

灾情的呈报，清时称为“报灾”。报灾有规定的程序，由州县而督抚而中央，自下而上地进行。

州县是清代的最低一级行政机关。一旦有水、旱、风、雹、虫、冻及地震、海啸等灾情发生，州县官吏须立即搜集有关情况，迅即向所属府州官员和该省的督抚司道报告灾害发生的时间、地点及产生的破坏和影响。各州县报灾到省后，该省督抚汇总后应立即将所辖地方的被灾情形、日期向清廷“飞章题报”。

为防止地方官员疲玩拖延，清政府规定：各直省夏灾限阴历六月底以前，秋灾限阴历九月底以前向清廷题报。如果延迟报灾，地方官要根据情节轻重受到不同的处分，州县官逾限半月以内者罚俸六个月，一个月以内者罚俸一年，一个月以外者降一级，两个月以外者降二级，三个月以外者革职；抚、按、道、府官员以州县报到之日为始，若有逾限，“照例一体处分”。[①] 中国绝大部分地区农作物为一年两熟、两年三熟、一年一熟，分为夏收、秋收。一般来说，夏收作物、秋收作物分别于阴历六月底、九月底以前有收无收、或丰或歉，已成定局，甚至已收打归仓，清廷接到各直省按时驰报的奏章后，可以及时掌握全国各地的灾情，迅速采取消除灾害影响的措施，并由此大致了解作为政府主要财政来源的田赋收入的情况。有的省区，如甘肃省地处西北，“地气较迟”，收获季节较其他地方为晚，故该省的题报日期放宽为“夏灾不出七月半，秋灾不出十月半”。

二、灾情的调查

层层报灾，只是整个救灾工作的第一个环节。由于自然灾害往

① 参见《清朝文献通考》卷46。

往事出突然，对由此而产生的破坏和损失，从州县一级开始的报灾公文中，只能做大致的反映、评估，具体的情况还有待于做详尽细致的调查，这个工作清时称为“勘灾”和“查赈”。

灾害发生后，受灾之户填写“灾单”，注明灾户姓名、所居村庄、男女大小口数、受灾田地亩数及坐落方位。州县官员收到灾单后，即与所存粮册查对，俟灾单报齐汇总后，根据区、图、村、庄分别装订，用印存案，形成勘灾底册，据此进行调查核实。

按照规定，勘灾和查赈工作严禁“假手胥役”代查代报，而是由各级官员和印委查灾官员负责查报。接到州县报灾公文后，该管府州即于佐贰官员中选派委员赴县协查；如灾情较重，受灾范围较大，督抚于知府、同知、通判或候补、试用官员中遴选妥员赴受灾州县会同地方官勘查；“遇灾伤异常之地”，则该省督抚须亲自赴灾区查勘。

查灾委员选定并委派之后，需迅即驰赴受灾州县，会同州县官员，根据勘灾底册分成若干路分片查勘。其调查内容主要有两个方面：

一是“勘灾”，即调查核实受灾田地的确切亩数和被灾分数。所谓“被灾分数”，是根据田地的收与不收和收多收少分为十个等次，即“十分”。被灾十分，意味着庄稼颗粒无收；被灾九分，是指庄稼收获量只相当于丰产足收年景的十分之一；余类推。按照规定，被灾五分（含五分）至十分的田亩为“成灾田亩”；五分以下为“勘不成灾”，其中被灾三、四分田亩虽“勘不成灾”，但属于“收成歉薄”。

一县之内，甚至一村一庄内，田地条件往往大不一样，如有山地、坡地、平地、洼地之别；有的靠近河湖，有的远离河湖；土质亦有区别。遇水旱，则有收有不收、有丰有歉，情况各不相同。风、雹、虫、冻、地震、海啸等灾害对农作物所带来的破坏和损失也因地而异。因此，勘灾委员必须深入庄户，按照勘灾底册“履亩踏勘”，实地核查，对于原册无名续报被灾的灾户田地，也予受理。最后，将勘实受灾田地亩数及被灾的分数于勘灾底册中注明，多报者剔除，少报者补上。已抛荒而不纳地丁的“废地”，由于河湖决堤洪水泛滥而使田地被“水冲沙压”，以及由于地震、山崩等原因使田地遭破坏而无法垦殖者，亦须调查注明。

委员勘灾完毕，即将原册缴县汇报。州县官员俟各路委员勘毕，核造总册，将被灾田亩分数分别申报司道，该管道员复行稽查，加结呈报该省督抚。督抚接到下属勘灾公文后，迅即向清廷题奏。勘报期限，以“报灾”之日起计算，扣除程限，州县官定限 40 天，督抚以州县报到日为始，定限 5 天，统于 45 天内向清中央政府题报。逾限，据迟报月日分别议处。但自然灾害情况比较复杂，勘报期限也可酌量变通。除旱灾系“以渐而成”，州县官仍照 40 天“正限”勘报外，原报遭水、霜、风灾地方，后又遭灾，其距原报受灾之日在 15 天以外者，准在“正限”外展限 20 天勘报；距原报受灾情形之日未过 15 天者，统于正限内勘报请题，不准展限，有时初灾的勘报时限已过，地方又遭重灾，准于另起期限勘报。

勘灾的主要内容是调查核实受灾州县灾歉田地的数量和程度，但也需对其他如河湖堤坝、桥梁、道路、衙署、仓廒、庙宇、学校的损失情况，以及人、畜伤亡情况进行调查，一并上报。

二是“查赈”，即调查需要救济的灾民人数。自然灾害会程度不同地影响到灾区人民的生活，严重的自然灾害会导致灾区人民尤其是贫苦农民的生活状况急剧恶化，以致丧失基本的生存条件，出现数量众多的灾民，成为严重的社会问题。赈济灾民是自然灾害发生后刻不容缓的工作，因此，查灾委员在勘查受灾田亩的同时，还须调查灾民生活状况，确定需要赈济的灾民人数，以酌情赈济。

同处灾区，人们的生活状况往往有很大的差异，除了遭灾与否及遭灾的轻重对每家每户生活的影响自然不一样外，更重要的是，清代封建社会制度下，因阶级地位不同，存在着严重的贫富差别，每家每户应付与承受自然灾害影响的物质条件大不相同。“素裕之家”饶有存储，一般来说，偶遇水旱灾害，田亩荒歉，生活不至于受太大的影响，更不至于无衣无食，依赖救济；而“贫苦之家”则大不一样，他们平时已是度日维艰，“素鲜盖藏”，一遇荒年，更是雪上加霜，坐困愁城，“嗷嗷待哺”。查灾委员的责任是“挨庄挨户访查”，通过其“亲身周历”，根据人们的实际生活状况，决定应予赈济的人数与等次。

按照清朝的规定，施赈的对象是灾区的“极贫”与“次贫”人口。所谓“极贫”“次贫”的标准，据嘉庆朝汪志伊撰《荒政辑要》称：“如产微力薄，家无担石，或房倾业废，孤寡老弱，鹄面鸠形，朝不谋夕者，是为极贫。如田虽被灾，盖藏未尽，或有微业可营，尚非急不可待者，是为次贫。”晚清时，李兴锐曾于同治年间到直隶南部地区办理赈务，在其所拟《畿南办理赈粜章程》中对“极贫”“次贫”立了这样的标准：“大致以粟布无可易，糠秕无可啖，典质既罄，鬻妻卖子之类为极贫。仅有耕牛、籽种，别无剩本余粮，度日艰难，农事浸废之类为次贫。”①

以上标准只是大致原则，实际查赈时不易掌握，1823 年（道光三年），浙江大水成灾，省当局于查赈时曾参酌有关规定和他省情况拟定区分“极贫”“次贫”的细则。所谓“极贫”，包括“并无己产己屋，佃田耕种，全荒者；并无己田己屋，佃田耕种，成灾过半，家口众多者；外乡别邑农民，携眷耕种，搭寮居住，田已全荒，无力佣工者。以上无论大小口数多寡俱系全给。十六岁以上为大口，十六岁以下至行走者为小口，其在襁褓者不准入册”。所谓“次贫”，包括“虽无己田，尚有房屋、牲畜，佃田全荒者；虽无己田己屋，佃田半属有收而家口无多者；自耕己业仅止数亩而全荒者；自耕己业仅止数亩，尚有少许收获而家口众多者；搭寮居住，耕种外乡别邑农民，佃田荒已过半，无力佣工者。以上老幼妇女全给，其少壮丁男力能营趁者不准给赈，其有残废无力营趁者，应与老幼一体散给”。另外，对“被灾村庄内无田贫民”之极贫、次贫的划分有以下三条规定：“无己田又无佃田，并无手艺，专借佣工糊口，因被灾无工可佣，而有家口之累者为极贫，孤身为次贫；无己田又无佃田，并无手艺，专赖小本营生，因被灾无可买卖，而有家口之累为极贫，

① 《李兴锐日记》，150 页。

孤身为次贫；成灾村庄之四茕无依，未经编入孤贫者为极贫”。以下五种情况不准入赈：“有力之家堪以资生者，不准入赈；但有本经营及现有手艺营生者，概不准入赈；田地虽被灾伤，尚有山场柴草花息者，不准入赈；成灾村庄内之四茕，其有力自给及家族可依，并已编入孤贫册者，不准入赈；不成灾村庄内之四茕及无手艺营生者，概不准入赈。”贡、监生员是与一般“民户”有别而具有特殊地位身份的，所以对他们也做了特殊的规定：“被灾贫生，例以全无粮产，亦无已屋者为极贫；尚有些微田地，住系己屋而全荒者为次贫。应令教官确查，分别极、次大小口数造册移县，不得混入民户编查，致有歧冒。”①

州县官员及查灾委员应按上述标准调查户口，确定应赈人口和等次，登记造册，另行上报，由督抚向清廷题报请赈。如果灾区范围小、灾户人数少而易于调查清楚，则应该在勘灾期限之内同田亩灾情一起查实上报。

调查灾情，关系国计民生，责任重大，故清朝政府除规定勘灾期限外，还对疲玩不职、营私舞弊官员做出了处分规定：“委员协勘赈务，不据实勘报扶同具结者，与本管官一例处分。其勘灾道府大员不亲往踏勘，只据印委各官印结率行加结转报者，该督抚题参。”督抚查勘时，“如滥委属员贻误滋弊，及听从不肖有司违例供应者，严加议处”。查灾官员“开报不实，或徇纵冒滥，或挟私妄驳者，均以不职参治”②。当然，规定是规定，实际情况又是另外一回事，这在封建政治中是屡见不鲜的常例。关于这方面的情况，我们将在下一章做专门的介绍。

第三节　蠲缓与赈济

自然灾害的发生，总会给灾区的生产、生活带来程度不同的损

① 王凤生：《荒政备览》。

② 《荒政辑要》。

失和影响，为了减轻、克服这种损失和影响，清代统治者采取“蠲缓地丁”“赈济灾民”等一系列措施，以尽量维护社会秩序的稳定。

一、蠲缓地丁

地丁，系“田赋”与“丁役”的简称。“地”指“田赋”，就是土地所有者（包括地主、小土地所有者、自耕农在内）每年按亩向政府交纳一定的税额；“丁”指“丁役”，就是年满 16 岁到 60 岁的男丁（称为“壮丁”）每年向政府无偿地承担一定的徭役。“田赋”和“丁役”，是中国历代封建国家的主要收入，被称为“正赋”，用以“养活一大群的国家官吏和主要地是为了镇压农民之用的军队”[1]。在封建社会初期，“田赋”是交纳粮食，“丁役”是服劳役。至清朝，中国已处于封建社会的末期，随着商品货币经济的发展，封建统治者需要的货币量日益增加，作为封建国家“正赋”的“田赋”和“丁役”，除仍交纳部分被称为“漕粮”的粮食以供军队和各级官员消费外，大部分改收银、钱。随着社会经济和政治的发展，康熙、雍正年间赋役制度实施了重大改革。1712 年（康熙五十一年）开始实行“滋生人丁，永不加赋”，以 1711 年（康熙五十年）全国的人丁户口数字为准，以后达到成丁年龄的，不再承担丁役。至 1723 年（雍正元年），又正式颁布诏令，在全国推行“摊丁入亩”，将丁银摊入地亩，实际上废除了人头税，按土地的单一标准收税。这样，“田赋”与“丁役”合一，称“地丁钱粮”。

逢到水旱灾害，田亩减产以至绝收，土地所有者难以照章向政府缴纳地丁钱粮，不能不酌予减免。但地丁钱粮作为“正赋”，即清政府的主要财政来源，只有最高统治者——皇帝才有权决定是否蠲免。故地方田亩受灾，地方官员勘查属实后，需由该省督抚专折奏报，将灾户原纳地丁钱粮分作十分，按被灾分数请蠲。清代的灾蠲规则有一个发展过程：1653 年（顺治十年）所定灾免则例为，被灾八分至十分者免正赋的十分之三，被灾五分至七分者免十分之二，

---

① 毛泽东：《中国革命和中国共产党》。

被灾四分者免十分之一。1678年（康熙十七年）灾蠲定制有所变化，被灾五分（含五分）以下为不成灾田亩，不予蠲免；被灾六分，免正赋的十分之一；被灾七、八分者，免十分之二；被灾九分、十分者，免十分之三。至1723年（雍正元年），重定灾蠲则例，变化较大：被灾十分者，免正赋的十分之七；被灾九分者，免十分之六，被灾八分者，免十分之四；被灾七分者，免十分之二；被灾六分者，免十分之一。后至1736年（乾隆元年），除增加被灾五分者亦蠲免正赋的十分之一外，对雍正元年的有关规定未再改动，并“永著为例”。[①] 以后的嘉、道、咸、同、光、宣等朝在灾蠲地丁时，一直按此定规办事，未再更改。

按规定，蠲免之年，概不开征。州县官员自勘报之日起，即将成灾田亩当年应缴纳的地丁钱粮一律停止征收，等候皇帝的决定。俟蠲免上谕及户部具体规定的文件下达，将应予蠲免的部分扣除后，仍应缴纳的当年地丁钱粮，自次年起，分作两年或三年“带征”，即分成两批或三批随第二年、第三年以至第四年应征的地丁钱粮一起征收，是为“缓征”。其具体规定是，被灾十分、九分、八分者蠲余应征钱粮，自次年起，分作三年带征；被灾七分、六分、五分者蠲余应征钱粮，则自次年起，分作两年带征。至于被灾五分以下“勘不成灾”但“收成歉薄”的田亩，其正赋例不得予以蠲免与缓征，但如连年积歉地方困苦等因，经地方督抚题请并经皇帝谕允，亦可将当年应征地丁正赋缓至次年麦熟后征收，而次年麦收后应征的地丁正赋，则缓至秋收后征收。下列两种情况亦可缓征：（1）受灾州县，如全境总计“成灾”五分以上，因受灾面积大、灾情重，该州县中不成灾“成熟乡庄”的应征地丁正赋可以一律缓至次年秋收后征收，这样可以平抑灾区粮价，亦可周济乡邻。（2）旱灾之年如至深冬方得雨雪，水灾之年田亩积水至岁末始消涸，均对越冬作物的播种和生长已构成威胁，影响次年的麦收，经该省督抚题明，将已缓至次年麦熟后征收的地丁正赋展缓至秋收后再征。

---

① 参见《清朝通典》卷17。

灾蠲范围除地丁正赋外，还涉及与其一并征收的附加税——“耗羡”（亦称“羡余”“火耗”）。官府向民间征收正赋时，将征收上来的散碎银子经过加工铸造，熔炼成一定规格的银锭，上缴国库，其间不免有损耗；另外，征收粮食时，在收放过程中因“雀耗”“鼠耗”等因，也不免会有损失。为向国库足额上交银、粮，官府在征收正赋时，于定额外加征一定数量银、粮以弥补上述损耗，俗称“耗羡”。按规定，灾蠲地丁正赋之年，其随正赋征收的耗羡银两，按灾蠲正赋分数一律蠲免。

清代，还有隶属皇帝、贵族的官庄、旗地，招纳佃民垦种并上缴租银。这些田地遇灾蠲缓的则例，与对各直省民田缴纳地丁正赋的土地所有者的蠲缓则例有些区别：该管官员也是将灾户应纳租银分作十分，按灾请蠲。但被灾十分者，蠲原租的一半；被灾九分者，蠲原租的十分之四；被灾八分者，蠲原租的十分之二；被灾七分者，蠲原租的十分之一；被灾六分以下不作成灾分数，其原纳租银概缓至来年麦熟后起征。

在特殊情况下，地方督抚也可奏请将民田应纳地丁正赋全部豁免，这主要是指，黄河及其他河湖决堤泛滥，洪水所经之处，不少土地因“水冲沙压”无法垦复，导致荒废，不能照旧升科。但其中有尚可修复者，由地方官按亩酌发修复银米，责成灾户设法垦复。

地方官接到蠲缓地丁正赋的上谕后，应将此上谕广为刊刻，以便周知，这叫作“刊刻誊黄”。同时，将应征、应免数目于期开报，经本省藩司核定，发回刊刻，将免单交各“纳粮业户”收执，并张贴告示，广为周知。事竣，咨送户部察核。

有时，地方受灾，蠲免上谕下达之前，业户已将当年应缴正赋输送到官府。按清政府的规定，这部分应蠲免但实际已上缴的正赋不再返回业户，准予“流抵”下一年应完正赋。

清政府对地方官在灾蠲中的种种贪渎行为，规定了具体的处分办法：其“州县卫所官奉蠲钱粮，或先期征收不行流抵，或既奉蠲免不为扣除，或故行出示迟延，指称别有征款，及虽为扣除而不及蠲额者，均以侵欺论罪。失察各上司，俱分别查议”；州县官“若不给（灾户）免单或给而不实，该官吏均以违旨计赃论罪。胥役需索，按律严究，失察官议处”①。

需要说明的是，灾蠲地丁，得益者主要是拥有大量土地的封建地主阶级，拥有少量土地的自耕农也多少减轻了一些负担；而广大贫苦农民没有土地，或虽有很少土地，仍不得不租种地主的田地，向地主缴纳田租。他们并没有从清政府的蠲缓政策中得到什么好处。1710 年（康熙四十九年），康熙曾根据兵科给事中高遐昌的奏请，决定“嗣后凡遇蠲免钱粮，合计分数，业主蠲免七分，佃户蠲免三分。永著为例”②。但实际上这个决定并未落实，更谈不上什么“永著为例”。他的儿子雍正帝上台后，并未遵行这个“定例”，他在 1735 年（雍正十三年）十一月的一个上谕中称：“所在有司善为劝谕各业户酌量宽减佃户之租，不必限定分数……其不愿者听之，亦不得勉强从事。”并恶狠狠地说：“若彼刁顽佃户借此观望迁延，则仍治以抗租之罪。”③ 1790 年（乾隆五十五年），因乾隆八十大寿，特发“恩旨”，普免当年各直省应征钱粮，在这个上谕中也提及“今业主既概免征输，而佃户仍全交租息，贫民未免向隅，应令地方官出示晓谕，各就业主情愿，令其推朕爱民之心，自行酌量，将佃户应交地租量予减收”，但又说“亦不必定以限制，官为勉强抑勒”④。

二、赈济灾民

蠲缓地丁钱粮只是在一定程度上减轻了“纳粮业户”（即向封建国家缴纳正赋的土地所有者）灾歉之年的税务负担，但是，灾区人民，特别是无地少地的贫苦农民，往往缺吃少穿，甚至衣食无着，流离失所，在死亡线上苦苦挣扎。因此，赈济灾民，尤其是濒临绝境的极贫、次贫灾民，实属刻不容缓。

在清朝的救荒制度中，按当年自然灾害发生的时间，分为“夏灾”“秋灾”两种，救灾措施有所不同。中国大多地区一年两熟，即

---

① 汪志伊：《荒政辑要》卷 4。

② 《清圣祖实录》卷 244。

③④ 转引自汪志伊：《荒政辑要》卷 4。

使春、夏有灾，夏熟作物受损，但既有上年存粮可食，又可寄望秋季有收以丰补歉，故“民田夏月风、雹、旱、蝗、水溢成灾，若秋禾播种可望收成者，统俟秋获时确勘分数另行办理”，一般不蠲不赈。只对“播种较晚必须接济者，酌借籽种、口粮，秋后免息还仓，若播种止有一季，夏月被灾，即照秋灾例办理。其播种两季地方，既被夏灾，不能复种秋禾者，亦即照秋灾例办理”①。至秋季，无论一年几熟，全年收成已成定局，即可依据丰歉情况确定应征、应免正赋，并赈济灾民。

清代，赈济灾民有正赈、加赈、补赈等名目。

正赈：民田水旱成灾，该省督抚一面向清廷题报灾情，一面饬令下属开仓，对乏食贫民不论成灾分数先予一个月的钱米，是为正赈，又称普赈。这是由于自然灾害往往突如其来，调查田地受灾分数、受灾人口，统计极贫、次贫均需时日，灾情紧迫，不容缓待。

加赈：各省督抚于前述45天限期内查明民田受灾分数，并查清极贫、次贫应赈人口，即可具题请赈。被灾十分者，极贫加赈四个月，次贫三个月；被灾九分者，极贫加赈三个月，次贫两个月；被灾八分、七分者，极贫加赈两个月，次贫一个月；被灾六分者，极贫加赈一个月；被灾五分者，酌借来春口粮。

补赈：如地方连年歉收，或灾情异常严重，该省督抚可于上述正赈、加赈外，临时题请补赈，补赈时限视具体情况而定。如前面提到的“丁戊奇荒”，山西灾情奇重，该省于1877年（光绪三年）七月开办官赈，但以后仍长期亢旱，情况不断恶化，经山西巡抚曾国荃奏请，赈期一再展延，直至1879年（光绪五年）夏赈务才基本停止。②

赈济灾民的标准为每大口每日给米五合，小口减半，谷则倍之；大小月，按实际日数计算。因散赈时，有时发给米谷，有时散给银钱，有时银钱、米谷兼施，这里便有一个米谷与银钱换算的问题。按惯例，直隶，普通灾民赈米一石折银一两二钱，“贫

① 汪志伊：《荒政辑要》卷4。

② 参见《山西通志》卷82。

生”（指贡、监生员中的灾户。下同）赈米一石折银一两；河南、浙江、江西三省，赈米一石折银一两二钱，赈谷一石折银六钱；山东、江苏、安徽、湖北、湖南、甘肃、云南七省，赈米一石折银一两，赈谷一石折银五钱；山西，赈米一石折银一两六钱，赈谷一石折银九钱六分；奉天，赈米一石折银六钱，赈谷一石折银三钱；陕西，赈米一石折银一两二钱，赈谷一石折银六钱；福建、广东、广西、四川、贵州五省，向不折银。据此，在赈济中向应赈灾民放钱，或银米兼施时，根据每大口、小口应得米数，即可算出应放银钱数。有时，灾区米价昂贵，可特旨增加赈银钱标准。

上述赈济则例，是针对各直省民田遭灾情况制定的。盛京旗地、官庄地及站丁被灾赈济，则另有一套办法：盛京旗地、官庄地及站丁被灾，无“正赈”名目，均先借给一个月的口粮，于随后的“加赈”月份中扣除；“加赈”时，不分极贫、次贫；盛京旗地、官庄地被灾十分、九分者加赈五个月，站丁被灾十分、九分、八分、七分者加赈九个月；盛京旗地被灾八分、七分者加赈四个月，官庄地被灾八分者加赈五个月，被灾七分者加赈四个月；盛京旗地被灾六分者加赈三个月，官庄地被灾六分者加赈四个月，站丁被灾六分者加赈六个月；盛京旗地、官庄地被灾五分者加赈三个月，站丁被灾五分者加赈六个月。另外，盛京旗地、官庄地、站丁给赈米数，大口月给二斗五升，小口减半。

散放赈灾钱米时，州县官将所报成灾分数、应赈户口、月份，先期宣示，散发赈票。灾户于指定时间、地点凭票领赈。散赈处所设在州县所在，并于四乡添设分厂，由州县官亲自给赈，或由印委官员协同办理。“贫生”则由该管教官册报入赈，其应得钱米亦由教官散给。及赈毕，州县官应将已赈户口和施放银米数字“复行晓谕”，并向上司题销。

州县散赈，该管道府有监察之责，如州县办赈“不实不力，致有遗滥”，灾民可以举报，该省督抚以“不职题参”，“其协办赈务正佐官扶同捏结，与本管官一例处分。若道府不亲往督查，率据州县印结加结申报者，该督抚指名题参”①。

除“正赈”是不分成灾分数于乏食贫民普给一个月口粮外，“加赈”和“补赈”均按成灾分数、极贫、次贫给赈。但是，仅仅靠封建政府规定的这些赈济办法，即使不发生办赈官员的种种克扣贪污（事实上这种情况是经常地和普遍地存在的），也不能完全解决灾民的生活问题，这是因为：（1）极贫、次贫吃完赈粮后，仍然难以度日；（2）被灾六分的次贫、被灾五分的极贫，以及中贫，例不与赈，生活艰难；（3）灾区米价昂贵，即使小有资财的人家也难于招架。这样，逢灾年，地方官一般均开仓平粜，或酌借口粮，以补赈济之不足。

三、其他救荒措施

蠲缓地丁钱粮、赈济灾民是清政府救灾的两项主要措施，前者在一定程度上减轻土地所有者的税务负担，后者则是对成灾地方最为困苦的人施以救济，如认真实施，对于克服自然灾害的影响，安定灾区人民的生活、生产，可以起到一定的积极作用。但是不同类型的自然灾害，尤其是严重的自然灾害，对于社会生活、生产的影响是多方面的，情况十分复杂，光靠这两项措施，还不足以完全消除自然灾害造成的影响，解决由此而产生的各种社会问题。为此，清代统治者在救荒实践中，还实施了其他若干配套措施。

1. 留养、资遣流民。自然灾害发生后，灾区贫民在家乡往往难以生存下去，不得不背井离乡，四出就食；有时因灾区绵广，他们只能长途跋涉，到几百里外谋食。如苏北、皖北地区处于黄河下游，深受黄水之害，几乎年年非旱即涝，是清代主要灾区之一。这里的贫苦农民一遇水旱灾害，即大批外出向江南一带逃荒。众多的流民，导致社会动荡，威胁封建统治的安宁。为防患于未然，清代在清江浦、扬州、镇江、江宁（今南京）等处设留养局、栖流所等机构，一有苏北、皖北灾民南下，地方官即多方设法，力求将灾民堵截在

① 《荒政辑要》。

长江以北，就地留养，并派员分期分批将灾民资遣递解还籍就赈。遇到大水大旱之年，受灾地区流民四出、数量众多，往往堵不胜堵，留养、资遣所费不赀，沉重的工作量和财务负担，令当地官员苦不堪言。

2. 抚恤灾民。黄河等大江大河决口，或其他河湖泛滥，昔日干旱之地转眼即成泽国，幸存者栖居屋顶、河堤、高岗、树梢，无衣无食，风餐露宿，形势危迫。当地官员乘坐舟楫向灾民施放钱米、馍饼、席片，以救燃眉之急。所用钱粮，如系地方官自掏腰包（称“捐廉”），或由当地绅富捐助，则另当别论。如动用公款，则有两种情况，一种是归入正赈，由赈款内动支报销；再有一种，归入抚恤款内题销。

3. 施粥。在正常年景下，仍不免有部分贫苦农民生活艰难，特别是冬春季节，问题尤为严重。清代，在京城、省城、府城等大中城市及一些水陆要冲处，每年冬春时设立粥厂，救济饥民。在水旱成灾的情况下，视灾情的轻重、饥民的多少，在灾区以及邻近灾区的州县，临时性地设立粥厂，使一时得不到赈济的灾民得以存活。

4. 施放棉衣、医药。寒冬腊月，北风刺骨，总有一些贫苦百姓冻馁街头，京城等地每年除开设粥厂外，还经常向流落街头的贫民施放棉衣。至成灾之年，没有避寒衣物的灾民更多，向他们施放棉衣也是救灾中的一项重要工作，数量也相当大。按规定，赈给棉衣一套折银一两，无论士民捐助棉衣，或督抚向清廷奏销赈务开支时，均按这个标准计算。灾荒之年，往往伴之以疾疫流行，向灾区人民施放医药也是救灾中经常要做的工作。

5. 掩埋尸体。自然灾害以及它对生产的破坏，常会吞噬大量灾区人民的生命。各地依例，出死者（分大、小口）棺殓银钱若干，或由家属，或由地保，承领掩埋。“好善”绅士出资掩埋无主尸体，由地方官查明捐数，具详请奖。

6. 坍房修费。水灾、地震常使灾区墙倒屋塌，需酌情予以坍房修费。“有力之家”与“佃居业主之房”者，不给。对需要给以坍房修费的，要看是瓦房还是草屋，还要区别房屋损坏程度、人口多少，酌情给价。

7. 借发种子，收养耕牛。灾后，农民不论得赈与不得赈，常会有缺乏种子的困难，直接影响灾区生产的恢复，如无本地义仓、社仓等仓的借贷，这个负担就落到官府的身上。官府不得不在赈济之外，向农民借贷或发给种子。耕牛是重要的生产资料，在重灾的情况下，灾民自身尚且难保，更无余力喂养耕牛，只得将耕牛弃养或宰杀，为保护生产力，收养耕牛也成为官府在救荒中的一项重要内容。

8. 购粮平粜。灾区极贫、次贫领得赈款购粮时，常会面临灾区粮价高昂的问题，又次贫、中户例不与赈，自己存粮匮乏，也有购粮的困难，如无本地仓储平粜借贷，生活顿成问题。地方官员救灾时，必须动用赈款赴外州县甚至外省采购粮食运回平粜。因路途遥远，雇人雇马的运费开销往往很大。

9. 以工代赈。清代灾区时兴以工代赈，即政府招募灾民挖河、筑堤，给予工价银米。这样既解决了抗灾及兴修水利所需的劳动力，又可局部解决灾民的生活问题，可谓一举两得。为了鼓励灾民参加，清政府还规定对赴工次的灾民不得扣除其应得赈款。

以上我们较为系统地介绍了清朝政府有关救荒的政策和措施，这些政策、措施虽大都产生及完善于清朝前期和中期，但在属于中国近代史范围的晚清时期，大致沿用不变。当然，封建政治的一个重要特征，是条例、规定看起来相当周密完备，而实际执行却往往面目全非。这种情况，即使在封建政治尚属清明之时，亦不可免。到了近代，中国由封建社会转化为半殖民地半封建社会，随着各种社会矛盾的激化，政治日益腐败，许多政策规定不但多成具文，而且不少还完全走向了反面，在救荒问题上，也逃不出这样一个逻辑。

第八章　半殖民地半封建社会条件下救荒之弊

第一节　社会经济的凋敝对救荒能力的削弱

为了克服自然灾害带来的破坏，恢复发展农业生产，稳定社会秩序，如前一章所介绍的，清政府采取储粮备荒，并于灾歉之年蠲缓钱粮、赈济灾民等对策，形成了一套比较完整、严密的救荒制度。但是，我们不难看出，人们所规定和设计的救荒措施的落实、救荒机制的正常运转，有一个必备的前提条件，即有充裕的物资，主要是钱粮作为支持和保障，以应灾歉之年经常是巨额的物资投入之需；否则，只能是画饼充饥。充裕的钱粮不能从天而降，只能由社会生产提供，因此，归根结底，救荒活动能否有效进行，取决于是否有一个良好的社会经济环境。

清代初期，由于长期的战乱，社会经济受到严重的破坏，土地荒芜，人口锐减，但由于清前期的统治者能认真吸取明王朝灭亡的教训，随着国内政治局势的逐步稳定，采取了兴修水利、蠲免田赋、奖励垦荒、更名田、永禁圈地、修改逃人法以及改革不合理的赋役制度等措施。尽管这些措施主观上是为了增加国库收入，加强清政府的经济实力，巩固清王朝的封建统治，但客观上也有利于农业生产的发展。康熙、雍正、乾隆年间农业生产呈上升趋势，耕地面积和人口迅速增长，社会财富大量积累，相应地，清王朝府库充盈，掌握了大量的机动财力，为备荒、救荒提供了较好的物质保证。康熙、乾隆年间，清政府除经常以优惠条件蠲免灾歉地区的赋税，还于非荒歉之年主动减免地方负担。如：从1662年（康熙元年）至1710年（康熙四十九年），累计蠲免之数已逾1亿两白银。[1] 随后，又因康熙即位50年大庆，于1711年（康熙五十年）起三年内轮免全国应征及旧欠钱粮，总额达32 064 697两白银。此外，清政府还常以多余漕粮调拨给地方存储，如1703年（康熙四十二年）颁谕，以河南府（今洛阳）居各省之中，命于该处积储米谷，备山、陕歉收之用，该省漕粮20万石，可截留三年备用。1717年（康熙五十六年）又以通州仓米积压甚多，命分运至直隶各府州县存贮，每府万石，每州县数千石，于青黄不接时平粜。[2] 康、雍、乾期间，还大力提倡民间兴办社仓、义仓，积谷备荒，规模、建制相当可观。

至18世纪下半期的乾隆后期，清王朝开始由盛转衰，从著名的“康乾盛世”的巅峰上跌落下来，农业生产力趋于萎缩，社会矛盾日趋尖锐。到了近代，清王朝进入晚清时期，农业经济凋敝残破，社会环境严重恶化，与康、雍、乾时期比较，清政府的救荒能力遭到严重的削弱。

导致晚清社会经济环境恶化的原因主要有以下几点：

统治阶级的腐朽没落是重要原因。本来，在封建专制制度下，不可能对各级政权的官员建立有效的监督机制，官场的腐败是不可治愈的顽症痼疾。在封建政治较为清明时，官场的这一宿弊还能受到一定的遏制，不至于成为十分突出、严重的问题。但当王朝统治走下坡路时，它就会恶性发展，像溃烂的脓疮，蔓延到整个政治肌体。清王朝由盛至衰的历史又一次重复了这一轨迹。清朝在经历了一段政治稳定和经济繁荣的“盛世”之后，至乾隆后期，统治阶级骄奢淫逸，腐败之风特甚。乾隆六次南巡，到处游山玩水，寻欢作乐，挥霍无度，还大兴土木，修建宫殿、苑囿，劳民伤财。上梁不正下梁歪，王公贵族、文武百官、大地主、大商人无不挥金如土，穷奢极欲。为了满足奢侈豪华生活的需要，各级官吏贪风日炽，贿赂公行，吏治废弛，官常大坏。和珅在乾隆后期任军机大臣20余年，运用各种手段，虎吞狼夺，积攒了数量惊人的巨额财富，是一

① 参见《清圣祖实录》卷244。

② 参见《清史编年》，第3卷，394、231、476页。

个典型的例子。乾隆死后，嘉庆帝抄没了和珅的家产，共编为109号，其中已估价者第26号即值白银2.2亿两，相当于当时清政府5年多的国库收入的总和。清政府虽然有时也惩办少数贪官污吏，却无力扭转这股愈刮愈烈的贪渎之风，只能坐视其不断蔓延扩大。由于大大小小的官僚唯以财纳贿为能事，致使官风日坏，官场充斥着昏庸、自私、卑劣的小人，他们只知升官发财、封妻荫子，置国家安危、民生疾苦于不顾，因循苟且，百务废弛。至晚清时期，统治阶级的腐朽没落较前更为严重，"官以贿成，刑以钱免"，大小官员几乎无官不贪。统治同治、光绪两朝40余年的慈禧太后更是荒淫无度，她为了自己的享乐，动用大量人力、物力、财力，甚至挪用海军经费修建颐和园。在中日甲午战争爆发之际，她仍耗费巨款举办庆祝自己60寿辰的"万寿盛典"，各级官员为博取她的青睐，竞相"报效"巨款和其他奇珍异玩。从乾隆中叶到清王朝灭亡的百余年中，统治阶级的腐朽没落，使国内的经济生活一片混乱，日益衰败。各级官员严重的贪污腐化，耗尽了清中叶积蓄的社会财富，导致国库亏空，入不敷出，钱粮支绌，财政状况江河日下。端华在1857年11月3日（咸丰七年九月十七日）的一个奏折中说："溯自乾隆年间以至今日，各省额外加增之银不知几百万矣，以致帑项暗为截留，部库所入不敷所出，病由于此。"① 在此之前，大学士、管理户部事务的潘世恩等于1848年11月12日（道光二十八年十月十七日）奏报各省积欠情况时称："道光二十三年，臣部初办积欠时，查得地丁一项，除缓征外，共欠银壹千壹百陆拾余万两之多。叠据奏咨严催，始据完银壹百贰拾余万两，又完旧欠新，甚或续欠之数转浮于续完之数。迨道光二十五年恭遇覃恩，普免道光二十年前逋赋，共免银玖百叁拾余万两，民力不为不宽。讵道光二十一年以后，又有未完地丁共银捌百陆拾余万两，另缓征未完者又壹千伍百贰拾余万两。……竟有一省之中或欠至二百余万两，或欠三百余万，尤出情理之外。"② 贪官污吏一方面肆无忌惮地侵蚀国帑，一方面加紧对黎

① 录副档，咸丰七年九月十七日端华折。
② 录副档，道光二十八年十月十七日潘世恩等折。

民百姓的朘削搜刮，广大农民日益困苦，百业凋零，致使乾隆后期以后，阶级矛盾十分尖锐，农民起义连绵不绝。为了维持自己岌岌可危的统治，清政府又不得不耗费大量军费用于军事镇压，仅为扑灭18世纪末19世纪初的白莲教大起义，它就花费了饷银2亿两；为了镇压19世纪中叶以太平天国农民战争为中心的各族人民反清斗争，清政府的用度更为浩繁，不仅挖尽了它的库藏，还捐卖实官、开征厘金、滥铸滥发钱钞，国家财政濒于崩溃，并从此一蹶不振，经济危机不断加深。

资本主义、帝国主义的疯狂掠夺是导致晚清时期中国经济凋敝、经济环境恶化的另一重要原因。列强为了把中国变为其殖民地，自1840年的鸦片战争起，多次发动侵华战争，其中规模较大的有1856年英、法两国发动的第二次鸦片战争，1884年的中法战争，1894年的中日甲午战争以及1900年八国联军的侵华战争。由于清政府的极端腐败，这些战争无不以中国方面的失败、被迫签订丧权辱国的不平等条约而告终。通过这些不平等条约，列强不仅获得大量的侵略权益，强占了中国的大片领土，而且勒索巨额的战争赔款，其中由于甲午之战的失败，中国即被迫向日本“赔款”2.3亿两白银，相当于当时清政府3年收入的总和。1901年的《辛丑条约》规定中国赔款4.5亿两，此款分39年付清，本息合计9.8亿两，再加上各省地方的赔款，按当时中国人口4亿计算，每人要赔出3两白银，这是中国近代史上最大的一次赔款，是帝国主义对中国人民最大的一次敲诈勒索。进入近代以来，由于自身的腐败和为了镇压农民起义，清政府在经济上已陷入困境，弄得国破民穷，为了向帝国主义赔款，不得不举借“洋款”，并把负担向广大人民转嫁，不断加捐加赋。清末时御史胡思敬曾奏称：农民负担“漕粮、地丁、耗羡之外，有粮捐，有亩捐，有串票捐。田亩所出之物、谷米上市有捐，豆蔬瓜果入城有捐”，甚至“业之至秽至贱者灰粪有捐，物之至纤至微者柴炭酱醋有捐，下至一鸡一鸭一鱼一虾，凡肩挑背负、日用寻常饮食之物，莫不有捐”①。早在鸦片战争

① 胡思敬：《退庐疏稿》卷1，《极陈民情困苦请撙节财用禁止私捐疏》。

前，英国就向中国大量走私鸦片，造成中国白银大量外流，有人估计，仅广州一地就外流白银 3 000 万两。由于白银的大量外流，中国出现了银荒，造成银贵钱贱。1794 年（乾隆五十九年）一两白银折钱 1 000 文左右，1838 年（道光十八年），1 700 文钱才能换一两白银。因为农民完粮纳税是以银计算的，过去农民卖一石谷可纳税银一两，现在差不多需卖二石谷才能纳税银一两，实际负担大为加重。至鸦片战争后，资本主义国家向中国大量倾销商品。其中鸦片输入量日益增多，进一步破坏了中外贸易的平衡，造成白银继续大量外流，银贵钱贱的现象更为严重。1850 年（道光三十年），2 300 文左右钱才能换银一两，农民的负担进一步加重，曾国藩在 1852 年 2 月 7 日（咸丰元年十二月十八日）的一个奏折中说："昔日两银换钱一千，则石米得银三两；今日两银换钱二千，则石米仅得银一两五钱。昔日卖米三斗，输一亩之课而有余；今日卖米六斗，输一亩之课而不足。朝廷自守岁取之常，而小民暗加一倍之赋。"① 外国商品的大量涌入，特别是洋纱、洋布的倾销，使广大农村家庭手工纺织业遭到严重的摧残，剥夺了农民借以勉强维持穷苦生活的手段。同时，外国商人还大量从中国输出农产品，把中国变为外国资本主义的原料供应地。他们控制中国的出口贸易，任意压价掠夺，榨取中国农民的血汗。为了输入商品和输出原料之便，外国资本家还控制了中国海上和内河航运权，并大量修筑铁路，中国旧式水陆运输业日渐衰微，工人大量失业。

人口激增、耕地不足是晚清时期经济环境恶化的又一重要原因。清代以前，我国人口始终没有超过 1 亿，明代全国人口最高的数字是 6 300 万，由于明末长期战乱而人口锐减，清初的 1651 年（顺治八年），只有 1 400 万人。至康熙朝以后，我国人口迅速增长，1741 年（乾隆六年），我国人口突破 1 亿大关，达 1.4 亿。从此扶摇直上，到 1840 年（道光二十年）鸦片战争爆发时，全国人口激增至 4.1 亿。百年内，我国人口增加了 3 倍，而耕地面积增长却极为缓

① 《曾文正公全集·奏稿》卷 1，《备陈民间疾苦疏》。

慢，从顺治末至乾隆末，大约 140 年间，耕地面积由 5 亿亩增至 9 亿亩，此后便长期徘徊不前。这种情况，使人均耕地面积直线下降，如乾隆末人均占地尚有 3 亩，至鸦片战争时，人均耕地仅有 2 亩多一点了。

由于劳动生产力的低下，粮食亩产量本来就很低。明末清初的张履祥说："百亩之土，可养二三十人。"① 即维持一个人的最低生活，需耕地 4 亩上下。清人洪亮吉于乾隆末年也说过："一岁一人之食，约得四亩；十口之家，即需四十亩矣。"② 乾隆年间人均耕地面积已低于这个数字，到晚清时期更相去甚远。这样，仅从人均占有耕地这个标准来看，全国至少也有 1/3 的人口处于饥饿和半饥饿状态。更何况，阶级社会中，土地从来不是均衡分配，清代的土地兼并日益加剧，有限的土地资源的分配愈来愈不合理。晚清时，尽管中国有 90％的居民从事农业生产，但是大部分土地掌握在地主、官僚、富商、军阀以及外国教会的手中。据 1911 年（宣统三年）的调查，在主要农业省份，2/3 以上的农民都是缺地少地的佃户和半佃户。随着土地资源的日益紧缺，地主阶级对农民的地租压榨愈来愈重，地租率直线上升，有的材料说，江苏震泽县"田每亩得二十（斗）粟已庆大有，其代价不过六七元，除去肥料人工，所余几何？乃收租竟至五六元，少亦须五元，是以冬期农民只可罗掘以应，不足则卖妻鬻子以偿"③。

人口激增的另一严重后果是破坏了生态平衡，使水旱灾害更趋频繁。如湖北省地处汉水下游、长江中游，道光前，水患并不严重。但由于上游地区本地及外来人口日增，为了开垦荒地而滥砍滥伐，导致水土流失严重，使湖北江汉沿岸地区从道光年间起直至中华人民共和国成立前的百余年间几乎年年受水灾之害，是近代中国著名的灾区。湖广总督裕泰、湖北巡抚赵炳言在 1842 年 2 月 22 日（道光二十二年正月十三日）的奏折中分析江汉水灾频仍的原因时称：

---

① 张履祥：《杨园先生集》卷 5。

② 洪亮吉：《卷施阁文甲集》卷 1，《意言・生计》。

③ 《中国近代农业史资料》，第 1 辑，287 页。

“溯自十余年来，川、陕等省民人于深山邃谷之中，凡有地土可开辟者，无不垦种，以致每逢大雨时行，山水涨发，□沙土顺流而下，江汉底垫日高，堤塍愈形卑矮，溃决频仍，实由于此。……是近年江汉溃堤，实因今昔形势不同，有以致之。”①

统治阶级的腐朽没落，帝国主义的疯狂掠夺，加之日益沉重的人口包袱，使1840年以后的社会灾难极为深重，国家残破，民不聊生，再也难以承受和有效地应付大自然时时降临的灾害，换句话说，清朝政府以至全社会的救荒抗灾能力严重地减弱了。

在近代社会，封建统治阶级救荒能力的减弱，首先具体表现在仓储制度的严重瘫痪上。

上一章中我们曾介绍了清代的仓储制度，这套制度是在清中期社会稳定、生产发展的基础上形成和完善起来的，反过来它又对社会的稳定、生产的发展起到了积极的作用。当然，这并不是说这套制度本身完美无缺，更毋庸讳言，在实施仓储政策中，主要由于贪官污吏的侵蚀中饱，其所应具有的积极作用大打折扣。但揆诸史实，当时推行仓储制度所起的积极作用毕竟还是主要的。待到清王朝“盛极而衰”，迅速从“康乾盛世”的顶峰跌落下来之后，仓储制度也就日趋败落，常平仓、义仓、社仓等仓，越来越严重地遭到贪官污吏、恶胥蠹役、劣绅刁监的侵蚀，亏空严重，积贮日少，加之由于人口激增，人多地少的矛盾日益尖锐，客观上也无法提供更多的剩余粮食用于存贮，仓储制度日渐瘫痪。进入近代后，情况更为严重，许多地区的粮仓已名存实亡，甚至连“名”也不复存在。这里举一个比较典型的例子：京师所在的顺天府是所谓“首善之区”“京畿重地”，清中期的统治者对这一地区的仓储十分重视，如上一章所介绍的，在官仓中曾积储了大量的粮食。这些粮食，一是由当地劳动人民提供，再一个就是清廷或发国帑购粮，或调拨漕米予以充实。如1691年（康熙三十年），京仓、通州仓存米即多达780万石有奇，足供三年之需，经常用以在附近地方存贮平粜。仅1717年（康熙五

① 录副档，裕泰、赵炳言折。

十六年）一次就将通州积压仓米，运至直隶各府州县存贮，每府万石，每州县数千石。时过境迁，至光绪年间编纂《顺天府志》时调查，该府的义仓“所存什不二三”，就是现有者，其存谷也少得可怜，而作为官仓的常平仓竟“亦率倾圮”，甚至基址难寻，昔日的盛况几乎已变成了一场遥远的梦。① 这种现象具有全局性、普遍性。我们查阅清宫档案时，发现晚清地方督抚一遇稍大的自然灾害就叫苦连天，以本省“素鲜盖藏”、无力自救为由，请发国帑，请截漕粮，请外省协济，请开赈捐……总之，伸手向上要钱要粮。这倒也是实情。比如那场震惊中外、奇惨无比的“丁戊奇荒”，就其实际灾情，“略与道光丙午（1846 年）相仿，即陕、豫并歉，亦无甚异”，“乃昔但借仓缓赋，不烦公家之赈，并无大伤”，而“丁戊奇荒”，“至竭天下之财几于不救”，花了上千万两银子、几百万石粮食，还是死了上千万人。② 原因就在其仓储已空，无力自救，周围省份自身不保，只好千里迢迢兴师动众调运粮食，费尽九牛二虎之力，总算调到一部分粮食，但人也快死光了。

地方向中央要钱要粮，而中央早远不如先前阔绰，出手大方了。表面上，晚清时清廷在救荒时仍大体“循照旧章办理”赈务，实际内容却大打折扣，这是救荒能力减弱的又一表现。如 1877 年（光绪三年）那次山西办赈，按定制，仍是每大口每日给米五合，小口减半，由于“若均赈以米谷，断无此巨宗之粮”，非搭放钱文不可。按山西银米折价，每石折银一两六钱，五合粮折银八厘，在受旱严重的山西南部，八厘银只能换七八文至十文钱，其时粮价奇贵，十文钱只能得米一合。就是说每大口饥民得到的钱仅能买米一两多，小口则只能吃到六七钱粮食。经巡抚曾国荃多次奏请，清王朝同意酌增钱文，大口日给钱十二文到十六文，小口日给钱六文到八文，大口每天仍仅能吃不到二合米，小口则不足一合，只能做到“饥民可望延活，不致即于死亡”③。银米折价，是根据清中期时的粮价制订的，清后期粮价日昂，遇灾则暴长得没有边际，日给五合（指大口）

① 参见《光绪顺天府志》卷 55。

②③ 《山西通志》卷 82，《荒政记》。

只是空头支票，饥民们用钱究竟能买到它的有几分之几呢？更何况，晚清时地方官员经常以“库储支绌”“赈款不敷”为由减半放赈，加之官员、胥役、地保、首事等从中又多方克扣、勒索，最后饥民拿到手里、吃到嘴里的钱粮又有几何呢？

由于清朝中央政府钱粮匮乏，要救荒办赈只好别寻出路，另筹赈款。主要办法是广开赈捐。赈捐并不是什么新事物，清中期出于救荒的需要，也常开例“捐监”，即富民出赀报捐获得监生资格。而为了筹集赈款，捐卖实官，则自“同治中闽赈、光绪中津赈始行之”，到“丁戊奇荒”发生后，不仅在山西本省开捐，而且“推广捐输”至直隶、江苏、安徽等10省，捐卖道员、知府、知州、知县4项实官。捐卖实官是封建社会政治的一大弊政，官职成了商品，捐纳出身的官吏花了许多银钱，才买得一官半职，做官犹如做买卖，将本求利，自然会乘机大捞一把，导致大量骇人听闻的腐败现象发生，使官场更加混乱黑暗，历来受到舆论的抨击。对此，清政府不无顾忌，所以后来曾一度改为只给虚衔、封典、翎枝等。但由于各省遇灾均纷纷开办赈捐，造成“捐局林立，势成弩末”的局面，赈捐收数越来越少，富民对仅可买到中看不中用的虚衔不感兴趣。至19世纪末，各省又纷纷向清政府施加压力，请捐卖实官。最后，清廷无奈，只好又开实官捐。晚清时期，主要是光绪朝，明知开办赈捐奖授实官是饮鸩止渴，但由于从中央到地方钱粮俱空，无力救荒办赈，还是只好喝下这杯毒酒。赈捐，已成为这一时期办赈的主要财源。

光绪初年以后，由于近代中外关系新格局形成，新的社会经济成分出现，在救灾中出现了一些新的现象。

一是外国传教士卷入救灾活动。鸦片战争后，外国传教士进入五口通商口岸传教，尤其是1860年（咸丰十年）《中法北京条约》允许外国人在中国内地自由传教后，外国教会势力大举向中国内地渗透，并以赈济灾民为手段，吸收教徒，扩大教会组织。“丁戊奇荒”时，英国传教士李提摩太正在山东青州，利用清政府救灾不力，插手救灾活动，向灾民散放由各国外交官、传教士和商人组成的赈灾委员会募集的数万两银子，后又至山西赈灾，发放了 12 万两赈银，借机在山东、山西吸收了大批教徒。当时，在华北灾区活动的外国传教士约百人。这是外国传教士第一次在中国有组织、有计划地从事救灾活动。①

二是义赈的出现。江浙一带具有某些资本主义经济背景的绅商在光绪初年的华北大旱时，自发地组织起来筹集资金，不通过官方渠道，径自前赴灾区实地散赈，他们不拘官赈成例，深入灾区，“不论灾情之轻重，只择户口之赤贫者量为抚恤”，形成有别于“官赈”的“义赈”。由于清政府无力救灾，对这种独树一帜的“义赈”表示了宽容和认可，地方官员甚至将“官赈”“义赈”合办，“绅任查户放钱，官任监视、弹压”②，清政府及各级官员对其中功绩显著的“义绅”予以表彰。“义赈”对于破除“官赈”中的陈规陋习，推进赈务确有积极作用。但时久弊生，从事“义赈”活动的人，虽以“民间”身份出现，却终究不能摆脱对封建官僚政治的依赖和联系，“官赈”中的弊端不免传染到“义赈”中去，故有人指出，社会上颇有一些人是靠办“慈善事业”而发家的，并感叹说：“自义赈风起，或从事数年，由寒儒而致素丰。”个别人于赈务鞠躬尽瘁，“每遇灾祲，呼吁奔走，置身家不顾”，并且“始终无染，殁无余赀者”，倒成了凤毛麟角，“盖不数觏”③ 的了。

三是爱国华侨、香港同胞捐银助赈。“丁戊奇荒”震惊世界，也牵动着海外华侨、香港同胞的心。著名洋务派官僚、前福建巡抚丁日昌正在原籍广东养病，“闻晋、豫两省荒旱筹赈艰难”，不仅在广东设局劝捐，并派人赴中国香港、新加坡、小吕宋（今菲律宾）、暹罗（今泰国）、安南（今越南）劝办捐输，先后交解晋、豫两省共 64 万多两银子。④ 其中部分捐银来自爱国华侨、香港同胞，他们献上了热爱祖国、心系中华的一片赤子之情。

① 参见顾长声：《从马礼逊到司徒雷登——来华新教传教士评传》。
② 录副档，光绪三十二年十二月十三日两江总督端方折。
③ 《清史稿》卷 452。
④ 参见录副档，光绪五年河南巡抚李鹤年片。

第二节　晚清救灾活动中的弊端

从上一章我们介绍的清代统治阶级的荒政可以看出，清朝作为中国历史上的最后一个封建王朝，其统治者总结了历代王朝救荒思想，设计和规定了对付自然灾害的许多措施和办法，形成了一整套比较周密而完整的救荒制度。有清一代，这套救荒制度也确实发挥了积极的作用。但是，这套制度的运转，有关规章、制度的落实，都要靠人来完成，主要靠各级政权的官吏去执行。清政权毕竟是剥削者的政权，从来都存在着腐败的一面，特别是历史进入近代以后，清王朝的统治危机日趋严重，政权的腐败程度有加无已，而在一个严重腐朽了的政权统治下，任何有效的政治机制都会运行失灵，任何严密的规章、制度都会成为一纸空文。在多数场合下，实际活动都会表现为对成文规定的明目张胆的破坏和背离。晚清时期封建王朝的救荒活动就正是如此。这时期，清政府的救荒活动可以说是一潭浑水，百弊丛生，各种各样的问题俯拾皆是，这里只能选择其中最突出、最普遍、最典型的问题，进行简要的介绍和分析。

一、“匿灾不报”与“以丰为歉”

清代，尤其是晚清时期，报灾不实是各级政权经常存在的问题，其表现是，或者“以丰为歉”，即地方官于丰收或平收之年，虚报捏造灾情；或者“以歉为丰”，即遇有水旱灾害之年，地方官“匿灾不报”。

地方官捏造虚报灾情，是为了贪污。“州县不肖者遇平岁，相率为欺蔽，以灾歉上闻，而实则予征民赋，为官吏侵用，名曰‘存章’。”① “地方官不论年之果否荒熟，总以捏报水旱不均，希图灾缓，借此可以影射。督抚不察灾之虚实，擅以掩饰奏请，从中谅可

① 《清代碑传全集》（三编）卷15，《前河南巡抚李庆翱墓志铭》。

分肥。”[①] 晚清时期，捏造虚报灾情，已成常事。1903年（光绪二十九年）的一个上谕中曾这样说：“如果灾歉属实，一经督抚奏请，（朝廷）无不立沛恩施。乃近年各省所陈缓征之处，几若视为常例。不肖州县每多捏报成灾，以完作歉，积习相沿，年年照报，名为‘例灾’，实则民间已经完纳。”结果清廷虽“叠下蠲缓之诏，闾阎并无实惠可沾，致使惟正之供徒归中饱”。只有那些有权有势的“劣绅大户”，可以以地方官捏造虚报灾情冒请蠲缓，对地方官进行挟制，借机“抗不完粮”，而从中分得一杯羹。[②]

曾任湖北巡抚的胡林翼曾分析过捏灾与匿灾的危害，他说：“以丰为歉，是病国计；以歉为丰，是害民生，而终害于国计。”[③] 地方官捏造虚报灾情，使一部分征之于民应上缴国库的地丁正赋落入了他们的腰包，致使清政府的“赋税日绌”，是为病国，对民生尚无直接的危害。而“以歉为丰”，匿灾不报，则使灾区民生遭到直接的危害，而最终也会危害国计。

地方官“以歉为丰”，匿灾不报，大致有以下三个原因：

一是为了规避责任。1892年（光绪十八年）顺天府属发生水灾，地方官所报被灾分数距实际情况“远甚”，“初报二三分灾者，实成灾五六分；报四五分灾者，实成灾七八分”，结果由于“各处既无赈需，又乏冬抚”，灾民无以聊生，其实“灾重已成之区，在各厅州县日后非不深知，或以开报灾轻在先，终始异辙”，唯恐受上级申斥，“遂隐匿不敢详”[④]。也有的是因勘灾、查赈手续颇繁，“必至展转推延，有逾报灾限期”，担心要受到处分，“遂不造报”[⑤]。

二是为了追求升官晋级。清时定期对各级官吏的政事成绩进行考核，并据此决定官吏的升降，是为“考成”。地丁钱粮是国家主要财政收入，征收地丁钱粮是州县官最重要的工作，因此，地丁钱粮

---

① 《漏网喁鱼集》，5页。
② 参见《清朝续文献通考》卷80。
③ 《清史稿》卷406。
④ 录副档，光绪十八年十一月十七日江南道监察御史丁之轼折。
⑤ 朱批档，光绪二十二年十二月二十一日云贵总督崧蕃、云南巡抚黄槐森折。

征收情况的好坏，是对州县官进行“考成”的主要内容。地方官为了自己的前程，自然不顾百姓的死活，于灾歉之年匿不报灾，照旧催征。如“丁戊奇荒”之前，山西、直隶等地已连续两年大旱，但“在上者惟知以催科为考成，在下者惟知以比粮为报最，故虽连年旱灾，尽行匿而不报，田虽颗粒无出而田粮仍须照例完纳……民间之饿莩者相属于道，然州县之比催如故”，致使1877年（光绪三年）时“仓库所存无几，而待赈之民无算，杯水车薪，于事何益？故曾中丞（即曾国荃）履任，不得已奏请发银发照，欲救活无数之灾黎也，然而晚矣”①。时隔20余年，御史郑思赞在一个奏折中揭发：苏北徐州府、海州直隶州于1896年（光绪二十二年）“五月兼旬雨水，麦已无收；秋霖连绵，山河合溜，稻粱菽麦，旁及菜蔬，霉烂漂流，一时俱尽。城县村落十室九空，而各属州县印官但知自顾考成，竟以中稔上报。迨秋闱乡试，各属士子始以灾状陈诉于督抚臣。督抚臣始以灾状询诸各州县，乃查勘已历灾区，而征收无异往日……以致转徙道殣，其待赈而活者尚不及半”②。

三是经济上的贪婪追求。早在1705年3月20日（康熙四十四年二月二十六日），康熙帝于南巡途中就曾说过：“凡罹灾荒，倘预行奏报，无不可赈救者。只因山东各官匿不报灾，故大致饥馑。向日陕西饥荒，亦由于匿不报闻。朕曾以地方官匿灾不报之故询之于民。据云民一罹灾，朝廷即蠲岁赋，赋一蠲，火耗无征，故地方官隐而不报也。自古弊端，匿灾为甚。”③ 清朝各级文武官员的薪俸很低，一个七品知县岁俸银仅45两，即使是总督、巡抚这样的封疆大吏，每年的俸银也只有150两至180两。这样低的薪俸远不足以维持各级官员及其家属的豪华生活。另外，清朝留给地方的办公用费数额很少。官员们为了饱其私囊，便千方百计地从百姓身上进行搜括，往往“私派倍于官征，杂项浮于正额”。这“私派”“浮收”的主要一项就是“耗羡”（又称“火羡”）。“耗羡”本来是征收赋税、

① 《申报》，1877年11月23日。
② 录副档，光绪二十四年六月初四郑思赞折。
③ 转引自《清史编年》，第3卷下，255页。

交纳钱粮时对合理损耗的补贴，也是一种增收的附加税，本来是有一定数额的。可是，地方官在实际征收时，任意加派，每两正赋银的“耗羡”少则一二钱，多则四五钱，甚至数倍于正额。加征的“耗羡”，除了贴补办公用费外，大多进了州县官员的腰包，供其挥霍或向上级官吏送礼纳贿之用。清末，有一个御史曾说过，各地州县缺分有优、瘠之别，“优者”岁入七八万两，“瘠者”岁入也有一二千两[①]，是其名义薪俸的数十倍到上千倍。这种额外的收入，主要来自加征的“耗羡”。按照规定，地方遇灾蠲免地丁钱粮，与正赋随征的“耗羡”也按蠲免分数相应减免，这就直接损害了地方官的经济利益，这就驱使他们去掩盖灾情，于灾歉之年仍旧催征。这样，不仅可以博取上司的好感，为升官晋级铺平道路，更可以攫取经济上的丰厚利益，一举两得，名利双收，何乐而不为？然而，这对于深受自然灾害之苦的灾区人民来说，却是雪上加霜，天灾、人祸将他们逼入既无蠲缓又乏赈济、奄奄待毙的绝境。这样的事例在近代历史上可以说是俯拾即是，这里只随手举一个例子。安徽颍州府颍上县的一个名叫高溥昌的拔贡生，于1898年（光绪二十四年）向都察院递呈，谓：“颍州府七州县自光绪十年遭荒后未甚丰稔。前年被水灾。去年二月大雨三旬，水大涨，麦草、下地尽淹，岗田多渍死。六、七、八月大雨，沙、淮复大涨，近河之地两季未收一粒，岗禾复被水渍死。秋冬至春，谷物、柴草大贵。每岁麦价制钱三百文一斗者，今八百文。（二十四年）正月二十四日，复连雨四五十日，米谷物价更贵。麦根烂坏，又生螟虫。民往往一日食一顿喂猪饼，甚者食苜蓿草与树叶。借洋一元，至麦秋还十八筒八斗或六七斗，柴薪、秫秸几卖一文钱一根。路上之草，民几铲尽。牛苗卖十文钱一斤，尚无处觅。民间诸物，非当即卖。男子无衣被，妇人多无裤者。乞丐遍门，无人给与。鬻妻子女，饿死逃亡，不知几何。加以东南西北皆荒，无处逃亡。日落后，盗贼抢夺焚窃；白昼间千百为群，以均粮借粮为名。放赈无多，不过小补。加以急催税银，抚札又于

① 录副档，光绪三十四年五月三十日陕西道监察御史吴纬炳折。

光绪十六年以后概行花征，皆因去岁州县官为浮收计匿灾不报，即报亦不实故耳。”①

二、拘文牵义，坐失时机

1895年（光绪二十一年）春夏间，正值中国在甲午战争中刚刚失败，被迫签订了丧权辱国的《马关条约》，康有为、梁启超等维新派发动了震惊朝野的“公车上书”，要求拒和言战，京城内群情汹汹，政治温度骤然上升。就在这个时候，京城内出现了一幅惨不忍睹的画面：难以数计的灾民扶老携幼涌入城内觅食，而在粥厂“所领之粥不足供一饱，伏施之钱米亦无”，结果，“馁卧路隅、待死沟壑者有之，沿门行乞、随车拜跪者有之。……以致城垣之下，衢路之旁，男女老稚枕藉露处，所在皆有。饥不得食，惫不得眠，风日昼烁，雾露夜犯，道殣相望，疫气流传”，“五城月报路毙已三千余人，其内城归步军衙门、顺天府经理者尚不在此数”②。那些“将绝未绝”“宛转道上一息仅存”的饥民的惨景，令“见者合眸，闻者鼻酸，郑侠流民之图不过是也”。这些灾民来自京城周围顺天府及直隶省所属州县。是年“顺天东、南、西三路于四月初旬连被淫雨，田地淹没，麦苗固已黄萎，早禾亦被浸伤，平地水深尺余，房屋倾圮无数……而赈抚之事至今寂寂无闻”，灾民不得不背井离乡，四出逃荒。究其原因，“诚以春夏之交，从无勘灾办赈之事，小民既未敢冒昧陈报，该州县亦或拘守故常，不敢据实勘详”③，更有甚者，“不肖州县又复从而迫之，以为饥民就赈四出，可以卸责避嚣”④。前面已经说过，按清王朝的定制，“夏月”之灾，是“例不与赈”的。如果说，拘守这个常例在经济环境比较好的清中期还不成为太大问题的话，那么到了晚清则危害甚大了。晚清时期，农业经济凋敝，特别是顺直地区从1888年（光绪十四年）起，几乎水旱之灾不绝，

① 录副档，安徽颍州府颍上县拔贡生高溥昌呈。
② 录副档，光绪二十一年七月二十九日陕西道监察御史熙麟折。
③ 录副档，光绪二十一年五月初六日浙江道监察御史李念兹折。
④ 录副档，光绪二十一年七月二十九日陕西道监察御史熙麟折。

“连年积歉”，民无盖藏，地方官仍拘文牵义，于春夏之灾不请动赈，不仅是玩视民瘼，简直是杀人害命了。顺便说一下，查晚清时宫中档，经常看到各地遭灾，地方督抚照例要报告一下灾情及所采取的措施，文报中经常使用这样一类语句：此系“一隅偏灾”，或“不致成灾”，均经该员“随时捐廉抚恤”，“毋庸另行调剂”，故“毋需查报”。既然无须请动公帑，上级官员，包括清廷，也乐得不去深究了。至于州县官是否真的“捐廉抚恤”，即自己掏腰包去救灾，没人去查，只有天晓得。

我们已经介绍过清代办灾的一套固定的程序。政府施政，有章可循，以避免无法可依的随意性，本是必要的。但如拘文牵义，以不变应万变，同样也有问题，特别是天有不测风云，自然灾害的情况十分复杂，照章办事，公文往返旷日持久，常常坐失救荒时机，贻害百姓。对此，咸丰年间一个名叫曹登庸的御史感受颇深。1856年（咸丰六年），江苏、浙江、河南、直隶、山东、湖北、山西、陕西等省夏间旱蝗交作，他的家乡河南光州一带“斗米千钱。七、八月间，水一斤值钱八文。民间水米俱无，有阖家自尽者”。因“各属义仓半属有名无实，断不足以备缓急”，民间既无力自救，“惟今之计，只有亟图赈济而已”。本来，救荒如救火，是不能有须臾耽搁的。但赈济的施行，必须经过一大套繁杂的手续和程序，结果是远水难解近渴。曹登庸揭露这种情况说：“夫荒形甫见则粮价立昂，嗷嗷待哺之民将遍郊野，必俟州县详之道府，道府详之督抚，督抚移会而后拜疏，迩者半月，远者月余，始达宸聪。就令亟沛恩纶，立与蠲赈，孑遗之民亦已道殣相望。况复迟之以行查，俟之以报章，自具题以迄放赈，非数月不可。赈至，而向之嗷嗷待哺者早填沟壑……奈何以亿万生灵悉耗于拘文牵义之手。”① “丁戊奇荒”中死亡特别惨重，很大程度上也与这个原因有直接关系，《山西通志》载：“各处报灾既失限期，又无成案，至烦颁程式，严檄谕令，审户需时，造册需时，比达于大府，而贫民之死者半矣。移粟千

① 录副档，咸丰六年十月十六日湖广道监察御史曹登庸折。

里，缓不济急，一入晋疆，万山环阻，雇募车马，费更不赀。筹款需时，拨运需时，比散之于灾区，而贫民死者又半矣。盖自（光绪三年）七月办赈，直至次年春仲，各路之粮始源源而来，极贫固难图存，次贫亦复垂毙，其食赈者皆平日操业稍能自立者也。”①

三、“积压誊黄”与“田废粮存”

清初就有人指出：“国家免钱粮，动数百万而民不感恩。民不受惠，想是官不好。上有法蠲，他有法征。州县敛之以贡府道，府道敛之以贡两司，两司敛之以贡督抚，督抚又有交际及办差诸事。宛转归上，民穷日甚。”② 寥寥数语，倒也道破了国家蠲免钱粮中的实情。有鉴于此，嘉庆皇帝曾颁谕：“各省蠲免以奉旨之日为始，奉旨之后部文未到以前，已输在官者，准作次年正赋。惟奉旨日期以及蠲免分数，村野小民无由周知，而不肖官吏借以因缘为奸，或于部文未到之前催比更急，私图肥己。且有奸猾书役借名垫纳加倍索偿等情。即各省督抚颁示恩旨，通饬各州县，尚有隐匿不急为悬挂者。嗣后著各督抚严查，饬令各州县遇恩旨颁到之日，即将奉旨日期遍行晓谕，并刊刷实征额册串票等，注载明晰，俾小民得知蠲免分数，官吏无从欺隐，务期实惠及民，以副朕爱育黎民至意。”③ 规定是再明确不过了，但仍然是“上有法蠲，他有法征”，其中一个重要的办法就是“积压誊黄”。所谓“誊黄”，是旧时皇帝下诏书，受诏者须用黄纸誊写颁行下属。“积压誊黄”，就是地方官把刊刻蠲免上谕的黄纸告示搁置起来，照旧催征，催征到一定程度或催征完毕，再放个马后炮，让这些告示冠冕堂皇地张贴出来。“积压誊黄”作为清代救荒的一个痼疾宿弊，到晚清时期越发严重。1861 年（咸丰十一年）的上谕中称：“往往恩诏虽颁，有迟至数月而始张贴者，有先征钱粮而后张贴者。在国家屡颁宽大之恩，闾阎仍难沐纤毫之惠。”提出警

① 《山西通志》卷 82，《荒政记》。

② 《榕村语录续集》卷 18。

③ 《清朝续文献通考》卷 80。

告："如或有视同具文及任意压搁，致令朝廷泽不下逮，一经发觉，朕必重治其罪，以为玩视民瘼者戒。"① 如此郑重其事地发出警告，不能说没有一点作用，但不能根本杜绝这种现象，封建官僚依然是我行我素。光绪年间，御史刘恩溥在奏折中说："向来州县牧令偶遇水旱偏灾，禀报到省，委员勘验，该省大吏入告后奉有蠲缓恩旨，刊刻誊黄，辗转动须数月之久。此数月中，州县明知其必奉蠲缓也，因而敲扑比催，不遗余力。及至誊黄到后，遂将征存者尽饱私囊，并无流抵次年正赋之说。小民之不被实惠，概由于此。"② 说白了，就是州县官利用了从成灾、报灾到蠲免上谕下达之间的"时间差"，来了个"短、平、快"，高速度、高效率地催征钱粮，以肥私囊。即使不能全部催征到手，至少也要尽量多捞一点，如有人所揭露的："州县且多积压誊黄，赶紧催科，待催科过半，而后张贴。"③

不独民田如此，耕种"京旗王公、贝勒各府及内务府之地"的佃农也有类似的遭遇。李鸿章在1886年（光绪十二年）的一个奏折中说，据查灾委员反映，管地的庄头将"今年租项已于上年预收，今年又须预收来年租项，始准种地"，逼迫佃农在田地受灾奉谕减收田租之年照旧纳租，"并称光绪九年十月曾奏奉明谕减收，而为时已迟。该庄头等皆于九月起即行催索，或串通州县书役压搁告示，直待租项追齐，始行张贴。致有售田房、鬻子女，并以所得赈款凑交者"④。

民间田亩因"水冲沙压"等因无法垦复者，本应由州县官上报，经清廷批准，其应征钱粮可以豁免。"但各州县未能一律切实奉行，其相沿追纳者仍属不少。民间呈报荒田恳请查勘，往往置之不理。"⑤ 1891年（光绪十七年），家乡在江西抚州临川县的京官刑部主事饶昌麟等曾揭露，临川县"丙子（即1876年，光绪二年）波臣为虐，合邑堤垱四十余道莫不冲决为害，早晚绝收，米价腾贵，几

---

① 《清朝续文献通考》卷80。
② 录副档，光绪十一年刘恩溥片，月日不详。
③ 录副档，光绪六年五月十七日御史李暎片。
④ 录副档，光绪十二年九月初四直隶总督李鸿章折。
⑤ 录副档，具奏人、日期均不详。

至斗米千钱。报灾不准，催科照常。民多逃亡，道路饥殍，哀鸿遍野。……近堤之田，水到之处，积沙盈丈累尺，往之腴产概成沙丘。沙浅复垦成田者，不及十分之二，余者几如山积，尽属不毛之地。而钱粮照常征纳。存者多鬻子女以偿，逃亡者波及亲属戚族。十余年来，赔累难言”①。

四、“浑灾”与“清灾”

笔者在查阅清宫档案时，曾看到几份关于1898年（光绪二十四年）山东水灾及办赈情况的奏折，相互结合对照起来看，颇为耐人寻味。山东巡抚张汝梅先于是年9月8日（七月二十三日）报灾称：“山东地处黄河下游，河身弯曲，淤垫日高，近年以来几于无岁无工，即无岁无赈。然水势之大，灾情之重，从未有如今岁伏汛之甚者”，多处河堤决口，报灾州县多达29个，情况十分危急，“已随时立饬司、局速委妥员多备船筏，携带银钱、席片、馍饼分赴灾区，设法拯救查放急赈”。9月21日（八月初六）又有一折，对灾情做了补充报告，称急赈已将次放竣。② 后来，因有人奏报“山东放赈迟延，请饬催速办急赈”，光绪电谕他“迅速遴派妥员分投散放急赈，以苏民困”，张汝梅不得不于1899年1月9日（光绪二十四年十一月二十八日）再次上折，对此详加辩解。折中说：灾区急赈州县“早经一律放竣，共放赈银七万五千二百三十余两，官捐施放馍饼、席片等项尚不在内。急赈放竣，随即接办冬赈……自九月十七日查户起，截至现在”，委员查放历城、禹城等24个州县“共四千三十八村庄灾民，折实大口六十七万八千六百三口半，每大口极贫放京钱一千二百文，次贫放京钱八百文，小口各减半”，并称“节经严饬印委各员赶紧认真查放，不准草率从事，放完一庄，即贴一庄榜示，俾姓名、口数、钱数一目了然，以杜克扣中饱之弊，并将放过村庄户口、赈钱各总数，另贴简明榜示，咸使周知”③ 云云。光看这几

---

① 录副档，光绪十七年刑部主事饶昌麟等呈。

② 参见朱批档，张汝梅折。

③ 朱批档，光绪二十四年十一月二十八日山东巡抚张汝梅折。

个奏折，会觉得山东官员办事认真，安排周详，符合定制，整个山东的赈务似乎确实在有条不紊地进行着。但当我们又看到差不多同时山东籍日讲起居注官、翰林院侍讲学士陈秉和的奏折后，印象又颠倒了过来。

山东籍京官自然关心桑梓的苦难，故陈秉和“凡遇东省来人无不询以赈务，其自省城来者则云，急赈时，近省堤岸有官绅捐放馍饼、席片。每席棚七八人、十余人不等，仅给馍饼二三斤，未放银钱。自距省较远州县则云，并未放赈。……此急赈之情形，该抚所奏与臣所闻异也”。陈秉和于这年岁末在北京街头遇见山东禹城县流亡的灾民正在卖女求食，经了解，他们十一月中旬离开家乡时“无赈可食”。又向刚从山东返京的义赈京绅了解到，他们在山东义赈时，未闻放官赈，只是接到光绪派溥良为查赈大臣的电报后，巡抚“始张皇失措草草查放”，该京绅 1899 年 1 月 7 日（光绪二十四年十一月二十六日）离开山东，“其时始派委员”，“此冬赈之情形与臣所闻见者均异也”。该折还揭露道：“刻闻东省来信云，所派委员与首事人等勾通，从中分肥。十户之中领者一二，逼令合村具领赈甘结，以致各处哗然，情愿不领。而该抚乃在省城派委员十余人、书手数百人倒填月日，连夜赶造赈册。是今虽已放，而任用非人，百弊丛生，半归中饱。百姓当时溺毙者五万余人，至今饿毙者不计其数。”① 至次年初，查赈大臣溥良的奏报中虽多回护之辞，但也不得不承认，山东巡抚“所定急赈章程，大口均给钱一千，小口均给钱五百，而灾重之地印委各员往往以人多款少禀请酌减钱数，或大口仅给钱数百文，或每户仅给钱数百文，并有泊舟村外量取数千文、数十千文付之村人领回分给，至有每口仅分钱数文、数十文者”，冬赈虽照章如数发给，但却“按照民间初报户口原册删减户数、口数”；“其民间报灾请赈公用，本庄之首事、地保竟有按亩按户摊派钱文，而取给于所领之赈款以为盘费者”；再有，“逃亡各户闻赈归来，而赈已放过，则州县等官且亦限于文法而莫可如何”②。

---

① 录副档，光绪二十四年十二月二十二日陈秉和折。

② 录副档，光绪二十五年正月初七溥良折。

这一年山东赈务的弊端到底严重到什么程度，陈秉和的揭发与溥良的调查出入较大，陈秉和出于对家乡亲人的关心直言不讳，溥良则不免沾上官官相护的恶习，为封疆大吏留点面子，看来陈秉和反映的情况更可信些。况且，以忠直著称的前任山东巡抚李秉衡也对该省办赈中的问题深有感受："东省办赈日久，乃奉行不善，流弊滋生。查赈委员不下乡挨查，人数开自庄长，造册委之书吏，而户口之大小多寡与极贫、次贫之差等，得以任意赢缩，重领、冒领习为固然，真正饥民反不得食。即同一得之，亦仍是均摊匀散，而沟中之瘠已非一滴所能苏。每年公文下行，赈册上报，曰赈过若干人。其实灾民之生与死未尝过问，浮滥之与遗漏，其罪等耳。"①

"浮滥"与"遗漏"是晚清救荒中所存在问题的集中表现，它不仅存在于赈济中，也存在于蠲免中，即应该得到蠲免、赈济的人被"遗漏"，而不应得到的人却被滥于蠲、赈。晚清时，各省向有"清灾""浑灾"名目，十分具体、形象地反映了这一混乱现象。所谓"清灾"，顾名思义，是指地方官在勘灾、查赈中，不仅自己奉公守法、清正廉洁，而且勤勤恳恳照章办事，把有关工作处理得一清二楚，绝无"浮滥"与"遗漏"；反之，"浑灾"是指勘灾、办赈中一片混乱，"浮滥"与"遗漏"比比皆是，犹如一潭浑水。

办"清灾"，对地方官的品德操守与工作作风有很高的要求，故有关上谕总要强调勘灾办赈时需"选派妥员"，上引李秉衡折也说办灾时要遴选"操守可信勤朴耐劳之员"，即封建时代的"循吏"。但在当时的历史条件下，连统治阶级自己也说"牧令中十人难得一循吏"②，那么，真正能够办"清灾"者能有几许呢？故总体而言，清代，尤其是晚清时期的救荒活动确是一潭浑水。

那么，导致"浑灾"的原因何在？这不能不从具体负责救荒的州县官员及印委查灾委员说起。

首先，这些官员往往自己就是发天灾财的血吸虫。他们经常是

① 朱批档，光绪二十一年九月二十二日降级留任山东巡抚李秉衡折。

② 录副档，光绪二十七年五月内阁中书许枋折。

以赈银来抵补因挥霍、贪污所造成的仓粮、库银的亏空。“领到赈银，酌提若干先肥己囊，其余或归诸绅士，或委之胥吏，任其随意放给，府县并不过问”，“大吏委员查勘，举凡一切供应盘费，又率皆取给于赈银”；他们赴省领取赈银时，“必遍探钱价较贱之处”前往兑换，从中谋利。①

其次，则由于这些官员“疲玩”“废弛”，玩忽职守。按规定，地方遇灾，该管州县官及印委查灾官员必须亲历灾区“按亩踏勘”，核查田地灾情，还要“挨庄挨户访查”灾民，晰分极贫、次贫，工作相当繁重，况且灾区的气候、交通以至吃住条件往往比较恶劣，对于平日养尊处优惯了、“性耽安逸”的官老爷来说，这份差事真是苦不堪言，“每惮其烦”。故“地方以灾禀告。（州县官）初未下乡亲勘，核定被灾分数，及委员到境复勘，复与串同一气，浑报成灾分数。往往灾在民情良懦、钱粮易征处所，则避重而就轻；灾在民情刁健、钱粮难征处所，则避轻而就重。以致应赈者漏未及赈，不应赈者滥与之赈，畸重畸轻，弊端百出”，或者“遇被灾应赈年岁，以编户审丁造册各事概付书吏、门丁、里长、保正之手”②，听任其营私舞弊。

清朝的制度本来规定，勘灾、查赈不得“假手胥役”，“务使实惠及民”。每遇灾荒，有关上谕总要重申这条禁令，督抚的奏折中也总是信誓旦旦地保证遵照执行，这已成为上行下达公文中例行公事的套话。“胥役”（又称“吏役”）是州县的具体应差办事人员，是书吏和衙役的合称。清代一个州县的经制吏役（相当于今天的定编人员）总数不过60人，最多也不过上百人。但实际的吏役人数不断增长，大大超过经制之数。嘉庆时洪亮吉说：“今州县之大者，胥吏至千人，次至七八百人，至少亦一二百人。”③ 1830年（道光十年）上谕称：“山东州县差役，大县多至一千余名，小县亦至数百名。一省

① 参见录副档，道光二十九年九月初九江西道监察御史方允镮折。

② 录副档，光绪十九年七月十四日湖广道监察御史叶庆增折。

③ 《卷施阁文甲集》卷1。

如此，他省可知。”① 御史游百川估计，同治年间，大县有胥吏二三千名，小县至少三四百名。这些人社会地位不高，但以森严的衙门为靠山，在百姓面前作威作福、敲诈勒索，查灾办赈是他们大发不义之财的良机。至晚清，随着这个寄生阶层人数的急剧膨胀，其危害也更加严重。尽管清廷反复重申，禁止胥役染指救荒工作，但由于地方官疲玩废弛，客观上也由于事务繁忙，不能不借助于胥役。此外，插手救荒工作的还有地方官的家丁、私人幕友，以及地方上的保正、庄长、里长、绅衿等。这些人见“本官尚且克扣，遂尔相率效尤”，在查灾办赈中相互勾结，上下其手，借机“需索中饱”，干出了许多伤天害理的勾当。其中的弊窦和黑幕，实在难以历数，在救荒工作的每个环节都可以看到他们的鬼影：

报灾：“民间报灾请赈公用，本庄之首事、地保竟有按亩按户摊派钱文，而取给于所领之赈款以为盘费者”②；“造沙压地亩清册送县”，差役“逼索钱四十千整，否则不准送册”③。

查灾：查灾“委员等随带之书差借赔盘费等词，向各保及灾户需索费用……灾民皆不愿出钱，该乡保、庄长曾向吓称，若不允给，不得有票”④。

蠲缓：“每遇蠲缓之年，书吏辄向业户索取钱文，始为填注荒歉，名为‘卖荒’。出钱者，虽丰收亦得缓征；不出钱者，虽荒歉亦不获查办。甚至不肖州县，通同分肥。”⑤

查赈：书吏、门丁、里长、保正掌握“编户审丁造册各事”，“于是需索不遂，而赤贫之户多漏遗，中饱堪图，而次贫、稍次之户多添改。以至老羸壮者年貌不符，绝户摊丁，花名滥列。地方之劣衿、刁监知赈款之不无浮冒也，遂群起而相挟制，迭出而事把持，而弊愈辗转，不胜穷诘”⑥；“胥吏则更无顾忌，每每私将灾票售卖，

① 光绪朝《钦定大清会典》卷98。

② 录副档，光绪二十五年正月初七溥良折。

③ 录副档，咸丰七年四月初八都察院左都御史肃顺等折。

④ 录副档，道光三十年三月二十九日两江总督陆建瀛等折。

⑤ 《清文宗实录》卷208。

⑥ 录副档，光绪十九年七月十四日湖广道监察御史叶庆增折。

名曰‘卖灾’；小民用钱买票，名曰‘买灾’；或推情转给亲友，名曰‘送灾’；或恃强坐分陋规，名曰‘吃灾’。至僻壤愚氓，不特不得领钱，甚至不知朝廷有颁赈恩典”①。

这真是令人痛苦的现实，而我们的先祖们，正是在这样一种痛苦的现实中生活过来的。

① 录副档，道光二十九年九月初九御史方允镮折。

结束语　噩梦醒来是清晨

读完这本书，读者也许会产生一种如同经历了一场噩梦一般的感觉。是的，对于我们中华民族来说，这种噩梦般的生活和处境，一直持续到新中国的诞生才告结束。常言道：噩梦醒来是清晨。中华人民共和国成立以后，人们终于迎来了充满着希望也充满着阳光的黎明。

中华人民共和国成立40年来，我们在减轻自然灾害的工作上，已经取得了举世瞩目的伟大成就。据最近公布的数字，中华人民共和国成立以来，我国在农、林、水利、气象方面的基本建设总投资共1 074.94亿元。仅兴修水利一项，1952—1986年，国家财政的投资累计达630亿元，整修、新建堤防、圩垸、海塘20.4万千米，修建水库8.3万座，塘坝600多万座，总库容4 504亿立方米；建成排灌站46万多处，机电井251万眼，机电排灌动力6 400多万千瓦；建成万亩以上灌区5 000多处；全国灌溉面积由中华人民共和国初期低标准的2.4亿亩发展到7.2亿亩，初步治涝面积2.84亿亩，改造盐碱地0.71亿亩，改造渍害低产田0.52亿亩，治理水土流失面积53万平方千米。由于全国已初步形成了一个防洪抗旱的工程体系，使得自然灾害造成的损失大大减轻了，据估计，中华人民共和国成立以来防汛抗洪共减少经济损失3 000多亿元，为防洪建设投入的12倍。即使发生较严重的自然灾害，政府也立即组织群众抗灾救灾，40年来，国家直接用于解决灾民生活的救灾救济费累计达170亿元，调拨救灾口粮2 000多亿公斤。① 这就使得旧中国经常出现的“饥民遍野”“饿莩塞途”的人间悲剧，再也不会重演了。

从黄河在旧中国连年漫决、在中华人民共和国却岁岁安澜的历

① 参见《人民日报》，1990年3月5日、3月14日。

史巨变中，我们更深切地体会到，社会制度和政治制度的不同，对自然灾害的影响是何等重大。中华人民共和国成立后，国家为治理黄河投入了大量的人力、物力和财力。黄河流域人民在政府的统一规划下，每年出动上百万人，积极投入宏伟的治黄工程；国家在财力十分紧张的情况下，先后投资上百亿元，为治理黄河提供了财力和物力基础。40 年来，共完成加固老堤、修建新堤的土方工程量达 9 亿多立方米，整修险工的石方达 1 400 多万立方米，消灭堤身隐患 33 万处；从搬动的土石方来说，相当于建筑 13 座万里长城。在黄河泥沙主要来源区的黄土高原，由于坚持不懈地进行了植树种草、打坝淤地、修建梯田等大规模开展水土保持工作，取得了显著的成效；水土流失最严重的粗沙区，有效治理面积已达 10 万平方千米，近 15 年来，平均每年减少入河泥沙 1.8 亿吨。这些措施，大大提高了防洪能力，本书中所叙述的黄水不断泛滥的状况已经彻底扭转了。中华人民共和国成立 40 年来，黄河下游发生每秒 10 000 立方米以上洪水共 12 次，却没有一次决口成灾。1958 年，黄河出现特大洪水，花园口洪峰达每秒 22 300 立方米，尽管黄水汹涌澎湃、排山倒海，但两岸大坝却安然无恙。但在国民党统治的 1933 年，花园口洪峰流量仅每秒 18 700 立方米，下游决口漫堤即达 72 处，12 000 平方千米的土地上均受黄水浸淹，造成一次很大的水灾。两相对照，形成了何等鲜明的反差！在治黄工程中，不仅“黄灾”得到控制，而且变害为利，先后在黄河两岸建成 5 万亩以上的灌区 200 多处，灌溉面积由 1949 年前的 1 200 万亩发展到7 000 万亩。黄河下游新建引黄涵闸 76 座、虹吸工程 55 处、扬水站 68 座，引黄灌溉和补源面积达 3 000 万亩，成为我国最大的自流灌区。

“大雨大灾、小雨小灾、无雨旱灾”的淮河流域，也因为得到了大规模的综合治理，使旧貌换了新颜。40 年来，在淮河的干流和支流上，先后兴建了库容 1 亿立方米以上的大型水库 35 座，库容 1 000 万立方米以上的中型水库 140 余座，库容 10 万立方米以上的小型水库 5 000 余座，有效地控制了山区洪水，削减了洪峰流量。还在淮河中下游修建了许多蓄水控制工程，使淮河两岸的湖泊充分发挥防洪、灌溉等综合利用的作用。为了提高河道的宣泄能力，在淮河中下游和一些重要支流，都修筑和加固了堤防，如中游的淮北大堤长 340 千米，南四湖地区的湖西大堤长 129 千米，都成为保护千百万亩农田的重要屏障；下游的洪泽湖大堤和里运河大堤，经多次除险加固，大大改善了下游 3 000 万亩农田和 2 000 万人民生命财产的防洪安全条件。此外，还开挖了新沂河、新沭河、苏北灌溉总渠等，大大提高了入海泄洪能力；开展了规模广阔的除涝、治碱斗争；修建了 40 000 多座排灌站；兴建了全国著名的淠史杭灌溉工程；建成 500 千瓦以上的水电站 53 座，总发电量达 7.6 亿度；营造了 10 000 平方千米的水土保持林，原有 53 000 多平方千米水土流失严重的地区，已有 18 000 多平方千米得到初步治理。在党和政府领导下，经过淮河两岸人民的持续努力，自然灾害在很大程度上得到了有效的控制，粮食产量大幅度增加，其他经济也得到迅速发展，人民生活有了明显的改善。

前面我们曾经说过，生态平衡的严重破坏，是造成水旱等自然灾害的重要原因。中华人民共和国成立以后，特别是党的十一届三中全会以来，我国先后开建了一系列大规模的生态工程。在著名的“世界八大生态工程”中，我国即占了 5 项：中国“三北”防护林体系，中国平原绿化建设，中国长江中上游防护林体系，中国沿海防护林体系，中国太行山绿化工程。其中，“三北”防护林体系的范围包括东北西部、华北北部、西北东部的 551 个县、市、旗，面积为 406.9 万平方千米，占国土总面积的 42.4%。截至 1988 年，已人工造林 900 多万公顷，封山育林 200 多万公顷，零散植树 30 亿棵，被誉为世界生态工程之最。其他的几项工程也是规模宏大，对缓解生态危机、改善生存环境将发挥重大的作用。

正因为做了上面的种种努力，才使我国农业用占世界 7%的耕地基本上解决了占世界 22%人口的温饱问题，被许多国际友人誉之为奇迹般的成就。这正是中国人民在社会主义条件下向自然灾害做顽强斗争并取得巨大胜利的集中体现。但是，社会主义虽然送走了“饥荒之中国”，同时也还应清醒地认识到，我国毕竟还是一个发展中国家，我们防灾抗灾的能力还很有限，自然灾害对我国人民生命财产造成的损失和对经济发展的制约作用还颇为严重。据统计，在一般年份，我国因受自然灾害的影响，除数以千计的人员伤亡外，农作物成灾面积近3亿亩，因灾少收粮食近400亿斤，因灾倒塌房屋300万间左右。仅此两项，年直接经济损失就达100亿元以上。加上交通、通讯、电力、水利设施、文教卫生、工矿企业和市政方面的损失，经济损失达数百亿元。[①] 可见，同自然灾害做斗争，仍然是一个艰巨而长远的任务。

我们衷心祝愿我国人民在同自然灾害做斗争中不断取得新的胜利。

---

① 参见《光明日报》，1990年2月13日。

李文海文集

卷一

（下）

《李文海文集》编委会　编

中国人民大学出版社
·北京·

《李文海文集》

编委会

与德国历史学家施洛巴赫

与指导的博士生、首届全国优秀博士学位论文作者夏明方

目　　录

中国近代十大灾荒

中国近代十大灾荒

李文海、程歗、刘仰东、夏明方著，上海，上海人民出版社，1994。

前　言

这是我们“中国近代灾荒研究”课题组完成的第四部书。

已经出版的三本书中，《近代中国灾荒纪年》及《近代中国灾荒纪年续编（1919—1949）》，汇集了自1840年到1949年有关灾荒的大量原始资料，但基本属于史料长编性质；《灾荒与饥馑：1840—1919》一书，我们力图把它写成纲要式的近代灾荒简史。由于体例的限制，这些书都没有可能对重大灾荒做展开的、详尽的描述；又由于题材的原因，它们的读者对象大抵限于专业研究者。我们觉得，就研究过程而言，这样做是完全必要和合理的，因为对于任何一种历史现象或历史问题的认识，总是要先掌握丰富的历史资料，然后理出基本线索，才能为更深入地研究打下扎实的基础。史料长编和简史性的著作，也自有其特定的价值。但是，正如戴逸老师曾经说过的：“历史书籍总不能变成只是同行专家之间交流对话的工具。”① 在广泛搜集资料并掌握了基本历史线索的基础上，研究就应该向解剖典型、分析个案方面去深入。而如果能够选择一个恰当的主题，采用较为活泼生动的笔法，写出一部既对专业研究工作者有用，又足以引起专业范围以外的广大读者的阅读兴趣的书来，那对于我们来说，就不但是更好地尽到了历史工作者的学术责任，也可以从史学研究与现实生活的密切联系中得到深切的慰藉。

这本书的写作计划就是在这样的思想基础上确定的。

我国地域辽阔，地理条件和气候条件十分复杂，自古以来就是一个多灾的国家。特别是在近代社会，由于经济的、政治的、社会的各种原因，自然灾害更加频繁，灾情也更为严重。可以毫不夸张

① 《历史的顿挫·序言》。

地说，中华人民共和国成立前的百余年间，几乎是无年不灾、无灾不烈。在这样的情况下，要挑出十次最大的灾荒，却也不是一件容易的事。一来，过去的封建政权和大地主大资产阶级政权，在灾荒发生之后，虽然也有一套报荒、勘灾、赈济等制度，但对于灾情的确切判定，却并无十分科学的办法。拿水灾来说，关于降雨量、河流流速与流量等的科学统计和记载，是直到20世纪初才初具规模的；而地震灾害的报告，如震中、震级、烈度的测定和记录，则是在本书描述的1920年甘肃海原大地震之后，才开始逐步搞起来。二来，历史资料中关于灾荒的记载，虽然不乏具体细致的描绘，但大多是局部地区的情况反映，一涉及某次灾荒的宏观估计，则往往流于笼统的形容，如“大灾巨祲”“凶岁奇荒”“饥民遍野”“饿殍塞途”之类，要靠这些说法去区分灾情程度的轻重，其准确性就很难有充分的把握。三来，如前面已经提到的，在那个时候，可以称得上是大灾的，决非屈指可数，而是比比皆是，这当然也增加了选择的困难。

因此，本书所写的十大灾荒，只是在相对意义上说，是中国近代历史上发生的灾情十分严重、影响极为巨大的十次重大自然灾害。绝不是说，除此之外，就没有在程度上与此相差不多的大灾了。为了避免误会，也为了给人们一个关于我国近代灾荒的全貌，我们特意编了一份《中国近代灾荒年表》作为本书的附录，以便感兴趣的读者可以从中了解灾荒发生的最简要的情况。

无论如何，假如读者有兴趣或者有耐心读完这本书，就一定会对旧中国我们中华民族所受的民族苦难，有一个新的、更深的了解；就一定会对近代社会灾荒频发的原因、灾荒和政治的关系、灾荒和社会的关系，有一个清晰、形象的认识；就一定会对旧社会在黑暗政治和无情灾荒双重荼毒下人民群众所过的人间地狱式的生活，有一个深刻的印象。我确实这样相信。

中华人民共和国成立后，如本书所描述的，一旦发生大的自然灾害，动辄几十、几百万甚至上千万人被夺去生命，更多的人流离失所的悲惨情景，已经像噩梦般地成了历史的陈迹。但是，自然灾害仍然是我们国家和社会发展进步的重大障碍，时刻对人民群众的生命财产构成严重的威胁。同自然灾害做顽强的斗争，依然是行进在建设有中国特色社会主义大道上的中国人民的长期任务。温故可以知新。了解旧中国的灾荒情形，对于我们今天增强防灾意识，总结同自然灾害做斗争的历史经验和教训，提高全社会的抗灾能力，是会有重要的借鉴意义的。

我们课题组是1985年成立的，到这本书出版的时候，正好有十年的历史了。十年时间不算长，但对于我们来说，为完成这个课题的各种项目而花去的日日夜夜，却是难以忘怀的。这期间，课题组的成员，或因生离，或因死别，也有了很大的变化，但所有参加课题组的同志，始终保持着良好的亲密的合作关系，我以为这是极其可贵的。岁月流逝，物是人非，在本书正式定稿的时候，不禁令人产生无限沧桑之感。我想，《中国近代十大灾荒》的出版，不仅是对于课题组成立十周年的最好的纪念，也愿以此当作一瓣心香，奉献给共同奋斗而已经永远离开我们的同志。

文海

1994年4月18日于中国人民大学林园

壹　国难河患

——鸦片战争爆发后连续三年的黄河大决口

1842年8月29日（道光二十二年七月二十四日），时值初秋，炎暑未退。

这是以国耻载进近代史册的一天。

这一天，钦差大臣耆英、伊里布，两江总督牛鉴来到泊在南京下关的“康华丽号”英国军舰上，代表清政府与英国全权公使璞鼎查签订了不平等的中英《南京条约》。

随后，璞鼎查兴奋地宣告：他已为英国资产阶级打开了一个新的世界。

《南京条约》的签订，标志着禁烟运动的彻底失败和鸦片战争的结束，也标志着中国半殖民地半封建社会的到来，它同时也是中国政府被迫与列强签订的一系列不平等条约的开端。从此，深重的民族危机和政治灾难一再席卷而来。

正因如此，人们一提到当时的中国社会，就会马上将“1840—鸦片战争—不平等条约—半殖民地化”联系起来，习惯地想到国难当头的政治局面，这也是客观的历史实际，鸦片战争和作为其结局的《南京条约》，不论在政治上、经济上还是在社会心理上所产生的震颤实在是太剧烈了。

但是，鸦片战争毕竟覆盖不尽1840年前后中国社会的全部苦难。恰恰在同一时期，从1841年到1843年，发生了连续三年的黄河大决口，即1841年的河南祥符决口、1842年的江苏桃源决口，以及1843年的河南中牟决口。这三次黄河漫决，受灾地区主要为河南、安徽、江苏等省，并波及山东、湖北、江西等地，这些地区大都离鸦片战争的战区不远。那么，这场正巧在鸦片战争期间连年河决的社会灾难，就不能不给战祸造成的社会震动更增添了几分动荡不安。

水围开封

尺书来讯汴堤秋，叹息滔滔注六州。
鸿雁哀声流野外，鱼龙骄舞到城头。
谁输决塞宣房费，况值军储仰屋愁。
江海澄清定何日，忧时频倚仲宣楼。①

这是林则徐因禁烟运动和坚决抵抗侵略者被革去职务、遣戍伊犁途中，又因黄河在河南祥符决口于1841年8月19日（道光二十一年七月初三），奉命折回河东效力，到达开封后写下的诗句。诗中连连出现“叹息”“哀声”“愁”“忧”的词句，固然是有感于黄河泛滥而引出的愁绪，但对于这位面临禁烟运动的夭折，又耳闻目睹了英国侵略者船坚炮利之凶横的爱国者来说，这些缘于河患的感慨中，肯定也注进了诗人对时事的忧伤。一个新的，却是让中国人至今不忘的惨痛时代，正是在黄河漫决和外敌入侵的双重灾难中到来的。

1841年入夏以后，黄河中下游水势陡涨，大河奔涌，险象迭现。据当时的东河河道总督文冲奏称：“本年入夏以来，黄河来源甚旺，各厅纷纷报险。”② 他在8月3日的奏折中具体提到：“甘肃宁夏府，黄河于六月初八至十一日长水八尺一寸……河南陕州万锦滩黄河于六月初五、初六、初九等日并于十一日子、辰、午三时及十四日子刻七次共长水二丈一尺六寸，武涉沁河于六月初五、六、七日三次长水四尺三寸，异常勤旺。而十一日七时之间万锦滩报长九尺六寸之多，下注尤为猛骤。历查伏汛涨水，从未有如此之盛，且水色浑浊，前涨未消，后涨踵至。”③

① 《林则徐年谱》（增订本），371页。
② 《清宣宗实录》卷353。
③ 《再续行水金鉴》卷80，2076页。

1841年8月2日（道光二十一年六月十六日）辰刻，黄河浊流终于在祥符县上汛31堡决口。此处正南对着河南省城开封，距离不过15里，冲出决口的黄水以建瓴之势，凄厉地呼啸着漫卷而下，大溜掀起了满天的黄尘和灰雾，转眼之间就吞没了一个又一个的村庄，直迫省城。8月3日（六月十七日）子刻，黄水冲破护城大堤，围住了开封。

这时，那位在稍后参加签订《南京条约》的牛鉴还在河南巡抚任上，他在8月4日（六月十八日）的一份紧急奏报中声称已经同驻工黑堽的河道总督文冲失去了联系，这两地虽间距仅20余里，而“一片汪洋，声息不通，未及会衔”①。在几近绝望中，他只能对天号泣、长跪请命，祈求上苍保佑。署理河南巡抚鄂顺安在后来的奏折中回顾说：“道光二十一年六月十六日，祥符汛三十一堡漫口，省城猝被水围，其非常之险层见叠出。”②

所谓层见迭出的“非常之险”，最初究竟是什么样的情状呢？赵钧《过来语》记：“六月初八日，黄河水盛涨。至十六日，水绕河南省垣，城不倾者只有数版。城内外被水淹毙者，不知凡几。”③ 这只是一个非常笼统的概括，但也不难想见，惊涛骇浪，呼啸而至，水高丈余，田庐湮没，城垣坍塌，人民荡析离居，城中万户哭声的灾难性场面。当时的一些地方官吏应急乏策，匆促“重赏雇夫，将五城全行堵闭”。但由于开封城墙是外砖内土的建筑结构，因年久失修，砖多剥落，简直防不胜防，漫水很快冲漏了地势低洼的城西南一段，瓦解了这种纯封闭式的护城办法。河南巡抚牛鉴不得不自发事的31堡乘小船绕道回城，监督堵筑。由于河水“湍激盘旋，猛不可状”，在最初几天的守城过程中，就付出了巨大的代价。8月3日到8月6日（六月十七日至二十日），城南门地段水深持续在一丈四五尺上下，用去星夜赶做的柴土坝十余道及土戗数十丈，“前之冲漏者乃得完固”。而与此同时，曹门、宋门附近也因为地势低洼，“水

---

① 《再续行水金鉴》卷80，2077页。
② 录副档，道光二十二年鄂顺安折。
③ 《近代史资料》，总41号，133页。

势所趋，城垛坍塌，月墙皺裂，不计段数”，又赶紧堆土坎塞之，但“宋门旁之水门洞其深莫测，百计堵筑，水从地出，既堵复渗”，最后不能不“赶用棉被、棉袄加布袋砖包以数十万计，始行堵住”。即使如此，仍难缓解开封城“形如釜底”之势。① 更重的灾情还在后头。

8月8日（六月二十二日），是立秋的日子，此后的一段时间是我国北方一年当中最怡人的时节了。天高气爽，轻风徐徐，金色的收获……然而，1841年（道光二十一年）的秋天，人们却沉浸在弥漫半个中国的天灾和人祸的气氛内。紫禁城里被南国战火扰得寝食不宁的道光皇帝，还不得不分出精力来批阅和思虑从河南灾区不断飞递而来的奏折。就在8月8日，河水再次猛涨，咆哮声声，使本来就被黄水围困的开封城受到更为严峻的威胁。第二天，大水直冲开封城北的护城堤，“其危不测”，牛鉴在奏折中坚持认为：“事之至重至急，无有逾于保卫省城者，并无顾此失彼之虑。”② 在这种思想指导下，他一面不断上报：“中牟、通许二县……各有十数村庄被淹。”③“被水者有荥泽、中牟、郑州、内黄、封丘、考城、武陟、孟县、原武、孟津等十三州县。”④ 一面却对这些被淹地区置之不顾，专为守住开封一个孤城而不惜血本：“重价购买砖块，或买民间破屋，或拆毁废庙，赶运工次”，“赶做磨盘鸡咀等坝及小砖垛数百道”。由于水势凶猛，大坝随筑随淹，物料难以接济，只好“拆城上垛墙及教场、贡院等公所砖石以应猝需，势同剜肉补疮，实迫于万不得已”。当时任开封府知府的邹鸣鹤对8月23日到9月1日（七月初七至十六日）之间抢护开封城有过一段相当生动而又悲惨的记录：

抢护官绅奔命不暇，自初七以来，每日辄长水五七尺不等，加以天时阴惨，大雨滂沱，城内坑塘尽溢，街市成渠。城上督工官弁及做工人夫等上淋下潦，咸胼胝于泥淖之中。而溜益加

① 参见《再续行水金鉴》卷153，4023～4024页。
② 《再续行水金鉴》卷80，2092页。
③ 同上书，2083页。
④ 同上书，2087页。

> 紧，砖质轻浮，随抛随折，业已计无复之，随搜买磨石二千余盘及重大石块无算，并飞札济源、巩县等处采买碎石运省应用，将巨石向城角抢抛，俟立住脚底，再以砖块加抛，抛成后复抛重石盘压砖坝，乃不至随流淌泻。城外堤口各村庄，溜所过成泥沙，淹溺死者，不可胜算。甚有攀援上树哀号求救，声不忍闻，而波浪掀天，船不能渡，至水涌树倒，随流而逝者不可胜计。其余迁高阜者半，避入城内者半。而城内民房泡塌，徙避城垛者每日增添。①

就在开封城内外出现上述惨烈局面的期间，1841 年 8 月 26 日（道光十一年七月初十），英军侵占了南方美丽的城市——厦门。无论就厦门的失守还是开封的被困而言，灾难还远望不到尽头。英军攻占厦门后，随即沿海北犯，而河南的省城开封则继续被黄水团团围逼着。

9 月 1 日（七月十六日）以后，大水仍无退去的迹象。开封的城墙毕竟年代已久，长时间承受大水的冲击和围困，后果可想而知，牛鉴接连几次在奏报中言及，“汴省城垣本属年久损坏，百孔千疮……泡久则愈形酥损”②，“南门地处极洼，城身亦多坍陷”③，“四面城身久泡酥损，此修彼坏，百孔千疮”④，“城垣之间段坍陷者十余次……”⑤ 9 月 2 日（七月十七日），大溜再一次排山倒海，奔腾而来，“城根刷动，坐蛰之处比比皆是”。牛鉴别无选择，唯一的办法是抛石护城，这位负有“守土牧民”重任的封疆大员深知开封陆沉的严重后果，干脆住到了城头上“躬督抢抛”，但仍旧未能遏阻住黄水狂涨的势头。三天以后，大溜又以澎湃之势“塌去城墙五丈余”，把执拗地认为凭当时的人力和物力，“以之堵大堤则不足，以之卫省城则有余”的牛鉴，几乎推向了绝境。9 月 6 日（七月二十一

---

① 《再续行水金鉴》卷 253，4025～4026 页。
② 《再续行水金鉴》卷 80，2086 页。
③ 《再续行水金鉴》卷 81，2092 页。
④ 同上书，2094 页。
⑤ 同上书，2099 页。

日），道光皇帝“以开封水围匝月，情形危迫，命牛鉴将城内居民及早迁徙，官员亦酌量迁避”①。牛鉴万般无奈，只好又“率在城司道府厅恭设香案，望北叩祷保护”。一位目击者形容9月9日（七月二十四日）的险迫情形时称：“浪若山排，声如雷吼。城身厚才逾丈，居然迎溜以为堤，而狂澜攻不停时，甚于登陴而御敌。民间惶恐颠连之状，呼号惨怛之音，非独耳目不忍见闻，并非语言所能殚述。”② 当天用于抢护的物料已尽，城内官民束手待毙，幸而在这时，有两只料船自北冒险飞渡而来。大概就是这两只船内的物料，加上官民日夜冒死的抢护，古老的开封城才不致在大水中覆没。整个9月间，城内官民很难过上一个可以安眠的长夜，“溜去则城稍定，溜到则城必塌，甚至一日塌至数次，每次必至危极险，计共塌城至十六七次，刻刻有满城性命之忧”③。应当承认，守城的官兵和民众，虽面临“登陴御敌”之状，并无惧色，“凡可御水之柴草砖石，无不购运如流；凡力能做工之弁役兵民，无不驰驱恐后”④，包括兰仪汛都司邱广玉在内的许多官民都曾因抢护城垣而落水，不少人因此付出性命。他们的抗灾精神，与同一个时间在福建、江浙沿海抗击英国侵略者的官兵们的御侮气概相比，是毫不逊色的。

9月30日（八月十六日），林则徐到达开封。前此，林则徐由于在鸦片战争中坚持反侵略斗争，受到一部分投降势力的排挤，被道光帝“发往伊犁效力赎罪”。行至扬州时，因为另一位被道光帝派去筹办救灾工作的大臣王鼎的极力请求，被允准“折回河东”，参与救灾和治河。8月25日（七月初九），当此消传到开封时，在正处于深重灾难中的群众间引起了极其热烈的反响。“闻林制军将来，绅民无不喜悦。……闻之者共相庆也。”⑤ 林则徐从一个灾难深重的地区到了另一个灾难深重的地区，刚刚被迫卸下与侵略者直接战斗的重担，又肩负起与洪水搏斗的艰难责任。一抵开封，他立即赶赴祥符六堡

---

① 郭廷以：《近代中国史事日志》（上），111页。

② 录副档，道光二十二年二月二十八日折。

③ 《再续行水金鉴》卷153，4028页。

④ 录副档，道光二十二年二月二十八日折。

⑤ 《林则徐年谱》（增订本），366页。

工地，“追随星使，朝夕驻坝”，以至“奔驰成疾，既发鼻衄，又患脾泄，两症相反，医药綦难”。但他置自身的得失于不顾，“在河上昼夜勤劳，一切事宜，在在资其赞画”①，为祥符六堡的堵口工程做出了极大的贡献。从 1841 年 9 月到 1842 年的春天，林则徐在投身堵河工程的同时，仍念念不忘国家、民族的命运。“诗言志”，诗也言愁。林则徐在祥符河工处写下了许多诗篇，虽也不乏表现“肝胆披沥通幽明，亿兆命重身家轻”的献身精神，但更多的则如我们在篇首引录的那样，字字句句心情压抑、愁绪万千。他在一首诗中写道：

秦台舞罢笑孤鸾，白发飘零廿载官。
半道赦书惭比李，长城威略敢论檀。
石衔精卫填何及，浪鼓冯夷挽亦难。
我与波斯同皱面，盈盈河渚带愁看。

这种愁苦无奈的精神状态，连同“狂澜横决趋汴城，城中万户皆哭声”的忧民意识，与他在这年秋天收到门人戴绹孙关于国家时事的手书和诗作后，“欲拍铜斗而碎唾壶，不知涕之何从也”的激越之情纠搅在一起，构成了林则徐当时以忧患为基调的思想倾向，这也是 1841 年秋天中国社会的真实写照。就在林则徐抵达开封的次日，英军再陷定海，守城总兵葛云飞、郑国鸿、王锡朋战殁。十天后，发生了悲壮的镇海保卫战，钦差大臣裕谦等英勇献身。林则徐在河干工地一再写信给友人，“力陈船炮水军之不可已”，始终保持了抵抗入侵者的鲜明态度。

进入 10 月之后，黄河仍不时“溜势汹涌”。此后直到次年春天，大水始终威胁着开封，“共阅八月之久”。虽不致呈“狂澜排山倒海”之势，但由于整座城市被水长期围困，“城墙水泡愈久，愈觉岌岌可危”，随时可能出现难以预料的局面，防护工作“更为吃力”②。况且鸦片战争正在进行，清政府在腹背受敌、军费浩繁、战局每况愈下的情势下，已经很难腾出精力和财力对被水的开封提供实质性的

① 《林则徐年谱》（增订本），367 页。
② 《续行水金鉴》卷 153，4028 页。

帮助。好不容易筹措了500余万两银子，几经周折，一直到第二年的4月3日（道光二十二年二月二十三日），才总算使用上，祥符决口也堵合了。

这场来势如此迅猛的特大洪水，当然不仅仅是危害了开封一城，可以说，洪水的走向，是将灾难延伸到了广袤的中华腹地。河决祥符后，大溜直奔开封西北角，然后分流为二，汇向东南，又分南北两股，“计行经之处，河南、安徽两省共五府二十三州县”①。其他如江南（今江苏）、江西、湖北等省，“均有被灾地方”。关于灾况，我们还看不到特别翔实和具体的记载，不过，仍可从一些目击者或当事人的记录中感受到这场黄河泛滥对社会生活的影响程度。

当时任翰林院检讨的曾国藩在家书中说：

> 河南水灾，豫楚一路，饥民甚多，行旅大有戒心。②

安徽巡抚程楙采奏称：

> 据查豫省黄河漫水，灌入亳州涡河，复由鹿邑归并入淮，以致各属被灾较广，小民荡析离居。③

王鼎、慧成、朱襄、鄂顺安在1842年3月24日（道光二十二年二月十三日）联衔会奏：“伏查豫省为江南、安徽上游，上年南岸溃堤，三省之荡析离居不堪设想。且洪泽一湖，受全黄下注之水，既抢险停淤之为患，复通漕济运之维艰，工务所关何等重大。且往届即有漫口，尚与省会无干，此次省垣重地，以城为堤，自去夏以迄今春，防险竟无虚日。况漫决若在秋成以后，民犹糊口有资，上年漫在夏间，远近饥民，更难绥辑。”④

自始至终亲身经历了抢护开封城河工的邹鸣鹤提供的灾情报告更具可信度：“大溜经过村庄人烟断绝，有全村数百家不存一家者，有一家数十口不存一人者。即间有逃出性命，而无家可归，颠沛流

---

① 《清宣宗实录》卷359。

② 《曾国藩全集·家书》一，14页。

③ 《清宣宗实录》卷355。

④ 录副档，王鼎等折。

离，莫可名状。城内居民虽幸免漂没，而被水者辗转迁徙，房屋多倒，家室荡然，惨目伤心，莫此为极。”①

江河同难

从祥符黄河决口的堵合（1842年4月3日，道光二十二年二月二十三日）到黄河在桃源县的再决口（1842年8月22日，道光二十二年七月十七日），黄河中下游流域仅仅平静了四个多月。

道光皇帝肯定无暇为黄河流域的暂时平静松口气。因为在距此不太远的长江下游流域，鸦片战争已经进行到最关键的时刻了。1842年5月，英国侵略者撤出他们攻占的宁波和镇海，此后，攻占江、浙两省的海防重镇乍浦，炮口对准了长江。6月，英军攻打吴淞炮台，宝山、上海相继失守。7月下旬，英军进攻长江南岸的镇江，在这里发生了激烈的巷战，随后镇江失守。恩格斯在获悉镇江守军英勇的抗战情形后赞扬道：“如果这些侵略者到处都遭到同样的抵抗，他们绝对到不了南京。”② 然而，一旦过了镇江，南京便指日可下了。

还有一位比道光皇帝更真切地体验了天灾和兵燹交织之苦的当事人，他就是祥符决口几个月后被擢为两江总督的牛鉴。在前一年的黄河决口中，牛鉴曾据守开封城头，力排他议，为抢护开封城尽了一份气力。牛鉴的保守开封，是以牺牲了河南广大的州县灾区为代价的，而当1841年秋他升任两江总督，从黄泛区转到长江下游鸦片战争的战场上时，竟连这点据守孤城、舍身御难的精神也丧失了。1842年初夏，他和江南提督陈化成奉命扼守吴淞炮台，阻止英军战舰驶进长江。但6月吴淞战役中，牛鉴闻风丧胆，临阵逃遁，与英勇作战、据塘击沉三艘敌舰而后捐躯的陈化成形成了鲜明的对照。吴淞炮台失陷后，英舰长驱直入，牛鉴一退再退，躲进了南京城里。到这年夏秋间，他已经和赶到南京的耆英、伊里布商讨怎样与英军

① 《再续行水金鉴》卷153，4028页。

② 《英人对华的新远征》，见《马克思恩格斯全集》，中文1版，第12卷，190页。

议和了。

恰恰就在此时，黄河突于江苏桃源县北崔镇汛决口一百九十余丈。刚刚平静了四个多月的黄河水，再一次发出凶猛的咆哮。这次的决口处位于黄河下游。前此，南河河道总督麟庆也曾将甘肃、宁夏、河南等地黄河水位上涨的具体数字频频报告给道光皇帝，奏折中连连出现“险工迭生”“河流浩瀚异常”“情形俱属紧要”“甚为危险”“堤身万万险要”“处处险工迭报，危急之至”“臣……万分焦急”等语句。但也许是道光帝由于鸦片战争而无暇他顾，更大的因素则是清政府根本就拿不出切实可行的防洪方案，因而明知决口在即，身为河道总督的麟庆，除了采取极原始的加高堤埝等堵防措施外，也只好望河兴叹，“惊恐万分”了。

果然，就在黄河下游沿岸四处报危的紧要关头，8 月 22 日（七月十七日）卯刻，一场来自西南的强劲暴风突然袭过桃源县北崔镇一带的黄河河面，水乘风势，掀起排山冲天的大浪，迅猛地冲破堤口，直穿运河，毁坏遥堤，然后灌入六塘河东区。与此同时，上游徐州府附近的铜山、萧县也因“水势涌猛，闸河不能容纳，直过埝顶，致将铜山境内半步店埝工冲刷缺口”①。原来的黄河河道，因桃源决口随即断流。

巨灾大难笼罩在黄水所过之处。最先罹难的，竟然是驻防决口处的守备张源吉，他设在堤下的衙署及家人都被大水吞没。恰好途经灾区的太常寺少卿李湘棻向朝廷报告说：“臣行至宿迁县，知桃源县北厅扬工下萧家庄漫成口岸。路遇被水灾民询称‘今岁异涨陡发，实历年所未有’。臣缘堤而行，察看北岸水痕，大半高及堤顶，全仗子埝拦御，情形危险至极。”他后来从麟庆口中也得悉：“漫溢口门已有百余丈，水头横冲中河，向东北由六塘河、海州一带归海。彼处旧有河形，大滔趋赴，势若建瓴，当不致十分泛滥。唯运河淤垫，急宜挑浚。”②

一个星期以后，即 8 月 29 日（七月二十四日），停泊在南京下

---

① 录副档，道光二十三年七月初二署两江总督璧昌、江苏巡抚孙善宝折。

② 录副档，道光二十二年折。

关江岸的英国军舰上，清政府的钦差大臣耆英和伊里布、两江总督牛鉴与代表英国政府的璞鼎查签订了著名的《南京条约》。一位叫利洛的侵略者在描述此事时炫耀说："离着中国最大河流口 200 英里，在它的故都的城垣之下，在一个具有 74 座炮位英国军舰的船舱内，中国第一次被迫缔结条约，并由三位最高的贵族，在英国国旗之下代表天朝签了字。"这三位贵族中的另一人，就是曾任河南巡抚的两江总督牛鉴。

英国侵略者所以不惜通过战争的代价，把舰船开到长江口内的江面上，他们的目的也是从心理上先战胜清朝政府，攫取更多的侵略"战果"。这个目的达到了。道光皇帝此时已失去了继续作战的信心，他曾在谕旨中无可奈何地说："念江南数百万生灵，一经开炮，安危难保。既经该大臣等权且应允，朕亦以民命为重，先交洋钱六百万元，香港准其凭借，厦门、宁波、上海等处亦可准其贸易。"①《南京条约》的订立表明，耆英、伊里布和牛鉴是完全接受了英国方面提出的大大超过这道上谕所授权限的和约条款，此后中国已经不可能再以一个独立自主的封建国家的姿态存在下去了。牛鉴，这位黄河决口时守在开封城头的"功臣"，也被历史最终评判为投降活动的积极参与者。

1842 年 8 月，对于黄河和长江来说，都意味着一种历史性的灾难。关于鸦片战争和《南京条约》的影响，至少可以推演到 80 年以后的清政府的覆灭，但它对眼前发生的黄河大决口，实际上也产生了推波助澜般的冲击。

还是再回到苏北来。这次的萧县、桃源决口，相对上一年的河南水灾，因位处黄河的下游一带，离出海口已经不远，因而淹浸面积较少。曾国藩在一封家书中估计："黄河决口百九十余丈，在江南桃源县之北，为患较去年河南不过三分之一。"② 然而受灾面积的多少并不完全意味着灾情的轻重，也不意味着灾情影响的大小。黄河决口后，大溜趋注六塘河，据麟庆探查，六塘河两岸"并无城郭居

① 《清史列传》卷 48，3781 页。

② 《曾国藩全集·家书》一，31 页。

民”，真正令他“心胆俱碎”的，是害怕大水冲断了运河和驿路。当时《南京条约》尚未签订，在紫禁城内坐卧不安的道光帝一旦得不到及时报来的军情，后果可想而知。因而在决口的第二天一早，麟庆即“渡河至运河查看”，“赶紧设法疏通运道”①。事实上，决口一个多月后，道光皇帝仍得不到一份详细的水灾图说报告，他在上谕中催促说：“现在黄河桃北漫口，回空军船阻滞，朕心实深廑念。前有旨令麟庆查明漫口丈尺，绘图贴说，驰递呈览，自应遵旨驰奏，以慰朕怀。昨会同李湘棻由六百里驰奏江北防堵情形，仅将中河灌塘约略附陈，其建闸筑坝挑河各事宜据云本月十四日具奏，迄今并未奏到，发递折件理宜权事理之轻重，事关军务，原应驰奏……”显而易见，朝廷所最关心的，是“军船阻滞”等“军务”问题。当时，英国的兵舰还在长江江面上游弋，中英双方正在就战后事宜节节交涉。在朝廷看来，防范英人再起事端的“军国大事”仍不能从日程上抹去。桃源河决虽然没有直接影响鸦片战争的进程，但水灾引起正河断流造成的“军船阻滞”，恰恰是出现在中英谈判的关键当口，这无疑会从政治心理上又一次打击了道光皇帝。

麟庆在另一份奏折中详细说明了河决以后的黄水走向：

> ……萧家庄漫水下注黄家口一带，溜势平铺，至六塘河分为多股，又至钱家集水面宽广。钱家集以下溜仍散漫，直至场河归总。场河以下复分两股，其北股溜止三分，入车轴河，由埒子口归海；其南股溜有七分，由武障等河汇入北潮河达灌河口归海。查自萧庄至旧海口堤路四百二十余里，现至埒子口三百五十余里，至灌河口三百六十余里，灌河口距旧海口一百余里。至被灾情形，桃源最重，沭阳、清河次之，安东、海州较轻，均未被淹及城郭。②

尽管这次黄河决口所影响的范围仅限于苏北地区，也没有出现如上一年水围开封时那样惊心动魄的情景，但仍可以肯定地说，

① 《再续行水金鉴》卷 83，2162 页。

② 《再续行水金鉴》卷 84，2172 页。

1842年的桃源决口，同样给当地人民造成了极大的困苦。当时的江苏巡抚程裔采向朝廷报告说："窃照桃源、萧县二县，本年或因扬工漫溢，或因开放闸河水势过大，以致田亩庐舍均被浸没，居民迁徙，栖食两无。……在田秋粮尽被淹浸，驿路亦被淹没。"① 我们还可以从麟庆所记录的决口情景中想象到灾情的紧迫和严重程度，他自称看到河决之状时"心急如焚，恨不能实时堵闭，无如水深溜急，料物一时难济"。他还谈道："地方官多雇小船，并备馍饼、席片赶紧散放……"如此说，起码在萧县和桃源一带，大水已经造成了一片汪洋的泛滥局面。而当时正值秋收的前夕，这对于靠天吃饭的普通农村老百姓来说，当会蒙受一场何等惨重的灾难性打击！

黄河泛滥了两个月以后，朝廷派来的勘查大臣户部尚书敬徵、工部尚书廖鸿荃一行会同当地官员对受灾的村镇进行了一次详细访查。据他们报告，在桃源境内黄河北岸，"秋禾多被淹没，庐舍亦间有冲塌，情形较重，成灾九分"者，共十七图；"因黄水汇归六塘等河，并无堤埝捍御，禾稼亦被淹损，情形次重，受灾七分"者，共十一图。在沭阳县境内，"共九镇十二保地处低洼，始因缺雨，继遭黄水漾漫，秋禾无获，成灾五分"。其他如清河、安东、海城诸县中的许多村镇，"亦因先旱，复被淹浸，秋禾间有损伤，以致收成歉薄"。② 另据淮安府知府曹联桂报告，桃源县应需赈抚的户口10 516户，其中大口17 492口，小口9 188口。

上列数字已经使人感到了大水退去后的悲惨气氛。在方圆数百千米的苏北大地上，岂止失去了一个丰收的金色的秋天！更没有了炊烟和鸡鸣，没有了田园和庐舍，没有了往时正常的生活秩序。剩下的只有黄水造成的灾难性的残迹以及流离失所、对天呻吟的灾民。安土重迁的百姓面临的只有一条生路——逃荒。

大水过后，有人做了另外一项较为周密的实地勘查，设计出决口以下各处清淤、筑坝、移民等工程并计算了所需费用，认为"统共创筑两堤间段，挑绕越村镇，筹划盐运，共约需银七百六十

---

① 录副档，程裔采折。

② 参见《再续行水金鉴》卷84，2181～2189页。

余万两”①。清政府在刚刚结束的鸦片战争中消耗了大量军费，元气大损；又因《南京条约》的签订需向英国赔款二千一百万元，如此沉重的财政负担已经让朝廷挣扎在无形的压力之下，它还怎么能马上拿出那么多的银子，来实施旨在于治理黄河下游水患的大规模的工程呢？麟庆就曾坦言说：“唯堵坝挑河需费不少，值此军兴之后，拨款维艰。”② 这自然也是实情。然而，黄河上年在祥符决口，今年在桃源决口，来年将在中牟决口，以及十年之后又在丰北决口，直至1855年的铜瓦厢大改道，如此严酷的现实，对于以种种理由为借口，置亟待下大气力治理的河患于不顾，得过且过的腐败不堪的晚清河政，真是个莫大而又无情的讽刺。

浊浪再起

岁月往复，又到了一年一度的汛期。1843年（道光二十三年）入夏以来，河南遇上了几乎无日不雨的阴霾天气，这对于生息在黄河两岸的普通民众，是个非常不祥的兆头。

大雨滂沱，造成了黄河水的盛涨，在黄河干流潼关至小浪底河段，迅速流传开一首描述时情的民谣：“道光二十三，黄河涨上天，冲了太阳渡，捎带万锦滩。”③ 据河道总督慧成奏报：“万锦滩黄河于六月二十一日巳时长水五尺五寸，黄沁厅呈报武陟沁河于初八、初九并初十日巳、申、亥三时及二十日寅、午、亥三时，二十一日午、酉两时十次共长水一丈五尺三寸。”④ 而省内中部、东部的黄河流域，“两岸普律漫滩，汪洋无际，临黄砖石埽坝纷纷报塌”，新坝随筑随垫，一般地段的水位都已经接近或漫过了堤面，险象环生。河督慧成有前两年的前任文冲、麟庆的下场为鉴，他的心境是可以

① 《再续行水金鉴》卷83，2165页。
② 《再续行水金鉴》卷84，2170页。
③ 转引自《中国历史大洪水》上卷，344页。
④ 《再续行水金鉴》卷85，2199页。

料想的。因而可以说，自从入伏以后，他的顶戴花翎便交给了滚滚泻下的黄河水。

7月23日（六月二十六日），雷鸣电闪，暴雨又下了一昼夜。到24日黎明，大雨间忽然东北风大作，掀荡着河水，扬起超过大堤数尺的高浪来，面对呼啸而来的排天巨浪，正在中牟县下汛八堡抢护先行垫塌的新埽的官兵顿时立足不稳，束手无策，眼睁睁看着大水奔腾，将中牟下汛九堡冲决，塌宽一百余丈。[①]

中牟河决时，慧成正远在下游三百里之外的河工工地，他闻讯自然又是“心胆俱裂”，虽连夜冒雨驰赴灾处，还是晚了，他看到的是一片“民舍田庐无不受淹”的惨况。十天之后，他即被清政府“革职留任”，接着又被正式革职，并像前任河督文冲一样，被“枷号河干，以示惩儆”。

由于此回决口正值河水陡涨之际，水势汹涌，兼之当地土性沙松，决口之处不仅无法马上堵合，反而口门不断扩大。数日后“刷宽至二百余丈”。8月25日（闰七月初一），朝廷派去的钦差大臣、户部尚书敬徵和户部右侍郎何汝霖自灾区奏报：“现查口门宽三百六十余丈，中泓水深二丈八九尺不等。东坝头水深五尺五寸，西坝头水深五尺。”[②] 此时距决口的7月24日，已经过去了整整一个月。

口门越开越大，洪水的泛滥面自然也收拾不住。大溜自中牟县北部流向东南，经贾鲁河入涡河、大沙河，而后夺淮归洪泽湖。因而可以明确地说，这次决口于河南中牟的黄河水灾，直接覆盖了豫、皖、苏三省的几十个县以及更多的村镇。另外，不只决口处下游普罹水患，上游的阌乡、陕州、新安、渑池、武陟、郑州、荥阳等州县，也因自8月6日（七月十一日）到8月8日（七月十三日）持续三天的大暴雨，致使8月9日（七月十四日）黄水陡涨二丈有余，漫溢出槽，沿河民房、田禾均被冲毁。只是与中牟的黄河大决口比较，其为害的程度毕竟还有相对的局限性。

更大的灾情还是出在中牟以下的黄河流域，而灾区中心正是决

---

① 参见《再续行水金鉴》卷85，2200页。

② 同上书，2207页。

口的周围地带。由于大水吞没了成片的村庄，灾民们无家可归，纷纷逃到地势较高的堤坝上，眼看着房舍、树木随水漂去，焦虑惊恐的心态暂可勿论，“嗷嗷待哺”成了迫在眉睫的问题。据敬徵、何汝霖奏称，他们派归德府知府胡希周督率“知县、佐杂、绅士等分作四段搭盖窝棚一百余座，按名散给馍饼约计大小人口一万有零”①。这在当时的社会条件下，也算很不容易了。

9 月 19 日（闰七月二十六日），另一名钦差大臣、工部尚书廖鸿荃进宫陛辞，三天后，他离开京城前往灾区。10 月 6 日（八月十三日），廖鸿荃一行来到中牟九堡。此时，灾民们已经露宿了两个半月。当日，廖鸿荃站在决口处所，“南望一片弥漫”，他第二天向皇帝报告说：“沿途查看灾民，编茅搭席暂居堤上，殊堪悯恻。闻其初被水时，情状尤觉可惨。”②

道光皇帝在事出后两个月间接连派出钦差大臣前往灾区勘查、救灾、督办河工，表明了他对这次黄河水灾的格外重视。而廖鸿荃到灾区后所看到的情景与两个多月前黄水决堤时的灾状并无实质性的改观，依然是“弥漫一片”，灾民“居堤上”；至于他所听说的“尤觉可惨”的情状，恐怕是来自一些当事人目击了大水突然袭来，拔树倒屋，吞没人家后所生发的感慨，这还不能意味着两个多月来，救灾工作有了明显的成效。事实上，治河工程进展甚缓，1844 年 5 月 4 日（道光二十四年三月十七日）上谕谈及河工情况时称：“上年中牟漫口，特派麟魁、廖鸿荃会同钟祥、鄂顺安，督率道将厅营办理大工，宜如何激发天良，妥筹速办，于春水未旺以前，赶紧堵筑。乃毫无把握，临事迁延，将次合龙之际，被风蛰失五占，以致水势日增，挽回无术，现在坝工暂行缓办，上年被淹各处，一时未能涸复。”③ 同年 8 月 29 日（七月十六日）上谕又云：“中牟漫口后，一年以来，未能堵合，三省灾黎，流离失所。”④ 可见，直至第二年的

① 《再续行水金鉴》卷 85，2213 页。

② 《再续行水金鉴》卷 86，2230 天。

③ 《清宣宗实录》卷 403。

④ 《清宣宗实录》卷 407。

汛期，黄河漫决时的灾状，仍遍布豫、皖、苏等省。又隔过了一年以后的1845年2月2日（道光二十四年十二月二十六日），中牟决口始告合龙。

中牟县是受灾最重的地带。此外，就整个河南省而言，在1843年的汛期中，大约有几十个州县遭到或轻或重的水灾的打击，其中有16个州县因中牟决口被淹，以祥符、通许、阳武等县受灾最重，陈留、杞县、淮宁、西华、沈丘、太康、扶沟等七县“被灾次重”，其他一些州县受灾相对较轻。中牟上游的郑州、汜水、商水等10个州县也因黄河泛滥受灾。另有考城等23个州县“被水、被雹、被蝗”。①

与水灾波及面相呼应的，是这场灾难的社会影响。1844年5月26日（道光二十四年四月初十），河南巡抚鄂顺安的奏折说：灾区“洼下地亩，冬春以来，水未消涸，麦已无收。今漫口未堵，此后大汛经临，水势有增无减，更难望其涸出，补种秋禾。此等失业贫民，夏秋糊口无资，诚恐流离失所”②。在他看来，一场大面积的饥馑，并因此而导致大规模的逃荒现象，是在所难免的了。此后相当长的一段时间内，祥符、中牟一带的黄河流域一直未能恢复元气。数年之后的1851年（咸丰元年）初春，时任陕西布政使的王懿德自北京起程赴任，途至河南，他注意到祥符至中牟一带宽六十里、长数百里的地段“地皆不毛，居民无养生之路”。我们完全可以据此想见当地老百姓于这些年实在是挣扎在死亡线上。朝廷就此感慨道：“两次黄河漫溢，膏腴之地，均被沙压，村庄庐舍，荡然无存，迄今已及十年，何以被灾穷民，仍在沙窝搭棚栖止，形容枯槁，凋敝如前?”③ 这个“何以”问得好，但封建统治阶级自己恐怕永远也无法做出正确的回答。朝廷在发问，许多忧国忧河忧民者也在发问，在思索。曾在黄河下游任职的孔继鑅于河决时正在汴东，他目睹了所有的灾情，感慨作诗：

岂有天遗患？滔滔问大河。

①② 录副档，河南巡抚鄂顺安折。

③ 《清文宗实录》卷26。

几人存直道，真力捍颓波。
歧路来杯酒，荒衙似涧阿。
茫茫身世感，为尔一高歌。
…………
河水复河水，万里来覃覃。
生物复杀物，厥性谁穷探？
昔日饮河水，斟酌何醰醰。
今日饮河水，百苦无一甘。
滔滔溃岸去，恣彼蛟龙贪。
问水水不语，何以斯民堪？①

又是一个“何以”。对诗人的这些感慨和疑惑，我们不妨引另一位叫何栻的目击者所作《癸卯六月二十六日河决中牟》的诗来做回答。当时，诗人“在河院幕中，目击此事”，是了解底端的知情人。诗云：

黑云压堤蒙马头，河声惨捷云中流。
淫霖滂沛风飕飗，蛟螭跛扈鼋鼍愁。
陨竹揵石数不雠，公帑早入私囊收。
白眼视河无一筹，飞书惊倒监河侯。
一日夜驰四百里，车中雨渍衣如洗。
暮望中牟路无几，霹雳一声河见底。
生灵百万其鱼矣，河上官僚笑相视。
鲜车怒马迎新使，六百万金大工起。②

透过“公帑早入私囊收”“白眼视河无一筹”“生灵百万其鱼矣，河上官僚笑相视”的没落世道，黄患的不治，难道还需向大河自身去问“何以”吗？

在安徽，灾情同样很重。黄河决口后，漫水席卷田庐，冲往淮河，最终汇入洪泽湖。其间安徽境内的淮河流域普遭不测。安徽巡抚程楙采向朝廷报告说，凤阳一带的水势旋涨旋消，“临淮驿路仍系

① 《近代黄河诗词选》，40～41页。
② 同上书，94页。

一片汪洋。水面宽六十余里，非舟不渡”①。雪上加霜，“闰七月上旬”及“十三、十四”等日，又连降大暴雨，使泗州、五河等30余个州县处于大雨和黄、淮洪水夹击的危境中。又据程楙采奏报：“由于黄水来源未断，而沿淮一带州县又复连日大雨，以致黄淮并涨，宣泄不及，田庐尽被浸淹。目击情形深堪悯恻。”② 和河南的官员一样，他们往往在报给朝廷的奏折中使用“深堪悯恻”一类的套话，而并不具体地描述灾情的细节。但下面的几则上谕，则应该有助于我们对灾状做出恰当的估计。

一份上谕指出：

> 皖省自上次河决祥符，所有被灾州县，元气至今未复。本年漫水，建瓴直下，太和、阜阳、颍上以及滨淮各州县地方，或房屋塌卸，或田亩淹没，情形较前更重。③

另一则上谕指出：

> 河南中牟漫，皖省地处下游，被淹必广。现据查，顶冲之太和县，通境被灾；分注亳州及滨淮十余州县，洼地淹入水中。④

1843年12月7日（道光二十三年十月十六日）的上谕，宣布了因灾蠲缓额赋的地区，包括太和、五河、凤台、阜阳等37个州县。水灾涉及的村镇当会更多。

上列历史记载足以表明安徽某些地区的灾情，同河南几乎是不相上下，只是安徽省灾区距河决处尚有不近的一段距离，黄水漫决后一般呈散流漫溢的走势。中牟的惊涛骇浪，在安徽地界里，毕竟是掀不起来了。

江苏北部靠近出海口，属黄河的尾闾地区，灾情要轻些，但也在一定程度上受到了中牟决口的影响。两江总督耆英、江苏巡抚孙宝善于1844年1月24日（道光二十三年十二月十七日）奏报：“本年沭阳县境，因黄水来源不绝，六月间雷雨时作，兼之东省山水骤

---

①② 《再续行水金鉴》卷86，2234页。

③④ 《清宣宗实录》卷395。

注，秋禾被淹。饬据印委各员勘明，该县被水田地至大河卫坐落该县屯田均成灾八分，小民生计维艰。”① 沭阳以外，省内的50多个州县及徐州等7卫最“勘不成灾”，但均“收成减色”。其中有的地方“山水、坝水下注，湖河漫溢，低洼田亩被淹”，也有的地方“或因雨泽愆期，禾棉不能畅发，继被暴风大雾，均多摧折受伤”②。江苏的灾情固然不及豫、皖那样严重，似乎也不曾见有“一片汪洋”一类骇人的记载，但江苏是此期间因鸦片战争而罹祸最重的地区之一，沿江许多富饶的城镇惨遭兵燹袭扰。如孙宝善在奏折中曾谈及丹徒县的情况：“被兵之后，民业甫复，二麦又被旱受伤，情形尤为困苦。”③ 可以这样估计，由于战火直接创及长江口和长江下游的一些城镇（如镇江等地），加上连续两年的苏南春旱，兼之上年的桃园决口以及这年的沭阳因河决被水，南旱北涝，春旱秋涝，使包括美丽富庶的长江三角洲在内的整个江苏，陷于“天灾人祸”的多重打击之下。

中牟决口甚至影响到了黄河以外的地区。一个名叫德顺的主管盐政的官员在1843年（道光二十三年）奏说：“奴才前于本年闰七月间因豫省中牟黄河漫口，漳河、沁河、卫河同时并涨，以致南运河各引地冲没店厂、盐包、房屋、骡马、器具，阻隔水陆运道，其直隶附近南运河并永定河之各引地口岸，亦因之堤决漫口，盐厂被水淹阻，禀请勘办。”这说明，这次黄河决口，其影响不仅限于黄河流域的豫、皖、苏三省，而且已经向北波及于山东、山西，甚至直隶的永定河沿岸了。

谁挽狂澜

据《人民黄河》一书的不很完全的统计：“在1946年以前的三四百年中，黄河决口泛滥达1 593次。”④ 进入清代，到1855年黄河

①②③ 录副档，孙宝善折。

④ 转引自张含英：《历代治河方略探讨》，5页。

改道前的二百十一年中，黄河决口泛滥竟达二百三十多次，言其“三年两决口”，是绝对不为过的。因而黄河的决口本不是一项十分罕见的灾患。但是，1841年到1843年连续三年的黄河决口，恰恰发生在民族危机骤然来临的鸦片战争期间，黄水的泛滥和战火的蔓延经常相互呼应，这就为我们的考察提供了一个新的角度。我们在描述黄河流域的水灾时，必然会联想起长江下游及东南沿海的另一场政治性灾难。甚而由鸦片战争所体现的国势的衰败，也可以从同一时期黄河水灾的后果中得到某种切实的印证。

先来做个对照。

两百年前，康熙皇帝当政时，同样面临着这样或那样的困难：内讧、三藩叛乱、准噶尔部叛乱、财政和其他方面的难题、沙皇俄国的觊觎，当然也包括长期得不到根治的河患问题。但康熙皇帝明显地表现出了知难而上的勇气。康熙多次南巡，视察河工是重要的目的之一。他曾在凛冽的寒风中，沿崎岖不平的小道亲临河工第一线，“步行阅视十余里，泥泞没膝”①。足迹所到之处，是许多地方官望而却步的。这也不同于一般统治者的例行视察，康熙自己说：“从古治河之法，朕自十四岁，即反复详考。”他确实为此投入了很大的心血，沿堤详勘地势，制定治河方案，对河工的要害，一一细心咨询。经过长时期艰苦的努力，到1703年（康熙四十二年）时，河患得到了有效的治理。“海口大通，河底日深，去路甚速，淮水畅出，黄水绝倒灌之虞。下河等处洼下之区，俱得田禾丰收，居民安晏。”此后的乾隆年间，也曾不遗余力地大施河工，乾隆皇帝曾告诫臣僚说：“河工关系民生者更巨，苟有裨益，虽费帑金一二千万，亦非所靳。”② 这种指导思想固然多少体现了他一贯好大喜功的统治作风，但换个角度看，也只有这位以国库充实和国力盛强为后盾的君主，才具有这种不惜代价排除河患的信心和魄力。

进入道光年间，康乾时代的治河情景已难再现，河工流于一种无程序、无规划的状态，这自然与世道的衰落和最高统治者的平庸

① 转引自陈正祥：《中国文化地理》，153页。

② 《清高宗实录》卷1212。

不无关系。1825 年（道光五年）十月，东河河道总督张井曾针对当时的积弊指出："自来当伏秋大汛，河员皆仓皇奔走，救护不遑。及至水落，则以现在可保无虞，不复求疏刷河身之策，渐至清水不能畅出，河底日高，堤身递增，城郭居民，尽在水底之下，惟仗岁积金钱，抬河于最高之处。"而张井面对这种"地上河"的严峻威胁，也拿不出什么更有效的防治办法，当有人提出"改移海口以减黄，抛护石坡以蓄清"的建议时，他则以"不可不从长计议"的借口加以反对。[①] 道光皇帝更没有了康熙大帝那样的胆识和魄力，他既做不到亲临河工督察一切，又缺乏明确的治河思想体系，上谕里经常出现的是一些缺乏主见、模糊不清的指令，如"皆从井请""上善其策""事下江督、河督会议""从琦善议"等。从皇帝到各级官吏，面对河患议论纷纷。我们从这些议论中最能感受到的，是一种消极应付的态度。《清史稿》也说："河患至道光朝而愈亟。"[②] 如此看来，鸦片战争期间连续三年发生河决巨灾，作为自然灾害，有它偶然性的一方面；倘若从社会现象的视角去观察，我们更能看到它的必然的一面。

河决之后的事态，也让人感慨。道光皇帝始终表现不出任何积极的抗洪态度。1841 年（道光二十一年）河决祥符时，由于决口不堵，省城开封的形势一直处于洪水包围的险象之中。这时以河督文冲为代表的一些人竟荒唐地主张暂缓堵筑决口，放弃开封，迁省会于洛阳。开封府知府邹鸣鹤代表当地"诸绅士公"提出了一份详细的"请免迁徙"的报告，从六个方面论证了不宜迁城的道理。但道光帝却不予表态，甚至"屡颁谕旨，以省城应否迁徙命钦使暨各大宪详察情形具奏"，并命文冲"同豫抚牛鉴勘议"。1841 年 8 月，当黄水威胁日甚时，他也曾下过从开封做迁移准备的谕令，只是随着时间的迁移，开封城的水围之势日减，迁省会之议方告作罢。

道光皇帝的另一个举措是不断简单地罢免和惩罚责任者，而疏于深入地总结教训。祥符决口时的东河河道总督文冲、桃源决口

① 参见《清史稿》卷 126。
② 《清史稿》卷 383。

时的南河河道总督麟庆、中牟决口时的东河河道总督慧成，都在河决不久即被罢官，这几乎成了一项规矩。文冲和慧成还被押到大庭广众之前“枷号河干，以示惩儆”，可谓相当严厉了。但这一届届河督的被罢官，并无补于河患日亟和河政腐败的局面，而道光皇帝自己也缺乏他的先祖们的实干精神和战略眼光，才是使河患落到这个地步的症结。事实上，单靠抓几个责任者，不经过彻底的反省和下功夫的苦干，无论从哪方面说，想有效地治理河患，都是徒劳的。

河政的败坏是整个国家机器陈腐的一个侧面。我们从前引的诗句中，如“几人存直道”“厥性谁穷探”“生灵百万其鱼矣，河上官僚笑相视”，可以得到一些大致的反映。具体而言，河决之后，这些大臣们又都是怎样表现呢?

1841年河决祥符之后，前往江苏赴按察使之任的李星沅，正路过河南，他在10月的几则日记中对河督文冲多有记述和评点，从中或许能对文冲的为人和为官，略见一斑。

10月21日（九月初七）记：

> 文一飞（指文冲）河帅与镜塘（指牛鉴）中丞久不相能，此次河决，一飞置省城不顾，且留鄂云浦不必入城，免为鱼鳖，荒唐可笑。①

10月22日（九月初八）记：

> 文一飞视河工为儿戏，饮酒作乐，厅官禀报置不问，至有大决，犹妄请迁省洛阳，听其泛滥，以顺水性，罪不容于死矣！约伤人口至三四万，费国帑须千百万，一枷示何足蔽辜？汴人皆欲得其肉而食之，恶状可想。②

10月26日（九月十二日）记：

> 闻文一飞当六月十六张家湾决口即可廿二日堵合，乃必拣

① 《李星沅日记》，279页。
② 同上书，280页。

廿四日上吉，以致是夕大溜冲突，附省死亡以数万计，现筹工料已估四百八十五万，殃民糜帑，其罪诚不可逭，又密遣人决水，声言冲死牛犊子，果尔，尤可痛恨。①

抛开李星沅的个人成见，今天回顾这些评述，河督文冲的荒唐、卑劣、缺乏责任感和贪生怕死，真是跃然纸上。如果真按文冲的意见办，千万群众将葬身鱼腹，后果更是不堪设想。而这样一个无能少德的昏官，却被委以重任，担当关系无数民众身家性命的河道总督，河患的不治，早在河决之前，就已经注定了。

河南巡抚牛鉴虽然不同意文冲的错误主张，坚持抢护开封并一度守在了城头上。但他也并未积极组织抗洪斗争，只是一味“力卫省城”，不计其他，对省城以外的救灾事宜，根本置之不理，致使河南各属一片汪洋。这种片面的守城举措，使城外难以数计的灾民付出了更沉重的代价。更糟糕的是，他在大水直逼开封、形势最紧张的时刻，不是“抱头号泣”，便是“长跪请命”“免冠叩头、痛哭号呼”，简直束手无策，昏庸到底了。然而，这位面对黄水抱头痛哭的巡抚，却在河决不久、大水尚未退去时就被擢升为两江总督，成为在鸦片战争中把守长江要害的最高指挥官。一年之后，他终因“不能固守吴淞海口，又不能严防长江，以致宝山等县及镇江府城相继失陷”被处以“斩监候，秋后处决”②。这时，他应该明白，无论再怎样“长跪请命”“免冠叩头、痛哭呼号”，都无补于中州大地和长江海口的无数生灵是经历了怎样一种覆灭前的痛苦，而他自己也应当是后悔莫及的了。

其他一些河决时的当事人，如麟庆、慧成、鄂顺安、程楙采、方夔卿等，虽不致荒唐和昏庸到文冲、牛鉴那样，但他们在报给朝廷的奏折中除了强调灾情严重的套话，从不正视人员的伤亡。有的学者认为，三次河决，“死亡的人以百万计”③，这就意味着，每次河决之后，都会有至少几十万人被大水吞没。如此深重和巨大的灾

---

① 《李星沅日记》，283 页。
② 《清史列传》卷 48。
③ 胡绳：《从鸦片战争到五四运动》，91 页。

难，他们却可以在正式的奏折里只字不提，倘有几句对灾民“殊堪悯恻”一类的感慨，已经是最富同情心的语句了。其中的方夔卿，据说“当水势逼城，不奋往设备，辄在署检点行李，拆天棚架作筏，为自全计”①。明哲保身的做官原则，成了大多数官僚政客的信条，至于敢于承担风险地提出建设性的治河方案，就根本不可能了。而“公帑早入私囊收”，借河工的拨款大肆贪污的腐败现象，则是并不鲜见鲜闻的。

林则徐曾经参与了 1841 年河南祥符决口的堵合工作，他是在赴戍西北途中得到王鼎的力荐而留在河工工地的。我们已经提到过，他对这次河工可以说付出了极大的心血。关于他在大工合龙工程中所起的作用，王鼎向道光帝奏报说：“林则徐襄办河工，深资得力。”1842 年（道光二十二年）四月，河工基本完成，包括王鼎在内的许多人都希望朝廷能重新重用林则徐，此前有的爱国人士甚至力倡：“召则徐于工次，令其来浙襄办，而止琦善。”② 恳请让他能对国家发挥更大的作用。但是，就在河工刚刚合龙，王鼎“大开宴会，林居首座”的时候，“忽传谕旨到。谕曰：‘于合龙日开读。’明日启旨，曰：‘林则徐于合龙后，著仍往伊犁。’”③ 这位曾任东河河道总督，熟悉河务，既有大抱负又有实干精神的政治家和治河人才，终于蒙着不白之冤，悄然离开了满目疮痍、百废待举的中州大地。

一场自然灾害，到底是有形的，它也终归会过去，哪怕是这场为害惨重的连续三年黄河大决口。但是，河决前后所显现的一系列腐败现象和腐败行为，已经和鸦片战争的结局一道，证明了中国正处在一场深重的社会灾难之中，这场灾难则是无形的和更为持久的。

---

① 《李星沅日记》，283 页。
② 梁廷枏：《夷氛闻记》，101 页。
③ 邹弢：《三借庐笔谈》卷 12。

贰　大河改道
——1855年黄河铜瓦厢决口前后

1952年10月30日上午，毛泽东专程来到河南兰封（今属兰考）巡视黄河。

毛泽东沿着黄河大堤向东走去，一直走到东坝头。从这里西望，黄水滔滔，奔泻眼底，夹着骇人的波涛声，直冲脚下的大坝，然后，骤然折向东北，滚滚而来，又滚滚逝去。

这里是铜瓦厢——1855年8月1日（咸丰五年六月十九日），原本东去的黄河水突然于此处漫决，导致了改变黄河流向的大改道。铜瓦厢以东黄河断流，成为一条废黄河。这就是黄河自公元前602年以来的第26次大改道，也是在时间上距离今天最近的一次大改道。① 它给黄河流域带来了巨大的变迁和灾难。

毛泽东说：正是要看看这个地方。

毛泽东没有对河赋诗。当夜，他读了《河南通志》。第二天，他对黄河水利委员会的负责人和专家们说：你们要把黄河的事情办好！不然，我是睡不着觉的。

毛泽东曾以山河湖海为题写过许多怀故的浪漫主义诗篇，然而面对黄河，他的心情是凝重的。因为历史上黄河泛滥所造成的社会灾难，毕竟是它的壮观和奇崛所遮不住的。

惨绝人寰的前奏

在有记载的历史中，黄河屡屡变迁。到1851年（咸丰元年）

---

① 也有的历史地理学研究者将1938—1947年间的黄河南泛，定为距今最近的一次大迁徙。这次黄河南泛的情况，可参见后面的“玖　人祸天灾”章。

时，大的黄河改道已经发生过25起，河决之次数以千计，而河患给历代两岸民众所带来的深重灾难，则是难以用数字去统计的。

咸丰皇帝一即位，就赶上了多事的1851年。

这年1月11日，洪秀全率众在广西金田举行起义，随后开始了气势磅礴的战争挺进，给了在宫中尚未坐稳龙椅的咸丰皇帝沉重的一击。很快，农民起义势如燎原。两年后，太平军占领南京，形成了与清王朝分庭对抗的阵式。

也是这一年，平静了不及十年的黄河又突然咆哮起来。9月15日（八月二十日）黎明，滚滚黄水在江苏丰县北岸蟠龙集冲决堤埝，不数日，苏北地区一片汪洋。

此后两三年间，或久不合龙，或堵后复蛰，黄河肆虐的局面几无休止，形成了1855年历史性的黄河改道的前奏。

我们的话题正处在黄河大改道的前夕。那么，还是有必要涉及一下被无数人叹问过的问题——黄河的泛滥为什么久治不除？

从某种意义上说，黄河不是一条很古老的河流。地质学家认为，它只有大约110万年的历史。也就是说，当我国出现最早的原始人类的时候，黄河尚未形成。因而，它又是几千年来一直处于冲积功能旺盛时期的一条河流。黄河发源于巴颜喀拉山脉的马曲、卡日曲，中上游流经大面积的黄土高原，很强的冲击力加上耐冲性又很差的黄土土质，构成了黄河无常的变迁史。可以这样说，我们今天看到的黄河两岸的情景，与数千年前相比较，已经绝对不是一回事了。

在黄河中上游，据历史地理学家史念海先生描述，数千年前，黄土高原的面积“由六盘山以东，直抵山、陕两省间的黄河峡谷，其间千数百里，都曾经被称为沃野，农牧兼宜。……还可以重点提到的，则是黄土高原上罗列的群山。那时，这些山上都是郁郁葱葱，到处森林被覆。而山上的林区还往往伸延到山下的平川原野。这些茂密的森林间杂着农田和草原，到处呈现一片绿色，覆盖着广大的黄土高原”①。

① 《河山集》（二集），357页。

在黄河下游流域，史念海先生继续描述数千年前的情景：“那时由太行山东到淮河以北，到处都有湖泊，大小相杂，数以百计。宛如秋夜银河中的繁星，晶莹闪烁，蔚为奇观。这里姑举山东西部的巨野泽为例，以见一斑。现在这个泽久已湮淤为平地。然在数千年前实为一个浩渺广阔的大湖。……数千年前的人常以巨野和洞庭相比。今洞庭湖已降为全国第二大湖，然在往昔，却是与巨野泽南北相对，互为伯仲。那时巨野泽并不是黄河流域唯一的大湖，太行山东的大陆泽应与巨野泽不相上下。准此而论，那时的黄河下游并不稍逊于现在的长江下游。”①

往事如烟。我们所看到的和印象中的贫瘠的黄土高原、灾难深重的黄泛区，竟然还有一个如此神奇美妙的昨天。事实上，缔造了这些美丽的景致和毁灭了它们的，却都是黄河。

历史走过了几千年。黄河旺盛的冲积功能所导致的地理变迁始终与社会发展的历史进程相伴随。黄河中游流经黄土高原，下游流经华北平原。由于黄土高原土质疏松，易受冲蚀，黄河往往卷走侵蚀而下的泥沙东流，而华北平原又是一片极目望去坦荡如海的平衍区域。黄水挟带的泥沙时时随处淤积，促使河床垫高，一遇汛期河涨时，就难免漫溢，导致黄河的决口甚至改道。据统计，黄河平均三年出现两次决口，每百年发生一次较大的改道。当地流传的一首民谣：“三年两决口，百年一改道。”与这个统计也正好吻合。

进入清代以后，史念海先生描述的黄河两岸的景致早已不复存在。黄土高原已是贫瘠荒芜、沟壑纵横、植被殆尽，下游的华北平原成了有名的黄泛区。河患也成了清朝统治者的一块心病，《清史稿》说：“有清首重治河。”康熙、乾隆皇帝都曾派人西行探河源，寻其究竟，目的也是“穷水患”。

尽管水患在康乾时代一度得到过比较有效的治理，也产生了如靳辅这样有建树的治河专家，但“穷水患”实不过是一个天真的幻想。1644—1844年的两百年间，黄河虽未出现大的改道，但河决现

① 《河山集》（二集），358～359页。

象十分频繁，共决口三百六十四次，黄河泛滥的为害面积也相当广泛，南及淮河支流的颍、淝、濉和洪泽、高邮、宝应诸湖，中泛微山、昭阳诸湖，北注大清河和其北诸河，泱泱华北平原，动辄即成泽国。前述1841年到1843年（道光二十年至二十三年）黄河在豫、苏一带连续三年的决口，已经把水患推向了更为险恶的程度。淤泥愈积愈重，河床愈堆越高。19世纪中叶，有见地的思想家魏源曾一针见血地指出："今日视康熙时之河，又不可道里计。海口旧深七八丈者，今不二三丈；河堤内外滩地相平者，今淤高三四五丈，而堤外平地亦屡漫屡淤，如徐州、开封城外地，今皆与雉堞等，则河底较国初必淤至数丈以外。洪泽湖水，在康熙时止有中泓一河，宽十余丈，深一丈外，即能畅出刷黄，今则汪洋数百里，蓄深至二丈余，尚不出口，何怪湖岁淹，河岁决。"他预言说："使南河尚有一线之可治，十余岁之不决，尚可迁延日月。今则无岁不溃，无药可治，人力纵不改，河亦必自改之。……惟一旦决上游北岸，夺流入济（按：即大清河），如兰阳、封丘之已事，则大善。"①

无独有偶。另一位杰出的政治家林则徐也曾提出："欲救江淮之困，必须改黄河于山东入海……大抵南行非河之性，故屡治而屡为患耳。……今不亟使东注，而必导之南行，以激烈之性，绕迂缓之程，势必不受。"②

按照魏源和林则徐的预见性的估计，黄河的中下游已处于黄河大改道的前夜。

就在咸丰皇帝即位头一年（1851年）的白露以后，黄河水势逐日上涨。9月15日（八月二十日）夜，风雨交加，河水在江苏丰县北岸三堡无工处漫决。顿时，岸堤上开了一个四五十丈的口子，后又"续经塌宽至一百八十五丈，水深三四丈不等"③。这次河决虽未最终造成黄河的改道，但也成"大溜全掣，正河断流"④之势。江

① 《筹河篇中》，见《魏源集》下册，370～371页。
② 转引自《林则徐与鸦片战争研究论文集》，105页。
③ 《清文宗实录》卷41。
④ 《清史稿》卷126。

苏、山东一带的人民群众又一次蒙受了巨大的灾难。

苏北是这次河决的重灾区。据南河河道总督杨以增奏：被淹地方居民，罹此凶灾，流离失所。时任内阁学士兼礼部侍郎衔的胜保，在1852年6月19日（咸丰二年五月初二）所上《奏陈时务折》中称："去岁河决，丰北淹没生民千万。"① 这是一句我们在奏折内难得见到的涉及人民生命损伤的话。

此前，运河也在甘泉县（今属扬州）境内溃溢。这样，差不多整个苏北灾上加灾，一片汪洋。江南道监察御史吴若准在奏折中报告说："江苏省自八月以来，奏报江运丰北厅属堤工相继溃塌，淮南场灶冲没，人口损伤。此次江北连遭水厄，地方较广，非寻常偏灾可比。……臣复闻通、泰场灶被淹，伤人奚止数万，灾民纷纷四散。丰北决口已三四百丈，丰、沛浸成泽国，邻近山东等县亦被水冲，淹毙人口不计其数。其田庐之漂没，生民之荡析，更不知凡几矣。"② 位于黄河南岸，与丰、沛接壤的萧县，也是"秋雨积旬，禾稼淹没"③。

据统计，江苏全省共有上元、江宁等55个州县，苏州等6个卫在不同程度上罹灾④，尤其以丰、沛两县受灾最重。

山东也是这次河决受灾甚重的地区。丰县位于运河流经的微山湖东部。河决之后，黄水灌入微山湖，又泻入运河，"以致滨湖滨河之济宁、鱼台、峄县、滕县、金乡、嘉祥等州县运道、民田均被漫淹。……有全被河湖倒漾之水冲没者，亦有本因秋间雨水过多，各处坡水山泉宣泄不及，现值河湖并涨，内水无路疏消，外水复行倒灌者"⑤。

山东境内的灾情与江苏略有不同。苏北是直接被水地区，遭淹毙者不计其数，人员伤亡惨重。而山东的灾区与苏北隔着一道微山湖，居民中的凶讯约略少些。虽则如此，但洪水对关系人民群众生

---

① 《太平天国史料丛编简辑》，第5册，284页。
② 录副档，咸丰元年闰八月二十八日吴若准折。
③ 《萧县志》，50页。
④ 参见李文海等：《中国近代灾荒纪年》，115页。
⑤ 录副档，咸丰元年九月初六日陈庆偕折。

计的农田还是造成了极大的破坏。“此次黄河漫口虽在江苏，运道民田受害深重全在东境。……今自济宁以南至峄县境内，河湖一片，汪洋三百余里，八闸上下，水势尤为溜急。”①

自然灾害本难避免，但最令人痛心的，并不是猛兽般扑来的洪水，而是面对水患只尚空谈，拿不出任何实际有效的治河举措的统治者以及把持河政的腐败的官员们。

最有力的证明是1851年秋天的丰北决口，直至1853年（咸丰三年）二月才算合龙。历时一年半左右。其间，或久不合龙，或堵后复蛰，“河工费已四五百万”②，而赈灾所需的费用，也已经到了极限。1852年6月16日（咸丰二年四月二十九日）的上谕说：“上年丰北决口，山东、江南各州县被灾较广，迭经降旨动拨银款，酌筹捐项，赈抚兼施，俾灾黎无虞失所。现在大工缓堵，时日方长，赈款所余，诚恐不敷支发，小民待哺嗷嗷，朕心时深轸念。”③ 河工和赈务的苍白无力必然引起更强烈的灾难性的社会回馈。

一位可称为“位卑未敢忘忧国”的八品小官陆嵩，曾作过二首感慨丰北河决的长诗，很能说明当时河患的深重之势及其为什么。

闻河决丰北口

丰北连朝朔风急，掣动长堤溜欲夺。
居民恸哭声震天，倒卷黄沙黯白日。
专制一道彼何人，清泚铜池兴方发。
频闻报险怒不解，将弁谴呵那敢说。
中宵蛟鳄翻城头，势猛谁能遏仓卒。
人民庐墓无一完，阖县生灵化鱼鳖。
制河两府亟驰省，奔诉呼号听愤切。
飞章入告邀皇仁，抚恤金钱内府拨。

① 录副档，咸丰元年九月初六日陈庆偕折。
② 李滨：《中兴别记》卷3，见《太平天国资料汇编》，第2册，44页。
③ 《清实录山东史料选》（中），1026页。

时过九月种麦难，民食明年欲安出？
江南所重漕与河，百万修防岁岂缺？
纠工集料幸勿迟，水退庶免生理失。
漕船得渡闾阎安，毋再民力东南竭。①

河复决

黄河之水西域来，东行入海经大伾。
自夺汴济日南徙，横决时为居民灾。
百余年来险屡薄，畚筑旋看堤成围。
奈何客秋溃丰北，腊尽不得狂澜回。
经春历夏复百日，运料堆垛千夫催。
合龙指顾复风雨，塞口冲突惊重开。
桃花新涨正弥漫，盛夏势愈喧腾雷。
治河使者少长策，金钱百万成飞埃。
中朝何人主海运，遇此奏上谁能违。
漕船水手近十万，失业剽掠官何为？
堪更灾黎遍远近，安集靡所吁其危。
敢告当事亟储费，兴工毋再几宜乖。
不然改道顺水性，禹迹历历可寻追。
北河水利更修复，转输畿甸无盈亏。
河工岁可万缗省，官侵吏蚀民空哀。
职方九州试稽考，宜稻岂独东南推？②

诗人身份卑微，熟悉下层社会的悲苦疾难，也目睹过那些治河大员的荒淫和无能。正由于夹杂着同情、悲哀、忧患、愤怒甚至绝望等情绪化的思维取向，使诗作一扫可欣赏的情调，成为一出地地道道的言事悲剧。恸人的难情，腐败的河政，难堪的后果，一概跃然诗中。

我们还可以从其他当事人的描述中，得到许多与诗句相呼应的更为骇人听闻的具体灾况。

---

① 《近代黄河诗词选》，67～68 页。
② 同上书，69 页。

礼部侍郎胜保奏称：

河决未复，数郡为鱼，离居荡析，所不待言。而数十万赴工之人，非失业之徒，即游手无赖，入春以来，以工代赈，故亦粗安。今工歇，而田庐犹然巨浸，穷无所归，岂能待毙？现闻沿河饥民，人皆相食。兼之粮船水手，素非良善，今岁南粮半由海运，半阻河干，此辈营生无策，岂免冒死犯科？脱枭黠之魁，起而倡之，指臂一呼，豺狼四合，恐朝廷旰食，南顾不遑。况该处风气顽悍，前代之乱，多起于是，此淮徐之忧也。①

山东巡抚陈庆偕奏说：

现值霜清水落，各处浸水业已消长，惟灾分较广，宣泄甚难。黄河漫口一日不堵，则积水一日不消，二麦不能布种，则来岁青黄不接、闾阎困苦情形，必较秋冬为更甚。②

曹蓝田《癸丑会试纪行》记1853年（咸丰三年）正月江苏的情景说：

（正月）二十六日，至清江浦，饥民夹道，愁苦之声，颠连之状，惨不忍言。越日渡河，行经邳州、桃源、宿迁等处，沿途饿殍，市井街巷多弃尸。询之土人，皆云前年河决丰北，去年塞而复决，死者过多，故收葬者少。③

其时曹蓝田赴京看望去赶考的弟弟，沿途目睹了这场灾难的某些方面。到北京后，他逢人便讲亲眼所见的灾民情状，希望能引起当局的注意和重视，然而“卒不获”。后来，从他弟弟的口中，得悉一些内情：“去岁夏秋之交，皇上命大臣相视河工，兼察民隐。大臣奏称：‘居民薄收二麦，其丁壮可以即工，现在穷民尚不至急于待哺。’皇上又命江南督臣截留漕粮六十万石，分给所部郡县赈被难饥

① 《太平天国史料丛编简辑》，第5册，286页。

② 录副档，咸丰元年九月初六日陈庆偕折。

③ 《太平天国史料丛编简辑》，第2册，319页。

民。督臣卒缴还米八万石，意谓民食已足，无庸虚糜也。”① 这真是一个令人既不可思议又意味深长的现象。

刑部左侍郎罗惇衍奏陈：

丰工决口后，小民流离失所，江苏之清河、宿迁、邳州，山东之滕县、鱼台、嘉祥等处，所在民多饿殍，尸骸遍野。请饬两河总督、江苏巡抚，分饬地方官督同绅士耆老，广置义冢殓埋。②

安徽巡抚李嘉端向朝廷奏报：

（咸丰三年）二月十七日由京师起程赴皖，于山东境内，即见有饥民沿途乞食，鸠形鹄面，嗷嗷待哺。及二十八、九等日，行抵山东、江苏交界处所，饥民十百为群，率皆老幼妇女，绕路啼号，不可胜数。或鹑衣百结，面无人色；或裸体无衣，伏地垂毙。其路旁倒毙死尸，类多断胔残骸，目不忍睹。……询之居民，佥称河决以来已将三载……虽合龙之后，田庐皆已涸出，而有恒产者，苦乏籽种、牛具，终无生理，无业者更不待言。壮丁离乡求食，类多散走四方。其倒毙之尸，半被饥民割肉而食，是以残缺等语。臣听睹之余，不胜悲骇。小民流离失所，至于以人食人，实为非常饥馑。③

左副都御使雷以諴等奏称：

（山东滋阳、邹县、藤县、峄县、邳州等处）则男妇老弱，什佰成群，扳辕乞丐，皆鹄面鸠形。所在多有倒毙，无人收瘗，间为野犬残噬者。询之途人，称：自道光二十六年水旱频仍，十室九空，以致琐尾流离，不堪言状。上年冬间及今岁正月，冻馁致毙者尤不可数计。当此青黄不接之际，断非挑食野菜所能全活。且察其情形，少壮俱已逃亡，余剩老稚不能相顾，若

① 《太平天国史料丛编简辑》，第2册，320页。
② 《清代七百名人传》上册，372页。
③ 《皖抚疏稿》，见《太平天国北伐资料选编》，157页。

不及早设法抚绥，势必尽转沟壑。[①]

值得深思的是，上述已到了人吃人地步的惨景，并未出现在刚刚河决的时候。由于丰北决口后长期未能堵合，以及一而再，再而三的堵后复蛰，使下游流域的黄河泛滥足足持续了三四年之久。我们从这些主要是清政府高级官员所上的奏折中不难发现，饿殍载道、度日维艰的处境已经算不得什么了。更为骇人听闻的"人皆相食""市井街巷多弃尸""尸骸遍野""伏地垂毙""尸积如山"等字句，众口一词地出现在他们本来很有分寸的笔墨间，苏北和鲁西南一时成了一座惨绝人寰的地狱！1852年（咸丰二年）三月，即位不久的咸丰皇帝被迫首次颁布"罪己诏"，云："南河丰工漫口，至今尚未堵合，灾民荡析离居，更为可悯……惟有自省愆尤，倍深刻责而已。"皇帝下诏自责，无非是迫于灾难持久的残酷局面而做的一点点姿态，或许也想以此调整一下失衡的心理。一纸"罪己诏"抵偿不了耗资数百万、劳而无功的罪过，也挽回不了正在灾区伏地待毙的无数灾民的性命，更拯救不了日趋没落的大清河山。它只能表明河患的症结已经不在河决本身了。《清史纪事本末》曾经披露："南河岁费五六百万金，然实用之工程者，什不及一，余悉以供官之挥霍。河帅宴客，一席所需，恒毙三四驼，五十余豚，鹅掌、猴脑无数。食一豆腐，亦需费数百金，他可知已。骄奢淫佚，一至于此，而于工程方略，无讲求之者，故河患时警。"[②] 我们看到过不少包括诗作在内的抨击河政的言论，而以这一段最为形象和典型，历来发国难财的代价，只能是导致出现更残酷的社会灾难，而它的承受者，则又非普通民众莫属。

这是黄河在大改道前夜的最后一次泛滥。它的余波未尽，1855年（咸丰五年），黄河在魏源预料的地段决口，出现了有史以来的第26次黄河大改道，至此，苏北地区黄河断流，两岸劫后余生的灾民才得到了在悲苦中重整家园的机会。这场历经数年的黄河改道的痛

---

① 录副档，咸丰三年三月初二雷以諴等折。

② 《清史纪事本末》卷45。

苦前奏，才算过去。

然而，关于黄河的悲剧并没有结束……

横冲直撞的怒涛

1855年（咸丰五年）六月，铜瓦厢。

入伏以后，黄河两岸又到了险象环生的汛期。到7月下旬，昼夜不辍的大雨、上游各支流的汇注加上河水本身的盛涨，几相交织，使黄河呈铺天而来之势。两岸普律漫滩，一望无际，间有许多地方堤水相平。大祸在即，是可以料定的。

7月31日（六月十八日），署东河河道总督蒋启敭战战兢兢地向朝廷报告：他任河北道多年，岁岁都要抢险，但“从未见水势如此异涨，亦未见下卸如此之速”①。

第二天，即8月1日（六月十九日），黄水终于借着一阵强劲的南风，掀起巨浪，冲决了位于河南兰阳县北岸铜瓦厢的堤岸。

河决之后，黄水将口门刷宽七八十丈，先向西北方向的封丘、祥符两县淹去，然后折转向东北，漫注河南兰仪、考城，直隶长垣、东明等县。此后又分为三股，“一股由赵王河走山东曹州府迤南下注，两股由直隶东明县南北二门分注，经山东濮州、范县，至张秋镇，汇流穿运，总归大清河入海”②。大清河从此也为黄河替代。

铜瓦厢以东长达数百千米的黄河河道自此断流，原本横穿苏北汇入黄海的滔滔大河迅即化为遗迹。这就是载入史册的1855年（咸丰五年）铜瓦厢黄河大改道。

一夜之间，黄水北泻，豫、鲁、直三省的许多地区顿受殃及。而清政府采取的“暂行缓堵”的放任态度，无疑更加剧了这场灾难的广度和深度。一时间“大溜浩瀚奔腾，水面横宽数十里至百余里

---

① 《再续行水金鉴》卷92，2371页。

② 《清文宗实录》卷173。

不等”[①]。不难想象，横宽几十里甚至百余里的滚滚洪流，如脱缰的野马一般四处乱窜，咆哮汹涌，水过之处，将有多少无辜的生命葬身鱼腹？又有多少的屋宇财产付之东流？至于田地被淹、禾稼被毁，就更不待言了。

由于铜瓦厢地处河南东部，改道之后黄水北徙，流向直隶和山东，因此河南主要受冲的灾区只有兰仪、祥符、陈留、杞县等数县，“泛滥所至，一片汪洋。远近村落，半露树杪屋脊，即渐有涸出者，亦俱稀泥嫩滩，人马不能驻足”[②]。这是河决几个月后的情景，在有些地方，这样的局面持续了更长的时间，甚至变迁为沼泽地势。形成对照的是，兰仪以东旧有的黄河河道断流后，“下游已成涸辙”，数百里“徒步可行”，造成干旱缺水状态。萧县位于兰仪以东，距铜瓦厢一百多千米，是旧黄河流经的地方。河决之后，1855年到1857年（咸丰五年至七年），萧县出现了连续三年的大旱，导致“岱山湖水涸，秋冬荒歉”“飞蝗蔽天”等荒情。[③] 这应当是黄河改道所致。事实上，非涝即旱，也正是黄河中下游流域自然灾害的一个重要特征。

直隶的开州、东明、长垣等州县，也成了黄水泛滥的区域。《增续长垣县志》载：“是年（咸丰五年）六月十九日，黄河自兰仪县铜瓦厢决口，由盘冈里入县境，被淹村庄甚多。”[④] 其中尤以靠近山东的东明县受害最巨。黄水奔腾而至，东明县城恰当其冲，大水把县城团团围住，在足足两年的时间里，由于漫口不堵，黄水便源源不断地涌来，县城日益吃紧。当地群众曾在极其困难的条件下，设法在县城东南方向修筑一条大坝，并挖一条引河，以便拦阻黄水，但“黄流势猛，旋筑旋冲。城墙日久被水，渐形坍塌”。直到1857年6月14日（咸丰七年五月二十三日），直隶总督谭廷襄还向朝廷报告说：“兹据该县禀报，城西北隅因南面、西面各有大溜一股，齐至其下会合，紧抱城角，折向东，乃回溜漩涡日夜摩荡，外面城砖蛰陷

---

① 录副档，咸丰六年七月十七日礼部尚书瑞麟、盛京将军庆琪折。

② 《再续行水金鉴》卷92，2392页。

③ 参见《萧县志》，50页。

④ 《再续行水金鉴》卷92，2375页。

九十余丈，仅存土垣。此外，坐蛰、坍卸、裂缝之处，虽经随时保护，惟瞬届伏汛，恐难抵御。”① 高高筑起的东明县城尚且朝不保夕，而黄河北徙所流经的无数村落以及生活在其中的黎民百姓，更不知有多少还能自咆哮着咄咄逼来的黄水中得到劫后余生的侥幸！

如今，山东省是黄河下游流过的主要省份，倘若头一次乘火车沿京沪线南行，在抵达济南前，我们往往会带着民族自尊感观望这条被誉为中华民族摇篮的黄河。然而1855年之前，黄河几乎同山东无缘，它是沿着山东省的最南端，经豫东、皖北和苏北而汇入黄海的。因而可以想见，当排浪冲天的黄河水自铜瓦厢突然北徙，呈东北的走向，分几股大溜斜穿过山东腹地时，在山东省的境内，将会上演一场多么惨重的悲剧。

河决一个多月后，9月2日（七月二十一日），山东巡抚崇恩向朝廷奏报：“近日水势迭长，滔滔下注，由寿张、东阿、阳谷等县联界之张秋镇、阿城一带串过运河，漫入大清河，水势异常汹涌，运河两岸堤埝间段漫塌，大清河之水有高过崖岸丈余者，菏、濮以下，寿、东以上尽遭淹没，其他如东平、汶上、平阴、茌平、长清、肥城、齐河、历城、济阳、齐东、惠民、滨州、蒲台、利津等州县，凡系运河及大清河所经之地均被波及。兼因六月下旬、七月初旬连日大雨如注，各路山坡沟渠诸水应由运河及大清河消纳者，俱因外水顶托，内水无路宣泄，故虽距河较远之处，亦莫不有泛滥之虞。”② 看来，多半个山东省都笼罩在大灾大难的气氛中。半个月后，他在另一份奏报中进一步统计说：黄水“由曹、濮归大清河入海，经历五府二十余州县”，并称：“窃恐灾分之广，甚于丰工。”③ 按照当时的建制，山东省被划为十府，其中鲁西南、西北诸府均沦为灾区。

山东的水灾，菏泽县首当其冲。由于“水势异常汹涌”，“郡城

① 录副档，谭廷襄折。

② 《再续行水金鉴》卷92，2386页。

③ 同上书，2396页。

几遭倾覆……而四乡一片汪洋，几成泽国”①。其他州县的情形，一些地方资料可以让我们从中窥其大略。

《濮州志》载：

是年河决铜瓦厢，由濮州波及范、寿。②

《新修菏泽县志》载：

是年六月河决铜瓦厢，东注县境，西、南、北三面水深二丈余，七月冲溃西堤，水逼城下，旋破城北堤流出。知县童正诗督塞堤口，城乃无恙。然以河决未塞，荡潏东西，靡有干土，又二十余年。③

《郓城志》载：

是年六月河决铜瓦厢，水趋濮、范支流，由灉河侵郓，灉之五岔口决，由廪邱陂东趋绕城，自城东北入济河。④

《惠民县志》载：

是年河南兰仪决口，黄河窜入大清河，秋七月，惠民县白龙湾漫溢，知县凌寿柏出银四百两倡捐修筑。⑤

就这样，黄水漫及大半个山东，时涨时消，时急时缓，却迟迟也未退去。到1855年（咸丰五年）十二月，李钧还奏称：“勘得兰阳漫口而下，大溜仍分三股……夏间雨水本大，陡遇狂澜，小民荡析离居，实堪悯恻，据曹、濮一带溜行靡定，所属积水难消……查东省被灾最重，地面极宽，较之直隶、河南，办理更难措手。”他无可奈何地向朝廷建议：“责成地方官认真经理，多保一分田庐，即早苏一分民困……”⑥ 其实，除了黄水波及面广、灾情惨重外，另一个不利的因素也应当引起注意，即豫、苏两省由于河决频繁，人们对

① 《再续行水金鉴》卷92，2382页。

② 同上书，2374页。

③ 同上书，2374～2375页。

④⑤ 同上书，2375页。

⑥ 同上书，2402页。

河患的心理承受能力以及治理河患的经验都远强于山东各地。而河决铜瓦厢前，除了极少数人外，尚未形成大河北迁的普遍性的预见。如同十几年前的鸦片战争，于南国多数官绅士民来说是一场时代骤变一样，山东各社会阶层这时同样被宛如千万头巨兽咆哮而来的黄水吓呆了，从而也谈不上任何心理和措施上的应变准备。这无疑会对已经“遍野哀鸿”“被灾黎庶，荡析离居”的惨痛局面，再增添几分不幸。

关于受灾的程度，据山东巡抚崇恩报告，这一年因受黄水漫淹而成灾十分（即颗粒无收）的有菏泽县邓庄等 266 个村庄，濮州李家楼等 1 211 个村庄，范县宋名口等 344 个村庄；成灾九分的有菏泽县大傅庄等 226 个村庄，濮州姜家堤口等 139 个村庄，范县张康楼等 140 个村庄，阳谷县张博士集等 492 个村庄，寿张县何家庄等 391 个村庄；成灾八分的有菏泽县桑庄等 278 个村庄，城武县王家庄等 211 个村庄，定陶县黄德村等 80 个村庄，巨野县刘家庄等 90 个村庄，郓城县丘东等 449 个村庄，濮州高家庄等 101 个村庄，范县张常庄等 34 个村庄，寿张县阎家堤等 264 个村庄，肥城县刘家庄等 105 个村庄，东阿县枣园村等 32 个村庄，东平州陈辛庄 160 个村庄，平阴县盆王府等 93 个村庄，齐东县郭家庄等 226 个村庄，临邑县杨家庄等 54 个村庄；成灾七分的有菏泽县唐庄等 272 个村庄，城武县前宋家湾等 165 个村庄，定陶县折桂村等 38 个村庄，巨野县庞家庄等 81 个村庄，范县朱堌堆等 63 个村庄，肥城县栾湾庄等 36 个村庄，东阿县山口村等 39 个村庄，东平州赵老庄等 84 个村庄，平阴县宋子顺庄等 71 个村庄，齐东县王家寨等 31 个村庄，禹城县小洼等 63 个村庄，临邑县高家庄等 58 个村庄；成灾六分的有菏泽县傅家庄等 143 个村庄，城武县刘家桥等 263 个村庄，定陶县牛王庄等 [illegible] 个村庄，巨野县大李家庄等 48 个村庄，范县高常庄等 8 个村庄，阳谷县东灼李等 168 个村庄，东平州关王庙等 16 个村庄，平阴县吉家庄等 14 个村庄，齐东县东赵家庄等 50 个村庄，禹城县小于等 132 个村庄。①

① 参见录副档，咸丰六年三月初七崇恩折。

据上所述，灾情达十分的有 1 821 个村庄，灾情九分者有 1 388 个村庄，灾情八分者有 2 177 个村庄，灾情七分者有 1 001 个村庄，灾情六分者有 774 个村庄，六分以下者未计。也就是说，灾情在六分以上的村庄，即达 7 161 个。咸丰年间，山东是我国人口密度最高的省份之一，如果我们按每个村庄 200 户人家、每户 5 口人统计，那么，山东省受灾六分以上重灾区的难民将逾 700 万人。这个统计还不包括所有城镇和受灾略轻的地区。此后几年间，朝廷不得不连连下令，不同程度地蠲缓被水地区的“额赋”。透过这些统计数字，1855 年的黄河大改道对山东人民的社会生活带来何等剧烈的灾难性冲击，则了然于眼前了。

前面我们曾提到，铜瓦厢决口后，原来的黄河下游也顿时面貌全非。山东巡抚崇恩奏说，正河下游曹、单两县“业已断流，二百余里河面尽成平陆”①。也有的地方“长堤千里，屹然如墉”②，成了一处处供后人凭吊的遗迹。十年以后，被称为“江南才子”的晚清诗人冯煦经过桃源黄河故道，顿生感慨，赋诗云：

盘盘郭门路，败柳塞烟笼。
十步杂川陧，禾黍平沙中。
徘徊废堤上，黄河径其东。
沧海迥以深，乃与桑田同。
马陵日西指，绝壑森乔松。
北望芒砀山，剑气成长虹。
一歌未及阕，猎猎生悲风。

人们习惯于一种“山河依旧，人事沧桑”的怀故体验。而当诗人徘徊在黄河废堤上时，脑中所浮现的却是当年滚滚东逝的黄河水和眼前禾黍黎黎、乔松森森的废河道的对照。这确是一个令人感慨的反差，难怪诗人“一歌未及阕，猎猎生悲风”。我们也可据此观察到改道以后的原来黄河下游的某些面貌。

---

① 《再续行水金鉴》卷 92，2382 页。
② 《太平天国资料汇编》，第 2 册，355 页。

1989年7月，笔者在安徽萧县（原属江苏）的黄河故道边看到这样一番情景：原来的河道高出地面数米，相当宽阔，上面沉积着沙土和石子，一眼望去，即可知是当年黄水断流所造成的残迹。故道及两岸杂草丛生，也长成了一些树木，整片的故道地带并没有被改造成良田，而河床、大堤的原貌却早已被岁月改变。换言之，至今我们在黄河故道的某些地段，还看不到北方农村中的那种田园风光。据当地人说，萧县境内的其他河道，由于黄河的北去，也随即变成间歇性、季节性的河道。可见，一场大的自然灾害，特别是如大河改易这类变动所造成的后果，不是几代人所能恢复或能加以成功改造的。重新安排山河，向变易了的大自然开拓生活空间，是一项巨大的工程。萧县的改道遗迹，对于今日的治河减灾，仍不失为形象的历史启示。

堵乎？导乎？

河决之初，包括当地督抚在内的许多地方官没有料到将会出现这样大的黄河变迁，他们甚至得不到比较准确的河势情报。署东河河道总督蒋启勋在决口前一天的奏报中即称："文报已四日不通，亦不知情形如何。"① 河南巡抚英桂称："事起仓猝，附近居民田园庐舍不知被淹如何情形，损伤人口若干。"② 山东巡抚崇恩也奏说："水势正在增长，下游被淹处所及灾分轻重骤难遂定。"③ 在河决后的半个月内，一些地方当权人物，除了泛泛地叙述灾情和强调经费维艰之外，对河决本身做不出任何系统和深入的估计，因而在上报朝廷的奏折中，均未就刻不容缓的治河救灾提出倾向性的意见。

但是，大河已决，"怎么办?"这是一个无论如何不容回避的问题。朝廷也频频催促："据奏浸水微向西趋，复折往东北，是已直注

① 《再续行水金鉴》卷92，2372页。
② 同上书，2378页。
③ 同上书，2382页。

直隶、山东境内。该河督等见议如何宣泄？由何处导令入海？即著迅速筹办！”[1] 1855 年 8 月 19 日（咸丰五年七月初七），东河河道总督李钧派人用篾绳在决口处做了一次实地勘查。这次测量的结果是："漫口东西坝相距实有一百七八十丈之宽，东坝下水深一丈五尺，中洪深二丈五尺，西坝下深至四五丈不等。”他提出了一个显然是估计不足的办法：“河底形类斜坡，是西坝尤为吃重，必须赶紧厢筑，以免再行刷宽。惟西坝迤上，溜势北趋，应先添做鱼鳞埽数段，再行盘做裹头，方能得手。”这个方案“减之不能再减”，也需银三万两，而李钧东拼西凑，还声称捐出自己的养廉银二千两，也才弄到一万五千两。尽管如此，他还是不得不向朝廷表示要“添购料物，接续前工，克期赶办”[2]。

但事情并不如李钧想得那样简单。河患不仅得不到有效控制，反而日渐剧烈。半个月后，山东巡抚崇恩又奏说：“水势迭长，滔滔下注……现据各属纷纷禀报，实为非常灾异，且大河秋汛方长，而八月海潮正涨，利津海口不能畅泄，则横流旁溢，更无止境……”他也把注意力放在堵决口上，认为：“倘得漫口裹头及时抢成，此后水势不复增长，则防抚诸事尚冀勉竭驽骀，设法经理。”[3]

上面的两件奏折可以证明，在河决一个月后，清政府地方决策层的着眼点还是想扼止住黄河的漫决，并没有输导黄河改道的意识。

然而，在清政府的最高决策层，就如何解决黄河改道问题，曾展开了一场争论。一种意见主张抢堵决口，迫使黄水回复淮徐故道。另一种意见则主张“因势利导”，沿着漫水走向，“设法疏消”，使黄水通过山东境内入海。抢堵决口，无疑要耗费大量的人力、物力和财力，当时，由于太平天国的崛起，使清政府付出了沉重的代价。到 1853 年（咸丰三年）7 月间，已拨军饷二千九百六十三万余两，

---

① 转引自萧一山：《清代通史》（三），451 页。

② 《再续行水金鉴》卷 92，2383 页。

③ 同上书，2386～2387 页。

户部库存所剩无几，“度支万分窘迫，军饷无款可筹”①。1853 年 7 月到 1855 年（咸丰五年）8 月间，太平天国定都天京后，迅即发动北伐、西征等大规模攻势，清政府继续付出了更为沉重的代价。恰恰在这个当口，发生了铜瓦厢黄河决口，清政府连赈灾的粮米都难以筹措，“司库空匮……军兴以来，又经借支兵勇口粮，其实存在仓者，即尽数动拨，亦恐不敷大赈”②，何况河工所需的成百上千万两银子，更无处可出。因此，所谓抢堵决口的意见，最终只能流于空谈。1855 年 9 月 6 日（咸丰五年七月二十五日），这是崇恩上奏后的第四天，朝廷谕令说：“历届大工堵合，必需帑项数百万两之多，现值军务未平，饷糈不继，一时继难兴筑。若能因势利导，设法疏消，使横流有归宿，通畅入海，不至旁趋无定，则附近民田庐舍，尚可保卫，所有兰阳漫口，即可暂行缓堵。”③ 这表明，朝廷打算放弃使黄水归复故道的任何努力。随后，清政府命李钧委派曾任山东巡抚的张亮基“会同直隶、山东、河南地方官委员等详悉履勘”，提出所谓具体意见。

在张亮基到达灾区前，崇恩又提出一个以废弃运河为代价的“输导”黄水的办法。他奏请：“若欲因势利导，使横流别有归宿，则唯循金时故道，尽废运河诸闸，一使之由济宁迤南会泗水达淮徐入海；一使之由东昌、临清迤北会卫水归天津入海；再以东岸之大清、徒骇、马颊三河为旁泄之路，由利、沾等县入海。”④ 这个方案，实际上也是想分散黄水流向，以此减轻山东省的黄水压力。但他同时不能不说明这个意见的重重后患：首先，运河被废，漕运就要改走海道。其次，“黄流湍急，挟沙而行，听其奔放不待，半载恐河身已淤成平陆，闸座亦尽倾圮。……会通一河，南北帆樯云集，漕储出于是，都城百货出于是，数百年利济之功一旦废弃，异时运道复故恐非千百万帑金不能修治”。最后，“黄流迁徙，非可以常理

① 王先谦：《东华续录》（咸丰朝）卷 24。
② 《再续行水金鉴》卷 92，2382 页。
③ 《清文宗实录》卷 173。
④ 《再续行水金鉴》卷 92，2391 页。

测度，运河两岸堤垫向不如黄河金堤高厚坚固，每届伏秋盛涨，万一别有冲决，则修复之资恐与现堵漫口相等，而其贻患实有不堪胜述者”①。将黄水导入运河，这的确是个风险系数过大的主意，明知如此，崇恩以为又“别无分泄之策”。但朝廷却很不以为然，迅速批示：“张亮基抵东后汝再与之熟筹，不可预存成见。”

张亮基到灾区后，与直隶、山东、河南的地方官一道，经过一番“遍历绕查勘”“随地传询绅耆”“采访舆论”“参稽古法”，虽未采纳崇恩的方案，却也感到输导黄水“万难措手”，只能“力求补苴之术”。最后，本着朝廷的旨意提出了几条省钱节赈却劳民劳工又很不彻底的所谓“因势利导”的方案。

第一项是顺河筑埝。“黄河悍激湍流，器具难施，泥沙并下，淤垫顷刻……然东西亘长千余里，所费不赀，何敢轻议，此顺河埝之宜急讲也。除河身逼近城垣，不能不筑，做堤坝以资挑御，其余拟就漫水所及之边际酌定顺河之埝基，劝民接做小埝，高出平地不过三尺，择取好土坚实夯硪，离河宜远不宜近，勿与水争地也。两垣宜陂不宜陡，勿与水争力也。”②

第二项是遇湾切滩。“欲顺河之性以杀其怒，只有遇湾切滩之法，水性直则势平，湾则势急，黄河性善坐湾，每至长水遇湾则怒，怒则横决，被淹必广，惟于坐湾对面之滩嘴劝民切除，以宽河势。水长即可刷直，不特就下愈畅，并可免兜湾冲溢之虞。”③

第三项是堵截支流。“现在黄河漫溢，既不能筑坚堤以束其流，又不能挑引河以杀其势，则溜势无定，必有分支，小河分则力缓沙停，河身垫高，正溜必就下而四溢，且分支小河一遇盛涨往往掣动大溜旁趋，为害尤重，宜乘冬令水弱溜平，劝民于分股处筑柴土坝，务使断流。再于迤下跨压沟槽多做土格，相距自三四十丈至百余丈，以离河远近为断，近密远疏，其土格只令高出沟上地面一二尺，漫

① 《再续行水金鉴》卷92，2391页。
② 同上书，2393页。
③ 同上书，2393～2394页。

水再入，上无来源，下无去路，渐冀淤成平陆。”①

这三个办法，看似想得相当周到，顾及了河患的方方面面，但细而推敲，都非解决问题的根本办法，甚而不过是任黄水四处横行，对人民、田产被淹的灾难不闻不问的一种冠冕堂皇的遁词。而其中的“劝民接做小埝”“惟于坐湾对面之滩嘴劝民切除”“劝民于分股处筑柴土坝”等举措，左一个“劝民”，右一个“劝民”，把一切负担都推到普通群众头上，这对于还陷在深重的灾难之中，流离失所、家破人亡又得不到救济的广大灾民来说，究竟意味着什么，则是不言而喻的。但他们的建议毕竟附和了朝廷“暂缓堵决”的倾向，很快得到清政府的正式认可。10 月 23 日（九月十三日），清廷命令说：“一俟水落归槽，即可依法次第办理。”②

事情究竟办理得怎样了呢？直到 1856 年（咸丰六年）初，上述办法仍未见有多大起色。受灾最重的山东省依然一派“小民荡析离居，实堪悯恻”的情形。当地群众依然“急盼堵合漫口”。李钧在一份奏折中无奈地表示：“舍此劝民筑埝、切滩、堵截支河等法，亦别无良策。”③ 年关就要到了。朝廷在 1856 年 2 月 2 日（咸丰五年十二月二十六日）向灾区发了咸丰五年（1855 年）的最后一道上谕。内称：“朕详览该河督等所称漫溢处所被灾较广，实深悯恻。因念时值严冬，水落归槽，海口虽属畅销，瞬届春融水长，各河淤垫益高，恐有溃决之患，若议改河流由大清河入海，虽取径较捷，而关系民田庐舍，亦属窒碍难行。宵旰焦思，岂忍令大溜旁趋不筹补救，以卫闾阎？此时惟有过湾切滩，使河势刷宽取直，并顺河筑堰堵截支河，为暂救目前之计……”④

事实表明，到这年底，距朝廷的命令已过去三个多月，灾况依旧，清朝中央和地方政府也仅仅是重弹旧调，除了畏难无奈之声，没有任何振奋人心的举措或消息，甚至连林则徐、王鼎这样的有识之士也派不出来了。

---

①② 《再续行水金鉴》卷 92，2394 页。

③ 同上书，2402 页。

④ 同上书，2403 页。

结果，只有听任黄水的肆意泛滥。在很长的一段时间里，充其量是靠周围居民自发地“先就河涯筑有小埝，随湾就曲，紧逼黄流”，以后逐步加高堤岸……逐渐形成了今日黄河自河南、河北交界横贯山东境内，尾闾于利津、垦利两县间流入渤海的基本流向。

新河道的两岸

1855年（咸丰五年），是太平天国运动风起云涌的高潮时期。此前的1853年，太平天国在定都天京后，即派李开芳等率军北伐，途经黄河流域时，得到长期活动在安徽、河南、山东一带的捻军的迅速响应。从此，捻军声势一振，与太平军一南一北，遥相呼应，迫使清政府动用大批军队“进剿”。此次铜瓦厢决口造成的黄河大改道，为当时正与清政府进行艰苦武装斗争的捻军，创造了进一步发展的条件和机会。

此前，黄河还是阻碍捻军活动的一道天险。黄河下游流经豫、苏等省，把安徽和山东分别隔在黄河两岸南北。这使得鲁、皖两省的捻军不易沟通消息，协作行动，也为清兵的“进剿”提供了便利。《中兴别记》论说：改道前，“山东兖州之邹、滕、峄，济宁之金乡、鱼台，曹州之曹、单皆在河北，捻骑每临流而返，不能飞越”，清军“皆倚河为险”①。改道之后，黄河北徙，原来的河道断流，屏障既失，也就无险可守。其情形如山东巡抚崇恩奏云：“正河下游曹、单两县现据兖州沂曹济道达镛禀报，业已断流二百余里，河面尽成平陆。”② 河决一个月后，济南知府李天锡也向朝廷报告：“黄河断流处所，无险可扼，南面有水沟一道，仅宽丈余，水深数尺及二三尺不等，往来行人涉水而过。曹、单两县河长二百一十九里，

① 《太平天国资料汇编》，第2册，355页。

② 《再续行水金鉴》卷92，2382页。

处处可通。”[①] 几个月后，崇恩又奏说：“曹、单两县业已断流二百余里，河面尽成平陆，该处界连豫省之归德府，已与皖逆（按：指皖北捻军）逼近。”

与此同时，1855 年（咸丰五年）8 月，捻军的各路首领在安徽蒙城雉河集会盟，推举张洛行为盟主，下设黄、白、红、黑、蓝五旗。形成联盟的捻军，乘黄河改道，不失时机地开始向北发展，“自是捻患日侵”。

第二年春天，张洛行率一部捻军攻打河南永城，随后跨过黄河故道，深入山东境内。此后多年间，淮北地区的捻军与山东曹州一带的捻军经常越过黄河故道，互通声息，协同作战。由于皖北的捻军事先已与太平军达成一致，他们北进山东境内后，马上也将鲁西南的捻军号召起来，“剪发为记”，“头扎红巾”，“手执黄旗”，形成声势浩大的与清廷抗争的武装力量。他们一般采取流动的作战形式，黄河大改道无疑对捻军的抗清活动提供了更大的余地和更多的机会。1856 年（咸丰六年）7 月，淮北捻军逼近鲁南，山东境内的捻军起而响应，“此散彼聚”，使清军防不胜防。1858 年（咸丰八年）春，皖北捻军深入山东单县。秋，再入单县，并袭击了城武、曹县，随后又打击了盘踞在巨野、郓城以及金、鱼、济、峄等地的清军。皖北捻军的活动，始终得到山东境内捻军的呼应和协作。到了 1860 年（咸丰十年）夏秋间，声势壮大的捻军又深入山东腹地，绕行千余里，袭击 20 多个州县，使山东省的捻军起义一时星火燎原。

换个视角，朝廷在做出“暂行缓堵”的决定后，恐怕没有料到后来的局面。

1856 年 3 月 23 日（咸丰六年二月十七日）的上谕中，已有了“捻匪全窜豫省，与山东曹、单地界紧连……现在河水干涸之时，东省下游南北两岸无险可扼，防河兵勇仅止二千余名，极形单薄”[②]的记载。这表明，清廷刚刚感到了捻军对山东的威胁，但尚未投入大兵力镇压。

---

① 转引自陈华：《清代咸同年间山东地区的动乱》，131 页。

② 《清实录山东史料选》（中），1339 页。

不久，上谕又说："皖省捻匪分股窜扰，势极剽悍。山东曹、单等县，与河南虞城、江苏徐州等处在在接壤，该匪军窜至刘口，分踞上下河滩，董口南岸亦时有骑马匪徒往来，自系意图北窜，且恐其窥伺丰、沛，图犯兖、济，山东省南界情形实为吃重。"①

5月19日（四月十六日）的上谕又指示，对捻军要"加意严办，净绝根株，不可虚应故事，仍贻后患"②。

两年之后，情况怎样了呢？1858年3月16日（咸丰八年二月初二）的上谕说："捻众北趋，围攻营盘，抄截饷道……现在兰旗捻股由六安窜回，蒙、宿各旗捻匪亦均陆续投入，涡河南北伏莽纷起……贼众兵单，殊形棘手。"③ 6月7日（四月二十六日）的上谕则称："逆捻窥伺东境，业已越过徐城……捻匪刘狗等率党数千，窜扰砀山、丰县各处，大股又由徐州北面至丰县之赵庄、隋家庄等处，蔓延八九十里，筑围扎寨，四出抢掠。又有逆众千余窜赴单县之马良集地方，并有马贼二百余人意图过河。……惟捻势鸱张，北窜堪虞……"④ 9月25日（八月十九日），上谕又称："逆匪由丰县阑入山东，单县被围，金乡、鱼台匪踪遍地，是该匪北趋之势，已等燎原。"⑤

又过了两年。1860年11月4日（咸丰十年九月二十二日）的上谕说："济宁为东省繁富之区，久为捻匪所垂涎，此次纠众数万，直扑州城，兵勇接仗失利，致被围困。"⑥ 11月13日（十月初一）的上谕说："东省捻氛甚炽……曹州、兖州、沂州、泰安、济宁等属二十六州县，均有匪踪出没，济宁、兖州、泗水均各被围。"⑦ 11月29日（十月十七日）的上谕又说："大股捻匪，扰及峄境……该匪飘忽无常，避实乘虚是其惯伎，此次深入东境，蹂躏二十九州县，并未

---

① 《清实录山东史料选》（中），1340页。
② 同上书，1342页。
③ 同上书，1356页。
④ 同上书，1359页。
⑤ 同上书，1361页。
⑥ 同上书，1424页。
⑦ 同上书，1425页。

大受惩创。”① 此后直至同治年间，地方当局仍将山东捻军的情况不间断地报向朝廷。

我们不避繁冗，罗列了从大量有关捻军的史料中摘出的极小一部分“上谕”。抛开封建统治阶级的诬蔑、咒骂、攻击之辞，便可以看到，1856 年到 1860 年（咸丰六年至十年），捻军的活动呈不断发展、壮大，甚至一度燎原于山东之势，对清政府的地方武装给予了沉重的打击。使朝廷“净绝根株”的严令，成了一具空文。而河决铜瓦厢所引起的黄河大改道，正是产生这样局面的最实质性的因素。清政府在河决前后的种种表现，已经足以说明了它的没落，那么，“天险”已破，一个腐败到家的朝廷，岂能轻易地挡住方兴未艾的起义者的势头呢？河决之后，黄河故道两岸数百里皆成平陆，至多残留下了一道浅浅的不足二三尺的水沟，出现这样迅疾的变迁，的确有些让人难以置信。而在山东省内，则出现了同样大的却是另一幅情景的变化：由于黄水一泻而入山东境内，水到之处，一片汪洋，港汊众多，水面宽广数十里乃至百余里不等。这种局面延续了几年，虽逐渐在改观，但直至同治年间，在曹州府、兖州府、济宁州、东昌府等运河流域的许多府内，仍有因积水不去而形成的大面积沼泽地带。这对于忽东忽西、飘忽无常、流动性甚强的捻军来说，是最有利不过的根据地了。后来的山东巡抚谭廷襄曾在 1862 年（同治元年）向朝廷报告说：“以黄流袤延往复，其（指捻军）藏匿最深之处，有隔泥沙一二道者，有隔泥沙四五道者。水涨则泡连数里，水落则曲折千条，必土人方识其径路。”② 官兵只好遇水裹足，望泽兴叹。淮北捻军每每深入山东，都得到了这一带所谓“水套匪”（指在沼泽区域活动的捻军）的接应。“每外匪麇至，则接引渡河，倚其凶焰。”这种依据地势的便利，内外配合、协作行动、灵活多变的战术使捻军“终不得痛击而大创之”，反而使清军时遭打击。1865 年（同治四年）捻军在郓城县设伏击毙僧格林沁的著名战役，就得到了当地捻伙的配合和参与。

---

① 《清实录山东史料选》（中），1428 页。

② 转引自陈华：《清代咸同年间山东地区的动乱》，130 页。

前面提到过，黄河的决口及其北徙，是一出给山东人民带来创深痛剧的灾难性惨剧。黄水所过之地，桑田化为沧海，数十个府州县汪洋无际，难民流离失所、家破人亡，几乎丧尽了基本的生存条件和生存余地。而清廷因军费浩繁，饷糈无继，对黄水既不能迅速堵住决口，又不能做有效的疏导，对灾民更谈不上给予周备的救济，黎民百姓甚至到了逃荒无路的境地。揭竿而起，就成为这场灾难很自然的社会演变的结果了。可以说，咸同年间在捻军不断发展壮大的队伍里，难民占了很大的比重。还是在河决不久，1855 年 9 月 2 日（咸丰五年七月二十一日）山东巡抚崇恩就曾在给咸丰的奏折中提到："现在曹属一带饥民遍野，捻匪已有乘机蠢动之势，虽经委员分路前往安抚灾黎，一面遴委文武各员统带兵勇扼要驻防，弹压奸宄，而灾延数郡，赈不胜赈……一筹莫展。"① 他的担心果然应验了。后来，像"诱胁饥民，纠聚党与数千人""各处无业游民及在逃各犯，俱投入伙""裹胁饥民，往来窜扰"等记载，时常出现在黄河改道以后的上谕和奏折中，甚至出现了"十余里民寨皆张帜应之，一时之间难民蔽川原"的盛大阵式。

捻军本来是活动于河南、淮北一带的农村破产者的游动性求生组织，"每一股谓之一捻。小捻数人、数十人，大捻二三百人"②。他们没有明确的政治纲领，且"过城寨不攻，遇大军则走"③，对清政府构不成太大的威胁。但自从 1853 年（咸丰三年）太平天国北伐军横穿淮北一带，特别是 1855 年（咸丰五年）铜瓦厢黄河改道后，捻军的"股势"愈来愈壮，声势愈来愈大，据说承认张洛行为领袖的各支捻军队伍达几十万人，甚至有人认为"捻匪之为患有更甚于长发（指太平军）者"④。朝廷及地方统治者曾为此伤透了脑筋。无论出于什么样的动机和站在哪一种政治立场上，捻军的战斗历程都成了当时许多人回顾和记述的主题。但是，倘若没有 1855 年的黄河

① 《再续行水金鉴》卷 92，2386 页。

② 《捻军》(一)，378 页。

③ 同上书，357 页。

④ 同上书，408 页。

大改道，没有那么多的难民和那么有利的地势，捻军力量的发展和壮大，是肯定要大打折扣的。

最后，我们从军事风云转向黄河下游社会地理环境变迁的情况。经过一段较长的时期，新的河道在山东渐渐形成。因而可以说，这次黄河改道对山东的影响，不仅表现在1855年的严重水患上，更重要的是表现在以后新河道两岸水灾次数的急剧增加。请看下面两个黄河改道前后的统计表。

清代山东黄河洪灾决口次数统计表①

	决口年数			决口次数			分月决口次数（农历）													
	省外	省内	合计	省外	省内	合计	1	2	3	4	5	6	7	8	9	10	11	12	不明	合计
改道前	27	11	38	42	26	68	1	1			5	4	22	10	5	1			19	68
改道后	14	38	52	20	243	263	23	9	16	1	24	84	27	5	8	6	7		53	263
合　计	41	49	90	62	269	331	24	10	16	1	29	88	49	15	13	7	7		72	331

清代山东黄河改道前后洪灾比较表②

	清代年数	出现洪灾年次数					合计洪灾平均次间年数	累计成灾县数	平均每年成灾县数
		特大	大	中	小	合计			
改道前	212	3	5	12	18	38	5.6	519	2.4
改道后	56	3	14	22	13	52	1.1	966	17.3
合计	268	6	19	34	31	90	3.0	1 485	5.5

这两项统计都能让我们看到新河道形成前后的鲜明对照。过去，山东所受黄河泛滥之害，都是外省特别是河南省波及而致，自铜瓦厢决口后，山东的黄河洪灾则以省内决口居绝对多数。据上面的统计，从铜瓦厢决口到1912年清王朝覆亡的56年中，山东省因黄河决口成灾的竟有52年之多，其中38年是决于省内的。“在决口成灾的52年中，共决口263次，平均每年决口4.7次，相当于改道前的16倍，决口之频繁确是惊人。”从年景上看，改道前的212年中，山

① 数据来源：袁长极等：《清代山东水旱自然灾害》，见《山东史志资料》，1982年第2辑，168页。

② 数据来源：同上书，170页。

东只出现过 3 个特大洪年、5 个大洪年、12 个中洪年及 18 个小洪年。而改道后的 56 年中，竟出现了 3 个特大洪年、14 个大洪年、22 个中洪年及 13 个小洪年。“共成灾 966 县次，平均每年 17.3 县被灾，为改道前的 7 倍。”① 换言之，1855 年之后，山东黄河新道两岸的黎民百姓，随着成倍剧增的水涝灾患，在心理上和生活上也都承受着成倍的困苦。

---

① 袁长极等：《清代山东水旱自然灾害》，见《山东史志资料》，1982 年第 2 辑，168、170 页。

叁　飞蝗七载

——咸丰年间的严重蝗灾

从前，一位外国旅行者漫游印度，行走间，突然感到天昏地暗，似有大片的黑云压来，抬眼间，看到的竟是遮天蔽日的飞蝗。令人难以置信的是，这群飞蝗的“阵容”庞大到宽及60千米，而且整整飞了三天三夜，方才过去。

类似的情景也曾出现在我国的各个历史朝代，明崇祯年间，北直隶定兴县闹蝗灾，河内村村民赵道人“家种谷一段，要十亩，一夜苗叶都尽。次日视之，唯黄沙满地、三五病蝗而已。其来也不知何时，其去亦不知何时，乡人皆不之觉”①。在一些地方，蝗虫甚至直接伤及动物和人类，据周密《癸辛杂识》载：山西武城县“有崔四者，行田而仆。其子寻访，但见蝗聚如堆阜。拨视之，见其父卧地上，为蝗所埋，须发皆被啮尽，衣服碎为筛网，一时顷方苏。晋天福中，蝗食猪。平原一小儿为蝗所食吮血，唯余空皮裹骨耳”。我国的这些蝗灾记载也许不及上述印度蝗情那样大规模，但肯定也是骇人听闻的了。

蝗虫分夏蝗（每年5、6月间成虫）和秋蝗（7、8月间成虫）两种。它能吃多种植物，一般禾本科类的庄稼如玉米、麦、稻、粟、稷的嫩叶、嫩茎和嫩穗，均为它们袭食的目标。因而在中国历史上，蝗灾一直是各种自然灾害中较为常见、也颇具破坏性的一种。蝗虫也因为以区区之身能酿成巨灾而被捧到了供台上。

---

① 转引自《中国虫文化》，237页。

从八蜡庙和刘猛将军庙说起

20世纪50、60年代，联合国世界气象组织农业气象委员会、粮农组织和国际地理学会都曾找到当时在台湾地区执教的地理学家陈正祥教授，请他提供一幅中国蝗灾分布图，而当时陈正祥先生的手头并无现成的地图，他想到了八蜡庙和刘猛将军庙。随后，陈正祥四处奔波，查阅过不下3 000种地方志，凭各地对八蜡庙和刘猛将军庙的记录，较为准确地考证出了中国蝗灾分布的范围，并据此绘制出一幅《中国蝗神庙分布图》。他还推论说："中国广大农村是普遍的极端穷困，若非逼不得已，决不会劳民伤财的建立此等神庙……有八蜡庙或刘猛将军庙存在的地方，一定有严重的蝗灾；反之，没有蝗灾，或偶有蝗灾而并不严重的地区，也就不必此等神庙了。"①

我们的目的不在于弄清蝗灾的分布状况，但是要明了蝗灾对农田和人类生活究竟带来何等深重的危害，还须从八蜡庙和刘猛将军庙说起。

八蜡庙缘于八蜡之祭，最初并不是单就蝗神而言的。所谓八蜡，是指八种农事神，包括先啬（神农一类的神）、司啬（后稷）、农（有功于民的田畯）、邮表畷（田间小亭，传说能显灵）、猫虎、坊（堤坊）、水庸（沟城）、昆虫。而蝗虫仅仅是昆虫当中一项。后来八蜡庙逐渐演化为祭祀农作物害虫的综合神庙，又演化为主要供奉蝗神的庙。这个演变过程，也反映了蝗灾对农田作物危害的日益突出，以及人们对蝗虫的束手无策已经到了可以置他事于不顾，要专门立庙来祭祀蝗神的程度。长期以来，人们对蝗灾还达不到科学的认识，又无法摆脱它的袭击，便只好接受"蝗虫是神虫"的说法，以为蝗虫的多少、蝗虫的为害与否，都由"天神"来做主，蝗虫为害就是"天降其灾"，不是人力可以挽回的。"蝗"的字音和字形构造，似也

① 《中国文化地理》，51～52页。

能作为上述说法的一个悠远的佐证。因而便产生了一个荒唐的习俗：闹蝗灾的时候，只应该祈求“天神”保佑蝗虫不吃庄稼。于是，大量的八蜡庙、蝗虫庙、蚂蚱庙应运而生。蝗灾之年，那里自然是香火兴隆。

但是，蝗虫对于人们虔诚的叩拜，往往不给情面，照样吞噬庄稼，酿成巨灾。于是，人们只好“先礼后兵”，又请来了声威赫赫的刘猛将军替他们驱蝗，刘猛将军庙也随即应运而生。关于刘猛将军是谁，众讼纷纭，说法有四五种，但他作为人们心目中能够“代天立言”的具有神力的威猛英雄，则是一致的。于是，一座座刘猛将军庙、刘将军庙、猛将庙、大猛将堂、将军祠等拔地而起。人们在祭祀刘猛将军的同时，还常举行“烧青苗”、“烧蝗”、抬神像等借助刘猛将军神威来驱蝗的仪式和活动。这类以神驱蝗的活动很是兴师动众，因而场面也常常是颇为壮观的。

在一些地方，则是八蜡庙和刘猛将军庙共设，或是在同一庙中供奉两神，也有的将不显灵的八蜡庙改作刘猛将军庙。概而言之，为了躲避蝗灾，人们在供神上可谓挖空心思，无所不用其极了。《威海卫志》说：“八蜡庙，俗名虫王庙，在北门外，康熙末年建，后改为刘猛将军庙。刘能驱蝗，有求必应。”①《蓟州府志》载：“八蜡庙在城东北四里，地名四方台。八蜡庙仲春、仲秋上戊日致祭。近又于八蜡之外，添设刘猛将军神位。”②《唐县志》载：“八蜡庙在城内东南隅。每岁春秋戊日僚属分祭。刘猛将军庙附祀八蜡庙。”③

显然，在我国凡有蝗灾出现的地区，从黑龙江到云南，八蜡庙和刘猛将军庙成了无所不在、无岁不祭的神庙。但祭祀的结果呢？作于清前期的《驱蝗词》讽刺这种巫术说：“山田早稻忧残暑，蝗飞阵阵来何许。丛祠老巫欺里氓，佯以杯珓身伛偻。曰此虫神能主舆，神弭灾，非轻侮。东塍西垄请巡遍，急整旗伞动箫鼓。神之灵，威且武。献纸钱，陈酒脯。老巫歌，小巫舞。岂知赛罢神进祠，蔽天蝗又如风雨。里氓望稻空顿足，烂醉老巫无一语。”蝗神庙最终只能

①②③ 转引自《中国文化地理》，51页。

证明蝗灾的多发和惨重。陈正祥教授曾依据《大名县志》，对蝗神庙密布的河北省大名县的蝗患做了一项统计："从公元 53 年到 1929 年之间，共有 80 条蝗灾的记录。现在选择其中宋、元、明、清四代比较完整的……可计算出北宋是每隔 7.6 年发生一次蝗灾，元代是每隔 6.7 年发生一次，明代是每隔 9.3 年发生一次，清代约为每隔 13.8 年发生一次。这四段统计期限，合计为 736 年，其间共发生蝗灾 73 次，故总平均为每隔 10 年发生一次。"①

这个统计结果表明，清时大名蝗灾的频率不及平均数的十年一次，但大名的情况并不能完全反映清朝社会蝗灾的全貌。《清史稿》中也有一个算不上太系统的统计：顺治朝 18 年，共有 8 年、60 余个县次发生蝗灾，平均 2 年便有地方闹蝗灾；康熙朝 61 年，共有 27 年、168 个县次有过蝗灾的记载，平均也是 2 年一次；雍正朝 13 年，记录是 3 年、13 县次，平均 4 年一次；乾隆朝 60 年，共 27 年、105 县次有蝗灾记录，也是平均 2 年一次；嘉庆朝 25 年，共 3 年、19 县次，平均 8 年一次；道光朝 30 年，共 13 年、64 个县次，平均 2 年一次。② 按照这个统计，从顺治朝到道光朝的 207 年中，共有 81 个年头出现蝗情，平均不及 3 年一次。需要强调的是，实际上蝗患的频率和覆盖面要大大超过上面的统计。其中有的灾状，也是不让水火的。

清初的 1647—1649 年（顺治四年到六年），华北一带连续三年发生蝗灾，北京西北面的保安州甚至引发了饥民暴动。据《保安州志》记载："顺治四年秋七月十五日，飞蝗从西南来，所至禾稼立尽，并及草木；山童林裸，蝗灾无甚于此者。五年蝗复起，民蒸蝗为食，饿死者无数。六年南山被蝗处饥民作乱，攻破桃花堡。州城闭门，登陴守御，会蔚州屯兵备率军丁击破之。"③ 康熙时，"飞蝗蔽日""蝗集数寸"的情形也时有出现。康熙朝曾任礼部侍郎的严我斯在《捕蝗谣》中写道："飞蝗尔何来？薨薨如风雨。朝飞蔽云天，

① 《中国文化地理》，54 页。

② 参见《清史稿》卷 40。

③ 转引自《中国文化地理》，53 页。

夜聚漫江浒。江北诸州人苦饥，千村万落少耕犁。高原如焚下江湖，半为鱼鳖半焦枯。天生羽孽复蚕食，此邦之人嗟何辜。”① 到了雍正年间，《清史稿》中关于蝗灾的记载十分简略，但正是在此期间，因苦于飞蝗肆虐，以严厉著称的雍正皇帝降谕，令各地奉刘猛将军为驱蝗正神，建庙祭祀，以压飞蝗的气焰。这项活动载进《大清会典》，成为清朝祭祀的重典之一。大量的刘猛将军庙在此后建起，如威海的刘猛将军庙，就是“雍正六年奉文捐建”的。

无论是建庙供蝗还是请神驱蝗，最终都无法抵挡飞蝗的一再袭扰，因而捕蝗到底还是一件非做不可的事情。清时有的地方“示民捕捉，计斤给钱”，用“设局收买”的办法鼓励人们灭蝗。更多的地方是捕蝗与祭祀并行。清前期的文学大家袁牧曾作过一首《捕蝗曲》，精彩地展现了江苏沭阳的捕蝗、祭祀活动，曲云：

亟捕蝗，亟捕蝗，沭阳已作三年荒。
水荒犹有稻，蝗荒将无粱。
焚以桑柴火，买以柳叶筐。
儿童敲竹枝，老叟围山岗。
风吹县官面似漆，太阳赫赫烧衣裳。
折枝探彀虑损德，惟有杀汝为吉祥。
我闻苛政猛于虎，蠹吏虐于蝗。
又闻刘昆贤令蝗不入，刘澄剪秽蝗为殃。
尔今蠕蠕声触草，得毋邑宰非循良？
击土鼓，祀神蝗，椒浆奠兮歌琅琅。
禁烟为我凌苍苍，皇天好生万物仰；
蛇头蝎尾何猖狂！
霹雳一声龙不起，反使九十九子相扶将。
狠如狼，贪如羊；如虎而翼兮，如云之南翔。
安得今冬雪花大如席，入土三尺俱消亡？
毋若长平一坑四十万，腥闻于天徒惨伤。

① 《清诗铎》卷16，516页。

蝗兮蝗兮去此乡！
东海之外兮草茫茫，无尔仇兮乐何央？
毋餐民之苗叶兮，宁食吾之肺肠！①

像这种不分老幼官民齐上阵以及捕蝗和祭蝗并举的场面，很能反映出清代蝗灾为害之惨和捕蝗中某些“有病乱投医”的盲目性。诗人屡屡引经据典，一再搬出古代的官吏和格言为鉴，似乎引申出蝗灾本身造成的祸患。至少可以说，在清朝，蝗灾以及防止蝗灾，都构成了意味深长的社会问题。

遮天蔽日，田禾俱尽

咸丰皇帝在位仅有十一年（1851—1861）。在这十一年间，发生过许多载进中国近代史册的大事，它是太平天国运动兴起和发展的十一年；是列强在鸦片战争后进而觊觎中国腹地，英法联军火烧了圆明园，清政府与列强签订了一系列不平等条约的十一年；也是各种自然灾害相乘交织或接踵而至的十一年。其间的1852年到1858年（咸丰二年至八年），广西（1852、1853、1854年）、直隶（1854、1855、1856、1857、1858年）、河南（1855、1856、1857年）、江苏（1855、1856、1857年）、浙江（1856、1857年）、安徽（1856、1857年）、湖北（1856、1857、1858年）、山西（1856、1857年）、山东（1856、1857年）、陕西（1856、1857、1858年）、湖南（1857年）等省先后或长或短、或重或轻地受到了蝗害的打击。飞蝗七载，占咸丰皇帝在位年份的大约7/10，覆盖的省份大约也占全国的1/3。与我们在前面对道光朝以前各时期的蝗灾状况的统计相比较（二三年发生一次），咸丰朝堪称一个蝗祸泛滥的年代。

最先出现蝗灾的地区是广西。这件事本身就很值得一提，因为广西是我国极少能见到八蜡庙和刘猛将军庙的省份，由此推论广西

---

① 《袁枚全集》，第1卷，43页。

当也是蝗虫罕至的地区。可是在1852—1854年（咸丰二年至四年），广西竟连续三年发生了较大规模的蝗荒。当时的广西巡抚劳崇光向朝廷报告：1852年11月前后，广西的武宣、平南、桂平、容县、兴业、北流、贵县、岑溪等县先后发生蝗情。过了一段时间，藤县、大黎、安城、马平、雒容、来宾、柳城等县也出现蝗情。在短短几个月间，有这么多的县频繁地发生蝗患，其场面及其给正在生长的秋冬作物所带来的危害，都是可想而知的，然而我们在这位广西巡抚的奏折里见到的多是些“飞蝗入境”“飞蝗沿边经过，并未入境”“飞蝗丛集”“随即扑灭”“随起随扑”“立时扑灭”“菜蔬杂粮均无损伤”一类词句，而没有一点灾况的陈述，似乎蝗虫的到来，只是给人们提供了一个欣赏奇观的机会和出气的目标。不否认，当地群众自发开展了捕蝗活动，加之当时阴雨天寒，蝗虫也冻死不少，蝗灾有被限制的一面。但上述被蝗区域的无灾可言，肯定是一幅被掩饰过的图景。可能是地方官因袭“报喜不报忧”的惯伎，层层向上行欺；或者是劳崇光抱着“天高皇帝远”的心理，擅自删掉了灾情实录，反而做成一个邀功的筹码。但不论如何，一篇写于第二年的题为《论粤西贼情兵事始末》的文章在言及当时的蝗情时提供出一个相反的证明，云：“柳、庆上年旱蝗过重，一二不逞之徒倡乱，饥民随从抢夺，比比皆然。此又一奇变也。”① 文中明确提到柳州、庆远两府“旱蝗过重”，到处都是饥民，他们为了活命，在一些人的倡导下，不得不铤而走险，起来抗争。由蝗灾到饥民到“奇变”，构成了自然灾害引发社会动乱的合乎逻辑的演变。一批批成群结阵的飞蝗遮天蔽日，黑云般压来，虽经群众奋力扑捕，终归是捕不胜捕；蝗虫去后，农作俱尽，饥馑立现，民情浮动。这比之于大批蝗虫过后田稼仍是“均无损伤”的描述，我们以为要更贴切于历史的实际。

1853年（咸丰三年），广西的蝗灾比上一年更形严重。广西巡抚劳崇光在5月5日（三月二十八日）、8月22日（七月十八日）、10月1日（八月二十九日）先后三次向朝廷报告灾情。第一个奏折提

① 《太平天国史料丛编简辑》，第2册，5页。

到柳州和浔州一带“有飞蝗停集”和“蝻子滋生”；8 月 22 日（七月十八日）的奏折表明蝗虫飞集的地区已扩大到雒容、平南、岑溪、修仁（今属荔浦）、柳城、罗城、宜山、天河（今属罗城）、迁江、宾州（今宾阳）、横州（今横县）、永淳（今属横县）、永福、灵州、临桂等地。这一次劳崇光还亲自带领僚属“诣刘猛将军庙虔诚祈祷”，并“督饬文武，遴派委员分投扑捕，设厂收买甚多”①。劳崇光在 10 月 1 日（八月二十九日）的第三份奏折中报告说：象州、武宣、贵县、平南的蝗虫“尚未净尽”。不过他依然使用讳饰灾情的故伎，不是说“飞蝗多停落于高岭草地之间，因田间水深苗短，蝗不能集，是以无损伤”，就是说“禾稻虽有伤损，尚不甚多”②。三个奏折从字面上虽看不出酿成蝗灾的迹象，但劳崇光到驱蝗庙中祷告之举，仍留给人们以怀疑的余地。也有记载说，灵山县这一年“飞蝗蔽天，田禾俱尽”③。灵山既然“田禾俱尽”，那么蝗虫存活有半年之久的象州等地，怎么倒反而会庄稼毫无损伤呢？

1854 年（咸丰四年），蝗灾在广西继续蔓延。据 7 月 28 日（七月初四）的上谕说，这一年广西的“被蝗灾区”包括永福、永宁（今属永福）、荔浦、修仁、象州、融县（今融水苗族自治县）、柳城、来宾、宜山、武缘（今属武鸣）、迁江、桔平、平南、贵县、武宣、宣化（今属南宁市）、横州、崇善（今属崇左）、养利（今属大新）、左州（今属崇左）、永康（今属扶绥）、宁明等 22 个州县，以及万承、龙英、都结、结安、结纶、全茗、茗盈、镇远、下名、上龙、凭祥、江州、罗白、罗阳 14 个土州县。④ 朝廷蠲缓了这些地区的“新旧额赋”。

1852—1854 年（咸丰二年至四年）广西蝗灾覆盖面的数字统计是：1852 年，15 个县；1853 年，20 个县；1854 年，22 个州县及 14 个土州县。这个数字的变化，也证实了蝗患蔓延的严重和捕蝗的不尽如人意。如果联系起前面奏折中“诣刘猛将军庙虔诚祈祷”、“杂粮

① 录副档，咸丰三年七月十八日劳崇光片。

② 录副档，咸丰三年八月二十九日劳崇光片。

③ 《太平天国时期广西农民起义资料》上册，18 页。

④ 参见《清文宗实录》卷 135。

间被蚕食”、蝗害“尚未净尽”等语句，以及其他一些记载中“田禾俱尽”“旱蝗过重”等描述，我们就完全可以透过被公文奏折所轻描淡写了的场面而体会到广西连续三年为蝗灾所困的饥荒年景，否则，朝廷决不会在1854年（咸丰四年）一下子蠲缓那么多地区的“新旧额赋”。

与广西遥遥相对的近畿地区——直隶，在1854年到1858年（咸丰四年至八年），也连续多次发生了蝗灾。当中以1856年（咸丰六年）的蝗患最为惨重，几次直接惊动了咸丰皇帝。

1854年（咸丰四年），直隶东部的唐山、滦州（今滦县）、固安、武清等地出现蝗情，武清还因此而造成了饥馑的年景。第二年，直隶被蝗地区从上年的津东、津北转移到津南和津西，主要集中在静海和新乐一带。

1856年（咸丰六年）入秋后，直隶的大部分地区都受到了飞蝗的袭击。直隶总督桂良以及其他一些地方官在几次关于蝗灾的奏折中述及的被灾地方有保定、文安、宝坻、宁河、遵化、新城、雄县、平乡、曲周、鸡泽、肥乡、广平、磁州（今磁县）、邯郸、成安、永年、沙河、大名、元城（今属大名）、开州、南乐、清丰（上两县今均属河南省）、东明、长垣、束鹿、东光、南皮、枣强、唐县、祁州（今安国）、高阳、安州（今属安新）、庆云（今属山东省）、获鹿、元氏、晋州（今晋州市）、无极、冀州、赵州、昌黎、清苑、安肃（今徐水）、定兴、新城、容县、蠡县、雄县、阜城、天津、青县、静海、沧州、正定、阜平、栾城、灵寿、邢台、沙河、平乡、内丘、清河、玉田、衡水、曲阳、栾平、丰宁、赤峰（今属内蒙古自治区）等将近70个州县。

9、10月间，当值秋收时，虽然当年直隶各地由于旱涝灾患不绝，收成看减，但铺天盖地而来的飞蝗无疑是雪上加霜，把本来就已成歉收定局的庄稼，吞噬残食到无可收拾的地步。飞蝗过后，禾稼尽成枯枝，这已是连三岁幼童都蒙不住的常识，而桂良等人的奏折在罗列了被灾的地区之后，所下的结论仍然是“扑捕尽净”“田禾无伤”“飞蝗经过，并无停落”“其晚禾谷豆间有残食，不过一隅之中之一隅，于收成大局无妨碍”等平安无恙的调子。这本已是当时在发生蝗情后通常都会出现在封建官吏的奏折中的一种惯用的套话，但不同的是，这次飞蝗就出现在京城周围，逼近了咸丰皇帝的头顶。这年秋天，顺天府属文安县十余村庄“蝗蝻甚多，伤害禾稼”，署文安县知县樊作栋还是照老办法，谎报说是“蝻子萌生，扑灭净尽”“飞蝗过境，并未停落”。不料咸丰帝忽然认起真来，大为愤慨地批道：“值此飞蝗为祸之际，正应君民上下一心，铲除蝗害，而该员却谎报灾情，玩视民虞，实属可恶。”并下令将樊作栋等人“交部严加议处”。这其实是杀鸡给猴看，给了那些匿灾不报的封疆大吏们一个留有面子的间接警告。

咸丰断定这份呈文失实，还有一个缘由。此前，他已经接到大量地方官报来的关于蝗情的奏折，他们虽不谈蝗虫致灾，但对飞蝗的情景，却做了五花八门的描述。如说飞蝗方阵能使白天骤然变为黄昏；又说蝗阵展翅一飞，可刮起一阵阵狂风。如此不一而足。这些“奇观”最终勾起了二十五岁的咸丰皇帝要一睹飞蝗阵式的好奇心。1856 年 9 月 16 日（咸丰六年八月十八日），秋高气爽，天空朗朗无云。咸丰皇帝乘坐马车，在御林军簇拥下，出了京城。马队在京郊田畴相连的荒野中驰行一阵，正当歇息间，忽觉一片乌云夹着阵阵微风自东南飞速地飘来，秋稼沙沙有音，此时皇帝尚在车中，随行人员以为天要下雨，孰料“乌云”盖顶时，竟是一个飞蝗的方阵。赶忙去请咸丰，咸丰出车仰视，但见飞蝗排成方阵，遮天蔽日，从他的头顶上呼啸而过，向远处飞去。飞蝗过后，天晴风止，一切如初。

咸丰大骇。回宫后的第二天，他即下了一道紧急的上谕，还特别提到自己目击到的情况：“昨日亲见飞蝗成阵，蔽空往来。现虽节逾白露，禾稼渐次登场，尚有未经收获之处，京畿一带农田被灾，谅必不少。”① 他指示地方官要本着除害的宗旨，扑灭蝗蝻，并查明各地受灾情形，据实奏报。樊作栋的报告，是在此后不久递上去的，恰好撞到了枪口上。

① 《清文宗实录》卷 206。

咸丰皇帝还针对当时乡间流行蝗虫是神虫、不宜扑捕的说法，命令说：近来听说蝗灾各地方讹传蝗为神虫，不肯扑捕，乡愚无知，殊为可悯。即通谕各省督抚，饬令地方官一体出示晓谕，如果飞蝗入境，无论是否伤害禾稼，均要尽力扑灭，不要为俗说所惑，任飞蝗任意蔓延。①

1857、1858年（咸丰七、八年），直隶继续出现蝗灾。据《清史稿》记载：1857年，昌平、唐山、望都、乐亭、平乡、平谷、青县、抚宁、曲阳、元氏、清苑、无极、邢台等地被蝗。其中有些地方被蝗灾弄到了“春无麦”和“食五谷茎俱尽”的程度。当年7月8日（闰五月十七日），上谕中提到直隶总督曾奏报“磁州所属各村庄，及成安、元成、邯郸等县，均有飞蝗入境”②。1858年的蝗灾集中在京城的东南和南边。当年春末夏初，小麦已熟，天津一带“蝻蝗四起”，不仅伤及收获在即的小麦，且“在地青苗，全行食尽”③。当年的8月份，翁同龢前往陕西任典试副考官，行经涿州、定兴一带时，遇上蝗情，他在8月15日（七月初七）的日记中记述：“入涿州境，署知州张瀚来迓。蝗虫趯趯，村民挖沟呼噪驱之，沟深尺有咫……”④ 两天后，他又记道：“定兴南十五汲地方见蝗虫……”⑤

河南是有名的黄泛区，提到黄河决口泛滥，十之八九会与河南有关。但1855—1857年（咸丰五年至七年），河南在承受了铜瓦厢黄河大改道所酿成巨祲的同时，又连续三年遭到了飞蝗的侵袭。1855年（咸丰五年），只南阳一带有“旱蝗民饥”⑥ 的记载。第二年，蝗灾在河南广泛地蔓延开来，宁陵、通许、虞城、洧川（今属长葛）、尉氏、睢州、杞县、鹿邑、考城、祥符、鄢陵、陈留、柘城、固始、商城、许州（今许昌）等16个州县相继被蝗。河南巡抚英桂在奏报这些地方的实况时，同样强调“飞蝗过境，或蝗子生发，有过而不留者，有一经停落及甫经萌动实时扑灭者；间有蔓延较广，

---

① 参见《咸丰皇帝轶事》，175页。
② 《清文宗实录》卷228。
③ 《第二次鸦片战争》（一），488页。
④⑤ 《翁同龢日记》，第1册，1页。
⑥ 《清代七百名人传》上册，602页。

即用重金收买，自二三千斤至五六千斤不等”，声明“田禾微有损伤，不过一隅中之一隅，不致成灾”①。事实则不尽如其所报。当时也是金秋时节，成片的飞蝗从天而降，所过之处，禾稼俱尽，村民们只好手挥布单，在田间奋力驱赶，虽捕获了成千上万的蝗虫，饥荒的年景却仍抗不过去。加上一些地方旱蝗交乘，灾民除了仰天号啕，只能四出逃荒。南阳一带出现了饥民竞以食树皮苟延残喘的严重灾情。这年，咸丰帝曾派员往河南受蝗地区查看灾情，同时带去了组织人力扑灭蝗虫的旨令。但事情却愈演愈烈。1857 年蝗灾继续肆虐河南省。原籍河南光州的安徽布政使李孟群在奏折中谈及家乡情景时称：“秋间蝗灾较早，一食无余，民间之苦异常，有数十里无炊烟者。”这也是我们所见到的关于蝗灾的奏折中，有数的几份摆脱了“勘不成灾”的框框而较为如实地道出灾况的报告，虽区区几十字，却概括出了蝗患害人至极的惨况，这或许与李孟群并非任职于当地的身份以及对乡梓的关切之情有关。

江苏省也同河南一样，在 1855—1857 年（咸丰五年至七年），连续发生了蝗灾。苏南当时正处在太平天国政权的统治之下，因而有关的灾象极少在清朝地方官报给朝廷的奏折中得到反映，但却大量出现在当时的许多笔记文献里，这些笔记往往较以套话写成的奏折要真切和生动得多。1855 年，施建烈、刘继增在《纪无锡县城失守克复本末》中称：“五年乙卯，大旱蝗。”这个“大”字值得说明一下，据他们介绍，无锡城中崇安寺内一棵“十围”粗的大桑树，桑叶被蝗虫食尽，枝干也因此折仆，田里的庄稼就更不用说了。结果在这一地区形成了“米珠薪桂，民不聊生”的悲苦局面。②

1856 年（咸丰六年）依然是大旱之年。夏秋间，江苏的天空几乎一直为飞蝗笼罩着。“飞蝗蔽日”“飞蝗遮天”“飞蝗障天”“满天遍野”“如云蔽日”“阵云障雾”等情状在目击者笔下层出不穷。六合、镇江、金坛、无锡、金匮、常熟、嘉定、南京等长江南北的许多地区都遭受到飞蝗的袭击。署江苏巡抚赵德辙在一份奏折中报告

① 录副档，咸丰六年八月二十八日英桂片。

② 参见《太平天国》（五），246 页。

说：“八月初六日，苏省飞蝗亦蔽天而至。”[①] 在蝗虫袭来之前，长江南北沿岸已遭到了几十年未遇的大旱，赵德辙奏称：“计自五月以后，天晴日久，其间虽得阵雨，而入土不濡。”已是一副“哀鸿遍野、困苦堪俭”的惨象。而成群结阵的飞蝗恰恰在这个当口来与饥民争食。《中兴别记》云：“是夏，旱、蝗，江北大饥，斗粟值金一两。”[②] 对于飞蝗的来往行踪，有人观察得更细致。如无锡、金匮一带有一股股飞蝗在 7 月 27 日（六月二十六日）自西北方向飞来，就如大片的云彩那样，把太阳顿时遮住。它们一停下来，“食禾如疾风扫叶，顷刻而尽”。当蝗虫密密麻麻地停在“败屋危墙”上时，这些墙屋“则摇摇欲圮”。又如 8 月间，常熟一带“有蝗虫驾海来南，落花地尚不开口，所食野草竹叶。来势满天遍野，如阵云障雾，遮天蔽日”。到 9 月初，蝗虫愈来愈多，振翅而飞，呼呼作响，其阵式如漫天猛雪一般，连日色都为之暗淡无光了。蝗虫落地，堆起来竟有尺把厚。“禾稻刚秀，非头即根咬断，即千百亩，亦可顷刻而尽。”其他被蝗地方，也均有类似超乎官方文书的生动描述。《两淮勘乱记》载：“六年，大祲，两淮人相食。”[③] 可以肯定地说，灾情惨到这个地步，上述飞蝗对田禾毁灭性的肆虐吞食，必是一个关键的因素。

1857 年（咸丰七年），江苏省的蝗灾仍是各省中最严重的。这年春天，农民虽挖掘蝻子，但无法遍掘，天稍暖，蝗蝻就到处丛生。到 6 月间，“小而无翼”的跳蝻成长为“生翼而飞”的蝗虫，“各州县皆然”。等到蝗虫漫山遍野时，已经建立了政权的太平天国农民军“出示捕收，每斤七八文。于是老稚借有生计。然愈捕愈多，愈后愈大。又出示设局收买，每斤十五六文”。即使采取了这样一些措施，蝗虫还是捕不胜捕，有的地方“蝗虫积地有尺许厚”。据记载，9 月 18 日（八月初一）那天，常熟一带“有蝗虫，即遮天蔽日，较旧秋

---

① 录副档，咸丰六年八月二十六日赵德辙片。

② 《太平天国资料汇编》，第 2 册，489 页。

③ 《捻军》（一），285 页。

来势，更胜十倍。间落地，豆荚、草根，一饮而尽，稻亦有伤”①。当年江苏北部许多地区也是“飞蝗蔽天”，在萧县，“各村庄相率扑打，城内设局收买蝻子数百石”②。两江总督何桂清在一封信内提到“麦将收而蝗虫蔽天”时，用了“人心惶惶”四个字，这自然主要是指人们担心蝗虫将眼前渐熟的麦子吞食殆尽，但恐怕也包含了对上一年蝗灾酷烈，以致“人相食”惨景的余恐。

据记载，浙江省在1856、1857年（咸丰六、七年）也遭受了蝗灾，那里的灾情比江苏要稍轻些。覆盖面主要有德清、海宁、慈溪、湖州、嵊县、定海、余姚、海盐、杭州、孝丰等地。《花溪日记》说，1856年9月“忽飞蝗蔽天，自北而来，人民复大惶恐，皆鸣锣敲物以扑之。一日数至”。第二年的夏天，海盐南乡“飞蝗蔽天，食松竹叶殆尽”。德清也出现了类似的情状。蝗虫飞过的区域恰在临海地带，有记载说某一天晚上，大片的蝗虫“飞入海，遂绝”。③ 这些蝗虫是否能越过大洋，飞到彼岸，或是葬身于大海之中，就不得而知了。此后的1858、1859、1860年（咸丰八、九、十年），浙江的个别地方仍出现过蝗情。

皖北、皖南分别在1856、1857年（咸丰六、七年）同样发生过蝗灾。1856年皖北大旱，“田禾全行枯槁，杂粮补种已迟”。与此同时，“因蝗蝻四起，低洼圩田复被蝗食殆尽”，导致“民食维艰，日形竭蹶，哀鸿遍野，不忍睹闻”④。第二年，皖南潜山一带又出现蝗情。《皖樵纪实》说，一些地方积蝗厚五六寸至尺许不等。令人称奇的是，这里飞蝗阵行并非清一色的蝗虫，而是“有鸟数百导其前，蝗随其后”⑤。

1856—1858年（咸丰六年至八年），湖北则连续三年发生蝗灾。1856年湖北的武昌府、汉阳府、黄州府及北部的襄阳府所属地方，“均有飞蝗蠢动”，光化的蝗灾尤重。1857年，威宁、汉阳、宜昌、

① 《漏网喁鱼集》，31页。

② 《萧县志》，50页。

③ 参见《浙江灾异简志》，346～347页。

④ 录副档，何桂清片。上奏日期不详。

⑤ 《太平天国史料丛编简辑》，第2册，97页。

归州、松滋、江陵、枝江、宜都、黄安、蕲水、黄冈、随州、应山、钟祥、潜江等十余州县被蝗。当中有的地方蝗虫“落地厚尺许”，有的地方“飞蝗蔽天，亘数十里”。1858 年，均州、宜城、应城、房县、保康、黄梅、松滋等地发生了“蝗害稼”的灾情。

山西在 1856、1857 年（咸丰六、七年），有交城、文水、平陆、芮城、平定等地先后被蝗。

在山东省，据巡抚崇恩奏报：1856 年，蝗虫“蔓延甚易。泰安、兖州、沂州、济宁及济南、东昌等所属各州县俱报有蝗孽”①。这些蝗灾相当厉害，徐宗幹在《斯未信斋文编》中记曹县的情形说：“蝗灾以后，野无青草，马多瘦毙。”②《东平县志》则称：“六年，飞蝗遍野，饥馑荐臻，盗贼蜂起。”③ 1857 年，据《牟平县志》载：“飞蝗蔽野，食禾稼几尽，灾祲频仍。”山东是 1855 年铜瓦厢黄河改道的重灾区，此后几年都未缓过劲来，在这样的光景中又接连两年被受严重的蝗害，其惨况当可想而知。

陕西和许多省份一样，在 1855—1858 年（咸丰五年至八年），连续出现了蝗情。1856 年夏天，渭南最先出现自东部飞来的蝗群，也是“飞行蔽日”，阵式浩大。“蝗虫继续由东向西，不少县份发生蝗灾”④。1857 年，陕西巡抚曾望颜于夏秋间曾两次奏报“飞蝗入境”。⑤ 有的地区“蝗食秋禾及树叶殆尽”。1858 年，肆虐多年、飞过十余省的蝗群渐趋减少，而陕西却正当蝗患的巅峰时期。当年，“不少县飞蝗遍野”，不胜扑捕。陕西巡抚则命令农民日夜不息地捕捉蝗虫。

湖南虽仅在 1857 年（咸丰七年）遇到蝗灾，但覆盖面甚广，灾情也较重。长沙、醴陵、湘潭、湘乡、攸县、安化、龙阳、武陵、平江、安福、新化、清泉、衡阳、常宁等地出现蝗情。攸县在 9 月 5

① 录副档，咸丰六年七月二十七日崇恩片。

② 《捻军》（三），16 页。

③ 《太平军北伐史料选编》，629 页。

④ 《旧民主主义革命时期陕西大事记述》，17 页。

⑤ 参见《清文宗实录》卷 230、234。

日（七月十七日）受到数以万计的飞蝗的袭击，“晚稻俱残”①。《湖南省志》则称被蝗之“每州县挖掘卵块百数十万不等”。

实证和统计都告诉我们，像这样波及十余省、持续六七年、为害酷烈的蝗灾在整个清朝的历史中，是仅有的一回；在中国历史上，也是罕见的。那么，有必要回过头来讨论一个问题：在当时的历史条件下，从科学的角度看，人们对蝗虫的认识究竟到了什么程度？基于这个认识上而产生的规章、习俗、举措对蝗灾和它的社会问题化起过哪些作用？

九州无奈小虫何

蝗虫是一种口器坚硬、前后翅和后肢都相当发达从而善飞善跳、给农作物带来巨大危害的昆虫。蝗蝻是它的若虫，也称跳蝻。每年的4、5月间是蝗虫的卵化时期，出土时比蝇还小，要经过五次脱皮，才从跳蝻变成飞蝗。从孵化到成为飞蝗，大约历时一个月。人们在5、6月间遇见的飞蝗，即是此类，又称夏蝗。夏蝗长成后二十多天，又下卵，而后孵化成秋蝗，以我们所看到的记载而论，秋蝗的为害要甚于夏蝗。若细分起来，蝗虫的种类很多，我国所发现过的据说就达八十余种②，不妨泛称之为飞蝗。

蝗虫的胃口很大。一只蝗虫自生至死，可以吃去三两粮食。它的袭食范围也很广，一般禾本科植物如玉米、稻、麦、粟、稷，都是蝗虫的佳肴，因而它生来就注定是要去夺人类的饭碗。单个的蝗虫一般仅有一两寸长，对农作物尚构不成致命的危害，但结群成阵乃飞蝗的一大特性，因而凡闹蝗灾的地方，“遮天蔽日”是个言必提到的现象，一般农户对蝗虫的感觉也是“铺天盖地，漫山遍野”这几个字。区区小虫所以能传下种种骇人听闻的故事，甚至由虫而“神”，关键之处也恰在这里。蝗虫的另一特性是喜迁移，而且目标

① 《攸县志》，956页。

② 参见《中国救荒史》，见《邓拓文集》，第2卷，243页。

既定，便无反顾。跳蝻时期，靠跳和爬，一天能迁移五六里地，一旦长成飞蝗，即可高飞远翔，一小时能飞几十里地，在山东、河南长成的蝗虫，可以飞至江苏和浙江。一些迹象表明，飞蝗的迁移并非纯粹以觅食为目的，而是一种本性，一旦温度超过了20℃，它就要向别处飞，它的两翅之所以发达，恐怕与这个习性不无关系。

蝗灾是自然灾害的一种。但它与水、旱、地震等纯自然界现象所引起的灾祸还有一个明显的分别，它是由于一种小昆虫（活物）吞食农作物而导致的灾荒。昆虫的种类难以计数，靠食庄稼为生的害虫也有许多种。但还没有哪一种害虫，能像蝗虫那样，酿成如我们在前面描述的完全可与水旱巨祲并提的大规模灾荒来。小小昆虫造下无穷祸患，这个鲜明的反差现象，从心理上迷惑过一代代的庄稼人。近代以前（包括我们记述的咸丰年间），普通老百姓还不具备起码的科学意识，只好把无从解释的福祸一概托给了并不存在的神天。对于事先往往并无征兆，根本无法防范却又直接严重影响人们生活的飞蝗，更是如此。尽管历史上个别有识者曾排斥巫术迷信，极力倡导过捕蝗，但这说明不了社会的潮流，遍及全国、香火不断的八蜡庙和刘猛将军庙已经确凿地证明，蝗灾比其他的自然灾害具有更深一层的神秘性。值得提到的是，蝗虫身体里有一个气囊，它要迁飞的时候，常要将气囊鼓足，才有气力飞得远，飞时还可以减轻体重，增加浮力。但气囊鼓足气后，会压缩消化管，此时下落，如体内养料尚未消耗尽，蝗虫就不感到饿，也就不食庄稼。因而往往出现这样的情景，大片的飞蝗落在田禾间，并不吞食谷物，后又飞往他处。这情景由于得不到科学的解释，只能进一步导致对蝗虫的神化起到推波助澜的作用，被以为是真的得到了神的关照，才幸免于灾的。于是，每届夏秋间，供蝗神就成了一项隆重的祭祀活动。蝗神庙里自然是香烟缭绕；没有庙的地方，也要临时搭起香坛，供上神位，烧香叩头，焚化纸锭，甚至打醮、做戏、抬着菩萨出会……没钱烧香和买符的人，也跪着向神位叩头哀求。科学的荏弱和蝗患的凶猛，都可以从这些兴师动众的祭祀中，略知一斑。

民间对蝗虫和蝗灾的神化意识也并非一成不变的，尽管这种变化还不包含多少科学意义上的觉悟。明清时期，人们虽仍视蝗虫为神虫，但刘猛将军庙越来越多地替代了八蜡庙，换言之，请神驱蝗成为蝗灾祭祀中的主要活动。如前所述，雍正皇帝还降旨各地奉刘猛将军为驱蝗正神，使这件事成为载入《大清会典》的一项具有法律效力的祭祀活动。据说正月十三日为刘猛将军诞辰，也许是借着新年的余波，这项活动相当隆重，有的地方“各乡村民击牲献醴，抬像游街，以赛猛将之神，谓之‘待猛将’。……农人舁猛将，奔走如飞，倾跌为乐，不为慢亵，名‘迎猛将’”①。开封宋门关外建有刘猛将军庙，供着木牌位，上刻“敕封扬威侯天曹猛将之神位”。开封郊外的乡民，每至神诞日夜晚，结队鸣锣击鼓，聚于庙前，架木柴成井字形，举火焚之，烟焰烛天，名之曰“烧蝗”。然后群持火炬，呼啸而去。蝗灾发生在夏秋间，驱蝗的祭祀活动却被早早地安排在正月十三日，并且通过“待将”“迎猛将”“烧蝗”等粗犷的形式，注进了千百万农民向自然抗争的热诚，这足以表明蝗灾对于一年的农事收成以及民间的社会生活和社会心理，形成了不可低估的冲击。

自然，请神驱蝗的效果与奉蝗为神一样，再虔诚的叩拜也遏阻不住飞蝗蔽天日、毁稼穑的势头。唯一实际可行的做法还是灭蝗，清朝从中央到地方政权对此确也下过一些气力。康熙年间的一则上谕云：“昨岁因雨水过溢，即虑入春微旱，则蝗虫遗种必致为害。随命传谕直隶、山东、河南等省地方官，令晓示百姓，即将田亩亟行耕耨，使覆土尽压蝗种，以除后患。……如某处有蝗，即率小民设法耨土覆压，勿致成灾。”灭蝗之法被写进堂皇上谕当中。雍正和咸丰皇帝也都曾为此发过上谕。袁枚诗所云“焚以桑柴火，买以柳叶筐。儿童敲竹枝，老叟围山岗。风吹县官面似漆，太阳赫赫烧衣裳”的情景也是相当轰轰烈烈的。《道咸宦海见闻录》的作者张集馨在任山西朔平府知府时，曾经大张旗鼓地开展过捕蝗活动。道咸时期的捕蝗措施已经渐渐形成有诸多规定的制度，施行于山西的有这样一

① 《清嘉录》卷1。

个《捕蝗章程》：

捕蝗之法，如行军然，以十人为一队，二人持锹挖长壕丈余长、三四尺深，浮土堆在对面，四人在后，二人在旁，齐用长帚轰入沟中，二人在六人之后，用长柄皮掌，将轰不净尽者扑毙。一员官，领二百人，作二十队，每日可得数十担。蝗入沟中，即将所堆浮土，掀入捶实，何虑不死？其在禾稼中者，令妇稚在内轰出，或售卖，或换米麦，悉听民便。其在临河乱石中藏匿者，多用石灰水煮之；在峭壁上长帚不及者，用喷筒仰轰。有蝗之地，如非沙板田地，将跳跃者扑毕，雇牛翻耕，将子捡出，蝗子与落花生形同，每甬百枚。蝗子捡尽，再用石滚将地压平，后又用铁钯刨出，无不糜烂。①

另有一个“搜扑蝗蝻之法”，也是通过基层政权“晓谕被蝗村庄、乡保并地主、租佃人等知悉”。内云：

在有蝻（飞蝗的若虫）之地田畔近处，挑挖长壕，宽三四尺，深四五尺，长丈余，掘土堆积长壕对面，壕口宜陡，三面密布人等，各执柳枝响竹并皮扇鞋底等物，追逐掴挞，赶至壕边。齐力合围，用帚扫入壕内，复以干柴发火焚烧，或用开水煮灌，再将对壕之土填筑，庶不至入土复生。……其蝻子未曾出土者，仍行搜挖，将板荒田地，一律翻耕。②

这些措施现在看来，未免太过原始。当时的老百姓也很不情愿接受这种人海战术。张集馨就曾在一份报告书里抱怨说：“定远厅屡牒挖孽收买，亦无呈缴。”③ 他不得不“捐廉五十两，委署经历张映南立即驰赴定远地方，会同司狱刘应淑雇募人夫，于去年蝗过村庄，分段搜挖，并设厂收买”④。后来，他还将一套奖惩办法纳入捕蝗章程中，规定：“所用人夫，每日给工资钱八十文……死蝻子每升给钱

---

① 《道咸宦海见闻录》，26页。
② 同上书，28页。
③ 同上书，24页。
④ 同上书，24～25页。

一百文，成形活动跳掷蝻孽，每升给钱一百二十文……倘该乡地人等，挖捕不力，于十日内不能净尽，甚至长翅飞腾，查出先将乡地提比，仍将村民一并严行枷责示众，决不姑宽。”① 看来，在缺乏近代科学意识的大环境下，即使是建立在朴素道理上的原始灭蝗措施，也很难得到自觉执行，人们宁愿到庙里去请刘猛将军。

清朝还有一种制度，即一旦发现蝗灾，就要调集军队，前去助民捕蝗。这种制度不能说没有起过一点积极的作用，但在许多情况下，特别是到晚清政治腐败的现象愈来愈严重之后，也常常反而给老百姓增添了麻烦。有些军队到达灾区后，即向当地多方需索，不但要好吃好喝招待，而且要送一笔可观的贿赂，否则，这些军队便以“捕蝗”为名，把地里尚未被蝗虫吃尽的庄稼故意踩得稀烂。一首题为《蝗灾行》的诗中所云：“官府捕蝗下村落，捕蝗之人胜蝗毒。蝗食民田民无谷，官食民膏民日蹙。”大概指的就是这种现象。所以，一旦发现蝗灾，老百姓宁肯隐匿不报，因为他们知道，这些封建军队实在比蝗虫更可怕，与其引来兵灾，不如忍受蝗害。

总而言之，捕蝗措施尽管制订得很细，又是通过地方政权来贯彻的，但由于政治的腐败、这些措施的落后以及人们观念意识上的陈旧，清朝的捕蝗并未收到明显的实效。咸丰年间的蝗患是从1852年（咸丰二年）开始的，到1856年（咸丰六年），蝗灾不仅没有被灭绝或得到扼制，反而一再蔓延，成为中国近代史上蝗害最广的一年。受灾的省份有直隶、江苏、浙江、安徽、湖北、湖南、广西、河南、山西、山东、陕西等11省。山东道监察御史方濬颐在一个奏折中说：“今年入夏以来，雨泽愆期，旱蝗甚广，不独畿辅为然。以臣所闻，山东、河南两省，除被黄水泛滥之区，其余各府，如山东之济、兖、沂、青、泰、武，河南之开、归、彰、怀、卫等属，旱蝗尤甚。江苏、浙江则数百里亢旱，禾稼收成不过十分之二三。湖北黄州、襄阳一带，闻亦间生蝗蝻。至安徽一省，江北之庐、凤、颍、滁、六、泗各属，到处亢旱，遍野飞蝗。是东南灾歉竟有六省之多。”②

---

① 《道咸宦海见闻录》，28页。

② 录副档，咸丰六年八月二十九日方濬颐折。

其中的许多省份都是连年发生大规模的蝗灾，这对于张集馨所详细介绍的“捕蝗之法”，至少说是个不小的讽刺。而各级官吏出于对“部议”“天罚”的恐惧，往往淡化和隐匿灾情，使本来就不很奏效的“捕蝗办法”得不到大面积的推广，从而更加剧了蝗患的严重程度。

我们在翻阅咸丰时期的有关资料时，得到一个明显的印象：凡是闹蝗灾的地方，往往也伴有严重的旱灾，以至旱蝗并提成为当时许多地区灾荒的一大特征。大旱之年，本来就收成锐减，大片大片的飞蝗又在这时席卷而来，肆虐田禾间。我们难以想象，七年间、十余省数不清的灾黎们，在旱蝗交乘的灾祸中，除了流离失所和仰天长叹，还能怎么办！

肆 丁戊奇荒
——光绪初元的华北大旱灾

19世纪70年代，对于屡遭重创的晚清统治者来说，应该是一段相对平静的时光了。50年代至60年代此起彼伏犹如狂飙怒涛席卷神州大地的农民起义已经走向低谷。那些乘坚船、挟利炮纷至沓来、环伺而列的外国资本主义列强，固然仍在不断地挑起边疆危机，但毕竟不曾像两次鸦片战争时那样肆无忌惮地攻城略地，甚至直捣京师，威胁社稷，相反，列强在获得大量权益之后，还表示要和晚清统治者携手联结，从而形成了所谓“中外和好是一家”的外交局面。就连从嘉道以来溃决频闻、纵横泛滥的黄河，在70年代的中后期也暂时收束了往昔狂奔不羁的滚滚浊流，呈现出少有的安澜。然而，历史似乎要给这个濒于灭亡的王朝带来注定的噩运。正当清王朝的统治者陶醉于“同治中兴”的政治氛围时，近代中国历史上罕见的一次特大灾荒爆发了。这次旱荒历时长，从1876年到1879年（光绪二年至五年），整整持续了四年之久；覆盖面特广，几乎囊括了山西、河南、陕西、直隶、山东等北方五省，并波及苏北、皖北、陇东和川北等地区；它造成的后果更属奇重，仅遍地饿殍就达一千万人以上。以致当时清朝官员每每称之为有清一代“二百三十余年来未见之惨凄、未闻之悲痛”，甚至说这是“古所仅见”的“大祲奇灾”。当时旅华的外国人士，也把它看成是中国古今以来的“第一大荒年”。由于这次灾荒以1877、1878年（光绪三、四年）为主，而这两年的阴历干支纪年属丁丑、戊寅，所以时人称之为“丁戊奇荒”；又因河南、山西受害最重，又名“晋豫奇荒”或“晋豫大饥”等。但无论用什么名目来称呼，它都以其惨绝人寰的灾情荒象显示了所谓的“同治中兴”不过是回光返照的悲剧内涵。

新皇帝登极之后

说也凑巧，这场震骇中外的大祲奇荒恰好是在光绪皇帝登基的第一年开始孕育的。1874 年，年仅 19 岁的同治皇帝在给后人留下了一段众说纷纭的宫闱秘闻后便撒手人寰，醇亲王奕譞的一个不到 4 岁的儿子载湉在慈禧太后的扶持之下承继了大清帝国的皇位，并将 1875 年定为光绪元年。人们大多了解，这位冲龄践祚的小皇帝大概算得上中国历史上最不幸的君主之一；但人们却未必知道，他刚刚上台，就遇到了一场前所未有的特大旱灾。

这一年，北方各省大部分地方先后呈现出干旱的景象，而京师和直隶地区的旱情则来得最早。本来，这一地区从 1867 年（同治六年）开始，都一直笼罩在以阴雨为主的天气中，那条横贯全境、变化无常、素有“小黄河”之称的永定河更是年年漫决，截至 1875 年（光绪元年），竟创造了连续 9 年决口 11 次的历史记录，给两岸人民一次又一次地带来了巨大的灾难。此时，漫长的洪涝灾害总算暂时缓解了，不料却又转向一个异常干旱的年头。《清史纪事本末》载：“夏四月，京师大旱。”5 月 11 日（四月初七）清廷的上谕也说：“京师入春以来，雨泽稀少，节逾立夏，农田待泽孔殷。”① 张家口、古北口等地，也因天气亢旱，“麦收大坏”②。由于亢旱严重，清廷特地降旨祈祷，并命“五大臣虔诚求雨”③。但一直到这一年的冬天，仍然雨泽稀少，农田大多龟坼，“每遇微风轻飏，即尘埃四起，几至眯目”④。此外，与直隶相邻的山东、河南、山西等省，还有陕西省，也在这一年秋天以后相继出现严重旱情。⑤ 至于甘肃，因“各

---

① 《清德宗实录》卷 7。

② 《申报》，1875 年 6 月 25 日。

③ 《万国公报》，第 7 卷，605 页。

④ 《申报》，1876 年 3 月 10 日。

⑤ 参见《申报》，1876 年 6 月 14 日。

郡大旱”，聚集于秦州的饥民即达数十万之众。① 一场连续数年之久的骇人听闻的特大旱灾自此揭开了序幕。

1876年，也就是光绪二年，旱区的范围进一步地扩大，旱情也愈加严重，并以直隶、山东、河南为主，北至辽宁，西至陕、甘，南达苏、皖，东濒大海，形成了一片面积广袤的大旱区域。

在京师及直隶地区，这一年开春后依然亢旱异常，夏禾难以播种，到六月，旱情发展到巅峰，麦收歉薄，秋禾未种，全省收成总计不到五分。不少地方还遭到蝗虫的肆虐，从天津以北一直到畿南各地，“飞鸿遍泽，日夕嗷嗷”，密密麻麻的蝗虫，在早已枯萎的黍麦根荄上啮嚼吞食，把本已奄无生机的残存禾稼“搜罗殆尽”②。到了夏秋之间，又因阴雨连绵，西北方向的山水奔腾下注，使大清河、滹沱河、潴龙河、南运河、漳河、卫河同时涨漫，各处的支河民堤也多被冲决，大片土地又为洪水所淹。总计这一年直隶省遭受水、旱、风、雹灾害的地区达63个州县。③

河南省的情况和直隶大体相仿，自春至夏，“雨泽愆期，麦收歉薄，秋禾受伤，旱象日见”，特别是黄河以北的彰德、怀庆、卫辉三府，旱情更为严重。7月初以后，旱象虽有所缓解，但原先干旱得最厉害的彰德、卫辉以及光州等地又阴雨连绵，不少田地被淹，禾稼受损，不过全省的大部分地区此时“雨泽仍稀”，以旱为主。通省合计，收成仅在五成左右，“乏食贫民，所在多有”，仅开封一地，靠赈灾粥厂就食的灾民即达“七万有奇”。④

至于山东省，则是全年皆旱，除了章丘等小部地区有一段时间“得雨过大”，略遭水害外，绝大部分地区“但见油然之云，并无沛然之雨”，通省收成不到三分。⑤ 所以《山东通志》称这一年全省“大旱，民饥”。《字林西报》的一位记者在6月6日（五月十五日）

① 参见《陶模传》，见《清代七百名人传》中册。

② 《申报》，1876年7月19日。

③ 参见《清代海河滦河洪涝档案史料》，480页。

④ 参见上书，479页；中国第一历史档案馆藏，录副档，光绪三年二月十八日李庆翱折。

⑤ 参见《申报》，1876年6月3日。

所写的一篇灾地通讯中记载，自天津起程由运河舟行五百里至德州，“沿路农民俱嫌旱干太甚”，高粱、棉花只有两寸多高，“除此五百里至百里外，所有麦田竟可颗粒无收，一望郊原遍是黄土”，不少地方，“垄畔草根、树皮掘食殆尽”。逃荒现象也相当普遍，德州附近的灾黎，“成群向殷户求乞，只图一饱，并不吵闹”。莱州府属则发生数千人聚众闹荒之事。① 尤其是青州府属的益都、临朐、临淄、昌乐、寿光、乐安等县，自上年8月以后即“无一处有雨水”，这一年自春徂夏，更是亢旱日甚，各乡农民“盈千累万，越数日必会齐入庙诚求（雨），地方官自亦贯索而求，以昭诚敬”，若“此庙祷求不应，则更彼庙再求”，直到求遍各庙而毫无灵验，便“又从最初之庙求起，周而复始”。② 当时正在青州府活动的英国浸礼会传教士李提摩太乘机在十一个城镇张贴大幅黄纸告示，劝导百姓不要到庙里去向泥塑木雕求雨，而要向“活的上帝”求告。为了笼络到教堂求神的灾民，李提摩太向他们发放小钱，每次发完之后，就命灾民下跪，他自己则手持“祈求真神”的大木牌，念念有词，向天祈祷。③ 但西方的上帝也不比中国的菩萨更灵验。严酷的现实打碎了这位传教士的动听许诺。第二年3月8日，李提摩太在寄给《万国公报》的一份劝捐书中说，该地“秋冬雨雪，仍然欠足，麦难播种，农民失臻”，以致“室如悬磬，野无青草”，粮价也几乎较平时涨了三倍多。许多饥民“不得不以五谷各糠并草种以及树叶、树皮磨面充饥，其中老弱不堪行动不能自如，只得坐以待毙，欲求食谷糠、树皮而不得者；亦有将门窗梁檩拆劈卖柴糊口，地土器用贱卖度饥；更可怜者，穷极无聊之人，将妻女儿媳贱卖与人，不计娼优，无如粮价过昂，到手即空，饥寒仍属不免；又有一无所有，逃荒外出”；至于不堪饥寒交迫而“自缢、投井、投河、服毒者，种种情形，笔难尽述”。据他的调查，在益都东乡，“董家庄50余家，饿死12人，逃

① 参见《申报》，1876年6月3日、6月13日。

② 参见《申报》，1876年7月19日、12月11日。

③ 参见李提摩太：《在华四十五年记》，转引自顾长声：《从马礼逊到司徒雷登》，321页。

出10家；江家泉子40余家，饿死52人，卖出2人；宿家庄100余家，饿死110人”；在临朐，“孙家庄50余家，拆屋30间；两县庄50余家，饿死21人；河团50余家，饿死22人，逃出20家；杨家集60余家，饿死31人，逃出15家……董家庄130余家，饿死105人，逃出50家”①。就整个青州府来说，李提摩太估计有饥民二三百万人，而截至次年3月中旬，饿死的人即达50余万。② 应该说，这位传教士的报告并非耸人听闻。这一年的11月24日（十月初九）山东巡抚丁宝桢在向朝廷奏报青州府的灾情时也承认，各处“饥黎鬻妻卖子流离死亡者多，其苦不堪言状”③。

灾区向南延伸，便是苏北和皖北了。苏北各地从这一年开春到岁末，一直未下透雨，海州、沭阳等地大片大片的农田减产或绝收，而蝗灾也极为严重，几乎笼罩了江苏省的全部，禾苗被吞噬一空。旱蝗交迫之下，民间比户悬罄。赣榆县民众早在春间即只能以芋秧、稻草、豆饼、麦麸为食，“入冬后逃亡饿死者不计其数”④；沭阳县西乡境内，“八口之家往往仅存一二”⑤。那些铤而走险者甚至“饥则掠人食”，致使“旅行者往往失踪，相戒裹足”⑥，社会秩序动荡不安。大批的饥民纷纷渡江南下，流亡到苏常一带。据江苏巡抚吴元炳奏报，从十月初开始，渡江而下的饥民“十百成群，殆无虚日”，其中由苏南的地方官员和士绅在苏、松、太以及江阴、镇江、扬州等地收养的流民合计达9万余人。⑦ 皖北的旱情略同于苏北。由于入夏之后亢旱日久，庐、风、颍、滁、泗等府属，“禾苗未能一律栽插”，其间虽一度沾濡雨泽，“又复连日烈日”，连补种的庄稼也大多枯死。综计通境收成只有五分，地势较高的农田则大半歉薄，有

---

① 《万国公报》，第6册，总3639～3640页。
② 参见《万国公报》，第430期，1877年3月17日，415页。
③ 《申报》，1876年12月11日。
④ 《申报》，1877年3月8日。
⑤ 《申报》，1877年3月28日。
⑥ 《清朝碑传全集》（补编）卷19，《李金镛传》。
⑦ 参见录副档，光绪三年二月十八日收，吴元炳折。

的甚至颗粒无收。① 于是，这片贫瘠的以走唱凤阳花鼓而闻名的土地又开始骚动起来，到处是四出逃荒的人流。

这一年北方的旱区还包括陕西、山西等省。陕西省由于全年干旱，夏秋普遍歉收，冬麦多未下种，即使有少数地方勉强播种了冬麦，也大多苗色萎黄。山西太原等府因夏间亢旱，秋禾收成歉薄；汾州府属的介休、平遥等县，旱情尤重，几至颗粒不收。此外如奉天的义州（今辽宁义县），也因亢旱缺雨，庄稼大受损伤，补种的晚禾又被严霜冻坏，饥户多达 108 927 户，“灾黎遍地，日不聊生”。

神州之大，无灾不有。当长江以北辽阔疆土上的芸芸众生急迫地呼唤着雨的时候，长江以南各省却又因雨水过多而普遍遭到洪涝灾害的严重袭击。江西从五月中旬起，丰城、进贤、临川、万安、吉水、清江、新淦、峡江、南丰等地大雨如注，河水陡涨丈余，沿河的田禾房舍都被淹浸，圩堤也纷纷溃决。省城南昌更是滂沱大雨几昼夜，加上抚州、建昌、吉安、临江等府境的洪水都汇集赣江，省河宣泄不及，到 6 月 15、16 日（五月二十四、二十五日）水势涨到一丈四尺有余，城厢内外低洼处所积水达两三丈不等，大批的房舍淹没水中。至 7 月下旬各河之水又汹涌而至，省城再次沦为泽国。濒临赣江的重镇吉安城外的街市更是被一概冲没，境内樟树镇附近的一个村庄八九十户人家，绝大部分被洪水卷走，只有两三户幸免于难。广昌的大水“不但漫过城墙，即城外最高处，房屋尽皆淹没”，该县的甘竹镇被浊浪冲去，“所存者仅数户而已”。与江西毗连的福建，入春以后就雨水不断，“迄无连日晴霁”，6 月上中旬之交又连续暴雨四昼夜，闽江上游之水奔腾下注，适遇海潮顶涌，水势更急，福州城外，水深至七八尺到丈余不等，城内最高处也积水一二尺。水深之处，弥漫无涯，所有城乡官署、民居、田园、道路、桥梁，均被淹没，“被难居民，或攀树登墙，或爬蹲屋上，号呼之声不绝于耳”，不少百姓被倒塌的房屋压毙，更多的人则为洪水吞噬，葬

① 参见《申报》，1877 年 1 月 18 日。

身鱼腹，仅福州大桥、小桥一带，即捞获尸身五六千具。与此同时，台湾、浙江、湖南、湖北等地也程度不同地发生了洪水灾害。①

江南洪水和北国旱荒的交煎相逼，从一个侧面预示着小儿临朝的老大帝国，正在无可挽回地走向崩毁。

饿殍一千万

> 天祸晋豫，一年不雨，二年不雨，三年不雨，水泉涸，岁洊饥；无禾无麦，无粱菽黍稷，无蔬无果，官仓匮，民储罄，市贩绝，客粜阻；斗米千钱，斗米三千钱，斗米五千钱；贫者饥，贱者饥，富者饥，贵者饥，老者饥，壮者饥，妇女饥，儿童饥，六畜饥；卖田，卖屋，卖牛马，卖车辆，卖农具，卖衣服器具，卖妻，卖女，卖儿；食草根，食树皮，食牛皮，食石粉，食泥，食纸，食丝絮，食死人肉，食死人骨，路人相食，家人相食，食人者为人食，亲友不敢相过；食人者死，忍饥致死，疫病死，自尽死，生子女不举，饿殍载途，白骨盈野。②

这一篇题为《晋豫灾略》的短文，不知是出自当时哪一位作者的手笔，通篇似乎只是信手拈来的事象罗列，而不是悲天悯人的诗意铺陈，但我们之所以首先把它介绍给读者，则是因为它毕竟以其屈指可数的180余字和白描式的手法勾勒出了1877、1878年（光绪三年、四年）以山西、河南为中心的区域内发生的骇人心魄的大荒之象，展现出千百万灾民在连续数年的旱魃肆虐中从顽强挣扎到大批死亡的悲惨历程，这样至少会使我们的读者对下面大量的触目惊心的细节描述先有一个大致的了解，并有一种体验旧社会人民群众地狱式生活的心理准备。

---

①　参见李文海等：《近代中国灾荒纪年》，349～363页。

②　《万国公报》，第11册，总6672页。

在经过差不多两年的亢旱之后，华北大部分地区的荒情在丁丑年即 1877 年达到了无以复加的巅峰，尤其是山西省的旱荒空前严重。按照山西巡抚曾国荃的说法，是“赤地千有余里，饥民至五六百万之众，大祲奇灾，古所未见”①。这一年春间，山西省就滴雨未下，由春至夏，虽偶有微雨，但从未深透，麦收无望，此后自夏徂秋，“天干地燥，烈日如焚”，间或补种的荞麦杂粮，出苗之后，“仍复黄萎，收成觖望”，全省只有大同、宁武、平定、忻、代、保德等几处略有收获。② 由于长时间大面积的减产与绝收，民间蓄藏一空，严重的粮荒冲击着灾区的每一个角落，将愈来愈多的灾民推向饥饿与死亡的绝境。如果说在春荒时期，一些贫民还可以靠挖食草根、树皮勉强度日，那么入夏以后，在前任山西巡抚鲍源深于 5 月 30 日（四月二十八日）向朝廷奏报灾情时，已经是“树皮既尽，亢久野草亦不复生”，于是“到处灾黎，哀鸿遍野”，“道旁倒毙，无日无之”③。各地灾民为了“苟延一息之残喘”④，有的“取小石子磨粉，和面为食”⑤，或则“掘观音白泥以充饥……不数日间，泥性发胀，腹破肠摧，同归于尽”⑥。有的则将柿树皮、柳树皮、果树皮、麦糠、麦秆、谷草等和着“死人之骨、骡马等骨碾细食之”，至于家犬鸡猫牛羊等牲畜早已宰杀殆尽，有的干脆“将牛羊等皮扯块连皮毛掷灶中，火燎毛尽，皮可半熟，不待烹调，不嫌臊臭，两手一搓，忙催入口”。⑦

待一切可食之物罄尽无余，灾民们赖以维系生机的只有“人食人”了。这骇人听闻的字眼，在 1877 年（光绪三年）入冬以后已是司空见惯的现实。王锡纶《怡青堂文集》中有这样一段令人不忍卒读的描写：“死者窃而食之，或肢割以取肉，或大脔如宰猪羊者；有

① 《曾忠襄公奏议》卷 8。
② 参见《山西通志》卷 82，《荒政记》，见《中国近代农业史资料》，第 1 辑，741 页。
③ 《光绪朝东华录》（一），总 409 页。
④ 《曾忠襄公奏议》卷 5。
⑤ 《申报》，1877 年 6 月 30 日。
⑥ 《曾忠襄公奏议》卷 5。
⑦ 参见《万国公报》，第 8 册，总 5114 页；《申报》，1878 年 3 月 29 日。

御人于不见之地而杀之，或食或卖者；有妇人枕死人之身，嚼其肉者；或悬饿死之人于富室之门，或竟割其首掷之内以索诈者。层见叠出，骇人听闻。”因此，当奉旨前往山西稽查灾情的前工部侍郎阎敬铭周历灾区时，堂堂晋阳，犹如鬼国。在他往来两三千里的路程中，北风怒号，林谷冰冻，“目之所见皆系鹄面鸠形，耳之所闻无非男啼女哭”，甚至“枯骸塞途，绕车而过，残喘呼救，望地而僵”①。

为了使读者对当时人间地狱般的灾区图景有一个更为具体而详尽的感官印象，我们不妨抄录一份刊载在《申报》上的《山西饥民单》：

> 灵石县三家村九十二家，（饿死）三百人，全家饿死七十二家；圪老村七十家，全家饿死者六十多家；郑家庄五十家全绝了；孔家庄六家，全家饿死五家。汾西县伏珠村三百六十家，饿死一千多人，全家饿死者一百多家。霍州上乐平四百二十家，（饿死）九百人，全家饿死八十家；成庄二百三十家，（饿死）四百多人，全家饿死六十家；李庄一百三十家，饿死三百人，全家饿死二十八家；南社村一百二十家，饿死一百八十人，全家饿死二十九家；刘家庄九十五家，饿死一百八十人，全家饿死二十家；桃花渠十家，饿死三十人，全家饿死六家。赵城县王西村，饿死六百多人，全家饿死一百二十家；师村二百家，饿死四百多人，全家饿死四十家；南里村一百三十家，饿死四百六十人，全家饿死五十家；西梁庄十八家，饿死十七家。洪洞县城内饿死四千人；师村三百五十家，饿死四百多人，全家饿死一百多家；北杜村三百家，全家饿死二百九十家，现在二三十人；曹家庄二百家，饿死四百多人，全家饿死六十家；冯张庄二百三十家，现在二十来人，别的全家都饿死了；烟壁村除四十来人都饿死了，全家饿死一百一十家；梁庄一百三十家，全家饿死一百多家；南社村一百二十家，全家饿死一百多家，

① 《光绪朝东华录》(一)，总514～515页。

现在四十来人；董保村除了六口人，全都饿死了；漫地村全家饿死六十多家；下桥村除了三四十人，都饿死了，全家饿死八十二家。临汾县乔村六百余家，饿死一千四百人，全家饿死一百多家；麻社村四百家，饿死一千四百人，全家饿死一百多家；高村一百三十家，饿死二百二十人，全家饿死八十余家；夜村八十家，除三十人都死了，全家饿死七十多家。襄陵县城内饿死三、四万；木梳店三百家，饿死五六百人；义店一百二十多家，饿死了六分。绛州城内大约一千八百家，饿死二千五百人，全家饿死六十家，小米三千三百文一斗；城南面三个村子五百一十家，今有二百八十家，死一千多人，全家饿死二百家；城北面六个村子，一千三百五十家，死二千四百人，全家饿死五百余家；城东面五个村子，一千七百家，死一千二百人，饿死三百多家；城西面六个村子，一千九百家，饿死一千五百人，全家饿死一百余家。太平县米三千二百一斗，三十斤重；六个村子饿死一千多人，全家饿死一百余家。曲沃县五个村子九百七十家，全家饿死四百家，饿死二千余人。蒲州府万泉县、猗氏县两县，饿死者一半，吃人肉者平常耳。泽州府凤台县冶底村一千家，六千人饿死四千人；天井关三百家，现存六十家，全家饿死二百四十家；阎庄村三百六十家，全家饿死二百六十家；窑南村八十五家，全家饿死七十四家，下余五六家人亦不全；阎庄村符小顺将自己亲生的儿子六岁活杀吃了；巴公镇亲眼见数人分吃五六岁死小孩子，用柴火烧熟；城西面饿死有七分，城东面饿死有三分，城南面饿死有七分，城北面饿死有三分。……阳城县所辖四面饿死民人有八分；川底村二百家，饿死一百九十二家。沁水县所辖大小村庄饿死人有八分。高平县所辖大小村庄人饿死七分。潞安府八县光景不会（好）多少。所最苦者襄垣县、屯留县、潞城县。屯留县城外七村内饿死一万一千八百人，全家饿死六百二十六家。……潞城县城外六个村庄五千家，饿死三千人，全家饿死三百四十五家。襄垣县城外十一村内二千家，饿死两千人。汾州府汾阳县城内万家，饿死者十分中有二分。……汾阳县城东面七村内四千八十家，饿死二千二百人；城西面三村内一千二百家，饿死者十分中有三分；城北面七村内一万家，饿死者十分中有三分；城南面念村内五千家，饿死者十分中有三分：共有名之村大约三百六十村，饿死者足有三分。孝义县城内五千家，饿死者有三分；城东面八村内二千八百家，饿死者有三分；城南面十六村内一千九百六十家，饿死者有三分；城西面十九村内二千家，饿死者有三分；城北面十村内一千一百七十家，饿死者有三分。米粮不敢行走，因强夺之人甚多。死人遍地，有卖人肉者，此外混行无能人食干泥、干石头、树皮等。……太原县所管地界大小村庄饿死者大约有三分多。太原府省内大约饿死者有一半。太原府城内饿死者两万有余。光绪四年正月念日抄。①

我们相信，只要是有耐心读完这一份令人毛骨悚然的材料，就不会有哪一位读者还能够忘记我们的民族在近代历史上曾经承受过的创深痛剧的苦难。

河南省的灾情，同山西约略相同。这年自春至夏，一直雨少晴多，小麦只有一半收成；入夏后更是“连日灾风烈日，干燥异常”。立秋以后，虽局部地区有些零星细雨，但大部分地区仍持续亢旱，土地干裂，草禾黄萎，特别是开封、河南、彰德、卫辉、怀庆5府，被灾尤为严重，许多地方河渠因之断流。② 连昔日汹涌澎湃的黄河在伏秋大汛时竟然也波涛不兴，偌大的河槽仅有一线中泓缓缓流动。可是就在当时的河道总督李鹤年不无庆幸地向朝廷奏报“普庆安澜”时，辽阔的中州平原却已化作千里赤地了。《申报》上有消息说河南全省“歉收者五十余州县，全荒者二十八州县”③；奉旨帮办河南赈务的刑部左侍郎袁保恒抵豫后则称，全省报灾者87个州县，饥民五六百万，“被灾之广，受灾之重，为二百数十年来所未有”④。在这

① 《申报》，1878年4月11日。
② 参见《申报》，1877年9月13日。
③ 《申报》，1878年1月11日。
④ 袁保恒：《文诚公集·奏议》卷6。

里，首先遭到天灾冲击的自然是那些“本乏盖藏，无以自给”的“贫穷卜户”，他们“或变卖衣物器具，或拆售房屋瓦木”，等到“搜括罄尽”，便“不得不逃亡四出，扶老携幼，号泣中途”。至于“中户之家，日食不继，亦复如此矣”，“小康殷实之家，坐食山空，亦复如此矣”①。有一篇发自河南灾地的新闻通讯是这样记述灾民的最终命运的：

> 某等自十月初十日由清江起早前往，一入归德府界，即见流民络绎，或哀泣于道途，或僵卧于风雪，极目荒凉，不堪言状。……若怀庆所属之济源，卫辉所属之获嘉，陕州所属之灵宝，河南所属之孟津及原武、阳武、修武等县，皆连旱三年，尤为偏重。其地非特树皮、草根剥掘殆尽，甚至新死之人，饥民亦争相残食。有丧之家不敢葬张，潜自坎埋，否则，操刀而割者环伺向前矣。而灵宝一带，饿殍遍地，以致车不能行。如此奇灾，实所罕有。较诸海州、青州之荒更加数倍。即如汴城虽设粥厂，日食一粥，已集饥民七八万人，每日拥挤及冻馁僵仆而死者数十人，鸠形鹄面，累累路侧，有非流民图所能曲绘者。日前风雪交加，而冻毙者更无数之可稽。所死之人，并无棺木，随处掘一大坑，无论男女，尸骸俱堆积其中。夜深呼号乞食，闻者酸心，见者落泪。汴城灾象如是，其余可想而知。②

饥荒的魔影还越过黄河天险和豫西山脉，笼罩着陕西全省及甘肃东部，毗连陕、甘的川北也发生了百年不遇的奇旱，成为这一大荒区域的组成部分。陕西省的旱灾在时人看来是和晋、豫两省同等严重的。有关记载总是用“关中大旱，赤地千里”“死亡遍野”“涂莩相枕藉”来形容陕西省当年的情势。尤其是同州府属的大荔、朝邑、郃阳、澄城、韩城、白水及附近各县，灾情“极重极惨”。无以为生的饥民不得已纷纷聚众抢粮，有的甚至“拦路纠抢，私立大纛，

① 《文诚公集·奏议》卷6。
② 《申报》，1878年1月11日。

上书‘王法难犯，饥饿难当’八字”①。代理同州知府饶应祺到任时，连遭饥民拦阻，史称“饥民汹汹，遮道不得前”，饶氏不得不软硬兼施，宣称“此来赈汝饥耳，哗变者杀无赦!”才解开重围。② 至于川北的旱灾，《南江县志》有颇为翔实的记载：

> 丁丑岁……川之北亦旱，而巴（中）、南（江）、通（江）三州县尤甚。……赤地数百里，禾苗焚槁，颗粒乏登，米价腾涌，日甚一日，而贫民遂有乏食之惨矣！蔬糠既竭，继以草木，而麻根、蕨根、棕梧、枇杷诸树皮掘剥殆尽。红籽一斗价至一缗，更复啖谷中泥土，俗曰神仙面。至冬而豆麦青苗亦盗食之，耕牛几无遗种。登高四望，比户萧条，炊烟断缕，鸡犬绝声。……服鸩投环、堕岩赴涧轻视其身者日闻于野。父弃其子，兄弃其弟，夫弃其妻，号哭于路途，转徙于沟壑者，耳目不忍听睹。……是冬及次年春，或举家悄毙，或人相残食，殣殍不下数万。仁厚者始施棺，次施席，席不继则掘深坎丛葬之，名曰万人坑。灾之异，盖如此独怪。

从山西、河南往东直至大海之滨，包括京师、直隶全省、鲁西北地区以及江苏、安徽的部分地区，这一年依然有较严重的旱灾。直隶年初即有春荒，入夏以后又亢旱缺雨，并一直延续到次年4、5月间，加上保定以西、河间以南旱蝗交乘，因而灾区极广，仅河间一府就有200余万灾民嗷嗷待救，灾情之重为“数十年所未有”。③灾荒迫使大量饥民铤而走险，死里求生。在武强县，有千余灾民组成“砍刀会”，活动于景州、阜城、武邑、枣强、衡水、饶阳一带，霸州、通州、固安、故城等地也多有灾民组织武装，进行抢粮斗争。这逼近辇毂的武装抗争，与整个辽阔荒区内的饥民闹荒事件相互呼应，连绵不绝，使刚刚趋于平静的社会政治局面又骤然动荡不安，清朝统治阶级大有朝不保夕之忧。④

---

① 《申报》，1877年10月3日。

② 参见《清史列传》卷61，《饶应祺传》；《清史稿》卷448。

③ 参见《李文忠公全集·奏稿》卷31；《李鸿章致潘鼎新书札》，130页。

④ 参见《光绪朝东华录》(一)，总453页。

进入1878年，北方大部分地区一开始仍有相当严重的旱灾，尤其是山西省，自春至夏，依然是雨泽稀少，连河水都“深不盈尺”，此后在经过6月间短暂的雨水期后，又遭连续亢旱，直到次年7月末始得透雨。不过从整个灾区来说，旱灾的严重程度已大大减轻了，陕西、山东、河南、直隶等省及其他地区的旱情从春到夏次第解除，持续数年的特大旱灾终于度过了它的巅峰阶段而趋于缓解。但是，旷日持久的大旱毕竟已使人民群众对于自然灾害的承受能力差不多到了极限，因此，我们在前面所描述的灾民种种因饥就毙以及“人相食”的惨象，不仅没有随着旱情的缓解而相应减少、绝迹，反而更加严重，更加普遍了。在山西，越来越多的村庄和家庭被毁灭了。有时，“全家饿民死于屋内，日久无人埋葬，或赤身弃于村外者，或掷于沟壑者，人食狼吞，惨不忍见”；困极无奈的灾民因无力养育子女，往往含泪把他们投到河渠沟壑之中，甚至有“母子偕投井者，有母没于路中，其婴尚生卧于死母怀中者”①。至于“父子而相食”“骨肉以析骸”，也层见叠出，以致阎敬铭和曾国荃在向朝廷联名上奏时称之为“人伦之大变”②。在河南，也是“满门饿毙”“尸横遍野”，侥幸活下来的饥民大多奄奄垂毙，骨瘦如柴，“既无可食之肉，又无割人之力”，有的甚至随风倒地，气息尚未断绝，即被饿犬残食。③ 在直隶的河间府，儿童“只剩下枯干的皮包骨头，肚子膨胀，面色青黝，两眼发直”，一些壮年饥民“竟在领受赈济的动作中倒死在地下”④。就是那些逃奔京师的灾民，往往也逃不出死神的魔掌。或许是因为这里特殊的政治地位，动以数十万的灾民相率而来，以致挤满了京城各大粥厂，“每日竟不得一饱”，于是“倒毙日多，横尸道路”，惨死在帝王权贵们的眼皮底下。⑤

不仅如此，就在春夏之间阳和雨露、旱情缓解之际，大面积的瘟疫又接踵而来。这场瘟疫来势极猛，席卷了灾区各地的城镇和乡

---

① 《申报》，1878年4月1日。
② 《山西通志》卷82，《荒政记》。
③ 参见《申报》，1878年6月15日。
④ 马士：《中华帝国对外关系史》，第2卷，340页。
⑤ 参见《近代中国灾荒纪年》，389～390页。

村，许多奄奄一息的孑遗之民被无情地夺去了生命。河南省几乎十人九病，“此传彼染，瞬判存亡”[①]，安阳县死于瘟疫的饥民即占半数以上[②]，连钦差大员袁保恒也染疫不治，死于任上。陕西省“灾后继以疫疠”，道殣相望。延榆绥道道员以及榆林县的三任县令都相继染疫病殁，以至无人再敢赴任，弄得榆林府知府不得不一身兼摄道府县三官。[③] 官宦如此，一般平民就可想而知了。山西省更是“瘟疫大作”，全省人民因疫而死的达十之二三。[④] 据光绪《临汾县志》载，该县城关地面在这一年春间瘟疫盛行时，每天倒毙的饥民，不下数十百人，附近以乞讨为生的男男女女，每隔十几天“辄一更易”，因为“从前行乞者尽成饿莩矣”。由于死亡人数太多，该县县令组织各地绅董，整整花了两个多月的时间，还没有掩埋干净。有些地方干脆草草了事，挖掘大坑，把尸体集体埋葬，平阳府小东门外，挖掘的万人大坑有三五十处，“坑坑皆满”。[⑤] 待到秋来风凉，“沴气尽除”，一望荒原，尽是黄沙白草，累累枯骨，不闻鸡犬，不见炊烟，往往数十里杳无人迹。山西巡抚曾国荃当时在给友人的一封信中是这样发表他的感慨的：“茫茫浩劫，亘古未闻，历观廿一史所载，灾荒无此惨酷。”[⑥]

时序转到1879年（光绪五年）五月，这一场持续数年的大祲奇灾，总算快要噩梦般地过去了。在东起直鲁、西迄陕甘的广阔土地上，尽管山西省仍酷旱如故，尽管到处都还是一派大灾之后的荒凉破败景象，但龟裂的土地毕竟已开始湿润，久已干涸的河沟里重又流淌起涓涓碧水，田野上也点缀了些许绿色。然而，正当那些九死一生的人们开始盘算着如何重建家园的时候，一场新的灾难又降临到他们身上。这就是发生在西北地区的震级达8级、烈度为11度的甘肃武都大地震。

---

① 《近代中国灾荒纪年》，394页。

② 参见《安阳县续志》卷末。

③ 参见《清朝碑传全集》（补编）卷19；《清史稿》卷45。

④ 参见《山西通志》卷82，《荒政记》。

⑤ 参见《申报》，1879年7月21日。

⑥ 《曾忠襄公书札》卷11。

这次地震发生在7月1日（五月十二日），震中在甘肃南部与四川接壤的阶州和文县一带。据有关资料记述，当地震发生时，“有声如雷，荡决数百里”，阶州和文县两地一时间山飞石走，地裂水涌，城垣倾圮，房倒屋塌，城乡人民惨遭压毙的比比皆是，总共有3万余人；加上地震时，因山岩崩坠，河水壅决，各地大水暴发，又有不少人被淹死，仅文县城就淹没了10 830余人，而阶州下游一个名叫“洋汤河”的巨镇，“万家烟火，倏成泽国，鸡犬无踪，竟莫考其人数”①。如果把压死和淹死的人数加在一起，那么，在震中地区，有数字可查的就有4万余人。仅仅就此而论，这也是近代中国从鸦片战争到中华人民共和国成立前夕这近110年历史中，除了1920年的海原大地震外，破坏性最大的地震之一。② 何况其波及范围“东至西安以东，南过成都以南，纵横几二千里”③，其中受到较重破坏的地方有甘肃的西固、礼县、西和、秦州、秦安、南坪、徽县、清水、临潭、成县等，受较轻破坏的或受到影响的则有甘肃、山西、陕西、河南、四川、湖北等地至少134个州县，其中大部分地区在旱荒区域之内④。这无异于给正在从旱灾中复苏的群众一个新的沉重的打击。整个华北灾区，几乎陷入惶惶不可终日的状态之中。

旷田畴十年未尽辟

如果说以英国为首的西方资本主义列强发动的两次鸦片战争，是中国“有开天辟地以来未有之奇愤”⑤，如果说从19世纪50年代

① 转引自《左宗棠逸事汇编》，64页。

② 据《中国地震目录》《近代中国灾荒纪年》等著作，近代中国一百余年中，造成万人以上死亡的灾难性大地震共有6次，其中和上述地震死亡人数相近的只有一次，即1927年5月23日甘肃古浪大地震。

③ 《光绪朝东华录》(一)，总783页。

④ 参见《中国地震目录》，第2集，178～182页。

⑤ 冯桂芬：《校邠庐抗议·制洋器议》。

初期到70年代初期长达二十多年的时间内发生的清政府血腥镇压农民大起义的战争，是近代中国历史上最大的国内战争（就人口死亡数字而论），那么，随之而来的惨绝人寰的“丁戊奇荒”，也称得上是近代中国损害最为惨重的灾荒之一。它从时间和空间两个方面，将我们这个民族在这一时期所遭受的种种巨大的苦难进一步无情地延伸了下去，扩展了开来，对当时整个的社会经济生活产生了十分广泛而深刻的影响。

据不完全统计，从1876年到1878年（光绪二年至四年），仅山东、山西、陕西、直隶、河南等北方五省卷入灾荒的州县总数即分别为233、146、141、218、217。表列如下①：

省别 / 州县数 / 年份	山东	山西	陕西	直隶	河南	合计
1876	76	8		63	75	222
1877	79	82	86	69	86	402
1878	78	56	55	86	56	331
合计	233	146	141	218	217	955

而整个灾区受到旱灾及饥荒严重影响的居民人数，估计在1.6亿至2亿，约占当时全国人口的一半；直接死于饥荒和疫病的人数，尽管在当时众说纷纭（参见下表②），但至少也有1 000万人；从重灾区逃亡外地的灾民也不少于2 000万人。③其中，山西省在灾荒蹂躏之下人口损失最为严重，在1 600余万居民中，死亡500万人，另有几百万人口逃荒或被贩卖到外地。④据故宫档案户部清册载，该

① 此表系据《近代中国灾荒纪年》而制。其中河南省1876年受灾州县数参见《中国近代农业史资料》第1辑第734页，直隶省1877年受灾州县数参见《清德宗实录》卷61。

② 表中数目依次参见：李提摩太：《在华四十五年记》，英文版，135页。马罗立：《饥荒的中国》，英文版，29页。王士达：《近代中国人口的估计》，载《社会科学杂志》，第1卷第4期，1930年12月，39～40页；第2卷第1期，1931年3月，78页。马士：《中华帝国对外关系史》，第2卷，310页。

③ 参见马士：《中华帝国对外关系史》，第2卷，310页。

④ 参见上书，340页。

省人口 1877 年达 1 643.3 万人，到 1883 年时只有 1 074.4 万人，净减 1/3 以上。河南省在灾荒刚开始蔓延的 1876 年人口总数为2 394.3 万人，到 1878 年旱灾达到高峰时急剧下降到 2 211.4 万人，共损失人口 182.9 万人。① 陕西省人口损失也很惨重，尤其是渭河流域的西、同、凤、乾各属，“道殣相望，大县或一二十万，小县亦五六万，其凋残殆甚于同治初元（按：即清政府镇压回民起义时期的人口损失，共五十余万）”②。

估计者	李提摩太	外国赈灾会	哈柏（A. P. Happer）	马士（H. B. Morse）	柔克义（W. W. Rockill）
死亡人数（千人）	15 000—13 000	9 000—13 000	13 000—17 000	10 000	9 500

至于重灾区，死亡率几乎都在半数以上，所谓“民死十之七八”“户口损三分之二”“户口已减十分之六七”等记载，在灾区各县的方志中频频出现。有的学者根据有关史料，列出了山西、河南重灾区死亡人数，如下表③：

山西省灾情严重地区的死亡情况

	灾前人口	死者	生者	死亡率
太原府	100 万	95 万	5 万	95%
洪　洞	25 万	15 万	10 万	60%
平　陆	14.5 万	11 万	3.5 万	76%

河南省灾情严重地区的死亡情况

	灾前人口	1877 年人口	1878 年人口	到 1878 年时死亡率
灵　宝	15～16 万		9 万	38%～40%
荥　阳	13～14 万		6 万	54%～57%
新　安	15 万	10 万	6 万	60%

由于人口损失奇重，山西的部分地区如芮城、太谷、临汾、灵

① 参见严中平：《中国近代经济史统计资料选辑》，370～374 页。

② 《续陕西通志稿》卷 31，《户口》。

③ 参见何汉威：《光绪初年（1876—1879）华北的大旱灾》，香港中文大学中国文化研究所专刊二，33～34 页，1980。

石以及河南灵宝等县的人口数目，直到民国时期，也未能恢复到灾荒前的水平。如芮城县 1877 年（光绪三年）尚有人口 126 191 人，到了 40 余年后的 1921 年只有 71 398 人；临汾县大灾之后虽然补充了来自直隶、山东等省大量客民（约占全县当时人口的 3/10），但 60 余年后的 1933 年，人口仍比灾前少了近 2 万人。[①] 这种现象，固然同近代史上这些地区灾荒连年、生态失衡的全局性环境有关，但“丁戊奇荒”所造成的人口凋零，确实是重要的成因。1934 年重修的《灵石县志》痛心地回顾了这一重大变故：

> 呜呼！（光绪）三年，秋无寸草；四年，夏成赤地。两季不收，一年无食，而流离失所，死亡相继，论户四千余家，论人四万余口，至今几六十年而灾情犹存，元气未复，此亘古以来未有之奇灾也。是为记。

这里需要特别强调的是灾荒时期大规模的人口贩运所造成的灾区妇女人口的损失。由于饥民在走投无路时纷纷卖妻鬻子，一些不法之徒更是乘灾打劫，拐卖诱骗，辗转掠贩。年轻妇女则是他们猎取的主要对象。从晋豫荒区向东向南分别经归德、周家口、光州至江苏、安徽、湖北等地的大路上，“贩子驱逐妇女南下者，百十成群”，或一二百人或三五百人不等，有时竟以千计。[②] 豫北、豫西的济源、修武、灵宝、孟津、获嘉、安阳等县甚至出现了人市，被贩卖的女子，大都按照年龄长幼标出高低不同的价格，“换人两斤面，立刻夫妻分离”。[③] 这样，死亡、逃荒再加上被贩卖，灾区妇女日见其少。河南卫、怀各属的年轻妇女，“死亡者半，贩卖者半，所存不及十之一二”[④]；新安县城甚至找不到青年妇女的踪迹，因为她们“尽被掠卖”[⑤]。直隶省的年轻女子，也大都被带到南方去，仅灵丘

---

① 参见（民国）《芮城县志》卷 2；（民国）《临汾县志》卷 2。其他县可参见（民国）《太谷县志》卷 3；（民国）《灵宝县志》卷 10。

② 参见《申报》，1878 年 5 月 30 日、7 月 6 日、7 月 10 日。

③ 参见《申报》，1878 年 2 月 27 日、7 月 25 日。

④ 《申报》，1878 年 8 月 6 日。

⑤ 《申报》，1878 年 12 月 14 日。

(疑为任丘)一县,就有10万以上的妇女被拐卖。[①] 凡此种种,不仅制造了一幕幕妻离子散的家庭悲剧,而且严重损害了灾区的人口结构,导致人口性别比例的长期失衡,最终也就在很大程度上迟滞了北方地区人口恢复的进程。

从19世纪40年代开始到清朝政权灭亡,近代中国的人口基本上处于停滞不前的状态,50年代初期,清中叶以来人口持续猛增的势头即告中断,并开始进入一个相当长的突降级段,此后直至1887年也没能恢复旧观,全国人口由1851年的43 629.9万人下降为37 614.4万人。[②] 在这里,最具决定性的原因自然是人所熟知的清政权长达二十余年的对农民战争的残酷镇压,但人们往往忽视了紧随其后发生的这场大祲奇灾也是这一时期中国人口大减员的重要因素之一。按西方学者哈柏的估计,这次旱灾所造成的人口损失,占这一时期人口死亡总数(6 100万~8 300万,其中农民起义时期的人口损失为4 800万~5 600万)的20.48%~21.31%。[③] 换一个角度来说,这一时期北方地区人口变动的大趋势虽然与全国的情况一样,但与之相应的升降过程并不是南北同步的。尽管陕西省自1856年(咸丰六年)起人口即急剧减少,直隶自19世纪60年代开始也有所下降,但山东、山西、河南等省的人口几乎一直保持了缓慢增长的势头,因而到1877年(光绪三年),北方五省人口总数仍为10 780.8万人,几乎接近1851年(咸丰元年)的水平(10 835.2万人)。只是在连续的大祲奇荒之后,北方人口才急剧减少,同1851年相比,1887年人口减少了765.3万人,占全国同期人口差额总数的12.7%。[④] 正是"丁戊奇荒"构成了这一时期全国人口突降的另一个重要阶梯。

---

① 参见马士:《中华帝国对外关系史》,第2卷,340页。

② 参见章有义:《近代中国人口和耕地的再估计》,载《中国经济史研究》,1991年第1期。

③ 王士达:《现代中国人口的估计》,载《社会科学杂志》,第2卷第1期,转引自《光绪初年(1876—1879)华北的大旱灾》,149页。

④ 参见章有义:《近代中国人口和耕地的再估计》,载《中国经济史研究》,1991年第1期;赵文林、谢淑君:《中国人口史》,405~412页。其中1877年直隶、陕西的人口数,系《中国人口史》修正补充数,陕西人口较1851年估计减少4 153 612人。

当然，北方地区在灾荒期间人口损失如此惨重，并不只是表现为对千百万人民生命的戕害，它还意味着对当时的社会经济造成的巨大的破坏。人口大规模亡失的本身，就是对社会生产力的极大摧残，因为人——准确一点说是劳动者，本来就是生产力系统中起主导作用的因素，或者如列宁所说的，是**“全人类的首要的生产力”**[①]；何况在自然经济占统治地位的农业社会中，如此大规模的人口逃亡，又是一种强迫性的劳动者和土地——最基本的生产资料——的痛苦的分离过程，必然导致被灾地区土地的大量荒芜。在山西省，灾区各地因人口亡失过重，“荒田废地，无一无之”，大都蒿莱满目、杂草丛生，不少地方甚至严重沙化、盐碱化，变成不毛之地。[②] 据山西当局灾后的勘查，全省 56 476 803 亩耕地中，因灾招致的“新荒地”（即所谓有地无主者）达 22 007 670 亩；至于有主而无力耕种的“暂荒地”，虽然没有确切的统计，但数量当不在前者之下。[③] 陕西省 1880 年（光绪六年）荒弃的田地约占全省民田（共 30 186 200 亩）的十分之三，其中很大一部分是“连岁大祲，转徙流离”造成的。[④] 河南省也因“逃亡过半，村落为墟”，无人耕种的土地随处可见。[⑤]

问题还远远不止于此。在人丁骤减、田园荒废的同时，广大灾区的社会物质财富也遭到了极其严重的破坏。在旷日持久的大旱威胁之下，广大的饥民为了充饥活命，总是不惜一切代价地变卖家产，诸凡衣、住、行等方面一切被认为是有用的物品无不拿到市场上进行廉价大拍卖，许多地方的灾民不惜将房屋拆卸一空，当作废柴出售，以致“到处拆毁，如被兵剿”[⑥]。就是平常被看作半份家当的牛、马等牲畜也被宰卖殆尽，或充作了果腹之餐。这一期间中国牛皮出

① 《在全俄社会教育第一次代表大会上的讲话》，见《列宁全集》，中文 2 版，第 36 卷，346 页。

② 参见《光绪朝东华录》（一），总 600 页；《中国近代农业史资料》，第 1 辑，667、937 页。

③ 参见《曾忠襄公奏议》卷 17；《山西通志》卷 82，《荒政记》。

④ 参见《光绪朝东华录》（一），总 968 页。

⑤ 参见《近代中国灾荒纪年》，393 页。

⑥ 《申报》，1878 年 3 月 29 日。

口贸易的资料从正反两个方面反映了灾区畜力损失的惨况。1874 年（同治十三年）牛皮出口量还只有 1 207 担，1876 年（光绪二年）就急剧上升到 11 350 担，约相当于 1874 年（同治十三年）的十倍，这些牛皮绝大部分是从华北灾区输往国外的。到了 1877 年（光绪三年），由于灾区的农民大量宰杀牛群，使牛皮“供应过多”，价格猛跌，“足以刺激对伦敦的大量输出”，致牛皮出口量猛增为57 192 担，是 1876 年的 5 倍多。1878 年（光绪四年）后牛皮出口量开始大幅度下降，则是因为这一年灾区瘟疫盛行，幸存的耕牛大批死亡的结果。即使如此，从 1876 年到 1879 年（光绪二年至五年）的 4 年间，牛皮输出总量也高达135 507 担。① 因此，千千万万的北方人民，经过顽强而绝望的挣扎之后，他们，甚至包括他们的祖辈惨淡经营、辛勤积攒的哪怕是非常有限的财产，也连同生命一起被残暴的天灾剥夺净尽了。待到幸存的人们死里逃生，他们除了空空的两手和嶙峋的瘦骨之外，已一无所有。他们为了延续曾经备受蹂躏过的生命，首先必须获得最基本的生活资料，因而也就限制了他们对农业生产的投入，实时人所谓的“急于糊口，而缓于耕作”②；即使他们有意于耕作，也没有种子，没有农具，连从远方高价购求的耕牛，往往集合一村的力量，也无法饲养成活③。这样，一方面是劳动力奇缺，一方面是土地的大量抛荒，而联系二者之间的中介——生产工具又极度匮乏，种种因素，错综交织，使北方农业元气尽伤，在灾后相当长的时期内也没能恢复到原有的水平。十三年后接任山西巡抚并监修《山西通志》的张煦在追述此次大灾的影响时称：

> 耗户口累百万而无从稽，旷田畴及十年而未尽辟。④

与农业生产凋零的状况相应，北方地区传统工商业也遭到了致命的打击而一蹶不振。山西省就是一个缩影。该省境内最主要的手

---

① 参见《中国近代对外贸易史资料》，第 2 卷，1125～1130 页。

② 《光绪朝东华录》(一)，总 968 页。

③ 参见《曾忠襄公奏稿》卷 16。

④ 《山西通志》卷 82，《荒政记》。

工业——冶铁业趋于停顿，潞安、平定等地“户口凋伤，工匠略尽”①；道光年间拥有 1 000 多座冶铁炉的晋城县，灾后“百业萧条，炉数顿减大半”②。著名的丝绸织造业，也因“桑植不蕃，机匠零落”而濒于断绝。极盛时机户达“千有余家”的泽州地区，灾后只剩下 1 家；原来向省城织造局提供工匠的 11 个州县中，灾后就有 9 个州县招募无人。③ 该省原来尚称发达的商业更是一片萧条。潞安一带各行铺户，幸存的“仅止数家”，而且“资本缺乏，销路无多”，大都是“售卖残货”④。该省的厘金收入因此大幅度减少，收入最低的年份，与 1876 年（光绪二年）相比，减少了 54.90%以上，太原、平阳等府的税额甚至不及灾前的 1/10，有些地区则“无从征收”；直到 1883 年（光绪九年），全省的厘金收入才达到灾前的水平。⑤ 可以说，在大祲奇荒的肆虐之下，近代以来举步维艰、严重衰败的华北经济自此更是急遽衰退，各地人民的生活也更加困顿不堪。1883 年《北华捷报》上刊登的一篇对直隶农民的采访报告颇能说明问题：

> 农民们……大部分都很贫穷。……在荒年，他们经常以野菜为食，甚至连野菜都找不着而成群饿死，正像 1878 年和 1879 年的情况那样。在最好的年头，他们也吃最低级的食物，穿着朴素的衣服。他们的食物几乎完全是同大豆或豆腐渣混合起来的高粱、玉米及小米。一块白面馒头便是一种特别的款待，当然更难吃到任何肉食。有一天，一位贫农在叙述皇帝豁免田赋的时候说道：如果他是皇帝，他将成天都吃大饼，吃饱了就躺下休息。这就是贫农对生活享受的最高理想。⑥

然而，大祲奇荒对近代中国社会经济的影响还有更加深远的一面。在中外经济不平等交往的时代，它给中国人民带来的饥馑与贫

---

① 《张文襄公全集》卷 5，奏议 5。

② 《中国近代手工业史资料》，第 2 册，144 页。

③ 参见《张文襄公全集》卷 5，奏议 5。

④ 《曾忠襄公奏议》卷 16。

⑤ 参见罗玉东：《中国厘金史》，466 页；《曾忠襄公奏议》卷 16。

⑥ 《中国近代农业史资料》，第 1 辑，917 页。

困，又为外国资本主义列强无孔不入的经济侵略提供了极为便利的条件。灾荒之前，西方资本主义商品倾销的浪潮虽已开始冲击华北地区，但和东南沿海相比，毕竟还处于初始阶段，在整个对华贸易中，只占很微弱的一部分。此后，由于北方经济惨遭重创并长期竭蹶不振，人们的生活资料和生产资料近于枯竭，迫切仰求于外来产品的供应。而蓄势以待的廉价洋货，立即乘间而入，轻易地突破了内陆腹地自然经济的坚固壁垒，迅速占据广阔的华北市场，对华出口贸易额有了相当显著的增加。如灾前在华北地区的销售虽已"历有年所"，但使用对象仅限于富商大户的洋布，就是在 1879 年（光绪五年）以后才开始为广大农民所使用的，因而销数激增。据当时海关的报告称，该年"全国输入的棉布，大半系被天津、汉口、烟台三埠所吸收。天津吸收之数，不下 30.62%"。这种情况，"实收华北旱荒终止之赐。盖灾民随身衣着，经三年之服用，俱破旧不堪。其余各袭，亦已典质净尽，至是非重置新衣不可。顾土布产量有限，未免求过于供，势须借重洋布，以应急需"①。此后洋布进口一直保持不衰的势头。其他如洋米、洋面的输入量也开始增长，而洋纱、洋铁等商品进口量较之灾前则有着成倍的增长。② 外国资本主义商品侵略如此迅速地扩张，加剧了中外贸易的不平衡状况，改变了中国对外贸易结构，使其开始了年年入超的新格局。③

单位：1 000 两

项目＼年份	1875	1876	1877	1878	1879	1890
出口净值	68 913	67 174	67 445	67 172	72 281	77 884
进口净值	67 803	70 270	73 284	70 804	82 227	79 293
出超（＋）/入超（－）	＋1 110	＋10 518	－5 789	－3 632	－9 916	－1 409

从上表可以看出，灾前出口远多于进口，出超最大时达 1 000 余

① 《中国近代对外贸易史资料》，第 2 卷，1352～1353 页。

② 参见《中国近代对外贸易史资料》，第 3 卷，1603～1604 页。

③ 参见许涤新、吴承明：《中国资本主义发展史》，第 2 卷，77 页。

万两；灾后进口锐增，入超最大时近 1 000 万两。前后形成鲜明的对比。当然造成这种状况还有其他重要的乃至根本性的原因，但毫无疑问，大祲奇荒确然成为中国经济半殖民地化进程中的一个重要环节。

创深痛剧后的沉思

应该承认，大旱奇荒发生以后，当时的中国社会为拯救这场灾难确曾付出了巨大的努力。清朝封建统治阶级为了维护岌岌可危的统治秩序，减轻灾害造成的严重后果，不得不运用行政手段，动员了大量的人力物力，采取诸如减免赋税、散放钱粮、设厂放粥、设局平粜等一系列荒政措施，力图赈灾安民。正在成长中的、具有近代资产阶级意识的新兴工商业者——主要是以上海为中心的江浙地区的绅商——也挺身相救，发起组织了民捐民办的义赈活动。他们一面凭借自身的社会声望劝捐募款，一面又亲历灾区登门施赈，苏北、山东、河南、山西、直隶等灾情最严重的地区，几乎都留下了他们的足迹。生活在中国香港、新加坡、菲律宾、泰国、日本及美国等地的广大爱国同胞和华侨也纷纷慷慨解囊，献出一片片赤子之心。而在华活动的西方传教士、官员及商人，为了扩大他们的势力和影响，首次有组织有计划地将西方的赈灾事业引入中国，客观上多多少少地增加了中国的救灾力量。然而正如薛福成在 1879 年（光绪五年）代李鸿章起草的一篇序言中指出的，尽管当时的人们“博求拯济之术”“知无不为，为无不勉”，但所取得的实际效果，和巨大的灾难相比较，仍显得微乎其微，“拯救不过十之二三”。[①] 两者之间的强烈反差，不能不引人深思：究竟是什么原因导致这场灾难的？

自然灾害，顾名思义，是由自然条件的变化引起的，但这种变化只有通过社会内在的不同条件，才能对社会发生不同的作用。尤其是像“丁戊奇荒”这样的千古巨祲，更不仅仅是由气候的异常变

① 参见《庸盦文编》，第 3 卷，15～16 页。

化引发而生的偶然现象，即所谓“天祸晋豫”，它实际上是这一时期中国社会内部危机的一种特殊表现形式。因为长时间大面积的干旱固然可以造成农产绝收、粮食不足，但最终导致奇灾大祸，应是当时中国社会内在的政治、经济条件所决定的。从某种意义上来说，“丁戊奇荒”正是近代中国半殖民地半封建化历史进程中经济凋敝、政治腐败等社会危机演化发展的必然产物。

我们已经说过，“丁戊奇荒”是在紧接着那一场绵延了20余年的战乱之后降临到中国人民头上的新浩劫，这种时间上的连续关系背后，就已经隐含着某种内在的因果链条。在外国侵略者将战火引向畿辅腹地之后，在清朝军队镇压农民起义的烧杀劫掠之下，北方地区原本十分落后的社会经济更加残破不堪。河南、山东、直隶等省的大片土地以及苏北、皖北一带，“田园荒芜，庐井零落，民之颠连无告者所在皆是”①。地处黄土高原的陕、甘两省，受战乱破坏的程度也不亚于东南各省，大多数州县人烟稀少，土地废耕，水渠壅塞，仓储尽毁，呈现出“千里萧条，弥望焦土”的荒凉气象。山西南部各州县也因多次遭到战火的波及而疮痍满目，元气大伤。即令是一时幸免于战火洗劫或受害较轻的地区，也逃避不了清政府为应付庞大的军事开支而摊派过来的财政经济负担。如山西省每年的财政收入不过300万两左右，而解拨各种名目的军饷如京饷、固本饷、协饷及本地军饷等，总计将近500万两，朝收夕解，入不敷出。② 农民的负担当然随之空前地加重了，因为种种军饷大都是以钱粮（田赋）及加征浮收的形式最终转嫁到他们身上，而除此之外，他们还要承受沉重的兵徭征派，“粮银一两，派银数倍不等”③。长此以往，纵是民殷物阜，也会损耗殆尽的。“各省被扰而晋省骤贫”，这是灾后不久继任山西巡抚的张之洞对该省民穷财尽的缘由所下的断语，事实上，北方各省的所谓“完善之区”，又何尝不是如此！

在所谓同治中兴时，清朝统治者也曾喧嚷着要减赋减征，但以

① 葛士濬：《皇朝经世文续编》卷93。

② 参见《曾忠襄公奏议》卷18。

③ 《光绪朝东华录》（一），总759页。

往强加于北方人民的剥削压迫实际上并没有减轻，尤其是差役征派，经过长时间的发展以后反而转化为北方各省根深蒂固的苛敛陋习。据钦差大臣阎敬铭披露，此时兵差固然少有，但“流差为害滋甚”。这种“流差”，名目繁多，诸如借差、例差、藏差等，不一而足，连一些官员回籍探亲或私事他往，也要以公差的名义向过往州县索取差费银，折收车马钱。各地农民，每呈交“粮银一两，率派差钱八九百、一串余不等”。[①] 山西省由于“右辅畿疆，西通秦蜀，军差、藏差、饷差络绎于道”，各州县为了支应差徭，几乎“目不暇给”，每年所派差钱，大县五六万缗，小县一万缗至数千缗不等，大都按粮摊派。[②] 介休县每亩地丁制钱200文，差钱则派至四五百文，已是正赋的两倍多。[③] 这样，农民一年的劳动所得，除了纳赋、应差以及充作牛力、种子之外，往往一无所余，就是在正常年景也难以糊口，一遇荒歉，就只有陷于饥馑流离的境地了。当时的有识之士谈及此次大祲奇荒与赋役的关系时，曾经不无痛切地指出：

> 山西丁粮视东南为重，农家地少已形困苦，而差徭之重尤甚于正供，往往禾稼在田，追呼在室，竭终岁耕作之苦，不足交官，何有盖藏？至灾既成，犹有以赈粮抵差钱者，平日可想。……故饿莩见于既荒之际，饥溺已形于未荒之年。[④]

与战火的洗劫和差徭的勒索不同，鸦片的种植显然是在一种悄无声息的状态中迅速蔓延到北方各省的。这是在商品倾销的浪潮大规模袭击之前，外国资本主义对北方农业经济最主要的也是最致命的摧残。

近代以前，中国基本上是没有鸦片种植的，但经过两次鸦片战争，以英国为首的资本主义列强不仅强迫清政府放弃禁烟政策，还进一步取得了鸦片贸易合法化的特权，输入中国的鸦片逐年激增，19世纪60年代后每年多达五六万担，耗银三千万海关两，成为中国经济生活中一大无法堵塞的漏卮。这种情况迫使统治者转而采取挖

---

① 参见《光绪朝东华录》（一），总759～760页。

② 参见上书，总601页。

③ 参见《申报》，1879年7月25日。

④ （光绪）《解州志》卷11。

肉补疮的消极方式，自种自产，与“洋药”争利，如李鸿章即认为，既然“洋药不能禁其来”，倒不如“开洋药之禁以相抵制”①。这种看法是很有代表性的。实际上自鸦片贸易合法化后，清政府已无法坚持禁种政策了，而1859年（咸丰九年）实施的征收土药税厘的条例，则更为鸦片种植大开门径。同时，由于鸦片禁令的逐渐废弛，吸食鸦片的人愈来愈多，到1877年（光绪三年），“通计各省士民陷溺其中者率十之四五”②，鸦片的社会需求量不断增长，这在很大程度上也刺激了鸦片种植的发展。因此，到了19世纪70年代初期，我国西北地区的鸦片种植面积迅速扩大，甘肃、陕西、山西成为罂粟盛产之地，山东、河南也大量种植，给北方地区的农业生产造成巨大的破坏。罂粟一方面不断侵占粮食及其他经济作物的耕地，使大量良田沃土沦为恶卉生长之区。如山西全省53万顷土地，有1/9种了鸦片；甘肃之宁夏“宜谷腴地，半已化为妖卉”；陕西省“地尤肥饶”的渭南，也开遍了粉红杂绿的罂粟花。③ 另一方面，它又侵占和损害了大量的农业劳动力。因为罂粟收浆之际，正逢农忙季节，结果“人力尽驱于罂粟，良苗反荒芜而不治”；况且随着鸦片种植面积的扩大，民间吸食鸦片的人也日渐增多，“业已种之，因而吸之，家家效尤，乡村反多于城市”，劳动者体质大受损害，“怠惰颓靡，毫无朝气”，终至懒于劳作，荒废农时。④ 由于大量的耕地、劳力被“可食无肉”的鸦片占夺而去，粮食产量大幅度下降，本来即已存在的粮食供给不足的问题也就更加恶化了，灾歉之时，必然形成严重的粮荒。正如曾国荃所言：“此次晋省荒歉，虽曰天灾，实由人事。自境内广种罂粟以来，民间蓄积渐耗，几无半岁之粮，猝遇凶荒，遂至无可措手。”⑤ 当时的陕甘总督左宗棠也说：“上年奇灾（按：指晋豫秦），乃鸦片之一大劫。”⑥ 这些议论足以表明鸦片种植危害

---

① 《李文忠公全集·朋僚函稿》卷17。

② 《光绪朝东华录》（一），总396页。

③ 参见赵矢元：《“丁戊奇荒”述略》，载《学术月刊》，1981年第2期；《左宗棠全集·奏疏》卷53；《曾忠襄公奏议》卷8。

④⑤ 《曾忠襄公奏议》卷8。

⑥ 《左宗棠全集·书牍》卷20。

之烈。不过需要强调的是，造成这场劫难的罪魁祸首并不是这种无知觉的植物本身，而是隐藏在其后的外国资本主义丧心病狂的经济侵略。

当北方各省的社会经济在内外夹击之下极度衰败乃至差不多完全丧失了对特大旱荒的抵御能力时，清王朝的统治危机也日趋加重，腐败程度更是有加无已，这不仅使清政府在灾荒发生后所做出的种种救荒努力在很大程度上被来自它自身的腐败力量抵消了，有时甚至使其荒政走向反面，人为地加重了灾区人民的苦难。

经过农民大起义的重创之后，清王朝的统治机关固然基本上完整地保存了下来，但毕竟失去了往昔高度集权的统治局面，皇室纷争不已，督抚各自为政，中央和地方之间也矛盾重重，或遇利必争，或遇事推诿，明争暗斗，风波靡定，整个统治机构运转失调，行政效率大为降低。这种情况必然给救灾工作带来极为不利的影响。诚然，在清廷的督导之下，受灾各省不少督抚大员勤于赈灾，不辞劳瘁，但往往自顾不遑，各自为战；灾轻或无灾省份的封疆大吏除少数热心支持赈救外，大都作壁上观，对于清廷支持灾区的谕令，拖延搪塞，从不认真执行。而位居枢要的中央户部大员和军机大臣对救灾工作也“毫不助劲”①，对来自灾区各省请求拨款拨粮的公文置若罔闻，正如一位御史所揭露的：“今（疆臣）请帑则部臣驳之……乃枢臣一准部议而不审是非……疆臣格于部议而莫可如何”，竟至“文书往复互相推诿，坐视两省（按：指山西、河南）灾民靡有孑遗，悍然不顾，是数百万垂尽之残黎，不死于荒而死于部臣之心术也”②。

更为严重的是，正当灾荒不断发展时，垂帘听政的慈禧太后和恭亲王奕䜣之间的斗争也愈演愈烈。慈禧为剪除异己，竟然以“遇灾修省”为借口，在1878年（光绪四年）二月将奕䜣及其同党宝鋆、沈桂芬、景廉、王文韶等军机大臣“严加议处”“革职留任”。③

① 《李文忠公全集·朋僚函稿》卷19。

② 《光绪朝东华录》(一)，总532页。

③ 参见《清德宗实录》卷68。

这一出其不意的行动固然打击了恭亲王的势力，但不可能收到振衰起敝、力挽颓风的效果，反而于赈务吃紧之际制造了一场不大不小的政治地震，使赈务备受掣肘。

至于灾区各省的种种弊窦和黑幕，就更是一言难尽了，诸如“匿灾不报”、“买灾卖荒”、侵吞克扣等传统荒政的各种痼疾无不蔓延扩大，恶性发展，有的甚至到了敲骨吸髓、令人发指的地步。如河南省早在1876年（光绪二年）就已经出现了严重的灾情，然而到了第二年8月，河南省当局还在刻不容缓地“催比征科”，有些州县则“逞其威断，肆意刑求”，迫使灾民“卖儿鬻女以充正供，舂石和泥以延残喘”①。尽管清政府也严惩了一些作奸犯科的官吏，但往往于事无补，“民隐虽宣而民生垂尽”；更何况在一个严重腐朽的政权统治之下，这种做法也只能收效于一时一地，不可能澄清泛滥于各地政界的生生不已的浑水与浊流。

从某种意义上来说，北方地区当时极为落后的交通运输条件也增加了饥荒的严重程度。在整个辽阔的荒区内，除了直隶、山东可得海运之便外，河南、山西、陕西等省均处于内陆腹地、黄土高原，物资转运主要依赖以人畜为动力的陆路运输。尽管官方和民间想方设法从东北、东南及西南各省调购了大批的粮食，但却无法迅速地运往灾区。如赈济山西的粮食运抵河南道口、直隶泊头及山东馆陶等地后，“相距晋界均在千里之外，舍舟登陆，雇车极难”，而且一进入山西省界，又由于道路逼仄，山径崎岖，全靠马拉驴驮，“辗转飞挽”，行进艰难；更何况大灾之后，牲畜也倒毙一空，运输工具极为缺乏，致使赈粮“往往滞于中途，万难速到饥民之口”②。即使是在平原地区，赈粮虽然可以利用水运，但在转运过程中也遇到了很大的困难。前述运至道口、泊头、馆陶等地的粮食，大部分是以天津为中枢河运而来的，由于天旱水涸，河道浅狭，舟行极慢，因而长期堆积在天津难以及时运出，形成“米至天津竟为止境”的局

① 《光绪朝东华录》（一），总449页。

② 《曾忠襄公奏议》卷14。

面。[①] 河南省购自南方的赈粮，也因为沙、涡各河“处处阻浅”，“濡滞不得亟前”[②]。而陕西省从湖北、湖南采购的粮食，则因“襄河浅阻，汉水可以徒涉，丹江久涸不能通舟”，不得不改为车运、夫运[③]，增加了粮运的艰难。水陆交通如此不便，不仅使赈粮不可能及时地运往灾区以接济奄奄垂毙的灾民，而且导致运价奇昂，使赈款耗费在路途上而不是转化为民食。据估计，山西、陕西两省用于运粮的经费都超过了赈款的一半以上[④]，这不能不是令人痛心的事实。不过，这种交通不便对灾情的影响，只是在灾区各地由于上述各种社会因素导致的普遍贫穷和严重粮荒的情况下，才凸现出来的，它本身并不构成大祲奇荒的直接原因。《山西通志》曾就这种“千里赍粮”而“待毙日众”的现象，对“丁戊奇荒”与1846年（道光二十六年）北方的旱灾做了一个比较，并得出如下合乎逻辑的推论：

> 较其情形（按：指丁丑、戊寅年灾情），略与道光丙午（1846年）相仿，即陕豫并歉，亦无甚异。乃昔但借仓缓赋，不烦公家之赈，并无大伤；今则发帑截漕至竭天下之财，几于不救，岂非时使然欤？[⑤]

按我们的理解，这里的“时”，从本质上来说，应该是近代以来国内封建主义日趋腐败的政治制度和残酷的经济剥削，是国外资本主义日趋加深的经济侵略。当然，强调这场灾难的社会根源，强调它发生、发展的历史必然性，丝毫也没有低估、更没有排除源于自然界的异常破坏力量。实际上，饱经蹂躏、摧残而衰败不已、严重失调的北方社会经济，正是在来势凶猛的特大旱灾袭击之下全面瘫痪的，并因此转化为一场椎心泣血的人间悲剧，转化为后世中国人民刻骨铭心的惨痛记忆。天灾造成了人祸，人祸加剧了天灾，这在剥削阶级占统治地位的社会之中，确是一条铁的规律。

---

① 参见《申报》，1878年6月7日。

② 《文诚公集·函牍》卷2。

③ 参见盛康：《皇朝经世文编续编》卷45。

④ 《山西通志》卷8，《荒政记》；《谭文勤公奏稿》卷6。

⑤ 《山西通志》卷8，《荒政记》。

伍　南国巨潦
——1915年珠江流域大洪水

1915年的中国处在这样的历史时期：四年前，爆发了具有伟大历史意义的辛亥革命，把中国最后一个王朝的最后一位皇帝拉下马来；三年前，具有资产阶级共和国性质的中华民国成立，孙中山在南京就任临时大总统，但仅仅几个月后，他就辞职，把政权让给了窃国的袁世凯；此后，相继发生宋教仁被刺案、以讨袁为目的的“二次革命”和下层民众自发反抗的白朗起义，最终也都无改于袁氏集团的黑暗统治。就在1915年底，袁世凯竟然冒天下之大不韪，决意复辟帝制，下令改1916年为“中华民国洪宪元年”，准备在1916年的元旦正式登上皇帝宝座。

辛亥革命正如一道闪电，它的辉煌光芒一度照耀了中华大地，却并没能够让中国走出黑暗的半殖民地半封建社会。尽管以孙中山先生为临时大总统的南京临时政府，在它存在的短短三个月时间里，曾经采取一系列有利于社会发展的措施，但这新的气象毕竟是太短暂了。鲁迅先生说：“见过辛亥革命，见过二次革命，见过袁世凯称帝，张勋复辟，看来看去，就看得怀疑起来，于是失望，颓唐得很了。”① 这种失望的心态，已经揭示出了1915年前后的社会面貌和实质，在这个大背景下，任何寻找自然灾害得以减轻以及抗灾、赈灾的状况得到明显改观的企图，都只能化为泡影。

就在这一年，以广东为中心的珠江流域在连年的水灾之后，酿成了毁灭性的洪水大泛滥。

---

①　鲁迅：《〈自选集〉自序》。

鱼米之乡的忧患

珠江的长度在我国的江河中只排第五位，但它的流量却为黄河的七倍，仅次于长江。它是西江（流经云南、贵州、广西、广东）和北江、东江的总称。由三江年深日久冲积而成的珠江三角洲也成了广东的象征。三角洲上风光秀丽，四季常青，河渠纵横，稻浪无垠，盛产大米、蔗糖、蚕丝和塘鱼，是南国大地上一颗灿烂的明珠。缔造这块沃土的珠江，含沙量仅为黄河的大约1/300。可以想见，珠江是多么清澈。那么，是否可以就此下个结论，珠江的水患要少得多，也轻得多?

不。珠江有它自己的致患因素。珠江各支流流经高温多雨地区，雨季长，台风多，潮汛急，广东每年的汛期（4—10月）达半年之久，洪水暴涨便是寻常事。据测，西江一般在5月发洪，历时30～45天；北江、东江4月发洪，而最大洪水也常出现在5、6月。一旦东、北两江支流的洪峰和西江干流洪峰相遇，就会造成不可估量的水灾（我们将要描述的1915年珠江水患，正是这样一个典型的实例）。另外，由于珠江流量甚大，尽管含沙量小，但河口淤沙，水位日高，从而导致河决基围的情况同样不可避免。

据《珠江三角洲农业志》统计，在1279年（宋）以前的309年中，共发生水患5起，平均间距61.80年；1279—1368年（元）发生水患14起，平均间隔6.29年；1368—1795年（明至清中叶），发生水患216起，平均间距1.98年；1796—1949年（清嘉庆至民国），发生水患137起，平均间距仅1.12年。这个统计表明，在宋元以前，珠江流域的水患还很不足为道，但从晚清到民国，水患已经迅增至几乎无年不灾的程度。这种历史性的水患变迁状况让我们不能不做这样的估计：黄河流域泥沙淤存，河床垫高，渐而形成悬河终致河决的水患过程，同样可以降临在珠江之上。而当地特有的大降雨量、强台风和长汛期，对于珠江的泛滥，往往起到致命的作用。

一项对1796年（嘉庆元年）到1911年（宣统三年）被灾地区统计的结果是这样的：珠江流域总计为751县次，其中西江255县次，北江134县次，东江61县次，珠江三角洲河口区301县次①，平均每年有6.53个受灾县次。进入清代特别是嘉庆朝以后，珠江水患愈演愈烈，这个明显的变化受到封疆大吏和地方舆论的普遍注意。光绪朝曾任两广总督的张之洞奏称："杳广、肇两府水害，考诸省志，以前每数年、数十年而一见，近二十年来，几于无岁无之。"②此前咸丰年间的《顺德县志》载："（顺德）在乾隆以前水患未甚，已有筑堤环衬拒水者，近三十年来，则势益甚，岁益数，大率无三年不被淹浸。"道光年间的《新会县志》说："乾隆间沙坦承报尚少，而西潦未为大患。及今承垦愈多，石坝愈多，水患亦愈烈。沿海居民，西潦一至，田庐尽废，禾稻不登，民有其鱼之叹。南、顺、新、香、番、东莞等县地方皆然。"从咸丰年间"大率无三岁不被淹浸"到光绪时的"几于无岁无之"，珠江流域的水患明显地表现为加速度发展的趋势。

1906年（光绪三十二年）之后，伴随封建王朝末日，民国时代前夜的珠江水患，可以举出许多。

1906年5月17日（光绪三十二年四月二十四日），署两广总督岑春煊奏称："本年入夏以来即已大雨时行，有时黑云低压，白昼如晦。三月下旬至四月上旬大雨如注，连宵达旦，以致西、北两江潦水同时暴涨，水势之盛为近年所未有，各属围基岌岌可危。……今岁春末夏初淫雨为灾，以致水涨决堤，牵连多处。新秧甫插，旋被水冲，或为积雨所淹，沙土所压，桑禾俱损，蚕业失收，灾民失业离居。"③ 这次洪水，造成南海、三水、清远、顺德、香山、高要、高明、四会、封川、信宜等许多地区围堤冲决，城垣坍塌，民房毁损，田禾冲刷。其中香山县的一些地方，在5月8日（四月十五日）又遇上了强烈飓风，致使"雷雨交作，倒塌房屋篷寮四百余间，压

---

① 参见《清代珠江韩江洪涝档案史料》，8～11页。

② （光绪）《重辑桑园围志》。

③ 《清代珠江韩江洪涝档案史料》，183页。

毙男妇三十五口，压伤一百五十余人”。三个月以后，肇庆、高州等地又一连数天大雨不住，西江水势骤涨，“四会县属之姚沙围，被水冲决七处。广宁与茂名、化州、石城、吴川等州县，各被水冲决河堤，均有倒塌房屋并压毙、淹毙人口情事。船只亦间有漂没，田禾多被淹浸”①。

1908年6月1日（光绪三十四年五月初三），两广总督张人骏奏报：“粤省光绪三十四年五月间大雨经旬，东、西、北三江涝水同时涨发。”九月，“飓风复作”，“山水与海潮并涨，各属多有冲决围基、倒塌房屋、伤毙人口、淹没田禾情事”。被灾地区涉及数十州县，“灾黎几及百万，待赈孔殷”②。

1909年是中国最后一个皇帝——三岁的溥仪即位的第一年。广东省的“献礼”便是水患频频。省城广州从四月初即阴雨霾霾，四月底到五月初一直降大雨，西江水势亟涨，东、北两江同时并涨，十几个州厅县，“各有冲决基围田茔，并或坍塌房屋，或溺毙、压毙人口情事”③。秋后，又是“风雨骤作”，20余个州县“或倒塌衙署民房、伤毙人命，或覆溺船只、塌卸城垣、冲决基茔、淹浸田禾”，其中东莞县冲决大小堤茔63处，新宁县塌屋340余间，翁源县冲决基茔150余丈，善县塌屋1 000余间，高要县冲决围基200余丈，东安县淹田4万余亩，塌屋2 414间，淹毙人口不计其数。据当时的两广总督袁树勋获悉的灾况，“统共遭风被水二十三厅县，冲坏围基自数百丈及数十丈、数丈不等，虽情形轻重不同，而受灾贫民均堪怜悯”。

1911年（宣统三年），在清廷覆亡的大约前一个月，广东东部属韩江流域的潮州府又发大水。两广总督张鸣岐奏报：“潮州府属地方，本月（七月）十一日大雨，山水暴发，江流陡涨，东津堤骤决，淹没田亩无算。次日，海阳、澄海等县属各堤，又相继冲决，淹毙人口不可胜数，受灾均属甚重。”④

---

① 《清代珠江韩江洪涝档案史料》，183页。

② 同上书，187页。

③ 同上书，188页。

④ 《清宣统政纪实录》卷59。

1911 年 10 月 10 日（宣统三年八月十九日），武昌起义爆发，中国封建王朝的丧钟终于敲响了。12 月 25 日（十一月初六），孙中山从国外回到上海，六天以后，中华民国宣告成立，孙中山就任临时大总统。这一天是 1912 年的元旦。

新的纪年。新的国家。新的政治集团。新的总统。然而，一连串形式上的新概念并没能创造出一个中国的新时代来。万众寄予期望的中华民国临时政府仅仅存在了短短的三个月。中华民族依然呻吟在天灾人祸当中！

一些先进的中国人首先丢掉幻想，陷入了深深的忧患。1913 年李大钊作文悲叹道："哀哉！……满地兵燹，疮痍弥目，民生凋敝，亦云极矣。……农失其田，工失其源，父母兄弟妻子离散茕焉，不得安其居，刀兵水火，天灾乘之，人祸临之，荡析离居，转死沟洫，尸骸暴露，饿殍横野。"① 他在另一篇描述国情隐患的文章中同样忧愤地写道："蒙藏离异，外敌伺隙，领土削蹙，立召瓜分，边患一也；军兴以来，广征厚募，集易解难，饷糈罔措，兵忧二也；雀罗鼠掘，财源既竭，外债危险，废食咽以，财困三也；连年水旱，江南河北，庚癸之呼，不绝于耳，食艰四也；工困于市，农叹于野，生之者敝，百业凋蹶，业敝五也；顽梗未净，政俗难革，事繁人乏，青黄不接，才难六也。"② 这两段简略的文字是对民国初年悲惨社会的系统概括。其中"天灾乘之""连年水旱"等句，反映了一个杰出的爱国者对当时自然灾害的严重程度的警觉。而在这一时期频发的灾害中，洪涝之灾席卷大半个中国，几乎成了灾难的象征。

1912 年到 1914 年，安徽、江苏、福建、广东、湖南、直隶、陕西、四川、浙江、云南、湖北、广西、吉林、山西、黑龙江、山东、江西、贵州等省相继被水，举国到处汪洋，这给本来就难以看到光明和昌盛的中国社会，更添上了几分阴晦和凋敝。

请看广东省。

1912 年。初夏，东江流域的惠州先发大水，《申报》云："军民

---

① 《李大钊选集》，3 页。

② 同上书，6 页。

绝食。”东江自旧历端午节出现涨水的情势，连日不辍，到7月初，惠州城成了水国，水深已达五六尺之多，城内东禄元街的积水已没过人头。“连日住宅、铺户共约倒塌百数十间，街上之水亦溺毙男女数人。”① 随后，广州西部位于三江交汇处的三水县潦水陡涨，汹涌的水势将大海洲乡的围基崩决，四围顿时化作一片汪洋，“禾田杂粮尽遭淹没，饥民遍地，有令人目不忍睹云”②。各处江岸的溃决险情层出不穷。广东东部的潮州府连被水患，7月10日《申报》报道说：“惠来县于六月十三号起，大雨连夜。至十七号，平地水深四五尺余，城门不能出入……房屋倒坏数十间……田园植物多已浸坏，想早造亦难望有收矣。又二十一号忽又雷雨大作，水势更汹，城之北隅被水推倒约三丈余，为从来数十年未有之奇灾云。”1912年是民国元年，到广东发生水灾时，孙中山先生已经辞去了临时总统的职务，政权落到投机军阀袁世凯手中。虽然看不到以往常见的总督、巡抚就水情上报给朝廷的奏折，但《申报》的记述，能让我们和前面所说的清末最后几年的灾情做个比较，新的政权并未扭转珠江流域的灾患局面。

1913年春天，广东西江、北江一带“迭遭风雨，水势陡涨”，又是一番拔树倒屋、淹没人畜禾稻的惨象。③ 5月4日的《申报》以较长的篇幅，对5月初的一场奇惨的水祸做了细致的写实报道：

> 昨夜三点钟时，自飞来峡上至英德县属，忽起狂风，继则滂沱大雨，直至午后一点始息。闻琶江附近，当起雨时，先雨雹约一小时之久，大如鸡蛋。雨止后，英德一带之江河忽然澎涨，其来源颇猛，一日夜之久，竟涨至一丈余，如源潭关前琶江口横石等墟及附近各村乡，多被淹浸，致田间野地亦成为一片汪洋。当狂风陡起之际，闻胡联村倒塌房屋数间，树木多被拔起，又粤汉铁路横石站全间瓦盖亦被揭去。……粤汉铁路黎洞站附近之山，其路轨原系穿山而过，是时该山忽然崩下，阻

①② 《申报》，1912年7月4日。

③ 《东方杂志》，第9卷第12号。

塞洞口。而琶江附近叔伯塘之路基又泻下数尺。最奇者，石梨塘之路基，在基中深入数尺，其形如井。其自源潭以上，沿路均有倒泻，故英德之东亦不能南下，二十四日之北上车尚能勉强抵琶江口，而二十五号则仅到源潭而止。……此次西江水涨，其故缘于上游雨水过多。从化县于本月二十四日早四点钟起至暮止，倾盆大雨，以致山水暴发，各处纷报崩基，计当时鱼梁尾埠基围崩四十余丈，新河基围崩十余丈，大凹村基围崩至七八十丈，麻村石峡各崩围二三十丈，东区大石洞、韶洞冲塌屋宇无数。除牲畜不计处，溺毙数十人。麻村墟大富围石峡各村，适当其冲，全村屋宇皆被冲塌，家具牲畜悉被漂流，溺毙十余人。人民饥饿无依情形，至为惨苦。而县城城门各处，亦浸至二丈余，县署亦被冲塌。约计损失总数在百万内外，实为近年来罕见之奇灾云。

半年之后的 10 月份，已届晚秋时节，珠江流域突然又风雨如潮，大水山呼海啸般地袭来。长宁、普宁、清远、陆丰、英德、惠州等县顿遭沦没。有的地区“冲塌店屋数千间，淹毙人民百余口，遍地尽成泽国”；有的地区“田禾尽淹”；有的地区“城垣崩塌数处，电线折断，民居船只沉倒压溺”；有的地区“大雨倾盆，通宵达旦”，百姓“望洋而叹”，“农夫待哺嗷嗷，难免枵腹”①。

1914 年入夏后，西江、北江流域又被大雨罩住。据当时有影响的《东方杂志》记载：广州、肇庆一带“被灾尤甚，决去基围二十余处，灾黎数十万，灾区广约九千方里”。这场洪水来势甚猛，冲决基围，直扑周围的禾田和村庄，在一些地区酿成了百年未遇的大灾。据 6 月 27 日《申报》记述：“肇庆围面连铺三重沙包，水仍穿过，其势甚危，镇南街地址至高，亦浸四五尺。”高要县下游“所有三四班之金渡霖及广利永安一带之围基，计二十号止，已崩决十九处，由高要而下至三水小唐柴洞西南佛山等处，不知崩围多少也”。看来，“道高一尺，魔高一丈”，以往尚能起一点作用的防洪基围根本

① 《申报》，1913 年 10 月 8 日。

抵御不住这场异常暴烈的大洪水。一个又一个村镇，一片又一片庄稼，一户又一户人家，眼看着漂没在冲决了基围的大水中。8 月 7 日申刻，洪水又将新窦一带的基围冲破了百余丈，“围内环居二十一乡，面积八百余顷，桑基鱼塘均被淹没，田园庐宅为水冲激崩坏倾圮者触目皆是”①。在新会县河塘乡，大水将石龙围冲决数十丈，“淹没田禾桑果鱼塘数百顷。……民居市墟店铺约三千余户，水浸至檐口者过半，倒塌亦多，灾民数万，待哺嗷嗷”②。

俗语云：事不过三。照此推之，到 1914 年，广东珠江流域连续四年遭受了大的洪水灾害，已经打破了一个心理上的数字极限，而这一回回的大水灾恰恰发生在辛亥革命的当年以及 1912、1913、1914 年，就不免让我们在回顾自然灾害时，要产生对政治和社会背景的联想。不过，这也只是刚刚开了个头，最触目惊心的一幕，发生在下一年——袁世凯打算称帝的 1915 年。

泽国与火城

我们在前面提到过，珠江是由西江、北江、东江分别从粤西、粤北、粤东三面流向广州附近，最终汇集而成的大江。总流域面积覆盖了几乎整个广东省。每届汛期，若是当中的一两条江出现洪水险象，灾情尽管也许相当惨重，但总还是发生在局部地区。而一旦三江水势并发，就一定会出现难以收拾的毁灭性的大劫难。

1915 年夏天，从 6 月下旬到 7 月上旬，华南的许多省份都笼罩在暴雨和沉雷中。在广东省各地，“连日大雨，雷电交驰”“霾雨缠绵”“淫雨为灾”“连日风雨”的情形不绝于当时的记载中。大雨的最直接的后果是引起江水暴涨。1915 年夏季的连阴天加上 7 月上旬的一场大暴雨，在珠江流经的地区，包括广东省以外的云南、广西、江西等省份，都导致了人们最不情愿看到的局面。

---

①② 《申报》，1914 年 6 月 27 日。

《东方杂志》照例刊载了北京政府 7 月 14 日颁发的一道命令，当中有一段对灾情甚为笼统的轮廓性描述："粤省三江潦水先后涨发……冲决围基，坍塌房屋，淹毙人畜，损害田禾，不可胜计。"仅凭这些，还不能断定此次水情与历年有哪些不同，但这道命令中的另一段话："此次东、西、北三江，同时漫溢。灾区之广，灾情之重，实为从来所未有。"① 尽管也很笼统，却言及了这场灾害的严重程度。据可以科学地解释这段话的某些文献记载，西江在两广交界的梧州一带洪峰流量达到 54 500 立方米/秒，北江横石一带的洪峰流量达到 21 000 立方米/秒，都突破了历史上的最高纪录。"1915 年上下两站洪峰流量推算结果同为 54 500m^3/s。因此根据禄步河段历史资料估计，梧州河段 1915 年洪水稀遇程度不仅仅是有实测记录以来 90 余年中最大洪水，而且在 1784 年以来 200 余年中也是最大的一次。……（北江）横石站洪峰流量 21 000m^3/s。据文献资料考证其稀遇程度为 1764 年以来最大洪水。"② 同时，东江也形成了巨大的洪峰，水位达到 13 米多。"三江并发"成为当时水灾的一个代名词。7 月 9 日，东江的大洪水率先闯进珠江三角洲地区，10 月，西、北两江洪水接踵袭来，加上几乎同时（7 月 12 日）出现的大潮，骤然间把广东省推向了灾难的深渊。

那么，抛开上面的概括，大水到底把灾区毁成了什么样子？请看实况。

三水县：7 月 5 日深夜，先到一步的西江洪峰将石版围冲决，殃及验涌、和涌、白木、古灶等围。即将成熟的早稻和刚刚插秧的晚稻均被吞没，荡然无存。当地数以万计的农民，被迫风餐露宿，而米价飞涨，其情形惨不忍闻。榕塞火围围内百余乡，崩决二口，每口约数十丈，一望汪洋，乡民溺毙无数。

佛山周围：佛山全镇数十万难民露宿岗顶，绝食待毙，"传闻死于难者二万余人"。附近的罗格围被洪水崩决 20 余丈，"围内数十乡村均养蚕桑鱼塘，概被漂没"。佛山西南的三洲围也崩决十数丈，

① 《东方杂志》，第 12 卷第 8 号。

② 《中国历史大洪水》下卷，630～631 页。

“围内人口数万，早造稻禾尚未收割，凄惨万分，食宿俱无”。大朗围崩决数十丈，“围内禾田三万八千亩悉数淹没，饥民遍野，露宿风餐，嗷嗷待哺，惨难言状”。

鹤山县：各围围内已成泽国，所有鱼塘已一律被大水淹没，难民遍山野。

肇庆府城周围：景福围于7月9日崩塌，缺口200余丈，三马街及其附近的铺户尽行倒塌，死者数千人，满江浮尸，饥民十余万。

高明县：洪水直灌县城，溺死灾民无数。高明县位处西江流域，秀丽围、桑园围、古劳围都在西江之冲，“共决五口，各决数十丈”。几十万难民或露宿山冈，或栖息基面，已无家可归。

东莞县：县属之石沥滘及石滩等处被洪水吞没，“各乡禾田一律淹没”。由于山水暴发，位于这一段的广九铁路路基被冲毁几十丈，致使火车运行中断。

韶关县、英德县、清远县：此三县均处在北江流域，韶关最北，英德居中，南为清远。由于江水暴发，三县境内的所有禾稻、秋秧、甘蔗、果木“均淹没乌有”。一片汪洋，望不到尽头。大部分店铺屋宇都被淹到房檐以上，米店告罄，车船又被大水阻截，眼见数十万灾民无以果腹，却等不来救援的希望。清远县的县城也被大水浸灌，“塌屋逾万”。

花县：炭步墟附近有一乡百余住户全被淹没，只存一间，各乡民栖宿山上。增城、上都、冈尾围连日被东江的大水冲击，“围内居民露宿冈基顶，饥寒惨像，不忍目睹”。县属随塘、炭步圩干乡以及赤泥圩、白泥圩一带均成泽国。

高要县：县内的景福大围崩决三处，口子达到数百丈，“伤亡最多”。全县各围“悉数崩决，灾情最惨”。

顺德县：紫溪、同福、和乐、闲步、马营等围遭崩决，其中的马营围被冲决三处，周围又无山岭或高地可以避难，积水骤高丈余，灾民无奈，只好爬上屋顶，“呼救之声不堪闻”。①

① 以上灾情均参见《申报》，1915年7月15—25日；《中国历史大洪水》下卷，643、644、646页。

以上罗列的只是部分被水地区的灾情。实际罹难的地区则是上述县份的数倍。据 1915 年 8 月 17 日《时报》的统计，广东受灾县份已达 43 个之多，它们是：开建、封川、德庆、高要、云浮、罗定、新兴、高明、新会、鹤山、顺德、香山、乐昌、乳源、南雄、始兴、曲江、英德、翁源、连山、阳山、佛冈、清远、从化、花县、四会、三水、南海、兴宁、龙川、河源、惠阳、博罗、东莞、龙门、增城、信宜、化县、吴川、电白、阳春、阳江。这样，广东大约半数的县份和三分之一的民众成为这场洪水直接打击的对象。

无情的江洪让三江流域特别是珠江三角洲迅速化作一座难民营和活地狱。

大水突破了一个又一个县的一个又一个基围，更突破了老百姓的心理防线。灾民们呼天喊地，奔命于山顶屋脊间，眼巴巴望着收获在即的早稻和刚刚插下的秋秧泡在汪洋大水中，而珠江口的海面上更浮满稻禾，“势如山积”，以致阻碍了船运。这种荡析离居的创痛和生活寄托的幻灭，只能把人引向绝望之途。

更为残酷的是，洪水“溺毙灾民不知凡几”，成了一条记载中的常用语。1915 年 7 月 16 日的《申报》报道说：“帆船运尸首至香港者无数。”7 月 25 日的《申报》又报道说：“海面浮尸遍布。”

铁路、邮政、电讯，这些在当时可算是现代化的设施，成了最立竿见影的牺牲品。广九铁路的路轨早被冲断，铁路运输陷于瘫痪，各地的电报杆线已多被毁坏，各种公文往来倒退到了中世纪的传递方式。

浮尸、饥民、汪洋一片和大水退去以后泥沙淤积的废墟，这就是 1915 年夏天广东省的写照。

我们有意没有将广州纳入上列的地区，因为它的特殊灾情绝非几句话就能够概括出来的。

广州位处河网密布的珠江三角洲核心地带，是西、北、东三江流向的目标。1915 年 7 月上旬，西江的洪峰在肇庆左岸冲破景福围注入北江，西、北两江洪水遭遇，怒啸着泻向广州。

7 月 10 日，广州河南一带“潦水即已浸街”。

7月11日，西关一带的水势愈益盛涨，从桂南、兴隆街、仁济西路水月宫一带已被水淹。

7月12日一早，大潮突涌。此前广州下西关已积水三尺上下，但由于近年来西江之水连连侵袭，当地居民并不很在意，前一晚仍如常入睡，及至如鼓大潮和骤涨的水势将人们从梦中惊醒时，祸已临头。12日一整天，“水势汪洋，不可复遏”。下西关的水位几乎没及屋瓦，上西关水位及门，灾民纷纷躲进城内，但仍旧避不过势可吞没一切的大洪水。因为街道狭隘、街栅林立、难民云集，警方的救生艇无法行进，灾民只好爬上屋顶待援，救命之声响彻城内。然而潮水是不等人的，“房屋纷纷倒塌，人民即溺毙水中”。下西关是个富裕的地带，有钱人家可以出大价钱，“有一百元而雇一艇，有数十元而雇一轿，有三五百元而救一命者”。但对于普通的平民百姓而言，与其说“坐以待援”，未如“坐以待毙”更为恰当。①

7月13日，“水势益盛”，广州城西繁荣的商业区被淹没。“是日商工停业，交通阻塞，省港轮船、各乡渡船皆因水猛不能开行，全城自来水皆因水管被浸不能开放。晚上则电灯亦因电机被浸，不能放光，全城皆成黑暗世界。”整个广州城已陷于瘫痪的境地。《申报》报道说，当天为“最恐怖之时”。大批乡间的灾民涌入城内，“由西门入城者，则栖息于光孝寺、元妙观、金刚庵、旧将军衙门等地。由太平门入者，则栖息于旧海关署。由大南门入者，则栖息于大佛寺、广府学宫等地。而在大门外，则栖息于西山寺及双山寺庄房者尤多”。据《申报》估计，大约有20万难民“避入城内，麇集于庙堂空地”。他们大都惊魂落魄，鸠形鹄面，僵卧呻吟，不及避往高处的多数灾民往往“在树上躲避，小孩子则以绳系于树上”②。而广州城外则已汪洋一片，“尽成泽国”。

最残酷的情景也发生在这一天。

7月13日下午，正当水势浩瀚之际，避难于西关十三行一带的商民，在做饭时不慎失火，火势迅即蔓延到附近的同兴街上。这是

---

① 参见《申报》，1915年7月24日。

② 《中国历史大洪水》下卷，644页。

一条以经营火油、火柴为主的商业街，大量易燃易爆物充斥其中。大火引致一条街火油箱的爆炸，“火油随水浮流各街，油到之处店房悉行着火。瞬息之间，数路火起，风猛势烈，不可响弥”①。小半个广州城成为火上浇油的悲惨世界。

火灾实况之一：当火势最猛时，某消防队奉命出勤灭火，适值一大商店倒塌，许多消防队员殉职，有消息说整个消防队平安返回者仅数人。

火灾实况之二：7 月 14 日下午，警方在各界的纷纷电请下，不得不动用警力在军队的配合下强行“拆开火路”，以分散火情。即使如此，火势仍难以控制，愈演愈烈。当日，位于六甫的崇德堂书店在轰然声中，全座倾倒。

火灾实况之三：在有的街巷，死于大火中的尸体膏油流出水面达半寸之厚，大批无人收殓的尸骸纵横道上，只以草席遮掩。起火地点十三行的九如茶楼，当时有 100 余人避水于其中，火势将该楼掀毁，所有难民悉数葬于火场。有的街巷数百名妇女儿童在屋顶上面对酷烈的大火进退无路，“跳下则为水所淹，不逃则为火所毙，状极惨怖，哭声震天”。即使火里逃生者，也皆焦头烂额，伤胸折臂，惨不忍睹。

火灾实况之四：火起之后，趁火打劫者蠢蠢欲动，“夜间呼劫声、驳壳声不绝于耳”。7 月 13 日夜，七甫某店遭劫。14 日夜，高寿里又有喊劫声。16 日晚，十二甫中药师郑宅又被劫。一连几天，劫匪猖獗。甚至有许多滋事者趁机纵火，“如小市街，则有人爬上电灯柱，身带有惹火物者被获。广府前壬癸坊口，则有人将火药包在街栅上燃烧，亦被获”②，如此等等。

火灾实况之五：7 月 18 日大水退去后，广州有三种商店生意最隆。一为棺材店，“因死亡人数过多，大有应接不暇之势”；一为搭棚店，各处房屋火吞水没，亟须“搭架支持”；一为泥水匠铺，“各处房屋倒塌之后横梗街道，故从速将其收拾，以免阻碍交通”。

---

① 《申报》，1915 年 7 月 25 日。
② 《申报》，1915 年 7 月 24 日。

灾情统计之一：这场大火一直烧到7月15日的早晨。被殃及的街巷有：十三行（起火地点）、白米街、显镇坊、杉木栏、福德里、浆栏街、十七甫、怀远驿、杨巷、装帽街、故衣街、宁远坊、登龙街、打铜街、清乐街、长乐街、拱日门、鸡栏、联兴街、靖远街、荥阳街、同文街、同安街、同兴街等二十余条。其中的不少街巷在烈焰中连烧一昼夜，付之灰烬。

灾情统计之二：据警察厅调查，大火焚去铺店约2 800多间，烧毙1万余人。到7月16日，已获死尸1 600余具。参与救灾的军警人员死者也逾1 000人。其中消防队33人中，死去30人。

7月的水灾刚息，不料8月上旬以后，封川、德庆、高要、高明、鹤山、南海、顺德、肇庆、曲江等县再度遭水。其中曲江出现了“亘古未有”的特大洪水，冲没了1万多间房屋，淹没田禾14万余亩。

西江上游流域的云南、广西以及与珠江流域相邻的韩江、闽江、赣江和湘江等流域的湖南、江西、福建等省也不可避免地遭到洪水冲击。广西有30余个县受灾，灾民流离数10万，房屋冲塌10万余间。

对于这场水火交乘的大劫难，许多传媒，如有影响的《东方杂志》《申报》《大公报》《时报》等都做了触目惊心的连篇报道。如《申报》派出的记者一直没有离开灾区，7月13日各报馆被洪水淹没，报界一律停业时，他也随难民避于城中，目击了种种奇惨的灾患场面，并在后来发回了大量详细的新闻稿。我们今天能做如此反映实情的描述，也包含了这些记者当初冒险工作的奉献。

杯水车薪的赈济与画饼充饥的治河

珠江的怒啸吞没了数以万计的生灵，并把数百万灾民逼到嗷嗷待哺的境地，这是锦绣南国百年未遇的大灾难。

据1949年后珠江水利工程局的调查和统计，珠江三角洲18个县市 1915 年受灾面积达 647 万余亩，受灾人口达 378 万余人。而广东全省受灾农田达 1 022 万亩，如果再加上西江流域的广西，两广合计受灾农田约 1 400 万亩，受灾人口逾 600 万，这还是相当保守的估计。

怎么办？

难民们只存一念——求生存。于是，城内的寺观庙庵和城外的山冈高地甚至许多树杈枝头，都成了难民竞相奔逐的去处。数以万计、十万计的鸠形鹄面、惊慌失措的黎民百姓得到了生存机会，却摆脱不掉无穷的后患。他们在祈盼援救的同时，眼巴巴望着浸没于大水中的田园宅舍和浮于水面的具具腐尸，或许还要挂念着不知去向、生死未卜的亲人。悲恸、凄苦、绝望……不知有多少难耐的痛苦缠绕着他们，这是一种何等残酷的现实和心灵的打击！

珠江水灾震动了中国社会，随后，在一些大中城市里，社会各界纷纷发起和参与了各种救灾活动。

7 月 15 日的《申报》载香港消息："东华医院昨晚与会人认捐八千元，中国商（会）认捐七千元，又续认三千六百元，美英烟（草）公司认捐千元，太古洋行等合助二千元，中国商会总董……将去年水灾赈济捐款余资提拨两万元以救灾民。"

7 月 17 日，旅居上海的广东籍商人集会讨论粤省灾情，以"捞尸骸日以万计，实千古未有之奇"，立即电汇 4 万元到香港，交东华医院拨往灾区。

7 月 18 日，旅沪的粤籍商民再次集会讨论筹赈办法。议决由金星人寿兼水灾保险公司垫款，从芜湖购运赈米 8 000 包往灾区。7 月 19 日的《申报》报道说："本埠（上海）各界人士日来捐赈者亦络绎不绝。"

7 月 22 日的《申报》载："催眠术家陈维新、华侨梁芹生假座海宁路域多利戏院开演维新游戏……初九日起至十二日止报效四天，戏资悉以助赈。……并由杨小川、张×云、易季复诸君演说粤省灾情，说至悲惨处台下掷金充赈者如雨点……"这是我们所看到的唯一一次大型赈灾义演的报道。

7月22日，旅京的广东人士在南横街广东会馆召开筹赈大会，许多粤籍人士到会，“当即讨论筹赈事宜，以便设法救济”①。他们还联合呈请袁世凯派特使前往灾区办理善后事宜。

7月23日《申报》转载香港消息：17日，“港督提议……拟拨款五万元以救灾黎……本港亚力山打行内之品利洋行东人闻水灾惨状，即发起捐二千元为救济之用”。香港的其他一些机构和人士也纷纷发起参与救助灾民的活动。

尽管在上海、北京、香港等大城市确实掀起了一股赈灾的热潮，甚至出现了某些感人的场面，但在灾区嗷嗷待哺的灾黎似乎并没能盼到什么。7月23日《申报》载：广州市内一些寺庙由于灾民太多，出现了“粥饭欠缺”的局面。又云：“各四乡到救灾公所求急赈者多至二百余起，均以绝食对。”7月25日《申报》又载：“各乡灾黎，逃至该处者数以万计，其走避不及被水溺毙者亦不知凡几。现已数日之久，无人到赈，势将绝急。”7月16日的《大公报》载：“电报频称粮食告罄，故特请速运馒头饼食各种干粮，以济燃眉。”一方面是热烈的捐赈场面；一方面是在灾难中呻吟和煎熬着、看不见任何希望的难民。两相对照，不难发现，社会各界看似轰轰烈烈的赈灾活动，实质上却很虚弱。

珠江水灾也直接惊动了北洋政府，连一心梦想黄袍加身的袁世凯，为了稳定政局人心，也不得不在赈灾上做点表面文章，接二连三地发布赈灾令。他在7月14日颁发命令：“著财政部速发银洋十万元，并由本大总统捐洋一万元，克日汇粤，交该上将军、巡按使拨各县遴委员赶办急赈。仍由该上将军、巡按使宽筹款项，陆续拨济，俾资赈抚。”② 广州火灾发生后，7月17日，袁世凯又“著财政部再发银十万元，仍由本大总统捐银一万元，即日汇交该上将军等分派妥员赶办急赈”③。7月24日，“发银五万元赈江西水灾……著财政部速发银五万元，并由本大总统捐银五千元……以恤灾黎”④。

---

① 《申报》，1915年7月23日。

②③ 《东方杂志》，第12卷第8号。

④ 《东方杂志》，第12卷第9号。

9 月 5 日，“令拨银赈广西水灾……著财政部再发银五万元，并由本大总统捐银五千元，迅即汇交该巡按使分派妥员赶办急赈”①。北洋政府频频做出赈灾的姿态，袁世凯本人还先后四次捐银数万元，或许存有收买人心的用意，但这场大洪水给珠江流域造成的毁灭性摧击，已经影响到袁氏政权的兴衰，肯定也是一个相当重要的因素。

事实上，袁世凯所操纵的北洋政府，一直对一系列自然灾害（包括我们所提到的连年珠江水患）负有不可推托的责任。《中华民国史》认为：“由于政治腐败，兵祸连绵，致使水利失修，天灾频仍。1912 年湘、赣、闽、粤大水。1913 年，直隶永定河决口，江淮泛滥，赣、豫、皖大旱。1914 年，粤、桂、湘、赣等省水灾，濮阳黄河决口，川、湘、鄂大旱，苏、皖两省虫害，是年受灾农田几乎占全国农田的一半左右。1915 年 5 月，濮阳河工决口；8 月，黄河决口，浙、赣、鄂、湘、鲁、粤、辽、黑大水……”② 如此频发的灾害，绝非偶然的纯天然因素所致。1915 年，当时任全国水利局总裁的张謇在一封信中提到：“至走所辖水利局，在昔已为最穷机关，今更测费无着，挪垫不灵，目前已在万难之中。”③ 同年 5 月，他就治淮工程致信袁世凯，请求拨款，并在信中无可奈何地叹道：“无米之炊，巧妇所难。水火之眚，无不我缓。”④ 但仍得不到圆满的答复。水利职能机构已陷于瘫痪的境地，水利的失修导致水患连年不绝，自然是势所难免的了。对于这样一个忙于争夺权力和地盘，置连年频仍的自然灾害于不顾从而酿成大祸的投机政府，难道还能指望它来拯救在水深火热中挣扎的灾民吗？

灾后，广东振武上将军龙济光、广东巡按使李国筠深感这场水灾“为亘古所罕有”的严重程度，忙不迭地在巡按使署设立一个“全省水灾筹赈处”，任命财政厅厅长刘庆镗、粤海道尹蒋继伊为总办。但这个筹赈处也只是个空架子，并未筹来多少赈灾款。面对

---

① 《东方杂志》，第 12 卷第 10 号。

② 李新、李宗一主编：《中华民国史》，423 页。

③ 《张謇存稿》，119 页。

④ 同上书，115 页。

“灾民倒悬待救”和“灾区辽阔，需财孔亟”的局面，东凑西借，总算向中国银行和商号勉强借来20余万元，派人去香港买回一批大米。但杯水车薪，对于数百万饥寒交迫的灾黎，这又岂能长久哉！

8月3日，袁世凯派往灾区慰问并办理善后事项的两名特使凌福和李翰芬途经上海，旅沪粤籍人士为他们举行了茶会。与会者围绕广东连年不绝的水患展开了一场讨论，茶会从晚九点开到深夜，100多人到会。在论及治标和治本的问题时，一位与会者认为“当此洪潦横臻，自不得不为治标之计，而灾祲迭降，尤不能不筹治本之方，今治河处甫有测量之中，忽遭横决之变，徒言治河，一无的款”。他对广东的现状能否承受一个治本的大工程甚为悲观，云：广东“迭遭灾乱，久已财尽民穷，以此巨大工程，全责膏罄髓竭之粤民，恐无米之炊，再历百岁千秋，亦无告成之日，吾粤三千万同胞将与洪涛巨浸长终古耳”。他呼吁中央政府能“颁发巨帑”根本解决珠江的水患问题。另一位曾经到过荷兰的与会者建议“聘外洋精于治河之工程师会同本国熟悉水利之人，庶易收效”。一位叫杨小川的与会者也言及曾与美国治河工程师会晤，“所言测量粤东河道及治河办法甚详”，主张“标本并治”。这场讨论大致反映了两个思想取向：第一，根治水患，被迫切地提到了桌面上；第二，不少人对传统的治河方法产生了怀疑，他们希望能借鉴国外的先进技术，以达到根除河患的目的。

8月15日，北洋政府不得不公开承认：“本年各省水灾迭见，虽由雨泽过多，谅以平日水利不修，为其本病。”并下令：“兹据全国水利局总裁张謇呈请，责成被水各省，将业经准设立之水利分局或水利委员会、河海工程测绘养成所克日成立，并将被灾区域，绘其图说。”①

第二年4月6日，当龙济光、张鸣岐在袁氏统治大势已去的压力下通电“独立”时，仍将“粤省连年灾患，地方已极凋零”的一段话摆在了前面。可见连年的大水特别是1915年的特大洪水对广东

① 《东方杂志》，第26卷第9号。

的冲击，绝不亚于一场持久的战火和兵燹。然而，由于连年动乱，国弱民穷，无论是设立水利机构的政令，还是治标治本的各种方案，都只是停留在政界或名流的议论里，对于频年受到天灾威胁的人民，无异于画饼充饥。

劫后余生的灾民一如惊弓之鸟，到了闻灾色变的地步。《申报》以《广东水患之余恐》为题做了如下描述："粤垣城西一带住户自遭水险后，余悸未宁，日来又因海潮汛期，水势高度略为增长。因此谣言四起，谓滔天劫祸又将复来，以致无知妇孺栗栗危惧。因此，逢源、逢庆、多宝、连庆各街老幼，日来纷纷奔避，一若大难将至也……关镇人民睹水之来，不寒而栗，咸有自危之心。"

说珠江大水是一场伤及人们灵魂的巨灾，大概也不为过。

陆 北疆浩劫
——1920年北五省大旱灾和甘肃大地震

1919年，这是一个中国人永远也不会忘记的年头。因为这一年爆发了波澜壮阔、震撼世界的五四运动，近代中国的历史从此翻开了新的一页。

1921年，更加令人难以忘怀。因为这一年诞生了中国共产党，中国未来的发展从此确立了正确的航向，曾经在漫漫长夜里上下求索的中国人终于看到了新纪元的曙光。

夹在这两个熠熠生辉的历史年代中间的1920年，却似乎全然被人冷落甚至淡忘了。人们几乎很少注意到，这是一个由于严重的自然灾害，造成80万生命的悲惨灭寂和3 000余万饥民在死亡线痛苦挣扎的大祲之年。它实在是近代中国人民绵延不绝的苦难链条中巨大而沉重的一环。具体地展示这一年伤心惨目的历史图景，正好极具象征意味地告诉我们，新的民主革命的历史时期是在什么样的黑暗时刻到来的，中国共产党从诞生之日起就下定决心要加以推翻的旧世界，是一个怎样令人不寒而栗的人间地狱。

似曾相识话奇荒

无独有偶。1920年中国北方地区发生的特大灾荒，在许多方面和四十年前那次惨绝人寰的“丁戊奇荒”有着惊人的相似之处。首先，灾荒覆盖的范围大致吻合。其重灾区域，东起海岱，西达关陇，南至襄淮，北抵京畿，恰好也包括今河北、山东、河南、山西、陕西等省的广大地区。其次，灾荒形成的自然因素大同小异。它主要也是由持续的亢旱直接引发的，同时也表现出诸灾并发的特点，蝗、雹、水、疫交相迭乘。自“丁戊奇荒”以来，北方地区还不曾出现过像1920年这样长时间大面积的严重荒旱局面，以致时人每每将两者相比拟，称后者为“四十年未有之奇荒”。最后，也许是最带有巧合性的，就是旱灾之外还伴有强烈的大地震，而发生的时间都是在旱荒仍然持续的过程中，发生的地点同样也是在以甘肃为中心的广大西北地区，造成的损失虽然有所差异，但都属于中国近代110年的历史进程中破坏性强的大地震（以有资料可查的人口死亡数为准）之列。因此40年前那一场触目惊心、悲惨绝伦的社会大悲剧，在40年后的同一块华北大地上，几乎是做了一次历史性的重演。

就时间而言，大约从1919年夏秋之交，北方大部分地区就出现了严重的旱情。1920年自春至秋，旱情更是酷烈异常，直到秋收以后，各地才相继下了透雨。著名的华洋义赈团体北京国际统一救灾总会在其总结报告中称：“此次灾荒最近原因为1920年秋收前已一年无雨是也。”①

就地区而言，包括京兆和直隶在内的畿辅之地，几乎全境皆旱，遭灾最重。京兆各县，夏季实收平均三分四厘，其中涿州、香河、密云三县仅二分有余；秋季各县平均实收四分九厘，大兴、宛平、房山等县“均止三分”。② 直隶省各县二麦实收平均五分；宁津、庆云、丰润等二十四县实收仅一分至三分；交河全县“二麦实收不及分”；阜城、衡水两县“阖境因二麦均已枯死，实无收”。③ 山东省“除胶东外，余悉被灾”④；地瘠民贫的鲁北、鲁西一带灾情尤重；约占全省1/4面积的东临道区，亢旱经年，“二麦既寸粒未获，秋禾亦收获无望”；临清、馆陶等10余个县“赤地千里，野无青草”；其他各县“间有播种植苗之田”，因“深秋落雨，种植逾期”，加上蝗

① 《北京国际统一救灾总会报告书》，7页，1922。

② 参见北洋政府内务部印行：《赈务通告》，第3期，1920年11月25日，“公牍”，3～4页；第11期，1921年3月25日，“公牍”，3～4页。

③ 参见《赈务通告》，第5期，1920年12月15日，“公牍”，1～4页。

④ 《晨报》，1920年9月18日。

虫、冰雹踵至纷来，收获无望。[①] 河南更是无处不旱，豫西各属“年余未雨”，炎风烈日，赤地无垠，“二麦仅收三分，秋禾一粒未收”[②]；豫北“旱状更加厉害，卫辉、彰德一带几乎没秋禾可说，而且这一带麦秋也一点未收”[③]；其南部十三县则“旱灾以外，迭被巨灾”；早在上年 5 月，全境“山洪暴发，泛滥涌溢”，白河、沙河、唐河等河流“沿岸数十里人畜庐舍，漂没一空”，7 月以后继以大旱，秋禾收成“平均不及十之一二”；是年春转而风毁虫伤，淅川、内乡、南阳、邓县等地“收成减去十之七八”，此后“一连三月，寸雨未降，早秋仅收一二，晚秋颗粒未获”[④]。陕西省也是水旱各灾，无所不备；上年夏秋即因“虫雹风旱之患”，致使“田苗歉收”；本年自春至夏“复未得雨，五六月来，赤地千里”，仲秋以后，“又阴雨连月，致成水灾”[⑤]，被灾各县成灾分数五六分至八九分不等[⑥]，其中如泾阳“十三个月无雨”，富平“十一个月无雨”[⑦]。华县“附近各地都是苦旱非常，乡人每天祈神求雨的，日有数起，连华县的知事、省城的督军也都祈起雨来了。幸到 8 月初旬和中旬连下了几场雨，但是秋禾已大半枯死了……至于潼关以东，则亢旱犹昔。大路上尘土盈天，田野一片赤土，人民嗟怨”[⑧]。山西省此次被灾较轻，但因春夏久旱不雨，也形成“禾苗盈尺”“蔓草同枯”的凄惶景象，灾情较重的安邑、芮城、新绛、夏县、稷山、河津、荣河、虞乡等 8 县，“每亩收麦一斗四五升不等，秋季粒米未收”。[⑨]

据本年 11 月北洋政府内务部赈务处统计，此次北方各省受灾县份共 340 个，灾区面积 271.27 万余方里，其中京兆区 17 县，直隶

---

① 参见《中华民国史档案资料汇编》，第 3 辑，农商（一），377 页。

② 《救灾周刊》，第 8 期，1920 年 12 月 12 日，15～17 页。

③④ 杨钟健：《北四省灾区视察记》，载《东方杂志》，第 17 卷第 19 号，116 页。

⑤ 《赈务通告》，第 4 期，1920 年 12 月 5 日，“公牍”，12 页。

⑥ 参见《赈务通告》，第 5 期，1920 年 12 月 15 日，“报告”，1～9 页。

⑦ 《大公报》（长沙版），1920 年 12 月 8 日。

⑧ 《东方杂志》，第 17 卷第 19 号，115 页。

⑨ 参见《申报》，1920 年 9 月 20 日；《赈务通告》，第 4 期，1920 年 12 月 5 日，“报告”，35～36 页。

省 86 县，河南省 77 县，山东省 21 县，山西省 64 县，陕西省 75 县。[①] 但这里的统计，同各省地方当局在此前后陆续呈报的资料并不完全一致，与北京国际统一救灾总会的调查数字悬殊更大。以前者计，京兆和直隶共 92 县，山东 32 县，河南 58 县，陕西 70 县（包括未经官方调查的泾、原、高、商、耀、同、三、淳等 8 县），山西省 73 县，总计 325 县。[②] 以后者计，则分别为 97、35、57、56 和 72 县，共为 317 县。[③] 这些矛盾的官方资料，从一个侧面反映了混乱的北洋政局。义赈会的资料是根据"各灾难区域之民及居留该处之外人分投报告"核实统计的，虽然最小，但也相当惊人了，约占被灾各省总县数（550 个）的 3/5。

这样大范围的灾区，必定会有成千上万的民众不堪天灾的重压而陷入饥馑流离、无以为生的绝境。但总共究竟有多少灾民，却也是众说纷纭。前引内务部赈务处的材料估计，至少有 3 000 万人，占各县原有人口总数的 3/5。而著名记者邵飘萍在这年 9 月 21 日至 23 日在《京报》上发表的《华北救灾问题之研究》则谓："据另一报告，绵亘直、鲁、豫、陕、晋五省灾民实达五千万人。"次年春北洋政府财务部盐务署致内务部的一份公文，又称灾民数至 4 000 万人。[④] 北京国际统一救灾总会在由各地中外人士分别提供的灾情报告的基础上，认为被灾 317 县中受灾贫民人数为 19 895 114 人。现在广为流行的 2 000 万人之说当源于此。不过，该会对于"贫民"的鉴定标准极为苛刻，"乃专指倚赈济为生计截至秋收（即 1921 年秋）即止之人民而言"[⑤]，换言之，即非赈不活的"极贫人口"，并不包括一般所谓的"次贫"及逃荒者在内。因此，这一数字远没有包括实际的受灾人数。若以此为基础，并与这一年 10 月至 12 月间各地政府或救灾团体提供的数字相比较（参见下表），那么北五省灾民总

① 参见《赈务通告》，第 6 期，1920 年 12 月 25 日，"公牍"，37～39 页。

② 山西省，见《赈务通告》，第 7 期，1921 年 1 月 15 日，"公牍"，2 页。其余各省详见下表。

③ 参见《北京国际统一救灾总会报告书》，10 页。

④ 参见《赈务通告》，第 12 期，1921 年 4 月 15 日，"公牍"，44 页。

⑤ 《北京国际统一救灾总会报告书》，9 页。

数当在 3 000 万人左右。

省份＼来源项目	北京国际统一救灾总会①		各省赈务处（赈抚局）或救灾团体②			
	县数	贫民人数	县数	灾民总数	极贫人数	次贫人数
直隶	97	8 836 722	92	9 000 000	5 000 000	4 000 000
山东	35	3 827 380	32	3 799 838	1 685 000	2 114 838
河南	57	4 370 162	58	7 473 835	4 307 544	3 166 291
山西	56	1 616 890	73	5 000 000	—	—
陕西	72	1 243 960	70	2 367 895	1 035 418	1 232 477
合计	317	19 895 114	325	27 641 568	—	—

当然，这些数据也不是固定不变的。它们只是大致地反映了漫长的灾荒过程中某一时间点（调查时间）的灾民总量。这既是前此一年多的旱荒逐渐累积的结果，又成为至早要到第二年夏收时这一大段更加艰难的日子里灾民队伍不断扩大的基点。与此相应，灾民的生活状况自然也在不断地恶化之中。他们“始则采摘树叶，参杂粗粮以为食；继则剥掘草根、树皮，和秕糠以为生”③。据北京国际统一救灾总会在部分灾区“逐户调查所存之食物”，计有：“糠杂以麦叶，地下落叶制成之粉，花子，漂布用之土，凤尾松芽，玉蜀黍心，红金菜（野菜所蒸之饼），锯屑，苏，有毒树豆，膏粱皮，棉种子，榆皮，树叶花粉，大豆饼（极不适口），落花生壳，甘藷葛研粉（视为美味），树根，石捣之成末以取出其最细之粉”，其中“有极不

① 《北京国际统一救灾总会报告书》，9 页。

② 直隶（含京兆）、山东、河南、山西、陕西分别见《赈务通告》，第 5 期，1920 年 12 月 15 日，“公牍”，5 页；第 12 期，1921 年 4 月 15 日，“报告”，1～6 页；第 6 期，1920 年 12 月 25 日，“报告”，25～27 页；第 12 期，1921 年 4 月 15 日，“公牍”，70 页；第 5 期，1920 年 12 月 15 日，“报告”，1～9 页；第 6 期，1920 年 12 月 25 日，“报告”，16～24 页；第 9 期，1921 年 2 月 25 日，“报告”，16～19 页。其中，直隶、河南、山东、山西的资料分据畿辅赈粜事宜处、河南省赈务处、山东灾赈公会、山西旱灾救济会的统计或函呈。陕西省灾民总数系由陕西赈抚局有关水旱风雹等 62 县的统计数（极贫 758 013，次贫 1 232 477）和北京陕西赈灾会有关未经官方调查的泾、原、高等 8 县极贫人口的统计数（377 405 人）相加而成。

③ 《赈务通告》，第 6 期，1920 年 12 月 25 日，“公牍”，38 页。

适口者，幼童拒之，故不食而死”[①]。稍有资产的民户则纷纷卖房、卖田、卖牲口，但在粮食短缺、粮价腾涌的条件下，各物其价大跌，因而不仅不能苟存一息，反而无端地蒙受了巨大的损失。据统计，山东东临道各属牲畜的损失成数少则十之四五，多则十之六七[②]；陕西关中道甚至高达十之七八[③]。洛阳的牛骡马驴因售卖或屠杀分别仅存3/10或4/10[④]；而直隶顺德在饥馑期间则有187 500亩的土地易主，占所有耕地面积的13.44%[⑤]。至于鬻妻卖子，在不少地方竟致成风。直隶大名道所属各县，“中户人家争鬻子女以求食，青春少妇、十龄幼娃，代价不及十元”[⑥]。有的地方则“计岁给价”，凡“十五至二十许之少女”，“每岁一元，十五岁以下每口三五元，五岁以下且无买主，襁负不胜，竟有投诸河者”[⑦]。河南安阳一带“卖女之法奇特殊甚，大致每斤合制钱一百文上下，每大洋一元合十四五斤，妇女以八十斤计，女子以七十斤计”[⑧]，诚属骇人听闻之举。据载，邯郸县一个人口不足250人的张广村，幼童出卖的就在40～50人；而顺德一府则有25 443名幼童被出卖，“或为奴婢，或为姬妾，或转入城市而为妓”[⑨]。山东不少地方的农民因“无力养子”，甚至“投诸井中”，陵县附近之井，“竟至湮塞”[⑩]。

走四方，对于那些在灾荒打击之下不甘困守待毙的灾民来说，总是有着巨大的诱惑力。特别是在1920年秋收失望之后，外逃的人群更是不绝于途。无论是交通大道还是城镇都邑，到处都游动着饥民群落，即或是崇山峻岭，乃至茫茫大漠，也阻挡不住这艰难跋涉、

---

① 《北京国际统一救灾总会报告书》，12～13页。其中的“膏粱皮”原文如此。1921年1月5日上海《民国日报》亦载有河南省饥民食品单，与此大同小异。

② 参见《救灾周刊》，第8期，1920年12月12日，20页。

③ 参见《救灾周刊》，第7期，1920年12月5日，16～18页；第9期，1920年12月19日，20页；第10期，1920年12月26日，14页。

④ 参见《救灾周刊》，第18期，1921年3月13日，5页。

⑤ 参见《北京国际统一救灾总会报告书》，15页。

⑥ 《中华民国史档案资料汇编》，第3辑，农商（一），376页。

⑦ 《赈务通告》，第10期，1921年3月15日，“专件”，3页。

⑧ 《大公报》，1920年10月9日。

⑨ 《北京国际统一救灾总会报告书》，14页。

⑩ 《大公报》，1920年9月18日。

奄无生机的人流。尽管我们无法确切地弄清楚整个灾区的流民总量，但从下面的一鳞半爪的统计中还是可以窥见其严重程度的[①]：

	直隶			山东		陕西		河南
	定县	献县	肃宁	无棣	沾化	华阴	潼关	浚县
人口总数	594 106	350 000	145 362	254 708	163 387	117 722	42 000	280 930
逃亡人数	17 800	80 000	7 293	58 290	5 428	6 569	8 000	18 000
逃亡比例	3.00%	22.86%	5.02%	22.89%	3.32%	5.58%	19.05%	6.41%

实际上，重灾村落逃亡人口的比重较上表所列还要高得多，如山东恩县西南一带“逃荒他徙者十有六七”[②]，许多地区因此呈现出十室九空、满村萧疏的凄凉景象。这些灾民流徙的方向，大致是以灾重之区为中心向四周辐散，或东进、南下至苏、皖、鄂、湘（主要是河南省灾民）；或西进川、甘，甚至远奔新疆（主要是陕西灾民）；或北上走口闯关至东北、口外一带（主要是直隶、山东灾民）。由于这种迁徙纯受避难求生的原始欲望的驱动，纷纭四散，漫无目标，因而各被灾省份之间的灾民相互对流的现象也普遍存在。但与以往不同的是，新兴的近代化交通设施所起的媒介作用，给这种原始的迁徙极不协调地带上了时代色彩。纵横于华北地区的几条铁路，似乎给予了绝望中的灾民以渺茫的希望。京汉、津浦、京奉及京绥、陇海各路站及沿线无不麇集着大量的饥民，“或为有意远行，或竟就食不去，沿途络绎，所至成群”[③]。自清初以来即已绵延不绝的“闯关东”，也从此进入了一个新的时期。据《海关十年报告（1922—1931）》的记载，“多少世纪以来，都有向满洲移民的——在十九世纪七十年代的大饥荒中，移民数量相当大——但是从来没有像现在

① 表中各县数字依次见：《救灾周刊》，第7期，1920年12月5日，15页；《救灾周刊》，第10期，1920年12月26日，11页；《救灾周刊》，第10期，1920年12月26日，12页；《中华民国史档案资料汇编》，第3辑，农商（一），397页；《中华民国史档案资料汇编》，第3辑，农商（一），397页；《赈务通告》，第12期，1921年4月15日，“公牍”，34页；《救灾周刊》，第9期，1920年12月19日，19页；《赈务通告》，第12期，1921年4月15日，“公牍”，12页。

② 《赈务通告》，第4期，1920年12月5日，“报告”，13～28页。

③ 《赈务通告》，第4期，1920年12月5日，“公牍”，10页。

这样大的规模”，由于“饥荒、内战和匪祸”，“由山东和河北向东北移民的狂潮，其规模之大，可以算得是人类有史以来最大的人口移动之一”①。这里虽然谈的是1922年至1931年这10年间的情况，但其肇始阶段则是在1920、1921年，因为正是在这两年中，迁入东北的流民数量连续突破了10万、30万大关的。②

由于此次灾荒持续的时间较“丁戊奇荒”相对而言要短，是年冬季北方大部分地区又“和暖不寒”，“致死于寒冻者减其数”③，加上铁路的修建，使粮食运输较为便利，各种慈善机构的赈灾活动也得以较快地进行，因此，在这次灾荒中死亡的人数较之40年前是大大地减少了。据北京国际统一救灾总会的估算，在50万人左右。④不过，若是具体地揭载灾重之时灾重之区奄奄一息的灾民因饥就毙的凶猛势头，也是足以令人惊心动魄的。直隶的顺德府，109 300名居民中，有31 286人冻饿而死。拥有50万人口的定州在是年冬季的三个星期间，每星期平均饿死110人，“且有增加之势”⑤。陕西省入冬以后，“被灾各区，道殣相望，死亡之数，日以千计”⑥。河南禹县第二年春间因“生路益绝，饿殍满野”，“日死不下二百余人”⑦。不少地区久旱之后继以瘟疫，因疫而亡者为数甚夥。山东灾区入秋之后，即“有发现疫疠之处，死亡枕藉，逃生无所”⑧。河南省被旱县份中有八县流行霍乱等时疫⑨，济源县9月中旬“疫痢大发，死者约五千余人，尸体遍野，豺狼满道，几成禽兽世界”⑩。那些沿线逃

① 《海关十年报告（1922—1931）》，第1卷，254页，转引自《中国近代农业史资料》，第2辑，639页。

② 参见［日］近藤康男：《满洲经济的封建性研究》，转引自石方：《中国人口迁移史稿》，410页。另请参考满铁人事课劳务系调查的1923—1929年东北移民数（参见《解放前的中国农村》，第2辑，65页）。

③ 《北京国际统一救灾总会报告书》，22页。

④ 参见上书，15页。

⑤ 同上书，11页。

⑥ 《赈务通告》，第9期，1921年2月25日，“公牍”，23页。

⑦ 《救灾周刊》，第20期，1921年3月27日，24页。

⑧ 《中华民国史档案资料汇编》，第3辑，农商（一），377页。

⑨ 参见《赈务通告》，第8期，1921年2月5日，“报告”，2～21页。

⑩ 《晨报》，1920年9月19日。

荒的饥民，“到境之时，该地方官厅往往禁止下车，迫令返回原处，灾民等在车站冻馁过久，时有僵毙”①。京汉线“由保定至琉璃河，沿铁路一带霍乱盛行，死者比比”②。有道是，“瑞雪兆丰年”。然而这年阴历年终飞扬于豫南一带的“尺余大雪”，却使得无数灾民陷入了“愁城苦海”。来自河南内乡县的一件呈文描写了当时触目惊心的惨遇：

> 岁已云暮，大雪尺余。……千山之中，万壑之间，往往有全家老幼冻饿以此北道途之上，冰天雪地，饿殍枕藉，比比皆是，然此犹死于故乡者也。远而鄂皖湘楚，经此次大雪，梵刹之中，破窑之内，皆有死尸堆积，问之多内乡灾民，其困于大雪又如此。……其逃外觅食者，经核发过护照，约计已有三万七八千口。近闻邓县冻死内（乡）民，一坑埋至数十口。湖北襄樊一路，本县采办员购料甫回，痛哭流涕，言我内（乡）民逃荒在彼，冻死于路，饿毙于外者，难以数计。③

红光闪过之后

1920年12月16日入夜。

饱经劫难的古城西安隐没在沉沉夜幕之中，白日里在瑟瑟寒风中游食于大街小巷的饥民群落以及时而僵仆的饿殍，也似乎消失得无影无踪，只有周边威严的城墙和凸立的哨楼隐约显现出黑魆魆的阴影。就在这时，据城楼瞭望士兵后来的报告，“空中忽现红光如练”，“仅一转瞬，地震即作”，整个西安城顿时一片混乱，“屋宇震动有声，檐瓦纷飞，墙垣倾倒，商民有被伤者，计历十余分钟始息”④。此后，乾县、醴泉、凤翔、郃县、麟游、临潼、洛南、朝

① 《赈务通告》，第6期，1920年12月25日，“公牍”，25页。
② 《晨报》，1920年8月22日。
③ 《赈务通告》，第12期，1921年4月15日，“公牍”，8～9页。
④ 《赈务通告》，第7期，1921年1月15日，“公牍”，35页。

邑、大荔、潼关等30余个县的报震急电如雪片般飞来。当时全国各大报纸也相继刊发了湖北、河南、山西、直隶等省发生地震的电讯。旋经查明，地震的中心是在与陕西毗邻的甘肃海原。这是中国近代史上最大的一次地震。当时居住在北京的鲁迅先生在他12月16日的日记中也郑重其事地记下了这样的一笔："夜地震约一分时止。"

在详细地揭叙这次特大震灾之前，我们不妨先用一定的笔墨去回溯一下近代以来，特别是四十多年前在同一区域发生的那一次大地震以后各地的震灾情况。这不仅仅是因为两者之间存在着的一种旱震交织的历史巧合，更重要的是为了向读者表明：除了水旱蝗风等自然灾害外，地震也是频繁发生并使中国人民历经蹂躏的重大灾害之一。

据《中国地震目录》的统计，自夏代有文字可考的公元前1831年至公元1963年，大于4¾级以上的破坏性地震就有3 180次。历史进入近代以后，除了个别年份外，在中国大地上几乎每年都有地震发生，截至1920年西北大地震之前，即有206次，其中6级以上的地震竟有100余次，其所造成的灾难是可想而知的。在这里，1879年紧接着那一场可怕的大旱灾而发生的甘肃武都大地震，无疑是破坏性最巨大的一次。不过，从地震发生的频度与周期的角度来说，1879年的大地震只是揭开了近代中国一个相当长的地震活跃期的序幕。

从1840年到1879年7月1日40年间，大小地震共44次，6级以上的地震有11次，每年平均次数分别为1.1次和0.25次。自1879年的7月1日至1920年的12月16日地震，大小地震160次，6级以上的地震则为89次，每年平均次数分别为4次和2.07次，约相当于前期的4倍与8倍多。而且越到后期，地震频率越高，进入民国以后更加频繁，从1912年起到此时，仅6级以上的大地震就有52起，平均每年6.5起。1919年和1920年（12月16日之前）平均有9次之多。其中损失较大的有3次：一次是1913年12月21日发生的云南峨山地震，死1 314人，伤269人；一次是1917年7月31日云南大关地震，震中纵横百里之内，死于地震的达1 800余人；再一次就是1918年2月13日广东南澳地震。处于震中的南澳，屋宇几乎全部夷为平地，居民死伤80%，尸体被压于断垣残壁之下，久久无人收葬。在半径约400千米圆周内的广东、福建、江西3省部分地区，均遭到不同程度的破坏。影响所及，北至江苏的苏州、上海和安徽的安庆等地，南至香港，东达台湾及澎湖列岛，西迄广西桂江沿岸。① 到了1920年，终于发生了近世百年空前的大地震——甘肃海原大地震。虽然以后地震仍然十分频繁，但仅从死亡人数而言却没有任何一次可以和海原大地震相比拟，因此，完全可以把1920年的大地震看作这一个地震活跃期的巅峰。

这次地震发生的确切时间是北京时间20时5分，震中位置在北纬36°5′，东经105°7′的甘肃海原，震级为8.5，震中烈度为12。② 据载，此次地震非常剧烈，持续时间"或十分钟至二十余分钟"③。震发时，东六盘山地区村镇埋没，地面有的隆起，有的凹陷，山崩地裂，黑水横流。特别是极震区的海原城，全城房屋荡平，全县死73 027人，伤者十之八九，牲畜被压毙者41 638头。海原东南的固原县，城区也全部被毁，所有建筑物一概坍塌，崩落的山石将河道壅塞，水流四溢，滨河之地亦多裂缝，全县死3万人（一说39 176人），压毙牲畜6万余头。海原以南的静宁，也是地裂水涌，城关庐舍倾塌殆尽，有20余个乡村覆没无存，全县共压死9 000余人，伤7 000余人，压死牲畜37 986头。会宁县除房屋大部倒塌外，也因山崩土裂出现整个村庄被湮没之事，形成"数十里内人烟断绝"之惨象，全县死亡13 942人。通渭县城乡房屋倾圮无余，河流壅塞，平地裂缝，涌水喷沙，有全村覆没者，也有阖村仅一二户存留者，死者达1万余人，伤者3万余人。

除以上极震区外，还在东起庆阳、南至西和、西至兰州、北达灵武的今宁夏、甘肃、陕西三省的广大区域内，形成了一个重破坏区。其中，隆德城内建筑物概行圮毁，城外覆没村窑甚多，甚至山

---

① 参见《中国地震目录》，第2集，209、216、218～222页。

② 参见上书，230页。

③ 《赈务通告》，第8期，1921年2月5日，"公牍"，39～40页。

川移徙，峰谷互换，西北村镇东西山口竟骤然合而为一，形成大圆冢，300 余户皆丛葬山中。另据《赈务通告》载，居住在该县西面积滩地方的一位伊斯兰教首领马元章，在地震发作时，率众祈祷，结果“因山崩塌，全家六十余口尽被湮没，邻近教徒死者五六百人”①。总计全县死亡人口 2 万余，牲畜 5 万余头。天水地陷山裂，马跑泉镇土地变形，摇变为一河川，水能行舟，城内外共死 2 400 余人。靖远县所有城垣、公所、学校损毁殆尽，山崩地裂，黑水涌流，其“南乡刘家寨一山陷入地中，化为沙沟，距此山五里由平地涌出古城一座，大约三顷余亩，城垣内高三丈，外高五丈，四周炮台宛然，惟无雉堞”。据甘肃震灾救济会的调查，该县死伤 31 591 人，震毙牲畜 244 004 头。② 其他各县的灾情，参见下表。③

在重破坏区的外围，还有一个范围更大的轻破坏区，包括今宁夏的银川、宁朔、平罗、盐池，甘肃的两当、徽县、永登、临泽、武威、西宁、景泰、成县、临夏、洮沙、和政，四川的成都，陕西的南郑、城固、华县、华阴、朝邑、兴平、扶风、武功、风县、醴泉、永寿、榆林、西安、三原、邠县、泾阳、盩厔、宝鸡、略阳、澄城、横山、安塞、宜川、韩城、大荔，山西的太原、汾阳、临汾、新绛、芮城、太谷、榆次、武乡、曲沃、永和、临晋、离石，以及河南的阌乡、修武等地。在这个区域内，也普遍发生房倒屋塌压死人畜事，有的县份罹难人数也有达 500 人的（如扶风）、宁朔、银川则死 700 余人，至于死数十人的县份就更多了。陕西同州“并有一处陷落街市一里之长，深陷十数丈，一街人无一幸免”④。受此次地震波及的地区就更广。除上列数省外，直隶的文安、完县、武清、永清、霸县、磁县、邯郸、天津，山东的观城、郓城、堂邑、馆陶、武城、清平，湖北的郧西、老河口、襄阳、汉口，安徽的太和、蒙城、合肥、无为、桐城，江苏的无锡、苏州、上海等 106 个县市，

---

① 《赈务通告》，第 8 期，1921 年 2 月 5 日，“公牍”，39～40 页。

② 参见甘肃震灾救济会：《甘肃地震灾情调查表》。

③ 表列内容，参见《中国地震目录》，第 2 集，230～238 页。在此前后有关 1920 年海原大地震的叙述，除特别注明出处外，均据该书。

④ 《晨报》，1920 年 12 月 22 日。

都有震感。有的地方还造成轻微的破坏。

12 月 16 日强震以后，又持续了一段时间的余震。大部分地区自此至次年 3 月，“震犹未息”，“每日震动大小不等”，“或六七次，或二三次”①。有的余震还造成相当大的破坏，如 12 月 25 日的余震达 6¾级，12 月 28 日的余震达 6 级。甘肃督军张广建 12 月 29 日在致北洋政府各院部的一份急电中称：“且连日各地仍震动不息，人心惶恐，几如世界末日将至。”②

县名	死亡人数（个）	震毙牲畜数（头）	塌毁房窑（间）	县名	死亡人数（个）	震毙牲畜数（头）	塌毁房窑（间）
秦安	10 000	30 000 余	69 531	榆中	900 余	1 200 余	十分之四
宁县	4 000 余	10 000 余	十分之七	临漳	900 余	1 000 余	十分之二
甘谷	1 365	25 144	20 000 余	临洮	620 余	1 000 余	十分之三
庆阳	2 405	26 000 余	15 394	漳县	700	3 000	十分之四
合水	700 余	3 000 余	十分之六	正宁	97	58	919
泾源	4 000 余	12 000 余	十分之七	岷县	700 余	2 000 余	十分之四
定西	4 200 余	6 000 余	十分之五	两当	700 余	5 000 余	十分之五
泾川	3 000	369	2 082	阴平	700 余	2 000 余	十分之四
环县	3 000 余	75 000 余	十分之七	武山	322	884	—
礼县	90 余	1 200	6 000 余	陇县	700 余	—	—
清水	334	1 649	7 890	岐山	—	—	—
灵武	300 余	700 余	十分之二	凤翔	2 353	3 342	5 362
金积	10 000 余	22 000	十分之七	渭源	13	380	778
中卫	700 余	1 000 余	十分之四	镇原	3 005	3 904	11 840
庄浪	1 000 余	5 000 余	十分之四	崇信	900 余	2 000 余	十分之三
陇西	7 000 余	10 000 余	十分之六	平凉	2 000	—	—
西合	4 000 余	15 000 余	十分之七	华亭	42	81	566
灵台	1 000 余	7 000 余	十分之三	兰州	3 000 余	7 000 余	十分之三

如此强烈的大地震，对灾区人民来说确是一个毁灭性的打击。但究竟有多少人惨遭灭顶，各种材料的统计并不一致。一般通行的

① 甘肃震灾救济会：《甘肃地震灾情调查表》。

② 《赈务通告》，第 8 期，1921 年 2 月 5 日，“公牍”，39～40 页。

说法是20余万，权威性的中外著作如《中国地震目录》《饥荒的中国》等即持如是说。而1921年9月15日杨钟健在《晨报》发表的文章《甘肃地震情形》则称："我所见各县的报告……上死的人加起来，有二十四万六千多人。"华北救灾协会刊发的《救灾周刊》第18期载有《甘肃被震各县灾情略表》，统计甘肃62县共震毙266 187丁口，伤76 611丁口，震毙牲畜总数为1 770 340头。甘肃震灾救济会在其印行的《甘肃震灾救济会概览》的序言中则云"甘肃地震，全毙人口三十万以上"。据其提供的《甘肃地震灾情调查表》中有关30个县的统计，死亡总数即在220 034人。因此综合各种材料，通行的死亡20万人的说法似乎偏小，30万人之说不为无据，若加上陕西等省的死亡人数，这一结论应更有说服力。这一数字虽较本年度旱灾造成的死亡数为少，但其发生的时间却不过短短的10～20分钟，换言之，其死亡速率高达每分钟1.5万～3万人，为害之惨烈可以想见。若要考虑到这次地震是发生在人烟稀少的西北地区，上述数字，就更加骇人听闻了。无怪乎一位外国学者惊呼："中国差不多是一个打破一切法式的奇特地方，因为在甘肃底穷乡僻壤的农村地方受地震之灾，倒反最重。"① 因此当时的各大报纸均发表评论，认为这次震灾"实较本年北五省旱灾情形为尤重"。而那些九死一生的幸存者，其生活更是惨绝之至。前引张广建的电文即称："所遗灾民，无衣无食无住，流离惨状，目不忍睹，耳不忍闻。甘人多倚火炕取暖，衣被素薄，一旦失此，复值严寒大风，忍冻忍饥，瑟缩露宿，匍匐扶伤，哭声遍野，不为饿殍，亦将僵毙。牲畜伤亡散隅，狼狗亦群出噬人。"辽阔灾区笼罩在一片愁云惨雾之中。

并非偶然的巧合

古希腊的一位著名的哲学家曾经说过："人不能两次踏进同一条

① 《饥荒的中国》，76页。

河流。”历史的过程亦如奔腾不息的河水一样，一往无前，不可逆转。如果对不同时期的历史事象做简单的附会或模拟，无疑是很不妥当的。然而历史的发展毕竟有其不以人的意志为转移的连续性、规律性。只要某种历史规律发生作用的基本条件继续存在，甚或有所发展，那么，过去的历史事象总是要在不同的程度上以不同的形式再现或重演。这或许正是历史所以能够昭戒后人的真谛所在。相隔40年之久，在北部中国同一区域发生的两次极其相似的特大灾祲，也不仅仅是一种历史表象的偶然的巧合。除了气候变迁或地质运动等自然因素外，还隐藏着大致相同的社会历史根源（地震灾害另当别论）。

这里首先要谈的就是人口问题。在一定的社会生产方式之下，人口的再生产与物质资料的再生产是否相互适应，是人类社会能否协调发展的基本条件之一。在近代中国十分低下的生产力条件之下，衡量两者是否适应的主要指标就是人口与土地的比例关系，其中的临界点就是一般所谓的“温饱界线”（或“温饱比例”）。按照中外学者的研究，这一比例全国大致为1∶4①，即每人平均4亩土地方可维持生计。北方地区由于地理气候条件比较恶劣，农业生产技术更加落后，这一比例势必更高。② 而早在19世纪初年，因康乾以来人口的爆发性增长，全国人均耕地即不足3亩，此后一直不曾超过这一水平。③ 号称“地广人稀”的北五省地区的人口，自康乾以后也处于持续猛烈的增长状态，人口与耕地之间的矛盾日趋尖锐。据统计，1685年（康熙三十四年）北方五省人口总数为2 916万人，耕地面积总计为278 717 800亩，人均耕地9.56亩。④ 到了1851年

---

① 参见周源和：《清代人口研究》，载《中国社会科学》，1982年第2期。

② 据华北救灾协会成员1920年10月的调查，山西平定等县“平均每人亦不过有田六亩，而全靠雨量充足乃有收获之山田，尚居其八”（《救灾周刊》，第9期，1920年12月19日，18页），是以“本地所产粮食，虽极丰稔之年，亦不敷用”（《救灾周刊》，第17期，1921年3月6日，21页）。另据民国《解县志》载，该县人口全盛之时，“平均分之，每人仅得四五亩旱地，终岁劳苦，丰年略可自饱，仍不能事父母，畜妻子，一遇荒歉，死亡殆尽”。

③ 参见章有义：《近代中国人口和耕地的再估计》，载《中国经济史研究》，1991年第1期。

④ 参见孙毓棠、张寄谦：《清代垦田与丁口记录》，见《清史论丛》（一），112～113页。

(咸丰元年)，人口总数达 108 352 000 人，耕地面积为 470 295 000 亩，人均耕地直线下降到 4.34 亩，不足原来的 1/2①，已经贴近全国平均的“温饱界线”了。此后直到 19 世纪 70 年代后半叶主要由于连续数年的大祲奇荒造成的人口锐减之后，人与地之间的这种紧张关系才有所缓和，在 1887 年（光绪十三年）人均耕地面积达到 4.89 亩。但是在此之后，北方人口总的来说又开始了缓慢的恢复和增长，到 1912 年竟高达 11 882 万人，而耕地面积仅有 48 012 万亩，人均耕地下降为 4.04 亩②，远低于此前各时期的水平。到 1920 年灾荒发生前后，这一变动势头依然不衰，部分地区更为严重。据北京国际统一救灾总会在北方某宜农区域 27 个村的调查，有的村庄一平方英里的耕地竟需养活 2 395 人，人均面积仅 1.39 亩。③ 这样，在经过一段相对缓和的历史时期以后，北方五省人口对耕地的压力再度加重了。而两次特大灾荒爆发的时间又恰恰是处于上述人口变动曲线的两个制高点上，其中的意蕴不能不耐人寻思。

由于生齿日繁，地狭人稠，结果使得近代以来徘徊不前的社会生产力面临着愈益沉重的压力，并远远超越了它自身所能承荷的极限。这不仅进一步限制了社会财富的增长，也大大加速了农民生活的贫困程度，使大多数人口经常性地处于饥饿半饥饿的状态。从纯粹统计学的意义上来说，在 20 世纪一二十年代，北方大部分地区哪怕遇上普遍的丰收之年，也会有大量的人口面临着断炊无食之虞。为了维持基本的生存需要，农民不得不尽力将自身的生活水平降低到一种令人难以置信的简陋程度。在直隶曲阳县，居民大都以农为业，但“每人只占（耕地）四亩有余，且土质半系沙石”，以致平常年景即有 1/3 的人“以糠秕为食”④。至于“定州、顺德府等，其饥馑几为一恒久不变之状态，遇天灾之来，虽与常态有殊，然亦仅程

①② 参见章有义：《近代中国人口和耕地的再估计》，载《中国经济史研究》，1991 年第 1 期。1912 年的人口数和耕地面积均包括热河、察哈尔及绥远。另请参见前面的“肆丁戊奇荒”章。

③ 参见《北京国际统一救灾总会报告书》，7 页。

④ 《救灾周刊》，第 5 期，1920 年 11 月 21 日，9 页。

度之差”[1]。当然，造成这种状况还有封建剥削、土地兼并、政治动荡等更为重要的社会原因，但居高不下的人口数量显然是一个不可忽视的因素。

另一方面，也许是更为严重的一面，就是人口激增还造成了农业生态环境的不断恶化，使水旱灾害更趋频繁。随着清中叶以来人口增长与耕地不足之间的矛盾日益加剧，人们不得不通过毁林开荒等掠夺性方式来摆脱困境。实际上，早在嘉道时期，许多地区的土地开发就已达到饱和性状态。如直隶保定府各州县，“其近山者争觅地于闲旷之地”，“悬崖幽壑，靡不芟其翳、焚其芜而辟之以为田”[2]；山东东部各州县也是“山峦海滩，开垦无遗”[3]；而陕西等省甚至“于深山邃谷之中，凡有地土可开辟者，无不垦种”[4]。进入近代以后，由于巨大的人口压力始终存在且时有增长，这种竭泽而渔的滥垦滥伐行为也就不曾稍止，再加上战乱频仍，大自然的森林植被因此遭到了大面积的毁坏，“弥望濯濯，土失其蔽”[5]，给北方地区的农业生态环境带来了一系列恶劣的影响：既严重丧失了调节气候的功能，又造成大量的水土流失；既大大加速了气候干旱化、土地沙漠化的进程，又使向来不发达的水利系统因泥沙不断淤塞而削弱了蓄水泄水的能力。最终也就加大了水旱灾害发生的频度和强度，形成无灾变有灾，小灾变大灾，“水则汪洋一片，旱则赤地千里”的溃败局面。[6] 这种情况，反过来又使得原本衰弱不堪的农村经济在频繁的天灾袭击之下元气殆尽，从而进一步降低了对水旱灾害的抵御能力，结果陷入了一个恶性循环的怪圈之中而难以自拔。

---

① 《北京国际统一救灾总会报告书》，10页。

② 崔述：《无闻集》卷1。

③ 《清仁宗圣训》卷15。

④ 录副档，道光二十二年正月十三日裕泰、赵炳言折，转引自李文海等：《灾荒与饥馑：1840—1919》，314页。

⑤ 盛康：《皇朝经世文编续编》卷106，《治河论（上）》。

⑥ 参见凌道扬《森林与旱灾之关系》《水灾的根本救治方法》两文，均载《农商公报》，第91期，1922年2月25日。

上面对人口压力的论述是以“所有耕地的总面积均种植粮食作物”为出发点的，实际的情况显然不可能如此。有限而珍贵的土地资源并没有得到合理的利用。前面在分析“丁戊奇荒”的成因时，我们曾谈及以鸦片种植为核心的北方农产品商品化畸形发展的恶劣影响。到了 20 世纪一二十年代，这种农产品畸形商品化的势头，更有了急剧的扩展。

从 19 世纪 70 年代起，世界主要资本主义国家便开始了向垄断资本主义的过渡，与此相应，外国列强对华经济侵略的形势也开始发生变化，并以中日甲午战争为突破点进入一个规模空前的新阶段，资本输出取代商品侵略成为列强对华侵略的主要方式。列强不仅继续通过对华贸易来扩大对中国农产品的掠夺，还运用在中国本土投资设厂的方式大量建立诸如棉纺织厂、卷烟厂及其他农产品加工厂，直接利用中国的原料，榨取高额利润。于是，国内外市场对有关经济作物的需求迅猛增长，并成为国内农业经营者从事商品化生产的强有力的刺激力量。北方地区的棉花、烟草等经济作物种植在甲午战后的不断扩张，主要根源于此。特别是随着列强投资修建和控制的铁路线的不断延长，北方原本深处腹地的穷乡僻壤也越来越广泛地被卷入了这股浪潮之中。一些外国在华投资者还直接深入农村，推波助澜，通过奖励改良品种、提高收购价格或者提供贷款等手段，诱使农民种植自己需要的农作物。1913 年以后，山东、河南以及安徽三省分别以坊子、许昌及凤阳为中心发展起来的专业化烟草生产区域，就是在英美烟草公司的干预下形成的。据有关资料统计，1918 年至 1919 年，北方五省仅棉花和烟草两项的种植面积至少也有 11 351 000 亩。① 但这种农产品商品化的发展主要是由列强对华原料掠夺的需求促成的，而不是国内社会生产力发展的结果，因此它的发展只能是以大量侵占耕地和排挤谷物生产为代价，其结果势必导

① 参见许道夫：《中国近代农业生产及贸易统计资料》，210、214～218 页。其中棉田合计 10 667 000 亩，为直隶、山东、山西、河南四省 1919 年的统计数；烟田 684 000 亩，为北方五省 1918 年的统计数，其中河南省是年的数字原为 6 806 000 市亩，疑有误，改以 1916 年的数字补之。

致粮食作物生产的进一步萎缩，从而加重了粮食匮乏的危机态势，最终也就削弱了北方农村抗御灾荒的能力。当时的有识之士就认为，“年来地亩中下种品比例的失常”“种食品比例的大减，以致积粮空虚”，是这次旱荒奇重的主要根源之一。①

在这里，令人深恶痛绝的鸦片种植也是一个不可忽视的重要因素。“丁戊奇荒”之后，晚清政权和受灾各省督抚曾明令禁种，但由于鸦片进口无从禁止，清廷“寓禁于征”的“药厘”政策也未曾改变，因而并没有截断其涌动的潜流，鸦片种植之势在略呈顿挫之后又迅速地蔓延开来。据于恩德《中国禁烟法令变迁史》称，到了光绪末年，“鸦片流毒之广遍，实已至亡国灭种之地步”“国内各省几无处不种鸦片，而尤以甘肃、陕西、河南、山东……为产鸦片最多之省份”②。迫于国内外日益高涨的社会舆论的压力，1906年（光绪三十二年）清政府和英国达成协议，决定自1908年（光绪三十四年）起，以10年为期禁绝鸦片进口和国内种植。此后，罂粟田一度有较大幅度的缩减。1916年英国驻华公使的特派员甚至宣布，“中国事实上已停止种鸦片”③。但就在一年以后，“已经快要绝迹的鸦片，又死灰复燃，栽种者依旧栽种，贩卖者依旧贩卖”，“烟土之多，烟民之众，言之骇人听闻”④。河南、陕西、山西等省很快又跻入了复种最盛的省份之列。陕西的中部、西部，“把有用的土地，十九种成毒苗了”⑤。之所以会造成这种局面，依然离不开其最初的历史根源。姑无论禁烟之前将近一百年大规模的鸦片贸易所带来的深远影响，就是在全面禁烟实施以后，虽然公开的进口已经停止，但鸦片走私并没有终结，英、日等列强控制的大连、胶州、澳门、香港等地甚至实行鸦片专利，“遂使毒害复潜入中国其他各地”⑥。

---

① 参见杨钟健：《北四省灾区视察记》，载《东方杂志》，第17卷第19号。

② 于恩德：《中国禁烟法令变迁史》，113页。

③ 英文《中华年鉴》，526页，1928年，转引自《中国近代农业史资料》，第2辑，211页。

④ 罗运炎：《中国鸦片问题》，90～91页。

⑤ 杨钟健：《北四省灾区视察记》，载《东方杂志》，第17卷第19号。

⑥ 《中国禁烟法令变迁史》，177页。

与此同时，从鸦片中提炼的吗啡等毒品走私，也日益猖獗，这些吗啡大都由“印度送往英国加以制造，再送来南洋，及日本商人送入大连、青岛以至于内地”①。鸦片贸易如此“光荣撤退”，不能不是中国鸦片复炽的一个重要因素。至于国内，由于清朝地方官吏在禁烟过程中奉行不力，或有意抵制，罂粟田并没有根绝净尽。民国初年袁世凯称帝后，政局大坏，大大小小拥兵自重的军阀在其割据的地盘内，莫不视“鸦片为绝大利源，于是包庇贩运，抽收烟税，明目张胆行之，甚而至于强迫人民种烟，借收亩捐，而裕饷糈”②。鸦片种植因此肆意扩张，公行各地。“剪不断，理还乱。”鸦片，已经深深地植根于近代中国的社会肌体之中，成为当时无法根绝的大毒瘤。

谈及军阀割据，它与此次灾荒形成的关系绝不仅仅限此一端。可以说，军阀割据以及由此产生的频繁不息的战乱、四分五裂的政局以及种种加诸平民百姓的有增无已的差役负担，是这次灾荒孕育、迸发、蔓延乃至加剧的最大的人祸。

20 世纪 20 年代，正处在一个新的国内战争频发的高潮时期。如果说 40 年前的旱荒是肇始于战争的废墟之上，那么，这一次的灾祲却是在纷纭的战火之中猝然迸发的。从 1916 年起，大小军阀的厮杀与火并一年也没有停止过，战争一年凶似一年，战区一次大似一次，到 1920 年，5 年之间战区所及共有 32 个省区，平年每年达 6.5 省。③ 其战争动员指数若以 1917 年为 100，则 1918 年为 181，1920 年为 218。④ 北方各省作为南北军阀纵横捭阖的主要战区之一，也是备受蹂躏。自 1917 年 10 月至 1919 年 3 月，地处西北、西南交通要枢的陕西省几无时无地不笼罩在南北军阀攻城略地的战火之中，总计“南北主客驻陕军约十三万，八省之兵，合数省之匪，星罗棋布于关内一隅”，致使“所经市阛，比户墟落断烟”，而“西路尤甚”，

---

① 杨端六：《鸦片复活》，载《东方杂志》，第 17 卷第 19 号。

② 《中国鸦片问题》，41～42 页。

③ 参见王寅生：《兵差与农民》（1932 年），见《解放前的中国农村》，第 2 辑，367 页。

④ 参见《中华民国建国史》，第二篇，“民初时期（四）”，1549 页。

陕南亦“收括无遗，陕北则糜烂殆尽”①。

一波未平，一波又起。1920年7月，长夏炎炎、赤地千里的北国大地又蓦起战云。北洋军阀内部的直系军阀联合奉系军阀，向控制北京政权的皖系军阀发起大规模的战争，战线西越京汉线，东至京奉线，主要集中于京畿地区，并旁及山东、河南等大片区域。天灾与战祸双管齐下，使北方人民雪上加霜。京南各村，“适在火线之中，房屋早化灰烬，流离失所，无家可归。其不在战线范围以内者，如京城四周各乡镇，亦备受败兵之蹂躏，虽居室未遭焚烧，而牛羊杂物，则皆化为乌有”②。山东的德县、陵县、平原、恩县、禹城诸县“微论战线以内，几尽焦土，即兵车所至，亦鸡犬一空，延袤数百里，村舍荡然，流离载道”③。河南西部19县则“西北军（时与皖军联盟）蹂躏于前，各军（直、奉军）复防堵于后，此往彼来，将近两月”，致使各县“支应浩繁”，洛阳、偃师等县正粮之外，杂差等项每两银子竟派至十余串或十七八串，民间被搜刮一空。④ 由于两军对峙，合境土匪乘机蜂起，大肆焚掠。“6、7月后，有溃兵加入匪阵，匪徒又皆利器，势焰大张”。在洛阳，“抢掠之案，每日不下数十起，或百余起”⑤；在偃师，“三百余村庄，无一幸免于匪劫”；在嵩县，“该县三十六里，被匪抢掠者计二十三里，被烧者约计一百数十村，焚房约计三千数百间，伤人无算”。为此，豫西旅京救济会在其《豫西灾情报告书》中悲愤地写道：“人民不死于荒，即死于匪；不死于匪，亦死于兵差矣。”⑥

直皖战争结束之后，由直、奉军阀共同控制的北京政府开始做出轸恤民艰的姿态，陆续采取了若干救灾措施，即一面在北京设立督办赈务处（隶属于内务部），作为各省灾赈最高领导机关，并遣派专员分赴各被灾省份会办赈务；一面又筹款运粮，先后举办急赈、

① 《申报》，1919年3月26日。
② 《申报》，1920年8月5日。
③ 《申报》，1920年8月10日。
④ 参见《救灾周刊》，第8期，1920年12月12日，15～18页。
⑤ 《救灾周刊》，第18期，1921年3月13日，6页。
⑥ 《救灾周刊》，第8期，1920年12月12日，16～17页。

工赈、平粜、粥厂等救灾事宜。至次年夏秋之际赈务结束后，北洋政府通过内外举债、东罗西掘，共支出赈款约 11 347 751 元（其中包括：以海关额外税作抵押向英美日法四国银行团借外债 400 万元，以常关附加税为本金发行赈灾公债实支 198.9 万元，交通部加征邮政、电报及铁路等各项附捐 3 842 510 元，募捐 1 516 241 元）。① 应该说这是一笔相当可观的数字，但是对于区域辽阔的灾区来说，毕竟还是杯水车薪。即以北京国际统一救灾总会对北方五省应需赈款最保守的估计数 1.2 亿元的标准来衡量②，并假设这笔钱能全部用于荒政，不打折扣，也只能拯救十分之一的灾民。何况这笔赈款绝大部分是到了第二年春天才陆续发往灾区的，而在此之前，北部中国早已在延绵的战火和持续的天灾双重打击之下呈现出一片流离四野、饿殍塞途的大荒之象了。姗姗而来的“仁恩善政”，无异于几十万饿殍的祭品点缀于茫茫荒原之上。

就地方情形而论，虽然北京政府一再以“大总统”的名义发号施令，督饬各属救灾安民，但此时的北京政府已远非昔日的专制政权可比，在拥兵自重、割据称雄的各督军眼中，这些政令不过是一纸空文而已；就是各省地方政权内部，也因各派系之间的弄权斗法而纷乱扰攘、动荡不安，因而对于救灾一事，往往虚应故事，敷衍塞责，或一筹莫展，或漠不关心，整个救荒机制实际上已荡然无存。据北洋政府内务部的材料披露，在山东省，平阴县平粜“仅办一次即行中止”，“设有筹赈分会，尚无切实办法”，高唐县知事“以为无筹赈之必要”，馆陶当局“拟修治城池堤路，以工代赈，责令妇女老弱编制帽辫等项，用意甚善，惟仅属一种计划，尚无具体办法”③，如此等等，不一而足。在直隶省，邯郸、成安、邢台等各县知事“办理赈务，仍以平常处理政务之敷衍手段出之，借曰不舞弊，而因循玩忽，已误事不少”④。至于陕西当局，因“内部四分五裂，统驭

① 《北京国际统一救灾总会报告书》，22～25 页，其中交通部支出赈款数系据该书中有关大洋、小洋及铜元等数目折算合计而成。

② 参见上书，16 页。

③ 《赈务通告》，第 5 期，1920 年 12 月 15 日，“报告”，11～12 页。

④ 《救灾周刊》，第 8 期，1920 年 12 月 12 日，3～4 页。

无力，遂专注精神于巩固势位之一途，早置小民生死于不顾。省城虽立有赈抚局，按之实际，直等虚设”①。1921 年 9 月 4 日《申报》载文揭露说，这些“赈抚局人员，只知抽大烟，叉麻雀，吃花酒”，当华洋义赈会前来查灾时，从县知事到道尹到督军，竟“都一口同声说陕西没有旱灾”，后经社会各界力争，得到一批赈款，但这些赈款，“起先发放的，每名灾民只领到十二枚铜元，末后发到县里的，竟被恶绅劣官狼狈的吞没了”。而当时直系首领、后来的贿选总统曹锟亦侵吞赈款 300 余万元。② 原本有限的赈款，经过大小官吏的层层侵渔，真正实惠及民的已微乎其微。当初一些人对取代腐败的皖系势力而上台的直系军阀也许还抱有些许期待的心情，但在事实面前很快烟消云散了。“跳出了热锅，跳进了火炉”③，孙中山先生对当时时局的评论可谓一语道破。

历史灾难的补偿

“政府既无望矣，吾不得不希望商民之努力！”

这是著名经济学者杨端六先生 1920 年 10 月 10 日在《东方杂志》上的《饥馑的根本救济法》一文中发出的呼吁。这一呼吁不仅仅表达了某一个人的良好愿望，从某种意义上来说，它也向人们透露了这样的一种历史信息：当成千上万的北方人民在漫长的死亡线上苦苦挣扎而又无助无望地沦为饿殍时，苦难深重的中国确实需要一种新的社会力量、新的救灾组织来代替传统的荒政了。或许正是这一历史的召唤，已经成长起来的中国中产阶级或者说“商民”愤然而起，奔走呼号，并联合国际社会的友好力量，掀起了一场区别于官赈的救荒活动——华洋义赈。较之四十年前义赈初起时的情景，这一次的救荒活动，无论是在动员规模、组织结构还是在赈灾机制

① 《赈务通告》，第 9 期。1921 年 2 月 25 日，“公牍”，23 页。

② 参见《中华民国史档案资料汇编》，第 3 辑，1423～1424 页。

③ 孙中山：《解决中国问题的办法》（1920 年 8 月）。

方面，都大大地向前发展了一步。

自“丁戊奇荒”以来，伴随着中国民族工业的兴起和早期维新思潮的传播，义赈活动即“相继而起”“蔚然成风”，连遇灾省区举办的官赈，也不得不“仿效义赈办法”，“一若非义赈不得实惠”①。但是在相当长的时间内，义赈组织并没有统一起来，不仅初创期的华、洋两种义赈队伍互不相属的局面继续存在，就是国内各种义赈团体也往往各行其是，从而在很大程度上限制了义赈的实际效能。在1920年义赈活动的初期，这一缺陷显得更加突出。直皖之争战云甫散，来自灾区的消息便在当时中外各大新闻媒体的宣传之下传遍全国，于是，大大小小的义赈团体应时而生，北京、天津、上海、济南等地的外侨也组织了救济机构。但这些救灾团体各不统属，在散赈过程中往往形成“厚此薄彼，畸重畸轻”的局面。② 有时为了筹集赈粮，各团体又“聚集一隅竞争，反致物价高腾”③，使赈务工作备受影响。有鉴于此，在北京的各大救灾机构的领袖如北五省灾区协济会的熊希龄、汪大燮，华北救灾协会的梁士诒等遂同外国在华义赈团体反复磋商，决定联合起来，组织统一的赈务领导机关，旨在制定通盘统筹的赈济计划，以便合作赈灾。此前外国方面如英、美、法、意、日等国的慈善机构已组织了国际性的对华救济组织即万国救济会，中国方面遂由梁、熊等人发起，邀请北京共十四个救灾团体的代表于10月1日举行联席会议④，成立了“中国北方救灾总会”，共推梁士诒为会长，汪大燮、蔡廷干为副会长。10月6日该会与万国救济会联合组织“北京国际统一救灾总会”，设干事团（后称行政委员会），由选举产生的中外代表各半额充任干事或委员，干事团会议设临时主席，由各干事轮流担任，下设调查、卫生、采运、公告、款项五股，处理具体事务。与此同时，国内其他大中城市如天津、上海、济南、汉口、开封、太原、西安等处，也相继设立了

---

① 《筹赈通论》，见《经元善集》，119页。

② 参见《救灾周刊》，第8期，1920年12月12日，3页。

③ 《北京国际统一救灾总会报告书》，4页。

④ 参见上书，2页。

华洋义赈会，且于11月间汇集北京召开联席会议，将整个灾区分为若干区域，由与会各团体分别担任救济任务。北京国际统一救灾总会除直接担任直隶西部地区的救济外，被各会推为办赈总机关，统一办理宣传、联络、采粮运粮、簿记稽核及卫生防疫等事务。同时还根据灾情状况对部分赈款（如政府委托散放的海关附加税借款400万元）统一分配，并对各会自己支配的款项提供参考意见。[①] 这样，全国各地的中外义赈团体便在北京国际统一救灾总会的领导之下联合起来，这对提高赈灾效率、保证赈灾工作较为快速顺利地运转，无疑提供了一个较好的组织基础。由于该组织是由各地之各种中外团体（工商学等社会团体和外国在华各教会）组合而成，因而有利于调动国内国际可资利用的人力、物力因素，壮大救灾力量，也有可能加强各团体、各会员之间的相互监督，在很大程度上避免了中国官赈实施过程中的黑幕弊端，从而使义赈活动成为比较纯粹的慈善事业，受到当时世人的敬重。北五省赈务结束之后，应社会舆论之要求，北京及各地华洋义赈团体于1921年11月16日成立"中国华洋义赈救灾总会"（"华洋义赈会"），作为中国常设性的救灾机关。此后相当长的一段历史时期中，华洋义赈会成了在当时中国颇具声名的一种救灾机构。

隧着各地义赈团体的联合，以往募捐散赈的义赈运行机制也得到改进和完善。在募捐方面，一个突出的特点，就是改变了过去单纯依靠名流效应（即所谓"登高一呼，八方响应"）向社会各界募集捐款的办法，而是在此基础上，在全国许多大中城市发起诸如旱灾纪念日、全国急募赈款大会等募捐活动，采取茶话、演讲会、游艺会或游行集会等形式，动员社会各界的力量自觉自愿地加入募捐行列，有钱出钱，有力出力，使义赈活动一变而为"平民慈善运动"。[②] 在施赈方面，也逐步形成了一套以调查、放赈和稽查为主体的救灾程序。

近代义赈的一个重要原则就是"救人救彻"，即选择灾重之区的

---

① 参见《北京国际统一救灾总会报告书》，3～5页。

② 参见《救灾周刊》，第22期，1921年4月24日，31页。

极贫灾民，“与以充分的接济，直到他们能获得一次收获，或利用别的方法恢复自给能力为止”①。因此，如何确定当赈之人便成为“散赈之先决问题”。当时各华洋义赈团体于赈灾之前均首先派遣大批调查员分赴灾区调查灾情。这种调查一般分为两个步骤。第一步是对灾区进行综合性的整体调查，诸如灾区地点、受灾面积及灾民数目、收获状况、生活状况、牲畜损失、灾民迁徙情形、农商学校现状、地方政府或私人团体救灾现状等方面，由各调查员加以搜集，并提出筹赈办法，汇交负责机关，以便其根据各地灾情的轻重缓急，确立散赈地区、种类、数额及散赈人数和委托机关。第二步就是对应赈地区挨村挨户逐一仔细调查，确定应赈户口。赈放之时或赈毕之后，各负责机关再另派稽查人员分赴散赈地区核查，包括“（散赈）报告消息是否确实以及关于散赈有无滥赈及侵吞等弊”②。为了便于稽查，散赈人员或由其委托的散赈机关应将散放结果，包括受赈户名、人数、标准、数额，由村正、副出具保证，榜列村门，尔后将散赈表册送交总会存案，并随时报告每次办理情形，由总会编成公报，发布于众。华洋义赈会旨在通过这些程序，防止贪污中饱的现象，使赈款能够发到应赈灾民手中。

鉴于以往在救灾过程中“以赈粮一次发放而于数日内告罄，（灾民）又被饥饿”③ 的弊端，各地华洋义赈会在散放赈灾谷物时大都改变方法，对应赈饥民依次采取急赈、冬赈、春赈三种方式，并且每月按规定时间散放一次或两次，按部就班，赓续相接，尽可能保证灾民度过漫长的荒期。与此同时，大多数义赈机构还因地制宜，采取其他相应的措施，如散放种子，设立难民收容所及粥厂，防治疫病，收养婴幼儿童，实行以工代赈，等等。尤其是以工代赈，被当作“最合科学原则及最适于实用之救灾办法”④ 备受重视。主要由棉纺织业企业家组成的北方工赈协会在一份函电中即将“急赈”

① 《饥荒的中国》，233 页。
② 《救灾周刊》，第 7 期，1920 年 12 月 5 日，29 页。
③ 《北京国际统一救灾总会报告书》，70 页。
④ 同上书，29 页。

与“工赈”明确区分开来，指出：“为一时救急计，则以急赈为宜；若为增进社会生产力及铲除灾源并筹各地永久福利计，则工赈实为当务之急。”① 因此，各处华洋义赈团体只要在条件许可之下无不着力实施工赈。从现有的材料来看，它主要包括以下几个方面②：

一是设立实业学校或灾民工厂，组织极贫、次贫之妇女从事发网、草编、被褥及其他物品制造等，扶持农村手工业，帮助灾民“自为工作以维持其家计”。

二是发动工矿农垦等各方面实业家，增加资本，招募灾民，仅北京国际统一救灾总会即先后介绍直隶西部 13 561 人进入各地工厂做工。

三是植树造林，改善植被环境。

四是兴工筑路，浚河修渠，改良灾区的水利设施和交通条件。

这种以工代赈的举措，从某种意义上来说，带有灾区重建的性质，虽然由于当时刻不容缓的危急之势，这些措施并没有能够取代以谷物散放为主的直接救济而未在该组织的救灾活动中占据主导地位，但还是发挥了相当重大的作用，并从此奠定了华洋义赈会未来救灾事业的方向。

据统计，在这次救灾活动中，各华洋义赈团体共筹得赈款 17 358 633 元，除了海关附加税借款外，均自国内外募捐而来，募捐款项超过了北洋政府所能罗掘的数目。从 1920 年 12 月至 1921 年 8 月，各华洋义赈团体共支出赈款 15 230 787 元，救济灾民 7 731 611 人，占全部灾民的 1/4 以上，其中以非谷物赈济的方法救济的灾民数也占很大的比重。③ 这些数据表明：华洋义赈团体在这次救灾过程中所取得的成就，不仅为以往的义赈活动所不曾企及，就是在旧中国的荒政史上也是屈指可数的，尤其是在一个政治分裂、干戈扰攘、社会动荡、经济凋敝的黑暗历史时代，就更显得难能可贵了。

恩格斯有一句名言：“没有哪一次巨大的历史灾难不是以历史的

---

① 《救灾周刊》，第 12 期，1921 年 1 月 16 日，33～34 页。

② 以下各项内容均见《北京国际统一救灾总会报告书》。

③ 参见上书，19、21、28、195 页。

进步为补偿的。”① 自“丁戊奇荒”以后，人们经过40余年的尝试和摸索，终于使义赈工作得到了较大的完善和改进，这无疑是一个历史的进步。这大概也可以算作千百万中国人民长期承受大灾巨祲而付出了极其沉重的历史代价之后所得到的一种补偿吧！

当然，这里以较大的篇幅论述华洋义赈活动的社会作用，并没有忽视它自身所存在的不可克服的历史局限性。我们可以从它赖以成功的两大原则来分析。其一，前已提及，近代义赈的一个显著特点是“救人救彻”，而这一原则，与其说是慈善家良好的心愿，不如说是他们无可奈何的选择。因为作为一个义赈组织，它本身并不拥有雄厚的资金，它用于散放的赈款主要是从社会上广泛募集而来的，尽管募者募，捐者捐，一时声势浩大，但在救灾如救焚的情形之下，必然受到时间的限制，而当时国内的社会财富毕竟也是很有限度的，因而不可能满足整个灾区哪怕是最低限度的实际需求，这就迫使义赈团体在选择赈济对象时，不得不集中在一个较小的范围之内，而置相当大一部分急待赈济的灾民于不顾。华北救灾协会在其散放急赈的章程中规定：“灾区太广，粮食不敷分配，宜以村落为单位。凡有富户、有园田、有收获之村，不要散放。”② 即使是“应行赈济之村落，亦当政府户口册用抽签法以选出之；此选出之村落中应行赈济之户口，再由户口册内所载之最贫户内用抽签法以选出之”③。这种方法看起来意味着待赈灾民的机会均等，并使赈务人员保持了一种不偏不倚的公平姿态，但这种公平的另一面便是饥饿与死亡。就总体而言，即使按照华洋义赈会的严格界定，北五省灾区至少还有12 163 503口极贫之人得不到赈济，继续挣扎于死亡线上。而极贫之外的大量被界定为次贫之民，则只能任其在漫长的灾荒期间“鬻田宅”“卖妻子”，直至沦为“无田无宅可鬻，无子可卖”的极贫之境。其二，近代义赈的另一个重要原则就是自我声称超然于政治或宗教的“独立原则”。尤其是在这次救灾中，华洋义赈团体更是竭力反对

① 《马克思恩格斯全集》，中文1版，第39卷，149页。

② 《救灾周刊》，第9期，1920年12月19日，3页。

③ 《北京国际统一救灾总会报告书》，147页。

救灾“为政治及宗教宣传之用”，规定“本会赈济只限于天灾，如天旱、洪水是也”，如果由于“内战或土匪充斥之处地方骚扰所致①”之灾患，“绝对不与以施济。盖捐金者之出资原欲救助因天灾而来之灾害，今若救济前者，是足以助长内乱而已”②。我们在这里无意去批评这些慈善家尤其是国际友好人士的善良愿望，也姑且不论某些慈善家在“超然”背后的利益和动机，我们只想指出一点：当他们孜孜不倦于救济灾民之时，却忽略了一个最基本的事实，那就是在近代中国，天灾与人祸是不能够那样截然分开的。当然，这种忽略倒不是因为他们没有认识到两者之间的关系，实际上是一种小心翼翼的回避。可以毫不客气地说，这正是那些活跃于荒政舞台上的风云人物所代表的那个阶级的软弱本性的反映。只要军阀、鸦片、内乱、土匪等一系列的社会死结一日不解开，人民就不会有风调雨顺、安宁幸福的光景。

时代呼唤着建立在社会彻底变革基础上的真正的减灾工程。这也就是在开篇时，将 1919 年和 1921 年的两件大事作为新纪元曙光的历史根据。尽管从这时起直到把理想付诸实践，使历史的灾难得到前所未有的补偿，还需要中华民族的优秀儿女付出更艰苦的探索和进行更英勇的奋斗。

---

① 《北京国际统一救灾总会报告书》，57 页。

② 同上书，139 页。

柒　万里赤地
——1928年至1930年西北、华北大饥荒

1928年2月初的南京，春寒料峭，百物萧瑟。国民党中央党部大礼堂警卫森严，全副戎装的蒋介石在这里宣布国民党二届四中全会开幕。这是背叛了第一次国内革命战争的国民党大地主大资产阶级集团调整权力分配的会议。蒋介石经过这次会议，确定了国民党一党专政的政治体制，并且掌握了国家的最高权力——出任国民革命军总司令兼军事委员会主席（不久复任国民政府主席）。这次会议和随后进行的对奉系张作霖的北伐，标志着蒋介石在镇压中国共产党人的白色恐怖中，在社会的急剧动荡中，实现了国民党内部表面和暂时的统一，完成了国家政权的更替。

事实正如毛泽东当时的论断：南京政府“对外投降帝国主义，对内以新军阀代替旧军阀”，“全国工农平民以至资产阶级，依然在反革命统治底下，没有得到丝毫政治上经济上的解放”①。

“大兵之后，必有凶年。”当蒋介石战胜了北洋余孽，对中国民众做出种种动听许诺的时候，一场罕见的大灾荒却无情地袭击了备受兵燹之祸的杲乡，把蒋介石描绘的美妙前景冲了个一干二净。这场旱、水、雹、风、虫、疫并发的巨灾，至少席卷了25个省份②，尤其以西北、华北的旱荒最为严重。旱荒以陕西为中心，遍及甘肃、山西、绥远、河北、察哈尔、热河、河南等省，并波及山东、苏北、

① 毛泽东：《中国的红色政权为什么能够存在?》。

② 据1929年3月国民政府赈务处编印的《各省灾情概况》一书称，1928年被灾省份有豫、陕、甘、晋、冀、察、绥、粤、桂、湘、鄂、鲁、皖、赣、浙、云、贵、川、闽、热、苏等21省，灾民不下7 000万人。以后统计资料多据此说。但实际上该年东北三省水灾严重，台湾地震频仍，故灾区至少有25省。青藏地区因缺乏资料暂付阙如。

皖北、湖北、湖南、四川、广西的一部或大部，形成了一个面积广袤的旱荒区。旱情旷日持久，从 1928 年一直延续到 1930 年，一望无际的龟裂土地，毫无生机的残破村镇，无法数计的鸠形鹄面的逃荒人流，大约 1 000 万倒毙在荒原上的饿殍，标志着南京政权从一开始就陷入了无可自拔的社会危机。

西北陷入“活地狱”

西北陷入“活地狱”——一位内地会传教士的这句话，毫不夸张地反映了黄土高原的居民所面临的恐怖惨景。

我国以高原为中心的黄土区域，分布在甘、宁、陕、晋等省。黄土层不含砂砾，可以向苍穹和地底吸收滋润自身的养料。古代的黄土高原密布着森林和草地，在黄河穿过的地区，还形成了一片片广阔的平川。陕西关中的渭河平原是最大的川地之一。古老的《诗经》里保存了华夏先民对于这块沃土的颂歌：“周原朊朊，堇荼如饴。”——这里生长的堇（野菜）、荼（苦菜）都像糖饴一样甘甜。但是数千年来，由于森林和草原不断遭到破坏，无情的暴雨山洪，在缺少植被的地面上犁出一条条土沟，土沟越来越大，变成深壑。黄土高原日益支离破碎，千沟万壑纵横其间。沟壑边上，矗立着一座座光秃的梁峁，如陡壁，如危屋，如巨石，如怪兽。必须借助于森林草地才能展现黄土完美的周原，像干涸了血液的母体一样丧失了蓬勃生机。长期的封建制度对于生产力的束缚，导致了生态环境的恶化。大西北乃至最肥沃的陕西关中地带，在近代是著名的贫瘠之区。

多少年来，关中的庄稼院已经习惯了“十年九旱”。这里通常是旱在三伏，农民等到秋雨来临，在川地里播下越冬小麦，加上坡地上收获的豌豆等杂粮，勉强维持着家户的吃用、村落的延绵。然而，1928 年的干旱来得特别早，延续的时间又特别长。据 11 月 1 日《大公报》的消息说，从 3 月到 8 月，没有落过一寸雨水，“夏收只三分”，“野草均枯，赤地千里”。人们被持续的高温和干燥压迫得喘不过气来。渭河干涸，河床裸露。一位传教士写道：渭河“往年水盛时舟楫摆渡，动需三小时”，而此时是他二十多年来“第一次见渭河浅涸，可以没胫而渡”①。渭河两边的川地、坡地和原地，到处裂开了寸把宽的坼口。犁铧插进，遍地黄烟。播下去的种子在灼热的土地里烤成了灰末。关中 40 多个县的人民陷入了一片慌乱之中。无法再耕作的农民一村村地聚结起来，敲锣鸣铳，祈神求雨。通向古庙、深潭的路上，到处是披着蓑衣、戴着柳条圈子的求雨人群。但是干旱的日子却是一个节气接着一个节气没有尽头，在冬春之交进入了严重时期。第二年的谷雨时分，是夏麦秋作一年之计的关键，一场巨大的风沙、冰雹和黑霜，又袭击了东自朝邑、西至阳武的十几个县。此后的夏秋两季，依然是烈日当空，四野龟坼。据这年 10 月初的西北灾情视察团报告称：西安郊区和咸阳，十之八九的耕地没有播种，秋禾收获不足一成。扶风、泾阳一带的秋收只有二成上下。三原县挖地八丈不见水。相传是周先人后稷教民耕穑之地的武功，更是一片焦土，“东望四五十里，全无人烟”②。直到 1929 年与 1930 年之交，关中才一连下了六场大雪，开春之后，又“获甘霖沛降”。这几场雨雪标志着旱期已越过了极限而趋向缓和，但是，灾民已经没有种子，没有牲畜，没有垦荒的力气和等待新谷的时间，致使“有地不能耕”“灾情愈演愈烈”。据时人描述：“中区四十余县，亘三千余方里”③，“田野荒芜，十室九空，死亡逃绝，村间为墟。床有卧尸而未掩，道满饿殍而暴露”④，“白昼家家闭户，路少人行，气象阴森，如游墟墓”⑤。

旧称榆林道的陕北相当于全省面积的 1/3，所辖 23 县，无县不旱。1928 年 11 月 17 日的《大公报》报道说：“陕北全境，本年点雨未落，寸草不生”，这一带“向为陕省最穷苦之区，平原多为沙漠，

① 《大公报》，1928 年 10 月 24 日。

② 梁敬錞：《江南民食与西北灾荒》，载《时事月报》，1929 年 12 月。

③ 《时事月报》，1930 年 7 月。

④ 《时事月报》，1930 年 8 月。

⑤ 《民国日报》，1930 年 3 月 1 日。

田地仅有山头”，“必须仰给山西运粮。本年山西亦受旱灾，运粮已成绝望。刻下家家空虚，颗粒不存，城乡村镇，啼饥号寒之声昼夜不绝”。又据次年华洋义赈会的报告估计，1928 年陕北东部的收成为二成至二成半，西部已经连旱三年，只有一成到一成半的收成，全境 75 万人口，至 1929 年 5 月，“总数仅剩十分之四”①。旱灾而外，陕北还受到蝗灾和罕见的鼠灾的摧残。1930 年，陕甘交界到处流窜着难以数计的“五色怪鼠”，“大者如狸，小者如常鼠，猫狗见之皆惊避。斑斓之色，漫山塞野，至人不能下足，越日尽失农作物，再一夜则仓廒尽空”，“于是千里空储，民尽枵腹”②。

汉中地区受大巴山和秦岭南北挟持，汉水流经其间。秦岭以南，山清水秀，气候宜人，出产稻米、柑橘，具有南国特色。1928 年至 1929 年的一些赈灾报告，称汉中 25 县是陕西被灾次重的地区。但是到 1930 年，由于人民对于亢旱的承受力已经超过了限度，灾情也骤然加剧。这一年旅居北平的汉中人士在一份救赈报告里说：“略阳、沔县、宁羌、留坝、凤县、褒城、镇巴、佛坪，及南郑、洋县、城固以北，西乡以东”，连年亢旱，“颗粒无收”；“略阳西北区四十余村，人烟灭绝”；“旧兴安府治，如安康、平利、紫阳、岚皋、汉阴、石泉诸县……今年春耕失种，秋收无望，十分之七地亩，一望荒凉”③。

三年大旱，陕西荒情，惨绝人寰。早在 1928 年冬天，陕西就进入了被当地人称为“年馑”的粮荒时期。据国民政府一位察灾委员报告：华阴县“每石麦子需洋三十余元，较之平时约涨五倍，即油渣每千斤亦需洋四十余元，较之平时亦涨五倍”④，三原县每石小麦，平日 7～8 元，1928 年涨到 27 元。⑤ 1930 年，小米的官价达每石 30 元。⑥ 在粮荒的冲击下，百物价格直线下跌。灾民被逼出卖一切可以换取口粮的家产。市集上的“毛驴，七元买三匹”，只相当于

① 《民国十八年度赈务报告书》，《中国华洋义赈救灾总会丛刊》，甲种第 29 号，47 页。
② 《申报》，1931 年 5 月 24 日。
③ 《申报》，1930 年 7 月 3 日。
④ 《时报》，1929 年 2 月 12 日。
⑤ 参见张文生：《怀念于右任先生》，见《陕西文史资料》，第 16 辑，50 页。
⑥ 参见《中华民国史事纪要》（初稿），1930 年 4 月至 6 月，575 页。

2 斗多的小米价。“乡人拆屋卖木料者十之六七”，整根的房梁、椽木锯成几段，当燃料廉价出售。兴平县北乡“三十余村，每村原有户数一百或二百不等，今日各村已空无一人，房屋全被拆毁，不留一椽一木”；渭北一带“所有田地，计有百分之二十或已出卖，或已荒芜，每地一亩售洋一元，尚无买主”；武功田价跌到每亩 5 角，只相当于 2.5 斤小米的价格。①

失去土地和房屋的小农家庭纷纷崩毁了。“十六七岁闺女，自嫁本身，不取财宝，无人收容；男女儿童被抛弃者，道途皆是。”② 帮会势力、人口贩子乘机活跃在荒原上，络绎不绝地将妇女、儿童贩出潼关。令人惊奇的是，国民党地方当局竟和人口贩子互相勾结，抽人头税。1930 年 1 月 9 日，陕西籍国民党元老、监察院院长于右任在南京的一次报告中揭露：“两年内由陕卖出之儿女，在风陵渡山西方面，可稽者四十余万，陕政府收税外，山西每人五元，收税共二百万，此无异陕政府卖之，晋政府买之。”③

饥肠辘辘的灾民挣扎着寻找一切所谓的“代食品”。饥馑来临的第一个冬天，“凡树叶、树皮、草根、棉籽之类，俱将食尽”④。次年开春，刚刚破土的野菜、萌生嫩芽的树叶，转眼就被饥民挖光捋净。杨树、柳树、椿树、槐树和榆树，都只剩下了枯枝，裸露着白杆，一丛丛、一片片地覆灭了，灾区“树木约损十之七”⑤。饥民被逼“将干草煮食”⑥，更有“吞石质面粉（即观音土），以致中毒滞塞而死者触处皆是”⑦。汉中留坝灾民饥不择食地采挖野草，“中毒而死者五千余人”⑧。

当一切“代食品”吃尽，大地一片精赤时，“人相食”的可怖景

---

① 参见《大公报》，1928 年 11 月 1 日；《民国日报》，1929 年 10 月 25 日；《大公报》，1930 年 2 月 27 日。

② 《申报》，1930 年 7 月 3 日。

③ 《于右任先生文集》，424 页。

④ 《大公报》，1929 年 2 月 15 日。

⑤ 《中华民国史事纪要》（初稿），1931 年 1 月至 3 月，81 页。

⑥ 《时报》，1929 年 2 月 22 日。

⑦ 《时事月报》，1930 年 7 月。

⑧ 《申报》，1930 年 7 月 3 日。

象就相当普遍地出现了。荒原漠漠，“道上有饿毙者甫行仆地，即被人碎割，血肉狼藉，目不忍睹。甚至刨墓掘尸割裂煮食，厥状尤惨”①。饥民由吃饿殍发展到骨肉相残。有一则通讯说，灾民杀掉妻儿已是常事，当他们受到当局盘查时，这些被饥饿、疾病和精神上的创深痛剧折磨得麻木了的人们回答说：“本人子女之肢体，若不自食，亦为他人所食。”②

我们在这里没有详细地征引当年报刊、笔记上登载的那种人吃人的过程和细节。我们不忍心让本书的读者，再产生如我们在整理这些史料时所经历的心灵震颤。然而，这里有必要公布一个并非完整但足以触目惊心的数据：陕西原有人口 1 300 万，在三年大荒中，沦为饿殍、死于疫病者（1930 年关中、陕北和汉中北部约数十县流行瘟疫）高达 300 多万人，流离失所的 600 多万人，两者相加约占全省人口的 70%。1930 年所余灾黎，“有乞丐二十万，患病者百万”。③ 奇荒巨祲对于社会的大破坏，不是数年、十数年所能恢复的。

甘肃灾情和陕西大体相似。官书和时人谈到西北这场旱荒时，总是陕、甘并列。甘肃位处黄土区域的西端，当时全省约有 3 000 万亩耕地，由于黄土的覆盖层远比陕西稀薄，耕地的绝大部分是年收一次的旱田，某些高寒地区来年才能一收。清人李涣在《甘泉道中即事》里吟咏道：“一渡黄河满面沙，只闻人语是中华。四时不改三冬服，五月常飞六出花（雪）。”在古代曾经以导水屯田著称的甘肃，曾经号称“金张掖，银武威，秦（天水）十万”，以河西走廊的块块绿洲沟通了丝绸之路，但在岁月的流逝中，日益沦为大漠、戈壁、秃原、荒沟综错交织的荒芜区域。

1926 年到 1927 年，甘肃就连续遭到了旱、水、雹、震等灾害的袭击，“夏秋无收，饥馑荐至”，河西一带灾民多达 30 万④，拉开了

① 《民国日报》，1930 年 3 月 1 日。

② 《大公报》，1930 年 7 月 7 日。

③ 参见《国闻周报》，第 7 卷第 19 期，8 页；《中国华洋义赈救灾总会丛刊》，甲种第 31 号，68 页。

④ 参见《大公报》，1926 年 10 月 20 日；《各省灾情概况》，5 页；《大公报》，1927 年 5 月 31 日。

大旱荒的序幕。1927年冬天没有一场雨雪，次年由春到夏，又是持续的酷日当空，“全省（78县）至少有四成田地。未能下种”，“遭旱荒者至四十余县”①，灾民“食油渣、豆渣、苜蓿、棉籽、秕糠、杏叶、地衣、槐豆、草根、树皮、牛筋等物，尤有以雁粪作食者。至瘠弱而死者。不可胜计”②。当这场大旱延续到1929年夏天时，越冬小麦及青稞、豆类都枯焦了，旱区扩展到65县。灾情最酷烈的地区有：临夏、临洮、宁定（今广河）、定西、会宁、通渭、榆中、甘谷、武山、皋兰、靖远、洮沙、陇西、静宁、古浪、隆德等县乡。③饥民在上年还有草根、牛筋充饥，至此千里精赤，野无青草。有的报道说：“甘肃情况已将无人迹，察灾者多不敢深入，恐粮绝水尽而不生还。”④

我们在收集甘肃当年灾情的材料时，确实没有见到有什么官方“察灾者”的翔实报告。倒是某些长年在那里活动的传教士以及慈善机构，留下了若干较为可靠具体的记载。据一个兰州内地会传教士说，仅兰州一地，“每日饿死达三百人”。另一个岷县内地会的传教士写道：1929年的“灾惨已十倍于昔，居民绝食或缺种子者已达百分之八十，故多以婴儿烹食充饥”，“刻收灾童二百名，俾免宰割烹食之苦。其最惨者日必饿死数千人，各县儿童不敢出户”⑤。一名华洋义赈会的干事报告说：“平凉以西，自隆德、静宁、会宁而至安定等县，沿途灾情之惨，出余意料之外。盖离平凉不远，即见有路旁饿殍甚多……此外奄奄一息者，类皆艰于举步，伛偻而行，终至力竭而死。父母匍匐于前，儿女啼泣于后，哀求其亲勿忍心遗弃者，亦比比皆是。”⑥

1930年春天甘肃的雨量比较充足，但许多地方又横被他灾。据该省赈务委员会的报告称：“礼县、榆中等县之山洪，漳县、定西、

① 《申报》，1929年6月26日。
② 《各省灾情概况》，5页。
③ 参见《申报》，1929年6月26日、1930年3月16日。
④ 《大公报》，1929年10月10日。
⑤ 《申报》，1929年4月28日。
⑥ 《申报》，1931年3月16日。

临洮等县之冰雹，武山、甘谷等县之风灾，靖远、皋兰等处之黑霜，永登、永靖、陇西、定西之五色怪鼠，摧损田禾，为害颇巨。且兵荒之余，疫疠大作，多系喉痧、痢疾、猩红热等传染病，死亡者达五六十万人。”①

可悲的是，甘肃延续了数年的大荒，竟是由于人口的锐减而趋向缓解的。甘肃本来就地广人稀，全省不足600万人口，每平方里平均只有47人。② 这场大灾中，人口死亡高达250万～300万，“即灾情最轻之区域，其人口至少亦减去半数以上”。③ 内地会传教士安德鲁在1930年的一份报告中这样描述了灾况“缓和”与生灵绝灭的联系：从表面上看，甘肃的灾情似较去年“大有改善”，但这种“改善”的原因何在呢？他自问自答说：这是“因为在甘肃省内我们工作的那一地区，饥饿、疾病、兵燹在过去两年中夺去了大量人口，因此对粮食的需求大为缓和的缘故”④。

大平原变成了荒墟

1928年度华洋义赈会报告书叙述华北灾情概貌时说：“本年秋间，华北灾情之重、灾区之广，为数十年所未有。除山东一省灾情稍减及少数得雨或灌溉设备完全之处幸免波及外，所有黄河流域及长城以北，春秋两季完全失收。”华北灾区大体上呈现两种情况，一种是如晋、察、豫等省，以旱为主，多灾并发；一种是绥、冀等省，旱水交煎，反复被灾。

黄河中游自北而南，在黄土高原上深深的峡谷里奔腾流泻，成为陕西和山西的自然分界线。山西的旱情次于陕西，但灾区之广、灾期之长，也为多年所罕见。该省从1927年冬天以来，大部分地区

---

①② 《时报》，1929年10月1日。

③　参见《中央日报》，1930年6月22日；《申报》，1931年2月9日；《中国华洋义赈救灾总会丛刊》，甲种第31号，79页。

④　转引自《斯诺文集》，第2卷，197页。

亢阳不雨，到1929年秋，全省105县，旱区占80%以上。据晋冀察绥赈灾委员会的一件通电说："晋省南部，东至平顺、西至稷山，北部东至灵丘、西至偏关，西部东至平定、西至临县，共七十三县"，"亢旱千里，禾稼尽枯"①。山西灾情对民生影响最大的是晋中、晋南的连年失收。这一带包括省府太原在内的40多个县，是小麦的主要产地。大旱之年，春作大半枯槁，夏麦有苗无实，秋粮又播不下去，遂引起严重的粮荒。"各处麦子，每石有已由八九元涨至二十元之谱者。"民间藏储告罄，运城"逐日饿毙者十人以上"②；"永济等县更甚，粮价昂贵，超过平常数倍，灾民挖食草根，卖妻鬻子，流亡载道"③；"灵石县灾民，以饥饿所迫，告贷无门，竟联合万余人，皆往县府请愿，哀号不已"④。山西是军阀阎锡山的一统天下，国民政府立法院院长胡汉民说：阎锡山多少时候说起山西来，都表示是他个人的山西，这就明明是做土皇帝。⑤ 这位"土皇帝"不愿让生灵的哀号盖过了他的"政绩"，很少披露灾情的详细情况。据我们综合有关资料，山西灾区共86个县，灾民有600多万人，比较富庶的晋南24个县，灾民也有80万人之多。⑥

察哈尔从1925年起，就陷入了连年亢旱之中。全省16个县持续荒歉，北部锡林郭勒盟等游牧区水草枯萎，牛羊大批死亡。1928年以来，旱情更加严重，全省东西宽三四百里或七八百里、南北长约千里的地区，一片荒凉。少数低田，又滋生了飞蝗跳蝻。有的材料说，该省在旱荒期间，"颗粒未登。人民冻馁交迫，死亡枕藉"，"耕牛畜犬屠宰一空，树根草皮挖食净尽，因投生无路容身无所，而阖户自尽者指不胜屈"。饥民人数，1928年各县60万、盟旗30万，第二年激增到230万。仅张家口一地，灾民就有25万，赤贫者竟以

---

① 《台湾民报》，第245号，5页。

② 《申报》，1928年10月19日。

③ 《民国日报》，1929年6月12日。

④ 《大公报》，1929年5月9日。

⑤ 参见《中央半月刊》，第2卷第24期。

⑥ 参见《各省灾情概况》，33页；《大公报》，1928年5月9日；《民国日报》，1928年6月25日。

冷水充饥。死亡率约占饥民总数的十分之三四。①

位处中原的河南，灾情同陕、甘相似，被时人称为“灾上加灾”的荒情奇重地区。1929 年，史沫特莱作为《法兰克福日报》的记者访问中国，她对这里的灾情灾因做了如下描述：

> （河南）是军阀混战、河水泛滥、饥馑连年的重灾区。好几百万农民被赶出他们的家园，土地卖给军阀、官僚、地主以求换升斗粮食，甚至连最原始简陋的农具也拿到市场上出售。儿子去当兵吃粮，妇女去帮人为婢。饥饿所迫，森林砍光，树皮食尽，童山濯濯，土地荒芜。雨季一来，水土流失，河水暴涨；冬天来了，寒风刮起黄土，到处飞扬。有些城镇的沙丘高过城墙，很快沦为废墟。②

这就是民元以来河南的社会概貌。特别是在这场大旱荒中，几乎无县无灾。中原腹区，赤地千里；两河沃壤，尽成焦土。据华洋义赈会和河南赈务委员会统计，全省 118 个县，在 3 年中每年被灾县份在 106～112 个，灾民累计达 3 550 万人，相当于全省人口。灾情最重的地区是豫西 21 个县和豫西南南阳各属，1928 年因旱、蝗、风、雹相继为害，粒米未收；第二年自春至夏滴雨未降，风、蝗肆虐。豫北的原武、阳武、封丘、延津、新乡、获嘉、汲县、修武等处，1928 年半年不雨，10 月中旬勉强种下晚麦。1929 年春风沙骤起，高地的麦苗连根拔起，低田沙积数尺，升合未收。北部其他各县也是旱魃为虐，蝗蝻遍野，或冰雹成灾。豫东各属 1927 年以来雨水不足，蝗灾四处蔓延。③

下面，据《河南各县灾情状况》和报刊资料，对某些县乡的灾情略加描述。

洛阳：1928 年夏麦只两成，秋禾干死。东、南两乡略有水田，又遭蝗害。1929 年干燥多风，麦无一粒。南关赵姓绝粒三日投井死。

---

① 参见《各省灾情概况》，77 页；《大公报》，1929 年 7 月 11 日。

② 《中国的战歌》，见《史沫特莱文集》，第 1 卷，48 页。

③ 参见河南赈务委员会编：《河南各县灾情状况·豫灾弁言》；《中国华洋义赈救灾总会丛刊》，甲种第 27 号，27～28 页。

西关王冯氏冻饿而死。南乡王姓绝粮多日全家饿死。因饥饿而投井、服毒、悬梁自尽的日有所闻。

渑池：从 1927 年起大旱数年，赤地遍县，山童野秃。1929 年灾民在县府登记逃荒的 3 万多人，占全县人口 1/3。《大公报》记者曾见一名有地百亩的灾民，家具卖完，田无买主，挑着幼子外逃就食。

新安：民初以来凶荒连年。1928 年春旱夏雹，地面积雹厚 3 寸；秋天大旱铄金，蝗蝻蔽日，晚禾净尽。1929 年春全县绝粮，报名赴东北屯垦者达数千户。

灵宝：1928 年以来连年亢旱，夏麦、秋谷、棉苗全枯，荒山常见婴儿残骸，每日饿死数十人。

陕县：遍地大饥。县西郭姓将饿死的老母用芦席掩埋后，全家 13 口服毒自尽。又有马姓将 7 岁幼子、3 岁幼女抛进河里，夫妻悬梁自尽。东南头峪镇、宫前镇一带方圆五六十里百余村庄，人烟灭绝。

鲁山：2/3 的家庭绝粮。“食料约有数种：1. 为秕糠和生柿捣碎晒干磨粉，制馍充饥；2. 以番薯梗轧碎，蒸而食之；3. 用树皮捣碎熬汤，或以棉籽捣碎蒸人头馍；4. 更有以滑石——入药质如脆骨，清光绪三年、二十六年大荒，饥民曾采此石——充饥者。惟闻饥民吃滑石十余日，即将肠蚀断而死者。但饥民命在须臾，焉能计及十日之外也。”

南阳：灾情最重，延绵数百里，耕牛宰绝，有树无皮，灾民 40 万，时有挖吃山土肚胀而死者。

叶县：各村俱食野菜、柳芽，儿童口鼻流血。卖子女者男 2 元、女 1 元。汝坟桥村 100 余家，逃亡 2/3，饿死 20 多人。

南召：小麦斗价三十余千，为平日的二十倍以上。灾民有夜间偷挖新埋尸骸充饥者。

邓县：小麦斗价二十三千，小米每升五千，且有价无市。饥民将喂牲口的草料焙干轧碎，拌秕子充饥。

豫、晋两省，除大面积的亢旱外，还有其他的灾害。1928 年秋冬之交，山西临县、汾阳、汾县（今属汾阳）、兴县一带流行鼠疫，黄河沿岸最重，村民大批死亡。次年绥远水灾波及晋北，五台一带滹沱河泛滥成灾。河南的严重水雹之灾有两次。一次是1929年秋天黄河两岸突然暴雨如注，河水陡涨二丈有余，浊浪冲向数年来因天旱被农民新垦的滩地，冲倒了房舍，卷走了人畜，沿岸10余个县损失惨重。豫北地区，沁河泛滥北泻，运河决口西泛，太行山洪水又直灌东南，几股流向抵触的洪水无处宣泄，交汇澎湃，当地人称之为“水斗”，平地被啮成一丈多深的条条沟壑。新乡、获嘉、修武、博爱、沁阳、淇县、辉县、武陟等地，“惟高粱露顶，瓜浮水面，其余一切秋禾，尽付东流”①。另一次是1930年5月初大面积的雹灾，降雹区域覆盖豫北、豫中和豫南的20多个县。重灾地区，田间积冰半尺，禾稼只剩光杆。

河南、山西的水、雹灾害还是发生在局部地区，而绥远、河北两省则处在旱水交错、此起彼伏的境地。

据华洋义赈会报告及南京赈务处报告等资料记载，绥远旱荒遍及全省17县和乌兰察布、伊克昭两盟的13旗旗地。1928年绥西的萨拉齐（今内蒙古自治区土默特右旗）、包头、武川、固阳（今属包头）、大佘太（今属乌拉特中旗）一带灾情最重。大佘太、东胜两县，数百里人烟断绝。边塞重镇萨拉齐、托克托两地，牛羊骆驼烹食殆尽，饥民吃苜蓿、蒺藜。卤地上的硷葱种子，人吃了面目青肿，卖价八角一斗。灾民挖食鼠洞存粮，导致鼠疫蔓延。边陲的乌、伊两盟，牛羊灭绝，瘟疫遍地。1929年秋，旱荒又由绥西转向绥东，归绥（今属呼和浩特市）、集宁、丰镇、凉城的灾情都异常酷烈。②有的材料说：“统计全绥人口约二百五十万，现在灾民一百九十万，占百分之八十”，灾民生计“山穷水尽”，“甚至大人食小孩，活人食死尸。至食树皮、草根，在绥省不以为奇。前中央派员及各国传教士曾先后调查，认该省灾情之重，实居华北第一”③。

可以同上述材料相印证的，是漫游世界的美国记者斯诺写下的

---

①《申报》，1929年8月30日。

②参见《各省灾情概况》，45页；《中国华洋义赈救灾总会丛刊》，甲种第31号，85页。

③《时事月报》，1929年11月。

一段笔记：

> 我来到了大沙漠以南炙热的城市萨拉齐。在这里，在中国西北，我目击数以千计的儿童死于饥荒。……萨拉齐是内蒙古最富饶的贸易中心之一。但是从 1924 年起，久旱无雨。今天，饥荒的魔影实际上威胁着中国的四分之一的土地。这是一幅令人毛骨悚然的图景，一切生长中的东西，仿佛都被新近爆发的火山灰烬一扫而光。树皮剥落以尽，树木正在枯死。村子里，大多数泥砖房屋已经倒塌。人们把房上的不多几根木料拆下来，胡乱地卖几个钱。①

斯诺以新闻记者特有的生动笔触，展示了较之官书枯燥资料更为形象的灾区图景。但是，他这里描述的，还远不是绥远灾情的全部。从 1929 年到 1930 年，这片炽热的土地，又连续遭到洪水、旱霜和风雪的冷酷摧残。1929 年 7 月 28 日以后，一连数日的大暴雨，在久旱的污秽土地上激起阵阵腥气。接着，大青山的山洪直泻而下，黄河洪流漫口出岸，省城归绥的城墙一丈接一丈崩毁了，城里的官署、民宅被大水泡塌，交通断绝。全县 100 多个村庄浸在洪流里，人民死伤数百人。托克托濒临黄河地带和境内的大小黑河两岸，一片泽国，多数居民无家可归。临河县决口数处。包头第四区淹没青苗 700 多顷，又有 800 顷的水浇地壅积泥沙六七尺深，变成了废丘。其他如萨拉齐、凉城、兴和、武川、陶林各县，无不波及。② 这次洪水以后，出现了持续的低温天气。8 月 25、26 日刚交处暑时节，就有大面积的霜冻。9 月初再一次降霜、大风。这一年的冬天恰好特别寒冷，灾民没有燃料，没有衣被，“拥破羊皮而卧者，比户皆是”，全省“冻馁而死者一万五千余人”。第二年由春至夏，天气阴冷，包头镇在 6 月，大雪竟达五六寸深，禾稼冻死。③

---

① 《斯诺眼中的中国》，36～37 页。

② 参见《中国华洋义赈救灾总会丛刊》，甲种第 29 号，61 页；《时事月报》，1929 年 11 月；《民国日报》，1929 年 8 月 8 日、11 月 17 日。

③ 参见《中国华洋义赈救灾总会丛刊》，甲种第 29 号，61 页；《时事月报》，1929 年 12 月；《大公报》，1929 年 9 月 8 日、1930 年 1 月 9 日；《民国日报》，1930 年 6 月 20 日。

直到1930年秋天，绥远的灾情才有所缓和。上半年的雨雪，使绥东秋收接近于正常年景，西部地区仍然荒歉，全省秋作平均收获有五六成。① 但是，无论是农区还是牧区，都已经残破不堪。旱灾造成的一个最突出的后果，是人口结构的严重失调。据绥远红十字会的一份报告说，各县女性流失相当普遍，除了少数妇女是被晋北村镇娶走而外，绝大部分遭人口贩子辗转贩卖，“为伶为娼者，触目皆是”。统计各县妇女流失“达十万口之多”，“现在调查全省人口，男性占十分之九，女性占十分之一，将来人口繁衍上，实受重大之影响也”②。

河北省一年之中好像没有春天。严冬之后，温度就迅速上升，气候干燥，尘土飞扬。全年降水又集中在7、8月，河流容易泛滥。因此，河北灾情年复一年地多呈如下状态：春夏亢旱，蝗蝻孳生；入秋暴雨，河决为害。每年灾情的轻重，取决于干旱的时间与河决的程度。1928年至1930年，河北水旱交煎，民无宁日。我们根据有关资料统计，全省129县，1928年被灾92个县，9 378个村；1929年被灾117个县，10 088个村；1930年被灾70余个县，4 000余村。③

河北从1927年夏就开始亢旱，秋天异乎寻常地只有微雨，此后大半年不获雨雪。1928年5月下旬京津地区气温骤然升到38℃，创近代初夏酷暑的纪录，华北平原被笼罩在一团热浪里。全省灾民约有600万，最严重的旱区是在冀南各县。据华洋义赈会统计，冀南31个县，广平颗粒无收，大名等14个县收成只有一至三成。其中大名10万多户、56万居民，奄奄待毙者占1/3。许多村庄房屋拆完，幼儿每口卖2～3元。④ 旱情在1929年进一步发展，开春除冀鲁豫交界的东明等数县得雨数寸外，绝大多数县乡滴雨未落，天干地燥。大名一带麦收不获，秋禾未播，河井干涸见底。磁县沿漳河的土地，

① 参见《中国华洋义赈救灾总会丛刊》，甲种第31号，85页。

② 《民国日报》，1929年11月14日。

③ 参见《河北省民政厅特刊》，9～20、127～142页；《时事月报》，1930年12月。其中1928年缺9县的被灾村庄统计，故该年被灾村庄当也在1万个以上。

④ 参见《中国华洋义赈救灾总会丛刊》，甲种第27号，22页。

一片光赤。冀豫边界的彭城镇，井水干竭，居民挑一担水，往返60里。仅据冀南19县重灾区统计，灾民达200万人。①

这几年的夏天也有下雨的时候。但是，雨水成活了禾苗，也滋生了蝗蝻。1928年6月的一场大雨后，玉米、谷子已长到尺把高，可是蝗虫漫天飞来，在此后两个多月里，极其顽强地同灾民争食。这一年的8月就降下了早霜，秋高天寒，霜华遍地，而成团的蝗蝻还在半枯的禾稼上蠕动。第二年的蝗灾更加严重，6、7月间遍及86个县（一说90多个县）。有报道说：飞蝗来时，“蔽日遮天，状如云涌，飞声轰轰，四望无际，遗粪坠地如降雨”，“其落也，沟满壑平，田禾树枝，犹如挂彩”②，“每于稻田之间，簇聚如球，谷稗之上，蝗厚寸许，稻黍之类，未及半日，尽成光杆”③，“老农云：今岁旱蝗之灾，为数十年所未有”④。1930年，又有30多个县蝗蝻为患。

从总体上看，这三年河北的灾情，旱荒以南部最重，水灾以东部、北部为甚。河北平原上，有五条大河像打开的扇面一样斜穿其间：北运河、永定河、大清河、子牙河、南运河（卫运河）。这五条河与它们的支流奔向天津，汇集成硕大的扇柄状海河而流注渤海。华北平原上的庄稼人，对家乡的河流既有深厚的感情，也有无限的烦恼。乡土作家孙犁的名篇《风云初记》里，借用一位老佃农的口吻，用诗一样的语言刻画了滹沱河、子牙河沿途浓郁的风土人情：

> 年轻的时候，我曾经沿着这条河，走出山地，然后坐上船，航行到海边上。……条河两岸，高粱种得多么整齐，长得多么兴旺！挟着高粱叶的小伙子们，从地里钻出来，汗水冲着满身的高粱花儿。老头儿提着旋网，沿着河岸走，看着水花撒网。有的人用一个兜网捉鱼，站在一个回水流那里，半天不移动，

---

① 参见《大公报》，1929年3月26日、6月26日、7月5日；《申报》，1929年11月7日。

② 《大公报》，1929年7月12日。

③ 《大公报》，1929年7月19日。

④ 《时事月报》，1929年11月。

> 像扇车一样的工作，不管有鱼还是没鱼。我们的船往下行。滹沱河过了饶阳、献县，和滏阳河合并，河身加宽了，再往东北流，叫子牙河。……经过水淀，大个蚊子追赶着我们，小拨子载着西瓜、香瓜、烧饼、咸鸭蛋，也追赶我们。夜晚，月亮升起来了，人们要睡觉了，在一个拐角地方，几个年轻的妇女，脱得光光的在河里洗澡哩，听到了船声，把身子一齐缩进水里去。还不害羞地对我们喊：不要往我们这里看！

然而，承平年景的这幅图画，只是华北平原的自然景色和人文景观的一个侧面。这几条河流喜怒无常。它们的上游多发源于黄土高原，在短暂的汛期里，湍急的山洪夹带着翻滚的泥沙涌向下游，壅塞河床，破堤决口。特别是民元以后，军阀盘踞，河工用款挪作军费，河患日重一日。“海河水呀长又长，十年九载闹灾荒。官府治人不治水，千家万户去逃荒。”这首民谣所反映的社会苦难，冲淡了乡农对京畿五河的眷恋之情。

20 世纪 20、30 年代之交，河北每年秋天都闹水灾，尤其是 1929 年秋天，以永定河为中心的破堤决口最为严重。大水的过程是：7 月 18 日前后，暴雨如注。永定河的洪流猛烈地拍击河干，而两岸都是沙砾，无从取土加固堤防。18 日，南岸良乡金门闸被冲开一个 300～400 米的决口，嗣后又扩大到 924 米，决口浊流翻滚，形成约 300 米宽的河槽。良乡“县境村庄，适当其冲，尽成泽国”。① 接着，7 月 23、28 等日又连日大雨，永定河第二段又决 30 丈，水势威胁北平。8 月 2 日，冀西、察南的山洪，从涞源、怀来汹涌而下，水没卢沟桥孔，“由上游冲来男女尸身五十余具”。② 3、4 日大雨不止，从这时到月中，至少又有 5 次堤岸决口，分别为 30 多丈到 100 余丈不等。大水漫卷北平西部、南部的数百个村庄。城里的东西长安街一带水深过膝，交通中断，房屋倒塌 7 000 多间。统计全流域灾民，不

---

① 参见郑肇经：《中国水利史》，183 页；《大公报》，1929 年 7 月 20 日；《时事月报》，1929 年 12 月。

② 参见《中报》，1929 年 7 月 31 日；《大公报》，1929 年 8 月 5 日、8 月 7 日；《民国日报》，1929 年 8 月 5 日、8 月 9 日。

下 50 万人。[①]

此外，大清河因永定河洪水灌进，水漫 420 平方千米，淹没村庄数百。滹沱河平漫 10 余里。北平东部的箭杆河，水淹宝坻、东安两座县城。沧县碱河冲坏田禾 5 000 多顷。8 月 7 日，黄河在濮阳南岸决黄庄大堤 10 余丈，东明南岸刘庄大堤也决 9 丈，大水直灌鲁西南。黄河大堤没有堵上，南运河又告决口……截至 9 月初，河北呈报水灾者共 56 县。[②] 真是处处灾祲，民不聊生。

由于篇幅所限，我们没有涉及当年整个荒区的全貌。如热河，1928 年有 15 县旗春旱、夏雹，滦河上游兼被水灾。次年又有 10 余个县多灾并发，饥民 100 余万。山东先是旱灾、蝗灾，继而黄河连续决口，旱水相煎，灾民累计 1 000 万以上。山东旱区扩展到苏北、皖北，皖北旱情非常严重，连洪泽湖都枯竭了。1928 年的湖北，49 个县春夏不雨，灾民 900 万，被华洋义赈会列为同西北、华北各省相等的重灾区。陕甘的旱区则向南延伸到四川省，被灾 100 多个县，灾情最重的川北和川西北，1931 年前连旱 4 年，五谷绝种，河井枯竭，鸡犬无声，灾民多达 800 万人。

旱荒，像暴君一样在中国的大地上游荡，将田野变成荒丘，把生灵化作白骨，使农庄沦为墓墟。

游民与匪患

三年大荒中，在破败萧索的村镇边，在尘土飞扬的官道上，到处流动着两种不同的人群：一种是被迫背井离乡外流谋食的灾民，赤身的孩子，褴褛的妇女，背着或挑着破锅、烂絮、麻袋、水桶的男人，无精打采地向前跋涉。另一种是令人色变的股匪——以宗法家长制度和帮派观念维系的、依靠掠夺社会为生的武装集团。他们少

① 参见《民国日报》，1929 年 8 月 5 日；《大公报》，1929 年 7 月 23 日；《申报》，1929 年 8 月 8 日。

② 参见《大公报》，1929 年 9 月 18、19 日。

则几人、十几人，多则成百上千甚至万把人。手持快枪、大刀，有的还备有马匹，攻村破寨，绑票勒索，风卷而来，呼啸而去。

流民和土匪，是灾荒、苛政和军阀混战的产物。千万个平日不弃不离的小农家庭，经不起天灾人祸的袭击而纷纷崩毁，“老弱流落四方，少壮铤而走险”，分解成游离于乡土结构之外的特殊群落，激起了社会秩序的严重动荡，成为南京政权面临的两个最突出的社会问题。

据《农矿部救济失业意见书》推断，1930年的失业人口约1.7亿。① 也就是说，全国平均每2.6人中，就有一个失业者。在这个庞大的失业群中，绝大多数是破产农民。天灾，似乎不分贫富地袭向人间，但是，因灾荒而无法维持简单再生产的人，归根到底是经不起风吹雨打的贫苦农民，而在某种意义上讲，天灾却为官僚地主提供了比平日更为有利的土地兼并的机会。中国北方，工商业资本不发达，地租及与之相联系的高利贷资本是剥削阶级扩大财富的主要源泉；这里又不像南方的江西、福建等地区存在着红军和土地革命，所以在大灾之年，由于地价狂跌所引起的兼并浪潮，就比平时更加酷烈。这些政权交替时期的土地兼并者，大多是生活在都市的新的军阀、权贵和富商大贾，他们有权将日益繁重的田赋转嫁给租种土地的佃农。据时人调查，陕西中部的饥馑之后，有7/10的田产集中在军人手里，其余的3/10为官僚、商人所夺。② 1931年5月6日的《大公报》指出：“陕西贫苦农民，甚至小康之家，都以‘灾’的原因而廉价变卖产业，以苟延生命。反之，土豪、劣绅、富商大贾，更以‘灾’的缘故，巧为金钱的操纵，收买贱价的土地，暴发横财。”斯诺的通讯也证实了这种以大灾为标志的农村危机：陕西“在1930年灾荒中，三天口粮可以买到二十英亩（按：折合121.4市亩）的土地。该省有钱阶级利用这个机会购置了大批地产，自耕农人数锐减”③。利用灾荒廉价收买土地的情况相当普遍，如在甘肃宁定，

---

① 参见《东方杂志》，第27卷15号，18页。

② 参见陈翰笙：《关中小农经济的崩毁》，载《东方杂志》，第30卷第1号。

③ 《斯诺文集》，第2卷，197页。

有一个姓何的土豪，胁逼灾民“勒写卖约以为据，每垧竟以一元或三四元买得”①。绥远萨拉齐的大萨林村（音译）村民，在1929年到1930年大多把土地卖给了该省的政府官吏。② 山西则由于土地更为迅速地集中而表现为另一种类型：原籍五台的阎锡山本人就是大地主，由于阎氏家族及依附于他们的一批新权贵争购地产，致使20世纪20、30年代初山西的田价急剧增加。③ 但是，无论哪一种类型，都说明了这场兼并浪潮是惊人的。权力利用天灾聚集起庞大的地产。据农村复兴委员会披露，20世纪30年代各地失去耕地的农户一般占20%～50%，个别地方甚至达到了70%。④

大批破产农民就这样从乡社结构中游离出来，颠沛流离，四处逃荒。南京政府没有流民数目的完整统计，我们只能通过某些片断的记载来寻找这支流民大军的动向。今据1929年西北灾情视察团报告和稍后的农村复兴委员会报告，统计关中若干县份的灾民外流情况如下表⑤：

	原人口（万）	逃亡人口（万）	逃亡人口占原人口比例（%）
咸阳	13.0	1.1	8.5
武功	18.0	5.0	27.8
扶风	16.0	3.1	19.4
蒲城		6.0	
凤翔			35.4

又如甘肃旱荒时，灾民逃徙远方的不下100万人，其中1928年的宁定，逃荒人口占该地人口的19.0%，环县占31.3%。⑥ 河南灾

① 石笋：《陕西灾后的土地问题与农村新恐慌的展开》，载《新创造》，第2卷第12期。

② 参见陈翰笙：《现代中国的土地问题》，见中国农村经济研究会编：《中国土地问题和商业高利贷》。

③ 参见陶直夫（钱俊瑞）：《中国本部两大区域的土地关系》，载《中华月报》，第1卷第6期。

④ 参见《中国近代农业史资料》，第3辑，682页。

⑤ 表中数据参见《时事月报》，1929年12月；《解放前的中国农村》，第2辑，194页。其中凤翔数据系1928年至1933年累计。

⑥ 参见《各省灾情概况》，5页；《解放前的中国农村》，第2辑，64页。

民出关 20 多万，安阳东部二、三分区 6 500 多户，逃荒 1 690 余人，在本地乞讨的 2 800 余人。临汝更甚，外逃 96 279 人。[①] 察哈尔兴和县荒后人烟稀少，以至熟地多半荒芜。[②] 绥远固阳 2 万人口逃散十之七八，萨拉齐、托克托外逃 5 万～6 万人。[③]

有一部分流民逃亡到了地广人稀的东北。经济学家陈翰笙写于 1930 年的优秀论文《难民的东北流亡》[④]，比较系统地考察了东北移民的流亡生活。据南满铁道株式会社调查，1928 年上半年，流入东北的难民为 331 928 人，从此时起的 3 年之中，平均每年流入 16 万人以上。他们中的一小部分，是由各城市的赈灾机构移送去垦荒就食的。如旅平河南赈灾会、辽宁河南同乡会在华洋义赈会等中外慈善机构的资助下，在洛阳等 10 多个县设立了招待处，灾民经本县登记后分赴各招待处，然后在郑州、洛阳等地乘车，经平汉、陇海、道清、北宁等铁路迁移。移民的生活非常艰苦。所谓"招待处"，只是一些破败的庙观和营房。除了地上铺些麦秸，别无他物。由于交通阻塞，兵运繁忙，候车的灾民席地露天，长期困留在车站附近的空场上。行李被骗走，妇女放拐卖，青壮年被诱去当兵为匪，老弱成批地罹病死亡。好容易挤上火车的灾民将每一节露天车皮塞得满满的。赈灾机关按到达日期发给他们每人一些杂面馍，沿途缺少衣被，没有燃料，只能喝脏水、冷水，很多人得了痢疾。火车经常出于各种原因不能按期到达，灾民只能在陌生的异乡忍饥挨饿。据 1929 年 6 月 9 日《大公报》消息：有一列火车载着 400 名北平贫民和 1 100 名河南难民开赴黑龙江，中途"因免费办法未商妥，致自六日至八日未能前行。无饮食，日毙数人，现食草度命"。而这，仅仅是被新闻机关注意到了的一个小例子。

需要指出的是，经历千辛万苦被迁往东北的灾民，在数千万灾民中只是极少数。陕西凤翔县灾民被送养出去的只占 1.26%。[⑤] 河

① 参见《申报》，1929 年 11 月 7 日；《河南各县灾情状况》，2、35 页。

② 参见绥远《民国日报》，1934 年 1 月 12 日。

③ 参见《各省灾情概况》，45 页。

④ 见《解放前的中国农村》，第 2 辑，63～77 页。

⑤ 参见上书，194 页。

南（主要是豫北）的移民始于1929年5月1日，先后有43批灾民分赴黑龙江和兴安屯垦区，总数不足4万人。而仅新安、宜阳2县，报名要求迁移的就各有数千家，渑池灾民到县政府领票外出的达4万人。他们“鬻锅卖灶，倾箧倒筐，赴洛候命”，“嗣为车皮所限，则麇集城厢”，“佥谓家室已罄，欲归无所”，“失望之余，哭声震天”。①

这样，绝大部分灾民，只能自发地四处流浪。有些人长途步行出关；更多的人则是目标似有似无地游荡，他们不知道所要奔赴的地方也是饥馑遍地。关中的流民多渡河逃往山西，据华洋义赈会的一名工作人员说，他在西安和黄河之间，看见有200多个灾民“聚卧一穴，相视待毙”②。汉中饥民多向湖北、四川迁移。1930年略阳40多村灾民逃向川北，道途死者过半。③ 绥远灾民纷纷逃向甘肃、内蒙古，而其他灾区的饥民又长途跋涉来到了绥远，当他们到达河套一带的东胜等县时，只见南北数百里，人烟断绝，“因无从觅食，多饿死道周”④。还有一部分灾民逃荒到了江浙一带。1929年河南陈留县有700～800名难民，在南京、上海、安庆等地望门行乞。同年秋山东临沂、郯城和河南扶沟、通许、巩县流落在上海的难民至少有1 882人。他们被认为有碍“党国观瞻”，因而“在各处所得到的待遇无非是‘准十日内离境’，‘押送出境’，‘资遣回籍’，或‘强制驱逐出境’那一类的逼迫”。⑤

逃荒无路，乞食无门，被逼到了死亡线上的饥民只有大批奔向绿林，铤而走险。三年大荒，是继民初之后又一次股匪高峰时期。据有关记载：陕西商县箩匠唐鼎，1929年遭荒拉杆，随后“驻防”郧西，成一方巨匪。川陕边界镇巴匪首王三春，乘荒集众，由原来几十人发展到1930年时的1 000余人马。河南洛宁刀客张寡妇，20

① 参见《解放前的中国农村》，第2辑，63～76页；《河南各县灾情状况》，3、6页。

② 《时报》，1929年2月22日。

③ 参见《时事月报》，1930年8月。

④ 《各省灾情概况》，45页。

⑤ 参见《河南各县灾情状况》，41页；《解放前的中国农村》，第2辑，64～65页。

世纪 20 年代初为反抗族权起事复仇，1926 年曾将全部人马交当局收编，到 1929 年又在豫西拉起 1 000 余人的杆伙。河北临榆、抚宁、迁安一带清末民初的匪患被平息后，1930 年又骤然啸集多股，不下 2 000 人。山东蒙山著名的大土匪刘桂棠（刘黑七），1925 年拥众 1 000 余，1928 年迅速发展到 1 万人以上。[①] 长山县皈一道首马士伟，笼络各县红枪会，拥众数千，1929 年 2 月“自称皇帝，国号黄天”。[②] 山西阎锡山一向自诩他统治的地方是没有内战和匪乱的“和平之乡”，但自 1927 年至 1928 年，阎奉开战，奉军从雁北溃退后，大同等 17 县兵匪猖獗，“自冬徂夏，焚杀抢掠，庐舍为墟”。据一个土匪说：有枪没有地，只能抢劫，所以“当土匪的人多着啦!”[③]

杂牌军队、帮会势力和失业流民的互相结合，是当时匪患的主要特点。民国以来，割据各地的军阀为了扩展实力，纷纷招匪为兵；而他们在战乱中特别是失败以后，又多变兵为匪。洪帮、青帮、哥老会等帮会，在社会动荡中渗入军队和匪股，使自身日益军阀化、土匪化，并成为联结兵、匪转化的纽带。失去家室土地的灾民，则源源不断地加入时兵时匪的武装集团中。国民党元老胡汉民在 1930 年的一次演讲中发出感叹：“目前国内匪患之烈，已经破了民国以来的纪录!”[④]

各地匪伙中有一些是被迫揭竿起事的，他们既是官府的反抗者，又是社会的掠夺者。没有明确的目标，亡命冒险的生涯，游离在正常的社会结构之外而产生对全社会的强烈对立情绪，使他们从失去正常谋生手段开始，蜕变为不屑于以正常手段谋生的人群。至于绝大部分的积匪、惯匪，则完全以杀人越货、奸淫勒索为唯一能事与精神满足。巨匪刘黑七只有“三不拿”“二不抢”：不拿碾、磨、尿罐，不抢麻雀、老鼠。典型地反映了惯匪无恶不作的行为方式。到处出没的土匪，给旱区灾民造成了更大的苦难。例如在甘肃，洪帮在灾年渗入各地村镇和军队，结成大大小小的派别。这些帮派非常

---

① 参见《近代中国土匪实录》。

② 参见《时报》，1929 年 8 月 11 日；《国民政府公报》，第 271 号，4～5 页。

③ 参见《各省灾情概况》，31 页；严景耀：《中国的犯罪问题与社会变迁的关系》，91 页。

④ 《中央半月刊》，第 2 卷第 24 期。

复杂，有些是居民防匪御灾的自卫组织，有些是漫无纪律的起事组织，有些则是军队和帮会合一的抢劫团伙。据有人估计，甘肃的帮会有六七十万人之多①，约占大灾之后全省人口的1/4。各地帮会自立山头。巨匪兼军阀的马仲英就开设了“高台山”，他的队伍横行于甘、青、宁、绥一带，“肆行劫杀，寡人妻，孤人子，掠人财物，经道（导）河、临洮，灾达陇西、甘谷、武山以及天山（水）、徽、成等县，所到之地，尽成丘墟。旋又窜回道（导）河，越扁豆口，而永昌，而武威，而镇番，北至宁夏各县，屠城数十，所杀人百余万”，“即回族之贤能，亦皆群起而攻”②。

1929年，马仲英攻宁夏城，被西北军吉鸿昌部击败，退到绥、宁交界的磴口，在河套一带分为六支兵匪。当时河套还盘踞着绥远帮会头子王英等多股会匪、积匪。他们乘灾行劫，“在包头、黄河口等处把持，致粮食不能运转。旋又围攻五原、临河两县，抢去粮食数万石”③。其他如热河，土匪大股十余，小股成百，丰宁县四个区中有两个区被糟蹋得漫无人烟。河北的响马与兵匪综错交织。经南京政府北伐的兵火之后，“为匪者又不知凡几”，绝大部分被旱县乡都有匪患，有的县没有天灾或灾情较轻，也因“兵匪蹂躏，民不聊生”④。

特别值得一提的是全国著名的河南匪患。清末民初，河南的绿林刀客四处蜂起，而以豫西和豫西南为甚。这个地区，自南而北，依次横列着伏牛山、外方山、熊耳山和崤山等四条大山脉，在大山环绕的十几个县里，形成了若干个股匪中心，产生了一批刀客“世家”。民初著名绿林人物白朗、张庆（“老洋人”）等，都是在这一带起家的。地方军阀刘镇华领导的“镇嵩军”，是起于嵩山的一支典型的绿林武装。这支武装产生了一批被时人称为“嵩山大学毕业”的杂牌军头，如柴云升、张治公、憨玉琨以及稍后的孙殿英等。所谓

① 参见《近代中国土匪实录》中卷，109页。

② 中国第二历史档案馆藏件，2-412，转引自蔡少卿主编：《民国时期的土匪》，339页。原件之地名有讹误，今校正。

③ 《各省灾情概况》，45页。

④ 同上书，84页。

“凡一入杆，自比考入军官速成学校”“想当官，拉大杆”，成为无业游民、土著豪强追求的时尚。因此，“老洋人”等大股匪伙被歼以后，豫西土匪只沉寂了很短的一段时间，就又随着旱荒而猖獗起来。

据《河南各县灾情状况》一书说：匪患“最重者豫西二十一县及南阳各属”，这一带的旱荒、匪祸交煎为害。“渑池、新安、洛阳、巩县、偃师、孟津、洛宁、宜阳各县，土匪如毛，大杆攻破县城，小杆焚掠村镇。人民求生无路，倒毙道旁，触目皆是。……临汝、宝丰、鲁山、郏县、伊阳各县，素为土匪特产之区。近更盘踞城邑，作为巢窟，派人四出，科派金钱，树立旗帜，名目各异。”西南部的南阳等10余个县，“昼则烽烟遍地，夜则火光烛天，杀声振耳，难民如绖”[①]。1929年8月河南党务委员会的一件呈文也说，几个月间，被杆匪攻破的县城有12个，关厢焚掠一空的县城有17个。新安铁门、孟津铁谢、宜阳石岭、南阳赊店、禹县神垕等重镇均经匪祸，“动辄杀人成千成百，掳架男女肉票每处不下两三千人。最近神垕匪祸，一炮楼中即烧死六七百人”，“股匪所经，流血遍地，往往数十里无人烟，数十村为丘墟”[②]。在这个土匪世界里，“蚕死于山，麦炸于地”，田无人耕，灾上加灾。匪患也给杆伙的中心区和某些半农半匪的县乡造成悲剧。被看成“匪薮”的鲁山等县，长期同邻境形成了地域冲突，灾民外出逃荒，多遭残杀，只好困守饿乡，坐以待毙。

我们根据有关资料统计出，这几年旱荒兼遭匪祸的地区，甘肃47个县，陕西22个县，绥远14个县，河南近60个县，河北80个县（含兵灾），山西18个县。[③] 荒原败村，血迹斑斑。

洒向人间都是怨

迄今为止，还没有任何一个国家、一种社会制度能够完全抵御

① 《河南各县灾情状况·豫灾弁言》。

② 《时报》，1929年8月29日。

③ 参见《各省灾情概况》、《河南各县灾情状况》、《河北省民政厅特刊》。

灾荒，然而，天灾又是同特定的政治、经济关系互为因果的。天灾对社会的破坏程度和社会抗灾能力的强弱，常常要受到一个国家的社会性质和综合国力的巨大影响。近代中国落后的生产力水平、大地主大资产阶级占据统治地位的政治状况、民元以来经年不息的军阀混战等，导致了灾荒和动乱的严重性。诚如 1930 年 5 月 16 日天津《大公报》的评论所说："夷考之故，则近年来中国之恶劣的政治，实为厉阶也。"从这个意义上讲，这场大荒乱，是苦难的民国史的一个侧面，是当时中国国情的重要表现。

具体考察南京政权初期的历史背景，不难发现荒乱发展得如此严重，正是由一系列人为的原因所造成的。

全国特别是西北地区大面积种植罂粟，导致粮产锐减，是饥馑遍地的直接原因。

清末民初以来，早年由英国人输进的鸦片，已经在中国本土大量播种。据历史学家陈洪进在 20 世纪 30 年代初期的研究，全国 23 个省，均为鸦片生产区或部分生产区。种烟面积，总计不下 400 万亩。其中陕、甘、热、绥 4 省，是著名生产区；豫、冀、晋 3 省也部分种植烟苗；甘肃常年产烟 230 吨；陕西烟田占好地的十之七八；河南的东、西、南部边境各县，烟田占农田的 40%～50%；热河种烟 50 万～100 万亩；绥远烟苗布满了自毕克齐到萨拉齐的水渠地区。①

我们不妨引用一些更加形象的材料对上述数据加以印证。国民政府的一名官员述及 1928 年春他在山东所见："发兖州，入济南，路见罂粟花夹津浦铁路盛开。"② 斯诺的《红星照耀中国》在回顾这次旱荒时发出感叹："我们渡过了渭河，就是在它肥沃的河谷里，孔子的先人发展了稻米文化，留下了至今仍在中国农村民间神话中颇有影响的传说。"可是他所见到的情景却是："路两旁，罂粟摇晃着

① 参见陈洪进：《鸦片问题与中国农村经济破产之趋势》，载《世界与中国》，第 2 卷第 4、5 期合刊，1932 年 5 月。

② 《申报》，1928 年 11 月 6 日。

鼓胀的脑袋，等待着收割。”① 差不多同一年代，26 岁的记者范长江开始了他的著名的西北地区考察旅行，他在许多报道中也描写了“西北各地遍种鸦片”的情景，如：甘肃“岩昌以上，地势平坦，农作面积加多，然肥美之田野中，以鸦片最为主要！此时正收获期中，烟果林立，阡陌相连”；“洮河两岸，好一片冲积平原！……可惜得很，这片平原上，鸦片烟占了主要的面积”；武威、酒泉和张掖，“农民最大的出产，全靠鸦片”；“敦煌因地势低下，故气候温暖……好地尽种了烟土，一般人亦十九吸食鸦片”②。另一位老人在回忆 20 世纪 20 年代末汉中的情景时说：“出了汉中城四门，一望无际都是烟地；由洋县到汉中的沿途，春季罂粟花开，只见阡陌相连，一片花海。在汉中盆地上，估计百分之四十的耕地种了鸦片烟。”汉中这座山环水绕的重镇，遍布着烟馆、酒店、妓院和赌场。城关人口不满 5 万，烟馆就有 1 000 多家，以此为生的至少有 2 000～3 000 人。“所以当时流行着一句笑谈：‘烟是禁不得的。禁了烟，手握烟枪的人也要造起反来！’”③

罂粟遍地反映了农村危机的深刻化。帝国主义的商品大量打入中国市场，“洋油”“洋火”“洋烛”“洋皂”促使了荒村僻野的自然经济也在崩毁瓦解。粮食卖不了好价钱，田赋加重，高利贷猖獗，迫使农民需求更多的货币。种罂粟的纯收入一般要比粮田高出 4～5 倍，许多自耕农不得不靠种烟熬土所得的货币去换取工业品以至口粮。而更重要的事实是，各地军阀为了开辟财源，无不诱惑乃至强迫农民种植罂粟。甘、陕、豫三省当时由西北军控制。西北军首脑在军政机关里严禁鸦片（1928 年河南有两名瘾君子县长遭枪决），但是黄土高原上五彩缤纷的罂粟花，却成为他们税收的重要来源。甘肃的鸦片种子，是由“当局分给，或贱价出售”④。西北数省“鸦片

---

① 《红星照耀中国》，21～22 页。

② 范长江：《中国的西北角》。

③ 薛紫丰：《盘据陕南之吴新田与鸦片烟》，见《陕西文史资料选辑》，第 11 辑，188～189 页。

④ 《解放前的中国农村》，第 2 辑，228 页。

弥漫，中央不理，国人不问”[1]。陕南军阀吴新田，每亩科税白银十两，并包卖烟土，武装护送烟船沿汉水直放长江下游出售牟利。[2]极有讽刺意味的是，军阀们把强迫种烟的行径叫作“寓禁于征”。就是说，种烟是“非法”的，所以要对农户“科收罚款”，每亩“罚款”几元至几十元。所谓“罚款”，是按亩收缴的，无论种烟与否，一律强迫摊派。这样，农民欲种粮而不能，而种烟熬土所得，除一部分转化为鸦片包卖商的利润外，就源源流进了军阀们的金库。据上述陈洪进的论文统计，陕西烟税每年 2 300 万元，热河 1 000 万元，绥远亩捐 120 万元。当然，对鸦片深感兴趣的绝不仅仅限于地方军阀，就全国而论，每年鸦片税收估计高达 4 亿元。这笔比烟土的芳香更为诱人的巨款，就是南京政权为什么在 1928 年 11 月刚刚举行过全国禁烟会议，而 4 年以后又宣布弛禁，并在随后实行鸦片专卖、垄断暴利的原因。

罂粟是和小麦势不两立的作物，也是秋末播种、清明拔节、夏初收获，生长在小麦所赖以种植的熟田好地上。1931 年 6 月 30 日《申报》的一份报告说：陕、豫、甘奇荒，“究其原因，实为三省土地，择其肥沃者，多栽种鸦片，以致农产减少，粮食缺乏。据华洋义赈会感受之痛苦，昔日赈饥，仅以银币汇往灾地，粮食便得向各省购得，今则不然……盖该诸省，平时因种烟过多，粮食出产减少，一旦酿成饥荒，虽有千百万金钱，难获得大批之黍麦以拯救”。斯诺的上述通讯也说，“美国红十字会调查，将这场悲剧的主要原因，归于罂粟的种植”，因此，“几年的大旱导致小米、大麦和谷物的严重歉收，这些都是西北主要种植的粮食作物”。

不过，作为慈善机构的华洋义赈会和美国红十字会，没有也不可能从种植的畸形布局进而去揭示遍地花海背后那种腐败混乱的政治形势。仅仅把大荒归咎于罂粟，并没有找到荒乱严重的深刻根源。

为了进行“剿共”内战和排斥异己的军阀混战，南京政府从一开始就把它的经济体系绑在战车上。庞大的军队、巨额的兵费为近

---

① 《民国日报》，1929 年 6 月 21 日。

② 参见《陕西文史资料选辑》，第 11 辑，199 页。

代世界所罕见，结果弄得国库万分支绌，1929 年每月平均出现 600 万元的财政赤字。① 这一年 8 月，蒋介石在军队整编会议上承认："我们全年国家的收入，只有四万万五千万元，除每年由关、盐两税偿还国债一万万元外，只余三万万五千万，养了二百万大兵……每年就要三万万九千六百余万元……是把全国现有的岁入拿来养我们的兵，还相差甚巨。所以要天天募债，处处加捐，典当俱穷，搜刮净尽。现在总算国已破产，民不聊生了。"② 蒋介石的这段话，主要是讲给地方实力派听的，并不含有自我反省的因素，所以这一年虽然整掉了一些杂牌军（这些杂牌军又转化为成批的股匪），但在 1929 年 7 月至 1930 年 6 月的财政支出中，军费仍占半数，每月兵费 2 300 万元。③ 这样一个穷兵黩武的政府，当然没有力量也不会认真去救荒赈灾。1928 年 9 月国民党中常会拨给北方七省灾区赈款仅 14.5 万元④，不及每月兵费的一个零头。陕西领到 4.5 万，500 万灾民人均 9 厘钱！1930 年 11 月国民党三届四中全会决定发行救济陕灾公债 800 万，被时人称为"党国救灾恤民之第一重要事件"，但结果却是："陕西公私电催，财部迄不允办，争执数月，完全搁浅。"⑤

当时有一些国民党人也曾为灾民奔走呼吁，如于右任在 1929 年秋天回故土陕西勘灾办赈，又在南京的一些会议上痛哭流涕地为灾民请命，把筹到的一点款项陆续汇到三原等县。但是，少数人士的努力不可能挽回严酷的时局。特别是从 1929 年到 1930 年，在北伐中暂时统一的蒋介石集团和冯玉祥、阎锡山、李宗仁这三大地方实力派之间的矛盾骤然激化，从而使本来就微乎其微的赈务也横遭破坏。1929 年 3、12 月发生两次蒋桂战争，5、10 月又发生两次蒋冯战争，都是旱荒最严重的时期。冯军 20 多万，云集关中 30 多个县与灾民争食。士兵挨庄按户搜粮食，拉牲口，征车辆，罗挖一空，"致

---

① 参见《政府公报》，第 213 号，3 页。

② 《国闻周报》，第 6 卷第 32 期。

③ 参见《中华民国史事纪要》（初稿），1930 年 7 月至 9 月。

④ 参见上书，1928 年 7 月至 10 月，414 页。

⑤ 《大公报》，1931 年 7 月 27 日。

富者必穷，穷则不逃必死”[①]。华北平原兵车辚辚，1929 年秋河南赈务委员会购集的赈粮，囤积归德 3 月之久，无车起运。同年 9 月慈善机构捐给陕西灾区的赈粮、种子堆在洛阳车站，这时关中秋麦待种在即，而原定运粮的四列火车只发出一列，不过区区四五车皮。北平丰台的赈粮也因兵运搁浅，日久生芽。南京方面，为切断冯部军饷，扣住浦口赈粮不发，视西北为“国家之弃民弃地”。《大公报》评论道，“是以已尽救助之力者，不能收实际之效果；欲尽救助之力者，亦望而却步。甚且与政治有关系之人，每因远嫌而不敢援手”，结果无不“速陕人之死”。[②]

1930 年 5 月到 10 月，爆发了蒋介石同冯、阎、李等之间的新军阀大战。双方投入兵力 100 万以上，所耗战费 5 亿元。中原地区是战争的中心，黄河中下游的灾区成为全国兵差最重的地带。1929 年的河北，军事征发为田赋的 4.32 倍；1930 年的豫东、豫中战区，军事征发竟为田赋的 40 多倍。[③] 军队所过的村镇，粮食搜刮无余，牲口征索一空。有的农户只好忍痛把耕畜弄残，卖给屠坊换粮。村民为军队做饭、挑水、劈柴、缝洗，什么农活都做不成。军队搜索“奸细”，搜到了老百姓的鸡笼和箱柜里。青壮年挖工事、扛弹药、抬伤兵，以至被强拉入伍。耕地挖作战壕，房屋改成掩体。各种实物勒索多如牛毛。据一位研究者统计，军队征用的实物差不多有 100 种，包括化妆品、海洛因和女人。[④] 如此压榨，荒情焉得不重？社会焉得不乱？

国民党中央执行委员陈铭枢把中原大战比作“差不多和欧战一样的一个阵地战”[⑤]。河南、山东等战区，遍地烽火，满目疮痍。在

① 《于右任先生文集》，423 页。

② 参见《国民政府公报》，第 338 号，1 页；《大公报》，1929 年 5 月 16 日、9 月 27 日；《民国日报》，1931 年 6 月 21 日。

③ 参见陈翰笙：《现代中国的土地问题》，见《中国土地问题和商业高利贷》，9～47 页。

④ 参见王寅生：《兵差与农民》，载《国立中央研究院社会科学研究所集刊》，第 5 号。

⑤ 《中央党务月刊》，第 27 期。

河南，蒋介石的军队东自兰封、杞县、通许、尉氏、洧川、长葛、新郑，西至荥阳、汜水，对敌方形成了庞大的包围圈。豫东一带，"战沟纵横，尸骨遍野，秋禾未收，房屋倒塌，十室九空，秋疫流行，满目凄凉"①。杞县大旱，灾民15万，这时又沦为战争腹地，"合邑人口，死伤于炮火者约数千人，县南陈庄满门死绝者十余家"②。兰封战壕25道，折合411里，田舍成墟。③ 统计洛阳等27个县的兵灾损失，竟为该省常年农业产值的1.6倍，计26 289万余元。④

"风云突变，军阀重开战，洒向人间都是怨。"毛泽东的词，表达了中国人民对于新军阀穷兵黩武残民以逞的一腔悲愤。

这场导致北方旱区灾上加灾的大战，以冯、阎各部的失败而结束。1930年10月6日，天津《大公报》发表了如下评论：

> 夫国家今日之危甚矣。……数千万人民之救死恤伤，数百万冗兵之供养安插，满目疮痍，到处祸水，除若干大小都会之外，全国数百万方里中，尽是饥民、饿兵、土匪、红枪会，而三万万以上之良农良工，几乎消灭不能自存焉。试追念北伐当时所许于人民者何事，今日人民所享者何物。国事至此，危矣急矣！蔑以复加矣！

这段话，反映了中产阶级对南京政权的失望情绪和对国家命运的深重忧虑，也是对人祸加重天灾的一种反思和抨击。然而，"国家今日之危"的状态还是远远超出了人们的估计。当北国旱荒刚刚越过顶峰、百业凋敝的时候，一场百年不遇的大洪水，又悄悄地在酝酿，将迸发。民国史按着恶性运行的轨道，进入了更加黑暗的1931年。

① 郭廷以：《中华民国史事日志》，第2册，631页。
② 《时报》，1930年10月19日。
③ 参见《中华民国史事纪要》（初稿），1930年10月至12月，472页。
④ 参见《解放前的中国农村》，第2辑，第405页。

捌　八省陆沉

——1931年江淮流域大水灾

1931年在中国近代史上留下了令人难以忘却的创痛。

这一年的6月到8月，以江淮地区为中心，发生了百年罕见的全国性大水灾。在超过英国全境，或相当于美国纽约、康涅狄格、新泽西三州面积总和的广袤地域上，洪涛滚滚，大地陆沉。有40余万人葬身浊流。正当成百上千万的灾民遭洪水围困、啼饥号寒、辗转流徙的时候，关外又传来了九一八事变的隆隆炮声，短短四个月内，白山黑水，被日本帝国主义占领。也是从这一年起，于1929年爆发的世界性资本主义经济危机的冲击波来到中国。[①] 中国社会陷入了内忧外患交织、天灾人祸相煎的困境。

这场江淮洪水，属于长历时、大范围、后果极其严重的洪水灾害。[②] 长江及其主要支流，如金沙江、沱江、岷江、涪江、乌江、汉水、洞庭湖水系、鄱阳湖水系，以及淮河、运河、钱塘江、闽江、珠江，都发生了大洪灾。黄河下游泛溢，伊河、洛河的洪水为近百年所未见。东北的辽河、鸭绿江、松花江、嫩江等河流，也纷纷泛

---

① 20世纪30年代有一些经济学者如钱俊瑞、骆耕漠等研究了1929年爆发的世界性资本主义经济危机从1931年开始对于中国国民经济的冲击，以及由此引起的中国农业与城市危机。他们的若干代表作，收在《解放前的中国农村》一书里。近年来，吴承明的《中国民族资本主义的几个问题》（见孙健编：《中国经济史论文集》）、王方中的《1931年江淮大水灾及其后果》（载《近代史研究》，1990年第1期）进一步指出当时中国的国民经济危机发生在1931—1935年。

② 水利电力部所属研究机构将我国的灾害性大洪水分为3种类型：1. 短历时、局地性大洪水，一般发生在西北地区；2. 中等历时、区域性大洪水，如本章涉及的1935年7月的长江中游洪水；3. 长历时、大范围洪水，如1915年的珠江流域洪水和1931年的江淮梅雨型洪水。（参见骆承政：《中国灾害性洪水简论》，见《中国历史大洪水》上卷，4～8页）

滥成灾。数月之内，“长江之水未退，黄河之水又增；汉口之难未纾，洛阳之灾又起”①，到处洪水横流，灾情几遍全国。

据当时的国民政府公报，全国被灾区域为16省②，而我们从有关档案、报刊综合统计，遭洪水不同程度波及的省份，当有23个之多③。其中受灾最重的地方，是江淮流域的鄂、湘、皖、苏、赣、浙、豫、鲁等八省。因此，下面拟主要对江淮水灾及其后果做一些初步的探讨。

灾象探源

外国人把长江和黄河比喻为中华民族的两条龙。作为中国第一大河的长江，发源于青海西南部，江流汹涌澎湃，注入四川盆地，沿着这块盆地的东部边缘，辟开巫山，在山高谷深、崖壁入云的三峡中奔腾东流，而后一泻千里，经过广阔的江汉平原，归向浩瀚无边的东海。

长江在历史上创造了富庶，也潜伏着忧患。综观长江流域的水文记录，可以发现近代的长江灾害性洪水，要远比中世纪严重。据《中国历史大洪水》一书记载，在1583年（明万历十一年）到1840年（清道光二十年）的两个半多世纪内，长江流域发生大水灾2次；而从1841年（道光二十一年）到1949年的一百多年间，竟发生大水灾9次④，超过了同一时期黄河重大灾害性洪水的次数。这个记

---

① 《申报》，1931年8月24日。

② 这16省是：湖南、安徽、湖北、江苏、江西、浙江、广东、福建、四川、河南、河北、山东、辽宁、吉林、黑龙江、热河。（参见《申报》，1931年7月30日）

③ 据《内政部民政司张福保在中央广播电台报告水灾》（载《大公报》，1931年9月27日）、《水灾丛评》（载《申报》，1931年8月7日）等文及中国第二历史档案馆的有关藏件，遭灾者除上述16省外，还有山西、陕西、绥远、青海、云南、贵州、广西等7省。

④ 这9次水灾是：1867年（同治六年）汉江洪水，1870年（同治九年）长江上游洪水，1882年（光绪八年）皖浙地区洪水，1917年岷江洪水，1924年8月金沙江、澜沧江洪水，1926年湘、资、沅江洪水，1927年湖北洪水，1931年江淮洪水，1935年长江中游洪水。（参见《中国历史大洪水》上下卷）

载，固然同由于年代的远近而产生统计的详略有关，但近代长江水灾的日益剧烈，则是一个不容忽视的事实。

还是在鸦片战争前后，当长江中游的局部性水灾明显增多的时候，以经世务实而著称的思想家魏源就已经注意到了这一严峻的事实。他写有《湖广水利论》《湖北堤防议》等篇，其中写道："历代以来，有河患无江患。……乃数十年中，（长江）告灾不辍，大湖南北，漂田舍、浸城市，请赈缓征无虚岁，几与河防同患，何哉？"① 魏源正确地归结为长江上游森林的破坏和中下游水道的淤塞。如果再深一步讲，这也就是由于清中叶以来人口激增和土地兼并所造成的严重的生态失衡。

清王朝曾经有过自己辉煌的时代——一个多世纪的政局稳定、经济繁荣的康乾盛世。但是随之而来的，则是人口大幅度的增加和贫富之间的急剧分化。从康熙末年到嘉庆末年，全国人口由八九千万，猛然发展到 4 亿以上。剧烈增加的社会人口（主要是农业人口）同耕地不足、富豪兼并之间的尖锐矛盾，成为突出的社会问题。东南地区的口食需求对于土地供应的巨大压力，迫使大批破产小农从人口密集、耕地饱和的地区向原来地广人稀的地区迁移。江西人流向两湖，两湖人迁移四川，以致形成了"江西填湖广，湖广填四川"的民谚。早在 18 世纪，四川盆地和川陕楚交界地区，就布满了来自外省的"来人"和"棚户"。川陕楚交界的大巴山区，历来是一个暴雨中心。大批流民进入老林深谷，刀耕火种，无土不垦，古老的植被年复一年遭到严重破坏，"泥沙随雨尽下，故汉之石水斗泥，几同浊河"②。长江干流上游和各条支流的灾难性泥沙，垫高了江底，并在中下游地区堆成了大片大片的洲渚。而这些地区的农户为了生存，又纷纷在各片洲渚上筑圩垦田，阻塞水路。在魏源生活的那个年代，位于长江南岸的湖北省公安、石首、华容等县，江北的监利、沔阳一带，以及从湖北的黄梅、广济到安徽的望江、太湖各县，已是湖田成片，阻水长堤每每延绵数百里，昔日江、汉上游借以泄水的二

① 《魏源集》上册，388 页。
② 同上书，391 页。"汉"指长江支流汉水。

十多个穴口都淤塞了，大片的旱期干涸、汛期受水、起着泄洪作用的低地，被挡在河堤的后面，“而泽国尽化桑麻”①。从那时起到20世纪30年代，由于政治败坏，水利失修，长江的“血管梗塞症”越来越严重。清末到民国年间，各省为弥补财政拮据，纷纷设立沙田局，不管水道是否通达，而专以出卖沙洲为能事。洞庭、鄱阳这两个蓄泄江水的大湖，往昔受水之区，被私人、公司或官方侵占屯垦。芜湖地区作为天然蓄水池的万春、易泰、天成、五丈等湖区，也陆续被官府放垦，成了熟田。② 长江的干道也变得越来越浅。20世纪20年代以后，吃水稍深的轮船在冬春两季只能从汉口驰到芜湖，芜湖以下各段，须改用驳船运货。③ 这样，汇集了物华天宝的长江中下游地区，就丧失了抗旱排涝的基本功能。一般而言，近代这个地区三十日无雨就发生旱灾，四十日以上无雨则赤地千里、禾苗枯槁④；而一旦大雨连绵，则江溢湖漫，破圩决堤。

1931年天气异常，在江淮流域有多个地区连续暴雨，因而导致了大范围的洪水泛滥。这次洪水的特点：一是降雨区分布面广，雨量特大，而暴雨期在江淮流域长达一两个月之久。据这一年9月《时事月报》载竺可桢、刘治华的《长江流域三十年未有之大雨量及其影响》⑤ 一文统计，1873年至1925年各月的平均雨日和平均雨量分布图显示，九江、安庆、南京、镇江、上海等地7月份的平均雨日在10～15日，标准雨量为150～200毫米。而1931年7月上述各地的雨日，九江19天，雨量404.4毫米；安庆17天，691.9毫米；南京23天，618.3毫米；镇江22天，602.6毫米；上海21天，344.8毫米。以上各地降雨量，比标准雨量多出一倍半到三倍以上。二是降雨时间相当集中。长江流域的降雨季节，一般是江南先于江北，下游先于上游，因此，雨季长江各支流的洪水，得以按时间差

---

① 《魏源集》上册，389页。

② 参见《水祸吁天录》，载《国闻周报》，第8卷第38期，5页。

③ 参见沈怡：《水灾与今后中国之水利问题》，载《东方杂志》，第28卷第22号，38页。

④ 参见长江流域规划办公室编：《万里长江起宏图》。

⑤ 载《时事月报》，第5卷第3期。

序泻入干流。而1931年的6月上中旬（通常的梅雨季节），江淮流域却雨量不大，连续的暴雨集中到了7月份，并由常年的7月中旬延续到了下旬。长江流域降水时间的有序性被打乱了，川洪和中下游的江湖洪水发生遭遇，干流容纳不了从各支流滚滚而来的大水，不羁的洪流四处破堤决圩，灌向大江南北的沃壤，从而演成巨灾。

当时中国的综合国力非常脆弱。1931年5月5日蒋介石在南京的国民会议上宣布过如下一组资料：全国铁路只有12 355千米；公路只有51 210千米，而且多半是土路；每年造船能力不过1万吨；平均每2个县才有1所电局，无线电机除军用外，不过110余台；商用飞机只有20架；号称以农立国的中国，粮食、糖料、棉花年年仰仗进口，1930年以上三项入超高达41亿余海关两。① 这样落后的生产能力和交通、通讯设施，固然无法同巨大的自然灾害抗衡，然而更重要的问题还在于，从北洋政府到南京政府，都是勇于内战而漠于民生的政府。执政的旧军阀和新军阀，不仅造成了国家的极端落后状态，而且还在连年战争中把本来就少得可怜的一点抗灾设施也破坏殆尽。据时人统计，从1916年到1930年，年年有军阀内战。1924年之前，每年战火所及平均7省；而1925年到1930年间，每年战火平均波及14省。在频繁的战乱中，各地借以蓄洪排水的森林遭到大量砍伐，有人指出，20世纪20年代以后中国的气候在不断恶化，其主要原因就是滥伐森林。“在世界上再没有像中国那样采伐森林之盛了，这完全是军阀残暴行为的结果。”② 军政当局挪用水利经费的现象层出不穷。江苏阜宁从1913年起从田赋中带征射阳湖建闸费，到20世纪30年代初水闸没有动工而经费却被挪用已尽。上海附城8县，从1920年起带征吴淞江底疏浚费，大部分遭侵蚀中饱。③ 武汉的情形更为典型。据有的研究者揭露，湖北当局历年从海关、

---

① 参见《中华民国史事纪要》（初稿），1931年4月至6月，665页。

② 陶直夫（钱俊瑞）：《一九三一年大水灾中中国农村经济的破产》，载《新创造》，第1卷第2期。

③ 参见西超（张锡昌）：《中国水利建设底检讨》，载《中国农村》，第1卷第2期。

特税、厘金和田赋中提取堤防修筑费，“虽在王占元、萧耀南督军政治时尚未移用一钱，但到现在（按：指1931年），是项巨额之积存金已成乌有。第一个挪用该项资金者即蒋中正”。1930年中原大战时，国民政府财政部将1 000多万积存金挪作攻打冯玉祥、阎锡山的兵费，下余款项又被鸦片商人骗走和地方官员分肥。① 这笔经费的挪用，是酿成武汉大水灾的重要原因。1931年，以政治态度“不偏不倚”著称的《东方杂志》发表署名文章指出：“盖严格论之，此次水灾，纯系二十年来内争之结果，并非偶然之事。……苟无内争，各地水利何至废弃若此？各地水利苟不如此废弃，纵遇水灾，何至如此之束手无策？”②

为了进一步说明国民党当局的内战“有术”而防灾“无策”的事实，我们不妨再引用国民党党史研究机构发表的史料，排列一下蒋介石在这个大灾之年的活动日程表。③

1930年中原大战结束之后，蒋介石政权即集中兵力，向工农红军和革命根据地发动了“围剿”。1931年2月到5月，蒋介石派军政部长何应钦率兵约20万进攻中央根据地（所谓第二次“围剿”）。在此期间，珠江流域的东江、北江，长江流域的湘江、赣江以及钱塘江流域，都出现了大雨和灾情。4月东江春雨如泼，江水暴涨，上游沿岸各乡市一片汪洋。④ 北江的洪水，冲破了始兴、曲江、英德、清远等县的圩堤，从这些县一直向南漫向广州城郊。⑤ 江西自从4月21日后，淫雨通宵达旦，5月赣江大堤溃决多处，暴涨的鄱阳湖水也四处泛溢，漫卷沿湖千余里。⑥ 但是，这些大灾前奏的险情，丝毫没有引起蒋介石政权的注意。

6月下旬，正当长江中下游和淮河流域大雨滂沱之时，身兼导淮

---

① 参见陶直夫（钱俊瑞）：《一九三一年大水灾中中国农村经济的破产》，载《新创造》，第1卷第2期。

② 沈怡：《水灾与今后中国之水利问题》，载《东方杂志》，第28卷第22号，37页。

③ 参见《中华民国史事纪要》（初稿），1931年4月至6月、7月至9月。

④ 参见《申报》，1931年5月3日。

⑤ 参见《申报》，1931年5月3日；广东治河委员会编：《广东水利》，4页。

⑥ 参见《申报》，1931年4月29日；《江日日新闻》，1931年8月9日。

委员会委员长的蒋介石，于21日“亲莅南昌”主持对中央根据地的第三次“围剿”。他往返于南城、南丰、广昌等地“督战”，历时一个半月，江淮流域正是在此期间遭到了大面积的水灾。

8月17日，也就是汉口市最后被大水淹没的时候，蒋从南昌飞上海，为宋氏母丧执绋。22日，他在南京官邸接到何应钦从南昌发来的“促请赴赣督剿”的急电，当天又匆匆乘舰再赴南昌。他坐在这条战舰上，“由苏而皖，自赣而鄂，上下千里”地转了一转，算是对灾区的“视察”。28日，蒋跑到汉口，9月1日发表了一通《呼吁弭乱救灾》的电文。这篇奇文的重点在所谓“弭乱”，悍然宣布“中正惟有一素志，全力剿赤，不计其他”。同时又对在广州召集“非常会议”的国民党反蒋派别进行恫吓，制造要“筹划对粤军事”的舆论。而对于大水灾，则声称此属“天然灾祲，非人力所能捍御”，将无力更无心防灾抗灾的责任推得一干二净。① 如此呼吁“救灾”，不如说是对“救灾”的讽刺。正是蒋介石政权“不计其他”的内战决策和自上到下的腐败无能，使千百万人民陷入了灭顶之祸。

江城巨浸

1931年的《国闻周报》上刊登过这样一幅照片：在汉口市繁华的中山路上，浊浪滚滚，漫无边际，高楼、电杆泡在水里，各种船只在通衢大道上往来行驰。“大船若蛙，半浮水面；小船如蚁，漂流四围。”② 这就是汉口陆沉的真实写照。

汉口在清代属夏口县，当汉水入江之口，原来有大片的湖沼地。清末湖广总督张之洞筑襄河长堤（今汉口背后的张公堤）阻水，在长江沿岸又修筑了刘家庙的护江堤，这两条长堤将往昔的

① 参见《大公报》，1931年9月3日。蒋介石发表通电后于9月4日返宁参加行政院院长谭延闿的葬礼，18日即九一八事变的当天第三次赴南昌“督师”，旋因事变紧急返回，第三次“围剿”也以失败告终。

② 《国闻周报》，第8卷第37期，2页。

湖沼地带围了起来，逐渐成为闹市。因此，汉口的安危，全系于两堤。这年7月连绵大雨，江水陡涨，武汉江面比平日宽出了好几倍，江、汉汇合，波涛巨浪，几与岸齐。据时人估算，这时如果能投入33万元加固堤防，是可以保全市区的。[①] 但如前所述，武汉的堤防积存金已化为乌有，这时既没有防汛物资，当局又不采取紧急措施，愤怒的长江于是对于长期索取而不思补偿的行为进行了无情的报复。

7月28日，长江洪水从江汉关一带溢出，滚滚注入滨江附近一带的街道。31日，刘家庙北一站谌家矶沿江铁道连溃数口；8月2日，单洞门溃决，大水势如奔马冲向市区，汉口全市除地势高亢的少数地方和防守得力的日本租界之外，都被淹没了。这时江水仍在上涨，14日到17日，川水、襄水交汇而来，自城陵矶到汉口一片汪洋，只有少数山头孤露水面。15日，日本租界也被淹没。19日江汉关水位达到53.7英尺（一说53.65英尺），比1870年8月4日（同治九年七月初八）汉口最高水位的50.5英尺还要高出3英尺有余，开江汉关建关以来水标的最高纪录。[②] 汉口背后成了浩瀚的大湖，市内水深数尺到丈余，最深处达1.5丈。前此，武昌、汉阳的一些区域也相继被淹。

武汉三镇没于水中达一个多月之久。大批民房被水浸塌，到处是一片片的瓦砾场。电线中断，店厂歇业，百物腾贵。2 200多只船艇在市区游弋。大部分难民露宿在高地和铁路两旁，或困居在高楼屋顶。白天像火炉般闷热，积水里漂浮的人畜尸体、污秽垃圾发出阵阵恶臭。入夜全市一片黑暗，蚊蝇鼠蚁翔集攀缘，与人争地。瘟疫迅速四处蔓延。

据当局调查，三镇被淹共16.3万余户，受害人口78万余人。[③] 还有一份材料说，因水淹不能居住的房屋4 500户，灾民31万，失

---

① 参见陶直夫（钱俊瑞）：《一九三一年大水灾中中国农村经济的破产》，载《新创造》，第1卷第2期。

② 参见《时事月报》，第5卷第3期，156页。

③ 参见《申报》，1931年8月31日。

业车夫 3 万，码头苦力和其他自由职业者 10 万，共计 44 万人生计无着；溺死的约 2 500 人，因瘟疫、饥饿、中暑而死亡的每日有上千人。① 工厂商店全部停业的时间长达 50 多天，经济损失已无法统计，仅市内本国银行在货物押款上受到的损失，就有 240 万两。② 这场大水直到 9 月 6、7 日才逐渐退却，但在 12 月份，滞留在武汉的难民仍有 17.5 万多人，他们遭到官方的百般刁难，有好几百个难民被当成政治犯而处死。"气候严寒，每日冻毙达百余人。"这些难民唯一可去的地方，就是到街头四处飘扬的招军旗子下登记当兵，充当内战的炮灰。这就是当局诸公发明的"以兵代赈"。③

这次长江大水，从湖北石首到江苏南通，沿途干支流堤防漫决 354 处④，除武汉被淹外，其他沿江城市也大多遭害。

九江是江西省的重灾区。由于赣江流域在 4 月份就进入了汛期，提高了鄱阳湖的水位。7 月间长江暴涨，九江附近江面拓宽到 30 余千米，一片汪洋，湖区不得泻泄。19、20 两日，江水漫上路面，全市十分之七八的居民区陷入浊流。⑤ 当时，即将出任驻日公使的蒋作宾由南京赴庐山，道出九江，他在 7 月 25 日的日记里颇含感慨地记下了目睹的灾况：

> 九江。连日山水暴发，沿途水涨二尺余。到九江时，街市多被淹没。赴大东旅社须用船渡，大街小巷多系船只来往。到寓即准备赴庐山……大雨如注……水利不兴，数千年任其自然冲淤，以成今日之现象。⑥

九江水灾中的重大事件，是九江附近皇堤的堤溃。皇堤地连三省，为九江城乡和安徽宿松以及湖北广济、黄梅的屏障。8 月 1 日，该堤的最后防线潘兴圩被江水突破了一个长达 40 多丈的决口，比圩

---

① 参见《一周间国内外大事述评》，载《国闻周报》，第 8 卷第 34 期，3 页。
② 参见《汉口商业月刊》，第 2 卷第 2 期，30 页。
③ 参见《新创造》，第 1 卷第 2 期，9、10 页。
④ 参见《国民政府救济水灾委员会工振报告》，1932 年 12 月。
⑤ 参见《中国历史大洪水》下卷，286 页；《大公报》，1931 年 8 月 5 日。
⑥ 《蒋作宾日记》，343 页。

内田地房舍高出 3 丈多的江水，像瀑布一样奔泻而下，人畜淹毙无数，被淹田亩之属于九江者，有 5.4 万亩之多。① 后来据《江西年鉴》统计，九江地区被淹面积达 3 710 平方里，附郭县乡有6/10 的村庄被淹没，塌屋 15 800 余栋，平均屋内水深 6.2 米，平均屋内不能住人的天数为 83 日，85％的灾民流离失所。②

芜湖地处长江下游的枢纽，又是皖南清弋江的出口，低洼的市区被大片圩堤隔在江河的背后。1931 年自春至夏，这里一直受到淫雨和山洪的袭击，伏天的气温如同深秋。7 月以来更是暴雨如注，内河山洪澎湃直下，圩内白茫茫一片，积水无处宣泄；堤外的长江巨流又汹涌而来，内冲外灌。7 月上旬洪水涌进市区，逐日上涨。8 月中下旬又遭飓风过境，积水、秋潮浸灌不休，全市宛然一片大湖。

当芜湖水盛时，站在赭山顶上举目四顾，只见四处汪洋，不分畛域。市区内河南岸水深丈余，北岸也有五六尺。商业区如共和街、长街、二街、陡门巷等地，都浸在好几尺深的水里。最繁华的中山路上，大水越过了中山桥顶，上面可以推舟行船。沿江招商码头和附近的民房，只有尺许露出水面。北平路陶沟一带变成了港湾，帆樯如林。2 000 多只小船、盆划驰在市区。许多灾民栖息在房顶上，上有倾盆大雨，下无果腹之粮。全市笼罩在饥饿和瘟疫的魔影里，每天都有人死亡。因房倒屋塌无家可归的市民，聚集在汽车站、铁路梗一带的高处，草棚布帐，绵延几十里。这些地方还滞留着从四乡逃难来的灾民，风餐露宿，等待着不知道什么时候才会有的赈济。育婴堂拒收幼儿，街上到处有“小孩卖了，谁要小孩”的呼叫。③

8 月 13、14、26 等日，两场过境飓风加剧了芜湖的灾情。据当时报载：“城区房屋倒塌，庐舍漂没，江面船只被风击沉。”26 日晨，

---

① 参见《申报》，1931 年 8 月 3 日。

② 参见《江西年鉴》，1936 年版，707、708 页。

③ 参见《水祸吁天录》，载《国闻周报》，第 8 卷第 38 期，2～4 页；《申报》，1931 年 7 月 25 日；《安徽水灾备忘录》，25～26 页。

“圩堤续溃，溺毙者四千余”。人们没有棺木，也没有一片干土来埋葬这些死难者，只能把大批尸骸拴在露出水面的树杈上，任其在凄风苦雨里上下浮沉。①

据当局调查，这次芜湖灾区达 2 500 余平方里，城乡灾民 41.8 万余人，流离失所的 22 万余人，大约有 9 500 多人溺死，房产损失约 1 500 万元。附郭农田淹没了近 50 万亩，全年收获只有一成。“灾情严重，直可与武汉三镇相伯仲。”被国民政府定为甲等灾区。②

安徽省会安庆的灾情也相当严重。6 月 20 日夜，安庆的长江水位上涨到 16.76 米，江水外溢，淹没了滨江一带的大部分街道。城西积水最深处达 8 尺。在 7 月的大雨里，位于安庆附近，在安徽是最坚固、产米也最丰富的广济圩溃决 870 米，江水内灌。28 日凌晨，龙狮桥到大湖闸之间的护城圩最后被洪水突破，市内的菱湖乡、德宽路、古牌楼、蝶子塘、柏子桥一带全被淹没。统计全市受灾人口 37 698 人，占总人口 39.4%，倒屋 8 588 间。郊区 92.6%的农田菜地被淹没。③

国民政府所在地南京，也处于风雨飘摇之中。7 月 4 日到 12 日，大雨滂沱，电闪雷鸣，白昼如晦。全市玻璃碎裂、房屋倒塌、市民惊呼的声音此起彼伏。长江洪流滚滚而下，江面宽达 10 千米，浪涛高出陆地 1～2 尺。钟山上的洪水也直泻玄武湖，湖面高于城内。江湖交汇，一齐灌进市区。全市南北尤其下关一带遍地都是积水，江湖和秦淮河里的鱼游上了马路。④

这个月下旬大雨仍然不止，23、24 日尤甚。洪水破坏了下关的路面，冲毁了这一带 4 000 多家棚户。从中山码头到挹江门，水深过膝。市中心的国民党中央党部、三牌楼、黄埔路等地，水深达到胸

① 参见《大公报》，1931 年 8 月 29 日、9 月 2 日；《民国日报》，1931 年 9 月 2 日；《水祸吁天录》，载《国闻周报》，第 8 卷第 38 期，5 页。

② 参见《一周间国内外大事述评》，载《国闻周报》，第 8 卷第 36 期，4 页；《水祸吁天录》，载《国闻周报》，第 8 卷第 38 期，6 页；《安徽水灾备忘录》，26 页。

③ 参见《安徽水灾备忘录》，53 页；《卍日日新闻》，1931 年 8 月 9 日。

④ 参见《民国日报》，1931 年 7 月 6 日；《大公报》，1931 年 7 月 13 日；《邵元冲日记》，750 页。

部。城南秦淮河两岸、大石坝街、夫子庙等处，住屋进水，墙倒房塌。①

有几位高级官员的日记，保留了南京水灾的若干场景。

7月28日，从江西返回南京的蒋作宾写道：

> 下午五时抵下关码头，街市多没水中。进城至成贤街附近，则一片汪洋。余之住宅亦进水尺余。因此地多系堰塘，现多填平建筑住宅，修筑马路亦不修沟道，故水无处消纳，亦无处排泄，将来势必臭污湿气上蒸，恐不免转为瘟疫矣。②

第二天，国民党元老邵元冲也记下了他的水灾观感：

> 傍晚驱车到陵园太平门外视察水势，农田、庐舍损坏甚多，为之恻然。又至玄武门外五洲公园（按：今玄武湖公园），则城外十余丈处堤岸，均为水淹没，一片汪洋，城内登城垣之石阶亦冲毁一段，不能登涉。③

据时人报道："统计（南京）灾户为10 031家，口数38 787人。灾民啼饥号哭，极备凄伤。综计京市田地，多被淹没，农作物之损失，约及十分之九。"④

此外如镇江、无锡、扬州等地，无不积水成河，交通中断。在南国的广州，7月初"低洼处街衢已成河道，有舢板在街上往来"。⑤7月3日福州大水，各街巷行舟，海关下层淹没，马尾外江的尸体随波漂流。⑥

鉴于以往史学研究中缺少对1931年都市洪水的调查和专论，我们写了以上的文字。但限于篇幅，这里也仅是对几大城市的灾情素描，至于这场大水对于东南都市的综合影响，则留待于今后再详加探析。

---

① 参见《民国日报》，1931年7月25日；《申报》，1931年7月28日；《一周间国内外大事述评》，载《国闻周报》，第8卷第31期，6页。

② 《蒋作宾日记》，344页。

③ 《邵元冲日记》，756页。

④ 《全国空前罕有之大水灾》，载《时事月报》，第5卷第3期，158页。

⑤ 参见《民国日报》，1931年7月6日；《大公报》，1931年7月6日。

⑥ 参见《大公报》，1931年7月4日。

洪波劫

扑面狂飙怒卷沙，牵衣儿女哭声哗。

伤心莫对旁人说，同是流离八口家。[①]

这位佚名作者的诗句，反映了沿江县乡千百万灾民困苦无告的惨景。

湖北、湖南、皖南和苏南的广袤农村，是长江洪水侵袭的重灾区。江西、浙江的灾情稍轻，但在局部地区，如赣北的滨江沿湖各县、浙东沿海、钱塘江中下游以及浙北属于太湖水系的若干县乡，灾情也相当严重。此外四川的岷江、沱江流域，广东的北江流域和珠江三角洲，也是一片泽国。

湖北地形低洼，号称“千湖之省”，境内大小湖泊的数量仅次于西藏而在全国各省区中占第二位。当时全省 70 个县，依靠堤岸保障的有 36 个县。[②] 这一年长江、汉水和东荆河先后漫堤、决口 88 处[③]，襄水、漳水、涢水等河流也泛滥成灾。沿江的松滋全县 4 个区，完全淹没的有 2 个区；监利新堤溃决，全县覆没，逃亡者 30 万；黄冈全县圩堤溃尽；浠水、公安全境淹没；黄梅的江堤、民圩尽破，灾民 20 万。汉水上游的郧县全县淹没，下游的钟祥、荆门、潜江、天门、沔阳等地，60%～80%的面积被淹。江汉平原大约有 500 万亩田禾没于洪流。沮水之滨的当阳县遭山洪袭击，全县成灾。涢水流经的云梦县 70 多垸，淹 50 多垸；孝感的圩堤一节连着一节地被大水全部冲毁了。[④] 事后湖北水灾善后会调查说：“全县被淹者计十五县，全县淹去十分之七八者计十三县，全县淹去十分之五六

① 湖南省赈务会编：《湘灾专刊》，32 页。

② 参见鲍幼申：《湖北省经济之病态及其救济》，载《汉口商业月刊》，第 2 卷第 2 期，32 页。

③ 参见《中国历史大洪水》下卷，291 页。

④ 参见《申报》，1931 年 7 月 31 日、8 月 15 日；《中国历史大洪水》下卷，291、298 页。

者五县，全县淹去十分之三四者十四县。”①

江汉平原是中国的主要粮棉产区之一。这次大水使稻作、棉铃遭到了毁灭性的打击，灾区夏季作物损失85%，有三分之一的田地不能秋播冬种。② 由于粮产锐减，输入湖北的洋米，从1929年的0.4万担猛增到1932年的84万担以上，为西方资本主义国家的农产品倾销打开了广阔的市场。③ 半数以上的棉田被淹，全省皮棉产量从1930年的306万担减少到104万担，仅约为前一年的34.0%。④大批农民失去了维持简单再生产的手段，1931年冬天灾区农村的流离人口占总人口的48%。⑤

湖南的水灾，分为山洪暴发和江湖泛溢两种类型，前者以湘西的沅水、澧水流域的若干县乡为重，后者以沿江滨湖地区尤甚。灾情的特点：一是汛期长，许多地方在几个月内反复被灾。4月珠江、北江大水时，湘江上游就出现了异乎常年的大雨，4月23日长沙出现巨大的洪峰，各码头洪水上岸。5月广东雨区北移，湘江下游雨量超过了400毫米。6月下旬和7月份，洞庭湖水系更是处在白茫茫的一片雨海里，湘、资、沅、澧等河同时暴涨，加之江水倒灌，湖潦四漫，全省成为泽国。二是灾区平均淹水的深度，居重灾各省之首。据金陵大学农业经济系调查，全省平均田地淹水最深时达11.7英尺，其中澧县达17.4英尺，汉寿达14.4英尺。在抽样调查的11个县中，有7个县田地淹水为10英尺以上；屋内淹水也相当严重，平均屋内淹水最深时为6.9英尺，其中澧县10.1英尺，常德9.3英尺，11个县中屋内淹水8英尺以上的有5个县，半数以上的房舍被泡塌了；田园村庄被大水围困了三个月左右。⑥

---

① 《大公报》，1932年1月24日。

② 参见金陵大学农学院农业经济系编制：《中华民国二十年水灾区域之经济调查》（以下简称《金大水灾调查》），载《金陵学报》，第2卷第1期，41页。

③ 参见鲍幼申：《湖北省经济之病态及其救济》，载《汉口商业月刊》，第2卷第2期，27～28页。

④ 转引自王方中：《1931年江淮大水灾及其后果》，载《近代史研究》，1990年第1期，222页。

⑤ 参见《金大水灾调查》，载《金陵学报》，第2卷第1期，41页。

⑥ 参见《金大水灾调查》，载《金陵学报》，第2卷第1期，41页；《湘灾专刊》，1页。

我们对时人关于湘灾的记载略加概括，择要描述如下。[1]

沅江：地处洞庭湖滨，诸流尾闾。因湘、资、沅、澧四水倒灌，两岸圩堤溃决，垸中居民灭顶。仅 7 月份沅江洪峰时，上游洪江市就冲毁了千数百家。[2] 全县灾民 26.7 万余人，占总人口 90%，耕地也淹溃了九成。大船在县境里行驰，如入洞庭湖中。

汉寿：全县 330 余垸全部冲毁，50 余乡村不见踪迹，一些人烟稠密的集镇屋倒堤塌，人畜漂流，只剩下几株老树在波涛里低昂扶摇。山坳里，石岩边，堆积着一层又一层的败墙残壁、人畜浮尸。县城紧闭，城里水与檐齐。

安乡：全县 36 处大垸，7 月 14 日后遭 3 次洪水袭击，垸围破决了 19 处，余皆溃坏。耕地和居户都是 100%被灾，成为各省中灾情最重的一个县。[3]

常德：自 5 月下旬到 8 月中旬，暴雨 4 次，全县 62 万人口中，灾民近 50 万，将近 0.3 万人死亡。县城被大水包围了 2 个多月，洪水只低于城头 2 尺。城内水深没顶，大部分城区靠船只往来，居民在城墙上搭棚居住。有一首歌这样写道："灾民何叠叠，牵衣把袂儿女啼。儿啼数日未吃饭，女啼身上无完衣。爹娘唤儿慎勿哭，此是避灾非住屋。……天气渐寒雨雪多，但愁露宿多风波。万千广厦望已失，止求一席免潮湿。"

澧县：7 月上旬大雨连朝，渫、澧两水并发。8 月 11 日又遇狂风暴雨，各垸水面纵横二三十里，波涛汹涌。盛产稻棉的平原全部淹没了，全县产量十丧八九。

溆浦：这个湘西山乡在山洪暴发时，地壳崩裂，大水从土中冲出数十丈，横决直射，陵谷变异。淹死人口 1 万余，事后收埋尸身多达 5 000 多具。[4]

湖南，这块有芙蓉国美称的沃土，在 1931 年水灾中所经过的惊

---

① 此部分引用材料除注出处者外，均见《湘灾专刊》。

② 参见《中国历史大洪水》下卷，281 页。

③ 参见《金大水灾调查》，载《金陵学报》，第 2 卷第 1 期，38 页。

④ 参见中国第二历史档案馆藏件，全宗号 257，卷号 421，《苏皖赣湘豫陕等六省各县水灾资料抄件》。

心动魄的种种劫难，不是我们所能尽于笔墨的。

大江东去，从黄梅、九江之间注入安徽，沿西南向东北横穿皖南丘陵，奔向江苏省境。大江南北，阡陌千里，水网密布，是著名的鱼米之乡。但这一年7月，皖南被笼罩在沿江的大雨区之下。长江两岸的至德、太湖、望江、怀宁、舒城、庐江、无为、东流、和县、含山、当涂、芜湖、桐城、贵池、宣城、郎溪以及八百里黄山中的若干县乡，在狂暴的风雨中痛苦呻吟。横跨怀宁、桐城的广济圩，濒临大江，纵横百里，是全省面积最广阔的圩围，在经历了30年的江水拍击后，终于溃决于7月26日的一场暴雨之中。圩内全部覆没，宽约50余里的地区、30万亩良田一片汪洋，尸骸山积，炊烟断绝。① 宣城金宝圩的堤根，是用整块的大石砌成的，历经了80多年沧桑，捍卫了几代人的安全，这次也被狂暴的山洪冲破了，全县244圩，无一完区。② 贵池沿江42处圩堤，节节崩塌，江面和圩田汇成一片汪洋，只有一些树梢和屋顶，标志着这一带曾是桑麻之区。③ 无为全县大小940多个圩围也都淹没了，膨胀腐烂的尸骸漂流堆积，惨不忍睹。④

据当时的安徽省政府统计，全省（按：包括我们在下面要说的淮河流域）受一等灾的有16个县，其中10个县是在皖南。⑤ 这些地区平均田地淹水最深时为11.5英尺，屋内5.3英尺，仅次于湖南；而灾区积水时间则在各省中最长，平均屋内不能居住的日数是62天，其中无为长达114.7天，繁昌、怀宁、贵池、桐城分别为99天、92.4天、90天和88.2天。⑥ 因此，全部或绝大部分的田园不仅夏收被毁，而且无法秋种。

对于如此巨灾，南京国民政府只在9月份拨给了30万元的急赈

---

① 参见《新闻报》，1931年7月29日；《安徽省赈务会汇刊》，第1期，1931年9月。

② 参见《时事新报》，1931年8月29日。

③ 参见《民国日报》，1931年9月19日。

④ 参见《安徽水灾备忘录》，30页。

⑤ 参见《时报》，1931年9月9日。这10个县是：怀宁、桐城、望江、无为、和县、宣城、贵池、东流、铜陵、芜湖。

⑥ 参见《金大水灾调查》，载《金陵学报》，第2卷第1期，23、42页。

费，但又被省府主席陈调元（此人因密令各县种罂粟收取大烟税而臭名昭著）扣住不发。① 各县荒政，黑幕重重。11 月有人在《皖灾周刊》上悲愤地写道：“政府始终麻木不仁，漠视民命，对于这次救灾工作，一点也不紧张，一毫也不注意。”真要坐等政府许诺的赈粮，灾民“已经都变成饿殍了！”

长江由皖入苏，与太湖水系相毗邻，又形成了两大片灾区。在这次水灾之前，美国作家史沫特莱访问了苏南的一些乡村，写下了她的观感：

> 村子由七零八落的土房子组成，门前是脏水沟。村民都有皮肤病，有的儿童头上长癞生疮。妇女在池塘的上边洗菜挑水，在下边倒马桶，粪便又用作上地肥料。②
>
> 农民住的茅屋土房，既矮又湿……木板床上，摆着破烂棉絮被头。屋子角落里，堆着几件旧式农具。灶屋里面有几口锅斧（釜）炊具，蓬头乱发的妇女、姑娘们见我们走近忙藏身在黑屋子里。③

让史沫特莱惊诧的是这些村落中强烈的贫富反差。她访问了一家姓朱的大土豪，“这是一座三面有碉堡式围墙，庄外有壕沟，四面通电网，门户枪眼密布的庄园”④，“所有村庄，什么朱家湾、朱家冲，都以朱家取名。土地和农民都属朱家所有”⑤。

农民的生活，停留在被史沫特莱形容的“中世纪”。正是这种农村格局，注定了自发的农民如同无法摆脱封建枷锁一样，也无力对抗天灾的蹂躏。

1931 年 7 月，六次风暴呼啸着从长江下游席卷而过，风暴的次数是前十年 7 月飓风过境平均次数的五倍。低气压和风暴形成了苏南罕见的低温天气。南京一带的平均气温只有 24.6℃，比标准平均

① 参见《监察院公报》，1931 年第 1 期，“公文”；《安徽水灾备忘录》，40 页。
② 《史沫特莱文集》，第 1 卷，59 页。
③ 同上书，63 页。
④ 同上书，60 页。
⑤ 同上书，63 页。

气温下落 3℃。[①]“伏里盖夹被，田里不生米。”农民根据祖祖辈辈传承下来的生活经验，感受到一场大灾的不可避免。在那些大雨如注的日子里，农民极其顽强地向洪水抗争，他们不分昼夜地从田里戽水，忍痛把门板、农具、风车当作堵漏救圩的材料，投进堤防决口。但是这一切努力都无法挽回悲惨的结局。

沿江一带的灾区非常普遍。据一件材料说：“秦淮河沿岸百数十里，均属圩田。自 7 月 4 日起至 12 日止，大雨滂沱”，江宁等地“山水齐发，河水陡涨三丈余，虽经农民抢救，各圩仍相继溃决，淹没田亩达数十万亩”[②]。又如六合，大水毁屋 1 万间，淹田 50 万亩，灾民 10 万。[③] 江浦受江潮、山洪前后夹击，所有圩堤都被冲垮，集镇平地水深数丈。[④] 南通、镇江、江阴、如皋等县，因大雨倾灌和江潮震荡，田禾也多被淹没。

风暴和大雨，使恬静的太湖变得躁动癫狂。平日深绿的湖水化作灰黄的浊浪，漫溢出岸，把秋田淹到水底，将棉株连根拔起。吴县、吴江、无锡、昆山、青浦、武进、宜兴、上海、嘉定、溧阳、金坛、吴兴等县是太湖灾区的中心。全流域棉、粮两项，损失了 1 亿元。[⑤] 湖灾之后，蚕、粮两荒，水乡灾民，弱者捞取水草充饥，强者铤而走险，“就食大户”。[⑥]

在本节篇尾，我们拟引用当年金陵大学对灾区做经济调查后所得出的几组数据[⑦]，使读者对沿江县乡的灾情有一个轮廓性的了解：

各省灾区，田地中淹水最深时的平均深度（英尺），除前述的湖南、皖南占第一、二位外，依次为：湖北 10.2，苏南 8.6，江西 7.1。以上 5 个地区，平均深度为 9.82。

---

① 参见《竺可桢文集》，133、136 页。该书统计 1931 年前的 10 年间，7 月风暴经过长江下游者凡 12 次，平均每年 1.2 次。

② 转引自《长江水利史略》，188 页。

③ 参见《1931 年江苏大水灾档案资料选辑》，载《民国档案》，1991 年第 4 期，28 页。

④ 参见《申报》，1931 年 8 月 4 日。

⑤ 参见《中国历史火洪水》下卷，281、300 页。

⑥ 参见忏庵：《赈灾辑要》，110 页。

⑦ 参见《金大水灾调查》，载《金陵学报》，第 2 卷第 1 期，16、19、23 页。其中五个灾区田地浸水平均深度和房屋不能居住的平均天数，系我们据该书已有资料统计的。

各省灾区平均房屋不能居住的天数，除前述的皖南居首外，依次为：江西 58.8，湖北 55.7，苏南 55.6，湖南 52.5，5 个地区平均为 57 天之久。

灾区各项损失，计被淹作物、房屋、役畜、农具、存谷、燃料、家具、家畜、秣草等 9 种，总数达 20 亿元（含淮河流域），每户平均损失 457 元。当时普通农家，年收入平均不过 300 元，即各户损失相当于年收入的 1.5 倍。

缺衣少食的灾民被迫迁徙流离，离村人口几占灾区总人口的 40%。他们一部分迁移到家乡附近的圩堤和山坡上，一部分逃到县城、外县，或流亡到大都会。外逃的灾民中有 1/3 找到了工作，1/5 沿街乞讨，其他的人下落不明。

意味深长的是，金陵大学研究者这次调查的初衷，是为了了解灾情，为政府办赈提供依据。而调查的结果，却使他们从灾情进一步认识了中国国情。研究者被广大农民极端困苦的生活所震惊了。报告的主笔人写道：

> 此次调查之原来目的，本只求明了农民各项需要中最迫切之几项。不料结果乃看出农民平时所有之物质享受，实仅能维持最低限度之生活。此次几须将各项损失全部弥补，始能继续生存。①

江南农村，已经被灾荒和饥馑逼到了无法生存的地步。灾民们并不奢望有什么人“全部弥补”他们所受的损失，他们在接受调查时所提出的要求是很有限的：为了继续生存和恢复生产，灾区大约需要相当于总损失的 3/4 的基金，即 15 亿元。但这自然是委托调查的国民政府救济水灾委员会所根本不可能解决的。据这份调查报告说，截至 11 月底，灾民每家平均得到的赈款，不过大洋 6 角，也就是只为各户平均损失的 0.001 3。因此，此次调查只是为后人研究这场大水灾的经验教训留下了一批颇有价值的资料，而对于当时的赈济工作却是没有起到什么作用。

---

① 《金大水灾调查》，载《金陵学报》，第 2 卷第 1 期，13 页。

淮河怨

现在徐州的以东以西，横贯着一条泯没已久的旧河道——古代的淮河和16世纪70年代至1855年（咸丰五年）的旧黄河，曾经先后在这一带流淌。这条横贯三省、面目全非的旧河道，仍以依稀可寻的痕迹，显示出历史上黄淮大水曾经造成的灾难。

位于长江、黄河两大流域之间的千里淮河，在古代曾经直通大海。12世纪前，淮河上游的支流古汴水从中原东来，经徐州汇合古泗水，到邳县、宿迁又分别汇入沂水、沭水和濉水，在名将韩信的故乡淮阴形成滔滔大河，折向东北注入黄海。淮河两岸，曾经有过富饶繁荣的岁月。但自金元以后到明朝中叶，出现过一个黄河泛滥乱流的时期。不羁黄水屡屡南下夺淮，洪流漫卷沙颍河迤东的淮北平原，流沙堵塞了从淮北到鲁西南的许多河道，把淮河中下游的洼地，变成了大大小小的湖泊。明洪武初年，淮河流域的灾害非常严重。“说凤阳，道凤阳，凤阳本是好地方，自从出了朱皇帝，十年倒有九年荒。”这首流传很广的花鼓词，也许就是反映了那个时代的人们对古凤阳的眷念和对黄河夺淮、民生维艰的哀怨。

1567—1572年（明隆庆年间），黄河从今河南兰考出砀山，经徐州、宿迁、涟水，形成了一条入海的河道，纳沂水、濉水归河，驱淮河干流入江；直到本书前面所述的铜瓦厢决口后，黄河才又改道北流。此后，淮河虽然摆脱了黄河长达6个半世纪的干扰，但已经流沙层积，地貌变异，水系紊乱，河床改观。铜瓦厢决口之前处于黄河北岸的沂、沭、泗水系一变而移河南，纳入淮河流域片，支流杂出，山洪迅猛；淮水干流的入海口淤塞已久，入江通道又排水不畅。因此，淮河流域变成了著名的“大雨大灾，小雨小灾，无雨旱灾”的贫瘠地区。近代史上，淮河发生过3次全流域性的大洪水：

1866年（同治五年）、1921年和1931年。① 而以1931年的灾害最为严重。

1931年6月中下旬之交，淮河上游出现暴雨，干流上涨。此后，梅雨锋系长时期笼罩在江淮之间，6月28日到7月12日，7月18日到25日，淮南和江苏里下河地区两次出现大暴雨。② 江淮雨区连成一片，暴雨和山洪酿成了7月到8月的淮河流域大洪水。

当时淮河的河堤低矮残破，时断时续。自6月下旬到7月中旬，淮河上游的洪水从河南冲入皖北，把信阳到五河之间的60多处河堤轻而易举地突破了。7月15日前后，蚌埠上下200多里淮堤崩塌在洪流里。大水多处灌向低斜的淮北平原。洪泽湖以上，淹没了3.2万平方千米，形成了面积广袤的洪泛区。③

大水到处，皖北20多个县"高原平陆，一片汪洋，逾丈之屋，没不见顶"。凤阳、阜阳、凤台、怀远、霍邱、寿县、五河等县被灾最重。④

凤阳是皖北出了名的穷县。平地水深数尺，84万亩夏禾付诸东流，52万人口中灾民31万，塌屋15 600多间。县城东北部逼近淮河的临淮关，水深逾丈，民居倒塌了2 000多户。⑤

蒙城是皖北的富县，平日得涡河、淝河灌溉，土壤肥沃。因7月暴雨5昼夜，平地水深5～6尺，农作损失殆尽。全县60万人口中灾民40万。⑥

阜阳是安徽最大的县。10日暴雨不息，淮河水面不见边际，四处蔓延。灾民120万，占全县人口70%，倒屋30多万间，溺死了

---

① 参见《近代中国灾荒纪年》，260～262页；《近代中国灾荒纪年续编》，33～38、45页。

② 参见《中国历史大洪水》下卷，57页。淮河流域以内的运河，自台庄至杨庄为中运河，自杨庄至瓜洲称里运河。里运河堤下有8个县，为里下河地区。

③ 参见《中国历史大洪水》下卷，58、62页。

④ 参见《卍日日新闻》，1931年8月9日；《安徽省民政报告书》，29～39页，1932年12月。

⑤ 参见《安徽省民政报告书》，30、34页；中国第二历史档案馆藏件，全宗号257，卷号421，《皖北水灾调查》；《申报》，1931年7月21日。

⑥ 参见《申报》，1931年7月24日；《安徽省民政报告书》，31页。

2 400 多人。县城乡村，一片混乱。①

凤台是淮北很小的一个县。7 月堤圩大多被暴雨冲平，全境成为泽国。总人口 47.5 万中灾民 44 万，几无一户幸免。死亡 7 000 多人。夏季作物损失 100%。②

怀远是地势很低的一个县，在淮河边上，"形同釜底"。当时堤岸漫决百余丈，淮河洪水以建瓴之势向下直灌，以致县城内外尽成水国。数百里村舍禾畜，均被洪涛巨浪荡没殆尽。③

金陵大学农业经济系曾经调查了皖北 15 个县的灾情，有 60%的田地被淹没，平均田地中水最深时为 5.9 英尺，屋内水深 2.3 英尺，不能居住的天数平均为 26.3 天。④ 同长江中下游灾区相比较，皖北各县乡夏季作物的损失也相当严重，只是在积水深度和日期上不及前者，所以大部分地区还可以勉强播种越冬作物。但由于地方困苦、灾荒连年，淮河两岸农村的元气很难得到有效的恢复。

当 7 月淮河干流水涨时，滚滚洪流汇集于洪泽湖。8 月 8 日，洪泽湖水位达到 16.25 米，是 1855 年（咸丰五年）黄河北徙后的最高纪录⑤，其中大部分湖水又泄入高邮、邵伯等湖，再经由里运河奔向长江。这时，中运河的山洪，也由杨庄灌进里运河。8 月下旬，狭窄的里运河出现了由几股大水交汇而成的洪峰，这时恰逢天文大潮，长江里秋潮汹涌，排拒运河的洪流注入，致使苏北里下河地区岌岌可危。

本来，在横贯南北的里运河堤岸上，建有多处排泄洪水的归海坝，各工程段也都有治水机构，但这些机构积弊重重，办事颟顸，司员多以出卖垦地、搜刮民财为能事。高邮北关是引水入城的孔道，每当开圩，即闭北关，常年费用不过四五十元。1931 年支出了 400 元闭关费，主事人仅以 24 元包给了工头，工头又以 12 元转包于人，仅以短桩、稻草堵塞完事。江都（扬州）第一大镇邵伯镇居运河东堤，是里下河门户，建有导洪入海的昭关坝，向例，水位达一丈七

---

① 参见《皖北水灾调查》；《安徽省民政报告书》，30～31 页。

② 参见《皖北水灾调查》；《金大水灾调查》，载《金陵学报》，第 2 卷第 1 期，44 页。

③ 参见《申报》，1931 年 7 月 24 日；《大公报》，1931 年 7 月 27、28、29 日。

④ 参见《金大水灾调查》，载《金陵学报》，第 2 卷第 1 期，21 页。

⑤ 参见《中国历史大洪水》下卷，59 页。

尺时，应开坝泄水，这年因地方绅民反对，迟迟没有启关，后来水位达到二丈，归海坝虽然全部开启，但为时已晚。① 凡此种种，都是导致里下河地区陆沉的原因。

8 月 25 日，里下河地区遭强烈飓风，洪泽、高邮、邵伯三湖发生湖啸，一丈多高的浪头把邵伯镇东堤冲开了 33 个大决口，江都段工程所长逃之夭夭。大水冲向邵伯镇街，淹死了好几千人。“自江都溯运河北上，居户概淹水中。断井颓垣，触目皆是。”②

邵伯镇决堤之后，北部的高邮首当其冲。8 月 26 日凌晨，河堤轰然崩决，大水像海潮一样奔腾而下，县城那座偷工减料的北关被水冲开，城乡全境没于洪流。由于祸起匆促，临堤乡村的许多居民没有来得及起床就被洪水卷走了，更多的人在滚滚而来的波涛追逐下奔跑逃生，慌不择路。有一位记者写下了其中惨绝人寰的一幕：

> 有王某夫妇子女五人，闻决口，同向高处奔避。夫抱七岁之男，妇抱四岁之男，携六龄之女，行甚纾缓。水已大至，夫乃弃七龄之子，而命其妻亦弃子速奔。妻不忍，夫乃夺四龄子而欲弃之，幼子闻言大恸，紧抱父颈，于是当哭成一片之间，共为波臣卷去。捞获尸体，则与幼子仍互抱未释也……③

这个五口之家的悲剧，不过是被当时报刊披露的一个例子。至于高邮城乡死于大水的 9 500 多人④，他们的家族、姓氏、职业和遭遇，则已经被这场巨灾，也被充满苦难的民国史所永远湮没了。

邵伯、高邮溃堤之后，里运河以东地区全部陆沉。兴化、东台、泰县、盐城、阜宁、宝应等县，水深丈余，浅也在七八尺。兴化地势最低，四乡数百里内村舍全部沉灭，城内水深齐腰，低处过檐。

---

① 参见《水祸吁天录》，载《国闻周报》，第 8 卷第 39 期，4～5、7 页。

② 中国第二历史档案馆藏件，全宗号 207，卷号 421，《苏皖赣湘豫陕等六省各县水灾资料抄件》。

③ 《水祸吁天录》，载《国闻周报》，第 8 卷第 39 期，3 页。

④ 参见《中华民国统计提要》，447 页，1935 年。按高邮死亡人口说法不一，陶直夫（钱俊瑞）《一九三一年大水灾中中国农村经济的破产》一文说淹死 1 万余人，与《中华民国统计提要》相近。《中行月刊》第 4 卷第 1、2 期合刊（1932 年 2 月）说死亡 10 万人，似为印刷讹误。

高地和房脊上，挤满了灾民。“浮尸盈河”，死亡确数已无法统计。直到年底，乡间仍是一片白地，“几无寸草”。①

金陵大学调查报告的结论是：“江苏北部运河以东区域，受灾最为惨重。”②

在考察淮河水灾时，有必要专门说说河南的情形。中州大地，西部山岭层叠，群峰峥嵘；东、南、北纵横密布着二十多条河流。淮河发源的桐柏山以及伏牛山一带，都是暴雨区，林木稀少，童山濯濯，每逢夏秋雨季，山洪以极快的速度毫无遮拦地倾泻到平原上。平原地区的各条河流，泥沙淤塞，水流不畅。淮河从豫东南的息县到豫皖交界的三河尖一段，是支流汇集、水势旺盛的主干河道，河底倾斜仅 18 米，沉沙囤积，水流纡缓。③ 6 月中旬淮河上游的暴雨山洪，就是首先在这一带破圩决堤而漫向淮北平原的。

黄河下游的人为的破坏就更加严重了。前引陶直夫（钱俊瑞）的论文揭露说，地方军阀在河南筹饷，借口“不忍”向民间摊派，就变卖栽种在黄河堤岸上的树木。“民众起来说情了，他们苦苦请求，树木是防河水泛滥的，千万不能拔起出卖；若是要饷项，还是由民众摊派……等到款项重新告罄，便设法演同样一套把戏，老百姓无可奈何，只得再抽钱缴去。不过，因为民众实在‘集腋’不成，以致防堤树木全数被斩的事实，据说也屡见不鲜。”④

无论是自然的生态环境还是社会的抗灾能力，都被军阀统治毁坏了。刚刚度过三年旱荒的河南省，在 1931 年淮、黄并发，江淮潦区因之向北延伸，使河南成为华北被灾最重的省份。

据河南省建设厅编写的《河南水灾》一书称：“今年七、八月间，淫雨连绵，山洪暴发，河流泛滥，豫省受灾及八十余县，虽损

---

① 参见《民国档案》，1991 年第 4 期，25、31 页；《新闻报》，1931 年 8 月 30 日；《时报》，1931 年 9 月 2 日。

② 《金大水灾调查》，载《金陵学报》，第 2 卷第 1 期，8 页。

③ 参见河南省建设厅编：《河南水灾》，87 页，1931 年版。

④ 陶直夫（钱俊瑞）：《一九三一年大水灾中中国农村经济的破产》，载《新创造》，第 1 卷第 2 期，12 页。

害程度轻重不一，要为近百年所未有。"[①] 通过分析该书所编制的各县灾情图表，可以看出河南的重灾区，主要是分布在豫中淮河水系的颍河、汝河、洪河流域，豫南汉水的支流唐河、白河流域，豫东的贾鲁河、惠济河等流域，以及黄河的支流伊河、洛河流域。在这些地区，耕地面积被淹达到60%以上的有21个县：永城、鹿邑、虞城、夏邑、民权、柘城、西华、项城、太康、扶沟、临颍、郾城、南阳、新野、舞阳、汝南、上蔡、确山、南平、遂平、偃师。其中有8个县，耕地被淹面积达80%以上；临颍、郾城灾情极重，98%的耕地没于洪流。伊、洛河流域的一些县乡耕地被淹面积虽然没有上述地区广阔，但洪水是近百年来最大的一次。洛阳城东南和南关等16条街巷成为泽国，附近的永乐、永宁两镇几乎全部淹没。灾民风餐露宿，在泥水里寻找腐烂食物充饥。巩县东西数十里、南北十余里，洪水涛涛，一望无涯。人口死亡，以唐、白河流域最为惨重。邓县、南阳、新野这3个毗邻的县，溺死了32 900多人。洪河和汝河夹持的汝南县，也有8 500多人死亡。[②]

滔滔淮水，淌不尽河南人民的血泪。滚滚黄河，诉不完中原大地的哀怨。

重建家园梦难圆

1931年的大洪水，发生在中国农业最发达的地区，被淹没的大多是一年两熟的肥田沃土。这次水灾，绝非偶然地导致了中国农业危机的严重化和深刻化。

按照国民党要人的治国观点，只要控制了南京、上海、武汉、天津、广州等大都市，就控制了全中国。而历史的事实却与他们的估计相反：深刻而广泛的农村危机，不仅破坏了都市经济赖以存在的基础，而且使工业、商业、手工业和进出口贸易等经济部门本身

① 《河南水灾》，2页。

② 参见上书，3～85页。

严重失控，从而使中国的国民经济陷入了一场持续五年的经济危机。

这场农业危机主要表现出如下几个特点。

第一，广大灾区的农业生产力和农民的基本生存条件遭到了极大的破坏。

统计1931年的灾情损失是一件很困难的工作。1930年，国民政府秘书钱昌照在一次报告中说："我国统计基础可以说没有，好比民食问题是何等重大……我国则虽米、麦其生产、消费、分配的大概也茫然不知。赈灾问题是何等重大，然而灾区面积多少，灾民约数几何，竟没有人知道。"① 我们在本项研究中接触过民国年间各种混乱的灾情报告，深感这番讲话绝非耸人听闻。1931年4月1日国民政府成立主计处统计局，初步有了一个主办全国数字计算的机构，但是，统计局同其他部门以及各省当局关于这次水灾的统计数据彼此参差，某些同类数据甚至相差很远。比如，全国到底有多少人死于洪水，就也许是一个永远也无法精确算出的数字了。这里，我们只能把所见到的官书、档案同慈善机构、报纸杂志的有关记载，加以参证比较，择其要者，将八省重灾区的损失情形，简要列表如下。②

	县份			人口			农田			死亡人口	经济损失（万元）
	总县数	被灾县数	百分比	总人口（万）	被灾人口（万）	百分比	总农田（万亩）	被灾农田（万亩）	百分比		
安徽	61	48	79	2 171	1 070	49	4 880	3 297	68	112 288	38 346
湖北	70	46	66	2 670	956	36	6 100	2 360	39	65 854	51 843
湖南	76	66	87	3 150	636	20	4 660	1 180	25	54 837	36 400
江苏	61	35	57	3 412	887	26	9 170	3 670	40	89 360	53 100
浙江	75	40	53	2 064	277	13	4 220	800	19	329	6 100

① 参见《申报》，1930年2月4日。

② 主要数据来源：《中华民国统计提要》，1935年；《国民政府救济水灾委员会工振报告》，1932年；《统计月报》，1931年10月号；《中行月刊》，1932年第4卷1、2期合刊，《安徽省民政报告书》，1932年12月；《湘灾专刊》，1931年；《江西年鉴》，1936年；《河南水灾》，1931年；中国第二历史档案馆藏件，全宗号257，案卷号421；《中国华洋义赈救灾会湖北分会报告》，1932年；天津《大公报》，1931年11月20日；《中国人口新统计》，载《东方杂志》，第28卷第7号。

续前表

	县份			人口			农田			死亡人口	经济损失（万元）
	总县数	被灾县数	百分比	总人口（万）	被灾人口（万）	百分比	总农田（万亩）	被灾农田（万亩）	百分比		
江西	82	37	45	2 032	202	10	4 160	940	23	7 227（赣北沿江各县）	8 500
河南	110	84	76	3 056	897	29	11 300	3 015	27	85 604	29 960
山东	107	30	28	2 867	386	13	11 070	1 400	13	7 000	4 100
合计	642	386	60	21 422	5 311	25	55 560	16 662	30	422 499	228 349

我们不能说这个统计已经很全面了，但这比迄今一直被引用的某些彼此矛盾的数据，如说被灾 290 个县（一说 131 个县），死亡 360 万（一说 26.5 万），灾民 1 亿（一说 2 500 万），淹田 25 500 万亩（一说 14 130 万亩），可能要相对接近于客观实际。

这里还可以对上表所反映的灾区损失及其影响，做若干更为形象的说明。

22.8 亿多元的损失，对于当时的中国经济是一个天文数字。国民政府中央的主要财政收入是关、盐两税，1931 年共为 4.11 亿多元①，不到这项损失的 1/5。更何况这个政府年年内战、岁岁偿款，弄得库空如洗、债台高筑。政府拿不出钱来办赈，只好在连年已发行了各种公债库券 9 亿元之后，又追加救灾公债 8 000 万元。② 这笔公债，只相当于水灾总损失亿元的一个零头，由于所有重要税收，已经在历年发行的各种债款中抵押净尽，市面上债券价格下跌到只有二三成。政府再强行发行巨额公债，不仅于事无补，还意味着对社会搜刮的加重，并会造成财政收支上的恶性循环。

在农业各项损失所造成的后果中，对农民威胁最大的是因失收而导致的大面积的饥馑。据有人估计，大水灾中稻的损失约 90 亿

① 参见腾霞：《民穷财尽之前途》，载《国闻周报》，第 9 卷第 5 期，3 页。

② 参见蔼庐：《水灾后之危机》，载《银行周报》，第 15 卷第 32 期，2 页；《水灾严重中之救济情形》，载《银行周报》，第 15 卷第 35 期，41 页。

斤，高粱、小米损失约10亿斤。以每人每年需要米面400斤计，相当于损失了1 800万人的全年口粮。这一年国民政府从美国订购了赈灾小麦45万吨，仅相当于粮食损失的9%。这年冬天有2/3的灾区没有粮食来源。①

耕畜是一般农户的半个家当。大批耕畜被洪水卷走，或被饥寒交迫的灾民出售、宰杀。在金陵大学调查的灾区，平均2家损失耕畜1头。在1931年11月的寒冬之前，131个受灾县缺少耕畜已达200万头。②

水灾后的第一个春天，上述131个县灾区需要种子340万担，平均1家农户为2.7担，但赤贫如洗的灾民无钱或无处购买，大约有1/3的灾区没有种子来源。③

广大灾区的农民，不仅被剥夺了维持简单再生产的条件，而且失去了继续生存的能力。这是20世纪30年代农业危机的最深刻的根源。

第二，农村金融枯竭和地价下跌，是大灾之后的重要经济动向。

1931年灾后农村银根紧缺，成为突出的社会现象。其主要原因，一是农村基本生产条件的破坏和生产量的锐减，使农产品的输出不能抵消对于城市工业品的需求，现金流出多于流入。二是灾区物价急剧上涨。在金陵大学调查的灾区，1931年11月，燃料、秣草比水灾前上涨了30%，谷类上涨了20%。其中安徽省灾后米价上涨40%，麦价上涨30%。农民的现金被粮商吸干。三是由于灾荒和农业破产，农民的借款不易归还，信用紧缩，使城市的金融行业不愿向农村放贷。四是由于农村社会秩序动荡，地主士绅携带资金避入城市。④ 这样就造成了城乡之间资金的异常状况，一方面是农村的严重“贫血”和高利贷资本的猖獗，另一方面则是20世纪30年代初期大都会的现金膨胀。城市里游资充斥，随之而来的则是金融投

---

① 参见《大公报》，1931年11月21日；《金大水灾调查》，载《金陵学报》，第2卷第1期，14页。

② 参见《金大水灾调查》，载《金陵学报》，第2卷第1期，11页。

③ 参见《金大水灾调查》，载《金陵学报》，第2卷第1期，15页。

④ 参见《金大水灾调查》，载《金陵学报》，第2卷第1期，17页；《新创造》，第1卷第2期，16页；《汉口商业月刊》，第2卷第2期，28页。

机事业的畸形繁荣。农村正在崩毁，股市走向疯狂，这就是出现在茅盾的名篇《子夜》里那一大群小说人物的历史背景。《子夜》的强烈的时代感和描述的典型性，使我们可以把它作为 20 世纪 30 年代初期社会危机的教科书来加以阅读。

银根紧缺的农民为了生存，不得不抵卖田产。从总体上看，在 1929 年以前的中国近代史上地价一般呈逐渐上涨状态，但在 20 世纪 20 年代末至 30 年代中期，却出现了异乎寻常的地价下跌。地价下跌的原因比较复杂，它和世界性资本主义经济危机的冲击以及国内各省田赋激增导致农业收益减少和地租不稳有着直接联系①，但是一个明显的现象是，凡是在灾区，地价暴跌得总是分外突出和严重。如前章所述，在 20 世纪 20、30 年代之交的北方大旱荒中，西北、华北的若干省份，地价急剧跌落。1931 年大水之后，这种现象由北方的局部地区向南方大面积地发展。11 月初，江淮流域 5 省 81 县，地价下跌了 37%，其中皖北竟下跌了 49%，而高利贷率则平均提高了 1/3。② 这种现象，反映了灾区由于典田卖地的农户相当普遍，于是地主富豪和城市商人乘机操纵，迫使农民以借钱典地的方式，将价格狂跌的地产转移到了放高利贷的地主商人手里。地价下跌的趋势一直持续了好几年。据有关文章估计，每亩水田在 1931 年为 60 元，1932 年跌到 56.4 元，1933 年为 52.8 元；每亩旱地在 1931 年为 30 元，1932 年跌到 27.9 元，1933 年为 26.7 元。1935 年是地价下跌的最低点，全国平均地价只相当于 1931 年的 80%。③

在土地需要远远超过土地供应的中国，地价出现了不依供求关系制约的畸形暴跌，这只能从天灾人祸和半殖民地半封建社会的中国对于国际市场的特殊依附关系上来说明原因，而其实质，则是封建剥削的加重和农民生活的绝对贫困化。当时一些经济学者的研究结果表明，同地价下跌相联系的土地集中现象，在江南的水田区甚

---

① 参见王方中：《本世纪 30 年代（抗战前）农村地价下跌问题初探》，载《近代史研究》，1993 年第 3 期。

② 参见《金大水灾调查》，载《金陵学报》，第 2 卷第 1 期，17、35 页。

③ 参见陶直夫（钱俊瑞）：《中国农业恐慌与土地问题》，载《中华月报》，第 2 卷第 4 期；孙晓村：《现代中国的土地问题》，载《教育与民众》，第 8 卷第 3 期。

至比华北更加突出。这些地区出卖土地的不仅有广大农民，还包括了一批没有什么政治地位和经济外援、但在农业危机冲击下失去了土地经营兴趣的中小地主。因此，大批廉价的土地转移到了有雄厚政治背景的官僚、军人或和都市资本有密切关系的地主兼大商人手里。如江苏省有田千亩以上的大地主中，在苏南为军人、官僚的占了27.33%，兼为工商业资本家的占将近30%；苏北的工商业不发达，大地主中57.28%是军人和官僚。① 而另一方面。地价暴跌又造成了农民工资的减少以至失业。苏南金坛、溧阳两县，就有43%以上的雇农失业和沦为乞丐。②

上述反映国民政府统治中心的论述，是中国社会性质的一个缩影：大地主大资产阶级的政治权力以及与权力相联系的城市资本摧残了农村社会，制造了农村创痛。

第三，只有把大水灾的后果同世界性资本主义经济危机的冲击联系起来，才能从一个更广阔的背景上了解农业危机的严重性与持续性。

1931年大水后的粮荒与饥馑，为西方资本主义国家转移经济危机而倾销过剩商品拓宽了通道。随着45万吨赈灾美麦的购进，大量洋米、洋棉源源而来。1932年洋米进口量，从1931年的1 282万担激增到2 684万担；1931年洋棉进口量，从1930年的209万担增加到284万担。这两个数据，都是抗战前米、棉进口的最高纪录。③ 洋米、洋面垄断了上海、武汉、北平、天津等大城市的粮食市场。在进口粮食的冲击下，国内农产品价格同地价互为因果一齐下跌，工农业商品之间形成了巨大的剪刀差。④

---

① 参见陶直夫（钱俊瑞）：《中国农业恐慌与土地问题》，载《中华月报》，第2卷第4期。

② 参见冯和法：《中国农村的雇佣劳动》，见《农村社会学大纲》，第8章。

③ 参见王方中：《1931年江淮大水灾及其后果》，载《近代史研究》，1990年第1期，221～222页。

④ 据时人研究，国内各种农产品的价格，1933年比1931年平均下跌了20%～60%（《中华月报》，第2卷第4期）；稻农买一包棉纱，1931年需米19担，1932年需米23担，1933年需米26担（《中行月刊》第8卷第1、2期合刊）。

一方面，大灾后的中国农村亟待复苏；另一方面，资本主义的经济侵略和国内的封建压迫，又造成了农业生产力的急剧破坏或慢性萎缩，阻塞了这种复苏的一切可能。在 20 世纪 30 年代的农业危机中，无论是饥馑遍地的荒年，还是一季多收了三五斗的“丰年”，带给农民的都是苦难。这里一个最典型的事例就是：“民国二十年的大水使翌年的丰收成灾。”①

1932 年是南京政府建立后的第一个“小康”之年。中国农村熬过了长达四年的旱荒与水灾的巅峰期，雨水润调，各地收成一般相对丰足。然而，就是在长江一带稻谷丰收的时候，全国市场已经被洋米占领。福建、广东等素来仰给长江流域米粮的地区，也不例外，仅广东一口，1932 年就进口了大米 1 200 万担。② 而皖、赣、湘、鄂等省的大米，却由于交通不便，税卡林立，“凡输米出口，辄征重税，任意需索”③，以致粮商束手，大批新粮积压而“谷贱如泥”。

“丰收”的悲剧就在于，刚刚渡过大灾的农户是束紧了腰带，并不惜负债累累来垦复荒田的。他们借高利贷购买种子、租用耕牛，用预押、预卖的方式将田里的青苗换成维持再生产的基金，在店铺里留下了一笔又一笔购买日常必需品的赊账。但是，农民的一切希望，在新谷丰收时都化成了泡影。为了偿还种子、牛租、肥料等各种旧欠，为了赎回押在典当里的土布和冬衣，为了交纳催如火急的田赋和“预征”，他们只能忍痛将粮食贱价抛售。“放下禾镰没饭吃”的农民不能不发出“我们到底为谁种田?”的疑问。

如果将 20 世纪 30 年代的农村危机作为一个历史过程来考察，1932 年的“丰收成灾”正是 1931 年大水成灾的逻辑性延续。水灾、资本主义国家的农产品倾销浪潮和军阀地主的重重搜刮，造成了农民对于货币需求的极端饥渴状态，迫使他们把刚刚上场的新谷乃至自家的口粮都投进了廉价的市场。正如当时有的经济学研究者指出，

---

① 孙晓村：《替中国农民算一笔帐》，载《生活星期刊》，第 1 卷第 19 期。

② 参见孙晓村：《抗战一年来中国经济的动态》，见《中国战时农村问题与农村工作》，1938。

③ 《申报》，1932 年 10 月 7 日。

这是农村危机更加尖锐化的一种形态。①

在本章结束之前，我们有必要进一步对 20 世纪 30 年代的灾荒特征做一点概括。旧中国的农村遇到像 1932 年那种相对风调雨顺的天气仅仅是少有的偶然，而水旱连年则是生态恶化和政治腐败所带来的历史必然。特别值得注意的是，20 世纪 30 年代，又恰逢中国近代史上大洪水集中而频繁的时期。除了 1931 年的大水灾之外，还发生过 4 次危害严重的水灾。②

1932 年 8 月东北松花江洪水，哈尔滨全市被淹，溺死 2 万人，12 万人流离失所。吉林、黑龙江两省沿江县乡没于洪涛，灾民数十万。

1933 年 8 月黄河中下游洪水，陕、晋、豫、冀等省连决数十口，为 20 世纪以来最大的一次河患。灾区遍及华北 6 省并波及苏北地区。据不完全统计，受灾面积 8 600 平方千米，毁屋 169 万间，灾民 364 万人。

1935 年 7 月长江中游再次发生大洪水，自宜都至城陵矶的干流河段及汉水的水位超过 1931 年，荆江大堤溃决，长江中下游平原受灾 2 264 万亩，毁屋 40.6 万间，灾民 1 100 多万，死亡 14.2 万人。

1939 年 7、8 月海河洪水，河北全省 103 个县沦为泽国，灾民数百万，天津市区 4/5 被淹，房屋倒塌，财物漂流。

十年之中，平均两年发一次大水灾。洪水的创痛布满了 20 世纪 30 年代的历史，构成了这个时期的中国灾荒史的重要特征。

水灾，在中国大地上到处留下了饥馑和死亡。

---

① 参见姜君宜：《一九三二年中国农业恐慌底新姿态》，载《东方杂志》，第 29 卷第 7 号。

② 参见《中国历史大洪水》（上下卷）、《近代中国灾荒纪年续编》的有关内容。这 5 次都是天灾，如果加上 1938 年南京政府制造的花园口决口事件（详见下章），则 10 年中大水凡 6 次。

玖　人祸天灾
——1938 年的花园口决口事件

近代史上黄河平均三年两次决口的河患，是当时中国社会的一大祸害。然而，由政府最高当局下令破堤决口，人为地制造了面积广达三省、泛滥长至九年的黄泛区却只有一次，这就是 1938 年由国民党政权制造的花园口决口事件。

花园口，这本应是个美丽的地名，却和黄河的灾难结下了不解之缘。据说，这个位于黄河南岸，距离郑州约十千米远的村庄，原来叫作“桂家庄”。明朝时有一位吏部尚书在这里购田置产，修建了一座花团锦簇的大庄园，方圆五百亩，远近驰名。不料迁徙无常的黄河竟从这里决口改道，滔滔浊流把那座大花园连同桂家庄一起无情地吞没了。河决之后，当地老百姓为了来往方便，在决口处设了一个渡口，花园口便因此而得名。此后，该处决口虽经堵复，但一直成为黄河南岸大堤的一段著名的险工，屡经溃决，为害匪轻。然而，这一切的灾难还不足以表现“花园口”三字在中国灾荒史上的分量。这个在当时普通地图上不着标志的小村庄之所以一夜之间闻名于世，完全是出于下面所要描述的这场惨绝人寰的大悲剧。

“以水代兵”的荒唐决策

1938 年，烽火弥炽的抗日战争进入了第二个年头。静谧的中州平原，在日本侵略军铁蹄的震撼之下骤然动荡起来。

这一年 2 月初，日本华北方面军土肥原贤二第 14 师团，为了策应津浦路日军的徐州作战，发动了对豫北的进攻，在不到一个月的时间里，接连突破国民党十万守军的防线，先后攻陷南乐、清丰、汤阴、淇县等豫北25个县，一直侵犯到黄河北岸的垣曲、王屋、济源、孟县、温县、武陟、封丘、长垣、濮阳一线，与南岸中国守军隔河对峙。至5月中旬，日军大本营在徐州会战取胜以后，随即着手实施在华中地区进行大规模作战的侵略计划，其目的“在于摧毁蒋政权的最后的统一中枢（按：指武汉），和完成徐州作战以来的继续事业——黄河和长江中间的压制圈”①，进而逼蒋求和，“支配中国”②。为此，日华北方面军利用中国军队从徐州向西南溃败之机，兵分数路，长驱直进，意在占领兰、封，切断陇海路，消灭陇海路东段中国军队的主力，进而占领郑州，沿平汉路南下，与江西之敌相呼应，会攻武汉。5月9日，日军土肥原贤二第14师团首先从北路发起攻势，由豫北迂回山东，分别由济宁、鄄城强渡黄河，占领鲁西，并继续南犯，兵峰直指兰、封。5月18日，日军第16师团一部于攻陷丰县后，直扑砀山、商丘（归德），从东路进行侧面夹击。5月25日，日军第10师团主力亦奉命“急速进入亳州寻敌发动攻击”，试图在占领亳州后，进犯鹿邑，占领太康、扶沟、淮阳、许昌，切断平汉线。中原形势极为严峻。

为了抵抗日军战略计划的实施，保卫郑州，国民政府军事委员会决定发动兰封会战，先后调集了宋希濂、桂永清、俞济时、李汉魂、胡宗南等部约三十个师的优势兵力，对来犯日军发动反攻，企望依靠战术上的主动，将其一举歼灭在兰封附近。蒋介石并亲临郑州督战。但是，在日军凶猛的攻势面前，国民党几十万大军丢城失地，溃不成军，使日军得以先后攻陷豫东之永城、虞城、商丘、鹿邑、柘城、宁陵、睢县、民权、兰封、杞县、太康、通许、陈留、开封、尉氏、扶沟、中牟，直迫郑州，平汉路受到严重威胁。

当此紧急关头，国民党第一战区一方面以“避免与西犯之敌决

---

① 日本防卫厅防卫研究所战史室：《中国事变陆军作战史》，第2卷第1分册，107页。

② 同上书，90页。

战，并保持尔后机动力之目的”为由，全军向平汉路以西地区迅速撤退①；一方面又决定扒开郑州黄河大堤，企图以泛滥的洪水阻敌西进，从而迟滞日军会攻武汉的进程。实际上，这种所谓决河制敌的计划，在国民党军政当局是酝酿已久的了。早在1935年日军控制河北、威胁河南时，一些国民党要人就有过决堤之议。当时在武设行营任职的晏勋甫，曾就日军可能侵犯郑州一事，拟出两个应付方案：一是将郑州付之一炬，使敌人无法利用；一是挖掘黄河大堤，阻敌西进。1938年4月，CC系头目陈果夫也致函蒋介石，认为只要将地势较为低下的河南武陟县沁河附近的黄河北堤决开，使全部黄水北趋漳、卫，不仅可解大局，还可致敌于危地。蒋介石批示：将此议交第一战区司令长官核办。徐州失陷后，决堤之议更是纷纭四起，有人主张决河南铜瓦厢堤岸，有人建议由黄河南堤黑岗口等处决口，虽然决口地点所见不一，但战术用心却不谋而合。因此，在6月初国民党于武汉召开的一次最高军事会议上，经过长期思虑而又仓促应战的蒋介石最后批准了这一所谓“以水代兵”的秘密方案。

据有关记载，此次决堤工程是由蒋介石指定的第十二集团军总司令商震负责督工实施的。6月4日，该部第53军一个团即“奉委座电令在中牟县境赵口掘堤，并限4日夜12时放水”，但由于挖口过窄，待掘至水面，宽不过一米，难以为继，因而直至次日上午尚未完成。蒋介石当即在电话中命令商震“严厉督促进行”，商震续派工兵营营长蒋桂楷携带大量黄色炸药与地雷，准备炸破河堤，又派第39军的一个团予以协助，同时悬赏法币千元，以图加快速度。当夜，工兵营炸开了堤内斜面石基，但因黄河“春冬水落”，水发量小，“仅流丈余，即因决口两岸内斜面过于急峻，遂致倾颓，水道阻塞不通”②。于是商震又令第39军刘和鼎部在第一道决口以东30米处另派一团士兵开第二道决口，同时采纳当时担任黄河铁桥守备的

---

① 参见中国第二历史档案馆藏，国民政府军令部战史会档案，薛岳命令，1938年6月2日，转引自张宪文编：《抗日战争的正面战场》，127页。

② 中国第二历史档案馆藏，国民政府军令部战史会档案，第十二集团军参谋处长魏汝霖呈报黄河决口经过，转引自《抗日战争的正面战场》，128页。

新八师师长蒋在珍的建议，在郑县花园口另作第三道决口。据第39军参谋处长黄铎五回忆，6月7日，蒋介石为此特向第一战区长官司令部和刘和鼎发出密电，声称“为了阻敌西犯，确保武汉”，“决于赵口和花园口两处施行黄河决口，构成平汉路东侧地区间的对东泛滥”，其赵口之决口，限刘和鼎部“两日内完成”，花园口之决口，“令109师（原东北军万福麟部）负责，仍由39军统一指挥”。与此同时，第一战区司令长官也根据蒋介石的决策发出同样指示，并派出长官司令部兵工专家负责设计和指导。刘和鼎随即派员勘察地形并着手施工。但赵口一带土质多沙，挖出的坑道，或被大风刮起的沙土填平，或被河水冲塌的堤土堵塞断流，虽然一再返工，仍不能依限完成。① 而这时日军已逼近中牟白沙镇，蒋介石“异常焦灼，日必三四次询问决口情况”②。他还用电话指责刘和鼎说：“这次决口有关国家、民族的命运，没有小的牺牲，哪有大的成就，在紧要关头，切戒妇人之仁。必须打破一切顾虑，坚决干去，克竟全功。”③ 不过，此前已由新八师两个团和一个工兵连代替第109师万福麟部担任的花园口决堤任务，进展较快。先是在掘堤之前，蒋在珍谎称日军即将到来，把花园口一带的群众赶到十里以外，封锁消息；又密布岗哨，选出身强力壮的八百多名士兵，分五个小队，轮流掘堤，夜间则用汽车上的电灯照明，通宵工作。④ 他们吸取赵口决口塌方的教训，将决口加宽至五十米，斜面徐缓。至9日晨6时，用炸药炸毁了堤内斜面石基，9时放水，“初水势不大，约一小时后，因水冲刷，决口扩至十余公尺，水势遂益猛烈”⑤。但当局还唯恐决

---

① 参见黄铎五：《抗日战争中黄河决口亲历记》，见《江苏文史资料》，第2辑，75～77页。

② 中国第二历史档案馆藏，国民政府军令部战史会档案，第十二集团军参谋处长魏汝霖呈报黄河决口经过，转引自《抗日战争的正面战场》，128页。

③ 黄铎五：《抗日战争中黄河决口亲历记》，见《江苏文史资料》，第2辑，77页。

④ 参见徐福龄：《蒋介石在黄河上犯下的滔天罪行》，见《河南文史资料》，第1辑，2页。

⑤ 中国第二历史档案馆藏，国民政府军令部战史会档案，第十二集团军参谋处长魏汝霖呈报黄河决口经过，转引自《抗日战争的正面战场》，128～129页。公尺，公制长度单位，米的旧称。

口太小，又急电薛岳，调来两门平射炮和一排炮兵，向已挖薄的堤岸一连发射六七十发炮弹，将缺口又炸宽了2丈，“水势骤猛，似万马奔腾”①。加上当时大雨如注，决口愈冲愈大，到6月末已达150米，7月2日再增为217米，7月30日竟宽达323米。② 而这时的赵口决口也被河水冲刷开来，“至（6月）11日大雨，水流激增，势甚汹涌，水头高达丈余，决口扩至60余公尺，12日水流甚急，15日决口大至120公尺”，至7月19日，又扩大到300米。③ 决口之水由三刘寨直向南流。在中牟同花园口水流相汇合，沿贾鲁河、颍河、涡河之间的低洼地势向东南奔腾急泻，横冲直撞，水面宽度也由最初的几里、十几里迅速扩展至一百多里，泻入正阳关至淮远一段的淮河干流，进而横溢两岸各地，并经洪泽、宝应、高邮诸湖，由长江入海，从而形成20世纪以来最重大的一次黄患。④

花园口黄河决堤，一度将日军约两个师团的主力困于洪水之中，迫使日军中止了向郑州的推进。然而从战略意义来说，这种扒堤决河、“以水代兵”的手段在军事上所取得的成效，毕竟只是暂时的、次要的，更是得不偿失的。滚滚浊流虽然使日军在黄淮平原上无法行动，但并未能阻止日军对武汉的会攻。日军很快改变了进攻方向，将其主力南调，并配以海军，溯江而上，6月12日攻陷安庆，6月30日进占马当，后又连陷湖口、九江，8月初即全面展开了对武汉的大规模围攻。在纵横数千里的战场上，国民党百万大军节节抵抗，终以不支而于10月25日弃城西逃。蒋介石政权“以水代兵”、保卫武汉的荒唐决策至此彻底破灭了。而实施这一计划的主要结局，则是使豫、皖、苏三省千百万人的生命财产尽付洪流，使中原大地横罹浩劫。这实质上是国民党消极防御战略的必然结果，是蒋介石片

---

① 中国第二历史档案馆藏，国民政府军令部战史会档案，新八师参谋熊先煜抗战日记，1938年6月7日至9日，转引自《抗日战争的正面战场》，129页。

② 参见《河南民国日报》，1938年7月31日。

③ 参见《申报》，1938年7月21日。

④ 有些地理学研究者将花园口决口称为黄河的第7次大徙，“就颍涡泛道来说，为近350年来灾情最重一次的黄泛”（罗来兴：《1938—1947年间的黄河南泛》，载《地理学报》，第19卷第2期）。

面抗战路线的最典型的实例。

也就是在6月9日花园口大堤炸决之时，国民政府即命令在汉口的中央党部及各机关转移到重庆及昆明等地。同时由蒋介石发表声明，对抗战以来所谓“以空间换时间”的最高军事战略做一阶段性的总结，声称“已往作战的经过，更足证明在阵地战上我军力量之坚强”，“现在战局关键，不在一城一地之能否据守”，而在于“避开敌人的企图，同时逼迫敌人入于我方自动选择之决战地域，予以打击。长期抗战，此为最大要着”①。蒋介石的声明，无异于向国人发出了弃守武汉的宣言书。如果把它和恰在这一天从花园口穿堤而出的洪水联系起来，人们不难看出，蒋介石之所以迫不及待地炸堤决河，造成大面积的黄泛区域，与其说是保卫武汉，不如说是为其退守西南争取时间。当然，如前所述，面对日军的强大攻势，国民政府也不是没有组织军队去进行抵抗，在兰封会战中甚至投入了数倍于敌人的优势兵力，并曾一度将西进日军主力土肥原师团围困在内黄、仪封和民权之间的狭小区域，但由于国民党军事指挥部门的腐败无能，使得这种抵抗乃至攻势终至于冰消瓦解。早在1936年，国民政府军事委员会便把河南作为国防重点，并以归、兰、郑、汴为中心，修筑了钢筋混凝土的国防工事。但在兰封会战急如星火之际，军委会还没有把有关工事图送到作战部队手中，以致部队无法确定国防工事的位置以顺利进入阵地，从一开始即陷入被动。而这些没有发挥作用的国防工事，后来却变成了日军负隅顽抗的依托，反过来给中国军队以重大杀伤。而在整个会战过程中，国民党的许多军官，尤其是高级将领畏敌不前或临阵脱逃的情况层出不穷，更是直接削弱了中国军队的战斗力。连蒋介石也不得不承认，“此次鲁西之敌以极劣势兵力，到处窜扰，毫无忌惮，而我军以极有利态势……犹未将兰封及其以西地区之敌彻底解决”，反而一败涂地，正是由于“各该军长等指挥无方，行动复懦，以致士气不振，畏缩不前”②，“在战史上

① 《大公报》(汉口版)，1938年6月10日。

② 中国第二历史档案馆藏，国民政府军令部战史会档案，蒋介石手令，1938年5月27日，转引自《抗日战争的正面战场》，125页。

亦为一千古笑柄”①。更何况在这场抵御日本侵略者的民族战争中，国民政府仅仅依靠正规部队的防御作战，从不发动或利用民众力量同仇敌忾，共御强敌，以致一旦战场形势急转直下，就只有依靠黄河，以水代兵了。正如一位论者所指出的：“国民政府如果能发动民众开展抗日武装斗争，其牵制力量必定会比消极的以水代兵大得多。”②

应该说，蒋介石和国民政府对于扒决黄河大堤将要产生的严重后果是非常清楚的。早在掘堤之前，国民党中央通讯社就曾连续发表日军飞机轰炸河堤的电讯。掘堤完成后，蒋介石又于6月11日密电第一战区司令长官：“须向民众宣传敌机炸毁黄河堤”③，以欺骗社会舆论。国民党中央通讯社随即从郑州发出专电，声称：“敌军于九日猛攻中牟附近我军阵地时，因我左翼依据黄河坚决抵抗，遂不断以飞机、大炮猛烈轰炸，将该处黄河堤炸毁一段，致成溃口，水势泛滥，甚形严重。”④ 次日又发出所谓郑州专电云：“敌机三十余架，十二日晨复飞南岸赵口一带，大肆轰炸，共投弹百枚，炸毁村庄数座，死伤难民无数，更在黄河决口处扩大轰炸，致水势愈猛，无法挽救。”⑤ 6月30日国民党军委会政治部部长陈诚在汉口举行的记者招待会上重复了这一套虚假的宣传。⑥ 同一天，蒋介石在接见《伦敦每日快讯》记者时发表的谈话，一面曲意掩盖事实，一面又不无得意地宣称：“豫省水灾……日人亦承认其作战计划，受水灾影响，日军在水灾区所受之损失必大，中国方面，不甚受水灾影响。”⑦ 蒋介石心目中的“中国方面”，自然是指他统率的军队，而不是被大水吞没的民众。为了对付外国记者的采访，国民政府特令新八师在花园口附近伪造了一个轰炸现场，还煞有介事地调集大批

---

① 中国第二历史档案馆藏，国民政府军令部战史会档案，蒋介石致程潜信，1938年5月28日，转引自江苏省史学会编：《抗日战争史事探索》，136页。

② 《抗日战争史事探索》，140页。

③ 《江苏文史资料》，第2辑，78页。

④ 《申报》，1938年6月12日；《大公报》，1938年6月12日；《河南民国日报》，1938年6月12日。

⑤ 《河南民国日报》，1938年6月13日。

⑥⑦ 《东方杂志》，第35卷第15号。

士兵、民工“抢堵缺口”，试图混淆视听。此后，国民党的宣传基调一直未变。不过，到1983年9月9日，当历史的真相早已经大白于天下的时候，何应钦在台湾黎明文化事业公司重版他的旧作《日军侵华八年抗战史》时，仍然口风不变，重复几十年前中央通讯社的谰言，就未免显得过于滑稽了。其实，尽管国民政府百般掩饰，当时一些中外记者还是窥破了决口的真相。法国《共和报》的一则评论不无讥讽地指出：“中国已准备放出大龙两条，即黄河与长江，以制日军的死命，纵使以中国人十人之命，换取日本人一个性命，亦未始非计。”① 抗战后期乃至结束之后，国民政府的一些高级官员和学者在其谈话或著述中也隐约承认决口的真相，只不过每每以“害在地方，功在国家”一类的言词聊以自慰罢了。

黄泛区挽歌

> 黄水望无边，灾情实堪伤。村村皆淹没，家家尽饥荒。贫者本苦难，富者亦无粮。结队离田园，流浪至何方？忍饿暑天行，面瘦黑又黄。偕妇载婴儿，啼号道路旁。日落原野宿，辗转秋风凉。流民成千万，何处是安乡！

这是《河南民国日报》一位署名“冠生”的记者在调查黄泛灾情时触景生怀所作的一首诗，它以直白的语言勾勒出一幅伤心惨目的泛区流民图。不过，这首诗所描写的还仅仅是这场特大浩劫的一个小小的侧面，远不能反映决口之初那种骇人心魄的凄惨情景。由于这次决口纯粹是人祸，决口时又并非黄河汛期，加上战云四起，兵荒马乱，故而决口对于罹难民众来说，犹如狂飙骤至，措手不及。当滚滚黄水夹带着刺骨的狂风，晃动着沿河的大地，像千万头巨兽咆哮着奔腾而来时，“人民一些儿不知道，事先既无准备，临时又无逃避之法”②，

① 《河南文史资料》，第1辑，3页。
② 《善后救济总署河南分署周报》，第100期，1页。

只能任由浊流漫卷，洪涛肆虐，随之受到的打击，也就比往常的决口泛滥来得更加沉重，也更加惨烈。

决口之后，河南省首当其冲。由于豫东平原地势平坦，河床狭浅，黄水自溃口穿出后即以万马奔腾之势，向东南直泻而下，6月13日横贯中牟，14日至尉氏，15日入扶沟，16日入西华，20日至淮阳、周口①，千里平原，顿时淹浸在滚滚洪流之中。据有关报道，大溜所至之处，汹涌澎湃，声如雷动，或“宽约十余里，深三五尺至丈余不等”；或“宽约五十华里，深一丈至二丈不等”②。有的甚至“幅员南北百里，东西三十里，深三尺至丈余”③，转瞬之间，“呼号震天”，“人畜无由逃避，尽逐波臣；财物田庐，悉付流水……其悲骇惨痛之状，实有未忍溯想。间多攀树登屋，浮木乘舟，以侥幸不死，因而仅保余生，大都缺衣乏食，魂荡魄惊”④。洪水过后，“那一望无际的浪涛中，只能见到稀疏寥落的树梢在水面荡漾着，起伏的波浪卷流着木料、用具或大小尸体。孩子的摇篮随着河水漂浮，还可以断续听到啼哭声。全家葬身于洪水者不知凡几，甚至有全村、全族、全乡男女老幼无一幸免者”⑤。其中如中牟，“全县三分之二陆沉”，难民均“扶老携幼，纷纷向西迁移”⑥，仅郑州附近，就聚集了数万难民，“食住皆无，情况堪怜”⑦。鄢陵县“水深时，高粱梢头可以渡船”，到8月中旬，“水落了，还是一人深的淤沙稀泥，房屋倒塌的一片模糊，灾民用仅有的抢回来的干草搭成茅蓬，在干丘上居住者，往日的大街，现在成了渡船的路沟”。扶沟灾情更重，受灾面积，“东西宽约三十余公里，南北长约七十余公里，竟占全县的十分之八，全县人口三十六万，灾民二十四万人还要多”。大部分

① 参见《河南民国日报》，1938年7月4日。

② 《申报》（汉口版），1938年7月17日。

③ 《河南民国日报》，1938年7月19日。

④ 《河南省黄泛区灾况纪实》，转引自黄河水利委员会编：《黄河水利史述要》，375页。

⑤ 《江苏文史资料》，第2辑，77～78页。

⑥ 《大公报》，1938年6月13日。

⑦ 《大公报》，1938年6月23日。

难民成群结队，四出逃荒。在许昌到鄢陵的路上，“每个村庄的旁边，每个大树荫下，都可看到这流浪之群，展晒着被黄水浸透的被窝，在一旁陈列着小车、挑筐、柴捆，破破烂烂的东西”，每当有人上前问个究竟，“一句话还没问到底，就引起周围一群人的眼红。凄怆的声中回答着：‘一切都淹完了！’”[①] 据河南省政府当年9月上旬的统计，该省遭灾者共有15个县，即郑县、中牟、尉氏、开封、通许、扶沟、鄢陵、西华、鹿邑、太康、淮阳、陈留、沈丘、杞县、广武，被淹面积共25 909平方里，财产损失法币6 296.1万元，待赈难民122.73万人。[②]

黄水出豫后径奔皖境淮河两岸。皖北地势原较河南东南部为低，加以川渠交错，湖泊相望，主要河流如涡、颍、淝诸水均来自豫东，并以淮河干流为其汇注归宿，因此，当黄溜南泛入境后，迅即顺势而下，汇注入淮，黄、淮两水相聚暴涨，致使上下游“淮堤溃决，两岸一片泽国”，受灾县份计有蚌埠、霍邱、阜阳、亳县、涡阳、太和、蒙城、临泉、凤台、寿县、怀远、凤阳、定远、天长、五河、泗县、盱眙、灵璧等18个，被淹面积345万亩，财产损失法币255 640 940元[③]，灾民达300万人[④]。阜阳县受灾最重，因黄水倒灌，“县城数濒危殆”，城外“数百里一片汪洋，其间村墟庐舍、禾稼牲畜，顷刻尽付洪波”。据国民党阜阳县政府的统计，“全县120个乡镇，有80个乡镇埋于黄涛之中，最深者6米以上。淹没了2 676 092亩土地，漂走了166 827间房屋，淹死了3 053人，有572 385人无家可归，僵卧街头，惨不忍睹”[⑤]。凤台县“堤防溢溃，田庐淹没”，城关“平地水深三尺左右，庄稼被淹光，房屋全部倒

---

① 《河南民国日报》，1938年8月25日。

② 参见《河南民国日报》，1938年9月13日。另据1939年7月27日河南省临参会致国民党中央赈济委员会电称，豫东被灾15个县，面积为26 100余平方里，待赈灾民137万人。（参见中国第二历史档案馆藏，全宗号116，案卷号438）

③ 参见安徽省地方志办公室编著：《安徽水灾备忘录》，43～45页。

④ 参见《安徽省淮域工赈防黄工程概况》，1页，1946年1月。据《安徽水灾备忘录》（第45页）对其中11县之统计，共有灾民1 132 635人。

⑤ 《安徽水灾备忘录》，45页。

塌”，继以日寇“烧杀抢掠，无所不为”，“天灾人祸，双管齐下，百姓流离失所，死者无数”①。

此后，黄、淮并涨，直迫苏北。据9月9日《大公报》消息，夺淮而下的黄河大溜，“水头已入洪泽湖，泛滥东流”，加上“夏秋以来，飓风暴雨，平地水深数尺”，洪泽、高邮及宝应诸湖一时宣泄不及，水位骤升，“淮属及高、宝、江、泰等县滨湖地区圩堤溃决，田庐沉没，被灾区域逾十万方里，数百万灾黎待哺殷切”。当泛水高涨之时，“房屋小树，低者没顶，高者半浸”②。虽然这里不可能对当年苏北的灾情提供更翔实的资料，但据此也已经令人惊心动魄了。

由于受当时的政治背景和军事环境的影响，黄河决口直至1947年3月15日始经堵筑合龙，滚滚洪流，一连九年狂奔飞泻，在淮北平原上形成一个面积广袤的泛区，也就是著名的“黄泛区”。因此，豫皖苏平原的广大民众经过黄水的此番残酷的洗劫之后，并不能如往昔一样地重整家园。“开河渠，筑堤防，河东千里成平壤，麦苗儿肥来稻花儿香，男女老少喜洋洋”——这种在和平时期也难得一遇的年景，更成为遥远的梦幻，等待着人们的是一段似乎漫无休止、万劫不复的苦难历程。不过，在揭示这一漫长的苦难历程之前，倒不妨先了解一下黄泛区的范围及泛流变迁的大势。

确切地说，黄泛区，指的是花园口决口之后被黄水淹没或受黄水波及的豫皖苏平原地区。赵口决口南泛水量不大，逐渐淤浅，1939年冬又被日军完全堵塞断流；花园口口门则被炸拓宽，到1941年已达1 145米。③ 以后逐年冲刷扩大，至1946年春竟增为1 460米，水面宽度1 030米，最大水深9米。④ 黄河之水遂尽由花园口一口溃出，纵横于泛区。由于黄水“流缓淤落”所形成的地面沙土淤积和战时敌我双方轮流筑堤的影响，黄泛大溜或东或西，迁徙靡定，摆动无常，因而导致泛区面积不断扩大。在黄水奔流的豫东皖北区

① 《安徽水灾备忘录》，46页。
② 韩启桐、南钟万：《黄泛区的损害与善后救济》，9页，1948年8月。
③ 参见《豫皖黄泛查勘团查勘报告书》，第1章，“黄泛现势”，1941年12月油印本。
④ 参见《黄泛区的损害与善后救济》，68～69页。

域，自西北至东南，长度约达400千米，宽度30～80千米不等。泛区的西界：自花园口西面的李西河起，向东南经郑县城东的祭伯城，中牟城南的姚家，鄢陵、扶沟间的丁桥，至张店绕折西南，经张桥、追赶直至沙河畔的逍遥镇，自此沿沙河北岸至周口，再经南岸的商水至水寨，复沿沙河北岸经界首至太和，再沿颍河西岸，经阜阳城西的襄家埠、城南的李集、颍上西北的四十里铺和六十里铺，直至正阳关。泛区东界：弯曲较少，自花园口东南的来童寨起，东南经朱仙镇、通许南面的底阁、太康城北的杨庙、城东的朱口至鹿邑城南，再沿十字河至涡河河畔的涡阳，过此泛界向西折，沿淝河南岸至淝河口，再沿西淝河东南下至五市集，又折向西，经颍河西岸的正武集再折向东经板桥集、张沟集，自此沿西淝河东岸直至凤台城。其中只有淮阳城附近和颍上、凤台间两小块高地始终未受水淹。[①]整个泛区包括豫、皖、苏三省共44个县市，其中河南20个县市，安徽18个县市，江苏6个县市。[②] 从1938年6月到1947年3月近9年的时间里，狂放不羁的洪涛巨流就在这一大片广阔的土地上滚动着、咆哮着，肆意地蚕食着，无岁不灾，无灾不重。据统计，仅河南一省的官堤民埝，大小决口就有32次、91处之多。[③]

下面，我们就从有关记载中撷取一些片断的资料，对黄泛区人民漫长的苦难历程，做一个小小的剪辑。

1939年：夏秋之交，河南省“淫雨连绵，山洪暴发，黄水骤涨，贾、沙、颍、京、双各河会流泛滥，巨浸茫茫，汪洋似海，一、七等区沿河各县，顿成泽国，田园漂没，庐舍荡然。而被灾最重者，则为七区扶沟、西华、淮阳、沈丘、项城、太康等邑，被淹田禾不下百余万顷，罹难灾黎亦达数百万之众”[④]。

---

① 参见罗来兴：《1938—1947年间的黄河南泛》，载《地理学报》，第19卷第2期。

② 参见《黄泛区的损害与善后救济》，4页。另据当年三省地方政府的报告，计有64个县受灾，包括河南20个县，安徽24个县，江苏20个县。其中灾情最重者36个县。(参见行政院善后救济总署编：《豫皖苏善后复兴计划》)

③ 《善后救济总署河南分署周报》，第63期，4页。

④ 中国第二历史档案馆藏，全宗号116，案卷号438，河南省赈济会致重庆赈济会快邮代电，1940年5月3日。

1940年：仲春时节，正值泛区人民青黄不接之际，黄河“桃汛骤至，麦收又告绝望，往往于数十里之内，村无烟火，野绝行人，不闻鸡犬之声，但听鸱枭之鸣，间有少数一息残喘之饥民，则以蓼子、蛙卵为食，鹄形鸠面，弱不胜风”。至7、8月之交，各地又连降大雨，黄水再次暴涨，“沿河各县如开封、郑州、中牟、尉氏、鄢陵、扶沟、西华、太康等地纷纷决口，多成泽国，人民流离死亡者，接踵相继”①。黄泛自太康西北入涡河后，“流量暴涨，遂于鹿邑西北观武集梁口、时口一带决口四五处之多，东南分流赵王河、清水河、泯河、未唐河，复有支流添溢，淝河南接茨河、东西蔡河一带……四处横溢泛滥，及于淮阳、鹿邑、柘城、沈丘、亳县各县，面积达7 500余平方千米，被灾难民达826 000余人，财产损失总计4 183万余元，形成广阔新泛区，纵横数百里，灾民遍野，惨不忍睹”②。

1941年：凌汛期间，黄河“又决于太康境之王子李，6月间再决于太康境之逊母口，灾区益形扩大”③，自尉氏以下，“横宽达百里左右，汪洋一片，灾黎嗷嗷。……其情之惨，笔难尽述，尤以自尉氏张寺集至太康逊母口之一段为甚。该段内农村田庄全被冲没者随处可见。居民十之八九外逃，残留者非老弱即妇孺，均以断垣废墟栖息，以草种水藻果腹。田亩虽有因淤高而露出者，因籽种缺乏，人畜力不足，亦大都任其荒芜，遍生芦苇、野柳。留于其中之妇女，多以敌区负贩食盐，或利用池滩盐土制晒硝盐为生，跣足裸臂，涉渡泛水，苦情惨状，见所未闻。至病者无资医治任其死，死者无地葬埋任其漂浮之情况，则更惨矣”④。

1942年：8、9月间，河南“鄢陵、扶沟、陈州等十余县，黄泛为灾，悉受水患。由郑州至蚌埠间宽百余里、长有千余里之地，田

---

① 中国第二历史档案馆藏，全宗号116，案卷号427，陈果夫致许静仁函，1940年9月28日。

② 中国第二历史档案馆藏，全宗号116，案卷号425，豫皖边区副总指挥何柱国致重庆赈济委员会电，1940年10月29日。

③ 《豫皖黄泛区查勘团查勘报告书·序言》。

④ 《豫皖黄泛区查勘团查勘报告书》，第1章，“黄泛现势”。

禾冲没，庐舍为墟”①。

1943年：夏间，“皖北各县，黄水泛滥，灾情很是严重。受灾的县份计有：太和、亳县、临泉、涡阳、蒙城、颍上、霍邱、寿县、凤台、怀远、定远、凤阳、五河、灵璧、泗县、盱眙、天长等十多县。灾区面积，广袤几达千里，各县不是全县就是大部沦为泽国”②。据国民党安徽省政府的不完全统计，受灾乡镇283个，受灾田亩7 521 394亩，受灾人口1 853 340人，死亡6 026人。③

1944年：6月，“淮河北、涡河南一带地区，颍水各河泛滥”，时至初冬，“而颍城南、太和西北地区，还是汪洋一片，浩荡数十里，其余地方因决堤而田园堙没、庐舍荡尽者很多。沿河堤上，草棚连绵，每逾数十里，形成一幅悲惨的流亡图。据有关方面调查，受灾面积约千万亩。灾民近百万，日在饥寒在线挣扎，嗷嗷待救”④。

1946年：夏季，皖北各县“大雨滂沱，匝月不止，沙河、淮河、泉河既被黄水流灌，水位高涨平堤，而各县积水数尺，亦无法宣泄，浸达堤根，无土可以抢救，以致沙、淮、泉各河多告溃决，庐舍漂流，田禾淹没。阜阳、颍上、霍邱、寿县、凤台各县，十九逃难外乡就食，陆沉惨像，不忍入目”⑤。其中，“尤以颍、寿两县为最惨重，城外一片汪洋。逃难者多以小舟在风雨中与洪涛搏斗”⑥。

翻一翻近代中国洪灾编年史，还很难找到如此大面积、长时间的毁灭性浩劫。就连当时曾经视察泛区的国民党军政要员也不得不承认：泛区民众“所受之牺牲，所遭之痛苦，诚为抗战军民中最大而最惨者”⑦。

抗战胜利后，著名学者韩启桐等在其著作《黄泛区的损害与善

---

① 中国第二历史档案馆藏，全宗号116，案卷号438，旅洛公民苏天命致中央赈委会委员长孔祥熙呈文，1942年10月7日。

② 《新华日报》，1943年11月17日。

③ 中国第二历史档案馆藏，全宗号116，案卷号425，安徽省政府主席李品仙致中央赈济委员会电，1943年11月5日。

④ 《解放日报》，1944年12月4日。

⑤ 《申报》，1946年8月22日。

⑥ 《申报》，1946年7月16日。

⑦ 《豫皖泛区查勘团查勘报告书》，第一章，“黄泛现势”。

后救济》中，根据有关统计资料，对黄泛区的严重灾情做过如下估计：从淹田面积来看，泛区 44 个县共有 1 993.4 万亩的农田被淹，占泛区耕地总面积的 35%。其中河南泛区（20 个县）淹田 733.8 万亩，占同区耕地总数的 32%；安徽泛区淹田更广，竟达 1 081.9 万亩，占耕地总数的 49%；江苏泛区淹田总面积为 177.7 万亩，占所有耕地的 14%。① 大量的村落被巨流无情地吞没了。1946 年 12 月善后救济总署的一份调查报告向人们提供了一系列骇人听闻的数字：在豫东 17 县中，被毁村落 6 141 个，占原有村落的 45%。淹毁比例占 50%以上的就有 8 个县，扶沟竟高达 91%。②

"蒋介石扒开花园口，一担两筐往外走。人吃人，狗吃狗，老鼠饿得啃砖头。"在九年黄泛时期内，整个泛区共有 3 911 354 人出外逃荒，占人口总数的 1/5。河南泛区原有 6 789 098 人，逃亡 1 172 639人，逃亡率约为 17.3%，其中最高者属西华，为 67.7%，他如扶沟为 55.1%，尉氏 52.2%，太康 32.2%。陈留 27.4%，项城、商水、通许、中牟均在 10%以上。安徽泛区原有人口 9 055 857 人，逃亡2 536 315 人，逃亡率约为 28%，较高者如五河、颍上、凤台、灵璧，依次为 78%、57%、41%和 41%，其他除临泉为 7.5%外，均在 10%以上。江苏泛区逃亡人数相对较少，共计 202 400 人，逃亡率约为 5.7%。人口的死亡也十分惊人。泛区三省共有 893 303 人在洪流浊浪中惨遭灭顶之灾（其中河南泛区 325 589 人，安徽泛区407 514 人，江苏泛区 160 200 人），占泛区总人口的 4.6%。其中被灾较重的县份，死亡率就更高了。如河南的扶沟、尉氏、通许等县分别达 25.5%、26.8%、12.9%，加上逃亡人数，则各县所余人口已寥寥无几。③ 在这些地方，黄水漫漫，芦苇丛生，淤沙堆积，地貌变异，常常是荒草河滩延绵几百里，不见人间烟火。

---

① 参见《黄泛区的损害与善后救济》，18 页。另，该书又载，河南省政府的调查资料为 6 516 103 亩，行政院善后救济总署公布的资料为 9 232 600 市亩。

② 参见上书，7 页。

③ 参见上书，22、33 页。

至于经济损失，也空前惨重。据韩启桐等人的估计，三省泛区农工各业经济损失，折合战前币值为109 176.2万元，泛区民众每人负担5～6元，按照当时我国人均国民收入计算，等于1 900多万人将其一年多的劳动所得全部投入黄水；而且，“其中大半属生产及生活设备（按：因属不动产，或重量大，水发时不易移动），则其影响国民经济之大，固非货币数据所能表达矣”。① 据调查，在河南扶沟县的农村，大概每3家或4家才有一头牲畜，每5个人仅有1把或2把锄头，生产工具极度匮乏。② 这样，在大量的土地、房屋、生命等被汹涌的洪流吞没之后，残留在黄泛区的民众连原本十分落后的向大自然索取生命之源的生产能力，也被剥夺殆尽了。“家无家，粮无粮，刀尖之上过时光。”人类在这里仿佛倒转回了五六千年以前靠采集和捕鱼为生的原始时代。因此，也就难怪泛区人民广泛流传着这样的一句口头禅——“黄河把我们杀了！”③ 寥寥数字，一字一泪，饱含着千百万泛区民众无限的惨痛和无尽的哀怨。

然而，泛区民众的灾难远远不止如此。淤沙、旱荒和蝗害，也纷纷降落到千百万灾民的头上。我们知道，挟沙而行的黄河自古就以其“善决、善徙、善淤”的特点而闻名于世，因此，奔腾咆哮的黄河，在使泛区人民饱尝洪流肆虐的劫难之余，还带来了积水淤沙的巨大祸患。黄泛九年，洪水大约把100亿吨的泥沙倾泻到了淮河流域，在泛区平原形成了广袤的淤荒地带。河南省距决口最近，受患最重。据善后救济总署调查处的一份报告，河南“黄泛区面积共计5 821平方公里，淤沙面积约计为1 377平方公里”④。其深度常达一丈五尺以上，安徽次之，一般在三尺到六尺，但颍水两岸淤积较重，可见到三米至四米的淤积层，江苏省有些地方也有数寸至一尺左右的淤沙。⑤ 淤沙使淮河流域大片良田沦为沙丘，并极大地恶化了生态环境，如河南省“黄泛主流经过区域，如尉氏、扶沟、西华、

---

① 参见《黄泛区的损害与善后救济》，33～34页。

② 参见上书，44页。

③ 《河南民国日报》，1943年6月21日。

④ 《河南省战时损失调查报告》，载《民国档案》，1990年第4期。

⑤ 参见《黄泛区的损害与善后救济》，20、45页。

太康等县境……堆积黄土浅者数尺，深者逾丈，昔日房屋、庙宇、土岗已多埋入土中，甚至屋脊也不可见”①。据战后有关方面对这种涸出地面的调查，“其表土上的植生情况，可分下列四种：（1）砂地——砂土地，表面上植株较少，土地面积不大；（2）芦苇地——满生芦苇及杂草，如由尉氏樊家寨迤南至扶沟的白潭、太康的崔桥、扶沟或练寺以南至西华等处；（3）芦苇柳树地——芦苇地上杂生柳树……如樊家附近及鄢陵北部。（4）柳树地——地上满生柳树成林，芦苇等杂生其间，如太康境里的岗子上以南之柳树地，长约 80 里，宽 30 至 40 里不等”②。

不唯如此，黄沙淤积还严重破坏了淮河上下游干支流水系。贾鲁河、沙河、颍河、涡河等水系及褚河、楚河、双洎河、白马沟、东西蔡河等均有不少河段被淤成平地。淮河干流颍河口至正阳关一段，也曾一度淤塞不通。凤台至洪泽湖之间淮河南北岸的茨河、北淝河、浍河、泉河、淠河、沱河及天河、洛河、池河等各支流河口一段均被淤浅。据中华人民共和国淮河水利委员会 1950 年调查，上述各河被淤浅的长度短则 5～10 千米不等，长者达 40 千米，乃至 70 千米，西淝河被淤的三市镇至河口段长达 110 千米，淤泥厚度 1～3 米不等。③ 淮河流域的排水系统更加紊乱了。不少河段因此肥大膨胀，或竟至形成长形湖泊。皖境霍邱的东湖、西湖，寿县的城西湖、瓦埠湖，江苏的洪泽湖等也因黄潮顶入而不同程度地加快了淤积的速率。创痕累累的泛区水系自此极大地降低了自身的容泄能力。这固然是九年黄泛的直接后果，反过来又构成了黄泛愈趋严重的一大原因，并为以后淮河流域的重大水灾埋下了隐患。而且，由于各水系的紊乱和平原地带的淤荒，又使泛区严重丧失了抵御亢旱的自然能力。据 1941 年的调查，自太康大隆岗向正西经大新集至周家口以下达界首集一带长约 300 里、宽达 20 余里的泛区，“支流纵横，淤

---

① 《黄泛区的损害与善后救济》，6 页。

② 汪克俭：《黄泛区工作特述》，见《善后救济总署河南分署周报》，第 100 期，2 页。

③ 参见罗来兴：《1938—1947 年间的黄河南泛》，载《地理学报》，第 19 卷第 2 期。

滩满目”，“水涨时漫流四散，深不过数公寸，水落后细沟数道，宽不过百公尺”①。极易形成干旱缺水的状态。实际上在九年黄泛的中后期，旱情即不断出现，且愈到后期，旱区愈大，灾情愈重。1942—1943 年以及 1946 年间更演成赤地千里、饿殍塞途的惨况。

与水旱灾害的发展相适应，蝗灾也日益猖獗。蝗虫在我国历史上是危害农作物最严重的害虫之一，其繁殖场所主要是河边、湖滨以及浅海滩涂等旱溢无常的地带。据清代顾彦《治蝗全书》载：“大河、大湖、大荡水边有草处，如水不常大盈满；小河、小港、沟漕滨底有草处，水不常满，忽大忽小，忽有忽无：则生蝻。芦稞滩荡及一切低潮有草处，水常有，浅而不深，日晒易暖，则生蝻。”芦苇丛生、淤滩满目的黄泛地带，恰好为蝗蝻的滋生和繁殖提供了极为适宜的生长环境，并成为蝗虫为患中原的大本营。1941 年，河南扶沟、淮阳、鄢陵、尉氏等县即发生蝗灾。② 1942 年泛水沿岸及商水、项城、临汝、太康等地，“飞蝗漫天猝至，旷野迷离”③，所到之处，“地无绿色，枯枝遍野”④。至 1943 年，飞蝗遍及豫皖泛区并向四周蔓延，形成历史上罕见的特大蝗灾。皖北各县，继黄淮泛滥之后，“蝗虫遍地”，大片禾稼失收。⑤ 河南泛区更为严重，蝗虫“蔽日盈野”“掠河西飞”，其“蔓延之速，势如燎原”，面积广达 56 个县。⑥ 此外，还“飞越黄河，侵袭到豫北，至太行山麓的林县、安阳”，连太行抗日根据地的人民也深受其害。⑦ 1944 年河南遭旱蝗灾者仍有 42 个县。⑧ 1945 年 23 县蝗灾，滑县、卫南、高陵一带也被侵入。⑨

---

① 《豫皖泛区查勘团查勘报告书》，第 1 章，“黄泛现势”。

② 参见中国第二历史档案馆藏，全宗号 116，案卷号 438，河南省赈济会元月至十月各县灾情调查表。

③ 《新华日报》，1943 年 9 月 7 日。

④ 民国《太康县志》。

⑤ 参见《新华日报》，1943 年 11 月 7 日。

⑥ 参见中国第二历史档案馆藏，全宗号 116，案卷号 438，河南省政府主席李培基致中央赈委会电，1943 年 8 月 2 日。

⑦ 参见王锡朋：《1943 年——中原蝗灾录》，见《民国春秋》，1991 年第 1 期。

⑧ 参见《解放日报》，1944 年 10 月 28 日。

⑨ 参见《大公报》，1945 年 7 月 2 日；《解放日报》，1945 年 7 月 8 日。

1946年皖北24个被水县份，“几乎没有一县不兼受蝗虫之灾害”①。1947年河南蝗害又起，据河南善后救济分署治蝗委员会的调查，其发源地集中在泛区内扶沟属之练寺区、西华属之红华集及西华老城区和淮属之周口区，总面积近1 000平方里。② 因黄泛而更加频繁的蝗灾逐渐演变成为泛区民众另一重大灾难之源。它和水灾、旱患、沙荒及其他各种蜂集而来的天灾人祸，交替并作，把辽阔中原变成了一座偌大无比的“人间地狱”。

堵建工程的内战阴影

国民党军政当局为了平息舆论，稳定政局，自1938年花园口决口之后直到抗日战争胜利之前，也多少做过一些救济和善后工作。其主要内容可以归纳为以下几个方面：

一是办理急赈，安抚灾民。决口后不久，国民政府派遣中央赈济委员会副委员长屈映光等人赶赴灾区，一面视察泛情，一面在当时黄水经过的郑县、中牟、开封、尉氏、扶沟、洧川、鄢陵、西华、淮阳、太康等十县散放赈款，同时又沿平汉路、陇海路及平汉线以西陇海线以南各县分设难民收容所，“招待流离失所之难民”③。

二是实行以工代赈，修筑防泛新堤。河南省防泛工程由黄河水利委员会会同第一战区长官司令部、河南省政府等有关军政机关组织的黄河防泛工赈委员会主持修建，总长316千米，分两期完成。第一期于1938年7月间兴工，同年9月竣工，上自花园口决口以西的黄河老堤起，沿泛水西岸，下接郑县圃田境的陇海路基，全长32千米。④ 据称，该堤“可屏卫六百万亩土地，一百六十万人口”⑤。

---

① 《申报》，1946年10月29日。

② 参见《河南善后救济分署周报》，第93期，1947年10月20日。

③ 《河南民国日报》，1938年7月5日。

④ 参见《豫皖黄泛查勘团查勘报告书》，第2章，“防泛工堤修筑情形”。

⑤ 《河南民国日报》，1938年9月9日。

第二期从次年4月始续修，至7月间完成。上接郑县圃田境，“经中牟、开封、尉氏、扶沟、西华、淮阳等县境，至周家口沿沙河南岸，迄皖境之界首集止”，计长284千米。① 安徽省当局也奉命组织淮域工赈委员会，“沿溃水所至之处，以工代赈”，其“战时施工者为上游阜阳、太和、颍上、凤台、霍邱、涡阳、蒙城、临泉、寿、亳等十县”，共长13 015千米。②

三是设立垦区，移民垦荒。国民政府先后在陕西南部的平利、陕西北部的黄龙山以及河南西部的邓县设立国营新垦区，遣送黄灾难民从事生产。③

上述措施，特别是后两项，曾被国民政府视为“抗战建国”的“新绩”而津津乐道，但是其实际效果同黄泛区人民所遭受的前所未有的灾难相比，实在是微不足道了。截至1938年底，国民党各级政府投入河南灾区的款项包括急赈、工赈及移垦费等总共不过122.1万元，而江苏和安徽则更少，分别为15万元和0.5万元。④ 此后各省对于泛区灾民的赈济无不如此。1940年安徽省泛区“灾区辽阔，灾民众多”，但从中央到地方发给灾民的赈款，平均“每人只有二分”⑤。二分钱，对于在死亡线挣扎的灾民来说，连苟延残喘的作用都起不到。至于历年修筑的防泛堤工，堤身极为卑薄，如河南防泛西堤，平均高度仅2米，顶宽4～6米不等⑥，根本不足以抵御狂放不羁的洪流巨浸；加上堤工完成之后又交由黄河水利委员会分段设防，而“该委员会遥居西安，深藏后方”，对于各处险工并不能“预为防范”⑦，因而即使在非泛期间也频繁决口，收效甚微。真正担当御灾捍患之责任的仍是那些历经浩劫、孤助无依的孑遗之民。

---

① 参见《豫皖黄泛查勘团查勘报告书》，第2章，“防泛工堤修筑情形”。

② 参见《安徽省淮域工赈防黄工程概况》，1页。

③ 参见陈禾章、沈春雷编：《中国战时经济志》，第7章，7页，1948年5月。

④ 参见《中国战时经济志》，第7章，7页。

⑤ 中国第二历史档案馆藏，全宗号116，案卷号425，李司令长官（宗仁）电，1941年1月13日。

⑥ 参见《豫皖黄泛查勘团查勘报告书》，第2章，“防泛工堤修筑情形”。

⑦ 《河南民国日报》，1943年7月6日。

国民政府之所以一任狂流肆虐而没有实施有效的堵口复堤工程和善后救济工作，固然同当时的战争环境有关，但是更具实质性的原因则在于，以蒋介石为首的最高军政当局在整个的中原抗战过程中，始终没有改变在决口之初就抱定了的“以水代兵”的消极防御路线。在他们看来，广漠无垠的黄泛区域无异于保卫“大后方”的一道巨大的“天然屏障”，因此也就不愿意从根本上去治泛堵口。1941 年 9 月至 11 月，一个由国民党军事委员会西安办公厅，第一、五两战区长官司令部，豫、皖两省政府，黄河水利委员会及导淮委员会共七个机关联合组成的“豫皖黄泛查勘团”，在对花园口至正阳关之间的黄泛情形“周历详勘”后，就曾暗自庆幸“四年来之暴敌不获西逞，中原得告无恙，实所利赖”①。不过从 1940 年开始，由于河道淤垫，泛水大溜东流于太康、淮阳之间，而淮阳以西以南的旧泛区则几乎断流，使得豫皖中国守军受到淮阳日军随时进击的威胁，该查勘团为此又提出三条“整理”意见：一是“收复淮阳使泛流尽走新泛区”；二是“改流回归淮阳南旧泛区”；三是“任其泛滥，就势导引”，“借地之高者筑无碍于军事之圈堤，就地之洼者作有利于阻敌之川沟，略作补救”。② 尽管拟议者反复声称“国防民生，统筹兼顾”，但毫无疑问，上述建议无论哪一条付诸实施，都与根治黄泛、拯救民生没有任何关系，滚滚浊流在他们的心目中不过是一条可以恣意推来阻去的“祸水”而已，姑无论该组织在再三权衡之后最终倾向于“任其泛滥”的第三策了。这实际上是国民党片面抗战路线的继续和发展。从军事的角度看，与日军在豫东占领区强迫民众兴筑防泛东堤以逼水西进的用心并无二致。

尤有甚者，尽管泛区人民已经被无情的黄水剥夺得一无所有而陷入九死不复一生的凄惨境况，国民党军政当局对他们的赋役征派并不曾稍减。虽然“在表面上政府明令泛区免税，但事实上，地方之苛捐杂税名称繁复，且以军事频繁，差役摊派更属重重”③。前面

---

① 《豫皖黄泛查勘团查勘报告书》，第 1 章，“黄泛现势”。

② 参见上书，第 1 章，“黄泛现势”；第 4 章“整理意见”。

③ 《黄泛区的损害与善后救济》，46 页。

曾提到过的记者冠生，在刚刚决口之后就报道了“征兵”这样“一个严重的问题”。这位记者感叹说：“被灾无能为生者都纷纷逃走了，征兵时还要按定额人数征集，缺名的壮丁没有办法，只有联保大家来分摊雇人当差，每保平均分摊百余元、二百元不等。这样，民众的地被淹了，房倒塌了，麦子冲跑了，每天忙着抢堤救灾，还得出钱雇佣兵员，真是千难万难。”① 但是这种负担与人民对于修筑堤坝工程的负担相比，则又微乎其微了。据 1943 年 6 月 21 日《河南民国日报》的社论揭载，沿河各县“每年所用的人工和所出的兵役比较起来，至少要多出十倍以上，人民所出的食物火料，比所出的赋税和捐派多上数倍”。豫皖黄泛查勘团在其机密报告中也承认“此诚傍近黄泛居民之又一重大负担”。据其披露，当时的政府对兴筑的堤坝，都拨有专款，“但兴修工料，率皆摊派于附近居民，所定之价既与市价相差甚巨，所发之价大逊于所定者几倍，其中再经各级经手者之折扣缺发，至实发给作工出料之人民者，已微乎其微”，因此，灾区居民“对每堤坝工程所费之总数，恒十数倍于政府所出者”。如皖北新堤，每一立方土定工价洋一角，但民户则须交纳一元多，而且直到 1941 年下半年，“当局所实发到二十八、九年（1939、1940 年）工价，多者每公方五分，少者仅及八厘，三十年度，则分文未发”，再加之各级经手人“扣除其管理领发之费，所能发及民户者几许，不难推断”②。因此，国民政府组织兴建的防泛堤工，不仅没有能够阻挡得住滚滚洪流的侵袭，反而成为强加在泛区民众脖子上的一条沉重的锁链。

至于国民党驻防军队的行为，更加令人发指。本来国民政府曾明令沿途驻军对泛区逃亡民众予以“护送”，但事实如何呢？1941 年在泛区考察的那些国民党军政大员似乎也为之震惊了。据云：

> 河防部队扎其渡口，灾民无钱则不得过。接送灾民船只，扣供走私之用。濒灭哀鸿，亦只有望洋兴叹。其扶老携幼，泥

① 《河南民国日报》，1938 年 8 月 25 日。

② 《豫皖黄泛查勘团查勘报告书》，第 1 章“黄泛现势”。

> 水涉渡，辗转数十天尚不得登岸者，随处可见。曾有男女老幼灾民数百名停留于太康县大新集附近之泥滩中，鹄候月余，死病尽有，仍不得西渡，为本团所亲见。而查当时先后驻该地之河防驻军，则均扣有大批船只，以供来往运私就中取利之用。至其勒索之重，更为苛及灾黎。彼等规定来往灾民处之贩卖蒸馍及零食者，每人过渡一次亦须缴纳渡口捐三毛，致在大新集街三角一个之蒸馍，到达约三里之灾民处，即加卖至五角，其情形之惨，可谓吮血吸髓。①

抗日战争胜利之后，黄泛区广大民众似乎迎来了一线生机。早在1943年11月9日，当第二次世界大战的战略形势开始发生转折之际，联合国四十八个会员国在华盛顿签约成立“联合国善后救济总署”（简称“联总”），标明其宗旨“为运用联合国家之联合资源与技术，为战争停止之区域，进行善后救济工作”②。1945年1月，国民政府依据有关国际条约的规定，成立“行政院善后救济总署”（简称“行总”），负责实地执行中国战区的善后救济事宜。兼受战火蹂躏和洪灾泛滥的黄泛区域受到了“特别”的关注。在行政院于1944年向“联总”提出的《中国善后救济计划书》中，黄泛区域即被列入其十大分类计划之中，花园口堵口复堤工程则作为黄泛区“复员工作第一急务”。1946年春，豫、皖、苏三省善后救济分署相继成立。次年4月，在黄河堵口工程完成后，“行总”又编制成《豫皖苏泛区复兴三年计划纲要》，并成立“黄泛区业务临时执行委员会”。至1947年11月底，将近两年时间的黄泛区善后救济工作宣告结束。

与战时的救灾工作相比，这次对黄泛区的善后救济计划设想得比较庞大，包括：堵口复堤，疏浚河道，清淤除荒，防沙造林；在交通要道设立难民接待站，在泛区设立粥厂、贫民食堂、残老收容所、医院等食宿机构及医疗组织，动员难民返乡归耕；向灾区发放或贷放农业生产资料，同时举办各种小型习艺工厂；修复校舍，兴

① 《豫皖黄泛查勘团查勘报告书》，第1章“黄泛现势”。

② 国民政府行政院：《行政院善后救济总署工作报告》，1页，1947。

建公路，举办城市公共工程。①

从1946年至1947年，“行总”向黄泛区拨发了一批物资和贷款。② 据《黄泛区的损害与善后救济》一书宣称，共修复河堤980余千米（不包括花园口堵口工程），收容难民1 334 191人，医治难民196 003人，在凿井修路、植树捕蝗等方面，也取得了一些进展。③

然而，这次善后救济远远没有达到“行总”所宣称的目标。由于它是在“行总”的领导之下利用“联总”提供的物资来实施的，因而就决定了其工作的临时性和物资供应的有限性。正如河南分署的一些官员所说的，“以八年来的灾难，要用不到两年的时间去救死扶伤，而使创痛皆起”，“自不免要感到推进业务的困难”④；尽管一些工作人员也曾“费尽心思，想叫那一片人民活起来，土地能够生长东西”，但是“这个工作，可以说刚刚开始，也可以说只是一种尝试”⑤。该省的善救工作虽然比其他两省略见成效，但还是根本无法与黄泛期间相应的损失相比。在全部被淹土地中，只有36.21%涸出待耕，复耕的更少，约有22.05%，被接遣归耕的难民也仅相当于所有逃亡人数的39.51%。至于发放的食粮、农具、牲畜以及修建的房屋则更少，分别占损失数的1.19%、11.85%、0.02%和0.12%。⑥所以，当时泛区的工作人员在工作结束时就曾感叹道：“归来的难民，虽然受着我们的救济，但是粥少僧多，杯水车薪，并且在缺乏农具的情况下，也没有生产能力。他们没有衣服穿，没有粮食吃，没有房子住，也没有工作做。在这样风雪严冬之时，他们的确是不易活着呢！”⑦

即使是已经进行的救济事项，在具体实施过程中也存在着很大

---

① 参见《黄泛区的损害与善后救济》。

② 参见国民政府行政院：《两年来的善后救济》，38页，1947。

③ 参见《黄泛区的损害与善后救济》，74、81、84、93页，附表27、28、29、31、32、37、38、39、40。

④ 《善后救济总署河南分署周报》，第100期，13页。

⑤ 同上书，1～2页。

⑥ 参见上书，58页。

⑦ 同上书，2页。

的弊端。由于“行总”和各分署及其所属机构的业务，大都采取合作办理、委托办理或径交地方政府办理等形式，这就使得国民党政权在覆灭前夕那种无以复加的官僚积习和腐败之风得以大量侵入，从而严重地腐蚀了善救工作。如当时各项工程均实行以工代赈，这些工程大都交由政府机关办理，花园口堵口工程及各县市工程不少采用落后的“包工制”，因此“工人所获的实惠，遂在层层刮取下招受剥削”①。而且这些堵口复堤的工人，大部分是由地方政府强行征派而来的，极大地妨碍了泛区灾民的农业生产；加上“行总”在工赈工程中“仅能补助工人食粮，对其他建筑费、材料费，按照规定均不在补助之列，故各县办工赈之际，闻有向民间摊派材料费、工款等”②，结果加重了灾区人民的赋役负担。

进而言之，“行总”毕竟直属于黑幕重重的国民党政府行政院，而所有物资又大都来源于积极支持国民党发动内战的美国，因此，在工程执行过程中必然秉承国民党及其后台美国当权派的意旨，而远远背离了“联总”声称的灾区赈济“不以宗教、政治、信仰、种族之不同而有差别”的一般原则。抗战胜利之后，泛区的政治环境错综复杂，国统区和解放区交织并存，时有变动。在 1947 年 4 月至 5 月，河南泛区国民党占领区只占 5%，双方争夺区域占 20%，解放区占 70%；皖北泛区，国统区占 65%，争夺区占 35%，解放区 5%。而苏北在 1946 年 8、9 月前完全为解放区，同年 11 月才被国民党军队占领。③因此，尽管“行总”一再声称“公平原则”，实则对解放区的施救极为有限。河南省的救济工作多偏于泛区西部，江苏省自始至终并未在人民政权所在的泛区推行救济工作，“其工作之重心在江南，即在苏北所救济之难民，又多为政治难民，而真正应受救济的泛区难民，并未受到救济”④。实际上自 1946 年 7 月后，除了皖东北地区勉强坚持到次年 2 月，对其他解放区的救济工作均完全停顿。⑤

---

① 《黄泛区的损害与善后救济》，78 页。

② 《善后救济总署河南分署周报》，第 100 期，19～20 页。

③ 参见《黄泛区的损害与善后救济》，65～66 页。河南、皖北比例数原书如此。

④ 同上书，79 页。

⑤ 参见上书，66～67 页。

特别需要指出的是，在新旧中国两种命运大决战的前夕，国民党政府这项很不成功的善救工作，还包藏着一种不可告人的祸心。早在抗日战争期间，国民党军队从中原大地溃退时，中国共产党领导的抗日武装就已挺进敌后，逐渐在黄河故道的河床及两岸开辟了冀鲁豫边区抗日根据地并山东根据地之一部。人民武装还深入泛区，寻找和组织劫后余生的人民群众，发给他们种子、农具，帮助他们开垦荒原，重建家园。抗日战争胜利后，故道之内早已拓荒建村，拥有40余万（一说50余万）居民。而故道两岸的堤防，因年久失修或战争的破坏已残破不堪，不足以抵御洪流。因此，在堵决花园口黄河决口之前，理应移民复堤。但蒋介石却故伎重演，先是下令于1946年3月1日在花园口秘密兴工堵口，其后又置中国共产党的抗议和社会舆论的压力于不顾，在双方谈判未有进展之时，迫不及待地严令迅即堵筑决口，“限期完成，不成则杀”①。其用意无非是要将豫皖泛区移于豫北、山东，“利用黄河水势，淹死鲁、豫解放区的人民和部队，隔断解放区的自卫和动员，破坏解放区的生产供给，以便于他的进攻和侵占，以达到他的军事目的”②。这种引导祸水北移、反共反人民的举措，实际上是国民党政府决口之初的“以水代兵”政策在新形势下的继续和发展，只不过用心更为险恶、手段更加拙劣而已。蒋介石的这一罪恶计划虽然被解放区军民“反蒋治黄，保家自卫”的复堤运动所击败，但终究给泛区重建工作蒙上了一层巨大的阴影。实际上，随着全面内战的爆发和不断扩大，连国统区的善救工作也很快趋于停顿，泛区难民在抗战胜利之初迎来的一线曙光也很快消失于弥漫四起的战火与硝烟之中了。只有到了中华人民共和国成立之后，当“要把黄河的事情办好”“一定要把淮河治好”的巨人之声骤然响起在神州大地之时，历史上久祸中原的黄水才开始向人们露出灿然的微笑。

---

①　徐福龄：《蒋介石在黄河上犯下的滔天罪行》，见《河南文史资料》，第2辑，7页。

②　1947年1月9日周恩来延安广播讲话，见《河南文史资料》，第2辑，8页。

拾 兵荒交乘
——1942年至1943年的中原大旱荒

1941年6月以后，随着苏德战争和太平洋战争的相继爆发，第二次世界大战在全球范围内展开，在穷凶极恶的法西斯势力的猖狂进攻面前，整个人类的命运面临着有史以来最严峻的战火考验。

与此相应，中国的抗日战争也进入了最艰苦的阶段。日本帝国主义为了准备和支持太平洋战争，急于解决中国战事，从1941年到1942年，在中国战场上发动了自1938年武汉会战以来不曾有过的大规模军事攻势。在国民党的正面战场，侵华日军实行政治诱降和军事压力双管齐下的战略，不仅加强了对东南沿海地区的经济封锁，切断了国民党西南大后方唯一的国际交通线——滇缅路，还在晋南豫北、鄂北豫南、湘北、浙赣等地先后展开了一系列的“肃清讨伐”，攻破了国民党屏卫大后方的中条山防线，两度蹂躏长沙；并打通了浙赣线，使据守西南的国民党政权几乎陷入四面楚歌的境地。对根据地，则集中了64%的侵华日军和几乎全部伪军，疯狂地扑向中国抗战的中坚八路军、新四军以及抗日根据地的广大人民，尤其是在华北地区，连续发动了以五次灭绝人性的“大扫荡”为核心的所谓“治安强化运动”，其规模之大、时间之长、手段之残酷，为世界战争史所少见。而国民党蒋介石集团政治上也日趋反动，在日寇的政治诱降和军事进攻面前，一味地坚持“消极抗日、积极反共”的既定方针，一面在正面战场上丢城弃地，避战自保；一面又加紧对抗日根据地的包围和封锁，并指使其军队和官员，在“曲线救国”的幌子下大批投敌，配合日军向抗日根据地发动进攻。根据地的面积缩小了，人口减少了，武装力量也受到了很大的损失，人民的抗日战争陷入了极端严重的困境。

“屋漏偏遭连夜雨”。正当这民族决战空前酷烈、阶级斗争潜流涌动之际，一场旷日持久的特大干旱，夹杂着蝗、风、雹、水等各种灾害，又汹涌而来，在1942、1943年，横扫了黄河中下游两岸的中原大地。[①] 在南至鄂北、皖北，北至京、津，东濒大海，西迄崤山、吕梁山的广大范围内，形成数十年未有的大祲奇荒。天灾战祸，交相煎迫，把这一片苦难深重的土地变成了一座人间炼狱。

巨祲发生在抗战最艰苦的时刻

我们不妨从发生在国民党战时首都重庆的一桩颇为著名的新闻公案说起。

1943年2月1日，时近中国传统的农历春节，重庆《大公报》突然刊载了记者张高峰上年12月从河南叶县寄来的一篇通讯，向大后方人民首次披露了那里发生大饥荒的消息。第二天，该报又发表了题为《看重庆，念中原!》的社论。社论指出，当重庆的阔人们竞奢斗侈、花天酒地的时候，河南“那三千万同胞，大都已深陷在饥馑死亡的地狱。饿死的暴骨失肉，逃亡的扶老携幼，妻离子散……吃杂草的毒发而死，吃干树皮的忍不住刺喉绞肠之苦，把妻女驮运到遥远的人肉市场，未必能够换到几斗粮食”。但令人不解的是，直到记者调查的时候，还未见政府“发放赈款之事”，尤其“令人不忍的，饥荒如此，粮课依然。县衙门捉人逼掳，饿着肚纳粮，卖了田纳粮”，想不到杜甫《石壕吏》中咏叹的情景，“竟依稀见之于今天的事实”，“看重庆，念中原，实在令人感慨万千!”

平心而论，《大公报》记者只是凭着新闻工作者的良知，为河南人民说了几句真话，不料却激起了轩然大波。当天晚上，重庆新闻检查所立即给报社送去了国民党军事委员会勒限该报停刊三天的命

① 这里的中原，狭义指河南省，广义指黄河中下游地区。

令。2月4日国民党《中央日报》又在没有对手的情况下，以《赈灾能力的试验》为题，抛出了一篇反驳《大公报》的奇文。该文为了掩盖国民政府不恤民命、救灾不力的真相，居然把“河南人民所受之苦痛”视之为“天降大任之试验”，认为“中国正是一个天将降大任的国家”，自然应该像古圣人孟子所说的那样，要“经受种种（天）之磨炼，增益其所不能”。一夫独唱，万众齐喑，千百万中原同胞在临近死亡之时，连呐喊几声的权利也被剥夺了。

然而，颇具讽刺意味的是，早在1942年7月，国民党中央政府的一些高级官员就已注意到河南省的灾情了。7月29日，何应钦在给许世英的一封信中透露，河南省“今岁入春以还，雨水失调，春麦收成仅及二三成，人民已成灾黎之象。近复旱魃为虐，数月未雨，烈日炎炎，千里赤地，禾苗亦患枯槁，树木亦多凋残，行见秋收颗粒无望，灾情严重，系数年所未有”①。这封信大致地反映了河南省旱灾的情况，但称灾情“系数年所未有”，却又大大低估了它的严重程度。因为就全省范围来说，旱情仍在持续发展并且不断地蔓延，大部分地区除了夏秋之交稍有雨泽外，此后自秋徂冬，滴雨未见，巩县、登封、密县、荥阳一带，“高粱、苞谷高不盈尺，荞麦、红薯亦不能下种”②。豫北敌占区入夏以后，也亢阳为虐，“赤地千里，大部土地均没有种上，玉米有的不曾出土就已干死，豆子颗粒无收，谷子每亩最高收成量是三升多，坏的不过一升”③。除旱灾之外，风、霜、雹、水、蝗等各种灾害，也交相侵袭。大约在4、5月间，“豫西遭雹灾、黑霜灾，豫南、豫中有风灾，豫东有的地方遭蝗灾”④。尤其是豫南各县，“丰收原本可望”，但在将要麦收之时，“大风横扫一周之久，继之以阴雨连绵”，致使“麦实满地生芽”⑤，收成不过三四成而已。入秋之后，豫西一带仅存的荞麦，又因“一

① 中国第二历史档案馆藏，全宗号116，案卷号438，何应钦致许世英函，1942年7月29日。

② 张西超等：《战时的中国经济》，121～122页。

③ 《解放日报》，1942年10月31日。

④ 《大公报》，1943年2月1日。

⑤ 中国第二历史档案馆藏，全宗号116，案卷号438，参政员马乘风报告。

场大霜，麦粒未能灌浆，全体冻死”，而黄泛区则“黄水溢堤，汪洋泛滥”①。鄢陵、扶沟、陈州等 10 余个县，尽成泽国，“由郑州至蚌埠间宽百余里、长有千余里之地，田禾冲没，庐舍为墟”②。与此同时，泛水沿岸及商水、项城、临汝等地，又发生蝗灾，凡蝗虫所至之处，“地无绿色，枯枝遍野”③。整个河南无县不灾，无灾不重。据河南省政府的调查，受灾特重县份计有郑县、广武、禹县、偃师、许昌、鄢陵、襄城、南召、郏县、密县、荥阳、临汝、孟津、巩县、尉氏、中牟、登封等 17 个县，最重县份有洧川、新郑、郾城、长葛、宝丰、西华、扶沟、宜阳、汝阳、叶县、新安、鲁山、临颍等 13 个县，重灾县份有淮阳、镇平、舞阳、方城、嵩县、项城、光山、潢川、罗山、洛宁、沈丘、商水、伊川、渑池、伊阳等 15 个县，次重县份有西平、遂平、汝南、确山、上蔡、南阳、正阳、息县、内乡、阌乡、陕县、灵宝、卢氏、新蔡、固始、经扶、淅川等 17 个县，轻灾县份有商城、邓县、唐河、泌阳、新野、信阳、太康、桐柏等 8 个县，总计共 70 个县。④ 只是这些县份仅指国统区，如果加上沦陷区，则受灾县份几乎囊括全境。《大公报》的记者报道：“河南一百十县，遭灾的就是这个数目。”并非虚言捏造。次年 8 月河南省政府主席李培基在总结 1942 年的灾情时也承认这一事实，并指出在有调查的 96 个县中，受灾总面积计 50 917 644 亩，秋灾总面积 54 630 640 亩，两季平均占各县耕地总面积的 82%，而收获成数合起来不过四成左右，因此在 96 县一年通常的总食用量中，至少有 75%的粮食没有着落。⑤ 据调查，仅在国统区的 72 县中，就有 1 600 多万人食不自给，约占全省人口的 1/3，其中数百万人“几无颗粒之存储”⑥。即使按照《国民政府年鉴》中缩小了的数据统计，待赈人

① 《大公报》，1943 年 2 月 1 日。
② 中国第二历史档案馆藏，全宗号 116，案卷号 438，旅洛公民苏天命呈文，1942 年 10 月 7 日。
③ 《新华日报》，1942 年 9 月 7 日。
④ 参见《河南政治月刊》，1942 年 9 月号，70 页。
⑤ 参见《河南民国日报》，1943 年 8 月 3 日。
⑥ 《河南民国日报》，1943 年 4 月 11 日。

数亦达1 146万，其中非赈不活者约200万人。

就通常的情形而论，由旱灾引发的饥荒是有一个缓慢积累的过程的。但这一年河南的饥荒却来得特别早，差不多在夏季小麦歉收的同时，各地即普遍形成了饥馑流离的大荒之象。从当时刊行的河南《银行通讯》自郑州、南阳、许昌、陕州、新蔡、镇平、方城等地搜集的经济情报来看，7、8月间，由于春麦失收，秋禾十枯，各地粮价均"飞涨不已"，郑州各种粮价平均高涨一倍，每市斗由40余元涨至80余元，"粮价飞涨之速，为抗战以来所仅见"；镇平涨风更炽，8月份小麦每斗已达140元，大米则高达200元。各地农民生活"日形艰苦"，或集结老幼进城乞求救济，或相率出境谋食他方，南阳乡间甚至"十室九空"，"卖儿鬻女之事，时有所闻"①。入秋之后，各地粮价有如脱线的风筝扶摇直上，在洛阳，"半升小麦的价格高达80元法币（合市斗1 600元）"，树叶在霜降之前"比较便宜"，但也要每升1元法币。② 德籍中国友人王安娜在她的《中国——我的第二故乡》一书中回忆说："入冬之前的几个月里，农民们靠吃树皮、树叶、黄土等维持生命。……'卖娃了'，这可怕的喊声，在各个城市的街头响起。农民们卖女卖妻，他们希望借以维持到明年收割时，然后再把妻女赎回。然而这种希望是何等的渺茫啊。"③ 到12月《大公报》的记者前来调查时，各地粮价仍居高不下，其中"麦子一斗要九百元，高粱一斗六百四十元，玉米七百元，小米十元一斤，蒸馍八元一斤"。由于农民大量宰杀耕牛和其他牲畜，使畜肉价格下降到比粮食还便宜，大约2斤猪肉或3.5斤牛肉才可换到1斤小麦。各地的灾民已经断绝了吃粮的念头，在叶县，"树叶吃光了。村口的杵臼，每天都有人在那里捣花生皮与榆树皮，然后蒸着吃"，不少灾民"因吃了一种名叫'霉花'的野草中毒而肿起来"，有的则干脆"吃一种干柴，一种无法用杵臼捣碎的干柴"④。还有许多灾

① 《银行通讯》，第3卷第9、10期合刊。

② 参见格兰姆·贝克：《一个美国人看旧中国》，351页。

③ 王安娜：《中国——我的第二故乡》，376页。

④ 《大公报》，1943年2月1日。

民，“用平常牲畜都不吃，只能作肥料的东西来填入他们的肠胃”，如榨油剩下的渣滓麻糁饼、河里的苲草（鱼腥草）、剥下的柿蒂、蒺藜捣成的碎粉等。他们还“捡收鸟粪，淘吃里面未被消化的草子，甚至掘食已经掩埋了的尸体”①。到了 1943 年 2、3 月间饥荒最严重的时候，“常有些吃麦苗的妇女们，一不小心跌倒在地里之后，便再也不能起来了”②。此时卖子女在灾区早已无人问津，绝境中的灾民，只好将“自己年轻老婆或十五六岁的女儿，都驮在驴上到豫东漯河、周家口、界首那些贩人的市场卖为娼妓”③。在许宛公路上，大批被贩卖的妇女络绎南去，“大‘人客’用架子车一车装五六个，小‘人客’则带着一两个女孩徒步缓行，还有的买上一头瘦马或瘠驴驮着一个将死未死的少女南去，也有那骑脚踏车的商人在车子后轮的架子上飞也似的带走了十四五岁的孩子……这些被卖的妇女们，仅仅只剩了一架骨头”，但是不管她们的命运如何悲惨，人们对这种不正当的行为“都给以深切的同情”，因为“这总比饿死在家中强得多”④。

其实，在饥馁与严寒的无情打击之下，“死亡载道，已成普遍的现象”⑤。自“入冬以后，一直到了（1943 年）麦子将熟的长久期间中”，除了弃婴满地外，“成年男女之因饥饿而毙命者与日俱增”⑥。据报道，罗山县自 1942 年 10 月至 1943 年 3 月下旬，约计饿死老幼 1 万人⑦；信阳春荒期间，“因冻馁、疾病而毙者，每日均不下数百人”⑧。一位逃到边区的洛阳翠峰乡四保的居民对记者谈及，“就他这一保一百二十户来说，在正、二月饿死了一百多人”⑨。1943 年 7 月，一位青年记者从河南灾区给《新华日报》寄去的调查报告中也

① 流萤：《豫灾剪影》，见《河南文史资料》，第 13 辑，2 页。
② 《河南民国日报》，1943 年 4 月 7 日。
③ 《河南民国日报》，1943 年 2 月 23 日。
④ 《河南民国日报》，1943 年 4 月 7 日。
⑤ 《河南民国日报》，1943 年 1 月 2 日。
⑥ 《银行通讯》，第 4 卷第 3、4 期合刊。
⑦ 《河南民国日报》，1943 年 3 月 25 日。
⑧ 《河南民国日报》，1943 年 3 月 26 日。
⑨ 《解放日报》，1943 年 9 月 30 日。

提供了“令人不忍卒读的数字”：广武县，从 1942 年 11 月到 1943 年 3 月，饥饿致死者有 8 372 人，逃亡外出者 33 188 人，全县各村落，只剩 2 万多饥民；灾荒期间，新郑全县逃出者凡 47 633 人，死亡者 1 385 人，合计占全县人口的四分之一。远在 1942 年 11 月上旬，汜水汜济乡一个乡，弃婴的总数是 144 名，饿死 283 名。① 同年 5 月，河南《先锋报》特派记者流萤在其《豫灾剪影》中也记下了他的亲历亲见：“在洛阳，这繁华的街市，人会猝然中倒。郑州市两礼拜中，便抬出一千多具死尸。偃师、巩县、汜水、荥阳、广武和广大的黄泛区，每天死亡的人口都以千计。入春以来，更每天每村都有死人。据一位视察人员去年十月间的调查，每天河南要死四千人以上，现在是离那时三个月后的春天了，谁知道现在的死亡率比那时候要大好几倍。……这些河南的农民，好像苦霜后的树叶子一样，正默默无声地飘落着……”②

他们也曾挣扎过，抗争过。当饥荒刚刚开始而还没有使大批的农民倒下去之前，“整个河南的城镇中到处都发生了抢粮的暴动。地主、商人、高利贷者，甚至国民党官方的粮仓常常被成群的武装农民洗劫一空”；在秋初，“一大批暴动的农民直逼洛阳西宫（河南省政府所在地）”。但由于当局的严加防范和饥馑的残酷折磨，“越来越虚弱的农民再没有进行更多的暴动”③。他们在秋收完全绝望之后最终踏上了外出逃荒的路途。这些逃荒的民众，扶老携幼，川流不息，“独轮小车带着锅碗，父推子拉，或妇拉夫推，也有六七十岁老夫妻喘喘的负荷前进，子女边走边在野地掘青草野菜，拾柴”④。其中，一批人南下逃往湖北，一批人万般无奈地向东越过战区进入沦陷区，另有一批人则北上奔向中国共产党领导的抗日边区，但更多的灾民还是辗转洛阳，沿陇海路西进陕西“大后方”，从而形成了自花园口决口之后河南灾民的第二次人口大迁移。10 月 7 日，一位旅居洛阳

① 《新华日报》，1943 年 7 月 17 日。
② 《河南文史资料》，第 13 辑，4 页。
③ 《一个美国人看旧中国》，353 页。
④ 《大公报》，1943 年 2 月 1 日。

的公民在给国民党中央赈济委员会委员长孔祥熙的一篇呈文中即指出："旬余以来，豫东各县灾民过洛逃往陕境者，每日不下二三千人，依难民站统计，为数已达数万人之众。"① 到 1943 年 4 月初，"豫籍灾民入陕求食者先后已达 80 万人"②。然而，除了历尽艰险奔向抗日边区的灾民之外，大都无法逃脱死神的巨掌。在东路，逃往沦陷区的灾民由于根本找不到生路，不得不回到家乡等死。③ 在南路，一位于春间自鲁山、叶县、方城、唐河一线公路回乡探亲的河南人士这样写道，在缓缓移动的人群中，一些"走不动、爬不起的老头儿、老太婆和 10 岁以下的孩子们"则"停滞在公路上面"，"哭着叫着得不到一文钱的救济"，有的"索性也就不做声的躺着……在这南来北往人畜交行的道上，他们却一点不考虑到万一被旅客车马误踏的危险，在路边的小沟中，不时的躺着姿势很不自然的老弱，你若是不仔细地去观察，决不会发现他们是已经绝了气的死尸"④。在西路，那条连接洛阳与西安的陇海铁路，在成千上万的灾民心目中，"好像是释迦牟尼的救生船"，但这条"神龙"不仅没有把灾民驮出死亡圈，驮"到安乐的地带"，反而驮出了一条"无尽长的死亡线"。在洛阳车站，"铁道的两沿，几尺高的土堆上，到处都挖有比野兽的洞穴还低小的黝黑的'家屋'，有的便用树枝和泥浆圈一个圈子，一家人挤在里面"⑤。每一列开往西安的火车上，"都爬满了难民，就像一条死虫身上群集的蚂蚁一样，难民们紧紧扒住他们所能利用的每一个把手或脚蹬，许多人由于过分虚弱而跌下列车，惨死在铁路线上。在洛阳到西安几百英里长的铁路沿线，到处都是这些人的尸体"⑥。侥幸不死的难民逃到西安，当局不允许他们在市内出现，"他们住的地方，比在洛阳还不如。有许多人，在平地上挖出一

① 中国第二历史档案馆藏，全宗号 116，案卷号 438，旅洛公民苏天命致中央赈委会委员长孔祥熙呈文，1942 年 10 月 7 日。

② 《河南民国日报》，1943 年 4 月 10 日。

③ 参见《一个美国人看旧中国》，351 页。

④ 《河南民国日报》，1943 年 4 月 7 日。

⑤ 流萤：《豫灾剪影》，见《河南文史资料》，第 13 辑，45～46 页。

⑥ 《一个美国人看旧中国》，351 页。

条小沟，再从小沟挖掘小洞，一家人便蛇似地盘在里面”；整个西安，只有一个粥厂，散发的粥券，也只有很少一个数目，而且只准领一次，许多灾民不是“活活饿死”，就是“一家人集体自杀”①。

当时序进入1943年4、5月之交，中原许多地方“雨水得时”“普降甘霖”②，持续近一年半之久的旱灾开始有所缓解，即将登场的新麦向死亡线上苦苦挣扎的孑遗之民昭示了一线生存的希望，许多逃亡的灾民开始辗转还乡。然而就在他们喘息未定之时，新的灾难又接踵而来，“二麦歉收，蝗灾发生，黄泛决堤，以及7、8月间的淫雨之灾，又接二连三地剪断了他们最后的生路”，那些九死一生的灾民，又“成千成百地走上了流亡之途，作最后的挣扎”，沿陇海路西进的灾民也是“一天多一天”，而“牺牲在路上的难民，实在占一个很大的数目”③。不少地区直到第二年春天还受到灾荒的严重威胁。在豫西农村，许多人饿死了，“毒死小孩子，或全家自杀，不再成为骇人听闻的新闻了”④。在豫北沦陷区，由于战火与灾荒的双重打击，更是“饥馑恐怖，混乱可怕。尤以温县、孟县、济源、博爱等县最为严重”，所谓“哀鸿遍野、饿殍载道”的情形“已成过去”，因为这里已是“百余里人烟绝迹”⑤，真成了“白茫茫一片大地真干净”的无人地带了。遗憾的是，由于国民党中央的新闻封锁和河南地方当局的隐讳不报，人们无法确知在这次持续近两年的大饥荒中河南灾民的死亡总数。在这里，我们也只能从两位外国人的回忆录中向读者提供一个不完全的估计数字，这就是200万～300万人，而在第一年中可能就死了近100万人。⑥ 如果读者不曾忘记的话，这一数字远远超过了六十多年前那场延续近四年之久的“丁戊奇荒”中

---

① 流萤《豫灾剪影》，见《河南文史资料》，第13辑，46页。

② 《河南民国日报》，1943年5月14日。

③ 《河南民国日报》，1943年10月30日。

④ 石岚：《目前的豫西农村》，载《中国农民》，第4卷第4期。

⑤ 《大公报》，1944年1月17日。

⑥ 参见《中国——我的第二故乡》，377页；《一个美国人看旧中国》，352页。另有一说，据官方的数字，是300万人。参见流萤1985年在《河南文史资料》第13辑重新发表《豫灾剪影》时所写的后记。

河南人口的死亡总数。

和河南省一样，在烽火遍地的抗日最前线山西、河北、山东等省的大部分地区，也发生了差不多同等严重的特大灾祲。这些地区政治形势极为复杂，国统区、沦陷区和中国共产党领导的抗日根据地（“边区”）犬牙交错，此消彼长，而除了边区政府及有关报纸敢于正视困难、报道灾情从而使我们今天对边区当年的灾况有一个比较全面的了解外，无论是国民党当局还是日伪占领者，都对其辖区内的灾情置若罔闻，熟视无睹，以致个中详情，不仅当时鲜为人知，即使在今天，也只能从当年一些零星的报道和知情者后来的追忆中窥见其梗概。

在中国共产党领导的抗日根据地，两年来受到灾荒严重袭击的主要是晋冀鲁豫边区和晋察冀边区的冀西、冀中一带。这些地区位处太行山脉的东西两侧，横跨晋、冀、鲁、豫 4 省，与中原隔河相对，同属于辽阔荒区的重要组成部分。其中，晋冀鲁豫边区受灾最为严重。

从 1941 年冬到 1942 年春，太行区的雨量就很少。直到 7 月上旬以后，部分地区才开始落雨，但五专区的林（县）北、安阳、磁武、涉县及偏城大部，六专区的武安、沙河、邢东，一专区的赞皇、临城、内丘，四专区的平（顺）北、黎城一部，始终未有透雨，以致麦收仅有三四成，勉强种上的秋禾在收获前又连遭阴雨而大部倒青，平均收成不过二成，总计需要救济的灾民有 33.6 万余人。① 与其相邻的冀南、冀鲁豫分区也普遍歉收，冀鲁豫重灾村有 1 050 个，轻灾村 580 个。② 到了 1943 年，旱灾继续蔓延，被灾面积差不多包括太行和冀南的全部、太岳大部、冀鲁豫的一部，其中尤以太行的四、五、六专区，冀南的一、二、四、六专区，冀鲁豫的沙区等地最为严重。③ 太行区的大部从 5 月中旬一直到 8 月初，80 多天滴雨未下，赤日炎炎，如灼如烤，许多地区水井干涸、河流断源，水荒严重威胁到了人畜的生存。耕地龟裂，茎叶干枯，着火即燃，所有

---

① 参见《太行区一九四二、一九四三两年的救灾总结》。

② 参见吴宏毅：《从灾荒中站起来》，载《解放日报》，1944 年 8 月 29 日。

③ 参见齐武：《一个革命根据地的成长》，156 页。

旱种的玉米、豆子、南瓜、菜蔬及大部分谷子，尽皆旱死，平均收成仅三成，灾民在35万人以上。① 冀南一专区的大名、成安等县，自春迄秋，旱灾绵延8个月，麦季无收，秋禾也很少下种。六专区的冀县、二专区的巨鹿等地，入秋后白地一片。灾情较轻的南宫，231个村子中，就有107个属于“无苗区”。全冀南共有884万亩耕地因旱灾未能播种。直到8月下旬，各地才普遍降雨，但农时已过，重灾区棵苗俱无，轻灾区的田禾也大部变作随风摇荡的枯草，很多地区只有二成到三成的收获。②

由于连年的干旱，边区各地又普遍发生了蝗灾。1943年6月中旬，豫北的安阳、林县、武安及冀西的沙河、邢台、磁武等地即出现了蝗虫，随后又蔓延到山西的黎城、潞城、平顺等县，且一直持续到秋后，大片大片的禾苗、蔬菜被一扫而光。③ 冀南大旱之后也是飞蝗遍地，灾区包括一专区的漳河、大名、魏县、元城，二专区的巨鹿，三专区的平大路东一带，四专区的全部，五专区的景南、衡水，六专区的武城、清河、垂杨等许多县份。而来自沦陷区及黄泛区的飞蝗也不断地飞往解放区。据载：“一个突袭，就使安阳等县损失秋季收成的三分之二。”④ 据时任八路军129师参谋长的李达同志后来的回忆，当成群的蝗虫过境之时，“铺天盖地”，“最大的蝗群，有方圆几十里的一片，它们一落地，顷刻之间就把几十、几百亩地的庄稼吞食一干二净”⑤。

与蝗灾同时而来的还有水灾。1943年秋，经过长时期的苦旱之后，甘霖普降，但正当边区政府组织人民群众全力抗灾抢种的时候，又由于雨水过多，漳河、运河、滏阳河、卫河河水暴涨，加上日寇于9月27日在临清、漳河、鸡泽等县扒堤决河，致使洪水横流，泛滥成灾。泛滥的区域，包括冀南30个县，其中以管陶、武城、故城、清河等县受灾最重。管陶全县64%的村庄成了水国；武城全县

---

① 参见《太行区一九四二、一九四三两年的救灾总结》。
② 参见《一个革命根据地的成长》，156～157页。
③ 参见《太行区一九四二、一九四三两年的救灾总结》。
④ 《一个革命根据地的成长》，159页。
⑤ 李达：《抗日战争中的八路军一二九师》，277页。

226 个村庄，被淹没了 110 个，淹地约占全县面积的 3/5；清河 3/4 被淹；故城亦大部沦为泽国。任县、隆平更成了滏阳河的储水湖，汪洋一片，许多村庄人畜漂流，房屋倒塌，只见一片片半浸在水中的断墙残垣。① 据统计，这次水灾使冀南 126 万亩的土地变成了泽国。② 太行区的清、浊漳河两岸，也冲没良田 1.5 万多亩。③

旷日持久的严重灾害，使边区社会一度面临着极其严峻的形势。整个边区需要救济的灾民有 150 万～160 万人。④ 在太行区，尤其是在毗连敌占区的边缘地区，当 1943 年春旱荒最严重的时候，“有的大量拍卖衣服、农具、家中杂物，有的出卖牛羊、宰杀牲畜，有的指地或出卖青苗换粮吃，小偷盗窃之案件普遍发生”，有的地方甚至“有拿儿换米吃，有妇女沿村找寻出嫁对象以图一食者，至于自己杀害儿女之事，也层出不穷。粮价飞涨，工匠、艺人大批失业，小手工业者开张困难，乞丐讨吃流亡者随处可见”⑤。边区人民陷入了前所未闻的苦难之中。

与边区相比，在国民党统治区（其中大部分实际上受敌伪控制）和敌占区（包括游击区），则普遍出现了饿殍盈野、万户萧疏的恐怖景象。在山西，由国民党军队（后来都成了伪军）占领的陵川、高平、晋（城）东等晋东南一带，和上述豫北的修武、博爱、沁阳等地共同构成了骇人听闻的无人烟地带。据 1943 年 7 月八路军解放这一地区后粗略调查，陵川县人口死亡达 13 303 人，占原人口的 20%，高平县有 28 个村在同一时期损失人口（包括逃亡和死亡）达 44%。⑥ 在山东，在河北，据 1943 年 7 月 10 日《新华日报》的消息，由于持续的亢旱和日寇疯狂的粮食掠夺，广大的敌占区发生了严重的粮荒，“津浦、平汉两铁路沿线，饿殍遍野，饥民卖儿鬻女，徐州、济南、德州、石家庄、邢台、安阳等地已成公开的人肉市场。

① 参见《一个革命根据地的成长》，157～158 页。

② 参见《晋鲁豫与冀鲁豫救灾概况》，载《解放日报》，1945 年 6 月 19 日。

③ 参见《太行区一九四二、一九四三两年的救灾总结》。

④ 参见戎子和：《晋冀鲁豫边区财政简史》。

⑤ 《太行区一九四二、一九四三两年的救灾总结》。

⑥ 参见《一个革命根据地的成长》，164 页。

而北平、天津、济南、青岛各大城市，每月饿死者平均在 300 人以上”。在冀南敌占区，重灾各村的人口死亡率最高者达 40%，逃亡率最高者达 90%；大名、成安、魏县等游击区，人民的死亡率达总人口的 5%～15%，逃亡者达总人口的 30%～50%。这一时期，全冀南人口死亡 20 万～30 万，逃亡 100 万。① 据齐武同志的追述，在 1943 年春季旱灾严重之际，当八路军的部队夜间进入上述游击区的时候：

> 所能听到的唯一的有些生气的声息，就是自己的脚步声。几乎所有的村庄和家屋都寂无一人。推门进去，单见野草丛丛，一片秽芜，各种什俱，如桌、凳、橱、柜之类，都凌乱不堪地弃置着，这说明主人曾经把它们拿去变卖，而后来已无力放归原处。这些东西的旁边，往往就是僵卧的尸体。有些人正是在从事某种活动时（比如挪动一件家具或正迈出房门）就地死去的，有些人是忍受不了这种苦难而自杀的。因为无人善后，自缢而死的人的尸体，一直挂在房梁上或院中的树上，黑魆魆的，加重了恐怖感。奇异的腥臭，使人难以忍耐！在这里，很少遇到什么活的生物，只有老鼠算是例外。由于食物奇缺，这些潜伏在地下的动物，也发生了饥荒。夜间行军的时候，人们常常会看到一大片一大片灰褐色的东西，像波浪一般滚滚移动，那便是转移就食的鼠群。②

如前所述，由于政治上和军事上的原因，特别是日本侵略者根本无视社会灾荒的存在和国民党顽固派的消息封锁，我们一时还不可能对晋、冀、鲁三省敌占区和国统区的旱荒灾情，做出如同对边区灾情那样比较详细的描述。但有一点则是完全可以肯定的，即在这两个地区，因为根本不存在像边区政府组织人民群众在极其艰苦的条件下向自然灾荒做顽强斗争的场景（这一点本文将在后面做详细论述），因此，即使是透过上述一鳞半爪的报道与记载，我们也完

---

① 参见《一个革命根据地的成长》，164 页。

② 同上书，163～164 页。

全可以想象得出，在日本帝国主义和国民党投降派的残暴统治之下，那里的人民群众备受天灾人祸摧残的惨景，要比边区的自然灾情不知严酷多少倍。

赈灾？增灾？

在中国古代的封建社会，从执政集团到儒者术士，出于对自然现象以及自然与社会之间联系的朦胧无知，往往把“普天之下”各种自然灾荒发生的原因委诸渺茫的“天意运会”，从而形成了相沿数千年的“天象示警”（如汉儒董仲舒的论灾异）的传统灾异观。国民政府的政治喉舌《中央日报》刊发的那篇反驳《大公报》的奇文可谓深得其中三昧。不同的是，传统的“天象示警”，在某种程度上还包含限制皇权无限膨胀、让帝王反躬自省的意味，而《中央日报》所谓“天降大任之磨炼”，倒实实在在地将国民党自身与灾荒的干系推脱得一干二净。

事实毕竟还是事实。当时正在重庆美国新闻处工作的美国人格兰姆·贝克曾经针对河南的饥荒很委婉地指出：“这样一场大灾难可能不完全是人为的；但很明显，如果不是人为因素的话，可能不会死那么多人。”①

正如我们在前面叙述的，国民党政府对于河南省的灾情早就“注意”到了。从荒象形成伊始，地方当局和各界人士就不断地向重庆发出告灾电文，要求“筹拨巨款，派员查赈，并酌免赋役，以拯灾黎”。国民党中央在 1942 年 10 月也曾派遣大员前往河南查勘灾情，但此后不仅迟迟不见救灾的行动，就连有关灾荒的消息也被严加封锁。他们这样做的理由说起来却不免荒唐。格兰姆·贝克用一种不无揶揄的笔触道破了其中的底蕴：

> 在这一年（1942 年）中，就我观察到的国民党的所作所为

---

① 《一个美国人看旧中国》，352 页。

而言，尽管他们说得动听，但其中绝大多数是表面文章。……许多这种官样文章是专门做给海外人士，特别是给美国公众看的。其中一个令人痛心的例子是“印度饥荒救济委员会”。这个委员会由蒋夫人和其他一些知名人士负责。那时因为日本人占领了缅甸并切断了缅甸对印度的大米供应，印度孟加拉邦发生了饥荒，饿死大约二百万人。当时中国的河南省也处于饥荒之中，其程度和孟加拉邦同样严重。由于河南地处前线，没有什么外国贵宾前往，重庆国民党就不承认河南发生了饥荒，而且禁止报刊提到此事，当然也不可能有什么“河南饥荒救济委员会”。我并不怀疑在“印度饥荒救济委员会”中有一些正人君子，也相信这个委员会能把从重庆募捐到的钱送到加尔各答，拯救不少印度饥民。但问题在于这个委员会是由国民党高级头面人物负责的。他们肯定了解在中国的河南发生的事情。这些人做出一副姿态来关心一个外国所遭受的苦难，与此同时，却将本国人民所遭受的苦难的事实严格保密。实际上。正是这些人应该对本国人民所遭受的苦难负相当的责任。①

欲盖弥彰，当时国内的《新华日报》《解放日报》等新闻媒体，都在不断地报道中原灾情，一些在华的外国传教士和新闻记者也“就河南省一带发生的无法想象的惨剧，写出愤怒的报告”②，来自中原腹地的灾情荒象终于冲破重重帷幕而为越来越多的国内外人士所了解、关注。迫于强大的舆论压力，国民党中央不得不在国内也“做出一副姿态”，拨发赈款，救济豫灾。但这样的赈济不仅没有化作中原人民的“福音”，却演成了抗日战争后期中国最大的政治丑闻之一，王安娜对此做了相当详尽的揭露。她写道，在洛阳的各条街道上都是饿得奄奄一息的难民，“但在饭店，政府的官员和军官们却吃着珍馐美味”，许多商人和贪官“囤积大米，大发其财，然后又派人拿赚到的钱去买濒于死亡的农民的土地、孩子和财产”，不少政府

① 《一个美国人看旧中国》，376～377页。

② 《中国——我的第二故乡》，376页。

的官员和军官甚至用高得出奇的价格出售政府的小麦，牟取暴利，“而这些小麦是他们不久之前刚刚用武力从农民那里夺来的”。重庆政府“也利用饥荒的机会来发财。海外响应救济机构的号召，捐款救灾，这些钱在法定的金融市场上换成中国货币，但汇率只及黑市兑换价，亦即实际价值的十分之一。这就是说，政府的银行至少吞没了救济金的一半”。等到第二年，“政府终于同意发放数百万元救济河南省”，却“可惜太晚了，对饥荒的受害者并无用处”，因为“发放救济金的人正好是那些发饥荒财的人，所以大部分救济金都落到这帮家伙的腰包里”。[①] 格兰姆·贝克对此也做了大致相同的记述，并把河南发生的这一切，看作“证明国民党正在走向自我毁灭的最不祥的预兆”[②]。

毫无疑问，这两位外国友人的陈述和结论是可靠而正确的。不过，仅仅揭示这些政治丑闻和救灾黑幕还不能说明这次大灾难的全部的“人为因素”，此处有必要向当时的经济状况这一更深层的社会条件中去进一步地溯本探源。

灾荒发生之前，河南省的农业生产曾有一定程度的增长。据国民党政府农产促进委员会对该省 23 个县的抽查，1940 年该省各主要粮食作物面积与 1937 年相比，“均呈增加现象”，其幅度平均为 8%。[③] 1941 年，该省粮食增产数额超过 100 万市担。[④] 可以说这是河南农民用自己辛勤的汗水默默耕耘的结果。但是，由于战前农村极不合理的封建经济关系和地权分配状况数年来未见改善[⑤]，由于战时农民负担逐年激增，绝大部分农产品不是被占人口极少数的地主富农等大户攘夺而去，就是以粮课形式——从 1941 年下半年起改为“征实征购”——缴给了国民党政府，而仅有的剩余，又被抗战

---

① 参见《中国——我的第二故乡》，376～377 页。

② 《一个美国人看旧中国》，351 页。

③ 参见《战时各省粮食增产问题》，附表 1，“农产促进委员会研究专刊”，第 1 号，1942 年 2 月。

④ 参见《战时的中国经济》，118 页。

⑤ 参见《抗战以来各省地权变动概况》，9 页，“农产促进委员会研究专刊”，第 2 号，1942 年 2 月。

以来日见汹涌的通货膨胀浪潮席卷殆尽。抗战开始以后，国民党政府为了平衡战时收支，弥补财政赤字，竟乞灵于滥发纸币的通货膨胀政策。到了1940年，这种通货膨胀便进入恶性发展阶段，大后方各地的物价因此扶摇直上，形成不可遏止的狂涨之势。在洛阳，其零售物价指数从1937年1—6月的100，渐次上升为1938年的143.8，1939年的249.1，至1940年则猛升为561.1，1941年竟达1 262.8，而这一年的12月份更高达2 029.5，比1937年增加了20多倍。[①] 物价飞扬，货币贬值，人民生活日趋恶化。在广大的农村，虽然农产品的价格在物价狂涨的浪潮中也随着飞腾了起来，同一单位的农产品换取的货币额要比抗战以前多出几倍乃至十几倍，但是农产品价格的上涨速度远远低于工业品价格上涨的速度，工农业产品之间本来存在的不等价交换即“剪刀差”有不断扩大的趋势。还是以洛阳为例，在1942年的1—6月间，当地的工业品价格（以衣着类为代表）一直是农产品（以食料类为代表）价格的2倍以上，农产品价格上涨1.675倍，工业品的价格却上涨了1.892倍，两者之间的差距亦从1∶2扩大到1∶2.3。[②] 在这样的市场交换条件下，农民自然得不偿失，因为他们在出售农产品之后，还不得不购买若干肥料、种子、农具以及布匹、食盐等生产资料和生活必需品，这就必然要承受“剪刀差”的剥削。何况占农村人口大多数的中小自耕农、半自耕农和佃农等，在捐税、田赋、地租、劳役、债务等重压之下，总要在新谷登场时贱卖二粮，而到青黄不接时再高价买进，反过来又因粮价的飞涨而亏蚀累累。尤有甚者，拥有大量土地及土地上大部分收获物的地主富农，不仅利用农产品涨价的机会，囤积居奇，坐取厚利，还将物价上涨的损失通过各种方式或直接或间接地转嫁到佃农身上，如将货币地租（钱租）改为实物地租（分租或谷租）、提高租额等。据国民党政府农产促进委员会的调查，到1941

---

① 参见中国农民银行经济研究处编印：《中国各重要城市零售物价指数》，转引自《战时的中国经济》，“八、物价”之《中国各重要城市零售物价指数》。

② 参见河南农商银行编：《洛阳民国三十一年元月至六月零售物价比及指数》，载《银行通讯》，第3卷第5、6期合刊。

年，河南省各地已普遍地采用实物地租制，每百户佃农中，交纳分租或谷租的分别占58%和38.1%，比1937年分别上涨了19.2%和23.1%，远高于国统区各省的平均数。而各项租额也“概见提高”，连农民租地之前交纳的押金即押租也有大幅度的增长，由1937年每亩4.14元上升为1941年的16.23元，约相当于战前的四倍。大批佃农或半自耕农因不堪重压而纷纷退佃，退佃比例在1937年尚为9.8%，到1941年已猛增到19.2%，这些人无不改从他业，或离乡背井，陷入无以为生的境地。[①] 与此同时，在通货膨胀、物价上涨特别是粮价上涨的刺激之下，大批富商巨贾、官僚政客又运用手中的货币竞相囤积农产品乃至竞买土地，掀起了土地兼并的浪潮。“从后方到前方，从东南到西北，弥漫了‘暴发户争购田地’的空气。”[②] 这又使得大量自耕农因失去土地而沦为佃农、雇农，在地主的压榨之下过着更加痛苦凄惨的生活。而战时农村的高利贷活动也因此空前地猖獗与扩大。当时一位著名的农村经济研究者即指出：“一切压迫农民的旧势力在增涨，无数新的压力又生长出来，这些新旧的势力，都迫着农民无以为生，为着眼前的挣扎，就不能不‘饮鸩止渴’，投身在高利贷的魔掌中”，其中，除了“抗战中捐税负担的不合理以及由征兵而来的敲榨”外，“最特殊而普遍的现象则是物价的压迫”[③]。1940年，河南省有67.4%的农户无法筹措到足够生产资金，负债农户的比例也由1937年的29.1%增加到33.2%，每户平均负债额则由同期的89.20元上升到139.30元。[④] 这种债，不但利率极高，还大多要求以实物来偿还，放出去的是纸币，收回来的是实物，一转移之间，农民即要增加几倍的负担，农民一旦借债，鲜有不迅速破产的。

综上所述，我们不难看出，为什么河南人民刚一遇上粮食歉收即迅速陷于饥馑流离的严重境地，因为早在天灾来临之前，这些本

---

① 参见《抗战以来各省地权变动概况》，18页表六、20～23页。

② 国民党第三战区经济委员会：《东南经济》（1941年4月），转引自《解放前的中国农村》，第2辑，542页。

③ 施平：《抗战中农村高利贷的空前猖獗与扩大》（1941年4月），转引自《解放前的中国农村》，第2辑，676页。

④ 参见《战时粮食增产问题》，表十四。

来就挣扎在赋役重压之下的人们，已被通货膨胀、物价暴涨的浪潮剥掘净尽了，他们哪里还有余力去和天灾相抗衡！而更为严重的是，灾荒发生以后，这种土地投机的浪潮和高利贷的猖獗之势，也和国民党的粮课一样，不但没有丝毫收敛和减弱，反而借着粮贵地贱物乏之机，以更加凶猛的势头在中原农村汹涌泛滥开来，极大地加剧了饥荒的严重程度。据报道，“在灾情最严重的区域，土地价格一落千丈，有不及原价十分之一者，暴利获得者因之大量购进，土地兼并现象，正严重地滋长着”①。按照当时河南人士的估计，在灾荒最严重的县份，农民丧失的土地不下20%。② 与此同时，灾区高利贷也更加活跃。1943年6月23日《河南民国日报》曾为此发表社论说：“河南的农民在春天所借下的高利贷，把所有的收获一下卖尽，也偿不完已借而立时要还的债务，而且在麦收前借1斗麦子的钱，麦收后卖3斗麦子也还不了人家的原本，而且在这正要播种的目前，卖4斗麦子还买不到1斗秋种。大家被逼着非卖粮食不可，价格也自然跌到生产成本价格以下不可……就仅仅这一个价格的变动，在这一两个月之中，就把农民的财富剥得光光了。”

当然，在我们把批判的目光集中于上述那些“新旧的势力”等种种“内祸”之时，我们绝不会忘记日寇侵略这一“外患”又是如何间接、直接地促成这次惨绝人寰的大饥荒的。从广泛的意义上来说，日本帝国主义发动的这场不义的战争也是这次大饥荒的最根本的“人为因素”之一。因为上述导致农村封建剥削关系迅速恶化、农民生活急剧贫困的田赋征实、通货膨胀等现象，无不和战争的环境紧密相关。此处并无意于为国民政府的这些扰民累民的苛政、暴政回护，而仅想说明的是，它们毕竟还是适应战争需要而采取的应急措施。如果没有日本帝国主义对中国大片领土的侵占、对大量资源的掠夺以及对中国工农业生产的巨大破坏，如果没有因此而造成的生产不足、物资缺乏、财税锐减以及战时消耗的不断增加，那么

---

① 《战时的中国经济》，109页。

② 参见貊光华：《灾荒下土地集中现象与灾后应有之措施》，载《银行通讯》，第4卷第3、4期合刊。

完全可以断言，中国的社会经济是不可能在短短的几年内就如此迅速地走向恶性的发展道路的，中原人民乃至大后方人民的生活也就不至于如此迅速地陷入普遍贫困的境地。战争和天灾之间的关系应该是显而易见的。何况在华北前线，在黄河的彼岸，侵华日军更是“用了全部的时间和精力，制造了这饥饿的大悲剧”①。

抗日战争进入相持阶段以后，日寇即把军事进攻的重点转移到敌后战场，尤其是华北战场。正如我们开篇提及的，从1941年春到1942年秋，日军为了配合太平洋战争，确保对华北这块“大东亚兵站基地”的殖民统治，又发动了更大规模的“治安强化运动”。华北各地，尤其是抗日边区顿时笼罩在一片刀光剑影之中。据统计，在1939、1940年中，敌人对晋冀鲁豫边区组织的、兵力在万人以上的大规模进攻和扫荡共计10次，在1941年的一年之中，较大规模的扫荡就有9次，小规模的扫荡与袭扰有253次；1942年大规模的扫荡竟高达10次，小扫荡与袭扰也有262次，尚不包括对边沿地区的袭击与骚扰。② 如此反复的“扫荡”，再加上“扫荡”过程中残酷的“三光政策”，使边区的广大农村遭到毁灭性的摧残，“从平原到山地，没有不被摧毁的村庄，没有不被抢掠的村庄”③，人民的生产能力急剧下降，生活条件也极度恶化。况且，为了包围和分割抗日根据地，日寇还在其势力所及之地，主要是敌占区和敌我争夺的游击区大量修筑碉堡、封锁沟和公路网，仅冀南区，截至1943年即有碉堡据点1 103个，公路及封锁沟墙13 170里④，星罗棋布，纵横交错，这不仅占用了大量的耕地，使成千上万的中国人民被剥夺了衣食之源，还使得华北平原的生态环境惨遭浩劫，树木砍光了，田园荒芜了，完整的平原也被分割得支离破碎，原本并不发达的水利设施更加荒废不堪，华北农村的防灾抗灾能力受到了极其严重的破坏。至于对物资的掠夺和劳役的征取就更加骇人听闻了。敌占区的老百

---

① 《解放日报》，1944年8月29日。
② 参见《一个革命根据地的成长》，61～62页。
③ 《解放日报》，1944年8月29日。
④ 参见《一个革命根据地的成长》，63～64页。

姓曾经这样呻吟着：

> 房子被占田地去大半，明匪暗贼胡乱窜，儿孙被拉兄弟散，仓中粮已尽，娇妻太君恋！……禾苗荒，无人锄，闾长日日催民伕。民伕去修路，修了汽路又挖沟，修路筑堡无尽头，家家户户暗地愁！①

一方面是无休止的烧杀、劫掠和勒索，一方面是旷日持久的特大天灾，敌占区人民的命运应是何等的悲惨是可想而知的。奇怪的是，一手加剧了大灾巨祲的日伪占领者，居然还厚颜无耻地试图笼络民心，在其劫持下出版的《申报》竟于1943年5月20日发表社论声称，"这次救济华北灾民成效如何，实会有重大的政治意义"，"这一区域灾民的向心，就在谁能拯救之于饥饿之中，谁就是他们所感戴的救星"。而事实上，侵略者施予华北灾民的"恩惠"，却是广泛推行惨无人道的配给制。这种配给制将敌占区的民众按年龄分为大、老、小3种，大口日给16两，老口日给12两，小口日给8两，所发均为红薯、大豆、山药之类，由于人多粮少，价又昂贵，后又由关外运来大批豆饼作为粮食代用品，此外还有用树皮和麦秸碾成的"面粉"。到1943年这种代用品占配给额的9/10，而且15岁以下、60岁以上的均不再配给。至于衣着，在配给制下，由于棉花已全部被日寇充作军用，人民只能用一种类似芦花的绒类及田豆梗纤维所造的假布来代替，既不温暖，且着身即破。② 因此，这种以最大限度地榨取沦陷区物资为前提的"配给制"，已将人民的生活水准降低到连牛马也不如的地步，所谓的"救济"，实质上是变相的虐杀。

另一个新世界

长夜尽头是黎明。

---

① 《解放日报》，1944年8月29日。

② 参见刘涟：《沦陷区的农村经济》，载《中国农村》，第8卷第11期。

当日本法西斯侵略者加诸中国人民的灭绝人性的摧残已经登峰造极的时候，当国民政府腐败不堪、暮气沉沉的政治气息弥漫充塞于大后方各地的时候，当前所未有的特大天灾随之而起，铺天盖地般地扑向黄河两岸而任情肆虐的时候，1942年与1943年，这近世中国百年长河中的短短两年，堪称最黑暗的历史之页。然而，就在这种旷世未闻的重重苦难之中，一股来自社会底层的伟力迸发了出来，磅礴激荡于中国北部的一隅边区，中流砥柱般地遏制住了大自然的暴虐，并从此拓开了一片广阔的新世界。

实际上，抛开敌占区不论，两年灾荒期间，边区所面临的形势和困难比国统区要严峻得多，因为边区人民不仅仅是在与严重的天灾相抗衡，还得同来自日伪敌人的毁灭性扫荡和摧残做殊死斗争，在一个面积一度日趋缩小而且与外界隔绝的环境之中，承受着常人难以想象的国难与天灾双重荼毒的巨大压力。等到1943年7月，当那些原来由敌伪占据的灾区如太南、豫北等地被收复以后，边区政府还要负担起拯救生灵、恢复生产的重任。一言以蔽之，边区人民几乎是在一无所有而又孤立无援的物质环境中去和巨大的天灾抗争着。尽管如此，从前面有关荒情的描述中仍不难看出，边区因灾而荒的程度相对而言比国统区轻得多，其持续的时间也短得多，其发生的范围也不像河南那样普遍，而是主要集中于边缘地区；况且当周边地区的荒情不断加剧时，整个边区的形势却逐渐好转，原本逃往外地的灾民，大多陆续返回家园，就是敌占区及黄河以南的国统区的灾民也大批奔向边区，据统计，仅晋冀鲁豫的太行、太岳二区，外来灾民即达25万人①，大约相当于全边区所有灾民的1/6。之所以如此，按照这些逃荒者的话来说，就是因为“根据地是另一个新世界”②。

灾荒愈发展，三个世界的对照愈清楚，从安阳到玉峡关的封锁线，虽然可以和敌人的封锁沟墙相比拟，但封锁不了饥饿

① 参见《解放日报》，1944年8月29日。

② 《太行区一九四二、一九四三两年的救灾总结》。

发疯的灾民沿着美丽的清漳河，褴褛的人群，夜以继日地向根据地内流着，涌着。①

可以毫不夸张地说，这是中国历史上，具体地说是中国灾荒史上从未有过的奇迹。而这一奇迹的创造者正是中国共产党的抗日民主政府及其领导下的数百万边区军民。

且以晋冀鲁豫边区为例。

早在1942年10月严重的灾荒初现端倪之时，边区各地便紧急动员起来，相继转到救灾工作的轨道。而救灾的第一步就是减免灾区的负担，并拨粮拨款赈济灾民。太行区在1942年秋收季节，一次即给五、六专区减免公粮4.5万石，随后两年中，又减免公粮14.05万石，总计1943年全区的公粮负担比上年减少了近1/5，太岳区同期则减少了1/3，冀南区则减少了2/3。② 政府直接用于赈济的粮款，就当时边区的财政收支状况而论，数目颇巨。太行区灾荒期间实际用于救灾的各种贷款达2 000万元，赈贷的粮食包括动用公粮及运用贸易手段从西部非灾区购运到东部的调剂粮等共38.06万石，如以全区300万人口计算，平均每人可得一斗三升的粮食，而同期每人每年负担不超过三斗小米，换言之即两年中人民的负担有21%都用于直接的赈济了。③

与此同时，一场以节约、互助为核心的社会互济运动也在抗日政府的倡导之下，在边区各地、各阶层中广泛开展起来。党政军民各机关团体以及工厂、学校、报馆、书店、剧团、商店等各单位人员纷纷响应号召，节衣缩食，救济灾民。在太行区，每人每天节省口粮二两、一两或五钱，多寡不等，时间少则两个月，多则八个月。④ 尤其是部队机关，有半年之久，每人每天从一斤六两减至一斤二两或一斤。为了进一步地节约口粮，部队机关还发起挖野菜运

① 《解放日报》，1944年8月29日。

② 参见《太行区一九四二、一九四三两年的救灾总结》；《一个革命根据地的成长》，168页；《解放日报》，1943年10月24日、1944年8月17日。

③ 参见《一个革命根据地的成长》，168页。

④ 参见《太行区一九四二、一九四三两年的救灾总结》。

动，大批采挖野菜、树叶作为代食品。1943年秋天，仅太行部队挖的野菜，就在100万斤以上，太岳部队从1943年后半年到1944年春，节约救灾的小米共达106 797斤。[①] 为了激发人民群众的互助友爱精神，边区政府还组织募捐团或救灾公演，发起广泛的募捐活动，在灾区，提倡“急公好义，仗义疏财，富济贫，有济无，亲戚相助，邻里互济”；在非灾区，则提出“一把米能救活一家人，一斗糠穷不了一家”的口号，呼吁人们“打破地域的本位主义及落后的封建思想，关怀灾区同胞”。据不完全统计，太行一区1942年度通过募捐得粮即达1 261 788斤，成效显著。各地的存粮大户也在政府的担保之下，自愿将积存的余粮低利借给灾民，仅太行区的磁武、林北、涉县、平顺、武安等5县，1942年就筹集借粮1 124 000余斤，在很大程度上解决了灾民的饥饿问题。[②] 为了妥善安置来自敌占区、游击区及国统区的灾民，边区政府一面在交通要道上设置招待站，供应过往灾民的食宿，一面又命令各县按当地居民3%的标准进行安插，使其享受应有的公民权利，同时发动旧户“准备欢迎会，物色住地，预备粮食”“借给家具、耕具，以安灾民迁徙心理”[③]。据报道，当时“逃向太岳区20万的，逃向太行区5万的外来灾民，都找到了他们的家”[④]。除此之外，边区政府还在敌占区、游击区发起“中国人大团结，中国人救中国人”的募捐运动，组织群众开展社会互济，并在能够活动的地区向灾民调剂粮食，发放赈济粮款，在一定程度上舒缓了敌占区人民的灾难。[⑤]

不过，政府的救济也好，社会的互济也好，毕竟只是立足于现有社会财富之上的单纯消极的救济手段，而在当时的历史条件下，是不可能长期持续下去的。因为边区的生产方式原本就是十分落后的小农经济，经过频繁的敌祸、连续的天灾，已经饱受摧残而衰败

---

① 参见《一个革命根据地的成长》，189页。

② 参见《太行区一九四二、一九四三两年的救灾总结》。

③ 《太行区一九四二、一九四三两年的救灾总结》。

④ 《解放日报》，1944年8月29日。

⑤ 参见晋冀鲁豫边区政府：《一年来太行区救灾工作》(1943年9月12日)，见《晋冀鲁豫抗日根据地财经史料选编》，第2册，113页。

不堪，负担能力极其有限；而为了维护根据地的生存，又必须保证庞大的然而又是必不可少的军事开支，才能够和强大的敌人展开殊死搏斗，这势必又限制了政府的救济力量和赈灾规模；何况单纯的救济极易导致灾民的依赖心理，从而放松自己应有的救灾努力，一旦赈济乏力，外援不继，必然陷入怨天尤人、颓废失望的情绪之中，最终回到听天由命、坐以待毙的旧局面。因此，只有发动群众，自己动手，把救灾工作纳入由“政府领导的根据地全体的生产自救运动”的轨道，才能充实救灾的物质基础，“以现有的财富，滋生更多的财富，以战胜当前的灾荒，灾荒一过，便会很快地恢复社会经济，做到有吃有穿”①。基于这样的认识，边区政府在救灾过程中逐步地把救灾与生产结合起来，并从1943年以后，“彻头彻尾地把救济工作贯串了生产精神”“使救灾运动和群众自己的度荒运动和生产运动结合起来，成为一个大的生产度荒运动”②。

这种生产救灾运动遍及农村生产的各个领域和各个方面，其中最主要的就是农业生产。为了恢复和扩大种植面积，弥补旱灾造成的损失，党和政府大力领导农民，打井挖池，修河筑堤，担水浇苗，突击抢种、改种、补种，力求“不荒一亩地，不空一茎苗”。从1942年10月到1943年6月，太行区仅在漳河两岸就修筑了十几条大堤，开出滩地1万余亩，同时新建了26里长的涉县漳南大渠和22里长的黎城漳北大渠，共增加水田面积6 783亩，成为太行山上空前未有的水利工程。1943年秋初落雨时节，经全区人民突击补种的荞麦、萝卜、蔓青、芋等蔬菜杂粮（仅一、五、六专区即补种了157 762余亩），秋后大丰收，成为各地渡过灾荒的一个重要环节。③ 同年秋末的雨水之中，边区的种麦面积也空前扩大了。冀南抢种麦地，几占耕地的1/2（平常只能种1/3），太行全区共种小麦215万亩以上，其中一至五分区有70%以上的耕地种上了小麦，有的县区种麦还比过去增加了1/4到1/3，创造了抗战以

① 吴宏毅：《晋冀鲁豫边区救灾运动的基本经验》，载《解放日报》，1944年11月1日。

②③ 《太行区一九四二、一九四三两年的救灾总结》。

来的最高纪录。[①] 第二年小麦丰收，基本上解决了根据地的军需民食问题。

这里需要特别强调的是，在生产救灾过程中，边区各地的驻军发挥了至为关键的推动作用。他们一面战斗，一面帮助群众进行各种生产。在冀南，由于耕牛奇缺，部队除少数警戒敌人外都给老百姓拉犁，当了“光荣的耕牛”。1943年，冀南区部队为群众锄草不下50万亩，太行区部队在灾荒期间帮助群众耕种、锄地、收割合计达4.29万亩。为了支援灾区兴修水利，冀南部队在1943年7月组织打井队，自带口粮跑遍大小村庄，鼓动并帮助群众打井，全冀南新打的近1万口井，几乎没有一口不浸透着战士们的汗水。边区驻军还利用战争的间隙自己动手开荒生产，太行部队一年共开荒10万多亩，产粮510万斤，山药菜蔬1 266万斤，使粮食、菜蔬的自给程度分别达到三个月和全年，减轻人民负担达20万石公粮。冀南部队每个指战员种地5亩，做到粮食蔬菜半年自给乃至全年自给，极大地减轻了人民的负担。[②]

在救灾生产中，边区政府还大力扶持农村副业和手工业，诸如运输、纺织、造纸、煤窑、磨坊、榨油等行业都在灾荒时期得到不同程度的恢复和发展，特别是运输业和纺织业，规模尤巨。在大规模的粮食调剂过程中，边区发动群众组织了庞大的运输队，以工代赈，一方面保证了粮食源源不断地运往灾区，一方面又让灾民赚取脚价，维持生活。从1942年10月到1943年5月底，太行区灾民共赚运输费合小米3 500石，按脚夫每日一斤小米计，可解决5.3万人3个月的食用。[③] 在边区政府大量贷款贷粮的推动之下，纺织业也蓬勃兴起，并迅速形成群众性的妇女纺织运动，原有纺织传统的冀南农村，纺织业进一步发展，纺织业素不发达的太行、太岳区也到处响起了“唧唧复唧唧”的纺纱织布声。到1943年9月，太行区仅

---

① 参见《解放日报》，1944年8月29日；《太行区一九四二、一九四三两年的救灾总结》。

② 参见《解放日报》，1945年6月30日。

③ 参见《太行区一九四二、一九四三两年的救灾总结》。

五、六两专区就有纺妇 44 567 人，共纺花织布 316 502 斤，得工资 500 936 斤小米[①]；到 1944 年 4 月底，全区参加纺织的妇女达 20 多万，纺织收入共计 340 万斤小米[②]。这不仅使数十万灾民缓解了饥饿的威胁，还激发了妇女的劳动热情，提高了妇女的社会地位，同时还解决了边区军民的衣着问题，打破了敌人的封锁。

由于敌祸天灾的连续打击，边区农村劳动力和生产资料严重匮乏，仅仅依靠单个的家庭分散地从事生产救灾活动显然困难重重。因此在边区政府的积极倡导和人民群众的自发要求之下，互助合作事业迅猛发展，生产救灾运动最终走上了“组织起来”的道路。

在救灾过程中新建起来的合作社，并不是区村干部用行政命令的手段组成的。它在吸收会员时，完全采取自愿的原则，入社退社，入股退股，不受约束。在资金来源上虽然仍需要政府贷款，但主要还是面向群众，面向灾民，其办法就是变现金入股为实物入股，诸凡粮食、山货、布匹、羊皮、麻头、白草等，无论多少，均可随时折价入股，同时准许劳力入股，即在合作社组织的某种生产活动中，参加者以其劳动后所获收益的一部分入股，这就使得大批的中农或贫农能以自己的物质条件进入合作社，从而扩大了合作社的群众基础。据辽西、左权、襄垣、磁武四县的统计，在合作社的股金总额中，贫农、中农占有的比例分别为 38.5％和 43.8％，而富农、地主则只有 10.4％和 3.9％。[③] 冀鲁豫沙区的 110 个合作社，也都是“以灾民为对象的组织”[④]。与此相应，合作社也改变了以往“单纯营利”的宗旨，“越出做买卖的小圈圈”，适应救灾度荒的需要，“逐渐向组织群众生产的方向摸索前进，开始主要在供销上和组织纺织等副业生产上，后来才进至农业生产上，与群众生产广泛地结合起

① 参见《一年来太行区的救灾工作》，见《晋冀鲁豫抗日根据地财经史料选编》，第 2 册，113 页。

② 参见《太行区一九四二、一九四三两年的救灾总结》。

③ 参见《太行区合作社怎样组织群众生产救灾》，载《解放日报》，1945 年 12 月 13 日。

④ 《解放日报》，1944 年 8 月 29 日。

来”，从而“发挥了前所未有的作用，为群众谋了很大的利益”[1]。实际上，合作社的业务无所不包，只要能增加灾民的收入，诸如纺织、烧炭、割柴等副业生产以及造纸、制皮、晒盐、熬硝、磨房、榨油、弹花、染色等各种手工业生产，无不尽力经营。随着生产救灾运动的深入和发展，农业生产也逐渐成为合作社的一项重要任务，并从1944年以后，成为它的中心工作。它一般首先通过购粮贷放或廉价出售、担保调剂以及临时急赈等方式解决灾民的吃粮困难，使其恢复体力。继而采取外购、内部调换、贷放代借等方法解决种子问题，并组织匠人制造农具，调动群众积肥、造肥，以解决农具、肥料等问题。同时还组织变工队、扎工队、打工队或代雇短工、耕牛，在农户与农户之间、村与村之间进行劳动力或畜力的调剂与协作，不少合作社还发展与生产相结合的供销业务，推销土产，换回必需品，既节省了民力，又减轻了商人的中间剥削，保护了生产者的利益。

需要指出的是，合作社在组织群众进行各种形式的生产救灾活动时，一般都采取灵活机动的原则，从当时当地的具体条件出发，依据不同的地区、不同的季节选择不同的中心业务，形成农业与副业、劳力与资金、产供销之间的有机结合，尽可能最充分地运用各种生产活动，发掘各种自然资源、劳动力资源，最大限度地增强抗御自然灾害的能力。据统计，从1942年10月到1943年6月底，太行区共建合作社460个，而灾区即有290个，占总数的63%；到1943年底，仅沙河、左权等6个县的统计，半年之内，合作社的数目即增加1.05倍，社员增加3.36倍，股金增加53.6倍。[2] 合作社成为边区人民战胜灾荒的重要组织之一。

回顾一下百年以来近代中国赈灾制度演变发展的漫长历程，可以看出，以晋冀鲁豫边区为代表的这种大规模有组织的群众性救灾度荒运动，实属前所未有的创举与伟业。它将政府的救济与社会的互助以及人民的自救完全结合起来，融为一体，不仅从根本上改变

---

①　《解放日报》，1945年12月11日。

②　参见《太行区一九四二、一九四三两年的救灾总结》。

了过去单纯依靠政府的片面救济制度，而且远远超越了近代以来由中国资产阶级及国际友好人士发起推动的以社会互济为职志的义赈活动的范围，使救灾运动成为在抗日民主政府领导下的、以根据地党政军民全体力量为基础的真正的群众性社会自救运动。它的意义不仅在于密切了党和政府与群众之间的关系，还在于打破了当时落后的本位观念和区域隔阂，改变了迄当时为止在全国尚未结束的灾荒愈严重、封建剥削愈益加强、土地兼并愈益激烈的恶性社会运行轨道，把“苛刻的封建剥削，转化成社会的互济互助运动”①，因而极大地增强了边区各地区、各阶层人民之间的团结与合作。尤其值得称道的是，这次救灾运动树立了军民共命运的光辉范例。当时正值边区部队战斗最为频繁和激烈的时期，据不完全统计，太行区的部队每日平均作战15次，太岳区的部队每日作战7～8次②，但就是在这种残酷的军事斗争过程中，边区部队一面以鲜血与生命保卫着人民和生产的安全，一面又普遍地节食、助耕，参加生产，以忘我的劳动开辟着新的财源，减轻了人民的战争负担，最终与人民一同度过了最艰苦、最困难的岁月，同人民结下了鱼水兄弟般的血肉深情。这样，整个边区的党政军民在严峻的灾荒面前空前地团结起来，凝成一个不可分割的整体，汇成了一股巨大的力量，正是这种力量成为边区战胜天灾敌祸的最基本的条件。

这次救灾运动在赈灾史上的另一个重大发展就是开创了一条群众性的生产自救的新途径。应当承认，生产与救灾的结合，在以往的救灾实践中也有一定程度的体现，如以工代赈就是一个由来已久的重要救荒措施，华洋义赈会还把它作为救治灾荒的一个重要手段，并取得过相当的成就，但这毕竟大都是临时的而非长久的，是局部的而非全体的，即使是由华洋义赈会首倡并一度风行于全国不少省区的农村合作运动，由于入股标准很高，最后大都为少数的地主富农所操纵，绝大多数的贫苦农民并没有得到多少实惠，而且这类合作社多属于信用合作，与农村生产活动并没有直接的结合，因而其

---

① 《解放日报》，1944年11月1日。

② 参见《一个革命根据地的成长》，189页。

实际作用远没有实现它最初的“防灾于未然”的目标。只有抗日边区的生产救灾运动才最终将社会的救济和灾民的生产比较完整地结合在一起，并通过真正民众性的互助合作形式组织起来，巩固下去，一方面使重灾之下有限的社会财富得到合理的配置与使用，一方面又一扫过去的灾民仰首望天、坐以待毙的灰暗心态和悲观情绪，将广大灾民的精神状态从神权迷信和依赖心理中解放出来，激发出无限的创造力量，两者汇集在一起，注入于生产自救之途，便成为财富增殖的永不枯竭的源泉，从而为抗拒天灾并最终战胜天灾奠定了最雄厚的物质基础。

“人民，只有人民，才是创造世界历史的动力。”在1942年至1943年横扫中原的大饥荒中，三种不同的政治势力向全体人民各自交出的答卷，为未来中国的政治走向勾画了轮廓分明的历史蓝图。

附录 中国近代灾荒年表

1840年（道光二十年）

农历五、六月（汉字月份为农历，下同）间，江苏连降大雨，山水骤发，江潮涌灌入省城，全省64个厅州县被灾。8月25日至29日（七月二十八日至八月初三），四川暴雨5日，涪江发生迄今150余年间的第一位大洪水，岷江、沱江、嘉陵江、渠河等亦均发生特大洪水，江河下游沿江城镇悉沦巨浸。9月26日至10月5日（九月初一至初十），湖北大雨兼旬，江、汉同时并涨，全省27个州县被水，灾民纷纷逃往他省。直隶、河南、山东、湖南洞庭湖沿岸等地，亦有程度不等之水涝灾害。甘肃河州、湖南宜章、广西浔州、安徽部分地区旱。苏州、台湾云林先后地震。冬，江、浙雪灾。

1841年（道光二十一年）

8月2日（六月十六日），黄河于河南省祥符县境决口。黄水围开封城八个月之久，并泛滥千里，直注洪泽湖，水灌涡河、淮河，河南、安徽被灾甚重。夏秋间，江苏、湖北、浙江、江西因淫雨连绵，部分地区兼受黄河决口之影响，亦大水成灾。苏北“田庐皆在巨浸中”；湖北饥民十数万麇集省城，入冬后“冻馁物故者日以数百人计”；浙江禾稻“悉皆腐烂”。此外，湖南、山西、陕西、奉天、新疆局部地区水灾，广州旱灾，山东有水、旱、虫、雹等灾。

1842年（道光二十二年）

江苏由夏入秋，亢旱甚久。秋后又由旱转涝。8月22日（七月十七日），黄河于江苏桃源县北崔镇汛决口190余丈，黄水漫溢，田禾庐舍被淹甚多，淮扬等地“居民迁徙，栖食两无”。除黄河决口外，湖北于7月4日（五月二十六日）因长江水涨，荆州大堤浸溃，江水冲入荆州郡城，全省28个州县被灾。安徽8月15日至21日

（七月初十至十六日），连降暴雨，皖江两岸田地被淹。山西六、七月间大雨连朝，间有冰雹。河南自夏至秋亢旱无雨，至八月间又连遭淫霖，33个州县被水被旱。福建七月初旬汀州、漳州等地大雨如注，山水陡发，冲塌房屋无数，淹毙人口甚多。奉天牛庄、海城等地因六、七月间连降大雨，地多积水，田禾尽淹。江西入秋后雨水偏多，部分州县禾稼被淹，并有伤毙人口、冲塌房屋等情。广东六月上旬雨骤水发，海阳、大埔、丰顺、兴宁等县及嘉应州城冲塌房屋，淹毙人口。陕西潼关、榆林等地，分别于四、五月及七月连降雨雹，但水势消退较快，损失尚轻。

此外，6月11日（五月初三）新疆巴里坤宜禾县发生7级地震，伤毙多人，房坍不计其数。山东、湖南、浙江、云南、直隶、甘肃等省部分州县分别有水、旱、风、虫、雹灾。

1843年（道光二十三年）

黄河连续第三年漫决。本年决口处在河南中牟县下汛九堡。该省夏秋间大雨频仍，沁黄盛涨，终于六月末黄河河堤蛰塌，口门宽达360余丈，全省16个州县被淹。受黄水影响，安徽、江苏亦受灾颇重。决口历一年半后始行合龙。经前年及本年两次黄灾，祥符至中牟间数百里“膏腴之地”10余年后仍“尽成不毛”，“村庄庐舍，荡然无存”。本年发生水灾省份尚有：直隶（35个州县）、山西（9个州县）、陕西（7个州县）、湖北（13个州县）、湖南（5个州县）、山东（8个府州）、广东（上年被灾之大埔、丰顺、海阳等县本年再度遭水）、四川（5个县）、奉天（8个厅县）等。水旱兼具地区有：浙江、甘肃部分州县。受旱地区有：广西罗城、新疆伊犁，此外，湖北、山东少数县份亦有被旱之区。

1844年（道光二十四年）

本年，自东北至东南约10个省份有较重水灾，如：四、五月间，福建省城福州大雨如注，上游溪流灌注，城内水深一二尺至七八尺不等，淹毙人口、冲塌房屋不少。同一时期，广东西江、北江水涨，浸淹17个州县部分田宅，尤以南海、三水、高要为重。江西亦大雨倾盆，赣江江水出槽，南昌等20余个厅州县被水。稍后，永定河又于五月末决口，直隶霸州等45个厅州县低田被淹，霸州、永清受灾较重。七月间，长江于湖北荆州府漫溢，口门刷宽至150余丈，江陵城圮，松滋、枝江大水入城，20余个州县田禾被淹。湖南、安徽、河南、山西部分州县亦受水、雹灾害。黑龙江、奉天因入秋后淫雨连绵，河水漫溢，禾稼歉收。山东、江苏、浙江、陕西、甘肃分别有水、旱、雹、风、虫、霜等灾。

1845年（道光二十五年）

台湾彰化县于正月间发生强烈地震，塌房4 000余户，压死380余人。本年发生震灾地区尚有浙江嵊县、云南邓川（均在11月间）。六月初旬，台湾遭飓风袭击，淹毙居民3 000余人。除此之外，全国无突出之大灾害，但湖北、湖南、河南、安徽、山东、直隶、江苏、江西、甘肃、新疆、奉天、黑龙江等地部分州县均有程度不等之水、旱、风、雹偏灾。

1846年（道光二十六年）

是年，灾情类型分别有水灾、旱灾、先旱后涝、旱涝兼具多种。

遭受水灾省份有：江苏，五月间青浦大水，漂没数千家；苏北之六塘河、蔷薇河冲决，海州等地田畴受淹。广西，四月下旬临桂山水暴发，田没房塌，人口损伤；桂平县有大疫。吉林，三姓地区六月间两次江水漫溢，合境被水，田庐淹浸两月始退，麦、秋二季颗粒无收；珲春因河水涨溢，冲淹田宅。云南，入秋后白盐井地区大雨如注，冲毁桥房、井灶，淹毙人口。奉天府所属各厅州县被水灾歉。福建，七、八月间少数州县猝被风雨，损坏田庐房仓，低洼田地间被水浸，但全省年成尚好。

遭受旱灾省份有：陕西，大旱，尤以关中为甚，几全年无雨，饥民流徙，纷纷逃荒，卖儿鬻女者比比皆是。山西，保德州秋禾被旱成灾，徐沟、垣曲等9个厅州有旱雹灾害。

先旱后涝省份有：直隶，春夏间久旱不雨，夏麦歉收；六月间运河水势迭涨，于故城县漫口，部分州县被水，并间有虫、雹偏灾。浙江，春夏无雨，“西湖皆涸”；至七月间，又淫雨成灾，部分地区“山崩水涌，漂溺民人甚多”。山东，夏麦因被旱被风，收成歉薄；

夏秋间，雨水偏多，湖河涨漫，运河决口，莱芜等州县被水成灾。河南，部分州县因旱夏麦无收，入秋后又被水被雹，秋收大减。

水旱兼具省份有：湖北，7月上中旬江水陡涨，公安、石首等地民堤漫决，部分州县低洼田地被淹，高阜之区受旱。湖南，洞庭湖沿岸州县被水，湘东长沙以南各县旱。安徽，安庆等府州属受旱，洼地被淹；池州等府州属受旱；凤阳等地被淹。江西、甘肃等省亦有水、旱、雹、霜灾害。

此外，六月及十月，东南各省地震。上年发生地震之云南邓川是年又震；四川阆中亦有地震。

1847年（道光二十七年）

河南、山东、安徽、山西、陕西形成一大旱荒区：河南“亢旱异常，报灾几及通省”，山东“岁大饥，道殣相望”，因旱灾严重，“两省大吏，交部严议”；安徽“亢旱日久”，皖北尤甚；山西因旱夏麦歉收；陕西受上年大旱影响，夏收仍属荒歉。

另有一些地区则大水成灾，如直隶盐山等26个州县被水；甘肃西宁因黄河水涨，冲没田庐人口；湖南省东半部及南北两端亦遍遭水灾。但这些省份同时亦有被旱之区，如湖南以长沙为中心之湘东中部，包括长沙、平江、新化、浏阳、湘乡、桂阳等地，均干旱缺雨，有些地区甚至因“无水灌秧，苗尽枯死”。

同时“被水被旱”或兼有霜、雹、蝗等灾之省份尚有：江苏、浙江、湖北、江西、广西等。京师及河南渑池、西藏仑孜先后地震。

1848年（道光二十八年）

本年灾情以水灾为主，大水遍及苏、皖、豫、浙、鄂、赣、湘7省。江苏入夏后始则海潮涌流，继则黄水盛涨，洪泽、高宝等湖先后积涨，河督启坝放水，下游州县尽遭淹灌。安徽沿江各州县，亦均被水成灾，灾区达40个州县。湖北大水奇灾，武昌城外“江潮几与城平”，全省淹没田庐不知凡几。湖南夏季全省遭水，入秋后淫雨连绵，淹没田庐人畜甚多。浙江仁和等30余个州县被水、被风，温州“低洼处水与墙平，漂溺不计其数”。江西夏秋大水，南昌等13个县被淹甚重。河南受水灾区域广达50个州县。此外，察哈尔丰宁县夏雨连绵，田庐淹浸，独石口厅秋间淫雨不止。直隶通州等 52 个州县部分村庄被水、被雹；山东夏旱秋涝，秋禾被水地区达 50 余个州县；山西萨拉齐、洪洞、定襄 3 个厅县有水、旱、雹灾；广西贵县发生严重蝗灾；甘肃渭源等 22 个州县歉收。

12 月 3 日（十一月初八），台湾彰化、嘉义发生 6¾ 级地震，烈度 9 度，压塌房舍 2 万余间，2 000 余人丧生。

1849 年（道光二十九年）

连续第二年大面积水灾，灾区、灾情均较上年更重。闰四月至五月，江苏连下滂沱大雨，低洼之区无不漫溢，省城在巨浸之中，苏州等地水入城内，民田庐舍多被浸淹。浙江自 6 月 17 日（闰四月二十七日）后，连雨 40 余日，上下数百里，江河湖港与田地联为一片，不少城镇陆地荡舟，房屋皆坍，饥民遍野，浮尸累累。江西五月间连降暴雨，沿江沿湖田庐被淹，灾民露宿乏食者甚多。安徽春夏间雨水过多，入夏后大雨如注，连宵达旦，不少州县田庐漂没，二麦歉薄，秋成无收。湖南春夏间淫霖不绝，城乡泛滥，谷价腾贵，饿殍盈路，又兼疫疠大作，死者无算。湖北入夏后大雨兼旬，江岸泛滥，汪洋一片，武昌积水深处丈余，汉口聚集各地灾民达 23 万余人。河南、贵州、云南、四川、广东、直隶、山西、陕西、甘肃、奉天、黑龙江、山东等省，均有部分地区被水成灾，也有部分地区伴有旱、蝗、雹、风等灾。广西灵川夏蝗秋旱，永淳蝗灾，归顺瘟疫流行。

1850 年（道光三十年）

连续第三年发生大面积水灾。其中，浙江北部曹娥江、苕溪、浦阳江、甬江等河流普遍发生特大洪水，使宁绍平原、杭嘉湖平原造成严重水灾，曹娥江某些河段洪峰流量为迄今近一个半世纪以来最大的一次。江苏秋间烈风暴雨两昼夜，洪泽湖沿堤石工掣塌千余丈，61 个厅州县被水。山东先旱后涝。七月，黄河入海处塌陷数百丈。永定河于夏间漫决，直隶部分州县低洼田地遭淹，另有部分地区因夏秋干旱，收成减色。湖北、湖南均有较大水灾，长江于江陵县境两次决口，口门刷宽 170 余丈。山西太原、萨拉齐厅等地亦被水成灾。安徽、河南、江西、甘肃、广西等地有水、旱、雹、霜等灾。9月12日（八月初七），四川西昌发生7.5级地震，烈度10度；湖南、湖北、广西、甘肃亦先后有震。

1851年（咸丰元年）

9月15日（八月二十日），黄河于江苏丰县北岸大决，口门宽达180余丈，淹没生民千万，灾民纷纷四散，虽耗帑巨万，至次年仍未合龙。除江苏外，山东下游各州县亦受灾甚重。是年，遭风、雹之灾地区颇广，计有台湾及澎湖列岛，安徽、江西、湖北、甘肃、河南、浙江等省之部分州县。被水成灾者有湖南、山西、陕西、直隶、吉林等省部分州县。新疆伊犁地区春末连降大雪，后又暴雨，冲毁田地甚广。云南石屏、建水2个州县亢旱歉收。

1852年（咸丰二年）

上年黄河于江苏丰北决口后，久未合龙，是年塞而复决，江苏北部、山东各州县继续被水，灾民甚众。苏南及浙江则大旱，西湖水涸。遭水灾较重之区尚有：福建部分州县、湖南洞庭湖地区、陕西兴安府属、湖北公安等县、河南永城等27个州县、奉天金县等9个厅州县。遭旱灾较重之区有：湖南邵阳等地、湖北石首等地、云南石屏州等地、山西托克托等地。甘肃河州等19个州县、安徽凤阳等38个州县、直隶保定等45个州县、四川巫山等县有水、旱、风、雹诸灾。广西浔州、梧州、郁林州、柳州各属陆续发生蝗灾。甘肃中卫、江苏南部、湖南醴陵、湖北黄陂、京师地方先后发生地震。

1853年（咸丰三年）

全国有较严重之水灾。河决丰北两载，至是年春始行堵合，苏、鲁二省饥民遍野，饿殍塞途。夏间，丰工复溢，黄水直灌微山湖，漫入运河，苏北、山东连续三年遭水。京师及直隶地区夏秋间淫雨不止，永定河、子牙河、北运河、卫河先后漫溢，80余个州县被灾。浙江60个州县、河南17个县、江西30余个州县、湖北近10个县、湖南20余个州县、贵州镇远等府属、福建大部地区、广东22个州县、安徽舒城等州县及陕西户县、甘肃宁朔县，亦均先后被水成灾。苏南旱，赤地千里，疾疫流行。发生旱灾者尚有湖南麻阳、江西及甘肃部分地区。广西蝗灾严重。三月，苏、浙、鲁同时地震；十月，新疆英吉沙尔连续地震；湖南江华、湖北宜城、河南永城亦先后有震。

1854 年（咸丰四年）

蝗灾呈发展趋势，除广西继上年蝗灾后，本年又有永福等 20 余个州县被蝗，直隶唐山、滦州、固安、武清等地亦有蝗虫肆虐。春夏间，浙江温州等地疾疫流行，“死丧累累，饿殍处处有之，亦日日有之”。浙江 60 余个州县、江苏 66 个厅州县、直隶 49 个州县、河南 14 个县、山东 70 个州县、湖南 15 个州县、山西清水河等 3 个厅县，分别有水、旱、风、雹等灾。江西广昌大水淹城，上万人罹难。江苏、湖南、四川分别发生地震。

1855 年（咸丰五年）

8 月 1 日（六月十九日），黄河于河南省下北厅兰阳汛铜瓦厢决口，正河断流，漫水西浸，复折往东北，使黄河改道经山东大清河入海，成为近代黄灾史上之重大事件。除河南省不少州县遭淹外，山东省菏泽、濮州以下，寿张、东阿以上，亦尽被淹没；滔滔浊浪，延及直隶开州、东明、长垣等地，畿南被水。自此之后，山东水患频仍，几乎无年不灾。江苏南旱北涝。浙江、湖南、湖北、江西、安徽、甘肃均有水旱灾害。云南哀牢山区亢旱乏食。直隶静海、新乐等地，江苏无锡等地，河南南阳等地，蝗虫害稼，“米珠薪桂，民不聊生”。江苏、湖北恩施、四川彭水、奉天金州分别发生地震。

1856 年（咸丰六年）

全国有较大面积的旱蝗灾害：直隶南部各州县亢旱异常，京师及保定等数十州县遍生蝗蝻，咸丰皇帝在上谕中曾称“亲见飞蝗成阵，蔽空往来”，直至次年春间，上谕中仍称“上年近畿一带蝗旱成灾，至今民困未苏”。直隶北部则因永定河漫溢，各河道同时盛涨，通州等 41 个州县被水。江苏、浙江全省发生数十年未有之大旱，河水皆涸，田禾尽槁，加之蝗虫为灾，啮草木几尽，饥民遍野，道殣相望。安徽北部、湖北大部、湖南洞庭湖周边地区、河南大部、山东泰安等 6 个州、江西南昌等州县、陕西部分州县亦均旱蝗成灾，灾民“或吞糠咽秕以延命，或草根、树皮以充饥，鹄面鸠形，奄奄垂绝”。福建龙溪等县、广西北流等县、山西托克托等地、吉林三姓等地、盛京部分地区被水成灾。湖北钟祥、恩施等地先后地震。

1857 年（咸丰七年）

蝗灾继续蔓延。因飞蝗害稼而造成“年岁大荒”的地区有直隶各属，江苏、安徽、陕西、河南、湖南、湖北、山西、山东等省部分州县，灾重之地往往“飞蝗蔽野，食禾稼几尽”，有的地方“蝗虫积地有尺许厚”。云南昆明以南之江川、晋江雨雪成灾，百姓大饥；闰五月后，直隶节次大雨，永定河又告漫溢；六月间，福建漳州府属连遭大雨，600 余人葬身鱼腹；七月中，江苏宝山海塘冲塌；七月中下旬，浙江海塘冲塌，部分地区遭数十年未有之水灾。安徽、直隶、陕西、贵州、河南、湖南、湖北、江西、山东、甘肃并有被水、被旱、被风、被雹之区。年初，广西北流地震；岁末，山东蓬莱地震。

1858 年（咸丰八年）

蝗灾虽较上年稍轻，但仍在直隶、湖南、湖北、山东、陕西等省造成不同程度之损害。福建、云南部分地区疾疫流行。直隶、江苏、浙江、江西、福建、湖南、湖北、河南、安徽、山东、陕西、吉林、新疆部分州县分别有程度不等之水、旱、风、雹灾。陕西同官地震。

1859 年（咸丰九年）

本年为中等年景，虽有部分地区被灾，但或者灾区较小，或灾情尚轻，不致造成严重后果。永定河连续第 3 年漫溢，直隶部分地区被水，部分地区亢旱。江苏近 60 个州县先旱后涝，浙江 60 余个州县先涝后旱。广东、湖北、湖南、山东、甘肃、盛京、山西、河南、新疆、贵州部分州县分别有水、旱之灾，另有局部地区遭雹、霜、风、虫等灾。陕西安康瘟疫流行。黔西南地震。

1860 年（咸丰十年）

江苏南部，浙江嘉兴、湖州二府，山东峄县等地瘟疫流行，染疾者“多则二日，少则一周时许，亦有半日即死者”，由于“死亡相藉”，“棺木贵不可言”。春间，浙江北部大雨连月；夏秋间，钱塘江两岸海塘大坏。自夏至秋冬，江苏部分州县连遭大雨，河道多处决口，田禾浸没，收成锐减。湖北、湖南、安徽、江西部分州县大水成灾。山东夏旱秋涝。河南、山西、直隶、甘肃部分地区有水、旱、风、虫、雹灾。江苏南通、湖北枝江、湖南石门先后有震。

1861 年（咸丰十一年）

本年有较大面积之水灾。曾国藩 7 月 2 日（五月二十五日）家书即称："江西、两湖三省水灾已成"；另函又云，因"水大异常"，"江西、两湖农不能收种，官不能安居，商不能贸易，口粮更从何处取出？真大忧也"。安徽部分州县春夏间淫雨成灾，五月后瘟疫流行，大批人口或饥饿而毙，或患疾而亡。吉林、山西、江苏、广东、云南部分州县均有大水，田地被淹甚广。河南、山东、甘肃、直隶及江苏南部，则分别有水、旱、雹、雪、霜、虫等灾。

浙江温、台沿海州县夏间旱情严重；海宁等地既亢旱日久，又遭海潮冲淹。冬，海宁、慈溪雪灾。陕西夏间旱荒亦重；冬季剧寒，冻死人畜。岐山等县有蝗灾。

此外，山东莱阳、滕县等地亦"疠疫大作，死亡殆半"。六月间，奉天金州、云南华宁分别发生地震。

1862 年（同治元年）

瘟疫在许多省份流行。河南正阳县三月间"瘟疫大行，被传染者大半，死伤颇多"，持续达四月之久；全省黄河两岸各州县先旱后涝，并有蝗灾。安徽春荒严重，夏间旱蝗后兼阴雨，全省疾疫盛行，"行路者面带病容，十居八九"，死亡相继，"尸骸狼藉，无人收埋"，甚至"有旋埋而掩埋之人旋毙者"。江苏南部亢旱，北部大水；浙江亦或旱或涝；此二省均有大疫，疫重之区"十死八九，十室之中，仅一二家得免，甚至有一家连丧三四口者"。直隶大面积旱蝗，并有时疫流行，《翁同龢日记》即有"时疫传染，村落多哭声""天津通州时疫盛行，浸及都下"之记载。山东文登等地秋季亦疠疫大作，"民多死亡"。瘟疫流行地区尚有陕西、贵州、云南等省之部分州县。

二、三月间，新疆塔尔巴哈台地区大风雪，冻毙牲畜万余头。6 月 7 日（五月十一日）台湾嘉义等地发生地震，数千人遭难。7 月

26日（七月初一），广州及广东滨海地区猝遇飓风，数万人丧生。云南大理、山西曲沃等地，亦先后有震。

湖北、湖南、山东等省分别有水、旱、风、虫等灾。

1863年（同治二年）

瘟疫继续在江苏南部、浙江东部、湖南及陕西部分地区流行，重灾区“死亡甚多，至有全家无一生者”。浙江、山东部分地区旱；吉林、福建、山西、直隶、广东部分州县被水；安徽、江西、湖南、湖北、四川、甘肃、陕西、河南等省分别有水、旱、风、虫、霜、雹灾害。“皖南食人肉，每斤买百二十文。”三月，云南邓川地震；七月，江西修水地震。

1864年（同治三年）

江苏、浙江、福建、云南、贵州等地仍有疾疫流行。苏、皖春荒严重，“市人肉相食”。7月13日（六月初十），苏南、浙东同遭飓风，“上海黄浦溺船无算，人死万余”。秋，黄河于河南中牟上汛十三堡地方溃塌大堤。本年受水、旱、风、虫灾害地区有：安徽27个州县、江苏67个州县、浙江大部州县、湖南19个州县、湖北19个州县、山东75个州县、河南66个州县、直隶36个州县及广东、福建、贵州、江西、陕西部分州县。

1865年（同治四年）

江、浙有较重之水灾。五月及闰五月，该二省连降暴雨，山洪陡发，浙江并冲坍海塘，淹毙人口甚众。广东、广西则旱灾严重。直隶、山东、湖南、河南、安徽、湖北则水旱兼具；皖南灾重，“民相食，人肉一斤，价至百二十文”。湖北当阳、远安地震。瘟疫稍减，仅流行于贵州一省，但“各属城乡士民，患疫之家十居七八”。

1866年（同治五年）

安徽、江苏有较重水灾，“百姓流离满野”。山东春旱夏涝，秋禾被水，饥民数十万。河南、湖南、湖北、直隶、浙江、江西或先涝后旱，或先旱后涝，或旱涝兼具。陕西32个厅州县、广西30余个州县、贵州部分州县被旱。山西平遥及萨拉齐厅水灾。浙江景宁地震。广西玉林瘟疫流行。

1867 年（同治六年）

春夏间，豫、皖、鲁、苏、鄂及京师与直隶地区旱情严重，李鸿章致曾国藩函称："枯旱至此，数十年所未有。"夏秋之交，上述各省又先后暴雨成灾。特别是汉江发生历史上著名的全流域性特大洪水，均县以上汉江南岸的米仓山、大巴山一带灾情甚重：岚皋县"淹死人畜以万计"；安康大水入城，"民居官舍冲毙殆尽"；郧阳县"灌城三日，堂室荡然"。七月上旬，永定河漫坍 30 余丈。陕、甘"岁大饥"，加之部分地区瘟疫流行，"人相食"。湖南、江西、浙江分别有水、旱、风、雹、潮、虫等灾。山西萨拉齐厅、吉林三姓及五常堡水灾。京师、湖北公安、浙江海宁、台湾基隆以北海中分别发生地震。

1868 年（同治七年）

本年灾情以水灾为主。六月间，黄河于河南省境上南厅荥泽汛十堡决口，加之不久沁河又漫溢，豫省 40 余个州县被淹。安徽受黄河决口影响，亦多处被水。因黄水灌入运河，山东德州等地运河多处决口，徒骇等河亦漫溢成灾。永定河继上年决口后，是年又两次漫溢，滹沱河改道北徙，直隶广大地区被淹。遭受水灾地区尚有陕西咸宁等 60 个厅州县、山西阳曲等 8 个厅县、湖南部分州县、江苏南部 27 个州县、甘肃华池等县、吉林珲春等县及盛京等地。湖北、江西、浙江分别有水、旱、风、虫等灾。安徽定远，湖北江陵、光化、郧县先后有震。

1869 年（同治八年）

本年仍有较大面积水灾。直隶春夏亢旱，但至六月，永定河连续第三年漫溢，滹沱河水涨，大片土地遭淹。江苏、浙江、湖南、湖北、安徽、江西及山西、贵州部分州县，或春夏多雨，或夏秋多雨，引起江湖漫溢，江堤冲坍，泛滥成灾。灾民或遭淹毙，或纷纷至省城等大城市就食，仅长沙一地即麇集灾民 5 万人。上述各省，亦间有被旱、被风、被虫、被疫之处。山东、河南亦有水旱灾害。广西归顺等 31 个州县被旱。

1870年（同治九年）

灾情仍以水为主。直隶春夏间亢旱缺雨，二麦失收；六月间，永定河连续第四年决口，滹沱河亦再度漫决。长江上游发生历史上罕见之特大洪水，嘉陵江中下游、长江干流重庆至宜昌段出现数百年间最高洪水位。合川、涪陵、丰都、忠县、万县、奉节、巫山、宜昌等沿江城市均遭灭顶之灾；洞庭湖区堤垸溃决，洪水泛滥，枝江、公安等水逾城垣数尺，屋宇民舍漂没殆尽。也有一些地方形成旱荒，包括：吉林宁古塔、三姓、珲春等地，陕西肤施等54个州县，山东汶上等16个州县。因水旱等灾歉收者尚有安徽40个州县、河南71个厅州县、山西5个厅县、江苏64个厅州县、浙江62个州县、江西27个州县。四川巴塘、台湾高雄、云南新平先后有震。八月间，衡阳大火，延烧3 000余家。

1871年（同治十年）

直隶、河南、广东、云南、山东、奉天、湖北及山西部分州县有较重之水灾。夏秋间，直隶久雨不晴，永定河、海河、南北运河、草仓河、拒马河先后漫溢，畿辅东南几成泽国。河南沁河、汜水亦先后涨溢，全省75个州县遭淹。广东省广州、肇庆、惠州、潮州、嘉应各府州属雨水过多，河流泛涨，田地多被淹浸。云南省昆明、江川一带大水，全省44个府厅州县被水。黄河于山东郓城侯家林地方决口，黄水窜入南旺湖，倒漾入运河，沿河州县多淹。奉天金州等地、湖北武昌等25个州县、山西徐沟等5个厅县亦均被水致灾，收成歉薄。此外，浙江于春间遭暴风雨雹袭击，倒塌房屋，压毙人口；江苏35个厅州县、陕西37个州县、安徽41个州县、江西26个厅县、湖南部分州县有水旱灾害；四川继上年大水后，是年又夏旱秋潦，禾稼失收；西藏达木八旗并三十九族各处地方（在今西藏自治区东北部，拉萨以东以北地区）屡被雪灾。

1872年（同治十一年）

继上年大水之后，京师及直隶又发生严重水灾，永定河、滹沱河及运河等再告漫决，浸淹数十州县，百姓荡析离居，困苦异常。发生水灾地区尚有新疆、奉天、四川及湖南、湖北部分州县。发生旱灾地区有福建、广东、广西部分地方。江苏南旱北涝，南京、上海等地先后地震。浙江 67 个州县、江西 28 个厅县、安徽 42 个州县、河南 73 个厅州县、山东 71 个州县、山西 4 个厅州县分别有被水、被旱、被风、被虫地方。云南江川县夏间大疫，永昌府属大饥。

1873 年（同治十二年）

直隶再次发生大水灾。六月后，大雨弥月，永定河连续第七年漫决，滹沱、大清、潴龙、潮白、拒马等河同时异涨，各水皆溢，一片汪洋。当时《申报》称："该处屡遭饥馑，百姓困苦流亡，不忍目睹，不忍耳闻。"与直隶大水并重者则为江、浙之旱，该二省"自春而夏，自夏而秋"，均缺少雨泽，田禾枯槁，河井皆涸。遭受水灾地区尚有奉天、湖北及湖南、陕西、四川部分州县。山东则因黄水骤涨，北岸漫决，漫水由平地东流，滨州、惠民、沾化、济阳等州县被淹甚广。河南亦因黄水涨发，于孟津县冲塌河水套湾，部分村庄室庐倾圮，田禾漂没。但该二省亦有被旱、被虫之处。安徽、江西部分州县均有水旱灾害。夏间，江、浙、闽遭飓风侵袭，毁屋伤人。上海地震。

1874 年（同治十三年）

东南沿海因风灾造成重大损失。六月至八月，飓风两度袭击台湾及澎湖列岛，摧塌城垣、民房，沉失轮船，伤毙人口；福建部分地区亦遭波及。9 月 22 日（八月十二日），香港、澳门发生特大风灾，波及广东，全省因灾罹难者达万人。

直隶永定、潮白两河再度漫决，沿河州县田庐被淹，收成减失，并有颗粒无收之处。山东及江苏北部部分地区续被黄水漫淹。陕西、奉天因风狂雨暴，河水漫溢，田宅被冲淹。安徽 54 个州县、河南 79 个厅州县、湖北 25 个州县及浙江、湖南、江西部分州县，分别有被水、被旱、被风、被雹、被虫之处，局部地区灾情颇重，如湖北黄陂因水发"漂没不下千人"；宁波等地时疫流行，"几于挨户皆然"。山西太原、汾阳、临汾、兴县、萨拉齐厅有水、雹灾害。

1875 年（光绪元年）

本年北旱南涝。薛福成在代李鸿章起草的一封信中称："南北荐饥，晋、豫尤甚。灾区之广，饥民之多，实二百年来所仅见。”京师及直隶大旱，“麦尽枯槁无收”；但永定河则连续第九年漫决，部分地区被水。山西、河南、陕西大饥，“赤地方数千里，句萌不生，童木立槁”。甘肃亦大旱，各郡饥民聚集秦州者数十万。

江苏、安徽、湖南、广西、云南大部地方则淫雨为灾。山东、江西、湖北、浙江部分州县分别有水、旱、虫、雹灾害。5 月 31 日（四月二十七日），广州遭台风袭击，毁屋坏船。五月间，贵州南部、湖南靖州分别发生地震。

1876 年（光绪二年）

是年水旱之灾均颇严重。旱荒之区有：直隶，自春徂夏亢旱异常，黍麦枯萎，并伴有疠疫及蝗灾。山东，春夏大旱，部分麦田颗粒无收；大部州县旱情至秋冬未解，饥荒严重。河南，春夏间雨泽愆期，麦收歉薄，秋禾受伤。安徽，被旱成灾，皖北尤甚。江苏，北部亦大旱，并有蝗灾，饥民纷纷渡江乞食。山西，太原、汾州等府亢旱歉收。陕西，因旱荒严重，夏秋歉收，冬麦多未下种。奉天，义州受旱、霜之灾，饥民达 10 万余人。但上述地区中，直隶、山东、河南部分州县又因秋雨连绵，造成水灾。

遭受水灾地区有：福建，入春后雨水淋漓，6 月 7 日（五月十六日）后，福州暴雨四日，加之海潮顶涌，城内水深数尺，周围州县亦遭水淹，全省灾民达数十万。台湾，夏季连遭暴雨、飓风袭击。浙江，入夏后多次遭狂风暴雨及海潮侵袭，田地被淹，秋成失收，居民溺毙者甚众。江西、湖南，亦因雨水过多，田庐被浸，人口损伤。湖北、广西，部分州县因灾歉收。云南，永平、大理先后发生地震。

1877 年（光绪三年）

本年发生中国近代历史上最严重的大旱灾。此次旱灾，以山西、河南为中心，旁及直隶、陕西、甘肃全省及山东、江苏、安徽、四川之部分地区，形成一个面积辽阔的大旱荒区。灾重之区，赤地千里，遍野荒丘；草根、树皮，罗掘俱尽；饿殍盈途，道殣相望。“一家十余口，存命仅二三；一处十余家，绝嗣恒八九。”“人死或食其肉，又有货之者，甚至有父子相食、母女相食，较之易子而食、析骸以爨为尤酷。”山西太原府因灾荒造成之死亡率竟高达95%。大部地区除旱灾外并伴以瘟疫及蝗灾。旱情一直延至翌年。按照干支纪年，是年为丁丑年，翌年为戊寅年，故史称“丁戊奇荒”。

除大旱灾外，福建继上年大水后再度被水，福州城内水深及丈，溺饥而亡者甚众，灾情较上年尤重。广东、吉林部分地方亦遭水淹。江西、浙江、贵州、湖北、湖南等有水旱灾害。台湾北路风灾，损失颇剧。云南武定、贵州绥阳、广东合浦分别有震。

1878年（光绪四年）

山西、河南、直隶继续大旱，但同上年相比，旱区已相对缩小。陕西、四川已由旱转涝。山东、江苏、安徽、甘肃则是水、旱、风、雹、虫灾并存。河南、直隶于秋后亦解除旱情，反因大雨连朝，又遭水患。浙江、湖北、贵州有水、旱、虫，雹灾害。福建、湖南、奉天大水，禾稼歉收。

4月11日（三月初九），广州遭暴风雨袭击，倒塌房屋数千间，伤毙人口万余；风后继以大火，损失颇重。四月间，台湾风灾。8月7日（七月初九），云南永宁地震。

1879年（光绪五年）

7月1日（五月十二日），甘肃阶州、文县发生强烈地震，震级8级，烈度11度。除震中遭巨大破坏外，并影响四川、陕西、山西、河南、湖北等省。剧震引发大水，阶州、文县“淹没人畜无算”。震灾加水灾，仅震中地区即有4万余人悲惨丧生。

直隶、山西春夏仍继续干旱，麦收大减，秋禾难播。秋后山西旱情解除，而直隶又雨水过多，禾稼被淹。河南84个州县、安徽46个州县、陕西67个厅州县、山东78个州县及江苏、浙江、湖北部分地区分别有水旱灾害。广东、湖南、四川部分州县遭水。吉林宁古塔、三姓、五常堡旱灾。云南龙陵、弥勒冬季亦有震。

1880年（光绪六年）

6月22日（五月十五日），甘肃文县再次地震，应为上年强烈地震之余震。

广东、福建、湖南洞庭湖周围、四川资阳等县、陕西临潼等县、山西太原等县遭受水灾及雹灾。江苏夏秋间亢旱异常。安徽45个州县、山东78个州县、河南86个厅州县、直隶63个州县、江西29个厅县及湖北部分州县分别有被水、被旱、被雹、被风、被虫之处。

1881年（光绪七年）

是年，全国各地震情活跃。2月18日（正月二十日），台湾淡水、新竹地震。五月，台湾再度地震；福建、四川越嶲厅亦有震。7月20日（六月二十五日），甘肃礼县地震，压毙480余人，波及宁夏、陕西、四川、青海等省。岁末，云南弥勒地震。江苏、浙江、江西、广西、福建、云南或连遭暴雨，或风潮暴发，均积潦成灾。广东先涝后旱。直隶、陕西、安徽、贵州、河南、山西、山东、湖南、湖北分别有被水、被旱地方。

1882年（光绪八年）

本年灾情以水灾为主。五月间，因两次大暴雨，造成山洪暴发，大别山区、皖南山区及杭嘉湖地区，发生特大洪水，“蛟洪所过之地，沙石弥望，庐舍荡然无存，田畴亦压荒殆尽”。安徽60个州县受灾，人口淹毙甚多；浙江许多地方也“坏庐，人畜多溺死”。夏秋间，黄河在山东境内多次决口，广大地区遭黄水漫淹，灾民达数十万人。江苏、江西、福建、湖南、湖北、直隶、四川、云南、贵州、广东、广西或全境或部分州县，亦均有雨雹灾害。陕西54个厅州县、河南85个州县、山西28个厅州县及黑龙江齐齐哈尔、墨尔根各地被灾歉收。

1883年（光绪九年）

本年仍有大面积水灾发生。黄河继上年在山东决口后，是年又在该省境内多次漫溢，造成严重水灾，饥民达数十万之众。京师及直隶六月后连降大雨，永定河漫口，南部又受山东黄河决口影响，灾区颇广。安徽淮河沿岸州县被水成灾，灾民亦数十万人。江苏、浙江遍遭水灾、风灾。长江、汉水泛涨，江堤溃决，湖北、湖南多处被淹。广东、云南、甘肃部分州县亦有被水、被风之处。

江西南昌等地干旱严重，禾苗枯槁，全省35个厅州县被灾。被旱者尚有吉林宁古塔、三姓等地。山西、河南、四川、陕西、黑龙江部分地区分别有水旱等灾。台湾地震。

1884年（光绪十年）

7月1日（闰五月初九），黄水又于山东齐东等县决口，灾民达100万余人。直隶上年被水之区春初积水未消，伏秋大汛期间，东明县境黄河堤岸又漫刷成口，永定河亦再次漫决，但春夏间京师却亢旱缺雨。被水地区尚有安徽、广东、福建、陕西、湖南部分州县。江西、河南、江苏、浙江、辽宁、黑龙江、山西、甘肃、贵州、四川、湖北或大部或部分州县，则旱潦不均，少数地方灾害较重。广西16个州县被旱。新疆镇西厅夏间突降大雪，田禾冻萎。甘肃秦州、云南普洱先后地震。

1885年（光绪十一年）

本年全国灾情以水灾为主。五月间，珠江流域之西江、北江因大雨连旬，同时陡涨，西江支流柳江、桂江、贺江以及北江支流湟江、滨江均发生近百年来未有之特大洪水；珠江三角洲灾情颇重，广州市区水深一二尺，“被水各属淹毙人口难数计”，广东、广西各有灾民20余万。湖南、江苏、安徽、江西、直隶、山东、陕西、奉天大部地区及云南、贵州部分州县，亦均有较大之水灾，灾重之区损失颇巨，如湖南省常德、澧州一带即有万余人遭灭顶之祸。以上地区亦间有受旱、受虫之处。湖北、浙江、四川、河南、山西、吉林、新疆部分州县则分别因被水、被旱、被雹歉收。年初，甘肃秦州再度地震。

1886年（光绪十二年）

本年灾情仍以水为主。山东境内黄河多次决口，灾情颇重，全省78个州县遭淹。七月中旬，直隶燕山山脉发生大暴雨，使滦河流域出现历史上少见之大洪水，海河流域之潮白河、蓟运河、北运河水系亦遭波及，诸河决口，漫淹甚广，仅迁安、卢龙、滦县、昌黎、乐亭5县被灾村庄即达1 072个，成灾五分以上者521个村庄。山西亦因夏间大雨倾盆，山洪暴发，汾河涨溢，被淹甚广。遭较重水灾地区尚有奉天、福建、浙江、江苏、江西、湖南、云南、陕西、甘肃部分州县。广东、广西部分地区秋旱歉收。湖北、安徽、吉林、黑龙江、新疆、河南分别因被水、被旱秋收歉薄。

1887 年（光绪十三年）

是年，一些重要河流漫决，造成大面积水患。3 月 16 日（二月二十二日），永定河决口。六、七月间，潮白、永定等河又告漫决，顺直地区一片汪洋。与此同时，黄河先后于山东齐河县境之朱家圈民埝、直隶开州大辛庄决口。八月中，黄河又于河南郑州决口，沁河于武陟县境决口。除豫省遭淹外，又因黄流入淮，浸及安徽、江苏，皖省沿淮河、沙河州县为巨浸。江西、四川、湖北、湖南、陕西、甘肃、云南等省之大部或部分地区，亦因连阴多雨，遍遭水灾。湖南、广西、山西亦有因灾歉收之处。新疆部分地区有水、雹、霜、雪、鼠灾。奉天金州被旱、被虫。11 月 19 日（十月初五），厦门火药库失慎爆炸，损失严重。12 月 16、17 日（十一月初二、初三），云南石屏、建水等地发生强烈地震，死伤惨重。

1888 年（光绪十四年）

六月末至七月中，辽宁东部、吉林南部连续 3 次大暴雨，使鸭绿江下游干支流及大洋河、浑河、太子河、辉发河等流域发生历史罕见之大洪水，洪水决堤、漫溢，泛滥成灾，千余人为浊浪吞没，禾稼失收。与此同时，直隶也连降大雨，永定等河决口，据刘光第函称，仅“离京二十二里芦沟泛之水灾，实淹死居民二万有奇”。此外，山东 76 个州县、山西 18 个厅州县、河南 81 个厅州县、江苏 64 个厅州县、浙江 66 个州县、江西 30 个厅县及广西、广东、福建、四川部分州县，分别遭水、旱、风、虫、雹、火灾害。安徽北涝南旱，湖北先涝后旱。湖南年初大雪成灾；夏秋间有水、旱、蝗灾，并有疫病流行。云南阿迷州、蒙自县疫疠流行，死亡甚众，并受虫灾。陕西、甘肃、新疆部分地区有雹灾。11 月 2 日（九月二十九日），甘肃靖远一带地震。

1889 年（光绪十五年）

全国大部省份发生水灾。五月下旬、六月上旬，大雨滂沱，山洪下注，沙河、淮河漫溢，安徽部分州县被淹；至九月间，江、淮复涨，漫淹更广。7 月 31 日（七月初四），河南沁河决口；伏秋之际，直隶长垣县黄河决口，滑县、延津等先后被淹；六、七月间，黄河在山东章丘、历城、齐河境内决口，全省 82 个州县灾歉。夏秋间发生较重水灾地区尚有：四川、湖北、湖南、浙江、江苏、广东、陕西、甘肃。云南先旱后涝。江西 16 个厅县、山西 19 个厅州县分别有水、旱、雹、硷等灾。新疆绥定等处地震，城垣拆裂。

1890 年（光绪十六年）

夏间，直隶淫雨连绵，永定等河决口，千数百里间一片汪洋，灾情极重；山东齐河县等处黄河泛滥，37 个州县被淹；福建省城福州两度被水；奉天、吉林、湖北、湖南均有部分地区淫雨成灾，田庐荡然；陕西、甘肃、新疆亦有局部性的水、雹灾害。夏秋之间，江苏、安徽、浙江、山西、江西、广西、云南部分州县因灾歉收。河南 49 个州县先涝后旱。广东鼠疫盛行。四川部分地区遭水、火、雹灾。台湾台北等府属被风、被水。

1891 年（光绪十七年）

本年为中等年景，虽不少省份均有水旱偏灾，但未发现大灾。

1892 年（光绪十八年）

年初，直隶、山西、甘肃全省及云南昭通、东川府属发生较严重之春旱，直隶、甘肃旱情并延至夏季。但夏秋间，许多地区先后发生水灾。六月中旬，山西连续阴雨 40 余日，晋北发生两次大暴雨，使“滹沱、汾、涧、涂、文峪等河同时并涨”，造成晋北近百年间最大一场洪水。陕西、河南、直隶、内蒙等相邻省区亦受影响。直隶永定、南运、北运、大清、潴龙、潮白、拒马诸河纷纷漫溢；河南卫河亦暴涨冲溢。黄河在山东省惠民、利津、济阳、章丘四县境内决口，同时，卫河、运河亦在临清境漫溢，山东 84 个州县灾歉。奉天、吉林淫雨、霜冻为灾，辽河泛滥。发生水灾地区尚有：甘肃、云南、贵州、四川、广东、湖南、福建、台湾部分州县。湖北则夏涝秋旱。江苏除萧县、宿迁夏间被水外，其余州县普遭旱灾。安徽、江西、浙江分别有被水、被旱、被蝗之处。四川并有瘟疫流行，死亡惨重。

1893 年（光绪十九年）

夏间，顺直地区又遭严重水灾，永定河、南北运河、大清河、潴龙河、潮白河、子牙河、滦河、蓟运河、凤河漫溢多口，“上下千数百里，巨浸汪洋，平地水深丈余”；山东章丘等县或被黄水冲塌决口，或水大漫溢出槽，被灾地区甚广。遭受水灾地区尚有：福建、台湾、广东、广西、湖南、云南、四川、甘肃、吉林部分州县。湖北先涝后旱。河南夏旱秋涝。安徽、江苏、浙江、山西、江西、陕西、新疆因有水旱偏灾，收成歉薄。湖南并有瘟疫流行，死亡相继。四川打箭炉、甘肃西宁、新疆莎车厅先后地震，颇有人畜伤亡。

1894 年（光绪二十年）

夏秋间，顺直地区再次发生大面积水灾，灾区广达 102 个州县；山东雨水过多，部分州县积潦成灾；河南先旱后涝，七月间漳河、卫河漫溢，内黄、浚县等同遭水淹；奉天、吉林阴雨连绵，河水泛涨，沿河州县被灾。广东、湖南、福建及台湾部分地区亦于春夏间分别遭暴风雨侵袭。山西、陕西、甘肃、云南、四川、广西、湖北、安徽、江苏、江西、浙江分别有被水、被旱、被风、被雹、被虫、被潮之处。

1895 年（光绪二十一年）

顺直地区及奉天、吉林春荒严重。入夏后，直隶大雨倾盆，兼杂冰雹，天津沿海一带遭海啸侵袭，损失颇巨。山东利津、寿张、齐东境内黄河决口，运河、卫河亦告漫溢。河南武陟、河内境内沁河漫决，全省 54 个州县被灾。山西南部因连降暴雨，发生该地区近百年间之最大洪水，“汾、浍暴涨，房屋倒塌无算”。被水、被雹之区尚有：陕西 31 个厅州县，甘肃部分州县。湖南、湖北水旱交乘，尤以旱灾为重。云南、新疆、四川、安徽、江苏、江西、广西因水旱虫等灾歉收。贵州及浙江亢旱成灾。台湾台北、彰化等地，夏秋间疾疫流行。新疆及广东先后地震。

1896 年（光绪二十二年）

正月，四川、云南地震。江苏北部、湖南东部春旱；河南东部麦苗生虫。夏，黄河在山东利津县境决口；直隶永定、潮白、子牙等河溃决；长江汉水陡涨，沿江州县被淹；东北地区松花江、牡丹江、图们江等大小江河漫溢。夏秋间遭受水灾地区包括四川东部、河南大部、山东全省与直隶、江苏、湖北、吉林大部及贵州、云南、黑龙江、奉天小部地区，其中川东水淹山崩，鄂西旱涝交乘，灾情尤重，仅湖北灾民即逾百万。此外，陕西夏旱秋潦，浙江、江西、甘肃、新疆、山西、安徽、广西、湖南部分州县分别有被旱、被水、被风、被虫、被雹、被潮之处。台湾全岛鼠疫蔓延。

1897年（光绪二十三年）

本年被水区域较上年有扩大之势。二月至八月皖北淫雨不止，淮、浍、涡、淝各河沿岸县乡一片汪洋，凤阳、颍州、泗州所属灾民达百万之众。夏秋间苏北大雨，洪水出槽，据刘坤一称“徐淮海水灾略与皖北相等”。江西28个州县、湖北30个州县、湖南11个厅州县、直隶43个州县、甘肃13个州县及广东、广西、贵州、陕西、东北三省、新疆等处，也有不同程度的水患。正月、十一月，黄河在山东历城、章丘交界处及利津两度凌汛决口，水淹10余个州县，全省共76个州县成灾。河南、云南夏旱秋涝。此外，浙江72个厅州县、四川30个厅州县、山西10个厅州县遭水、旱、蝗、雹、冻等灾。

1898年（光绪二十四年）

全国仍有大面积水灾。河南自春至秋阴雨连绵，各河漫溢，58个州县灾歉。夏秋间顺直地区连续第九年被水，52个县受灾，重灾之区十室九空，口外诸属则春旱秋冻。六月下旬至七月上旬，黄河在山东漫决多口，南北运河涨溢，浊流漫卷30余个州县，“其民有淹毙者，有疫毙者，有饿毙者，有陷入淤泥而毙者”，全省受灾州县82个，流亡载道。苏北受山东洪水波及，徐海地区继上年大水后又积潦成灾。皖北上年积水未消，夏秋复遭水患，而秋后又大旱。四川入夏近30个州县洪涝成灾。他如江西29个厅县、湖北28个州县及湖南一部水旱交乘；福建、广东沿海地区遭风潮袭击；东北三省、陕西、甘肃、山西、浙江、广西、云南均有被水、被旱、被雹、被霜、被碱之处。新疆发生强烈地震。

1899年（光绪二十五年）

黄河流域由连年水灾转为大面积亢旱，且并发各种灾害。顺直一带全年未下透雨，33个州县麦收歉薄，秋种失时，但又有16个州县被水。山西省城南北皆旱，兼有霜、雹、冻等灾。甘肃12个厅州县旱、水、霜、雹交乘。陕西从夏秋到仲冬亢阳不雨。河南麦收中稔，入秋有58个州县被旱、被雹，豫北灾情尤重。山东91个厅州县多灾并发，流民载道。

被水区域有贵州、云南、广东、湖南、江西、吉林、新疆等省的部分州县。夏秋间湖北水旱交煎，灾区颇广。此外，安徽38个州县、江苏66个厅州县、浙江70个厅州县、四川60个厅州县、广西10个州县因水、旱、风、雹、虫、火等害成灾，歉收。

1900年（光绪二十六年）

黄河流域的旱荒进入严重时期。陕西奇旱，60余个州县受灾，饥民百数十万，“致有食人之事”。甘肃22个州县遭旱、水、雹灾。山西自春至秋亢阳不雨，60余个州县受灾，重者赤地千里，颗粒无收。顺直地区30余个县春、夏、秋三季亢旱，畿辅大饥，瘟疫流行，而南部开州、东明、长垣的秋禾又被黄水淹没。正月山东滨州张肖堂河决，连淹下游数县；入夏77个州县被旱或被水。河南夏秋旱，64个州县歉收。湖南、四川等省也有较大面积的旱区，但湖南滨湖州县入夏又有水灾。

五月杪至六月初闽北暴雨，酿成闽江干流近百年来最严重的一次大水灾，上游各府人畜漂流，福州四围一片汪洋，城内水深数尺至丈余，附城积尸数千百具。此次降雨区还延及浙、赣两省，浙江丽水、青田、龙泉一带灾情尤重。此外安徽33个州县、江苏62个厅州县、湖北29个厅州县以及云南、贵州、新疆等省的部分厅州县也有多种灾害发生。

1901年（光绪二十七年）

上半年，甘肃、陕西、山西、河南、直隶等省继续亢旱，山、陕“虽人肉亦须百八十文始获一斤”。入秋后山西收成中稔，河南、直隶、甘肃的大部或一部又洪涝成灾。六月下旬，黄河先后在河南兰仪及山东章丘、惠民决口，潦区颇广。东南各省入夏皆被水患。湖北大雨，江、汉并涨，沿江各县成灾；秋后又有部分州县旱。湖南长沙、岳州、常德等府各属被淹。安徽沿江两岸洪水漫溢，灾民数十万。江苏省城水深数尺，63 个厅州县被水、被潮、被风，刘坤一奏称“此次苏省水灾，实为数十年所未有”。江西 40 余个州县，浙江 22 个厅州县，福建西部、北部，广东部分州县，或因大雨成灾，或遭飓风、海潮。奉天、云南也有被水之区。内蒙古大部分旗地虫灾。云南邓川发生强烈地震。

1902 年（光绪二十八年）

本年多灾并发，部分地区灾情严重。旱灾以四川为最，广至 73 个厅州县，又有 18 个厅州县被水或被雹，灾民数千万，市镇寥落，村舍无烟。直隶广宗、巨鹿一带春旱。皖北夏旱蝗灾。六月胶东大雨成灾，继而黄河决于利津、寿张、惠民等处，济南等 10 个府被淹。京津一带、苏南、湖南辰州、黑龙江瑷珲流行瘟疫。他如湖北大部，江西、福建、广东、广西等一部，夏涝秋旱，或水旱交织。山西 45 个厅州县、陕西 8 个县及甘肃、河南、浙江、云南、贵州、吉林、新疆的部分州县，有被水、被风、被旱、被雹、被蝗之处。新疆阿图什附近地震，震级 8¼，烈度 11。

1903 年（光绪二十九年）

本年部分地区水灾频仍。顺直一带春夏苦旱，六月大雨沛降，各河漫决，兼之雹、虫、霜、冻，36 个州县灾歉。8 月 5 日（六月十三日）黄河决口于山东利津宁海庄，加之大雨，全省 86 个县被灾。陕西 40 个厅州县，四川 17 个厅州县，湖北、广东、奉天的部分厅州县，吉林三姓，湖南新化遭不同程度水患。其中如四川合州，大水淹至山腰州署，四围一片汪洋，城外居民数千户漂没净尽；南充塌城 400 多丈。江苏江宁等府入夏水、风、旱灾交煎。浙江先涝后旱，复被风袭虫啮，全省大面积灾歉。甘肃 16 个厅州县、广西 26 个州县及云南、江西、新疆一部遭水、旱、虫、雹、霜冻等灾。

1904 年（光绪三十年）

本年西部地区发生历史上罕见的跨流域特大洪水。7 月 11 日至

18日（五月二十八日至六月初六），青藏高原东侧包括西宁、皋兰迤南，天水、成都以西，澜沧江以北的广大地区，因持续降雨，使甘肃境内的黄河、渭河、洮河、白龙江，四川西北部的岷江及大渡河、青衣江、雅砻江等河上游同时暴涨，泛滥成灾。甘肃皋兰关厢内外一片汪洋，河滩村庄20余处被冲没，灾民2万余，被水之重为前所未有。皋兰下游青铜峡沿河村庄被淹，洮河沿岸田舍漂没，坡垄崩毁。川、康交界大渡河两岸漫溢；岷、沱并涨，10余个州县田庐冲刷无算；雅江街上可以行舟。而四川东北部60余个县夏季却大旱，入秋也遭水淹。

其他各省也以水灾居多。黄河上年之利津决口，本年1月始合龙，而正月、五月，该县黄河又两度漫决。顺直地区夏雨连旬，永定、潴龙等河出槽泛滥。浙江20余个州县、湖南滨湖11个州县、广东4个府2个州、闽西一带、云南5个厅州县，也不同程度被水。河南先旱后涝。湖北和江西的部分州县水旱交织。陕西22个州县被雹、水、冻灾。四川道孚西北、台湾嘉义发生强烈地震。

1905年（光绪三十一年）

全国仍有较大面积的水灾。四川35个厅州县、云南11个厅州县、湖南14个厅州县、闽东南、苏南与徐淮一部、贵州部分地区、奉天中南部、新疆英吉沙尔厅，夏秋被水灾歉。其中云、贵灾情最重，如七月上旬大雨倾盆，昆明城外河堤漫决，大水从东南入城，深数尺及丈余，东南城外数十里民房田亩概被冲没。云南、川东北、福建、湖南等地，都是连年遭淹之区。此外，直隶28个州县、山西22个厅州县、河南40个州县、江苏33个厅州县、浙江72个厅州县、湖北25个厅州县、安徽28个州县、江西26个厅州县，以及陕西、甘肃、吉林等省少数州县，遭水、旱、雹、虫各灾。八月苏南沿海被特大潮灾，淹毙人命以万计。吉林发生强烈地震。

1906年（光绪三十二年）

本年水灾严重。从三月到五月，广东两次大暴雨，广州、肇庆、高州、钦州等府大面积成灾；入秋沿海各属又遭强台风，屋塌船沉，人畜溺毙。广西入夏淫雨为灾，继之亢旱，损失颇重。四川春夏间

30余个州县水患。两湖从年初到四月大雨时行，江、汉、湘水并涨，湖南衡州、永州、长沙、常德4府各州县一片汪洋，灾民三四十万，溺死三四万人。湖北先涝后旱，28个厅州县成灾。湘、汉洪水注入皖、苏，加之两省大雨，安徽40个厅州县被水。江苏水患波及61个厅州县，灾民不下二三百万，苏北灾区“草苗树皮剥食俱尽，弃男鬻女，所在皆然”。江西先涝后旱。七月雨区集中在闽浙一带，浙江被淹73个厅州县；福建漳州府属第3年被水，闽县亦淹。河南47个厅州县、山西27个厅州县、陕西24个厅州县、甘肃13个厅州县及奉天一部也遭水雹之灾。云南由涝转旱，旱情延至次年夏，赤地千里，易子而食。绥远遭旱被蝗。顺直、山东旱水交乘。台湾、新疆共发生3次强烈地震。

1907年（光绪三十三年）

各地晴雨不均，时有灾害，但灾情轻于此前数年。两湖继上年大水之后，春夏间部分州县又遭漫淹，湖南滨湖一带复有秋水为患，两省间有高地旱。广东11个厅州县、福建一部也被水。先旱后涝的有直隶、山东、江苏、四川、黑龙江等省一部。其中顺直春旱，入秋淫雨，永定、北运等河多处漫决，兼之雹击虫啮，38个州县成灾。四川春夏亢旱，七月中旬雨暴风烈，省垣水深数尺，成都等4府灾情严重。此外，甘肃10个州县、陕西9个厅州县、山西12个厅州县、安徽33个州县、浙江74个厅州县、江西22个厅州县、云南35个厅州县及奉天、吉林少数州县，因晴雨不调，遭旱、水、雹、虫等灾。新疆、福建、台湾地震。部分省区发生鼠疫。

1908年（光绪三十四年）

本年年景略同于上年。但广东14个府、湖北31个厅州县、湖南15个厅州县、直隶48个州县及黑龙江一部有不同程度水患。其中广东于五、七、九月间，3次遭大雨飓风，三江涨发，冲决围堤，致成大面积水灾，灾黎近百万。湖北黄冈、麻城、黄安，湖南澧县，黑龙江省嫩江沿岸部分厅县被灾也较重。山东91个州县、河南45个州县、安徽40个州县、江苏41个厅州县灾歉。山西、陕西、甘肃、新疆、云南、福建、江西、浙江等省，有被水、被旱、被雹、被风、被蝗之处。

1909年（宣统元年）

从本年到1919年是一个洪水频发的时期，大面积涝灾几乎无年不有。本年湖南、湖北、吉林、江苏、安徽、广东、奉天、新疆等省都有水患。入夏湖南沿河滨湖各属大雨溃堤，灾民不下百余万，而湘中又遭虫、旱。湖北6府1州有大面积水灾，武昌、汉口积水数尺。苏北、皖北水患也颇重。7月23、24日（六月初七、初八）吉林东北部发生大强度暴雨，使松花江吉林段各支流及拉林河、牡丹江上游出现特大洪灾，省城被水灌注，吉林府四周二三百里内依山傍河各村屯悉被冲毁，灾民16万，死亡数以千计。甘肃连旱3年，“饮水亦至枯竭”，但六月初因大雨河决，使皋兰等28个州县遭潦。浙江、江西先涝后旱，浙江尤重，民食维艰。山东87个州县、河南41个州县、直隶41个厅州县，以及黑龙江、陕西、山西、云南、广西、福建等省一部，被水、旱、虫、雹等灾。

从本年到1920年为地震活跃期。本年台湾、山西、云南共发生6次地震，其中台北和云南弥勒，为6级以上强震。

1910年（宣统二年）

本年有大面积水灾。主要灾区一在长江中下游六省，并波及河南、山东；一在东北三省。湖南连续第七年被水，初夏之后始则天寒地冻，继则暴雨狂风，灾情奇重，流民10余万。湖北第五年遭淹，江、襄并涨，荆门沙洋大堤溃决，灾区28个厅州县。江苏、安徽水灾仍以北部为重，“虽极高之田亦被淹浸”“流亡者十逾五六”。浙江、江西都有部分州县暴雨成灾。夏秋间山东淫雨不止，黄河在寿张孙家码头决口，被灾90个州县。河南被水42个州县。与此同时东北连降暴雨，使嫩江、松花江、柳河、坤河等纷纷漫溢，漂没田舍；又发生近代迄今最严重的一次鼠疫，死亡五六万人。直隶先旱后涝。山西38个厅州县、陕西21个厅州县、甘肃8个州县、广西16个州县、云南9个州县灾歉。全国各地发生10次地震，其中江苏黄海中、台湾基隆东北、新疆塔什库尔干东南麻札一带为6级以上强震。

1911 年（宣统三年，辛亥革命于是年 10 月 10 日爆发）

上年被水区域又遭巨浸，灾区扩展，灾情更加严重。湖南入夏狂风暴雨，气温奇低，被水面积超过上年。湖北风雨交加，襄水再次冲决沙洋大堤，荆襄 10 余个县一片汪洋。安徽、江苏“滨江沿河各属，灾情奇重”，南京被淹，两省饿死七八十万人，发生了食人惨剧。浙江杭、嘉、湖、绍 4 府，江西南昌、九江等府，福建福州、漳州府，广东潮州府，云南和广西部分州县，顺直永定等河流域，都遭水患。六月下旬，黑龙江省呼兰河、汤旺河流域出现大暴雨，发生 1851 年（咸丰元年）以来的特大洪水，平地水深丈余，灾民 11.6 万。吉林、奉天也有部分地区被淹；吉林省城大火，2/5 地区化为焦土。新疆、绥远雪灾。西藏朵隆发生强烈地震。

1912 年（民国元年）

本年水灾以直隶、浙江最重。入夏，顺直一带发生 20 世纪以来最大的水灾，永定、大清、滹沱、子牙、咸水、北运等河相继漫决，水淹 36 个州县，灾民 140 余万。8 月 29 日（七月十七日）浙江沿海突发暴风巨潮，死伤人口近 30 万，灾民数百万。苏、皖灾情，如孙中山的赈济批文称：“皖省灾情之重，为数十年所仅见。”苏北“清淮一带，饥民麇集，饿尸载道”。五月福建漳州、泉州、福州、厦门等地及广东东部、中南部大水。稍后湖南两度大雨成灾。陕西、四川、云南等省一部也有水患。河南自夏至次年春发生大面积旱荒。入冬台湾两次地震。

1913 年（民国二年）

全国主要被水之区有 8 省。三月中旬，湖南淫雨连绵，湘江“沿河各处居民，屋宇水已齐檐”，“省垣城门被水封闭”。与此同时，湖北雨狂风烈，武汉水深数尺，部分县乡被淹。春夏之交，广东西江、北江流域多次大风暴雨，损失颇重。浙江重灾区仍在温州、处州一带，入秋风雨交作，死亡十数万人。直隶因永定河、大清河、运河先后决溢，“淹毙人口约二三千人”。吉林、山西、广西也有被水之处。4 月 21 日（三月十五日）桂林大风成灾。

安徽沿江各县先涝后旱。云南先旱后涝。河南、江西、贵州旱。

全国各地发生13次地震，其中西藏仲巴西北（两次）、四川冕宁东南、云南峨山均为6级以上强震，峨山损失尤为惨重。

1914年（民国三年）

全国主要被水的省份为直隶、吉林、黑龙江、山东、山西、江西、湖南、四川、贵州、广东、广西。北方水患以山东最重，七月胶东淫雨经旬，数百里一片汪洋，死亡数千人。南方灾情以湖南、广东、四川尤甚。湖南全年迭遭大雨，长沙两度被淹，20余个县成灾，且有蝗害。广东重灾区仍在西江、北江流域，仅肇庆、广州2府，就有“灾黎数十万，灾区广约九千方里”。川东重庆一带春水成灾，川西、川南先旱后涝，省城沦为泽国。浙江旱。安徽蝗灾颇剧。江苏旱、蝗继以水灾，灾情均几遍全省。湖北、河南遭水、旱、雹、蝗各灾。陕西一部被雹。台湾、新疆发生强烈地震。

1915年（民国四年）

五月中下旬，以岭南为中心，广东、广西及江西、福建、湖南、云南等省部分地区出现大面积暴雨，珠江发生近代该流域唯一一次长历时、大范围洪水，韩江、闽江、赣江流域和湘江中上游也同时发生大洪水或特大洪水。广东的东、西、北三江大水交汇，珠江三角洲各县围堤几全崩毁，被灾农田648万亩，灾民379万余口；广州被淹7天，同时又遭大火，20万居民罹灾。广西各河并涨，梧州河段洪峰为200年中所仅见，重灾区30多个县，流离人口数十万计。江西赣江流域重灾区20个县。湖南灾区遍及湘、资、沅水流域及洞庭湖滨20余个县。以上4省灾区将近100个县市。福建、云南、湖北的部分县乡同时被水。北方水灾集中在东三省，黑龙江省入夏有22个县被淹，灾情尤重。山东、直隶各一部也洪涝成灾。濮阳河决。

四川旱区从上年的川南等地扩展到全省，几乎无县不荒。湖北、安徽、江苏、直隶、河南被蝗，湖北、安徽尤重。青海、西藏发生3次强烈地震。

1916年（民国五年）

1月，黑龙江索伦山森林大火，蔓延五六百里，并波及奉天洮南。入春后山西、河南部分地区亢旱，湖北武汉江面风灾。入夏后湖北、江西、江苏、安徽、贵州等省部分县乡被水，其中苏北里下河一带、皖北临淮18个县漫淹较重，但全国水患轻于此前数年。湖南久涝转旱。夏秋之交陕西14县遭蝗、雹、水灾。11月15日（十月二十日）福州大火。同日与前此之8月28日（七月三十日）台湾发生2次强烈地震。

1917年（民国六年）

本年水灾又形严重。直隶、奉天、河南、山西、陕西、四川、湖北、湖南、江西、福建、贵州等省的大部或一部被涝。直隶灾情最重，夏秋之际，永定、大清、南运、北运、拒马、潮白、箭杆等河因大雨先后泛滥，灾区100余个县、17 646个村，灾民560余万口。六月初，岷江流域因暴雨发生特大洪水，四川盆地西部灾情惨烈，并波及长江干流宜宾至重庆段沿岸城乡，共37个县市被灾。此外，奉天33个县、湖北20余个县、湖南30个县、江西赣水上游及沿江滨湖地区，水灾也颇重。山东全年苦旱，而八月利津黄河大堤又决口。福州、厦门一带遭飓风暴雨袭击。江、浙有被旱、被雹、被虫之处。全国各地发生12次地震，其中6级以上强震4次，云南大关北发生6½级地震，损失最重。

1918年（民国七年）

湖南、湖北、江西、广东、福建、云南、贵州、山东、河南、直隶、奉天等省被水，但灾情轻于上年。其中广东入夏有22个县被淹；8月15日（七月初九）广州受狂风暴雨袭击，毁屋伤人。闽南风雨山洪交作10余次，居民死伤颇众。湖南夏秋间湘江两度漫溢成灾。贵州大面积被水，威宁尤重，饥民上万户。四川部分地区水旱交乘。南京流行鼠疫。全国发生15次地震，西藏、吉林、广东有6级以上强震，2月23日（正月十三日）的广东南澳大地震，全县夷为平地，80%的居民伤亡。

1919年（民国八年）

云南春荒苦旱，灾民遍地。自春至夏，江苏沿江及太湖水域连续被风、被雹、被水；皖南因梅雨山洪成灾；广东多雨，广州等部分县市被淹。入夏后，湖北多雨，襄水暴涨，漫淹23个县1 000余里；浙江、湖南、江西、河南都有被水之区，河南兼被雹、蝗；直隶先涝后旱。闰七月初，福州及闽南沿海各县遭飓风暴雨袭击。四川部分县乡遭旱、水、雹等灾害。浙江东海中、四川、新疆、台湾、广东发生8次6级以上强烈地震。

1920年（民国九年）

本年北旱南涝，甘肃发生近代历史上破坏性最大的一次地震，神州大地，遍野哀鸿。自春至冬，黄河中下游亢旱异常；京兆、直隶、山东、河南、陕西、山西5省1区，继光绪“丁戊大祲”之后发生“四十年未有之奇荒”。灾区东起海岱、西达关陇、南包襄淮、北抵京畿，约占全国1/4面积的地域天干地燥，淀涸河竭，禾苗枯槁，飞蝗继起，各省合计被灾317个县，灾民至少有3 000万人，数十万人死亡。甘肃被大旱波及；12月16日（十一月初七）夜，海原县发生8½级大地震，烈度12，海原、固原等4城山崩地陷，人口死亡20余万，破坏区达6个省130个县市，有感面积12个省106个县市。此外全国各地还发生强震10次，达到11年来地震活跃期的巅峰。

南方各省除江苏、四川、贵州的部分地区亢旱外，两湖、江西、福建、广东、台湾、广西都有不同程度的水患。入秋浙江台、处等属大雨飓风海啸，30余个县灾情严重。奉天、吉林、新疆各一部及江南一些地区流行瘟疫。

1921年（民国十年）

本年夏，江苏、安徽、河南、山东、直隶、陕西、湖北、浙江8省大水，而以淮河流域4省遭灾最重。五月至八月，淮河流域迭降大雨，7、8月份雨量超过常年100～300毫米，致使淮河干流水位居高不下，泛滥成灾，直到十月始退，形成20世纪历时最长的一次全流域性大洪水。上游河南自6月后阴雨80余日，65个县洪水横流，豫东、豫南灾情奇重。中游皖北10余个县、数百里沦为泽国，加之皖南受洪涝等灾，全省被灾49个县。下游江苏淮扬、徐海一带“平地水深数尺，庐舍倾颓，哀鸿遍野”；沿江又被水、被风，灾区共58个县。淮河干流以北沂、沭、泗水系暴涨，鲁西南大面积被涝；黄河又在利津、长垣3次决口，山东31个县被水。上述4省仅淮河水患，就淹没农田近5 000万亩，灾民760余万。此外，湖北68个县、江西47个县、陕西46个县、甘肃43个县、四川70个县、贵州60个县、直隶冀南及临黄县乡，遭各种灾害。湖南50余个县旱，饥民200万。甘肃固原及其他各省发生7次强烈地震。

1922年（民国十一年）

安徽、江苏、河南上年淮河泛滥之区，或春水继续为患，或沙淤无法播种，上忙荒歉；入秋皖南又有近20个县被涝，苏南沿江飓风大雨成灾，河南70余个县被旱、被蝗。以水灾为主的地区，还有浙江60余个县、湖南40余个县、江西东南北三部、山东黄河两岸、直隶40余个县、吉林省城和福建福安。其中浙江连续第3年遭飓风、山洪袭击，甚至往复受灾一地数次，风雨侵袭一日数起，灾民75万人。山东上年河决没有合龙，自正月至七月又连决4次，而其他地区则亢旱异常。八月福安水患惨重，死3万人。湖北先涝后旱。川西、川东大旱，饥民遍地。8月2日（六月初十）粤东沿海飓风大作，死亡77 000余人。台湾及其附近海域发生13次地震，渤海、新疆各发生1次地震。

1923年（民国十二年）

全国22个省发生各种灾害，其中被水为主的省份居多。夏秋之交河南大雨，黄河、洛河及淮河各支流相继泛滥，近40个县被淹。豫南洪水从三河尖泻入淮河干流，皖北沿淮各县也被淹没，皖中、皖南同时大面积洪涝成灾，并波及湖北黄梅一带。广东三江漫决，北江水漫数百里，溺死千余人。山东廖桥埝继上年后再次决口；山西汾河流域、浙江东南沿海、江苏沿江沿运部分县属、江西沿江滨湖一带、四川盆地西部、东北哈尔滨与沈阳等地，都有水患。

春夏之交陕西大旱，“赤地千里，竟至易子而食”。四川炉霍、道孚发生强烈地震，火山迸发，城乡为墟。其他各地还发生强震6次。6月26日（五月十三日）夜，北京故宫大火。

1924年（民国十三年）

全国16省区发生水灾，主要灾区一在长江上游的金沙江河段与中游的湘、鄂、赣 3 省，一在河北平原与黄河下游。云南、湖南、直隶被灾最重。自六月初起，金沙江中下游及澜沧江流域降雨 40 天左右，金沙江之云南龙街至四川屏山流段出现百年未有的大洪水，四川宜宾、西昌以南各属“稻田荡尽，村舍为墟”，云南 36 个县一片汪洋。入夏后长江中游大雨，湖南湘、资、沅诸江及洞庭湖同时暴涨，70 个县被淹，灾民 470 万；湖北武汉三镇被洪水围困，36 个县成灾，并波及安徽宿松一带；江西赣江沿岸八九百里、40 余个县被淹，全省收成不足二分。7 月直隶暨京兆、察哈尔两特别区大雨连旬，永定河决口 4 处，共宽 2 700 米；大清、子牙、潴龙等河纷纷泛滥，黄河决口于长垣，73 个县 12 900 多平方千米被涝。此外，奉天中南部、河南 36 个县、鲁西北与胶东、绥远、福建闽江流域、台北、广东东、西江流域和广西全境都有不同程度水患。吉林先旱后涝。江苏南旱北涝。山西、浙江、四川 40 余个县及甘肃、陕西部分县乡旱。浙、川尤重。新疆、台湾、西藏发生 4 次强烈地震。

1925 年（民国十四年）

本年南旱北涝，西南数省被灾尤重。3 月 16 日（二月二十二日），云南洱海中发生 7 级地震，大理 4 万余户毁于震、火两灾，四围 10 个县遭破坏，灾民 30 余万；震后全省霜冻，粮荒大饥。贵州 60 个县旱荒，黔西尤甚，“尸骨暴露以千万计”。四川连旱数年，至此成 80 余个县大荒，川北、川东最重，易子而食，流民遍野，死于饥饿、疾病、流离者 100 万人以上。湖南 50 余个县、江西 40 余个县、皖北和苏、闽一部旱。湖北连旱 3 季，但襄江流域又有被水之处，饥民 3 000 万。春夏之交粤东水灾。六月底至八月初黄河在山东濮县、寿张与河南开封 3 次决口。直隶水患轻于上年，但永定、南北运河都有决口之处，北京街市被水。陕西渭南大饥。黑龙江沿江风灾。除洱海中以外，云南、台湾、新疆还发生 3 次强烈地震。

1926 年（民国十五年）

本年中国南方以水灾为主，华北水旱交煎，东北、西北亢旱。五月中下旬，湖南东部和中部、湖北沿江地区、赣水流域及皖南大雨经旬，湘、资、沅诸江中下游及汨罗江出现特大洪水，洞庭湖泛滥，湖南40余个县沦为泽国，长沙被淹，时人称“灾情之大，过于甲子（1924年）”。汉口长江水标高度为48年来的最高纪录，湖北20多个县被涝，汉口至沙市之间灾情尤重。江西抚、赣沿河堤圩及江北马华堤溃决，灾区一片汪洋，农民多迁徙逃生。皖南淹田70多万亩，沿淮也有水灾、风灾。浙东10余个县、广东三江流域部分地区及广西一部也有水患。福建先涝后旱，40余个县田禾干焦。江苏、河南、山东、直隶、四川等省先旱后涝，山东尤甚，加之河决为害，100余个县几无完区。东北三省、甘肃、陕西及新疆部分地区旱，东北旱情尤重，又间有被水之处，灾民1 400万人。西藏、新疆、台湾发生强烈地震4次。

1927年（民国十六年）

华北、西北以旱为主，江南部分地区洪涝成灾。夏、秋两季，山东、直隶、河南及山西北部旱，冀鲁一带蝗蝻四起，豫、晋两省又有被水之处。五月中旬至六月上旬，长江中下游阴雨连绵，鄂东的举、巴、浠水流域出现特大洪水，使江汉平原和皖南沿江共20余个县严重被灾。福建漳州9个县也大水为患。浙江部分县乡旱。江苏、湖南、广东、云南等省有被旱、被水、被潮、被风、被虫之处。辽北、内蒙古、黑龙江、苏南、广西部分地区流行各种疫症。黄海中、云南、青海、新疆、黑龙江、甘肃、台湾共发生10次强烈地震，其中5月23日（四月二十三日）发生于甘肃古浪的8级地震，使古浪、武威死亡4万余人，甘肃、青海2省20余个县遭到破坏。

1928年（民国十七年）

全国25个省1 100多个县发生旱、水、风、雹、虫、疫等各种灾害，而以西北、华北的旱荒最重。旱区包括陕西、甘肃、山西、绥远、河北、察哈尔、热河、河南等8省，并波及山东、苏北、皖北、两湖、四川、云南的大部或一部。8省旱区，田野如焚，禾苗枯焦，河淀干涸，道殣相望，总计487个县及绝大部分盟旗被灾，灾民3 200余万。二月初黄河决于山东利津，全省83个县水、旱、雹、蝗、疫疠并发，饥民500万。南方旱灾以湖北、四川最重。湖北49

个县赤地千里，灾民900万，数量居各省之首。四川50多个县亢旱经年，灾民800万，草根、树皮剥挖殆尽。江西旱水交浸，螟虫遍生，69个县被灾。浙江35个县市被螟、被水、被风。此外，江苏40余个县、安徽41个县、湖南70余个县、福建31个县、广东20余个县、广西52个县市、云南50个县市、贵州54个县遭旱、蝗、水、风、雹、疫等灾。东北三省部分地区洪涝为灾，奉天通辽一带流行鼠疫、霍乱。甘肃、黑龙江、中沙群岛东发生3次强地震。

1929年（民国十八年）

西北旱情愈烈：甘肃千里不毛，大地精赤；陕西关中入春大风、霜冻、冰雹为灾，夏季全省无县不旱。各地绝粮。据华洋义赈会调查，西北地区“本年因灾死者六百万人，病者一千四百万人，流亡转徙者四百万人”。察哈尔全境奇荒。山西旱区占全省面积80%以上。河南旱、蝗、风灾交作，入秋黄河、沁河沿岸又被水，饥民1 500万。绥远大旱之年复遭河患，全省悉成灾黎，“甚至大人食小孩，活人食死尸”。河北春夏旱蝗为灾，入秋各河漫决，129个县中117个县成灾，20多万人出关逃荒。四川旱区广袤，川北29个县“五谷绝种，鸡犬不闻”。台湾旱荒歉收。

遭旱、水、风、雹、虫、疫各种灾害的地区，有浙江50余个县、安徽41个县市、湖南60余个县及山东、江苏、江西、云南等省的大部或一部。其中山东河决3次，下游入海口改道；浙江温、处一带风灾惨烈；湖南遭民元以来最严重的虫灾。辽宁南部和黑龙江、吉林沿江县市被水。绥远、云南、台湾、广东东沙群岛东北发生8次强地震。

1930年（民国十九年）

西北及西南一些省份的旱荒仍在继续，华北、东南水旱交乘，东北部分地区第三年被水。据不完全统计，全国有831个县被灾，灾民6 000万。北方旱区中，山西、绥远的灾情有所缓解，河北灾区与被灾人口少于前两年，而甘肃、陕西、河南、热河等省的灾情仍酷烈，陕西死亡人口累计300万，甘肃累计250万～300万，河南新旧灾民达3 500万，热河饥民100余万。四川100余个县亢旱失种，入秋沿江县市又被涝。云南半年不雨，豆麦奇歉。

正月、三月和闰六月，黄河在山东 3 次决口，沿河县乡沦为泽国。以水灾为主的地区，还有辽宁近 30 个县市、黑龙江部分地区、广东 22 个县、福建 11 个县、湖北一部、苏北大部和苏南一部。江西 72 个县、湖南 53 个县、浙江 50 余个县、贵州 71 个县、安徽半数县份水、旱、风、虫等灾交乘。其中两湖、两广早春又出现异常低温，冻毙人畜。云南、青海、台湾发生强地震 5 次。

1931 年（民国二十年）

20 世纪 30 年代是近代中国又一个水灾集中、地震频仍的时期。本年天气异常，夏秋之交，全国大部分地区淫雨不绝，江、淮、汉、运、闽、珠诸江河、黄河以及东北各水纷纷泛滥，23 省 3/4 的县份洪涝成灾。其中江淮流域出现百年仅见的历时长、范围大、后果极其严重的洪水灾害，在湖北、湖南、安徽、江苏、江西、浙江、河南、山东 8 个省形成了面积广袤、积潦日久的灾区，而尤以湖南滨湖各县、皖南、苏北、河南罹灾最重。8 个省沿江滨河都市大批陆沉，642 个县有 380 余个县被淹，受灾农田 16 662 万亩，灾民达 5 311 万，死亡 42 万余人。此外，四川岷、沱江流域，广东三江流域与珠江三角洲，闽西、闽北与福州漳州一带，广西的漓、柳、郁、浔诸水流域，云南东北部，贵州 30 余个县，辽宁中南部与鸭绿江流域 20 余个县，吉林、黑龙江的部分县乡，也洪涝成灾。河北 20 余个县被水，80 余个县蝗灾。陕西 50 余个县遭旱、蝗、风、雹等灾，汉水、黄河沿岸 10 余个县水灾。绥远全境及山西、热河、青海一部水旱交乘。甘肃 65 个县被旱、雹、虫等灾。宁夏大饥。台湾、云南、新疆、西沙群岛北发生强地震 7 次。

1932 年（民国二十一年）

本年大部分地区收成中稔，长江中下游和东南各省除若干县份发生偏灾外，米谷丰收。但由于连年灾祲，引发了一场以霍乱为主的全国性大疫，21 个省都有被疫之处，轻者数县，重者数十县不等。《大公报》称“本年虎疫之广，传染之烈，为近年所未有”，数十万人丧生。

五月至七月，松花江流域淫雨，加以3场暴雨，使干流出现特大洪水，哈尔滨被淹1月，38万居民中有23.8万人受灾，死亡2万余人。吉林、黑龙江将近80%的耕地被淹，辽宁也遭波及。另外，山西45个县，湖南、江西、广西各20余个县，广东一部被水。河南114个县市、陕西近100县多灾并发，81万余人死亡。河北数十县先旱后涝。全国各地发生强地震9次。

1933年（民国二十二年）

六月中旬，黄河中游因连续两场暴雨，出现特大洪水，使陕、晋、豫、冀、鲁各省连决数十口，其中黄河北岸封丘贯台、南岸兰封小新堤、考城四明堂、长垣小庞庄等处决口都造成了大面积灾区，从而出现20世纪迄此的最大一次河患。陕、豫、冀、鲁及苏北淹田1 280万亩，灾民364万人，伤亡1.8万人。黄河上游的青海11个县、绥远7个县、宁夏沿河一带也被水患。本年被水地区还有浙江18个县、江西24个县、湖北16个县、湖南42个县，但两湖又有部分县乡旱。此外，安徽57个县、广西和贵州各10余个县、甘肃大部、云南及福建一部有旱、水、风、雹、霜、虫等灾。长江口和海南琼崖风灾严重。东三省流行鼠疫。

8月25日（七月初五）四川茂县叠溪镇发生7½级地震，烈度10度，使60多个集镇村寨全部覆灭，6 000余人死亡，近百里沦为泽国。其他各地还发生5次强震。

1934年（民国二十三年）

全国14省发生大面积旱灾，江淮流域及华北各省赤地满目，饥民载道，但被旱各省的部分地区又洪涝为灾。灾情以长江中下游、沿洞庭和鄱阳两湖各县、浙西和淮河沿岸最重。其中苏、浙、皖以旱为主；江西、湖南先涝后旱；湖北、四川旱水交乘；河南、河北、山东一部旱，而黄河又于豫、冀2省数次漫决，山东出海口改道，3省部分地区遭淹。山西70余个县、陕西44个县旱，多灾并发。被灾田亩约占灾区耕地的46%；仅江、浙、皖、湘、鄂、赣、鲁、豫8省，就有428个县受灾。

被水为主的地区，有广东韩江及三江流域、福建南部（兼被风灾）、绥远大部、热河一部；入夏后东北之鸭绿江、松花江、嫩江、黑龙江及其各支流因大雨泛滥，辽宁一省 58 个县中就有 47 个县被淹。此外，贵州、甘肃各 40 余个县，宁夏 10 个县被水、旱、雹、虫等灾。台湾遭特大风灾。云南、绥远、青海、新疆、西藏、台湾共发生 8 次强地震。

1935 年（民国二十四年）

全国 21 个省水旱交煎，多灾并发。河北、河南、山东、山西、陕西、察哈尔、苏北、皖北，以及湖北、浙江一部，春夏仍旱，并有风、雹、虫、疫各灾；而上述大部分地区入夏后又转旱为涝。六月初长江中游因发生罕见暴雨而出现区域性特大洪水，荆江、汉水的水位超过 1931 年记录，湘、资、沅、澧并洞庭湖水漫溢出岸，湖北、湖南 90 余个县被淹，灾民 1 100 多万，死亡 14.2 万人。江西 49 个县、安徽沿江 13 个县被大水波及。浙东数十县、闽江下游、广东三江流域、东北辽河和鸭绿江等河流域、宁夏黄河沿岸及贵州部分县乡，也洪涝为灾。入秋河北、河南各河泛滥；7 月 10 日（六月初十）山东鄄城至临濮集大堤决口，口门刷宽 2 000 余米，次年二月始合龙。灾情最重的鄂、湘、皖、赣、苏、鲁、冀、豫 8 省被灾县份 241 个，灾民 2 198 万余。此外山西 50 余个县，陕西、绥远大部，四川、甘肃一部多灾并发。西藏、台湾、吉林、四川、青海发生强地震 17 次，其中四川 3 次，台湾 10 次。

1936 年（民国二十五年）

本年为中常年景，但部分地区仍有较严重的旱荒与饥馑。河南亢旱经年，入夏漳河决口，全省 110 个县被灾，待赈饥民近 1 000 万。皖北第 3 年苦旱，灾民 700 余万，甚至“人相食”。四川旱区 125 个县，但入夏川中又被水，马边附近连续发生 3 次强地震。甘肃河西 10 余个县入春旱疫交乘，康乐、天水发生 2 次强地震，各县“尸体狼藉”，“幸而未死者则啼饥号寒，络绎道路”。此外湖南中南部、苏北部分县乡、广东东江和西江流域、福建漳州一带、东北部分地区被水。山西 62 个县、湖北 47 个县、绥远和宁夏一部遭旱、水、雹、风、虫等灾害。新疆、广西、台湾也发生强地震。

1937年（民国二十六年）

上年若干被旱省份的灾情仍在继续。四川春荒，瘟疫盛行，被灾141个县，尤以东部、北部为重，但夏秋间部分地区又被水。皖北20余个县春荒夏旱，“流亡载道，满目萧条”，入秋部分地区转旱为涝。贵州44个县大旱。河南旱区小于上年，但豫西20余个县仍旱，夏禾失收。山西春旱夏涝，灾民100余万。以水灾为主的地区有：江西51个县市、湖南30余个县市、浙江东部、闽江流域、河北部分县乡和绥远包头一带。七月初，黄河在山东寿张、范县连决3口，月底又决于蒲台，百余里一片汪洋；菏泽附近连续发生2次强地震。青海、台湾也发生强地震共5次。

1938年（民国二十七年）

本年发生两次人为性的巨灾：花园口决口和长沙大火。6月9日（五月十二日），国民政府最高当局为阻挡日军从豫北南下会攻武汉，下令炸开郑州花园口黄河大堤，致使滔滔黄水由豫东泻入皖北、苏北的淮河流域，漫淹3个省44个县市，受灾人口1 250万，89万人死亡。此后9年，广袤的黄泛区内洪水乱流，无年不灾，无灾不重，直至1947年3月花园口决口始合龙。至武汉失守后，日军南侵湘北，国民党当局又在长沙溃退前于11月12日（九月二十一日）将该市焚毁，烧屋5万余栋，使20万～30万居民无家可归，2万多人丧生。

河北平津地区、四川嘉陵江及长江部分河段、台北，以及贵州、黑龙江、吉林各一部被水。闽南旱。湖南部分县乡遭水、旱、风、虫等灾。四川、云南、青海、台湾、黑龙江、西藏共发生10次强地震。

1939年（民国二十八年）

全国发生较大面积的水灾，灾情以海河流域最重。五月下旬至六月底，海河流域出现3次大暴雨，以海河水系的永定、潮白、大清、滹沱、南运、北运等河流为中心，北至滦河中上游，南抵沁、丹、汾河，发生该地区少见的大洪水，加之侵华日军为破坏晋察冀边区又蓄意决堤，致使冀、豫、鲁、晋4省严重被灾。河北自北平至保定，水势茫无边际，津浦线以西类似大湖，共 103 个县遭淹，灾民 446 万。天津市五分之四没于水中达 1 月之久，塌房 1.4 万户，灾民 80 万。豫北内黄、安阳、新乡一带沦为泽国，加之黄泛区沙、颍、京、双诸水汇流泛滥，灾区 40 余个县，数十万灾黎栖食无所。鲁西运河、卫河、大清河决口，黄河故道泛滥，鲁东沿海又海啸成灾，各县兼被风、雹、蝗害，灾民 130 余万。山西东南部涝，西北部旱。其他被水之区还有皖北淮、淠、颍河沿岸 10 余个县，以及湖南 10 个县、云南 28 个县市、四川西部、贵州一部。苏北 7 个县及崇明海啸成灾。陕西、鄂北旱。新疆、台湾发生强烈地震。

1940 年（民国二十九年）

全国大面积水旱交乘，多灾并发。河南黄泛区于去年水灾后发生春荒，“往往数十里内，村无烟火，野绝行人”，“间有少数一息残喘之饥民，则以蓼子、蛙卵为食，鹄形鸠面，弱不胜风”；六、七月间又连降大雨，泛区尽成泽国，全省 41 个县市被水，灾民 150 万。皖北黄泛区洪流湍急，漫淹 20 个县；而该区内及皖中、皖南又有 23 个县旱，灾黎 600 万以上。陕西春夏间有 57 个县被旱、雹、霜、风等灾，而陕南一部又被涝。晋西、晋南水灾，又有 7 个县虫灾。山东南部 12 个县被水，其他地区 17 县分别被雹、被蝗。鲁南山洪及皖北泛水波及徐淮海各县，苏南也有被水之处。湖北自本年至 1942 年流行霍乱；鄂西北 21 个县发生回归热病，疫重之县动辄死数万人。江西、湖南、广东等省水、旱、风、虫各灾交错，其中江西灾区几遍全省。吉林、云南、黑龙江、西藏发生 5 次强地震。

1941 年（民国三十年）

山东大旱经年，“迄冬无雨，河流尽涸”；陕西连旱 2 年之后，又有 63 个县遭旱、风、霜冻等灾；湘西、湘东部分县乡旱，“民间苦饥”。闰六月至七月初旬，广东暴风雨，东、西江陡涨，40 余个县被水；四川重庆、黑龙江延寿也有水灾。此外，河南 92 个县市、甘肃 47 个县、山西 30 个县遭水、旱、风、雹、虫、冻等灾，河南尤重。黑龙江、云南、四川、台湾发生 7 次强地震，其中云南发生 3 次震灾，勐海西北山崩地裂，灾情尤重。

1942年（民国三十一年）

本年中原地区发生20世纪20年代末以来最严重的旱荒。河南自春至秋烈日当空，田地坼裂，风、蝗、雹灾交相侵袭，旱情以豫西为最，豫东10余个县又黄泛为灾，全省饥民1 000万，饿殍遍野。旱区波及晋中、晋南和冀南一带；入秋冀中因大雨河决，又洪涝成灾，二百里平原一片汪洋。鄂西、鄂北也发生大面积亢旱，灾民70万以上，而沿江各县又淫雨为灾。陕西全年水、旱、风、雹、霜、疫交作，8月3日（六月二十二日）黄河于韩城一带决口，全省上半年被灾33个县，下半年被灾41个县。以水灾为主的地区，有安徽21个县、江西16个县、广东64个县市、浙江西部及东南部、湖南部分县乡及西康泸定一带。广西大部分地区水旱交乘。福建、晋西北、甘肃固原以及浙江龙泉、庆元等地流行鼠疫。云南、台湾、吉林、黑龙江发生5次强地震。

1943年（民国三十二年）

本年灾情以中原和广东最为严重。河南、河北、山西、山东4省苦旱，灾区广大，饥民遍野。河南久旱之后发生特大蝗灾，在黄泛区孳生的飞蝗成批越河侵袭豫西、豫北，所过之处，地无绿色，遍野枯枝；而豫东泛区又于四、七月两度被水，10余个县几全陆沉；全省饥民3 000万，两年来死亡200万～300万人，云愁雾惨，路断人稀。河北旱区67个县，兼被水、蝗、风、雹等灾。山东重灾区如同沙漠，水草不生，济南、德州鬻人肉于市。山西部分县属旱蝗交错，饥民载道。广东于上年被涝后春荒秋旱，全省大饥，因天灾疫疠死亡者50万人以上。此外，陕西53个县市、广西37个县、贵州49个县、湖南57个县市、浙江39个县及福建、云南、西康、甘肃、东北三省各一部被水、旱、风、雹、虫、疫各灾。皖北黄泛区10余个县水蝗交乘。江西42个县水灾。台湾发生5次强地震。

1944年（民国三十三年）

本年中原灾情有所缓解，但局部地区仍较严重。河南夏秋之交有42个县被旱被蝗；冀南、冀中蝗害猖獗，入秋滹沱、潴龙等河漫决，使部分县乡被淹；山西被飞蝗侵袭17个县。陕西麦收中常，但入夏后旱、蝗、雹、水等灾并发，灾区达57个县。安徽北部和沿江一带也有50余个县旱蝗交乘，水、风为灾，饥民近百万。湖北30余个县、川北26个县、贵州31个县、云南90余个县及福建、广东、宁夏、青海的部分地区也遭水、旱、风、虫、雹等灾。江西旱。浙江流行鼠疫等。新疆、西藏、辽宁丹东南黄海中发生8次强地震。

1945年（民国三十四年）

全国灾情以亢旱为主。据联合国救济总署调查："灾区延及十八省，灾民达三千三百万人。"西北灾情最重，青海粮产区10余个县全年失收，牧区盛行牛瘟；甘肃出现类似于20世纪20年代末的大饥，旱区40余个县，占全省县数3/5，灾民400多万，占全省人口2/3；陕西关中麦收不及一成，秋禾不能下种，全省65个县被灾。山西被旱、蝗、雹灾，晋西北20余个县上忙颗粒无收，灾民200万。河南连旱三季，23个县兼被蝗害。河北春旱，因入伏得雨，灾情轻于前数省。湖北春荒夏旱秋涝，8月28日（七月二十一日）公安县长江大堤决口，沿江数县水灾严重。湖南南部、西部大旱，滨湖一带大水，全省76个县中68个县报灾。江西东、西部旱，赣江上游水灾。四川及安徽沿淮先旱后涝。贵州东、南、北三部春荒夏旱，入秋东南又被水。西康、云南各一部及新疆迪化一带旱。广东南澳等县风灾。台湾发生4次强地震，河北滦县附近发生1次强地震。

1946年（民国三十五年）

全国水旱交乘，多灾并发，部分地区灾情颇重。以旱为主的地区有河南、湖南、台湾以及山西、贵州等省一部。河南已连旱数年，3 000万灾民饥寒交迫，豫东黄泛区更是七八年不能生产，荒滩成片，水草丛生。湖南三月至六月全省大饥，疫疠流行，虫害严重，又有部分被水之处，饥民1 500万，以谷糠、树皮、观音土为食者比比皆是。先旱后涝的地区有陕西40余个县、广东80余个县、广西50余个县、四川大部、绥远沿河各县。以水灾为主的地区有辽宁西部、宁夏沿河各县、河北大部、皖北20余个县、苏南太湖水域及山东、浙江、江西等省之一部。其中皖北因黄水夺淮，各河漫决，纵横数百里一片汪洋。此外如云南64个县、甘肃25个县水旱交错、雹风并作。吉林、辽宁部分地区霍乱；福建 27 个县市鼠疫。黑龙江、西藏、台湾发生 8 次强地震，其中 5 次发生在台湾。

1947 年（民国三十六年）

春夏间，山西、河北、绥远、察哈尔 4 省大面积亢旱，二麦枯萎，秋禾失种，仅晋、冀 2 省，灾民就在 1 300 万人以上；四月中至五月中各地陆续得雨，但部分地区又洪涝成灾。夏秋之交，河南交错发生水、雹、旱等灾，山东东部也有被雹之处。浙江 26 个县旱。被水地区主要有辽宁 9 个县市、苏北 17 个县市、皖北黄泛区、广东 73 个县、广西 56 个县、台湾全岛、江西南部、福建福州一带、成都平原 16 个县及陕西宝鸡一带。如四月中下旬至六月中旬，广东大雨连朝，各江泛滥，全省大面积被淹，难民 440 余万；六月中，苏北狂风暴雨，运河决口，灾区一片汪洋；辽宁、四川、广西、台湾的水灾也较严重。湖南大部、云南 48 个县被水旱虫疫等灾。青海、新疆、西藏、台湾发生 7 次强地震。

1948 年（民国三十七年）

全国灾情以水灾为主。二月至五月，湖南阴雨连绵，六月江洪水泻入洞庭湖，致全省被涝，灾民近 300 万；滨湖圩堤大半溃决，人畜漂流，灾情尤重。与此同时，湖北因长江陡涨，山洪暴发，出现 1931 年以来最严重的水灾，43 个县市被涝，受灾人口 478.9 万。江西报水灾者 60 余个县，鄱阳湖沿岸各县遭大水包围。江苏徐州及南京、安徽沿淮滨江及皖南山区 34 个县、福建福州市暨 40 多个县市、广东 10 余个县市、广西梧州一带水域、川西 20 多个县市、豫北沁河和卫河沿岸，也洪涝为灾。青海先旱后涝。云南中南部近 30 个县水旱交乘。鲁西、绥远旱。台北飓风为灾。新疆、广东、四川、云南、台湾发生 9 次强地震。

1949 年（民国三十八年，中华人民共和国于是年 10 月 1 日成立）

本年 6 月 22 日至 30 日（五月二十六日至六月初五），两广西江流域出现大雨和暴雨，广西的柳、郁、桂江及红水河泛滥，梧州西江干流出现 1915 年以来的第二次特大洪水。广西梧州、桂林、柳州、南宁等市被淹，全省 30 余个县遭水患，灾民 230 余万，淹田 340

万亩。广东的西江下游各县一片汪洋，淹死约 7 万人；北江、小北江沿岸一些县乡也被波及；珠江三角洲淹田 250 余万亩，灾民 140 多万。

春夏间，湖南水患几遍全省，滨湖各县灾情之重略同于上年，长沙、衡阳、邵阳等地损失也颇巨。入夏湖北淫雨不止，江、汉并涨，汉口出现 80 年来第 4 次最高水位，沿江滨湖一带灾情严重。长江干流上游及岷、沱、嘉陵等江也漫溢为患，四川沿江 14 个县市受损。黑龙江亢旱，继而东北部分地区发生虫、雹、风、水等灾。新疆、青海发生 3 次强地震。

李文海文集

卷二

（上）

《李文海文集》编委会　编

中国人民大学出版社
·北京·

《李文海文集》

编委会

2001 年

在部级领导干部历史文化讲座上讲课

目　录

南窗谈往

灾荒忆旧

学海探航

历史名人话人生

南窗谈往

南宁，广西人民出版社，1999。

自 序

有一个时期，曾经时兴过一个新名词，叫作“玩”。什么“玩电影”、“玩文学”、“玩艺术”以及“玩深沉”之类。有人还特别申明，这里的“玩”，并非如上海人之所谓“白相”，乃是“特指写作时的一种状态，一种排除任何功利、一切杂念，调动起自己全部智力潜能的创作状态”。隔行如隔山，我不搞文艺这一行，弄不懂如此颇有点神圣味道的“创作状态”，为什么偏要用“玩”字来表达。也许“玩文学”之类的说法，很能传神地反映出某些人“才气横溢”的潇洒之态吧！

因为职业的关系，自己有时也不免写一点东西。不过我可没有那么潇洒。每当进入“创作状态”的时候，不要说从来不曾有过“一不留神”就写出一部鸿篇巨制的情形，就是一篇两三千字的短文，也常常要冥思苦想，搜索枯肠，才能勉强完卷。马克思曾经把“科学的入口处”比作“地狱的入口处”①，根据自己治学的经验，我倒是宁肯相信马克思的这个比喻的。当然，除了一些想象性的描述以外，谁也不清楚地狱生活究竟是什么样子，但无论如何，那里总不会像“娱乐城”“康乐中心”一类地方好玩，大概是可以肯定的。学术研究，是需要付出全部精力，或者用一句也是时髦的话来说，是要求全身心地投入，才能有所收获的。为了强调这一点，马克思引了但丁《神曲》中的两句诗：

这里必须根绝一切犹豫；
这里任何怯懦都无济于事。

确实，假如成天慨叹“何必活得太累”，恐怕很难与学术有缘。

① 马克思：《〈政治经济学批判〉序言》。

我之深感治学之难，除了学术本身的严格要求以外，还有我个人的一点特殊情况。我在《太平天国社会风情》这本小册子的序言中曾说过，1985年以后，“我的工作却有了变动，上班时间必须用全副精力去处理各式各样的杂务，历史研究变成了‘业余的业余’的爱好”。这种情况至今还没有改变。一个人不可能有两个“全副精力”，于是，我只有在精疲力竭地下班之后，在晚上或节假日，才有可能坐在我家南窗下的那张小小的书桌前，去读书，去写作，回到我那深深眷恋而永不能忘情的史学天地中去。这种状况，离前面所说的“全身心地投入”自然是差之千里，所以我很有自知之明，就学术而言，我至多是一个业余的史学工作者或史学爱好者。

这些年来，我所写的一些书和文章，包括收入本书的这些已经发表和未曾发表过的短文，大抵就是在上面所说的环境和条件下完成的。人们常常偏爱自己的文章，这也不难理解，敝帚尚且自珍，何况自己心血的结晶？我对自己文章特别珍惜之处，倒不是自以为有什么深刻的思想或惊人的创见，主要还是对文章写作甘苦的一种忆念。

因为这些短文都是写在南窗之下，内容又大体谈的是既往的历史，或与历史等学术有点关系的东西，所以书名就叫《南窗谈往》。

陶渊明的《归去来兮辞》里有这样两句：“倚南窗以寄傲，审容膝之易安。”这是描写他归隐之后的简朴恬静生活的。不管以“南窗”作为书名，是偶合还是借用，我倒确实也有一点“归去来兮”的迫切心情。不过，我不是想附庸风雅，自然更不是要逃避现实，只是想早些摘掉“业余”的帽子，回归到历史学界的队伍里，重新成为一个专业的史学工作者。

末了，还有一点说明。收入本书的《“厌讼”心理的历史根源》，是我同赵晓华同志合写的；《生态环境与自然灾害》，是我同康沛竹同志合写的；《历史学，请走出史学界》一文，本是《光明日报》马宝珠女士对我的访谈记，我把它改写成一篇文章。在收入本书的时候，我都事先征得了她们的同意。

1998年10月25日夜

于中国人民大学林园

界外谈史

历史不应该被忘却

迄今为止，辑录中华人民共和国成立以前我国与世界各国订立的各种条约、协定之类最为详备的，还得推王铁崖先生所编的三大册《中外旧约章汇编》。列入该书目录的，共计1 182件，其中除最初7件订于17、18世纪外，其余均为1840年鸦片战争以后所订立。这些约章的情形自然有很大的差别，有的内容涉及国家的许多重要主权，有的则只是某个具体问题的细节规定；有的属两国政府之间正式签订的，有的则只是同某些外国企业、公司等订立的章程、合同、凭照。但不管怎样，综观这些历史资料，半殖民地半封建的旧中国在当时国际社会中具有什么样的地位和处境，却是一目了然的。

对于中国近代历史上这些约章的性质，自然免不了也有人把它说成是“揭开了（西方）对华事务的新纪元”，标志着中国与欧洲“在平等的基础上建立法律、政治和经济关系的开端”一类的话，但毕竟只是极少数的例外。一般来说，包括持有各种不同政治态度的人们，大都肯定这些条约是不平等的，“因为这些条约不是以平等国家之间的谈判为基础的，所以说它们是不平等条约”。

帝国主义强迫中国订立的不平等条约，曾经给予我国近代历史以何种影响，我们可以先引用一位业已作古的中国人和一位现在仍然健在的美国人的话，来为我们进一步思考提供一点参考的素材。

漆树芬在1926年出版的《经济侵略下之中国》（一名《帝国主义铁蹄下之中国》）一书中曾这样写：“比年以来，帝国主义与军阀之狼狈为奸，加重我内乱，掠夺我金钱，屠戮我民命，已成不可掩之事实。而为彼等最便于勾结，最利于进攻之工具，犹当数一部不平等条约。”“帝国主义根据不平等条约以达其压迫榨取之目的，军阀则靠此不平等条约以酿成此循环式之内乱，所以这一部不平等条约，实为我之酸心疾致命伤。”“由是观之，弱我中国者，资本帝国主义也；致我于危亡者，由此产生之不平等条约也。资本帝国主义实为蚕食我之封豕长蛇，不平等条约实为束缚我之桎梏陷阱。”

另一段话出自一位至今仍活跃在政治舞台的美国政要前些年出版的一本书，其中写道：“19世纪强加给中国的一系列条约、协定和治外法权条款，使人们清清楚楚地看到：不仅中国作为一个国家地位低下，而且中国人作为一个民族同样地位低下。这一衰败的现实同中国人的自我意识发生猛烈的冲突。中国人认为在过去，甚至就在不久以前，他们在文化上和政治上还都比那伙蛮横的侵略者们富有和强大得多。事实上，中国在经济和政治上发生大滑坡只是近代的事。”“这些事实驳斥了西方流行的看法：中国是一个停滞和颓废的帝国，而更加生机勃勃和更富进取精神的欧洲人可以随时欺侮它。”

读者也许会问，为什么你特地要引用这么两位人物所说的这么两段话呢？

确实，这中间并非没有需要说一说的小小的缘由。

前几年，有位先生在一本颇有点名气的刊物上发表文章，批评中华人民共和国成立后的中国近代史研究“在很大程度上仍停留在对异族侵略者的口诛笔伐的感情宣泄上，这就大大淡化了我们研究的理性色彩”。另一位先生则认为，1949年以来关于西方殖民主义侵略造成了东方普遍落后的谴责，是一种早就应该抛弃的传统观念，这种观念“使历史批判的天平倾斜了”；在他看来，殖民主义对东方历史“起了一种革命的作用”，“成为东方民族赶上现代文明的惟一的现实良机”。对于如此“高深”的理论，浅薄如我辈者自然难以领会，那么，我们先听听第三者的议论如何？前面引用的两段话，虽然也颇有点对殖民主义“口诛笔伐”的味道，但就作者而言，前一位早已在中华人民共和国成立之前即已谢世，而且那本著作前面还颇有几位国民党元老为之作序；后一位本身就隶籍“西方”，那本书又是以预言共产主义的“大失败”为其主旨的，无论如何，停留在“感情宣泄”而淡化了“理性色彩”，甚至导致批判的“天平倾斜”

之类的训斥，是决然不会加到他们身上去的。

“感情”和“理性”的关系，本是史学理论中的一个老问题。历史研究应该客观。所谓客观，就是要尽量探求历史的真实，实事求是地按照历史的本来面目去描述历史。是不是一定要心如死灰、不带任何一点感情色彩，才能对历史进行客观的研究和理性的思考，倒怕也未必。因为不带任何感情这一点首先就难以做到。观察任何问题，也包括观察历史现象，总要有一个立足点和出发点，或者叫立场。不同的立场就会有不同的感情，谁也回避不了。譬如说吧，不满于甚至谴责“异族侵略者”的侵略行径，这自然是一种“感情”；但对殖民主义感恩戴德，认为它对被侵略国家的征服，不过是给这些国家带来了文明和进步的普遍福音，又何尝不是一种“感情”？这两种不同的“感情宣泄”，究竟哪一种更加接近历史的真实，这实在不是靠自我的标榜，而要经受历史实际的检验。

话扯得稍微远了点，现在再拉回来谈近代史上的不平等条约。

帝国主义通过不平等条约，对中国的财富进行了大规模的疯狂的掠夺。日本通过《马关条约》勒索的赔款即达 2.3 亿两白银，赔款总数加上分期付款的利息，相当于当时清政府 3 年财政收入、日本国 4 年半的财政收入。俄、英、美、日、德等 11 国通过《辛丑条约》，则勒索赔款 4.5 亿两白银。张之洞所办的汉阳铁厂，是洋务企业中创办经费最多的一个，建厂时共支出白银 580 余万两。也就是说，列强通过《辛丑条约》勒索的赔款，可以建设大约 80 个汉阳铁厂，较洋务派创办全部洋务企业时投入的资金总和要多出好几倍。

这里还只是就不平等条约对中国财富的掠夺一方面来说的。事实上，不平等条约是一条“屈辱的绳索”，从各个方面把半殖民地半封建的旧中国捆绑得死死的，以便听凭殖民主义、帝国主义任意吸吮膏血，作践蹂躏。

不言而喻，任何一个民族都不会心甘情愿地将自己理应拥有的主权拱手送给别人，任何一个侵略者也都不可能仅仅通过“友好交往”就把各种特权轻易攫取到手。事实上，在每一个较为重要的不平等条约订立之前，殖民主义、帝国主义都曾动用兵舰大炮，通过血与火的残暴手段，用野蛮的军事侵略（当然还要伴随着必不可少的政治讹诈、经济施压之类的种种名堂）来达到它们的目的。正像第二次鸦片战争时任英国侵华军全权专使的额尔金在谈及《天津条约》时十分形象地说的那样，这些条约是“用手枪抵在咽喉上逼勒而成的”。因此，在每一个不平等条约的背后，几乎都蕴含着一个对于中国人民来说是血泪斑斑的悲惨故事。

如果我们说，了解了中国近代历史上的不平等条约，也就在很大程度上了解了半殖民地半封建社会的基本特征，我想是不能算过分夸张的。

中国被帝国主义列强强迫订立的不平等条约无情束缚的悲惨时代已经成为过去。但是，历史无法割断。历史也就不应该忘却。

“振兴中华”口号的由来

“振兴中华”这个口号，在历史上最早是在什么时候、什么情况下提出来的呢?

“振兴中华”口号的最初提出，是在19世纪的末叶，即从甲午战争到义和团运动期间（1894—1900）。在这期间，几个不同的政治派别，先后发出了“振兴中华”的响亮呼喊。

中国从鸦片战争以后，在外国资本主义的侵略下一步步沦为半殖民地半封建的国家。甲午战争后，帝国主义加紧了侵略步伐，争相在中国划分势力范围，进行瓜分中国的罪恶活动。亡国灭种的威胁迫在眉睫，民族危机空前严重，这种形势激起了中国人民的深切忧虑和极大愤怒。“四万万人齐下泪，天涯何处是神州?”① 人们在悲愤中思索和探求着免致神州陆沉的救国之路。

“振兴中华”的口号就是在这样一种历史背景下提出来的。

1894年11月，孙中山在檀香山建立了第一个资产阶级革命团体兴中会。这个组织的章程指出：“方今强邻环列，虎视鹰瞵，久垂涎于中华五金之富、物产之饶。蚕食鲸吞，已效尤于接踵；瓜分豆剖，实堪虑于目前。”② 为了挽救祖国的危亡，他们大声疾呼：“亟拯斯民于水火，切扶大厦之将倾。”③ 并且郑重宣告：“本会之设，专为联络中外有志华人，讲求富强之学，以振兴中华、维持国体起见。”④ 正是孙中山先生第一次鲜明地发出了“振兴中华”的号召。

不久以后，康有为、梁启超等人发动了变法维新运动。这个运动的直接目标是改良封建政治，而根本动因则是救亡图存。在运动

① 谭嗣同：《有感一首》。

②③ 《孙中山全集》，第1卷，19页。

④ 同上书，22页。

中维新派反复宣传祖国命运和前途的危急："俄北瞰，英西睒，法南瞵，日东眈，处四强邻之中而为中国，岌岌哉！"① 于是，他们也提出了中国如何"自振"的问题。康有为说："天地为愁，我将何容？昧昧我思之，惟有合群以救之，惟有激耻以振之。"② 梁启超也说，如"中国终不自振，终不自保，则其所谓沦胥糜烂者，终不能免"，因此，一切有志之士，都应把握"中国可以自振、可以自保之机"③。这里所说的"激耻以振之""自振"等，显然与"振兴中华"是同一含义。

戊戌维新运动刚失败，反帝爱国的义和团运动就如狂飙一般在中国大地上兴起了。在这一场伟大斗争中，义和团提出了"振兴中国"的口号。有一个材料说："（义和团）初以捉拿洋教，振兴中国为名。"④ 在义和团的一些传单、揭帖、告白中，一方面指斥帝国主义"祸乱中华"的罪恶，一方面表示要"扶保中华，逐去外洋"的决心。尽管这些文件带有某些迷信色彩和笼统排外主义倾向，但在这层薄薄的外衣下包裹着的爱国主义实体却仍然是显而易见的。

在同一个历史时期里，不同的政治派别似乎是不谋而合地提出了大体相同的口号，这当然不是偶然的巧合。这表明，在当时，为"振兴中华"而奋斗，已经成为时代的要求，人心之所向，因此，这个口号的出现也就成为历史的必然了。一切爱国的、要求祖国独立和民族自由的人们，都强烈地感到"振兴中华"的必要性和神圣性。事实上，许多志士仁人，也正是在"振兴中华"的崇高信念的驱使下，纷纷投身到戊戌维新运动、义和团运动和稍后的辛亥革命运动中去的。"振兴中华"曾是那一个历史时期促使人们从事革命运动的强大推动力。

今天，情况已经发生了根本的变化。由于中国人民前赴后继、不屈不挠的斗争，特别是在中国共产党领导下所取得的人民革命的

---

① 康有为：《强学会叙》。

② 康有为：《保国会序》。

③ 梁启超：《南学会叙》。

④ 《山东近代史资料》，第3分册。

伟大胜利，帝国主义和国内反动派的黑暗统治已经被推翻，中国人民已经站了起来，建立了独立的社会主义国家。但是，近代史上这种为“振兴中华”而贡献自己一切的献身精神，仍然是值得我们继承和发扬的。

历史灾难的补偿

一

中日甲午战争发生在19世纪末叶。战争失败之后，中国人民普遍带着认为自己国家“精华已竭，膏血俱尽，坐而垂毙”（康有为语）的忧伤、焦虑、失望、悲愤心情，去迎接新世纪的来临，因为当时国家正处在“强邻环列，虎视鹰瞵”“蚕食鲸吞，已效尤于接踵；瓜分豆剖，实堪虑于目前”（孙中山语）的危急状态。一百年后的今天，到了又一个世纪的末叶，中国人民却正以昂扬的步伐，意气风发地行进在建设中国特色社会主义的大道上，满怀着对祖国未来繁荣昌盛的信心，展望21世纪的美好前景。两个世纪之交，两种国家处境和命运，两种迥然不同的心情和精神状态，正犹如云泥之隔、天壤之别。我们在不胜沧桑之感的同时，如果忘却了一百年来为这种巨变做出了自己贡献的有名和无名的志士仁人，实在是一个不可饶恕的罪过。

二

如果要检讨甲午战争失败的历史教训，人们最容易脱口而出的一句话，大概是“落后就要挨打”。这当然完全正确。不过对此还要做一点进一步的分析和说明。事实上，还在战争进行过程中，不少朝野人士就纷纷指出，就军力和经济力量而言，日本并没有绝对的优势。有人上奏说：“日本幅员仅四岛，地不为广；丁不满十万，兵不为强；洋债日增，国不为富。”这并非毫无道理。那么，为什么最后中国落得个一败涂地呢？有一位名叫张玙的写文章回答说：“我则庙谋无定，众志各殊；土地虽大，人民虽众，而形势转觉散漫，莫相统摄，譬如连鸡不得俱飞，所以败也。”这个回答虽然并不科学，却也多少接触到了问题的实质。从这里得到的启示是：落后就要挨打。这里所说的“落后”，是指综合国力的落后，这不仅指经济因素、军事因素，还包括政治因素、心理因素等在内；即使是单项的力量对比（如军事力量），也不只是数量的多寡，还要考虑素质的优劣。要避免因落后而挨打的命运，当然首先要振兴经济，同时也要注意其他方面的发展，其中包括诸如清除腐败、提高全民族的素质等，也就是既要建设好社会主义的物质文明，也要建设好社会主义的精神文明。

三

恩格斯说过一句非常深刻和耐人寻味的话：“没有哪一次巨大的历史灾难不是以历史的进步为补偿的。”① 百年前的甲午战争，不论是战争过程中北洋海军的覆灭、惨无人道的旅顺大屠杀，还是战争结束后列强对我国大片土地和巨额财富的掠夺，对于中国来说，都是一次不折不扣的“巨大的历史灾难”。但是，正是在这次战争之后，举国上下爱国思潮急剧高涨，达到中华民族的新的觉醒。在此基础上，不论是下层劳动群众还是上层统治集团中的有识之士，不论是以孙中山为代表的资产阶级革命派还是以康、梁为代表的维新派，纷纷提出了自己的救国方案和救亡方略，并且各自付诸自己的政治实践。一个又一个前赴后继的斗争浪潮，推动着中国社会一步一步地前进，直到中国共产党领导全国人民最终取得了民主革命的彻底胜利，走上了社会主义的康庄大道。

---

① 恩格斯：《致尼古拉·弗兰策维奇·丹尼尔逊》（1893年10月17日）。

这大概就是历史发展的辩证法。

只看到“历史的灾难”，而看不到作为补偿接踵而至的“历史的进步”，不免会陷入历史的悲观主义；但如果因为看到历史进步的补偿，竟去赞颂、讴歌“历史的灾难”，则就变成了历史的颠倒。

私利多寡与改革难易

参加了几次纪念戊戌维新百周年的学术讨论会、座谈会，会上听到一种意见，认为慈禧本来是支持光绪变法的，如果不是后来维新派激化帝后两派的矛盾，慈禧可能不会搞政变，戊戌变法的结局也许会同现在大不一样。

我不大赞成这种看法。

其实，上面的看法并不是现在才提出来的。当变法维新运动刚刚失败的时候，社会上许多人士，包括维新派自己在内，都有意无意地把失败的原因归之于慈禧与光绪之间的个人权力之争。康有为在逃亡途中就说过："反维新运动，是西太后和光绪帝之间争权的结果。"王照更说："慈禧但知权力，绝无政见，纯为家务之争。"他甚至埋怨康有为等人不知"调和两宫"，以致引起了慈禧对变法运动的恶感。这种认识只停留在事物的表面，并没有接触到问题的本质。

变法维新运动既然是一场改革，就必然要遇到阻力。正如恩格斯所说的："每一种新的进步都必然表现为对某一神圣事物的亵渎，表现为对陈旧的、日渐衰亡的、但为习惯所崇奉的秩序的叛逆。"① 而旧秩序的代表总要竭力维护旧事物，以拼死的反抗来制止改革的进行。因此，把政变的发生仅仅归咎于像慈禧这样的个别人物的恶意，是不够的；事实上，站在改革的对立面的，是整个腐朽的旧制度，慈禧不过是这种旧制度的最高代表而已。

改革必然给凭借旧制度和旧秩序而取得既得利益的特权阶层以损害，因此，他们就必然要敌视改革。这部分人形成了一股盘根错节的反改革的守旧势力。光绪帝说守旧衰谬之大臣"盈廷皆是"，指

① 恩格斯：《路德维希·费尔巴哈和德国古典哲学的终结》。

的就是这些人。

关于这一点，在当时，其实是不论当事者还是旁观者都是十分清楚的。

英国公使窦纳乐在向政府报告戊戌政变的经过时，就毫不含糊地指出：大多数满洲贵族和汉族官僚所以要“摧毁维新派”，根本原因就是“光绪采纳热心变法的年轻一派的建议从事改革，不但危及他们的权力，甚至危及到他们的地位”。他还表示赞同地转述康有为的话，说：“这些改革，将削弱他们的权力，减少他们的薪俸，甚至使他们冒着免职的危险，以便让位给热烈赞同光绪意见的年轻人。”①

如果这只是概括的结论性的看法，那么，当事人梁启超的分析就更加具体、更加深入了：

> 今守旧党之阻挠变法也，非实有见于新法之害于国病于民也。吾所挟以得科第者曰八股，今一变而务实学，则吾进身之阶将绝也。吾所恃以致高位者曰资格，今一变而任才能，则吾骄人之具将穷也。吾所借以充私囊者曰舞弊，今一变而核名实，则吾子孙之谋将断也。然犹不止此，吾今日所以得内位卿贰，外拥封疆者，不知经若干年之资俸，经若干辈之奔竞而始能获也；今者循常习故，不办一事，从容富贵，穷乐极欲，已可以生得大拜，死谥文端；家财溢百万之金，儿孙皆一品之荫。若一旦变法，则凡任官者皆须办事，吾将奉命而办事耶？则既无学问，又无才干，并无精力，何以能办？将不办耶？则安肯舍吾数十年资俸奔竞，千辛万苦所得之高官，决然引退，以避贤者之路哉？故反复计较，莫如出死力以阻挠之。盖全国千万数之守旧党人，不谋而同心，异喙而同辞，他事不顾，而惟阻挠新法之知。②

对这个问题讲得最精彩、最透辟的，倒是在改革运动中比较温谨的严复。如果说梁启超还只是做了一些静态的分析，严复则对此

---

① 《窦纳乐致英国外交大臣的信》。

② 梁启超：《论变法后安置守旧大臣之法》。

进行了动态的研究，深刻地揭示了守旧势力与敝法、私利之间的复杂的因果关系；

> 国家承平既久，则无论为中为外，举凡一局一令，皆有缘法收利之家。且法久弊丛，则其中之收利者愈益众。一朝而云国家欲变某法，则必有某与某者所收之利与之偕亡，尔乃构造百端，出死力以与言变者为难矣。是故其法弥敝，则其变弥不可缓；而亦其变之弥不可缓，则其欲变弥难。盖法之敝否，与私利之多寡为正比例；而私利之多寡，又与变之难易为正比例也。夫小人非不知变法之利国也，顾不变则通国失其公利，变则一己被其近灾。公利远而难见，近灾切而可忧，则终不以之相易矣。①

梁启超和严复都指出，守旧势力并非不知道改革对国家和社会是有利的，但个人和阶级的私利，却是更为现实的因素，对于这些人来说，它在天平上的砝码是远远重于国家、民族的公利的。严复进一步指出，越是迫切需要改革的腐败陈旧的"敝法"，某些人能够从中牟取私利的机会也就越多，因而他们也就越加拼命地维护其存在，从而改革的阻力也越多，改革的困难也越大。

这些论断完全符合变法维新运动的客观实际。几乎每一项改革措施，都不免触犯一些人的利益，因此他们就出而反对和抗拒。最引起他们敏感的是像立制度局、裁撤冗官这样一些涉及封建统治机构的改革，由于它们关系到他们的乌纱帽问题，当然引起他们特别强烈的反应。当康有为提出"请立制度局于内廷"的建议后，立即"朝议哗然，谓此局一开，百官皆坐废矣"。于是纷纷反对，终于使这个建议搁置了起来。裁冗官算是部分地实行了，在百日维新期间，发布了裁撤詹事府、通政司、光禄寺、鸿胪寺、太常寺、太仆寺、大理寺及广东、湖北、云南巡抚以及东河总督、各省粮道等衙门和官职的诏谕。本来，这些衙门的官员"皆无事可办，任其职者，皆养尊处优，素餐尸位，朘民之脂膏，以养此无谓之闲人"。但一旦裁

---

① 严复：《上今上皇帝万言书》。

撤，可就引起了轩然大波，“此诏一下，于是前者尸位素禄、阘冗无能、妄自尊大之人，多失其所恃，人心皇皇，更有与维新诸臣不两立之势”。有人估计，因裁官而受到牵连失去职位的（包括一些属吏，这些人大都是大官的亲友）“将及万人”，这些人便都成了改革运动的积极反对者。

就是一些看来并不直接伤害什么人利益的举措，也竟为守旧势力所不容。例如许士民上封章一事，仅仅由于上书言事不再成为少数人的特殊权力，所以也因其有损于特权阶层的尊严、打乱了森严的封建等级关系，而被守旧势力认为是“第一切肤之痛”的事。他们恨恨地说：“欲天下无事，杜绝言路，自然安静，而办事者亦可顺手。”还可以举另一个例子，是关于修治京城街道的事。当时京师街道，脏乱不堪，“粪土载道，秽污山积，风即扬尘，雨即泥泞”，“洋人目之为猪圈，外省比之为厕屋”。在改革运动的高潮中，有人也想到了这件事，觉得应该加以改进。这无论从哪方面看都应该说是件好事，既壮观瞻，又利卫生，该能够比较容易行得通了吧？谁知不然。尽管光绪帝为此发了专门的诏谕，但毫无动静，几经催促，最后才算在宣武门修了一小段路，算是应付一下门面。为什么连这样一件小事也难办呢？因为“修道岁支帑六十余万金，旗丁、工部街道厅分之，若必修，则无可分矣，此所以不能行乎！”此类事尚且如此，其余的就更可想而知了。

列宁曾经引用过一句著名格言：“几何公理要是触犯了人们的利益，那也一定会遭到反驳的。”[①] 何况，改革并不是几何公理，而是社会生活的一部分，改革本身就意味着矛盾，意味着斗争，意味着利益关系的调整，因此，任何微小的改革，也总不免会遭到一部分社会势力的抗阻。当然，像修治京城街道这类小事尚且困难重重，窒碍难行，则事实正好表明：封建政治的躯体已经完全僵化，毫无活力；它的腐朽已深入骨髓，实在是无可救药的了。

改革的艰难恰恰证明了改革的必要。

---

① 列宁：《马克思主义和修正主义》。

打开历史进步的闸门

孙中山领导的辛亥革命，是发生在20世纪初的我国社会的第一次历史性剧变。这一革命的发生，是19世纪末20世纪初的全部历史进程发展的必然结果。

1898年的戊戌维新运动初步传播了资产阶级民主思想，这个运动的失败则表明依靠封建皇权进行改革不过是一种虚妄的幻想；1900年的义和团运动集中反映了人民群众爱国主义的昂扬，这次斗争的失败则又一次表明了旧式农民战争无法在新的历史条件下取得成功。这两次紧相连接的深刻的政治大搏斗，不仅预示着旧的斗争即将让位于资产阶级领导的民主革命，而且也在思想上和政治上促进了这个革命。

在20世纪的最初十年间，一个以资产阶级、小资产阶级知识分子为主体的革命民主派，迅速形成并壮大起来。伟大的革命先行者孙中山就是这个政治派别的旗帜。正是在以孙中山为代表的资产阶级革命派的领导下，经过前赴后继的英勇斗争，才使得辛亥革命成为历史的现实。

正如毛泽东同志多次指出的，中国的资产阶级民主革命，正规地、在比较更完全的意义上说，是从辛亥革命开始的。

从1840年的鸦片战争起，外国资本主义以及后来的帝国主义，同中国封建主义相结合，一步步地把中国变成为半殖民地半封建社会；与此同时，中国人民也就开始了反抗外国侵略者及本国封建统治者的顽强斗争，从而揭开了资产阶级民主革命的序幕。斗争是可歌可泣的。但在辛亥革命以前，所有的斗争，都还只处于资产阶级民主革命的准备阶段。这是因为，当时的各种不同内容、不同形式的斗争，都还只是在个别方面打击外国侵略者或本国封建势力这两个主要敌人，都还没有能够提出较为系统的民族革命和民主革命的政治纲领。在一些直接抗击外国侵略的民族战争（如鸦片战争、中法战争、中日甲午战争）中，广大爱国官兵和人民群众曾以大无畏的气概血战疆场，但整个战争毕竟不得不在封建政权的组织和指挥下来进行。有的农民战争虽然提出了推翻清王朝的战斗目标，但自身并不能挣脱皇权主义的束缚（如太平天国运动）；还有的农民战争矛头公开指向外国侵略者，自发地组织起来展开武装斗争，但却无法抗拒封建统治阶级的控制和利用（如义和团运动）。资产阶级维新派的政治改革，满腔热忱地企求通过学习西方来达到"救亡"和争取国家富强的目的，却把希望寄托在光绪皇帝的支持之上。所有这一切，都反映了中国人民不甘屈服于外国侵略者及其走狗的反抗精神，都是资产阶级民主革命的必要的和重要的准备，但却还难以称得上是正规的和完全意义上的资产阶级民主革命。

正是在这个意义上，辛亥革命使中国的资产阶级民主革命进入了一个新的历史阶段，成为民主革命的一个重要里程碑。

在辛亥革命的准备时期，孙中山首先喊出"振兴中华"的口号，提出了民族、民权、民生的"三民主义"，并和他的战友们共同制订了完整的民主革命政纲。当时的"民族主义"虽然还没有明确提出反对帝国主义的口号，但资产阶级革命派在论证"驱除鞑虏，恢复中华"的必要性时，带着炽烈的爱国主义激情，十分强烈地宣说以满洲贵族为主要统治者的清王朝，已经是列强的"鹰犬""洋人的朝廷"，只有推翻清王朝的统治，才能避免"瓜分""亡国"的命运，因而在实质上包含了反对帝国主义的内容。当时的"民权主义"，明确宣称"中国数千年来都是君主专制政体，不是平等自由的人民所堪受的"，进而直接提出建立民主共和国的任务，这就把民主主义发展到了一个崭新的高度。孙中山曾经把"民生主义"等同于社会主义，甚至一度把自己视作中国社会主义者的代表，尽管那时以"平均地权"为主要内容的"民生主义"同科学社会主义完全是两码事，但这种主张毕竟反映了孙中山在发展资本主义时力图避免资本主义种种痼疾宿弊的善良愿望，表示了他希冀人民群众共同富裕和普遍幸福的高尚情操。列宁曾称赞以孙中山为代表的中国革命民主派的纲领是“带有建立共和制度要求的完整的民主主义”政纲，称赞孙中山是“充满着崇高精神和英雄气概的革命的民主主义者”①。

辛亥革命时期的资产阶级革命派，没有回避历史向他们提出的最紧迫的政治课题，在争取民族独立和实现政治民主两个最基本的问题上，做出了鲜明的、在当时条件下可能达到的深刻回答。在中国近代历史上，正是辛亥革命运动在实践中把中国民主革命的反帝和反封建两大任务首次结合了起来。

辛亥革命运动取得了巨大的成果。帝制的废除和民国的建立，使中国社会一时呈现出一派生机勃勃的动人景象。挣脱了封建君主专制制度禁锢的人们，积极投身于民主政治活动中去。思想得到很大的解放，封建习俗遭到强烈的冲击，民主共和国观念深入人心，资本主义的经济和文化得到一定的发展。所有这一切，无不表明这场运动在推动近代历史前进中的积极作用。但是，归根结底，这依旧是一次失败了的革命。由于资产阶级的软弱，革命人民用无数鲜血和生命换来的胜利果实，最终落到了由帝国主义支持的大地主大资产阶级的政治代表袁世凯手里。曾几何时，袁世凯就凭借自己手中的武力，在民主共和国的招牌下，逐步加强了独裁统治。中国半殖民地半封建的社会性质没有改变，民族民主革命的任务没有完成。中国重新陷入了黑暗的深渊。

正如江泽民同志在十五大报告中指出的：“辛亥革命未能改变旧中国的社会性质和人民的悲惨境遇，但为中国的进步打开了闸门，使反动统治秩序再也无法稳定下来。”

辛亥革命的成功与失败，都为民主革命向新的、更高阶段的发展创造了条件。辛亥革命的积极成果，为旧民主主义革命向新民主主义革命的转化做了精神的和物质的准备；这次运动的悲剧结局，又使得在黑暗中摸索救国救民真理的志士仁人中间，如毛泽东同志所确切描写的，“怀疑产生了，增长了，发展了”②。人们不得不重

---

① 列宁：《中国的民主主义和民粹主义》。

② 毛泽东：《论人民民主专政》。

新探索一条新的民族解放之路。中国反帝反封建的民主革命需要有新的阶级力量来担当政治指导者的责任。作为对这个历史召唤的回答，由于资本主义经济进一步发展而日益壮大的无产阶级，开始登上了中国的政治舞台。经过1919年的五四运动，在马克思主义同我国工人运动相结合的基础上，于1921年诞生了中国共产党。从此以后，中国革命在中国共产党的领导下，进入了新民主主义的阶段。经历了近三十年的艰苦卓绝的斗争，终于取得了民主革命的彻底胜利，建立了社会主义的中华人民共和国。

我们把辛亥革命的杰出领导人孙中山称作“伟大的革命先行者”，这既是为了充分肯定孙先生在中国民主革命中的开山辟路的作用，也是为了表明除一小撮反动分子以外的现代中国人，都是孙先生革命事业的继承者。继承当然不是照抄。孙中山自己就从来不把自己的主义和学说看作僵死的一成不变的教条。他总是随着形势的发展、世界潮流的演进，而不断充实、丰富、发展自己的认识和主张。当我国革命从旧民主主义革命发展为新民主主义革命的时候，孙中山也适时地把他的旧三民主义加以新的解释，发展成新三民主义，就是一个明证。就历史运动来说，不论是从旧民主主义革命到新民主主义革命，还是从民主革命到社会主义革命，都是既有质的变化又有内在历史联系的合乎逻辑的发展过程。

今天，当我国各族人民，在中国共产党的领导下，沿着建设中国特色社会主义道路，自力更生，艰苦创业，努力完成把我国建设成为富强、民主、文明的社会主义现代化国家的庄严使命的时候，我们不能不对孙中山这位站在时代前列的伟大人物以及当时那些充满了爱国热情和献身精神的革命志士们，抱以至深的敬意和深切的怀念。

“我以我血荐轩辕”

20世纪初，二十岁刚出头的青年鲁迅，写下了《自题小像》这首著名的诗篇：“灵台无计逃神矢，风雨如磐暗故园。寄意寒星荃不察，我以我血荐轩辕。”这首诗所反映的炽烈的爱国情操和悲壮的献身精神，不仅是鲁迅心灵的真实袒露，其实也是那个时代有志青年的共同心声。

这首诗写成后没过多久，20世纪头一个伟大历史事件辛亥革命就发生了。在这个运动中，不少革命党人，为了推翻腐朽卖国的清朝政府，结束封建君主专制制度，争取国家、民族的独立富强，置生死安危于不顾，摈功名利禄于度外，抛头颅，洒热血，写下了可歌可泣的历史篇章。他们以自己的实际行动实践了“我以我血荐轩辕”的慷慨抱负。

辛亥革命的杰出领导者孙中山曾经回忆说：“我们从前去革命，不但是自己的性命难保，并且还有抄家灭族的危险。我们从前有那样的大危险，还能够去革命，那是什么缘故呢？就是由于我们富于牺牲的精神。”① 孙中山本人就是一个蔑视一切困难和危险，把自己的全部心力都奉献给了革命的伟大人物。他穷毕生之力，“精诚无间，百折不回，满清之威力所不能屈，穷途之困苦所不能挠。吾志所向，一往无前，愈挫愈奋，再接再厉”②。

当时有许多革命者，宁肯放弃舒适的生活，离开温暖的家庭，抛却个人的幸福，而乐于选择一条困苦艰险荆棘丛生的革命之路。“为求富国强兵策，强忍抛妻别子情。”③ 光复会的领导人之一陶成

---

① 《孙中山选集》下卷，465页。

② 《孙中山选集》上卷，104页。

③ 吴玉章：《辛亥革命》。

章，在辛亥革命的前十年间，主要在江浙一带从事革命活动。为了联络会党，他腰束麻绳，足穿芒鞋，风尘仆仆地往返各地。他曾四次途经杭州，与他的家乡会稽只一江之隔，但都过门而不入。一次将近除夕，有人劝他回家度岁，他说："情字难却，一见父母妻子，即不能出矣！"又说："既已身为国奔走，岂尚能以家系念耶！"[①] 对于所谓的"功名富贵"，许多人更是视若浮云。大家知道，辛亥革命时期，有不少著名的革命活动家曾是留日学生。清政府为了拉拢知识分子，在废除科举后，曾规定对"学成归国"的留学生进行考试，合格者给以举人、进士等出身，并从中挑选一些人直接授予官职。做官还是革命？事实表明，不少人宁愿冒着掉脑袋的风险去做专制统治的叛逆，也不肯为了个人的荣华富贵而去当反动政府的帮凶和奴才。所以陈天华在《警世钟》里说："留学生若是贪图利益，明明翰林进士的出身不要，倒要做断头的事，没有这样蠢了。"在 1911 年的黄花岗起义中被捕牺牲的李德山，临刑前曾厉声指斥政府的监斩官说："大丈夫为国捐躯，分内事也。我岂不能致富贵者？特不能如汝辈认贼作父，不知羞耻耳！"[②] 徐锡麟为掩护革命活动，通过各种关系谋得了安徽巡警处会办兼巡警学堂监督的官职。他并不因贪恋权位而稍变革命初衷，毅然组织安庆起义。在刺杀安徽巡抚恩铭的那一天早晨，他召集巡警学堂的学生演讲说："我此次来安庆，专为救国，并非为功名富贵到此，诸位也总要不忘救国二字。"[③] 后来事败被捕，徐锡麟惨遭杀害。就义前，他神态自若，对人说："功名富贵，非所乐意，今日得此，死亦无憾。"[④]

在民主革命运动中悲壮牺牲的女革命家秋瑾，生前曾写信给友人，说："成败虽未可知，然苟留此未死之余生，则吾志不敢一日息也。吾自庚子以来，已置吾生命于不顾，即不获成功，而死亦吾所不悔也。"[⑤] 后来，她果然实践了自己的约言。当时，许多革命党

---

① 《篁溪文存》。

② 曹亚伯：《武昌革命真史》。

③ 陶成章：《浙案纪略》。

④⑤ 中国国民党中央执行委员会宣传部主编：《革命先烈传记》。

人，以接受艰巨任务为光荣，以亲临险地为夙愿，一种慷慨蓬勃的朝气，弥漫于革命队伍之中。孙中山在《革命原起》中曾讲，1906年萍浏醴起义爆发时，“东京之会员，莫不激昂慷慨，怒发冲冠，亟思飞渡内地，身临前敌，与虏拼命。每日到机关部请命投军者甚众，稍有缓却，则多痛哭流泪，以为求死所而不可得，苦莫甚焉。其雄心义愤，良足嘉尚”。刘道一、宁调元、杨卓霖等，就是闻讯后自动从日本返国，奔赴武装斗争的第一线，最后壮烈地牺牲在清政府的屠刀下的。

黄花岗起义时，活动在日本和南洋各地的革命党人，以及“吴、楚、闽、粤、滇、桂、洛、蜀、越、皖、赣十一省之才士乐赴国难、无所图利者，相继来集”①。战斗打响前，大家争着参加“先锋队”（敢死队），“其一种为主义而革命之热烈，实不知利害死生为何事也”。例如，朱执信本来有别的任务，起义爆发时刚刚赶到，他不顾旁人的劝阻，立即裁去长衫的下半截，参加了进攻督署的战斗，虽然“胸腿受伤，血透衣外”，仍然奋勇争先。林觉民在起义前，就给他妻子写了一封感情深挚的绝命书。在和别人的谈话中，他预计到此举“身必死”，但深信“吾辈死事之日，距光复期，必不远矣”。起义失败后，他不幸被执。面对着敌人的刑讯，他“侃侃而谈，综论世界大势，各国情事”，并要纸笔写了一篇坚贞不屈的自供状，“书至激烈处，解衣磅礴，以手捶胸，若不复忍书者”。“又在堂上演说，至时局悲处，捶胸顿足。”② 最后从容就义。

像林觉民这样在反动统治者的残酷刑讯下，无所畏惧、视死如归的，不只是一两个人，而是有一批这样的英雄。这里，我们只能举几个例子。1900年惠州起义中被捕的兴中会会员史坚如，年方21岁，清朝官吏先是诱以“甘言美词，相待极优礼，欲以言饵得情实，因罗织成大狱”，但他毫不为所动。于是，反动派露出了凶恶面目，“以威力相胁怵”。史坚如“备受刑杖，残酷无人理，始终惟怒目不

---

① 章上钊：《赵伯先事略》。

② 曹亚伯：《武昌革命真史》。

答，傲睨自若”[1]。清政府一无所获，最后把这位年轻的革命家杀害了。1906年6月，萍浏醴起义前夕，清政府抓获了湖南革命党人禹之谟。官吏反复审讯，禹之谟“慷慨辩论，问官辞屈”。于是“更酷刑十余日以取供”，刑罚有跪铁链，压杠子，荆条鞭背，用大椒末熏口鼻，用香火灼肉，用绳吊大拇指及大脚趾悬于空中，等等，残酷野蛮，惨无人道。禹之谟被刑后，昏死多次，始终不屈，最后被绞杀在湖南靖州东门外。“就义之先，犹手书绝命词，虽拇指已断，字迹仍端好如恒。”[2] 1908年领导安庆马炮营起义的同盟会会员熊成基，事败后亡走日本。次年，他到哈尔滨从事革命活动时被捕。押解途中，他向围观的群众陈辞说：“诸君珍重，我死犹生，吾愿以一腔热血，灌自由之花。”“今生已矣，我愿继我而起者，大有人也。”[3] 当反动当局审问他组织安庆起义的情况时，他昂然说：“我之宗旨，事成则已，否则牺牲其身，社会上亦不无小受影响也。”“尔等决不能诛尽我党，亦只有愈死愈多而已。”“总之，我心坚定，百折不回。”[4] 临刑时，他还高声宣布革命宗旨，充分表现了一个革命者的浩然正气。

列宁直截了当地认为：“如果不对伟大的资产阶级革命家抱至深的敬意，就不能算是一个马克思主义者。”[5] 我们之所以对他们抱至深的敬意，我想，除了由于他们在历史上曾经创造了值得称道的业绩，在推动社会历史的前进中做出了自己的贡献外，他们那种崇高的、可贵的献身精神，也应该是一个不可忽略的方面吧！

---

① 邓慕韩：《史坚如事略》。
② 姚渔湘：《禹之谟就义记》。
③ 陈春生：《熊成基谋杀载洵始末记》。
④ 钱兆湘笺注：《熊烈士供词》。
⑤ 列宁：《第二国际的破产》。

他们为什么选择革命?

1996年是孙中山先生诞辰130周年。对于这位伟大的革命先行者，鲁迅曾说："他是一个全体，永远的革命者。无论所做的那一件，全都是革命。无论后人如何吹求他，冷落他，他终于全都是革命。"鲁迅写这段话，是有感而发的。因为孙中山先生1925年逝世后，就有一些人"说些风凉话"，对他和其他先烈进行"讥笑糟蹋"。鲁迅对此十分愤慨，专门写了《战士和苍蝇》一文，悲愤地指出："有缺点的战士终竟是战士，完美的苍蝇也终竟不过是苍蝇。"当然，这是70年前的一桩公案了。

时光流逝到现在，仅仅用历史事实来证明孙中山确实是一个全体、永远的革命者，似乎已不足以成为肯定孙中山的理由和根据了，因为有些论者已经"发现"，革命本身就是一个罪过。他们认为，"如果要对20世纪中国进行反省"，头一个应该进行的"根本性的反省"，就是革命革糟了，"20世纪的革命方式确实带给中国很深的灾难"。抽象地、脱离具体历史环境去讨论革命是好还是糟，是对还是错，容易陷入概念的争论。平心静气地来研究问题，倒不如看看当时的那些志士仁人，究竟为什么选择了革命?是好乱成性、"发疯发狂"，是出于"狂热与幼稚"，还是回答时代的呼唤，顺应历史的潮流?

革命不是人为制造的结果

谴责革命的人，往往以为革命是由少数人倡导或煽动起来的，革命家制造了一种"革命崇拜"，于是很多人也就把革命当圣物，以革命为时尚。其实，古今中外任何一次革命，都不是人为制造的结果。只有在统治者不能照旧统治下去，人民群众也不能照旧生活下去的时候，革命才会发生。这是就社会而言。就个人来说，选择革命或接受革命，也往往是别的路都走不通之后，才“逼上梁山”的。孙中山本人就是一个很典型的例子。

孙中山曾不止一次叙述过他怎样“不得不”选择非和平的、暴力革命道路的缘由和经过。他在《伦敦被难记》中承认，他早期曾投身于“以和平之手段、渐进之方法请愿于朝廷，俾倡行新政”的运动，只是在多次碰壁之后，“然望治之心愈坚，要求之念愈切，积渐而知和平之手段不得不稍易以强迫”。1904 年，他在题为《支那问题真解》的英文稿中又一次指出：“我辈虽有种种不平，而犹欲勉与周旋，乃终不可得。是以支那人翻然欲改前失，建设东亚之平和，以为世界之平和，必当思适宜之方法以达其目的。所谓‘欲得平和不可不以决裂者，亦时机拶逼之而出’者也。”联系到孙中山在发起组织兴中会之前不到半年时间，还上书李鸿章，提出一系列改革建议，希望李鸿章“采择施行”，而李鸿章未予采纳这一事实，孙中山上面所讲的心路历程，确实是符合实际的。其实，在孙中山的同志和战友中，许多人都有过类似的经历，他们“积渐而知和平之手段不得不稍易以强迫”，也都是因为“时机拶逼”而成的。黄兴“在校经堂读书时，尚无革命思想”，只是在自立军起义惨遭残酷镇压后，“益知专制恶毒，决非革命不可”。章太炎在投身革命之前，也是一个活跃的改良主义者。他在《时务报》上发表许多文章，希望“以革政挽革命”。他上书李鸿章，入幕张之洞，希望他们“转旋逆流”，实行改良，变法图强。一直到戊戌维新运动失败，他才认识到“无兵枋者之不能变政”，逐步下定了革命的决心。这样一种思想变化的过程，在当时关心国家、民族前途命运的志士仁人中间，有着一定的普遍意义。

上面的事实足可说明，以孙中山为代表的资产阶级革命派，并不是一伙迷恋暴力的好事之徒。他们眼见自己的祖国在帝国主义侵凌荼毒之下，瓜分豆剖，蚕食鲸吞，国将不国。为了挽救中华民族的危亡，他们曾寄希望于封建统治者的和平改良，直到无数事实证明这种希望不过是虚妄的幻想，才不得不改弦更张，走上以暴力推翻腐朽的封建政权的道路，以便去除民族振兴的障壁，打开社会前进的通道。关于这一点，当时的革命者曾反复做过说明。例如，有一篇文章就直截了当地说："革命流血，原非人生所乐为，激则生变，亦万不得已之苦衷耳！"革命者对于亡国灭种的忧虑既不是杞人忧天，他们投身于革命自然也就是顺理成章的事了。

革命必须付出代价

非难革命的一个最重要的理由，是说革命付出的代价太大、太沉重，"革命方式"有很多弊病，产生很多后遗症，"包括它给社会带来的各种破坏"；"老是革命，整个民族的生命能量就在革命中耗尽了"。破坏和建设的关系，这在中国近代思想史上是一个谈得极多的老问题，辛亥革命时期讨论过，五四运动时期讨论过，新民主主义革命时期也讨论过。现在再来重复这个问题和答案，实在有点像"炒冷饭"，没有多少味道。所以，我们不妨从另外一个角度来说，那就是：革命固然要付出很高的代价，但没有革命对旧制度的扫荡，人们以及社会付出的代价要大过千百倍，要沉重千百倍。

辛亥革命的直接锋芒所向，是封建君主专制主义。这个制度给中国社会带来什么呢？我们可以引孙中山起草的《檀香山兴中会章程》里的一段话："中国积弱，非一日矣！上则因循苟且，粉饰虚张；下则蒙昧无知，鲜能远虑。近之辱国丧师，剪藩压境，堂堂华夏不齿于邻邦，文物冠裳被轻于异族。有志之士，能无抚膺！……乃以庸奴误国，荼毒苍生，一蹶不兴，如斯之极。方今强邻环列，虎视鹰瞵，久垂涎于中华五金之富、物产之饶。蚕食鲸吞，已效尤于接踵；瓜分豆剖，实堪虑于目前。"类似这样的话，在当时的革命报刊上可以说是连篇累牍，俯拾皆是。或许有人会说：这不过是革命派为制造"紧张状态"而有意做出的"渲染"和"煽动"，是危言耸听。那么，我们来看看主张和平改良的梁启超是怎么说的。他在1902年著文说：“呜呼，国事不可问矣，其现象之混浊，其前途之黑暗，无一事不令人心灰望绝。”他甚至说过这样的话：“我辈实不可复生息于专制政体之下，我辈实不忍复生息于专制政体之下。专制政体者，我辈之公敌也，大仇也！有专制则无我辈，有我辈则无专制。我不愿与之共立，我宁愿与之偕亡！”真有点“时日曷丧？予及汝皆亡”的派头。他与革命派的不同，只在于他认为专制政体是可以通过和平手段来推翻的，历史对他的看法做出了确切的回答。

对于当时的人们来说，要么服从和承认现存的统治秩序，听凭专制统治者对他们宰割欺凌，予取予求；要么做专制统治的叛逆，用革命暴力打破这种统治秩序，别无其他选择。当然，对我们现在一些人来说，没有在封建专制统治下生活过的切身体验，如果再缺乏一点起码的历史感，要深刻理解当时人们对专制统治深恶痛绝的心情，确也不那么容易。不过，自诩为经过读书和思考并正式作为“理性的”学术见解提出，却完全无视如此丰富生动、如此触目惊心的历史实际，硬把革命派对专制主义的揭露和斗争，说成是“非理性的情绪”，甚至“畸形心态”的反映，未免有点厚诬古人了。

我们还可以谈一点更加实际的问题。辛亥革命时期，革命派指斥清王朝反动统治的诸多罪恶中，有一条是统治者只顾自己骄奢淫逸，“于我民之水旱饥馑，毫不为之轸念”；而在他们的统治下，“水旱迭臻”，“几于无岁无之”，这完全是事实。例如，清朝建立后的200年间（1644—1844），黄河共决口364次，道光以后，更是“无岁不溃”。各种水、旱、蝗、震、风、霜、雪、疫之灾，交相迭出，弄得“民不堪命，转徙流亡”，“流离于道路，物故者十八九”。事实上，一次大灾荒，死亡人数常常不亚于一次革命或一场战争。就以1877、1878年（光绪三、四年）的“丁戊奇荒”来说，这次旱灾覆盖了山西、河南、陕西、直隶、山东五省，并波及江苏、安徽、四川北部及甘肃东部。在总面积百余万平方公里的辽阔土地上，树木枯槁，青草绝迹，更没有任何庄稼，真所谓“赤地万里”。据统计，这次灾荒造成饥饿而死的竟达1 000万人！灾荒是由自然原因造成的，但是，灾荒造成的后果如此严重，则不能不更多地从政治的、社会的方面去寻找根源。孙中山明确指出："中国所有一切的灾难只有一个原因，那就是普遍的又是有系统的贪污。这种贪污是产生饥荒、水灾、疫病的主要原因。""官吏贪污和疫病、粮食缺乏、洪水横流等等自然灾害间的关系，可能不是明显的，但是它很实在，确有因果关系，这些事情决不是中国的自然状况或气候性质的产物，也不是群众懒惰和无知的结果。坚持这说法，绝不过分。这些事情主要是官吏贪污的结果。"辛亥时期的革命派明确地告诉人们："专制之淫威"，使"人命贱于鸡犬"。这样腐朽而又暴虐的反动政权，除了坚决推翻它之外，难道还能有任何别的选择吗？

理性精神与革命情操

据说，"革命容易使人发疯发狂，丧失理性"；革命使"社会变得空疏、空洞，理想重新化为空想"。这里涉及了革命者的精神世界和心理活动，也值得稍稍讨论一下。还是以辛亥革命为例，当时的志士仁人是以什么样的心情、理念和精神状态，走向革命的呢？

我们很难发现当时的热血青年是因抽象的"革命"教条或"道义压力"而投身革命的事实。相反，吸引他们信仰革命并勇于牺牲的，却往往是极为真挚的、深切的对于同志、对于父老乡亲、对于国家和民族的热爱。比如，在黄花岗起义中英勇牺牲的方声洞，在起义前写信给他父亲与妻子，表示"决志捐躯于沙场，为祖国报仇，为四万万同胞求幸福"。他并不是铁石心肠，而是充满了对家人的眷恋之情。他告诉父亲："惟从此以往，一切家事均不能为大人分忧，甚为抱憾。幸有涛兄及诸孙在，则儿或可稍安于地下也。惟祈大人得信后，切不可过于伤心，以碍福体，则儿罪更大矣！"他解释自己慷慨赴死的缘由："儿刻已念有六岁矣，对于家庭，本有应尽之责任，只以国家不能保，则身家亦不能保，即为身家计，亦不能不死中求生也。儿今极力驱满，尽国家之责任者，亦即所以保卫身家也。

他日革命成功，我家之人，皆为中华新国民，而子孙万世亦可以长保无虞，则儿虽死，亦瞑目于地下矣!”在这里，革命的激情和冷静的理性思考如此和谐地统一，浓烈的亲情和强烈的历史责任感如此和谐地统一，至今读来还不由得对它产生至深的敬意。又如，与方声洞同时牺牲的另一位革命先烈林觉民，起义前也曾给他妻子写了一封《绝笔书》，其中说：“吾作此书，泪珠和笔墨齐下，不能竟书而欲搁笔，又恐汝不察吾衷，谓吾忍舍汝而死，谓吾不知汝之不欲吾死也，故遂忍悲为汝言之。”可以看出，作为一名自觉的革命者，他们不是在任何“道义压力”下去迎接死亡的。对妻子的深沉感情同对社会进步的热切追求交织在一起，体现了超越自我的博大的一面，升华成了一种更加高尚的革命情操。事实上，在几乎所有的志士仁人身上，我们都可以看到这样的博大情怀。这种情怀，同“发疯发狂”或“冷酷无情”之类的字眼，实在是无法联系在一起的。

我们根据历史事实，探究辛亥时期的志士仁人为什么选择革命，这种选择的根据和合理性是什么。如果脱离历史条件和历史环境，抽象地讨论究竟是革命好还是改良好，用暴力方式还是用和平方式去争取社会的发展和进步二者的是非优劣，可以说是毫无意义的，甚至是荒唐的。一切以时间、地点、条件为转移。说革命任何时候都好或都坏，同说改良任何时候都好或都坏一样，都是对历史的不尊重。

“扶清”的两重含义

发生在1900年的反帝爱国的义和团运动，曾经提出过一个政治口号，叫作“扶清灭洋”。对于这个口号中“扶清”二字的含义，以往史学界一般都把它解释为扶持清政府之意。对“扶清”口号的评价众说纷纭。有的著作称赞“‘扶清’是有策略意义的口号，义和团只有提出‘扶清’的口号，才能进入天津、北京对‘洋人’直接作战”。有的论著则批评这个口号“麻痹着群众对清王朝的警惕，消磨着群众反封建的思想”，“实际上正好是在宣扬一条不但不反封建，而且还保护封建的道路”。不论是肯定还是否定，其立论的出发点都认为“扶清”的“清”就是指清政府或清王朝。

然而，历史的实际要比这复杂一些。在当时，“清”字可以有两种含义：一是指朝廷、政府；另一是指大清国，即中国。义和团提出的“扶清”，在相当多的场合，至少是在运动的前期，更主要的是指“扶助中国”的意思。

现在列举一些材料。

有一个义和团运动的目击者，在这个运动被镇压下去的次年，曾回忆说：“光绪二十五年冬，山东境内义和拳匪，因仇教蜂起。及二十六年春，乃流入天津，以保清灭洋为名，朝野上下，多深信之，喜相告曰：‘扫平洋人，扶持中国，在此一举，而今而后，海内肃清，升平有日矣。’”① 这里的“扫平洋人，扶持中国”，显然就是“保清灭洋”的注脚，而“清”字是做“中国”解的。

有一张义和团的告白，其中有这样一段话：“今上帝大怒，免去雨雪，降下八万神兵，教传义和团神会。特借人力，扶保中华，逐

---

① 刘孟扬：《天津拳匪变乱纪事》。

去外洋。”这里的“扶保中华，逐去外洋”，自然也就是“扶清灭洋”之意。

另一张义和团的告白，张贴时间为1900年5月28日，中间有这样的话：“吾等俱练习义和神拳，保护中原，驱逐洋寇。”[①] 这里所说的“中原”，并不是指中原地区，而是泛指中国，这可从义和团的揭帖“神助拳，义和团，只因鬼子闹中原”得到印证。那么，所谓“保护中原，驱逐洋寇”，与上面的“扶保中华，逐去外洋”，也就是同一个意思了。

现在保留下来的另一份义和团文件，即《京都顺天府宛邑齐家司马兰村义和团晓谕》，在讲到“扶清灭洋”时是这样说的：“窃有天主教，由咸丰年间，串结外洋人，祸乱中华……今以上天大帝垂恩，诸神下降，赴垣设立坛场，神传教习子弟，扶清灭洋，替天行道，出力于国家而安于社稷，佑民于农夫而护村坊，否极泰来之兆也。”[②] 因为“串结外洋人，祸乱中华”，现在就要反过来：“扶保中华，逐去外洋”，这完全是顺理成章的。而且这里提到的国家、社稷、农夫、村坊，其内容比单纯地讲朝廷和政府，显然要广大、丰富得多，实际上指的是我们的祖国和中华民族。

上面这些材料，大都是义和团本身对于“扶清灭洋”口号的说明。可以看出，他们所说的“扶清”，指的是扶持大清国，或曰中国、中原、中华。在有些地方，“扶清灭洋”也被写作“保清灭洋”、“助清灭洋”或“兴清灭洋”，但含义是差不多的。无非是说，由于过去“洋人”（这是义和团的一种笼统的说法，但实际上是指那些侵略欺压中国人民的帝国主义者）在中国作恶多端，所以按天或上帝的意志，要扶助、保护、振兴中国，逐灭洋人了。义和团就是执行这个天意的，用我们现在的话来说，义和团就是实现“扶清灭洋”这个天意的物质力量。所以，不少义和团所举的旗帜往往是两面，一面是“替天行道”，一面是“扶清灭洋”。

就这个意义说，“扶清”完全是一个包含着爱国主义内容的口

---

① 《义和团》（四），149页。

② 同上书，148页。

号。忽略这样一层内容，只从义和团同封建统治者的关系方面去分析“扶清”二字，无论如何是不完整、不全面的。当然，我们也并不认为，“扶清”只是指扶助中国，根本不包括扶持清王朝的意义在内。不！我们不能从一个片面走向另一个片面。事实上，在相当一部分义和团团民的心目中，“扶清”确实是扶持朝廷的意思，特别是清政府在上谕中公开把义和团称作“义民”之后，后一种含义显然越来越被更多的人所接受，而前一种含义越来越趋于淡薄了。一些义和团团民竖起了“奉旨义和神团”的旗帜，不少团坛纷纷到官府去“挂号”，就是很好的证明。

其实，在当时就已经有人注意到“扶清”的两重含义了。袁昶、许景澄在1900年7月23日所上的一个著名奏折中曾这样说：“夫‘扶清灭洋’四字，试问从何解说？谓我国家二百余年深恩厚泽浃于人心，食毛践土者思效力驰驱，以答载覆之德，斯可矣。若谓际兹国家多事，时局维艰，草野之民，具有大力能扶危而为安，扶者倾之对，能扶之，即能倾之，其心不可问，其言尤可诛。”①

在袁昶、许景澄看来，所谓“扶清”，如果是出于对清朝封建统治者的感恩戴德，愿意为朝廷“效力驰驱”，那是可以的；如果是指对国家能“扶危而为安”，那是不行的，不允许的。如果人民可以撇开封建统治者而自己去扶持国家的危厄，那么，人民也随时可以把国家的统治权从封建阶级手里夺过来。对于他们来说，这是一种多么危险的情景啊！

正是出于这样一种考虑，封建统治阶级对于义和团的“扶清”口号，便竭力渲染扶助朝廷这一方面的内容。张之洞、刘坤一等在一份电文中说：“旗书扶清灭洋，乃各省会匪故套，若助朝廷，何以抗旨？”临榆县令俞良臣在接到清廷关于“约束拳众”的上谕后，立即向团民宣布：“尔等自谓扶清，今煌煌圣谕，尔等能不谨遵？”②他们都把“扶清”解释为扶助朝廷，同时又都以此作为约束义和团不准逾越封建统治秩序的一个法宝。

---

① 《严劾大臣崇信邪术请旨惩办疏》。

② 《义和团运动史料丛编》，第1辑，167页。

除了封建统治阶级的有意引导以外，“扶清”口号两重含义的存在，更重要的是要从义和团本身去找到解释。长期以来，封建意识形态的一个重要内容，就是把国家、朝廷、君主合而为一。按照封建主义的传统观念，爱国必须忠君，忠君就是爱国，人们根本就“不知国家与皇室之区别”。义和团是以农民为主体的一场伟大的爱国运动，作为小生产者的农民无力冲破封建意识形态的束缚。事实上，在中国历史上，只有到了辛亥革命时期，资产阶级革命派才第一次提出这样的命题：“如不忍中国之亡，必自辨朝廷与国家之区别始。”① 那么，在义和团运动时期，当斗争的主要锋芒指向帝国主义的时候，以农民为主体的义和团，一时分辨不清国家与朝廷的区别，有时强调扶助中华，有时强调扶持朝廷，难道不是完全可以从历史条件中找到合理说明吗？

① 沈翔云：《复张之洞书》。

火烧大栅栏是非辨

1900年6月16日（清光绪二十六年五月二十日），活跃在北京的义和团团民，用一把大火，烧毁了前门外大栅栏地区铺户民宅数千家。这件事引起了上至朝廷、下至广大群众的强烈震动，成为义和团运动史上一个令人瞩目的事件。

可是，说不清是出于无意的疏忽还是有意的回避，在研究义和团运动的论著中，这件事却极少被人们提到。论及者却都把这一场大火说成是仅仅烧掉了一个老德记大药房，同时又都认为这件事并不应该由义和团负多少责任。

对此，我有一点不同的想法。我以为，火烧大栅栏事件，是义和团所犯的一个重大错误，在经济上、政治上和思想上，都曾产生了极为严重的消极后果。

从6月13日起，进入京师的义和团团民，开始在北京街头焚烧教堂，禁毁洋货。

6月16日上午11时许，一队团民巡行到大栅栏老德记大药房前，发现这里出售洋货，“即纵火焚之”。仲芳氏《庚子记事》载：“（五月）二十日，义和团焚烧前门外大栅栏老德记大药房，不意团民法术无灵，火势猛烈，四面飞腾，延烧甚凶。计由大栅栏庆和园戏楼延及齐家胡同、观音寺、杨梅竹斜街、煤市街、煤市桥、纸巷子、廊房头条、廊房二条、廊房三条、门框胡同、镐家胡同、三府菜园、排子胡同、珠宝市、粮市店、西河沿、前门大街、前门桥头、前门正门箭楼、东荷包巷、西荷包巷、西月墙、西城根。火由城墙飞入城内，延烧东交民巷西口牌楼，并附近铺户数家。自清晨起，直至次日天晓始止，延烧一日一夜。”关于火烧的经过，这个材料的作者说：“先是义和团在老德记大药房将火点起，令四邻焚香叩首，不可惊乱。及至延及旁处，团民不许扑救，仍令各家焚香，可保无虞，切勿自生慌扰。既至火势大发，不可挽救，而放火之团民，已趁乱逃遁矣。是以各铺户搬移不及，束手待焚，仅将账目抢护而已。”① 从这些材料看，显然，这一场大火是前几日焚教堂、毁洋货的活动的继续，从事件中义和团团民的言论和做法来看，恰恰是完全符合他们的思想逻辑和行动规律的。

火烧大栅栏，在当时的社会生活中引起了极为强烈的反响。

首先，在经济上造成了巨大损失，并形成了市面萧条、商店歇业的局面。晚清时期，大栅栏已经是京师的最繁华地区，是当时的经济活动中心。这里“市廛林立”“精华所萃”。6 月 16 日的一场大火，使得这一地区的“所有金店、绸店、参店、土药店、洋货店，列肆精华，尽为祝融收去，无虑数千百万，即此，已为未有之奇灾矣！”② 经济上的损失使受灾的商人无法开业，心理上的打击使并未受灾的商人不敢开业，于是，出现了“九城同日闭市，交易不通”“商贾尽行闭歇失业”的景象。

其次，在政治上造成了人心浮动、人人自危的紧张气氛。胡思敬《驴背集》说，火烧大栅栏之后，“商户官宅，一日数迁，人心始惶惶忧乱”③。仲芳氏在《庚子记事》中说：“被烧者如醉如痴，未烧者心惊胆战。”在这种情况下，许多居民忧心忡忡地逃离京师：“城内外居民纷纷扰避，南人之在北者无不逃归。”“官民搬徙，十室九逃。”值得一提的是，在这纷纷扰扰的逃难行列中，也夹杂着一部分被这场大火吓坏了的义和团团民在内：“然匪众（按：这当然是对义和团的污称）实惧罪，有相率潜遁出都者。”④ 这说明，过火的行为在某种程度上反而对自己的队伍起着一定的瓦解作用。

最后，也许可以说是最重要的一点，是这场大火使一部分原来对义和团抱着观望态度甚至具有某种同情心理的群众，转而趋向怀

---

① 仲芳氏：《庚子记事》，14 页。

② 《缘督庐日记钞》，见《义和团》（一），444 页。

③ 《义和团》（二），485 页。

④ 李超琼：《庚子传信录》，见《义和团史料》上，210 页。

疑，不再相信义和团的迷信宣传了。在火烧大栅栏事件发生后，有些人的态度发生了明显的变化。如《庚子大事记》的作者杨典诰，在火烧大栅栏之前，曾多次以肯定的语气谈及义和团“能烧教民房屋，而不波及平民”①，承认“义和团小有法力”②。但是，在火烧大栅栏的当天，他的态度明显地变得不满起来，写道：“是役也，正可诘责义和团能发不能收之罪，且于此可见其伎俩之尽于此矣。能发而不能收，有法力者如是耶？借曰冲犯神怒，岂有一家所犯，而遣及数千户之理耶？”③

实际上，我们完全可以做出这样的判断：义和团火烧大栅栏事件，是在错误思想指导下，在错误的时间、错误的地点做出的一个错误政治行动。

许多材料都谈及，火势失控的原因，是由于义和团事先宣布“断不连烧民屋”；火起之后，又“不许人救”，以致一发而不可收拾。从纵火团民的思想来推断，无非是两种情况：或者他们自己并不相信有控制火势的“法力”，但却偏要轻于一试；或者他们自以为确有“神术”，能有只烧教民、不延烧民屋的把握。前者是政治上的不负责任和盲动，后者则本身就成了迷信观念的俘虏。不论哪一种情况，从指导思想上来说，都是不足取的。

从时间上来说，火烧大栅栏事件前后，正是帝国主义的军事威胁和武装挑衅日益严重的时候。在这种情势下，义和团完全应该而且可能把自己的斗争目标，牢牢地集中在帝国主义的侵略武装身上。这样，必然能使广大群众中的爱国主义得到更加昂扬的迸发，而且可以使义和团的政治威望得到迅速的提高，进一步赢得广大群众的积极拥护和支持。这样提出问题，丝毫不意味着是对义和团的脱离实际的过分苛求。但是，义和团恰恰在这个时候，在繁华的大栅栏之区，放了一把大火，在很大范围内侵害了群众的切身利益，从而造成了上面所谈及的种种严重后果，这不能不令人感到万分的惋惜。

---

① 《义和团运动史料丛编》，第1辑，2页。

② 同上书，5页。

③ 同上书，6页。

在火烧大栅栏的同一天，慈禧召开了御前会议，就对列强的和、战以及对义和团的剿、抚问题，展开激烈的政策讨论。在以后的三天里，慈禧又连续召开了三次这样的会议，最后终于做出了攻打东交民巷使馆区及向列强宣战的决定。据胡思敬《驴背集》记载，慈禧正是见到“南城火光烛天”后才“传旨召百官会议”的。这个说法是否可靠，姑置不论。但大栅栏的熊熊烈火，在统治阶级两派代表人物的心中都留下了深刻的印象，则是毋庸置疑的事实。载漪之流强调所谓“民心可用”，主剿派强调“乱民将使”“大局溃烂”，他们的潜台词，显然都同刚刚发生的大栅栏那场大火有着直接的关联。义和团火烧大栅栏之举，竟然如此奇特地为封建统治集团两种对立的政治派别分别提供了自己主张的政治砝码，这大概是当时的义和团群众所始料不及的吧！

根据上面的分析，我们不得不承认，义和团火烧大栅栏事件，在整个运动中，实在没有多少可以肯定的价值。不过，在结束本文的时候，我们还要做一点并非多余的说明：任何大的政治运动，不可避免地会出现这样那样的失误，我们既不要因为肯定运动的正义性和进步性而对失误加以讳饰，自然也绝不应该因为实事求是地揭示失误而误以为是对运动的根本性质的否定。

“花绿头”考

鲁迅在《且介亭杂文·病后杂谈之余》中讲到小时候听长妈妈讲太平天国故事，说：

> 我家里有一个年老的女工，她说“长毛”时候，她已经十多岁，“长毛”故事要算她对我讲得最多，但她并无邪正之分，只说最可怕的东西有三种，一种自然是“长毛”，一种是“短毛”，还有一种是“花绿头”。到得后来，我才明白后两种其实是官兵，但在愚民的经验上，是和“长毛”并无区别的。

在这段话后边，1956年版的《鲁迅全集》有一段注释：“‘长毛’，指太平天国起义的蓄发的军队。‘短毛’，指剃发的官兵。‘花绿头’当是绿营兵或绿旗兵。”

其实，鲁迅和《鲁迅全集》当时的编者把“花绿头”当成是清朝政府的“官兵”（“绿营兵”或“绿旗兵”），却都是弄错了的。新版《鲁迅全集》把这个错误改正了过来，对“花绿头”的注释改写为：“‘花绿头’，指帮助清政府镇压太平天国的法、英帝国主义军队。”这表明，新版《鲁迅全集》的编者是极其认真的，即使像这样对不是专门研究历史的人来说并非十分紧要的地方，也一丝不苟地力求符合历史的真实，这是一种何等可贵的学风！不过，新的注释一来语焉不详，二来也还有不够精确之处，所以，仍有必要对“花绿头”究竟是一种什么样的军队，做一点简要的考释。

太平天国时人沈梓在《避寇日记》中有这样一段记载：

> 有花绿队者，以印花布包头，宁波人假扮夷兵放洋枪者也，往往出城劫掠，而与夷兵通事者分肥。……城中民房无论租屋自产，夷人又欲强收租钱，故夷兵之累甚于贼兵。

这里记的正是鲁迅的故乡绍兴的情形。文中的“贼兵”，就是“太平军”或长妈妈所说的“长毛”，而“花绿队”也正是长妈妈所说的“花绿头”。

原来，在太平天国时期，不论是“造反”的一面还是反动势力的一面，军队的种类和番号都很多，老百姓弄不清楚，便常常根据部队的装束打扮和服饰颜色，简单地称之为“红头”“黄头”“白头”之类。由于太平军战士大都身披红带，头扎红巾，所以有时人们就把太平军称作“红头”。如佚名《庚申避难日记》有云：“闻红头兵在海城上，自东往西，络绎不绝，旗马红轿，相间而行，竟日始毕。”许多地方的地主反动武装“团练”，都是白衣白巾，所以通常被人们叫作“白头”，如张尔嘉《难中记》说：“萧山之杨清庵孝廉凤藻，亦聚白头于赭鸬。白头者，首蒙白布，身披白衣，望之如雪；奈众如乌合，纪律毫无。”但也有叫“黄头”的，如隐名氏《越州纪略》即有“谢敬之姚江勇称黄头者千”的记载。还有一种在革命和反革命之间首鼠两端、实际上常常残民以逞的土匪武装“枪船”，由于他们有的穿黑衣、扎黑巾，人们便叫他们为“青头”，如张乃修《如梦录》记：“扬名、大桥等处，有金阿狗与青头义兵，小股之贼不敢轻犯。”由此看来，“花绿队”既然是“以印花布包头”而得名，那当然也就是“花绿头”了。在浙江一带，“队”和“头”的字音原很相近，说不定“花绿队”倒是“花绿头”的误记。

那么，所谓“花绿头”者，其实是依附于外国侵略军的一种汉奸武装。

“花绿头”有时也写作“花绿兵”。一个姓冯的海宁人写的《花溪日记》，记1864年（同治三年）正月反动武装进攻由太平军占领的嘉兴城时说：“初四日，海宁、海盐、平湖、嘉善、吴光等县各发兵数千帮围嘉兴城。初六日对江来花绿兵千一百，夷兵四百，由宁城亦至嘉兴。”这条材料也说明，花绿兵同海宁等各县所发之官兵不是一回事，却是和“夷兵”即外国侵略军在一起的汉奸队伍。据日记说，正是这些花绿兵首先攻破了嘉兴城的北门，从而使清朝政权从太平军手中夺得了嘉兴城。

但这里还有一个问题。据《避寇日记》所说，“以印花布包头”是为了“假扮夷兵”，那么，“夷兵”也应该是这样一种打扮了。事实是不是这样呢？许瑶光《谈浙》卷4有一段话回答了这个问题：

> 洋兵之用，盖始于华尔之常胜军也。苏沪用之……旋分军攻宁波，而浙亦用之矣。顾名为洋兵，实则募华人之桀者充之，不过数十洋人为之教师领队而已。其军服青呢小袖短衣，各执洋枪。……法国用花布缠头，英国则用绿布，故人呼绿头花头云。

新版《鲁迅全集》的有关注释，引了上面这条资料的最后两句，故判定为指的是“法、英帝国主义军队”。其实，更准确一点说，“花绿头”是“花头”和“绿头”的统称，指的是与清朝政权相勾结共同镇压太平天国运动的外国侵略军，以及依附于这个侵略军的数量更多的一些汉奸武装。

这样，长妈妈所讲的太平天国时期的三种武装，便应该是：1.“长毛”，即太平军；2.“短毛”，即清朝封建政权的所谓“官军”；3.“花绿头”，即外国侵略军及汉奸武装。事实上，如果粗粗地分一下，在当时的政治舞台上也主要是这三种武装力量在进行着你死我活的生死搏斗，而太平天国运动也正是在中外反动势力的联合镇压下惨遭失败了。

鲁迅虽然把“花绿头”误认为是“官兵”，但是，他在《病后杂谈之余》这篇文章里，态度鲜明地反驳了站在封建主义立场或受封建正统观念影响的人们对太平军“杀人放火”的片面指责和污蔑，指出：“久而久之，由于自己的阅历，证以女工的讲述，我竟决不定那些烈士烈女的凶手，究竟是‘长毛’呢，还是‘短毛’和‘毛绿头’了。”实际上是明确地指明：戕害百姓、屠杀人民的，主要不是农民武装，而恰恰是中外反动军队。这也正是我们一开头所引材料中说的“夷兵之累甚于贼兵”的意思。我想，这是完全符合历史实际的。

历史的必然与偶然

历史发展过程的必然性和偶然性，是相互依存的两极，也是史学研究中经常会遇到的一个重大课题。

历史唯物主义认为，人类历史不是杂乱无章的无数偶然事件的堆积，而是一个虽然十分复杂并充满矛盾但毕竟是有规律可循的统一发展过程。社会历史现象同自然现象一样，表面上是偶然性在起作用，实际上却始终受内部的隐蔽着的规律支配。

显然，承认和重视历史必然性，是历史唯物主义的重要特征之一。但是这个问题却不是区分唯物史观和唯心史观的界限。

诚然，有一些历史唯心主义者是根本否认社会历史有必然性存在的。但是，另外一些历史唯心主义者却并不否认历史的必然性。不论在中国还是在西方，奴隶制时代和封建时代都曾长期流传过一种天命的历史观，这种观念把社会历史的兴衰治乱一概看作天、上帝或神的意志和安排，是人的力量所无力和无法改变的必然进程。特别是德国古典哲学家黑格尔，他不但把历史运动看作一个有规律的发展过程，而且还竭力主张要“从偶然性的假象里去认识潜蕴着的必然性”①。不过他讲的历史发展的必然性和规律性，只是他所谓的“绝对精神”的体现而已。

历史唯物主义所坚持的历史必然性，是指客观历史本身在其发展过程中，存在着不以人的意志为转移的、确定不移的轨迹和途径。其所以如此，是因为社会历史现象虽然纷繁复杂、千变万化，但一定时代的历史和社会状况，归根到底是由一定的生产方式所决定的。因此，他们也就只能在这种无可任意选择的社会条件下创造自己的

---

① 黑格尔：《小逻辑》。

历史。人们的历史联系正是这样形成的。社会的变迁，政治的变革，阶级之间的搏斗，意识形态的冲突，说到底，无非是社会关系发展的客观规律性的反映，而物质生产发展程度便是这种关系的根源。

当我们正确地强调历史进程最终是受内在的一般规律支配、受历史必然性的支配的时候，有时会有意无意地走过了头，犯轻视、忽视甚至无视历史偶然性的偏向，似乎偶然性在历史发展中是无足轻重、不起任何作用的，甚至还会把在历史研究中注意或谈论历史偶然性看作与唯心史观划不清界限的表现。

其实，马克思在1871年4月写给路德维希·库格曼的一封信中曾毫不含糊地指出："如果'偶然性'不起任何作用的话，那么世界历史就会带有非常神秘的性质。"①

首先，历史必然性必须透过各种偶然性来为自己开辟道路，只有通过各种偶然现象才能反映出历史必然性来。如果把历史必然性比作一根中轴线，那么，在现实历史发展中我们所能看到的，不过是由无数偶然性组成的上下波动的曲线，画出这条曲线的中轴线，才能认清历史必然性所确定的发展轨迹和脉络。

其次，历史发展的总的方向，虽然是由历史必然性所确定的，但是发展的加速和延缓在很大程度上是取决于这些"偶然性"的。19世纪末叶，资产阶级民主革命的条件业已成熟，而伟大的革命先行者孙中山的活动，包括他的性格和个人品质这些偶然因素的作用，无疑加速了革命高潮的到来。

最后，世界历史的发展是按着总规律进行的，但绝不能把历史必然性的思想理解为各个民族、各个国家在其各个历史发展阶段上都表现为一套模式、一种面貌。历史现象总是显示出无穷无尽的变异和程度差别，正是这些构成了各个时期和各个地区的历史特点。我们可以说，许多历史事件的特殊面目的形成，在很大程度上是历史偶然性发生作用的结果。1836年，到广州应考的洪秀全无意间在大街上得到了传教士梁发散发的基督教布道小册子《劝世良言》，这

① 马克思：《致路德维希·库格曼》（1871年4月17日）。

当然是一件纯属偶然的事。洪秀全即使没有得到这本书，甚至根本没有洪秀全这个人，19 世纪 50、60 年代的农民战争也是不可避免的，这是历史的必然。但太平天国运动以拜上帝会作为自己的组织形式和思想武器，给太平天国运动带来某些特点，则不能不说同前述的偶然事件有密切的关系。因此，马克思主义认为偶然性是历史必然性的补充和表现形式。

马克思主义历史科学的根本任务在于揭示历史规律。如果只是停留在对历史事实的复述和罗列，在种种历史偶然性面前迷惘失措，是不能算完成了科学研究的任务的。但是，如果不去了解和分析历史偶然性，如果不对这些偶然性事件进行大量概括，历史规律、历史必然性也就无从发现。

历史必然性总是内在的、隐蔽着的、等待人们去发现的，而历史偶然性则是表面的、外部显露出来的事物。因此，离开了那些看得见、摸得着的大量历史偶然现象，就失去了进行科学概括和抽象的客观依据。从这里可以看到，重视对历史偶然性的研究和分析，并不意味着向唯心史观的靠拢，却反而是唯物史观的本身的要求。因为，缺乏客观依据而总结出来的所谓“历史必然性”，如果不是主观主义的，至少也是苍白的、空洞的东西。

在我们的历史教学和历史研究中，这个问题还没有完全解决。如我们常常抱怨有些史学著作过于枯燥，不能反映丰富多彩、曲折生动的历史实际。记述历史事件的作品往往缺乏情节的描绘，历史人物的传记则很少有性格的刻画，似乎历史过程总是冷冰冰地按部就班进行，而历史人物除了政治活动之外再也没有什么个性或其他特征。

在评论历史人物和事件时，我们往往把主要注意力放在“定性”上，某人是顽固派还是洋务派，某人是改良派还是革命派，某个农民起义领导人是英雄还是叛徒，某个思想家的宇宙观是唯心主义的还是唯物主义的，某个事件是进步的还是反动的，等等。似乎将人和事分别归入某个适当的类别之中，研究的任务就算完成了。当然，在历史研究中，确定某种政治性质的确是必要的，但这并不是研究的全部内容，更不是研究的终结。事实上，由于历史偶然性的作用，同一政治派别的人物可以有各种不同的表现，在两种对立的不同质的事物之间也必然会存在着多种中间的层次。任何简单化的做法都不能充分反映历史的复杂性和多样性。

有时，我们常常只停留在分析历史现象的共性而不深入研究事物的个性。在谈及太平天国运动的失败原因时，总是归结为这种单纯农民战争没有先进阶级即无产阶级的领导，因而必然要失败。这自然是对的。但是，所有封建社会的农民起义和农民战争，都没有无产阶级的领导。没有无产阶级领导的这一根本缺陷，在太平天国运动这一特定事件中，是如何通过政治、经济、军事、思想、文化等各个方面的实际活动具体体现出来的，不说清这个问题，也就很难从这一历史事件中得到对今天仍有借鉴意义的有益启示。在谈及辛亥革命运动的失败原因时，总是归结为领导这次运动的资产阶级的软弱性。这也是完全正确的。但是，人们同样要求了解，资产阶级的软弱性在这次运动中是在哪些方面具体反映出来的，否则，人们就无法区分辛亥革命运动同也是资产阶级政治代表领导的戊戌维新运动在失败原因方面究竟有什么不同。

举这些例子只是想说明，重新学习历史唯物主义，对于推进我们的史学研究，仍然是何等的必要。

“范式”变换的思考

美国杜克大学德里克（Arif Dirlik）教授在题为《革命之后的史学：中国近代史研究中的当代危机》一文中，叙述了“美国当今的汉学界”（一定程度上也包括欧洲汉学界）在对中国近代史研究上，经历了从“革命史范式”到“现代化范式”变化的情形。文章说：“历经60、70年代，革命一直是美国汉学界历史解释的范式。不仅近代中国史是以革命史为中心来书写的，那些并非直接研究革命问题的著作也以革命成就为标准，据此来解释、评判其他历史问题。”当时，尽管意见并不一致，但占主导地位的还是对革命的“正面评价”：“革命给中国引进了一种新型政治，使远比此前为多的人们得以参与政治，使无权言政的人们得以发言，它将人们从过去的被压迫状态中解放出来，并使他们摆脱了传统的思想奴役。革命使中国摆脱了帝国主义，并转变为一个现代主权国家。革命还清除了或由历史形成的，或由近代帝国主义导致的种种发展障碍，解决了发展问题。”

但是，这种看法从20世纪80年代中期，便开始改变了。“先前一直被描述为解放史诗的革命史，现在却变成了衰落与失败的故事，它甚至被描写为一种畸变，一种对中国历史正常道路的偏离。”德里克教授列举了一系列“有影响的著作”，这些著作有的宣称“革命并不意味着被压迫者对压迫阶级的胜利，而是使中国社会的不良分子得以掌握权力”，“革命使潜存于中国文化中的恶劣习性与态度泛滥成灾”。有的认为：“虽然中国经历了一个世纪的战争与革命，但晚清以来的中国从未成为现代社会。换句话说，中国革命不仅未使中国现代化，反而强化了其前现代的状态。”有的则更进一步强调，“革命带来的可能并不仅仅是失败，它还可能打断了清末以前一直在进行的朝着现代化方向的发展进程”，“中国如果没有革命，其境况会较好些”。总之，“论者们或者否定革命是近代中国历史的中心事件，或者在仍肯定其中心地位的前提下，将其理解为至少是一场失败和一种中国发展的障碍”。

德里克教授在介绍完了欧美汉学界的观点之后，指出：“中国学者自己的中国近代史研究，也同样存在着这些问题。”

这是真的。尽管我们还难说中国学者的中国近代史研究，是否产生了从“革命史范式”到“现代化范式”的变化，但至少，有人已经在大声疾呼地要求把“革命神圣”的“大案”“翻一翻”了。他们提醒大家，应该充分注意“革命的残忍、黑暗、肮脏的一面”。在他们看来，即将过去的20世纪，首先要反省的，“就是革命和政治压倒一切、排斥一切、渗透一切甚至主宰一切”，犯了“革命崇拜症”。据他们说，革命有很多“弊病”，“革命容易使人发疯发狂，丧失理性”；在革命的扫荡下，“社会变得空疏、空洞，理想重新化为空想”；“革命后一定会留下一种政治真空，而填补这种真空，除了再次专制，别无选择”。总之，“以为革命可以解决一切问题，确实是一种幼稚病”，“二十世纪的革命方式确实带给中国很深的灾难”。

其实，这种对革命的非难，并不是研究中国现代化历程必然得出的结论。从20世纪80年代起，始于晚清的中国现代化（有的论著也称作近代化，二者在英文中是一个词）问题，成了中国近代史研究的热点，吸引了许多史学工作者的注意。这本来是毫不奇怪的。当全国人民都在集中精力为社会主义现代化建设的宏伟目标奋力拼搏的时候，史学家毫无疑问地会把自己的学术视野，较多地聚焦于以往走过的近代化或现代化历程，或者探索今日现代化事业的历史渊源，或者从中寻找历史依据，或者在总结经验教训中获取历史的借鉴。

但是，“现代化”是一个不论在内涵和外延上都相对不确定的概念。不同的时代，不同的历史发展阶段，不同的国家和地区，现代化的目标、任务、内容、途径等，都会有很大的差异甚至区别。我觉得，近几年来，人们对中国近代历史的许多重大问题存在着对立和分歧，造成这种状况的原因有很多，如果仅仅从学理这个角度来探究，恐怕对“现代化”的不同理解，是一个极为关键的原因。

在有些学者看来，“中国现代化”主要指经济现代化，或曰工业化；而经济现代化，又主要指办了多少个工厂，修了多少公里铁路，开了多少个矿厂，即使扩展一点，也包括是指派了多少个留学生，办了多少个新式学堂等。如果以这些作为衡量历史事物的唯一标准，那就会引出许多奇怪的结论。

首先，殖民主义、帝国主义的作用就应当肯定。因为正如胡绳同志在《从鸦片战争到五四运动》一书的再版序言中指出的：“可以这样看，最早促使中国走向某种程度的现代化的不是什么别的力量，就是帝国主义。”正是帝国主义首先在中国开办了使用机器生产的工厂。但胡绳同志立即强调指出：说只是某种程度的现代化，是因为帝国主义在全世界所到之处，按照自己的面貌来改造一切社会制度落后的民族和国家，但并不是要使它们真正成为和自己完全一样强盛，而只是使那里发生以有利于自己实行殖民统治为严格范围的朝向资本主义的变化。毛泽东同志在《中国革命和中国共产党》中，根据大量史实，归纳了帝国主义在 10 个方面侵略中国和残酷地统治中国的“血迹斑斑的图画”，其中没有一个方面不是阻碍中国走向现代化的。

其次，按照前面那种对“中国现代化”的片面理解，必然要把走向现代化的主要功劳归之于封建统治阶级代表人物，因为只有他们才有可能和条件从事开工厂、修铁路、派留学生等活动，不掌握或大或小统治权力的人，除了极少数民族资本家外，是很难在这方面有所作为的。至于革命者或现存统治秩序的叛逆者，他们的主要精力在从事政治斗争甚至武装斗争，哪里有可能去开工厂、修铁路呢？孙中山在辞去临时大总统之后，曾经下决心修 20 万里铁路，但政权不在自己手里，搞了不多久就搞不下去了。

问题是，“现代化”并不仅仅是一个经济问题，它从来就是一个经济、政治、思想、文化等各种因素综合作用的产物。从 19 世纪后期到 20 世纪初期的中国，近代化或现代化就是资本主义化，这无疑是对的。但资本主义化绝不是仅指资本主义经济的发展。拿欧洲资本主义发展的历史来说，一般经历了这样的历史进程：首先是在封建社会母体中孕育了资本主义经济的萌芽，这种萌芽的进一步发展，导致了无产阶级和资产阶级两大阶级的形成和产生。新阶级力量的壮大，促使在思想文化领域出现了启蒙运动。在思想舆论充分准备的基础上，爆发了资产阶级革命。经过相当时期复辟和反复辟的斗争，资产阶级终于掌握了政权。于是，资产阶级又反过来利用政权的力量，推行了一系列有利于发展资本主义经济、文化的政策，进一步促进了资本主义的发展。当然，各个国家的具体历史会有很多不同，但大体都要经历这样一个复杂的历程。在这里，资本主义经济的发展，是同政治的、军事的、文化的、思想的种种较量和斗争交织在一起的。或者说，经济的发展常常要政治等多种手段为其开辟道路。

中国的现代化历程，首先是在资本主义经济没有得到起码的发展、资产阶级和无产阶级均未形成独立的阶级力量的情况下开始的；其次，它又是在外国殖民主义势力用血与火的手段，强行打开中国的大门，从而使中国丧失国家、民族的独立地位的情况下开始的。封建君主专制主义由于没有经过新的经济因素和阶级力量的重大冲击，又由于得到殖民主义、帝国主义侵略势力的支持（尽管它们之间也有矛盾的一面），在社会生活中仍然无孔不入地起着阻遏历史前进的作用。在这种情况下，某些社会阶层及政治势力，出于各种原因（其中最主要的还是为了改变中国的落后地位，力图使国家富强起来），在现代化的起步阶段，曾经以极大的热情，致力于引进西方的机器生产及某些科学技术，办工厂，开矿山，修铁路，办新式学堂等。毫无疑问，所有这些，都是促使中国走向现代化的重要步骤，一些历史人物所做的这方面的种种努力，也理应受到积极的肯定的评价。但是，到一定程度，这样的现代化就“化”不下去了。因为再要前进，就受到客观条件和这些政治力量本身主观条件的两重限制。民族独立地位的丧失，政治上封建专制主义的顽固存在，像两座巨大的障壁，堵塞了现代化前进的通道。而那部分最初热心于现代化的政治力量，或者不愿意，或者不敢干，或者没有能力认识现代化在经济方面以及某些社会方面的前进此时迫切需要取得必要的政治前提。也就是说，历史前进到一定阶段，解决民族独立和政治民主两大问题，就愈来愈成为打开中国现代化前进通道的首要的、第一位的问题。

正是在这个意义上，我们才能够理解，为什么中国近现代历史上那些最杰出、最有远见、最具有爱国情怀的才俊之士，都宁肯把自己的全部聪明才智投入到改革和革命的壮丽事业中去。也正是在这个意义上，我们才觉得因为强调中国的现代化而去否定、贬抑改革和改革家、革命和革命者，是那样既不合情，也不合理。它远离历史的真实，也缺乏科学和理性。

事实上，在谈及中国现代化的历史进程时，绝不能把争取民族独立和政治民主的斗争，排除在现代化内容之外，更不能人为地把二者对立起来。历史事实证明，争取民族独立和政治民主的事业前进一步，经济和社会方面的现代化程度也就大大提高一步。待到彻底争得了民族独立，彻底推翻了封建统治之后，中国人民也就创造了一个动员和集中全民族的力量来进行现代化建设的条件和可能。

说古论今

两个“世纪之交”的联想

20 世纪只剩下最后几个年头了。一些思维敏捷、目光远大的人，都在纷纷提前“跨入新世纪”，展望着即将来临的 21 世纪将会遇到的种种机遇和挑战，憧憬着未来的美好前景。这自然很好，也很有必要。多思考一点未来，总能使我们生活得更加胸有成竹一些，眼界更加开阔，步伐更加坚实。不是已经有专门的“未来学”了吗？可见未来之作为研究对象，实在是天经地义而极有意义的事。

不过，作为一个几十年从事历史教学与研究的教师，真所谓“积习难改”吧！在大家忙着瞻顾未来的时候，我却无端地想起了既往，就是说，从现在正在进行着的世纪之交，自然地联想到百年前的上一个世纪之交，即 19 世纪与 20 世纪的交替。这种联想，特别是读到季羡林老先生在《东西方文化的转折点》中的这样一段话时，更加强烈起来：

> 现在又到了一个世纪末。很多人，特别是对时间推移一向敏感的知识分子，都对即将来临的一个新世纪有所考虑，有所幻想。我现在就常常考虑二十一世纪的情景。
>
> 人类历史告诉我们，一个世纪的转折点并不总是意味着社会发展的转折点，也不会在人类前进的长河中形成一个特殊的阶段。但是世纪末往往对人类的思想感情产生影响，上一个世纪末就是一个明显的例子。①

这段话说得极好。虽然季老没有具体论述上一个世纪末对人们的思想感情产生了什么样的影响，但我们确实知道，上一个世纪之

① 《季羡林小品》，333 页。

交，对于中国近代社会无疑是一个极为重要的历史时期。在这个时期，人们的思想、观念、感情、心理以及与此相关的行为和实践，异常丰富和活跃，生动地带有那个特定时代的历史特征。

如果稍为放宽一点，上一个世纪之交，大体可以包括 19 世纪的最后十年和 20 世纪的最初十年。这二十年时间，正好是具有 268 年历史的封建清王朝的最后岁月；又因为清朝是中国历史上最后一个由皇帝统治的朝代，所以，这也是我国封建君主专制主义的王朝末日。由于新旧世纪的交替同剧烈的社会变革交织在一起，就使得历史内涵变得更加丰满、更加深邃。在这段时间里，帝国主义与中华民族的矛盾，封建主义与人民大众的矛盾，达到了空前尖锐、空前激烈的程度。中国人民在争取民族独立、政治民主和社会进步的艰难斗争中，既遭受了创深痛剧的苦难，也演出了一幕又一幕威武雄壮的活剧。

如果从人们的思想感情、精神状态的角度，对比一下两次世纪之交的情景，那么，我们不难发现，在 19 世纪的末叶，特别是在甲午战争中遭到惨败之后，中国人民的普遍心态是充溢着对国家、民族“亡国灭种”的忧伤与焦虑的。康有为大声疾呼自己的祖国“精华已竭，膏血俱尽，坐而垂毙”，梁启超自称甲午海战后，他“日攘臂奋舌，与士大夫痛陈中国危亡朝不及夕之故”。一个坚决反对维新运动的人在参劾保国会的奏折中也说，康、梁等人，整日奔走呼号，高喊“中国必亡，中国必亡!”，“以致士夫惶骇，庶民摇惑，私居偶语，亦均曰：国亡国亡，可奈何!”这确实是当时人们思想状况的真实写照。一百年后的今天，到了又一个世纪的末叶，我们不但早已没有了亡国灭种的现实危险，取得了国家、民族的独立，而且全国人民正以昂扬的步伐，意气风发地行进在建设中国特色社会主义的大道上；尽管我们在前进过程中不可避免地还会遇到种种困难和挫折，但谁也不会怀疑，我们祖国繁荣昌盛的未来将是指日可待的。两个世纪之交，两种处境和命运，两种迥然不同的心情和精神状态，正有着天壤之别。

我们在不胜沧桑之感的同时，不免要问：这样巨大的变化，是怎么得来的？难道是天上掉下来的吗？当然不是。说到底，这样一种天翻地覆的社会变化，是一个世纪来无数有名的和无名的志士仁人前赴后继斗争的结果。回首往事，我们不能不向所有为国家、为民族、为社会的前进和发展做出了历史贡献的先辈表示至深的敬意。

这话似乎有点老生常谈，其实却并非多余。因为在当今社会有些人的心目中，什么国家观念、民族意识、社会责任感以及献身精神和牺牲精神等，早已失去了昔日的神圣光辉，甚至在个人利益面前扭曲为滑稽可笑的东西了。而在近年来的中国近代史的研究中，出现了一种以新的简单化去代替或“纠正”过去曾经犯过的简单化毛病的倾向，在有的论著里，一方面对帝国主义、封建主义情有独钟，充满了宽容和厚爱；一方面则常常对改革者、革命者或封建统治秩序的叛逆者予以过多的挑剔和过苛的指责，似乎非如此不足以表明思想之“解放”与观念之“更新”。例如，对于殖民主义，大讲其怎样对东方历史“起了一种革命的作用”，“成为东方民族赶上现代文明的惟一的现实良机”。在封建统治阶级中，被尊为“中国近代化的第一人”的即已达五六位之多，真不知道这块首倡中国近代化的金牌应该挂到他们之中的哪一位的脖子上。而对于改革派和革命派，就完全是另一种评价尺度了。有人认为，洋务运动本来可以使中国的资本主义大大发展起来，但康有为、梁启超等偏偏要搞什么维新改革，结果使洋务运动被迫中断，以致错失了一次走向近代化的极好机遇；也有人认为，20世纪初，清王朝的“新政”和预备立宪，本可以在经济上和政治上大大促进资本主义，但孙中山等人偏偏要起来搞反清革命，结果中断了“新政”和预备立宪的进程，于是又一次错失了走向近代化的良机。戊戌维新派也好，资产阶级革命派也好，他们都犯了“激进主义”的错误，应该承担延误中国近代化的历史责任。

我以为这是极不公平的，因为这不符合历史的真实。

事实上，不是改革和革命中断了历史发展的进程，恰恰相反，正因为旧的统治秩序阻塞了历史前进的通道，志士仁人才不得不用改革和革命的手段来开辟继续前进的道路。

从这里，可以得到一点小小的启示：要弄清一定时期的历史的真实，仅仅根据某些历史人物的自我表白或标榜，是不行的。比较靠得住的办法，最好是看看这个时期社会各色人等，尤其是普通老百姓的所思所想、所作所为、所好所恶、所喜所悲。马克思说过："现代历史著述方面的一切真正进步，都是当历史学家从政治形式的外表深入到社会生活的深处时才取得的。"① 我觉得此话说得很有道理。

① 马克思：《马志尼和拿破仑》。

香港回归的历史审视

香港这颗东方明珠，从被侵占到回归，经历了一个半世纪多的漫长岁月。它从一个重要侧面，反映了中华民族在近代社会沉浮兴衰的历史命运，提供了许多发人深省的历史启示。

我国的近代历史，是从1840年鸦片战争揭开帷幕的。正如小平同志所说："从鸦片战争起，中国由于清王朝的腐败，受列强侵略奴役，变成了一个半殖民地半封建国家。"① 殖民主义、帝国主义曾多次动用兵舰大炮，通过血与火的残暴手段，用野蛮的军事侵略，辅之以政治讹诈、经济施压等办法，强迫清王朝签订了一系列不平等条约。这些不平等条约是一条条"屈辱的绳索"，从各个方面把半殖民地半封建的旧中国捆绑得死死的，以便听凭列强吸吮膏血，作践蹂躏。毛泽东同志在《中国革命和中国共产党》中，曾列举了大量事实，深刻描绘了帝国主义列强怎样通过军事征服、政治控制、经济掠夺、文化渗透等压迫手段，把中华民族拖入苦难深渊的"血迹斑斑的图画"。

在鸦片战争时期，英国以武力强行侵占香港岛，接着强迫清王朝签订了中国近代史上的第一个不平等条约——《南京条约》，割占了香港岛。在第二次鸦片战争中，英国又于1860年武力逼迫清王朝签订了《北京条约》，割占了九龙半岛界限街以南地区。到19世纪末叶，英国又强迫清王朝签订了《展拓香港界址专条》，强租界限街以北、深圳河以南的九龙半岛北部大片土地及附近两百多个岛屿（后统称"新界"）。就连第二次鸦片战争时任英国侵华军全权专使的额尔金也承认，那些不平等条约是"用手枪抵在咽喉上逼勒而成的"。

① 《邓小平文选》，1版，第3卷，292页。

中国人民从来就不承认那些不平等条约的合理性和合法性，曾经在长达一个多世纪的时间内进行了反对与废除不平等条约的持续不断并卓有成效的斗争。收回香港，是全中国人民的愿望，是一百多年来爱国的志士仁人梦寐以求的企盼，是历史赋予中华民族的神圣责任。事实上，早在鸦片战争败局已定之时，民族英雄林则徐在遣戍新疆途中，就在给友人的信中慨叹："前事可悲，后患尤大，每一思之，心肝欲裂!"他幻想"有伟人出"，能够驱逐侵略者而夺回被侵占的土地，但又"不知其为谁"，只能徒唤"奈何，奈何!"维新改革派的著名领导人梁启超在列举了包括九龙被强占在内的一系列丧权辱国事件之后，大声疾呼说："于是瓜分之形遂成，而保全中国之议，亦不得不起。丙申（1896）、丁酉（1897）间，爱国之士汗且喘走，天下议论其事，而讲求其法者杂沓然矣……海内喁喁想望维新矣!"伟大的革命先行者孙中山先生在分析革命形势迅猛发展的原因时说："中国有志之士，感慨风云，悲愤时局，忧山河之破碎，惧种族之沦亡，多欲发奋为雄，乘时报国。"他强调祖国统一的重要性，认为中华民族"有统一之形，无分割之势"，中国人民决不允许列强"分割此风俗齐一、性质相同"之民族。他深切体察全国人民"热望祖国成为强大统一之中国"的迫切要求，申明他所追求的共和国"当成为统一独立与兴盛之国家"。直到他弥留之际，还念念不忘"废除不平等条约"。可惜的是，先辈如此炽烈的爱国情怀，未能转化成现实。因为当时的政府，是对外依附帝国主义、对内实行封建专制的腐败政府。在这样一个腐朽政权的统治下，没有民族独立，没有政治民主，经济凋敝，文化落后，国家残破，民不聊生。落后就要挨打，这是一个铁则。在落后挨打的局面下，香港和祖国的团圆，也只能是一个美丽的梦而已。

从鸦片战争到中华人民共和国成立的109年间，既是屈辱的世纪，也是英雄的世纪；既承受着无比深重的民族苦难，也高扬着动人心魄的爱国主义；既面临着亡国灭种的现实危险，也展开着波澜壮阔的救亡斗争。可以说：自从中国沦入半殖民地半封建社会起，中国人民就一刻也没有停止过挽救危亡、振兴中华的艰难而执着的探索。一个又一个救国方案被提了出来，又逐个在社会斗争中不断地无情碰壁。不过，每一个救国方案的破灭，都为下一个具有更多现实合理性的新方案的出台提供了可贵的经验教训，成为发展链条中一个不可或缺的环节。在整个民主革命时期，这种探索同人们对中国国情的认识由浅入深、由表及里、由感性到理性的一步步深化紧密地联系在一起。当人们对国情的认识达到了真正合乎实际的时候，救国方案也就被置于科学的基础之上。于是，中国人民在中国共产党的领导下，经过各种艰难险阻，取得了新民主主义革命的伟大胜利。半殖民地半封建的旧中国终于让位于社会主义的中华人民共和国。邓小平同志强调指出："'中国人站起来了'，是什么时候站起来的？是一九四九年。使中国人站起来的，不是蒋介石，而是共产党，是社会主义。"① 这就是历史的结论。

如果说在旧中国香港被迫从祖国的怀抱中暂时分离出去，一是由于社会制度腐败，二是由于经济文化落后，那么，今日香港回归祖国怀抱，原因也正是与之相对的两条：一是社会主义祖国的日趋强大与兴旺发达，二是中国共产党、中国政府及其领导人具有巨大的胆识和勇气，以及在此基础上制定了正确的方针。

邓小平同志在中英达成解决香港问题的协议不久，就明确指出："香港问题为什么能够谈成呢？并不是我们参加谈判的人有特殊的本领，主要是我们这个国家这几年发展起来了，是个兴旺发达的国家，有力量的国家，而且是个值得信任的国家，我们是讲信用的，我们说话是算数的。"② 中华人民共和国成立后，我们经过了将近半个世纪的社会主义建设，尽管犯过错误，走过弯路，耽误了一些时间，但无论如何，中国得到了前所未有的发展，综合国力有了巨大的增长。目前，我国政治稳定、经济发展、民族团结、社会进步、国际地位提高，中华民族已经扬眉吐气地自立于世界民族之林。

以邓小平同志为核心的中央领导集体，以马克思主义的辩证唯物主义和历史唯物主义为指导，坚持实事求是，制定了"和平统一、

---

① 《邓小平文选》，1版，第3卷，86页。

② 同上书，85页。

一国两制”的伟大方针。在香港问题上，中国政府明确表示，香港必须收回，“主权问题不是一个可以讨论的问题”；同时也表示，我国对香港恢复行使主权后，香港现行的社会、经济制度不变。也就是说，在中国的主体即12亿人口的地区坚定不移地实行社会主义，容许在香港以及包括将来的澳门、台湾在内的某些小地区和小范围内实行资本主义。这就保证了回归以后的香港保持繁荣稳定，从根本上说是符合中国切身利益的。邓小平同志说：制定这样的政策，“没有一点胆略是不行的。这个胆略是要有基础的，这就是社会主义制度，是共产党领导下的社会主义中国。我们搞的是中国特色社会主义，所以才制定‘一国两制’的政策，才可以允许两种制度存在。没有点勇气是不行的，这个勇气来自人民的拥护，人民拥护我们国家的社会主义制度，拥护党的领导”①。

香港回归，雪百年民族之耻，圆世纪团圆之梦，揭开了历史的崭新一页，为祖国的统一大业开辟了一条新路。当然，我们谁都没有忘记，祖国的统一大业还远未完成，建设中国特色社会主义的宏伟目标更是任重而道远，我们要在以江泽民同志为核心的党中央领导下，再接再厉，艰苦奋斗，努力谱写新世纪历史的新篇章。

---

① 《邓小平文选》，1版，第3卷，217页。

爱国主义与献身精神

为着“救亡”目的而矢志改革的梁启超，在戊戌维新运动失败之后不久，曾经讲了这样一段话：

> 今夫所谓爱国之士，苟其事有利于国者，则虽败己之身，裂己之名，犹当为之。今既自谓爱国矣，又复爱身焉，又复爱名焉；及至三者不可得兼，则舍国而爱身名；至二者不可得兼，又将舍名而爱身。吾见世之所谓温和者，如斯而已，如斯而已！①

当时，李鸿章、张之洞等洋务派和康有为、梁启超等维新派，都以爱国相标榜，也都倡言变法。有些人认为二者的区别只是在于洋务派主张温和地改革，维新派主张“急激”地改革。梁启超对此做了驳正，强调指出他们之间的区别在于在国家利益和个人私利之间，把什么放在第一位。且不说梁启超这里对洋务派的批评是否中肯和确切，重要的是他提出了一个判断问题的原则：如何处理爱国、爱名、爱身的关系，是区分真爱国主义、假爱国主义的试金石。

中国近代史上出现过一批又一批爱国的志士仁人：有的是在反侵略的民族战争中血洒疆场的将士，有的是勇敢探索富强之路的改革者，有的是对封建旧秩序进行武器批判的革命先烈，有的是为创造和传播先进的科学文化而呕心沥血的学术人物。尽管他们的斗争业绩和历史贡献各不相同，但有一点是共同的，那就是他们对祖国、对民族，都有一种执着而真诚的献身精神。他们的爱国是无条件的，并不以爱名、爱身为前提，相反，他们把自己的一切包括宝贵的生

---

① 梁启超：《戊戌政变记》卷3。

命，都统统奉献给了伟大而苦难的祖国。

他们并不是没有觅取个人名利权位的机缘和条件。梁启超在谈及他的老师、同志康有为时说，以康的才力学识而论，如果他“曲学阿世”，不难在封建宦途上飞黄腾达，安享尊荣。但他并不受名缰利索的羁绊，决心为争取国家的进步，“逆势而与社会战”，虽遭受“奇险殊辱”，也“无所于挠，锲而不舍”①。康有为的选择，表现了一个爱国主义者视富贵如浮云、履崎岖若坦途的情操和勇气。

他们也并不是没有一己的眷顾和爱恋，著名的同盟会会员方声洞，在参加黄花岗起义的前夕写给他父亲的诀别书中，满怀深情地述说了对家庭的系念，同时又慷慨从容地剖白了为国捐躯之必要。他在信中说：“夫男儿在世，不能建功立业，以强祖国，使同胞享幸福，虽奋斗而死，亦大乐也。且为祖国而死，亦义所应尔也。儿刻已念有六岁矣，对于家庭本有应尽之责任，只以国家不能保，则身家亦不能保，即为身家计，亦不能不于死中求生也。”他反复要求他父亲“以国事为心，勿伤儿之死”②。后来他在这次战斗中英勇牺牲。同时就义的另一位革命党人林觉民，在起义爆发前夕给他妻子写的一封绝笔书中说：“吾至爱汝，即此爱汝一念，使吾勇于就死也。吾自遇汝以来，常愿天下有情人都成眷属。然遍地腥云，满街狼犬，称心快意，几家能够！”“吾充吾爱汝之心，助天下人爱其所爱，所以敢先汝而死，不顾汝也。”③ 爱国主义的民族英雄不是铁石心肠的无情汉，他们对于自己的父母妻子有着炽烈的爱。但是，在爱祖国与爱一己的对立面前，他们心甘情愿地忍受着与亲人生离死别的苦痛，使自己对家人骨肉之爱服从于和溶化于对国家、民族之爱。

在旧中国，爱国是“有罪”的，因为爱国就意味着不能不同统治着中国并把它拖上了绝境的帝国主义和封建势力做殊死的斗争。因此，要爱国，就必须准备承受反动势力横逆的侵袭打击，甚至要

---

① 梁启超：《康有为传》。

② 徐续编著：《黄花岗》，110 页。

③ 同上书，113 页。

冒坐牢被杀头的风险。在那个时候，任何一名真诚的爱国主义者，从来不期待自己振兴祖国的努力会换得祖国对自己的什么报偿。对于许多人来讲，他们清楚地知道祖国独立富强的到来是无法及身而待的，但他们坚信，自己的努力将会为这一天的早日到来创造条件。辛亥革命时期领导安庆起义的革命党人熊成基，被清政府逮捕后，在狱中写了这样的话："我今早死一日，我们之自由树早得一日鲜血。早得血一日，则早茂盛一日，花方早放一日。"① 这短短的几句话，生动而鲜明地反映了一个爱国主义者的伟大胸怀。

这种充溢着献身精神的爱国主义，同那种口头上高唱"爱国"，但一遇到爱国、爱名、爱身"三者不可得兼，则舍国而爱身名"的假爱国主义，是不可同日而语的。爱国主义是一种崇高的思想感情，它同任何市侩心理都格格不入。如果心里老装着一架利己主义的天平，时刻盘算着对祖国的贡献同国家的报偿之间是否等价，甚至有时还发出诸如"我爱祖国，但祖国爱我吗"之类的责难，那就不但亵渎了爱国主义，而且也有愧于历史上的爱国志士了。

---

①　钱兆湘笺注：《熊烈士供词》。

爱国主义与民族自豪感

曾不止一次地在某些文章中看到用“子不嫌母丑”这句谚语作为宣传爱国主义的一个论据。其意是说：我们的祖国母亲虽然目前还很贫困、很落后，但我们做人子的总不应该嫌弃她呀！我完全相信作者的良好用心，却怀疑这种比喻和说法能够取得激发人们炽热的爱国主义感情的效果。

爱国主义感情并不是凭空从天上掉下来的。它植根于对中华民族所生息的山川土地和所创造的历史文化的诚挚眷爱，对国家命运和现状的深切关怀，对祖国和人民美好未来的强烈向往和追求。

即使在半殖民地半封建的旧中国，当我们的国家、民族遭受帝国主义的侵略和奴役，我们的人民蒙受着巨大的屈辱和苦难，近代历史上的一些杰出的爱国者，也从来没有产生过祖国是丑陋的感觉，而是怀有强烈的民族自豪感。他们在进行爱国宣传的时候，总是一方面大声疾呼地指出亡国灭种的现实危险，一方面满怀深情地缕述国家、民族的伟大与可爱。正是这种救国的紧迫感和民族的自豪感的相互交织，构成了近代爱国主义思想的一个重要特征。

梁启超在发动和参加爱国救亡的维新改革运动的前后，曾经“日攘臂奋舌，与士大夫痛陈中国危亡朝不及夕之故”，希望“使吾四万万人者，咸知吾国处必亡之势，而必欲厝之于不亡之域”①。同时，他又以极大的激情，写下了“泱泱哉我中华！”“物产腴沃甲大地，天府雄国言非夸”② 的诗句，表达了自己对祖国能够“雄飞宇内”的坚强信心。

---

① 梁启超：《保国会演说词》。

② 梁启超：《爱国歌》。

孙中山在他所组织的第一个资产阶级革命团体兴中会的章程里，曾忧心如焚地发出“强邻环列，虎视鹰瞵”“蚕食鲸吞，已效尤于接踵；瓜分豆剖，实堪虑于目前”的呼喊，认为国家就像一栋即将倾圮的大厦，“辱国丧师，剪藩压境，堂堂华夏不齿于邻邦，文物冠裳被轻于异族”。但同时也指出，我们中国有“五金之富、物产之饶”，有“四百兆苍生之众，数万里土地之饶”，只要有志之士奋臂而起，“振兴中华”，“固可发奋为雄，无敌于天下”①。

宋教仁在他创办的著名革命报刊《二十世纪之支那》的发刊词中，曾痛心疾首地揭示中国已经处于危如累卵的境地：“近数年中，俄国于北方经营，英国于扬子江流域，法国于云南、两粤，德于山东，日本于江西、福建，其势力范围，渐已认定。”列强不论鼓吹“分割”还是“保全”，都“足以亡支那”。但是，他在同一篇文章中又慷慨激越地说：“夫支那为世界文明最古之邦，处世界最大之洲，为亚洲最大之国，有四千年引续之历史可爱，有三千年前迄今之典籍可爱，有四万万之同胞可爱，有二十行省之版图可爱，有五岳四渎之明媚山川可爱，有全国共用之语言文字可爱。支那乎！支那乎！吾将崇拜而歌舞之，吾将顶祝而忭贺之。”② 他的结论是：“吾不惧列强之分割，而惟望我国民之振兴。”

在他们看来，我们的祖国既富饶又贫穷，既伟大又弱小，既处于存亡绝续之秋又有着振兴腾飞之机，关键在于广大中华儿女是否能发扬爱国精神，进行坚韧不拔的救国斗争。只有对我们中华民族爱之愈深，才能对自己祖国的悲惨现实痛之愈切，才能使改变祖国面貌的决心和信心越加坚实。我国近代史上的这些著名爱国志士，正是这样去扣动人们的心弦，导引人们迸发出埋在心头的爱国主义激情。

现在，历史翻到了新的一页。我们的祖国不但不再被践踏，被分割，被侵凌，而且早已以独立自主的姿态，自立于世界民族之林。1949 年以来，我们取得了旧中国所无法比拟的伟大成就。特别是党

① 《孙中山全集》，第 1 卷，19 页。

② 宋教仁：《〈二十世纪之支那〉初言》。

的十一届三中全会以来，开辟了振兴中华的广阔道路。今天我们更有十足的理由，自豪地宣布我们的祖国是值得“崇拜而歌舞之”“顶祝而忭贺之”的。我们这样说，既不是提倡盲目自大心理，也不是要人们无视或者讳言国家暂时还不富裕，在一些方面还相对落后的客观现实，只是想说明，要使爱国主义成为推动人们尽快把祖国建设得更加富强的积极精神力量，决不能没有民族自豪感和民族自信心。

近代爱国主义二题

忧患意识与民族自信心

近代中国社会是半殖民地半封建社会。帝国主义的野蛮蹂躏，封建主义的黑暗统治，把曾经创造了灿烂的物质文明和精神文明的中国推向了沉沦和毁灭的边缘。在这种情况下，“救亡”就成了近代爱国主义的中心与主题，争取民族的生存和解放，追求祖国的独立和富强，就是这一历史阶段爱国主义的基本内容。

在近代历史上，国家、民族的屈辱和危难每增加一分，爱国主义思潮的影响就扩大一步。一些重大的爱国运动，往往都是在我们国家、民族存亡绝续的危急关头酝酿和爆发的。正是在这样的背景下，近代的一些爱国主义者，无不具有极为强烈的忧患意识。鸦片战争时期的民族英雄林则徐，在清政府被迫签订了第一个不平等条约《南京条约》后，就提醒人们“须防蚕食念犹纷”，并且悲愤地指出：“正是中原薪胆日，谁能高枕醉屠苏!”戊戌变法运动的领导人康有为，把在帝国主义列强瓜分危机下的中国比喻为一个“枯干瘦羸，渐无精气”、病入膏肓的垂死老人；梁启超则把它比作一栋“瓦墁毁坏，榱栋崩折”、即将倾圮的千年老屋。据梁启超自己说，甲午战争以后，他曾“日攘臂奋舌，与士大夫痛陈中国危亡朝不及夕之故”，希望“使吾四万万人者，咸知吾国处必亡之势，而必欲厝之于不亡之域”。伟大的革命先行者孙中山同梁启超一样，也曾把当时的国家比作一栋即将坍塌的大厦，忧心如焚地发出“强邻环列，虎视鹰瞵”“蚕食鲸吞，已效尤于接踵；瓜分豆剖，实堪虑于目前”的呼喊。近代历史上的无数志士仁人，正是为了挽救祖国的危亡而勇敢地投身到救亡运动中去的。

但是，近代的爱国主义者绝不是民族虚无主义者。他们痛切淋漓地大声疾呼“国势危蹙”情状，是为了唤起人们的觉醒，激发人们的斗争勇气，而不是为了把我们的国家、民族描绘得一团漆黑、一无是处，使人们看不到前途和希望，从而瓦解斗志、涣散士气。他们的忧患意识同炽烈的民族自豪感和坚定的民族自信心紧密地交融在一起。梁启超下面的这段话，颇为典型地反映了二者的联系与统一：“必有忧国之心，然后可以言变法；必知国之危亡，然后可以言变法；必知国之弱，由于守旧，然后可以言变法；必深信变法之可以致强，然后可以言变法。”孙中山则认为，中国凭借“四百兆苍生之众，数百万里土地之饶”，只要奋臂而起，“振兴中华”，即可“发奋为雄，无敌于天下”；一旦推翻了封建专制主义的统治，中国一定能够在经济发展中取得“异常之速度”，不但可以“举西人之文明而尽有之”，而且可以胜过和超过他们。不难想象，如果近代的爱国志士没有对祖国和人民的美好未来的热切向往和坚定信念，他们是不可能为此义无反顾地将自己的一切无私地奉献给祖国母亲的。

前些年，有些人也曾大肆鼓吹过一阵所谓的“忧患意识”，不过，他们同近代历史上的爱国主义者不同，实际是在“忧患意识”的旗号下散布民族虚无主义。他们扬言，中国传统文化“没有人性，只有奴性”，因此只能“全面否定”，而且“早该后继无人”；不但中国的“黄色文化”是毫无希望、毫无出路的，而且我国自近代以来已经出现了“人的退化，民族的退化”，“民族正在自戕”，“造成了中国人生命力的枯萎”；因为“中国总体上是落后的”，不存在从根本上加以改造的可能，所以，中国的出路只能是“全盘西化”，以适应“使东方从属于西方”这个“总的历史趋向”。总之，在他们那里，任何一丝一毫的民族自尊、自信、自强的精神都是不存在的，有的只是对我们民族、历史、文化的不负责任的诋毁、诅咒和丑化。毫无疑问，这只能是对近代爱国主义传统的一种背离。

抵抗侵略与向外国学习

大力提倡爱国主义，会不会导致狭隘民族主义的滋长、民族虚骄心理的复归，甚至重新走闭关锁国的老路，影响改革开放？这个问题，近代爱国主义历史发展的具体实践，已经做了清楚明确的否定回答。

近代中国是个半独立国家。绝大多数的爱国人士都懂得，不抵抗外国资本主义和帝国主义的侵略，不首先争取国家的独立和民族的解放，祖国的进步和富强就没有必要的前提条件。人们正是围绕着争取祖国独立展开各式各样的爱国行动的。在近代历史上，对于中华民族任人宰割的“腥风血雨”历史的如泣如诉的揭露，对于帝国主义强盗残杀掠夺中国人民的撕肝裂胆的控诉，都曾经极其强烈地激发起人们的爱国热情，振奋起人们的革命精神。

但是，近代的绝大多数爱国主义者，并没有把抵抗外国侵略同向外国学习对立起来。改变祖国贫弱落后的迫切愿望，开阔了他们的胸怀与视野，使他们在历史条件所许可的范围内去认真汲取世界各国的优秀的文明成果。

林则徐对发动罪恶的鸦片战争的英国殖民主义者的英勇斗争，谱写了近代爱国主义的第一曲乐章；同时，他也是近代中国睁眼看世界的第一人，深信为了有效地抵抗外国侵略，必须知己知彼，了解西方。他通过同外国人的直接接触和阅读西方书报，获得了不少有关西方国家政治、军事、经济、史地等方面的知识，并辑译了《四洲志》《华事夷言》《各国律例》等资料。和林则徐同时代的魏源，在林则徐的启发、影响下，提出了“师夷之长技以制夷”的主张，这个主张简洁明了地表述了抵制外国侵略和学习外国“长技”的相互关系。

太平天国运动时期，后期“总理朝纲”的干王洪仁玕，为了能够“与番人（指外国人）并雄”，写作了《资政新篇》，提出了一系列学习外国政治、经济制度的建议，这些建议得到了天王洪秀全的赞同和支持。这表明，即使是农民阶级的政治代表，为了祖国的富强，也并不拒绝学习外国某些有益的东西。与此同时及稍后一段时期，封建统治阶级中的某些有识之士和一批关心祖国命运的爱国知识分子，也不断提出学习西方先进科学技术的主张，并在一些方面付诸实践。

19世纪末叶发生的戊戌维新运动，既是一次具有鲜明爱国色彩的救亡斗争，又是一场按照资本主义蓝图来改造封建统治的政治改革。维新派的信条是：要救国，只有维新；要维新，只有学外国。在他们的政治纲领和政治实践中，救亡图存同学习外国的先进经验是逻辑地、内在地统一在一起的。

戊戌变法失败之后，资产阶级革命派领导的革命斗争蓬蓬勃勃地开展起来，在20世纪的最初十年中，逐渐成为爱国运动的时代主流。爱国主义成为资产阶级革命派动员群众、宣传主张的一个最主要也最有力的思想武器。他们曾经郑重地宣称："吾人之主义，可大书而特书曰：爱国主义！"连封建统治阶级中的一些人也承认，在那些起来"造反"的人中，不乏"有出于爱国热诚，睹强邻之侵凌，愤官吏之泄沓""睹外国之富强，愤中国之积弱"，从而走上革命之路的。

资产阶级革命派在淋漓尽致地揭露帝国主义列强对中国"割要地，租军港，以扼其咽喉；开矿山，筑铁路，以断其筋络；借债索款，推广工商，以朘其膏血；开放门户，划势力圈，搏肥而食，无所顾忌"的侵略罪行的同时，十分强调要敢于和善于学习世界各国的长处。他们针对有些人认为既讲爱国，就不应该向自己的民族敌人学习，"一言学人则骂之耻之"的论调，进行了很有说服力的反驳。如著名爱国宣传家陈天华说："须知要拒外人，须要先学外人的长处。""凡他种种强过我们的事件，我哪一件不要学他的呢？不把他的好处学到手，可抵得住他吗？"他们强调，中国今日，不应当以学人为可耻，相反，应当以不学为可耻。那种认为学习外国就是丢了脸面的"高论"，"固欲中国之束手以待列强之烹割而已"。

应该承认，在整个中国近代史上，并不是没有产生过把抵抗侵略同学习外国截然对立起来的历史现象，如与戊戌维新运动差不多同时发生的义和团运动，就曾经为了对抗“洋鬼子”的侵略而否定、排斥一切外国传来的精神文明和物质文明。但这种情况，不过是近代爱国主义历史发展中的一段插曲，并不代表近代爱国主义的本质和主流。至于“师夷之长技以制夷”的说法以及资产阶级维新派的西学观点，也有很大的阶级局限性和时代局限性，这是不待言的。但是，中国人民从本质上说不是一个封闭的民族，这是有确切的历史根据的。孙中山在《中国问题的真解决》中就说过，中国人民从历史上说，是一直与邻国保有密切的关系，并无“排外精神”的。他指出：“西方人中有一种普遍的误会，误以为中国人本性上是闭关自守的民族，不愿意与外界的人有所往来，只是在武力压迫之下，才在沿海开放了几个对外贸易的口岸。这种误会的主要原因，是由于对中国历史缺乏了解。”

如果说在近代历史上的绝大多数爱国主义者，都能正确地处理和对待抵抗侵略和学习外国的关系，那么，对于我们一直坚持爱国主义与国际主义相统一的马克思主义者来说，当然就更应当把弘扬爱国主义同坚持改革开放辩证地统一起来。目前正在进行的社会主义现代化建设，是振兴中华的宏图大业，实现这个空前伟业，需要立足于中国的实际，一方面继承和发扬中华民族的优秀文化传统，一方面注意学习和吸收世界各国人民包括在资本主义制度下创造的优秀文明成果。敢于和善于汲取世界各国的文明成果，这也正是一个民族具有自信心的表现。

“读史爱国论”考略

读史不仅仅是历史学家分内的事情。历史是一个大范畴，从某种意义上说，它几乎可以包容整个人类社会的物质文明和精神文明。我国清朝的史学理论家章学诚认为：“盈天地间，凡涉著作之林，皆是史学。”李大钊则曾指出：“把人类横着看就是社会，纵着看就是历史。”正是在这个意义上，我们觉得马克思和恩格斯在著名的《德意志意识形态》中郑重宣布的“我们仅仅知道一门唯一的科学，即历史学”，并非过甚其词，而是符合实际的科学结论。这些精辟的概括，把历史与人类社会、读史与读书创见性地联系起来，从而大大地拓宽了史学的功能面，变纯粹故纸堆意义上的史学为渗透和作用于人类发展进程中的致用之学。这就赋予读史极为重要的价值。事实上，两千多年前的《孔丛子》便号召人们读史，云：“《书》之论事也，昭昭然若日月之代明，离离然若星辰之错行，上有尧舜之德，下有三王之义。”比较早地认识到读史的社会意义。历朝以来，大抵在中华民族的发展进程中起到积极作用的先进分子，差不多都博古通今，由读史而明智，升华到更高的人生境界，做出了不朽的奉献。我们甚至因此可以得出这样的结论：读史与创造历史，往往具有同样重要的意义。

由此也就引出一个值得讨论的话题——读史与爱国。

比较早地直接注意到两者间关系的，大概是近代的史学家和政治活动家梁启超。他曾经明确提出：史学是“爱国心之源泉”。另一位女革命家秋瑾也说过：“但凡爱国之心，人不可不有，若不知本国文字、历史，即不能生爱国心也。”这是发自两位近代著名爱国者内心的意味深长的体会。爱国主义是一面不倒的旗帜，它倾注着民族情感和国人的理性与智识。在步入近代社会之前，爱国主义就一直伴随中华民族，成为中国历史发展进程中的主流。但同时也应该承认，还没有谁明确地将读史与爱国直接联系起来，仅仅是一些知识分子认识到“读史不徒记事迹，要识其治乱安危兴废存亡之理”。他们编出了《资治通鉴》《资治通鉴纲目》等，旨在让历史服务于某个封建时代。这种注重借鉴历史上的成败作用于现实社会的努力和尝试，不无其有道理的一面，但毕竟与充满感情和理性认识上的爱国主义，仍然有相当大的距离。直到鸦片战争以后，中国的社会性质发生了急剧而深刻的变化，一个封建的泱泱天朝大国骤然败落，第一次站在世界强人面前。接连的战败、签约、割地、赔款……中华民族惨罹蹂躏，“国破山河在”的残酷现实使爱国主义得到了空前的发扬光大。这也为读史爱国的倡导于世创造了契机。

大致说，对近代历史上读史与爱国现象的考察，一个最基本的方面，是祖国的山川、瑰宝、人物和灿烂的五千年文明，有效地激发了中国人民的爱国情感。大批的革命家、改革者、仁人志士，怀着炽烈的民族自豪感和坚定的民族自信心，开始回顾传统的中华文明，倡导民族凝聚力，御侮图强。他们连篇累牍地畅谈中国“开辟五千年，有英雄豪杰龙战虎斗之历史”“地处温带，人性聪慧，国多平原，物产饶裕”；孙中山先生在《民报》创刊周年纪念大会的演说中，也曾回顾说中华民族“是地球上最文明的民族”“闭眼想想历史上……我们祖宗很对得住子孙”。这种从民族历史中提炼出的爱国情感究竟产生了多么巨大的影响和作用，我们可以听听一位侵略者（美国驻华公使田贝）的自白，他认为：“在世界上所有国家中，中国是最不宜于被瓜分的。”原因之一就是没有一个民族像中国人那样“更被古老的带子和魅力拴在一起了”。

当然，读史爱国没有仅仅停留在讴歌自己的感情色彩的基调上。随着时代的前进，由读史而引发的爱国主义思想也在不断地升华，从朴素的情感上升到理性意义上的反思。包括梁启超在内的许多有识有智者为此进行了可贵的探索。梁启超是以一个失败的改革者的形象退出中国政治舞台的，但他仍不失为一位杰出的爱国主义者，他后来从事纯粹的学术研究，仍念念不忘让史学服务于中国社会的发展。他归纳出中国历史研究的这样几个要点：

> 第一，说明中国民族成立发展之迹，而推求其所以能保存盛大之故，且察其有无衰败之征。
>
> 第二，说明历史上曾活动于中国境内者几何族，我族与他族调和冲突之迹何如？其所产生结果何如？
>
> 第三，说明中国民族所产文化以何为基本，其与世界他部分文化相互之影响何如？
>
> 第四，说明中国民族在人类全体上之位置及其特性与其将来对于全人类所应负之责任。

梁启超的史观、研究方法和研究内容或许很有可商榷之处，但他最早提出了读史爱国的看法，并能站在相当的高度，剖析中华民族的发展轨迹，探索中国的前途，力求将晚年的历史研究实实在在地作用于祖国的振兴的爱国热忱，却是不该被抹杀的。

事实上，缘于近代中国社会的历史特点，进而被倡导于世的读史爱国论，产生了积极而深刻的历史意义，不仅是梁启超，而且从孙中山、鲁迅到缔造和建设了中华人民共和国的中国共产党人，都曾从读史中得到过爱国主义的感染和启迪。鲁迅就曾感慨地说中国“历史上满是血痕，却竟支撑以至今日，其实是伟大的”。周恩来也曾因读史而生情：“我们爱我们的民族，这是我们自信心的泉源。”① 而毛泽东提出的“古为今用”，实际上是读史爱国的具体实践。

列宁有一句名言：“爱国主义是由于千百年来各自的祖国彼此隔离而形成的一种极其深厚的感情。”② 这是对爱国主义的最经典的概括，这又再一次有力地表明，读史，对于启迪和培养人们的爱国主义精神，是何等关键和重要！

---

① 《周恩来选集》上卷，323页。

② 《列宁全集》，中文2版，第35卷，187页。

秦二爷的悲剧

在老舍的名剧《茶馆》里，北京人艺的表演艺术家，塑造了一群深刻反映历史时代特征的个性鲜活的人物形象。其中有一个人给观众留下的印象极深，那就是蓝天野扮演的秦二爷。

秦二爷是一位实业救国论者。他为了改变旧中国贫弱落后的面貌，以满腔的爱国热忱，呕心沥血地经营民族工业，一心期望着通过发展实业使中国走上富强之路。但是，最后在买办势力和封建军阀的两重排挤打击下，他还是没有逃脱破产的命运。秦二爷的悲剧之所以在观众中产生了强烈的心灵震颤，是因为这正揭示了历史的真实。

秦二爷的悲欢沉浮的曲折经历，使我想起了我国近代社会中一批实业救国论者以及情况十分类似的教育救国论者的历史地位问题。

有一段时期，在“以阶级斗争为纲”的思想指导下，史学论著中对于近代的实业救国论者和教育救国论者，大抵采取较多的否定和批判的态度，认为他们走的是一条对抗革命的错误道路，因而他们的理论和实践都是不足取的甚至是有害的。这当然是一种片面的简单化的看法。

近年来，史学界对这个问题进行了讨论，做出了新的评价，这无疑是一个进步。但是，也有少数论著从一个极端走到了另一个极端，认为我们既然“以经济建设为中心”，集中精力搞四个现代化，那么，实业救国论者理所当然就是实现现代化的先行者和前驱者；既然确立了“科教兴国”的伟大战略，把落实教育优先发展的战略地位作为实现我国现代化的根本大计，那么，教育救国论者理所当然就是“科教兴国”的先知先觉。他们较之近代历史上的革命者和改革者有着更大的历史贡献。这种看法，混淆了不同历史时期的不同历史特点和时代主题，其实也是一种新的简单化，是并不符合历史实际的。

我以为，对于我国近代史上的实业救国论者和教育救国论者，一定要采取极为细致的、具体的、分析的态度。

江泽民同志在党的十五大报告中指出："鸦片战争后，中国成为半殖民地半封建国家。中华民族面对着两大历史任务：一个是求得民族独立和人民解放；一个是实现国家繁荣富强和人民共同富裕。前一任务是为后一任务扫清障碍，创造必要的前提。"

这也就是说，在半殖民地半封建的旧中国，如果不首先用革命的手段推翻帝国主义和封建主义的反动统治，取得民族的独立和人民的解放，经济的发展和人民的共同富裕，就因为没有必要的政治前提而难以实现。在旧的统治秩序之下，兴办实业，发展教育，不但救不了国，而且连这些事业的存在都会是步履维艰，甚至不免落得《茶馆》里秦二爷的悲惨下场。说"实业救国""教育救国"在半殖民地半封建的旧中国只不过是一个美丽的幻想，这并不是脱离历史实际的苛求，恰恰是为无数历史事实所证明了的客观真理。

那么，是不是由此得出结论，近代史上的实业救国论者、教育救国论者一无是处，应该一笔抹杀甚至一概否定呢？当然不是。事实上，他们曾经做出过自己的重要历史贡献，也留给我们许多可贵的历史遗产。

用政治标准来评判，他们所提出的救国方案，并不是一个高明的、可行的、合理的方案，他们没有能正确地把握时代的主题，抓住当时历史条件下挽救国家、民族危亡的本质和要害，因而在历史实践中也就不免时时碰壁。在这方面，他们与近代的革命者和改革家相比，不论是在主观的理论探索上还是在客观的历史贡献上，都是相形见绌，甚至是望尘莫及的。但是，用道德标准来评判，他们一般都具有强烈的爱国主义，对国家、对民族、对社会、对人民有着强烈的历史责任感，对自己的信念和事业有着执着的献身精神，他们同样要面临各种艰难险阻、颠沛困苦。在这方面，他们同革命者和改革家相比，并无多少逊色。正是在这个意义上，他们同样是我国近代历史上为振兴中华而奋斗的一代志士仁人。

我们说“实业救国”和“教育救国”不能从根本上解决旧中国的出路问题，但绝不是说，他们开工厂、办学校、发展实业、培养人才的各种实际活动，是毫无意义的。民族经济的每一分增强，近代知识分子队伍的每一点扩大，科学精神向社会的每一次传播，都是为解决中国根本问题积累物质的和精神的力量，没有这种量的积累和增加，也就不可能有最后通过新旧力量的决死斗争而达到质的飞跃。

实业救国论者和教育救国论者的具体政治态度，各个人之间并不一样甚至有很大的差异，这就需要做更加细致的分析。有些人认为自己选择的道路、目标同革命的道路、目标是一致的，可以并行不悖、殊途同归，这些人常常成为革命的同情者和朋友；有些人坚信自己的选择是正确的，虽然不赞成革命的道路，但并不去反对，而采取“各走各的路”“井水不犯河水”的态度；有些人认定只有自己信奉的道路才是唯一正确的道路，不仅不赞成而且公开批评甚至反对革命。即使是最后一种情况，也要仔细区分究竟是认识问题，还是政治立场上对革命的根本敌对。在这些复杂的情况面前，一定要坚持实事求是的态度，不可笼而统之，一概而论。

从这里，我们似乎可以得到一个启示：简单化是历史研究的大敌。

传统道德的两重性

对待中国传统道德，像对待世界上任何事物一样，必须采取分析的态度。没有分析，也就无从鉴别，更无法对它进行是非的评判和弃取的抉择。只有如鲁迅所说的，对传统文化（当然也包括传统道德）“加以研究，解剖，分别好坏，立存废的标准，而于存于废，都慎选施行的方法”①，才能够从中汲取营养，滋养和发达新的生体。

有的文章认为，传统文化是不能区分哪是精华、哪是糟粕的，因此，他们也反对“批判地继承”的提法。按照这种观点，必然要引出形而上学的结论：好就是绝对地好，一切皆好；坏就是绝对地坏，一切皆坏。而这种结论，第一是不符合历史实际的，因而是不科学的；第二在实践上是有害的，过去我们曾吃足了全盘否定或全盘肯定的苦头，我们应该学得聪明一点了。

对待传统道德不能采取简单化的办法。这里可以举一个很有意思的例子。19世纪末，谭嗣同在《仁学》中，猛烈地抨击过封建孝道的不合理和扭曲人性，然后，他写道：“孝且不可，何况不孝哉！”谭嗣同并没有因为封建孝道有很多弊病，就反过来去提倡“不孝”。封建孝道要求晚辈（子孙）无条件地服从长辈（父祖），这是一种不平等，所以是不足取的；而“不孝”则是晚辈凌虐长辈，这同样是一种不平等，当然是更加“不可”了。他认为家庭间的人伦关系，应该是一种平等的、相互尊重、相互爱护的关系，这才合乎理性，有益于社会。谭嗣同对“孝”的分析态度，比起同时代某些人因为否定封建孝道的黑暗面，就走向另一个极端，提倡“非孝”“毁家”，应该说要高明得多了。

---

①　鲁迅：《习惯与改革》。

中国的传统道德，内容十分丰富，情况也极为复杂，大体有这样几种类型：

一类，在漫长的历史发展和社会生活中，一直起着积极的作用，直至今天，也仍然没有失去它应有的价值，如尊师重道、勤奋好学、谦恭礼让、见义勇为等。这些，仍然可以而且应该成为社会主义道德的组成部分。

另一类，完全是根据少数封建统治阶级的私利，逐渐形成为某种道德准则，这种道德准则，往往得到封建礼法的支持，而在内容上却是消极的甚至黑暗的，如“三从四德”之类。这是传统道德中的糟粕，应该坚决加以摒弃。不摒弃这些糟粕，就必然会影响社会主义新道德的建立。

还有一类，是随着时代的发展、社会的进步，必须在内容上加以充实、更新和改造的。如前面谈的“孝”，鲁迅曾经对历史上广为传颂的“二十四孝”进行过无情的揭露，指出它的“虚伪”，“以不情为伦纪，诬蔑了古人，教坏了后人”。但总不能因此而主张“不孝”。事实上，尊老爱幼、父慈子孝、兄友弟恭等，在历史上也一直被认为是一种传统美德，问题是一定要去除那些虚伪矫情和扭曲人性的成分。还有“忠”，封建时代岳飞式的那种对帝王、对朝廷的愚忠当然要不得，但否定这种愚忠，绝不是要去提倡或歌颂与“忠”对立的“奸”。在现时代，还是要讲忠于人民、忠于国家、忠于事业的。

近代文化论争的历史启示

中国近代史是从1840年英国侵略中国而发动的鸦片战争开始的。从那时起，中国从一个独立国家逐步变成了半独立国家，中国社会从一个完整的封建社会变成了半殖民地半封建社会。这种情况一直延续到1949年中华人民共和国成立，前后经历了109年时间。

在一个世纪多一点的时间里，一方面，中国国内的经济关系、政治制度发生了剧烈的变动；另一方面，许多在文化类型上与中国完全不同的国家同中国发生了尖锐的对抗。这种情况反映到文化领域，便造成了在文化问题上尖锐的冲突和论争，有中学与西学之争、旧学与新学之争、学校与科举之争、文言与白话之争、东方文化与西方文化之争等。有人归纳说，中国近代的文化发展，是在“古、今、中、外”四个字的矛盾冲突中展开的。

当时，摆在中国思想界面前的一个最为严峻也最为实际的问题是：面对着利用军事的、政治的、经济的、文化的各种手段肆无忌惮地侵略、压迫、凌辱中国的殖民主义、帝国主义国家，应该不应该、可以不可以吸取它们的先进的文化？捍卫祖国独立和尊严同学习西方二者是根本对立的，还是可以统一的？

有的人主张对西方文化采取坚决拒绝、一概排斥的态度，认为对西方文化的任何吸取都是极端有害的。当然，持这种态度的人，情况并不完全一样。其中，有的是政治上的封建顽固派，他们从维护封建统治的立场出发，“唯祖宗之法是尊，唯古圣先贤是尚”，闭目塞听，因循守旧，敌视一切新事物，幻想回到闭关锁国的时代，认为学习西方文化就是“用夷变夏”，会造成灭顶之灾。有的是一些具有朴素爱国思想但对外国侵略者缺乏理性认识的下层群众，他们出于强烈的民族感情，走向盲目排外，为了对抗“洋鬼子”的侵略而否定、排斥一切外国传来的物质文明和精神文明。还有一些人则是文化复古主义者，他们认为只有中国固有的传统文化才是尽善尽美的，这是中国的“国粹”，是“一国精神之所寄”，“为立国之根本源泉”，“国粹存则其国存，国粹亡则其国亡”。不仅如此，他们还宣扬中国传统文化远较欧洲现代文化优良，只有孔子和儒学方可救助欧洲，支配世界。

与这种主张处于另一极端的是一些所谓的“全盘西化论”者。他们认为，“言非同西方之理弗道，事非合西方之术弗行”，认为中国民族文化只是一堆垃圾、一堆糟粕，绝对地坏，一切皆坏；西方文化则是绝对地好，一切皆好。中国的出路，就在于彻底抛弃民族文化传统，全部照搬西方的从物质文明到生活方式的一切方面，以“极端的崇外”来取得民族的新生。

但是，现实生活既无法做到拒绝一切外来文化的影响，更无法做到抛弃一切民族特色和传统的所谓“全盘西化”。事实上，在与这两种错误思潮的激烈论争中，中国思想界的主流，却一直是坚持把抵抗侵略与向外国学习统一起来，走一条在吸取世界先进文化与改造中国传统文化中创建自己的新文化的道路。

那么，近代中国在学习西方的问题上，走过了一条什么样的历史轨迹呢？

世界上的学者曾对“文化”下过数以百计的不同的定义，如果广泛地说，差不多可以把人类所创造的一切，都归入“文化”这个范围中去。但如果粗略地分一下，则文化结构大体可以分为这样三个层面，即物质文化、制度文化和精神文化。物质文化是基础，精神文化处于上层，制度文化则是二者的中介。不少学者认为，近代中国吸取西方文化的历史进程，正是循着这三个层面而形成由浅入深的三个历史阶段去学习西方的，即先是物质文化，然后到制度文化，最后到精神文化的层面。如果从一般的历史发展趋势来讲，这无疑是正确的、合乎历史实际的。但历史本身从来不是机械地和绝对地运行着的，每个历史阶段，都会不可避免地交叉、渗透和重合，呈现出复杂的形态。大体说来，可以分成以下三个时期：

第一个时期，是从 1840 年的鸦片战争到 1895 年的中日甲午战争。这一时期，输入的西学主要是西方现代自然科学和应用技术，即西方文化的物质层面。那个时候，许多人（特别是封建统治阶级中的一部分当权者）认为，西方列强之所以能打败中国，就在于他们有“坚船利炮”，也就是说，他们承认中国在器物上不如西洋文明，因此，挽救之方，就是“以制器为先”。于是，一面购买军舰大炮，一面“仿习机器”，开始是创建军事工业，接着又兴办民用工业。同时，大量翻译包括数学、化学、医学、天文学、地学、生物学、航海、测绘、造船、机械等门类在内的广泛的自然科学书籍。还延请外籍教员任教，派遣学生出国留学。当然，在这个时期，少数思想敏锐的知识分子，主要是早期维新派，也已经提出了应该效法西方“君民共主”的政治制度的主张，但在社会上还未能产生广泛的影响。

第二个时期，大体从甲午战败到 1911 年辛亥革命止。第一阶段中国学习西方的努力，曾经给中国社会带来一些进步，但并没有能够解决中国社会发展的根本问题。1895 年爆发的中日甲午战争，中国被日本打败了，特别是清政府花了很大力气建设起来的海军（北洋水师），一举被全部歼灭。这个残酷的现实，不能不促使一些人对救国方案做重新的思考，进行新的探索。一些人开始认识到，在中外文化关系上，学习西方仅仅局限在物质文明的层面，是远远不够的，还需要更进一步，按照西方政治制度的模式，对中国的封建政治进行大胆的改革。甲午战争失败后，主张变法维新的康有为、梁启超和主张反清革命的孙中山，同时展开了他们的政治活动，并先后在 19 世纪末和 20 世纪初，发动和领导了戊戌维新运动和辛亥革命运动。这两次运动，都是为了挽救民族危亡，也都是以学习西方政治制度为基本内容的。这个时期，大量西方社会科学传入中国，大大开拓了人们的眼界，震撼了人们的精神世界。从某种意义上说，这也是一次资本主义现代化的思想启蒙运动。最后，戊戌维新的政治改革虽告失败，但以孙中山为代表的资产阶级革命派却领导群众推翻了清王朝的封建君主专制制度，建立了民主共和国。这在中国历史上是一个巨大的进步。

第三个时期，1919年五四运动前后。辛亥革命后，名义上虽然建立了民主共和国，但很快就变成了一块徒有其名的招牌，政权仍然掌握在由帝国主义支持的各式各样军阀的手中。中国民族独立、政治民主和国家富强三大问题，一个也没有解决。一些先进的中国人，经过认真而痛苦的反思，觉得在中外文化关系问题上，应该更进一步，通过汲取世界各国先进的精神文化，来提高整个民族的素质。五四运动前后，有些人提出了"改造国民性"的命题，响亮地喊出了"科学"与"民主"的口号。在五四新文化运动的推动下，一方面，人们的社会心理包括风俗习惯、价值观念、道德情操、审美意识、宗教情绪、思维方式、民族性格等，产生了剧烈的震动和变革；另一方面，精神文化的更高层次即反映社会心理的思想体系，如各式各样的政治、法律、伦理道德、科学理论、艺术、文学、美学、教育、哲学等学说，也纷杂呈现在人们面前。经过激烈的竞争、淘汰、鉴别，中国人民终于选择了适合中国国情的观念形态，找到了马克思主义这个科学的世界观，使得中华民族得到了新的觉醒。

以上就是近代中国在文化问题上走过的曲折而艰难的道路。

中国现在正处在一个剧烈变革和迅速发展的历史时期。社会的新发展，要求有一个全新的文化形态来与之相适应。在近代历史上有关文化问题的论争中，一些先哲已经提出了不少对建设新文化极为重要的有益启示。我以为，以下几点是尤其值得我们认真借鉴的：

（一）不论对中国的传统文化还是国外的文化，都应当采取分析的态度，绝对肯定和绝对否定都是违反实际、违反科学的。中国的传统文化，有着悠久的历史，经过千百年的创造和积累，有许多值得重视的珍品。但它毕竟形成和发展于封建时代，因此，既有封建性的糟粕，又有民主性的精华。国外文化也是一样。拿资本主义的西方文化来说，任何一个不抱偏见的人，都会承认，其中既有很多科学的东西，也有不少腐朽的方面，也是精华和糟粕并存的。中国近代的杰出思想家鲁迅就强调，对中国传统文化应该"分别好坏，决定弃取"，对西洋文明要"敢于吸取，慎于选择"。

（二）文化的发展是一个不以人们的意志为转移的客观历史进程，而推动文化发展的力量则是改革。鲁迅说过：“文化的改革如长江大河的流行，无法遏止，假使能够遏止，那就成为死水，纵不干涸，也必腐败的。”① 它一定有迁移，绝不会“回复故道”；一定有改变，绝不会永远“维持现状”。这是一个颇具卓见的认识。新的文化绝不可能从天而降，也不会在一片废墟上突然产生。中国的新文化只能在中国传统文化的旧基地上，经过不断的改革和创新，逐步发展和成熟起来。如果把文化的发展比作江河的奔流，那么，没有上游，也就没有下游；没有源头，又何来活水？当然，所谓改革，所谓发展，绝不仅仅是对传统文化的简单继承（那是重复而非发展），还包括对传统文化中已经不适合今天需要的那部分的批判和扬弃，并不断充实和丰富适应时代潮流的新内容。

（三）文化的发展离不开不同性质文化之间的融合与交流，越是大胆地开放、勇敢地吸取，越有助于民族文化的发展与提高。鲁迅通过总结历史，强调指出文化的发展，总是要“取材异域”，吸收外来文化，才能更有生气，不断进步。在中国历史上，汉唐文化，是放射着璀璨的异彩的，之所以能达到这个境界，一个重要原因，就是当时的人们能大胆地、开放地汲取外来文化的缘故。鲁迅还打过一个非常有趣的譬喻，他说，一个有力量、有自信力的民族，绝不应该害怕汲取外来文化，因为外来文化经过吸收、消化，便成为滋养、丰富民族文化的材料，正像人们吃牛肉，通过吸收、消化变成身体的养料，“决不会吃了牛肉自己也即变成牛肉的”②。

（四）文化有两种基本属性：一个是时代性质，一个是民族性质。应该对这两种属性有一个统一的辩证的了解。所谓时代性，就是说应该跟得上世界时代的潮流；所谓民族性，就是要始终保持自己民族的特色。鲁迅说，新的文化，应该是“外之既不后于世界之思潮，内之仍弗失固有之血脉”③。这就是强调时代性和民族性的统

① 鲁迅：《从“别字”说开去》。
② 鲁迅：《关于知识阶级》。
③ 鲁迅：《文化偏至论》。

一。中国的新文化怎样才能走向世界？鲁迅的看法是：愈是民族化，愈具有浓郁的中国特色和地方色彩，才愈能为世界所承认。因为世界各国环境不同，情景各别，文化艺术又最忌千篇一律。用带有中华民族特性的文化，去丰富世界新文化的宝库，才是我们对于世界应有的贡献。

“厌讼”心理的历史根源

我国是一个经历了漫长封建社会历史的国家。由于各种复杂的原因，普通老百姓中曾长期流传着强烈的“厌讼”心理。虽然封建社会早已成了历史的陈迹，但“厌讼”心理在现实生活中仍有不小的影响。有些人总认为“对簿公堂”是不光彩的事；有的人在受到违法行为的侵犯时，或者忍气吞声，或者实行“私了”，而不肯诉诸法律；更有甚者，有的受害者不通过诉讼手段用法律保护自己，而是自行寻求报复，结果自己反而触犯了法网，造成了不应有的悲剧。这种心理状态和行为，显然同现代化的法治国家不相适应。

那么，这种“厌讼”心理，是怎样成为一种历史的积淀，长期存在于社会生活中的呢？下面，我们可以做一点历史的回顾与分析。

一

在社会生活中，人们之间各种不同性质的矛盾冲突总是不可避免的，因此，诉讼行为的发生也就是必然与正常的。正如清人崔述所说：“自有生民以来，莫不有讼。讼也者，事势之所必趋，人情之所断不能免者也。”① 但是，封建统治阶级及其思想家，却一直把“无讼”作为政治清明的一个标志。孔子就说过：“听讼，吾犹人也，必也使无讼乎！”② 在他们看来，所谓“闾里不讼于巷，老幼不愁于庭”，才是社会和谐恬静的美好境界。因此，他们对“讼”之一事，

---

① 崔述：《讼论》。
② 《论语·颜渊》。

常常不分青红皂白，不分是非曲直，一概采取否定和贬斥的态度。有的说："人既好讼，则居心刻薄，非仁也；事理非宜，非义也；挟怨忿争，非礼也；倾资破产，非智也；欺诈百出，非信也。"① 有的甚至对自己的子孙提出这样的告诫："纷然争讼，实为门户之羞。"② 还有的把"毋好讼"同"崇本务""守恒业"等一起，作为立身处世的根本准则。③ 清末江西乐平县令武穆淳曾作戒讼文，其中说："尔等仔细思量，因著什么大事，实在过不得去，动不动就要打官事以决胜负，殊不知官事岂容易轻打耶？""即控得有理，赢得官事，而所得已有不敌所失者，迨至事后，追悔何如，学忍让于先，反落得乡里称盛德也。"④

在这种思想影响下，封建时代虽然也产生过"包青天"这类"执法如山""断狱如神"的清官，但在清正廉明的官员中也还有另一类典型，他们以"息讼"为能事，以劝"忍"为爱民，凡遇讼事，"可息便息，宁人之道，断不可执持成见，必使终讼，伤闾党之和，以饱差房之欲"⑤。东汉刘矩任雍丘令时，凡"民有争讼，矩常引之于前，提耳训告，以为忿恚可忍，县官不可入，使归更寻思。讼者感之，辄各罢去"⑥。明朝赵豫"患民俗多讼。讼者至，辄好言谕之曰：'明日来。'众皆笑之，有'松江太守明日来'之谣"⑦。至于那些不负责任的官吏，采取的办法就更加简单，"有讼者则以为好事，怒之责之，而不为理"，也就是推出了事。

统治阶级的思想观念，通常也就是那个社会占统治地位的思想观念。因此，封建法制观念的上述内容，不能不对整个社会产生强烈的影响。在社会舆论中，对于"兴讼"者常视之为"刁健之徒"，"为卑鄙而薄之"。不论那个地方存在着多少违法行为、不平之事，

① 裕谦：《饬发戒讼说檄》。
② 《陆游诸训·戒子录》。
③ 参见夏献云：《训农八则》。
④ 盛康辑：《皇朝经世文编续编》，4633页。
⑤ 汪辉祖：《佐治药言》。
⑥ 《后汉书·循吏传》。
⑦ 《明史》卷281。

只要讼狱不兴，就被称颂为“民风淳朴”“人心敦厚”；反之，则斥之为“风俗浇漓”“刁蛮斗狠”。有时甚至以此作为判断一个人道德品质的标准，即所谓“良民畏讼，莠民不畏讼；良民以讼为祸，莠民以讼为能”①。这样，“讼”本身便成为一种恶了。

二

历史上“厌讼”心理的产生和发展，封建法制观念的影响和束缚自然是重要原因，但人们现实生活的切身体验，却是强化这种心理的更直接的因素。

按照现今法律“无罪推定”的原则，被告人在未被依法确定有罪以前，应当被视为无罪之人。但封建法制与此相反，不仅被告人在未确定有罪以前，就被作为罪犯对待，被告人不能证明自己无罪，即以有罪论处；甚至涉讼各方，包括被告、原告、证人等，均被看作“戴罪之身”，只有官司了结，胜诉者才算无罪。因此，在我国任何一个封建王朝统治下，一旦有较重大的诉讼发生，官府的第一个行动便是把涉讼各方统统“羁押待质”。而在审讯的时候，不论原、被两告还是干证，都要“跪听”发落，野蛮的酷刑也会随着主审官的意志无端地落在任何一方的身上。这就使诉讼常常成为对涉讼各方的一场真正的灾难。

俗话说：“衙门六扇开，有理无钱莫进来。”即使没有额外的勒索，法定的名目繁多的诉讼费也是一般老百姓难以负担的。清代“打官司”时，“代书盖戳有戳记费，告期挂号有挂号费，传呈有传呈费，准理而交保请息有和息费，又隔数日无票便索出票费，呈词数日不批便索买批费，又隔数日不审便索升堂费”，“审讯时有坐堂费，将结时有衙门费”。试想，这么多费用，即使官司打赢了，离倾家荡产也不远了。何况，绝大部分封建官僚是绝不会仅仅以收取额

① 盛康辑：《皇朝经世文编续编》，4639 页。

定费用为满足的。例如，清代规定，“州县相验，止许随带仵作、刑书各一名，皂隶二名，夫马饭食自备”。而实际上，他们往往“动带五六十人，需索饭食，钱自五六十千至百余千。吓逼情形，目不忍睹”①。此外，借机勒索的除了官员以外，还有一大帮差役家丁，“每有诉讼，差役家丁必索讼费，视其家道以为多少，至少者制钱四千，薄有田产者任意诛求。不满其欲者，则诡曰案未传齐，致官不能过堂”②。在这样敲骨吸髓的勒索之下，涉讼者的命运，往往是“在城之银钱糜费若干，在乡之田畴荒芜无算，一讼之累，有假子钱以剂者，有鬻田产犹不能尽偿者”③。

更为可怕的是，一有诉讼，往往长年累月压案不办。造成这种状况，一方面是由于封建时代没有独立的司法机关，审判力量不足，效率低下；另一方面是封建官吏有意拖延，以制造敲诈勒索的机会。封建政治的特征之一，便是明文规定与实际状况之间的不一致。拿晚清来说，道光时，曾专门发过上谕，强调：“在京衙门承审事件，限一个月完结。刑部现审事件，杖责等罪，限十日完结；发遣军流等罪，应入汇题者，限二十日完结；命盗等案，应会三法司审者，限一个月完结。”④ 但实际上，一般民间词讼案件，“有迟至二三年者，有迟至五六年者，甚有十余年延宕不结者”，拖来拖去，最后甚至将“案内人证合行拖毙”⑤，才算了事。另有材料称，有的州县，“地方已数易其官”，而“衰老待质之犯”仍“久淹囹圄”，“年年监候，岁岁待质，有监候十四五年至二十四五年、三十年者，其年岁有六十至七十以外者”⑥。在这种情形下，普通老百姓对诉讼视之如蛇蝎、畏之如虎狼，也就是势所必至、理所当然的了。

---

① 中国第一历史档案馆藏：朱批奏折·法律类·律例项。
② 《光绪朝东华录》，第4册，总4744页。
③ 盛康辑：《皇朝经世文编续编》，4633页。
④ 《清宣宗实录》卷168。
⑤ 盛康辑：《皇朝经世文编续编》，4709页。
⑥ 中国第一历史档案馆藏：朱批奏折·法律类·律例项。

三

封建法制具有鲜明的阶级性，对于不同阶级或阶层的人们，法律并不给予同样的公平。所谓“刑不上大夫”“八议”之类，便是阶级烙印的生动体现。然而，问题还不止此。在大多数情况下，本身已经并不公平的法律条文，也并非审理和判决案件的根本准绳。官司的胜败，与其说取决于哪一方合法或违法，倒不如说取决于哪一方更有权势或金钱。愈是政治腐败的时候，就愈是如此。例如，太平天国时期，洪秀全等发布的《奉天讨胡檄布四方谕》就指斥清廷“官以贿得，刑以钱免”。辛亥革命时期，孙中山等革命派抨击清王朝是“无法律之政府”，“寻常私罪，多不覆按，府电朝下，囚人夕诛，好恶因于郡县，生杀成于墨吏，刑部不知，按察不问”。这些揭露在封建统治阶级的文书中得到了充分的证实。有的说：“近来各省积习，非循情枉断、任情刑求，即漫不经心、因循延搁。”“更有贪黩之吏，惟揣其肥瘠而搏噬之，以致小民负屈含冤，无从申诉。”①有的说：贪官酷吏“横暴闾里，绝无创惩，良民受屈赴诉，往往押候延搁，甚至发交命案，避重就轻，曲为凶犯开脱，姑息徒以养痈”②。还有的说：“近来官吏积习，于讼狱一事，罕能实心清理。或听信胥役票传多人，或怠情安逸传案不讯，或识见昏聩听断无才，或瞻顾不断静待和息。以致羁系甚多，结案甚少，无罪者瘐毙，牵累者破家。冤惨情状，不忍睹闻。”③ 这些议论，或见诸皇帝的上谕，或出自大臣的奏折，自然不存在夸张的嫌疑。那么，面对着这样一种现实，无权无势又无钱的老百姓，谁还有勇气向法律去讨什么“公道”呢？

人们正是在千百年血和泪的经验积累中，逐渐得出了一条痛苦

---

① 盛康辑：《皇朝经世文编续编》，4703 页。

② 《清穆宗实录》卷 43。

③ 《光绪朝东华录》，第 5 册，总 5860 页。

而无奈的信条，那就是“讼不可妄兴”“宁使彼讼我，我无讼彼”。鲁迅曾经说过：“经验的所得的结果无论好坏，都要很大的牺牲，虽是小事情，也免不掉要付惊人的代价。”① “厌讼”心理的形成，可以视为明显的一例吧！

今天，社会生活已经同过去发生了根本的变化，“厌讼”心理的社会基础可以说不再存在了。但是，社会意识往往落后于社会存在，清除千百年来形成的这种“厌讼”心理，还需要我们付出很大的努力。

---

① 鲁迅：《经验》。

社会变革与移风易俗

看看我国近代历史上政治变革、经济变革、社会变革与社会风习发展变化之间的复杂关系与进程，对我们今天的移风易俗和社会主义精神文明建设将有许多有益的历史借鉴。

历史进入近代之后不久，在我国大地上发生了一场冲击封建统治秩序的大风暴，这就是著名的太平天国运动。领导这场运动的农民领袖，不但在政治上、军事上、经济上向清朝封建统治者展开了声势浩大的斗争，而且在自己的统治权力所及之区，在很广的范围内做出了改革现成生活习俗的努力。他们禁止群众“奉佛敬神”，禁止蓄辫，禁止穿着反映封建等级关系的清朝官服；在婚礼方面，“男女从未谋面即行结婚的旧俗，选择吉日的迷信，以及致送聘金等等全被革除净尽”；在葬礼方面，他们反对“修斋建醮”。他们还禁鸦片，禁赌博，禁娼妓，等等。

到了19世纪末叶，发生了戊戌维新运动。在维新运动中，以康有为、梁启超、谭嗣同等为代表的维新派对社会习俗也进行了改革，如组织了不缠足会、戒鸦片烟会、延年会等。辛亥革命时期，以孙中山为代表的资产阶级革命派，在致力于推翻清朝封建专制主义反动统治的同时，同样十分重视改革社会风习。他们反复宣传，要“改革恶俗，开通民智”“改良积俗，造就国民”，甚至把“风俗之害”与“政治之害”并列，作为革命新政权应该致力革除的两项最重要的内容。在南京临时政府成立之后，担任临时大总统的孙中山，在短短的几个月里颁布了一系列改革封建社会各种弊习陋俗的法令，如“禁止买卖人口”；“晓示人民一律剪辫”；废除清朝实行的跪拜、相揖、请安等旧礼节，改行鞠躬、握手之礼；废除清朝流行的“大人”“老爷”一类封建性称呼；提倡男女平等；以及禁烟、禁赌、禁娼；等等。一时间，人们精神振奋，社会新风迭起，显现出一种生机勃勃的气象。

但是，历史证明，社会风习的变革，较之政治领域、经济领域以及社会生活其他领域的变革，更加复杂，具有更大的难度。

譬如，民国成立之后，男人们头上辫子的消失就经历了一个很长的时间。这一点，只要读读鲁迅的小说，就可了然。当时的报纸也说，民国成立"今十年矣，而辫发犹所在皆有"。一根辫子尚且如此，其他就更可想见了。

再拿称呼来说，孙中山是中国历史上把政府官员视作和称作"公仆"的第一人。前面提到，他曾以临时大总统的身份，明令禁止"大人""老爷"等称呼。但 1932 年末的一本杂志上有篇文章说："此风（按：称大人、老爷之风）于南方官场渐息，民间则依然，北方则无论官民，已相沿成习，而莫之改。"我们党一再批评某些干部"做官当老爷"的坏习气坏作风。可见，一直到现在，尽管在称呼上谁也再听不到"老爷"之类的叫法，但口称"公仆"而实际上把自己看成"老爷"的现象，我们实在不敢说已经完全绝迹了。

中华人民共和国成立后，在移风易俗方面，较之近代历史上任何一次社会变革时期，都要深刻得多、广泛得多。许多新的社会风尚被树立起来，人们从思想观念到生活方式，都愈来愈向着更加文明、更加合理、更加健康的方向发展。但是也应看到，正是由于社会风习变革的特殊复杂性，有一些消极腐败的东西，一遇适当条件便沉渣泛起，或者死灰复燃。如这些年奢靡之习的抬头，嫖娼吸毒的重现，封建迷信的猖獗（前几天《光明日报》载，有关部门估计，吃算命饭的约有 500 万之众，几为全国科技队伍的二分之一），等等，都是我们不能不认真思索和对待的。

对于移风易俗，鲁迅先生在 1930 年写的《习惯与改革》一文中，发表过很好很重要的意见。他曾提出，对民众的风俗习惯，一定要采取分析的态度，通过研究和解剖，弄清哪些是好的，哪些是坏的，切不可简单化、绝对化，粗暴对待。事实上，在我们的现实生活中，就时常有把创新当胡闹，或视腐朽为神奇的事情发生。这样，提倡什么，反对什么，就失去了可靠的根据。在分别好坏之后，就应该“立存废的标准”，何者该存，何者该废，应该使大家都很清楚。但这还不够，还要“于存于废，都慎选施行的方法”。没有具体切实的施行方法，好的社会风习得不到提倡弘扬，一些丑俗陋习得不到抵制改造。

社会风习的改革所以特别复杂、困难，原因之一是它涉及广大群众长期形成的习惯。所谓“习惯成自然”，改起来当然要花大的力气，这里特别要按鲁迅提倡的那样，进行“韧的战斗”，锲而不舍，持之以恒。

社会风习变革的复杂性，还由于许多习俗的形成，往往是有极其深刻的经济根源和意识形态根源的。所以，我们不能就移风易俗谈移风易俗，还需要把这个问题放到经济发展和民族素质全面提高的总目标中去，使社会风习的变革与经济体制改革、政治体制改革和社会进步相协调。

惜时与延年

因为“时间就是金钱”“时间就是生命”，所以鲁迅曾把无端侵占和虚耗别人时间的行为戏称作“谋财害命”。反过来说，珍惜和节约时间，应该说是“延年益寿”了。其实，后一层意思，早在一百年以前就有人说过了。说这个话的是戊戌变法时期的维新派。他们不仅宣传这种看法和主张，还组织了一个专门的学会，叫作“延年会”。

戊戌维新运动时期，以康有为、梁启超、谭嗣同等为代表的维新派对封建专制主义展开了猛烈的抨击，在政治、经济、文化教育等各个方面，提出了改革的主张和目标。同时还在京师和全国各地组织了各式各样的学会。这些学会，有的是以政治性为主的，如强学会、保国会、南学会等；有的是以学术性为主的，如算学会、测量学会、质学会、法律学会等；有的则是以改革社会习俗和生活方式为主的，如不缠足会、戒鸦片烟会等，延年会则属于这一种类型。

延年会成立于湖南，主持者是谭嗣同、熊希龄等。会名“延年”，却并不是讲究养生健身之类的卫生团体或体育组织。谭嗣同在《延年会叙》中说：人的寿命，总是有限的。一般的七八十岁，就是长寿了，百岁的更是十分稀少，“于此而欲延之，其术必穷”。但人们在有限的生命之中，由于生活方式的不合理，却浪费了很多极为宝贵的时间，例如，“宾客之不时，起居之无节，酒食之征逐，博弈之纷呶，声伎戏剧之流连忘返”，这些“酬应、奔走所耗之年”，几乎占据了毕生光阴的大半部分。如果能改变这些无谓的生活习俗，那也就无异于延长了生命。所以谭嗣同说：“虽然，无能延于所得之年之外，自可延于所得之年之中；无能延年于所阅之时，自可延年于所办之事。则惟有明去其纷扰以耗吾年者，即以所腾出闲暇之年，为暗中增益之年。少一分之纷扰，即多一分之闲暇。无纷扰，有闲暇，则一日可程数日之功，一年可办数年之事。统合算之，将使一世之成就可抵数世，一生之岁月恍历数生，一人之才力若并数人。”在这里，谭嗣同充分估计了时间的重要性，并把它看作实现政治改革以达到救亡图强的一个必要条件。

维新派充分认识到，生活方式的变革，必然是对传统陋习的挑战，必定会遭到世俗观念的非议。因此，他们十分强调要“力保自主之全权，勿恤世俗之嫌怨”。事实上，《延年会章程》中的许多规定，就具有鲜明的针对性和战斗性。例如，在当时，人们在交往中有一整套繁文缛节，有事无事，常常到处“拜客”；有友来拜，又必须很快“答拜”，否则便算失礼。拜客待友之时，又必须着衣带冠，一丝不苟。弄得“舆从阗咽，出入如市，主人劳于倒屣，敝于将送，眠食失常，夜以继日，精力以之消铄，光阴以之虚縻”“晨起出阁，暮不得息，望门投刺，冠服重累”。针对这种现象，延年会规定会员之间“无故不得请客，无暇不得赴席，不赴不请，彼此皆不得见罪”“至熟之友来拜者，均不答拜，彼此谅之”“客以某事来商者，见时只可言某事之本末，言毕即行，不得牵引他事及无聊闲谈，致延时刻。若剌剌不休者，主人可请茶送客”。所以做这些规定，是为了避免在交往中“寻无味之语言，弃有用之日月”，以便把宝贵的光阴用于有益的工作。《章程》还规定，“彼此往来，非遇冠、婚、丧、祭大事不着冠带，平时虽生客亦以便衣接待”“贺节贺喜及虚文酬答之信函皆宜免绝”。在见面的礼节方面，也尽量免去跪拜之仪。总之，“衣服惟取轻便，礼节不尚跪拜，皆恐其以冗缛者耗人之年，而思有以延之也”。针对当时请托之风的盛行，延年会在《章程》中还规定：“凡以情面请托者，事不能行则直复之，彼此不得见罪。”

维新派并不把这些生活方式的变革看作游离于维新事业之外的单纯生活问题。他们认为，变革某些传统的不合理的生活方式，是社会发展、文明进步提出的必然要求。谭嗣同在《延年会叙》中指出：“地球公理，其文明愈进者，其所事必愈简捷。简捷云者，非以便人之苟焉为窳惰也。文明愈进，其事必愈繁，不简不捷，则生人之年，将不暇给。”他举例说，出外旅行，如果坐小舟乘牛车，“笨重迟滞，经时累月”，若“驰火轮，驶铁路”，即可日行千里，时间就不会耗费于旅途之中。传递“邮音”，如托人传送，“经时累月，犹不得达”，若“引电线，传记号”，则立时可致，时间就不会耗费于书问之间。这就是说，社会的改革对生活方式的变革提出了要求，生活方式的变革又需要依赖于社会政治、经济的发展与进步，二者就是这样密切联系、互相依存。

生活方式的变革，看起来似乎只是些细枝末节的小事，其实真正实行起来却也很不容易，这是由于它经常与传统习惯势力发生矛盾，有时甚至会遇到很大的阻力。康有为自己曾说过，他在维新运动中受到许多人的攻讦，除了其他种种原因之外，有一个原因就是当时很多人去拜会他，他却未按当时的传统习俗一一答拜，以至于许多人认为他目空一切，甚至怀疑是有意侮辱，结果对他大为不满，得罪了许多人。从这件事情中，可以充分看出变革生活方式也是需要经过艰苦努力和进行细致的工作，才能做好。

戊戌时期“延年会”的出现，使我们悟出这样一个道理：历史上的政治改革运动和经济改革运动，常常会不可避免地引起社会生活方式的变革；政治、经济的改革愈深刻，对社会的震动愈强烈，人们生活方式的变革也愈是显著。生活方式的变革不仅成为政治、经济改革的组成部分，而且在很大程度上反映着政治、经济改革的广度和深度。

灾荒忆旧

惨绝人寰的“丁戊奇荒”

人们在描写自然灾害造成的严重后果时，常常用“饥民遍野”“饿殍塞途”一类的文字来形容。如果没有一点历史感，如果不联系历史实际去细想一想，是不大容易从这几个字背后解读出灾荒带给人们的触目惊心的悲惨和苦难的。

正因为这样，我愿意介绍一次发生在一百多年前的大灾荒，以便使读者对自然灾害的残酷性有一些感性的认识。

这次灾荒发生在1877年（光绪三年）到1878年（光绪四年），按照干支纪年，这两年分别为丁丑年和戊寅年，所以历史上把这次大灾称作“丁戊奇荒”。这两年，以山西、河南为中心，旁及直隶、陕西、甘肃全省及山东、江苏、安徽、四川之部分地区，形成一个面积辽阔的大旱荒区。实际上，光绪皇帝刚刚登基的头两年，这片地区的大部分就已经亢旱缺雨了，1877、1878年继续“天干地燥”，滴雨未见，就使得这里真正变成了“千里赤地”。

当时的《万国公报》曾经有一篇短文，以白描的手法勾勒了这次大旱灾的简明而清晰的面貌：

> 天祸晋豫，一年不雨，二年不雨，三年不雨，水泉涸，岁洊饥；无禾无麦，无粱菽黍稷，无蔬无果，官仓匮，民储罄，市贩绝，客粜阻；斗米千钱，斗米三千钱，斗米五千钱；贫者饥，贱者饥，富者饥，贵者饥，老者饥，壮者饥，妇女饥，儿童饥，六畜饥；卖田，卖屋，卖牛马，卖车辆，卖农具，卖衣服器具，卖妻，卖女，卖儿；食草根，食树皮，食牛皮，食石粉，食泥，食纸，食丝絮，食死人肉，食死人骨，路人相食，家人相食，食人者为人食，亲友不敢相过；食人者死，忍饥致

死，疫病死，自尽死，生子女不举，饿殍载途，白骨盈野。①

山西是这次大灾的中心地区。灾荒开始不久，山西巡抚鲍源深就向朝廷上奏称："亢旱日久，官民捐赈，力均不支，到处灾黎，哀鸿遍野。始则卖儿鬻女以延活，继则挖草根树皮以度岁。树皮既尽，亢久野草亦不复生，甚至研石成粉，和土为丸，饥饿至此，何以成活。是以道旁倒毙，无日无之，惨目伤心，兴言欲涕。"② 旱情继续发展，不久以后继任山西巡抚的曾国荃又奏报说："各属亢旱太甚，大麦业已无望，节序已过，不能补种。秋禾其业经播种者，近亦日就枯槁。至于民间因饥就毙情形，不忍殚述。树皮草根之可食者，莫不饭茹殆尽。且多掘观音白泥以充饥者，苟延一息之残喘，不数日间，泥性发胀，腹破肠摧，同归于尽。隰州及附近各县约计，每村庄三百人中，饿死者近六七十人。村村如此，数目大略相同。"③

清王朝专门派工部侍郎阎敬铭前往山西，考察灾情，稽查赈务。阎敬铭报告视察情形说："臣敬铭奉命周历灾区，往来两三千里，目之所见皆系鹄面鸠形，耳之所闻无非男啼女哭。冬令北风怒号，林谷冰冻，一日再食，尚不能以御寒，彻旦久饥，更复何以度活？甚至枯骸塞途，绕车而过，残喘呼救，望地而僵。统计一省之内，每日饿毙何止千人！目睹惨状，夙夜忧惶，寝不成眠、食不甘味者已累月。"④

从上面的材料可以看出，这次大灾给灾区人民以何等沉重的打击！无怪乎一个专记此次灾荒的碑文这样写道："光绪三年，岁次丁丑，春三月微雨，至年终无雨；麦微登，秋禾尽无，岁大饥。……人食树皮草根及山中沙土、石花，将树皮皆剥去，遍地剜成荒墟。猫犬食尽，何论鸡豚；罗雀獾鼠，无所不至。房屋器用，凡属木器每件买钱一文，余物虽至贱无售；每地一亩，换面几两、馍几个，家产尽费，即悬罄之室亦无，尚莫能保其残生。人死或食其肉，又

① 《万国公报》，第11册，总6672页。
② 《光绪朝东华录》，第1册，总409页。
③ 《曾忠襄公奏议》卷5。
④ 《光绪朝东华录》，第1册，总514～515页。

有货之者；甚至有父子相食，母女相食，较之易子而食、析骸以爨为尤酷。自九、十月至（光绪）四年五、六月，强壮者抢夺亡命，老弱者沟壑丧生；到处道殣相望，行来饿殍盈途。一家十余口，存命仅二三；一处十余家，绝嗣恒八九。少留微息者，莫不目睹心伤，涕洒啼泣而已。”①

如果说这个碑文较多的还只是一些概括性的描写和形容的话，那么，《申报》刊载的一份1878年初抄录的《山西饥民单》，就完全以具体而详尽的数字，为我们提供了一幅毛骨悚然的人间地狱般的画面：

> 灵石县三家村92家，（饿死）300人，全家饿死72家；圪老村70家，全家饿死者60多家；郑家庄50家全绝了；孔家庄6家，全家饿死5家。汾西县伏珠村360家，饿死1 000多人，全家饿死者100多家。霍州上乐平420家，（饿死）900人，全家饿死80家；成庄230家，（饿死）400多人，全家饿死60家；李庄130家，饿死300人，全家饿死28家；南社村120家，饿死180人，全家饿死29家；刘家庄95家，饿死180人，全家饿死20家；桃花渠10家，饿死30人，全家饿死6家。赵城县王西村，饿死600多人，全家饿死120家；师村200家，饿死400多人，全家饿死40家；南里村130家，饿死460人，全家饿死50家；西梁庄18家，饿死17家。洪洞县城内饿死4 000人；师村350家，饿死400多人，全家饿死100多家；北杜村300家，全家饿死290家，现在二三十人；曹家庄200家，饿死400多人，全家饿死60家；冯张庄230家，现在20来人，别的全家都饿死了；烟壁村除40来人都饿死了，全家饿死110家；梁庄130家，全家饿死100多家；南社村120家，全家饿死100多家，现在40来人；董保村除了6口人，全都饿死了；漫地村全家饿死60多家；下桥村除了三四十人，都饿死了，全家饿死82家。临汾县乔村600余家，饿死1 400人，全家饿死100多

① 郑国盛：《一篇碑文——丁丑大荒记》，载《中国青年》，1961年第5、6期。

家；麻社村 400 家，饿死 1 400 人，全家饿死 100 多家；高村 130 家，饿死 220 人，全家饿死 80 余家；夜村 80 余家，除 30 人都死了，全家饿死 70 多家。襄陵县城内饿死三四万；木梳店 300 家，饿死五六百人；义店 120 多家，饿死了 6 分。绛州城内大约 1 800 家，饿死 2 500 人，全家饿死 60 家，小米 3 300 文 1 斗；城南面 3 个村子，510 家，今有 280 家，死 1 000 多人，全家饿死 200 家；城北面 6 个村子，1 350 家，死 2 400 人，全家饿死 500 余家；城东面 5 个村子，1 700 家，死 1 200 人，饿死 300 多家；城西面 6 个村子，1 900 家，饿死 1 500 人，全家饿死 100 余家。太平县米 3 200 文 1 斗，30 斤重；6 个村子饿死 1 000 多人，全家饿死 100 余家。曲沃县 5 个村子 970 家，全家饿死 400 家，饿死 2 000 余人。蒲州府万泉县、猗氏县两县，饿死者一半，吃人肉者平常耳。泽州府凤台县冶底村 1 000 家，6 000 人饿死 4 000 人；天井关 300 家，现存 60 家，全家饿死 240 家；阎庄村 360 家，全家饿死 260 家；窑南村 85 家，全家饿死 74 家，下余五六家人亦不全；阎庄村符小顺将自己亲生的儿子 6 岁活杀吃了；巴公镇亲眼见数人分吃五六岁死小孩子，用柴火烧熟；城西面饿死有 7 分，城东面饿死有 3 分，城南面饿死有 7 分，城北面饿死有 3 分。凤台、阳城两县活人吃活人实在多。阳城县所辖四面饿死民人有 8 分；川底村 200 家，饿死 192 家。沁水县所辖大小村庄饿死人有 8 分。高平县所辖大小村庄人饿死 7 分。潞安府 8 县光景不会（好）多少。所最苦者襄垣县、屯留县、潞城县。屯留县城外 7 村内饿死 11 800 人，全家饿死 626 家。王家庄一人杀吃人肉，人见之将他拉到社内，口袋中查出死人两手，他说已经吃了 8 个人，活杀吃了 1 个，有一女年 12 岁活杀吃了。又有一家常卖人肉火烧，有一子将他父亲活杀吃了。有一家父子两人将一女人活杀吃了，这就是一宗真事。潞城县城外 6 个村庄 5 000 家，饿死 3 000 人，全家饿死 345 家。襄垣县城外 11 村内 2 000 家，饿死 2 000 人。汾州府汾阳县城内万家，饿死者 10 分中有 2 分，服毒死之人甚多，有活人吃死人肉者。汾阳县城东面7村内4 080家，饿死2 200人；城西面3村内1 200家，饿死者10分中有3分；城北面7村内1万家，饿死者10分中有3分；城南面念村内5 000家，饿死者10分中有3分：共有名之村大约360村，饿死者足有3分。孝义县城内5 000家，饿死者有3分；城东面8村内2 800家，饿死者有3分；城南面16村内1 960家，饿死者有3分；城西面19村内2 000家，饿死者有3分；城北面10村内1 170家，饿死者有3分。米粮不敢行走，因强夺之人甚多。死人遍地，有卖人肉者，此外混行无能人食干泥、干石头、树皮等。……太原县所管地界大小村庄饿死者大约有3分多。太原府省内大约饿死者有一半，太原府城内饿死者2万有余。光绪四年正月念日抄。①

我们之所以不厌其详地全文照录这段材料，是因为任何改写的文字都无法替代这份简朴、直白而又实在的资料所能带给我们的强烈的震撼。

河南的灾情同山西不相上下。据报纸报道，由于“连旱三年”，河南全省灾区达50余州县，其中全荒者28个州县，而据帮办河南赈务的刑部左侍郎袁保恒报告，全省报灾的有87个州县，饥民达五六百万人。在重灾区，“非特树皮草根剥掘殆尽，甚至新死之人，饥民亦争相残食”。开封城里灾民“鸠形鹄面，累累路侧”，冻饿而死者不计其数。“所死之人，并无棺木，随处掘一大坑，无论男女，尸骸俱堆积其中。夜深呼号乞食，闻者酸心，见者落泪。”② 在这片大旱荒区的其他地方，灾情虽较晋、豫两省略轻，但许多地方也都是“禾苗焚槁，颗粒乏登”“赤野千里，民不聊生”“登高四望，比户萧条，炊烟断缕，鸡犬绝声”。

这次大灾荒究竟饿死了多少人？各种资料说法不一，最保守的估计是900万，有的测算为1 000万、1 300万、1 500万、1 700万，

① 《申报》，1878年4月11日。为直观起见，原文数字改为阿拉伯数字。

② 《申报》，1878年1月11日。

甚至达2 000万。我想，说这次灾荒死了不少于1 000万人，大概是不算过分的。据故宫档案户部清册载，山西省人口1877年（光绪三年）达1 643.3万人，到1883年时只有1 074.4万人，净减三分之一以上；河南省在灾荒刚开始蔓延的1876年（光绪二年）人口总数为2 394.3万人，到1878年（光绪四年）旱灾达到高峰时急剧下降到2 211.4万人，共减少人口182.9万人。[①] 从这里我们可以看到这次灾荒造成的人口减员达到了何等严重的程度！

我们通过一些历史资料，简略地勾画了这一次“千古巨祲”的一个大致的轮廓。我们这个民族，在历史上真可以说是多灾多难、灾难深重的。在近代，我们曾经经历了中外反动统治者在政治上奴役欺压的苦难，经历了特权阶级在经济上残酷剥削掠夺的痛苦，经历了封建伦理纲常钳制束缚的苦难，此外，还经历了像“丁戊奇荒”这样重大自然灾害带来的水深火热的苦难。这些苦难，是我们永远不应该忘记的。更重要的，是要通过我们自己的努力，使这样的苦难永远成为历史的陈迹。

---

① 参见严中平：《中国近代经济史统计资料选辑》，370～374页。

逃荒者的命运

在旧中国，每发生一次较大的自然灾害，总会有很多人在灾荒中丧失生命。例如，1931 年江、淮、河、汉及黄河诸水泛滥，全国遭洪水吞没者竟达 42 万余人。这自然是个惊人的数字。但是，由于灾荒极大地破坏了人类的生存环境，在灾荒中一些幸存下来的人，为了活命，不得不离家出走，四处流浪，这叫作“逃荒”。这种逃荒的流民，扶老携幼，结队成群，或露宿山野，或涌入城市，离乡背井，觅食为生。这样的逃荒者，数量通常是因灾死亡者的数倍、十几倍乃至数十倍。前面提到的 1931 年的大水灾，湘、鄂、赣、皖、苏、豫等省逃荒人口有 1 015 余万人，占灾区总人口的 40%。1935 年 7 月长江中下游洪水泛滥，有 14.2 万人葬身于滔滔浊浪，而逃荒的灾民则达 1 100 余万人之多。旱灾也一样。1928 年西北、华北大旱，陕西灾民 556 余万人，其中冻饿而死者 20 余万人，流离各处的则多达 100 余万；河南省外出逃荒者 300 余万人。1943 年广东大旱，惠来、海丰、陆丰等地往福建、江西、湖南逃荒的有 50 余万人；顺德县全县人口约 60 万，外出逃荒的就占了二成。

那么，这些逃荒者的命运究竟如何呢？

一般说来，逃荒者受着避难求生的原始欲望的驱动，纷纭四散，漫无目标，带着很大的自发性和盲目性，无论是交通大道，还是城镇市邑，到处都游动着饥民群落，即或是崇山峻岭，乃至大漠荒原，也阻挡不住这艰难跋涉、了无生机的人流，甚至各灾区之间灾民相互对流的现象也普遍存在。

这样一支到处游荡的逃荒大军，居无定所、食无定时，过着半饥半饱、不生不死的日子，其颠沛困苦之状，自然可以想见。1921 年冬，河南内乡县一件呈文，描写了在外逃荒的内乡灾民的凄惨景况：

> 千山之中，万壑之间，往往有全家老幼冻饿以死此道途之上，冰天雪地，饿殍枕藉，比比皆是。……远而鄂、皖、湘、楚，经此次大雪，梵刹之中，破窑之内，皆有死尸堆积，问之多内乡灾民，其困于大雪又如此。①

官方文书里的这种纪实描写，早已在有些文人的诗作中得到了艺术的反映。晚清著名学者俞樾有《流民谣》云：

> 不生不死流民来，流民既来何时回？欲归不可田污菜，欲留不得官吏催。今日州，明日府，千风万雨，不借一庑。生者前引，死者臭腐。吁嗟乎！流民何处是乐土。

这里提到"欲留不得官吏催"是什么意思呢？原来，清朝政府害怕大量流民的存在，会威胁到原本就动荡不定的社会秩序，使其更加纷扰，于是不从根本上组织抗灾救灾，以减少逃荒者的产生，却硬性规定不准外地流民入境，凡入境者即以强制手段驱逐遣返。贝青乔的《流民船》就有这样的描写：

> 江北荒，江南扰。流民来，居民恼。前者担，后者提。老者哭，少者啼。爷娘兄弟子女妻，填街塞巷号寒饥。饥肠辘辘鸣，鸣急无停声。昨日丹阳路，今日金阊城。城中煌煌宪谕出，禁止流民不许入。

这种禁止流民进入大城市的政策，也被后来的国民党政权继承下来。1929 年大旱灾时，河南、山东的逃荒者纷纷流入南京、上海，国民党政府以"有碍党国观瞻"为名，强行遣散，当时的报章就说，那些逃荒者"在各处所得到的待遇无非是'准十日内离境'、'押送出境'、'资遣回籍'或'强制驱逐出境'那一类的逼迫"②。

那些被突发性的灾害驱赶出家园的逃荒者，在自己的家乡既无法存活，在大一点的城市又难以立足，真正是进退失据，左右为

---

① 《赈务通告》，第 12 期，"公牍"，8～9 页，1921 年 4 月 15 日。

② 陈翰笙、薛暮桥、冯和法编：《解放前的中国农村》，第 2 辑，64～65 页。

难了。

当然，简单的行政命令，毕竟无法从根本上阻止那些死中求生的逃荒者向城市汇集。但即使进入了城市的逃荒者，也并不能使自己在死亡线上挣扎的处境有什么改观。例如，1895年（光绪二十年），直隶地区春荒严重，4月末又大雨成灾，灾民逃荒纷纷涌入京师。5月29日，御史李念兹上奏说："现在京外灾黎，扶老负幼，来京觅食，其鹄面鸠形、贸贸溃乱之状，实属目不忍睹。"陕西道监察御史熙麟也奏称，聚集京师的灾民，"既至，则所领之粥不足供一饱，优施之钱米亦无。……不得已，馁卧路隅、待死沟壑者有之，沿门行乞、随车拜跪者有之"。"以致城垣之下，衢路之旁，男女老稚枕藉露处，所在皆有。饥不得食，惫不得眠，风日昼烁，雾露夜犯，道殣相望。"恶劣的生存条件，导致灾民中"疫疠流行"，"五城月报路毙已三千余人。其内城归步军衙门、顺天府经理者尚不在此数"。

京城尚且如此，其他中小城市自然就更可想见。1929年四川大旱，"赤地千里，粒米未收"，全省灾民达800万人。由于在乡间没有任何粮食可以充饥，人们主要靠芭蕉头、梧桐皮、面葛藤、观音粉勉强维持生命，在草根树皮都吃光了的地方，发生了"人相食"的现象。于是，为了活命，人们不得不纷纷外出逃荒。一位记者曾经用笔记下了他目睹各地盲目地流向城镇的逃荒者的生活情景："每到黄昏，城厢附近各街道的廊下或柜台上，都满布着成群结队的难民，有哭者，有笑者（原注：无知的小孩），有呻吟者，有呼爷呼粮（娘）者，有倚壁柱而立者，有据石地而卧者，形形色色，不忍卒睹。可是一到旭日东升的时候，昨晚所见的许多活着的人，现在都大半已变成了死的尸。那种惨状，真是不堪回忆。"①

历史无情。在当时的社会条件下，那位记者"不堪回忆"的"惨状"，在后来的艰难岁月中依然反复出现。例如，1942年至1943年，中原发生大饥荒，特别是河南，"旱魃为虐，数月未雨，烈日炎炎，千里赤地，禾苗亦患枯槁，树木亦多凋残，行见秋收颗粒无望，

① 《民国日报》，1929年7月4日。

灾情严重”，紧接着又风、雹、霜、水、蝗等灾交相侵袭，造成了全省占耕地总面积82%的土地受灾的严重局面，《大公报》为此专门发表社论称：“（河南）那三千万同胞，大都已深陷在饥馑死亡的地狱。饿死的暴骨失肉，逃亡的扶老携幼，妻离子散……吃杂草的毒发而死，吃干树皮的忍不住刺喉绞肠之苦。把妻女驮运到遥远的人肉市场，未必能够换到几斗粮食。”① 当时的河南除了西靠大后方外，三面为日本侵略军包围，但只能靠草根树皮苟延残喘的灾民已经顾不得这许多了，面对着死亡威胁，他们不得不纷纷踏上外出逃荒的道路。一批人南下逃往湖北，一批人则向东越过战区进入日本占领区，另有一批人则辗转奔向中国共产党领导的抗日根据地，但更多的逃荒者还是汇集洛阳，沿陇海路西进陕西“大后方”。其中，除了历尽艰险奔向抗日边区的灾民之外，大都无法逃出死神的魔掌。在东路，逃往沦陷区的灾民由于根本找不到生路，不得不重新返回家乡，坐以待毙。在南路，据报道，许多“走不动、爬不起的老头儿、老太婆和十岁以下的孩子们”，在人畜交行的公路上停滞不前，“哭着叫着得不到一文钱的救济”，有的“索性也就不做声地躺着”，很快变成“绝了气的死尸”。在西路，那条连接洛阳与西安的陇海铁路成了灾民心目中普度众生的“神龙”，但这条“神龙”不仅没有把灾民驮出死亡圈，驮到“安乐的地带”，反而驮出了一条“无尽长的死亡线”。据一位记者的追踪报道，当时每一列开往西安的火车上都爬满了难民，他们紧紧抓住火车上所能利用的每一个把手和脚蹬，但许多人还是由于过分虚弱而跌下列车，惨死在铁路线上。从洛阳到西安数百里长的铁路沿线，到处都是这些人的尸体。侥幸不死的难民逃到西安，当局又不允许他们在市内出现，许多人只好在平地上挖出一条小沟，再从小沟挖掘小洞，“一家人便蛇似地盘在里面”。整个西安，只有一个粥厂，散发的粥券也很少，而且每个灾民每天只准领一次，不少灾民不是“活活饿死”，就是“一家人集体自杀”②。

前面所引《大公报》社论中，有所谓“把妻女驮运到遥远的人

① 《大公报》，1943年2月2日。

② 流萤：《豫灾剪影》，见《河南文史资料》，第13辑。

肉市场，未必能够换到几斗粮食”的话，这里所说的“人肉市场”，简称就是“人市”。逃荒者于万般无奈之中，把妻子儿女送到“人市”，以痛断肝肠的生离去换无可奈何的死别，“卖得子女供餔糟”，实在也是没有办法的一个办法。徐兆英的《车行杂咏》有这样的描绘：

> 去秋黄河决，数县成汪洋。丰工堤未合，满目皆疮痍。男妇多菜色，忍饥死道旁。骷髅乱犬啮，见之酸肺肠。新邳逢父老，招与谈沧桑。佥言去年水，更甚前年荒。老弱相枕藉，少壮逃四方。询知齐鲁地，连年遍哀鸿。贫家鬻小儿，只值三百铜。所以怀春女，多入烟花中。昔为良家女，今学娼妇容。

在大灾之年，这种“人市”应运而生，有时绵延十余里，人们只要花几百个铜钱，就可以买到一个男孩或者女孩，而官吏绅商则“挑选清秀男女，或送人，或留作奴婢”。有一个材料说，1928 年至 1930 年，陕西因连年旱荒，兼罹霜、雪、春瘟、风、雹及蝗、水诸灾，饥饿死亡者达 200 万人以上。在这种背景下，“兴平、武功、醴泉、扶风、凤翔、盩厔、鄠县等处，竟设有人市。夫携其妻，父带其女，入市求售。人贩评货作价，买之一空”①。

既然自己的生命尚且朝不保夕，随时都可能不胜冻馁而倒毙路旁，那么，卖儿鬻女也就成为一种司空见惯而合乎逻辑的现象，这与其说是为人父、为人夫者的冷酷无情，倒不如说是在万般无奈中对于被卖者存着一线生的希望。这至少比将妻儿忍心抛弃于山野丘壑之间要聊胜一筹吧！

总之，大灾之年，成千上万的逃荒者，尽管也会有少数人能够在异地他乡安家立业、落脚生根，但更多的人则由于饥寒交迫，颠沛于田野，惨死于道途，为佣为丐，为盗为娼，最终也难以摆脱贫病而死的悲惨命运。

这就是那样的时代，这就是那样的社会。

① 冯和法编：《中国农村经济资料》，771 页。

漫说“河工习气”

我国有句古话，叫作“华夏水患，黄河为大”。历史上有记载可查的黄河大决口即达 1 500 次左右。进入近代以后，黄河“愈治愈坏”，如《清史稿》所说，“河患至道光朝而愈亟”。整个晚清时期，黄河几乎是“年年漫决”，有时甚至“一年数决”，给人民的生命财产带来了极为严重的损失。

造成这种状况，固然有自然的原因，但更重要的却是政治的、社会的原因。

清王朝为了治河，曾专门设立了东河、南河（一度还有北河）河道总督，并每年拨出巨额的治河经费。有人估计，道光、咸丰时期，清王朝的全年财政收入，“河工几耗三分之一”；另有人则估计“东、南、北河岁用（白银）七八百万，居度支十分之二”。三分之一也好，十分之二也好，应该说，投入的治河经费是不少的了。但是，这巨额经费是怎么使用的呢？

《清史纪事本末》卷 45 有这么一段记载：

> 南河岁费五六百万金，然实用之工程者，什不及一，余悉以供官吏之挥霍。河帅宴客，一席所需，恒毙三四驼，五十余豚，鹅掌、猴脑无数。食一豆腐，亦需费数百金，他可知已。骄奢淫佚，一至于此，而于工程方略，无讲求之者。

“服食起居”之极度奢靡，是当时所谓“河工习气”的一个突出表现。薛福成的《庸盦笔记》曾经对此做过极为生动的描述。其中讲道，有一人参加治河官员的宴请，席上有一道菜，不过是普通的脍里脊，但其味鲜美无比，客人无不赞叹，不知怎样能做出如此美味来。席间，此人起身如厕，忽见后院地上有几十头死猪，狼藉一地。一打听，原来刚才吃的那道脍里脊，就是从这几十头猪的背上割下来的。做这道菜，必须事先把猪关在一处，使人用竹竿用力鞭打，一直到把猪活活打死，这时，猪的“全体菁华萃于背脊，割而烹之，甘脆无比”。据说，“萃数十豚仅供一席一宴”，剩下的就“尽委之沟渠”了。还有吃鹅掌，做法是拿一个铁笼子，下铺铁板，用炭火把铁板烧红，然后把鹅赶入笼中，鹅“环奔数周而死，其菁华萃于两掌，而全鹅可弃也”。一席之宴，常常要用几十、上百只鹅，才能做成一道鹅掌来。至于其他驼峰、猴脑、鱼羹之类，也都是挖空心思，用残忍的手段谋一己之口福。这类穷奢极欲的宴请，几乎无日不有，“往往酒阑人倦，各自引去，从未有终席者”。不仅是日日宴请，而且还天天唱戏。各河官厅署都养有戏班子，“自元旦至除夕，无日不演剧”，演戏也演得特别，从黎明一直唱到晚上，“虽观剧无人，而演者自若也”。

前面说治河款只有十分之一用于河工，这大概是符合实际的，但说其余的十分之九都是被官员们挥霍掉了，却显然并非事实。实际上，除了挥霍，更多的是把钱装进了自己的口袋，也就是贪污掉了。欧阳昱在《见闻琐录·河员侵吞》中就说过：“自来国家发河工银，河督去十之一，河道、河厅、师爷、书办、胥役以次亦各去十之一。银百两，经层层侵剥，仅有二十余两为买料给工费。”

贪污的手法，真可谓是五花八门，名目繁多。如：采办物料时，虚报料银，所报价钱往往高出实价数倍；向老百姓强行摊派物料，而“所余之款概归私人囊橐”；为了应付上官检查，往往在堆料上大做手脚，或者在旧料上盖一层薄薄的新料，或者搭一个空架子，外面铺一点秫秸之类，“中填碎料杂草，以衬高宽，旁插短芦秸根，以掩空洞”；按规定，每年岁修须加高堤身5寸，但实际上只是让人把旧堤铲起一层虚土，“诈称所增”；更有甚者，治河官员领了经费，既不备料，也不护堤，对治河一事完全不问不闻。这样的所谓“治河”，自然只能是“愈治愈坏”，黄河之年年溃决，也就是势所必至的了。

治河经费分两种，一种是常年经费，一种是抢修经费。一旦黄河决口，朝廷便在常年经费之外，另拨抢修经费。冲决的口门愈大，抢修工程也愈大（称作“大工”），所拨经费自然也愈多。而且，每次决口合龙之后，都可以保荐一批所谓“出力人员”，提升官职。所以，黄河发生漫决，倒变成了河员升官发财的机会。当时流传着这样一句话，叫作“黄河决口，黄金万斗”。于是，事情走向了反面，治河的官员不是盼望黄河安澜，而是盼望河决的发生。如果黄河“久不溃决，则河员与书办及丁役，必从水急处私穿一小洞，不出一月，必决矣，决则彼辈私欢，谓从此侵吞有路矣”①。何栻的《河决中牟纪事》一诗，就描写了1843年（道光二十三年）夏间黄河在河南中牟决口之后，河官面对着百万生灵葬身鱼腹的悲惨景象，竟毫无人性地想着滚滚而来的财源兴高采烈的情状：“黑云压堤蒙马头，河声惨揵云中流。淫霖滂沛风飕飀，蛟螭跋扈鼋鼍愁。隤竹揵石数不雠，公帑早入私囊收。白眼视河无一筹，飞书惊倒监河侯。一日夜驰四百里，车中雨渍衣如洗。暮望中牟路无几，霹雳一声河见底。生灵百万其鱼矣，河上官僚笑相视。鲜车怒马迎新使，六百万金大工起。”

老百姓对这样的贪官污吏，抱着什么样的愤慨和痛恨的态度，我们可以举一个小小的实例。1887年9月29日（光绪十三年八月十三日），黄河在河南郑州决口。决口之前，黄河大堤上数万人“号咷望救”，在“危在顷刻”的时候，“万夫失色，号呼震天，各卫身家，咸思效命”。但因为管理工料的河员李竹君“平日克扣侵渔，以致堤薄料缺”，急用之时，“无如河干上曾无一束之秸、一撮之土”，大家只得“束手待溃，徒唤奈何!”河决之时，愤怒的河工和居民对李竹君切齿痛恨，群起殴击，最后将他“肢解投河”，以泄民愤。

群众可以在特定的条件下惩罚诸如李竹君之流，却无力消除腐朽的封建统治带来的治河中的种种黑暗与弊端。贪黩奢靡既已成为“习气”，也就变成了一种可怕的无形的力量，它促使人们同流合污，却不能容忍任何改弦更张的企图。封建统治阶级中也有一些清正廉

① 欧阳昱：《见闻琐录·河员侵吞》。

洁之士，但在这样的环境和氛围之中，甚至连洁身自好也要遭到非议和责难。有这样两个小故事可以说明之。同治、光绪年间，一次黄河在河南境内决口，担任河道总督的苏廷魁与河南巡抚一起，向朝廷请准100万两银子作堵口工程之用。苏廷魁是一位正直的清官，他亲自督工，“买料俱亲经手”，大工合龙后，尚余银30万两。他拒绝了河南巡抚私分余款的主张，决定“奉缴还部”。意想不到的是，苏廷魁的这一做法，不但引起河南巡抚的忌恨，而且招致了户部的不满。原来，“向来河工告成，无不浮冒虚报者，外得十分之七，大小瓜分，以三分贿部，遂不驳。今苏公缴还余银，除此陋规，部中亦恨”①。于是，巡抚参劾，被断了财路的户部官员则多方挑剔，硬挑出几条“不合例”的开支，这位不肯同流合污的苏廷魁终于受到了革职的处分。另一位是稍后时期的河南巡抚任道镕，也是因为在督办河工后，将余银上缴户部，结局与苏廷魁完全一样，“被奏劾，革职去”。《见闻琐录》的作者在写完这两件事之后，慨叹说：“二公于污秽之中，独欲显其清廉，宜乎犯众忌而不得安于其位也。”

在一个腐败政权的统治下，许多事情的是非曲直常常是颠倒的。所谓的“河工习气”，不过是晚清腐败政治的一个窗口、一面镜子。我们可以从这个窗口看到黑暗封建统治的全貌，也可以从这面镜子里得到历史的鉴戒。

---

① 欧阳昱：《见闻琐录·缴余银》。

生态环境与自然灾害

我国自古以来就是一个多灾的国家。进入近代以后，情况不仅未见好转，反而愈演愈烈。灾荒的频繁发生，原因很多，其中，社会生态环境的严重失衡，是一个不可忽视的因素。综观中国近代灾荒史，可以看出，生态环境破坏和灾荒的多发，二者既是因又是果，因即是果，果即是因，形成了一种往复不已的恶性循环。

滥垦滥伐，水旱频繁

清中叶以后，人口增长与耕地不足之间的矛盾日益突出。为了解决这个矛盾，人们自然纷纷向地广人稀的地区去拓荒和开发。由于当时缺乏环境保护的意识，在增加了大量可耕地的同时，人们也可悲地对大自然进行了破坏性的掠夺。许多地方由于竭泽而渔似的滥垦滥伐，使森林植被遭到大面积的毁坏，北方广大地区，“弥望濯濯，土失其蔽”。这一切，不能不给农业生态环境造成一系列恶劣的影响：既严重丧失了调节气候的功能，又造成大量的水土流失；既大大加速了气候干旱化、土壤沙漠化的进程，又使向来并不发达的水利系统因泥沙不断淤塞而削弱了蓄水泄水的能力，最终也就加大了水旱灾害发生的频度和强度，造成了“十年九荒”“水则汪洋一片，旱则赤地千里”的严重后果。

黄河在历史上是一条水害极巨的大河。所谓“华夏水患，黄河为大”，一向就有“三年两决口，百年一改道”的说法。但为什么《清史稿》要特别指出“河患至道光朝而愈亟”呢？这一方面固然同晚清腐朽的封建统治者治黄不力有关，另一方面也是近代生态环境进一步恶化以致河水挟沙日增的结果。道光年间，东河河道总督张井在一个奏折中这样说：“自来当伏秋大汛，河员皆仓皇奔走，救护不遑。及至水落，则以现在可保无虞，不复求疏刷河身之策。渐至清水不能畅出，河底日高，堤身递增，城郭居民，尽在水底之下，惟仗岁积金钱，抬河于最高之处。”淤沙愈积愈多，河身愈抬愈高，一旦决口，生活在远较河床为低的居民，便有数不清的人惨遭灭顶、葬身鱼腹了。

长江流域的情况也差不多。鸦片战争时期的著名思想家魏源曾经指出：“历代以来，有河患无江患。”长江本来并不像黄河那样时常发生灾害性洪水。但到晚清情况就发生了变化，“乃数十年中，告灾不辍，大湖南北，漂田舍、浸城市，请赈缓征无虚岁，几与河防同患，何哉”？魏源做出了一个极有见地的回答。他认为，长江上游的川陕一带，本有许多老林深谷，由于大批移民和流民的进入，刀耕火种，无土不垦，古老的植被年复一年地遭到严重破坏，“泥沙随雨尽下，故汉之石水斗泥，几同浊河”①。这就造成了长江中下游水道的淤塞，再加上江边居民纷纷在冲积而成的洲渚上筑圩垦田，更加阻塞了水路。这样，长江的水患自然也就日益严重起来。

近代社会，政治动荡，战乱不绝。每次战争都对生态环境造成极大的破坏。人民群众不仅要直接承受炮火的蹂躏，还要间接承受因战争造成生态环境破坏带来灾荒的苦难。例如，太平天国农民运动被镇压后，许多地区变成一片废墟，甚至像苏州这样的鱼米之乡，如李鸿章所说，也成为“田野荒芜，遍地荆棘，鸡犬不留，浑似沙漠”。曾国藩在一封信中说：“近年从事戎行，每驻扎之处，周历城乡，所见无不毁之屋，无不伐之树。”郑观应则把这个现象同灾荒联系起来，指出从这场战争之后，“燕、齐、晋、豫诸省所有树木斩伐无余，水旱频仍，半由于此”。

① 《魏源集》上册，391 页。

自然灾害与生态恶化相辅相成

生态环境的破坏，缩短了灾荒发生的周期，加重了灾害的严重程度；反过来，连年不断的自然灾害又促使生态环境进一步恶化。

史沫特莱 1929 年所写的一段话，也许是对这个问题的一个既真实又生动的极好说明。当时，她作为《法兰克福日报》记者，刚刚访问了重灾区河南，她描绘那里的情形是："好几百万农民被赶出他们的家园，土地卖给军阀、官僚、地主以求换升斗粮食，甚至连最原始简陋的农具也拿到市场上出售。儿子去当兵吃粮，妇女去帮人为婢。饥饿所逼，森林砍光，树皮食尽，童山濯濯，土地荒芜。雨季一来，水土流失，河水暴涨；冬天来了，寒风刮起黄土，到处飞扬。有些城镇的沙丘高过城墙，很快沦为废墟。"①

这既是对灾象的描述，也是对灾因的分析。它使我们理解，为什么在旧中国的这块土地上，总是旧的灾荒创伤尚未治愈，新的灾荒往往就接踵而至了。

在旧中国，只要是稍为大一点的灾荒，往往十多年甚至几十年也恢复不了元气。鸦片战争爆发后，曾经在 1841、1842、1843 年（道光二十一、二十二、二十三年）连续三年发生黄河决口。1841 年的河南祥符决口，水围开封 8 个月，"大溜经过村庄人烟断绝，有全村数百家不存一家者，有一家数十口不存一人者"。1842 年的江苏桃源决口，苏北一带"在田秋粮尽被淹没"。1843 年的河南中牟决口，豫、皖、苏三省数十县"一片汪洋""民田庐舍无不受淹"。后来决口虽被堵合，但灾区不仅有大量的人口死亡和流徙，房屋、道路、桥梁、树木被冲毁，被水淹渍的土地则迅速沙化和盐碱化。灾荒带来的破坏，在很长时间里都未能恢复。一直到 10 年之后，朝廷还发布了这样一道谕旨："（陕西布政使）王懿德奏，由京启程，行至河

① 史沫特莱：《中国的战歌》。

南，见祥符至中牟一带，地宽六十余里，长逾数倍，地皆不毛，居民无养生之路等语。河南自道光二十一年及二十三年，两次黄河漫溢，膏腴之地均被沙压，村庄庐舍荡然无存，迄今已及十年，何以被灾穷民，仍在沙窝搭棚栖止，形容枯槁，凋敝如前?”① 其实，这个问题是清朝统治者失职造成的。

旱灾对生态环境的破坏，也许比水灾更为严重。以光绪初年的“丁戊奇荒”为例，这次长达 4 年的大旱荒，灾区遍及山西、河南、陕西、直隶、山东 5 省，并波及苏北、皖北、陇东、川北等地区，因灾死亡人数达 1 000 万之多。1934 年重修的《灵石县志》，曾痛心地回顾该县在这次“大祲巨灾”中遭受的严重打击，指出：“（光绪）三年，秋无寸草；四年，夏成赤地。两季不收，一年无食，而流离失所，死亡相继，论户四千余家，论人四万余口，至今几六十年而灾情犹存，元气未复。”山西、河南部分地区的人口数量，直到民国时期，也未能恢复到灾前水平。可见，生态环境一旦遭到严重破坏，恢复起来是多么的困难。

历史是一面镜子

在近代中国，对于灾荒的成因，占主导地位的认识，还大抵停留在超自然力量（老天爷、神）对人类的惩罚这一点上。但是，也有少数有识之士，开始觉察、揭示生态环境与自然灾害之间的极为密切的关系。前面提到的魏源的议论，就是一例。还有一些人，比他讲得更加深刻一些。这是我国灾荒观发展历史中极有价值的思想资料。

为了对比，我们先举出 1937 年秋《申报》上发表的两篇同一主题而观点截然相反的文章。《劝民说》说：“夫世有水旱偏灾，似有一定之例，其中自有天道主持，非人力可强。”所以遇到“皇天降旱，惟有安命以顺受而已”“勿再怨恨犯天，惟当虔诚祷雨”。《救旱

① 《清文宗实录》卷 26。

说》则说："万不可视水旱之灾而诿为时数之当然，听天命而缺人事，以玩视民瘼而自取罪戾。"该文举外国的事例说："美国新垦之地，雨泽素稀。近因劝民艺树，而雨亦较多于前。""埃及国沙多雨少，岁恒涓滴不落，惟赖河渠以资灌溉。三十年来，国君于其地遍植嘉木百万，望之蔚然，于是雨亦稍加。"从这里得出结论说，要使风调雨顺，只有"劝民多植树木，既可为引水之资，亦可获十年之利"。在当时，能够有后一种认识，应该说是很不简单的了。

关于这个问题，讲得最清楚明确的，要数孙中山先生。他在开始从事政治活动之初，就说过这样的话："试观吾邑东南一带之山，秃然不毛，本可植果以收利，蓄木以为薪，而无人兴之。农民只知斩伐，而不知种植，此安得其不胜用耶?"① 后来，他更进一步从灾荒成因的角度，谈及保护生态环境的极端重要性。他说："近来的水灾为什么是一年多过一年呢？古时的水灾为什么是很少呢？这个原因，就是由于古代有很多森林，现在人民采伐木料过多，采伐之后又不行补种，所以森林便很少，许多山岭都是童山，一遇了大雨，山上没有森林来吸收雨水和阻止雨水，山上的水便马上流到河里去，河水便马上泛涨起来，即成水灾。所以要防水灾，种植森林是很有关系的，多种森林便是防水灾的治本方法。"② 防止旱灾也一样，"治本方法也是种植森林。有了森林，天气中的水量便可以调和，便可以常常下雨，旱灾便可以减少"③。

先哲的这些灼见，不仅在当时远远高出于社会一般认识，在我国生态环境的破坏愈来愈严重的今天，难道不值得我们深思吗？

---

① 《孙中山全集》，第1卷，1～2页。

② 《孙中山全集》，第9卷，407页。

③ 同上书，408页。

一样天灾两般情

1998年的夏天是个不平常的夏天。一方面，全国由南到北，发生了1949年以来最大的洪水灾害，给人民群众的生命财产造成了极为严重的损失；另一方面，广大军民在党中央、国务院的直接领导下，与特大洪水进行殊死搏斗，谱写了一曲惊天动地、气壮山河的人与自然较量的壮丽凯歌。

就灾情来讲，这次大洪水是历史上罕见的。东北的松花江、嫩江连续发生三次大洪水，来势之猛，持续时间之长，洪峰之高，流量之大，都超过历史最高纪录。珠江流域的西江和福建闽江等，也相继发生了百年一遇的特大洪水。特别是长江流域，发生了全流域性大洪水，长江干流宜昌以下河段全线超过警戒水位，其中数百公里江段和洞庭湖、鄱阳湖水位均超过历史最高水位，由于上游洪峰接连出现，连续8次洪峰峰峰相接，使高水位持续数月之久。面对这样严重的洪水，组织起来的广大军民，团结奋战、顽强拼搏，抗御了一次又一次洪水袭击，终于使长江干堤除九江大堤一处决口外，没有发生大的决口，九江决口也在苦战六天六夜后迅速合龙。沿江城市没有受淹，交通干线继续畅通。这不能不说是一个奇迹。

半个多世纪前，也发生过一次全国性大水灾，那就是1931年大洪水。两次灾情约略相仿，但造成的后果却迥然不同。把这两次大洪水做一个历史的对比，可以给我们提供不少值得深思的启示。

1931年也是一次南至珠江、闽江，北至松花江、嫩江的全国性大水灾，灾区中心则为江淮地区。长江及其主要支流，如金沙江、沱江、岷江、涪江、乌江、汉水、洞庭湖水系、鄱阳湖水系等，无不洪水横流，泛滥成灾。灾害发生后，由于抗灾救灾不力，造成了惨绝人寰的严重后果。仅长江流域为洪水吞没的人数，由于当时缺乏精确的统计，各种资料说法不一，有的说 14.5 万人，有的说 40 余万人，有的说 100 余万人，有的甚至说有 360 万之多。即使按最保守的估计，葬身于滔滔浊浪的人至少也在 10 余万。至于灾后因饥饿、疾疫而死的，就更加难以数计了。长江干堤共决口 300 余处，滔滔江水如脱缰野马，狂泻千里，长江中下游一片汪洋，全部受淹。武汉水位升至 28.28 米（较 1998 年武汉最高水位尚差 1 米多）时，洪水即从江汉关一带溢出，接着数处溃决，大水咆哮着直冲城区，市内水深 1～3 米，最深处达 5 米。大批民房被水浸塌，电线被冲断，店厂歇业，百物腾贵。武汉三镇水淹达百余日之久。九江因江堤发生一个 10 余米的决口，江水奔泻而下，人畜淹毙无算，全市十分之七八的居民为洪水所困，居无房屋，食无粮菜。芜湖也遭大水浸淹，市区内河南岸水深丈余，北岸也有五六尺；溃水冲来时，"溺毙者即达四千余人"；侥幸存活之灾民，栖息于屋顶树梢之上，上有倾盆大雨，下无果腹之粮；全市笼罩在饥饿和瘟疫的魔影里，每日续有大批灾民死亡；当时的新闻报道称，死者既无棺木也无一片干土埋葬，"只能把大批尸骸拴在露出水面的树杈上，任其在凄风苦雨里上下浮沉"。安庆因广济圩溃决 870 米，江水内灌，市内的菱湖乡、德宽路、古牌楼、蝶子塘、柏子桥一带全被淹没。甚至当时国民政府所在地的南京，也因长江洪水和玄武湖的湖水交汇，一齐灌进市区，使闹市水深过膝，有的更深达胸部。当时报纸报道说："灾民啼饥号哭，极备凄伤。综计京市田地，多被淹没，农作物之损失，约及十分之九。"此外，镇江、无锡、扬州等地，也无不积水成河，交通中断。广大农村受长江洪水侵袭，灾情更为严重，灾民的生活也更为悲惨。据当时金陵大学农业经济系的调查，大批缺衣少食的灾民被迫流离失所，四出逃荒，离村人口几占灾区总人口的 40%。外逃的灾民中有 1/3 找到了临时性的工作，1/5 沿街乞讨，其他的人下落不明。① 实际上，这些逃荒者只是在死亡线上挣扎，无可奈何地苟延残喘而已。当时有一首歌谣这样写道："灾民何叠叠，牵衣把

① 参见金陵大学农学院农业经济系编制：《中华民国二十年水灾区域之经济调查》，载《金陵学报》，第 2 卷第 1 期。

袂儿女啼。儿啼数日未吃饭，女啼身上无完衣。爹娘唤儿慎勿哭，此是避灾非住屋。……天气渐寒雨雪多，但愁露宿多风波。万千广厦望已失，止求一席免潮湿。”风餐露宿的灾民们，饥饿难耐时，只能在泥水里寻找腐烂食物充饥，极度衰弱的身体，随时会无声地倒毙在路旁。

这是一幅多么令人毛骨悚然的图画！

同样的自然灾害，带给人们的却是如此不同的情景。个中缘由，我们只能从社会方面去寻找合理的说明。

党中央英明领导、正确决策，是取得1998年抗洪抢险斗争全面胜利的根本原因。以江泽民同志为核心的党和国家领导人，不仅提出了明确的抗洪斗争方针，做出了周密的部署，而且还亲临第一线，到最危险的堤段视察和指导工作。这极大地鼓舞了抗洪前线广大军民的斗志，增强了战胜洪水的信心和决心。而1931年大水灾时，身为国民政府主席、国民革命军总司令并兼任导淮委员会委员长的蒋介石，却正忙于主持对中央革命根据地的第二、第三次“围剿”。6、7月间，正当江淮流域洪水肆虐之时，他集中精力往返于江西等地“督战”。8月22日，也就是汉口被大水淹没不久，他接到何应钦自南昌发来的“促请赴赣督剿”的急电，又匆匆赶赴南昌。9月1日，他发表了一个《呼吁弭乱救灾》的电文，这个电文对殃及数十万民命的大水灾，竟轻描淡写地说什么此属“天然灾祲，非人力所能捍御”，而对于讨伐革命，则信誓旦旦地称“惟有一秉素志，全力剿赤，不计其他”。在当时统治者这种“内战”有术而抗灾“无策”的根本指导方针下，成千上万的老百姓陷入灭顶之灾，也就是势所必至的了。

1998年的抗洪抢险斗争，奏响了一曲军民团结保卫家园的胜利凯歌，爱国主义和民族精神得到了一次新的升华和弘扬，广大人民群众表现了极高的觉悟和组织纪律性，人民子弟兵更是发挥了突击队的作用。在长江大堤上，700万干部群众严防死守，抢险护堤；100多位将军亲临一线指挥，数百万人次的解放军、武警官兵日夜奋战在抗洪抢险第一线。他们经受了严峻的考验，涌现了许多可歌可泣的英雄事迹和模范人物。这是社会主义优越性的具体体现。而1931年大水灾时，广大群众处于分散、自发的状况，没有人对群众进行必要的组织，在惊涛骇浪的洪水面前，个人的力量显得那样弱小无力，他们即使侥幸未被洪水吞没，也只能自顾逃命，遑论其他。至于军队，不要说能够搜集到的兵力首先调集到“剿共”前线去了，就是不去打内战，当时军队的性质也决定了他们不可能同人民群众携手奋战在抗洪的第一线。

1931年大水灾发生后，社会舆论在检讨灾荒原因时，有人认为连年不断的军阀混战，既耗尽了政府能够用以防灾抗灾的有限财力，也把本来就少得可怜的一点抗灾设施破坏殆尽。事实确是如此。据统计，从1916年到1930年，年年有军阀内战。在频繁的战乱中，各地借以蓄洪排水的森林遭到大量砍伐。为了筹措战争经费，挪用水利资金成了家常便饭。例如湖南当局历年都从海关、特税、厘金和田赋中提取堤防修筑费，但到水灾发生时，“是项巨额之积存金已成乌有。第一个挪用该项资金者即蒋中正”。1930年中原大战时，国民政府财政部将1 000余万积存金挪作攻打冯玉祥、阎锡山的兵费，下余款项又被不法商人骗走和被地方官员私吞。① 所以，连《东方杂志》也发表署名文章称：“盖严格论之，此次水灾，纯系二十年来内争之结果，并非偶然之事。……苟无内争，各地水利何至废弃若此？各地水利苟不如此废弃，纵遇水灾，何至如此之束手无策？”② 联想到这一次的大水灾，如果没有一个稳定的政治局面，如果没有中华人民共和国成立以来所进行的大规模水利建设，如果没有改革开放20年来形成的强大物质技术基础，要夺取抗洪斗争的全面胜利也是难以想象的。

自然灾害造成的后果的严重程度，不仅取决于防灾抗灾是否得力，也取决于救灾等善后工作是否及时有效。1998年大洪水发生后，虽然有数以百万计的受洪水威胁的群众被迫离开了家园，但都受到

---

① 参见陶直夫（钱俊瑞）：《一九三一年大水灾中中国农村经济的破产》，载《新创造》，第1卷第2期。

② 沈怡：《水灾与今后中国之水利问题》，载《东方杂志》，第28卷第22号。

了各级政府的妥善安置，做到有饭吃、有净水喝、有衣穿、有住处、有医疗，得到了基本生活的保证。社会各界发扬“一方有难，八方支援”的社会主义精神，用各种方式支援灾区。灾区群众不仅生活安定，而且打破了“大灾之后必有大疫”的常规，没有出现重大的疫病蔓延。这一点，也同1931年大水灾的情景有着鲜明的对比。1931年大水灾发生后，“政治始终麻木不仁，漠视民命，对于这次救灾工作，一点也不紧张，一毫也不注意”①。灾民的生活，完全处于自生自灭状况，政府根本置之不理。当时的新闻媒介在记述武汉灾民生活状况时，有这样的描写：“大部分难民露宿在高地和铁路两旁，或困居在高楼屋顶。白天像火炉似的闷热，积水里漂浮的人畜尸体、污秽垃圾发出阵阵恶臭。入夜全市一片黑暗，蚊蝇鼠蚁翔集攀缘，与人争地。”像这样的生活环境和条件，必然要引发瘟疫的迅速蔓延。所以，据《国闻周报》说，武汉大水冲淹时虽只“溺死约二千五百人”，而在被淹的百余日内，“因瘟疫、饥饿、中暑而死亡的每日约有上千人”。当时，虽然也有一些慈善机构进行了募捐救灾活动，但据金陵大学农业经济系的调查，灾民每家平均得到的赈款，不过大洋6角，只占各户平均因灾损失财产的0.13%。这真正是杯水车薪、无补于万一的了。

人生活在一定的自然环境之中，同时也生活在一定的社会条件之下，自然现象同社会现象从来不是互不相关而是相互影响的。为了减轻或消除自然灾害带来的灾难，我们既要研究怎样创造一个良好的自然环境，也要努力创造一个良好的社会环境，二者不可偏废。

---

① 《皖灾周刊》，1931年11月。

警惕大自然的惩罚

我国地域辽阔，地理条件和气候条件十分复杂，因此各种自然灾害素来就极其频繁。早在抗日战争前夕，邓拓同志以邓云特的笔名出版的《中国救荒史》就指出："我国历史上，水、旱、蝗、雹、风、疫、地震、霜、雪等灾害，自西历纪元前1766年（商汤十八年）至纪元后1937年止，计3 703年间，共达5 258次，平均约每六个月强即罹灾一次。"其中，水旱灾害又是各种自然灾害中发生最多的。1990年3月14日《人民日报》载文说："据文字记载，从公元前206年到1949年的2 155年间，几乎每年都有一次较大的水灾或旱灾。"事实确实如此。纵观历史，在神州辽阔的土地上，滨河地方常"十岁九淹"，高原区域则亢旱连年。不仅灾荒频仍，而且往往灾区广大、灾情严重。在旧社会，因水灾而造成"遍地汪洋，尽成泽国"，或因旱灾而造成"禾稼尽枯，赤地千里"，以致成千累万的群众饥毙沟壑、"道殣相望"，数十万、数百万甚至上千万灾民流离失所、"哀鸿遍野"的情景，几乎成了司空见惯的悲惨现实。

中华人民共和国成立后，尽管社会条件发生了根本性的变化，但自然灾害对人们的侵袭并未因此而敛迹，它依然是制约经济建设和社会发展的一个重要因素，对社会经济和人民的生命财产造成巨大的威胁和破坏。据有关方面统计，1949—1988年，"我国农作物平均每年遭受水、旱、风、雹、霜、冻灾害面积3 300万公顷，成灾面积1 400万公顷，每年因灾损失粮食500万吨以上。其中受灾面积在4 000万公顷以上的11年中，造成粮食生产严重减产的有7年，累计减产11 500万吨，占40年来减产总数的93%"①。如果加上其他

① 《继续为减轻农业自然灾害而努力奋斗》，载《人民日报》，1990年3月10日。

各种灾害的损失，自然灾害给予我们在经济、政治和社会生活各个方面的消极影响就可想而知了。特别是刚刚过去的1998年全国性特大水灾，给人们留下了极为深刻的印象。在这次历史上罕见的洪水灾害中，虽然由于党和政府的英明领导和广大军民的顽强拼搏，取得了抗洪抢险斗争的全面胜利，使损失减少到了最小的程度，但是，这次灾害给国家和人民群众造成的损失仍然是巨大的。据统计，全国共有29个省（直辖市、自治区）遭受了不同程度的洪涝灾害，受灾人口2.3亿，因灾死亡3 600余人；倒塌房屋733万间，损坏房屋1 379万间；农作物受灾2 544万公顷，成灾1 599万公顷，绝收614万公顷；直接经济损失约2 642亿元。这充分说明，即使在社会主义条件下，生产力水平和防灾抗灾能力较之过去已有很大提高的今天，自然灾害仍然是我们生存和发展的极大威胁，是丝毫不能掉以轻心的大敌。

在漫长的封建时代，传统的灾荒观念是把自然灾害发生的原因归结为由老天爷的意志所决定，即所谓“天象示警”。按照这种观念，似乎一切大的自然灾害的发生，“皆天意事先示变”，是老天爷对人们的一种警告和警戒。因为“天人之际，事作乎下，象动乎上”，人间社会生活和政治生活的不正常，必然引起天变。在这种灾荒观的支配下，一旦发生大灾，历代的封建统治者，消极一点的就向老天祈祷，积极一点的也许还会“引咎自责，特降罪己之诏”，以检讨政治得失来求取老天爷的宽恕。当然，这种流传了几千年的灾荒观念，是不科学的、唯心的。

其实，自然灾害，顾名思义，当然是由自然原因造成的。人生活在一定的自然环境之中，也就与自然发生了一种相互依存与相互制约的关系。恩格斯在批评自然主义历史观的片面性时说道：“它认为只是自然界作用于人，只是自然条件到处在决定人的历史发展，它忘记了人也反作用于自然界，改变自然界，为自己创造新的生存条件。”① 确实，愈是生产力低下、社会经济发展较落后的地方，人

① 恩格斯：《自然辩证法》。

类控制和改变自然的能力愈弱，自然条件对人类社会的支配力也就愈强。反之，生产力和社会经济发展水平愈高，人们能较好地通过自己的智慧和劳动，改变自然界，有效地克服自然环境若干具体条件的不利影响时，便愈能减轻或消除自然灾害带来的灾难。但是，恩格斯在同一篇著作中，还讲了这样的话："我们不要过分陶醉于我们对自然界的胜利。对于每一次这样的胜利，自然界都报复了我们。每一次胜利，在第一步都确实取得了我们预期的结果，但是在第二步和第三步却有了完全不同的、出乎预料的影响，常常把第一个结果又取消了。"他举出了一些地方的居民"为了想得到耕地"而把"森林都砍光"，从而"失去了积聚和贮存水分的中心"，使那些地方"成为荒芜不毛之地"的例子；还举出了阿尔卑斯山的意大利人因为砍光了山南坡上的松林，既摧毁了"高山畜牧业的基础"，又造成这个地区水旱频仍的例子。他的目的在于告诫我们，改造自然界，支配自然界，一定要认识和正确地运用自然规律，否则，就不免会受到自然界的惩罚。

可惜，迄今为止，违反自然规律因而受到大自然报复的事，还到处存在。对土地的过度开垦，对森林的乱砍滥伐，某些工业布局的不合理，以及为了局部的地方利益导致的经济建设的短期行为，使生态环境不断恶化，植被减少，大量水土流失，土壤沙化碱化，大气河流污染，水资源匮乏。人类对自然的贪婪无度的索取，不能不说是自然灾害频繁发生的一个重要原因。

还是拿 1998 年这一次全国大水灾来说，江泽民同志在全国抗洪抢险总结表彰大会上的讲话中指出："今年发生这么大的洪水，主要原因是气候异常、降雨集中，也就是说，主要是天灾造成的。当然，我们也要充分正视生态破坏严重、江湖淤积、水利设施薄弱等存在的问题，认真总结经验教训，切实加以改进，使我们的防范抗御能力得到新的提高，以利更有效地减轻自然灾害的危害。"据有关材料称，近几年来，我国每年因毁林开荒和乱占滥用林地达 3 700 万亩，相当于每年造林面积的一半。过量采伐使川西原始天然林面临绝境，金沙江、雅砻江、大渡河等长江上游的主要支流水土流失越来越严重。由于大量泥沙涌入江中，长江干流每10年河床就要抬高1米。长江中下游盲目围垦，湖泊、河道被肆意侵占，不断萎缩，如20世纪50年代初洞庭湖湖泊面积4 300平方公里，到90年代初缩减至2 600平方公里，蓄水调洪能力由290亿立方米缩减为170亿立方米。所有这些，都不能不对今年的洪水泛滥造成重大的影响。

事实上，早在一个半世纪以前，我国近代著名思想家魏源就在《湖广水利论》《湖北堤防议》等论文中提出"历代以来，有河患无江患""乃数十年中，（长江）告灾不辍，大湖南北，漂田舍、浸城市，请赈缓征无虚岁"，其根本原因在于因人口激增和土地兼并所造成的严重生态失衡，其突出表现就是长江上游森林的破坏和中下游水道的淤塞。可惜，前贤的告诫没有形成人们的共识，以致我们今天仍要面对着一个半世纪前已经面对的同样的问题。

江泽民同志指出："自然灾害是件坏事，但通过同它的斗争，人们可以加深对自然规律的认识和把握，从中得出有益的结论，从而更加科学地利用自然为自己的生活和社会发展服务。这就是人与自然关系的辩证法。"

愿我们大家都来学习和掌握这个辩证法。

学海探航

鉴古知今，继往开来

中国是一个有五千年文明历史的国家。中国共产党历来有重视历史、尊重历史的优良传统。以毛泽东、邓小平、江泽民为核心的党的三代领导集体，曾经反复强调过学习和研究历史对于加强党的建设、提高干部素质，以及提高全民族素质的极端重要性。最近，江泽民同志在省部级主要领导干部金融研究班结业式上发表的重要讲话中，又把学习历史同学习理论、学习现代经济知识、学习科技知识一起作为各级干部乃至全党、全社会应该特别要注重学习的四个方面提了出来，强调指出："一名领导干部不善于从历史中吸取营养，不可能成为高明的领导者；一个政党不善于从总结历史中认识和把握社会发展的规律，不可能成为顺应历史潮流的自觉的政党；一个民族不善于从历史中继承和发展本民族与世界其他民族创造的优秀文明成果，就不可能屹立于世界民族之林。"

深刻领会江泽民同志的讲话精神，在全党和全社会造成学习历史的浓厚空气，必将为在新形势下掀起的新的学习热潮，增添更加生动丰富的内容，取得更加积极坚实的成效。

了解历史，才能深刻地了解现在和正确地走向未来

历史是已经逝去的既往岁月。当我们正在集中全副精力进行社会主义现代化建设的时候，当我们正在迎接充满机遇和挑战的新世纪的来临、努力实现中华民族伟大复兴的时候，为什么还要把目光投向过去，去理会那些尘封的岁月呢？

学习历史，研究历史，当然不是为了发思古之幽情，而是为了

认识现实世界、推进现实实践的需要。

江泽民同志在《努力建设高素质的干部队伍》的重要讲话中指出：“今天的中国是历史的中国的发展，作为当代中国的领导干部，如果不了解中国的历史，特别是中国的近代史、现代史和我们党的历史，就不可能认识和把握中国社会发展的客观规律，继承和发扬我们党在长期斗争中形成的光荣传统，也就不能胜任领导建设有中国特色社会主义的职责。”他还说：“一个民族如果忘记了自己的历史，就不可能深刻地了解现在和正确地走向未来。”

在这里，江泽民同志指出了历史、现在、未来之间的历史联系，这种历史联系的根本内容就是社会发展规律。

中国共产党从诞生之日起，就努力去探索和掌握社会发展规律，并按照这个客观规律确定自己的奋斗目标和斗争的战略策略。当革命者对于社会发展规律的认识从朦胧走向清晰、从感性走向理性时，党也就逐渐从幼稚走向成熟，并领导全国人民取得了民主革命与社会主义革命和建设的伟大胜利。在这过程中，由于某些历史时期对国情和形势的分析以及路线、政策的制定背离了社会发展的规律，我们的事业遭受了或大或小的挫折和损失。目前我们正在做的是建设中国特色社会主义的宏伟大业，为什么我国的社会主义必须是中国特色的而不是别种模式的？因为只有符合我国历史特点的东西才能生根发芽，茁壮成长。为什么我们今天只能实施社会主义初级阶段而不是别种样式的纲领与政策？因为这是一个社会发展无法逾越的历史阶段。为什么我们的目标一定能够实现？因为这是由人类社会发展规律所决定的。正如邓小平同志在视察南方的讲话中所说：“封建社会代替奴隶社会，资本主义代替封建主义，社会主义经历一个长过程发展后必然代替资本主义。这是社会历史发展不可逆转的总趋势，但道路是曲折的。”

以上事实说明，如果不能认识和掌握社会发展规律，既不能正确指导和投身于当前的社会实践，也难以看清未来的发展方向。对于党来说，就不能说是一个成熟的党；对于个人来说，就不能说是一个自觉的清醒的革命者。而离开了对于历史的了解，认识社会发展规律也就根本无从谈起。

正是在这个意义上，毛泽东同志早在1938年就如此鲜明而深刻地指出："指导一个伟大的革命运动的政党，如果没有革命理论，没有历史知识，没有对于实际运动的深刻的了解，要取得胜利是不可能的。"① 今天我们面临的形势更加复杂，任务也更加艰巨、更加宏伟，自然就要求我们的党员和干部具有更高的理论素养、更丰富的历史知识、更坚实的实践基础，才能适应新时期的需要。

以史为鉴，可以知兴替，要重视历史经验的借鉴和运用

晚清著名思想家龚自珍曾经讲过："欲知大道，必先为史。"这里所说的"大道"，既包含社会的进退得失之道、政治的兴衰治乱之道，也包含个人品德的善恶美丑之道。在漫长的岁月中，一幕幕悲壮慷慨或哀怨凄戚的历史活剧，一个个叱咤风云或默默无闻的历史人物，为我们提供了如此丰富深刻的历史警示。如果我们能够用历史唯物主义的观点，去分析总结历史上的重大的经验教训，我们就可以从历史这面镜子里看出许多是非曲直，增长许多聪明才智。

我们的先人充分认识到历史借鉴作用的重要性。一部伟大的经典式的史学巨著，从编撰目的到社会影响，都鲜明地贯穿着为后人提供历史借鉴和历史启迪这样一个根本之点。司马迁自己讲，他撰《史记》，是"网罗天下放失旧闻，考之行事，稽其成败兴坏之纪""述往事，思来者"②。司马光编撰《资治通鉴》，不仅书名就表明了此书的目的和功用，而且在《进〈资治通鉴〉表》中更明确说明，此书的编写原则是"专取关国家盛衰，系生民休戚，善可为法，恶可为戒者"，他希望最高统治者读后能"鉴前世之兴衰，考当今之得失，嘉善矜恶，取是舍非，足以懋稽古之盛德，跻无前之至治"。这些伟大的史学家之所以期望自己的作品能发挥这样的作用，是因为

① 毛泽东：《中国共产党在民族战争中的地位》。

② 《汉书·司马迁传》。

历史活动本身便具有这样的功能，史学著作不过是把历史本身的功能加以集中提炼而已。

时代的更易，社会的变迁，使今天的现实同历史的情况相比发生了很大的变化。我们在借鉴和运用历史经验的时候，自然不能简单地以历史的是非为是非，而需要下一番分辨剖析的功夫。过去之是也许恰恰成了今日之非，往昔视之为罪恶的也可能如今正应目之为辉煌。这并不意味着历史鉴戒作用的丧失，而只是说明在汲取历史营养的时候，确立正确历史观的重要性。更何况由于人类历史发展的继承性和延续性，许多问题仍有其一贯和相通的地方。历史是不可能重演的，但社会历史现象在特定条件下却常常会以惊人相似的形式和面貌反复出现，这正好说明借鉴历史经验教训具有何等重要的意义。所以，江泽民同志指出："我们党在领导革命、建设和改革的过程中，一贯重视历史经验的借鉴和运用。"

这里，我们可以举一个人们并不十分陌生的例子。延安整风时期，党中央特地把郭沫若所著的《甲申三百年祭》作为整风文件，印发全党学习。此书是专门总结明末李自成领导的农民起义由胜利转向失败的经验教训的。毛泽东同志在谈及此事时，说："近日我们印了郭沫若论李自成的文章，也是叫同志们引为鉴戒，不要重犯胜利时骄傲的错误。"① 他并亲自致函郭沫若："你的《甲申三百年祭》，我们把它当作整风文件看待。小胜即骄傲，大胜更骄傲，一次又一次吃亏，如何避免此种毛病，实在值得注意。"② 在抗日战争即将取得伟大胜利的前夕，党中央和毛泽东用李自成因骄傲而失败的历史事实教育全党，提供了一个借鉴和运用历史经验的范例。

善于从历史中继承和发展人类创造的一切文明成果

党的十五大确定的社会主义初级阶段的基本纲领中，提出了

① 毛泽东：《学习与时局》。

② 《毛泽东书信选集》，241页。

"建设立足中国现实、继承历史文化优秀传统、汲取外国文化有益成果的社会主义精神文明"的重要任务。说它重要，因为这是关系到中国特色社会主义全局的大事。只有物质文明和精神文明都搞好，才是中国特色社会主义。而要建设好社会主义精神文明，就有一个正确对待中外历史文化遗产的问题。

毛泽东同志曾经多次论述过继承历史遗产同指导当前运动的辩证关系。他说："我们这个民族有数千年的历史，有它的特点，有它的许多珍贵品。对于这些，我们还是小学生。今天的中国是历史的中国的一个发展；我们是马克思主义的历史主义者，我们不应当割断历史。从孔夫子到孙中山，我们应当给以总结，承继这一份珍贵的遗产。这对于指导当前的伟大的运动，是有重要的帮助的。"①

稍后，毛泽东在《新民主主义论》中，又着重阐明了历史文化同新文化之间的辩证关系，指出："中国现时的新政治新经济是从古代的旧政治旧经济发展而来的，中国现时的新文化也是从古代的旧文化发展而来，因此，我们必须尊重自己的历史，决不能割断历史。""中国的长期封建社会中，创造了灿烂的古代文化。清理古代文化的发展过程，剔除其封建性的糟粕，吸收其民主性的精华，是发展民族新文化提高民族自信心的必要条件。"

新民主主义的新文化的建立与发展，必须从灿烂的古代文化中通过批判、继承而汲取其营养，同样，今天我们建设中国特色社会主义新文化，也需要把中华民族五千年文明史作为自己文化食粮的原料。离开了当前波澜壮阔的中国特色社会主义的伟大实践，文化的发展固然会成为无本之木；割断了与长期积累而成的中国传统文化的历史联系，社会主义新文化的发展也会成为无源之水。

中国的传统文化，是我们拥有的最可宝贵的资源和财富，正是在这一点上，世界上很少有哪个国家可以与之相比。对于这一份珍贵的历史遗产，颂古非今、言必称三代固然不行，妄自菲薄、数典忘祖也并不可取，还是应该尊重历史的辩证法的发展，给历史以一

① 毛泽东：《中国共产党在民族战争中的地位》。

定的科学的地位。

我国文化的发展，不能离开人类文明的共同成果。所以我们讲尊重历史文化，理所当然地要包括尊重世界各国历史文化的内容在内。学习世界历史知识，博采各国文化之长，在今天的世界形势下愈来愈显得必要和紧迫了。正如江泽民同志所说："中国的发展离不开世界，为了适应扩大国际交往的需要，更好地学习借鉴世界各国的长处，还要了解世界的历史。"①

从历史中获取继往开来的强大精神动力

邓小平同志在1990年4月的一次谈话中说："要懂得些中国历史，这是中国发展的一个精神动力。"②

一个民族、一个国家，如果没有自己的精神支柱，就等于没有灵魂，就会失去凝聚力和生命力。目前，我们正在聚精会神地致力于实现祖国的现代化，实现中华民族的全面振兴。促使我们万众一心地去面对各种挑战、战胜各种困难的精神动力，就是一种伟大的民族精神。

这种民族精神，是在中华民族漫长的历史进程中产生和发展起来的。

江泽民同志曾经对这个问题讲过一段极富激情的话："中华民族有着自己的伟大民族精神。这个民族精神，积千年之精华，博大精深，根深蒂固，是中华民族生命机体中不可分割的重要成分。中华民族在五千年的发展中，历经磨难而信念愈坚，饱尝艰辛而斗志更强，开发建设了祖国的大好河山，创造了灿烂的中华文明，为人类文明进步作出了不可磨灭的贡献。"③

在历史发展进程中涵养而成的民族精神，也必定会在对历史的

---

① 江泽民：《努力建设高素质的干部队伍》。

② 《邓小平文选》，1版，第3卷，358页。

③ 江泽民：《在全国抗洪抢险总结表彰大会上的讲话》。

更深刻的认知中得到进一步的弘扬。当人们更加具体地了解了中华民族自强不息、百折不挠的发展历程，了解了我国各族人民对人类文明的卓越贡献，特别是了解了近代以来中国人民反抗外来的侵略和压迫，争取民族独立、人民解放和国家繁荣富强的可歌可泣的斗争业绩后，必定会对今天更加热爱，对明天更加充满信心。

邓小平同志在论证为什么“中国除了走社会主义道路没有别的道路可走”这个问题时，专门叙述了一段自鸦片战争以来的中国近代史，并且说：“所以了解自己的历史很重要。青年人不了解这些历史，我们要用历史教育青年，教育人民。”① 这也许正可以看作对本章开头所引那一句话的具体说明。

不要拒绝历史，因为历史给我们以智慧；不要忘记历史，因为忘记历史意味着对事业的背叛；不要漠视历史，否则将受到历史的惩罚；不要割断历史，因为否定昨天也就将失去明天。

① 《邓小平文选》，1版，第3卷，206页。

学风正则学术兴

延安整风时期，毛泽东同志特别强调了反对不正派学风、坚持马克思列宁主义学风的极端重要性，认为“学风问题就是一个非常重要的问题，就是第一个重要的问题”①。江泽民同志在党的十五大报告中也谈及在学风上要发扬理论和实际相统一的优良传统问题，并明确提出，要“在全党造成认真学习的风气，民主讨论的风气，积极探索的风气，求真务实的风气”。最近，江总书记又热情赞扬了那种“不断钻研、求实、创新、向上的优良学风”，认为它“生动地体现了中国人民自强不息、开拓进取的民族精神”。

确实，只有在全社会倡导和发扬优良学风，才能够营造一种有利于学术发展的良好环境，才能够鼓励和支持科学创新的精神，才能使有价值的科研成果不断涌现出来。

回顾新时期的历史学，谁都不能否认，在研究视野和研究领域的扩展上，在研究的深度和广度上，都取得了长足的进步，出现了一大批具有较高学术价值的史学论著。在充分估计史学走向初步繁荣的同时，还应该清醒地看到，学风不正的问题也相当严重地存在着，并日益成为史学发展的一个重要制约因素。

在史学研究领域，学风不正有哪些表现呢？具体表现可以说是五花八门，但归纳起来不外乎三个方面：一是如何对待历史唯物主义，二是如何对待历史实际，三是治学态度和如何对待学术规范的问题。

史学研究应该坚持马克思主义、毛泽东思想、邓小平理论的指导，这一点，似乎没有什么争议。但实际上，却并不是不存在不同

① 毛泽东：《整顿党的作风》。

的态度和认识。不久以前，在某高校的学报上，发表了一篇分析"中国当代史家的心理障碍"的文章。文章认为，头一个也是最重要的一个"心理障碍"，就是自20世纪50年代以来，"几乎所有史家"都或者屈服于"政治威胁和行政压力"，或者"出于对自身生存利益的考虑"，形成了对唯物史观的"盲目崇拜与狂热迷信"，以致"不知不觉地放弃了对历史过程积极的理性探索精神，习惯成自然地丧失了历史批判的科学能力"。也是在不久以前，一位青年教授在课堂上公开向学生宣称："在过去一个漫长的时间里，统治我们的是客观的思维方式，认为世界是物质的，是可以认识的，我们可以把握规律，并以此改造世界。这种思维方式是陈旧的、阻碍人类发展的思维方式。"如果真是这样，我们还要唯物史观干什么用呢？当然，像这样对唯物史观的公然讨伐，毕竟还只是一些极端的例子，并不多见，但把唯物史观的指导同对历史现象的科学探究对立起来的想法，却有着一定的影响。在这个问题上的另一个极端，是对马克思主义的本本主义、教条主义态度，不是把唯物史观的立场、观点、方法，作为分析丰富复杂的历史现象的锐利武器，而是当作一种简单的公式和刻板的框框，以致损害甚至扼杀了科学的创新精神。邓小平同志说，真正的理论工作，"决不是改头换面地抄袭旧书本所能完成的工作，而是要费尽革命思想家心血的崇高的创造性的科学工作"①。本本主义曾经在我们党的历史上造成过很大的危害，我们党也曾同这种坏学风做过长期的斗争，但绝不能说本本主义的影响已经在史学研究中不存在了。继续清除这种错误学风，坚持解放思想，提倡创新精神，还需要做很大的努力。还需要提到另外一方面的问题，那就是对待马克思主义的实用主义态度。马克思主义的历史唯物主义，是一个完整的科学的理论体系，但有些人却往往任意加以割裂，或断章取义，或顾此失彼，或取其一点、不及其余，或随意发挥、全失原意。这样的学风，自然也不是对待科学的老老实实的态度。

实事求是是马克思主义、毛泽东思想、邓小平理论的精髓。毛

① 《邓小平文选》，2版，第2卷，180页。

泽东同志在论述马克思主义的革命学风时。对“实事求是”做了极为精辟的论述：“‘实事’就是客观存在着的一切事物，‘是’就是客观事物的内部联系，即规律性，‘求’就是我们去研究。”① 在这里，“实事”是研究的客体和依据，“求”必须依靠科学的观点和方法，“是”则是研究的目的和结果。只有对客观事物有了深入的了解，凭借科学的观点和方法进行分析，才能发现事物的规律，得出合乎实际的结论。就史学研究而言，只有掌握大量的历史资料，深入了解客观存在的历史实际，才能如邓小平同志所说：“公正地、科学地、也就是马克思主义地对待历史，对待历史人物。”② 历史研究结论是否正确，唯一的评判标准是是否合乎历史实际。但是，有些史学论著，往往不提出任何历史事实的依据，就对历史人物任意褒贬，对历史事件随意评说。爱之，可以把某些并无突出历史贡献的封建官僚誉之为“推翻旧世界的先行者”；恶之，也可以把真正民主革命的先行者斥之为制造军阀混战的罪魁祸首。邓小平同志曾经尖锐批评过的有些人热衷于写一些“胡编乱造、歪曲革命的历史和现实的东西”③ 的现象，应该说现在并未绝迹，还是可以常常看到的，这不能不引起我们的忧虑。

学术研究是一个艰苦的，需要呕心沥血、全力以赴才能有所收获的事业。历史学由于研究的是既往的社会存在，历史资料又汗牛充栋，其难度就更不待言。但是，也许因为社会环境的影响，浮躁心理，急于求成的思想，却在一部分人中间颇为流行。甘坐冷板凳被目之为太“迂”太“傻”，下笔万言而离题千里似乎就是“才思敏捷”。东拼西凑便可以出一本“专著”，东拉西扯便可以创建个新“体系”。还有一种极坏的风气，那就是“捧”风颇盛。有青年吹捧老者的，也有老者吹捧青年的，当然还有同辈之间的相互吹捧和自我吹捧的。捧来捧去，结果是“学者”遍地，“权威”泛滥，“大师”贬值，“名家”成灾。真正的权威和大师愈多，愈意味着学术的繁荣

---

① 毛泽东：《改造我们的学习》。

② 《邓小平文选》，2版，第2卷，172页。

③ 《邓小平文选》，1版，第3卷，43页。

兴旺，但这些带引号的“名家”多了，对于真正意义的学术繁荣，却非徒无益，抑且有害。在治学问题上不正之风登峰造极地发展，便会必然出现一些人无视学术规范，侵犯知识产权，抄袭剽窃，不以为耻。这方面的情况，报上已多次披露，法院亦时有受理，这应该说是学风不正的恶性表现了。

这里谈及史学研究中学风不正的某些表现，这自然不是问题的主流方面，但却是绝对不容忽视的方面。只有不断提倡和培育优良的学风，历史学才能在以往的基础上进一步健康地发展。

从“扬袁抑孙”想到学术创新

在清末民初这段历史中，孙中山和袁世凯是两个极为关键的人物。他们站在政治的两极，各自对当时的社会历史发挥着巨大而深刻的影响。历史人物，盖棺未必论定。对他们两位的具体评价，过去学术界也并不完全一致，但在某些最基本的方面，人们还是有共识的。每年国庆节在天安门广场矗立的巨幅孙中山画像，大概可以看作这种基本共识的象征。

最近读到一些论著，扬袁抑孙的看法似乎流行了起来。有一篇文章说，孙中山领导的“辛亥革命是搞糟了”，清朝虽然“的确是已经腐朽的王朝”，但可以逼着它迈上现代化的道路，现在一下子把它推翻，“反而糟了，必然军阀混乱”。另一篇文章说得更加具体，指出孙中山制定的《中华民国临时约法》和确定的责任内阁制，“是造成民初社会动乱、阁潮迭起、府院之争连绵不断的一个重要原因”。而袁世凯从清末到民初的一系列政治、经济、外交措施，“正反映了当时社会历史发展的总趋势”，尤其是他的教育思想和实践，更是“前无古人”的。文章的结尾处有如下一段妙文：“正是由于袁氏北洋政府政治上的宽松政策，陈独秀、李大钊、胡适、鲁迅等一代新文化大师脱颖而出；蔡元培成功地改造了北京大学……毛泽东、周恩来等老一辈无产阶级革命家在北洋时代成长起来。这一切，同袁氏北洋政府的文化政策、社会改革……不无关系。”总之，在这些文章看来，孙中山是民国初年军阀混战、社会动乱的罪魁祸首，而袁世凯则是顺应历史发展总趋势并造就了一代革命家或文化大师的功臣元勋。

这些看法当然可以讨论。就我来说，我是不赞成的。因为，它不符合历史的真实，别的暂且不论，就拿前面引的最后一段话来说，的确，陈独秀、李大钊、胡适、鲁迅、蔡元培、毛泽东、周恩来等人，都曾在袁氏北洋政府的统治下生活过。但是，他们之所以成为历史名人或历史伟人，并不是袁氏北洋政府培育或恩赐的结果，恰恰相反，而是他们在各条战线上同包括袁氏北洋政府在内的反动统治进行斗争，从而推动了社会前进的缘故。说到这里，不由使人想起了马克思说过的一个笑话：当有人称赞18世纪中叶德国的书报检查制度，认为在这个制度下德意志精神得到了发展时，马克思说："德意志的精神发展并不是**由于**书报检查制度，而是由于**违背了**这种制度。"[①] 他不无幽默地问："法国革命时最伟大的演说家"米拉波"是在监狱里受到教育的"，难道能说监狱是"培养口才的高等学校"吗?

不过，这篇短文并不想也不可能讨论上面提到的那个孙、袁历史功过问题，只想说说由此引起的有关学术创新的一点感想。

上面的这些意见，都是在"学术创新"的名义下发表的。不错，创新是学术研究的生命，科学事业本质上是个创新的事业。如果一味陈陈相因，只是重复前人说过的话，了无新意，那也就不可能在科学上有任何前进。最近，江泽民同志在全国科技大会上指出："创新是一个民族进步的灵魂，是一个国家兴旺发达的不竭动力。"这虽然主要是指科学技术的创新而言，但对社会科学的发展，无疑同样具有深刻的指导意义。当然，需要正确理解创新的含义，一般说来，在社会科学、人文科学领域，判断学术上的是非对错，并不以"新"或"老"作为标准，不是凡新的说法便都是对的，老的说法便都是错的，当然更不能反过来。标准只有一个，那就是大家常说的：实践是检验真理的唯一标准。就历史学来说，看某个史学观点是否正确，只能以是否符合历史实际来判断，也就是说，要看它是否把握到了历史的真实。

事实上，由于人们常常从不同的角度、不同的出发点，以不同的观点和方法去观察和认识历史人物与历史事件，对同一事件和人

---

① 马克思：《第六届莱茵省议会的辩论（第一篇论文）》。

物的看法和评论往往分歧较大，错综复杂。在这种情况下，哪种观点是新，哪种观点是旧，有时就很难分辨。譬如，有一篇文章，是批评 1949 年以来近代史研究中“认为西方殖民主义侵略造成了东方普遍落后”的“传统观念”的，作者认为这种老观念使“历史批判的天平倾斜了”，因此要以新的观念去代替它，应该肯定近代资本主义的征服，“从根本上改变了东方历史的发展过程，成为东方民族赶上现代文明的惟一的现实良机”。如果我们把眼光不仅限于 1949 年以后而且扩展到 1949 年以前的历史学，那就很容易发现，这里自称为是新观念的那些说法，其实倒是很早以前就颇为流行过的。而文中主张应予摒弃的所谓“传统观念”，又恰恰是作为“新史学”对“旧史学”的否定而提出来的。这样，上面两种观点，何者为新，何者为旧，就不大好办了，是以时间先后分呢，还是以内容来分呢?

看起来，学术的创新，似乎有两种途径。一种，是通过对前人某些错误认识的批判和纠正，以达到新的更加科学的认识；另一种，是在前人取得的科学成果基础上，继续探索，继续前进，以解开更多的未知之谜。这两种情况，有时又会互相交叉，互相渗透。就认识的本性来说，人们对于世界万事万物的认识，总是相对的，只能逐步趋于完善，而不可能一下子达到终极的最后真理。恩格斯甚至说，对于“人类历史”的认识，由于历史材料的不足，甚至永远总是不完整的、没有完成的。因此，史学研究总是要有所发现，有所创新。但是，这同任何对于前人的科学成果的主观武断和不尊重，完全是两码事，更不意味着只要对所谓“传统观念”简单地做个颠倒，就算达到了学术的创新。错误的观念应该纠正，正确的认识应该坚持，而纠正错误的观念，坚持正确的认识，都需要在实事求是的原则下进行，都需要足够的理论勇气，也都需要对已有的科学成果采取极认真、极审慎、极细致的态度，用历史实际去一一做出分辨和检验。所谓科学的硕果只有站在历史巨人的肩上才能摘取，大概也包含了这一层意思在内。

历史学，请走出史学界

我国进入改革开放的历史新时期已经整整20年了。20年来，在“解放思想，实事求是”的思想路线指引下，历史学取得了重大的发展，其表现是：摒弃了“左”的思想对史学研究的影响，纠正了对唯物史观的某些简单化和教条化的理解，扩大了研究视野，拓展了研究领域，对许多历史现象进行了创造性的分析，发掘和整理了一批有重大价值的历史资料，发表和出版了许多学术成果。但是，也应该承认，历史学虽然取得了长足的进步，却还不能适应时代的发展与社会的要求。换言之，历史学的社会功能和学术功能还没有得到充分的发挥。

造成这种状况的原因是多方面的，其中一个重要原因在于史学在一些方面还局限于史学界内部，还不能走向更为广阔的领域。

因此，应该发出这样的呼吁：历史学，请走出史学界！

从大一点的方面来说，我们可以从世界科学发展的角度来思考这个问题。

当今不同学科之间的交叉与渗透，已经成为世界范围内一个明显的趋向。自然科学如此，社会科学也同样如此。历史学是社会科学和人文科学的基础性学科，具有很强的综合性特点。然而，它在相当长的时间内处于相对封闭的状态。应当承认，在以往的历史研究中，我们不大关注诸如哲学、文学、经济学、政治学、民族学、民俗学、宗教学、社会学、法学等相关学科的研究动态，也不大注意利用这些学科的最新成果来丰富历史学的内涵，并把这些学科以及自然科学的某些学科的研究方法引进到史学研究中来。同时，历史学为这些学科的发展提供知识支持的作用也受到了一定的限制。

这种相对封闭的状况，不仅存在于历史学与相关学科之间，就是在历史学界内部，自我封闭的现象也是存在的。搞中国史的，不关心世界史的研究状况；搞中国近代史的，不关心古代史，甚至同样是搞中国近代史的、专攻太平天国史的，也不大关心辛亥革命史；研究近代经济史的，对近代文化史就不甚了了。这样，圈子就越来越小，范围就越来越窄，同行之间的切磋讨论也就越来越困难。这种状况不能不制约着历史学的整体发展。

除了要打破学科之间的封闭状态以外，还有一个更加重要的问题，就是要拆除历史学与广大群众之间的藩篱。

广大群众有着了解祖国历史的浓厚兴趣，有接受和汲取中国优秀传统文化的极大的积极性。这一点，只要到群众中去感受一下历史文化在他们日常生活中的深深的印痕，只要看一看近年来历史题材的文艺作品在群众中受欢迎的程度，就可以明白了。但是，史学家似乎并没有以很大的热情来回报广大群众的积极要求，史学工作者的作品中，很少有以史学界以外的广大群众为读者对象的。史学研究的成果通常只是作为史学界一部分同人交换研究心得的手段。当然，从学科建设和发展来说，这完全是必要的、有益的，史学研究毕竟应当首先立足于史学界。然而，仅着眼于这一点显然远远不够。史学家还要善于跨越史学界，关注社会，关注群众，重视对全社会提供对于当前社会生活有借鉴意义的直接或间接的历史认知。从中国史学史的发展来看，历史上大凡史学方面的名篇巨著，几乎都是超出历史学的范围而作用于社会的。

前一段时期，一些有责任心的史学工作者，对流行于影视领域的所谓“戏说”一类的“历史题材”作品表示深深的忧虑甚至愤慨，担心广大群众误以为历史真是这个样子。当然，对这类作品可以评论，对观众也可以引导，但忧虑无济于事，愤慨也大可不必。不是有位“剧作家”在报上公开撰文，声称他编的“历史剧”，就是要“气死历史学家”吗？我想，历史学家大概不致如此脆弱，胸怀和肚量也未必如此狭小。不过，认真说来，作为史学工作者，倒是应该更多地来考虑一下如何组织力量，向广大群众提供尽可能多的既生动活泼、喜闻乐见，又观点正确、符合历史真实的科学作品。至于文艺作品，它同科学作品是不一样的。没有虚构，没有艺术的概括和提炼，是不可能成为文艺作品的。因此，历史题材的文艺作品，只能要求它的主要人物和事实基本符合历史的真实，要求它不违背历史的环境和氛围，却不能要求它成为历史事实的原样复制品，更不能要求其无任何虚构。在这个问题上，历史学界倒似乎应该更加开明一些，只是不要忘记了用科学的历史观去宣传群众的责任。

我国有一个值得引以为豪的资源优势，这就是无比丰富和历史悠久的传统文化。正因为中国传统文化极其丰富，数量巨大，要充分发挥它的作用并为广大群众所接受和掌握，就离不开一个中介，也就是说要有一个专业队伍对如此数量巨大而又内容纷繁的传统文化进行分析、研究、梳理、辨识，对其精华部分，用今天人们可以了解和接受的形式加以弘扬。应当说，当好这个中介，是史学界义不容辞的责任。同时，它也为史学界提供了一个可以纵横驰骋的广阔天地。

一般说来，任何一门科学，哪怕是最深奥的学问，如果不同丰富鲜活的社会生活发生紧密的联系，不同广大群众发生密切的关联，就不可能有生命力。现在我们面临着世纪的交替，历史学也同其他学科和其他工作一样，需要回顾、总结 20 世纪走过的途程，展望下世纪的发展前景。这种总结和展望，可以是比较概括、宏观的，也可以从某个具体方面入手。本文提到的问题，只是史学发展的一个比较具体的问题，但我认为，它具有不可忽视的意义。

中国有句老话，叫作“退一步海阔天空”，那是讲处世哲学的。我套用这句话，改一个字，叫“进一步海阔天空”，这不是讲处世哲学，而是讲史学的发展。“进一步”，就是跨出一步，跨出史学界这个圈子，更好地面向社会，面向社会大众，面向时代。

生动一些，形象一些

有一位同志说，历史科学本来是形象的科学，可我们许多史学论著却往往缺少形象的内容。我以为这个话颇切中时弊。我们总是希望读到不仅思想深刻、观点鲜明，而且内容生动形象、文字活泼有趣的史学著作，可惜这样的作品并不多见。不少史作虽然有很精辟的见解，却严肃有余、活泼不足，板起面孔讲道理；有的甚至枯燥、干瘪、呆板，令人望而生畏。我不敢以偏概全，说这是史学界的通病，但承认这是我们经常会犯的一个毛病，大概不算过分。

于是常常可以听到要求历史著作写得更生动一些、更形象一些的呼吁。

这个要求自然是正当的。它不但可以做到，而且应该做到。因为：第一，社会历史本来就是多彩多姿、丰富生动的，而历史科学不过是客观历史的正确的、如实的概括和反映。第二，我国一直有着“文史一家”的优良史学传统，像《史记》《资治通鉴》这样一些历史巨著，同时也是脍炙人口的文学杰作。我们应该继承和发扬这个好传统。第三，历史科学在建设社会主义精神文明中担负着十分重要的任务，要很好地实现这个任务，我们的史学著作首先要为社会所欢迎，为群众所接受。“言之不文，行而不远。”道理虽好，讲得枯燥乏味，人家也不听你的。

说起来容易，做起来难。为什么史学论著容易犯死板、干瘪的毛病？细想一想，原因恐怕是多方面的，如：长期以来“左”的思想在史学领域的影响，教条主义文风的束缚，还有像我这样的历史工作者所具有的知识面不广、文学素养不足的弱点等。要克服上述毛病，需要从多方面努力。

有一点我想特别说一说。过去，我们只强调历史的必然性，完全忽略或根本不谈历史的偶然性，可能也是产生上述毛病的一个重要原因。不错，历史唯物主义者认为历史不是一堆偶然事件的堆积，而是有规律可循的，历史科学的根本任务就在于发现和阐明社会历史发展的必然性和规律性。但历史必然性的思想并不排斥和否定历史偶然性的一定作用，恰恰相反，正如恩格斯所说，在社会历史领域，偶然性是必然性的“补充和表现形式”①。马克思甚至说：“如果‘偶然性’不起任何作用的话，那么世界历史就会带有非常神秘的性质。”“发展的加速和延缓在很大程度上是取决于这些‘偶然性’的，其中也包括一开始就站在运动最前面的那些人物的性格这样一种‘偶然情况’。”② 因此，历史人物的品德、性格、动机、意向，历史事件的来龙去脉、因果关系及某些偶发因素，等等，都不应该排除在历史研究的视野之外。只有把这些内容包括到史学研究中去，历史才是有血有肉的，历史规律才是有根有据的。否则，所谓“历史规律”也就只能是一些抽象的概念，历史著作中也就自然没有形象可言了。

① 恩格斯：《致瓦·博尔吉乌斯》（1894年1月25日）。
② 马克思：《致路德维希·库格曼》（1871年4月17日）。

史学的大众化

我曾经接触过一些渴望更多地了解祖国和世界历史的年轻人。他们中间，有工人、农民、战士、机关干部，也有当时正在待业的青年。有的走一二百里路，为的是听一次历史知识的讲座；有的拿着少量艰难积攒的钱，去购买心爱的历史书籍；也有的鼓足了勇气，写信或者登门向历史学家求教自学的门径。每当看到或者听到这样一些事实，心里就不免热乎乎的，从中感到了作为一名史学工作者的责任和荣耀。

但是，我还经常听到青年中提出的若干带有怀疑态度的问题，如："学习已经过去的事情，和今天的现实生活究竟有什么关系呢?""现在需要学习的东西那么多，花力气去学习历史知识，值得吗?""学习历史，能够学出一个'四化'来吗?"

对于末一点，我只能老老实实地回答：很遗憾，仅仅靠学习历史，是确实不可能学出一个"四化"来的。不过，问题应该倒过来提：不要历史，不重视历史知识，我们的国家能够建设成高度文明、高度民主的社会主义现代化的强国吗?

对于这样的问题可以理直气壮地回答：不能!

从总体来说，一个不要历史的民族将是愚蠢的民族，一个忘掉历史的国家将是没有前途的国家。

这并不是危言耸听。在十年动乱时期，我们不是吃够了否定历史的苦头吗? 在建立了社会主义制度和无产阶级专政的条件下，还要进行"一个阶级推翻一个阶级"的所谓"继续革命"，这显然是无视并否定了百年来的民主主义革命历史，特别是五四以来的新民主主义革命历史；对所有老干部作为"民主派—走资派"一概打倒，这显然是否定了我们党几十年艰苦卓绝的斗争历史；把一切历史遗产统统作为“四旧”加以破除和扫荡，结果是戕害了文化，增添了愚昧。殷鉴不远，历史的教训是不应轻易忘记的。

日本有一位19世纪的伟大思想家名叫中江兆民，曾经就哲学的社会作用讲过这样一段话：“哲学不一定有显著的功效可以让人看见或听见，对于工商业的发展与否等等，好像没有什么关系；然而国家没有哲学，恰像客厅没有字画一样，不免降低了这个国家的品格和地位。没有哲学的人民，不论做什么事情，都没有深沉和远大的抱负，而不免流于浅薄。”如果我们不介意所作比喻是否确切（事实上，哲学也好，历史学也好，它们对于国家的关系，远远要比仅仅起装饰作用的字画对于客厅的关系重要得多），应该承认，中江兆民的这段话是很有道理的。而且，我以为，历史学的社会作用，在很大程度上也有着类似的情况。

表面看起来，历史对于社会经济的发展与否，好像也确实并没有什么直接的关系。其实不然。生活在今天的人们，建设祖国，改造客观世界，都要从中国的国情出发。所谓国情，无非是两个方面，一是现实状况，一是历史传统。现实状况也总是经由一个历史发展过程而形成的。因此，离开了对于历史的了解，拒绝对于历史经验的总结和借鉴，势必陷入盲目的状态，一切思想、计划、方案、办法、决策乃至种种行动，都会因为不符合中国的国情而出现这样那样的失误和差错。

当然，这是就整个社会而言。对于每一个人来说，如果不知道历史，如果不从灿烂的历史文化中汲取知识的营养，那么，也就会如前面所说的，往往“没有深沉和远大的抱负，而不免流于浅薄”。做一个没有远大抱负的浅薄青年是谁都不愿意的，于是出现了不少渴望学习历史知识的人们，也给我们历史工作者提出了更好地普及历史知识的任务。

可惜的是，总的看，我们的历史知识普及工作还没有引起足够的重视，没有做出应有的努力，人们——尤其是青年——对社会历史的了解还很不够。

这里可以举两个也许不一定十分典型的例子。

不久前，中央电视台曾在天安门广场做过一次随机采访，向广场的游客主要是青少年询问一些极普通的历史知识。结果似乎很不令人乐观。不但有人对五四运动、南昌起义等不甚了了，甚至有人连中国共产党何时成立、中华人民共和国第一任国家主席是谁也说不清楚。为此，颇引起了社会上一些人士的感慨。

另一个例子发生的时间比这要早一些。《人民日报》登过一篇杂文，虽然因为时隔已久，题目和作者都已记不清了，但文章内容却至今不忘。杂文的作者讲到他在国庆前后，乘公共汽车行经首都天安门广场时，亲耳听到两个青年的对话。一位青年指着人民英雄纪念碑前的孙中山画像问："这个老头是谁？每年国庆就摆出来了，过了国庆又收走，他是什么人？"另一位青年回答说："谁知道他是谁！说他是外国人，可又穿的中国服装；说他是中国人，又没听说过。"看了这篇杂文，我并不觉得可笑，却多少产生了一点失职、失责的负疚之感。当然，这两位青年并不能代表一般青年的历史知识水平，造成这种现象的原因也是多方面的，但像我们这样以从事历史教育为职业的人，难道对这种现象不应负一定的责任吗？史学工作者没有付出更多的努力来做历史知识的普及工作，这毕竟是一个难以否认的事实。

有人做过这样一个对比：现在世界各国出版的关于拿破仑的著作，有数千种之多，其中相当一部分是拿破仑的历史传记。而1949年以来，我们出版的孙中山传记，包括年谱和翻译作品在内，一共不过十余种。拿破仑是法国的杰出人物，孙中山是中国民主革命的先驱和民族英雄，他们在各自国家的历史上的地位，应该是不相上下的。但对于这两位历史伟人的研究和宣传，竟有如此之大的差别。鲁迅在形容一个人连起码的常识都不知道的情况时，曾说过"简直像法国人不知道拿破仑一样"的话。而我们有的青年却当真看着孙中山的画像竟不认得这位历史伟人。这不能不说同上面提到的拿破仑和孙中山传记出版的数字对比有一定的关系。

60年前，鲁迅在谈及文艺的大众化问题时，曾经讲过："应该多有为大众设想的作家，竭力来作浅显易解的作品，使大家能懂，爱看。"① 这个问题，对于今天，对于史学工作者，也仍然是适用的。我们竭诚期望有更多的"为大众设想"的史学家，写出更多的"浅显易解"而为广大群众"能懂，爱看"的作品。充分发挥历史科学的社会功能，密切史学和现实生活的联系，对史学的大众化给予更多的关注，更好地通过历史进行爱国主义教育和国情教育，应该是时代和社会赋予我们史学工作者的光荣而神圣的职责。

① 鲁迅：《文艺的大众化》。

加强史学评论

随着历史科学的日趋繁荣，加强史学评论的要求愈见其迫切了。

有的同志带着欣喜的心情慨叹说：近年来史学论著如此之多，即使是专业史学工作者，要想在一定时期里对史学新作大体浏览一遍，也是难以做到的。确实，只要翻一翻有关的新书目录和论文索引，在我们面前就会呈现出一个繁花似锦的史学百花园来，使人感到目不暇接，美不胜收。在这种情况下，如果能及时地对其中的优秀之作加以热情的推荐，对于新的学术见解加以认真的评介，对于某些著作的不足之处或带倾向性的问题进行友善的批评和论争，无疑会大大地促进史学研究的发展。

广大群众有着学习和了解历史的很高的积极性，这只要看一看有关历史题材的文艺作品，包括小说和影视作品，有那样广大的读者和观众，就十分清楚了。文学艺术不是历史科学，它并不承担向群众普及科学的历史知识的任务。但一个不争的事实是，群众的某些历史知识又往往是通过历史题材的文艺作品这个渠道获得的。这种矛盾的现象，加重了史学工作者对群众做正确引导的任务。同时，近些年也出版了不少以普通群众为读者对象的历史通俗读物，这些书，篇幅有长有短，内容有简有繁，形式和体裁也各种各样。如果能对这些书各自的特点和优点、弱点和不足加以实事求是的分析，那对广大的历史爱好者肯定是大有裨益的。

加强史学评论，对建设史学队伍，特别是促进青年史学工作者的成长，也具有重要的意义。在史学界，加速新生力量的培养，是一项带有战略意义的大事。这几年，有一批青年史学工作者迅速成长起来，做出了令人鼓舞的成绩。由于刚刚起步，他们的作品也许不那么成熟和完善，但他们思想活跃，目光敏锐，勇于提出问题，为史学研究带来了一股生气，这是很可贵的。通过史学评论，青年同志得到整个史学界，特别是老一辈史学家的关心和鼓励，这必定会帮助他们在崎岖的科学道路上更好地前进。

鲁迅反对对作品的评论“不是举之上天，就是按之入地”的乱捧与乱骂的做法，认为“批评必须坏处说坏，好处说好”①，才于作者和读者有益。鲁迅讲的是文艺批评，但这个原则也完全适用于史学评论。有的同志不大愿意写史学评论的文章，觉得这是吃力不讨好的事，弄不好还不免得罪人。其实，只要坚持分析的态度，有实事求是之心，无吹捧打棍之意，这样的评论，无论作者或读者都是会欢迎的。良好的互相讨论、互相切磋、互相学习的学术风气，也定会伴随着史学评论的活跃而逐渐养成。

历史学有很多分支，如历史编纂学、史料学、考古学、方志学、谱牒学、历史地理学等，史学评论似乎也应该在众多的史学分支中占有一席之地，而且应该成为重要的一个分支。要有很多人来关心和参加史学评论工作，专业史学工作者、广大的历史爱好者，都可以从事这一项工作，但同时也应该逐步组织起一支史学评论的骨干队伍。甚至可以设想，在史学工作者中间，出现一部分以主要精力从事这一项工作的同志，并且为他们创造一个新的称号：史学评论家。

① 鲁迅：《我怎么做起小说来》。

基础文科建设小议

党的十一届三中全会以来，社会科学、人文科学取得了令人瞩目的成绩，呈现出一派繁荣的景象。一批批学术论著不断涌现，人文社会科学研究为社会主义的经济建设提供精神动力、智力支持和思想保证，为党和国家进行经济与社会发展的重大决策提供科学依据的作用，得到愈来愈清楚的体现。

但是，社会科学、人文科学在迅速发展的过程中，也存在着一些不容忽视的问题和困难。文科的地位和功能，还远远没有被人们充分认识。在社会科学、人文科学的各个学科中，尤以哲学、历史、中文等文科基础学科遇到的困难最为突出。

近年来，每年大学招生，报考文、史、哲各专业的考生日益减少，生源枯竭，常常难以完成招生计划；录取分数线也远较一些热门专业为低；以第一志愿录取的考生，更是凤毛麟角。这种情况的出现，同这些学科毕业分配特别困难分不开。文、史、哲各系的毕业生，不论是本科生、硕士生还是博士生，都很难找到合适的用人单位，不少毕业生为了就业，不得不抛弃原学的专业，改行做其他工作。由于这些专业没有其他经费来源，教师的科研条件极为困难，生活待遇也较其他专业清苦。现在普遍存在着学术著作出版难的问题，而文、史、哲研究成果发表之难，更是首当其冲。在这种情况下，学术队伍的稳定也就成了问题，一方面是新鲜血液得不到应有的补充，另一方面是有些颇有才能的教师和研究工作者，也常常抱着万般无奈的复杂心情去另觅出路。类似的问题在基础文科研究机构也同样存在。

如果不对这些困难和问题给以足够的重视，并采取切实的措施加以解决，积以时日，不仅这些文科基础学科将日益萎缩，而且会极大地影响和制约整个社会科学、人文科学的发展和提高，极大地损害社会主义精神文明建设。

造成这种状况的原因，既有认识问题，又有实际问题。我以为，首先要解决认识问题。

有一种看法，认为文、史、哲这些学科，离现实比较远，与现实生活的关系比较间接，因此，在以经济建设为中心的今天，自然不像经济管理、行政管理、法学、新闻学、社会学等应用学科那样“有搞头”，甚至不时可以听到这些学科“究竟有什么用”之类的疑问。这其实是一种极大的误解。事实上，当今世界所有重大问题和复杂问题，几乎都与以文、史、哲为基础的社会科学有着直接或间接的联系。就文、史、哲这些文科基础学科来说，一方面固然有与社会生活联系比较间接的一面，对它们的要求不能急功近利；同时也要看到，这些学科也有强烈影响和参与社会生活的功能，不能把它们看作脱离人间烟火的象牙塔中的精巧古董。

远的不说，刚刚粉碎“四人帮”之后社会上开展的关于“实践是检验真理的唯一标准”的大讨论，曾经起了怎样巨大的解放思想的作用，为改革开放做了何等重要的思想准备和舆论准备，是大家记忆犹新的。反面的例子也有，我们可以指出，每当我们工作中发生全局性的严重失误，政治生活出现不正常局面的时候，也总是形而上学猖獗、唯心主义横行的时候。所以，邓小平同志在组织起草《关于建国以来党的若干历史问题的决议》的时候，特别转达陈云同志的意见，“建议中央提倡学习，主要是学习马克思主义哲学”，并强调指出，“现在我们的干部中很多人不懂哲学，很需要从思想方法、工作方法上提高一步”①。

建设中国特色社会主义，是一个宏伟壮丽的事业，每前进一步，都会遇到许多新情况、新问题。不论是在经济方面、政治方面还是在社会生活的其他方面，都有大量的理论问题需要我们去探究，去讨论，做出有重大指导意义的答案。按照邓小平同志的说法，“这将

① 《邓小平文选》，2版，第2卷，303页。

是我们思想理论工作者对马克思主义的重大贡献，对毛泽东思想旗帜的真正高举”①。对待马克思主义，科学的态度应当是一要坚持，二要发展。如果缺乏哲学、历史方面的基础知识，就既谈不上坚持马克思主义，更谈不上发展马克思主义。邓小平理论是马克思主义、毛泽东思想的继承和发展，同时也是马克思主义与中国社会主义建设实践相结合的产物。如果基础文科不断削弱甚至萎缩，不但影响到一代人对马克思主义的理论掌握，也影响到他们认识和解决现实问题的能力，坚持邓小平理论、坚持党的基本路线也会成为一句空话。

我们今天的一切都是昨天的继续，不了解中国的昨天和前天，也就不能正确认识今天中国的国情；而没有对中国国情的正确认识，一切方针、政策、措施的制定也就失去了科学的依据。现在，一部分人特别是青少年，对我们国家和民族在近代社会曾经受到的凌辱和苦难的历史不甚了解，对无数革命先烈和志士仁人为争取民族独立、社会进步而从事过的百折不挠的英勇斗争也知之不多，民族自尊心和民族自信心有所淡漠，拜金主义和唯我主义有所抬头，再加上社会上某些丑恶现象的存在甚至蔓延滋长，对人们特别是青少年的身心健康起着很大的毒害作用。因此，邓小平同志特别强调要用中国的历史教育青年，指出“了解自己的历史很重要。青年人不了解这些历史，我们要用历史教育青年，教育人民”②。

社会主义的精神文明并不是也不可能在一片文化废墟上建立起来。江泽民同志在《为促进祖国统一大业的完成而继续奋斗》的重要讲话中指出：“中华各族儿女共同创造的五千年灿烂文化，始终是维系全体中国人的精神纽带，也是实现和平统一的一个重要基础。”只有以马克思主义为指导，认真地继承和发扬中华民族优良的思想文化传统，大胆地吸收人类文明发展的一切优秀成果，包括发达资本主义国家中一切对我们有用的东西，才能在生动丰富的社会实践中，创造出人类先进的精神文明。在这中间，不论是对于我国古代

① 《邓小平文选》，2版，第2卷，179页。
② 《邓小平文选》，1版，第3卷，206页。

的传统文化，还是对于现代的西方文化，都有一个分辨、鉴别、消化、吸收的过程。文科基础学科研究工作者的任务之一，正是要通过自己的艰苦努力，从理论上指导人们既大胆地吸收传统和外来文化的一切有益的成果，又摒弃和抵御这些文化中落后、腐朽、消极成分的不利影响，真正做到取其精华、弃其糟粕。

以上主要是从文科基础学科对经济和社会发展较为直接的作用方面，列举了一些例证。如果从较为间接也更加长远一点来看，加强基础文科的学科建设和队伍建设，就显得更加重要、更加迫切。既然把这些学科称作基础学科，它自然对社会科学、人文科学的其他各个领域，起着一种基础性的作用。基础不牢固，或者受到削弱，必定要影响整个社会科学、人文科学的发展和提高。就每一个具体学科而言，如果研究者缺乏哲学的思维，缺乏历史感和必要的历史知识，缺乏应有的文化素养，要在任何一个科学领域中取得超出前人的突破性的进展和成就，都将是十分困难的。正是在这个意义上，邓小平同志强调指出："哲学、社会科学同自然科学一样，决不能忽视基础理论的研究，这些研究是理论工作的任何巨大前进所不可缺少的。"① 扩大一点说，我们整个民族素质的提高，也决然离不开文、史、哲这些学科的更好地普及。就总体而言，一个缺乏哲学思维的民族，只能是愚蠢的民族；否定了自己的历史传统，也就失去了未来；而文化素养，则是民族素质的最基本的内容。

除了认识问题之外，加强基础文科的学科建设和队伍建设，还需要采取一些切实的措施，解决一些具体问题。令人欣慰的是，现在已经有越来越多的人在做这方面的工作。原国家教委在一些基础较好的学校，设立了50余个基础文科人才培养和科学研究基地，国家和学校共同为这些基地投入专项资金，用于基础文科学科建设。这些基地在招生办法、课程设置、师资配备、教学方法、教育管理等各个方面，积极进行各种改革和探索，以有利于基础文科专门人才的成长。有些学校为了鼓励和吸引一些有志于从事基础文科专业

① 《邓小平文选》，2版，第2卷，179页。

的人才，专门设立了“基础学科奖学金”，凡是报考这些专业的，入学后每人都可以得到一份奖学金，如果品行和学习优秀，还可以再得优秀学生奖学金。有的正在试行这些学科本科生、硕士生和博士生的连续制和淘汰制。所有这些举措，都将极大地推动全国高校文科基础学科教学和科研的全面发展与提高，使基础文科的学科建设和队伍建设上一个新的台阶。

重视18世纪历史的研究

社会历史犹如一条奔腾不息的长河，一浪接着一浪，发展着，前进着。那些相互更迭和相互交替着的时代，又都有各自特定的时代特征和丰富的内涵，使自己与其他时代区别开来。18世纪的历史，由于其特殊重要的历史内容，引起了人们的特别关注。这个世纪的历史、社会、哲学、文化的研究，早已引起各国学者的重视，形成了国际性的"18世纪学"，相应成立了"国际18世纪研究会"，并每隔一年举行一次国际学术讨论会。我以为，这样一种学术现象并不是偶然的，而是有着充足的理由的。

为什么要把18世纪这一百年从延绵不断的历史岁月中特别提出来，作为一个专门的历史范畴加以深入研究呢？

18世纪在世界历史上具有的特殊重要地位是众所周知的。从整个人类文明史着眼，18世纪是迄今为止人类所经历的第三次伟大的革命性变革——现代化进程中最关键的一个世纪。在这一百年间，从地球的一端到另一端，或者正在发生，或者正在酝酿着空前急剧的变革。从某种意义上可以讲，19世纪至20世纪世界各国历史发展的基本趋向，甚至今天世界格局中的某些特征，在18世纪就已经大体确定下来，或至少播下了种子。

对中国而言，18世纪同样具有特殊的重要性。在这一百年间，中国封建社会发展到鼎盛，国家统一，经济繁荣，政治稳定，文化发达；在这一百年间，中国在世界占有重要地位，她的文化、思想、艺术等对世界产生了重大而深刻的影响；在这一百年间，经过漫长岁月积淀而成的中国国情，诸如政治权力高度集中，地区经济、政治、文化发展的不平衡，统一的多民族国家的最后奠定等都与18世纪以前或以后的中国既有着显著区别，又有着紧密联系，从而使18

世纪在中国几千年文明发展史上呈现出鲜明的阶段性，成为整个历史链条中的一个特殊环节。

还应看到，18 世纪也是中国在世界格局发生巨大变化的背景下开始走向衰弱与落后的关键的一百年。18 世纪的西欧经历了思想启蒙、产业革命和政治革命，北美和俄国也发生着深刻变革。正是从这一时期起，中国与欧美等国在社会结构、经济水平、政治制度、价值观念、民族心理等方面，呈现出迥然不同的面貌。

我们看到，近年来对于 18 世纪的研究，已越来越受到人们的关注与重视，而且，对这一历史阶段的研究，越来越注意把中国与世界联系起来，从而得出了许多新的认识。

首先，深入探讨、揭示近代乃至当代中国社会的特征和形成过程，追本溯源，都需要回到 18 世纪。而把 18 世纪中国历史纳入世界历史背景下进行比较研究，更有助于了解当代中国诸多现实问题的来龙去脉，加深对当代中国国情的认识和理解，并为探索中国走向现代化的道路提供坚实的历史和理论依据。

其次，对 18 世纪中国历史特征如何评价：是停滞，还是变动?国内外史学界存在着不同的甚至截然相反的看法。从黑格尔所谓“中国的历史从本质上看是没有历史的，它只是君主覆灭的一再重复而已”，到 20 世纪 50、60 年代哈佛学派“西方冲击，中国回应”理论模式的推出，都表述了相当长的一个时期内曾在欧美史学界占主流地位的中国历史停滞论的观点。这种渗透着“欧洲中心论”成见的学术主张，尽管已遭到中外学者的有力挑战，但不能不说，目前还缺少足以从根本上取代这种历史观的理论上的长篇巨著，以及扎扎实实的学术力作。显而易见，把 18 世纪的中国作为一个历史范畴进行比较研究，将有助于更客观、更准确地把握 18 世纪中国历史以至于整个中国古代历史进程的总趋势。

大约从 20 世纪中期开始，一种新的、更加合理的历史观逐渐为人们所接受。这种历史观认为，世界上不同民族和不同文明都处于平等的地位，都有权利要求对自己进行同等的思考和评价，不允许对任何民族或任何文明加以贬低或摒弃。与此相适应，西方汉学家进一步意识到“欧洲中心论”历史观的局限性，并对帝国主义、殖民主义偏见在学术领域的反映进行了严肃的反省和批判。对“欧洲中心论”的全面清算，似乎在美国青年汉学家那里做得更彻底。以重新评定哈佛学派“西方冲击，中国回应”模式为契机，他们针锋相对地提出“正是中国社会本身才是一切根本变化的源泉”，由此而产生了包括研究方向和研究方法在内的引人注目的变化。这种新的历史研究取向，被美国学者言简意赅地表述为“在中国发现历史”。

从20世纪中期开始的世界历史研究的另一个显著趋向，是历史学与其他学科的相互结合，彼此渗透和交叉，以及由此而来的历史学新的分支、新的研究方法和技术的出现。它表明历史学家越来越不满足于印象式地描述历史，而追求更科学、更严格地再现历史真实。因而，在这一过程中，社会史和经济史自然受到了学者的格外青睐。

以上这些历史研究领域中的新的趋向，使我们有充分的理由相信，不论是对于18世纪的中国历史还是对世界历史的研究，都将在以往研究的基础上取得新的、更大的突破。

如果不要求那么精确而只是反映一个历史趋势的话，那么，对于中国社会和中国历史来说，是否可以说，18世纪是中国开始从先进走向衰落的世纪，19世纪是中国沉沦和屈辱的世纪，20世纪是中国觉醒和振兴的世纪。再过几年，20世纪就要结束了，即将到来的21世纪会是什么样的世纪呢？我以为，对18世纪进行深入的研究，不仅可以使我们更好地说明和理解已经过去或即将过去的19、20世纪的历史进程，也可以使我们在谱写21世纪的历史时，得到更多的历史借鉴。

清史研究八十年

自从1911年清王朝被辛亥革命运动推翻以后，有清一代268年的历史，就成为史学研究的对象，清史开始成为中国历史学的一个断代分支。

八十多年的清史研究，经历了一个艰难而又重大的发展变化过程。开始，研究清史似乎不被人们看成是一门学问，清史研究的队伍也很小，成果自然也很有限。现在的情况已经完全不同了。清史这个领域，吸引了愈来愈多的国内外史学家的研究兴趣，研究队伍迅速扩大，学术活动十分活跃，科学成果也日新月异。在历史学的范围内，虽不敢说清史已经成为一门显学，但如果说清史研究是中国历史研究中最有生气、发展最快的一门断代史研究，大概是不算过分的了。

这个变化是怎样产生的呢?

首先是由这门学科本身的特点所决定的。清朝是中国封建君主专制统治的最后一个王朝。在这个王朝统治时期，中国经历了在世界范围内由先进到落后的历史转折，经历了由一个独立的封建国家到半殖民地半封建国家的历史转折，也经历了由中世纪到近代社会的历史转折。正是在这种巨大而深刻的变化中，蕴含了极为丰富的历史内容，也同今天社会生活的各个方面产生了紧密的联系。不仅今日之版图疆域及中华人民共和国成立之初的人口基数奠定于清朝，而且当代中国的经济、政治、军事、外交、民族关系等诸多方面的问题，也大都由清朝演化、延伸而来。可以说，要深刻了解中国的国情，离不开对清代历史的科学认识。清史研究具有极为强烈的现实意义。

正因为如此，老一辈无产阶级革命家对清史研究给予了极大的关注。1941 年 5 月，毛泽东同志在《改造我们的学习》这篇著名演说中，就提出了“对于近百年的中国史，应聚集人材，分工合作地去做，克服无组织的状态”的号召，他所说的“近百年的中国史”，其中就包含了七十余年的晚清史在内。中华人民共和国诞生不久，董必武同志提出要修两部史，一部关于清史，一部关于中国共产党党史。1957—1958 年，周恩来总理曾专门找到著名历史学家、当时的北京市副市长吴晗，商议建立清史研究机构，以为修清史做准备的事。1963 年，三年经济困难刚刚过去，毛泽东主席就邀集范文澜等几位历史学家讨论纂修清史的问题，后来还专门成立了清史编纂委员会，以推进这项工作。只是由于不久以后“文化大革命”发生，才使得这项工作搁置了下来。粉碎“四人帮”之后，有人给邓小平同志写信，建议恢复清史编写工作，邓小平同志极表赞成。正是在他的直接关怀下，把修清史列入了国家社科研究“六五”规划。

就清史研究本身而言，今日取得的成就和达到的初步繁荣，是几代清史研究工作者不懈努力和持续奋斗的结果。

20 世纪初，对于清史研究来说，有两件值得一提的大事，其一是《清史稿》的编纂，再一个就是清内阁大库档案价值的发现。

《清史稿》修于 1914—1927 年。修撰者大多是清朝遗老，由于他们站在清朝封建统治者的立场上写书，所以从观点到史事的取舍褒贬，有很多错误和不妥之处；编纂体例和史料搜集，也存在着不少问题。但不管怎样，它毕竟是第一次对有清一代的历史做了比较系统的梳理和总结，我们固然不能指望依靠它去正确认识清代历史，但这部书终究为研究清史提供了重要的历史线索和历史资料。从某种意义上说，《清史稿》的编纂完成，实际意味着中国古代正史编纂传统的终结。

如果说《清史稿》结束了过去的话，那么，清内阁大库档案价值的发现和历尽艰辛终于将它大体保存下来，则为清史研究开辟了一个美好的未来。这批档案，内容之丰富，数量之巨大，反映清代社会生活之全面，是任何其他历史时期的历史资料所无法比拟的。这个可贵的文化学术宝藏，不仅属于 20 世纪的研究者，而且将遗惠于未来一代又一代的学人；不仅属于中国，而且堪称全人类宝贵的文化遗产。罗振玉慧眼识别档案的价值，并为抢救档案做过特殊贡献。就此而言，这位老先生实在功不可没。

前面说过，在开始的一段时间里，清史研究是一个很少有人问津的领域。但有两位先生始终坚持在这个冷清的园地里辛勤地耕耘，并且终于取得了拓荒性的成果，这就是萧一山的《清代通史》和孟森的《明清史讲义》。尤其是后者，对清入关前史和清代重大历史事件的研究和考证，为清史研究的深入做了许多奠基性的工作。在回顾清史研究的发展过程时，这两部著作是不应该略而不提的。

稍后，也许可以作为清史研究开始出现转机的一个标志，涌现了一批颇多学术成就的清史专家，如郑天挺、傅衣凌、商鸿逵、王锺翰等。他们既有扎实的传统史学功底，又在不同程度上接受和掌握了唯物史观，从而把清史研究推进到了一个新的阶段。他们在学术上的贡献，不论是观点方法，还是研究视野，都为今天的研究起着先驱者的作用。

清史研究取得初步的繁荣，无疑是党的十一届三中全会以后的事。在“解放思想，实事求是”思想路线的指引下，二十年来，清史研究取得的成就，无论理论方法还是研究领域，无论数量还是质量，无论广度还是深度，无论文献的挖掘整理还是综合研究的成果，无论研究条件的改善还是年轻人才的培养，都超过了以往数十年的总和。清史研究处于更加有组织的状态，仅全国性的或国际性的清史学术讨论会，就连续举行了八届。以唯物史观为指导撰写的清代通史，如2卷本的《简明清史》和10卷本的《清代全史》，先后问世。几乎囊括清代重要历史人物的《清代人物传稿》，计划写20卷，已出版了18卷。《清史编年》从顺治朝到乾隆朝已出版了5卷，其余各朝也已陆续定稿。特别值得一提的是，一些大型档案历史文献的整理出版，如《康熙起居注》《康熙朝汉文朱批奏折汇编》《纂修四库全书档案》以及康熙、雍正、乾隆等朝宫中档朱批奏折等，为清史研究的进一步开展提供了珍贵的史料，意义极大。至于发表的学术专著和论文，就更是难以计数了。

如果说回顾既往是令人鼓舞的话，那么，面临着即将到来的新的世纪，要使清史研究取得新的成绩，达到新的水平，开创新的局面，也还有一些问题，值得我们认真思考。一要进一步加强史学理论的研究。缺乏对理性思辨的兴趣和热情，没有深厚的理论功底，就会极大地限制对历史现象的洞察力和分析能力，使自己的研究局限于对历史事实的罗列和排比。二要更多地关注社会，关注现实。如前所述，由于这一历史时期本身的特殊性，清史研究在这一方面具有独特的优势，应该利用这个优势，充分发挥史学的社会功能。三要进一步端正学风，努力抵制心浮气躁、急功近利、哗众取宠、墨守成规等不良风气的侵袭，提倡江泽民同志提出的“不断钻研、求实、创新、向上的优良学风”。还有一个问题需要强调提出，就是由于鸦片战争以后，中国社会发生了性质上的变化，一步步变成半殖民地半封建社会，所以鸦片战争以前的历史归入中国古代史的范围，鸦片战争以后的历史归入中国近代史的范围。这完全是正确的和合理的。但是由此形成了一个习惯，就是清史研究者常常把鸦片战争以后的晚清史排除在自己的研究视野之外。甚至道光一朝，搞清史的只管道光朝的前二十年，对道光朝的后十年则不予顾及；搞近代史的只管道光朝的后十年，对前二十年的情况则不甚了了。这种机械割裂的方法，显然极大地阻碍了清史学科的建设。作为清史研究来说，应该全面地、完整地对从清朝开国到王朝覆亡的历史做出系统认识和说明。事实上，研究近代社会，如果不了解清前期历史，就会对很多问题弄不清来龙去脉；研究清史，如果不把后期清史包括在内，就犹如鲁迅所说的“断尾巴蜻蜓”，说不清事物的发展变化。所以，使清史从清前期历史的狭隘领域内走出来，成为真正意义上的贯通前后的清代通史，应该是一项刻不容缓的任务。

选择崇高

时下有些青年，与中华人民共和国成立初期年青一代以有一个崇高理想为荣的风尚不同，似乎不大愿意谈论理想，以为这是一种空谈，有的甚至对此采取一种嘲讽和鄙夷的态度。

其实，这不过是一种表面现象，实际上，不管你谈论不谈论理想，每一个人，无一例外，对自己的人生道路都有一个设计，都有自己的人生目标和追求，都有自己的生活信条。这种设计、追求、信条，正是某种人生理想的具体体现。

因此，问题并不在于一个人要不要有人生理想，而在于要有什么样的理想，或者说，什么样的理想是崇高的，是值得我们去追求和选择的。

50年前，毛泽东同志写了一篇光辉著作，题为《为人民服务》。文中说，革命队伍的成员，“是彻底地为人民的利益工作的”，人生的意义就在于为人民的利益而奋斗终生，甚至献出自己宝贵的生命，“为人民利益而死，就比泰山还重”。

半个世纪过去了，毛泽东同志说的这些道理，还对不对呢？还是不是科学真理呢？

有人认为这些道理已经不适用于今天了。在他们看来，把“为人民服务”当成人生的全部意义和价值所在，完全抹杀了个性，抹杀了个人利益，既是做不到的，也是要不得的。于是，有人就信奉“何必活得太累”，不如“潇洒走一回”；有人就宣扬一切不必认真，“何不游戏人间”；还有的人就追求“万物皆备于我”的极端个人主义，以是否有利于一己的私利作为评判一切事物是非美丑的唯一标准。

确实，各式各样的人生理想，大致可以分为两类：一类是把人生的意义和价值，看作对社会做出贡献，把自己的聪明才智奉献给祖国，服务于人民；个性和个人利益也正是在这种奉献和服务中得到适当的体现和满足。这种理想的升华就成为共产主义的理想。另一类是以个人利益作为核心与准绳，当个人利益和社会的、集体的、国家的利益发生冲突和矛盾时，不惜损害或牺牲后者以保证个人利益的攫取。这类极端个人主义的思潮泛滥起来，全社会的道德水准就必然下降。宋代的理学家鼓吹“存天理，灭人欲”，把人的一切欲望都看作罪恶，这自然是荒唐的、非人性的。但一个社会如果尽是“人欲横流”，就必然导致社会风气败坏，腐败现象盛行。这样一种社会环境，将会极大地影响和阻碍我们的社会主义现代化建设。正如邓小平同志指出的：“只有消除消极因素，才能更好地实现发展”，消除消极因素，就是要“同社会不良风气包括特权思想进行斗争”①。要教育人民成为有理想、有道德、有文化、有纪律的人民，教育干部成为有理想、有道德、有文化、有纪律的干部。

我的工作使我有较多的接触知识青年的机会。在这些青年中，有极少数人本来思维敏捷、颇具才华，有很好的成才的机会和条件。可惜个人主义严重，不是恃才傲物、目空一切，就是患得患失、鼠目寸光。由于极度膨胀的个人贪欲往往难以满足，于是他们就经常处于怨天尤人、牢骚满腹的境况。这样，他们的精力不可能集中在事业上。极端个人主义扼杀了他们才华的发展。

如果把观察的眼光从个人转向社会，那么，提倡“为人民服务”的崇高精神，反对极端个人主义，其重要性就显得更加清楚了。试想，假使我们的大学生，也就是跨世纪的一代知识青年，大都是一些只知攫取个人私利的唯我主义者，没有强烈的社会责任心，没有全心全意为人民服务的志向，那么，在新世纪到来的时候，我们的社会将会是什么样子呢？鲁迅曾经说过，我们的历史所以能绵延不绝，不断前进，是因为我国自古以来，就有一批埋头苦干的人，拼命硬干的人，为民请命的人，舍身求法的人，他们是真正的“中国

① 《邓小平文选》，1版，第3卷，205页。

的脊梁”。这些人的共同特点，就是为了社会的进步和人民的幸福，具有强烈的献身精神和牺牲精神。这样的精神泯灭了，社会岂不成了一个没有“脊梁”的社会?

好在，客观现实并没有如此令人悲观。据前两年对大学生的一次思想状况的调查，在近3万名大学生中，认为“人的价值在于对社会有所贡献，不在于索取”的占47.4%；认为“不应把个人利益放在第一位，应把个人利益与集体、国家利益有机地结合起来”的占42.4%；有25%的人认为“当代青年应当积极投身到共产主义运动的实践中去，为共产主义事业贡献自己的青春”。

我们年青一代的许多人，正是这样在人生道路上自觉地选择崇高，摒弃庸俗。

让我们更多的年轻人记住爱因斯坦的这样一句话：“人只有献身社会，才能找出那实际上是短暂而奉献的生命的意义。”

不要颂扬腐败

看到上面的标题，有些不了解情况、心存忠厚的人也许会说：腐败现象大家都痛恨，几如过街老鼠，鄙弃抨击之不暇，哪里还会有人去颂扬它呢？你这不是有点危言耸听、哗众取宠吗？

确实，腐败现象害国害民，广大群众深恶痛绝。但是，如果再细想一想：为什么中央三令五申要惩治腐败，群众对腐败又如此强烈不满，而腐败现象却久禁不止，某些方面甚至还有蔓延之势呢？原因当然不止一端，其中至少有这么一条，那就是：腐败现象的存在，对某些人来说，确有大利存焉。既然有人要靠腐败来发财，在舆论界冒出一些为腐败辩解甚至颂扬的声音，实在也是并非不可理解的。

还是来看事实。且不说诸如论证行贿受贿是第三世界经济起飞的“润滑剂”一类的“理论”文章，也不说那些半是艳羡半是欣赏的津津有味描写“大款”们一个个带着情妇（所谓“小蜜”）在高级别墅中花天酒地生活的“纪实文学”，眼前我手头一篇发表在一本颇有点影响的刊物上的“特稿”，就很有一点研究的价值。

这篇“特稿”是专门报道南方特区的色情“女性服务市场”的。文章说：“目前，南方这种市场已发育得比较完善，服务层次很多，也很系统。它大致包括：发廊女、伴舞女、伴酒女、公关女、桑拿女，当然也有职业妓女、野妓和包娼。”文章在绘声绘色地细致描写了作者和他的朋友怎样同伴舞女“一个个都缠绵悱恻，情意绵绵”，怎样被桑拿女“服务”得“欲仙欲死”之外，还提出了一个十分严肃的问题：“南方的各级政府也不是没下大决心，没花大力气，在南方许多城市对卖淫嫖娼的打击超过了内地”，但“成效不显著”，究竟原因何在？对这个问题，文章在一些地方做了直接的或间接的回答。

回答之一是作者转述南方某个市镇镇文化馆馆长小方的一段话："从伴舞女郎来说，她们年人均收入总在 5 万元左右。我们这讲究包吃包住，所以每人每年净收入在 5 万元以上。全镇大约有 2 000 名伴舞女郎，大多来自湘、鄂、川的贫困山区。她们每年都把这些收入寄回家乡。你算算，那是 1 亿元人民币呀！这就远远超过政府的扶贫款，你说她们对贫困山区的贡献是不是难以估量?"作者听了小方的"介绍"，立即"无言以对"，尽管知道"伴舞是产生妓女的渊薮"，但自己问自己说："是呀，如果这里真的水至清、人至善了，将会怎样?"

回答之二是作者自己的话，当然说得更加清楚："南方是改革开放的前沿，那里的投资环境必须最大限度地国际标准化，也就是说第三产业必须发达完善。这样，就为色情业发展提供了客观条件。""每一个海外投资者都关注包括色情业在内的'投资环境'。这既是外商生活消费的保证，又是窥视大陆政策变化的风向标。"

回答之三是从历史的分析中得出一个十分清晰的现实结论："不错，大陆是消灭过卖淫，但那是在一种非常特殊的历史条件下实现的。而这种历史条件既不能重演，也不利于我们投资和社会发展。"

把这些答案综合起来，问题就从对卖淫等色情行业为什么"禁而无效"一变而为该不该禁了。文章作者的看法很明确，卖淫（更不要说色情行业的其他方面了）是万万禁不得的。首先，如果加以禁止，我们的投资环境就不够"国际标准化"，既不能"保证"外商的"生活消费"，又会使外商"窥视"到我国政策有了"风向"上的变化，岂不是要对改革开放造成极大的损害? 其次，现在既然已经没有了中华人民共和国成立初期那种"非常特殊的历史条件"，因此我们绝不要再去梦想重演消灭卖淫的历史，以便有利于社会发展。（这一条我有点看不大懂，莫非卖淫是社会发展的一个标志，或者是社会发展的必要条件之一?）最后，还有很实际的经济效益问题。那些从贫困山区来的"女性集群"，用出卖色相甚至出卖肉体挣来的钱，对家乡的发展做出了"难以估量"的贡献。对于如此"神圣"

的事业，你难道能够加以反对吗？

旧社会有所谓“笑贫不笑娼”的说法，那是按“金钱至上”观点做出的判断。你穷，一文不名，就要受到耻笑；娼也是“将本求利”（虽然她的“本”不过是自己的身体），因此虽然值得同情，但不应受到耻笑。这种说法反映了当时社会上何等地势利和冷酷。但即使如此，也仅止于“不笑”而已，倒也还没有对从娼者怎样去歌功颂德。把色情服务这个行业提高到促进改革开放、开发贫困山区等的“高度”，那可是比过去“前进”得多了。

鲁迅先生曾经慨叹过有些人喜欢把痈疽当宝贝：“即使无名肿毒，倘若生在中国人身上，也便‘红肿之处，艳若桃花；溃烂之时，美如乳酪’。”① 此风似乎至今尚未断绝。

---

① 鲁迅：《随感录三十九》。

忘名·立名·窃名

时常在报刊上看到有些名人或自以为是名人的人，发一些“名人难当”之类的慨叹。最近一次，读到一篇“名人专访”，记者引用被访者的一句话作为标题，叫作《名人比坏人更难当》。我不是名人，自信也不是坏人，当然无法了解当这两种人的甘苦，更无从比较当这两种人的难易。不过以常理而论，名人比坏人难当，应该是天经地义的事；如果当名人比当坏人还容易，天底下的坏人大概都去做名人了。

感慨归感慨，名人自然还是照当。而且，自从“人的知名度是一种无形资产”这一道理被发现并被广泛宣传之后，热衷于当名人的人似乎大大增加起来。其实，好名、务名、求名，并非现在才有，至多也只能说是一种“古已有之，于今为烈”的社会现象。所以，我们的先贤才不断有“重实轻名”的告诫。《颜氏家训·名实》篇关于这个问题有这样一段议论：

> 名之与实，犹形之与影也。德艺周厚，则名必善焉；容色姝丽，则影必美焉。今不修身而求令名于世者，犹貌甚恶而责妍影于镜也。上士忘名，中士立名，下士窃名。忘名者，体道合德，享鬼神之福祐，非所以求名也；立名者，修身慎行，惧荣观之不显，非所以让名也；窃名者，厚貌深奸，干浮华之虚称，非所以得名也。

颜之推把人们对“名”的态度，分成三等或三类。“忘名”的“上士”，需要有极高的精神境界，在社会上也自然是极少数，我们姑且放到最后去讨论。“立名”和“窃名”，倒确实反映了两种不同的甚至是互相对立的名利观。

当名人不像当坏人那样，只要想当就能当成，而是需要得到社会的认可。怎样才能得到社会的认可呢？办法不外乎两种：或者“立名”，或者“窃名”。

追求“立名”的人，严格要求自己（“修身慎行”），通过自己的顽强拼搏和艰辛劳动，努力去创造荣耀壮观的事业（“惧荣观之不显”）。这实在是一种积极进取的精神状态，是一种展示自己人生价值的美好追求。这样的人愈多，我们的社会将愈有生气、愈有活力。

也有的人，不愿意或不屑于通过自己的艰苦努力和诚实劳动在创造业绩中取得社会对自己的承认，而是用各种不正当的手段，去求得“浮华之虚称”，妄图以此挤进名人的行列中去，这就是“窃名”，或者就像老百姓常说的“欺世盗名”；人品自然也是等而下之了，所以颜之推把这类人物称作“下士”。

60多年前，鲁迅曾连续写过几篇文章，揭露和抨击当时“文坛”上种种“欺世盗名”的恶行。例如，在《各种捐班》里，就讲到有些人怎样用钱“结识几个清客”“拉几个作家，雇一些帮闲”，通过“做名人辞典，造文艺史，出作家论，编自传”等手法，把自己“捐”成“学者”或“文学家”的事实。在《文人无文》里，更痛快淋漓地指出了这样一些令人齿冷的怪现象：

> 拾些琐事，做本随笔的是有的；改首古文，算是自作的是有的。讲一通昏话，称为评论；编几张期刊，暗捧自己的是有的。收罗猥谈，写成下作；聚集旧文，印作评传的是有的。甚至于翻些外国文坛消息，就成为世界文学史家；凑一本文学家辞典，连自己也塞在里面，就成为世界的文人的也有。

时间过去了半个多世纪，鲁迅在这里提到的种种手法，似乎仍然为某些想当“学者”和“文学家”甚至已经当定了“学者”和“文学家”的人所袭用。当然，时代毕竟已经前进了许多，有些做法，现在比起过去来，已大大地便捷省事得多了。譬如，现在如果有谁为了想列名于“名人辞典”或“文学家辞典”，竟亲自动手或雇人帮助去编一本这样的辞典，然后把自己的名字也塞在里面，那就不但迂得可笑、迂得可怜，简直还有点迂得可敬了。因为现在哪里要这么费事？中国的、世界的、专业的、部门的，各式各样的“名人”辞典、辞海、名录、名典等是如此之多，只要你肯花几百元人民币或者美元，便可以堂而皇之地把自己的名字登在上面。怪不得有人开玩笑说，这样的“名人录”还不如改叫“人名录”来得贴切。

鲁迅在《大小骗》中还指出，世事是五花八门的，不但有“欺世盗名”者，还有“盗卖名以欺世者”。这也是一种“窃名”，但不是通过欺骗手段把“名”窃到自己头上，而是窃别人之名以获利。譬如，出一部书，或请名人题签，或由名人校阅，或邀名人主编，或在广告上开出一批“特约撰稿人”的名字，尽管这些名人对作品既不阅，也不编，特约撰稿人也常常不撰一字，但读者却并不知道这些，只觉得名人既然认可或者参与，大概书是靠得住的了，于是乖乖地掏自己的腰包。待到发觉上当，已无可奈何，因为一本书而去打官司的人大概绝无仅有。因此，这种“窃名”，在今天的市场经济条件下似乎特别为某些人所青睐，这也就不是偶然的了。

通过自我吹捧或互相吹捧以“窃名”，现在有了一个极为传神的专用名词，叫作“炒作”。炒来炒去，各式各样的“专家”“学者”便多了起来。一多就容易滥，一滥便不免贬值。报刊上，其他新闻传媒中，以及日常生活里，冠以“著名××家”头衔的人已经是随处可见，说句不大恭敬的话，差不多是“多如过江之鲫”了。毫无疑问，真正意义上的学者、名流愈多，愈是国家和人民之福，因为这从一个侧面反映了文化的发展与学术的繁荣。但炒作出来的“名家”多了，却未必同文化发展、学术繁荣成正比例，弄不好也许倒是适得其反。至少，它给人们增添了识别真假的麻烦。

最后，我们再简单地讨论一下“忘名”的问题。

有一个时期，我们曾经对“名”采取绝对否定的态度，认为一切对“名”的追求都是卑劣的，甚至是罪恶的。这当然是一种十分简单化的办法。后来，拨乱反正了，对“名”恢复了名誉，这当然很好，很必要。但有些人却从一个极端跳到了另一个极端，认为对“名”以及与之相联的“利”的追求，是由人的本性所决定的，因此，所谓“忘我”，所谓牺牲、奉献之类，都是一种矫情，一种虚伪，一种人性的扭曲。按照这种说法，自然“忘名”也是不存在的了。其实，“忘名”无非是淡泊名利的意思。在历史上，在现实生活中，为了国家，为了民族，为了社会，为了人民而牺牲个人的名和利的事，真是不胜枚举。鲁迅曾经说过，中国自古以来，就有一批埋头苦干的人，拼命硬干的人，为民请命的人，舍身求法的人。我想，这些人在从事他们的事业的时候，是绝不会以追求一己之名利为目标的。我们不愿意也不忍心去嘲弄和亵渎这些默默奉献的人们的高尚情操，因为他们才正是“中国的脊梁”。

文凭打假

澳大利亚驻华使馆在一个月内两次发来传真，要求鉴别两份中国人民大学毕业文凭的真假。拿来一看，其中一份的校长签名章，与我的笔迹完全不同，显然是伪造的；另一份签名章字体倒同我的一模一样，但日期为1983年，那时中国人民大学的校长并不是我。

制作和贩售假文凭如此猖獗，不仅令人咋舌，而且令人愤慨。据《文汇报》载，贩售假文凭的不法之徒，“目前在上海，从四川、湖南、浙江来的‘同行’有好几千。他们分布在上海市各区。每年，从他们的家乡寄来的空白假文凭有万余份”，“买卖还相当红火”。《光明日报》的消息则称：在卖假文凭的那儿，“什么样的毕业证都有，北大的、人大的，要什么有什么”。“出售的假文凭有自考、成教、本科、（硕士）研究生、博士生五种，价格按学历和学校分，一般自考和成教的毕业证200～300元，本科400～600元，研究生和博士生1 000元左右”。做这宗生意的，他们自称每人每月收入“一般三四千、四五千，好的时候能赚到一万多”。

假文凭的泛滥，造成的社会危害是十分明显的：一是践踏了社会主义法制；二是败坏了道德风尚，污染了社会风气；三是影响了高等教育和学位工作的正常规范；四是造成了用人单位的困难，干扰了人才市场的秩序。受害最大和最直接的，是高等学校和广大在校大学生。一些人手持假文凭，以名牌大学的本科毕业生、硕士研究生和博士研究生的身份，招摇撞骗，极大地损害了这些学校的声誉，往这些学校脸上抹黑。这种丑恶现象不打击，极不利于“科教兴国”战略的真正落实。

《中华人民共和国刑法》对伪造和变卖各类公文、文件、印章的不法行为的性质和处罚办法，是有明确规定的。制售假文凭的情况如此触目惊心，危害如此严重，广大群众的反映又是如此强烈，为什么没有或不能受到应有的严厉打击呢？这不能不说是政府的有关管理部门和执法机关的严重失职。制售假文凭是一种违法行为，当然，只能偷偷摸摸，有一定的隐蔽性，但既要出售，就必然要到处兜揽，所以它又是很容易被发现的。打击这种不法现象之是否有力，不存在其他客观的困难，主要在于认识明确不明确，态度坚决不坚决。我以为，要像打击贪污盗窃、投机倒把、走私骗汇那样，像扫黄打非那样，打击制售假文凭的不法之徒。发现卖假文凭的，也不能只罚一点款了事，一定要绳之以法，决不宽容姑息。

用人单位要严格审查，辨别真伪，对使用假文凭的，一经发现，要立即清退。前面提到的假文凭是澳大利亚驻华使馆因工作认真而发现的，而我们国内的不少用人单位，却似乎很少有这样认真的工作态度。据《光明日报》记者和通讯员写的《假文凭缘何有市场》①一文透露，许多“招聘公司的招聘条件”虽然“几乎都要求有大专以上文凭”，但“有意者只需寄去自己文凭的复印件或个人简历即可”，“他们在招聘中从来没对文凭的真假作过验证”。该文明确地指出：“用人单位的这种做法，在很大程度上给了持假文凭者以生存空间。”

全国每年的大学生毕业人数，也就百余万人。每年流入社会的持有假大学文凭的人数究竟有多少，自然无法有精确的统计，但如果按前面提到的材料，上海一地即售出万余张推算，全国一年有数万，大概不会太离谱。也就是说，持有假大学文凭的人数，已经占了真正大学毕业学生的一个相当数量的百分比。这种状况，难道还能容许继续下去吗？

① 载《光明日报》，1998年10月20日。

师德散论

中国是一个有着尊师重教优良传统的国家，所谓“国将兴，必贵师而重傅”①。因为老师的地位尊崇，所以社会和为人师者本身，对师德也有着很高的要求。

师德，就是教师的职业道德。各种行业有各自的职业道德，并成为社会道德的重要组成部分。教师这个职业，有个最鲜明的特点，它不是生产和管理“物”，而是教育和培养“人”。育人是一门十分细致、十分艰深的艺术，因此师德也就比其他行业的职业道德要丰富复杂得多。这里提出的是诸多问题中的几个问题。

做学问与做人

小时候，常在有些人家的堂屋里看到这样一副对联：“世事洞明皆学问，人情练达即文章。”说的是一个人的文章学问，应该体现在为人处世之中。最近读到一本书，讲到已故国学大家唐文治先生曾说过这样一句话：“欲成第一等学问、事业、人才，必先砥砺第一等品行。”说的是只有先学好做人，才能够治学、成才，成就自己的事业。二者从不同的角度，说明了做学问与做人的关系。

老师对于学生，担负着传道、授业、解惑的责任。这里所说的“道”，既包含着学问之道，也包含着为人之道。一个老师如果只顾向学生传授具体的专业知识，而不注意引导学生树立正确的世界观、人生观、价值观，应该说是没有尽到为人师者的责任。

---

① 《荀子·大略篇》。

随着社会的发展，学科之间的分工也愈来愈细、愈来愈严密。学问的内容也就五花八门，名目繁多。但抽象地说，所谓“做学问”，无非就是指学习与掌握认识世界、改造世界的见识和能力。从这个意义上说，“做学问”不过是获取和增长“做人”的本领。如果不能做一个时代需要、社会需要的人，那么，学问再大，也没有多少用处。一个人活着，总要想着对他人、对社会、对国家、对民族能够做出一点什么贡献，而不能一味考虑他人、社会、国家、民族怎样满足自己的种种要求。从社会和国家的角度来说，如果人人都只讲索取，不讲奉献，那么社会又怎么能发展呢？所以，一个人“利他”之心愈多，“服务”观念愈强，就愈有利于自己的成长；一个国家，有献身精神的人愈多，就愈有利于国家的发展和进步。

我曾经遇到过一些青年，聪明伶俐，思维敏捷，本来是很有希望学有所成的，但恰恰因为缺少社会责任感，强烈的利己主义极大地限制甚至扼杀了他们的聪明才智的发挥，终于使他们一事无成。为什么会这样呢？道理也很简单，一个活着只是为了自己的人，必然心胸狭窄，目光短浅。任何社会都不可能满足所有成员的一切要求，而个人欲望极端强烈的人，一旦自己的愿望得不到满足，便不免和集体、和社会、和周围的同志发生矛盾，乃至牢骚满腹，孤芳自赏，心中充满了抑郁不平之气，哪里还有心思和精力去钻研学问呢？

“人类灵魂工程师”是对教师的一个很好的提法，它既肯定了教师的崇高地位和作用，又对教师提出了很高的要求，赋予了他们神圣的职责。塑造高尚的灵魂，才能做纯洁正派的人。邓小平同志认为，教育工作者，思想政治工作者，“都应当是人类灵魂工程师”。“作为灵魂工程师，应当高举马克思主义的、社会主义的旗帜，用自己的文章、作品、教学、讲演、表演，教育和引导人民正确地对待历史，认识现实，坚信社会主义和党的领导，鼓舞人民奋发努力，积极向上，真正做到有理想、有道德、有文化、守纪律，为伟大壮丽的社会主义现代化建设事业而英勇奋斗。”①

①　《邓小平文选》，1版，第3卷，40页。

我想，这正是对于师德的一个重要要求。

严与爱

热爱学生，热切地期望自己的学生能茁壮成长，健康成才，这自然是每位教师的共同心愿，也可以说是师德的一个根本要求。

但是，怎样爱法才更有利于青年的成长，却并不是没有讲究的。

我曾经同我的学生讲过，高等学校，有一批学识渊博的老师，有丰富的图书资料和良好的教学设施，有门类齐全的学科结构，有周密合理的教学计划，而这一切，都不过是为大家的成才提供必要的客观条件，至于是否能够成才，成什么样的才，归根结底，还要靠各人自身的努力。大学生活，并不是一条笔直的高速公路。它充满了挑战。它并不如人们想象的那样只有潇洒和浪漫，更多的却是平凡和艰辛。马克思把对学术的攀登比之为对崇山峻岭的攀登，把“科学的入口处”比之为“地狱的入口处”①，显然是为了强调治学之不易。这是一条充满艰难险阻的道路，没有顽强拼搏的精神，没有百折不挠的毅力，是很难到达目的地的。

老师只有通过严格的要求才能在学生身上培养出这样的精神和毅力。

松松垮垮，马马虎虎，捧着哄着，放任自流，是决然培养不出优秀人才来的。

其实，这个道理，老百姓是很清楚的，所以有句老话，叫作“严是爱，松是害”。

严格要求当然不是惩办主义。年轻人在成长过程中，不免会犯这样那样的错误，这不足为奇，也用不着大惊小怪。但必须严肃对待，弄清错误的性质，从中吸取经验教训。这样，才能通过清算错误使自己变得成熟起来。有的老师对学生的违纪行为，掖着盖着，

---

① 马克思：《〈政治经济学批判〉序言》。

采取“大事化小，小事化了”的态度，自以为这是“爱护青年”。殊不知这样糊弄着，既不能教育犯错误者本人，也不能警示大家，结果就有可能起到纵容更大错误产生的后果。从根本上说，这岂不是恰恰违背了教师的职业道德？

过去人们常说“名师出高徒”，这自然是不错的。但是，“名师”毕竟只是少数。对于多数称不上是“名师”的，是不是也能出“高徒”呢？无数事实已经证明，这是完全可以的。所以，最好把前面那句话改一个字，那就是：“严师出高徒”。

授之以鱼与授之以渔

送给别人几条鱼，人家做几盘菜，很快也就吃完了；如果教给别人养殖鱼类的方法，或者送给别人捕捞鱼类的工具，人家就可以源源不断地享用鱼虾的美味。

这个道理，对于我们当教师的来说，是极有启发性的。教师当然要教给学生具体的专业知识，但不论学习时间多长，学习层次是本科生、硕士生还是博士生，能够传授给学生的知识毕竟是有限的。哪怕老师学富五车、学贯中西，学生也只能从你那里汲取到一部分知识。教师能够给予学生更加有用、更加长远起作用的东西，应该是让学生掌握治学的方法，获取开启学术殿堂的工具。

治学方法，在各个不同学科之间，既有共同的方面，也有不同的方面。例如，搞历史的同搞新闻或者法律的，就会有许多不同的特点。经验丰富、学识渊博的教师，在长期的教学与科学研究的实践中，积累起来的治学方法，是他多年心血的结晶。把这些方法毫无保留地传授给学生，可以使学生少走许多弯路。学生掌握了这些方法，就可以以教师教给的基础专业知识为起点，进一步靠自己去获取新的知识，从事学术的创新。这样，才有可能出现一代又一代“青出于蓝而胜于蓝”“长江后浪推前浪”的局面。

除了治学方法之外，老师对学生进行优良学风的熏陶，也是极为重要的。学风问题，关系到一个人的学术生命。凡是在学术上有所创新、有所成就的人，必定在学风问题上是严谨正派的，必定坚持实事求是，从实际出发，不哗众取宠，不投机取巧，不随风摇摆，不阿世媚俗，通过刻苦钻研、认真思索，对错综复杂的客观事物做出科学的概括和分析，从而做出自己的学术贡献。如果情况正好相反，那也就会在学术上一事无成。因此，一个好的教师，着力培养学生养成一个好的学风，是使学生一辈子受用的事。

言教与身教

人们常常对老师给予学生影响的深刻程度缺乏足够的估计。这里所说的“人们”，也包括师生双方当事者在内。因为这种影响是潜移默化的，所以不易为人们所觉察。实际上，学生身上往往若隐若现地闪现着老师思想、性格、作风甚至思维方式、语言习惯等各个方面的影子。有时，教师对学生的某种启迪，能改变一个人的一生。这并不是过分的夸张。

教师是通过自己的言和行，对学生施加影响、进行教育的，这就是我们常说的“言教”与“身教”。我国的传统教育观念中，历来有“身教重于言教”的思想，认为教育者只用言教，靠抽象的空泛的说教，是很难教育好人的；更重要的是教育者自己必须以身作则，身体力行，率先垂范，言行一致，才能使受教育者心悦诚服地接受教育。孔子说：“其身正，不令而行；其身不正，虽令不从。”① 讲的就是这个道理。明代的王廷相更直截了当地批评了只讲言教不重身教的现象，说：“古人有身教焉，今人惟恃言语而已矣，学者安望其有得?”②

强调身教重于言教，并不是说言教就根本不需要了。教师总是要通过语言，传达思想，讲清道理，分析事物的善恶美丑，判断世

① 《论语・子路》。

② 《王廷相集・雅述上》。

象的是非曲直。问题是，教师的言和行，可以有两种情况。一种是言行一致，自己所赞扬和提倡的，也正是自己所追求和实践着的；自己所否定和批评的，也正是自己所力戒和摈弃的。在这种情况下，教师的人格魅力，会较之任何语言更有力量地强烈震撼着学生的心灵，陶冶着学生的情操；学生也会从你的活生生的行动中，更加深切地去领会和感受你所宣扬的道理。另外一种是言行不一，说的是一套，做的是另一套。这样，学生不但会受到教师错误行为的误导，跟着教师养成一些不良的习惯，而且还会感到教师所讲的道理是虚伪的，并不要照着做的，从而失去了对教师所讲道理的信任。那么，你的“言教”再头头是道，也很难起到积极的教育作用了。

前面提到教师是“人类灵魂工程师”，但如果自己的灵魂即精神世界是肮脏的、丑恶的、充满了低级趣味的，那又怎么可能去为别人塑造出高尚纯洁的灵魂来？正是在这个意义上，我们可以说，一个好的称职的教师，首先应该是一个大写的人。

历史名人话人生

李文海、赵晓华、齐瑜著，北京，党建读物出版社，2003。

序　言

人最不了解的恰恰是人本身。这不论是从自然的还是从社会的角度说，都是如此。人体科学还有那么多未知的谜，使许多生理和心理现象至今无法解释。人的生命只有一次。生命的意义是什么？宝贵而短暂的一生应该怎样度过，才算不虚此生？尽管这是每个生命的拥有者无时无刻不在进行着的事，却未必大家对此都有认真的思考。即使有人回答过这类问题，也是言人人殊，莫衷一是。最近出版的池田大作和松下幸之助的“对谈录”《人生问答》①，记录了两位睿智老人关于人生各个方面的体察和思索，在许多地方给了我们深刻的启示，但面对人“为了什么而活”的问题，松下先生还是坦率地说：“我还未曾作为自己个人的问题很深入地思考过”，“从未就‘自己为什么而活着’作过深入的自问自答”。

一个时代有那个特定历史时期的特定流行话语。在当今时代，诸多流行话语中有一句使用频率极高的话，那就是“你（活得）累不累呀？”这不是一个问句，而是一种告诫，一种指点，意思是你应该换一种“活法”，要活得“潇洒”一点。这使我想起我的青年时代，那已是遥远的半个世纪以前了，那时，稍有一点文化的青年，大概都曾读过或者能够背诵保尔·柯察金的那句名言：“人的一生应当这样度过：当回忆往事的时候，他不至于因为虚度年华而痛悔，也不至于因为过去的碌碌无为而羞愧；在临死的时候，他能够说：‘我的整个生命和全部精力，都已经献给世界上最壮丽的事业——为人类的解放而斗争。’”在当时，把这句话作为自己的座右铭或给朋友的赠言，可以说是一种时尚，其流行的程度，绝不亚于今天某些

① 香港，商务印书馆，2001。

人对于人生应该“潇洒走一回”的追求。

但是，如果从这样的对比中，粗率地得出结论，认为这表明世风日下，道德沦丧，现代的年青一代大都耽于逸乐，已经丧失了拼搏奋进的精神，则未免失之偏颇，也远离生活的真实。事实上，人们希望活得潇洒一点，至少建立在两个并非没有积极意义的社会生活基础之上。一是大家确实生活得很忙，很累，很紧张，正因为这样，“不要太累”的潇洒生活才成为人们的希求和渴望。这表明，充满竞争、充满压力和挑战的快节奏的现代生活方式，已经成了人们生活的常态。另外一点是，对于相当多的人来说，已经不需要把吃饱穿暖作为奋斗的首要目标，已经存在过得更加潇洒一点的必要物质条件了。试想，如果在旧中国，有谁会愚蠢到劝告那些衣不蔽体、食不果腹的人不要活得太累、应该过得潇洒一点呢？如果真那样做，得到的回答，按照现在的另一句流行语言，一定是：“你有病啊?!”

“活法”也好，“人的一生应当怎样度过”也好，说的都是人生观的问题。所谓人生观，就是人们对人类生存的目的、价值、意义的看法，有人把它比喻为人的行为的“总开关”。在我国，人生观的问题，是一个谈得很多却又谈得并不很充分的话题。说谈得很多，是因为我们历来重视引导人们特别是青年树立正确的科学的世界观、人生观、价值观，把这作为思想政治工作和思想道德建设的根本环节；说谈得并不很充分，是关于正确的、科学的人生观的具体内容、实现途径，还缺乏必要的、详细的展开。

人生观问题，有两个重要的特点是不容忽略的：一是广泛性，一是层次性。每个人通过自己丰富多彩与复杂多变的社会生活，在连绵不绝的生命途程中描绘出完整的人生画面。作为一种概括，人生观可以用某些精练的语言或者文字表达出来，但只有在人的各种具体活动中，在为人处世的态度和实践中，才能最终体现出特定个人人生观的真实内容。因此，人生观的问题，绝不是靠几句干巴巴的定义或僵死的教条所能解决的。另一方面，人的思想观念，人的精神状态，人的政治态度，人的觉悟程度，总不可能是整齐划一的。我们经常讲要提倡树立革命的人生观或共产主义的人生观，作为一种最高标准，这无疑是十分正确的，是必要的。但是，在整个社会中，坚定的革命者或者共产主义者，毕竟只是一部分或一小部分人，还有不少的是虽不献身革命或信仰共产主义，却是社会的积极成员，照样可以具有健康的人生态度和高尚的道德情操。因此，同道德建设一样，在人生观的问题上，也要把先进性要求同广泛性要求很好地结合起来。

在前面提到的《人生问答》中，池田大作先生的"序言"开宗明义就写了这样一段话：

> 中国五千年的历史给日本的文化带来了无限的恩惠。在中国的历史上，有着无数光辉夺目的伟大的人物形象。他们是人生应当学习的榜样。

在该书第一章"关于人"中，池田先生又强调，"我们在现代享受着生存的生命，正是获得了地球、生物、人类过去的这一切遗产的支持，才在这个世界上呱呱诞生，才能作为一个人生活下去"，所以，人们无论如何"不要忘记从过去的遗产中努力吸取宝贵的智慧和素材，以保证人类的永久性"。

前一段时间，曾经出现过一阵所谓的"国学热"。因为对什么是"国学"的理解和解释不尽相同，所以对"国学热"的看法也颇有分歧。梁启超对"国学"的认识是很有特色的，他把"中国人的人生观"看作"国学"的重要内容。1923 年初，清华大学的一名学生赴天津向梁启超先生请教什么是"国学常识"，梁回答说："国学常识，依我所见，就是简简单单的两样东西：一、中国历史之大概；二、中国人的人生观。知道中国历史之大概，才知道中国社会组织的来历。中国人的人生观就指过去的人生观而言。人生观是社会结合的根本力，所以知道过去的人生观是常识的主要部分。"① 梁启超虽然是从另一个角度谈中国历史上的人生观，却同池田大作的意见几乎是不谋而合。他们都强调作为一个现代的人，学习和了解历史遗产在人生观上的极端重要性。

---

① 《与梁任公先生谈话记》，载《清华周刊》，第 271 期。

作为史学工作者，我们最大的幸运是能够超越时空的限制，同历史上的伟大人物和先哲进行对话，从他们充满智慧的表述中吸取知识和力量。我们惊奇地发现，我们伟大的祖先曾经对人生的各个方面，做了那么认真、那么深入的思考，提出了那么多发人深省的想法和主张，并且那样执着地贯彻于自己的生活实践之中。这本小册子，也许正好应了池田先生的话，是在人生问题上"从过去的遗产中努力吸取宝贵的智慧和素材"的一个尝试。

人的本质是一切社会关系的总和。任何一个人的人生历程，都是在各种社会关系的交往中，在处理各种社会生活的活动中展开的。没有各种社会关系和社会活动，也就无所谓人生。所以，我们围绕先哲关于人生问题的思想和活动，选取了十九个专题，就我们的认识和理解，加以分析和叙述。书中引用的言论和列举的史实，对于专业的史学工作者来说，大抵是耳熟能详的；但对于广大业外人士，也许会不乏新鲜感，至少可以免去或减轻从汗牛充栋、浩如烟海的历史典籍中沙里淘金般挖掘资料的辛苦和麻烦。

人生观作为一种社会意识，总是同一定的时代、一定的社会环境和社会条件相联系的。我们尽量选择至今仍有积极意义的言论和思想观点介绍给大家，以便读者从中得出有益的借鉴和启示。但是，这些毕竟已是千百年前的东西了，从今天的眼光看，是否确乎是人生真谛，当然需要采取分析的态度。特别是，有些思想和主张，在一定范围内和一定条件下，是正确的，具有所谓的"真理性"，但超出某种范围和条件，也许就走向反面，从真理变为谬误。这种情况，不仅对待历史文化遗产是这样，在现实生活中也比比皆是。这不能责怪那些思想和主张，问题恰恰在于我们自己能不能掌握好那个"度"。

人生最大的无奈是岁月永远在不息地流逝，使短促的生命很快走完全程。把握人生最关键之处是让生命旅程的每一步都走得坚定，走得充实。19 世纪末，维新派代表人物谭嗣同、熊希龄等曾组织"延年会"，他们认为，叹惜生命的短暂是无济于事的，积极的办法是通过改革生活方式，提高生活质量，使短暂的生命发挥更大的作用，这也无异于延长了生命。正如谭嗣同在《延年会叙》中所说的："虽然，无能延于所得之年之外，自可延于所得之年之中；无能延年于所阅之时，自可延年于所办之事。"要努力做到"使一世之成就可抵数世，一生之岁月恍历数生，一人之才力若并数人"。这确实是一种十分积极的人生态度。这种积极的人生态度，在历史人物的言行中有着生动而丰富的体现。如果读者通过这本小册子，能够得到一些对于人生的感悟，那么我们为写作这本书而耗去生命一部分的时间的付出，也就非常值得了。

2002年3月28日

于中国人民大学林园

吾日三省吾身
——修养篇

修身为本

修养是我国传统伦理道德的重要内容。所谓修养，是指一个人在政治、道德、技艺等方面自觉进行学习、磨炼和陶冶的功夫，以及经过长久努力所达到的某种能力和素质。修养是一个人实现人生价值和达到理想境界的重要工具。古今中外，成就大事的历史名人无不谈及修养的重要性。对于普通人来讲，修养是决定其个人素质的重要因素，“修行谨敬则尊显附矣……修行慢易则污辱生矣”，对于读书人来讲，个人的修为还是决定其能否实现治平天下的理想的根本。《孟子·尽心下》说：“君子之守，修其身而天下平。”《大学》更是讲得明白：“身修而后家齐，家齐而后国治，国治而后天下平。自天子以至于庶人，壹是皆以修身为本。”也就是说，无论是治理国家的君王大臣，还是普通百姓，都应该以“修身为本”，只有端正了自己的思想行为，才能去管理家庭、国家及至天下。荀子更认为：“尧、禹者，非生而具者也，夫起于变故，成乎修，修之为待尽而后备者也。”① 也就是说，像尧、舜、禹之类圣人的气质并非是天赋的，而是通过自身的苦心修养才磨炼而成的。因此，只要经过坚持不懈的修养，“人皆可以为尧、舜”。当然，被封建统治阶级目之为“君子”的人，仅限于自己的完善是不够的，而是应当把道义推广于社会。《论语·宪问》有这样一段对话：孔子的学生子路问孔子何谓

① 《荀子·荣辱篇》。

君子。孔子答曰："修己以敬。"子路又问道：这样就可以了吗？孔子接着又徐徐答道："修己以安人""修己以安百姓"。如果能够通过修正自己而达到使百姓安居乐业的地步，这样的人则与尧、舜无异了。

修养的内容包括许多方面。古人常将修养称为修身。《大学》中强调了修身的内容："所谓齐其家在修其身者，人之其所亲爱而辟焉，之其所贱恶而辟焉，之其所畏敬而辟焉，之其所哀矜而辟焉，之其所敖惰而辟焉。"这里的"辟"，意思是偏颇、片面性。只有消除了偏执，克服了各种人际关系和感情因素带来的片面性，能够用公正客观的态度全面地去看问题，才能做到"好而知其恶，恶而知其美"。修身是为人之根本。历代成就大事者，在谈人生的价值和意义时，大多提出以修身为本。宋代欧阳修说："不修其身，虽君子而为小人；能修其身，虽小人而为君子。"他认为，君子和小人并非天生注定的，而是通过后天的修养而形成的。宋代理学家周敦颐提出了"士希贤，贤希圣，圣希天"的不同层次的修养公式，即士人应该以贤人为修养目标；贤人应该以圣人为自己进一步的修养目标；修养成圣人后，还应该继续努力，提出更高的要求，重新确定修养目标。虽然各人的修养目标不尽相同，或意在提高自身的道德水平，或意在改造社会，但改造社会无疑是以提高自身的修养为前提的，个体修养的境界愈高，改造社会才会愈有成效。

修养不仅是传统道德中的重要内容，也为老一辈无产阶级革命家所提倡，并赋予了新的内容。毛泽东同志历来要求党的干部要不断提高马克思列宁主义的修养。1939 年，刘少奇同志做了著名的《论共产党员的修养》演说，成为每名共产党员必备的重要学习著作。其中指出："革命者在革命斗争中的主观努力和修养，对于改造和提高革命者自己，是完全必需的，决不可少的。……我们的党员，不但要在艰苦的、困难的以至失败的革命实践中来锻炼自己，加紧自己的修养，而且要在顺利的、成功的、胜利的革命实践中来锻炼自己，加紧自己的修养。"周恩来同志一生都非常注重个人修养，1918 年，不到二十岁的周恩来赴日留学，在这年的 1 月 1 日至 12 月

23日，周恩来写下了八万多字的《旅日日记》，其中专门辟有“修学”栏目，把修身与修学综合为修养。1943年，周恩来同志在《我的修养要则》中提出了自己的修养观，指出“要与自己的他人的一切不正确的思想意识作原则上坚决的斗争”，“适当的发扬自己的长处，具体的纠正自己的短处”，并终身恪守这一原则。①

人皆可以为尧、舜

先哲不仅留给我们关于加强个人修养的大量至理名言，他们本身也大都是这些格言和信条的坚决实践者，希望通过加强自身的修养达到一个理想的目标和境界。孔子本人即是一个极为注重修养的人。他自述其一生的成长过程：“吾十有五而志于学，三十而立，四十而不惑，五十而知天命，六十而耳顺，七十而从心所欲不逾矩。”被后人尊为“圣人”的孔子自己都承认，他并非生来就是圣人，而是经过一生不断的磨炼和修养，最后才达到了“从心所欲不逾矩”的地步。

孔子的学生曾参，也是古代先贤修身的一个典范。曾参的修身表现在生活中的方方面面。曾参好学，他绝不会因为外部环境而改变自己对学习的严谨态度。《庄子·让王》记载，曾参家境贫困，他“缊袍无表，颜色肿哙，手足胼胝。三日不举火，十年不制衣，正冠而缨绝，捉襟而肘见，纳履而踵决。曳縰而歌《商颂》，声满天地，若出金石”。这是一个多么生动而感人的描述啊！贫寒的曾参衣衫褴褛。有时三天吃不上一顿饭，十年添置不了一件新衣裳，戴帽时帽子上的带子断了，整衣时捉襟见肘，走路时只好拖拉着鞋子，一提

① 周恩来《我的修养要则》的具体内容：“一、加紧学习，抓住中心，宁精勿杂，宁专勿多。二、努力工作，要有计划，有重点，有条理。三、习作合一，要注意时间、空间和条件，使之配合适当，要注意检讨和整理，要有发现和创造。四、要与自己的他人的一切不正确的思想意识作原则上坚决的斗争。五、适当的发扬自己的长处，具体的纠正自己的短处。六、永远不与群众隔离，向群众学习，并帮助他们。过集体生活，注意调研，遵守纪律。七、健全自己身体，保持合理的规律生活，这是自我修养的物质基础。”

脚就会露出脚后跟。但是面对这样的生活窘境，曾参毫不在意，他高声朗诵着《商颂》，声音宛若金石洪亮动听。好学不辍的曾参还非常注重以诚信待人。“曾参杀彘”的故事讲的就是这一点。曾参的妻子准备上街买东西，小孩也哭闹着要去。曾参的妻子骗孩子说，只要不去上街，回来就给他杀猪吃。曾参听见了，果然就把猪杀了。他认为做人要讲信用，对小孩也要如此。他向弟子描述自己因为坚持修身，一生“战战兢兢，如临深渊，如履薄冰”，因此道德修养达到了很高的境界，被后人称为“宗圣”。

在中国传统社会中，修身、齐家、治国、平天下成为每位读书人的志向和追求目标。修身无疑是实现理想之基础。宋代名相司马光非常注重以儒家所要求的道德修养来修身，在“尚名好贪”成风的北宋，司马光出污泥而不染，勤俭度日，洁身自好。他称自己“家居食不敢常有肉”“衣不敢纯衣帛，视地然后敢行，顿足然后敢立”“不敢锱铢妄取于人”①，朱熹也称赞他“笃学力行，清修苦节，有德有言，有功有烈”。另一名臣范仲淹也自述“遇夜就寝，即自计一日食饮奉养之费及所为之事，果自奉之费与所为之事相称，则鼾鼻熟寐。或不然，则终夕不能安眠，明日必求所以称之者”②。因为一天中自己所做的事情与用于饮食起居的费用不相称，于是就寝食难安，这种严于律己的修养方式与范仲淹心忧天下的政治理想是分不开的。明代著名的清官海瑞，“稍知识即欲学为圣贤”，从青少年起就注重个人的身心修养，他认为，“言忠信，行笃敬，惩忿窒欲，迁善改过，修身之要”。28 岁时的海瑞即表明自己的人生态度，指出自己决不做趋炎附势、欺世盗名之徒，决不在“宫室妻妾”“财帛世界”面前“俯首索气”。海瑞认为，如果通过各种卑劣的手段，谋取一己的飞黄腾达，“纵其一举而跻己于卿相之列，天下为之奔趋焉，无足齿也”。他对各种钻营贪渎的卑劣行径是如此深恶痛绝，以致公然宣称：“瑞有一于此，不如速死。”③

---

① 《司马文正公传家集》卷 59，《答刘贤良蒙书》。

② 《邵氏闻见后录》卷 22。

③ 《海瑞集》，2 页。

在中国近代史上，曾国藩是洋务派的重要人物，在政治上则是个正统的封建主义者，从封建主义的立场出发，曾国藩也非常注重自身的修养。自年轻时起，深受儒学影响的曾国藩即以“立志”“居敬”“主静”“谨言”“有恒”五句箴言以自砺，后又自立“日课十二条”以督促自己。他从1842年（道光二十二年）起遵照理学大师倭仁的要求开始写修身日记，此后，虽然他一生忙于战事、政务，但是仍然坚持对自己不合封建道德的行为经常进行反省自责，这些在他的日记和书牍中可谓随处可见。早年任翰林院检讨时，往来吃请之风盛行，曾国藩也不免加入其中。他认识到这种浮躁之风必须自察自改。在他这一段的日记中，他不止一次地对自己提出自责，剖析自己“明知尽可不去，而心一散漫，便有世俗周旋的意思，又有姑且随流的意思。总是立志不坚，不能斩断葛根，截然由义，故一引便放逸了”，尤其对他因为热衷于“往来征逐”而不能静心读书做了无情的剖析：“丹黄几十页书，如勉强当差一样，是何为者？平生只为不静，断送了几十年光阴。立志自新以来，又已月余，尚浮躁如此耶！”他分析自己如此交游往来，无非是“好名”“希别人说自己好”，并认识到这个病根已经很深，只有减少往来，“渐改征逐之习”。多年以后，曾国藩总结自己有“长傲”“多言”之失。在致曾国荃的信中他说：“余生平颇病执拗，德之傲也；不甚多言，而笔下亦略近乎嚣讼。静中默省衍尤，我之处处获戾，其源不外此二者。”“只因傲之一字，百无一成，故谆谆教诸弟以为戒也。”① 他不仅要求自己保持良好的道德操守，而且多次训导家人也要如此。

当然，我们还应该注意到，传统士大夫的修身观念也有其不合理的地方，比如修身论虽然与齐家、治国、平天下联系在一起，却过分强调个人自身的闭门思过、静心养性，因此严重地脱离了社会实践，没有将个体修身与社会生活联系起来，实际上弱化了个体的社会责任，很难达到修身的理想目的。而且，儒家的修身也并不是

① 《曾国藩家书、家训、日记》，87页。

要赋予个体追求发展个性和独立自主的权利，而是以维护个体对整体的绝对服从作为出发点和归宿的。这一点，是我们在分析儒家修身论及其修身典范时所应注意的。

近代以来，传统的修身观念得到了进一步发展。被世人称为“百科全书式”人物的近代学者梁启超提倡将修身更多地与社会责任联系在一起，作为社会的人应该为社会各尽其责。他说：“人生于天地之间，各有责任。知责任者，大丈夫之始也；行责任者，大丈夫之终也；自放弃其责任，则是自放弃其所以为人之具也。”“天下最可厌、可憎、可鄙之人，莫过于旁观者。”① 为了督促自己做一个有社会责任感的人，就应该经常做自责和反省，梁启超即非常注重对自己不时地做自我批评，他“尝自言曰：‘不惜以今日之我，难昔日之我。’”② 作为中国现代文学革命主将的鲁迅也说：“我的确时时解剖别人，然而更多的是更无情面地解剖我自己。”作为青年崇拜的导师，鲁迅却决不以导师自许，他说：“中国大概很有些青年的‘前辈’和‘导师’罢，但那不是我，我也不相信他们。”他审慎地反省自己，认为自己并非什么“天纵之圣”，“至多不过是桥梁中的一木一石，并非什么前途的目标、范本”，谈及有人以他为例，论证“要做好白话须读好古文”时，他感慨道：“自己却正苦于背了这些古老的鬼魂，摆脱不开，时常感到一种使人气闷的沉重。就是在思想上，也何尝不中些庄周韩非的毒，时而很随便，时而很峻急。”③ 对于自己的个性，鲁迅也无时不在反省：“我自己知道，是不行的。……我看事情太仔细，一仔细，即多疑虑，不易勇往直前……我最不愿使别人做牺牲，也就不能有大局面。”④ “醒的时候要免去若干苦痛，中国的老法子就是‘骄傲’与‘玩世不恭’，我觉得我自己就有这毛病，不大好。”⑤

---

① 梁启超：《呵旁观者文》，见《饮冰室合集》文集之五。

② 梁启超：《清代学术概论》，见《饮冰室合集》专集之三十四。

③ 鲁迅：《写在〈坟〉后面》。

④ 鲁迅 1925 年 3 月 31 日致许广平信。

⑤ 鲁迅 1925 年 3 月 11 日致许广平信。

三省与九思

修养的方法有多种，其中最为著名的就是“三省九思”。“九思”语出孔子，《论语·季氏》说：“君子有九思：视思明，听思聪，色思温，貌思恭，言思忠，事思敬，疑思问，忿思难，见得思义。”实际上也就是说，一个人对自己的一言一行、一举一动，都应进行认真思考，争取少犯错误。孔子的学生曾参在“九思”的基础上又提出了“三省”，他说：“吾日三省吾身：为人谋而不忠乎？与朋友交而不信乎？传不习乎？”也就是说，一个人应当认真检查自己一天中的思想活动，为人做事是否做到了忠诚？与朋友交往是否做到了信义？对学到的新知识是否进行了温习？一有错误，马上改正。以孝著称的曾参本人即是持之以恒地坚持“三省”的。善于自省是一种重要的道德修养办法。荀子也说：“见善，修然必以自存也；见不善，愀然必以自省也。”① 理学大师朱熹也指出君子要“日省其身，有则改之，无则加勉”。善于自我反省，及时发现自己的缺点并及时加以纠正，或者能够看到别人的长处和优点，虚心学习，也就是“见贤思齐焉，见不贤而内自省也”，在和别人发生矛盾时，要注重“反求诸己”，坚持“己所不欲，勿施于人”的原则。清代理学大师张伯行同样强调每日自省之重要：“人须于每日平旦时，常自思曰：我之存心，果无刻薄乎？我之行事，果无乖戾乎？我之责己者，得无太恕乎？我之责人，得毋太苛乎？有则改之，无则加勉。日日行之，当自有进。”②

自省之后必须改过。孔子主张“过则勿惮改”“择其善者而从之，其不善而改之”。孔子自己即自律甚严，他欢迎别人向他指出错误：“丘也幸，苟有过，人必知之。”他还说：“德之不修，学之不

① 《荀子·修身篇》。

② 张伯行：《困学录集粹》卷1。

讲，闻义不能徙，不善不能改，是吾忧也。”[1] 孔子还赞赏他的学生颜回闻过则喜的精神，认为他“不迁怒，不贰过”，具有一种知过必改的可贵品质。孔子的另一名学生子路，姓仲名由，实际上也是喜于闻过、勇于改过的贤人。子路为人极具个性，以好勇著称，且从来不避讳自己的缺点，正因为如此，在孔子的学生中，子路受批评的机会似乎最多。《论语·先进》篇载，子路、公西华等侍座，孔子向他们询问其理想。子路脱口便说：“千乘之国，摄乎大国之间，加之以师旅，因之以饥馑，由也为之，比及三年，可使有勇，且知方也。”孔子认为他好高骛远，因此不客气地哂笑他。还有一次，孔子对学生感慨道：“道不行，乘桴浮于海，从我者，其由欤!”子路听后兴奋异常，认为自己就是孔子心目中最欣赏的学生，喜悦自豪之情溢于言表。孔子知道后马上批评说：“由也，好勇过我，无所取材!”对于孔子的任何批评，子路都毫不计较，他能够做到虚心接受，认真改过。所以，孔子对其指导也就更为直接、具体而切中要害。子路这种喜于闻过的品行使他逐步加强了自己的修养，因而成为孔子非常器重的学生之一。

历史上关于自律改过的佳话有许多，如廉颇负荆请罪，曹操因马践麦田而割发代首。刘备能够成就霸业，与孙、曹三分天下，与他注重自己的修养是分不开的。有一次酒后和与诸葛亮齐名的庞统发生争执，发怒的刘备责问并驱赶庞统说：“汝言何不合道理？可速退!”夜半酒醒后，刘备想起自己的话，“大悔，次早穿衣升堂，请庞统谢罪曰：‘昨日之言，惟吾有失。’庞统曰：‘君臣俱失，何独主公？’玄德亦大笑，其乐如初”。

刘备如此，诸葛亮也是如此。诸葛亮的勤于修身表现在他一生中的方方面面，他曾经发表文书，鼓励将士多加帮助指出他自己的缺点，他说：“自今已后，诸有忠虑于国，但勤攻吾之阙，则事可定，贼可死，功可跷足而待矣。”诸葛亮一向认为，自我修正和批评是造就成功事业的一个必不可少的基点。228 年（蜀汉建兴六年），

---

① 《论语·述而》。

诸葛亮首次率兵出祁山，北伐中原。他任用马谡做先锋，据守军事要冲街亭。但马谡因为刚愎自用，丢失街亭。同时，赵云兵进箕谷也失利。诸葛亮初出祁山的行动只好终止。诸葛亮不仅不徇私情，挥泪痛斩马谡，而且不忘针对此事对自己做无情的批评和反省，他向后主刘禅上《街亭自贬疏》，指出是自己的用人不当导致了失败，因为自己“不能训章明法，临事而惧，至有街亭违命之阙，箕谷不戒之失”，因此，街亭一事“咎皆在臣授任无方，臣明不知人，料事多暗”，诸葛亮的反省真诚、深刻而毫无伪饰，他为街亭一事请求自贬三级，以督厥咎。刘禅只好贬诸葛亮为右将军，行丞相事，依然总领全军。诸葛亮的做法严明了军纪，解剖了自己的工作失误，他的良好的个人修为和严于律己的生活态度也使自己的威望进一步得到了提高。

此外，“慎独”也是个人修养的必要的方式。《中庸》记载：“君子戒慎乎其所不睹，恐惧乎其所不闻。莫见乎隐，莫显乎微。故君子慎其独也。”修养不仅贵在自觉，还要真诚，一个人应当注重严于律己，尤其应当在无人监督之时也按照道德规范要求自己，此即是“慎独”。历代哲人无不推崇慎独。朱熹说：“君子慎其独，非特显明之处是如此，虽至微至隐，人所不知之地，亦常慎之。小处如此，大处亦如此；显明处如此，隐微处亦如此。表里内外，粗精隐显，无不慎之，方谓之‘诚其意’。”① 慎独贵在真诚，贵在时时刻刻都要努力为之。明代大思想家王阳明提到自省的过程：“省察克治之功则无时而可间，如去盗贼，须有个扫除廓清之意，无事时将好色好货好名等私逐一追究搜寻出来，定要拔去病根，永不复起，方始为快。常如猫之捕鼠，一眼看着，一耳听着，才有一念萌动，即与克去，斩钉截铁，不可姑容，与他方便，不可窝藏，不可放他出路，方是真实用功，方能扫除廓清。”② 《元史·许衡传》记载，元代大学者许衡，一年夏天路过某地，天热口渴，适逢路边有一棵梨树，人们都去摘梨解渴，独有许衡端坐树下。有人劝他去摘梨吃，他说：

---

① 《朱子语类》卷16。

② 《王阳明全集》，第1卷，29页。

不是自己的东西，是不能随便拿来享用的。劝他的人说：现在世道混乱，这棵梨树恐怕早没了主人。许衡说：梨无主，难道我心中也无主了吗？许衡这种在小事上都注意用道德伦理来约束自己的行为，就是典型的“慎独”的修养方式。

修养是一个长期而循序渐进的过程。修养的过程绝对不会一帆风顺。孟子说：对于任何在历史上能够担当“大任”的人来讲，必然要经历一个艰苦的锻炼过程：“必先苦其心志，劳其筋骨，饿其体肤，空乏其身，行拂乱其所为，所以动心忍性，曾益其所不能。”曾国藩也多次指出：“天下无现成之才，亦无生知之卓识，大抵皆由勉强磨炼而出耳。”与良好的教育一样，自身的修养也是成才必不可少的条件和途径。优秀的道德品质不是天生具备的，而是经过后天的训练得来的。这其中既需要家庭和社会的教育，更需要自身的磨炼。修养的过程就是一种磨炼的过程。修养还要注重积累，注重细微小事。三国时刘备遗诏后主刘禅，告诫他“勿以恶小而为之，勿以善小而不为。惟贤惟德，能服于人”。也就是说，提高自身修养应当注重点滴的积累，否则，就难以养成贤良高尚的品德，就不会让人信服。只有从一件件小事上做起，才能逐步提高自己的修养，否则，千里之堤，溃于蚁穴，百尺之室，焚于隙烟，小恶的积累和小事上的不谨慎必然会导致积恶贻祸。蔡元培还提出修养要注重全面：“修己之道，体育、知育、德育三者，不可以偏废也。”修养贵乎自制，传说林则徐在官署里书“制怒”二字的匾额，以提醒自己时刻自制，保持好的仪态和修养。蔡元培则提出了“以情制情”的自制良方，他说：“当忿怒之时，则品弄丝竹以和之；当抑郁之时，则登临山水以解之。于是心旷神怡，爽然若失，回忆忿怒、抑郁之态，且自觉其无谓焉。”[①] 先哲留下的关于修养的名言和佳话还有很多，这些都是值得我们借鉴和学习的。

---

① 《蔡元培全集》，第2卷，255页。

立志则有本
——理想篇

志不立，天下无可成之事

中华民族素来具有崇尚理想的美德。古往今来，人们无不强调理想，即立志对一个人人生的重要性。诗人李白说："大丈夫必有四方之志。"理想是一个人的人生支柱，人若无志，必将一事无成。明代大哲学家、教育家王阳明说："志不立，天下无可成之事，虽百工技艺，未有不本于志者。""志不立，如无舵之舟，无衔之马，漂荡奔逸，终亦何所底乎!"① 志向是人生的奋斗目标，只有树立了远大的理想和志向，人生才不会如同无缰之马和无舵之舟一样缥缈虚度，才会过得非常有意义和价值。清代学者黄宗羲甚至强调志向对人的命运的重要性，他说："立志则为豪杰，不立志则为凡民。"② 志作为成人成事之本，已经超越了年龄和环境的界限：少年人应当立志，"乘长风破万里浪""髫发厉志，白首不衰"；年老的人也应该持志奋发，晚年的曹操曾经满怀豪情地作诗云："老骥伏枥，志在千里；烈士暮年，壮心不已。"身处顺境时应当持之以恒，"志行千里者，不中道而辍足"；身处逆境时更要做到穷且益坚，矢志不移。唐代大才子王勃说："老当益壮，宁移白首之心。穷且益坚，不坠青云之志。酌贪泉而觉爽，处涸辙以犹欢。北海虽赊，扶摇可接。东隅已逝，桑榆非晚。"③ 坚定的志向决不因年老而消沉，不因穷困而失落。只

---

① 《王文成公全书》卷 26，《教条示龙场诸生·立志》。

② 《黄宗羲全集·孟子师说》。

③ 王勃：《滕王阁诗序》。

要在任何时候都能够抱定坚定的志向，即使身处逆境，即使青春不再，也必定会有所收获。

在一定的条件下，一个人有无志向决定着事业的成败。孟子强调立志对人的重要性说："人若无志，与禽兽同类。"我们翻看史书随处可见，许多人在处境相似的环境下，得到的结果却判若天壤，这其中志向就起着非常关键的作用。

立志的过程并不是建筑在盲目的热情和空洞的幻想之基础上。志向既然作为一个人长期的乃至毕生的奋斗目标，就应该是恒久的、执着的，而不能朝三暮四、有始无终。明末清初大思想家王夫之说："人之所为，万变不齐，而志则必一，从无一人而两志者。志于彼又志于此，则不可名为志，而直谓之无志。"① 多志即是无志，好高骛远、举棋不定都是立志之大忌。当然，每个人立志时还应该根据自己的实际情况来决定，如果所树立的理想完全不适合自己的生活环境和个人能力，理想只会变成空想。曹操少年时虽机警过人，却被人喻为"飞鹰走狗，游荡无度"，汉太尉桥玄鼓励他说："天下将乱，非命世之才不能济也，能安之者，其在君乎！"曹操这时才逐步树立匡世之志，曹操的这种匡世大志是通过各个阶段的小志向而实现的。他描述自己人生理想和政治抱负的发展过程："孤始举孝廉，年少，自以本非岩穴知名之士，恐为海内人之所见凡愚，欲为一郡守，好作政教以建立名誉，使世士明知之"，"后征为都尉，迁典军校尉，意遂更，欲为国家讨贼立功，欲望封侯作征西将军"，"身为宰相，人臣之贵已极，意望已过矣"②。

三国时竹林七贤之一嵇康讲过这样一段话，也是非常精辟的：

> 人无志，非人也。但君子用心，所欲准行，自当量其善者，必拟议而后动。若志之所之，则口与心誓，守死无贰，耻躬不逮，期于必济。③

---

① 王夫之：《俟解》。

② 《三国志·魏书·武帝纪》。

③ 《嵇康集·家诫》。

这就是说，人一定要立志，确立志向时一定要用心思考，选择自己善于从事的行业。如果志向一经确定，就一定要做到矢志不移，身体力行地去努力实现之。嵇康在这里已经强调恒心和意志对于立志的关键作用。人一旦确定了自己的志向后，就要以坚韧不拔的毅力去努力为之奋斗。如同苏轼说："古之立大事者，不惟有超人之才，亦必有坚韧不拔之志。"毅力和恒心是实现理想的必要条件。梁启超也说："人之大患，莫甚无恒。一念之明，浩然与圣贤同位，不移时而堕于流俗，堕于禽兽。惟恃志以帅之，然后能贞之以常。"① 没有恒心意志者对于自己所树立的志向往往是浅尝辄止，半途而废，如果这样，再美好壮丽的理想也不过是海市蜃楼而已。

有志者事竟成

"有志者事竟成"语出《后汉书·耿弇传》。耿弇是光武帝刘秀的一员爱将，他南征北战，无往不胜，被拜为"建威大将军"，封"好畤侯"。耿弇率军攻克临淄、平定山东时，刘秀夸奖他说："将军前在南阳建此大策，常以为落落难合，有志者事竟成也!"志向是事业成败的关键，有志气的人终能成就一番事业。有过这样一副流传很广的对联，意在强调志气对于人生之重要：

有志者，事竟成，破釜沉舟，百二秦关终属楚。

苦心人，天不负，卧薪尝胆，三千越甲尽吞吴。

项羽以破釜沉舟的勇气而灭秦，勾践以卧薪尝胆的毅力而灭吴，支撑并导致他们成就伟业的不竭动力正是他们宏伟的志向。俗话说，"人各有志"，虽然每个人的志向不同，但是，伟大的理想和志向常常会改变人的一生乃至历史的发展进程。这样的例子在中国历史上不胜枚举。

发动了中国封建社会第一次农民起义的陈涉，自幼家境贫寒，

① 梁启超：《德育鉴·立志》，见《饮冰室合集》专集之二十六。

为人佣耕，但他却胸怀壮志。一次为人佣耕时，陈涉对一起耕田的伙伴说："苟富贵，无相忘。"他人嘲笑他说："若为庸耕，何富贵也?"对于别人的不理解，陈涉叹道："嗟乎！燕雀安知鸿鹄之志哉!"陈涉抱定鸿鹄之志，这决定了他后来的成功绝非偶然。公元前209年（秦二世元年），陈涉与九百多名贫苦农民一起被征发屯集在大泽乡，准备被发到渔阳戍边。适逢天降大雨，道路中断，按照秦朝法令，如果不能按期赶到屯戍地点，就要被斩首。面对秦王朝的暴政，陈涉激励大家："天下苦秦久矣"，"壮士不死即已，死即举大名耳。王侯将相，宁有种乎?"在陈涉的率领下，近千人揭竿为旗，斩木为兵，不久，陈涉建立"张楚"政权，一场具有划时代意义的秦末农民起义开始了。在灭秦的伟业中，陈涉可谓功不可没。汉朝建立后，汉高祖感念陈涉首义之功，为其置守冢户30家，司马迁作《史记》时将陈涉写入"世家"，与诸王并列。可以说，一介佣耕的陈涉最终以其一夫振臂万夫随的事业，实现了他的鸿鹄之志，在中国历史上留下了壮丽的一笔。

诸葛亮年轻时胸怀大志，《三国志·诸葛亮传》载："亮躬耕陇亩，好为《梁父吟》。身长八尺，每自比于管仲、乐毅，时人莫之许也。"一介布衣的诸葛亮渴望成为管仲、乐毅一样杰出的政治家、军事家，无怪乎当时的人都认为不可能。但是，事实证明，胸怀壮志造就了诸葛亮以后的成功。裴松之在注《三国志》时还用另外一段故事来说明诸葛亮的宏图大志：

> 亮在荆州，以建安初与颍川石广元、徐元直、汝南孟公威等俱游学，三人务于精熟，而亮独观其大略。每晨夜从容，常抱膝长啸，而谓三人曰："卿三人仕进可至刺史、郡守也。"三人问其所至，亮但笑而不言。

诸葛亮认为石广元、徐元直、孟公威等好朋友未来的前途可至刺史、郡守，但是对于自己的前程，他"笑而不言"，想必是其志向已远在刺史、郡守之上，而且，他还说"遨游何必故乡"，这种豪情也表达了他志在天下的凌云壮志。裴松之在提到诸葛亮的志向对他一生的作用时说："夫其高吟俟时，情见乎言，志气所存，既已定于其始矣。”为了实现自己“光复汉室”“北定中原”的理想，诸葛亮一生戎马倥偬，南征北战，直至晚年六出祁山，病死于五丈原前线，为了蜀汉江山鞠躬尽瘁，死而后已，用自己的生命践行了自己的理想。

树立宏伟而正确的理想是容易的，但实现这样的理想却需要付出非常的代价和毅力。宋代文学家、思想家苏轼，少年时即“奋励有当世志”，他在致友人信中表达他的志向说：“吾侪虽老且穷，而道理贯心肝，忠义填骨髓，直须谈笑于死生之际。……虽怀坎壈于时，遇事有可尊主泽民者，便忘躯为之，福祸得丧，付与造物。”① 苏轼以“尊主泽民”作为自己的志向和理想，在他的一生中，无论是金榜题名、位高权重之日，还是穷愁潦倒、屡遭贬斥之时，他都始终不渝地坚持着自己的理想。苏轼一生坎坷颇多。1079 年（北宋元丰二年），“乌台诗案”发，苏轼因为御史诬陷其讪谤朝廷而被贬黄州，暮年之时又被流放岭南、海南，政治命运风雨飘摇，生活上的窘迫，行动上的受监视，人情的淡漠，这是苏轼人生中常相伴随的家常便饭。在黄州，经济上的窘迫使他不得不垦荒东坡，躬耕度日，苏轼自己有诗描述他此时的生活状况：

> 我谪黄冈四五年，孤舟出没风波里。
> 故人不复通问讯，疾疾饥寒宜死矣。

但是，命运的颠沛流离并没有使苏轼忘记心忧天下的责任和志向，他听闻黄州有溺婴的社会恶习，于是赶快出面筹款加以资助，并从自己本已窘困的手中拿钱捐助。在他所到之处，他为百姓祈雨抗旱，抗击洪水，捕捉蝗虫，常常身先士卒，奋不顾身。苏轼死后，在他所任职的地区，“浙西、淮南、京东、河北之民，相与哭于市”。可以说，苏轼的志向在他顽强的生活毅力中得到了实现，而他在坎坷的人生旅途中实现了生命的价值，这又是以他伟大的人生志向作为基石和指南的。

---

① 《苏轼及其作品选》，98 页。

志当存高远

《庄子·逍遥游》载：北海有鱼名鲲，化而为鹏。鹏鸟南飞，“水击三千里，抟扶摇而上者九万里”。蝉和小鸟见后讥笑说：我们努力去飞，最高也只能到房檐下，有时也飞不到，只能在草丛里飞来飞去，这已经很了不起了，鲲鹏飞那么高那么远又有什么意义呢？这个寓言向我们揭示了志向的大小对于人生所能达到的境界的直接影响。历代名人在倡导立志之时，无不提出了人不仅要立志，还要树立远大的志向。诸葛亮在写给外甥的一封信中教导他“志当存高远”。意思是说，立志者一定要树立远大的理想和抱负。因为志短容易使人满足，使人在稍有成就之时就沾沾自喜，裹足不前，只有远大的志向才会激励人勇往直前，不断鞭策自己进步，从而更好地实现人生价值。

古往今来，无数杰出的历史人物在树立志向时，已经超越了自我和家族的界限，而是以振兴天下作为自己的终身志向。孔子说：“士不可不弘毅，任重而道远。仁以为己任，不亦重乎？死而后已，不亦远乎？”① “自任以天下之重”的孟子也说：“如欲平治天下，当今之世，舍我其谁也？”② 可以说，自此之后，受孔孟影响颇深的大多数读书人都把治平天下、彰显仁德作为自己的理想。宋代张载有一句名言，可以看作对这种理想的高度概括：“为天地立心，为生民立道，为去圣继绝学，为万世开太平。”③ 在张载看来，人生的意义在于尽人的责任，发挥人的认知水平，界定人生的道路，继承和发扬传统文化，实现理想的“太平”盛世。清代理学名士李颙有感于张载的这句名言，也说过这样一段话：

立志须做天下第一等事，为天下第一等人。志不如此，便

---

① 《论语·泰伯》。

② 《孟子·公孙丑下》。

③ 《张载集·近思录拾遗》。

是无志；志逊于此，便不成志。问：如何是天下第一等事？曰：为天地立心，为生民立命，为往圣继绝学，为万世开太平。如何是天下第一等人？曰：能如此，便是天下第一等人。①

综观历史上的许多贤臣名相，都是以此作为自己的人生坐标的。司马光 20 岁时已经进士及第，功成名就，但是他并没有因少年得志而“矜夸满志，焜耀于物，如谓天下莫己若也”，而是提出了“贤者居世，会当履义蹈仁，以德自显，区区外名何足恃耶!”反映了他欲以仁德建功立业的宏伟志向。“少有志操”的范仲淹传说少年时曾去一神祠祷问：“吾将来能为相否?”神曰：“不能。”范仲淹又说：“不能为相，为一良医如何？惟能造福人民，益于国家，可也。”② 神的预言并不太准确，范仲淹在五十多岁时官拜参知政事，领导了轰轰烈烈的庆历新政。这次新政的结果虽如昙花一现，但“造福人民，益于国家”的志向则使范仲淹一生能够在任何政治风浪里都以天下为己任，他廉洁奉公，不畏权贵，不蹙忧患，成为封建社会不可多得的廉吏、名臣。

近代以来，中华民族危亡的命运使得无数志士仁人把个人理想与社会理想紧密地联系在了一起。大学者梁启超意味深长地说：“男儿志兮天下事，但有进兮不有止，言志已酬便无志。”他认为，好男儿当志在天下，并且应当为了国家的利益永不停止地前进，如果说志向已经实现了，那实际上就是已经没有志向了。民主革命的先行者孙中山先生，以建立一个“天下为公”的社会作为他的终身志向，他还劝导国民党党员和青年人要树立为国奋斗的远大志向：“我们要把革命做成功，便要从今天起立一个志愿，一生一世，都不存升官发财的心理，只知道做救国救民的事业”③，“个人升官发财是小志气，大家为国奋斗，造成世界上第一个好国家，才是大志气”④。中国共产党的创始人之一李大钊叙述自己“自束发受书，即矢志努

① 《四书反身录·论语》。
② 周怀宇：《廉吏传》，340 页。
③ 《孙中山全集》，第 10 卷，293 页。
④ 《孙中山全集》，第 9 卷，654 页。

力于民族解放事业，实践其所信，励行其所知，为功为罪，所不暇计”①。继李大钊以后，无数共产党人把在全人类实现共产主义作为自己的最高理想。

人应树立大志，但远大的志向也必须和自身的实际结合起来。否则，理想只会如同空中楼阁，永远难以触及。那么，如何才能树立远大的理想并持之以恒地去实现它？诸葛亮在《诫子书》中道出这样一句名言：“非澹泊无以明志，非宁静无以致远。”他还说：“淫慢则不能励精，险躁则不能治性。年与时驰，意与日去，遂成枯落，多不接世，悲守穷庐，将复何及!”② 淡泊名利者才能树立远大的理想和抱负，有宁静广阔的胸怀的人才能不受金钱、权力的诱惑，专心致志地去实现自己的伟大理想。追名逐利、容易为各种因素所诱惑和困扰的人注定终究会一事无成。过分惰慢与怪异急躁也只能导致碌碌无为，最终一无所获。历史上许多有所作为的人，都能够做到诸葛亮所说的淡泊明志。比如明代医学家李时珍在当时“学而优则仕”的社会环境下放弃了科举考试，立志于在当时为人所不齿的医学，并向父亲表示自己的坚定的意愿说：“身如逆流船，心比铁石坚，望父全儿志，至死不怕难。”为了编著一部传世药典，李时珍仔细研究了800多部旧药典，并亲自品尝百草，当时皇帝闻李时珍之名，召他去做御医，李时珍提出召集天下名医共修药典，被皇帝拒绝，李时珍愤然辞职，继续潜心钻研，经过了二十七年的努力，终于编成了旷世巨典《本草纲目》，实现了自己的志向，为祖国医药事业做出了巨大的贡献。

立志是成功人生的起点。急功近利、目光短浅者注定只能像蝉和小鸟一样苟且偷生，一事无成。当然，无论多么宏伟的志向，都必须抓紧时间争分夺秒地去实现。荀子说：“无冥冥之志者，无昭昭之明；无惛惛之事者，无赫赫之功。”③ 实现崇高理想和远大抱负的征程往往会是一个漫长而曲折的经过。命运不会青睐懦夫和懒汉，

① 《李大钊文集》下，893页。

② 《诸葛亮集》卷1。

③ 《荀子·劝学篇》。

只有胸怀壮志而又自强不息的人，才会做生活最终的胜利者。

当然，什么是远大的志向和理想，不同的时代和不同的人群，对此是会有不同的理解的。对于中国共产党人来说，实现共产主义就是自己的最高理想。但是，共产主义社会是物质财富极大丰富，人民精神境界极大提高，每个人自由而全面发展的社会，它的实现是一个非常漫长的历史过程。因此，除了确立共产主义理想之外，还需要树立更加具体、更加实际的奋斗目标和志向。在今天，全国人民正在中国共产党的领导下，为在21世纪中叶基本实现社会主义现代化，实现中华民族的伟大复兴而努力奋斗，这应该是每一个热爱祖国的中国人的共同志向。为了实现这个大的目标，生活在经济、政治、文化等不同领域、不同岗位的人们，又需要根据个人的具体情况，确定适合于自己的志向和理想。这样，才能真正做到既志存高远，又脚踏实地；既使自己的志向适合于时代的潮流，又不至于把这种志向变成空疏而不切实际的幻想。

成大业，致大名，绝非逸豫可得
——事业篇

锲而不舍，金石可镂

伟大的理想是通过伟大的事业而实现的。事业是人生中所从事的具有一定目标性、经常性的活动。吕坤《呻吟语》说，在没有文字以前，古人刻木如锯齿，以此表示一天中要做的事情。每做完一事，就去掉一个锯齿。事情全部结束，所有的锯齿也就全没有了。古人称之为“修业”。到了另一天，再循环往复。如果有大的事情，就用大的锯齿来表示，称之为“大业”；如果有很多事情，就要刻很多锯齿，这叫作“广业”。士农工商所从事的事业叫作“常业”，如果农民从事士人的事情，叫作“改刻”，也称“易业”。古人认为，如果人生没有任何事业，则人与禽兽无异：“今也昏昏荡荡，四肢不可收拾，穷年终日无一猷为，放逸而入于禽兽者，无业之故也。”①

成就一番伟大的事业，几乎是每位有志之士魂牵梦萦的不懈追求。的确，只有获取成功的事业，才能使生命的价值得到最好的体现，才能使人生过得更有意义。然而，在通往成功事业的道路上往往不会总是凯歌高奏，一路坦途，胸怀大志者不仅要有足够的不畏艰险的心理准备，而且应该具备百折不挠的果敢精神，这种精神就是毅力。先秦诸子无不强调毅力对于事业成功的重要性。孔子将毅力和事业比作土和山的关系。他说：“譬如为山，未成一篑，止，吾止也。譬如平地，虽覆一篑，进，吾往也。”② 堆土成山时，只要再

① 吕坤：《呻吟语》卷2。
② 《论语·子罕》。

加一筐土就可以大功告成了，这时却因为懈怠停止了下来，这可谓是功亏一篑。而在平地上刚刚倒下一筐土，如果这样坚持努力，也是可以建成一座大山的。孔子本人就是一个非常勤奋而有毅力的人。他自我评价说："其为人也，发愤忘食，乐以忘忧，不知老之将至云尔。"① 荀子在他著名的《劝学篇》中也有这样一段发人深省的话："不积跬步，无以至千里；不积小流，无以成江海。骐骥一跃，不能十步；驽马十驾，功在不舍。锲而舍之，朽木不折；锲而不舍，金石可镂。"做任何伟大的事业，都必须持之以恒，日积月累，老子下面这段名言和荀子的话有着相同的主旨："合抱之木，生于毫末；九层之台，起于累土；千里之行，始于足下。"宋朝苏轼也说："古之立大事者，不惟有超世之才，亦必有坚忍不拔之志。"纵观能够成就大事业的历史名人，无不具备这种锲而不舍的精神气质。

明代杰出的大旅行家徐霞客，为了专心致志于对大自然的探索，为地理学的研究开辟新的方向，毅然冲破科举考试的束缚，终身不入仕途。徐霞客自二十岁开始游太湖，到五十四岁抱病从云南回家，在三十多年的旅行考察中登山探洞，溯江探源，出入各种险恶的环境中，表现了一个旅行探险家不畏艰险、不辞劳苦、勇于探索的可贵精神。随便翻翻《徐霞客游记》即可见，这位大旅行家的旅途几乎处处充满艰险和挑战，而支撑他走出各种困境的关键因素就是他那超人的毅力。山川地理的考察往往与恶劣的气候相遭遇。1616 年（万历四十四年），徐霞客游黄山，这时黄山风雪交加，上山的石级都为积雪填平，徐霞客记载，由下而上，"级愈峻，雪愈深，其阴处冻雪成冰，坚滑不容着趾"，但是他"持杖凿冰，得一孔置前趾，再凿一孔，以移后趾"，就这样艰难地登上了黄山的主峰。在长年的科学考察中，徐霞客栉风沐雨，他所遇到和战胜的实际困难远远超过了《西游记》中虚构的八十一难。1637 年（崇祯十年），徐霞客在广西融水县雨中探洞，因为路滑难行，左右觅路不得，但他毫不气馁，

① 《论语·述而》。

经过四误四返，终于找到了铁旗岩的洞口。许多宝贵的资料更是他冒着生命危险而得到的。在融水县真仙岩，当他进入后洞时，见石下横卧一条巨蛇，为了探明洞内情况，徐霞客不顾危险，从蛇身上跨进去，又跨出来。徐霞客生活在明末一个动荡不安的社会环境中，在当时，旅途非常不安全，他在旅行中多次遭人抢劫，生活困难，只好向人筹措盘费，但是他从不悲观，从不退缩，用自己惊人的毅力克服了困难。可以说，一部《徐霞客游记》是用生命的代价写成的。

毅力能够填补客观条件的缺憾，因为有毅力，滴水能够穿石，铁杵可磨成针，精卫可以填海，愚公能够移山。东晋王羲之的书法被后世大为赞颂。梁武帝萧衍称其“字势雄逸，如龙跳天门，虎卧凤阙”，唐太宗李世民也赞叹王羲之精湛的书法可以令人“玩之不觉为倦，览之莫识其端”。殊不知这位书圣少年时的书法较之常人还略逊一筹。可是，少年王羲之以他非同寻常的毅力刻苦学习书法，达到了痴迷忘我的地步。因为十分投入，他吃饭时甚至以墨当食仍浑然不知，走路时，又以衣做纸，在衣服上比画琢磨字的间架结构，久而久之，衣服也被划破了。因为他的勤奋，洗笔的池塘也被染成黑色，人称之为“墨池”。经过数十年对书法坚韧不拔的追求，昔日默默无闻的少年终于长成一代书圣，王羲之的书法达到了艺术的巅峰，一直为后人景仰和学习。清代著名的考据学家阎若璩，幼时资质愚钝，常常书背千遍也记不下来，到十五岁时，读书仍不解其意。但他孜孜不倦，终于学有所成。

持久的毅力反映了人对事业的执着追求，也代表着自强不息、拼搏进取的精神。“功崇惟志，业广惟勤。”相反，没有了毅力，就是天资再聪慧者，也只能半途而废。王安石笔下一个叫作方仲永的儿童，聪颖过人，五岁时即可写字作诗，无师自通，乡人视为神童，以后父母却不再让他学习，等到长大以后，已经“泯然众人矣”。由此可见，天才毕竟只是少数，而且天才如果不经过后天的勤奋和磨炼，也只会变成庸才。

知其不可而为之

人们总是期望自己的一生永远充满鲜花、欢乐和惬意，然而这样的人生境界在现实生活中可说是并不存在的。相反，几乎所有的人在实现自己理想的过程中都会经历挫折、失意和磨难，这就是人生中的逆境。面对逆境，有人颓废消沉，从此一蹶不振；有人则愈挫愈奋，把逆境当作一种砥砺。实际上，顺境和逆境所发生的作用是相对的。顺境固然能为成功提供优越的客观条件，但意志不坚者却往往容易在顺境中逐渐骄傲自满、不思进取，由此而来，顺境也会变成逆境。另一方面，身处逆境之中，人就会修正自己的错误，磨炼自己的意志，从而奋发向上，最终摆脱逆境，走向成功。因此，面对逆境，先哲早已告诫我们："天将降大任于是人也，必先苦其心志，劳其筋骨，饿其体肤，空乏其身，行拂乱其所为，所以动心忍性，曾益其所不能。"明代洪应明对于顺境和逆境的描述更是形象："居逆境中，周身皆针砭药石，砥节砺行而不觉；处顺境内，满前尽兵刃戈矛，销膏糜骨而不知。"① 逆境好比是金针和良药，能使人的德行能力在不知不觉中得到磨炼，而身处顺境之中，眼前尽是兵刃刀剑，已经损坏了身体，自己却浑然不知。郑板桥谈到这一点时也说，家境和生活条件对一个人的前途和命运有着非常关键的作用。他举例说："富贵人家延师傅教子弟，至勤至切，而立学有成者，多出于附从贫贱之家，而己之子弟不与焉。"被寄予厚望的富家子往往难以学有所成，有所成就的常常是仅作陪读的贫家子弟。这样过不了多少年，富家子就会变富贵为贫贱，有的甚至寄人篱下，沦为乞丐；或者只能够保守家业，解决温饱，而又是目不识丁。即使有凤毛麟角能够发达者，他们的文章也难以做到刻骨镂心，为世人所传诵。郑板桥解释说，这样一种现象，恰恰说明了富贵足以使人愚笨，

---

① 洪应明：《菜根谭·概论》。

贫贱则能够使人树立大志，聪明睿智。[①] 郑板桥的话虽然有些绝对化，但却不无某些道理。逆境容易使人奋起，顺境容易令人骄逸。因此，身处顺境时不能沾沾自喜，贪图享受；面对逆境也不必灰心丧气，而是要知难而上。

无数生动的事例早已说明，只要保持积极向上的人生态度，在逆境中同样可以做出一番伟大的事业，成就非凡的人生。对中国传统文化贡献和影响最大的当推孔子。但孔子一生大都是在逆境中度过的。他自幼家境贫寒，经过勤奋苦读，长大后博学多才，志向远大，但是直至五十一岁时才得以在鲁国先后任中都宰、司空及司寇，随后又因为与当权者政见不合，愤而去职，自此率众弟子周游列国，以图求遇明君，一展才华。其间颠沛流离，风餐露宿，四处碰壁，在极其艰苦的生活环境下坚持十余年，然终不改其志，时人称之为“知其不可而为之”。直至晚年返回故国后，孔子仍不顾年老体衰，潜心教学，整理古籍，他勉励自己及弟子，认为“居不隐者思不远，身不佚者志不广”，逆境恰恰是催人奋起的良机，孔子这种积极进取、乐观向上的人生态度是非常值得我们去学习的。

古之于逆境中成大事者当然不止孔子一人。司马迁在谈到逆境对人的影响时举例说，许多伟大的创作无不是伟人们身处逆境中奋发的结果：文王拘羑里，演《周易》；仲尼厄陈蔡，作《春秋》；屈原放逐，著《离骚》；左丘失明，厥有《国语》；孙子膑脚，而修《兵法》；不韦迁蜀，世传《吕览》；韩非囚秦，《说难》《孤愤》；《诗》三百篇，大抵贤圣发愤之所作也。此外，越王勾践卧薪尝胆，发愤雪耻，忍辱负重，终于灭吴而称霸。被司马迁称为“烈丈夫”的伍子胥弃小义，雪大耻，名重后世。司马迁本人也是在逆境中坚韧不拔，完成了传世巨著《史记》的修纂。

司马迁在四十六岁时因为李陵之祸遭受腐刑。对一个人来讲，腐刑无疑是对其人格尊严的极端践踏，是为人的最大的耻辱。司马迁在《报任安书》中是这样描述他的极度痛苦：“太上不辱先，其次

---

① 参见《郑板桥集》卷2，《潍县寄舍弟第三书》。

不辱身，其次不辱理色，其次不辱辞令，其次诎体受辱，其次易服受辱，其次关木索被箠楚受辱，其次剔毛发婴金铁受辱，其次毁肌肤断支体受辱，最下腐刑，极矣。”司马迁所描述的十种耻辱都是人生中的最大不幸，他所遭受的腐刑更是耻辱中的极点。这种耻辱无时无刻不折磨着司马迁的心灵，在他出狱后，被任命为权重一时的中书令，世俗皆以为“尊宠任职”，司马迁却目之为又一奇耻大辱，在遭遇了人生极大的耻辱后得到了这样一个与宦官为伍的官职，这样的心灵摧残令司马迁痛不欲生：“是以肠一日而九回，居则忽忽若有所亡，出则不知所如往。每念斯耻，汗未尝不发背沾衣也。”司马迁未曾不想到死，他甚至多次想到了自杀。生命中这场飞来的劫难使他深切地体会到了所谓“明主”的喜怒无常，体会到了人情冷暖、世态炎凉。死固然可以使他提早结束这种耻辱，可以重新完善他做人的名节和尊严。然而他未竟的事业使他选择了生：这一年，他著《史记》已经是第七个年头了。对自己钟爱的事业的追求使他忍辱负重，在世俗非议的逆境中以顽强的意志选择了激扬奋发，以著述立名后世。他表达他的决心说：“所谓隐忍苟活，函粪土之中而不辞者，恨私心有所不尽，鄙没世而文采不表于后也。”李陵之祸不仅成为司马迁生命中的转折点，而且也成为造就“千古之绝唱，无韵之离骚”的《史记》的催化剂。司马迁将个人的不平和愤懑化作创作的热情和动力，述往事，思来者，他敢于揭露封建统治者的荒淫横暴，他大胆地讴歌勇于反抗社会的英雄人物，对于历史人物，他予以了深刻而客观的褒贬。在五年之后，“凡百三十篇，五十二万六千五百字”的《史记》基本完稿，司马迁在《报任安书》中说：“仆诚已著此书，藏之名山，传之其人，通邑大都，则仆偿前辱之责，虽万被戮，岂有悔哉!”

古人常将初时顺境，转而艰辛称为“琐尾流离”。与由逆境转入顺境相比，如果一个人的境遇是由顺境转入逆境，这样的人生更需要百倍的毅力和勇气。司马迁即可视作在琐尾流离的人生中成就了自己。让我们把目光稍稍放得近一些，被人称为“国宝”的国学大师陈寅恪，他的人生历程和学术之路，何尝不也是经历了琐尾流离的过程。

陈寅恪家世煊赫，其祖陈宝箴系晚清封疆大吏，官至湖南巡抚，其父陈三立是清末四公子之一，家世渊源和家学传承为陈寅恪的成才提供了良好的外部条件，然而，继此之后，早年的陈寅恪备遭生活上的困顿和颠沛流离，五十六岁正值学术巅峰时又因为长期营养不良导致双目失明，晚年又经“文化大革命”的摧残，支撑他在逆境中成为学界巨擘的，正是他“屡险如夷”的坦荡胸怀和对科学的执着追求。

《周易》曰：“天行健，君子以自强不息。”《荀子》也说：“自知者不怨人，知命者不怨天。怨人者穷，怨天者无志。失之己，反之人，岂不迂乎哉！”怨天尤人和自暴自弃者注定不会得到命运的垂青，只有自强不息地奋斗，才会走出困境，到达理想的彼岸。

机不可失

成功的事业是用勤奋和毅力铺就的，除此之外，机遇对于事业的成功也有着重要的作用。古人常将天时、地利、人和作为事业成功的三个重要因素。能够适时地把握这三种因素，实际上也就是把握住了机遇。机遇的来临可能只在一刹那，如果不留意就会稍纵即逝，古人因此将把握机遇比作救火：“从时者，犹救火、追亡人也，蹶而趋之，唯恐弗及。”① 面对机遇，只有果敢迅速，才会及时掌握。荀子说：“与之举错迁移，而观其能应变也。”② 就是指人应该具备把握机遇、随机应变的灵敏性和果敢性。

唐朝的军事家李靖，有一句名言叫作“兵贵神速，机不可失”。当时李靖受命前往平定在长江中游称帝的萧铣，时逢秋汛，江水上涨，萧铣借地利之优准备以逸待劳，因而没有做任何设防。李靖却认为此时敌军疏于防备，正是大好时机，可乘江水之涌以“迅雷不

① 《国语·越语下》。
② 《荀子·君道篇》。

及掩耳”之势至敌城下，因此主张渡过三峡。萧铣闻知，急忙派部将文士弘迎战。夔州唐将李孝恭准备出击。李靖此时却认为文士弘是一员猛将，而且又是救败之师，若与之直接交战，恐怕敌人锐不可当，很难取胜，建议暂时勿与交锋，等待时机再出击。李孝恭不听，亲自率军出战，结果唐军大败而归。李靖闻知敌军在交战中抢掠了很多东西，负重过多，觉得这又是一个良机，于是乘机出击，结果大败敌军，最后将萧铣围困在江陵城里，逼迫他最终投降。

李靖能够克敌制胜，就在于他能够适时地把握时机，化危机为良机，变不利为有利。机遇对于事业成败的重要性不仅反映在军事上，而且体现在人生中的每一个方面。姜太公得遇周文王，韩信得遇萧何，左思的《三都赋》因为得到当时大文学家皇甫谧的推荐才流传开来，这其中不能不包括机遇的因素在内。

机遇的到来需要人的耐心等待，更需要认真发掘和主动创造。善于发现机遇和创造机遇的人注定会早日迈向成功。成语“毛遂自荐”就是一个自己发现机遇和创造机遇的例子。毛遂是春秋时赵国平原君赵胜门下一个默默无闻的食客。秦兵围赵国都城邯郸，赵王派平原君去向楚国求救。平原君准备从众多的食客中挑选“有勇力文武备具者二十人”前往。但他只挑选了19人，其他人在他看来都不够资格。这时毛遂自我推荐。平原君对他半信半疑，他说：“贤士之处世也，譬若锥之处囊中，其末立见。”有才能的人就像是放在口袋里的锥子，锥子尖儿过不了多久就会露出来。毛遂做食客已经三年了，却一直默默无闻，无怪乎平原君对他一无所知。毛遂却自信地说，自己之所以不为人所知，是因为根本没有被置入囊中，如果被早放在口袋里，锥子尖儿早就“脱颖而出”了。平原君一行来到楚国，会谈好久也没有结果。毛遂这时按剑上殿，他侃侃而谈，陈述联合抗秦的利害，并指出秦国曾破楚国都城，因此，楚国应当借此机会联赵抗秦，一雪国耻。经过毛遂的慷慨陈词，楚王歃血为盟，出兵抗秦。无名小卒毛遂从此名声大振。平原君也因此感叹说：“毛先生以三寸之舌，强于百万之师，胜不敢复相士。”此后，毛遂也成为善于把握机遇、自信自胜的典型范例。

机遇既为成功提供了良好的条件，也是对人的个性的一种挑战。把握机遇需要一定的果断性和灵活性。沉着冷静、处事果断者不仅能够及时抓住机会，利用机会，即使面临危机也可能转化为良机。宋朝时的名将曹玮率兵抗击西夏，一天忽然有人报告说，有士兵叛逃到了西夏，军中因此人心慌乱。曹玮迅速回答说：正是我派他们去的。西夏人闻知，马上将叛变的人杀了。曹玮将计就计，随机应变，将危机化为转机，借敌人之手除掉了叛徒，既安定了军心，又扫除了后顾之忧，真可谓一举两得。但是反过来讲，缺乏果敢、优柔寡断、犹豫不决者则难以抓住机会，只能错失良机。三国时诸葛亮奉劝孙权，如果他“外托服从之名，而内怀犹豫之计，事急而不断，祸至无日矣!”① 诸葛亮此语绝非危言耸听。历史上因为不能把握时机而断送了江山者大有人在。比如，设了鸿门宴的项羽就是因为自己一再犹豫不决而放走刘邦，致使失去了一次消灭劲敌的最佳机会，无怪力主杀刘邦的范增说：“竖子不足与谋！夺项王天下者，必沛公也!”② 此后，刘邦势力迅速壮大，项羽再想杀他，却没有机会了。

另一方面还要强调的是，机遇的降临有其偶然性，但是机遇毕竟代替不了勤奋和毅力的作用，而且，机遇的出现是建立在勤奋和毅力的基础上的。试想如果李靖对兵法一无所知，毛遂胸无点墨，那么即使再好的机遇出现，他们也是无法把握的。古人在鼓励寻找机遇的同时，却反对好逸恶劳、守株待兔之人。如果不愿意付出任何劳动，就希望有好运降临，这样的人最终还是一事无成。

---

① 《三国志·蜀书·诸葛亮传》。

② 《史记·项羽本纪》。

苟利国家生死以，岂因祸福避趋之
——爱国篇

临患不忘国

爱国主义是贯穿中华民族发展史的一个古老而常新、庄严而宝贵的精神理念。爱国主义是一个历史的范畴，尽管在不同时期，爱国主义被赋予了不同的内容，但是，从其核心来看，爱国主义表现为人们对于民族和国家命运的休戚感、使命感以及为之奋斗献身的精神。历代以来，在爱国主义的感召下，无数仁人志士为了祖国的命运和前途而殚精竭虑，抛头颅、洒热血，谱写了一曲曲壮丽的爱国主义篇章。许多人还用自己的笔抒发了对祖国的深切热爱，《左传·昭公元年》解释了“忠贞”二字的含义：“临患不忘国，忠也。……图国忘死，贞也。”春秋时郑国大夫子产因改革田赋而遭人诽谤，子产坦然表示心迹：“何害！苟利社稷，死生以之！”[①] 战国时楚大夫屈原愤国破而作《离骚》，以其哀婉的诗句表达了自己忧国忧民的沉重心情：

> 长太息以掩涕兮，哀民生之多艰。余虽好修姱以鞿羁兮，謇朝谇而夕替。既替余以蕙纕兮，又申之以揽茝。亦余心之所善兮，虽九死其犹未悔。[②]

“虽九死其犹未悔”，这句话更成为忧国者的代表语言。三国时曹植在《白马篇》中发出了“捐躯赴国难，视死忽如归”的感慨，

---

① 《左传·昭公四年》。

② 《楚辞·离骚》。

南宋文天祥拒绝降元而作《正气歌》，另一位心怀天下的宋代名臣范仲淹更是不止一次地表达自己决“不以一心之戚而忘天下之忧”①。南宋爱国诗人陆游在他留下的近万首诗作中，绝大多数都表达了他对国家危亡的忧虑和报效祖国的决心。直至他暮年之时，诗人以身许国的决心仍在他的诗作中表现得淋漓尽致。陆游的绝笔诗《示儿》表达了他对祖国统一的愿望：

死去元知万事空，但悲不见九州同。
王师北定中原日，家祭无忘告乃翁。

明代戚继光为平倭寇，靖海疆，一生戎马倥偬，以“封侯非我意，但愿海波平”作为自己的终身志愿。明末清初的思想家顾炎武的一句“天下兴亡，匹夫有责”，更是成为多少年来爱国志士的座右铭。近代民主革命的先行者孙中山在 1894 年创建兴中会之时，面对迫在眉睫的民族危机，忧心如焚地指出：“方今强邻环列，虎视鹰瞵，久垂涎我中华五金之富、物产之饶。蚕食鲸吞，已效尤于接踵；瓜分豆剖，实堪虑于目前。”从此便抱定“亟拯斯民于水火，切扶大厦于将倾”之志，以“振兴中华，维持国体”② 为己任。1905 年，孙中山在东京中国留学生欢迎大会上殷切希望莘莘学子将“振兴中国之责任，置之于自身之肩上”③。著名爱国志士陈天华在他的名著《警世钟》中抒发了他炽烈的爱国热情：

那怕他，枪如林，炮如雨下；那怕他，将又广，兵又精强；那怕他，专制政，层层束缚；那怕他，天罗网，处处高张。猛睡狮，梦中醒，白天一吼；百兽惊，龙蛇走，魑魅逃藏。改条约，复政权，完全独立；雪仇耻，驱外族，复我冠裳。到那时，齐叫道，中华万岁！才是我，大国民，气吐眉扬。

五四运动以后，爱国主义继续得到了发扬光大。新文化运动的倡导者陈独秀认定民主和科学是救亡之道，他指出：“西洋人因为拥

---

① 《范文正公集》卷 8，《奏上时务书》。
② 《孙中山全集》，第 1 卷，19 页。
③ 同上书，283 页。

护德、赛两先生，闹了多少事，流了多少血，德、赛两先生才渐渐从黑暗中把他们救出，引到光明世界。我们现在认定只有这两位先生，可以救治中国政治上、道德上、学术上、思想上的一切黑暗。若因为拥护这两位先生，一切政府的压迫，社会的攻击笑骂，就是断头流血，都不推辞。"① 李大钊在《新青年》上发表了激情洋溢的《青春》一文，宣称为了使"我之国家为青春之国家，我之民族为青春之民族"，必将"勇往奋进以赴之""断头流血以从之"②。年轻的鲁迅以一首《自题小像》抒发了自己炽烈的爱国情操和悲壮的献身精神："灵台无计逃神矢，风雨如磐暗故园。寄意寒星荃不察，我以我血荐轩辕。"这也是当时许多有志青年的共同心声。十几岁时即"开始意识到，国家兴亡，匹夫有责"的毛泽东在《湘江评论》上倡言："天下者我们的天下。国家者我们的国家。社会者我们的社会。我们不说，谁说？我们不干，谁干？"③ 《二十一条》签定时，他满怀激愤地写下了"五月七日，民国奇耻，何以报仇？在我学子"④的豪言壮语。周恩来在十几岁时即发誓"为中华之崛起而读书"的远大志向，在他远赴日本时，又以"愿相会于中华腾飞世界时"赠与幼时同学。

爱国志士们将他们报效祖国的满腔豪情和深沉的民族忧患意识熔化在炽烈而激昂的文字中。应当说，爱国者深沉的忧患意识与他们同样强烈的民族自尊心和自信心并不背离。实际上，忧国忧民的思想本身就建立在对祖国、民族的强烈的热爱和自豪之上。邹容在《革命军》中即自信地说："且夫我中国，固有囊括宇内，震耀全球，抚视万国，凌轹五洲之资格者也。"孙中山更是自豪地说："中国土地、人口为各国所不及。吾侪生在中国，实为幸福。"⑤ 邓小平同志满怀深情地说："我荣幸地以中华民族一员的资格，而成为世界公民。我是中国人民的儿子，我深情地爱着我的祖国和人民。"无论在

---

① 陈独秀：《本志罪案之答辩书》，载《新青年》，第6卷第1号。

② 《李大钊选集》，65页。

③ 《毛泽东早期文稿》，390页。

④ 同上书，11页。

⑤ 《辛亥革命》（二），4页。

民族危机多么严重的时刻，爱国志士们都坚信，只要全民族不懈努力，中华民族就会有一个光辉灿烂的前途。李大钊热情地呼吁青年人当“为世界进文明，为人类造幸福，以青春之我，创建青春之家庭，青春之国家，青春之民族，青春之人类，青春之宇宙，资以乐其无涯之生”。在中国处于苦难深重的时代，现代著名文学家郑振铎这样畅想21世纪的中国：“未来的中国，我以为，将是一个伟大的快乐的国土。因了我们的努力，我们将会把若干年帝国主义者们所给予我们的创痕与血迹医涤得干干净净。我们将不再见什么帝国主义者们的兵舰与军队在中国内地及海边停留着。我们将建设了一个伟大的社会主义的国家：个人为了群众而生存，群众也为了个人而生存。军阀的争斗，饥饿，水灾，以及一切苦难，都将成为过去的一梦。这并不是什么‘梦想’，我们努力，便没有什么不会实现的！而现在正是我们和一切恶魔苦斗的时候！”① 对祖国的热爱和眷恋激荡着每一位爱国志士的心灵，方志敏烈士在《可爱的中国》中也这样热情激昂地描述祖国的未来：“我相信，到那时，到处都是活跃的创造，到处都是日新月异的进步，欢歌将代替了悲叹，笑脸将代替了哭脸，富裕将代替了贫穷，康健将代替了疾苦，智慧将代替了愚昧，友爱将代替了仇杀，生之快乐将代替了死之悲哀，明媚的花园，将代替了凄凉的荒地！这时，我们民族就可以无愧色的立在人类的面前，而生育我们的母亲，也会最美丽的装饰起来，与世界上各位母亲平等的携手了。”可以说，爱国志士们对祖国美好未来的畅想在今天都已变成了现实，但是，祖国能够有辉煌的今天，不正是先烈们用一颗颗赤子之心换来的吗？

苟利社稷，死生以之

百年之前，梁启超先生在谈到爱国之士对爱国、爱身、爱名三

---

① 转引自陈福康：《郑振铎传》，254～255页。

者的关系时曾说："今夫所谓爱国之士，苟其事有利于国者，则虽败己之身，裂己之名，犹当为之。"① 真正的爱国者往往会抛弃一己私利，将自己的利益与祖国和人民的利益紧紧联系在一起。爱国主义、民族气节和崇高的人格追求是相互兼容的。在中华民族历史上，遭遇外来入侵的时候不知凡几，而强敌压境、社稷民族面临败亡之时，也是考验一个爱国者的最关键的时刻。无数爱国志士都会以高尚的民族气节和崇高的人格追求表达自己对民族的热爱和与祖国共存亡的决心。西汉名士苏武在出使西域时被匈奴扣留迫降，他坚决不从，被流放漠北牧羊 19 年，始终将代表朝廷使节的汉朝符节留在身边，直至"须发尽白"才回到故土，其高尚的民族气节和对祖国的赤诚之心一直为后人所传诵。此外，爱国者往往不畏个人名利得失，将个人的荣辱祸福、身家性命全部投入到民族救亡中。发誓"尽忠报国"的宋代岳飞以满腔爱国豪情征战疆场，不计为奸佞陷害。"忧国忘身"的明代名臣于谦借咏石灰而明其志，表示"粉身碎骨浑不怕，要留清白在人间"，为了保卫社稷而殚精竭虑。成功地进行了虎门销烟的林则徐，在他从京师赴广东与英国进行鸦片交涉事宜之前，他所肩负的不仅是君王的厚望、整个民族的期盼，更面对着气势汹汹的英国人和妥协势力的谗言鼓噪。林则徐自己意识到前面绝非坦途，但是，他向座师沈维鐈表明心迹说："死生命也，成败天也，苟利社稷，不敢不竭股肱以为门墙辱。"② 只要有利于国家，个人的荣辱祸福是早已置之度外的。虎门销烟沉重地打击了外国侵略者的嚣张气焰，但在投降派的谗言之下，林则徐被发配新疆伊犁。当此之时，林则徐首先想到的仍然不是个人的荣辱安危，而是国家的存亡，在他踏上去伊犁的漫长的流放之路前，林则徐效仿子产向家人表达了自己的心愿和决心："苟利国家生死以，岂因祸福避趋之!"只要是关于自己的祖国和民族存亡的事情，即使是赴汤蹈火，也在所不惜，个人的祸福又算得了什么！这样一句饱含着炽烈的爱国热情的诗句可以说是对其一生的写照，而且也激励着后人以此为志。在新疆，

---

① 梁启超：《戊戌政变记》卷 3。

② 来新夏：《林则徐年谱新编》，286 页。

林则徐又将自己的拳拳爱国之心倾注到了边疆的农垦事业上。

近代以来，像林则徐这样坚决抵抗外来侵略、以国家和民族的兴亡为己任者还有许多。1875年，为了反对沙俄支持的阿古柏入侵我国新疆，已经六十多岁的左宗棠面对投降派的压力，坚决主张“决之以战”，并且不顾自己年老体衰，自请出屯哈密，收复伊犁。在致友人的信中，左宗棠表示：“衰年报国，心力交瘁亦复何暇顾及！”为了表达自己捍卫祖国边疆的决心，左宗棠“舆榇出关”，最终使阿古柏连遭败绩，“慑我兵威”，次年收回伊犁。在左宗棠收复伊犁不到十年时，中法战争爆发，另一位老将——已经年近七十的冯子材为了保卫国土，亲自率子披挂上阵，身先士卒，奋勇杀敌，取得了“道咸以来无此捷”的镇南关（今友谊关）大捷，沉重地打击了侵略者的嚣张气焰。

在中国历史上，无数爱国志士将自己的命运和人生与祖国的兴衰紧密联结在一起。志士仁人们炽烈的爱国激情并不是心血来潮所至，相反，他们坚定的报国之志都是经过理性思考得来的结果，并且为之不惜牺牲一切代价，无怨无悔，矢志不移。近代以来，为了拯救灾难深重的祖国母亲，爱国志士更是将自己的命运、前途与民族的兴衰紧紧联系在一起。1903年，陈天华在长沙求实书院读书时，曾有某县令因为他才识过人，欲将爱女嫁给他，陈天华断然拒绝，他说：“天下方多故，安能再以儿女情长累我乎？国不安，吾不娶。”另一爱国志士邹容在决心出国留学时，有亲友曾劝阻他说：“天下汝一人岂能挽回，士农工商皆为衣食计耳，何必别生他念。若欲为国，试看谭嗣同将头切去，波及父母，好否自知。”面对这样的告诫，邹容则坚定地认为，“仁义所在，虽粉身碎骨不计，乃人之义务也”，如果只知“家居终古，足抵妻，怀抱子，守祖父母田产而不失”，这样的人无异于行尸走肉，这样的人生是没有任何意义的。同盟会会员方声洞在黄花岗起义前夕留给父亲的诀别书中，表白了自己为国捐躯的决心：“夫男儿在世，不能建功立业，以强祖国，使同胞享幸福，虽奋斗而死，亦大乐也。且为祖国而死，亦义所应尔也。儿刻已念有六岁矣，对于家庭本有应尽之责任，只以国家不能保，则身家亦不能保，即为身家计，亦不能不于死中求生也。”①

真正的爱国者在个人利益与国家利益发生冲突时，会毫不犹豫地牺牲小我，选择救国救民的大事业。爱国不是一时一瞬之事，爱国豪情也绝不只是徒逞口舌之快，许多爱国者将爱国视为自己一生一世所要竭尽全力从事的事业，为之甘愿付出自己的一切。面对祖国的危亡，梁启超曾经指出：“非破家不能救国，非杀身不能成仁，目的以救国为第一义，同此意者皆为同志。”② 综观梁启超的一生，可以说他始终战斗在救国阵线的前沿，他发动变法，号召讨袁，反对专制，力倡民权，为了救国，他勇于赴汤蹈火，敢于向一切恶势力发动进攻。发誓以文字报国的梁启超著作等身，他的好友徐佛苏说：“先生四十年之中，脑中固绝未忘一‘国’字，且平昔眼中无书、手中无笔之日亦绝少，故生平之著述总额人皆谓有‘二千余万字’之多，占古今中外著作家之第一位。”③ 正是在他感人肺腑的文字的鼓舞下，无数年轻人选择了救国之路。民主革命先驱者孙中山自十九岁起“始决倾覆清廷、创建民国之志”④，在他此后的四十年中，他首创中国资产阶级第一个革命团体兴中会，积极提出和倡导了旧三民主义和新三民主义，为了推翻清政府和建立中华民国，经历了不断的起义、失败、再起义、再失败。直至生命的最后一刻，他仍在呼吁“和平……奋斗……救中国”。他“全心全意地为了改造中国而耗费了毕生的精力，真是鞠躬尽瘁，死而后已”⑤。

爱国没有绝对的界限。爱国不分尊卑贵贱、职业性别。在民族危亡的时刻，除去革命先驱者之外，知识分子、商人甚至贩夫走卒也无不表现出高度的爱国热情。他们或者投笔从戎，或者以振兴民族工商业为己任，以各种方式表达着自己对祖国命运的关心和忧虑。清末“状元资本家”张謇深感于日本的繁盛和巨变，决心以教育和实业兴国。张謇在四十多岁时开始创办南通大生纱厂。作为一个对

---

① 徐续编著：《黄花岗》，110 页。

② 丁文江等编：《梁启超年谱长编》，107 页。

③ 同上书，1024 页。

④ 《孙中山全集》，第 6 卷，229 页。

⑤ 毛泽东：《纪念孙中山先生》。

实业一无所知的封建士大夫，张謇在创办大生纱厂时受到来自封建营垒和社会各方的重重刁难，并且随时有被外国资本吞噬的危险，但他投资近代工业、走资本主义之路的决心始终未变。作为众人仰慕的钦点状元，为了筹措资金，他曾求助于上海资本家，当他“留沪两月，百计俱穷”之后，曾“以卖字给旅费”，回首创办大生纱厂的历程，张謇感喟自己可谓“含垢忍尤，遭闵受侮，千磨百折”①，其忍辱负重、坚韧不拔的精神由此足可以窥见一斑了。有着百年辉煌历史的张裕酿酒的创始人张弼士，年轻时即是蜚声海外的华侨商人。在他五十岁那年，清驻英公使龚照瑗路经槟城拜会他，龚说：“君非商界中人，而是天下奇才，现中国贫弱，归救国如何?”张弼士不顾年迈体衰，喜道：“怀此志向久矣!”在张裕创建成功后，为之心力交瘁的张弼士方如释重负，他说：“掷无数之金钱，耗无量之时日，乃能不负初志。”1915 年，美国旧金山召开巴拿马万国博览会，张弼士扔掉几乎形影不离的手杖，发起旅美商业招聘团。结果，张裕一举获得 4 枚金质大奖章，华侨称之为“国魂酒”。抗日战争爆发时，郭沫若已经在日本娶妻生子，度过了二十年。但是，卢沟桥事变的炮声激起了他强烈的归国报效的愿望。他说：“国族临到了垂危的时候了，谁还能安闲地专顾自己一身一家的安全? 处之死地而后生，置之亡地而后存。我自己现在所走的路，我相信正是唯一的生路。”② 满怀着一腔爱国激情，诗人忍痛“别妇抛雏”，在经历了千难万险后，出现在抗日战争的第一线。还有更多默默无闻的人们，他们在各行各业中以不同的方式捍卫着民族的尊严，为祖国的富强无怨无悔地奉献着、牺牲着。

拼将十万头颅血，须把乾坤力挽回

甲午战争后为了保卫台湾而投笔从戎的义士徐骧有一句名言：

① 《张季子九录·实业录》，1119 页。

② 郭沫若：《归去来·由日本回来了》。

“大丈夫为国死，可无憾!”献身精神是爱国主义中的最高层次。不同时代的爱国者都视为国捐躯、以身许国为神圣的使命和无上的光荣。战国屈原，宋代文天祥，明代史可法，清代的葛云飞、关天培、陈化成、左宝贵、邓世昌等，他们或在救国无望的情况下以自杀表示自己对故国的眷恋和忠诚，或在敌人的威逼利诱下威武不屈、以身殉国，或战死疆场。可以说，中国历史的发展和中华民族今日的腾飞之中也凝结着无数先进历史人物的鲜血和汗水。

让我们来看看这些为民族的发展而奔走呼号、前赴后继的英雄们是怎样对待献身与爱国的关系的。“戊戌六君子”之一的谭嗣同在戊戌变法失败后，本可以选择一走了之，但是他却选择了以死报国：“各国变法，无不从流血而成，今中国未闻有因变法而流血者，此国之不昌也。有之，请自嗣同始!”这是怎样的一种英雄气概！这又是怎样的一颗赤子之心！这时他也不过三十三岁。近代民主志士宋教仁为了挽救共和危机，反对袁世凯的独裁专制，疾呼中国应该建立政党内阁，实行民主宪政。当时暗杀事件层出不穷，然而血雨腥风的社会环境并未阻挡宋教仁为祖国的前途而斗争的丝毫锐气，他坦荡地认为：“国家之事，虽有危害，仍当并力赴之。”“暗杀的事，防之不胜防，怕也怕不了，只有处之泰然。我在这个时期，生有生的关系，死也有死的关系。我若真被暗杀，或足以激动同志们的奋斗，而缩短袁氏的政治生命，也未可知。”在他遭袁世凯派人暗杀身处险境之时，仍然致信袁世凯，希望他“开诚心，布公道，竭力保障民权，俾国会得确定不拔之宪法，则虽死之日，犹生之年”，遇刺身亡时不过三十一岁。自称是“革命军中马前卒”的邹容在因“苏报案”而惨死时年仅二十岁；陈天华在决定以身投海，“用自己的死唤醒同胞”“使共登于救国之一途”时不过三十岁；发誓“拼将头颅换凯歌”的鉴湖女侠秋瑾在英勇就义时刚刚三十二岁；李大钊就义时不到三十八岁。此外，“为共和革命而牺牲者之第一人”陆皓东就义时不过二十八岁，被孙中山称为“为共和殉难之第二健将”的史坚如被清政府杀害时仅仅二十二岁。辛亥志士熊成基壮烈就义时也年仅二十三岁，在他为国捐躯的最后时刻，他留下了这样悲壮而诚恳的生命留言："我今早死一日，我们之自由树早得一日鲜血。早得血一日，则早茂盛一日，花方早放一日。"①

应当说，爱国志士们并非没有个人的眷顾和爱恋，相反，他们对于生命充满着热爱和留恋，对于父老妻子有着浓烈的亲情和高度责任感。但是，为了拯救灾难深重的祖国母亲，他们甘愿舍弃个人的幸福，为祖国的独立和富强奉献自己的一切。黄花岗七十二烈士之一林觉民，在参加起义之前致妻子的绝笔信中写道："吾作此书，泪珠和笔墨齐下，不能竟书而欲搁笔，又恐汝不察吾衷，谓吾忍舍汝而死，谓吾不知汝之不欲吾死也，故遂忍悲为汝言之。"字里行间，无不是对妻子的眷顾之情。然而，亲情和爱情并不能够改变自己甘于为国牺牲的志愿和决心，林觉民勉励妻子也能够和他一样，以"为天下人谋永福"作为志向。他说："吾自遇汝以来，常愿天下有情人都成眷属，然遍地腥云，满街狼犬，称心快意，几家能够?""吾充吾爱汝之心，助天下人爱其所爱，所以敢先汝而死，不顾汝也。汝体吾此心，于啼泣之余亦以天下人为念，当亦乐牺牲吾身与汝身之福利，为天下人谋永福也。"② 林觉民牺牲之时年仅二十四岁。1931 年，二十八岁的革命烈士李硕勋在临刑前写信给妻子："余亦将与你们长别。在前方，在后方，日死若干人，余亦其中之一耳。死后勿为我过悲。惟望善育吾儿，你宜设法送之返家中，你亦努力谋自立为要。"这封字里行间透露着视死如归的决心和精神的遗书激励了无数同志和后人。二十年后，郭沫若同志曾说："拜读遗书，从容就义、慷慨临刑的精神跃然纸上，使千百代后人见之，亦当肃然起敬。这是中国人民革命成功的左卷，是训育革命后进的不朽教材。"在革命成功的黎明前倒下的二十九岁的江姐，在遗书中将自己唯一的儿子托付给家人，她"盼教以踏着父母之足迹，以建设新中国为志，为共产主义事业奋斗到底。孩子不要娇养，粗茶淡饭足矣"。这里，一名共产党人钢铁般坚强的意志与一颗饱含着爱恋的慈母之心如此密切地联结在一起，如此生动地向我们展示了爱国志士

① 钱兆湘笺注：《熊烈士供词》。

② 徐续编著：《黄花岗》，113 页。

无私而博大的胸怀。

为了祖国和民族的利益，英雄们殚精竭虑，前赴后继地斗争和前进着。他们将自己的青春和生命奉献给了“生于斯，长于斯”的祖国，实现了自己的人生价值。烈士高君宇生前说过：“我是宝剑，我是火花，我愿生如闪电之耀亮，我愿死如彗星之迅忽。”生命是有限的，而生命的过程是美丽多彩的，生命的意义可以因为生命不平凡的过程而成为永恒和不朽。正是这些将自己短暂的人生奉献给祖国的人，他们用轰烈而火红的生命构筑了历史长河的奔腾不息，这样的人生是榜样的人生，这样的人生值得我们景仰、纪念和发扬光大。

自胜者强
——人格篇

人格，在某方面指人的道德品质。进一步讲，人格是人的一种可贵的自我意识和依此而生活的存在状态。人格有高低优劣之分。人格的好坏对人生的目的和方式有着非常直接的影响。因此，大凡奋发向上、不愿虚度光阴的人，都以优化自身人格、塑造理想人格作为道德修养的重要内容。历史上伟大的人格表现在社会生活的多个方面，对于我们今天的道德修养仍是大有裨益的。

经世济民，清廉自守

传统道德修养认为，完美的人格首先在于个人社会价值的实现。强调个人对社会和国家事务积极参与的儒家将之设计成理想人格模式的重要内容，称之为“内圣外王”。“内圣”，即是指个人内在修为所能达到的最佳境界；“外王”，是指个人在社会生活中所发挥的作用。如果一个人在这两方面都能达到最高的境界和程度，就实现了“内圣外王”之道。相比而言，儒家更注重“内圣”，即道德修养的地位和作用，把这看作做人的核心和根本，“外王”则是“内圣”发展的必然结果和外化。“内圣外王”的道德人格在客观上将自我与社会责任、义务联系在一起，在个人利益与群体利益发生冲突时，要求个人利益服从群体利益。长期以来，这种道德人格缔造了一代又一代的民族精英，造就了中国历史上圣贤君子、志士仁人、忠臣孝子和清官廉吏的层出不穷。他们以经世济民为己任，以清廉自守为人生信条，或为国家鞠躬尽瘁、死而后已，或为黎民不畏权贵、铁面无私，或保家卫国、赤胆忠心，实现了自己修身、齐家、治国、平天下的人生价值。

诸葛亮就是这种高尚的道德人格的典型代表。自207年（建安十二年）刘备三顾茅庐，诸葛亮感念知遇之恩，随刘备南征北战十余载。作为刘备、刘禅的股肱大臣，诸葛亮为蜀汉江山的建立立下了汗马功劳。221年（蜀汉章武元年），刘备在称帝不久后死去。由于诸葛亮本人足智多谋，威望甚高，按照诸葛亮自己的才能，他完全可以在刘备死后取代刘禅，更何况刘备临终时也有遗言："君才十倍曹丕，必能安国，终定大事。若嗣子可辅，辅之；如其不才，君可自取。"但是面对刘备的让贤，诸葛亮的"回答"是："臣敢竭股肱之力，效忠贞之节，继之以死！""内圣外王"的道德人格促使他殚精竭虑地辅佐幼主，为羸弱的蜀汉王朝鞠躬尽瘁。长期的戎马生涯使得他积劳成疾，最终"出师未捷身先死"，累死在五丈原前线。诸葛亮的高风亮节不仅是他对刘备三顾茅庐的知遇之恩的以身相谢，更反映了他作为一个古代杰出政治家的伟大人格。这样的伟大人格造就了诸葛亮坦荡的胸怀和无私的奉献精神。在他的上后主表中，诸葛亮简略地提到了他的身后事："成都有桑八百株，薄田十五顷，子弟衣食，自有余饶。至于臣在外任，无别调度，随身衣食，悉仰于官，不别治生，以长尺寸。若臣死之日，不使内有余帛，外有赢财，以负陛下。"其所具备的高尚道德人格更是跃然纸上。

如果说诸葛亮是鞠躬尽瘁、殚心体国的代表，包拯则是铁面无私、执法如山的典型。现今合肥包公祠里有一副对联高度概括了包拯一生不谋私利、廉洁爱民的品格：

理冤狱，关节不通，自是阎罗气象。
赈灾黎，慈悲无量，依然菩萨心肠。

包拯自三十余岁踏入仕途，直至六十三岁病死任上，历任知县、知府、监察御史、三司户部判官、枢密副使、天章阁待制、龙图阁直学士等行政、监察、财政、军事、外交要职。然而无论职位高低，他都能做到刚直不阿、兢兢业业，决不徇私枉法、趋炎附势。包拯任端州知州，端州以盛产名砚著称。作为知州，他奉命采端砚，自己却一方不取，与前任借此中饱私囊形成了鲜明的对比。包拯调任庐州知州后，为了在自己的家乡杜绝徇私枉法之风，对前来拜望的亲戚朋友一概谢绝，拒不接见。他不徇私情，对于借自己之名而横行乡里的堂舅，毫不留情地予以重挞，亲旧自此再不敢幻想倚仗包拯为非作歹。任职开封府期间，包拯更是在这个皇亲国戚、达官显贵“冠盖满京华”的天子脚下，以自己的铮铮铁骨推行政令，革除流弊，使得那些仗势横行、不可一世的皇亲贵戚威风扫地，“闻其者皆惮之”。这一切都表现了他作为一代名臣的高尚的道德人格。包拯不仅律己甚严，一生坚决信守自己所尊崇的操守准则，而且要求后世子孙洁身自好。包拯死时，他为年方五岁的儿子包綖留下了一条遗训：“后世子孙仕宦有犯赃滥者，不得放归本家，亡殁之后不得葬于大茔之中。不从吾志，非吾子孙。仰珙刊石，竖于堂屋东壁，以昭后世。”[①] 包拯高尚的道德人格得到了世人的尊敬和崇拜。包拯死后，西羌于龙呵归顺宋朝，因久闻包拯的英名，乞赐姓包。宋神宗因此赐名包顺。由此可见包拯的事迹流传范围之广。在当时，包拯之名“爆天下之耳目，虽外夷亦服其重名。朝廷士大夫达于远方学者，皆不以其官称，呼之为‘公’”。“包公”之名自那时起直至现今仍为世人所铭记和传颂。

被康熙皇帝称为“清官第一”的于成龙，在任广西罗城县知县、开始他的仕途生涯时已经四十五岁。罗城被人称作“蛮烟瘴雨”之地，北方人到那里多不服水土，生还者不及一二。亲友因此多劝他勿往。于成龙则以“古人义不辞难”自勉，变卖家产，凑足盘缠，他叮嘱长子说：“我做官不管你，你治家莫想我。”随后在家人一片哭声中踏上旅途。他向一位好友倾诉了他的心声：“我此行决不以温饱为志，誓勿昧‘天理良心’四字。子素知我于莲池书院者，敢为子质言无隐。”[②] 这句话也成为于成龙一生的做官理念。在罗城，迎接于成龙的是破败不堪的县衙和鸠形鹄面的百姓，条件之艰苦连他自己都没有想到。他从山西老家带了五名随从，结果因为不适应当

---

① 《包拯家训》。

② 武祇遹：《跋于山奏牍后》，见《于清端公政书》外集。

地的生活，不久就病死一人，逃走三人，仅有的一人还落得半疯半傻。他的儿子只好又寻觅四人前往，岂料未过多久又病死三人，剩下的一个随后也随同原来的旧仆一起逃跑。然而，于成龙却丝毫不受此影响，他励精图治，废寝忘食，为地方的安定和发展披肝沥胆，他还用自身的人格感化周围的百姓，与百姓建立起家人父子般的关系。当他六年后离开罗城时，社会风气淳厚，百姓安居乐业，他自己却仍然是“布袍数浣，破被如铁，一苍头从”。此后，任黄州知州、武昌知府、福建按察使期间，于成龙都以他的政绩卓著和清廉蜚声朝野。为了剿灭匪盗，他夙兴夜寐，几日之内“须发尽白”，他身先士卒，主动冲锋陷阵，使在场的武官叹服：“岂有文官死，武员独生之理！”[①] 此外，他禁耗羡，理冤狱，绝私派，杜奢靡，自己两袖清风，粗衣淡饭，人称为“于青菜”。在他任直隶巡抚期间，康熙帝褒奖他“清官第一”，他却谦虚地说：“臣惟宣布上威德，未有他能。”[②] 在他所到之处，于成龙都以自己高尚的人格感染和改变着他身边的人和事。在任两江总督期间，江南一改奢靡之习，人以穿布衣为荣，“士大夫家减舆从，毁丹垩，婚嫁不用音乐，豪狡率家远避……政化大变”[③]。六十八岁时，一代廉吏于成龙在江宁任上死去。死后身边的私人财物仅有一袭绨袍、几罐盐豉。

在中国历史上，类似诸葛亮、包拯和于成龙这样实现了“内圣外王”的理想人格的人不在少数。他们在社会发展中所表现出的艰苦创业、甘于奉献、自强不息、执着追求、清正廉洁的优良品质，无一不体现着“内圣外王”的道德人格的重要价值。无可否认，传统士大夫的这种理想人格带着很大的时代局限性。“内圣”也好，“外王”也好，其具体内容都不可能超越封建主义所规定、所容许的范围，都不能不带上深深的封建主义的烙印。但是，这种道德人格在历史上激励和哺育了一代代知识分子，使其树立了舍生取义的伟大理想和百折不挠的大丈夫气概，坚定了为天下兴盛而努力的决心

① 《于清端公传》，见《于清端公政书》外集。
② 《清史稿·于成龙传》。
③ 武祇遹：《跋于山奏牍后》，见《于清端公政书》外集。

和信心。鲁迅在谈到这一点时说："我们从古以来，就有埋头苦干的人，有拼命硬干的人，有为民请命的人，有舍身求法的人……虽是等于为帝王将相作家谱的所谓'正史'，也往往掩不住他们的光耀，这就是中国的脊梁。"①

近代以来，孙中山对儒家"内圣外王"的传统人格观做了进一步阐释，他将人格称之为"民族之魂"，赋予了新的含义。孙中山认为，个人人格的好坏，对整个国家的国格会产生非常直接的影响，因此，他多次鼓励国人，号召"合大家力量，用一种宗旨，互相劝勉，彼此身体力行，造成顶好的人格"②。他认为，人类人格的进步必然会带来社会的进步。孙中山鼓励革命党人要树立高尚的人格："人心就是立国的大根本。……得人心的方法很多，第一是要本党现在的党员，人格高尚，行为正大。不可居心发财，想做大官；要立志牺牲，想做大事，使全国佩服，全国人都信仰。"③ 孙中山提倡一个真正的革命者应当以振兴中华为目的，培养高尚的道德人格。实际上，孙中山自己就是一个具备高尚人格魅力的人。他胸襟坦荡，大公无私。在孙中山奋斗的一生中，尽管特殊的国内国际环境使革命几经波折，甚至使他长期处于劣势，但这并未阻止他在任何时候都以革命为己任，而不以个人名利为进退，愈挫愈奋，矢志始终。作为一位具有世界声誉的伟人和领袖，孙中山始终保持着平民化的作风。有人描述任非常大总统时的孙中山说："中山先生常独自出来散步，他外出从来没有威风凛凛的派头，更无前呼后拥，警卫森严。城中百姓许多人都见过大总统，这并不是什么稀奇事。……故群众称他为'平民总统'。"④ 孙中山反对对自己和亲属搞任何特殊化。在他的遗嘱中，因"尽瘁国事，不治家产"的孙中山留给子孙的不是巨额金钱、地位和特权，而是"余之儿女，已长成，能自立，望各自爱，以继余志"的殷殷希望和嘱托。孙中山曾对"鞠躬尽瘁，

---

① 《鲁迅全集》，第 6 卷，118 页。

② 《孙中山全集》，第 8 卷，315 页。

③ 同上书，283 页。

④ 《在中山先生身边的日子里》，28 页。

死而后已”这句话做了这样的解释：“鞠躬尽瘁是我们革命党人对人民应具有的品质，我们死了，要把未竟的事业，交给后继同志，继续奋斗去完成。所以我们不能‘死而后已’，我们要以‘死而后已’的顽强精神，让后继者再接再厉，贯彻始终。”① 今天，我们在树立理想人格时，仍然可以感觉到孙中山这种伟大的人格魅力。尤其是在市场经济大潮冲击下的今天，这种重道德、重精神修养的人格观念仍是有着重要的借鉴意义的。

己所不欲，勿施于人

树立高尚的道德人格，不仅表现在经世济民、清廉自守方面，还应当具备自尊自立的品质。在倡导成德立业、治平天下的同时，儒家还强调人格的独立性。“己所不欲，勿施于人”②，“己欲立而立人，己欲达而达人”③。道家则强调人处世应当顺应自然之道，不要任意妄为。老子认为人最可贵的是战胜自己的一切俗念：“胜人者有力，自胜者强。”他眼中的圣人具有“贵柔”“不争”“知足”的性格特征。庄子则追求精神自由，“独与天地精神往来，而不敖倪于万物，不谴是非以与世俗处”④。在现实社会中，这样的思想体现为敢于冲破功利的束缚，追求自己的人格尊严和精神自由的独立人格。

追求独立自主人格的李白，以“府县尽为门下客，王侯皆是平交人”作为自己的处世哲学，认为王侯将相、权贵政要的权势并不能使他们高人一等。在李白的身上，“内圣外王”的道德人格与独立自主的审美人格并不冲突。与许多人一样，李白也胸怀匡时济世之志，他向往“乘风破浪会有时，直挂云帆济沧海”。他也曾以为自己能遇明君，能够一展自己的抱负。唐玄宗慕李白之名召他入京，并

---

① 郭哲文：《孙中山先生的“鞠躬尽瘁，死而后已”》，见《孙中山先生诞辰一百二十周年纪念特辑》。

② 《论语·颜渊》。

③ 《论语·雍也》。

④ 《庄子·天下》。

且倍施恩宠："降辇步迎，如见绮皓。以七宝床赐食，御手调羹以饭之。"但是，当他发现自己只是被皇家当作陪侍玩乐的工具时，他是绝不会以损害自己的自由人格为先决条件的。对于一朝天子，李白敢于采取轻蔑的态度。

李白对唐玄宗的弊政予以斥责，大胆地比之为"殷后乱天纪，楚怀亦已昏"，并采取敬而远之的态度。他羞作帮闲文人，敢让宠臣高力士脱靴，敢把杨贵妃比作让汉成帝神魂颠倒、不问国事的赵飞燕。对于这些权贵，李白绝对不会以自己的人格做代价去曲意逢迎，摧眉折腰。"且放白鹿青崖间，须行即骑访名山。安能摧眉折腰事权贵，使我不得开心颜。"即体现出了他的这种品格。

清代以诗、书、画三绝而著称于世的郑板桥，也是这种人格类型的代表。1753年（乾隆十八年），任山东县令十余载的郑板桥因为针砭时弊又不善仰人鼻息而被参革职，踏上了去扬州的归途，这一年郑板桥已经六十有一，陪伴他返回故里的只有一仆一琴，以及雇来的三头毛驴。但是郑板桥的心情却是前所未有的自由和轻松。他留画题诗作别送他的潍县百姓，诗中写道：

乌纱掷去不为官，囊橐萧萧两袖寒。
写取一枝清瘦竹，秋风江上作渔竿。

返归扬州后的郑板桥，纵情于书画之间，视达官权贵如粪土，他说："凡吾画兰、画竹、画石，用以慰天下劳人，非以供天下之安享人也。"① 因此，郑板桥的画，常常赠与农夫、花匠、小商贩等在社会底层生活的人，对于采取各种方式向他索画的巨商大贾、达官贵人，则一概拒绝。1759年（乾隆二十四年），出于生计的需要，郑板桥开始卖画，但他的字画有"三不卖"：达官显贵不卖，生计够了不卖，自己不喜欢的不卖。郑板桥同情受苦的百姓，他常以卖画所得仗义疏财，对穷人慷慨解囊。

应该指出，为传统道德所肯定的这种独立自主的人格不是对社会和人生的消极反应，不是自怨自艾。具备这种人格特质的人，往

① 《板桥题跋》。

往皆能做到真正的淡泊明志，摆脱名利的诱惑和环境的困扰，从而将自己的生命投入到更有意义的事业中。

当然，在封建社会中，纲常名教的层层束缚使得人格的独立性不可能得到全面的发挥和拓展。相反，封建礼教摧残、抑制了人的个性的彰显，许多人自甘沦为封建统治思想的奴隶。即使是少数敢于追求独立自主人格的人，也必定要付出很大的代价和牺牲。五四新文化运动期间，人格的独立被赋予了新的含义。陈独秀在《敬告青年》一文中明确地指出，只有彻底抛弃封建主义的“三纲”道德，才能真正实现独立自主之人格。他认为，所谓的“人格独立”“个性解放”，就是要“脱离夫奴隶之羁绊，以完其自主自由之人格之谓也”。对于“自主自由”的人格，陈独秀还有一段形象的描述：

> 我不懂得什么理论，我决计不顾忌偏左偏右，绝对力求偏颇，绝对厌弃中庸之道，绝对不说人云亦云豆腐白菜不痛不痒的话，我愿意说极正确的话，也愿意说极错误的话，绝不愿意说不错又不对的话。①

也就是说，具备独立自主人格的人，应当是自尊而尊人：“我有手足，自谋温饱；我有口舌，自陈好恶；我有心思，自崇所信；绝不任他人之越俎，亦不应主我而奴他人。盖自认为独立自主之人格以上，一切操行，一切权利，一切信仰，唯有听命各自固有之智能，断无盲从隶属他人之理。”② 这种建立在平等、自由基础上的人格观，对于我们今天树立高尚的人格是很有借鉴意义的。

出污泥而不染，濯清涟而不妖

宋代理学大师周敦颐的名篇《爱莲说》中有这样一段脍炙人口

---

① 陈独秀：《给陈其昌等的信》，转引自戴逸主编：《二十世纪中华学案·哲学卷一》，160页。

② 陈独秀：《敬告青年》，见《独秀文存》，4～5页。

的名言：

> 水陆草木之花，可爱者甚蕃。晋陶渊明独爱菊。自李唐来，世人甚爱牡丹。予独爱莲之出污泥而不染，濯清涟而不妖，中通外直，不蔓不枝，香远益清，亭亭净植，可远观而不可亵玩焉。

这里，周敦颐将菊花、牡丹与莲花比喻成三种不同的人的性格特征：菊花以淡雅著称，且多开于篱边墙角等不为人注意的地方，因此喻之隐逸；牡丹枝繁叶茂、国色天香，常常盛开在富丽堂皇的名园巨圃中，故人以之为富贵；莲花则植根于淤泥之中，沐浴于清涟之间，不因淤泥而失其香，不因清涟而去其纯白，而且只“可远观而不可亵玩”，可谓凛然不可侵犯。周敦颐因此以莲赞喻那种能够洁身自好，不为不良的社会环境所染，不为恶势力所屈服的人格，可以说，这是人类追求的又一种人格境界，也是最难获取的一种人格境界。牡丹象征富贵，凡夫俗子皆向往。菊花代表隐逸，但真正能够甘于寂寞的隐者可谓少之又少，故而很难做到，而且，隐退实际上是对人生和社会消极的抗争，本身也有不足取的一面。独有莲花能够经风历雨，在恶劣的环境中毫不屈服地进行斗争，以一种积极进取的态度面对一切。具备这样高尚人格的人，在中国历史上不是少数，他们为了实现自己的抱负，敢于面对现实，知难而上，这种积极向上的精神确实是值得后人学习的。

晚清历史上著名的启蒙思想家龚自珍，以敢于抨击时弊闻名当时。他以一介小小的京官，大胆地把鸦片战争前的中国社会称之为“衰世”，认为当时的所谓“政要之官”只知道“车马、服饰、言词捷给而已”，所谓的“清暇之官”只知道“作书法、赓诗而已”，除此之外皆一无所知。无论大小官吏，在任时皆“以为苟安其位一日，则一日荣；疾病归田里，又以科名长其子孙，志愿毕矣”。在那样一个危机四伏的时代里，龚自珍以他的直言希望统治者能够从萎靡不振的精神状态中清醒过来，正视现状，改弦更张。然而，龚自珍忠正不阿的个性却不容于当时。他的社会批判的锋芒所向，“上关朝廷，下及冠盖，口不择言，动与世忤”，一贯喜欢粉饰太平的封建统治者，却因为害怕龚自珍鞭辟入里的抨击而诬之为“怪物”，就连龚自珍的朋友也以其言行怪诞、狂放不羁而称之为“狂士”“呆子”。龚自珍的好朋友魏源，曾经专门就此苦口婆心地相劝龚自珍针砭时弊一定要分清场合，有所收敛。他说：“近闻兄酒席谭论，尚有未能择言者，有未能择人者。夫促膝之言，与广廷异；密友之争，与酬酢异。苟不择地而施，则于明哲保身之义，深恐有失，不但德性之疵而已。承吾兄教爱，不啻手足，故率而诤之。然此事要须痛自惩创，不然，结习非一日可改，酒狂非醒后所及悔也。”然而，龚自珍桀骜不屈的人格并未因为恶劣的社会现实所改变，他自称“大言不畏，细言不畏，浮言不畏，挟言不畏”，认为“能清不能浊，能室而不能市者，危之道也。心所谓危，不得不以告也”。这种坚贞的人格使得龚自珍在坎坷的命运面前从不屈服，1839 年（道光十九年），已经四十八岁的龚自珍因为“动触时忌”，被逼离京索然南归，在不公正的遭遇面前，龚自珍镇定而从容，他借落花咏其志：“落红不是无情物，化作春泥更护花。”落花以自己的凋谢换来了他年的满园春色，龚自珍愿意以自己的生命换取更多的知识分子从睡梦中觉醒，从而去改造社会、振兴国家。

近代以来，在中国逐步沦为半殖民地半封建社会的过程中，这种桀骜不屈、勇于直面人生、知难而上的人格愈显宝贵。可以说，正是这样人格力量的支撑，使得无数志士仁人在民族危亡的紧要关头，敢于挺身而出，不惧艰险，为捍卫中华民族的尊严而与敌人做殊死斗争。鲁迅先生就是这种高尚人格的杰出代表。毛泽东同志曾经这样评价鲁迅：“鲁迅的骨头是最硬的，他没有丝毫的奴颜和媚骨，这是殖民地半殖民地人民最可宝贵的性格。”① 鲁迅生活在一个长夜未明、星斗阑干的时代。在黑暗和暴力的袭击下，鲁迅犹如一株巍然屹立的大树，与形形色色的恶势力进行着最坚韧持久的斗争，决不会中途妥协或投降。五四新文化运动时期，鲁迅对封建礼教和家族制度的批判深刻而犀利。土地革命战争时期，在中国社会矛盾空前激烈复杂的背景下，作为中国文学革命的主将，鲁迅以笔为旗，

① 《毛泽东选集》，2 版，第 2 卷，698 页。

面对各种明明暗暗的敌人，表达了自己的思想和战斗哲学。他认为："真的猛士，敢于直面惨淡的人生，敢于正视淋漓的鲜血。"① 因此，他无情面地解剖别人，也无情面地解剖自己，在数不清的恫吓、通缉、威逼利诱之外，那些形形色色的敌人常将他攻击得遍体鳞伤。然而，为了捍卫自己的人格，更为了民族的未来，无论在什么时候，鲁迅都有着钢铁般的意志，他愿意做一个为民族文化的前进而冲锋陷阵的战士。鲁迅夫人许广平曾追忆鲁迅的名言："我是要战斗，到死才完了。"林语堂先生也这样评价鲁迅："德国诗人海涅语人曰，我死时，棺中放一剑，勿放笔。是足以语鲁迅。"② 爱憎分明的鲁迅，对于真理的追求坚定而执着，他曾经想到"欧洲人临死时，往往有一种仪式，是请别人宽恕，自己也宽恕了别人。我的怨敌可谓多矣，倘有新式的人问起我来，怎么回答呢？我想了一想，决定的是：让他们怨恨去，我也一个都不宽恕"③。

应当说，在不同的时期和社会背景下，历史名人都为追求和实践自己的理想人格做了积极的努力。我们在借鉴先哲人格观念的同时，更应该学习和体会他们为优化和实践自己的人格所付出的勇气和信心。加强人格修养是优化人格的必然过程。它同样需要自我反思、自我教育、自我陶冶和自我雕琢，换言之，塑造高尚的人格需要很大的自觉性。当然，养成高尚的人格，还需要得到实践的磨炼。人格是人的无价之宝。缺乏人格或人格低劣者注定要为社会所淘汰，而人格的高低，同样会影响到国格的尊卑。1912 年，在中华民国成立之后，认识到高尚的人格对国家发展重要性的孙中山就勉励国人："今民国既已完成，国民之希望甚大，然最要者为人格。"④ 在进行社会主义现代化建设、实现中华民族伟大复兴的今天，我们更有义务和责任树立起高尚的人格，唯其如此，才能真正做到与时俱进，不愧对宝贵的人生，无愧于自己的祖国。

---

① 鲁迅：《记念刘和珍君》。

② 转引自林志浩：《鲁迅传》，669 页。

③ 鲁迅：《死》。

④ 《总理全集》，第 2 册，146 页。

时穷节乃见，一一垂丹青
——节操篇

善养浩然之气

节操是一个人立身处世的道德规范和政治原则。中华民族自古以来即崇尚气节，讲求节操。孔子说："三军可夺帅也，匹夫不可夺志也。"① 这里的"志"指的就是节操。孟子称节操为"浩然之气"，他说："我善养吾浩然之气。……其为气也，至大至刚，以直养而无害，则塞于天地之间。其为气也，配义与道。无是，馁也。是集义所生者，非义袭而取之也。"② 这种"浩然之气"，孟子认为很难用言语来表达。它不可限量，刚直不屈。这种气需要用义来培养它，并且不加干扰损害，就会充满于天地之间。这种气要与义和道相配，否则就会馁而无力。这样的气是由义积累而生，不是偶为义行所能取得的。孟子将具有这样气节的人称为"大丈夫"，他解释说："富贵不能淫，贫贱不能移，威武不能屈，此之谓大丈夫。"③ 人一旦具备了这种"浩然之气"，就可以不为富贵贫贱所动摇，不为生死问题所困扰。荀子也特别强调节操对一个人的重要性："生乎由是，死乎由是，夫是之谓德操。德操然后能定，能定然后能应，能定能应，夫是之谓成人。"④ 洪应明在《菜根谭》里也告诫人们："事业文章随身销毁，而精神万古如新；功名富贵逐世转移，而气节千载一日。

---

① 《论语·子罕》。

② 《孟子·公孙丑上》。

③ 《孟子·滕文公下》。

④ 《荀子·劝学篇》。

君子信不当以此易彼也。”自古以来，人们宣扬临危不惧、威武不屈、持节不变的节操，而鄙视那些毁节求荣、毁节求生者。千百年来，有志之士都将气节看得重于生命，南宋诗人陆游有诗云：“青山是处可埋骨，白发向人羞折腰。”明代于谦说：“名节重泰山，利欲轻鸿毛。”清代魏源将立德、立功、立言与立节称为“四不朽”，这是将节操与德行、事业并重，可见他对节操的重视。平生爱竹的郑板桥则以竹比喻气节：

咬定青山不放松，立根原在破岩中。
千磨万击还坚劲，任尔东西南北风。①

真正风节自律、固守节操者必然不为任何外因所困扰，而是“咬定青山不放松”，愈挫愈奋，矢志始终。历史上具备这样可贵的品质者的确不乏其人，他们穷不失志，达不失道，清介自守，威武不屈，确实做到了孟子所说的“富贵不能淫，贫贱不能移，威武不能屈”。孔子过盗泉而不饮，齐壮士饿死不受嗟来之食，这些都是固守节操的典型事例。在黑暗的社会现实中，有气节的人决不愿与邪恶势力同流合污，奉承迎合，他们或者选择归隐山林、远离世俗，或者奋力抗争，甚至不惜牺牲生命以保存自己的节操。

固穷守志的著名代表当推东晋陶渊明。陶渊明生平极力推崇春秋时的齐国人黔娄，他称赞黔娄先生“修身清节，不求进于诸侯”，对高官厚禄毫不动心。鲁恭王听闻黔娄之贤，遣使致礼，赐粟三千钟，欲拜为相，黔娄坚辞不受。齐王也以黄金百斤聘之为卿，也遭拒绝。陶渊明称赞他“朝与仁义生，夕死复何求?”陶渊明以黔娄先生为榜样自励自勉。他生活简朴，为人自重，在腐化奢靡成风的东晋社会，陶渊明誓不愿与社会共沉沦，在发出了“吾不能为五斗米折腰，拳拳事乡里小人”的感慨后，愤然挂官归隐。回归故里后的陶渊明生活拮据，家境窘迫。在他去世前一年，江州刺史檀道济亲往慰问。檀道济看到陶渊明的处境，感到不可思议，他说：“贤者处世，天下无道则隐，有道则至。今子生文明之世，奈何自苦如此?”

① 《板桥集》五编，《题画·竹石》。

陶渊明回答说："潜也何敢望贤！志不及也。"道济送他"粱肉"，他拒不接受，"麾而去之"①。

如果说黔娄先生和陶渊明是固穷守志的代表，那么蒲松龄则是清介自守的典型。他的好友张元评价他"孤介峭直，尤不能与时相俯仰"②。蒲松龄一生因为乡试屡试不第，以教书为业，清贫茹苦。他从不攀龙附凤，也不畏惧权势，当时刑部尚书王士祯非常赏识蒲松龄的才华，数次致信，想将他网罗至自己门下，但蒲松龄均以病谢绝。同乡的又一人是朝中名臣，他的亲戚属下横行乡里，恣意妄为，时人皆敢怒而不敢言。独有蒲松龄毅然向这个大臣上书千言，毫不客气地予以讥讽，使得此人立令亲戚属下收敛。较蒲松龄稍晚的清代画家奚冈，也是一个不摧眉折腰事权贵的典型。乾隆皇帝南巡浙江时，所在行宫的墙壁上需有人作画粉饰。有人推荐奚冈，杭州知府赶快让人将正在应童生试的奚冈捆绑而至，并呵斥他说："速画壁。"奚冈笑着回答说："焉有属画而系至者乎！"这样在画壁下待了三天，也没有画画，他说："头可断，画不可得。"绑他的人因为童与铜同音，就说："尔非童生，乃铁生也。"奚冈于是从此自号铁生。又有一次，钱塘一个贵官久慕奚冈之名，连请四次去他府上作画。奚冈不得已去了，贵官却高卧未起，奚冈心里已经很鄙视他。及至见面，这个贵官又是傲慢地索画，又是限定日期。奚冈大怒，直斥对方无理。对方也很生气，就把此事告到县令那里，责令县令处罚奚冈，县令劝奚冈去赔礼道歉，奚冈坚决不肯。县令久闻奚冈个性，感叹地说："吾岂以贵人故辱高士哉！"最后释放了奚冈。

需要强调的是，气节在不同的时代和阶级中有着不同的内涵。有些人的所谓"气节"比如江湖义气，是不可取的。等级社会中有些人把愚忠当作气节，这也是不可取的。纣王的叔父箕子就是这样一个例子。箕子因为纣王暴虐，多次劝谏，均遭拒绝。他因此叹息道："知不用而言，愚也；杀身以彰君之恶，不忠也。"箕子既不愿助纣为虐，又自知言而无用，只好披头散发，伪装疯癫，被纣王贬

---

① 转引自李锦全：《陶潜评传》，178页。

② 《聊斋文集》卷下，张元《柳泉蒲先生墓表》。

为奴隶。箕子的这种行为曾被人称为是气节高尚的表现。《周易·象传》说:“箕子之贞,明不可息也。”类似这样与对帝王的愚忠联系在一起的节操,是不足取的。高尚的节操,必须与正义、进步的事业相联系,必须以推动历史进程为前提,这样的节操,才是我们应该提倡和自勉的。

岁寒,然后知松柏之后凋也

节操反映在每个人的一言一行、每时每刻中。不过,节操也有大小之分。所谓大节是指人在生死存亡的紧要关头所表现出来的节操和品质。曾参说:“可以托六尺之孤,可以寄百里之命,临大节而不可夺也。君子人与?君子人也。”① 也就是说,具备大节者才是品德高尚的人。当然,一个具备优秀的修养与德行的人,应该既重视大节,又不忽略小节。事实上,不注重小节的人,也注定不会把握大节。但是,相对而言,大节较之小节更能磨炼人的意志和信仰,因而也就更加重要。高尚的节操往往在事关个人生死、宠辱、穷达的关键时刻会表现得更为明显。孔子说:“岁寒,然后知松柏之后凋也。”② 这里,孔子将松柏比作高尚的节操,松柏不畏严寒,在万物凋零之际仍然生机勃勃,具备高尚节操的人,也能够像松柏一样经得起任何艰险的考验,在生死存亡的关头坚贞不渝,为真理和正义不惜一切。荀子也说:“岁不寒,无以知松柏;事不难,无以知君子无日不在是。”③ 艰危的环境成为人的节操的试金石。“不艰难,不见忠臣之心;不临财,不见义士之节。”④ “临利害,遇事变,然后君子之所守乃见也。”⑤ 真正的仁人君子,即使在最艰险的时刻也决不以失节毁节为前提去趋利避祸、变节求荣。

---

① 《论语·泰伯》。
② 《论语·子罕》。
③ 《荀子·大略篇》。
④ 林逋:《省心录》。
⑤ 康有为:《论语注》卷9。

书法史上“颜体”的创始人颜真卿，784 年（唐德宗兴元元年），虽年过七十，但他不顾衰老之躯，受命前往劝喻发动叛乱的节度使李希烈，反遭李希烈扣留，李希烈派人说服他归顺叛军，都遭到颜真卿的严词拒绝。李希烈又以丞相一职作诱饵，引诱颜真卿屈服。颜真卿义正词严地说：何谓宰相！你们知道那个因为骂安禄山而死的颜杲卿吗？他是我的兄长。我现年已过七十，我知道守节而死，岂会受汝辈的诱胁！恼羞成怒的李希烈见诱降不成，又派人挖了一个大坑，要活埋颜真卿。颜真卿毫无畏惧，他对李希烈说：死生已定，何必如此费力呢！只要以一剑与我，岂不就会让你完结心事吗！颜真卿宁死不屈，最终被李希烈缢死。明末名臣史可法，在清兵围困下坚守扬州，最终城破被俘。面对劝他归降的豫亲王多铎，史可法怒骂道：“吾为天朝大臣，岂肯苟且偷生，做万世罪人？吾头可断，身不可屈，愿速死从先帝于地下。”在慷慨就义前，史可法又说：“城亡与亡，我意已决，即碎尸万段，甘之如饴，但扬城百万生灵，既属于尔，当示以宽，万不可杀。”① 史可法在舍生取义时，仍不忘扬州的广大老百姓，表现了他忧国忧民的博大胸怀。

战争和社会的动荡都是考验一个人节操的关键时刻。除此之外，还有一些具备高尚节操和风骨的人，能够在相对平和的环境下为了信守自己的道德人格，刚直不阿，疾恶如仇，敢于抛弃自己的一己私利，主动向社会恶势力宣战。海瑞就是一个突出的代表。在历史上与包拯共被人称为“青天”的海瑞出生在一个清苦之家，但他从小志向远大，在少年时即立志“必为圣贤，不为乡原”，还以刚直不阿之意自号刚峰。海瑞一生仕途坎坷，但是为了信守和实现自己的人格誓言，他不畏权贵，鄙视封妻荫子、高官厚禄等世俗虚荣，为了国家社稷的兴亡，敢于在惊涛骇浪中不怕牺牲，勇往直前。海瑞仕途的第一站，不过是福建南平县一个小小的儒学教谕，但是为了维护师道尊严，他敢于冒着被罢官之险，坚持不向上司下跪。在任浙江淳安县知县期间，他拒绝向上逢迎，从不对上司馈送行贿。他

① 钱肃润：《南忠纪》。

说："充军死罪，宁甘受，安可为此穿窬举动耶!"即使因此会招来祸患，也决不去迎合这种流俗。海瑞任户部主事期间，当时的皇帝明世宗为求长生不死，"专意斋醮"，平日不理朝政，不见群臣，朝臣不敢在皇帝面前言时政，奸佞之臣更是投其所好。在这样的情况下，忧国忧民的海瑞独自上《直言天下第一事疏》，以率直的言语指斥皇帝"二十余年不视朝，纲纪弛矣。数行推广事例，名爵滥矣"。海瑞直截了当地指责皇帝过失甚多，为求长生而指望天赐仙桃药丸，这种想法更是捕风捉影，理之所无，怪妄尤甚。海瑞的上疏直指皇帝的痛处，其措辞之激烈率直，确实起到了当头棒喝的作用。对于自己的这封完全可招致杀头的上疏，海瑞自己也认为必死无疑，但是他显示了超人的镇定和勇气。他拿二十两银子向同乡王忠铭托以身后事，他向妻子诀别，买好棺材，解散僮仆，然后从容赴朝房"待罪"，准备慷慨赴死。世宗皇帝见到了海瑞的奏折，果然怒不可遏，"大怒，抵之地，顾左右曰：'趣执之，无使得遁!'"准备派人火速将海瑞捉拿，以防他畏罪潜逃。但是当他听到海瑞视死如归的态度后，反而有所反思，最终没有将海瑞置之死地。六品小官海瑞敢骂皇帝，消息传出，朝野震惊："一日而直声震天下，上自九重，下及薄海内外，无不知有海主事也。"① 海瑞的高尚节操不仅表现在他的不畏权贵，还体现在他的勤政清廉、高风亮节。海瑞的清贫在当时可谓有目共睹。他平时穿布衣，吃粗粮，为老母祝寿不过买肉二斤，还令家仆在官衙中的空地种菜，僮仆去林中砍柴。海瑞所到之处，为政雷厉风行，拯救困穷。为整顿吏治，他敢于摧折权贵，不惮为民请命。在他任职的地方，权豪势官皆敛迹屏息，有的竟至避移他省，贪污者也无不望风解印绶而去。在海瑞任应天巡抚期间，有一显富者将自家的大门漆成红色，听闻海瑞次日要来，一夜间赶紧换成黑色。还有一个一向骄横奢纵的官吏，出入都要动用八人抬的大轿和大批随从。有一天见到海瑞后，即觉内愧气损，不能自安，不久就将轿夫随从减半。由此足见海瑞励精图治的效果。海瑞的人

① 王国宪：《海忠介公年谱》。

生信仰和坚定个性造就了海瑞刚直坚定的政治风骨和气节。即使对他心怀不满的官僚也不得不称赞他说："海刚峰不怕死，不要钱，不吐刚茹柔，真是铮铮一汉子!"① 在当时及以后，海瑞都因其刚直不阿、廉洁奉公的品格而被广泛传颂。

结我团体，振我精神

南宋文天祥在被囚禁期间，曾作《正气歌》以明心志。他认为，天地之间的正气在人间表现为浩然之气。这种浩然之气在和平安定的时候，会如煦煦春风，弥漫朝野；在危难之时，就会表现出高尚的气节名垂青史。文天祥还列举历史上的正气事迹以自勉："在齐太史简，在晋董狐笔，在秦张良椎，在汉苏武节；为严将军头，为嵇侍中血，为张睢阳齿，为颜常山舌；或为辽东帽，清操厉冰雪；或为《出师表》，鬼神泣壮烈；或为渡江楫，慷慨吞胡羯；或为击贼笏，逆竖头破裂。"董狐秉笔直书，苏武持节牧羊，祖逖渡江击楫，张巡杀身成仁，正是这一曲曲悲壮的正气歌促使文天祥决定舍生取义，慷慨赴死，用自己的生命兑现了"留取丹心照汗青"的诺言。文天祥这里所描述的"正气"，就是一个民族最为宝贵的精神动力——民族气节。民族气节是个人节操与家国命运相联系的产物，是个人节操的升华。在中华民族五千年的历史上，这种民族气节表现为对内不畏强暴、坚持正义，对外同仇敌忾、为了民族利益甘于牺牲一切。越是在民族危亡的时刻，就越能体现出民族气节的伟大和高贵，就越能反映出民族气节对于加强民族凝聚力的重要性。在民族气节的感召下，无数民族英雄为了民族独立、国家富强，用自己的生命和热血捍卫了民族的尊严，他们是中华民族的铁骨脊梁。

在杭州南屏山北麓，长眠着三位在中国历史上具有举足轻重地位的民族英雄，他们的名字几乎每位稍读历史的人都耳熟能详：宋

---

① 《海瑞集》，633页。

代名将岳飞、明代名臣于谦以及抗清名士张煌言。自幼发誓“尽忠报国”的岳飞，在社稷危亡、山河破碎之际，“仰天长啸，壮怀激烈”，他率领岳家军浴血奋战，忍受着朝廷的种种猜忌和奸佞之徒的陷害屡建奇功，收复了大片失地。几百年后，“以社稷安危为己任”的于谦借鉴北宋南迁的历史教训，在明英宗被俘的情况下，力排众议，另立新君，并率军在北京大败来犯的瓦剌，自己则因此被冠以“谋逆罪”而惨遭杀害。明末抗清义士张煌言深受岳飞、于谦这种民族气节的感染，决心效仿岳飞、于谦为国捐躯，誓不失节。他在绝命诗中写道：

国亡家破欲何之？西子湖头有我师。
日月双悬于氏墓，乾坤半壁岳家祠。
惭将赤手分三席，拟为丹心借一枝。
他日素车东浙路，怒涛岂必属鸱夷！

张煌言最后从容就义。人们遵照他的遗愿，将他葬在临近岳飞、于谦墓的地方。威武不屈的民族气节贯穿了中华民族的历史主脉，像岳飞、于谦、张煌言这样勇于与异族压迫者做殊死抗争、为民族利益粉身碎骨的民族英雄可谓举不胜举。千百年来，中华民族的民族气节在不同时代和环境下被一代代人传诵、实践、发扬光大。明清以降，民族气节更成为中华民族抗击外国侵略的精神支点。戚继光抗击倭寇，郑成功收复台湾，他们为祖国的统一和富强所做出的贡献彪炳史册。在屈辱的中国近现代史上，面对着列强的侵略和掠夺，中华民族的优秀儿女“结我团体，振我精神”，使可贵的民族气节愈加得到彰显。林则徐虎门销烟，年近七十的老将冯子材在中法战争中冲锋陷阵，邓世昌在甲午海战中与敌同归于尽……民族气节不仅表现在无数浴血沙场的将领和战士身上，而且内化在每一位爱国志士的心里。1948 年，全国学生发起了反对美帝国主义扶植日本的签名活动。在此时，国民党为了欺骗和收买知识分子，向知识分子发放了一种配购证，可以用低价购买到“美援面粉”，在当时物价暴涨的形势下，这种配购证就像是香甜的诱饵，对贫困的知识分子提出了严峻的考验。清华大学教授朱自清在吴晗送来的拒绝美援和美国面粉的签名单上郑重签下了自己的名字。他在日记中写道："在拒绝美援和美国面粉的宣言上签名，这意味着每月的生活费用要减少六百万法币。下午认真思索了一阵子，坚信我的签名之举是正确的。因为我们反对美国扶植日本的政策，要采取直接的行动，就不应该逃避个人的责任。"他一直信守自己的诺言，直至临终时还告诉家属："有件事要记住，我是在拒绝美援面粉的文件上签过名的，我们家以后不买国民党的美国面粉。"① 毛泽东同志在《别了，司徒雷登》一文中针对此事说："我们中国人是有骨气的。……闻一多拍案而起，横眉怒对国民党的手枪，宁可倒下去，不愿屈服。朱自清一身重病，宁可饿死，不领美国的'救济粮'。……他们表现了我们民族的英雄气概。"②

民族气节还表现在社会生活中的许多方面，内化在志士仁人的一举一动中。1919年，被称作"中国现代绘画之父"的青年徐悲鸿满怀着对艺术的热忱前往法国留学。在旧中国受尽凌辱的时代里，中国留学生常常被人瞧不起。徐悲鸿也感受到了外国学生的轻蔑和挑衅。为了给自己的祖国争一口气，徐悲鸿潜心求学，发愤成才，他相信，外国人能创作出来的世界美术巨作，中国人也一定能够创作出来。在巴黎国立高等美术学校学习期间，徐悲鸿的作品连续在各种竞赛中获得第一。20世纪30年代，徐悲鸿在欧洲举办了第一次中国美术展，使对中国美术知之甚少的外国人首次欣赏到了中国美术的艺术价值和强大魅力。此后，徐悲鸿的作品多半反映了中国人民的气节、生活、愿望等，周恩来同志谈到这一点时说："不论西洋画、中国画，有气节有正义感的还是徐悲鸿。"中国奥运第一人刘长春，也是一个具有强烈的民族气节的人。1932年，还是东北大学学生的刘长春在张学良的赞助下准备赴美国洛杉矶参加第十届奥运会。当时，为日本人控制的伪满政府企图让刘长春代表伪满洲国参赛，但刘长春义正词严地宣布，他代表的是中国。由于资金不足，刘长春只能从海上前往，在开赛前一天才到达。因为旅途劳累，体力不

---

① 陈孝全：《朱自清传》，316页。

② 《毛泽东选集》，2版，第4卷，1495～1496页。

支，成绩并不理想。但是刘长春表现出来的民族气节与他的名字一样，在中国体育史上留下了浓重的一笔。

缅怀这些胸怀高尚的民族气节的英雄人物，既是对我们的勉励，也让我们感受到了自己肩负的民族责任和使命。还是用毛泽东同志的一句话来作为本章的结语："我们中华民族有同自己的敌人血战到底的气概，有在自力更生的基础上光复旧物的决心，有自立于世界民族之林的能力。"①

① 《毛泽东选集》，2版，第1卷，161页。

海纳百川，有容乃大
——德行篇

宽则得众

《庄子·秋水》有这样一则寓言：秋水到来之际，百川之水都汇入黄河。河伯因此洋洋自得，以为天下之壮观都集中到了自己这里。他顺流而下，来到北海，向东眺望，却见海水之大，茫无边际。北海神对怅然若失的河伯说：是不可以和井底之蛙谈论大海的，因为它为空间所限制；夏虫不可以与之谈冰，因为他受时令的限制；穷乡僻壤的书生不可与之谈道，因为其受教育的限制。大海之所以浩渺无边，是因为它认识到相对于天地来说，自己是非常渺小的，因此，它不会因为百川入海而骄傲，也不会因为比别的河流容量大而自我夸耀。其实，大海如此，对于人而言，具备海一般谦逊宽广的胸怀，也是获取成功人生的必要条件。

宽广的胸怀是高尚的修养和事业成功的重要条件。宽广的胸怀能够获得和谐的人际关系，《论语·阳货》说："宽则得众。"胸襟宽阔者往往都对他人不求全责备，能够多看他人的长处，常言人长、慎言人短，不念旧恶、不计前嫌，因此能够得到较高的威望。历史上唐朝魏徵在《群书治要·老子》中说："地洼下，水流之；人谦下，德归之。"有远大志向者度量则更需博大。宋代苏轼在《留侯论》中说："天下有大勇者，卒然临之而不惊，无故加之而不怒，此其所挟持者甚大，而其志甚远也。"苏洵亦认为："一忍可以支百勇，一静可以制百动。"林逋在《省心录》中说："和以处众，宽以待下，恕以待人，君子人也。"否则"志大量小无勋业可为"。他认为志向再远大，如果度量狭小，同样建立不了什么大功业。

提到宽容，人们都会想到历史上著名的“将相和”。蔺相如用谦让打动了嫉妒心强的廉颇，促使廉颇负荆请罪，二人成为生死之交，从而加强了国家的安定。宽容有利于局面的稳定，对于个人事业的成败而言，宽容也是一个重要的因素。曹操个性为人峻急，甚至扬言“宁我负人，毋人负我”，但是，作为政治家，曹操有时又表现出极大的宽容。他对关羽甚为欣赏，宠爱有加，即使当他发现关羽身在曹营心在汉时，仍重加赏赐，而且在关羽走后，还劝左右说：“彼各为其主，勿追也。”① 此外，曹操坚持唯才是举，不拘一格地选贤举能，甚至对杀了自己儿子的人也加以使用，陈寿因此称他“不念旧恶”。可以说，这种政治家的宽容使得曹操能够网罗天下人才，成就一番事业。北宋时有一个叫吕蒙正的人，初入朝堂参加政事时，有人指着他轻蔑地说：像这样的人也能参政吗？吕蒙正佯装不知走过。同行的人很气愤，想追问这个人的名字，被吕蒙正阻止了。罢朝后，他的朋友仍然为他打抱不平，后悔没有问清楚。吕蒙正则回答说：如果一旦知道此人的姓名，就会终身不忘，所以还不如不知道的好。时人都佩服他雅量高致。心胸宽阔的吕蒙正连任宋太宗、宋真宗两朝首辅，这真是“宰相肚里能撑船”啊！明代名臣宋濂，胸襟坦荡，明太祖朱元璋召问他群臣好坏，宋濂只列其善者，他说：“善者与臣友，臣知之；其不善者，不能知也。”宋濂的宽容并不是做一个是非不分的好好先生。有一个叫茹太素的主事向皇帝上万言书，指责皇帝过失，朱元璋非常愤怒，诘问群臣。许多人都害怕得罪皇帝，附和说：此乃大不敬。独有宋濂回答：他这才是尽忠于陛下。陛下不是要广开言路吗，怎么可以深究他呢？宋濂宽厚待人的博大胸怀，使他在朝野都获得了很大的威望。宋濂字景濂，朱元璋赞赏他说：“宋景濂事朕十九年，未尝有一言之伪，诮一人之短，始终无二，非止君子，抑可谓贤矣。”②

应当看到的是，宽容并不是无原则地迎合和妥协，不是好人主

① 《三国志·蜀书·关羽传》

② 朱轼：《历代名臣传·宋濂》。

义。司马光说："宽而疾恶，严而原情。"说的就是这个道理。古人主张宽严相济："待善人宜宽，待恶人宜严，待庸众之人当宽严互存。"① 宽以待人应该与疾恶如仇并行而不悖，否则，宽容就会变成姑息和纵恶。

近代教育家蔡元培先生以尊贤而容众为世人景仰。蔡元培主张"躬自厚而薄责于人"，有人描述他：先生日常性情温和，如冬日之可爱，无疾言厉色。处事接物，恬淡从容。无论遇到达官贵人或引车卖浆之流，态度如一。蔡元培宽以容众的个性使得他能够用兼容并包的方针创办北大，使得众多的时代精英能够在北大这片自由的天地里一展宏图。在他首任北大校长期间，所罗致的人才中，既有信仰和传播马克思主义的陈独秀、李大钊，又有复辟派的辜鸿铭，筹安六君子之一刘师培，信奉无政府主义的李石曾、吴稚晖，以及后来成为乡村建设派的梁漱溟，等等。当时，有些守旧的学生对陈独秀、胡适等几位教授表示不满，而另外一些思想新潮的学生则对辜鸿铭、刘师培等进行攻击。蔡元培耐心地开导他们说：我希望你们学辜先生的英文和刘先生的国学，并不要你们也去复辟或君主立宪。正是蔡元培这种海纳百川、万物并育而不相害的精神，使北大从暮气沉沉的书斋蜕变成为自由与民主的发祥地。宽容的品质在蔡元培先生对待日常小事的态度上也可以体现出来。蔡元培任校长时，每天接见大批客人，甚至素不相识的商店伙计拿着书本来请教，他也从不厌烦，仔细讲解。晚年时，许多人都慕名请他写书签，作书序，甚至做种种烦琐小事，蔡元培都有求必应，以致有些人认为他待人过宽。实际上，这些不正是蔡元培容纳众流、不厌涓滴的体现吗？但是，蔡元培的宽让并非没有原则。五四运动前夕，北洋政府对他大施压力与恫吓，并派说客劝他解聘陈独秀、胡适。蔡元培则坚定地回复说：这些事我都不怕，我忍辱至此，皆为学校，但忍辱是有止境的。北京大学一切的事，都在我蔡元培一人身上，与这些人毫不相干。这样针锋相对的回答，反映了这位大教育家大无畏的

① 洪应明：《菜根谭》。

精神气质。1930年，国民党某省政府改组，一名北大同学请蔡元培向蒋介石推荐自己，并托老同学联名致电蔡元培促成。蔡元培很快回电，只一句话："我不长朕即国家者之焰。"可见蔡元培在大事上是决不随意妥协的。

满招损，谦受益

养成高尚的德行，不仅需要宽广的胸怀，还要有谦虚的品质。虚怀若谷，善于倾听别人的批评和意见的人，能够不断修正自己的缺点，从而走向进步。反之，骄傲自满、目空一切者只会陷入失败的深渊。我国历代思想家、政治家都从不同的角度论述过谦虚谨慎和骄傲自大对人生成败的重要影响。唐代魏徵说："念高危，则思谦冲而自牧；惧满盈，则思江海下百川。"这是说地位显赫和功成名就者应该保持谦虚谨慎。另外，统领千军的将领也应当谦虚。诸葛亮说："将不可骄，骄则失败，失败则人离，人离则众叛。"老子下面这段颇具辩证法的话对任何人而言都是很富有启发性的："不自见，故明；不自是，故彰；不自伐，故有功；不自矜，故长。"① 一个人不自我表现，不自以为是，不自夸，不自高自大，恰恰能够彰显自己，取得成功。推崇谦虚的古人还把谦恭分为三类：有声名而不自满，称为"鸣谦"；有功劳而不骄傲，称为"劳谦"；施惠于人而不自居，称为"㧑谦"。总之，一个有道德修养的人，应当在任何情况下都保持谦虚的品质，这样才会永远进步。

谦虚是成功的基石。谦恭待人者并不意味着就会默默无闻。东汉有一个"大树将军"冯异，他对光武帝刘秀有救命之恩，是东汉的开国功臣，但一论功赏，自己就"独屏树下"，从来不炫耀自己的功劳，不计较自己得到的赏赐有多少。但是，冯异的功劳并没有因为自己不事张扬而湮没，他的谦恭愈加赢得大家的尊敬。真正的谦

---

① 《老子》二十二章。

虚不是盲目地贬低自己，而是能够正视自己的不足，自知而知人，通过学习和利用他人的长处弥补自己的短处。汉高祖刘邦分析自己能够战胜项羽得天下的原因时说：论运筹于帷幄之中，决胜于千里之外，我不如张良；论治理国家，安抚百姓，调运军粮，我不如萧何；论统率百万大军，战必胜，攻必克，我不如韩信。他自己的长处不过是能够任用这三个杰出的人才，所以就能得天下。谦虚是一种处世态度，也是求得进步的一种方法。顾炎武是享誉明末清初的一代大学者，但他虚怀若谷，严于律己。他作《广师》篇，详细地分析了自己与他人相比在各个领域的不足："学究天人，确乎不拔，吾不如王寅旭；读书为己，探赜洞微，吾不如杨雪臣；独精三《礼》，卓然经师，吾不如张稷若；萧然物外，自得天机，吾不如傅青主；坚苦力学，无师而成，吾不如李中孚；险阻备尝，与时屈伸，吾不如路安卿；博闻强记，群书之府，吾不如吴任臣；文章尔雅，宅心和厚，吾不如朱锡鬯；好学不倦，笃于朋友，吾不如王山史；精心六书，信而好古，吾不如张力臣。"顾炎武的谦虚既是对他人的肯定，也是对自己的鞭策。对自己的成就永远保持这样谨慎而客观的态度，正是这位一代鸿儒取得成功的重要原因。

谦虚的反面是骄傲自大。如果一个人容易骄傲自满，即使他天资多么聪慧，才华多么出众，也注定会尝到失败的苦果。大哲学家王阳明说："人生大病，只是一傲字。……傲者众恶之魁。"曾国藩也说："傲为凶德，骄为败征。"刘邦因善揽人才而得天下，反观楚霸王项羽却狂妄自大，目空一切，他不虚心听取谋士范增的意见，所以注定要失败。司马迁也认为，项羽"自矜功伐，奋其私智而不师古"，又试图"以力征经营天下"，及至最后垓下被围，乌江自刎，仍然"尚不觉悟而不自责"①，这正是导致项羽失败的根本原因。谦虚和骄傲，对于事业的成败就是起着这样关键的作用。三国名将关羽败走麦城，也是因为骄傲所至。关羽骁勇善战，对刘备忠心耿耿，为蜀汉江山的建立立下了汗马功劳，时人称他为"熊虎之将""万人

---

①《史记·项羽本纪》。

之敌”。然而，关羽孤芳自赏，刚愎自用，他居功自傲，不顾大局，这样的致命弱点终于导致了他败走麦城、惨遭杀害的悲剧，并使蜀汉政权面临着不利的局面。

历史的经验和教训都告诉我们，一个人在追求事业的过程中，必须养成谦虚的品质。即使是在事业成功之后，也应当力戒骄傲。西周时期周公在送儿子伯禽去鲁国就封时殷切告诫他说：“我文王之子，武王之弟，成王之叔父，我于天下亦不贱矣。然我一沐三捉发，一饭三吐哺，起以待士，犹恐失天下之贤人。子之鲁，慎无以国骄人。”① 三国时曹操在《短歌行》中表达了他对周公这种谦虚的品质的推崇：“山不厌高，水不厌深。周公吐哺，天下归心。”的确，周公呕心沥血辅助成王，使周朝的统治达到了盛世，周公虚己待人的品格也为后人传颂。综观历史上有所成就的帝王，也都像周公一样，谦恭自守，礼贤下士。春秋五霸之一齐桓公，为了去拜见一个叫稷的职位低微的小臣，一天去了三次，仍然不得见。他的随从说：您乃万乘之主，一天三次去求见一介布衣之士都没有见到，也可以到此为止了。齐桓公回答说：不然。士人对自己的爵位和俸禄一旦骄傲起来，固然可以轻视其君主。君主对于自己的霸业一旦骄傲起来，固然也可以轻视其属下。即使稷敢用骄傲的态度对待他的爵位和俸禄，我又怎么敢用骄傲的态度对待霸业和王事呢？这样经过五次往返才见到了稷。唐太宗李世民也和魏徵等群臣说：“人言作天子则得自尊崇，无所畏惧，朕则以为正合自守谦恭，常怀畏惧。”他承认自己每出一言、行一事，必上畏皇天，下惧群臣，即使自己这样“常谦常惧，犹恐不称天心及百姓意也”。魏徵进言说：“愿陛下守此常谦常惧之道，日慎一日，则宗社永固，无倾覆矣。”② 唐太宗作为一个封建帝王，能够有这种常谦常惧的精神，的确是非常难能可贵的。正是因为他能够长期坚持谦恭自守，卑以自牧，因此，在他统治时期，出现了魏徵所说的太平盛世。谦乃福因，骄乃祸首。《吕氏春秋·骄恣》说：“亡国之主，必自骄，必自智，必轻物。”证之以吴

① 《史记·鲁周公世家》。

② 《贞观政要·谦让》。

王夫差因骄丧身，隋炀帝因骄亡国，历史上这些鲜活的正反面的例子充分说明了谦虚的重要性。

当然，谦虚不是自卑，谦虚也不是毫无条件地畏缩退让。古人在讲求谦恭待人的同时，并没有将谦虚与妄自菲薄等同起来。谦虚者能够自尊而尊人，能够看到自己的不足后努力进取，而不是过分地低估自己，丧失了前进的动力和信念。在虚怀若谷的前提下，历代哲人鼓励人们要当仁不让。分清了谦虚和自卑的界限，谦虚就一定会给人生带来更多的收获。

进德以诚

诚信，是传统道德修养中的又一项重要内容。诚信，即是指对他人开诚布公，言而有信，不自欺欺人。《礼记》说："君子诚之为贵。"荀子说："君子养心莫善于诚，致诚则无它事矣。"① 诚应该是一个人的修心立身处世之本，是一切美德的基础。宋明理学的奠基人周敦颐认为："诚，五常之本，百行之源也。"② 明代思想家王守仁指出，求知修身的最高道德境界即是"立诚"。他说："故圣人之学，只是一诚而已。"③ 只有诚实守信者才会赢得他人的尊敬和信赖。诚实并不是愚笨。北宋著名词人晏殊，天资聪慧，却以诚实著称。他在14岁时因为文采出众被人推荐到朝廷。宋真宗为了考考他，就拿着前几天殿试的题目让他做一遍。晏殊却老老实实地说：我几天前就做过这个题目，请陛下再另外出一题吧。宋真宗非常欣赏晏殊这样的诚实可信，就赐他"同进士出身"。清代一个叫蔡璘的人，有一个朋友将千两黄金托付他照管，而且没有立任何凭据。没过多久，这个人突然死了，蔡璘于是把钱归还给他的儿子。朋友的儿子非常惊讶，说：嘻！哪有这样的事情，给你寄来千金，竟然连

---

① 《荀子·不苟篇》。

② 《周子全书·通书·诚下》。

③ 王守仁：《传习录》(下)。

张字据都没有？而且父亲也从来没有对我说过。蔡璘笑着说：字据在我心中，不在纸上，你的父亲了解我，因此没有和你说。蔡璘因此以重诺尽责为时人称颂。

诚信是做人的根本，也是成就一番事业的必要条件。宋代著名理学家程颐、程颢指出："学者不可以不诚，不诚无以为善，不诚无以为君子。修学不以诚，则学杂；为事不以诚，则事败；自谋不以诚，则是欺其心而自弃其忠；与人不以诚，则是丧其德而增人之怨。"也就是说，干任何事业，都必须以诚信为本。《左传》载：齐国大臣崔杼杀了自己的国君后，当时的太史"书曰：'崔杼弑其君。'崔子杀之。其弟嗣书，而死者二人。其弟又书，乃舍之。南史氏闻太史尽死，执简以往。闻既书矣，乃还"。齐太史兄弟三人和南史氏为了求得信史，秉笔直书，宁死也不愿为后人留下歪曲事实的历史记录，这充分地体现了他们诚信不欺的品德。诚信是叩开真理之门的唯一手段，更多的人则以诚信作为成就事业的基本原则。林则徐一生追求"实事求是，不涉时趋"，他"待人以恕，接人以诚"，为国兢兢业业，尽职尽忠，屡建功业。近代史上与孙中山并称"孙黄"的黄兴，为革命出生入死，威望素高。黄兴一向真诚待人，从不居功自傲。他以"无我""笃实"自勉，抱定"名不必自我成，功不必自我立"的信念。1905 年，同盟会成立后，孙中山任总理，黄兴任执行部庶务。由于内部出现了多次纷争，有人欲让黄兴取代孙中山，但被黄兴坚决制止。他号召大家要支持拥护孙中山，为共同的革命目标而斗争。1912 年，同盟会改组为国民党后，有些不满孙中山的人又借机挑拨，怂恿黄兴另外建党。黄兴马上批驳说："领袖惟中山，其他不知也！"黄兴高尚的品格和卓越的功勋一样赢得了同志的爱戴和后人的崇敬。就是自视甚高的章太炎也评价他说："无公则无民国，有史必有斯人。"

诚实守信不仅是做人的根本，而且也是治理天下的关键。管仲说："诚信者，天下之结也。"孔子也认为诚信是一个国家巩固和发展的基础。他提出治国的三要素是"足食，足兵，民信"，如果三者中必须去其一，可以"去兵"，再不得已去其一，可以"去食"，只有“信”是万不可去的，因为无信则国不立。一个国家一旦失信于民，就会面临亡国的危险。孟子说：“诚者，天之道也；思诚者，人之道也。”① 这是把“诚”提到了天道和人道的高度。春秋时期商鞅变法时，为了取得百姓的信任，表示自己言而有信、有令必行，在秦国都城后面市场的南门旁竖了一根三丈长的木柱，并张贴告示，凡有能将木柱从南门搬到北门的人，一律赏金十两。围观者无人相信。商鞅见此情景，又令人重新张榜，将赏金改为五十两。有一个人将木柱从南门搬到了北门，马上得到了五十两赏金。商鞅此举证明了他坚持变法的信心和诚心。自此，商鞅变法得到了社会普遍的信任，得以在全国范围内很快推广开来。北宋王安石有感于此，还专门作《商鞅》诗一首：“自古驱民在信诚，一言为重百金轻。今人未可非商鞅，商鞅能令政必行。”可见商鞅以诚取信对于后世影响之大。

诚信是道德修养中的重要内容。要做到诚信，首先应该像我们提到的商鞅、蔡璘等人一样，做人做事都做到不自欺欺人，言而有信。其次，诚信要求有一个坦荡的胸怀，即无论在何时何地都能心如明月，与人坦诚相待，开诚布公。诚信讲求一诺千金，但绝对不会随便许诺；诚信需要相互的忠诚和信任，但绝不是愚忠愚信。总体来看，诚信与谦虚、宽容都是相互关联的。谦虚者不夸大其辞，不夸夸其谈，宽容者以诚待人，以德服人。具备这样德行的人，才会拥有一个充实而辉煌的人生。

---

① 《孟子·离娄上》。

如切如磋，如琢如磨
——治学篇

业精于勤，荒于嬉

知识是人类进步的阶梯。对于个体来说，知识是通往理想彼岸的必然途径，知识在很大程度上改变着每个人的人生和命运的航向。《礼记》云：“玉不琢，不成器；人不学，不知道。”《荀子·大略篇》也将学问对人的重要性比之为璞玉和琢磨的关系，还举例证明知识对人生的重要影响：“人之于文学也，犹玉之于琢磨也。《诗》曰：‘如切如磋，如琢如磨。’谓学问也。和之璧，井里之厥也，玉人琢之，为天子宝。子赣、季路，故鄙人也，被文学，服礼义，为天下列士。”和氏璧在未经雕琢前，如同井里的石头一样普通，经过玉人的琢磨，就变成了天子的宝贝。子赣和季路原来不过是粗鄙之人，师从孔子后，接受了知识的熏陶，掌握了道德礼仪，就成为天下的名士。

的确，知识是实现人生价值、获取人生意义的重要因素，没有知识，人和动物将没有任何区别。然而，求取知识的道路则无疑是一个艰辛曲折的过程。历代名人对于如何治学，留下了许多名言警句和动人事例。《管子·乘马》说：“今日不为，明日亡货。昔之日已往而不来矣。”生命的有限决定了只有珍惜时光，才有可能获取更多的学问。若要惜时，则只有勤勉。因此，勤勉和惜时是为人们所极力强调的治学的两个要素：韩愈说“业精于勤，荒于嬉”；颜真卿劝勉少年人珍惜光阴：“三更灯火五更鸡，正是男儿读书时。黑发不知勤学早，白首方悔读书迟。”与伟大专一的志向一样，勤奋好学应当是治学道路上所必备的品质，是增长智慧和成就大事的必备条件。古有孙康映雪读书、匡衡凿壁偷光、王育折蒲学书、车胤囊萤勤学的事迹和美谈，可以说，历史上一切成就大学问和大事业的人无不具备勤奋好学的美德。孔子总结自己治学的经过说："我非生而知之者，好古，敏以求之者也。"① 孔子一生勤勉读书，其晚年读《易经》时，由于读书勤奋，系书简的牛皮绳断了多次，被后人称为"韦编三绝"。战国时苏秦在以连横之策说秦而不用后，随身所带钱财丧尽，形容枯槁，面色黧黑，一脸狼狈回到家中，妻子看到他，冷淡得连织机都不停，嫂子也不给他做饭，父母连话都不与他讲，苏秦感喟到皆是因为自己学识浅薄所致，于是发愤读书，每当读书困倦欲睡时，就"引锥自刺其股，血流至踵"，经过一年这样的苦读，终于揣摩而成合纵之策，以之说服六国，佩六国相印，为纵约之长，实现了自己的志向。

应当指出，勤奋并不是仅针对天资愚钝者而言的，天资聪慧者同样需要勤奋刻苦才能尽早成才。宋代司马光七岁时已经是一个神童："凛然如成人，闻讲《左氏春秋》，爱之，退为家人讲，即了其大指。"但他从此更注重勤奋读书，经常"手不释书，至不知饥渴寒暑"②，天才加勤奋造就了司马光的提前成才，在他十五岁时，这个品学兼优的少年的文章已被时人许之"文辞纯浑，有西汉风"。近代大思想家梁启超被人称为"百科全书式"的学者。梁启超禀赋聪慧，才华横溢。他在辞世前的十年间埋头著书，每年著述量近四十万字，下笔每日五六千字，其著述之神速十分惊人：他著《清代学术概论》，仅用一周即成；《陶渊明年谱》，仅用三日而成；著《戴东原先生传》，竟在一昼夜间即著成。这样惊人的才华，实际上与他的勤奋是分不开的。世人在惊叹于他著述之博大精深的同时，又何曾想到他日日著书，差不多夜夜都到天亮。梁启超对学术的投入确实已经达到了忘我的境界。他因为著《中国通史》过度劳累，患呕血病甚久，但仍然不顾医嘱，笔耕不辍。1928 年，他在医院养病时，还托

---

① 《论语·述而》。

② 《宋史·司马光传》。

人寻觅辛弃疾的资料，当他得到《信州府志》等资料时，大喜过望，竟然不等病体痊愈，即携书出院回家，继续《辛稼轩年谱》的著作。对于梁启超而言，最大的痛苦莫过于手下无笔、眼中无书，这样的生活对他来说无异废人。梁启超曾言："战士死于沙场，学者死于讲座。"五十六岁时，梁启超溘然长逝，这与他长期以来过分勤奋、积劳成疾有重要关系。

勤奋是治学所应具备的品质之一，此外，在求取学问的道路上还应该具备一种坚忍不拔、锲而不舍的精神品质。杜甫从七岁开口咏凤凰始，一生作诗不辍，直至晚年病卧舟中，还以极大的功力写出《风疾舟中伏枕书怀三十六韵》，他对诗句字斟句酌，发誓"语不惊人死不休"，在创作上尽了极大的努力，"新诗改罢自长吟"，这是他写诗的必经过程。为了字句的精美和音调的完善，他为一首新诗反复吟唱，往往达到了忘我的地步。提出"业精于勤"的韩愈，记述自己平日"口不绝吟于六艺之文，手不停披于百家之编；记事者必提其要，纂言者必钩其玄；贪多务得，细大不捐。焚膏油以继晷，恒兀兀以穷年"①。大诗人白居易也自述其读书生涯："二十已来，昼课赋，夜课书，间又课诗，不遑寝息矣，以至于口舌成疮，手肘成胝，既壮而肤革不丰盈，未老而齿发早衰白。"② 古今中外许多传世之作，大都是耗费了作者大半生乃至毕生的精力才问世的。司马光修撰《资治通鉴》时，经常"日力不足，继之以夜"，他因为害怕睡觉过头而影响工作，用木头做了一个光溜溜的枕头，取名"警枕"，只要头一转动，"警枕"就会滚动，熟睡的人就会惊醒，起来继续工作。修撰《资治通鉴》的工作继续了十九年，孜孜不倦的工作使得司马光"筋骸癯瘁，目视昏近，齿牙无几，神识衰耗，目前所为，旋踵遗忘"③，最后修撰的残稿竟堆积了有两屋之高，稿子皆用蝇头小字工整书写，没有一字潦草。明代李时珍在"穷搜博采，芟繁补缺"的情况下，经二十七年，阅书八百余家，三易其稿才著

① 韩愈：《进学解》。

② 《白居易集》，962页。

③ 《司马文正公传家集》卷17，《进〈资治通鉴〉表》。

成《本草纲目》；顾炎武生平自少至老，“无一刻离书”，他所至之地，以两匹马载书，如若在边疆山地，就与年老的士卒询问曲折，每遇到与平日所闻不合者，“即发书对勘”；如若在平原旷野，“则于鞍上默诵诸经注疏”①。顾炎武一生著述颇多，其中最为著名的《日知录》系其积三十余年而成的苦心孤诣之作。另外，让我们看下面这样一组数据：司马迁著《史记》十八年，玄奘翻译从印度带回来的佛经耗时十九年，宋应星著《天工开物》十八年，谈迁著《国榷》二十七年，阎若璩做《古文尚书疏证》三十余年，徐霞客著《徐霞客游记》三十余年，哥白尼著《天体运行论》三十年，歌德写《浮士德》用了六十余年。

博学而笃志，切问而近思

勤勉和毅力是治学所必备的态度。此外，治学还应该有适当的方法。在古人为我们留下的诸多关于治学方法的名言中，孔子的学生子夏有一句最为精辟。他说：“博学而笃志，切问而近思，仁在其中矣。”② 这一句话成为后代学者治学所必须遵循的原则之一。宋代苏辙对这句话做了专门的解释，他说：君子无所不学，但是不可能把全部作为自己的志向，志向必须只有一种才可以。如果志向上无所专一，即使知识广博，但也只是杂学，这叫作“博学而笃志”。将要提出疑问时，一定要抓住问题的根本；退下去自己思考，一定要从最浅近、切实的问题着手：这叫作“切问而近思”。如果能够掌握这几项原则，则治学的效率就会得到很大的提高。

所谓博学，即是要广泛学习各方面的有关知识，以开阔视野，避免孤陋寡闻。“读书破万卷，下笔如有神。”知识的博大精深是产生好的作品的前提和基础。孔子的学生子贡称赞孔子无所不学：“夫子焉不学？而亦何常师之有？”③ 宋代哲学家张载指出，博学是使学

---

① 《清史稿·儒林传》。

②③ 《论语·子张》。

问愈益精微的重要基础："惟博学然后有可得以参较琢磨，学博则转密察，钻之弥坚，于实处转笃实，转诚转信。故只是要博学，学愈博则义愈精微。"[①] 张载还举例说，舜就是一个非常博学的人，他好问善问，注重观察，浅近的话也能引起他的注意，因此才能成为圣人。朱熹也认为："天地万物之理，修己治人之方，皆所当学。"[②] 康有为指出，博学是为学和学有所成的重要基础："不阅四方上下，则不知何者为中；不鉴古今中外，则不知何者为宜；不穷飞潜动植、鬼神物怪，则不知人道；不遍考诸子各教、是非得失，则不知圣教。盖物多连贯而成者，不博极群书，不能明一义；不为普通学，不能事专门。"[③]

历史上博学的典范有许多。蒲松龄的一部《聊斋志异》，本身就是他一生博学的结晶。后世学者评论说：就以《聊斋志异》而言，涉及掌故如到四部及其他杂著中去钩稽，列一个清单，将成为一本书。仅以史类而言，涉及《史记》的本纪、列传、书等不下四十余篇。其他如《汉书》《后汉书》《晋书》《唐书》《三国志》《宋史》《北史》《南史》《五代史》《元史》《新五代史》《新唐书》等，足有数百篇之多。至于历代作家、诗文，其数量更为可观，从屈原、宋玉、司马相如、贾谊、司马迁到张衡、蔡邕、班婕妤，从曹植、阮籍、陆机、左思、潘岳、陶潜、鲍照、沈约、江淹、庾信等魏晋南北朝诗人乃至于唐代李、杜、白、韩、柳这样的大家，还有韩偓、陆龟蒙、杜荀鹤、聂夷中等许多诗人词家，无不被他所注意。那些志怪、志人、传奇、侠义小说，被他引用的，不可胜数。[④] 顾祖禹通过博览群书，对过去的舆地著述感到很不满意，他说："余尝读《元和志》，善其敷陈时事，条列兵戎，然考古无乃太疏。《寰宇记》自谓远轶贾（躭）、李（吉甫）之上，而引据不经，指陈多误。《纪胜》山川稍备，求其攻守利害则已迂。《广记》考核有余，而于形势

① 《张载集·经学理窟·气质》。
② 《朱子语类》卷 8。
③ 康有为：《孟子微》卷 6，《贵耻第十四》。
④ 参见王枝忠：《蒲松龄论集》。

险夷则未尽晰也。《胜览》以下，皆偏于词章之学，于民物远，犹无当焉。国家著作之材，虽接踵而出，大都取裁于乐史、祝穆之间，求其越而上之者，盖鲜也。”① 有感于此，顾祖禹写成了名著《读史方舆纪要》，成为中国古代史上最重要的一部地理著作。

应当指出，博学不只是学者著书立说所应具备的治学条件，对于政治家、军事家来说，博学也是必备的一种素质。诸葛亮青年时代拜庞德公、酆公玖、北极教主为师，为学范围极广，道德经济文章、兵学阵图韬略、天文地理道法无不在其内，这些都成为他后来能够运筹帷幄、神机妙算、辅佐刘备成就霸业的雄厚资本。康熙帝玄烨自从五岁开始读书，一生苦读不倦。他在《庭训格言》中说："朕自幼好看书，今虽年高，犹手不释卷。诚以天下事繁，日有万机，为君者一身处九重之内，所知岂能尽乎！时常看书，知古人事，靡可寡过。"康熙皇帝读书涉猎颇广，在经史子集之外，他对天文、地理、历法、算术、军事、法律、音乐、美术、医药均有广泛研读，他还向法国传教士张诚等学习欧几里得的初等几何和阿基米德的应用几何，学习来自西方国家在天文、地理、生理解剖等方面的最新科学知识。正是因为有这样一位好学和博学的皇帝，清代康熙一朝仅经康熙帝"钦定"的图书就有《古今图书集成》《康熙字典》《子史精华》《佩文韵府》《古文渊鉴》《渊鉴类函》等。

历代学者在倡导博学的同时，还一再强调"博学"要与"笃志"联系在一起。应当说，"博学"的目的是为了"笃志"。孟子提倡"博"和"约"的结合，强调博以反约："博学而详说之，将以反说约也。"② 博是约的途径，通过博学，人们的思维可以更加深刻缜密，从而能够从纷繁的表象中总结出规律性的东西。荀子也说："多知而无亲，博学而无方，好多而无定者，君子不与。"③ 如果知识再多却没有特别的爱好，学问再广博却没有一定的努力方向，这样的治学方法是不足取的。康有为在指出博学对于治学的重要性时，还

① 顾祖禹：《读史方舆纪要·凡例》。

② 《孟子·离娄下》。

③ 《荀子·大略篇》。

认为博学不是滥学，也不是杂学，在广泛猎取知识的时候，还要知道“泛滥而当知归，勿流荡而至忘反耳”。的确，一些伟大的著作，通常就是在博学的过程中完成的。李时珍著《本草纲目》，正是因为他有感于当时的本草诸书中“舛谬差讹遗漏不可枚举”，因此他“奋编摩之志”，决心编写一部新的药物学著作。带着这样的志向，李时珍参阅书籍八百余部，而且从1567年（隆庆元年）起，李时珍就用若干年外出访药，他的足迹遍布湖南、湖北、安徽、江苏、江西、河南等省，为了采集药物标本，他跋山涉水，不辞千辛万苦。李时珍不耻下问，他常向农夫、牧人、药材商人、猎人、矿工、药农、车夫等虚心求教，从各种地方广泛了解各种动植物的生长环境、生活习性、形状特征，以及药物的采集、炮制和保存方法等。在吸取前人经验的基础上，他还遍尝百草，亲自临证实验，考察药物特性，经过这样广泛的学习，终于著成《本草纲目》。

在博学的基础上，为学还要做到勤于思考。学习与思考相结合，是获取知识的重要途径。孔子在讲学习和思考的辩证关系时说：“学而不思则罔，思而不学则殆。”① “学而时习之，不亦说乎？”② 学习和思考是相辅相成的。只学不思会变得茫然而无所得，只思不学同样会陷入迷惘。孟子提倡读书的过程中必须对所学的内容加以思考：“尽信《书》，则不如无《书》。”孟子自己还举例说，《尚书·武成》篇记载周武王伐纣之事，有“血流漂杵”的描写，孟子认为周武王是极有仁德之人，讨伐纣王绝不会使血流得使杵都能漂起来，因此对这样的描写心存疑问。他说：“吾于《武成》，取二三策而已矣。仁人无敌于天下，以至仁伐至不仁，而何其血之流杵也？”③ 荀子也说：“君子博学而日参省乎己，则知明而行无过矣。”④ 一个博学的人又能够每天坚持思考不断反省，这样的人必定会更加明智。思考是对学习的深化和提高，许多伟大的作品和科学创造无不是经过千

① 《论语·为政》。
② 《论语·学而》。
③ 《孟子·尽心下》。
④ 《荀子·劝学篇》。

百次的思考而得来的。王羲之对书法的思考常常如醉如痴，以致以墨当食而浑然不知；西晋文学家左思年少时先后学习书法和琴艺，都不成功，被人认为资质愚钝，左思发愤苦读，立志勤学，用了十年时间构思而成《三都赋》，在门庭、厕所都放置纸笔，随想随记，终于酿成旷世名篇，为豪贵之家竞相传抄，几至整个洛阳城纸价也狂升了好几倍，在中国文学史上构筑了洛阳纸贵的佳话。

不耻下问也是为学的重要方法。孔子说："三人行，必有我师焉。择其善者而从之，其不善者而改之。"孔子到了周庙，事事都向人请教，有人笑他不知礼。孔子回答说，不知者就要问，这就是礼。南北朝文学家颜之推在著名的《颜氏家训》中也教育子弟，为学要多与人切磋，好问则裕。他引用《尚书》与《礼记》上的话说："《书》曰：好问则裕。《礼》曰：独学而无友，则孤陋而寡闻。盖须切磋相起明也。见有闭门读书，师心自是，稠人广坐，谬误差失者多矣。"通过向人请教和切磋，所获取的知识要远比闭门读书者多。

读万卷书，行万里路

历代的大学者都提倡勤奋苦读，但这种发愤读书绝对不是闭门造车。古人提倡知与行的结合，"读万卷书，行万里路"，在实践中学习。荀子说："见之不若知之，知之不若行之。"[①] 在著名的《劝学篇》中，荀子更详细地讲道："吾尝终日而思矣，不如须臾之所学也；吾尝跂而望矣，不如登高之博见也。登高而招，臂非加长也，而见者远；顺风而呼，声非加疾也，而闻者彰。假舆马者，非利足也，而致千里；假舟楫者，非能水也，而绝江河。君子生非异也，善假于物也。"人的学习不应该只局限于书本中，而更应该注重在实践中学习，这样的学习往往更能使自己的认识得到升华和丰富。清代学者钱泳认为，读书与实践，这两者是不可偏废的。他举例说：

① 《荀子·儒效篇》。

经常见到老书生勤奋不懈地在故纸堆中埋首苦读几十年，而一旦走出房门，就不知道东西南北，这种情况可谓比比皆是。然而年老的绍兴师爷，以及白发苍苍随同主人四处奔波的长随，常常走遍了十八个省份，而若问其当地的山川形势、道路远近、风俗厚薄、物产动植，则也一概茫然如梦，这样的现象也比比皆是。因此，不读书或读死书都是不对的。只有将学到的书本知识运用到实践中去，或者在社会实践中加强对书本知识的理解，才是真正有效的为学之道。

谈及书本经验与社会实践的结合，古人给我们留下了许多正反面的例子。战国时关系赵国存亡的长平之战，因为起用了只会纸上谈兵而毫无作战经验的赵括做大将军，结果因为赵括根本不懂得指挥军队，使赵国军队被围困四十多天，粮草尽绝，在突围时，又由于赵括指挥无方，四十万赵军尽被坑杀。其实，依靠脱离社会实际的八股文取士的封建科举考试又造就了无数个赵括，其结果是导致了中国在社会发展方面远远落后于西方，导致了近代人才的长期困乏。另一方面，历代成就了大学问的学者，无不是将书本知识与阅历社会这本无字之书相结合的典范。

司马迁二十岁时，因为不满足于“天下遗文古事，靡不毕集太史公”的书本知识，决定完成一次遍及全国的大游历。这次游历遍及大江南北、淮河两岸以及中原河山，历时二三年。在当时交通不便、困难重重的情况下，司马迁行程万里，跋山涉水，读无字之书，通过阅历山川增添了许多书本上所没有的知识。他凭吊贾谊故里，追寻屈原足迹。他在齐鲁瞻仰了孔子的庙堂礼器，在淮北采访刘邦、韩信、萧何、张良的早年遗事。通过实地考察，结合文献记载，司马迁廓清了武王定都所在地为洛邑。对于一位二十岁的青年来说，此次大游历使他开阔了视野，增长了能力，扩展了胸怀，成为他人生中的一座里程碑。此后，司马迁又奉使西征巴蜀，这次奉使之游足迹遍及云、贵、川等西南各地，历时一年零三个月，这次游历为他此后首创民族史传提供了重要素材和思想。司马迁在出仕郎中到中书令期间，还从汉武帝出巡三十余年。这些游历对司马迁撰写《史记》具有非常重要的意义，可以说，《史记》的成功与司马迁的游历是分不开的。多次的社会考察和实践造就了司马迁“胸中固有一天下大势，非后代书生之所能几也”①。宋代苏辙也认为：“太史公行天下，周览四海名山大川，与燕赵间豪俊交游，故其文疏荡，颇有奇气。此二子者，岂尝执笔学为如此之文哉？其气充乎其中而溢乎其貌，动乎其言而见乎其文，而不自知也。”②

实际上，提倡博学的古人认为博学不仅仅是博览群书，还要注重书本与实践的结合。范仲淹年少时志愿“读天下书，穷天下事，以为天下之用”，但他意识到，仅仅埋首书中勤奋苦读是不行的，还应该“四走方外，求老师巨儒，以成就其业”③。与《史记》一样，伟大的作品往往来源于实践。“诗仙”李白自称“一生好入名山游”，据说他“凡江、汉、荆、襄、吴、楚、巴、蜀，与夫秦、晋、齐、鲁山水名胜之区，亦何所不登眺”④。大诗人杜甫的一生几乎都在游历中度过。他青年时漫游吴越，此后又与李白、高適同游梁宋，客居洛阳、长安。杜甫的《望岳》中有“会当凌绝顶，一览众山小”的诗句，被称为尾句“只五字，雄盖一世”，可见名山之游滋养了他的眼界和魄力。此外，长时间对社会的直接接触既使诗人感到了祖国江山的美好，也亲身经历和目睹了战争的残酷、黎民的苦痛，因此，杜甫的诗歌带着大量的现实主义色彩，被后人称为“诗史”。与杜甫一样，晚唐诗人皮日休也做过“绕者二万里”的漫游，在从湖北、湖南、安徽、江西、河南到长安的旅途中，皮日休深刻地体会到危亡的国家带给人民的灾难，他著有《皮子文薮》，将他的所见所闻和感慨记录下来，表达了对社会的不满，对人民的同情。他的作品，因为具备着深刻的社会底蕴和锐利的批判锋芒，被鲁迅称为“是一塌糊涂的泥塘里的光彩和锋芒”。

清人魏源说过这样一段发人深省的话：“及之而后知，履之而后艰，乌有不行而能知者乎？……披五岳之图，以为知山，不如樵夫

① 顾炎武：《日知录》卷26，《〈史记〉〈通鉴〉兵事》。
② 苏辙：《栾城集》卷23，《上枢密韩太尉书》。
③ 《范文正公集》卷3。
④ 刘楚登：《太白楼记》。

之一足。谈沧溟之广，以为知海，不如估客之一瞥。疏八珍之谱，以为知味，不如庖丁之一啜。”① 要想真正了解事物，必须付诸实践。如果以为看了五岳之图，就以为了解了大山，实际上还不如山里的樵夫走一走知道得多。谈论大海的广阔，就以为认识了大海，实际上还不如外出行商的亲临一瞥。精通八珍的食谱，就以为知道了天下美味，实际上还不如厨师亲自品尝一口所知道得多。缺乏实践，只尚空谈，任何事情都不可能成功。“纸上得来终觉浅，绝知此事须躬行。”要想获取真知，成就任何一门学问，就必须投入实践，这个千古不易的为学之道在今天仍是值得我们深思和效仿的。

① 《魏源集·默觚上·学篇二》。

生不可不惜，生不可苟惜
——生死篇

未知生，焉知死

生与死，是千百年来为人们所关注的一个基本的人生话题。生与死的辩证关系，既反映了生命的有限，也体现了生命之宝贵。有人曾经因为害怕死亡而期望生命的不朽。两千多年前，秦始皇派徐福率童男女数千“入海求仙人”，寻找不老仙丹；汉武帝晚年为求不死，也用方士炼制长生不老之药。然而，这些荒唐的史实证明，个体生命的不朽只能是一个永远追寻不到的幻影。面对死亡，还有的人相信灵魂转世，认为人死后灵魂可以上天国或下地狱。也有的人喟叹人生苦短，人生如梦，因此寻求即时享乐，醉生梦死。另外一些人则认为，死既然是无可奈何的事，那么如果能够身死名垂，也算是聊胜于无的一种办法，至于所留的“名”的内容，倒似乎是无关紧要的，以至于东晋的桓温竟信奉“大丈夫不能流芳百世，亦当遗臭万年”的信条。实际上，这几种态度都是在生与死的问题上走入了误区，是不足取的。

生命的价值究竟何在？在有限的生命里怎样度过有意义的人生？对待生与死，到底应该采取怎样理性的态度，做出正确的选择？先哲对这个问题做了许多深入的思考，并提出了各种各样极有启发意义的答案。道家把生死当作自然之道，庄子说：“人生天地之间，若白驹之过郤，忽然而已。”“生也死之徒，死也生之始，孰知其纪！”“若死生为徒，吾又何患！”[①] 庄子认为生意味着死的开始，死也意

① 《庄子·知北游》。

味着生的开始，因此，对待生死的正确态度应当是不悦生，不恶死。庄子在妻子死后没有哭泣悲伤，反而鼓盆而歌，他说："人且偃然寝于巨室，而我噭噭然随而哭之，自以为不通乎命，故止也。"① 后世学者也继承了庄子这种观点，扬雄说："有生者必有死，有始者必有终，自然之道也。"② 王充说："有血脉之类，无有不生，生无不死。以其生，故知其死也。……死者，生之效；生者，死之验也。"③

对于生死，孔子则采取了淡然处之的态度。孔子说："未知生，焉知死？"④ 张载说："存，吾顺事；没，吾宁也。"⑤ 看透了生死之道的汉文帝在遗诏中这样说："朕闻之，盖天下万物之萌生，靡不有死。死者天地之理，物之自然，奚可甚哀！当今之世，咸嘉生而恶死，厚葬以破业，重服以伤生，吾甚不取。"⑥ 汉文帝认为，生死既然是自然规律，就不应该因为办丧事和服丧期而延误生产，伤害身体。这种认识在今天来说也是难能可贵的。明代著名思想家李贽下面这段话也是发人深省的：

> 生之必有死也，犹昼之必有夜也。死之不可复生，犹逝之不可复返也。人莫不欲生，然卒不能使之久生；人莫不伤逝，然卒不能止之使勿逝。既不能使之久生，则生可以不欲矣。既不能使之勿逝，则逝可以无伤矣。故吾直谓死不必伤，唯有生乃可伤耳。勿伤逝，愿伤生也！⑦

当然，无论是鼓盆而歌的达观也好，还是"未知生，焉知死"的淡然处之也好，这两种对待生死的态度实际上都是教导人们不要为生死问题所累，而是要珍惜生命，善待生命。为了中国革命度过了短暂而匆忙的一生的李大钊同志，也在他的文章中表明了他的生死观，这是颇值得我们一读的：

---

① 《庄子·至乐》。
② 扬雄：《法言·君子卷》。
③ 王充：《论衡·道虚》。
④ 《论语·先进》。
⑤ 《张载集·正蒙·诚明》。
⑥ 《汉书·文帝纪》。
⑦ 李贽：《焚书·伤逝》。

> 死与生同是全生命的一部，生死相间，才成无始无终的大生命，大生命就是大自然，死同生一样是大自然中的自然的现象。
>
> 对于自然的现象的“生”，既不感什么可以恐怖；那么，对于自然的现象的“死”，也不应该感什么可以恐怖。我们直可以断定死是没有什么可以恐怖的。
>
> 死既与生同是自然的现象，那么，死如果是可悲哀的，生也是可悲哀的；死如果是有痛苦的，生也是有痛苦的。生死相较，没有多大的区别。①

这同样是一种豁达的生命的观点，李大钊认为，生与死既然都是生命的一部分，人类就应该像勇敢地面对生一样去勇敢地面对死。当然，无谓的死是没有任何意义的，为了追求更美好的人生去死，才是有价值的。

重于泰山与轻于鸿毛

先哲不仅对作为自然现象的生与死进行了探讨，还从生命价值的角度赋予了生与死更深刻的含义。春秋时期，鲁国大夫范宣子向晋国大夫叔孙豹请教“死而不朽”的含义。叔孙豹回答说：“豹闻之：‘大上有立德，其次有立功，其次有立言。’虽久不废，此之谓不朽。”② 生命虽然是有限的，但一个人在一生中所树立的道德思想、丰功伟业以及深奥精辟的言论却是不朽的。这种不朽的价值游离于现实生活中的富足安逸之外，而与德行的树立紧密相连。地位显赫的齐景公害怕死亡，他曾经北临其国城而流涕曰：“寡人将去此堂堂国者而死乎!”但他最终仍然因为丧失了“德”而随着肉体的枯萎速朽了，相反，曾参等人则因为恪守优秀的道德规范而虽死犹存，

① 《李大钊文集》下，237页。

② 《左传·襄公二十四年》。

为人们所推崇和纪念。这种立德上的不朽是生命所追求的最高境界。此外，管仲辅助齐桓公成就霸业，可谓是立功上的不朽；司马迁身受腐刑而其志不堕，笔耕了千古名著《史记》，应当是立言上的不朽。“立德”“立功”“立言”这“三不朽”的存在使得人生从生命的短暂中延长和挣脱出来，从此成为许多人追求的人生价值所在。自古以来，任何有抱负、有志向者皆以此作为精神依托和生命的驱动力，把为社会和历史做贡献当成人生价值之所在，提倡为了追求真理，追求仁义，即使牺牲生命也在所不惜。孔子说：“志士仁人，无求生以害仁，有杀身以成仁。”① 即是说，志士仁人都不会贪生怕死而损害仁，而是会牺牲生命来成全仁。孟子主张在“生”与“义”发生冲突时要“舍生取义”：“鱼我所欲也，熊掌亦我所欲也，二者不可得兼，舍鱼而取熊掌者也。生我所欲也，义亦我所欲也，二者不可得兼，舍生而取义者也。生亦我所欲，所欲有甚于生者，故不为苟得也。死亦我所恶，所恶有甚于死者，故患有所不辟也。”② 这种“杀身成仁”“舍生取义”的生死观念激励着后人为了追求真理和正义，为了捍卫国家和民族的利益而不惜放弃生之权利，毫不畏惧地去面对死亡。

在孔子“杀身成仁”、孟子“舍生取义”的基础上，司马迁进一步强调了对死与生的选择的重要性。他说：“人固有一死，死有重于泰山，或轻于鸿毛，用之所趋异也。”③ 人的生命只有一次，任何人都不可能逃脱死的最终归宿。但是，只要你的生命对他人、对社会是真正有意义的，只要世界因你的存在而变得更加美好，那么，当死亡来临的时候，你的死也是重于泰山的。这就叫死得其所。相反，无谓的死则是没有必要的。《颜氏家训·养生》有一句话，叫作“生不可不惜，生不可苟惜”，也很能说明这个道理。朱熹也这样解释死的价值：“人受天所赋许多道理，自然完具无欠阙。须尽得这道理无

---

① 《论语·卫灵公》。

② 《孟子·告子上》。

③ 司马迁：《报任安书》。

欠阙，到那死时，乃是生理已尽，安于死而无愧。”① 近现代以来，革命先驱者把对生命价值的认识提高到一个新的高度。他们指出，为了革命而死，为了人民的利益而死，这样的死就是重于泰山，就是死得其所。孙中山先生不止一次地阐释牺牲的意义：“盖人类牺牲的价值，有比生命还要贵重的，就是真理和荣誉。”② 他说，人生不过百年，“莫不有一死，死既终不可避，则当乘此时机，建设革命事业”③，“若因革命而死，因改造新世界而死，则为死重于泰山，其价值乃无量之价值，其光荣乃无上之光荣”④。1944 年，毛泽东同志针对张思德之死，写下了著名的《为人民服务》，其中写道：“中国人民正在受难，我们有责任解救他们，我们要努力奋斗。要奋斗就会有牺牲，死人的事是经常发生的。但是我们想到人民的利益，想到大多数人民的痛苦，我们为人民而死，就是死得其所。”⑤ “为人民利益而死，就比泰山还重；替法西斯卖力，替剥削人民和压迫人民的人去死，就比鸿毛还轻。”⑥ 毛泽东同志的这些话阐明了一个共产党员的生死观，是值得今天我们每个人所学习的。

人生自古谁无死，留取丹心照汗青

无论在对生死观的具体认识上能够走多远，历代思想家对于生命价值的认识还是有一定共性的，简言之，即是：生命的永恒不在于长生不老，也不在于因灵魂转世而来的无限延续，而在于在有限的现实世界中所付出的高尚的努力。历史上有许多为了国家、名节、信誉而死的义士仁人。他们或者为了国家、民族的安危，或者为了追求真理和自由，在可以选择生死的情况下，义无反顾地选择了悲

① 《朱子语类》卷 39。
② 《孙中山全集》，第 8 卷，286 页。
③ 《孙中山全集》，第 6 卷，34 页。
④ 同上书，35 页。
⑤ 《毛泽东选集》，2 版，第 3 卷，1005 页。
⑥ 同上书，1004 页。

壮地死，用生命的速朽换来了人生价值的不朽。这些人的死，可谓是死得其所，如同司马光称赞屈原所说的："虽与日月争光可也。"

1283年1月9日（元世祖至元十九年十二月初九），南宋丞相文天祥在大都从容就义。文天祥在生命的最后时刻写下了他的千古绝唱："人生自古谁无死，留取丹心照汗青。"实际上文天祥并不是一个不珍惜生命的人，相反，他非常重视死生抉择。"人生天地间，一死非细事。""一死鸿毛或泰山，之轻之重安所处。"人生最宝贵的是生命，而生命的意义在于追求真理。在生命最为严峻的时刻，死是对真理信念最为有力的回答。正因此，文天祥义无反顾地选择了死，他大义凛然地回答："天祥为宋状元宰相，宋亡，惟可死，不可生。"在艰苦的牢狱生活中，文天祥写下了他的另一部不朽诗篇《正气歌》，其中列举了古代十二位英雄人物，即春秋时齐国的太史简和晋国史官董狐，秦代张良，汉代苏武，三国严颜、管宁、诸葛亮，魏晋嵇绍、祖逖，唐朝张巡、颜杲卿、段秀实。这十二位人物都是具有高尚气节的人。文天祥决心追随这些先贤前哲，慷慨赴死，以死报国。他在狱中作绝命自赞并作序，其中写道："吾身居将相，不能救社稷，安天下，军败国亡，辱为俘囚，其当死久矣。被执以来，欲引决而无间。今天与之机，谨南向再拜以死。"① 其赞曰："孔曰成仁，孟云取义，惟其义尽，所以仁至。读圣贤书，所学何事？而今而后，庶几无愧。"②

文天祥的死体现了一种舍身报国的献身精神，明代东林党领袖高攀龙的死，则反映了传统中国士大夫舍生取义的价值取向。为了反对权阉魏忠贤把持朝政，为害朝纲，高攀龙主讲东林书院，议论时政，抨击奸党，他因此被削职为民，不久又遭魏党缉拿。高攀龙得知有人来缉拿自己的消息后，并未惊慌，他很镇定地对家人讲：我一向视死如归，今天果然要这样了。随即自溺而亡。在他写给朝廷的遗表中，他表达了自己愿意效仿屈原为国而亡。他写道："臣虽削夺，旧为大臣，大臣受辱则辱国。谨北向叩头，从屈平之遗则。"

---

① 《日下旧闻考》卷45。

② 《文山先生全集》，394页。

另一位因弹劾魏忠贤而下狱的明代名臣左光斗，在狱中受尽折磨，气息奄奄。他的学生史可法买通狱卒去探视他，这时左光斗已经是面额焦烂，左膝下面筋骨全脱。史可法见此惨状，不由抱住恩师痛哭。左光斗听到声音，用手撑开眼皮，目光如炬，大怒道："庸奴！此何地也，而汝前来？国家之事糜烂至此，老夫已矣，汝复轻身而昧大义，天下事谁可支拄者？奸人且构陷及汝，不速去，吾即扑杀汝！"① 言毕抓起地上的刑具，做出要投掷的样子。史可法见状不敢犹豫，慌忙退出。不久左光斗死于狱中。但是他轻生命而重大义的品德给予史可法很大的激励和鞭策。史可法评价说："吾师肺肝，皆铁石所铸造也！"左光斗的这种精神促使史可法最后选择了杀身成仁，慷慨赴死，成为一个死得其所的人。

"人生的目的，在发展自己的生命，可是也有为发展生命必须牺牲生命的时候。因为平凡的发展，有时不如壮烈的牺牲足以延长生命的音响和光华。绝美的风景，多在奇险的山川。绝壮的音乐，多是悲凉的韵调。高尚的生活，常在壮烈的牺牲中。"② 这段精美的文字出自李大钊同志的《牺牲》一文。李大钊认为，在追求真理和开创美好人生的道路上需要牺牲和死亡，这样的牺牲和死亡，会使生命得到更有意义的发展和放射出更加夺目的光华。读到这样的话，我们就不难理解，李大钊在走上绞刑台后为什么会那般"神色未变，从容就死"，我们就可以知道，为什么会有那么多像李大钊一样的共产党员在敌人的淫威面前宁死不屈，视死如归。革命烈士陈然面对敌人的屠刀，从容地写下了脍炙人口的《我的"自白"书》，表达了一个共产党人对待死亡的态度："人，不能低下高贵的头，只有怕死鬼才乞求'自由'；毒刑拷打算得了什么？死亡也无法叫我开口！面对死亡我放声大笑，魔鬼的宫殿在笑声中动摇；这就是我——一个共产党员的自白。"

近现代史上的文学巨匠鲁迅先生，在他去世前的一个月，曾经写过一篇题名为《死》的文章，明确地表达了他自己对待死的态度

① 罗振常：《史可法别传》，见《史可法集》，139页。

② 《李大钊文集》上，118页。

和原则，他说："大约我们的生死久已被人们随意处置，认为无足重轻，所以自己也看得随随便便，不像欧洲人那样的认真了。"他认为自己"向来正是这随便党里的一个"。鲁迅不惧怕死，然而对于仅存的宝贵的生命，他绝不允许自己白白虚度。他承认："每当病后休养，躺在藤躺椅上，每不免想到体力恢复后应该动手的事情：做什么文章，翻译或印行什么书籍。"① 然后就会浮现出"要赶快做"的念头。抓紧生命中的每一天，鞠躬尽瘁，死而后已，这就是鲁迅对于生死的态度。为了革命，鲁迅积劳成疾，在当时，他的身体已经每况愈下，但病中的他不愿停笔，他对周围的人常讲："与其不工作而多活几年，倒不如赶快工作少活几年的好，因为结果还是一样，多几年也是白白的。"鲁迅也完全有条件赴苏联或日本疗养，但是他认为，"危亡的祖国需要我，我这时候决不能离开祖国"②，直至死的前一日，他仍旧在工作。鲁迅用他有意义的生命换来了精神上的永存。在鲁迅倒下之后，千百万的后继者又勇敢地沿着鲁迅的方向前进。郭沫若先生因此这样评价鲁迅："鲁迅之前，一无鲁迅。鲁迅之后，无数鲁迅。"

诗人臧克家有一句名言："有的人活着，他已经死了；有的人死了，他还活着。"这应当是对生与死意义的最好诠释。当然，不惧怕死亡并不是浪费生命。相反，我们在体味死的价值的同时，更应该领悟生命的可贵，从而更加珍惜生命中的每一天，使自己的人生更富有意义和创造。

---

① 鲁迅：《死》。

② 《回忆鲁迅二三事》，载《人民日报》，1981年9月19日。

先天下之忧而忧，后天下之乐而乐
——苦乐篇

乐天知命故不忧

苦与乐是人生中常有之事。但是，每个人的苦乐观却不尽一致。不同的苦乐观反映着不同的世界观、人生观，也在一定意义上决定着不同的人生航向。毫无疑问，那种单纯追逐物质上的享乐主义是为中华民族的传统道德所摒弃的。物质享受的程度也不是历代思想家判断苦与乐的主要标准。与此相反，圣人先贤更提倡道德精神上的满足和快乐。孔子就是这方面的一个主要代表。他说："饭疏食饮水，曲肱而枕之，乐亦在其中矣。不义而富且贵，于我如浮云。"①只要有崇高的道德追求，即使是粗茶淡饭，也会乐在其中。如果通过不正当的手段获得富贵，这种富贵不过如同过眼烟云，是根本不足道的。孔子的这种苦乐观深得其弟子的继承。孔子的学生颜回认为自己的志向是"一箪食，一瓢饮，在陋巷，人不堪其忧，回也不改其乐"②，深得孔子称道。颜回以追求崇高的道德为毕生最大的乐趣，因此他可以终身贫贱而不以为苦，身居逆境而不以为困。孔子的另一个学生曾点的志向是在暮春时节，身穿春装，和五六个成年人、六七个少年去沂水中洗澡，去祈雨的雩台上沐浴春天的暖风，然后唱着歌回来。这种淡泊名利、与人共享天伦之乐的人生价值取向也得到了孔子的赞同和肯定。

主张逍遥知足的老子，也强调"祸莫大于不知足，咎莫大于欲

---

① 《论语·述而》。
② 《论语·雍也》。

得，故知足之足，常足”①。苦与乐是一个相对的概念。知足者常乐，贪得无厌、追名逐利者则难以体味到真正的快乐。《庄子·秋水》载：庄子与惠子游于濠梁之上。庄子说：“鯈鱼出游从容，是鱼之乐也。”惠子说：“子非鱼，安知鱼之乐?”庄子说：“子非我，安知我不知鱼之乐?”其在清净澄澈中追求悠然自得之美的心情跃然而出。

在实际的人生中，能够真正做到追逐精神自由，视富贵如浮云者，当首推东晋诗人陶渊明。陶渊明在经历了十三年的仕宦生涯后，决定归隐田园。他作《归去来兮辞》，表达自己悟出人生真谛后愉悦自得的心情：“悟已往之不谏，知来者之可追；实迷途其未远，觉今是而昨非。”归隐后的陶渊明的生活状况是：“环堵萧然，不蔽风日。短褐穿结，箪瓢屡空，晏如也。常著文章自娱，颇示己志，忘怀得失，以此自终。”家徒四壁，衣衫褴褛，盛放米粮的家具里空空如也，而主人并不因这种清寒的境遇感到烦恼，反而以写作文章自得其乐。生活上的穷困并未影响陶渊明精神上的快乐适意，诗人怡然自得的心境在他的诗作中有非常生动的反映：

种豆南山下，草盛豆苗稀。
晨兴理荒秽，戴月荷锄归。
道狭草木长，夕露沾我衣。
衣沾不足惜，但使愿无违。

可以说，这种美好恬淡的田园生活的情趣远远超过了物质上的富足。唐代刘禹锡的名篇《陋室铭》中说：“山不在高，有仙则名；水不在深，有龙则灵；斯是陋室，惟吾德馨。”平凡简陋的屋舍因为主人高尚的品德，因为“谈笑有鸿儒，往来无白丁”的人文环境而变得雅致脱俗。这种心灵上的欢乐与满足是丰厚的物质生活所无法代替的。

人生由苦与乐交相汇聚而成。正确而平和地对待生活中的苦与乐，也是善待人生的一种方式。人生中的乐趣表现在很多方面，关

① 《老子》四十六章。

键在于能不能够发现和体会。宋代邵雍一生追求安贫乐道的生活方式，他“平生不作皱眉事”，自称安乐先生，把寓所称作“安乐窝”。富弼、司马光为他在洛阳买了一所园子，他自耕而食，平时乘一小车出游，为人和气荡然，人称之为“吾家先生”。大理学家程颢在他一首名为《秋日偶成》的诗中也表达了自己“富贵不改贫贱乐”的人生态度：

闲来无事不从容，睡觉东窗日已红。
万物静观皆自得，四时佳兴与人同。
道通天地有形外，思入风云变态中。
富贵不改贫贱乐，男儿到此是豪雄。

乐以天下，忧以天下

对于胸怀天下的有志之士来说，他们的苦乐往往与国家和人民的苦乐联系在一起。先秦诸子中，主张节用、节葬、非乐的墨子认为，贤惠的君王和有志之士决不会以单纯追求个人生活上的享乐作为真正的乐趣，墨子说：“且夫仁者之为天下度也，非为其目之所美，耳之所乐，口之所甘，身体之所安，以此亏夺民衣食之财，仁者弗为也。”① 所谓的圣人往往过着一种俭朴节约的生活，在饮食上，只要能够“足以充虚继气，强股肱，耳目聪明”就可以了；在衣饰上，冬衣只要轻且暖，夏服只要轻且凊就完全心满意足了；在居所和宫室的设置上，“其旁可以圉风寒，上可以圉雪霜雨露，其中蠲洁可以祭祀，宫墙足以为男女之别，则止”②。在丧葬上，“棺三寸，足以朽骨；衣三领，足以朽肉”③。墨子本人就是一个以吃苦为乐事的人。他自称“贱人”，与学生一起穿粗衣，着草鞋，少饮食，日夜不休，而乐此不疲。孟子也认为，贤惠的君王要与民同乐，将

① 《墨子·非乐上》。
② 《墨子·节用中》。
③ 《墨子·节葬下》。

自己的苦乐与百姓的苦乐联系起来，这样才是王者之道："乐民之乐者，民亦乐其乐；忧民之忧者，民亦忧其忧。乐以天下，忧以天下，然而不王者，未之有也。"①

以天下之乐为乐当然不只是帝王所应为之事，任何有抱负有学识的人都应该如此。范仲淹在其名作《岳阳楼记》中指出，一个真正以天下为己任者应当"不以物喜，不以己悲。居庙堂之高，则忧其民；处江湖之远，则忧其君。是进亦忧，退亦忧。然则何时而乐耶？其必曰：先天下之忧而忧，后天下之乐而乐欤!"② 胸怀天下的人，他们的忧愁不是一己之忧，而是"悲天悯人"之忧，他们所忧虑的是民族的振兴，百姓的苦难，至于个人的得失贵贱荣辱，君子是无暇顾及的。古往今来，像范仲淹所描述的心忧天下的仁人君子的确层出不穷，他们用这样的苦乐观指导自己，从而将人生的价值升华到了一个新的高度。

屈原就是这类人的典型代表。屈原的一生，始终将个人苦乐与家国的兴衰和人民的幸福紧紧地联系在一起。他出身高贵，天资优越，年少时即被人称作"博闻强识，明于治乱，娴于辞令"，二十几岁时受怀王赏识任命为左徒，掌握军国大权。按照屈原的出身和资历，他完全可以和当时其他贵族阶层一样过着声色犬马、衣食无忧的生活。但是，屈原的抱负不仅在于个人事业的成功，还要更紧密地与家国人民联系在一起。为了国家和人民，他大刀阔斧地进行改革，他毫不畏惧地面对一切。在那样的一个乱世中，屈原深沉的民族忧患意识注定了他一生与忧患为伍，铸就了他桀骜不屈的个性为奸佞昏君所不容的人生悲剧。屈原为自己不公的遭遇而感到苦闷，但饱受战争灾害之苦的黎民百姓更让他忧心忡忡，"竭忠诚以事君兮，反离群而赘肬""长太息以掩涕兮，哀民生之多艰!"在他被流放到汉北一带时，对故国的怀恋和对民族的担忧使他唯有"望北山而流涕兮，临流水而太息"。楚怀王死后，屈原继续被放逐江南，眼睁睁地看着自己热爱的祖国被昏君和奸人折磨得气息奄奄，而自己

---

① 《孟子·梁惠王下》。

② 范仲淹：《岳阳楼记》。

又无所作为，这种清醒的刺痛日夜烧灼着屈原热切而忧郁的心灵，“举世皆浊而我独清，众人皆醉而我独醒”，先觉者的忧愁和苦难伴随着屈原走完了最后的生命里程。当秦军逼近屈原所居住的湘西溆浦一带时，屈原只好离开东行。亲眼目睹了楚国国都即将沦陷，一路上到处都是因为国破家亡而四处逃难的楚国百姓，屈原的悲愤与忧患达到了极点：“皇天之不纯命兮，何百姓之震愆？民离散而相失兮，方仲春而东迁。”不愿做亡国奴的屈原选择了投江自沉来表明自己对祖国忠贞不贰的感情，“临沅湘之玄渊兮，遂自忍而沉流”“宁溘死而流亡兮，恐祸殃之有再”。

近代启蒙思想家龚自珍也将自己的苦乐与家国的兴衰紧密地联系在一起。龚自珍出生于一个三世京官、诗礼相传的官僚家庭。生长在这样的家庭中，龚自珍原本可以过着只“知车马服饰，言词捷给”，或者只“知作书法、赓诗”的官僚生活。然而，万马齐喑的社会现状、急剧衰败的家国命运，使得龚自珍在深切的忧患中意欲改变社会。作为一个职低位卑的小小京官，龚自珍以自己的笔斥责那些毫无社会责任感的官僚，无论其职位高低，均不过是些“寄食的寓客，旅进旅豢的仆从，伺主人喜怒的狎客”，他勇敢地指出，社会危机出现的根本原因是社会的贫富不均，如果不再进行深刻的社会变革，封建王朝就会变成“将萎之华，惨于槁木”！出于一种深沉而热烈的士大夫的责任感，龚自珍在科举制度、边疆防务、交通商务、农田占有等方面提出了自己详尽的主张。为了国家的前途，他从不畏惧周边敌人的明枪暗箭，面对那样一个浑浑噩噩的衰世，龚自珍大声疾呼人才的出现：“我劝天公重抖擞，不拘一格降人才。”他将自己的苦痛与民族的衰亡紧紧联系在一起，他的苦痛，深切而真诚：“百脏发酸泪，夜涌如原泉。”作为一个现实社会的批判者，龚自珍在艰苦的斗争中经历和遭受了四处碰壁的痛苦，遭人歧视怒骂的凄凉，然而，他更多的忧虑和苦闷是自己的理想与现实之间的巨大差距：“四海变秋气，一室难为春。”对国家和社会这种深沉的忧患伴随着龚自珍走完了一生，并成就了他桀骜不屈的独特人格。

继龚自珍稍晚之后的晚清外交家郭嵩焘是呼吁中国自觉走向世

界的先驱。郭嵩焘以一颗炽热的爱国之心和思想家的敏锐，力倡中国要在接受鸦片战争巨变的事实的基础上，主动求变，走求富求强之路。然而，当时绝大多数的士大夫却昧于时势，夜郎自大，拒绝思变。在他们看来，郭嵩焘希望师夷之长技以求富强的论调无异于用夷变夏，是万不可为之事。在这样的社会现实下，郭嵩焘承受着先驱的寂寞与孤独，他寡不敌众，屡败屡谏。在屡遭挫折后，壮志难酬的郭嵩焘不得不投闲置散，挂冠返回故里。然而，身处江湖的他仍然心系家国，个人不公的遭遇并没有泯灭他高度的民族责任感。他的忧愁与民族的忧患紧紧结合在了一起："升沉饱历成衰病，回首人间忧患长。"他自称："身非隐士，亦不乐以此为名。"① 对于自己的处境，郭嵩焘不是不了解，在"俗敝民顽，君骄臣谄"的社会环境下，他声嘶力竭的呐喊只恐怕是孤掌难鸣，曲高和寡。对于诬蔑中伤自己的奸人，郭嵩焘常常"忽不自觉怒气之填膺"，但即使如此，满身"恶名"、被诬为"奸人"的郭嵩焘仍然不惮时忌，继续畅谈洋务。在中俄伊犁事件和中法战争期间，郭嵩焘以深沉的民族忧患意识上疏朝廷，发表了一系列与时论相左的议论。郭嵩焘不合时宜的议论使得他一生都遭到了恶毒而广泛的攻击，以致在他死后，清廷不愿为他立传赐谥。然而郭嵩焘走向世界的信心从未改变，他豪迈地宣称："流传百代千龄后，定识人间有此人！"

从屈原到龚自珍、郭嵩焘，他们的生命中不缺乏辉煌，但承载更多的是民族的苦难和忧郁，这种"先天下之忧而忧，后天下之乐而乐"的苦乐观，尽管在不同时代有着不尽相同的表现方式和内容，实质上都反映了中华民族子孙对自己民族的热恋和关切，直至今天，这种精神仍然值得我们提倡和发扬。

生于忧患，死于安乐

《孟子·告子下》有这样一段话："人恒过，然后能改。困于心，

① 《郭嵩焘日记》，第3册，933页。

衡于虑，而后作。征于色，发于声，而后喻。入则无法家拂士，出则无敌国外患者，国恒亡。然后知生于忧患而死于安乐也。”一个人平常常犯过错，然后才能改正。心志困苦，思虑阻塞，才能有所作为。自己的想法形之于色，并用语言表达出来，才能被人理解。一个国家也是这样，如果国内没有识法度的股肱大臣，国外没有相与抗衡的国家和外患的忧虑，国家就会灭亡。这样，就可以知道忧患使人生存、安乐使人灭亡的道理了。“生于忧患，死于安乐”是先哲苦乐观中的又一种饱含着辩证法的观点。居安思危，不忘忧患，就会使一个人能够在任何环境下都兢兢业业，奋斗不已，逐步改善自己的生存环境；反之，过分追逐享乐，安于现状，就会使人不思进取，消磨意志，逐渐走向堕落和毁灭。

著名的“江郎才尽”就是解释上面这句话的一个最好典故。南朝时的江淹少年丧父，家境贫寒，但是艰苦的生活环境使他从小知道刻苦学习。由于勤奋好学，他长大后所做的诗文清丽独特，闻名一时。江淹也成为当时名噪一时的文学家。此后不久，江淹步入仕途，官至光禄大夫，封醴陵侯。志得意满的江淹说：“平生言止之事，亦以备已，人生行乐耳，须富贵何时。”江淹一面享受着两千石的俸禄，一面沉浸在丝竹美色之间，再也无心从事艰苦的文学创作。及至后来想写一部《赤县经》，却已才思尽没，到了“江郎才尽”的地步。可以说，江淹就是在过分安乐的环境和心态中断送了自己的文学才华。

忧患者生，安乐者死。这个道理对于一个国家也是这样。看看下面这个故事：春秋时齐国贤相晏子乘着一辆套着一匹驽马的破车去朝君。齐景公见后笑话他说：嘻！夫子俸禄还嫌少吗？怎么还乘坐这么破的车子？晏子心平气和地回答说：承蒙您的恩赐，我能够暖衣饱食、敝车驽马而侍奉您，我已经心满意足了。晏子回去后，齐景公派人送去了漂亮的马车，送了三次都被晏子退了回来。齐景公又生气又不解，召晏子前来。景公赌气说：夫子若不接受，寡人也不乘好马车了。晏子回答说：大王让我节制百官，我愿意节省自己的饮食衣物奉养，给齐国的百姓做个表率。就这样都害怕他们会奢侈糜烂，不顾及自己的德行。现在如果有良车宝马，大王乘之，我也乘之，百姓就会奢其衣服饮食而不顾及自己的德行，我就没有办法来禁止了。齐景公听了恍然大悟，不敢再要晏子接受漂亮的车马了。

晏子的故事反映了晏子能够居安思危，看到奢靡祸国，不愧为一代贤相。与晏子相比，秦末农民大起义中的陈涉，则是一个相反的例证。陈涉敢于攘臂而呼，揭开灭秦伟业序幕的精神和勇气的确可赞可歌。但是，在建立政权称王后，这位昔日贫苦的雇农却开始骄傲腐化，脱离群众。他过去的伙伴去看望他，却连宫门也进不得，等到陈涉出宫时才拦住车驾。伙伴惊叹宫室壮丽，直呼陈涉其名，谈吐也很随便，陈涉因此不快，竟怒而杀之，完全忘记了过去“苟富贵，无相忘”的誓言。陈涉妻子的父兄来看望他，目空一切的陈涉竟以普通宾客的礼仪来招待。其岳父叹曰：恃强而傲长者，不能久也。沉湎于帝王生活的陈涉最终众叛亲离，被自己的车夫庄贾所杀。其实，总结中国历史上的农民起义，因贫困而起事、而成功，又因腐化而失败者，又岂止陈涉一人？

农民起义如此，政权的兴亡也是如此。综观中国历史上不断的朝代更迭，人们常常会发出“打江山易，坐江山难”的感慨。可以说，每一个政权的灭亡与统治者的腐败堕落、耽于安乐是分不开的。历史上许多创业者无不是在艰苦卓绝的环境中勤勉努力，即使在事业成功之后也励精图治而不敢有丝毫懈怠。大禹为治水三过家门而不入，一代天骄成吉思汗的大半生都在马背和战争中度过。而亡国者则多半与君王的贪图安逸、奢侈堕落有着非常直接而密切的关系。

汉高祖刘邦在灭项羽而称帝之时，并没有骄傲自恃，他清醒地评价自己的长处只是善于用人：“运筹策帷帐之中，决胜于千里之外，吾不如子房。镇国家，抚百姓，给馈饷，不绝粮道，吾不如萧何。连百万之军，战必胜，攻必取，吾不如韩信。此三者，皆人杰也，吾能用之，此吾所以取天下也。项羽有一范增而不能用，此其所以为我擒也。”① 他令陆贾总结秦亡教训，写成《新语》，以作借

① 《史记·高祖本纪》。

鉴。在政权初建时，由于长期的战争，国力凋敝，刘邦并没有去单纯地追求个人生活上的享乐，他的拉车的马都不是同一毛色，在对百姓实行轻徭薄赋的政策的同时，他还下令上至天子下至封君都不从国库中领取经费，只以山林川泽等的收入作为“私奉养”。反观西汉末帝汉成帝、汉哀帝，在历史上皆以荒淫出名，成帝身为天子却无心朝政，沉湎于声色犬马之中，热衷于各种玩乐，斗鸡走马。哀帝较成帝荒淫昏庸更甚，将政事全部委于外戚王氏手中，终因昏庸误国，导致王莽篡汉。

唐太宗李世民注重以史为鉴，总结历史上的亡国教训，他认为，历代帝王中，亡国丧身者实多，兴邦利物者实少，“览此兴亡，极怀战惕”。唐太宗尤其注重以隋炀帝的失败来鞭策自己。他吸取隋炀帝“不恤民事”导致“民叛国亡”的教训，将百姓比作水，君王比作舟，认识到了“水可载舟，亦可覆舟”的君民关系。隋炀帝奢靡成风，腐化堕落，唐太宗则带头“节欲”“节俭”“节为”，他注重减轻百姓负担，强调勿夺农时。隋炀帝妒才拒谏，恃才骄矜；唐太宗则勤于纳谏，知人善任，从谏如流。唐太宗的统治时期被后人称为著名的“贞观之治”。唐玄宗李隆基的统治史则更是对“生于忧患，死于安乐”这句话的最好注解和佐证。早年的唐玄宗也像唐太宗一样勤勉政事，励精图治，在他的时代，唐朝达到了极盛。然而，“开元盛世”的太平景象使他逐渐丧失了早年临渊履深的谨慎心理和励精图治的进取精神。他志得意满，骄傲自恃。他专注于以声色自娱，将“三千宠爱”集于杨贵妃一身，甚至不惜以忽视国运民生为代价去构筑自己的爱情神话。他不用忠臣，不愿纳谏，将忠直的韩休、张九龄罢相，起用“口蜜腹剑”的李林甫为相十九年，导致后患无穷。他还把宫中之事全部交给高力士负责，将边疆防务等权力交给已经权重一时的节度使，直至安禄山兵至洛阳时，这位风流天子仍在寻欢作乐，其结果是长达八年之久的“安史之乱”，唐玄宗的统治生命就此结束，唐朝的盛世也自此不复重现。

明太祖朱元璋极为注重个人生活上的俭朴。他命令车舆服用诸物该用金饰的一律用铜代替。1368 年（明洪武元年），蕲州向朝廷进贡竹簟，朱元璋下令退回去，他还诏谕中书省，认为古来进贡之物，只有服食器用，而无玩好之饰，现在蕲州进贡竹簟，天下风闻之后必然会竞相进贡奇巧之物，由此必然会导致劳民伤财。朱元璋还下令天下，"非朝廷所需，不得妄献"。在朱元璋的提倡下，朝廷上下皆以俭朴为美。朱元璋也非常注重以史为鉴，相传在朱元璋的卧室屏风上写有唐代李山甫的《上元怀古》诗：

> 南朝天子爱风流，尽守江山不到头。
> 总是战争收拾得，却因歌舞破除休。
> 尧将道德终无敌，秦把金汤可自由？
> 试问繁华何处在，雨苔烟草石城秋。

朱元璋将此诗早晚吟诵一遍，时刻提醒自己江山来之不易。然而，明末帝王也最终没有走出历代末帝昏庸腐化而亡国的圈子。明神宗纵情声色，不理政事，深居大内，恣意挥霍。以 1601 年（万历二十九年）为例，当时朝廷每年的赋税仅有四百万两，而神宗每年催户部买办珠宝的费用已达二千四百万两。神宗诸王子册封、成婚，也要诏取太仓银二千四百万两，相当于朝廷六年赋税所得的总和。

总体来看，不忘忧患，不过分贪图物质的享受，这是一个人乃至一个政权生存的基础和条件。今天，我们仍然提倡居安思危，提倡忧患意识。只有这样，才能在各种竞争中保持生机和活力，永远立于不败之地。

荣辱之来，必象其德
——荣辱篇

由义为荣，背义为辱

人的一生，无时无刻不与荣辱毁誉相连，每个人都希望得到别人的肯定与称赞。古往今来，许多人为此付出了不懈的努力，他们对荣辱的理解和态度，有许多仍值得我们加以借鉴。孔子认为“德”是个人立身之本，“德”能够制约自己的私欲，使自己的言行合于“仁”和“义”，具备这样德行的人也就具备了良好的道德操守；而荣辱是与人的德行紧密关联的，“荣辱之来，必象其德”，仁人志士都以有德为荣，无德为辱。一个人德行的好坏取决于他对待道义和自身利益的态度，“先义而后利者荣，先利而后义者辱”①，“由义为荣，背义为辱”②，“辱莫大于不义”③，这些都是古人衡量荣辱的标准，而且经久不衰。

古人还认为荣不在于权势富贵。王符的《潜夫论·论荣》说道：“夫桀、纣者，夏、殷之君王也，崇侯、恶来，天子之三公也，而犹不免于小人者，以其心行恶也。”孔子在《论语·季氏》中也说：“齐景公有马千驷，死之日，民无德而称焉。伯夷、叔齐饿于首阳之下，民到于今称之。”意思是说，如果没有良好的德行，即使是像齐景公那样的一国之君，也得不到百姓的尊敬和赞扬。如果能像伯夷、叔齐那样为人忠义，即使没有地位，也会世代为人们所称颂。战国

---

① 《荀子·荣辱篇》。
② 《陆九渊集》卷13，《与郭邦逸》。
③ 《吕氏春秋·贵生》。

时晋国人段干木在魏国居住，因为坚守道义而没有做官。魏文侯每次经过他的门口都扶车厢前面的横木以表示敬意。文侯的仆人说：段干木不过是布衣之士，您这样做值得吗？文侯回答：段干木不为势利所移，怀君子之德，隐居穷巷而扬名千里，我敢不敬重他吗？再说他具备高尚的德行，我只不过有显贵的地位；他富于义，我不过富于财。势不如德尊，财也不如义高，叫他和我换个位置，他是绝对不肯的。我因此常常感到自惭形秽，你怎么能看轻他呢？

段干木身处贫贱，因富于道义而受文侯的尊重，充分表明了古人以“义”为核心的荣辱观。诚然，追求荣华富贵是人之常情，但在富贵和道义之间，应坚守道义而甘居贫贱，“不义而富且贵，于我如浮云”①，“富以苟，不如贫以誉；生以辱，不如死以荣”②，宁可贫穷但拥有好的名声，也不要被别人说成富而不义；宁可为大义而死，也不耻辱苟活。其实，好的德行本身就是一笔非常宝贵的财富，不是所有人都能品味到其中真义的。春秋时期季文子身任鲁宣公、成公、襄公三朝相国，虽身居高位，生活却始终节俭，季文子的妻妾从不穿丝绸做成的衣服。有人对季文子说：你这样节俭，人们还以为是吝啬，并且不会给国家增添光彩的。季文子回答说：“然乎？吾观国人之父母，衣粗食蔬，吾是以不敢。且吾闻君子以德华国，不闻以妾与马。夫德者得于我又得于彼，故可行，若淫于奢侈，沉于文章，不能自反，何以守国？”季文子认为百姓生活还不太好，他不能奢侈，不能让自己的生活超过老百姓。只有好的德行才可以为国家增加光彩，没听说过穿得好、吃得好可以为国家增加光彩的。如果一味奢侈享受，不懂得反躬自省，国家怎么能保得住呢？季文子的这种思想是难能可贵的，历代以来，有德者昌，无德者亡，个人如此，朝代的兴亡也是如此。

东汉葛爽说：“其身殁矣，其道犹存，故谓之不朽。……寿与不寿，不过数十岁；德义立与不立，差数千岁，岂可同日言也哉？”在古人看来，生命是有限的，只有道义才能长存。《后汉书》中也说：

---

① 《论语·述而》。

② 《大戴礼记·曾子制言上》。

“得失一朝，而荣辱千载。”所以许多人把荣辱看得比财富和生命更为重要，爱惜名声甚于爱惜自己的生命。

我们常说一句成语：“晚食以当肉，安步以当车。”这句话就是古人爱惜名声、不为荣华所动的高尚情操的真实写照。战国时颜斶是有名的学者，以清净贞正为贵，潜心学问。齐宣王听说颜斶学问高，便把他召进宫里面谈，想委以官职。颜斶受命朝见，宣王见到他很不尊敬地说：颜斶，过来！颜斶立着不动，也以同样的口吻叫道：王，过来！宣王于是改变态度，以荣华富贵诱惑他，说：听说先生很有学问，故请您帮助我，做我的老师，您要是能来，保证您每餐都有肉吃，出门有车坐，您的夫人、儿女都有漂亮的衣服穿，荣华富贵享受不尽。颜斶听了，严肃回答说：我愿晚食以当肉，安步以当车，无罪以当贵，清净贞正以自娱！意思是说我虽然吃不起肉，可以把吃饭的时间推迟一些，饿极了再进食，就好比食肉一样香了；没有车子，步行时只要走得慢些，安稳一些，也就好比坐车了；只要清白纯正，不做坏事，就会比追逐升官发财高尚得多，这样清白自乐多么好啊！宣王听后，敬意感油然而生，由此传为一段佳话。

荀子说：“得百姓之誉者，荣。”[①]《淮南子·脩务训》里说道：“圣人者，不耻身之贱，而愧道之不行；不忧命之短，而忧百姓之穷。”历史上有不少清官、廉吏，他们恪守道德操守，不趋炎附势，不计荣华富贵，廉洁奉公，一心为民，得到人们的称赞，名垂青史。包拯和海瑞就是这样的代表。北宋的包拯人称“包青天”，他清廉刚正，秉公执法，有他在，贵戚和宦官都不敢为所欲为。包拯处世不慕虚名，两袖清风，生活十分简朴。他常说：后代子孙做官，若有贪赃枉法的，就不准他回到本家，死了也不准埋进祖坟，不按我的要求行事，就不是我的子孙！他的儿子包绶遵照父亲的嘱咐，虽官至六品，却“清苦守节，廉白是务”。包绶在赴任谭州通判的途中病死后，人们打开他的行李，发现除了“诰轴著述外，曾无毫发所积

① 《荀子·王霸篇》。

为日后计者”，时人莫不感慨。

《朱子语类》中说：“义在于生，则舍死而取生；义在于死，则舍生而取死。”在中国历史上更有许多人不顾个人生死安危，坚持社会公义和维护社会道德，将个人的名利、地位、生死置于脑后，以生命为代价，舍生而取义，为后人指明了义之价值，义之所在，这些人可谓“虽死犹生，没而不朽”①，他们的行为一直为人们所称颂。东汉有“强项令”之称的董宣（字少平）就是这样的人。一次，光武帝刘秀的姐姐湖阳公主的一个家奴杀了人后躲进公主府里。当时的洛阳令董宣利用湖阳公主外出的机会，用计逮捕了这个家奴，并立即将其处死。湖阳公主在刘秀面前又哭又闹，说董宣藐视皇族。刘秀听了很生气，立即召董宣入朝，下令武士把他乱棒打死。董宣面不改色，对刘秀说：“公主纵奴杀人，如不惩治，势必乱法，法乱则君危。我为君执法，而遭杖毙，何罪之有?”说罢用头去撞柱子，碰得血流满面。刘秀觉得理屈，但又要给公主面子，就让董宣给公主叩头赔礼。董宣坚决不肯，刘秀让人按着他的头，董宣则以手撑地，挺直脖子，大喊：臣无过，公主有过，不能赔礼！刘秀只好说：强项令，下殿去吧！后来，刘秀用三十万钱赏赐董宣，但董宣自己一点也没要，全部分给了属下。当时人们都称董宣为“卧虎”，说：“桴鼓所以不再鸣，因为出了董少平。”董宣当了五年的洛阳令，在七十四岁那年死于任上。刘秀派人去董宣家里吊唁，只见布被遮尸，董宣的老婆和孩子对着痛哭，家里只剩下几斛麦子和一辆破车。刘秀听说这个情况后十分哀恸地说：“董宣廉洁，死乃知之!”东汉一个叫李固的人也是为道义而甘于献身的有志之士。东汉后期外戚梁冀专擅朝政，枉杀无辜，朝野大臣都战战兢兢，力求自保。然而大臣李固屡次坚持正义，不唯梁冀之意是从。后梁冀编织罪名诛杀李固。临刑前，李固在写给朝中另外两个大臣胡广和赵戒的信中说：我李固身受朝廷的优厚恩德，所以尽心竭力，把自己的生死荣辱置之不顾，一心协助朝廷办事，希望能像文帝和宣帝时一样兴隆，想

① 《贞观政要·论忠义》。

不到出了梁冀，倒行逆施，把国家引入迷途，而你们二位却屈从于他，把福变成了祸，把成事变成了败事。汉家气数衰微不振，就此开始了。你们二位享受朝廷的厚禄，却看着黑白颠倒而不去扶持，败坏国家大事，后世的良史，难道会不去秉公记述吗？我李固的生命虽就此结束，但对于道义，我却心安理得，还有什么可说的呢！胡广和赵戒见到这封书信，都很悲伤、惭愧，自叹不如。

这里我们又一次想起范仲淹的名句"先天下之忧而忧，后天下之乐而乐"，这句话也可以说是中国历代政治家所追求的个人荣辱的最高精神境界的写照。范仲淹本人也是他这句话的忠实实践者。他任右谏司时，江、淮、京东发生严重旱灾，范仲淹奏请朝廷赈济，未见答复，就亲自去见仁宗质问道："宫掖中半日不食，当何如?"仁宗为之恻然，于是派其安抚江、淮。他因三次直言，三次被贬谪，但他仍奋不顾身，敢言敢谏，不改其忧国忧民之志。范仲淹无论是富贵荣身、官运亨通的时候，还是贫穷、贬官之时，都坚持为政不忘以天下国家为己任，为事不忘廉俭砺志而求直。在他晚年时，亲戚朋友都劝他在京都开封修建一处房屋安享晚年，他坚决反对，说：一个人假若有了道义之乐，即使赤身露体躺在漫天野地里，心里也是高兴的，何必在乎居室楼阁？况且我已年逾六十，只担心身居高位的艰危，建造宅第的事，你们不要再提了。范仲淹病逝于任上时，"四方闻者，皆为叹息。为政尚忠厚，所至有恩，邠、庆二州之民与属羌，皆画像立生祠事之。及其卒也，羌酋数百人，哭之如父，斋三日而去"①。由此可见，范仲淹个人境界的高尚。

古往今来，仁人志士在加强自己的修为、求荣避辱的实践中，"为天地立心，为生民立道，为去圣继绝学，为万世开太平"②，为了社会道义而不计荣辱毁誉，为社会、为人民呕心沥血。正如屈原虽遭谗被疏，甚至被流放，但始终以祖国的兴亡、人民的疾苦为念，他明知忠贞耿直会招致祸患，但却始终"忍而不能舍也"。像屈原这种"虽九死其犹未悔"的献身理想、万死不辞的大丈夫精神，忧国

① 《宋史·范仲淹传》。

② 《张载集·近思录拾遗》。

忧民、爱国爱民、矢志献身祖国的决心，深深影响了中华民族，已成为中华民族一种巨大的精神感召力量，永远激励着人们。

善待荣辱毁誉

人生处世行事，总是“有荣则必有辱，有得则必有失，有进则必有退，有亲则必有疏”①。由于事情的成功与否总是由各种原因共同促成的，个人的主观努力与预期的结果并不一定相符，因此，人们既有得意荣耀的时候，也有郁郁不得志的时候。有的时候即使言行符合社会道德规范，也会遭到谣言和中伤。《淮南子·诠言训》中说：“誉生则毁随之，善见则怨从之。”《孟子·离娄上》也说道：“有不虞之誉，有求全之毁。”意思是说有预想不到的名誉，也有因过分追求完美而受到的非难。这就要求人们以一颗平常心去正确对待荣辱毁誉。

古人认为判断荣辱的标准在于个人修养作为，而不是别人的誉毁之辞。孔子说：“不患人之不己知，患其不能也。”李惺《药言賸稿》中也说：“誉有益于名，无益于实；毁有损于名，无损于实。君子务实而已，毁与誉两无与也。”因此，只要立身行事符合道义，问心无愧，就可以做到“誉之不喜，毁之不怒”②。所以，对待荣辱毁誉，古人认为重要的是首先要修养自己的品行，谨守个人的操守，不为物欲所动。春秋时宋国有个人得到了一块玉，就把它拿去献给大夫子罕，子罕坚决不接受。献玉的人说：我拿它给采玉的人看过了，采玉的人认为是块宝玉，所以才把它献给您。子罕说：我把不贪看成是宝物，你把玉看成是宝物，你若把它献给了我，我们二人就都失去了宝贝，这样倒不如各有其宝。东汉杨震先后任荆州刺史、东莱太守，去上任的时候路经昌邑。昌邑令王密是他以前所举荐的，王密知道杨震经过这里，就在晚上怀金十斤去送给杨震。杨震说：

---

① 张英：《聪训斋语》。

② 《温国文正司马公文集》。

我这个老朋友了解你，但你却不了解我这个老朋友啊，这是为什么呢？王密说：反正是晚上，又没人知道。杨震说：天知、地知、我知、你知，怎么说没人知道呢？王密听了杨震的话，很惭愧地带着钱回去了。以后“四知”之说就成为古人修身、慎独的代名词，杨震也因为清廉刚正而被誉为“关西孔子”。

在现实生活中，也有自己一心为公却被人误解的时候，面对这种境况，应该坚持自己的作为，相信正义是非自有公论，历史上就有很多这样的例证。据《孟子·离娄下》载，周成王继位的时候才十三岁，治理国家的重任就落到了周武王最信任的弟弟——周公旦的身上。周公受命摄政理事后，为了国家的长治久安而呕心沥血，忠心耿耿地辅佐成王。他为了把国家治理好，常常“思兼三王，以施四事，其有不合者，仰而思之，夜以继日，幸而得之，坐以待旦”，就是说他想兼学夏、商、周三代君王的长处，实施禹、汤、文、武四位贤王所行的德政，遇到与其不符的情况，日夜思考，猛然间想到好的办法了，便坐着等到天亮以便马上去实施。但是，国人却盛传周公要篡位，连成王也起了戒心。周公虽被误解，但仍尽职尽责，不为流言蜚语而改变自己的作为。后来，成王终于了解了周公的为人，和周公重归于好。再比如，西汉的王吉祖孙三代都以清廉著称，每当搬家时只有一袋衣服，但却喜欢极为时髦艳丽的车马服饰，所以有人谣传他能造黄金；东汉马援征讨交趾时，带回了一车能强身健体的薏苡，但却有人诬陷说他带回的是一车明珠文犀；西汉直不疑连兄长都没有，却有人说其与嫂子私通；东汉第五伦三次娶的妻子都是孤女，却有人说他殴打岳父。所以白居易在《放言》一诗中说：“赠君一法决狐疑，不用钻龟与祝蓍。试玉要烧三日满，辨材须待七年期。周公恐惧流言日，王莽谦恭未篡时。向使当初身便死，一生真伪复谁知？”

在真理和荣辱之间，真正有气节者必然会坚持真理而轻视个人的荣辱得失。据《韩非子·和氏》记载，春秋时楚国人和氏在楚山得到一块玉璞，奉献给楚厉王。厉王认为是普通的石头，对他施以刖刑，砍去他的左脚。后来献给楚武王，又以欺上被砍掉右脚。到楚文王时，和氏抱着璞在楚山之下哭，三日三夜，泪尽而继之以血。文王派人问他，他说："我不是伤心被砍去双脚，而是伤心宝玉被认为是石头，贞士被名之以诳。"文王叫人剖开璞来看，里面果然有美玉，遂命名为"和氏之璧"。

人的一生有顺境就有逆境，难免有遭受失败与耻辱的时候。这就要求我们保持积极的人生态度，即使在失败和耻辱中也要忍耐，不要自暴自弃，要努力把不利转化为动力。历史上的英雄人物大都是在艰难困苦中磨炼出来的，他们正是在挫折中锻炼了坚强的意志，增长了才智和经验，最终获得巨大的成功。"故天将降大任于是人也，必先苦其心志，劳其筋骨，饿其体肤，空乏其身，行拂乱其所为，所以动心忍性，曾益其所不能。"① 明代王守仁说："毁誉荣辱之来，非独不以动其心，且资之以为切磋砥砺之地。故君子无入而不自得，正以其无入而非学也。若夫闻誉而喜，闻毁而戚，则将惶惶于外，惟日之不足矣，其何以为君子！"② 这种磨炼有时会成为人生的一笔不可多得的财富。

综上所述，从古至今，凡是那些胸怀大志的人都能坚定自己的信仰、理念和追求，荣誉不能使他们骄傲自满，艰难困厄不能使他们退缩不前。正是因为他们能正确地对待荣辱毁誉，才经受住了各种考验，最终获得了成功。他们对待荣辱的态度，今天仍值得我们借鉴。

---

① 《孟子·告子下》。

② 《王阳明全集》卷 6，《答友人》（丙戌）。

祸兮福之所倚，福兮祸之所伏
——祸福篇

日中则昃，月盈则食

《周易·丰》说：“日中则昃，月盈则食。”就是说太阳有升有落，月亮有圆有缺。古人从周而复始的自然变化中得到了启示，认识到人生际遇也是如此，福祸可以互相转化。《周易·谦》说：“天道亏盈而益谦，地道变盈而流谦，鬼神害盈而福谦，人道恶盈而好谦。”在这里“盈”和“谦”包含着得与失、利与弊、福与祸、进与退的种种关系。幸福美好的生活、成功的事业是每个人所希望和追求的，然而现实生活中人不可能永远一帆风顺，都会遇到这样那样的困难和挫折，“盛者衰之始，福者祸之基”①，如能正确地对待人生的起落，懂得“祸兮，福之所倚；福兮，祸之所伏”② 的道理，这些困难和挫折也许会成为我们生命中一笔珍贵的财富。

只有懂得了祸福的道理，明白福祸之变，才能趋利避祸。《韩诗外传》说，孔子有一次在周王祖庙看到一种称为“欹器”的器皿，这种器皿装满了水就会翻覆，于是就感慨地说：“呜呼！恶有满而不覆者哉!”意思是说哪有满而不翻的呢？子路问有没有满而不覆的办法，孔子就讲了“满招损，谦受益”的道理。孔子说：“持满之道，抑而损之。……德行宽裕者，守之以恭；土地广大者，守之以俭；禄位尊盛者，守之以卑；人众兵强者，守之以畏；聪明睿智者，守

① 金缨：《格言联璧·悖凶》。

② 《老子》五十八章。

之以愚；博闻强记者，守之以浅。夫是之谓抑而损之。”① 就是说地大、禄丰、兵强、聪明、博闻的人容易骄傲，骄傲就会招致损失，只有谦虚才能避免招致祸患。

正因为如此，历史上明智之士在成功之时，越发注重保持谦虚谨慎的生活态度。《旧唐书·岑文本传》记载说，唐代岑文本身居要职，生活却很简朴，对身份哪怕比自己低很多的人也待之以礼，唐太宗称赞他“弘厚忠谨，吾亲之信之”。唐太宗立晋王为皇太子，想让岑文本兼任东宫官职，岑文本一再拜谢说：“臣以庸才，久逾涯分，守此一职，尤惧满盈，岂宜更忝春坊，以速时谤。臣请一心以事陛下，不愿更希东宫恩泽。”太宗只得作罢，唯令皇太子待之以宾友之礼。不久唐太宗又任岑文本为中书令。岑文本回家后心事重重，满脸忧色。母亲问他怎么了，他说：“非勋非旧，滥荷宠荣，责重位高，所以忧惧。”亲朋好友前来向他祝贺，他说：“今受吊，不受贺也。”他认为自己出身低微，当了这么大的官，不是件好事。有人劝岑文本经营产业，他拒绝说：我本来只是一个普通百姓，没什么汗马功劳，因为略通文墨而做到了中书令，这已经到了极点。我已经害怕我的俸禄太多了，怎么还敢再置办什么产业呢？正因为岑文本忠于职守，位高而谦虚，由此免祸，始终得到唐太宗敬重与信任。

宜未雨而绸缪，勿临渴而掘井

在阐明“福祸相倚”的道理的同时，古人提出了居安思危的思想，以预防祸患的发生。《周易》说：“君子以思患而预防之。”“安而不忘危，存而不忘亡，治而不忘乱，是以身安而国家可保也。”忧患意识是维系个人的安全及家国的长治久安的需要，也就是说，无论是个人还是理家治国都要做到“居安思危，思则有备，有备无患”②，清代朱柏庐所说“宜未雨而绸缪，勿临渴而掘井”，说的也

① 《韩诗外传》卷3，第30章。

② 《左传·襄公十一年》。

是这个意思。因为福祸的转化是有条件的，只有积累到一定的程度，才会相互转化。《荀子·大略篇》中说："祸之所由生也，生自纤纤也，是故君子蚤绝之。"就是说灾祸产生的根源，都是那些细微而难以觉察的地方，所以要将祸患消除于出现之时，否则积恶已久，则会积重难返，难以补救了。

据《韩非子·喻老》记载，殷纣王即位后，觉得往日使用的餐具实在粗陋，便让属下为他准备贵重的象牙筷子。纣王的叔父箕子知道了这件事，大为惊恐。人们问箕子：这样的区区小事，为什么竟让你感到恐慌呢？箕子说：贵重的象牙筷子一定不会用在土制的粗劣碗盏上，而必定要配以稀罕的犀角玉石的杯盘。使用象牙玉石餐具的人一定不会吃粗茶淡饭，而必定享用种种难得的山珍海味。吃山珍海味的人一定不会穿粗衣，住陋屋，而必定要穿上绫罗绸缎，住高楼。我畏惧的是这件事情最终的结局，所以在它的开头的时候就感到惊恐！果然，只过了几年，殷纣王就因为荒淫奢侈无度，导致了国家的灭亡。《盐铁论·非鞅》提到这件事说："扁鹊不能肉白骨，微箕不能存亡国。"就是说，即使是神医扁鹊也不能使一堆白骨重新长肉；纣王残暴无德，即使是微子、箕子这样的贤人也不能挽救他的灭亡。

《周易·系辞下》把变化的萌芽状态称作"几"，说："几者，动之微，吉凶之先见者也。君子见几而作，不俟终日。"也就是说，要在变化的萌芽状态看到剧变的危险，并且要把这种不利的因素消灭在萌芽状态。《说苑·敬慎》引用石雠的话说，春秋时期有如下种种亡国的原因：宗室不亲足以亡国，大臣离心足以亡国，封赏不当足以亡国，亲佞近谗足以亡国，处理事情不宜足以亡国，役使民力不加节制足以亡国，刑法不当足以亡国，失去民心足以亡国。因此，国君不可不谨慎。所以历史上一些开明之士在身处高位、可享安逸时更加注意自身修养，以免孳生恶习而骄奢淫逸，导致国家的败亡。下面春秋时敬姜劝子思劳的故事，更是生动感人。

据《国语·鲁语下》记载，鲁国大夫公文伯每天从朝中回来，拜见母亲敬姜，总见母亲正在纺线，他嫌母亲劳动，给当大官的儿子丢脸，便说：凭我们这个贵族之家，母亲还自己纺线，恐怕会使季氏祖先季康子生气吧，他会怪我没有很好地服侍母亲。敬姜听了，感叹地说：鲁国让你们这些不懂道理的孩子做官，怕是要亡国了吧！接着，她向儿子讲了一番道理，认为从官员到百姓、从上到下都应尽心尽力、兢兢业业，不能有丝毫懈怠，国家才能消灾免祸。她说："夫民劳则思，思则善心生；逸则淫，淫则忘善，忘善则恶心生。"孔子听到这番话之后感慨地告诫他的弟子们要记住季氏母亲的话，她说得十分正确。

国家如此，个人修养也是同样的道理，对于个人来说，要不断完善自己，把祸患的因素消灭于无形。"循道而不贰，则天不能祸。"① 就是说如果按照事物的规律而坚定不移，那么上天就不会加祸给他。古人认为，贪婪好利、贪图享受是致祸的主要因素。《荀子·王制篇》云："聚敛者，召寇、肥敌、亡国、危身之道也。"《尉缭子·十二陵》中也说："祸在于好利，害在于亲小人。"这些和老子所说的"祸莫大于不知足，咎莫大于欲得"② 是一样的道理。只有修养自己的品行，做到德福相符，才是远离祸患的正途。"夫德，福之基也，无德而福隆，犹无基而厚墉也，其坏也无日矣。"③ 高尚的道德是获得福禄的基础，没有好的品德而福禄多，就像不打墙基而垒起来的厚墙一样，倒塌的日子不会远了。

骄傲也是招致祸患，福祸转化的原因，因为富贵、胜利容易产生骄傲情绪，骄傲就会目空一切，失去对事物的准确判断力。"据慢骄奢，则凶从之。"④ 从而招祸积怨，致使身败名裂，因此古人认为谦虚才能取得和保持成就。明末李自成起义功败垂成，就是因为被胜利冲昏头脑所致。李自成历尽艰辛，终于攻破北京，迫使崇祯皇帝上吊自杀，这时李自成已拥有百万大军，胜利已成定局。但是大顺政权将相开始骄傲麻痹，享乐腐化，看不到关外清军正在虎视眈

① 《荀子·天论篇》。
② 《老子》四十六章。
③ 《国语·晋语六》。
④ 《战国策·齐策》。

眈，等到吴三桂引清军入关，一心享乐的大顺军一战即溃，李自成兵败被杀。

个人祸福，与国相连

《孟子・离娄上》说："人有恒言，皆曰'天下国家'。天下之本在国，国之本在家，家之本在身。"古人认为个人的得失、荣辱、祸福是与国家的利益紧紧地连在一起的，个人真正的长久幸福在于追求社会的公义、国家和民众的利益。"攻无道而伐不义，则福莫大焉，黔首利莫厚焉。"① 意思是说攻击无道的人，讨伐不义的事，对己而言是最大的幸福，对民而言是最大的利益。所以许多人在国家利益面前，"苟利国家，不求富贵"②，林则徐更是说"苟利国家生死以，岂因祸福避趋之"③。在国家动乱不安的时候，只有成就了国家和民族的巨大事业后，个人的真正幸福才能来临。

历代以来，有不少仁人志士把国家的利益放在首位，不计较个人和家庭的得失，他们的事迹受到后人称颂，春秋时郑国商人弦高就是这样一个爱国的人。弦高是郑国商人，以贩牛为业。公元前627年，当时秦国将领杞子协助镇守郑国首都的北门，杞子以为这是里应外合的好时机，便差人密告秦王速派兵来偷袭。秦穆公接到杞子的密报后，立即任命孟明视为主帅，率领兵车三百辆，偃旗息鼓，悄悄地向郑国进发。弦高此时正赶着畜群去洛阳做生意，走到滑国境内，得知秦师将偷袭郑国，不禁心急如焚。他想到秦国乃虎狼之国，而郑国国君新丧，毫无防备，怎能抵挡住强大的秦军呢？赶回去报告，已来不及了。国难当头，匹夫有责，弦高急中生智，一面派人日夜兼程回郑国报告消息，一面假装郑国使臣，求见秦军主帅，并对秦主帅友善地说：敝国国君听说三位将军远道而来，因时间仓

① 《吕氏春秋・振乱》。

② 《礼记・儒行》。

③ 林则徐：《赴戍登程口占示家人》。

促，不及修书，恐迟了有失迎接，特派小臣赶来在此敬候，先赠薄礼一份犒劳贵军，物轻义重，务请赏光。说罢，他把犒劳的礼单双手举起，随后献上四张熟牛皮，又赶来了十二头肥壮的牛。孟明视想：秦军偷袭郑国，本想攻其不备，如今大军才至滑国，郑国就派了使者前来犒劳，岂不意味着早有防备了吗？既然偷袭不成，那就只得随机应变，顺水推舟。于是他一面答允收下礼物，一面冠冕堂皇地说：听说贵国国君新丧，吾君唯恐晋国乘机进犯，所以特命我部前来协助防卫。弦高接着回答：郑国夹在大国秦晋之间，为了国家安全，不得不日夜警卫，不怕有来犯者。请将军放心。孟明视又问：如此说来，郑国不用我军援助了吧！弦高答道：敝国虽然实力单薄，为贵军的到来早已做好了准备。若你们想在郑国驻扎，我们就准备住房和粮草；只是路过，那就负责一夜的警卫。孟明视只好说：我们这次来不是前往郑国的，何必如此费心呢？就请回吧！于是秦军灭滑国西还，半道上却被设伏的晋军全部歼灭。弦高是一个普通的商人，在国难当头之际，临危不惧，舍财施计，智勇双全，显示了非凡的胆略和机智，终于以一颗爱国之心，计退秦师，保卫了国家的安全。后来郑穆公要奖赏弦高“存国之功”时，弦高却辞而不受。

像弦高这样有着高尚的爱国情操的人有很多。汉代的卜式也是一名爱国商人，汉武帝时因与匈奴长期战事而耗资过多，财政拮据。于是武帝发布诏令，凡是能够向国家贡献财产的给官做。卜式家道富裕，当他知道国家因为保卫疆土、打击匈奴而钱粮用空、筹饷困难时，就上书朝廷，自愿献出一半家财给国家，作为保卫边疆的军饷。汉武帝派了一位使者去接见卜式，使者见到卜式一身牧羊人的装束，不像一个有万贯家财的富翁，不禁有点惊奇，问他说：你贡献给国家一半家财，是想要做官吗？卜式摇摇头说：我从小牧羊，不想做官。使者又问：是家里遭到什么冤屈要申诉吗？卜式说：我一生从不和别人争吵。在乡里，凡是贫穷的人，我借钱粮给他们；凡是不上进的，我给他们讲道理。我住的地方，人们都待我很好，我哪里有什么冤屈要申诉呢？使者仍然用怀疑的口气探问：那么你这样献出家财，到底图的是什么呢？卜式言词诤诤地说：国家要打击匈奴的掠夺，我以为应当有力出力、有钱出钱，这样才能消灭匈奴。就这样，卜式仍旧回到山区继续种田和牧羊。后来，潼关以东发生特大水灾，卜式又捐巨资赈济。卜式爱国济民的美德，为后世树立了榜样。

在弦高和卜式看来，追求社会的公义、维护国家和民族的利益才是个人真正的幸福之道。他们在国家长治久安的时候，勤勉于生利之事，在国家安危的时候，义无反顾地捐资出力，表现出巨大的爱国热情。他们与许多为卫国保家而抛头颅、洒热血的仁人志士一样，名垂青史，万古流芳。

善不积不足以成名，恶不积不足以灭身
——善恶篇

善恶生于公私

在中国的道德传统中，常常把道德的善恶与公私联系在一起："公私相背，善恶所由。"唐代独孤及在《对诏策》中也有类似的话："善恶生于公私。"朱熹也说："君子之于人，非是全无恶人处，但好善恶恶，皆出于公。"① "君子小人趋向不同，公私之间而已。"② 一个人善恶的表现来源于正确的善恶观。善恶观是指人们对善恶的起源、标准、本质以及善恶评价的依据等问题所持的观点和态度。先秦时期诸家的善恶观呈现出不同的特点：儒家以内在的心性来界定善与恶，道家以顺自然之道来规定善恶，墨家以是否重众人之利来评价善恶，法家以法代替道德善恶的标准。这些思想为中国传统伦理善恶观的发展和丰富提供了不同的思路。

两汉时期，董仲舒从"天人感应说"出发，认为道德的根源在于"天"，于是"天"成了至善的化身，天道就成为了必然遵循的善恶标准。董仲舒还提出了"性三品说"，将人性分为"圣人之性""斗筲之性""中人之性"，从而肯定人们在道德修养上教化的作用，故曰："善，教训之所然也。"③ 后来，王充进一步区分了"命"与"性"，明确提出"祸福不在善恶，善恶之证不在祸福"④，认为吉凶

① 《朱子语类》卷13。

② 朱熹：《四书章句集注·论语集注》卷2。

③ 董仲舒：《春秋繁露·实性》。

④ 王充：《论衡》卷17，《治期》。

福祸是偶然之数，与道德活动的善恶无必然联系。由此，王充还肯定善与恶是可以相互转化的："人之性，善可变为恶，恶可变为善。"所以，道德修养的关键是要培养人的善心。"有善心，则有善言。以言而察行，有善言则有善行矣。""故心善，无不善也；心不善，无能善。"① 魏晋时期发展起来的佛教以探讨人生问题为出发点来阐述其善恶观，佛教伦理的目的就是通过止恶修善以达到精神寂静的境界。这个时期的佛教制定了许多戒律，违背戒律、教义就是恶，并提出了善恶报应说，阐述了人的善恶行为与来世福祸之间的因果关系，以告诫人们以现世善行来追求来世的福果。

我们可以感知的善的表现是多方面的，可以说是包括了良好德行的各个方面，忠诚、正直、廉洁、无私、克己、容人、精专、不贪、好学、谦逊、宽厚、节俭、谨慎等，都可以表现为善，历史上那些不为己私、一心为公的行为都作为善行受到了人们的称颂和肯定。《吕氏春秋》就记载了类似的故事，晋平公曾问大夫祁黄羊：南阳缺个县令，你看谁可以去担任？祁黄羊说：解狐可以胜任。平公听了，惊奇地问：解狐不是你的仇人吗？祁黄羊说：大王您是问我谁可以担任南阳县令，并没有问谁是我的仇人啊！解狐到任后，为百姓做了不少好事。国人都称任命得对。又过了些时候，平公又问祁黄羊：现在朝廷缺少中军尉，你看谁可以担任这个职务？祁黄羊说：祁午可以胜任。平公问：祁午不是你的儿子吗？你推荐他，不怕引起非议？祁黄羊说：大王您问的是谁可以做中军尉，并没有问谁是我的儿子啊！孔子知道这件事后，赞叹地说："善哉，祁黄羊之论也，外举不避仇，内举不避子，祁黄羊可谓公矣。"祁黄羊这样做，表明了他是个正直的人，公私是非分明，既恶其人，也知其贤，难怪孔子也不禁认为他做得好。

但在以公私义理为衡量善恶的标准的同时，还要注意到假公济私的行为。历史上也有一些人为谋私利而行伪善之道，表面一套，背地里一套，一旦目的达到，就露出凶恶的本性，古人对这种伪

① 王充：《论衡》卷27，《定贤》。

善进行了鞭挞，认为伪善也是大恶。据《陈书》记载，南北朝时期，陈叔宝被陈宣帝立为太子。陈叔宝的兄弟陈叔陵想夺权，为赢得父亲的欢心，他在长达十三年的时间里有计划地制造了各种假象来迷惑宣帝。上朝时，陈叔陵经常在车中或马背上“执卷读书，高声长诵，阳阳自若”，以猎取好学不倦的美名；其生母去世时，开始几天，他“伪为哀毁”，头不梳、脸不洗、饭不吃、水不喝，刺血书写了《涅槃经》，以超度母亲的亡灵，俨然一个大孝子。但等到名声传出，他就现了原形，不仅“令庖厨击鲜，日进甘膳”，还强迫下属贡献妻女供他淫乐。陈宣帝知道后大为恼火，把他训斥一顿，从此对他再无好感。后来，宣帝病危，陈叔陵觉得夺权的时候到了，暗中准备凶器，在宣帝去世后的第二天，陈叔陵袖子里藏着锋利的锉药刀来到宣福殿，乘陈叔宝趴在地上哭泣行礼之际突然下手，一刀砍在陈叔宝的脖子上。太后赶来相救，也被陈叔陵砍了几刀。宫中武士赶来，陈叔陵仓皇出逃，最后死于乱刀之下，落得可耻的下场。隋朝的杨广也是一个典型的伪善之人，他是隋文帝的第二个儿子，封晋王，镇守江都。杨广知道皇帝和母后都不喜欢太子杨勇，便有夺嫡之意，于是开始作伪以媚双亲。他摒弃声色，礼贤下士，每岁朝见父皇母后，车马侍从极其简朴，在向母后告辞时他哭着说：一辞阶闼，无由侍奉，拜见之期，杳然无日！母后听了也不禁伤心落泪。杨广还善于笼络文武大臣和将士的心，一次杨广狩猎遇到大雨，侍从送上油衣，他说：“士卒毕沾湿，吾独衣此乎！”于是朝野都称赞他仁孝。后来杨广如愿以偿被册立为太子，很快就暴露出凶恶的一面。隋文帝病重时，杨广入宫伺候，借机想奸淫父妾宣华夫人，被父亲发现，杨广就派人弑其父，又伪诏赐其兄杨勇死。杨广即位后奢侈淫乐，每年外出游乐，所到之处广建游宫别殿，大肆搜刮民脂民膏。他还穷兵黩武，因徭役致死的就有上百万人。多行不义必自毙，杨广的残暴统治最终招致人民反抗，于是黎庶愤怨，天下土崩，杨广最终被缢而死。

行善获福，行恶得殃

作为一种道德修养，善体现在社会生活中，就是要做到与人为善，多做善事。古代常有善恶报应的说法，《尚书·汤诰》中说："天道福善祸淫。"就是说天将降福于行善的人，降祸于作恶的人，这也就是人们常说的"善有善报，恶有恶报"。实际上，在生活中做到了与人为善，那么就能在自己周围形成一个融洽的人际环境。用孟子的话来说就是"爱人者人恒爱之，敬人者人恒敬之"。墨子也有类似的说法："夫爱人者，人必从而爱之；利人者，人必从而利之。恶人者，人必从而恶之；害人者，人必从而害之。"《老子》中说："天道无亲，常与善人。"有些人出于善心，当他施恩时并不是想要人报答，可是，得到恩情的人却时刻没有忘记，一有机会就会给予加倍的回报，历史上有不少这样感人的例子。据《史记·晋世家》记载，春秋时晋国的赵盾曾经救过一个快要饿死的人，后来，晋灵公要杀赵盾，就在房里埋伏了士兵，然后请赵盾喝酒。赵盾看出了酒宴中的危机，酒喝到一半就起身离开了。晋灵公命伏兵立即去追杀，其中有一名士兵跑得最快，最先追上赵盾，他对赵盾说：请您上车快跑，我愿为您回去死战。赵盾问：你叫什么名字？那个士兵说：我就是两年前桑树下饿倒的那个人啊！又返身回去同追杀的士兵搏斗而死，赵盾才得以活命。

善心也就是谦恭爱人的表现，行善不是为了达到利己的目的，而是为了完善自己的品格和德行，为社会和他人做好事，乐己悦人，所以古人说：为善最乐，君子莫大乎与人为善。而且提倡以德报怨。

孔子说过："己所不欲，勿施于人。"这是对个人品德的基本要求，也是善的一种体现。东晋时国舅庾亮驾车的马中有一匹是的卢马，有人认为这马不利于主人，就劝庾亮把这匹马卖给别人，庾亮说：我把这匹马卖给别人，要是它不利于买主，那不是把自己不想要的东西给了别人了吗？"昔孙叔敖杀两头蛇以为后人，古之美谈，效之，不亦达乎?”[1] 不肯把这匹马卖掉。劝的人听了，感到十分惭愧。虽然说的卢马不利主人是迷信的说法，但庾亮的这种行为却是值得称道的。

《大学》开宗明义第一句话就说：“大学之道，在明明德，在亲民，在止于至善。”“至善”是人生道德修养的完美境界，是古人孜孜不倦追求的修身目标。但是，要达到“至善”，还必须从小善做起。荀子说：“积善成德，而神明自得，圣心备焉。”[2] 意思是说，积小善而成德，智慧就自然产生了，圣人的心怀也就具备了。历代以来，向善是君子修身的重要内容，道德修养的过程，就是去恶从善，积小善成大善、成至善的过程。

重微——重视微小的积累，是古人对修身提出的具体要求。古代思想家强调道德修养不要好高骛远，应从具体小事做起。“善不可谓小而无益，不善不可谓小而无伤。”[3] “圣人之于善也，无小而不行；其于过也，无微而不改。”[4] 这样才能积小善而成大善。善与恶是每个人身上都潜藏着的对立的因素。一般情况下，善都起着主导作用，但在特定条件下，善有可能向恶转化，所以古训再三告诫人们，不要以善小而不为，也不要以恶小而为之。刘备在给儿子刘禅的遗诏中叮嘱说：“勿以恶小而为之，勿以善小而不为。惟贤惟德，能服于人。”可是刘禅却没有听父亲的嘱咐，而疏远贤人，与小人为伍，最终亡国，沦为阶下囚。成善成恶，根本在于自己，“多行不义必自毙”[5]，而且善行恶行，都是在于一点点的积累，由此而成至善或者大恶。“善不积，不足以成名；恶不积，不足以灭身。”[6] 善能够养心，也就能养身；善能够积德，也就能积福。这就是善恶报应观的真实含义。

明代王守仁在《南赣乡约》中说：“为恶若不知改，积之既久，

---

① 《世说新语·德行》。
② 《荀子·劝学篇》。
③ 《新书·审微》。
④ 《文子·微明》。
⑤ 《左传·隐公元年》。
⑥ 《周易·系辞下》。

必至恶极而不可赦。”平时不注意自身修养，可能会积小恶成大恶，最后自食苦果。俗话说：“千里之堤，溃于蚁穴。”品德高尚的人，不是因为他做了一件好事，而在于他做了许多好事，积少成多，才形成他崇高的品德。而要做到只做好事不做坏事，就需要不断加强自己的修养，不断在学习和实践中提高自己，控制自己的私欲，品德才能逐步达到完美的境地。成善成恶，都是积善积恶的结果。偶然的一善一恶都不能决定其人善恶。决定其善恶是在于能否积德，由此决定人的贤恶、正邪、兴亡。所以古来之人行事小心谨慎，对小事也疏忽不得，正如《诗经·小雅》中所说：“战战兢兢，如临深渊，如履薄冰。”《老子》中说：“天道无亲，常与善人。”但在现实生活中，行善有时候不一定得善报，作恶也有时候不一定有恶报。古人也注意到了这一点，《史记·伯夷列传》说：像伯夷、叔齐这样的善人，品行高洁却饿死了。被孔子称赞为好学的颜渊，不仅生活困难，而且死得很早。因而发出感慨：“天之报施善人，其何如哉?”善恶与福祸之间的背离现象，是社会的不合理造成的，先贤看到了这种现象，但并没有动摇他们对至善的追求，不因善得不到回报就放弃对善的追求。

过而能改，善莫大焉

孔子说：“朝闻道，夕死可矣。”这句话不仅表明了孔子对正义价值的追求，而且也说明了其改过向新的勇气。“人谁无过，过而能改，善莫大焉。”① 先贤对于改过向善都持肯定的态度，把它看作个人道德修养的一个重要内容，认为道德修养的进步，就是不断改过向善的过程，提出人们应在平时修养中不断完善自己。“闻恶能改，庶得免乎大过。从善则有誉，改过则无咎。”②

世上没有天生的圣人，孔子说：“性相近也，习相远也。”认为

---

① 《左传·宣公二年》。

② 《贞观政要·教戒太子诸王》。

人生下来，都是差不多的，可是经过后天的努力与否，就相差很远了。孔子也说自己不是“生而知之”，而是“学而知之”；孟子认为“人性善”，但是“求则得之，舍则失之”，也就是要经后天努力才能保住它；荀子认为“人性恶”，但是后天的教化和学习能使之改恶从善。他们都强调了后天学习的重要性。人非圣贤，孰能无过，重要的是要勇于和善于改正错误，避免再犯错误。孔子说：“过而不改，是谓过矣。”① 又说：“过而改之，是不过矣。”② 人的过错，不是一下子形成的，有其积累的过程。如果人们能经常反省自己，及早改错，就不至于最终酿成大恶。所以曾参说：“吾日三省吾身：为人谋而不忠乎？与朋友交而不信乎？传不习乎？”③ “日有三省”成为历代儒者修身的指导原则。

“人能改过，则善日长而恶日消。”④ “有恶而为人所纠，固可愧；苟能悔其恶而自改，将日进于善矣。”⑤ 千百年来流传的周处的故事已成为改过向善的典范。周处是西晋时人，年少时父母双亡，膂力过人，横行乡里，乡里人都把他和虎、蛟并称为三害。周处知道自己为乡人所恶，有了悔改向善之意，便主动上山射杀了猛虎，入河与蛟搏斗，三天三夜也没回来，乡人以为他已经死了，就奔走相告。等周处回来，看到村民正在庆祝自己的死亡，大受震动，于是远走他乡，拜师求学。周处请教当时名士陆机、陆云，说自己年纪大了，现在改正向学不知是否还来得及。陆云说：“古人贵朝闻夕死……且人患志之不立，何忧令名不彰耶！”周处于是励志向学，终于很有学问，并且当了官。他刚直不阿，纠劾不避权贵，王室子弟和文武官吏犯了法，他也不留情面，严加制裁，受到百姓称赞。周处死后，时人十分惋惜，称他节义双全。周处以浪子回头的美名流传千古。

《论语》中说：“三人行，必有我师焉；择其善者而从之，其不

---

① 《论语·卫灵公》。

② 《韩诗外传》卷 3，第 17 章。

③ 《论语·学而》。

④ 钱琦：《钱子语测·巽语篇》。

⑤ 《王阳明全集》卷 17，《南赣乡约》。

善者而改之。”“见贤思齐焉，见不贤而内自省也。”提出要向有贤德的人学习，看到不贤的人则要用他们的缺点警醒自己。人的一生有过错是难免的，这就需要我们能够冷静反思，认识到错误并及时改正。怕的是不知悔改，“无羞恶之心，非人也”①。羞恶之心乃是维持人性不堕落的基石。“人不可以无耻，无耻之耻，无耻矣。”② 人只有知耻，自觉地为善去恶，才能上进。孔子曾经说过：“过则勿惮改。”他自己也是以此为做人的准则的。据《吕氏春秋·任数》记载，孔子周游列国推行其学说的时候，有一次在陈、蔡两国边境受困，七天没有粮食，只能挖些野菜来充饥。弟子颜回在外讨了些米回来，赶紧煮给孔子吃，快熟的时候，孔子看见颜回抓了锅里的饭吃，假装没有看见。一会儿，颜回端饭给孔子吃，孔子说：我刚才梦见先君，说不应该先自食后祭祀。意在责备颜回自己偷吃了以后才给老师吃，这是不敬。颜回赶紧解释说因为做饭的时候有一块灰掉到了锅里，饭脏了，扔掉可惜，所以他便将这些脏饭吃了。颜回不让老师吃脏饭，这是对老师的大敬啊！孔子知道自己错怪了颜回，便公开向学生们检讨，承认自己的错，他感慨地说：“所信者目也，而目犹不可信！所恃者心也，而心犹不足恃！”他让学生们牢牢记住：知人确实难啊！

古人说：“功莫美于去恶而为善，罪莫大于去善而为恶。”③ 有了错误能够改正，就是值得称赞的。战国时齐威王就是一个能知错就改的人。齐威王即位后的头几年，把国事都交给了近臣，自己则整夜饮酒作乐，常常喝得酩酊大醉。左右侍臣收受贿赂，把好的说成是坏的，善的说成是恶的，于是好官被诬陷，贪官得到升迁，朝政弄得一塌糊涂。由此国家政治腐败，贪污成风，邻国乘机侵占掠夺，齐国丧师割地，国家危亡在即。正直的朝臣都哀叹国家的命运，大臣淳于髡对齐威王说：有一只大鸟栖息在大王的庭院里已经三年了，不飞也不鸣，它干什么呢？齐威王说：这鸟不飞则已，一飞冲

---

① 《孟子·公孙丑上》。
② 《孟子·尽心上》。
③ 《新书·修政语上》。

天；不鸣则已，一鸣惊人。齐威王已意识到自己的过错，决心改过重新振作起来，于是不再作长夜之饮，而亲理政事，整顿吏治，杀掉了左右受贿的和善于弄虚作假的大臣。由于齐威王扬善惩恶，吏治焕然一新，齐国大治，国力逐渐强盛起来，燕、赵、韩、魏四国都来朝拜。

历史上像这样知错就改的例子还有很多。康熙时的进士郭琇很能干，善于断案，但他任江南吴江知县时因为贪污受贿而被弹劾。郭琇立誓改悔，并令衙役挑水清洗县堂及内室，以示自己重新做人的决心。从此郭琇恪守誓言，清廉自守，任县官七年，政绩在江南第一。郭琇先升江南道御史，继升佥都御史。他对大臣的不法行为敢于直言，如弹劾大学士明珠与余国柱结党营私，贪污受贿，所弹劾之人都受到了罢免或降职，由此郭琇名震天下。后来郭琇升任湖广总督，在湖广任内，减赋税，为老百姓办了很多好事，很受爱戴。北魏时的甄琛年轻时很聪明，中秀才后，到京都候差事。他不读书，喜欢与人下棋，常常通宵达旦。在晚上下棋时，甄琛令仆人秉烛照明，仆人疲倦之极，有时打瞌睡，他气得大声辱骂，还经常鞭打仆人。仆人受不了了，提意见说：您告别父母仕官京师，要是读书时让我整夜执烛，我不敢推脱自己的责任，但您是整日整夜下棋，这哪有好学的意思呢？还鞭打我，这不是没有道理吗？甄琛听了深感惭愧，从此悔悟，奋力读书，学问日进，后经人推荐，任中书博士，不久升谏议大夫，后官至侍中等要职。

《论语·季氏》里有这样一句话："见善如不及，见不善如探汤。"意思是说看到善，应如同唯恐赶不上一样去努力追求；看到不善，要像手伸进滚烫的沸水一样急忙躲开。对待过失、错误，我们要像子路一样有"闻过则喜"的精神。孟子说："子路，人告之以有过则喜。禹闻善言则拜。大舜有大焉，善与人同，舍己从人，乐取于人以为善。"① 意思是说，当别人指出子路的错误时，子路总是很高兴。大禹听到了好的话，就给人行礼。舜对于行善没有自己、别

① 《孟子·公孙丑上》。

人之分，总是非常愉悦地吸取别人的优点来推动自己的行善。这些都是值得我们学习的榜样。

善恶的存在是客观的，只要有社会存在、人类存在，就会有善恶存在。善与恶的观念，也是随着社会的发展而不断更新的。追求真善美与摒弃假恶丑可以说是人类永恒的主题。从古至今人们都在弘扬善的行为，修养善的品行。古人的道德实践、善的理念，为后人的思想实践提供了可供借鉴的标尺和准则，并且不断得到充实、发展和完善。

苟日新，日日新，又日新
——创新篇

学者有益，须是日新

历史在发展，时代在前进，新事物必将代替旧事物，这是历史发展的必然规律。正因为自然界是一个日新不已的过程，古人非常强调创新精神，商代的盘铭就有“苟日新，日日新，又日新”① 的话，朱熹也说过“人诚能有日新之功，则须日有进益”②，《淮南子·缪称训》云：“忽乎日滔滔以自新，忘老之及己也。”古人这里所说的日新精神，不仅包括通过道德修身以促进人格的不断完善，也包括学业上的“别故而致其新”和其他形式的能够推动历史进步的开拓创新。

古人提出“功业见乎变”③，“化而裁之存乎变，推而行之存乎通”④，要求在学问上、事业上不要因循守旧，认为“因循”二字，会误人一生，强调要敢于突破，勇于创新，不怕挫折，由此才能开创事业的新局面。我国古代在文学、绘画、书法等方面都取得了卓越的成就，是与各朝各代文人学者孜孜不倦、努力创新的精神分不开的。以诗歌为例，在中国历史各个时代都有所创新和发展。春秋时期，出现了中国第一部诗歌总集《诗经》，内容主要是各国民歌，体裁主要为四言诗，语言生动自然，运用了赋、比、兴等不同表现

① 《礼记·大学》。
② 《朱子语类》卷16。
③ 《周易·系辞下》。
④ 《周易·系辞上》。

手法，且音韵协美，达到很高的艺术水准。战国时在楚国兴起了一种新的诗歌体裁，用楚地方言写成，辞藻华美，富于浪漫和抒情色彩，称为楚辞。以五言为主的乐府诗是汉代文学的主要形式，其内容丰富，情感真挚细腻，广泛而深刻地反映了社会现实，具有很高的艺术价值。魏晋南北朝的文人诗创作有明显进步，创作以五言诗为主，其中曹丕、鲍照等已开始写作七言诗。南朝谢朓、沈约归纳总结了诗歌创作声律运用的特点，自此古体诗开始向格律化的近体诗过渡。唐朝文学成就以诗歌最为突出，体裁众多，风格各异，李白、杜甫、白居易三大诗人的作品代表了中国古代诗歌的最高水平。唐朝后期，带有配乐并且句式长短不等的诗歌新体裁——词开始流行，至五代愈盛。宋朝诗歌创作在唐朝基础上又有了新的发展，与唐诗相比具有崇尚“理趣”的特点。

《周易·乾》云：“天行健，君子以自强不息。”在古人看来，日新精神是修身的重要要求，不仅在学业上要有孜孜不倦的进取精神，德业的进步也是日新的重要内容，并且要每天坚持不懈，“进德者，‘日日新，又日新’，进进而不已也”①，否则会不进反退，“不日新者必日退，未有不进而不退者”②。古人强调“日有三省”“夜有四惕”的修身理念，“敬慎无忒，日新其德”③。

躬行实践的先贤注重把日新精神与自强不息联系起来，注重在学业和道德修养上的提高，认为学业进步和道德修养是同步的，要求德业、学业相长。西汉的张衡就是这样的代表。张衡是我国历史上极富创新精神的著名学者，自幼家境衰落，但他刻苦好学，成年后先在太学府里花了十一年工夫，读遍了万卷藏书，又先后花了十年工夫，写成著名的《东京赋》和《西京赋》。在他三十四岁的时候，他的研究兴趣逐渐转到哲学和自然科学方面，担任太史令期间做了很多创造性的工作，在数学、天文学、机械学方面都有突出的贡献。出于对张衡博学多才和在科技方面的创新的嫉妒，一些人讥

① 《朱子语类》卷16。

② 《二程集·河南程氏遗书卷第二十五》。

③ 《管子·内业》。

讽张衡说，你既然能使木鸟飞起来，为什么自己却“垂翅故栖”，不能高飞，而只做个太史令的小官呢？为此，张衡写了篇文章回答说：自己“不患位之不尊，而患德之不崇；不耻禄之不夥，而耻智之不博”，宣告“捷径邪至，我不忍以投步；干进苟容，我不忍以歙肩”，表现了自己重视修身、不慕名利的高尚品德。张衡作为一位不囿陈说的学者，具有终身勤学不倦的进取精神，更重要的是他在功名利禄面前表现出的高尚德行，一直为历代所景仰。

我们所熟知的唐代大书法家、颜体的创始人颜真卿也是把创新精神与德业修养作为日新内容的代表。颜真卿不到三岁时，父亲就去世了，母亲殷氏亲自教他读书写字和为人治学的道理。颜真卿很小便养成了刻苦好学的好习惯。五六岁时，由于母亲不能供给纸张笔墨来练习写字，他就一人到野外挖了许多黄土回家，用水和成稀泥，然后用刷子蘸着在墙上练字，等到整个墙壁都写满以后，他用水把写过的字冲刷干净，接着再在墙上练习。经过日久的苦练，颜真卿终于练成一手好书法。颜真卿并不仅仅满足于把字写得工整、漂亮，他立志要创造出一种新字体。于是他开始对晋、隋以来的各大书法名家，如王羲之、虞世南、欧阳询、褚遂良等的书法进行研究，并决意要创新。颜真卿二十六岁那年中了进士，随即被任命为秘书省校书郎。为了继续自己确立的事业，当校书郎不到一年，颜真卿便弃官来到洛阳，虚心拜张旭为师，潜心学习书法。苦心钻研了两年，刚要见成就的时候，朝廷又任命他做长史尉。不久，他再次弃官，仍旧回到洛阳，继续向张旭请教书法。经过长期的苦练、学习，颜真卿把篆书笔意和张旭的草书笔法融合起来，吸收名家之所长，逐渐形成了自己楷书和行书的独特风格。颜真卿的书法挺劲有力又刚柔相济，以拙为巧，雍容宽绰，被称为“颜体”。

古往今来，先贤刻苦向学，不仅在事业上获得了成功，自强不息的日新精神也成为其美好品德而受世人尊重。这种日新精神一直在鼓舞着人们奋斗不息，修身以进德，开拓以创新，上下求索，虽百折而不悔。

终日乾乾，与时偕行

人类历史是从制造工具开始的，先民们从零起步，艰难而又极其缓慢地前进着，创造了初始的技术，萌生和积累了不少科学知识，开拓了科学技术的先河，从制木器、石器到使用弓箭、钻木取火、制造陶器、建造房屋。到春秋战国时期，我国科学技术呈现出一个蓬勃发展的局面，奠定了中国传统科学技术的基础。具有鲜明中国特色的科学技术，例如天文学、数学、医学、冶金技术等，都在这时期产生，并迈开了前进的步伐。

正是各行各业所具有的创新精神，才成就了中国古代灿烂的文明。我国造纸术、印刷术、指南针和火药这四大发明的诞生，正是这种精神的结晶。例如作为中国对于世界文明发展的伟大贡献之一的印刷术，就是在古人不断改革过程中逐渐发展和完善的。雕版印刷术至迟在7世纪下半叶的唐代初期已经问世，初时被用来印刷佛教的经典。北宋庆历年间由毕昇发明了活字印刷术，克服了雕版印刷一块只印一页，无法变动因而费工费料的缺点，而且提高了工作效率，是印刷技术上的重大进步。到了元代，王祯成功地利用木活字进行印刷，对活字印刷工艺有不少改进。后来，在活字印刷术中又有人创制了锡、铜、铅等金属活字。大约从12世纪起，中国的雕版印刷术先后传到埃及、伊朗，欧洲在14世纪末也开始采用雕版印刷术。13、14世纪时活字印刷术也先后传入埃及、伊朗、欧洲。印刷术在欧洲的应用，大大地促进了文艺复兴运动，加快了世界进入近代历史阶段的进程。

三国时期魏国有位杰出的机械制造家马钧，他非常善于创新，一生有许多发明创造，《三国志·魏志·杜夔传》记载："时有扶风马钧，巧思绝世。……至令木人击鼓吹箫；作山岳，使木人跳丸掷剑。"人们称赞他是"天下之名巧""巧思绝世"[①]。马钧改革了当时

① 《三国志·魏书·方技传》。

的织机，使生产效率一下子提高好几倍，织出的图案也变化多端。马钧认真研究了以往的灌溉工具，设计制造了一种能连续取水的灌溉机械——翻车，使之一千多年来一直成为我国江南地区重要的农业灌溉工具。此外，马钧还复制了指南车，对兵器的研究也有独到之处，他设计了一种威力很大的连续抛石机，石头能飞出几百步远。

河北赵州桥是我国现存最古老的大石桥，是隋朝工匠李春设计的。李春认真总结前人的建桥经验，从实际需要出发，大胆创新，突破旧的传统，把我国古代的建桥技术提高到了一个新水平。他所设计的赵州桥证明了大跨度石拱桥在技术上的可能性，它的“敞肩”形式为以后的桥梁建设开创了新的风格。这座古老的大石桥在经历了风雨洪水的侵蚀、八次以上的强烈地震的袭击以及一千三百多年使用的考验，至今仍安然无恙地屹立在洨河上。

沈括是北宋时期优秀的科学家，他博学多才，在许多领域都有很深的造诣，并做出了杰出贡献。他一生的主要经历和科学活动及成就，都记载在他的科学巨著《梦溪笔谈》里。该书内容涉及政治、经济、文化、科学技术等方面，其中自然科学占了相当的比重，包括数学、天文、历法、气象、地质、地理、物理、化学、生物、医学等许多方面，记载了沈括对自然科学的研究成果。在天文学方面，测出北极星与北极的距离为三度多的正确结论；历法上，沈括主张按节气定月份，大月三十一天，小月三十天，取消闰月，这是当时最进步的历法；在数学方面，创造了“隙积术”，这是高阶等差级数求和问题；沈括创立了一个正确的公式，开辟了数学研究的新方向；他发现指南针磁针“常微偏东，不全南也”，这是世界上最早关于磁偏角的记录；在地质学方面，沈括提出了地形被流水侵蚀作用的理论；他还研究了石油矿藏和用途，预见到我国“石油至多，生于地中无穷”，“此物后必将大行于世”。沈括的《梦溪笔谈》研究成果水平之高前无古人，在世界科技史上闪耀着夺目的光彩，被英国科学家李约瑟赞誉为“中国科技史上最卓越的人物”，是“中国科学史的里程碑”。

创新源于扎实的学识基础，在我国古代医学史上做出突出贡献的宋慈和王清任，都具有坚实的医学基础，加上勇于创新、勤奋实践，最后取得了卓越的成就。

南宋宋慈的《洗冤集录》是我国历史上第一部系统的法医检验专书，也是世界上最早的法医学名著，从南宋，经元明清三代共七百多年一直是司法必备之书。这本书宋慈是怎么完成的呢？宋慈做官二十多年，有四次是担任提点刑狱官。那时还没有专职的法医，许多提点刑狱官不懂法医知识，有些重大案件是由临时委派的武职人员去办理，毫无办案经验，检验时怕脏，只是远远观望，任凭仵作、小吏检验报告。而仵作又往往易被收买，由此不可避免地造成大量冤狱，或者本来是易决之案也故意拖成了疑狱。宋慈对这种情况深恶痛绝，决心做个听讼清明的提点刑狱官。他研究了前人积累的法医经验，注意把前人的经验在办案中加以验证，分辨真伪，并把临场检验看作最重要的学习。他观察过大量的伤亡实例，熟悉了不同凶器创伤的不同特点，掌握了不同原因死亡尸体的特征。他还专门注意研究了凶犯伪造现场、消灭罪证的伎俩，认为这是迅速侦破疑案的重要一环。此外，宋慈注意钻研医药学，在办案中注意收集民间辨伤、验尸以及急救的技术。这样，宋慈终于成为一位渊博的法医学专家。淳祐年间，宋慈被任命为提点湖南刑狱。宋慈决定把自己的经验写下来，以示同道及后人，便开始了《洗冤集录》的写作，并于1247年（淳祐七年）成书。《洗冤集录》的内容十分丰富，对真伪难辨的伤、病、毒死的分辨办法达到了相当精细的程度，具有很高的科学水平，其中不少经验至今还是实用的。

晚清名医王清任被认为是我国医学史上解剖学先驱。王清任认为要做一名好医生，一定要对人体结构有深刻的了解。他说："业医诊病，当先明脏腑。……治病不明脏腑，何异于盲子夜行！"为了在解剖学上有所突破，他特别注意研究古代有关解剖学的材料。他发现《黄帝内经》一书中关于解剖学的一些说法相互矛盾、含混不清，认为是著书人不真正知道人体的内部结构。王清任冲破传统观念的束缚，亲自解剖坟场小儿尸体和观察受剐刑的犯人，还用动物做实验，与人体进行验证和比较，把人体脏腑搞清楚。经过了四十多年的艰苦努力，终于写成代表当时解剖学最高成就的《医林改错》一书。王清任还纠正了古代医书记载的把心看作思维器官的错误，对人脑的作用有了新的认识。他通过解剖甚至观察到了视神经。王清任敢于否定古人的错误论述，提出了一些独到见解。例如对天花的认识，古代不少医家认为是由胎毒引起的。王清任根据自己的观察和天花流行的实际情况，断定天花是一种流行性传染病。王清任抱着“非欲后人知我，亦不避后人罪我”的态度，反对因循守旧、泥古不化，正是在这种勇于创新精神的指引下，王清任对我国古代解剖学的发展做出了重要贡献。

革故鼎新

先哲认为社会与自然界一样是一个日新不已的过程，认为社会的前进也必须要革故鼎新。“革，去故也；鼎，取新也。”① 革、鼎是《易经》中的两个卦，“革”意为变革、革命，“鼎”意为更新。《周易》认为，宇宙万物永远处于运动过程之中，社会人生也应同样处于日新月异的永恒变化过程中。去故，才能取新；只有通过这样的变革，才能求得进一步的发展，“变而通之以尽利”②，“天地革而四时成”③。

史实证明，改革是促进社会发展的动力。在中国历史上出现了许多伟大的改革家，他们锐意进取，既从传统的制度、文化中吸取营养，又根据现实情况进行改革和创新，从而有力地推动了社会的进步。赵武灵王是战国时代赵国国君，是一位卓有成就的改革家。赵武灵王在抗击胡人入侵的战斗中，发现胡人身穿短衣、骑着快马射箭，远比赵国军队身穿盔甲、驾驭战车的战斗力强。于是他召集大臣，说想实行胡服骑射，以便加强军队战斗力。群臣纷纷表示反

---

① 《周易·杂卦》。
② 《周易·系辞上》。
③ 《周易·革卦·彖传》。

对。赵武灵王只好去找老臣肥义商量此事，肥义十分支持实行胡服骑射。赵武灵王的叔叔公子成很为不满，称病不朝。赵武灵王即派大臣前去劝谕。公子成争辩说：大王既然执意实行胡服骑射，臣也只好秉忠而告。臣听说，中原是聪明人居住之地，是万物财货聚集之地，是圣贤教化传习之地，是正人君子施行仁义之地，是诗书礼乐应用之地，是特异技艺发源之地，是藩邦观光趋赴之地，是蛮夷倾心效仿之地。如今，大王要舍弃中原之优秀，而去效仿远方胡人之陋俗，这岂不是要远离中原文明，违逆天下之意愿吗？此事实在不妥，还望大王三思。赵武灵王听说后，便亲自来见公子成。武灵王说：衣服是为了使用方便，礼教也是为了行事方便。圣人审时度势而制定礼法，其目的是为了富国强民。只因地方不同，民俗和礼法自然也不相同。我国西面有楼烦、秦国、韩国等劲敌，然而却没有勇敢善战的强大军队，这怎能够守卫国土呢？在国家生死危亡时刻，叔父只是为了因循守旧于中原旧俗，却忘记了中山国侵我国土、掳我人民之奇耻大辱，这难道是您应该做的吗？公子成听罢之后，立即叩头谢罪，次日，便身着胡服前去早朝。于是，武灵王正式向全国颁发诏谕，命令百姓穿起胡服，学习骑马射箭。仅在一年之内，赵国便训练出一支强大的军队，国力迅速增强。赵武灵王实行胡服骑射，还促使各个民族之间互相学习，互相借鉴，取长补短，共同提高。可以说，他是移风易俗的典范，对推动历史进步、促进民族文化交流有着卓越的贡献。

战国时期，各国都在推行法制、加强君主集权方面进行变法，其中以秦国的商鞅变法推行最彻底、实际影响最大。商鞅原名公孙鞅，出身于卫国贵族，少好刑名之学，曾游宦于魏国，而魏不能用。当时秦国的经济和文化都比较落后，秦孝公即位后，大力招揽人才，希望变法图强。公孙鞅遂应召入秦，向秦孝公陈述改革主张。他说：“圣人苟可以强国，不法其故；苟可以利民，不循其礼。”“治世不一道，便国不法古。”[1] 公孙鞅得到秦孝公的赏识和重用，开始推行变

---

① 《史记·商君列传》。

法。后来秦封公孙鞅于商（今陕西商县东南），因此史籍称他为商鞅。商鞅变法的主要内容有：废井田，开阡陌，承认土地私有，准许土地自由买卖；奖励军功，废除贵族一出生就享有爵禄、长大就当官的特权，按军功授爵；建立县制，全国共设置三十一个县；实行重农抑商政策；统一度量衡；等等。新法推行十年之后，“秦民大说，道不拾遗，山无盗贼，家给人足”①。商鞅变法沉重地打击了秦国旧贵族势力，发展了封建经济，增强了秦国的军事力量，使秦国逐渐发展成为七雄中最强盛的国家，为统一全国打下了坚实的基础，秦始皇实行的许多重大政策正是从“商君法”发展而来的。商鞅变法是战国时期最典型、最深刻、最彻底的一次政治改革，推动了社会生产力的发展，反映了历史发展的客观要求。

北魏孝文帝也是我国历史上著名的改革家。439 年（北魏太武帝太延五年），北魏统一北方，结束了十六国时期北方长期分裂混战的局面。鲜卑是游牧民族，北方统一后，各族人民共同生活，互相影响，出现了民族大融合的趋势。顺应这一趋势，北魏统治集团在政治、经济等方面采取了规模较大的一系列改革措施。孝文帝拓跋宏继位时年仅五岁，政事由他的祖母冯太后主持。孝文帝亲政前的改革，是由冯太后主持的。490 年（北魏孝文帝太和十四年），冯太后死后，二十四岁的孝文帝亲揽朝政，继续进行改革。改革主要包括几方面：首先，整顿吏治，规定地方长官的任期按治绩优劣为定，优者升级而久任，劣者降黜。其次，实行均田制，颁布均田令。均田制实行后，又推行三长制，重建秦汉以来的乡官系统。493 年（太和十七年），孝文帝把都城从平城（今山西大同）迁到了洛阳。在营建新都的同时，他改革鲜卑旧俗，推行汉化政策。494 年（太和十八年）末，孝文帝下令改革鲜卑旧俗，以汉族服饰取代鲜卑服饰，后来又规定朝中禁说鲜卑语，改说汉语，改鲜卑姓为汉姓。孝文帝本来姓拓跋，这时改姓为元。孝文帝还提倡鲜卑族和汉族世家通婚。他自己娶崔、卢、郑、王四姓的女子做后妃，并为五个弟弟娶汉族

① 《史记·商君列传》。

大姓的女子为正妻，还把公主下嫁给汉族大姓。北魏孝文帝的改革，加速了北方各族封建化的进程，促进了北方民族的大融合，有利于北方经济的恢复和发展，为中国统一的多民族国家的发展做出了贡献。

1840年（道光二十年）鸦片战争以后，中国逐步沦为半殖民地半封建社会。但是，整个中国近代史，也是中国人民不断寻求救国道路、革故鼎新的历史。戊戌变法是要将封建君主专制改为资本主义性质的君主立宪制度。孙中山等资产阶级革命派则更为彻底，要将君主专制变为民主共和，通过不懈的努力，终于推翻了两千多年的封建帝制。中国共产党以马克思主义为指导，根据中国的实际，经过艰苦卓绝的斗争，走出了一条农村包围城市、武装夺取政权的道路，彻底推翻了压在中国人民头上的三座大山，建立了社会主义制度，并在革命和建设的过程中形成了毛泽东思想、邓小平理论和“三个代表”重要思想。中国共产党的解放思想、实事求是的思想路线，本身就蕴含着极为深刻的创新精神。

可以说，中华文明史即是一部创新史，“革故鼎新”的思想一直贯穿中国传统文化，政治上的改革和创新一直绵延不绝。我们今天仍要明察时势，把握时机，主动顺应时代潮流，改革进取，使我们的民族更加昌盛，国家更加富强。

能群者存
——交友篇

有朋自远方来，不亦乐乎

朋友是人生所不可缺少的，人生在世，不能无友。《诗经·小雅·伐木》中有这样的诗句："嘤其鸣矣，求其友声。相彼鸟矣，犹求友声。矧伊人矣，不求友生？"意思是说林间的小鸟尚且嘤嘤求友，何况人呢！古人历来重视朋友关系，孔子在《论语·学而》中说："有朋自远方来，不亦乐乎！"这句话可谓我国古代关于交友和友谊影响最深远的一句名言，孔子"乐多贤友"，把友谊交往视为人生一大乐事。朋友是人际关系的一个重要方面，自古以来，我们的祖先就十分重视这种人际关系的伦理价值。在先秦，孟子即将朋友关系视为"五伦"之一。曾子每天以三件事反省自己，其中之一就是"与朋友交而不信乎？"①

荀子说："（人）力不若牛，走不若马，而牛马为用，何也？曰：人能群，彼不能群也。人何以能群？曰：分。分何以能行？曰：义。故义以分则和，和则一，一则多力，多力则强，强则胜物，故宫室可得而居也。"② 群己关系，就是社会与个体、众人与个人的关系。荀子认为人之所以胜物，在于能群；而个人之所以能生存，有所成就，也在于能群；人一旦离开了社会群体，失去了众人的帮助，则将一事无成，"故虽有尧之智而无众人之助，大功不立"③。作为社

① 《论语·学而》。
② 《荀子·王制篇》。
③ 《韩非子·观行》。

会群体的一分子，一个人事业的成功，不完全取决于个人的力量，要靠志同道合者的共同努力。《周易·系辞上》云：“二人同心，其利断金；同心之言，其臭如兰。”就是说两人同心协力，犹如锋利的刀剑，能够斩金断玉；朋友间推心置腹、志同道合地交谈，就像兰草那样馥郁芬芳。人要完善自己，就不能只是个人闭门修养，还要靠朋友间的相互砥砺和劝勉，“士有争友，则身不离于令名”[①]。人一旦离开了社会群体，则将一事无成，正如严复所说：“能群者存，不群者灭；善群者存，不善群者灭。”[②] 在古人看来，一个人重视不重视朋友之伦，如何择友、交友，是衡量他的人生态度、道德面貌的一个重要尺度。

正因为对于个人来说朋友非常重要，所以人们常说“千金易得而知己难求”。历史上管仲和鲍叔牙的友谊一直为后人所羡慕。管仲是春秋初期齐国著名的政治家、哲学家。他辅佐齐桓公对国家内政、外交政策进行全面改革，制定了一系列富国强兵的方针策略，秉政三年，齐国大治，成为“春秋五霸”之首。管仲之所以有所作为，除了自身的才干外，同他的朋友鲍叔牙能够知人并无私地举贤荐能有关。管仲与鲍叔牙年轻时就是好友，两人曾一起做买卖，管仲家境贫困，分财物的时候总是多拿一些，鲍叔牙并不认为他贪心；管仲曾几次做官，后都被驱逐，鲍叔牙不认为他没才干，而认为是管仲时运不济；管仲曾多次参加战斗又都败逃，鲍叔牙认为这不是怯懦，而是因为管仲家中有老母需要照料，管仲不能战死。后来鲍叔牙侍奉齐公子小白，管仲侍奉公子纠。等小白即位为齐桓公，和小白争夺王位的公子纠死，管仲被囚，鲍叔牙就把管仲推荐给桓公，管仲的才能才得以施展。对于鲍叔牙的知遇之恩，管仲由衷感慨地说：“生我者父母，知我者鲍子也。”

友情的真谛在于相知，在于心灵的触动和思想的交融。庄子曾用一个生动的寓言故事来表达他与对手惠子的相知：从前楚国郢都有个人，鼻尖上粘了一点白泥，像苍蝇翅膀那样薄。他让一位工匠

① 《孝经·谏诤章》。

② 《天演论·制私》。

用斧头把那泥土削掉。工匠挥起斧头像一阵风一样，随手劈了下去，把鼻尖上的泥土削得一干二净。那人不仅鼻子完好无损，而且面对巨斧一点也不畏惧。后来宋原君听到了这事，就把那位工匠找来，请他再表演一次。那工匠说：我以前能那样干，是因为有一个能和我相配合的对手，现在那个人死了，我也做不到了。所以庄子说，自从惠子死了以后，就再也没有一个能和他探讨、辩论的对手了！

琴曲《高山流水》作为寻觅友谊和知音的象征，伴随着俞伯牙和钟子期的动人故事，流传至今已两千多年。春秋战国时期，有一位名叫俞伯牙的琴弹得很好，只是一直没有能找到知音。有一年，他在江边看到高山巍巍，流水滔滔，一时心旷神怡，便即兴奏起一曲。当伯牙抚琴奏起“志在高山”乐段，一旁听琴的樵夫钟子期忍不住高声赞叹：好啊！好啊！气势多么磅礴，好像雄伟的大山一样！伯牙再奏“志在流水”乐段，钟子期不禁欣喜地叫了起来：妙啊！妙啊！如同烟波浩渺宽广无边的江河。俞伯牙于是站起身来，激动地说：高山流水，知音难遇，想不到在这里能遇上你这样一位真正能懂我的琴、了解我的志趣的人啊！从此，二人结为好友。后来钟子期因病故去，俞伯牙闻讯后为失去这唯一的知音而万分悲痛，他不远千里赶到钟子期的坟前，摆好琴，弹唱一曲，接着就扯断了弦，摔碎了琴，发誓终生不再抚琴。

因为失去了知音，人生便有了寂寞之感。王徽之和王献之是知己好友，两人同时得了重病，王献之先病故，王徽之问手下的人：为什么听不到一点王献之的音讯？他一定是已经去世了！说这话时还不悲伤，马上要车去奔丧，一点也没哭。王献之平时一向喜欢弹琴，王徽之直接进去坐在灵床上，拿起王献之的琴弹了起来，琴弦怎么也调不好，就伤心地把琴扔在地上，叫着王献之的字说：子敬，子敬，人琴俱亡啊！痛哭得昏了过去，一个月后他也病故了。

古时流传下来的大量文学作品也在描写和提醒着世人珍惜珍贵的友情。唐代诗人王勃的《送杜少府之任蜀州》为一首赠别名作：“城阙辅三秦，风烟望五津。与君离别意，同是宦游人。海内存知己，天涯若比邻。无为在歧路，儿女共沾巾。”它一反送别诗的感伤情调，读后给人一种昂扬奋发的感受，所以成为古今脍炙人口的作品，显现出诗人对友人感情的真挚和其开朗的胸襟。755年（唐天宝十四载），李白游泾县（今安徽省泾县）桃花潭时，结识当地的一位朋友汪伦。汪伦善酿酒，常以美酒款待李白，两人情同手足。李白临走，汪伦为其送行，李白写下《赠汪伦》一诗相赠："李白乘舟将欲行，忽闻岸上踏歌声。桃花潭水深千尺，不及汪伦送我情。"字里行间蕴含诗人对朋友汪伦的深情厚谊。这种对友情的重视，也可以看成是中国文化的独特之处。

友也者，友其德也

理想中的朋友关系，双方应在道德、学业上相互促进。孟子说："友也者，友其德也。"[①] 清代思想家戴震说："友也者，助也。"[②] 他又具体解释说："凡势孤则德行行事，穷而寡助，于是有朋友。"在共同道德理想的基础上，用信义原则凝结起友谊，就是人们常说的道义之交。它要求朋友间过失相规，相勉以善。《孟子·万章下》有这样一段对话：万章问曰："敢问友?"孟子曰："不挟长，不挟贵，不挟兄弟而友。友也者，友其德也，不可以有挟也。"在古人看来，地位、权势、财富不应成为选择朋友的标准，朋友之间应该道义相砥，患难与共。真正的朋友应像诸葛亮说的那样："士之相知，温不增华，寒不改叶，能四时而不衰，历夷险而益固。"[③]

在谈到人与人之间的真情时，古人还说："疾风知劲草，患难见真情。"真正的朋友是能够互相帮助、患难与共的。《世说新语》记载了一个故事：荀巨伯是东汉桓帝时人，远道去看望生病的朋友，正碰上胡人攻打该郡。友人对荀巨伯说：我现在是活不成了，您就赶快走吧！荀巨伯说：我远道来看您，而您却让我走，败坏信义来

---

① 《孟子·万章下》。
② 戴震：《原善》卷下。
③ 《诸葛亮集》卷2，《论交》。

求活命，难道这是我荀巨伯干的事吗？胡人到了，对荀巨伯说：大军所到之处，所有的人都跑光了，你是什么人，竟敢独自留在这里？荀巨伯说：我的朋友身患重病，不忍心把他丢下，宁愿用我自己的身躯来代替我朋友的性命。胡人听到后很受震动，议论说：我们这些不明道义的人，却进了讲究道义的国家。于是就把队伍撤了回去。

《周易·兑》说："君子以朋友讲习。"朋友讲习即古人常说的切磋功夫。朋友间应在学业上相互切磋，共同进步。对于学习来说，老师固然重要，但朋友也是不可缺少的，所以《礼记·学记》说："独学而无友，则孤陋而寡闻。"《论语·颜回》中也有"君子以文会友，以友辅仁"的说法，意思是说，君子用文章学问来聚会朋友，用朋友来帮助我培养仁德。朱熹解释为："讲学以会友，则道益明；取善以辅仁，则德日进。"刘清《静春先生语》中也说："独立无朋，虽夙夜兢兢，学不加进。"由此，朋友之间要"过失相规，相勉以善"。人不可能无过，见朋友之过，正确的态度应该是"忠告而善道之"①。三国时的吕岱和徐原，就是一对为人称道的诤友。徐原是个为人慷慨而又很有才智的学者，性格率直爽朗，讲话直来直去，不喜欢绕弯子。他的朋友吕岱推荐他当了侍御使，可吕岱平时有了什么过失，徐原总是毫不客气地指出，有时还当着众人的面批评他。有人看不惯徐原这种直率的脾气，便在吕岱面前议论起来，吕岱听了不以为意，反而赞叹说：我之所以看重和尊敬他，原因就在这里。后来，徐原因病去世，吕岱伤心地哭着说：徐原是我的益友，不幸早死，从今以后，我还能从谁口中知道我的过失呢？

石成金《传家宝》云："见人为不义事，须劝止之。知而不劝，劝而不力，令友过遂成，亦我之咎也。"对于朋友的过失，要及时指出来。明人史桂芳和耿定向是好朋友，但史桂芳批评起耿定向来，一点也不讲情面。耿曾以御史身份督学南京，史当面问他："你这次做学使，把什么事放在首位呢？"耿漫不经心地说："现在做学使的人，无非是向朝廷多推荐贤能之士吧！"史不高兴地质问道："想不

---

① 《论语·颜渊》。

到你也像别人一样粗陋，你难道不认为正人心、正学风才是学使的真正责任吗?”有一次史桂芳看到耿定向铺张浪费，严厉地斥责说：“富贵真的能改变人的品行啊！过去你多么朴素，现在到你家里看一看，居然大变样了。”耿感激地对别人说：“我生平有三个益友，胡卢山是我的‘正气散’，罗汝芳是我的‘越鞠丸’，史桂芳是我的‘排毒散’。”

朋友间应该怎样交往呢？孔子说：“与朋友交，言而有信。”① 认为“信”是朋友关系的基本准则。曾子每天以三件事反省自己，其中之一就是“与朋友交而不信乎?”信义是友谊的灵魂，缺乏真诚的表面朋友之间的友谊是难以持久的。尊重友谊，就必然讲究信义；不讲信义，就没有真正的友谊。季札是春秋晚期吴国的贤公子，以德行见识著称于世。他出使访问时顺路拜访了徐君。徐君喜爱季札的宝剑，只是没敢说出口。季札心里知道，但由于出使中原各国需要佩剑，所以没有送给徐君。回来的时候又到徐地，但徐君这时已经死了，于是季札就解下宝剑，挂在徐君墓前的树上。侍从说：徐君已死，还赠送给谁呢？季札说：当初我心里已经答应给他了，我不会因为他死去了就违背我的心意。对朋友讲信用，重许诺，贞信不渝，是高尚友谊的内在品格的表现。当然，讲信用要讲原则，不能违背公利，即国家、人民和民族的利益。孟子因此说：“大人者，言不必信，行不必果，惟义所在。”意思是说道德高尚的人，所说的话不一定都守信用，办事不一定都落实，只是本着“义”去行事。这并不是否认信的重要性，而是要求信用要在义的基础上，以道德行为来评判事物是非，做到信与义的结合。

益友当亲，损友当绝

朋友有好有坏，孔子说：“益者三友，损者三友。友直，友谅，

---

① 《论语·学而》。

友多闻，益矣。友便辟，友善柔，友便佞，损矣。”[①] 意思是说，正直、诚信、知识广博的朋友对一个人是有好处的，善于回避而不正直、谄媚而不诚实、夸夸其谈而又没有见闻之实的朋友对人是有损害的。荀子也说：“故非我而当者，吾师也；是我而当者，吾友也；谄谀我者，吾贼也。”[②]

朋友之益损对人生影响极大，常言说：“近朱者赤，近墨者黑。”这就要求我们交友时要谨慎选择。古人对此有深刻的认识，荀子说：“匹夫不可以不慎取友。”[③] “得良友而友之，则所见者忠信敬让之行也。身日进于仁义而不自知也者，靡使然也。今与不善人处，则所闻者欺诬诈伪也，所见者污漫淫邪贪利之行也，身且加于刑戮而不自知者，靡使然也。”[④] 意思是说，与德行高尚的人交往，不知不觉被同化，自己也逐渐优雅起来；与德行卑劣的人交往，自己就会慢慢变得随便，甚至身犯刑律也没意识到。《大戴礼记·曾子疾病》中说得更清楚：“与君子游，苾乎如入兰芷之室，久而不闻，则与之化矣；与小人游，贷乎如入鲍鱼之次，久而不闻，则与之化矣。是故君子慎其所去就。”良友、贤友会使自己终生受益，而不肖之友则有可能将自己诱入歧途。因而在交友时必须“慎择”，明辨朋友的“良莠”。

因为好的朋友会使我们受益终生，不肖之友则有可能将自己诱入歧途，“益友当亲，损友当绝”[⑤]。所以古人对于那些交往中志不同、道不合的朋友就果断绝交。魏晋时期嵇康和山涛（字巨源）曾是好朋友，他们崇尚自然，常在一起做竹林之游。后来山涛依附司马氏做了大官，二人在志向和操守上发生了分歧。山涛屡次举荐嵇康做官，希望他也投靠司马氏，但这有悖于嵇康的理想情操，于是嵇康提出与之绝交，并写了有名的《与山巨源绝交书》，文中写道：“夫人之相知，贵识其天性，因而济之。……自卜已审，若道尽途穷

① 《论语·季氏》。
② 《荀子·修身篇》。
③ 《荀子·大略篇》。
④ 《荀子·性恶篇》。
⑤ 罗泽南：《小学韵语》。

则已耳，足下无事冤之，令转于沟壑也。”意思是朋友之间应该互相了解，互相帮助，我自己还没到走投无路的时候，可你却要逼我改变志向，让我陷入绝境，所以要和你绝交。历史上还有管宁割席与友绝交的故事。汉末名士管宁和华歆，年轻时在一起读书，共同生活。有一天，两人在园里锄地，看见地上有块黄金，管宁好像没有看见，照常锄地，就把它当作瓦片、石块一样；华歆把它捡起来又扔了出去。二人同席读书，有一个乘坐着华贵轩车的人从门口经过，管宁诵读如常，华歆却把书丢下，出去观看。管宁于是认为华歆不是自己理想中的朋友，就把两人同坐的席子割开另坐。因为志向不同，彼此的价值观发生冲突，管宁认为如此下去，恐受不良感染，于是与华歆断交。

顾统《贫交行》说：“贫交不在多黄金，黄金不多交亦深。义气还将然诺重，得失荣枯何足论。”充分道出了友谊的真谛。益友是不会因为世态炎凉、得失荣辱而不顾朋友，各奔东西。著名的戏剧《赵氏孤儿》，就赞扬了程婴、公孙杵臼的忠义之情。唐代著名文学家柳宗元和刘禹锡的友情也一直为后人所称道。他们两人在唐顺宗永贞年间共同参加了政治改革运动，失败后，柳宗元被贬为柳州刺史，刘禹锡也在被贬之列，当去播州，而播州远在今天贵州遵义，当时还未开发，偏僻荒凉。柳宗元流着泪说：播州不是人留居的地方，而梦得（刘禹锡字）家里还有老母，我不忍看到梦得陷入如此困窘的境地。于是就向朝廷提出请求，奏请以柳州刺史授以刘禹锡而自己前往播州。一些大臣也为其说情，于是刘禹锡被改任为连州刺史。对于这件事情，韩愈曾发出感慨：士人的节操道义，只有在遭遇困厄的时候才明显地表现出来。有些人在太平无事时，相互倾慕，吃喝玩乐不分彼此；强作笑语，装出恭敬礼让的样子，握手言欢，俨然把心都掏了出来；更有甚者指着天痛哭流涕，发誓同生共死，对朋友绝不忘恩负义，简直像真的一样可信。一旦碰上一点微小的利害冲突，哪怕像毛发那样细微，就反目相待，视同路人，如果友人掉进陷阱，不但不伸手援救，反而乘人之危，落井下石，这种人到处都是，这些行为是禽兽和蛮夷都不忍心干的，而他们却自以为得计。这种人，要是得知柳宗元的高尚风节，也该有点惭愧吧！

《礼记·表记》曰：“君子之接如水，小人之接如醴；君子淡以成，小人甘以坏。”这是告诫真正的朋友间的交往不要只看到表面亲密与否，重要的是心灵间的相互交流，只有纯洁的友谊才能长久，而以利益为前提的友谊则很容易被破坏。梁代刘孝标写下了《广绝交论》，讥讽那些负心的势交朋友。他告诫人们要杜绝五交：势交、贿交、谈交、穷交、量交。酒肉之交和势利之交都不是真正的朋友，一旦有利害冲突，就不攻自散。这些都是为人们的生活经验所反复证明的。正如古语所说：一死一生，乃知交情；一贫一富，乃知交态；一贵一贱，交情乃见。《史记·廉颇蔺相如列传》载，廉颇为赵国名将，他失势时，故客尽散，等到被复用为大将军，宾客又都来到。廉颇讨厌这些势利的宾客，便驱赶他们说：“客退矣！”这些宾客却厚颜争辩说：“吁！君何见之晚也？夫天下以市道交，君有势，我则从君，君无势则去，此固其理也，有何怨乎？”这便是势利之交的典型心态。

朋友之间有时也会产生嫌隙，究竟该怎么对待这种隔阂，张辽为我们留下了可以借鉴的榜样。三国曹魏的大将张辽和他的护军武周有些隔阂。张辽想结交胡质，胡质推辞说有病。张辽问胡质：我一心一意想同您交好，您为什么对我这样冷落呢？胡质说：古人交友，大多选择那些不把别人多取、奔北误看成是贪婪和怯懦之辈，并且不听信流言蜚语的人，所以才能把友谊坚持到最后。武周为高雅之士，以前将军也曾不断称赞，现在却因为一些小怨小愤就结下仇恨。何况我才疏识浅，这种友谊岂能善终？所以不愿与您交朋友。张辽为他的话所感悟，与武周重归于好。

历史上也有很多因为交友不当而为其所害的人。北宋丞相王安石重用吕惠卿，司马光认为吕惠卿不值得信任，就致书王安石反对与之交往，说：“谄谀之士，于公今日诚有顺适之快，一旦失势，将必卖公自售矣。”王安石看了很不高兴，不听司马光的劝告。后王安石失势，果如司马光所料，吕惠卿背叛王安石，凡可以害王安石的事无所不为，以至将王安石给他的书信都作为证据呈给朝廷。因为吕惠卿是福建人，后来王安石退居金陵，就常写“福建子”三字以警醒自己，深悔交此奸佞小人，致为所误。

明代学者苏濬在《鸡鸣偶记》中说：“道义相砥，过失相规，畏友也；缓急可共，生死可托，密友也；甘心如饴，游观征逐，昵友也；利则相攘，患则相倾，贼友也。”告诫人们要结畏友和密友而绝昵友和贼友。朱熹也教育子女在交友时要交结有益于自己的朋友，不要交结有损于自己的朋友。这些关于交友的看法都是非常有道理的，今天仍值得我们参考和借鉴。当然，古人的交友观中，有些也是该慎重对待的。比如孔子说“无友不如己者”[①]，意思是不要和不如自己的人做朋友。不过，在《论语·子张》中，孔子的两个弟子子张和子夏有段间接的对话，也可作为孔子交友观的一种诠释。子夏的门人向子张请教怎样交朋友，子张问子夏是怎样说的，子夏的学生回答说，子夏说：“可者与之，其不可者拒之。”子张说：“异乎吾所闻：君子尊贤而容众，嘉善而矜不能。我之大贤与，于人何所不容？我之不贤与，人将拒我，如之何其拒人也？”大意是说：君子尊重贤人，也能容纳普通人，赞美善而又能怜悯能力差的人。我如果是大贤，对别人有什么不能容纳的呢？我如果不贤，别人就会拒绝我，我又怎么能去拒绝别人呢？后人在评论这事时，都肯定子张的看法。

① 《论语·学而》。

家和万事兴
——家庭篇

家齐而后国治

《礼记·大学》中说："欲治其国者，先齐其家"，"家齐而后国治"。家庭是社会的基本单位，家庭的稳固与社会的安定有着密切的关系，《周易》中也有"家道正"而后"天下定"的话。① 《左传》云："女有家，男有室，无相渎也，谓之有礼，易此必败。"人们在家庭中接受了社会最基本的生活技能、行为道德和价值规范，个人事业的成功与和睦的家庭息息相关。

中国古代有这样的格言："家和万事兴"，"和顺为齐家之本"，"内睦者家道昌，外睦者人事济"。为了使家庭和睦兴旺，先贤制定各种"礼"来规定家庭的生活内容，认为家庭中和顺的最基本要求就是要做到"孝、慈、友、恭"，即"父慈子孝，兄友弟恭"。父母对子女应是严慈兼之，子女对父母应当尊敬；兄弟间则需互相爱护、勉励和督促。如果父母、子女、兄弟间能保持这种和睦的气氛，必将促使家道兴旺。其中，孝被认为是"百行之先"、"百善之首"和"仁之本"。古人常用"羊有跪乳之情，鸦有反哺之义"来比喻人的孝亲之情是出于一种自然的情感，父母是自己生命的创造者和养育者，对父母的养育之恩是终生不能忘怀的。《诗经·小雅·蓼莪》中有这样的诗句："哀哀父母，生我劬劳。……无父何怙？无母何恃？出则衔恤，入则靡至。父兮生我，母兮鞠我。拊我畜我，长我育我。

---

① 《周易·家人》中说："父父子子、兄兄弟弟、夫夫妇妇而家道正，正家而天下定矣。"

顾我复我，出入腹我。欲报之德，昊天罔极。”表达的就是对父母养育之恩的无限感激。

孝的产生首先是一种发乎内心的自然情感，是对父母的依恋和敬爱。西晋初四川彭山人李密小的时候父亲就死了，母亲改嫁，只有几岁的李密由祖母刘氏抚养。等到李密长大，为了奉养年事已高的祖母，李密谢绝了举孝廉。祖母生病，李密就侍候左右，睡不解衣，膳食汤药都一定先尝后进。晋武帝司马炎征召李密为太子洗马，李密不肯应召为官。为此他写了《陈情表》上奏晋武帝说：自己的祖母已经是“日薄西山，气息奄奄，人命危浅，朝不虑夕。臣无祖母，无以至今日；祖母无臣，无以终余年。母孙二人，更相为命。是以区区不能废远”。晋武帝读罢这充满对祖母深情的《陈情表》，再也没有去勉强李密。后来，刘氏去世，李密才到朝廷应诏就职。

赡养父母乃是子女的义务和责任，对父母不敬，不赡养父母，在古代都会受到道德的谴责和法律的制裁。康熙年间进士陆陇其为政清廉，非常孝顺父母。一次，有一老妇人控告儿子不孝，陆陇其把老妇的儿子传到县衙，对老妇说：我们衙门里正缺少僮仆，让你的儿子先来这儿服役，等有了代替他的，再杖罚后让他回家吧。于是就让他寸步不离，服侍在左右。陆陇其每天早晨恭恭敬敬地守在母亲的房外，等母亲起床，伺候着母亲盥洗，之后奉上香茶早点。到了吃饭的时候，陆陇其就伺候在饭桌旁，等母亲吃好了，才吃剩下的饭菜。陆陇其有空的时候，就陪母亲坐坐，说些让母亲开心的话。母亲稍有不适，陆陇其就时刻服侍着，给老人按摩，端茶送药，好几晚上都难得合眼，而陆陇其在母亲的面前却没有表现出一点疲倦的样子。这样过了几个月，那位犯事的少年有一天忽然跪在地上，请求回家探望母亲。陆陇其说：你一向不爱你的母亲，回家有什么可探望的呢？那少年哭泣着说道：小人以前不懂得孝敬母亲，让母亲生气，现在小人知道错了，悔不可及。陆陇其于是把他的母亲请来，少年见了母亲，悔恨以前所为，顿足痛哭。陆陇其看他已悔改，不再惩罚他，让母子俩回了家。后来那少年成为有名的大孝子。

孝作为儿女应尽的义务，应该建立在“敬”的基础上。《论语·

为政》说："子游问孝。子曰：'今之孝者，是谓能养。至于犬马，皆能有养，不敬，何以别乎？'"孟子也认为："孝子之至，莫大乎尊亲。"① 荀子也说："请问为人子？曰：敬爱而致文。"② 赡养父母只是孝的基本要求，子女对于父母不仅要"能养"，而且要"善养"，尽力满足父母生活上的各种需要，"养则致其乐"③，"事父母，能竭其力"④，从而使父母得以安乐、欢愉。值得注意的是，先哲并不主张愚孝，认为尽孝应当与坚持道义结合起来。父母有了过失，子女不能盲目顺从。《论语·里仁》里说："事父母几谏"，见父母有过失，就要轻微婉转地劝谏。在社会道义面前，则要遵循"义为先"的准则，"从道不从君，从义不从父，人之大行也"⑤，"父虽亲，以黑为白，子不能从"⑥，"父有不义，子不可以不争"⑦。

家庭和顺的另一个要求是"兄友弟恭"。在一个家庭里，除了处理好父母与子女的关系外，能否处理好兄弟姐妹之间的关系，对于全家的和睦幸福同样重要。在古代，维系兄弟关系的伦理规范是"悌"，"兄友弟恭，人之大伦"⑧，兄弟间和睦友善的行为受到人们的推崇与赞扬。较早也较为典型的是商代孤竹国国君的两个儿子伯夷、叔齐兄弟让位的故事。孤竹君将死，令次子叔齐为继承人。孤竹君死后，叔齐让位于兄伯夷，伯夷以父有成命不肯接受。结果兄弟二人都未继位，而是携手投奔到周国。君位可弃，手足之情不伤，对照那些为争权夺位而兄弟相互残杀的人来说，伯夷、叔齐因此而受到历代人们的颂扬。

兄弟如手足，应互相爱护、忍让。东汉汝南人薛包就是一位重视兄弟情谊的人。薛包是兄长，父母死后，他的弟弟们要求分家产，

---

① 《孟子·万章上》。
② 《荀子·君道篇》。
③ 《孝经·纪孝行》。
④ 《论语·学而》。
⑤ 《荀子·子道篇》。
⑥ 《吕氏春秋·应同》。
⑦ 《朱子语类》卷16。
⑧ 许名奎：《劝忍百箴·兄弟之忍》。

单独过日子。薛包劝阻不过，就把家产分了。分财产的时候，他专拣别人不要的财物：奴婢他挑年老的，说他们都和他共事久了，他舍不得；土地、房屋他要那些荒芜和破败的，借口说这些田地和房屋是他小时候就耕种和住过的，已经对它们有了感情了；等到分器具财物，他又要那些朽坏破损的，说这些器物都是他平素用惯了的。分家后不久，有的弟弟家境败落，他就省吃俭用接济他们。

兄弟间还应在品行、德业上互相督促，共同提高。司马光在《家范·弟》中就讲了类似的故事。郑均是东汉名士，他的兄长做县吏，经常收取别人送来的礼物，郑均看到后几次三番劝哥哥不要接受，但是他的哥哥不听。郑均无奈，就离家出去给别人帮工，年底的时候，带着金银布匹回来了，把这些都交给哥哥，说：东西用完了可以重新得到，做官吏的如果犯了贪赃受贿罪，就要终生被罢黜了。兄长听了他的话，非常有感触，以后就洁身自好，为官清廉了。这样，郑均不仅保住了自己的兄长，而且也最大限度地维护了家庭的和睦。

勤俭为治家之本

“勤俭，治家之本。”① “勤与俭，治生之道也。”② 为了家庭的兴旺，古人主张克勤克俭，力戒奢靡。墨子云：“俭节则昌。”③ 李商隐《咏史》说：“历览前贤国与家，成由勤俭败由奢。”曾国藩也说道：“居家之道，惟崇俭可以长久，处乱世尤以戒奢侈为要义。”明末清初的朱柏庐在《治家格言》中教导子孙“自奉必须俭约”“居身务其质朴”，还告诫子孙要爱惜一切：“一粥一饭，当思来之不易；半丝半缕，恒念物力维艰。”明代隆庆年间的太常寺少卿周怡，要求儿孙辈崇尚节俭，他在一封家书中写道：由俭入奢易，由奢入俭难。

---

① 金缨：《格言联璧·齐家》。

② 朱柏庐：《治家格言》。

③ 《墨子·辞过》。

饮食衣服，若思得之艰难，不敢轻易费用；酒肉一餐，可办粗饭几日；纱绢一匹，可办粗衣几件。不饥不寒足矣，何必好吃好着？常将有日思无日，莫待无时思有时，则子子孙孙常享温饱矣。

在古人看来，勤俭对于立身、持家和治国都有重要的意义。对于个人来说，俭可以养德，是修身、齐家的基础。三国时期的诸葛亮明确地把俭朴生活同个人的道德修养联系起来，他在《诫子书》中说："夫君子之行，静以修身，俭以养德，非澹泊无以明志，非宁静无以致远。"① "俭以养德"，指的就是俭朴生活能够培养和增进人的高尚品德。

历史上不少名臣贤相虽身居高位，却都注意保持俭朴的作风，并把它作为道德修养的一个重要方面来教育子孙后代。这方面的例子很多。北宋时期的宰相司马光生活十分节俭，史书称誉他"于物澹然无所好""恶衣菲食以终其身"。司马光认为节俭是一个人可贵的品德，是成就事业不可少的条件，所以他不但身体力行，而且还把它作为家教的一项重要内容，司马光在给儿子司马康的信中谆谆教导他一定要养成节俭的美德，并以自己一些亲身体验来教育儿子。他说：许多人都以奢侈浪费为荣，我却认为节俭朴素才算是美。尽管别人取笑我顽固，我却不认为这是我的缺点。孔子说奢侈豪华容易骄傲，节俭朴素容易固陋。与其骄傲，宁可固陋。孔子还说，一个人因为节俭而犯过失是很少见的；读书人有志于追求真理，却又以吃粗粮穿粗布衣服为耻辱，这种人是不值得和他讲学问的。可见，古人是以俭约为美德的。现在的人却讥笑、指责朴素的人，这真是奇怪的事！接着司马光又举例说明。宋仁宗时，张知白当上了宰相，生活却仍像过去在地方做小官时那样俭朴。有人劝他说：您收入不少，生活如此俭约，外面人说您是"公孙布被"呢！（公孙就是汉武帝时的丞相公孙弘，当时汲黯曾经批评他："位在三公，俸禄甚多，然为布被，此诈也。"）张知白叹道：论我今天的收入，全家锦衣玉食也办得到。但是由俭入奢易，由奢入俭难啊！所以不管当什么官，

① 《诸葛亮集》卷1，《诫子书》。

总保持这样的水平，不是很好吗？

司马光引用《左传》里的话说：“俭，德之共也；侈，恶之大也。”认为：“夫俭则寡欲。君子寡欲，则不役于物，可以直道而行；小人寡欲，则能谨身节用，远罪丰家。故曰：‘俭，德之共也。’侈则多欲。君子多欲，则贪慕富贵，枉道，速祸；小人多欲，则多求，妄用，丧身，败家，是以居官必贿，居乡必盗。故曰：‘侈，恶之大也。’”司马光还举了历史上“以俭立名，以侈自败”的例子。春秋时期鲁国执政的季文子，当过鲁宣公、鲁成公、鲁襄公三朝宰相，家里该是有钱的，但他的妻妾却没有穿过帛制的衣服，他家的马没有喂过粮食，大家都说他忠于国家。晋武帝时的太尉何曾，生活十分奢侈豪华，每天吃饭就要用万钱，还说没法下筷子。他的子孙也极其奢侈，结果一个个都败落了。西晋的石崇，官为侍中、荆州刺史，生活极度奢侈，还与贵戚王恺等人比奢侈。一次与王恺斗富，用蜡当柴烧，道路两旁以锦为障，长达五十里。王恺自叹不如。后来石崇在八王之乱中，被杀身死。在司马光的影响下，司马光的儿子司马康继承了父亲节俭的美德。司马康自幼品行端正，聪敏好学，后来为官清廉，口不言财。司马康在一次给皇帝的上疏中说：“凡为国者，一丝一毫皆当爱惜。”极力反对奢侈浪费。司马光去世的时候，皇帝赐给他家白金二千两，司马康推辞不受，皇帝派人送到他家里，他又派人送了回去。司马康的廉洁一直为后人所称颂。

清末洋务派的代表人物曾国藩，官居极品，虽然对他政治上的功过是非，大家在看法上并不一致，但他在生活方面一直节俭自守，并严令家人保持寒素家风，却是有目共睹的。他在给长子曾纪泽的信中说：“勤俭自持，习劳习苦，可以处乐，可以处约，此君子也。余服官三十年，不敢稍染官宦气息，饮食起居，尚守寒素家风。极俭可也，略丰亦可，大丰则我不敢也。凡仕宦之家，由俭入奢易，由奢返俭难。尔年尚幼，且不可贪爱奢华，不可习惯懒惰。不论大家小家，仕农工商，俭苦守约，未有不兴；骄奢倦怠，未有不败。”为使家中子弟尚勤俭劳苦、戒骄奢倦怠，他曾为家人制定一套尚俭课目，规定男子要“看、读、写、作”；女子要“绣、食、粗、细”，即绩麻纺纱、烧茶煮饭、打扫房舍、缝制衣服等。他在两江总督任内，其夫人和儿媳们，每天还坚持织麻纺纱。相传曾国藩为官三十年着布衣布袜，三十岁时曾制青绒马褂一件，平时在家不随便穿，唯遇庆贺及年节之时才穿上。故藏之三十年，衣犹如新。他每日吃饭，也很简单，以一荤为主，有客略增加，被时人称为“一品”宰相。曾国藩任总督、其弟曾国荃任巡抚后，家中人口增多，旧居不够用，曾国荃就花了三千串钱新建了一处房舍，他知道后很生气，写书指责曾国荃说：“新屋搬进容易搬出难，吾此生誓不住新屋!”他一直到病故时，仍住在两江总督的旧居里。

应当提到的是，勤俭绝不意味着吝啬，也不仅仅在于财富的积累。中国人历来对己克勤克俭，待人却慷慨大方，有着扶危济困的美德。这里再举一个例子。东汉时期的樊重，擅长农事，懂得商贾之道，家财雄厚，置了很多产业。樊重自奉十分节俭，却时常接济穷人，对十里乡亲有求必应。有一次，他的外孙何氏兄弟为争财而发生纠纷，樊重觉得羞耻，就拿出自己的土地来解决了这件事。由于樊重的美名，他被推举为乡里掌管教化的官。樊重活到八十岁才去世，在死前，他命令把平日里人家向他借贷的数百万的文契烧毁，借钱的人听说此事后，羞愧地争相来还钱，樊重坚决不肯接受。樊重勤俭持家却又乐善好施，他的所作所为给我们留下了许多启示。

正家风，勤教子

家庭担负着抚育后代的责任，作为家庭长远发展之计，树立良好的家风、教育好子女是传统家庭应有的责任和首要目标，《三字经》中就说：“养不教，父之过；教不严，师之惰。”自古以来，人们就一直十分重视对子女的教育，在家教方面提出了很多关于爱子、教子的看法，对今天的家庭教育仍有启迪。

古人认为对于孩子要爱之以道，要为孩子的将来考虑，而不只是一味溺爱孩子。“爱之不以道，适所以害之也。”[①] “宠子未有不骄，骄子未有不败。”[②] 所以古人特别强调对孩子的教育。“爱其子而不教，犹为不爱也；教而不以善，犹为不教也。”[③] 据《战国策·赵策》记载，赵太后爱小儿子长安君，只想给他高位厚禄，不愿让他受点磨炼，为国家做些有益的事，太师触詟就苦口婆心地对她说：“位尊而无功，奉厚而无劳，而挟重器多也”，必将“近者祸及身，远者及其子孙”。也就是说，不注意对孩子的培养和锻炼，不是真爱孩子，而是害了孩子。

教育孩子，重要的是要从道德品质培养着手，要教孩子以正道，使之不入邪路。《左传·隐公三年》云：“爱子，教之以义方，弗纳于邪。”李惺在《冰言》中说：“爱子莫要于能教，教子者莫贵乎以正。”王符在《潜夫论》中也说道：“贤人志士之于子孙，厉以志，弗厉以辞；劝以正，弗劝以诈；示以俭，弗示以奢；贻以言，弗贻以财。”清代著名书画家、文学家郑板桥五十二岁时才得一子，由在家的弟弟代为照看。他在给弟弟的家信中谈到对自己孩子的教育方法时说，虽然疼爱孩子，“然爱之必以其道，虽嬉戏玩耍，务令忠厚悱恻，毋为刻急也”。就是说疼爱孩子必须合乎道理，即使在游戏玩耍的时候，也务必培养他心地忠厚、诚恳的品德，不能让他为人刻薄、行为暴躁，还说：“夫读书中举中进士做官，此是小事，第一要明理做个好人。”也就是说，要教给孩子以仁爱、礼仪，这是将来立身做人的根本。

不教孩子以正道，让其胡作非为，结果就是害了孩子。古人云：“为子孙作富贵计者，十败其九。……以德遗后者昌，以财遗后者亡。”[④] 有的父母不是教给孩子做人的道理，而是聚敛家财，以为这样就可以使儿孙有享不尽的荣华富贵，这其实对孩子是没有多大益处的，结果恰恰是害了儿孙，造就了一批败家子和膏粱子弟。许多

① 《资治通鉴》卷96，申钟语。

② 《古文观止》卷1。

③ 方孝孺：《逊志斋集》卷1，《杂诫第三十七章》。

④ 林逋：《省心录》。

有见识的古人早就对此有所认识："人家之兴替，在义理不在富贵。"[①]"教诫子弟，是第一要紧事。子弟不成人，富贵适以益其恶；子弟能自立，贫贱益以固其节。"[②] 西汉的疏广和疏受叔侄，给皇太子当了多年的老师，年老还乡，皇帝赏了一大批金钱，他们回到家里，不置家产，把它分给亲友，很快就用光。人们问为什么这样做，他们回答说："贤而多财，则损其志；愚而多财，则益其过。"意思是聪明能干的人钱财多了，会损坏他的志气；愚蠢无知的人钱财多了，只能增加他的过错。叔侄俩认为子孙都不大有出息，所以不想留下过多钱财，而为他们招过结怨。的确，"广积不如教子"[③]。钱财易于散尽，而且还易于养成败坏家门的不肖子孙，所以真正有用的家产不是钱财，而是高尚的品行和广博的知识。东汉琢郡太守杨震廉洁奉公，总是计日受俸，用多少，支取多少，余下的全部留交国库。子孙也常常粗茶淡饭，安步当车。亲朋好友劝杨震置些产业，为儿孙打算，他不肯，说："使后世成为清白吏子孙，以此遗之，不亦厚乎?"他的儿子杨秉后来做了高官，同样是计日受俸，余财不入家门，并以酒、色、财"三不惑"而著名。西汉初年的韦孟，曾经当过楚元王及其儿孙的老师。他看到楚元王荒淫无道，并与吴王刘濞一起阴谋叛乱，在进谏无用后，韦孟便抛弃优厚俸禄，迁居到孟子的老家邹地去，以儒家经典传授子孙。他的后代韦贤、韦玄成，都以经学大师官至丞相，韦贤还被誉为邹鲁大儒。当时有人说："遗子黄金满籝，不如教子一经。"

教育子女要注意方法，古人认为言传身教是最好的教育方式。要教育好子女，使他们养成良好的品质，家长应首先重视自身德行修养。《汉书》中就有"父兄之教不先，子弟之率不谨"的话，明代童蒙读物《小儿语》中说："老子终日浮水，儿子做了溺鬼。老子偷瓜盗果，儿子杀人放火。"虽是民间俚语，但却生动说明了父母对子女影响之大。清代石成金说："治家之法，第一以身教为要。是以为

---

① 《陆九渊集》卷 12，《与刘伯协二》。

② 孙奇逢：《孝友堂家训》。

③ 林逋：《省心录》。

家长者，先当自己躬行仁义，谨守立法，凡事勤俭，一切诸般坏事都警戒勿犯。因而教诲弟子，大小未有不凛然尊从者。若或自己不正，虽严加教诲，而人皆不服矣。”① 也就是说，家长只有身为表率，他的教诲才有说服力，从而收到实效。

孩子的模仿力强，辨别好坏是非的能力差，父母的榜样作用就极为重要。曾参是孔子的弟子，不但自己孝顺父母，而且也懂得做父母之道。曾参主张用诚实来对待自己的孩子，一次他妻子要去赶集，儿子也哭闹着要去。妻子为了使孩子安静下来，就说：你听话就杀猪给你吃。孩子不再闹了。妻子赶集回来，看见丈夫正准备杀猪，就阻止说：我只是哄哄孩子罢了，你怎么真的杀猪啊？曾参说：“婴儿非与戏也。婴儿非有知也，待父母而学者也，听父母之教。今子欺之，是教子欺也。母欺子，子而不信其母，非所以成教也。”就是说，大人不应该和孩子说假话。孩子还小，不懂事，一举一动都跟父母学，一切听从父母的教育。你现在欺骗了他，就是教孩子学你的样子说谎骗人。做母亲的欺骗孩子，孩子就不会相信他的母亲，这样是不能教育好孩子的。于是曾参杀了那头猪，炖肉给孩子吃。

父母如果不以身作则，则会上梁不正下梁歪。晋朝有个叫胡毋辅之的人，在当乐安太守的时候，整天和几个“放诞”朋友饮酒作乐，醉的时候，甚至脱光衣服，借酒胡闹，根本不理政事，还自夸为通达。他儿子胡毋谦之看他这样放纵酗酒，便说：“你不能这样，你如果酒醉而死，让我怎么办？”胡毋辅之不但不自省，反而叫儿子和自己一起饮酒作乐，结果他的儿子比他还放纵，以至被称为疯子。因为嗜酒，胡毋辅之四十多岁就死了，他的儿子也只活了不到三十岁。

古人认为对孩子的教育要因势利导，注重子女的特长。西汉武帝时的御史大夫张汤年幼时，一次父亲外出，让他看家。父亲回来后，发现家里的一点腊肉和其他食物都被老鼠糟蹋了，很是生气，就把张汤责打了一顿。张汤挨了这顿打后，就用烟熏水灌，把老鼠

① 石成金：《传家宝》（二集）卷3，《人事通》（三集）。

逮住，然后像公堂上审罪犯一样，把老鼠放在地上，掘出的剩肉，则当着物证放在一旁，又写了诉状和判决书，对老鼠进行了一次郑重其事的审讯和判决。他父亲知道了张汤的做法，又看了那诉状和判决书，简直像个老练的法官一样，大吃一惊。原来张汤的父亲当长安丞经常办案，他耳濡目染，也学到了不少办案的程序和司法知识，并爱上了这一行。他父亲因势利导，让他专攻司法。后来，张汤果然成了西汉司法界的名人。

孩子的成长还应有一个良好的环境，这样才有利于他的成长。孟子小时候父亲就去世了，母亲独自抚养他，对他悉心教育。他家住在郊外，靠近墓地，孟子经常在坟墓之间的草地上挖洞洞，堆土包，前面插上一块小石片，就像坟墓一样。孟母说：这不是我应让孩子居住的地方。就离开这里，在城里租了间房子。孟子又学商人交易之事，孟母说：这不是我应让孩子居住的地方，于是把家搬到临近肉店的地方。孟子嬉戏玩耍时又学屠夫卖肉。孟母认为这也不是适合孩子居住的地方，于是把家搬到学校旁边。孟子常到学校去看老师讲课，见学生们对老师非常尊敬，同学之间也相互揖让，回家后就盘坐地上，看着竹简，像读书一样，还在书案上摆设祭器，学习揖让进退的礼节。孟母看到后说：这个地方可以长期住下去了！孟母三迁，说明环境对孩子有很大的影响。“近朱者赤，近墨者黑”，是有一定道理的。

古人认为对子女要严加管教，孩子有了过错就应该及时纠正。石奋是西汉初年人，十五岁即跟随汉高祖刘邦征战，他为人谨慎小心，注重品德修养，对子女的要求尤为严格。在他的教育下，四个儿子都成了有用之才。到汉景帝时，石奋和他的四个儿子都当到二千石的大官，汉景帝因而称他为“万石君”。后来石奋告老还乡，他的子孙们回家拜见石奋的时候，石奋总要穿上朝服来会见他们，而且从不叫他们的名字。如果子孙们犯了错误，石奋从不责备他们，只是坐在侧面的座位上，吃饭的时候对着桌子不言不语。子孙们自责所犯的过失，求年岁大的人前去说情，自己则跟在后边袒胸露背以表谢罪，立誓要改正错误，石奋这才同意原谅他们。石奋治家以孝顺和谦恭闻名于郡国，就连齐、鲁地区的一些儒者也都自认为比不上他。

当然，传统家庭道德中良莠并存，古人在教子实践中也有许多糟粕，如提倡“怒笞废于家，则竖子之过立见”“棍头出孝子”，在孝亲方面提倡“父叫子死，子不敢不死”的愚孝政策，这些当然为我们所不取。但是，传统家庭伦理注重父母对子女的爱和教、子女对父母的敬和养，则应当为我们所重视和发扬。

执子之手，与子偕老
——婚姻篇

择人以德为先

古人对婚姻非常重视，《礼记》云："夫昏礼，万世之始也。"[①]"昏礼者，将合二姓之好，上以事宗庙，而下以继后世也，故君子重之。"[②] 认为男女只有通过婚姻结合为夫妇，生儿育女，才能上承先祖，下传后世，使本家族得以延续。因此，在古代，婚姻被赋予很多的责任，孟子说："男女居室，人之大伦也。"[③]《礼记·昏义》中说："敬慎重正而后亲之，礼之大体，而所以成男女之别，而立夫妇之义也。男女有别，而后夫妇有义；夫妇有义，而后父子有亲；父子有亲，而后君臣有正。故曰：'昏礼者，礼之本也。'"婚姻被看成是君臣、父子、等级人伦之根本，是家庭伦理的基础。

在古代，婚姻要经过"父母之命，媒妁之言"，男女双方不能自由选择婚姻。《诗经》说："取妻如之何？必告父母。""取妻如之何？匪媒不得。"[④]《明会典·户口·婚姻》规定："凡嫁娶，皆由祖父母、父母主婚；祖父母、父母俱无者，从余亲主婚。其夫亡携女适人者，其女从母主婚。"没有父母等长辈主婚的婚姻，在法律上是无效的。婚姻需要经过"父母之命，媒妁之言"，体现了古人对婚姻的慎重，尤其是在古代结婚年龄偏小的情况下，长辈以自己的阅历、

① 《礼记·郊特牲》。
② 《礼记·昏义》。
③ 《孟子·万章上》。
④ 《诗经·齐风·南山》。

经验为自己的子女选择配偶，具有一定的合理性。另一方面，古代人际交往范围窄，媒人的作用就显得很重要，青年男女事先不能见面，而需经过媒人，关注是否有好名声，而名声往往就是德行的代名词。当然，由于父母过多的干涉，也会给一些美好的感情蒙上阴影，甚至酿成感情的悲剧。

林逋《省心录》中说“内睦者家昌”，夫妻的和睦恩爱成为中国传统家庭道德追求的重要目标。《尔雅·释名》中说：“夫妻，匹敌之意也。”《说文解字》亦云：“妇，与夫齐者也。”虽然古往今来人们在婚姻关系上往往面临着金钱、权势的诱惑，常常在利益、德才、容貌、感情之间徘徊，但古人认识到和谐的夫妻生活关系到两人一生的幸福，选择一个志同道合的伴侣，才能“夫妇上下，以和为安”①，“夫妇和而后家道成”②，若非如此，则会“夫妻反目，不能正室也”③。正因为如此，古人在选择配偶时形成了以德为先的标准：“好合以乐妻孥，择德以结婚姻。”④

古人对婚姻中的男女双方都提出了“德”的要求，由于在传统家庭中夫妻双方被赋予的责任不一样，这种“德”的标准也不一样。《管子·五辅》里说：“为人夫者，敦蒙以固；为人妻者，劝勉以贞。”吕坤在《闺范》中指出夫妻间要“夫义妇顺”。“义”就是德行的体现，即夫妻之间都要以义相待。丈夫不义，那么妻子就难顺从，妻子还应对丈夫的不义加以劝谏，这样夫妻才会“同心同德，亦有力焉”。

中国历史上有“四大美女”之说，同时也有“四大丑女”的说法。每当人们提到这几位“丑女”时，都是非常敬重的，因为她们虽然容貌不佳，但都具有良好的德行和过人的才华。这几位“丑女”正因为品德出众，找到了属于自己的那份幸福美满的婚姻，从她们的故事中，我们可以看到古人对婚姻择偶标准的价值取向。

---

① 《诸葛亮集》卷3，《便宜十六策》。

② 程允升：《幼学琼林·夫妇》。

③ 《周易·小畜·彖》。

④ 孙奇逢：《孝友堂家规》。

屈原《九章·惜往日》中说："妒佳冶之芬芳兮，嫫母姣而自好。"嫫母是传说时代的丑女。汉代王子渊《四子讲德论》中云："嫫母、倭傀，善誉者不能掩其丑。"就是说即便是最会赞美的人也不能用言语掩盖她们的丑陋。嫫母虽然长得非常难看，但为人十分贤德，因此，黄帝娶她为妻。据说黄帝败炎帝、杀蚩尤，都是因为嫫母内助有功。

人们常用"貌似无盐"来形容丑女，这里"无盐"指的是战国时齐国的钟离春。钟离春家在无盐，很有德才，但"极丑无双"，"凹头深目，长肚大节，昂鼻结喉，肥顶少发"，而且"皮肤烤漆"，所以年过四十还没嫁出去。一天钟离春闯入王宫，对齐宣王说要留在后宫。宣王见这个丑女很怪，就问道：我宫中侍女、妃子很多了，你这样的妇女在乡间都没有人要，为什么竟来找到本王宫廷，难道你有什么高才奇能吗？钟离春就慷慨激昂、有根有据地评论齐国政事，指出齐王四大方面的缺陷和过失，齐国已像累卵一样危险，而齐王却在苟且偷安，一味享受。齐王听了这番陈辞，受到很大的震动，于是听从钟离春做了一番政事改革，遣散了身边的奸邪小人，加强了国防力量。齐宣王立钟离春为王后，后来将无盐之地封给钟离春，封为无盐君。

梁鸿、孟光"举案齐眉"是美满夫妻的千古佳话。东汉文学家梁鸿少时家境贫寒，后受业太学，博览群书，富有才气，虽家贫而崇尚道德操守，由此而名声远播。一些世家大族慕其高洁，都愿意把女儿嫁给他，梁鸿都谢绝了。同县有一叫孟光的女子，虽"粗陋无比""肥丑而黑"，但德行修养却很高尚，有贤惠的名声。附近乡里很多向她求婚的，但她总是不愿意，已经三十了还不出嫁。父母问其故，她答道："必嫁梁鸿。"梁鸿听说孟家的女儿贤德，就备礼去求婚。婚后第二天，孟光换上粗布衣衫，操持家务。后随梁鸿隐居山中，男耕女织，吟诗弹琴，夫妇唱和，过着清贫而和谐的生活。后来，夫妻俩来到会稽郡，寄居在皋伯通家，受雇为人舂米，虽然梁鸿整天和受雇用被役使的人混在一起，但每次孟光送饭来，都恭敬地将盛着食物的盘子举到和眼眉一样高地奉上。皋伯通看到这情形，感慨地说，这人能让他的妻子对他如此恭敬，不是简单的人啊！

梁鸿、孟光相互间的礼和敬，确实是值得称道的。

据《世说新语》记载，晋代许允的未婚妻长得很丑。在婚礼上行完交拜礼之后，许允不肯进洞房，在别人的劝说下才进去，一见新妇的容貌拔腿又要往外跑，新妇拉住他的衣襟让他停下来。许允对新妇说：妇有“四德”，你符合几条？新妇说：我所缺的，仅仅是美好的容貌。而读书人有“百行”，您又符合几条呢？许允说：我百行具备。新妇说：百行德为首，您好色不好德，怎能说具备呢？许允哑口无言。从此夫妻相敬相爱，感情和谐。据史书记载，许允妻后来在处理许家发生的一些大事中，有胆有识，不让须眉。像这样因为有好的德行而相敬相爱的夫妻有很多，他们正因为重视的是品行才华，所以才不介意外表的美丑。

在古代，婚姻成为金钱、权势附属品的例子也有很多，特别是谈婚论嫁时讲究门当户对，常常把自然美好的情感淹没了。事实也告诉我们，那些完全以金钱、权势联系，而不注重双方德行、感情的婚姻多以悲剧收场。反观今天我们的婚姻生活，我们可以从古人的得失中得到许多启示。婚姻关系中出现诸多危机的原因很多，有的人对婚姻不慎重，把感情当儿戏；有的人选择配偶太过“实际”，羡慕金钱和权势，而建立在金钱、权势基础上的婚姻是不牢靠的；还有的人不去维护和巩固婚后的感情生活，只是一味索取，使最初积累的一点点情感基础丧失殆尽，家庭变成了争吵斗气的场所。其实，一个家庭幸福与否的标准不是财产的多少和门第的高低，而在于是否有着欢乐祥和的气氛。如果选择一个志同道合的人做终身伴侣，我们会获得命运最丰厚的赏赐；如果单纯把金钱和权势作为婚姻砝码，婚姻就成了金钱、权势的附属品，自然也无缘于感情生活的真谛。因此，只有那些把品格、情感作为婚姻基石的人，才有缘体味人生比翼连理的真意。

相敬相爱，相成如友

我国最早的诗歌总集《诗经》里有不少描述夫妻恩爱、和谐与眷恋的诗句，如《郑风·女曰鸡鸣》以纯朴的语言赞美了一对恩爱的夫妻："女曰鸡鸣，士曰昧旦。子兴视夜，明星有烂。将翱将翔，弋凫与雁。弋言加之，与子宜之。宜言饮酒，与子偕老。琴瑟在御，莫不静好。"从这首诗的字里行间中我们可以读出那种夫妻间深厚的情感，夫妻间不仅要相亲相爱，还要患难与共、相互砥砺，成就一番事业。这正是中国传统夫妻关系的精义所在。

中国古代常以"举案齐眉""相敬如宾"作为夫妻间关系的典范。"因人有夫妻相配，便教他以礼相合。夫妇……成后还要相敬如宾，相成如友，夫义妇顺，这叫做'夫妇有别'。"① 夫妻关系也是古人判断一个人德行好坏的重要依据。春秋晋大夫臼季出使时路过冀地，看到冀缺在田间除草，他的妻子送饭给他吃，态度恭敬，彼此相待就像客人一样。臼季认为冀缺不简单，就把他带回国都推荐给晋文公，臼季对晋文公说了他举荐冀缺的理由：恭敬是德行的集中体现，冀缺和他妻子之间都能够做到互相恭敬，这说明他一定有高尚的德行。只有具备高尚德行的人才能够很好地治理百姓，所以，请大王对冀缺委以重任。晋文公于是就让冀缺担任下军大夫。当然，在古代的政治环境下，古人从家国治理一体的角度来看待夫妻的情感生活，认为夫妻间也要遵守君臣之理，所以认为即便是夫妻，也要维持恭敬之理。今天，我们应该合理吸取古人夫妻互尊互敬的观点，不过夫妻间的尊敬必须建立在夫妻平等的基础上，对于古代讲求的"夫为妻纲"、片面贬低妻子地位的观点，则是应当为我们所摒弃的。

古人的夫妻观中还有许多值得我们提倡的地方。古人在强调夫妻间"敬"的同时，并没有抹杀自然的"爱"。虽然传统礼教说要"发乎情，止乎礼"，但是，古人并没有停止对爱情的浪漫追求与向往。古人的恩爱体现在生活的细节中，简单的日常行为中常常浸透着浓浓的情意。张敞是西汉宣帝时的京兆尹，为官清正，素有德行见识。他的妻子幼时受伤，眼眉有了缺陷，所以张敞每天早起替她

---

① 《颜元集·存人编·唤迷途》。

画眉后，才去上朝。当时长安城传说“张京兆画的眉毛最好”。“张敞画眉”后来成为夫妻恩爱的象征。晋代司徒王戎的妻子很爱丈夫，丈夫每天出门和回家她都要亲他一下。王戎说，妇人亲丈夫的脸，礼节上是不敬，以后不要这样了。妻子说：“亲卿爱卿，是以卿卿；我不卿卿，谁复卿卿?”意思是因为爱你，所以亲你；我如不亲，谁来亲你? 浓情真意，令人感动。

汉代秦嘉和妻子徐淑的爱情故事是中国古代文学史上的一段佳话。《玉台新咏》里记载了几首秦嘉和徐淑在分别时表达自己对对方的思念而写的诗。东汉桓帝时，秦嘉和妻子徐淑感情很深厚，秦嘉为郡上计吏，一次奉命前往京城洛阳，他派车去接徐淑，徐淑因病不能和他一起去。秦嘉看到车子空空而去，空空而归，心里十分苦闷与惆怅，于是作了《赠妇诗》四首表达这种心情，一首写道：“人生譬朝露，居世多屯蹇。忧艰常早至，欢会常苦晚。念当奉时役，去尔日遥远。遣车迎子还，空往复空返。省书情凄怆，临食不能饭。独坐空房中，谁与相劝勉? 长夜不能眠，伏枕独展转。忧来如寻环，匪席不可卷。”徐淑收到丈夫的诗后，写下了《答秦嘉诗》叙述自己的离愁与相思：“悠悠兮离别，无因兮叙怀。瞻望兮踊跃，伫立兮徘徊。思君兮感结，梦想兮容辉。君发兮引迈，去我兮日乖。恨无兮羽翼，高飞兮相追。长吟兮永叹，泪下兮沾衣。”诗中把徐淑对丈夫远离的眷恋、受苦的心疼、履险的担心和隐隐的忧患表达得淋漓尽致，情意缠绵。

李贽在《焚书·与庄纯夫》中说：“夫妇之际，恩情尤甚，非但枕席之私，亦以辛勤拮据，有内助之益。”的确，夫妻间不仅要恩恩爱爱，还应像好友那样相互砥砺，古人称这样的妻子为“贤内助”。在中国古代，那些深明大义、规劝丈夫改过的妻子都受到了赞扬，乐羊子之妻就是这样一个人。范晔在《后汉书·列女传》中记述了乐羊子之妻劝夫一心求学的故事。相传乐羊子年轻时，拾到一个金饼，回家后交给妻子，妻子说：我听说志向高洁的人不喝名叫盗泉的水，清廉的人不吃嗟来之食。拾到别人的东西来谋求私利，这样难道不怕玷污自己的品行吗? 乐羊子非常惭愧，就把金饼扔到了野外。乐羊子远行拜师求学，过了一年就回家了，妻子问他怎么这么快就回来了，乐羊子说：出门久了想家了，没有别的原因。妻子就拿起刀走向织布机说：这匹布来自蚕茧，一根根抽成丝，在机杼上一丝丝积累成寸，累寸不已成丈匹；学习也是循序渐进，才能成材啊！若是半途而废，与剪断机杼上的丝线又有什么两样呢？乐羊子听了妻子的话，很受启发，就立即又远行求师了，一连七年再也没回家，妻子在家纺绩以养家中老小，还省下钱供乐羊子求学。后来乐羊子经人推荐被魏文侯任为将军，封地于灵寿，子孙世代为将。

据《晏子春秋·内篇杂上第五》记载，晏婴是齐国的相，坐车出门，他的车夫的妻子从门缝里偷偷向外张望，看见她丈夫给齐相驾车，头顶上是马车的大车篷，用鞭子抽着四匹高头大马，一副洋洋得意、自以为了不起的样子。等车夫回家后，妻子就提出要离开他，车夫问为什么。妻子说：晏子高不满六尺，当了齐国的相，在诸侯中间名声响亮，今天我看他出门的时候，志趣高雅，态度沉着，总是很谦虚的样子。而你这个人有八尺高，在人手下驾车，但是看你的神气，却是很自满的样子，所以我要和你分开。听了妻子的话，车夫就改正了自己的态度，修养品性，慢慢变得志气高雅起来。晏婴发现了这一变化，感到惊讶而问他，车夫就如实回答了晏婴，晏婴就推荐他做了大夫。

汉朝王章的妻子也是一个贤内助。王章当年还是儒生时，在长安学习，一次生病，没有被子，只好睡在为牛御寒的蓑衣里面。他觉得自己活不下去了，哭着和妻子诀别。他的妻子气得呵斥他说：你在京师受尊重，哪个显贵人物能超过你？现在生病了，在艰难困苦中，自己不振作精神，反而痛哭流涕，多么浅薄，让人看不起啊！王章听了很是羞愧，重新振奋起来。后来王章被越级提拔，当了京兆尹。

执子之手，与子偕老

《诗经·邶风·击鼓》说：“死生契阔，与子成说。执子之手，与子偕老。”恩爱和好、不离不弃、白头偕老的夫妻关系是传统婚姻价值观的重要要求，对爱情的忠贞不移千百年来一直为人们所提倡与赞美。《周易·序卦》云：“夫妇之道不可以不久也，故受之以‘恒’。恒者，久也。”夫妻相爱贵在长久，爱之以恒的夫妻，不会因地位变化、贫富贵贱而移其爱。直到今天，那些被冠以“金婚”“银婚”之称，相爱长久的婚姻还一直为大家所称道。历史上就有很多关于夫妻恩爱相亲、富贵贫贱不移的例子。

春秋时期晏婴也是一位珍惜夫妻感情的人。齐景公有个女儿，想嫁给齐相晏婴。景公于是到晏婴家，借饮酒之机对晏婴说：你妻子又老又丑，我的女儿年轻漂亮，给你做妻子吧！晏婴惶恐而起身避席说：虽然是很老很丑，但晏婴已和她共同生活多年，曾经历过她年轻漂亮的时候。女人在年轻美貌嫁你时，就将自己的老年托付给你了。我也接受了我妻子所托，所以君王虽有恩赐，却不能让我背弃托身之请。我们常说的“糟糠之妻不下堂”，说的是东汉宋弘的故事。东汉初期的名吏宋弘以清节威德著称于世，他做大司空的时候，光武帝刘秀的姐姐湖阳公主新寡，武帝和她谈起群臣，想了解她想再嫁给一个什么样的人。湖阳公主说：大司空宋弘威容德器，群臣莫及。光武帝说：我去问问他。于是刘秀召见宋弘，光武帝试探着对宋弘说：谚语说贵易交，富易妻，这是人之常情吧！宋弘答道：臣闻贫贱之妻不可忘，糟糠之妻不下堂。光武帝于是对湖阳公主说：看来这事成不了！无独有偶。尉迟敬德是唐初的一位大将，唐太宗李世民有一次对尉迟敬德说：朕想把女儿嫁给你，好吗？敬德叩头致谢道：臣妻虽然粗鄙丑陋，但和臣一直是贫贱与共。我虽然见识不多，但也知道古人富不易妻的道理，让我另娶，不是我所愿意的！唐太宗便尊重了尉迟敬德的意愿，不再勉强他。

像晏婴、宋弘、尉迟敬德这些珍惜感情、不因富贵而变心的人一直为人们所颂扬。当然，历史上也有不少见异思迁、寡恩薄情的人，古人对这种行为进行了严厉的鞭挞。从古至今，夫妻恩爱一直为人们所追求，“执子之手，与子偕老”是每对相亲相爱的人的梦想，一旦一方不幸早亡，另一个便成了单飞的孤雁，凄凉而哀伤。

在古人留下的大量描述对已故配偶思念怀恋的作品中，夫妻间纯洁的爱情也跃然于字里行间，许多作品至今仍是千古绝唱，为人们传颂和体味。

苏轼十九岁时与进士王方的女儿王弗结百年之好。王弗相貌清秀，温文儒雅，知书好学，更为难得的是秉性善良、品行端正。王弗来到苏家后，上奉婆母，下顾小叔，挑起维持家计的重担。每到晚上，总陪伴丈夫读书和谈论文章，日子虽苦，但和睦融融。苏轼二十二岁高中进士，出任福昌主簿，后回京城为官，王弗跟随丈夫，料理家务。不久，苏轼因反对王安石变法，写诗讽刺王安石新法，被捕入狱，后被贬黄州，与王弗相依为命。然而，不幸的是王弗一病不起，死时仅二十七岁。从此，伴随着仕途的坎坷，失去妻子的苏轼经历着接二连三的打击，不再有人与他分忧解难了。1075 年（宋神宗熙宁八年），屡遭贬谪的苏轼又一次徙往密州，这年正是王弗的十年忌辰，苏轼作了一首《江城子》，表达了对爱妻的怀念："十年生死两茫茫，不思量，自难忘。千里孤坟，无处话凄凉。纵使相逢应不识，尘满面，鬓如霜。　夜来幽梦忽还乡，小轩窗，正梳妆。相顾无言，惟有泪千行。料得年年断肠处，明月夜，短松冈。"

这首词充分抒发了诗人的爱妻情怀。然而，苏轼后娶王弗堂妹王润之为妻，她也是一位贤淑的女性，追随苏轼宦海浮沉，四处奔波，历尽苦难。二人相爱二十五年后，王润之于四十六岁时病逝于京师。这对苏轼又是莫大的打击，在其《祭亡妻同安郡君文》中，悲伤地说："已矣奈何，泪尽目干。"

唐朝诗人元稹《离思》中有句脍炙人口的诗句："曾经沧海难为水，除却巫山不是云。"历代常被用来形容对感情的执着。但是对于宋代著名词人李清照来说，到哪里才能寻回她曾拥有的感情生活呢？李清照与丈夫赵明诚情投意合，生活非常幸福，她前期写了许多表现悠闲生活的词来抒发自己的喜悦之情。然而丈夫先她而去，李清照带着从前与丈夫收集的古董珍玩辗转流离，独受相思孤独之苦，从此词风大变，多悲叹身世，苍凉沉郁，《声声慢》一词，就是她后半生感情生活的真实写照："寻寻觅觅，冷冷清清，凄凄惨惨戚戚。

乍暖还寒时候，最难将息。三杯两盏淡酒，怎敌他、晚来风急。雁过也，正伤心，却是旧时相识。　满地黄花堆积。憔悴损，如今有谁堪摘。守着窗儿，独自怎生得黑？梧桐更兼细雨，到黄昏、点点滴滴。这次第，怎一个愁字了得。”读来令人黯然神伤。

少壮不努力，老大徒伤悲
——少年篇

自古英雄出少年

“自古英雄出少年。”在中国古代，有许多人在少年时代便已崭露头角，显示出过人的才能，有的甚至建功立业，令人赞叹。这样的例子各个时期都有很多。

有的人自小就表现出对事物深刻的理解力，不由让人惊奇和感慨。据《列子·说符第八》记载，春秋末年齐国大贵族田成子有一次祭祖，食客有上千人之多。有个食客恭恭敬敬地给田成子献上鱼和雁，田成子便借题发挥，大发感慨：老天爷对人真是恩深德厚啊！繁殖了五谷，又生长了鱼鸟供人享用。座中的客人随声附和，声音大得简直就像深谷里的回声一样。鲍家有个小孩才十二岁，也在席间做客，他站起来说道：其实并不是像你说的那样。天地万物原是和我们一同生长，属于同一类的东西，无所谓贵贱，只是由于大小、智力不同而相互制约、交相吃食，并不是这一类专为另一类而生存。人们只取可食的东西而食，难道天的本意是为了人而生它的吗？况且蚊虫叮咬人的皮肤，虎狼吞食肉类的东西，难道天的本意是为蚊虫生人、为虎狼产肉吗？他的言行让在座的宾客惊叹不已。

有的少年不仅胆识过人，更具有独到的政治远见，让成年人也倍感汗颜。甘罗就是这样的例子。据记载，战国末秦国的甘罗，是左相甘茂的孙子。秦始皇在统一六国的过程中，用的是远交近攻的战略，挑起六国之间的猜疑和矛盾。为此，秦始皇派了许多使臣到六国去游说。这一年，秦始皇打算派一个叫张唐的大臣出使燕国和赵国，张唐有些害怕，推脱半天不肯领命。秦始皇正在犹豫之际，大殿里有一少年大声说：大王，让我出使赵国吧，我一定完成使命！秦始皇一看，原来是十二岁的甘罗。秦王问：你小小年纪，见了赵王说些什么？甘罗说：使臣出国，重任在身，应对答辩要随机应变，哪能现在就定好说些什么呢？秦王很欣赏甘罗的勇气和胆识，就任命他为使臣，带上十辆车和一百人出使赵国。赵王听说秦国使臣来访，亲自出城迎接，当他看见一百人簇拥着一个黄发垂髫的孩子，怀疑是有人同他取笑。当甘罗郑重地拿出国书递给赵王的时候，赵王才惊疑地问道：小先生光临敝国，有何贵干呢？甘罗说：秦国要拉拢燕国，准备派人去当燕国的宰相。燕、赵两国素来有仇，如果秦、燕联合，赵国就很危险了。其实，秦国想拉拢燕国，目的只是取得赵国河间一带的几座城池。如果大王肯将这几座城让给秦国，秦国就会和赵国友好而共同对付燕国，赵国可以攻打燕国，夺得比河间几座城池更多的地方。您权衡一下利弊再做出决断吧！赵王畏惧秦国的势力，甘罗又说得有理有据，于是赵王就答应了甘罗的要求，把河间一带五座城池的地图和户口交给了甘罗，还赠给甘罗百金和两对玉璧。秦王对甘罗的表现非常赞赏，封甘罗为大夫，不久又提拔为上卿，把当年封给甘茂的田宅都赐给了甘罗。

康熙皇帝是历史上很有作为的帝王之一。他卓越的政治才能在他的少年时代便得以显现和经历了磨炼。康熙帝即位时年仅八岁，虽然贵为一国之君，但周围险恶的环境却对这位少年天子提出了严峻的考验：南明势力尚未完全消灭，吴三桂、尚可喜、耿精忠三藩割据势力恶性膨胀。在朝堂之内，更有辅政大臣鳌拜嚣张跋扈，广植党羽，独断专行，企图将康熙帝变成任凭自己摆布的傀儡。面对如此险恶的局面，少年康熙显示出自己特殊的领导才能，1669 年（康熙八年），十五岁的康熙在亲政后的第三年就以迅雷不及掩耳之势逮捕了鳌拜，翦灭了鳌拜集团。此后，为了统一，他毅然下令削藩，历经八年鏖战，于 1681 年（康熙二十年）平定三藩，不久又统一台湾，掀开了清史上壮观的“康乾盛世”帷幕。而这时康熙帝也只有二十多岁。

还有许多少年才子，在文学等方面表现出过人的才华，他们的诗文有的到今天还广为流传。唐代经济、文化空前发达，这样的年少才子不断涌现，刘晏就是其中的一位。刘晏小时候十分聪明，出口成章。一次唐玄宗从东都洛阳去山东泰山封禅祭天，经过兖州的时候，刘晏呈上一篇名为《东封书》的文章献给玄宗。玄宗看了后觉得写得很好，当他得知幼童年仅八岁后十分惊奇，就让张说当场出题考刘晏。张说是当时有名的文豪，刘晏虽小，但在他面前毫不胆怯，对答如流，满座公卿交口称赞。张说高兴地说："此乃国瑞也。"就这样刘晏被带到京师长安，授予秘书省正字之职，名震一时。唐朝像刘晏这样的神童还有很多，如白居易五岁作诗；王勃六岁善辞章，九岁读通《汉书》，十四岁时诗名已冠天下；杜牧十五岁时遍读祖父留下来的丰富的历代史书，小小年纪就对古今治乱、兴亡、得失及天下态势颇有研究；骆宾王七岁赋诗；王维九岁知属辞，工草隶，通音律；李白十岁通五经；杨炯十一岁举神童，授校书郎；元稹九岁工属文，十五岁为明经博士；等等。这些少年都是因为有着不凡的才华而受到人们的关注与赞赏，从而成就了终生的事业。

古人学问无遗力，少壮功夫老始成

少年时光是美好而令人怀念的。古往今来，有多少名人用说不尽的美好语言赞美它，讴歌它；又有多少人怀着惋惜的心情，发出因虚度青春而感到怨悔的慨叹。"青春须早为，岂能长少年。"① 少年时代是学习新知识、接受新事物的大好时光，古人认为少年时要珍惜时间，努力学习，为将来打下一个好的基础。"劝君莫惜金缕衣，劝君惜取少年时。"② "年少当及时，蹉跎日就老。"③ "白日莫闲

① 孟郊：《劝学》。
② 无名氏：《金缕衣》。
③ 《汉乐府·子夜歌》。

过，青春不再来。”① “少年易老学难成，一寸光阴不可轻。”② 这些都是千古流传的告诫少年人要珍惜时光的诗句。光阴一去不复返，这是大自然的客观规律。“少壮不努力，老大徒伤悲。”③ 年少时不珍惜时间、发愤图强，到了年老时一事无成，将后悔莫及。

《荀子·法行篇》中说：“少而不学，长无能也。”即便是少年时有着超人的天赋，不学习将来也将一事无成。俗话说：“小时了了（聪明），大未必佳。”有的人从小聪明，大了却与常人无异，为什么这样呢？主要是他们虽然天资聪颖，但后天没有持续学习进取。“少有所得，则欣然以天地之美为尽在己，自以为至足，乃是自暴自弃。”④

王安石在《伤仲永》中讲了这么一个故事：宋代江西金溪县有一个名叫方仲永的孩子，五岁能作诗，被人们称作“神童”。他的父亲经常带着他去会客，以博取溢美之词。方仲永十二三岁时，王安石见到他，发现他的诗已不怎么好了。七年以后，王安石又得知这位“神童”“已泯然众人矣”。孩子早慧，自然会得到父母亲朋的夸奖，这是正常的，但方仲永的父亲却以此为满足，没有继续培养他，终于使孩子不思进取，丧失了成才的机会。

同样是小时候很聪颖，有的人加上后天的努力，长大后取得了更大的成就。著名诗人李贺就是如此。据《新唐书·李贺传》记载，李贺“七岁能辞章”，韩愈、皇甫补阙听到后不相信，一次经过李贺家，便让李贺赋诗。李贺很快就根据韩愈、皇甫补阙二人来他家的事情作了一首《高轩过》，下笔飞快，就像事先知道题目一样。韩愈、皇甫补阙二人大惊，从此李贺更有名了。其实，少年李贺的过人才华并不是他仅仅依靠天资聪颖得到的，刻苦和勤奋更是助他走向成功的重要工具。据李商隐给李贺作的小传说，李贺常带着小僮，骑着驴子，背着一只破旧的布袋，得了诗句就记下来投入袋中，可

① 林宽：《少年行》。
② 朱熹：《偶成诗》。
③ 《汉乐府·长歌行》。
④ 《宋元学案》卷42。

见李贺学习多么用功。李贺年少时曾在《嘲少年》中吟叹道：“少年安能长少年？海波尚能变桑田。”正是因为他看到了珍惜韶华的重要性，才愈加努力学习，终于取得卓越的成就。

宋代著名文学家杨亿幼时就聪慧异常，刚学会说话，母亲教他读书，随即成诵。七岁便能写文章，与客人谈论，有如成人，因此便有了神童的名声。十一岁时，宋太宗闻其名，下诏令江南转运使张去华试他的词艺，试诗赋五篇，下笔立成。太宗看了文章，深为赏识，令人把杨亿送到中书省，又当即赋诗一首，被授秘书省正字。后试翰林，赐进士第，升光禄寺丞，真宗时官至翰林学士。其实，杨亿虽然先天聪明，但他后天的勤奋好学，起着更主要作用。杨亿自被授秘书省正字后，仍读书日夜不息，手不释卷，不离笔墨，即使与客谈笑，也挥翰不辍，这是保证他最终取得成功的因素。

司马光七岁时就以聪明著称，而且少年老成，很喜欢听先生讲解《左氏春秋》，已能知晓大义精髓。他虽天资聪明，却总觉得自己不如别人，他认为自己记忆力不好，每当老师讲完书，哥哥、弟弟跑到园子里玩的时候，他就关上门窗，独自一遍一遍地高声朗读起来，非读得滚瓜烂熟不可。司马光做官后，少年时代的勤奋精神一直被保持着，他每天读书和写作都要到深夜，往往因劳累过度而睡着。为了不影响读书和写作，他还特意用木头做了一个光溜溜的枕头，起名为“警枕”，困倦时，就用它当枕头睡会儿，只要一翻身，圆木枕头就会滚到地上发出响声，这样，他就会被惊醒，起来继续看书。这个方法，直至他以后修《资治通鉴》时仍然在使用。

莫等闲，白了少年头，空悲切

诸葛亮《诫子书》中说：“才须学也，非学无以广才，非志无以成学。”《韩诗外传》也说：“剑虽利，不厉不断；材虽美，不学不高。”史实早已说明，成功绝对不是只青睐于天资聪慧者，对于在困境中成长的少年人而言，不懈的奋斗同样可以使自己成就伟大的事业。可以说，历史上大多数名人的成功来源于他们少年时代的刻苦学习和对志向的不懈追求。

南朝沈约为“竟陵八友”之一，被誉为当时文坛领袖、一代宗师。沈约幼年家贫，与母亲相依为命。他笃志好学，昼夜手不释卷，母亲担心他过度劳累而生病，常常为他减油灭火。于是沈约改为白天读书，夜间背诵。他少年时常为南朝宋无全史而感遗憾，二十多岁时，便有撰述之意。后来他写了《宋书》，对史学研究贡献很大，他在诗歌上的造诣也颇深，与人共创“永明体”，推动诗歌由古体向近体发展。这些都归功于他从小勤奋不懈的努力。

《礼记·学记》中说：“玉不琢，不成器；人不学，不知道。”杰出的文学家、哲学家韩愈三岁丧父，自幼由哥哥韩会抚养。十岁时，随着被贬官的哥哥流落到韶州，哥哥死后，嫂嫂对他辛勤抚育。韩愈从小立志刻苦学习，经常是黎明即起，太阳一出便伏案读书，连饭也顾不得吃，读到太阳落山之后，就点起油灯继续读，直到深夜。经过少年时代的努力，韩愈读了很多书，学识大有长进，成为“唐宋八大家”之首。即便是为官从政后，韩愈仍像少年时代那样勤奋好学，虽然公务繁忙，可他“酷好学问文章，未尝一日暂废”。韩愈自己笃志好学，并也以此勉励后生晚辈，他说：“业精于勤，荒于嬉；行成于思，毁于随。”学习要“焚膏油以继晷，恒兀兀以穷年”①，也就是要点起油灯接替阳光，一年到头夜以继日地勤奋学习。

少年时代正是求学的好时光。“少年辛苦终身事，莫向光阴惰寸功。”② 少年时代的努力是为一生做准备的，在学习上必须下苦功夫，才能有所收获。朱熹说：“大抵为学虽有聪明之资，必须做迟钝功夫，始得。”范仲淹也是一个懂得珍惜少年光阴、刻苦求学的人，在他不到两岁时，父亲去世，接着母亲改嫁，家境艰难。十岁那年，范仲淹离家住到一寺庙的僧房，在那里发奋苦读。他每天煮一大碗

---

① 韩愈：《进学解》。

② 杜荀鹤：《题弟侄书堂》。

稀粥，等到放凉凝结后，再用刀子把它划成四块，早晚各吃两块，也不烧火炒菜，只切几条咸菜就把稀粥吃下去，之后又埋头读书。寺里僧人称赞他说：你小小年纪，就懂得这样发奋读书，而且生活上又不怕艰苦，真是难得啊！十九岁的时候，范仲淹来到名师济济、天下闻名的南都学舍。他昼夜苦读，废寝忘食，冬夜就用凉水洗脸，清醒一下头脑，肚子饿时，就喝一点凉稀粥充饥。南都留守的儿子是范仲淹的同窗，送食物给范仲淹吃，后来发现都原封未动，就责备范仲淹说：你怎么有好吃的食物摆着不吃，还是喝稀粥呢？难道是怀疑我父亲的用心吗？范仲淹答谢道：我多年来一直喝粥，已经成为习惯了，而且我怕会养成贪吃的毛病，将来吃不得苦，这样追求事业的志向就会懈怠下去。我不是不领会令尊的厚意啊！后来范仲淹考取进士，成为北宋著名的政治家。

正因为“少壮功夫老始成”①，许多古人都重视孩子的学习，使他们趁着年少光阴为将来打下良好的基础。孟子少年之时，一次还没到放学时间就回了家。孟母正在织布，问他说：怎么今天放学这么早？孟子支支吾吾，好一会儿才说：还没放学，是我自己回来的。孟母没说话，走到织布机前，用剪刀把机上的布剪断。孟子战战兢兢地问母亲为什么这样做，母亲说：你荒废学业，就像我割断这布匹一样，半途而废，什么也做不成啊！孟子听了母亲的话，从此日夕诵读，勤学不懈，终成天下名儒，被称为“亚圣”。

清初文豪毛先舒，自幼勤奋苦学，对音韵学颇有研究，而且也能诗文，一生所著颇丰，与毛奇龄、毛际可齐名，时称“浙中三毛，文中三豪”。他以自己的经历感受，在《与子侄书》中劝告子侄：“年富力强，却涣散精神，肆应于外。多事无益妨有益，将岁月虚过，才情浪掷。及至晓得收拾精神……而年力向衰，途长日暮，已不堪发愤有为矣。回而思之，真可痛哭。汝等虽在少年，日月易逝，斯言常当猛省。”劝勉少年时应珍惜时间，以免等到太阳快下山了，而要做的事业离成功还很遥远。的确，人少年时就像春天一样阳光

---

① 陆游：《冬夜读书示子聿》。

明媚，但春光易逝，如果不趁此大好时光努力学习、认真工作，一旦黑发变白、红颜衰老，过去的好时光一去不复返，而自己既无知识也无技能，此时后悔哪里来得及呢！必须珍惜少年时的光阴，并且修养自己的品性，以免“白了少年头，空悲切”。

老骥伏枥，志在千里
——老年篇

莫道桑榆晚，微霞尚满天

在中国传统文化里，老年意味着丰富的经验和学识，意味着成熟与睿智。王安石在《孤桐》中说：“岁老根弥壮，阳骄叶更阴。”老年人有着丰富的人生阅历，就像树木年轮越多，根基越壮，日晒越暴烈，枝叶也越茂盛，所以古人认为老年人应“老当益壮”。“莫道桑榆晚，微霞尚满天。”[①] 理想和追求不能因为年龄的关系而停顿和放弃，一个人在人生的任何阶段都应该有积极的人生态度，永远不倦地追求。

三国时期曹操就是一位积极进取、不服老的人。207年（建安十二年），曹操大败北方袁绍等豪强集团后，乘胜远征乌桓。乌桓主要居住在辽西、辽东和河北东北部，曾屡犯中原。这年七月，曹操率兵打败乌桓，回师途中，路经渤海之滨的碣石山，曹操想起自己已经五十三岁了，而比自己年轻的谋士郭嘉年仅三十八岁却已离世，不禁生出感慨，写下了著名的《步出夏门行》，其中一首《龟虽寿》表达了曹操人老心不老的壮志豪情。诗中写道：“神龟虽寿，犹有竟时。螣蛇乘雾，终为土灰。老骥伏枥，志在千里。烈士暮年，壮心不已。”据《世说新语・豪爽》记载，东晋大将军王敦每次喝了酒，以如意敲打着唾壶吟读这首诗时，都深深被“老骥伏枥，志在千里。烈士暮年，壮心不已”所感动，不知不觉把壶口都敲得粉碎。

---

① 刘禹锡：《酬乐天咏老见示》。

“丈夫为志，穷当益坚，老当益壮。”这是东汉名将马援所说的话，也是他慷慨激昂一生的写照。马援十二岁时父母双亡，依靠兄长生活。长大后做了个小官，因为同情一个犯人而把他私下放了，自己因此丢了官。后来马援专心农牧，成了一个大地主，有牛马羊数千头，谷数万斛。不久他感慨地说，有了财富，应该用来赈济别人，否则便成了守财奴。于是马援尽散钱财，自己仍旧过着朴素的生活。他常对宾客说：“丈夫为志，穷当益坚，老当益壮。”意思是说，大丈夫的志气，应当是穷厄的时候更要坚定不移，老了的时候更应壮志不衰。后来马援跟随光武帝刘秀征战，立下汗马功劳，授伏波将军。人们都来祝贺马援，认为这下他可尽享富贵，而马援却说：“男儿要当死于边野，以马革裹尸还葬耳，何能卧床上在儿女子手中邪?”威武将军刘尚在武陵五溪一带打了败仗，全军覆没。马援得到这个消息，便主动要求上前线去，那时马援已经六十二岁了。光武帝认为他年纪老了，没有批准他的要求，他不服，当场披甲上马，在马上挺胸昂首，挥舞兵器，十分威武。光武帝也不禁赞叹：“矍铄哉是翁也!”马援于是带领军队，开往战地去了。他在作战时因为士兵传染疫病的很多，战斗十分艰苦，这位身经百战的老将自己也得了重病，但他还是坚守前线，不肯离开部队，最终病逝于疆场，完成了马革裹尸的壮志。

在古人眼里，年龄不是阻碍前进的因素，也不是放弃人生追求的理由。叶公曾经问子路，孔子是什么样的人，子路当时没有回答。孔子听说后，就对子路说：你为什么不告诉他，我就是“发愤忘食，乐以忘忧，不知老之将至云尔”的人啊！孔子这种活到老、学到老的积极的人生态度，激励了历代无数的仁人志士。的确，学习是没有时间早晚之分的。刘向《说苑·建本》记载这样一件事：晋平公想学习但恐怕自己年纪大已经迟了，就问盲乐师师旷：我现在七十岁了，还想学习，恐怕是晚了点吧！师旷说：您为什么不点燃蜡烛照明呢？晋平公说：哪有做人臣的与国君开玩笑的呢？师旷说：我怎敢与国君开玩笑？我听说年少而好学习，如早晨初升的太阳；壮年而好学，就像升入中天的阳光；老而好学，如点燃蜡烛的光亮。

点燃蜡烛照明，不是比在黑暗中行走要好得多吗？师旷说的话是对的，学习早当然是好，早学可学得多，但晚年学习总比不学习好，晚年学习像点燃蜡烛之光，比不学而在黑暗中行走好，甚至有的人虽然学迟了，却能奋起直追、后来居上。

历史上有的人虽在年老时遭受挫折，但仍不放弃理想和追求，明末清初史学家谈迁就是这样的代表。谈迁自幼勤奋，立志要编写一部真实可靠的史书。他从二十九岁开始，用了整整二十七年的时间，写成了一部明朝编年史《国榷》。不幸的是，一部五百多万字的手稿在一天夜里被人全部偷走。如此沉重的打击并没有动摇谈迁的信念，年近花甲的谈迁发愤重写，苦斗六年，终于完成了第二稿。当时谈迁身体已很不好，但由于崇祯朝的史事还不够丰富，有的也不够准确，他就拖着病弱之躯，不远千里到北京做实地调查。还访问了许多明朝的降臣、皇族、宦官，又亲自考察历史古迹，掌握了大量的第一手资料。回去后，又经过三年的时间修订充实，《国榷》才正式定稿。

像以上的事例在中国历史上还很多。我们从中可以领略到那种积极的人生态度和“一息尚存，此志不懈”① 的进取精神。

古来存老马，不必取长途

老年人虽然年纪大了，但仍旧有着机敏的精神状态和活跃的思维能力，他们丰富的人生阅历和智慧是年轻人所无法比拟的。《韩非子·说林上》中说：“管仲、隰朋从桓公伐孤竹，春往冬反，迷惑失道。管仲曰：‘老马之智可用也。’乃放老马而随之，遂得道。”古人就用“老马识途”来比喻老年人有着丰富的见识和经验。南朝梁陈时诗人沈炯写过一首《咏老马》诗：“昔日从戎阵，流汗几东西。一日驰千里，三丈拔深泥。渡水频伤骨，翻霜屡损蹄。勿言年齿暮，

① 胡居仁：《居业录》卷3。

寻途尚不迷。”诗人劝人们不要只看到年老，还要看到，老人饱经坎坷、深历世事，有他们的指点是不会迷失方向的。因此，古人认为应该从老年人的身体条件出发，扬长避短，用其所长。杜甫有一首诗说：“江汉思归客，乾坤一腐儒。片云天共远，永夜月同孤。落日心犹壮，秋风病欲苏。古来存老马，不必取长途。”① 虽夕阳西下，诗人并不哀叹晚景暮年，仍然心怀壮志，面对秋风落叶，自信病会好转，虽然年老，仍能发挥作用。《新序・杂事五》记载说，春秋时期，鲁国的楚丘先生已有七十岁了，行走都不大方便。他求见孟尝君，想要快步趋前行礼而不能。孟尝君就有些看不起他，对他说：“先生老了，年事已高，能有什么向你请教呢?”楚丘先生听了，连声责问：咦！你是要我跟车马赛跑吗？你是要我远距离投石吗？你是要我逐鹿斗虎狩猎吗？那样的话，我早已死了，更不用说我有多大年纪了！但是，让我分析形势游说诸侯，出主意为决策作参考，那么我的年纪正当年，何老之有？孟尝君听了，面有愧色，赶紧站起来迎接楚丘。楚丘先生后来在齐鲁战争中分析、预言战势的变化，为战争的胜利起了重要作用。

在古代，“贤”一般只用在老人的身上，可以说是老人的代名词，中国历代的太师、太傅给予帝王的最重要的训导莫过于任人唯贤了。春秋时期齐国的国君派十六岁的太子子奇去治理阿县，做出决定后很快便因为顾虑他太年轻而反悔，于是急忙派使者追赶，并嘱咐使者说：如果子奇还没有到达，就让他回来；如果已经到达就算了。使者虽然半路就追上了，但后来却独自返回。国君责问使者为什么不把子奇召回来，使者回答说是因为看见子奇的车上载着好些白发老人，就没有把太子叫回来，使者说：“夫以老者之智，以少者决之，此必能治阿矣!”国君听了这个理由也十分信服。上了年纪的人，饱经人世沧桑，积累了丰富的人生经验。年轻人虽然脑子转得比较快，但是在许多方面远远赶不上老年人。所以年轻人应当敬重长者，多虚心向他们请教，有他们的指点，年轻人就会少走很多

① 杜甫：《江汉》。

弯路，不会迷失方向。

养怡之福，可得永年

“盈缩之期，不但在天。养怡之福，可得永年。”① 就是说虽然寿命的长短不能决定，但身心修养得法，也可以延年益寿。随着年龄的增大，老年人身体状况会不如年轻的时候，更要注意身体的保养。《南史·僧虔传》记载说，南朝刘宋时有位叫刘镇之的人，三十来岁得了重病，预备好了棺材等死，结果他的病很快就好了，后来活到九十多岁。毛泽东曾对曹操上面这四句诗做了批注，意在说明人寿盈缩，不在天命，而在自身是否能够宽心养怡。

中国古代就很重视养生之道，有着丰富的养生理论和方法，认为养生包括养心和养身两个方面内容，这实际上是把道德修养和身体保健结合起来。以孔子为代表的儒家主张修德以养心，孔子说“知者乐水，仁者乐山；知者动，仁者静；知者乐，仁者寿。”② “君子有三戒：少之时，血气未定，戒之在色；及其壮也，血气方刚，戒之在斗；及其老也，血气既衰，戒之在得。”③ 《礼记·大学》也有类似的话：“富润屋，德润身，心广体胖。”荀子也认为：“以治气养生，则后彭祖；以修身自名，则配尧、禹。”④ 以道家思想为主要内容的《淮南子》也认为：“治身，太上养神，其次养形……神清志平，百节皆宁，养性之本也；肥肌肤，充肠腹，供嗜欲，养生之末也。”⑤ 把德行修养看成是养生的基础和根本。

孙思邈是著名的医学家，深谙养生之道，他认为：“德行不克，纵服玉液金丹未能延寿。”⑥ “常念善勿念恶，常念生勿念杀，常念

---

① 曹操：《龟虽寿》。
② 《论语·雍也》。
③ 《论语·季氏》。
④ 《荀子·修身篇》。
⑤ 《淮南子·泰族训》。
⑥ 孙思邈：《千金要方》。

信勿念欺。”① “性既自善，内外百病皆悉不生，祸乱灾害亦由天作，此养性之大经也。”② 这是把养生上升到了道德修养高度，以“正思”“正念”引导身体的和谐。孙思邈非常重视医德修养，《千金要方》开卷之首的两篇专论，就是他为医者树立的医德规范，对后世医家注重医德培养产生了良好的影响。孙思邈同时身体力行，淡泊名利，不仅寿享高龄，而且活得健康快乐。孙思邈于682年（唐高宗永淳元年）逝世，享年一百零一岁。

道家主张少私寡欲，恬淡虚静。《老子》说：“见素抱朴，少私寡欲。”《庄子》说：“平易恬惔，则忧患不能入，邪气不能袭，故其德全而神不亏。”③ 理学家朱熹强调老年人要注意调理性情：“心有喜怒忧乐则不得其正，非谓全欲无此，此乃情之所不能无。但发而中节，则是；发不中节，则有偏而不得其正矣。”④ 《抱朴子》说：“养生以不伤为本。”⑤ 强调要保持心境的平和，清心寡欲，安神养脑。“恼一恼，老一老；笑一笑，少一少。”⑥《黄帝内经》里也主张恬静以养生：“虚邪贼风，避之有时；恬惔虚无，真气从之；精神内守，病安从来？是以志闲而少欲，心安而不惧，形劳而不倦。气从以顺，各从其欲，皆得所愿。”⑦ 中医认为人与自然是一个统一整体，因此要做到天人相应，要顺应四时气候春生、夏长、秋收、冬藏的规律，以调节机体的阴阳，不可与之相悖，做到春夏养阳、秋冬养阴。“智者之养生也，必顺四时而适寒暑，和喜怒而安居处，节阴阳而调刚柔。如是则僻邪不至，长生久视。”⑧ “起居时，饮食节，寒暑适，则身利而寿命益。”⑨ “冬不欲极温，夏不欲穷凉。”⑩ 另外，

---

① 孙思邈：《千金翼方》。
② 孙思邈：《千金要方》。
③ 《庄子·刻意》。
④ 《朱子语类》卷16。
⑤ 葛洪：《抱朴子·内篇·极言》。
⑥ 钱大昕：《恒言录》卷6。
⑦ 《黄帝内经·素问》。
⑧ 《黄帝内经·灵枢·本神》。
⑨ 《管子·形势解》。
⑩ 葛洪：《抱朴子·内篇·极言》。

还要注意身体保健，防微杜渐，即中医所称的“防传变”思想，自觉遵循这些养生的基本原则，修德以养心，节欲以养身，“形与神俱”，动静适宜，就可达到健身祛病、延寿益智的目的。

在家庭中，晚辈有照顾老年人的责任，应当关注长者的衣食起居。《礼记·内则》说：“五十始衰，六十非肉不饱，七十非帛不暖，八十非人不暖。”晚辈不仅要让老人吃好穿好，而且还应针对老人的具体生活状况对其关怀备至。孔子认为仅养老而不敬老，还不是真正的孝，因为：“至于犬马，皆能有养；不敬，何以别乎？”① 孟子提出的社会道德要求是：“老吾老以及人之老，幼吾幼以及人之幼。”② 每个人都要像关心照料自己老幼一样关心照料他人的老幼，这样社会就充满了情与爱，实现老有所养，老有所安，老有所敬。老人饱经人世沧桑，积累了丰富的人生经验，晚辈应当虚心请教，铭刻在心，作为指导自身、教育后代的宝贵财富。

---

① 《论语·为政》。

② 《孟子·梁惠王上》。

李文海文集

卷四

《李文海文集》编委会　编

中国人民大学出版社
·北京·

《李文海文集》

编委会

在中国人民大学六十周年校庆上发言

中国史学界第六次代表大会主席团

目　录

危机感从何而来？*

前些时候，关于存在不存在“史学危机”的讨论，曾经颇热闹了一阵。由于对“危机”含义的解释和理解各不相同，自然对有无的问题也就很难得出大体一致的看法。不过有一点至少是确凿无疑的，那就是史学界确有相当一部分同志存在着一种危机感。据我的记忆，公开喊出“史学危机”并把这一口号登到报章杂志上，这在中华人民共和国成立以来还是头一回。

与此同时，还有另外一点同样确凿无疑的事实：正是在党的十一届三中全会以后的这一段时期，历史科学的研究取得了前所未有的进展。不论是发表论文和出版著作的数量，还是研究领域和研究视野的扩展；不论是讨论问题的广度和深度，还是正常的学术争鸣气氛的形成；不论是大量新史料的发掘整理，还是对某些重大史实的考订纠谬，在很多方面都取得了突破性的成就。这一点，应该说也是有目共睹的。

因此，在回答有没有“史学危机”之前，我们不妨先来分析一下上述矛盾而有趣的现象：为什么正是在中华人民共和国成立以来史学研究处于最好的时期，“史学危机”的呼声恰恰喊得最响？我以为，这种现象并不是无缘无故地发生的。有关“史学危机”的呼喊，至少根源于以下几个原因。

首先，尽管这几年史学研究取得了不小的成就，甚至可以说在一定程度上出现了某种繁荣景象，但现实的社会生活发展更快，变动更急剧，因为目前我们正处在一个在各方面都发生深刻变化的伟大时代。总的来说，理论落后于实际，理论没有能够满足生活对它

---

* 载《史学情报》，1988 年第 1 期。

提出的要求，历史科学在这方面表现得尤为突出。于是，在一部分同志中，就产生了“历史研究到底有多大用处”的疑问，危机感也随之而来。其次，在改革开放的形势下，历史研究突破了过去的封闭状况，使史学工作者有可能接触到世界上各种各样的史学流派、史学思想和史学研究的成果，并把自己的工作放到世界范围去估价和衡量。眼光放大了，要求也就随之提高，于是对史学研究的现状产生了不满足之感。最后，这些年史学队伍增添了不少新鲜血液，年轻一代正在迅速成长。特别是一批历史学硕士及正在攻读博士学位的研究生，他们由于时代给予的优越条件，在知识结构、知识素养等各方面，同老的史学工作者有很大的不同。当然他们也有自己的弱点，但毕竟他们思想比较活跃，思路比较开阔。他们迫切地要求寻找和开拓史学研究的新路子，危机感在他们中间可能更加强烈。

可见，不管“史学危机”的说法是否正确，是否科学，但至少不能把它简单地看作是无病呻吟，更不能把这一概看作是否定成绩、危言耸听。这种危机感的产生，是由于现实生活的挑战、国外史学的挑战、史学队伍中年轻一代的挑战。我们不必对此大惊小怪。

毫无疑问，这样那样的问题和矛盾，都不是历史学本身的过错。自有文明以来，历史学从来就在人类社会生活中发挥着积极的、不可或缺的作用。时代发展到今天，历史学决不会忽然走到了穷途末路了。问题是需要花很大的力气，去克服和纠正史学研究中长期以来形成的种种时弊，这样才能够使历史科学更加适应社会和时代的需要。

最主要的弊病，似乎集中在以下三个方面：

一是理论上的简单化。马克思主义本来是最深刻、最丰富、最生气勃勃的革命学说，可是我们在对待它的时候，确实有过简单化的毛病。常常把僵化的甚至歪曲了的东西，任意附加的东西，当作马克思主义的精髓去宣传，去信奉。用这样一种并非马克思主义本来面目的所谓“理论”去指导历史研究，结果只能是损害了历史科学。史学研究要取得新的突破，不能靠摆脱或削弱马克思主义的指导，而是要加强这种指导，其中包括克服简单化的倾向、恢复历史唯物主义的本来面目的任务在内。

二是题材的单一化。以往的历史研究，偏重于政治史；政治史也不完全，集中在阶级斗争中；研究阶级斗争，也不是客观地去研究矛盾的双方，而是只研究革命的、进步的或被统治者的一方，反动的或统治的一方也是很少涉及的。题材的单一化，就造成了一种现象，打个譬方，就像一大群人过河，放着平坦的大桥不走，却争着去挤一根独木桥。社会历史本来是无比丰富复杂的，它是立体的而不是平面的，是五彩纷呈的而不是单色的，单一的题材怎么能客观地反映历史的真实面目呢？尤其是社会生活领域，长时期被忽略了，几乎被排斥在研究视野之外。于是，越研究就似乎越感到没有什么题目可写了。事实上，在史学领域，还有大量未被开垦的处女地，可供我们纵横驰骋的天地还宽得很。

三是方法的程式化。这里所说的方法，既包括研究方法，也包括表述方法，过去几乎形成了一种固定不变的程式。一有程式，抬腿举手，一招一式，都有规矩，不得离谱，这就很难做到生动活泼，更难做到百花齐放。马克思主义既是世界观（当然包括历史观），又是方法论。但马克思主义同宗派主义毫无共同之处，它从不拒绝人类文化中一切优秀的东西。用马克思主义的科学方法去观察历史，分析历史，认识历史，说明历史，不是一件容易做到的事；同时，马克思主义者也并不排斥吸取一切有用的方法，应用到自己的研究工作中去。

近年来，许多同志围绕解决以上这些问题，做了很多努力。前面提到的史学战线的成绩，正是这种努力的具体结果。但解决这些问题，还需要花更大的力气，有更自觉和更有组织的行动，经历更长的时间，才能见到更大的成效。这也许正是有些同志心情急迫的原因所在。

论近代中国灾荒史研究*

1987年11月18日，《人民日报》刊载了如下一条消息：

> 据民政部农救司今天提供的资料，近年来交替发生的旱灾、风暴灾、霜冻灾、病虫害和地震等自然灾害，使我国农村每年平均有五六百万间民房被毁坏，有五六千人死于非命，近三亿亩农作物受灾减产，造成一亿多人缺少口粮。国家地震局局长安启元透露说，新中国成立以来，各种自然灾害使中国蒙受的经济损失已达数千亿元，政府用于各项救灾的专款达数百亿元。减轻自然灾害，减少人为事故，是我国经济建设的当务之急。

当时，这本《近代中国灾荒纪年》的初稿，才写了六分之一。读到这则消息，使我们进一步增强了尽快完成这部书稿的决心。不言而喻，在推翻了腐朽的反动统治、进入了社会主义初级阶段、生产力水平和抗灾能力较之过去已有很大提高的今天，自然灾害尚且带给人民如此巨大的损失，那么，在半殖民地半封建的旧中国，这种灾害的严重程度，也就可想而知了。把中国近代历史上自然灾害的基本面貌加以系统地整理和描述，使人们对这一特定历史阶段的灾荒状况有一个总体的、全面的了解，这不仅对研究近代社会和近代历史很有必要，就是在今天加强灾害对策研究的工作中，也是具有重要的借鉴意义的。

我们选择近代历史上的灾荒问题作为自己的研究课题，这个想法可以说是由来已久了。把这一愿望付诸实施，则是在前几年史学

---

* 载《中国人民大学学报》，1988年第6期。本文为作者等人所著《近代中国灾荒纪年》的前言。

界热烈讨论“史学危机”的时候。对“史学危机”这个提法，有人赞成，有人反对，看法并不一致。平心而论，中华人民共和国成立以来，特别是最近十年来，历史科学的发展是迅速的，成绩是巨大的，这是有目共睹的事实。但也确实应该承认，史学研究还很不适应飞速前进的社会发展的需要，同现实生活的结合不够紧密，没有能充分发挥在建设社会主义精神文明中理应起到的作用。要解决这些问题，我以为，很重要的一方面，是要努力克服史学工作中长期存在的几个主要弊端，这就是：对待马克思主义理论的简单化；研究题材的单一化；研究方法和表述方法的程式化。拿题材问题来说，社会历史本来是五彩缤纷、丰富复杂的，只有从各个不同角度去观察、研究、分析，才能描绘出真实的、丰满的、有血有肉的历史本体来。但我们却常常只是把最主要的精力集中在历史的政治方面，而政治史的研究又往往只局限于政治斗争的历史，而且通常被狭隘地理解为就是指被统治阶级与统治阶级之间的阶级斗争的历史。研究阶级斗争史，又只注意被压迫阶级这一方，或者是革命的、进步的一方，不大去注意研究统治阶级或反动的一方。结果，势必把许多重要的题材排除在研究视野之外，而最被忽视的，则要算是社会生活这个领域。实际上，不对社会生活的各个方面做全方位的综合考察，要深入了解特定时期的社会历史，几乎是不可能的。正如马克思所说：“现代历史著述方面的一切真正进步，都是当历史学家从政治形式的外表深入到社会生活的深处时才取得的。”①

灾荒问题，是研究社会生活的一个非常重要的方面。自然灾害不仅对千百万普通老百姓的生活带来巨大而深刻的影响，而且从灾荒同政治、经济、思想文化以及社会生活各个方面的相互关系中，可以揭示出有关社会历史发展的许多本质内容来。

一旦接触到那么大量的有关灾荒的历史资料后，我们就不能不为近代中国灾荒的频繁、灾区之广大及灾情的严重所震惊。就拿黄河水灾来说，有道是，“华夏水患，黄河为大”。历史上有记载可查

---

① 《马克思恩格斯全集》，中文1版，第12卷，405页。

的黄河大决口即达1 500次左右，进入近代以后，黄河“愈治愈坏”，如《清史稿》所说：“河患至道光朝而愈亟。”[①] 1885年12月26日（光绪十一年十一月二十一日）的上谕也承认：“黄河自铜瓦厢决口后，迄今三十余年，河身淤垫日高，急溜旁趋，年年漫决。”[②] 其实，年年受灾的何止是黄河中下游地区？其他不少地方亦大抵如此。淮河流域的皖北地方，“秋禾则十岁九淹”[③]；长江流域的湖北一带，“被水成灾”之处“几于无岁无之”[④]。京师和直隶地区，同治年间，永定河曾连续决口十来年，有一次特大洪水，卢沟桥处流量达到14 000立方米/秒，前三门水深数尺，不能启闭[⑤]；所以谭嗣同《上欧阳中鹄书》说：“顺直水灾，年年如此，竟成应有之常例。”[⑥] 珠江流域的广东，据张之洞在1886年11月10日（光绪十二年十月十五日）的奏折所说，水患“从前每数十年、十数年而一见，近二十年来，几于无岁无之”[⑦]。膏腴之地尚且如此，其余省份更可想见。近水地方，水患频仍；高原地区，则是亢旱连年。这些情况，只要稍微翻翻本书，就可以得到一个清晰的轮廓。所以，相当一批地方，“十年倒有九年荒”，丝毫不是文学上的夸张，而是实际生活的真实写照。

每当讲到自然灾害的严重后果时，大家总常用“饥民遍野”“饿莩塞途”等去加以形容。由于经过了高度的抽象和概括，对这些字眼中间所包含的具体内容，往往不去细想。实际上，在这短短的八个字的背后，融涵着多少血和泪，辛酸和苦难！只有当我们在历史资料中读到这样的具体描述时，前面的那些形容词才变成了一幅幅生动而悲惨的画面：几万甚至几十万群众在大水漫淹时露宿在屋脊树梢，一面哀戚地注视着水中漂浮的尸体，一面殷切而无望地等待着不知何时才能到来的“赈济”；在长期干旱而造成的千里赤地上，

① 《清史稿》，卷383。

② 《光绪朝东华录》（二），总2042页，北京，中华书局，1958。

③ 第一历史档案馆藏：《朱批档》，光绪二十四年九月二十八日安徽巡抚邓华熙折。

④ 《光绪朝东华录》（二），总2139页。

⑤ 《人民日报》，1983-07-02。

⑥ 《谭嗣同全集》，增订本，下册，449页。

⑦ 《光绪朝东华录》（二），总2175页。

千百成群的饥民剥光了树皮，掘尽了草根，不得不艰难地吞咽着观音土，以苟延残喘；寒冬腊月，饥寒交迫的灾民在走向施粥厂的道路上每天几十成百地倒毙在城市街头；在长达十余里的“人市”上，只要花几百个铜钱就可买到一个男孩或者女孩，而官吏绅商则“挑选清秀男女，或送人，或留作奴婢”；在特大灾荒之后，出现了某个村庄，“七十家，全家饿死六十多家”，某个村庄“五十家全绝了”等等惨绝人寰的现象，以致田地抛荒十多年仍无人复种；更不用说公开标价买卖人肉的骇人听闻的人间惨剧了。我们这个灾难深重的民族，经历了中外反动派在政治上奴役欺压的苦难，经历了特权阶级在经济上残酷剥削掠夺的苦难，经历了封建伦理纲常钳制束缚的苦难，此外，还经历了自然灾害带来的水深火热的苦难。这些苦难，是我们永远不应该忘记的，因为这将成为推动我们投身“振兴中华，实现四化”的宏伟事业的强大精神力量。

天灾造成了人祸。反过来说，在某种意义上，又是人祸加深了天灾。近代历史上自然灾害的普遍而频繁，当然是由于束缚在封建经济上的小农经济生产力水平低下的结果，但同时，在很大程度上也是当时政治腐败所造成的。这一点，连封建统治阶级中的某些有识之士也不讳言。有一位名叫洪良品的御史在一个奏折里说：“天变之兴，皆由人事之应，未有政事不阙于下而灾眚屡见于上者也。”①另一位御史贺尔昌，在 1882 年（光绪八年）上疏说：“比年以来，吏治废弛，各直省如出一辙，而直隶尤甚。灾异之见，未必不由于此。”② 这些议论，虽仍然脱不了那种把自然灾害看作是“天象示警”的传统观念，但直截了当地把政治的腐败同自然灾害的频发联系起来，毕竟还是具有一定的现实斗争意义。洋务派官僚的认识较这要前进一步。郭嵩焘曾谈到他同一位朋友讨论“民生日蹙，岁有水旱”的原因，那位朋友回答说：“此吏治不修之过也。”郭听后大为赞赏，认为“此言极为有见”③。伟大的革命先行者孙中山讲得就

① 《光绪朝东华录》（二），总 1401 页。

② 同上书，总 1445 页。

③ 《郭嵩焘日记》，第 3 卷，34 页。

更加一针见血："中国人民遭到四种巨大的长久的苦难：饥荒、水患、疫病、生命和财产的毫无保障。这已经是常识中的事了。……其实，中国所有一切的灾难只有一个原因，那就是普遍的又是有系统的贪污。这种贪污是产生饥荒、水灾、疫病的主要原因"。"官吏贪污和疫病、粮食缺乏、洪水横流等等自然灾害间的关系，可能不是明显的，但是它很实在，确有因果关系，这些事情决不是中国的自然状况或气候性质的产物，也不是群众懒惰和无知的后果。坚持这说法，绝不过分。这些事情主要是官吏贪污的结果。"① 有一大批历史资料足以为孙中山的这个判断做出有力的证明，这里为节省篇幅计，我们只选用下面一个材料。当解释为什么晚清时期会出现"河患时警"的现象时，《清史纪事本末》写了这样一段话：

> 南河岁费五六百万金，然实用之工程者，什不及一，余悉以供官吏之挥霍。河帅宴客，一席所需，恒毙三四驼，五十余豚，鹅掌、猴脑无数。食一豆腐，亦需费数百金，他可知已。骄奢淫佚，一至于此，而于工程方略，无讲求之者。②

清朝封建统治者，常喜欢宣扬他们如何"深仁厚泽，沦浃寰区，每遇大灾，恩发内帑部款，至数十万金而不惜"③。辛亥革命后，窃取了胜利果实的袁世凯也吹嘘他的政府"实心爱民"，"遇有水旱偏灾，立即发谷拨款，施放急赈，譬诸拯溺救焚，迫不及待"④。要说这些话完全是无中生有的欺骗宣传，倒也未必。去掉自我标榜的成分，应该说，他们对赈灾问题，从主观上还是比较重视的。其原因，并不是如他们自己所说的出于"爱民"之意、"悯恻"之心，而是他们清醒地懂得，大量的饥民、灾民、流民的存在，会增加社会的动荡不安，直接威胁到本已岌岌可危的统治秩序的稳定。在统治集团的来往文书中，充斥了这样的语句："近年生计日艰，莠民所在多

---

① 《孙中山全集》，第1卷，89页。

② 《清史纪事本末》，卷45，《咸丰时政》。

③ 第一历史档案馆藏：《录副档》，光绪二十四年八月二十七日两江总督刘坤一、江苏巡抚奎俊折。

④ 《东方杂志》，第12卷，第11号，7页。

有，猝遇岁饥，易被煽惑”；“忍饥无方，又恐为乱”；“民风素悍，加以饥驱，铤而走险”；“设使匹徒借是生心，灾黎因而附和，贻患何堪设想”。这些话，颇能道出问题的实质。

基于上面的这种考虑，统治阶级设计和规定了许多对待自然灾害的措施和办法，形成了一套周密而完整的救荒机制。拿清王朝来说，首先，一旦发生灾荒，各级地方政权必须迅速而及时地“报荒”“勘灾”：

> 地方遇有灾伤，该督抚先将被灾情形、日期，飞章题报，夏灾限六月中旬，秋灾限九月中旬。仍一面题报情形，一面遴委妥员，会同该州县迅诣灾所，履亩确勘，将被灾分数，按照区图村庄，逐加分别申报司道，复行稽查，详请督抚具题。其勘报限期，州县官扣除程限，定限四十日；上司官以州县报到日为始，定限五日，统于四十五日内勘明题报，如逾议处。①

待到将灾荒情形确切勘明之后，政府就要按照灾情轻重，确定缓征或蠲免应征之地亩钱粮，其具体办法为：

> 例载，水旱成灾，地方官将灾户原纳地丁正赋作为十分，按灾请蠲。被灾十分者，蠲正赋十分之七；被灾九分者，蠲正赋十分之六；被灾八分者，蠲正赋十分之四；被灾七分者，蠲正赋十分之二；被灾六分、五分者，蠲正赋十分之一。又例载，勘明灾地钱粮，勘报之日即行停征。所停钱粮，被灾十分、九分、八分者，分作三年带征；其被灾七分、六分、五分者，分作二年带征；五分以下不成灾地亩钱粮，有奉旨缓征及督抚提明缓征者，缓至次年麦熟以后，其次年麦熟钱粮，递缓至秋成以后。又例载，直省成灾五分以上州县中之成熟乡庄应征钱粮，准其一律缓至次年秋成后征收。②

除了减征、缓征、免征钱粮外，一旦有较大的灾情发生，清政

---

① 《刘坤一遗集》，第6册，2767页。

② 第一历史档案馆藏：《录副档》，光绪二十五年十二月十七日广西巡抚黄槐森折。

府虽然在财政拮据、府库空虚的情况下，也总要多方设法，拿出几万、几十万甚至几百万两银子，截留若干漕米，以作赈济之用，并且详细规定了登记造册、按户核实、分别极贫次贫和大口小口监督发放等办法。

从条规来说，明确、具体，几乎可以说是无懈可击的。这些办法和规定，在有清一代，也确实曾经发生了相当积极的作用。但是，历史进入了近代之后，清王朝的统治危机日趋严重，政权的腐败程度有加无已，而在一个彻底腐朽了的政权统治下，任何有效的政治机制都会运行失灵，任何严格周密的规章制度都会成为一纸具文；在多数场合下，实际活动甚至往往表现为对成文规定的明目张胆的背离和破坏。晚清时期封建王朝的救荒活动就正是如此。拿"报荒"来说，很多封建官僚不是"以丰为歉"，捏报灾情；就是"以歉为丰"，匿灾不报。虚报是为了贪污，"州县不肖者遇平岁，相率为欺蔽以灾欠上闻，而实则预征民赋，为官吏使用，名曰'存章'"①。"地方官不论年之果否荒熟，总以捏报水旱不均，希图灾缓，借此可以影射。督抚不察灾之虚实，擅以掩饰奏请，从中谅可分肥。绅官更生觊觎，刁劣者不独不知输纳，益且婪诈县州浮收。"② 匿灾或者是出于政治上的考虑，以粉饰太平来逃避自己对防灾不力的责任，制造小民"安居乐业"的假象来吹嘘自己的"政绩"，如一首诗歌中所描写的："天既灾于前，官复厄于后。贪官与污吏，无地而蔑有。歌舞太平年，粉饰相沿久。匿灾梗不报，谬冀功不朽。"③ 或者是出于经济方面的贪婪追求："在上者惟知以催科为考成，在下者惟知以比粮为报最，故虽连年旱灾，尽行匿而不报。田虽颗粒无出，而田粮仍须照例完纳。"④ "被水州县，尚有成灾不报，借为催科地步，得分余润者。"⑤ 这种情况实在是极其普遍。胡林翼曾谈起自己在湖北巡抚任上的一段经历：1855 年（咸丰五年），湖北大熟，"州县乃

① 《清朝碑传全集》三编，卷 15，《前河南巡抚李庆翱墓志铭》，4124 页。
② 柯悟迟：《漏网喁鱼集》，北京，中华书局，5 页。
③ 高旭：《甘肃大旱灾感赋》，见《辛亥革命诗词选》，215 页。
④ 《申报》，1877-11-23。
⑤ 第一历史档案馆藏：《录副档》，光绪九年九月十三日御史萧晋蕃折。

或报灾”；第二年，湖北大饥，“州县转不报灾”。于是他不禁大发感慨地说：“以丰为歉，是病国计；以歉为丰，是害民生，而终害于国计。歉岁官吏私收蠲缓，实惠不及于民。有所谓‘挖征’、‘急公’等名目，无一非蠹国病民。”①

也许想象不到，不但封建官僚常常讳灾不报，有时候，老百姓自己也宁肯隐匿灾情，不向官府报告。乍看起来，似乎有点不可思议，说穿了却很简单，因为在勘灾、救荒过程中，官府的骚扰甚至比灾荒本身更为可怕。这里可以举这样一个实例：道光初年，直隶一带发生蝗灾，群众不敢说有蝗虫，只以“土蚂蚱”上闻。因为清朝政府有规定，一旦发现蝗灾，即要调集军队，前去助民“捕蝗”。军队到达灾区后，即向当地多方需索，不但要好吃好喝招待，而且要送一笔可观的贿赂，否则，这些军队便以“捕蝗”为名，把地里尚未被蝗虫吃尽的庄稼故意踩得稀烂。老百姓是很实际的，他们知道，这些封建军队实在比蝗虫更可怕，与其引来兵灾，不如忍受蝗害。

关于勘灾要有期限、“如逾议处”的规定，也在封建官僚政治面前变得毫无约束力量。1906 年（光绪三十二年），河南道监察御史俾寿在一个奏折中这样说：“救荒之要，惟在于速。向来州县灾荒，非至十分，则意图开征，匿不上报。及至灾象已成，州县申详道府，道府申详督抚，批发往返，动需旬月。比及拨款赈恤，则已嗷鸿遍野矣。”② 比这早几十年，另一位御史曹登庸讲得更为切直：“夫荒形甫见则粮价立昂，嗷嗷待哺之民将遍郊野。必俟州县详之道府，道府详之督抚，督抚移会而后拜疏，迩者半月，远者月余，始达宸聪。就令亟沛恩纶，立与蠲赈，孑遗之民亦已道殣相望。况复迟之以行查，俟之以报章，自具题以迄放赈，非数月不可。赈至，而向之嗷嗷待哺者早填沟壑。”③ 无数生命就在封建官僚政治的文牍往还中白白葬送了。

---

① 《清史稿》，卷 406，《胡林翼传》。

② 第一历史档案馆藏：《录副档》，光绪三十二年十一月二十二日俾寿折。

③ 第一历史档案馆藏：《录副档》，咸丰六年十月十六日曹登庸折。

至于放赈过程中的种种弊窦和黑幕，就更是一言难尽了。这里，我们只是举出一些有名色的花样：

“卖荒”——“每遇蠲缓之年，书吏辄向业户索取钱文，始为填注荒歉，名为‘卖荒’。出钱者，虽丰收亦得缓征；不出钱者，虽荒歉亦不获查办。甚至不肖州县，通同分肥。”①

“卖灾”“买灾”“送灾”“吃灾”——同前面的“卖荒”含义仿佛，只是内容更复杂一些：“若胥吏则更无顾忌，每每私将灾票售卖，名曰‘卖灾’；小民用钱买票，名曰‘买灾’；或推情转给亲友，名曰‘送灾’；或恃强坐分陋规，名曰‘吃灾’。至僻壤愚氓，不特不得领钱，甚至不知朝廷有颁赈恩典。迨大吏委员查勘，举凡一切供应盘费，又率皆取给于赈银，而饥民愈无望矣。”②

“急公”——这个名目，在前引材料中已经提到，具体内容，1868年（同治七年）给事中刘庆的奏折中有所说明：“不肖州县，于业经蠲缓之钱粮，往往借口因公，巧换名目，按户苛派。”③

“勒折”——就是强行向灾户勒索费用，无钱则以赈银折抵，如灾民“不愿出钱”，则“吓称若不允给，不得有票”，灾民无奈，只得忍痛允应。1899年（光绪二十五年），奉命查办山东赈务的溥良，曾揭露不少地方官吏“竟有按亩按户摊派钱文而取给于所领之赈款以为盘费者”。由于多方克扣，“灾重之地，印委各员往往以人多款少，禀请酌减钱数，或每大口仅给钱数百文，或每户仅给钱数百文；并有泊舟村外，量取数千文、数十千文，付之村人，领回分给，至有每口仅分钱数文、数十文者”④。庄长、书吏上下其手，视勒折之多寡，定赈数之高低，“户口之大小多寡与极贫、次贫之差等，得以任意赢缩，重领冒领习为固然”⑤。“需索不遂，而赤贫之户多漏遗；中饱堪图，而次贫、稍次之户多添改。以至老羸壮者，年貌不符；绝户摊丁，花名滥列。地方之劣衿、刁监，知赈款之不无浮冒也，

① 《清文宗实录》，卷208。
② 第一历史档案馆藏：《录副档》，道光二十九年九月初九日御史方允镮折。
③ 《清穆宗实录》，卷247。
④ 第一历史档案馆藏：《录副档》，光绪二十五年正月初七日溥良折。
⑤ 第一历史档案馆藏：《录副档》，光绪二十一年九月二十二日山东巡抚李秉衡折。

遂群起而相挟制，迭出而事把持，而弊愈辗转，不胜穷诘。”①

“积压誊黄”——一旦朝廷决定蠲缓钱粮，照例要将有关谕旨刊刻誊黄，以便周知。但“州县且多积压誊黄，赶紧催科，待催科过半，而后张贴”②。刘恩溥在奏折中也说：“向来州县牧令，偶遇水旱偏灾，禀报到省，委员勘验，该省大吏入告后奉有蠲缓恩旨，刊刻誊黄，辗转动须数月之久。此数月中，州县明知其必奉蠲缓也，因而敲扑比催，不遗余力。及至誊黄到后，遂将征存者尽饱私囊，并无流抵次年正赋之说。小民之不被实惠，概由于此。”③

以上列举的，实在只是旧中国救荒中各种痼疾宿弊的一小部分，真可以说得上是挂一漏万，但也毕竟不难举一反三，窥一斑而见全豹。有人说，当时办赈，向有“清灾”“浑灾”之分。办“清灾”者，“必亲历乡村，遍核户口，府县每惮其烦”；办“浑灾”者，“则俟领到赈银，酌提若干先肥己橐，其余或归诸绅士，或委之胥吏，任其随意放给，府县并不过问”④。但是，在当时的历史条件下，连统治阶级自己也说“牧令中十人难得一循吏”⑤，那么，真正能够办“清灾”者能有几许呢？清政府的救荒活动，总体来说，难免不过是浑水一潭而已。

到了光绪初元，随着带有资本主义性质的经济成分的出现，产生了有别于“官赈”的，由民间筹集资金、民间组织散放的“义赈”，相应地，也产生了一批“慈善事业家”。应该说，这是一个进步。开始一段时间，“义赈”也确实起了明显的积极作用。但是，从事“义赈”活动的人，虽是以“民间”的身份出现，却终究不能摆脱对封建官僚政治的依赖和联系，不多久，“官赈”中的各种弊端也就不能不传染到“义赈”中去。所以有人指出，社会上颇有一些人是靠办“慈善事业”而发家的，并感叹说：“自义赈风起，或从事数年，由寒儒而致素丰。”偶有个别人真正鞠躬尽瘁于赈务，“每遇灾

① 第一历史档案馆藏：《录副档》，光绪十九年七月十四日御史叶庆增折。
② 第一历史档案馆藏：《录副档》，光绪六年五月十七日御史李暎折。
③ 第一历史档案馆藏：《录副档》，光绪十一年刘恩溥折，日月不详。
④ 第一历史档案馆藏：《录副档》，道光二十九年九月初九日方允镮奏折。
⑤ 第一历史档案馆藏：《录副档》，光绪二十七年五月内阁中书许枋折。

祲，呼吁奔走，置身家不顾”，并且“始终无染，殁无余赀者”，倒成了凤毛麟角，“盖不数觏”的了。[①] 丘逢甲在《新乐府》之一的《花赈会》里，更公然把那些“海上善士”称作是“闻灾而喜，以赈为利”的人[②]，确也有所据而发，不能一味地指责他过于刻薄。

胡适在谈到中国人对付灾荒之法时，说：“天旱了，只会求雨；河决了，只会拜金龙大王；风浪大了，只会祷告观音菩萨或天后娘娘；荒年了，只好逃荒去；瘟疫来了，只好闭门等死；病上身了，只好求神许愿。”[③] 这段话，虽仍有他惯常存在的那种民族自卑心理的流露，但却也不能不说在一定程度上反映了那个时代的社会现实。如前面所说的，统治阶级的救荒对策既因封建政治的窳败而变成具文，老百姓除了求神拜佛之外，确实也就只剩了逃荒等死的一条路了。社会生活的现实存在决定了相应的社会意识，而落后的传统观念一旦形成，又变成了桎梏民族精神的因袭的重担。我们看到，不但封建统治阶级，就是在太平天国统治区，那些农民出身的地方军事行政长官，一旦遇到干旱，做得最起劲的，也仍然还是设坛求雨、出示禁屠那一套。

全面研究和分析有关灾荒问题的各个方面，不是靠一本著作所能完成的。这本《近代中国灾荒纪年》，主要任务只是对从鸦片战争到五四运动这 80 年时间的自然灾害状况，选择一些典型的、可靠的历史资料，加以综合地、系统地叙述。我们认为，这是一件基础性的工作，因为不弄清楚自然灾害的具体情况，对灾荒问题的进一步研究也就无从谈起。我们不知道这部书是否能对社会提供多少有益的帮助，但至少有两点却是问心无愧的：一是我们确实还没有看到哪一本书曾经对这一问题提供如此详细而具体的历史情况；二是由于本书使用了大量历史档案及官方文书，辅之以时人的笔记信札，当时的报章杂志，以及各地方史志，我们认为对这一历史时期灾荒面貌的反映，从总体来说是基本准确的。就是说，就其基本轮廓来

---

① 《清史稿》，卷 452，《潘民表传》。

② 《岭云海日楼诗钞》，卷 11。

③ 《胡适论学近著》，638 页。

说，是可信的。但是，至多也只能说是总体的“基本准确”和“基本轮廓”的可信，却无论如何不能说完全地准确和完全地符合历史实际，因为有很多客观条件的限制，使我们无法做到这一点。一般来说，档案资料在史料中的真实可靠性较大，但也只是“较大”而已，正如“尽信书不如无书”一样，尽信档案，有时也不免上当受骗的。前面已经说过，地方官吏对灾情的报告，出于各种原因，常有偏轻偏重的现象，因此，一些地方督抚对朝廷的灾情报告，也并非完全可信。对于某些明显的虚捏讳饰，我们在书中做了一点必要的考证，但要弄清每一件报告的真实程度，却是无法做到的。其次，封建统治阶级考虑灾荒问题，一个重要着眼点是财政问题。因此，凡是主要赋税所出之处，有关灾荒问题的反映就快，材料也多；有些贫瘠地区，钱粮所入于政府财政关系不大，灾荒情况的反映就很少，甚至根本无所反映，但这并不等于这些地方就没有灾荒。再次，官方文书中有关灾荒的叙述，有的本身就比较笼统，如清廷每年发布若干因灾蠲免或缓征钱粮的上谕，总要开列一批州县名称，但这些地方受灾的轻重和面积的大小（是整个州县还是该州县的局部地区），却有很大的不同。有些我们可以通过其他材料来加以比较具体区分，有的则只能照抄，提供一个受灾地区的大致范围。在发生国内战争（如太平天国运动）和民族战争（如鸦片战争、甲午战争等）时期，清廷蠲缓钱粮，一般包括自然灾害和“兵灾”两种情况在内，但亦无从区分，只能笼统说“受灾地区”有多大，请读者阅读时加以注意。最后，近代历史资料汗牛充栋，浩如烟海，我们只能选择一些最重要的资料，肯定会有不少的遗漏。特别是地方志，应该是反映各地灾荒的重要依据，但因条件所限，也只看了一小部分。有些州、县的方志，则恐过于琐碎，也有意地舍弃了一些。总之，这部书的不足之处，肯定会是不少的，我们诚恳地期待读者的批评指正。

这部书稿，是由敦奎、周源、宫明和我合作完成的。他们三位，花去了三年中除教学以外的全部工作时间，而我则占用了这三年的所有“八小时以外”的业余时间。在写作过程中，得到了许多同志的关心和支持。戴逸同志除热情肯定我们的研究计划外，还特为本书撰写了序言。中国第一历史档案馆的同志为查阅档案资料，提供了不少方便。吴孝英同志几乎承担了全部书稿的抄写、复印工作，花去了不少的劳动。湖南人民出版社的邓代蓉同志，在我们的研究计划确定后不久，就多次表示愿意承担书稿的出版任务，这在学术著作出版甚难的今天，确实表现了一个出版工作者的胆识和魄力，在书稿写作过程中，又提出了许多很好的意见。所有这些，都是要衷心表示我们的谢忱的。此外，我们的研究工作，得到了国家社会科学基金的资助，也一并在此表示感谢。

报载，联合国通过决定，在1990年到2000年，开展“国际减轻灾害十年”的活动。中国灾害防御协会为此召开会议，认为“我国是一个自然灾害频繁、灾害损失严重而防灾意识又比较薄弱的大国，应积极响应和参加这项活动”①。那么，就把这本书的出版，算作是参加这项活动的一个小小的努力吧！

① 《人民日报》，1988-02-13。

清代政府官员的回避制度*

吏治败坏可以说是封建社会的痼疾宿弊，不治之症。这当然不是说任何一个封建统治者，在主观上都赞许甚至怂恿政治腐败现象。事实上，颇有一些封建王朝的最高统治者，从封建统治的长治久安出发，为保证国家机器的正常运转做出了种种努力，并且往往也确能奏效于一时，只是这种努力终究不能克服由封建政治的本质特性所带来的各种固有矛盾而已。

中国历史上最后一个封建王朝清朝，曾经建立起一套周密严格的政府官员回避制度，在一定历史时期里起过抑制吏治败坏的积极作用。

清王朝自从建立起全国性政权后不久，官僚制度中的某些弊端就开始显露出来。顺治九年（1652 年）的一个谕旨称："铨部职司用人，凡有铨选，应用才能。今朕闻有援引亲党及纳贿营私者，此风断不可长。"官员回避制度正是为了防止和阻扼这种现象而制定，并经过康熙、雍正、乾隆三朝而逐步完善的。

官员回避制度主要包括以下内容：

其一，外官避籍。即外任官员，不得在本籍任职。按规定，总督、巡抚、藩司、臬司等地方大吏，不得任用本省人士担任，以避免亲族邻里的干预请托。即使是邻省的，也必须距本籍五百里以外方可。知府、同知、通判、知州等官，只要原籍不在自己的管辖之内，可以"于本省内调补"。后来，籍贯回避的范围又进一步扩大，不但本籍要回避，连祖籍（祖先的籍贯）、寄籍（长期寄居之地）也都要回避。光绪年间，清廷任命廖寿丰为福建布政使，廖是江苏嘉

---

* 载《人民日报》，1989 年 1 月 16 日。署名：李文海、杨益茂。

定人，本来毋庸回避，但他的先世曾居福建永定县，福建是他的祖籍。廖寿丰立即申报了这一情况，结果朝廷便改授他为河南布政使。这说明，一直到晚清，这种外官避籍制度还在严格执行着。

不但文职官员要“避籍”，武职也一样。乾隆十二年（1747 年）定议：“副将、参将，无论水师陆路，均回避本省；游击、都司、守备准予五百里外及隔府别营题补。至千总末属微员，发往他省不免俯仰拮据之虑，仍留本省题补，不必回避。”

其二，同官避亲。即亲属特别是直系亲属，京官不得在同一衙门、外任官不得在同一地区任职。按规定，“在京堂司各官”，不但祖孙、父子、叔伯、兄弟不得共事，即使“外姻亲属中母之父之兄弟、妻之父兄弟、姊妹之夫、己之女婿嫡甥同衙门”，也要“令官小者回避，同官令后进者回避”。在地方，直系亲属“若同在一省服官，难免瞻徇夤缘诸弊”，“声气易通，转辗营谋，其弊滋甚”，所以规定“祖孙父子胞伯叔兄弟自道府以至佐杂等官，无论官阶大小，概不准同官一省，以杜弊端”。

此外，清代在选拔官员的科举考试中，也有严格的亲属回避制度。顺治年间曾明文规定，乡、会试时，主考官和同考官的子弟侄甥，一律不准入场应试。雍正时，曾一度将应回避之子弟等人单独试于内阁，或在闱中另编座号，别派大臣出题阅卷。乾隆九年（1744 年）以后，仍禁止主考官和同考官的子弟在本地区参加科考，以避免营私舞弊。

其三，禁止内外官交结。清朝政府十分注意防范地方封疆大吏与朝廷王公大臣除公务往来以外的攀援勾结，尤其严厉禁止外官与皇室近侍之间互通声气，营私舞弊。为此，清政府做了许多的规定，如乾隆三十四年（1769 年）一个上谕说：“嗣后，各王公属下人等惟京员向各门往来仍照旧不禁外，其有现任外任职官因事来京者，概不许于本管王公处谒见通问，以清弊源。”外任官员离京赴任时，不得谒见京官；到任后更不得派人向京官呈送土仪礼品，拉拢关系，否则要予革职处分。京官“与之接见及差人至外官任所往来者，亦革职”。官员之间不得因科举阅卷、举荐等关系而“竞认师生”，更不准“借师生关系为攀援上进之阶”。对“诸衙门官吏与内官及近侍人员互相交结”的禁令尤为严厉，若发现有“内外交通，泄露事情”“夤缘作弊”等，“皆斩监候，妻子流三千里安置”。

所有这些办法和措施，或者因为只是针对某些局部问题，不可能起到从根本上澄清吏治的作用，或者因为不能贯彻始终，渐成具文，有的甚至遭到最高封建统治者的自我破坏。到了清朝末叶，吏治的败坏终于成了不可逆转的趋势。太平天国时期，农民领袖们指斥清王朝统治是“官以贿得，刑以钱免，富儿当权，豪杰绝望”，“又纵贪官污吏，布满天下，使剥民脂膏”；辛亥革命时期，资产阶级革命派领导人揭露清政府，“政治不修，纲维败坏”，“鬻爵卖官，公行贿赂”，“剥民刮地，暴过虎狼”。正是政治的腐败，把这个封建王朝送进了历史的坟墓。就清代的官员回避制度来说，不论它的成功方面还是失败方面，都能够给我们一点借鉴。

下大力气清除资产阶级自由化思潮对学校的影响*

我谈两点体会。

第一，古田会议决议有一个重要的特点，就是对于错误思想保持一种旗帜鲜明的战斗风格。这恰恰是近几年我们非常缺乏的东西。由于我们在一些重大的政治原则问题上放弃了斗争，致使资产阶级自由化思潮泛滥。前几年思想理论战线为什么软弱无力，缺乏像古田会议决议那样一种战斗风格？我认为其中一个重要原因就是，党内许多同志在思想认识上没有把什么是“左”和什么是积极的、必要的思想斗争这个界限划清楚，把“左”和坚持正确的政治原则混淆起来，结果在党内造成极大的思想混乱，使一些从事理论工作和党务工作的同志背上了包袱，生怕犯“左”的错。应当承认，我们党在很长时期内确实犯了“左”的错误，曾给党的事业造成很大的危害。因此大家对“左”的东西深恶痛绝，这是可以理解的。我们绝不能再回到“左”的老路上去，但是也绝不能因为害怕犯“左”的错误，而把正常的、必要的思想斗争都取消了，连正确的政治原则都不再坚持了。前几年，在党内之所以存在这种状况，跟搞资产阶级自由化的人有意制造混乱有关系，只要你一开展批评，一提反对资产阶级自由化，他们就说你“左”倾、僵化、保守，所以，我们要正确区分开展积极的思想斗争、坚持正确的政治原则同“左”的错误之间的界限，防止从一个极端走向另一个极端。

第二，古田会议决议列举了各种非无产阶级的思想表现，并明确指出这些问题不解决，红军所肩负的伟大斗争任务就不能实现。

---

* 载《党建》，1989年第12期。

这对我们当前的工作仍有着重要的现实指导意义。我们现在的思想状况远远要比当时复杂得多。如果当时主要是小资产阶级思想的影响，那么这近一个时期主要是资产阶级思想的影响。我是做高校工作的，接触青年学生比较多。我感到在青年学生中，有几种思想倾向值得我们注意。一是在民主旗号下的无政府主义。有些同学把民主看成是跟无政府主义差不多的东西，他们心目中的民主实际上是无政府主义，这一点从今年春夏之交发生的学潮、风波中可以看得很清楚；有的同学毫无法制观念，想怎么干就怎么干。二是在自由口号下的极端个人主义。前几年宣扬的所谓自我设计、自我实现，实际上有许多是极端个人主义的东西，而这些极端个人主义的东西往往又戴上自由的面具，一些同学往往从个人主义出发来评判事物的是非、好坏。三是在发展商品经济旗号下的拜金主义。在一些人看来，发展商品经济似乎就要一切向钱看，甚至对政治领域和人际关系方面的问题也要按商品交换原则来处理。有些人公开宣扬、信奉“有钱就有一切”，为了金钱不惜出卖自己的良心和灵魂。四是在爱国旗号下的民族虚无主义。本来爱国主义跟民族虚无主义是针锋相对的东西，但是在前几年这二者“统一”起来了。那些顽固坚持资产阶级自由化的人把我们国家和民族说得一无是处，认为我们的传统文化不行，过去的革命斗争不行，现在的制度也不行，总之我们这个民族从根本上来讲是不行的，那怎么办呢？只有全盘西化，只有照搬西方的东西。这些人往往以爱国主义的“忧患意识”相标榜，结果在青年学生中造成了极坏的影响，动摇了人们的民族自豪感和民族自信心。

我认为高校的思想政治工作必须抓住这些根本问题，有针对性地进行教育，才能真正澄清是非，统一思想，把青年学生培养成社会主义事业的可靠接班人。

中国近代文化史研究对象与任务刍议*

史学领域中一门久遭冷漠的学科——中国近代文化史，正日益受到人们愈来愈多的重视。一批研究成果的出现，研究队伍的扩大和若干专门研究机构的成立，整理编纂专题资料、组织撰写专题论著的规划的制订，是这门学科即将日趋繁荣的征兆和讯号。

在这种十分喜人的形势下，进一步明确中国近代文化史的研究对象与任务，更具有了紧迫的意义。因为迄今为止，对这个问题还不能说已经有了清晰而确定的认识。

为了参加讨论，下面准备对这个问题谈一点极不成熟的想法和建议。

一

每一门学科都有自己特定的专门的研究对象。毛泽东同志指出："科学研究的区分，就是根据科学对象所具有的特殊的矛盾性。因此，对于某一现象的领域所特有的某一种矛盾的研究，就构成某一门科学的对象。"如果不确定不同科学研究的对象的特殊本质，也就"无从区分科学研究的领域"①。

那么，中国近代文化史的研究对象是什么呢？

根据上面的说法，如果做一个笼统的回答，似乎可以这样说：中国近代历史上文化现象的领域的特殊矛盾运动，就是中国近代文

---

* 见《中国近代文化问题》，北京，中华书局，1989。

① 毛泽东：《矛盾论》。

化史的研究对象。

但是这样的回答并不解决问题，因为人们对什么是文化、哪些社会现象可以算作是文化现象，看法并不一致，甚至存在着很大的分歧。

中外学术界曾经对“文化”下过各式各样的定义。有的说，文化是“指一定社会的社会生活全部内容而言”；有的说，“文化，是社会和人在历史上一定的发展水平，它表现为人们进行生活和活动的种种类型和形式，以及人们所创造的物质和精神财富”；也有的说，“文化普通是与‘自然’相对而言的词汇”，“一般地说，文化就是人类以自然为素材，设想着一定的价值（文化价值）并为其实现而努力”；有的则认为，“人们通常根据物质生产和精神生产这两种基本生产形式，把文化分成物质文化和精神文化。物质文化包括全部物质活动及其结果，精神文化包括意识和精神生产”；“文化这个术语从较狭义的意义来看，仅指人们的精神生活领域”。如此等等，不一而足。据说，有人曾做过统计，有关“文化”的定义，共有一百六十余种之多。

说法虽然纷繁，但粗略地归纳，大抵不出两派：一派主张广义的，把文化分为物质文化和精神文化两大类，并认为人类的全部社会生活、人类所创造的一切都属于文化的范畴。一派主张狭义的，认为文化就是一个社会的观念形态或者精神生活领域。

我没有评判这些说法的是非曲直的能力，只是觉得，不论根据上述哪一种主张去确定中国近代文化史的研究对象，都存在着一些明显的困难。

前一种主张失之于太泛。世界无非是物质世界和精神世界两部分，人类社会赖以存在的最基本的活动——生产活动，说到底也只有物质生产和精神生产两种。按照上面的分类法，文化就变成了无所不包的东西；文化就是一切，一切都是文化。文化史也就是全部社会史，中国近代文化史也就与中国近代史没有什么区别了。范围无限扩大的结果，反而取消了文化史作为一种具有特殊对象与任务的研究领域的存在资格。

后一种主张又失之于太窄。事实上，有些文化现象并不能为观念形态所包括。举一个简单的例子，谁都会承认，长城是我们国家和民族悠久文化的伟大象征，但总不能说长城是属于观念形态的东西吧！推而广之，一切建筑，诸如亭台楼阁、竹篱茅舍、城垣村寨、塔桥园苑，都是文化的表征，但却明明白白都是物质的实体。而且，如果文化即观念形态，那么中国近代文化史也就是中国近代观念形态发展史，那它又无法与中国近代思想史相区别了。

近来，赞成文化即观念形态的同志似乎逐渐多了起来。持这种意见的一个重要依据，是毛泽东同志在《新民主主义论》里的这样一句话："一定的文化是一定社会的政治和经济在观念形态上的反映。"① 有的同志指出，这句话确切地表现了唯物史观对文化的解释。我对此却有一些不同的理解。在《新民主主义论》这篇重要著作的开头，毛泽东同志还讲过这样的话："一定的文化（当作观念形态的文化）是一定社会的政治和经济的反映，又给予伟大影响和作用于一定社会的政治和经济"②。值得注意的是，毛泽东同志在"文化"后面加了一个括号，特地强调"当作观念形态的文化"几个字。这括号里的短句，单纯从文字上来讲，可以有两种解释：一种意思是说，文化是"当作观念形态的"；另一种意思是说，这里所讲的文化，是指当作观念形态的那部分文化，言外之意，当然是说还有一些文化现象是不当作观念形态的。如果仅讨论当作观念形态的那部分文化，那么，文化和经济、政治的关系，就是"一定的文化是一定社会的政治和经济在观念形态上的反映"。我以为，正是因为有把问题限制在一定范围（仅讨论当作观念形态的那部分文化）之内的必要，毛泽东同志才特地加了这样一个括号，这恰巧表明了在理论问题上的严肃性。

为了印证这个理解，我们可以谈一下列宁对文化是否就是观念形态这个问题的态度。

十月革命后，苏维埃俄国曾围绕着"无产阶级文化"问题，展

---

①② 毛泽东：《新民主主义论》。

开过一场持续数年的争论。以波格丹诺夫等为代表的所谓“无产阶级文化派”，宣扬文化虚无主义的“左”倾思潮，受到了列宁和俄共中央的坚决批评。1922年9月，“无产阶级文化派”的健将普列特涅夫在《真理报》上发表了一篇题为《在意识形态战线上》的文章，系统地阐述了“无产阶级文化派”的错误观点。列宁对这篇文章作了详细批注，在该文的第一句即“文化问题，广一点——意识形态问题”的旁边，一连用铅笔划了三根黑道。根据列宁的委托，并参照列宁批注的精神，雅柯夫列夫在《真理报》上发表了《论“无产阶级文化”和无产阶级文化协会》的反驳文章。文章在谈到普列特涅夫关于“文化问题，广一点——意识形态问题”的意见时认为，“这显然是荒谬的，因为文化是一系列社会现象（从道德和法直到科学、艺术、哲学）的总和，是当然比阶级或人类集团……的社会意识形态更为广泛的概念”①。在这篇文章的撰写过程中，列宁曾多次接见雅柯夫列夫，同作者交谈，并审阅了原稿。据此，我们说列宁并不同意文化即意识形态的观点，而赞成“文化”是比社会意识形态更为广泛的概念，大概不能算是臆测之词。

总之，对于文化，似乎一时还难以找到一个简明、概括而又为大家所接受的确切定义。在这种情况下，较为切实的办法，是不妨考虑更为具体一些的文化分类，在形形色色的社会历史的大千世界中，确定究竟哪些属于文化现象的范围。我以为，是否可以归纳为下面三大类：

第一，观念形态。包括哲学、政治思想、宗教、道德规范、文学艺术、美学、科学等等。这部分当然是文化的主干。

第二，传播和反映这些观念形态的媒介和方式。如文字、语言、教育、新闻、出版等等。

第三，群众日常活动中具有民族特色的社会生活要素。如风俗习惯、衣着、饮食、建筑、礼仪等等。这方面的范围比较广泛，最近有的同志就提出，饮食文化中，又可细分为酒文化、茶文化、烹

---

① 见《苏联“无产阶级文化派”论争资料》，郑异凡编译，17、246页。引文中的着重点是原有的。

饪文化、副食文化等等。这里应该注意的是，并不是一般的日常生活都可以算作文化，而必须是本国、本民族具有特色的那部分内容。例如吃饭，世界上的人都要吃饭，不能说吃饭就是文化；但中国的烹饪艺术，什么苏式菜、广东菜、四川菜等等，可就成了烹饪文化了。其他也一样。

如果这个看法可以成立，那么，中国近代文化史的研究对象，就应该是研究中国半殖民地半封建社会中这三个方面的状况，它的发展变化，它的矛盾斗争，它的形形色色的表现。这就是中国近代文化史应该去占有的阵地。

二

上面所说的近代文化史的研究对象，仍然是十分广泛的。它涉及思想史、哲学史、宗教史、文学史、艺术史、建筑史、教育史、法制史、民俗史等等。门类众多，头绪纷繁，简直使人有无从着手之感。其实，文化史既不是这些专门史的简单相加，也不是要去替代这些专门历史的研究。中国近代文化史的研究任务，是探究和揭示中国近代社会中各种文化运动发展的历史规律。一方面，它要综合和概括各种专史，从宏观方面把文化作为一个完整的体系去分析各个领域的相互结构和相互作用；另一方面，它又要在整个社会史的范围内，去着重分析近代文化怎样反映近代政治和经济，又给予了近代政治和经济以何种伟大的影响、作用。简单说来，前者是研究文化所包含的各个领域之间的内部关系，后者是研究文化与政治、经济的外部关系。

这样来确定中国近代文化史的研究任务，既能较好地处理近代文化史与近代思想史、近代哲学史、近代文学史乃至更专门一些的如近代报刊史、近代绘画史等等各种专史的关系，又能较好地处理近代文化史与近代政治史、近代经济史等的关系，使中国近代文化史成为一个具有特定内容、特定范围，足以与其他学科明确区别开来的学科门类。

文化的每一个领域，都有自己独特的矛盾运动和在此基础上形成的发展过程。离开了对每一具体文化现象的了解和分析，文化史也就成了无源之水、无本之木；文化史的研究也就变成为无米之炊了。就这个意义上说，文化史的研究理应包括文化领域各种专门史在内，使这些专门史成为文化史的不可或缺的分支；甚至可以说，文化史研究的开展正是要以各种专门史的研究的深入作为前提的。但是，文化史研究的任务，不可能也没有必要去回答所有文化领域的各种具体问题。例如，研究每一个教派的宗教教义和宗教仪式，对于宗教史来说，无疑具有第一位的意义，而对于文化史来说，却首先应该着眼于一定社会的宗教和神学，对于那个时代的各个文化领域，产生了哪些影响，发生了哪些作用，从而确定其在一定历史时期的文化结构中的地位和价值。研究每一种艺术形式的流派和风格，对于艺术史来说，无疑是首要的任务之一，而对于文化史来说，却更应该重视特定历史时代艺术发展的共同特征，并探究形成某种艺术特色的社会历史原因。其他领域也是一样。我们强调要研究文化的内部关系，就是要突出文化史的综合性和概括性；近代文化运动的历史规律，也只有在对近代各个文化领域进行综合和概括中得到真实的揭示。

研究文化的内部关系，还有另外一层含义。列宁曾经阐述过每个民族都存在着两种文化的思想，指出："每个民族的文化里面，都有一些哪怕是还不大发达的民主主义和社会主义的文化成分，因为每个民族里面都有劳动群众和被剥削群众，他们的生活条件必然会产生民主主义的和社会主义的思想体系。但是每个民族里面也都有资产阶级的文化（大多数的民族里还有黑帮和教权派的文化），而且这不仅是一些'成分'，而是占统治地位的文化。"① 列宁这里讲的是资本主义社会的情形。至于作为半殖民地半封建社会的近代中国，毛泽东同志多次指出，存在着帝国主义文化、半封建文化，"它们结

① 《关于民族问题的批评意见》，见《列宁全集》，中文1版，第20卷，6页。

成文化上的反动同盟”；还存在着资产阶级文化，以及无产阶级领导的人民大众反帝反封建的文化。[①] 研究文化的内部关系，就是要研究中国近代社会这些不同文化成分之间的联合和排斥，矛盾和斗争。有同志主张，文化史研究的重点应该是研究文化的精华部分，或者说进步文化的一方面；一些文化的糟粕，或者说反动文化的一方面，则不应该作为文化史的研究对象，至少不应当作为研究的重点。这个意见我以为是值得斟酌的。一则，精华与糟粕，进步文化与反动文化，都不是孤立自在的东西，它们互相矛盾，互相斗争，当然也就互相发生着影响。只研究一方面而忽略另一方面，明于知己而暗于知彼，当然不可能对一个社会的文化面貌有总体的、全面的了解。二则，“统治阶级的思想在每一时代都是占统治地位的思想”[②]。如列宁在前面所引的话里指出的，在资本主义社会，资产阶级文化正是“占统治地位的文化”。同样的道理，在半殖民地半封建的近代中国，占统治地位的文化恰恰是帝国主义文化和半封建文化。尽管旧民主主义革命时期的资产阶级新文化和新民主主义革命时期无产阶级领导的人民大众的新文化，在近代社会是进步的文化，代表着历史前进的方向，但决不能因此而使我们对当时占统治地位的旧文化有丝毫的忽视。因为就其对当时社会所发生的作用来讲，不管你注意和重视与否，都是一个实实在在的客观存在。在某种意义上说，甚至是比那些进步的或革命的新文化更加经常起作用的客观存在。

中国近代文化史研究的另一个任务，是研究文化的外部关系，即近代文化与近代经济和政治的关系。十分明显，不仅哲学、道德、艺术、宗教、学术等社会意识方面的东西，不过是社会物质生活条件即一定社会的经济和政治的反映，就是语言、文学、风俗习惯等较之意识形态更加稳定一些的事物，也无不受社会经济生活和政治斗争的强烈影响。马克思说，作为古希腊艺术的土壤和母胎的古希腊神话，只会出现在生产力极为低下的古代社会，而决不能同自动纺机、铁道、机车和电报并存。“在罗伯茨公司面前，武尔坎又在哪

---

① 参见毛泽东：《新民主主义论》。

② 《德意志意识形态》，见《马克思恩格斯选集》，1版，第1卷，52页。

里？在避雷针面前，丘比特又在哪里？在动产信用公司面前，海尔梅斯又在哪里？任何神话都是用想象和借助想象以征服自然力，支配自然力，把自然力加以形象化；因而，随着这些自然力之实际上被支配，神话也就消失了。”[①] 同样，西欧各国的文艺复兴运动，只能出现在资本主义经济正在萌生和发展、新兴资产阶级反对封建阶级的斗争日益激化的时期，而决不能产生于奴隶制时代或中世纪初期。在中国近代社会，全部经济生活和政治生活状况，包括社会生产力发展水平，旧的经济关系的解体和新的经济关系的产生，阶级结构的变化，各个阶级和各种政治势力之间的形形色色的斗争，统治阶级的政策影响，以及社会进步势力开展政治斗争的客观需要，这些方面的总和，成为决定近代文化面貌的基本因素。反过来，文化领域的种种变化、发展、矛盾、斗争，又给予上述各个方面以深刻的影响。离开了近代经济、政治和近代文化相互关系的研究，揭示中国近代文化运动的历史规律，也就只是一句空话。

三

近代文化史的研究，在中国近代史的研究中，确实具有重要的地位。加强近代文化史研究的迫切性，不仅因为以往对这方面注意很少，基本上还是一块未被开垦的处女地，急需填补空白；而且还因为文化史在整个中国近代历史中，是个特别重要的领域，本身具有某些难以由其他方面替代的特殊作用。

第一，文化最能够集中地反映和体现一个民族的历史特点。加强近代文化史的研究，可以进一步阐明中国近代社会历史发展的本质特征。

研究中国近代历史，最主要的是要在马克思主义指导下对中国近代社会的历史特点做出科学的分析和概括。这里所说的“历史特

---

① 《〈政治经济学批判〉导言》，见《马克思恩格斯选集》，1版，第2卷，113页。

点”，当然表现在许多方面，但最集中、最生动的是反映在文化方面。最足以表示中国历史特点的，就是中国的文化传统。“每一个民族，不论其大小，都有它自己的，只属于它而为其他民族所没有的本质上的特点、特殊性。这些特点便是每一个民族在世界文化共同宝库中所增添的贡献，补充了它，丰富了它。”① 文化是一个国家、一个民族聪明才智的集中表现。它最有个性，最丰富多彩，最能反映民族性格和民族气派。要了解和说明中国近代社会的各种历史事件，要分析和评论中国近代社会的各种历史人物，离开了中国近代的文化背景，往往不容易得其要领。我们可以举一个小小的例子。尼克松在《领袖们》这本书里，在对我们的周恩来总理表示他的由衷的钦佩时，曾写下了这样的句子：“周恩来的敏捷机智大大超过我所知道的其他任何一位世界领袖，这是中国人独有的、特殊的品德，是多少世纪以来的历史发展和中国文明的精华的结晶。”“周恩来还具有其他中国人的品德——不可动摇的自信心，它来自中国人民享有的几千年的优越的文化传统。”尼克松还认为，中国人的自信心“表明中国人对他们的文化和哲学的绝对优势坚信不疑”②。我们可以不赞同尼克松在那本书里的许多观点，但毕竟应该承认他对周恩来这个历史人物的评论同中国文化传统联系起来的看法是颇为深刻的。

第二，加强近代文化史的研究，可以使我们进一步认识中国近代历史的多样性和生动性，极大地丰富中国近代史的内容，大大克服过去近代史论著中呆板、干瘪、枯燥的毛病。

过去近代史论著容易写得枯涩沉闷，原因很多，但和研究领域的狭窄有极大关系。例如，不论政治史、经济史、思想史，一般对社会状况和普通群众的活动状况都较少注意。一场政治斗争，对社会究竟产生了什么样的震动？某些经济措施，对群众的日常经济生活发生了些什么样的影响？某几个思想家的认识和主张，在社会上

① 斯大林：《在宴请芬兰政府代表团的宴会上的演说》，见《马克思主义与民族殖民地问题》，377页。

② 尼克松：《领袖们》，304、307页，北京，知识出版社，1984。

有些什么样的反响？这些问题，往往语焉不详。而文化史，由于它研究的对象就是一定社会的文化内容和文化形式，因此，它就自然要求把目光注视到社会生活和群众生活的各个角落。不论社会风习、礼仪俗尚、道德伦理、宗教心理、服饰衣着、文学艺术等等，都要求具体而深入地反映特定历史阶段的社会面貌。这样，社会历史的研究就必定会更加有血有肉，绚丽多彩。

第三，加强近代文化史的研究，有助于提高中国近代史研究的现实性和应用性。

文化同经济、政治相比，除了其他特点之外，一个明显的特点是，对于文化传统和文化遗产，比起对于经济、政治等方面的历史现象来，要求采取更谨慎、更细致地批判继承的态度。一方面，社会主义的新文化，只有在批判地继承了全部民族历史文化的优秀遗产的基础上，才能健康地发展。列宁指出："无产阶级文化并不是从天上掉下来的，也不是那些自命为无产阶级文化专家的人杜撰出来的，如果认为是这样，那完全是胡说。无产阶级文化应当是人类在资本主义社会、地主社会和官僚社会压迫下创造出来的全部知识合乎规律的发展。""只有确切地了解人类全部发展过程所创造的文化，只有对这种文化加以改造，才能建设无产阶级的文化"①。另一方面，历史上反动的、落后的旧文化的瓦解、消失过程，要远远比旧政治、旧经济的瓦解、消失过程，缓慢得多，旧文化对人们的消极影响，也要比旧政治、旧经济强烈和深远得多。这两个方面，都对我们今天的现实生活，有很直接的关系。因此，我们对近代文化史的研究愈深入，对近代文化遗产的批判继承工作做得愈细致，对今天建设社会主义精神文明，也就愈能发挥积极的作用。

---

① 《青年团的任务》，见《列宁选集》，2版，第4卷，348页。

鸦片战争爆发后连续三年的黄河大决口*

鸦片战争的发生及失败，对中国社会，不论在政治上、经济上还是社会心理上，都产生了极大的震颤。恰恰在这一时期，发生了连续三年的黄河大决口，即1841年（道光二十一年）的河南祥符决口，1842年（道光二十二年）的江苏桃源决口，1843年（道光二十三年）的河南中牟决口。这三次黄河漫决，受灾地区主要为河南、安徽、江苏等省，波及山东、湖北、江西等地，这些地区大都离鸦片战争的战区不远。因此，严重的自然灾害，不能不给战祸造成的社会震动更增添了几分动荡不安。

在中国历史上，黄河曾孕育了中华文明，也带给了人们数不尽的灾难。到了晚清时期，黄河“愈治愈坏”。一方面，是由于封建统治者对黄河一贯采取“有防无治”的方针，如道光初年河道总督张井在一个奏折中所说的：“历年以来，当伏秋大汛，司河各官，率皆仓皇奔走，抢救不遑。及至水落霜清，则以现在可保无虞，不复再求疏刷河身之策。渐至河底日高，清水不能畅出，堤身递增，城郭居民尽在河底之下，惟仗岁请金钱，将黄河抬于至高之处。”① 以至造成河身堤身竞相争高的恶性循环。另一方面，是随着吏治的败坏，河工积弊层出不穷，官员们将巨额治河经费挥霍贪污，“防弊之法有尽，而舞弊之事无穷”②。结果便是《清史稿》所说的，“河患至道光朝而愈亟”③。本文将要叙述的鸦片战争爆发后的连续三年黄河大

---

* 载《清史研究通讯》，1989年第2期。本文由李文海、林敦奎、周源、宫明集体创作，李文海执笔。

① 《河南通志·经政志稿·河防》篇。

② 道光元年署河南河道总督严烺折，见《河南通志·经政志稿·河防》篇。

③ 《清史稿》，卷383。

决口，不过是道光朝河患较为突出的表现而已。

一、1841 年的河南祥符决口

1841 年夏，正当英国侵略军肆虐闽、浙之际，黄河在祥符县（今属开封）上汛三十一堡决口。据 8 月 7 日（六月二十一日）上谕，河道总督文冲曾于数日前上奏："本年入夏以来，黄河来源甚旺，各厅纷纷报险，所有下南厅祥符上汛三十一堡，滩水已过堤顶，漫塌二十余丈。"① 这个奏折没有提具体决口日期。曾国藩在一封家信中曾说："黄河于六月十四日开口。汴梁四面水围，幸不淹城。"② 但署理河南巡抚鄂顺安在奏折中则称："道光二十一年六月十六日，祥符汛三十一堡漫口，省城猝被水围，其非常之险，层见叠出。"③ 两个材料所记决口日期略有出入，当以鄂顺安奏折较可靠。

这里都提到了水围河南省城开封之事。事实上，冲出决口的黄水曾包围开封达八个月之久，这在我国灾荒史上也可说是极为罕见的。赵钧《过来语》记："六月初八日，黄河水盛涨。至十六日，水绕河南省垣，城不倾者只有数版。城内外被水淹毙者，不知凡几。"④《清代七百名人传》中《邹鸣鹤传》云："是年六月，河决祥符上汛三十一堡，省城猝被水围。（署开封知府邹）鸣鹤露宿城上七十昼夜，随同巡抚牛鉴等竭力修防。省城形如釜底，堤高于城，河水冲决，势如建瓴……堵御八月之久，城赖以全。"一份专门奏报此事之折片称："臣于七月二十二日到省，正至急至危之时，即驻宿城关，督率官民日夜防守。目击浪若山排，声如雷吼。城身厚才逾丈，居然迎溜以为堤，而狂澜攻不停时，甚于登陴而御敌。民间惶恐颠连之状，呼号惨怛之音，非独耳目不忍见闻，并非语言所能殚述。

---

① 《清宣宗实录》，卷 353。

② 《曾国藩全集·家书》（一），10 页。

③ 《录副档》，道光二十二年（日期不详）鄂顺安折。本文所引《录副档》均为第一历史档案馆藏档，不一一说明。

④ 《近代史资料》，总 41 号，133 页。

所赖官绅士庶不避艰危，凡可御水之柴草砖石无不购运如流，凡力能做工之弁役兵民无不驰驱恐后，始能抢修稳固，化险为平。至霜降以后，水势虽见消减，而凌汛旋又届期，复经署开封府邹鸣鹤会同兰仪同知张承恩等先事预防，所有冲顶之处，皆密排逼凌木椿，冒寒守御，城身幸未被冰击撞。迨上游解冻，即据驰报，万锦滩骤然长水，又须加倍严防。计自上年六月望后至本年二月初旬，共阅八月之久，大溜一日未经离城，即一日不敢稍懈……伏查此次省城被水，实出非常，为二百年来所未有。"① 此折原件残缺，作者不详，但据奏折内容推断，似为替代文冲任东河河道总督之朱襄所上。

原来的河督文冲，先是被朝廷革去职务，后来又"枷示河干"。堂堂的总督竟被枷号示众，这可以说是极大的羞辱了，但对于文冲来说，却实在是罪有应得。据记载，文冲任河督时，与河南巡抚牛鉴"同在一省"，却"久不相能"，专搞摩擦，且"视河工为儿戏，饮酒作乐，厅官禀报置不问，至有大决"②，可见文冲实为这场大灾难的直接责任者。待河决之后，文冲又荒唐地主张暂缓堵筑决口，放弃开封，迁省会于洛阳。文冲的这个错误主张遭到清廷特意派往河南"督办东河大工"的大学士王鼎、通政使慧成等人的抵制，才未实现。《清史稿》记载此次争论情况说："（道光）二十一年六月，决祥符，大溜全掣，水围省城。河督文冲请照睢工漫口，暂缓堵筑。遣大学士王鼎、通政使慧成勘议。文冲又请迁省治，上命同豫抚牛鉴勘议……八月，鉴言节逾白露，水势渐落，城垣可无虞，自未便轻议迁移。鼎等言：河流随时变迁，自古迄无上策，然断无决而不塞、塞而不速之理。如文冲言，俟一二年再塞，且引睢工为证。查黄水经安徽汇洪泽，宣泄不及，则高堰危，淮扬尽成巨浸。况新河所经，须更筑新堤，工费均难数计。即幸而集事，而此一二年之久，数十州县亿万生灵流离，岂堪设想。且睢工漫口与此不同。河臣所奏，断不可行。"③ 如果真按文冲的意见去办，千万群众将葬身鱼

---

① 《录副档》，道光二十二年二月二十八日折。

② 《李星沅日记》上册，279、280 页。

③ 《清史稿》，卷 126。

腹，后果真是不堪设想。所以前往江苏赴按察使之任的李星沅，路过河南时，在日记中亦云：文冲“妄请迁省洛阳，听其泛滥，以顺水性，罪不容于死矣！约伤人口至三四万，费国帑须千百万，一枷示何足蔽辜？汴人欲得其肉而食之，恶状可想！”①

在这场争论中，河南巡抚牛鉴站在正确的一方。但有的材料把牛鉴描写成与群众同甘苦、同洪水作搏击的人物，却也大谬不然。事实上，河决之后，牛鉴见“水势直冲省城”，只是“长跪请命”，祈求上天保佑②，并未积极组织抗洪斗争。水围开封之后，牛鉴一味注意“力卫省城”，不及其他。虽上谕曾强调“省城固为紧要，亦不可顾此失彼，著牛鉴多集人夫料物，设法分疏溜水，抢护堤工缺口”，但牛鉴等仍以“正河业经断流，护堤决口，势难抢筑”为借口，“专议卫省城，兴筑水坝，以资抵御”③。对省城以外的救灾事宜，根本不予置理。结果，省城虽获保全，但河南各属一片汪洋，且“下游各处间被淹浸，又兼江水盛涨，江宁、安徽、江西、湖北等省，均有被灾地方”④。

河决祥符后之水势趋向，据江南河道总督麟庆奏：“黄河大溜，直奔河南省垣西北城角，分流为二，汇向东南，下注至距省十余里之苏村口；又分南北两股，其北股溜止三分，南股溜有七分，计经行之处，河南、安徽两省共五府二十三州县，被灾轻重不等。”⑤ 8月23日（七月初七日）上谕亦云：“现在水势，口门下分为两股，一绕省城西南下注，一由东南而行，均至归德、陈州两府属归入江境等情，是江苏、安徽两省漫溢淹没之处，定已不少。”⑥ 因为河南属江苏、安徽之上游，黄河在河南决口，全黄之水汇集洪泽湖，又四处漫溢，故“三省之荡析离居不堪设想”。而且漫决若在秋成之后，老百姓尚“糊口有资”，此次漫在夏间，“远近饥民，更难绥辑”⑦。安

①② 《李星沅日记》，上册，280页。

③ 《清代七百名人传》，上册，《牛鉴传》。

④ 《清宣宗实录》，卷369。

⑤ 《清宣宗实录》，卷359。

⑥ 《清宣宗实录》，卷354。

⑦ 《录副档》，道光二十二年二月十三日王鼎等折。

徽巡抚程矞采报告此次灾情称："据查豫省黄河漫水，灌入亳州涡河，复由鹿邑归并入淮，以致各属被灾较广，小民荡析离居。"① 时任翰林院检讨的曾国藩在家书中亦云："河南水灾，豫楚一路，饥民甚多，行旅大有戒心。"② 封建统治者深恐流民众多，激化阶级矛盾，一面宣布缓征或蠲免灾区地丁钱粮，一面设法将"无业游民"招募入军，以便控制。

这时，在鸦片战争中坚持反侵略斗争的林则徐，正好因受到一部分投降势力的排挤，被道光帝"发往伊犁效力赎罪"。王鼎极力请求将林则徐暂留河南协助治河救灾，得到朝廷允准。林则徐在遣戍途中自扬州"折回东河"，于 9 月 30 日（八月十六日）到达开封。他亲自在祥符六堡河工，往返筹划指挥，受到灾民的热烈欢迎，他们交口称赞："林公之来也，汴梁百姓无不庆幸，咸知公有经济才，其在河上昼夜勤劳，一切事宜，在在资其赞画。"③ 在东河工次，林则徐赋诗描述此次水灾之惨状："尺书来汛汴堤秋，叹息滔滔注六州（原注：时豫省之开、归、陈，皖省之凤、颍、泗六属被淹）。鸿雁哀声流野外，鱼龙骄舞到城头。谁输决塞宣房费，况值军储仰屋愁，江海澄清定河日，忧时频倚仲宣楼。"另诗中还有"狂澜横决趋汴城，城中万户皆哭声"之句。这些诗句，既反映了这次水灾的严重程度，也抒发了一位关心民瘼的正直封建官吏的忧时之情。

二、1842 年的江苏桃源决口

在鸦片战争正在进行的过程中，清朝政府在军费支出十分浩繁的情况下，好不容易筹措了五百余万两银子，几经周折，一直到 1842 年 4 月 3 日（道光二十二年二月二十三日），才总算把上年的祥符决口堵合。但仅仅过了四个多月，黄河又在江苏桃源（今属泗阳）

① 《清宣宗实录》，卷 355。

② 《曾国藩全集·家书》（一），14 页。

③ 《林则徐年谱》（增订本），366～367 页。

县北崔镇汛决口。

这一年，江苏由夏入秋，亢旱甚久。一部分地区由于上年黄水泛滥的积水未消，另一部分地区则因久旱缺雨，所以麦秋“合计通省约收五分有余”，歉收本已十分严重。不料到8月22日（七月十七日），黄河突于桃源县北崔镇汛决口一百九十余丈。与此同时，徐州府附近之铜山、萧县，亦因“水势涌猛，闸河不能容纳，直过埝顶，致将铜山境内半步店埝工冲刷缺口”①。所以这一年江苏黄水漫溢，实有二处，正如本年岁末两江总督耆英、江苏巡抚程矞采奏折所云：“本年入夏以来，黄水异涨，桃源县北岸扬工长堤漫溢，萧县地方亦因启放天然闸座等处，以致该二县沿河低洼田地均被淹浸。”② 只是由于决口处已处黄河下游，距入海口不远，故遭漫水淹浸面积较少。曾国藩在一封家信中估计，“黄河决口百九十余丈，在江南桃源县之北，为患较去年河南不过三分之一”③。

河决桃源之后，清廷将南河河道总督麟庆革职，命吏部左侍郎潘锡恩接任。潘上疏报告水情云：“黄河自桃北崔镇汛、萧家庄北决口，穿运河，坏遥堤，归入六塘河东注。正河自扬工以下断流，去清口约有六七十里之远，回空漕船，阻于宿迁以上。”④ 一个恰好途经灾区的官僚太常寺少卿李湘棻向朝廷报告说：“臣行至宿迁县，知桃源县桃北厅扬工下萧家庄漫成口岸。路遇被水灾民询称‘今岁异涨陡发，实历年所未有’。臣缘堤而行，察看北岸水痕，大半高及堤顶，全仗子堰拦御，情形危险至极。源南岸王工晤河臣麟庆，据称：‘漫溢口门已有百余丈，水头横冲中河，向东北由六塘河、海州一带归海。彼处旧有河形，大溜趋赴，势若建瓴，当不致十分泛滥。惟运河淤垫，急宜挑浚。’”⑤

麟庆所说黄水漫溢后，因流入“旧有河形”，故“不致十分泛滥”，显然带有讳饰之意。事实上，这一年的桃源决口，虽较上年祥

---

① 《录副档》，道光二十三年七月初二日署两江总督璧昌、江苏巡抚孙宝善折。
② 《录副档》，道光二十二年十二月二十七日耆英、程矞采折。
③ 《曾国藩全集·家书》（一），31页。
④ 《清史稿》，卷383。
⑤ 《录副档》，道光二十二年。

符决口为轻，但仍然带给当地人民以极大的灾难。河决后不久，一个上谕即引用程矞采的奏疏，称桃源、萧县一带“庐舍被淹，居民迁徙”①。程矞采在另外两个奏折中还说：“窃照桃源、萧县二县，本年或因扬工漫溢，或因开放闸河水势过大，以致田亩庐舍均被浸没，居民迁徙，栖食两无。”“据宿州扬斯熙禀称：上游黄水来源甚旺，自七月二十一日至二十五日，逐渐加长，睢河、北股河不能容纳，漫溢出槽，西北、东北二乡沿河一带，水深二三尺不等。在田秋粮尽被淹浸，驿路亦被淹没。”② 户部尚书敬徵、工部尚书廖鸿荃会奏此次黄水漫溢造成的灾情，计桃源县境内有“秋禾多被淹没，庐舍亦间有冲塌，情形较重，成灾九分”者共17图，有“因黄水汇归六塘等河，并无堤埝捍御，禾稼亦被淹损，情形次重，成灾七分”者共11图。沭阳县境内有“始因缺雨，继遭黄水漾漫，秋禾无获”者共9镇12堡。清河、安东、海城等县，“亦因先旱，复被淹浸，秋禾间有损伤，以致收成歉薄”③。又据淮安府知府曹联桂报告：“桃源县应需抚恤户口一万五百一十六户，内大口一万七千四百九十二口，小口九千一百八十八口。”④ 从以上这些数字看，这次黄河决口所造成的灾区面积，并不很小，受灾人口也有相当数量；再加上春夏之旱，苏南的苏州、松江二府属又因秋雨连绵，“秋禾被水歉收”，以致形成了江苏全省性的灾祲。这一年，正是因鸦片战争失败，清政府被迫在南京与英国签订了第一个丧权辱国的不平等条约，当地人民既目睹了民族的屈辱，又身受着天灾的侵袭，在这种双重打击之下，物质生活和精神心理都受到何等严重的摧残，也就可想而知了。

三、1843年的河南中牟决口

继上二年黄河漫决之后，1843年7月末，黄河又在河南中牟县

① 《清宣宗实录》，卷379。

② 《录副档》，程矞采折。

③ 《录副档》，道光二十二年十月｜三日敬徵、廖鸿荃折。

④ 《录副档》，道光二十二年十月十六日程矞采折。

下汛九堡漫口，造成连续三年黄水年年决口的严重状况。

这一年夏秋之间，河南省大雨连朝，淫霖不绝。黄水盛涨，大溜涌进，于7月末“将中牟下汛八堡新埽，先后全行蛰塌”。正当防河官兵集料抢补的时候，不料大溜“忽下卸至九堡无工之处。正值风雨大作，鼓溜南击，浪高堤顶数尺，人力难施，堤身顿时过水，全溜南趋，口门塌宽一百余丈”①。由于这一带“土性沙松”，又正“值大汛河水盛涨之际”，所以口门不断扩大，数日后“刷宽至二百余丈”。至9月8日（闰七月十五日）的上谕中，则称“现在口门塌宽至三百六十余丈”，“下游州县”被灾情形，“较之上次祥符漫口，情形更为宽广”②。

事件发生后，清政府始则将河道总督慧成革职留任，接着又正式“革任”，并像对待前任河督文冲一样，“枷号河干，以示惩儆”。河督一职，派原库伦办事大臣钟祥接任，并命礼部尚书麟魁、工部尚书廖鸿荃“督办河工”。但工程进展缓慢，第二年整整一年，“黄流未复故道”③。1844年5月4日（道光二十四年三月十七日）的上谕谈及河工情况时称：“上年中牟漫口，特派麟魁、廖鸿荃会同钟祥、鄂顺安，督率道将厅营办理大工，宜如何激发天良，妥筹速办，于春水未旺以前，赶紧堵筑。乃毫无把握，临事迁延。将次合龙之际，被风蛰失五占，以致水势日增，挽回无术，现在坝工暂行缓办，上年被淹各处，一时未能涸复。”④ 同年8月29日（七月十六日）上谕又云：“中牟漫口后，一年以来，未能堵合，三省灾黎，流离失所。”⑤ 直至1845年2月2日（道光二十四年十二月二十六日），始告正式合龙。

这种情况，自然要给沿河人民带来更大的苦难。黄河决口后不久的一个上谕就指出：“此次漫口，大溜下注，所历各州县地方……比二十一年被水较宽，灾亦较重。”⑥ 前引材料中所说的“三省灾

① 《清宣宗实录》，卷394。
② 《录副档》，道光二十三年。
③ 《清史稿》，卷383；又《清代七百名人传》，中册，975页。
④ 《清宣宗实录》，卷403。
⑤ 《清宣宗实录》，卷407。
⑥ 《清宣宗实录》，卷394。

黎”，主要是指河南、安徽、江苏三省，在这些地区，被黄水漫淹而衣食无着、流离失所甚至家破人亡的，在在皆是。

就河南本省而言，河南巡抚鄂顺安于 12 月 3 日（十月十二日）奏称：“豫省本年夏秋大雨频仍，兼之黄河及各处支河屡次盛涨泛溢，滨河及低洼各州县村庄均被淹渍，并有雨中带雹及飞蝗停落之处。”① 大面积的水灾，再加上局部地区的震灾和蝗灾，势孤力单、脆弱无力的小农经济，还能有什么抗拒能力？据鄂顺安后来的两次奏报，中牟漫口后，共有 16 个州县“地亩被淹”。其中“被灾最重”的有中牟、祥符、通许 3 县及阳武（今属原阳）的一部分；“被灾次重”的有陈留（今属开封）、杞县、淮宁（今淮阳）、西华、沈丘、太康、扶沟等 7 县；“被灾较轻”的有尉氏、项城、鹿邑、睢州（今睢县）等 4 州县。另有郑州等 10 州县虽被水较轻，考城（今属兰考）等 23 州县虽只是局部地区有“被水、被雹、被蝗”之处，但也都造成了歉收。而在那些重灾区和次重灾区，不少地方是颗粒无收的。

安徽的灾情，同河南几乎是不相上下。中牟决口后，清政府就在上谕中指出：“皖省自上次河决祥符，所有被灾州县，元气至今未复。本年漫水，建瓴直下，太和、阜阳、颍上以及滨淮各州县地方，或房屋塌卸，或田亩淹没，情形较前更重。”② 在另一个上谕中又说：“河南中牟漫水，皖省地处下游，被淹必广。现据查明，顶冲之太和县，通境被灾；分注之亳州（今亳县）及滨淮十余州县，洼地淹入水中。”③ 安徽巡抚程矞采也于 10 月 23 日（九月初一日）奏称：“本年豫省中牟汛九堡漫水决堤，大溜南趋，皖境下游之颍州、凤阳、泗州三府州属，均被漫淹。兼闰之七月上中二旬，凤、泗二属雨水过多，淮、黄同时并涨，宣泄不及，被淹地方较广……现在节逾寒露，水未消退，秋成失望。”④ 这一年，安徽全省因灾蠲缓额赋

① 《录副档》，鄂顺安折。

② 《清宣宗实录》，卷 395。

③ 《清宣宗实录》，卷 396。

④ 《录副档》，程矞采折。

之地区达37州县。

江苏在这一年开始时，遇到了像上年一样的严重春旱，二麦“收成大为减色”。江苏是鸦片战争中受战祸最烈的地区之一，又连年遭水，“情形尤为困苦”。但到了秋后，又阴雨连绵，加之上游“黄水来源不绝”，结果不少地方“山水、坝水下注，湖河漫溢，低洼田亩被淹”。也有些地方，“或因雨泽愆期，禾棉不能畅发，继被暴风大雾，均多摧折受伤”①。据统计，沭阳及上年黄河决口之桃源县，不少田地都“成灾八分”（即只有二分收成），其余上元（今属南京）等53州县，虽“勘不成灾”（按清制，收成不足五分者才算“成灾”，五分收成以上只能算“歉收”），但均“收成减色”。由于雨水多漫，并累及盐场亦均歉收。兼理盐政之署两江总督璧昌奏称：“富安、安丰、梁垛、东台、何垛、丁湾、草堰、刘庄、伍佑、新兴、庙湾十一场，因本年夏间亢晴日久，禾草受伤，继因秋后雨多，海潮上涌，坝水下注，又被漫淹，收成均属歉薄，内惟新兴场情形稍轻。又海州分司所属板浦、中正、临兴三场，先因黄水下注，嗣因秋雨过多，池、井、滩、荡皆被淹浸，以致秋收歉薄。”②

河决中牟，不仅往南影响苏皖，往北甚至影响到直隶。一个名叫德顺的主管盐政的官员（具体职务不详）在奏折中说：“奴才前于本年闰七月间因豫省中牟黄河漫口，漳河、沁河、卫河同时并涨，以致南运河各引地冲没店厂、盐包、房屋、骡马、器具，阻隔水陆运道，其直隶附近南运河并永定河之各引地口岸，亦因之堤决漫口。”③ 这个材料，颇能说明此次决口影响之广。

以上叙述的鸦片战争爆发后连续三年的黄河大决口，造成的危害可以说是灾难性的，因为它不仅在当时给人民带来了巨大的痛苦，而且所伤的元气，在很长时间里都未能恢复。一直到十年之后，即1851年2月20日（咸丰元年正月二十日），朝廷根据陕西布政使王懿德的奏疏，还发布了这样一道谕旨：“王懿德奏，由京启程，行至

① 《录副档》，道光二十三年十月二十三日署两江总督璧昌、江苏巡抚孙宝善折。
② 《录副档》，道光二十三年十月十五日璧昌折。
③ 《录副档》，道光二十三年十月初一日德顺折。

河南，见祥符至中牟一带，地宽六十余里，长逾数倍，地皆不毛，居民无养生之路等语。河南自道光二十一年及二十三年，两次黄河漫溢，膏腴之地，均被沙压，村庄庐舍，荡然无存，迄今已及十年。何以被灾穷民，仍在沙窝搭棚栖止，形容枯槁，凋敝如前?”① 上谕中这个“何以”问得很好，但封建统治阶级自己恐怕永远也无法做出正确的回答。无情的黄水，把“膏腴之地”变成“地皆不毛”，但时隔十年，老百姓仍“凋敝如前”，这难道仅仅是老天爷的原因吗?

① 《清文宗实录》，卷26。

晚清的永定河患与顺直水灾*

在有清一代，自鸦片战争到清王朝最后覆亡的71年，即所谓晚清时期，是社会矛盾最尖锐、社会震荡最剧烈、社会变动最深刻的历史阶段。政治上多种力量的殊死搏斗，经济上新旧成分的兴衰消长，思想上相互对立观念的碰撞冲突，构成了一幅令人眼花缭乱的社会生活图景。由于封建统治已到了日薄西山、气息奄奄的王朝末日，政治腐败日趋严重，人祸不可避免地加深了天灾。于是，在这一时期中频繁发生的各式各样的自然灾害，又为那社会生活画面添上了几笔特殊的浓重色彩。

晚清时期，中国大地上存在着若干个多灾区域，以京师为中心的顺天府和直隶地区，就是其中之一。由于这一地区的特殊政治地位，在这里发生的自然灾害，对于当时的政治和社会生活的影响，远远超出了其他地区之上。因此，研究顺直地区的灾荒状况，自然会引起我们更多一点的兴趣。限于篇幅，本文叙述的范围主要集中在与永定河有关的几次重大的水灾情况。

一

永定河是“畿辅五大河”之一。① “旧名卢沟，上流曰桑干。”卢沟的“卢”是黑的意思，“故又名黑水河”。“水徙靡定，又谓之无定河。康熙三十七年，赐名永定。”② 1871年（同治十年），直隶总

---

* 载《北京社会科学》，1989年第3期。署名：李文海、林敦奎、周源、宫明。

① 其余四河为南运河、北运河、大清河、子牙河。

② 《光绪顺天府志》，1230页，北京，北京古籍出版社，1987。

督李鸿章在奏疏中曾谈到永定河地位之重要："永定河南北两岸，绵亘四百余里，为宛平、涿州、良乡、固安、永清、东安、霸州、武清等沿河八州县管辖地面。""永定河为畿南保障，水利民生，关系尤巨。"① 但这条横贯畿辅的大河，却河患频仍，成为威胁京畿的重要祸害。1823年（道光三年），河臣张文浩奏称："永定河水性悍急，一遇大雨，动辄拍岸，步步生险。土性纯沙，所筑之堤不能坚固，每遇大溜顶冲，随即坍溃。防守之难，甚于黄河。""永定河绵长四百余里，两岸皆沙，无从取土，不能处处做堤，俱成险工。而出山之水，湍激异常，变迁无定，动辄挖根漫顶，如水浸盐，遇极盛涨时，堤防断不足恃。"② 《永定河志》也说它"有小黄河之目，水性激，挟沙与黄河同"。

据各种资料统计，晚清71年间，永定河发生漫决33次，平均接近两年一次。为了提供一个永定河患的概貌，我们将晚清时期永定河漫决情形列表如下：

时间	决口简况	漫决地段
1843年（道光二十三年）	闰七月初八日上谕："永定河北六工汛北遥堤十一号，因大清河水势过大，顶托浑水，有长无消，初三、初四两日，堤身蛰塌二十余丈，漫淹二十余里。"（《清宣宗实录》，卷395）	北六工在今河北省永清县境。（据《光绪顺天府志·河渠志》，下同）
1844年（道光二十四年）	六月初二日上谕："永定河南七工五号堤身，因连日大雨，水势侧注，以致蛰塌十余丈。"（《清宣宗实录》，卷406）	南七工五号在霸州（今河北霸县）境。
1850年（道光三十年）	六月初三日上谕："永定河北遥堤，地势低注，因上游山水下注，大清河水又复同时并涨，以致北七工八、九两号相连处所堤顶漫溢三十余丈之多。"（《清文宗实录》，卷11）	北七工八、九两号在永清县境。
1853年（咸丰三年）	御史隆庆九月二十四日奏："永定河于本年夏秋之际，大雨连旬，沿河堤岸被水冲塌百有余丈，河道因改于固安县城南。沿河两岸，被水淹没村庄数十处，灾民数千。"（《录副档》）③	此次决口在南三工十三号，属今河北省固安县境。

① 《光绪顺天府志》，1418页。

② 同上书，1583页。

③ 本文所引《录副档》《朱批档》，均为第一历史档案馆藏档，不再一一注明。

续前表

时间	决口简况	漫决地段
1856 年（咸丰六年）	直隶总督桂良六月二十六日奏："南七工于六月十四、五日河水增长五尺余寸，连底水共深一丈四、五尺不等。"后又奏："至十八日午未之交，堤面漫溢四十余丈，深约尺余。""至二十八日，大溜直漫堤顶，以致北四上汛十号，北三工十三号堤工被水漫溢，均冲缺二十余丈。"（《录副档》）	北四上汛十号在涿州（今河北涿县）境。北三工十三号在今固安县境。
1857 年（咸丰七年）	署理直隶总督谭廷襄六月二十一日奏："六月十六、七日连朝大雨，河水四次增长，至一丈八尺四寸之多。……北四上汛十号内全河大溜逼注，一时镶堤全行上水，计二三尺不等。……骇浪奔腾，水面骤时抬高四五尺，溢过堤顶，人力难施，以致堤身于十八日已深漫塌二十余丈，即行夺溜。"（《录副档》）	北四上汛十号为上年漫决之处，属涿州境。
1859 年（咸丰九年）	七月初九日上谕："本年伏汛届期，永定河水叠次增长，又因大风骤作，北三工十二号堤埝，漫塌四十余丈。"（《清文宗实录》，卷287）后续被冲刷至七十余丈。	北三工十二号在宛平县（今属北京市卢沟桥镇）境。
1867 年（同治六年）	七月十九日上谕："永定河自入伏以后，山水涨发，七月初旬，连次陡长数丈，兼之风雨猛骤，水面抬高，以致北三工五号堤身于初九日漫坍三十余丈。"（《清穆宗实录》，卷208）	北三工五号在宛平县境。
1868 年（同治七年）	是年清定河两度漫决。一次在四月十三日，据直隶总督官文奏："十三日戌刻，陡然北风大作……水势又涨，抬高三四尺有余，漫上埝顶，一涌而过，掣动大溜，口门约宽二十余丈。"（《朱批档》）另一次为七月初七日，官文在另一折中奏称："永定河南上汛十五号堤工，前于七月初七日漫溢。……不料秋雨频倾，来源过旺，河流叠次盛涨，致口门塌卸更宽"。（《清代海河滦河洪涝档案史料》，465 页）	第一次决口处为南四工，在今固安县境；第二次为南上汛十五号，在宛平县境。
1869 年（同治八年）	九月二十四日上谕："（直隶总督）曾国藩奏……永定河北下四汛堤岸于本年五月间漫决后，接连伏秋二汛，尚未合龙。"（《清穆宗实录》，卷267）	北下四汛在今永清县境。

续前表

时间	决口简况	漫决地段
1870年（同治九年）	曾国藩在家书中云："今又闻永定河决口之信，弥深焦灼。自到直隶，无日不在忧恐之中。"（《曾国藩全集·家书》（二），1373页）	此次决口在南五工，属今永清县境。
1871年（同治十年）	是年永定河漫溢二次。《清史纪事本末》载："夏六月……永定河溢。……秋七月，永定河复决。"（该书，卷50）	六月间决口在南二工六号，属今北京市良乡境；七月间决口在南岸石堤五号，漫水流经良乡、涿县。
1872年（同治十一年）	《光绪顺天府志》载："七月，北下汛十七号漫口六七十丈。"（1569页）	北下汛十七号在今北京市良乡境。
1873年（同治十二年）	直隶总督李鸿章八月初三日奏："闰六月十五日，永定河南四工九号漫口，水由固安、霸州一带东下。"（《朱批档》）	南四工九号在今固安县境。
1874年（同治十三年）	七月三十日《申报》载："永定河于六月初漫口数处，现在顺属东八县、北五县半成泽国。"	决口地点不详。
1875年（光绪元年）	七月间，"永定河南二工漫口"。（《翁同龢日记》，第二册，810页）	南二工分属良乡、涿州境。
1878年（光绪四年）	八月初二日上谕："自七月二十、二十一、二十二等日，昼夜大雨，上游诸水汇涨，汹涌异常。二十二日戌刻，雨势如注，水又陡长，北六工十四号，漫过堤顶二尺，大流迅猛，人力难施，遂致漫口。"（《清德宗实录》，卷77）	北六工十四号在今永清县境。
1883年（光绪九年）	李鸿章奏："本年六月间，大雨连旬，河水盛涨。……自七月二十三、二十四、二十五等日，连次大雨如注，水势陡长，南五工十七号大流冲刷，漫堤而过，人力难施，二十五日卯刻，夺流成口。"（《清德宗实录》，卷168）	南五工十七号在今永清县境。
1884年（光绪十年）	"永定河决，诏树铭往勘。既至，奏罢河工酌用民力及折价交土章程，民德之。"（《清史稿》，卷442，《徐树铭传》）	决口地点不详。

续前表

时间	决口简况	漫决地段
1887年（光绪十三年）	是年永安河两度漫决。一次在年初，据李鸿章奏："二月二十二日夜，狂风大作，水盖抬高，排空而下，人力难施，从南八下汛十三号漫过堤顶。该堤本因清河之水北泛业被浸润，遂刷成漫口二十余丈，并有旱口数处。"另一次在六月中，李鸿章奏："六月十九至二十二日，河水涨至一丈九尺五寸，惊涛骇浪，拍岸盈堤。……距下游南七工西小堤四号已于二十二日寅刻漫溢……刷宽口门四十余丈。"（《光绪朝东华录》（二），总2252、2253、2312页）	南八下汛十三号在今河北省武清县境；南七工西小堤四号在霸州境。
1888年（光绪十四年）	是年永定河两度漫口。据李鸿章七月二十四日奏："北上汛十二号刷开大堤……漫水经过村庄无多。"九月二十七日又奏："永定河……南二工十七号漫口。"（《清代海河滦河洪涝档案史料》，528页）	北上汛十二号在今武清县境；南二工十七号在涿州境。
1890年（光绪十六年）	李鸿章六月十一日奏："五月二十八日以后，连日大雨如注。直、晋山水连瓴而下，河水陡涨至二丈三尺八寸，浩瀚奔腾，异常汹涌。……北上汛二号溜成横河，万分危急。……于（六月）初五日子刻，漫口七八十丈。"（《清代海河滦河洪涝档案史料》，538页）	北上汛二号在今武清县境。
1892年（光绪十八年）	李鸿章闰六月初二日奏："自六月十八日起，至二十四日，连日大雨如注，河水陡涨至二丈七尺。奔腾直下，卢沟桥翅过水足余。……北三工十二号，北二上工五号，因大溜横激，水过堤顶，堤身塌溃。……据南上汛二号禀报，灰坝大溜顶冲金门，与坝台相平……至二十四日子时，漫口四十余丈。"（《清代海河滦河洪涝档案史料》，559页）	北三工十二号及北二上工五号均在宛平县境；南上汛二号在霸州境。
1893年（光绪十九年）	李鸿章六月十九日奏："（六月）初八日以后，连宵达旦，大雨如注，堤外沥水数尺。至十二日，河水长至二丈三尺，已有全河莫容之势。十三日寅刻，雨势盖疾……浪高卢沟桥顶者丈余，桥上东西石栏冲走数十块，该桥迤上西岸石堤冲倒四十余丈。……南上汛之三四号、十四五号，北上汛之五号、七号，北中汛之九、十号，北下汛之头号至五号并接连迤上之北中汛末号，同时漫溢。"（《清代海河滦河洪涝档案史料》，569页）	南上汛三四号、十四五号在霸州境；北上汛五、七号，北中汛九、十号在武清县境；北下汛之头号至五号在宛平县境。

续前表

时间	决口简况	漫决地段
1896年（光绪二十二年）	直隶总督王文韶十二月二十日奏："自六月以后，节次大雨，加以上游山水暴发……潮白、永定、子牙等河相继溃决，沿河低洼之区，水深数尺至丈余不等，庐舍民田尽成泽国。"（《录副档》）	此次永定河决口在北中汛六、七号及北六汛，属宛平及大兴县境。
1898年（光绪二十四年）	光绪二十五年佚名奏折称："上年雨水不多，而永定河下游之霍家场、葛渔城两处溢出之水，灌入凤河。……至今一片汪洋，上下百余里，数十村庄，皆在水中。"（《录副档》，奏主及上奏日期均不详。）	决号地段不详。
1904年（光绪三十年）	直隶总督袁世凯十二月十日奏："六七月间，节次大雨，山水下注，以致永定、潴龙等河堤岸漫决，并泛滥出槽。"（《录副档》）	此次漫口为北下汛，在今北京市卢沟桥、良乡一带。
1907年（光绪三十三年）	袁世凯六月二十五日急电："二十日，南五工十一号、十九号漫溢成口。二十一日，北甲上汛十四号堤身刷开。"（《录副档》）	南五工十一号、十九号在永清县境；北甲上汛十四号在武清县境。
1911年（宣统三年）	七月十四日上谕："七月初六至初七日，倾盆大雨，历两日夜之久，山洪奔注，永定河南三工尾第二十号，漫溢成口。口门连上十九号，约宽一百四五十丈。"（《清宣统政纪实录》，卷58）	南三工第二十号在固安县境。

在这期间，顺直地区的水灾虽并非全由永定河决口引起，永定河漫决时也往往与别的河流"同时并溢"，但无疑永定河是晚清漫决频率最高、为害也最甚的一条河。它确曾给当时的社会生产和群众生活带来过无穷的灾难。

二

从鸦片战争到太平天国爆发前的十年间，即道光朝的最后十年，永定河虽有三次决口，但尚未造成太大的灾害。咸丰年间，永定河漫决四次，其中以1853年（咸丰三年）造成的水灾最为严重。

这年年初，永定河即因冰凌冲击，多处发生险情。直隶总督讷尔经额二月十九日奏报：“据永定河道禀称……自冰泮以后，河水迭次增长八九尺至一丈有余，溜势趋向靡定，南岸之南上、南二、南三、南四、南五、南六、南七，北岸之北二上汛、北三、北四上下汛及其北二六、七工等汛，因河流顶冲，堤段纷纷蛰陷。其并无堤工之处，亦多坍刷滩坎。”① 等到冰凌全部融化后，水势才开始畅消，堤岸亦趋于稳固。春夏间，顺直地区雨水调匀，麦收颇佳，人们满怀希望地期待着有一个好的年景。

不料夏秋之交，形势大变。连续不断的暴雨，使山水汇注，河流漫溢，造成大面积的水灾。首先是永定河发生决口。讷尔经额于六月十四日奏：“据永定河道定保禀称，六月初八日自未至申，五次共长水一丈五尺二寸，连原存底水，共深二丈三尺四寸。拍岸盈堤，势甚汹涌。各汛无工不险，无堤不蛰。南四北三等工，均有水漫堤顶之处。该道督率厅汛员弁，分投抢护，幸保平稳。惟南三工十三号堤身坐蛰，时当黑夜，水势猛涨，人力难施，以致塌宽三十七丈，掣动大溜。查明民间房舍田禾，间有冲坏淹堤，并无损伤人口。”② 讷尔经额在此处显有讳饰之意。上表中所引御史隆庆的奏折，称这次永定河决口，“沿河堤岸被水冲塌百有余丈”，“沿河两岸被水淹没村庄数十处，灾民数千”，对灾情的估计就要严重得多。不久以后，讷尔经额因在抗拒北伐太平军时多次溃败，被“褫职”“下狱，论斩监候”，直隶总督由兵部尚书桂良接替。桂良对永定河决口造成灾害的估计，也较讷尔经额所述为重。他在奏折中称：“本年六月间，永定河南三工十三号堤身坐蛰，塌宽三十余丈。……漫口西首续坍三十余丈，连前共宽七十五丈。……固安一带，本年被水较重，此外被灾州县，尚有八十余处。”③ 除永定河外，尚有多处河道漫口。如李滨《中兴别记》载：“是秋多雨，（天津附近）运河决南岸，四围皆水。”④ 薛福成

① 《清代海河滦河洪涝档案史料》，454 页。

② 《录副档》。

③ 《录副档》，九月二十六日桂良折。

④ 《太平天国史料汇编》，第 2 册上，160 页。

《庸盦笔记》载："八月朔夜，疾风甚雨，（天津）城西芥园河堤骤决。……城南弥望汪洋，倏成巨浸。静海、沧州来路，及诸歧径，皆没于水，仅存大道而已。"①《大城县志》载："三年，岁歉。夏六月，子牙河决。"《重辑静海县志》载："五月，二麦被淹。卫河决口，澎湃百余里，平地行舟。"《重修青县志》载："四月夏间，大雨，河溢，空城等一百一十四村庄成灾。"②

这一年连续淫雨的时间颇长，加上多条河流决口，成灾地区十分宽广。署左都御史文瑞在一个奏折中写道："自七月十九日以后，至二十五日，连番大雨，田地汪洋，百谷已为减色。近京东南一带卑洼之地，如通州（今北京市通县）、宝坻、香河等处，均被水灾，业经就涝。东西北高旷尚可望其秋成，惟是刈获之期全借晴暖，近日雨复大作，平地水深三尺，浸湿已久，抖晾无由，即高地亦复难保。现在云气浓重，雨势无已。"③ 翁心存《知止斋日记》记七月间情形云："淫雨不止，京南京东低区皆被淹，郊外禾稼皆为风雨所偃，浥烂生芽，十分年成减去三四分矣，奈何！"④

减产三四分，也仍然是偏低的估计。按清朝定制，减产三四分，只能叫作"歉收"，不能算作"成灾"，成灾者必须减收五成以上。而这一年，据桂良九月十八日的奏折，"各州县禀报秋禾被灾者，已有八十余处"；仅固安一县，即有"被水各村秋禾成灾七、八、九分"者（成灾七、八、九分，即实收一、二、三成之意）。⑤ 虽然我们不能确切知道具体的受灾面积，但"被灾"之处几乎已遍布直隶大部分州县，则是明显不过的事实。

这一年的水灾，曾使京师城墙倾圮，街道积水，这也是晚清历次灾情中比较少见的。前引《知止斋日记》中有如下记载："东直门城墙里皮坍塌者凡三十余丈。……宣武门迤西城垣亦塌数丈矣。城内官署、民居坍损者不少，道皆成坑。正阳门棋盘街水深数尺。良

① 该书，江苏人民出版社版，31～32页。

② 以上均见《太平军北伐资料选编》，431、497、512页。

③ 《清代海河滦河洪涝档案史料》，455页。

④ 《太平军北伐资料选编》，43页。

⑤ 《清代海河滦河洪涝档案史料》，454页。

乡、通州皆报大道水深数尺，低者丈余。固安、霸州以永定河溢，被灾最剧。其余永清、文安、武清、宝坻、宁河、蓟州各处，被淹者一二百村庄，或数十村庄，高粱玉米浥烂生芽，豆谷更无望矣。十分年岁，转丰为歉，若此奈何奈何！”① 翁心存的这一段话，既反映了咸丰三年水灾的严重性，也反映了永定河在造成这场水灾中的特殊地位。

三

同治年间，永定河曾经创造了连续9年决口11次的历史纪录。②其中，同治朝的最后四年，在顺直地区形成了极为严重的大水灾。

1871年（同治十年），全国相当一部分省份（直隶、山东、河南、江苏及山西、湖南、四川、江西的局部地区）发生水潦灾害。在这些地区中，以直隶灾情为最重。王之春《椒生随笔》云：“辛未夏秋，直隶大水。顺天、保定、天津、河间境内有成为泽国者。自保定至京师须用舟楫，乃数百年来罕见之灾。”③ 曾国藩于十月间所写书信中亦称：“直隶津、河数郡水灾，为数十年来所未有。民庐荡析，寝处俱无，其困苦情形，较之（同治）八年、九年之旱奚止十倍。”④ 直至次年，御史边宝泉在奏疏中尚谈及此次之灾：“上年直隶水灾之大，为数十年所未有。畿辅东南，几成泽国。至不获已而集捐外省，发粟京仓，议赈议蠲，勤劳宸虑。迄今田庐没于水中者，所在多有。”⑤ 此次水灾，系因雨泽过多，引起各河漫溢。六月间，永定河、草仓河先后决口；七月，这两条河又再度漫决。此外，拒马河亦于北岸决口，“横流泛滥”，涿州附近26个村庄全遭淹没。同时，天津附近的海河、南运河、北运河也“冲溢数口”，“滨海地面，

① 《太平军北伐资料选编》，44页。
② 最后一次为光绪元年，即1875年。
③ 该书，109页。
④ 《曾国藩未刊信稿》，299页。
⑤ 《清史列传》，卷62，《边宝泉传》。

田庐禾稼多被淹没”。六月二十九日上谕在叙述此事时，特别强调“天津、河间、顺天、保定各属，地势低洼，滨河地方，被灾较广，急应筹款接济”①。兵部右侍郎夏同善曾因顺直地区“久雨为灾”，特别上奏折要求皇帝“虔诚祈晴”，并提出“敦节候，广赈济，开言路，清庶狱”几条主张，从自然灾害引申到改善政治上去。同治帝也确实在七月初六日专门“拈香祈祷”，这虽然不过是例行公事式的表面文章，但也多少反映了这次顺直水灾对封建统治者产生了深刻的印象。据统计，直隶全省“被水地方”达87州县之多。在这些地区，“小民荡析离居”，“穷民生计维艰”。《申报》在翌年发表的一篇文章对此灾情做了如下描述：“去年夏秋之际，阴雨连绵，数月不止。河水盛涨，奔堤决口，地之被水者长几千里，广亦八百余里。天津境内之房屋为水冲倒者，不可胜计。百姓之露处于野者，不下七八万人焉。若总直隶一省而计之，则损坏之房产等物所值奚止千百万，而民人之颠沛流离无栖止者，又奚止万人哉！”②

第二年，即1872年（同治十一年），顺直地区继续发生严重水灾。前引《申报》文章续称：“今年夏秋之间，雨又大作，较之去年为尤甚。永定河堤为水冲塌，运河亦冲破河埂，水泛滥平地之中，漫淹数十州县，民人皆束手待毙，涕泣呼天而已。夫去年之为灾固甚重也，而今年则倍蓰焉。”③ 六月十二日之《申报》专门报道京师大雨成灾情形：“京师雨水过多，连三日夜不止。计一日之雨，平地水深七寸，各路无不被淹，房屋之倒塌者，不计其数。去岁夏间，京师多雨，而今岁复然，天心其谓之何哉！”两周后，该报又记天津被水情形：“接天津来信，知彼处天气恒多阴云下雨，原野所积之水未退，而各处川渎水势方见日涨。……现在自天津往京都其路甚难行，盖道路半为水所浸，约深二尺余矣。”④ 由于连降大雨，山水暴发，造成永定、滹沱、运、卫、大清、子牙、古洋、潴龙、琉璃等河“同时盛涨漫溢出槽”，加之直隶南部的开州（今河南濮阳）、东

① 《清穆宗实录》，卷314。

②③ 《申报》，1872-09-19。

④ 《申报》，1872-07-17、1872-07-29。

明（今属山东）、长垣（今属河南）一带“黄水泛滥”，所以灾区极广。在漫决各河中，尤以“永定、滹沱两大河尤为汹涌，凡附近两河村庄被淹较重”①。据直隶总督李鸿章十二月十九日奏折，这一年直隶全省有良乡、房山、宝坻等 38 州县，分别有成灾五、六、七、八、九分之村庄，另有通州、香河、静海等 35 州县，分别有歉收三、四分之村庄。② 不少地方人口被漂没，房屋被刷圮，禾稼被冲淹，给人民群众造成极大的灾难。

1873 年（同治十二年），顺直地区连续第三年遭重大洪灾。这一年的六月以前，天时尚可，麦收可达中稔，秋禾亦已播种。不料六月以后，暴雨竟兼旬不止。结果，又是永定河首告漫决。据记载，闰六月初十日以前，永定河盛涨四次，卢沟桥以下连底水共深一丈七八尺，两岸堤工纷纷出险。闰六月十一、十二两日，又倾盆大雨两昼夜，永定河水陡长二尺五寸。以后河水继续增长，于十五日冲决口门约宽五六十丈。接着，通州境内的潮白河水在平家疃决口，造成“东路通州等六州县田庐淹没”。此外，“温榆、蓟运、拒马等河多有冲决，大清、潴龙、滹沱、漳、卫等河冲荡亦甚，天津运堤东岸漫刷成口。统计顺天、保定，河间、天津四府属多遭水患”③。拿《申报》报道的天津被淹情形来说，“紫竹林一村，昨已淹没”；“租界左右各处较低者，沉浸水中，郡城内外，沿河诸店面皆被水；城内街衢，多已成河”。“登高楼远望，西边及西南各处，眼界所及，惟水是见。”天津附近的保定府地方，“以有河堤，久已决圮，水惟顺性而流，四面田园，均有变为沧海之叹。各客之往来者，正如泛海，各处遥望，地皆难觅，均渺茫似重洋也。此保定天津诸客所目睹”④。这一年，直隶全省被水灾区达 71 州县，其中“成灾较重者”包括通州、三河、武清、蓟州、香河、宁河、霸州、保定、文安、大城、固安、永清、东安、顺义、怀柔、雄县、高阳、安州、

① 《清代海河滦河洪涝档案史料》，469 页。
② 同上书，470 页。
③ 《朱批档》，同治十二年十月十二日李鸿章折。
④ 《申报》，1873-09-02、1873-09-10、1873-09-20。

河间、献县、任丘、交河、景州、东光、天津、青县、静海、沧州、定州29州县。据前引李鸿章十月十二日奏折，这29州县中，成灾八分的村庄共451个，成灾七分的村庄1 227个，成灾六分的村庄1 073个，成灾五分的村庄772个，歉收四分的村庄936个，歉收三分的村庄864个，还不包括城区在内。灾荒的严重，于此可见一斑了。

1874年是同治朝的最后一年。这一年，顺直地区连续第四年发生严重水灾。前面引用的《申报》文章已说明，由于永定河在六月间多处漫口，使得顺天府属“东八县、北五县半成泽国”。顺天府共辖24州县，东八县为通州、蓟州、三河、香河、宝坻、宁河、武清、东安，北五县为密云、顺义、怀柔、昌平、平谷，大部分为今北京市所属地方或相邻地区。其中一部分，上年曾因潮白河决口而致“田庐尽淹”，这一年，在永定河漫决的同时，潮白河又再度决口，在上年圮塌的平家疃大坝稍北处漫决二百余丈，“其漫溢情形较上年为甚”①。从总体来说，本年的灾情较前三年略轻，据十月十九日上谕，全省遭水、旱、雹灾的有48州县。但在永定、潮白二河双重漫淹地方，则“有颗粒无收之处”，再加上在连续三年大灾之后，贫苦饥民要能够免除冻馁而亡的厄运，也实在是难乎其难的了。

四

1875年（光绪元年），是永定河连续决口的第九个年头，虽然在局部地区发生了一点洪涝灾害，但直隶全省却主要是亢旱缺雨。接着，光绪二、三、四年，发生了晚清历史上最为严重、造成的灾难可以毫不夸张地以“惨绝人寰”来形容的秦晋大旱荒，直隶处于这片旱区的东部边缘，灾情也同样十分严重。此后，持续了几年的中等年景。从1885年（光绪十一年）开始，到1896年（光绪二十二

① 《朱批档》，同治十三年八月二十日李鸿章折。

年）止，顺直地区又经历了连续 12 年的水灾，这一段时期，大体是中法战争以后到戊戌变法前夕，正是中国近代历史上一个十分关键的时期。被光绪皇帝特意从湖南调到京师来参与变法活动的谭嗣同，在给他老师欧阳中鹄的信中，曾说“顺直水灾，年年如此，竟成应有之常例”①，指的就是这一历史阶段的情况。

在这 12 年中，灾情最严重的有两次，一次在 1886 年（光绪十二年），一次在 1890 年（光绪十六年）。

1886 年的水灾情形，直隶总督李鸿章有详细奏报：“顺直地方前因伏雨过多，边外及邻省诸水汇注，盛潦横溢，顺天、保定、天津、河间等府洼区受灾不小。北运河之武清两岸，子牙河之河间两岸，潴龙河之蠡县南岸，大清河之新城、雄县北岸，及通州之张家湾马头等处，蓟州之蓟运等河，皆有漫口。……乃入秋淫霖不止，七月十六及二十二日又接连大雨数昼夜，上游西北边外山水及西南邻省诸水、山东黄河皆奔腾汇注，势犹汹涌。各河宣泄不及，涨溢益甚，人力难施。顺天等四府洼区水势弥漫，高地亦有淹及。而北运河西岸黄庄漫口，现虽堵合，续于七月十八、十九日东西岸之红庙村、砖厂、火烧屯漫开三口，水淹香河、武清一带。王家务减水坝灰石水土冲坏，其上游潮白河为北运来源，二十一日于通州平家疃漫口七八十丈，刷至百数十丈，过溜十分之八，直灌通州、三河、香河、宝坻、宁河一带。潴龙河之北岸蠡县北陈村、中五夫村、布里村，高阳县之崔家庄，先于六月间续漫四口，现堵合布里村一口。安州既受蠡、高漫水，本境南北堤亦有溃决，沿河沿淀村庄，皆平地漫水数尺。天津为九河汇归之区，四面百数十里内一片汪洋，田禾淹浸，屋宇倾颓。”② 此外，由于连日大雨，滦河、青河漫溢，卢龙县城于七月二十一日“猝被灌淹”，低洼地区之积水，深及数尺，有的甚至深达丈余，很多房屋被冲塌，“沿河水到之处，百物几致荡然”。滦州城内也遭水淹，虽较卢龙稍轻，但亦有淹殁人口等情形。“迁安、昌黎、乐亭、抚宁各县，处处阻水，东道不通。”所以李鸿章在

① 《谭嗣同全集》，增订本，下册，449 页。

② 《光绪朝东华录》（二），总 2144～2146 页。

奏折中惊呼："据老民声称，今年水势之大，为向来所罕有。灾区既广，民困益深，臣等赡灾乏术，莫名悚惧。"① 顺天府尹薛福成等在八月初七日的奏疏中，也做了大体相同的报告。②

这一次的水灾，有一个比较少见的现象，就是在许多河流纷纷漫决的时候，"动辄坍溃"的永定河却意外地渡过了险情。但这种情况只是少数几次的例外，在通常情况下，较大的水灾总是同永定河决口同时发生的。

1890年（光绪十六年）的水灾，据有关资料的说法，是"数十年"或曰"百年来"未有的"奇灾"。七月二十二日的上谕称："顺天府奏，顺属被水，叠据续报二十四县几无完区，实为百年来未有之奇灾。"③ 李鸿章在次年的一个奏折中也说："窃查直属上年淫雨为灾，各河漫决，被灾极重之区共计四十余州县，庐舍民田尽成泽国，灾深民困，为数十年来所未有。"④ 而灾情的造成，则是由于连朝暴雨，引起了永定、大清等河的决口。李鸿章六月初九日奏称："五月二十一日以后，阴雨淋漓，水势逐渐增长，洼区被淹，各河均出险工。……自二十九日起，至六月初六日，大雨狂风，连宵达旦，山水奔腾而下，势若建瓴，各河盛涨，惊涛骇浪，高过堤巅。永定河两岸并南北运河、大清河及任丘千里堤先后漫溢多口，上下数百里间一片汪洋。有平地水深二丈余者，庐舍民田尽成泽国，人口牲畜淹毙颇多，满目秋禾悉遭漂没，实为数十年来所未有。"⑤

水灾甚至破坏了北京城里的正常生活。据记载，五月二十八日，因为"大雨淋漓"，前三门外的水无所归宿，"人家即有积水，房屋即有倒塌"。五月二十九日以后，连下了四天四夜的暴雨，弄得"家家积水，墙倒屋塌，道路因以阻滞，小民无所栖止。肩挑贸易，觅食维艰"。六部九卿各衙门，都浸灌在水中，官员入署，"沾体涂足，甚至不能下车，难以办公"。进出城门时，坐车的水深没轮，骑马的

---

① 《光绪朝东华录》（二），总2144～2146页。

② 《录副档》，光绪十二年八月初七日薛福成等折。

③ 《清德宗实录》，卷287。

④ 《朱批档》，光绪十七年二月初七日李鸿章折。

⑤ 《朱批档》。

水及马腹，“岌岌可危”。永定门、左安门、右安门城门不能启闭。“行旅断绝，一切食物不能进城，物价为之腾贵。”① 城外的情形更为严重。永定河水将卢沟桥淹没达一尺许。“西南一望，尽成泽国”。几十个村庄全被淹没。对被灾难民，“非用舟船无从拯济”，而又“一时造办不及”，因此不少灾民只能坐以待毙。② 天津的灾情，较京师更为严重。“天津为九河尾闾，地本低洼，加以东风鼓浪，海潮倒灌，水难宣泄。城外练军营垒并制器制造各局皆在洪波巨浸之中，官署民房多有坍塌，驿道均被阻断，各路电线亦多摧折，文报消息不通。省城西南各郡情形如何尚未可知，就近津一带而论，民间庐舍本多用土砌筑，雨淋日久，酥裂不堪，一经没入洪涛，无不墙倾屋圮。小民或倚树营巢，呼船渡救；或挈家登陆，迁避无方。颠沛流离，凄惨万状，几于目不忍见，耳不忍闻。”③ 据统计，这一年直隶全省被水州县多达98处。

在这样的严重水灾面前，封建统治者仍然骄奢淫逸，慈禧照旧用大量银两修建颐和园。九月间，御史吴兆泰因为“畿辅水灾，决河未塞”，上折请停颐和园工程，得到的回答却是“予严谴”，并命令“交部议处”④。这大概颇为典型地说明了封建统治阶级对待灾荒的态度。

中华人民共和国成立以来，尽管社会条件和抗灾能力已经完全不同于晚清时期，但洪涝灾害仍然对我们造成很大的威胁和损害。几年以前，人民日报曾发过一篇题为《提防永定河再次奔腾泛滥》的评论文章。⑤ 应该说，这个提醒至今并没有过时。据气象专家的预测，1989年北京地区将是雨量较多的一年。因此，防洪抗洪的斗争还是一项十分重要的任务。就这个意义来说，了解一下历史上永定河曾经带给人民何等的苦难，无论如何不是一件多余的事。

---

① 《光绪朝东华录》（三），总2356～2357页。

② 《清代海河滦河洪涝档案史料》，544页。

③ 《朱批档》，光绪十六年六月初九日李鸿章折。

④ 《清史纪事本末》，卷56，《光绪入续》。

⑤ 《人民日报》，1983-07-02。

让历史更紧密地拥抱现实*

只要不抱偏见，谁都不会否认，中华人民共和国成立 40 年来，历史科学的研究取得了巨大的甚至可以说是辉煌的成就。不论是发表的论文和出版著作的数量，还是研究领域和研究视野的扩展；不论是讨论问题的广度和深度，还是学术争鸣气氛的逐步形成；不论是大量新史料的发掘整理，还是对某些重大史实的考订纠谬，在很多方面，都取得了可喜的突破性的进展。应该说，这些都是有目共睹的事实。

但是，同样有目共睹的是：不论是社会舆论还是史学工作者队伍自身，都仍然对史学研究的现状感到不满，感到不安，甚至感到焦虑。有些人提出了“历史研究究竟有多大用处”的疑问，更多的人则感到史学研究还很不适应飞速前进的社会发展的需要，同现实生活的结合不够紧密，没有能充分发挥在建设精神文明中理应起到的作用。

我想，这既不是杞人忧天，也不是无病呻吟，问题是确实存在的。尽管造成这些问题有极为复杂的多方面的原因，但无论如何，有这么一点危机感和紧迫感，并且认真思索和讨论一下解决问题的办法，将会大大促进历史科学在新的时代里得到新的、更快的发展。

问题当然不在于在理论上去论证历史研究是否应当最大限度地去满足社会的需要，现实的需要。因为这本来是不言而喻的。就时间的角度说，历史科学的研究对象是已逝的岁月，是过去；而我们今天所以要花力气去认识过去，出发点和着眼点自然是在于现在，在于将来。或者说，研究历史的根本目的，正是为了更好地创造历

* 载《中国人民大学学报》，1989 年第 5 期。

史。这几乎可以说是一个老掉了牙的道理。但问题的更为实际的方面倒是在于，应该更好地找到沟通过去和现在之间的桥梁，更好地找到连接历史和现实之间的结合点。

在“四化”建设的伟大历史进程中，我们在社会生活的一切方面，都面临着或者将会面临着各式各样的新的问题、新的矛盾、新的挑战。回答挑战、克服矛盾、解决问题，我们的事业便不断前进。在我们面临的所有问题中，不论是属于经济领域、政治领域、意识形态领域或者其他什么领域，在研究对策的过程中，总是毫无例外地既要考虑其现实状况的一面，又要考虑其历史状况的一面。就这个角度考虑问题，历史科学在现实生活中实在是有着最为广阔的用武之地。过去并不是现实生活没有对历史科学提出各种迫切的要求，没有呼唤过历史科学对现实生活进行积极参与，倒是我们史学工作者自己没有对解决现实生活的问题表现出足够的热情和兴趣。

尽管已经事隔多年，我至今还清楚地记得《人民日报》上登过的一篇杂文。这篇杂文的作者写了他在某个国庆节前后，在乘公共汽车经过天安门时，车上一位青年指着广场上的孙中山画像对同伴说：“你看这个老头是谁？每年挂出来两次，也不知是中国人还是外国人？”也许有人会把这当作笑话来谈，但我作为一个史学工作者，却实在笑不起来，心像被深深地刺痛了一般，产生了一种类似失职的负疚之感。鲁迅在描写有些人不了解基本常识时，曾几次幽默地用过这样的词句：“简直像法国人不知道拿破仑一样！”言外之意自然是说，拿破仑之于法国人，是家喻户晓、妇孺皆知的。但同样是民族英雄，像孙中山这样一位伟大的民主革命的先行者，在我们国内，却竟有一些青年根本就不知道，有的即使知道这个杰出的名字，恐怕也不见得能够具体地了解他的历史地位和历史贡献。那么，其余的历史人物就更毋论了。这难道不是很生动地说明我们的历史宣传和历史普及工作做得很不够吗？从这一件小事，可以深切感到，历史学怎样冲破少数史学工作者的小圈子，走向大众，深入群众，实在是一件值得着力去做的事情。

有的人十分反感对历史文化采取分析的态度，认为“批判地继承”就是可恶的中庸之道、折中主义。可惜的是，客观历史本身就是复杂的，既有“是”，又有“非”；既有“善”，又有“恶”；既有精华，又有糟粕。所有这些，并不因为某些人的喜欢或者不喜欢而有所改变。一些丑恶的、落后的或者过时了的观念、心理、制度、习惯之类，至今作为一种“历史的惰性力量”、人们精神上的“因袭的重担”，仍在现实生活中发挥着阻碍社会前进的消极作用；也有一些民族传统美德，经过改造、丰富、发展，成为社会主义精神文明的一个组成部分。对历史文化或者全盘肯定，或者全盘否定，痛快则痛快矣，无奈谁也没有本事真正做到。史学工作者的一个责无旁贷的任务，只好是耐下心来，如鲁迅所说，对包括风俗习惯在内的传统历史文化，细致地“加以研究，解剖，分别好坏，立存废的标准，而于存于废，都慎选施行的方法”。否则，“则无论怎样的改革，都将为习惯的岩石所压碎，或者只在表面上浮游一些时”①。

我们强调史学工作要更紧密地结合现实，满足社会和生活提出的要求，决不是要急功近利，重复以往曾经发生过的要求史学研究简单地为某个具体政治运动或政治口号服务的错误。只有在尊重历史本身的科学性的条件下，历史研究才能发挥应有的社会功能。同时，还应看到，历史科学对于社会所起的作用，有些是直接的，有些是间接的；有些是近期见效的，有些则只在于起着“潜移默化”的功效。历史科学同自然科学不一样，不能要求一篇论文、一部著作、一个历史问题的解决，立竿见影地对社会生活尤其是社会生产发生直接的作用。历史科学研究一不能出粮食，二不能出钢铁，但它对提高全民族的文化素质，具有不可替代的作用。而谁都一定会承认，没有全民族文化素质的大幅度提高，“四个现代化”就只能是一句空话。所以，从总体来说，一个缺乏历史感的民族必定是个愚蠢的民族，一个不重视历史的国家必定是没有前途的国家。

---

① 鲁迅:《习惯与改革》。

关于加强高校思想政治工作的一点思考*

刚刚经历过的这场关系到党和共和国生死存亡的严重政治斗争，不能不使每个共产党员，每个热爱社会主义祖国的人，对这场斗争所提供的种种极为深刻的经验教训，进行冷静的、严肃认真的思考。

在众多的经验教训之中，十分重要的一点是，这些年来，我们的思想政治工作被削弱了，放松了。严酷的现实使我们体会到邓小平同志所说“十年最大的失误是教育，这里我主要是讲思想政治教育”这句话的无比正确性。对于培养和造就能够坚持社会主义道路的专门人才的高等学校来说，采取切实的措施，加强思想政治工作，显然是一项刻不容缓的任务。

一

前些年思想政治工作的薄弱，不是个别单位或某个局部的问题，而是一个全局性的现象。因此，要谈加强思想政治工作，首先必须从端正根本指导思想、指导方针上着手。为了说明这一点，我们不妨思考一下以下现象。

在总结 1986 年学生闹事的时候，大家已经认识到，高等学校必须大力加强思想政治工作。从那以后，国家教委和许多地方党委对这个问题都抓得很紧，做了多次研究，文件发了不少，会议开得很多。但结果是，年年喊“加强”，实际是年年更削弱。

在高等学校第一线工作的许多老师和干部，特别是从事党的工

---

* 载《中国高等教育》，1989 年第 9 期。

作和政治工作的同志，对资产阶级自由化思想的泛滥和侵蚀，对党的组织的涣散和思想政治工作的薄弱，对青年学生以及一部分青年教师中思想的混乱，是忧心忡忡、十分焦虑的。他们在力所能及的范围内，在十分困难的条件下，做了不少工作，但是却很难收到实效，更无力根本扭转局面。

这几年我们党的整个宣传战线的情况，正如李瑞环同志在最近召开的全国宣传部长会议上指出的，一方面是广大宣传干部在十分困难的条件下，仍然按照党的正确方针兢兢业业地工作；另一方面则是党的宣传工作出现了危机，许多地方队伍散了，阵地丢了，思想乱了。

十三届四中全会选举产生的新的中央政治局常委，已经多次反复强调，要求全党必须加强宣传和思想工作，理直气壮地坚持四项基本原则，旗帜鲜明地反对资产阶级自由化，真正让社会主义思想占领阵地。为此，已经并准备继续采取一系列具体切实的措施。这就为我们在基层做好思想政治工作提供了根本的保证。我们一定要精神振奋地通过艰苦细致的工作，把中央的方针真正落到实处。

二

前几年，围绕着“如何做好思想政治工作”这个题目，在一些报刊和会议上进行过讨论和争论。可惜的是，在前述那种错误方针的指导和影响下，这种讨论常常引导出贬低思想政治工作的地位和作用、歪曲思想政治工作的内容和任务的结论。

有人曾借口“适应”社会主义商品经济新秩序，提出“改造”思想政治工作的口号。这理所当然地遭到了广大政工干部的强烈反对和抵制。同志们说，形势变化了，党的工作的着重点转移了，思想政治工作应该加以改进，这是没有问题的；但说要改造，则难以理解和接受。所谓“改造思想政治工作”，其含义是说，过去我们党的思想政治工作都是错的，必须加以根本的改造，实际上就是全面否定党的思想政治工作的优良传统，取消思想政治工作。在这种思想影响下，报纸上就出现了思想政治工作要“脱胎换骨”的评论，以及“政工干部砍一半，生产翻一番”之类的报道。一时间，思想政治工作不但似乎已不再是团结群众、鼓舞斗志的强有力的杠杆，反而好像成了实现四个现代化的绊脚石。这种是非的颠倒，怎么能不造成思想的极度混乱?

许多文章讨论的是，在新的历史条件下，思想政治工作的方法、形式应如何变化，而忽略或回避了在新的历史时期思想政治工作应该具有什么内容、肩负什么任务这些根本性的问题。有的文章，则是在批评所谓“说教”的、“教师爷式”的、“灌输”的“旧形式”“旧方法”的掩护下，否定用马克思主义、社会主义、爱国主义的思想教育群众、教育青年的必要性。

毫无疑问，思想政治工作的方法问题和形式问题，是应该加以探索，认真改进的。这一方面是因为过去在“以阶级斗争为纲”的错误方针下，有一些做法确实存在着“左”的、形式主义的毛病；另一方面也因为在新的历史条件下，我们党从发展战略到方针政策，都有了许多新的发展和变化，与之相适应，也就要求有一套新的更加有效的工作方式和方法。今天我们来谈加强思想政治工作，决不是要原封不动地回到过去一套老办法，更不允许重犯过去政治工作中“左”的错误。但是，即使是在方法问题、形式问题上，过去思想政治工作中也有许多行之有效的优良传统，仍然需要很好地继承和发扬，不应该一笔抹杀和一概否定。而且只要新的时期思想政治工作的内容和任务明确了，新方法、新形式的创造也是不难解决的。

所谓新时期思想政治工作的内容和任务，具体地说，就是我们需要一种什么样的能与社会主义初级阶段这种社会状况相适应的意识形态？在当前的历史条件下，什么样的精神、价值观念、道德准则是应予提倡的，哪些是应予摒弃的？在这方面，前几年理论上和思想上的混乱，可以说到了十分严重的地步。譬如，一谈要发展社会主义的商品经济，有些人就宣扬要以等价交换的原则处理一切事物，在政治上、人与人的关系上甚至感情问题上，好像都应该来个

“公平交易”。这样，哪里还谈得上对祖国的献身精神、对人民全心全意服务的精神呢？又如，谈到对外开放，要大胆地吸收国外先进的科学技术及一切优秀的文化，有些人就拼命歌颂西方资本主义的所谓“蓝色文明”，竭力贬低、抹杀中国的民族文化传统，肆意丑化我们的民族性格。这样，哪里还谈得上提倡爱国主义呢？殊不知，连一点民族自尊心和自信心都没有了，也就根本失去了吸取国外先进的优秀科学文化的前提。类似的例子还可以举出很多。造成这种状况的原因，一方面是少数敌视党和社会主义、顽固坚持资产阶级自由化的人的有意鼓吹和煽动；另一方面也是我们队伍中的一些同志，形而上学的思想作怪，在注意一种倾向的时候，常常忽略了另一种倾向，容易从一个极端走向另一个极端。这一点，确实是值得我们大家深思，一起来加以克服的。

三

高等学校是培养社会主义建设人才的摇篮。自然，也是无产阶级和资产阶级争夺青年一代的一个主要战场。无产阶级要在这场争夺战中取得主动权和最后胜利，不能把高等学校搞成一个封闭式的庄园，也不能靠高耸的校园围墙去抵御资产阶级思想通过各种渠道对青年学生的侵蚀，只有通过加强思想政治工作，真正把高等学校建设成为坚持四项基本原则、反对资产阶级自由化的坚强阵地，同时以积极的态度增强同社会的联系，在校园内外共同创造一个优良的育人环境。

不能低估最近几年资产阶级自由化在理论界、新闻界、文艺界、出版界严重泛滥所造成的极为恶劣的影响。在一个时期之内，思想理论战线出现了这样一种不正常的现象：宣扬资本主义的谬论可以招摇过市，毒害人们灵魂的“精神鸦片”可以通行无阻，格调低下甚至黄色下流的文艺作品可以充斥舞台屏幕，但宣传马克思主义、坚持四项基本原则的作品和作者，常常被指斥为“僵化”“保守”，甚至扣上“左”的帽子，受到很大压力。就连纽约的《中报》，在今年7月13日的一篇社论中也注意到了这样的事实：“那时候，整个的社会科学的前沿，也即最时髦的意识形态和理论，无非是谩骂中国的历史，指责中国的现实，丑化整个中华民族。谁用的词汇新鲜，谁骂得痛快，谁就会成为名人，成为‘优秀’的理论家。”在这种状况下，不但在许多具体的思想内容方面造成了对青年学生的很大的毒害，而且这种环境和气氛本身，就构成了对青年学生的一种错误引导，使他们觉得，似乎只有“摆脱”和“突破”马克思主义的所谓“樊篱”和“束缚”，一味地诋毁、攻击我们国家和民族的历史、现实，才是成名成家的最好的捷径。现在是到了彻底改变这种不正常状况的时候了。应该说，在这个斗争中，高等学校尤其是文科院校的广大教师队伍，能够发挥极为重要的战斗作用。

最近，江泽民同志曾多次谈到要重视对青年尤其青年学生进行国情教育的问题。确实，当青年学生并不真正了解中国的历史和现实的时候，他们的许多想法往往是不切实际的，而且很容易成为资产阶级自由化思想的俘虏。这里我可以提供两个实例。有一位同学，在首都发生政治风波后，离校回到陕西老家，不久前给我来信，其中有这样一段话：“在这一个多月里，我一直对这次学潮发展为反革命暴乱以及自己的行为进行彻底的反思。说实话，大学生太天真幼稚了，原因就在于我们脱离了实际，不了解中国的国情，以为民主就是一日可以成熟的果实，满脑子都是天堂般的幻想。可是，一旦我和生活在这黄土地上的农民打交道，我就感觉到他们在想些什么，他们需要些什么。而这一切冷静、理智的思索在校园里则往往被空幻的理想以及追求上帝般的热望所冲淡，这也正是我们幼稚的一面。”还有一位研究生，在给我的信中也谈到，当他回到家乡，接触了社会的实际之后，“自己不得不对四月中旬以来的整个事件重新作一思考。也只有静下心来理智和全面考虑之后，我才发现：事情的确发展到了广大学生善良愿望的反面”。还说：“中国这么大，改革和建设的起点又这么低，谁也不能一下子就把工作做得十全十美。况且，我们的推进民主和现代化建设进程的美好愿望也绝对只能在安定的环境里才能实现。”这两个材料生动地说明，接触实际，了解现实，认识国情，对于青年确立正确的政治观点，具有何等重要的意义。而就国情教育来说，必须要兼顾到校内校外两个方面，既要在校内的小课堂里，也要在校外的大课堂里同时进行的。

当然，加强思想政治工作的立足点还是在校内。在这方面，政工队伍的建设、教学内容的改革、学校秩序的整顿、政治生活的充实、民主渠道的开辟等等，都是题中应有之义。而根本一点，则在于整顿党的组织，加强党的领导。关于这个问题，需要另外做专门的讨论，这里就不做展开了。

回答现实生活的呼唤*

如果真正用历史的眼光来评估一下中华人民共和国成立后历史科学的发展状况，谁都无法否认，这40年来，特别是党的十一届三中全会后的10年来，历史科学的研究取得了巨大的甚至可以说是辉煌的成就。不论是发表的论文和出版著作的数量，还是研究领域和研究视野的扩展；不论是讨论问题的广度和深度，还是学术争鸣气氛的逐步形成；不论是大量新史料的发掘整理，还是对某些重大史实的考订纠谬，在很多方面，都取得了可喜的、突破性的进展。应该说，这些都是有目共睹的事实。

那么，又应该怎样来看待前几年一度颇为流行的关于“史学危机”的呼喊呢？我以为，在一片热闹的呼喊声中，大家对“危机”这个词所指的含义是很不一样的。很多同志，出于一个学术工作者的严肃的责任心，不满足于史学研究已有的成绩，对史学研究提出更高的要求，对其中的某些状况感到不满，感到不安，甚至感到焦虑，认为史学研究还很不适应飞速前进的社会发展的需要，同现实生活的结合不够紧密，没有能充分发挥在精神文明建设中理应起到的作用。这种想法无疑是积极的，合理的。但毋庸讳言，也确有一些人，他们所说的“史学危机”，是指史学研究从理论到方法都过于“正统”，没有或太少突破马克思主义的“框框”，认为如果不脱离或摒弃马克思主义的指导，史学研究就只能走进死胡同，陷入“危机”。

后面这种意见，在史学界显然只占极少数，但却正是前几年资产阶级自由化思潮泛滥的一种反映。1989年7月13日，纽约的《中

---

* 见《中国历史学年鉴（1990年）》，北京，三联书店，1990。

报》在一篇社论中，说到前几年中国理论界的状况，说："那时候，整个的社会科学的前沿，也即最时髦的意识形态和理论，无非是谩骂中国的历史，指责中国的现实，丑化整个中华民族。谁用的词汇新鲜，谁写得痛快，谁就会成为名人，成为'优秀'的理论家。"这种说法在很大程度上是符合实际的。

在资产阶级自由化思潮中，一个十分重要的内容是宣扬民族虚无主义。在有些人的理论文章或文艺作品中，一笔抹杀中国历史和传统文化，极力否定中华民族的优秀品质和民族性格，似乎以往的历史，包括近现代可歌可泣的革命斗争历史，全都是一大堆错误的堆积。很有点奇怪也很有点可笑的是，这种民族虚无主义，却竟是在"爱国"的旗号下招摇过市的。爱国主义与民族虚无主义不是正好针锋相对的吗？但有的人就是有这种本事，能把这两个根本对立的东西"统一"起来，理由是：他们忧国忧民，充满着对国家、对民族的强烈的"忧患意识"，横看竖看，觉得中国历史一团漆黑，中华民族一无是处，只有"彻底否定"，别无出路。否定以后又怎么办呢？那自然只有全面接受西方"蔚蓝色的海洋文化"，并且连"政治也要学西方"了。

我孤陋寡闻，似乎还没有听到哪一位认真研究历史的同志赞成这种荒唐的呓语。但不容忽视的是，这些胡说八道在现实生活中，确实已经产生了很大的消极影响。史学工作者有责任通过自己的科学活动，消除这些错误舆论的影响。

不是有人十分反感对历史文化采取分析的态度，认为"批判地继承"就是可恶的中庸之道、折中主义吗？可惜的是，客观历史本身就是复杂的，既有"是"，又有"非"；既有"善"，又有"恶"；既有精华，又有糟粕。所有这些，并不因为某些人的喜欢或者不喜欢而有所改变。一些丑恶的、落后的或者过时了的观念、心理、制度、习惯之类，至今作为一种"历史的惰性力量"、人们精神上的"因袭的重担"，仍在现实生活中发挥着阻碍社会前进的消极作用；也有一些民族传统美德，经过改造、丰富、发展，成为社会主义精神文明的一个组成部分。对历史文化或者全盘肯定，或者全盘否定，痛快则痛快矣，无奈谁也没有本事真正做到。史学工作者的一个责无旁贷的任务，只好是耐下心来，如鲁迅所说，对包括风俗习惯在内的传统历史文化，细致地“加以研究，解剖，分别好坏，立存废的标准，而于存于废，都慎选施行的方法”。否则，“则无论怎样的改革，都将为习惯的岩石所压碎，或者只在表面上浮游一些时”①。

最近，江泽民同志曾多次强调，应该重视对广大青年进行国情教育，包括近百年来中国历史的教育，社会主义必然性的教育，经济文化发展现状的教育，经济资源和人口问题的教育，中华民族优秀传统的教育，等等。只有对中国的历史和现实有比较深切、比较实际的了解，才能够真正懂得改革的艰巨性、长期性和复杂性，也才能更加自觉、更加坚定地投入社会主义四个现代化的宏伟事业。作为史学工作者，理所当然地能够对国情的研究和宣传做出更多的贡献。

在四化建设的伟大历史进程中，我们在社会生活的一切方面，都面临着或者将会面临着各式各样的新的问题，新的矛盾，新的挑战。回答挑战，克服矛盾，解决问题，我们的事业便不断前进。在我们面临的所有问题中，不论是属于经济领域、政治领域、意识形态领域或者其他什么领域，在研究对策的过程中，总是毫无例外地既要考虑其现实状况的一面，又要考虑其历史状况的一面。就这个角度考虑问题，历史科学在现实生活中实在是有着最为广阔的用武之地。过去并不是现实生活没有对历史科学提出各种迫切的要求，没有呼唤过历史科学对现实生活进行积极参与，倒是我们史学工作者自己应该对解决现实生活的问题表现出更多的热情和兴趣。

我们完全有理由相信，在过去 40 年取得巨大成就的基础上，经过认真总结经验教训，在今后的工作中，史学研究必将取得更大的胜利。

① 鲁迅：《习惯与改革》。

时代呼唤雷锋精神*

目前，学雷锋的活动已在全国扎扎实实地开展起来了。这一次学雷锋活动，是在新的历史时期、在一个完全新的情况下开展的，所以，许多同志，特别是不少年轻同志，对怎样理解雷锋精神的实质、学雷锋活动的时代意义，以及学雷锋怎样与青年目前关心的许多热点问题统一起来，等等，提出了许多问题，要求得到明确而又合理的说明。这种要求是积极的，我们的理论工作者，党的思想政治工作者，也包括青年自己，应该对这些问题做出明确的、科学的答复。

回顾历史，我以为要同时看到两个方面：一个方面，要看到曲折。凡是政治生活不正常的时候，凡是某种错误思潮泛滥的时候，雷锋和雷锋精神就会受到贬抑、曲解、嘲讽甚至攻击。但我们还要看到另外一个方面，那就是27年来，雷锋精神，全心全意为人民服务的精神，从来也没有泯灭过。这不仅反映在不断涌现的许许多多雷锋式的英雄模范人物身上，更主要的是体现在千千万万个工人、农民、战士、知识分子默默无闻而又脚踏实地的辛勤劳动和工作之中。不看到这一点，不看到这正是我们这个时代的精神的主旋律，那我们就会丧失信心，没有希望。今天，我们在新的历史条件下来弘扬雷锋精神，根本的一点是，要努力使人们的思想来一个升华，用无产阶级的人生观和价值观，使我们民族的精神面貌来一个新的昂扬。这既是时代的呼唤，也是人民的要求。

---

* 载《北京日报》，1990年8月6日。

加强研究生思想政治工作*

一

改善和加强研究生的思想政治工作，是全面加强高校思想政治工作的一个重要环节。

不论是博士生还是硕士生，都是高等学校培养的高层次人才。他们毕业之后，都将被输送到国家政权机关、经济建设岗位或意识形态各部门工作。他们的政治素质如何，在不远的将来就会对国家和社会的政治生活产生重大的影响。就高校本身而论，师资队伍的补充，主要来源也是毕业研究生，他们的政治素质，也将在很大程度上决定今后教师队伍的政治面貌，同时也在很大程度上决定学校的政治状况。在学生中间，研究生又往往是本科生和专科生心目中的榜样，研究生思想和作风中不论是好的方面或坏的方面，都会对其他学生产生强烈的影响。所有这些，都表明了加强研究生思想政治工作的特殊重要性。

与这种客观要求形成尖锐的矛盾和极不适应的，是我们在实际工作中，研究生的思想政治工作相对来说又恰恰是更为薄弱的。研究生人数较少，又比较分散，缺乏严密坚强的集体把他们组织起来，思想政治工作多半是靠手工业方式进行的；由于研究生的业务活动介于教师和学生之间，他们的政治活动往往成为教师和学生两方面都不大能顾及的一部分人。再加上前几年我们工作中存在着放松党的建设、放松思想政治工作的重大失误，资产阶级自由化的泛滥，

---

* 载《中国教育报》，1990 年 11 月 13 日。

一些研究生在马克思主义的理论修养不甚扎实的情况下，大量阅读西方各种流派的著作，接触各种政治思潮，他们本身既缺乏分析判断的能力，我们又没有给予积极的引导，以致一时出现了研究生在政治方向上问题比本科生更多、更严重的不正常情况，这种情况的出现，主要还应该从我们的工作方面来进行检讨和反思。

二

研究生思想政治工作的内容主要包括三个方面，即政治观、道德观和学风。

政治观，就是解决政治方向和政治立场问题。我们培养的人才，特别是高层次人才，应该是社会主义事业的建设者和接班人，决不能是党的事业和社会主义事业的反动派。他们应该适应国家、社会、人民的要求和需要，决不能是与党和群众根本对立的精神贵族。

道德观，就是懂得在社会主义条件下为人处世的道理，加强立身处世的修养。我校一位教授向研究生作过这样一个报告，题目叫作《把做人和做学问统一起来》，我以为是很有道理的。旧社会有副对联，叫作“世事洞明皆学问，人情练达即文章”。当然世事、人情、学问、文章，过去和现在在内容和含义上是完全不一样了，但对联所说的二者的关系，倒不是没有一点道理，为人处世方面，包含的内容很丰富，如：要善于理解人、尊重人；严于律己，诚以待人；不要目空一切，妄自尊大，要谦虚，有自知之明，对个人利益，不要斤斤计较；对工作要有强烈的责任心；等等。有些年轻人，把这些一概看作不值一顾的小事，其实，这些也正是一个人政治素质的重要表现，而且在很大程度上影响你将来作为和贡献的大小。

学风，毛泽东同志曾经说过学风问题是“一个非常重要的问题”，“是第一个重要的问题”。前几年资产阶级自由化的泛滥，不但严重地搞乱了许多理论是非，也严重地败坏了我们党的传统的优良学风。资产阶级自由化在学风问题上的恶劣影响，对我们的年轻学术工作者，包括相当一部分研究生在内，是有很大危害的，决不可以低估。通过各种工作，通过导师的言传身教，使研究生树立起刻苦扎实、实事求是、理论联系实际的马克思列宁主义的学风，是思想政治工作的一项重要任务。

政治观、道德观和学风，对于高层次的学术人才来说，可以说是构成其人生观的最基本的内容，需要我们用大力气来很好加以培养。

三

做好研究生的思想政治工作，需要领导抓紧，各方配合，贯穿各个环节，调动各种手段，通过各种渠道，才能收到实效。

领导的重视当然是关键。这种重视，不应该只是停留在口头上，而应该体现在周密细致的组织工作之中。要统一大家的思想，把对研究生的严格管理真正落到实处。要在研究生培养的各个环节，从招生、入学、培养计划的制订、课程教学、日常管理、奖学金评定、考试、论文答辩、学位授予，一直到毕业分配，都贯穿和加强思想政治工作。加强对研究生社会实践的指导，为他们创造更多接触社会、了解国情的机会和条件。要特别强调发挥指导教师的作用。他们对研究生的积极影响，往往是别的方面所无法替代的。同时，也要注意发挥研究生班主任的作用，发挥研究生会的作用。党委、总支和研究生党支部，应该是做好研究生思想政治工作的主要渠道，担负着全面负责研究生思想政治工作的不可推卸的责任。

义和团运动是一次英勇无畏的救亡实践*

90年前，也就是19世纪和20世纪刚刚交替的时候，在中国大地上，千百万久受欺压和凌辱的下层群众，违反封建统治者的意愿，掀起了一场波澜壮阔的反帝爱国斗争，这就是在当时不仅震动了中国而且震撼了世界的义和团运动。

义和团运动的发生，从本质上说来，既不是如近年来某些研究者所说，“是落后的中国封建文化反对进步的西方文化而造成的”；也不是如另一些研究者所说，是由于封建顽固派为了“拯救濒于败亡的专制制度”，对农民群众进行煽动，并把他们“引入了政治纷争的中心”的结果。事实上，这是在一个特定的历史时期，一些特定的社会阶级和阶层，根据自己所构思的救亡方案进行的一次自发而又英勇无畏的救亡实践。

自从1840年鸦片战争以后，随着外国资本主义侵略的步步加紧和加深，中国社会的各个阶级和各种政治势力，曾经先后提出各式各样的救亡方案，力求抵御侵略，争取国家的独立和富强。中日甲午战争以后，形势发生了更加深刻的变化。一方面，帝国主义列强更加疯狂地掠夺中国，造成了瓜分中国的态势，如康有为当时所描写的：“自东师辱后，泰西蔑视，以野蛮待我，以愚顽鄙我。……三年来泰西专以分中国为说，报章论议，公托义声，其分割之图，传遍大地，擘画详明，绝无隐讳。”另一方面，北洋海军的覆灭，《马关条约》的屈辱，也刺激了人们的觉醒，促进爱国主义的昂扬，如梁启超所形容的：“自中东一役，我师败绩，割地赔款，创巨痛深，于是慷慨爱国志士渐起，谋保国之策者，所在多有。”

---

* 载《人民日报》，1990年11月16日。署名：李文海、程歗。

正是在这样一个历史紧要关头，在世纪之交的中国社会上，基本同时而略有先后地出现了三个救亡方案。这就是：以康、梁为代表的资产阶级维新派变法改革的方案；以孙中山为代表的资产阶级民主派反清革命的方案；以义和团为代表的农民为主体的下层群众武装反帝的方案。三个方案，无不带有自己所处的时代和阶级的印痕，也各有其长处和不足。在一些重要问题上，三个方案的主张甚至是针锋相对、水火不容的。但无论如何，这些方案的出发点都在于拯救中华民族的危亡，则是一致的，这些方案实践的结果，都曾在不同的侧面对中国近代社会的前进产生过积极的作用和影响。它们都是中国人民走向新的更高形式斗争的一个必经的阶梯。

有人批评说，一味地指责帝国主义的侵略，肯定义和团运动的爱国正义性质，是“停留在”“感情宣泄上”而“淡化了”“研究的理性色彩”。我们倒以为恰恰相反，只有把义和团的活动实事求是地看作是救亡方案与救亡实践之一种，才能摆脱那种视群众为“愚氓”的“感情”偏见，比较“理性”地即比较客观地去分析研究这个运动的主流和支流、优点和弱点，从而得出较为符合历史真实的认识。

义和团运动的发动者和参加者，不论在精神上还是在物质上，都缺乏先进的武器。指导他们行动的是掺杂着浓厚迷信色彩的朴素的爱国主义思想；而手中执持着用来对抗洋枪大炮的不过是原始的大刀长矛。这样的运动无法避免悲惨失败的命运。但十分重要的一点是，在半殖民地半封建的旧中国，敢于拿起原始武器去对抗帝国主义的无孔不入的野蛮侵略，这件事本身就是一个了不起的壮举。中外历史上一切被压迫和被损害的群众，从来不是在已经完全具备了压倒反动势力的实力和必胜的把握后才开始抗争的，他们只能在经历不断的失败中提高自己的觉悟，扩大自己的队伍，增强自己的力量，从而最终战胜反动势力。

当义和团运动正在进行的过程中，社会舆论就相当普遍地肯定了它的起因正在于帝国主义的侵略，有一个上谕谈到，鸦片战争以来，列强“欺凌我国家，侵占我土地，蹂躏我民人，勒索我财物，朝廷稍加迁就，彼等负其凶横，日甚一日，无所不至，小则欺压平民，大则侮慢神圣。我国赤子仇怨郁结，人人欲得而甘心”。这正是义和团兴起的由来。有的封建官僚也说，“外洋欺侮中国，据我土地，夺我利权，干预我政事，且或借传教为名，纵教民以欺压平民。民间积怨既深，日思报复而无术，于是山东起有义和团，畿辅一带应之”。即使像袁世凯这样始终主张对义和团必须坚决剿灭的官员，也不得不承认，义和团是由于“良民郁极思逞，乃起而与教士教民为难”，“积怨成仇，有由然也”。总之，是侵略引起了激愤，压迫引起了反抗，这一点，不论对义和团的行动赞同与否，却是一致承认的事实。这是义和团兴起的时代大背景。

僻处在荒村野寨，劳作于田间山林的贫苦大众，以及接近他们的一些下层知识分子，用缺乏文采的质直粗俗的语言，通过大量的揭帖传单、歌谣口诀，表达了他们对于近代社会一个最为严肃、最为重大的政治课题的认识：列强的侵略是中华民族苦难的根源，外国侵略者是中国人民的主要敌人。他们公开宣称，“混乱扰攘均由洋鬼子招来”。外国侵略者“上欺中华君臣，下压中华黎民”，“祸乱中华”，“横施强暴，无所不用其极”。他们从自己切身体察感受到的直觉出发，旗帜鲜明地反对帝国主义的种种侵华政策和手段。他们反对教会的渗透和干涉政治，反对瓜分割据，抨击不平等条约，要求禁止鸦片贸易，等等。在京津地区，流传着“最恨和约，一误至今，割地赔款，害国殃民”的著名揭帖。在湖南和浙江，老百姓自己拟制和刊印了各种对外“条约”，要求列强归还租借地，废除势力范围，取消战争赔款，交还海关管理权。在厦门，有人以义和团的名义张贴收复台湾的传单：“台湾割据，神人所怒，恢复把握，在此刹那。”义和团这类反映民族危机和要求抗击侵略的爱国主张，较之康有为在报告会上的演说，孙中山在兴中会章程中的宣言，可以说毫不逊色。

不仅如此，义和团还进一步把抨击的矛头，无情地指向封建统治集团中的投降卖国势力，指斥他们“割地赔款”，“羽翼洋人”，“上行下效，民冤不伸”，“趋炎附势，肆虐同群”。并且指名道姓地责骂奕劻、李鸿章、袁世凯等一批“吃了中国俸禄，反与外洋助力”

的朝廷重臣。有的揭帖甚至“抨击懿亲，指为庇洋”，直接揭露慈禧太后在甲午战争时大搞“六十万寿”，“朝廷骄纵至甚”，弄得“文嬉于内，武弛于外”，因而应对甲午战争的“一败涂地”负责。

帝国主义当然不能容许他们心目中的“奴隶”和“贱民”们如此肆无忌惮的“悖逆”行为。为了捍卫他们的殖民利益，是不惜再一次把中国人民推到血与火中来维护神圣的统治秩序的。于是从强占天津的大沽炮台开始，进而发动了八国联军的侵华战争。在这危急关头，义和团继承和发扬中国人民不畏强暴的爱国传统，同封建营垒中的一部分抵抗力量联合起来，对侵略者进行了英勇的抗击，使八国联军遇到了60年来殖民主义侵华战争中最顽强的抵抗。中国军民在著名的廊坊阻击战、天津和北京的保卫战以及东北的抗俄战斗中，都曾给侵略者以沉重的打击，在整个义和团运动中，中华民族的儿女付出了几十万，也许是上百万（具体数字将永远无法查清）宝贵生命的代价。但这些鲜血并没有白流。如果说鸦片战争促使中国人“重新认识世界”，那么，义和团运动则迫使侵略者“重新认识中国”，使他们懂得，一个拥有几亿民众的“尚含有无限蓬勃生气”“尚有无穷希望”的中国，是不能轻易被征服的。他们终于无可奈何地做出了“瓜分一事，实为下策”的结论。一百多年的近代历史，中国一直处于帝国主义虎视鹰瞵、蚕食鲸吞之下而终于避免了灭亡的命运，不能不说是中国人民不屈不挠地坚持了包括义和团运动在内的反侵略斗争的结果。

义和团的爱国主义，不可避免地存在着历史的和阶级的双重局限。历史的局限，是指那个时候中国人民对帝国主义的认识，总体上说还处于感性认识的阶段，还不能认清帝国主义内部和外部的各种矛盾及其本质。阶级的局限，是指作为义和团主体的农民，是与自然经济和小生产相联系的阶级，它的经济地位决定了在意识上的狭隘性和保守性。由于这些原因，义和团围绕着爱国和救亡的问题，不能不存在着一些认识上的谬误。

义和团把抵抗侵略同学习外国先进事物绝对地对立起来，认为既然帝国主义列强用尽了各种手段欺侮我们，那么，就应该摒弃与他们有关的一切。他们笼统地提出“芟除洋人，歼灭洋教”的排外主义口号，号召人们“仇洋灭教”，甚至只要与资本主义物质文明有关的东西，包括铁路、电报等在内，都要毁之而后快。这样一种认识，其实是背离了近代爱国主义的一个好的传统，因为在此之前，已经有许多人逐步认识到，要抵抗外国的侵略，必须要学习外国的长处。愈是把外国的长处学到手，就愈能抵御外国侵略者的欺侮。

义和团虽然对封建统治阶级中某些投降卖国势力表示了强烈的不满，但是并不能分清国家和朝廷的区别，皇权主义思想仍然紧紧地束缚着他们的头脑，以致到后来竟把封建朝廷作为祖国的象征来加以保卫。义和团的口号“扶清灭洋”，其中的“清”，有时是指大清国，即“中国”“中华”，有时又是指清王朝、清政府，这种政治概念上的含混不清，导致了斗争方向上反帝反封建两重任务的割裂，也种下了这场运动被封建统治阶级欺骗、利用的祸根。

义和团的爱国主义，从本质上讲，还是传统文化和生活经验的直观反映。他们的爱国激情是高昂的，并具有强烈的实践性，但农民群众依靠自身的力量却无法将这种爱国激情进行理性的升华。由于缺乏科学的信仰，农民斗争势必向宗教式的信仰滑动，走向神秘主义。我们说义和团的爱国主义是与浓厚的迷信思想掺杂在一起的，也正是这个意思。

我们在肯定义和团爱国主义的同时，也指出它的局限，这并非苛求于前人，不过是坚持如实地描绘这段已经逝去的历史而已。对于今天来说，不论是它的长处和局限，都足以成为我们值得借鉴的历史遗产。

中国近代灾荒与社会生活*

自然灾害是全人类的共同大敌。人类一直在同各种自然灾害的顽强斗争中艰难地发展着自己。我国地域辽阔，地理条件和气候条件都十分复杂，自古以来就是一个多灾的国家。历史进入近代之后，由于封建统治的日趋腐败，帝国主义的肆意掠夺，社会的动荡，经济的凋敝，使本来就十分薄弱的防灾抗灾能力更为萎缩，自然灾害带给人们的痛苦和劫难也更为严重。自然灾害曾经给予我国近代的经济、政治以及社会生活的各个方面以巨大而深刻的影响，同时，近代经济、政治的发展，也不可避免地使得这一时期的灾荒带有自己时代的特色。

因此，研究中国近代灾荒史，应该是中国近代史研究的一个十分重要的领域。一方面，它可以使我们更深入、更具体地去观察近代社会，从灾荒同政治、经济、思想文化以及社会生活各方面的相互关系中，揭示出有关社会历史发展的许多本质内容；另一方面，也可以从对近代灾荒状况的总体了解中，得到有益于今天加强灾害对策研究的借鉴和启示。

本文将对近代灾荒状况及其同社会生活的关系，作一个轮廓的介绍。

一、“十年倒有九年荒”
——近代中国灾荒的频发性

一旦接触到大量的有关灾荒的历史资料，我们就不能不为近代

* 载《近代史研究》，1990年第5期。

中国灾荒之频繁、灾区之广大及灾情之严重所震惊。就拿水灾来说，在各种自然灾害中，这是带给人们苦难最深重、对社会经济破坏最巨大的一种，而在一些重要的江、河、湖、海的周围，几乎连年都要受到洪水海潮的侵袭。黄河是历史上决口、泛滥最多的一条大河，有道是："华夏水患，黄河为大。"进入近代以后，黄河"愈治愈坏"，"河患至道光朝而愈亟"。尽管封建阶级吹嘘说"有清首重治河，探河源以穷水患"，但实际上还是"溃决时闻，劳费无等，患有不可胜言者"①。1885 年 12 月 26 日的上谕也承认："黄河自（咸丰五年）铜瓦厢决口后，迄今三十余年，河身淤垫日高，急溜旁趋，年年漫决。"② 事实上，从鸦片战争开始到铜瓦厢决口的 15 年间，黄河就有鸦片战争期间的连续三年大决口和太平天国运动初期的连续三年大决口，给当时已经剧烈动荡的社会带来更大的震颤和不安。铜瓦厢决口后，黄河发生了离现在最近的一次大改道，河患更是变本加厉。举一个例子，自 1882 年到 1890 年，黄河曾连续九年发生漫决，其中 1888 年虽无新的决口，但上年冲塌之口全年未曾合龙，也就是说，这九年之间，滔滔的黄水始终浸淹着黄河下游数省的广大田地。所以山东巡抚张曜在 1889 年 4 月 11 日的奏折中这样说："山东地方十余年来，黄水为患，灾祲频仍，民间地亩或成巨浸，或被沙压，不能耕种，生计日蹙。"③ 据不完全统计，自 1840 年到 1919 年的 80 年间，发生黄河漫决的年份正好占了一半，即平均两年中即有一年漫决，而且有时一年还漫决数次。

我国第一大河长江，全长 6 300 公里，流域面积达 180 多万平方公里，两岸特别是中下游地区，历来是我国重要的产粮区。尽管由于上游两岸山岩矗立，宜昌以东进入广阔的平原地区后，水流比较平缓，加之又有许多湖泊调节水量，所以较之黄河来说，造成的水患要小得多，但在近代的 80 年间，也曾发生 30 余次漫决，只是浸淹的区域较黄水泛滥为小而已。

---

① 《清史稿》，卷 383、卷 126。

② 《光绪朝东华录》（二），总 2042 页。

③ 第一历史档案馆藏：《录副档》，张曜折。

流经湖北、河南、安徽、江苏四省的淮河，也曾是一条带给人们无穷灾难的河流。特别是安徽、江苏两省，“沙河、东西淝河、洛河、洱河、茨河、天河，俱入于淮。过凤阳，又有涡河、澥河、东西濠及潆、浍、沱、潼诸水，俱汇淮而注洪泽湖”。一旦淮河涨水，“淮病而入淮诸水泛溢四出，江、安两省无不病”①。1910年侍读学士恽毓鼎曾经因为“滨淮水患日深”，上过一个奏折，其中说：“自魏晋以降，濒淮田亩，类皆引水开渠，灌溉悉成膏腴。近则沿淮州县，自正阳至高、宝尽为泽国。”② 由于淮河流域地貌复杂，加之淮河年久失修，使这一带出现了“大雨大灾、小雨小灾、无雨旱灾”的景象。

位于京师附近的永定河，由于“水徙靡定，又谓之无定河。康熙三十七年，赐名永定”③。1871年2月直隶总督李鸿章在奏疏中曾谈到它的地位之重要：“永定河南北两岸，绵亘四百余里，为宛平、涿州、良乡、固安、永清、东安、霸州、武清等沿河八州县管辖地面。”“永定河为畿南保障，水利民生，关系尤巨。”④ 康熙皇帝虽然把这条河的名字从“无定”改成了“永定”，河患却并不因此而消失，仍然是连年漫决，成为威胁京师的重要祸害。永定河两岸皆沙，无从取土，所筑之堤不固，而出山之水，湍激异常，变迁无定，一遇水涨，堤防即溃。防守之难，甚于黄河，有小黄河之目。据各种资料统计，从鸦片战争开始到清王朝灭亡的71年间，永定河发生漫决33次，平均接近两年一次。其中，从1867年到1875年曾创造了连续9年决口11次的历史纪录，给永定河两岸的人民带来了深重的灾难。

湖南的湘、资、沅、澧四大河，都汇流于洞庭湖，然后注入长江，使洞庭湖成为我国最大的淡水湖之一。本来，拥有如此丰富的水利资源，自然条件极为优越，洞庭湖周围地区理应是物产丰盈的

---

① 《清史稿》，卷128。

② 同上。高，指高邮湖；宝，指宝应湖。

③ 《光绪顺天府志》，1230页。

④ 同上书，1418页。

鱼米之乡。但由于封建统治者对湖区不加治理，不但使洞庭湖对长江水量的调节作用日益减小，而且出现了沿湖州县如巴陵、岳州、临湘、华容、安乡、南县、澧州、安福、武陵、龙阳、沅江、湘阴等几乎年年“被水成灾”的怪现象。据《清实录》及其他有关资料记载，中国近代史的80年中，上述地区明确有遭受水灾记录的共达72年，另一年为出乎常规地出现了旱荒，其余7年则因资料缺乏而情况不明。湖南的一些地方官僚称这些地区“滨临河湖，地处低洼，俱系频年被淹积欠之区”，“各灾民糊口无资，栖身无所，情形极其困苦，且多纷纷外出觅食”①，确是实际情况。

谈到水患，不能不涉及江、浙两省的海塘问题。《清史稿》说：“海塘惟江、浙有之。于海滨卫以塘，所以捍御咸潮，奠民居而便耕稼也。在江南者，自松江之金山至宝山，长三万六千四百余丈。在浙江者，自仁和之乌龙庙至江南金山界，长三万七千二百余丈。”②江苏的滨海之地，因为面对的海湾“平洋暗潮，水势尚缓”，所以海塘还颇能起一点拦阻海潮的作用；浙江“则江水顺流而下，海潮逆江而上，其冲突激涌，势尤猛险”。一旦海塘坍塌，“海水漂入内地百里，膏腴变为斥卤，田禾粒米不登”；加之潮涨海溢之时，势极汹涌，潮头高达数丈，浪涌如山，居民连躲避都来不及，往往“漂溺不计其数”。晚清时期，“海塘大坏”。据称，“综计两省塘工，自道光中叶大修后，叠经兵燹，半就颓圮”③。因此，海塘溃决之事，连年发生。浙江水灾，相当一部分与海塘坍塌有关，而且只要是由海潮引起的水灾，一般灾情都较严重。太平天国时期，浙江嘉兴附近农村的一个小地主，面对着海潮浸淹、流民塞途的情形，感慨地说：“海塘工事，承平所难，况当乱离，岂有修筑之期乎！塘不修筑，则海水不能注溢，田禾不能不被害。然则此等流民，自今一二年中，岂能复归故土乎！”④

上面我们只是从水灾的角度，从各个侧面来反映近代社会中国

---

① 第一历史档案馆藏：《录副档》，道光二十九年湖南巡抚赵炳言折。

②③ 《清史稿》，卷128。

④ 《太平天国史料丛编简辑》，第2册，269页。

大地上灾荒的频发性。水灾之外，各种自然灾害还有很多很多。按照《清史稿》的说法，自然灾害的种类，除去一些迷信的内容，还包括：恒寒，恒阴，水潦，淫雨，雪霜，冰雹，恒燠，恒旸，灾火，风霾，蝗蝻，疾疫，地震，山颓，等等。如果只讲常见的灾害，至少也应该提到水、旱、风、雹、火、蝗、震、疫诸灾。在一个时期和一个地区，或者是一灾为主，或者是诸灾并发。因此，在说明灾荒的频发程度时，还需要以地区为单位，对各类灾荒做一点综合的考察。下面，我们举出几个地区，为读者提供一点例证：

位于珠江下游的广东省，气候条件优越，降水量不但充沛，而且季节分配比较均匀。因此，农业生产和其他经济发展一向较好。即使这样，在这里不时也有各种自然灾害发生。据张之洞在1886年11月10日的奏折所说，广东水患“从前每数十年、十数年而一见，近二十年来，几于无岁无之”①。据不完全统计，近代80年中，该省遭受较大水灾22次，局部地区水灾18次，先旱后涝或水旱兼具的灾荒2次，较大旱灾1次，较大风灾8次。

直隶的情况要比广东严重得多。前面已经讲到永定河连年漫决的情形，再加上这一地区其他一些河流如滦河、沙河、大清河、潴龙河、拒马河、滹沱河、徒骇河、南运河、北运河等也不时漫溢，使水灾成为这一地区的主要威胁。谭嗣同在《上欧阳中鹄书》中说：“顺直水灾，年年如此，竟成应有之常例。”② 据统计，近代80年中，顺直地区遭受较大水灾竟有38次；但与此同时，旱灾也并不少见，较严重的旱灾有7次，水旱灾害同时发生的有22次，另有一些年份则还伴有蝗灾、震灾、雹灾及瘟疫。“中稔”以上的年景在整个近代历史上只占一小部分。

安徽也是多灾省份之一。该省兼跨长江、淮河两流域，其中横贯北部的淮河，河床坡度甚小，汇入支流又极多，加上雨季降水量集中，极易造成水灾，已如前述。所以有人说：皖省“滨临河湖之

---

① 《光绪朝东华录》（二），总2175页。

② 《谭嗣同全集》，增订本，下册，449页。

区，本来水涨即淹，岁岁报灾”①。而皖西山地及皖南丘陵地带，都是“平陆高原”，只有“雨润水足”，才能获得收成，一旦雨水略少，立即亢旱成灾。因此，安徽自然灾区的一个特点，常常是诸灾杂陈，水旱交作。据不完全统计，近代80年中，该省共发生较大水灾22次，较大旱灾3次，同时发生水旱之灾的13次，水、旱、风、虫、疫、震诸灾并发或同时发生其中三种以上灾害的20次。

最后我们还想举山东作为例子。有人曾对整个清代山东的水旱灾害做过颇为认真的统计：“在清代286年中，山东曾出现旱灾233年次，涝灾245年次，黄、运洪灾127年次，潮灾45年次。除仅有两年无灾外，每年都有不同程度的水旱灾害。按清代建制全省107州县统计，共出现旱灾3 555县次，涝灾3 660县次，黄、运洪灾1 788县次，潮灾118县次，全部水旱灾害达6 121县次之多，平均每年被灾34县，占全县数的31.8%。”② 这里需要补充说明的只是：愈到晚清，山东的水旱灾害愈益严重。尤其是黄河在铜瓦厢决口后，造成大规模改道，黄河不再自河南省兰考县北铜瓦厢向东，经江苏省徐州、淮阴等地直达黄海，而改由自河南通过山东境内，于利津、垦利两县间流入渤海。这样，山东受黄河泛滥之害，就更为直接也更为频繁了。据记载，从铜瓦厢决口到1912年清王朝覆亡的56年中，山东省因黄河决口成灾的竟有52年之多，成灾平均年县次为改道前的7倍。另外，上面列举的灾荒数字只涉及水旱二类，还有许多其他种类的灾荒未包括在内。

以上的叙述足以说明，在中国近代社会，“十年倒有九年荒”这句话，丝毫不是文学上的夸张，而是现实生活的真实写照。

二、人祸加深了天灾
——灾荒的社会政治原因

自然灾害，顾名思义，是由自然原因造成的，就这个意义说，

① 第一历史档案馆藏：《朱批档》，光绪二十三年十月十八日安徽巡抚邓华熙折。

② 袁长极等：《清代山东水旱自然灾害》，见《山东史志资料》，1982 (2)，150页。

是天灾造成了人祸。但是，人生活在一定的自然环境之中，同时也生活在一定的社会条件之下，自然现象同社会现象从来不是互不相关而是相互影响的。恩格斯在批评自然主义的历史观的片面性时说道："它认为只是自然界作用于人，只是自然条件在决定人的历史发展，它忘记了人也反作用于自然界，改变自然界，为自己创造新的生存条件。"① 每当人们通过自己的智慧和劳动，改变自然界，有效地克服自然环境若干具体条件的不利影响时，便能减轻或消除自然灾害带来的灾难。反之，由于社会生活中经济、政治制度的桎梏和阶级利益的冲突，妨碍或破坏着人同自然界的斗争时，人们便不得不俯首帖耳地承受大自然的肆虐和蹂躏。遗憾的是，后一种情况，在剥削阶级掌握着统治权力的条件下，是屡见不鲜的。从这个意义上说，人祸又常常加深了天灾。

愈是生产力低下、社会经济发展较落后的地方，人类控制和改变自然的能力愈弱，自然条件对人类社会的支配力愈强。近代历史上自然灾害的普遍而频繁，从根本上来说，当然是由于束缚在封建经济上的小农经济生产力水平十分低下的结果。以一家一户为经济单位的小农经济，不可能有有效的防灾抗灾能力，一遇水旱或其他自然灾害，只好听天由命，束手待毙。胡适在谈到中国人对付灾荒的办法时，不无嘲笑意味地说："天旱了，只会求雨；河决了，只会拜金龙大王；风浪大了，只会祷告观音菩萨或天后娘娘；荒年了，只好逃荒去；瘟疫来了，只好闭门等死；病上身了，只好求神许愿。"② 这段话，虽仍有他惯常存在的那种民族自卑心理的流露，却也不能不说在一定程度上反映了那个时代的社会现实。当然，对这种现象进行嘲笑未免有失公正，把产生这种状况的原因只是看作观念的落后也过于浅薄。如同其他社会现象一样，归根到底，在这里经济状况也起着决定性的作用。

但仅仅把问题归结为生产力水平的低下，或者放大一点说，全部从经济的角度去分析问题，也还是很不全面的。有必要把视野扩

① 《自然辩证法》，见《马克思恩格斯选集》，1版，第3卷，551页。

② 《胡适论学近著》，638页。

展一点，从社会政治领域考察一下近代灾荒频发的缘由。

事实上，把自然灾害同社会政治相联系的看法，在历史上很早就产生了。这突出地表现在所谓“天象示警”的传统灾荒观念上，一切大的自然灾荒的发生，“皆天意事先示变”，是老天爷对人们的一种警告或警诫。因为“天人之际，事作乎下，象动乎上”，人间社会生活和政治生活的不正常，必然引起“天变”。这种灾荒观念，几乎流传了几千年，一直到清代还在实际生活中起着很大的影响。不过，同样从“天象示警”的观点出发，却可以引出消极的和积极的两种不同的态度来。消极的态度是竭力用“祈祷”来对待天灾，如清王朝规定：“岁遇水旱，则遣官祈祷天神、地祇、太岁、社稷。至于（皇帝）亲诣圜丘，即大雩之义。初立天神坛于先农坛之南，以祀云师、雨师、风伯、雷师，立地祇坛于天神坛之西，以祀五岳、五镇、四陵山、四海、四渎、京畿名山大川、天下名山大川。”① 似乎只要“祈祷”得越虔诚，天灾自然就可以防止或减少了。积极的态度则要求从灾荒的发生中“反躬责己”，修明政治。如 1882 年有一位名叫贺尔昌的御史上奏说：“比年以来，吏治废弛，各直省如出一辙，而直隶尤甚。灾异之见，未必不由于此。”② 在戊戌变法中惨遭慈禧杀害的“戊戌六君子”之一的刘光第，于 1894 年所上的《甲午条陈》中这样说：“国家十年来，吏治不修，军政大坏。枢府而下，嗜利成风。丧廉耻者超升，守公方者屏退，谄谀日进，欺蔽日深。国用太奢，民生方蹙。上年虽有明谕申饬，言者不计，牵涉天灾。而上天仁厚，眷我国家，屡用示警。故近年以来，畿辅灾潦频仍，京师城门，水深数尺，天坛及太和门均被水灾。今年二月天变于上，三月地鸣于外城，旋有倭人肇衅之事，此殆非偶然也。”他要求皇帝“引咎自责，特降罪己之诏”，“痛戒从前积习之非”，并认为只有这样才能使全国同仇敌忾，团结御侮，抵抗日本的侵略，取得甲午战争的胜利。③ 这些话，虽然没有科学地揭示灾荒发生的原因，

① 《清朝文献通考》。

② 《光绪朝东华录》（二），总 1445 页。

③ 《刘光第集》，2 页。

但无疑有着揭露时弊的战斗的进步意义。

在我国近代历史上，对灾荒问题谈得最深刻的，要数民主革命的伟大先行者孙中山先生。关于灾荒频发的原因，他着重强调两点：一是人们对生态环境的破坏；另一是封建政治的腐败。关于前一点，他在刚刚从事政治活动之初，就在一封信中写道："试观吾邑东南一带之山，秃然不毛，本可植果以收利，蓄木以为薪，而无人兴之。农民只知斩伐，而不知种植，此安得其不胜用耶？"① 后来，他更明确指出：近来水灾一年多过一年，原因就在于人民采伐木料过多，采伐之后又不行补种，森林很少。一遇大雨，山上没有森林来吸收雨水和阻止雨水，山上的水便马上流到河里去，河水泛涨起来，即成水灾，多种树木是防水灾的治本方法。防止旱灾也是种植森林。有了森林，天气中的水量便可以调和，便可以常常下雨，旱灾便可减少。② 关于后一点，他很早就认为："中国人民遭到四种巨大的长久的苦难：饥荒、水患、疫病，生命和财产的毫无保障。这已是常识中的事了。"这种令人不堪忍受的情况是怎样造成的呢？他非常鲜明地回答说："中国所有的一切灾难只有一个原因，那就是普遍的又是有系统的贪污。这种贪污是产生饥荒、水灾、疫病的主要原因，同时也是武装盗匪常年猖獗的主要原因。""官吏贪污和疫病、粮食缺乏、洪水横流等等自然灾害间的关系，可能不是明显的，但是它很实在，确有因果关系，这些事情决不是中国的自然状况或气候性质的产物，也不是群众懒惰和无知的后果。坚持这说法，绝不过分。这些事情主要是官吏贪污的结果。"③

这两个方面，前者主要是社会方面的原因（当然并非同政治绝对无关），孙中山的有关论述，不但在当时是无与伦比的，即使在今天，也并没有完全为所有的人们所真正地了解。后者主要是政治方面的原因，在这方面，有无数历史事实足以证明孙中山的说法确实是不易之论。

---

① 《孙中山全集》，第1卷，1～2页。

② 参见《孙中山全集》，第9卷，407～408页。

③ 《孙中山全集》，第1卷，89页。

还是从黄河说起。晚清时期为什么会出现“河患时警”的现象呢?《清史纪事本末》是用以下这段话来回答的:“南河岁费五六百万金,然实用之工程者,什不及一,余悉以供官吏之挥霍。河帅宴客,一席所需,恒毙三四驼,五十余豚,鹅掌、猴脑无数。食一豆腐,亦需费数百金,他可知已。骄奢淫佚,一至于此,而于工程方略,无讲求之者。”①

这大概很可以作为孙中山关于灾荒根源于官吏贪污的生动注脚。实际上河工之弊,真是说不胜说,像一位官员所揭露的,“防弊之法有尽,而舞弊之事无穷”。连道光皇帝在上谕中也承认,对于黄河,基本上是“有防无治”的状况。上谕引用当时的河道总督张井的奏折说:“历年以来,当伏秋大汛,司河各官,率皆仓皇奔走,抢救不遑。及至水落霜清,则以现在可保无虞,不复再求疏刷河身之策。渐至河底日高,清水不能畅出,堤身遽增,城郭居民尽在河底之下,惟仗岁请金钱,将黄河抬于至高之处。”1825年11月的这个上谕问道:朝廷每年所花“修防经费数百万金”,“惟似此年年增培堤堰,河身愈垫愈高,势将何所底止?”②

其实,说对黄河“有防无治”,仍未免是一种美化的说法。在那个时候,“治”固然谈不上,“防”也常常因为各种原因而成为具文,每当大汛来临之际,“司河各官”中真正能够“仓皇奔走,抢救不遑”的能有几人?这里,我们可以提供一个颇具典型意义的实例:1887年9月29日,黄河在河南郑州决口。决口之前,黄河大堤上数万人“号咷望救”,在“危在顷刻”的时候,“万夫失色,号呼震天,各卫身家,咸思效命”。但因为管理工料的幕友李竹君“平日克扣侵渔,以致堤薄料缺”;急用之时,“无如河干上曾无一束之秸,一撮之土”,大家只得“束手待溃,徒唤奈何!”河决之时,河工、居民对李竹君切齿痛恨,痛打一顿之后,便将他“肢解投河”,以泄民愤。河道总督成孚“误工殃民”,决口前两天,“工次已报大险”,但成孚“借词避忌”,拒不到工。次日,他慢慢吞吞地走了40里路,

① 《清史纪事本末》,卷45,《咸丰时政》。

② 《河南通志·经政志稿·河防》篇。

住宿在郑州以南的东张。及至到达决口所在，他不作任何处置，“惟有屏息俯首，听人詈骂”。而向朝廷奏报时，却竭力讳饰，本来是决口，却说成是漫口；本来决口四五百丈，却说成三四十丈；本来是“百姓漂没无算”，却说成“居民迁徙高阜，并未损伤一人”①。广大群众的生命财产就这样成了腐败黑暗的封建政治的牺牲品。

几乎谁都知道，那个时候的“河工习气”，一方面是“竞尚奢靡”，一方面是“粉饰欺蒙”，靠这样的管理机构去防止灾荒，自然无异于缘木求鱼。但这还毕竟只是防灾不力，比这更有甚者，则是人为地制造灾荒。如1882年夏，有人参劾湖北署理江陵县令吴耀斗，当长江、汉水涨溢之时，竟任意将子贝垸堤开挖，使南岸七百余垸，“田庐尽没”。吴耀斗这种“决堤殃民”的罪行，引起群情激愤，清政府也不得不下令彻查。最后，湖北巡抚涂宗瀛以“查无实据”为由，认为“毋庸置议”，就此不了了之。三年后，又有人奏：“广东频遭水患，皆由土豪占筑围坝牟利所致”，因为一些地方土豪，凭借势力，“私筑围坝，壅塞水道”，水势被阻，便不免泛滥成灾。这也是由于人为的因素而加重了自然灾害的一种表现。对此，广东督抚查了两年，结论还是那四个字：“毋庸置议。”

一旦自然灾害发生，真能同广大群众战斗在抗灾斗争第一线的封建官僚，实在是凤毛麟角。如前面提到的成孚那样束手无策的，是大多数。还有一些则更为恶劣，平日自许为“民之父母”的地方官，在灾害来临时，早已置自己的“子民”于不顾，慌慌张张地逃之夭夭了。这里随手举一个例子：同治末年，四川发生水灾，酆都知县徐濬镛当江水进城时，“并未救护灾黎”，而是匆匆忙忙地收拾了细软，登上一只大船，一走了之。事后徐濬镛虽得了个革职处分，但到光绪初年，就多方活动，要求平反。像这类事情，真可以说是指不胜屈。

至于乘机贪污勒索，大发“赈灾”财的，更是司空见惯了。我们不妨先读一读革命文学团体“南社”的主要成员高旭，在1907年

---

① 第一历史档案馆藏：《录副档》，光绪十三年九月二十七日翰林院编修李培元等折。

至1909年甘肃连续遭了三年大旱灾之后，目睹灾民之惨状，恨贪官之暴行，所作之《甘肃大旱灾感赋》一诗：

天既灾于前，官复厄于后。贪官与污吏，无地而蔑有。
歌舞太平年，粉饰相沿久。匿灾梗不报，谬冀功不朽。
一人果肥矣，其奈万家瘦！官心狠豺狼，民命贱鸡狗。
屠之复戮之，逆来须顺受。况当赈灾日，更复上下手。
中饱贮私囊，居功辞其咎。甲则累累印，乙则若若绶。
回看饿莩余，百不存八九。彼独何肺肝，亦曾一念否？①

高旭的这种感慨，确实是对当时现实生活的绝好的艺术概括。下面我们举一些具体的事例。

1882年安徽发生十数年未有的大水灾。“水灾地广，待赈人稠。”直隶候补道周金章，领了赈款银17万两，赴安徽办理赈灾事宜。他只拿出2万余两充赈，其余的统统“发商生息”，填饱私囊。②

1893年，山东巡抚福润因为将历城等八个濒临黄河的州县灾民安置完毕，要求朝廷奖擢“出力人员”。但这种安置灾民究竟意味着什么呢？据有人揭露，原利津县知县钱镛，纵容汛官王国柱，“将临海逼近素无业主被潮之地安插灾民，而以离海稍远素有业主淤出可耕之田，大半夺为己有”。灾民迁入被潮之地后，“民未种地，先索税租”，钱镛、王国柱在灾民身上“催科征比”，一共搜刮了“二万余千，尽饱私囊”。他们事先曾领了藩库银二万余两，本来是“为灾民购房置牛之用”的。但他们只拿出一小部分给灾民，“其余尽以肥己”；为了可以报销，他们“逼令灾民出具甘结，威胁势迫，以少报多，以假混真”。灾民们迁入新区不久，突然有一天“风潮大作，猝不及防，村舍为墟，淹毙人口至千余名之多。甚至有今日赴海而明日遂死者，不死于河而死于海，不死于故土而死于异乡”。这时，利津知县已由吴兆镤接任。吴兆镤不但“佯为不知，坐视不救”，弄得哭声遍野，惨不忍闻；反而强迫老百姓“送万民衣伞”，而且大排筵

① 《辛亥革命诗词选》，215～216页。
② 《清德宗实录》，卷168。

宴，替他母亲祝寿。“被灾之民，有舆尸赴公堂号泣者，有忍气吞声而不敢言者，又有阖家全毙而无人控告者。”① 利津如此，其余亦可概见。老百姓遇到这样的灾难，天灾耶？人祸耶？真是有点说不大清了。

甲午战争后，清政府增加了许多苛捐杂税。御史曹志清在谈到地方官吏“敲骨吸髓”“虎噬狼贪”地大肆搜刮的情形之后，还说了这么一段话：“尤可骇者，去秋水灾，哀鸿遍野，皇上轸念民艰，拨款赈济，乃闻滦州、乐亭各州县将赈银扣抵兵差，声言不足，仍向民间苛派，灾黎谋食维艰，又加此累，多至转于沟壑，无所控告。”他深有感触地说：“是民非困于灾，直困于贪吏之苛敛也。”②

1897年，江苏北部大水成灾，灾民达数十万人之多。但“赈务所活灾黎不过十之一二”，其余的“转徙道殣”，冻馁而亡，弄得“城县村落，十室九空”。为什么出现这种悲惨情景呢？据御史郑思赞分析，“推原其故，不由于办赈之迟，而由于筹赈之缓”。因为当灾象已显时，各州县官“但知自顾考成，竟以中稔上报”。等到灾情十分严重后，仍“征收无异往日”。这种情况，不能不使大批灾民日趋死亡。所以郑思赞慨叹说：“是沟壑之民不死于天灾而反死于人事”③。

“民非困于灾”而“困于贪吏之苛敛”也好，“沟壑之民不死于天灾而反死于人事”也好，都充分说明了这样一点：在观察、分析、研究自然灾害的问题时，决不能同社会问题割裂开来，决不能无视政治的因素。

三、灾荒对社会经济和人民生活的严重影响

在以往的历史文献中，每当讲到自然灾害的严重后果时，总常

---

① 《光绪朝东华录》（三），总3281页。
② 《光绪朝东华录》（四），总3632页。
③ 第一历史档案馆藏：《录副档》，光绪二十四年六月初四日郑思赞折。

用“饥民遍野”“饿莩塞途”等来加以形容。由于经过了高度的抽象和概括，对这些字眼间所包含的具体内容，往往不大去细想。实际上，在这短短的几个字的背后，融涵着多少血和泪、辛酸和悲哀！只有具体而深入地去研读近代历史上有关灾荒的各种记载和资料，才使我们痛切地了解，我们这个灾难深重的民族，经历了中外反动派在政治上奴役欺压的苦难，经历了特权阶级在经济上残酷朘削掠夺的苦难，经历了封建伦理纲常钳制束缚的苦难，此外，还经历了自然灾害带来的水深火热的苦难。这些苦难，是我们永远不应该忘记的。

灾荒对社会生活的严重影响，首先表现在对人民生命的摧残和戕害上。一次大的自然灾害，造成人口的死亡，数字是十分惊人的。这里举一些例子，如：

水灾——1906 年，湖南大水，“淹毙人不下三万，情状惨酷”。1912 年，浙江宁波、温州等地遭洪水狂飙猛袭，仅青田、云和等五县即“共计淹毙人口至二十二万有奇”。至于当洪水汹涌而至时，侥幸未被浊浪吞没，露宿在屋脊树梢，一面哀戚地注视着水中漂浮的尸体，一面殷切而无望地等待着不知何时才能到来的“赈济”的芸芸灾民，更是不计其数。如 1884 年黄河在山东齐东等县决口，灾民达百万余人。1906 年江苏大水灾，“统计各处灾民不下二三百万”，仅聚集在清江一处的灾民，“每日饿毙二三百人”。1917 年直隶大水灾，总计“灾民达五百六十一万一千七百五十九名口”，这些灾民“房屋漂没，移居高阜，所食皆草根树叶，所住皆土穴席棚，愁苦万分，不堪言状”。

旱灾——1877 年著名的北五省大旱荒，山西很多村庄，居民不是阖家饿死，就是一户所剩无几，甚至有“尽村无遗者”。有的历史资料概括说：“一家十余口，存命仅二三；一处十余家，绝嗣恒八九。”仅太原一个城市，“饿死者两万有余”。负责前往山西考察灾情、稽查赈务的工部侍郎阎敬铭在奏折中报告他目睹的情景说：“臣敬铭奉命周历灾区，往来二三千里，目之所见皆系鹄面鸠形，耳之所闻无非男啼女哭。冬令北风怒号，林谷冰冻，一日再食，尚不能以御寒，彻旦久饥，更复何以度活？甚至枯骸塞途，绕车而过，残喘呼救，望地而僵。统计一省之内，每日饿毙何止千人！目睹惨状，夙夜忧惶，寝不成眠、食不甘味者已累月。”① 至于在千里赤地上，靠剥挖树皮草根、罗捉猫犬鼠雀，最后不得不艰难地吞咽着观音土而苟延残喘的灾民，则更是随处可见。据记载，这一年山西这样的灾民有500余万，河南有500余万，陕西有300余万，甘肃有近100万，直隶缺乏具体数字，只是说“嗷鸿遍野”。这些灾民，有的勉强存活了下来，但相当一部分仍因经受不住饥寒的煎熬而陆续死去。到这年冬天，仅河南开封一城，“每日拥挤及冻馁僵仆而死者数十人”，山西全省“每日饿毙何止千人”！1902年，四川大旱，灾区遍90余州县，灾民每州县少则10余万，多者20余万，全省共计“灾民数千万”。1909年，甘肃春夏久旱不雨，连同上两年全年亢旱，出现连续995日“旱魃为虐”的严重灾害，以至于“不独无粮，且更无水”，“牛马自仆，人自相食”。全省饿死多少人虽无确切统计，但前引高旭诗说“回看饿莩余，百不存八九”，数量之大，当可想见的了。

风灾——1862年7月27日，“广东省城及近省各属风灾，纵横及千里，伤毙人口数万”。1864年7月13日，一场飓风，使上海黄浦一带“人死万余”，浙江定海“溺死兵民无数”。1874年9月22日，香港、澳门发生大风灾，波及广东，“统计省内各处商民之殉此灾者，殆不下一万人云”。1878年4月11日，广州再次遭暴风侵袭，“倒塌房屋一千余间，覆溺船只数百号，伤毙人口约计不下数千人”；一说“房屋倾毁九千余所，大树拔折二百余株，伤毙至万余人”；更有称“男女老稚压毙及受伤者几及数万”者。如果作一点对比，也许可以使我们对上述风灾的严重程度有一个更加清晰的认识：《纽约时报》于1989年9月19日发表文章，历数20世纪发生的最厉害的大西洋飓风，自1900年至1980年，共列19次，其中损害最严重的分别为1900年9月8日发生在美国得克萨斯州的加尔维斯顿的飓

① 《光绪朝东华录》(一)，总514～515页。

风，1928 年 9 月 12 日至 17 日发生在西印度群岛和佛罗里达的飓风，1963 年 10 月 4 日至 8 日发生在古巴与海地的“弗洛拉”飓风，死亡人数均为 6 000 人。这与前面所说伤毙动辄“万余”“数万”的情况相比，真是小巫见大巫了。

疾疫——1849 年，湖南“全省大疫”，仅同善堂等所施棺木就“以数万计”，后来疫死者愈来愈多，棺木无力置备，只得挖坑随地掩埋了事。1910 年，东北三省鼠疫流行，疫毙人数“达五六万口之谱”。

严重的自然灾害，除了造成人口的大量死亡以外，还对社会经济造成巨大的损害和破坏。其实，人口的大规模伤亡，本身也是对社会生产力的极大摧残，因为人——准确一点说是劳动者，本来就是生产力系统中起主导作用的因素，或者如列宁所说，是全人类的首要的生产力。但问题还远远不止于此。较大的水、旱、风、雹或地震等灾害，除了人员伤亡以外，一般都伴有对物质财富的严重破坏，如庐舍漂没、屋宇倾圮、田苗浸淹、禾稼枯槁、牛马倒毙、禽畜凋零等等。这里举几个并非最严重的例子：1844 年夏，福州发生水灾，仅闽县一地就“被淹田园四万四千四百三十余亩”。1846 年 6 月江苏青浦大水，一次就“漂没数千家”。同年 7 月吉林珲春因河水涨溢，该县 8 000 余垧田地中，“水冲无收者六千余垧”，就是说 80%的田地被水冲毁，毫无收成。1849 年春夏之间，浙江连雨 40 余日，“以致上下数百里之内，江河湖港与田连成一片，水无消退之路”，在这广阔区域之内，庄稼颗粒无收自不待言，而且“房屋倾圮，牲畜淹毙”也“不知凡几”。1851 年 4 月末，新疆伊犁连降大雪，5 月中又暴雨倾盆，雨水加消融之雪水，一下子把许多田地冲成深沟，“田亩不能复垦者”达 36 982 亩之多，庄稼被冲毁的自然就更多了。至于大旱之年，饥民在剥掘草根树皮以果腹的同时，被迫“争杀牛马以食”，结果在灾情缓解之后，却导致没有牲畜、种子等基本生产资料可以恢复生产的情形，则更是普遍存在的现象。

每年，清政府要根据各地灾情大小，对成灾地区宣布蠲缓钱粮。据《清实录》等资料的粗略统计，鸦片战争到太平天国运动爆发前这段时间，清政府宣布因灾蠲缓钱粮的厅、州、县，1840 年为 262，1841 年为 330，1842 年为 320，1843 年为 329，1844 年为 365，1845 年为 280，1846 年为 378，1847 年为 435，1848 年为 450，1849 年为 366，1850 年为 354。应该说明，这个数字并不能完全反映当时全国受灾地区的范围，因为它极不完全，特别是一些经济落后的边远地区，那里的钱粮征收在清政府的全部财政收入中本来就不占什么重要地位，所以那些地方一向很少报灾（当然并不意味着自然灾害很少），当然也谈不上蠲缓之事了。但即使如此，也已很能说明自然灾害对全国的社会经济带来何等重大的影响。按照清朝的行政区划，光绪朝以后，府、厅、州、县 1 700 多个，也就是说，清王朝因为自然灾害的原因而不得不减征、缓征或免征钱粮的地区，每年约占全国府、厅、州、县的 1/8 到 1/6。清朝对怎样才算“成灾”是有严格规定的，即只有减产五成以上，直至颗粒无收的，才准予报灾，在这个范围之内，再按灾情的轻重分别确定蠲缓钱粮的数额。那么，这也就意味着在近代社会，就全国而言，每年通常有 1/8 到 1/6 的地区，收成不足一半，严重的甚至减收七成、八成、九成或根本就颗粒无收。

每当发生重大的水旱或其他灾害之后，决非一二年之内就可以缓过劲来，把社会生产恢复到正常水平的。更何况，近代自然灾害的一个显著特点，是灾害的续发性非常突出。如直隶省，自 1867 年至 1874 年，曾连续八年发生遍及全省的水灾，其中后四年灾情十分严重，紧接着 1875 年又发生较大旱灾；1885 年至 1898 年曾连续 14 年发生全省性水灾，紧接着 1899 年、1900 年又发生两年旱灾。又如两湖地区，自 1906 年至 1915 年，湖北除两年外连续八年发生水灾，湖南则连续十年均有水灾，其中一半以上年份的灾情颇为严重。类似的情况各地都有。这样的连续被灾，旧灾造成的民困未苏，疮痍未复，新的打击又接踵而至，不但对社会经济的破坏极为严重，而且抗灾防灾的能力每况愈下，使得同样程度的灾害造成的后果更具灾难性，更使人无力承受。在连续几年大灾之后，往往十几年、几十年都难以恢复元气，如前面提到的鸦片战争爆发后连续三年黄河大决口，造成河南省自祥符到中牟一带长数百里、宽六十余里的广阔地带，十余年间一直成为不毛之地，“膏腴之地，均被沙压，村庄庐舍，荡然无存”。光绪初年连续三年的“丁戊奇荒”，使山西省“耗户口累百万而无从稽，旷田畴及十年而未尽辟”，说明较大自然灾害对社会经济所带来的消极影响，是那样长远、持久而难以消除。

灾荒对社会生活影响的再一个方面，是增加了社会的动荡与不安定，激化了本已相当尖锐的社会矛盾。

清朝封建统治者，常喜欢宣扬他们如何“深仁厚泽，沦浃寰区，每遇大灾，恩发内帑部款，至数十万金而不惜”①。辛亥革命后，窃取了胜利果实的袁世凯也吹嘘他的政府“实心爱民”，“遇有水旱偏灾，立即发谷拨款，施放急赈，譬诸拯溺救焚，迫不及待”②。要说这些话完全是无中生有的欺骗宣传，倒也未必。去掉自我标榜的成分，应该说，他们对赈灾问题，从主观上还是比较重视的。其原因，并不是如他们自己所说的出于“爱民”之意，“悯恻”之心，而是他们清醒地懂得，大量的饥民、灾民、流民的存在，会增加社会的动荡不安，直接威胁到本已岌岌可危的统治秩序的稳定。在统治集团的来往文书中，充斥着这样的语句：“近年生计日艰，莠民所在多有，猝遇岁饥，易被煽惑”，“忍饥无方，又恐为乱”，“民风素悍，加以饥驱，铤而走险”，“设使匹徒借是生心，灾黎因而附和，贻患何堪设想”，这些话颇能道出问题的实质。辛亥革命前夕，梁启超从另外一种立场发表了大体相似的议论：“中国亡征万千，而其病已中于膏肓，且其祸已迫于眉睫者，则国民生计之困穷是已。……就个人一方面论之，万事皆可忍受，而独至饥寒迫于肌肤，死期在旦夕，则无复可忍受。所谓铤而走险，急何能择，虽有良善，未有不穷而思滥者也。”③

在近代历史上，即使在“承平”之时，也就是阶级斗争相对缓和的情况下，在局部地区，因为灾荒以及赈灾中的种种弊端而引起

① 第一历史档案馆藏：《录副档》，光绪二十四年八月二十七日刘坤一、奎俊折。

② 《东方杂志》，第12卷，第11号，7页。

③ 沧江：《论中国国民生计之危机》，载《国风报》，1（11）。

小规模群众斗争的事，也是经常发生的。1841年浙江归安县灾民因反对地方官“卖灾”而闹事，就是一个小小的例子：起先，前县令徐起渭于“报灾各区轻重等差，勘详不实；又定价卖灾”；后来，接任知县赵汝先又“与乡民约定，完纳条银，再给灾单，及至完成，爽约不给”，终于引起了“灾民滋扰”①。1849年江苏大水灾，各地农村不断发生“抢大户”“借荒”等斗争，是又一类型的例子。嘉定“其时乡间抢大户，无日不然”②。娄县“乡中富户以怕抢故，纷纷搬入城中。然仅可挈眷，不能运物，运则无有不抢”③。所以，左宗棠曾经发表过这样的意见：“办赈须借兵力”——赈灾的时候，一只手要拿点粮、拿点钱，救济灾民；另一只手要拿起刀，拿起枪，以防灾民闹事。他说：“向来各省遇有偏灾，地方痞匪往往乘机掠食，或致酿成事端。故荒政救饥，必先治匪也。”“匪类借饥索食，仇视官长，非严办不足蔽辜。韩、郃饥民啸聚，起数颇多，亟宜一面赈抚，一面拿首要各犯，以靖内讧。”④ 不言而喻，这里的所谓“匪”“痞匪”“匪类”等等，不过是那些无衣无食而又不甘坐以待毙，不惜铤而走险冲击封建统治秩序的灾民。

及至社会矛盾十分尖锐、阶级斗争或民族斗争日趋紧张的时候，自然灾害往往成为诱发大规模群众起事的重要客观条件；受到灾荒的打击而流离失所的数量巨大的灾民，又往往成为现存统治秩序的叛逆力量，源源不绝地加入到战斗行列中去。这在太平天国运动、义和团运动以及辛亥革命运动中，得到了最清楚不过的表现。太平天国的领导者们在历数封建清王朝的罪恶时，就特别强调了“凡有水旱，略不怜恤，坐视其饿莩流离，暴露如莽”⑤ 这一条。一个外国人把“很多地区的庄稼由于天旱缺雨而歉收，人民的心里烦躁不安”⑥ 看作是义和团兴起的重要原因之一。严复在谈到辛亥革命发

---

① 《清宣宗实录》，卷364。

② 王汝润：《馥芬居日记》，见《清代日记汇钞》，184页。

③ 姚济：《己酉被水纪闻》，见《近代史资料》，1963（1）。

④ 《左宗棠未刊书牍》，132～133页。

⑤ 《太平天国文书汇编》，105页。

⑥ 《清末民初政情内幕》（上），422页。

生的“远因和近因”时则提到了“近几年来长江流域饥荒频仍”①这个因素。不论这些运动在性质上是何等的不同，广大群众勇敢地拿起武器，义无反顾地同中外反动势力展开殊死搏斗，无论如何是值得讴歌的。但我们毕竟不应该忘记，不少人是付出了极为惨痛的代价，在饥寒交迫甚至是家破人亡的困境中，被迫走上“造反”之路的。我们赞颂他们的斗争精神，却要诅咒促使他们起来斗争的种种苦难——其中当然也包括自然灾害带来的苦难。

① 《清末民初政情内幕》(上)，782页。

着重抓好高校党的思想建设*

在加强党的建设中，要把思想建设放在一个突出的位置，在高等学校尤应注意这一点。这既由高等学校的性质和根本任务所决定，也是当前客观形势和实践提出的严肃要求。

前几年由于党中央主要负责同志鼓吹“淡化”党的领导，“改造”思想政治工作，高等学校党组织的政治核心地位和对思想政治工作的领导作用遭到很大的削弱，造成了极为严重的后果。这主要表现在：对国内外敌对势力“和平演变”的阴谋缺乏一致的、清醒的认识，对资产阶级自由化思潮抵制和斗争不力；在部分党员中政治理想和政治信念有所淡薄，个别党员甚至发生理想、信念的动摇；党的纪律特别是政治纪律松弛，政治是非不清，党性原则不讲或不大讲了。所有这些，必然导致党组织出现软弱涣散状态。坚定共产主义理想，坚定革命信念，首先是个思想教育问题；严肃政治纪律，坚持党性原则，从根本上来说，也仍然有赖于通过深入细致的工作提高党员的思想认识。

加强党的思想建设，一个带有战略意义的措施，是要对党员进行系统的马克思列宁主义、毛泽东思想的基本理论的教育。拿我校来说，全校共有党员 3 548 人，其中 70%的党员是在“文革”中和“文革”后入党的。这部分党员从总体来看，政治素质是好的，经受了各种复杂斗争的考验。但也不可否认，“文革”时期对马克思主义的“左”的曲解，近几年资产阶级自由化散布的马克思主义“过时”论的叫嚣，不能不对一部分党员产生消极的影响。对于他们来说，完整地、准确地掌握马克思主义的立场、观点和方法，还是一个极

---

* 载《中国高等教育》，1990 年第 6 期。

为艰巨的任务，即使对于“文革”前入党的党员，也有一个接受马克思主义再教育的任务。因为现实生活的迅速发展，出现了许多新情况，提出了许多新问题，不进行持续不断的学习，就无法对这些新情况和新问题做出马克思主义的正确回答。

要在斗争中来加强党的思想建设。高等学校是资产阶级同我们争夺接班人的主要场所，因此，两种世界观的矛盾和冲突更会是尖锐激烈的。只有组织党员投身到反对资产阶级自由化的斗争中去，才能在战斗中更好地掌握马克思主义的理论武器，才能不断壮大和提高自己的队伍。也只有全体党员在意识形态领域的斗争中有旗帜鲜明的态度，有主动进攻的精神，才能更好地团结广大群众，使资产阶级自由化思潮没有市场，失去立足之地。

加强党的思想建设，要注意引导党员更多地接触社会，接触实际，接触工农。长期在高等学校生活和工作的人，有较多的书本知识，但对热火朝天的经济建设，对丰富多彩的社会生活了解较少。特殊的工作环境和条件决定了知识分子对国情的了解，往往有一定的局限性，对一些问题的思考也不免有这样那样的片面性。对全社会来说，应该提倡尊重知识，尊重知识分子；对知识分子来说，也应该提倡学习工农，更多地从现实生活中汲取思想营养。如果我们对飞速发展的社会生活有更深切一点的了解，我们对马克思主义理论的理解也就会更加深刻一些，对党的事业的信念也必定会更加坚定，更加充满了必胜的信心！

深入持久地反对资产阶级自由化*

坚持马克思主义，发展马克思主义，不能回避对于资产阶级自由化思潮的批判和斗争。

对于像中国人民大学这样的综合性文科大学来说，清除资产阶级自由化的影响，几乎涉及坚持社会主义办学方向的所有重大问题。例如，办好社会主义大学，必须加强党的领导，搞好党的建设。而前几年确实存在着党组织软弱涣散的现象，究其原因，就是自由化思潮侵蚀到党的肌体，造成党内政治思想上的不统一，当然也就不可能有很强的凝聚力、吸引力和战斗力。又如，办好社会主义大学，必须加强教师队伍建设，对于中国人民大学来说，就是要建设一支坚强的马克思主义理论队伍。试想，如果不在教师队伍中不断清除自由化思潮的影响，马克思主义理论队伍的建设又从何谈起？再如，提高教学质量，深入教学改革，是办好社会主义大学的一个重要问题。我们学校的许多课程，都属于政治性、思想性很强的意识形态方面的学科，在这些课程中如果不彻底清除自由化思潮的影响，那就不是教学质量高一点还是低一点的问题，而是究竟起正作用还是负作用的问题。

反对资产阶级自由化的斗争，我们认为一要深入，二要持久。

所谓深入，就是不但要批判顽固坚持自由化立场的人所宣扬的反对党的领导、反对社会主义制度、鼓吹走资本主义道路的政治主张，而且要清理和批判在哲学社会科学领域为这些反动政治主张提供理论依据的反马克思主义理论观点；同时，还应该清除他们竭力宣扬的资产阶级的腐朽的人生观、价值观和道德观的恶劣影响。也

---

* 载《中国教育报》，1991年5月30日。

许有人会担心：资产阶级自由化是个政治概念，这样做，会不会把反自由化斗争的范围扩大了？我以为这种担心是多余的。对于顽固坚持自由化立场的人来说，这三者本来就是浑然一体的。他们也有赤裸裸地狂叫反对共产党、反对社会主义的时候，但更多的场合，则是打着理论研究、理论探讨的幌子，在社会科学的各个领域中，肆意攻击马克思主义和社会主义，宣扬极端唯我主义，从而导引出反党反社会主义的政治结论，并竭力欺骗和煽动人们特别是青年接受他们的政治主张。因此，反自由化的斗争，如果不深入到学科领域，就不可能真正分清理论是非和政治是非。当然，在这样做的时候，必须十分慎重，十分注意政策，决不能把正常学术探索中的不同意见，随意扣上“为自由化思潮提供理论依据”的帽子，加以粗暴对待。

所谓持久，就是要有长期作战的准备。在反自由化问题上，有两种毛病是要防止的。一种是健忘症，资产阶级自由化造成的政治混乱还没有澄清，自由化泛滥的恶果尚未消除，就伤疤未好忘了痛，如鲁迅所说的一味主张起“费厄泼赖”来，这当然不好。另一种是急性病，以为自由化思潮的影响可以在一个早上清除干净，而且认为从此就可以一劳永逸，意识形态领域永远风平浪静太平无事，这显然也不切实际。自由化思潮的产生和存在，是有它的客观社会基础的。只要帝国主义“和平演变”战略不取消，只要国内还有敌对政治势力的存在，只要社会主义制度的优越性还没有充分发挥、社会经济的发展还没有居于世界的前列，资产阶级自由化思潮就不可能彻底消灭，意识形态领域的斗争仍将是复杂尖锐的。这就要求我们永远高举马克思主义的革命批判旗帜，在理论战线和思想政治战线上不消极退让，不放弃阵地，在战斗中发展马克思主义，争取理论研究和学术研究的真正的繁荣。

坚持党的群众路线*

——读《毛泽东选集》(1—4卷) 第二版有关论述的体会

在《毛泽东选集》(1—4卷) 第二版出版发行的时候，我们重新学习了毛泽东同志关于坚持党的群众路线的论述，结合学习党的十三届六中全会精神，对此有了一些新的体会。

正确的领导意见怎样形成

担负一定领导责任的党的干部，在按照党的基本路线带领群众建设有中国特色的社会主义的伟大事业中，经常需要根据各种发展变化着的情况做出判断，提出对策，出主意、想办法，形成正确的领导意见。正确的领导意见从哪里来？既不是从天上掉下来的，也不是人们头脑里所固有的，它只能从实践中来，从群众中来。毛泽东同志对此有十分精辟的说明："在我党的一切实际工作中，凡属正确的领导，必须是从群众中来，到群众中去。这就是说，将群众的意见（分散的无系统的意见）集中起来（经过研究，化为集中的系统的意见），又到群众中去作宣传解释，化为群众的意见，使群众坚持下去，见之于行动，并在群众行动中考验这些意见是否正确。然后再从群众中集中起来，再到群众中坚持下去。如此无限循环，一次比一次地更正确、更生动、更丰富。这就是马克思主义的认

* 载《北京日报》，1991年7月9日。署名：李文海、关伟。

识论。”① 他还说过：“从群众中集中起来又到群众中坚持下去，以形成正确的领导意见，这是基本的领导方法。”②

在这里，毛泽东同志对党的群众路线作了最完整的概括，并且把它提到“基本的工作方法”和“马克思主义认识论”的高度，要求我们认真对待。

“从群众中来，到群众中去”的过程，同“从感性认识而能动地发展到理性认识，又从理性认识而能动地指导革命实践”③ 的认识过程是一致的。毛泽东同志所说的“分散的无系统的意见”，就是指群众在社会实践中获得的感性认识。他所说的“集中起来（经过研究，化为集中的系统意见）”，就是指对感性材料经过“去粗取精，去伪存真，由此及彼，由表及里”的改造制作功夫，上升到理性认识。这就是深入实际，研究调查，总结经验，做出决策，制订方针和政策，提出计划和方案的过程，是认识过程的第一个飞跃。毛泽东同志所说的“到群众中去作宣传解释，化为群众的意见，使群众坚持下去，见之于行动，并在群众行动中考验这些意见是否正确”，则是指的“从理性认识而能动地指导革命实践”的过程，也就是实施方案，执行决策，指导实践和工作的过程，是认识过程的第二个飞跃。“从群众中来，到群众中去”，如此“实践、认识、再实践、再认识，这种形式，循环往复以至无穷”④，一次比一次更正确，更生动，更丰富，一次比一次进到了更高一级的程度。只有这样，才能使我们党的路线、方针和各项重大决策符合人民群众的根本利益，从而也就使党的领导的正确性有了可靠的保证。

我们在工作中，经常会犯这样那样的失误，一个最根本的原因，就是在实行决策的时候，违背了马克思主义的认识论，犯了主观主义的错误。脱离实际，脱离群众，既不了解群众的意见和要求，又不体察群众的愿望和情绪。“情况不明决心大，心中无数办法多”，用这样的态度指导工作，决不可能把事情办好。

---

① 《毛泽东选集》，2 版，第 3 卷，899 页，以下凡引自本书的，均只注卷数、页码。
② 同上书，900 页。
③④ 第 1 卷，296 页。

党的十三届六中全会根据历史和现实的经验，明确提出了坚持从群众中来，到群众中去的工作路线和方法，以保证决策和决策的执行符合人民的利益。要真正做到这一点，关键是要大兴调查研究之风。在《毛泽东选集》第二版新增补的《反对本本主义》一文中，毛泽东同志特别强调了调查研究的重要性，重申了“没有调查就没有发言权”这个真理。

搞好调查研究，既要有正确的态度，又要有科学的方法。毛泽东同志说过，调查工作“没有满腔的热忱，没有眼睛向下的决心，没有求知的渴望，没有放下臭架子、甘当小学生的精神，是一定不能做，也一定做不好的”①。这里讲的就是态度问题。毫无疑问，有没有一个正确的态度，从根本上说，也就是坚持不坚持党的群众路线的问题。另一方面，社会现象是极其复杂的，如果满足于一知半解，浅尝辄止，或者带着浓厚的主观性和片面性，以先入为主的态度去看待客观事物，就不能从扑朔迷离的，有时常常是互相矛盾着的社会现象中抓住问题的实质，也往往会得出错误的判断和结论。正是在这个意义上，搞好调查研究，对于洗刷唯心精神，克服主观主义、官僚主义和形式主义等脱离群众的弊病是一剂良药，或者如毛泽东同志所说“是转变党的作风的基础一环”②。

善于把党的政策变成群众的行动

党的路线、方针、政策，只有经过广大群众的社会实践，才能在改造客观世界中发挥巨大的威力。也就是说，有了正确的领导意见，问题还只是解决了一半。更重要的是，要通过群众的群策群力，把正确的领导意见加以贯彻和实践。这就是毛泽东同志所说的，要“善于把党的政策变为群众的行动，善于使我们的每一个运动，每一个斗争，不但领导干部懂得，而且广大群众都能懂得，都能掌握，

① 第3卷，790页。

② 同上书，802页。

这是一项马克思列宁主义的领导艺术”①。

这是党的群众路线的又一方面的重要内容。

怎样才能把党的政策变成群众的自觉行动呢？

首先，要深入群众，扎扎实实地对群众进行艰苦细致的思想政治工作，把党的政策原原本本地向群众进行宣传解释，用党的路线、方针、政策统一群众的思想。“群众知道了真理，有了共同的目的，就会齐心来做……群众齐心了，一切事情就好办了。”②

其次，要真实做到知实情，办实事，讲实效。在深入群众中，把握群众的情绪和脉搏，了解群众的真实情感，使群众在党的干部的实际行动中看到党的政策的正确性。尤其重要的一点，是要重视切实关心群众生活，力所能及地解决群众最急需解决的实际生活问题。毛泽东同志在谈到争取革命战争胜利的时候这样说：“要得到群众的拥护吗？要群众拿出他们的全力放到战线上去吗？那末，就得和群众在一起，就得去发动群众的积极性，就得关心群众的痛痒，就得真心实意地为群众谋利益，解决群众的生产和生活问题，盐的问题，米的问题，房子的问题，衣的问题，生小孩的问题，解决群众的一切问题。”③“一切这些群众生活上的问题，都应该把它提到自己的议事日程上……要使他们从这些事情出发，了解我们提出来的更高的任务，革命战争的任务，拥护革命，把革命推到全国去，接受我们的政治号召，为革命的胜利斗争到底。”④在革命战争时期尚且如此，在社会主义建设时期，当然就更是这样。如果我们不关心群众的痛痒和疾苦，不认真去解决经过努力可以解决的群众生活问题，不去真心实意地为群众谋利益，不让群众从切身问题上感受到社会主义的优越性，那么，群众也就难以了解我们提出来的更高的任务。相反，我们愈是关心群众的生活，群众就愈加会迸发出极大的社会主义积极性，就会拿出他们的全力，为建设有中国特色的

---

① 第4卷，1319页。

② 同上书，1318页。

③ 第1卷，138～139页。

④ 同上书，138页。

社会主义努力奋斗。

只有人民才是创造世界历史的动力

怎样对待群众，如何估价人民群众在社会历史中的作用，这是一个根本的立场问题、党性问题，是一个重大的社会历史观的问题。

马克思主义认为，人民群众是历史的创造者，人民群众在历史进程中起着决定性的推动作用。正是人民群众自身所蕴藏的这种伟力才给代表他们根本利益的马克思主义政党提供了力量的源泉和胜利的保证。以毛泽东同志为主要代表的中国共产党人，把人民群众是历史的创造者这一马克思主义的基本原理创造性地运用于中国革命和建设的具体实践，做出了“人民，只有人民，才是创造世界历史的动力”① 的精辟论断，形成了“一切为了群众，一切依靠群众，从群众中来，到群众中去”的独具特色的群众路线。正是坚持了这一条马克思主义的群众路线，我们党依靠人民群众的支持才由小到大，由弱到强，最终推翻了“三座大山”，取得了夺取全国政权的胜利和人民的解放。中华人民共和国成立以来，我们党依靠人民群众建立了社会主义的经济制度和政治制度，改变了旧中国贫穷落后的面貌，在具有中国特色的社会主义大道上阔步前进。

毛泽东同志曾深刻地指出：“真正的铜墙铁壁是什么？是群众，是千百万真心实意地拥护革命的群众。这是真正的铜墙铁壁，什么力量也打不破的，完全打不破的。反革命打不破我们，我们却要打破反革命。在革命政府的周围团结起千百万群众来，发展我们的革命战争，我们就能消灭一切反革命，我们就能夺取全中国。”② 他还说过：依靠群众则一切困难能够克服，任何强敌能够战胜，离开民众则一事无成。③ 毛泽东同志的这些话，是在民主革命时期讲的，

---

① 第3卷，1031页。

② 第1卷，139页。

③ 参见毛泽东：《论新阶段》，1938年10月。

在社会主义时期，只有依靠群众才能战胜一切敌人和一切困难，仍然是一个千真万确的真理。毛泽东同志曾谆谆告诫全党："任何时候也不要离开群众。……如果党群关系搞不好，社会主义制度就不可能建成，社会主义制度建成了，也不可能巩固。"① 江泽民同志在庆祝中华人民共和国成立40周年大会上也指出："我们党是在同人民群众的密切联系中产生、发展、壮大起来的。没有人民群众的支持，党一天也不能生存。"因此，任何时候，任何条件下，我们都要坚持人民群众是历史创造者的马克思主义的基本原理，这是我们在一切工作中始终坚持党的群众路线的思想理论基础。我们必须时刻牢记："群众是真正的英雄，而我们自己则往往是幼稚可笑的"②。人民才是国家和社会的真正主人，党的干部只是群众的公仆。

党的十三届六中全会指出，我们党和国家正处在一个历史发展的关键时期，我们要推进社会主义现代化建设和改革开放事业，巩固和完善社会主义制度，挫败国内外反动势力的"和平演变"阴谋，实现建设有中国特色的社会主义的目标，就必须虚心向群众学习，不断从人民群众中汲取智慧和营养，紧紧地依靠广大人民群众并取得他们的支持和拥护，真正把人民群众视作党的力量源泉和胜利之本。正如毛泽东所指出的："只要我们能够掌握马克思主义的科学，信任群众，紧紧地和群众一道，并领导他们前进，我们是完全能够超越任何障碍和战胜任何困难的，我们的力量是无敌的。"③

---

① 《一九五七年夏季的形势》，1957年7月。
② 第3卷，790页。
③ 第4卷，1260页。

旗帜鲜明地宣传党的光荣历史*

认真地、科学地总结党的历史经验，旗帜鲜明、理直气壮地宣传我们党为民族、为人民所建立的丰功伟绩，这对于粉碎国内外敌对势力“和平演变”的图谋，坚持社会主义道路，具有极其重要的意义。

“和平演变”和反“和平演变”激烈斗争的历史实际告诉我们，社会主义和资本主义两条道路的矛盾和冲突，常常首先在如何看待和描述党的历史问题上表现出来。不难理解，如果不对作为社会主义事业核心力量的无产阶级政党进行恶毒的丑化、诬陷和攻击，就不可能从它手中夺取政权，自然也就不可能改变社会主义制度。而丑化党的最好办法，莫过于颠倒和捏造党的历史，诋毁和中伤在党的历史上曾经起过重大作用也不可避免地犯过这样那样错误的党的领袖。

事实上，前几年资产阶级自由化思潮泛滥的时候，国内一些顽固坚持反动立场的人，就对中国共产党的历史进行了肆无忌惮的歪曲和攻击，在党的建设的理论上制造了许多混乱。他们公开咒骂中国共产党的领导地位是“残酷的独裁”，是“专制统治”，说什么“党的领导已经成为一种宗教”；他们肆意攻击中国共产党，说“党现在是黑的”，“已经变质”；他们全面否定党领导社会主义国家的历史，说什么“中国除了耽误40年青春外，中共并未给中国带来什么”，“40年来，一元化的中国社会的政治结构使人民对共产党一党集权的种种害处有着切肤之痛”——结论呢？那就是“实现多党制”，“让别的组织上台”。

---

* 载《光明日报》，1991年8月16日。

这当然只是他们的一厢情愿，因为，他们所说的一切，同客观存在着的实际有着天壤之别；他们的最后主张，也同广大人民群众从自己切身体验中得出的结论大相径庭。

江泽民同志在“七一”讲话中，用了很大的篇幅，实事求是地论述了中国共产党70年的奋斗历程，指出中国共产党的70年，是我们党日益发展壮大的70年，是党领导中国人民开创历史新篇章的70年，是马克思主义在中国取得伟大胜利的70年。70年里，党领导各族人民为中国社会的进步，主要做了三件大事：一是完成反帝反封建的新民主主义革命任务，结束了中国半殖民地半封建社会的历史；二是消灭剥削制度和剥削阶级，确立了社会主义制度；三是开创建设有中国特色社会主义的道路，逐步实现社会主义现代化，这件事情还在做。这三件大事，使中国发生了翻天覆地的变化。

江泽民同志的这段论述，是对我们党的历史的极其深刻、极其精辟而又十分全面的概括。文字并不多，但分量很不轻，因为其中既包含了近百年中国人民饱受帝国主义欺压凌辱和封建主义钳制束缚的创深痛剧的苦难，又包含了近现代无数仁人志士为争取民族独立和国家富强而进行前仆后继、艰苦卓绝的斗争；既包含了中国人民在斗争过程中所遭受的巨大牺牲、经历的无数挫折和失败，也包含了在党领导下的革命、建设事业的不断前进和胜利。正因为结论是建筑在如此丰富和深邃的历史根据之上的，因此，当我们读到“历经磨难而不衰，千锤百炼更坚强。我们党不愧是伟大、光荣、正确的党”的科学结论时，我们感到是那样的亲切，那样的令人信服。

江泽民同志在讲话中总结了党在斗争过程中积累的丰富的经验，并且强调指出，这些经验归结到一点，就是把马克思主义的基本原理同中国革命和建设的具体实际相结合，走自己的道路。我们党在70年历程中所取得的一切成就和胜利，无一不是把马克思主义基本原理同中国具体实际相结合的产物，而只要党内产生了违背马克思主义基本原理或脱离国情脱离实际的错误倾向，就必定会给革命、建设事业带来失误和损害。这一点，值得我们永远牢记。走中国特色社会主义道路，是在现阶段坚持马克思主义的基本原理同中国革命和建设的具体实际相结合的集中体现。社会主义是中国人民的历史性选择。它既是对马克思主义社会主义理论的伟大实践，也是根据中国国情、根据一个半世纪以来我国全部历史发展所形成的趋势做出的自然结论。正像江泽民同志在讲话中指出的："目标已经明确，道路已经找到。"中国共产党人一定会在以往 70 年取得伟大成就的基础上，继续在建设有中国特色的社会主义道路上阔步前进。

灾年谈往*

一

今年是个大灾之年。在广袤的土地上发生了百年不遇的特大洪涝灾害，部分地区长期亢旱无雨。严重的自然灾害使人们生命财产和工农业生产受到巨大的损失。但是，在共产党和人民政府的领导下，亿万群众同水旱灾害进行了英勇顽强的斗争，力争把损失减少到尽可能低的限度；同时，由于政府动员和组织了各地区、各部门从人力、物力、财力上全力支援灾区，由于全国人民和国际社会的积极关心、支持，广大受灾群众基本上保证了粮食、蔬菜、医药及其他生活必需品的供应，生活得到妥善安置。目前，灾区群众情绪稳定，斗志昂扬，正在满怀信心地为重建家园而努力，灾区群众讲得最多的一句话就是："像这样的大灾，要搁在旧中国，那就不知要死多少人，更不知有多少人逃荒要饭呢！"

40岁以下的年轻人，没有在旧社会生活过，对于过去灾荒的情况缺乏切身的体验，自然也就难以体会上面这句话所蕴涵的深刻含义。因此，根据历史资料，具体而真实地介绍一下旧中国有关灾荒的情景，应该是不为无益的。

二

"黄河不断泛滥，像从天而降，海啸山崩滚向下游，洗劫了田

---

* 载《北京日报》，1991年9月3日。

园，冲倒了房舍，卷走了牛羊，把千千万万老幼男女飞快地送到大海中去。在没有水患的地方，又连年干旱，农民们成片地倒下去，多少婴儿饿死在胎中。是呀，我的悲啼似乎正和黄河的狂吼，灾民的哀号，互相呼应。”

这是老舍先生在他的著名的自传体小说《正红旗下》中，对他出生的那个时代——19世纪末叶自然灾害情况的一段生动描写。

这里首先提到黄河，是不无道理的。旧中国有句老话，叫作“华夏水患，黄河为大”。黄河是我国历史上决口、泛滥最多的一条大河。到了近代更为严重。据不完全统计，自鸦片战争的1840年到五四运动发生1919年，80年间，黄河漫决的年份正好占了一半，即平均两年中就有一年漫决。而且有时一年还决口数次。1885年（光绪十一年）的一个上谕也说：“黄河自（咸丰五年）铜瓦厢决口后，迄今三十余年，河身淤垫日高，急溜旁趋，年年漫决。”①

其实这种情形也不止黄河是如此，拿北京地区的永定河来说，也是“湍激异常，变迁无定，一遇水涨，堤防即溃”，所以永定河又有“小黄河之目”。② 据统计，从1840到1911年清王朝灭亡的71年间，永定河发生漫决33次，平均也是接近两年一次。其中，从1867年到1875年，曾创造了连续9年决口11次的历史纪录，给京畿附近人民带来了深重的灾难。

至于流经鄂、豫、皖、苏四省的淮河，也是一条著名的多灾河流。特别是安徽、江苏两省，“沙河、东西淝河、洛河、洱河、芡河、天河，俱入于淮。过凤阳，又有涡河、澥河、东西濠及漴、浍、沱、潼诸水，俱汇淮而注洪泽湖”。一旦淮河涨水，“淮病而入淮诸水泛溢四出，江、安两省无不病”③。由于淮泄流域地貌复杂，加之清末对淮河年久失修，造成旧中国这一地区“大雨大灾，小雨小灾，无雨旱灾”的严重局面。

---

① 本文中所引用原始资料，除另行注明者外，均转引自本文作者等著《近代中国灾荒纪年》，不一一注明。

② 《光绪顺天府志》。

③ 《清史稿》，卷128。

今年的大水灾，灾区虽极广大，但绝大部分均为内涝，很少发生大江大河决口的严重事件。这一方面固然由于防汛抗洪指挥得当，措施得力。同时也同中华人民共和国成立以来大力兴修水利、治河治水有密切关系。特别是过去严重为患的黄河，中华人民共和国成立40余年来，岁岁安澜，没有发生一次大决口，这同旧中国“年年漫决”的情况相对照，实在是有着天壤之别。

三

旧中国的灾荒如此频繁，而一旦发生较大的水灾，人民就要受到一次残酷的浩劫。

下面让我们列举一点历史事实：

1849年（道光二十九年），江苏、浙江、江西、安徽、湖北、湖南、河南、贵州、直隶等省发生洪涝灾害，俗称“己酉大荒”。曾国藩在一封家书中说：“今年三江两湖之大水灾，几于鸿嗷半天下。”江苏的情景是“一望汪洋，田河莫辨”，不少人为滔滔浊流淹殁，幸存者“哭声遍野，惨不忍闻；露宿篷栖，不计其数”。“小民当此田庐全失、栖食俱无之际，强者乘机抢夺，弱者乞食流离，在所不免。”浙江“上下数百里之内，江河湖港与田联为一片，水无消退之路，房屋倾圮，牲畜淹毙，不知凡几”。“灾黎无家可归，篷栖露宿，口食无资，困苦颠连”；“农室倾坍，市店闭歇，尸浮累累，哀鸿嗷嗷”。湖北“居民漂没无算”，大水过后，“缘被水之区，未能尽涸，或田产荡析，或生计缺乏，无家可归”，不少人纷纷外出逃荒。湖南“全省大荒且疫”，“民食草根树皮，饿殍载道”；“各灾民糊口无资，栖身无所，情形极其困苦，且多纷纷出外觅食”；“醴陵饥民络绎逃徙，四五千人为一队，觅食无着，遍野乏谷，终至倒地气绝。武冈人人皆是菜色，饥民或匿山中，见有负米者即邀夺之。武陵户口多灭。石门食盐亦随谷米俱尽，至次年犹多饿毙者。沅陵饥死者枕藉成列，村舍或空无一人。龙阳低乡绝户，漫无可稽。饥民集中县城，瘟疫寻作，一旦死者以数万计，余多转徙，不闻有复业者，永定市有野兽。……安化斗米八九百文，鬻卖男女者仅得斗米之资，至永顺一地，斗米值钱三千六百文，官吏地主有以一粉团易一妇者，有以钱四百买一妇一女一子者”。在那个时候，说人命贱如“草芥”，确实不是什么夸张之词了。

清王朝的最后三年（1909 年至 1911 年，宣统元年至三年），长江中下游连续遭受三次大水灾，从 1909 年起，湖北、湖南、安徽、江苏、浙江以及广东、福建、吉林等省即暴雨成灾，灾区群众“鸠形鹄面，无枝可依；啼饥号寒，所在皆是”，“呼吁无闻，饿殍相望”。1910 年，除南方之闽粤外，这些地区再次被水。一位外国传教士在皖北灾象报告中说：“秋禾全数悉被淹没，核其面积约占七千英方里（一万八千一百三十平方公里）之广；人民被灾而无衣食者，约有二百万。”“近数月来，死亡之惨，日甚一日。”其他地区灾情也大抵类此。到 1911 年，即辛亥革命爆发的那一年，沿江沿海各省，发生了较上两年更为严重的大水灾。湖南当洪水狂吼奔腾而下时，“居民猝避不及，死者无算”，“淹毙者不知凡几，呼号乞命之声，彻夜不绝，令人闻之骨节皆酥”。湖北“水势浩大，茫茫无际，登高一望，四围皆成泽国”；“淹死人民不计其数，惟见老幼之浮尸四处漂流耳”。《不远复斋见闻杂志》读到安徽、江苏的灾情时，有这样一段记载：“宣统三年春，江苏淮海及安徽凤颍等属，因屡被水灾，闾阎困苦，惨不忍闻。据报载……自去秋至今，饥毙人数多时每日至五六千人；自秋徂春至二月底，江皖二十余州县灾民三百万人，已饿死者约七八十万人，奄奄待毙者约四五十万人。……饥民至饥不能忍之际，酿成吃人肉之惨剧……寻觅倒卧路旁将死未气绝之人，拉至土坑内，刮其臂腿臀肉，上架泥锅，窃棺板为柴，杂以砻糠，群聚大嚼，日以为常。”这种人间惨剧，读之催人泪下。

像这样的灾荒，在旧中国是屡见不鲜的。这里只是略举两例，以便从中得到一些感性的了解而已。

上面提到，大灾发生后，总是有大批饥民外出逃荒，企求寻找一条生路，但这也并不容易。首先是各地官府，禁止外地逃荒者的流入。鸦片战争时期的爱国诗人贝青乔，在《流民船》一诗中写道：

> 江北荒，江南扰。流民来，居民恼。前者担，后者提，老者哭，少者啼。爷娘兄弟子女妻，填街塞巷号寒饥。饥肠辘辘鸣，鸣急无停声。昨日丹阳路，今日金阊城。城中煌煌宪谕出，禁止流民不许入。

有的地方官，甚至派出军队，搜捉流民，强行遣送回籍，蒋兰畬《山村》一诗云："荒村日暮少行人，烟火寥寥白屋贫。小队官兵骑马过，黄昏风雪捉流民。"

有一些逃荒者，侥幸跑到城市，靠乞讨和施舍苟延残喘，但也往往依然难于逃脱冻饿而亡的命运。有一个反映1864年（同治三年）浙江湖州灾情的材料说："经理善后者设施粥局于南棚，食粥者以千计，死者每日以五六十人为率，而食者日死日增，盖以逃难者多，粮绝故也。"另一个讲1877年（光绪三年）河南开封的材料则更为悲惨："汴城虽设粥厂，日食一粥，已集饥民七八万人，每日拥挤及冻馁僵仆而死者数十人，鸠形鹄面累累路侧，有非流民图所能曲绘者，日前风雪交加，而冻毙者更无数之可稽。所死之人，并无棺木，随处掘一大坑，无论男女，尸骸俱填积其中。夜深呼号乞食，闻者酸心，见者落泪，汴城灾象如是，其余可想而知。"清末著名学者俞樾的《流民谣》，最后两句是"生者前行，死者臭腐。吁嗟乎！流民何处是乐土"——真的，在旧社会里，哪里有逃荒的"流民"们的乐土呢？

四

在水、旱、风、雹、火、蝗、震、疫诸灾中，水灾是对人民危害最大的一种。但在旧中国，由于水利设施的简陋与失修，长期抗旱造成的大旱灾，造成人员的死亡，有时比水灾更为严重。

我们可以举晚清被称为"丁戊奇荒"的大旱灾作为例子。

1875年（光绪元年），直隶、山西、陕西、甘肃、河南等省就有比较严重的干旱。次年，除了上述地区外，旱区范围又扩大到山东、安徽、江苏北部及奉天等地，旱情的严重程度也较上一年有了进一步的发展。到 1877 年（光绪三年），旱情发展到了顶峰、全国以山西、河南为中心，旁及直隶、陕西、甘肃全省及山东、江苏、安徽、四川之部分地区，形成一个面积辽阔的大旱荒区，这次旱灾持续到 1878 年（光绪四年），造成了赤地千里、饿殍遍野的触目惊心的悲惨景象。

曾任山西巡抚的鲍源深，在灾情最重的 1877 年中，向朝廷奏报说："亢旱日久，官民捐赈，力均不支，到处灾黎哀鸿遍野。始则卖儿鬻女以延活，继则挖草根剥树皮以度岁。树皮既尽，亢久野草亦不复生，甚至研石成粉，和土成丸，饥饿至此，何以成活。是以道旁倒毙，无日无之，惨目伤心，兴言欲涕。"当时的山西巡抚曾国荃也上奏说："民间因饥就毙情形，不忍殚述。树皮、草根之可食者，莫不饭茹殆尽。且多掘观音白泥以充饥者，苟延一息之残喘，不数日间，泥性发胀，腹破肠摧，同归于尽。隰州及附近各县约计，每村庄三百人中，饿死者近六七十人。村村如此，数目大略相同。"王锡纶《怡青堂文集》中对这次灾荒有这样一段触目惊心的描写："光绪丁丑，山西无处不旱……被灾极重者八十余区，饥口入册者不下四五百万……而饿死者十五六，有尽村无遗者。小孩弃于道，或父母提而掷之沟中者。死者窃而食之，或肢割以取肉，或大脔如宰猪羊者。……层见叠出，骇人听闻。"一个专门记述此大灾的碑文则云："光绪三年，岁次丁丑，春三月微雨，至年终无雨；麦微登，秋禾尽无，岁大饥。……人食树皮、草根及山中沙土、石花，将树皮皆削去，遍地剜成荒墟。猫犬食尽，何论鸡豚；罗雀獾鼠，无所不至。房屋器用，凡属木器每件买钱一文，余物虽至贱无售；每地一亩，换面几两、馍几个，家产尽费，即悬罄之室亦无，尚莫能保其残生。人死或食其肉，又有货之者，甚至有父子相食、母女相食。较之易子而食、析骸以爨为尤酷。自九、十月以至四年五、六月，强壮者抢夺亡命，老弱者沟壑丧生，到处道殣相望，行来饿殍盈途。一家十余口，存命仅二三；一处十余家，绝嗣恒八九。少留微息者，莫不目睹心伤，涕洒啼泣而已。”当时的《申报》曾刊载过一张1878年初抄录的《山西饥民单》，单中详列各地饿死人的情况，读之令人毛骨悚然。全文二千余字，这里只录首尾两段：“灵石县三家村九十二家，（饿死）三百人，全家饿死七十二家；圪老村七十家，全家饿死者六十多家；郑家庄五十家全绝了；孔家庄六家，全家饿死五家……太原县所管地界大小村庄饿死者大约有三分多。太原府省内大约饿死者有一半。太原府城内饿死者两万有余。”这里讲的都是山西的情景，河南及其他旱区的情况，与此也大体相差无几。这样血淋淋的写实记录，给我们描画出一幅人间地狱的悲惨图景，几乎令人不忍卒读。

五

旧中国自然灾害发生频繁，后果严重，其根本原因，当然是由于生产力水平低下，防灾抗灾能力薄弱所致，但也与当时的反动腐朽的政治状况有着密切的关系。

孙中山曾经直截了当地指出：“中国人民遭到四种巨大的长久的苦难：饥荒、水患、疫病、生命和财产的毫无保障。这已经是常识中的事了。……其实，中国所有一切的灾难只有一个原因，那就是普遍的又是有系统的贪污。这种贪污是产生饥荒、水灾、疫病的主要原因。”“官吏贪污和疫病，粮食缺乏、洪水横流等等自然灾害间的关系，可能不是明显的，但是它很实在，确有因果关系，这些事情决不是中国的自然状况或气候性质的产物，也不是群众懒惰和无知的后果。坚持这说法，绝不过分。这些事情主要是官吏贪污的结果。”①

孙中山深刻地揭示了自然灾害与社会政治之间的关系，他的分析是完全合乎实际的。为了说明这一点，我们稍举这样一个例子，

① 《孙中山全集》，第1卷，89页。

由于“河患至道光朝而愈亟”，所以晚清时期，清政府每年不得不拨一笔相当可观的银两用于“治河”。但这些经费，绝大部分被主管官僚们贪污挥霍掉了。《清史纪事本末》中有这样一段记载：

> 南河岁费五六百万金，然实用之工程者，什不及一，余悉以供官吏之挥霍。河帅宴客，一席所需，恒毙三四驼，五十余豚，鹅掌、猴脑无数。食一豆腐，亦需费数万金，他可知已。骄奢淫佚，一至于此，而于工程方略，无讲求之者。

试想，用这样一批只知穷奢极欲，丝毫不以人民生命财产为念的官僚去管理“河工”，黄河哪能不“愈治愈坏”（这是皇帝谕旨中的话）呢？

我们还可以提供一个颇具典型意义的实例：1887 年 9 月 29 日（光绪十三年八月十三日），黄河在河南郑州决口。决口之前，黄河大堤上数万人“号咷望救”，在“危在顷刻”的时候，“万夫失色，号呼震天，各卫身家，咸思效命”。但因为管理工料的官吏李竹君“平日克扣侵渔，以致堤薄料缺”，急用之时，“无如河干上曾无一束之秸，一撮之土”，大家只得“束手待溃，徒唤奈何”！河决之时，河工、居民对李竹君切齿痛恨，痛打一顿之后，便将他“肢解投河”，以泄民愤。河道总督成孚“误工殃民”，决口前两天，“工次已报大险”，但成孚“借词避忌”，拒不到工；次日，他慢吞吞地走了 40 里路，住宿在郑州以南的东张；及至到达决口所在，他不做任何处置，“惟有屏息俯首，听人詈骂”。广大群众的无数生命财产就这样成了腐败黑暗的封建统治的牺牲品。

一旦出现水旱灾荒，封建统治者在条文上规定有一套似乎颇为周密完整的救荒办法——从报荒到勘灾到赈济，都有明确的要求，但在腐朽的政权统治下，任何有效的政治机制都会运行失灵，任何严密的规章制度都会成为一纸空文。咸丰年间，有一位御史这样谈论清政府的救荒措施：“夫荒形甫见则粮价立昂，嗷嗷待哺之民将遍郊野。必俟州县详之道府，道府详之督抚，督抚移会而后拜疏，迩者半月，远者月余，始达宸聪。就令亟沛恩纶，立与蠲赈，孑遗之民亦已道殣相望。况复迟之以行查，俟之以报章，自具题以迄放赈，非数月不可。赈至，而向之嗷嗷待哺者早填沟壑。”许多灾民的生命就在封建官僚政治的文牍往还中白白葬送了。

至于“放赈”的官员，贪污赈款，大发“灾荒财”的，更是司空见惯，大有人在。所以在旧社会，有所谓“闻灾而喜，以赈为利”的说法，意思是说，一旦有灾，就意味着发横财的机会来了，这无异于给那些贪官污吏带来的喜讯。有一个材料讲到赈灾中的种种黑幕：赈灾官员，“每每私将灾票（按：指领取赈款的凭证）售卖，名曰，‘卖灾’；小民用钱买票，名曰‘买灾’；或推情转给亲友，名曰‘送灾’；或恃强坐分陋规，名曰‘吃灾’。至僻壤愚氓，不特不得领钱，甚至不知朝廷有颁赈恩典。迨大吏委员查勘，举凡一切供应盘费，又率皆取给于赈银，而饥民愈无望矣”。

这里讲到的有关旧中国灾荒的一些情况，只是一鳞半爪，自然是不足以窥全豹，无非是提供一些材料，供大家进一步思索而已。这些当然都是已经过去的事情了，但温故能够知新，我们不能忘记我们的民族曾经经历了那样的苦难，我们也才能更加珍惜现在的生活。

努力培养马克思主义理论人才*

——学习江泽民同志“七一”讲话的体会

江泽民同志的重要讲话旗帜鲜明，内容深刻丰富，学了之后，感到顺了心，鼓了劲。特别是在当前的形势下，讲话是反“和平演变”斗争的强大思想武器和巨大的精神力量。国内外敌对势力，实施“和平演变”战略，有两步棋是必须走的。一是要攻击、丑化共产党，首先是篡改、歪曲全部党的斗争历史；二是要攻击社会主义的现实，首先是在社会主义的理论和路线、方针、政策上制造混乱。事实上，前几年国内有些人适应帝国主义“和平演变”战略的需要，大肆鼓吹资产阶级自由化思潮，混淆了许多理论是非和政治是非。而搞得最乱的，也正好集中在两个问题上：一是关于党建的理论；一是关于社会主义的理论。江泽民同志的讲话，系统全面而又实事求是地总结了中国共产党70年的光辉历程，总结了党的斗争历史的丰富深刻的经验教训，理直气壮地指出我们党不愧为伟大、光荣、正确的党。同时，又对有中国特色的社会主义的政治、经济、文化特征做了科学的概括，旗帜鲜明地提出了中国共产党人在走有中国特色的社会主义道路时，应该坚持什么、反对什么，怎样把原则的坚定性和策略的灵活性辩证地统一起来。这就为我们在复杂的斗争中正确前进指明了方向。

江泽民同志在谈到进一步加强党的建设的问题时，特别强调了努力提高全党马克思主义水平的极端重要性。中国人民大学作为宣传马克思主义和培养马克思主义理论人才的一个重要基地，在这方面有着义不容辞的光荣责任。我们一定要根据江泽民同志

---

* 载《人民日报》，1991年9月13日。

的讲话精神，努力改进和提高马克思主义理论课程的教学质量，提高马克思主义理论的科研水平，进一步组织好马克思主义理论队伍，为培养更多、更好的社会科学专门人才做出自己的应有贡献。

近代中国：天灾·人祸*

每当讲到自然灾害的严重后果时，大家总常用“饥民遍野”“饿殍塞途”等去加以形容。由于经过了高度的抽象和概括，对这些字眼中间所包含的具体内容，往往不去细想。实际上，在这短短的八个字的背后，融涵着多少血和泪，辛酸和苦难！只有当我们在历史资料中读到这样的具体描述时，前面的那些形容词才变成了一幅幅生动而悲惨的画面：几万甚至几十万群众在大水漫淹时露宿在屋脊树梢，一面哀戚地注视着水中漂浮的尸体，一面殷切而无望地等待着不知何时才能到来的“赈济”；由于干旱而造成的千里赤地上，千百成群的饥民剥光了树皮，掘尽了草根，不得不艰难地吞咽着观音土，以苟延残喘；寒冬腊月，饥寒交迫的灾民在走向施粥厂的道路上每天几十、成百地倒毙在城市街头；在长达十余里的“人市”上，只要花几百个铜钱就可买到一个男孩或者女孩，而官吏绅商则“挑选清秀男女，或送人，或留作奴婢”；在特大灾荒之后，出现了某个村庄“七十家，全家饿死六十多家”，某个村庄“五十家全绝了”等等惨绝人寰的现象，以致田地抛荒十多年仍无人复种；更不用说公开标价买卖人肉的骇人听闻的人间惨剧了。

天灾造成了人祸。反过来说，在某种意义上，又是人祸加深了天灾。近代历史上自然灾害的普遍而频繁，当然是由于束缚在封建经济上的小农经济生产力水平低下的结果，但同时，在很大程度上也是当时政治腐败所造成的。这一点，连封建统治阶级中的某些有识之士也不讳言。有一位名叫洪良品的御史在一个奏折里说：“天变之兴，皆由人事之应，未有政事不阙于下而灾眚屡见于上者也。”另

---

* 载《中国青年报》，1991年9月22日。

一位御史贺尔昌在1882年（光绪八年）上奏说："比年以来，吏治废弛，各直省如出一辙，而直隶尤甚。灾异之见，未必不由于此。"这些议论，虽仍然脱不了那种把自然灾害看作是"天象示警"的传统观念，但直截了当地把政治的腐败同自然灾害的频发联系起来，毕竟还是具有一定的现实斗争意义。洋务派官僚的认识较这要前进一步，郭嵩焘曾谈到他同一位朋友讨论"民生日蹙，岁有水旱"的原因，那位朋友回答说："此吏治不修之过也。"郭听后大为赞赏，认为"此言极为有见"。伟大的革命先行者孙中山讲得就更加一针见血："中国人民遭到四种巨大的长久的苦难：饥荒、水患、疫病、生命和财产的毫无保障，这已经是常识中的事了……其实，中国所有一切的灾难只有一个原因，那就是普遍的又是有系统的贪污。这种贪污是产生饥荒、水灾、疫病的主要原因。""官吏贪污和疫病、粮食缺乏、洪水横流等等自然灾害间的关系，可能不是明显的，但是它很实在，确有因果关系。这些事情决不是中国的自然状况或气候性质的产物，也不是群众懒惰和无知的后果。坚持这些说法，绝不过分。这些事情主要是官吏贪污的结果。"有一大批历史资料足以为孙中山的这个判断做出有力的证明，这里为节省篇幅计，我们只选出下面一个材料：当解释为什么晚清时期会出现"河患时警"的现象时，《清史纪事本末》写了这样一段话："南河岁费五六百万金，然实用之工程者，什不及一，余悉以供官吏之挥霍。河帅宴客，一席所需，恒毙三四驼，五十余豚，鹅掌、猴脑无数。食一豆腐，亦需费数百金，他可知已。骄奢淫佚，一至于此，而于工程方略，无讲求之者。"

民主革命的重要里程碑*

——纪念辛亥革命 80 周年

1911 年爆发的辛亥革命运动，推翻了卖国、独裁、腐朽的清王朝，结束了在中国历史上延续数千年之久的封建君主专制制度，是一次具有深远影响和伟大意义的历史事件。

辛亥革命的发生，是由 19 世纪末 20 世纪初的全部历史进程发展的必然结果。

1898 年的戊戌维新运动初步传播了资产阶级民主思想，这个运动的失败则表明依靠封建皇权进行改革不过是一种虚妄的幻想，1900 年的义和团运动集中反映了人民群众爱国主义的昂扬，这次斗争的失败则又一次表明了旧式农民战争无法在新的历史条件下取得成功。这两次紧相连接的深刻的政治大搏斗，不但预示着旧的斗争即将让位于资产阶级领导的民主革命，而且也在思想上和政治上促进了这个革命。

国内外反动势力在上述两大历史事件中进一步暴露了自己的狰狞面目。各帝国主义国家在镇压义和团运动中再一次用自己的血手残酷屠杀无辜的中国人民，肆意掠夺中国的财富和践踏中国的主权。国内封建反动势力通过戊戌政变表明他们敌视一切改革和进步，而在义和团运动中的行径则说明他们已经完全成为帝国主义忠顺的奴才和帮凶。外国帝国主义和本国封建统治者真正把中国拖上了绝境。这样，他们就成为教育更多的人们走上革命道路的反面教员。

到 20 世纪的最初十年间，一个以资产阶级、小资产阶级知识分子为主体的革命民主派，迅速形成并壮大起来。伟大的革命先行者

---

* 载《人民日报》，1991 年 10 月 9 日。

孙中山就是这个政治派别的旗帜。正是在以孙中山为代表的资产阶级革命派的领导下，经过前赴后继的英勇斗争，才使得辛亥革命成为历史的现实。

正如毛泽东同志多次指出的，中国的资产阶级民主革命，正规地、在比较更完全的意义上说，是从辛亥革命开始的。

从1840年的鸦片战争起，外国资本主义以及后来的帝国主义，同中国封建主义相结合，一步步地把中国变成半殖民地半封建社会；与此同时，中国人民也就开始了反抗外国侵略者及本国封建统治者的顽强斗争，从而揭开了资产阶级民主革命的序幕。斗争是可歌可泣的。但在辛亥革命以前，所有的斗争，都还只处于资产阶级民主革命的准备阶段。这是因为，当时的各种不同内容、不同形式的斗争，都还只是在个别方面打击外国侵略者或本国封建势力这两个主要敌人，都还没有能够提出较为系统的民族革命和民主革命的政治纲领。一些直接抗击外国侵略的民族战争（如鸦片战争、中法战争、中日甲午战争），广大爱国官兵和人民群众曾以大无畏的气概血战疆场，但整个战争毕竟不得不在封建政权的组织和指挥下来进行。有的农民战争虽然提出了推翻清王朝的战斗目标，但自身并不能挣脱皇权主义的束缚（如太平天国运动）；还有的农民战争矛头公开指向外国侵略者，自发地组织起来展开武装斗争，但却无法抗拒封建统治阶级的控制和利用（如义和团运动）。资产阶级维新派的政治改革，满腔热忱地企求通过学习西方来达到“救亡”和争取国家富强的目的，却把希望寄托在光绪皇帝的支持之上。所有这一切，都反映了中国人民不甘屈服于外国侵略者及其走狗的反抗精神，都是资产阶级民主革命的必要的和重要的准备，但却还难以称得上是正规的和完全意义上的资产阶级民主革命。

正是在这个意义上，辛亥革命使中国的资产阶级民主革命进入了一个新的历史阶段，成为民主革命的一个重要里程碑。

在辛亥革命的准备时期，孙中山提出了民族、民权、民生的“三民主义”，并和他的战友们共同制订了完整的民主革命政纲。当时的“民族主义”虽然还没有明确提出反对帝国主义的口号，但资产阶级革命派在论证“驱除鞑虏，恢复中华”的必要性时，带着炽热的爱国主义激情，十分强烈地宣扬以满族贵族为主要统治者的清政府，已经是列强的“鹰犬”，“洋人的朝廷”，只有推翻清王朝的统治，才能避免“瓜分”“亡国”的命运，因而在实质上包含了反对帝国主义的内容。当时的“民权主义”明确宣称“中国数千年来都是君主专制政体，不是平等自由的人民所堪受的”，进而直接提出建立民主共和国的任务，这就把民主主义发展到了一个崭新的高度。孙中山曾经把“民生主义”等同于社会主义，甚至一度把自己视作中国社会主义者的代表，尽管那时以“平均地权”为主要内容的“民生主义”同科学社会主义完全是两码事，但这种主张毕竟反映了孙中山在发展资本主义时力图避免资本主义种种痼疾宿弊的善良愿望，表示了他希冀人民群众共同富裕和普遍幸福的高尚情操。列宁曾称赞以孙中山为代表的中国革命民主派的纲领是带有建立共和制度要求的完整的民族主义政纲，称赞孙中山是充满着崇高精神和英雄气概的革命的民主主义者。①

辛亥革命时期的资产阶级革命派，没有回避历史向他们提出的最紧迫的政治课题，在争取民族独立和实现政治民主两个最基本的问题上，做出了鲜明的、在当时条件下可能达到的深刻程度的回答。在中国近代历史上，正是辛亥革命运动在实践中把中国民主革命的反帝和反封建两大任务首次结合了起来。

辛亥革命运动取得了巨大的成果。帝制的废除和民国的建立，使中国社会一时呈现出一派生机勃勃的动人景象。挣脱了封建君主专制制度禁锢的人们，积极投身于民主政治活动中去。思想得到很大的解放，封建习俗遭到强烈的冲击，民主共和国观念深入人心，资本主义的经济和文化得到一定的发展条件。所有这一切，无不表明这一运动在推动近代历史前进中的积极作用。但是，归根到底，这依旧是一次失败了的革命。由于资产阶级的软弱，革命人民用无数鲜血和生命换取来的胜利果实，最终落到了由帝国主义支持的大

---

① 参见列宁：《中国的民主主义和民粹主义》。

地主大资产阶级的政治代表袁世凯手里。曾几何时，袁世凯就凭借自己手中的武力，在民主共和国的招牌下，逐步加强了独裁统治。中国半殖民地半封建的社会性质没有改变，民族民主革命的任务没有完成。中国重新陷入了黑暗的深渊。

辛亥革命的成功与失败，都为民主革命向新的、更高阶段的发展创造着条件。辛亥革命的积极成果，为旧民主主义革命向新民主主义革命的转化做了精神的和物质的准备，这次运动的悲剧结局，又使得在黑暗中摸索救国救民真理的志士仁人中间，如毛泽东所确切描写的，“怀疑产生了，增长了，发展了”①。人们不得不重新探索一条新的民族解放之路。中国反帝反封建的民主革命需要有新的阶级力量来担当政治指导者的责任。作为对这个历史召唤的回答，由于资本主义经济进一步发展而日益壮大的无产阶级，开始登上了中国的政治舞台。经过1919年的五四运动，在马克思列宁主义同我国工人运动相结合的基础上，于1921年诞生了中国共产党。从此以后，中国革命在中国共产党的领导下，进入了新民主主义的阶段。经历了近半个世纪的艰苦卓绝的斗争，终于取得了民主革命的彻底胜利，建立了社会主义的中华人民共和国。

我们把辛亥革命的杰出领导人孙中山称作是“伟大的革命先行者”，这既是为了充分肯定孙先生在中国民主革命中的筚路开山的作用，也是为了表明除一小撮反动分子以外的现代中国人，都是孙先生革命事业的继承者。继承当然不是照抄。孙中山自己就从来不把自己的主义和学说看作是僵死的一成不变的教条。他总是随着形势的发展、世界潮流的演进，而不断充实、丰富、发展自己的认识和主张。当我国革命从旧民主主义发展为新民主主义革命的时候，孙中山也适时地把他的旧三民主义加以新的解释，发展成新三民主义，就是一个明证。就历史运动来说，不论是从旧民主主义革命到新民主主义革命，还是从民主革命到社会主义革命，都是既有质的变化又有内在历史联系的合乎逻辑的发展过程。

---

① 毛泽东：《论人民民主专政》。

今天，当我国各族人民，在中国共产党的领导下，沿着建设有中国特色的社会主义道路，自力更生，艰苦创业，努力完成把我国建设成为富强、民主、文明的社会主义现代化国家的庄严使命的时候，我们隆重纪念80年前的辛亥革命运动，并对当时那些充满了爱国热情和献身精神的革命志士们抱着至深的敬意和深切的怀念，原因也正在这里。

加强高教研究　掌握教育规律*

高等教育担负着培养千百万社会主义事业的建设者和接班人的光荣使命。完成这一历史使命，需要在高教战线上工作的所有同志，通过思想政治工作、学科建设、课堂教学、社会实践、行政管理、后勤保障等各个方面和各个环节，进行艰苦的、创造性的工作和劳动。在勇敢探索和刻苦实践的基础上，对这些方面的工作进行实事求是的科学总结，使之上升到理性的高度，逐步达到规律性的认识，这正是高教研究的根本任务。

不言而喻，加强高教研究，对于提高和发展我们的高等教育事业，具有何等重要的意义。

教育是一门科学。教育本身，有它自己的客观规律性。社会主义教育，则又有不同于封建主义教育和资本主义教育的特殊规律。在中国这块土地上办高等教育，除了必须掌握和适应社会主义教育的客观规律之外，还不能不考虑到中国的国情，形成中国的特色。我们正在探索和建设具有中国特色的社会主义，与此相适应，我们也应该探索和建设具有中国特色的社会主义高等教育学。

实事求是地说，我们学校的高教研究工作，还是一个颇为薄弱的环节。在相当长的一段时间里，我们的高教研究工作很少提上学校的议事日程，这是我们应该进行反省和自我批评的。过去也出过一些研究成果，有的还在全国高教系统和北京市得过奖，但这多半是依赖于一些有心的同志自发搞成的，由学校有组织有计划地进行和完成的很少。这种状况，我想是应该改变的。

我校广大的教师和职工，为了培养适应国家需要、适应人民需

---

* 见《高等教育研究论集》，北京，中国人民大学出版社，1991。

要、适应时代需要的高质量人才，为了发展我国的高等教育事业，勤勤恳恳，呕心沥血，做了大量工作，创造了许多丰富、生动、新鲜、活泼的经验。总结并推广这些好的经验，将对学校工作起巨大的推动作用，也是对我国高等教育学的建设做出我们自己的贡献。

按照客观要求，在高等学校工作的党政干部，不但应该是一个好的管理人员，而且应该是能够懂得和掌握教育规律的教育家或教育工作者；在高等学校从教的老师，不但应该是各门学科的行家里手、专家权威，而且同样应该是能够懂得和掌握教育规律的教育家或教育工作者。就这个意义说，在学校中形成一种浓厚的注重高教研究的风气，也是至关重要的一件事。

我衷心地希望在高教研究方面，能开拓出一个新的局面，不断创造出新的成绩。

批判民族文化虚无主义　建设社会主义新文化*

——“如何正确对待中国传统文化”学术座谈会发言摘编

民族虚无主义与历史虚无主义是资产阶级自由化反对共产党、反对社会主义的理论依据，给青年人造成的心灵创伤比直接的政治结论更严重，所以我们应该花更大的力气清除其影响，目前这方面的努力很不够。现在青年人的抑郁、苦闷或者我们常说的深层次的问题没解决，都与民族虚无主义有关。

对中国传统文化要做一些深层的分析。学术研究中对传统文化的研究，消极面或积极面多一点，都是正常的。但前几年有些对传统文化做根本否定的观点却具有不同的性质。它们与其说是讲文化，不如说是讲政治；与其说是讲传统，不如说是讲现实。

近几年的民族虚无主义和历史虚无主义有几种集中的表现：

（1）全盘否定中国的传统文化，认为传统文化全是精神包袱，笼统地提出反传统的命题。

（2）竭力贬低中国人民一百多年来的革命斗争，从鸦片战争到解放战争，从林则徐到毛泽东全部否定，采取一种轻蔑、嘲弄及否定的态度。

（3）丑化现实，极力渲染目前生活在社会主义社会的中国人的落后、愚昧、麻木、非人性，从一些争论到文章，尤其是一些文学作品、电影、电视（包括得奖的），以描写这些东西为时髦，这在青

* 载《高校理论战线》，1991年第1期。

年中影响很大。

（4）全盘肯定乃至崇拜西方文化，凡是洋人的都好。

（5）肯定、美化侵略。有些文章认为中华人民共和国成立以来反对侵略只是一种感情的表现，而不是一种理性的思考，因此应重新评价。有的文章认为西方的殖民战争实际上是中国现代化的起点，它对于世界的东方起了革命性的促进作用。

（6）认为中国民族不行，中国人种不行，天生低人一等。

如此种种，使青年们丧失了对国家、民族前途的希望。要深层次地解决青年的思想问题，应首先向民族虚无主义和历史虚无主义开刀。

重提“一个非常重要的问题”*
——学风小议

前几年资产阶级自由化的泛滥，不但严重地搞乱了许多理论是非，同时也严重地败坏了我们党的传统优良学风。因此，在批判资产阶级自由化思潮的时候，既要在一些理论观点上正本清源，也应该重新提出整顿学风的任务。

近几年来，那些顽固坚持资产阶级自由化的“精英”们，打着“理论探索”的旗号来攻击社会主义，攻击中国共产党。他们在所谓“理论活动”中使用的许多恶劣手法，已经给理论界、学术界的学风带来十分有害的影响。

资产阶级自由化在学风问题上造成危害的严重程度，我们可以借用在美国出版的一份中文报纸上的一段大体符合前几年理论战线实际状况的文字来做说明：

> 中国整个的社会科学的前沿，也即最时髦的意识形态和理论，无非是谩骂中国的历史，指责中国的现实，丑化整个中华民族。谁用的词汇新鲜，谁骂得痛快，谁就会成为名人，成为“优秀”的理论家。查一查那几个前几年被捧上了天的所谓“理论名人”的身世，哪一个不是这样走上仕途的？
>
> 于是，这种否定派的意识形态，完全地合法化了；它从社会科学研究机构流进了大学，成为众多的大学生和教师崇拜的哲学。……这些（与中国的政治目标）对立的意识形态理论，较之其传统的理论学说，形式上更加活跃，内容上更加新奇。

---

* 载《真理的追求》，1991年第1期。

从而，在经济、哲学、文学，以至人们的整个社会生活中，产生了极大的影响。这是中国社会不安定的意识形态基础。①

这里应该补充一点，这些“最时髦的意识形态和理论”，是很投合那些在中国搞“和平演变”的洋大人们的胃口和心意的。

大家都记忆犹新，前几年，对于我们国家民族的历史和现实的种种指责、谩骂、丑化，确实曾经成为一种时尚，似乎不这样便不足以表明自己已经与“僵化”绝缘，不足以表明自己思想的开明与解放。而且，由于有能够成为“理论名人”的诱惑，也使得一些人更加热衷于此道，竟然把写这类文章当作了立身扬名的敲门砖。据我所知，的确有少数青年理论工作者是在这种风气的熏染下，一时迷失方向而失足的。

然而，我们的历史毕竟不是一团漆黑，我们的现实毕竟不是一无是处。对客观的历史和现实要一概加以彻底和全盘的否定，便不能不肆无忌惮地破坏和践踏实事求是的原则。这便是前些年那些宣扬资产阶级自由化观点的文章为什么充满了武断、诡辩和绝对化的根由。有两句颇能反映他们这种恶劣学风的名言。一句是：“人只有站在废墟上，才能以最理性的目光看待一切，怀疑一切。”另一句是：“传统不要以精华、糟粕来区分。传统是极端的偏见，要打破就要整体地打破。世界上没有和谐，生命力只有在极端中才能发出光彩。”反对对事物进行具体分析，崇尚“极端”，怀疑一切，否定一切，“站在废墟上”去观察世界并进行“理性”的思考——按照这样的逻辑和方法去观察和思考的结果，对我们的现实生活会得出什么样的结论，不是不言自明的吗？

在“新”与“旧”的问题上，有一个颇为耐人寻味的有趣现象，值得在这里说一说。有一些文章，自认为是为了反对“陈旧观念”、追求“创新”而写的，但文章的结论却往往是如毛泽东同志所曾批评过的那样，其实是从中国和外国封建主义、资本主义的“故纸堆中零星地捡来的”、老掉了牙的陈词滥调。例如，有人认为中华人民

① 《意识形态领域的惨痛教训》，载《中报》，1990-07-13。

共和国成立以来近代史的研究“在很大程度上仍停留在对异族侵略者的口诛笔伐的感情宣泄上，这就大大淡化了我们研究的理性色彩”；认为一味指责“近代资本主义的征服造成了东方的普遍落后”这种看法过于陈腐，使“历史批判的天平倾斜了”，因而有必要进行重新思考和重新评价。经过思考之后得出的“新”的结论是什么呢？文章认为，近代西方殖民征服“起了一种革命作用”，“从根本上改变了东方历史的发展过程，成为东方民族赶上现代文明的唯一的现实良机”。稍微知道一点史学史的人都会知道，这个结论在旧的史学著作中已经不知道重复过多少遍了。在其他学科中，这类情况也屡见不鲜。这就告诉我们，对“新”与“旧”，一定要进行具体的分析。毫无疑问，学术研究必须注意创新，陈陈相因，学术也就停止了发展，丧失了自己的生命力。勇敢地进行新的探索，锲而不舍地追求真理，是一个理论工作者和学术工作者最基本也是最可贵的品质。所谓创新，是指社会生活在不断地发展变化，人们对历史现象的了解和把握也在不断丰富，用马克思主义的立场、观点和方法，对不断变化的社会状况和更深入了解的历史现象，进行理论的分析和概括，得出新的认识和结论。决不是对一切传统的看法不分青红皂白地简单翻个个儿，就算是提出了“新观点”，达到了“新水平”。

前几年因资产阶级自由化泛滥而造成的不正派学风，不能不使我们想到近半个世纪前毛泽东同志关于学风问题的许多精辟论述。

在延安整风时期，毛泽东同志在几次著名演说中都曾谈到整顿学风的极端重要性，其中有这样一段话：“所谓学风，不但是学校的学风，而且是全党的学风。学风问题是领导机关、全体干部、全体党员的思想方法问题，是我们对待马克思列宁主义的态度问题，是全党同志的工作态度问题。既然是这样，学风问题就是一个非常重要的问题，就是第一个重要的问题。”①

尽管上面说的学风问题同延安整风时期所要反对的不正派学风，在内容和表现形式上都各不相同，但是现在同样应当大力提倡毛泽

---

①　毛泽东：《整顿党的作风》。

东同志多次强调并赋予了新的意义的中国的两个成语：一曰“有的放矢”，就是以马克思列宁主义之“矢”，去射中国革命实际之“的”；二曰“实事求是”，就是从客观存在着的事物出发，通过研究，去发现客观事物的内部联系即规律性。“有的放矢”的态度和“实事求是”的态度，都是与主观主义的态度根本对立的，是马克思列宁主义学风的本质表现。

学风也是党的作风，是党风的一个组成部分。在端正党风的过程中，不但要注意反对党内某些贪污、受贿等消极腐败现象，反对脱离群众的官僚主义作风，也要注意肃清资产阶级自由化在学风问题上的流毒，大力恢复和倡导马克思列宁主义的优良学风。“只要我们党的作风完全正派了，全国人民就会跟我们学。党外有这种不良风气的人，只要他们是善良的，就会跟我们学，改正他们的错误，这样就会影响全民族。”① 就这个意义来说，我们应该充满信心，同时也要进行艰苦的努力。

① 毛泽东：《整顿党的作风》。

爱国主义与民族虚无主义的对立*
——《近代爱国主义论纲》前言

有的文章把爱国主义称作是“常青的主题”，这话很有点道理。几千年来，我国人民的爱国主义精神，从来就是推动祖国社会历史前进的一种巨大力量。在漫长的奴隶制时代和封建社会，我国各族人民，就在爱国精神的鼓舞下，顽强地同黑暗的专制统治、同国家分裂和民族压迫进行了不屈不挠的斗争，并通过辛勤的劳动，创造了灿烂的古代文明。到了近代社会，随着资本—帝国主义侵略的日益加深，愈来愈多的人将鲜血和生命无私地奉献给争取祖国独立和民族生存的爱国事业，谱写了无数可歌可泣的英雄史诗。历史进入了社会主义时代之后，“振兴中华”的口号，依然成为激励人们投身社会主义现代化建设和争取实现祖国统一大业的战斗号角。未来如何呢？太远了不敢说，至少，在国家消亡以前（这也是一个不短的历史时期了），人们以真挚的感情热爱这“生于斯，长于斯，衣食于斯”的祖国，并用自己的聪明才智为祖国的进步和昌盛做出贡献，无论如何总是一种值得称颂的高尚情操。

但是，也并不是所有的人都赞成爱国主义。前几年资产阶级自由化思潮泛滥的时候，就有那么几个人，公开表示了对于爱国主义的轻蔑。有的说：“如果要我彻底说，我不赞成爱国主义的口号，至少不是完全赞成。”还有的说：“我无所谓爱国、叛国，你要说我叛国，我就叛国！就承认自己是挖祖坟的不肖子孙，且以此为荣。”还说：“决不能蛮不讲理或愚昧无知地要求一个人去爱把他变成非人的祖国。难道一个把所有人都变成奴隶、变成零的国家还有什么值得

* 载《清史研究》，1991 年第 3 期。署名：李文海、张晓虎。

留恋吗?”

在进一步讨论这些看法之前，我们想先加进一个小小的插曲：前面引的第三句话，显然是把国家和政府两个不同的概念相混了。试想，“祖国”怎么能够把人“变成非人”“变成奴隶、变成零”呢?按作者的原意，显然是在那里指责政府，至于这种指责同客观事实背离有多远，任何一个稍微公正一点的人都能做出实事求是的判断。问题是，早在清朝末年，一些较为进步的思想家和政治家，就已经十分明确地指出，要谈爱国与救亡，“必自辨朝廷与国家之区别始”，如果连政府与国家的区别都弄不清楚，也就根本失去了谈论爱国与否的资格。本来，像这类小小的常识性错误，大可存心忠厚一点，不必深究的。但他们这些人，一开口就以“启蒙者”自居，摆出一副“唯我独醒”的架势，似乎别人全是“愚昧”得一塌糊涂，只有他们才是真理的化身。既然这样，我们也就偏要让人们见识见识，他们的某些看法，怎样落后于将近一个世纪之前的一些人的水平。如果读者有耐心将本书读完，就不难发现，这些自许为学术“精英”和政治“精英”们的识见，其水准大大低于清末思想界的状况，决不止于这里提到的个别例证。

现在再把问题拉回来：他们为什么那样不喜欢、不赞成爱国主义呢?这自然是因为我们的祖国“实在是太不可爱了”的缘故。确实，他们曾经用了许多笔墨，来形容我们祖国和民族的“丑陋”：中国的传统文化，只是一堆糟粕和垃圾，“早就该后继无人”，加以“整体地打破”和“全面否定”；这种“千年不死的劣根”的文化，根本就没有同西方文明“对抗”的资格，只能老老实实地“承认落伍和失败”；“中国可能有很多文化都要淘汰掉，彻底淹没”，对此“不需要太介意”，即使“面临彻底的完蛋，也没有什么了不起”。由于“旧文明的沉渣已经像淤积在黄河河道里的泥沙一样，积淀在我们民族的血管里”，“人民思想文化非常非常落后”，所以，我们的“民族正在自戕”，出现了“人的退化，民族的退化”；充满“奴性”，缺乏创造力，安于现状，畏怯斗争，逃避现实，“成为整个民族的人格”；他们在强调“我们这个民族的弱点”的时候，“甚至感到与人种不无关系”，就是说，不但我们的民族是劣等的，而且连“人种”也不行。自然，由这样的一些人民组成的国家，必然“让人们看不到希望，看不到人的价值在什么地方”。所以，他们说，“中国是个没有个性的国家”，“中国是个处处有特权的不平等的专制国家，它所提供的条件，最容易发挥人性的弱点，可以把在西方的民主制度中被抑止的人性弱点重新复活，发扬光大”；中国“社会进入了全面的危机”；“我们现在是全面的落后状态，中国现在没有一样不落后”。总之，历史发展到今天，“中华民族仍然举步维艰。举目四望，贫穷遍地，愚昧横行，豺狼当道，精英毁弃，独裁专制，无民主、自由立锥之地”！

这样的国家，这样的民族，“可憎”“可恨”之不暇，哪里还“爱”得起来呢？难怪他们当中的一位如此直截了当地提出问题：“这样的国家为什么非要爱她不可？”——从这里，我们可以看到，反对爱国主义，必然导致历史虚无主义和民族虚无主义；或者反过来说，历史虚无主义和民族虚无主义，正是同爱国主义根本对立的。

其实，前面所引的那些话，都只不过是一种烘托，一种铺垫，目的是引出最重要的一个政治结论，那就是：中国任何别的出路都已经没有了，出路只有一条，那就是“全盘西化”；或者像有些人在回答“中国的出路是什么”的提问时更坦率地说的：“资本主义化！”

“全盘西化”这种主张，几十年以前就有人提出过了。但似乎谁也没有“化”个样子出来让人瞧瞧，因为谁也无法做到这一点。那么，“资本主义化”是不是那么美妙呢？

诚然，资本主义制度也曾有过其先进和进步的历史时期，这就像封建制度取代奴隶制度后的早期历史作用一样，曾在特定的历史时期和条件下领导并代表着进步的历史潮流。但“资本来到世间，每一个毛孔都滴着血和肮脏的东西”，其私有制的内核注定了资本主义社会所标榜的“人权、自由、平等、博爱”等口号，都将成为剥削压迫本质的装饰物。一掷万金的富豪与颠沛求食的平民坐在一起谈“人权、平等”，岂不是滑稽得很么？而且，稍翻看资本主义发迹史，倘不是昧着良心说瞎话，谁都会承认这样一个基本事实，即现今世界上发达的资本主义国家，无一例外地是将资本主义的天堂构筑在全世界各殖民地几代人民的血汗和尸骨之上。那么，中国如果也去“资本主义化”，是否也要用炮舰加鸦片去扩张殖民市场呢？是否也要在一番杀伐流血（资本的早期积累阶段）之后，去形成几大经济财团并由这些经济财团为后盾扶植起政治上的党派体系、从而造成几党抗衡的“民主政体”呢？是否更要为达此目的而骂倒祖宗、否定一切传统文化呢？

“全盘西化”也好，“资本主义化”也好，似乎都过于空泛，我们倒不如看看它们在不同场合开出的几副具体药方。这些药方，最有趣的有这样三个：一是中国“不是要解放，而是要解散、解体”；一是中国要再当“三百年殖民地”；再有一个是中国应该“引进一个外国总理”。这些主张，现在看起来似乎如同儿戏，不妨一笑置之，但在当时，却是郑重其事地作为解决中国往何处去的严肃政治问题提出来的，所以也还是值得对此说几句。

“解散”和“解体”论的发明者，现在是已经实践了自己的意愿，到海外当“世界公民”去了。这自然对谁来说都无关紧要。但中国如果真的“解散”或“解体”之后，十一亿多的人民，一齐跑到外国去当“世界公民”，不知有哪个或哪几个国家能够“收容”得起？如果说，这十一亿多已被“解散”了的芸芸众生，并不跑到海外，依然只准熙熙攘攘地生活在业已“解体”了的无政府的中国这个政治的、文化的和社会的特定环境之中，难道他们真的就从此“得救”，即刻就获得完满的自由、民主和幸福了吗？恐怕谁也不会相信这样的神话。

再当“三百年殖民地”，开出这副药方的人，大概是以为，只有如此，才能实现彻底的“全盘西化”。那么反过来，真正实现“全盘西化”，也就不过是成为殖民地罢了。就这个意义说，我们和他们的看法似乎没有什么分歧，用句时髦的话说，大家存在着一种“共识”，所不同的，只是他们认为成为殖民地之后，“中国才有可能实现一个真正的历史变革”，可以告别“在封闭中的衰败”而走向“繁荣”；而我们则根据中国以及世界上一些地方曾经有过的历史经验，确切知道这不过是意味着广大人民群众将再一次成为任人宰割、掠夺、凌辱的奴隶而已。

至于“引进一个外国总理”，中国历史上倒还没有这样的先例。但引进一个外国人来当掌握海关大权亦即掌握国家大门钥匙的总税务司，引进一个外国人来作为中国政府派出的外交使团的团长之类的事，是早已有过的。这都发生在清朝末年的近代历史上，离我们现在并不那么遥远。而且那个时候，作为中央政权的朝廷，整个说来都要俯首听命于洋主子，因而被当时的人们称作是“洋人的朝廷”，论理说，实在比仅仅引进一个外国总理还要彻底得多。效果如何，那是一部中国近代史早已回答了的，根本没有必要再在这里浪费笔墨的了。

中国有句老话，叫作“道不同不相为谋”。同他们一本正经去讲这些道理，即使不被人讥为“对牛弹琴”，起码也是迂得有点滑稽可笑。鲁迅说过，“比较是医治受骗的好法子”，那么，我们还是不要一味争论此是彼非，倒不如把他们那些高论，同历史事实来做一点对比吧！看看我们的先辈们在国家民族存亡绝续的危急关头，用一种什么样的精神状态去回答时代提出的挑战，再看看那些“精英”们前几年的言与行，从这种对比中，人们一定能够公正地做出判断，哪些是真的、善的、美的，哪些是假的、恶的、丑的，并从中得出自己的结论。

这就是我们写这本书的缘由。

我们选取的作为研究对象的年代，是从鸦片战争到五四运动这一段的近代史。在这一段历史时期内，有关爱国主义的各个方面的问题，我们尽量地进行分析性的探究和评论。肯定地说，书中的许多具体看法并非十分成熟完善，但我们力图忠实于历史，决不为着某种主观意愿而对历史实际进行随心所欲的拼凑剪裁。我们所以把这一历史时期作为研究的范围，是因为这 80 年，是中国历史上民族危机最为深重，同时也是爱国主义最为昂扬的时代。在这个时期内，没有一个对社会发展产生积极影响的历史运动，没有一个对祖国命运起过进步作用的历史人物，不是在爱国主义的旗帜下活跃于历史舞台的。鸦片战争以后，中国的历史航船几度濒危，但这航船历经风雨而终未沉没，其根本原因，就是因为这航船上始终飘扬着一面任何敌人都无法摧毁的伟大旗帜——中国人民那历久弥新的爱国主义精神！近代历史上的爱国主义，可以当之无愧地称之为“国魂”和“民魂”。

辛亥革命时期的著名资产阶级革命家邹容，在被反动派囚于狱中、年轻的生命即将结束之前，曾写下“一瞑负多疚，长歌招国魂”的诗句；另一位同时代的革命家赵声，则在诗中高歌“大好头颅拼一掷，太空追攫国民魂”。他们都不仅用语言和文字，而且用鲜血和生命去讴歌、去实践、去追求充满爱国精神与革命精神的“国魂”与“民魂”。鲁迅先生则说得更加清楚：“国情不同，国魂也就两样。”又说：“惟有民魂是很宝贵的，惟有他发扬起来，中国才有真进步。”① 近代社会有在帝国主义侵略和封建主义压迫下不断沉沦的一面，也有人民不断觉醒、不断斗争从而使社会不断前进的一面。正由于爱国主义的“国魂”和“民魂”的发扬，才最后取得了民主革命的胜利，才有了今天独立自强于世界民族之林的社会主义中国。

让我们对那些魂系中华、情系中华的先辈们表示至深的敬意！

---

① 《华盖集续编·学界的三魂》。

清末灾荒与辛亥革命*

当辛亥革命尚在进行的过程中，这一伟大历史事变的参加者或目击者，就颇有一些人注意并强调了灾荒同这个运动之间的密切联系。武昌起义后三天，当地的革命者在一份告全国各省人民的檄文中，谈到了“不可不急起革命”的三条缘由，最后一条就是“全国饥民，数逾千万，迫饥寒而死者，道殣相望”，而清政府却“从未闻有一粟一粒之施”①。20天后，严复在致《泰晤士报》驻北京记者莫理循的一封信里，把“这场起义的远因和近因”归纳为四点，末一点则是“近几年来长江流域饥荒频仍，以及商业危机引起的恐慌和各个口岸的信贷紧缩”②。显而易见，频繁而普遍的自然灾害被认为是辛亥革命运动发生的一个直接诱因。

既然如此，较为具体地考察一下辛亥革命时期的灾荒状况，并且从自然现象与社会现象交互作用的角度，努力探究当时的灾荒对这场革命产生了一些什么影响，自然是不无益处的。

灾荒的频发与革命形势的渐趋成熟

革命不能随心所欲地制造。只有当革命形势业已成熟，即统治者已不能照旧统治、人民群众也无法照旧生活下去的时候，被压迫阶级才可能在革命政党的领导下行动起来，革命才会到来。

---

* 载《历史研究》，1991年第5期。

① 《湖北革命实录长编》，见《武昌起义档案资料选编》，下卷，634页，武汉，湖北人民出版社，1983。

② 《清末民初政情内幕》，上册，782页，上海，知识出版社，1986。

人们通常把 20 世纪的最初十年看作是辛亥革命的酝酿和准备时期，实际上，这也正是国内外各种政治冲突和社会矛盾日益激化，革命形势逐步形成的一个历史阶段。在促使革命形势渐趋成熟的诸种因素中，灾荒无疑是不能不加注意的因素之一。

我们不妨先把辛亥革命前十年间在中国大地上发生的重要灾荒作一个极为概略的叙述：

1901 年（光绪二十七年）——据上谕称，“东南滨江数省，皆被水患”①。其中最严重的是安徽，许多地方“一片汪洋，几与大江无所区别”，“各属遭水穷民，统计不下数十万”。江苏“水灾实为数十年所未有”，“各县圩埂，冲决至一千数百处”。江西 40 余州县“猝遭水灾”，“凡被水田亩均已颗粒无收”。湖北夏间“暴雨连朝，江汉并涨，田庐禾稼，大半淹没”；入秋，又“雨泽稀少，干旱成灾”。此外，湖南、浙江、福建全省及广东、云南、东北局部地区，也都被水成灾。直隶、河南则先旱后潦，河南的兰考和山东的章丘、惠民并先后发生黄河漫决。山西、陕西部分地区旱象严重，“饥民甚多，田荒不治，凋敝可伤”。

1902 年（光绪二十八年）——除山东境内发生黄河决口外，全国主要灾情是旱灾和瘟疫。最严重的是四川，发生了该省历史上罕见的大旱奇荒，持续“首尾年余之久”，灾区“遍九十余州县”，“市廛寥落，闾巷无烟，徙死之余，孑遗无几”。广东、广西、湖北夏间遭水，秋季遭旱，“数月不雨，赤地千里”。江苏南部、湖南辰州等地、顺直地区、黑龙江瑷珲一带瘟疫流行，“死人无算”。

1903 年（光绪二十九年）——全国灾情较轻，一般省份大抵只有局部的水旱偏灾。稍重者为直隶，春夏苦旱，“麦苗尽枯”，7 月间又遭水患；浙江先潦后旱，灾歉几遍全省；广西有较严重的旱灾，由于收成大减，而且“饥荒已连绵多年”，发生了人吃人的惨状；山东利津黄河决口，周围州县为洪水浸淹。

1904 年（光绪三十年）——黄河再次在利津两度漫决，山东被

---

① 光绪二十七年十一月二十二日上谕。转引自《近代中国灾荒纪年》，675 页，长沙，湖南教育出版社，1990。文中有关灾荒状况的原始资料，均引自该书，不再一一注明。

淹地区甚广。四川又一次发生大旱荒，川东北6府2州59县亢旱无雨，“郊原坼裂，草木焦卷”，“几有赤地千里之状”。直隶夏雨过多，永定等河决口，滨河州县被水成灾。云南、福建、广东、浙江、湖南、湖北、甘肃部分地区遭暴雨侵袭，“田庐漂没，受灾甚重”。河南先旱后潦，“收成歉薄”。

1905年（光绪三十一年）——除一般省份有轻重不等之水、旱、雹、风、蝗、震等局部偏灾外，重灾地区为：云南大水灾，昆明水灌入城，“水势汹涌，深及丈余”，广达11州县的灾区“民房田亩，概没漂没，灾情奇重”。贵州镇远等三厅县，淫雨成灾，“秋收失望”，其余州县亦收成歉薄。江苏沿海地方9月初风潮肆虐，“淹毙人命以万计”。

1906年（光绪三十二年）——全国灾情颇重，不少省份发生特大洪灾，少数地区又亢旱异常。广东自春及夏，大雨滂沱，江水暴涨，广州、肇庆、高州、钦州等地泛滥成灾，秋间部分地区又遭飓风袭击。两湖地区春夏间连降大雨，江、汉、湘水同时并涨，“积水横决”，“沿岸纵横上下，各居民之生命财产付之一洗，数百里间，汪洋一片”，仅被淹罹难者即达三四万人之多。江苏“水灾之区，遍及八府一州，而江北徐、海、淮安各属灾情最重，难民尤多”，“粮食颗粒无收，百姓流离失所，惨不忍睹”。安徽于春夏之交，淫雨60余日，山洪暴发，淮、泗、沙、汝、淝等河同时并涨，平地水深数尺，“上下千余里，尽成泽国”，“饥民饿毙者，日凡四五十人，有阖家男妇投河自尽者，有转徙出境沿途倒毙者，道殣相望，惨不忍闻”。浙江8月间狂风暴雨，江流涨溢，湖水倒灌，水灾范围极广，湖州府属灾情尤重。此外，广西、四川、河南、江西、福建、甘肃、山东、陕西等省，也有轻重不等的水灾。但云南则发生了“情形之重为历来所未有”的大旱荒，“蔓延数十州县”，“迤东、迤南各府赤地千里，耕百获一”，“饿殍相望，易子而食”。绥远一带也亢旱异常，且蝗害严重，百姓“四乡流亡觅食，络绎于道”。

1907年（光绪三十三年）——虽没有发生大祲奇灾，但歉收地区颇广。直隶近畿州县春旱，至夏秋又连降大雨，永定河及北运河等决口，“收成大减”。湖南、湖北大部地区遭淹，高阜之区则“间受干旱”。四川“初苦于旱，继困于水”，成都等地8月中“先后雨暴风烈”，平地水深数尺，“以致田园、庐舍、城郭、桥梁都被冲毁”。福建部分州县夏间“大雨倾盆，溪河暴涨，洪水奔腾”，“饥民待抚众多”。江苏、山东、黑龙江等亦先旱后潦，收成歉薄。此外，全省晴雨不均，分别发生水、旱、风、虫、雹、震灾害的地区还有安徽、浙江、广东、云南、山西、陕西、江西、甘肃、奉天、吉林、台湾等。

1908年（光绪三十四年）——除一般灾情略似上年外，广东、湖北、黑龙江的水灾颇为严重。广东春季亢旱，6、8、10月间，又迭遭大雨飓风袭击，江潮暴涨，造成“倒塌房屋，伤毙人口，并有沉船、决围、坍城、淹田等事”，灾民们“生者鹄面立，死者鱼腹殓”，而且“被水之区甚广，实为数十年来未有之巨灾”。湖北夏间“淫潦为灾”，“武汉三属湖乡颗粒无收，城内居民多处积水之中”，灾区遍及29州县，黄冈、麻城、黄安、潜江、黄陂等重灾地区，“大半均成泽国，淹毙人口无算，灾黎遍野”，由于连续五年遭灾，百姓困苦不堪言状。黑龙江入秋以后连降大雨，“嫩江水势暴涨，沿江居民田禾多被淹没”。

1909年（宣统元年）——甘肃连续多年干旱，至本年夏间，旱情发展到顶峰，持续995天不雨，发生了特大旱灾。“今岁全省皆未得雨，旱干更甚，麦秋已至，不独无粮，且更无水，竟有人食人之慨”，“粒谷皆无，且饮水亦至枯竭，今竟呈析骸相食之现象”；夏秋以后，又复连降暴雨，黄河猛涨，沿岸居民淹没大半。浙江则正好与此相反，春夏之交，迭遭淫雨，积潦成灾，杭、嘉、湖、绍、严五府田地被淹，有的田中积水逾丈；7月后，又连旱数十日，“田皆龟裂”，农民“有向田痛哭者，有闭户自尽者”，当时报纸认为浙灾可与“甘陇之奇荒”相比。与此同时，一些省份发生了相当严重的水灾。湖北连续六年遭受水灾，且灾情较往年更甚，“此次水患延袤六府一州”，“鄂省各属，凡滨临江河湖港者，无不淹没，秋收业已绝望，灾区甚广，饥民不计其数”。湖南也因夏季雨水过多，“沅、西、资、澧诸水并涨”，荆江决口四百余丈，滨江滨湖各州县田禾概遭淹没，“均罹巨灾”；流离转徙各地的数十万饥民，“靠剥树皮、挖草根，勉强过活”。吉林省于7月初旬暴雨倾盆，松花江洪流陡涨，奔腾倾泻，省城被水灌注，低洼之处，一片汪洋，周围数百里沿河各村屯，全数淹没。广东春夏间“风雨为灾”，许多地方为水浸淹，“水退之后，轻者尚有收获，或补种杂粮，重者淹没无存”。此外，江苏、安徽及黑龙江瑷珲等地春旱夏涝，新疆、福建、云南、奉天、广西等局部地区大水，直隶、山东、陕西、山西等省则水、旱、风、雹兼具，加上台湾连续三次发生地震，这一年就全国范围来说，是受灾较重的年份。

1910年（宣统二年）——一些重要省份，继续发生严重水灾。湖北连续第七年遭洪水侵袭，灾区遍及28州县，“禾损屋倒，人畜漂流”，“民情之苦，较上年尤甚”。湖南入夏后连日狂风暴雨，加以“朔风冻雪”，造成较罕见的“奇灾”，“官堤民垸溃决无算，田宅冲没，畜产流失，受害甚巨”；同湖北一样，湖南水灾也已持续七年，所以米珠薪桂，饥民遍野，人民生活处于极端艰难之中。江苏自春至秋，始则雨雪交加，继而连降大雨，江湖泛滥成灾，苏北地区灾情尤重，“无分高下，一片汪洋，墙倒屋塌，弥望皆是”。与江苏毗连的安徽，也是暴雨成灾，尤其皖北一带，“秋禾全数悉被淹没”，“人畜漂没，房屋崩坍者，不计其数”。据有人调查后称，皖北、苏北“凡灾重之区，村庄庐舍多荡为墟，流亡者十逾五六，每行数里、十数里罕见人烟。或围敝席于野中，或牵破舟于水次，稚男弱女蜷伏其间，所餐则荞花、芋叶，杂以野菜和煮为糜，日不再食。甚则夫弃其妇，母弃其子，贩鬻及于非类，孑遗无以自存”。浙江的水灾，灾情略似苏皖。东北的黑龙江、吉林、奉天三省，也因夏秋之际，淫雨连绵，造成江河暴涨，泛滥成灾。黄河在山东寿张决口，加上夏初亢旱，后又连绵阴雨，使山东受灾面积达90州县。此外，局部地区遭受水、旱、风、雹灾害的还有河南、云南、江西、直隶、新疆、山西、陕西、广西、甘肃等省。台湾这一年共地震六次，云南、直隶、新疆等地也有地震发生。

从上面极为简略的叙述中可以看出，辛亥革命前十年间，连绵不绝的自然灾害，始终笼罩在早已因帝国主义和封建主义的钳制压榨弄得精疲力竭的中国人民头上，使他们本已竭蹶困顿的生活更加面临绝境。

这种情况，不能不对当时的政治生活和社会生活发生深刻的影响。

首先，灾荒使人民的生命财产受到巨大损失，造成了普遍的人心浮动和剧烈的社会震荡。在每一次较为重大的自然灾害之后，不论是旱灾的“赤地千里”或水灾的“悉成泽国”，随之而来的都是生产的破坏与凋敝，大量本来就挣扎在死亡线上的贫苦农民和城镇贫民，或者冻馁而亡，或者惨遭灭顶，幸存下来的则成为“饥民”“流民”。这是一个巨大而惊人的数字，例如：前面提到的 1902 年四川大旱，“灾民数千万”；1905 年云南大水，仅昆明附近就有“数万户灾黎仓卒逃生”；1906 年几个省同时发生大水灾，湖南有饥民近 40 万，长沙附近一次就“淹毙人不下三万”，江苏灾民达 730 余万人，聚集在清江浦、沭阳等地的饥民，“每日饿毙二三百人”；1908 年广东大水灾，“灾黎几及百万”；1909 年湖南大水，“统计各处灾民不下百余万人”，江苏大水，海州逃荒流民 27 万余，沭阳 11 万余，赣榆 8 万余，全省可以想见；1910 年安徽大水灾，“人民被灾而无衣食者，约有二百万”。这里只列举几个大体的数字，至于在“饥民遍野”“饿殍塞途”等笼统描写中所包含着的悲惨事实，就无法用数字来反映了。这么多饥民、流民的存在，本身就是对封建统治的严重威胁。从某种意义上说，这些风餐露宿、衣食无着的饥民、流民，无异于堆积在反动统治殿堂脚下的无数火药桶，只要有一点火星，就可以发生毁灭性的爆炸。这一点，封建统治者是看得清清楚楚的。1902 年 6 月，湖南巡抚俞廉三指出：“流民愈多，匪类混杂，民气更加浮动。”[①] 1906 年末，一个名叫王宝田的小官僚在奏折中说：“东省荒歉，细民无以糊口，思乱者十室而九。”[②] 1910 年 6 月，安徽巡

---

① 《辛亥革命前十年间民变档案史料》，上册，392 页，北京，中华书局，1985。

② 同上书，158 页。

抚朱家宝在奏折中强调，“各属灾荒叠告，人心浮动”，“皖北素称强悍，连年复苦荒歉，伏莽时虞，自非思患预防，层节布署，不足以绸缪未雨，定变仓猝”①。封建统治者的这些忧心忡忡议论，既不是杞人忧天，也不是无病呻吟，它恰恰是现实生活中的尖锐矛盾在他们头脑中的反映。

其次，接连不断的灾荒，使一向反对现存统治秩序的自发斗争，更加扩大了规模，增强了声势。例如，以“灭清、剿洋、兴汉”为口号的四川义和拳斗争，其高潮恰好发生在前面提到的该省两次大旱灾期间，这一方面固然可以看作是全国义和团运动的一种滞后现象，但另一方面显然同大灾荒造成的大饥馑有着直接的关系。御史高枬认为这次事件是“盗贼、饥民、会匪、义和拳，分之为四，合之为一”；当时的四川总督奎俊也强调川省“拳乱”之起，除群众仇教外，“加以岁旱民饥，灾黎多被裹胁”；后来接任川督的锡良则指出，“川省人心浮动，加以旱灾、闹荒、仇教，各处响应，蹂躏必宽”；御史王乃徵说得就更直截了当：“川中全省旱灾，至今半年，不闻赈恤之法，何怪匪乱日炽？”② 又如，发生在 20 世纪初，延续数年之久，清政府动员了广西及两湖云贵各省军队，“糜饷以千百万计”才勉强镇压下去的著名的广西农民大起义，也与灾荒有着极为密切的关系。1902 年秋后，广西“赤地千里，旱灾已遍”。1903 年 6 月，一位住在香港的外国人在信中说：“我们为关于广西饥荒的可怕消息而感到非常忧愁，那里的人民由于没有东西吃，实际上已经被逼迫到人吃人的地步。”③ 正是在这样的背景下，广西各地“抢劫之案”，“无县无之，无日无之”；后来，群众自发地形成无数武装队伍，“大者千余为一股，小者数十为一股，匪巢匪首奚止百千。加以比岁不登，饥民为匪裹胁及甘心从匪侥幸一日之生者，所在皆是”。这里其实已说得很清楚，被封建统治者称之为“匪”者，绝大多数不过是求“侥幸一日之生”的饥民而已。

---

① 《辛亥革命前十年间民变档案史料》，上册，261 页。

② 《辛亥革命前十年间民变档案史料》，下册，733、734、742、759 页。

③ 《清末民初政情内幕》，上册，261 页。

所以署两广总督岑春煊也不得不承认："小民先被灾荒，继遭匪害，困已极矣！"① 封建统治者从切身经验中深切地了解灾荒与"民变"的关系，对防范灾民闹事抱着极高的警惕。下面一个上谕，十分生动地反映出统治者的心态："光绪三十二年十一月十五日内阁奉上谕：从来治国之道，惟以保民为先。方今时局多艰，民生重困，本年两广、两湖、江西、安徽等省，屡告偏灾，近日江苏淮、徐、海一带，被灾尤重。……哀我黎民，颠连穷困，岂可胜言。其不逞者，又或迫于饥寒，流为盗贼，扰及乡里，贻害善良。"谕旨要求"地方文武各官"对饥民"加意抚绥"，以便"防患未然"②。

再次，由于灾荒而大量产生的衣食无着的饥民，为着解决眼前的温饱，求得生存的权利，纷纷起来直接进行"抗粮""抗捐""闹漕""抢米"等斗争，这种斗争愈是临近辛亥革命愈益发展，已成为暴风雨即将来临的明显征兆。据统计，1906 年全国发生抗捐、抢米及饥民暴动等反抗斗争约 199 起③，其中一些规模和影响较大的事件，主要发生在浙江、江苏、安徽、湖北、江西、广东数省。如前所述，这一年，这些省份几乎无一例外地遭洪潦灾害，而且大都灾情颇重。1907—1908 两年，抢米风潮曾稍见沉寂，这同这一时期自然灾害相对较轻是完全一致的。到 1909 年，全国下层群众的自发反抗斗争约 149 起，其中几次规模较大的抢米风潮和饥民暴动，恰恰发生在灾情最重的甘肃和浙江两省。1910 年，随着灾荒形势的恶化，抗捐、抢米等风潮进一步发展，陡然上升到 266 起。其中的抢米风潮，几乎全部发生在长江中下游的湖北、湖南、安徽、江苏、江西五省，而这里正是连成一片的广袤的重水灾区。这一年的长沙抢米风潮，是震动全国的重大事件，这个事件的背景，就是湖南因灾而致"树皮草根剥食殆尽，间有食谷壳、食观音土，因哽噎腹胀，竟至毙命者"；长沙城里"老弱者横卧街巷，风吹雨淋，冻饿以死者，

---

① 《辛亥革命前十年间民变档案史料》，下册，511、535、604 页。

② 《辛亥革命前十年间民变档案史料》，上册，58 页。

③ 文中关于辛亥革命前各地抗捐、抢米等风潮的数字，均参见金冲及、胡绳武：《辛亥革命史稿》，第 2 卷，上海，上海人民出版社，1980。

每日数十人”。人们无法生活，只能铤而走险。

最后，在辛亥革命的酝酿时期，资产阶级革命派曾发动或参与组织过多次武装斗争，有一些武装起义，革命派曾有意地利用了灾荒造成的社会动荡形势，并注意吸引饥民群众的参加。如同盟会成立后不久，于1906年底发动的萍浏醴起义，就是一个明显的例子。这次起义迅速发展到数万人，虽然前后只活动了半个多月，却给清朝反动统治以极大的震动。《丙午萍醴起义记》在谈到这次起义的动因时说：“其起事之动机，则因是年中国中部凶荒，江西南部，湖北西部，湖南北部，及四川东南部，即扬子江上流沿岸，皆陷于饥馑。该地工人因受米贵减工之打击，遂由萍乡矿工首先发难，四虎徒党起而应之。”① 起义发生后，有人在《汉帜》第一号上发表文章，号召各省革命党“响应湘赣革命军”，其中说：“至天时地利，尤为此次最得机势者。……今者，虏廷日日苛税，省省摊派，民不聊生，大乱以作，重以今岁沦雨弥月，洪荒千里，饿殍填沟，十数省哀鸿，汹汹欲动。饥民者，历代英雄起事之材料也。如此之赋烦岁凶……各省民皆饥困，已富有被动之性质，倘有人振臂一声，必从者如流。”② 这样的议论，颇为典型地反映了革命派力图利用灾荒以扩展革命的心理，也表明了灾荒的频发确实为革命派的活动提供了一个很好的客观条件。

革命派怎样通过灾荒揭露封建统治？

要推翻一个政权，总要先造成舆论。辛亥革命时期的资产阶级革命派也是这样。他们在追求共和制度、埋葬封建君主专制主义的伟大斗争中，也大声疾呼地歌颂未来新制度的优越性，抨击清朝反动统治的落后与黑暗。在涉及各个方面的无情揭露中，灾荒问题是谈得较多的一个话题。

---

① 《辛亥革命》（二），463页，上海，上海人民出版社，1957。

② 铁郎：《论各省宜速响应湘赣革命军》，见《辛亥革命》（二），531页。

革命派尽情描绘了灾荒带给人民巨大祸害的悲惨现实，反映了他们对劳动群众特别是贫苦农民的深切同情。1907 年的《民报》增刊《天讨》上的一篇文章说："虽年谷屡丰，小民犹多废食。（每逢春间有剥榆皮、拾桑葚者。）一有水旱，道殣相望。水深火热，二百年如一日。""每遇一县，城郭崩颓，烟村寥落，川泽污潴，道路芜秽。自远郊以至县城，恶草淫潦，弥望皆是。夏秋之间，邻县几不通往来，饥民遍野，盗贼公行；无十年之盖藏，无三月之戒备。"① 另一篇文章说："水旱偏灾，犬羊官吏，坐视而不能救；无告之民，靡所得食，乃扶老携幼，聚族数百，相率而为流氓，过都越邑，乞食于途。"② 同年《民报》的一篇文章也说：农夫"顾当夏日，犁田播种，行伏赤日中，泥汗过膝，而或新雨之后，水为日曝，酷热如汤，水虫含毒，时来啮肤，手足坼裂，疑灼龟背。偶值凶年，至于析骸易子"③。类似这样的内容不仅屡见于革命派的宣传品及文章中，而且也反映在他们的文艺作品里，如 1906 年江苏大水灾时，同盟会员、南社诗人周实就有感而赋诗："江南塞北路茫茫，一听嗷嗷一断肠。无限哀鸿飞不尽，月明如水满天霜。"④

对于这种现象，革命派做出的头一个直觉性的反映，是把它说成清朝反动统治"天运将终"的先兆。有一篇文章说："是以彼苍亦为不平，凶灾层见，兵刀水火，无日无之。"⑤ 武昌起义后不久，湖北的革命党人在《致满清政府电》中也说，清朝政府已经"人神同嫉，天地不容。以致水旱迭臻，彗星示警，祸乱无已，盗贼纵横，天人之向背，不待智者而后辨也"⑥。这种解释还没有脱出"天象示警"的传统灾荒观的樊篱。

---

① 观鲁：《山东省讨满洲檄》，见《辛亥革命》（二），344 页。

② 退思：《广东人对于光复前途之责任》，见《辛亥革命》（二），349 页。

③ 寄生：《革命今势论》，见《辛亥革命前十年间时论选集》，第 2 卷（下册），797 页，北京，三联书店，1963。

④ 《辛亥革命诗词选》，197 页，武汉，长江文艺出版社，1980。

⑤ 《义和团有功于中国说》，见《辛亥革命前十年间时论选集》，第 1 卷（上册），60 页，北京，三联书店，1960。

⑥ 《辛亥革命》（五），151 页。

不过，革命派在大多数场合，并没有停留在这样的认识水平上，而是透过灾荒，进一步寻求和揭示与灾荒相关联的种种政治因素，从而得出正是反动统治的“人祸”导致了或加深了“天灾”的正确结论。革命派认为，灾荒的根源，与其说首先是自然的原因，不如说更主要是社会的原因、政治的原因；自然灾害发生得如此频繁，难以抗拒，从根本上说来，是腐朽的封建政治造成的。这一点，孙中山讲得最为鲜明与深刻。他在《中国的现在和未来》一文中指出：“中国所有一切的灾难只有一个原因，那就是普遍的又是有系统的贪污。这种贪污是产生饥荒、水灾、疫病的主要原因。”“官吏贪污和疫病、粮食缺乏、洪水横流等等自然灾害间的关系，可能不是明显的，但是它很实在，确有因果关系，这些事情决不是中国的自然状况或气候性质的产物，也不是群众懒惰和无知的后果。坚持这说法，绝不过分。这些事情主要是官吏贪污的结果。”① 在孙中山以前，中国历史上还从来没有哪一个人以如此敏锐的目光、如此深邃的思维和如此清晰的语言来分析和说明灾荒问题。革命党人在后来发表的一些文章中，实际上为孙中山的这个说法提供了具体的论证。例如，有两篇谈到黄河之患的文章，就指出：“黄河北徙（按：指咸丰五年铜瓦厢决口后的黄河大改道），每一漂没，数十州县无墟落。虏廷吝财，委其事于疆吏，疆吏遂借为吞款邀功之地，动以河工括民财。”“虏清之治河，则驱逐农民，动辄数千万，以供官吏之指挥，急则湮之，缓则弛之。剜肉补疮，卒靡所益，费民财以万计，曾不能一年之安。”② 辛亥革命前一年发表的《论革命之趋势》一文，具体揭露了某些封疆大吏怎样贪污赈款，草菅人命：“江北巨灾，集赈款五百万，虏帅端方侵蚀三百万，又虑饥民为变，遣军队弹压之，示以稍反侧即立尽，于是饥民皆枕藉就死，无敢有蠢动者。陕、甘旱荒，至人相食，虏帅升允漠然不顾，十室九空，积尸成疫。”“专制之淫威”使“人命贱于鸡犬”，“天灾流行，饥馑洊臻，民之死于无告者，其数尤夥”③。

---

① 《孙中山全集》，第1卷，89页。

② 均见《辛亥革命》（二），346、332页。

③ 《辛亥革命前十年间时论选集》，第3卷，531页，北京，三联书店，1977。

这种声泪俱下的控诉，有力地揭示了封建政治的吃人本质。

封建统治者常喜欢宣扬他们如何“深仁厚泽，沦浃寰区”，一遇灾荒，就蠲免钱粮，发帑赈济，似乎一片慈爱心肠。革命派对此针锋相对地指出，这完全是彻头彻尾的欺骗！1903年的一篇文章写道：“钳束之酷，聚敛之惨，而尤为世界所稀有。山西之食人肉，河南之贩人头，此二年前回銮时之真象也。……汝今犹曰‘自其祖宗以来，深仁厚泽，各直省地方，遇有水旱，无不立沛恩施’者，自欺欤？欺人欤？”① 一些文章从不同的角度揭露了清政府赈灾的欺骗性，或者，统治者对灾荒根本无动于衷，不予置理：“淫妇那拉氏南面垂帘，百般剥削，以供其游乐宴饮之资。拨海军费以修颐和，移大赔款以供庆寿，而于我民之水旱馑饥，毫不为之轸念。”② “倒行逆施，残民以逞，驯致饥馑旱干之罔恤，呼号怨怼之弗闻，声色狗马之是娱，土木兵戎之继起。”③ 或者，象征性地拿出一点赈款来，聊以点缀门面：“去岁（按：指1909年）粤省水灾，灾民流离，哀鸿遍野，再电乞赈，清廷仅饬部拨款十万。及西藏达赖喇嘛入京，每日飨其缁徒万四千两，十日之食，即足以抵一省之赈灾而有余。”④ 那些少得可怜的赈款，也大多为官吏所侵渔：“不幸遇岁之凶，流离于道路，物故者十八九。朝廷发帑藏，恒充奸吏之橐，然犹号之曰赈恤之善政。”⑤ 总之，所谓赈恤，不过是封建统治者“邀弋美名”的一种手段，“而于贫者，未尝有澹足之益”。

不仅如此，封建官僚与地主豪绅们还常常趁火打劫，利用灾荒作为升官发财的绝好时机。前面提到的贪污赈灾款项，只不过是花样繁多的发“灾荒财”的手段之一。革命派曾揭露说，受“黄灾”最厉害的山东省，那些“谋差营保”的官僚们，常聚在一处议论说：“黄河何不福我而决口乎？”因为黄河一决口，他们就可以借办河工，既私吞工款，又谋取保举，为此，他们甚至不惜偷偷地破坏老百姓

① 《辛亥革命前十年间时论选集》，第1卷（下册），686～687页。

② 《辛亥革命前十年间时论选集》，第2卷（下册），866页。

③ 《彭荫祥历史》，见《武昌起义档案资料选编》，下卷，245页。

④ 《辛亥革命前十年间时论选集》，第3卷，553页。

⑤ 《辛亥革命前十年间时论选集》，第2卷（下册），786页。

自筑的堤防，人为地制造灾荒。所以山东有“开归道”之称，意思是黄河一“开”，不少人就可以借此“保归道班”了。[①] 封建政治的特点之一，就是往往在冠冕堂皇的表面文章下掩盖着见不得人的黑幕。按照清朝的“定制”，只要勘定了灾荒，政府就要根据灾情轻重，确定对灾区的地亩钱粮加以减征、缓征或免征。但实际上，封建官僚还是可以通过各种办法，使百姓“照例完纳田粮”[②]。1908 年末出版的《江西》杂志就发表文章谈到这种情况，“中国虽地大物博，迩者天灾流行，湖南之水害，广东之水害，重以各地蝗虫，歉收者众。民不堪命，转徙流亡，赈恤且患不周，加之以苛征，是为丛驱爵、为渊驱鱼”[③]。而且，纳税时还要加上种种附加，“一纳赋也，加以火耗，加以钱价，加以库平，一两之税，非五六两不能完，务使其鬻妻典子而后已”。所以邹容在《革命军》中悲愤地说：“若皇仁之谓，则是盗贼之用心杀人而曰救人也。”[④] 政府是这样，作为封建统治的阶级基础的地主豪绅，自然也上行下效，一齐向灾民们伸出罪恶之手。“岁五六月之间，民则有饥患，勿问前年之丰凶。前年丰，富人虑谷无良贾，乃写输于他需谷之地，所余于仓者少，至夏秋之交亦必腾贵。先岁凶，乃闭其仓廪以待贾，未中程，弗雠也。饥亟而祈勿死，则听富人所索，或萃而劫之，牵联入于刑者，又踵相逮也。”[⑤]

上文提到的 1909 年甘肃大旱灾发生时，曾经是同盟会员和南社发起人的高旭写了《甘肃大旱灾感赋》，其中一首差不多可以看作是资产阶级革命派在灾荒问题上所做的政治讨伐的艺术概括：“天既灾于前，官复厄于后。贪官与污吏，无地而蔑有。歌舞太平年，粉饰相沿久。匿灾梗不报，谬冀功不朽。一人果肥矣，其奈万家瘦！官心狠豺狼，民命贱鸡狗。屠之复戮之，逆来须顺受。况当赈灾日，更复上下手。中饱贮私囊，居功辞其咎。甲则累累印，乙则若若绶。

---

① 参见观鲁：《山东省讨满洲檄》，见《辛亥革命》（二），346 页。

② 《近代中国灾荒纪年》，序言。

③ 《辛亥革命前十年间时论选集》，第 3 卷，422 页。

④ 《辛亥革命》（一），341 页。

⑤ 《辛亥革命前十年间时论选集》，第 2 卷（下册），789 页。

四看饿殍余，百不存八九。彼独何肺肝，亦曾一念否？”[①]

在天灾人祸交相煎迫之下，老百姓要想生存下去，确实除了铤而走险之外，是别无出路的了。但这立即就会被封建统治者目为“盗贼”“乱民”“匪类”而大张挞伐：“皖北有灾，槁项黄馘者背相望，海上有疫，前仆后僵者踵相接……其或民不聊生，起为图存之计，则又目之为乱民，为匪徒，召兵遣将，流血成渠。”[②] “耕种则雨水不均，无利器以补救之，水旱交乘，则饿殍盈野。强有力者，铤而走险，以夺衣食于素丰之家，而政府目之为寇盗，捕而刑之，或处之于死。”[③] 灾民们还是俎上之肉，任人宰割屠戮而已。

资产阶级革命派仅仅在灾荒问题上对封建统治所做的揭露，也已经足以让人们逻辑地得出结论：像这样腐朽而又暴虐的反动政权，除了坚决推翻它之外，难道还能有任何别的选择吗？

沿江沿海各省大水灾与辛亥革命的发生、发展

1911 年（宣统三年），又发生了面积更大、灾情更重的大水灾，灾区几乎包括了沿江、沿海的所有主要省份。以武昌起义为肇端的辛亥革命运动，就是在这样的背景下爆发并迅速席卷全国的。

武昌起义之前，中外政界人士就对当年的严重灾荒及其可能产生的政治后果给予了极大的关注。5 月下旬，张謇代表沪、津、汉、穗四处总商会，赴京办事，受到摄政王载沣的接见。当载沣征询张謇对于时局的意见时，张謇谈了“内政三大要事”，头一条就是“外省灾患迭见，民生困苦”。9 月 12 日，莫理循在一封信里写道：“中国长江流域各省的前景非常黯淡。……人民将会成千上万地死去，难民营里出现霍乱和斑疹伤寒。一位知名的中国人昨天对我说，前

① 《辛亥革命诗词选》，215 页。

② 《对于政府之民心》，见《辛亥革命前十年间时论选集》，第 3 卷，828 页。

③ 民：《金钱》，见《辛亥革命前十年间时论选集》，第 2 卷（下册），991 页。

景从来没有这样糟糕，因为中国从来没有受到这样大的水灾和饥馑的威胁。”① 待到四川保路运动起来之后，一些封建官僚更是惊恐万状，生怕在灾荒遍地的情况下，形成一发而不可收拾之势。——他们的话简直成了后来事态发展的颇为准确的预言。如御史陈善同在武昌起义前一个月上奏说：“现在湘粤争路余波尚未大熄，而雨水为灾几近十省，盗匪成群，流亡遍野，若川省小有风鹤之警，恐由滇藏以至沿江沿海，必有起而应之者，其为患又岂止于路不能收而已。”② 御史麦秩严在武昌起义前约半个月上折称：“方今时事日棘，灾祲迭臻，岁饥民流，盗贼四起，中原大势岌岌可虞。”③

那么，封建统治者为之谈虎色变的辛亥年大水灾，具体情况究竟如何呢?

从长江上游往下数，首先是湖北，于 6、7 月间风狂雨骤，襄水陡涨二丈余，一下子将去年坍溃后费时近半年才新筑成的大堤冲决 130 余丈，“人皆措手不及，逃走溺毙者不可数计”④。附近州县“一片汪洋，数里不见烟火，灾民有生食野兽之肉者，有握泥果腹致毙者，有挖树皮草根以济急者，惨状令人不忍目睹”。武汉三镇濒临江湾住户，因被淹纷纷迁避。所有武昌临江的一些工厂，汉阳的兵工厂、铁厂、炮船厂，以及汉口的租界等，“一切低洼之所，均有其鱼之叹”，“水势浩大，茫茫无际，登高一望，四围皆成泽国”。湖南自春至夏，雨多晴少，夏末又暴雨连朝，造成湖江水势骤涨，水淹长沙、常德、岳州等府属地方，“灾区之广，为从来所未有”；受灾地区，“最低处水深丈余，较高处水亦六七尺不等”，不但禾稼“悉数付诸泽国”，而且或房倒屋塌，或人畜漂没，损失惨重。“当仓卒水至之时，居民或缘登屋顶，或升附树巅，四野呼号，惨难尽述。”由于湘鄂洪水暴涨，使“沿江之水陡长至一丈数尺之高”，江西浔阳、九江一带濒临长江，周围“淹没田禾甚多”；加之入夏后连日淫雨，

---

① 《清末民初政情内幕》，上册，752 页。

② 《辛亥革命》(四)，469 页。

③ 《辛亥革命》(七)，269 页。

④ 《大公报》，1911-06-30。也见《近代中国灾荒纪年》，792 页。文中有关灾荒情况之原始资料，均转引自该书，不再一一注明。

南昌、鄱阳等地平地水深数尺，“街道上皆可乘船”，余干县境“水涨至二丈有奇”；抚州、瑞州等地，“低洼之田禾既被浸去十之五六，即高原处亦受损不少”。安徽因上年已是大祲之年，所以春荒即极其严重，仅宿州一地，春间即有灾民 27 万余口。入夏后，又“大雨时行，江潮暴发，皖省滨江沿河各属，灾情奇重”。“当涂等五州县，周围六七百里，皆成巨河，村镇倾圮，庐舍漂荡”。尤以长江之滨的无为州，“灾尤惨酷，露饿待毙无算”，“上下九连各圩一片汪洋，高及树巅，村落庐舍全归巨浸”。皖南各州县“淹没田禾，十失其九”；皖北涡、蒙、灵、宿等县，也被灾极重，往往数十里炊烟断绝。而且灾情持续甚久，直至 8 月底，还发生了一场暴风雨，使铜陵、庐州、宿松等 10 余州县冲塌圩地不少，“约计淹田不下百七十余万亩”。位于长江末梢的江苏省，灾情与安徽不相上下，同样是一方面江湖涌涨，一方面暴雨不绝，使全省各地洪水泛滥。南京城内高处水深没胫，洼处过腹及胸，“行人绝迹，商店闭门停市，萧条景象，目不忍睹，间有小舟来往装运行人以达干土”。张廷骧《不远复斋见闻杂志》描画了一幅惨绝人寰的图景：“宣统三年春，江苏淮海及安徽凤颍等属，因屡被水灾，闾阎困苦，惨不忍闻。……自去秋至今，饥毙人数多时每日至五六千人；自秋徂春至二月底，江皖二十余州县灾民三百万人，已饿死者约七八十万人，奄奄待毙者约四五十万人。……饥民至饥不能忍之际，酿成吃人肉之惨剧……寻觅倒卧路旁将死未气绝之人，拉至土坑内，刮其臂腿臀肉，上架泥锅，窃棺板为柴，杂以砻糠，群聚大嚼，日以为常。”

从江苏往南，浙江的杭、嘉、湖、绍四府被淹成灾，“早禾既受摧残，晚苗又被淹没”，“家屋人畜，漂失无算”；杭州城内“平地水深没踝”。福建也有部分地区发生“冲决堤岸，淤塞河道，坍塌房屋，淹毙人口”之事，尤其是省城福州，“城内外积水四五尺不等，衙署营房民舍，倒塌无数，并有压毙人口情事”。广东的灾区主要集中在潮州府属地方，那里因连降大雨，江流陡涨，“淹没田亩无算”，“淹毙人口不可胜数”。

从江苏往北，山东在春季即雨雪纷飞，经月不息。入夏后，又大雨成灾，济南及东西路各州县，均遭水淹；胶州、高密、即墨一带，“房屋尽倾，溺毙人畜无算”；峄县“河水漫溢，以致沿河秋稼，尽数淹没。延袤数十里，远近数十庄，人民庐舍漂荡无存，一片汪洋，几如海中小岛，居民风餐露宿，困苦异常”。直隶则是先旱后涝，起初“雨泽愆期”，后又“阴雨连绵，河水涨发，以致滨临各河洼地禾稼，均多被水”；此外，还有一些地方有雹、虫灾害。奉天新民府等属亦罹大水，由于柳河洪峰突发，堤口溃决，河水冲灌新民府城，居民猝不及防，“顷刻人声鼎沸，屋巅树梢相继猱升呼号待救”；“城乡周围四十余里全被水淹，计被淹地亩一万七千余亩，沉没官民房屋七千七百余间，商号存粮均被淹浸，粮价飞涨，人心惶惧”。吉林省在夏秋之际，不仅雨水过多，且兼遭雹灾。黑龙江省于6月末及9月间两次连续降雨，使嫩江、松花江、坤河等水势暴涨，各处泛滥成灾，“嫩江府、西布特哈、龙江府、大赉厅、肇州厅、甘井子、杜旗等处，沿江民房田禾均被淹没，为灾甚巨”。这一年，东北三省还发生鼠疫流行，死亡人数约五六万人。

不言而喻，这是一个任何从事历史活动的政治派别不能不认真对待的特殊而严峻的社会环境。

有记载说，武昌起义前夕，武汉的革命党人曾开会研究在四川保路运动蓬勃发展的情况下，应不应该立即举行武装起义。会上有“缓期”与“急进”两种主张，最后后一种主张被接受，其中很重要一条理由就是“近数年来，灾异迭见，民不聊生”，“天时”对革命显然有利。① 这说明了严重灾荒的存在，对革命党人的战略决策产生了何等重大的影响。

但是，人们也许会发现一个多少有点令人感到奇怪的现象：在各省“独立”或曰“光复”的过程中，几乎很少看到灾民、饥民直接参加运动的历史记录。其实，这并不难理解。这是同辛亥革命的下述特点相联系的：除了极少数地区以外，绝大多数省份，新旧政权的交替更迭并没有经过较长时期的两军对垒的武装冲突。也就是

---

① 参见佚名：《戈承元革命历史》，见《武昌起义档案资料选编》，中卷，199页。

说，还没有来得及等到社会上大量存在的灾民、饥民涌入革命队伍，旧政权就已经纷纷垮台，辛亥革命表面上成功了。

但这决不是意味着辛亥革命的迅速发展，同灾荒没有重大的关系。只要看一看武昌起义后封建统治者的一些议论，就可以清楚，革命所以能在如此短的时期里像燎原烈火燃遍全国，灾荒的普遍存在是一个十分强有力的因素。武昌起义六天之后，热河都统溥颋、山东巡抚孙宝琦、江苏巡抚程德全在一个奏疏中说："窃自川乱未平，鄂难继作，将士携贰，官吏逃亡，鹤唳风声，警闻四播……而民之讹言，日甚一日，或谓某处兵变，或谓某处匪作，其故由于沿江枭盗本多，加之本年水灾，横连数省，失所之民，穷而思乱，止无可止，防不胜防，沸羹之势将成，曲突之谋已晚。"① 次日，大学堂总监督刘廷琛也上奏说："今年各省大水，饥民遍地，在在堪虞。革党踞长江之上游，托救民之义举，设使闻风响应，大局立有溃烂之忧。"② 又过了三天，御史陈善同奏称："本年雨水为灾，共十余省，而以湘鄂苏皖浙为最甚。各该处流亡遍野，抢掠时闻。……（革党）势必裹胁饥民，号召群凶，横决四出，为患方长。现虽被灾各处亦多妥筹赈恤，而涓滴之泉，沾润无几，乱源所伏，不可不先事防维。"③ 武昌起义半个月后，翰林院侍讲程棫林在奏折中说："重以天灾流行，处处饥馑，此即无所煽诱，固将群起为盗。况革党又为之倡乎！不速作转计，鹿铤鱼烂，即在目前。"④ 这些奏疏，合乎实际地反映了普遍的灾荒怎样为革命的发展提供了条件。

甚至，灾荒还影响到帝国主义对辛亥革命运动的态度。武昌起义后第六天，英国驻华公使朱尔典在给英国外交大臣格雷的电报中，表示了对清朝政府的失望，认为"满清王朝所面临的前景是黯淡的。它在本国人民中间，很不得人心"。为了加强论据，他特别强调了当

① 这个奏折实际上是由张謇起草的，见《辛亥革命》（四），48 页。

② 《辛亥革命》（五），418 页。

③ 同上书，438 页。

④ 同上书，461 页。

年遍及全国大多数省份的大水灾："谷物歉收威胁到大半个帝国，扬子江流域到处充满了无家可归和嗷嗷待哺的人群。"① 稍后，日本驻华盛顿代办在致美国国务卿的一个照会中，认为"清廷之无能，已无可讳言"，很难"恢复威权"；另一方面，"革党亦派别纷歧，显无真正领袖"，"加之本年洪水为灾，饥民溃兵，交相为乱。在此情况下，革党绝少维持占领区域治安之望"②。因此，主张对双方暂取观望态度，这显然是帝国主义在一段时期中采取"中立"姿态的依据之一。

革命派短暂掌握政权时期的灾荒对策

1912 年 1 月 1 日，中华民国临时政府成立，孙中山就任临时大总统。在一个十分短暂的时间里，革命派曾一度成为中央和一些省份的主要执政者。于是，情况发生了戏剧性的变化，本来为革命发展提供了机会和条件的严重灾荒，一下子成为摆在执政的革命党人面前的一个必须解决的紧迫问题。

由于新旧政治势力斗争的尖锐复杂，由于革命形势的捉摸不定，更由于反动势力的反扑，使革命派掌握政权的时间瞬息即逝，革命派几乎没有可能利用政权来施展他们的政治抱负。即使如此，也仍然可以从他们的一些举措中窥见其灾荒对策的大致轮廓。

1912 年 3 月初，孙中山连续在几个有关赈济安徽、江苏灾荒的文件上做了批示。当时，安徽都督孙毓筠报告说：安徽灾情严重，要求临时政府拨款以救燃眉之急；财政总长陈锦涛也具呈称该省"灾情万急，如十日内无大宗赈款，恐灾民坐毙日以千数"。江北都督蒋雁行则连续急电，疾呼"现在清淮一带，饥民麇集，饿尸载道"，"当此野无青草之时，实有朝不保夕之势；睹死亡之枕藉，诚疾首而痛心"，并称："半月内无大宗赈款来浦接济，则饥民死者将

① 《英国蓝皮书有关辛亥革命资料选译》，上册，37 页，北京，中华书局，1984。

② 《辛亥革命》（八），489 页。

过半。”孙中山一面令财政部在经费万分拮据的情况下“即行拨款救济”，一方面同意向四国银行团借款160万两，用于赈救皖灾，要求参议院“克日复议，以便施行”，并强调“事关民命，幸勿迟误”。孙中山此举与袁世凯的态度恰好形成鲜明的对比。当已经确定由袁世凯接任总统、孙中山即将下野的时候，皖督也给袁世凯发了一份要求赈灾的电报，袁接电后，给孙中山回电：“此时外款尚未借定，京库支绌万分。当俟筹定，再行电闻。如尊处暂能设法，尚希卓裁办理。”① 充分反映了这个老奸巨猾的官僚对于人民疾苦令人愤慨的冷漠。

在卸任临时大总统的前三天，孙中山专门发布了《命各省都督酌放急赈令》，指出：“矧当连年水旱之余，益切满目疮痍之感。……本总统每一念及我同胞流离颠沛之惨象，未偿不为之疾首痛心寝食俱废也。兹者大局已定，抚慰宜先。为此电令贵都督等，从速设法劝办赈捐，仍一面酌筹的款，先放急赈，以济灾黎而谋善后。”② 这个命令反映了资产阶级革命派与人民疾苦息息相关的高尚情操。

在临时政府时期，南京还出现过一个名为“救灾义勇军”的组织。这个组织以孙中山为“义勇军正长”，陆军总长黄兴为“副长”。组织的缘起，是因为“江皖两省……连年水患频仍，偏灾时遇。迨至去秋，淫雨连绵，江湖暴发，簰江大岸，冲决无算。上自皖南各府，下逮镇扬苏常，袤延千余里，淹没百余处，汪洋一片，遍地哀鸿”，为了动员军队参加“修筑千里长堤”工程，由军人自愿报名参加而成的。组织“救灾义勇军”的启事和章程，刊登在《南京临时政府公报》第40号，显然事先得到了孙中山的赞同和支持。

即使在戎马倥偬、局势动荡的情况下，有些掌握了地方军政大权的革命党人，也仍然采取积极的措施，从事兴修水利的工作。如江西都督李烈钧，就职后不久即召集各方人士“讨论治赣办法”，其中决定的一条就是为了解决南昌、新建二县“每年必苦水患”的问题，在“辛亥光复，库帑动用一空”的情况下，想方设法“拨款四

---

① 《近代史资料》，1961（1），328页。

② 《孙中山全集》，第2卷，289页。

十万元修筑圩堤”。据称，“堤工数月而成，嗣后两县人民乃不为水灾所苦”[①]——这个说法也许不无溢美之处，但如果考虑到当时面临的复杂局面，那么，决定拨款筑堤就已值得称道了。又如担任“安、襄、郧、荆招讨使”的季雨霖，在行军途中见“沿河一带地方，汪洋浩瀚，纵横无际，田园村落，漂为泽国，颓檐破壁中，寂无人烟”，便在占领荆州之后，兴筑沙洋堤工。据材料说，这段堤工关系到湖北的荆门、江陵、潜江、沔阳、监利五县人民的生命财产，清政府曾“耗款百万，讫无成功。受害各处，田庐尽没，饥民遍野，老幼委填，盗贼充斥”[②]。季雨霖等一面向沙市、沙洋两地商会借银20万两，一面向湖北军政府申请拨款8万两，另外还发行“堤工公债”20万元，通过以工代赈的办法，招募民夫，动工兴筑，被称为“民国第一次大工程”。虽然对季雨霖的一些作为，有不同的评价，但即使对他稍有微词的人，也不抹杀他在这件事情上的功劳。此外，根据灾民周耀汉等的呈请而修筑的樊口堤工，修成后改善了武昌、黄冈等六县的抗灾条件，改变了这一带过去“无岁不水，无水不灾，无灾不重”的悲惨状况，也是值得一提的。

正像在其他问题上不免存在着这样那样的失误一样，资产阶级革命派在灾荒问题上，也并非一切处置都是完美无缺的。他们的最大一个失误，是似乎已经忘记了革命前对清政府把无衣无食的饥民“目之为乱民，为匪徒”的抨击，有些地方对灾民采取了戒备和防范的态度，有时竟视之为建立正常秩序的一种障碍。武昌起义后，以“中华民国军政府”名义发布的一个《通告城镇乡自治职员电》中说：“唯念东南各省，迭遭水旱之灾。吾同胞流离颠沛，犹未能自复其生机。若义旗一举，则饥寒无告之民，必有乘机窃发，一施其抢劫之技者。而本军政府当军事旁午之际，势不能并谋兼顾，为吾乡僻同胞尽完全保护之责。”因此，他们要求“各城镇乡自治团体，速筹自保之计，赶办团练，守卫乡里”[③]。类似的文告在其他省份也有

---

① 《李烈钧自传》，见《辛亥革命》（六），393页。

② 高仲和：《北征纪略》，见《武昌起义档案资料选编》，上卷，154页。

③ 《辛亥革命》（五），140页。

出现。很显然，其矛头所向，是针对“流离颠沛”的“饥寒无告之民”的。在这样一种思想指导下，无怪乎有些地方会发生由革命党人掌握的新政权的武装去镇压饥民“闹事”的事件了。如江苏无锡，军政分府都督秦毓鎏曾两次派军队镇压“民变”。一次是由于常熟王庄的富室须氏，不顾“岁歉”，硬要逼租，佃农们在孙二的率领下，“聚毁其家”，并“竖旗”起事；另一次是本县新安乡的“巨室张氏”，平时收租就很苛刻，“民怨已久”，恰逢这一年“岁已歉，张氏犹不肯少贷，索益急”，甚至把还不起租的佃户“锢诸室，鞭诸”，引起群众激愤，数百人不期而集，“哄闹张氏家”，将其室付之一炬。秦毓鎏派出军队，在前一事件中抓走20余人，后一事件中竟枪杀37名群众（包括一名妇女），终于引起了人们的“诟厉”与不满。出现这一类政治性的错误，不能不说是同资产阶级革命派只是同情群众，却并不懂得组织群众与依靠群众的根本弱点有着本质的联系。

坚持和发扬我校的革命传统和优良校风*

——庆祝中国人民大学建校55周年

在热烈欢庆中国人民大学55周年校庆的时候，再一次强调坚持和发扬我校的革命传统和优良校风的问题，我以为是很有必要，也很有意义的。

我校有着光荣的革命传统，形成了优良的校风。这个传统、这个校风，不是一朝一夕突然出现的，也不是仅仅靠哪一个人登高一呼就一蹴而就的。它是在半个多世纪的办学实践中，由所有曾经在从陕北公学直到中国人民大学工作和学习过的师生员工共同努力创造出来的。其主要内容是：

——理论联系实际的作风。我们学校是研究、学习、宣传、传播马克思列宁主义和毛泽东思想的，但我们从来不是把马克思主义的理论当成死的教条。半个多世纪以来，我们所以在研究和宣传马克思主义理论上做出了一点成绩，根本原因就是我们坚持了理论和实际统一的原则，摒弃了理论和实际分离的错误方针。我们力图使马克思主义理论和中国革命的实际运动结合起来，引导人们为着解决中国革命的理论问题和策略问题而去从马克思主义中找立场、找观点、找方法，以马克思主义之矢，射中国革命之的。当前，在建设有中国特色的社会主义的伟大革命实践中，新情况、新问题、新经验层出不穷，这就更加要求我们应牢牢把握马克思主义的基本原理，更好地对周围环境和社会生活做系统的、周密的调查和研究，以便对丰富的现实生活做出新的理论概括和科学说明。

——实事求是的作风。实事求是是我们党的根本思想路线。毛

---

* 见《高等教育研究论集》，第3辑，北京，中国人民大学出版社，1992。

泽东同志曾经对“实事求是”这个古老成语做过生动深刻的解释，从而赋予了它以崭新的含义：“实事”就是客观存在着的一切事物，“是”就是客观事物的内部联系，即规律性，“求”就是我们去研究。从实际情况出发，通过认真的分析研究，从其中引出其固有的而不是臆造的规律性，即找出周围事物的内部联系，作为我们行动的向导。可以说，几十年来我们学校取得的一切成就、一切发展，无不是遵循这条思想路线的结果。我们在工作中也有过失误、受过挫折，究其原因，从根本上说来，也总是由于背离了实事求是这个科学态度而造成的。强调实事求是，还要求我们一切从实际出发，办实事、讲实效，力戒形式主义。

——勇于开拓的作风。回顾我们学校走过的半个多世纪的战斗历程，有一个特点是非常鲜明的，那就是一切服从于革命的需要、人民的需要，一切适应形势的发展、时代潮流的发展。抗日战争时期，革命的需要和时代的要求，是打倒日本帝国主义。当时，学校的一切工作，从教学内容到教学方法、教学形式，都围绕着培养抗日的军政人才这个根本目的。解放战争时期，革命的需要和时代的要求，是打倒国民党反动派，建立新中国。于是，学校的一切工作，又适时地转到培养能完成这一伟大历史任务的人才上来。中华人民共和国成立后，进行社会主义建设又成为革命的首要任务。根据中央的决定，以培养经济建设人才为主要任务的中国人民大学也就正式诞生。特别是到了今天，为了尽快实现社会主义的四个现代化，我们必须尽最大努力，培养高质量的社会主义事业的建设者和接班人。每一次形势的发展、任务的转换，都需要我们以开拓的精神进行新的创造和新的探索。任何墨守成规、故步自封的态度，都是不行的。今后，形势发展愈来愈快，我们也就更需要发扬这种开拓创新的精神。

——民主团结的作风。中国人民大学有民主办学的好传统，全校师生员工也有团结奋斗的好作风。办好一个学校，不依靠广大教工的积极性，不依靠广大学生的积极性，是不行的。吸引更多的人关心学校的工作，调动大家参与学校工作的积极性，是办好学校的重要保证。特别是对于担负领导责任的同志来说，广开言路，自觉地多征求和听取群众的意见，包括一些批评得很尖锐的意见，十分注意决策的民主化和科学化，是少出差错、少犯错误、尽量使工作做得好一点的不二法门。学校工作有几条战线，因而也就形成了几支队伍。一定要提倡相互理解、相互体谅、相互支持、相互关心。工作性质和工作岗位可以有不同，但我们的目标只有一个，那就是办好中国人民大学，为党和国家培养更多、更好的建设社会主义的优秀人才。

——艰苦奋斗的作风。半个多世纪以来，我们学校就是从艰苦奋斗中走过来的。现在应该说，办学条件比过去已经好了不知多少倍，但不少方面仍不尽如人意。就物质条件来说，许多地方困难还很多，我们仍然要以艰苦奋斗的精神来办社会主义教育。即使将来国家更加富强了，客观条件得到进一步改善，艰苦奋斗的精神也仍然不能丢。目前，我们一方面存在着经费不足等很多困难，另一方面在工作中有时也存在着大手大脚、随意浪费的毛病，这同我们学校的优良传统是不相容的，应该注意克服。

上面提到的这些革命传统和优良校风，在过去，曾是办好中国人民大学的巨大精神力量；在今后，也仍然是用来团结、凝聚全校师生员工的强大思想武器。一句话，这些正是我们学校的传家宝。我们只有在先辈创造的基础上发扬光大的义务，而没有任何忽视乃至丢弃的权利。我们相信，中国人民大学一定会在这些好的传统和作风的推动下越办越好，不断取得新的成就。

晚清历史的屈辱记录*

——“中国近代不平等条约书系”前言

迄今为止，辑录中华人民共和国成立以前我国与世界各国订立的各种条约、协定之类最为详备的，还得推王铁崖先生所编的三大册《中外旧约章汇编》。列入该书目录的，共计1 182件，其中除最初7件订于17—18世纪外，其余均为1840年鸦片战争以后所订立。这些约章的情形自然有很大的差别，有的内容涉及国家的许多重要主权，有的则只是某个具体问题的细节规定；有的属两国政府之间正式签订的，有的则只是同某些外国企业、公司等订立的章程、合同、凭照。但不管怎样，综观这些历史资料，半殖民地半封建的旧中国在当时国际社会具有什么样的地位和处境，却是一目了然的。

对于中国近代历史上这些约章的性质，自然免不了也有人把它说成是“揭开了（西方）对华事务的新纪元”，标志着中国与欧洲“在平等的基础上建立法律、政治和经济关系的开端”一类的话①，但毕竟只是极少数的例外，一般来说，包括持有各种不同政治态度的人们，大都肯定这些条约是不平等的，“因为这些条约不是以平等国家之间的谈判为基础的，所以说它们是不平等条约”②。

帝国主义强迫中国订立的不平等条约，曾经给予我国近代历史以何种影响，我们打算先引用一位业已作古的中国人和一位现在仍

---

* 载《清史研究》，1992年第3期。

① 参见菲利浦·约瑟夫：《列强对华外交》，3页，胡滨译，北京，商务印书馆，1959。

② 这类议论可以说俯拾即是。这里引用的是伯斯：《远东—东亚近代及现代国际关系史》中的话。

然健在的美国人的话，来为我们进一步思考提供一点参考的素材。

漆树芬在1926年出版的《经济侵略下之中国》（一名《帝国主义铁蹄下之中国》）一书中曾这样写："比年以来，帝国主义与军阀之狼狈为奸，加重我内乱，掠夺我金钱，屠戮我民命，已成不可掩之事实。而为彼等最便于勾结，最利于进攻之工具，犹当数一部不平等条约。""帝国主义根据不平等条约以达其压迫榨取之目的，军阀则靠此不平等条约以酿成此循环式之内乱，所以这一部不平等条约，实为我之酸心疾致命伤。""由是观之，弱我中国者，资本帝国主义也；致我于危亡者，由此产生之不平等条约也。资本帝国主义实为蚕食我之封豕长蛇；不平等条约实为束缚我之桎梏陷阱。"

准备引用的另一段话，出自一位至今仍活跃在政治舞台的美国政要前些年出版的一本书，其中写道："19世纪强加给中国的一系列条约、协定和治外法权条款，使人们清清楚楚地看到：不仅中国作为一个国家地位低下，而且中国人作为一个民族同样地位低下。这一衰败的现实同中国人的自我意识发生猛烈的冲突。中国人认为在过去，甚至就在不久以前，他们在文化上和政治上还都比那伙蛮横的侵略者们富有和强大得多。事实上，中国在经济和政治上发生大滑坡只是近代的事。""这些事实驳斥了西方流行的看法：中国是一个停滞和颓废的帝国，而更加生机勃勃和更富进取精神的欧洲人可以随时欺侮它。"

读者也许会问：为什么你特地要引用这么两位人物所说的这么两段话呢？

确实，这中间并非没有需要说一说的小小的原因。

前几年，有位先生在一本颇有点名气的刊物上发表文章，批评中华人民共和国成立后的中国近代史研究"在很大程度上仍停留在对异族侵略者的口诛笔伐的感情宣泄上，这就大大淡化了我们研究的理性色彩"。另一位先生则认为，中华人民共和国成立以来关于西方殖民主义侵略造成了东方普遍落后的谴责，是一种早就应该抛弃的传统观念，这种观念"使历史批判的天平倾斜了"，按他看来，殖民主义对东方历史“起了一种革命的作用”，“成为东方民族赶上现代文明的唯一的现实良机”。对于如此高深的理论，浅薄如我辈者自然难以领会，那么，我们暂且先回避一下如何？前面引用的两段话，虽然也颇有点对殖民主义“口诛笔伐”的味道，但就作者而言，前一位早在中华人民共和国成立之前即已谢世，而且那本著作前面还颇有几位国民党元老为之作序；后一位本身就隶籍西方，那本书又是以预言共产主义的“大失败”为其主旨的。无论如何，停留在“感情宣泄”而淡化了“理性色彩”，甚至导致批判的“天平倾斜”之类的训斥，是决然不会加到他们身上去的。

“感情”和“理性”的关系，本是史学理论中的一个老问题。历史研究应该客观，所谓客观，就是要尽量探求历史的真实，实事求是地按照历史的本来面目去描述历史，是不是一定要心如死灰、不带任何一点感情色彩，才能对历史进行客观的研究和理性的思考，恐怕也未必，因为不带任何感情这一点首先就难以做到。观察任何问题，也包括观察历史现象，总要有一个立足点和出发点，或者叫立场。不同的立场就会有不同的感情，谁也回避不了。譬如说吧，不满于甚至谴责“异族侵略者”的侵略行径，这自然是一种感情，但对殖民主义感恩戴德，认为它对被侵略国家的征服，不过是给这些国家带来了文明和进步的普遍福音，又何尝不是一种感情？这两种不同的感情宣泄，究竟哪一种更加接近历史的真实，这实在不是靠自我的标榜，而要经受历史实际的检验。

话扯得稍微远了点，现在再拉回来谈近代史上的不平等条约。

三个月前公布的《中国的人权状况》白皮书，有一段关于不平等条约的论述：

> 帝国主义强迫中国签订了110多个不平等条约，对中国的财富进行了大规模的疯狂的掠夺。据统计，近百年来，外国侵略者通过这些不平等条约掠去战争赔款和其他款项达白银1 000亿两。其中《南京条约》《马关条约》《辛丑条约》等8个不平等条约就勒索赔款19.53亿两白银，相当于清政府1901年收入的16倍，而日本通过《马关条约》勒索的赔款2.3亿两白银，

就相当于当时日本国家财政四年半的收入。

这里只是就不平等条约中对中国财富的掠夺一方面来说的。事实上，不平等条约作为一种“屈辱的绳索”，从各个方面把半殖民地半封建的旧中国捆绑得死死的，以便听凭殖民主义、帝国主义任意吸吮膏血、作践蹂躏。李育民同志在自己的论文中把不平等条约按内容归纳为如下六大类别：

（一）以租界制度和治外法权为主要内容的列强在华侨民管理制度；

（二）以协定关税、协定内地通过税、内河航行通商制度、陆路边境免减税制度、苦力贸易、自由设厂制度、路矿借款担保制度等为主要内容的列强在华经济特权制度；

（三）以海关行政外籍税务司制度和海关兼常关制度为主要内容的列强在华经济特权制度；

（四）以自由传教和控制中国文化教育为主要内容的列强在华文化特权制度；

（五）以对中国实行军事控制为主要内容的列强在华驻军制度；

（六）以在中国某一区域取得独占权益和领土主权为主要内容的列强在华划分势力范围和租借地制度。①

不言而喻，任何一个民族都不会心甘情愿地将这些理应拥有的主权拱手送给别人，任何一个侵略者也都不可能仅仅通过“友好交往”就把这些特权轻易攫取到手。事实上，在每一个较为重要的不平等条约订立之前，殖民主义、帝国主义都曾动用兵舰大炮，通过血与火的残暴手段，用野蛮军事侵略（当然必不可少的还要伴随着政治讹诈、经济施压之类的种种名堂）来达到他们的目的。正像第二次鸦片战争时任英国侵华军全权专使的额尔金在谈到《天津条约》时十分形象地说的那样，这些条约是“用手枪抵在咽喉上逼勒而成

---

①　见李育民同志于1990年8月提供给“近代中国与世界”国际学术讨论会的论文：《近代中国的“条约制度”论略》。

的”。因此，在每一个不平等条约的背后，几乎都蕴涵着一个对于中国人民来说是血泪斑斑的悲惨故事。

如果我们说，了解了中国近代历史上的不平等条约，也就在很大程度上了解了半殖民地半封建社会的基本特征，我想是不能算过分夸张的。

帝国主义列强通过一系列不平等条约，像蚊子吮血似的将坚船利炮的“尖刺”刺入近代中国的孱弱肌体，造成近代中国的“大出血”。这“血”流到了谁的身上，“失血”的中国人很清楚，吮血而肥者自然更明白。正是这损失惨重的“历史大出血”，才使得中华人民共和国的起步乃至今天的四化建设显得格外艰难。而某些依靠在一个多世纪中大量掠夺世界各国财富而发家的强国的统治者，却在那里一本正经地指责或嘲笑中国经济发展“缓慢”和落后的种种罪过，这难道是公平的吗?

历史无法割断。历史也就不应该忘却。

这也就是我们编辑这一套“中国近代不平等条约书系”的出发点。这一套书，打算选取在中国近代史上影响最大的若干不平等条约，以一个或几个内容相近的条约写一本书，生动而形象地将条约签订前后的有关历史情况介绍给读者。一共准备出十册，所有入选的条约全都签订于清朝末年，因此实际上也是晚清历史的一个屈辱的记录。每一册书既完整地反映一个独立的历史事件，全部出齐后又可对中国近代不平等条约的状况有一个总体的了解。

编辑这一套书的计划，最初是晓虎、仰东、孟超几位年轻人提出来的。他们希望我和继先同志也参与此事，并担负主编的责任。我略加思索，也就欣然从命了。这一方面是因为我同这几位青年分别有过愉快合作的经验，相互之间都比较了解；而更重要的是觉得，这确是一件值得花些力气的颇有意义的工作，作为一个历史工作者，理应把这看作自己分内的事。其意义，我想引用江泽民同志在《浩然正气》的“代前言”中的一段话来做说明：

> 现在，有不少的年轻人，对于我们国家和民族过去饱经忧患的历史，争取独立和解放的历史，不了解，不熟悉，甚至有

些年纪大的人也渐渐淡忘了。

这就给我们提出了一个任务，必须向人们，特别是青年人，加强国情教育，加强爱国主义、社会主义教育。我们希望这一套书能在这方面也起一点小小的作用。

近代中国“孝”的观念的变化*

在中国传统文化里，“孝”的观念占据着一个特别重要的位置。有的学者甚至认为，“中国文化在某一意义上可谓为孝的文化”。这种说法是否十分准确，大家是否都表赞同，可做别论，但“孝”的观念的重要性，是毋庸置疑的。

几千年来，直至历史刚刚跨入近代的时候，孝还是神圣不可侵犯的。不孝被社会普遍地认为是“禽兽行”，哪怕最大胆的思想家也不大敢对“孝”提出怀疑和非难。但曾几何时，到近代社会的后期，一些改革家和思想家就大声疾呼，公开宣布封建孝道“其流毒诚不减于洪水猛兽”；关于孝的说教乃是“以不情为伦纪，诬蔑了古人，教坏了后人”；孝的道德则不过是“一味收拾幼者弱者的方法”而已。① 这样一种社会观念上的巨大变化是怎样发生的？经历了什么样的演进轨迹？这不能不引起我们探究的兴趣。

从笃信到怀疑

在漫长的中国封建社会里，似乎还没有哪一种社会观念能像孝的观念那样，对人们的行为和心理具有如此牢固、持久和广泛的支配力、威慑力、约束力、感染力。它不仅从未被王朝的更迭所湮没，而且始终作为上至帝王将相、下至布衣平民的社会各个阶级和阶层

---

* 见《中华文化的过去、现在和未来——中华书局成立80周年纪念论文集》，北京，中华书局，1992。署名：李文海、刘仰东。

① 前一句是吴虞的话，见《吴虞集》，62页。后两句是鲁迅的话，分别见《我们现在怎样做父亲》和《二十四孝图》。

共同竭力尊崇奉行的准则。孝与不孝，这是绝对头等的大是大非问题。

还是在《孝经》大为流传的汉朝以前，就有某些儒家经典把孝观念推崇到一个相当特殊的地步。《论语》认为："君子务本，本立而道生。孝弟也者，其为仁之本与。"《礼记》则将人的一言一行都纳入孝的伦理规范之中："居处不庄非孝也，事君不忠非孝也，莅官不敬非孝也，朋友不信非孝也，战陈无勇非孝也。"孝成了道德和正义的象征。后来，被传诵两千多年的《孝经》，则是一部地地道道的充满说教气息的孝道教科书，其中充斥了这样许多格言箴训，像"夫孝，德之本也，教之由所生也"，"夫孝，天之经也，地之义也，民之行也"，"五刑之属三千，而罪莫大于不孝"，等等。《孝经》问世后，得到过包括唐玄宗李隆基和清世宗爱新觉罗·胤禛在内的从帝王到学人的一再注疏，被推为"百行之宗，五教之要"①。类似的说教流传得如此广泛而普遍，以至一位外国学者也注意到："先哲的言论中论孝的话比比皆是。"他又说："在严格遵奉古圣贤的训示方面，中国是最好的国家。"②

同道德世界的殷殷说教相呼应，在任何一个封建朝代，孝观念都能从法律上得到保障，也就是说，不孝之徒是被封建王朝列入严厉膺惩的目标的。五代时，有的政权规定："母告子不孝，欲杀者允之。"③ 有的政权则列不孝为十恶之内。唐代的法律给不孝划定具体范围："谓告言诅詈祖父母、父母；及祖父母、父母在，别籍异财；若供养有阙；居父母丧，身自嫁娶，若作乐，释服从吉；闻祖父母、父母丧，匿不举哀；诈称祖父母、父母死。"④ 事实上，就是在唐代，一些地方政权在断理违孝的案子时更加严厉。河南某地曾发生一桩案情：有寡妇仅以"子无赖，不顺母"为由，执意要处死自己的儿子，经手的父母官河南尹李杰虽然找不到更多的不孝罪状，仍

---

① 《孝经注疏序》。

② 《中国民族性》，1页。

③ 《宋书》，卷64。

④ 转引自《中国古代婚姻与家庭》，188页。

然依照寡妇的意愿，将其子判受极刑。[1] 到了清代，法律保护孝的观念的情势并没有任何改观。《刑部说帖》载有这样的规定：“子孙一有触犯，经祖父母、父母呈送者，如恳求发遣，即应照实际之例拟笔，如不欲发遣，止应照违犯之律拟杖。”[2] 法律还规定，“父母控子，即照所控办理，不必审讯”[3]。法律的庄严之处，本该在于它的明辨和公允，从上面的案例和法规中，我们不难看出，孝与不孝实际上成为法律的准绳，它已经完全凌驾于事端的是非曲直之上。法律既然绝对维护孝的尊严，那么，父母便可以永远站在真理一边。无论孰是孰非，拿来一顶不孝的帽子，子孙们就要负大逆不道的恶名，甚至可以受到杀身之祸。

于是，在法律的维护和道德的训导下，孝的伦理观逐渐牢固地根植于人们的内心世界，成为有类于狂热的民间宗教信仰的神圣信条。西方学者库克认为：“中国人的道德中只有一个最发达，就是由义务和情操发展而出现的一种道德，甚至是宗教的孝。”[4] 孝子便是社会楷模，他们的故事，往往要被张扬传诵达几个朝代。元朝人郭居敬编出《二十四孝》一书，标立二十四位严奉孝道的榜样，从身披黄袍的天子到衣衫褴褛的贫民，从谈经论道的贤哲到砍柴耘地的村夫，都不分男女长幼贵贱，成为人们学习的榜样。当中，无论埋儿休妻，卧冰尝粪，不惜自己的尊严、地位、身份乃至生命来尽孝道的种种方式，都明显地体现着一种超出人情的虔诚。《清史稿》为两百多位孝子立传，标准为“事亲存没能尽礼；或遭家庭之变，能不失其正；或遇寇难，值水火，能全其亲”[5]。我们只需简单回顾一下，那些在孝的观念导演下所发生的婚姻悲剧、政治悲剧、生活悲剧轮番上演在两千年封建社会的大舞台上，委实是太多了。值得注意的是，这些悲剧故事不仅从未使社会引以为戒，反而成为人们追求的理想归宿。也就是说，孝的观念在封建社会完全具有某种意义

---

① 参见《朝野佥载》，卷上。

② 《刑案汇览》。

③ 《清律例》，卷28。

④ 《中国民族性》。

⑤ 《清史稿》，卷45。

上的宗教魅力，成为人们追求和献身的崇高目标了。

本来，孝这样一个简单的伦理概念，它的全部意义不外乎“敬爱父母，返思祖先”之意。郭居敬介绍给我们的24位孝子，尽管他们当中的某些人的行为悖情背理，但客观地说，这24种孝式，也还未曾离开敬爱父祖的宗旨。然而，问题的复杂性，还在于在封建时代，孝的伦理观念还不断被赋予别有目的的新内容。一方面，代表统治阶级利益的儒家经典往往以权威的口气一再拓宽孝的道德范围，《礼记》把一个孝字带到战场和官场上，也带到人们的日常生活、朋友交往和对皇帝的态度中，使人们的任何举动都处在孝的观念的监护和左右之下，《孝经》则认为孝“始于事亲，中于事君，终于立身”。它并且具体地为帝王、士大夫、百姓等不同阶层的人们各自规范了孝的准则，孝观念实际上逐渐演变为对封建政权的政治态度，任何不遵从封建统治秩序的思想和行为都归入不孝，视为大逆不道，要受到严酷的制裁！另一方面，统治者操纵法律，无论是非曲直，严惩任何抗拒和违反父母意志的行为，这与其说是维护孝道，不如说是背离了孝的最初宗旨。《孝经》就注意过这种现象，明确提出：“故当不义，则子不可以不争于父”“从父之令，又焉得为孝乎！”然而，这个已经被儒家经典说得很清楚的意思后来从未出现在任何统治集团自诩公正的典章律令中，相反，强调父母对子女的绝对权威，倒使《孝经》中这一点合乎情理的意思被湮没殆尽，“一家之父是中国人唯一的神”①，家族制度的陈规、陋习、弊端，却全在一个孝字的遮掩下，泛滥肆虐。结果，却使无数中华儿女的才干和灵性牺牲在家族权威的压抑之中。直到历史进入近代之后，才出现了改变这种情况的某些端倪。

不过，在鸦片战争及其稍后的一段时间里，我们暂时还听不到变革孝的观念的哪怕是十分微弱的呼声。极少数有抱负的中国知识分子备感国势衰飒的辛酸，他们确实已经有了变革社会观念的朦胧意识。看到了鸦片战争结局的魏源就大胆地料定：“天有志物，人有

---

① 《中国民族性》，10页。

志物，文有志物。”他进而又说：“三代以上，天皆不同今日之天，地皆不同今日之地，人皆不同今日之人，物皆不同今日之物。……岂独封建之于郡县，井田之于阡陌哉？……是以忠、质、文异尚，子、丑、寅异违，五常不袭礼，三王不沿乐。”① 另一位思想家龚自珍也注意到从历代史书及当朝掌故中发现：“自古及今，法无不改，势无不积，事例无不变迁，风气无不移易。”② 然而，这种变革念头还仅仅停留在感叹国运不济、积弊过重的基础上，反映出某种忧患意识。由于缺乏更进步的思想意识的指导，魏源和龚自珍这种可贵的变革主张，也只是由“读史”而感发出来的一些笼统的议论，他们还没有看准封建社会的症结。魏源有“师夷长技”的高论，却没能再向前迈一步，去接受西方社会的进步思想观念，用于指导破除中国社会封建意识的变革实践。一个“夷”字，多少能反映一点他们本身思想观念中的因袭和偏见。这是一种他们无法回避也无法摆脱的历史局限和思想局限。但是，梁启超在半个多世纪以后说过：“晚清思想之解放，自珍确与有功焉；光绪间所谓新学家者，大率人人皆经过学拜龚氏之一时期；初读《定庵文集》，若受电然。”③ 尽管魏源和龚自珍的变革思想从未涉及一个孝字，甚至他们还不时弹起“父命子必宗”“子不业父则不孝”之类的陈调，但他们并不完善也不彻底的变革意识和个性解放意识，对于50年以后的冲决网罗乃至非孝思想的明确提出，却是非要迈过的一个重要里程碑。如果没有魏源、林则徐、龚自珍和稍后的思想家郭嵩焘，以及愈来愈多放眼世界、寻找真理的中国人的追求、思考和怀疑，19世纪最后几年开始的那场思想解放和社会观念解放的大潮，是不可能那样波澜壮阔的！

从鸦片战争到甲午战争，在近乎半个世纪的时期里，中国的社会性质和社会矛盾发生了急剧而深刻的变化。随之而来，企望社会变革，摆脱割地赔款的国运和蒙昧落后的思想意识，一直是满怀忧

① 《默觚下·治篇五》。

② 转引自《中国文化与中国哲学》，325页。

③ 梁启超：《清代学术概论》。

患的中国有识之士的美好梦想。陈独秀在1916年曾回顾说："自西洋文明输入吾国，最初圣人觉悟者为学术，相形见绌，举国所知矣；其次为政治……已有不克守缺抱残之势……国人所怀疑莫决者，当为伦理问题。此而不能觉悟，则前之所谓觉悟者，非彻底之觉悟，盖犹在惝恍迷离之境。吾敢断言曰：伦理的觉悟，为吾人最后觉悟之最后觉悟。"① 陈独秀的观察与近代中国社会的发展脉络大体一致。50年间，人们的注意力移来移去，却唯独不敢正视自己民族中根深蒂固的社会伦理观念方面的偏差，作为中国伦理意识核心内容的孝的观念的变革，显然更不能被旗帜鲜明地倡导于世。从这个角度上看，传统社会观念发展的惯性，使包括一些已经意识到要变革学风、改良政治的先进中国人在内的整个中华民族，仍然不免在社会伦理生活方面忘不掉那些谈论孝道的名训，面对进步的伦理观"怀疑莫决"，"犹在惝恍迷离之境"。这就清楚地预示着，在近代中国社会，孝的观念的变革虽然有着光明的前途，却又多么艰难而曲折。可是，我们注意到出现在这一段历史时期的这样两个事实：太平天国运动对传统的孝的观念有过一次大胆而猛烈的冲击；稍后一段时间，产生一批早期改良思想家和走向世界的中国知识分子，在他们当中某些人的思想意识中，孝的观念的位置，也多少发生了一点十分有意义的变化。

孝的伦理被长久尊奉的一个客观基础，是建筑在封建的自然经济之上的稳固而完备的家族体系的存在。在中国历史上，每一次王朝更迭之后，新的法律总要强调和维护森严的家族制度，可谓万变不离其宗的大礼。然而，19世纪中叶，勃起于偏僻的两广山区的太平天国农民政权，竟然在中国最富庶、传统观念意识最浓厚的江浙大地上，出人意料地一度摧毁了孝的观念的存在基础——家庭。太平天国的领导者洪秀全决不同于一般鲁莽的村夫，他受过系统的封建文化的熏陶，甚至还是封建时代那种读书—科举—做官—成名的人生准则的忠实追求者。但科场上屡屡的失意，使他不仅难展平生

① 《独秀文存》，41页。

抱负，反而对封建统治秩序萌生出一股难以遏抑的逆反心理。于是，源于这种心理的许多朴素的反传统思想，便被他和他的战友们在起义当中竭力倡导，并以政令的形式发布于民间。洪秀全一再宣称：“天下多男人，尽是兄弟之辈，天下多女子，尽是姊妹之群。”“天下总一家，凡间皆兄弟。”并且依照这样的思想逻辑，在江南社会某些城乡拆散了家庭的生活单位。他们将所有社会成员，无论父子、夫妇、兄弟、姐妹，按男馆女馆进行另外的排列组合。一时间，太平天国社会呈现出“父母兄弟妻子立刻离散”，“虽夫妇母子不容相通”① 的生活局面。这样，孝的观念赖以存在的家庭生活体系实际上已经被大刀阔斧地变革掉了。父母和子女不仅平时“不容相通”，有时偶然在街上相遇，也“只许隔街说话，万分伤心，不许流泪”②。如此生活，是根本找不出什么尽孝的影子的。这是近代中国社会乃至几千年的中国历史中，唯一一次破除家庭生活结构进而也猛烈地冲击了传统孝观念的雷厉风行的惊人行动。太平天国政权还有力地推行了另一项同样起到非孝作用的改革措施。他们丝毫不理会孝子们的哀叹、愤詈、忧虑、诅咒乃至明拒暗抗，始终坚定地贯彻以禁用棺木为核心内容的丧礼制度的变革，他们的法律明令：“所有升天之人，俱不准照凡情歪例，私用棺木，以锦被绸绉包埋便是。”③ 其他传统的丧礼程序，诸如停尸、招魂、吊丧、殡仪、送葬等等，尽管可以满足孝子们对父母、长辈的追忆思念和敬仰之情，由于没有了棺材，恐怕也只好万般皆废，一切从简了。洪仁玕在解释这项变革时特别批评了这样一种社会现象：“为人之子，以在生父母亲为可有可无之亲，而死后骨骸视为求富求贵之具。”④ 这句话虽然没有能深刻揭示传统孝道的封建主义本质，但毕竟触及了以往涂了许多绚丽色彩的“孝”的某种虚伪性。

太平天国政权以大胆而奇特的方式，一度冲击了被奉作“卷舌

① 《太平天国》（四），695页。

② 《太平天国史料丛编简辑》。

③ 《贼情汇纂》，卷8。

④ 《葬墓说》。

而不可议论”的封建人际关系，它的特别可贵之处，也许就在这里。太平天国运动爆发在鸦片战争以后的十年左右，当时，中国的社会性质虽然发生了根本的变化，但是，根源于中国封建时代，绵延了两千多年并且逐渐发展和完善的孝的伦理体系还没有受到过直接的冲击。从洪秀全愤然掀去圣人孔子的牌位到他定出“天下皆兄弟”的命题，到太平天国以实际行动变革家庭结构和丧礼程序，这一幕幕惊世骇俗的壮举的每一个步骤，实在都意味着起义者无视“神圣”的孝道并且勇敢地践踏了它。这种朴素的民主主义精神和大无畏的反封建气魄，表现得何等的淋漓尽致！太平天国政权的死敌曾国藩哀叹道：“举中国数千年礼义、人伦、诗书、典则，一旦扫地荡尽。此岂独我大清之变，乃开辟以来名教之奇变。”① 另一位深谙太平天国社会生活的封建文人张德坚发现：“凡从‘贼’稍久逃出之难民，无不……出言妄诞，视世事无可当意，于伦常义理及绳趋墨步之言行，询之皆为隔世。”② “父子亦称兄弟，姑媳亦称姊妹……可谓五伦俱绝。”③

不过，在太平天国政权勇敢的叛逆行为表象的背后，并没有一种科学的具有进步意义的思想意识。洪秀全和他的战友们的所有举措，几乎都是属于饱尝了封建统治的屈辱、压抑之后萌生和膨胀起来的一种强烈而朴素的反抗心理。后来，这些过激的改革措施却由于远远偏离了现实生活的许可，不免从一个极端走向另一个极端，遭到江南民众的顽强抗拒，很快就趋于崩溃。这时候，他们的叛逆心理没有升华为一种进步的理论意识，从而指导他们调整自己的政策，以更加科学文明和合乎实际的方式引导人们继续摆脱传统的孝的观念和其他封建伦理观念的束缚。相反，从一开始，他们的内心世界就极具两重性。他们在勇敢地践踏了封建孝道的同时，思想上竟完全倒退到和封建伦常观念相迎合的地步，甚至成为封建孝道最卖劲的吹鼓手。洪秀全煞费苦心创作并张扬于社会的名篇《幼学诗》，实际上就是一部充满封建孝悌观念的伦理法则，诗中按“家

---

① 《讨“粤匪”檄》。

②③ 《贼情汇纂》，卷12。

道”“父道”“母道”“子道”“媳道”“兄道”“弟道”等等依次排下家规，从中就看不出一点反传统的气概了。就连大肆诋毁太平天国政权的封建士大夫也不得不承认：“《幼学诗》一本，后俱教人孝悌语，惟前一二页系天主教语。”① 在另外许多洪秀全、洪仁玕等人的作品中，有的宣传“人有五伦，孝悌为先”；有的强调“子不敬父失天伦，弟不敬兄失天伦”，“父怒子跪求开恩，兄怒弟跪求当虔”②。后来，洪仁玕干脆忘却了洪秀全掀去孔子牌位时的情景，公然教诲人们“学尧舜之孝弟忠信，遵孔孟之仁义道德”③。这些长期生息在小农经济的社会结构中，无法摆脱封建家族观念又无缘接受社会文明思想熏陶的农民起义领袖们，虽然能够雷厉风行地暂时变革了某些维护孝的封建伦理观念的表面规矩，却不仅未能正确引导人们真正转变孝的观念，而且也跳不出三纲五常的封建伦理框框。这样的既“叛道”又不“离经”的矛盾思想，又使他们对于转变社会观念所做的贡献受到了很大局限。

就在太平天国农民运动活跃于江南社会的同时，北方的封建政权同外国侵略者签订了一系列不平等条约。此后，随着列强对中国经济掠夺和政治侵略的不断加紧，洋务运动的一时兴起和西学思潮的逐渐渗透，中国的知识分子阶层中逐渐出现了这样一部分人，这些人大都同统治阶级有较为密切的联系，他们思想敏锐、头脑清醒，既受过扎实的中国传统文化的熏陶，又有机会接受西方文明的影响，他们当中的许多人曾被派往国外工作，耳闻目睹了船坚炮利的西方国家的社会风情。他们开始能以相对客观冷静的态度来观察传统的伦理观念，对天经地义的孝的观念投去了怀疑的目光。同洪秀全等人特别短暂而猛烈的反抗相比较，这些作为中国人走向世界的先驱者们，通过对外部的观察与思考，在孝的观念上的某些细微的变化，对于近代中国思想界的影响，显然具有更加切实也更加深刻的意义。

---

① 毛隆保：《见闻杂记》。

② 《天父诗》。

③ 《钦定英杰归真》。

郭嵩焘也许就是当中最具代表性和最著名的人物之一。他是中国第一代外交官，也因此游历了欧洲，后来成为一名大胆的开明思想家。他对像《论语》《大学》《中庸》《礼记》这样被奉为传世经典的儒家名著都逐个发出质疑，也特别明确地辩驳了孝的伦理观念。《论语》中有一句宣扬和规范孝道的名言："父在观其志，父没观其行，三年无改于父之道，可谓孝矣。"对此，郭嵩焘曾经深表疑惑："父之道果是耶，终身无改可也，何又三年？果非耶，知而改之，善述人之事也，何待三年？"[①] 后来，他全然抛开了孝意识来诠释这段话："故曰'父在观其志'，志吾定也；曰'父没观其行'，行吾自足也。志定，则为美为恶，固已辨而知之；行自足，则为得为失，皆将化而裁之。而惟其心不忍于其父而依之以为道，善者显而庸焉，不善默而存焉。尽此而已矣。至于三年而行已著，改不改又无论矣。汲汲焉以改父之道为名，彼诚忍也与哉！而人相与由之，习而安焉，无或疑也，盖数千年于兹也。"[②] 郭嵩焘固然还不可能为变革传统的孝的观念而冲锋陷阵，但他无疑是遥遥走在熟读经书而恪尽孝道的士子们的前列的。他的疑惑和思考可以说是其后接踵而至的对传统的孝的观念大胆挑战和抨击的前奏。事实上，郭嵩焘不仅感觉到某些中国传统孝道的不足取，而且由于职业关系，他有机会走进欧洲世界，目睹那里的社会生活和人伦关系。

当时，刘锡鸿和张德彝作为郭嵩焘的僚属随行欧洲。他们抵达英伦不久，就有一连串的奇异感觉："到伦敦两月，细察其政俗，惟父子之亲，男女之别全未之讲，自贵至贱皆然。"[③] "西人不知有父母，或谓耶稣教以天为宗，扫灭一切。凡为子者，自成人后，即各自谋生，不与父母相闻。闻有居官食禄之人，暌离膝下十数载，迨既归，仍不一省视者。"[④] "西人不重后嗣，积产数千万，临终尽舍以建义塾及养老济贫院，措置既已，即自谓没世无憾。"[⑤] "结褵后

---

① 《郭嵩焘诗文集》，6 页。

② 《郭嵩焘文集》，6 页。

③ 《英轺私记》，见《走向世界丛书》，109 页。

④ 同上书，181 页。

⑤ 同上书，175 页。

多分居者；亲故后有不追远者。”[①] “男女婚配皆自择。女有所悦于男，则约男至家相款洽，常避人密语，相将出游，父母不之禁。款洽既久，两意投合，告父母互访家私，家私不称不为配也；称，则以话男女，使自主焉。”[②] 面对这些与中国社会的孝伦理完全背离的生活情景，刘锡鸿和张德彝在惊诧之余，几乎是大惑不解。饶有意味的是，尽管这两位外交官对西方这一切感到新奇而不习惯，尽管刘锡鸿同郭嵩焘在政治上势同水火，矛盾重重，但他们对西方社会无视孝道的人伦关系并不反感，更没有显现出痛心疾首或者切齿痛恨的表情。张德彝甚至认为洋人的说法“亦似有理”，而刘锡鸿则更加称赞西方社会“无闲官，无游民，无上下隔阂之情，无残暴不仁之政，无虚文相应之事”。他们在记述对西方社会伦理生活的观感和印象时，显然抱着不偏不倚甚或是稍微赞许的态度。

自此之后，更多的知识分子开始跨出国门，涉足世界。他们大多以与上述三位外交家同样的心情和态度观察欧洲大陆。从他们比较客观的感觉、介绍和对照中，愈来愈多的中国人开始朦胧地意识到传统的孝的观念所规范的伦理生活的不完美。陈虬就发出过微弱的改革呼唤：“今上下苦于礼注，人材遂尔不振，宜一从简易。”“卑幼见尊长，皆仅一揖立而白事。”他们也许凭一些观感还找不到科学的怀疑和否定传统孝观念的依据，也根本掀不起一场旨在变革社会观念的理性大辩论，但是，这毕竟又是中国人走向觉醒所必须迈过的一步。正因为他们的观察与疑惑，很多长期生活在孝的伦理的禁锢和无谓牺牲中的麻木的中国人，才开始有了阵痛的感觉。

非孝思潮的兴起

在近代中国历史的前50年里，“中体西用”是一个时兴了一阵的救亡口号。面对两次鸦片战争的结局和一系列不平等条约，一大

---

① 《英轺私记》，见《走向世界丛书》，492页。

② 同上书，181页。

批中国知识分子在明显的差距面前看到的仅仅是西方世界强有力的科学技术，洋务运动和洋务派思想家应运而生，他们幻想通过学习对方领先的科学技术来武装和强大自己的国家。但是，洋务派思想家们避而不论变革阻碍社会前进的封建政治机制，却又特别强调不能失去中国固有的伦常观念。孝的伦理观尽管在某种程度上遭到了微弱的冲击和怀疑，却始终没能站在真正变革的起跑线上。直至1894年，那支仿建起来的庞大舰队在中国海域里被日本打得惨败以后，情况才有了变化，一些年轻的思想家开始对愈来愈泥足深陷的中国社会进行更加深刻的反省，而不再囿于学习外国船坚炮利的肤浅认识水平。于是，具有两千年权威的中国封建伦理观念，终于在戊戌思潮的冲击下，面临着直接的挑战。

康有为是中国第一位能比较清醒地认准封建孝道阴暗作用的思想领袖。他构思于19世纪80年代的《大同书》，也就是一部向封建家族观念挑战的宣言书。梁启超后来评论说："全书数十万言，其立法之理由，其最关键在毁灭家族。"① 当然，维新派领袖康有为完全不同于洪秀全，他的毁家说里蕴涵着一整幅理想的社会生活蓝图，也具有更多的对旧的封建家族关系的剖析。《大同书》尖锐地指出："凡中国之人，上自簪缨诗礼之世家，下至里巷蚩氓之众庶，视其门外，太和蒸蒸，叩其门内，怨气盈溢。……其孝友之名愈著，则其闺闼之怨愈甚。盖国有太平之时，而家无太平之日。……其礼法愈严者，其困苦愈深；其子孙妇女愈多者，其嫌怨愈多；其聚居同爨愈盛者，其怨毒愈盛。"那么，这困苦、嫌怨、怨毒是怎样造成的呢？康有为进而深入阐述说："夫天下之至大者，莫如意见矣，强东意见而从西意见，既已相反，即难相从，不从则极道，从之则极苦。""一家之人，亦为家长所累，半生压制而终不得自由。"康有为要"毁灭家族"，就必然要努力揭示家族的流弊，这流弊的根源，《大同书》里已经表白得相当明确了。《大同书》里不乏虚幻空想的泛论，但上文一番揭露在孝的温情脉脉的面纱下存在于封建家族中

① 梁启超：《清代学术概论》。

的种种压制与争斗的议论，却是一把尖利的匕首，对于封建孝道的神圣不可侵犯性，戳了一个大洞，这或许可以作为中国知识分子开始迈上超越封建伦常束缚的理性觉悟道路的一个信号。不过，康有为最终并没有努力去冲破旧的伦理秩序，转变社会观念，把人们从封建的孝的观念中解放出来，而是花很多的精力、很多的笔墨去勾画一个纯属空想的没有家庭的大同世界，让一个绝对平等的理想世界来替代眼前的悲惨社会。后来，康有为热衷于政治方面的变法活动，他的有关大同世界的思想也就暂时地放到了一边。

然而，康有为的思想深深地影响了另一位激进的思想家谭嗣同。谭嗣同继承了康有为的反传统衣钵，却没有沾染上康有为知行脱节的空谈毛病。谭嗣同大胆地叫响了“冲决重重网罗”的口号，网罗之一，就是作为伦常首要的孝的观念。

谭嗣同本身就曾沦为封建伦常的牺牲品。他年幼时受尽了后母的虐待，自称“遍遭纲伦之厄，涵泳其苦，殆非生人所能经受”①。他的切身经历必然要对他的思想产生强烈的影响，此外，同甲午战争前的某些知识分子一样，西方社会的家庭生活成为他思想观念中的另一个出发点。1894年，他在写给贝元徵的信中，很赞赏那种不受孝的伦理约束的家庭生活：“中国之五伦，详于文而略于法，彼（西方国家。——引者）不尚文，而其法能使家庭之间不即不离，就令不无流弊，而长短适足相抵。”相比之下，“中国前跋后疐，貌合神离，强遏自然之天乐，尽失自主之权利，使古今贤圣君子于父子兄弟之间，动辄有难处之事”②。经过甲午战争后的大思考，谭嗣同的思想渐趋系统化，他的名著《仁学》，除了大量抽象的哲学思想外，最惹人注意的，仍然是他对三纲五常的批判，当然其中也包括了对孝的观念的批判。在对封建的家族制度和伦常观念的态度上，谭嗣同几乎和康有为一样地激动和愤慨，有时甚至超过了他：“上以制其下而不能不奉之，则数千年来，三纲五常之惨祸烈毒由

① 《谭嗣同文选注》，91页。
② 同上书，28页。

是酷焉。”[1] 他一针见血地揭示说：“中国积以威刑钳制天下，则不得不广立名为钳制之器。如曰仁，则共名也，君父以责臣子，臣子亦可反之君父，于钳制之术不便，故不能不有忠、孝、廉、节等一切分别等衰之名，乃得以责臣子曰：尔胡不忠？尔胡不孝？是当放逐也，是当诛戮也！忠孝既为臣子之专名，则终必不能以此反之；虽或他有所摭，意欲诘诉，而终不敌忠孝之名为名教之所上，反更益其罪……曰大逆不道。是则以为当放逐，放逐之而已矣；当诛戮，诛戮之而已矣。曾不若孤豚之被挚缚屠杀也，犹得奋荡呼号以声其痛楚，而人不之责也。施者固泰然居之而不疑，天下亦从而和之曰：得罪名教，法宜至此。”[2] 谭嗣同尤其注意到：“父子之名，则真以为天之所合，卷舌而不敢议。”[3] 问题已经被说得相当明白，怎么办呢？这又是谭嗣同不同于而且超越了康有为的地方，他认为：“今中外皆侈谈变法，而五伦不变，则举凡至理要道，悉无从起点。”[4] 具体到孝的观念，他有过一系列的变革意识。首先，他提出“父子，朋友也”的平等命题，认为“子为天之子，父亦为天之子，父非人所得而袭取也，平等也”。他又从庄子“相忘为上，孝为次焉”的思想中发生联想：“相忘则平等矣。”“非相忘者遂不有孝也。法尚当舍，何况非法？孝且不可，何况不孝哉？”[5] 表现出十足的“孝固不足以言之”的思想逻辑。谭嗣同对“不孝有三，无后为大”的否定更具有科学意识：“中国百务不讲，无以善，无以教，独于嗣续，自长老以至弱幼，自都邑以至村僻，莫不视为绝重大事，急急以图之，何其惑也？徒泥于体魄，而不知有灵魂，其愚而惑，势必至此。向使伊古以来，人人皆有嗣续，地球上早无容人之地矣，而何以为存耶？”[6] 这虽然是一种表面的直觉，但是在19世纪末叶，能有这样的直觉，又谈何容易！

---

① 《谭嗣同文选注》，111页。
② 同上书，112页。
③ 同上书，186页。
④ 同上书，188页。
⑤ 同上书，186页。
⑥ 同上书，187页。

如果说，康有为的贡献还只在于他发现了孝作为道德体系中的某种假象，敏锐地洞察到“其孝友愈著，则其闺阋之怨愈甚”，那么，谭嗣同却从这种虚伪、残酷的道德假象背后，揭示出更多的孝伦理的实质，比他的前人大大地深入了一步，从而使他更激进也更现实地提出了“冲决网罗”的著名口号，这却正是康有为以及别的维新派人物所未能做到的。在中国还是“以儒为教，儒以仁为先，仁以孝为本”① 的封建社会里，谭嗣同及其《仁学》超越了时代观念和其他中国先进知识分子的思想认识，在19世纪末叶风起云涌的思想解放运动中，为孝的观念的变革也是整个伦常观念的变革，竖起了一座里程碑。后来，梁启超从学术探讨的角度全盘否定了诲人万世的《孝经》：“《孝经》自汉以来，已经与《论语》平视，今且列为十三经之一。共传‘孔子志在《春秋》，行在《孝经》’。以为孔子手著书即此两种。其实此二语出自纬书，纯属汉人附会。经之名孔子时并未曾有，专就命名论，已足征其妄。其书发端云：仲尼居，曾子侍。安有孔子著书而作此称谓耶？书中文义皆极肤浅，置诸戴《记》四十九篇中，犹为下乘。”② 梁启超不是一位纯粹的学者，他的很多学术著作都渗透着现实的政治倾向。他在写作这段文字时是否直接得益于《仁学》非孝思想的启迪，我们还不能论断，至少，谭嗣同当年在南京写作《仁学》时，就时常去上海与梁启超商讨，《仁学》刊行时的序言，就是梁启超撰写的。可以肯定，梁启超的否定《孝经》和谭嗣同的“冲决网罗”，不无某种具有变革社会观念意义的非孝意识上的联系与沟通。

在戊戌维新运动中，康有为、梁启超和谭嗣同实际上都已经具有了资产阶级思想家的意识。“在‘五四’以前，中国文化战线上的斗争，是资产阶级的新文化和封建阶级的旧文化的斗争。在‘五四’以前，学校与科举之争，新学与旧学之争，西学与中学之争，都带着这种性质。”③ 这些争论最初就是康有为挑起的。由于封建的孝的

① 《杨度集》，785页。

② 《要籍解题及其读法》。

③ 毛泽东：《新民主主义论》。

伦常观念和自由、平等、人性等资产阶级思想体系发生了深刻的冲突，因而也成为这场大争论所不能回避的问题。守旧派思想家王先谦站在争论的另一端立场上责斥维新派无视传统的伦理道德，“专以无父无君之邪说教人，大为骇怪……且康、梁之说，无异叛逆”①。说“叛逆”其实倒并没有错，因为“每一种新的进步都必然表现为对某一神圣事物的亵渎，表现为对陈旧的……但为习惯所崇奉的秩序的叛逆”②。当然，这场封建阶级和资产阶级历史性的思想观念大冲突被争论了几十年，直至五四时期才初见分晓。

尽管在一段时期里，根植于远古的中国历史中的大家庭规矩还不能马上解体，孝的伦理观也因而得不到明显的转变，谭嗣同过于激进的平等意识还不能为更多的群众所理解。但是，我们仍注意到，就在戊戌思潮过后，在中国社会的某些家庭里却悄悄地出现了某种对于传统孝道的叛逆迹象。戊戌变法失败后的两年，即1900年，年轻的蔡元培订了一个《夫妇公约》，明言：“夫妇之事，当由男女自择，不得由父母以家产丰俭、门第高卑悬定。”他还专门设计了一套教子的法则：“教子当因其所已知而进之于所未知，以开其思想之路；教子当令有专门之业以养其身；教子不可用威喝扑责，以养其自立之气；教子不可用诳语，以善其信；教子当屏去一切星卜命运仙怪之谈，以正其趣。”③ 蔡元培订立的这个完全背离了孝道信条的公约，生动地表明了思想解放运动怎样推动了社会生活的变化。

不过，我们决不能盲目夸大戊戌思想家们对于转变孝的观念的启蒙贡献。事实上，戊戌维新运动过后，这个思潮本身的政治内容和价值就发生了明显的变化，谭嗣同为变法牺牲，失去了继续奋斗的机会，康有为和梁启超逐渐成为保皇势力的领袖。中国的进步需要一场天翻地覆的政治大革命，一批资产阶级革命派思想家在从事革命活动的同时，把转变孝的观念的努力开始从另外的角度提到社会上来。

---

① 《虚受堂书札》，第1卷。

② 《马克思恩格斯选集》，1版，第4卷，233页。

③ 《蔡元培全集》(一)，103、104页。

一方面，他们不再单纯抨击孝的伦理的阴暗面，将狭义的反传统意识同国家政治危机的背景联系起来。有的革命派思想家甚至借用了孝传统本身的权威来转变孝观念。李书成在一篇文章中先是感慨地说：“中国伦理有二大字焉，其光烂可以夺日月，其高深可以逾山海，其名词可以历百千万亿年而不磨。”接着，笔锋一转，“但蒙小儒之晦蚀，霸者之割裂，至于今仍晦冥霾瘗，未显真面目者，则忠孝二字是也”。最后，他再道出实意：“今之学者，除事父母以外无所用其孝。设我辈今日所欲饮其血噬其肉之俄、英、德、法、美、日诸雄国，一旦竟灭吾国焉，奴吾种焉；我辈数十百年后之子孙，翻戴之如帝天，假其权力，钤轭吾同胞，而犹以移孝作忠之大义，扬扬然号于众曰，宜如此宜如此，我辈地下有灵，视此子孙恨不刃其首刳其腹矣，而岂得许之为孝乎？”① 李书成的真正用意显然是在发泄对那些丧权辱国却高唱传统道德伦理教条的统治者们的极大愤慨。有人把这个道理讲得更透彻些：“为君也，忠而死；为父也，孝而死。非为君父而忠孝也，吾臣吾子不忍自废者也，岂忍以忠臣孝子犹可猎取之浮名乎？失身于异类则已无身矣，无身而君谁之君，父谁之父，遑及忠孝哉！”② 风传于起义者手中的著名读物《革命军》，对于神圣的孝的信条，也借用一首名云“奴才好”的乐府诗讽刺说：“父诏兄勉说忠孝，此是忠孝他莫为，什么流血与革命，什么自由与均财，狂悖都能害性命，倔强那肯就范围，我辈奴仆当戒之，福泽所关慎所归。”③ 进入20世纪以后，维新思想的启蒙时代已经过去，对于孝的观念的再认识实际上已经不是一两个人物或者某一类先进知识分子群内的事情了。一些革命派思想家巧妙地避开就事论事中往往可能遇到的障碍，比起维新时期思想家深奥的学究气，他们愿意用更简洁明了、更有号召力的言辞去倡导变革。尽管他们的主题仍然在于国家、民族、自由、革命等等，但毕竟直接深深地触及了维新派所没有能力击垮的孝道信条，使孝的观念的转换跨入一

① 《辛亥革命前十年间时论选集》，第1卷，458页。
② 同上书，730页。
③ 同上书，674页。

个新时期。后来，随着革命队伍的壮大和革命呼声的高涨，愈来愈多的中国人（已不仅仅局限于知识分子阶层）走出封建家庭，放弃了过去坚守不移的孝的信条。他们也许不是因为自身启蒙意识的作用，而恰恰是由于向往革命的成功才得到了新知，从而转变了头脑中的孝的观念。《革命军》感染了几乎整整一代仁人志士，这显示出，对相当多的人来说，传统的孝伦理在革命大潮的冲击下，已经渐渐失去了它长时期蛊惑人心的权威位置，人们开始从它的束缚和禁锢中挣扎出来，奔波于更加神圣的革命活动。

这种通过革命的政治活动来转变社会观念，还只是事情的一个方面。另一方面的现实是，自从戊戌变法以后，封建家族制度的流弊并没有被根除，孝悌观念的阴影仍然覆盖在中华大地的任何角落，可是，康有为、谭嗣同等人播下的火种却有了燎原之势，人们对于家族制度和孝观念的觉悟程度已经越来越明显，这种观念与现实生活的尖锐矛盾和冲突，导致了一种极端理论——毁家说的流行。

革命派思想家集辑了大量文笔犀利的文章，矛头直指封建家庭和孝观念。他们说："我中国二千年来，家庭之制度太发达，条理太繁密，父子、兄弟、夫妇之间爱情太笃挚，家法族制、丧礼祀典、明鬼教孝之说太发明；以故使民家之外无事业，家之外无思虑，家之外无交际，家之外无社会，家之外无日月，家之外无天地。"① "与科学及公理为反对者，即迷信与强权也。……于家庭中，兼用以上之两种迷信（祸福、伪道德），行两种之强权，故家庭遗毒至深，人类蒙害甚切。而家庭中之最愚谬者，更莫甚于崇拜祖宗。"② "暴父之待其子也，当其幼时，不知导之以理，而动用威权，或詈或殴，幼子之皮肤受害犹轻，而脑关之损失无量，于是卑鄙相习，残暴成性。更使之崇拜祖宗、信奉鬼神以成其迷信，而丧其是非，更教以敬长尊亲，习请安拜跪，以炼其奴隶禽兽畏服之性质。及其壮也，婚配不得自由，惟听父母之所择。……及其父母死，而复以繁文缛

① 《辛亥革命前十年间时论选集》，第1卷，834页。

② 《辛亥革命前十年间时论选集》，第2卷，978页。

节以累之，卧草食素，宽衣缚其身，有冕蔽其目，逢人哭拜，称曰罪人。”① “盖家也者，为万恶之首，自有家而后人各自私，自有家而后女子日受男子羁縻，自有家而后无益有损之琐事，因是丛生……自有家而后世界公共之人类，乃得私于一人（婴孩为人类之孳生，关系于社会全体，而有家者，则以之私于其父一人矣）……略举数端，而家之罪恶已如铁案之不可移易矣。”② 我们只是罗列了这些文章中的若干段落，就已经不难发现，一些革命派思想家对封建家族糟粕的一面，已经痛恨至极，几乎到了不可容忍的地步。其中，不论是系统的挞伐还是具体的揭露，革命派的攻击目标，并没有跳出维系家族制度的孝的观念这个大框框。于是，像《毁家论》《毁家谈》《无政府说》《家庭革命说》以及别的很多由于向往平等而倡言毁家的文章，充溢于辛亥革命期间时髦的政论当中。客观地说，当时中国社会的家庭结构具有和今天完全不同的意义，封建大家庭的种种压抑人性的黑暗，成为当时现实的悲惨世界的重要组成部分，革命派憎恶它的误国误民，又找不出改造它的可行方略，毁家便成了人们不免要议论纷纷的大话题。他们有的疾呼：“吾欲刬刃于顽父、嚣母、劣兄、恶妻之腹，拔出吾数千万青年于家庭之阱”③！更多的则是向往这样的理想时代：“有男女之聚会，而无家庭之成立，有父子之遗传，而无父子之名义。是时也，家庭灭，纲纪无，此自由、平等、博爱之实行，人道幸福之进化也。”④ 辛亥革命是一场决定中国近代命运的政治大革命，追求平等、自由、博爱是革命派任何活动行为的基本准则，社会观念的转变，也就必然要染上鲜明的政治色彩，就我们讨论的问题而言，在一段时期里毁家说的被倡导，也就成为孝观念转变过程中一种必然要经历的现象，尽管这种宣教和主张在我们今天看起来，未免显得过于偏激和肤浅。

与革命派美好的主观愿望相反，毁家的理论最终没有也根本不

① 《辛亥革命前十年间时论选集》，第 2 卷，1017 页。

② 同上书，916～917 页。

③ 《辛亥革命前十年间时论选集》，第 1 卷，836 页。

④ 《辛亥革命前十年间时论选集》，第 2 卷，1018 页。

可能成为生活现实，那些试图从这条途径中找到走向摆脱孝伦理之路的激进时论，只能因流于空想而成了具文。但是，从此以后，中国社会和中国家庭毕竟发生了相当深刻的变化，在一些大中城镇里，封建大家庭的解体越来越多地发生，封建家族制度出现了某种动摇的迹象。“家族本位制度，如有变动，孝之为德，是否仍可存在，实成问题。”① 看起来，在孝的观念上一场更加深刻的变革是不可避免地要发生的了。

对封建主义的猛烈一击

大约在1915年前后，伴随资产阶级政治革命而来的思想革命开始撞击中国的知识界，它被称为新文化运动，从这时到1919年的五四运动期间，各种新思潮、新道理、新观念轮番渗透到东方的中国大陆。中国最敏锐也最深刻的思想家们实际上是在讨论两个问题——科学与民主。转变社会伦理观念并没有游离了这两个大的主题，有时甚至就是它们的核心内容。只是，比较起戊戌维新派和资产阶级革命派思想家来，五四时期的知识分子已经站在了一个新的高度上，他们要深刻得多，也系统得多。这时，孝的观念的转变已经从毁家的空想中走出来，开始步入一个更高层次的理性的非孝时期。

首先，他们不再做变与不变的简单论争，而是能够深入到伦理道德观念的本质中，去做更加理论化的探讨。针对人们广为轻信的“人为道德而生”的伦理滥调，李大钊却从伦理道德以外的社会演变角度回溯孝的渊源。他指出：在狩猎时代，食物常告缺乏，当时的人总是由此处到彼处的迁徙流转，老人在这社会里很是一种社会的累赘，所以常被食。他告诉人们老人反以为自己的儿子所食为福，儿子亦以食其亲为孝。后来，到了畜牧时代，农业时代，衣食的资料渐渐富裕，敬老的事渐视为重要。这实际上否定了孝观念的神圣

---

① 《孝与中国文化》，12页。

意义。这是中国社会第一次有人用科学的武器替代了圣人的宣教。随后，李大钊更加科学地预言，随着社会的前进和义务教育、儿童公育制度的推广，亲子关系日趋薄弱。① 在另外的文章里，李大钊推断了孝观念变化中的经济因素，他认为，“随着新经济势力输入的自由主义、个性主义，又复冲入家庭的领土。他（指孝亲观念。——引者）的崩颓破灭也是不能逃避的运数。不但子弟向亲长要求解放，便是亲长也渐要解放子弟了……因为经济上困难的结果，家长也要为减轻他自己的担负，听他们去自己活动，自立生活了”②。陈独秀1916年写作了《孔子之道与现代生活》，大体上也持这样的看法。他还从参与政治的角度分析说：“现代立宪国家，无论君主、共和，皆有政党。其投身政党生活者，莫不发挥个人独立信仰之精神，各行其是，子不必同于父，妻不必同于夫。律以儒家教孝，教义，——父死三年，尚不改其道，妇人从父与夫，并从其子。——岂能自挥其党，以为左右袒耶?”③ 显然，在五四时期的思想家们看来，无论在经济、政治还是社会思想方面，孝的观念都已经远远落后于时代的需要，他们正是凭借这种强有力的理论后盾，超过了10年前的革命派思想家和20年前的维新运动领袖们，将利剑锋芒刺向对孝道伦理具有绝对解释权的孔子。

李大钊将“二千余年来支配中国精神的孔门伦理”归结为“牺牲被治者的个性”，并认为牺牲个性的第一步就是“尽孝”，“只用一个孝字，使子的一方完全牺牲于父”④。对于“牺牲个性”的恶果，陈独秀归纳出四个方面：“一曰损坏个人独立自尊之人格；一曰窒碍个人意思之自由；一曰剥夺个人法律上平等之权利（如尊长卑幼同罪异罚之类）；一曰养成依赖性，戕贼个人之生产力。”⑤ 他进而认为：“东洋民族社会中种种卑劣不法惨酷衰微之象，皆以此四者为之因。”陈独秀曾不厌其烦地从各个角度反复表明对旧道德的态度：

---

① 参见《李大钊选集》，265页。

② 同上书，300页。

③ 《五四运动文选》，62页。

④ 《李大钊选集》，290页。

⑤ 《中国现代思想史资料简编》（一），8页。

“父为子纲，则子于父为附属品，而无独立自主人格矣。”①

“宗法社会之奴隶道德，病在分别尊卑，课卑者以片面之义务，于是君虐臣、父虐子、姑虐媳、夫虐妻、主虐奴、长虐幼。社会上种种之不道德，种种罪恶，施之者以为当然之权利，受之者皆从于奴隶道德下而莫之能违。”②

“忠、孝、贞节三样，都是中国固有的旧道德，中国的礼教、纲常、风俗、政治、法律，都是从这三样道德演绎出来的，中国人的虚伪、利己，缺乏公共心、平等观，就是这三样旧道德助长成功的。”③ 对于其中和“孝”相提并论的“忠”，李大钊强调说：“君臣关系的‘忠’，完全是父子关系的‘孝’的放大体。”

于是，他们向全社会宣言：“解放云者，脱离夫奴隶之羁绊，以完其自主自由之人格之谓也。我有手足，自谋温饱；我有口舌，自陈好恶；我有心思，自崇所信；绝不认他人之越俎，亦不应主我奴他人：盖自认为独立自主之人格以上，一切操行，一切权利，一切信仰，唯有听命各自固有之智能，断无盲从隶属他人之理。非然者，忠孝节义，奴隶之道德也。”④

显然，从上面的言论中，在五四时代中国知识分子身上所体现的，已经不仅仅是思想上的激进，跳出孝观念的束缚的圈子与反封建的历史使命融会在一起，使孝观念的转换达到了一个真正具有某种现代意识的新境界。

有时候，人们对某一事物或某种现象的思维方式，不能超脱时代的局限，往往因为过于关注事情的一方面而忽视了事情的另一方面。当初，革命派思想家为了毁掉他们备受禁锢的封建家庭孝伦理，竟然宣扬要毁掉所有的家庭，而根本不考虑家庭存在的合理因素。相比而言，五四时期的思想家们有了明显的成熟。他们将家庭革命摆在一个现实的合乎情理的位置上。针对并“不欲人我相加，为群

---

① 《一九一六年》。

② 《答傅桂馨》。

③ 《中国现代思想史资料简编》(一)，54页。

④ 同上书，1页。

己间平等自由之精义，然有孝悌之说以相淆，则自由平等只用之社会，而不能行之于家庭”的客观现实，陈独秀主张变革生活结构，“破坏”原有的“大家族合并制度”，建设“新式小家庭”，他特别强调“此建设之必先以破坏也。惟破坏略见成效时，则不可不急急从事建设，为之模范，以安社会心理之恐怖作用”①。

五四时代非孝意识的出现，与一大批率先觉悟又迅速成熟的中国知识分子有关，包括李大钊、陈独秀、蔡元培、胡适、易白沙、钱玄同、傅斯年等学者和思想家们，无论他们后来走什么样的道路，他们毕竟曾经在共同的反封建旗帜下，携手战斗过一番。

我们这里要着重讨论的两个人——吴虞与鲁迅，也是他们的战友。稍微不同的是，上面罗列的一些思想家，尽管在转变孝的观念方面做出过甚至是相当突出的贡献，然而，那毕竟只是他们所思考的许多宏观问题当中的一个侧面而已，因而他们有关孝问题的论说，总难免要置于家族、伦理、政治这样的大背景之下，真正深入探讨孝的问题的，似乎最主要的还是吴虞和鲁迅。

吴虞曾写过《家族制度为专制主义之根据论》和《说孝》这样两篇专门“论孝”的文章，而他在其他的文章中虽也经常涉及孝的问题，大体上也没有超出上述两篇文章的观点。新文化运动刚刚起步时，吴虞也只是从大的角度着眼，将孝、家族制度、专制主义联系起来。他一再引经据典说：“详考孔子之学，既认孝为百行之本，故其立教，莫不以孝为起点。”因为封建社会“家与国无分也”，“君与父无分也”，那么，结果只能是“孝乎为孝，是亦为政”，“求忠臣必于孝子之门”，“家族制度之与专制政治，遂胶固而不可以分析”，“儒家以孝弟二字为二千年来专制政治与家族制度联结之根干，而不可动摇”。进而断言它“徒令宗法社会牵掣军国社会，使不克完全发达，其流毒诚不减于洪水猛兽矣”②。这是我们熟悉的五四思想家们一致的看法。四年以后，吴虞写出《说孝》，除了承袭和丰富他若干年前的观点外，值得注意的是，吴虞思考和剖析了孝的伦理概念，

① 《独秀文存》，565页。

② 《吴虞集》，62页。

这恰恰是五四时代许多著名思想家不大去注意的现象。由孝观念中的感恩意识，他想到，“子生三年，然后免于父母之怀，三年之丧，通丧也”，“三年无改于父之道，可谓孝矣”，认为“这类孝行，既为人所尊重，于是虚伪的也就因此发生，以沽一时的称誉”；从孝养他又想到“活埋其子，大悖人道”的故事，以为“由今日看来，真是糊涂荒谬极了”；从“不孝有三，无后为大”的格言中，他更是引出“几种大病”来：“（一）以有后为孝，凡无子的人，无论他有养育子女的智识能力与否，都必不可不养子。（二）以有后为孝，凡无有养妻子的财力，早已娶妻，使数千万男女常陷于贫困，辛辛苦苦，苟全性命，以度无聊的生活。（三）以有后为孝，即必行一夫多妻和蓄妾的制度。（四）因崇拜祖先而以有后为孝，遂流于保守，使四万万人作亿兆死人之奴隶，不能自拔。”① 五四时代是“中国究竟要往何处去”的关键当口，的确需要一批深刻敏锐的思想家，对社会伦理观念做大规模的理论化探讨。但是，孝的观念的转变毕竟不是一小部分人率先觉悟就肯定能达到目的的，有时候，比起那些将孝的观念同家族制度和专制制度联系起来的论说来，往往更需要有一类显浅直接的文章去唤醒处在不同阶层特别是底层社会的广大民众。吴虞写作《说孝》时，因彻底的白话和白话式的道理，抨击并瓦解了封建孝道的神圣体系，揭示了它的虚伪、荒唐和落后于时代的种种流弊，就转变封建的孝伦理观念而言，它的号召作用和启迪意义，是不可以低估的。

鲁迅极善于用尖锐的文字去冲击中国社会的旧伦理、旧风尚、旧道德。他的每一篇小说或杂文都具有特别强烈的感染力。事实上，鲁迅在五四时期的“一跃而起”之前，曾经经历了很长一个一面临帖一面思索的苦闷彷徨阶段，也许正因为有过这一段面对黑暗现实的默默探索，才造就了他那卓越而光辉的一生！

他在小说《狂人日记》中写道：“我翻开历史一查，这历史没有年代，歪歪斜斜的每页上都写着‘仁义道德’几个字。我横竖睡不

① 《吴虞集》，176页。

着，仔细看了半夜，才从字缝里看出字来，满本都写着两个字是‘吃人’。”①

在鲁迅的眼中，封建孝伦理自然要属于“吃人”的伪道德中的一种。五四前后，他多次呼吁和强调要“救救孩子!”② “各自解放了自己的孩子”③，“完全解放了我们的孩子”!④ 就是对孝伦理的悲剧感慨万状的一种深刻体现。但是鲁迅没有像某些思想家那样，出于对“自由”“平等”的急切向往，往往对封建孝道给予直截了当的猛烈攻击，而是深入到问题的实质当中去澄清道理。他认为在中国社会“长者本位与利己思想、权利思想很重，义务思想和责任心却很轻。以为父子关系，只须‘父兮生我’一件事，幼者的全部，便应为长者所有。尤其坠落的，是因此责望报偿，以为幼者的全部，理该做长者的牺牲”。对于这种伦理概念所导致的恶性循环的结果，鲁迅揭示道：“本位应在幼者，却反在长者，置重应在将来，却反在过去。前者做了更前者的牺牲，自己无力生存，却苛责后者又来专做他的牺牲，毁灭了一切发展本身的能力。”变革这种长者本位的孝观念，鲁迅认为要从义务思想和权利思想两个方面入手，“此后觉醒的人，应该先洗净了东方的古传的谬误思想，对于子女，义务思想须加多，而权利思想却大可切实核减，以准备改作幼者本位的道德”⑤。沿着这个思想脉络，鲁迅从长辈论及晚辈，以为“子孙对于祖先的事，应该改变，‘三年无改于父道可谓孝矣’，当然是曲说，是退婴的病根。假使古代的单细胞动物，也遵着这教训，那便永远不敢分裂繁复，世界上再也不会有人类了”⑥。

鲁迅非孝思想中的一个显著特点，就在于他还看透了孝伦理是用来愚弄群众的虚伪本质。一方面，他在好几篇文章中反复提醒人们孝伦理不过是统治者们用来宣教的工具。在《十四年的“读经”》

① 《鲁迅全集》(一)，425页。
② 同上书，432页。
③ 同上书，130页。
④ 同上书，323页。
⑤ 同上书，132页。
⑥ 同上书，135页。

中，鲁迅写道："尊孔，学儒，专经，复古，由来已经很久了。皇帝和大臣们，向来总要取其一端，或者'以孝治天下'，或者'以忠诏天下'而且又'以贞节助天下'。但是，二十四史不现在么？其中有多少孝子、忠臣、节妇和烈女？""我可以说，可惜男的孝子和忠臣也不多的。"①《我们现在怎样做父亲》也指出："汉有学孝，唐有孝悌力田科，清末也还有孝廉方正，都能换到官做。父恩谕之于先，皇恩施之于后，然而割股的人物，究属寥寥。足可证明中国的旧学说旧手段，实在从古以来，并无良效，无非使坏人增长些虚伪，好人无端的多受些人我都无利益的苦痛罢了。"② 在《二十四孝图》中，鲁迅又讥讽说："现在想起来，实在很觉得傻气。这是因为现在已经知道了这些老玩意，本来谁也不实行。整饰伦纪的文电是常有的，却很少见绅士赤条条地躺在冰上面，将军跳下汽车去负米。"③

另一方面，对于那些模范孝子们的虚伪一面，鲁迅特别撰写了《二十四孝图》，予以痛彻的揭露。据说其中记有晋代人郭巨为了养活母亲竟要活埋掉欢蹦乱跳的三岁儿子，鲁迅以他特有的笔风写下感受："我最初实在替这孩子捏一把汗，得到掘出黄金一釜，这才觉得轻松。然而我已经不但自己不敢再想做孝子，并且怕我父亲去做孝子了。家景正在坏下去，常听到父母愁柴米；祖母又老了，倘使我的父亲竟学了郭巨，那么，该埋的不正是我么？"以鲁迅的看法，倘若郭巨真的埋掉儿子，他便一面做着孝子，一面成了货真价实的杀人犯，而封建统治者却将其人树为奉行孝道的楷模。孝伦理的虚伪和害人之处，在鲁迅的提示下，不已经很明白了吗？

鲁迅一生写了难以数计的文稿，去实践他"促人觉醒"的抱负。这些文稿产生了惊人的感染力，许多青年人正是读着他的作品走上觉悟之路的。可以想见，鲁迅对封建孝伦理的澄清、揭露、批判，对于转变孝观念，起着多么切实的作用！

---

① 《鲁迅全集》（三），127页。
② 《鲁迅全集》（一），137页。
③ 《鲁迅全集》（二），256页。

结语

在近代中国社会短短的80个年头里，孝的观念不仅发生了明显的变化，而且这种变化具有十分鲜明的特点。

从自己的切身感受出发，在现实生活中体察到封建家族制度的黑暗与虚伪，从而上升到对封建的孝的观念的批判与否定，这是近代孝的观念转变中的一个常见现象。我们在言及太平天国领导人洪秀全的变革心理时，曾简略分析过这种心理。后来，从无论谭嗣同、吴虞、辛亥革命的激进分子乃至鲁迅先生身上，都能发现这一烙印。被封建的孝的观念所桎梏，几乎是每一个中国人迟早所不能避免的厄运。谭嗣同称自己“自少至壮，遍遭纲伦之厄，涵泳其苦，殆非生人所能任受”[①]。这“纲伦之厄”的苦处，大多来自母亲去世后继母的虐待。吴虞则比谭嗣同年岁稍长些遇到了类似的处境，他在1913年4月19日日记中云：“念余年二十，先母去世，即受家庭惨酷。”“外遭社会之陷害，内被尊长之毒螫”，“人世艰危辛苦，既已备尝”[②]。在他的日记里，从来都对父亲冠以“魔鬼”或“老魔”的恶称，可见吴虞的非孝思想，直接来自于他在生活中对孝权威的极端情绪。至于说由于孝观念桎梏而牺牲了婚姻自主权利的痛苦，则体现在不胜枚举的年轻人身上。就连一朝天子的光绪皇帝，不能一展他改良社会的政治抱负，而听命于慈禧太后，其中也蕴涵着所受传统孝道的折磨。当然，在相当漫长的封建社会里，由于前面表述过的封建法律和封建道德强有力的约束，使不知多少代无以数计可悲的受害者们默默吞食了封建孝道的苦果。鸦片战争以后，特别是中日甲午战争以后，伴随着中国封建社会愈来愈半殖民地化，西方资本主义世界的生活面貌和社会思潮开始在中国知识分子阶层传播开来，封建的中国伦理社会和进步的资本主义社会在他们面前形成

① 《谭嗣同文选注》，91页。

② 《吴虞日记》，87页。

鲜明的对照，在经过从疑惑、阵痛到初期觉悟的认识过程之后，这种人们长期甘愿吞咽的苦果，终于在中国知识分子中促发成一种激情。谭嗣同高呼“冲决网罗”，吴虞从家中搬走神祖牌位，鲁迅在一系列文章中的冷嘲热讽，以及“毁家说”的提出和风行，实在都是这种情绪的自然流露。

在近代中国，转变孝观念的呼声总是伴随少数思想家的率先觉悟而被提到社会上来。这本来也是社会发展前进的必然规律，正是由于他们的艰苦努力，孝的观念的转变不断地适应时代的转变，也逐渐影响和深入到普通群众的思想意识当中。但是，我们同时也注意到这样一种看似矛盾的现象，最早发现封建孝道的流弊，最痛恨孝的意识的束缚，对孝的观念的转变做了最突出贡献的一些人物，恰恰自身的灵魂深处出现了反复。宣扬过“毁家”的大同思想，对封建家庭的流弊看得很明白的康有为，在戊戌变法之后，一面指斥“中国自由之教，亦令人发狂妄行，子弟背其父兄，学者犯其师长而已”①，一面又颇带欣赏地感慨说：“今吾国数千年奉孔子之道以为国教，守信尚义，孝弟爱敬，礼俗深厚，廉耻相尚。”“以半部《论语》犹未废坠，人知礼义廉耻可尊，家知孝弟忠信之宜学故也。……然今在中国，欲立废祠墓之祭扫，弃祖宗之系，恐未能也。”② 这与他当初憎恶封建家族制度的思想，倒退得何等遥远。吴虞的非孝尽人皆知，他尤其刻意攻击“不孝有三，无后为大”的孝调，骂得痛快淋漓！可他自己却常常为“无后”而坐卧不安，不仅妻妾迭更，他还在1921年5月12日的日记中记下：“（郑）淡成言，子为木火形人，宜早留须，方可得子。满五十岁务必留须，尚可生子二三人也。”不久，竟然蓄起须来。曾经讴歌过易卜生笔下的娜拉的胡适，自己的婚姻却甘认母亲包办，不敢偏离半个孝字。这种现象的屡屡发生，或许有着多重因素的作用，有的人出于对封建家族弊端的情绪，思想激进过一阵，最终没有跳出封建伦常的框框；也有的人虽然思想意识遥遥领先于普通群众，却“知而不行”，导致了“知行脱

---

① 《康有为政论集》，570页。
② 同上书，726页。

节”的悲剧下场。当然，更根本的原因还在于封建伦理观念虽然面临着日趋没落的前景，仍然可以看见它强大的惯性，致使即便是率先觉悟了的近代中国知识分子，在需要自己身体力行的关键时刻，又往往退回到孝观念的樊篱之内。这又使我们想到，对于普通群众来说，接受变革孝的观念的先进思潮，实在不是一件容易的事情。

应该承认，同社会思潮相比较，社会心态的发展变化要缓慢得多，也平和得多，它是一个渐变的过程。就孝的观念而言，在近代中国社会的末期，随着非孝思想的不断发展和社会的前进，孝观念在普通群众的思想意识中也发生了重要的变化。清前期父母被赋予对子女的绝对权利早已化作具文。吴虞在辛亥革命前一年同自己的父亲打过一场官司，尽管他因此蒙受了许多“忤逆”“非理非法”的恶名，却没有被官府制裁。辛亥革命后，历代刑律法典中所不可或缺的有关孝的条款，已被全部废除，“新刑律四百一十条，不见一个‘孝’字”①。后来，随着外来文化的渗透，中国旧有的家族制度的解体，经济因素的作用，“父权”体系逐渐被淡化，恰若鲁迅所言，“孝子”已经不多见了。我们在翻阅辛亥革命前后到五四运动时期的大量报刊时发现，一些“责子过严”“无故杀子”的现象得到了披露和惩治，曾经被奉若神明的节孝寺，往往也“久成荒废”，有的被移为“小学堂”。“孝”的神圣意义虽然还可能残存在某些人的观念之中，就整个社会而言，它是在逐渐淡化下去的。需要强调的是，正当地敬爱父母，赡养老人，不但不应为怪，反而是一种值得发扬光大的美德，即使是反传统、非孝意识最强烈的思想家们，也从未对此流露过任何否定的态度。鲁迅自称就是“极愿意孝顺”的，事实也印证了这一点。而他们所激烈抨击并视为不可饶恕的，恰恰是体现在孝的观念中摧残人性、束缚自由的“父权”“家族统治”以及有悖情理的尽孝方式和荒诞不经的孝道箴言上。这又是我们最后有必要澄清的包容在一个“孝”字之内的合乎情理和背离情理的两个方面。

---

① 《吴虞集》，177 页。

晚清诗歌中的灾荒描写*

文学艺术是社会生活的一面镜子。在各种文艺形式中，诗歌反映社会面貌往往更加直接，更加清晰。在清朝晚期，不少诗人把自然灾害作为自己创作的重要主题，从各个方面生动形象地刻画出了那个时代水旱失时、灾荒频仍、哀鸿遍野、饿殍塞途的社会真实。

一

晚清时期，由于殖民主义、帝国主义的侵略蹂躏，封建统治的野蛮黑暗，政治腐败，经济凋敝，阶级矛盾复杂尖锐，社会秩序动荡混乱。这一切，无不极大地削弱了本来就极其脆弱的防灾抗灾能力。于是，灾荒的频繁，灾区的广袤，灾情的严重，就成为这一时期社会生活的一个突出现象。

在各类自然灾害中，水灾是带给人们苦难最深重、对社会经济破坏最巨大的一种。下面几首诗，对洪水肆虐的情形进行了细致的描绘：

> 一雨四十日，低田行大舟。饿犬屋上吠，巨鱼床下游。张网捕鱼食鱼肉，瓮中无米煮薄粥。天寒日短风萧萧，前村寡妇携儿哭。（沈汝瑾：《老农述灾象作》）
>
> 三载野无禾，嗟哉《瓠子歌》。荒墟惟识树，官道乱成河。马向田中渡，车悬艇上过。居人翻习水，愁绝是催科。（鲍瑞骏：《禹城道中》）

---

* 载《清史研究》，1992年第4期。

田野夫如何，水至荡为薮。浪头一丈高，漂没大堤柳。十室仅有存，多半向城走。汩汩鸣澌中，觳觫对鸡狗。画船尔何人？看水到村口。坐赏天上雨，满引杯中酒。（贝春乔：《雨中作》）

水连床，床连屋，大儿小儿尽匍匐。床前淅米床上炊，那有干薪一两束？黑夜沉沉儿堕水，夫叫妻号救儿起，不闻儿啼儿已死！邻家有小船，儿女安稳眠。我家无船屋里住，水来更向何处去？不如拆屋取屋材，粗宋细桷并一堆。两头用绳缚做筏，漂东漂西波汩汩，未定一家谁死活？（曹楙坚：《拆屋行》）

……今年楚雨多，东下三千里。邗江入海处，处处堤岸毁。汪洋成巨浸，地水本相比。兼之潮汐盛，浩瀚不可止。屋庐与坟墓，在在水中沚。舟行不见岸，惟见树梢耳。林鸟远栖塔，海鱼近入市。洚洞疑洪荒，人民可知矣。胥徒亟四出，恤之钱及米。江船夹双橹，渡人若渡蚁。贫家葬近岸，岸圮坟亦圮。上下随波流，棤椟相累累。捐金为瘗埋，积棺若积几。子孙悉流亡，悲啼杂人鬼。老人八九旬，自言未见此。哀鸿遍中泽，耳目忍闻视……（陈文述：《江北大水叹》）

长风吹积阴，荒草蔓新堤。堤旁倚破屋，有妇掩面啼。借问何所悲？欲语神惨凄："沔阳膏腴地，自昔形势卑，频年水为患，不得把锄犁。食贫妾有夫，力耕三岁饥，家具既尽卖，天寒无蒿藜。昨欲卖儿女，言发心魂痴。怀中七岁女，忍痛离母帏。女在儿难全，安能两相依？但得暂存活，犹胜死别离。"嗟此饿殍骨，何处埋沙泥？（毛国翰：《新堤妇》）

这些诗作，既有对洪波巨浸汹涌澎湃的自然描写，又有对被灾人民或葬身鱼腹、或颠沛流离、或卖儿鬻女的创巨痛深与少数富贵人家灾中赏雨这样尖锐对比的社会众生相的生动写真。就艺术性而言，固然不见得是可以传诵千古的佳品，但就其现实主义的思想内容来说，应该说是上乘之作。

"华夏水患，黄河为大"。在晚清历史上，黄河平均两年即漫决一次，有时甚至一年数决。一旦黄河决口，沿河人民不是惨遭灭顶，就是流离失所。请看林寿春《饥民》一诗：

> 昨从邗江来，饥民遍徐州。咸云黄河泄，田园荡洪流。骨肉饱鱼鳖，尸骸渺难收。死者诚已矣，生者将安投。忍饥已三日，一饭不可谋。呻吟卧草间，行与鬼卒俦。谁能庇大厦，俾无冻馁忧。

徐兆英的《车行杂咏》则写得更加淋漓尽致：

> 去秋黄河决，数县成汪洋，丰堤工未合，满目皆疮痍：男妇多菜色，忍饥死道旁，骷髅乱犬啮，见之酸肺肠。新邳逢父老，招与谈沧桑，佥言去年水，更甚前年荒。老弱相枕藉，少壮逃四方。询知齐鲁地，连年遍哀鸿，贫家鬻小儿，只值三百铜。所以怀春女，多入烟花中，昔为良家女，今学娼妇容。

淮河也是一条曾带给人们无穷灾难的河流，“大雨大灾，小雨小灾，无雨旱灾”，是旧中国对淮河流域灾荒状况的确切概括。潘际云的《淮河叹》中有如下的句子：

> 淮河四月风怒号，卷起白浪翻塘坳。老蛟喷沫天吴骄，一堤如线居民逃。夜半黑云压城壕，翻空白雨尤萧骚。石岸迸裂流滔滔，河流漫溢十丈高。……哭声殷天民居漂，峨峨高塔浸及腰，老树露顶同蓬蒿，何况草舍依荒郊。流民荡析容颜憔，携妻抱子泥没骹。提筐乞食发垂髫，夜半古庙悬箪瓢，见客流涕声嘹嘹。为言频岁凶荒遭，去年首夏腾江潮。㳽㳽千里成银涛，欲避无楫居无巢，中田徒种黍与苗。今年更值狂澜涛，转徙不复知昏朝，卖得子女供餔糟……

相比之下，长江造成的水患要比黄、淮流域小得多，但从鸦片战争到五四运动的80年间，也曾发生30余次漫决，灾区较多集中在湖北一带。道光二十三年（1843年）贵州遵义举人郑珍北上应廷试，途经湖北公安县，惊奇地发现满目荒凉，人烟稀少，他回想起17年前经过此地时，“公安南北二百里，平地若席人烟稠。红菱双冠稻两熟，枣赤梨甘随事足”。他找到一位老人，打听这前后判若天壤的急剧变化的原因，老人“太息言从辛卯（按：道光十一年，1831年）来，长江无年不为灾。前潦未收后已溢，天意不许人力回。君不见壬寅（按：道光二十一年，1841年）松滋决七口，闾殚为江大波吼。北风三日更不休，十室登船九翻覆。老夫无船上木末（木末，指树梢。——引者注），稚子衰妻复何有！可怜四日饥眼黑，幸有来舟能活得。他方难去守坏基，田土虽多欠人力。无牛代耕还自锄，无钱买种多植蔬。今春宿麦固云好，未省收前堤决无！纵得丰成利能几，官吏又索连年租。租去老夫复不饱，坐看此地成荒芜”（《江边老叟诗》）。这位老人，不但道出了连年天灾对人民生活和社会经济的巨大打击，也接触到了黑暗的封建统治造成的人祸怎样进一步加深了天灾。

就发生的频率来讲，旱灾较水灾为小，但一旦因长期亢旱而形成灾荒，则往往出现“赤地千里”“树皮草根之可食者，莫不饭茹殆尽”，不得不“研石成粉，和土为丸”，吞观音土以苟延残喘的景象，甚至演出“易子而食，析骸以爨”的人间惨剧。从下面两首诗，可以看到旱魃对人们构成了怎样的威胁：

> 大云峨峨似山矗，嗟哉阳九逢百六。石焦金烁土龟坼，野火翻飞上茅屋。榆皮已尽草根枯，十丈溪河变成陆。晨起愁看日影红，晚来几见炊烟绿。去年米贱等糠秕，今日糠秕贵如谷。君不见千钱一斗万钱斛，富儿色喜贫儿哭！（赵元绍：《米贵谣》）
>
> 仲夏多雨秋多晴，商羊舞罢朱鸟明。天公欲以威克爱，驱下旱魃恣凭陵。绝无微云触石起，高张大伞空中行。草木槁死何足惜，可怜憔悴禾数茎。农人望雨如望岁，桔槔终夜无时停。大地为炉日为炭，忍看万物同煎烹。……（柳树芳：《苦旱行》）

此外，如“大风拔木海水高，人畜入水鱼鳌骄，空中似有神鬼号”（沈汝瑾：《风灾行》）的对于风灾的描写，“蝗飞蔽天日，衔尾群相接，千头万头如雨集”（高望曾：《蝗灾行》）的对于蝗灾的描写等等，都使我们对于晚清灾荒状况，得到更加清晰、形象、具体的了解。

二

前面引用的这些诗句中，已经涉及灾荒发生后人民遭受的种种深重而巨大的苦难。但诗人们在另外一些作品里，有着对于灾民们水深火热的痛苦生活更为集中的撕心裂肺的呼喊与诉说。

黄燮清在《灾民叹》中谈到了大灾之年人命怎样贱如蝼蚁的情况：

> 阿弟犹襁褓，阿兄四五龄。阿弟饥已死，阿兄匍匐行。狗来食弟肉，还复视阿兄。明知与鬼伍，见惯亦不惊。哀尔固人子，生死两伶俜。饥寒父母弃，躯命蝼蚁轻。吁嗟纨绔儿，梨枣方纷争！

鲁一同的《荒年谣》中，有一首题为《卖耕牛》的，说的是因为灾荒，有人不得不把主要生产资料耕牛卖掉，有一位方巾气十足的老者，大发人不该吃牛肉的迂论，引起的反响却颇为不妙：“戒人食牛人怒嗔：不见前村人食人!”这个故事实在颇有点“黑色幽默”的味道，在“人食人”的悲惨现实面前，“戒人食牛”这个本来积极的议论却显得那样地不近人情了。同一作者在另一首题为《拾遗骸》的诗中，则是把灾年的悲惨景象赤裸裸地展览给人看了：

> 拾遗骸，遗骸满路旁。犬饕鸟啄皮肉碎，血染草赤天雨霜。北风吹走僵尸僵，欲行不行丑且尪。今日残魂身上布，明日谁家衣上絮？行人见惯去不顾，髑髅生齿横当路。

既然自己的生命尚且朝不保夕，随时都可能不胜冻馁而倒毙路旁，卖儿鬻女也必定成为司空见惯的现象，这与其说是做父母的无情，例不如说是在万般无奈中对于后代存着一线生的希望。——这至少比将子女忍心抛弃于山野丘壑之间要聊胜一筹吧！请看汤国泰的以下两首诗作：

> 去冬卖儿有人要，今春卖儿空绝叫。儿无人要弃路旁，哭

无长声闻者伤。朝见啼饥儿猬缩，暮见横尸饥鸟啄。食儿肉，饱鸟腹，他人见之犹惨目。呜呼！儿弃安能已独活，枉抛一脔心头血。嗟哉儿父何其忍？思亲儿在黄泉等。（《路旁儿》）

道旁妇，苦又苦，鹄面鸠形衣褴褛。饥寒儿女泣呱呱，霜雪风中频索乳。腆颜欲作富家奴，主不兼容絜儿女。思卖儿女活已命，肉剜心头难操刃。自甘同死怕生离，搔首空把青天问。（《道旁妇》）

侥幸暂时逃避了骨肉生死离别厄运的人们，也仍然过着衣不蔽体、食不果腹的非人生活，只是在死亡线上挣扎着苟延残喘而已。论住，他们或露宿田野，或藏身山洞；论食，他们或挖草根树皮，或靠“观音土”填塞肚子，甚至以死人肉充饥：

凶年卖屋不论间，拆墙卖柱斤一钱。贫家无屋住山洞，吞声忍饥兼忍冻。生剥儿衣市头卖，买啖树皮安得菜？御寒但盼东日红，连宵积阴号朔风。儿嘶无声战两腿，死抱娘怀作寒鬼。（边瀹慈：《冻婴叹》）

采采山上榆，榆皮剥已尽。采采草门茅，茅根不堪吮。千钱二斗粟，百钱二斗糠，卖衣买糠食儿女，卖牛买粟供耶娘。无牛何以耕，无衣何以燠？休问何以耕，休问何以燠，未必秋冬时，一家犹在屋。

未死不忍杀，已死不必覆。出我囊中刀，刳彼身上肉。瓦觚烧枯苗，煎煎半生熟。羸瘠无脂膏，和以山溪蔌。生者如可救，死者亦甘服。此即妻与孥，一嚼一号哭，哭者声未收，满体乍寒缩。少刻气亦绝，又填他人腹。（焦循：《荒年杂诗》选二首）

在这样的情形，留给灾民的最后一条出路，就是背井离乡，外出逃荒。当时，把这种逃荒者称作“流民”。一次大的水旱灾荒，往往要产生数万、数十万甚至数百万的流民。流民们到处游荡，居无定所，食无定时，过着半饥半饱、不生不死的日子。晚清著名学者俞樾有《流民谣》云：

不生不死流民来，流民既来何时回？欲归不可田污莱，欲留不得官吏催。今日州，明日府，千风万雨，不借一庑。生者前引，死者臭腐。吁嗟乎！流民何处是乐土。

这里提到“欲留不得官吏催”，是什么意思呢？原来，清朝政府害怕大量流民的存在，会威胁到原本就动荡不定的社会秩序更加纷扰，不从根本上组织抗灾救灾，以减少流民的产生，却硬性规定不准外地流民入境。凡入境者即以强制手段驱逐遣返。边瀹慈在《济源民》一诗的说明中说：“济源县受灾最先，亦最重。往往一乡之人结队同逃，求官给牒就食他省。至直隶界，不纳，出牒示之，遂以其牒达之总督，还咨豫抚。济源令以此撤任。于是逃民所至，仍饬州县递回原籍。”好心的济源令为了给流民出具一纸证明，竟丢掉了乌纱帽，一般的官员自然谁也不会去冒这样的风险。蒋兰畬《山村》一诗云：

荒村日暮少行人，烟火寥寥白屋贫。小队官兵骑马过，黄昏风雪捉流民。

贝青乔的《流民船》则称：

江北荒，江南扰。流民来，居民恼。前者担，后者提，老者哭，少者啼。爷娘兄弟子女妻，填街塞巷号寒饥。饥肠辘辘鸣，鸣急无停声。昨日丹阳路，今日金阊城。城中煌煌宪谕出，禁止流民不许入。

在当时社会条件下，一旦遭灾，老百姓留在灾区既无以为生，远离他乡又无路可走，剩下的真只有死路一条了。

三

灾荒不仅是一种自然现象，同时也是一种社会现象。既然如此，它当然也就不能不与政治有着密切的关系。晚清诗歌中，有不少篇章触及了这个重要而敏感的问题。

道光二十三年（1843 年）夏，黄河于中牟县下汛九堡漫口，开始时河堤冲决百余丈，后塌宽至360余丈。这已是黄河连续第三年大决口了。滔滔浊浪，一泻千里，河南全省的16个州县“地亩被淹”。河决后，朝廷虽专派礼部尚书麟魁、工部尚书廖鸿荃“督办河工”，但工程进展缓慢，第二年整整一年，“黄流未复故道”，被淹田地未能涸复。河南、安徽、江苏“三省灾黎，流离失所”，不计其数。直至道光二十四年年底（1845年年初），中牟决口始行合龙。这次大灾难的发生，很大程度上与以河道总督慧成为首的一帮管理黄河的官吏玩忽职守、贪渎搜刮有关。事件发生后，清政府也不得不以“糜帑殃民”的罪名将慧成“革任”，并“枷号河干，以示惩儆”，河督一职由原库伦办事大臣钟祥接替。何栻《河决中牟纪事》对此有这样的揭露：

> 黑云压堤蒙马头，河声惨捷云中流。淫霖滂沛风飕飕，蛟螭跛扈鼋鼍愁。陨竹揵石数不售，公帑早入私囊收。白眼视河无一筹，飞书惊倒监河侯。一日夜驰四百里，车中雨渍衣如洗。暮望中牟路无几，霹雳一声河见底，生灵百万其鱼矣，河上官僚笑相视。鲜车怒马迎新使，六百万金大工起。

咸丰元年八月（1851年9月），黄河又在江苏丰县北岸决口，口门塌宽180余丈，“淹没生民千万”。这次决口的主要原因，是河工大员吝惜一些工料费而随意改变合龙旧制，对此，夏实晋在《避水词》中悲愤地写道：

> 御黄不闭惜工材，骤值狂飙降此灾。省却金钱四百万，忍教民命换将来！

其实，岂但黄河如此，在那个时候，有几个地方官肯为民谋福，去实力兴修水利？无怪乎诗人要发出这样的慨叹：“吾思备旱之策先导水，疏通沟洫江湖平。白渠溉田决为雨，苏堤卫水湖澄清。纵有灾沴不为害，天定每以人力争。平时不讲临事晚，嗟此水利何由兴！”（柳树芳：《苦旱行》）

一旦灾害发生之后，地方大吏们在勘灾过程中，就要开了弄虚作假的手段，或“以丰为歉”，捏报灾情；或“以歉为丰”，匿灾不报。虚报是为了贪污，匿灾是为了邀功，不论哪一种情形，都是以官吏追名逐利为根本出发点，而置老百姓的死活于不顾。宣统元年（1909 年），甘肃自前年开始连续 995 日亢旱无雨，出现特大旱灾，“不独无粮，且更无水，竟有人食人之慨，穷民纷纷逃荒”。但陕甘总督升允粉饰太平，既不积极筹赈，还向朝廷讳饰灾情，结果自然更增加了人民的苦难。南社著名诗人高旭特作《甘肃大旱灾感赋》，内称：

> 天既灾于前，官复厄于后。贪官与污吏，天地而蔑有。歌舞太平年，粉饰相沿久。匿灾梗不报，谬冀功不朽。一人果肥矣，其奈万家瘦！官心狠豺狼，民命贱鸡狗。屠之复戮之，逆来须顺受。况当赈灾日，更复上下手。中饱贮私囊，居功辞其咎。甲则累累印，乙则若若绶。回看饿殍余，百不存八九。彼独何肺肝，亦曾一念否？

这首诗，对于封建政治中所谓“荒政”的黑幕，揭露得可说是一针见血、淋漓尽致的了。

当然，封建统治者表面文章是总要做一做的。每当灾年，朝廷一般要根据灾情轻重，对一些地区的田赋宣布实行“蠲免”，有关“蠲免”的谕旨还要“刊刻誊黄”，广为张贴。但宣布归宣布，实际上地方官吏往往照样对老百姓敲骨吸髓，催租追粮。这方面的情形，在诗歌中有许多反映。下面只略举一二：

> 饥户一箪粥，蠲户百石谷。朝闻饥户啼，暮闻蠲户哭。城中派蠲何扰扰，城外发赈何草草？堂皇坐者顾而嘻，尽瘁民依心可表。心可表，情弗矜，蠲户含咽卖田产，饥户糜骨填沟塍。明年荒政叙劳绩，拜章入奏官高升。（贝青乔：《蠲赈谣》）
>
> 水灾仍重赋，最苦是低田。有麦无禾地，椎心泣血钱。闾阎资易竭，官吏壑难填。减免堂堂谕，誊黄贴署前。（沈汝瑾：《重赋》）
>
> 去年三辅岁不熟，夏苦焦原秋泽国。黍稌粳稻俱不收，剜肉补疮种荞麦。挑挖野蒿掘莱菔，和土连根煮苜宿。富者犹闻饼屑糠，穷人那有榆煎粥。窖藏岂无升斗谷？留与高年作旨蓄。

苍黄夜半贼马来，十舍逃亡九空屋，贼去人还家，空仓啼老鸦。土堆粪壤括遗粒，拾起秕稗淘泥沙。全家恃此以为生，哀哉又遇打粮兵。（尹耕云：《打粮兵》）

除了“蠲免”外，对于重灾地区。有时封建王朝还拿出一些钱米，进行“赈济”。但赈灾中的弊端，更是黑幕重重。且不说别的，要列入饥民册，首先就得向胥吏交钱，否则，连作为救济对象的资格都没有。下面一首类似民谣的诗歌有十分生动的记述：

戚戚复戚戚，总甲来造册。囊空无一文，何以谢总甲？上复总甲爷：除我饥口名，今冬何以活残生？上复总甲爷：入我饥口名！惶恐不敢高作声，上复总甲爷：怜我无钱，容我长跪。总甲爷爷，大怒而起。（胡承谱：《总甲爷》）

至于贪污赈款，侵吞赈银，大发灾荒财，上下其手，搞什么“吃灾”“卖灾”“勒折”之类的名堂，就更加说不胜说了。

在一些城市或集镇里，封建政府为了装点门面，常常举办粥场（也叫粥厂），向流浪到城镇的灾民施粥，算作是一种“善举”。但据历史资料记载，灾民们要靠这类粥厂维持生命，是难乎其难的。我们经常可以看到，在粥厂前面，倒毙着许多冻馁而亡的尸体。下面这首诗，对粥厂的情况做了真实然而是令人毛骨悚然的描绘：

赈饥民，官煮粥。半杓石灰一杓粥，熬作泥浆果人腹。北风森寒肌起粟，胥吏重裘饱酒肉。长官排衙开册读，两边唱筹依次续。弱者趑趄遭詈辱，强者提筐往而复。路旁老翁形瑟缩，鼻观闻香遥注目，饥焰中烧直前掬，官怒擒前命鞭扑，老翁仆地吞声哭。昨朝里正点村屋，老翁无钱名不录，今晨横被官刑酷，忍饥归医杖疮毒。呜呼！此是赈饥民，煮官粥。（王嘉福：《粥厂谣》）

我想，说这样的生活无异于人间地狱，大概是不能算过分的。但我们的先辈，确实是在这种历史真实中生活过来的。我们不能忘却我们的民族曾经经历过的这些苦难，目的是为了再也不让这种民族苦难重现。

教育改革对学生思想政治工作提出了更高的要求*

认真贯彻党的十四大精神，深化高等教育改革，提高教育质量是摆在高等学校面前的一项紧迫任务。而适应新形势的需要，加强高校德育和学生思想政治工作，则是高教改革中一个带根本性的、不容忽视的问题。

改革是一场革命，但改革并不是要改变我们社会主义制度的性质，而是社会主义制度的自我完善和发展，教育改革也始终不能偏离社会主义教育的航向。按照党的教育方针，培养德智体全面发展的社会主义事业的建设者和接班人，始终是人才培养的根本要求。在大的社会变革面前，青年学生的思想必将产生各种各样的变化，需要及时加以引导。因此，改革开放愈是深入，愈要加强思想政治工作，充分发挥思想政治工作在化解矛盾、协调关系、理顺情绪、调动积极性等方面的作用。江泽民同志在十四大报告中，再次强调了物质文明和精神文明两手抓的战略方针，明确指出“物质文明和精神文明都搞好，才是有中国特色的社会主义”，并且把思想政治工作作为建设社会主义精神文明的重要环节和手段。他指出要发挥思想政治教育的优势，进一步对青少年加强党的基本路线教育、爱国主义、集体主义和社会主义思想教育，加强近代史、现代史教育和国情教育，增强民族自尊、自信和自强精神，抵御资本主义和封建主义腐朽思想的侵蚀，树立正确思想、信念和价值观。任何怀疑、削弱思想政治工作的观点和做法，都是错误的，有害的。

在教育改革中坚持把德育放在首位，继续加强学生思想政治工

* 载《大学德育》，1992年第4期。

作，与解放思想、加快改革开放步伐不是矛盾的，而是统一的。思想政治工作做得好，必将极大地激发人们建设有中国特色社会主义的积极性，必将为经济建设和改革开放提供强大的精神动力。这里关键有一个充实内容、改进方法的问题。在新的历史时期，环境、条件都发生了很大变化，思想政治工作不论在内容方面还是在方法方面，都不能停留在老的一套上面，而要进行适应改革开放新形势、新任务要求的新的探索。例如，随着经济的发展和社会主义市场经济体制的建立，人们在道德观念上也会有新的变化，应该在新的历史条件下不断充实和丰富社会主义道德风尚的内容，诸如平等竞争的意识、讲求效益和效率的观念、开拓创新的精神、诚实守信的态度等等；至于资本主义甚至封建主义的某些腐朽落后的思想和行为，诸如损人利己、损公肥私、金钱至上、以权谋私、欺诈勒索等，与社会主义道德根本对立，只会对社会主义市场经济体制的建立和现代化建设的发展起阻碍、破坏作用，必须坚决反对。思想政治教育不能限于空洞、抽象的说教，而必须与改革开放的伟大实践紧密结合，与活生生的现实生活紧密结合。要大力宣传改革开放中涌现的艰苦创业、开拓进取、勇于奉献的先进典型，用他们身上体现的可贵品质作为道德建设的生动教材。

总之，在新的历史时期，思想政治工作不但不能一时或缺，而且大有用武之地。

大力加强社会主义精神文明建设*
——学习江泽民同志十四大报告的一点体会

举世瞩目的党的第十四次全国代表大会，已经胜利闭幕。这是一次承前启后、继往开来的历史性盛会，在建设有中国特色社会主义的伟大征途上，具有光辉的里程碑意义。江泽民同志代表十三届中央委员会所做的报告，对十一届三中全会以来14年的伟大实践做了认真的、系统的总结，对党在实践中形成的基本理论、基本路线和一系列战略决策做出了郑重的科学的结论，对今后一个时期的主要任务和方针政策做了明确的阐述。全面贯彻十四大精神，必将极大地调动全党和全国各族人民的社会主义积极性，进一步加快改革开放和现代化建设的步伐，使中国特色的社会主义事业开创一个新的局面。

江泽民同志的报告具有十分丰富的内容，这里仅就加强社会主义精神文明建设的问题，谈一点学习的初步体会。

一、坚持物质文明与精神文明两手抓的战略方针

社会主义的本质是解放生产力，发展生产力，消灭剥削，消除两极分化，最终达到共同富裕。在现阶段，我国社会的主要矛盾是人民日益增长的物质文化需要同落后的社会生产之间的矛盾。毫无疑问，坚持社会主义，必须把发展生产力摆在首要位置，以经济建设为中心，推动社会的全面进步。在任何时候，加强物质文明的建

* 载《高校理论战线》，1992年第6期。

设，始终是第一位的、头等重要的任务。但这决不是说，可以对精神文明的建设有丝毫的忽视或放松。坚持物质文明与精神文明两手抓，是建设有中国特色的社会主义的战略方针。江泽民同志在报告中把“坚持两手抓，两手都要硬，把社会主义精神文明建设提高到新水平”，作为十个关系全局的主要任务之一，并且强调指出：“物质文明和精神文明都搞好，才是有中国特色的社会主义。”

这里，一个重要问题是要正确认识社会主义精神文明建设的战略地位。

社会主义精神文明建设，并不是游离于经济建设这个中心之外，更不是与经济建设这个中心相对立的，它同物质文明的建设有着一种相辅相成、相互促进的辩证关系。在社会主义时期，物质文明为精神文明的发展提供物质条件和实践经验，精神文明又为物质文明的发展提供精神动力、智力支持和思想保证，为改革开放和现代化建设创造有利的环境。仅仅有社会生产力的高度发展，还并不就是等于建设好了社会主义；而且，如果精神文明建设搞得不好，经济建设也会受到极大的牵制，甚至遇到各种障碍和阻力。正是在这个意义上，我们把社会主义精神文明建设看作是关系社会主义兴衰成败的大事。

邓小平同志曾经指出：“中国的事情能不能办好，社会主义和改革开放能不能坚持，经济能不能快一点发展起来，国家能不能长治久安，从一定意义上说，关键在人。”这里所说的“人”，当然主要是指人的素质，人的精神面貌。人的素质是历史的产物，又给历史以巨大影响。在社会主义条件下，努力改善全体公民的素质，必将使社会劳动生产率不断提高，使人和人之间的新型关系不断发展，使整个社会的面貌发生深刻的变化。而改善人的素质，提高人们的精神境界，这正是社会主义精神文明建设的根本任务。十二届六中全会通过的《关于社会主义精神文明建设指导方针的决议》，对此有明确的论述：“社会主义精神文明建设的根本任务，是适应社会主义现代化建设的需要，培育有理想、有道德、有文化、有纪律的社会主义公民，提高整个中华民族的思想道德素质和科学文化素质。”

社会存在决定社会意识。经济的发展，社会的进步，社会主义现代化建设的飞速前进，必然会对人们的精神生活产生巨大的影响，使人们迅速摆脱小生产的狭隘陈旧的思维方式，思想更加解放，眼界更加开阔，精神更加焕发；同时，社会生活的急剧变化也势必要对精神文明建设提出更高的要求。如果我们不用大的力气，把社会主义精神文明建设提高到新的水平，就会使人们的思想、观念、心理、习惯等等同社会现实生活产生许多的不适应，甚至加剧经济基础和上层建筑之间的矛盾。

江泽民同志在报告的最后，具体描绘了从现在起到21世纪中叶全党和全国人民的宏伟奋斗目标，那就是在20世纪的最后十年，初步建立起新的经济体制，实现达到小康水平的第二步发展目标，到建党一百周年时，在各方面形成一整套更加成熟、更加定型的制度，到中华人民共和国成立一百周年的时候，基本实现社会主义现代化。这个奋斗目标，反映现阶段我国各族人民的共同理想。我们要用这个共同理想动员群众，团结群众，使之成为保证全体人民在政治上、道义上和精神上团结一致的强大精神武器。靠这个精神武器去克服和战胜前进道路上必然会遇到的各种各样的困难，靠这个精神武器去夺取一个又一个的胜利。我们相信，社会主义现代化建设的成就愈大，广大人民群众对实现共同理想的信念就愈加坚定。经济越是发展，社会主义的优越性越是得到充分体现，人们对社会主义制度也就越加充满信心。这样，物质变精神，精神变物质，就形成了一个物质文明建设和精神文明建设互相促进的良性循环。我们说，社会主义精神文明建设，必须是推动社会主义现代化建设的精神文明建设，必须是促进全面改革和实行对外开放的精神文明建设，必须是坚持四项基本原则的精神文明建设，其根据也正是在这里。

二、不断提高全民族的思想道德和科学文化水平

江泽民同志的报告，对建设有中国特色社会主义的理论做了全

面系统的概括和阐述。“这个理论，第一次比较系统地初步回答了中国这样的经济文化比较落后的国家如何建设社会主义、如何巩固和发展社会主义的一系列基本问题，用新的思想、观点，继承和发展了马克思主义。”这个理论“是在和平与发展成为时代主题的历史条件下，在我国改革开放和社会主义现代化建设的实践过程中，在总结我国社会主义胜利和挫折的历史经验并借鉴其他国家社会主义兴衰成败历史经验的基础上，逐步形成和发展起来的。它是马克思列宁主义基本原理与当代中国实际和时代特征相结合的产物，是毛泽东思想的继承和发展，是全党全国人民集体智慧的结晶，是中国共产党和中国人民最可珍贵的精神财富”。用建设有中国特色社会主义的理论武装全党，让更多的群众掌握这个强大思想武器，是社会主义精神文明建设的根本。我们的理想建设、道德建设、文化建设、民主法制观念建设，都离不开马克思主义的指导，当然也就离不开建设有中国特色社会主义理论这个“当代中国的马克思主义”的指导。江泽民同志的报告在谈到精神文明建设问题时，首先指出“应当高度重视理论建设，保障学术自由，注重理论联系实际，创造性地开展研究，繁荣哲学社会科学，坚持和发展马克思主义”。同时还指出要“加强理论队伍建设，重视中青年理论工作者的培养和提高”。马克思主义是深深植根于实践并在实践中不断发展的科学。马克思主义是认识世界和改造世界的唯一科学的世界观和方法论，但是它并没有结束真理，而是在实践中不断地开辟认识真理的道路。建设有中国特色社会主义的理论，是对我们党和人民长期伟大实践的科学总结，同时，也必然要在进一步建设有中国特色社会主义的波澜壮阔的斗争中得到丰富、完善和发展。理论工作者的神圣职责，就是要在宣传、研究、坚持、发展有中国特色社会主义的理论方面，做出无愧于时代的历史贡献。要做到这一点，就必须紧紧掌握建设有中国特色社会主义理论的精髓，解放思想，实事求是，在马克思主义的指导下，冲破落后的传统观念和主观偏见的束缚，改变因循守旧、不接受新事物的精神状态，摒弃对于马克思主义某些原则、某些本本的教条主义态度，坚决反对和克服形而上学、绝对化的毛病，用辩证唯物主义和历史唯物主义的世界观、方法论去研究社会生活中层出不穷的新情况，去解决前进道路上不断发生的新问题。

在全民族范围内做好科学文化知识的普及和提高，是社会主义精神文明建设的重要内容。科学技术是第一生产力，进行社会主义现代化建设，不依靠科学、尊重科学、发展科学，不仅费力不讨好，而且必定要大大落伍于世界各国前进的行列。而要使科学技术为越来越多的人所掌握，充分发挥它推动社会历史进步的巨大作用，则在很大程度上有赖于广大群众文化素质的普遍提高。在这方面，目前的状况同社会发展的客观需要还存在着较大的差距。根据 1990 年人口普查公布的数据，在全国 11 亿多人口中，具有大学文化程度的只有 1 500 余万人，高中文化程度的 9 000 余万人，初中文化程度的 2 亿多人。总的说来，具有较高文化程度的人在全国总人口中的比重还很小，这种情况不能不成为经济发展和社会进步的一个重要的制约因素。要改变这种状况，教育起着关键的作用。江泽民同志在报告中强调："我们必须把教育摆在优先发展的战略地位，努力提高全民族的思想道德和科学文化水平，这是实现我国现代化的根本大计。要优化教育结构，大力加强基础教育，积极发展职业教育、成人教育和高等教育，鼓励自学成才。"这里提到的"加强"和"发展"，显然既包括教育在数量、规模上的适量增长和扩大，也包括教育质量的提高。衡量教育质量的高低，归根到底要看培养出来的人才的专业知识和政治素质的水平。这就要求我们全面贯彻执行党的教育方针，真正培养出大批德、智、体全面发展的社会主义事业的建设者和接班人。

加强社会主义精神文明建设，需要大力发扬社会主义的道德风尚。道德是经济基础的反映，而不是脱离历史发展的抽象观念。随着经济的发展和社会主义市场经济体制的建立，人们在道德观念上也会有新的变化，应该在新的历史条件下不断充实和丰富社会主义道德风尚的内容，例如，平等竞争的意识，讲求效益和效率的观念，开拓创新的精神，诚实守信的态度，等等，既适应新体制的要求，也在协调人与人的关系上起着积极作用，应该大力提倡。资本主义甚至封建主义的某些腐朽、落后的思想和行为，诸如损人利己、损公肥私、金钱至上、以权谋私、欺诈勒索、弄虚作假等，只会对社会主义市场经济体制的建立和发展起阻碍、破坏作用，当然更是与社会主义道德根本对立的。如果借口我国还处在社会主义的初级阶段，经济体制改革的目标模式是社会主义市场经济，就认为上面提到的那些东西有合法存在的理由，甚至以腐朽为神奇，对那一套东西想方设法大加赞誉，这不但是强词夺理，也同客观实际大相径庭。事实上，现实生活中许多为了社会主义现代化建设奋力拼搏的改革家和创业者，无不是在强烈的爱国主义精神的推动下，为了祖国美好的明天，以坚定的信念、顽强的毅力、无私无畏的献身精神和牺牲精神，大胆开拓，勇敢进取，才做出了值得称道的业绩。我们要大力宣传改革开放中涌现出来的艰苦创业、开拓进取、勇于奉献的先进典型，用他们身上体现的可贵品质作为道德建设的生动教材。

改革开放愈是深入，愈要加强思想政治工作。有的同志，包括一部分思想政治工作者在内，认为“经济工作是实的，思想政治工作是虚的”，现在是“经济工作的春天，思想政治工作的秋天”，这完全是一种误解。改革是一场革命，它不是要改变我们社会主义制度的性质，而是社会主义制度的自我完善和发展。它也不是对原有经济体制的细枝末节的修补，而是经济体制的根本性变革。这样的改革，必然会对社会生活的各个方面造成巨大的震动，引起人们观念上的深刻变化，在人与人相互关系上也会发生许多新的变动和调整。正是在这个大变动中，思想政治工作不但不能一时或缺，而且大有用武之地，可以充分发挥在化解矛盾、协调关系、理顺情绪、调动积极性等方面的作用。因此，任何怀疑、削弱思想政治工作的观点和做法都是错误的、有害的。当然，在新的历史时期，环境、条件都发生了很大的变化，思想政治工作不论在内容方面还是在方法方面，都不能停留在老一套上面，而要进行适应改革开放新形势、新任务要求的新的探索。

建设有中国特色社会主义的宏伟事业，需要全国人民团结一致，同心同德。炽烈的爱国主义、高度的民族自尊心和自信心，是团结全国各族人民的重要精神力量。但是，正如江泽民同志在《浩然正气》一书的"代前言"中指出的："现在，有不少的年轻人，对于我们国家和民族过去饱经忧患的历史，争取独立和解放的历史，不了解，不熟悉，甚至有些年纪大的人也渐渐淡忘了。"这就给我们提出了一个任务，必须向人们，特别是青年人，加强爱国主义、集体主义、社会主义思想教育，加强近代史、现代史教育和国情教育。只有不忘记我国近代社会备受压迫、凌辱的巨大民族苦难，不忘记无数革命先烈和志士仁人为反抗帝国主义侵略、国内反动阶级压迫，为了救国救民而前仆后继、英勇奋斗的历史，才能有对于今天社会主义祖国的热爱，才能有对于我们这个民族的自豪感。

社会主义的精神文明，并不是也不可能在一片文化废墟上建立起来。只有认真地继承和发扬中华民族优良的思想文化传统，大胆地吸收人类文明发展的一切优秀成果，在生动丰富的社会实践中，创造出人类先进的精神文明。在这中间，不论是对于我国古代的传统文化，还是对于现代的西方文化，都有一个分辨、鉴别、消化、吸收的过程。理论工作者的任务，就是要加强这方面的研究，从理论上指导人们既大胆地吸收传统的和外来的一切有益的文明成果，又摒弃和抵御这些文化中落后、腐朽、消极成分的不利影响，真正做到取其精华，弃其糟粕。要充分认识资产阶级自由化思潮存在的长期性及其严重危害，坚持不懈地搞好坚持四项基本原则的教育。

三、加强党对精神文明建设的领导

社会主义精神文明建设，也同社会主义物质文明建设一样，是否能够取得成效，关键在于能不能切实加强党对这项工作的领导。

江泽民同志在十四大的报告中，不但重新肯定了十二届六中全会《关于社会主义精神文明建设指导方针的决议》，而且用不少篇幅，根据社会生活的新发展，对精神文明建设的一系列重要问题做了深刻的阐述。这样，我们党对于建设社会主义精神文明的方针、任务、内容、方法，从各个方面都做了完整的规定。各级党组织的任务，就在于切切实实地加以落实，真正按照江泽民同志在报告中提出的要求那样，“各级党委要认真总结改革开放以来的新经验，加强和改进对精神文明建设的领导”。

党组织和党员加强自身的精神文明的建设，特别是搞好党风，对于全社会的精神文明建设，具有决定的意义。十四大通过的新党章，在有关党员必须履行的义务的条文中，有不少是与精神文明建设直接相关的。如第二条的“贯彻执行党的基本路线和各项方针、政策，带头参加改革开放和社会主义现代化建设，带动群众为经济发展和社会进步艰苦奋斗，在生产、工作、学习和社会生活中起先锋模范作用”，第三条的“坚持党和人民的利益高于一切、个人利益服从党和人民的利益，吃苦在前，享受在后，克己奉公，多做贡献”，第六条的“切实开展批评和自我批评，勇于揭露和纠正工作中的缺点、错误，坚决同消极腐败现象作斗争”，第八条的“发扬社会主义新风尚，提倡共产主义道德，为了保护国家和人民的利益，在一切困难和危险的时刻挺身而出，英勇斗争，不怕牺牲”，等等，其中有的虽然是对于共产党员的特殊要求，但作为一种崇高的精神，却也是社会主义精神文明建设中应该努力提倡和尽力争取的目标。如果广大共产党员都能对此身体力行，全社会就可以蔚为风气。这种在实际生活中党员的模范带头作用，是一种比任何语言更为有力的推动力量。我们一定要像江泽民同志报告中指出的那样：“在全党大力提倡解放思想、改革创新的精神，尊重科学、真抓实干的精神，顾全大局、团结协作的精神，谦虚谨慎、崇尚先进的精神，艰苦奋斗、无私奉献的精神，把共产党人的先进性在社会主义物质文明和精神文明建设中充分发挥出来。”

事实证明，我们党是一个伟大、光荣、正确的党，党的绝大多数成员，是有较高思想觉悟、良好道德品质和严格组织纪律的。但也毋庸讳言，我们的党风还有不正的地方，党内也存在着某些腐败现象。端正党风，坚持反腐败斗争，是一个关系到党生死存亡的重大问题。如果容忍不良作风的存在，容忍极少数腐败分子以权谋私，贪赃枉法，就必定会侵蚀党的肌体，败坏党的形象，涣散和瓦解党的战斗力，最后极大地脱离群众，危害党的事业。同时，也必定会对全社会的精神文明起消极破坏作用。我们一定要充分认识反腐败斗争的紧迫性、长期性和艰巨性，下大决心，花大力气，加强党风和廉政建设，坚决持久地同一切腐败现象作斗争。

党的第十四次全国代表大会，为夺取有中国特色社会主义事业的更大胜利，吹响了新的进军号角。我们坚信，在建设有中国特色社会主义理论和党的基本路线的指引下，只要在大力推进物质文明建设的同时不断加强社会主义精神文明建设，就一定能够达到实现社会主义现代化的目的。

面向实际，加强社会科学理论研究*
——学习江泽民同志十四大报告的一点体会

刚刚胜利闭幕的党的第十四次全国代表大会，是一次具有深远意义的历史性会议。江泽民同志代表十三届中央委员会向大会所做的报告，对十一届三中全会以来的14年伟大实践进行了深刻的总结，对建设有中国特色社会主义的理论进行了全面的概括，对今后一个历史阶段改革和建设的任务，从指导思想到重大的方针政策，做了明确的论述。全面贯彻十四大精神，必将极大地调动全党和全国各族人民建设社会主义的积极性，进一步解放思想，把握有利时机，加快改革开放和现代化建设步伐，开创有中国特色社会主义事业的新局面。

江泽民同志在详细回顾了十一届三中全会以来，我国政治生活、经济生活、社会生活各个方面发生的巨大变化之后，深刻指出："我们党所以能够取得这样的胜利，根本原因是在十四年的伟大实践中，坚持把马克思主义基本原理同中国具体实际相结合，逐步形成和发展了建设有中国特色社会主义的理论。""这个理论，第一次比较系统地初步回答了中国这样的经济文化比较落后的国家如何建设社会主义、如何巩固和发展社会主义的一系列基本问题，用新的思想、观点，继承和发展了马克思主义。"这个理论，是在和平与发展成为时代主题的历史条件下，在我国改革开放和社会主义现代化建设的实践过程中，在总结我国社会主义胜利和挫折的历史经验并借鉴其他国家社会主义兴衰成败历史经验的基础上，逐步形成和发展起来的。它是马克思列宁主义基本原理与当代中国实际和时代特征相结

---

* 载《教学与研究》，1992年第6期。

合的产物，是毛泽东思想的继承和发展，是全党全国人民集体智慧的结晶，是中国共产党和中国人民最可珍贵的精神财富。

正因为这样，用建设有中国特色社会主义的理论武装全党，便成为党的思想建设的根本任务；同时，也只有向广大群众普遍开展建设有中国特色社会主义理论的学习和教育，才能使全国人民思想一致，步调一致，同心同德，群策群力，共同为祖国的繁荣昌盛和社会主义事业的兴旺发达努力奋斗。十四大通过的新党章，在党的建设必须实现的四项基本要求中，特别加进了“全党要用建设有中国特色社会主义的理论和基本路线统一思想，统一行动，并且毫不动摇地长期坚持下去”的内容；在党员义务的第一条中，加进了“认真学习建设有中国特色社会主义的理论”的内容，在党的基层组织的基本任务中，加进了组织党员“学习建设有中国特色的社会主义理论和党的路线、方针、政策及决议”的内容。这些都说明，学习和掌握这个理论，具有何等重要的意义。毫无疑问，理论工作者应当把学习这个理论，研究这个理论，宣传这个理论，作为自己的神圣职责。

党的基本路线是建设有中国特色社会主义理论的集中体现。毫不动摇地坚持这条基本路线，是社会主义事业取得胜利的根本保证。对于理论工作者来说，坚持党的基本路线不动摇，首先应当明确，社会科学研究也同所有各项工作一样，要以经济建设为中心，服从、服务于这个中心。以马克思主义为指导的社会科学研究应该得到进一步的重视和加强，使之活跃起来，繁荣起来。因为只有这样，才能为社会主义的经济建设提供精神动力、智力支持和思想保证，为党和国家进行经济与社会发展的重大决策提供科学依据。同时，还必须把改革开放同四项基本原则统一起来。江泽民同志在报告中指出：“有中国特色的社会主义所以具有蓬勃的生命力，就在于它是实行改革开放的社会主义。我们的社会主义所以能够健康发展，就在于它是有利于巩固和发展社会主义的改革开放。”改革是中国现代化的必由之路，从某种意义上说，改革也是一场革命。实行对外开放，则是改革和建设所必不可少的。僵化停滞没有出路，封闭只能导致落后。而改革开放的顺利进行，必须要以解放思想为前提条件。为此，我们的理论工作，就要注意防止对马克思主义某些原则、某些本本的教条式的理解，纠正对社会主义一些不科学的甚至完全扭曲了的认识，从那些超越社会主义初级阶段的不正确的思想观念中解放出来。四项基本原则是立国之本，是改革开放和社会主义现代化建设健康发展的政治保证。否定四项基本原则，搞资产阶级自由化，不但政治方向会发生偏离，团结稳定的政治局面也无法维持，而没有政治稳定，社会动荡不安，什么改革开放，什么经济建设，就统统搞不成。所以，对于理论工作者来说，必须充分认识资产阶级自由化思潮存在的长期性及其严重危害，始终不懈地搞好坚持四项基本原则的教育。

江泽民同志在报告中强调了“坚持两手抓，两手都要硬”的战略方针，要求在建设社会主义物质文明的同时，努力建设社会主义精神文明，并明确指出：“物质文明和精神文明都搞好，才是有中国特色的社会主义。”社会主义的本质是解放生产力，发展生产力，消灭剥削，消除两极分化，最终达到共同富裕。在现阶段，我国社会的主要矛盾是人民日益增长的物质文化需要同落后的社会生产之间的矛盾。毫无疑问，为了逐步实现社会主义现代化，物质文明建设始终是头等重要的、第一位的任务。但是，这决不意味着可以对精神文明的建设有任何的忽视和丝毫的放松。这是因为，仅仅有生产力的高度发展，还并不就等于建设好了社会主义。而且，如果精神文明建设搞得不好，物质文明的建设也会受到很大的阻碍和影响。社会主义精神文明建设，决不是游离于经济建设这个中心之外，更不是冲击经济建设这个中心的，它可以为经济建设和改革开放提供强大的精神动力、智力支持。我们所要求的社会主义精神文明建设，是推动社会主义现代化建设，促进全面改革和对外开放，坚持四项基本原则的精神文明建设，可见搞好精神文明建设是坚持党的基本路线的有机组成部分。

在社会主义精神文明建设中，社会科学理论研究有着特殊重要的地位。江泽民同志的报告在谈到精神文明建设问题时，首先就指出：“应当高度重视理论建设，保障学术自由，注重理论联系实际，创造性地开展研究，繁荣哲学社会科学，坚持和发展马克思主义。”同时，还提出要“加强理论队伍建设，重视中青年理论工作者的培养和提高”。其所以如此，是因为当今世界所有重大问题和复杂问题，都与哲学社会科学有着直接或间接的联系。在建设有中国特色社会主义的宏伟征途上，我们会碰到许多新的问题，新的矛盾，新的困难，只有用辩证唯物主义的世界观、方法论去分析和解决问题，我们的事业才能不断发展，不断前进。

精神文明建设的根本任务，是提高全民族的思想道德和科学文化水平。其中，最重要的一环，就是要通过各种生动活泼、丰富多样的形式和方法，加强对党员的教育，对干部的教育，对群众特别是青少年的教育。邓小平同志说过：“中国的事情能不能办好，社会主义和改革开放能不能坚持，经济能不能快一点发展起来，国家能不能长治久安，从一定意义上说，关键在人。”人的精神风貌搞好了，一代又一代有理想、有道德、有文化、有纪律的新人不断成长起来，他们必然会发挥出巨大的能动性和社会主义积极性。正是在这个意义上，我们必须强调，越是改革开放，越是加快现代化建设的步伐，就越要充分发挥思想政治工作的优势，任何放松、削弱思想政治工作的想法和做法都是错误的。当然，适应新的形势和新的时代特点，思想政治工作从内容到形式，都需要进行新的探索，但这只是对思想政治工作提出了更高的要求，决不能成为淡化甚至取消思想政治工作的借口。现在，在一部分人特别是青少年中，对我们国家和民族在近代社会曾经受到的凌辱和苦难的历史不甚了解，对无数革命先烈和志士仁人为争取民族独立和社会进步而从事过的百折不挠的英勇斗争也知之不多，民族自尊心和民族自信心有所淡漠，拜金主义和唯我主义有所抬头，再加上社会上某些丑恶现象的存在甚至蔓延滋长，对人们特别是青少年的身心健康起着很大的毒害作用。因此，我们必须认真地、坚持不懈地进一步加强党的基本路线教育，爱国主义、集体主义和社会主义思想教育，近代史、现代史教育和国情教育，增强民族自尊、自信和自强精神，抵御资本主义和封建主义腐朽思想的侵蚀，树立正确的理想、信念和价值观。

在这方面，哲学社会科学工作者有着义不容辞的责任，进一步搞好高校的马克思主义理论课教学尤为必要。

社会主义的精神文明，并不是也不可能在一片文化废墟上建立起来。只有认真地继承和发扬中华民族优良的思想文化传统，大胆地吸收人类文明发展的一切优秀成果，包括发达资本主义国家中一切对我们有用的东西，才能在生动丰富的社会实践中，创造出人类先进的精神文明。在这中间，不论是对于我国古代的传统文化，还是对于现代的西方文化，都有一个分辨、鉴别、消化、吸收的过程。社会科学工作者的任务，就是要加强这方面的研究，从理论上指导人们既大胆地吸取民族传统的和外来的一切有益的文明成果，又摒弃和抵御这些文化中落后、腐朽、消极成分的不利影响，真正做到取其精华，弃其糟粕。

马克思主义是深深植根于实践并在实践中不断发展的科学。从党的十一届三中全会以来，经过 14 年的努力奋斗，我们取得了举世瞩目的成就，中华大地发生了历史性的伟大变化。十四大以后，在建设有中国特色社会主义理论和党的基本路线的指引下，一场更加深刻的改革，一个更加波澜壮阔的经济建设热潮，就要到来。现实生活的飞速发展，必定会带来许多过去从未遇到的新的情况，会创造出层出不穷的新鲜经验。面对这样的现实，我们必须坚持解放思想、实事求是的态度。正如江泽民同志在十四大报告中指出的：“解放思想，实事求是，是建设有中国特色的社会主义理论的精髓，是保证我们党永葆蓬勃生机的法宝。解放思想同实事求是是统一的，就是要求我们的思想认识符合客观实际，在马克思主义指导下，冲破落后的传统观念和主观偏见的束缚，改变因循守旧、不接受新事物的精神状态。”发扬理论联系实际的革命学风，运用马克思主义的立场、观点、方法，面向实际，深入实际，研究党的十一届三中全会以来我国改革开放的丰富实践经验，研究党的基本路线在贯彻执行过程中出现的新情况、新问题，对改革和建设过程中的新事物做出理论的回答、科学的说明，社会科学工作一定会更加充满活力，更加发挥自己的战斗作用。

《学者谈艺录》序言*

在庆祝中国人民大学建校55周年的时候，我校许多在教育战线辛勤耕耘了几十年的老教师，以及一部分担负着承上启下重任的中年教师，就自己在施教、治学中的深切体会，撰写并出版了这本《学者谈艺录》。这实在是一件很有意义的事，也是献给校庆的一份很有分量的礼物。

作者们所谈的，只是一事一题，文章每篇也不过二三千字，真所谓是“一得之见”，但却大抵是经年累月心血、经验的提炼和结晶。即小可以见大，见微能够知著。从这些短小而充实的文章中，不难看到我们的老师们怎样全身心地用自己的聪明才智精心培育着社会主义祖国未来的建设者和接班人，也使我们通过切实生动的实例得到了进入学术殿堂的钥匙和门径。

我们的老校长吴玉章同志曾经说过：“教育工作是一种非常可敬可爱的工作”，“无论怎样艰难困苦，我们既是先进的知识分子，就要把教育工作做好”。他还特别强调，教师是“马列主义、毛泽东思想的宣传者和先进文化科学知识的传播者”，是“人类灵魂的工程师”①。这些话，既说明了教育工作者理应得到很高的荣誉，也对教育工作者提出了很高的期望。

作为一个合格的教师，除了政治的要求和品德的要求之外，最重要的是要通过教学和科学研究来实现、完成自己的职责。如果不进行刻苦的、锲而不舍的学术研究，教师本身就不可能掌握马列主义、毛泽东思想和各种门类的先进文化科学知识，你拿什么去“宣

---

* 见《学者谈艺录》，北京，中国人民大学出版社，1992。

① 《吴玉章教育文集》，99、293页。

传”和“传播”？如果没有满腔热忱的态度和“诲人不倦”的精神，没有很好的方法和技巧去从事教学工作，你怎样使学生从你那里得到启发和教益，又怎样能实现塑造灵魂的崇高使命？正因为这样，这本书所谈的问题虽然五花八门，乍一看颇有点如入山阴道中，令人目不暇接，细捉摸却无不与上面两大问题相关。学者谈艺，无非一是谈教学的艺术，一是谈治学的艺术，而这正好抓住了教师工作的根本。

谈到教学与科研，我觉得有必要特别强调一下坚持和发扬马克思主义革命学风的问题。在延安整风时期，毛泽东同志在几次著名演说中都曾谈到学风问题的极端重要性，其中有这样一段话：“所谓学风，不但是学校的学风，而且是全党的学风。学风问题是领导机关、全体干部、全体党员的思想方法问题，是我们对待马克思列宁主义的态度问题，是全党同志的工作态度问题。既然是这样，学风问题就是一个非常重要的问题，就是第一个重要的问题。”① 事实上，每当我们党的事业欣欣向荣、革命形势日益发展的时候，一般来说，也总是党的理论与实际相统一、实事求是的学风得到发扬的时候；每当某种错误思潮大肆泛滥、革命事业遭到损害的时候，也必定是唯心主义横行，形而上学猖獗，马克思主义的学风遭到极大破坏的时候。这个历史的教训，我们是时刻不能忘记的。就个人来说，凡是在学术上有所创新、有所成就的同志，必定在学风问题上是严谨正派的，坚持实事求是，从实际出发，不哗众取宠，不投机取巧，不随风摇摆，不弄虚作假，通过刻苦钻研、认真思索，对错综复杂的客观事物做出科学的概括和分析，从而做出自己的理论贡献。如果情况正好相反，那也就会在学术上一事无成。

近来时兴一个新名词，叫作“玩”。什么“玩电影”“玩文学”“玩艺术”以及“玩深沉”之类，颇为一些人所津津乐道。这种颇有点神圣的“创作状态”偏要用“玩”字来表达。有人还特别申明，这里的“玩”，并非如上海人之所谓“白相”，乃是“特指写作时的

---

① 《毛泽东选集》，2版，第3卷，813页。

一种状态，一种排除任何功利、一切杂念，调动起自己全部智力潜能的创作状态”。隔行如隔山，我不搞文艺这一行，不大懂得其中的奥妙，不敢妄加评论。也许“玩文学”之类的说法很能传神地反映出某些人“才气横溢”的潇洒之态，也说不定。但我很希望这种“玩”风不要侵袭到学术领域里来，以致兴起“玩学术”这一类的玩意儿。科学研究，是需要付出全部精力，或者用一句也是时髦的话，是要求全身心地投入，才能有所收获的。马克思在《〈政治经济学批判〉序言》中曾写过这样一句话：

> 在科学的入口处，正像在地狱的入口处一样，必须提出这样的要求：
>
> “这里必须根绝一切犹豫；
>
> 这里任何怯懦都无济于事。”

到天堂去玩玩，自然不失为一种美丽的遐想；而在“地狱的入口处”，我想，大概谁也不会有进去玩玩的雅兴的。要进去，那就不是去玩，而是去不息地探索。谁怕下功夫，谁就无法找到真理。要想献身于科学事业，就必须毫不犹豫地下定不怕吃苦的决心和勇气。成天慨叹“何必活得太累”，恐怕很难与科学有缘。正是从这个意义上，我还是愿意引用以下这一段大家都十分熟悉却未必大家都容易做到的马克思的名言，作为序言的结束：

> 在科学上没有平坦的大道，只有不畏劳苦沿着陡峭山路攀登的人，才有希望达到光辉的顶点。

适应市场经济需要　培养更高层次人才*

贯彻落实《中国教育改革和发展纲要》根本之点，就在于使教育更好地为社会主义现代化建设服务，服从和服务于以经济建设为中心的党的基本路线。一个时期以来，我们在高教战线工作的同志，一直在思考着这个问题。特别是党的十四大以后，高等教育如何适应社会主义市场经济体制的建立和发展，更是一个十分紧迫的现实问题。

教育更好地为社会主义现代化建设服务，与社会主义市场经济及体制相适应，应该从人才培养规格的更高要求、教学内容的调整更新、教育质量的提高、体制改革的深入等各方面做综合的努力。而这一切，离不开全面贯彻《中国教育改革和发展纲要》中所阐明的“教育必须为社会主义现代化建设服务，必须与生产劳动相结合，培养德、智、体全面发展的建设者和接班人”的教育方针。

高等教育正是以培养合格的经济建设和社会发展所需的高层次人才，作为自己为社会主义现代化建设服务的主要手段和根本途径。要做到这一点，首先就要用马列主义、毛泽东思想和建设有中国特色的社会主义理论武装学生，使他们具有坚定正确的政治方向；要对学生加强爱国主义、集体主义和社会主义思想教育，防止和抵制极端个人主义、拜金主义和享乐主义的侵袭，使他们具有高尚的道德情操；要按照现代科学技术文化发展的新成果和社会主义现代化建设的实际需要，更新教学内容，调整课程结构；要给学生提供接触实际和参与劳动的机会；还要关心学生的身体，使他们有一个足以承担社会主义现代化宏伟事业艰巨任务的强健体魄。

---

* 载《光明日报》，1993年3月7日。

培养更高层次的人才，就要对我们的教学内容、教学方法等方面的改革提出更高的要求。拿教学改革来说，中国人民大学一向是宣传马列主义、毛泽东思想的阵地，过去也曾培养过不少马列主义的理论人才。现在，马列主义、毛泽东思想有了很大的发展，形成了建设有中国特色的社会主义理论，在这个理论的指导下，现实生活的各个方面，都产生了极为巨大的变化，出现了许多新事物、新情况、新经验。怎样以建设有中国特色的社会主义理论建设高等学校的政治理论课程，怎样对现实生活中的新情况、新问题加以理论的概括和说明，等等，都是需要我们通过改革认真解决的新课题。

《纲要》指出："哲学社会科学的教学与科学研究，必须以马克思主义和建设有中国特色社会主义的理论为指导，紧密联系实际，努力研究和解决社会主义现代化建设中的理论和实际问题，为繁荣哲学社会科学，建设有中国特色的社会主义作出贡献。"中国人民大学是一所以哲学社会科学为主的综合性大学，我们将密切结合我们学校的情况和特点，发扬我们的传统优势，为实现《纲要》提出的各项战略目标做出自己的努力！

希望有个“大众历史学派”*

在历史悠久的我国，当今史学的研究、传播、发展却遇到了很大的困难。毫无疑问，这决不意味着历史学在当今时代和当今社会业已失去了自己存在的价值，也不意味着史学工作者一味埋怨社会的冷落就可以找到史学振兴的出路。史学还是要在自己的努力和奋斗中为自身的发展开辟道路。

在诸种努力之中，我十分希望有一部分历史学家，能够更多地关心史学的大众化，说得夸张一点，希望能逐步形成一个具有自己特色的历史学派，姑名之曰“大众历史学派”。

目前，存在着这样两种令人忧虑的状况：一方面，许多历史学家潜心钻研，在学术领域里做出了巨大的成绩，但这些学术成果，往往局限在史学界一个较小的范围里发生影响，很难冲破近乎封闭的狭小圈子；另一方面，一些历史题材的读物或文艺作品，在群众中产生着强烈的反响，但其中不少往往是与历史的本来面目相距甚远，有的甚至是歪曲、杜撰历史的，而群众却正是通过这个渠道去接受、去认识、去理解我们祖国的历史的。这两种情况，显然都极大地妨碍着史学社会功能的发挥。

我绝对无意抹杀或贬低历史学科基础研究（有些课题可能是极为专门甚至是冷僻的）的必要性和重要性，因为没有这种研究，历史学的普及与提高都将成为一句空话。但可不可以设想，有一部分史学工作者，把自己的部分甚至主要精力，致力于将史学界的那些从外行看来极为高深的研究成果，运用各种形式和手段，介绍、传播给广大群众，从而使史学和大众更好地结合起来呢？我想，这不

---

* 载《北京日报》，1993 年 12 月 29 日。

但是应该的，而且是必需的。

这样一个“大众历史学派”，可以在以下几个方面进行努力：

第一，选择一些贴近现实、贴近生活、为更多群众所关注的历史课题，进行科学研究，写出学术论著。

第二，多写一些历史小品。这种历史小品，既生动、准确地介绍历史情况，又从中引出值得借鉴的现实结论，有较大的读者面，也有较强的生命力。我国史学界是有这方面好的传统的。五六十年代，邓拓、吴晗、廖沫沙的《燕山夜话》《三家村札记》，大部分就是极为精彩的历史小品。

第三，多出一些通俗历史读物。在我国历史上，广大人民群众了解历史，接受历史教育，主要的不是靠那些“正史”或大部头历史著作，倒往往是仰仗那些浅显通俗的启蒙读物。当然，“通俗”不等于粗俗，更不是“低水平”的同义词。相反，通俗读物的写作有它特殊的难度，因为它必须是在深入研究基础上的通俗化，是在提高指导下的普及。所以，鲁迅先生在谈到文艺的大众化时曾说，“应该多有为大众设想的作家，竭力来作浅显易解的作品，使大家能懂，爱看”[①]。史学的大众化也应如此。

第四，多创作一些艺术真实和历史真实结合得较好的文艺作品。这是一件难事，因为它要求创作人员既有史学功底，又有文学素养；既要在基本方面（当然不是一切方面）不违背历史的真实，又要遵循艺术创作规律，要做好是很不容易的。但也不是没有许多成功的先例。如过去拍的电影《林则徐》《甲午风云》《孙中山》，近年出版的历史小说《星星草》《少年天子》等，都曾受到广大观众和读者的热烈欢迎，起过积极的作用。

上面这些，都是人们已经做过和正在做着的事情，在这里做一点呼喊，不过是希望引起更多同行的关注而已。

---

① 《集外集拾遗·文艺的大众化》。

《近代中国灾荒纪年续编》前言*

事有凑巧。《近代中国灾荒纪年》出版不到一年，就遇上了1991年这个大灾之年。这一年，由于部分地区气候异常，我国广袤大地上频繁发生了水、旱、风、雹等灾，特别是江淮和太湖流域，出现了历史上罕见的特大洪涝灾害，使工农业生产和人民生命财产受到重大损失。据不完全统计，在这次灾害中，安徽倒塌房屋96.7万间，损坏129.6万间；江苏倒塌房屋26.9万间，损坏近40万间；许多人被水围困，过着风餐露宿的生活，仅安徽一省受灾人数即达4 000万。全国遭洪水淹浸的耕地面积达2.5亿亩。这次大灾，给人们留下了两个极为深刻的印象：一是，即使在社会主义条件下，生产力水平和防灾抗灾能力较之过去已有很大提高的今天，自然灾害也仍然是我们生存和发展的极大威胁，是丝毫不能掉以轻心的大敌。二是，社会主义社会毕竟同以往的封建社会或半殖民地半封建社会有着根本性质的不同，即使发生了如去年那样严重的灾情，在中国共产党和人民政府的组织领导下，已经获得解放的人们也能够凭借自己的力量，通过艰苦拼搏，顽强奋战，把自然灾害造成的损失，减少到尽可能低的限度，夺取抗灾斗争的胜利。去年的灾情是百年不遇的，但即使在重灾区，也没有发生像旧中国遇到这种情况时必然要发生的成千上万人离乡别土、到处逃荒要饭的现象，没有发生“道殣相望”“饿殍塞途”的悲惨情景，也没有发生灾后通常会伴随而至的疫病的流行。灾区群众在全国人民、海外侨胞以及国外有关方面物质和精神的支援下，用自己的双手，迅速恢复生产，重建家园。

---

* 《近代中国灾荒纪年续编》，长沙，湖南教育出版社，1993。

为了较为具体形象地说明后面这一点，我当时曾利用《近代中国灾荒纪年》的资料，分别发表了《灾年谈往》（1991 年 9 月 3 日《北京日报》）和《一样天灾两般情》（《真理的追求》1991 年第 9 期）两篇文章，一些单位还邀请我去向年轻人讲讲旧社会灾荒的情景。从这里，使我更加深切地感到，我们的历史研究决不是与现实社会生活毫无关系的对于历史踪迹的迷恋和欣赏。

不过，《近代中国灾荒纪年》刚出版不久，我们就感到这本书存在着一个很大的缺陷：它只反映了从 1840 年鸦片战争到 1919 年五四运动这个历史阶段的灾荒状况。按较早的说法，这一段历史被称为中国近代史，五四运动以后的历史则称为中国现代史。因此，《纪年》写到 1919 年，自然也有一定的道理。但是，后来就有不少学者提出，完整的中国近代史，应该包括从 1840 年鸦片战争到 1949 年中华人民共和国成立这一历史阶段，即中国半殖民地半封建社会从开始到终结，中国民主革命（包括新、旧两个阶段）从发生到胜利的历史。这一主张逐渐为学术界所接受，到现在，虽然在学校的课堂教学和教科书中尚没有改过来，但很多研究性的著作实际上已把五四运动前后全部半殖民地半封建社会的历史都统一纳入中国近代史的范围中了。灾荒史不同于政治史，用政治事件来作为划分阶段的依据，更显得不合情理。正因为这样，我们总觉得，我们的工作只做了一半。《纪年》这本书，借用鲁迅先生的话说，好像是个“断尾巴蜻蜓”，未免有头无尾。一些关心这部书的朋友们建议：能不能继续写下去，出个《续编》？湖南教育出版社彭润琪同志也一力促成，认为 1920—1949 年这一段时间，是旧中国的最后一个阶段，直接与中华人民共和国的历史相连接，研究这一时期的灾荒状况，具有更强的现实意义。

我们课题组认真地研究了这个建议，既为自己的学术责任所驱策，又为朋友们的热情关怀所感动，决心挤出时间，集中精力，力争把《近代中国灾荒纪年续编》写出来。经过了一年多的努力，终于完成了近 50 万字的书稿。

由于自然条件和生态环境并没有大的变化，社会生产力也基本处于同一水平线上，因此，就自然灾害发生的频率和程度而言，后期（1920—1949）与前期（1840—1919）相比并没有很大的不同。在《近代中国灾荒纪年》的前言中，我们说过这样一句话："一旦接触到那么大量的有关灾荒的历史资料后，我们就不能不为近代中国灾荒的频繁、灾区之广大及灾情的严重所震惊。"这句话，对于后期也是完全适用的。拿抗战胜利第二年的1946年来说，联合国善后救济总署对中国灾情就有这样的描述："若救济灾区之工作，如不加紧进行，中国人民之死于饥馑者，将达3 000万人。中国战后之灾区达19省，现今约有400万人接得小部分之接济。……中国灾区之成因，有以下数点，即战祸、大旱、水灾、蝗虫、瘟疫、渔业不振、农事无耕具，又需以大量米粮供军队及日本战俘，同时中国之经济状况等，均影响至大。……湖南地区，人口中竟有700万人为饥馑之众，食草根、泥土、树皮以维持生命。其他如河南、河北等地区亦有同样情形，遍地草根已有抢食一光之势。"① 其实，岂止1946年是如此，可以毫不夸张地说，整部《续编》都在逐页地印证这个看法。但是，后期的灾荒也并非没有自己的某些特点，这主要反映在以下三个方面：

第一，这一个时期，政治上的动荡更加严重，反动统治更加脆弱，这就不能不使得社会经济更形凋敝。一个直接的结果，便是大大削弱了社会的防灾抗灾能力。举一个例：1925年，四川发生大旱灾，据四川筹赈会派员调查，"综计全川饿死者达三十万人，死于疫疠者约二十万人，至于转徙流离，委填沟壑者，在六七十万人以上。灾情极重者，亦达三十六七县。有争掘草根杀伤人命者；有攫食黄泥，名观音粉，腹塞而死者；有饿逼自缢或投河者；有先杀儿女再行自食［尽］者；有全家服毒同死者；有聚众向官索食，求予枪毙者；有相率逃亡，估吃大户，死亡载道者"。造成如此严重灾荒的原因何在呢？当时的《申报》载文分析，认为"并不尽由天祸，强半出自人为"，并具体列举如下五个人为的因素：（1）"各区防军，勒

① 《民国日报》，1946-04-10。

令民间种烟，致民间秋种杂粮益少”。(2)“川省连年内乱，两军交绥，多妨害农民耕作”。(3)“军队抽收丁粮，苛敛无厌”，弄得老百姓“絜（挈）众远逃，土地荒芜”。(4)“军队抢夺民食，致民间一无储蓄”。(5)一些人无法生活，只得铤而走险，以抢掠为生，“土匪多甲于天下”。这虽然说的是四川的情形，却颇具典型意义。一方面是人祸加剧了天灾，另一方面则灾荒又进一步破坏了生态环境，于是形成了一种恶性循环。史沫特莱在《中国的战歌》一书中对此做过颇为深刻的揭示，她在描述一个“军阀混战，河水泛滥，饥馑连年的重灾区”时指出：“好几百万农民被赶出他们的家园，土地卖给军阀、官僚、地主以求换升斗粮食，甚至连最原始简陋的农具也拿到市场上出售。儿子去当兵吃粮，妇女去帮人为婢，饥饿所迫，森林砍光，树皮食尽，童山濯濯，土地荒芜。雨季一来，水土流失，河水暴涨；冬天来了，寒风刮起尘土，到处飞扬。有些城镇的沙丘高过城墙，很快沦为废墟。”① 在这里，灾荒和生态环境的破坏，二者既是因，又是果，因即是果，果即是因，因果循环，往复不已。

第二，这一时期，兵连祸结，战乱不已。有军阀之间的混战，有国民党中央政权与地方势力的争夺，有日本帝国主义发动的侵华战争，还有国民党政权挑起的反人民内战。天灾与战祸，往往交相迭见，使人民雪上加霜，遭受着双重的打击。如1920年直奉皖军阀混战时，京畿一带旱蝗相继，禾稼不收，人民群众本已衣食无着，困苦蹶蹶；加之军队的肆意蹂躏，更使战区“各村农民，困苦不堪言状”。当时的《申报》载：“其在京南者，适在火线之中，房屋早化灰烬，流离失所，无家可归。其不在战线范围以内者，如京城四周各乡镇，亦备受败兵之蹂躏，虽居室未遭焚烧，而牛羊杂物，则皆化为乌有。本年午季，本属歉收，高粱玉蜀黍之在田者，且已践踏殆尽，哀此穷民，将有绝食之患。”这类情况，各地屡见不鲜。更有甚者，有些军队为了所谓的“战略需要”，有意破坏自然环境，人为制造大祲巨灾。1922年湘鄂军阀战争中，吴佩孚决开长江堤闸多

① 《史沫特莱文集》，卷1，48页。

处，使“鄂东、湖北十余属数千万之性命财产尽付东流”；1939 年夏日本侵略军乘河北省暴雨连朝之机，悍然炸开滹沱、大清、子牙、滏阳等河堤岸共 182 处，使冀中 22 县、冀南 35 县尽成泽国，都是明显的例证。至于蒋介石政权在“以水代兵”的幻想下为图阻止日军南下而决开黄河花园口大堤，造成大面积黄水泛滥，在“焦土抗战”的名义下制造了长沙大火，使全城陷入一片火海之中，虽然其历史环境与政治背景有所不同，但就对人民群众带来的苦难而言，显然同样是陷百姓于真正水深火热之中的倒行逆施，在当时就成为震惊中外的政治丑闻。

第三，在这个时期，从中央到地方各级政权机构的救荒机制已在很大程度上运行失灵。在清朝，各省督抚必须定期向朝廷报告气象、粮价、年成等情况，一旦发生灾荒，则有一整套报灾、勘灾、赈灾的规定和措施。这些制度虽然到晚清由于政治的腐败而在执行过程中大打折扣，甚至存在着许多黑幕和弊病，但从表面上和理论上来说，还是要严格照此办理的。到本书所叙述的时间里，由于政局的动荡和战乱的频繁，过去封建王朝有关“荒政”的一些表面文章也常常顾不上做了。譬如，清朝有一种“蠲缓”制度，朝廷几乎每年要对勘定成灾地区，发布蠲缓灾年地丁钱粮的谕旨。但到了民国以后，情况有了很大的不同。一些地方当局常常预收钱粮。据《申报》披露，有的省份在民国十四年，即已预收钱粮至民国二十七年或民国二十八年了。而且“这个军队来，预征一二年，改调乙队，不予承认，另外征收”。等到发生灾荒的时候，那一年的钱粮早在好多年前就已被收走了，哪里还谈得上“蠲缓”二字？至于赈济，各地有各地的筹赈会，中央有中央的筹赈会，似乎颇为热闹，但究其实际效果，却实在可怜得很。1921 年 9 月 4 日《晨报》发表文章，记载：“陕西去年的旱灾，闹得死了数十万的人民，起初官家漠视民命，……还多方摧残……勒捐派饷，专和苦百姓作对。省城赈抚局人员，只知抽大烟，叉麻雀，吃花酒。”后来，华洋义赈会派了一个洋人前去调查，不料从县知事到道尹到督军，“都一口声说陕西没有旱灾”，同时对那位洋人待如上宾，酒肉歌舞，仅招待费就花了

6 000 余元。那位洋人也就“当作陕西真没旱灾”。以后经社会各界力争，才算争到了一笔赈款。但这些赈款，“起先发放的，每名灾民只领到 12 枚铜元；末后发到县里的，竟被恶绅劣官狼狈地吞没了”。又如，1940 年安徽先旱后涝，“灾区辽阔，灾民众多”，灾情颇重。为了赈济，从中央到省政府都拿了些钱，但分到灾民头上，“每人只有二分”。二分钱，对于在死亡线上挣扎的灾民来说，可以说是连苟延残喘的作用都起不到，这与其说是救灾，不如说是对于“救灾”的讽刺。难怪连当时的安徽省主席李品仙也说是“杯水车薪，何济于事?”一位德国朋友王安娜在《中国——我的第二故乡》中曾经描述过 1942—1943 年的大饥荒，据她说：“从 1942 年到 1943 年，光是三次悲惨的饥荒，就有数百万人饿死。”她从两位在河南实地考察的美国朋友口中得知：“路上满是尸体和像骸骨一样瘦得可怕的人；所有的树皮，都被饿得绝望的人吃光了。”“在这种令人毛骨悚然的状态中，更为可怕的是招待我们的政府高级官员们的宴会，山珍海味堆如山积。而这些高级官员就住在饿死者和倒在地上快要饿死的人的近处。”接着。她又写道：“重庆政府也利用饥荒的机会来发财。海外响应救济机构的号召，捐款救灾，这些钱在法定的金融市场上换成中国货币，但汇率只及黑市兑换价，亦即实际价值的十分之一。这就是说，政府的银行至少吞了救济金的一半。”等到第二年，政府终于决定拿出一些钱到灾区发放救济金时，却可惜这笔钱来晚了，“对饥荒的受害者并无用处”，因为冻馁而亡的大批灾民再也不需要也没有可能去使用这些钱了。更何况在分配救济金时，大部分又落到发饥荒财的那些家伙的腰包里。

我想，这些材料，用来说明当时的救荒状况，应该说是足够的了。

当然，所有这一切，都已经随着中华人民共和国的建立而成为过去。中华人民共和国成立以来，我们在减轻自然灾害的工作上，已经取得举世瞩目的伟大成就。这里可以举几个最简单的数字：到中华人民共和国成立 40 周年时止，我国在农、林、水利、气象方面的基本建设投资共 1 074.94 亿元。仅兴修水利一项，1952—1986

年，国家财政的投资累计达630亿元。据估计，中华人民共和国成立以来防汛抗洪共减少经济损失3 000多亿元。一旦发生较严重的自然灾害，人民政府立即组织群众抗灾救灾，40年来，国家用于解决灾民生活的救灾救济费累计达170亿元，调拨救灾口粮2 000多亿公斤。在旧中国连年漫决的黄河，在中华人民共和国却岁岁安澜。特别是党的十一届三中全会以后，我国先后开建了一系列大规模的生态工程。在著名的“世界八大生态工程”中，我国即占了五项，包括：(1) 中国“三北”防护林体系；(2) 中国平原绿化建设；(3) 中国长江中上游防护林体系；(4) 中国沿海防护林体系；(5) 中国太行山绿化工程。其中，仅第一项工程的范围就包括东北西部、华北北部、西北东部的551个县、市、旗，面积为406.9万平方公里，占国土总面积的42.4%。当然，尽管做了这些努力，如一开头我们就提到的，仍然不能说自然灾害已经不构成巨大的威胁了。同自然灾害做斗争，还是一个艰巨而长远的任务。

本书在编写过程中，使用了大量历史档案、官方文书、调查报告、新闻报道以及各种私人著述，力求尽可能准确地反映1920—1949年这30年的灾荒面貌。我们不敢说这部作品已经很好地做到了这一点，但至少可以说（如《纪年》出版时我们曾经说过的那样），“我们确实还没有看到哪一本书曾经对这一问题提供如此详细而具体的历史情况”。令人遗憾的是，有少数年份（如抗日战争中有几年），或者由于战争环境的影响，或者由于某些政治势力的有意封锁，使反映灾荒的资料极不完整，因此在本书中也就出现了与其他年份在详略上不太平衡的现象。这一点，只有留待以后做更深的发掘来弥补了。

最后，还需要对本书的写作过程作一个简单的交代。当我们的研究计划刚刚稳定的时候，课题组成员周源同志因工作调动，无法继续参加了。为了不影响工作进度，我们商请程歗同志加入课题组，蒙慨然应允。待到材料大体搜集得差不多，快要动笔时，宫明同志又因肾疾卧床，被迫中断工作。因此，本书的初稿，主要是由程歗、敦奎两同志执笔的，书稿的统一修改和定稿则由我负责，在搜集资料的过程中，夏明方、张宏、章其祥和段林萍同志帮助做了一些工作，吴孝英同志编制了《今昔地名对照表》。此外，本书的编写得到了国家社会科学基金的资助。对于所有帮助、支持本书编写和出版的单位及同志们，我们由衷地表示诚挚的感谢。

晚清义赈的兴起与发展*

有清一代，政府对于灾荒的赈济，形成了一套颇为严密的制度。虽然由于封建政治的日趋腐败，有关“荒政”的一些规定渐成具文，甚至存在着种种黑幕和弊端，但无论如何，这种由朝廷和各级政府主持的“官赈”，在很长时期内，毕竟是灾荒救济的主要的和基本的形式。直到光绪初年，随着社会政治生活和经济生活的新的变化，才开始兴起了一种“民捐民办”，即由民间自行组织劝赈、自行募集经费，并自行向灾民直接散发救灾物资的“义赈”活动。这在中国救荒史上，无疑是一个值得加以认真研究的问题。

一

义赈兴起的经过，积极参与其事的经元善写过这样两段文字说明：

“自丙子、丁丑，李秋亭太守创办沭阳、青州义赈以来，遂开千古未有之风气，迄今十余载矣。……戊寅，晋豫巨灾，苏扬沪设立协赈公所，筹募义捐甚旺。”①

“从前未有义赈，初闻海沭青州饥，赠阁学秋亭李君，集江浙殷富资往赈。光绪三、四年间，豫晋大祲。时元善在沪仁元庄，丁丑冬，与友人李玉书见日报刊登豫灾，赤地千里，人相食，不觉相对凄然。”经过一段时间的酝酿，“遂拟募启，立捐册，先向本庄诸友

---

* 载《清史研究》，1993年第3期。

① 《筹赈通论》，见《经元善集》，119页，武汉，华中师范大学出版社，1988。

集千金”，又纠合了一些志同道合者，并募得了更多的资金，大家“公举元善总司后路赈务”。元善“因思赈务贵心精力果，方能诚开金石。喻义喻利，二者不可兼得，毅然将先业仁元庄收歇，专设公所壹志筹赈。……沪之有协赈公所，自此始也”①。

这两段话讲的是同一个历史过程，中间包含着前后两件事情：丙子（1876年，光绪二年）至丁丑（1877年，光绪三年）间，江苏沭阳和山东青州发生较重灾荒，李秋亭首倡义赈；丁丑至戊寅（1878年，光绪四年）间，山西、河南等地大旱奇荒，经元善等人成立了沪上协赈公所，使义赈在更大规模上开展起来。

上面提到的李秋亭，名金镛，江苏无锡人。《清史稿》本传称他“少为贾，以试用同知投效淮军。光绪二年，淮、徐灾，与浙人胡光墉集十余万金往赈，为义赈之始”②。《清史列传》也记：“光绪二年，淮安、徐州饥，金镛首倡义举，与浙绅胡光墉等筹十余万金，前往灾区散放，并绘图遍告同志，所济者博。嗣后如山东之青州、武定两属十余州县，直隶之天津、河间、冀州三属二十余州县，水旱各灾，金镛均亲莅查放，用款至五六十万金。”③《清朝碑传全集》补编也收有他的传略，其中称：“（光绪二年）淮、徐、河、沭大饥，官赈勿给，而民气刚劲，饥则掠人食，旅行者往往失踪，相戒裹足。金镛独慨然往抚视，至则图饥民流离状，驰书江浙闽粤募义赈，全活无算。”④

这些材料，虽然角度和详略均有所不同，但基本内容都是一致的，都可以作为经元善所说的佐证。

与上述说法稍有差异的，是盛宣怀在1916年1月20日《致内务部农商部公函》中的一段话：“查前清光绪二、四年，山西、直隶等省有旱灾，赤地千里。上海仁济善堂董事施善昌等，慨然以救济为己任，筹款选人，分头出发，是为开办义赈之始。”⑤

---

① 《沪上协赈公所溯源记》，见《经元善集》，326页。
② 《清史稿》，卷451，《李金镛传》。
③ 《清史列传》，卷77，《李金镛传》。
④ 《清朝碑传全集》补编，卷19，《李金镛传》。
⑤ 《盛宣怀未刊信稿》，257页。

盛宣怀此处所说的，实际上是指经元善讲到的第二件事，即因丁丑、戊寅大旱而成立上海协赈公所之事。其中提到的施善昌，确系协赈公所的重要成员，而且后来一直是各种义赈活动的积极参与者。

根据这些材料，“开千古未有之风气”的义赈，最初是怎么搞起来的，应该说已经有了一个大致的眉目。

前面材料中所说的“光绪三、四年间，豫晋大祲”，或“丁丑、戊寅，晋豫巨灾”，指的就是历史上著名的“丁戊奇荒”。这是中国近代社会最为严重的一次大面积旱灾。这次大旱灾，以山西、河南为中心，旁及直隶、陕西、甘肃全省及山东、江苏、安徽、四川之部分地区，灾区之广，灾情之重，实在是罕见的，有人说是清朝“二百三十余年来未见之惨凄，未闻之悲痛”。当时任山西巡抚的曾国荃在谈及晋省灾情时说：“赤地千有余里，饥民至五六百万之多，大祲奇灾，古所未见。”《申报》报道河南的情况则称：“一入归德府界，即见流民络绎，或哀泣于道途，或僵卧于风雪，极目荒凉，不堪言状。及抵汴城，讯问各处情形，据述本年豫省歉收者五十余州县，全荒者二十八州县。……非特树皮草根剥掘殆尽，甚至新死之人，饥民亦争相残食。而灵宝一带，饿殍遍地，以致车不能行。如此奇灾，实所罕有。”① 小林一美先生在《清朝末期的战乱》一书中，曾引用了在这次大旱灾中山西、河南重灾区死亡人数的资料，并列出如下简表②：

山西省灾情严重地区的死者数

地区	灾前人口	死者	生者	死亡率
太原府	100 万	95 万	5 万	95%
洪洞	25 万	15 万	10 万	60%
平陆	14.5 万	11 万	3.5 万	75.86%

① 详见李文海等：《近代中国灾荒纪年》，349～386 页；《灾荒与饥馑》，第四章第二节。本处所引材料均见该二书。

② 小林一美：《清朝末期的战乱》，日本新人物往来社，247 页，1992。

河南省灾情严重地区的死者数

地区	灾害以前	1877 年	1878 年	死亡率
灵宝	15～16 万		9 万	37.5%～40%
荥阳	13～14 万		6 万	53.8%～57%
新安	15 万	10 万	6 万	60%

我们极为简略地介绍光绪三、四年的华北大旱灾的情景，目的是帮助了解义赈是在一种什么样的社会背景下兴起的。当然，我们在下面将会谈到，严重的灾荒并非是义赈得以在这个时候迅速兴起的主要的或者根本的原因，真正的原因还要从另外方面去寻找。

上海协赈公所自 1878 年 5 月创办，至 1881 年 4 月基本结束，前后三年时间中，开始因为河南灾情特重，故专办豫赈；后来了解到陕西“境连晋豫，田尽歉收”，“一望千里已罄草根，野无炊烟，人皆菜色，奄奄垂毙，残喘难延，处处成灾，谋生无计，朝不保夕，闻之伤心”，乃“议定兼办秦赈”①。不久以后，协赈公所又将赈济范围扩大到直豫秦晋四省。特别是在接到山西地方官吏提出要求“协助晋赈”的呼吁后，考虑到“晋灾独久且酷”，又在《申报》发表《急筹晋赈》的启事，专门筹集解晋赈款。一时间，上海协赈公所成为赈济光绪初年华北大旱灾的重要机构和社会力量。在上海协赈公所的倡导和影响下，各地纷纷兴办起类似的组织机构来。仅据《上海详报晋赈捐数并经募善士禀》中开列的各地以“协赈公所”为名的义赈机构即有：澳门协赈公所、台南协赈公所、台北协赈公所、绍兴协赈公所、安徽协赈公所、汉口协赈公所、烟台协赈公所、湖北协赈公所、宁波协赈公所、牛庄协赈公所等。② 各地的协赈公所都与上海协赈公所保持着密切的联系，后者俨然成为义赈活动的中心。

1883 年（光绪九年），山东继上年黄河在境内多次决口之后，本年又于春夏间直至霜降后连续漫决，卫河等地也水势盛涨，漫溢出

① 《申报》，1878-03-22。
② 参见《申报》，1881-06-08。

槽，造成全省性的大水灾。时任山西巡抚的张之洞奏称："山东河决为灾，经年未塞，本年夏间复决数口，泛滥数百里，灾民数十万流离。"山东巡抚陈士杰也上折称："核计历城、齐东、章丘、齐河、济阳、长清、邹平、惠民、滨州、沾化、商河、利津、乐安、临邑等十四州县大小灾黎共折实大口七十五万五百余名。""山东灾民就食省垣者十余万口，或在山冈搭棚栖止，或露宿附近关厢，归耕无期，日日待哺。"① 为了赈济鲁灾，原上海协赈公所的一些负责人，联络扬镇筹赈公所、（苏州）桃坞筹赈公所等，成立了山东赈捐公所，以上海陈家木桥的金州矿务局作为办事地点，并推定盛宣怀、郑观应、经元善、谢家福等为经理人。后来，因为这一年直隶先旱后涝，"京畿一带地方，被灾甚重，小民荡析离居，情形困苦"，江浙一带也有风潮灾害②，所以又将山东赈捐公所改为顺直山东沙洲赈捐公所。这个公所至次年夏间停撤。

1887 年（光绪十三年）9 月间，黄河在河南郑州决口，郑州以下黄河正河断流，漫口之水淹及豫、皖、苏三省，成为牵动朝野视听之重大事件。与此同时，沁河也在武陟县境漫决，河南遭灾地区广达 79 厅、州、县。③ 由盛宣怀提议，联合谢家福、经元善、陈煦元、施善昌、葛绳孝、李朝觐、王松森等人，在上海陈家木桥的电报总局内成立了"豫赈办事处"，专办豫赈。稍后，因安徽灾情亦颇重，故兼办皖赈，将"豫赈办事处"改名为"豫皖赈捐处"。次年冬，又兼办扬州、镇江义赈，改称"豫皖扬镇协赈处"。这个义赈机构一直活动到 1889 年（光绪十五年）初始告结束。

同年夏，因山东春荒严重，黄河又在章丘、历城、齐河境内决口，齐鲁大地一片汪洋。为办理山东义赈，谢家福、经元善、施善昌、陈煦元、王松森、陈德薰、杨廷杲等人，又在上海文报局内设立"协赈公所"。秋间，浙江及江苏南部地区又发生大面积水灾，于是，在是年冬天，"协赈公所"又先后增设"浙赈收解处"和"苏赈

① 《近代中国灾荒纪年》，445～448 页。

② 同上书，448～453 页。

③ 同上书，498 页。

收解处”，兼办浙江和苏南义赈。1890年（光绪十六年）夏，顺天府及直隶地区淫雨连绵，永定、大清、子牙、潴龙等河及南、北运河纷纷漫决，“上下千数百里一片汪洋”，“庐舍民田尽成泽国，灾深民困，为数十年来所未有”①。于是，又在文报局内设立“顺直赈捐收解处”，兼办顺天、直隶义赈。直至次年夏间，“顺直赈捐收解处”及“协赈公所”才因工作基本完成而宣告停撤。

以上我们提供了一个义赈最初兴起的简单轮廓。在此基础上，随着灾荒的频繁发生，义赈活动也“相继而起”，到19世纪末，已经是“风气大开”，蔚然成风了。义赈的发展是如此迅速，以至于在义赈发展过程中曾经起过筚路开山作用的经元善，竟然萌生了“不必务名而多树帜，人取我弃，渐渐退舍”的念头，觉得后继有人，自己可以急流勇退了。②

二

经元善称光绪朝以前“未兴义赈”，说得稍微有点绝对。事实上，小规模的、零星的、局部的民间赈灾活动，过去也是有的。例如，经元善的父亲经纬，在1862年（同治元年），就因“闻常属人相食，约同志劝筹往赈”③。当然，这种零星的民间赈灾活动，同光绪初年兴起的义赈，在许多方面不可同日而语，但二者之间毕竟存在着某种历史联系。

从组织机构角度而言，光绪年间兴起的各种“协赈公所”“筹赈公所”“赈捐处”之类，则同早先已普遍存在的各类“善堂”有着明显的渊源关系。

“善堂”是一种举办各类慈善事业的民间机构，在封建时代有着悠久的历史。这种善堂，在城乡各地到处可见，有一个材料说，上

---

① 直隶总督李鸿章奏折。见《近代中国灾荒纪年》，537页。

② 参见《沪上协赈公所溯源记》，见《经元善集》，327页。

③ 《经君芳洲先生家传》，见《经元善集》，172页。

海“纵城中租界，善堂林立”①，可见其普遍的程度。善堂有各种类型，功能并不完全一样。如1847年（道光二十七年），经纬被上海绅士“公举主辅元善堂事，时经费绌，悉心筹划，出己资以广劝募。戊申（1848年，道光二十八年）兼办同仁堂，施医药、设义学、毁淫书及恤嫠赡老、赊棺义冢诸善举，并禀办阖邑四乡掩埋。未几又任育婴堂事，集资扩充，收婴至数百口”②。唐廷珪等申请成立同仁公济堂，在禀帖中说这个善堂准备“先行举办惜字、义塾、乡约、接婴、恤嫠、施医给药、施赊棺木等事。俟捐款稍裕，其余逐渐扩充”③。有个叫“清节堂”的，专收养孤寡的“节妇”，以及她们的幼小子女。“翼化堂”主要“印售善书，多至二三百种”。“放生局”专门从事“牛马犬羊鸡鸭”等的放生活动，据说是“保全物命，恩及禽兽”，后来并筹建了放生池，将放生的范围扩大到鱼鳖等“鳞介之属”。元济堂还搞过因旱祈雨等活动。总之，在那个时代，所谓的善举，名目是很繁多的，但最基本的不外是：“弃婴需收养，嫠妇需保全，童蒙需设塾教诲之，老疾需抚恤留养之，伤病则需医药，死亡则需棺衾，暂则寄厝殡房，久则掩埋义冢。”这些活动中，实际上已包含着某些赈灾救荒的内容，而一旦发生较大灾荒，这方面的内容便更加突出起来。如《清史列传》记载：道光年间，镇江“府城设有留养所、普仁堂、育婴堂、恤嫠会，各有庐舍田亩，兵燹后渐多侵没”。同治七年（1868年），钱德承“署镇江府事”后，便对这些善堂的财产“详加清厘，得田一万一千余亩，房舍数十楹，手订章程，概复旧观”。次年，钱德承调署江宁府事，“江宁每届隆冬，有散棉衣之举，水灾而后，德承假款预为购制，并劝集五千余缗，以羡余为掩埋棺木之用。又设当牛局，官为收牧，来春听其赎归”④。可见，从一定意义上说，善堂本来就具有某种民间赈灾的社会功能。

① 《善堂绅董禀道宪暨制造局宪稿》，载《申报》，1895-02-16。
② 《经君芳洲先生家传》，见《经元善集》，171页。
③ 《善堂绅董禀道宪暨制造局宪稿》，载《申报》，1895-02-16。
④ 《清史列传》，卷76，《钱德承传》。

我们说善堂与后来的义赈组织存在着明显的渊源关系，除了上面谈到的善堂性质以外，主要还基于以下一些事实。

首先，因赈济“丁戊奇荒”而最先成立的上海协赈公所，不少骨干成员，本身就是某些善堂的主持者。如协赈公所的主要发起人经元善，其父经纬曾在“沪上设同仁辅元堂、公济堂、养老堂、育婴堂、清节堂等，家乡设经氏义塾”。经纬过世后，元善继续管理这些善堂，“并改进各慈善堂而扩大之”。当清廷因元善举办慈善事业而要奖以爵禄时，元善称：“设善堂为孤寡病老者举办，非为受虚名享利禄也。一再婉拒。”① 可见，经元善发起组织义赈，并非实然心血来潮，正是由以往经理善堂事业作为基础的。

其次，在协赈公所筹办过程中，有些善堂曾起过十分重要的作用。特别是著名善堂“果育堂”，不但开始时明确赈款“由果育堂司收解”，而且一些重要的筹备会议就是在果育堂召开的。甚至在《申报》登载的一些劝赈启事，也多次以“上海果育堂”的名义刊发。此外，协赈公所刚成立时，因“匆遽集事”，筹捐所用收据，不得不暂时“借用善堂各票”。这些事实都表明善堂和公所之间有着怎样密切的关系。

最后，义赈兴起之后，并不是由公所取代善堂，而是把各地众多的善堂组织到自己的赈灾活动之中，从而形成了一个从公所到善堂的广泛的义赈网络。从某种意义上说，协赈公所成为各地善堂的一个总联络站。1878 年 3 月 28 日《申报》载《豫赈类记》称：“豫有奇灾，待赈甚急，各处善堂及好善之士，无不踊跃集募，积少成多。”可见在赈济“丁戊奇荒”中善堂所起的作用。1879 年 4 月 8 日《上海劝办民捐绅士禀苏抚宪稿》中，更明确谈到了协赈公所与善堂的关系：“窃绅等自前年冬间，会合各善堂局，并续约外省府州县绅士善堂，筹募助赈，议设公所以来，截至本年二月底止，款目丛杂，捐户尤繁，远近经劝之人亦难悉数，且又辗转相托，莫可指名。”② 仅据《申报》上公布赈款账目的几次公告中，提到协赈公所及各种

① 盛静英：《先翁经元善简历》，见《经元善集》，405 页。

② 《经元善集》，14 页。

“赈捐处”“协赈处”与各地有联系的善堂名目即有：上海果育堂、辅元堂、保安堂、保婴局、王诒谷堂，松江辅德堂、全节堂，苏州安节堂，昆山正心崇善局，震泽保赤局，常塾凝善堂、水齐堂，黎里众善堂，常州保婴保节总局，无锡善材局，江阴保婴局，金陵同善堂分局，福州普安堂，浙江同善堂，广东爱育堂，南浔育婴堂，汉口存仁巷善堂，湖州仁济堂，京师广仁堂，天津广仁堂，等等。这当然是很不完备的材料，但却已可清楚看出，善堂这种传统的组织形式，怎样在新兴的义赈中起着承先启后的作用。

但是，决不能把晚清义赈的兴起与发展，仅仅看作是传统的善堂赈灾作用的充分展现与发挥。量的增加，到一定程度，就会引起性质的变化。从光绪年间发展起来的义赈，在性质上比起以往善堂的赈灾活动，有了很大的不同，产生了一些前所未有的新的特点。

以往的善堂，由于它的分散性和自发性，一般说来，在赈济灾荒中的实际效果和社会影响，是微乎其微的。有一个材料说：“各行省善堂，有名无实者多，即名实相副，其功德所被，亦殊不广耳。”① 到光绪初年大力开展义赈活动以后，情况就有了很大的变化。以协赈公所、筹赈公所等为名义的义赈机构，如前所述，把各地善堂联络、组织了起来，而且不仅仅组织善堂这种现成的形式，还广泛联系某些新式企业如电报局、轮船招商局等在各地的分支机构，甚至把中国驻外使领馆及企业的驻外商行也纳入自己联系的范围（如日本东京中国使署，美国华盛顿中国使署，德国柏林中国使署，英国伦敦肇兴公司，日本长崎广裕隆号、横滨永昌和号、神户怡和号，新加坡招商局，槟榔屿招商局，仰光协振号，暹罗招商局等），这样，就形成了一个触角伸及全国各地甚至世界一些重要城市的规模巨大的义赈网络，仅仅这一点就不能不产生强烈的社会影响。真所谓登高一呼，八方响应。于是，民间的赈灾活动，也就从以往某些乐善好施的“善人”的个人“义举”变成了全社会瞩目的公益慈善事业。在这里，使我们自然地想起了马克思在《资本论》中做

① 《拟办余上两邑农工学堂启》，见《经元善集》，246页。

过的一个有趣的譬喻："一个骑兵连的进攻力量或一个步兵团的抵抗力量，与单个骑兵分散展开的进攻力量的总和或单个步兵分散展开的抵抗力量的总和有本质的差别。"① 造成这种本质差别的唯一原因，不过是这样一点：前者是有组织的，后者是分散的、无组织的、各自为战的，这种情形同样适用于公所和善堂之间的关系。

晚清兴起的义赈，创造了一套新颖而有效的工作程序和方式。每当有重大灾情发生，义赈主持者们首先成立由社会名流领衔的义赈组织（如协赈公所、筹赈公所、赈捐处、协赈处、赈捐收解处等）。然后大力开展宣传活动，如在一些报刊上发表劝赈启事，印发反映灾区灾情的图文并茂的传单等。接着，统一印制募捐册，交由各地代理机构或联络点使用；各地代理机构即以此向社会各界开展募捐活动，募得款项，统一汇交一般设在上海的义赈中心组织。待筹集到相当赈款后，即直接派人专程赴灾区散发，同时在报上刊登消息，向社会报告赈款用途及去向。往往是筹解一批，公布一次，如 1888 年至 1889 年设立的"豫皖扬镇协赈处"，曾先后在《申报》19 次公布起解赈捐消息；1890 年至 1891 年设立的"顺直赈捐收解处"，曾先后在《申报》7 次公布起解赈款消息。待整个赈事结束，即刊行"征信录"，公布全部账目清单。在赴灾区放赈过程中，它们强调义赈系"民捐民办，原不必受制于官吏"，以免封建官僚机构插手干预，甚或从中侵渔，但也注意与地方政府"和衷共济，以免掣肘"②。放赈办法，因地制宜，或者自己"设局举办"，或者委托当地官员代办，由义赈工作人员"暗中查察之"，但不论采取何种方式，坚决"不假胥吏之手"。因为在封建政治中，许多"胥吏"往往是鱼肉乡里、弄权肥私的老手。总之，这是一套将募款、司账、运解、发放相互分开、各有专人负责的赈灾规程，其目的是防止贪污中饱，务求从社会募集来的赈款，最大限度地真正落到处于水深火热状态的灾民手中。参加义赈的工作人员，很多都"不受薪水"，甚至有些亲赴灾区放赈的人员也往往"自备资斧"，以免占用了来之不

① 《马克思恩格斯全集》，中文 1 版，第 23 卷，362 页。

② 《送两弟远行临别赠言》，见《经元善集》，12 页。

易的赈款。

以往那种零散的、小规模的民间赈灾活动，具有很大的地区局限性。某个地方发生了灾荒，就在该地区范围内进行募捐活动，至多也只是扩展到旅居个别大城市的本籍同乡范围。募捐的赈款自然也限于赈济本地的灾民。可以想见，这种地区的局限，必然极大地限制了赈灾活动的规模和成效。光绪初年兴起的义赈，则完全突破了狭隘地区的局限，赈济对象往往是全国最突出的重灾地区，募捐的范围涉及广泛的社会阶层，而且募捐活动往往遍及全国各地，甚至扩展到海外的爱国华侨。赈款筹集之后，义赈工作人员长途跋涉，跨越省区，前往灾区放赈。这样，不仅能够最大限度地动员社会力量，集中一定的资财，而且能够造成必要的声势，引起全社会的关注，从而使义赈活动真正搞得有声有色。

由于具有以上这些特点，所以义赈兴起后，确实可以说是成绩斐然。仅拿募集到的赈款来说，为赈济“丁戊奇荒”而成立的上海协赈公所，就曾先后解往直隶、河南、山西、陕西四省赈灾款共四十七万余两。而据《清史稿》记载，为这次灾荒清王朝正式用国家财政拨给的赈款，有数字可计的也不过七十余万两。两相比较，义赈所起的作用就不言自明了。1887 年末至 1889 年初，“豫皖赈捐处”（后发展为“豫皖扬镇协赈处”）共收解赈款合上海规银五十五万余两。1889 年 4 月至 1891 年 8 月，在上海文报局内设立的“协赈公所”，共向山东灾区筹解赈款计上海规银一百二十四万五千余两。这在当时，都是一笔不小的数目，在灾荒的赈济方面，确实起到了举足轻重的作用。

三

光绪初年义赈的兴起，在当时的社会生活中自是一件新的事物。任何新事物初起之时，总不免会遇到各种困难和阻力，义赈也同样如此。经元善在谈到上海协赈公所成立初期的情形时说：“其时风气初开，当道目为越分，而忌阻者亦颇不乏，惟有动心忍性而已。”①但唯其是新的事物，所以它毕竟不会因为某些阻碍就萎缩下去，相反，却很快地得到蓬勃发展。1883年8月1日的《申报》，曾有这样的评论：“上海诸善士自六七年前筹办山东旱赈，款巨时长，在事之人无不悉心竭力，所集之款涓滴归公。遂觉自有赈务以来，法良意美，当以此为第一善举。”甚至出现了官赈屡举，“然而泽不逮下，海内成为风气，一若非义赈不得实惠”，“遇灾省份，官中亦驰书告籴，仿效义赈办法”的现象。② 不是官赈限制了义赈，而是义赈影响着官赈，使官赈也不得不“仿效义赈办法”，对于这种情况的唯一解释，就是义赈在这个时候得以兴起和发展，并非是一种偶然的历史现象。

历史进入近代之后，封建清王朝在外国侵略不断加深和国内阶级矛盾日趋激化的双重冲击下，政治危机更形严重，统治力量愈益衰败。从“荒政”这个角度说，清王朝遇到了两个极为尖锐的问题：一个问题是财政的窘迫。1875年2月20日（光绪元年正月十五日）山西巡抚鲍源深在奏折中说：“自咸丰初年军兴以来……百计搜括，已极艰难。……现在部库无充余之蓄，其各直省情形，东南若江、浙等省，地方凋敝，民气未复，艰窘固不待言。西北若山东、河南、山西、四川等省，虽较东南稍称完善，而纷纭协拨，力亦万难久措。即以山西而言，岁入之项仅三百万有奇，应解京饷、固本饷一百零六万，应拨各路军饷一百九十余万，本省必不可少之用一百六七十万，以出衡入，窘竭情形，岂堪言喻，山西如此，他省可知。……第出者日见繁多，入者只有此数，其尚可强支者，无非剜肉补疮之计；其无能勉应者，早成捉襟露肘之形。各省库储为京师外府，而令空虚一至于此。瞻维大局，岌岌可忧。……今内地空虚若此，设有水旱刀兵之事，何以应之？”③ 鲍源深在这里特别强调，财政的困难，使日常行政经费都“捉襟露肘”，如果再有“水旱刀兵之事”，

---

① 《沪上协赈公所溯源记》，见《经元善集》，327页。

② 《筹赈通论》，见《经元善集》，118页。

③ 《光绪朝东华录》，总23页。

政府就会无法应付了。另一个问题是随着封建政治的日趋腐败，“官赈”中的弊端愈来愈严重。我们这里也引用光绪元年的一个材料：1875 年 2 月（光绪元年正月）间，御史王荣琯在奏折中揭露了赈灾中的一些弊端，2 月 10 日（正月五日）的上谕称：“各省被灾地方，一经该省大臣奏请蠲缓粮租，朝廷无不立沛恩施。若如该御史所奏，报灾之先，吏胥辄向灾区索取规费，被灾重轻并不核实勘报，及奉有恩旨，则又迟贴誊黄，先行追比，似此玩视民瘼，以致泽不逮下，殊属不成事体。”① 其实，王荣琯在这里所涉及的，只是种种弊端中之九牛一毛，封建官吏大发灾荒财的手法，名目繁多，花样翻新，有些简直是令人发指的。财政的竭蹶使政府无法拿出更多的钱财用于救荒，而一些本来就少得可怜的赈款又大都流入官吏的腰包，很少真正发放到灾民的手中。于是，一旦遇到稍重一点的水旱灾害，“饥民遍野”“饿莩塞途”就成为司空见惯的现象。所有这些，都在客观上呼唤着义赈的出现。因为义赈一方面可以广集社会资财，补充政府财力不足；另一方面又还没有沾染官赈的种种弊病，较少有贪污中饱的现象发生，可以使实惠真正落到灾民身上。这两个方面恰好弥补了官赈的缺陷。经元善在《筹赈通论》中曾专门比较官赈、义赈之优劣，指出：“北省饥民，惯吃赈久矣。凡遇官赈，不服细查。有司虑激生变，只可普赈。以中国四百兆计之，每县三十余万，倘阖邑全灾，发款至二万金，已不为菲。而按口分摊，人得银五六分，其何能济。义赈则不然，饥民知为同胞拯救，感而且愧，不能不服查剔。查户严，则去其不应赈者，而应赈者自得实惠矣。”经元善在这里说得客气而含蓄，留有很大的余地，他没有也不大可能把官赈的弊端和盘托出，但他毫不含糊地肯定义赈，并且强调官赈要学习义赈的长处，声称“所愿各省官绅善长，不惟其名惟其实，欲酬心愿，悉入义赈，功德倍蓰”②，差不多是公开申明了义赈存在的必要性和合理性。

不过，上面所说的，还只是义赈在这个时期兴起和发展的客观

---

① 《光绪朝东华录》，总 20 页。

② 《经元善集》，118 页。

条件。要全面了解光绪初年义赈兴起的原因，还应该谈到问题的另外一个方面，即这时社会生活尤其是经济生活中已经出现了新的因素、新的力量。

随着洋务运动的开展，社会上兴办了一批洋务企业，出现了一批洋务企业家。积极倡导义赈的头面人物和骨干成员，正是在当时颇具经济实力的洋务企业家，而洋务企业则恰恰成为开展义赈的活动据点。例如，鼎鼎大名的郑观应、盛宣怀、谢家福、胡光墉等人，不仅都是兴办洋务企业的健将，同时也是义赈活动的最初发起人和主持者。我们多次提到的义赈发起人之一的经元善，正是在筹建上海协赈公所时结识了郑观应、谢家福、李金镛等人，又在 1880 年（光绪六年）亲赴直隶雄县放赈时谒见了洋务派首领李鸿章，受到李的赏识，被委派为上海机器织布局的商董和驻局会办，以后又在多个洋务企业中任重要职务，一直到 1900 年（光绪二十六年），以领衔通电反对慈禧的“己亥建储”，受到清政府的通缉，逃亡港澳，而成为名噪一时的风云人物。许多洋务企业的重要商董，都曾和义赈活动发生过或深或浅的关系。

前面已经提到过，山东赈捐公所的办事机构设在上海陈家木桥的金州矿务局内。此外，1887 年至 1889 年的“豫赈办事处”“豫皖赈捐处”“豫皖扬镇协赈处”，设在上海电报总局内；1889 年成立专办山东义赈的协赈公所，1889 年至 1891 年的“浙赈收解处”“苏赈收解处”和“顺直赈捐收解处”，设在上海文报局内。《申报》登载的《上海陈家木桥电报总局内豫赈办事处事略》中特别提到，办事处所以要设在电报总局，是因为有关筹赈事宜，需同各省函电协商，“及遍商各省之后，复信复电必至此局，故借此为公同办事之处”①。从这里可以清楚地看到，这些洋务企业在义赈发展过程中怎样提供了必要的物质手段，或者反过来说，如果没有这些洋务企业所提供的必要的物质条件，义赈要发展成如此规模，简直是不可想象的。至于洋务企业在各地的分支机构，怎样成为遍及全国的义赈网络的

① 《经元善集》，63 页。

组成部分，我们在前面已经有过交代了。

我们可以这样说：有别于“官赈”的，由民间筹集资金、民间组织散放的“义赈”，是随着带有资本主义性质的经济成分的出现而兴起的。毫无疑问，义赈的兴起，是一个历史进步。但是，正如洋务派不过是封建统治阶级中的一个政治派别、洋务企业终究不能完全摆脱对于封建政权的依附一样，从事义赈活动的人，虽是以“民间”的身份出现，但在当时的条件下，也无法完全割断同封建官僚政治的联系。过了一段时间后，官赈中的种种弊端也就渐渐地浸淫到义赈活动中去，以致后来就有人指出，社会上颇有一些人是靠办“慈善事业”而发家的，并感叹说：“自义赈风起，或从事数年，由寒儒而致素丰”，偶有少数人真正鞠躬尽瘁于赈务，“每遇灾祲，呼吁奔走，置身家不顾”，并且“始终无染，殁无余赀者”，倒成了凤毛麟角，“盖不数觏”① 的了。丘逢甲在《新乐府》之一的《花赈会》里，甚至公然把某些“海上善士”称作是“闻灾而喜，以赈为利”② 的人。不过这些已是后话，一个具有充分历史感的人，自然不能因为这些而抹杀他们在义赈兴起和发展中曾经起过的历史作用。

---

① 《清史稿》，卷452，《潘民表传》。

② 《岭云海日楼诗钞》，卷11。

马克思主义理论教学与研究的坚强阵地*
——祝贺《教学与研究》创刊40周年

《教学与研究》从创刊到现在，已经40年了。孔老夫子有云："四十而不惑。"对于一个以反映马克思主义理论教学与研究的科学成果为职志的刊物来说，所谓"不惑"，应是意味着对于马克思列宁主义、毛泽东思想的更加坚定的信仰，不管在什么情况下，都能一如既往，矢志不渝地为宣传马克思主义而恪尽自己的职责。世界各种事物总是错综复杂、变化万端的，潮涨潮落，月圆月缺，前进中的迂回曲折，发展中的艰难险阻，都是正常而不可避免的现象，更何况是学习马克思主义、研究马克思主义、传播马克思主义、实践马克思主义这样一种崇高而宏伟的事业，要保证在任何情况下都一帆风顺，无往不利，不免是过于天真的幻想。就这个意义来说，一个人，一本刊物，对于马克思主义的科学理论，要真正做到"不惑"，实在是很难又很了不起的事情，起码要有一点郑板桥在他那首名诗中所说的"任尔东西南北风""咬定青山不放松"的劲头。

《教学与研究》的历史，只差几年就几乎与中华人民共和国同龄，因此，它在自己的全部发展历程中，不能不同我们伟大祖国的历史命运紧密相连。中华人民共和国40多个春秋的历史进程，总的说来是在马克思列宁主义、毛泽东思想指导下，中国共产党领导全国各族人民进行社会主义革命和社会主义建设并取得巨大成就的历史。尽管由于经验不足，加之党的领导发生过主观主义的偏差，以往犯过这样那样的错误，遭遇过严重的困难和挫折，但谁也无法否认，我们取得的成就是伟大的，举世瞩目的。特别是党的十一届三

---

* 载《教学与研究》，1993年第3期。

中全会以来，全党全国人民真正集中力量进行社会主义现代化建设，人民生活水平有了很大的提高，社会主义在中国开创了历史的新局面。党的十四大在总结十一届三中全会以来的历史经验时着重强调："我们党所以能够取得这样的胜利，根本原因是在十四年的伟大实践中，坚持把马克思主义基本原理同中国具体实际相结合，逐步形成和发展了建设有中国特色社会主义的理论。"历史昭示我们，坚持马克思列宁主义、毛泽东思想，坚持建设有中国特色社会主义的理论，对于我们党和国家，对于我们的社会主义事业，具有何等生死攸关的意义。

马克思主义不是教条，而是深深植根于实践并在实践中不断发展的科学。宣传马克思主义，不能从本本出发。一个党，一个国家，一个民族，如果一切从本本出发，思想僵化，那它就不能前进，它的生机就停止了。坚持马克思主义，决不是一切照抄照搬照转马克思、列宁、毛泽东的原话，拿现成的公式去限制、剪裁无限丰富的飞速发展的革命实践，而应该勇于研究新的实践中提出的新情况和新问题，对社会主义事业中千百万群众的新创造做出新的理论概括。建设有中国特色社会主义的理论，就是在和平与发展成为时代主题的历史条件下，我国改革开放和社会主义现代化建设的实践过程中，在总结我国社会主义胜利和挫折的历史经验并借鉴其他社会主义国家兴衰成败历史经验的基础上，逐步形成和发展起来的。所以，十四大报告指出："它是马克思列宁主义基本原理与当代中国实际和时代特征相结合的产物，是毛泽东思想的继承和发展，是全党全国人民集体智慧的结晶，是中国共产党和中国人民最可珍贵的精神财富。"毫无疑问，在新的历史时期，理论战线的根本任务，就是要以极大的热情，积极宣传和认真研究建设有中国特色社会主义的理论这个当代中国的马克思主义；这当然同样也是《教学与研究》的根本任务和时代使命。

理论的发展，实践的创造，社会生活巨大而深刻的变化，对马克思主义理论教学与研究，提出了新的挑战。完全按照过去一套去讲，当然不行了；新的内容的充实和新的教学体系的建立，又不是一蹴而就可以完成的，需要经过长期的刻苦的科学工作才能有所建树。马克思主义是认识世界、改造世界的唯一科学的世界观和方法论，但是它并没有结束真理，而是在实践中不断地开辟认识真理的道路。因此，建设有中国特色社会主义理论本身，也必然要在进一步建设有中国特色社会主义的波澜壮阔的斗争中得到丰富、完善和发展。所有这一切，既对理论工作者提出了艰巨的任务，又为理论工作者提供了展示才华的用武之地。最近，中共中央、国务院印发的《中国教育改革和发展纲要》着重指出："哲学社会科学的教学与科学研究，必须以马克思主义和建设有中国特色社会主义的理论为指导，紧密联系实际，努力研究和解决社会主义现代化建设中的理论和实际问题，为繁荣哲学社会科学，建设有中国特色的社会主义作出贡献。"又指出："用马列主义、毛泽东思想和建设有中国特色的社会主义理论教育学生，把坚定正确的政治方向摆在首位，培养有理想、有道德、有文化、有纪律的社会主义新人，是学校德育即思想政治和品德教育的根本任务。"落实这些任务，需要进行积极的探索和认真细致的工作，进行持久不懈的努力。《教学与研究》应该在这方面发扬传统优势，做出自己的理论贡献。

40 年来，《教学与研究》在推进理论教学、繁荣理论研究、团聚理论队伍方面，做了许多有益的工作，也形成了若干具有自己风格的优良传统。在这些优良传统中间，有一点值得特别提出一谈的，就是这个刊物一贯注意从实际出发，实事求是，理论联系实际，努力坚持马克思主义的学风。在延安整风时期毛泽东同志曾给学风问题以特别的重视，他在《整顿党的作风》一文中深刻指出："所谓学风，不但是学校的学风，而且是全党的学风。学风问题是领导机关、全体干部、全体党员的思想方法问题，是我们对待马克思列宁主义的态度问题，是全党同志的工作态度问题。既然是这样，学风问题就是一个非常重要的问题，就是第一个重要的问题。"事实上，每当我们党的事业欣欣向荣、革命形势日益发展的时候，一般来说，也总是党的理论与实际相统一、实事求是的学风得到发扬的时候；每当某种错误思潮大肆泛滥、革命事业遭到严重损害的时候，也必定是唯心主义横行，形而上学猖獗，马克思主义的学风遭到极大破坏的时候。这个历史的教训，我们是时刻不能忘记的。我们由衷地期望，《教学与研究》在保持和发扬理论联系实际、实事求是的马克思主义学风方面，能够继续发挥积极的作用。

趁《教学与研究》庆祝创刊40周年的机会，写下这些，作为一个读者的诚挚的祝愿。

近代中国爱国主义的历史特点*

爱国主义是我们中华民族的优良传统。几千年来，我国人民的爱国主义精神从来就是推动祖国社会历史前进的一种巨大力量。作为一种伟大的凝聚力和向心力，它使中华民族能够经受住无数自然的、社会的难以想象的困难和风险的考验。当然，爱国主义又是一个历史的范畴。在我国历史发展的长河中，爱国主义的具体内容，是随着历史条件和历史阶段的变化而发展变化的。在鸦片战争以前的封建社会阶段，总的说来，爱国主义主要是同反对分裂、反对民族压迫、反对统治阶级内部昏庸腐败和封建专制的斗争相联系的。

历史进入近代之后，爱国主义又增加了新的内容和特点。它主要表现为对外反对殖民主义和帝国主义的侵略，捍卫祖国的独立和领土完整，对内反对同列强相勾结、出卖祖国利益的反动统治阶级，要求改变造成祖国贫弱、阻碍祖国振兴的封建专制制度，以及反对外国列强的侵略。当中国无产阶级产生了自己的先锋队，独立地登上了政治舞台，并成为中国各族人民的领导力量以后，爱国主义运动也发生了伟大的飞跃。它不仅以反帝反封建作为自己的斗争目标，而且同争取中华民族的彻底解放、实现祖国的社会主义前途紧密联系起来，同维护世界和平联系起来。从此，中国人民的爱国主义发展到了一个崭新的历史阶段。

近代中国的爱国主义具有鲜明的历史特点。其主要内容是：

---

* 载《教学与研究》，1993年第4期。

第一个历史特点：对“振兴中华”的执着追求同英勇无畏的牺牲精神和献身精神的统一

近代中国的爱国者，面对着国家民族被侵略、被奴役、被凌辱的悲惨现实，无时无刻不在梦寐以求着中华的振兴。但是，他们并不是一群高谈阔论的空想主义者。他们脚踏实地，用自己的全部聪明才智，为国家的美好未来而奋斗。只要需要，他们可以牺牲个人的幸福和利益，必要时甚至可以牺牲自己的生命。中国近代史上第一位民族英雄林则徐，为了坚持正义的禁烟运动，为了坚持抗击英国殖民主义的野蛮武装侵略，即使被道光皇帝革职查办，甚至发配到新疆，也仍然以国家民族利益为重，一往无前，不改初衷。他的著名诗句“苟利国家生死以，岂因祸福避趋之”，就很好地反映了他忠贞不贰的爱国情操。

为着“救亡”而矢志改革的梁启超，在戊戌维新运动失败之后不久，曾经讲了这样一段话：“今夫所谓爱国之士，苟其事有利于国者，则虽败己之身，裂己之名，犹当为之。今既自谓爱国矣，又复爱身焉，又复爱名焉，及至三者不可得兼，则舍国而爱身名，至二者不可得兼，又将舍名而爱身。吾见世之所谓温和者，如斯而已，如斯而已！”①

梁启超所批评的“所谓温和者”，是指李鸿章、张之洞等洋务派。当时，他们和康有为、梁启超等维新派，都以“爱国”相标榜，也都倡言“变法”。有些人认为二者的区别只是在于洋务派主张“温和”地改革，维新派主张“急激”地改革。梁启超对此做了驳正，强调指出他们之间的区别在于，在国家利益和个人私利之间把什么放在第一位。梁启超在这里实际上提出了一个重要原则：如何处理爱国、爱名、爱身的关系，是区分真爱国主义、假爱国主义的试

---

① 《戊戌政变记》，卷3。

金石。

中国近代史上出现过一批又一批爱国的志士仁人：有的是在反侵略的民族战争中洒血疆场的将士，有的是勇敢探索富强之路的改革者，有的是对封建旧秩序进行武器批判的革命先烈，也有的是为创造和传播先进的科学文化而呕心沥血的学术人物。尽管他们的斗争业绩和历史贡献各不相同，但有一点是共同的，那就是他们对祖国、对民族、对人民，都有一种执着而真诚的献身精神。他们的爱国并不以爱名、爱身为前提，相反，他们把自己的一切包括宝贵的生命，统统奉献给了伟大而苦难的祖国。

爱国者并不是没有觅取个人名利权位的机缘和条件。梁启超在谈到他的老师、同志康有为时说，以康的才力学识而论，如果他“曲学阿世”，不难在封建宦途上飞黄腾达，安富尊荣。但他并不受名缰利锁的羁绊，决心为争取国家的进步，“逆势而与社会战”，虽遭受“奇险殊辱”，也“无所于挠，锲而不舍”①。康有为的选择，表现了一个爱国主义者视富贵如浮云、履崎岖若坦途的情操和勇气。

他们也并不是没有一己的眷顾和爱恋。著名的同盟会员方声洞，在参加黄花岗起义的前夕，写给他父亲的诀别书中，满怀深情地叙说了对家庭的系念，同时又慷慨从容地剖白了为国捐躯之必要。他在信中说：“夫男儿在世，不能建功立业，以强祖国，使同胞享幸福，虽奋斗而死，亦大乐也；且为祖国而死，亦义所应尔也。儿刻已念有六岁矣，对于家庭，本有应尽之责任，只以国家不能保，则身家亦不能保，即为身家计，亦不能不于死中求生也。”他反复要求他父亲“以国事为心，勿伤儿之死”②。后来他果然在这次战斗中英勇牺牲。同时就义的另一位革命党人林觉民，在起义爆发前夕给他妻子写的一封绝笔书中说：“吾至爱汝，即此爱汝一念，使吾勇于就死也。吾自遇汝以来，常愿天下有情人都成眷属。然遍地腥云，满街狼犬，称心快意，几家能够！”“吾充吾爱汝之心，助天下人爱其

---

① 《康有为传》。

② 《方声洞传》。

所爱，所以敢先汝而死，不顾汝也。”[①] 爱国主义的民族英雄不是铁石心肠的无情汉，他们对于自己的父母妻子，有着炽烈的爱。但是，在爱祖国与爱一己的对立面前，他们心甘情愿地忍受着与亲人生离死别的苦痛，使自己的家人骨肉之爱服从于和融化于对国家民族之爱。

在一个文艺作品中，有一位主人公曾提出过这样的问题：“我爱祖国，但祖国爱我吗?”后来，这个问题颇为一些人津津乐道。如何看待这个问题，我以为还是结合中国近代史上的事例来回答，在旧中国，爱国是“有罪”的，因为爱国就不能不同统治着中国并把它拖上了绝境的帝国主义和封建势力做殊死的斗争。因此，要爱国，就必须准备承受反动势力的侵袭打击，甚至要冒坐牢杀头的风险。在那个时候，任何一个真诚的爱国主义者，从来不期待自己振兴祖国的努力会换得祖国对自己的什么报偿。对于许多人来讲，他们清楚地知道，祖国的独立富强是无法亲眼看到的，但他们坚信，自己的努力将会为这一天的早日到来创造条件。辛亥革命时期领导安庆起义的革命党人熊成基，被清政府逮捕后，在狱中写了这样的话：“我今早死一日，我们之自由树早得一日鲜血，早得血一日，则早茂盛一日，花方早放一日。”[②] 这短短的几句话，生动而鲜明地反映了一个爱国主义者的伟大胸怀。正如大家所知道的，共产党人为了爱国而救国，不惜抛头颅洒热血的事例，是数不胜数的。

这种充溢着献身精神的爱国主义，同那种口头上高唱“爱国”，但一遇到爱国、爱名、爱身“三者不可得兼，则舍国而爱身名”的假爱国主义，是不可同日而语的。爱国主义是一种崇高的思想感情，它同任何市侩心理都格格不入。如果心里老装着一架利己主义的天平，时刻盘算着对祖国的贡献同国家的报偿之间是否“等价”，甚至有时还发出诸如“我爱祖国，但祖国爱我吗?”之类的责难，那就不但愧对历史上的爱国志士，而且也亵渎了爱国主义。

---

① 《林觉民传》。

② 《熊烈士供词》。

第二个历史特点：强烈的忧患意识与坚定的民族自信心的统一

近代中国社会是半殖民地半封建社会。帝国主义的野蛮蹂躏，封建主义的黑暗统治，把曾经创造了灿烂的物质文明和精神文明的中国推向了沉沦和毁灭的边缘。在这种情况下，“救亡”就成了近代爱国主义的中心主题，争取民族的生存和解放，追求祖国的独立和富强，就是这一历史阶段爱国主义的基本内容。

在近代历史上，国家民族的屈辱和危难每增加一分，爱国主义思潮的影响也扩大一步。一些重大的爱国运动，往往都是在我们国家民族存亡绝续的危急关头酝酿和爆发的。正是在这样的背景下，近代的一些爱国主义者，无不具有极为强烈的忧患意识，鸦片战争时期的民族英雄林则徐，在清政府被迫签订了第一个不平等条约《南京条约》后，就提醒人们“须防蚕食念犹纷”，并且悲愤地指出：“正是中原薪胆日，谁能高枕醉屠苏!”戊戌变法的领导人康有为，把在帝国主义列强瓜分危机下的中国比喻为一个“枯干瘦羸，渐无精气”，病入膏肓的垂死老人；梁启超则把它比作一栋“瓦墁毁坏，榱栋崩折”，即将倾圮的千岁老屋。据梁启超自己说，甲午战争以后，他曾“日攘臂奋舌，与士大夫痛陈中国危亡朝不及夕之故”，希望“使吾四万万人者，咸知吾国处必亡之势，而必欲厝之于不亡之域”。伟大的革命先行者孙中山同梁启超一样，也曾把当时的国家比作一栋即将坍塌的大厦，忧心如焚地发出“强邻环列，虎视鹰瞵”，“蚕食鲸吞，已效尤于接踵；瓜分豆剖，实堪虑于目前”的呼喊。近代历史上无数志士仁人，正是为了挽救祖国的危亡而勇敢地投身到救亡斗争中去。五四运动、一二·九运动，以及无数热血青年奔赴抗日救亡的战场，都是在这个前提下发生的。

但是，近代的爱国主义者决不是民族虚无主义者。他们痛切淋漓地大声疾呼“国势危蹙”情状，是为了唤起人们的觉醒，激发人们的斗争勇气，而不是为了把我们的国家民族描绘得一团漆黑，一无是处，使人们看不到前途和希望，从而瓦解斗志，涣散士气。他们的忧患意识同炽烈的民族自豪感和坚定的民族自信心紧密地交融在一起。梁启超下面的这段话，颇为典型地反映了二者的联系与统一："必有忧国之心，然后可以言变法；必知国之危亡，然后可以言变法；必知国之弱，由于守旧，然后可以言变法；必深信变法之可以致强，然后可以言变法。"孙中山认为，中国凭借"四百兆苍生之众，数百万里土地之饶"，只要奋臂而起，"振兴中华"，即可"发奋为雄，无敌于天下"；一旦推翻了封建专制主义的统治，中国一定能够在经济发展中取得"异常之速度"，不但可以"举西人之文明而尽有之"，而且可以胜过和超过他们。不难想象，如果近代的爱国志士们没有对祖国和人民的美好来来的热切向往和坚定信念，他们是不可能如此义无反顾地将自己的一切无私地奉献给祖国母亲的。

第三个历史特点：抵抗侵略与向外国学习的统一

大力提倡爱国主义，会不会导致狭隘民族主义的滋长，民族虚骄心理的复归，甚至重新走闭关锁国的老路，影响改革开放呢?

近代爱国主义历史发展的具体实践，已经对此做了清楚明确的否定回答。这正好涉及近代爱国主义的第三个历史特点，即抵抗侵略与向外国学习的统一。

近代中国是个半独立国家。绝大多数的爱国人士都懂得，不抵抗外国资本主义和帝国主义的侵略，不首先争取国家的独立和民族的解放，祖国的进步和富强就没有必要的前提条件。人们正是在围绕着争取祖国独立而展开各式各样的爱国行动的。在近代历史上，对于中华民族任人宰割的"腥风血雨"黑暗岁月的悲愤填膺的揭露，对于帝国主义强盗残杀掠夺中国人民的撕肝裂胆的控诉，都曾经极其强烈地激发起人们的爱国热情，振奋起人们的革命精神。

但是，近代的绝大多数爱国主义者，并没有把抵抗外国侵略同向外国学习对立起来。改变祖国贫弱落后的迫切愿望，开阔了他们的胸怀，使他们努力在历史条件所许可的范围内认真吸取世界各国的优秀的文明成果。

林则徐对发动罪恶的鸦片战争的英国殖民主义者的英勇斗争，谱写了近代爱国主义的第一曲乐章；同时，他也是近代中国睁眼看世界的第一人，深信为了有效地抵抗侵略，必须知己知彼，了解西方。他通过同外国人的直接接触和阅读西方书报，获得了不少有关西方国家政治、军事、经济、史地等方面的知识，并辑译了《四洲志》《华事夷言》《各国律例》等资料。和林则徐同时代的魏源，在林则徐的启发、影响下，提出了“师夷之长技以制夷”的主张，这个主张简洁明了地表达了抵制外国侵略和学习外国“长技”的相互关系。

太平天国运动时期，后期“总理朝纲”的干王洪仁玕，为了能够“与番人（指外国人）并雄”，写作了《资政新篇》，提出了一系列学习外国政治经济制度的建议，这些建议得到了天王洪秀全的赞同和支持。这表明，即使是农民阶级的政治代表，为了祖国的富强，也并不拒绝学习外国某些有益的东西。与此同时及稍后一段时间，封建统治阶级中的某些有识之士和一批关心祖国命运的爱国知识分子，也不断提出学习西方先进科学技术的主张，并在一些方面付诸实践。

19 世纪末叶发生的戊戌维新运动，既是一次具有鲜明爱国色彩的救亡斗争，又是一场按照资本主义蓝图来改造封建统治的政治改革。维新派的信条是：要救国，只有维新；要维新，只有学外国。在维新派的政治纲领和政治实践中，救亡图存同学习外国的先进经验是逻辑地、内在地统一在一起的。

戊戌变法失败之后，资产阶级革命派领导的革命斗争蓬蓬勃勃地开展起来，在 20 世纪的最初十年中，逐渐成为爱国运动的时代主流。爱国主义成为资产阶级革命派动员群众、宣传群众的一个最主要也最有力的武器。资产阶级革命派在淋漓尽致地揭露帝国主义列强对中国“割要地，租军港，以扼其咽喉；开矿山，筑铁路，以断其筋络；借债索款，推广工商，以吮其膏血；开放门户，划势力圈，搏肥而食，无所顾忌”的侵略罪行的同时，十分强调要敢于和善于学习世界各国的长处。他们针对有些人认为既讲爱国，就不应该向自己的民族敌人学习，“一言学人则骂之耻之”的论调，进行了很有说服力的反驳。如著名爱国宣传家陈天华说：“须知要拒外人，须要先学外人的长处。”“凡他种种强过我们的事件，我哪一件不要学他的呢？不把他的好处学到手，可抵得住他吗？”他们强调，中国今日，不应当以学人为可耻，相反，应当以不学为可耻。那种认为学习外国就是丢了脸面的“高论”，“固欲中国之束手以待列强之烹割而已”。

如果说在近代历史上的绝大多数爱国主义者，都能正确地处理、对待抵抗侵略与学习外国的关系，那么，对于我们一直坚持爱国主义与国际主义相统一的马克思主义者来说，当然就更应当把弘扬爱国主义同坚持改革开放辩证地统一起来。目前正在进行的社会主义现代化建设，是“振兴中华”的宏图大业，实现这个空前伟业，需要立足于中国的实际，一方面继承和发扬中华民族的优秀文化传统，一方面注意学习和吸收世界各国人民在历史上包括在资本主义制度下创造的优秀文明成果。敢于和善于吸取世界各国的文明成果，这也正是一个民族具有自信心的表现。

第四个历史特点：炽烈的“报国之志”同冷静探索“强国之路”的统一

爱国主义作为人们对于“生于斯，长于斯，衣食于斯”的祖国的一种神圣的感情，在近代历史上曾经最大限度地团结了各种社会力量，为祖国的前途和命运进行了积极的斗争。在各个不同历史时期，在各种不同的战斗岗位上，无数仁人志士，受到爱国主义这一强大精神力量的鼓舞和推动，把自己毕生的精力投入捍卫祖国独立和追求祖国富强的伟大斗争中去。其中，有在帝国主义列强的武装侵略面前不畏强暴、奋起抵抗不惜英勇献身的战士，有为了争取祖国的发展和进步而同反动腐朽的封建势力进行殊死搏斗的改革者和革命者，有为维护民族的团结和祖国的统一而做出重大贡献的杰出政治家，也有为发展祖国的民族经济、民族文化而殚精竭虑的实业家、教育家、文学家、艺术家、科学家。至于更多为祖国的利益而牺牲一己私利的无名的爱国志士，就更是无法数计了。

所有这些具有炽烈的“报国之志”的爱国者，由于历史条件的限制，在从鸦片战争到五四运动的整个旧民主主义革命时期，如果以单个的个人来说，不论其事业有多大的成就，以“救亡”这个近代爱国主义的主题来衡量，似乎都是“无力回天”的悲壮的失败者。也就是说，任何一个杰出的爱国英雄、任何一次伟大的爱国运动，都没有能争取到祖国的独立，没有能真正解除民族危殆的险恶处境。但是，也正是这些此呼彼应、前赴后继的爱国者连绵不绝的斗争，才使得近代中国在那么多帝国主义的军事的、政治的、经济的、文化的各种手段的侵略面前，没有被瓜分，没有出现亡国灭种的悲惨局面。在这个意义上，近代的无数有名的和无名的爱国者，真正是“中国的脊梁”。

爱国主义是一个历史范畴。如同毛泽东同志所说的：“爱国主义的具体内容，看在什么样的历史条件之下来决定。”在近代社会，爱国主义的历史发展，始终同对于“强国之路”的艰难探索紧密联系在一起；随着对于中国社会发展道路的认识的一步步提高，爱国主义的内容也一步步得到丰富和发展。

从鸦片战争、太平天国运动一直到辛亥革命，随着时代的变化，爱国主义的内容也不断丰富、发展。到辛亥革命时期，以孙中山为代表的资产阶级革命派，把近代历史上的爱国主义提高到一个新的水平。他们把爱国主义与民主主义相结合，在历史上第一次从革命立场阐明爱国与“忠君”的区别，把爱国与推翻封建专制主义政权统一起来。他们不仅要求在政治上改造中国，而且要求在经济上建设中国，真诚地追求祖国的繁荣昌盛，把民族独立与国家富强相统一。他们鲜明地反对国家分裂，要求国家统一，指出中华民族“有统一之形，无分割之势”；只有国家的“统一独立”才有国家的“兴盛”。他们不是把祖国看作一个抽象的概念，而是把数万万同胞看作是祖国的实体，热爱、关怀人民群众，真诚地为谋取人民幸福而献身。最后，他们把中国的民族运动同世界被压迫民族的民族运动相互联系起来，争取与世界各民族平等相处，以达到“大同之治”。

但是，辛亥革命虽然推翻了清朝封建君主专制的统治，却并没有找到解救中国的正确道路。于是，真诚热爱祖国的先进的中国人，继续进行冷静而又痛苦的探索，终于经过伟大的五四运动，经过中国共产党的成立，使中国人民接受了马克思主义，选择了社会主义这个唯一能够救中国的历史道路。从那以后，随着革命性质的变化，爱国主义也发生了新的升华，进入了一个崭新的历史阶段。

这也正是我们今天强调在当代中国，爱国主义与社会主义本质上是统一的一个历史依据。

吴玉章教育思想的现实生命力*
——纪念吴玉章同志诞辰 115 周年

今年是我们的老校长吴玉章同志诞辰 115 周年。吴老不但是我国杰出的无产阶级革命家，而且是一位造诣极深的历史学家和语言文字学家，更是一位以毕生精力辛勤耕耘并建造了历史丰碑的著名教育家。他的整个革命生涯，从 1912 年热心倡导和组织留法俭学会开始，就和我国的教育事业密不可分。在长达半个多世纪的时期里，他为党和国家培养了几代优秀的干部和数以万计的人才，为我国教育事业做出了卓越的贡献。在长期的教育实践中，他不断总结办学经验，深入探索并创造性地提出了一整套适合我国国情的教育理论和管理方法。他丰富而深邃的教育思想是无产阶级教育思想和理论的重要组成部分，是我们党的宝贵精神财富，至今仍然有着极强的现实生命力。认真学习吴老的教育思想，对于发展教育事业，努力办好学校，有着十分重要的现实意义。

一

吴老一贯重视教育，始终把教育看作是整个革命事业的重要组成部分，是强国兴邦的头等大计。早在 1940 年，他就在《大众教育底一个当前紧急任务》一文中指出："大众是社会组成的基本。大众的进步或落后并不在于生性的聪明或愚蠢，而在于教育的好或坏。教育好的国家，那么人人都有力量而国家也有力量；教育坏的国家，

---

* 载《中国人民大学学报》，1993 年第 5 期。署名：李文海、戴井冈。

那就人人都没有能力，或能力很小，因此，国家也不能强盛起来。”他认为国家的强盛与否取决于大众的素质和能力，而大众素质和能力取决于教育的好坏。在同一篇文章中他还指出：“中国的教育，多年来是和大众没有关系的，因此中国也才成了没有力量的国家，作了世界各强国的半殖民地。”针对旧中国劳动人民受剥削受压迫，没有受教育的机会，他猛烈抨击旧中国的教育制度，指出这是一种“为少数的有钱人特殊阶级的教育制度”，是一种“陈腐的特殊化的教育制度”。他极力主张“新文化教育”，主张“平民教育”，主张“人人有受教育的平等机会”。他对革命根据地注重大众教育给予高度评价，说这是“很好的一个革命前进的现象”。

吴老历来把兴办教育、培养人才看成是革命取得胜利，国家走向富强的必由之路。他把办学校作为自己毕生从事的伟大而神圣的事业。他曾说：“办学校，是为了振兴中华，提高民族文化素质，为国家培养人才，这是一个极其光荣而伟大的任务，是国家百年大计，千年大计的大事，它有着重大而深远的历史意义，我一生都乐于办学校，愿为国家培养人才做贡献。”吴老这段话既道出了他对党的教育事业的热忱，也是他毕生从事教育事业的真实写照。为了振兴中华，提高民族文化素质，改变中国教育落后局面，他坚持长期从事教育工作，并根据时代的不同，从党和国家需要出发来培养时代所需要的人才。早在北京主办留法勤工俭学预备学校、主持国立成都高等师范学校和重庆中法大学期间，他就始终注意教育为革命斗争服务，把学校作为培养革命人才、宣传革命思想的坚强阵地。他在苏联期间，也依然为党培养革命人才。他在延安鲁迅艺术学院、新文字干部学校、延安大学、华北大学担任校长期间，始终坚持教育为无产阶级政治服务，教育为革命战争服务的方针，培养了大批服务于地方和军队的优秀干部。全国解放后，国家进入大规模经济建设时期，吴老担任中国人民大学校长，为我国社会主义经济建设培养了大批人才。

吴老十分重视知识和人才在国家建设中的重要性。他在 1949 年 10 月 14 日关于筹办中国人民大学致刘少奇同志的信中说：“现在军事上快到完全胜利，建设工作摆在我们面前，敌人总是说我们没有建设能力，我们要在建设工作上也和我们军事上的辉煌成绩一样，就必须很快培养建设人才。”他在1950年3月中国人民大学第一次学生大会上的讲话中说：“由于中国革命伟大的胜利，迫切需要各种建设人才，从事经济、政治、文化各种建设，所以中央人民政府决定成立中国人民大学，培养新型知识分子，为新中国的建设服务。”在1950年5月中国人民大学校刊发刊词中他又说：“中国人民大学的任务是培养新中国的各种建设干部。这些干部要学会能够建立新的经济制度，能够管理新的国家。”1950年10月3日，中国人民大学举行开学典礼，吴老在讲话中指出：我们要“有计划、有步骤地培养新中国的各种建设干部。……为要达到培养这种干部的目的，我们首先要建设好我们的学校。”他还在1953年7月中国人民大学学生毕业典礼上的讲话中说：“如果没有大量的忠实于人民事业而又掌握着科学，精通业务的人才，我们的建设事业就不能够完成任务。”

1953年3月28日，吴老在中共中央宣传部宣传干部训练班上发表了题为《关于党对知识分子的政策》的演讲，对知识分子进行了实事求是的正确分析与评价，强调发挥知识分子在革命和建设中的重要作用。吴老指出：在中国革命胜利以后，知识分子还会起很大的作用，而且从某种意义上说来，还会起较之革命战争年代更加巨大的作用。他说：“今后国家要进行大规模的建设，正如斯大林所说，革命的建设是不能单靠骑兵似的猛打冲锋所能取胜的。为了建设，就必须要有知识，而因此，知识分子就有了十分的重要性。”他还说：“既然中国一般的知识分子有着反帝反封建的革命性，是无产阶级的同盟军和革命的动力之一，人民革命事业需要大量的知识分子贡献出他们的力量，所以，党必须争取他们、团结他们，使他们为人民服务。”要大量地“放手吸收他们”“放手任用他们”和“放手提拔他们”。吴老引用毛主席的话说：“一切知识分子，只要是在为人民服务的工作中著有成绩的，应受到尊重，把他们看作国家和社会的宝贵的财富。”吴老认为，对于这些知识分子，应该使他们

“有说话做事的权利”，充分发挥他们的学识能力，照顾和爱护他们。吴老旗帜鲜明地指出：“要克服恐惧知识分子甚至排斥知识分子的心理”，指出：“这种‘左’的态度是错误的，是与党的政策和人民的事业的要求不符的。”吴老在积极肯定知识分子积极作用的同时，也实事求是地指出了知识分子身上容易产生的某些弱点，例如，“超阶级观点”“轻视劳动的态度”“个人主义意识”“强调个人思想在社会历史发展上的决定作用，脱离实际，主观幻想，个人英雄主义”“自由主义，反对组织纪律，小资产阶级急躁的革命思想”等等。他认为，对于这些弱点，不应该回避，而应该抱着满腔热忱的态度，从团结和爱护的愿望出发，帮助知识分子自己进行“思想上的教育和改造”。

吴老关于充分发挥知识分子作用的论断是非常具有远见卓识的。教育问题，说到底，就是把年轻一代培养成掌握现代科学文化的知识大军，从而提高全民族的素质。今天，知识分子队伍比起旧中国来不知大了多少倍，知识分子已经成为工人阶级中掌握科学文化知识较多的一部分，成为先进生产力的开拓者，在改革开放和现代化建设中越来越发挥出重要的作用。党的十四大报告指出：“能不能充分发挥广大知识分子的才能，在很大程度决定着我们民族的盛衰和现代化建设的进程。要努力创造更加有利于知识分子施展聪明才智的良好环境，在全社会进一步形成尊重知识、尊重人才的良好风尚。下决心采取重大政策和措施，积极改善知识分子的工作、学习和生活条件，对有突出贡献的知识分子给予重奖，并形成规范化的奖励制度。”广大知识分子没有辜负党和人民的期望，在我国社会主义现代化事业中已经做出巨大贡献，今后也一定会在新的历史时期，更加振奋精神，以新的贡献来回答时代赋予的历史使命。

百年大计，教育为本。当今世界政治风云变幻，国际竞争日趋激烈，科学技术发展迅猛。世界范围的经济竞争、综合国力竞争，关键是科学技术的竞争；科学技术的竞争，归根到底是人才的竞争；而人才的培养，基础在教育。发展教育事业已成为社会进步最重要的基础条件。改革开放 14 年，是全党全国逐步确立把教育放在优先发展战略地位的 14 年。这次党的十四大又重申了必须把教育摆在优先发展的战略地位，并且指出这是实现我国现代化的根本大计。正是在这个战略思想的指导下，我国教育事业迅速发展，取得了很大成就。同时，我们也必须清楚地看到，我国教育在总体上还比较落后，不能完全适应社会主义建设的需要。根据 1990 年人口普查主要数据的公报计算，在我国总人口中，具有大学文化程度的只占 1.4%，高中文化程度的占 8.03%，初中文化程度的占 23.3%，小学文化程度的占 37%，文盲、半文盲占 15.9%。在我国这样一个有着 11 亿多人口的大国，发展教育事业，提高全民族素质，培养高层次人才，把人口负担转化为人才优势，推动经济发展和社会进步，意义非常重大，任务极其艰巨，需要全党高度重视，需要得到全社会的大力支持，需要做长期不懈的努力。正是在这个意义上，我们纪念吴老，学习他重视教育的思想和献身教育的精神，就显得更加重要。

二

吴老对教师工作给予了高度评价，十分强调教师的重要地位和作用。他曾说："教育工作是一种非常可敬可爱的工作……我们决不能把教育人的工作看轻了，我们的祖国从来都对教师很尊重的。"他认为，作为一名人民教师，担当着培养人、教育人的任务，这是"极其重大的任务"，也是"极其光荣的任务"，所以，"无论怎样艰难困苦，我们既是先进的知识分子，就要把教育工作做好"。他在 1952 年 7 月写的《希望青年学生参加人民教育工作》一文中说："教育是帮助新社会建设和消灭旧社会基础的一种极大的积极力量。为了建设事业，同时也正是在建设事业中间，需要培养大量的各种干部和人才，需要空前地、不断地提高人民的文化水平和普及教育。这正是教师以及其他教育工作者的任务。教师担负着这个光荣任务。"并且说：教师是"马列主义、毛泽东思想的宣传者和先进文化科学知识的传播者"，是"人类灵魂的工程师"。他 1952 年 9 月在中国教育工会全国委员会第四次全体会议的开幕词中说："我们教育工作者应该宣传教育人们，推动社会进步，不能坐而等待，要催促这个时代，领导这个时代前进。……我们先进的要教育后进的，特别是教育全国青年，因此，教育工作的任务不亚于产业工人。科学的进步离不开文化，有了文化才能更好地掌握科学，教育工作者有着伟大的任务。"他还说："教育工作者是先进的，是教育工作中最重要的力量。"1953 年 5 月，他在中国工会第七次代表大会上的发言中说："新中国人民教育工作者的社会地位大大提高了，受到了人民政府的尊重和人民的敬爱。人民教师，这是我们新社会的一个光荣称号。"他在《为了国家建设，教育工作者必须加强学习，提高工作质量》一文中还强调了教师在教育事业建设中的重要作用。他说："在教育建设事业当中，我们教育工作者们、各级学校的教师们占着一个特别重要的地位，因为我们正是这个建设任务的直接担当者，正是国家教育政策的具体实行者。"他还说："要尽力发展一支强大的人民教育工作者的队伍，使之成为在马克思列宁主义、毛泽东思想的旗帜下的一支强大的国家建设的方面军。"

在高度评价教师工作的同时，吴老对广大教育工作者提出了很高的期望。他认为提高教育质量的关键，在于提高教员的质量，一个学校办得好坏，取决于教员的素质。他非常关心和爱护教师，特别重视对青年教师思想、业务水平的培养提高。在他的许多论述中，都可以看到他对怎样做一名合格的人民教师的谆谆教诲，今天读来仍然给人以很大的启迪。

他在 1952 年 9 月召开的中国教育工会全国委员会第四次全体会议的开幕词中说："我们是人类灵魂的工程师，我们要掌握正确的思想理论，指出正确的方向，要有正确的世界观和人生观，才能作人民的教师。"他还说，教育工作者必须以马列主义思想为指导，把非无产阶级思想洗刷干净，才能教育好我们青年的后一代。他在 1952 年 7 月 1 日写的《人民教师必须学习马列主义毛泽东思想》一文中指出："只有积极学习马克思列宁主义，学习毛泽东思想，下决心彻底改造自己，逐渐使自己成为马克思主义者，方不愧为一个好的人民教师。”如何学习马列主义、毛泽东思想呢？吴老认为，基本原则是理论与实际统一。他说：“系统地学习马克思列宁主义，并不仅仅是熟读这些革命导师的著作，最重要的是要能掌握马克思列宁主义的立场、观点和方法来发现问题、提出问题、分析问题、解决问题。我们学习马克思列宁主义的理论，主要是学习马克思列宁主义的思想方法；学习毛泽东思想，主要是学习毛主席怎样以马克思列宁主义的思想方法来解决中国革命中一系列的理论与实际问题。”他在《希望青年学生参加人民教育工作》一文中提出：“为了教育别人，教师自己首先应该是才德兼备的人。”“不但要有专门业务和教育科学的知识，而且要锻炼自己的思想品质，提高政治觉悟。”“要热爱教育事业，学而不厌，诲人不倦。”他常说，“师高弟子强”，“如果没有德才兼备的教员，就难以培养出德才兼备的学生”。因此，他常常强调，“教育者应该首先受教育”，要求教师一定要有纯洁而高尚的品德和较高的业务水平，以自己渊博的学识和高尚的品德传授并影响学生。他在《为贯彻提高教育质量的方针而斗争》一文中，要求教师“把提高科学水平当着自己的严重的政治任务来看待，下定决心来补习自己不足的知识，刻苦钻研科学，丝毫也不要松懈自己在科学的道路上前进的意志”。吴老还要求教员能够有一个良好的教学方法，他曾说：“好的教育方针，必须有适合贯彻这一方针的教学方法，否则仍然收不到应有的效果。”他提倡采取“理论与实践相结合”“教学走群众路线”“自学与集体讨论结合”“发展自由论争，坚持真理与修正错误相结合”“批评与自我批评相结合”等等教学方法。他要求教员“善于以身作则，诱导启发，使教育计划变成为学员自觉的行动”。他在1953年写的《为了国家建设，教育工作者必须加强学习，提高工作质量》一文中，号召教师拿出最高的热忱，把教育工作做好。他说：“建设事业越是规模广阔和发展迅速，就越是要求我们自觉地对国家担当起重大的责任，要求我们积极行动起来，发挥潜在能力，提高教育工作质量。”

今天，我们纪念吴老，就是要充分认识到，作为一名教育工作者，我们肩上担负着伟大而光荣的历史使命，我们必须出色地完成党和人民交给我们的培养社会主义建设者和接班人的任务，才能无愧于人民教师的光荣称号。这就需要我们像吴老号召的那样，拿出“最高的热忱”，全身心地投入到教育教学工作中去，克服对教师工作有任何动摇的思想，争做一名合格的人民教师。

正如吴老所言，作为一名合格的人民教师，除了政治的要求和品德的要求之外，最重要的是要通过教学、科学研究来实现和完成自己的职责。如果不进行刻苦的、锲而不舍的学术研究，教师本身就不可能掌握马列主义、毛泽东思想和各种门类的先进文化科学知识，你拿什么去“宣传”和“传播”？特别是在当前新形势下，马列主义、毛泽东思想有了很大发展，形成了建设有中国特色社会主义的理论这一当代中国的马克思主义。在这一理论的指导下，哲学社会科学战线理论建设的任务显得尤为迫切和重要，更是需要我们花大力气、下深功夫去研究、去探索，并理论联系实际地及时去总结改革开放伟大实践中出现的新情况、新问题、新经验，增强教学内容的时代感和现实性，真正教给学生有用的东西。这就对教师工作提出了新的、更高的要求。当好一名人民教师，还需要具有满腔热忱的态度和“诲人不倦”的精神，积极探讨好的教学方法和技巧，使学生能够从教师那里真正得到启发和教益，从而更好地实现“人类灵魂的工程师”的塑造灵魂的崇高使命。

三

吴老在办学中特别重视人才培养的质量，对学生提出了很高的要求和期望。

培养德才兼备的人才是吴老关于人才培养目标的基本原则。在延安大学成立的时候，吴老就提出“要培养能做事的了解中国国情的青年”，“大量培养为人民服务的各项专业干部及普通干部”。他多次重申，延安大学的教学目的，“不但在专门技术和知识的获得，且更注意养成学生的伟大品格”，“延大不应当只是学科学的学校，而应当是学做人的学校”。在华北大学成立的时候，吴老又提出“要培养新民主主义的革命与建设的干部，为完成中国新民主主义革命而奋斗”。又说：“我们的大学就是要培养革命建设的人才，更要吸收蒋介石统治区的大学生和中学生，来学习毛泽东思想，培养他们成为新中国各方面的革命与建设的干部。”他还说：“这个革命的时代需要成千上万甚至成百万的干部人才。……只要给他们一个正确的人生观、宇宙观、马列主义理论和毛泽东思想，他们就很快地会接受新的思想和方法，成为新的人才。”在中国人民大学第一期学员开学典礼上，他提出：“要培养精通先进科学与技术，为科学社会主义，即马列主义知识和毛泽东思想所武装，与各种具体业务相结合，并决心保卫人民民主主义祖国，忠诚于新民主主义建设而将来准备为共产主义事业奋斗的干部。”在中国人民大学校刊发刊词中，他更明确地指出我们学校所需要培养的干部的品质和才干。他指出，这些品质和才干包括六个方面，第一是“要把思想弄清楚”，“要以马列主义的知识武装起来”；第二是“要精通科学技术也就是要精通业务”；第三是“要有领导各种建设的志愿和技能，以便把现有的各种事业在新的工作方法上发展起来”；第四是“要理论与实际联系”；第五是“要有高尚的品质，有聪明的才干，有忠诚朴实为人民服务、不怕艰苦、不怕困难、不屈不挠、志愿献身于共产主义事业的精神”；第六是“要精诚团结，联系群众，与群众打成一片，党员与非党员间保持相互信任、相互帮助的空气，要利用批评和自我批评的武器，克服无组织、无纪律的现象，使每个人都锻炼成创造新社会的人才”。他在1952年9月一次对新生的讲话中，更是明确提出了德、才的要求。他说：“要求人人都成为改造社会、建设新国家新事业的人才，而不是仅仅如只有一技之长的旧工匠人员，这就需要大家努力加强德、才方面的修养和身体的锻炼。”

吴老对学生在学校的学习态度和学习方法也是很关注的，时常加以指导。1955年9月，在为纪念中国人民大学成立五周年而作的《为贯彻提高教育质量的方针而斗争》一文中，吴老向同学们提出：“提高教育质量的直接效果表现在学生身上，学习成绩的好坏和学生自己的努力分不开的。……学生必须牢固地树立起在学习上对国家负责的观点，认识到在校的学习质量直接关系到将来的工作质量，学习成绩的问题不只是个人问题，而首先是影响到国家建设事业的问题。必须严格要求自己，使自己符合国家需要的规格，不要有一个人虚度时光而成为使自己和学校都不光彩的废品。”他还说：“学习是自觉自动的，如果不自觉便什么也学不到，自觉地学习，到什么地方也可以学习。”他勉励同学们在学习上要“刻苦顽强，孜孜不倦”，要“持之以恒，循序渐进”，要“不怕掌握知识过程中的艰苦”。他十分强调在学习和生活中发挥学生的积极性、主动性，发挥更多的独立精神。在他担任成都高等师范学校校长时，他就主张教学上采取“自学辅导主义”，即“凡对于一学科之基本原理，由教师讲授或实验，后由学生自行研究练习，以养成自动的理论为原则。其有研究不得解，实验无结果者，即向教师陈述，详为指导”。他曾说：“学校不过给我们指一条路，还要我们自己去行，才能达到目的。”在训育方面，他主张采取“自治辅导主义”，即“使学生对于校规有自发的猛省，养成共同遵守规律之习惯。……由学校予以指导，一面养成自治，一面接近社会，成绩至为可观”。他经常鼓励学生，在学习中要贯彻独立思考的精神。他引用古人的话说：“学而不思则罔。”“行成于思毁于随。”他说：“独立思考，是每个同学在学习过程中应当培养起来的良好习惯。要独立思考，就必须艰苦地、顽强地进行学习，要虚心向教员、向同学求教。要刻苦自修，使自己所学到的东西通过自己的独立思考加以融会贯通，从而提高自己的思想水平。”在教育方法上，吴老指出应该反对两种偏向，一种是管束太严，太死板，认为这是封建的教育方法；另一种是极端的自由放任，认为这是资产阶级的教育方法。他认为，要注意“严”与“宽”的正确结合，反对自由散漫，必须加强各项必要的管理制度和严格的组织纪律，但不能走向另一个极端；用封建的管教方法只能束缚青年学生个性的健康发展，使青年变得谨小慎微，拘拘束束，奉命唯谨，不敢发挥独立思考和大胆创造，这是不可能培养出社会主义的新人来的。

吴老还十分重视学生的社会实践，强调理论联系实际。在中国人民大学第一届学生开学典礼上，他就说："本校学生除了上课与自修以外，我们十分重视各种形式的生产实习，学生将被派到各种企业部门参观、见习或参加工作。"并指出："为了使讲授内容密切与中国实际结合，各教研室都与政府各有关部门取得经常的联系，得到一些帮助。"

吴老对学生寄予了殷切的期望。他希望学生毕业后要"走上时代的舞台"，不要在"舞台"下观望，他希望我们的同学出去，"个个都强，都能建功立业"，他希望学生"带着坚决为人民服务和吃苦耐劳的精神到各地工作，在实际中证明他们是诚心诚意为人民工作的，而且其中绝大多数工作得很好"。

我们纪念吴老，就要学习他在人才培养问题上的全面观点，全面贯彻落实党的教育方针，坚持社会主义办学方向，培养德才兼备的社会主义建设事业的又红又专的人才。对于广大同学来讲，纪念吴老，就要自觉地、努力地学习马列主义、毛泽东思想，在今天，特别是要学好建设有中国特色社会主义的理论，树立辩证唯物主义与历史唯物主义的世界观，加强思想道德品质的修养，树立为国家、为人民而学习的思想；就要刻苦努力地学习，善于采取科学的学习方法，积极、主动地学习，理论联系实际，积极参加社会实践，努力精通业务，掌握从事社会主义现代化建设事业的真实本领，将来走出校门以后，能够真正像吴老所期待的那样在建设有中国特色社会主义，建设我们繁荣昌盛的现代化祖国的"时代舞台"上，为国家、为人民"建功立业"。

四

吴老十分重视树立良好的学风。早在延安大学时期，他就提出了"民主自治、团结互助、艰苦朴素、实事求是"的学风，在华北大学期间，又提出了"忠诚、团结、朴实、虚心"的校训。他历来强调理论与实践相结合。他曾说："要培养老老实实、实事求是的学习态度，反对骄傲自大、自以为是的作风。""必须改造那些自以为是、华而不实的思想方法和作风。"他还说：要"消除旧教育遗留给我们的理论与实践分离的弊病，达到理论与实践统一，学用一致的目的"。他主张，教学内容必须与社会实际需要密切结合；在教学方法上，学习理论必须联系实际，以理论说明实际，使学员体验到什么是理论与实际结合，进而了解或实践到理论与实际应如何结合；为着学用一致，在学习期间，要给予一定时间进行实习。在科学研究中，他坚持"百花齐放、百家争鸣"的方针，鼓励教师独立思考，勇于创造，敢于实践。他说："在科学研究中要贯彻群众路线，要坚持百家争鸣的方针，继续破除迷信，解放思想，树立敢想、敢说、敢作、敢写的共产主义风格。"他还说："在学术问题上，要正确贯彻'百花齐放、百家争鸣'的方针。在贯彻这一方针中，要正确划分政治问题和学术问题的界限。正确贯彻这一方针，必须要由党来领导，并要鼓励持不同学术见解的人互相尊重，互相探讨，虚心辩论，团结共事。要提倡尊重群众，尊重实践，尊重事实。在学术问题上，一定要有自由民主，要保证批评和反批评的自由，要培养革命性和科学性相结合的学风。"吴老指出："我们应该戒骄、戒躁，好好地认真读书，切实地进行调查研究，踏踏实实地做学问。反对那种骄傲、武断和夸夸其谈等坏作风。只有我们树立了老老实实的科学的作风，才能真正地研究学问。"

今天，在建设有中国特色社会主义理论指导下，在我国改革开放的伟大实践突飞猛进的新形势下，我们应该努力发扬吴老一贯倡导的实事求是、理论联系实际的革命学风，发扬开拓创新的精神，冲破落后的传统观念和主观偏见的束缚，改变因循守旧、不接受新事物的精神状态，运用马克思主义的立场、观点、方法，面向实际，深入实际，周密、系统地调查和研究党的十一届三中全会以来我国改革开放的丰富实践经验，调查和研究党的基本路线在贯彻执行过程中出现的新情况、新问题，对改革和建设过程中的新事物做出新的理论概括和科学说明。唯有如此，社会科学的理论研究和教育才能在新形势下得到发展，才能对人类社会的发展和进步做出新的贡献。

吴老办学还十分重视建立严谨的教学秩序，树立良好的校风校纪，重视民主办校。他主张建立严密的计划和良好的秩序，他说："学校秩序与制度的建立，对保障同学们学习，是有决定作用的。"因此，"不允许有任何自由散漫和无组织、无纪律的现象发生"。他经常列举国内外的例证说明治学必须从严，说这是符合教育学原理的有益经验，还说"现在办教育的人也还是应该注意这一条的"。吴老早在1922年担任国立成都高等师范学校校长时，一到职就着手整顿学校秩序，采取革新措施，启用一批年轻能干的人担任各系领导，结果，很快扭转了学校那种散漫的风气，扫除了陈规陋习，使学校面貌为之焕然一新。他在延安大学、华北大学、中国人民大学工作时，也总是亲自抓教学秩序的建立和校风校纪的整顿。无论是学校工作的安排或教学计划及各种规章制度的制订，他总要参加讨论，认真听取意见，最后经他审定，严格执行。每学期开学前，他总要亲自督促检查开学前的各项准备工作。对于学校的一切规章制度，他总是身体力行，模范遵守。吴老还十分关心教职工和学生的思想、生活，经常深入学生宿舍、食堂和教职工家里问寒问暖，关心师生员工的疾苦，还经常召开各种座谈会，听取和征求群众对学校工作的意见。他曾说："要把这一学校办好，也绝不是少数几个人可以办好的，要依靠我们全体干部与全体同学之努力。希望每个同学关心学校之工作，如同关心自己之学习一样，不断地提出改进意见，这样我们的学校就可以办好。"

今天，我们要办好学校，仍然要强调加强管理，严格校风校纪。这与增强教学的灵活性，更好地发挥学生学习的主动性、自觉性、创造性、竞争性，不仅不矛盾，而且是互相促进的。加强校风校纪、教风、学风建设，优化育人环境，对于高校培养"四有"人才是至关重要的。

我们学习、纪念吴老，还要重视学习他的民主办校的思想。民主办校思想在任何时候都不能丢掉，因为办好一个学校，不依靠广大教工的积极性，不依靠广大学生的积极性，是不行的。吸引更多的人关心学校的工作，调动大家参与学校工作的积极性，是办好学校的重要保证。因此，必须加强民主管理，充分发挥工会、教代会、共青团、学生会以及各民主党派在办好学校中的重要作用。

吴老一生中创办过许多学校，都可说是白手起校，因此，始终坚持发扬艰苦奋斗、勤俭办学的精神，可以说，是吴老办教育的一个显著特点。在革命战争年代，办学条件相当艰苦，困难重重。但吴老认为，决不能因条件艰苦而影响办教育，条件虽然艰苦，但我们可以自力更生，艰苦奋斗，勤俭办教育。条件越艰苦，越能锻炼人、教育人、培养人。当时，虽然生活艰苦，工作生活条件差，但大家仍然精神焕发，思想活跃，到处飘荡着革命的歌声，洋溢着革命的乐观主义精神。吴老正是在这种艰苦条件下，为党培养、输送了无数的优秀人才。今天，办学条件已经有了很大的改善，但在新形势下，相对而言，还存在许多困难，这就需要我们充分发扬“艰苦奋斗”“勤俭办学”的精神，在办学经费紧张的情况下，挖掘潜力、开源节流，努力提高办学效益，尽可能多地培养人才。艰苦奋斗是革命意志的表现，即使经济更加发展，条件更加改善，这种精神也是永远不能丢掉的。

不朽的丰功伟绩*

今年是毛泽东同志诞辰100周年。一个世纪以前，中国正处在民族灾难极为深重的半殖民地半封建社会。毛泽东诞生后的第二年，一场日本侵略中国的战争——中日甲午战争正式爆发。战争的结局是中国遭到了惨痛的失败，腐朽的清政府被迫签订了割地赔款的《马关条约》。这场战争对中国社会产生了双重的深刻影响：一方面是瓜分危机更加严重，国家民族进一步向半殖民地的深渊沉沦；另一方面是民族有了新的觉醒，爱国主义精神进一步昂扬。正是在这以后，以康有为、梁启超为代表的资产阶级维新派和以孙中山为代表的资产阶级革命派，同时展开了自己的政治活动，并且先后领导了戊戌维新运动和辛亥革命运动，这些运动对中国社会的发展都产生了积极的推动作用。但是，即使是曾经推翻了封建君主专制制度的辛亥革命，也未能胜利完成民族民主革命的任务。清王朝覆亡后不久，政权重新落入封建军阀手中，中国半殖民地半封建的社会性质没有改变，国家的独立，政治的民主，经济的振兴，一件也没有能够做到。这种情况，一直到以毛泽东为代表的一批马克思主义者创建了中国共产党之后，才发生了根本的变化。

在中国共产党的领导下，中国人民经历了两次伟大的革命。首先是以毛泽东同志为核心的第一代中央领导集体，领导全党和全国各族人民，经过长期奋斗，夺取了新民主主义革命的胜利，进而建立起社会主义基本制度，解放和发展了生产力，把100多年来受尽外国侵略欺凌的半殖民地半封建的旧中国，变成了独立的人民当

---

* 载《高校理论战线》，1993年第5期。本文是作者在全国高校纪念毛泽东同志诞辰100周年学术研讨会上代表领导小组所致的开幕词。

家做主的社会主义新中国，开辟了中国历史的新纪元。接着，以邓小平同志为核心的第二代中央领导集体，在过去革命取得成功和社会主义建设取得巨大成就的基础上，又领导全党和全国各族人民开始了又一次伟大革命，其任务就是要进一步解放和发展生产力，经过长期奋斗，把中国由不发达的社会主义国家变成富强、民主、文明的社会主义现代化国家，使社会主义优越性在中国充分体现出来。现在，我们正在为实现这个历史使命而团结奋斗，胜利前进。

历史清楚地表明，毛泽东同志在中国革命的漫长征途中，立下了不朽的丰功伟绩。他是伟大的马克思主义者，是中国共产党、中国人民解放军、中华人民共和国的主要缔造者和领导人。隆重纪念这位历史巨人的百年诞辰，对于贯彻执行党的十四大精神，在全党和全国人民中加强马列主义、毛泽东思想的教育，加强爱国主义、集体主义和社会主义的教育，加深对建设有中国特色社会主义理论的理解，坚持党的“一个中心，两个基本点”的基本路线，推进我国的社会主义现代化建设，具有重大的意义。

我们这一次学术研讨会，就是作为纪念毛泽东同志诞辰 100 周年活动的一个组成部分而召开的。为了筹备这次会议，由 22 所高等学校发起，经国家教委批准，组织了会议筹备领导小组。许多实际筹备工作是由国家教委社科发展中心直接负责的。各高等学校的同志们，以很高的热情，撰写了一批研究毛泽东和毛泽东思想的学术论文，经过论文评审小组的评选，选出了 100 余篇文章提交到这次大会。应该说明，还有不少很有内容、质量不错的文章，仅仅因为受到会议规模的限制，而未能入选。我们谨对这些文章的作者表示深切的谢意。

这次会议叫作“学术研讨会”，也就是说，是通过学术研讨来进行纪念活动的。既然是学术研讨，就应该允许不同意见的存在，提倡不同意见的交流、切磋和争论，认真地而不是口头地贯彻党的“双百”方针。正如毛泽东同志指出的：“百花齐放、百家争鸣的方针，是促进艺术发展和科学进步的方针，是促进我国社会主义文化繁荣的方针。艺术上不同的形式和风格可以自由发展，科学上不同的学派可以自由争论。……艺术和科学中的是非问题，应当通过艺术界科学界的自由讨论去解决，通过艺术和科学的实践去解决，而不应当采取简单的方法去解决。"①

① 《毛泽东著作选读》，下册，783～784页。

在人生追求中塑造自身的完美*

如何培养和塑造风度与气质的问题，近年来成为大学生们十分关注的话题，被视为社交与事业成功的一个重要因素。

作为一个师长、老大学生或“老”朋友，我愿借此机会，同大家共同探讨，以期能有所启发和帮助。

风度与气质之美，是人类遵循美的客观规律，实现自我认识和自我完善的结果。高雅的气质、潇洒的风度，是人们尤其是年轻人梦寐以求的人生财富和青春交响曲。今天的大学生，在汲取文化和知识财富的同时，也为之神往，如痴如醉。高等学府里，“寻找男子汉，现在的女大学生美不美”一时成为热门话题。各种各样的文化衫流行在校园的每一个角落。王朔、冯小刚又不知不觉地成了不少大学生效仿的对象。这种追求“新潮”时髦的心理，同大学生们曾响亮呐喊的“认识自我，塑造自我，实现自我”构成了一个和谐的变奏。从反传统到落入另一个从众模式，似乎是一种尴尬；金玉其外、败絮其中与浑金璞玉、未加雕琢之间也呈现出强烈的反差。

从中学到大学，是青年学生在人生中跨出至关重要的一步。大学时代，正值青春期，由此所引起的生理、心理、社会属性的显著变化，构成了大学生塑造风度与气质之美的最终有力的内在动因。纵观历史上风度与气质美的楷模，他们大抵都是在学生时代就具有美好的风度与气质的。周恩来青年时代“面壁十年图破壁，难酬蹈海亦英雄”，孔明茅庐之中藏经纶，“冰冻三尺非一日之寒”。

---

* 见许统乔主编：《祝你成才——高校书记、校长寄语大学生》，重庆，西南师范大学出版社，1993。署名：李文海、关伟。

在校的大学生，并非完全生活在象牙塔之中。五光十色的社会风物、社会事件纷纷映入他们的眼帘，使他们时刻意识到自己即将作为一个正式的成员跻身于社会之中。因而，时代风尚、社会观念的导向往往成为大学生修养、塑造风度与气质之美的外在要求。

但是，无论如何，在当代青年人中，大学生是站在知识与思维金字塔的顶端的，因此，他们理应以独特的气质与风度来充分体现我们社会主义中国矫健的身姿，昭示一代青年骄子的风采。

“石蕴玉而生辉，水怀珠而川媚。”如果容颜如花，那么心灵该是棵常青树

大家见过这样一幅照片吗：北戴河海滨，茫茫大海，浪涛汹涌，他，凝望着那醉人的深蓝色，仿佛那奔涌的是诗，萧瑟秋风今又是，换了人间。他是诗人，是哲学家、政治家、军事家，是领袖，也是血肉之躯。他貌不惊人，但他以渊博的学识、大智大勇，崇高的人类理想升华出“海阔天高气象，风光月霁襟怀”——他就是毛泽东，他的这种气魄、襟怀，岂不是大风度，大境界！他的衣着，他的举止，是那样的平常，但他身上的那种气质、那种风度，散发出来的是摄人心魄的力量和令人不得不折服的魅力！也许，有人觉得毛泽东独一无二，是历史长河中罕见的巨人，他的这种世界级的风度和气质可望而不可即。那我们也可以谈谈曾一度被青年人视为真正男子汉的高仓健。在《幸福的黄手帕》中，打动观众的仅仅是他冷峻而沉默的外表吗？不，他凄楚的遭遇和对幸福与爱情的渴望，他对生命、对生活坚毅的信念，使其具有震撼人心的深沉魅力、思索不尽的人生哲理。那一树幸福的黄手帕，像他心中燃烧的激情，至于有些一味模仿其外表、故作深沉的东施效颦者，还是不能够理解其气质和风度背后的奥秘的。

名人似乎离我们太遥远，但只要想一下，他们也是一步步从平凡走向辉煌的。如果说“伟人之所以伟大，是因为我们自己跪着的

缘故”，那么，当我们勇敢地站起来追求优美风度和高雅气质的时候，首先就应该探求它背后的奥秘，挖掘它内在的蕴涵。

风度与气质，是一个人内在品格的自然流露，是一个人完整形象的表现。一个人的外部表现包含着其内心活动的内容。一个人的内心世界，总是要借助于外在的东西表现出来。

良好的文化素养，精深独创的思辨能力，高尚的思想品德是构成风度与气质之美的内在要素。周恩来从容自若的风度，来自伟大的情怀；彭德怀威武勇毅的气度，来自铁肩担道义的壮志；宋庆龄自然端庄的风韵，来自坦荡磊落的胸襟；鲁迅的高尚情趣，来自崇高的心灵。

人类没有犯有原罪的祖先，我们也不是生而有原罪的子孙，容貌之美，人体之美，服饰装扮美，是升华了的情欲，是只有激情没有欲念的最绚烂的美，对这种美的欣赏和观照程度，反映了一个民族、一个时代、一个人的文明程度。

一个人尤其是女子的容貌是被人很看重的，在大学校园里也是这样。一个漂亮女孩子常常引人注目。从审美的角度看，这是很正常、很自然的。但是，如果仅仅是自恃漂亮，自高自傲，不注意心灵和气质、风度的培养，那就很可能得不到他人的尊重。

古希腊有个神话故事：塞浦路斯王皮格马利翁逃避结婚，以雕刻消磨时光。有一次他雕出了一尊少女塑像，她的青春的美使雕刻家心中燃烧起爱情的火焰，他祈求维纳斯赐予他真正的婚姻。维纳斯悄悄赋予卡拉蒂亚——那尊少女以生命。但当皮格马利翁看到上半身已经通血的卡拉蒂亚把维纳斯的鲜花献给他时，似乎感到卡拉蒂亚已经不是他心中希望的理想女性，而好像变成了一个喜欢支配男人命运的普通女人，她的脸虽然美丽，但却很冷漠，几乎没有任何生命的气息，皮格马利翁无力地靠在大理石墙上。他的梦一经实现，梦本身就消失无遗了。皮格马利翁之梦的破灭在于卡拉蒂亚虽有绝色姿容，却无心灵、无灵魂，毋宁说是一台精致的机器。正如托尔斯泰所言：人不是因为美丽而可爱，而是因为可爱而美丽。

有钱可以买到房屋，但买不到家；买得到书，却买不到智慧。

同样，有钱可以买到名牌服装、高级化妆品，却买不到属于你自己的风度潇洒，更不用说气质高雅了。胸无点墨，不学无术，金玉其外、败絮其中的人，就不可能有优美的风度。《围城》里有个方鸿渐，整日西装革履，高谈阔论，是自以为风度不凡的，结果是出尽洋相，原因正在于他束书不观，游谈无根，即只取“孔雀羽毛”文身，而不练“内功”，那还不时常落个“粉面遇雨”的下场？

内在精神世界的美丑，是评价风度与气质的重要根据。只有发自内心，才能顺乎自然，溢于言表。如果以积极的人生态度面对现实，以豁达开阔的心胸待人接物，并且拥有丰富的知识和对生活美的感悟，那么优雅与风度之神就会悄悄走到你的身旁，纵然你还是浑金璞玉，有待雕琢。

被誉为“当代保尔”的优秀共青团员张海迪，虽遭受高位截瘫，生活难以自理，但她勇敢地昂起与不幸抗争的头，以积极的人生态度去读书，学医治病，还自学了英语，并翻译了几部小说……她也爱美，生活中总是流淌着她优美的歌声。是谓“只要你昂起头，苦水也会化美酒”。张海迪以她独特的坚韧意志，唱出了一首时代赞歌，拥有了谁也无法替代的气质与风度。

但令人遗憾的是，现在大学校园里有些青年学生，对优裕的学习环境和生活条件无动于衷，怨天尤人，对人生也抱着得过且过或及时行乐的态度，热衷于 TDK（Toefl，Dance，Kiss），混迹于托派、麻派之中；要么什么都无所谓，萎靡不振，对风度、气质的培养不屑一顾；要么趾高气扬，不可一世，刻意追求打扮入时，认为穿戴越高级越有风度，殊不知服饰装扮高级了一些，可人倒低级了许多。

积极的人生态度乃是，对未来生活充满幸福的渴望，努力把握住今天应有的奋斗精神并树立崇高的信念。

风度与气质之美的典范，总是积极忠诚，具有远大抱负，能够忍辱负重，有坚贞不渝的爱情，有勇于牺牲的精神。与人为善，先人后己，严于律己，宽以待人，善于体谅人，富于同情心，这是人品高尚的表现，它可以给风度和气质增添无穷的魅力。所谓君子坦荡荡，小人常戚戚。豁达开阔的心胸是良好的风度和气质的心理品质，待人接物时，温文尔雅，宽容理解，最能获取他人的尊敬。对得失不必斤斤计较，小患不避，小利不取，才会被他人所赞赏。

宇宙之所以浩渺是因为它包容万物，心胸之所以宽广是因为它有丰富的内涵。古人曰："石蕴玉而生辉，水怀珠而川媚。"一个青年朋友也曾说过：如果容颜如花，那么心灵该是棵常青树，几经抚育，绽出满树缤纷。

应当说，知识是塑造美的心灵的血肉。学识渊博，受人尊敬，才华横溢，令人钦佩。因为知识就是力量，智慧产生魅力。我们都有这样的感觉，当我们去游览一名胜古迹时，对它的历史、建筑、藏品及其他艺术了解得越多，我们的收获也越多，感触也就越深；相反，如果我们对其一无所知，就会觉得那地方没有什么意思。一个人所面对的世界，他所感觉到的世界，能不能成为他真正从心灵中拥有的小宇宙，取决于他自身精神世界的丰富程度，他的心灵越充实因而越自由，他的世界越广袤因而越深沉。这时，你就能感觉到人与人之间不同的气质差异。因此，知识塑造的是完美的心灵，而不仅是为知识而知识，风度尤其是气质，是一个人心灵的闪光，是其丰富的内心体验在外表的自然流露，这种美的光辉还必须有美的眼睛才能发现，而只有内心丰富的人才会有这样一双眼睛。生活中不是缺少美，而是缺少发现和挖掘。一双美的眼睛可以区别优雅与做作，豪放和粗鲁，机智与油滑，于细微处见丰富，能够欣赏他人的风度，也就懂得如何评价自身的风度与气质。

美好的风度与气质，同样地贵在自然与和谐。但这并不排斥人在自身条件基础上进行能动的创造——装饰、打扮。自然、和谐的美注入了创造的美，往往会增强人的美感，更加全面地体会到人的风度与气质所在。

俗话讲，三分容貌，七分装扮。在《红楼梦》中，曹雪芹以生花妙笔细致描绘了金陵十二钗等女子的多姿多彩的服饰，给她们平添了无限风韵。美国西部片中的牛仔，皮制紧身上装，蓝色帆布裤，头顶牛仔帽，手握短枪，一种狂放不羁的侠义斗士的形象。随着我国人民生活水平的提高，市场上的服装大放异彩，校园中的服装消费也在增加，社会上流行装、流行色也成为校园中的主导。但作为大学生，既要显示成熟，也应该不失学生气。学生气实际上是很宝贵的，它自然、朴素、清纯、得体。不但赏心悦目，而且方便实用，大学生更应注重知识能力的培养，而不是为打扮而打扮，为取悦于异性而打扮，为显示“雄厚的财力”而打扮；相反，倒是应突出个性与气质、风度相协调。达·芬奇作为文艺复兴时期的文学家、画家、科学家、医学家也非常欣赏清新自然。“君不见美貌的青年穿戴过分反而折损了他们的美么？君不见山村妇女，穿着朴质无华的衣服，反而比盛装的妇女美得多么？”

人的风度应该落落大方，优雅得体，服饰也应该如此。青春的色彩远远胜过浓妆艳抹。容貌三分，装扮七分，风度几分？容貌会衰老，服装会过时，唯有丰富的内心世界才会使得你独具魅力。

优雅之于举止犹如雄辩之于语言，是美与力的结合，而做作之于行为犹如矫饰之于自然，是虚伪与夸张的叠加

语言是对话，对话是交流，交流是沟通，沟通才能理解。真诚的语言在最大的范围内和最细致的程度上体现着一个人的内心世界。虚伪的语言让人在尔虞我诈之中看到某些心灵的丑恶。不关痛痒的客套编织着无聊的生活，古人叹道：酒逢知己千杯少，话不投机半句多。语言是风度的窗户，是人的多方面素养的综合体现。

豪放的人，语多激扬而不粗俗；
潇洒的人，言谈风雅而不随便；
谦逊的人，含蓄蕴藉而不猥琐；
博学的人，旁征博引而不芜杂；
宽厚的人，语多奖掖；
刻薄的人，动辄贬损；

脚踏实地的人，出言沉稳；
只图虚名的人，最好浮词。

善解人意的言语风度是生活中最需要的，也是优美气质的标志。“良言一句三冬暖，恶语伤人六月寒。”一句真诚的问候，一个善意的玩笑所表现出的良好风度可以驱散人与人之间的隔阂，换来心与心的沟通，灵魂间的契合。一味追求自己讲话的轰动效应，必欲置对方于哑口无言而后快者，是达不到目标的。宽容和理解比机智更有助于谈话。

我们总觉得，人与人的谈话应是通情达理、令人愉快的。但生活中，有人总是极力思考自己想说的，而不愿确切地去回答人们对他说的，那些最精明和曲意奉承的人也仅仅表现出一副在倾听的表情。在这同时，我们可以从他们的眼睛里、从他们的神态中发现：一种对我们所说的话茫茫然不解的神色，一种急忙想把谈话引到他们关心的话题上去的企图。他们没有想到：那样力求使自己惬意是一个取悦或说服别人的坏办法。相反地，认真听取，耐心作答是我们在谈话中所能拥有的最理想的氛围。除了这种风度外，知识的渊博和表达技巧的高超，会使人言之有据，言之有理，言之有物，言之有味，语惊四座，风流倜傥。大学校园中不乏能言善辩之士，在滔滔不绝、口若悬河的人群中，有人妙语连珠，引人入胜；有人浮词虚夸，令人生厌；有人废话连篇，令人不知所云。也许因为夸夸其谈、浮词虚夸的人太多，“沉默是金”对不少大学生也颇有吸引力。沉默寡言的人有时也会受到意想不到的欢迎。

沉默的风格是一种宁静的欢迎和无声的交流。沉默中酝酿着隽言妙语，它有时是一种无声的抗议，是否定，但更多的则是孕育着更深刻的思想，沉默中提炼出来的黄金可以构架理解之桥，生活的试金石只对真实闪烁。沉默是不是金，应该从一个人的其他方面去观照。沉默有时是缺乏自信的人的选择；有时因虚荣心而不作声时，我们的话也很少。

沉默也好，口若悬河也好，在交谈中，人们一定有过这样的体验：双眸的坦诚胜过千言万语的海誓山盟，简洁有力的手势让思想明确生动而富于感召力，愉悦的微笑是信任的自然之泉……这些都是非语言因素，它们不能替代语言，但表现于声调、眼神和神态中的雄辩决不亚于表现于语言、修辞方面的雄辩，这就是言语中蕴涵着的气质和风度。

校园文化中的各种文化以不同话语交织着、沟通着、碰撞着，给我们的日常语言平添着无穷的色彩。近几年，王朔小说在大学生中颇有市场，其语言对话也被许多人奉为惊世妙语，纷纷效法。确实，王朔作品作为新时期文学中的一朵奇葩，它的出现和经久不衰说明了它具有深厚的现实基础和强大的生命力。其似乎不经意的语言于潇洒和幽默背后隐含着一丝淡淡的哀愁，蕴涵着对人生、对社会的一种体验，一种看法。我们青年人应更多地思索其背后的东西，盲目地效法其表面形式，是不可取的。我认为，王朔的作品是一种黑色幽默，适当的黑色幽默是使一个民族、一个人清醒地面对现实、面对人生的良药。但药过量即是毒。一个民族、一个人绝不可以“潇洒”到随意调侃的地步。什么“过把瘾就死”“玩的就是心跳”“千万别把我当人”……真的是我们的人生态度吗？真的能表现我们的风度和气质吗？我们不妨认真思考、思索。

风度与气质不仅反映于人与人之间的语言交流，也表现在一个人的举手投足、坐卧行转和一颦一笑之间。杜甫诗云：“宗之潇洒美少年，举觞白眼望青天，皎如玉树临风前。”宗之醉酒，宛为玉树临风，依旧风采盎然。白居易形容杨贵妃潸然泪下的神情：“梨花一枝春带雨。”苏东坡心目中，赤壁大战时的周瑜是儒将风度：“雄姿英发，羽扇纶巾，谈笑间，樯橹灰飞烟灭。”大家欣赏的明星，不但光彩照人，个性鲜明，而且举止优雅，一举手，一投足，一看便知其人，这当然是他们多年锻炼的结果，因为举止在很大程度上往往以习惯为基础，也与其素养和气质休戚相关。

一个人明确意识到他还有一种“举止风度”需要培养的时候，恐怕已界二十之龄了。二十年的习惯已经使举止基本定型，如果习惯是受到良好的培养，那离优雅的风度不远，倘若有不少不良习惯，那风度就不免要大打折扣。常言道：坐有坐相，站有站相。言谈举止，必须时刻注意树立自己良好的形象，而社会对大学生这一特定群体有更高的要求。

如果大家平时留心的话，会发觉开班会或座谈会的时候，与会者真是千姿百态：有人高跷二郎腿，脚掌俯仰屈伸；有人两腿相叠却纹丝不动；有人双腿并排，双手放在腿上，侧耳倾听；有人手托下巴，不时抓耳挠腮，心不在焉；有人低头看地面，两手的拇指作匀速圆周运动，早已神志飞扬；有人手夹香烟，指手画脚，烟灰挥洒自如；有人目不斜视，全神贯注……这里面有的娴静，有的好动，有的狂放，有的紧张，有的安详，表现出气质和习惯共同塑造的举止风度。一个人的习惯往往具有大的惯性，所谓“习惯成自然”。但是不好的习惯又常常影响着你的风度形象。如上种种表现，孰优孰劣，想必在同学们眼中也是有看法的。

改变举止风度虽难，但也不是不可能的，那就是要经常注意自己下意识的习惯动作，发现不雅之处，及时改正。

举止风度比刻意打扮容貌要重要得多，所谓“貌好不如相好”。当代大学生作为高层次的现代青年，落落大方的举止是很重要的。落落大方体现的是洒脱、平易、礼貌与高效率，这也体现了现代社会中彼此平等、互相尊重的时尚。

“不拘小节”在当代大学生中似乎很有市场，或被视为一种好风度，这也必须用一分为二的眼光来看。不拘小节有时表现的是一种粗犷、豪放、豁达或专注。不少知名人物，像爱因斯坦、爱迪生，他们的确在生活中有不拘小节的事例，但也绝不是在任何时候都不拘小节，他们在科学研究中是绝对一丝不苟、没有半点马虎的。不拘小节不等于漫不经心、随心所欲，不分场合、不分对象的不拘小节可能会因小节而失大节，破坏自己的形象。如有的大学生把在公共场合抽烟视为不拘小节，有风度，常常几个相对，喷云吐雾，好不潇洒，却呛得其他人咳嗽连天，或让不吸烟的人很不好受，给人留下不好的印象。这种不拘小节实在是不应该。每个人都置身于特定的社会环境，而不是在“真空”中生活，每个人的个性、气质都是在与之相联系的人与人的社会关系中体现出来的。人在不同的人际关系中充当着不同的社会角色，而不同的环境、场合、气氛对人的个性、气质也有着严格的限制和不同的要求，并不是可由着个性任意表现的。如在严肃的场合显示你的幽默，或在轻松愉快的气氛中故作深沉，都会显得不合时宜。把做报告的面孔放到日常生活中去，会令亲朋敬而远之；把对情人亲昵摆在校园的光天化日之下，会使人感到肉麻。长幼关系、师生关系、亲属关系、同学关系、朋友关系、上下级关系、情人关系、主客关系，等等，种种交往关系对举止言行有着不同的要求。因此，人在复杂的社会交往中是一个多角色的人，充当什么样的社会角色，就应按什么样的风度要求去表现，否则便会丑态百出，贻笑大方。

优雅之于举止犹如雄辩之于语言，是美与力的结合，而做作之于行为犹如矫饰之于自然，是虚伪与夸张的叠加。美国作家文森特·希忠在描写一代伟人宋庆龄时，有这样一段话："她雍容高贵，却又那么朴实无华，堪称稳重端庄。"在欧洲的王子和公主中，尤其是年龄较长者的身上，偶尔也能看到同样的品质，但是，对这些人说来，这显然是终生培养的结果。而孙夫人的雍容高贵有所不同，这主要是一种内有的品质，它发自内心而不是装出来的。她的胆略见识之高，人所罕见，从而使她能够在紧急关头镇定自若。优美的心灵能够产生震撼人心的力量，它犹如一颗闪闪发光的宝石，无论在什么地方，总是璀璨夺目。没有这颗宝石而试图追求外在风度的优雅很可能就沦为做作，西施捧心是自然，东施效颦则是做作，黛玉葬花是优雅，如果也有人仿效的话，恐怕会令人难以接受。

当然，良好的举止风度，更需要个人自觉的培养和训练。举止风度中有一个很重要的方面就是礼貌待人。礼貌是对他人亦即自己人格的尊重。但实事求是地说，现在的大学生在这一方面是做得不太理想的：在食堂打饭时加塞儿、拥挤的现象时有所见；上课时老师在台上讲，学生在下面交头接耳；乘公共汽车时你争我抢，以"力"服人。修养是风度的重要内容，礼貌维系现代社会人际关系的润滑剂，是大学生走上社会之前应学的重要一课，不可不用心自觉地修养。学会礼貌待人，才能赢得别人对你的尊敬。

如果一个人的表情也可以归为举止的话，那么笑最能表现一个人的气质风度，它包含着理解、宽容、赞赏、喜悦、幽默乃至深沉等等。哈哈大笑者，心胸坦荡；嘿嘿而笑者，幽默诙谐；扑哧一笑，自然生动；而莞尔一笑，雍容典雅，有一种会心的愉悦。

前几年，曾流传校内的“寻找男子汉”的呼声，令所谓像贾宝玉一样的“奶油小生”一文不名，代之而起的是出现了许多深沉冷峻的男子汉面孔，使不少的男子汉们也都成为准高仓健了。他们平时紧锁双眉，做沉思状，你问三句，他答一句，而且往往答非所问，搞得你不知其所云，弄不清楚他葫芦里卖的是什么药。所以，后来，有人贬之为“玩深沉”。深沉，不是能刻意表现的，它必须有丰富深刻的思想内涵作为基础，它是丰富的内心体验的一种真实流露，是世间风雨留下的丰富的印记。装出来的深沉，让人觉得不自然，至于风度，则更谈不上，与其这样地玩深沉，还不如多一点令人愉快的微笑。

青年人朝气蓬勃，是八九点钟的太阳，理应超越自己的不良习惯而走向翩翩的风度，以青春多彩的风姿装扮生活。

独特的是每颗真实的心
潇洒的是每一个富有个性的自己
社会的进步就是人类对美的追求的结晶

正如我们在开场白中所言，天地间只有一个你，而千万个人眼中有千万个生动的你的形象；大千世界中的千万人，又何其缤纷多彩！所以，如何把握你自己，把自己塑造成既符合自己的理想，又合乎社会需要的大学生，想必是大家非常关心的问题。

大学生们知识丰富，思维活跃，最富浪漫情趣，因而最讨厌单调和千篇一律，最渴望丰富、独特和个性发展，这是可以理解的。叔本华说过：“风格是心灵的内在标志，是比一个人的脸更为可靠的性格标志，模仿别人的风格，就像戴上了面具。因为面具永远不会尽善尽美，所以它很快就会激起人们的厌恶和憎恶，原因在于面具是无生命的。”这里的风格可以看作是气质与风度了。

所谓气质，是高级神经活动在人的行为和活动中的表现，是指人的相当稳定的个性特征，气质多种多样，它有一定的先天性的生理基础，但更多的还是受后天社会实践的影响。气质常常在一定程度上反映着一个人的内心世界，同时也最能直接显示人的文明程度。一个有着内在的气质之美的人，一定在其行为和活动中有所显现，即表现为美好的举止、姿态，也就是风度。风度，是个人气质的外在表现：好的风度，就是指一个人美好的举止、姿态。

气质和风度都是可以培养的。气质由每个人所处的不同环境及其心理、生理因素所决定，并以一个人的文化素养、文明程度和思想品质为基础。风度是一个人的思想、道德、言谈、举止、情感、仪表和文化修养的综合体现，是人们对于美的人体形态、举止谈吐、装束打扮的一种肯定的审美尺度。风度并不是指人的某个或几个动作，而是指人的全部生活姿态所提供给人们的整体印象。人们通常说的"风度、品格""风采、气度"以及"风雅""风韵"等等，都是风度的具体表现形式。应当指出的是，风度既然是气质之美的外在表现，它自然不能替代也不能脱离内在品格的磨炼和思想道德的修养。

在人际交往的场合，一个人的个性特征所表现的魅力，集中体现在气质美和风度美上。伏尔泰说："美只愉悦眼睛，而气质的优雅使灵魂入迷。"对风度与气质之美的追求，是人把自身作为一种审美对象而进行的有意识的审美活动。马克思主义认为，社会生产力发展水平和相应的社会关系是影响制约风度审美与气质形成的最基本的因素。对风度与气质的审美观念来源于人类的社会实践，表现在人的生产劳动实践和进行着创造性劳动的人的思想、力量、性格、智慧当中。它是经历了一个形成和发展的历史过程的。而在长期的社会生活中形成的人的风度与气质，不可避免地要受到民族习惯、地理环境、历史条件、文化传统以及各种社会意识形式的制约，并在阶级、阶层、地位、身份等社会因素的影响下呈现出纷繁复杂的内容和表现形式。特定的历史时代、特定的社会环境中的人们，必然具有这个时代和环境所提供的共同性的因素，这些因素中为社会风范所肯定的美的内容，就是风度与气质的时代特点，而风度与气质之美同样也反映出那个时代的时代精神。

在原始社会，生产力水平极为低下，人们为生存必须付出极其艰辛的代价，因而对于风度与气质的追求只是在极其有限的范围内进行。人类由游牧进入农耕时代，生存的稳定与安全相应有了保障，人们才有了比较多的精神生活，从欣赏自身的美妙中得到更多的自豪、快慰和力量。自奴隶社会起，对于风度与气质的欣赏和追求，又带上了阶级的色彩。剥削阶级总是把一阶级的审美偏见强行输入到社会规范之中，以致造成了历史上诸如缠小脚的“畸形美”、弱不禁风的“病态美”、臃肿肥胖的富贵美等变态的风度。

政治、宗教、道德、法律、艺术等社会意识形式是影响人们的风度与气质审美观念的直接因素。战国时期七国称雄，心智角逐风靡，善辩风度为人推崇；欧洲中世纪教会统治令人窒息，“骑士风度”逐渐发展到滑稽可笑的地步；16 世纪意大利文艺复兴，人的价值得到充分肯定，风度与气质成为人的自我认识和自我完善的更高层次的追求；儒家文化在中国封建社会统治两千年之久，所以形成了“温文尔雅”这样一种至今仍为许多人所崇尚的儒家风范；在旧中国，妇女处于受支配地位，导致了“行不出声，笑不露齿”的风度规范。

前面已经谈到：对气质、风度的审美观念及活动因民族、时代、地域和传统习惯而具有鲜明的个性。有这样一个故事：有人出题写一篇描写大象的文章，严肃而崇尚思辨的德国人写出《大象的哲学》，浪漫而多情的法国人写了《大象奇遇记》，严谨而不苟言笑的英国人写出了《大象的礼仪》，注重实用的美国人写的是《大象的价值》，最具有艺术气质的意大利人写出了优美的《大象之歌》，俄国人则不然，他们的令人吃惊的题目是《俄罗斯的大象，是世界上最大的大象》。人们在一笑之余，自有一番体会。

中国是世界文明的发祥地之一，中华民族的风度与气质观念是中国文化传统的一部分，它具有鲜明的民族特色。有刚毅木讷的真儒；有侠肝义胆、意气风发的侠士；有仙风道骨的世外高人；有超然脱俗的隐逸之士；也有横戈立马、舍生忘死的民族英雄。从敦煌壁画到京剧艺术，从《尚书》《礼记》《左传》《史记》到流传于民间的故事、传说，记载了无数风度与气质美的佳话。钟离春丑女闯宫、齐宣王纳丑女为王后、晏子使楚等故事至今传为美谈。中华民族是一个注重风度的内在美的民族，具有东方民族特有的含蓄。

风度之美，不仅国家有异，地区亦有别：山里人憨厚好客、举止利落，通过他们的风度，你可以看到山泉的清纯，山乡的多情。渔民坦荡开朗，坚毅豪放，他们的笑声如大海的波涛，他们的步履稳如船锚；草原牧马人的身姿比骏马更矫健；江南水乡姑娘的倩影如荷花亭亭玉立……

不同的性格也反映出不同的气质和风度。曹操“对酒当歌，人生几何”是悲壮、刚毅的风骨；李后主“问君能有几多愁，恰似一江春水向东流”是敏感纤柔、无限凄楚的风度。同样是怀才不遇，英雄报国无门，李白是豪放不羁、潇洒飘逸的风姿，陶渊明则是超然物外、怡然自乐的风格。同样是面对敌人冷酷和暴行，鲁迅横眉冷对，以笔为枪，迎头痛击；闻一多拍案而起，大声疾呼，喋血街头。他们却都具有一副铮铮铁骨的风度。

个性不同，风度迥异。例如，性格孤傲的人，风度就显得傲慢、孤芳自赏、咄咄逼人；性格软弱者，风度就显得纤细、委婉、优柔寡断；性格强悍的人，风度就显得大略、粗犷、叱咤风云；性格文静的人，风度就显得淡雅、恬适、文质彬彬；性格活泼的人，风度就显得洒脱、挥洒自如；性格刻板的人，风度就沉郁、缄默寡言……

生活中，人们因年龄、职业、理想和阅历修养的不同，风度和气质也各异。在大学生中，一眼便能分辨高年级的“老生”与低年级的“新生”，不但根据其举止、言谈和穿着的不同，主要的是其身上气质的差异相当鲜明。无论是起床后的洗漱，还是去食堂吃饭到教室自习，总是那么悠然、不紧不慢的大多是老生；而那些生机勃勃、稚气未脱的当然是以新生居多了。

人们都说，大学时代，是人生旅途的一个重要中转站，它意味着告别昔日的天真和幼稚，告别父母的荫庇和社会的偏爱，一步步地走向成熟，承受更多的责任和更为深沉的爱。在大学的熔炉里，大多数人都要重新塑造自己的形象，随着知识的日渐丰富，以更潇洒的风度、更高雅的气质迎接未来的挑战。自然，与之相伴的，就有很多同学对自己是否能够具有优美的气质、风度而担心。他们以为自己没有漂亮（英俊）的容貌、优美健壮的身材、多彩的名牌服饰，或者卓越的口才、漂亮的歌喉等，就不能塑造出自己独特的风度，这其实是一种误解。每个人都应该相信，自己是独特的，没有人能够替代你。爱默生说："相信你自己，每颗心都会使铁弦颤动。"你自信就潇洒，你潇洒因为你自信！你自信能拥有一副好口才，就应该去努力，当你拥有丰富的知识和敏锐的洞察力，便会思如泉涌。

大学生与其他人一样，也崇拜明星，但明星能让人崇拜的第一要求就是他（她）是他（她）自己而不是他像某某人。欣赏明星，应该主要去学他们培养发现创造美的能力，学习明星是怎样独具个性，而风采照人的。

年轻的莘莘学子，崇尚自我，具有敏感的超前意识，但这往往也正是你们的误区，你们往往崇尚个性的独立，又害怕独立中的孤独。

"你就是你自己"，曾为许多大学生所推崇。然而，在真正塑造属于自己的潇洒风度和高雅气质时，有的人又显得那么刻意。一点挫折、一点风雨，便丧失了勇气和信心，怕人说，怕人笑，怕人指指点点。人家寻求好莱坞，你也就不敢赞扬国产片，别人沉醉于周末舞会，你就不敢"土"派地坐在寝室里写写文章、看看小说。

现代社会是商品经济的车轮带动的，文化在一定程度上成了商品化的东西。流行、时髦新潮似乎取代了个性的独特风格。尽管文化商品琳琅满目，但某一时期只流行着一种时髦、一种新潮，谁也说不清为什么流行，自己为什么跟着流行。就一个时期而言，它反映了一定时代精神，但每一个时期的流行与个性独立是有冲突的。因为流行之为流行就是它的流动不居，而流动不居的个性即是无个性，无个性即是对自由人格的否定。因此，真正的个性不是追求流行，也不是反流行，而是让自己的内心丰富地流露：发诸言谈即是口才，形诸举止即是潇洒，在衣饰上便是得当，你所面对的世界的丰富性取决于你自身的全部丰富性。前一个时期，文化衫风行京城，什么“别理我”“烦着呢”“活得真累”“让我一次爱个够”，当然是反映了一种焦躁无奈的情绪，但是不是每个穿的人都是这种情绪呢？穿文化衫很难谈上有风度，真正吸引人的不是你而是那件让人惊奇的衣服的话，穿的人可能在别人眼里毫无价值！

但有的人一味追求个性，他所理解的个性却走向了另一个极端：处处与规范、习惯相左，似乎只有反潮流才是英雄，处处与人格格不入才是风度。人生活在社会中，如同生活在空气中一样往往觉察不到其存在，而社会中确实存在着制约个性与自由的因素，就整体而言，是有利于积极地塑造每一个人的，我们没必要试图去做超人。人们不可能离开民族传统、时代精神与风格去塑造自己——一旦个人无所作为失去上述依托，脚下便是虚空的，也是无力创造的。

真正的风度是个性与时代精神的完美结合。

在漫漫历史长河中，人类文明一直对男性和女性的风度、气质提出不同的要求。男女风度和气质标准的变迁是风度、气质时代特征的一个重要方面。

弥尔顿在《失乐园》中说：“他被造成机智而勇敢，她却柔和、妩媚而有魅力。”他和她分别是《圣经》中人类的始祖亚当和夏娃。中国古人把男人与女人的风格概括为阳刚与阴柔。正是这种天然的差异，这两种风格的配合，冲撞与和谐，塑造了缤纷多彩的人类文化，编织着人生悲欢离合的故事。

“您最欣赏的男人的品德是什么？”

“坚强。”

“您最珍视的女人的品格是什么？”

“温柔。”

问者是女儿，答者是父亲——卡尔·马克思。

女人心目中的男人不是面白如玉、风流俊雅的“奶油小生”。她们更珍惜男子汉的风格：健壮、坚强、有力。他要勇敢，要能够用坚实的臂膀分担两个人的痛苦。男人心目中的男人是自信的，能追求并获得崇高的属于伟大理性的神圣事物；他富于冒险精神，不怕牺牲。他有时也感到孤立无助，但有一个牢不可破的信念和一种庄严的使命感：我不下地狱，谁下地狱？男人心目中的女人是温柔的、敏感的、温情脉脉的。她应当是善解人意的，是能平息暴风巨浪的宁静的海湾，是温文尔雅、富有学识的，具备伟大的母爱的，忠诚的。无论男性还是女性，都承担着巨大的责任，都是分不开的。

阳刚与阴柔是极富魅力的概括。如果以古人的观点来理解的话，那么，阳刚并不仅仅是身体的健壮或性格上的坚强，还必须有志和气。这个志就是“铁肩担道义”的襟怀，以微笑面对一切苦厄。其志发扬而为浩然之气。此气浩荡而生男人风度。因柔生刚，阳刚最终还要复归为阴柔。当然，这种阴柔是男子汉的温柔，“无情未必真豪杰，怜子如何不丈夫”。多情、深情、至情未必是女性的专利。而女性的阴柔决不是软弱无力、徒具媚态，它同样根植于绵绵不绝的生命力，对幸福的热切渴望和洒向人类的伟大母爱，因而也是刚强。正如水，无定形，无常势，抽刀断水水更流，却具有包容一切、纯洁一切的力量。

阴阳二气交感而生天地万物，阳刚与阴柔的和谐运动是人间最动人的旋律。

男女在生理上的差异不容否认，由此而产生的气质上的差异乃人性自然。然而社会地位、文化环境的不同则是更重要的因素。几千年来男性的主导地位、女性的从属地位使二者的风度和气质迥异。当历史的车轮不断碾碎种种禁锢，风度和气质也被赋予了不同的内涵。

恩格斯说：“妇女解放的程度是人类文明程度的标志。”女性解放运动所迈出的每一步都会使男女风度、气质的评判标准发生巨大变化，许多非生理因素导致的差异日趋消失。现代社会，女性越来越多地在各个领域大显身手。温柔、贤淑不再是女性风度的唯一标准。渊博的知识、机智的头脑、卓越的领导才能使很多女性别具异彩。当代女大学生，作为受高等教育的知识女性，在这方面更应独领风骚，以你的知识和才干去创造现代女性的风格。

大学生在知识和审美能力方面都是第一流的，更应注重挖掘深沉而富有魅力的内心世界，真正具有良好的风度与气质，还需要抓住时代的脉搏，充当推动社会前进的勇士，在历史的洪流中磨炼，展示自己的风采。

大学校园是多姿多彩的，像一曲阳刚与阴柔两种风格的交响乐，自然、流畅、生动，男性与女性的气质与风度得到培养、发挥，为校园的精神文明建设增添着光彩。

历史的车轮经千百万年的风风雨雨，已经走到了20世纪90年代。欧亚大陆东海岸上的中国重新屹立于世界的东方。在这个国家里，人们已经开始追求丰富多彩的娱乐活动，培养自己全面向自由的发展。大学生——青年中的骄子——集中体现着这一点。大学生们身上洋溢着青春的热力，他们的奋斗拨动时代的最强音，他们不但塑造优美的心灵，还在力求将一切内在之美呈现在气质与风度之上。这是真正的现代人的风格，尽管他们也有自身的弱点。因为他们成长在类似象牙之塔的校园中，没有经过太大的风浪，没有受社会大学的磨炼。但也正因为这样，他们纯正、热情，很容易接受时代精神和风尚的导向。时代精神无非是一定社会中人的追求，既根植于当代，又着眼于未来，前者是继承，后者是超越。这样的任务应该由青年人来完成。不仅如此，大学生的鲜明的个性特征，使时代精神不再是苍白的说教，而成为生活着的、发展着的人类追求，他们的气质与风度遵循着也在一定程度上改变着一定的社会规范，继承着也丰富着民族的传统，吸收着也扬弃着异国他乡的风度。

现代人的风格，是成熟的风格。大学生不再盲目地标新立异，而是把内在美的自然流露作为气质与风度去培养熏陶。把自然与装饰的和谐视作美的典范。“石蕴玉而生辉，水怀珠而川媚。”中国古人的理想应该在年轻一代身上实现。

从社会进步的要求和社会主义精神文明建设的需要来说，当代大学生应该以自己优美的风度与气质去影响、引导整个青年群体的风范。马克思说：“社会的进步，就是人类对美的追求的结晶。”青年大学生是时代和社会的缩影。中国的未来属于青年，作为跨世纪的一代，若干年后，今天的大学生将成为社会主义大厦的栋梁之才。因此，当代大学生的风度与气质，更应该能充分体现和反映出我们这个时代社会主义中国的风貌和矫健的身姿，从而成为青年典范、时代风范，在历史的车轮驶入 21 世纪的时候，当代大学生可以无愧于一代天骄的称号。

高校学者畅谈《邓小平文选》第三卷*

《邓小平文选》第三卷的出版，是我们党和国家政治生活中的一件大事。《邓小平文选》第三卷连同第二卷，是建设有中国特色社会主义理论的奠基之作，为一切实际工作奠定了思想理论基础。所以，《邓小平文选》第三卷的出版，对进一步用建设有中国特色社会主义理论武装全党，统一思想，坚定信念，积极、全面、准确地执行党的基本路线，具有重要的意义。

国外有种观点认为，中国共产党碰到了两难处境：不改革开放要亡国，改革开放要亡党。这个观点当然是不对的，但可以给我们一些启发。我们建设有中国特色的社会主义，就是要做到既不亡国，又不亡党；既要把经济搞上去，又要保持共产党的先进性、纯洁性，坚持社会主义道路。这是我们党的“一个中心，两个基本点”的基本路线的题中应有之义。所以，江泽民同志提出要积极、全面、正确地执行党的基本路线，这是非常重要的。学习《邓小平文选》要有这个态度。去年中国人民大学在学习小平同志南方谈话时提出，要全面、准确地理解南方谈话的精神。后来国外有一种说法，说是国内的保守派提出要全面、准确地理解南方谈话精神。为什么提全面、准确反而是对抗小平同志？这是毫无道理的。建设有中国特色社会主义理论的各个方面是相互关联的，是一个完整的体系，要求我们必须全面、准确地理解，不能偏废。小平同志在特定情况下讲特定问题时，也总不忘讲另一方面的问题。我举两个例子。一是1989年政治风波之后，小平同志多次讲要稳定，要反对资产阶级自由化，但同时又强调改革开放不能停下来，十三大的报告是党的代

---

* 载《高校理论战线》，1993年第6期。

表大会通过的，一个字也不能改，提出要有一个改革开放的班子。他之所以强调这些，就是为了不因为当时的形势而影响改革开放。二是在南方谈话中，小平同志一方面讲要改革开放，发展经济，同时又讲要反对“和平演变”，要反对资产阶级自由化，要建设好我们的党。所以，小平同志的论述本身就包含了全面、准确的要求。各取所需，按照自己的主张去描述、去发挥，与积极、全面、准确的态度是相悖的。过去在对待毛泽东思想的问题上，也犯过这样的错误。因此，在学习新一卷《邓小平文选》的过程中，全面、完整、准确的要求是必不可缺的。

文科高教如何面对社会主义市场经济*

经济体制改革是一场涉及经济基础和上层建筑许多领域的深刻革命。以建立社会主义市场经济为目标的经济体制改革，必然要对教育产生巨大的影响。

应该辩证地认识、对待建立社会主义市场经济和教育发展、改革的关系，这种相互关系主要反映在以下几点：

一方面，社会主义市场经济体制的建立和现代化的实现，最终取决于国民素质的提高和人才的培养；另一方面，教育的规模和结构、人才培养的目标和要求、办学体制和学校管理体制的改革等，又在很大程度上要受到市场经济体制的制约和影响。

一方面，教育体制的改革必须适应社会主义市场的发展；另一方面，教育与经济又是两个虽密切相关但毕竟是性质不同的领域，教育改革应该严格遵循教育自身的发展规律。

一方面，社会主义市场经济的逐步建立，必然会对教育的改革和发展不断提出新的要求，提供强大的推动力量；另一方面，教育特别是高等教育，又可以在思想政治方面发挥重大的导向作用，积极倡导人们在社会主义市场经济条件下坚持正确的人生观和文明健康的生活方式。抵制拜金主义、享乐主义和极端个人主义，加强社会主义精神文明建设，为社会主义市场经济的建立提供良好的社会环境和思想保证。

总之，认为教育的改革与发展可以不理会社会主义市场经济的建立，或者认为要把市场经济所遵循的价值规律不加分析地一切照搬到教育领域的各个方面中去，都是不行的，都会损害我们的事业，

* 载《人民日报》，1994年1月3日。

造成工作的混乱和失误。

我们学校，作为一所以哲学社会科学为主的综合性文科大学，在建立社会主义市场经济的过程中，应该思考和注意一些什么问题呢?

第一，建立社会主义市场经济体制，这是建设有中国特色社会主义理论的重要组成部分。邓小平同志建设有中国特色社会主义的理论，是毛泽东思想的继承和发展，是当代中国的马克思主义。任何一个能够适应社会主义市场经济体制的要求、适应社会主义现代化建设需要的合格人才，都必须得到建设有中国特色社会主义的理论武装。我们的一个头等重要的任务，就是要用这个理论来加强和改进马克思主义理论教育，使学生受到全面的而不是零散的、实际的而不是空洞的、生动的而不是教条式的理论熏陶。

第二，根据社会主义市场经济的要求，调整学科结构和课程设置，改革教学内容和方法。社会生活尤其是社会主义经济生活，在很多方面已经发生了巨大的变化，今后还将继续发生更加急剧更加深刻变化。为了培养适应现实生活、具有时代特色的跨世纪人才，必须加快教学改革的步伐，墨守成规只能使教育和社会生活发生严重的脱节。要改变那些陈旧的教学内容，增设一批新的课程。对于一些基础性的学科和课程，还有一些看来似乎离现实生活较远，但是对学生的素质培养或对社会的全面进步具有重要作用的专业和课程，则不宜随意削弱，而要采取积极措施，使之得到巩固和提高。

第三，学校作为教学和科研中心，对于哲学社会科学的研究，要以改革的精神，加强组织和引导。经济的迅速发展，社会的急剧变革，呼唤着理论和学术的繁荣。哲学社会科学研究的改革，核心问题是要加强对现实生活的关注和联系。要对社会主义现代化建设实践中提出的种种重大的理论问题有浓厚的兴趣，勇于和乐于对现实问题进行调查和研究，对各种新情况、新问题做出有分析的、有说服力的回答和说明。当然，也要重视和鼓励对于基础学科的研究和创新。

第四，要进一步加强教育工作。在新旧体制转换过程中，由于旧体制的弊端尚未完全革除，新体制还未完全形成，一些问题的政策和是非界限不清，不可避免地会有一些消极的东西，对教育工作给予各种各样的冲击，有些同志担心教育教学质量会出现滑坡的危险。事实上，如果说有质量滑坡的危险，最主要的还是表现在思想政治和道德品质方面。社会上某些错误思潮，某些腐败丑恶现象，确实侵蚀到了校园之内，给某些青年学生的政治观、人生观、价值观带来种种消极的影响。因此，用大的力气加强德育工作，如《中共中央关于建立社会主义市场经济体制若干问题的决定》中指出的那样，“广泛深入生动地开展爱国主义、集体主义、社会主义教育，开展中国历史，特别是近代史现代史和中国民族优良传统的教育，提高民族自尊心、自信心和自豪感，发扬艰苦奋斗精神”，就成了提高人才培养质量的重要一环。在这方面，有的人有一种误解，似乎培养适应市场经济的人才，同培养有理想、有道德、有文化、有纪律的社会主义新人的目标，是互不相容甚至是互相对立的，这种错误的认识必须澄清。

第五，为了在社会主义市场经济条件下，能使高等教育得到健康发展，必须加强校内管理体制改革，充分调动教职员工的积极性，稳定教师队伍。要根据最近通过的《中华人民共和国教师法》的规定，逐步提高教师待遇，创造较好的工作和生活条件。同时，更要注意建立一个良好的政治环境和学术环境，以此加强学校对于教师的吸引力和凝聚力。前一个时期，某些传播媒介竭力渲染教授纷纷“下海”、学生热衷“练摊”经商，似乎只有这样，才是“改革开放”的表现，这不仅是对社会主义市场经济的曲解，也对高等教育的健康发展产生了明显的不良影响。这种观念上的混乱，是到了加以澄清的时候了。

近代灾荒的历史启示*

我国地域辽阔，地理条件和气候条件十分复杂，自古以来就是一个多灾的国家。特别是中华人民共和国诞生前的百余年间，自然灾害更加频繁，灾情也更严重。殷鉴不远，在今天同自然灾害的斗争中，我们可以从近代灾荒的历史中得到许多有益的启示。

天灾酿成人祸

从 1840 年鸦片战争到 1949 年中华人民共和国成立的百余年间，水、旱、风、霜、雹、虫、震、疫等灾，几乎年年发生，只是灾区面积有大小之分，灾情程度有轻重之别而已。按老例，农业收成在五成以下的，才算成灾。在近代，根据封建统治阶级的官方文书，每年成灾县份平均在四五百个以上。至于因洪水泛滥而跨州连郡“尽成泽国”或因连续干旱而“赤地千里”的大灾巨祲，也是史不绝书。据粗略统计，在此期间，黄河、长江大约平均两年漫决一次；位于京师附近的永定河，在从鸦片战争到清王朝灭亡的 71 年间，曾发生漫决 33 次。至于淮河流域，更是“大雨大灾，小雨小灾，无雨旱灾”，“十年倒有九年荒”的民谣成了这一地区的真实写照。一旦发生较大的自然灾害，人民的生命财产就要遭受巨大的损失。光绪初年，连续三年多的大旱灾，席卷了山西、河南、直隶、陕西、山东等北方五省，并波及陇东、川北、苏北、皖北等地。在这场大旱灾中被饥饿和疫病夺去的生命，据不完全统计，大约 1 000 万人。历

---

* 载《光明日报》，1994 年 3 月 7 日。

史资料形容当时情景是，“到处道殣相望，行来饿殍塞途，一家十余口，存命二三；一处十余家，绝嗣恒八九”。1931 年，江、淮、汉、运诸水及黄河同时泛滥。鄂、湘、皖、苏、赣、鲁诸省同被洪水淹浸，遭洪水吞没者即达 370 余万人，一亿灾民流离失所，饥寒交迫地挣扎在死亡线上。在较大灾荒之后，社会生产力的凋敝和破坏，往往很长时期不能恢复元气。例如，鸦片战争爆发后连续三年黄河大决口，使河南省祥符至中牟一带宽六十余里、长数百里的“膏腴之地”尽成不毛，十余年后，这里的“村庄庐舍”依旧“荡然无存”。前面提到的光绪初年大旱灾，造成的结果也是“耗户口累百万而无从稽，旷田畴及十年而未尽辟”，也就是说，十年之后仍未能重建家园。

中华人民共和国建立后，由于社会制度发生了根本的变化，防灾抗灾的能力逐步提高，上面描述的那些触目惊心的悲惨情景，已不复见。但是，我们也应该看到，我国的生产力水平还相对落后，自然条件还没有得到彻底的改变，自然灾害依然严重地威胁着我们。居安应该思危，有备才能无患。只有不忘历史，才能使历史不再重演。

人祸加重天灾

自然灾害俗称天灾。它以不可抗拒的力量，给人们的生产和生活造成巨大的灾难。就这个意义说，是天灾造成了人祸。但是，自然现象同社会现象从来都是相互影响的。中国近代灾荒史告诉人们，政治的腐朽、社会的动荡，常常加剧了天灾对社会的破坏作用，而严重的灾荒又反过来激化了社会的矛盾，加深了社会的动荡。就这个意义而言，又可以说人祸加重了天灾。例如，1925 年，四川发生大旱灾。据四川筹赈会派员调查，“综计全川饿死者达三十万人，死于疫疠者约二十万人，至于转徙流离，委填沟壑者，在六七十万以上”。造成如此严重灾荒的原因何在呢？据当时的《申报》载文分析，认为“并不尽由天祸，强半出自人为”，并具体列举了如下五个人为的因素：（1）“各区防军，勒令民间种烟，至民间秋种杂粮益少”。（2）“川省连年内乱，两军交绥，多妨害农民耕作”。（3）“军队抽收丁粮，苛敛无厌”，弄得老百姓“挈众远逃，土地荒芜”。（4）“军队抢夺民食，致民间一无储蓄”。（5）一些人无法生活，只得铤而走险，以抢掠为主，“土匪多甲于天下”。这虽然说的是四川的情形，却颇具典型意义。民国初年及稍后的国民党统治时期，兵连祸结，战乱不已，天灾与战祸，交相迭见，使人民雪上加霜，遭受着双重打击。如1920年，直奉皖军阀混战时，京畿一带旱蝗相继，禾稼失收，人民群众本已衣食无着，加之军队的肆意蹂躏，更使战区“各村农民，困苦不堪言状”。更有甚者，有些军队为了所谓的“战略需要”，有意破坏自然环境，人为制造灾荒。1922年，在湘鄂军阀战争中，吴佩孚决开长江堤闸多处，使“鄂东、湖北十余属数千万之性命财产尽付东流”；1939年夏，日本侵略军乘河北省暴雨连朝之机，悍然炸开滹沱、大清、子牙、滏阳等河堤岸共182处，使冀中22县、冀南35县尽成泽国。至于自然灾害发生之后，由于政治的腐败，官吏们玩忽职守，不仅置人民生命财产于不顾，反而乘机贪污勒索，大发“赈灾财”的，从清末到民国，更是司空见惯，习以为常。

今昔如果对照一下，事情的本质就立即会显现出鲜明的轮廓来。1991年，我国又一次发生了百年不遇的特大洪涝灾害，但在党和政府的组织领导下，我国人民顽强奋战，把自然灾害带来的损失减少到了尽可能低的限度；即使在重灾区，也没有发生像旧中国那样千百万人离乡背井、“道殣相望”、“饿殍塞途”的悲惨景象。这活生生的现实，使我们深切地感觉到，有一个优越的社会制度，有一个安定的政治局面，对于抗灾救灾具有十分重要的意义。

天灾与生态环境

人祸加重了天灾，在某种意义上说，也包括生态环境的严重破坏。前面提到的1931年大水灾发生时，社会舆论就纷纷指出，河工不修，河水泛滥，水土流失，盲目筑圩，使河湖丧失积水排洪的能力，是水灾严重化的重要原因。“水利森林之不作警备，则数十年已如一日，似此而当非常之天灾，其不发生空前之奇祸，实为间不容发之事。”① 反过来，灾荒又进一步使生态环境受到新的破坏。于是，便成了一种恶性循环。关于这方面，史沫特莱在《中国的战歌》一书中曾有过颇深刻的揭示，她在描述旧中国一个“军阀混战，河水泛滥，饥馑连年的重灾区”时指出：“好几百万农民被赶出他们的家园，土地卖给军阀、官僚、地主以求换升斗粮食、甚至连最原始简陋的农具也拿到市场上出售。儿子去当兵吃粮，妇女去帮人为婢，饥饿所迫，森林砍光，树皮食尽，童山濯濯，土地荒芜，雨季一来，水土流失，河水暴涨；冬天来了，寒风刮起尘土，到处飞扬。有些城镇的沙丘高过城墙，很快沦为废墟。”在这里，灾荒和生态环境的破坏，二者既是因，又是果，因既是果，果既是因。因果循环，往复不已。

在中国近代历史上，第一个把灾荒同生态环境联系起来的，是伟大的革命先行者孙中山。他在刚刚从事政治活动之初，就在一封信中写道：“试观吾邑东南一带之山，秃然不毛，本可植果以收利，蓄木以为薪，而无人兴之。农民只知斩伐，而不知种植，此安得其不胜用耶？”② 后来，他更明确地指出：“近来的水灾为什么是一年多过一年呢？……这个原因，就是由于古代有很多森林，现在人民采伐木料过多，采伐之后又不行补种，所以森林便很少。许多山岭都是童山，一遇了大雨，山上没有森林来吸收雨水和阻止雨水，山上的水便马上流到河里去，河水便马上泛涨起来，即成水灾。所以要防水灾，种植森林是很有关系的，多种森林便是防水灾的治本方法。”防止旱灾也是一样，“治本方法也是种植森林。有了森林，天气中的水量便可以调和，便可以常常下雨，旱灾便可减少”③。孙中山的论述，即使在今天，也不能说已经完全为人们所了解，所以，我们要提高对保护自然环境和生态平衡重要性的认识。

---

① 《银行周报》，15卷，35期。

② 《孙中山全集》，第1卷，1～2页。

③ 《孙中山全集》，第9卷，407、408页。

《中国近代史》印行超百万册感言*

由李侃等编著、中华书局出版的《中国近代史》修订第四版最近问世了。版权页上写明，本书自出版至今，累计印数已达到1 183 650册。这个简单的数字，不禁使我生出一些感慨来，并且忍不住要写几句话。

据我所知，作为高等学校以及一部分成人教育所用的中国近代史教材，包括专著、教科书、铅印讲义等，数量不下二三百种之多。但能够一版、再版而至于四版，印数竟然超过百万册的，则似乎只有这一本。

历史教育，特别是中国近代史教育，其重要性和教育实际状况之间，存在着不小的差距甚至尖锐的矛盾，早已是一个不容忽视的现实。这里所说的历史教育，当然是广义的，不仅指大、中、小学里的课堂教育，也指对全民族普及历史知识的社会教育。邓小平同志在1987年就指出："中国从鸦片战争起沦为半殖民地半封建社会……在帝国主义、封建主义和后来发展起来的官僚资本主义压迫下，中国继续贫穷下去。""所以了解自己的历史很重要。青年人不了解这些历史，我们要用历史教育青年，教育人民。"① 江泽民同志也指出："现在有不少年轻人，对于我们国家和民族过去饱经忧患的历史，争取独立和解放的历史，不了解，不熟悉，甚至有些年纪大的人也渐渐淡忘了。这就给我们提出了一个任务，必须向人们，特别是青年人，加强国情教育，加强爱国主义，社会主义教育。"② 这些话，既深刻地说明了抓好教历史教育特别是中国近代史教育的重

---

* 载《文汇报》，1994年11月22日。

① 《邓小平文选》，1版，第3卷，205～206、206页。

② 《浩然正气·代前言》。

大意义，也尖锐地揭示了在这方面教育中存在的问题，强调了做好这一工作的迫切性。

在这样的情况下，有一本较好的中国近代史教材，就显得特别难能可贵了。

这些年来，不少历史读物，包括有些具很高学术价值的史学著作在内，印数大抵为二三千册，有的甚至不足千册。造成这种情况，当然有十分复杂的原因，印数并不能完全反映社会的需求量。但无论如何，中华书局版《中国近代史》能够印行至百万余册，却不能不说这本教材是适应社会需求，备受读者欢迎。在对青年进行中国近代史的教育中，已经并且正在发挥着巨大的积极作用。

其所以能够如此，显然与本书所具有的某些特点和优点分不开。例如，分量比较适中，几个版本，字数一直控制在30万字左右；脉络比较清楚，对从鸦片战争到五四运动的纷繁复杂的近代社会和历史，简明扼要地理出头绪，找出规律，不枝不蔓，有史有论；观点比较鲜明，实事求是，客观公允，对历史事件和人物，褒贬合宜，既不溢美，也不苛求，着重总结历史的经验教训；文字比较生动，明白晓畅，清晰活泼；等等。

除了这些以外，有一点我认为特别值得说一说的，就是该书作者们能够及时吸取最新的研究成果，不断充实到自己的著作中去，使这本书成为适应时代需要、反映时代特色的优秀教科书。

拿最近出版的修订第四版来说，比起十年前的第三版来，就有许多新的变化。最主要的，如加强了对近代社会状况的刻画和描述，增加了有关现代文化和社会思潮分析的分量，注意了对于封建统治阶级统治政策和内部矛盾的论述，增添了有关农村经济和农村状况的内容，等等。这几个方面，正是以往中国近代史研究中相对薄弱的环节，也是近十年来我国史学界的近代史研究中突破性进展较大的地方。

作者是以强烈的现实感来撰写这部历史著作的。正如他们在“第四版前言”中所说的：“尊重历史，学习历史，有助于认识现实，有助于提高民族的自尊心和自信心，增强爱国主义精神和民族凝聚力。忽视历史，忘记历史，必将受到历史的惩罚。”他们希望，通过对中国近代史的学习与宣传，促使人们更好地去“开创前无古人的伟业，创造新的历史，开辟美好的未来”。愿作者们的这种良好的愿望成为越来越多的人的共识。

甲午战争的历史教训*

甲午中日战争的发生，距今已有100周年了。这场凝聚着近代中国民族屈辱与不幸的历史灾难，历经一个世纪的岁月和社会的巨变之后，仍然清晰而深刻地印在人们的记忆之中。对于中国人来说，这种记忆将永难磨灭。我们没有忘却这段历史，我们也不应该忘却这段历史。这样做，不是为了沉溺于对既往惨痛岁月的不尽追忆，而是要从中汲取历史教训，使我们更加清醒地面对现实，让一个世纪前的陈迹成为永远不再重温的噩梦。

落后就要挨打。只有增强综合国力，才能维护民族独立和国家主权

提起甲午战争失败的教训，人们最容易脱口而出的一句话，便是“落后就要挨打”。这不仅完全正确，而且十分自然。因为甲午战争恰是当时中华民族落后本质的一次空前大曝光，而令人悲愤忧伤的惨败与屈辱，又给人留下了太深太深的印象。早在1901年，维新巨子梁启超就曾痛楚地反省说：“是役也，李鸿章之失机固多，即不失机，而亦必无可以幸胜之理。盖十九世纪下半世纪以来，各国之战争，其胜负皆可于未战前决定，何也？世运愈进于文明，则优胜劣败之公例愈确定，实力之所在，即胜利之所在，有丝毫不能假借者焉。无论政治、学术、商务，莫不皆然，而兵事其一端也。日本三十年来，刻苦经营，上下一心，以成此节制敢死之劲旅，孤注一

* 载《学习与研究》，1994年第14期。署名：李文海、黄兴涛。

掷以向于我，岂无所自信而敢乃尔耶?”他这种论断虽未免过于绝对，却并非毫无道理。我们可以拿英国人赫德的一段话来做一印证。赫德当时就指出：“日本是根本没有什么正义可言的，除非借口代别人打抱不平而自己捡便宜也可以算作正义。正义完全在中国方面。我不相信单靠正义可以成事，正像我相信单拿一根筷子不能吃饭那样，我们必须要有第二支筷子——实力。但是，中国人却以为自己有充分的正义，并且希望能够以它来制服日本的铁拳，这想法未免太天真了。”

赫德认为尽管正义完全在中国一方，但中国人却缺少取得战争胜利的“第二根筷子”——实力，这是颇有见地的。但对于“实力”的强弱，也需要做一点具体的分析。事实上，还在战争进行过程中，不少朝野人士就纷纷指出，就军力和经济力量而言，日本并没有绝对必胜的优势。如有人上奏说：“日本幅员仅四岛，地不为广；丁不满十万，兵不为强；洋债日增，国不为富。”这并非毫无道理。即拿两国的海军实力来说，日本虽在速射炮和舰速上强于中国、取得优势，但在船坚炮重上则有所逊色，而且在黄海海战中，北洋海军还拥有四艘日本所没有的鱼雷艇。即便是北洋陆军，虽在装备上总体说落后于日本，但也并非一无长物。如日本就有学者认为，北洋陆军装备有德制的毛瑟步枪和克虏伯野炮，就“比使用村田式步枪和青铜炮的日军优越”①。

既然如此，那么甲午战争中中国何以会败得如此之惨呢？当时有个叫张玙的士人回答说：“我则庙谋无定，众志各殊；土地虽大，人民虽众，而形势转觉散漫，莫相统摄，譬如连鸡不得俱飞，所以败也。”他的回答虽并不科学，却能启发我们认识问题的实质。那就是，中国之所以在甲午战争中一败涂地。就“实力”而言，同日本相比较，并不是在所有方面都落后，而是由于从总体上说综合国力的落后。这种落后，不但使得那些本来稍长的方面因受牵制而得不到发挥，甚至反转化为劣面；而且各种已然落后的方面之间又相互

① 《日清战争》。

制约影响，更使得中日彼此总体实力的差距拉大了。此处所谓综合国力，既包括经济的、军事的因素，也蕴涵政治的和心理的因素。就单项因素而言，既关乎数量，也涉及质量。其中，尤其值得强调的，还在于敌我双方人员的素质。这可以说是决定战争胜负一个不容忽视的重要方面。

北洋海军覆没后，针对败军之将“器不如人”的避责辩解，诗人们写出“人道船坚不如疾，有器无人终委敌”的著名诗句。实际上这既是一种悲愤的谴责，也未尝不是一种清醒的觉悟。的确，素质不如人，再好的武器也只能成为敌人的战利品；再雄厚的经济基础，除了用作赔款之外，也不能有什么更好的结局。人们都知道甲午战争中有个贪污善逃的清军高级将领卫汝贵。他在上前线之前，曾收到他妻子的这样一封信：“君起家戎行，致位统帅，家既饶于财，宜自颐养。且春秋高（年六十），望善自为计，勿当前敌。”这位卫夫人在信中表露的心态，极为生动、深刻地反映了相当一部分统治者的人生哲学。这封书信后来被日军截获，编入日本人的教科书，用作反面教材教育他们的国人。对于中国人来说，这件事情所带来的耻辱，恐怕不亚于一场战役的失败。

由此可见，一个民族要想避免因落后而挨打的命运，不注重发展经济和整饬军备固然不行，但仅仅注重前者而忽视其他方面，诸如提高全民族的素质等，也是无济于事的。换言之，中国今后要想真正自立于世界民族之林，必须既要发奋效力于发展高度的物质文明，同时也要建设高度的精神文明。只有这样，在遭受外敌入侵的时候，才能使维护民族独立和国家主权，不致成为一句毫无保障的空话。

一个政治上军事上极其腐败的政权，不可能领导反侵略战争取得胜利

甲午战争后，日本政府中曾有人不无得意地宣称：“日本与中国

战，并不是日本与全中国战，不过与北京政府战。”揆诸整个甲午战争史，我们认为这不仅是一个令人痛心的历史事实，也是一个发人深省的历史教训。一个完全脱离了人民群众的政府，一个极其腐败的政府，怎么可能领导反侵略战争取得胜利呢？尽管甲午战争中广大人民群众和爱国官兵表现了反抗侵略的极高的积极性和英勇气概，但没有一个政权的强有力的组织，这种自发的积极性如何能充分发挥和得到巩固呢？

在战争开始之前，清朝统治者既蒙昧无知，缺乏对日本的了解，更虚骄自大，疏于对日本的防范。作为最高统治者的慈禧太后，为了自己的奢侈享乐，甚至挪用巨额海军军费大修颐和园。而与此同时，日本政府却加紧扩军备战，针对中国的海军进行模拟训练，并集资大量购造后来得以制胜的快舰速炮。因此，战争未开，中国实际上已处于险势。及至战争爆发前夕，日军大规模地入侵朝鲜，战争已不可避免时，清廷特别是清军实际的总指挥李鸿章，却依然缺乏备战决心，仍在幻想列强出面调停和干涉，从而严重地贻误了战机。

中日战争全面爆发后，清王朝政治上和军事上的腐朽更形暴露。在军事上，将领们或畏葸善逃，或有勇无谋；军队训练匮乏，纪律败坏；再加上粮饷奇缺，弹药不济……种种情实，不可殚述。其中留给人们印象最深的，乃是战争中像左宝贵那样英勇善战、不畏牺牲的清军将领竟是凤毛麟角，而像叶志超那样贪生怕死、临阵脱逃的统帅却随处可见。这些畏葸无能的将领，给清军的溃败造成了难以估量的恶劣影响。其中最为典型的战例莫过于平壤之战的大溃败。而这些畏葸无能的将领所以能爬上高位，既是官场黑暗和选将制度腐朽的结果，其敢于遁逃，又与清廷的和战不定政策不无关联。

黄海海战是甲午中日海战中的一次关系全局的大决战。在这次海战中，中国之所以失败，除了装备上总体落后等因素外，一个极为重要的原因，就是清朝政治和军事上交相作用的腐朽。具体表现为：李鸿章视北洋海军为个人的私有财产和政治资本，始终采取

“避战保船”的方针，造成北洋舰队在战略上的一味消极防御，被动挨打；一些海军将领临阵逃遁，减弱了战斗力，动摇了军心。另外，还有一个重要因素，即是供应不足，弹药缺乏。赫德曾批评清政府“对于战争毫无准备，实在令人可惊”，北洋舰队“克虏伯炮有药无弹，阿姆斯特朗炮有弹无药”。这是符合实情的。定远和镇远二艘铁甲舰本有八门令敌胆寒的巨炮，但杀伤力较大的榴弹仅有数发。开战不久，榴弹告罄，只好使用威力大减的彻甲弹。后来，定远击中敌旗舰松岛，就是用的彻甲弹，假若击中的是榴弹，恐怕松岛非沉不可。北洋舰队不仅炮弹严重不足，有限的炮弹也质量奇差。有的弹内甚至尽充泥沙和煤灰，有的弹丸竟渗有水泥，以致“弹中敌船而不能裂”。在你死我活的战场上竟出现如此情形，将士们无不为之扼腕呕血。连在北洋舰队服务的外籍人肯宁威，事后也不无遗憾地说，“中国人在鸭绿江上是可以得胜的，假使他们的炮弹不是实着泥沙。这不是海军提督的过错，而是军需局的坏蛋官吏的罪恶”。他所说坏蛋官吏，就是天津军械局总办、李鸿章的外甥张士珩。张氏的贪污盗窃，对于北洋海军的弹药不足负有直接的责任。

甲午战争时期，慈禧的腐败行径，可说是清朝政治上极端腐朽的一面聚焦镜。这个清朝的最高统治者，不仅战前挪用海军军费修建供己享乐的颐和园，战争爆发后，当户部奏请军费支绌暂停颐和园工程的时候，又大发淫威，断然不允。此外，因甲午年是其60寿辰，她一面厌战主和，贻害大局；一面又在前方将士血战敌寇而弹药不足、粮饷不继（有的因此哗变）的危急关头，加紧筹备“万寿大典”，恣意铺张，挥霍无度。甚至在主战官员奏请停办“万寿点景”，以节省开支、移作军费时，竟大发雷霆，叫嚣“今日令吾不欢者，吾亦将令彼终身不欢”。最令人发指的是，东北前线战事紧迫，筹款维艰，已屡次为军费告急，请求朝廷拨给，而此时却也同样收到必须“报效”庆典银两的谕旨。将军长顺为讨好慈禧，硬从远不敷用的军费中开销出一万两“报效”银，迅速上交。其所奉朱批竟写道：“准其报效，听候部拨……钦此。”政治腐败到如此地步，真让人难以思议！

有如此腐败的最高统治者，就必然有大批同样腐败的文臣武将。企盼这样的政权去有效地组织民众，领导反侵略战争取得胜利，就犹如雨夜稀星，不过是徒劳瞻望而已。

从某种意义上说，清朝政治的腐朽甚至比军事的腐败对于战局还要有害。这一点，集中体现在清朝当权者为了自己及其家族统治的一己私利，不愿坚持长期抗战，急于屈辱求和之上。而这种求和，便将中国反侵略战争取得胜利的最后一丝希望，也葬送掉了。

弱国无外交。实力对比决定谈判桌上的胜负

现在人们总结中国与日本签订屈辱的《马关条约》教训的时候，对清王朝的屈膝投降，特别是李鸿章的懦弱无能和卖国求和，常常要义愤填膺地谴责，这当然是完全应该的和正确的。但事实上，谈判过程中的种种表现，不过是战争过程的合乎逻辑的继续，谈判的最终结果，是早已在战场上就已经决定了的。当时，李鸿章在谈判中固然有众所周知的懦弱无能、乞和误国的一面，但同时或者说在此前提下，也有为乞和条件而“竭力与争，几乎唇焦舌敝”（李鸿章语）的另一面。也许，今天的人们能正视以上两点，会更有利于深入认识那段历史的悲剧性价值和实力在外交谈判中的决定性意义。

如果单纯从外交谈判这个角度进行观察，可以说，李鸿章确乎如他自己所说，为了争取乞和条件不那么苛刻，是“竭力与争，几乎唇焦舌敝”的。在李鸿章同伊藤博文往复辩驳的记录中，尽管缺乏那种主权在我、不容侵夺的慷慨陈词和凛然正气，但还是提出了一些有力度的“以实相争、以理相驳”的抗辩之言。比如，他曾抓住日本公使从前向各国宣称与中国开战“只是为了朝鲜自主”，“非贪中国土地”的谎言，诘驳其所提条款中的割地要求；以后又以不得割“未占领之战败国土地及战略要地（即使占领也当退还）”的战争通例，拒绝割让台湾和辽东半岛等等，都是如此。连日本外相、

侵华急先锋陆奥宗光在看到李鸿章首次驳帖后，也承认其“笔意精到，仔细周详”，见者无不易生日人“有理亏之感”。

然而，尽管如此，李鸿章的据理驳辩却没有难住实力在握的日本人。陆奥与伊藤会晤后当即商定，以后谈判干脆不必同中国代表讲道理，专跟其摆“事实”即可。用陆奥的话来说，“一开论驳之端，彼方亦必有再三反驳之余地”，“与其在空洞的理论上和他们哓哓不休，还不如在事实面前使他们就范”。那么，这种“事实”是什么，日本代表后来又是如何摆“事实”的呢？对此，我们不妨看看伊藤博文对李所给予的下述“忠告”：

> 尚幸中国使臣能深切考虑现在两国之间的形势，即日本为战胜者，中国为战败者的事实。前者由于中国请和，日本应允，始有今日之议和，若不幸此次谈判破裂，则我一声令下，将有六七十艘运输船只搭载增派之大军，舳舻相接、陆续开往战地。如此，北京的安危亦有不忍言者。如再进一步言之，谈判一旦破裂，中国全权大臣离开此地，能否再安然出入北京城门，恐亦不能保证。此岂吾人尚可悠悠迁延会商时日之时期乎?①

由此可见，日本代表所谓摆“事实”的底蕴，不过是“蛮不讲理、武力威逼”八个字而已。这一点，从第五轮谈判时，伊藤将条款交给李鸿章，只准其回答“允还是不允”两句话，也可得到生动的说明。

在这种谈判形势下，我们看到，李鸿章的个人能力实际上变得无足轻重了，他所有的争辩最终也几成可有可无。连他自己也不无痛楚地承认国力虚弱实不足恃，徒凭口舌全不济事。既无实力，又要求和，谈判的结果便只能是屈辱至极的《马关条约》，历史的惨痛事实告诉我们，身为弱国与真正的外交是无缘的。只有切实加强国力，才能在国际交涉中最终立于不败之地。

---

① 《蹇蹇录》。

在民族屈辱中积聚起来的爱国感情，能转化为变革社会的巨大力量

甲午惨败，给中华民族带来了巨大的灾难和空前的耻辱。当《马关条约》签订的时候，举国上下莫不陷入悲愤和痛苦之中，有的顿觉“天旋地转”(如黄遵宪)，有的当即“头晕目眩”“声泪俱下”，就连孱弱之君光绪皇帝也“涕泪交迸”，心酸莫名。当此之时，人们普遍感到自己的国家“精华已竭，膏血俱尽，坐而垂毙”(康有为语)，国家前途一片黯然。

然而历史的发展充满了辩证法。正如恩格斯所说，“没有哪一次巨大的历史灾难不是以历史的进步为补偿的”。正是从甲午战败开始，在神州大地上，炽烈的爱国思潮如奔涌的激流急剧高涨，人们在为国家悲剧而扼腕痛心的同时，无不为民族的前途深怀忧虑。一股强大的、不可遏止的反省自我，要求变革的呼声勃然而起。人们奔走呼号，争相告诫：

> 吾中国四万万人，无贵无贱，当今日在覆屋之下，漏舟之中，薪火之上，如笼中之鸟，釜中之鱼，牢中之囚，为奴隶、为牛马、为犬羊，听人驱使，听人宰割，此四千年二十朝未有之奇变。(康有为语)
>
> 万国蒸蒸，大势相逼，变亦变也，不变亦变。变而变者，变之权操诸己；不变而变者，变之权让诸人。(梁启超语)
>
> 不变则亡，小变仍亡。(梁启超语)

这些振聋发聩的警世之言，动人心魄的改革呐喊，标志着沉睡已久的中华民族开始了新的真正的觉醒。在此基础上，无论是下层劳动人民，还是上层统治集团中的有识之士，也不论是以康有为为首的资产阶级维新派，还是以孙中山为代表的资产阶级革命派，都纷纷提出了自己的救亡方略和救国方案，并且各自付出自己的政治实践，从而使古老的中国社会开始出现了前所未有的新机。

这真是“山重水复疑无路，柳暗花明又一村”。当人们从血泪斑斑的甲午痛史中走出，置身于甲午战争后中华民族新的觉醒浪潮中时，改革和革命的巨大力量便如排山倒海一样冲击着历史因袭重担的种种污泥浊水，社会正是在这种狂飙巨浪中飞速前进。

这当然是当初的日本侵略者所完全没有料到和根本不愿看到的。令人欣慰的是，还在甲午战争后不久，中国的有识之士们就已经认识到：“中国不有此败，未必鼎新革故，改章变通，此亦天假日人，以成中国自强之道也。”① 因此，他们进行了化被动为主动、变消极为积极的艰辛努力。只可惜由于因袭的负担过于沉重，由于半封建半殖民地的社会环境，他们振兴中华的壮志未酬，把这一神圣的使命留给了今人。

岁月悠悠，百年转逝。今天我们重温甲午战争史，强调从屈辱中积聚起来的爱国感情对社会变革的推动作用，当然绝不是为了满足一种历史的自我安慰，也不仅是总结一种历史的经验，我们还想说明的是，处在今日中国进行全面社会改革的新时期，千万不能忽视爱国主义的精神力量，不要忘记那一份“耻辱史”的爱国主义教育价值。我们深信，同那令人骄傲、谈之神采飞扬的辉煌历史一样，近代像甲午惨败这种令人黯然、不堪回首的屈辱历史，也是中华民族宝贵的历史遗产。正是由于这份遗产充满了中国人民辛酸与血泪的缘故，所以从某种意义上说，它甚至更应受到格外的珍视。

① 洪子贰：《中东大战演义》。

弘扬爱国主义　振奋民族精神*

1990年4月7日，邓小平同志发表了一篇重要谈话，题目为《振兴中华民族》。谈话中，他强调，“中国人要振作起来”，并且说：“要懂得些中国历史，这是中国发展的一个精神动力。”[①] 确实，就像“人是要有一点精神的”一样，一个民族要振兴，也需要有强大而健康的精神动力，有自己的民族精神。有了自尊自信、团结进取、奋发向上的民族精神，弱可以变强，贫可以变富，后进可以变成先进；相反，如果一个民族在精神上自暴自弃、一盘散沙、萎靡颓唐。恐怕就很难自立于世界民族之林。鲁迅先生把民族精神称之为“民魂”，并指出：“惟有民魂是很宝贵的，惟有他发扬起来，中国才有真进步。”[②]

爱国主义就是我们民族精神中最具凝聚力的核心内容，是几千年来推动祖国社会历史前进的一种巨大精神力量。

在漫长的奴隶制时代和封建社会，我国各族人民，在爱国精神的鼓舞下，顽强地同黑暗的专制统治、同国家分裂和民族压迫进行了不屈不挠的斗争，并通过辛勤的劳动，创造了灿烂的古代文明。到了近代社会，随着殖民主义、帝国主义侵略的日益加深，愈来愈多的人将鲜血、生命无私地奉献给争取祖国独立和民族生存的爱国事业，谱写了无数可歌可泣的英雄史诗。历史进入了社会主义时代之后，“振兴中华”的口号，依然成为激励人们投身社会主义现代化建设和争取实现祖国统一大业的战斗号角。综观中国历史特别是近现代史，可以说，大凡对社会发展产生积极影响的历史运动，大凡

---

* 原载《求是》，1994第23期。

① 《邓小平文选》，1版，第3卷，358页。

② 鲁迅：《华盖集续编·学界的三魂》。

对祖国命运起过进步作用的历史人物，无一不是在爱国主义的旗帜下活跃于历史舞台的。

在旧中国，从事爱国运动，是要有一点牺牲精神的。辛亥革命时期的著名资产阶级革命家邹容，在被反动派囚于狱中、年轻的生命即将结束之前，曾写下“一瞑负多疚，长歌招国魂”的诗句；另一位同时代的青年革命家赵声，则在诗中高歌“大好头颅拼一掷，太空追攫国民魂”。他们都不仅用语言和文字，而且用鲜血和生命去讴歌、去实践、去追求充满爱国精神与革命精神的“国魂”“民魂”。

爱国主义是一个历史范畴。在历史发展的不同阶段，随着历史条件的变化，爱国主义的内容也随之而发展变化。正如《爱国主义教育实施纲要》指出的：“在当代中国，爱国主义与社会主义本质上是一致的，建设有中国特色的社会主义是新时期爱国主义的主题。”把我国建设成为现代化的，高度文明、高度民主的社会主义国家，是一项无比壮丽豪迈的伟大事业，在前进的道路上，必然会遇到各种意想不到的艰难险阻，经历各种难以避免的迂回曲折。因此，弘扬爱国主义，仍然要提倡拼搏精神，提倡献身精神，提倡艰苦奋斗的精神，把对于祖国母亲的无限热爱，把民族的自尊心和自信心，转化为努力建设有中国特色社会主义社会的扎扎实实、勤勤恳恳的实际行动。

甲午战争与日本间谍*

一个世纪以前发生的甲午战争，是中日两国政治、经济、军事力量的全面较量。仅就战争这个角度而言，掌握和了解敌方的情况，对于战争的胜负往往起着关键的作用，这就是所谓“知己知彼，百战不殆”。甲午战争时期，日本政府为了实现其侵华目标，用很大力气开展间谍活动，曾经对战争进程发生过重大的影响。当时，一位名叫易俊的御史沉痛地说：“两国角争，间不容发，有备者胜，无备者败。知己知彼者胜，不知己知彼者败。……倭之虚实，我国茫然，而我之一举一动。有士大夫不知，而倭无不知之者。”① 英国著名的谍报史作家理查德·迪肯更明确指出：甲午战争前，日本间谍搜集了大量情报。“其中相当一部分为1894年至1895年日华战争的胜利奠定了基础。”②

那么，甲午战争期间日本间谍活动的具体情况究竟如何呢？

一、甲午战争前在华主要间谍机关

日本的谍报活动是“大陆政策”的产物。19世纪中叶以前，日本还是一个封建领主割据、闭关自守的国家，与中国一样，深受西方殖民主义的侵略。1868年明治维新以后，日本开始逐步走上向外扩张的军国主义道路。明治天皇即位时宣称的“日本乃万国之本，

---

* 载《清史研究》，1994年第4期。署名：李文海、康沛竹。

① 中国近代史资料丛刊续编（简称续编）：《中日战争》（一），318页，北京，中华书局，1989。

② 理查德·迪肯：《日本情报机构秘史》，也译为《日谍秘史》，32页，北京，世界知识出版社，1984。

要开拓万里波涛，国威布于四方”的思想成为其向外扩张的“大陆政策”的理论基础，“大陆政策”的核心也就是用武力向朝鲜、中国进行侵略和扩张。具体分五步：第一期征服中国的台湾，第二期征服朝鲜，第三期征服满蒙（中国东北及蒙古地区），第四期征服全中国，第五期征服南洋、亚洲以及全世界。在“大陆政策”的指导下日本采取了一系列措施，大力发展军事工业，增加军费。

为了配合军事行动，日本开始了对外尤其是对中国的谍报活动。1871 年，参议江藤新平提出应尽快派遣间谍，到中国搜集各种情报。他的建议被采纳并很快付诸行动。1872 年，日本第一次向中国派出间谍。这一次共派出 3 名间谍，他们是池上四郎、武市正干、彭城中平，都是外务省的官员。池上一行的任务是调查中国东北地区的地理、政治、兵备、财政、风俗等情况。他们三人伪装成商人，在 1872 年夏至 1873 年 4 月间，活动于营口、奉天一带。回到日本以后，他们向明治政府报告了了解到的中国各方面情况，并得出这样的结论：“以今日之状态，不数年中国将土崩瓦解。现今为我国解决朝鲜问题之最好时机，机不可失，时不再来”①，主张应利用清朝政府腐败、虚弱的时机，发动战争。此后，日本又陆续向中国台湾、华北及其他一些地区派遣了间谍。总的来说，派往中国的日本间谍，绝大多数都极力鼓吹尽快发动对华战争，他们的意见在日本高层决策中起了举足轻重的作用。但这一时期，日本间谍在华活动基本上还是零星的，只是随着侵华战争准备活动的加紧，到甲午战争前夕，正式在华设立了间谍机关，才开始了大规模、有组织的谍报活动。

甲午战争前日本在华主要间谍机构，有汉口乐善堂和日清贸易研究所。这两个间谍机关尽管在战争爆发之前相继解散，但它们搜集的大量情报及培养的一大批间谍，在甲午战争中起了重要作用。

汉口乐善堂成立于 1886 年，是甲午战争前日本在华最庞大的间谍机关。创办人荒尾精（1859—1896）是日本初期谍报活动的重要头目。他毕业于日本陆军士官学校，军衔为陆军中尉。他从很

---

① 葛生能久：《东亚先觉志士记传》，日文版，上册，41 页。

小的时候就学习中文，并深受日本军国主义思想的熏陶和影响。他撰写《兴亚政策》《宇内统一论》等文，狂热地鼓吹侵略、扩张思想。他认为，日本如能统治中国，可以凭借从中国掠夺的物力、财力养120万以上的精兵，建一支庞大舰队，这样，就能使“东洋文明光辉宇内，亚洲威风扬于四海”。他还宣称，日本的皇国体系无比优越，因而，日本必须“统一六合四海”，使全世界奉仰日本天皇的“仁风”。荒尾精的这些理论很富有煽动性，在当时影响颇大，曾迷惑许多青年充当间谍，为日本政府卖命。荒尾精本人也因此很得上司赏识，1886年春，他被参谋本部选中派往中国建立谍报机构。

荒尾精在中国得到了日本侨民的资助和支持。他在汉口建立了乐善堂，以经营眼药水、书籍、杂货作为掩护，然后逐步将触角伸向中国各地，相继在北京、长沙、重庆、天津、福州等地建立了分支机构，组成了一个遍布中国主要城市的间谍网，并以这些城市为基地，把触角伸展到乡镇农村四面八方。据记载，“倭夷无赖，每令亡命剃发改装，阴入内地”，“潜入直隶、山东、东三省、江浙、闽广等处侦察军情”①。根据侵略中国的总方针，荒尾精制订了一套严格的纪律和要求，详细规定了需要侦察的范围，主要包括：各类人物、地形地理、人口分布、风俗习惯、运输、服装、仓储、兵制、工厂、秘密结社等等。乐善堂的成员背负担挑，到处贩卖货物。货卖光了，就冒充医生、风水先生四处周游。遇到关卡盘查，汉语说不标准，就谎称福建人或广东人蒙骗过去。他们前后用了4年多时间，将搜集来的大量情报编成了《清国通商总览》一书。全书分二编三册，两千多页。这是日本根据调查材料综合整理有关中国社会、政治、经济等问题的最早大型文献，其中对清王朝政治腐败、经济凋敝，以及人民被奴役、被压榨等方面的情况描述尤为详尽、具体。此书的出版，对日本扩张主义分子是一个很大的鼓舞。另外，汉口乐善堂还培养了一批间谍，这批间谍成为甲午战争时期的骨干分子。

---

① 续编：《中日战争》(一)，178、318页。

汉口乐善堂的职员一般保持在十七八人左右，先后有日谍三十多人在这里工作过，主要包括日本浪人及国内间谍组织玄洋社等机构派来的所谓“志士”。甲午战争时期的著名间谍宗方小太郎、石川伍一、山崎羔三郎等人都是乐善堂出身的。

甲午战争前的另一个重要间谍机构日清贸易研究所，设在上海英租界内，成立于1890年，所长也是荒尾精，代理所长根津一，是以培养“中日贸易人才”为名的间谍训练机构。

日清贸易研究所表面上是日本民间开办的培养贸易人才的组织，但实际上，是经日本政府批准的，由陆军参谋本部出资开办的训练间谍的学校，这从研究所的课程设置、毕业生的去向就可看出。研究所学制三年，毕业后在中国实习一年，课程包括汉语、英语、中日问题等，研究所聘请了汉口乐善堂的一些职员为学生讲课。开办后共招收150名学生，分为三个班。1893年6月，这批学生毕业，当时，中日关系十分紧张，许多学生分赴中国各地搜集情报作为毕业实习。据清方记载，“倭人在沪向设有日清研究所，约七八十人，五月以前陆续散去，闻多改作华装及僧服者，分赴北京、津、烟、江、浙、蜀、鄂、闽、台各处”[①]。战争爆发后，有72名学生去广岛大本营报到，其中一些人成为著名间谍，向野坚一、福原林平、楠内友次郎等人都是研究所的毕业生。

其实，甲午战争时期在华的日本间谍并不很多，但影响颇大，比较著名的除了上面提到的荒尾精外还有宗方小太郎、根津一、神尾光臣等。

宗方小太郎（1864—1923）是日本对华谍报活动的重要人物，前后在中国生活40多年。1884年来到中国后，结识了荒尾精，不久任乐善堂北京支部的支部长，负责调查河北、山东、山西、辽东等地情报。1887年，宗方小太郎只身一人周游东北、华北等地，他脚穿草鞋，带着一根手杖，徒步走了八个月，成为在中国内地徒步长途旅行的第一个日本人。战争爆发前夕，在日本大本营的命令下，

① 中国近代史资料丛刊（简称丛刊）：《中日战争》（五），7页。

他多次冒充中国人侦察威海卫北洋舰队的动向，获悉重要情报，因而受到上司嘉奖。

根津一（1866—1927）是继荒尾精之后来中国的重要日本间谍。他17岁考入横滨师范学校。不久因病退学，后考入日本陆军大学，与荒尾精等人交往密切，深受其影响，专搞侵华谍报工作。1890年被参谋本部派往汉口，后任日清贸易研究所代理所长。甲午战争前夕，他在上海从事秘密活动，指使手下间谍搜集情报。战时任日本第二军参谋，随军在金州登陆，提出进攻山东威海卫的具体作战方案。

另一个重要间谍神尾光臣（1854—1923），毕业于日本陆军教导团，1882年调入参谋本部搞谍报工作，被派到中国。1892年，任日本驻北京公使馆武官，利用他的合法身份在中国从事间谍工作，专门搜集清政府的军事情报。甲午战争前，神尾在天津收买一名清政府军机处官员，通过他源源不断地获得军机处大量情报。他极力主张尽快与中国开战，在他送回本国的报告中，“往往过分夸大清国开战意图”①，以此敦促日本早下决心发动战争。他的报告对于日本发动战争的决策起了很大的作用。

除了以上这些人，甲午战争时期，还有一批日本间谍活动于中国各地。这些日本间谍都精通汉语，一些人如宗方小太郎、根津一等都是从幼年时就学习汉文典籍，对中国文化十分了解，《孙子兵法》中“知己知彼，百战不殆”的思想一直被他们奉为座右铭，神尾光臣还是日本军界三大中国通之一。而且，由于日本与中国是同文同种的国家，“须发睛准与华民相类”②，稍作改装就不易辨认，这些对他们从事间谍活动都是极为有利的条件。此外，这些日本间谍都很能吃苦，心甘情愿地为政府卖命，在他们看来，间谍活动是一项非常神圣的事业，是报效国家的“天职”。着重侵略思想和狭隘民族情绪的灌输，可以说是日本培养训练间谍不同于其他国家的一大特点。据一个英国人的评论，日本谍报机关选派、培养间谍“很

---

① 藤村道生：《日清战争》，64页，上海，上海译文出版社，1981。

② 续编：《中日战争》（一），188页。

少大手大脚地乱花钱，靠爱国主义”，“在对外国的实情一无所知的青年人心中，培养起一种强烈的民族感和尽忠报国的激情”①，作为鼓励他们从事间谍活动的精神动力。许多间谍得到升迁和重用，仅以神尾光臣为例，他后来历任辽东守备军参谋长、关东都督府参谋长、关东卫戍总督等要职，升到大将，赐男爵。一些日本间谍如根津一、宗方小太郎等还得到天皇接见。

二、日本间谍怎样为发动侵华战争做准备

19 世纪 80 年代以后，日本间谍在中国的活动进入有计划、有组织阶段，尤其是战争前夕的 1893 年，活动尤为猖獗。据各地奏报，“倭人在津日派奸细二三十人，或改装剃发，潜往各处窥探军情”，“京城之潜居者亦恐不少”。一些重要部门都有日谍在活动，比如，“上海机器局、天津军械所并获有奸细”②。有人说当时有日谍数百人，这个数字虽有些夸大，但日本间谍活跃于中国各地，无孔不入却是事实。他们或以外交官、商人、学生等合法身份做掩护，或剃发改装冒充中国人，收买汉奸，四处搜集情报，为发动战争做准备。甲午战争前，比较重要的间谍活动有以下几起：

（1）侦察直隶海岸情况。

1887 年，山本清坚（陆军中佐）、藤井茂太（陆军大尉）奉日本陆军参谋本部之命前来中国搜集情报。山本等人的任务是在中国直隶海岸选择合适登陆点、运兵方法及上岸后的进攻目标。他们从山海关出发，沿洋河、滦河、北塘河、白河一直到大沽口，在长达 400 多华里的海岸线进行调查。根据山本等人提供的情报，日本陆军制订了直隶平原作战计划。当然，在后来的战争实践中，由于日军占领了大连湾、旅顺口实施了威海卫作战计划，原先制订的直隶平原作战计划做了改变，未予实施。但这个计划的制订本身充分说明日

---

① 《日谍秘史》，38 页。

② 续编：《中日战争》（一），88、51、184 页。

本发动侵华战争是蓄谋已久的。

（2）选择山东半岛登陆点。

1888年底，关文炳（海军大尉）奉命调查正在施工中的威海卫炮台以及威海卫通向荣成的道路、荣成湾形势，选择山东半岛登陆点。关文炳早在三年前中日《天津条约》谈判时就随伊藤博文来华，后留在中国进行军事侦察。他化装成商人，在保定城外直隶总督衙门附近开办了一间书店，作为活动的据点。根据长期的侦察，他向日本海军递交了一份报告，提出了山东半岛的登陆地点。他认为，日本对中国开战时，对威海卫应采取背后进攻的战术，即从荣成湾登陆。他指出，荣成湾面阔水深，沙底适于受锚，无论遇到何等强烈的西北风天气，都可安全锚泊，而且这里位于直隶海峡外侧的偏僻海隅，离威海卫较远，正好拊威海之背。关文炳的建议经过反复核查，在战争中得到完全实施。

（3）川上操六中国之行。

川上操六（1849—1899）是日本侵华谍报活动的奠基人，他少年入伍，1885年36岁时升为少将，任参谋本部次长，负责向中国派遣间谍的工作。1893年4月，身为陆军中将的川上操六亲自到朝鲜和中国进行实地考察，为发动战争做最后的准备。1893年是日本对华谍报工作最关键的一年。当时，尽管日本政府的侵华方针早已确定，陆海军也为发动战争做了多方面的准备，但何时发动战争、能否取胜，还需要做出最后的判断，这就取决于谍报部门的情报。日本外务大臣陆奥宗光直言不讳地说："战之能成与否，悉听川上。"川上在考察了朝鲜的金山、仁川、汉城等地之后，乘船经烟台转赴天津。他在天津停留了一个月。在此期间，他参观了天津机器局，访问武备学堂，观看了炮兵操演炮术和步兵操练步伐，并亲自登上了北塘炮台观看山炮演习。在驻华使馆武官神尾光臣的陪同下，川上还对天津周围的地理形势偷偷地进行了考察。1893年5月14日川上的视察日记是这样写的："与神尾少佐视察天津城外围堤之南、西、北三面，周长四日里，高二间或二间半，厚二间或一间半。西南开阔，利于进攻，北面多水洼，不利于进攻。”[①] 接着，川上操六又到了上海、南京等地，参观了上海的江南制造局、金陵机器局等，并在荒尾精的陪同下，参观了日清贸易研究所。通过这次中国之行，川上“不仅看破了中国的极端腐败，而且对其陆军的强弱如何，甚至对地形、风俗人情之微，均得一一进行观察，确信中国不足畏，而增强了必胜信心”[②]。

（4）搜集渤海湾等地军事情报，敦促日本政府发动战争。

川上操六回到日本后，密令公使馆武官井上敏夫（海军少佐）、泷川具和（海军大尉）分头侦察渤海湾航道及山东半岛、辽东半岛、天津、塘沽等地的设防情况。井上是1892年来中国的，他曾三次潜入旅顺口、大连湾、威海卫等海防要塞，调查北洋海军的部署情况。这一次，他买了一艘小火轮，5月份从烟台出发，用了两个月的时间，游历了山东半岛、辽东半岛和朝鲜西海岸。每到一处，他都非常仔细地观察炮台驻防情况，“所走洋面均用千斤砣试水深浅，每处相距约一百多里不等”[③]。

与此同时，泷川具和也乘帆船从塘沽出发，沿渤海岸北行。在这之前，泷川潜伏在天津法租界内，化名堤虎吉，从事间谍活动已一年多。他有时装扮成商人，有时做苦力，在市井码头到处侦察，搜集了天津、塘沽一带的大量情报。接到川上操六的密令后，他沿海岸线游历，历时一月，对于沿岸各海口的水深、有无沙滩、海底是泥沙还是岩石、民船数目、运输情况等，都做了详细的侦察。他判定，北戴河以南的洋河口为大部队登陆的最适宜地点。此外，泷川还根据他了解的情况，随时向国内报告清廷的动向。7月9号，他在报告中说：“内廷正在举办万寿庆典，原本不好动用干戈。北京政府中不仅有反对和非难李（鸿章）之行为者，而且愈近开战之际，堪为名将之声望者愈乏。当然，兵力方面未能稳操胜算，幸寄希望于俄国公使之调停，暗中依赖此种调停下之和平谈判。”他还指出：“华北一带大雨不断，由于涨水铁路被破坏，各地的电线也断了，道

---

① 德富猪一郎：《陆军大将川上操六》，117页。

② 同上书，124页。

③ 《清季中日韩关系史料》，卷7，“高顺供词”。

路泥泞，军队调动困难，人心动摇不定，军队中也往往听到有发泄不满情绪者。”他的结论是：“可乘之机就在今日，拖延时日使彼稳固基础，非为得策。故谓速战有利。”① 泷川的报告，反映了清廷回避战争及对日本有利的种种因素，他的报告，“对日本进行战争的决心起了很大影响作用”②。

（5）密切关注北洋舰队的动向。

北洋舰队成军于 1888 年，是当时中国也是东亚最大的一支舰队，拥有战舰 20 多艘，40 000 余吨，最大主力舰达 7 300 吨，居亚洲第一，旅顺、威海要塞经营多年，有颇强的防卫能力。从当时双方实力来看，北洋舰队远远强于日本海军。但是，随着日本侵略野心的膨胀，日本海军的军力不断加强，到战前已赶上并部分超过北洋海军。这时的日本也已拥有 20 多艘军舰，虽然最大战舰只有 4 000 吨，但舰队总吨位超过中国。即便如此，日本对北洋舰队还是深具戒心，把它视之为发动侵华战争的巨大障碍。

1894 年 5 月，朝鲜爆发了东学党起义。清政府应朝鲜国王之请，派兵助平。日本认为时机已到，立即成立了战时大本营，以保护侨民为借口，出兵朝鲜。在形势十分紧张、战争一触即发的时候，日本间谍更加紧了活动，尤其关注北洋舰队的动向，大沽、牙山等地都有大量日谍在活动。7 月 21 日，北洋舰队的爱仁号、飞鲸号载增援士兵自大沽开出赴牙山，据当时随船的德国人满德报告，船只离港时，日本间谍密切关注，在码头梭巡侦察，手持铅笔，将所载物件逐一记数，并且他发现，“有一倭人久住塘沽。此倭人才具甚大，华、英、德、法言语俱能精通。看其与他人言论间……并随时用铅笔注载。……爱仁、飞鲸、高升船载若干兵、若干饷，何人护送，赴何口岸，该倭人无不了彻于胸”③。在这种情形之下，高升号开船日期被日方探知并被击沉也就不足为奇了。

由此可见，为发动对华战争，日本进行了长期、周密的准备。由

---

①② 《日清战争》，72、73 页。

③ 盛宣怀档案资料选辑之三：《甲午中日战争》，下册，102 页，上海，上海人民出版社。

于日本间谍无孔不入的侦察，日军对于中国各地的地理形势、驻军情形、防御设施了如指掌，甚至“比中国人自己更清楚地知道每一省可以抽调多少人出来作战”①。战争中，清军从俘获的日军身上搜出一份材料，其中对中国“驻兵多寡、有无、处所，分列甚悉”②。还有人亲眼见到日军进攻山东半岛时携带的一张地图，上面村、路、炮台、营房、山、河、井、树都画得十分清楚、详细，一目了然。不仅如此，经过长期的侦察，尤其是川上操六中国之行，日本人看到了清廷的政治腐败及消极避战的情绪，他们确信发动战争的时机已经到来，而且日本有胜利的把握。宗方小太郎的看法在当时就很有代表性，他说：“根据鄙见，我日本人多数对中国过于重视，徒然在兵器、军舰、财力、兵数等之统计比较上判定胜败，而不知在精神是早已制其全胜矣。”③

三、甲午战争中的间谍与反间谍斗争

1. 甲午战争中的日本间谍活动。

甲午战争爆发后，日本间谍的活动更加频繁、猖獗，“凡我之动静彼皆洞悉无遗，甚或暗中为之接应，为之向导，故彼攻击调度每合机宜，我反多受其制”④。在丰岛海战，进攻辽东半岛、威海卫等一系列军事行动中，日本间谍都起了重要作用。

丰岛海战是中日海军的首次交锋，它拉开了甲午战争的序幕。这次海战，是日本“不宣而战”下搞的一次突袭行动。许多中国近代史或甲午战争史著作，在谈到这次海战的爆发时，都提到日本间谍贿赂中国电报生、泄露高升号开船日期一事。这种说法的依据主要是1896年10月吏科给事中余联沅的一份奏折和姚锡光的《东方兵事记略》中的记载。余折是这样说的：“天津电报局内倭寇买

---

① 转引自丁名楠等：《帝国主义侵华史》，第1卷，331页，1978。
② 丛刊：《中日战争》（一），59页。
③ 《宗方小太郎报告》，第11号。
④ 续编：《中日战争》（二），350页。

通一人，每月予以六百金。所以中国军情纤悉皆知，以致高升之覆及大东沟之战，倭人皆先得信。”① 姚也认为：“倭人间谍时在津，贿我电报学生某，得我师期，（高升号）适为所截。”②

其实，高升号开船日期并不是从天津电报局获得的，而是石川伍一从天津军械局得知的，这是甲午战争中日本最为成功的谍报活动之一。

石川伍一（1866—1894）是日本著名间谍，幼入私塾，后入兴亚学校专攻中文，17岁时来华为日本海军搜集情报。在一本日本出版的《名人录》中，石川伍一名下这样写道：“石川伍一，间谍。……受命赴中国活动，到过蒙古边境一带。中日战争中在华积极活动。”在石川伍一的间谍生涯中，侦察到高升号开船日期是他对日本海军的一个重大贡献。当时，他“冒广东人，剃发，穿中国衣服”，隐藏在天津军械局一个书吏家中。③ 丰岛海战后，日本组织撤退其在华侨民。石川伍一奉命随日本侨民乘船离开天津。但夜深船开之后，石川伍一决定继续潜伏下来。于是，他化装成中国人从船上跳下，又回到天津，“以一洋元酬剃工，为天津县李振鹏踪迹破案”④，在客栈被捕。随后，在书吏家中搜出炸药及有关文件，据记载，“搜出私信一函，所有高升轮船兵若干，带兵官姓名并所带物件以及青菜若干斤，均详信内”⑤。被捕后，石川伍一对其间谍活动也供认不讳。他供认：自1883年以来，他一直在京、津等地往来，后住在军械局刘树芬家中。有一些中国人为他提供情报，刘树芬“将各军营枪炮、刀矛、火药、子弹数目清册，及军械局东局海光寺每天造子弹数量，照抄一份”⑥。他还“供出日本截我高升、操江二船，皆其先期电闻”⑦。可见，高升号开船日期确是石川伍一从天津军械局书吏处打听到并电

---

① 续编：《中日战争》（一），329页。
② 丛刊：《中日战争》（一），17页。
③ 关于这个书吏的名字，或刘桂甫，或刘五，或刘树芬，说法不一，实为同一人。
④ 丛刊：《中日战争》（一），154页。
⑤ 丛刊：《中日战争》（三），108页。
⑥ 续编：《中日战争》（一），235页。
⑦ 丛刊：《中日战争》（三），39页。

告日军的。

石川伍一间谍案影响很大，牵涉很多人以至清廷大吏。天津军械局书吏因“为窝主，传递消息”与石川伍一一同被斩首，李鸿章的外甥、天津军械局总办候补道张士珩因“于其所用书办家擒获日本奸细”也受到舆论指责。后来一些大臣纷纷上奏弹劾李鸿章，分析开战以来的种种失误，其中很重要的一条，即“调发军情又为奸细侦探，遂致高升船所载劲旅，悉为敌击沉”[①]。丰岛海战后，日本切断了中国至牙山的海路，控制了朝鲜海域。

10月下旬，日军分两路向中国大举进攻，一路以山县有朋为司令官，由朝鲜义州附近渡过鸭绿江。另一路以大山岩为司令官，进攻辽东半岛。进攻辽东半岛的作战计划，是由藤崎秀、宗方小太郎等十几名间谍共同商议制订的。他们提出：“先取大连湾附近之大窑口，再进而攻略大和尚山、石门村，占领金州，以绝旅顺后路。”[②] 10月24日深夜，大山岩率军到达辽东半岛金州以东海面，“饵居民四人登船，购乡民衣服”[③]，然后派六名间谍秘密登陆以进一步确定进攻方针。这六人是：藤崎秀、大熊鹏、猪田正吉、向野坚一、山崎羔三郎、钟崎三郎，他们乘水雷艇登陆，分三组活动，后来仅向野坚一一人生还。向野坚一登陆后，混在民工中为清军修筑工事，在普兰店、复州、金州一带刺探军情，有一天被清军发现逮捕。为了销毁藏在鞋里的地图，他故意踩在泥水中，将鞋里的地图弄湿踏烂，然后用二个银元收买押解的士兵为他松了绑绳，深夜跳崖逃走。大山岩部队根据他提供的最新情报，一举攻占金州。

前面已经提到，选择荣成湾作为登陆点以及采取包抄后路的战术，也是由间谍提出的。1888年以后，日本间谍多次到威海、荣成一带进行侦察，潜入威海驻军防区和炮台重地。进攻前夕，日军派八名间谍乘船到成山头右侧龙须岛侦察军情，他们在“近村购食物并鸦片烟，与村民狎，得威海、成山兵防状以去”[④]。1895

① 续编：《中日战争》（一），250页。

② 《宗方小太郎日记》（手稿）。

③④ 丛刊：《中日战争》（一），55页。

年 1 月 20 日，日本陆军在联合舰队的掩护下在荣成龙须岛成山头登陆时采取的就是“远势登陆，抄我炮台后路”[1] 的战术。十天后，日军占领了威海卫南、北两岸炮台，封锁了港口，轰击刘公岛及港内的北洋舰队。2 月 16 日，威海卫完全陷落，北洋舰队全军覆没。

由此可见，甲午战争中，日本间谍的确成为军事行动的先锋。根据间谍提供的情报，日军“尽知我军情，先发以制我，致倭人着着领先，而我则处处落后”[2]。不仅如此，日本间谍还为日军私递军火，接济米粮，并多次进行破坏活动。据载：“上海吴淞口五万斤之巨炮毁于药水矣，湖北制造局机器及枪炮子药皆毁于火矣。”[3] 抓获石川伍一的同时，还缴获炸药地雷八箱，石川伍一供认：“欲用地雷炸药轰海光寺军火器械积聚之所。此寺一毁，则天津毁矣，海防废矣。”[4] 此外，战争爆发后，日本的外交人员利用合法身份做掩护也致力于谍报活动，譬如，“驻津倭领事及武随员二人……日派奸细二三十分赴各营各处侦察”[5]。丰岛海战后，德国人满德在致李鸿章的一封信中就提醒说：“中国之驻倭使臣未归，倭国之驻京使臣未归，倭国之驻京使臣未返，非计也。何以故？中使在倭未能探听倭国军情，而倭人在中竟能洞悉中国军事。”[6]

2. 有识之士的反间谍建议。

甲午战争爆发不久，对于日本间谍的活动，很多人就有所察觉并十分忧虑。一些有识之士纷纷上奏，指出：“当此兵衅既开，（倭人）难免不勾结内地奸民为之侦察机密。”所以，“此时中国纵有智勇深沉之将，欲出奇计……必无一倭兵中计者，何则？事未行而机早泄也”[7]。有人还“既虑侦探军情，尤虑煽惑土匪乘间生事以牵掣

① 丛刊：《中日战争》（一），55 页。
② 丛刊：《中日战争》（五），467 页。
③ 续编：《中日战争》（一），184 页。
④ 丛刊：《中日战争》（三），39 页。
⑤ 同上书，11 页。
⑥ 盛宣怀档案资料选辑之三：《甲午中日战争》，下册，102 页。
⑦ 续编：《中日战争》（一），51 页；丛刊：《中日战争》，（五），480 页。

兵力”，担心“会匪”、游勇等与“倭人勾通，乘机煽惑”①。因此，他们认为，战争中反间谍工作当为最要紧之事。安徽一位叫朱照的廪生的看法很具代表性，他说：“用兵之道，密其事，晦其迹。神出鬼没，变化不测，毋使敌人得知我之虚实强弱，而后出其不意，攻其不备，可以制胜，故缉捕间谍，兵家所先”②，把反间谍作为军事行动的先导。这些人还就反间谍问题提出一些具体建议。

首先，反对西方国家尤其是美国保护日本间谍。甲午战争爆发后，总理衙门发了一份咨文，内容是：“日本商民之在中国者，概由美国按照公法代为保护。”③ 一些日本间谍因而往往躲在租界内得到各国尤其是美国的袒护。据报：“有日奸在汉口租界外行走，营勇向前盘诘，正欲查拿，该倭人即持刀抗拒，避入租界。英美领事不肯交出，谓系日本安分人，即时护送其登轮往沪。”④ 一些间谍被捕后，也有外国为其说情，比如，福原林平等二人被捕后，“上海各领事均为该倭奸存希冀”，清廷也有些担心“就地正法恐滋饶舌”⑤。石川伍一被处决后，据驻美公使杨儒报告，美国多有责怪之意。针对这些情况有人强调指出，“两国交战虽有互保人民之条，而稽察奸宄尤应严密”，“美领事不得袒庇”，“如有拿获日本细作，不必递交领事馆，由中国衙门密行监禁”⑥。

其次，主张实行保甲，严惩汉奸。日本间谍往往通过汉奸为其搜集情报，据一些人分析，“倭奸之得潜伺于中国者”，最主要的原因之一就是“托庇于华人”，也就是得到汉奸的掩护，因而“非整顿保甲，极力搜查不能断其根株而空其巢穴”，认为清除汉奸才是反间谍的根本所在。他们提出应重治汉奸，“得其窝主，治以重法”。只有这样，才能使中国人“虽有贪利忘义者，欲潜匿倭奴以济奸利，而有所不敢”⑦。尤其是，“大军所驻各州县市镇”，更“应

---

① 续编：《中日战争》（一），88、178页。

② 丛刊：《中日战争》（五），480页。

③ 续编：《中日战争》（一），205页。

④ 丛刊：《中日战争》（五），5页。

⑤⑥ 续编：《中日战争》（一），205页。

⑦ 丛刊：《中日战争》（五），480页。

责成举行保甲严查汉奸。如此，则敌人无从知我举动，可无高升轮船之失足”①。于严查的同时，他们提出还必须实行安抚的办法。有人认为，很多地方由于年年发生饥荒，再加上战乱，民不聊生，百姓无以活命，在日本间谍粮、钱的诱惑下不得不当汉奸。要想从根本上改变这种状况，仅仅靠严惩是不够的，更主要的是关心民间疾苦，“拨赈以重生灵，救民命以收民心”②。张之洞等人还提出，日谍一贯“厚饵穷渔，多方引诱”，因而必须推行奖赏揭发的办法，并在海防重地办理“渔团”，他说：“遇有倭人雇募窥探沿海沿江军情，该渔团能将来雇之人捆送到官，讯明属实，赏银五百两。”③

此外，为易于辨认，还有人提出禁止日本人剃发改华装。由于日本人与中国人眼睛、头发的颜色一样，相貌多有相似之处，只是发式、服装不同，日本间谍在中国往往剃发改装冒充中国人，很难识别。为此，有识之士提出，日本人在中国一律禁止改华装，否则按间谍治罪。张之洞等人就反复强调：“既系安分，何必改装？……如查有华服倭人，即照奸细查办。”④

3. 清廷破获的间谍案。

甲午战争中，清廷还破获了几起重大间谍案，除了上面提到的石川伍一，还有9名重要日本间谍被逮捕处死。

1894年9月，据南洋大臣刘坤一奏报，逮捕了2名日本间谍：一名叫福原林平，26岁；一名叫惘内友次郎，28岁。这两人都是日清贸易研究所的毕业生，8月奉根津一的指示赴东北搜集情报。他们冒充湖北商人，准备搭乘法轮去营口，因轮船推迟起程住在法租界内一家旅馆，后被人识破，9月被处决。

与福原林平等人被捕前后，藤岛武彦、高见武夫二人也暴露被捕。他们冒允和尚住在寺中，后被僧人发现送官，在浙江被斩首。

前面说过的被派往辽东半岛的六名间谍中，除一人生还，其余

---

① 续编：《中日战争》（三），205页。
② 丛刊：《中日战争》（五），449页。
③ 续编：《中日战争》（三），363页。
④ 丛刊：《中日战争》（五），6页。

五人都被捕。其中的山崎羔三郎、钟崎三郎、藤崎秀最为出名，都是荒尾精的部下，在日本谍报界被并称“三崎”。

山崎羔三郎是日本国内秘密间谍组织玄洋社的骨干分子。1888年25岁时来上海，曾在汉口乐善堂活动数年，经常化装为卖药商人和算命先生四处活动，甲午战争前夕在汉口开照相馆。战争爆发后，偷上中国运兵船到朝鲜汉城，冒充神户华侨药材商，潜入中国军队牙山阵地侦察。因藏有指南针、地图而被中国军队发觉逮捕，在押解途中逃脱。1894年10月24日花园口秘密登陆后第三天被清军依克唐阿部下捕获，于金州城外斩首。同时被处死的钟崎三郎、藤崎秀都是日清贸易研究所的毕业生。钟崎三郎曾扮成药材商侦察渤海湾的北洋舰队情况，后转到山海关侦察中国军队驻防和调动情报。藤崎秀曾任日军翻译官，10月24日登陆后，因所携证件不足被百姓捕获。日本谍报机关对“三崎”之死极为重视，占领金州后，找到了三人尸首厚葬在金州城外崔家屯山上，并命名为“三崎山”。

甲午战争中，尽管清廷破获了几起间谍案，处死了十名重要间谍，一些人还提出了各种防谍建议。但从最后结果来看，日本的谍报活动是十分成功的。日本的胜利，既是战略战术的胜利，又是日本谍报工作的胜利。根据日本间谍提供的各种情报，“倭人唯事事先发，故能制我之死命；我唯事事后发，故始终为倭人所制”①。日本人也认为，正是由于间谍的出色工作，日本才能在战争中运筹帷幄之中，决胜千里之外。

甲午战争在很大程度上影响甚至是决定近代中国与日本两国命运的一场战争。战后的日本一跃成为亚洲强国，中国败了，则更加严重地陷入半殖民地的深渊。甲午战争的主要策划者之一陆奥宗光在战后不久写的《蹇蹇录》一书中这样写道：“战胜的结果，对内对外大大提高了我国的地位，加强了我国的势力，使过去曾经讥嘲我国只会模仿文明皮毛的欧洲列强从这种错觉中清醒过来；承认日本已经不是远东的山清水秀的一个大公园，而是世界上的一大势力

① 续编：《中日战争》(三)，302页。

了。”陆奥宗光引用一位英国学者的评论说：“远东大战的结果，使一个帝国的声誉日上，同时也使另一帝国的声名扫地。”①

这场战争取得如此的结局，自然取决于许多因素，而惊心动魄的间谍战，这条与公开战线相辅进行的隐蔽战线，也是一个不可忽视的原因。事实上，甲午战争时期，日本谍报工作之所以如此成功，与清廷不能严守军事机密，不重视防范间谍有很大关系。一些间谍甚至受到清政府的保护，比较明显的例子是宗方小太郎。他 1877 年周游北方战略要地，就是以“学生”合法身份、持有总署发放的通行证，受到清廷保护的。在两国关系已十分紧张、战争一触即发的时候，清廷还为川上操六提供大量方便，予以“殷勤接待”，李鸿章甚至视他为上宾，请他参观了军工厂、军事设施、军队操练。一些人还为日本间谍提供情报，更为严重的是，为谋求个人私利置民族利益于不顾，两国交战之时，仍给日本提供帮助的也大有人在。李鸿章的外甥、天津军械局总办张士珩为牟取暴利居然“盗卖子药济倭，得银四十万两”②。据记载，“我国奸商代渠办伙食等物者亦不少”，李鸿章的儿子李经方通过上海候补道张鸿禄“以米三千石售与倭人”③。不仅如此，李鸿章等人在对日本间谍的处理上，明显表现出袒护之意。比如石川伍一一案，先是“匿地雷事不奏”④，继而由于“供词牵涉李经方及军械所局员”，授意盛宣怀“勒天津县李振鹏改供，为李振鹏所驳斥”。后来，李鸿章又“立意不杀此人。云：‘若杀之，殊有碍于和局’”⑤。此后，清廷又抓获几名间谍，据给事中洪良品揭发，李鸿章“不独未杀，并每人送路费一百元，闻该督以‘杀了要赔钱’为辞”⑥。当然，石川伍一后来终于被处决，但此前种种内幕充分暴露了当时政治的腐败和黑暗。另外，由于技术落后，甲午战争时期，清廷的密电码被日军破译。当时，中国的密码编制非常原始，规律十分简单，交换很少，容易被破译。破译时间

① 陆奥宗光：《蹇蹇录》，91 页，北京，商务印书馆，1963。
② 丛刊：《中日战争》（一）154 页。
③④ 盛宣怀档案资料选辑之三：《甲午中日战争》，下册，178 页。
⑤ 续编：《中日战争》（一），302、233 页。
⑥ 丛刊：《中日战争》（三），109 页。

是1894年6月22日，日本由此掌握了6月6日至8月4日驻日公使汪凤藻全部往返密电，计54件。由于清廷毫无觉察，整个战争中一直未改密码，以至在马关谈判期间清廷与李鸿章的往来密电22件也被全部破译，这不能不是一个沉痛的教训。

我们回顾100年以前的这样一段往事，不仅仅是对业已逝去的岁月做出历史的判断，也是为了提醒今天的善良的人们，当我们在有中国特色社会主义道路上阔步行进的时候，不要在这方面放松了必要的警惕。

甲午战争与灾荒*

1895年3月2日，当中日甲午战争的炮火尚未完全停息，李鸿章即将以清政府全权代表的身份赴日议和的前夕，一位名叫钟德祥的御史上了这样一个奏折："顷闻奉天锦州一带地方，上年荒歉异常，加以倭贼所至搜掠，土匪继之，劫食一空，村聚穷民，菜色满路。自冬腊两月以来，四野已多饿殍。地方官吏为兵事所困，无力议及赈救。若更至三四月青黄不接之时，必立见屯空村尽，言之痛心。"① 这个奏折谈到了灾荒与甲午战争之间的关系，问题提得十分尖锐，但角度还仅限于人民群众受着天灾、战祸双重荼毒的苦难方面。事实上，当时的严重自然灾害，曾在许多方面给予这个历史事变以或隐或显的影响，颇值得我们作为一个专门问题进行较为细致的探讨。

灾区与战区

就全国范围来说，1894年并不是一个大灾巨祲之年。但是，几个自然灾害较重的地区，恰恰与甲午战争的战区临近或重合，或者与战争有着特殊的密切关系，这就大大增强了灾荒与战争之间的相互影响。

首先是作为中国方面战争最高决策中心和指挥中心所在地的顺直地区。在甲午之前，这一地区已经连续11年发生大面积水灾（个

* 载《历史研究》，1994年第6期。

① 中国近代史资料丛刊续编：《中日战争》（二），462页。

别年份为先旱后涝）。甲午年夏秋间，又一次遭洪潦之灾。这年岁末，因甲午之战革职留任的直隶总督李鸿章奏称：“本年顺直各属，自春徂夏，阳雨应时，麦秋尚称中稔。”“讵自五月下旬起，至七月底止，节次大雨淫霖，加以上游边外山水及西南邻省诸水同时汇注，汹涌奔腾，来源骤旺，下游宣泄不及，以致南北运河、大清、子牙、滏阳、潴龙、潮白、蓟、滦各河纷纷漫决，平地水深数尺至丈余不等，汪洋一片，民田庐舍多被冲塌，计秋禾灾歉者一百二州县，内有被潮、被雹之处。”这个奏折认为，“本年水灾之重，与（光绪）十九年相等，而灾区之广，殆有过之”①。

接替李鸿章任署理直隶总督的王文韶在次年初夏也上奏报告上年的顺直灾情，特别是“永平、遵化两府州属，雨水连绵，冰雹频降，滦、青各河同时涨发，漫决横溢，庐舍民田，尽成泽国”②。这些重灾区，“收成不及十分之一，小民无以为食，专恃糠秕。入春以来，不但糠秕全无，并草根树皮剥掘已尽，无力春耕，秋成无望，较寻常之青黄不接更形危机”。“访查该处情形，一村之中，举火者不过数家，有并一家而无之者。死亡枕藉，转徙流离，闻有一家七八口无从觅食服毒自尽者”③。直隶和锦州一带的灾民，“日以千数”地向热河等地逃荒就食，自1894年秋到1895年夏，络绎不绝。

其次就是奉天一带，这是甲午战争中陆战的主要战场。1894年夏天，由于连降暴雨，河水泛滥，造成巨灾。盛京将军裕禄在当年12月15日上奏说：“奉省自本年夏间大雨连绵，河水涨发，所有沿河之承德及省城西南之新民、广宁、锦县、辽阳、海城、盖平、复州、岫岩等处各厅州县，同时均被淹涝。”翌年2月18日又奏：“去岁奉天夏雨过多，沿河州县所属低洼地方，田亩被水淹涝。受灾各区，以锦县、广宁、新民、牛庄为最重，辽阳、海城、承德、岫岩次之，盖平、复州、熊岳又次之。”④

---

① 第一历史档案馆藏《录副档》，光绪二十年十二月十九日李鸿章折。

② 《录副档》，光绪二十一年四月十五日王文韶折。

③ 《录副档》，光绪二十一年二月二十八日浙江道监察御史李念兹折。

④ 《近代中国灾荒纪年》，584、585页。

陵寝总管联瑞在给军机处的一份电报中也谈到奉天灾情："本年夏间，南路之辽、复、海、盖，西路之新民、锦县、广宁各城，以及省城附近地方，农田多被淹潦，灾歉甚广，数十万饥馁之民，嗷嗷待哺。瞬届天气严寒，无衣无食，更难免不乘间滋事。兵荒交困，万分危迫。"①

当时在锦州转运局任职的知府周冕，在致盛宣怀的电报中也证实："查自锦至辽，沿途大水为灾，类多颗粒无获，极好者不过一二分收成。"② 直到次年初夏，他在一封电禀中还说："锦州、广宁一带，上年秋灾既重，今年春荒尤甚，现在麦秋无望，节逾小满，尚是赤野千里，拆屋卖人，道殣相望。"③

山东半岛是甲午战争中另一个战场，而恰恰在这里，也遇到了不大不小的水灾。1894 年 11 月 3 日，山东巡抚李秉衡奏报："东省沿河各州县，历年灾祲，民困已深。本年虽幸三汛安澜，而夏秋雨水过多，各处山泉同时汇注，低洼处所积潦难消。或民田被淹，收成无望；或房屋冲塌，修复无资。""就查到之处而论，则以济南府属之齐东，武定府属之青城、蒲台、利津被水为最重；济南府属之章丘，泰安府属之东平、东阿，武定府属之滨州及临清州等处次之。"④ 据上谕，这一年山东全省因灾蠲缓钱粮的地区达 81 州县及 5 卫、所。

以上三个灾区，山东及顺直地区，都是连年灾荒，但毕竟离战争前线还有一段距离。唯独奉天受灾区域，或者是中日双方军队激烈战斗的战场，或者最终为日本侵略军所占领，至少也是紧邻前线的军事要地，因此，生活在这里的人民群众，在天灾人祸的交相蹂躏之下，其痛苦悲惨情景，也就可想而知了。

余虎恩在《上刘岘帅书》中这样说："第关外近岁大荒之后，继以重兵，天灾流行，民不聊生。锦州等处盗风日炽，抢往劫来，所

---

① 丛刊：《中日战争》，（三），219 页。

② 《近代中国灾荒纪年》，584 页。

③ 丛刊：《中日战争》，（四），116 页。

④ 《朱批档》，光绪二十年十月初六日李秉衡折。

在多有。良善之家至鬻妻子为食，困苦流离，野有饿殍。有司不以告，长吏若不闻，政体尚堪问乎？”①

奉天府府丞李培元在《沥陈大局实在情形请速筹切实办法折》中则这样说：“今奉省年荒民困，重以兵灾，田不能种，归无所栖，苟不急图，内乱将作。”② 这里所说的“兵灾”，最主要的，当然是指日本侵略军野蛮残酷的烧杀抢掠。不论是旅顺口震惊中外的大屠杀，还是折木城、田庄台等地把繁华城镇轰成一片焦土的绝灭人性的大破坏，都使尚未逃脱天灾带来的饥寒交迫的人民，雪上加霜，一下子又陷入侵略军铁蹄的肆意践踏和炮火的无情屠戮之中。前引陵寝总管联瑞的电文中，除具体描述天灾的惨状外，还详尽记录了日本侵略军给这一地区带来的巨大灾难：“讵自九月二十七、八等日，贼兵分四大股，东自九连城、沙河、长甸河、安平、东洋河、蒲石河，南自花园口、皮子窝等处同时进犯，盘踞窜扰。东南驻防各军，虽皆奋力扼御，奈贼锋过锐，弁兵伤亡甚多，兼以寡不敌众，屡战皆北，以至东边之安东、凤凰城、宽甸及孤山、长甸、东瀛、花园口，并省南之大台湾、金州等处，半月之内，相继失陷，岫岩、复州被贼围困，地方已失大半，到处商民望风徙，城市一空……小民既被贼扰，又遭兵劫，疮痍遍地，惨不堪言。”“绅民迁避，络绎道途；商贾惊惶，到处罢市。”③

上面提到的“既被贼扰，又遭兵劫”，“贼扰”指的是日本侵略军的奸淫烧杀，“兵劫”则是指某些清军（尤其是一些败兵）纪律荡然、扰害百姓的事。应该说，甲午战争期间，由于战争的正义的、反侵略的性质所决定，不少清军英勇作战，在军纪方面也颇为严明，出现了许多可歌可泣的动人事迹。但也毋庸讳言，有一些清军在侵略者面前，软弱得像一头绵羊，不堪一击；而在人民群众面前，则又凶狠得像狮子一样，作威作福，予取予求。这自然是当时那个政权全面腐败的一种表现和反映。这方面的材料也是很多的，这里只

① 《普天忠愤集》，卷6。

② 丛刊：《中日战争》（三），366页。

③ 同上书，218页。

举一个小小的实例：当时襄助直隶臬司周馥办理“东征转运事宜”的袁世凯，一方面看到“辽沈自遭兵祸，四民失业，饥馑流离”，一方面又看到“凤军在关外抢掠尤甚”，曾多次向督办东征军务的钦差大臣刘坤一建议说：“关外居民本极困苦，近遭灾荒，营勇骚扰太甚，哭声载道，惨不忍闻。”要求约束军纪，同时拨出一部分军粮，作为对灾民的赈济。①

不难想象，在天灾战祸的“风刀霜剑”严酷相逼之下，人民群众过着怎样一种人间地狱式的悲惨生活，实在是最清楚不过的事了。

灾荒与战争进程

如果再做稍深一步的观察，我们就会发现，自然灾害曾经给予甲午战争的历史进程以多方面的影响。

战争的胜负，很大程度上取决于人民群众的支持，这大概可以算是一种常识。从中国方面来说，由于甲午战争是一场反侵略战争，全国人民（也包括统治阶级中相当一部分人士）是积极支持这场战争的。就是作为主要战场的辽沈地区，广大人民也在十分艰难的条件下对支援抗日做出了巨大的努力。姚锡光《东方兵事纪略》在讲到辽南战事时就说：“时倭兵大半西赴海城，东边踞倭寡，而九连城、凤城、安东义民颇觇倭人动静赴告我军，高丽义州亦有请兵愿内应者，兵机甚利。”② 但是，严重的灾荒，极大地限制了人民群众支援抗日的能力。特别是物质条件的支援方面，由于人民群众在自然灾害的打击下，处于“困苦流离，野有饿殍”的情况之下，所以常常是军队不仅不能得到老百姓的接济，反而还要匀出很少的军资军食去救济挣扎在死亡线上的老百姓。刘坤一的弟弟刘侃在《从征别记》中曾记录了他到唐山以后的一段经历和见闻：“既至，见饥民数千，疲困道旁，日毙数十人，幼稚十六七；盖壮者或他适，妇女

① 《容庵弟子记》，卷 2。

② 丛刊：《中日战争》（一），34 页。

惜廉耻，忍死不出，风俗良厚。而地方多巨富，无赈济者。军中倡义赈款钱三十余万贯，施放三十余州县，地广事繁，筹措须日。余彷徨庭户，虑迟则创，命帐前差官、兵目人等多备饼饵、米粥，日就道旁给之。许队伍中收养小儿，由是收养以百数。余拟资二千贯，用二百五十串合众人所施至八百串，而义赈事大集矣，斯民庶几少苏。然乐亭、滦州有一村人口仅存十三四者，盖三年水患，播种无收，官吏贪征粮税，隐匿不报，致奇穷无补救也。"①

当然，这支军队后来并没有正式投入战斗。但是试想，如果真的打起仗来，周围无衣无食引颈企盼军队救济以免饿死沟壑的群众，军中是收养来的数以百计嗷嗷待哺的小儿，你叫军队怎么去打胜仗？

无怪乎吴大澂一到前线，做的第一件事情就是筹赈。他向朝廷上奏折，向李鸿章、王文韶、盛宣怀以及广东、浙江、湖北等地督抚发电报，反复强调奉天各地"水灾甚重"，"饥民遍野"，"道殣相望"，幸存下来的群众"有十余日不得食者"。灾民的悲惨生活，"目击伤心"，"不忍漠视"。如果不迅速"抚辑饥黎"，"收拾人心"，战争将很难进行。不管吴大澂在甲午战争中有怎样的是非功过，也不管此时（战争正在激烈进行中）再来谈赈济灾民是否缓不济急，过于书生气，然而无论如何，他反映的情况，却充分说明了灾荒曾经怎样给战争的进行带来巨大的困难。朝廷对于吴大澂请求的答复是：赈济灾荒，应是地方官的责任，可以由盛京将军裕禄"察看""办理"，吴大澂不必过问。

在战争的后勤保障中，军粮的供给是十分重要的环节。由于灾荒，军粮的筹集就成为很大的问题。早在战争还在朝鲜境内进行的时候，这个问题就存在了。当时，朝廷命令黑龙江将军依克唐阿率马队八营，"驰赴平壤一带"参战，规定粮饷军火由李鸿章、裕禄负责。李鸿章、裕禄在复电中打了一通官腔，说了许多困难，依克唐阿立即意识到，"合阅两电所复前情，是奴才一军，粮饷军火仍须自行预筹运解接济"。对此他忧心忡忡地说："粮米价昂，运脚耗费，若在各兵口分内扣留银两，预为办运粮食，窃恐大敌当前，军心解

① 丛刊：《中日战争》（五），201页。

体，难期得力。”① 事实上，赴朝作战清军的一切军需供给，都是由奉天负责的，正如定安在奏折中所说：“朝鲜地瘠民贫，当此大军云集之时，一切米粮、日用所需无从购觅，皆须由奉天省城及凤凰城转运而往，饷馈艰难，繁费尤属不赀。”② 战火燃及中国东北大地后，因为主要战场在奉天，所以军粮的采购也仍就近在此处解决。曾有人参劾盛宣怀在采买兵米中“浮冒多至数十万金”，李鸿章为盛宣怀辩解时说：“臣查前敌各营兵米，饬由臬司周馥、道员袁世凯就近在奉省采买”，与盛宣怀无关。③ 但是，由于严重的自然灾害，造成粮源少，粮价又高，使得军粮的采购十分困难。裕禄曾经抱怨说：“现在奉天大军云集，需粮甚多，虽经各军设法购运，而去岁本省秋收甚歉，存粮无多，办运过远，脚费又复太昂，军食攸关，亟须预为筹备。”依克唐阿也奏称：“近因奉收歉薄，加以难民纷纷迁徙，来春必失耕种。全军一年所需米麦，须急趁冬令车运通时，于铁开、通江口等处预购。况东路山重水复，向无驿路，转运维艰，且沿途无积囤处所，运道运具亦非预筹不办。”④ 战争在中国进行，日军的后勤供给线甚长，清军就地筹粮，本来是一个极重要的优势，但这个优势恰恰因为严重自然灾害的发生而丧失了。翰林院检讨蒯光典说得好：“兵事一兴，偶有灾歉，采办艰难，归之于公，则此项无著；扣之于兵勇，有不哗溃者哉！”⑤

灾荒甚至使得清军无法在一些战略要地屯驻立足。吴大澂部的一位名叫王同愈的翼长，在所写《栩缘日记》中记载，1895 年 2 月 26 日，他的部队在前往田庄台途中所见景象：“隔年歉收，一路荒象极重。”另一名叫江虹升的营官，曾亲口对办理前敌营务的晏海澄说：“宁远州饥馑情形与锦州无以异，最苦者一百余村，男妇一万数千人，嗷嗷待哺。”⑥ 而据袁世凯 3 月 19 日给李鸿章的报告，宋庆军

---

① 续编：《中日战争》（一），72 页。
② 同上书，242 页。
③ 同上书，404 页。
④ 续编：《中日战争》（二），452、137 页。
⑤ 丛刊：《中日战争》（一），163 页。
⑥ 丛刊：《中日战争》（六），26、275 页。

因兵败退至离田庄台不远的双台子，吴大澂先宋败退至此，原本想在这里“收拾余烬”，后来宋、吴会商，“以双台一带泥水过大，不便久驻，且地洼荒苦，各军无可容扎”，不得已只好退到石山，只是派遣小股队伍分驻双台、杜家台等处①。战争期间，为了加强对京畿的保卫，曾命令调陈凤楼马队驻扎滦州。但一直到1895年4月中旬，刘坤一在奏折中仍然说：“陈凤楼马队因滦州饥荒，无从购买草料，尚未移扎。”② 同样的情况也发生在关外。为了加强东北所谓“根本重地”的军事力量，原曾计划调拨察哈尔马匹，充作各军之战马。但一直到1895年2月中旬，此事始终未能实现。据吉林将军长顺等的奏报，也是因为“关外歉收，草料皆无”，即使勉强调往，也“必致疲乏无用”，所以请求“不如待有水草时再行拨解”。可是等到水草丰茂之时，战事已经结束了。

在统治阶级的心目中，始终有一个难以抛却不顾的阴影，影响着他们全力依靠人民群众去进行战争。这个阴影就是因灾荒带来的社会动荡。下面两条材料颇有一点代表性：一条是西陵将军文瑞的奏折，强调“陵寝重地守护攸关，且邻近州县连年歉收，粮价昂贵，人情异常窘迫。当此外患未平，诚恐宵小乘隙滋萌，所关匪细，自应预筹设防，以期有备无患”③。另一是田海筹上刘坤一书，里边提到“淮南、皖北伏莽甚多，更须招募劲旅，居中策应，庶饥馑之年，盐枭之变，会匪之乱，水旱之灾，有备均可无患矣”④。那么怎么来预先防范呢？办法还是老的一套，兴办团练。据说，这是一箭双雕的好办法，既可以把民众组织起来，配合军队对付日本侵略军，又可以安定社会秩序，对付因灾而起的某些“不逞之徒”。可是，在灾荒严重的情况下，办团练也不是件容易的事。当朝廷根据天津县绅士王守善等的禀请，令李鸿章“募练团勇”时，李鸿章复奏说：“惟现值灾祲之后，物力凋敝，劝办甚难。”当朝廷要求山东巡抚李秉衡

① 丛刊：《中日战争》（五），216页。
② 续编：《中日战争》（三），53页。
③ 续编：《中日战争》（一），665页。
④ 丛刊：《中日战争》（五），455页。

"筹防募勇"时，李秉衡的回答也是"东省连年水患，工赈频仍，用度日增，征收日减"，"经费支解纷繁，已形竭蹶"。朝廷要求滦州、乐亭举办民团，"以辅兵力之不逮"。经过一段时期的筹办后，负责此事的兵部侍郎王文锦报告说：乐亭已办起联庄会，但"滦州地方灾歉较重，民情瘠苦，联庄会虽易兴办，恐不能如乐亭之踊跃"。就是已经办起联庄会的乐亭，"连年灾歉，造成民力拮据，将来能否持久"，也殊无把握。于是，同一个原因引出了两个互相矛盾的结果：由于灾荒，导致社会不稳定，因而需要组织团练；又是因为灾荒，造成民力拮据，团练很难组织起来。因此就形成了一个解不开的怪圈。在当时，有一些人援引镇压太平天国运动的历史经验，大谈兴办团练对甲午战争的重大作用。其实，不论是客观形势，还是交战对象，甲午战争与太平天国时期都有很大的不同，团练能否兴办，未见得有多大的关键意义。但无论如何，我们再一次从这里感觉到了灾荒对战争进程的某种关联和影响。

颇具象征意味的是，一场突发的自然灾害，在这次战争的尾声中被拉来作为一种重要的政治筹码。原来，李鸿章父子在日本政府的胁迫下签订了《中日讲和条约》（即《马关条约》）后，消息传开，国内舆论哗然，群情激愤，朝野人士纷纷上书递呈，要求朝廷拒绝批准这个在丧权辱国的程度上前所未有的不平等条约。它的高潮就是康有为领导的著名的"公车上书"。面对如此强烈的社会舆论，尽管清政府卖国求和的方针已定，但也不得不有所顾忌，在1895年4月25日的上谕中，装模作样地就是否批准条约问题征询刘坤一、王文韶的意见。上谕先是说"让地两处，赔款二万万两，皆万难允行之事"；接着说"连日廷臣章奏甚多，皆以和约为必不可准，持论颇正"；但语气一转，又称"如果悔约，即将决裂，苟战不可恃，其患立见，更将不可收拾"；最后则要求刘坤一、王文韶"体察现在大局所系及各路军情，战事究竟是否可靠，各抒所见，据实直陈，不得以游移两可之词敷衍塞责"①。谁都看得清楚，这个谕旨本身就充满

① 《光绪朝东华录》，总3578页。

了“游移两可之词”，却要刘坤一、王文韶“据实直陈”，不得“敷衍塞责”，岂不可笑？久居官场的刘、王二位，自然不会那么天真，据《东方兵事纪略》说，“文韶等奏颇依违”，就是说，还是发表了一通“游移两可之词”复奏了事。

正在这个时候，4月28日，天津塘沽口外发生了一次大的海啸，“竟日夜风狂雨暴，海水漫溢，冲溃宏字定武等十营，铁路不通，电线四路俱断”①。王文韶等在奏折中把这件事也一起报了上去。清朝最高统治者立即觉得，这是一个可以用来达到某种政治目的的机会。据刘侃《北征纪略》记载：“灾变闻，和议益决。”不知是有意制造的舆论还是无意的相互呼应，京津一带立即传开了所谓“海啸是天和”的说法，说是“天意若此，宜亟批换和约”。当时还只是步军统领的荣禄在致奎俊的电报中也说：“念三战和原未定，因初七（按：应为初四）海啸，将津沽一带防军淹没多处，子药均失。莫非天意？势不得不和。”② 封建统治者终于找到了一个借口，可以用来对付反对批准和约的社会舆论了。正是在这种情况下，清廷于5月3日在和约上盖上国玺，批准了《马关条约》。

5月17日，以光绪皇帝的名义向全国臣民明发朱谕，解释朝廷批准和约的“万不获已之苦衷”，其中一段话是这样写的：“加以天心示警，海啸成灾，沿海防营，多被冲没，战守更难措手。是用宵旰旁皇，临朝痛哭，将一和一战两害兼权，而后幡然定计。其万分为难情事，言者章奏所未及详，而天下臣民皆当共谅者也。”③

战争善后与赈灾

甲午战争的帷幕一旦正式降下，原先暂时被推到次要地位的灾荒问题，又一下子突出起来。

---

① 丛刊：《中日战争》（四），128页。
② 续编：《中日战争》（三），301页。
③ 《光绪朝东华录》，总3695页。

1895年6月16日，仍然署理直隶总督的王文韶向四川、两广、两湖、闽浙、云贵、两江、陕甘、东河、漕运各总督，浙江、广东、广西、湖南、江西、安徽、江苏、山东、山西、陕西、新疆、贵州、河南各巡抚，发出了一封请求支援赈济“畿辅灾黎”的电报，其中说：“天津连年大水，积困以深。近畿一带去年被灾尤重。今春大雪，耕种失时。关外兵荒，粮路断绝。加以四月初三、四等日，狂风暴雨，三昼夜不息，海如腾啸，河堤潮涨，纵横千里，荡为泽国。麦芽既失，耕作并废。百万嗷鸿呼号望赈，青黄不接，时日方长。幸蒙恩赏东漕十万石，暂资抚恤，而地广灾重，赈急工繁。又以辽、锦接壤，兵后凶灾，谊当兼顾，非亟筹巨款，万难支持。”① 一个地方行政长官，向全国各个省区吁请帮助赈灾，这在以往的灾荒史上还很少见到，几乎可以说是前所未有的。

王文韶的电文中用了“兵后凶灾”四个字，我以为是颇为贴切的。在那些惨遭战火摧残的地区，本来应该对那里的老百姓优加抚恤，以固结民心，培育元气。不料1895年仍然是灾祲不已，使得那里的群众难圆重建家园之梦。

奉天锦州府、新民厅各属，继上年“秋雨为灾，田禾尽被淹没，颗粒无收，道殣相望”之后，这一年春天又“连绵大雪，民困饥寒，伤亡相继”。据估计，其惨苦情形，同光绪初年“丁戊奇荒”中的山西省相似（按：当时山西某些重灾区的人口死亡率达60%至95%）。夏间，锦县、广宁、承德、新民、金州、海城、辽阳、岫岩、盖州、熊岳、盖平、复州、宁远等13州县又一次遭水灾侵袭。由于连年被水，瘟疫开始盛行，“省城患时疫者亦多”②。

山东的水灾，较上年更重。1895年夏，黄河在山东境内多次决口。这年11月8日，李秉衡奏称：“东省今岁黄水漫决，上游东平一州全境罹灾，寿张、东阿、郓城、阳谷等亦被淹甚广，下游则青城、齐东最重，高苑、博兴、乐安、利津等县皆黄水所经，小民荡析离居，情殊可悯。此外，运、卫两河漫溢及黄水波及者尚有十数

① 续编：《中日战争》（三），421页。

② 《近代中国灾荒纪年》，593页。

县之多。”[①] 从决口冲出的黄河浊浪，“汪洋浩瀚，茫无津涯，田庐坟墓尽皆淹没，甚有挟棺而走骸骨无存者。民不得已，尽搬向河堤，搭盖席棚，饥不得食，寒不得衣，数十万生灵嗷嗷待哺。加以风寒水冷，号哭之声闻数十里”[②]。这一年，山东全省受灾地区达 87 州县并 4 卫、2 场。

顺直地区因上年大水的影响，春荒极为严重。御史洪良品在 4 月 16 日上奏：“自光绪十六年起，淫雨成灾，连年水患，畿南一带，百姓困苦，拆房毁柱，权作薪售，以为生计。”“去年积水太久，冬冻未消，麦不能种。小民坐食数月，籽种、牲畜食卖一空。现在遍野荒地，无力市牛布种，耕收望绝。”[③] 其实，从 1883 年永定河漫口造成大面积洪潦灾害起，水灾在这一地区就没有中断过。因此，这里饥民之多，灾情之重，就显得特别突出。《申报》3 月 24 日报道：“客有于役火车者为言，不独津郡饥荒，即附车各村落，一过糖坊（按：应为唐坊），上至胥各庄、唐山、林西、洼里，每一停车，饥民男女，鹄面鸠形，随客乞钱，如蝟之集。……连日大雨，饥继以寒……饿死冻死仍复不知几何。十余龄幼女，不过售十数元，骨肉分离，为婢为妾，在所不恤。”唐山一地，春间聚集饥民数万口，以后愈聚愈多，至春末，依靠粥厂施食为生的灾民达到十余万人之众。入夏后，顺直地区又连降暴雨，兼杂冰雹，旧灾未除，新灾又降，全年被水、被潮、被雹地方达 57 州县。“京外灾黎”，纷纷涌入京城，“扶老负幼，来京觅食，其鹄面鸠形，贸贸溃乱之状，实属目不忍睹”。这些灾民在京城这个所谓的“首善之区”，也并没有一条现成的生路。“所领之粥不足供一饱，伏施之钱米亦无。”“不得已，餧卧路隅，待死沟壑者有之；沿门行乞，随车拜跪者有之。……以致城垣之下，衢路之旁，男女老稚枕藉露处，所在皆有。饥不得食，惫不得眠，风日昼烁，雾露夜犯，道殣相望。”[④] 恶劣的生存条件，

---

① 《录副档》，光绪二十二年九月二十二日李秉衡折。
② 《近代中国灾荒纪年》，596 页。
③ 《录副档》，光绪二十一年三月二十二日洪良品折。
④ 《近代中国灾荒纪年》，593、595 页。

导致“疫病流行”，据不完全统计，因染瘟疫而“路毙”者每月不下3 000余人。看了这些情况，前文王文韶那样焦急地向全国各省请求帮助赈灾的举措，也就不难理解了。

事实上，甲午战争结束前后，赈灾不仅是一个重大的社会问题，而且成了一个尖锐的政治问题。我们曾经指出，在甲午战争时期，主要的灾区同战区基本是重合或极为邻近的。这些地方，正如有的奏折指出的，“师旅之后继以饥馑，民气倍极凋残”。因此，对这些地方的老百姓及时地给予赈济，不仅是战事结束后善后工作的重要内容，也是固结民心、医治战争创伤的重要方法。李秉衡在给盛宣怀的电报中就谈到了这一点：“金、复等处俟倭退后诚宜优加抚恤，以固民心。”① 使这个问题更加突出起来的，还有下面这个情况：日本侵略军依然在由他们占领的海城等地，“宽为放赈”，“意图要结民心”。这样，赈灾就又带有了与日本侵略者争夺群众的政治斗争的内容。

应该说，有些人对这个问题是给予了足够的重视并做了实际努力的。例如，地方督抚中的李秉衡，就在战争一结束，立即对山东“被兵各州县”“发款赈恤”，并在经费十分困难的情况下，数次向奉天、直隶接济赈款。长年从事义赈的社会名流严作霖，战事一结束，就“集巨款拯大灾”，亲自到锦州一带主持放赈工作。但是，就总体来说，清朝政府对灾区和战区的赈恤，如当时人所说的，只是“杯水车薪”，而且“缓不济急”。这也并不奇怪。清政府面对着入不敷出、库储如洗的财政状况，满脑子考虑着如何去偿付两亿多两银子的巨额赔款，哪里还会去认真顾及挣扎在死亡线上的千百万普通老百姓呢？

甲午战争结束前后，社会舆论对李鸿章纷纷诘难，要求追究李鸿章指挥战争和主持和谈的责任。在一片抨击声中，人们联系到顺直地区连年大水，自然也就涉及李鸿章久任直隶总督期间在防灾治河中的种种失误。编修李桂林等的一个呈文中这样说：“其河渠则不

---

① 续编：《中日战争》（三），508页。

循水性，横筑堤防，御北则移诸南邻，捍西则移诸东境，水失故道，纵横肆溃。大名道吴廷斌本无治水之能，以趋承李鸿章大受委任，又复引其私人潘陶钧等包揽利权，侵吞巨款。任河自决，领帑银以冒利；俟水自涸，筑浮土以冒功。向来直省苦旱为祲，近则无岁而无水患。”①

究竟李鸿章对顺直水患频仍应负多大责任，是个需要另做专门研究的问题。但不论如何，人们在批评李鸿章在甲午战争中的责任时，同时也联系到他在灾荒问题上的错失，这是完全合乎逻辑的。这也从一个方面反映了灾荒与甲午战争之间的内在联系。

---

①　续编：《中日战争》（三），533页。

想起了既往*

20 世纪只剩下最后几个年头了。一些思维敏捷、目光远大的人，都在纷纷提前“跨入新世纪”，展望着即将来临的 21 世纪将会遇到的种种机遇和挑战，憧憬着未来的美好前景。这自然很好，也很有必要。多思考一点未来，总能使我们生活得更加胸有成竹一些，眼界更加开阔，步伐更加坚实。不是已经有专门的“未来学”了么？可见未来之作为研究对象，实在是天经地义而极有意义的事。

不过，作为一个几十年从事历史教学与研究的教师，真所谓“积习难改”吧，在大家忙着瞻顾未来的时候，我却无端地想起了既往，就是说，从现在正在进行着的世纪之交，自然地联想到百年前的上一个世纪之交，即 19 世纪与 20 世纪的交替了。这种联想，特别是读到季羡林老先生在《东西方文化的转折点》中的这样一段话时，更加强烈起来：

> 现在又到了一个世纪末。很多人，特别是对时间推移一向敏感的知识分子，都对即将来临的一个新世纪有所考虑，有所幻想。我现在就常常考虑 21 世纪的情景。人类历史告诉我们，一个世纪的转折点并不总是意味着社会发展的转折点，也不会在人类前进的长河中形成一个特殊的阶段。但是世纪末往往对人类的思想感情产生影响，上一个世纪末就是一个明显的例子。

这段话说得极好。虽然季老没有具体论述上一个世纪末对人们的思想感情产生了什么样的影响，但我们确实知道，上一个世纪之交，对于中国近代社会无疑是一个极为重要的历史时期。在这个时

---

* 载《北京日报》，1995 年 6 月 28 日。

期，人们的思想、观念、感情、心理以及与此相联的行为和实践，异常丰富和活跃，生动地带有那个特定时代的历史特征。

如果稍微放宽一点，上一个世纪之交，大体可以包括19世纪的最后10年和20世纪的最初10年。这20年时间，正好是具有268年历史的封建清王朝的最后岁月；又因为清朝是中国历史上最后一个朝代，所以，这也是我国封建君主专制主义的王朝末日，由于新旧世纪的交替同剧烈的社会变革交织在一起，就使得历史内涵变得更加丰满，更加深邃。在这段时间里，帝国主义与中华民族的矛盾、封建主义与人民大众的矛盾，达到了空前尖锐、空前激烈的程度。中国人民在争取民族独立、政治民主和社会进步的艰难斗争中，既遭受了创深痛剧的苦难，也演出了一幕又一幕威武雄壮的活剧。

如果从人们的思想感情、精神状态的角度，对比一下两次世纪之交的情景，那么，我们不难发现，在19世纪的末叶，特别是在甲午战争遭到惨败之后，中国人民是普遍带着认为自己国家“精华已竭，膏血俱尽，坐而垂毙”（康有为语）的忧伤、焦虑、失望、悲愤心情，去迎接新世纪的来临的，因为当时国家正处在“强邻环列、虎视鹰瞵”，“蚕食鲸吞，已效尤于接踵；瓜分豆剖，实堪虑于目前”（孙中山语）的危急状态。一个坚决反对维新运动的人在参劾保国会的奏折中说，康、梁等人，整日价奔走呼号，高喊“中国必亡，中国必亡”！“以致士夫惶骇，庶民摇惑，私居偶语，亦均曰：国亡国亡，可奈何！”这确实是当时人们思想状况的真实写照。100年后的今天，到了又一个世纪的末叶，我们不但早已没有了亡国灭种的现实危险，取得了国家民族的独立，而且全国人民正以昂扬的步伐，意气风发地行进在建设有中国特色社会主义的大道上；尽管我们在前进过程中不可避免地还会遇到种种困难和挫折，但谁也不会怀疑，我们祖国繁荣昌盛的未来将是指日可待的。两个世纪之交，两种处境和命运，两种迥然不同的心情和精神状态，正犹如云泥之隔，天壤之别。

我们在不胜沧桑之感的同时，不免要问：这样巨大的变化，是怎么得来的？难道是天上掉下来的吗？当然不是。说到底，这样一种天翻地覆的社会变化，是一个世纪来无数有名的和无名的志士仁人前赴后继斗争的结果。回首往事，我们不能不向所有为国家、为民族、为社会的前进和发展做出了历史贡献的先辈们表示至深的敬意。

这话似乎有点老生常谈，其实却并非多余。因为在有些人的心目中，什么国家观念、民族意识、社会责任感以及献身精神和牺牲精神等等，早已失去了昔日的神圣光辉，甚至在个人利益面前扭曲为滑稽可笑的东西了。而在近年来的中国近代史的研究中，出现了一种以新的简单化去代替或“纠正”过去曾经犯过的简单化毛病的倾向，在有的论著里，一方面对帝国主义、封建主义情有独钟，充满了宽容和厚爱；一方面则常常对改革者、革命者或封建统治秩序的叛逆者做着过多的挑剔和过苛的指责，似乎非如此不足以表明思想之“解放”与观念之“更新”。例如，对于殖民主义，大讲他们怎样对东方历史“起了一种革命的作用”，“成为东方民族赶上现代文明的唯一的现实良机”。在封建统治阶级中，被尊为“中国近代化的第一人”的即已达五六位之多，真不知道这块首倡中国近代化的金牌应该挂到他们之中的哪一位的脖子上。而对于改革派和革命派，就完全是另一种评价尺度了。有人认为，洋务运动本来可以使中国的资本主义大大发展起来，但康有为、梁启超等偏偏要搞什么维新改革，结果使洋务运动被迫中断，以致错失了一次走向近代化的极好机遇。也有人认为，20 世纪初，清王朝的“新政”和预备立宪，可以在经济上和政治上大大促进资本主义，但孙中山等人偏偏要起来搞反清革命，结果中断了“新政”和预备立宪的进程，于是又一次错失了走向近代化的良机。戊戌维新派也好，资产阶级革命派也好，他们都犯了“激进主义”的错误，应该承担延误中国近代化的历史责任。

我以为这是极不公平的，因为这不符合历史的真实。

要弄清一定时期的历史的真实，仅仅根据某些历史人物的自我表白或标榜，是不行的。比较靠得住的办法，最好是看看这个时期社会各色人等，尤其是普通老百姓的所思所想，所作所为，所好所恶，所喜所悲。马克思说过：现代历史著述方面的一切真正进步，都是当历史学家从政治形式的外表深入到社会生活的深处时才取得的。[①] 我觉得此话说得很有道理。如果我们把视角更多地转向社会状况，特别是转向生活在社会底层的普通老百姓，前面提到的那些看法大概会比较容易地得到澄清。

如果不要求那么精确而只是反映一个大致的历史趋向，那么，对于中国社会和中国历史，可不可以这样说：18 世纪是从先进逐渐走向衰落的世纪，19 世纪是屈辱和沉沦的世纪，20 世纪是觉醒、探索和振兴的世纪。即将来临的 21 世纪会是一个什么样的世纪呢？我以为，重要的不在于预测，而在于实践。亿万人民群众以什么样的精神状态，去从事什么样的社会实践，就会写出什么样的 21 世纪的新历史。

---

① 马克思：《马志尼和拿破仑》。

甲午战争的历史启示*

一个世纪以前，经过长期策划和准备的日本政府，发动了一场大规模的侵华战争。战争的结局是中国遭到了惨痛的失败。那一年是 1894 年（清光绪二十年），按中国干支纪年为甲午年，所以历史上称这次战争为“甲午战争”。

随着岁月的流逝，甲午战争似乎已成了一个与当今无关的历史陈迹。但是，历史是不应该忘却的。正如邓小平同志指出的：“了解自己的历史很重要。青年人不了解这些历史，我们要用历史教育青年，教育人民。”① 江泽民同志也曾说过：“现在，有不少的年轻人，对于我们国家和民族过去饱经忧患的历史，争取独立和解放的历史，不了解，不熟悉，甚至有些年纪大的人也渐渐淡忘了。这就给我们提出了一个任务，必须向人们，特别是青年人，加强国情教育，加强爱国主义、社会主义教育。”② 重新翻开 100 年前中华民族的这一页痛史，我们将会从中得到丰富的历史启示。

没有民族的独立就不可能有国家的富强

甲午战争是日本政府蓄谋已久、强加给中国人民的一场侵华战争。日本进入资本主义社会后，便把半殖民地半封建的中国作为它向外扩张的首要目标。1885 年，日本政府制订出针对中国的十年扩军计划。1887 年，部分日本军国主义分子进一步制订《征讨清国

---

* 见《世纪之交的晚清社会》，北京，中国人民大学出版社，1995。

① 《邓小平文选》，1 版，第 3 卷，206 页。

② 《浩然正气·代前言》。

策》，对吞并中国做了十分具体周密的设计。1893年，日本成立战时大本营，对发动大规模侵华战争做了最后的准备。

1894年7月25日，日本军舰在朝鲜牙山口外的丰岛海面拦击北洋海军的“济远”“广乙”等舰，不宣而战。几天后，清政府被迫对日宣战。此后直至1895年的春天，中国军队与来犯的日军多次展开激战，其中在1894年9月17日的黄海海战中，“致远”舰管带邓世昌、“经远”舰管带林永升及数百名官兵壮烈牺牲，北洋舰队虽付出惨重代价，却也使日舰遭受了重创。然而，由于清政府的腐败和李鸿章一意执行这个腐败政府的失败主义方针，北洋海军最终藏在威海卫内坐以待毙，直至全军覆没；辽东的陆路战场也形不成有效的抵抗，军事要地连连瓦解。甲午战争历时八个月后，以清政府的放弃抵抗和签订屈辱的《马关条约》而告终。

在战争爆发的前后，国内外许多人都曾提出一个令他们感到迷惑不解的问题——“日本幅员仅四岛，地不为广；丁不满十万，兵不为强；洋债日增，国不为富”，为什么竟敢悍然侵略有如此广大的土地、如此众多的人口的中国呢？

答案其实很简单。日本侵略者看准了中国早已就是一个没有民族独立的国家，清朝政府是一个依附于外国的半殖民地半封建政权。这样的国家，这样的政权，是可以欺侮的。

1840年以后，殖民主义列强通过频繁的侵略战争和一个又一个不平等条约，使中国丧失大量权益，一步步沦为半殖民地社会，从而失去了独立发展的基本前提，这早已是铁的历史事实。甲午战争不过是沿着历史剧剧情逻辑发展的更加惊心动魄的一幕而已。

前些年，曾经有人发表文章，对那种认为西方殖民主义侵略造成东方普遍落后的谴责深表不满，主张要把这种“缺乏理性思维”的“传统观念”尽早抛弃，因为在文章作者看来，殖民主义对东方历史“起了一种革命的作用”，“成为东方民族赶上现代文明的唯一的现实良机”。

这种看法究竟符合不符合历史的真实？殖民主义究竟给中国人民带来了什么？这些问题，只要看一看甲午战争的前前后后，就一清二楚了。

日军挑起战争后，于 1894 年 10 月在辽东半岛的花园口登陆，进而攻占了旅顺口，随即制造了惨绝人寰的旅顺大屠杀。当时英国的《泰晤士报》根据目击者的报道刊文说：“日本攻取旅顺时，戕戮百姓四日，非理杀伐，甚为惨伤。”

不止如此，日军还在战争中表现了十足的强盗行径。它从中国掠夺去包括舰艇、轮船、汽船、军港设备、机器、弹药、金银、粮食在内的大量战利品，价值一亿多日元，而当时日本政府的年度财政收入仅为八千万日元。《马关条约》签订后，中国蒙受了更大的屈辱和灾难。条约规定中国向日本赔款二万万两白银，加上后来的赎辽费等，共达 23 150 万两白银，相当于清政府三年的财政收入。为了偿还几近天文数字的赔款，清政府不得不大量出让海关、税收、铁路等权益，大借外款，无论在经济上、政治上都失去了自身发展的条件和机会。此外，日本还强占了台湾岛和澎湖列岛，岛上富庶的宝藏沦于敌手。正是在这以后，列强掀起了瓜分中国的狂潮。

答案再清楚不过了。这场战争表明，没有民族的独立，就从根本上失去了国家发展、社会文明和进步的前提，每一场侵略战争之后，中国只会在半殖民地的社会中愈来愈泥足深陷，从而长期处于挨打、受辱和任人宰杀的灾难之中。殖民主义、帝国主义给中国带来的始终是血雨腥风和无穷的灾祸。

今天的中华民族早已走出了百年前那种被人“蚕食鲸吞”“瓜分豆剖”的险恶处境，我们已拥有一个一步步迈向昌盛、文明和强大的祖国。这同我国人民在中国共产党的领导下选择了社会主义道路是分不开的。没有社会主义，就没有民族的独立和国家的主权，只能沦为西方资本主义大国的附庸，实现“四个现代化”就无从谈起。因此，我们要铭记历史的教训，珍视今天的来之不易的民族独立，以清醒的认识面对未来。不管国际风云如何变幻，我们都要毫不动摇地坚持社会主义。

一个腐败的政权不可能领导反侵略战争取得胜利

在刚刚过去的一个世纪里，中日之间发生过两次大的战争，即19世纪末叶的甲午战争和20世纪中叶的抗日战争。这两次战争，发生的原因是一样的，都是日本军国主义利用中国的落后，乘机侵略扩张；性质也是一样的，就中国方面来说都是正义的反侵略战争。但结局却截然相反。前一次中国一败涂地，后一次却是日本军国主义遭到了彻底的失败，中华民族破天荒地在反侵略的民族战争中赢得了最后的胜利。

一般说来，战争的胜负，很大程度上同战争的性质有关。但战争的正义性，并不能天然地保证胜利。当甲午战争刚刚爆发的时候，长期在中国生活和做官的英国人赫德就说过这样一段话：

> 日本是根本没有什么正义可言的，除非借口代别人打抱不平而自己捡便宜也可以算作正义。正义完全在中国方面。我不相信单靠正义可以成事，就像我相信单拿一根筷子不能吃饭那样，我们必须要有第二支筷子——实力。但是，中国人却以为自己有充分的正义，并且期望能够以它来制服日本的铁拳，这想法未免太天真了。

赫德说得不错。在甲午战争时期，中国缺少战胜日本的“第二支筷子”——实力。这里所说的实力，实际指的是综合国力。如果仅仅是指军事力量和经济力量而言，在甲午战争时期，中日之间可以说是各有所长，日本并不占绝对优势；甲午战争中导致中国失败的，是综合国力的落后，它不仅仅指经济因素、军事因素，还包括政治因素、心理因素等等在内。

历史表明，一个腐败的政府是不可能领导反侵略战争取得胜利的。当时清政府和军内的腐败现象已经严重到了难以想象的程度。甲午战争期间，恰值慈禧要过“六十大寿”，她竟置外患日亟、敌兵压境于不顾，在京师大兴土木，筹备寿庆。当有人奏请“停止庆典寻常工程”时，慈禧扬言“今日令我不欢者，吾亦将令彼终身不欢”，压制反对者，并于战事急剧恶化的11月7日，举行了极尽奢华的“万寿庆典”，下令大宴群臣，连续赏戏三天，停止一切公务活动，共耗去白银541万余两。日本方面正是看透了清政府的腐败实质，才选择这个当口挑起并扩大侵华战争的。而慈禧确也十分担心自己的“万寿庆典”泡汤，“但求从速和解了结，免得耽误做寿”，妥协便成了这个腐败政府的唯一选择。在军内，腐败现象也与政府的作为相呼应。不仅常常出现“逃军溃卒，势如潮涌”的现象，而且有的部队更是“沿途肆掠，所过之处，鸡犬骚然，海城、盖平一带，居民逃避几空，畏官兵甚于畏倭寇”。

这样的政府和军队，即使在武器装备上超过敌人，又怎么可以指望它们去打胜仗呢？因国家机器和军队日益腐败从而导致综合国力的日益衰落，是清政府在一系列反侵略战争中无一胜例的根本症结所在。

半个世纪以后的抗日战争，尽管敌强我弱，双方力量对比悬殊，加之国民党顽固派消极抗日，积极反共，但昔日清政府的腐败统治已为中国共产党的正确领导和全国人民的团结一心、同仇敌忾所替代。在共产党的领导下，中国人民的思想素质和政治觉悟日益提高，这可以说是中华民族走向胜利的最根本的保障。

现在我们的国家正处在社会主义建设时期，振兴经济是避免“落后就要挨打”的命运的当务之急。但我们同时也应该从甲午战争的历史中看到，腐败现象往往是祸国的根源。我们在倡导和实践发展经济、富国裕民的同时，一定要注意提高我国的综合国力，其中包括诸如加强反腐倡廉，健全社会主义的民主、法制，大力发展教育、科技，提高全民族的素质等工作，也就是说，既要建设好社会主义的物质文明，也要建设好社会主义的精神文明。

爱国主义是振兴中华的强大精神力量

虽然清政府在甲午战争中最终奉行的是一条投降主义路线，但在整个战斗进程中，还是涌现出许多可歌可泣的爱国主义场面。特别是参加黄海海战的北洋海军，除个别舰只临阵脱逃外，绝大多数官兵在9月17日整整一个下午的激战中，顽强拼搏，浴血奋战。“致远”舰管带邓世昌在战舰受重伤势将沉没之时，毅然“鼓轮怒驶”，向日舰冲去，率全舰官兵壮烈牺牲；“镇远”舰管带杨用霖在战斗中率全舰将士奋力杀敌，被誉为“巍巍铁甲”。当北洋海军军舰困于刘公岛，失败之势已无可挽回时，杨用霖拒绝投降，口诵“人生自古谁无死，留取丹心照汗青”的诗句，愤然自杀。这些说明，尽管旧中国的统治阶级极其腐败，但爱国主义的精神始终在这片半殖民地的人民中间激荡！

甲午战争的惨败结局和《马关条约》的签订，把中国进一步推向半殖民地的深渊，同时也极大地促进了中华民族的觉醒。梁启超说：“吾国四千余年大梦之唤醒，实自甲午战败，割台湾偿二百兆以后始也！”这是确实的。稍后，《湘学报》上有篇文章对人们经历了创巨痛深后大梦初醒的情景，有着更为生动形象的描写：

> 自甲午一役，城下行成，割地偿金，数万万人正如酣睡至四鼓以后，蜀鸡一鸣，沉寝方觉，四肢疲软，双目朦胧，环顾室中，悍盗蜂拥，从容计议，攫其所有而去。临去之时，且徐言曰：“姑俟异日，瓜分若产。”一二家人之有心计者，始敢倡言筹所以御盗之策。

这里所说的“御盗之策”，实际上也就是各式各样如何拯救国家危亡的方略。果然，从此以后，不论是下层劳动群众，还是上层统治集团中的有识之士；不论是以孙中山为代表的资产阶级革命派，还是以康有为、梁启超为代表的维新派，纷纷提出了自己的救国方案，并且各自付诸实践。在爱国主义的伟大旗帜下，一个又一个的斗争浪潮，推动着中国社会一步一步地前进，直到中国共产党领导全国人民，最终取得了民主革命的彻底胜利，走上了社会主义的康庄大道。

现在，我们的祖国正处于社会主义建设的新时期。从某种意义上说，追求国家的富强与争取民族的独立，需要付出同样艰苦的探索和奋斗。爱国主义不仅在百年之前是一副促人警醒的良药，今天仍然是我们在振兴中华的不懈努力中要永远高举的一面旗帜！

甲午战争前夕，谭嗣同写过一首题为《夜成》的诗，其中有两句是“斗酒纵横天下事，名山风雨百年心”，用以抒发他忧国忧民的情怀。今天，我们回顾一个世纪以来国家民族走过的风雨历程，放眼即将来临的新的世纪的天下大势，我们不能不对100年来所有为国家、为民族、为社会的前进和发展做出了历史贡献的志士仁人们充满了由衷的崇敬。

重视基础文科的建设*

党的十一届三中全会以来，社会科学、人文科学取得了令人瞩目的成绩，呈现出一派繁荣的景象。一批批学术论著不断涌现，社会科学研究为社会主义的经济建设提供精神动力、智力支持和思想保证，为党和国家进行经济与社会发展的重大决策提供科学依据的作用，得到愈来愈清楚的体现。

但是，社会科学、人文科学在迅速发展的过程中，也存在着一些不容忽视的问题和困难。文科的地位和功能，还远远没有被人们充分认识。拿文科教育来说，1980 年我国文科学生占高等学校在校生总数的 8.9%，而据联合国教科文组织 1977 年的统计，全世界 1 000 万以上人口的 50 个国家中，文科生占在校生比重大于 50%的有 13 个国家，占 30%～50%的有 26 个国家，占 20%～30%的有 6 个国家，占 18%～20%的有 4 个国家。两相比较，差距极大。当时如此，现在更甚。在社会科学、人文科学的各个学科中，尤以哲学、历史、中文等文科基础学科遇到的困难最为突出。

近年来，每年大学招生，报考文、史、哲各专业的考生日益减少，生源枯竭，常常难以完成招生计划；录取分数线也远较一些热门专业为低；以第一志愿录取的考生，更是凤毛麟角。这种情况的出现，同这些系科毕业分配特别困难分不开。文、史、哲各系的毕业生，不论是本科生、硕士生还是博士生，很难找到合适的用人单位，不少毕业生为了就业，不得不抛弃原学的专业，改行做其他工作。由于这些专业没有其他经费来源，教师的科研条件极为困难，生活待遇也较其他专业清苦。现在普遍存在着学术著作出版难的问

* 载《求是》，1995 年第 13 期。

题，而文、史、哲研究成果发表之难，更是首当其冲。在这种情况下，学术队伍的稳定也就成了问题，一方面是新鲜血液得不到应有的补充，另一方面是有些颇有才能的教师和研究工作者，也常常抱着万般无奈的复杂心情去另觅出路。类似的问题在基础文科研究机构也同样存在。

如果不对这些困难和问题给予足够的重视，并采取切实的措施加以解决，积以时日，不仅这些文科基础学科将日益萎缩，而且会极大地影响并制约整个社会科学、人文科学的发展和提高，极大地损害社会主义精神文明建设。

造成这种状况的原因，既有认识问题，又有实际问题。我以为，首先要解决认识问题。

有一种看法，认为文、史、哲这些学科，离现实比较远，与现实生活的关系比较间接，因此，在以经济建设为中心的今天，自然不像经济管理、行政管理、法学、新闻学、社会学等等应用学科那样“有搞头”，甚至不时地可以听到这些学科“究竟有什么用”之类的疑问。这其实是一种极大的误解。事实上，当今世界所有重大问题和复杂问题，几乎都与以文、史、哲为基础的社会科学有着直接或间接的联系。就文、史、哲这些文科基础学科来说，一方面固然有与社会生活联系比较间接的一面，对它们的要求不能急功近利；同时也要看到，这些学科也有强烈影响和参与社会生活的功能，不能把它们看作是不食人间烟火的象牙之塔中的精巧古董。

远的不说，刚刚粉碎“四人帮”之后社会上开展的关于“实践是检验真理的唯一标准”的大讨论，曾经起了怎样巨大的解放思想的作用，为改革开放做了何等重要的思想准备和舆论准备，是大家记忆犹新的。反面的例子也有，我们可以指出，每当我们工作中发生全局性的严重失误，政治生活出现不正常局面的时候，也总是形而上学猖獗、唯心主义横行的时候。所以，邓小平同志在组织起草《关于建国以来党的若干历史问题的决议》的时候，特别转达陈云同志的意见，“建议中央提倡学习，主要是学习马克思主义哲学”，并强调指出：“现在我们的干部中很多人不懂哲学，很需要从思想方法、工作方法上提高一步。”①

建设有中国特色的社会主义，是一个宏伟壮丽的事业，每前进一步，都会遇到许多新情况、新问题。不论是在经济方面、政治方面还是社会生活的其他方面，都有大量的理论问题需要我们去探究、去讨论，做出有重大指导意义的答案。按照邓小平同志的说法——“这将是我们思想理论工作者对马克思主义的重大贡献，对毛泽东思想旗帜的真正高举。”② 对待马克思主义，科学的态度应当是一要坚持，二要发展。如果缺乏哲学、历史方面的基础知识，就根本做不到这两点。有中国特色社会主义理论正是马克思主义与中国社会主义建设实践相结合的产物。如果基础文科不断削弱甚至萎缩，不但影响到一代人对马克思主义理论的掌握，也影响到他们认识和解决现实问题的能力。坚持有中国特色社会主义的理论，坚持党的基本路线也会成为一句空话。

我们今天的一切都是昨天的继续，不了解中国的昨天和前天，也就不能正确认识今天中国的国情，而没有对中国国情的正确认识，一切方针、政策、措施的制定也就失去了科学的依据。现在，一部分人特别是青少年，对我们国家和民族在近代社会曾经受到的凌辱和苦难的历史不甚了解，对无数革命先烈和志士仁人为争取民族独立、社会进步而从事过的百折不挠的英勇斗争也知之不多，民族自尊心和民族自信心有所淡漠，拜金主义和唯我主义有所抬头，再加上社会上某些丑恶现象的存在甚至蔓延滋长，对人们特别是青少年的身心健康起着很大的毒害作用。因此，邓小平同志特别强调要用中国的历史教育青年，指出：“了解自己的历史很重要。青年人不了解这些历史，我们要用历史教育青年，教育人民。”③

社会主义的精神文明并不是也不可能在一片文化废墟上建立起来。江泽民同志在《为促进祖国统一大业的完成而继续奋斗》的重要讲话中指出：“中华各族儿女共同创造的五千年灿烂文化，始终是

---

① 《邓小平文选》，2版，第2卷，303页。

② 同上书，179页。

③ 《邓小平文选》，1版，第3卷，206页。

维系全体中国人的精神纽带，也是实现和平统一的一个重要基础。”只有以马克思主义为指导，认真地继承和发扬中华民族优良的思想文化传统，大胆地吸收人类文明发展的一切优秀成果，包括发达资本主义国家中一切对我们有用的东西，才能在生动丰富的社会实践中，创造出人类先进的精神文明。在这中间，不论是对于我国古代的传统文化，还是对于现代的西方文化，都有一个分辨、鉴别、消化、吸收的过程。文科基础学科研究工作者的任务之一，正是要通过自己的艰苦努力，从理论上指导人们既大胆地吸收传统和外来文化的一切有益的成果，又摒弃和抵御这些文化中落后、腐朽、消极成分的不利影响，真正做到取其精华，弃其糟粕。

以上我们主要是从文科基础学科对经济和社会发展较为直接的作用方面，列举了一些例证。如果从较为间接也更加长远一点来看，加强基础文科的学科建设和队伍建设，就显得更加重要，更加迫切。既然把这些学科称作基础学科，它自然对社会科学、人文科学的其他各个领域，起着一种基础性的作用。基础不牢固，或者受到削弱，必定要影响整个社会科学、人文科学的发展和提高。就每一个具体学科而言，如果研究者缺乏哲学的思维，缺乏历史感和必要的历史知识，缺乏应有的文化素养，要在任何一个科学领域中取得超出前人的突破性的进展和成就，都将是十分困难的。正是在这个意义上，邓小平同志强调指出：“哲学、社会科学同自然科学一样，决不能忽视基础理论的研究，这些研究是理论工作的任何巨大前进所不可缺少的。”① 扩大一点说，我们整个民族素质的提高，也决然离不开文、史、哲这些学科的更好的普及。总体而言，一个缺乏哲学思维的民族，只能是愚蠢的民族；否定了自己的历史传统，也就失去了未来；而文化素养，则是民族素质的最基本的内容。

除了认识问题之外，加强基础文科的学科建设和队伍建设，还需要采取一些切实的措施，解决一些具体问题。令人欣慰的是，现在已经有越来越多的人在做这方面的工作。拿我们中国人民大学来

① 《邓小平文选》，2版，第2卷，179页。

说，从去年起，为了鼓励和吸引一些有志于从事这些基础文科专业的人才，专门设立了“基础学科奖学金”，凡是报考这些专业的，入学后每人都可以得到一份奖学金，如果品行和学习优秀，还可以再得优秀学生奖学金。同时，在招生办法、课程设置、师资配备、教学方法、教育管理等各个方面，正在积极进行改革，以有利于基础文科专门人才的成长。在这些方面，其他一些兄弟院校也创造了许多好的经验，值得我们认真学习。

我们十分高兴地获悉，国家教委为了进一步深化文科教育改革，提高教育质量和办学效益，培养面向21世纪需要的文科基础学科教学和科学研究人才，决定在部分普通高等学校建设国家文科基础学科人才培养和科学研究基地。经过有关专家的认真评审，已确定在国家教委直属高等学校建设33个基地点，在中央有关部委和省市所属高等学校建立16个基地点。基地点建设已于去年正式开始进行。通过这些基地点的建设，将极大地推动全国高校文科基础学科教学和科研的全面发展、提高，使基础文科的学科建设和队伍建设上一个新的台阶。这无疑是一件具有战略眼光的好举措。

爱国主义
——学校德育工作的基础和核心内容*

中共中央印发的《爱国主义教育实施纲要》，对在全社会开展爱国主义教育具有十分重要的指导作用。认真贯彻落实《纲要》，对于高等学校培养“四有”人才，提高人才培养质量，尤其带有关键的意义。

一、爱国主义——推动我国社会历史前进的巨大精神力量

爱国主义是推动我国社会历史前进的巨大精神力量，这一点，不论是历史上还是现实生活中，都有无数事实做出了证明。

在漫长的奴隶制时代和封建社会，我国各族人民就在爱国精神的鼓舞下，顽强地同黑暗的专制统治、同国家分裂和民族压迫进行了不屈不挠的斗争，并通过辛勤的劳动，创造了灿烂的古代文明。到了近代社会，爱国主义曾经最大限度地团结了各种社会力量，为祖国的前途和命运进行了不屈不挠的积极斗争。无数志士仁人，受到爱国主义这一强大精神力量的鼓舞和推动，把自己毕生的精力投入争取民族独立和追求国家富强的伟大斗争中去。其中，有在帝国主义列强的武装侵略面前不畏强暴、奋起抵抗不惜英勇献身的战士，有为了争取祖国的发展和进步而同反动腐朽的封建势力进行殊死搏斗的改革家、革命者，有为维护民族团结和国家统一而做出了重大

* 载《中国高等教育》，1995年第1期。

贡献的杰出政治家，也有为了发展自己民族的经济、文化而殚心竭虑的教育家、文学家、艺术家、科学家和实业家。至于更多为祖国的利益而牺牲一己私利的无名的爱国人士，就更是无法数计了。

可以毫不夸张地说：在中国近代历史上，没有一个对社会发展产生过积极影响的历史运动，没有一个对祖国命运起过进步作用的历史人物，不是在爱国主义的旗帜下活跃于历史舞台的。

进入社会主义时代之后，由于客观条件和环境的不同，爱国主义的具体内涵同以前有了很大变化。但是，热爱祖国，振兴中华，热切地企盼国家民族的繁荣昌盛，仍然是中国人民积极投身于社会主义现代化建设的根本出发点。党的十三大提出，我们正处于社会主义的初级阶段，这是全民奋起，艰苦创业，实现中华民族伟大复兴的阶段。同时，我们还有一个争取实现祖国统一大业的历史任务。不论是实现中华民族的伟大复兴，还是实现祖国的统一大业，都要靠中华民族各方面力量的共同奋斗，而振奋民族精神，凝聚全民族力量，团结全国各族人民的最好的精神支柱，就正是爱国主义。

从这里可以看出，使爱国主义思想成为社会的主旋律，对于建设有中国特色社会主义的宏伟事业，具有何等重要的意义！而作为跨世纪人才培养对象的当代大学生，如果不具备深厚的爱国主义感情，不提高爱国主义觉悟，也就很难成为社会主义事业的建设者和接班人，很难成为适应时代需要和社会需要的优秀人才。

二、爱国主义——学校德育工作的基础和核心内容

教育工作是培养人、塑造人的工作。教育工作者是当之无愧的人类灵魂工程师。邓小平同志指出："作为灵魂工程师，应当高举马克思主义的、社会主义的旗帜，用自己的文章、作品、教学、讲演、表演，教育和引导人民正确地对待历史，认识现实，坚信社会主义和党的领导，鼓舞人民奋发努力，积极向上，真正做到有理想、有道德、有文化、守纪律，为伟大壮丽的社会主义现代化建设事业而

英勇奋斗。”①

邓小平同志在这里，既对教育者在政治方面提出了根本性的任务，从某种意义上说，也是在人才培养规格方面提出了主要的德育要求。在另外的地方，邓小平同志还曾强调指出，我们培养“四有”新人，其中最重要的是要有理想。

现在有些大学生，似乎不大愿意谈论理想，以为这是一种空谈，有的甚至对此采取一种嘲讽和鄙夷的态度。其实，这只不过是一种表面现象。实际上，不管你谈不谈论，每一个人，无一例外，对自己的人生道路都有一种设计，都有自己的人生目标、追求，都有自己的生活信条。这种设计、追求、目标、信条，就正是某种人生理想的具体体现。

在各式各样的人生理想中，大致可以区分为两类：一类是把人生的意义和价值，看作是对社会做出贡献，把自己的聪明才智奉献给祖国，服务于人民，个性和个人利益也正是在这种奉献和服务中得到适当的体现和满足。另一类是以个人利益作为核心与准绳，作为判断一切是非好恶的唯一标准，当个人利益和社会的、集体的、国家的利益发生冲突、矛盾时，不惜损害或牺牲后者以保证个人利益的满足。这是两种根本对立的人生观和价值观。严峻的客观现实是，这两种根本对立的观念，无时无刻不在那里用各种方式强烈地影响青年。学校德育工作的一个重要任务，就是要不断弘扬和扩大前一种观念的影响，努力抵制、消除后一种观念对青年的侵蚀和毒害。

前一种观念，也恰恰与爱国主义的基本精神相一致，因为爱国主义是对祖国、对民族、对社会的一种强烈的历史责任感。这样一种人生追求的升华，就成为社会主义的、共产主义的理想。纵观我国的近现代历史，许多杰出人物也正是从爱国主义走向革命民主主义，走向社会主义和共产主义的。

后一种观念，自然与爱国主义格格不入。一个极端个人主义者

---

① 《邓小平文选》，1版，第3卷，40页。

或唯我主义者，不懂得尊重他人，尊重人民。“拔一毛而利天下”尚且不为，还怎么可能去热爱国家民族，更怎么可能会为国家、为社会的发展进步而做出必要的奉献和牺牲呢?

反过来说，用具体的、生动的、形象的内容和方法，加强对大学生的爱国主义教育，就能够净化人们的心灵，提高他们的道德情操，并进而逐步使他们确立科学的、正确的人生观和价值观。正是在这个意义上，可以把爱国主义教育看作是学校德育工作的基础和核心内容。

三、进行爱国主义教育要处理好的几个关系

爱国主义是中华民族的优良传统。历史上的爱国主义，有不少方面，在今天仍有重要的借鉴意义。在中国近现代历史上，爱国主义有一些鲜明的特点，这集中表现为以下几个关系：

第一，强烈的忧患意识与坚定的民族自信心的统一。

近代中国是半殖民地半封建社会。帝国主义的野蛮蹂躏，封建主义的黑暗统治，把曾经创造了灿烂的物质文明、精神文明的中国推向了沉沦和毁灭的边缘。正是在这样的背景下，近代的一些爱国主义者，无不具有极为强烈的忧患意识，他们对祖国被“蚕食鲸吞”的悲惨现实哀痛欲绝，对祖国被“瓜分豆剖”的前景忧心忡忡。但是，近代的爱国主义者决不是民族虚无主义者。他们痛切淋漓地大声疾呼“国势危蹙”情状，是为了唤起人们的觉醒，激发人们的斗争勇气，而不是为了把我们的国家民族描绘得漆黑一团，一无是处，使人们看不到前途和希望，从而瓦解斗志，涣散志气。他们的忧患意识是同炽烈的民族自豪感和坚定的民族自信心紧密地交融在一起的。今天，我们国家民族的处境，与旧中国发生了根本的变化。民族的独立，社会主义制度的确立，使我们取得了继续前进的坚实基础。当然，我们国家的经济还不发达，还是一个发展中国家，我们还要有强烈的紧迫感，还要有忧患意识。但是，我们一定要抛弃那

种自暴自弃的思想，抛弃那种认为自己的国家和民族“一切都不如人”的没有出息的精神状态，抛弃没有任何根据的民族自卑心理。

第二，坚持民族独立与向外国学习的统一。

大力提倡爱国主义，会不会导致狭隘民族主义的滋长，民族虚骄心理的复归，甚至重新走闭关锁国的老路影响改革开放？这个问题，近代爱国主义历史发展的具体实践，已经做了清楚明确的否定回答。

近代中国是个半独立国家。绝大多数的爱国人士都懂得，不抵抗外国资本主义和帝国主义的侵略，不首先争取国家的独立和民族的解放，祖国的进步和富强就没有必要的前提条件。人们正是围绕着争取祖国独立展开各式各样的爱国行动的。但是，近代的绝大多数爱国主义者，并没有把抵抗外国侵略同向外国学习对立起来。改变祖国贫弱落后的迫切愿望，开阔了他们的胸怀，使他们在历史条件许可的范围内去认真吸取世界各国的优秀的文明成果。

从林则徐、魏源“师夷之长技以制夷”思想的提出，到康有为、梁启超等改革派“要救国，只有维新；要维新，只有学外国”的信念，再到以孙中山为代表的资产阶级革命派关于“须知要拒外人，须要先学外人的长处”（陈天华语）的认识，无不表明，近代历史上的爱国主义者，除了极少数例外，大都能正确处理和对待抵抗侵略与学习外国的关系。目前正在进行的社会主义现代化建设，是“振兴中华”的宏图大业，实现这个空前伟业，需要立足于中国的实际，一方面继承和发扬中华民族的优秀文化传统，一方面注意学习和吸收世界各国人民包括在资本主义制度下创造的优秀文明成果。敢于和善于吸取世界各国的文明成果，这也正是一个民族具有自信心的表现。

第三，炽烈的“爱国之志”与扎实的“效国之行”的统一。

在中国近现代历史上，许多爱国志士，在强烈的爱国热忱的推动下，进行了各式各样艰苦卓绝的斗争。他们充满了献身精神和牺牲精神。他们不是风头主义家，也不是夸夸其谈的清谈派，而是实实在在地在各条战线上，全力以赴地做出自己的贡献。他们热爱生活，热爱父老乡亲，但为了国家民族的利益，可以奉献出一切直至自己的宝贵生命。辛亥革命时期的著名革命家林觉民，在参加黄花岗起义前夕写给妻子的绝命书中说：我是十分爱你的。正因为爱你，使你和其他人不再过奴隶一样的生活，我今天就要为此去战斗而死。果然，在那次战斗中，他勇敢无畏地实践了自己的誓言。这种精神，是热爱生活和勇于牺牲二者之间的一种完美的结合。在今天，虽然客观条件已有了很大变化，但宏伟壮丽的社会主义事业，仍然会遇到各种意想不到的艰难险阻，经历各种难以避免的迂回曲折。我们仍然要以我们的先辈为榜样，把激越的爱国之情，转化为为社会主义现代化事业埋头苦干的扎实行动。

在各种关系中，最根本的一点，是要深刻地理解，在当代中国，爱国主义与社会主义本质上的一致性，明确建设有中国特色的社会主义是新时期爱国主义的主题。正如邓小平同志深刻指出的："中国人民有自己的民族自尊心和自豪感，以热爱祖国、贡献全部力量建设社会主义祖国为最大光荣，以损害社会主义祖国利益、尊严和荣誉为最大耻辱。"这应该成为我们当代的一条根本行为准则。

填补史学领域空白，学风严谨实事求是*

10 卷本《北京通史》的出版，是一件值得庆贺的事；对于为本书付出了大量心血和劳动的作者们，表示由衷的钦佩。说三点想法：

第一，近年来，城市史的研究，取得了丰硕的成果。上海、武汉、重庆、天津等都出版了各自的城市史，但都写的近代这一段。北京作为有 12 亿人口大国的首都，是全国政治中心和文化中心，建城的历史又这么长，如果没有自己的城市史，是一个很大的缺憾。现在，终于有了这样一部著作，可以说是填补了一个重要的空白。而且，从“北京人”一直写到当代，一以贯之，系统完整，既有很高的学术价值，又有很强的现实意义。

第二，从本书的写作过程看，反映了作者们学风的严谨，也是对我国优秀史学传统的继承和发扬。本书前后经 16 年，始告完成。先搜集大量资料，然后搞史料长编，写大事记，再做专题研究，在此基础上，确定框架，列出大纲，征求专家意见，最后才进入书稿的写作。这同当前不在少数的粗制滥造的所谓“著作”，形成了强烈的对比，应该说，这是难能可贵的。

第三，从内容看，不但写了许多历史事件、历史人物，而且细致地描绘了各个历史时期的社会状况，有许多新的见解。同时，一些历史评价，比较平实公允，实事求是。既坚持了创新，又努力避免简单化。这也是很值得肯定的。

---

* 载《北京社会科学》，1995 年第 2 期。

面向21世纪的高等文科教育*

以社会科学、人文科学、管理科学为主要内容的高等文科教育，曾经为我国培养出一大批优秀的理论家、社会科学工作者和经济、政治、文化各部门实际工作者，在为社会主义的经济建设提供精神动力、智力支持和思想保证，为党和国家进行经济与社会发展的重大决策提供科学依据等方面，发挥了重大作用。到21世纪，随着科学技术的飞跃，经济的发展，社会的进步，世界上所有重大问题和复杂问题，将愈来愈多地与哲学社会科学发生直接或间接的联系。进一步加强高等文科教育，深化文科课程体系和教学内容的改革，就成为一个摆在我们面前急待解决的紧迫问题。

一、21世纪对高等文科人才培养的要求

21世纪，社会对文科人才的需求以及对非文科人才人文科学素质方面的要求，都会更加突出。

当前，世界高等文科教育面向21世纪发展的总趋势是，通过学科建设和调整，加强人才全面素质的培养。1983年召开的世界大学校长讨论会一致认为，理想的大学生应该具备三条标准：一是有专业知识，更有本学科的方法论；二是将本学科知识与实际生活、与其他学科知识相结合的能力；三是有良好的人格品质。从而强调了对学生道德素质、通识素质、应用技能及素质的培养。

在西方国家青少年中，吸毒、暴力、乱伦等“富贵病”成为较

---

* 载《中国高教研究》，1995年第2期。

为普通的现象。面对道德沦落与经济增长的二律背反，尽管各国的社会制度和价值取向各有差异，道德教育的目的、内容和方法也有区别，但重视道德教育的呼声愈来愈高。美国总统克林顿1994年3月1日签署的《美国2000年教育目标法》中，把对学生进行促进个人良好品德的教育规定为美国2000年国家八大教育目标中的重要内容。日本提出德育是关系日本21世纪命运的关键，要把德育放在学校教育的首位。目前，西方许多发达国家在高等教育，尤其在文科教育中，调整并加强了德育课程，在以下四个方面进行了德育内容的改革：一是注重对共同核心价值观的讲授；二是注重对社会规范和民族精神内容的选取；三是注重有关解决现实生活问题的技能训练；四是注重选择培养学生道德认知力的内容。

20世纪后半期西方国家高等文科教育，经历了一个深刻变化的过程。面向经济和社会办学，使学校深感大学文科课程的设置与实际的需要差距很大，突出的问题在于文科学生知识单一，能力不强，缺乏广泛适应社会的能力。于是，高等文科教育普遍提出加强通才培养。

以强调继承传统著称的日本，提出高等教育包括文科教育要培养面向国际、面向21世纪的“世界通用的日本人”。美国提出文科也要像其他学科一样，从重视培养经院型百科全书式的人，转变为注重培养富于应变、善于学习和应用的人。法国还提出把人文素质与各种学科专业结合起来，培养“不受任何学科界限限制的人”。为此，许多国家对文科课程体系和教学内容进行了改革，与过去单纯以科目为本位或以经验为本位的课程模式相比，现在强调了知识体系的简约化和结构化，加强了课程内容的综合性、整体性和探究性，使学生的知识结构由“深井型”改变为厚基础、宽口径的“金字塔型”。

21世纪开始的时候，我国将初步建立社会主义市场经济体制，社会主义现代化建设的进程将大大向前推进。虽然我国高等文科的教育方针和育人目的与西方国家不尽相同，但在高等文科教育改革和发展的动力上是相似的。这个动力就是，经济越是增长，社会越是发展，就越显现出文科教育的重要，就越要求文科教育通过改革为所在社会提供高质量人才。

社会主义现代化建设需要多样性的高级文科人才。市场经济的发展，需要培养能够进行宏观调控研究和决策咨询的经济学家，以及进行微观管理的经理、企业家；适应政治体制改革和加强国际交往的要求，需要培养善于管理和从事国际事务的政治家、外交人才；市场经济是法制经济，需要培养大量的法官、律师、审计师和各种司法、执法人才；社会主义的精神文明和物质文明相辅相成，需要培养为推动社会全面发展发生重要作用的哲学家、思想家、教育家、历史学家、社会学家、新闻记者以及各种社会工作者。

政治、经济、文化和社会的健康发展，需要提高各种高级文科人才的政治素质和道德素质。坚持有中国特色的社会主义，需要培养一批接班人和大量的建设者。他们应该掌握正确的世界观、人生观和方法论，具有高度的民族责任感和社会责任感，具备高尚的职业道德和社会公德，知法守法，并且具有对错误观念和现象进行辨别和抵制的能力。

经济生活、文化生活和社会生活的繁荣，需要培养知识复合型的文科人才。未来经济、文化和社会的发展，将打通行业、系统、部门和地区的壁垒，并在一些领域与世界交融。这就要求高等文科培养的人才，不论学什么专业，从事什么职业，都应该具有广博的知识面，都应该结合具体的职业特点，既掌握理论，又联系实际；既懂得政治，又懂得经济；既熟悉科技，又熟悉社会；既了解世界，又了解国情；既知道历史，又知道现实；并具有较高的文学艺术修养。

社会主义现代化的建设还需要培养能力复合型的高级文科人才。经济越发达，对各种管理人才的效能素质的要求就越高。文科人才要适应未来的需要，就要具备动脑、动口和动手解决实际问题的较强的综合能力，要有相应的观察分析能力，研究思考能力，语言、文字表达能力，战略决策能力，行为组织能力，处理复杂关系的能力，以及运用外语和现代化信息技术进行学习、工作和生活的能力。

过去，我国高等文科教育主要的和重点的是培养科研和教学人才。基于这一前提，形成了以理论为中心的课程模式，较多注重理论型专家的塑造，相对忽视应用型人才的培养；较多注重知识的传授，相对忽视人才综合素质和能力的培养，使文科人才对社会的适用面和适应能力都受到限制。另外，在马克思主义理论课和思想品德课的教学中，对一些现实问题的研究和解答还不够，不能满足社会主义现代化建设对“两课”教学效果的要求。显然，这些状况与未来对文科教育的要求具有较大的差距。

应该指出，文科教育的地位和作用，至今没有得到应有的重视。有材料说，文科学生占在校学生总数的比重，1949年时为33.1%，1952年经院系调整，降为20.5%，1962年为6.8%，1980年上升为8.9%。而据联合国教科文组织1977年的统计：全世界1 000万以上人口的国家中，文科生占在校生比重大于50%的有13个国家，30%～50%的有26个国家，20%～30%的有6个国家，18%～20%的有4个国家。这个数字对比，对于号称有5 000年悠久历史文化的中国，确实是不可思议的，与前面提到的现代化建设的迫切需要，更是极不适应。在文科中，特别是基础文科，目前遇到了特殊的巨大困难。近年来，每年大学招生，报考文、史、哲各系的考生日益减少，生源枯竭，常常难以完成招生计划，录取分数线也远较热门专业为低。这些学科的教师科研条件极为困难，生活待遇较其他专业更加清苦，学术队伍出现动荡萎缩、后继乏人的现象。这些情况的存在，一方面要求国家和社会在认识上、政策上应对文科教育给予更多的关注与倾斜，另一方面表明文科自身也有一个进行改革的迫切任务。

二、课程体系和教学内容改革的思路

面向21世纪深化文科教育改革的关键，在于深化课程体系和教学内容的改革。改革开放以来，在国家教委领导下，各高校都在积极探索文科各专业课程体系和教学内容改革的路子，取得了不小的成效。从1978年开始，几乎每隔三年左右，国家教委就要召开涉及文科课程体系和教学内容改革的座谈会或研讨会，相继形成了《高等学校文科教学工作座谈会纪要》《关于调整和发展高等文科教育的几点意见》和《关于加强和改革高等文科教育的意见》等指导性文件，并在1987年和1993年连续两次修订了文科专业目录。各高校根据80年代和90年代发生的变化，调整了课程体系和内容。这一切，为面向21世纪深化文科课程体系和教学内容的改革，积累了有益的经验，奠定了良好的基础。

文科课程体系和教学内容的改革，必须有明确的指导思想。这项改革应该是在马克思主义特别是在建设有中国特色社会主义理论的指导下，完整、准确地贯彻党的基本路线，坚持解放思想、实事求是的原则，坚持百花齐放、百家争鸣的方针，面向现实生活，以巨大的理论勇气和实践精神探索、研究社会主义现代化建设中出现的新情况、新问题，努力做出科学的回答，大胆借鉴和充分吸收世界各国文化科学技术的优秀成果，包括有益的管理理论和方法，从而优化课程体系、更新课程内容。具体来说，这项改革可以从以下几方面加以深化：

（1）改变过去在一定程度上存在的基本素质教育不分规格、不分对象、针对性不强的现象，分别形成适用于不同学科、不同学生的各类基本素质教育的课程体系和内容。作为培养大学生理想、道德素质的马克思主义理论和思想品德课程，要根据不同学科的特点，在坚持讲授基本原理的基础上，分别形成不同的体系，选择有针对性的内容；作为培养大学生人文素质的历史、文学、艺术、心理学等等课程，要分别形成适用于文科专业、非文科各类专业学生的课程体系和内容；作为培养文科各专业学生专业基础素质的课程，要区别基础学科和工商管理、新闻、法学等应用学科，按大类通开的原则形成不同的体系和内容。

（2）改变过去文科专业课程体系和内容比较单一的状况，分别形成在统一性基础上富于多样性的课程体系和内容。文、史、哲学科要从单纯偏重理论的课程模式中走出来，按照“基础学科专业除了培养教学、研究人员以外，也应注意培养实际工作者，教学、研究人员也要学会做实际工作”的原则，形成基本理论、基础知识、基本技能有机结合的课程体系和内容；应用学科要改变按系统、行业、部门设置课程的面貌，形成强调基础，精炼专业理论，重视实践，一专多能的课程体系和内容。

（3）改变过去文科课程内容较长时期相对不变的状况，开发、建设一批综合性或现代化的新型课程。要拓宽专业课程体系的内涵，改变文科专业课程体系中的课程基本上只反映本学科知识的状况，建设具有相关性或融合性的多科集一课的综合性课程；要将多媒体技术与计算机技术引入文科课程，与专业内容结合起来，开发和建设文科各专业计算机辅助教学的课程及软件。

（4）改变过去在一些校、系不同程度存在的脱离规范化课程体系要求，按现有教师的知识设置课程的状况，形成按需设课、因材施教的课程体系和内容。

文科的课程内容是直接反映政治、经济、文化、教育等社会活动的历史面貌和现行运作的，教学效果将深刻影响学生能否相对准确地、完整地认识社会。因而，在课程改革中，要坚持科学性、系统性、开放性、超前性和实践性的统一。科学性要求课程的配套组合关系要优化，形成合理的知识结构，教学内容要正确反映现实的现象和本质；系统性要求各专业、各类型的课程体系和内容要有机统一，前后连贯，避免杂乱无章；开放性要求课程体系和内容要面向现代化、面向世界、面向未来，既有相对稳定性，又要有所创新；超前性要求课程不但反映学科现状，总结已经取得的科学成就，而且要反映学科发展的趋势，具有启发性；实践性要求联系当今中国和世界的实际和学生的思想实际，有针对性地培养学生认识和解决实际问题的能力。

文科课程体系和教学内容的改革是一项复杂的工程，改革中必须注意处理好以下几个关系：

（1）处理好继承和发展的关系。文科课程体系和内容的改革，必须在继承的基础上求得发展。经济学专业的课程体系和内容的改革是最为迫切的，但搞市场经济也决不是对过去的所有课程和所有内容一概否定。一种大致的估计是，过去的课程，三分之一是过时的，三分之一是与现实有矛盾的。就是按照这一估计，还有三分之一仍然是具有现实适用性的。因而，一方面，要坚决取消那些内容陈旧、脱离实际的课程，设置内容新颖、符合实际的课程；另一方面，不能对过去的所有课程和内容采取简单的、全盘否定的态度。只有实事求是地分析和研究过去哪些课程以及某门课程中哪些内容不具有现实合理性，哪些课程以及某门课程中哪些内容仍然是合理的，才能找到更新课程的依据；只有既尊重历史，又充分反映现实，才能使改革的课程体系和内容既是新颖的，又是科学的。

（2）处理好面对现实生活和保持学科专业特色的关系。文科课程体系和教学内容的改革，应当面向现实生活，注重培养各专业人才的实际工作能力。但这与不顾学科专业特点，一味向应用学科发展，甚至哪些应用学科热度高，就向哪些应用学科靠拢的做法，毫无共同之处。在目前文科课程体系的调控中，存在不更改专业名称，却更改课程的整体效应的倾向。比如，在哲学专业名下设置实际上是行政管理学甚至是工商行政管理的课程体系，经济学专业却设置股份制企业管理、涉外企业管理，或者会计学的课程体系，等等。这些倾向把原有的学科专业搞得面目全非，与实际的要求不相符合，因而是不可取的。文科教育的改革，不能仅仅注意培养学生的岗位技能，而应该重视培养多样性的人才和各种人才广泛适应转换具体岗位的素质和能力。有一些被误认为没有出路的基础专业，因为它们远离社会上某些热门岗位，似乎成为冷门，甚至被误认为没有出路，但是，正因为它们培养的学生基本素质较好，进入社会后，这样的人才发展的后劲就较大，在实际上往往成为热门人才。处理好面向现实生活和保持学科专业特色的关系，就要根据专业培养目标和规划来调整课程，既注意相关学科的交融，又突出本学科专业的特色。

（3）处理好借鉴外国经验和着眼于中国国情的关系。文科的课程改革应当充分借鉴外国的先进经验和优秀研究成果，但不能笼统地讲与“国际接轨”。文科的许多专业，具有很强的意识形态性，由于中国的文化背景、社会制度、价值标准不同于其他国家，因而必须具体情况具体分析。在研究外国的政治法律思想和制度、文化和道德价值标准以及社会问题的课程中，要吸收外国正确的东西，批判其错误的观点，把握有中国特色的社会主义的本质；工商管理类各专业的许多课程，与国际惯例的统一面较大，应该引进通用的标准、规则，但也必须联系中国经济体制改革的实际需要；在教育学专业的课程改革中，应该大胆吸收国外关于教育思想、教学模式、教学方法和手段等方面的先进经验，但也应该兼顾我国教育历史和当前教育发展的特殊情况。

（4）处理好课程改革和科学研究的关系。课程体系和内容的改革涉及许多方面的问题，包括专业培养目标如何确定，基础教育和专业教育分别设多少课、设哪些课、课程比重多大，怎样安排课与课之间的顺序才能提高课程体系的有机构成，每一门课主要讲什么，讲到什么程度，怎样讲，等等，只有对这些问题进行认真的科学研究，才能形成每个专业具体的改革方案。科学研究是不断深入的过程，任何一个改革方案当然不可能在整个过程结束之后才形成，但是，只要持有科学研究的态度，对许多问题形成阶段性的成果，就可以避免随意性、盲目性，防止在改革的名义下出现课程体系的失调和课程内容的短期效应等弊端。

三、课程体系和教学内容改革中应着重解决的几个问题

文科课程体系和教学内容的改革包含方方面面的问题，就重要性而论，应该围绕政治培养目标和业务培养目标，着重解决好以下几个问题：

第一，加强和改进马克思主义教育。

加强和改进马克思主义教育，是文科教学改革的一个重要任务。

之所以要加强，是因为马克思主义教育无论在过去、现在或将来，都是发挥文科教育功能的重要方面；之所以要改进，是因为在实际教学中存在一些问题，这些问题不解决，马克思主义教育的目的，就不能得到很好的实现。但必须看到，问题并不在于课程本身，而在于课程内容和方法上，大学生并不拒斥马克思主义，而是对脱离实际、缺乏现实针对性的内容和方法有意见。

加强和改进马克思主义教育，必须坚持解放思想、实事求是的原则。所谓解放思想，就是要以巨大的理论勇气去探索、研究当代国际、国内的新情况、新问题，做出正确的解答，以丰富和发展马克思主义。所谓实事求是，就是要以科学的态度来对待马克思主义，坚持对学生进行马克思主义基本立场、观点和方法的教育，在教育中，要注重实效。

马克思主义教育大体分为两种形式，一种是以政治理论课进行集中的、系统的教育，另一种是以专业基础课或专业主干课进行专业理论指导或专业知识的教育。政治理论课的加强和改进应着眼于内涵式发展，可以根据不同专业类型的特点设置名称不同的课程体系，但各类课程体系都要针对现实生活中的新情况、新问题和学生的思想实际，讲清马克思主义的基本原理和建设有中国特色社会主义的理论。这类教育有没有成效，很大程度上取决于观点是否正确，立论角度是否恰当，论证材料是否合理，讲授方法是否生动，在考虑政治理论课的改革时，应在这些方面多下功夫。马克思主义还是文、史、哲基础学科以及新闻、法律、社会学、人口学、经济、管理等学科专业教育的重要组成部分，通常以论或史的体例作为专业课程。比如，中国语言文学专业的马列文论、哲学专业的马克思主义哲学史、新闻学专业的马列新闻理论原著选读等等课程。加强这类课程教育的目的，是要确立某个专业的政治方向和奠定其理论基础，因而，在调整专业课程体系时，不能任意删除这类课程。

第二，加强基本素质教育。

加强文科专业人才基本素质的教育，是改革文科课程体系和教学内容的重点之一。基本素质教育是跨专业的普遍性基础教育，有利于培养学生广泛适应社会需要的能力，在这里，主要指通识文化基础教育和专业基础教育两个部分。

通识文化基础课程的比重，应占整个课程比重的1/4强，其中包括三种类型的课程：

其一，培养思维和表达能力的课程，比如：外语、计算计应用、逻辑、写作、社会科学研究方法等。通过这些课程的训练，使学生具有较强的独立观察、分析研究问题，运用中外文、计算机表达思想的能力。

其二，培养理、工科素质的课程，比如：数学、当代科学技术概论、系统工程学等。通过这类课程的训练，使学生了解自然科学的成果，学会运用一些自然科学、技术科学和横断学科的方法观察问题、解决问题。

其三，培养坚强意志品质和高雅素养的课程，比如：心理学、文学、历史、艺术、美学、公共关系学等。通过这类课程的训练，使学生具有较高的心理自控能力、审美能力以及对合理事务的理解和认同能力。

专业基础教育的功能是使学生打好本专业的基本理论、基础知识和基本技能的基础，从而更好地掌握专业知识，开发专业智能。过去文科专业基础课程普遍存在的局限性在于，这类课程的比重相对小，专业主干课的比重相对大；理论性课程多，应用性课程少；本专业性质的课程多，相关专业通用性的课程少。这使学生的知识面、适应性、创造能力都受到局限。改变这种状况，加强专业基础教育，一是要加大这类课程的比重；二是在同类专业或相近专业之间通开专业基础课，比如，经济、管理类31个专业可以通开基础课，社会学、人口学、社会工作专业之间，甚至文、史、哲专业之间，也可以部分打通基础课；三是适当减少理论性课程，相应增加应用性课程，尤其是有利于锻炼学生创造性的案例分析等应用性课程。

第三，加强计算机辅助教学的建设。

将计算机技术以及各种现代信息技术与专业知识结合起来，在专业基础课或专业主干课中开发计算机辅助教学软件，改革传统的教学方法和手段，是文科课程体系和教学内容面向21世纪深化改革的战略举措。运用计算机进行辅助教学，对于更新文科教学内容，提高教学效率和质量，具有重要意义。计算机辅助教学突出的优点是克服了教师口头教学的局限，创造传统教学手段所达不到的效果。比如，能够通过语言、音乐、图像、动画、数据的运用，大信息量地优化组合教学内容，同步调动学生的听觉、视觉、想象力等，取得直观、生动、深刻的教学效果；能够模拟各种职业操作环境，使学生不出学校，就能在实验室身临其境地处理业务、训练操作技能；等等。在我国，较之理、工等学科，文科计算机辅助教学起步较晚，经济、管理类一部分专业建立了一些课程软件，外语、法学、心理学、档案学等专业也开发了不少课程软件，但都还处于自发和初创阶段。

近几年来，计算机技术的新发展，如多媒体、远程联机检索技术的应用等，使文科计算机辅助教学的发展获得了新的推动力。我们在进行文科课程体系和教学内容的改革时，必须抓住机遇，有计划、有步骤地加速这项建设。目前，全国高校文科计算机辅助教学协作组已经成立，49个国家文科基础学科人才培养和科学研究基地已经建立。在此背景下，文科计算机辅助教学的建设应该形成规划和具体的实施措施，力争几年内有一个新的面貌。

第四，加强学生的社会实践。

加强学生的社会实践，是培养文科人才的创造性和解决社会问题实际能力的重要途径。过去，由于各种原因，文科教育中社会实践环节不同程度地受到削弱，在深化课程体系和教学内容的改革中，应采取措施改变这种状况。

加强社会实践，可以将课堂教学与社会考察结合起来。课堂教学有两种形式，一是建立专业实验室，在实验室中模拟社会、经济活动的条件，使学生针对模拟现象锻炼解决实际问题的能力，比如，法学专业的模拟法庭，会计学、货币银行学专业的模拟银行等。二是开设案例教学课程，选择社会现实中的典型案例指导学生进行分析并提出处理意见，提高学生理论联系实际，解决实际问题的能力。比如，在企业管理专业中开设国有大中型企业转换经营管理机制案例分析课，在人力资源管理中开设中外著名企业人员测评案例分析课，等等。在进行课堂教学的基础上，还应组织学生进行社会考察。有条件的学校，应该建立稳定的社会实习基地，既能保证一部分学生有固定的社会考察的场所，又能持续不断地帮助实习基地解决实际问题。除了利用稳定的实习基地，各学校还应根据改革开放的需要，或者以项目的形式，或者以咨询的形式，组织有关专业的学生到对口的行业、部门进行社会考察，使学生广泛、深入地了解社会，熟悉社会，增长实际能力。

呼唤健康的学术争鸣*

这十几年来，中国近现代史的研究有很大进展，领域的扩展、问题的深化或是对过去某些简单化、片面化做法的纠正，都取得了很好的成绩。在前进的过程中，必然会有各种各样的意见，其中也包括一些不合理的、不正确的、不合乎历史真实的意见，我觉得这完全是正常的。但也有不正常的一面：因为有些看法并不是属于个别文章中的个别看法，而是在一定程度上形成了一种有倾向性的意见，而对这种意见公开表达不同意见的声音几乎没有。现在似乎是发表那样一些看法的园地很充分，机会很多，而另外一些不同的意见，还没有发表时，人家就宣判你没有合法的地位，是“左”的，是僵化的，是打棍子的。我觉得这样一种学术气氛不太正常。

为什么会造成这样一种空气呢？这里有一个问题：就是文化环境和学术环境要不要宽容、如何宽容的问题。有些文章在呼吁宽容的同时，对别人说话的权利是非常不宽容的。

这里我赞成另一篇文章的意见。文章说，政治上应当讲宽容，过去我们经常把学术问题提高到政治问题，这是不对的，不能让批判成为一种政治审判，不能让批判与政治惩罚相联系，但决不能因为要做到这一点就消灭、取消批判本身。政治意义上的文化宽容意味着容忍某种现象存在，也容忍对这种现象的批判存在。宽容要结束的是那种病态的批判，而不是批判本身。如果以宽容的名义反对一切批判，这是一种有害的越位，宽容也意味着为批判松绑。在这里，作者使用了“学术批判”这个词，我觉得不如使用“学术争鸣”。不要一下子把问题提到政治上去，对于错误的或者你不同意的

---

* 载《高校理论战线》，1995年第8期。

看法也不要这样，同时对于某些意见的批评也不要这样。我发表意见时，尽管你不同意我的观点，但希望你给我发表意见的权利，也尊重我发表意见的权利。

把这个问题弄清楚了，可能就比较好办一些了。这几年来，在有些问题上，形成了某种带有体系性的意见。我觉得，有以下两点值得注意。一是极力夸大殖民主义、帝国主义传播资本主义物质文明所起的作用，极力贬低或苛求反抗外国侵略的斗争的意义。另一是极力夸大某些封建主义代表人物的某些政治作用，而对改革者、革命者却非常苛求、苛刻。它实行的是两个标准，对革命者和改革者实行非常苛刻的标准，而对于封建统治者则是另外一个标准。比如，“中国近代化的第一人”这个帽子至少已经戴在五六个封建统治者的代表人物的头上。现在有一种“扬袁抑孙”的倾向，我看到这么一篇文章，它说，民国初年的军阀混战，根源就是孙中山。而对袁世凯，作者认为，袁世凯推行的发展资本主义经济的政策是反映了当时社会历史发展的总趋势的；袁世凯的教育思想是前无古人的；袁世凯和他以后的政府政治上的宽松政策，培养出了一大批人，如陈独秀、李大钊、胡适、鲁迅、蔡元培、毛泽东、周恩来，这些人成长起来，与袁世凯的文化政策、社会改革不无关系。像这样的问题当然可以讨论，但也应该允许不同意见的发表。

我觉得有四个方面的问题需要说明一下。第一，理论指导是不是限制了对历史真实的认识的问题。尽管现在反对马克思主义指导的没有多少人，但是也有人公开讲，现在来谈马克思主义指导未免显得可笑；另外也有人不相信马克思主义对历史研究的指导是必要的。我觉得，至少可以这样说，相信马克思主义并力图用马克思主义研究历史的人，虽然未必能够把握历史的真实，但是，如果不用马克思主义指导，就绝对不能把握历史的真实。

第二，感情问题。为什么提出这个问题呢？有篇文章是这样说的：“解放以后的近代史研究在很大程度上仍然停留在对异族侵略者的口诛笔伐的感情宣泄上，大大淡化了我们研究的理性色彩。”就是说，我们老是对帝国主义进行感情宣泄，老是批评，结果我们不能科学认识它，淡化了我们的理性色彩。文章说："过去讲的西方的殖民主义造成东方的普遍落后这种观点实际上是历史批判的天平倾斜了，资本主义向世界体系拓展打上了非正义的侵略的烙印，东方封建国家和落后地区对资本主义所做的抵抗却涂上了正义的、反侵略的金粉。"文章说，殖民主义对东方走向现代化提供了唯一的一次良机。我曾写过一篇小文章，讲到感情问题。我说，我们当然要追求历史的真实，但是，追求历史的真实是不是一定要心如死灰、心如槁木呢？恐怕不行。每个人都有感情，对于殖民主义、帝国主义进行揭露批判当然是一种感情。那么，认为西方殖民主义对东方走向现代化提供了一次良机，说不能批评它，批评就是感情宣泄，这也是一种感情。问题不在于有没有感情，而在于这种感情对不对，符不符合历史的真实。

第三，如何服务于现实的问题。我觉得，近年来有些看法是不符合历史实际的，是不能接受的。可能有相当一部分人的出发点是好的，是想为现实服务的。比如说，我们现在强调要稳定，没有稳定一切都不行。一些人为了为现实服务，就讲历史上的稳定，谁起来作乱，破坏了统治秩序就不好了。又如爱国主义，前几年港台报纸上有篇文章，说爱国主义重新提出来是北京的某些"左"派理论家用来对抗改革开放思想的一面旗帜，似乎强调爱国主义，就不要改革开放了，如果用宽容一点的态度来考虑，他的出发点可能是为了改革开放，似乎揭露了帝国主义就影响我们的改革开放了。我觉得，这也是两回事。今天我们与外国人谈判，当然不能说：干杯，打倒帝国主义。但是讲历史的时候，讲过去帝国主义曾经给我们带来多大的灾难，我觉得是可以的，而且是应该的。某些同志的出发点可能是好的，但是至少犯了一个错误，犯了过去我们曾经犯过的简单地用历史研究服务于现实政治的错误。

第四，创新问题。是不是新的都是对的，应该分析一下。比如，刚才讲的对袁世凯的评价，应该说是非常新的观点，但我觉得无论如何也不是一个科学的观点。所以，新的观点和科学的观点是两码事。科学从本质上讲要求创新，如果重复前人的东西，科学就没有前进。但创新实际上有两种形式，一种是通过对前人的某种不科学认识的纠正来达到新的科学的认识，这是一种创新；另外一种，是在前人研究的基础上再往前进，往同一个方向前进，站在历史巨人的肩上。在这个意义上，我觉得有些人对老前辈范文澜同志历史著作的评价，话说得不公平，带着一种轻率的嘲弄、轻薄的口气评论范文澜对中国近代史的研究。范文澜对中国近代史的研究在很多问题上纠正了过去旧史学对历史的颠倒，现在有些人提出要重新认识。如果现在一定要再简单颠倒一次，这里的新与旧就很难说了。很显然，由于历史条件的限制，范文澜等同志对很多问题的认识未必都是真理，需要重新认识，这完全是对的。但是，要抱着非常尊重的态度，因为先辈的成果是我们研究的基础，纠正他们的错误也是在他们的基础上再往前走。

史学研究中为什么会出现这些问题，为什么会逐渐形成一种有系统性的看法呢？从研究方法来讲，有一个特点，就是把中国近代社会变成抽象的脱离周围环境的真空里的东西。现在有些人认为近代化就是发展资本主义，而且仅仅是发展资本主义的经济。这就离开了两个非常重要的问题：一是民族独立，近代中国是一个不独立的国家；二是政治民主，当时中国还是一个封建主义统治的社会。在这样的环境里，资本主义发展到一定的时候，就需要解决政治前提问题，否则，近代化就走不下去了。不仅中国是这样，外国也是这样，资本主义萌芽发展到一定时候就需要解决政治前提，需要一场资产阶级革命。中国除了要有资产阶级政治民主，反对封建之外，还要有民族独立。这里办一个工厂，那里办一个工厂，甚至搞一些资本主义的政治设施，都是可以的，都是在量的范围之内逐步向近代化前进。但是，如果上述两个前提不解决，近代化就化不下去了。现在很多人抛开了这个东西，因此，就出现了反对帝国主义是错的、反对封建主义是错的这一类的观点，如果认为只要谁办过工厂或是发表过意见说要办厂就是好的，而不考虑大的政治前提。那么历史上没有一个统治者是该否定的，因为任何一个统治者，即使是最腐朽的，为了维持其统治，也会办几个工厂，搞点实业。所以我觉得，讨论历史观、方法论问题非常重要。如果我们的史学研究有一个正确的历史观和方法论，同时有一种健康的学术争鸣的气氛，就能够取得更大的成绩。

清除殖民文化心理　挺起中华民族脊梁*

主持人：马宝珠（本报《史林》专栏主编）

特邀学者：李文海（中国人民大学校长、教授）

龚书铎（北京师范大学史学所所长、教授）

张海鹏（中国社科院近代史所所长、研究员）

主持人：欢迎三位先生参加“学术话题”讨论。最近，警惕殖民文化苗头，清除殖民文化心理的问题引起广泛关注。因此，这个专栏第一期是想谈谈殖民文化问题。殖民文化是一种畸形文化现象，有其一定的历史背景和原因。请各位畅所欲言，充分讨论。

龚书铎：《史林》专栏组织这个话题讨论很有必要。这个问题确实是存在的。譬如说，走上街头，我们常常看到一些有殖民文化色彩的招牌，连“中国料理”这样的话也堂而皇之地冠于某些饭馆的门楣上。有的父母给孩子起名字也非要“玛丽”“约翰”什么的，洋气十足。至于迷信洋名牌，某些企业放弃已有市场的中国名牌改用外国牌子也已经引起许多人士的忧虑。当然，这些只是表面现象，问题远不止这些。在社会科学、文学艺术等领域也存在着这种现象。

李文海：任何一种文化现象，都不是从天而降、突然发生的。鲁迅曾将文化的改革和发展比作“如长江大河的流行”。为什么一个独立了四十多年的社会主义国家，“殖民文化”还有一定的市场？为什么“殖民文化”会沉渣泛起？回答这个问题，的确有必要寻一寻根。

张海鹏：所谓殖民文化，是殖民主义的文化，是殖民主义国家

* 载《光明日报》，1996 年 2 月 27 日。

加诸殖民地的文化。它往往是殖民者侵略他国所首先使用的手段。这在近代中国历史上是有许多教训的。殖民文化的渗透，使得殖民地半殖民地国家中一部分人产生了殖民文化心理。

李文海：殖民文化是一种畸形社会心态的反映。它的出现，与我国在中华人民共和国诞生以前经历了109年之久的半殖民地半封建社会的历史有关。从某种意义上说，那一个历史时期，中国是一个由于殖民主义的侵略而被打断了从封建主义向资本主义正常转化进程的畸形社会。在这种畸形社会中，一部分人自然地产生了两种畸形的社会心态，这就是排外与崇洋。

主持人：崇洋与排外是一个问题的两个方面。这个问题许多学者曾有论述。但是，一些人对此还缺乏清醒的认识。这是否与对文化交流认识上的偏颇有关?

龚书铎：可以说是原因之一吧，谈到文化交流，我们不妨展开谈一谈。鸦片战争以后，西方资本主义文化输入中国，和中国文化进行交流。但是，近代中西文化交流不是在和平环境与和平的关系中进行的，而是伴随着西方列强的大炮、商品和传教士而输入的。这种文化输入或交流，实质上是西方列强对殖民地半殖民地国家所实行的文化侵略。例如英国在印度的“英吉利化”，法国在越南的“高卢化”，日本在中国台湾和东北的“日本化”，美国对外推行“美国化”等。列强用西方文化来同化半殖民地、殖民地国家的人民，以便在这些国家和地区进行殖民统治，并使这些国家和地区成为它们赖以发展的一部分。就是说，西方资产阶级要按照自己的面貌去改造世界，使东方从属于西方。西方列强对中国输入文化也是这样。它们并不是为了中国的独立、民主、富强，相反是为了配合军事、政治、经济的侵略。因此，我们谈论问题，不应忽视这个重要的前提。

李文海：这个前提确实是我们认识问题的出发点。重温中国近代史，我们可以看到：中国的国门是在西方殖民侵略者的重压下被迫打开的。由于本民族固有文化对外来文化在初始接触中极易产生矛盾和抗拒，一部分人对殖民主义侵略尚停留在表面的感性认识阶段，因此排外心理便开始形成，并发展为一种心理惯性。在排外心理的另一极，便是崇洋心理。崇洋心理的产生，一方面是殖民主义者为了征服被统治国家人民的心而着力宣扬提倡的结果；另一方面，则是与排外心理出于同一根源，即对殖民主义侵略缺乏深刻的理性认识。于是，就认为中国文化在哪一方面都比不上西洋文化。崇洋的理论表现，便是“全盘西化”论。

张海鹏：其实，崇洋心理出现本身，也是帝国主义侵略所造成的。第一次鸦片战争，英军兵临天津、南京城下，广州被占，香港被割让，赔款两千一百万元。第二次鸦片战争，英法联军占领广州、天津、北京，焚毁圆明园，强迫中国割地赔款。甲午战争，我国的台湾省被日本割去，还赔款两亿三千一百五十万两白银。《辛丑条约》中国向十一个侵略过中国的国家（所谓八国联军是由八国组成，但在条约上签字的国家却有十一个）赔款四亿五千万两（利息在外）。这就意味着当时每人要承担一两白银的赔款义务。条约还规定，除惩办“首祸诸臣”外，还要在义和团反洋教的地方“停止文武各等考试五年”，在北京竖立克林德牌坊，派亲贵大臣去德国、日本道歉，在北京使馆区驻军及在北京至山海关沿线驻军，“永禁或设或入与诸国仇敌之会，违者皆斩”（即永远禁止中国人的一切反帝行为）等，并规定将上述一切惩罚办法以书面形势在中国全境各府、厅、州、县张贴公布。很明显，这些规定不仅是针对中国国家的，而且是针对每一个中国老百姓的。中国社会上的崇洋、恐洋、迷洋风气，就是在这种绝对高压的形势下形成并蔓延开来的。

主持人：殖民侵略带给中国人民沉重的心理负荷。这种畸形的心态理应遭到摈弃。那么，它何以在今天又有所抬头呢？它的理论基础是什么？

李文海：殖民文化能够构成一种文化现象，必然有其理论基础。这主要反映在两个方面：一是强调殖民主义在中国近代历史乃至世界历史上的所谓积极作用，如说什么“殖民化在世界范围内推动了现代化进程”，“如果没有近代西方殖民征服，人类，特别是东方民族所有优秀的自然才能永远沉沦，得不到发展”，歌颂殖民主义“从根本上改变了东方历史的发展过程，成为东方民族赶上现代文明的唯一的现实良机”。二是渲染中国传统文化、中华民族性格一无是处，认为应“全面否定”，主张对“传统不要以精华、糟粕来区分”，“要打破就要整体地打破”，“积淀在我们民族的血管”的“旧文明”使中华民族“走向衰落之中”。如此一褒一贬，殖民文化的泛起也就毫不奇怪了。

龚书铎：现在还有一种说法，认为过去说帝国主义是殖民侵略，是对中国人民的压迫剥削，是造成近代中国落后的原因，都是“消极的”“情绪化的”；“世界走向中国”，“中国走向世界”，才是“中国近代史的主题”；等等。这种看法必然导致崇洋媚外。

主持人：殖民文化的理论表现还涉及一个重要的问题，即中国的近代化问题。有人认为，鸦片战争提出了中国近代化的任务。因此，对帝国主义的侵略就不能反对，甚至还要欢迎。这种说法荒谬之极，但对一些人特别是青少年确有影响。

张海鹏：这与近年来研究中出现的问题也有关系。这些问题本来是很清楚的，现在似乎又成问题了。除了上述所说的，还有诸如“鸦片战争一声炮响，给中国送来了近代文明”，“只有当殖民地三百年才能实现现代化”一类的言论也在影响着人们。有人说，阶级斗争、反侵略史观，“对中国社会的正常发展的确带来了很大的灾难”。按照这样的逻辑，中国人民抵抗帝国主义的侵略就是不对的。众所周知，中国近代的旧民主主义革命是以反帝反封建为标志的，新民主主义革命是以打倒列强开始的，并且制定了反帝反封建的明确的战略目标。如果不是这样，中国的主权沦丧，还谈什么近代化和现代化?

主持人：这样看来，殖民文化涉及对中国近代社会性质、中外文化交流、中国近代化等诸多问题的认识。那么，面对近代的殖民文化现象，中国人是如何对待的呢?

龚书铎：即使在半殖民地半封建的中国，有识之士也不甘于被西方人牵着鼻子走。就说西方文化在中国的输入、传播，也不是只靠诸如传教士等外国人的赐予，而是中国人一开始就具有主体性和主动性，并且随着对西方文化认识的深化，这种主体性和主动性越来越强。还在道光年间，有人就感慨“大江南北，莫不以洋为尚”。19 世纪末 20 世纪初，一些人对固有文化持虚无主义态度，盲目否定，一味“醉心欧化”。孙中山曾旗帜鲜明地批判过这种思想。他说：“中国从前是守旧，在守旧的时候总是反对外国，极端信仰中国要比外国好；后来失败，便不守旧，要去维新，反过来极端的崇拜外国，信仰外国是比中国好。因为信仰外国，所以把中国的旧东西都不要，事事都是仿效外国；只要听到说外国有的东西，我们便要去学，便要拿来实行。”从鸦片战争开始，中国人了解、吸收西方文化，就是为了救国。辛亥革命时期，一些报刊明确表明创办的宗旨，是“输入东西之学说，唤起国民之精神”。这表明了强烈的爱国主义精神。对一些殖民文化现象，孙中山也曾进行过尖锐的批评。譬如，他批评一些人“到了美国之后，不管中国为什么要派留学生，学成了以后，究竟对中国有什么用处，以为到了美国只要学成美国人一样便够了。所以，他们在外国的时候，便自称什么‘佐治’、‘维廉’、‘查理’，连中国的姓名也不要”，甚至“连中国人住的地方，都不敢去；逢人说起国籍来，总不承认是中国人”。这些批评是十分尖锐、十分深刻的。

李文海：近代中国，一些站在时代前列的中国人曾积极探索过救国救民的道路。尽管受到时代限制，认识上并非完全正确，但由于爱国主义拓宽了他们的心胸和眼光，他们往往既摈弃盲目排外，也不齿于一味崇洋。从林则徐、魏源提出“师夷之长技以制夷”，把“师夷”（学习外国）同“制夷”（抵抗外国侵略）统一起来；到康有为主张“泯中西之界线，化新旧之门户”，严复主张“统新故而视其通，苞中外而计其全”；再到孙中山强调“发扬吾固有之文化，且吸收世界之文化而光大之，以期与诸民族并驱于世界”，鲁迅的中国新文化应该“外之既不后于世界文化之思潮，内之仍弗失固有之血脉”等。这一切都表现了他们既有民族的自尊自信又不是对自己民族虚骄自大，既看到应该吸收世界的先进文明又不对西方文化奴颜婢膝的自主而开放的精神状态。

主持人：经过几位先生的分析，我相信，人们对殖民文化问题会有某些新的认识。在新的历史条件下，我们如何克服殖民文化心理呢？

张海鹏：一百年来的历史已经证明，中国的独立解放要靠中国人民自己。中国要实现现代化，仍然要靠自己的力量。现代化当然要吸收、利用外国先进的科学、文化、技术，然而，如果认为一味顺应、迎合西方就能实现现代化，那是十分幼稚的，也是不可能的。在新的历史条件下，我们应当振奋民族精神，挺起中华脊梁，以健康、积极的态度投身于现代化建设事业，使中国的现代化事业更稳步、更顺利的发展。

李文海：我们要发扬光大近代史上优秀的传统文化，加强爱国主义教育，使中国人民从历史上、理论上搞清殖民文化是怎么一回事。邓小平多次强调“要尊重自己民族”，要有强烈的民族自尊心、自豪感，同时，还要敢于和善于吸收世界上一切优秀文明成果。我们应当以邓小平的理论武装头脑，树立科学的价值观念。

用邓小平理论武装青年
培养一代“四有”新人*

在深入贯彻十五大精神，掀起学习邓小平理论新高潮的形势下，教育部组织编写的《邓小平教育理论学习纲要》的出版发行，无疑是一件十分重要和极有意义的事情，它必将对进一步推动大家学习邓小平理论特别是邓小平教育理论，产生积极的作用和影响。

党的十四大以来，教育战线的广大师生员工，同全国其他各个方面一样，广泛、深入、持久地开展了学习和研究邓小平的理论的活动，取得了明显的成效。通过学习，许多同志初步掌握了邓小平理论科学体系的基本框架，增强了实现建设有中国特色社会主义宏伟大业的坚定性，提高了执行党的基本路线的自觉性，极大地加强了实施“科教兴国”伟大战略的历史责任感。这种思想上认同度的增加，转化成了一种巨大的精神力量，促使人们更加努力地投身于我国教育事业的改革与发展。完全可以这样说：如果没有这些年来邓小平理论的不断武装，也就不可能出现五年多来我国教育事业健康发展的良好态势。十五大以后，教育战线的广大同志，积极响应江泽民总书记提出的“全党要重视学习，善于学习，兴起一个学习马列主义、毛泽东思想特别是邓小平理论的新高潮”的号召，迅速兴起了一个新的学习热潮。在高等学校，让邓小平理论“进课堂、进教材、进学生头脑”的工作正在顺利进行，越来越多的高校已经在本科生、硕士研究生和博士研究生中开设了分层次的邓小平理论课程。在学科建设中，有计划、有重点地研究邓小平理论的课题也占有愈来愈重要的地位。在其他各级各类学校的教师和干部队伍中，

---

* 载《中国教育报》，1996 年 6 月 24 日。

学习邓小平理论也已经蔚然成风。

邓小平教育理论是邓小平理论的重要组成部分，是我国新时期社会主义教育事业发展的根本指导思想。要使“科教兴国”的战略方针真正落到实处，要能紧紧抓住国际国内客观环境提供的有利于教育发展良好历史机遇，迎接世界综合国力和人才的激烈竞争和科学技术迅猛发展的严峻挑战，要在新的世纪来临的时候有一个真正实现了江总书记要求的“两个重要转变”的教育体系，根本的一点，还是要认真学习和全面贯彻邓小平教育理论。邓小平教育理论有着十分丰富的内容。它深刻阐述了教育的战略地位，教育发展的战略指导方针，社会主义的办学方向和教育方针，培养人才的目标、规格和途径，教师的地位和作用，教育的改革，教育和社会的关系，以及党对教育事业的领导等内容。可以说，它涉及教育改革和发展的一切方面。如果我们完整、准确地按照邓小平教育理论去实践，我国的教育事业就一定会沿着正确的方向不断前进。邓小平理论是贯通哲学、政治经济学、科学社会主义等领域，涵盖经济、政治、科技、教育、文化、民族、军事、外交、统一战线、党的建设等方面比较完备的科学体系，在学习邓小平教育理论的时候，一定要同学习邓小平理论的完整科学体系结合起来和统一起来。只有掌握邓小平理论的科学体系，才能对某一方面的理论有更加深刻的理解；反过来，联系自己的工作实际深入领会某一方面的理论，也会更有助于确切把握邓小平理论的科学体系。这也是把学习邓小平理论提高到一个新水平的有效方法和途径。

教育的根本任务在培养人，造就优秀的人才。江总书记在十五大报告中指出：“培养同现代化要求相适应的数以亿计高素质的劳动者和数以千万计的专门人才，发挥我国巨大的人力资源的优势，关系21世纪社会主义事业的全局。”现在的在校学生，再过几年、十几年，也就是到21世纪的初叶，就要陆续走向社会，其中的大部分将成为社会各行各业、各条战线上的中坚和骨干力量。因此，他们的思想倾向怎样，精神状态如何，道德素质高低，将会在很大程度上影响甚至决定着21世纪初叶我国社会的面貌。正是在这个意义上，作为教育工作者，我们深深感到坚持用邓小平理论武装年轻一代是一项非常重要的神圣历史责任。我们讲“高举邓小平理论的旗帜不动摇”，“坚持党的基本路线一百年不动摇”，其中一个重要的方面，难道不正是要求我们的年轻一代，具有对邓小平理论的坚定信仰，形成建设有中国特色社会主义的共同理想，培育对祖国、对民族、对社会、对人民的深厚感情和强烈历史责任感、涵养，以及以为人民服务为核心、以集体主义为原则的道德情操吗？只要我们一代又一代的青年是按照有理想、有道德、有文化、有纪律的社会主义新人培育成长的，我们的社会主义事业就必定是充满生机、长盛不衰的。

发展教育和科学，是文化建设的基础工程，而有中国特色社会主义的文化，又是凝聚和激励全国各族人民的重要力量，是综合国力的重要标志，作为教育工作者，我们充分认识自己肩上所负的重任。我们一定要加强学习，提高自己，努力成为先进思想的传播者、科学技术的开拓者、“四有”公民的培育者和优秀精神产品的生产者，同广大工人、农民一起，为中华民族的振兴建功立业。

学子的文明*

以培养哲学社会科学高层次人才及提高所有大学生（包括理工科）人文素质为主要任务的高等文科教育，在社会主义精神文明建设中，担负着独特的历史性责任。

高等文科教育不仅仅是传授人文社会科学各个学科的具体知识，同时也要通过这些科学知识的传授，引导大学生树立崇高的理想和正确的世界观、人生观、价值观，培养有理想、有道德、有文化、有纪律的社会主义新人。而这也正是社会主义精神文明建设的根本任务。今天的在校大学生，他们中的绝大多数将要成为21世纪初叶社会主义现代化建设各条战线上的骨干。因此，他们有一个什么样的精神状态，将在很大程度上影响新世纪中国社会的精神面貌。

搞好社会主义精神文明建设，一定要有一支专门从事精神文明建设的高素质的宏大队伍。这支队伍包括宣传工作者、思想政治工作者、教育工作者、文化艺术工作者、新闻出版工作者、哲学社会科学工作者、科技工作者等等。可以说，高等文科教育是培养这支队伍的重要的和主要的渠道与途径。

十四届六中全会的召开，这次全会精神的贯彻，为高等文科教育的发展和提高，提供了一个极为难得的机遇，创造了一个极好的客观条件和外部环境。首先，全会关于加强精神文明建设重要性和紧迫性的深刻论述，使高等文科教育的地位和作用更加突出地显现出来。其次，全会通过的《决议》，给高等文科教育提出了很高也很光荣艰巨的任务。再次，全会关于精神文明建设的一系列重要指导方针，也正是文科学科建设的根本指导思想。最后，高等学校并不

---

* 载《北京青年报》，1996年11月7日。

是脱离社会而孤立存在的世外桃源，高等教育的发展，将对全社会的精神文明建设产生巨大的积极影响。反过来，全社会精神文明建设的发展，也必将影响和促进高等文科教育上一个新的台阶，提高到一个新的水平。

增强为首都服务的意识*

在1995年12月召开的国家教委直属高校第六次咨询委员会会议上，李岚清副总理在谈到教育管理体制改革时强调，委属高校虽然是面向全国的，但在指导思想上应该明确，首先的和主要的任务，应该是为当地服务，没有这个主导思想，与地方共建是搞不好的。要让地方政府尝到甜头，感到你这个院校确实对地方有贡献，才能得到地方更多的支持。学校各方面的工作，包括系科设置、教学内容等，都要紧紧盯住经济和社会发展的需要，包括现在和未来。朱开轩同志也指出，要赶快改变条块分割的状况，委属高校，总的来说，布局是相当合理的，它们都面向全国，但首先应面向所在地区和中心城市，为地区服务搞好了，为全国服务也就更好地落到了实处。

贯彻落实上面提到的这一重要精神，对于我们学校来说，就是要大大增强为首都服务的意识，使学校的各个方面的工作，更好地适应首都经济发展和社会进步的需要。首都既是全国的政治中心，又是全国的文化中心，作为"首善之区"，它理应成为全国文化教育和科学技术最发达、道德风尚和民主法制建设最好的城市，为首都服务搞好了，就能大大发挥高等学校担负的培养高级专门人才，繁荣和发展科学、技术和文化，提高全民族思想道德和科学文化水平的功能。

中国人民大学作为一所以社会科学、人文科学、经济和管理科学为主的综合性大学，可以在哪些方面为首都的经济发展和社会进步服务呢？我以为，主要在以下四个方面：

---

* 载《北京高等教育》，1996年第1期。

一是人才培养。这是高等学校最根本的任务。在我校今后15年的改革与发展规划中，我们确定了以下三个战略重点，那就是：（1）大力加强马克思主义理论教育基地的建设，使我校成为培养马克思主义理论教育师资的重要基地；（2）保持经济学科、经济管理和行政管理学科在全国的前沿地位，使我校成为培养经济学家、企业家、经理阶层和政府管理干部的重要基地；（3）发扬人文科学长期形成的传统优势，使我校成为培养优秀法学家、律师、新闻记者、哲学家、历史学家、文学家及其他人文科学家的摇篮。这里提到的各种人才类型，在很大程度上是适应首都经济和社会发展的需要的。还应该特别提到，我们所说的人才培养，不仅是指输送本科生、硕士研究生和博士研究生，还要大大开辟在职人员提高素质必需的继续教育的各种形式和途径。

二是决策咨询。在这方面，学校的潜力还大有发挥的余地。近年来，中国人民大学受党中央、国务院和省级地方政府的委托，提供了86项专题调研报告，其中关于“避免重复引进”“城乡小康的标准”“国民经济形势分析”等调研成果，对政府决策产生了重要影响，受到了有关部门的充分肯定。从去年起，我们决定每两年出版一本《中国人民大学经济研究报告》、一本《中国人民大学社会发展报告》。第一本《市场化改革整体推进条件下的中国经济》已经出版，《社会发展报告》正在付印。这是我校利用自己的学科优势，定期向政府和社会各界提出经济、社会发展分析和决策咨询意见的一种固定形式。

三是直接参与经济、社会发展的各种活动。不久以前，首都的某些传媒报道了被股民称为“股市气象台”的新闻，这便是我校信息学院和财政金融系的教师，利用有效的信息采集捕捉手段，借助先进的股票分析软件，通过市话网络，每天及时发布的股市分析报告。由我校教师与有关部门联合研制的“中国税务汉字输入系统”，对我国税务系统的自动化管理、提高税收水平方面产生了重要的作用。我校农经系教师长期深入太行山区，开展科技和智力扶贫，为当地脱贫致富做出了重要贡献，受到当地政府的高度赞扬。事实说明，学校利用自己的学科优势，直接参与到社会发展中去，是大有可为的。

四是在首都精神文明建设中发挥作用。十四届五中全会特别强调经济与社会的相互协调发展，指出“随着经济发展，应当更加注意把社会发展放在重要战略地位”。而要做到这一点，就一定“要把社会主义精神文明建设提到更加突出的地位”。人文、社会科学，在社会主义精神文明建设中具有自己独特的、不可替代的作用，这是不言自明的。作为一所以社会科学、人文科学、经济和管理科学为主的大学，自然应在精神文明建设中承担更多的责任。

我们一定要在国家教委和北京市委的领导下，振奋精神，努力工作，为首都的改革与发展做出应有的贡献。

人文社会科学要更好地为经济与社会协调发展服务*

最近召开的党的十四届五中全会，在提出国民经济和社会发展“九五”计划和2010年远景目标的时候，特别强调了经济和社会协调发展的问题，指出：“经济发展是社会发展的基础，社会发展是经济发展的重要目标和保证。随着经济发展，应当更加注意把社会发展放在重要战略地位，努力实现经济与社会相互协调和可持续发展。”

中国人民大学是一所以社会科学、人文科学、经济与管理科学为主的综合性大学。学校在学科方面所具有的鲜明特色和综合优势，理应在我国经济发展和社会全面进步中承担更多的历史责任，做出更多的历史贡献。李岚清副总理在去年年底召开的国家教委直属高校第六次咨询委员会会议上指出：“学校的工作，要紧紧盯住经济和社会发展的需要。学校与社会结合得愈紧密，才能得到社会更多的支持。学校的科研，也要看对经济和社会的发展起多大作用来衡量。系科设置、教学内容，也要适应经济和社会发展的需要，包括现在和未来。”我们要认真贯彻岚清同志的指示，在这方面做出新的努力，取得新的成绩。

中国人民大学除了通过高级专门人才的培养这个主渠道，为促进国家经济建设和社会进步服务外，还应该通过自己的学科，直接参与“两个文明”的建设。

中国人民大学的相当一部分学科，可以在党和政府部门的决策咨询中发挥积极的作用。最近几年，中国人民大学受党中央、国务

---

* 载《高校社会科学研究和理论教学》，1996年第3期。

院和省级地方政府及有关部门的委托，先后提供了 86 项专题调研报告，其中关于“避免重复引进”“城乡小康的标准”“国民经济形势分析”等调研成果，对政府决策产生了重要影响，受到了有关部门的充分肯定。环境经济研究所教师关于拯救三江平原东北部最后湿地的研究一期报告，对三江平原湿地开发与保护进行了充分的论证，提出了科学的建议，受到国家有关决策部门的高度重视。我校土地管理系教师参加深圳机场选址决策论证，依据科学的理论和方法，力排众议，建议选取黄田建设机场，并拒绝在《选定白石洲机场场址论证书》上签字。后经国际机场选址专家再论证，肯定了我校教师的建议，最终选定“黄田方案”，从而保证了飞机起落的安全性，减少了城市的噪声污染，大大降低了机场的造价。从去年起，我校决定每两年出版一本《中国人民大学经济研究报告》、一本《中国人民大学社会发展报告》，经济报告的第一本《市场化改革整体推进条件下的中国经济》已经出版，《社会发展报告》正在付印。这将是我校发挥自己的学科优势，定期向政府和社会各界提出经济、社会发展分析和决策咨询意见的一种固定形式。

我校有不少学科，具有很强的实践性和应用性。前几年有一些较好的科研项目，不仅具有较高的学术价值，同时也具有较高的社会价值。例如，由环境经济研究所教师完成的“北京市东南郊中低产盐碱地区综合技术开发项目”，由统计系教师与北京市节水办合作完成的“北京市节水计划指标计算机管理系统”，都由于其科学性、实践性而产生了巨大的实际效果。农经系教师长期深入太行山区，开展科技和智力扶贫工作，为当地脱贫致富做出了重要贡献，受到了当地政府的高度赞扬。去年秋，首都传媒报道了“股市气象台”的消息，这是我校信息学院和财政金融系的教师，利用有效的信息采集捕捉手段，借助先进的股票分析软件，通过市话网络，每天在 168 台及时发布的股市分析报告。这两个单位还同经济学研究所的教师一起，应深圳市政府的要求，深入调查研究，完成了“深圳市统计白皮书”“深圳市统计指标体系”“深圳市社会信息化建设纲要”等专题，受到国家统计局、国家信息中心和深圳市委、市政府的高度评价和赞扬。由我校教师与有关部门联合研制的“中国税务汉字输入系统”，对我国税务系统的自动化管理、提高税收水平方面产生了重要的作用。

在人文、社会科学和经济、管理科学中，有一些是有很强应用性的，有一些则是基础学科。邓小平同志指出：“哲学、社会科学同自然科学一样，决不能忽视基础理论的研究，这些研究是理论工作的任何巨大前进所不可缺少的。”[①] 我们认为，一方面，文科建设最重要的是要在理论指导下参与社会生活，离开了社会实践，离开了实际应用，许多学科便会失去方向和生命力，所以必须加大应用学科研究的力度，努力解决现代化建设和现实生活中提出的重大问题；另一方面，不能简单化也不能走极端，基础学科对社会的全面进步，对学生的全面发展具有重要作用。不重视文科基础学科，应用研究便很难有突破性发展，整个社会科学的发展都会受到极大的制约。不论是基础学科还是应用学科，都对社会主义精神文明建设起着极为重要的作用。

谁都不会怀疑，在即将来临的新的世纪里，我国经济定会迅速腾飞。现在人们不无担心的是，我们的经济发展，将要付出多大的以及什么样的代价？我们国家和社会的性质，决定了我们不允许以各种各样社会矛盾的极度激化，以社会道德的普遍沦丧，以各种丑恶腐朽社会现象的肆意泛滥为惨痛代价，来换取经济的高速发展。而且，正如邓小平同志深刻指出的：如果这些问题严重存在，即使经济一时上去了，垮起来也是“一夜之间”的事。对于这些问题的解决，人文、社会科学显然起着不可替代的作用。近年来，我们紧紧围绕建设有中国特色社会主义这一主题，正确对待我国历史文化遗产和国外学术文化的问题，广泛研究政治、经济、文化、社会、国际等重大理论问题，为社会主义精神文明建设和改革开放事业提供理论和智力支持。例如 1991 年 10 月，受中共北京市委的委托，我校组织编撰了大型理论书《社会主义论库》，它的出版发行受到了

① 《邓小平文选》，2 版，第 2 卷，179 页。

有关领导和部门的高度重视。我校法学院同最高人民法院联合编撰的《中国审判案例要览》，每年出版200多万字，在中国大陆和香港、台湾地区及英国、新加坡以三种文字版本（中文简、繁体，英文）编译出版，向全世界发行，引起海内外广泛关注，荣获北京市哲学社会科学特等奖。最近我校出版社出版了《中国传统道德》，全书共6卷约300万字，此书是根据中央领导同志指示，由我校罗国杰教授主编，集中了许多著名专家学者编撰而成的，江泽民总书记、李鹏总理都专门为此书题了辞，李岚清副总理写了序言。此书出版后，在社会上产生了强烈的反响。

上面举出的一些事例说明，人文、社会科学和经济、管理科学，不论是在物质文明建设方面，还是在精神文明建设方面，都大有用武之地，都能发挥极其重要的作用。同时，也正是在参与社会生活、同社会的紧密结合中，反过来又促进了学科的建设，在实践中不断提高这些学科的学术水平。

从学科建设的角度说，这些年中国人民大学取得了一定的成绩。据统计，从1991年12月到1995年1月，我校承担各类课题335项，共获奖381项，其中省部级以上项目102项。1978年至1994年，共取得科研成果41 063项，平均每年2 415项，在海外出版发表论著342部（篇）。如果说得形象一点，每过一天，就有中国人民大学的教师和研究生撰写的两本书正式出版，有七篇文章在报刊上公开发表。但是，在沸腾的社会生活面前，在经济的飞速发展和社会的急剧变化面前，我们做得还很不够，还需要做出更多的努力，才无愧于这个伟大的时代。

史学基地要办出特色*

为了适应21世纪我国政治、经济、文化和社会发展的需要，培养少而精的高水平文科基础学科教学和科学研究人才，国家教委在全国高校范围内，设立了近50个“国家文科基础学科人才培养和科学研究基地”。其中，历史学基地共20个。再加上虽未列为“基地”，但同样有颇强实力的历史学教学与研究单位，全国高校中历史学科的学科建设和人才培养，呈现出激烈竞争、蓬勃发展的可喜局面。在这种态势下，要建设好史学基地，一个重要问题是要努力办出自己的特色。

一

为什么要强调史学基地必须办出自己的特色呢?

首先，这是人才培养规格多样化要求的需要。国家教委在建设文科基地的文件中，对人才培养规格有一个总的统一的要求，指出:“基地应坚持四项基本原则，培养社会主义现代化建设和社会发展需要的德、智、体全面发展的人才”；“学生毕业后，主要从事文科基础学科教学和科学研究工作”。在这个总的要求下，各个基地培养出来的人才，不应是千人一面，而应是各具特色。拿历史学的教学和研究人才来说，有的人可能较长于理论思维，有的人则长于历史文献的整理及历史资料的发掘考订；有的人善于对历史做宏观的观察和概括，有的人则更有兴趣于对历史事件和人物局部的抉微和剖析；

* 载《史学集刊》，1996年第4期。

有的人对历史问题有很强的现实感，对现实问题有很强的历史感，但也有的人也许愿意用毕生的精力，去钻研一些表面上似乎离现实稍远，但实际上却是对弘扬祖国优秀传统文化有重大意义的学术问题。只有这些不同规格的人才集合起来，才能形成一个时代坚强而有战斗力的史学队伍。

其次，这也是学科建设的需要。历史学是个大学科，就其所涉及的时间和地域来说，是古、今、中、外；就其所包含的领域来说，则政治、经济、军事、思想、文化乃至社会生活的各个方面，其可以说是包罗万象，兼收并容。任何一个单位，要在各个方面都有精深的研究，都处于领先地位，是根本不可能的。每一个基地都只能选择某些方面或某些领域，作为自己的主攻方向，下大力气，锲而不舍，扎扎实实地做出学术贡献，力争成为这些方面、这些领域的权威单位。这样，全国合在一起，学科建设也就会有大的进步。

最后，这也是对现状的承认和尊重。事实上，所谓“特色”，往往是经过几年、几十年的长期积累，自然形成的。我不大赞成对复杂的学术状况的评估，也像对流行歌曲或所谓“歌星”一样，搞什么“排行榜”，谁是第一，谁是第二，如此等等。前面说过，任何一个单位，想在历史学的各个方面，都处于领先地位，这根本是不可能的。单位和单位之间，学术水平和学术力量自然有相对强些和弱些的区别，但恐怕更重要的，是每个单位往往有自己的强项，也有自己的弱项。根据自己的基础和条件，扬长避短或扬长补短，形成并进一步发展自己的特色，才是不断提高自己的正确的途径。

二

史学基地办出特色，是一个艰苦而长期的建设过程。需要从各个方面去努力，需要做许多扎实而细致的工作。这里只是就如何办出特色的几个较重要的问题说一点自己的粗浅想法。

要办出特色，首先要选准、选好自己在学科建设上的主攻方向。

在选择学科建设主攻方向时，主要要考虑三个因素：一是本单位的原有基础；二是这个方向在现实生活和学科发展中的意义；三是有没有实现此目标和任务的必要客观条件。主攻方向的选定，实际上是确定基地建设的一个主要方面的长远战略目标，应该十分慎重，而且要有很好的群众基础。一旦选定之后，就要调动各种手段，组织各方面的力量，围绕主攻方向开展学术活动。其中一个关键性的工作，就是要分阶段、分层次地设计与确定或大或小的研究课题。学科建设的主攻方向，只有通过大大小小的研究课题才能具体体现出来；也只有各项研究课题的不断完成，才能形成基地的学术特色。

要办出特色，还必须有几位确有学术专长的学科带头人。人不在多，但要确实在学术上有发言权，能出思想，出主意，又有群众威信，名符其实地在学科建设上起“带头”的作用。基地的特色，很大程度上是在这几位学术带头人身上体现出来的。人们往往慨叹现在集体研究项目不大好组织，确实有这个问题。特别是用行政命令的办法去组织集体的学术研究活动，往往会产生很多矛盾，不易成功。但如果有好的学术带头人来组织，则情况就会有很大不同。当然，在组织集体研究项目时，学术带头人不仅要起学术指导的作用，而且作风要民主，办事要公道，还要定期完成阶段性成果，使得参加者能够得到与其所付出的劳动相应的收获。

要办出特色，还要特别注意形成一个年轻的有自己独特风格的学术群体。各个史学基地之间，应该有竞争。这种竞争，主要的当然是学术水平的竞争，而归根结底，则是人才的竞争，尤其是年轻学术群体的竞争。哪个单位形成了一个政治、业务素质都很好的年轻学术群体，哪里就有生气，就有发展的后劲。如果只靠少数几个“名教授”撑门面，而不用很大的力气去培养年轻的学术群体，那到一定时候，就会感到捉襟见肘，底气不足了。

三

前面主要讲了为什么要和怎样形成特色的问题，讲的是“个性”；这里还要讲一点“共性”，就是不论你怎样办出特色，有几个问题是史学基地建设过程中都应该注意的。这些问题主要是：要有一个好的领导班子，要有一个好的学风，要有一个好的政治、学术和工作环境，还要有一个好的精神状态。

有一个好的领导班子，是办好史学基地的重要保证，这道理似乎不用多说。领导班子如果不团结，搞内耗；或者脱离群众，独来独往；或者没有点子，没有章法，当然什么事情也做不好，群众的积极性也调动不起来。反之，领导班子有思想，有干劲，能团结，讲民主，困难再多，也能做出成绩。我这里想强调一点是，领导班子的视野要宽阔一点。不是讲要办出特色吗？但也要防止满脑子就是自己的“特色”，别的一概都不关心，那也是不行的。我们历史学界似乎有这个毛病，就是“专业”的观念过深过重。不但搞历史的，别的学科的事一概不予关心，而且搞中国史的不管世界史的事，搞近代史的不管古代史的事，搞政治史的认为经济史、文化史超出了自己的专业范围，甚至研究辛亥革命的连有关戊戌变法、义和团运动的文章都不大有兴趣去浏览。结果，学术圈子很小，思想也容易弄得狭窄起来。我以为，这种状况，是急需改变的。史学基地的领导，除了致力于办出自己的特色外，还应多引导大家关心史学领域甚至整个人文、社会科学领域的某些应该关心、值得关心的问题。

学风问题，毛泽东同志曾把它称作“第一个重要的问题”①。几乎可以把学风看作是政治素质和学术素质的一种综合反映。对于一个立志献身学术事业的人来说，养成一个好的学风，是一辈子受用的事；对于一个教学和研究单位来说，造成一个好的学风，任何一位新成员的介入，都会很快受到积极的熏陶。所谓好的学风，一般来说，就是指理论和实际的统一，指实事求是；而对于史学工作者来说，就是要坚持对历史事实、历史真相的尊重。一切对历史现象的分析与评价，对历史观点的肯定或否定，唯一的依据是看它是否符合历史真实。目前，在一部分人那里，学风不正的问题表现得相

① 毛泽东：《整顿党的作风》。

当严重。无根据的瞎说，捕风捉影的武断，把老祖母的嫁衣翻出来当作时装的“创新”，跟在古人、洋人后面鹦鹉学舌的“开拓”，以及粗制滥造、抄袭拼凑等行为，虽不能说成了“时尚”，至少在某些出版物中曾招摇过市。一个认真严肃、为社会负责的学术工作者，实在应该对这些现象深恶痛绝，嗤之以鼻。

史学基地要健康地得到发展，还需要靠大家共同营造一个良好的政治环境、学术环境和工作环境。在这里，政治空气是浓厚的，政治方向是明确的，学术氛围是民主的，同志关系是融洽的。不同学术观点可以畅所欲言地争论。工作上没有那么多扯皮拆台，紧张而有序。在这样的环境里，必定是事半而功倍，办法更比困难多。

最后还想谈一下精神状态问题。文科基础学科，包括历史学在内，在发展过程中遇到了一些困难、一些问题，这是毋庸讳言的事实。国家设立史学基地，也可以看作是为了克服困难、解决问题的一种政策性措施。但在一个相当时期之内，条件的改善毕竟还是很有限的，不能指望过高。对于我们自己来说，我以为更加重要的是振奋我们的精神，勇敢地去正视现实，克服困难。唉声叹气无济于事，怨天尤人也无此必要，心灰意冷更是没出息的表现。我国是一个史学遗产最为丰富的国家，看看史学发展的历史，有些大部头历史著作固然是当时的朝廷集中了多少人力、物力才完成的，但也有不少史学名著是作者在穷愁潦倒的困境中发奋写出来的。我们现在正处在一个伟大的时代，急剧变化的现实和飞速发展的社会生活，呼唤着学术的繁荣，历史学也正是大有用武之地。看不到这一本质现象，却被某些暂时的困难弄得心神不定，岂不是有点本末倒置吗？

关于文化问题的一些思考*

近年来，学术界对文化问题的研究，给予了特殊的注意。哲学、政治学、文学、历史学、伦理学、社会学等等，各个领域都围绕着文化问题，展开了广泛的研究和讨论，写出了许多著作和文章，创办了一些专门研究文化问题的刊物，还推出了几套文化丛书（如“中国文化丛书”“文化哲学丛书”“中华近代文化史丛书”“现代思想文化译丛”等），一时被人们称作“文化热”。

“文化热”的出现，当然不是一种偶然的现象。究其原因，一方面固然可以看作是对过去过分重视政治、经济问题的研究，相对忽视文化问题的研究的偏向的纠正，但更加重要的，还是由于大力加强经济建设、加快改革开放步伐而出现的客观需要。历史经验证明，文化建设高潮总是伴随着经济建设高潮而出现，随着集中力量搞经济建设，人们不能不同时考虑怎样来建设和发展我们的新的文化。随着经济体制、政治体制改革的不断深入，新思想、新观念也相应产生，并与人们多年形成的陈旧的传统观念和文化心理发生冲突。由于实行对外开放，国外的科学技术、管理经验、人文科学等，必然迅速引进和传入。如何正确地对待中国传统文化、正确地对待国外特别是西方的现代文化，便成为一个严肃的课题，要求人们进行积极地探索和实事求是地回答。所有这些，都成为近年来“文化热”产生的重要根源。

下面，我只是从历史学的角度，对于在中国近代史上人们围绕着如何对待中国传统的民族文化、如何对待外来文化的问题，曾经做过一些什么样的思考，这些思考对我们今天有些什么借鉴意义，

---

* 载《北京高等教育》，1996年第5期。

做一点简要的分析和说明。

一、围绕着中外文化关系的激烈论争

中国近代史是从公元1840年英国侵略中国而发动的鸦片战争开始的。从那时起，中国从一个独立国家逐步变成了半独立国家，中国社会从一个完整的封建社会变成了半殖民地半封建社会。这种情况一直延续到1949年中华人民共和国成立，前后经历了109年时间。

在这一个世纪多一点的时间里，一方面，中国国内的经济关系、政治制度发生了剧烈的变动；另一方面，许多在文化类型上与中国完全不同的国家，同中国发生了尖锐的对抗。这种情况反映到文化领域，便造成了在文化问题上尖锐的冲突和论争，有中学与西学之争、旧学与新学之争、学校与科举之争、文言与白话之争、东方文化与西方文化之争，等等。有人归纳说，中国近代的文化发展，是在“古、今、中、外”四个字的矛盾冲突中展开的。

当时，摆在中国思想界面前的一个最为严峻也最为实际的问题是：面对着利用军事的、政治的、经济的、文化的各种手段肆无忌惮地侵略、压迫、凌辱中国的殖民主义、帝国主义国家，应该不应该、可以不可以吸取它们的先进的文化？捍卫祖国独立和尊严同学习西方二者是根本对立的，还是可以统一的？

有的人主张对西方文化采取坚决拒绝、一概排斥的态度，认为对西方文化的任何吸取都是极端有害的。当然，持这种态度的人，情况并不完全一样。其中，有的是政治上的封建顽固派，他们从维护封建统治的立场出发，“唯祖宗之法是尊，唯古圣先贤是尚”，闭目塞听，因循守旧，敌视一切新事物，幻想回到闭关锁国的时代，认为学习西方文化就是“用夷变夏”，会造成灭顶之灾。有的是一些具有朴素爱国思想但对外国侵略者缺乏理性认识的下层群众，他们出于强烈的民族感情，走向盲目排外，为了对抗“洋鬼子”的侵略而否定、排斥一切外国传来的物质文明和精神文明。还有一些人则是文化复古主义者，他们认为只有中国固有的传统文化才是尽善尽美的，这是中国的“国粹”，是“一国精神之所寄”，“为立国之根本源泉”，“国粹存则其国存，国粹亡则其国亡”。不仅如此，他们还宣扬中国传统文化远较欧洲现代文化优良，只有孔子和儒学方可救助欧洲，支配世界。

与这种主张处于另一极端的是一些所谓的“全盘西化论”者。他们“言非同西方之理弗道，事非合西方之术弗行”，认为中国民族文化只是一堆垃圾，一堆糟粕，绝对的坏，一切皆坏；西方文化则是绝对的好，一切皆好。中国的出路，就在于彻底抛弃民族文化传统，全部照搬西方的物质文明、制度文明和精神文明，以“极端的崇外”来取得民族的新生。

在与这两种错误思潮的激烈论争中，中国思想界的主流，却一直是坚持把抵抗侵略与向外国学习统一起来的。早在鸦片战争时期，林则徐、魏源等人就一面坚决抗击英国侵略军，一面积极阅读西方书报，以便了解西方，并提出了十分著名的“师夷之长技以制夷”的主张，简洁明了地表述了抵制外国侵略和学习外国“长技”的相互关系。到19世纪末，中国发生了由康有为、梁启超领导的戊戌维新运动，这既是一次具有鲜明爱国色彩的救亡斗争，又是一场按照资本主义蓝图来改造封建统治的政治改革。维新派的信条是：要救国，只有维新；要维新，只有学外国。在他们的政治纲领和政治实践中，挽救祖国的危亡同学习外国的先进文化是逻辑地、内在地统一在一起的。到20世纪的最初十年，著名的革命家孙中山发动和领导了辛亥革命运动，这场运动最后导致了中国最末一个封建王朝——清王朝的覆灭。在这种革命的准备过程中，革命派一方面淋漓尽致地揭露帝国主义列强的侵略罪行，一方面又强烈呼吁要敢于和善于学习（包括自己敌人在内的）世界各国的长处。他们说：“须知要拒外人，须要先学外人的长处。”“凡他种种强过我们的事件，我哪一件不要学他的呢？不把他好处学到手，可抵得住他吗？”所以他们说：“中国今日，不应当以学人为可耻，相反，应当以不学为可耻。”

二、中国近代学习西方的历史轨迹

世界上的学者曾对“文化”下过数以百计的不同的定义，如果广泛地说，差不多可以把人类所创造的一切，都归入“文化”这个范围中去。但如果粗略地分一下，则文化结构大体可以分为这样三个层面，即物质文化、制度文化和精神文化。物质文化是基础，精神文化处于上层，制度文化则是二者的中介。近代中国吸取西方文化的历史进程，正是循着这三个层面而形成由浅入深的三个历史阶段。

第一个时期，大体从1840年的鸦片战争到1894年的中日甲午战争。这一时期，输入的西学主要是西方现代自然科学和应用技术，即西方文化的物质层面。那个时候，许多人（特别是封建统治阶级中的一部分当权者）认为，西方列强所以能打败中国，就在于他们有“坚船利炮”，也就是说，他们承认中国在器物上不如西洋文明，因此，挽救之方，就是“以制器为先”。于是，一面购买军舰大炮，一面“仿习机器”，开始是创建军事工业，接着又兴办民用工业。同时，大量翻译包括数学、化学、医学、天文学、地学、生物学、航海、测绘、造船、机械等门类广泛的自然科学书籍，据梁启超的统计，这一期间翻译的这类书籍达354种（宗教类除外）。同时，还延请外籍教员任教，派遣学生出国留学。

第二个时期，大体从甲午战败到1911年辛亥革命。第一阶段中国学习西方的努力，曾经给中国社会带来一些进步，但却并没有能够解决中国社会发展的根本问题。1894年爆发的甲午战争，中国被日本打败了，特别是中国政府花了很大力气建设起来的海军（北洋水师），一举被全部歼灭。这个残酷的现实，不能不促使一些人对救国方案做重新的思考，进行新的探索。一些人开始认识到，在中外文化关系上，学习西方仅仅局限在物质文明的层面，是远远不够的，还需要更进一步，按照西方政治制度的模式，对中国的封建政治进行大胆的改革。甲午战争失败后，主张变法维新的康有为、梁启超和主张反清革命的孙中山，同时展开了他们的政治活动，并先后在19世纪末和20世纪初，发动和领导了戊戌维新运动和辛亥革命运动。这两次运动，都是为了挽救民族危亡，也都是以学习西方政治制度为基本内容的。这个时期，大量西方社会科学传入中国，大大开拓了人们的眼界。最后，以孙中山为代表的资产阶级革命派，领导群众推翻了清王朝的封建君主专制制度，建立了民主共和国。这在中国历史上是一个巨大的进步。

第三个时期，1919年五四运动前后。辛亥革命后，名义上虽然建立了民主共和国，但很快就变成了一块徒有其名的招牌，政权仍然掌握在由帝国主义支持的各式各样军阀的手中。中国民族独立、政治民主和国家富强三大问题，一个也没有解决。一些先进的中国人，经过认真而痛苦的反思，觉得在中外文化关系问题上，应该更进一步，通过吸取世界各国先进的精神文化，来提高整个民族的素质。五四运动前后，有些人提出了"改造国民性"的命题。在五四新文化运动的推动下，一方面，人们的社会心理包括风俗习惯、价值观念、道德情操、审美意识、宗教情绪、思维方式、民族性格等，产生了剧烈的震荡和变革；另一方面，精神文化的更高层次即反映社会心理的思想体系，如各式各样的政治、法律、伦理道德、科学理论、艺术、文学、美学、教育、哲学等学说，也纷然杂呈在人们面前。经过激烈的竞争、淘汰、鉴别，中国人民选择了适合中国国情的观念形态，使得中华民族得到了新的觉醒。

以上就是近代中国在文化问题上走过的曲折而艰难的道路。

三、对建设新文化的若干有益启示

中国现在正处在一个剧烈变革和迅速发展的历史时期。社会的新的发展，要求有一个全新的文化形态来与之相适应。在近代历史上有关文化问题的论争中，一些先哲们已经提出了不少对建设新文化极为重要的有益启示。

我这里简单提出几点来说明。

（1）不论对中国的传统文化，还是外国的文化，都应当采取分析的态度，绝对肯定和绝对否定都是违反实际、违反科学的。

中国的传统文化，有着悠久的历史，经过千百年的创造和积累，有许多值得重视的珍品。但它毕竟形成和发展于封建时代，因此，既有封建性的糟粕，又有民主性的精华。国外文化也是一样。拿资本主义的西方文化来说，任何一个不抱偏见的人，都会承认，其中既有很多科学的东西，也有不少腐朽的方面，也是精华和糟粕并存的。中国近代的杰出思想家鲁迅就强调，对中国传统文化应该“分别好坏，决定弃取”，对西洋文明要“敢于吸取，慎于选择”。

（2）文化的发展是一个不以人们的意志为转移的客观历史进程，而推动文化发展的力量则是改革。鲁迅说过：“文化的改革如长江大河的流行，无法遏止，假使能够遏止，那就成为死水，纵不干涸，也必腐败的。”① 它一定有迁移，决不会“回复故道”；一定有改变，决不会永远“维持现状”。这是一个颇具卓见的认识。新的文化决不可能从天而降，也不会在一片废墟上突然产生。中国的新文化只能在中国传统文化的旧基地上，经过不断的改革和创新，逐步发展和成熟起来。如果把文化的发展比作江河的奔流，那么，没有上游，也就没有下游；没有源头，又何来活水？当然，所谓改革，所谓发展，决不仅仅是对传统文化的简单继承（那是重复而非发展），还包括对传统文化中已经不适合今天需要的那部分的批判和扬弃，并不断充实和丰富适应时代潮流的新的内容。

（3）文化的发展离不开不同性质文化之间的融合与交流，越是大胆地开放，勇敢地吸取，越有助于民族文化的发展与提高。鲁迅通过总结历史，强调指出文化的发展，总是要“取材异域”，吸收外来文化，才能更有生气，不断进步。在中国历史上，汉、唐文化，是放射着璀璨的异彩的，所以能达到这个境界，一个重要原因，就

---

① 鲁迅：《且介亭杂文二集·从“别字”说开去》。

是当时的人们能大胆地、开放地吸取外来文化的缘故。鲁迅还打过一个非常有趣的譬喻，他说，一个有力量、有自信力的民族，决不应该害怕吸取外来文化，因为外来文化经过吸收、消化，便成为滋养、丰富民族文化的材料，正像人们吃牛肉，通过吸收、消化变成身体的养料，“决不会吃了牛肉自己也即变成牛肉的”①。

（4）文化有两种基本属性：一个是时代性质，一个是民族性质。应该对这两种属性有一个统一的、辩证的了解。所谓时代性，就是说应该跟得上世界时代的潮流；所谓民族性，就是要始终保持自己民族的特色。鲁迅说，新的文化，应该是“外之既不后于世界之思潮，内之仍弗失固有之血脉”②。中国的新文化怎样才能走向世界？鲁迅的看法是：愈是民族化，愈具有浓郁的中国特色和地方色彩，才愈能为世界所承认。因为世界各国环境不同，情景各别，文化艺术又最忌千篇一律。用带有中华民族特性的文化，去丰富世界新文化的宝库，才是我们对于世界应有的贡献。

---

① 鲁迅：《集外集拾遗·关于知识阶级》。
② 鲁迅：《坟·文化偏至论》。

关于中国近代史的几个重大问题*

一、如何看待殖民主义和帝国主义在中国近代史上所起的作用?

有人认为，殖民主义对东方起了革命的作用，为中国走向现代化提供了唯一的现实良机。帝国主义的侵略使中国的各种资源得以开发，“鸦片战争一声炮响，给中国送来了近代文明”。所以，反抗帝国主义的斗争是错误的，抵抗只能误国，而不抵抗、与帝国主义讲和才是现实主义的，才是有远见的。他们避而不谈帝国主义侵略的残酷性，忽略了许多本质的东西，只看到“船坚炮利”和科技文明，其谬误是显而易见的。

二、如何看待封建主义及其统治在近代中国所起的作用?

有人认为，封建主义的统治可以引导中国走向现代化。如果没有戊戌变法，洋务运动是可以引导中国走向现代化的；如果没有辛亥革命，清末的新政也可以引导中国走向现代化。之所以一次又一次错失现代化的良机，都是由于改革和革命。还有人无限地抬高封建主义统治的头面人物，认为曾国藩、李鸿章、张之洞、慈禧、袁世凯、徐世昌等人都是推动中国走向现代化的元勋。

---

* 载《高校理论战线》，1996年第6期。

三、如何看待革命?

《告别革命》一书认为，革命会使人丧失理性，会导致人的疯狂，会造成很多破坏，因而是残酷的、糟糕的。其实，任何一场革命，都不是几个人制造出来的。如果要说残酷，那么30万人丧生的南京大屠杀要残酷得多。革命当然要流血，但重要的是如果维护旧制度，那么给人们造成的残酷和苦难可能要多得多。如光绪初年的一次大灾荒就使1 000万人丧生，而中华人民共和国在1991年的特大洪涝灾害中只牺牲了几十个人。

四、如何看待传统文化?

有两种片面态度：一种是宣扬民族文化虚无主义，认为中国的传统文化一切都糟，不能区分精华与糟粕，应该让它断子绝孙，理由是中国文化积淀到人的血液中，造成中华民族每个人性格中都有奴性，所以应全盘西化。现在发展出另一种片面看法：全盘肯定传统文化，认为传统文化什么都好，将来的新文化就是儒学的复兴，反对对传统文化采取批判继承的态度。在文化问题上，我们吃绝对化的亏已经够多了，我们应强调分析的态度、区分的态度，不能再搞绝对化了。

以上列举的一些观点构成了与过去一百多年中总结出来并且由实践画了句号的对我国近代国情的正确认识完全对立的“新体系”，并已成为一种思潮、一种时尚。所以，我们要充分重视在近代史研究领域存在的问题。如果现在不大声疾呼，如果对这些历史是非不采取清醒的态度，那么，相当一部分年轻人会受到这种思潮的影响，到下一个世纪，我们会付出什么样的代价?

认识近代国情的几个重大历史是非*

自从中国沦入半殖民地半封建社会起，中国人民就开始了关于挽救危亡、振兴中华的艰难而执着的探索。一个又一个救国方案被提了出来，又逐个无情地在社会生活中不断碰壁。不过，每一个救国方案的破灭，都为下一个具有更多现实合理性的新方案的出台提供了可贵的经验教训，成为发展链条中一个不可或缺的环节。在整个民主革命时期，这种探索同人们对中国国情的由浅入深、由表及里、由感性到理性的认识的一步步深化紧密地联系在一起。当人们对国情的认识达到了真正合乎实际的时候，救国方案也就被置于科学的基础之上。于是，历史的行程就表现为中国人民在中国共产党的领导下，经过各种艰难险阻，取得了民主革命的伟大胜利。半殖民地半封建社会最终结束。中华人民共和国建立后，中国人民继续进行关于建设社会主义的探索。当然，这已经是新的性质和新的意义上的探索了。

就中国近代史的范围而言，中国人民对于国情的认识，应该说是已经经过了实践的检验，被证明是合乎实际和合乎科学的了。

但是，近几年来，在一些研究中国近代史的论著中，对本已由实践做了结论的有关中国近代国情的若干重大问题，又重新被提出来讨论，并形成了一套完全相反的体系。涉及的主要问题有：

一、殖民主义、帝国主义的征服对中国近代社会发生了什么样的影响？

有的文章批评中华人民共和国成立以后的近代史研究“在很大

* 载《近代史研究》，1996年第6期。

程度上仍停留在对异族侵略者的口诛笔伐的感情宣泄上，这就大大强化了我们研究的感情色彩”。有的主张要“重新评价近代西方殖民征服”，认为传统的关于西方殖民主义侵略造成了东方普遍落后的观点，使“历史批判的天平倾斜了”。按照这位作者看来，西方殖民主义势力冲击了封建中国的“超稳定系统”，“不仅有利于西方资本主义经济文化向世界体系的拓展，而且从根本上改变了东方历史的发展过程，成为东方民族赶上现代文明的唯一的现实良机”。有的更直截了当地说：“如果没有近代西方的殖民征服，人类，特别是东方各民族所有优秀的自然才能将永远沉睡，得不到发展。”还有的说：“鸦片战争是在执行一种历史使命，是对中国闭关锁国、因循守旧政策的一种必然回应，它是用侵略手段来达到使中国向世界开放的目的。”“从某种意义上来说，是鸦片战争一声炮响，给中国送来了近代文明。”总之，按照这种观点，逻辑地得出的结论就是：“殖民化在世界范围内推动了现代化进程。”

二、封建主义的统治能不能引导中国走向现代化？

一些论著对这个问题做了完全肯定的回答。有的论著认为，洋务运动本来可以使中国走向现代化，可惜康、梁发动的戊戌变法，中断了洋务运动的发展，使中国丧失了一次走向现代化的机会；清末的“新政”和预备立宪，在政治上和经济上大力发展资本主义，又一次提供了使中国走向现代化的难得的机遇，可惜孙中山领导的辛亥革命，中断了“新政”和预备立宪的进程，使中国再一次丧失了走向现代化的机会。“当初如若避免这场革命，中国很可能已成为当今世界头号强国。”与此同时，一大批封建统治阶级的政治代表，从奕劻、曾国藩、李鸿章、张之洞一直到慈禧太后，纷纷被戴上“中国近代化的第一人”之类的桂冠。当然，对所有封建统治阶级的代表人物，采取简单化的一律骂倒的做法，是不足取的；他们中间的某些人，确实在历史上起过某种积极的作用，有其值得肯定之处。

但是，不加分析地一律把他们称之为“文化精英的杰出的历史人物”，却也是一种新的简单化的做法。一味讴歌曾国藩继承了“以天下为己任的爱国主义精神”；李鸿章“为中国近代开的药方是切合中国实际的”，“是可以挽救中国的”；甚至认为“西太后的认识与主张并无大错”，“如果以此为共识，中国的未来与发展可能将是另外一个样子”，则未免颠倒了历史的实际。至于说把袁世凯推行的政策评价为“反映了当时社会历史发展的趋势”，称赞他的教育思想“是前无古人的”，甚至把“陈独秀、李大钊、胡适、鲁迅等一代文化大师脱颖而出”，“毛泽东、周恩来等一代无产阶级革命家在北洋时代成长起来”，都归因于袁世凯和北洋政府的“开明”统治的结果；把徐世昌吹捧为“推翻旧世界的先行者”等等，则似乎很难说是什么认真的学术见解了。

三、革命是好得很还是糟得很？

既然殖民主义、帝国主义对中国社会起了那样积极的作用，既然封建主义能够引导中国走向现代化，那么，逻辑的结论自然是，以反帝反封建为基本内容的革命，是搞错了，搞糟了。有的文章也确实是这样来看待和描写革命的。在他们看来，即将过去的 20 世纪，首先要反省的，“就是革命和政治压倒一切、排斥一切、渗透一切甚至主宰一切”，犯了“革命崇拜”症。据他们说：革命有很多“弊病”，“革命容易使人发疯发狂，丧失理性”；在革命的扫荡下，“社会变得空疏，空洞，理想重新化为空想”；“革命后一定会留下一种政治真空，而填补这种真空，除了再次专制，别无选择”；总之，“以为革命可以解决一切问题，确实是一种幼稚病”，“20 世纪的革命方式确实带给中国很深的灾难”。他们提醒大家，应该充分注意“革命的残忍、黑暗、肮脏的一面”，并力主把“革命神圣”这个“大案”“翻一翻”。

四、如何看待中国的传统文化?

有一段时间，文化问题上的民族虚无主义曾一度十分流行。一些文章鼓吹，“对传统文化要全面否定”，“中国传统文化早该后继无人”。并且主张，“传统不要以精华、糟粕来区分。传统是极端的偏见，要打破就要整体地打破”。因为“它在走向衰落之中，形成了一种可怕的自杀机制，不断摧残自己的精华，杀死自己的内部有生命力的因素，窒息这个民族的一代又一代精英”。“中国传统文化中最高的、最理想的人性是自觉的奴性。”有的文章甚至认为，中国传统文化在西方文明面前，简直一无是处，只有俯首称臣。他们问：“中国有什么东西可以与西方文明对抗？这种对抗概念证明了中国民族根深蒂固的虚荣心。”在他们看来，“旧文明的沉渣已经像淤积在黄河河道里的泥沙一样，积淀在我们民族的血管里”，再也“不能根本性地赋予整个民族以一种强大的文明活力”，所以“它要衰落的时候就该让它衰落”。有意思的是，近年来，有些人走到了另一个极端，对中国传统文化采取全盘肯定的态度，鼓吹要实现中国式的现代化，需要靠儒学作为其“动力源”；新文化的重建实际上应是以儒家思想为核心的中国传统文化“充实、转型和更新的复兴过程”；有的甚至认为，中国在文化思想上的出路就在于“瓦解、解构正统形态”，“消解主流文化的意识形态”，实现整个“中国文明的复兴”。

以上这些，实际上涉及中国近代历史发展的最根本的问题，弄清这些问题的理论是非和历史是非，当然不能说是无谓的争论。虽然这些问题大部分是属于已经过去的那个历史阶段的事情了，但谁都清楚，重新提出并讨论这些问题，翻这些历史的“大案”，其现实意义是不言自明的。试想，如果过去我们的前辈和先烈们走过的路统统都错了，今天后继者们的出发点、立足点和前进方向还能对么?最近，江泽民同志在纪念中国共产党成立 75 周年座谈会上的讲话中深刻指出：“一个民族如果忘记了自己的历史，就不可能深刻地了解现在和正确地走向未来。”又说：“以史为鉴，可以知兴替。”如果让人们了解的是一部歪曲了的历史，如果给人们提供的历史镜子是一面照出来形象扭曲的镜子，那么，人们从中了解到的现在和展望着的未来，从历史借鉴中得到的孰兴孰替的经验教训，还会是正确的吗？正是在这个意义上，我以为，认真的而不是马虎的，说理的而不是粗暴的，尊重历史而不是主观武断地把这些是非讨论清楚，对于历史学界来说，实在是非常必要和非常重要的。

重要的在于落实
——访中国人民大学校长李文海*

记者： 刚刚开过的党的十四届六中全会通过了《关于加强社会主义精神文明建设若干重要问题的决议》，江泽民同志在闭幕会上做了重要讲话。您作为文科大学的校长，能不能谈谈这次全会对文科高等教育有什么重要的影响？

李文海： 六中全会是在建设有中国特色社会主义事业承前启后、继往开来的重要时期召开的一次具有重大历史意义的会议。全会的精神，将对我国社会主义现代化事业产生长远而深刻的影响。具体到高等文科教育，可以说，这次全会为文科的教学改革和学科建设提供了一个难得的发展机遇，创造了一个良好的客观环境和外部条件。首先是全会关于加强社会主义精神文明建设重要性和紧迫性的深刻论述，使文科教育在经济发展和社会全面进步中的地位、作用更加突出地显现出来。其次是把精神文明建设提到更加突出的地位，必然对文科教育提出更高的要求，提出了许多应该由文科教育来完成的迫切任务。再次是六中全会的精神，为文科教育的改革与发展确定了一系列根本性的指导思想和指导方针，使我们在工作中方向更加明确，思路更加清楚了。最后，高等学校并不是脱离社会孤立自在的世外桃源，高等文科教育当然会对全社会的精神文明建设做出自己的贡献，而全社会精神文明程度的普遍提高，也必然会对高等文科教育产生极大的促进作用。

记者： 那么，文科教育在社会主义精神文明建设中，具有什么

* 载《教学与教材研究》，1996年第6期。记者：陈立民。

样的特殊作用呢?

李文海: 六中全会的《决议》，对社会主义精神文明建设的指导思想、目标任务、基本方针和重要措施，都做了明确的阐述和规定。其中，同文科教育有直接关系的，似乎只有两条，即第12条“加强青少年思想道德教育”和第17条关于哲学社会科学的发展问题。但实际上《决议》的30条，几乎每一条都同文科教育有着密不可分的关系，或者说，文科教育在精神文明建设的各个方面、各个领域，都能够而且应该发挥自己独特的功能与作用。

我们可以从几个侧面来谈一谈。例如，精神文明建设总的指导思想，按照《决议》的表述，不论是“以马克思列宁主义、毛泽东思想和邓小平建设有中国特色社会主义理论为指导，坚持党的基本路线和基本方针”也好，不论是“以科学的理论武装人，以正确的舆论引导人，以高尚的精神塑造人，以优秀的作品鼓舞人”也好，不论是培养“四有”的社会主义公民，或者提高全民族的思想道德与科学文化素质，无一不是文科教育应该遵循的根本原则和需要着力进行的工作要求。又例如，《决议》提出了社会主义现代化进程中必须认真解决的三个“历史性课题”，解决这些课题，需要靠全党、全社会的长期实践的努力，但毫无疑问，文科教育工作者应该承担更多的历史责任。特别是“如何在深化改革、建立社会主义市场经济体制的条件下，形成有利于社会主义现代化建设的共同理想、价值观念和道德规范，防止和遏制腐朽思想和丑恶现象的滋长蔓延”，“如何在扩大对外开放、迎接世界新科技革命的情况下，吸收外国优秀文明成果，弘扬祖国传统文化精华，防止和消除文化垃圾的传播，抵御敌对势力对我‘西化’、‘分化’的图谋”这两方面，不正是文科教育工作者的基本职责所在，也是每个有出息的文科教育工作者应该勇敢承担的光荣任务吗?

还可以从另外方面来说。江泽民同志在重要讲话中强调，搞好精神文明建设，一方面要有群众的广泛参与，另一方面“一定要有一支专门从事精神文明建设的高素质的宏大队伍”。这支队伍包括宣传工作者、思想政治工作者、教育工作者、文化艺术工作者、新闻出版工作者、哲学社会科学工作者、科技工作者等等。大家不难看出，这支队伍的绝大部分，正是要靠文科教育来培养的。也就是说，文科教育承担着培养高素质的精神文明建设专业队伍的任务。

上面只是举一些例子，但这些例子应该说是很能说明问题的。

记者：请您谈一谈六中全会精神对文科教育的发展有什么重要的指导意义？

李文海：六中全会精神在很多方面，对文科教育的发展具有重要的指导作用。我这里不可能全面来概括，只提出几点来着重说一说。

第一，进一步加强理论学习、理论宣传、理论研究。六中全会《决议》对马克思列宁主义、毛泽东思想和邓小平建设有中国特色社会主义理论的指导地位和重要作用，给予了充分的重视和肯定。江泽民同志在重要讲话中强调："要在全党造成一种学习理论、研究理论的浓厚空气，不断提高广大干部的理论素质。"还要求全党同志都要"经常关注思想理论领域的情况"，指出"这不只是思想理论部门的事"。对于我们专业的理论工作者、社会科学工作者来说，当然应该有更加强烈的理论兴趣。在世界形势和社会生活日新月异的今天，能不能以新的思想、观点去继承、发展马克思主义，是文科教学改革能否深入、文科学科建设能否不断前进的关键。还要强调马克思主义对社会科学各个学科的指导作用，在总结改革开放和现代化建设实践经验的基础上，努力加强马克思主义的哲学、经济学、政治学、法学、历史学、文艺学、新闻学、社会学、伦理学、教育学、管理科学的建设，正如江泽民同志指出的："这是党的思想理论建设的一项重要任务，是巩固和发展社会主义意识形态的一项重要任务。"

第二，要十分重视哲学社会科学的方向问题。六中全会《决议》指出，要"保证哲学社会科学研究沿着正确的方向发展"。对于这个问题，江泽民同志在近年来的多次讲话中曾反复强调过。在视察《人民日报》时的讲话中，他语重心长地指出：舆论导向正确，"是党和人民之福"；舆论导向不正确，"是党和人民之祸"。好的文章，能够对两个文明建设起重大的促进作用，相反，宣传错误观点的文章，就会造成思想混乱，对改革、发展、稳定的大局起破坏作用。在六中全会上，江泽民同志一方面充分肯定思想理论战线的工作成绩，同时也指出，这些年来，社会上也出现了一些违反党的基本理论、基本路线的错误观点。他要求我们，“对事关政治是非的问题，决不能掉以轻心，等闲视之，必须旗帜鲜明，分清是非”。

第三，坚持理论联系实际，紧扣时代脉搏。六中全会的《决议》，对哲学社会科学的发展做了专门论述。在强调马克思主义理论指导的同时，还强调要理论联系实际，“为党和政府决策服务，为两个文明建设服务”。要把改革开放和现代化建设的重大理论和实践问题的研究作为主攻方向，积极探索有中国特色社会主义经济、政治、文化的发展规律。要重视基础理论研究，加强重点学科建设。这些精神，无疑对文科教育的发展有着很强的指导性。

第四，要狠抓文科师资队伍建设。队伍问题是个根本问题。没有一支政治强、业务精、作风正的宏大队伍，文科教育在加强社会主义精神文明建设中的艰巨任务就无法很好完成。六中全会《决议》指出：“精神文明建设的各个领域，都要努力培养一大批热爱祖国、热爱人民、有真才实学的专门人才。”文科师资队伍，在 20 世纪的最后五年里，正面临着一个迅速、大规模的新老交替的过程。因此，培养新一代的学术队伍特别是学术带头人，就成了一个极为紧迫的政治任务。忽视这一点，我们就会犯历史性的错误。

记者：为了发挥文科教育在社会主义精神文明建设中的作用，您认为国家教委、学校领导及教师需要做哪些努力？

李文海：六中全会是一次十分重要的会议，《决议》是一个极好的纲领性的文件。方向已经明确，任务已经提出，重要的就在于落实。我以为，下一步，上上下下，要同心同德，狠抓落实。

有些事情，说起来容易，做起来难。但说而不做，等于没说。如果我们用一分力气来确定方针和任务，恐怕要用九分力气才能做出一点成绩。

有些问题，大原则确定了，但还要有具体的政策、措施，才能落到实处，才能解决问题。国家教委也好，学校也好，恐怕都要对文科教育的发展，做一些全局性的研究、政策性的研究，同时提出若干具体措施来，真正使文科教育在目前这样的有利形势下，抓住机遇，使之上一个新的台阶。

六中全会《决议》专门有一节，讲要“切实增加精神文明建设的投入”，“切实解决目前宣传文化事业投入总量偏少、比例偏低的问题”。总的说来，教育经费是很紧张的，而文科教育投入上“总量偏少、比例偏低”的问题，显然更加突出。这个问题已经叫了多年，是否也应在落实六中全会精神中有所解决。

要高度重视讲政治*

江泽民总书记强调讲政治，我认为是抓到了一个带根本性的问题。各个部门、各个领域要贯彻、落实讲政治的精神，就要先检查在本部门、本领域是否存在不讲政治的现象，研究如何根据讲政治的精神来改进工作。目前在现实生活中确实还有一些人仍停留于“讲”政治，也就是开开会，口头上讲讲政治而已，并未真正落实，或者在实际工作中并不讲政治。殊不知不讲政治正是社会上出现各种问题和各种消极腐败现象的非常重要的原因。

现在社会上淡化政治的现象比较严重，究其原因有三：（1）“文革”期间，极左路线把一切问题都归结为政治问题，用政治代替一切。“文革”后，我们纠正了这种错误。但人们往往容易从一个极端走向另一个极端。因而，如何在与过去错误的东西划清界限的同时坚持讲政治，这个“度”确实不好把握。（2）“文革”时我们以阶级斗争为纲是错误的，现在以经济建设为中心，有人又错误地以为可以不讲政治了。其实，搞经济建设与讲政治并不对立，也不矛盾。讲政治并非要改变以经济建设为中心的党的基本路线的这一重要内容，经济建设也有政治内容，也有政治方向问题。“有中国特色社会主义现代化建设”的提法就集中体现了政治与经济的紧密结合。（3）在文化、思想、理论领域，有一些人有意宣传淡化政治，宣传非意识形态化。这其实是为适应西方西化、分化中国的需要来与我们进行斗争的一种重要手段。不是有人提倡“宽容”吗？但正是他们对马克思主义一点也不宽容。可见，对当前思想理论战线的混乱必须予以高度

---

* 载《中国高等教育》，1996 年 Z1 期，系“大学必须讲政治，更要讲政治——本刊编辑部召开‘高校如何讲政治’座谈会”发言摘要。

重视。

我校是一所文科院校，哲学社会科学与当前的政治生活、经济生活乃至社会生活的许多方面都有密切联系。因此，讲政治对我校来说比对理工科院校更为重要。在高校，讲政治应体现在以下几方面：（1）学科建设要以马克思主义为指导，要澄清各种理论是非，使学科建设沿着正确的方向发展。（2）在人才建设尤其是在跨世纪人才建设中，既要重视人才的业务素质，也要重视其思想素质，坚持必要的政治标准。（3）在日常管理工作中也要讲政治。在改革过程中，会涉及利益调整，难免遇到矛盾，但有些人不敢坚持原则，该管的事不管，得罪人的事哪怕是正确的也不去做。这种倾向应该得到纠正。（4）在领导班子建设中更要讲政治。建设一个政治方向明确、政治立场坚定的领导班子，是使讲政治落实到高教工作的根本保证。如果一所学校有一个在政治上非常清醒、在作风上十分注意实干的领导班子，这所学校就很有希望。

徐世昌怎样成了“推翻旧时代的先行者”？*

眼下，在中国近现代史研究领域，拼命拔高封建统治阶级代表人物和竭力贬抑革命家或改革家，在某些人中似乎成了一种时髦。最近读到《翰林总统徐世昌》，又提供了一个新的、可以说是令人吃惊的例证。

这本书的后记中，对徐世昌做出了这样一个综合性的评价：“综观徐氏一生……均可以看出，徐世昌是近代中国社会开明的当权派，是推翻旧时代的先行者，是近代中国大政治活动家、经济家、教育改革家和新儒学家。”①

徐世昌其人，如该书引子所说，“曾是晚清重臣，民初达官显宦”②。这是不错的。清朝末年，他做过侍郎、尚书、总督、军机大臣、大学士；民国以后，他又做过国务卿和大总统，政治地位不能算不显赫了。不过，写历史毕竟不是修家谱，对历史人物的评论不是简单地根据政治地位，而是根据他的历史作为。笔者以为，就历史作为而言，不论是消极的还是积极的，反面的还是正面的，徐世昌在封建统治阶级中，充其量也不过是二三流的人物，一些近现代史的通史著作，至多不过偶尔提上一笔，现在怎么一下子成了那么多了不起的“家”，并且还成了“推翻旧时代的先行者”了呢？这样一颗耀眼的政治明星是怎样突然升起在历史学的夜空上的呢？

赶快读全书，以便尽速纠正自己长期形成的“僵化”和“愚昧”。

---

* 载《高校理论战线》，1996年第7期。署名：梁溪人（李文海笔名）。

① 《翰林总统徐世昌》，268页。

② 同上书，3页。

可惜的是，读罢全书，始终没有找到徐世昌是怎样致力于“推翻旧时代”的明确答案。自然，没有答案，也可以看作就是一种答案。

徐世昌生活的时代，是半殖民地半封建时代。“推翻旧时代”，也就意味着要求改变或是冲击半殖民地半封建的统治秩序；“推翻旧时代的先行者”，至少应该是半殖民地半封建旧统治秩序的叛逆。尽管《翰林总统》一书对徐世昌用了那么多讴歌、赞颂之词，什么“杰出的人才”“奇才”“全才”“文武全才”“有超群的政治才能”；什么“是一位全方位开放改革的开拓者”“是中国几千年大梦初醒人物的代表”“达到了近代外交家原则性与灵活性的结合”；什么“品德节操光明磊落”“内心浩瀚如海洋”“巍峨如山岳”“宏伟韬略”“学识之渊博，政略之远见，在民国史上无人出其右”；等等。但由于没有历史事实的支持和证明，这些谀词就不免显得有点肉麻。我们决不是说徐世昌在几十年的政治生涯中，没有做过一点于社会发展有利的好事，而是说徐世昌作为清末民初的一位政要或说官僚，他的所作所为从来没有超出半殖民地半封建统治机器的政治代表的范围。他也许是一位不错的封建官僚（是否“不错”，“不错”到什么程度需要讨论），但无论如何同“推翻旧时代的先行者”是两码事。

根据这本书的描述，徐世昌在几个历史关键时刻，曾经同封建政权发生过“超出了一般封建统治阶级内部冲突性质”① 的矛盾，似乎他在“推翻”还是维护旧统治秩序方面，确有所犹疑、摇摆，但是，一到两军对垒的决战关头，他总是做出了维护旧统治秩序的选择。

第一次是戊戌维新时期。当时，徐世昌正在小站协助袁世凯练兵。据《翰林总统徐世昌》称，当“康有为、梁启超说通光绪皇帝决心维新变法”之后，袁世凯和徐世昌很快就成了“维新变法的同路人”，他们“维新变法”还很“心诚”，“表现积极”。但一当以慈

① 《翰林总统徐世昌》，46页。

禧为首的后党顽固势力反扑过来的时候，徐世昌立即“看出了书生毕竟弱不禁风，难成大事”，“徐、袁最终经过深思熟虑，默观时局现实，决定采取舍去帝党和维新派而与后党联手，以图日后发展”的方针。作者称赞这是一个“老谋深算、精练通达”的“当机立断”，因为他们懂得了“留得青山在，不怕没柴烧”的道理。①

第二次是辛亥革命时期。在革命形势日益发展、立宪运动蓬勃开展之时，徐世昌又“成为中国资产阶级立宪派的同路人了”②。到宣统三年（1911 年），“全国呈现出一派‘山雨欲来风满楼’的景象”。《翰林总统徐世昌》一书接着说：“在徐世昌看来，‘大清国运尽矣’，要么参加革命党；要么帮助袁世凯出山，收拾时局。时局的发展使他走上了后一条路。”③ 后来的一切都是按着这一方针去做的，所以作者评论说“徐世昌对袁世凯及北洋集团的东山再起、逼清廷退位、夺南方之果，作用之大，无与伦比”④。

最后一次是五四运动时期。这时，徐世昌正坐在总统宝座上，成为北洋政府的最高统治者。据《翰林总统徐世昌》介绍，五四运动发生的当天，徐世昌正在“中南海总统府内觥筹交错，欢声笑语”，“为刚刚回国的驻日公使章宗祥接风洗尘”，陆宗舆、曹汝霖也“在座作陪”。当接到学生在天安门集会的消息后，虽然“又气又急”，因为他“一向主张学生职在求识，应专心读书，不得过问外事，尤不能参与政治”，但他毕竟是个“开明”总统，所以还是主张要“文明对待”。这真是宽大为怀了。不料，“文人总统的胳膊”扭不过“武人首领的大腿”，担任国务总理的段祺瑞坚决主张镇压。在段的要挟下，徐世昌终于下了几道“严惩学生”、责令各校“整饬校风”，甚至“以号称‘屠夫’的王怀庆任步军统领，代替了镇压学生运动不力的李长泰”的命令。⑤ 也就是说，终于明确地站到了五四爱国学生运动的对立面。

① 参见《翰林总统徐世昌》，27～35 页。
② 同上书，46 页。
③ 同上书，68 页。
④ 同上书，76 页。
⑤ 参见上书，160～173 页。

且不管徐世昌在这几件事上怎样“见风使舵”①，无论如何，他在开始时能够当过一段维新派和立宪派的“同路人”，主张对学生运动要“文明对待”，总还是值得肯定的。令人纳闷的是，“同路人”者，暂时走到一起的人之谓也。即使后来不转向，徐世昌也只是跟着别人走了一段，却怎么又成了“先行者”了呢？徐世昌先谁而行，又行向何方呢？从上面的叙述可以看出，那顶“近代中国大政治活动家”的桂冠，实在也是以从徐的脑袋上取下来较为合适。

还有其他一些“家”的头衔，例如，“教育改革家”。通观全书，徐世昌同教育发生直接关系，除了上面提到五四时发过多次“严惩学生”“整饬校风”之类的命令外，只有115页上提到徐世昌在总统受职典礼上讲过“以国力所及，振兴教育”的话。这样就成为“教育改革家”，这个“家”也未免太过贬值了吧！

对了，还有“新儒学家”。在《翰林总统徐世昌》中，我们没有看到徐世昌对传统儒学做过怎样的继承，怎样的发展。只是，徐的一些做法，恐怕也是为讲究“修身、齐家、治国、平天下”的正统儒学家所不齿的。例如，当说到袁世凯、徐世昌如何寻找靠山以谋求仕途升迁时，书中写道：“奕劻是继荣禄之后袁、徐的头号后台，而这时奕劻已成为清廷最有实权的领班军机大臣”。“徐、袁正是投其所好，利用奕劻爱财如命，向其行贿，结为一家，把持朝政的。徐世昌并专派属下二号幕僚杨士琦办此事。第一次送厚礼十万两银。以后每逢节日、生日、请客、婚嫁、子孙弥月或周岁之类一切费用，均由徐世昌预先布置，不费王府一文钱即办得异常风光、堂皇华彩。”② 这类事，在封建官场中司空见惯，倒也算不得多大的丑闻，但这与前面引用的“品德节操光明磊落”之类的说明，未免太不协调了吧！莫非这正是“新儒学家”的“新”之所在？

一本正经地同这样一类所谓“专著”去讨论历史是非，连自己

---

① 这也是书上的话，见《翰林总统徐世昌》，173页。

② 同上书，39页。

也感到有点滑稽。不过，对这本书做一点解剖，可以使我们了解在一些地方，存在着一种什么样的学风。而且，按照这种学风写出来的东西，有时还常被某些传媒称之为“学术”上的“创新”。说得坦率一点，这其实恐怕是既亵渎了“创新”，也亵渎了“学术”。

提高文科教育质量　加强文科学科建设*

一、在经济发展、社会全面进步和贯彻“科教兴国”战略中发挥文科教育的作用

文科教育的重要性，远远未被人们和社会所充分认识，远远没有被放到应有的地位。

占在校大学生总数40％左右的文科大学生，毕业后都要进入国家上层建筑的各个重要部门、意识形态的各个重要领域、经济管理的各种重要岗位。他们的政治倾向怎样，道德素质高低，业务水平好坏，将在很大程度上影响甚至决定21世纪初国家和社会的面貌。

另外占大学生总数一半以上的非文科大学生，是我国21世纪初科技队伍的最主要来源和唯一希望所在。对他们来说，文科教育同样是形成和确立正确世界观、人生观、价值观的重要途径。同时，历史经验表明，培养一个优秀的或者杰出的自然科学家，人文素质的熏陶也是一个不可缺少的环节。

高等学校的文科师资队伍，是全国思想理论界、社会科学界的重要的、数量上最大的部分。过去，这支队伍对我国哲学社会科学的发展，做出过重大的贡献；今后，这支队伍理所当然地要做出更大的努力，争取更大的成就。当今世界所有重大问题和复杂问题，都与哲学社会科学有着直接或间接的联系。在建设有中国特色社会主义的宏伟征途上，我们会碰到许多新的问题，新的矛盾，新的困

---

* 载《高校理论战线》，1996年第8期。

难。研究这些问题，分析这些矛盾，提出解决困难的思路和办法，哲学社会科学工作者担负着不可推卸的责任。

社会上不重视文科的一个公开说明或潜意识存在的理由或根据，是认为文科离社会生活，尤其是离经济建设主战场较远、较间接，似乎有点“远水解不了近渴”。有的文章甚至宣称：在市场经济条件下，文科的某些学科，就应该受到冷落，应该被挤到边上去，这恰好是它们的合适位置，不这样反倒是不正常的。我以为这种看法是十分片面的。

我们通常所说的文科，包括社会科学的各个领域。在这些学科中，同经济建设的密切关系，经济科学和管理科学自然不用说了。一个科学的、有价值的经济理论或经济思想的突破和创新，将给经济建设带来多大的效益；反过来，一个错误的经济理论或观点，将给经济工作造成多大的损失，这大概不需要做什么论证。再拿管理科学来说，早在1978年，邓小平同志就在一篇文章中谈到，要发展经济，搞好国有企业，一是要引进外国的先进技术，一是要提高管理水平，“也就是按照经济规律管理经济”①。把管理和科技放到同一位置，这很值得我们深思。除此而外，社会科学中还有不少应用性很强的学科，如法学、新闻学、社会学、人口学、档案学等等，它们在各个方面同社会生活发生密切的联系，产生着直接而深刻的影响。小平同志强调，“科学技术是第一生产力”，在另外的场合，他又说过：“我说的科学，当然包括社会科学在内。”我们不必去争上面这些学科是否具有“第一生产力”的身份和资格，但如果我们说，世界上科学技术的迅猛发展，不但对经济产生了难以想象的作用，而且对政治也发生了深刻的影响；而文科的相当一部分学科，不但在政治领域具有重大的影响力，而且在经济生活中也产生着巨大的作用，我想是不会发生争议的。

在谈到文科学科建设的现实作用时，有一点非常重要而又似乎尚未能充分发挥出来的，就是它的决策咨询作用。文科教育之参与

① 《邓小平文选》，2版，第2卷，130页。

社会生活，一方面通过人才培养，一方面通过科学研究；而科学研究的成果，可以经由对某种学理的阐述、宣传、论证来体现，更重要的也许应当是提出某种或某几种对社会问题的解决方案，为决策部门提供咨询和参考。如果同国外相比，这实在是我们的一个重大的差距。十四届五中全会特别强调了“必须把社会全面发展放在重要战略地位，实现经济与社会相互协调和可持续发展”的方针，并且规定了从现在起到21世纪初社会发展的主要任务和基本政策。在实现这些任务和贯彻政策的过程中，文科的决策咨询作用将是一个重要的积极因素。要充分发挥文科的决策咨询作用，仅靠口头上的提倡还不够，还要有政策性的引导，并且做许多组织工作。

毫无疑问，文科中有些学科，如文、史、哲等基础学科，确实离现实有一定的距离，并不直接研究和回答现实社会的一切问题（这也只是从相对意义而言）。对这些学科，抱着急功近利的态度，要求它们具有立竿见影的功能，显然是错误的。但是，决不能低估它们在经济发展和社会全面进步中的巨大而不可替代的作用。简单地说，我们至少可以指出以下三点：第一，这些学科，一般来说，是从更加根本、更加长远、更加宏观的意义上发挥其社会功能的。谁都记得，粉碎“四人帮”后，如果没有那一场关于真理标准问题的讨论，很难想象全社会对改革开放会如此迅速地准备好这样坚实的思想基础。小平同志在组织起草《关于建国以来党的若干历史问题的决议》的时候，特别转达陈云同志的意见，“建议中央提倡学习，主要是学习马克思主义哲学”，并强调指出：“现在我们的干部中很多人不懂哲学，很需要从思想方法、工作方法上提高一步。”① 最近，江泽民同志在纪念党成立75周年座谈会上的讲话中，用了四百余字的篇幅专讲学习历史的问题，强调指出：“一个民族如果忘记了自己的历史，就不可能深刻地了解现在和正确地走向未来。”② 第二，这些学科通过对中外历史文化遗产的批判继承，吸取外国的文明成果，弘扬中国的优秀传统文化，将会对提高全民族素质产生极

① 《邓小平文选》，2版，第2卷，303页。

② 江泽民：《努力建设高素质的干部队伍》。

为重要的积极作用。而民族素质的提高，正是走向社会主义现代化的必要前提。第三，作为文科的基础学科，它们的状况如何，将直接影响着文科所有领域的发展状况和水平。正如邓小平同志指出的："哲学、社会科学同自然科学一样，决不能忽视基础理论的研究，这些研究是理论工作的任何巨大前进所不可缺少的。"① 因此，在大力提倡文科的应用学科的时候，如果忽视文科基础学科，那将是十分短视的。

二、文科学科建设要贯彻"讲政治"的精神

最近，江泽民同志多次强调要"讲政治"。学习和贯彻这些讲话的精神，对于文科学科建设，具有极大的指导意义。

江泽民同志说："坚持讲政治，是党的基本理论、基本路线的必然要求，是建设有中国特色社会主义伟大事业的必然要求。""对于一个马克思主义政党来说，不是什么新问题。"但是，还是有人要大惊小怪，境外的报刊甚至散布一些流言蜚语。对于这种情况，江泽民同志说了两句话，一句是："他们制造这样的舆论是别有用心的，我们的同志要警惕，不要上当。"另一句是："有这样的担心和疑虑是毫无必要的，也没有任何根据。"所谓"没有任何根据"，就是说没有任何迹象和事实，能表明一说要"讲政治"，就又要搞"左"的那一套了，又要搞"阶级斗争为纲"了，这二者完全是性质不同的两码事。如果我们听了那些流言蜚语，就不大敢理直气壮地"讲政治"了，就恰恰上了他们的当，就正是丧失了政治警惕性。

"讲政治"不是新问题，但在这时一而再，再而三地强调这一点，显然有着极强的现实针对性。要讲政治，当然是相对于不讲政治、淡化政治而言的。确实，不讲政治、淡化政治的现象，在各个

---

① 《邓小平文选》，2版，第2卷，179页。

方面都有相当严重相当突出的表现，江泽民同志在《关于讲政治》中列举了这方面的许多情况。应该说，在文科教育中，这个问题同样是严重存在的，具体情况我们下面再谈。现在先讨论一下，为什么淡化政治的现象会成为一个值得重视的问题呢？我以为，可以从以下三个方面去考虑：一是，人们对“文革”期间林彪、“四人帮”搞的“突出政治”“政治可以冲击一切”，把所有问题都归结为政治问题的极左一套反感和不满，但有些人没有划清界限，结果连马克思主义的政治也不讲了。另一个原因是，由于工作重心转移到经济建设上来，有些人误以为政治就无足轻重了。再一个原因是，有些人适应国外敌对政治势力“西化”“分化”的需要，有意鼓吹“疏离政治”“消解主流文化的意识形态”“解构正统意识形态”之类的议论。可以看出，这几个方面，情况和性质是很不一样的，决不可以简单地对待。对于第一种情况，主要是划清马克思主义政治同林彪、“四人帮”所谓“突出政治”的界限，不要从一个极端走向另一个极端，不搞矫枉过正。对于第二种情况，则“要学会辩证地认识和处理改革、发展、稳定的关系，经济同政治的关系，物质文明同精神文明的关系，生产力同生产关系，经济基础同上层建筑的关系”。懂得讲政治“是为了创造更加充分的政治条件和提供更强有力的政治保证，确保全国人民一心一意地把经济建设更好更快地搞上去”。至于最后一种情况，恐怕仍然是要记住江泽民同志的那句话：“要警惕，不要上当。”事实上，宣扬淡化政治，本身就具有强烈的资产阶级政治的色彩。

文科的绝大多数（不是一切）学科，都有很强的政治性，不论是教学还是科学研究，所发表的意见，总是直接或间接地反映一定的政治立场、政治主张和政治观点。如果政治方向正确，我们的文科教学与研究，在传播社会科学知识的同时，也就可以对先进的东西起到积极的倡导弘扬作用，对错误的东西起到抵制纠正作用。反之，如果政治方向不正确，那就会像江总书记引用古人所说的话，“谬误出于口，则乱及万里之外”，把人们的思想搞乱。马克思主义的政治性同科学性是应该统一的，可以统一的。过去我们曾经犯过用牺牲科学性的办法去服务于政治的错误，结果往往在政治上也并不能起好的作用，这个历史教训是要认真汲取的。但不能由此得出结论，似乎对于马克思主义的哲学社会科学来说，科学性和政治性天生就是对立的，互相排斥的。那样，恰恰又是从一个极端走向了另一个极端。事实上，上面那种错误也正好从反面证明，只有坚持科学性，才能发挥政治上的积极作用；也只有坚持正确的政治方向，才能真正探求到科学的真谛。

江泽民同志指出："我们讲的政治，是马克思主义的政治，是建设有中国特色社会主义的政治。"文科建设贯彻讲政治的精神，坚持和加强马克思主义特别是建设有中国特色社会主义理论对文科各学科的指导地位，自然是题中应有之义。这个问题涉及的方面较多，这里不可能一一谈到。我想着重说一说关于分清理论是非的问题。江总书记批评说："现在有的干部不读书，不看报，不研究文件，不调查研究，很少从政治上观察形势、考虑问题，缺乏应有的政治辨别力和政治敏锐性。""有的是非不分，对明显违背马克思主义、违背党的基本路线和政策的错误言行也不反映、不报告、不斗争，甚至传谣信谣，传播小道消息。"针对这种情况，他明确提出当前应该着重分清马克思主义同反马克思主义的界限，社会主义公有制为主体、多种经济成分共同发展同私有化的界限，社会主义民主同西方议会民主的界限，辩证唯物主义同唯心主义形而上学的界限，社会主义思想同封建主义、资本主义腐朽思想的界限，学习西方先进东西同崇洋媚外的界限，文明健康生活方式同消极颓废生活方式的界限，等等。分清这些是非界限，一方面有赖于对这些问题进行理论的分析和说明，另一方面还需要对纷繁复杂的各种事物做出细致的、实事求是的判断，从而决定应该提倡什么，支持什么，抵制什么，反对什么。要分清理论是非，必须坚持"双百"方针。没有生动活泼的学术气氛，没有可以开展健康讨论问题的学术环境，要取得学术的繁荣是不可能的。而贯彻"百家争鸣"的方针，其中包括不要放下批评的武器。邓小平同志早就说过："我们要坚持百家争鸣的方针，允许争论。""我们现在不同意见的争论、讨论不是太多了，而是太少了。”① 他批评思想理论界存在着涣散软弱的状态，“对错误倾向不敢批评，而一批评就有人说是打棍子”。并强调指出：“坚持‘双百’方针也离不开批评和自我批评，批评要采取民主的说理的态度，这是必要的，但是决不能把批评看成打棍子，这个问题一定要弄清楚，这关系到培养下一代人的问题。”②

前面说过，文科教育除传播社会科学知识外，还担负着引导、帮助青年学生确立正确的世界观、人生观、价值观的任务。现在不大提教师是“人类灵魂工程师”了，其实，这是一个很好的提法，它既肯定了教师的崇高地位和作用，又对教师提出了很高的要求，赋予了他们神圣的职责。小平同志说：“思想战线上的战士，都应当是人类灵魂工程师。”“作为灵魂工程师，应当高举马克思主义的、社会主义的旗帜，用自己的文章、作品、教学、讲演、表演，教育和引导人民正确地对待历史，认识现实，坚信社会主义和党的领导，鼓舞人民奋发努力，积极向上，真正做到有理想、有道德、有文化、守纪律，为伟大壮丽的社会主义现代化建设事业而英勇奋斗。”③ 社会上有些人，发表一些不负责任的议论，对青年学生的健康成长产生很大的消极影响。譬如，宣扬什么“躲避崇高”“破灭理想”“疏离政治”“告别革命”等等，这些都是某些名人堂而皇之登在报刊上的东西。如果我们不帮助学生提高政治鉴别力，就很难说尽到了“灵魂工程师”的应尽职责。

文科学科建设的根本问题，是高校文科师资的队伍建设，在队伍建设中坚持讲政治，不但对现在队伍素质的提高具有重要的作用，尤其对学术队伍的新老交替，对培养跨世纪的学术人才，更具有决定性的意义。在这个问题上，不能只是把“讲政治”变成一个空洞的口号，而应该把对于政治素质的要求和考核，渗透到诸如职称评定、学术评奖、课题立项、出国选派等各个方面的工作中去。有了一个正确的政治导向，正气就会抬头，队伍建设就能健康发展。

---

①《邓小平文选》，2版，第2卷，57页。

② 同上书，392页。

③《邓小平文选》，1版，第3卷，40页。

三、希望进一步加强对高校文科教育的领导

国家教委对高校文科教育是很重视的，做了许多工作，取得了显著的成绩。但是，由于文科教育的特殊复杂性，由于在市场经济条件下文科遇到的某些特殊的困难和问题，我们迫切希望进一步加强对文科教育的领导，更多地关心文科教育的发展。

加强对文科教育的领导，一是希望研究和出台一些有利于文科发展的方针和政策，二是希望加强对学科内容的指导和引导。当然，我们并不是（也不应该）要求对学术问题由行政做什么结论，而是希望能经常地了解和分析理论动向，旗帜鲜明地支持健康的、科学的、属于主旋律方面的意见和作品，并花大力气去组织理论队伍，提倡理论联系实际和实事求是的好学风。

文科教育有不同于理工科教育的许多特点。按照文科教育本身的规律和特点，领导和指导文科的教学改革与学科建设，是一个十分重要的问题。在实际工作中，我们希望充分注意到这一点。

《中法战争镇海之役110周年学术研讨会论文集》序言*

镇海并不是一个很大的城镇，但在我国历史特别是近代史上，却大大地有名。这不仅因为它作为浙东门户，地处要冲；也不完全因为它物产丰盈，人文荟萃；更主要的是在中国近代几次著名的反对外来侵略的民族战争中，曾在这里进行过激烈的战斗。镇海人民有着光荣的反抗外国侵略的爱国主义传统。

这个爱国主义传统，直到今天，仍为当地群众所珍视，所继承。1995年4月，由镇海区委、区政府和《人民日报》理论部等联合召开的“中法战争镇海之役110周年暨海防问题学术研讨会”，以及同时举行的“镇海口海防历史纪念馆”奠基典礼，就是一个生动的体现。

中法战争时期的镇海战役，是我国近代反侵略战争史中难得几次取得巨大胜利的战役之一。这个历史事件，不但对中法战争的进程和结局产生了重要的影响，同时也为中国人民反抗帝国主义侵略斗争提供了许多深刻的经验教训。正因为这样，这次学术讨论会吸引了史学界的广泛注意。许多专门研究中国近代史特别是中法战争史的学者专家，为会议提供了一批较好的论文；会上，与会者在严肃认真又生动活泼的气氛中，发表了不少精辟的见解。本书就是这次学术讨论会情况的反映和论文的结集。

江泽民同志曾语重心长地说：“现在，有不少的年轻人，对于我们国家和民族过去饱经忧患的历史，争取独立和解放的历史，不了解，不熟悉，甚至有些年纪大的人也渐渐淡忘了。这就给我们提出了一个任务，必须向人们，特别是青年人，加强国情教育，加强爱

---

* 《中法战争镇海之役110周年学术研讨会论文集》，北京，人民出版社，1996。

国主义、社会主义教育。”又说：“青年学生要了解祖国的悠久历史，特别是近百年来不屈不挠、抵御外侮的历史，富贵不能淫，贫贱不能移，威武不能屈，提高民族自尊心和自信心。”应该说，对于这个任务，人文、社会科学界，尤其是历史学界，理所当然地承担更大的义务和责任。我们也欣喜地看到，许多具有强烈使命感和责任感的学术工作者，在这方面，做了很大的努力，取得了显著的成绩。但是，我们确实不时地听到某些不和谐的声音，这些声音，歪曲了历史的真实，造成了人们特别是青年的某些思想混乱。例如，就拿中法战争来说吧，有人就认为中国根本不应该进行这一场反抗法帝国主义军事侵略的战争，因为它“既无益于越南，也无裨于中国，且因沉重的军费损失而加速了中国的沉沦”。一听口气，倒好像这场战争是中国发动似的。有这样的看法也并不奇怪，因为在有些人看来，殖民主义、帝国主义的侵略，不仅不是坏事，而且是极大的好事；不仅不是罪恶，而且是极大的恩惠，“殖民主义对东方走向现代化提供了唯一的现实良机”。有的文章还说：“如果没有近代西方的殖民征服，人类，特别是东方各民族所有优秀的自然才能将永远沉睡，得不到发展。”“从某种意义上来说，是鸦片战争一声炮响，给中国送来了近代文明。”如此说来，反抗殖民主义、帝国主义的侵略，岂不成了摒斥近代文明、抗拒现代化的反动行径？对于这样的理论是非和历史是非，不能不把它分辨个明白。

“中法战争镇海之役110周年暨海防问题学术研讨会”之所以值得称赞，本书之所以值得推荐，其中一个原因，就是它们从正面对上述问题做了十分清楚的回答。我以为，这是很有意义的事。

小平同志的两大历史性贡献*

以党的十一届三中全会为标志，我国的社会主义现代化建设进入了一个历史新时期。在新时期中，小平同志和中央领导集体一起，做出了关系党和国家前途的两大历史性贡献：一个是领导全党总结中华人民共和国成立以来的历史经验，纠正“文化大革命”的错误，坚持科学地认识和评价毛泽东同志的历史地位、毛泽东思想的科学体系；另一个是创立和发展了建设有中国特色社会主义理论，成功地开辟了在改革开放中实现社会主义现代化的新道路。

在科学地总结历史经验的基础上，面对着国际国内新的形势、新的历史条件、新的矛盾和问题，小平同志以巨大的理论勇气和大无畏的创新精神，集中了全党的智慧，领导和总结了亿万人民群众的伟大革命实践，创立和发展了建设有中国特色社会主义理论，制定了“一个中心，两个基本点”的党的基本路线，确立了党在经济、政治、外交、教育、科技、文化、军事、祖国统一、党的建设等方面的一整套方针政策，使得我们建设有中国特色社会主义的宏伟事业，取得了世界瞩目的巨大成就。

小平同志不仅以自己的行动为马克思主义的理论工作树立了一个光辉的榜样，他还直接对理论工作的发展给予了极大的关心。他特别强调指出，“文科也要有理论研究，用马克思主义观点研究经济、历史、政法、哲学、文学等等”。他要求“思想战线上的战士，都应当是人类灵魂工程师”，“作为灵魂工程师，应当高举马克思主义的、社会主义的旗帜，用自己的文章、作品、教学、讲演、表演、教育和引导人民正确地对待历史，认识现实，坚信社会主义和党的

* 载《中国教育报》，1997年2月25日。

领导，鼓舞人民奋发努力，积极向上，真正做到有理想、有道德、有文化、守纪律，为伟大壮丽的社会主义现代化建设事业而英勇奋斗”。他批评“有相当一部分理论工作者，对于社会主义现代化建设实践中提出的种种重大的理论问题缺乏兴趣”的现象，批评那些在对现实问题的研究中“离开马克思主义方向的情况”。他指出，有些人“他们的兴趣不在批评资本主义而在批评社会主义”，“这实际上只会引导人们去批评、怀疑和否定社会主义，使人们对社会主义、共产主义的前途失去信心”。他强调指出：“马克思主义要发展，社会主义理论要发展，要随着人类社会实践的发展和科学的发展而向前发展。但是，上面这样的观点，不是向前发展，而是向后倒退，倒退到马克思主义以前去了。”小平同志关于理论工作的这些语重心长的话，非常值得我们理论工作者认真思考，并努力付诸实践。我们一定要在以江泽民同志为核心的党中央的正确领导下，做好工作，团结奋斗，去夺取建设有中国特色社会主义宏伟大业的新的胜利！

团结出凝聚力，团结出战斗力*

领导班子的团结是关键

马绍孟：高等教育面临着极好的发展机遇，同时也经受着国内外形势的严峻挑战。江泽民同志最近强调指出，当前全国教育工作面临着“两个重要转变”，一是教育要全面适应现代化建设对各类人才培养的需要，二是要全面提高办学的质量和效益。这是极为重要也十分艰巨的任务。要较好地实现和完成这两个转变，不充分调动全校师生员工的积极性，是不行的。

李文海：的确是这样。学校工作千头万绪，矛盾和困难也不少。要做好工作，很重要的就是要有一个好的精神状态。全校师生员工，团结一致，共同奋斗，按照小平同志的说法，就是要做到“万众一心”。小平同志说：“根据我长期从事政治和军事活动的经验，我认为，最重要的是人的团结。”“有了这样的团结，任何困难和挫折都能克服。”①

马绍孟：要把全校师生员工的积极性调动起来，形成团结奋斗的局面，首先各级领导班子必须是团结战斗的班子。领导班子的团结是搞好全校团结的关键。

李文海：一个单位，领导班子不团结，必然要影响到群众，很难形成合力。班子不团结，对群众就有亲有疏，有偏有向；办事就不能公道；研究问题，往往议而不决，决而不行；工作起来，各吹各的号，各唱各的调，群众无所适从。情况严重的，甚至内耗不断，

---

* 载《中国高等教育》，1997年第6期。署名：李文海、马绍孟。

① 《邓小平文选》，1版，第3卷，190页。

互相拆台，弄得水火不容，势如冰炭。这样的情况，哪里还能搞好工作？这恐怕是一个规律：哪个地方领导班子不团结，那里的正气就不能抬头，工作就不能有起色。

马绍孟： 维护领导班子的团结是个重大原则问题。领导班子是决策中心和指挥中心，是政治核心和团结核心，是学校这一生机勃勃的活的有机体的大脑和心脏。搞好领导班子的团结，是保证决策正确、指挥得当、各项工作健康有序开展的必要条件。否则，各行其是，或互相干扰，势必政令不通，人心涣散，一盘散沙，什么事情都办不好，干不成。

学校党政领导班子的团结，关键又在于校长、书记两个一把手之间的团结。两个一把手是“班长”，是领导班子的核心，是领导班子的带头人。校长、书记团结得很好，学校领导班子的团结就有了保证。

李文海： 书记、校长应该在很多方面做出表率，但首要的和根本的，是要在团结问题上做出表率。要把维护团结看作是一个重大原则问题，是党性强不强的表现。

一个目标，两种角色

马绍孟： 校长和书记，虽然分工不同，各人的工作有所侧重，但都是朝着一个目标、围绕一个中心、完成一个根本任务而工作的。这就是坚定不移地遵循党的基本理论、基本路线和教育方针，坚持社会主义办学方向，坚持以教学和科研为中心，努力完成培养合格人才、优秀人才的根本任务。这些都是团结的思想基础和政治基础。基础打得愈是牢固，团结就愈能够有保障。

李文海： 小平同志多次强调，共同的理想信念，共同的奋斗目标，是我们团结的政治基础。党政要有分工。书记和校长的工作职责、工作角度、工作内容甚至某些工作方式是不一样的。可以说，书记和校长是在学校这个社会环境中担负的两种不同的社会角色。

但分工不是分家，是从不同的方面去完成共同的目标和任务。

马绍孟：《中华人民共和国教育法》规定："学校的教学及其他行政管理，由校长负责。"中共中央印发的《中国共产党普通高等学校基层组织工作条例》规定："高等学校实行党委领导下的校长负责制。校党委统一领导学校工作，支持校长按照《中华人民共和国教育法》的规定积极主动、独立负责地开展工作，保证教学、科研、行政管理等各项任务的完成。"应该说，校长和书记之间的关系，各自的不同职责、不同任务，规定是明确的。

李文海：常常听到有人提出，哪些事是应该校长管的，哪些事是应该书记管的，似乎写得越细规定得越具体越好。我以为没有这个必要，也不可取。学校工作是很难分得那么清楚的。当然要有个大体的区分，不能党政不分。但一切重要的工作，都需要党政两方面来齐抓共管，只不过有的是从党的工作、思想政治工作的角度，有的是从行政管理的角度去做而已。人们常说两个文明建设要一把手两手抓，也许可以再补充一句，要两把手一齐抓。在实际操作过程中，我们并没有碰到什么"权力范围划分不清"的问题。作为校长，我非常明确，学校实行的是党委领导下的校长负责制，学校一切重大问题和原则问题，必须经过党委或党委常委会的集体讨论，才能做出决定。由于重大问题是由党委决策的，因此，从行政方面去贯彻实施的时候，也总是能得到全校各级党组织以及广大党员的积极支持。自觉地接受和服从党委的领导，大胆地、负责地实施行政管理，这是一个问题的两方面，相辅相成，缺一不可。

马绍孟：校长是学校的法人代表，当然要对学校的一切负责。但作为党委书记，也要有一个明确的责任观念，那就是学校工作的一切方面，做得好，做得不好，也承担着全部责任。一方面，充分发挥校党委"统一领导学校工作"的作用，另一方面，充分支持校长"积极主动、独立负责地开展工作"，这是从书记角度来说的一个问题的两方面，也是相辅相成，缺一不可的。

行政管理工作要注意“讲政治”；思想政治工作要做到业务领域里去

李文海：刚才讲的是书记、校长在目标、任务、职责、角色中的同和异的问题。其实，就是在不同的工作领导和不同的工作分工里，也还存在着异中之同和同中之异，值得深入一步来讨论。

作为校长，主要是负责学校的行政管理工作；作为书记，主要是负责学校党的工作和思想政治工作。但决不是说，校长可以忽视政治，书记可以不熟悉学校的各种业务。

马绍孟：中央对高等学校的校长、书记提出了很高的要求，即应当既是教育家，又是政治家。当然，我们离这么一个标准还很远，不论从哪方面说，都还有很大的差距。但我们毕竟应该朝这个方向去努力，不断地提高自己，以适应党的要求和工作的需要。

李文海：江泽民同志多次强调要“讲政治”，告诫各级干部不能埋头于事务，很少考虑政治方向、政治立场问题，缺乏应有的政治辨别力和政治敏锐性。仔细想想，学校的行政管理工作，哪一项可以忽视政治呢？教学工作、科学研究工作、学生的德育工作、教师和管理干部的队伍建设，乃至于后勤工作、校园环境建设等等，这中间无一不有一个政治方向和政策导向的问题。特别是像我们这样以哲学、社会科学和管理科学为主的学校，所有的学科与当前的政治、经济和社会生活的各个方面结合得十分紧密，如果政治方向不对头，不但不能起积极作用，相反还会起负面作用、消极作用甚至破坏作用。

马绍孟：江泽民同志强调“讲政治”，决不是要我们搞“空头政治”，更与林彪一伙鼓吹的所谓“突出政治”“政治可以冲击一切”有着本质的区别。江泽民同志说：“归根到底，我们强调要讲政治，都是为了坚持经济建设这个中心，为集中力量把经济搞上去提供强有力的政治保证，创造良好的政治环境。”“我们要搞现代化，不能搞空头政治那一套。但是，如果完全一头栽到业务里面，根本迷失了方向，也是不行的。”很显然，江总书记要求我们辩证地对待政治与经济、政治与业务的关系。在高等学校，讲政治是为了更好地把培养社会主义建设者和接班人这个中心和根本任务完成好，为学校的改革和发展提供强有力的政治保证，为人才培养和学科建设创造良好的政治环境。因此，党的工作和思想政治工作，就决不能抽象地、空洞地来进行，而必须渗透到各项业务工作中去，围绕中心工作，服务于中心工作，避免使党的工作和思想政治工作游离于中心工作之外。这样，才能做得生动活泼，才能有的放矢，也才能真正发挥我们党的思想政治工作的传统优势和巨大威力。

李文海：就这个意义上说，“同”并不是简单地混一，“异”也不是截然的互不相关，而是同心协力，殊途同归。

互相信任、互相支持、互相谅解

马绍孟：话虽然是这么说，可实际工作是丰富而具体的，实行起来，有许多方面还要不断地总结和探索。

李文海：确实如此。虽说目标一致，但由于各人考虑问题的角度不同，了解的情况不同，再加上各人的脾气禀性、思维习惯等也有差异，对有些问题的看法，也难免会出现不一致和分歧，这是完全正常的。

马绍孟：要求校长、书记在任何问题的看法上都完全一样，这倒是不正常的了。出现一些分歧并不要紧，只要多商量，便容易得到解决。所以江泽民同志在党的十四大政治报告中，特别强调“领导班子内部，要树立互相信任、互相支持、互相谅解和批评与自我批评的良好风气，齐心协力地做好工作”。

李文海：过去毛泽东同志也讲过类似的话，他在《党委会的工作方法》中说：党委一班人之间的“谅解、支援和友谊，比什么都重要”①。

马绍孟：不要说出现一些不一致和分歧，就是一方在工作中确实发生了失误，另一方也要采取“补台”的办法，而不应该横加指责。校长、书记的日常工作任务很繁重，大到办学方向，小到生活琐事，都难以回避。俗话说，人无完人。智者千虑还有一失呢！校长或书记在考虑问题、发表意见、处理事情的过程中，不可能样样周全，一无遗漏，毫无差错。这就要求互相补台，互相圆场，甚至是主动为对方承担责任或分担责任。切不可互相拆台，互相指责，互相推诿。

李文海：这里有一个气度的问题。小平同志说：“领导人的度量要大一点，要能容人。”当然，对于自己，是要严格要求的，做错了事，就要做自我批评，让别人批评。小平同志说：“领导人不可能什么事都做得百分之百的正确，不可能一点缺点、错误也没有。问题在于对自己的缺点和错误，有没有自我批评的精神，让不让别人批评，听了正确的批评能不能接受和照办。有错误，自己讲，而且讲够，又能倾听别人批评的意见，这就有了主动，就可以使大家心情舒畅。这样做绝不会损害自己的威信，只会提高自己的威信。”② 当然，做到这一点并不容易，这算是我们的一个努力方向吧！

马绍孟：所以，互相信任、支持和谅解，其实从党员修养的角度说，也无非是对人宽厚一点，律己严格一点而已。

沟通情况才能有更多的共同语言

李文海：人的判断和认识，大抵来源于对情况的了解和掌握。书记和校长，常常有各自不同的接触对象，不同的了解情况和获取信息的渠道，参与各种不同的活动。要使书记和校长有更多的共同语言，就要特别注意互相沟通情况。

---

①　毛泽东：《党委会的工作方法》。

②　《邓小平文选》，2版，第1卷，309页。

马绍孟：毛泽东同志在《党委会的工作方法》里，就特别写了“互通情报”这一条。他批评有些党委一班人之间，“像老子说的‘鸡犬之声相闻，老死不相往来’，结果彼此之间就缺乏共同的语言”。强调指出：“党委各委员之间要把彼此知道的情况互相通知、互相交流。这对于取得共同的语言是很重要的。”①

李文海：事实上，有时候对有些事情发生看法上的不同，往往是由于对情况了解的差异而引起的。把情况弄清楚了，搞全面了，看法和认识也就很快趋于一致了。而且，互通情况，不但是为了取得更多的共同语言，还是对对方的一种尊重；更进一步，也是增进相互间的友谊的一种重要方式。

马绍孟：校长书记的每日工作，虽说不上日理万机，但各方面的新情况、新事物、新问题、新精神等等，总是不断有的。而校长或书记个人的接触面又是有限的。因此，必须及时沟通情况，交流重要信息，共商大事、要事，以保证决策的及时、正确、无误，也可以避免不必要的扯皮或误解。进一步来说，校长和书记之间，为建设学校而合作共事，应既是革命同志，又是知心朋友。彼此各有优点，各有专长，各有个性，各有不足。应互相尊重，多看对方的长处，多学习对方的优点，多发挥对方的特长，多听取对方的意见。要多谈心，多交流思想，大至国家大事，小至个人兴趣爱好。这样做，积以时日，肯定可以互相了解，心心相印，工作中配合默契。

李文海：应该说，我们在相处过程中，基本上做到了“无话不谈”的程度。我们的办公室门对门，每天一上班，总是先在一起聊几句，这样，花费几分钟，基本上都知道了各人昨天做了些什么，今日有哪些活动，校园里发生了些什么重要事情。遇到事情需要商量，随时往对门一走，只要人在，就随时研究。处理文件的时候，稍重要一点的，即使问题已解决了，也往往相互批请对方阅看，以便了解情况，做到心中有数。工作间隙，也很自然地在一起交换一

① 毛泽东：《党委会的工作方法》。

些看法，从对形势的认识，到自己接触到的见闻，都可以直言相告，不必有所保留。所以，互相之间的思想脉搏是很清楚的。如果“交往只说三分话，未可全抛一片心”，那还怎么能很好地合作共事呢?

不能只靠“哥俩好”，更重要的是要靠制度的保证

马绍孟：党政一把手之间的团结，有一个强烈的团结愿望，有自觉的团结要求，有很好的工作关系甚至革命友谊，都是很重要的。但是，仅仅靠这些还不够，或者说，由于各种复杂的因素，这些并不是很容易都能做到的。因此，要使校长、书记之间的团结建筑在更牢固的基础上，还必须有制度的保证。最重要的，就是要建立和健全民主集中制。民主集中制是我们党的根本组织制度和领导制度。民主集中制是民主基础上的集中和集中指导下的民主相结合的制度，是马克思主义认识论和群众路线在党的生活和组织建设中的运用。坚持这种制度，就可以造成“又有集中又有民主，又有纪律又有自由，又有统一意志又有个人心情舒畅、生动活泼的政治局面”。党的团结、领导班子的团结、党政一把手之间的团结，也就有了最可靠的保证。

李文海：我记得我们这一届班子刚接任的时候，在第一次全校中层干部会上，我只讲了一个问题，就是要搞好学校的工作，必须坚持和健全民主集中制，一共讲了十条。后来，党委在此基础上进一步研究，正式做出了《关于建立和健全民主集中制的决定》，并且相应地制定了“党委常委会议事规则”“校长办公会议事规则”和“书记办公会议事规则”，几年来，我们基本上是按照这些规定、规则行事的。

马绍孟：这就保证了我们能做到集体决策。凡涉及学校改革、建设、发展中的重大问题，都要在吃透两头（上级精神、有关方针政策和本单位具体情况）的基础上，充分论证，提出方案，广泛征求意见，然后由领导班子集体讨论决定。在这个过程中，党政一把

手都要亲自听取意见，及时沟通，交换看法，决不能一个人轻易拍板，以免造成决策失误。

李文海：个别单位的党政主要领导之间所谓“拍板权”究竟归谁或“到底谁说了算”的争论，如果按照民主集中制的原则来衡量，就会是毫无意义甚至是十分可笑的。按照民主集中制，凡属重大问题，都应经过一定的会议，集体讨论，做出决定。如果讨论的问题大家意见完全一致，当然无所谓“谁说了算”。如果意见不一致，事情不那么紧迫的，可以先放一放，下面继续酝酿，待条件较成熟了再做决定；事情比较紧迫的，也可以按照“少数服从多数”的原则，进行表决。那时，也是多数人说了算，而不是哪个人说了算。违反大多数人意愿的个人“拍板”，一般应该避免，勉强去做，效果往往也不好。如果作为党政一把手，老是这样去“拍板”，几次下来，表面上人家服从了你，实际上你的威信也就没有多少了。

马绍孟：民主集中制还有另外一面，就是要强调个人负责制。重视集体决策，决不是意味着事无大小，都要拿到会上去一议再议，领导班子成员个人什么主意也不敢拿，什么责任也不敢承担。党政分工，各有侧重。对职责范围和分工承担的事情，要勇于负责，不折不扣地去完成所担负的任务；遇到困难、问题和矛盾，主动设法协调、解决；出了差错，及时总结经验教训，勇于承担责任。特别是对那些因考虑不周、领导不力而造成下属工作上的失误，尤其要勇于承担领导责任，决不可以把成绩、功劳记在自己账上，过失、责任推给下面，推给别人。

李文海：从当前的主要倾向来说，怕负责任，不负责任，不讲是非，不讲原则，是一个大问题。所以还要讲一句老话：“世界上怕就怕认真二字。共产党就最讲认真。”

小结

马绍孟：把上面讲的归纳起来，我概括成八句话二十二个字：

目标一致，集体决策，分工负责，换位思考，工作互补，情况互通，思想交流，感情融洽。

李文海：这个概括很好，言简意赅。我看，就把这三十二个字算作是本文的简短结束语吧。

太平天国时代的妇女*

对于生活在太平天国时代的妇女，英国人呤唎谈到过这样一番观感："太平天国的妇女可以自由交际，她们的地位被大大提高，这是标志太平天国超越清政府的无数革新措施之一。""太平天国社会制度中最值得称赞的就是妇女地位的改善，她们已经由亚洲国家所处的卑贱地位提高到文明国家妇女所处的地位了。太平天国革除了两千年来妇女所受到的被愚昧和被玩弄的待遇，充分地证明了他们的道德品质的进步性。"① 特别引起我们注意的是，在上面的评论中，呤唎已经把中国妇女地位的改善和提高摆到了他赞不绝口的太平天国各项政策和措施"之最"的位置，这还不够，他甚至大胆断言，他所看到的太平天国妇女境况，已经达到了文明国家的先进水准。对于呤唎的描述，我们不应该简单地凭直觉去赞同或推翻。我们愿意将这个十分有意义的课题，重新带回到一百多年以前的太平天国社会，让历史生活中真实的妇女形象和她们的行为踪迹来做公允的判别和说明。

一

当初，像洪秀全和杨秀清这样的太平天国领袖人物在他们的奋斗目标中，很难说已经具有了如呤唎所称道的那种将妇女从两千年来受奴役、被压迫的境况中解放出来的伟大志向，因为他们既没有

---

* 载《中国历史博物馆馆刊》，1997 年第 1 期。署名：李文海、刘仰东。

① 《太平天国革命亲历记》（上），185、239 页。

生活在能够产生这种观念的社会条件和环境之中，也从未有过接触这样一种先进意识的机缘。洪秀全受过扎实的封建文化的熏陶，同时又勇敢地冲破了封建文化的钳制和藩篱；杨秀清则是一位目不识丁、四处漂泊、烧炭为生的流浪者；其他几位太平天国领导者，也都具有同他们两人差不多的教育经历和与林则徐、魏源等思想家决然迥异的文化素养。正是在这样一种文化心理的背景下，太平天国的领导者们在妇女问题上，也曾大发过一阵扬弃了某些封建传统观念的议论，甚至将这些看法郑重地列入太平天国政权正式颁布的文件中，在一定程度上，确实改变了妇女们苦难深重的人生命运。

大约距金田起义四五年之前，洪秀全撰写了一系列著名的带有宗教色彩的纲领性著作。在其中的《原道醒世训》中，他疾声力呼："天下多男子，尽是兄弟之辈；天下多女子，尽是姊妹之群。何得存此疆彼界之私，何可起尔吞我并之念?"[①] 这可以说是太平天国领导人最早冲击传统伦理观念的论调。后来，洪秀全在《原道觉世训》中，号召"天下凡间我们兄弟姊妹"，共同对付一切"妖魔鬼神"，再一次把男女之间的关系摆到了相提并论的平等位置。在其他的诗文论说中，"天下一家""兄弟姊妹""皇上帝子女"等等具有破俗倾向的言论和观点，都是洪秀全等人不厌其烦地反复倡导的。男女并提，几乎成了洪秀全和他的战友们言论文辞中的一种特有风格。金田起义后，太平天国领导人这种男女平列的思想，便纳入这个政权的变革章程之中而被一再强调。在日常生活和宗教活动中，都能见到许多这方面的明确规定。像具有法律效力的《天朝田亩制度》就确定了"凡分田照人口，不论男妇"的平等分配原则，这是一项破毁男尊女卑的坚固藩篱的实践活动；太平天国还在理论上提倡过一夫一妻的婚姻制度，强调"凡天下婚姻不论财"，从另一个领域涤荡陋俗；在他们奉为最不可亵渎的宗教活动中，男女一样享有共同的权利便显示出更为神圣的意味。《天朝田亩制度》

---

① 《太平天国印书》(上)，15～16页。

规定："凡礼拜日，伍长各率男妇至礼拜堂，分别男行女行，讲听道理。"[1] 在太平天国，确实常常可以见到这样的情景：许多男男女女以兄弟姊妹的情谊会聚一堂，履行庄重、神圣的宗教仪式。这里所强调的"分别男行女行"，不过是要求男女分立在同一礼拜堂的两侧而已，毫无等级色彩，也不同于封建礼教中的"男女授受不亲"的戒规。呤唎在《太平天国革命亲历记》的著作中收选有为数不多的几帧插图，其中一幅题为《一个太平天国的礼拜堂》，描绘了这样一个画面：一位正在"讲道理"的太平天国首领手持讲稿站在礼拜堂一端，他的身后并立着几名吹鼓手，他的两侧便是参拜、听讲的太平天国普通居民，一边为男子，一边是妇女和儿童，有坐有立。整个礼拜堂确实洋溢着一种男女间和谐、平等、轻松的气氛。结合《天朝田亩制度》的规定和呤唎本人的亲身经历，我们有理由相信这不是一幅被夸张了或完全是凭空想象的图画。在另外的方面，太平天国政权同样强调了这种平权意识，女子享有与男子相同的受教育的机会和权利，可以读书、参加科举考试，甚至可以介入政界，这都是一些难能可贵的创见。许多相对杰出的女子因此成为太平天国的女状元、女榜眼、女探花、女丞相、女检点、女将军、女指挥，等等。

所有这些事情，都发生在一个男尊女卑的国家和男尊女卑的时代，无怪乎呤唎发出如此热烈的讴歌，这的确是值得赞颂和惊叹的历史进步。如果就太平天国统治集团里的决策人物的精神深入做一些探讨，便能够发现，这种对待妇女问题上的进步意识，多半是源于他们在对封建统治秩序叛逆过程中自发产生的朴素的民主主义倾向。无论是洪秀全、冯云山、洪仁玕，还是杨秀清、萧朝贵，还是韦昌辉、石达开，尽管他们的人生经历各不相同甚至大相径庭，然而他们起初下定造反决心的动机好像都十分一致，这种一致性便体现在他们受到封建社会黑暗不公平的贬抑、压迫、摧残之后迅速萌发和膨胀起来的愤懑之情。像洪秀全做出掀倒孔子牌位的惊人之举，

---

① 《太平天国印书》(下)，409页。

就是一个典型的写照。这种自发的、朴素的民主主义思想倾向，在各方面风土人情的变革中都得到了淋漓尽致的表现，自然，在妇女地位这个重要的传统习俗上，便促成了那种对男尊女卑传统大胆挑战的可喜现象。

太平天国起义爆发之后，马上开始了气势磅礴的战争挺进。太平天国领导人的所有变革意识都在这场大规模长时间的军事行动中接受考验和检验。在妇女问题上，客观形势实际上向他们提出了一个严峻的问题：在战争中将妇女摆在一个什么位置？按照常理推论，太平天国领导人在妇女问题上的破俗意识必然要因为战争而被搁置，可是事实正好相反，残酷的你死我活的战争需要尽可能多的力量的投入，而洪秀全发出的“兄弟姊妹”共同对付“妖魔鬼神”的召唤，恰好能够满足吸引了更多的拜上帝教的信仰者投入战斗的要求。所以，洪秀全从未把战场看作是“男人的世界”。事实上，正因为这长达两年的千里转战，使妇女和男子之间的平等关系得到了进一步的加强和深化，为这样的破俗行为在后来的太平天国统治区域一再延展创造了机会。

这种情况，还同太平天国运动诞生地广西的独特区域文化有密切的关系。

太平军中的女战士，大都长期生活在偏远地区的山寨里，那里的自然环境、文化水准和生活习俗，造就出了她们特有的精神面貌。在很大程度上，她们同男子干同样的活，出同样的力，甚至穿同样的衣服，走同样的人生道路；她们的外在表现，也常常给人留下不亚于男子的强悍粗犷印象。许多记载特别留心记下这一特点，有的称她们“赤足蓬首，壮健如男子”①，甚至“勇健过于男子”②，有的说她们“颇矫健”“力能任重”，等等。正因如此，她们有可能大批投入太平军中，并在行军作战中创造了赫赫的功勋；反过来，长期的出生入死的战斗生活，又进一步开拓了她们的眼界，增长了她们豪放的气概。

---

①② 《太平天国》(三)，292页。

在金田起义之前，尽管洪秀全早就一再地男女并论，但拜上帝会的领导核心中，却从未产生过一位妇女领袖。在从金田到南京的征途上，她们却脱颖而出，威风凛凛、冲锋陷阵、驰骋疆场，出现了许多女中豪杰。这大概足以说明，正是在似乎最不适宜妇女活动的刀光剑影的战场上，倒是不可思议地为妇女提供了一个施展才能的舞台。许多著述或者出于赞美，或者出于诅咒，都曾记录了太平军女战士同男子并肩作战的战斗业绩。呤唎在讲到当时的太平军女军时说："革命初期，她们曾勇敢参战，有的并担任了军官职务。"① 那位颇有些传奇色彩的太平天国女军领袖苏三娘，便是在战斗中进一步成长起来的典型女中豪杰。据说：苏三娘"凶悍绝伦，女兵千余名，俱广西大脚婆，全用黑旗，杀戮最惨"②。吴家桢也在《金陵纪事杂咏》诗第 17 首中，专门描述了这支女兵队伍："八百女兵都赤脚，蛮衿扎裤走如风。"③ 攻克武昌城后，苏三娘率部随杨秀清沿江东去，占领天京，挺进镇江，挥师扬州，所到之处，清军无不披靡，真可谓："雄雌谁得辨肖娘。"④ 这样一些描写，如果从政治角度看，充分反映出在冲击封建统治秩序的农民战争中，妇女可以或者曾经创造出何等惊天动地的业绩。倘若从社会风俗的角度着眼，则太平天国女战士身上那种无视封建礼规的村姑农妇的豪爽气概，实在也因为战场上的拼杀而表现得淋漓尽致了。

二

现在，我们必须强调这样的事实，我们看到的太平军中妇女群众飒爽英姿的图景，同在近代文明曙光的照耀下而闪烁出妇女解放异彩的画面，毕竟是性质很不相同的两码事。因为，不论是太平天国领导人的思想上或理论上，还是在太平天国统治区社会生活的实

---

① 《太平天国革命亲历记》（上），241 页。

② 《太平天国》（四），367 页。

③④ 转引自《太平天国人物》，482 页。

践中，妇女解放从来都不曾作为一种指导方针提出过，更不曾作为一种生活准则哪怕是企图在现实世界中去加以贯彻和体现。

作为太平天国政权的最高级领导人，洪秀全和杨秀清的思想深处，在妇女问题上一直存在着看似奇特实则自然的矛盾。一方面，他们大唱男妇“一家”的赞歌，并且勇敢地践踏了男尊女卑的封建等级观念；另一方面，他们并未彻底摒弃甚至还十分赞赏某些男尊女卑的封建论调，他们在妇女问题上的总体认识，实际上还停留在深受封建的三纲五常影响的低水平状态。因此，在太平天国社会里，歧视妇女的传统习俗不仅没有绝迹，反而被太平天国领导人大加张扬，甚至被奉为他们的生活信条。

大概还是在作战途中，洪秀全就有了三宫六院的嫔妃，他还以“皇上帝”的名义颁布圣旨，迫不及待地制定起“整肃后宫”的方案。这个方案规定：“男理外事”，“妇理内事”。“后宫姓名、位次，永不准臣下称及谈及。”“后宫面永不准臣下见。”“臣下话永不准传入”[①] 宫内。这个规则无疑会使宫中的妇女饱受禁锢，与世隔绝。占领天京以后，洪秀全果然将他所有的“娘娘”们禁闭起来，外人（包括一人之下的东王在内）根本无法踏进天王府的门槛，还谈何“见面”与“传话”呢？这种局面刚刚开始，有关宫中的流言和猜测便接踵而起，四处传扬，仅宫内“娘娘”的数目就被传得莫衷一是，有的说仅“月宫”（妻子）就有八十八人[②]，也有的说是“一百零八妻”，一位外国游客打听到“宫中只许女子居住，闻宫内共有女子千名”[③]，更有人干脆以“无数美女”相称。至于宫里妇女们的生活处境，我们目前还没有见到令人信服的记载。不过，洪秀全在这期间深居简出的生活中创作了一部《天父诗》，从这部诗稿中略加推断，妇女在这位太平天国最高统治者心目中的位置以及她们在宫中的生活情形，也不难窥其大要。他极其详尽地给后妃们制订了一系列的清规戒律。声称：“服事不虔诚，一该打；硬颈不听教，二该打；起

① 《太平天国文书汇编》，卷 1。

② 《太平天国》（二），855 页。

③ 《天京游记》。

眼看丈夫，三该打；问王不虔诚，四该打；躁气不纯静，五该打；讲话极大声，六该打；有喙不应声，七该打；面情不欢喜，八该打；眼左望右望，九该打；讲话不悠然，十该打。”他还一再借天父天兄之口教训后妃说：“咁多小婶有半点嫌弃怠慢，我胞弟云中雪飞。”“众小媳，他（天王）说尔这样尔就这样，说尔那样尔就那样，不使得性，不逆得他。逆他就是逆我天父，逆天兄也。”① 可以肯定的是，上面苛求到近乎虐待的生活原则，被实际贯彻在妇女日常活动的时时刻刻，而洪秀全本人早已无异于历史上任何一个残害妇女的虐待狂的封建帝王了，这与他曾经倡导和实践过的“天下男女皆兄弟姊妹”的叛逆精神，相去何等遥远！

这种歧视妇女的悲剧并不仅仅在天王府里，其他的太平天国领袖人物和高级将领的家中也都妻妾满堂。据《金陵杂记》记述，洪、杨、韦、石、秦等王府中，“均有妇女在内，或千百人，或百余人，其中美丽粗恶皆有”②。我们从一位“得备见贼人著述”的作者笔下，发现了这方面的具体规定：“一等王，娶王娘一人、贞人二十人、随使女四十四人。降一等，减贞人二人、使女四人。一品官娶贞娘一人、女使十人、随使女十二人。降一等，减女使一人、使女一人。”③ 这些可怜的妇女大都按照中国封建社会传统的选美方式被选进统治者的门下，饱尝着不同程度的、不平等的境遇。洪秀全竟然还坐在他至高无上的王位上，向全社会重弹起“三从四德”的陈调。他在另一部叫作《幼学诗》的诗稿中，一再散布“妻道在三从，无违尔夫主”“夫道本于刚”“女言终莫听”④ 之类浓厚的封建思想意识，成了压迫和歧视妇女的最卖劲的吹鼓手。

过去，研究者们太习惯于用一种单调的色彩去涂抹历史人物，洪秀全既然是发动和领导一场伟大农民战争的英雄，似乎他的形象就只能是一尊完美无瑕的圣洁的神。事实上，对于洪秀全、杨秀清

① 《太平天国印书》（下），574～575、190页。

② 《太平天国》（四），628页。

③ 《太平天国史料专辑》，392页。

④ 《太平天国印书》（上），62页。

和所有的太平天国领袖人物充满矛盾的内心世界，应当抱着不去回避也无足为怪的求实态度去进行考察，更应该明白，这种矛盾的心理现象是符合社会发展的一般规律和人物思想演变的内在逻辑的。洪秀全等在妇女问题上，既有背离男尊女卑的封建伦理观念、主张给予妇女更多权利的朴素的民主主义意识，又在总体观念上跳不出封建三纲五常的框框，这不正同他们在政治上敢于发动冲击现存封建统治秩序的农民战争，又最终不免日益使自己建立的政权趋向封建化，是完全一致也完全合乎规律的吗？

三

除了太平天国领导者主观意识上的矛盾，在妇女问题上，我们还面对着另外一个来自客观世界的矛盾：当一批久经风霜而超凡脱俗的巾帼英豪来到秀丽的江南地区时，是她们的生活风貌影响并改变着当地妇女的生活情趣呢？还是相反，是那些泼悍、强勇的“大脚婆”所固有的山村女人的生活作风与性格特征，最终被江浙一带温良、窈窕、贤淑的女性风度所替代，所同化，所淹没？

不错，当这个妇女群体刚刚闯入江南社会时，她们很难完全再按照过去那一套方式继续生活下去了。新的环境使她们注意要在一些方面做出相应的改变，不管她们是否意识到并乐于这样做。可是，原有的生活惯性仍然在强有力地左右着她们自身的生活命运，同时也强有力地冲击着江南妇女的生活准则。在相当长的一段时间里，生活在太平天国统治区的两个妇女群体，并没有形成真正的融合，无论站在政治、经济，或者别的什么方面来观察，她们的前途都受到本身固有的生活风习的制约和另一个妇女群体的影响、渗透。这种相互影响、相互渗透又相互排斥、相互抵触的复杂关系，形成了一代天朝妇女的独特生活风貌。

人们注意到，那些被呼为“大脚婆”的客籍妇女们，很有分寸地调整了自己的生活方式。刚刚踏进南京城那会儿，她们还“双足如漆，多有不着鞋袜不着裙者”①，然而没过多久，就全都披戴起江南妇女素所喜好的五彩斑斓的服装，令人刮目地崭露出她们爱美的天性来。在当时人的笔下，有的记载她们“窄袖艳装，不挽髻，用彩线结辫盘额上，抹粉涂脂”②；有的描述她们“衣华服，系金玉等镯，动则琳琅有声”③。在一些地方，她们的装束简直成为一种时尚，“女人梳头，以广西式为上，湖南、北次之，余皆不贵”④。如果我们回想起中华人民共和国成立初期，妇女们如何竞相穿着列宁服以为最时髦的装束，那么，在太平天国定都南京之初，以广西发式作为最时髦的梳妆，也就完全可以理解了。这是随着政治影响力而来的生活方式的影响力量的一种虽然微小却颇深刻的表现。看来，这时的大脚妇女们，如果回想起不久前她们跋涉在紫荆山时的情景，恐怕多少会感到有些不堪回首了。

我们是不是在面对这样一个现实，她们打算彻底改变自身的剽悍形象而去追求江南女子柔美玲珑的风度？不，事情并不是那么简单，她们在日常生活的习惯上稍稍靠向另一个妇女群体的同时，照旧保持着许多独特的风貌。仅就缠足这个江南妇女的鲜明特色而言，她们坚决地加以排斥，甚至赤脚上街，丝毫不顾当地女人们以及更多的男人们的惊奇目光；更还有许多大脚妇女在街上“骑马执鞭而过”。这些长年的积习是太平军女战士在初到天京后仍能够保持住旺盛精力和战斗风格的一个重要因素。在许多方面，她们仍然愿意同男子做同样的事情，享有看上去平等的权利。

可是，说到更多的江、浙妇女们，就完全是另外一种情景。这个一向生息在封闭和枷锁中的闭塞的妇女群体，在突兀而至的拜上帝旋风面前，早就晕头转向，茫然到不知所措的地步。许多历史记载异口同声地告诉人们，她们在太平军到来以后，也迅速地改变着自身的形象。不过她们并不同于来自客籍的太平军女战士们，在心

---

① 《太平天国》（三），173页。
② 《太平天国史料丛编简辑》（一），329页。
③ 《太平天国史料丛编简辑》（二），45页。
④ 《太平天国史料丛编简辑》（六），400页。

甘情愿的变化中，享受到某种说不出的畅快，在她们命运中的所有大大小小的变动，几乎都是被强制实施的。这可以被称作一种阵痛。最为刺伤她们的，大概是被剥夺了缠足的“权利”这一手。

广西妇女习惯于天足，这当然是无可指责的事情，太平天国的当权者要求所有的天朝妇女都放开长年缠裹着的小脚，这本来也是无可指责甚至是值得称赞的事情，我们完全可以把这个创举式的举措看成是一种了不起的进步。可悲的是，打破长期积重难返的缠足习俗，无论从肉体、心灵和视觉上，都简直使受到解放实惠的江南女子蒙受了莫大的痛苦和难堪。《贼情汇纂》记述说：“贼婆皆粤西溪峒村媪，赤足健步，无异男子，初至江宁，即传令妇女不准缠足，违者斩首。已缠之足忽去束缚，几不能跬步。而贼党督令挑抬，其呼号之惨可以想见。”① 《金陵癸申纪事略》也讲道：“妇女皆去脚带，赤足而行，寸步维艰，足皆浮肿，行迟又被鞭打，呼号之声，不绝于道。”在畸形的社会里，使人体畸形的“三寸金莲”，竟被绝大多数人视为美艳绝伦，这种畸形的审美观，也牢牢地统治着作为直接受害者的妇女自身。尽管每一位妇女在缠足时流尽了痛苦的眼泪，但却仍然由衷地把那条裹脚布视作是每一个正经女子不可须臾或缺的护身符记。于是在一些地方，面对着太平天国政权的缠足禁令，万般无奈的妇女们只好以一死表示抗议，竟然在十天之内“寻死者以千计”②，直至迫使颁令者收回了禁条。

发生在天朝的这种由于区域文化的差异而形成的妇女间矛盾的日趋尖锐化，还不仅仅表现在缠足这样的细节上，它还理所当然地渗透到妇女生活的方方面面，并且，这种矛盾状况由于两个妇女群体政治地位的不同而更形加深。在太平天国社会，不少太平军女战士因为战功而成为大大小小的当权者，她们享有和男子平等的职位和地位，被不断委以女两司马、女百长、女监军、女总制甚至女丞相等等，参与国家政要，声威显赫。然而，只要稍稍留意，就会明白，江南女子与这些头衔几乎无缘，大小女职尽落客籍人手中。《金

① 《太平天国》（三），316 页。

② 《太平天国史料丛编简辑》（五），82 页。

陵省难纪略》说："女人无论老少，呼曰新姊妹，娶二十余人为一馆，老姊妹辖之曰牌长。老姊妹者广西女人也，亦不论多少。"[①]《贼情汇纂》云：粤西妇女到天京后"皆受伪职与伪朝官等，有军师、丞相以下各名目统辖，续裹妇女为之服役"[②]，《金陵杂记》也介绍说，所有名目的官职，"皆广西山洞大脚妇女为之"[③]。

于是出现了这样的现象：两个不同的妇女群体，在某种意义上形成了当权与不当权、管理与被管理的关系。从太平天国女战士的经历和精神面貌来说，她们曾经浴血奋战，驰骋疆场，这时充任一定的工作岗位当然是力所能及的，而且这本来也是合情合理的事情。而问题的实质在于，这些客籍妇女有着与江南女子全然不同的文化背景，她们并没有意识到她们自身与江南妇女之间某些外貌特征的不符存在着多么深刻的文化差异，她们很可能以为去掉那些小脚妇女的裹布就能使她们像自己一样健步如飞。因此，在实际工作中，那些健壮的女官往往不体谅江南妇女长期形成的孱弱体质和悲惨处境，苛求她们按照自身文化区域的特性去承担力所不及的苦役。这就不可避免地酿成许多悲剧。而且，女官愈是恪守职责，也就愈受她们管辖的江南妇女的痛恨。很有些人诅咒这些女官"其性残若豺狼"[④]，"日以凌虐妇女为戏，直令其求死不得"[⑤]。这对于那些忠于职守的太平天国女官来说，显然是有些冤枉了。

无论怎样，在太平天国定都天京的最初几年，江南妇女确实陷入了极其困苦的生活处境。她们被强迫组织起来服各种各样的苦役。《金陵杂记》介绍："妇女入馆后，日以劈竹签挑砖负米为事，不堪其苦。""夏秋间又令妇女出城挑挖濠沟，随后又准令出城拾柴，冬初又准其抬同馆死尸出城埋葬。"《乙丙日记》的态度比较客观："贼本山乡之人，其妇女耕耘织染无非素习，而不知金陵妇女不能也。于是以己之能谓人必能，凡负米、舂稻、伐竹、掘濠、担砖、

---

① 《太平天国》(四)，695页。

② 《太平天国》(三)，292页。

③ 《太平天国》(四)，622页。

④⑤ 同上书，623页。

刈麦、获稻、负盐、担水之事皆责其各自为谋，各自效力。又以裹足不便，责其放足，而不知既小则不能复大也。因而哗然谓其暴虐。然此特江苏妇女苦之尔，若安徽妇女则视为固然，无足怪也。”① 据说，在营造天王府和改造东王府时，女馆里的每名妇女一天要搬十次砖头，往返十余里，收工后，早就“疲敝不堪矣！”② 其他一些历史著述，如《金陵癸甲纪事略》《盾鼻随闻录》《贼情汇纂》《患难一家言》《法国公使天京聘访记》以及向荣上给咸丰皇帝的奏折，都从不同角度对妇女从事的强体力劳动给予了关注。

显然，这样的艰辛劳作，是许多江南妇女所不堪忍受的。她们不得不在逃亡和自杀之间做出选择，一些脆弱的女子走上了绝境。我们注意到这样一种变化，天京起初设立掩埋馆时，只有 30 人，负责“南北两处的女馆抬埋死尸”，后来，大概由于忙不过来，“又添立两馆，可以抬尸出城”，再后来，仍忙不过来，只好“令馆中妇女自抬”③。据《金陵杂记》的作者估计，仅 1855 年春天到 1856 年仲夏，生活在天京女馆中的妇女“约死已有万余”，大约占妇女人数的十分之一。④ 虽然不全是非生理性的死亡，但这时的死亡率已经不能和从前同日而语了。对于更多的渴望生机又不堪苟且在女馆的人们，便只有一条极担风险的逃亡之路。逃亡被拿获的后果，《金陵杂记》讲得颇为清楚：“如被贼识破者，登时用绳捆缚，送回女军枷责鞭扑，则随贼妇任意所为，然妇女一经此番惊辱，性命亦难保矣。”⑤ 即使这样，还是涌现了层出不穷的“冒险家”来。她们或乘收割稻米之隙弃城而遁，或借抬尸、砍柴之机出逃。后来，由于出现灾情，粮食紧缺，太平天国政权对于她们的出逃也只好采取放任的态度，有的地方居然出现了“女馆遂空”的场面。

这个令江南妇女付出艰辛代价的时代毕竟没有延续到太平天国政权的结束。太平天国领导人在变革实践中很快悟出并迅速纠正了

---

① 《太平天国史事考》，327 页。

② 《太平天国史料丛编简辑》（五），82 页。

③ 《太平天国》（四），622 页。

④⑤ 同上书，623 页。

他们的闪失。先是在一些地方，裹足的禁令相继被解除，江南妇女的意愿（尽管是多么落后的意愿）得到了理解和尊重，杨秀清甚至还亲自过问过此事；接着，恢复已经取消的家庭，在女馆里充担劳役的江南妇女得以回到家中与家人相聚，重履旧业；后来，太平天国政权又严令禁止建都初年已成风气的掠掳妇女的现象；李秀成断然下令地方首领将“未得龙批”所掠的妇女送回，违者论斩。[①] 可以说，在后期的太平天国社会里，妇女各方面的权益大都得到维护。女馆固然没有取消，但它已经被赋予了新的职能，一部分妇女被编入女馆，与绝大部分群众过着正常的家庭生活是并存的。这种情况与1855年以前的政策有着性质上的不同。《苏台麋鹿记》曾明确讲到这种区别：“金陵之陷也，贼勒民分别男女设馆，不许同室，而日给以米，男之精壮者为牌面，老幼为牌尾。至苏城却不尽沿此例，间或设立女馆，无非虚言恫喝。”[②] 一般说来，妇女的生活风习不再遭到普遍而强烈的冲击，只要太平天国政权相对稳定，一切都还算平静。

四

最后，需要我们再进一步考察的问题在于，在这种平和的社会环境中，生活在太平天国的无论是广西、两湖还是江南的妇女，最终体现着一种什么样的生活风貌？比起太平天国之前的清朝封建统治时期，她们的生活风貌是否发生了具有积极意义的变化呢？

对此，我们注意到一些到过太平天国统治区的西方人所特有的观察兴趣，倘若说本文开头引用的呤唎的见解还很有些可商榷之处的话，那么他的同胞、英国牧师缪维廉的描述，似乎要客观得多。1861年春天，缪维廉到天京传道，他在街上看到许多妇女，“她们全都穿着很好的衣服，态度庄重……不少妇女停下来听我们讲道，她

---

① 参见《太平天国史料专辑》，78页。

② 《太平天国》（五），276页。

们的举止总是极有礼貌。这是前所未见的新现象，使我们想起了国内的生活情景”①。这至少说明，生活在太平天国社会的妇女的精神面貌，远不是这位英国牧师在清朝统治区域见到的情景所可以比及的。而呤唎则见到过一些更为令人赞叹的情景，有一次，直王在武汉设宴款待呤唎和他的朋友。使呤唎“大为诧异”的是，直王的夫人携子女也来入席，这种情况不仅同中国妇女深居闺中的风俗相反，即使是在世界最文明的英国，此刻也是妇女和儿童退席的时候。而呤唎却见到“直王的妻子、两个女儿以及家中其他的妇女，全都参加谈话，毫无拘束”②。这个家庭显然达到了较高的文明程度。连呤唎也承认，这是他在中国人中间从所未见的。

到了天朝的后期，当初两个妇女群体之间的深刻裂痕，已经日渐弥合。作为客籍的山村妇女虽然始终不肯接受缠足的习俗，但她们自身的剽悍习性和特征早已所存无几，她们当中的一部分人过着相对优裕的生活，“无不锦衣玉食，出入鸣钲乘马，张黄罗伞盖，女侍从数十人，喧阗于道”③。长此以往，“养成娇惰，藜藿变成膏粱，非复曩时慓悍能耐劳苦矣”④。这个结论固然带着敌视者的贬抑，却比较符合她们在优裕的环境中所产生的一种渐变的内在逻辑。

至于更多的普通妇女，不论她们遵从什么样的生活方式和倾向于哪个政权，她们之所以体现着“态度庄重”“极有礼貌”等等令西方人也赞叹不已的生活风貌，显然意味着广大妇女在太平天国的生活情景和社会地位，比起过去长期受歧视和迫害的悲惨处境，有了一个长足的进步。

① 《太平天国革命亲历记》(下)，369 页。

② 《太平天国革命亲历记》(上)，185～186 页。

③④ 转引自《徐州师院学报》，1981 (2)，64 页。

李文海文集

卷五

《李文海文集》编委会　编

中国人民大学出版社
·北京·

《李文海文集》

编委会

在图书阅览室

与龚书铎在延安宝塔山下

目　　录

信封写给谁人看*

经常收到各色人等的来信。近年来，一个有趣的现象引起了我的注意。以往，信封中央收信人这一栏，在收信人姓名下边，一般都加有称呼，如同志、老师、先生之类；眼下，越来越多的信件，大抵只写收信人的姓名了。我是当教师的，来信者中大部分是自己的学生，收到大呼小叫自己名字的信，开始并没有太在意，因为我知道现在的年轻人对这些“小事”往往是马马虎虎的；从信的内容看，倒也看不出有什么不尊重老师的意思。直到有一回，我收到中央机关一个重要部门的正式公函，信封上除了地址之外，竟也一样只写光秃秃的“某某某收”四个大字，这才意识到，这种写法似乎已经成了通例或时尚了。

不久前，恰好一位学生来看我，我便把这个问题提出来请教，谁知这位学生却说出了一番道理：“信封是给邮递员看的，不是给收信人看的。邮递员只须了解收信人的地址、姓名和邮政编码，没有必要告诉邮递员寄信人同收信人是什么关系，写上称呼，不仅多余，而且并不得体。”

这段话，有一半是对的，但并不全对。手头恰好有一本中国人民大学出版社出版的《文化礼仪应用写作》，在其“书信”一章中，关于“封文写作中的礼貌语言”有这样的叙述：“封文中收信人姓名下的称呼不同于笺文中的称谓，它不是发信人对收信人的称呼，而是邮递员（送信人）对收信人的称呼。称呼的选用依收信人的社会职位而定。一般来讲，对无职衔的高龄尊长称‘老先生’‘女士’；对有职衔者，可称职衔，也可称‘老先生’或‘先生’，对女性则称

* 载《北京晚报》，1997年2月28日。署名：梁溪人（李文海笔名）。

‘女士’；对普通长辈及平辈，有职衔者可称职衔，也可称‘同志’‘先生’‘女士’；对晚辈一般不称职衔，而称‘先生’‘女士’。”

可见，信封上对收信人的称呼，是发信人为邮递员代拟的，写上称呼，既是对邮递员的尊重，也是对收信人的尊重。在写信封的时候，你多写上两个字，使收信人在收到信件时多感受到一点温馨，少一点“公事公办”式的冷冰冰的感觉，何乐而不为呢？信封上的这一点点礼貌传统，还是不要轻易丢掉为好。

光辉的历程　深刻的启示*

谈两个问题。

（一）大型文献纪录片《邓小平》播出后，为什么在社会上产生了那么巨大的反响，对人们产生了那么强烈的心灵震撼？

一是由于邓小平同志在中国近现代历史上的特殊地位，这部纪录片虽然以小平同志传奇式的斗争经历为切入点，但实际却在很大程度上反映了中国革命“斗争、失败、再斗争、再失败直至胜利”的生动丰富的发展历程；

二是小平同志鲜明个性的崇高人格力量具有强烈的感染力；

三是这部纪录片十分形象地通过各种珍贵的历史资料和艺术画面，简明扼要而又较完整准确地反映了建设有中国特色社会主义理论酝酿、产生的历史背景和历史环境，这个理论形成、发展的历史过程，以及它所蕴含的主要内容，使人们对“当代中国的马克思主义”有了更加深切的认识和了解；

四是这部纪录片是思想性和艺术性的完美结合。

是不是可以这样说：人们对这部纪录片的认同、赞誉、肯定，不仅仅是怎样看待一部纪录片的问题，实际上也是对中国革命所走过的道路的认同、赞誉和肯定，是对我们正在进行的建设有中国特色社会主义宏伟大业的认同、赞誉和肯定，是对马克思列宁主义、毛泽东思想和邓小平建设有中国特色社会主义理论的认同、赞誉和肯定。

（二）纪录片《邓小平》对人们特别是青年有哪些主要的教育作用？

首先，小平同志对祖国对人民极其深切、极其真挚、极其强烈

* 载《中国教育报》，1997年2月28日。

的爱，成为对人们进行爱国主义的生动教材。每一集的内容，都从不同的侧面演示并展开着片头的题词：“我是中国人民的儿子。我深情地爱着我的祖国和人民。”这同某些人宣扬或信奉的利己主义、极端个人主义、拜金主义、享乐主义等形成了鲜明的对照。

其次，小平同志为了自己的革命信念和共产主义理想，艰苦奋斗、百折不挠、勇往直前、愈挫愈奋的精神告诉我们，树立正确的世界观和人生观，确立崇高的革命信仰，是何等重要。在纪录片中，小平同志风趣地说，如果比政治家东山再起的次数，他有希望得奥林匹克冠军。这句十分幽默的话语包含了何等博大的胸怀！前些时候，社会上有些人宣扬什么泯灭理想、逃避崇高、疏离政治、告别革命之类，与此相比，是何等猥琐和渺小。

最后，小平同志建筑在实事求是基础上的理论和实践的开拓性与创造精神，也给人们以深深的启示。中国革命是在极端复杂条件下的艰苦卓绝的伟大征程，中国的社会主义现代化事业是没有现成模式的伟大探索，要把革命和建设事业不断推向前进，实现我们民族振兴的伟大理想，没有创造精神是不行的。僵化的思想、墨守成规的做法、畏缩不前的精神状态，都同我们的时代和我们的目标格格不入。

揭开历史崭新的一页*

当我国对香港恢复行使主权的庄严时刻日益临近的时候，我们不能不对这一世纪盛事所包含的丰富内容做一点历史的审视。

香港这颗东方明珠，从被侵占到回归，经历了一个半世纪的漫长岁月。它从一个重要侧面，反映了中华民族在近代社会沉浮衰兴的历史命运，提供了许多发人深省的历史启示。

我国的近代历史，是由1840年鸦片战争揭开帷幕的。正如小平同志所说："从鸦片战争起，中国由于清王朝的腐败，受列强侵略奴役，变成了一个半殖民地半封建国家。"① 殖民主义、帝国主义曾多次动用兵舰大炮，通过血与火的残暴手段，用野蛮的军事侵略，辅之以政治讹诈、经济施压等办法，强迫清政府签订了一系列不平等条约。这些不平等条约是一条条"屈辱的绳索"，从各个方面把半殖民地半封建社会的旧中国捆绑得死死的，以便听凭列强吸吮膏血，作践蹂躏。毛泽东同志在《中国革命和中国共产党》中列举了大量事实，深刻描绘了帝国主义列强通过军事征服、政治控制、经济掠夺、文化渗透等压迫手段，把中华民族拖入苦难深渊的"血迹斑斑的图画"。

在第一次鸦片战争时期，英国以武力强行侵占香港岛，接着强迫清政府签订了中国近代史上的第一个不平等条约——《南京条约》，割占了香港岛。在第二次鸦片战争中，英国又在1860年以武力逼迫清政府签订了《北京条约》，割占了九龙半岛南部。到19世纪末叶，英国又强迫清政府签订了《展拓香港界址专条》，强租"新

---

* 载《人民日报》，1997年6月20日。

① 《邓小平文选》，第3卷，292页，北京，人民出版社，1993。

界”。就连第二次鸦片战争时任英国侵华军全权专使的额尔金也承认，那些不平等条约“是用手枪抵在咽喉上逼勒而成的”。

中国人民从来就不承认那些不平等条约的合理性和合法性，曾经在长达一个多世纪的时间内进行了反对与废除不平等条约的持续不断并卓有成效的斗争。收回香港，是全中国人民的愿望，是100多年来爱国的志士仁人梦寐以求的企盼，是历史赋予中华民族的神圣责任。事实上，早在鸦片战争败局已定之时，民族英雄林则徐在遣戍新疆途中就在与友人的信中慨叹：“前事可悲，后患尤大，每一思之，心肝欲裂！”他幻想“有伟人出”，能够驱逐侵略者而夺回被侵占的土地，但又“不知其为谁”，只能徒唤“奈何，奈何！”维新改革派的著名领导人梁启超在列举了包括九龙被强占在内的一系列丧权辱国事件之后，大声疾呼说：“于是瓜分之形遂成，而保全中国之议亦不得不起。丙申、丁酉间，忧国之士，汗且喘走天下，议论其事而讲求其法者，杂遝然矣……海内喁喁，想望维新矣！”伟大的革命先行者孙中山先生在分析革命形势迅猛发展的原因时说：“中国有志之士，感慨风云，悲愤时局，忧山河之破碎，惧种族之沦亡，多欲发奋为雄，乘时报国。”① 他强调祖国统一的重要性，认为中华民族“有统一之形，无分割之势”，中国人民绝不允许列强“分割此风俗齐一、性质相同”之民族。他深切体察全国人民“热望祖国成为强大统一之中国”的迫切要求，申明他所追求的共和国“当成为统一独立与兴盛之国家”。直到弥留之际，他还念念不忘“废除不平等条约”。可惜的是，先辈们如此炽烈的爱国情怀未能转化成现实。因为当时的政府，是对外依附帝国主义、对内实行封建专制的腐败政府。在这样一个腐朽政权的统治下，没有民族独立，没有政治民主，经济凋敝，文化落后，国家残破，民不聊生。落后就要挨打，这是一个铁则。在落后挨打的局面下，香港和祖国的团圆只能是一个美丽的梦而已。

从鸦片战争到中华人民共和国成立的百余年间，既是屈辱的世

---

① 《孙中山全集》，第1卷，187页，北京，中华书局，1981。

纪，也是英雄的世纪；既承受着无比深重的民族苦难，也高扬着动人心魄的爱国主义；既面临着亡国灭种的现实危险，也开展着波澜壮阔的救亡斗争。可以说，自从中国沦入半殖民地半封建社会起，中国人民就一刻也没有停止挽救危亡、振兴中华的艰难而执着的探索。一个又一个救国方案被提了出来，又逐个无情地在社会斗争中不断碰壁。不过，每一个救国方案的破灭，都为下一个具有更多现实合理性的新方案的出台提供了可贵的经验教训，成为发展链条中一个不可或缺的环节。在整个民主革命时期，这种探索同人们对中国国情的认识由浅入深、由表及里、由感性到理性的一步步深化紧密地联系在一起。当人们对国情的认识达到了真正合乎实际的时候，救国方案也就被置于科学的基础之上。于是，中国人民在中国共产党的领导下，经过各种艰难险阻，取得了新民主主义革命的伟大胜利。半殖民地半封建社会的旧中国终于让位于社会主义的新中国。邓小平同志强调指出："'中国人站起来了'，是什么时候站起来的？是一九四九年。使中国人站起来的，不是蒋介石，而是共产党，是社会主义。"① 这就是历史的结论。如果说在旧中国香港被迫从祖国的怀抱中暂时分离出去，一是由于社会制度腐败，二是由于经济文化落后，那么，今日香港回归祖国怀抱，原因也正是与之相对的两条：一是社会主义祖国的日趋强大与兴旺发达，二是中国共产党、中国政府及其领导人具有巨大的胆识和勇气，以及在此基础上制定了正确的方针。

邓小平同志在中英达成解决香港问题的协议不久，就明确指出："香港问题为什么能够谈成呢？并不是我们参加谈判的人有特殊的本领，主要是我们这个国家这几年发展起来了，是个兴旺发达的国家，有力量的国家，而且是个值得信任的国家，我们是讲信用的，我们说话是算数的。"② 中华人民共和国成立后，我们经过了将近半个世纪的社会主义建设，尽管犯过错误，走过弯路，耽误了一些时间，但无论如何，中国得到了前所未有的发展，综合国力有了巨大的增

---

① 《邓小平文选》，第3卷，86页。

② 同上书，85页。

长。目前，我国政治稳定、经济发展、民族团结、社会进步、国际地位提高，中华民族已经扬眉吐气地自立于世界民族之林。

以邓小平同志为核心的中央领导集体，以马克思主义的辩证唯物主义和历史唯物主义为指导，坚持实事求是，制定了“和平统一、一国两制”的伟大方针。在香港问题上，中国政府明确表示，香港必须收回，“主权问题不是一个可以讨论的问题”；同时也表示，我国对香港恢复行使主权后，香港现行的社会、经济制度不变。也就是说，在中国的主体即12亿人口的地区坚定不移地实行社会主义，容许在香港以及包括将来的澳门、台湾在内的某些小地区和小范围内实行资本主义。这就保证了回归以后的香港保持繁荣稳定，从根本上说是符合中国切身利益的。邓小平同志说，制定这样的政策，“没有一点胆略是不行的。这个胆略是要有基础的，这就是社会主义制度，是共产党领导下的社会主义中国。我们搞的是有中国特色的社会主义，所以才制定‘一国两制’的政策，才可以允许两种制度存在。没有点勇气是不行的，这个勇气来自人民的拥护，人民拥护我们国家的社会主义制度，拥护党的领导”①。

香港回归，雪百年民族之耻，圆世纪团圆之梦，揭开了历史崭新的一页，为祖国的统一大业开辟了一条新路。当然，我们谁都没有忘记，祖国的统一大业还远未完成，建设有中国特色社会主义的宏伟目标更是任重而道远，我们要在以江泽民同志为核心的党中央的领导下，再接再厉，艰苦奋斗，努力谱写新世纪历史的新篇章。

---

① 《邓小平文选》，第3卷，217页。

从社会学角度考察中国历史：探寻今天社会发展变革的历史渊源*

这次“清代社会研究”国际学术讨论会，引起了众多中外历史学家的浓厚兴趣，这绝不是偶然的。当前，中国社会正处在急剧发展和深刻变化的重要时期。毫无疑问，具有强烈历史责任感而关注现实的史学工作者，不能不把自己的研究视野，更多地聚集于历史上社会生活特别是社会变革的各个方面，总结历史上社会发展变革的经验教训，探寻今天社会发展变革的历史渊源和前进方向。清朝是我国历史上最后一个封建王朝，近代社会是离现实最近、衔接最紧密的一个社会形态，对这一个历史时期的社会状况和社会生活了解得越透彻，研究得越深刻，就越有助于推进今日的经济发展和社会全面进步。

改革开放以来，历史学取得了巨大的发展和繁荣，其中，社会史的研究是成绩最显著的领域之一。这主要表现在三个方面：一是对社会史研究的对象、任务、方法等进行了较为深入的讨论；二是对社会史的许多方面进行了广泛的实证性研究，取得了一批颇有价值的学术成果；三是开始出现了综合性的社会通史著作，对中国社会史进行了系统性的、规律性的探索。中国近代的社会史研究，应该在已经取得的成绩的基础上，百尺竿头，更进一步。

---

* 载《北京日报》，1997年9月7日。

学风与旗帜*

江泽民同志在十五大报告中谈到邓小平理论的历史地位和指导意义时，特别强调了学风问题的重要性，他指出，“对待马克思主义，有个学风问题：究竟是从本本出发，还是用马克思主义的立场观点方法来研究和解决中国的现实问题”。只有学风端正了，才能真正理解为什么说邓小平理论是毛泽东思想的继承和发展；只有学风端正了，也才能真正高举邓小平理论的伟大旗帜。

这使我们想起，早在延安整风运动时，毛泽东同志就特别强调学风问题，认为学风问题是我们党的“第一个重要的问题”①。他指出，学风问题，也就是对待马克思主义的态度问题，“应确立以研究中国革命实际问题为中心，以马克思列宁主义基本原则为指导的方针，废除静止地孤立地研究马克思列宁主义的方法”②。

我们党从诞生之日起，就一直致力于马克思主义的中国化，也就是努力用马克思主义的立场、观点、方法研究中国革命问题，寻求改造中国社会的出路和办法。可以说，在我们党的历史上，马克思列宁主义同中国实际相结合的两次历史性飞跃，两大理论成果的产生，都是坚持马克思主义革命学风的结果。

提倡和发扬优良的学风，应该是贯彻十五大精神的应有之义。

---

* 载《北京日报》，1997年9月16日。

① 《毛泽东选集》，2版，第3卷，813页，北京，人民出版社，1991。

② 同上书，802页。

紧扣时代脉搏　坚持正确方向*

——纪念《中国人民大学学报》创刊十周年

《中国人民大学学报》创办十周年了。“十年辛苦不寻常”。这期间，这本刊物发表了许多有理论深度、有学术创见的人文社会科学佳作，不仅对我校教学改革和学科建设起到了积极的促进作用，而且在思想理论界产生了重要的影响。去年，《中国人民大学学报》荣获“全国优秀社会科学学术理论期刊奖”。这是《学报》全体工作人员紧紧依靠全校师生员工，广泛团结理论界的朋友，辛勤耕耘，刻苦劳作的结果，值得庆贺，也应该向他们表示敬意。

刚刚召开的党的十四届六中全会做出了《中共中央关于加强社会主义精神文明建设若干重要问题的决议》。在建设社会主义精神文明的伟大战略任务中，哲学社会科学具有十分重要的作用，社会科学工作者和教育工作者担负着极为艰巨的任务。江泽民总书记在六中全会上强调，要在全党造成一种学习理论、研究理论的浓厚空气；要在总结改革开放和现代化建设实践经验的基础上，努力加强马克思主义的哲学、经济学、政治学、法学、历史学、文艺学、新闻学、社会学、伦理学、教育学、管理学等建设，这是党的思想理论建设的一项重要任务，是巩固和发展社会主义意识形态的一项重要任务。在世纪之交这个建设有中国特色社会主义事业承前启后、继往开来的重要时期，《中国人民大学学报》要继承和发扬自己的优良传统，高举马克思列宁主义、毛泽东思想和邓小平建设有中国特色社会主

---

* 载《中国人民大学学报》，1997年第1期。

义理论的伟大旗帜，紧扣时代脉搏，牢牢把握正确的政治方向，坚持理论联系实际的革命学风，成为反映改革开放与现代化建设的重大理论和实践问题研究成果、推进包括基础理论研究在内的各个学科建设的重要阵地。

辛亥时期的志士仁人为什么选择了革命？*

——纪念孙中山先生诞辰130周年

1894年11月，孙中山在檀香山创立兴中会，开始从事推翻清朝封建君主专制主义政权的革命活动时，“同志犹不过数十人耳”①，赞同革命和反对革命的力量还不成比例。然而，局面很快就发生了根本的改变。到了1907年，登在改良派主办的《新民丛报》上的一篇文章对当时的革命形势做了这样的描述：“数年以来，革命论盛行于国中，今则得法理论、政治论以为之羽翼，其旗帜益鲜明，其壁垒益森严，其势力益磅礴而郁积，下至贩夫走卒，莫不口谈革命，而身行破坏。”② 这实际上也意味着，在差不多10年的时间里，越来越多的中国人丢掉对改良的渴望和幻想，加入到以孙中山为代表的革命派阵营中。无疑，这是一个顺应历史进程的选择。在这种选择的背后，确有许多问题值得我们思考和讨论。

一

我们注意到，在革命志士的经历中，有这样两种情况是很具典型性的：一种是受到某一次巨大的民族灾难或政治灾难的冲击，完成了由非革命到革命的思想转变；另一种则是在接受了革命派的热烈而有力的宣传之后投身革命活动的。在具有前一种经历的人当中，

---

* 载《中国人民大学学报》，1997年第1期。署名：李文海、刘仰东。

① 《孙中山全集》，第6卷，229页，北京，中华书局，1985。

② 张枬、王忍之编：《辛亥革命前十年间时论选集》，第2卷下册，607～608页，北京，三联书店，1963。

很多都成为革命的倡导者或领袖人物，但即使是他们，在立志用革命手段推翻清朝政权以前，也大多曾程度不同地对这个政权抱有幻想，期望能在不根本改变旧的制度的前提下让中国走上救亡图存的道路。也就是说，他们后来选择或接受革命，往往是别的路都走不通之后，才被“逼上梁山”的。

革命先行者孙中山本人就是一个很典型的例子。

1904年，孙中山在题为《支那问题真解》的文章中指出：“我辈虽有种种不平，而犹欲勉与周旋，乃终不可得。是以支那人翻然欲改前失，建设东亚之平和，以为世界之平和，必当思适宜之方法以达其目的。所谓‘欲得平和不可不以决裂者，亦时机挜逼之而出’者也。”① 孙中山又在1918年和1923年两次回顾说：“予自乙酉中法战败之年，始决倾覆清廷、创建民国之志”②；“余自乙酉中法战后，始有志于革命”③。他还曾不止一次叙述过怎样“不得不”选择非和平的、暴力革命道路的缘由和经过。他在《伦敦被难记》中承认，他早期曾投身于“以和平之手段、渐进之方法请愿于朝廷，俾倡行新政”④ 的运动，只是在多次碰壁之后，“然望治之心愈坚，要求之念愈切，积渐而知和平手段不得不稍易以强迫”⑤。证之以孙中山在发起组织兴中会之前不到半年时间，还上书李鸿章，提出一系列改革建议，希望李鸿章“采择施行”的事实，孙中山上面所讲的心路历程确实是符合实际的。

其实，在孙中山的同志和战友中，许多人都有过类似的经历，他们“积渐而知和平手段不得不稍易以强迫”，也都因“时机挜逼”而成。黄兴“在校经堂读书时，尚无革命思想”，只是在唐才常领导的自立军起义惨遭残酷镇压后，才“益知专制恶毒，决非革命不可”⑥。章太炎在投身革命之前，也是一个活跃的改良主义者，他在

① 《孙中山全集》，第1卷，246页。
② 《孙中山全集》，第6卷，229页。
③ 《孙中山全集》，第7卷，59页，北京，中华书局，1985。
④ 《孙中山全集》，第1卷，50页。
⑤ 同上书，52页。
⑥ 黄兴：《在湖南学界欢迎会上的演说》，见《近代史资料（总64号）》，34～35页。

《时务报》上发表许多文章，希望“以革政挽革命”；他上书李鸿章，入幕张之洞，希望他们“转旋逆流”，实行改良，变法图强。一直到戊戌维新运动失败，他才认识到“无兵枋者之不能变政”，于是逐步下定了革命的决心。陈天华在 1905 年 12 月 7 日所作的《绝命辞》中自称：“去岁以前，亦尝渴望满洲（引注：指以满族贵族为最高统治者的清王朝）变法，融和种界，以御外侮。然至近则主张……欲使中国不亡，惟有一刀两断，代满洲执政柄而卵育之。”① 这样一种思想变化的过程，在当时关心国家民族前途命运的志士仁人中间有着一定的普遍意义，所以早在 1896 年 12 月 3 日香港《支那邮报》上的一篇文章就做了这样的概括：“至革命的缘起，虽无由追溯，而其大致要由不慊于满清之行事。近中日一战，而此派遂崭露其头角。孙逸仙博士辈之初意，原欲以和平之手段要求立宪政体之创行而已，迨至和平无效，始不得不出于强力。”

事实表明，以孙中山为代表的资产阶级革命派，眼见自己的祖国在列强的侵凌荼毒之下，瓜分豆剖，蚕食鲸吞，国将不国。为了挽救国家民族的危亡，他们曾寄希望于封建统治者的和平改良，并为此付出了极大的努力。然而，清朝政权又是怎样来回报他们的爱国热情的呢？请看一些时论：“甲午一败，割地求和，俯首帖耳，任外人之予取予携，不敢稍违豪命，人心板板，民气毫无。”② 一篇题为《对于政府之民心》的文章总结说：“中法之战，可猛省矣，而敷衍之；甲午挫败，可猛省矣，而敷衍之；戊戌庚子，可猛省矣，而敷衍之。盖敷衍者，政府精神之所在也。”③ 从中法战争清军的“不败而败”，到甲午战争清军的惨败，到戊戌变法的流产，到《辛丑条约》的签订，在这短短的十几年间，清政府的所作所为，实际上都重复着同一个道理：指望和依靠清朝政权去摆脱这个政权的体制本身所酿成的巨大危机，扫除弊症，革新陈规，去圆强国之梦，是一

① 《陈天华集》，236 页，长沙，湖南人民出版社，1958。

② 张枬、王忍之编：《辛亥革命前十年间时论选集》，第 1 卷上册，61 页，北京，三联书店，1960。

③ 张枬、王忍之编：《辛亥革命前十年间时论选集》，第 3 卷，828 页，北京，三联书店，1977。

个永远达不到的目的。在非革命的或和平的方式彻底行不通之后，用暴力革命的方式推翻阻碍社会发展的腐朽政权，建立和建设一个全新的社会，就是一条别无其他选择的道路了。

社会历史的任何一个进步都不会是无价的，革命也不例外。它的代价具体体现在两个方面：(1) 革命会因为直接猛烈冲击旧的统治秩序而难免造成暂时的社会生活的无序和混乱；(2) 革命会直接导致流血和牺牲。这些代价并不在革命者的估计之外，也正因为他们不仅十分清楚革命的代价，而且更清楚旧秩序统治下的中国社会的黑暗后果，所以他们才不得不选择了以某些甚至十分惨痛的代价来换取让中国走上救亡图强之路的暴力革命。1905 年，一篇署名孟晋的文章写道："若持和平之说，为潜移默化之谋，任天演之淘汰，劣者去而优者存，则我国既无教育，又无兵力，处此竞争激烈之场，听吾民之自生自死，必其腐败也日益甚，其疲弱也日益甚，其麻木不仁也亦日益甚，非特灭国，抑且灭种。"① 很显然，把革命的某些代价与亡国灭种的命运做比较，任何一个有点见识的中国人都不难做出明白的辨别。革命派在他们的言论中反复申明了这个道理。一篇文章就直截了当地说："革命流血，原非人生所乐为，激则生变，亦万不得已之苦衷耳。"还有文章指出："故欲大告成功、完全以达其要求之目的者，则舍革命军而外更无他道以处此也！盖吾为此言，吾非好为暴动而不惜流血之惨状也。吾实见夫非此不足以达此目的。"② "苟有所创立，有所成就，而不必为暴动者，吾党行之；苟有所创立，有所成就，而不得不行之暴动者，吾党行之。"③ "夫岂不知光复与破坏之难也，然今日而不光复、不破坏，复将何为，虽知其难，将焉避之。"④ 邹容在《革命军》中说得更为明白："天下事不能无弊，要能以和平为贵，使其弊不致大害人民，则与其颠覆

① 张枬、王忍之编：《辛亥革命前十年间时论选集》，第 2 卷上册，33 页，北京，三联书店，1963。

② 张枬、王忍之编：《辛亥革命前十年间时论选集》，第 3 卷，284 页。

③ 张枬、王忍之编：《辛亥革命前十年间时论选集》，第 1 卷下册，641 页，北京，三联书店，1960。

④ 同上书，596 页。

昔日之政府，而求伸其权利，毋宁平和之为愈。然政府之中，日持其弊端暴政，相继施行，举一国人民，悉措诸专制政体之下，则人民起而颠覆之，更立新政府，以求遂其保权之心，岂非人民至大之权利，且为人民自重之义务哉？”① 国家到了存亡绝续的紧要关头，就必须不计代价地选择一种方式来达到救亡图存的目的，这是历史的抉择。站在这个立场上看，革命者对于亡国灭种的忧虑绝不是杞人忧天，他们投身于革命自然也就是顺理成章的事了。

二

在清朝政权统治的最后几年里，革命派所写的政论文章中出现了大量赞美革命的句子，如：“呜呼！我中国今日不可不革命。我中国今日欲脱满洲人之羁缚，不可不革命。我中国欲独立，不可不革命。我中国欲与世界列强并雄，不可不革命。我中国欲长存于二十世纪新世界上，不可不革命。我中国欲为地球上名国，地球上主人翁，不可不革命。”② “今日不革命，不足以乞彼族之怜，今日不革命，不足以弭彼族之怒。革命亦亡，不革命亦亡。不革命则被人掠得之奴隶，殉不知谁何之主人而亡；革命则为独立自主之国民，殉民族全体之福利而亡。”③ “我同志诸君，若欲驱除强胡，不得不革命；欲保存种族；不得不革命；欲去奴隶之籍，而为汉土之主人翁，不得不革命。革命！革命！予而闻之，而不禁口流涎沫矣。”④ 等等。这正是革命派舆论中的一个显著特色。从表面上看，这很像有点在那里制造“革命崇拜”，煽动“革命狂热”；但如果深入历史的底蕴，则不难发现，这不过是革命派对现存专制政权腐朽顽钝、凶残无道的统治忍无可忍的强烈心声。革命志士吴某就曾针对清朝统

---

① 张枬、王忍之编：《辛亥革命前十年间时论选集》，第1卷下册，676页。

② 同上书，651页。

③ 张枬、王忍之编：《辛亥革命前十年间时论选集》，第1卷上册，408页。

④ 张枬、王忍之编：《辛亥革命前十年间时论选集》，第2卷下册，717页。

治感叹说："此而可忍，孰不可忍？"

显然，上述言论都不是凭一时的冲动而说出的。尽人皆知，中国社会自1840年的鸦片战争起，就在殖民主义的侵略和封建主义的统治下，一步步失去了民族独立、领土完整和国家的尊严，越来越深陷于半殖民地半封建社会的悲惨境地。几十年来，中国人民饱尝了一个对外一贯奉行妥协投降、对内则施行专制统治的腐败政权所带来的苦痛。这些苦痛的长期积郁，必然要转化为一种强烈的爱国激情，对旧的秩序和制度发起猛烈的冲击。革命派这些响亮的呐喊，实在是建筑在一种对国情的深刻反思基础上的。那么，我们不妨透过上面的言论，深入一步，看看革命派锋芒所向的封建专制制度给中国社会带来了什么。

孙中山在他起草的《檀香山兴中会章程》中，对当时的国情做了如下描述：

> 中国积弱，非一日矣！上则因循苟且，粉饰虚张；下则蒙昧无知，鲜能远虑。近之辱国丧师，剪藩压境，堂堂华夏不齿于邻邦，文物冠裳被轻于异族。有志之士，能无抚膺！夫以四百兆苍生之众，数万里土地之饶，固可发奋为雄，无敌于天下。乃以庸奴误国，荼毒苍生，一蹶不兴，如斯之极。方今强邻环列，虎视鹰瞵，久垂涎于中华五金之富、物产之饶。蚕食鲸吞，已效尤于接踵；瓜分豆剖，实堪虑于目前。①

这个概括式的描述客观地反映了当时的社会实情，类似这样的话，随着革命风潮的激荡，在稍后的革命报刊上可以说是俯拾即是。而清朝政权统治下的社会政治环境，也随着革命的迫近，坏到了极点。

1904年，孙中山在《支那问题真解》里列举了专制政权带给人民的10种钳制毒虐，其中每一种都是容忍旧统治秩序而必须付出的长久而沉重的痛苦代价。这10种包括：(1)"虏据政府以自利，而非以利民。"(2)"阻止民人物质、思想之进化。"(3)"驭吾人如隶

---

① 《孙中山全集》，第1卷，19页。

圉，而尽夺一切之平等权及公权。”（4）“侵害我不能售与之生命权及财产自由权。”（5）“容纵官吏以虏民而朘削之。”（6）“禁制吾人之言论自由。”（7）“定极不规则之税则，而不待民人之认可。”（8）“用极野蛮之刑以对囚犯，逼供定罪。”（9）“不由法律而可以割夺吾人之权利。”（10）“放弃其责任为吾人所托生命财产者。”①

上列的每一种，都体现了与社会进步背道而驰的封建专制独裁。无疑，因此而付出沉重代价的，不仅是数亿中国人民，而且它也成为国家前进中的巨大障碍。如果把这10种归结起来，用“暗无天日”来形容清朝政权统治下的中国社会，是绝不过分的。孙中山还在《伦敦被难记》中对当时中国的政治状况下了这样的断语：“至中国现行之政治，可以数语概括之曰：无论为朝廷之事，为国民之事，甚至为地方之事，百姓均无发言或与闻之权；其身为民牧者，操有审判之全权，人民身受冤抑，无所吁诉。且官场一语等于法律，上下相蒙相结，有利则各饱私囊，有害则各委其责任。婪索之风已成习惯，官以财得，政以贿成。”② 这段话的最后几句，更透彻地说明了清朝政权不仅极端专制，而且极端腐败。对于当时的人们来说，要么服从和承认这样一种统治秩序，听凭特权者对他们宰割欺凌，予取予求；要么做专制统治的叛逆，用革命暴力打破这种统治秩序。这就是革命者对专制政权深恶痛绝并与之势不两立的根源。

经济上，清朝政权也滑到了崩溃的边缘。政治的黑暗必然要转嫁到经济方面。由于《马关条约》和《辛丑条约》的签订，清政府必须向列强支付巨额赔款。清政府支付赔款的两个办法是，向各省分摊和回过头来再向列强的银行寻求高息的借款。对于前一个办法，1904年，18名各省的督抚和将军联名给朝廷上了一个奏折，称：“各省分派赔款为数甚巨。……种种筹款之法，历年皆经办过，久已竭泽而渔；若再痛加搜刮，民力既不能堪，赔款仍必贻误。……总之，无论如何筹捐，无非取之于民。当此之时，民心为国家第一根本，以民穷财尽之时，倘再竭力搜刮追呼，以供外国赔款，必然内

---

① 《孙中山全集》，第1卷，245～246页。

② 同上书，50～51页。

怨苛政，外愤洋人，为患不堪设想。”① 这份出自统治集团内部的奏折，不得不用了“竭泽而渔”“痛加搜刮”“民力既不能堪”“民穷财尽”“竭力搜刮”“苛政”“为患不堪设想”等非常尖锐的词句，这与革命派揭露统治集团的语言已经很相近了。可见经济状况恶化到了何等不可收拾的程度。清政府的后一种办法，实际上也要通过向各省摊派来支付巨额的借款利息。革命派一语道破了这种恶性循环的后果：“广借外债，浪费无纪，息浮于本，积重如山。犹不知警惧，任令疆臣各自募借，其所开销无清算，收入愈多，亏空愈大。……循此以往，国力将敝。”② 即使如此，清政府在辛亥革命前的大约10年间还是一再把经济危机引向整个社会，不仅加重田赋、厘金和盐课等旧税的税收，而且增添了五花八门的新税，这无疑是一种自掘坟墓的手段，最终把民众逼到造反的路上。据《辛亥革命前十年间民变档案史料》显示，在这短短的10年间，就有全国20余省的483条民变档案记录，这些民变现象追究起来，几乎无不同与政治环境类似的残酷的经济环境相关。这也是从政治黑暗引发经济危机，再从经济危机反馈到政治局面上的一种社会矛盾尖锐化的演变规律，清政府的一切手段，只能使矛盾更趋激化，而不是得到缓解。

清朝政权统治下的中国社会，到处都显现出危机和衰败，灾荒的日益频发与加剧，也是其中一个重要的体现。例如黄河，在清朝建立后的200年间（1644—1844），共决口364次，道光以后，更是“无岁不溃”。各种水、旱、蝗、震、风、霜、雪、疫之灾，交相迭出，弄得“民不堪命，转徙流亡”，“流离于道路，物故者十八、九”。事实上，一次大灾荒，死亡人数常常不亚于一次革命或一场战争。就以光绪三、四年（1877年、1878年）的“丁戊奇荒”来说，这次旱灾灾区覆盖了山西、河南、陕西、河北、山东5省，并波及江苏、安徽、四川北部及甘肃东部，总面积百余万平方公里的辽阔土地上，树木枯槁，青草绝迹，更没有任何庄稼，真所谓“赤地万里”。据统计，有两亿多人受殃及，数千万灾民流离失所，1 000万

① 《光绪政要》，第27卷，71～72页。

② 《孙中山全集》，第1卷，316～317页。

人饿死。此后，各种自然灾害交乘而来，连年不断。动辄数省无雨，十几个省被淹。1898 年发生了波及 10 多个省的全国性水灾，第二年，北方数省又转入持久的亢旱。进入 20 世纪后，几乎年年发生全国性的大面积水灾。每年的水患，都造成了“一片汪洋”“田宅冲没，畜产流失”“数十里无人烟”“淹毙人口无算”甚至“夫弃其妇，母弃其子”的惨景；旱灾则是另一番“粒谷皆无”“草木焦卷”“赤地千里”，草根、树皮、野菜都被吃尽甚至“人相食”的情景。上列的描述，在晚清社会绝不是偶发的现象。可以说，连绵不绝的自然灾害，始终像一个巨大的阴影，笼罩在早已被帝国主义和封建主义的钳制压榨弄得精疲力尽的中国人民头上，使他们本已竭蹶困顿的生活陷入了绝境。自然灾害固然在任何一种社会制度下都不可避免，但灾荒发生的频率如此之高，造成的后果如此严重，则不能不更多地从政治的、社会的方面去寻找根源。孙中山就明确指出：“中国所有一切的灾难只有一个原因，那就是普遍的又是有系统的贪污。这种贪污是产生饥荒、水灾、疫病的主要原因……官吏贪污和疫病、粮食缺乏、洪水横流等等自然灾害间的关系，可能不是明显的，但是它很实在，确有因果关系，这些事情决不是中国的自然状况或气候性质的产物，也不是群众懒惰和无知的结果。坚持这说法，绝不过分。这些事情主要是官吏贪污的结果。”①

晚清社会及其统治者已经成为黑暗的象征。即使反对革命的改良派中的某些人也看到了这一点，梁启超曾在 1902 年著文说：“呜呼，国事不可问矣，其现象之混浊，其前途之黑暗，无一事不令人心灰望绝。”② 他甚至还说过这类在革命派言论中能经常见到的满腔激愤的话：“我辈实不可复生息于专制政体之下，我辈实不忍复生息于专制政体之下。专制政体者，我辈之公敌也，大仇也！有专制则无我辈，有我辈则无专制。我不愿与之共立，宁愿与之偕亡！”③ 但是，他们认识上的一个致命的错误在于，改良派所设计的改造中国

① 《孙中山全集》，第 1 卷，89 页。

② 张枬、王忍之编：《辛亥革命前十年间时论选集》，第 1 卷上册，218 页。

③ 《梁启超选集》，380 页，上海，上海人民出版社，1984。

的任何方案都有一个前提，即不从根本上推翻清朝政权。革命派则不仅看到了清政府统治下的种种黑暗面，而且预见到不推翻旧的政权，建立新的制度，中国就绝对不会有摆脱黑暗的一天，反而要继续付出更多的代价和更惨痛的牺牲。他们指出："宪法非费民血要求，专制之雄心不死；宪法非有民力维持，专制之积习不除……故不能有革命之能力者，必不能成立宪之大观也。"① 早在戊戌维新运动发生前的1897年，孙中山就明确指出："目前中国的制度以及现今的政府绝不可能有什么改善，也决不会搞什么改革，只能加以推翻，无法进行改良。期望当今的中国政府能在时代要求影响下自我革新，并接触欧洲文化，这等于希望农场的一头猪会对农业全神贯注并善于耕作，哪怕这头猪在农场里喂养得很好又能接近它的文明的主人。"② 一年后，曾经轰轰烈烈的戊戌变法流产，这不仅证实了孙中山的预言，而且让更多的志士仁人开始认识到并且接受了这个道理。一篇倡导革命的文章分析说："譬之于医之治疾病，势有缓急，则疗之之汤药，亦因之而稍异焉，而迥别焉。若夫诊疾病而缓治之，此庸医之所以杀人也。中国之现象，毋乃类是。甲午一创，庚子再仆，病非缓矣。命悬诸旦夕而委之于命，自非至愚，谁其是此？则必思有以救之之道焉。其道维何？将舍革命无由。"③ 邹容则说得更为直截了当："我中国人之忍苦受困，已至是而极矣，今既革命独立，而尤为专制政体所苦，则万万不得甘心者矣。此所以不得不变昔日之政体也。"④

形势已经很明白了。晚清的中国面对着两条路：一条是推翻清朝政权，摧毁旧的制度，建立新的政治体制，进而建设一个光明的新中国；另一条是维护现政权的黑暗统治，延续上述的政治灾难和社会灾难，显然，这最终是一条绝路。革命派正是认清了这样的形势，才充满信心地预言："盖革命者，一时之危险也，待专制除、自由得、阶级

① 张枬、王忍之编：《辛亥革命前十年间时论选集》，第3卷，827页。
② 《孙中山全集》，第1卷，86页。
③ 张枬、王忍之编：《辛亥革命前十年间时论选集》，第2卷上册，127～128页。
④ 张枬、王忍之编：《辛亥革命前十年间时论选集》，第1卷下册，676页。

废、平等行、垄断革、贫富均、祸根去、幸福生时之快愉悦乐，偿其危险有余也。”① 这在当时的历史环境下，无疑是一种代表了时代进步的呼声。当然，对于革命将要带来的好处，他们未免期望过高，过分乐观，以为一次革命就可以解决社会生活的一切问题，而不了解推翻专制政权，不过是“万里长征才走了第一步”。但无论如何，不用革命的手段打开社会前进的通道，那么后来的一切发展都将无从谈起。

三

面对不断壮大的革命阵营，反对革命的人自然不会袖手旁观。他们指责革命是“穷天地古今之凶残”的暴行，他们说：“失以革命者之必作乱也，作乱者之必无秩序无理义而争权也，其必至同志同党至亲左右辗转相杀者势必不可已也。”在他们的眼中和笔下，革命者是一群丧心病狂、毫无人性和人情味的暴徒。按照这样的逻辑，革命者的所作所为，与野蛮、残忍、病狂、无情等无异。但是，根据我们看到的材料，这些强加在革命者头上的罪名，恰恰违背了历史的真实。既然这里涉及了革命者的精神世界和心理活动，那么我们不妨借用史实做进一步的讨论。

著名的革命志士喻培伦投身革命活动的经历，是一个颇能说明问题的例子。吴玉章在《辛亥革命》一书中做了如下回忆：“喻云纪（培伦）初到日本的时候，是个风流倜傥的翩翩少年……对革命并无多大兴趣。”1908年夏天，“他的弟弟喻华伟去到干崖，在那里染上恶性疟疾，回到新加坡医治，急需费用。我接到喻华伟求助的信后，立即在四川的革命同志中为他筹措，不几天即凑足了三百元寄去了。喻云纪看到这种情形，深受感动，觉得革命既是大仁大义的崇高事业。而革命同志又复亲如手足，因此便要求加入同盟会”②。1911年的广州起义时，他奋勇当先，失败后被捕。面对敌人的审问，他慷慨

① 张枬、王忍之编：《辛亥革命前十年间时论选集》，第2卷下册，1011页。

② 吴玉章：《辛亥革命》，102页，北京，人民出版社，1969。

激昂地说："学说是杀不了的，革命尤其杀不了"，然后英勇就义。正是革命者充满人情味的帮助，把喻培伦引上了革命的道路，并最终使他成为名垂千古的革命烈士。事实上，上面的例子并非孤证，就许多革命者而言，吸引他们信仰革命并勇于牺牲的，往往是对于同志、对于父老乡亲、对于国家和民族的极为真挚而深切的爱心。

在黄花岗起义中英勇牺牲的方声洞，在起义前写信给他的父亲与妻子，表示决志捐躯沙场，为祖国报仇，为四万万同胞求幸福。他并不是铁石心肠，而是充满了对家人的眷恋之情，他告诉父亲："惟从此以往，一切家事均不能为大人分忧，甚为抱憾。幸有涛兄及诸孙在，则儿或可稍安于地下也。惟祈大人得信后，切不可过于伤心，以碍福体，则儿罪更大矣！"他解释自己慷慨赴死的缘由，说："儿刻已念有六岁矣，对于家庭本有应尽之责任，只以国家不能保，则身家亦不能保，即为身家计，亦不能不死中求生也。儿今日极力驱满，尽国家之责任者，亦即所以保卫身家也。他日革命成功，我家之人，皆为中华新国民，而子孙万世亦可以长保无虞，则儿虽死，亦瞑目于地下矣！"① 在这里，革命的激情和冷静的理性思考如此和谐统一，浓烈的亲情和强烈的历史责任感如此和谐统一，至今读来还令人不由得对之产生至深的敬意。

与方声洞同时牺牲的另一位革命先烈林觉民，起义前给他妻子写了一封《绝笔书》，其中说："吾作此书，泪珠和笔墨齐下，不能竟书而欲搁笔，又恐汝不察吾衷，谓吾忍舍汝而死，谓吾不知汝之不欲吾死也，故遂忍悲为汝言之。""吾充吾爱汝之心，助天下人爱其所爱，所以敢先汝而死，不顾汝也。汝体吾此心于啼泣之余，亦以天下人为念，当亦乐牺牲吾身与汝身之福利，为天下人谋永福也。"② "吾爱汝至，所以为汝体者惟恐未尽。汝幸而偶我，又何不幸而生今日之中国；吾幸而得汝，又何不幸而生今日之中国，卒不忍独善其身。"③ 可以看出，作为一名自觉的革命者，他不是在任何

---

① 徐续编著：《黄花岗》，110页，广州，广东人民出版社，1985。

② 同上书，113页。

③ 同上书，115页。

“道义压力”下去迎接死亡的。对妻子的深沉感情同对社会进步的热切追求交织在一起，体现了超越自我的博大一面，升华成一种更加高尚的革命情操。

以上，我们仅仅举了几个例子，事实上，在几乎所有志士仁人的身上，我们都可以看到这样的博大情怀。革命领袖黄兴的长女黄振华回忆道：“从外表看来，我的父亲显得很严肃，其实他的心情是非常豁达开朗并富爱心。”① 他还得到了许多相识者和战友们“禀赋素厚”“情素谨厚”“君性刚果，而对人庵顺”“不仅为磊磊英雄，更是诚笃君子”的一致评价。柳亚子在忆及辛亥革命的烈士时也说：“余观烈士生平，盖缠绵悱恻多情人也。”② 这种情怀同“发病发狂”或“冷酷无情”之类的字眼实在无法联系在一起。

爱与恨要辩证地看，这些革命志士正因为具有更多的爱心、更宽广的情怀、更符合人性的道德观，所以才会不顾一切地与旧的制度、旧的势力进行顽强的拼搏。为了大家的利益而牺牲个人的感情甚至生命，这是辛亥时期无数革命志士坚定不移的选择。所以说，革命志士面对清朝政权所表现出的一切激烈言行，都可以从对国家民族和人民群众深切的爱心中得到诠解。

---

① 石彦陶、石胜文编：《黄兴传记资料》（六），131页，台北，天一出版社，1985。

② 《辛亥革命与中国思想文化》，260页。

太平天国的服饰装束*

一、衣无定式

在太平天国起义后的一段时间内，由于战争和动乱，也由于一时难以改变的积习和无知，太平军和他们的眷属们在服饰打扮上一直保留一种很随便的无定制姿态。《贼情汇纂》记载："贼由粤西至长沙，尚皆布衣蓝褛，缝数寸黄布于衣襟，以为记号；囚首垢面，鹑衣百结者，比比皆是；即首逆洪秀全、杨秀清等，亦止红袍红风帽而已。"① 这样的随便现象，后来竟一度发展到不伦不类的可笑地步。太平军一攻克武汉，便马上被繁华的市景搅得眼花缭乱、扑朔迷离。他们见到绚丽、昂贵的服装，"虽觉华丽可喜，然多不解辨识"。于是，有人撕裂妇女的"红蓝裙裤"裹在头上，拆开"金绣挽袖"系在腰间；也有人将被面或者"西洋引花饭单"包在头上；妇女有的身穿"男子马褂"，脚踏"厚底镶鞋"，而男子则穿着女式的"阔袖皮袄"。如果得到华贵的貂狐绸缎长衣，便把它齐腰剪断，"改作窄袖小襟短袄"；得到"海龙紫貂之袖"②，则用来抹桌子。"颠倒错杂，无奇不有。"③ 这些描述显然是以敌对者的口吻对太平军发出的嘲讽，但却没有夸张到毫无实际根据的程度。可以这样认为，直至占领武昌，太平军对于服饰同以往的农民起义者一样，很是随便，还来不及做出什么统一的规定，即使有过一些初步设想，也不可能

---

* 载《中国历史博物馆馆刊》，1997年第2期。署名：李文海、刘仰东。

① 《太平天国》（三），172页。

② 《太平天国》（二），174页。

③ 太平天国历史博物馆编：《太平天国史料丛编简辑》，第6册，457页，北京，中华书局，1963。

马上付诸实施。因此，这个时期的太平天国政权在服饰上没有任何特色可言；或者说，这种在服饰上的无特色正是它的特色。那些同清朝社会风尚完全相悖的装束特征，有相当一部分是出于一种来自偏僻乡村的地方习惯。

武昌告捷，太平军沿江挺进南京已经显示出不可逆转的势态。这时，军心、民心趋向安定，山里出来的战士也见到了世面，为适应建立自己的统治政权的需要，太平天国的领导者才开始对军中不同地位的人在服饰方面做出一些不同的规定。正像《金陵杂记》中所说的那样："贼陷武昌之后，舆马服饰即有分别。迨踞金陵以后，日益猖獗。"① 到了南京，这方面愈来愈严密，愈来愈繁琐，甚至因此设立了"典衣衙"这样的专职机构。袍服和靴帽的质料、颜色、式样、花式乃至长短尺寸，无不根据官职的大小定出不同的标准，这从一个侧面反映了太平天国队伍中等级分化愈来愈森严。

按照天朝这时的规矩，洪秀全和杨秀清早已卸下了当初威风抖擞的"红袍红风帽"。一般说来，被封为王、侯、国亲、丞相者，可以穿绣着金龙的缎料黄袍马褂，戴向后垂下的黄色神帽，而"洪、杨两逆所穿衣服靴帽，自顶至足，无一不黄"②。这非常清晰地表明了，太平天国统治者所崇尚的颜色与历代统治过中国的帝王并无二致。当然，对于另外一些资格较老的太平军，则"不论有官无官……准着黄马褂"。"自将军以下到师帅"，都穿红袍马褂，戴着"一种非常独特的华丽头饰，用红布制成，覆以金箔和刺绣"③，这是一种缀有龙纹的朝帽。

应该说明的是，尽管太平军迅速改变了以往在服饰问题上毫无定规的做法，为"分别职级"而制定了一系列等级分明的服饰标准，并以崭新的姿态和鲜艳的色彩展现在人们面前，但自始至终，长期的社会风尚和惯性使这支队伍一直没有机会形成固定的类似统一军服的服装式样。目睹了太平军风采的人们大多能觉察到这一点。《归里杂诗》中说："贼之服色随掳随著，未尝一定，惟额扎绸巾，腰不

①② 《太平天国》(四)，638页。

③ 《太平天国》(三)，177页。

系带，足履花鞋，相见一跪，对食辄相箕踞而已。”①《避难纪略》中说：“贼之衣服亦无定式。”②《贼情汇纂》中说：“其制屡定屡更。”③《苏台麋鹿记》中也说：“贼之服色，毫无定制，大略惟盘辫、裹头、短衣、散裤腿为一律，以五色绸绉条挂裤腰以矜华美。”④ 一位到过镇江和南京的外国人也谈到，太平军士兵“可以随便穿什么颜色的衣服”⑤。可见，即使在太平天国后期，太平军在服饰方面似乎依然没有什么“定式”或“定制”，只是在长期的实际生活中形成了某些共同的风格，如前面提到的裹头、扎巾、短衣、花鞋之类。促使这些服饰风格形成的，不外乎以下三个因素：一是作为与旧王朝相对立的农民武装队伍的政治标志的象征，二是劳动群众传统生活方式的影响，三是适应行军打仗的战斗需要。罗尔纲先生在谈到太平军每每把地主士绅的长袍截为短袄穿着的历史现象时指出：“长衫与短衫只是衣服的两种样式，本身并没有阶级性，但是，在当时中国封建社会里，长衫是地主阶级的服装，而短衫却是农民及其他劳动者的服装。”⑥ 太平军改长衫为短衣，“这是一种有意识的行动，其中含有浓厚的阶级意识”⑦。这确实是颇有见地的分析。

二、两种截然对立的审美观

无论怎样，建立较巩固的政权以后，太平军已经可以尽情地装扮自己了。不用说太平天国的领导者和高级将领，他们早就拥有昂贵的绫罗绸缎和狐裘貂皮，就是中下级军官和广大最普通的太平军

---

① 太平天国历史博物馆编：《太平天国史料丛编简辑》，第6册，462页。

② 《太平天国史料专辑》，63页，上海，上海古籍出版社，1979。

③ 《太平天国》(三)，178页。

④ 《太平天国》(五)，279页。

⑤ 北京太平天国历史研究会编：《太平天国史译丛》，第2辑，60页，北京，中华书局，1983。

⑥ 罗尔纲：《太平天国史迹调查集》，145～146页，北京，三联书店，1958。

⑦ 同上书，146页。

战士以及他们的家属，也一扫从前“破衣烂衫”的模样，在天京和其他一些城镇的街上，表现出独特的、斑斓绚丽而又令人目眩的风姿。看得出，这些有血有肉、历经了创伤和奋斗的太平军战士，一旦摆脱了因贫困、战乱而导致的衣不遮体的面貌，就马上萌发出一种人类不可遏抑的爱美天性。到过太平天国统治区的法国公使布尔布隆说：“他们的服装绚烂夺目。”① 英国人麦华陀也认为，“他们都特别偏爱绚丽夺目的颜色”②。至于“脂粉艳妆”“华装炫目”“衣华服”“动则琳琅有声”之类有关太平军服饰装束的描绘，更是不绝于当时的目击者的笔下。一般说来，在人们的穿戴打扮上，头部装饰往往最为丰富，但太平军恰恰在发式上独具特色，这当然不意味着他们的头上还缠着“被面”和“裙裤”，那都是过去的事情了。这时的太平军全都“蓄发不剪，编成辫子，用红丝线扎住，盘在头上，状如头巾，尾端成一长穗，自左肩下垂”③。有时候，他们也戴一种大草帽，“装饰美丽，帽顶很小，帽边阔约一尺，使他们有一种特别华美的神采”④。无论戴不戴帽子，戴什么样式的帽子，他们的发式始终都保持着这样的风格，这同长期以来戴着瓜皮帽、背拖长辫、毫无姿色可言的清朝臣民头部装饰相比，称得上放出异彩了。当然，倘若以标准的审美观来审视，在颜色的对比、肥瘦长短的比例、花纹的配合等方面，太平军的衣着还很难达到完美无瑕的水准，但这毕竟显示出一种姿态、一种特色、一种前所未见的服装潮流。对太平天国抱着深切同情并亲身参加了这个运动的英国人呤唎，就竭力称赞太平军的服装“使他们有一种特别华美的神采”，“真是威武非凡”，“简直使人不能想象还有比这更华丽更耀目的服装了”⑤。但是，对于太平军的服饰，也有另外一些人似乎完全随着自己的政治态度而给予了与呤唎的看法迥然不同的美学评价。被英国公使包令派到天京去的麦华陀就认为，“反叛者的衣着有些特别”，帽子“极

① 北京太平天国历史研究会编：《太平天国史译丛》，第2辑，19页。

② 北京太平天国历史研究会编：《太平天国史译丛》，第1辑，35页，北京，中华书局，1981。

③ 呤唎：《太平天国革命亲历记》（上），王维周译，50页，北京，中华书局，1961。

④⑤ 同上书，51页。

像小丑帽"，穿着"绚丽夺目的颜色"的衣服的太平军，"具有令人眼花缭乱的外观"，使人觉得"模样邋遢、粗野，乍一看很可怕"①。一个与太平天国有着杀父之仇的地主文人，一见到"头上系黄绉纱，订帽花一朵，身上穿棉裲、棉马褂，脚上着花鞋子"的太平军，就觉得"甚为可恨"②。也有人嘲笑"赭衣花履，窄袖宽裆"的太平军服装"有如囚样"③。

那么，被一些人誉为华美绝伦而被另一些人诋为丑陋无比的太平军服饰，对太平天国统治区的普通群众产生了什么影响呢？在新政权下生活的人们在服饰装束方面与生活在旧政权统治下的时候有些什么变化呢？

大家知道，太平天国运动曾得到了相当一部分贫苦农民和其他下层群众的欢迎与支持。对于一些积极拥护太平天国运动的人来说，太平军的一举一动、一言一行，都具有一种新奇的、诱人的魅力。因此，在这个圈子里，太平天国的服饰也就可以最紧密地反映人类文化和历史生活面貌，也就是说，仿效太平军的服饰装束已经在一定的范围里成为一种时尚。《自怡日记》记载，太平军在常熟"开市颇盛，牌署天朝，掌柜者俱土人，亦辫红履朱，诩诩自得"④。透过出于阶级偏见而使用的污蔑性谣言，我们就可以看到当时确实存在着某些人以效法太平军装束为荣的心理，这种情况其他材料中也有反映。如《花溪日记》中就说，海宁通元镇"镇人尽小帽无结，发系红绳"。太平军的服饰简直有风靡全镇之势。

不过绝不应该夸大这种现象的普遍程度。实际上，大部分群众只是用好奇的，有时甚至带点冷漠的神色来看太平军的服饰，而自己依然穿着祖上留下来的传统式样的衣衫，以至有些地方的太平军不得不出面干预。江苏常熟一带有个叫石龙桥的地方的太平军便制定出一项土政策，凡是从这里通行的行人，"有身穿马褂一件纳税贰

① 北京太平天国历史研究会编：《太平天国史译丛》，第1辑，35页。

② 《太平天国史料专辑》，429页。

③ 太平天国历史博物馆编：《太平天国史料丛编简辑》，第4册，391页，北京，中华书局，1963。

④ 同上书，397页。

百，或壹百，或数十文，或二十文，总视马褂好歹，不一其价，穿皮裲者亦然；穿青布长衫者稍新十四文，旧则七文”。太平军使用“经济制裁”的手段去限制人们穿长袍马褂的旧服装，以推行适合太平天国的服饰，结果弄得“人人回避，不过行其处”①。在另外一些地方，也出现了同样或者类似的现象。有人将婚礼挪到半夜举行，担心“偶服礼服为贼见而劫持也”②；也有人在新年之际脱去节日盛装，“恐招贼怪”③。这种情况表明，相当一部分群众在服饰问题上抱着一种恋旧拒新的心态，他们为了维持旧的衣冠而宁肯躲躲闪闪以避开太平军的干预。

从正式的官方文书来看，太平天国对群众服装，只有极简单的规定，这主要见诸1861年新镌的《钦定士阶条例》。这个文件详细地设计了秀士、俊士、杰士、约士、达士、国士、武士、榜眼、探花、状元等的衣帽袍靴式样，如下表：

	帽式	袍式	靴
秀士	扁巾，或缎、或绉，或红、蓝、玉色皆可	大袖，色青、蓝不论	方头乌靴
俊士	方巾，或缎、或绸，皆用乌色，前安白玉方准一块	大袖，色青、蓝不论	方头乌靴
杰士	圆巾，或缎、或绸，可用青、蓝、红色，后用二飘带，前安白玉方帽准一块，帽身绣花	大袖，色青、蓝不论	方头乌靴
约士	角巾，或缎、或绉，可用青、红等色，后用二飘带，蓝玉方帽准在前，帽身绣花	大袖，色青、蓝不论	方头乌靴
达士	纱帽，或天青，或乌色俱可，后用横尖翅，前安金镶红帽珠一颗	大袖，色青、蓝不论	方头乌靴
国士	纱帽，或天青，或乌色，后用横圆翅，前安金镶大红帽珠一颗	大袖，色青、蓝不论	方头乌靴
武士	同榜眼、探花，仅去其帽准，换缨球一朵，色依玉色为准	大袖	方头乌靴

① 太平天国历史博物馆编：《太平天国史料丛编简辑》，第4册，491页。
② 《太平天国》（五），321页。
③ 太平天国历史博物馆编：《太平天国史料丛编简辑》，第4册，425页。

续前表

	帽式	袍式	靴
榜眼	方翅纱帽，加镶黄玉额一个，左插金花一枝	紫色大袖	方头乌靴
探花	翅纱帽，加镶黄玉额一个，右插金花一枝	紫色大袖	方头乌靴
状元	方翅纱帽，加镶黄玉额一个，左右插金花二枝	红色大袖	方头乌靴

除此之外，还规定："拟民间居常所戴之帽皆用乌布纂帽，其富厚殷实之人，则绸缎绉纱，任由自便，但不得用别样颜色，致与有官爵者相混。""拟民间喜事所戴之帽形如圆月，内用硬胎，或加红额壹个；所穿之袍青、蓝、乌色为准。"① 这与《燐血丛钞》中"民人，红巾，青、蓝、黑色衣"② 的说法是一致的。这部《钦定士阶条例》出自干王洪仁玕之手，显然具有权威的法律约束力，它虽然对各个阶层的服饰装束制定了一个比较细致的规范，但是我们看到，除去冠式这个太平天国历来特别注意的标志而外，在别的方面，"任由自便""色青、蓝不论"等字眼仍然体现着一种宽松而灵活的姿态。这个服饰式样的规定究竟在多大程度上和多大范围内被付诸实施，它是否为生活在太平天国统治区的绝大多数普通群众所衷心赞许，我们还未能得出明了的印象。不过，我们可以提供这样一种现象，太平天国初破南京时的装束特征和服饰规矩（其中有些一直延续到后来），曾经引起了无论诋毁还是赞誉他们的中外人士的一再关注和评说，但这样一个由陈玉成、洪仁玕等人起草，经洪秀全审定的服饰章程，却从未招来某些诧异式赞叹的议论。可能是这样的规定与从前无大异，不足为怪；或者说，这只是一个原则上的规定，群众是否情愿遵从，悉听其便。但至少在我们看到的当事者的记忆中，还没有人将这个服饰视为一种莫大的禁锢，大概太平天国的领导者早就意识到，强加给人们一个偶像比起强迫人们穿同样的衣服要重要得多。

① 南京太平天国历史博物馆编：《太平天国印书》（下），754页，南京，江苏人民出版社，1979。

② 《太平天国史料专辑》，391页。

三、易服风波

可是，在有的地区，某些地方政权较之上述的这个规定走得要更远些；曾有以行政命令“使民间效其服饰”① 的做法。这就难免要惹出一些麻烦事来。在江苏盛泽，就因此发生了一场轰动过那一带的“易服风波”。当地一个叫沈梓的乡绅在 1861 年 3 月 7 日的日记中记下了这件事情的原委：

> （同治元年）正月十二日，余在盛泽闻长毛欲改服饰，男子皆红扎巾，不许戴毡帽，女子不许著裙子。黎里已出告示，凡道里间戴毡帽则除之，拖辫发者则割之，女子曳裙子则扯之，故盛泽亦将复然。余初不信，后晤岳蓉郇，知望边果有伪文移至盛泽整顿服饰。②

后来，盛泽的太平军果然“纷纷除人毡帽”，以至动到“赌局巨魁”、枪船头子孙少湘的头上，孙扬言：“廉耻则尽人所有，岂得尽人而丧之？人谁无妻孥，人谁无头足？而官绅当为百姓先，今官绅未尝尽易其服，而欲令百姓从之，不亦难乎？男子无帽，何以御寒？女子无裙，何以蔽身？此固无须易者。今盛泽绅士及军师帅若欲必易之，则请各绅士及军师帅之妻女去裙曳裤，敲锣迎于镇，令百姓见之，俾知所向，夫然而有不遵此制者，我孙少湘受其咎；若其不能，则我当先打各绅士及军师帅之家，而后及长毛。”③ 结果，不仅盛泽地区，连邻近的“新塍、濮院”等处，也“遂无易服饰之议”④。当然，这里的情况较为复杂，因为带头阻止太平军“易服饰之议”的是枪船势力，而枪船是一支在太平天国与清朝两个政权之间首鼠两端，在实际活动中则专门残害人民的武装。但问题不在枪

---

① 《太平天国》（四），593 页。

② 太平天国历史博物馆编：《太平天国史料丛编简辑》，第 4 册，134 页。

③ 同上书，134～135 页。

④ 同上书，135 页。

船头子孙少湘这个人，而在于孙的这一段话，虽然颇带些“泼皮”口吻，但在很大程度上是符合群众心理的。因此，当这一带地区停止“改服饰”后，群众显然大大地松了一口气。

像盛泽地区这样大张旗鼓地“整顿服饰”，似乎并不多见，但禁止男子戴帽和妇女穿裙则相当普遍。蓼村遁客写的《虎窟纪略》，是记苏州情形的，其中就提到太平军禁“民间戴帽”①。《柳兆薰日记》中记吴江情形说，“去帽之令甚严”②。李光霁《劫余杂识》中记浙江乌程情况，说太平军“不准戴小帽，只准戴半西瓜式毡帽御寒，违者究罚”③。张宿煌《备忘记年》中记江西湖口情形，也提到“不许戴毡帽”④ 的事。《山曲寄人题壁》中则有“贼人不准穿裙，途间相遇者，尽行扯去”⑤ 之说。所谓“女子去裙男去帽”⑥，确实是太平天国政权变易群众服饰的重要内容。太平军入天京城不久后，抓到一个姓汪的廪生，让他脱去帽子，汪答道：“此我朝元服也，我又头冷，若何可去?”于是，被拉出城“杀于石城桥上”⑦。这种明面上顽固抗拒的现象是很鲜见的，但太平天国禁止戴帽的规定，却实在说不出多少充足的理由，在某种程度上影响了人们的日常生活。《自怡日记》的作者龚又村就因为“久苦头风”，而托别人代买过帽子，以“解首疾”⑧。咸丰四年正月初一，天京城女馆里也出现了“着裙共相庆贺”⑨ 的现象，虽然妇女们后来因此受到了杖责等惩罚，但她们的愿望却是关不住的。因此，从实施情况来看，这些命令在很大程度上是“下而不行”，或者执行了一段即因难以贯彻而“寝而不究”⑩。

---

① 《太平天国史料专辑》，40页。
② 同上书，233页。
③ 《太平天国》(五)，321页。
④ 《近代史资料（总34号)》，190页。
⑤ 太平天国历史博物馆编：《太平天国史料丛编简辑》，第6册，386页。
⑥ 《太平天国》(四)，737页。
⑦ 同上书，698页。
⑧ 太平天国历史博物馆编：《太平天国史料丛编简辑》，第4册，425～426页。
⑨ 《太平天国》(四)，659页。
⑩ 《太平天国资料》，191页。

四、官服之禁、蓄辫之禁和缠足之禁

社会历史是一面多棱的镜子。我们现在看到的太平天国统治区的服饰现象仅仅是它折射出的一道光柱，如果仅凭这些就天真地以为太平天国政权于服饰装束的态度已经宽松到人们仍然可以遵循以往的服饰习惯和审美标准来扮装自己的话，那显然还是很不全面的，因为这种比较灵活的态度只体现在一般群众的服饰方面。在下面几件事情上，太平天国的态度是十分鲜明而坚决的，绝无可商量的余地。一件是严格禁止穿着清朝的正式官服；另一件是要求男子蓄发、妇女放足，严禁薙头和缠足。这就使得我们完全不可能再从习惯、实用、观赏或者别的什么角度去审视太平天国的服饰装束的缘起了，政治色彩一下子笼罩在生活的末节上，也就是说，我们遇到了直接关系在政治上站在哪个政权一边的原则问题。

太平天国曾经在自己的正式文告中多次谈到这两件事的政治意义。以杨秀清和肖朝贵的名义发布的《奉天讨胡檄》中激昂慷慨地写道："夫中国有中国之形象，今满洲悉令削发，拖一长尾于后，是使中国人变为禽兽也。中国有中国之衣冠，今满洲另置顶戴，胡衣猴冠，坏先代之服冕，是使中国之人忘其根本也。"① 类似的意思，曾在其他一些文件中反复申述。在向群众"讲道理"时，也常常大谈"不许剃头，留须蓄发，复中原古制等说"②。在这些充满反满气息的言词里，包含着明确的反抗现有统治秩序的内容；半个世纪以后，另外一个阶级的造反者又提出了同样的命题和要求。呤唎说过，薙头蓄辫和翎顶衣冠确实是占据了封建王朝最高统治地位的满族贵族强加于汉族及其他各民族的一种"奴隶标记"③。也正如《太平天

---

① 南京太平天国历史博物馆编：《太平天国印书》(上)，109页，南京，江苏人民出版社，1961。

② 太平天国历史博物馆编：《太平天国史料丛编简辑》，第4册，72页。

③ 呤唎：《太平天国革命亲历记》(上)，王维周译，49页。

国初期纪事》的两位法国作者所说，“剪去辫子”和“脱去满洲服装”这两件事，看起来简单，“其实十分严重，因为这样便犯了大逆不道的罪，这样做非有极大的勇气不可。事实上，剪去辫子等于拔刀出鞘”①。他们的意思是说，剪辫一举，无异于向清王朝统治者正式发布了一个武装反叛的政治宣言书。至于妇女缠足，那是一个非常古老的陋习了。满族贵族的女子在入关时几乎和太平天国的妇女们一样放着天足，康熙皇帝还下过“禁裹足令”，一度使汉族妇女长期以来的缠足习惯得到稍许的改变。但是，一直到太平天国运动爆发时为止，缠足仍然是世代相传的占统治地位的社会习俗。现在的天朝兄弟实际上正做着从前清朝皇帝做过的事情，尽管二者的出发点和政治含义完全不同。实际上，这种巧合不能不说是一个历史的误会。他们把所有的清朝政权统治下行而不禁的东西都视为清朝固有的传统习惯，否则严厉地禁止缠足这个彻头彻尾的“中原古制”，就无从说起了。

于是，在本来就充满动荡的土地上，太平军兵锋所到之处，凡见有清王朝的朝衣朝冠，必竭力加以破毁，他们宁愿穿着戏班服装外出行军打仗，也要将清朝官服“随处抛弃”，“往来践踏”。对藏有这类物件的主人，则通常要加以惩责。“贼以官为妖，见朝衣、朝冠、补褂、翎顶之类，以为妖器，人家有此物，则蹂躏益甚。”② “其詈本土绅士为妖，凡诰命旗匾尽行拆毁，靴冠袍套斥为妖装，搜得科罚。”③ “有顶戴靴服及印封等物者，已预固藏，搜得即不免。”④ 即使并非官服，只是秀才、举人等由清政府给予功名者的法定衣冠和一些在特殊场合穿戴的礼服，也一概在禁止之列。《柳兆薰日记》中就谈到，当作者去到太平军占领的梨川镇时，发现“街上衣冠不能着矣”⑤。《自怡日记》中也说，同治元年过年时，“贺岁多不衣冠，恐招贼怪

① 加勒利、伊凡：《太平天国初期纪事》，徐健竹译，34页，上海，上海古籍出版社，1982。

② 《太平天国》（五），279页。

③ 太平天国历史博物馆编：《太平天国史料丛编简辑》，第4册，354页。

④ 《太平天国》（四），694页。

⑤ 《太平天国史料专辑》，165页。

也”①。前面我们已经提到，有些人不敢在白天举行结婚仪式，恐“偶服礼服为贼见而劫持”。值得注意的是，能穿得上前面提到的几种服装的人总是极少数有钱、有势、有地位的“大户”人家和官僚乡绅，对于他们来说，太平天国政权禁止他们服用“妖器”“妖装”之类，是同其他政治上和经济上的打击相随而来的，正因如此，太平天国的举措也就颇让那些衣冠士绅伤心。柳兆薰有一天在晾晒被太平天国禁用的冠帽时，无限感慨地说：“未识衣冠可重振否也？思之闷极。”② 如果我们联想到封建时代通常将“簪缨”“衣冠”之类冠于“望族”之前作为具有显赫身份的表征，那我们对生活在太平天国统治区的地主士绅的那种无可奈何而又愤愤不平的叹息就完全可以理解了。

禁止妇女缠足，这个在今天看来有着百分之一百二十的充足理由的主张和行动，当时却在社会生活中引起了更加强烈的冲击波。太平天国的女战士竟以她们的天足平趟了一千年历史的禁区。一入南京城，太平天国即严令“妇女悉去脚缠”③，“违背斩首”④。起初每到夜间，由女百长到女馆“逐一查看，有未去脚缠者，轻则责打，重则斩脚”⑤，许多妇女因为突然解去束缚，“几不能移跬步”⑥。令人痛心的是，绝大多数妇女并不觉得这是一种解放，反而是在不情愿地忍受强制，这不能不成为苦难的中国人民的悲剧，连呤唎这样无限忠于太平天国的外国人也在不断地为此感叹。

至于蓄发之令和薙头之禁，太平天国做得更是雷厉风行。这方面的记载俯拾即是。我们注意到，命令群众蓄发，大抵是太平军占领一个地方以后所发布的头一道公告和所施行的头一个政治行动。在太平军的参加者中，一看头发的长短就足以判断他们来自哪个地方。对于拒绝蓄发者，太平天国在各处不断发出严惩的命令。宣布

---

① 《太平天国》(五)，279 页。
② 《太平天国史料专辑》，237 页。
③ 《太平天国》(四)，395 页。
④ 《太平天国》(三)，316 页。
⑤ 《太平天国》(四)，395 页。
⑥ 《太平天国》(三)，173 页。

“有再剃者杀无赦”①，“新薙者锁禁治罪”②，“如有薙者或修去半段者……索取银钱”③，“凡剪发剃胡刮面……斩首不留”④。一个没有留下姓名但留下了一部《庚申避难日记》的常熟人在同治元年农历三月一个月内就记述了几起“薙头”事件：

三月初一，“……闻庙桥长毛不许人拖辫子，今日割去一人辫子，悬示于众”。

三月十八日，“……有新剃头者，有修去鬓者，押在馆中”。

三月二十四日，“……朝晨掳新剃发者二人，将辫子结在项家茶馆门次”。

不仅常熟如此，其他地方概不例外。吴县“陆伯墓居民某剃发，至蠡墅，贼目见之，缚去欲斩首”，后来改成“杖五十棍”，“方三棍而骨已碎”⑤；浙江练市“有一乡人剃发过市”，被太平军发现，“擒至馆中，曹头目令笞之数十，其人不服，怒目相视，投之以机。曹大怒杀之，掷其首于河”⑥。这般严刑峻法的频繁出现，除了反映出太平天国对实行这一方针的重视和坚决之外，也透露出一个讯息，即抗拒这一措施的也不乏其人。其中一部分当然是出于地主阶级的政治对立，但更多的一些人则是由于封建正统观念作祟。

由于毫无保留和毫不宽贷，蓄发的潮流一泻而不能收拾，在当时人们生活中成了一件大事，后来竟然惊动了一个左右着太平天国命运的人物——杨秀清。

事情发生在天京。

在太平天国搜捕到的薙头者中，有一些是“因疮因虱”而不得不剪掉头发的。由于受到酷刑，“不得已以通大营对”。于是，太平军当即又“吹号角传齐城中人等验发，凡剪发者尽锁入贡院。并传

---

① 《太平天国》(六)，783页。

② 《太平天国》(五)，318页。

③ 太平天国历史博物馆编：《太平天国史料丛编简辑》，第4册，496页。

④ 《太平天国》(三)，231页。

⑤ 《太平天国史料专辑》，32页。

⑥ 南京大学历史系太平天国史研究室编：《江浙豫皖太平天国史料选编》，196页，南京，江苏人民出版社，1983。

令，如各馆尚有剪发之人，不速交送至贡院，查出即杀。于是各馆纷纷送人至贡院，计男子二千余人”。不仅这样，还抓去妇女两千多人，幼童数百人。这些人本来难免杀头之祸，但谁也没有料到后来会出现一个戏剧性的场面：有一天，东王杨秀清的一位“亲母”来到东王府击鼓鸣冤，“言其子因疮剪发，被锁至贡院，求释放”，杨秀清闻后勃然大怒，拍案正色道：“因疮剪发，事出有因，何至冤屈乃尔，我之舅尚然，不知冤屈多少兄弟姊妹矣！”他马上发出谕告：“果系因疮虱，只要馆长去保，尽皆释放。”① 有了这一点灵活性，“薙发之禁”的雷厉风行的程度就稍稍打了点折扣。

这里应该提一下关于“剃头凭”的事。蓄发既然是归顺太平天国的标志，自然也就是反叛清朝的记号。这么一来，来往于太平天国统治区和清王朝统治区的商人就大感不便了。太平天国政权为了保护和鼓励商业发展，普遍实行发放“剃头凭”的办法。《避难纪略》中云：“土人不得剃发，而商贾中有往上海、通州、海门去者，不能不剃。至从上海、通州、海门归者，短发又不便，因有向贼中说明缘故，而取伪凭为据者，曰剃头凭。”② 一封私人信件中也提到，“尤奇者，人有剃头凭。以过江贸易为词，钱之，多寡在日期之远近”③。这种发放“剃头凭”的办法，并不是一种权宜之计或偶然发生的个别现象，而是在太平天国地方政权的正式文告中公开宣布的一项政策。如海宁的太平军驻军长官就曾“谕百姓剃头过江贸易，每给剃头凭，须费仅廿六文，剃者甚众”④。秀水的太平军首领也出示，“其外出经营者，准其剃头”⑤。这种政策，对于太平天国的商业发展显然起了积极的作用。

既然蓄发是拥护太平天国政权的一种表示，那么群众对这个问题的态度就自然是与对这个政权的态度基本一致的。我们已经提到，有相当多的人对蓄发持保留的甚至抗拒的态度，有的地方太平军刚

---

① 《太平天国》（四），662 页。
② 《太平天国史料专辑》，65 页。
③ 《近代史资料》，1955 年第 3 期，84 页。
④ 太平天国历史博物馆编：《太平天国史料丛编简辑》，第 4 册，245 页。
⑤ 同上书，73 页。

一离开，当地群众便以为“长毛既遁，官兵且至”，于是“争先剃发”①；“长毛”“发贼”这样的称号不胫而走，这说明了一部分人对蓄发的反感。这一点不用讳言。但是，这并不等于否定这样一个现象：也有相当多的群众似乎比较容易地接受了蓄发的命令，至少许多人并不像那些地主分子一样把这看作什么奇耻大辱。洪仁玕《英杰归真》中专门有一段话是反驳那些反蓄发舆论的，其中举出反对蓄发的一个最主要的理由不过是长发不易梳洗，会引起“头皮起痒”②。这种出奇温和的反对理由，反而表明对大多数人来说，蓄发的政治必要性已是不言而喻、理所当然的。据呤唎说，他在苏州附近的平望逗留时，为了“尽可能地去观察太平天国和太平军。我常去访问附近的村庄，以调查村民对太平天国的统治有什么感想。……尤其使我感动的是他们都乐于留发，这是太平和自由的标记”③。呤唎还谈到，当他船上留了长发的水手要离开太平天国统治区而回到上海去时，他们“坚决不肯薙头”④，一个年轻小伙子甚至“在理发师动手剃头的时候，像孩子似地哭了起来”⑤。我们认为呤唎的这段叙述并不过分，基本上是符合实际的。我们还可以从一些反面材料中得到印证。1854年10月，曾国藩在一个奏折中说：“小民劫于凶威，蓄发纳贡，可为固然，虽经谕令薙发，狐疑观望，设官军稍有败衄，则四面皆贼。”⑥ 在清朝武装的胁迫下，“谕令薙发”，尚且“狐疑观望”，可见对于大多数群众来说，蓄发确乎是自愿的，至少是“可为固然”的行动。

---

① 太平天国历史博物馆编：《太平天国史料丛编简辑》，第4册，155页。

② 南京太平天国历史博物馆编：《太平天国印书》（下），768页。

③ 呤唎：《太平天国革命亲历记》（上），王维周译，49页。

④ 同上书，286页。

⑤ 同上书，287页。

⑥ 太平天国历史博物馆编，《太平天国资料汇编》，第2册上，273页，北京，中华书局，1979。

努力探索新时期党建工作的规律*

党的十四届四中全会指出："在当代世界风云变幻的条件下，在当代中国改革开放和现代化建设的伟大变革中，把党建设成为用建设有中国特色社会主义理论武装起来、全心全意为人民服务、思想上政治上组织上完全巩固、能够经受住各种风险、始终走在时代前列的马克思主义政党，这是以邓小平同志为核心的第二代中央领导集体开创的、以江泽民同志为核心的第三代中央领导集体正在领导全党继续进行的新的伟大的工程。"

实施和实现这个"新的伟大的工程"，是一项极为艰巨的任务，也是建设有中国特色社会主义宏伟大业的决定性环节。由于党所存在的内部条件和外部条件发生了深刻的变化，由于党所面临的形势与任务有了许多新的发展，党的建设工作也产生了许多新的特点。要逐步掌握适应新时期的党建工作规律，不能不认真地、扎实地、艰苦地进行各种新的探索。

我们将在什么样的新条件下进行党的建设？

党的十一届三中全会以后，我国进入了改革开放和集中力量进行社会主义现代化建设的历史新时期。在新时期，党建工作将在与以往有极大不同的新的条件下进行。这是一些什么样的新的条件呢？概括起来，是否可以有以下五个方面：

第一，我们是在以经济建设为中心的条件下进行党的建设的。

---

* 载《北京高等教育》，1997年第2期。署名：李文海、吴美华。

我们党自成立以来，很长时期是在战争环境，亦即武装斗争的条件下从事党的建设的。当时，许多党建工作的经验是与这样一个客观环境和条件相适应的。中华人民共和国成立以后，我们党成了执政党。中华人民共和国成立初期，党中央曾努力探索在执政的条件下如何搞好党的建设问题。但随着“左”倾错误的逐渐抬头和发展，实行了“以阶级斗争为纲”的政治路线，党建工作也就不能不受到“以阶级斗争为纲”的影响和干扰，发生了许多党内生活不正常的现象，使我们党的肌体和党的事业遭到了严重的损害。进入历史新时期之后，我们党坚持以经济建设为中心，集中全力进行社会主义现代化建设，使我国社会主义事业得到了飞速的发展。在以经济建设为中心的条件下进行党的建设，客观上要求党的一切工作都必须服从于、服务于经济建设这个中心，党的建设必须紧紧围绕社会主义现代化建设这个中心任务来进行。过去的一些做法，如大搞政治运动，显然已经不再适用，党的活动方式、思想政治工作的方法都会发生一些变化，过去一些行之有效的经验在今天或许也不再奏效。这难免使一些同志，特别是党务工作者感到“茫然”，产生“失落感”。其实，党建工作要服务于经济建设这个中心，绝不意味着党建工作地位的下降，作用的削弱。邓小平同志说：“中国的事情能不能办好，社会主义和改革开放能不能坚持，经济能不能快一点发展起来，国家能不能长治久安，从一定意义上说，关键在人。”① 要解决人的问题，关键在搞好党的建设。如何摆正党建工作的位置，找准党建工作与经济工作的结合点和切入点，这是我们首先要考虑的问题。

第二，我们是在对外开放的条件下进行党的建设的。长期以来，由于帝国主义的封锁，我们党处于相对封闭的状态，除了与社会主义国家和兄弟党交往之外，对于不同社会制度的国家、不同性质的政党几乎很少接触。这在客观上减少了党受污染的机会，但也使党的自身免疫功能相对较弱。实行改革开放，窗子打开了，新鲜空气

① 《邓小平文选》，第3卷，380页。

进来了，苍蝇蚊子也进来了。在引进国外先进科学技术和管理方法的同时，西方资本主义的腐朽思想或多或少也会被夹带进来，无孔不入地侵蚀着我们党的肌体。对于一个农民出身的党员占相当比重的党，对于一个长期处于封闭状态下的党，禁忌一旦打开，就容易产生失控状态。相当一部分干部、党员道德失范，有的腐化堕落，有的在对外交往中不维护国家和民族的利益，甚至丧失国格或人格。现在我们同西方国家主要是在外交、经贸、文化这三条战线上打交道，这中间既有交流与合作，又有较量与斗争。在对外开放中，我们要积极借鉴西方发达国家对我国有用的东西，但又要防止把腐朽当神奇，把痈疽当宝贝。怎样才能在学习别人好东西的同时坚持和发扬自己的优势，有效地抵制资产阶级腐朽思想的侵蚀，这是我们不容忽视的问题。

第三，我们是在社会主义市场经济条件下进行党的建设的。建立社会主义市场经济体制，发展社会主义市场经济，有利于解放和发展社会主义社会的生产力，增强社会主义国家的综合国力，提高人民的生活水平，也有利于人们观念的更新，这无疑会为党的建设创造有利的物质和思想条件。但是必须看到，市场自身的弱点和消极方面也会反映到政治生活与精神生活中来，对人们的思想观念、价值观念、道德观念、行为方式产生一定的影响，使得人们产生种种矛盾和困惑。比如，怎样处理政治与经济、竞争与协作、自主与监督、效率与公平、先富与后富、奉献与索取、个人利益与党的利益、经济效益与社会效益的关系等，是人们在现实生活中常常遇到而又无法回避的问题。经过多年改革，经济发展和社会生活中一些深层次的矛盾与问题逐渐暴露出来，国有大中型企业的不景气，下岗职工的增多，社会分配不公和贫富差别的加大，以及由此引发的人民内部矛盾和社会问题的突出，也给党的思想政治工作提出了新的更高的要求。怎样才能做到既适应社会主义市场经济的客观规律，又坚持全心全意为人民服务的宗旨；既发展社会生产力，又能够抵制和克服消极腐败现象的发生；既抓物质文明建设，又抓精神文明建设，真正做到两手抓，两手都要硬，这是摆在我们面前的严峻课题。

第四，我们是在世界范围内的社会主义处于低潮的条件下进行党的建设的。一百多年来，国际共产主义运动历经艰难曲折，既有辉煌的令人鼓舞的胜利，也有严酷的令人痛心的挫折和失败。当社会主义事业顺利发展的时候，让人们相信党、相信社会主义、相信马克思主义是比较容易的。相反，当社会主义事业受到挫折的时候，人们对党的信任，对社会主义、共产主义的信仰，对马克思列宁主义的指导作用，就容易产生动摇。十月革命的胜利以及第二次世界大战以后包括中华人民共和国在内的一批社会主义国家的相继建立，曾经那样地使人们充满希望。与此同时，共产党的发展也达到了巅峰，世界各国的共产党和工人党最多时达 130 多个。苏联与东欧剧变，社会主义在一些国家失败的惨痛现实，使得人们过去坚信的一些东西变得模糊起来，人们对很多东西产生了怀疑。世界范围内社会主义处于低潮的客观现实使我们党的建设面临十分不利的外在环境，在这种条件下，党的思想理论建设的难度加大了。对于马克思列宁主义、毛泽东思想，不仅仅有个学不学、懂不懂的问题，更有个信不信、用不用的问题。前者主要取决于教育，而后者则主要取决于实践。让更多的人真正相信马克思主义，完整准确地理解马克思主义、毛泽东思想，特别是它们关于社会主义的一系列论述，用邓小平同志建设有中国特色社会主义理论武装党员，教育群众，以理论上的坚定保证行动上的坚定，这是我们党当前建设的难点所在。邓小平同志曾满怀信心地说："一些国家出现严重曲折，社会主义好像被削弱了，但人民经受锻炼，从中吸收教训，将促使社会主义向着更加健康的方向发展。因此，不要惊慌失措，不要认为马克思主义就消失了，没用了，失败了。哪有这回事！"①

第五，我们是在西方敌对势力加紧"西化""分化"的条件下进行党的建设的。西方敌对势力出于本性，一直以来对社会主义、共产主义采取敌视的态度，从 20 世纪 50 年代起，就开始对社会主义

① 《邓小平文选》，第 3 卷，383 页。

国家实施“和平演变”战略，并已在苏联东欧连连得手，近年来更是把“西化”和“分化”的目标对准中国。西方敌对势力公开表示要“不惜一切代价，尽快完全消灭中国的共产主义制度”，“与中共打一场跨世纪的没有硝烟的战争，最终摧毁中共政权，在世界上彻底消灭共产主义制度”。西方敌对势力制定了未来 15 年到 20 年对中国实施“循序渐进和平演变”的计划，采取一整套“诱压兼施”、“接触”与“遏制”并用的策略，在西藏、台湾、人权、经贸等问题上制造种种麻烦，进行各种形式的思想文化渗透和政治颠覆活动，妄图把它们那套“民主”“自由”强加给我们。怎样才能在同西方敌对势力的较量中立于不败之地，这是我们任何时候都不能忽视的问题。

以上这五条是彼此联系、相互影响的，它们使我们党处于一种十分复杂的客观条件下，使党的建设面临着从未有过的难题。清醒地认识这些新的条件，是我们探索适应新时期党建工作规律的前提。

当前加强党的建设必须划清的几个界限

长期以来，我们在革命战争年代和计划经济条件下形成的一些思维定式与工作习惯，常常自觉不自觉地影响和干扰着我们的工作，“左”的和右的东西常常成为加强党的建设的障碍。为使我们的思想跟上飞速发展的形势，适应新时期党的建设的新条件、新特点，我们必须坚持马克思主义的建党思想，解决一些认识上的问题，摈弃一些错误观点。在这方面，特别要注意应划清以下几个界限：

第一，江泽民同志强调的讲政治与过去所谓的“突出政治”的界限。

在党的十四届五中全会上，江泽民同志郑重提出“领导干部一定要讲政治”的问题。此后的一段时间里，他又多次强调领导干部特别是高级干部一定要讲政治。江泽民同志的讲话是针对近年来我们一些同志淡化政治的倾向提出来的，有着很强的针对性和极为重要的战略意义。但是，一些同志对此似乎不太理解，误以为讲政治就是搞过去“空头政治”“政治代替一切”“政治冲击一切”那一套，担心我们党会改变以经济建设为中心的路线，回到“以阶级斗争为纲”的老路上去。也有一些同志对讲政治的丰富内涵缺乏深刻的理解，停留在喊喊口号，强调一下，真正落实却不够。这些都影响着我们对江泽民同志讲政治重要指示的贯彻落实。

讲政治对于马克思主义政党来说并不是新问题，马克思、恩格斯、列宁、毛泽东、邓小平从来就是一以贯之的，这也是我们党的优良传统和政治优势。江泽民同志强调的讲政治与过去所谓的“突出政治”有着本质的区别。首先，政治的内容不同。过去“突出政治”所讲的政治，主要是搞阶级斗争，以阶级斗争为中心。江泽民同志所讲的政治，主要是指政治方向、政治立场、政治观点、政治纪律、政治鉴别力和政治敏锐性。这就是要求我们：坚持有中国特色社会主义的方向；站在无产阶级和人民大众的立场，作为共产党员来说，就是要站在党性和党的政策的立场；坚持群众观点、全局观点；遵守党章的规定，在政治上与党中央保持高度一致；增强辨别大是大非的能力，包括理论是非和政治是非；对于国内外形势和重大事件具有敏锐的洞察力、判断力、驾驭力。江泽民同志讲的政治是马克思主义的政治，是建设有中国特色社会主义的政治。

其次，政治与经济的关系不同。过去“突出政治”所讲的政治处于至高无上的地位，实际上就是可以用政治去“冲击一切”“代替一切”，其结果是搞乱了阶级关系，破坏了社会的安定团结，阻碍了社会生产力的发展。江泽民同志把发展经济作为社会主义的本质和执政党的根本任务，而把政治作为搞好经济工作的根本保证，即保证经济工作发展的社会主义方向，为经济工作提供良好的社会环境。这体现了马克思主义关于经济基础和上层建筑辩证统一的关系，从哲学的高度确立了政治恰如其分的地位，既指明了政治的重要性，又摆正了政治与经济的关系，其出发点和落脚点都是促进经济的发展。

最后，讲政治的方法不同。过去“突出政治”所讲的政治是采取实用主义的态度，理论学习往往只学马克思主义的只言片语，断章取义，动不动就搞政治运动，“无限上纲、上线”。江泽民同志强调讲政治就要讲学习，学习理论要努力在掌握理论的科学体系上下功夫，在掌握基本原理及其精神实质上下功夫，在掌握马克思主义的立场、观点、方法并用以指导实践上下功夫，以理论上的坚定作为政治上坚实的基础，同时加强党的制度建设和社会主义法制建设。

在阶级斗争问题上，既不能简单化、绝对化、扩大化，又不能否认一定范围内的阶级斗争的存在。这样的讲政治绝不会回到过去“左”的一套老路上去。

第二，坚持“从严治党”与“残酷斗争”“无情打击”的界限。

目前，在我们党内政治生活中出现了一些不正常的现象，以一团和气代替党内团结，以好人主义、调和主义代替必要的批评与自我批评，自由主义有滋长蔓延的趋势。毛泽东同志曾在《反对自由主义》一文中严厉批评过的自由主义的 11 种表现，今天都不同程度地存在着。有的人是非不分，对明显违背马克思主义、违背党的基本路线和政策的错误言行不反映、不抵制、不斗争，甚至传谣信谣，传播小道消息。有的人为了追求个人名利，热衷于拉关系、串门子，把吹吹拍拍、拉拉扯扯这种极为庸俗的作风带到党内来。一些单位领导班子的民主生活会流于形式，党员评议走过场。其后果是邪气上升，团结涣散，关系松懈，工作消极，意见分歧，批评与自我批评难于开展，党的原则难以坚持，党的肌体受到损害，党的凝聚力、向心力、战斗力减弱。

造成这种情况的原因，一方面是我们一些同志近些年放松了党的知识的学习，对党内斗争缺乏正确的认识；另一方面是一些同志错误地总结“文化大革命”的教训，从过火斗争走向取消斗争。在民主革命时期和社会主义时期，由于“左”的错误的干扰，我们党在党内斗争问题上曾多次发生偏差。王明路线统治时期，包括毛泽东同志、邓小平同志在内的一批真正坚持马克思主义的同志受到错误的批判和不公正的对待，有些甚至被错杀、误杀。反右派、反右倾斗争中和“文化大革命”时期，相当一批敢于直言的同志遭到打击迫害。至今谈起党内斗争，一些同志仍心有余悸，谈虎色变。

在社会主义现代化建设的新时期，还要不要讲党内斗争，怎样开展党内斗争，这是我们必须认真考虑和注意把握的大问题。毛泽东同志的《关于纠正党内的错误思想》《反对自由主义》，刘少奇同志的《论党内斗争》等文章，精辟地阐述了党内斗争的必要性、党内斗争的性质、党内斗争产生的根源、党内斗争的正确方法等，形成了关于党内斗争的系统理论。这些党建名篇至今读来仍倍感亲切，对我们今天党的建设具有重要的指导意义。

正确认识党内斗争的性质、党内斗争产生的根源，是正确开展党内斗争的前提。以往在党内斗争问题上“左”的错误，就在于把党内一切矛盾和斗争都看成社会上阶级矛盾和阶级斗争的反映，把原本属于思想性质的问题、人民内部矛盾的问题等同于阶级矛盾、阶级斗争，因而采用了机械的、过火的党内斗争的方式。这个教训必须牢牢记取，但不等于说可以否认党内斗争的客观性和必要性。

正确开展党内斗争，关键是正确区分和处理两类不同性质的矛盾，对于党内腐败现象，必须从严惩治，毫不手软，对于党内思想认识上的问题则要把握好“度”，“过”与“不及”都是不可取的。具体说来，就是要从团结的愿望出发，用对党对革命最高的负责态度来进行，善于从原则上提出问题，开展争论与斗争，开展认真的而不是敷衍的批评与自我批评，提倡摆事实、讲道理、以理服人，这样才能在分清是非的基础上达到新的团结。毛泽东同志把批评与自我批评概括为党的三大作风之一，今天我们要继续发扬这种作风，开展积极的党内思想斗争。

第三，坚持民主集中制原则与搞封建家长制、极端民主化的界限。

民主集中制是无产阶级政党的根本组织制度和领导制度。民主集中制贯彻得好不好，关系到党的事业的兴衰成败。当前，在建立和发展社会主义市场经济的过程中，还要不要坚持民主集中制，怎样健全和完善民主集中制？在这个问题上，部分同志还不同程度地存在着一些模糊认识。有的同志认为，民主集中制是战争年代和计划经济条件下的产物，现在搞市场经济，民主集中制已经过时了，不再适用了。有的同志认为，市场经济强调价值规律、自主经营、平等竞争，再讲民主集中制就会束缚人们的手脚，影响改革的深化和经济的发展。有的同志片面强调民主或片面强调集中，只要其中的一个方面而否定另一个方面。这些模糊认识造成一些同志民主集中制观念淡薄，甚至对坚持民主集中制产生怀疑和动摇，极大地妨碍了民主集中制的贯彻执行。在一些地区和部门，违反民主集中制的现象较为普遍地存在着，分散主义、本位主义、地方保护主义以各种形式顽固地表现着，有令不行、有禁不止、上有政策下有对策的现象屡有发生，个别领导干部封建家长制作风仍比较严重。这些问题的存在，严重干扰了党中央的集中统一领导，阻碍了中央政令的畅通。

坚持和健全民主集中制是建立社会主义市场经济体制的内在要求，以为实行社会主义市场经济就可以不要党和国家领导制度中的民主集中制，或者以为坚持民主集中制就是回到计划经济的老路上去，这些都是不对的。当前，我们要着力解决民主不够和集中不够的问题，多层次、多方面、多途径地发展党内民主和社会主义民主，同时维护以江泽民同志为核心的党中央的权威，坚决贯彻执行中央的决议、决定，在党的基本路线和总方针、总政策、总目标以及关系全局的重大问题上，全党必须与中央保持一致。我们要坚决反对以发扬民主为名，搞分散主义、无政府主义和极端民主化的错误倾向，同时也要反对以坚持集中为名，搞个人专断的错误倾向。只有这样，才能真正造成一种又有集中又有民主、又有纪律又有自由、又有统一意志又个人心情舒畅、生动活泼的政治局面。

当前加强党的建设必须抓紧的几项工作

建设“新的伟大的工程”，是一个理论问题，更是一个实践问题，需要我们做许多扎扎实实、艰苦细致的工件。当前应着重抓紧哪几项工作呢？

其一，要大力加强领导班子的建设。从严治党，首先要治理好领导班子和领导干部。一个廉洁的领导干部会为全社会树立学习的楷模，一个腐败的领导干部会损害整个党的形象，动摇一批人对社会主义、共产主义的信念。一个执政党，如果管不住、治理不好领导班子和领导干部，后果将不堪设想。因此，对领导干部必须从严教育、从严要求、从严管理。建设高素质的干部队伍，培养跨世纪的年轻干部，要从世界观、人生观、价值观上解决问题，使领导干部真正成为全党的表率，使党员成为全社会的表率。

其二，要切实解决群众关心的问题。人心向背是执政党成败的关键，群众赞成不赞成、拥护不拥护、支持不支持，是检验党的工作好坏的唯一标准。因此，必须在事关群众切身利益的重大问题上下功夫、用气力，扎扎实实做一些实事，切实解决群众关心的热点问题，如加大反腐败的力度、搞好社会治安综合治理、做好生活困难职工的工作等，使人们看到希望，增强信心。

其三，要改革党建工作的方式。邓小平同志提出了坚持党的领导、改善党的领导的命题，深刻阐述了二者之间的关系。改善党的领导，主要是改善党的领导方式、组织工作方式、思想政治工作方式。我们要努力探索适应新时期的党建工作方法，切实加强党的基层组织工作，加强理论学习的系统性和规范性，加强思想教育的针对性和有效性。

世纪之交，任重道远，我们要振奋精神，积极进取，努力把党建工作提高到一个新的水平。

有中国特色社会主义文化的“源”和“根”*

江泽民总书记在十五大报告中，对建设有中国特色社会主义的文化给予了充分的注意，并进行了深刻的论述。他在谈到社会主义初级阶段的基本纲领时，着重指出：“建设有中国特色社会主义的文化，就是以马克思主义为指导，以培育有理想、有道德、有文化、有纪律的公民为目标，发展面向现代化、面向世界、面向未来的，民族的科学的大众的社会主义文化。”

江总书记在报告中把社会主义的文化建设放到了一个前所未有的高度，指出：“有中国特色社会主义的文化，是凝聚和激励全国各族人民的重要力量，是综合国力的重要标志。”以往，人们在谈到综合国力时，主要考虑的是一个国家的物质方面的力量；其实，一个国家全民族的思想道德素质怎样，科学文化素质怎样，在更加根本、更加本质的方面决定着这个国家的整体面貌。我国的社会主义现代化建设的进程，也在很大程度上取决于国民素质的提高和人才资源的开发。正是在这个意义上，江总书记号召“全党必须从社会主义事业兴旺发达和民族振兴的高度，充分认识文化建设的重要性和紧迫性”。

有中国特色社会主义的新文化，不可能在一片荒漠、一片废墟上建设起来。鲁迅说过：“文化的改革如长江大河的流行，无法遏止，假使能够遏止，那就成为死水，纵不干涸，也必腐败的。”① 因此，新文化必须有也必定有自己的源头活水。新文化的建设犹如百草禾木之生长，凡能茁壮成长者必定扎根于肥壤沃土中。那么，有

---

* 载《北京高等教育》，1997年第5期。

① 鲁迅：《从“别字”说开去》，见《且介亭杂文二集》，283页，北京，人民文学出版社，1981。

中国特色社会主义文化的“源”和“根”究竟是什么呢？江总书记在报告中明确指出，“它渊源于中华民族五千年文明史，又植根于有中国特色社会主义的实践”。

我国是一个具有悠久历史传统和丰富文化遗产的国家。用科学的态度对待我国的传统文化，既不搞民族文化虚无主义，也不搞民族文化复古主义，或如鲁迅所说，既不“蔑古”，也不“笃古”，而是采取分析的态度，取其精华，弃其糟粕，那么我国五千年文明史积累而成的优秀文化遗产就会成为有中国特色社会主义新文化改革与建设的取之不竭、用之不尽的源泉。

文化是经济和政治的反映，又会反过来对经济和政治的发展起巨大的作用。当前，我国正处在承前启后、继往开来的重要历史时期，经济、政治和社会生活的一切方面都经历着前所未有的急剧而深刻的变化。有中国特色社会主义的文化，在改革和建设的过程中，要不断汲取丰富生动的伟大实践提供的各种素材和营养，同时也要自觉地使这种民族的、科学的、大众的社会主义新文化成为凝聚和激励全国各族人民更好地投身于社会主义现代化建设的巨大精神力量，使我们的伟大祖国在即将到来的新世纪中，既有繁荣的经济，也有繁荣的文化，对人类文明做出自己应有的贡献。

贯彻十五大精神　实现高等教育的“两个转变”*

党的十五大是在世纪之交的关键时刻举行的一次极为重要的会议。这次会议，对我国跨世纪经济发展和社会全面进步的目标、任务、战略方针做了系统全面的论述。深入学习和认真贯彻十五大精神，对于高等教育工作，同样具有极为重要的意义。它为我们更好地实现江泽民同志提出的教育工作面临的“两个重要转变”，即教育要全面适应现代化建设对各类人才培养的需要，要全面提高办学的质量和效益，提供了根本的指导方针和强大的精神力量。

充分认识抓好文化建设基础工程的极端重要性

江总书记在十五大报告中，把发展教育和科学称作“文化建设的基础工程”。同时他强调指出，“有中国特色社会主义的文化，是凝聚和激励全国各族人民的重要力量，是综合国力的重要标志”。他号召“全党必须从社会主义事业兴旺发达和民族振兴的高度，充分认识文化建设的重要性和紧迫性”。

以往，当我们谈到一个国家的综合国力的时候，首先想到的往往是物质方面的力量，例如有多少吨钢啦，国民生产总值有多少啦，有没有“两弹一星”啦等。毫无疑问，这些确实是十分重要的，是基础性的东西。但是，如果一个国家全民族的思想道德素质和科学文化素质不是很高，精神文明建设搞得不是很好，那也不能说综合

* 载《北京高教研究》，1997年第6期。

国力是很强的。而且，这种情况还会反过来大大制约甚至阻碍经济发展和社会的全面进步。因此，江总书记在报告中明确指出："社会主义现代化应该有繁荣的经济，也应该有繁荣的文化。我国现代化建设的进程，在很大程度上取决于国民素质的提高和人才资源的开发。"学习十五大报告中的这些论述，极大地提高了我们作为教育工作者的历史责任感和历史使命感。

高等教育的根本任务是为国家培养和输送高质量的高级专门人才。正像十五大报告中所强调的，"培养同现代化要求相适应的数以亿计高素质的劳动者和数以千万计的专门人才，发挥我国巨大人力资源的优势，关系二十一世纪社会主义事业的全局"。我们正是要从这个全局的高度，了解我们工作的意义，认清我们肩负的责任，进一步坚定忠诚党的教育事业的决心。

用邓小平理论武装青年一代

江总书记在十五大报告的开头就指出，十五大的主题是高举邓小平理论伟大旗帜，把建设有中国特色社会主义事业全面推向21世纪；在结尾部分又强调，"我们这次大会的灵魂，就是高举邓小平理论的伟大旗帜。十五大无疑将以这一点为标志载入史册"。

在高等教育战线，我们将从哪些方面努力，使高举邓小平理论旗帜的问题落到实处呢？

作为毛泽东思想的继承和发展的邓小平理论，是贯通哲学、政治经济学、科学社会主义等领域，涵盖经济、政治、科技、教育、文化、民族、军事、外交、统一战线、党的建设等方面的比较完备的科学体系。其中，关于教育的理论，同其他各方面一样，有着十分丰富的内容。例如，必须把教育放在优先发展战略地位的思想；教育要面向现代化、面向世界、面向未来的思想；坚持德智体全面发展的教育方针、培养社会主义"四有"新人的思想；学校要把坚定正确的政治方向放在第一位的思想；全社会都要尊重知识、尊重人才的思想；教育必须同生产劳动相结合、同国民经济发展的要求相适应的思想；必须进一步深化教育体制改革的思想；等等。完整准确地学习与掌握这些思想，并把这些思想贯彻到教育工作的实践中，是高等教育改革和发展健康进行的根本保证。

哲学社会科学是高等教育的重要内容。文科学生占了将近全部在校大学生的一半，理工科学生也迫切需要加强人文素质的教育。十五大报告指出，“积极发展哲学社会科学，这对于坚持马克思主义在我国意识形态领域的指导地位，对于探索有中国特色社会主义的发展规律，增强我们认识世界、改造世界的能力，有着重要意义”。在哲学社会科学中，有相当一部分学科是直接研究马克思列宁主义、毛泽东思想、邓小平理论的，从事这方面学科的教学与研究的同志，是马克思主义理论的专业队伍，他们理所当然地要成为学习、研究、宣传、实践邓小平理论的骨干力量。社会科学、人文科学、管理科学的其他领域，虽然各自有特定的研究对象和任务，但都需要把邓小平理论这个当代中国的马克思主义作为自己指导思想的理论基础。只有这样，才能使哲学社会科学得到健康的发展，并在社会生活中发挥无可替代的积极作用。

有中国特色社会主义文化建设的根本，是要在全社会形成共同理想和精神支柱。这一点对高等教育来说，尤其重要。当代大学生是跨世纪的年轻一代，到 21 世纪的初叶，他们就要逐渐成为社会各条战线的骨干力量。他们的政治倾向如何，道德素质高低，专业知识怎样，将在很大程度上影响甚至决定着 21 世纪前期的社会面貌。引导他们树立正确的世界观、人生观、价值观，对他们大力加强爱国主义、集体主义、社会主义和艰苦创业精神的教育，就成为提高高等教育质量的根本之举。归根到底，就是要坚持用邓小平理论武装青年一代。江总书记强调，“坚持十一届三中全会以来的路线不动摇，就是高举邓小平理论的旗帜不动摇”。只有青年一代能够真正领会和掌握邓小平理论，接受和信仰邓小平理论，运用和实践邓小平理论，邓小平理论的伟大旗帜才能不断高高飘扬。

高等教育的改革和发展必须从社会主义初级阶段的基本国情出发

党的十五大重申了我国还处于社会主义初级阶段，并且深刻论述了党在社会主义初级阶段的基本路线和基本纲领。江总书记在十五大报告中指出："我们讲一切从实际出发，最大的实际就是中国现在处于并将长时期处于社会主义初级阶段。"这是我国当前最基本的国情。我们办一切事情，都要从这个最基本的国情、最大的实际出发。高等教育的改革与发展当然也不例外。

社会主义初级阶段，就是不发达的阶段。对于我们这样基础落后的东方大国，这是不可逾越的历史阶段，这是一个逐步摆脱不发达状态，基本实现社会主义现代化的历史阶段。

十五大对社会主义初级阶段的基本特征和历史任务，从九个方面做了精辟的分析。其中，关于教育的发展的分析、关于社会主义文化建设的分析、关于社会主义精神文明建设的分析，占了十分重要的地位。在论述社会主义初级阶段的基本矛盾、发展动力、基本路线和基本纲领时，也对教育及文化建设的地位和作用做了充分的分析。我们正是要在这些方面，找到自己的位置，明确自己的历史责任。

我们还处于社会主义初级阶段，生产力水平和综合国力还不是很高、很强，因此在考虑高等教育的改革和发展时，就必须有一个清醒的头脑，坚持从实际出发，而不是从脱离实际的主观愿望出发。例如，高等教育的目标，只能提"稳步发展"，所谓"稳步发展"，当然不是停滞不前，而是这种发展必须同国民经济发展的要求相适应。在当前的一个时期，高等教育应该更加注重走内涵发展的道路，努力提高教育质量和办学效益，不应该一讲"发展"就盲目地追求数量的增加和规模的扩大。同时，还要加快高等教育管理体制改革的步伐，优化教育结构，合理配置教育资源，尽快改变专业设置小而全、低水平重复的现象，通过合作办学、联合办学、合并等方式，充分发挥有限的教育资源的作用。在目前教育投入严重不足的情况下，一方面要多方面开辟筹措教育资金的渠道，但同时也应该加强和改善管理，杜绝因管理不善而造成的教育资源的浪费。努力加强教育同经济的结合，采取各种形式进入企业或同企业合作，走产学研结合的道路，等等。所有这一切，都是我们正在做但要真正做好还需要极大努力的事情。

党的十五大为高等教育的发展进一步指明了方向，提供了一个极好的环境和机遇。我们一定要按照江泽民同志所号召的，“抓住机遇而不可丧失机遇，开拓进取而不可因循守旧”，把一个更好的、更有生机的高等教育带到 21 世纪。

清末民初对封建官本位观念的最初冲击*
——评孙中山的“公仆”观

政治民主化是一个国家走向现代化的基本前提和重要内容。如何处理政府、官吏与人民之间的关系，则是实现政治民主化所亟须解决的一个重大课题。近代以来，先进的思想家们对这一问题进行了积极的探索：地主阶级经世派思想家继承了古代“民贵君轻”的“民本”学说，资产阶级维新派高高举起了“君民共主”的旗帜。伟大的革命先行者孙中山先生，站在时代的最前沿，首次深刻阐释并大胆实践了“民为国家主人，官为人民公仆”的主张，与阶级社会以来一直沿袭下来的“官本位”观念和制度勇敢决裂。孙中山的这一思想不仅在近代民主运动史上留下了光辉的一页，而且对我们今天的现代化建设也有着重要的启迪和借鉴意义。

一

千年以来的等级社会中，“官”对大多数中国人来说是一个极为神圣和尊贵的字眼。《说文解字》对官的注释是“吏，事君也”，也就是说，官是服务于君主专制政治的不可或缺的机器，是高居于民之上的特权等级的组成部分。所谓“普天之下，莫非王土；率土之滨，莫非王臣”，森严的专制等级制度造就了延续中国几千年之久的官僚政治，而“长期的官僚政治，给予了做官的人，准备做官的人，

* 载《中国人民大学学报》，1997年第6期。署名：李文海、赵晓华。

乃至从官场退出的人，以种种社会经济的实利，或种种虽无明文确定，但却十分实在的特权”①。在漫长的封建社会中，官的特权和官对民的压迫充斥着社会生活的每个角落。譬如，“做官发财”是封建时代为“官”者所追求的首要目标，“权”与“钱”往往是紧密联系在一起的。封建官吏在领有丰厚的钱帛俸禄、金银赏赐之外，还常常倚权仗势侵吞民田民产，据为己有，以至历代以来，“势官富姓，占田无限，兼并冒伪，习以成俗”②，“富者有弥望之田，贫者无卓锥之地”，成为一种司空见惯的社会现象。在封建法制方面，“刑不上大夫”似乎成为一条天经地义的法则，历代法制无不强有力地保障了官的特权地位的制度化和规范化，那些名目繁多的严刑峻法不过是专为下层群众设置的，而在以“重法绳民”的同时，贵族官僚却可以依照等级减刑免刑，逍遥法外。此外，官的特权还具有延续性和承传性，“一人得道，鸡犬升天”，为官者生前享尽安富尊荣，死后又要荫子庇孙，子袭父爵。至于在衣食住行、婚姻丧葬等方面，封建统治者一再强调“采章服饰，本明贵贱”，“婚姻者，尊卑高下，宜令区别”等，“官”的特权更是毋庸置疑的。

更有甚者，作为剥削阶级，封建官僚在享有特权的同时，还利用特权搜刮民脂，贪污受贿，弄权枉法，致使社会矛盾愈演愈烈。官吏的残酷暴虐和腐化堕落到封建社会末期更为猖獗。封建末世的晚清思想家龚自珍曾揭露了大多数官吏不顾人民死活、一味贪图享乐的心态：“苟安其位一日，则一日荣。疾病归田里，又以科名长养子孙，志愿毕矣。”③ 维新运动期间，康有为针对官场弊病指出：“今之知县，品秩甚卑……小民有冤，呼号莫达，书差讹索，堂署森严，长跪问讯，刑狱惨酷，乃至有人命沉冤，鬻子待质而经年不讯者。若大至督抚之尊，左民益远，百县之地，为事更繁，积弊如山，疾苦如海，既已漫无省识，安能发之奏章？”④ 官吏们这种饱食终

① 王亚南：《中国官僚政治研究》，112页，北京，中国社会科学出版社，1981。

② 《宋会要辑稿·食货》。

③ 龚自珍：《明良论二》，见《龚自珍诗文选注》，7页，南京，江苏人民出版社，1976。

④ 汤志钧编：《康有为政论集》（上册），156页，北京，中华书局，1981。

日、尸位素餐的寄生生活正是当时社会的一种普遍现象。梁启超也无情地刻画了官吏们为求得高官，对上奴颜婢膝、对下勒索威逼的丑恶嘴脸，他说：“守令竭其心力以奉长官，犹惧不得焉，无暇及民事也，朘万姓脂膏，为长官苞苴，虽厉民而位则固也。”① 总之，官的特权是官对民压迫的依仗，而对人民敲骨吸髓的剥削又是封建官吏强化其特权地位的必要手段。

值得注意的是，显赫的官吏特权和森严的等级制度导致了对“官”的两种截然相反的传统观念。一方面，长期以来，官本位的思想观念始终占据着社会生活的主导地位，“学而优则仕”成为贯穿整个封建社会的一种主要价值取向。从孔子“不仕无义”的人生导向到“士农工商”的传统四民排列，博取功名、跻身官场始终是封建社会中许多人梦寐以求的理想。“朝为田舍郎，暮登天子堂”，对大多数读书人来说，其“终身志望，不敢妄希帝王，惟以王佐自拟”②。这种产生于君主专制制度下的儒家做官思想至近代仍然持续不衰，如曾国藩也承认自己年轻时“锐意功名，意气志豪”③，他曾叙述他的志向说：“君子之立志也，有民胞物与之量，有内圣外王之业，而后不忝于父母之所生，不愧为天地之完人。”④ 应当说，曾国藩这种希望通过科举入仕而做帝王一忠臣、光耀祖宗的思想正是晚清社会中的主流思想。但是，另一方面，在对于官民关系的传统观念中，作为统治阶级和被统治阶级的官与民始终是对立的，“乡曲小民，视官吏如天帝，望衙署如宫阙，奉缙绅如神明”⑤，贪官酷吏的勒索威逼、欲壑难填使得生活在社会下层的广大群众对官抱有一种惧而远之，甚至极端憎恶的心理。鲁迅描述清末民初百姓害怕“流官”的情景说：“每一掉换，农民们便愁苦着相告说：怎么好呢，又换了一只空肚鸭来了！”⑥ 在忍无可忍的情况下，饱受着椎心泣血之

---

① 《时务报》，第9册，1896年10月27日。
② 汤志钧编：《章太炎年谱长编》（上册），北京，中华书局，1979。
③ 《曾文正公文集》，第2卷。
④ 《曾国藩家书》，道光二十二年十月六日。
⑤ 梁启超：《中国积弱溯源论》，见《饮冰室文集》，第5册，北京，中华书局，1989。
⑥ 鲁迅：《谈金圣叹》，见《鲁迅全集》，第5卷，122页，北京，人民文学出版社，1973。

苦的下层民众不止一次地发出了“时日曷丧，吾与汝偕亡”的悲壮呼喊，“官逼民反”往往是导致封建社会阶级矛盾尖锐的必要因素之一。就连封建统治者也意识到，太平天国革命的爆发，“推寻本源，何尝不以有司虐用其民，鱼肉日久，激而不复反顾。盖大吏泄泄于上，而一切废置不问者非一朝夕之故矣”①。可以说，官与民之间不可调和的对立和矛盾是与封建制度相始终的。

自然，不可否认的是，针对尖锐的社会矛盾，封建社会中曾产生了强调“民为邦本，本固邦宁”的朴素“民本”思想，也出现了一批敢于“为民做主”的清官良吏。但是，史实表明，时至近世，像林则徐那样不惮“为民请命”、勇于发出“亿兆命重身家轻”感慨的良官循吏实属凤毛麟角，而且，饱受儒学熏陶的林则徐也仅能以“吏之于民若父兄之训子弟”② 作为他对官民关系的全部认识。此外，主张“民贵君轻”的民本学说，其最终目的仅在于缓和激烈的阶级矛盾，它并没有也不可能改变森严的封建等级秩序，究其根源，它仍是建立在君主专制制度的基础上的。

近代以来，伴随着民主运动的高涨，先进的中国人对旧式官僚的腐败予以了猛烈的抨击，并提出了对“官”的一系列新认识。经世派思想家魏源指出，为官者当“施政从王事，更须养万民”；康有为大声疾呼“设官以奉民事，非以奉君也”③；梁启超对照中西官吏设置，对君、臣、民的传统政治哲学做了勇敢的否定。他认为，“国也者，积民而成，国家之主人为谁？即一国之民是也。故西国恒言，谓君也，官也，国民之公奴仆也”④。以官为国民“公奴仆”，梁启超在这里初步描绘了一种与传统迥乎不同的新观念。然而，遗憾的是，维新派对官民观念的认识并不排斥皇权，在某种程度上，他们只是企图使传统的君民观念从对立走向统一。梁启超在盛赞西方民主制度的同时，又高唱“君权与民权合，则情易通”⑤ 的论调，这

① 《曾文正公文集·书札》，卷1，30页。

② 林则徐：《云左山房文钞》卷一，《闽县义塾记》。

③ 汤志钧编：《康有为政论集》（上册），549页。

④ 梁启超：《中国积弱溯源论》，见《饮冰室文集》，第5册。

⑤ 梁启超：《饮冰室合集》，第1册，94页，北京，中华书局，1989。

种看似矛盾混乱的观点正反映了其反封建的妥协性和局限性。

历史表明，社会制度的革故鼎新与思想领域的急剧变革是互为表里的。20纪之初，以孙中山为首的资产阶级革命派为了彻底摧毁封建君主制度，建立共和国，对于封建官僚政治做了比以往任何时候都更为深刻彻底的批判。孙中山指出，“中国向来积弱退化有如江河日下者，其原因实在政府官吏之腐败，倒行逆施，积极作恶也”。在这种“官以财得，政以贿成”的腐朽政治下，“一般士子求学之心思，皆以利权为目的，及目的达到，由是用其智识剥害民权，助桀为虐”①。毫无疑问，改变这种没落的旧制度、旧思想已成为时代的要求。另外，革命的迅猛发展也迫切要求革命者树立一种崭新的、革命的价值取向和人格观念。在此情势下，作为民主革命先行者的孙中山提出了他的“公仆”观。孙中山曾多次讲到“人民是国家的主人，官吏是人民的公仆”。他积极地鼓励革命者舍弃狭隘的封建等级观念，舍弃片面追逐个人功名利禄的旧思想，而以国家利益和人民利益为重，为社会和人类的幸福贡献力量。孙中山“公仆”观的提出，无疑有着重要的时代意义和历史意义。

二

建立一个真正意义上的民主、平等、自由的资产阶级共和国始终是孙中山毕生奋斗和追求的目标。“公仆”观不仅是孙中山“天下为公”美好愿望的具体体现，而且是他反对封建专制主义的有力武器，是他关于资产阶级民主政治建设的重要内容，是他提高革命者队伍素质的理论依据和加强国民道德建设的思想工具。

1. 公仆观是孙中山批判封建专制主义的有力武器。

“尽扫专制之流毒，确定共和，以达革命之宗旨，完国民之志愿。”1912年，孙中山在《临时大总统宣言书》中这样郑重宣誓。可

---

① 《孙中山全集》，第2卷，423页，北京，中华书局，1982。

以说，公仆观正是孙中山“尽扫专制之流毒”的有力武器，是他与各种封建恶势力斗争的重要工具。早在帝制复辟的逆流席卷而来之前，孙中山便坚定地表示：“大总统由国民公举。议会以国民公举之议员构成之。制定中华民国宪法，人人共守。敢有帝制自为者，天下共击之！”① 在他看来，民国的政府官吏绝不再是个人权力的象征，而只是为国民服务的一项职务，袁世凯正是因“不守其奴仆之分，而凌践主人，浸至据有主人之产”② 而必须被推翻。作为资产阶级共和国的缔造者，中华民国建立后官僚政客长期当道的局面引起了孙中山的深深忧虑。他认为，这正是造成民国名不副实的重要原因。长期以来，他一直为改变这种现状不懈努力着。1916 年，他告诫时任总统的黎元洪说：“民国总统，职曰公仆，一切僭制妄作，宜即屏除，庶几气象一变”③；直至 1925 年，奔波操劳一生而仍在为革命做最后拼搏的孙中山致电段祺瑞：“民国以人民为主人，政府官吏及军人不过人民之公仆……今欲改弦更张，则第一着当令人民回复主人之地位，而使一切公仆各尽所能，以为人民服役，然后民国乃得名副其实也。”④ 他相信，在民主制度下，任何希望通过权力来违背人民意愿的企图都是行不通的！

2. 公仆观是孙中山关于资产阶级民主政权建设的重要内容。

资产阶级民主政权是孙中山公仆观得以实现的政治前提和阶级基础。孙中山再三解释“民权”的含义说，“在帝国时代只有一个人做皇帝，到民国时代这四万万都是皇帝，这就叫作以民为主，这就是实行民权”，而“这种民权主义，是以人民为主人，以官吏为奴仆的”⑤。对于民主政权中政府、官吏、人民三者的关系，孙中山曾做了一个形象的比喻：“国家就是一辆大汽车，政府中的官吏就是一些大车夫……国民是主人，就是有权的人，政府是专门家，就是有能的人。由于这个理由，所以民国的政府官吏，不管他们是大总统、

---

① 《孙中山全集》，第 1 卷，297 页。
② 《孙中山全集》，第 3 卷，319 页，北京，中华书局，1984。
③ 同上书，306 页。
④ 《孙中山全集》，第 11 卷，562 页，北京，中华书局，1986。
⑤ 《孙中山全集》，第 10 卷，46 页，北京，中华书局，1986。

是内阁总理、是各部总长，我们都可以把他们当作汽车夫。”① 换句话说，作为人民公仆，民国的政府官员绝不能随便违犯国家利益和国民利益，否则就会遭到人民的废黜和罢免。

孙中山一直向往建立一个“民有、民治、民享”的民主政府，他注意到从国家机构设置和权力分配上使官吏为民公仆的民主意识制度化。孙中山主张设立国民大会，其职权“专司宪法之修改，及制裁公仆之失职”②，同时，民主国家中的人民应享有选举、复决、创制、罢官“四大民权”，“人民而有此四大权也，乃能任用官吏，役使官吏，驾驭官吏，防范官吏，然后始得称为一国之主而无愧色也”③。此外，孙中山还多次对五权宪法中考试权的含义做了特别说明：“以后国家用人行政，凡是我们的公仆都要经过考试，不能随便乱用的。”他认为，考试权是人民选拔任用官吏的一种方法。“有了考试，那末必要有才、有德的人，终能当我们的公仆”④，这样才能集中优秀人才，更好地为民服务。与此同时，孙中山还鼓励国民树立主人翁责任感，“今我四万万人做了主人之地位，应有主人之人格，主人之思想，主人之度量”⑤。他希望，民主制度下作为国家主人的国民以自觉和积极的态度去参与、监督公仆的工作，从而更好地建设共和国。

3. 公仆观是孙中山提高革命队伍素质的标准和依据。

长期的革命斗争中，孙中山越来越清醒地认识到，革命事业需要一支高扬着革命精神的、先进的革命队伍，而提高革命者的修养和素质、加强革命道德建设是其中的关键一步。公仆观便是一位优秀的革命者所必备的政治品质。孙中山经常勉励革命者不要计较个人利益，而应以服务民众为己任。1923 年，他针对国民党内成分复杂，党风涣散，“大多数党员都是以加入本党为做官的终南捷径”⑥

① 《孙中山全集》，第 9 卷，331 页，北京，中华书局，1986。
② 《孙中山全集》，第 6 卷，205 页。
③ 《孙中山全集》，第 5 卷，189 页，北京，中华书局，1985。
④ 同上书，496 页。
⑤ 《孙中山全集》，第 6 卷，74 页。
⑥ 《孙中山全集》，第 8 卷，281 页，北京，中华书局，1986。

的不良现象，做了题为“党员不可存心做官”的著名演讲，发出了革命者要“存心做大事，不可存心做大官”① 的号召。他指出，“得人心的方法很多，第一是要本党现在的党员，人格高尚，行为正大。不可居心发财，想做大官；要立志牺牲，想做大事，使全国佩服，全国人都信仰”②。真正的革命者必然具有甘当公仆的自我牺牲精神，孙中山尤其强调“做党员的精神是在什么地方呢？就是能够为主义去牺牲”③，但是“如果存心做大官，便失去党员的真精神！”④ 此后，孙中山多次教导革命者抛弃一己私利，树立革命志向。他说：“我们要把革命做成功，便要从今天起立一个志愿，一生一世，都不存升官发财的心理，只知道做救国救民的事业。”⑤ 另外，孙中山还对革命者的自由观做了特别强调和专门阐释。那就是，作为人民公仆的革命者，为了革命的成功和人民的自由，应当勇于牺牲和奉献个人的自由：“盖党员之于一党，犹官吏之于国家。官吏为国民之公仆，必须牺牲一己之自由平等，绝对服从国家，以为人民谋自由平等。”⑥ 一个革命者只有具备这样高尚的人格和远大的志向，才是真正的革命者；一支革命队伍只有凝聚具备这样优秀品质的革命者，才能成为真正先进、永远向上的革命生力军。

4. 公仆观是孙中山加强国民道德建设的思想工具。

作为一名真诚的民主主义战士，孙中山的公仆观还表现在他有关国民道德建设的思想中。在他看来，因为国民是共和国的主人，所以“共和之坚固与否，全视乎吾民，而不在于政府与官吏……使吾民能人人始终负责，则共和目的，无不可达”⑦。他鼓励国民应塑造崭新的现代人格。他认为，新的民主制度下的国民应该舍弃儒家狭隘的等级观念，去除私心，作为四万万人民中的每位公民都有义务和责任为祖国的兴旺发达贡献自己的一份力量。

---

① 《孙中山全集》，第 8 卷，282 页。
② 同上书，283 页。
③④ 同上书，281 页。
⑤ 《孙中山全集》，第 10 卷，293 页。
⑥ 《孙中山全集》，第 3 卷，92 页。
⑦ 同上书，349 页。

孙中山提倡青年人要树立远大的志向。孙中山认为，民主共和国的青年理应立足时代，摒弃封建士大夫落后的立志观，树立与祖国富强、人民幸福紧密相联的大志向。他说：“个人升官发财是小志气，大家为国奋斗，造成世界上第一个好国家，才是大志气。”① 放眼世界，展望未来，孙中山已深刻地感受到，“现在文明进化人类，觉悟起来，发生一种新道德。这种新道德，就是有聪明能力的人，应该要替众人服务。这种替众人服务的新道德，就是世界上道德的新潮流”②。可以说，孙中山倡导的这种“替众人服务的新道德”正是他的公仆观在国民道德建设中的深化。他坚信，如果四万万国人都能拥有这种“新道德”，那么民族独立、祖国昌盛都将指日可待。

三

众所周知，孙中山是一位革命的理论家，更是一位革命的实践家。公仆观既是他对近代民主革命理论的重要贡献，也是其真诚的革命信念和崇高人格的真实展示。他曾对“鞠躬尽瘁，死而后已”这句话做了如下的解释：“鞠躬尽瘁是我们革命党人对人民应具有的品质，我们死了，要把未竟的事业，交给后继同志，继续奋斗去完成。所以我们不能‘死而后已’，我们要以‘死而不已’的顽强精神，让后继者再接再厉，贯彻始终。”③ 在孙中山奋斗的一生中，尽管特殊的国内国际环境使革命几经波折，甚至使他长期处于劣势，但这并未阻止他在任何时候都以革命为己任，而不以个人名利为进退，愈挫愈勇，矢志不渝。可以说，孙中山以其一生实践了为他所积极倡导的公仆观。

孙中山认为，作为人民公仆，其主旨便是为民服务，民主制度

① 《孙中山全集》，第9卷，654页。

② 《总理全集》，第2集，384页。

③ 郭哲文：《孙中山先生的“鞠躬尽瘁，死而后已”》，载《孙中山先生诞辰一百二十周年纪念特辑》。

中的政府官员应力戒特殊化、等级化。辛亥革命后，他多次拒绝了别人劝他称帝的要求，他曾描述他解职临时大总统时的心态说："第一任总统，不知者且视为尊如皇帝，故决意让之袁世凯，使天下知总统当如是，因而树民国之大本，示人以公仆之不当争，不必争。"① 孙中山同时拒绝人们为他个人搞任何庆祝活动，包括举行生日宴会和其他一切纪念日活动等。他也不接受给他个人的任何特殊待遇。1912 年，孙中山先后两次拒绝了袁世凯授予他的所谓"大勋位"。他声明，"文十余年来，持平民主义，不欲于社会上独占特别阶级"②，而且，"国家所认以为功者，个人方将认为一己对于祖国所当尽之义务，而无丝毫邀赏希荣之心"③。人人平等、祖国富强是他致力奋斗的目标，真正的爱国主义者是从不考虑个人的功利得失的。此外，与民无间是孙中山公仆观的又一重要表现。作为一位享有世界声誉的伟人和领袖，他始终保持着平民化的作风。多年以来，孙中山坦荡的政治胸襟、高尚的道德情操一直被人们所深深怀念和传颂，"他与平民在一起，从来不摆官架子，没有官僚脾气。做了大总统后，华侨仍可当面直呼其名——孙文，而不以为忤，依旧亲切地招待他们……其所以如此，因为他的一切举措都是公而无私，国而忘家的"④。有人描述任非常大总统时的孙中山说："中山先生常独自出来散步，他外出从来没有威风凛凛的派头，更无前呼后拥，警卫森严。城中百姓许多人都见过大总统，这并不是什么稀奇事……故群众称他为'平民总统'。"⑤ 类似这样的例子是很多的。可以说，孙中山用他自己的体验和行动阐释了"民主""公仆"的真正含义，树立了与旧式官僚完全不同的革命领袖风范。

孙中山反对任人唯亲。在他看来，个人和家族的利益应服从于国家利益。辛亥革命后，广东各团体建议推举其兄孙眉为粤省都督，但孙中山却从大局出发，劝导孙眉"为大局计，兄宜专就所长，专

① 《孙中山全集》，第 3 卷，322 页。
② 《孙中山全集》，第 2 卷，504 页。
③ 《总理全集》，第 3 集，261 页。
④ 杨效农编：《孙中山生平史料》，33 页，北京，新华社《参考消息》编辑部，1986。
⑤ 《在中山先生身边的日子里》，28 页，南京，江苏古籍出版社，1986。

任一事……而不必当此大任”①。孙中山一向拒绝为亲友家属搞任何特殊化，在其遗嘱中，“尽瘁国事，不治家产”的孙中山留给子孙的不是巨额金钱、地位和特权，而是“余之儿女，已长成，能自立，望各自爱，以继余志”的殷切希望和嘱托，其坦荡磊落的高尚人格从中足可窥见一斑了。另外，对于人民所遭受的各种苦难，这位国民公仆则表示了他最真挚的关怀，“在他的每一言行中，一种对于周围人们寒暖饥饱的亲切关怀是显而易见的”②。如1912年，安徽等省遭受水灾，灾情极重，时任临时大总统的孙中山对此事极为关注，他说：“皖省灾情之重，为数十年所仅见，居民田园淹没，妻子仳离，老弱转于沟壑，丁壮莫保残喘，本总统忝为公仆，实用疚心”③，字里行间无不流露出他对人民疾苦的一种深切责任感。后人曾总结他的一生说：“先生革命数十年，无养育之私财，无自图便利之私意，无私怨，无私仇，无私人。政治家能如先生者，非特中国古今，即西洋诸国，恐无其匹。”④ 对于孙中山而言，这样的评价并不过分。

不仅如此，孙中山还是一位疾恶如仇、雷厉风行的领导者，他为革除官僚旧弊做了积极的努力。在任临时大总统的短暂任期内，他果断地扫除了封建官僚的种种繁文缛节和陈规陋习。他下令取消了官厅人员“大人”“老爷”的称呼，他说：“官厅为治事之机关，职员乃人民之公仆，本非特殊之阶级，何取非分之名称。……嗣后各官厅人员相称，咸以官职，民间普通称呼则曰先生、曰君，不得再沿用前清官厅恶称。”⑤ 这种平等的作风还反映在他日常生活中的各个方面，在当时，“包括大总统在内，无论官阶大小，都着同样制服，即流行至今的中山服”⑥。正是孙中山的这些积极提倡和大胆革

---

① 《孙中山全集》，第2卷，114页。

② 韦慕廷：《孙中山——壮志未酬的爱国者》，4页，广州，中山大学出版社，1986。

③ 《孙中山全集》，第2卷，187页。

④ 杨玉清：《论政治家》，163页，北京，中国广播电视出版社，1993。

⑤ 《孙中山全集》，第2卷，155页。

⑥ 中国人民政治协商会议编：《辛亥革命回忆录》（一），199页，北京，文史资料出版社，1981。

新，使得南京临时政府显现出与过去官场截然不同的、充溢着民主和平等的新风气，出现了“国民自己相信是主人翁，官吏自问没有什么威光”① 的新局面。

“吾志所向，一往无前，愈挫愈奋，再接再厉。”孙中山坚信，在民主共和的时代，任何违背民生幸福的行为都是最不合理的，理应予以坚决反抗和抵制。终其一生，孙中山正是以这样的决心与勇气为一个真正“天下为公”的时代的到来而不懈努力着。尽管长期恶劣的社会现实使他的许多思想未被时人所理解和接受，但历史的推移已逐渐证明了这位革命先行者的高瞻远瞩和恢宏气魄。公仆观正反映了孙中山这位“与时俱进”的先驱者的风采和斗争精神；它同时表明，孙中山的伟大之处在于，“他善于从实践中学习，包括从失败的教训中学习，从不停止探索前进的步伐，因而能够‘适乎世界之潮流，合乎人群之需要’，成为中国民主革命的伟大先驱”②。在此意义上讲，公仆观及其伟大人格，无疑是孙中山留给他那未竟事业之继承者的无价之宝。

---

① 《朱执信集》（下册），865页，北京，中华书局，1979。

② 江泽民：《在孙中山先生诞辰一百三十周年纪念大会上的讲话》，载《人民日报》，1996年11月13日。

伟大转折关头的两大历史性贡献*

敬爱的邓小平同志离我们而去了。作为一名教育工作者和社会科学工作者，我不会忘记这位伟大的马克思主义者、建设有中国特色社会主义理论的创立者在中国革命历史上所创造的丰功伟绩，特别是在历史的伟大转折关头做出的两大历史性贡献。

以党的十一届三中全会为标志，我国的社会主义现代化建设进入了一个历史新时期。在新时期，以小平同志为核心的中央领导集体做出了关系党和国家前途的两大历史性贡献。一个是领导全党总结中华人民共和国成立以来的历史经验，纠正“文化大革命”的错误，坚持科学地认识与评价毛泽东同志的历史地位和毛泽东思想的科学体系。另一个是创立和发展了建设有中国特色社会主义理论，成功地开辟了在改革开放中实现社会主义现代化的新道路。

粉碎“四人帮”、结束“文化大革命”后，我们国家仍然面临着十分严峻的局势。其中一个极为尖锐的问题是：如何用科学的态度总结历史经验和教训，尽快从“文化大革命”造成的深重灾难中摆脱出来？在坚决彻底纠正“文化大革命”错误的同时，如何客观、公正地认识与评价毛泽东同志和毛泽东思想？当时，社会上存在着两种妨碍我们前进的错误思潮：一种就是“两个凡是”的错误观点，这种观点束缚着人们的头脑和手脚，阻碍人们对“左”的错误做认真的清算和纠正；还有一种就是怀疑和反对四项基本原则，实质上是要从根本上动摇整个社会主义事业和整个现代化建设事业。小平

---

* 载《求是》，1997年第6期。

同志旗帜鲜明地同这两种错误倾向进行了坚决的斗争。一方面，他明确地指出，"'两个凡是'不符合马克思主义"①，"一个党，一个国家，一个民族，如果一切从本本出发，思想僵化，迷信盛行，那它就不能前进，它的生机就停止了，就要亡党亡国"②。另一方面，他又严肃地指出："为了实现四个现代化，我们必须坚持社会主义道路，坚持无产阶级专政，坚持共产党的领导，坚持马列主义、毛泽东思想"③，绝不许可某些人（哪怕只是极少数人）企图动摇这些基本原则。他还强调指出，确立毛泽东同志的历史地位，坚持和发展毛泽东思想，是一个极为严肃的问题，我们必须公正地、科学地，也就是马克思主义地对待历史，对待历史人物，而不能采取反历史唯物主义的态度。

在科学地总结历史经验的基础上，面对着国际国内新的形势、新的历史条件、新的矛盾和问题，小平同志以巨大的理论勇气和大无畏的创新精神，集中了全党的智慧，领导和总结了亿万人民群众的伟大革命实践，创立和发展了建设有中国特色社会主义理论，制定了"一个中心、两个基本点"的党的基本路线，确立了党在经济、政治、外交、教育、科技、文化、军事、祖国统一、党的建设等方面的一整套方针政策，使得我们建设有中国特色社会主义的宏伟事业取得了世界瞩目的巨大成就。

小平同志不仅以自己的行动为马克思主义的理论工作树立了一个光辉的榜样，他还直接对理论工作的开展给予了极大的关心。他特别强调指出，"文科也要有理论研究，用马克思主义观点研究经济、历史、政法、哲学、文学等等"④。他要求"思想战线上的战士，都应当是人类灵魂工程师"，"作为灵魂工程师，应当高举马克思主义的、社会主义的旗帜，用自己的文章、作品、教学、讲演、表演，教育和引导人民正确地对待历史，认识现实，坚信社会主义

---

① 《邓小平文选》，2版，第2卷，38页，北京，人民出版社，1994。
② 同上书，143页。
③ 同上书，173页。
④ 同上书，53页。

和党的领导，鼓舞人民奋发努力，积极向上，真正做到有理想、有道德、有文化、守纪律，为伟大壮丽的社会主义现代化建设事业而英勇奋斗”①。他批评“有相当一部分理论工作者，对于社会主义现代化建设实践中提出的种种重大的理论问题缺乏兴趣”的现象，批评那些在对现实问题的研究中“离开马克思主义方向的情况”，批评有些人的兴趣“不在批评资本主义而在批评社会主义”，他一针见血地指出，“这实际上只会引导人们去批评、怀疑和否定社会主义，使人们对社会主义、共产主义的前途失去信心”。他强调指出：“马克思主义要发展，社会主义理论要发展，要随着人类社会实践的发展和科学的发展而向前发展。但是，上面这样的观点，不是向前发展，而是向后倒退，倒退到马克思主义以前去了。”② 小平同志关于理论工作的这些语重心长的话，非常值得我们理论工作者认真思考，并努力付诸实践。我们一定要在以江泽民同志为核心的党中央的正确领导下，做好工作，团结奋斗，去夺取建设有中国特色社会主义宏伟大业的新胜利！

---

① 《邓小平文选》，第3卷，40页。

② 同上书，42页。

《晚清政治革命新论》序*

世佑同志的新作《晚清政治革命新论》即将付梓，嘱我写一篇序。这本书主要是从政治的角度论析近代化历史进程的，我对此缺乏深入研究，所以迟迟未敢应命。但世佑同志再三催促，坚辞未免不恭，只好利用这个机会，谈一点自己对有关“近代化”问题的不成熟看法，聊以塞责。

从 20 世纪 80 年代起，始于晚清的中国近代化（本书称作“现代化”，意思一样）问题，成了中国近代史研究的一个热点，吸引了许多史学工作者的注意，这自然是毫不奇怪的。当全国人民都在集中精力为社会主义现代化建设的宏伟目标奋力拼搏的时候，史学家毫无疑问地会把自己的学术视野较多地聚焦于以往走过的近代化或现代化历程，或者探索今日现代化事业的历史渊源，或者从中寻找历史依据，或者在总结经验教训中获取历史的借鉴。

但是，“近代化”是一个不论在内涵和外延上都相对不确定的概念。不同的时代，不同的历史发展阶段，不同的国家和地区，近代化的目标、任务、内容、途径等都会有很大的差异。我觉得，近几年来，人们对中国近代历史的许多重大问题都存在着对立和分歧，造成这种状况的原因有很多，如果仅仅从学理这个角度来探究，对“近代化”的不同理解恐怕是一个极为关键的原因。

美国杜克大学德里克（Arif Dirlik）教授在题为《革命之后的史学：中国近代史研究中的当代危机》一文中，叙述了“美国当今的汉学界”（一定程度上也包括欧洲汉学界）在对中国近代史研究上经历了从“革命范式”到“现代化范式”变化的情形。文章中说：“历

* 《晚清政治革命新论》，长沙，湖南人民出版社，1997。

经六七十年代，革命一直是美国汉学界历史解释的范式。不仅近代中国史是以革命史为中心来书写的，那些并非直接研究革命问题的著作也以革命成就为标准，据此来解释、评判其他历史问题。”当时，尽管意见并不一致，但占主导地位的还是对革命的“正面评价”：“革命给中国引进了一种新型政治，使远比此前为多的人们得以参与政治，使无权言政的人们得以发言，它将人们从过去的被压迫状态中解放出来，并使他们摆脱了传统的思想奴役。革命使中国摆脱了帝国主义，并转变为一个现代主权国家。革命还清除了或由历史形成的、或由近代帝国主义导致的种种发展障碍，解决了发展问题。”

但是，这种看法从80年代中期，便开始改变了。“先前一直被描述为解放史诗的革命史，现在却变成了衰落与失败的故事，它甚至被描写为一种畸变，一种对中国历史正常道路的偏离。”德里克教授列举了一系列“有影响的著作”：这些著作有的宣称“革命并不意味着被压迫者对压迫阶级的胜利，而是使中国社会的不良分子得以掌握权力”，“革命使潜存于中国文化中的恶劣习性与态度泛滥成灾”；有的认为，“虽然中国经历了一个世纪的战争与革命，但晚清以来的中国从未成为现代社会，换句话，中国革命不仅未使中国现代化，反而强化了其前现代的状态”；有的则更进一步强调，“革命带来的可能并不仅仅是失败，它还可能打断了清末以前一直在进行的朝着现代化方向的发展进程”，“中国如果没有革命，其境况会较好些”。总之，“论者们或者否定革命是近代中国历史的中心事件，或者在仍肯定其中心地位的前提下，将其理解为至少是一场失败和一种中国发展的障碍”。

我们用这么多的篇幅引用德里克教授的文章，是因为正如德里克教授所说：“中国学者自己的中国近代史研究，也同样存在着这些问题。”情况确实如此。

近几年来，在一些研究中国近代史的论著中，对中国近代社会的几个重大的根本性问题，提出了一套相当有体系的所谓“新见解”，这些看法都是在“中国近代化”的大题目下展开的，或者也可以叫作“近代化范式”吧。这些看法集中在以下三个问题上：

第一，殖民主义、帝国主义的征服对中国近代社会产生了什么样的影响？

有的文章批评中华人民共和国成立以后的近代史研究“在很大程度上仍停留在对异族侵略者的口诛笔伐的感情宣泄上，这就大大淡化了我们研究的理性色彩”；有的主张“重新评价近代西方殖民征服”，认为传统的关于西方殖民主义侵略造成了东方普遍落后的观点，使“历史批判的天平倾斜了”。在这些作者看来，西方殖民主义势力冲击了封建中国的“超稳定系统”，“不仅有利于西方资本主义经济文化向世界体系的拓展，而且从根本上改变了东方历史的发展过程，成为东方民族赶上现代文明的唯一的现实良机”。有的更直截了当地说：“如果没有近代西方的殖民征服，人类，特别是东方各民族所有优秀的自然才能将永远沉睡，得不到发展。”还有的说：“鸦片战争是在执行一种历史的使命，是对中国闭关锁国、因循守旧政策的一种必然回应，它是用侵略手段来达到使中国向世界开放的”，“从某种意义上来说，是鸦片战争一声炮响，给中国送来了近代文明”。总之，按照这种观点，逻辑地得出的结论就是：“殖民化在世界范围内推动了现代化进程。”

第二，封建主义的统治能不能引导中国走向近代化？

一些论著对这个问题做了完全肯定的回答。有的论著认为，洋务运动本来可以使中国走向近代化，可惜康、梁发动的戊戌变法中断了洋务运动的发展，使中国丧失了一次走向近代化的机会；清末的新政和预备立宪，在政治上和经济上大力发展资本主义，又一次提供了使中国走向近代化的难得的机遇，可惜孙中山领导的辛亥革命中断了新政和预备立宪的进程，使中国再一次丧失了走向近代化的机会，“当初如若避免这场革命，中国很可能已成为当今世界头号强国”。与此同时，一大批封建统治阶级的政治代表，从奕䜣、曾国藩、李鸿章、张之洞一直到慈禧太后，纷纷被戴上“中国近代化的第一人”之类的桂冠。当然，对所有封建统治阶级的代表人物，采取简单化的一笔骂倒的做法，是不足取的，他们中的某些人确实在历史上起过某种积极的作用，有其值得肯定之处。但是，有的文章却并不是对这些人物做细致的分析，而是把他们一律称为“文化精英的杰出的历史人物”：一味讴歌曾国藩继承了“以天下为己任的爱国主义精神”；李鸿章“为中国近代开的药方是切合中国实际的”，“是可以挽救中国的”；甚至有人认为“西太后的认识与主张并无大错”，“如果以此为共识，中国的未来与发展可能将是另外一个样子”。还有的论著把袁世凯推行的政策评价为“反映了当时社会历史发展的趋势”，称赞他的教育思想“是前无古人的”，甚至把“陈独秀、李大钊、胡适、鲁迅等一代文化大师脱颖而出”，“毛泽东、周恩来等一代无产阶级革命家在北洋时代成长起来”，都归因于袁世凯和北洋政府“开明”统治的结果；把徐世昌吹捧为“推翻旧世界的先行者”。这样一些观点，可以说相当流行。

第三，革命是好得很还是糟得很？

既然殖民主义、帝国主义对中国社会起了那样积极的作用，既然封建主义能够引导中国走向近代化或现代化，那么，逻辑的结论自然是：以反帝反封建为基本内容的革命就是搞错了，搞糟了。有的文章也确实是这样来看待和描写革命的。在这些文章的作者看来，20世纪，首先要反省的，“就是革命和政治压倒一切、排斥一切、渗透一切甚至主宰一切”，犯了“革命崇拜”症。据他们说，革命有很多“弊病”，“革命容易使人发疯发狂，丧失理性”；在革命的扫荡下，“社会变得空疏、空洞，理想重新化为空想”；“革命后一定会留下一种政治真空，而填补这种真空，除了再次专制，别无选择”。总之，“以为革命可以解决一切问题，确实是一种幼稚病”，“二十世纪的革命方式确实带给中国很深的灾难”。他们提醒大家，应该充分注意“革命的残忍、黑暗、肮脏的一面”，并力主把“革命神圣”这个“大案”“翻一翻”。

如果把这一节所引的某些中国学者的看法，同上一节所引德里克教授转述的某些美国汉学家的看法对照一下，我们就一定可以得到一些很有趣味、很有意思的联想。

我并不想对上面所引观点的是非、对错做分析和评论（在另外的地方我已发表了自己的看法)，我只是想谈一下这些观点是通过什么样的逻辑引导出来的。

并不是一研究“中国近代化”问题，就必然会得出上面这些结论。这些看法，如果从学术这个角度来分析，我以为主要是片面理解或片面解释“中国近代化”的结果。

在有些作者看来，“中国近代化”主要是指经济的近代化，或曰工业化；而经济的近代化又主要是指，办了多少个工厂，修了多少公里铁路，开了多少个矿，即使扩展一点，也主要是考虑派了多少个留学生，办了多少个新式学堂等。如果以这个作为衡量历史事物的唯一标准，那么上面一些观点就似乎是“言之成理”的了。

例如，首先，殖民主义、帝国主义的作用就应当被肯定。因为正如胡绳同志在《从鸦片战争到五四运动》一书的“再版序言”中指出的，“可以这样看，最早促使中国走向某种程度的现代化的不是什么别的力量，就是帝国主义”。正是帝国主义首先在中国开办了使用机器生产的工厂。但胡绳同志立即强调指出：说只是某种程度的现代化，是因为帝国主义在全世界所到之处，按照自己的面貌来改造一切社会制度落后的民族和国家，但并不是要使它们真正成为和自己完全一样，而只是使那里发生以是否有利于自己实行殖民统治为严格范围的朝向资本主义的变化。毛泽东同志在《中国革命和中国共产党》中，根据大量史实，归纳了帝国主义在10个方面侵略中国和残酷统治中国的“血迹斑斑的图画”，其中没有一个方面不是阻碍中国走向近代化或现代化的。

其次，按照前面那种对“中国近代化”的片面理解，必然要把走向近代化的主要功劳归之于封建统治阶级的代表人物，因为只有他们才有可能和条件从事开工厂、修铁路、派留学生等活动，不掌握或大或小统治权力的人，除了极少数民族资本家外，是很难在这些方面有所作为的。至于革命者或现存统治秩序的叛逆者，他们的主要精力在从事政治斗争甚至武装斗争上，哪里有可能去开工厂、修铁路呢？孙中山在辞去临时大总统之后，曾经下决心修20万公里铁路，但政权不在自己手里，没多久就搞不下去了。

问题是，“近代化”并不仅仅是一个经济问题。它从来就是一个经济、政治、思想、文化等各种因素综合作用的产物。在19世纪后期到20世纪初期的中国，近代化或现代化就是资本主义化，这无疑是对的。但资本主义化绝不是仅指资本主义经济的发展。拿欧洲资本主义发展的历史来说，一般经历了这样的历史进程：首先是在封建社会母体中孕育了资本主义经济的萌芽，这种萌芽的进一步发展导致了无产阶级和资产阶级两大阶级的形成与产生；新阶级力量的壮大，促使思想文化领域出现了启蒙运动；在思想舆论充分准备的基础上，爆发了资产阶级革命，经过相当时期复辟和反复辟的斗争，资产阶级终于掌握了政权。于是，资产阶级又反过来利用政权的力量，推行了一系列有利于发展资本主义经济、文化的政策，进一步促进了资本主义的发展。当然，各个国家的具体历史会有很多不同，但大体都要经历这样一个复杂的历程。在这里，资本主义经济的发展，是同政治的、军事的、文化的、思想的种种较量和斗争交织在一起的。或者说，经济的发展常常需要政治等多种手段为其开辟道路。

中国的情况，要更加特殊一些。首先，中国的近代化历程是在资本主义经济没有得到起码的发展、资产阶级和无产阶级均未成为独立的阶级力量的情况下开始的；其次，它又是在外国殖民主义势力用血与火的手段强行打开中国的大门，从而使中国丧失国家民族的独立地位的情况下开始的。封建君主专制主义由于没有经过新的经济因素和阶级力量的重大冲击，又由于得到了殖民主义、帝国主义侵略势力的支持（尽管它们之间也有矛盾的一面），仍然在社会生活中无孔不入地起着阻遏历史前进的作用。在这种情况下，某些社会阶层及政治势力，出于各种原因（其中最主要的还是为了改变中国的落后地位，力图使国家富强起来），在近代化的起步阶段，曾经以极大的热情致力于引进西方的机器生产及某些科学技术，办工厂，开矿山，修铁路，办新式学堂等。毫无疑问，所有这些都是促使中国走向近代化的可贵步骤，一些历史人物在这些方面所做的种种努力理应受到积极的、肯定的评价。但是，到一定程度，这样的近代化就“化”不下去了。因为再要前进，就受到客观条件和这些政治力量本身主观条件的双重限制。民族独立地位的丧失，政治上封建专制主义的顽固存在，像两座巨大的障壁，堵塞了近代化前进的通道。那部分最初热心于近代化的政治力量，或者不愿意、或者不敢于、或者没有能力认识到，近代化在经济方面以及在某些社会方面的前进此时迫切需要取得必要的政治前提。也就是说，历史前进到一定阶段，解决民族独立和政治民主两大问题，就愈来愈成为打开中国近代化前进通道的首要的和第一位的问题。

正是在这个意义上，我们才能够理解，为什么中国近现代历史上那些最杰出、最有远见、最具有爱国情怀的才俊之士都宁肯把自己的全部聪明才智投入改革和革命的壮丽事业。也正是在这个意义上，我们才觉得因为强调中国的近代化而去否定或贬抑改革和改革家、革命和革命者，是那样的既不合情也不合理。它远离历史的真实，缺乏科学和理性。

事实上，在谈到中国近代化的历史进程时，绝不能把争取民族独立和政治民主的斗争，排除在近代化内容之外，更不能人为地把二者对立起来。历史事实证明，争取民族独立和政治民主的事业前进一步，经济和社会方面的近代化程度就大大提高一步。彻底争得了民族独立，彻底推翻了封建统治之后，中国人民也就创造了一个动员与集中全民族的力量来进行现代化建设的条件和可能。

上面这些看法，是不是能够成立，是不是能够为多数读者所接受或赞同，从根本上来说，要看它们是不是符合历史实际。世佑同志的这部《晚清政治革命新论》，并不是专门从理论上来讨论上面提到的这些问题的，但作者花了很大的力气，从大量生动丰富的历史事实中提炼出一些经过认真思考的观点，实际上也是围绕中国近代化问题表明了自己的认识和态度。我很高兴地看到，有一些重大的问题，我们在总的倾向上是一致的。当然，作为一本专门著作，比起我在这里所做的大而化之的泛泛之论，其中的论述要深入得多，细致得多。

世佑同志出版这部学术新著，是一件值得庆贺的事。时下的学术风气或社会风气，“捧”风颇盛。有青年吹捧老者的，也有老人吹捧年轻人的，当然还有同辈之间的相互吹捧和学者自我吹捧的。捧来捧去，结果是“学者”泛滥，“权威”遍地，“大师”贬值，“明星”成灾。我以为，这对于真正意义的学术繁荣，非徒无益，抑且有害。正因如此，我不大愿意对本书的优点做详细的评论和介绍，而宁肯把评判的权力留给有兴趣并有耐心读完这部著作的读者。但我确实知道，世佑同志是一位勤奋的青年史学工作者，他在并不十分优越的学术条件下，做了许多努力，出了一批学术成果，其中不乏颇具创见之处，尽管并非他的所有看法我都赞同。我衷心祝愿世佑同志保持勤奋治学和勇于创新的好学风，在史学园地里继续辛勤耕作，以便争取更多更好的收获。

将旗帜一代一代传下去*

小平同志离开我们已经一周年了。对这位世纪伟人的最好纪念就是：按照党的十五大提出的高举邓小平理论伟大旗帜，把建设有中国特色社会主义事业全面推向21世纪。

高举邓小平理论的伟大旗帜，对于我们教育战线来说具有特殊的重要意义。

第一，教育战线的根本任务，归根到底，就是培养人。江泽民同志在十五大报告中指出："培养同现代化要求相适应的数以亿计高素质的劳动者和数以千万计的专门人才，发挥我国巨大人力资源的优势，关系二十一世纪社会主义事业的全局。"什么样的人才算得上是高素质的人才？他们不仅要掌握各种各样的专业知识和技能，而且首先要具有建设有中国特色社会主义的共同理想。要做到这一点，就必须坚持用邓小平理论武装青年一代。现在在校的各类学生，到21世纪的初叶，就要逐渐走上社会，其中大部分将成为社会各种岗位上的骨干力量。他们的政治倾向和精神面貌怎样，道德水平如何，将在很大程度上影响甚至决定那个时期社会生活的面貌。我们讲高举邓小平理论的旗帜不动摇，所谓"不动摇"，就是要像接力棒一样，一代一代传下去。正是在这个意义上，我们才能深刻体会用邓小平理论武装青年一代，使邓小平理论真正"进教材、进课堂、进学生头脑"的极端重要性。

第二，党的十五大把发展教育和科学看作有中国特色社会主义文化建设的"基础工程"。怎样搞好这个"基础工程"，根本的一条就是，按照邓小平的教育理论，认认真真地做好我们的工作。邓小

---

* 载《中国教育报》，1998年2月19日。

平的教育理论，是邓小平理论的重要组成部分，具有十分丰富、十分系统的内容。从社会主义教育事业的战略地位、指导思想、教育方针、发展战略、教育同社会外部环境的关系、教育内部各方面的关系，到教育体制的改革和发展，小平同志都有极为精辟和深刻的论述。认真学习和努力贯彻小平同志的这些论述，能使我们的教育事业在正确的方向和健康的轨道上不断前进。

第三，江泽民同志在十五大报告中强调："积极发展哲学社会科学，这对于坚持马克思主义在我国意识形态领域的指导地位，对于探索有中国特色社会主义的发展规律，增强我们认识世界、改造世界的能力，有着重要意义。"在我国教育系统，集中了一大批哲学社会科学的理论工作者，这是全国几支理论方面军中人数最多、素质也很高的一支理论队伍。我国全部在校大学生中有40％多的文科学生。不论对当前还是对今后来说，教育系统在这个领域，同在科技领域一样，具有举足轻重的地位。哲学社会科学健康发展的根本保证就是，坚持马克思列宁主义、毛泽东思想、邓小平理论对这些学科的指导地位。在这个意义上说，在教育战线高举邓小平理论伟大旗帜具有特殊的重要作用。

虚与实的辩证法*

听李鹏总理的《政府工作报告》，给人突出的印象是“实”：务实、实事求是、切合实际。但是，《报告》又绝不只是就事论事，中间包含着许多有关我国现代化建设的思想性的、规律性的认识和论述。例如，以“体会”形式表述的对上一届政府工作的五条经验总结，就是在以往丰富实践基础上所做的高度概括，具有长远的指导意义。从这个意义上说，这确实是一个虚实结合，既言简意赅又高屋建瓴的好报告。

《报告》所讲的五条经验，现在看起来似乎并不新鲜，但仔细想想，却有极为丰富的内容。中间涉及的不少问题，在五年以前，或者说在五年来的改革和发展的进程中，不论在理论上还是在实践中，人们的认识并不总是那么一致的。诸如：在发展社会主义市场经济的同时，要不要加强国家的宏观调控？在一个时期，存在不存在经济过热的现象？实行“适度从紧”的财政政策是不是必要与合理？经济发展与人口、资源、环境的关系应该如何正确处理？社会主义精神文明建设究竟应该放在一个什么样的地位？等等。关于这些问题，一个时期以来，可以说都存在着不同的认识甚至尖锐的分歧与论争。五年来的实践，对许多问题做出了明确的回答。现在大家可以清楚地看到，如果不是在充分发挥市场机制作用的同时加强和改善宏观调控，实行“适度从紧”的财政政策，哪里会有经济“软着陆”的成功？哪里会有今日“高增长、低通胀”的良好局面？

把实践做出的结论总结成经验，不仅能够使我们的感性认识上升为理性认识，而且可以使我们更好地保持清醒的头脑，不至于在

* 载《光明日报》，1998年3月14日。

形势越来越好的时候又头脑发热，忘乎所以，以至再犯某些犯过的错误。这样，我们今后的工作就能在更加自觉的情况下健康发展。

建设有中国特色社会主义，是一个没有成例可援的前无古人的宏伟事业。我们就是要高举邓小平理论的伟大旗帜，在由实到虚、由虚到实、实践和认识的反复转换与飞跃中，闯出自己的新路。

国人追求近代化的最初觉醒*

——隆重纪念戊戌维新运动一百周年

戊戌维新运动作为中国现代化历史进程的一个重要环节，无疑产生了重大而深远的影响。但是，戊戌变法的失败原因究竟何在，它给我们今天又留下了一些什么样的历史启示呢？

过去，人们在讨论戊戌变法的失败原因时，往往只提出一些较为笼统的结论，如"反动势力过于强大""改良主义道路走不通"之类，这不仅失之于抽象和空疏，而且细推敲起来也未必完全精当。我以为，具体一点说，以下几点似乎不能不考虑：

第一，这场改革，就全社会的意义来说，思想准备是不充分的。甲午以前，早期维新派曾努力做过这方面的理论研究和宣传，但其影响只限于一小部分知识分子或封建官僚。甲午以后，康、梁等人以更大的热情从事舆论宣传，呼唤改革的到来，社会影响大大增加了，但仍然不应过高估计这方面的社会效果。很多人，类型上包括社会各个阶层，数量上也许是社会的大多数，对这场改革不仅没有多少深刻的理解，甚至缺乏起码的思想和心理准备。第二，推行维新改革的政权机器，从本质上来说是旧的。这种目标和手段之间新与旧的尖锐矛盾，当时的阶级力量和政治力量是无法克服的。于是，出现了朝廷不断发布新政诏令，但地方政权或抵制、或拖延、或置若罔闻，使新政无法得到很好的推行和贯彻。第三，在上述情况下，只有最高决策者亦即改革的倡导与推动者是个铁腕人物，既有坚强的决心，又有独断一切的力量，才能把新政推开，取得成效。当时的光绪皇帝，在主观与客观上，恰恰都不具备以上这些条件。第四，

---

* 载《北京日报》，1998年5月31日。

在改革的步骤与方法上，没有计划，没有阶段，没有重点，而是百策俱兴，全面推进，不分主次，散杂零乱。没有让大多数人从改革中得到实际的好处，没有把大的目标同人们的实际利益较好地结合起来。

坚持用邓小平理论武装青年*

在深入贯彻十五大精神，兴起学习邓小平理论新高潮的形势下，教育部编写了《邓小平教育理论学习纲要》，这无疑是一件十分重要和极有意义的事情，它必将对进一步推动大家学习邓小平理论特别是邓小平教育理论产生积极的作用和影响。

党的十四大以来，教育战线同全国其他战线一样，广泛、深入、持久地开展了学习和研究邓小平理论的活动，取得了明显的成效。通过学习，许多同志初步掌握了邓小平理论的科学体系，增强了实现建设有中国特色社会主义宏伟大业的坚定性，提高了执行党的基本路线的自觉性，极大地加强了实施科教兴国伟大战略的历史责任感。这种思想上认同度的增加转化成一种巨大的精神力量，促使人们更加努力地投身于我国教育事业的改革与发展。十五大以后，教育战线的广大同志，积极响应江泽民同志提出的“全党要重视学习，善于学习，兴起一个学习马列主义、毛泽东思想特别是邓小平理论的新高潮”的号召，迅速兴起了一个新的学习热潮。在高等学校，让邓小平理论“进教材、进课堂、进学生头脑”的工作正在顺利进行，越来越多的高校已经在本科生、硕士研究生和博士研究生中开设了分层次的邓小平理论课程。在学科建设中，有计划、有重点地研究邓小平理论的课题占有越来越重要的地位。在其他各级各类学校的教师和干部队伍中，学习邓小平理论已经蔚然成风。

邓小平教育理论是邓小平理论的重要组成部分，是我国新时期社会主义教育事业发展的根本指导思想。要使科教兴国战略真正落到实处，要迎接世界综合国力和人才的激烈竞争以及科学技术迅猛

---

* 载《人民日报》，1998年6月23日。

发展的严峻挑战，根本的一点还是要认真学习和全面贯彻邓小平教育理论。邓小平教育理论深刻阐述了教育的战略地位，教育发展的战略指导原则，社会主义的办学方向和教育方针，培养人才的目标、规格和途径，教师的地位和作用，教育的改革，教育和社会的关系，以及党对教育事业的领导，等等。如果我们完整、准确地按照邓小平教育理论去实践，我国的教育事业就一定会沿着正确的方向不断前进。邓小平理论是贯通哲学、政治经济学、科学社会主义等领域，涵盖经济、政治、科技、教育、文化、民族、军事、外交、统一战线、党的建设等方面的比较完备的科学体系，在学习邓小平教育理论的时候，一定要同学习邓小平理论的完整科学体系结合起来和统一起来。只有掌握邓小平理论的科学体系，才能对某一方面的理论有更加深刻的理解；联系自己的工作实际，深入领会某一方面的理论，有助于确切地把握邓小平理论的科学体系。

教育的根本任务在培养人，造就优秀的人才。江泽民同志在十五大报告中指出："培养同现代化要求相适应的数以亿计高素质的劳动者和数以千万计的专门人才，发挥我国巨大人力资源的优势，关系二十一世纪社会主义事业的全局。"现在的在校学生，再过几年、十几年，也就是到21世纪初叶，就要陆续走向社会，其中的大部分将成为社会各行各业、各条战线上的中坚和骨干力量。因此，他们思想道德素质和业务素质的高低，将会在很大程度上影响甚至决定着21世纪初叶我国社会的面貌。正是在这个意义上，作为教育工作者，我们深深感到坚持用邓小平理论武装青年一代是一项何等重要的神圣历史责任。我们讲"高举邓小平理论的旗帜不动摇"，"坚持党的基本路线一百年不动摇"，其中一个重要的方面就是，要求我们的青年一代具有对邓小平理论的坚定信仰，形成建设有中国特色社会主义的共同理想，增强对祖国、对民族、对社会、对人民的深厚感情和强烈历史责任感，培育以为人民服务为核心、以集体主义为原则的道德情操。只要我们一代又一代的青年都成为有理想、有道德、有文化、有纪律的社会主义新人，我们的社会主义事业就必定充满生机、长存不衰。

发展教育和科学是文化建设的基础工程，而有中国特色社会主义的文化又是凝聚和激励全国各族人民的重要力量，是综合国力的重要标志。作为教育工作者，要充分认识自己肩上所负的责任。我们一定要加强学习，提高自己，努力成为先进思想的传播者、科学技术的开拓者、“四有”公民的培育者和优秀精神产品的生产者，同广大工人、农民一起，为中华民族的振兴建功立业。

鲜明的对比*
——著名灾荒史专家李文海教授访谈录

今夏以来，长江流域洪水肆虐，沧海横流；东北松花江、嫩江流域也是洪涛滚滚，一片汪洋。今年水灾与历史上的水灾有哪些异同，做一番对比，也许能给人一些启迪。为此，记者走访了我国著名灾荒史专家、中国人民大学校长李文海教授。

记者：能否对今年的水灾和旧中国的大水做一比较，如有相似的灾情，请对损失情况做一介绍。

李文海：今年的水灾和1931年的水灾非常相似，都是全国性的大水灾，都是从南到北先后出现洪水，灾情十分严重，水灾尽管相似，但造成的后果和损失却迥然不同。1931年武汉在水位28.28米时决口，全城被淹月余，自武汉以下一直到南京，大中城市几乎无一幸免，据统计，1931年被洪水淹死的居民至少有42万人之多。洪水过后，几千万人流离失所，因饥饿、瘟疫而死的不计其数，仅武汉每天就死掉上千人。水灾造成的直接经济损失是当时中央政府年财政收入的5倍。而今年这么大的洪水我们目前尚没有一个城市因决口而被淹，更没有因饥饿或瘟疫而死人。

记者：这两次洪灾来临时，新中国与旧中国的政府行为有什么不同？

李文海：在这两次洪灾面前，“政府行为”的对比非常鲜明。1931年江淮流域大雨滂沱之时，身兼“导淮委员会委员长”的蒋介石正在南昌主持对中央革命根据地的第三次“围剿”。8月17日，武汉被大水淹没的时候，蒋介石从南昌飞往上海。9月1日，蒋介石发

---

* 载《人民日报》，1998年8月21日。记者：周庆、胡斌。

表了《呼吁弭乱救灾》的电文，而重点仍然是“弭乱”，对水灾，则称此属“非人力所能捍御”。当时的武汉市长除了求天保佑之外，竟无所作为。而这次洪灾，我们党和国家的最高领导人都纷纷奔赴抗洪抢险的第一线，而且都是最危险的堤段。在这次抗洪救灾中，我们表现出了极强的组织力。13 余万部队官兵和数百万干部群众上了堤。在灾害面前，社会主义的优越性得到了充分体现，群众的积极性被调动起来，形成了巨大的威力。

记者：同样的大水灾却表现出了迥然不同的境况，历史可以告诉后人什么？

李文海：一个重要的结论是稳定的政治社会环境很重要。二三十年代军阀混战，国民党军政当局挪用水利经费的现象层出不穷。武汉的情形尤其典型，第一个挪用该项资金者即蒋中正。1930 年中原大战时，国民政府财政部将湖北 1 000 多万积存金挪作攻打冯玉祥、阎锡山的军费。这笔水利经费的挪用，是酿成武汉大水灾的重要原因。因此，当时的舆论在总结水灾的原因时就指出，除了天灾，更有人祸。中华人民共和国建立以来，水灾虽然损失很大，但由于政治稳定，从中央到地方各级政府有广泛的动员力和组织力，加之改革开放以来积累了雄厚的物质基础，大大增强了抵御自然灾害的能力。

历史的明镜　深刻的启示*

——访著名灾荒史专家李文海教授和夏明方博士

1998年夏天，我国人民英勇悲壮的抗洪救灾史是中华民族辉煌的历史篇章。

8月26日，九届全国人大常委会第四次会议上，国务院副总理、国家防汛抗旱总指挥部总指挥温家宝在关于当前全国抗洪抢险情况的报告中指出，今年的抗洪抢险斗争，是在党中央、国务院的直接领导下，百万军民与罕见的大洪水进行殊死搏斗的一场硬仗。他还谈到，今年长江的洪水和1931年、1954年一样，都是全流域的大洪水，但迄今为止造成的损失，比1931年和1954年要小得多。

历史是一面镜子。日前，记者走访了著名灾荒史专家、中国人民大学校长李文海教授和他的学生夏明方博士，专家通过新旧两个社会抗御水灾不同情况的对比，给了我们许多深刻启示。

领导者行为的鲜明对比

但今年的情况就完全不同了。入汛以来，江泽民等中央领导同志亲临一线到危险地段，并殚精竭虑，做出关于严防死守、确保长江大堤安全、确保重要城市安全、确保人民群众生命安全的明确指示，派出人民军队全力支持抗洪抢险，形成军民协同作战的重要决策，使灾情一次性转危为安。夏明方博士感触地说，每次看电视，受灾群众即使在最困难的境遇下，也满怀着信心和希望。一次记者

---

* 载《工人日报》，1998年9月2日。记者：杨连元。

问一位老大娘："这么大的洪水，您怕吗？"回答是："有党中央，有咱政府，有解放军，俺怕啥！"

的确，有了党和政府，人民就有依靠。

政府能力不能同日而语

李文海教授说，迄今为止，还没有任何一个国家、一种社会制度完全能够抵御天灾，然而，天灾对社会的破坏程度和社会抗灾能力的强弱，还受到一个国家社会性质的巨大影响。在这次抗洪救灾中，我国政府表现出了极强的组织力。全国上下一盘棋，急事急办，特事特办，有27万多部队官兵和800多万干部群众上了大堤，数百万军民进行了一场规模空前、气壮山河的抗洪斗争，这充分表明了我们党和政府高度的动员能力和组织能力，这正是社会主义优越性的充分体现。

大灾之后两重天

李文海教授和夏明方博士都谈到，大灾面前，如何做好灾民的生活、生产、防病、治安、教育等，是至关重要且难度相当大的工作。令人欣慰的是，党中央、国务院和各级政府部门已迅即采取了一系列有力措施，如千方百计保证受灾群众的基本生活需要，抢运救灾物资，急派医疗队伍，让他们有饭吃、有开水喝、有衣穿、有住处、有医疗、有良好的治安环境，现在又抓学校的按时开课，抓群众的过冬安排，抓灾后重建家园。据水利部长钮茂生日前介绍，解放军总后勤部已拿出库存仅有的几千顶帐篷，同时再赶制10万顶棉帐篷，朱镕基总理特别指示，要一个月内完成任务，送到灾区，另外，还要给每个灾民准备过冬的棉衣、棉被，这是多么大的关怀和温暖啊！

两个社会两重天。

“扑面狂飙怒卷沙，牵衣儿女哭声哗。伤心莫对旁人说，同是流离八口家。”这首诗，反映了 1931 年沿江县乡千百万灾民困苦无告的惨景。

洪水过后，几千万人流离失所。据披露，真正被大水淹死的只占 24%，受瘟疫病死的却占 70%，仅武汉每天就因瘟疫死掉上千人。

大灾之后，最大的威胁还有饥馑。太湖之滨本是鱼米之乡，但水灾过后，“蚕粮两荒，水乡灾民，弱者捞取水草充饥，强者铤而走险，就食大户”。这一年，国民政府从美国订购了赈灾小麦 45 万吨，仅相当于粮食损失的 9%。这年冬天，有 2/3 的灾区没有粮食来源。

据当时的安徽省政府统计，全省绝大部分田园不仅夏收被毁，而且无法秋种。对于如此巨灾，国民政府只在 9 月份拨给 30 万元急赈费，但又被省府主席陈调元扣住不发。直到年底，很多乡间仍是一片白地，“几无寸草”。

耕畜是一般农户的半个家当。特大水灾中，人都朝不保夕，更别说牲畜了。在 1931 年 11 月的寒冬之前，131 个灾县缺少耕畜达 200 万头。

水灾后的第一个春天，约有 1/3 的灾区没有种子来源。

灾区物价也急剧上涨。在金陵大学调查过的灾区，1931 年 11 月，燃料、秣草上涨了 30%，谷类上涨了 20%，其中安徽省灾后米价上涨了 40%，麦价上涨了 30%。

农民为了生存，不得不抵卖田产，而在灾区，地价又暴跌得分外严重。11 月初，江淮流域 5 个省 81 个县，地价下跌了 37%，其中皖北下跌了 49%，而高利贷率平均提高了 1/3。地价下跌一直持续了好几年。到 1935 年，全国平均地价还相当于 1931 年的 80%。地价暴跌的一个严重后果是，雇农的工资减少，以至失业，在苏南等地，就有 43%的雇农失业和沦为乞丐。

据调查，灾区的逃荒人口占灾区总人口的 40%，逃荒人口中，31%都是举家逃亡，大多数没有职业，乞讨为生。按这个比例，被调查地区总人口 2 520 多万，逃荒人口怕有 1 000 多万了。

调查表明，截至 11 月，灾民每家平均得到的赈款，不过大洋 6 角，只占各户平均损失的 0.001 3。

在旧社会黑暗政治和无情灾荒的双重荼毒下，人民群众所过的真是地狱般的生活。

“萧瑟秋风今又是，换了人间”。李文海教授说，今年的抗洪救灾也是对我们综合国力的一次检验。国力的根基最终是人，是人的精神境界及其创造力、凝聚力所构成的合力。在今年这场气壮山河的伟大斗争中，就显示了人民群众的精神威力。从解放军指导员高建成、宣传部长罗典苏、以身殉职的普通农民胡继成等众多英雄人物的身上，从“携手筑长城”等大大小小的赈灾义演捐助活动中，我们看到了前方抗洪军民的献身精神，也看到了社会主义大家庭对抗洪救灾的关注和支持。两个多月来，人们说得最多的几句话是“血浓于水”“一方有难，八方支援”“要为灾区献爱心”，这充分表现了全国人民在以江泽民同志为核心的党中央领导下，万众一心战胜自然灾害、重建家园的坚强信念和决心。

这正是我们今天的凝聚力、向心力，也是最强大的国力。

李文海教授最后说，历史总是要给人们留下宝贵的遗产和丰富的智慧，产生于我们今天这个伟大时代的历史智慧将是永存的。

两次长江流域大水灾的历史思考*

一、两幅图景

1998年入夏以来，我国许多地区发生了百年一遇的特大洪水，特别是长江流域，发生了自1954年以来的又一次全流域性的大洪水。面对滔滔洪水，当代的大禹——几百万抗洪军民，正在为确保大江大河干堤、重要城市和交通铁路干线的安全而英勇战斗。虽然目前抗洪抢险工作尚处于决战的关键时刻，还没有取得最后的胜利，但确实已经把洪水灾害损失减少到了最低限度。数以百万计的受洪水威胁的群众，受到政府的妥善安置，得到了基本生活、医疗的必要保证。即使在重灾区，至今也未有疫病发生。这可以说是中国灾荒史上的一个奇迹。

从今年的大水灾，不由得联想起半个多世纪前发生的另一次大水灾的情景，那就是1931年的大水灾。

1931年也是一次南至珠江、闽江，北至松花江、嫩江的全国性大水灾，灾区中心为江淮地区、长江及其主要支流。上述地区无处不洪水横流，泛滥成灾。

灾害发生后，抗灾救灾不力，造成了惨绝人寰的严重后果。仅长江流域为洪水吞没的人数，有的材料说几十万，有的说百余万，有的甚至说有360万之多，综合各种资料参证比较，大约有40万人在洪水中惨遭灭顶。

长江中下游的一些大中城市及广大乡村，几乎无不为洪水淹浸。

---

* 载《北京日报》，1998年9月6日。

武汉水位升至28.28米时，长江洪水即从江汉关一带溢出，接着数处溃决，大水势如奔马般冲向市区，市内水深数尺到丈余，最深处达1.5丈。大批民房被水浸塌，电线中断，店厂歇业，百物腾贵。大部分难民露宿高阜，积水中漂浮着人畜尸体，瘟疫迅速四处蔓延。武汉三镇没于水中达百余天之久，因疫病、饥饿而死者每日有上千人。

九江因江堤发生一个40余丈的决口，江水奔泻而下，人畜淹毙无数，全市十分之七八的居民区陷入浊流。

芜湖也遭大水浸淹，市区内河南岸水深丈余，北岸也有五六尺。灾民栖息于屋顶之上，上有倾盆大雨，下无果腹之粮，全市笼罩在饥饿和瘟疫的魔影里，每天都有大批灾民死亡。当时的新闻报道说，死者既无棺木也无一片干土来埋葬，“只能把大批尸骸拴在露出水面的树杈上，任其在凄风苦雨里上下浮沉”。

甚至当时国民政府所在地南京，也因长江洪水和玄武湖的湖水交汇，一齐灌进市区，使闹市水深过膝，有的更深达胸部，当时报纸报道称“灾民啼饥号哭，极备凄伤。综计京市田地，多被淹没，农作物之损失，约及十分之九”。

广大农村受长江洪水侵袭，灾情更为严重。据当时金陵大学农业经济系的调查，大批缺衣少食的灾民被迫流离失所，四出逃荒，离村人口几占灾区总人口的40%。外逃的灾民中有1/3找到了临时性工作，1/5沿街乞讨，其他人则下落不明。① 这是一幅多么令人毛骨悚然的图画！

二、原因剖析

同样的自然灾害，带给人们的却是如此不同的情景，个中缘由，我们只能从社会方面去寻找合理的解释。

今年的大水灾，受到党和国家领导人的高度重视。江泽民主席、

---

① 参见《金陵学报》，第2卷，第1期。

朱镕基总理等多次亲临抗洪第一线，对抗洪抢险工作做出重要部署和指示，这极大地鼓舞了同洪魔长期连续作战的广大军民的斗志。而1931年大水灾时，身为国民政府主席并兼任导淮委员会委员长的蒋介石，却正忙于主持对中央革命根据地的第三次“围剿”。6、7月间，正是江淮流域洪水肆虐之时，他忙着往返于江西等地“督战”。8月22日，也就是汉口被大水淹没不久，他接到何应钦自南昌发来的“促请赴赣督剿”的急电，又匆匆赶赴南昌。9月1日，他发表了一通《呼吁弭乱救灾》的电文，对于殃及数十万民命的大水灾，只声称此属“天然灾祲，非人力所能捍御”，而对于所谓“弭乱”，则信誓旦旦地称“惟有一素志，全力剿赤，不计其他”。在这样的指导思想下，千百万人民陷入灭顶之灾也就是势所必至的了。

今年的抗洪斗争，奏响了一曲军民团结保卫家园的胜利凯歌。广大人民群众表现了极高的觉悟和组织纪律性。人民子弟兵更是发挥了突击队的作用。而1931年大水灾时，广大群众处于分散状态，没有人对群众进行必要的组织，在惊涛骇浪面前，他们即使侥幸未被洪水吞没，也只有自顾逃命，难顾其他。至于军队，蒋介石首先考虑的是把他们调集到“剿共”前线去；而这些军队即使不去打仗，也不可能同人民群众携手抗洪。

1931年大水灾发生后，社会舆论在检讨灾荒原因时，一部分人认为连年不断的军阀混战，既耗尽了政府能够用以防灾抗灾的有限能力，也把本来就少得可怜的一点抗灾设施破坏殆尽。事实的确如此，据统计，从1916年到1930年，年年有军阀内战。在频繁的战乱中，各地借以蓄洪排水的森林大量遭到砍伐。为了筹措战争经费，挪用水利经费成了家常便饭。例如，湖北当局历年从海关、特税、厘舍和田赋中提取堤防修筑费，到水灾发生时，“是项巨额之积存金已成乌有，第一个挪用该项资金者即蒋中正”。1930年中原大战时，国民政府财政部将1 000余万积存金挪作攻打冯玉祥、阎锡山的兵费，下余款项又被不法商人骗走和被地方官员私吞。[①] 所以，连

① 参见《新创造》，第1卷，第2期。

《东方杂志》也发表署名文章称："盖严格论之，此次水灾，纯系二十年来内争之结果，并非偶然之事"，"苟无内争，各地水利何至废弃若此。各地水利，苟不如此废弃，纵遇水灾，何至如此之束手无策！"①

联想到今年的大水灾，如果没有一个稳定的政治局面，如果没有中华人民共和国成立以来所进行的大规模水利建设，如果没有改革开放20年来形成的强大物质技术基础，要夺取抗洪斗争的全面胜利也是难以想象的。

三、启示与思考

这次大水灾，给我们留下了许多值得深思的问题和启示。

要极大地增强全社会的防灾意识。自然灾害一旦发生，当然要尽一切力量将灾害的损失减少到最低限度；但更加重要的是，要未雨绸缪，从各个方面创造减少自然灾害发生的条件。

拿长江来说，大约在一个半世纪以前，我国的著名思想家魏源就指出，"历代以来，有河患无江患"，长江较之黄河灾害要少得多。但晚清以来，长江却"告灾不辍，大湖南北，漂田舍，浸城市，请赈缓征无虚岁，几与河防同患"。这是什么原因造成的呢？魏源对这个问题做出了极为深刻的回答，认为那是长江上游森林的破坏和中下游水道淤塞的结果。上游的森林被滥砍滥伐，结果造成大量水土流失，"泥沙随雨尽下，故汉之石水斗泥，几同浊河"②，下游居民又纷纷筑圩垦田，阻塞水路。这正是长江水患的根本原因所在。

中华人民共和国成立后，我们做了许多努力，兴建了不少水利工程，也在一些方面致力于改善生态环境。但魏源提出的上游森林被破坏、下游水道被堵塞的情况，是不是有了根本的解决了呢？恐怕不能这样说。据国家环保局有关负责同志介绍，金沙江、岷江、

① 沈怡：《水灾与今后中国之水利问题》，载《东方杂志》，第28卷，第22号。

② 《魏源集》（上册），391页。

嘉陵江等地区，森林被大量砍伐的情况仍然十分严重，中华人民共和国成立以来长江流域水土流失面积增加了40%～50%，盲目围湖造田、建屋，导致洞庭湖面积从4 200平方公里减少到不足3 000平方公里，鄱阳湖面积从5 000平方公里减少到不足4 000平方公里，大大削弱了蓄水能力。这些情况，应该引起我们足够的重视。

坚决打击制售假文凭的不法之徒*

1998年10月14日《光明日报》在头版头条发表《卖假文凭，国法不容》的“新闻聚焦”，作为一个教育工作者，读了以后，极为赞成。深感《光明日报》对这个问题抓得好，抓得准，抓得及时。

卖假文凭这种违法犯罪行为，竟如此猖獗，实在令人气愤，令人不能容忍。它的社会危害是十分明显的：一是践踏了法制；二是败坏了道德风尚，污染了社会风气；三是影响了高等教育和学位工作的正常规范；四是造成了用人单位的困难，干扰了人才市场的秩序。受害最大和最直接的是高等学校与广大在校大学生，一些人手持假文凭，以名牌大学的本科毕业生、硕士研究生和博士研究生的身份，招摇撞骗，极大地损害了这些学校的声誉，给这些学校抹了黑。这种丑恶现象不打击，极不利于科教兴国战略的真正落实。

怎样打击这种不法现象？提出以下几点建议：

第一，加强宣传力度，造成一个“围剿”假文凭的舆论环境，使卖假文凭者、用假文凭者成为人人喊打的过街老鼠。

第二，加强执法力度，要像打击贪污盗窃、投机倒把、走私骗汇那样，像扫黄打非那样，打击卖假文凭者。发现卖假文凭的，不能只罚一点款了事，一定要绳之以法，绝不宽容姑息。

第三，用人单位要严格审查，辨别真伪，对使用假文凭的，一经发现，立即清退。假文凭做得再精，甚至“以假乱真”，但只要认真核实，还是很容易发现的。我就处理过两起用人单位来核对文凭真假的事，尽管文凭上盖了我校的“钢印”和我的“签名章”，但还

* 载《光明日报》，1998年10月16日。

是一眼就可以看出是假的。实在不行，一查档案也就什么都清楚了。

第四，打击制、售、用假文凭的不法行为，不能只搞一阵风，社会反响强烈了，就抓一抓，过一阵又依然如故。必须持之以恒，常抓不懈。

戊戌维新的历史启示*

四年前，中国史学会与常熟市人民政府共同举办了“翁同龢与中日甲午战争”的研讨会；四年后，两家再度合作，举办“戊戌变法与翁同龢”的研讨会，确实是一件十分有意义的事。

甲午战争是中国近代历史进程中民族觉醒的一个重要里程碑；而戊戌维新运动，则是在新的民族觉醒的推动下，一次挽救民族危亡、推动思想解放、实施政治改革、促进社会进步的伟大实践。翁同龢这样一位历史人物，同19世纪末叶的这两次重大历史事件有着那样密切的关系，产生过那样深刻的影响，这就充分说明了这位历史人物在近代历史上的重要地位。这也是我们广大史学工作者对翁同龢这位历史人物产生浓厚研究兴趣的原因所在。

经过一个世纪的历史沧桑，中国社会发生了翻天覆地的变化；但是，既漫长又匆忙的岁月流逝，并没有冲刷掉戊戌维新运动以及推动这个运动的先驱者所做出的历史贡献的灿烂光辉；相反，在面临着新的世纪之交的今天，我们在用历史的眼光去冷静审视19世纪末的这一次历史巨变时，却惊奇地发现，我们依然可以从这一事件中得到如此深刻的历史启示、如此生动的历史借鉴，以及汲取到如此丰富的历史经验和营养。上次研讨会上，我有个发言，主要是对比上个世纪之交同现在我们正在经历的这个世纪之交在政治环境、社会条件特别是在人们的精神状态之间的强烈差异。那一次思考的着重点主要是两个历史段落间的区别、不同；现在，我们可以换一个角度，把思考的着重点转向两个历史段落之间的联系、相互承续和发展。

---

* 载《常熟日报》，1998年11月9日。

十五大报告在说到今天的建设社会主义宏伟事业时，在说到我们必须高举邓小平理论伟大旗帜时，首先回顾了一百年的历史。讲了20世纪的三次伟大历史转折和三位伟大历史人物。十五大报告为什么要从辛亥革命讲起？从近代历史讲起？根本原因是，今天我们确定的指导思想的理论基础，我们确定的建设社会主义的伟大目标，不是凭空产生的，而是历史的必然选择，是历史发展的必然结果。正是从这个意义上，我们看到了历史科学的重要意义，看到了历史工作者肩负的重大历史责任。历史是不能割断的。今天的事业，同20世纪之初的辛亥革命和孙中山是一脉相承的。正像毛泽东同志所说，我们"都是孙中山革命事业的继承者"，或者像江泽民同志所说，辛亥革命"为中国的进步打开了闸门"。而辛亥革命也有它的历史准备与历史前奏，那就是戊戌维新运动。所以，梁启超说："戊戌变法，虽然时间很短，直接的政治成果也很少，但它实际上是二十世纪的开篇之作。"

我们确实应该珍视一百年前的戊戌维新运动留给我们的这份极其珍贵的历史遗产；我们确实应该对推动这场深刻的政治改革的先驱表示由衷的敬意。他们在强烈爱国主义的推动下发动了这场历史巨变，而这种爱国主义精神至今仍然是凝聚我们全民族力量的巨大精神武器；他们高举改革的旗帜，不怕同旧的封建统治秩序和旧的封建意识形态展开殊死搏斗，而历史确实证明，并将继续证明，改革正是推动社会不断前进的动力。他们为了振兴中华，挽救民族危亡，敢于向外国先进的科学技术、制度、文化学习，而又坚持这种学习必须同中国的传统相结合，同中国的实际相结合，必须要植根在中国的土地上。也就是说，他们既同拒绝学习外国的狭隘民族主义划清界限，又同主张全盘西化的民族虚无主义划清界限。他们在学习外国问题上的这种辩证的实事求是的态度，对我们今天也是有借鉴意义的。

一场深刻的社会变革，总要有各种社会力量和各种历史人物卷入。具体分析各种历史人物的活动，才能更加深刻地揭示历史事件的过程、规律、特征和本质。翁同龢是与戊戌变法有直接关系并发生重要影响的人物，他的出身、经历、学说、思想等，与康有为、梁启超、谭嗣同等有很大的不同，有自己的特点，这就更为史学工作者提供了可以深入分析和认真研究的广阔空间。过去对翁同龢的研究，已经有了很好的开端，有了显著的成绩。在这次研讨会上，相信一定有更进一步的新成果。

发掘文化资源　推动文化建设*
——齐文化与中国传统文化暨《齐文化丛书》座谈会述要

十五大报告指出，有中国特色社会主义的文化，“渊源于中华民族五千年文明史，又植根于有中国特色社会主义的实践”。这充分说明了研究中国传统文化的重大政治意义和现实意义。近年来，对中国传统文化的研究成果大体反映在三个方面：一是综合性的、理论性的研究，二是对中国传统文化的纵向的、分门类的研究，三是横向的、区域性的研究。这三个方面互相促进、补充、交叉、渗透，共同开创了中国传统文化研究生动活泼、丰富多彩的局面。近年，在区域文化的研究中，《齐文化丛书》的问世就是值得庆贺的盛事。《丛书》既有作为齐文化代表性的文献典籍整理，又有创造与发展齐文化的人文、自然环境的介绍；既有对齐文化发展过程中重大事件的描述，又有能反映齐文化精神的历史人物评说；既有概括、系统地反映齐文化领域的专史性论述，又有典型解剖、深入分析的专题性研究。这就使得这部《丛书》做到了文献资料性和学术研究性的有机结合。可以看出，《丛书》的编者和作者们的治学态度是比较严谨的，在学风方面，也是值得称道的。

* 载《光明日报》，1998年12月18日。

坚持政治方向　促进学术繁荣*
——祝《高校理论战线》创刊十周年

《高校理论战线》已经创办十年了。作为高等教育战线的一名理论工作者，我热烈祝贺这个刊物十年来取得的成就，衷心祝愿它在今后办出更加鲜明的特色，产生更加深广的影响。

《高校理论战线》是我喜欢阅读的几个刊物之一。之所以喜欢读，是因为它办刊态度认真，不媚俗，不猎奇，不随风摇摆，不哗众取宠，扎扎实实地按照“以科学的理论武装人，以正确的舆论引导人，以高尚的精神塑造人，以优秀的作品鼓舞人”的方针，做出自己一份应有的努力。在高校广大理论工作者的关心支持下，《高校理论战线》发表了一批有理论深度、有学术创新的好文章，给人们留下了深刻的印象。

高等学校汇集了一大批哲学社会科学工作者，这支队伍，不论从数量还是从质量来说，都是我国理论战线的一个重要的方面军。《高校理论战线》既是这支队伍发表研究成果、交流研究心得的重要园地，又是团结、凝聚、组织、建设这支队伍的重要纽带。我们希望，在这方面，《高校理论战线》能够一如既往地做下去，并且做得更好。

党对哲学社会科学的发展给予了极大的关注和期望。江泽民同志在党的十五大报告中指出：“积极发展哲学社会科学，这对于坚持马克思主义在我国意识形态领域的指导地位，对于探索有中国特色社会主义的发展规律，增强我们认识世界、改造世界的能力，有着重要意义。”学习贯彻十五大精神，发展哲学社会科学，我以为，有

---

* 载《高校理论战线》，1998年第2期。

几个问题是应该特别加以注意的。

要完整、准确地学习和宣传马克思列宁主义、毛泽东思想、邓小平理论。江泽民同志在十五大报告中指出："在当代中国，马克思列宁主义、毛泽东思想、邓小平理论，是一脉相承的统一的科学体系。"它们之间，是继承和发展的关系，不是互相割裂，更不是互相对立的关系。毛泽东思想、邓小平理论，是马克思列宁主义同中国实际相结合产生的两大理论成果，这两大理论成果都是党和人民实践经验与集体智慧的结晶。在对待这个科学理论体系时，一方面，"马克思列宁主义、毛泽东思想一定不能丢，丢了就丧失根本"；另一方面，马克思主义又一定要随着时代的发展、实践的发展、科学的发展而不断发展。邓小平理论是当代中国的马克思主义，是马克思主义在中国发展的新阶段。正因如此，党的十五大做出了把邓小平理论确立为党的指导思想的历史性决策，明确规定中国共产党以马克思列宁主义、毛泽东思想、邓小平理论作为自己的行动指南。

要紧密联系实际，积极参与社会生活，充分发挥哲学社会科学认识世界、改造世界的社会功能。江泽民同志在十五大报告中指出："离开本国实际和时代发展来谈马克思主义，没有意义。静止地孤立地研究马克思主义，把马克思主义同它在现实生活中的生动发展割裂开来、对立起来，没有出路。"哲学社会科学应当把为党和政府决策服务，为两个文明建设服务，当作自己光荣而神圣的职责。要把改革开放和现代化建设的重大理论与实践问题的研究作为主攻方向，积极探索有中国特色社会主义经济、政治、文化的发展规律。当然，这绝不是说可以忽视或者轻视基础理论的研究。小平同志曾经指出："哲学、社会科学同自然科学一样，决不能忽视基础理论的研究，这些研究是理论工作的任何巨大前进所不可缺少的。"①

要十分重视学风问题。毛泽东同志在延安整风时反复谈过这个问题，并把它称作我们党的"第一个重要的问题"。小平同志在粉碎"四人帮"后同样讲过这个问题，指出科学是"实事求是、老老实实

① 《邓小平文选》，2版，第2卷，179页。

的学问，是不允许弄虚作假的。这些年来，由于‘四人帮’的破坏，在学风方面出了不少问题”①。江泽民同志在十五大报告中也强调了这个问题。从现在的情况来看，也许可以说，学风不正的问题可能已成为发展哲学社会科学的一个重要制约因素。这种学风不正，表现形式是多方面的。例如，从本本主义出发，不是用马克思主义的立场、观点、方法去研究和解决中国的现实问题，而是把马克思主义当成万古不变的教条；对理论采取实用主义的态度，抓住一点，不及其余，合自己口味的就听，不合自己口味的则置若罔闻；也有的浮躁操切，急功近利，无实事求是之心，有哗众取宠之意，不肯在学术问题上潜心钻研，靠东拼西凑来创立“体系”，建立“学派”；更有甚者，违反学术规范，背离学术道德，侵犯知识产权，这虽然似乎已属于另一类性质的问题，但却不能不说与学风不正有直接的关系。养成优良学风，抵制恶劣学风，是学术界刻不容缓的共同任务。

进一步贯彻双百方针。哲学社会科学必须坚持马克思列宁主义、毛泽东思想、邓小平理论的指导。但马克思主义只提供观察问题的立场、观点、方法，并不是也不可能为所有学术研究提供现成的标准答案。学术要发展，要繁荣，必须有思想的解放，有勇敢的探索和大胆的创新，有活泼的学术环境和气氛，有不同学术观点之间的相互切磋和争论。小平同志说：“我们要坚持百家争鸣的方针，允许争论。不同学派之间要互相尊重，取长补短。要提倡学术交流。”②当然，对事关政治方向、事关重大原则的问题，要旗帜鲜明，分清是非，保证哲学社会科学研究沿着正确的方向发展。

①② 《邓小平文选》，2版，第2卷，57页。

关心支持党的建设　行政领导责无旁贷*

在高等学校，坚持党的领导，加强党的建设，固然是党委和党的系统各级领导的本职工作，但对于各级行政领导来说，也是责无旁贷的。行政领导称职地履行行政职责，必须以坚持党的领导与支持党的建设为前提和保障。有了这个前提和保障，行政工作就会顺利推进并取得成效；反之，行政工作难免困难重重，无所建树。

一、坚持正确的办学方向是党政领导的首要共同职责

正确的办学方向，是学校改革和发展的生命线。坚定不移地坚持和把握正确的办学方向，对于党政领导而言，都是头等重要的大事。具体工作的决策和指挥不正确，损失是容易挽回的，但办学方向发生了错误，就会贻害学校，贻误人才，造成的损失将是根本的、全局的，甚至是长期的。

在实现教育工作全面适应现代化建设对各类人才培养的需要，全面提高办学的质量和效益两个重要转变的过程中，坚持正确的办学方向，就是要在学科建设、教学改革、科学研究等方面坚持正确的政治方向、理论倾向和政策导向。各级行政领导尤其是校长的作用，具有特殊的意义。

面向21世纪深化改革和建设，学校在教育教学思想和观念的更新，人才培养模式的探索，学科、专业结构和布局的调整，课程体系和教学内容的改革，科学研究机制的完善，管理体制的改革等方

---

* 载《北京高等教育》，1998年第2期。署名：李文海、石亚军。

面任务艰巨，如何以坚持正确的办学方向来保证改革和建设顺利进行，有许多工作需要认真做好。

其一，坚持马克思主义理论阵地，高举邓小平理论的伟大旗帜，把建设有中国特色社会主义的共同理想贯穿于育人的整个过程，关键是完整、准确地理解与贯彻邓小平理论的科学体系和精神实质。

其二，与党中央保持一致，用党的十五大精神统一思想，并在每一个教师的教学、科研行为和每一个干部的管理行为中加以落实。

其三，按照邓小平教育理论和党中央、国务院颁布的《中国教育改革和发展纲要》指导学校的工作，加快各方面的改革和建设的步伐。

其四，遵循积极培养和严格管理相结合的原则，促进学科建设和队伍建设，帮助骨干教师尤其是学术带头人把握好政治方向和理论倾向。

其五，把加强德育放在履行育人职责的首位，高度重视德育工作，齐抓共管，抓紧抓好。

二、校长要在党委领导下积极主动地开展工作

校长承担着行政工作的决策、指挥、组织、领导、协调、监督、教育等职责，具有依法履行行政职责的独立性。但是，行政工作的独立性与党委领导的统一性是一致的。在高等学校，党委是政治领导核心，通过制定学校改革和建设的大政方针，决定学校方向性、全局性、根本性和战略性的重大问题，保证与监督学校各项工作贯彻落实党的政治路线和教育方针。行政工作必须得到党委的有力支持，党委是校长的强大后盾和坚强依靠。超然于党委的领导之外另搞一套，校长工作的独立性就会变成独自性，行政工作必然寸步难行。

在深化改革中，对于学校各方面的事业而言，机遇与挑战共存，希望与困难同在，校长只有善于处理好行政工作与党的领导的关系，

既自觉地接受党委的领导，又积极主动地开展工作，才能抓住机遇，克服困难，战胜挑战，推进工作。在教育教学观念、体制、手段和运行机制都需要不断更新的今天，遵循“解放思想、实事求是”的原则，搞好改革与建设，并不是轻而易举的事情。事实证明，面对各种复杂的环境和问题，只要党内思想一致，就没有不可克服的困难；党内思想不一致，就会步履艰难。

切实贯彻执行民主集中制是问题的关键。集中指导下的民主与民主基础上的集中统一，在学校的领导工作和决策活动中，体现为既要集体领导又要分工负责，这是一个问题的两个方面：

一方面，党委常委会是学校的最高决策机构，办学中的重大问题必须由党委常委会集体研究决定。对于集体形成的决议，个人如有不同意见，可以保留，但在工作中必须服从和执行。凡经过党委常委会形成的决议，在执行中即便出现了偏差或失误，调整和纠正起来也是容易的。不经过党委常委会研究，个人对重大问题擅自做出的决定，一旦出了问题，解决矛盾和挽回影响就非常困难。

另一方面，在党委常委会统一决策的前提下，校长及各位校领导要积极主动承担工作责任，在自己主管的职责范围内，开拓思路，勇于探索，出主意，想办法，把党委的决议变为自己主管领域中的实际运作。不敢负责和不善于负责的行政领导，即便他不违背党委的决议，也会因为没有工作建树而成为不称职的行政领导。

三、行政、业务工作要十分重视政治和思想性，党的工作要深入学科、业务领域

在高等学校的党政工作中，常常令各级党政干部困惑的一个问题就是，行政工作和党的工作“两张皮”的问题。事实上，这是一个人为造成的问题。在以育人为根本任务的高等学校，行政工作与党的工作本身就具有内在的一致性和关联性，是你中有我和我中有你的关系。

从行政工作的角度看，任何一个学校的任何一项行政工作，哪怕在表面上看起来单纯是与物或与财打交道的工作，实质上都是与人有关的工作。由于做人的工作离不开政治思想工作，任何行政工作自然也蕴含着党的工作。从党的工作角度看，党的领导功能体现在政治核心和政治保障的作用上，这种作用的出发点和落脚点是学校的根本任务与中心工作。高等学校的根本任务是培养人才，中心工作是教学和科研，党的工作只有与行政工作紧密联系，才不是空洞的、抽象的，才会有对象，有内容，有生气，有效应。用联系分析和换位思考的方法看问题，就可以把行政工作和党的工作的关系看得比较清楚。

在行政工作和党的工作中，都有克服形式主义、讲求实效的要求，达到这个要求的关键就是，处理好行政工作和党的工作的关系，克服“两张皮”的现象。

做行政工作、业务工作，要十分重视政治性和思想性，要把教书育人、科研育人、服务育人贯彻于本职工作的始终。校长、院长、系主任，行政职能部门的部长、处长，都应自觉地运用江泽民总书记和党中央提出的“讲学习、讲政治、讲正气”的要求，指导本单位、本部门的业务工作，在教学、科研、管理、服务工作中，积极主动地关心方向问题、风气问题、思想情绪问题，积极主动地做好树立精神支柱、振奋精神风貌、提高精神境界的工作。

做党的工作、思想工作，要深入渗透到学科领域、业务领域中，要将党的建设、思想政治教育与学校的行政工作和业务工作紧紧挂起钩来，并对行政工作和业务工作发挥极大的推动作用。党的各级领导，都应该既按照上级党组织关于党的建设的精神，又结合本单位、本部门的行政目标和业务要求，有针对性地进行工作创意，制订工作方案，结合教职工履行行政职责、执行业务职能的情况，发现问题，解决问题。

四、行政领导既要依靠党组织，又要关心组织建设

对于行政领导来说，依靠党组织和关心党组织的建设是相辅相

成的：信任和关心相统一，只有坚信党组织的支持是坚强后盾，才会主动关心党组织的建设；权利和义务相一致，只有关心党组织的建设，才会获得党组织坚强有力的支持。

行政领导由于具有特殊的工作角度，对党的建设可以发挥特殊的积极作用，这种作用至少体现在两个方面：

其一，行政领导以身作则的表率作用。担任行政领导工作的党员，自己的言行举止对党的思想、组织、作风建设起着重要的影响作用。一方面，群众往往通过身边的领导尤其是主要领导的素质、能力来评价党的状况和党组织的水平。不难看到，领导让群众满意，就会提高党的威信，为党组织增光；领导使群众有怨气，就会损害党的威信，给党组织抹黑。另一方面，党员行政领导的理论倾向、精神状态、道德品质和思想作风，对本单位、本部门的党员和非党员群众具有十分重要的示范效应。在一定条件下，这种效应将扩展成一定范围的宏观效应，对本单位、本部门的党的建设产生导向作用。鉴于上述两个方面的情况，党员行政领导在关心和支持党的建设时，首先要注重自我要求、自我修养，通过自己的表率作用去吸引和带动别人关心与支持党的建设，团结广大同志共同搞好党的建设。

其二，行政领导实际支持的重要作用。在许多方面，党建工作需要得到行政的大力支持。搞好党建工作，要有必要的机构、人员、经费、设备和其他有关条件，这就离不开拥有人力、物力、财力资源配备权的行政方面的理解和支持。各级行政领导应该切实关心党的建设，了解并理解党建工作的难处，从行政上尽可能为开展党建工作提供实际条件。事实证明，一个单位的党建工作做得好，其中一个重要原因是行政支持做得实。

五、党政领导班子的团结，既要靠相互谅解、支持与配合，也要靠制度保证

党政领导班子间的关系是决定行政工作和党的工作状况的重要

前提。两套班子只有友好合作、紧密配合，才能凝聚人心、振奋精神，增强适应形势、克服困难、解决矛盾、处理问题的实力，才能使行政工作和党的工作得以顺利推进，并求得成效。

实现党政班子的合作、配合，要解决好两个关键问题：一是相互之间的理解、谅解、支持和友谊（毛主席说这“比什么都重要”）；二是制度的保证。前者是干部素质问题，后者是工作制度问题，二者相互关联，缺一不可。党政领导干部素质比较优良，相互之间就容易沟通、认同，形成工作的合力，共同扬长避短、趋利避害。但是，领导干部的素质再好，缺乏制度的保证，也难免发生问题；有了合理、严密、完善、有效的工作制度，领导干部的工作行为就有了规范，工作运行就有了程序和规则，这些有利于形成在照章办事的前提下党政工作协调开展的局面。但是，制度定得再好，领导干部的素质不高，照样可以对制度条文断章取义，各取所需，把工作弄得乱七八糟。

提高党政领导干部的素质，加强工作制度的建设，是领导班子建设需要解决好的两个现实问题。

对于领导干部本身而言，无论行政干部还是党的干部，都要加强学习，提高觉悟，增强大局观念和整体意识，善于采取换位的方法进行思考，自觉尊重与遵守不同系统的工作制度和规则，正确对待不同系统之工作的困难和问题，求同存异，团结共进。

对于党政两个一把手来说，在解决这两个关键问题上责无旁贷地负有特殊的责任。首先，要在相互友好的支持方面率先垂范，为班子中的其他成员做出表率；其次，要在坚持原则的基础上，妥善协调工作关系，正确解决工作中出现的问题和矛盾，及时调整、完善工作制度，并对工作制度的执行和落实进行有效督促。

邓拓与《中国救荒史》*

在国内外学术界，只要一提到救荒问题，就不能不想起 1937 年由邓云特（即邓拓）撰写、商务印书馆出版的《中国救荒史》。

一

邓拓的一生，是富有传奇色彩的一生。1930 年，这个出生在福建闽侯、年仅 18 岁的青年，刚至上海求学不久，即积极投身革命，勇敢地从事党的地下工作。1932 年和 1937 年，两度被捕入狱。抗战爆发后又秘密北渡黄河，进入晋察冀敌后抗日根据地，受命创办《抗敌报》（后改为《晋察冀日报》），从此在新闻战线上开始了"血火文章""戎马书生"的生涯，并曾主编中国革命史上第一部《毛泽东选集》，成为党的杰出的政论家、宣传家。

1949 年中华人民共和国成立后，邓拓受中央委托，出任《人民日报》总编辑，1958 年改任社长；次年即调任中共北京市委书记，主管文教工作，并主编北京市委理论刊物《前线》杂志，此后直至 1966 年含冤去世，邓拓本着实事求是的原则和捍卫真理的勇气，以凌云健笔，撰写了一系列政企论文章和在当代中国文坛上独树一帜的杂文随笔《燕山夜话》和《三家村札记》（与吴晗、廖沫沙合作），对当时思想战线和社会生活中甚嚣尘上的"左"倾思想和主观主义、教条主义及官僚主义作风展开了尖锐辛辣的批评，由于人所尽知的原因，结果却成为那场历史大浩劫中最早的牺牲者。

---

* 载《中国社会工作》，1998 年第 4 期。署名：李文海、夏明方。

这样一名新闻界的健将和“精神界之武士”，又是如何与中国的历史研究特别是救荒史研究结下不解之缘呢？说起来，这大约也正是他传奇式文墨生涯中最具传奇色彩的一页了，谁能想到，一部20万字的经典学术名著，竟是一位25岁的革命青年，在他的第二次铁窗生活之前，利用不到两个月的时间完成的呢？

1933年秋，第一次被捕出狱的邓拓，因失去了和党的联系，先是回家乡福州疗伤，后又于次年转道上海，往至河南开封，经其兄邓伯宇的介绍，进入河南大学经济系就读，并在随后的三年度过其一生中极其难得的平静生活。不过，安定的生活环境，不仅没有消融其斗争的意志，反而玉成了一位卓有建树的马克思主义历史学家和中国救荒史研究园地中迄今为止最为著名的专家。当时，他在写给同学的一封信中这样说：“目前困难当头，我们应该做一件扛鼎的工作，不是在战场上和敌人进行生死搏斗，就应该在学术上有所贡献，写一二种大部头的学术著作，发扬祖国的文化。”①

正是基于这样的考虑，邓拓充分利用了当时相对平稳的环境和河南大学以及附近的大量图书资料，孜孜不倦地致力于中国社会经济史的研究，力求在马克思主义唯物史观的指导下探寻中国社会发展的规律，他在《中山文化教育馆季刊》《新世纪》《时代周刊》等刊物上先后发表了7篇学术论文，对中国文化领域正在激烈争论着的重大历史问题，如中国奴隶社会的存在及分期问题、封建社会长期停滞的历史原因、中国古代农业手工业发展及资本主义萌芽问题等，进行了系统深入而又独到的分析，在当时的史学界产生了很大的震动。在研究过程中，有关中国灾荒问题的史料是如此触目惊心，以至引起了这位青年史学家的注意，他随时把它们汇编在一起，后又以此为选题撰成毕业论文。适值商务印书馆正在组织出版“中国文化丛书”，邓拓即以中国救荒史为题应约，但由于各种情况的阻滞，当接到限期交稿的通知时，为时已极紧迫，邓拓不顾暑天酷热，一边写作，一边请人誊抄，夜以继日，落笔如雨，终于克尽全功。

① 转引自《忆邓拓》，233页，福州，福建人民出版社，1980。

此后不久，他因从事抗日救亡运动，再次身陷囹圄。只是由于其长兄亲身赴沪，他的书稿才得以及时付梓问世。

二

当然，邓著《中国救荒史》之所以能在短时间内杀青，除了他的勤奋与博学之外，还与历史上悠久丰厚的救荒思想之渊源分不开。

自古以来，我国即是一个多灾的国家，灾害频度之繁、强度之深、广度之大，世所罕见，其结果不仅给广大人民的社会经济生活带来了惨重的灾难，而且危及了矗立于其上的上层建筑。因此，历代封建统治阶级中比较贤明的政治家和思想家，从维护自身利益出发，也曾提出、设计和制定了不少救治灾荒的思想、措施与方法，经数千年的递嬗演进，逐步形成了一套比较完整的救荒理论和救荒机制。近代以来，特别是 20 世纪的二三十年代，伴随着内忧外患日甚一日，自然灾害也更加频繁、更加严重，以至引起了社会各界的广泛关注。许多有识之士在批判和继承古代救荒经验的基础上，运用现代科学的理论和方法，从各个不同的角度，对灾荒的成因、危害及救治的途径进行了广泛深入的思考，初步建立了具有现代科学基础的治灾救荒思想，相关著述亦蔚为大观。这就为邓拓救荒理论的形成提供了丰富的思想素材。

不过，这些著述大多只涉及某一历史时段或某一方面的灾荒、救荒问题，少有系统的探析，而且毕竟由于历史的或阶级的局限，在分析过程中不可避免地存在着片面化、绝对化和唯心主义的错误，只有邓著以其翔实的史料、缜密的分析、科学的历史观和现实主义的批判精神，成为其中的“扛鼎之作”，并将中国救荒史的研究推进到一个全新的阶段。

全书共分三编：第一编是关于历史灾荒的史实分析，作者根据各种可靠的历史资料，运用统计方法，第一次全面准确地探讨了中国历史上自远古以迄于民国历代灾荒的实况及演变趋势和特征，同时分析了灾荒的自然成因、社会成因及其相互关系，并从人口流移和死亡、农民起义、民族之间的战争、经济衰落等方面，就灾荒对社会的实际影响做了较具体的论述。第二编“历史救荒思想的发展”，首先对相应历史时期的灾荒救治思想进行了科学的归类，也就是将其分为天命主义的禳弭论、消极救济论、积极救济论三大类，其中消极救济论又分为遇灾治标论（包括赈济、调粟、养恤、除害）和灾后补救论（包括安辑、蠲缓、放贷、节约）两小类，而包括重农、仓储在内的“改良社会条件”论和包括水利、林垦在内的“改良自然条件”论则是积极救济论的主要内容；继而对各类救荒思想的内涵、特点及其社会根源和历史演进趋势亦条分缕析，系统而清晰地揭示出中国数千年救荒思想的全貌和发展脉络。以此编的分类为基础，作者在全书的重点第三编中详尽地探讨了“历代救荒政策的实施”及其利弊得失，既总结了历史上的经验教训，又为未来救荒事业的发展指明了方向。从史实、思想到政策，作者第一次全面完整地论述了中国救荒史的状况，可以说，这是该书区别于其他同类书的鲜明特点之一。

对于此部著作，作者曾在重印本序言中将其视为自己从事“中国社会经济史研究的副产物的一种”。然而，正因为它是这样一种副产物，所以作者在一开始清理中国历史上的灾荒状况和救治对策时，即将其纳入此前在历史研究过程中已经初步掌握的马克思主义的分析框架，第一次对灾荒问题进行了真正科学的论述，其作品也因此成为马克思主义救荒史学筚路蓝缕的开山之作。实际上，这也正是它之所以能够成为一部“扛鼎之作”并不同于其他救荒著述的最重要的原因。

综观初版全文，作者并无一字明言马克思主义的历史观，但却时时透析出一种唯物辩证法的精髓。在“绪言”部分阐述“灾荒”的定义时，作者即一反古今学者仅仅“以表面现象之摄取为足”，而“以客观存在之一般具体事实之全内容为根据”，明确指出“灾荒者，乃以人与人社会关系之失调为基调，而引起人对于自然条件控制之失败所招致之物质生活上之损害与破坏也”。他还进一步指出，“吾人欲寻求历代灾荒积累发展不断扩大再演之原因，惟有于此人与人之生产关系中求之”。基于这样的认识，他批判了以往有关灾荒成因的比较流行的“自然条件决定论”“技术落后决定论”以及“人口决定论”，认为“从来灾荒之发生，带根本性的原因无不在于统治阶级的剥削苛敛”。他指出，地理环境、气候变迁等自然条件固然是构成灾荒的原因之一，“但并不是终极的惟一的原因”，作为一种外部条件，“惟有通过社会的内在条件，才能对社会发生影响”；生产力的落后、技术的不进步，“实为自然条件得以发生作用而加害于人类的基本原因”，但“不应脱离生产关系而孤立地考察生产力的发展”，“如果在一定的历史阶段，生产关系能够与生产力相适应，因而促进生产力的发展，那么，即使在当时的技术水下下，也可能避免天灾的袭击，或减轻灾荒的凶险程度”；至于从人口的过多来解释，虽然不是完全没有道理，但绝不是“彻底之科学观察法”，因为人口因素，作为一种社会条件，是离不开“在一定的社会结构中人与人的生产关系”这一“基本的社会条件”的。邓拓在这里所做的论述以及他在此后展开来的对灾荒与苛政、战争、生产技术、社会变乱和经济衰败等相互关系的分析，恰恰是以这种“彻底之科学观察法”即唯物辩证法为基准的，并有大量的历史事实为佐证，其所得出的结论较之前人也就准确和深刻得多，并为后世相当长一段历史时期内的中国救荒史研究铸定了最基本的理论框架。而且，从文中的叙述来看，作者实际上已经将主要由大自然造成的“天灾”与由此演变而来的主要由人祸造成的“饥馑之患”即饥荒区别开来，从而为后来者在解释新的社会制度下饥荒绝迹而灾害未见减少甚至愈趋扩大的矛盾现象提供了可贵的线索，作者的远见卓识，于此可见一斑。

实事求是，坚持真理，原是马克思主义历史观的本质要求，而救荒史的研究，诚如邓拓所言，其宗旨本身就在于“揭示灾荒这一社会病态和它的病原”，“借以探求防治的途径”，所有这一切学科特质再加上邓拓自己的个性和经历，又使得他的救荒史研究充溢着秉笔直书和批判现实的锋芒。虽然我们的史学恰恰也是以“究天人之际，通古今之变”开其端绪的，但却不幸而几乎成了绝响，当时即使有不少著作对现实亦表示不满，但也大多隔靴搔痒的“但书”。邓拓则将其批判的笔触一直延伸到他所生活的那个极度黑暗而又凶险不测的年代，对国民政府时期政治的不良、剥削的严酷、军阀的混战以及救荒政策的弊端痛加针砭，这不正是一位正直的历史学家执着以求的愿为真理而献身的最高精神境界吗？

三

邓著《中国救荒史》初版以后，很快在日本被译成日文出版。1957 年，作者将原来的文言文改为语体文，由三联书店重印。1986 年，北京出版社出版《邓拓文集》时，将其收入其中的第二卷。近年，商务印书馆亦将其作为百年学术经典予以再版。从某种意义上来说，邓著是迄今为止有关中国救荒史研究的唯一的一本教科书。

不过，主要由于当时客观条件的限制，这部巨著也留下了不少的遗憾。如原稿中“近代灾荒中新的社会因素”一项初版时即被略去了，以至整部著作于民国灾荒史的状况未能尽言。中华人民共和国成立后，作者原拟花费相当的时间“加以修改和补充”，把史料补足到中华人民共和国成立时，并对历史上救荒政策的重要经验教训和若干重要论点“进一步地加以探究”，“展开来作充分的说明”，但由于众所周知的历史原因，此项工程仍付之阙如。事过境迁，当历史的车轮早已碾碎了痼弊或阻碍学术研究的重要枷锁和绊脚石之后，当人们可以直面现实而现实的大自然又以与历史上同样的困境活生生地逼迫着当代人类的时候，进一步充实和加强中国救荒史乃至开展当代中国救灾减灾事业的研究，就显得十分必要。就此而言，当年邓拓的遗憾，客观上又为后来的研究者提供了可以任意驰骋的空间。

璀璨的双子星座*
——评大型历史文献图册《孙中山与宋庆龄》

这是一本让人深切感受近代志士仁人的爱国情操和奉献精神的书。

作为 20 世纪站在时代前列的我国三位伟大人物之一，民主革命的先行者孙中山先生的有关传记、资料、画册、影集等，应该说已经出版不少了。伟人融合在一起，生动反映他们之间“精诚无间同忧乐，笃爱有缘共死生”（孙中山赠宋庆龄语）的生动而光辉的一生，却还是第一次。

孙中山和宋庆龄的政治生涯是漫长而丰富多彩的，前者的经历跨越了 19、20 世纪，贯穿了旧民主主义革命和新民主主义革命两个阶段；后者则把自己的活动延伸到社会主义革命和建设阶段，时间跨度更长。这对革命伴侣共同生活、并肩战斗的时间并不算长，仅有 10 年时间。但是，作为同志和战友，他们之间的相互影响，可说是终其一生的。孙中山给予了少年和青年宋庆龄深刻影响，他们的结合使她接近了“革命的中心”。但是，他们之间的影响并非单向的。在孙中山后期的奋进中，宋庆龄显然给予了巨大的支持，发挥了积极的作用。在孙中山逝世之后，正是宋庆龄高举孙中山的旗帜，继承与发扬他的革命思想和精神，并使之与新的时代和新的斗争相结合，从而为团结进步的人士投入更高层次的战斗产生了不可替代的巨大作用。《孙中山与宋庆龄》一书，以巧妙的编排和充实的内容，生动深刻地反映了他们之间这种相濡以沫、相互扶持的关系，使人们对这两位历史伟人的认识提高到一个新的高度。因此，在学

---

* 载《中国图书评论》，1998 年第 5 期。

术意义上说，这本书在这一重大课题上做出了开拓性的贡献。

孙中山和宋庆龄，这两位伟大的爱国者和历史巨人，为了灾难深重的祖国的独立、自由、民主、富强，为了人民的幸福，义无反顾地献出了毕生的精力。推动他们这样做的精神动力，就是对祖国对人民的无比深挚的热爱。如实地反映与展现他们的理想追求和斗争实践，就能使人不由自主地为他们的人格魅力和高尚情操所吸引，所折服。我们相信，广大读者特别是青年同志通过对这本画册的阅读，对中华民族一个多世纪以来，争取民族独立和人民解放，实现国家繁荣富强和人民共同富裕的艰苦卓绝的斗争历程，将会有更加具体深入的了解，从中得到实际的爱国主义、社会主义、集体主义的教育。

有一些历史著作，常常因为表现形式的枯燥呆板而难以被广大读者接受，以至大大影响了史学社会功能的发挥。其实，历史本身是丰富多彩、生动活泼的，反映历史的作品同样也应该多姿多彩。本书的一个重要特点就是图文并茂，做到了科学性和生动性的较好统一。全书搜集并采用了近千幅珍贵的文物照片和文献资料，其中三分之一是首次在祖国内地公开发表。这些历史图片，从多个侧面反映了孙中山与宋庆龄在各个不同历史时期活动的音容笑貌和行踪足迹，以及与他们的活动相关的重要历史人物和事件。同时，还配以20余万字的文字说明，这些文字说明并非仅仅是图片内容时间、地点、背景的简单交代，而往往还包含着以春秋笔法对历史所做的科学分析与判断。这样，就使得本书在叙述与分析人物活动和历史事件时，不仅能够宏观地反映历史的真实，而且能够透过历史现象揭示历史的本质。既生动地展示了两位历史巨人战斗的一生，恰如其分地评价了他们的思想和实践，实事求是地确认了他们的历史地位和作用，又围绕他们的活动，对近代历史的若干方面提出了独创性的见解。

这本书的主编为资深的孙中山、宋庆龄研究专家。他们不仅吸取了最新的研究成果，选录了大量的新资料，而且将自己长期研究的心得和创见融入其中，其严谨的学风和文风在这本书中得到了颇为充分的体现。我想，这也是这本书能够取得成功的一个重要原因。

在融入社会中实现“自我”*
——李文海校长对价值观的答疑

价值观是一个永恒的时代话题。因为社会就是在人们将自我价值物化为社会价值的过程中不断进步和发展的。但是，价值观的内涵又是同时代的变迁相联系的。日前本刊记者带着青年人尤其是大学生关注的一些问题，采访了中国人民大学校长李文海。

记者：您长期做党委书记工作，现在又任校长，请您谈谈对当代大学生人生观、价值观的评价。

李校长：价值观作为上层建筑，要受经济基础的制约。我国改革开放的不断深入和市场经济的发展，为人们才能的施展创造了有利的条件。大学生的效率观念、时间观念、信息观念日益强化，呈现出一种关心国家命运、积极投身改革并奋发进取的精神风貌。他们思想活跃，知识面宽，敢于竞争，勇于开拓，从一定程度上讲，现在的大学生比任何时期的青年都关心自我价值的实现。但是，他们中的一部分人国家观念、整体观念、责任意识却相对淡漠。少数人存在极端个人主义思想，以自我为中心。他们将个人价值与国家利益、集体利益相对立。他们考虑问题的出发点是一切有利于个人的发展，这样的人必然会在实践中碰壁。我们学校对学生政治思想状况做的一次问卷调查显示，实用主义的价值取向仍然在学生中占一定比例。我在教育战线工作时间很长，看到不少青年客观条件很好，但是缺少一种社会责任感，因此极大地影响了聪明才智的发挥。任何社会都不可能满足所有成员的一切要求，自我设计必然会受到各种因素的制约。当自己的愿望得不到满足时，有的人便和集体、

---

* 载《党建》，1998年第5期。

社会、周围的环境、周围的同志发生矛盾，于是牢骚满腹，觉得英雄无用武之地；久而久之，刚参加工作时的那种锐气、那种勃勃雄心便化为乌有。在这时，他们便觉得自我价值受到了社会的压抑，发展下去，便和集体产生了隔膜甚至对立。我想这就是有的人总觉得不得志的主要原因。青年人很喜欢谈论个人价值，希望一生不虚度，渴望自我设计能够得到完满的实现，这很好。但是，他们往往忽略了一个很重要的问题，那就是，自我设计必须和社会发展的脉络相吻合，必须和国家利益、民族利益相一致，必须将自我融入社会。否则，便只能孤芳自赏，自我价值就不能转换为社会价值，就不能成为推动社会前进的物质力量。

记者：有人认为，计划经济讲服从，市场经济讲竞争，因此集体主义的要求和过去相比，是淡化了。您如何看待这个问题？

李校长：市场经济确实提倡公平竞争，但是绝不等于与集体没有关系，更不能我行我素。即使个体，也有一个如何适应社会、适应市场的问题。

我们要建立的市场经济是和现代化大生产相联系的规模经济，它不仅要求人们具有丰富的生产经验、管理才能，而且要求人们具有良好的协调精神、合作精神，尤其要有善于处理复杂的人际关系的能力。现在有许多大学生社会适应能力差，他们往往抱怨环境的复杂，人际关系的掣肘。我们不否认现在确有这方面的问题，但是同在一片阳光下，为什么有的人就能游刃有余呢？这个问题其实没有深奥的道理。记得我曾经这样问过同学：你是喜欢与自私的人交往，还是喜欢与不自私的人交朋友？这一问同学们笑了。所以，在任何情况下都要讲道德，讲为他人、为社会、为集体。

市场经济确实给每个人能力的发挥创造了宽广的驰骋天地，但是它在给个体以充分自由的同时，又要用法律和规范来协调人与人之间以及人与社会之间的关系，以保证市场的有序。所以，认为市场经济不讲服从，这是一种误解。现在社会上的热点很多，我认为，无非两个方面的问题：一是经济领域的问题，一是精神生活中的问题。经济领域的问题，除了发展中的问题以外，精神方面的不健康也是一个重要的原因。

记者：有人认为，现在的经济是知识经济，一个人只要掌握高科技就吃得开，理想信念、集体主义等都无关紧要。发达国家就是靠科技腾飞的。

李校长：不少青年都有这种想法。其实这种认识是片面的。知识经济是指以高技术产业为第一产业支柱，以智力资源为首要依托的可持续发展的经济。它与以往以传统工业为产业支柱的经济相比，知识和科技的作用越来越凸显出来，经济发展中的科技含量高。但是，知识也好、科技也好，都要靠人去掌握，都要求人有为社会服务的良好素质。有的同学觉得人家资本主义国家不讲政治，不提倡集体主义，其实这是一种误解。韩素音到中国来，听到我们有些青年骂自己的国家很不理解。他说，美国的青年人可以骂总统，但绝不能骂美国，美国人的国家观念相当强，甚至强到病态的程度。他们处处都要争第一，不符合美国利益的统统都是错误的，就要干预。这是一种强权政治，是我们反对的。但是，我们可以从中看到，资本主义有资本主义的政治。

任何社会都要讲合作与协调，现代化生产更是如此。日本教育界、企业界提出的人才标准是“有个性的人、有能力的人、能与人合作的人”。任何一个国家、一个集团都要用一定的社会规范来维护正常秩序。江泽民总书记曾经讲，中国这么大，12亿人口，没有凝聚人的东西不行，想来想去是爱国主义。爱国主义首先是一种国家观念。有人认为强调爱国主义、集体主义就会影响个人的发展，这是不对的。这么大的国家，若没有把大家凝聚在一起的精神力量，社会矛盾就会日益尖锐，各利益格局之间的矛盾就会不断增加，力量就会抵消，政局就会不稳定。这几年我们的经济发展比较快，人们的心情也比较舒畅，所以说个人的发展和社会的发展是一致的，是相辅相成的。作为国家要考虑个人的利益，而且要最大限度地满足个人的正当利益，但是个人主义必须反对，个人膨胀更不允许。

记者：中国人民大学是为祖国各条战线，为社会主义建设培养干部的学校，向来重视学生价值观教育，请谈谈您从事这方面工作的经验。

李校长：青年的可塑性很强，要敢于引导，不能一味地捧。历史上从来就有捧杀的教训。另外，要结合大学生的特点，善于引导。我认为，人才的成长和培养中，思想政治素质仍具有决定性的意义。

从党的十四届六中全会以来，中国人民大学开展了一项“21世纪人大人素质工程”活动，其中一项重要内容就是进行人生观教育，效果很好，引起了社会的强烈反响。在这一活动中，我们根据青年赞美英雄、渴望崇高的心理趋向，先后邀请了几十位英雄模范、专家学者、先进人物举办报告会；请“人大”代表访人大；请知名的人大校友返校共话人生。这些活动受到同学们的热烈欢迎。他们从中领悟到“人生的价值在于奉献”不是假大空的高调，而是人们成长的规律，也是大学生的价值追求，是“自然人”与“社会人”的本质区别。

大学生思想敏锐，有强烈的报国之志，但是又往往容易夸夸其谈、好高骛远。针对这一问题，我们在这项活动中注意引导学生走出校门投入实践，创造条件让他们到工厂去、到农村去、到民众中去。团委与海淀区双榆树街道办事处签订了“共建文明社区”的协议，首批200名大学生手持“青年志愿者服务登记卡”奔赴街道的6个居委会，扎扎实实地开展服务活动。在敬老院，在孤残人和军烈属家里，在弱智儿童学校里，在精神文明宣传栏前，都可以看到志愿者的身影。人民大学还发挥自己的专业优势，举办了一些大型的咨询活动，充当居民的法律顾问和“投资指南”。社区的老人打来电话说：“我们感到温暖。”大学生按捺不住激动的心情说：“我们感到了自己的价值。”自我价值和社会价值有机地结合到了一起。一位革命老前辈曾经说过，“青年是祖国的未来，看一个国家或民族的发展趋向，首先是看青年一代怎样地生活成长着”。我们有理由充满信心，祖国的跨世纪必将更加美好，因为青年的社会责任感正逐步加强。

中国人民大学校长李文海教授的开幕式致词*

各位院长、教授，各位来宾，女士们、先生们、朋友们：

在克林顿总统即将访华、揭开中美交流合作新的篇章之际，首届中美著名法学院院长联席会议暨中美法学教育的未来研讨会今天隆重开幕，请允许我代表中国人民大学表示热烈祝贺，并向前来参加会议的耶鲁大学、哈佛大学、斯坦福大学、哥伦比亚大学、密歇根大学、纽约大学、乔治敦大学、纽约市立大学、印第安纳大学等美国大学法学院的院长、教授，向与会的中国人民大学法学院、北京大学法律学系、中国政法大学、武汉大学法学院、吉林大学法学院等 24 所中国院校的校长、院长、教授，向各位中外来宾表示热烈欢迎！

中美著名法学院院长首次联席会议选择在中国人民大学举行，这是我校的极大荣誉。中国人民大学是以哲学、社会科学、人文科学、管理科学为主的综合大学，是中国一所著名的全国性重点大学。中国人民大学建校 60 多年来培养出了几十万高级人才，为国家的建设事业做出了重要贡献。我校一贯积极主张加强国际学术交流与合作，我们同世界上重要国家的著名大学之间较为普遍地建立了合作关系。

这次会议是去年 12 月我校法学院院长、全国高等学校法学学科教学指导委员会主任委员曾宪义教授访美期间与美国总统法治项目特别代表葛维宝教授共同商谈倡议举行的，在中美两国有关方面的共同努力下今天终于如期召开了。这是去年中国国家主席江泽民访美后中美双方开始启动的第一个法律合作交流项目。

---

* 载《法学家》，1998 年第 5 期。

我相信通过此次会议，中美两国著名法学院相互切磋，交流经验，两国法学界亦得以分享对方的最新研究成果。我更希望，通过此次交流，中美两国获得国际法学教育的最新信息和经验，为不断推进中美两国法律法学界的友谊和交流合作，做出更大的贡献。

最后，我预祝会议取得圆满成功！

戊戌百年祭：一个近代化视角的思考*

百年前的戊戌维新运动，以其变革的深刻性及巨大影响，在中国历史上写下了辉煌的一页，也给今人留下了反思历史、总结近代化经验的宝贵素材。

中国历史进入近代，是从1840年鸦片战争开始的。自那以后，随着殖民主义、帝国主义侵略的步步深入，中国逐渐从一个封建国家变成了半殖民地半封建国家。在整个近代社会，中华民族面对着两大历史任务：一是争取民族独立和人民解放，一是实现国家繁荣富强和人民共同富裕。前一任务是为后一任务扫清障碍、创造必要前提的。讲中国的近代化，不能无视或者脱离这两大历史任务。毋宁说，中国近代化的历史进程，正是围绕着这两大历史任务的实现而不断前进的。

从近代化的角度来看待历史，的确可以丰富我们对中国近代史的认识，深化对包括戊戌维新在内的一系列重大历史问题和社会运动的理解。近些年史学界不少成果的取得，与这样一种视角的择取是不无关系的。但是，无论从哪个角度切入，都不应把复杂的历史简单化，不应粗暴地、轻率地对待以往从其他角度认真研究而得出的重要结论。否则，就会混淆历史的是非，掩盖历史的真相。比如，有一种观点认为，洋务运动本来可以使中国走向近代化，可惜康、梁发动的戊戌变法中断了它的发展，使中国丧失了一次走向近代化的机会；清末的新政和预备立宪，在政治经济上大力发展资本主义，又一次提供了使中国走向近代化的难得机遇，可惜辛亥革命爆发，再度中断了这个历史进程，致使中国走向近代化的良机又一次丧失，

---

* 载《文史知识》，1998年第6期。署名：李文海、黄兴涛。

如此等等。在他们那里，戊戌维新和辛亥革命被视作所谓“激进主义”而横遭贬抑。这样一种观点和认识，显然不符合历史实际。

在此，我们且置新政与辛亥革命的关系于不论，只就戊戌维新“中断”了洋务派的近代化运动的说法，做点讨论。这对于我们今天准确地认识戊戌维新运动的历史地位是不无意义的。

洋务运动揭橥“自强求富”的旗帜，奉行“中体西用”的原则，开创了近代外交和新式海陆军，兴办了一些近代企业、学堂，还翻译了一批先进的西学书籍，在近代化的道路上的确迈出了可贵的一步。但由于洋务派自身浓厚的封建性和买办性，其事业受到封建主义的强劲桎梏和外国资本主义的恣意钳制，没有也不可能实现中国富强的近代化目标，相反，国家从总体上说仍然日益走向腐败和腐朽。在洋务企业内，衙门化、官僚化、贪污中饱、任用私人、侵吞商股等现象日益严重和普遍，已成为人们所熟知的史实。早在 19 世纪 80 年代，早期维新思想家王韬等人就对洋务运动的无效乏功提出过严厉的批评，发出了“机器固有局矣，方言固有馆矣，遣发子弟固往美洲攻西学矣，行阵用兵固熟练洋枪矣，而何以萎靡不振者仍如故也”① 的沉重嗟叹。甲午战争爆发后，洋务运动的各种弊端更是暴露无遗，战争的惨败最终在事实上宣告了这一运动无可挽回的破产。连洋务运动的总设计师李鸿章本人，战后也无可奈何地自嘲说：“我办了一辈子的事，练兵也，海军也，都是纸糊的老虎。何尝能实在放手办理？不过勉强涂饰，虚有其表，不揭破犹可敷衍一时……必欲爽手扯破……自然真相败露，不可收拾。”② 由此可见，并不是什么戊戌维新中断了洋务派的近代化改革，而恰恰是洋务运动舍本逐末的近代化改革再也“化”不下去了，才不得不被继起的维新运动所取代。历史的逻辑和事实就是这样统一起来的。

但是，戊戌维新绝不是简单地否定洋务运动。它所否定的只是前者仅仅满足于器物层面枝枝节节的改革方案，而不是其近代化努力本身。换言之，它对于前者的近代化建设乃是一种积极的扬弃、

① 王韬：《弢园文录外编》，59 页，沈阳，辽宁人民出版社，1994。
② 《中日甲午战争》，500 页。

超越，而并非消极的中止。对此，我们既可以从百日维新所实行的种种近代化措施，如修建铁路、开采矿产、发展实业、提倡出国游学等思想实践中，看到二者之间前后相接的承续关系，更可以通过维新派对洋务运动的认识和批评来加深对这一问题之实质的了解。

在戊戌时期及稍后维新派人士所写的各种文字中，我们不难看到，维新派对于洋务运动不仅没有一概骂倒、全盘否定，反而坦承自己的西学新知最初均来源于洋务机构所译的西书，时常称赞郭嵩焘、曾纪泽等洋务派在学习西方过程中所起过的历史作用。即便在他们对洋务运动进行严厉批判的时候，也是如此。[①] 对洋务运动的评价，他们甚至还显示出某种可贵的历史感，用谭嗣同的话来说："惩末流之失，遂谓创始者之非，何异因噎废食、惩羹吹齑乎！"[②] 在梁启超那里，此种历史感表现得还要明晰些。他在《戊戌政变记》里，将中国此前学习西方、推进变法的历史行程分为四个前后相接的阶段，即自鸦片战争以后的20年为第一阶段，同治初到中法战争的20年为第二阶段，中法战争到甲午战争的10年为第三阶段，此后为第四阶段。第一阶段为"变法之萌芽"；第二阶段乃"变法"的"筚路开山"期；第三阶段为继续引进"西法"期，只是所引进的，仍"不过称其船坚炮利制造精奇而已，所采用者，不过炮械军兵而已，无人知有学者，更无人知有政者"；甲午战争，朝野乃知旧法根本不足恃，终于迎来全面真正变法的崭新阶段，此时，"天下人士咸知变法，风气大开矣"。

在这段叙述中，洋务运动被明确地看作学习西方、变革中国过程中的两个阶段，其"筚路开山"的历史地位也得到肯定，一定程度上等于承认了洋务运动对于自己从事的维新事业的先驱作用。当然，所有这一切又都是有条件的。当问题被从历史拉回到现实的时候，基于强烈的时代使命感，他们便不得不以明敏的洞察、尖锐的言辞，毫不含糊地痛陈洋务变革的致命缺陷及其无法避免的失败结局，致力于开创中国近代化改革的新局面。

---

① 参见梁启超：《南学会叙》；谭嗣同：《浏阳兴算记》。

② 《谭嗣同全集》（上），增订本，158页，北京，中华书局，1981。

在维新派看来，洋务运动之所以走入穷途末路，根本原因就在于只知学习西方的船坚炮利，满足于开矿修路、练军整商，而不触动旧的政治、社会和教育体制，“风雨杂沓，衿缨鳞萃”（唐才常语），“不变本原，而变枝叶；不变全体，而变一端”（梁启超语），如此“少变而不全变，举其一而不改其二，连类并败，必至无功”（康有为语）。这种认识和批评应当说是基本正确、抓住了症结的。正是基于此种共识，维新派才掀起了波澜壮阔的戊戌维新运动，把中国的近代化实践推进到一个前所未有的广度和深度。

戊戌维新对于中国近代化的贡献，表现在许多方面：对政治民主化的大胆追求和改变封建政治体制的公开宣传，可以说正式揭开了中国政治近代化的序幕；废除八股、变革科举，大力兴办各类学堂，广设新式报刊，建立学会等，则极大地推进了文化教育近代化的行程；奖励工商，设立农工商总局，鼓吹建立近代信用、货币制度，主张“以工立国”即变农业国为工业国等，成为经济近代化的触发良剂；努力传播进化论、自由平等、“合群”等社会政治学说，乃至抨击三纲五常，反对缠足、提倡讲究时间观念（如湖南“延年会”），则属于价值观念和社会习俗近代化的重要内容，对这一时期及其后近代化的全方位演进，起到了不容忽视的导引作用。此外，戊戌维新还直接促成了初步具有资产阶级政治理想和文化教养的近代知识分子群的诞生，从而为日后中国的近代化提供了极为重要的中坚阶层和领导群体。

不用说，仅仅通过上述这样一种概括，还不足以充分认识和评价戊戌维新对于中国近代化的作用，因为作为一次空前的思想运动和社会启蒙，维新派的许多活动与变法措施所产生的巨大而深刻、具体而生动、连锁而持久的影响，必须从社会生活的角度去认知才能得到真切的了解和说明。比如，学会组织的广泛成立和活动，就是中国人社会政治生活中的一个极有意义的变化。漫长的中国封建社会，一向将集会结社“悬为厉禁”，集众议政已属大逆不道，何况还要形成组织。与此相应，统治阶级在意识形态上也极力宣扬“君子不党”之类的胡说。长期以来，人们在不知不觉中形成了这样一种思想观念："朋党"总是与"奸人"联系在一起，"结党"总是与"营私"联系在一起。面对这种几千年来被视为天经地义的陈腐观念，维新派进行了勇敢而自觉的挑战。他们有力地论证，集会结社可以"破旧例愚民抑遏之风，开维新聚众讲求之业"，是"智民而利国"的大好事。在他们的努力下，这种初具政治性的组织终于合法化。一时间，"学会之风遍天下"，出现了"学会如林"的局面。这对中国政治和社会近代化的意义，恐怕迄今尚未得到人们充分的认识。虽然，戊戌政变后，清廷发布了"禁立会社"的诏谕，但报纸上宣传救国必须立会结党的议论仍未绝迹，新的学会组织也仍在不断出现。此类组织实际成为日后各种资产阶级政党组织的先导。

与此相关，维新派争得士人上书言事、开报馆议论时政的权利，以此锻铸传播新政治意识的工具，在当时社会中也都引起了强烈的震动，发挥了不容忽视的近代化社会动员功能，影响深远。以往，人们从探讨戊戌维新缺失的角度，较多地强调了运动"自上而下"的改革走向，这种批评自然有一定的道理，但如果强调过分，则难免发生偏差。实际上，维新派人士在企图通过最高统治者"变成法"的同时，也从未放弃自下而上的努力。兴学会、开报馆等，就是此种努力的体现。梁启超在回忆保国会创办的动机时明确说明："康有为既上书求变法于上，复思开会振士气于下"①；另一著名维新人士王照也回忆说："及丁酉冬，康有为入都，倡为不变于上而变于下之说。其所谓变于下者，即立会之谓也。"② 由此可见一斑。

另一个有助于透视维新运动在社会近代化方面不朽之功的，是八股取士制度的废除。它在当时同样引起了强烈的社会震动效果。"一时缙绅士庶，田夫市侩，以及识字妇女，学语小儿，莫不交口而訾曰：八股无用，八股无用。"③ 由此，成千上万的封建士子不得不"舍其兔园册子、帖括讲章，而争讲万国之故，及各种新学……虽仅

---

① 梁启超：《戊戌政变记》，见《梁启超全集》，第1册，216页，北京，北京出版社，1999。

② 《中国近代史资料丛刊·戊戌变法》(四)，331页。

③ 《八股辨》，载《申报》，1898年6月19日。

数月，八股旋复，而耳目既开，民智骤进，自有不甘于谬陋者，旧藩顿决，泉涌涛奔，非复如昔日之可以掩闭抑遏矣”①。的确，人类已经获得的东西是不会轻易失去的，当我们高度评价 1905 年科举制度最终被废除时，绝不应忘记戊戌维新时代这一步非同小可的跨进。

近代化是一个具体的历史的行程。不同的国家、民族，由于文化背景和国情不同，所走的近代化道路也不尽相同。在“后发外生”型近代化国家，其近代化的启动会较多地受到外来因素的影响，包括资本–帝国主义侵略的客观刺激。但与此同时，后者也必然给这些民族和国家带来深重灾难，使得民族解放和国家独立成为其近代化实践中必不可少的重要组成部分，并构成其实现经济工业化和政治民主化的首要前提。不仅如此，追求民族独立、挽救民族危亡，还历史地成为中国迈向近代化最为强大的精神动力。戊戌维新志士正是高举“救亡图存”和“变法维新”两面旗帜，走上历史舞台，表演出其改革运动的雄壮活剧的。在这里，救亡与改革是两相统一、互相促进、互为前提的关系。唯有“救亡”的大旗，才得以广泛地团结各阶层人士，将其引入“变法”的洪流；也唯有“救亡”激情的推动，才得以使人们生发无穷的勇气，义无反顾地去冲决封建专制政治和文化网罗，从而加快近代化的行程。百年后的今天，在总结历史经验的时候，我们固然应该指出维新志士在百日维新期间因缺乏政治历练而造成的某些失误，但却没有理由指责他们致力于社会政治近代化的努力是头脑发热，更没有理由将戊戌政变的爆发及其后几年顽固势力的掌权等统统归结为维新运动的罪过。否则，实在是很不公平。

---

① 梁启超：《戊戌政变记》，见《梁启超全集》，第 1 册，193 页。

《走向新时代——纪念中共十一届三中全会20年暨中国人民大学复校20年论文集》序言*

20年，用历史的眼光来看，只不过是短暂的一瞬。但是，刚刚过去的20年，却在中国这块广袤的大地上，在社会生活的各个方面，包括生活在这块土地上的人们的思想观念和精神状态，发生了如此盛大而深刻的变化。这不能不说是中国发展史上的一个奇迹，是世界社会主义运动历史上的崭新篇章。

这一切，都是从1978年12月召开的党的十一届三中全会开始的。

党的十一届三中全会，是一个英勇的历史跨越，是一次伟大的历史转折，它吹响了改革开放的号角，揭开了走向历史新时期的帷幕。

20年前，一场创深痛剧的民族浩劫才过去不久。我们的国家、我们的党、我们的社会主义事业，正处在存亡绝续的紧急关头。“中国向何处去?”这个在近现代史上曾不止一次提出过的老问题，又在特定的历史条件下重新摆到了中国人民的面前。正是十一届三中全会，对这个问题做出了鲜明的回答。这次全会的《公报》明确指出：“全党工作的重点应该从一九七九年转移到社会主义现代化建设上来。”“只有全党同志和全国人民在马列主义、毛泽东思想的指导下，解放思想，努力研究新情况新事物新问题，坚持实事求是、一切从实际出发、理论联系实际的原则，我们党才能顺利地实现工作中心的转变，才能正确解决实现四个现代化的具体道路、方针、方法和

---

* 《走向新时代——纪念中共十一届三中全会20年暨中国人民大学复校20年论文集》，北京，中国人民大学出版社，1998。

措施，正确改革同生产力迅速发展不相适应的生产关系和上层建筑。”这次会议，实现了全党全国工作重心由“以阶级斗争为纲”到“社会主义现代化建设”的转移，彻底挣脱了“两个凡是”的思想枷锁，重新确立了我们党正确的政治路线和思想路线。

正是在党的十一届三中全会所开辟的道路上，以邓小平同志为代表的中国共产党人，总结我国社会主义胜利和挫折的历史经验并借鉴其他社会主义国家兴衰成败的历史经验，逐步形成了作为毛泽东思想的继承和发展的、把马克思主义同当代中国实践和时代特征结合起来的邓小平理论，制定了“以经济建设为中心，坚持四项基本原则，坚持改革开放”的党的基本路线，并在基本理论和基本路线的指引下，带领全国人民，意气风发地沿着有中国特色社会主义的道路阔步前进，取得了经济发展和社会全面进步的举世瞩目的成就。

如果把最近20年的历史发展，放到即将过去的20世纪的百年历程中去审视，党的十一届三中全会的重大意义就会显示得更加清晰。

江泽民同志在十五大报告中指出：“鸦片战争后，中国成为半殖民地半封建国家。中华民族面对着两大历史任务：一个是求得民族独立和人民解放；一个是实现国家繁荣富强和人民共同富裕。前一任务是为后一任务扫清障碍，创造必要的前提。”20世纪对于中国和中国人民来说，可以说是探索的世纪、变革的世纪、发展的世纪，而所有的探索、变革、发展，都是紧紧围绕着上述两大历史任务进行的。大体说来，20世纪的前半个世纪，经过艰难的探索，无数志士仁人前赴后继地英勇斗争，实现了两次历史性的巨大变革，终于完成了头一个历史任务，取得了民族独立和人民解放的伟大胜利。20世纪的后半个世纪，中国共产党带领解放了的中国人民，不停顿地为实现国家繁荣富强和人民共同富裕即后一个历史任务而奋斗。这是一个更为艰巨、更为复杂的任务。在探索的过程中，在变革的过程中，在追求发展的过程中，我们有过胜利也有过失败，有过成功也有过挫折。如果没有以党的十一届三中全会为契机的、以“改革开放，为实现社会主义现代化而奋斗”为内容的20世纪第三次历史性的巨大变化，那么我们就不可能成功地走出一条建设有中国特色社会主义的新道路，也就不可能在新世纪到来的时候，如此坚定地朝着国家繁荣富强和人民共同富裕的伟大目标迈进。

对于中国人民大学的师生员工来说，今年是值得双重庆贺和纪念的一年，因为今年也是我们学校复校20周年。这并不是偶然的巧合。中国人民大学的正式成立，基本上是与中华人民共和国的诞生同时的；经过“文化大革命”被迫停办后，中国人民大学的复校又恰好与历史新时期的开始同步。这充分说明，我们学校的命运，同我们国家的命运，同我们党的命运，是紧密联系在一起的。在党的十一届三中全会召开前正好三个月，邓小平同志在一次讲话中指出：“人民大学是要办的，主要培养财贸、经济管理干部和马列主义理论工作者。”① 这个讲话，不但使中国人民大学的复校得以成为现实，而且为复校后中国人民大学的发展指明了方向。20年来，我们学校就是顺应着改革开放的历史潮流，遵照小平同志的指示，一步一步地走过来的。

20年的历史性转变，如此生动，如此深刻，如此丰富，为哲学社会科学工作者提供了发挥自己聪明才智的广阔天地。作为一所以社会科学、人文科学、经济和管理科学为主的综合性大学，我们特地邀请我校一部分资深的学术前辈和中青年学术骨干撰写了一批科学论文，来讨论当今学术前沿的某些理论问题和现实中提出的重大问题，以此作为对党的十一届三中全会20年和中国人民大学复校20年的纪念。

① 《邓小平文选》，2版，第2卷，69页。

我国社会主义高等教育事业的开拓者*

——纪念吴玉章同志诞辰120周年

在中国人民大学的老校长吴玉章同志诞辰120周年的时候，我校全体师生员工，对这位杰出的无产阶级革命家、教育家、历史学家和语言文字学家，中国人民大学的缔造者，充溢着崇敬缅怀之情。

吴玉章同志不但是一位杰出的无产阶级革命家，而且是一位以毕生精力为我们党的教育事业辛勤耕耘的著名教育家。吴老从1912年倡导和组织留法勤工俭学会之时，就开始了改造旧教育、创造新教育的探索。中华人民共和国成立之前，吴老先后担任过成都高等师范学校校长、延安鲁迅艺术文学院院长、延安大学校长和华北大学校长等职。中华人民共和国成立以后，吴老又将主要精力投入到中国人民大学的创建和发展上。他在担任中国人民大学校长的17年间，为中国人民大学的诞生、成长、壮大奉献了宝贵的精力和才智。可以说，没有吴老的努力，就没有中国人民大学；没有吴老的努力，就没有中国人民大学的今天。

吴老在主持中国人民大学的工作中，坚定不移地贯彻执行党的教育方针，认真发扬我党教育工作的革命传统，不断总结办学经验，深入探索并创造性地提出了一整套适合我国革命和建设需要的教育理论与教学方法。他丰富而深邃的教育思想，是我国无产阶级教育思想和理论的重要组成部分，是我们党的宝贵精神财富，至今仍然有着极强的现实生命力。缅怀吴老的革命业绩，学习吴老的教育思想，对于高等教育的改革与发展，对于培养更多的献

---

* 载《爱国重教　务实求真——纪念吴玉章同志诞辰一百二十周年》，成都，四川大学出版社，1998。

身有中国特色社会主义事业的建设者和接班人，有着十分重要的现实意义。

一

中国人民大学，是中华人民共和国成立后由我党亲手创立的第一所正规的新型社会主义大学，它是为中国革命和建设的需要而建立的。人大创办之初，吴老就强调要用马列主义、毛泽东思想来指导办学，努力把中国人民大学建设成马列主义、毛泽东思想教学和研究的坚强阵地，重视加强教师和学生的政治理论素养。

1950 年 5 月，吴老在《人民大学校刊》发刊词中指出："中国人民大学的任务是培养新中国的建设干部。这些干部要学会能够建立新的经济制度，能够管理新的国家。"这些干部"第一，要把思想弄清楚，洗清不正确的腐旧的思想，以马列主义的知识武装起来。就是说，要懂得社会发展的规律，要建立辩证唯物主义和历史唯物主义的宇宙观和人生观，要认识新民主主义革命的新任务"。同年 10 月 3 日，吴老在中国人民大学开学典礼大会上再一次明确提出，中国人民大学培养的干部是"精通先进科学技术，为科学社会主义，即马列主义知识和毛泽东思想所武装，与各种具体业务相结合，并决心保卫人民民主主义祖国，忠诚于新民主主义建设而将来准备为共产主义奋斗的干部"，必须"以马恩列斯的学说和毛泽东思想来进行学生的政治思想教育"。这样，新建立的中国人民大学率先开设了一系列马列主义、毛泽东思想的政治理论课，并在各门课程的教学中贯彻以马列主义、毛泽东思想为指导的原则。

为了保证对学生的政治理论教育，吴老十分重视加强与提高学校教师和干部的政治理论水平。只有教师、干部的政治理论水平提高了，学生的政治理论水平才有可能提高。中国人民大学创办之初，吴老就着手抓了教师和干部的理论培训工作，创办了马列主义夜大学和马列主义夜校。夜大学为两年毕业，夜校为一年毕业，主要进行马列主义、毛泽东思想基本原理的培训学习。第一期马列主义夜大学和马列主义夜校于 1950 年 9 月 19 日开学，共招收夜大学学员 600 多人、夜校学员 700 多人。经过培训，学员们对马克思主义政治理论的掌握更加系统化了，理解更为深入了，教师和干部的整体理论水平大为提高。

但是，吴老并不赞成教条主义地对待马列主义、毛泽东思想。他一贯主张，学习马列主义“并不仅仅是熟读这些导师的著作，最主要的是掌握运用马列主义的立场、观点和方法去发现问题，提出问题，分析问题，解决问题”。吴老在与教师、学生的座谈中，常常告诫师生切不可把马列主义、毛泽东思想简单化、庸俗化，他指出：“马列主义是真理，但不可能把一切事物事先都具体地规定出来，要从实践中得出规律，不合规律就要失败，从失败中得到教训，使之合乎规律，才能得到成功。”还说：“毛泽东思想是贯穿我们教学和科学研究中的一根主线，但它不能代替具体的经济学、历史学、语言学和文艺理论。”他要求的是“用马列主义、毛泽东思想武装起来的，掌握最新科学成就的专家”，要研究如何把马列主义、毛泽东思想的指导同各门学科的教学实践、同新中国建设的实践结合起来。在吴老的以身作则和大力倡导下，中国人民大学从一开始就建立了一整套注重理论与实际相结合的教育方针和教学制度，它成为中国人民大学优良传统和校风的重要组成部分。

几十年过去了，在新的历史时期，我国社会主义现代化建设的理论与实际都有了很大的发展。在继承和发展毛泽东思想的基础上，形成了把马克思主义同当代中国实践和时代特征结合起来的邓小平理论。在邓小平理论的正确指引下，社会主义在中国显示出蓬勃生机和活力，改革开放和现代化建设取得了举世瞩目的成就。吴老关于加强马列主义、毛泽东思想教育，注重理论与实践相结合的思想，仍然能给予我们今天的教育实践重要的启迪。重温吴老的教诲，对我们用马克思列宁主义、毛泽东思想和邓小平理论来指导办学，深入贯彻党的教育方针仍然大有裨益。

二

教育的本质是对人的培养。高校的根本任务是培养社会需要的人才。但旧中国的大学普遍存在着教育与社会需要相脱节、学习书本知识与实践相脱节的问题。中国人民大学如何避免这种弊病，根据革命和建设的实际需要来培养人才，就成为吴老经常考虑的又一个重要问题。

首先，吴老为中国人民大学确立了一个鲜明的办学指导思想，这就是根据新中国建设的需要来设置系科、专业，制订教学计划和安排课程。在人大筹建过程中，吴老明确指出："中国人民大学的任务是培养新中国的各种建设人才。"1950年3月，吴老在一次学生大会上发表讲话，又指出："由于中国革命的伟大胜利，迫切需要各种建设人才，从事经济、政治、文化各种建设，所以中央人民政府决定成立中国人民大学，培养新型知识分子，为新中国的建设服务。"同年10月，中国人民大学举行开学典礼，吴老详细提出了如何培养新中国的各种建设人才的具体规划和做法：系科设置，本科专修科所设的各类专业，大多是新中国经济、政治、文化建设所急需的；教学方法，强调"理论联系实际，使生产经验与科学相结合"；教材建设，强调"创造具有现代科学水平与高度思想水平的教材与参考书"；教学内容，既强调对学生进行马列主义、毛泽东思想的理论教育，又强调用科学上的最新成就来武装学生，以培养德才兼备的新中国建设人才。这样，中国人民大学从建校之初就建立了既有本科、专修科、研究生班，又有夜大学、函授部、文化补习班的多种学制、多种层次、多种形式的办学体制。后来一度开设的工农预科和工农速成中学，又为提高大批有实践经历的工农学员的文化水平提供了成功经验。

吴老在考虑中国人民大学的系科设置时，十分强调财经、管理专业所占的比重。吴老清醒地看到，随着解放战争在全国的胜利，经济建设将成为我们党和政府工作的重心，新中国最急需的是经济建设人才。因此，当时的财经和管理学科，在中国人民大学学科专业中占有很大比重。中国人民大学为新中国社会主义的经济、管理学科的高等教育的建立和发展奠定了基础。

吴老不但强调中国人民大学办学必须主动适应新中国经济建设的需要，而且反复强调要在教学和科研工作中提倡理论联系实际的学风，在学习苏联经验时要与中国实际相结合。1953 年 9 月，吴老在总结中国人民大学 3 年来的工作经验时指出："我们在领导思想上不但是强调系统地学习苏联先进的经验，而且还强调系统地和密切地注意中国各方面的实际问题，并从实际出发来规定我们的教学计划、教学内容以及各种教学制度等。"吴老为了帮助学生更好地了解实际，积极鼓励各系科和政府有关业务部门、工矿企业建立固定的联系，学校有计划地组织师生走出校门参加社会实践，同时聘请有关业务部门负责人到校做报告。正是在吴老的倡导和鼓励下，这种学校与业务部门挂钩的做法成为中国人民大学的一项制度得以坚持和发扬。这对提高学校教学质量，锻炼学生的实际工作能力，都起到了很好的作用。

中华人民共和国成立之初，对建设人才的需求是大量的，仅靠国家办的几十所高等院校是难以胜任的。为此，吴老又率先倡导开展高等函授教育，提出中国人民大学应该把正规办学和校外办学结合起来，并率先创办了面向全国的高等函授教育。中国人民大学从 1951 年开始函授教育的筹备工作，1952 年 1 月初开始在北京、天津、太原等城市进行了函授专修科的招生，1956 年又创办了 5 年制的函授本科，并逐步发展为函授学院，将教学点扩展到全国各地。到 1966 年吴老逝世时为止，中国人民大学函授教育培养的各类学员共计 19 087 人，函授教育成为高等教育的重要一翼，为国家经济建设做出了重大贡献。中国人民大学在全国创办的函授教育规模之大，人数之多，是中华人民共和国教育史上的一个创举。这同吴老的名字是分不开的。

党的十一届三中全会以来，随着党和国家的工作重心转移到经济建设上来，随着改革开放步伐的加快，我国高等教育也必须进行深刻的变革。江泽民同志在党的十五大报告中指出："发展教育和科学，是文化建设的基础工程。培养同现代化要求相适应的数以亿计高素质的劳动者和数以千万计的专门人才，发挥我国巨大人力资源的优势，关系二十一世纪社会主义事业的全局。要切实把教育摆在优先发展的战略地位。"重新学习吴老关于培养中国的各种建设人才的办学思想，对我们确立教育要适应社会主义市场经济发展和社会全面进步的需要的观念，进一步加快高等教育的改革，加快造就和培养更多的"四有"新人，具有新的意义。

三

吴老十分重视教师的地位和作用，认为建设一支政治坚定、业务精通的教师队伍是办好中国人民大学的关键。1955年9月，吴老在纪念中国人民大学成立5周年大会上的讲话中指出："现在学校面临的中心问题是教育质量问题"，"但提高教育质量的中心关键还在于提高教员质量。在学校里，教员直接把知识传授给学生，并对学生的思想品德给予影响"。名师出高徒，没有德才兼备的教员，就难以培养出德才兼备的学生。吴老对教师的工作给予高度评价，多次指出，教师是马列主义、毛泽东思想的宣传者和先进科学文化知识的传播者，是人类灵魂的工程师，他们为新中国担负着光荣而艰巨的任务。1952年9月，吴老在中国教育工会全国委员会第四次全体会议的开幕词中说："我们教育工作者应该宣传教育人们，推动社会进步，不能坐而等待，要催促这个时代，领导这个时代前进。……我们先进的要教育后进的，特别是教育全国青年，因此，教育工作的任务不亚于产业工人。科学的进步离不开文化，有了文化才能更好地掌握科学，教育工作有着伟大的任务。"他还说："教育工作者是先进的，是教育工作中最重要的力量。"1953年5月，他在中国工会第八次全国代表大会上的发言中指出："新中国人民教育工作者的社会地位大大提高了，受到了人民政府的尊重和人民的敬爱。人民教师，这是我们新社会的一个光荣称号。”在《为了国家建设，教育工作必须加强学习，提高工作质量》一文中，吴老进一步指出了教师在教育事业中的地位和作用。他说：“在教育建设事业当中，我们教育工作者们、各级学校的教师占着一个特别重要的地位，因为我们正是这个建设任务的直接担任者，正是国家教育政策的具体实行者。”没有广大教师的辛勤工作，就没有新中国教育事业的发展。中国人民大学创办之初，教师奇缺，吴老强调要加紧培养青年教师队伍。按照吴老的指示，学校抽调了大批青年充实到各个教研室，并对之进行业务培训。经过多年的努力，中国人民大学建立起一支政治上坚定、业务上过硬的教师队伍，成为办好中国人民大学的重要保证。

吴老对教师的要求是极为严格的。他特别重视教师思想、业务水平的培养与提高。他说：“我们是人类灵魂的工程师，我们要掌握正确的思想理论，指出正确的方面，要有正确的世界观和人生观，才能做人民的教师。”人民教师首先必须认真学习马列主义、毛泽东思想，并用马列主义、毛泽东思想武装自己的头脑，这样才能担当人民教师的职责。吴老在 1952 年 7 月 1 日写的《人民教师必须学习马列主义、毛泽东思想》一文中指出：“只有积极学习马克思列宁主义，学习毛泽东思想，下决心彻底改造自己，逐渐使自己成为马克思主义者，方不愧为一个好的人民教师。”他常常对教师说：“为了教育别人，教师自己首先应该是德才兼备的人。”“不但要有专门业务和教育科学的知识，而且要锻炼自己的思想品质，提高政治觉悟。”

在提高教师思想理论水平的同时，吴老要求教师努力钻研和力求精通科学知识，提高教学水平。吴老指出：“对于教员来说，则应当把提高科学水平当作自己的严重的政治任务来看待，下定决心来补习自己不足的知识，刻苦钻研科学，丝毫也不要松懈自己在科学的道路上前进的意志。”“高等学校的教员岗位就是科学岗位，我们的每个教员都必须毫无例外地努力争取成为科学干部。”因此，广大教师必须认真学习科学文化知识，力求成为德才兼备的教员，实现政治修养和业务修养的统一。吴老一再强调，只有教员的政治素质和业务素质提高了，教育质量的提高才有了基本的保证。

吴老关心教师、爱护教师，经常深入教职工的宿舍、食堂，与教职工座谈，了解教职工生活上的困难。那时，教职工的工作和生活条件还很艰苦。吴老常说，我们办学校，要发扬延安精神，要提倡艰苦奋斗，但也要尽力创造条件，改善教职工的生活待遇，使他们有充沛的精力和健康的身体去完成学校的各项工作。吴老见到教师，总是面带慈祥的微笑，令人感到温暖。

吴老对教师的关心和爱护，更重要地表现在政治上对教师的信赖和关怀。20世纪五六十年代，政治运动接连不断，中国人民大学的许多教师受到了不同程度的冲击。在十分艰难的环境中，吴老努力执行党的知识分子政策，想方设法保护了一大批教师。吴老一直把教师看成工人阶级的一部分，看成党和国家的宝贵财富。他说："我们教育工作者是社会主义建设中的一支劳动大军——脑力劳动者，是光荣的工人阶级的一部分。"在历次政治运动中，吴老总是尽力抵制"左"的做法，反对斗争扩大化，主张重在教育。在1960年8月下旬学校召开的一次批判教师的会议上，吴老整整听了半天，会后用沉重的语气说："不能这样批判同志嘛！这样继续批判下去，把我们学校大批的骨干教师都批判了，挫伤了他们的积极性，中国人民大学以后还要不要办？"在"文化大革命"的高潮中，吴老对一些教师和广大干部无端遭到错误批判极为愤慨，他不顾年老体衰，尽最大努力来保护他们，直到他1966年12月病逝。

吴老一生忠诚党的教育事业，为中国人民大学的建设和发展付出了全部心血，他的品格和作风使曾在人大工作学习的人终生难忘，他创造的业绩在中华人民共和国教育史上留下了光辉的一页。

百年大计，教育为本。当今世界政治风云变幻，经济舞台五彩纷呈，科学技术发展迅猛，知识经济已见端倪，国际竞争日趋激烈。然而，世界范围内各个领域的竞争乃至综合国力的竞争，归根到底是人才的竞争。中华民族要在即将到来的21世纪取得科学技术发展上的优势，在激烈的国际竞争中立于不败之地，关键在于教育。发展教育事业、加快人才培养已成为实现我国现代化的根本大计。改革开放20年来，我国的教育事业得到了迅速发展，教育改革逐步展开，教育工作取得了显著成绩，提高了国民素质，培养了大量人才，对国家的经济建设、科技进步和社会发展做出了重大贡献。与此同时，我们必须清醒地看到，我国教育事业的发展还不适应现代化建设的需要，教育改革还滞后于建立社会主义市场经济体制的要求，教育优先发展的战略地位在实际工作中还没有完全落实。这对我国实现社会主义现代化是十分不利的。在我们这样一个有12亿人口、资源相对不足、经济文化比较落后的国家，要实现社会主义现代化建设的宏伟目标，具有决定性意义的一条就是，把经济建设转到依靠科技进步和提高劳动者素质的轨道上来，全面落实科教兴国战略，努力提高全民族的思想道德和科学文化水平。这一任务极其艰巨，需要全党高度重视，需要全社会的大力支持，需要教育工作者的辛勤努力。正是在这个意义上，我们今天认真总结吴老创办中国人民大学的经验，学习吴老重视教育、献身教育的精神，就显得尤为重要。

中国近代灾荒与社会稳定*

自然灾害是全人类的共同大敌。人类一直在同各种自然灾害的顽强斗争中艰难地发展着自己。中国地域辽阔，地理条件和气候条件都十分复杂，自古以来就是一个多灾的国家。一直到今天，自然灾害仍然在很大程度上成为经济发展和社会进步的一个重大障碍。不过，在中华人民共和国成立前的百余年间，也就是从1840年鸦片战争到1949年中华人民共和国成立的中国近代历史时期，封建统治日趋腐败，帝国主义肆意掠夺，社会动荡，经济凋敝，使本来就十分薄弱的防灾抗灾能力更加萎缩，自然灾害的发生频率和破坏程度，不要说比现在严重百倍，就是在历史上也是罕见的。如果说一部“二十四史”，几乎同时也是一部中国灾荒史，那么，一部中国近代史，也正是中国历史上灾荒最为频繁、最为严重的一段历史。毫无疑问，这样一种频繁而严重的灾荒，必然会给广大的人民群众带来深重的劫难，并对我国近代的经济、政治以及社会生活的各个方面产生巨大而深刻的影响。因此，了解和研究中国近代灾荒史，不仅可以使我们更深入、更具体地观察近代社会，更全面、更深刻地体验我们这个民族曾经遭受过的是怎样一种巨大的苦难，而且可以从对近代灾荒状况的总体了解中得到有益于今天加强灾害对策研究的借鉴和启示。

一、连年不断的大面积灾荒

一旦接触到大量的有关灾荒的历史资料，我们就不能不被近代

---

* 载《中外历史八人谈》，北京，中共中央党校出版社，1998。

中国灾荒之频繁、灾区之广大及灾情之严重所震惊。处于淮河流域的安徽省凤阳县，在旧中国流传着一首催人泪下的民谣，其中几句是说那个地方“三年水淹三年旱，三年蝗虫闹灾殃”，“十年倒有九年荒”。这确实是当地实际情况的真实写照。而且，绝不是凤阳一隅如此，它完全可以被看作旧中国灾荒状况的一个小小的缩影。

就拿水灾来说，这是带给人们苦难最深重、对社会经济破坏最巨大的灾种之一。一些重要的江、河、湖、海的周围，几乎连年都要受到江水海潮的侵袭。黄河是中华文明的发祥地，素有“母亲河”之称，但它也是历史上决口泛滥最多、祸害最大的一条河流。据统计，在中国最后一个封建王朝——清朝建立后的200年间（1644—1844），黄河共决口364次。进入近代，百余年间，几乎“无岁不溃”。事实上就在近代历史开端的鸦片战争期间，就发生了连续3年的大决口，祸及河南、安徽、江苏以及山东、湖北、江西等省，给当时已经剧烈动荡的社会带来了更大的震颤和不安。到了1855年（咸丰五年），黄河又发生了离现在最近的一次大改道，也是自公元前602年以来的第26次大改道，给黄河流域带来了巨大的变迁和灾难。自此以后，河患更是变本加厉。从1882年到1890年，黄河即曾连续9年发生漫决，其中1888年虽无新的决口，但上年在河南郑州被冲塌的口门全年未曾合龙，也就是说，这9年间，滔滔的黄水始终浸淹着黄河下游数省的广大田地。民国以后，黄河水患愈演愈烈，短短的38年间，共决口107次，平均差不多一年发生3次决口。每一次决口，都要淹没大片的土地，冲毁无数的房屋村镇，使大量人口牲畜惨遭灭顶。1933年8月，黄河中游发生了20世纪30多年以来最大的一次河患，陕西、山西、河南、河北等省河堤连决数十口，灾区遍及华北6省并波及苏北地区，据不完全统计，受灾面积达8 600平方公里，毁屋169万间，灾民364万余人。至于1938年那场人为制造的惨绝人寰的黄河花园口决口，更使滚滚浊流由豫东泻入皖北、苏北的淮河流域，漫淹3省44县市，淹没农田1 993.4万余亩，受灾人口1 250余万；而且，由于受当时的政治背景和军事环境的影响，此次决口直至1947年3月始经堵筑合龙。无情的洪流，一连9年狂奔飞泻，豫皖苏泛区的广大民众遭受着前所未有的洪波浩劫。

我国的第一大河长江，全长5 800公里，流域面积达180多万平方公里，两岸特别是中下游地区，历来是我国的重要产粮区。尽管由于上游两岸山岩矗立，宜昌以东进入广阔的平原地区后，水流比较平缓，加之有许多湖泊调节水量，所以较之黄河来说，造成的水患要小得多，但只要翻一翻长江流域的水文记录，则不难发现近代以来的长江水灾要远比过去严重。据统计，在1583年（万历十一年）到1840年的两个半世纪内，长江流域发生大水灾两次，而在1841—1949年的一百多年间，竟发生大水灾9次，超过了同一时期黄河重大灾害性洪水的次数。早在鸦片战争前后，以经世务实而著称的思想家魏源就以其敏锐的眼光注意到了这一严峻的事实，指出"历代以来，有河患无江患"，但数十年来，长江却"告灾不辍，大湖南北，漂田舍，浸城市，请赈缓征无虚岁，几与河防同患"。也就是说，长江几乎已经变成中国的第二条黄河了。

位于长江、黄河两大流域之间，流经湖北、河南、安徽、江苏4省的千里淮河，在古代直通大海，淮河两岸也曾有过富饶繁荣的岁月。但自金、元以后，黄河屡屡南下夺淮，黄水带来的大量流沙堵塞了从淮北到鲁西南的许多河道，把淮河中下游的洼地变成了大大小小的湖泊，淮河流域的灾害自此日甚一日。1855年黄河改道北流，淮河虽然摆脱了黄河长达6个半世纪的干扰，但已经流沙层积，地貌变异，水系紊乱，河床改观，淮河流域变成了著名的"大雨大灾，小雨小灾，无雨旱灾"的贫瘠地区。近代史上，淮河就发生过3次全流域性的大洪水：1866年（同治五年）、1921年和1931年，灾情一次比一次严重。前面提到的十年九荒的凤阳，其主要灾荒正是来源于淮河的涨溢淹浸。

地处京师附近的永定河，原名无定河，清康熙年间赐名永定。它流经宛平、涿州、良乡、固安、永清、东安、霸州、武清等县，绵亘400余里。由于两岸皆沙，无从取土，所筑堤防不能坚固，而出山之水，湍激异常，变迁不定，一遇水涨，堤防即溃，防守之难，甚于黄河，致有“小黄河”之称。虽然康熙皇帝把这条河的名字从“无定”改成了“永定”，但河患却并不因此而消失，仍然是连年漫决，成为威胁京师及直隶地区的重要祸害。据各种资料统计，在鸦片战争开始到清朝灭亡的71年间，永定河发生漫决33次，平均接近两年一次。其中，1867—1875年，创造了连续9年决口11次的历史纪录，给永定河两岸的人民带来了深重的灾难。

湖南的湘、资、沅、澧四大河，都汇流于洞庭湖，然后注入长江，使洞庭湖成为我国最大的淡水湖之一。本来，拥有如此丰富的水利资源，自然条件极为优越，洞庭湖周围地区理应是物产丰盈的鱼米之乡。但封建统治者对湖区不加治理，不但使洞庭湖对长江水量的调节作用日益减弱，而且出现了沿湖州县如巴陵、岳州、临湘、华容、安乡、南县、澧州、安福、武陵、龙阳、沅江、湘阴等几乎年年“被水成灾”的怪现象。有人做过统计，有清一代洞庭平原12州县共遭灾62年次，其中顺治至雍正年间14年次，特大水灾5次，乾隆至嘉庆年间17年次，特大水灾4次，而道光至宣统年间则高达31年次，特大水灾高达15次。很显然，从顺治到嘉庆的177年间，水灾变化比较平缓，而到了道、咸、同、光、宣五朝91年间，水灾周期急剧缩短，灾次大量增多，灾情不断加重。蕴藏着丰富水利资源的鱼米之乡，变成了实实在在的水患之区。

差不多与此同时，珠江流域经历了同样的生态变迁。作为我国的第五条大河，它是由干流西江（流经云南、贵州、广西、广东）和北江、东江在广州附近汇集而成的。虽然它的流量是黄河的7倍，仅次于长江，但含沙量只有黄河的大约1/300，因而相形之下珠江的水患要少得多。由三江年深日久地冲积而成的珠江三角洲，风光秀丽，四季常青，河渠纵横，稻浪无垠，盛产大米、蔗糖、蚕丝和塘鱼，是南国大地上一颗灿烂的明珠。然而，即使这样，这里不时也免不了水患的发生。由于珠江各河流经高温多雨地区，雨季长，台风多，潮汛急，每年的汛期（4月—10月）达半年之久，洪水暴涨便是寻常事，一旦东、北两江支流的洪峰和西江干流洪峰相遇，就会造成突发性水灾，加上珠江流量甚大，尽管含沙量小，但河口淤沙日久，水位日高，由此导致河决基围的情况同样不可避免。据《珠江三角洲农业志》的统计，在1278年（宋）以前的309年间，这里共发生水患5起，平均间距61.8年；1279—1367年（元）发生水患14起，平均间距6.29年；1368—1795年（明—清中叶）发生水患216起，平均间距1.98年；1796—1949年（清嘉庆—民国），发生水患137起，平均间距仅1.16年。从这个统计可以看出，在宋、元以前，珠江流域的水患还轻不足道，但从晚清到民国年间，水患已经迅增至几乎无年不灾的程度，表现出明显的加速发展的趋势。1915年夏季，这里爆发了一场200余年未见的特大洪水，这也是该流域近代史上最严重的一次长历时、大范围的洪水。广东的东、西、北三江，同时漫溢，珠江三角洲各县围堤几乎全部崩毁，广州被水淹浸达7天之久，期间还引发了一场亘古罕有的特大火灾，浊浪与火海交织，使2 800余家店铺在一昼夜间化为灰烬，1万余人被大火吞没。

谈到水患，不能不涉及滨海地区的风暴潮问题。这是一种由台风引起的爆发式灾害。由于我国海岸线绵长，尤其是东南沿海直面世界上最大的台风源，海浪可以直扑海滨，强台风的频频袭击就在所难免，而且往往是飓风、暴雨、海啸继起迭至，毁屋、拔树、沉船、伤人。大量的证据表明，从19世纪中叶到20世纪上半叶，是我国风暴潮灾害相对频繁和集中的一个时期。据统计，仅造成万人以上人口死亡的风暴潮灾害就发生了16次。1862年7月26日，广东省城及近海各地，狂风骤起，海水陡发，“纵横几千里”，水淹屋塌，死难者10余万人。这是近代灾害史上灾情最重的一次风暴潮。

上面我们只是从水灾的角度，通过各个侧面来反映近代社会中国大地上灾荒的频发性。事实上，旱灾的发生同样是十分频繁的。以山东省为例，清代268年间，出现旱灾共233年次，当时全省107个县，共出现旱灾3 555县次。俗话说，“水灾一条线，旱灾一大片”，旱灾对农作物的破坏往往更为严重，它虽然不像洪灾那样来势迅猛、暴烈，但是分布面积广，持续时间长，而且正由于它的影响有个积累的过程，以至人们在觉察到旱灾的威胁时，往往对它措手不及、无可奈何。特别是从 19 世纪中后期开始，旱灾的范围不仅在北方地区大为蔓延，而且呈现出自西北向东南扩张的势头，并出现了不少特大型的灾年或灾害，如光绪初年的华北大旱灾，1920 年的北五省大旱荒，1928—1930 年的西北、华北大饥荒，1942—1943 年的中原大饥荒和广东大饥荒，都是旱魃肆虐的突出表现。其中，光绪初年发生的大饥荒，是以“丁戊奇荒”（光绪三年，丁丑年；光绪四年，戊寅年）这样骇人听闻的字眼被载入中国史册的。从 1876 年到 1879 年，旱情整整持续了 4 年之久，旱区覆盖了山西、河南、陕西、直隶（今河北）、山东北方五省，并波及江苏、安徽、四川北部及甘肃东部。总面积百余万平方公里的辽阔土地上，田地龟裂，河道干涸，树木枯槁，青草绝迹，更没有任何庄稼，真可谓“赤地万里”。连昔日纵横泛滥、溃决频闻的黄河，这几年也暂时收束了先前狂奔不羁的滚滚浊流，呈现出少有的枯水状况。据不完全统计，1876—1878 年，仅山东等北方五省被卷入灾荒的州县总数即分别为 222 个、402 个和 331 个，整个灾区受到旱灾及饥荒严重影响的居民人数，估计在 1.6 亿到 2 亿，约占当时全国人口的一半。以至当时的清朝官员每每称之为有清一代“二百三十余年未见之惨凄、未闻之悲痛”，甚至说这是“古所仅见”的“大祲奇灾”。当时旅华的外国人士，也把它看成中国自古以来的“第一大荒年”。不过从后来的历史来看，几乎就是在同一区域，这样的悲剧仍不止一次地重演。

“大旱（或大水）之后必有大蝗”。现在，蝗虫已经很难对人们产生大的危害了，但在半个多世纪前，蝗灾却是一种相当严重的自然灾害，而且往往伴随着水旱灾害一道袭击人类，使得灾荒火上浇油，变本加厉。中华人民共和国成立前，河南省流行着一句民谣，叫作“河南四荒，水、旱、蝗、汤（汤，原指土匪，后来专指国民党军汤恩伯部）”，就是这种灾况的真实写照。当然就单个的蝗虫而言，对农作物尚不构成致命的危害，但结群成阵乃是飞蝗的一大特性，只要一闹蝗灾，便必然出现蝗虫“铺天盖地、漫山遍野”的骇人景观；每到一处，往往横亘数十里，落地尺来厚，不论禾稼还是草木，咬啮起来“如疾风扫叶，顷刻而尽”，以至酿成可与前述水旱巨祲相提并论的大规模灾荒。近代以来，至少出现过3次比较严重的蝗灾盛发期。第一个盛发期发生在清代的咸丰朝，从1852—1858年，蝗灾持续了六七年时间，约占咸丰帝在位时间的7/10；广西、直隶、河南、江苏、浙江、安徽、湖北、山西、山东、陕西、湖南等10余省或先或后、或长或短、或重或轻地受到了蝗害的打击，覆盖的省份也占全国的1/3。尤其是直隶省，在1854—1858年连续5年飞蝗肆虐，而蝗患最为惨重的1856年，各地报灾的将近70个州县，“蔽空往来”的大队飞蝗甚至惊动了正在京郊巡游的咸丰皇帝。河南光州等地，因蝗虫“一食无余，民间之苦异常，有数十里无炊烟者”。第二个盛发期发生在1928—1936年，在这期间，几乎“无年不蝗”，而且有6年遍及6省以上，其中的1929年、1933年，更高达11省168县和9省1市265县，患及河北、江苏、山东、安徽、河南、浙江、江西、陕西、辽宁、湖北、四川、湖南、山西等地，范围极其广泛。第三个盛发期发生在1942—1947年，主要集中在以黄泛区为中心的河南、安徽、河北、山西、江苏一带，其波及范围虽然略小于前两个盛发期，但为害程度更高。在1943年和1944年两年蝗害的巅峰之际，中国共产党领导的抗日根据地太行边区，也未能幸免来自黄泛区的飞蝗的袭击。据时任八路军一二九师参谋长的李达同志后来回忆，当成群的蝗虫过境之时，“铺天盖地”，“最大的蝗群，有方圆几十里的一片，它们一落地，顷刻之间就把几十、几百亩地的庄稼吞食一干二净”，不少地方的民众不得已以蝗虫充饥，结果蝗虫倒成了“风极一时的食品”。

在诸多的自然灾害中，地震也是频繁发生而使人民群众饱受其苦的灾害之一。据《中国地震目录》的统计，自夏代有文字可考的公元前1831年起至1963年，我国发生的4.75级以上的破坏性地震有3 180次。历史进入近代以后，除了个别年份外，中国大地上几乎每年都有地震发生。地震的强度更是骇人听闻，据统计，近代110年共发生7级以上的地震64次，造成千人以上死亡的地震27次，1879年甘肃武都大地震、1920年甘肃海原（今属宁夏）大地震、

1927年甘肃古浪大地震、1931年新疆富蕴大地震，震级均在里氏8级以上。从下面排列的一些大地震的简况中，完全可以了解这些频繁发生的强烈地震带来的灾难是何其惨重：

1850年9月12日，四川西昌发生里氏7.5级地震，倒塌民房2.6万余间，压毙人口20 652名；震中附近的会理县倒房1 800余间，压死人口2 876名。

1879年7月1日，甘肃南部与四川接壤的阶州（今武都）和文县一带发生里氏8级地震。一时间山飞石走，地裂水涌，城垣倾圮，房屋倒塌，城乡人民惨遭压毙的共3万余人；地震时由于山岩崩坠，河水壅决，各地又大水奔涌，文县县城就有10 830余人被淹死，而阶州下游一个名叫“洋汤河”的市镇，“万家烟火，倏成泽国，鸡犬无踪，竟莫考其人数”。地震的波及范围东至西安以东，南达成都以南，方圆将近2 000里，其中破坏严重或受到影响的有甘肃、山西、陕西、河南、四川、湖北等地至少140余县市。

1920年12月16日，甘肃海原发生大地震，震级为8.5，震中裂度为12，持续时间或10分钟，或20分钟。震发时东六盘山区山崩地裂、黑水横流；极震区的海原城，全城房屋荡平；固原城区全部被毁；静宁城关庐舍倾塌殆尽，有20余个乡村覆没无存；会宁县因土崩山裂而整个被湮没，形成“数十里人烟断绝”的惨相；通渭县城乡房屋倾圮无余，而且河流壅塞，平地裂缝，涌水喷沙，有全村覆没的，也有一村仅存一两户的。除此之外，还在东起庆阳、南至西和、西至兰州、北达灵武的现宁夏、甘肃、陕西三省至少39个县的广大区域内形成了一个重破坏区。在重破坏区的外围，还有一个范围更大的轻破坏区，包括今宁夏、甘肃、四川、陕西、山西、河南等省约55个县。地震波及的地区就更广，当时居住在北京的鲁迅先生在他12月16日的日记中郑重其事地记下了这样一笔：“夜地震约一分时止”。这次地震尽管发生在人烟稀少的西北地区，但因地震烈度大，范围广，加上当地居民绝大多数凿穴而居（窑洞），地震发生时只有极少数人从强震引起的泥石流中逃出，结果死亡人数综合起来将近 30 万（一说 20 万），成为近代史上破坏性最强的一次大地震。

1921 年 4 月 12 日，甘肃固原再次发生地震，震级 6.5 级，固原四周死万人，城外 25 里以内不见一人，田地抛荒。

1925 年 3 月 16 日，云南大理大地震，震级 7 级，造成城崩屋塌，引发火灾，伤亡惨重，四围 10 余县遭到破坏，总计死亡万余人，灾民近 30 万。

1927 年 5 月 23 日，甘肃省又发生 8 级大地震，古浪、武威一带地裂房塌，有 4 万余人死于非命。

1933 年 8 月 25 日，四川茂县叠溪镇发生 7.5 级地震，叠溪镇及其附近 60 余村全部毁灭，6 000 余人死亡，近百里沦为泽国，而且崩塌的乱石阻断了岷江，致使数十天后壅积的洪水冲破缺口，奔腾而下，形成近代史上罕见的特大地震洪水，灾区长达 2 000 余里，冲没农田不下 5 万余亩，淹没男女老幼人数在 2 万以上，洪水灾害的漂流物沿江直达武汉。

与地震灾害大多偏于西南、西北这一区域性较强的特征相比，疫灾在全国范围的分布是相当普遍而均匀的，而且在近代交通兴起以后甚至突破地域的限制跨江越河肆虐全国。1911 年秋，黑龙江西北满洲里出现鼠疫，很快就沿着铁道线传入哈尔滨、长春以及奉天等处，并侵入直隶、山东各地，黑龙江的呼兰、海伦、绥化，吉林省的新城、长安、双城（今属黑龙江省）、宾州（今黑龙江省宾县）、阿城、五常（今属黑龙江省）、榆树、磐石、吉林等各府、州、县也遭到波及，估计东三省因疫而死的将近“五六万口之谱”；1919 年，疫病竟然席卷了中国的整个东部，从福建福州到黑龙江哈尔滨，约有 30 万人丧生。在大旱、大水、大震之后，瘟疫的暴发往往更为猛烈、更为猖獗。例如，“丁戊奇荒”期间，1878 年春夏华北各地就并发过一场大面积的瘟疫。当时的河南灾区几乎十人九病，“此传彼染，瞬判存亡”，连清政府派往河南督察救灾事务的钦差大臣也染疫不治，死于任上。陕西省的疫情也很凶猛，延榆绥道道台以及榆林县的三任县令都相继染疫病亡，以至无人再敢赴任，弄得榆林府知府不得不一身兼任道、府、县三职。山西临汾县城关这年春天瘟疫流行时，每天倒毙的饥民不下数十百人，附近以乞讨为生的男男女女，每隔十几天就会换上不同的面孔。由于死亡人数太多，该县县令组织各地绅董，花了两个多月的时间，还没有将染疫倒毙的尸体掩埋干净。有些地方干脆草草了事，挖掘大坑，把尸体集体埋葬。至于因地表生物微生物或某种地球化学元素富集或稀缺而形成的区域性的地方病灾害，更是遍及全国各地，并在不知不觉中吞噬了无数的家庭与生灵。据调查，中华人民共和国成立前仅血吸虫病即直接威胁长江流域 10 省市 190 县的 1 亿多人口，受其感染的也高达 1 000 万人以上；素有“千湖之国”之称的湖北省有 41 县流行血吸虫病，感染率占疫区人口的 20%以上，湖南临湘县感染率为 19%～31%，江西鄱阳湖区和九江赛湖区感染率也在 20%左右，江苏太湖区感染率至少在 5%～10%，不少村庄高达 50%～75%，最高的可达 95%～100%。在重灾区，确实是“千村薜荔人遗矢，万户萧疏鬼唱歌”。

除了上述几种灾害之外，严霜、奇寒、冰雹、大火等也不时地袭击神州大地。而且，正如前面已经提到的，这些灾害往往并不是单独发生的，而是接连不断或交相并发，出现“灾上加灾”的情况。事实上，某种自然灾害特别是重大灾害一经产生，常常导致连锁效应，同时或连续引起多种灾害，形成颇为复杂的灾害链，如台风→暴雨→洪涝→滑坡→泥石流等，或地震→山崩→滑坡→泥石流→水灾→火灾→瘟疫→海啸等；至于干旱，除了引起蝗灾、疫灾外，也可同时导致火灾、土地沙漠化、土地盐碱化等。有时候看起来毫不相关的两种灾害之间，也存在着令人难以置信的触发关系。近代史上华北、西北地区出现的多次旱震交织并发的情况，如光绪初年华北的大旱灾与 1879 年的甘肃武都大地震、1920 年的北五省大旱与同年的海原大地震，从自然科学的角度来观察，都不是一种偶然的巧合，而是地震在孕震过程中引起的气象变异。以某一省区而论，这种灾害并发、续发的例子，也是不胜枚举。

下表反映的是 1840—1919 年广东省的灾害情况：

灾害	水灾	旱灾	风灾	地震	虫灾	冻灾	雹灾
县次	510	242	344	207	271	110	136

连气候、地理条件相对优越的广东省尚且避免不了各种自然灾害的交相打击，其他省份就可想而知了。据清政府档案记载，全国 1 700 多个县，每年约有 1/6 到 1/8 的县农作物收成不足 50%，有的只收一二成，严重的颗粒无收。另据不完全统计，在 1912 年到 1948 年的 37 年，全国各地（不包括今新疆、西藏和内蒙古自治区大部）总共有 16 698 县次（旗、设治局）发生一种或数种灾害，年均 451 县次，即使按民国时期县级行政区划的最高数衡量，每年也有 1/4 的国土笼罩在各种自然灾害的阴云下，其中受灾县次最高的年份如 1928 年和 1929 年，竟分别高达 1 029 县和 1 051 县，几乎占了全国总县数的一半，打击面不可谓不大。

二、灾荒对社会生活的严重影响

过去，每当谈到自然灾害的严重后果时，大家常用“饥民遍野”“饿殍塞途”等加以形容。由于经过了高度的抽象和概括，对这些字眼所包含的具体内容往往不大去细想。实际上，这短短的几个字背后包含着多少血和泪、辛酸和悲哀！

首先，灾荒对社会生活的严重影响表现在对人民生命的摧残和戕害上。在旧中国，每一次大的自然灾害，总要造成大量的人口死亡。我们在前面已经提到的地震、瘟疫等灾害是如此，洪水等其他灾害也是如此。例如，1931 年，长江及其主要支流如金沙江、沱江、岷江、涪江、乌江、汉水、洞庭湖水系、鄱阳湖水系，以及淮河、运河、钱塘江、闽江、珠江，都发生了大洪水。黄河下游以及东北的辽河、鸭绿江、松花江、嫩江等河流，也纷纷泛滥成灾，到处洪水横流，灾情几遍全国。其中，江淮流域的湖南、湖北、安徽、江苏、江西、浙江、河南、山东 8 省，受灾最重，而 8 省之内被洪水吞没的生命，按照档案材料及慈善机构文书、报章杂志的记载估计，至少在 40 万以上。但这还不是最严重的。较此更甚，1887 年黄河郑州决口，河南、江苏、安徽等省死难的人数，按外国人士的估计，高达 93 万余人；而 1938 年的花园口决口也使豫皖苏泛区失去了 893 303 条宝贵的生命，事实上，这个数字不可能是精确的，实际情况只会比这个数字更加严重。

说来也怪。地震、瘟疫、洪水这类灾害，爆发力极强，在极短的时间内，或几分钟，或几小时，或几天，造成大量的人口死亡，惊天动地，骇人心魄，但相对而言，也正因为它们的成灾时间短，涉及的范围有限，所以人员伤亡虽极严重，但却不是数量最大的。倒是像旱灾这样持续时间长、成灾面积大的渐变性灾害，成为了近代中国灾害史上导致人口死亡的罪魁祸首，这是需要我们特别注意的。就拿前面提到的 1876—1879 年的华北大旱灾即“丁戊奇荒”来说，由于干旱的时间长，灾情和人民生命财产的损失尤为惨重。据《万国公报》的报道，灾区人民无任何粮食可以充饥，只能“食草根，食树皮，食牛皮，食石粉，食泥，食纸，食丝絮，食死人肉，食死人骨，路人相食，家人相食，食人者为人食”，直至最后“饥殍载途，白骨盈野”。如果说这个报道还只是一些概括性的描写的话，那么，当时在全国发行的《申报》刊载的一份 1878 年初抄录的《山西饥民单》，就完全以具体而详尽的数据，为我们提供了一幅毛骨悚然的人间地狱般的画面：

> 灵石县三家村 92 家，（饿死）300 人，全家饿死 72 家；圪老村 70 家，全家饿死者 60 多家；郑家庄 50 家全绝了；孔家庄 6 家，全家饿死 5 家。汾西县伏珠村 360 家，饿死 1 000 多人，全家饿死者 100 多家。霍州上乐平 420 家，（饿死）900 人，全家饿死 80 家；成庄 230 家，（饿死）400 人，全家饿死 60 家；李庄 130 家，饿死 300 人，全家饿死 28 家；南社村 120 家，饿死 180 人，全家饿死 29 家；刘家庄 95 家，饿死 180 人，全家饿死 20 家；桃花渠 10 家，饿死 30 人，全家饿死 6 家。赵城县王西村，饿死 600 多人，全家饿死 120 家；师村 200 家，饿死

400 多人，全家饿死 40 家；南里村 130 家，饿死 460 人，全家饿死 50 家；西梁庄 18 家，饿死 17 家。洪洞县城内饿死 4 000 人；师村 350 家，饿死 400 多人，全家饿死 100 多家；北杜村 300 家，全家饿死 290 家，现在 20 多人；曹家庄 200 家，饿死 400 多人，全家饿死 60 家；冯张庄 230 家，现在 20 来人，别的全家都饿死了；烟壁村除 40 来人都饿死了，全家饿死 110 家；梁庄 130 家，全家饿死 100 多家；南社村 120 家，全家饿死 100 多家，现在 40 来人；董保村除了 6 口人，全都饿死了；漫地村全家饿死 60 多家；下桥村除了 30 多人，都饿死了，全家饿死 82 家。临汾县乔村 600 余家，饿死 1 400 人，全家饿死 100 多家；高村 130 家，饿死 220 人，全家饿死 80 余家；夜村 80 家，除 30 人都死了，全家饿死 70 多家。襄陵县城内饿死三四万；木梳店 300 家，饿死五六百人；义店 120 多家，饿死了 6 分。绛州城内大约 1 800 家，饿死 2 500 人，全家饿死 60 家，小米 3 300 文 1 斗；城南面 3 个村子 510 家，今有 280 家，死 1 000 多人，全家死 200 家；城北面 6 个村子 1 350 家，死 2 400 人，全家饿死 500 余家；城东面 5 个村子 1 700 家，死 1 200 人，饿死 300 多家；城西面 6 个村子 1 900 家，饿死 1 500 人，全家饿死 100 余家。太平县 6 个村子饿死 1 000 多人，全家饿死 100 余家。曲沃县 5 个村子 970 家，全家饿死 400 家，饿死 2 000 余人。蒲州府万泉县、猗氏县两县，饿死者一半，吃人肉者平常耳。泽州府凤台县冶底村 1 000 家，6 000 人饿死 4 000 人；天井关 300 家，现存 60 家，全家饿死 240 家；阎庄村 360 家，全家饿死 260 家；窑南村 85 家，全家饿死 74 家，下余五六家人亦不全；阎庄村符小顺将自己亲生的儿子 6 岁活杀吃了；巴公镇亲眼见数人分吃五六岁死小孩子，用柴火烧熟；城西面饿死有 7 分，城东面饿死有 3 分，城南面饿死有 7 分，城北面饿死有 3 分。凤台、阳城两县活人吃活人实在多。阳城县所辖四面饿死人有 8 分；川底村 200 家，饿死 192 家。沁水县所辖大小村庄饿死人有 8 分。高平县所辖大小村庄饿死人 7 分。潞安府 8 县光景不会（好）多少。所最苦者襄垣县、屯留县、潞城县。屯留县城外7村内饿死11 800人，全家饿死626家。王家庄一人杀吃人肉，人见之将他拉到社内，口袋中查出死人两手，他说已经吃了8个人，活杀吃了1个，有一女年12岁活杀吃了。又有一家常卖人肉火烧，有一子将他父亲活杀吃了。有一家父子两人将一女人活杀吃了，这就是一宗真事。潞城县城外6个村庄5 000家，饿死3 000人，全家饿死345家。襄垣县城外11村内2 000家，饿死2 000人。汾州府汾阳县城内万家，饿死者10分中有2分，服毒死之人甚多，有活人吃死人肉者。汾阳县城东面7村内4 080家，饿死2 200人；城西面3村内1 200家，饿死者10分中有3分；城北面7村内1万家，饿死者10分中有3分；城南面念村内5 000家，饿死者10分中有3分；共有名之村大约360村，饿死者足有3分。孝义县城内5 000家，饿死者有3分；城东面8村内2 800家，饿死者有3分；城南面16村内1 960家，饿死者有3分；城西面19村内2 000家，饿死者有3分，城北面10村内1 170家，饿死者有3分；米粮不敢行走，因强夺之人甚多。死人甚多，有卖人肉者，此外混行无能人食干泥干石头树皮等。太原县所管地界大小村庄饿死者大约有3分多。太原府省内大约饿死者有一半。太原府城内饿死者两万有余。光绪四年正月念日抄。

这份材料虽然长了一点，但可以相信，只要有耐心读完这些令人触目惊心的描述，就不会有哪一位读者还能忘记我们的民族在近代历史上曾经承受过的创深痛剧的苦难。据不完全统计，在这次大旱灾中，山西、河南等华北各省共饿死病死1 000万人之多。近代发生的其他几次特大旱灾，死亡人数同样骇人听闻：

1892—1894年山西大旱，死亡100万人；

1920年北五省大旱，死亡50万人；

1925年四川大旱，饿死病死约115万人；

1928—1930年西北、华北大饥荒，死亡1 000万人；

1942—1943年中原大饥荒，死亡300万人；

1943 年广东大饥荒，死亡 50 万人（一说 300 万人）。

如果将造成万人以上人口死亡的灾害列为巨灾的话，那么在近代历史上，这样的灾害，包括水、旱、震、疫、风、雪、寒等，共发生了 119 次，平均每年在 1 次以上，死亡总数为 3 836 万余人，平均每年约 35 万人。这在当时全国总人口中所占的比重或许并不算高，但在受灾严重的地区，灾害造成的人口损失实在不可低估，下表中有关“丁戊奇荒”期间河南、山西几个县的死亡率就是一个铁证。

山西省灾情严重地区的死亡率

地区	灾前人口	死者	生者	死亡率
太原府	100 万	95 万	5 万	95%
洪洞县	25 万	15 万	10 万	60%
平陆县	14.5 万	11 万	3.5 万	75.86%

河南省灾情严重地区的死亡率

地区	灾害以前	1877 年	1878 年	死亡率
灵宝县	15 万～16 万		9 万	37.5%～40%
荥阳县	13 万～14 万		6 万	53.8%～57%
新安县	15 万	10 万	6 万	60%

（参见何汉威：《光绪初年的华北大旱灾》，香港中文大学中国文化研究专刊之二，1980）

由于人口损失奇重，河南、山西许多地区的人口数目直到民国时期也未能恢复到灾前的水平。1934 年重修的《灵石县志》回顾半个多世纪前的这次大灾时还说：“呜呼！（光绪）三年，秋无寸草；四年，夏成赤地。两季不收，一年无食，而流离失所，死亡相继，论户四千余家，论人四万余口，至今几六十年而灾情犹存，元气未复。”

其次，频繁严重的灾荒还破坏了人类的生存环境，迫使大量饥民、灾民为了求生活命而不得不离家出走，四处逃荒。这些逃荒的流民，总是扶老携幼，成群结队，或露宿四野，或涌入城市，背井离乡，乞食为生。这样的流民，数量通常是灾害死亡者的数倍、十几倍乃至数十倍。例如，1920 年北五省大旱，仅流入东北的灾民，有数可查的就有数十万人；1925 年湖北旱灾，需要救济的有百万人，其中到他处乞食的 20 万人；1927 年，山东省灾民 1 000 万，其中就有 300 万人，或者赴外省就食，或者在本省内寻觅生路；1928 年，陕西灾民 556 万余口，其中冻饿而死的 20 万余人，流离各处的则多达百万余人，而河南省，到 11 月 1 日止，到本省各县或外省逃难的总计 300 万余人；1931 年江淮大水灾，湘、鄂、赣、皖、苏、豫等省 131 县，流亡人口估计有 1 015 万余人，占灾区总人口的 40%；1932 年，江苏、安徽、陕西、山西、河南等 19 省市灾民 2 705 万余人，灾户 446 万余家，其中迁往外地的 75 万余户，按每户平均 6～7 人计算，合计 457 万余人；1934 年，在安徽 870 余万的灾民总数中，就有 500 多万饥民流移乞讨；1935 年 7 月长江中下游大水，死亡 14.2 万人，逃荒的灾民则达 1 100 万余人；1938 年黄河花园口决口，也曾使豫皖苏泛区人口的 1/5，即 391 万余人被迫漂流异乡，其中河南泛区 117 万余人，安徽泛区 253 万余人，江苏泛区 22 万余人；1943 年广东大旱，惠来、海丰、陆丰等地登记前往福建、江西、湖南的流民也有 50 万余人，顺德县全县人口约 60 万，逃出的就有两成。在一些生态环境十分恶劣、自然灾害极其频繁的地区，逃荒甚至成为人们习以为常、司空见惯的传统或习俗了，他们冬去春回，犹如候鸟一般。前面提到的那首凤阳民谣之所以流传四方，就是由那些成群结队年年岁岁从当地出走的流民背着花鼓“过长江”“渡黄河”而传唱出来的。其实，这种习俗并不限于淮北一地，清代就有人专门写过一首题名《逃荒民》的诗来咏叹山东的此类流民：“有田胡不耕，有宅胡弗居。甘心充颜面，踉跄走尘途。如何齐鲁风，仿佛凤与庐。其始由凶岁，其渐逮丰年。岂不乐故土，习惯成自然。”河南省黄河沿岸的滑县、长垣、封邱、延津、原武、阳武等县由于地多沙土，产量很低，每年也常有大批的农民逃到山西去谋生。其他如江苏的苏北、湖北的黄梅、江西的九江、北平的远郊等地，每到冬季农闲的时节，都有大批农民结队成群，以“逃荒”为名，出外乞食，形成季节性的流民潮。

需要指出的是，这些流民，特别是那些被突发性的灾害驱赶出家园的流民，虽然也有一些人能够在异乡异地安家立业，落脚生根，但更多的人则由于饥寒交迫，惨死于道途，颠沛于田野，为佣为丐，为盗为匪，最终也摆脱不了贫病而死的悲惨命运。有一位记者曾经这样描写1929年四川大旱期间那些盲目地流向城市县镇的灾民的命运："每到黄昏，城厢附近各街道的廊下或柜台上，都满布着成群结队的难民，有哭者，有笑者（原注：无知的小孩），有呻吟者，有呼爷呼粮（娘）者，有倚壁柱而立者，有据石地而卧者，形形色色，不忍卒睹。可是一到旭日东升的时候，昨晚所见的许多活着的人，现在都大半已变成了死的尸，那种惨状，真是不堪回忆。"① 然而，历史无情，在当时的社会条件下，这位记者"不堪回忆"的"惨状"，在后来的艰难岁月中还是反复出现。例如，1942—1943年的中原大饥荒就是如此。当时的河南除了西靠大后方外，三面临敌，但成百万生活在国统区的中原民众已经顾不得这许多了，他们在秋收绝望之后纷纷踏上了逃荒外出的路途，一批人南下逃往湖北，一批人则向东越过战区进入日本占领区，另有一批人则辗转奔向中国共产党领导的抗日根据地，但更多的灾民还是汇集洛阳，沿陇海路西进陕西"大后方"。其中，除了历尽艰险奔向抗日边区的灾民之外，大多无法跳出死神的魔掌。在东路，逃往沦陷区的灾民由于根本找不到生路，不得不重新返回家乡等死。在南路，据报道，许多"走不动、爬不起的老头儿、老太婆和10岁以下的孩子们"在人畜交行的公路上停滞不前，"哭着叫着得不到一文钱的救济"，有的"索性也就不做声地躺着"，很快就变成"绝了气的死尸"。在西路，那条连接洛阳与西安的陇海铁路成了灾民心目中普度众生的"神龙"，但这条"神龙"不仅没有把灾民驮出死亡圈，驮到"安乐的地带"，反而驮出了一条"无尽长的死亡线"。据一位记者的追踪报道，当时每一列开往西安的火车上都爬满了难民，他们紧紧抓住火车上所能利用的每一个把手和脚蹬，但许多人还是由于过分虚弱而跌下列车，惨死在铁路线上。从洛阳到西安数百里长的铁路沿线，到处都是这

① 《民国日报》，1929年7月4日。

些人的尸体。侥幸不死的难民逃到西安，当局又不允许他们在市内出现，许多人只好在平地上挖出一条小沟，再从小沟挖掘小洞，“一家人便蛇似地盘在里面”。整个西安，只有一个粥厂，散发的粥券也很少，而且每个灾民每天只准领一次，不少灾民不是“活活饿死”，就是“一家人集体自杀”①。

再次，严重的自然灾害，除了造成人口的大量死亡、逃亡以外，还对社会经济造成了巨大的损伤和破坏。其实，人口的大规模伤亡本身就是对社会生产力的极大摧残，因为人——准确一点说是劳动者，本来就是生产力系统中起主导作用的因素，或者如列宁所说的，是“全人类的首要的生产力”。但问题还远远不止于此。较大的水、旱、风、雹或地震等灾害，除了人员伤亡以外，一般都伴有物质财富的严重破坏，如庐舍漂没、屋宇倾塌、田苗淹浸、禾稼枯槁、牛马倒毙、禽畜凋零等。这里先举几个并不算严重的例子：1844 年夏，福州发生水灾，仅闽县一地就被淹没田地 44 430 余亩；1846 年 6 月，江苏青浦大水，一次就漂没数千家；同年 7 月，吉林珲春因河水涨溢，该县 8 000 余垧田地中，有 80%被水冲毁，毫无收成；1849 年春夏之间，浙江连雨 40 余日，以至上下数百里之内，江河湖港与农田连成一片，大水无法消退，其间庄稼颗粒无收自不待言，“房屋倾圮，牲畜淹毙”也“不知凡几”；1851 年 4 月末，新疆伊犁连降大雪，5 月中又暴雨倾盆，雨水加上消融的雪水，一下子把许多田地冲成深沟，田亩不能耕种的达 36 982 亩之多，庄稼被冲毁的自然就更多了。较严重的如 1915 年珠江大水灾，淹没耕地 1 400 万余亩，农作物损失 2 000 万余银元；1931 年江淮大水灾，淹没耕地 16 662 万亩，经济总损失更高达 228 349 万银元；1938 年黄河花园口决口，淹没耕地有 19 934 万余亩，洪水造成的农工各业经济损失折合战前币值为 10.917 6 亿余元，泛区民众每人平均负担 5～6 元，按照当时我国人均国民收入计算，等于 1 900 多万人将他们一年多的劳动所得全部投入黄水。至于大旱之年，广大的饥民为了充饥活命，

① 流萤：《豫灾剪影》，载《河南文史资料》，第 3 辑。

总是不惜一切代价地变卖家产，诸凡衣、住、行等方面一切被认为是有用的物品无不拿到市场上进行廉价大拍卖，许多地方的灾民甚至不惜将房屋拆卸一空，当作废柴出售，以至出现“到处拆毁，如被兵剿”的惨景。就是平常被看作半份家当的牛马等牲畜也往往被宰卖一尽，或充作果腹之餐。“丁戊奇荒”期间中国牛皮出口贸易的数据从正反两个方面反映了灾区畜力的惨重损失。在大旱之前的1874年，牛皮出口量还只有1 207担，1876年就急剧上升到11 350担，约相当于1874年的10倍，而这些牛皮绝大部分是从华北灾区输往国外的。到了1877年，灾区的农民大量宰杀牛群，使牛皮供应过多，价格猛跌，极大地刺激了对英国伦敦的大量出口，牛皮出口量猛增到57 192担，比1876年又翻了5番多。1878年后，牛皮出口量开始大幅度下降，这是因为这一年灾区瘟疫流行，幸存的耕牛大批死亡，但即使如此，1876年到1879年的4年间，牛皮输出总量也高达135 507担。因此，千千万万的饥民，经过顽强的挣扎之后，他们甚至连同他们祖辈辛勤积攒的哪怕是非常有限的财产，也连同生命一起被残暴的天灾剥夺净尽了。结果在灾情缓解之后，幸存的农民没有籽种，没有农具，没有耕牛，连维持简单再生产的条件也丧失了，自然很难重建残破的家园。

在近代历史上，每当发生重大的水旱或其他灾害之后，绝非一两年之内就可以缓过劲来，把社会生产恢复到正常水平的。这一方面是因为灾荒期间人口损失过重，导致灾区的土地大量荒芜。前面提到的“丁戊奇荒”，曾使百余万平方公里的土地成为废墟，过了很多年，荒芜了的土地尚未全部复垦，人口也未恢复到先前的水平。另一方面则是因为各种自然灾害对农田生态系统的持久性破坏。如前面提到的鸦片战争爆发后连续3年黄河大决口，就曾造成河南省自祥符到中牟一带长数百里、宽60余里的广阔灾区。过了10年之后，一位官员路过这里，惊奇地发现这一带地方仍是一块“不毛之地”，本来肥沃的土地变成了沙滩，原先到处可见的大小村落荡然无存。再如1938年的黄河花园口决口，9年之中，洪水大约把100亿吨的泥沙倾泻到了淮河流域，在泛区平原形成了广袤的淤荒地带，据当时的调查，仅河南泛区淤沙面积就多达 1 377 平方公里，约占泛区总面积的 1/4。在黄泛主流经过的地方，如尉氏、扶沟、西华、太康等县，堆积的黄沙浅者数尺，深则过丈，连昔日的房屋、庙宇、土岗都大部分被埋入沙土中，甚至连屋脊也看不见，更不用说过去低平的农田了。旱灾对农业生态环境的破坏也不亚于此。当年，作为《法兰克福日报》记者而来到中国的外国友人史沫特莱女士，在《中国的战歌》一书中这样描写了 1929 年的河南饥荒造成的环境后果："饥饿所逼，森林砍光，树皮食尽，童山濯濯，土地荒芜。雨季一来，水土流失，河水暴涨；冬天来了，寒风刮起黄土，到处飞扬。有些城镇的沙丘高过城墙，很快沦为废墟。"这些都充分说明，在旧中国，严重自然灾害对社会经济所带来的破坏性影响是如何长久地难以消除。更何况近代自然灾害的一个显著特点是，灾害的继发性非常突出，结果旧灾造成的民困未苏，疮痍未复，新的打击又接踵而至，不但对社会经济的破坏更为严重，而且抗灾防灾的能力每况愈下，使得同样程度的灾害造成的后果更具灾难性，更使人无力承受。

最后，灾荒对社会生活影响的再一个方面是，破坏了正常的社会统治秩序，增加了社会的动荡与不安定，激化了本已相当尖锐的社会矛盾。

清朝封建统治者，常喜欢宣扬他们如何不惜巨金，拯救灾民。辛亥革命后，窃取了革命胜利果实的袁世凯也吹嘘他的政府"实心爱民"，遇有水旱偏灾，立即发谷拨款，施赈救灾。要说这些话完全是无中生有的欺骗宣传，却也未必。去掉自我标榜的成分，应该说，他们对赈灾问题，从主观上还是比较重视的。其原因，并不是如他们自己所说的出于爱民之意、怜悯之心，而是他们清醒地懂得，严重的自然灾害会增加社会的动荡不安，直接威胁到本已岌岌可危的统治秩序的稳定。在这一点上，倒是清政府的要员左宗棠说得比较坦率，他指出，"办赈须借兵力"。也就是说，赈灾的时候，一只手要拿点粮，拿点钱，救济灾民；另一只手要拿起刀，拿起枪，以防灾民闹事。他甚至进一步认为，镇压不安分而"作乱"的饥民是救灾的首要前提，即“荒政救饥，必先治匪”。不言而喻，这里的所谓“匪”，不过是那些无衣无食而又不甘坐以待毙、不惜铤而走险冲击封建统治秩序的灾民。

如前所述，在每一次较大的自然灾害之后，不论旱灾的“赤地千里”还是水灾的“一片汪洋”，随之而来的都是生产的破坏和凋敝，都是大量受到饥饿与死亡威胁的“饥民”和“流民”。这么多饥民、流民的存在，本身就是对封建统治的严重威胁。从某种意义上说，这么多风餐露宿、衣食无着的饥民和流民，无异于堆积在反动统治殿堂脚下的无数火药桶，只要一点火星，就可以发生毁灭性的爆炸。事实上，这些由于灾荒而产生的大量饥民，为着解决眼前的温饱，求得生存的权利，总是纷纷起来直接进行“抗粮”“抗捐”“闹漕”“抢米”“抗租”等斗争。可以说，在近代历史上，即使在“承平”之时，也就是阶级斗争相对缓和的情况下，在局部地区，因为灾荒以及赈灾中的种种弊端而引起的这类小规模群众斗争的事件也是经常发生的。1841年（道光二十一年）浙江归安县农民因反对地方官“卖灾”而闹事，就是一个小小的例子；1849年，江苏大水灾，各地农村不断发生的“抢大户”“借荒”等斗争，是又一类型的实例。1877年陕西关中大旱，大荔、朝邑、郃阳（今合阳）、澄城、韩城、白水及附近各县饥民，纷纷聚众抢粮，有的甚至“拦路纠抢”，还公开竖立一面大旗，上写“王法难犯，饥饿难当”8个字。辛亥革命前10年间，由于各地自然灾害连绵不绝，各地农民的反抗斗争也此伏彼起。据统计，1906年全国发生抗捐、抢米及饥民暴动等反抗斗争约199起，其中一些规模和影响较大的事件发生的地区，当年几乎无一例外地遭到洪涝灾害，而且大多灾情颇重。1907、1908两年，抢米风潮曾稍见沉寂，这与这一时期自然灾害相对减轻是完全一致的。到1909年，全国下层群众的自发反抗斗争约149起，其中几次规模较大的抢米风潮和饥民暴动，恰恰发生在灾情最严重的甘肃和浙江两省，这自然也不是偶然的巧合。1910年，随着灾荒形势的恶化，抗捐、抢米等风潮进一步发展，陡然上升到266起。其中的抢米风潮，几乎全部发生在长江中下游的湖北、湖南、安徽、江苏、江西5省，而这里正是连成一片的一个面积广大的重水灾区。这一年的长沙抢米风潮，是震动全国的重大事件，这个事件的背景就是，湖南省因灾而致“树皮草根剥食殆尽，间有食谷壳、食观音土，因哽噎腹胀，竟致毙命者”，长沙城里“老弱者横卧街巷，风吹雨淋，冻饿以死者，每日数十人”。人们无法生活，自然只能铤而走险。这些处于社会最底层的饥民的暴动，尽管都是自发性的，多数不带有什么远大的政治目的，但客观上都在一定程度上冲击了旧的社会秩序。

不仅如此。接连不断的灾荒，还使一向就存在的群众反对现存统治秩序的斗争扩大了规模，增加了声势。特别是在社会矛盾十分尖锐、阶级斗争或民族斗争日趋紧张的时候，受到灾荒的打击而流离失所的数量巨大的灾民往往成为现存统治秩序的叛逆力量，源源不绝地加入到战斗行列。这在太平天国运动、义和团运动以及辛亥革命运动中，得到了最清楚不过的表现。一位研究太平天国运动史的著名专家在分析太平天国运动筹划时的时势与环境时，提到“有天赐良机以助洪（即洪秀全）等扩充实力”。这个天赐良机，就是道光末年连年不绝的灾荒。在后来太平军挺进南京的过程中，如果得不到两广、两湖、江西、安徽灾民的充分响应，如果没有成千上万流离失所的饥民像潮水一样涌进了太平军的队伍，那么太平军是不可能那样摧枯拉朽般地扫荡清朝政权的统治秩序从而顺利实现战略目的的。半个世纪以后（1899—1900年）出现在黄河流域（直隶、山东、山西、陕西、河南等省）的大旱灾，恰好也帮助了风起云涌的义和团反帝斗争。一个外国人把“很多地区的庄稼由于天旱缺雨而歉收，人民的心里烦躁不安”看作义和团兴起的重要原因之一，这不是没有根据的。近代著名思想家严复在谈到辛亥革命发生的“远因和近因”时，也提到了“近几年长江流域饥荒频仍”这个因素。不论这些运动在性质上何等不同，广大群众勇敢地拿起武器，义无反顾地同中外反动势力展开殊死搏斗，无论如何都是值得讴歌的。但我们毕竟不应该忘记，不少人付出了极为惨痛的代价，是在饥寒交迫甚至家破人亡的困境中被迫走上“造反”之路的。我们赞颂他们的斗争精神，却要诅咒促使他们起来斗争的种种苦难——其中当然包括自然灾害带来的苦难。

三、灾荒频繁发生的社会原因

自然灾害，顾名思义，是由自然原因造成的，就这个意义来说，是天灾造成了人祸。但是，人们生活在一定的自然环境之中，同时也生活在一定的社会条件之下，自然现象同社会现象从来都不是互不相关而是相互影响的。恩格斯在批评自然主义的历史观的片面性时说："它认为只是自然界作用于人，只是自然条件到处在决定人的历史发展，它忘记了人也反作用于自然界，改变自然界，为自己创造新的生存条件。"① 在大体相似的自然条件下，若政治条件和社会环境不同，那么自然灾害的发生及其后果就会有很大的差异。人们通过自己的智慧和劳动来改变自然界，有效地克服了自然环境中若干具体条件的不利影响，便能减轻或消除自然灾害带来的灾难。反之，社会生活中经济制度、政治制度的桎梏和阶级利益的冲突妨碍或破坏了人同自然界的斗争，人们便不得不俯首帖耳地承受大自然的肆虐和蹂躏。遗憾的是，后一种情况，在剥削阶级掌握着统治权力的条件下，是屡见不鲜的，甚至可以说是一种常规。在中华人民共和国成立后的40余年间，黄河"岁岁安澜"，一次决口也没有发生；而在中华人民共和国成立前的百余年间，黄河是"三年两决口，百年一改道"，给人们带来了巨大的苦难。这个鲜明对比充分说明了政治条件、社会条件的不同，对自然灾害的发生及其后果会产生何等巨大的影响。从这个意义上也可以说，在旧中国，不仅是天灾造成人祸，而且人祸又常常加深了天灾。因此，对于近代中国自然灾害如此频繁和严重的原因，不仅应该从自然方面而且应该着重从社会的、政治的方面去探求。

① 《马克思恩格斯选集》，第3卷，551页，北京，人民出版社，1972。

愈是生产力低下、社会经济发展较落后的地方，人类控制和改变自然的能力愈弱，自然条件对人类社会的支配力愈强。近代历史上自然灾害的普遍而频繁，从根本上来说，当然是束缚在封建经济上的小农经济生产力水平十分低下的结果。以一家一户为经济单位的小农经济，不可能具有有效的防灾抗灾能力，一遇水旱或其他自然灾害，人们就只好听天由命，束手待毙。胡适在谈到中国人对付灾荒的办法时，不无具有嘲讽意味地说："天旱了，只会求雨；河决了，只会拜金龙大王；风浪大了，只会祷告观音菩萨或天后娘娘；荒年了，只好逃荒去；瘟疫来了，只好闭门等死；病上身了，只好求神许愿。"① 这段话，虽仍有他惯常存在的那种民族自卑心理的流露，但却也不能不说在很大程度上反映了那个时代的社会现实。当然，对这种现象进行嘲笑未免有失公正，把产生这种状况的原因只是看作观念的落后也过于浅薄。如同其他社会现象一样，归根结底，在这里经济状况起着决定性的作用。

人类不合理的开发活动导致生态环境的严重失衡，也是近代灾荒频发的一个不可忽视的因素。

清朝以前，我国人口始终没有超过 1 亿，明代全国人口最高的数字是 6 300 万，由于明末长期战乱而人口锐减，清朝初年，大约只有 1 400 万人。至康熙朝以后，我国人口迅速增长，1741 年（乾隆六年），我国人口突破 1 亿大关，达 1.4 亿。从此扶摇直上，到 1840 年（道光二十年）鸦片战争爆发时，全国人口激增至 4.1 亿。百年内，我国人口增加了 3 倍，而耕地面积增长却极为缓慢，从顺治末年到乾隆末年，大约 140 年间，耕地面积由 5 亿亩增至 9 亿亩，此后便长期徘徊不前。这种情况，使人均耕地面积直线下降，如乾隆末年人均占地尚有 3 亩，至鸦片战争时，人均耕地仅有 2 亩多一点了。按照当时的劳动生产力水平和粮食亩产量，维持一个人的最低生活，约需耕地 4 亩，而到乾隆年间，人均耕地面积已低于这个数字，至晚清时期更相去甚远。这样，仅从人均占有耕地这个标准来

① 《胡适论学近著》，638 页，济南，山东人民出版社，1998。

看，全国至少有 1/3 的人口处于饥饿和半饥饿状态。人口激增和土地不足的矛盾已经成为近代中国日趋突出的社会问题。

为了解决这个矛盾，人们纷纷到地广人稀的地区去拓荒和开发。实际上，早在嘉道时期许多地区的土地开发就已达到饱和性状态，山峦海滩甚至深山邃谷中，“凡有地土可开辟者，无不垦种”。由于当时缺乏环境保护意识，滥垦滥伐，在增加了大量可耕地的同时，也对大自然带来了破坏性的后果。古老的森林植被年复一年地遭到大面积的毁坏，变成到处童山秃秃，“土失其蔽”。这样，既严重丧失了调节气候的功能，又造成大量水土流失；既加速了气候干旱化、土壤沙化的进程，又使向来并不发达的水利系统因泥沙不断淤塞而被削弱了蓄水泄洪的能力，最终也就加大了水旱灾害发生的频度和强度，形成无灾变有灾、小灾变大灾，“水则汪洋一片，旱则赤地千里”的溃烂局面。

前述长江流域近代以来水患频频，在很大程度上就是这种过度开发造成的结果。在长江上游的川、陕、楚交界地区，原有一片莽莽丛林，叫巴山老林。18 世纪以来，大批流民涌入这里，刀耕火种，毁林开荒，生态环境遭到严重破坏。每当暴雨之时，历年堆积在地面的浮沙壅泥，败叶枯根，均随大雨倾泻而下，从山中冲入溪涧，又由溪涧进入汉水和长江，原本清澈的江水变成浊水，并有了“石水斗泥”之称，也就是说泥沙占了河水流量的 1/10。这些灾难性淤积起来的泥沙，不仅垫高了江底，而且在中下游地区堆成了大片大片的洲渚。这些地区的农户为了生存，纷纷在各片洲渚上筑圩垦田，阻塞水路。在魏源生活的那个年代，湖北省位于长江南岸的公安、石首、华容等县，江北的监利、沔阳一带，以及湖北的黄梅、广济到安徽的望江、太湖各县，已是湖田成片，阻水长堤每每延绵数百里，昔日江汉上游借以泄水的 20 多个穴口都淤塞了，大片的旱期干涸、汛期受水，起着泄洪作用的低地被挡在河堤的后面，变成了耕地。特别是到了清末和民国年间，各省为弥补财政亏空，纷纷设立沙田局，不管水道是否通达，而专以出卖沙洲为能事。洞庭、鄱阳这两个蓄泄洪水的大湖，往昔受水之区，被私人、公司或官方侵占屯垦。芜湖地区作为天然蓄水池的万春、易泰、天成、五丈等湖区，也陆续被官府放垦，成了熟田。长江的干道变得越来越浅。20 年代以后，吃水稍深的轮船在冬春两季只能从汉口驶到芜湖，芜湖以下各段须改用驳船运货。这样，汇集了物华天宝的长江中下游地区就丧失了抗旱排涝的基本功能。一般而言，近代这个地区 30 日无雨就发生旱灾，40 日以上无雨，赤地千里，禾苗枯槁；一旦大雨连绵，则江溢湖漫，破圩决堤，演成巨灾。

对于生态环境的破坏与灾荒频发的关系，民主革命的伟大先行者孙中山先生曾经从他的切身感受出发做过极为精辟的论述。他在从事政治活动之初，就在一封信中写道："试观吾邑东南一带之山，秃然不毛，本可植果以收利，蓄木以为薪，而无人兴之。农民只知斩伐，而不知种植，此安得其不胜用耶？"① 后来，他更明确地指出："近来的水灾为什么是一年多过一年呢？古时的水灾为什么是很少呢？这个原因，就是由于古代有很多森林，现在人民采伐木料过多，采伐之后又不行补种，所以森林便很少。许多山岭都是童山，一遇了大雨，山上没有森林来吸收雨水和阻止雨水，山上的水便马上流到河里去，河水便马上泛涨起来，即成水灾。所以要防水灾，种植森林是很有关系的，多种森林便是防水灾的治本方法。"② 防止旱灾也是一样，"治本方法也是种植森林。有了森林，天气中的水量便可以调和，便可以常常下雨，旱灾便可减少"③。孙中山的这些论述，即使在今天，也并没有被所有人真正了解。尽管我们已日益认识到保护自然环境和生态平衡的极端重要性，但因对自然界过度的索取而遭到大自然无情惩罚的事例还是屡见不鲜。

当然，仅仅把问题归结为生产力水平的低下或者生态环境的破坏，是很不全面的，还有必要把视野扩展一点，从社会政治领域来考察近代灾荒频发的缘由。

事实上，把自然灾害同社会政治联系起来的看法在历史上很早

---

① 《孙中山全集》，第 1 卷，1～2 页。
② 《孙中山全集》，第 9 卷，407 页。
③ 同上书，408 页。

就产生了。这突出地表现在所谓“天象示警”的传统灾荒观念上。这种观念认为，一切大的自然灾害的发生，都是老天爷对人们的一种警告或警诫，因为“天人之际，事作乎下，象动乎上”，人间社会生活和政治生活的不正常必然引起“天变”。这种灾荒观念，几乎流传了几千年，一直到清代还在实际生活中有着很大的影响。这种观念虽然并没有科学地揭示灾荒发生的原因，而且带有浓厚的封建迷信色彩，但它毕竟把自然灾害的频发同政治腐败联系了起来，在一定程度上提醒封建统治者从灾荒的发生中“反躬责己”，修明政治，因而具有一定的现实积极意义。近代洋务派官僚的认识较这要前进一步，他们开始直截了当地把“吏治不修”看作“民生日蹙，岁有水旱”的原因。但对灾荒与政治关系谈得最深刻的，还是孙中山先生。他认为灾荒频发的原因，除了人们对生态环境的破坏这一条外，另一条就是封建政治的腐败。他说：“中国人民遭到四种巨大的长久的苦难：饥荒、水患、疫病、生命和财产的毫无保障。这已经是常识中的事了”；“中国所有一切的灾难只有一个原因，那就是普遍的又是有系统的贪污。这种贪污是产生饥荒、水灾、疫病的主要原因，同时也是武装盗匪常年猖獗的主要原因”；“官吏贪污和疫病、粮食缺乏、洪水横流等等自然灾害间的关系，可能不是明显的，但是它很实在，确有因果关系。这些事情决不是中国的自然状况或气候性质的产物，也不是群众懒惰和无知的后果。坚持这说法，绝不过分。这些事情主要是官吏贪污的结果”①。在这个方面，有无数历史事实足以证明孙中山的说法确实是不刊之论。

还是从黄河说起。晚清时期为什么会出现“河患时警”的现象呢？据有关资料披露，道光咸丰年间，清朝政府每年用于黄河大堤的修防经费高达五六百万两银子，但实际用到工程上的却不及 1/10，其余的都让治河官吏挥霍掉了。当时河督宴客，一席所需，总要宰杀几匹骆驼、数十头猪以及无数鹅掌猴脑，甚至吃一次豆腐，也要花费数百两银子。如此骄奢淫逸，自然谈不上讲求“工程方略”了。

---

① 《孙中山全集》，第 1 卷，89 页。

这种情况大概很可以作为孙中山关于灾荒根源于官吏贪污的生动注脚。连道光皇帝也不得不承认，对于黄河，基本上是“有防无治”。

其实，说对黄河“有防无治”，还未免是一种过于美化的说法。在那个时候，“治”固然谈不上，“防”也常常因为各种原因而成为空文。每当大汛来临之际，治河各官真正能够奔走抢救、同广大群众战斗在抗灾抢险第一线的能有几人？这里不妨举一个颇具典型意义的实例：1887 年 9 月 29 日（光绪十三年八月十三日），黄河在河南郑州决口，决口之前，黄河大堤上数万人号呼震天，当堤防危在顷刻的时候，为各保身家，都准备积极抢险。但河道总督成孚却“误工殃民”。早在前两天就有人向他报知险情，他却“借词避忌”，拒不到工。次日，他慢慢吞吞地走了 40 里路，住宿在郑州以南的东张；及至到达决口所在，他不做任何处置，只是“屏息俯首，听人詈骂”。但向朝廷奏报时，他却竭力掩饰：本来是决口，却说成漫口；本来决口四五百丈，却说成决口三四十丈；本来是“百姓漂没无算”，却说成居民迁往高地，“并未损伤一人”。广大群众的生命财产就这样成了腐败黑暗的封建政治的牺牲品。

至于乘机贪污勒索，大发“赈灾”财的，更是司空见惯。本来，为了稳固自己的政治统治，清朝统治阶级曾经设计和规定了许多对待自然灾害的办法，形成了一套周密而完整的救荒机制。这些办法和规定，在有清一代，也确实产生了相当积极的作用。但是，历史进入近代以后，清王朝的统治危机日趋严重，政权的腐败程度有加无已。在一个彻底腐朽了的政权统治下，任何有效的政治机制都会运行失灵，任何严格周密的规章制度都会成为一纸具文；在多数场合下，实际活动甚至往往表现为对成文规定的明目张胆的背离和破坏。拿报荒来说，很多封建官僚不是“以丰为歉”，捏报灾情，就是“以歉为丰”，匿灾不报。虚报是为了贪污，因为虚报一旦成功，朝廷就会下令缓征或免征钱粮，而这些地方官早已“预征田赋”，为己所用了。匿灾或者是出于政治上的考虑，以粉饰太平来逃避自己对防灾不力的责任，制造小民“安居乐业”的假象来吹嘘自己的“政绩”；或者是出于经济方面的贪婪追求，“田虽颗粒无出，而田粮仍须照例完纳”。

民国时期，由于政局的动荡和战乱的频繁，过去封建王朝有关“荒政”的一些表面文章也常常顾不上做了。正如上文已经提到的，在清朝，每当发生灾荒之时，朝廷都要对成灾地区发布命令减免赋税。但到了民国以后，情况有了很大的不同。一些地方当局，常常预收钱粮。据《申报》披露，有的省份在民国十四年（1925年）即已预征钱粮到民国二十七八年了。而且，“这个军队来，预征一二年，改调乙队，不予承认，另外征收”。等到发生灾荒的时候，那一年的钱粮早在好多年前就已被收走了，哪里还谈得上“减免”二字？就赈济而言，政府往往只满足于做一点表面文章，于灾民的死活却并不放在心上，所以实际效果实在可怜得很。1940年安徽先旱后涝，灾区辽阔，灾民众多，灾情颇重。为了赈济，从中央到省政府都拿了些钱，但分到灾民头上，“每人只有二分”。二分钱，对于在死亡线上挣扎的灾民来说，连苟延残喘的作用都起不到。这与其说是救灾，不如说是对“救灾”的讽刺。一位德国友人王安娜在《中国——我的第二故乡》中描述过1942—1943年的中原大饥荒，她从两位在河南实地考察的美国朋友口中得知，“路上满是尸体和像骸骨一样瘦得可怕的人；所有的树皮，都被饿得绝望的人吃光了”；“在这种令人毛骨悚然的状态中，更为可怕的是招待我们的政府高级官员们的宴会，山珍海味堆积如山。而这些高级官员们就住在饿死者和倒在地上快要饿死的人的近处”。

各级官吏贪污腐败的恶劣影响并不只是表现在对社会救荒制度的直接破坏上。作为剥削阶级统治机器不可治愈的顽症痼疾，它在某个政权已经运行失灵、危机四起的时候，总会恶性发展，像溃烂的脓疮，蔓延到整个政治肌体，从而严重地消耗社会财富，加剧经济危机，从而导致国库亏空，财政困难，最终会进一步限制国家在防灾救灾方面的经济投入，以至大大降低了社会的防灾抗灾能力。以清朝而论，它在经历了一段政治稳定和经济繁荣的“康乾盛世”之后，从乾隆后期开始就已经走上了王朝统治的下坡路，整个封建政权，从上到下，腐败之风特甚。乾隆皇帝本人不仅六次南巡，到处游山玩水，寻欢作乐，挥霍无度，而且大兴土木，修建宫殿、苑囿，劳民伤财。王公贵族、文武百官、大地主、大商人无不挥金如土，穷奢极欲。为了满足奢侈豪华生活的需要，各级官吏贪风日炽，贿赂公行。和珅在乾隆后期任军机大臣 20 余年，运用各种手段，虎吞狼夺，积攒了数量惊人的巨额财富，就是一个典型的例子。乾隆死后，嘉庆帝抄没了和珅的家产，共编为 109 号，其中已估价的 26 号值银 2.2 亿两，相当于当时清政府 5 年多国库收入的总和。清政府虽然有时也惩办少数贪官污吏，但却无力扭转这股愈刮愈烈的贪渎之风，只能坐视其不断蔓延扩大。大大小小的官僚只以行贿受贿为能事，致使吏治日坏，官场充斥着昏庸、自私、卑劣的小人，他们只知升官发财，封妻荫子，置国家安危、民生疾苦于不顾，因循苟且，百务废弛。近代以来，清朝统治阶级的腐朽没落较前有过之而无不及，“官以贿成，刑以钱免”，大小官员几乎无官不贪。统治同治、光绪两朝 40 余年的慈禧太后更是荒淫无度，她为了自己的享乐，动用大量人力、物力、财力，甚至挪用海军经费修建颐和园。在中日甲午战争爆发之际，她仍耗费巨款举办庆祝自己 60 寿辰的“万寿盛典”，各级官员为博取她的青睐，竞相“报效”巨款和其他奇珍异玩。这样，在乾隆中叶到清朝灭亡的百余年间，统治阶级的腐朽没落，使国内经济生活一片混乱，日益衰败。清朝中叶积蓄起来的社会财富，也被各级官员严重的贪污腐化消耗殆尽，国家财政入不敷出，困难重重。而且，这些贪官污吏在肆无忌惮地侵蚀国库的同时，还加紧了对黎民百姓的剥削和搜刮，致使阶级矛盾十分尖锐，农民起义连绵不绝。为了维护自己岌岌可危的统治，清政府又不得不耗费大量军费用于军事镇压，仅为扑灭 18 世纪末 19 世纪初的白莲教大起义，它就花费了饷银 2 亿两；为了镇压 19 世纪中叶以太平天国农民战争为中心的各族人民反清斗争，清政府的用度更为浩繁，不仅挖尽了它的库藏，还卖官鬻爵，开征厘金（商业税），滥发钱钞，国家的财政濒于崩溃，并从此一蹶不振。我们不妨做一个比较。清代乾隆年间，库存银一般在 7 000 万两以上，1777 年（乾隆四十二年）达 8 182 万两，是清代历朝库存银最高的一年。到了

1851年，库存银几经耗折，已下降到800万两左右。太平天国起义爆发后，库存银更是逐年锐减，在1853—1861年，每年平均仅存银18万两，其中的实银又不过11万两。等到1864年太平天国起义被镇压时，库存银只有6万余两，相当于1777年的1/1 364。在这样一种山穷水尽的财政状况下，我们很难想象清政府对防灾抗灾工作会有大规模的经费投入。1855年黄河在河南兰阳铜瓦厢决口改道，按照惯例，清政府本应堵筑漫口，抚恤灾民。但当时东南半壁江山被太平军占领，大半个中国处在战火之中，清朝统治者为了支付军饷，早将库存挖掘一空，又哪有余资去堵筑决口呢？咸丰皇帝经过一番权衡，很快改变了“兴工堵筑”的初衷，决定采取所谓的“因势利导”政策，“暂行缓堵”兰阳决口。实际上，这里所谓的“因势利导”，只不过是任黄水四处横流，对黄河灾难不闻不问的一种冠冕堂皇的遁词。太平天国农民起义失败以后，黄河水患日趋严重，清政府不得不稍稍留意河工，但由于清政府的财政状况并没有根本改善，再加上其他方面的原因，清政府投向黄河河工的经费，连同堵口、筑堤的用款在内，也不过180万余两，只相当于嘉道年间的1/4左右。这样少的经费再加各级官员的侵挪贪污，真正被用于河防的就少得可怜了，其结果自然是黄河“无岁不决，无岁不数决”。

我们在上面所提到的“其他方面的原因”，其中最重要的一条就是，外国资本-帝国主义列强的疯狂掠夺，这也是政治方面导致近代中国灾荒频发的最重要的原因之一。资本-帝国主义列强为了把中国变为其殖民地，达到掠夺中国财富的目的，自1840年以来，多次发动侵华战争，其中规模较大的就有6次：1840—1842年的第一次鸦片战争、1856—1860年的第二次鸦片战争、1884—1885年的中法战争、1894—1895年的中日甲午战争、1900年的八国联军侵华战争以及1931—1945年的日本侵华战争。所有这些战争，除了最后一次外，无不因封建政府的极端腐败而以中国的失败并被迫签订不平等条约而告终。通过这些不平等条约，列强不仅获得了大量的侵略权益，强占了中国的大片领土，而且勒索了巨额的战争赔款，其中第一次鸦片战争赔款包括侵略者战时抢掠、勒索的钱财在内，共

2 000余万两，相当于当时清政府一年财政收入的1/2，第二次鸦片战争赔款也有1 670余万两白银。1895年由于甲午之战的失败，中国又被迫向日本赔款2.3亿两白银，相当于当时清王朝三年财政收入的总和。1901年的《辛丑条约》更是规定中国赔款4.5亿两，分39年付清，本息合计约9.8亿两，再加上各省地方的赔款，按当时中国人口4亿计算，每人要赔3两白银，这是中国近代史上最多的一次赔款，是帝国主义对中国人民最重的一次敲诈勒索。本来，在抵抗列强的侵略中清政府就已经耗费了巨额的军费，战后为了支付赔款又不得不大借外债，忍受列强超额利息的盘剥。原已陷入困境的清廷财政在战费、赔款和外债的重压之下，可以说是完全崩溃了。当时为了支付庚子赔款，清政府甚至在十分有限的黄河河工经费中每年扣提10万两抵数。所有这一切，最终又会通过加捐加赋等各种经济的或超经济的手段转嫁到广大劳动人民身上，从而大大加重了广大劳动人民的负担。加上资本-帝国主义列强又凭借不平等条约的保护向中国大量倾销商品，特别是倾销洋纱洋布等棉纺织工业品，使广大农村家庭手工纺织业遭到严重的摧残，剥夺了农民借以勉强维持生活的手段，农民生计更加困顿不堪。农民一年的劳动所得，除了纳赋、应差以及充作牛力籽种之外，就是正常年景也难以糊口，一遇荒歉，就只有陷于饥馑流离的境地了。

更有甚者，发动这些侵略战争的外国列强，特别是日本帝国主义，为了所谓的"战略需要"，甚至和某些丧心病狂的国内反动统治阶级一样，有意破坏自然环境，人为制造大祲巨灾。1939年夏，河北省暴雨连朝，日本侵略者企图水淹隐蔽在高粱丛中的抗日游击队，悍然乘汛期将大清河、子牙河、滹沱河、滏阳河等河堤扒开决口182处，造成河北平原空前的大水灾，冀中、冀南500余万灾民流离失所。1943年9月，日军又在冀南临清、漳河、鸡泽等县扒堤决河，致使洪水横流，泛滥区域扩展到30余县。尤为残酷的是，日本占领军在整个战争期间先后向我国20余省的平民区投放带有鼠疫、霍乱等疫菌的不明物品，仅据有案可查的档案和文献资料中记载的数据统计，就至少有27万中国人被无端地夺去了生命，还有不少疫菌感染者直到今天仍在遭受着痛苦的煎熬。战争对生态环境其他方面的破坏和影响，同样非常严重。抗战期间，日军为攻击中国军队，或采取飞机轰炸，或放火烧山，引起多次森林火灾，而为了构筑工事，又砍伐大量的木材。据战后国民政府农林部的调查，抗战八年因战争使森林直接被毁的地区达 21 省，间接受害的达 26 省，各省森林被毁约 18.8 亿立方尺，价值 96.7 亿银元。特别是东北地区的森林更遭到了日寇毁灭性的破坏。日占 14 年间，仅在长白林海即掠夺良材 1 亿立方米，平均每年约为 700 万立方米，破坏森林面积相当于 6 万平方公里，接近长白林海总面积的一半。林海边远县份的原始森林，经 14 年的洗劫之后，荡然无存。生态环境如此巨大的破坏，给当时的更给后世的东北人民带来了巨大的灾难和隐患。

现在，所有这一切都已经噩梦般地成了历史的陈迹。中华人民共和国成立近 50 年来，在党和政府的领导下，由于经济的发展和综合国力的增强，由于广大干部和人民群众的团结奋斗，我们抵御自然灾害的能力有了很大的提高，严重自然灾害造成的后果被尽可能地降低到了最小的程度。当然，我们不能满足已经取得的成绩，我们仍然要坚持不懈地兴修水利，保护生态环境，不断提高抵御自然灾害的能力，确保我国经济和社会的可持续发展，以造福当代，惠及子孙。

灾害研究的力作*

湖南人民出版社花5年的时间高质量地出版了“中国灾害研究丛书”，这是我国出版界的一件大事。该丛书在以下两个方面有很高的价值。

1. 社会意义、社会价值方面。从目前情况来看，我国灾害非常严重，但整个社会的防灾意识却很淡薄，这是一个非常尖锐的矛盾。过去我们讲灾害的严重性往往流于抽象，水灾则是“京城泽国”，旱灾则是“赤地千里”，死人则是“饿殍塞途”。20世纪以来开始具体记录，从这些记录中可以看出，战争中死亡人数往往赶不上一次大灾害，除了抗日战争这样的长期战争。因此，灾害对社会的影响非常巨大，需要人们从思想上高度重视，而我们恰恰不是这样。举一个例子，去年水灾之后，国家明确规定，长江上游、黄河上游停止砍伐森林，但仍有一些地方在砍伐，还不准新闻记者采访。这些情况说明，提高全社会防灾抗灾的意识、观念是非常重要的。这套书全面研究了灾害问题，能够极大地提高人民群众的认识，是非常重要、非常及时的一个工作。

2. 学术价值方面。我国对灾害问题的研究，存在严重的不足。古代对于灾害只是一些记录，谈不上对灾害的研究。直到1937年，邓拓同志的《中国救荒史》才较早地系统地用唯物史观来研究灾害。中华人民共和国成立以后，有了很大的变化，灾害研究有了较大的成绩，但是有一个特点，即主要从科技角度、从自然科学的角度研究，而从社会学的角度进行的研究非常薄弱，说得严重点几乎是空白。我们大家都知道，灾害的成因及整个过程与人的因素、社会的

---

* 载《新闻出版报》，1999年4月19日。

因素分不开，这方面所起的作用至少不小于自然因素。因此，从学术价值上说，这套丛书有这么几个成就：一是对灾害研究学提供了一个框架。二是更多从社会科学与自然科学相结合的角度开展研究，这一点是非常重要的、值得称道的。社会科学与自然科学联手，不仅灾害研究必要，其他一些学科也存在这样一个发展趋势。三是从当前的出版情况来看，这套丛书不计盈亏，怀着为学术发展做贡献，为灾害研究的深入做出努力的强烈责任心，这也是很值得称道的。

澳门回归的历史审视*

经过了四百余年的风雨沧桑，澳门终于回归在即。随着中国政府对澳门恢复行使主权，中华民族蒙受的历史耻辱再一次得以湔雪，祖国的统一大业又取得了新的辉煌。这是继香港回归之后的又一世纪盛事。

中国人民为收回澳门进行了长期的顽强斗争。但是，在中华人民共和国成立之前，由于主客观条件尚不具备，这种斗争没有取得成功。中华人民共和国的诞生，使中国人民在社会主义道路上，开始了中华民族伟大复兴的新的征程。特别是改革开放以来，我国的国际地位进一步提高，综合国力极大增强，正是这一切，为今日澳门的回归奠定了坚实的基础。

1999 年 12 月 20 日，将是一个载入史册的光辉时刻。出于一个历史工作者的职业习惯，我很自然地想到，一个世纪前的这一天，在中国的大地上正发生着什么样的事情呢？翻开史籍，我们看到1899 年 12 月 20 日，华北的献县、枣强、景州、武强等地，以下层劳动群众为主体的义和团，正冲破清朝政府的阻挠和束缚，为了反对列强对中国的欺压和“扰攘”，进行着虽然盲目但却英勇的抗争。一年之后，也就是 1900 年的 12 月 20 日，列强以穷凶恶极地侵占了京津等地的八国联军为后盾，就所谓的“议和条款”达成了协议，并在向中国谈判代表致送条款的照会上正式签了字。这个“议和条款”，也就是稍后臭名昭著的《辛丑条约》的蓝本。这个不平等条约，成为套在中国人民身上的又一条沉重的镣铐。100 年的岁月流

---

* 载《光明日报》，1999 年 12 月 17 日。

逝，中国人民从忍辱负重到扬眉吐气，我们的祖国从任人宰割到日臻富强，这中间蕴含了多少丰富深刻的历史启示。

我们不会忘记过去，是为了永远告别过去的贫困屈辱；我们欢庆澳门回归，更期待着早日实现祖国完全统一的美好前景。

论五四运动的历史传统*

80年前，我国发生了伟大的五四运动。这个运动，在思想上、政治上给予了我国近代社会极为深刻的影响，使之成为20世纪我国发生的最重要的历史事件之一。

毛泽东同志曾经把五四运动称作一个“大事件”，“是一个有重大意义的运动”①。为什么？因为这个运动高举彻底地、不妥协地反帝国主义、反封建主义的旗帜，极大地解放了人们的思想，为中国共产党的成立准备了思想条件和组织条件，标志着近代中国开始进入了新民主主义革命阶段。

怎样认识五四精神？怎样看待五四运动留给我们的历史传统？不同的角度可以得出不同的看法。但不管什么样的看法，都必须有一个根本前提，那就是尊重历史的本来面目。今天，让我们再一次走进五四运动，沿着历史发展的轨迹，寻找五四运动给予我们的传统及其对于现代中国的意义。

一、继承和发扬爱国主义的光荣传统

五四运动是近代中国历史上一次伟大的爱国主义运动，五四运动是近代中国社会主要矛盾不断积聚之后的总爆发，是中国人民反帝反封建斗争的一次伟大实践。

19世纪中叶鸦片战争之后，近代中国在外国资本-帝国主义的

---

* 载《新视野》，1999年第3期。署名：李文海、温乐群。

① 《毛泽东选集》，2版，第2卷，565页，北京，人民出版社，1991。

不断入侵压迫下，在本国封建势力日趋腐朽卖国的衰败中，渐渐陷入苦难和屈辱的深渊，一步步地沦为半殖民地半封建社会。帝国主义与中华民族的矛盾、人民大众与封建主义的矛盾成为近代中国社会的主要矛盾。因此，反对外国势力的侵略，争取民族独立和解放，推翻封建专制统治，建立富强民主的国家，成为半殖民地半封建中国面临的主要问题，也是近代中国爱国主义的主题。为此，富有爱国主义传统的中华民族的优秀儿女从未停止反抗斗争。从太平天国农民革命到戊戌维新运动，到义和团反帝爱国运动，一次次反抗斗争，一次次地奋斗牺牲，但是都失败了。进入 20 世纪以后，在伟大的爱国主义者孙中山先生领导下，辛亥革命推翻了统治中国几千年的封建君主专制制度，开创了完全意义上的近代民族民主革命，实现了 20 世纪中国历史上的第一次历史性巨变。

辛亥革命的历史功绩是巨大的，但是并没有改变旧中国的社会性质和人民的悲惨命运。中华民国建立不久，革命果实就落到以袁世凯为首的北洋军阀手中，民主共和的大厦被一小撮军阀所噬空。时人叹曰："无量头颅无量血，可怜换得假共和"。广大农村乃至整个中国就像鲁迅先生在《阿 Q 正传》中描写的未庄一样，所发生的"革命"不过是革掉一块写有"皇帝万岁万万岁"的龙牌，所发生的变化仅仅是"将辫子盘在顶上的逐渐增加起来了"。帝国主义势力依然是传统中国的太上皇，各国列强通过北洋军阀操纵着中国政治，控制着中国经济，并加紧对中国的争夺，中华民族的危机日趋严重，中国人民仍然处在极端贫穷落后的状态。对此，孙中山先生沉痛地说："政治上、社会上种种黑暗腐败比落后更甚，人民困苦日甚一日。"① 矛盾的积聚如地火在奔突，终于因中国在巴黎和会上的外交失败而爆发了。

1919 年春，第一次世界大战中战胜国一方在巴黎召开"和平会议"。中国政府作为协约国一方也派代表出席。中国代表在会上提出废除外国在中国的势力范围、撤退外国在中国的军队等 7 项要求和

---

① 《孙中山全集》，第 9 卷，99 页。

取消“二十一条”及换文的陈述书，遭到了把持会议的英、法、美、日等大国的拒绝。会议竟规定德国应将在中国获得的一切利益移交日本。对于这样一个屈辱的“和平协定”，当时的北洋军阀政府竟然准备签字接受。消息传到国内，激起了各阶层人民的强烈愤慨，以北京大中专院校青年学生为先导的五四运动如火山爆发一般开始了。

五四运动中，青年学生高呼“取消二十一条”“还我青岛”“诛卖国贼曹汝霖、章宗祥、陆宗舆”等口号，他们向全国民众发出号召：“中国的土地可以征服而不可以断送！中国的人民可以杀戮而不可以低头！国亡了！同胞们起来呀！”继青年学生之后，中国的工人阶级也行动起来，他们以工人阶级所特有的组织性、纪律性和坚定性，成为五四运动后期的主力军。此外，还有城郊的农民、城镇的商人等也都参加到这场运动中。在民族危亡面前，在爱国主义的旗帜之下，全国各界各阶层民众广泛地团结起来，形成了一股巨大的力量。最终迫使北洋政府释放了被捕的学生，罢免了曹、章、陆的职务，中国代表也拒绝出席巴黎和会的签字仪式。五四运动取得了直接的胜利。

五四运动是一次真正伟大的运动，它以辛亥革命所不曾有的彻底地不妥协地反帝国主义、反封建主义的姿态而出现。地无分东西南北，人无分男女老少，中国人民在这场斗争中所表现出来的爱国主义激情，在中国历史上是罕见的，它把近代中国反帝反封建斗争推进到一个新阶段。正如江泽民同志指出的，五四运动“体现了中国人民爱国、革命、进步的强烈愿望和坚定信念”，“它标志着中国民主革命进入一个崭新阶段”①。

五四运动的精神，最根本的就是中华民族的爱国主义精神。爱国主义是推动我国社会历史前进的巨大力量，是全国各族人民共同的精神支柱。在当代中国，爱国主义与社会主义在本质上是统一的。邓小平同志指出：“中国人民有自己的民族自尊心和自豪感，以热爱

① 江泽民：《爱国主义和我国知识分子的使命》，载《人民日报》，1990年5月4日。

祖国、贡献全部力量建设社会主义祖国为最大光荣，以损害社会主义祖国利益、尊严和荣誉为最大耻辱。”① 这是对现阶段爱国主义特征最精辟的概括。十一届三中全会以来，在以邓小平同志为核心的第二代领导集体和以江泽民同志为核心的第三代领导集体的领导下，在中华人民共和国成立以来革命和建设成就的基础上，我们党总结历史经验，成功地走出了一条建设有中国特色社会主义的新道路。这是中国实现国家繁荣富强和人民共同富裕的唯一正确的道路。因此，坚持改革开放，建设有中国特色社会主义，是当代爱国主义的主题和历史任务。今天，我们纪念五四运动，首先就是要继承和发扬五四运动爱国主义的光荣传统，进一步振奋民族精神，增强民族凝聚力，为建设有中国特色社会主义宏伟事业而奋斗。这是我们纪念五四运动的重要意义之所在。

二、大力弘扬民主、科学的精神

80 年前发生的五四运动，既是我国历史上一次伟大的反帝反封建的政治运动，又是一次倡导民主和科学的伟大的思想解放运动。

“民主”和“科学”是五四时期由《新青年》杂志高举的两面大旗，是五四时期先进分子用以救国救亡的两大思想武器。“五四运动的总司令”陈独秀在《敬告青年》一文中明确提出，“国人而欲脱蒙昧时代，羞为浅化之民也，则急起直追，当以科学与人权并重”。在当时，“人权”实际上是“民主”的同义语。陈独秀认为，民主与科学“若舟车之有两轮焉”。陈独秀等先进分子清醒地看到辛亥革命后的中华民国只有民国之名，而无民国之实。其原因就是，没有经历一场思想文化上的革命，封建专制主义的思想文化和祀天、信鬼、修仙、扶乩等封建愚昧迷信活动仍占统治地位。陈独秀说：“这腐旧思想布满国中，所以我们要诚心巩固共和国体，非将这班反对共和

① 《邓小平文选》，第 3 卷，3 页。

的伦理文学等等旧思想，完全洗刷得干干净净不可。否则不但共和政治不能进行，这块共和的招牌，也是挂不住的。”① 因此，陈独秀、李大钊、鲁迅等先进分子，高举民主和科学的旗帜，以笔为枪，向着封建主义及其意识形态发起了攻击，从而掀起了中国近代历史上一场波澜壮阔的思想解放运动。

五四时期所倡导的民主和科学有其特定的含义。民主，是指民主的精神，反对以孔学为代表的封建专制主义的意识形态。科学，主要针对当时流行的神鬼之学和迷信活动，反对“迷信神鬼、迷信物象、迷信命运、迷信强权”，提倡科学思想和科学精神。虽然总体上说，这两个口号还没有突破资产阶级民主主义的范畴，但是它们确实抓住了阻碍中国社会进步的思想文化层面的核心问题，反映了时代的要求，因而成为最具影响力、最鼓舞人心的口号和旗帜，也正因如此，面对封建主义卫道士们的仇视和围攻，陈独秀充满信心地宣布：我们现在认定，只有“德先生”（Democracy，民主）和“赛先生”（Science，科学）“可以救治中国政治上、道德上、学术上、思想上一切的黑暗。若因为拥护这两位先生，一切政府的迫害，社会的攻击笑骂，就是断头流血，都不推辞”②。表现出当时的先进分子高举与捍卫民主和科学的旗帜，与封建势力进行不妥协斗争的无私无畏的精神和勇气。

五四时期高举的民主和科学的旗帜，也是整个民主革命时期的两大旗帜。以毛泽东同志为代表的中国共产党人，继承和发扬了五四的光荣传统，在领导新民主主义革命的实践中，继续高举民主和科学的旗帜。毛泽东同志在《新民主主义论》中明确提出，新民主主义革命的政治纲领是推翻帝国主义和封建主义的压迫，在中国建立一个以无产阶级为领导的、以工农联盟为基础的各革命阶级联合专政的民主共和国。文化纲领是废除封建买办文化，毛泽东同志解释“科学的”内涵，强调“它是反对一切封建思想和迷信思想，主张实事求是，主张客观真理，主张理论和实践一致的”③。这样，反

① 陈独秀：《旧思想与国体问题》，载《新青年》，第3卷，第3号。

② 陈独秀：《体志罪案之答辩书》，载《新青年》，第6卷，第1号。

③ 《毛泽东选集》，2版，第2卷，707页。

帝反封建的历史任务与民主、科学的追求有机地统一起来，构成了中国共产党人建设新国家的纲领。这是对五四时期民主和科学精神的真正继承与发展，是中国共产党人的优良传统。中华人民共和国建立以后，特别是社会主义改造基本完成，我国进入社会主义初级阶段以后，经济文化十分落后和封建主义思想遗毒影响依然存在的客观现实，决定了发展民主和弘扬科学仍然是我国社会主义建设的两个重大课题，民主和科学的旗帜不能丢。不发扬民主，不发展科学，就无法建设社会主义，就没有社会主义的现代化。当然，今天我们所提倡的民主是发展和完善社会主义民主政治；科学是指以科学思想、科学精神为灵魂的整个科学教育文化事业，是指社会主义精神文明建设。党的十一届三中全会以后，邓小平同志指出："继续努力发扬民主，是我们全党今后一个长时期的坚定不移的目标。"① 他还强调指出："没有民主就没有社会主义，就没有社会主义的现代化。"② 社会主义民主是社会主义的本质要求和内在属性，发展与完善社会主义民主政治是建设社会主义物质文明和精神文明的政治保证，是我国社会主义现代化建设的一个伟大目标。十一届三中全会以来，在党的领导下，经过全国人民的共同努力，我国的民主政治建设取得了显著成绩，是中华人民共和国成立以来民主和法制建设步伐最快、成效最大的时期。当然，我们的民主制度建设及其实际执行还不完善，还受到现实的经济、文化、社会等各方面条件的制约。正如江泽民同志在党的十五大报告中指出的："建设社会主义民主政治，是逐步发展的历史过程，需要从我国的国情出发，在党的领导下有步骤、有秩序地推进。社会主义愈发展，民主也愈发展。我们要在实践中积极探索规律，不断推进有中国特色社会主义民主政治的发展，使它在二十一世纪展现出更加蓬勃的生命力。"为此，党的十五大明确提出实行依法治国的基本方略，必将有力地推进有中国特色社会主义民主政治的发展。

当今世界，科学技术突飞猛进，知识经济已见端倪，科学技术

① 《邓小平文选》，2版，第2卷，176页。

② 同上书，168页。

水平已经成为决定国家综合国力强弱、现代化水平和国际地位高低的重要因素。面对日趋激烈的国际竞争，以江泽民同志为核心的党中央确定了要坚定不移地实施科教兴国战略，高度重视知识创新、人才开发对经济发展和社会进步的重大作用，强调要坚持以教育为本，把科技和教育摆在经济、社会发展的重要位置，把经济建设转移到依靠科技进步和提高劳动者素质的轨道上来，加速实现国家的繁荣强盛。发展科学与教育也是社会主义精神文明建设的基础工程。科学思想、科学方法、科学精神，作为精神力量，在建设社会主义精神文明中，在提高人们的精神文化素质、推动社会主义社会全面进步中，发挥着极其重要的作用。党中央十分重视科学创新、科学普及和科学宣传，针对当前一些迷信、愚昧活动日渐泛滥，反科学、伪科学活动频频发生的现象，江泽民同志在十五大报告中特别要求“努力提高科技水平，普及科技知识，引导人们树立科学精神，掌握科学方法，鼓励创造发明。消除愚昧，反对封建迷信活动”。他还强调指出：“建设有中国特色社会主义，必须着力提高全民族的思想道德素质和科学文化素质，为经济发展和社会全面进步提供强大的精神动力和智力支持，培育适应社会主义现代化要求的一代又一代有理想、有道德、有文化、有纪律的公民。这是我国文化建设长期而艰巨的任务。”

在社会主义初级阶段，大力弘扬五四时期追求民主和科学的精神，任重而道远，这是我们纪念五四运动的又一重要意义。

三、高举马克思主义的伟大旗帜

在五四时期，坚持民主精神，陈独秀等先进分子对当时传播与流行的各种思潮和主义表现出极大的包容性；坚持科学精神，他们逐渐把能否解决当时中国所面临的救亡和启蒙问题，作为检验各种思潮和主义之效用的依据。陈独秀在一次演讲中说：“科学有广狭二义：狭义是指自然科学而言。社会科学是拿研究自然科学的方法，用在一切社会人事的学问上……这乃是科学最大化的效用。"① 这种看法无疑有着简单化倾向，但却推动着陈独秀等先进分子更加积极地寻求解决中国问题的学说与主义，并最终在各种思潮和主义中选择了马克思主义。当时除马克思主义之外，其他种种主义和学说也纷纷传入中国，一时间无政府主义、新村主义、合作主义、泛劳动主义、基尔特社会主义等学说流派纷然杂陈。中国的先进分子几乎都曾信仰过资产阶级民主主义，有的还接受过工读主义、新村主义，进行过工读救国的实践。经过对各种学说、主义和各种救国方案的分析比较，他们逐渐认识到马克思主义是一种科学的理论体系。李大钊在《我的马克思主义观》中称马克思主义为"世界改造原动的学说"，"是完全自成一个有机的有系统的组织"②。杨匏安认为："马氏以唯物史观为经，以革命思想为纬，加之以在英法观察经济状况之所得，遂构成一种以经济的内容为主的世界观，此其所以称科学的社会主义。"

更重要的是，中国先进分子逐渐认识到，只有马克思主义才是适合中国的情况、能够根本解决中国的各种问题、既有科学的世界观又有彻底革命方法、唯一科学的理论武器，是适合世界革命新潮流的"新信条"。李大钊说，马克思主义"是二十世纪世界革命的新信条"。李达也谈道："社会主义确是要改掉十九世纪的文明弊病，是一帖对症的良药。"③ 蔡和森更加明确地宣布："我近对各种主义综合审谛，觉社会主义真为改造现世界对症之方。中国也不能外此"④；"所以我对于中国将来的改造，以为完全适用社会主义的原理和方法"⑤。曾是上海共产主义小组成员之一的施存统，在经历了工读互助实践失败后，明确表示接受马克思主义，认为"只是因为它能够圆满地解决我们的问题"，能够实现对中国和世界的根本改造。

经过分析比较，马克思主义成为五四时期新思潮的主流，被探

---

① 陈独秀：《新文化运动是什么》，载《新青年》，第7卷，第5号。

② 《李大钊选集》，173页，北京，人民出版社，1959。

③ 《李达文集》，第1卷，4页。

④ 《蔡和森文集》（上），23页，长沙，湖南人民出版社，1979。

⑤ 同上书，24页。

索中国独立和发展出路的中国先进分子作为自己改造中国与世界的思想武器。接着马克思主义与中国工人运动相结合，诞生了中国共产党。从此，中国革命进入了一个新的历史阶段。

实践证明，马克思主义是中国人民不断取得胜利的锐利的思想武器，是指引中国人民昂首前进永远立于不败之地的伟大旗帜。在马克思主义指导下，中国共产党领导全国人民完成了反帝反封建的新民主主义革命，结束了中国百余年半殖民地半封建社会的历史，建立了人民当家做主的新中国。在中国革命曲折发展过程中，中国共产党把马克思主义的普遍真理与中国革命的具体实践相结合，产生了毛泽东思想，并战胜了蒋介石的三民主义、法西斯主义以及种种改良主义。历史发展最终证明，只有马克思主义、毛泽东思想才是适合中国国情、适合中国革命需要的唯一科学的理论。

中华人民共和国成立后，在马克思主义、毛泽东思想指导下，中国共产党领导人民消灭了剥削制度和剥削阶级，建立了社会主义制度，并开始积极探索中国式的社会主义建设道路。尽管历经坎坷和曲折，但我国的社会主义建设事业仍然取得了巨大成就，初步奠定了社会主义现代化建设的物质技术文化基础。十一届三中全会以来，以邓小平同志为核心的第二代中央领导集体和以江泽民同志为核心的第三代中央领导集体，高举马克思主义、毛泽东思想的伟大旗帜，坚持“解放思想、实事求是”的思想路线，在改革开放和社会主义现代化建设的伟大实践中，坚持和发展了马克思主义、毛泽东思想，形成了邓小平理论，并确定了这一理论的指导地位，领导现代中国向着富强、民主、文明的社会主义现代化目标大步迈进，取得了令人瞩目的伟大成就。正如毛泽东同志所说：“我们说马克思主义是对的，决不是因为马克思这个人是什么‘先哲’，而是因为他的理论，在我们的实践中，在我们的斗争中，证明了是对的。我们的斗争需要马克思主义。”① 也正如邓小平同志所指出的：“马克思主义的真理颠扑不破”，“因为马克思主义是科学”②。邓小平同志还

---

① 《毛泽东著作选读》(上册)，50～51页，北京，人民出版社，1986。

② 《邓小平文选》，第3卷，382页。

指出："我们必须世世代代地用准确的完整的毛泽东思想来指导我们全党、全军和全国人民，把党和社会主义的事业，把国际共产主义运动的事业，胜利地推向前进"①。

马克思主义并没有结束真理，而是在实践中不断开辟认识真理的道路。马克思主义在不断发展中充实丰富起来。毛泽东思想、邓小平理论都是对马克思主义的丰富和发展，也都属于马克思主义的科学体系。党的十五大报告郑重指出："实践证明，作为毛泽东思想的继承和发展的邓小平理论，是指导中国人民在改革开放中胜利实现社会主义现代化的正确理论。在当代中国，只有把马克思主义同当代中国实践和时代特征结合起来的邓小平理论，而没有别的理论能够解决社会主义的前途和命运问题。邓小平理论是当代中国的马克思主义，是马克思主义在中国发展的新阶段。"十五大报告还强调指出："在当代中国，马克思列宁主义、毛泽东思想、邓小平理论，是一脉相承的统一的科学体系。坚持邓小平理论，就是真正坚持马克思列宁主义、毛泽东思想；高举邓小平理论的旗帜，就是真正高举马克思列宁主义、毛泽东思想的旗帜。"这是全党和全国人民从历史与现实中得出的不可动摇的结论。

在当代中国，高举马克思主义、毛泽东思想和邓小平理论的伟大旗帜，把建设有中国特色社会主义事业全面推向21世纪，这是我们纪念伟大的五四运动最重要的意义。

---

① 《邓小平文选》，2版，第2卷，39页。

更加重视思想政治和品德教育*
——学习《政府工作报告》有关内容的体会

朱镕基总理在九届全国人大二次会议上的《政府工作报告》中再次指出，“实施科教兴国战略，是实现振兴和国家现代化的根本大计，也是本届政府极其重要的任务”，强调“科教兴国，基础在教育”，并且明确提出了振兴教育事业的三条根本原则和方针：“一要加大改革力度”，“二要更加重视质量”，“三要更加重视思想政治和品德教育”。朱镕基同志提出的这三条原则和方针具有很强的现实针对性，对教育事业的振兴有重大的指导意义。在这里，就为什么要更加重视思想政治和品德教育，如何搞好思想政治和品德教育谈些个人的粗浅体会。

一

重视思想政治和品德教育是全面贯彻落实党的教育方针的根本要求，也是我们党多年来一直坚持和强调的优良传统。在新形势下，必须更加重视思想政治和品德教育。

第一，这是由教育的性质和根本任务决定的。教育的根本任务在于培养人，造就优秀的人才。江泽民总书记在十五大报告中指出：“培养同现代化要求相适应的数以亿计高素质的劳动者和数以千万计的专门人才，发挥我国巨大人力资源的优势，关系二十一世纪社会主义事业的全局。”现在的在校学生，再过几年、十几

* 载《思想理论教育导刊》，1999年第4期。

年，也就是到21世纪初叶，就要陆续走向社会，其中的大部分将成为社会各行各业、各条战线上的中坚骨干力量。因此，他们的思想倾向怎样、精神状态如何、道德素质高低，将会在很大程度上影响甚至决定21世纪初叶我国社会的面貌。必须站在历史的高度，以战略的眼光来认识新时期学校思想政治和品德教育工作的极端重要性。

第二，这是适应素质教育的客观要求。当今世界，科学技术突飞猛进，知识经济已见端倪，国力竞争日趋激烈。这既给教育事业的发展提供了难得的机遇，又提出了新的任务、新的挑战。其中最突出的一点就是，对人才培养的要求更高更全面了，更加注重人才综合素质的培养。为适应经济、社会、科技发展的要求，就必须对原有的人才培养模式进行改革，加快推进素质教育，改变过去重专业知识教育、忽视综合素质培养的倾向。一般来说，一个人的综合素质包括思想政治素质、道德素质、业务素质、心理素质、身体素质等方面。一个人的素质越全面，就越有利于其才能的发挥。江泽民总书记曾在纪念北大建校100周年大会上的讲话中对青年学生提出了“四个统一”：坚持学习科学文化与加强思想修养的统一，坚持学习书本知识与投身社会实践的统一，坚持实现自身价值与服务祖国人民的统一，坚持树立远大理想与进行艰苦奋斗的统一。只有把四个方面统一起来，发展全面的素质，才能适应时代的要求。要帮助青年学生发展全面素质，实现“四个统一”，就必须更加重视与加强思想政治和品德教育。知识经济时代的来临，素质教育的推行，不仅不会取消而且会进一步强化思想政治和品德教育应有的地位与作用。

第三，这是针对当前思想政治和品德教育的实际情况提出来的。我国目前正处在由传统的计划经济向社会主义市场经济过渡的阶段，改革开放的不断深化，引起政治、经济、文化、社会生活各方面的巨大变化。从总体上说，这些变化对学校思想政治和品德教育工作起到了积极的推动作用，但也带来了不少新的问题，提出了新的要求。一方面，青年学生的成长面临着更为复杂的环境，极端个人主义、享乐主义、拜金主义等腐朽思想文化在一些人身上有不同程度的存在，淡化政治、忽视政治倾向有所滋长，少数人的理想、信念动摇。世界观、人生观、价值观扭曲，因此如何引导青年学生逐步树立正确的世界观、人生观、价值观就是学校思想政治和品德教育工作需要研究与解决的新课题。另一方面，从学校角度说，对于如何做好新形势下的思想政治和品德教育工作，还缺乏足够的研究和探索，工作的思路、内容、方法还不完全适应，同时由于受种种因素的影响，智育一手“硬”、德育一手“软”，忽视或淡化思想政治和品德教育的现象在一些学校也不同程度地存在着。因此，为了更好地帮助和引导青年学生健康成长，就迫切需要进一步做好思想政治和品德教育工作。

第四，重视德育工作也是世界各国教育改革的共同趋势。第二次世界大战以后，由于科学技术迅猛发展，世界各国特别是西方发达国家的生产力有了很大发展，人们的物质生活水平有了前所未有的改善和提高，但伴随而来的问题也不少。在西方国家青少年中，吸毒、暴力、性乱等成为社会普遍关注的严重问题。面对道德沦丧与经济增长的二律背反，要求加强学校道德教育的呼声也愈来愈高。美国总统克林顿在1994年3月31日签署的《美国2000年教育目标法》中，把促进学生个人良好品德教育作为美国2000年国家八大教育目标中的重要内容。日本提出：德育是关系日本21世纪命运的关键，要把德育放在学校教育的首位。其他国家在确定面向21世纪教育改革的方案中都普遍强调要加强学生的道德教育，使学生有良好的思想道德品质。尽管我国的社会制度和意识形态与西方国家根本不同，道德教育的目的、内容和方法也有很大区别，但它们的做法和思路对我们也有启迪与借鉴作用。随着改革开放的进程不断深入，我国经济和社会的发展、人们的文明程度会越来越高；但是，如果不加警惕，西方国家出现的一些社会问题，包括青少年的问题，也会在我国出现。从这个角度来讲，我们也迫切需要更加重视思想政治和品德教育。

二

当前，要搞好思想政治和品德教育，需要解决的问题和完成的任务很多，最主要的是抓好以下几项工作。

首先，也是最重要的是要坚持用马克思列宁主义、毛泽东思想，特别是邓小平理论教育学生，使他们树立坚定的社会主义理想和信念。马克思列宁主义、毛泽东思想、邓小平理论是我们党的指导思想和行动指南。坚持用马克思主义理论教育学生，是我们国家教育的社会主义性质的根本要求和体现。当前最根本的是要加强马克思主义理论教育的时代感和针对性，要以我国改革开放和现代化建设的实际问题，以我们正在做的事情为中心，着眼于马克思主义的运用，着眼于实际问题的理论思考，着眼于新的实践和新的发展。邓小平理论是当代中国的马克思主义，是马克思主义在中国发展的新阶段。因此，在学生中开展马克思主义理论教育，最重要的是要用邓小平理论武装学生。要引导学生全面、正确地把握邓小平理论同马克思列宁主义、毛泽东思想之间继承、坚持、发展、创新的辩证关系。要引导学生学会用马克思主义的立场、观点、方法来分析现实生活中的政治、经济、文化和社会问题，牢固树立社会主义的思想和信念。“两课”是对大学生系统地进行思想理论教育的主渠道和主阵地。加强马克思列宁主义、毛泽东思想，特别是邓小平理论的教育，必须加强“两课”建设，积极推进邓小平理论的“三进”工作，充分发挥“两课”的主渠道和主阵地作用。

其次，要研究新情况，解决新问题，不断提高思想政治和品德教育的实效。我们今天所处的环境和面临的新形势与过去已有很大的不同，要做好思想政治和品德教育工作，必须面对现实，研究现实，必须从学生的思想实际出发，加强工作的针对性、时效性。一方面，原来那些在实践中被证明行之有效的好经验、好做法，必须进一步继承和坚持；另一方面，更为重要的是要根据变化了的形势和不同以往的对象，努力探索搞好新时期思想政治和品德教育的新思路、新做法。

最后，还有一个非常重要的方面，是社会各界要支持学校的工作，要为青少年学生的健康成长创造良好的条件。在今天这种新的环境中，学生良好的思想品德的形成，正确的世界观、人生观、价值观的确立，不但直接来自学校的培养，而且在很大程度上受到家庭、社会等多方面的制约和影响。单靠学校的努力，而没有家庭和社会各界的配合与协助，学校思想政治和品德教育的效果就会受很大影响。从实际情况来看，目前不利于学生健康成长的因素很多来自社会。比如，舆论上的误导对学校思想政治和品德教育的冲击就很大。又如，校园周边环境问题，现在有不少学校特别是高校周围，摊贩林立，许多内容不健康的文化娱乐活动以及某些非法经营活动，肆无忌惮地袭扰着学校和广大师生，既不利于学校正常办学，也非常不利于学生的健康成长。所以，要做好思想政治和品德教育，不但需要学校的努力，而且需要社会各方面的共同努力。

艰难求索 悲壮实践*

——新中国诞生前百年间的历史启示

在欢庆中华人民共和国成立50周年的时候，人们自然会思考：伟大的中华人民共和国是在什么样的基础上诞生的？其诞生经历了什么样的艰难曲折的历程？人们为了中华人民共和国的诞生，付出了什么样的巨大而惨痛的代价？中华人民共和国孕育和诞生的前史，可以给我们提供一些什么样的历史启示？

为了救亡图存、振兴中华，志士仁人上下求索

在中华人民共和国成立之前，中国经历了109年的半殖民地半封建社会。这是从1840年的鸦片战争开始的，从那以后，在一个世纪多一点的时间里，中国人民遭受着帝国主义和封建主义的双重压迫，政治黑暗、经济凋败、社会残破、民不聊生。中华民族蒙受着巨大的屈辱和灾难，国家濒临灭亡。

“路漫漫其修远兮，吾将上下而求索。”在强烈的爱国主义精神的推动下，一个又一个救国方案被提了出来，又逐个在社会实践中无情地碰壁。不过，每一个救国方案的破灭，都为下一个具有更多现实合理性的新方案的出台提供了可贵的经验教训，成为发展链条中一个不可或缺的环节。

生活在社会最底层的贫苦农民，较早地提出了自己的“天国理想”，幻想用按人口均分土地的绝对平均主义的办法取代野蛮残酷的

---

* 载《瞭望新闻周刊》，1999年第39期。

封建剥削制度。但是，这种绝对平均主义缺乏真正实施的现实可能性，农民自己在思想上也无法挣脱皇权主义的束缚。结果，他们轰轰烈烈掀起的太平天国运动，虽然给予了封建统治秩序重大打击，但最终却在中外反动势力的联合镇压下惨遭失败。运动中有的领袖提出的某些学习西方文明的措施也付之东流。

紧接着太平天国农民战争之后，封建统治阶级中的一部分有志之士，在“内忧外患”的强烈震撼下，也开始了“求强”“求富”以维护和稳定封建统治的努力。他们认为，西方列强之所以能打败中国，主要是因为列强有“坚船利炮”，也就是说，他们承认中国在器物上不如西洋。因此，挽救之方，就是“以制器为先”。于是，一面购买军舰大炮，一面“仿习机器”。先是创建军事工业，接着又兴办民用工业，开工厂，建矿山，筑铁路；同时，还办学堂，派遣学生出国留学等。所有这些，确实在中国走向近代化方面起到了筚路开山的作用。但是，他们的努力恰恰同他们的政治地位和政治立场产生了尖锐的矛盾，以至到一定程度，他们的近代化就“化”不下去了。因为再要前进，就受到客观条件和这些政治力量本身主观条件的双重限制。民族独立地位的丧失，政治上封建专制主义的顽固存在，像两座巨大的障壁，堵塞了我国近代化前进的通道。

1895 年爆发的中日甲午战争，中国被日本打败了，特别是中国政府花了很大力气建设起来的北洋海军，一举被全部歼灭。战争之后，割地赔款，中国的民族危机达到了空前严重的程度。这个残酷的现实，不能不促使人们对救国方案做重新的思考，进行新的探索。正是在这种情况下，以康有为、梁启超为代表的维新派登上了历史舞台。他们比前人高明之处，是开始认识到，学习西方仅仅局限在物质文明的层面，是远远不够的，还需要更进一步，按照西方政治制度的模式，对中国的封建政治进行大胆的改革。他们坚信“要救国，只有维新；要维新，只有学外国”，并在 1898 年发动了著名的“百日维新”。变法虽然失败，但它对中国社会产生的思想启蒙的意义却是不可低估的，这是我国历史上第一次具有近代意义的思想解放运动。

戊戌维新运动失败不到两年，以农民为主体的下层群众就掀起了一场声势浩大的武装抗击外国侵略的义和团运动。他们反侵略的英雄气概是令人钦敬的。但是，他们对帝国主义的认识还只是停留在表面的感性阶段，以至陷入了笼统排外主义，不分青红皂白地反对一切西洋文明。最后，他们可悲地受到封建统治者的欺骗和愚弄，并在帝国主义八国联军的残酷屠杀下惨遭失败。帝国主义乘机对中国进行了更加肆无忌惮的掠夺。于是，中国就在“强邻环列，虎视鹰瞵”，“蚕食鲸吞，已效尤于接踵；瓜分豆剖，实堪虑于目前”的危急情况下跨入了20世纪。

20世纪的最初10年，孙中山领导的资产阶级革命运动蓬勃兴起。孙中山提出民族、民权、民生的“三民主义”，明确宣称只有推翻已经成了“洋人的朝廷”的清王朝的统治，才能避免“被瓜分”“亡国”的命运。他强调“中国数千年来都是君主专制政体，这种政体，不是平等自由的国民所堪受的”，进而直接提出了建立民主共和国的任务，这就把民主主义发展到一个崭新的高度，开创了完全意义上的近代民族民主革命。在以孙中山为代表的资产阶级革命派的领导下，1911年爆发了辛亥革命，推翻了清王朝的反动统治，结束了主宰中国几千年的君主专制制度。帝制的废除和民国的建立，使中国社会一时呈现出一派生机勃勃的景象。人们的思想得到很大的解放，封建习俗遭到强烈的冲击，民主共和国观念深入人心，资本主义的经济和文化也得到一定的发展。但是，这次革命尽管取得了巨大的成果，但却依旧是一次失败的革命，因为它没有能够改变中国半殖民地半封建社会的性质。政权最终落到了帝国主义支持的大地主大资产阶级的政治代表袁世凯手里。江泽民同志在十五大报告中评论这个事件说，“辛亥革命未能改变旧中国的社会性质和人民的悲惨境遇，但为中国的进步打开了闸门，使反动统治秩序再也无法稳定下来”。

到这时为止，可以说中国人民走过了探索民族振兴之路的第一段历程。

使中国人民站起来的是共产党，是社会主义

从上面的简单叙述可以看出，自鸦片战争到辛亥革命，各个阶级、各个社会阶层、各派政治力量，都提出过各种各样的救国方案。这些方案存在着很大的差异，但有一点是共同的，那就是：除少数例外，他们的学习对象，主要是西方资产阶级的文明；他们所追求的，主要是发展资本主义的经济和文化；他们所设计的道路，不管意识到还是没有意识到，归根结底，跳不出资产阶级共和国的圈子。这不仅是合乎逻辑的，而且是顺乎时代发展潮流的。因为，在那个时候，资本主义的经济、政治和文化，在世界上还处于最先进的地位。发展资本主义，还是中国社会在前进道路上首先要跨出的步伐。

但是，在中国发展资本主义、建立资产阶级现代化国家的愿望，却不断地在现实生活中碰壁。这是由国际国内的客观条件决定的。帝国主义为了自身的利益，总是要按照自己的面貌去改造殖民地和半殖民地国家。在这个过程中，也就不可避免地会向这些国家传播某些资本主义文明，并在客观上对这些国家的发展产生一定的积极影响。有些人看到了这一面，但却无限夸大了这一面，以至认为帝国主义、殖民主义对东方历史“起了一种革命的作用”。其对殖民地、半殖民地的征服，成为东方民族赶上现代文明的唯一的现实良机。这种认识完全背离了历史的真实。帝国主义列强侵入中国的目的，绝不是要使封建的中国真正地富强起来。相反，从近代历史发展的全过程来看，帝国主义勾结中国封建势力压迫中国社会的前进，是已经被无数事实所证明了的。

帝国主义为了维护和强化半殖民地的统治，就必须勾结和支持中国的封建势力，维护封建专制制度，竭力保持封建剥削制度的根基即封建生产关系。本来，封建主义的解体同资本主义的发展是一个问题的两个方面。既然帝国主义同封建主义紧紧结合在一起（当然并不是说它们之间不存在任何矛盾），那么资本主义的发展自然就

更加困难重重。在这样一种政治环境及社会条件之下，中国的资产阶级在经济上和政治上就不能不是异常软弱的，其没有力量承担起建立资产阶级共和国的历史任务。这就是资本主义道路在中国走不通的根本原因。于是，中国人民开始了对于救国真理的新的探索。恰恰在这个时候，国际国内的形势发生了重大的转折。国际上，俄国十月革命的胜利，显示了马克思主义这一科学理论的威力，也提供了资本主义以外的另一种样板即社会主义制度。国内，由于辛亥革命的积极影响，也由于帝国主义国家忙于第一次世界大战而暂时放松了对中国的控制，资本主义经济得到了初步发展的机会。随着资本主义的发展，无产阶级日益壮大起来。1919 年五四运动前后，一部分先进的知识分子，如李大钊、陈独秀、毛泽东、周恩来、蔡和森等，接受并积极宣传马克思主义，在社会上产生了巨大的影响。经过五四运动，在马克思列宁主义同工人运动相结合的基础上，于1921 年诞生了中国共产党。从此以后，中国革命在中国共产党的领导下，进入了新民主主义阶段。

中国共产党从诞生之日起，就把马克思列宁主义确立为自己的指导思想，把社会主义作为自己的追求目标，这自然是中国人民在救国道路探索上的一个伟大飞跃。但是，探索的任务并没有结束。要取得民族民主革命的彻底胜利，要真正求得民族独立和人民解放，还必须要解决马克思主义这个科学真理同中国国情、同中国革命实际相结合的问题，也就是要解决马克思主义中国化的问题。这个任务，是由以毛泽东同志为代表的党的第一代领导集体出色完成的。在这个结合过程中产生的理论成果，就是毛泽东思想。正是在毛泽东思想的指引下，建立了伟大的中华人民共和国。邓小平同志指出："'中国人民站起来了'，是什么时候站起来的？是一九四九年。使中国人站起来的，不是蒋介石，而是共产党，是社会主义。"① 这就是历史的结论。

中华人民共和国的诞生，社会主义制度的确立，完成了民族独

① 《邓小平文选》，第 3 卷，86 页。

立和人民解放的第一个任务，也为另一个任务即实现国家繁荣富强和人民共同富裕创造了良好的条件。

高扬爱国主义旗帜，铸就一个英雄的世纪

中华人民共和国成立前，中华民族经历了百年探索，百年奋斗，百年变革，才迎来了最后的辉煌。这是一段多么惊心动魄、波澜壮阔的历史！事实上，这百年，既是屈辱的世纪，也是英雄的世纪；既承受着无比深重的民族苦难，也高扬着动人心魄的爱国主义；既面临着亡国灭种的现实危险，也展开着可歌可泣的救亡斗争。正是这种错综复杂的社会现实和历史行程，筑成了中华人民共和国的奠基石。

中华人民共和国的诞生，是一个世纪以来无数有名的和无名的志士仁人前赴后继斗争的结果。在这个行列里，有面对侵略者凭借手中的先进武器对我国国土肆意践踏和对我国人民野蛮屠杀，挺身而出，不惜血洒疆场的民族英雄；有为了推翻腐朽卖国的反动统治，争取国家民族的独立富强和人民的民主权利，置生死安危于不顾，摒功名利禄于度外，抛头颅、洒热血，无怨无悔的革命者；有勇敢冲决封建传统观念的网罗，大胆摒弃严重束缚生产力发展的旧政治经济体制，努力打通社会前进通道的改革家；有为维护民族的团结和祖国的统一做出了重大业绩的杰出政治家；也有为了祖国的强盛，以强烈的历史责任感，无视艰难险阻，不怕颠沛流离，兢兢业业，殚心竭虑，执着献身于经济、文化、科学、教育等事业的企业家、科学家、文学家、艺术家、教育家等。所有这些人，他们的社会地位和社会角色不同，从事活动的内容和方式不同，贡献的多少和作用的大小也会有区别。但是，他们都是我国近代史上为振兴中华而奋斗的志士仁人，我们都应该对他们抱着至深的敬意。

爱国主义作为人民对于“生于斯，长于斯，衣食于斯”的祖国的一种神圣感情，在近代曾经最大限度地团结了各种社会力量，成

为鼓舞和推动其为祖国的前途和命运进行积极斗争的最强大的精神动力。在近代历史上，国家民族的屈辱和危难每增加一分，爱国主义思潮的影响就扩大一步。可以这样说，近代社会任何一个对国家、对民族、对人民做出了积极贡献的人，无一不是在爱国主义的旗帜下展开自己的活动的。这种爱国主义，也就是一种民族精神，一种民族凝聚力。江泽民同志最近多次指出，所谓综合国力，不仅包括一个国家的经济力量、国防力量，而且应该包括民族精神和民族凝聚力。“中华民族有着自己的伟大民族精神。这个民族精神，积千年之精华，博大精深，根深蒂固，是中华民族生命机体中不可分割的重要成分。”① 在今天建设有中国特色社会主义的伟大征途中，我们要进一步高扬爱国主义的旗帜，弘扬伟大的民族精神，以便团结全国人民，万众一心地面对各种挑战，战胜各种困难，不断夺取更大的胜利。

一个民族如果忘记了自己的历史，就不可能深刻地了解现在和正确地走向未来，而当我们了解了近代以来中国人民反抗外来侵略和压迫，争取民族独立、人民解放和国家繁荣富强的可歌可泣的伟大业绩后，我们一定会对今天更加热爱，对明天更加充满信心。

---

① 江泽民：《在全国抗洪抢险总结表彰大会上的讲话》，载《人民日报》，1998 年 9 月 29 日。

学习和发扬史学前辈的严谨学风*

在白寿彝先生九十华诞的时候，我诚挚地献上一个后学对这位史学前辈的衷心祝福和崇敬！

白寿彝先生是我素所景仰的一位史学前辈。我踏入史学殿堂门槛的时候，我们的中华人民共和国才刚刚诞生不久。当时，一批史学前辈，包括白寿彝先生在内，满腔热情地运用或者早已掌握或者刚刚接受的历史唯物主义，分析社会历史，提出了许多同旧史学完全不同的新的历史认知。我作为一个对历史几乎一无所知的年轻人，正是接受了这批史学前辈的学术启蒙。

在史学前辈身上，我们学到了很多东西，而印象最深也许可以说是终身受益的，则是他们的严谨学风。这种学风，既体现在对学术事业强烈的社会责任感上，也包含在对历史真实无比尊重和不懈追求中，更反映在对自己研究成果精益求精的创造过程内。别的且不谈，就拿白寿彝先生主编的大型《中国通史》来说吧，全书计划1 200万字，分12卷出版，可以说是皇皇巨著了。这么宏大的学术工程，白寿彝先生并不是只当挂名的总主编，据悉，不论已出的8卷还是正在编写的几卷，他都要逐章逐节地审阅书稿，认真地提出修改意见，有时还要亲自在书稿上动笔修改。近年来，他因眼疾阅读书稿有困难了，仍然坚持由助手将书稿念给他听，他则继续认真负责地履行着一个总主编应该履行的职责和任务。这是一种何等令人钦佩的治学作风！

---

* 载《历史科学与理论建设——祝贺白寿彝教授九十华诞》，北京，北京师范大学出版社，1999。

从这里，不由得对当前学术界存在的某些不良学风，产生了一种强烈对比的联想。

回顾新时期的历史学，谁都不能否认，不论在研究视野和研究领域的扩展上，还是在研究的深度和广度上，都取得了长足的进步，产生了一大批具有较高学术价值的史学论著。但是，在充分估计历史学取得成绩的同时，也应该清醒地看到存在着的许多尖锐而紧迫的问题，其中，学风不正的问题已日益成为史学发展的一个重要制约因素。

在史学研究领域，学风不正有哪些表现呢？具体表现可以说是五花八门，但归纳起来不外乎三个方面：一是如何对待历史唯物主义，一是如何对待历史实际，再一是治学态度和如何对待学术规范。

史学研究应该坚持马克思列宁主义、毛泽东思想、邓小平理论的指导，这一点，似乎没有什么争议。但实际上，却并不是不存在不同的态度和认识。不久以前，某高校的学报上发表了一篇分析“中国当代史家的心理障碍”的文章。文章认为，头一个也是最重要的一个“心理障碍”就是，自50年代以来，“几乎所有史家”都或者屈服于“政治威胁和行政压力”，或者“出于对自身生存利益的考虑”，形成了对唯物史观的“盲目崇拜与狂热迷信”，以至“不知不觉地放弃了对历史过程积极的理性探索精神，习惯成自然地丧失了历史批判的科学能力”。也是在不久以前，一位青年教授在课堂上公开向学生宣称：“在过去一个漫长的时间里，统治我们的是客观的思维方式，认为世界是物质的，是可以认识的，我们掌握规律，并以此改造世界。这种思维方式是陈旧的、阻碍人类发展的思维方式。”如果真是这样，我们还要唯物史观干什么呢？岂不是早就应该将之扔进垃圾堆了？当然，这样对唯物史观的公然讨伐，毕竟还只是一些极端的例子，并不多见，但把唯物史观的指导同对历史现象的科学探索对立起来的想法，却有着一定的影响。在这个问题上的另一个极端是，对马克思主义的本本主义、教条主义态度。这种态度不是把唯物史观的立场、观点、方法作为分析丰富复杂的历史现象的锐利武器，而是将之当作一种简单的公式和刻板的框框，以至损害甚至扼杀了科学的创新精神。小平同志说，真正的理论工作，“决不是改头换面地抄袭旧书本所能完成的工作，而是要费尽革命思想家心血的崇高的创造性的科学工作”①。本本主义曾经在我们党的历史上造成过很大的危害，我们党也曾同这种坏学风做过长期的斗争，但绝不能说本本主义的影响已经在史学研究中不存在了。继续清除这种错误学风，坚持解放思想，提倡创新精神，还需要做很大的努力。还须提到另外一方面的问题，那就是对待马克思主义的实用主义态度。马克思主义的历史唯物主义，是一个完整的、科学的理论体系，但有些人往往任意加以割裂，或断章取义，或顾此失彼，或取其一点，不及其余，或随意发挥，全失原意。这样的学风，自然不是对待科学的老老实实的态度。

实事求是是马克思列宁主义、毛泽东思想、邓小平理论的精髓。毛泽东同志在论述马克思主义的革命学风时，对“实事求是”做过极为精辟的创造性论述，他说：“‘实事’就是客观存在着的一切事物，‘是’就是客观事物的内部联系，即规律性，‘求’就是我们去研究。”② 在这里，“实事”是研究的客体和依据，“求”必须依靠科学的观点和方法，“是”则是研究的目的和结果。只有对客观事物有了深入的了解，凭借科学的观点和方法进行分析，才能发现事物的规律，得出合乎实际的结论。就史学研究而言，只有掌握大量的历史资料，深入了解客观存在的历史实际，才能如小平同志所说，“公正地、科学地、也就是马克思主义地对待历史，对待历史人物”③。历史研究结论是否正确，唯一的评判标准是，是否合乎历史实际。但是，有些史学论著，往往不提出任何历史事实的依据，就对历史人物任意褒贬，对历史事件随意评说。爱之，可以把某些并无突出历史贡献的封建官僚誉为“推翻旧世界的先行者”；恶之，可以把真

① 《邓小平文选》，2版，第2卷，180页。
② 《毛泽东选集》，2版，第3卷，801页。
③ 《邓小平文选》，2版，第2卷，172页。

正民主革命的先行者斥为制造军阀混战的罪魁祸首。小平同志曾经尖锐地批评过的有些人热心于写一些“胡编乱造、歪曲革命的历史和现实的东西”① 的现象，应该说现在并未绝迹，还是常常可以看到，这不能不引起我们的忧虑。

学术研究是一个艰苦的、需要呕心沥血全力以赴才能有所收获的事业。历史学由于研究的是既往的社会存在，历史资料又汗牛充栋，真伪不辨，其难度就更不待言。但是，也许是因为社会环境的影响，浮躁心理，急于求成的思想，在一部分人中间颇为流行。甘坐冷板凳被视为太“迂”太“傻”，下笔万言而离题千里似乎就是“才思敏捷”。东拼西凑便可以出一本“专著”，东拉西扯便可以创建一个新“体系”。还有一种极坏的风气，那就是“捧”风颇盛。所谓“包装”“炒作”，无非就是你捧我，我捧你，还有自我吹捧。相互吹捧，捧来捧去，只捧得“学者”遍地，“权威”泛滥，“大师”贬值，“名家”成灾。真正的权威和大师愈多，意味着学术愈繁荣兴旺，但这些带引号的“名家”多了，对于真正意义上的学术繁荣，恐怕非徒无益，亦且有害。治学问题上的不正之风，发展到登峰造极，便必然出现一些人无视学术规范，侵犯知识产权，抄袭剽窃而不以为耻。这方面的情况，报上已多次披露，法院亦时有受理，这应该说是学风不正的恶性表现。

延安整风时期，毛泽东同志特别强调反对不正派学风、坚持马克思列宁主义学风的极端重要性，认为“学风问题就是一个非常重要的问题，就是第一个重要的问题”②。江泽民同志在党的十五大报告中也谈到了在学风上要发扬理论和实际相统一的优良传统问题，并明确提出，要“在全党造成认真学习的风气，民主讨论的风气，积极探索的风气，求真务实的风气”。最近，江总书记又热情赞扬了那种“不断钻研、求实、创新、向上的优良学风”，认为它“生动地体现了中国人民自强不息、开拓进取的民族精神”。确实，只有在全社会倡导和发扬优良学风，才能够营造一种有利于学术发展的良好

---

① 《邓小平文选》，第3卷，43页。

② 《毛泽东选集》，2版，第3卷，813页。

环境，才能够鼓励和支持科学创新的精神，才能使有价值的科学成果不断涌现。

学风正则学术兴。我想，端正学风，这也是史学前辈对我们的期望。

中国共产党人与爱国主义*

在整个20世纪，炽烈的爱国主义、坚强的民族凝聚力，是推动中国共产党前进的巨大精神力量。

概略地说来，20世纪的历史，大体上可以以中华人民共和国的诞生为界限，分为前后两个阶段，每个阶段恰好各占半个世纪左右。前半个世纪，中国共产党基本做了一件事，那就是争取民族的独立和人民的解放。后半个世纪，则是在前半个世纪所创造的条件下，努力实现国家的繁荣富强和人民的共同富裕。

在近代史上，想要挽救中华民族的危亡，拆除民族振兴的障壁，打开社会前进的通道，就必须开展反帝反封建的顽强斗争。正是从这里，才能够理解为什么近代中国的民族精英总是把最主要的精力投入到争取民族独立和人民解放的斗争中。20世纪上半叶发生的一系列革命，不论北伐战争、土地革命还是稍后的抗日战争和解放战争，都是在爱国主义精神的鼓舞下，共产党人用鲜血与生命奉献于国家和民族的伟大壮举。在这个斗争中，中国人民经历了由自发到自觉、由低级到高级、由感性到理性的发展过程，直到20世纪中叶，终于推翻了帝国主义、封建主义、官僚资本主义三座大山，取得了新民主主义革命的伟大胜利。

20世纪的后半个世纪，在中国共产党的领导下，中国人民不失时机地为实现国家繁荣富强和人民共同富裕而奋斗。这是一个更为艰巨、更为复杂也更为紧迫的任务。经过半个世纪的努力，经历了胜利和挫折、成功和失败，一直到进入改革开放、实现社会主义现代化的历史新时期，在中华人民共和国成立以来革命和建设成就的

---

* 载《北京日报》，2000年1月1日。

基础上，党领导人民总结历史经验和教训，成功地走出了一条建设中国特色社会主义的道路，才有了今天经济和社会生活如此迅猛而深刻的发展变化。

历史是无法割断的。20世纪的全部历史，为我国在新世纪的发展，准备了充分的条件。在这里，民族精神和民族凝聚力，仍然是一个强大的不容忽视的精神力量。正如江泽民同志指出的：民族精神和民族凝聚力是综合国力的重要内容。爱国主义为我们的发展提供了强大的精神凝聚力。

为素质教育搭建新平台*

青年是国家的希望。我们培养的青年人，应该是对国家、对民族、对社会、对人民有强烈的历史责任感和献身精神的人，是具有爱国主义、集体主义、社会主义理想和信念的建设人才。江泽民同志在第三次全国教育工作会议的讲话中强调：“思想政治教育，在各级各类学校都要摆在重要地位，任何时候都不能放松和削弱。要说素质，思想政治素质是最重要的素质。不断增强学生和群众的爱国主义、集体主义、社会主义思想，是素质教育的灵魂。”由共青团中央发起的青年志愿者行动经过七年的蓬勃发展，已成为团员青年奉献爱心、服务社会、增长才干的有效途径，成为新形势下加强和改进青年思想政治工作的载体。

青年志愿者行动以社会公益为基点，培养青年人的利他精神，弘扬人道主义精神，成为青年德育工作的重要切入点。这一行动紧扣时代发展要求和当代青年特点，使一些需要帮助的社会成员从志愿服务中感受到社会的温暖，在全社会倡导“奉献、友爱、互助、进步”的志愿者精神，树立时代新风，弘扬社会正气，对社会主义精神文明建设有着积极的推动作用；它以扶贫济困为主题，以社会弱势群体为主要扶助对象，通过志愿服务方式为困难群众提供实实在在的帮助，为我国多层次社会保障体系的建立做出了贡献；它为当代青年在实践中锻炼成长提供了广阔的舞台，开辟了现实的途径，已经成为共青团在实践中育人的重要载体和新时期青年工作的重要内容。

青年志愿者行动是一种寓教育于服务的崭新形式，是高校育人

---

* 载《人民日报》，2000年6月27日。

手段的有效延伸。青年志愿者行动贴近青年人的实际生活，具有强大的亲和力。这一行动以青年人为主体，重在参与，参与者以自己的兴趣和志向为依托，自主选择权受到了尊重，内在积极性得到了调动。作为教育对象的学生由客体变为主体，教育过程由单向变为双向，青年在自觉服务社会的实践中受教育、长才干、做贡献，在把自己的体力和智力奉献给社会的同时，也受到了深刻的思想政治教育。

青年志愿者行动注重实践，面向社会，有利于培育青年的爱国主义、集体主义的精神和热爱祖国、热爱社会主义的情怀。在志愿服务中，广大青年学生走出校园，走进社会这所没有围墙的大学，在奉献社会的同时，不仅锻炼和完善了自身，而且在实践中更深入地了解了党和政府的大政方针，了解了我们国家的现状，为将来更好地服务于社会主义现代化建设打下了坚实的基础。以中国人民大学青年志愿者协会为例，在短短五年的时间里，已由最初的数十人发展到包括本科生、研究生、留学生、青年教师参加的两千多人的队伍，其服务层次也不断扩大，服务领域不断拓宽，服务方式日趋多样化。前一段时间，近 20 名人大博士志愿者先后走访了上海、天津、广州、深圳、青岛、温州等十多个城市，深入 20 多家国有大中型、乡镇、私营和中外合资、外商独资企业，以企业经营与企业文化、企业的优化管理、企业的可持续发展等为主要内容进行调查研究活动，取得了很好的效果。

不久前，江泽民同志对青年志愿者工作做出重要批示："青年志愿者行动，是当代社会主义中国一项十分高尚的事业，体现了中华民族助人为乐和扶贫济困的传统美德，是大有希望的事业。努力进行好这项事业，有利于在全社会树立奉献、友爱、互助、进步的时代新风。"这是对全国广大青年、青年志愿者的亲切关怀和巨大鼓舞，也为我们在新时期如何做好青年思想政治工作指明了方向。青年志愿者行动作为在新时期、新形势下青年思想政治工作的重要手段之一，全社会理应给予关注，并为其发展明确目标、创造条件、理顺体制。作为育人单位的高等院校更应抓住志愿服务这一优势，与青年志愿者行动结合起来，将青年思想政治工作开展得更加实际，更加灵活，更加符合青年人的特点。

首先，加强对青年志愿服务工作的引导，使之与改革开放和两个文明建设结合起来。改革开放和社会主义市场经济的发展，对人才素质提出了新要求，特别是在新思想、新观念大量出现的情况下，青年志愿者行动也适应新形势的要求，因势利导，为开展青年思想政治工作发挥了更大的作用。今后，志愿者行动应借鉴多方面的经验，走产业化、事业化的路子，不断拓展发展空间。

其次，注重青年志愿者行动的规范性。目前，志愿服务已逐渐渗透到各条战线、各行各业，在科技扶贫、文化助残、环境保护等领域中均可见到青年志愿者的身影，这就要求志愿者组织加强自身建设，增强活动的规范性。今后应致力于志愿服务组织建设、服务项目建设和志愿者队伍建设，特别是在服务项目建设上，应针对不同层次的社会需求展开。

老校长李文海在中国人民大学校长任免宣布大会上的讲话*

各位领导、各位同志：

我非常简单地讲三点想法：

第一，十分感谢福源副部长代表教育部领导，锡安书记代表北京市委，对我们这一届领导班子和我个人所做的鼓励性评价。我自己很清楚，我在担任人民大学领导职务的这 15 年时间里尽管自己尽了努力，但是工作中还有很多的不足，存在着不少的问题，甚至存在不少的失误，所有这一切都是与我本身存在的弱点分不开的。所以，我对自己有一个比较清醒的认识。

第二，我十分感谢在我任职期间，全校师生员工特别是在座的同志对我工作的关心、理解和支持。如果没有大家的关心和支持，没有大家的共同努力，人民大学不可能有今天这样的局面。我们是同甘共苦地一起走过来的。

第三，我完全相信人民大学的新领导班子，在教育部和北京市委的领导下，一定会做得更好，一定会在新的时期带领群众使学校取得新的发展。正像至立同志跟我谈话时所指出的那样，人民大学是大有希望的。刚才福源部长也讲了，人民大学的明天将更加辉煌。他们对我们人民大学的期望，是一定会在新班子的领导下实现的。

至于我个人，在退出领导岗位之后，一定会作为一名普通教员，尽我自己的绵薄之力，为人民大学的发展做出自己的贡献。

事情很凑巧，今年恰好是我入党 50 周年，也是我来到人民大学的 48 周年，到人民大学时 20 岁，今年 68 岁了。可以这样说，我是

---

* 载《中国人民大学校报》，2000 年 9 月 27 日。

在人民大学党组织的培养教育下成长起来的。因此，我确实对我们的学校有非常深厚的感情。在我有生之年，我一定会尽自己最大的努力，只要是对人民大学的发展有好处的事情，我都乐于尽力去做。

再一次谢谢大家。

告别二十世纪的历史思考*

20世纪即将过去，21世纪马上到来，在这新旧世纪交替之时，我们不妨对20世纪走过的路做一点历史的思考。

中华民族在屈辱中进入20世纪

在我们告别20世纪的时候，国内外各界人士都对中国在新世纪的前途和命运做着种种分析与预测。国内绝大多数的人关心和考虑得最多的一个问题是：在新世纪，我们怎样实现中华民族的伟大复兴？可是，在19世纪末叶，人们关心和考虑得最多的却是性质完全不同的另外一个问题，这就是：当新世纪到来的时候，具有古老文明的中国会不会随着19世纪的逝去而消亡？中华民族在20世纪还能不能屹立于世界民族之林？因为当时的中华民族正处在十分悲惨的境地，帝国主义列强通过种种不平等条约疯狂地掠夺中国，造成了瓜分中国的态势。在这种情况下，下面这一段当时人的对话就具有极为典型的意义："俄虎、英豹、德法貔、美狼、日豺眈眈逐逐露爪张牙，环伺于四千余年病狮之傍。割要地，租军港，以扼其咽喉；开矿山，筑铁路，以断其筋络；借债索款，推广工商，以朘其膏血；开放门户，划势力圈，搏肥而食，无所顾忌。官吏黜陟，听其指使，政府机关，使司转捩。呜呼，望中国之前途，如风前烛、水中泡耳，几何不随十九世纪之影以俱逝也。"

从争取生存到致力腾飞，在人们所关心问题的强烈反差中，我

---

* 载《人民日报》，2000年12月28日。

们不难看出，百年间国家状况和社会状况变化的深刻程度。正如江泽民同志所说："二十世纪的一百年，是中国人民从逆境中顽强奋斗，最终掌握了自己的命运，走上全面振兴的康庄大道的一百年。"①

看一看20世纪开始时我们处于一个什么样的起点，再看一看20世纪终结时我们所处的现实状况，两相比较，自然可以对20世纪的历史得出一个实事求是的结论，这也是观察历史应该采取的起码的科学态度。

革命是20世纪历史发展的主旋律

20世纪这一百年所发生的巨大而深刻的变化，究竟是怎样发生的呢？

当历史刚刚进入20世纪的时候，年轻的资产阶级革命家邹容在讨论中国怎样才能立足于新的世纪时，说了这样一段充满激情的话："呜呼！我中国今日不可不革命。我中国今日欲脱满洲人之羁缚，不可不革命。我中国欲独立，不可不革命。我中国欲与世界列强并雄，不可不革命。我中国欲长存于二十世纪新世界上，不可不革命。我中国欲为地球上名国，地球上主人翁，不可不革命。"这一段话，在那些主张"告别革命"的人看来，当然是一种宣传"革命崇拜症"的典型文字。且不管我们对邹容的这段话抱什么样的看法，一个不可否认的事实是，类似这样的呼喊，并不只是孤立地出于邹容之口，而是代表了20世纪初一代社会英才的共同心声，同时还在更大范围内震撼了广大热血青年的灵魂。只有革命，才能避免亡国灭种的危险，使中国"长存于二十世纪新世界上"，这就是那个时代先进的人们对国家命运做出的明确回答。

过了将近一个世纪，有些人对这个问题提出了另一种看法。他们认为，"如果要对20世纪中国进行反省"，应该进行的头一个"根

① 《江泽民2000年1月1日在全国政协新年茶话会上的讲话》，载《民主》，2000年第1期。

本性的反省”就是革命革糟了，“20世纪的革命方式确实带给中国很深的灾难”。革命容易使人“发疯发狂”，“革命方式”有很多弊病，产生很多后遗症，“包括它给社会带来的各种破坏”，“老是革命，整个民族的生命能量就在革命中耗尽了”。

两种说法，针锋相对，黑白分明。究竟哪一种说法是合理的，符合历史实际的呢？

赞成、歌颂也好，反对、指责也好，无论如何，革命确确实实是20世纪历史发展的主旋律，这个事实并不会因为人们的喜恶而有所改变。至少，20世纪的前一半，革命成了中国历史的最主要的内容。如果按照邓小平同志的说法，“我们把改革当作一种革命”①，那么革命对于20世纪历史的影响就更加重要了。

脱离具体历史环境抽象地讨论革命是好是坏还是糟，是错还是对，容易陷入毫无意义的概念之争，这不是研究问题的科学态度。谴责革命的人，往往以为革命是由少数人倡导或煽动起来的，革命家制造了一种“革命崇拜”，于是很多人也就是把革命当圣物、以革命为时尚。其实，古今中外的任何一次革命都不是人为制造的结果。只有在统治者不能照旧统治下去，人民群众也不能照旧生活下去的时候，革命才会发生。20世纪上半叶发生的一系列革命，不论辛亥革命、北伐战争、土地革命，还是稍后的抗日战争和解放战争，都是因为当时的中外反动统治势力严重地阻碍着中国经济的发展和社会的进步，人们不得不用暴力推翻这样的反动统治，以清除民族振兴的障碍，打开社会前进的通道。作为上层建筑最重要部分的政权，虽然由经济基础决定，但它对经济和社会的发展也起着或者促进或者阻碍的重大反作用。当某个时候政权成为经济发展和社会前进的严重障碍时，推翻这个反动政权便成为历史的要求。也正是在这种情况下，革命便成为历史发展的火车头。

这里涉及一个重要的理论问题。那就是，在中国近代史的研究中，一定要防止把生产力归根于对社会发展起决定作用的原理的简

① 《邓小平文选》，第3卷，81页。

单化、绝对化、庸俗化倾向。在非难革命的问题上，如果不考虑政治方面的因素，只是从学理的角度来讨论，则很大程度上是同对这个问题的认识有关的。毫无疑问，生产力在社会发展中起着最终的决定作用。社会存在决定社会意识，经济基础决定上层建筑。一个社会，如果经济不发展，那么民族的独立、国家的富强、文明的进步、人民的幸福，都是不可能实现的。一部中国近现代史，就生动地说明了这一点。但是，我们也要充分肯定和重视精神对物质、社会意识对社会存在、上层建筑对经济基础、政治对经济的反作用。生产力不可能脱离社会环境和社会条件，孤立自在地运作和发展。没有一定的社会条件，没有适宜的客观环境，生产力的发展就会举步维艰，社会经济甚至会凋敝。这一点，同样由一部中国近现代史做出了生动的证明。毛泽东同志多次指出，生产力的巨大发展，往往是在革命之后，在新的生产关系建立之后。他说："从世界的历史来看，资产阶级工业革命，不是在资产阶级建立自己的国家以前，而是在这以后；资本主义的生产关系的大发展，也不是在上层建筑革命以前，而是在这以后。都是先把上层建筑改变了，生产关系搞好了，上了轨道了，才为生产力的大发展开辟了道路，为物质基础的增强准备了条件。当然，生产关系的革命，是生产力的一定发展所引起的。但是，生产力的大发展，总是在生产关系改变以后。""首先制造舆论，夺取政权，然后解决所有制问题，再大大发展生产力，这是一般规律。"① 所以，把革命只看作对生产力的破坏，是对经济发展的中断，是片面的，也是不符合历史实际的。它的片面性就在于没有把革命放到历史的长河中去考察，去分析。

江泽民同志在十五大报告中指出："鸦片战争后，中国成为半殖民地半封建国家。中华民族面对着两大历史任务：一个是求得民族独立和人民解放；一个是实现国家繁荣富强和人民共同富裕。前一任务是为后一任务扫清障碍，创造必要的前提。"不通过革命，民族独立和人民解放是不可能实现的，因为反动统治势力绝不会自动退

---

① 《毛泽东文集》，第8卷，131～132页，北京，人民出版社，1999。

出历史舞台。如果前一个历史任务不完成，那么国家繁荣富强和人民共同富裕也就缺少必要的前提而成为空中楼阁。这就是近代中国的民族英才，总是不惜抛家舍业、流血牺牲、把最主要的精力投入革命事业的原因。

20 世纪的全部历史，已经对革命的作用做出了最为明确、最具权威的回答。

20 世纪的三次历史性巨变

19 世纪下半叶，对于中国历史来说，是一个极为特殊也极为重要的时期。中国从一个独立的封建国家逐步沦落为半殖民地半封建国家，同时，新的经济因素和社会力量也在旧基地上逐步诞生与成长。错综复杂的矛盾、急剧深刻的变化、激烈尖锐的斗争，交织成一幅令人目眩神迷的历史画卷。新与旧、正义与邪恶、抗争与屈辱、悲壮与凄凉、追求与失落，如此独特如此奇妙地纠结在一起，赋予了历史极其深邃的内容。

20 世纪的历史，既是这一段历史的继续，又是这一段历史的发展。20 世纪对于中国和中国人民来说，可以说是探索的世纪、变革的世纪、发展的世纪。所有的探索、变革和发展，都是紧紧围绕近代两大历史任务来进行的。大体说来，20 世纪的前半个世纪，无数志士仁人经过艰难的探索，前仆后继地英勇斗争，通过推翻统治中国几千年君主专制制度的辛亥革命，通过新民主主义革命的彻底胜利，终于完成了头一个历史任务，取得了民族独立和人民解放的伟大胜利。中华人民共和国的成立、社会主义制度的初步确立，就是中国人民在毛泽东思想指引下在 20 世纪上半叶取得伟大成就的根本标志。

中华人民共和国的建立，开辟了民族振兴的广阔道路。20 世纪的后半个世纪，中国共产党带领全国人民，不失时机地为实现国家繁荣富强和人民共同富裕而奋斗。这是一个更为艰巨、更为复杂的任务。在探索的过程中，在变革的过程中，在追求发展的过程中，我们有过胜利，也有过挫折；有过成功，也有过失误。直到进入改革开放和社会主义现代化建设的新的历史时期，在中华人民共和国成立以来革命和建设成就的基础上，党领导人民总结历史经验和教训，成功地走出了一条建设有中国特色社会主义的新道路，实现了20世纪继辛亥革命、推翻君主专制制度、中华人民共和国成立和社会主义制度建立以后的第三次历史性巨变。于是，才有了今天经济和社会生活如此迅猛而深刻的发展变化。

纵观20世纪的历史，自从诞生了中国共产党，社会生活的任何一个发展变化就都同党的领导息息相关。当党的路线、方针和政策符合历史发展规律、符合中国国情的时候，革命和建设事业就得到迅速发展，社会就取得巨大进步；相反，如果党的路线、方针和政策发生错误与偏差，违背历史发展规律，脱离中国国情，革命和建设事业就受到挫折，甚至付出沉重的代价。如何客观地、辩证地、科学地看待这个问题，是正确认识20世纪历史的一个关键。如果我们把20世纪的历史如实地看作实现中华民族伟大复兴的一个探索过程，对于中国共产党的所有成功与失败、正确与错误、经验与教训就会有比较符合历史实际的认识和评价。从根本上说，中国共产党将近80年的历史，在革命、建设和改革的各个历史时期，总是代表着中国先进生产力的发展要求，代表着中国先进文化的前进方向，代表着中国最广大人民的根本利益，并通过制定正确的路线、方针和政策，为实现国家和人民的根本利益而不懈奋斗。当然，对于党曾经犯过的错误，曾经遭受的挫折，我们也不应该回避，不应该健忘，不应该掉以轻心，而应该认真加以总结。但所有这些，都不能改变前面说到的问题的本质。否则，就无法说明一个世纪以来我国发生的历史巨变，也无法理解为什么人民群众始终衷心拥护党的领导。

在新的世纪即将来临的时候，中国人民正迈着坚定的步伐，沿着建设有中国特色社会主义的道路，向着中华民族伟大复兴的宏伟目标英勇奋进。建设有中国特色社会主义，是一个没有任何成例可援的创造性事业，当然也不会是一条没有任何艰难和风险的“平安大道”。目标已经确定，但征程还很漫长；道路已经开通，但探索并未终结；基础已很牢固，但挑战依然严峻。只要我们更好地高举邓小平理论伟大旗帜，毫不动摇地坚持党的基本路线和基本纲领，我们的目标就一定能够实现。

需要有教育观念的深刻转变*

——学习江泽民同志《关于教育问题的谈话》一点体会

江泽民同志所作《关于教育问题的谈话》，针对当前教育工作中存在的问题，强调了全面贯彻党和国家教育方针的重要性，提出了切实加强与改进教育工作的一系列指导方针和明确要求，对面向新的世纪我国教育体制的改革和发展，具有极为重要的意义。下面，着重从全面推进素质教育的角度，谈一点自己的认识和体会。

一、要从国运兴衰与民族振兴的高度来认识实施素质教育的重要性和紧迫性

这些年，教育事业得到了巨大的发展，成绩是有目共睹的。但是，面对当前国际国内新的形势，我们的教育思想、教育体制和结构、教育内容和方法同社会主义现代化建设发展的需要不相适应的矛盾，已经和正在日益显露出来。这些矛盾如果不能得到及时解决，就必然会制约教育事业的进一步发展，降低人才培养的质量，阻扼民族创新精神和创新能力的发扬，束缚和妨害青少年的健康成长，愈来愈成为落实科教兴国战略的障碍。

最近发生的几件触目惊心的恶性事件，引起了社会的普遍关注与强烈震动：有的家长为了“望子成龙”，在滥施体罚逼迫学习中竟

---

* 载《中国人民大学学报》，2000年第2期。

把自己的孩子活活打死；有的学生因忍受不了学习成绩名次和家长的压力，用榔头打死了母亲；还有两名小学生因未完成作业，不敢回家，悲惨地冻死在风雪田野。

这当然是几个极端的例子。但这几个事例所蕴含的深刻教训，却是非常值得我们深思的。

推进素质教育，已经提了好几年了，但事实表明，人们对这个问题的认识远远没有达成一致。有的口头上也高喊素质教育，但实际的做法却是背道而驰的。上面提到的几个恶性事件，深层次的根源恐怕正在这里。

其实，实施素质教育，就是要全面贯彻教育为社会主义事业服务、教育与社会实践相结合的教育方针，真正把提高国民素质作为根本宗旨，以培养学生的创新精神和实践能力为重点，造就一代“有理想、有道德、有文化、有纪律”的德智体美全面发展的社会主义事业的建设者和接班人。

可惜，在现实生活中，还有许多现象同上面所说的要求是相悖的。

上面的几个事例，虽然可以使我们警醒，但更加值得我们警惕的是，目前还存在着虽没有发展到如此极端，却范围更加广泛、形式更加多样、消极影响更加深远的种种不利于加强素质教育的现象，如：某些教育管理部门在评估学校时，以“升学率”为唯一标准而不及其他；中小学生不堪承受的课业负担；对于学生思想政治工作的严重削弱和忽视；“重智轻德”“重知轻能”现象的普遍存在；教学内容脱离时代和社会实际；妨害学生创新思维和创新能力发展的教育观念、教育模式；陈旧的教育方法，特别是由教师单向灌输知识，以考试分数作为衡量教育成果的唯一标准，以及过于呆板的教育教学制度等。这些问题如何解决以及解决得好坏，是关系我国教育发展方向的重大问题。

教育在综合国力的形成中处于基础地位，国力的强弱越来越取决于劳动者的素质，取决于各类人才的质量和数量。正是在这个意义上，才能深刻认识全面推进素质教育的重要性和紧迫性。

二、实施素质教育是一个系统工程

全面推进素质教育，说起来简单，做起来却十分复杂、十分艰巨。这里既有认识问题，又有实际问题；既要靠教育体制改革的进一步深入，又有赖于教育及经济、社会的必要发展；既是学校和教育部门的事，又离不开家庭、社会各个方面的关心、支持和参与。只发挥某一方面的积极性，或者只从某些局部的、枝节的问题抓起，往往事倍功半，或者步履维艰。

可以举几个例子来说明这个问题。今年寒假前，教育主管部门专门发了切实减轻中小学生负担的文件，并做了若干具体规定。各学校根据这个精神，也大多采取了相应的措施。但是，据报载，各类“教学参考书”却依然十分热销，不少家长也仍然忙着为子女请家教或上各类补习班。一个重要原因就是，一些家长对“减负”没有正确的认识，结果，学校“减负”，家长“加压”。又如，人们对“应试教育”已经批评了好多年，但为什么“升学率”至今仍然是学校、老师、家长、学生心上的最大压力？我想，根本原因还是人们接受高等教育的迫切愿望同高等教育规模之间存在着尖锐的矛盾。如果不在社会经济可能的条件下适度发展高等教育，如果不对一榜定终身的高考制度进行切实的改革，更广泛一点说，如果国家人事制度不做必要的根应改革，那么只是一味地责备中小学校长和老师搞“应试教育”，不但难以解决问题，恐怕也不大公平。当然，中小学的老师绝不应该等上面这些条件统统具备了之后，再来加强素质教育，事实上，他们在许多方面是大有可为的。许多学校和老师，在现有的环境和条件下，已经培养了和正在培养各方面素质都很高的学生，这就是证明。

无论如何，在教育战线上工作的同志，毕竟是推进素质教育的主力军。许多事情，都要通过我们之手去完成。其中，最具有决定意义的，或者说是基础性与先导性的一环，是教育观念的深刻转变。

不弄清楚教育的根本方针、教育的目的和宗旨、教育所面临的形势和任务，就不可能积极探索新的人才培养的规律和模式，就不会更新教学内容和改进教学方法，就不会真正做到既教好书又育好人，使自己无愧于“人类灵魂工程师”的光荣称号。

全面推进素质教育，不但学校教育需要进行多方面的改革，而且需要形成一种有利于青少年学生身心健康发展的社会环境。学校教育、家庭教育、社会教育，要互相配合，共同努力。如果听任那些宣扬凶杀打斗、淫猥色情、坑蒙拐骗、封建迷信的货色在影视、书刊以及游戏软件中招摇过市，肆意泛滥，那么青少年的心灵当然会受到很大的伤害。退一步说，如果让我们的广大青少年远离崇高和正义，成天被一些格调低下、庸俗无聊的作品所包围而习以为常，那么培养他们具有美好的心灵和健全的人格就将非常困难！令人遗憾的是，这里所说的“如果”，很大程度上，在现实生活中，还是不可回避的存在。

三、当代大学生的素质要求

实施素质教育，应当贯穿于从幼儿园到大学的各级各类教育。同时，各级各类学校对素质教育，又应当有不同的内容和重点。我在高等学校工作，只能着重谈一点大学生的素质教育问题。

大学生的素质，主要是六个方面：思想政治素质、道德素质、心理素质、文化素质、专业素质、身体素质。邓小平同志说：“毫无疑问，学校应该永远把坚定正确的政治方向放在第一位。”① 江泽民同志在第三次全国教育工作会议上说：“要说素质，思想政治素质是最重要的素质。不断增强学生和群众的爱国主义、集体主义、社会主义思想，是素质教育的灵魂。”大学生已经成年，应该也可能通过课堂学习和社会实践，逐步树立正确的理想信念，树立正确的世界

---

① 《邓小平文选》，2版，第2卷，104页。

观、人生观、价值观。相反，如果轻视思想政治教育和人格培养，那就会使学生在观察和处理问题、选择人生道路等方面产生很大的片面性，而这种片面性往往会影响人一生的轨迹。

道德素质和思想政治素质，既有联系，又有区别。道德素质的核心问题是，要懂得尊重集体，尊重他人。一个极端利己主义者，是不可能有高尚的情操的。一个人如果没有一点对国家、对民族、对社会、对人民、对父老乡亲的历史责任感，就必定会心胸狭窄，鼠目寸光，反过来又会限制甚至扼杀自己聪明才智的发挥。有的人认为，过去一味强调集体主义，抹杀了人的个性，因此现在不能再强调集体，而要提倡“个性的张扬”。这种把发展个性同尊重他人简单对立的看法，未免失之偏颇。

提高心理素质是一个大问题。现在的青少年，大多是独生子女，从小比较娇生惯养。独生子女并不一定不好，但确实有一个共同的弱点，就是心理承受能力差，比较脆弱。碰到一点小的挫折，甚至只是稍不如意，就不知所措，有时甚至会做出某些极端行为来。但不管怎样，人的一生不可能永远一帆风顺，所以，养成一种能从容面对和适应各种环境的本领，实在是高素质人才的一个必要条件。

文化素质，这里主要指大学生的人文素养、艺术素养和科学素养。有一种误解，以为大学生的文化素质自然而然会是很高的，其实未必。有的大学生只顾埋头学自己的专业，别的一概不闻不问，结果照样文化素质很低。对祖国和世界的优秀文化遗产知之甚少，缺乏欣赏能力，甚至写封信也别字连篇，对基本的科学常识也很少了解。这种情况下，要养成创造性思维是很困难的。

大学教育仍然是一种专业教育，因此，具有良好的专业素质自然是衡量人才质量的重要标准。这里要强调的是，大学里所学的专业知识，毕竟是有限的。科学的发展突飞猛进，日新月异，任何一个社会成员都必须树立终身学习的观念。在大学里，不但要学好专业课程，更重要的是要学会继续学习的能力，培养在学术上的创新精神和创新能力。这才是一辈子受用的事情。

最后是身体素质。这一点不用多说，因为健康的体魄是为祖国、为人民服务的基本前提，是中华民族旺盛生命力的体现。

应该着重指出的是，这六种素质，并不是互相分割、互不关联的，它们相互促进、相互影响，在素质教育中构成一种良性循环。

江泽民同志曾经对大学生提出过希望，希望他们在成长过程中做到“四个统一”：坚持学习科学文化与加强思想修养的统一，坚持学习书本知识与投身社会实践的统一，坚持实现自身价值与服务祖国人民的统一，坚持树立远大理想与进行艰苦奋斗的统一。努力做到这“四个统一”，不但是大学生，而且是我们教育工作者在全面推进素质教育中应当遵循的准则。

让人文社会科学成为知识经济发展的巨大推动力*
——在“2000年著名大学校长国际论坛”上的讲话

我十分高兴地参加“中国北京高新技术产业国际周”活动，应邀在这个隆重的“2000年著名大学校长国际论坛”上发表演讲，与来自国内外的许多著名大学的校长进行广泛的交流，感到很荣幸。

借助今天这个论坛，我想要阐明的主题是：让人文社会科学成为知识经济发展的巨大推动力。

之所以这样讲，是因为我们已经看到，21世纪的世界是知识经济充分展示其魅力的世界，21世纪的人类进步将更多地依靠知识经济的迅猛发展。一个民族、一个国家，如果跟不上知识经济和高新科学技术迅猛发展的时代，那么它就将被飞速变化的时代抛在后面。人文社会科学在知识经济发展中究竟扮演一个什么样的角色，大家的认识却远不是完全一致的。

一、人文社会科学是知识经济的重要基础

我们经常会听到这样一种观点：人文社会科学既不是真正意义上的科学，也很难说是真正意义上的知识；它们是不结果实的智慧之花，同知识经济沾不上边。在这种观点影响下，我们随处可见忽视、轻视甚至歧视人文社会科学的现象。这个问题如果不能引起我

---

* 载《中国人民大学学报》，2000年第4期。

们的足够重视，不采取有效措施加以解决，那么在短时期内也许看不出它的危害，但长此以往则必然对经济的持续发展和社会的全面进步、对国民素质的提高和精神文明建设，产生极为不利的影响和后果。

人类完整的知识体系是由两大部分组成的：一种是关于自然对象和现象的知识，即自然科学；一种是关于人类社会、人的活动和人的思维的知识，即人文社会科学。这两种知识相互影响、相互促进，如“车之两轮，鸟之两翼”，缺一不可。没有良好而深厚的人文社会科学传统，就不可能有自然科学的卓越成就。

在清朝中叶以前，中国在自然科学、生产技术及经济发展方面，曾经有长达一千多年的时间处于世界领先水平。人们津津乐道的科学成就“四大发明”，从一个侧面反映了中国古代的科学技术水平。当时先进的科学技术，是与中国具有优良而发达的人文传统分不开的。在 20 世纪初，德国逐步成为世界科学的中心，许多著名的科学家云集在那里，这在很大程度上也是得力于德国辩证法和唯物论哲学的发展，得力于长期形成的尊重知识、尊重科学的传统。

人类发展史表明：任何人类社会的进步，都是科技进步和人文社会科学进步协同作用的产物；任何技术进步都无法单独支撑起人类社会进步的大厦。古代如此，今天更是如此。四大文明古国，它们之所以能在鼎盛时期创造出最为辉煌的技术创新成就，关键就在于它们先进的人文社会科学孕育了深厚的文化底蕴。在我们追忆它们所取得的技术成就时，我们耳熟能详的更是那个时代伟大思想家的智慧。工业革命之所以产生在欧洲，并不仅仅是因为欧洲那时拥有更多、更聪明的科学家和发明家，更不是因为上帝对欧洲的垂青，而是因为欧洲经历了文艺复兴、启蒙运动这样的社会思想变革，这种变革所孕育的人文精神和资本主义制度体系的设计思想为欧洲 18 世纪开始的产业革命构建了一个适应技术创新的“人文社会科学平台”。卡尔·马克思和他之后的马克斯·韦伯对此都有十分精辟的论述。

知识经济时代预示着人类社会的又一次深刻变革。在这个变革中，科学技术的作用将起到愈来愈重要的作用，作为第一生产力的科学技术在社会生活中的影响也会更加突出地表现出来。但是，知识经济并不简单地等同于技术经济，知识经济时代社会的发展也不能简单地等同于技术的进步。知识应当是自然科学知识和人文社会科学知识的有机总和。现代知识经济的发展虽然以技术的进步为基本特征，但它必须以人文社会科学的进步为基础。只有这样，一个社会才能通过人文社会科学在社会启蒙、社会设计和社会结合等方面的作用，有效地为技术创新提供永续的动力和强大的诱因，为技术与经济的有机融合、技术与社会的和谐整合创造必要的条件。正是从这个意义上说，人文社会科学的进步是现代知识经济发展的“基本平台”，是现代技术得到有效创新和利用的基本前提。

二、人文社会科学对科学技术发展的作用

自然科学和技术进步是一把双刃剑。它既可以为人类造福，也可能对人类造成危害。原子能技术既可以被用来建立核电站以造福人类，也可以被用来制造原子弹以增加核威慑；强大的国防技术既可以成为主权国家安全的必要保障，也可以成为霸权主义者实行强权政治的工具。

自然科学和技术是中性的，它不能也不可能解答“为什么要发展技术”“如何运用技术”“技术发展的目的是什么”等价值判断问题。对于诸如此类的问题，人文社会科学应该义不容辞地予以回答。利用自然科学、技术创新造福人类，依赖于科学技术的价值导向，依赖于人文社会科学的发展状况及全社会形成的文明程度。正确的社会价值导向和正确使用技术的社会机制，是技术促进人类进步、提高人类福祉的基本前提。

还必须指出，哲学、思想政治理论，事关国家和社会的制度建设与道德建设，事关国家和社会的发展道路与发展方向。它通过对社会价值体系的理解和阐发，通过对社会知识的创新和传播，通过

对社会制度的设计和构建，创造出更加和谐、更加充满活力的社会。这必然决定着科学技术的研究目的，决定着科学技术实际应用的方向和程度。经济科学与管理科学，则直接参与经济活动，使人们的经济活动更加有组织、更加合理化。越来越多的事实说明，经济科学与管理科学是推动社会经济高速度、高水平发展的有力杠杆，同样也为科学技术的发展提供了经济学与管理学的支持。法学、伦理学、社会学、新闻学等研究如何规范和引导人们的社会生活，调节人际关系，解决人们之间各种各样的矛盾，维护正常的社会秩序，保护人们的正当权益，提高人们的精神境界，对于科学技术的研究和创新具有重大的影响。

科学技术进步对人类来说并不是“免费的午餐”。任何科学技术进步在促进人类进步的同时，都会给人类带来种种冲突和矛盾。大量的事实说明，任何一项重大的技术进步在与社会相融合的过程中，都会受到这个社会的社会结构、传统观念的抵制，甚至产生各种摩擦和冲突。我们不断听到对于“文明病”的指责，以至大家都向往“回归自然”。事实上，“文明病”的产生，并不是文明本身的过错，而是社会在走向文明的过程中人文精神被淡化、被弱化的结果。

科学技术的发明和进步，在一些国家和地区所引起的劳动群众的失业、环境的恶化、收入分配差距的拉大、社会矛盾的激化，以及技术进步与文化价值、技术与伦理观念、技术与社会习惯等方面的冲突，都有待于人文社会科学的深入研究并提供解决途径。如果这些摩擦和冲突得不到妥善解决，那么科学技术的进步不但不能与社会进步有机地融合在一起，反而会成为促使社会衰退的根源之一，自然也会成为阻碍科学技术进步的因素。由此可见，人文社会科学的进步是科学技术进步转化为社会进步、技术与社会相融合的必要条件。

在知识经济时代，人才成为一切财富中最宝贵的财富，人力资源和人力资本被赋予了前所未有的重要意义。事实上，自然科学的任何一个进步和技术创新的任何一次飞跃，都凝聚了许许多多优秀人才的研究与发明。优秀人才不仅要具有聪慧的头脑和非凡的智力，而且要具备高尚的精神和坚强的意志，而这种精神和意志往往离不开人文社会科学的熏陶。中国古代哲人说：“天行健，君子以自强不息；地势坤，君子以厚德载物。”自强不息，顽强拼搏，锐意进取，善于协作，是优秀科学家必备的素质。如果所有的科学家乃至整个民族都有坚强的精神支柱和道德信念，都具备了这样的优良素质，那么我们就可以创造各种奇迹。

科学技术是人发明的，也应该是为人服务的。科学技术应该而且必须以人为本。科学精神中最不可缺少的因素是人文关怀，科学精神的主体应该是人文精神。在社会主义条件下，科学技术的发展，是为广大人民群众服务的，它不是人的异化和对人的否定，而是人的创造力的展示，是人的社会本质、自由、尊严、价值的进一步确证和高扬。

科学技术本身是促进社会、经济发展的重要力量，但它不是也不可能是一种独立的社会力量，不可能单独对社会发展起到决定性的作用，在充分肯定自然科学知识和技术的作用时，看不到甚至否定人文社会科学独特价值的观点，是短视的，也是有害的。

三、当代中国为人文社会科学发挥作用提供了广阔的舞台

中国是一个发展中的社会主义国家，实现中国的社会主义现代化，是中国几代人坚持不懈追求的宏伟目标。这不仅是中国有史以来最重大的飞跃，而且是中国对世界进步的重大贡献。中国实现现代化本身就说明，当前中国正面临着深刻的社会变革。中国既面临着从传统社会向现代社会的深刻变革，又面临着从计划经济向社会主义市场经济的深刻变革。正因为这样，中国的现代化过程比起世界上任何一个国家的现代化过程，都显得更加艰巨复杂、更加丰富多彩。

现代化不能仅仅理解为我们有了多少高科技企业和高科技产品，

这固然是现代化的重要标志，但还不能说是现代化的全部。现代化应该是从物质到精神的全面的现代化，它要有一系列运用高新科学技术的企业和行业，有永续不断的科技创新和推广；它还要有人与社会的现代化，有社会的进步和人的精神的升华。因此，现代化过程既需要有自然科学的巨大贡献，又需要有人文社会科学的巨大贡献。

我们看到，当今世界有些国家在现代化进程中，遇到了一些矛盾和困扰，它们有许多深刻的教训很值得我们吸取。现代化过程怎样独立自主地推动本国科技的成长与普及，怎样避免对发达国家的经济依附而促进本国经济的繁荣和发展，怎样在经济发展中避免贫富差距的拉大和社会矛盾的加剧，怎样在文明进步的同时避免生态环境的破坏和人与自然的失衡，等等，都是需要我们深入思考的问题。我们在现代化过程中，是不是一定要重复其他国家经历过的困难和不幸？是不是我们就找不到一条能够避免各种困境的发展道路？研究并回答这些问题，正是我国人文社会科学工作者义不容辞的光荣任务。

我们正处在世纪之交，中国和世界的发展都进入了一个关键时期。我们需要把握和回答我们发展面临的重大问题，需要人文社会科学的大发展，需要不断形成新思想、新视野、新观点、新方法。中国的改革开放和现代化建设，为人文社会科学的发展提供了广阔的舞台。人文社会科学工作者应积极地投身于这个伟大的建设事业。对于高新科学技术的发展，人文社会科学同样具有不可替代的重要作用。我们应该加快研究推动我国高新科学技术发展的激励机制和分配机制，充分调动广大科技人员的积极性和创造性，使他们全身心地投入到科学技术的研究与创新之中；我们应该加快研究中国高新技术产业发展的具体途径和方法，探索和建立适宜科学技术繁荣与发展、高新技术普及与推广的科技创新体制和机制，使大学和企业成为科技创新与普及的主体，成为推动科学技术发展的重要力量；我们应该加快研究中国高新科学技术发展的制度环境和制度保障，不断完善保护科学技术发展、推动科学技术繁荣的人事制度、税收制度、金融制度、市场制度、法律制度、政策体系和人文环境；我们应该加快研究中国科学技术现代化的普遍性和特殊性，广泛学习和借鉴世界其他国家和地区发展高新科学技术的成功经验，不断完善我国高科技园区和高科技开发区的管理体制与服务体系，探讨中国科学技术与高新产业发展相互促进、协调发展的规律。

四、让人文社会科学在新世纪发挥更大的作用

让知识经济的成果成为推动经济与社会发展的基本力量，成为可持续发展的基础，使技术、知识、经济与社会更紧密地、协调地发展，已经成为困扰当代世界的重大难题。人们忧虑的是，在即将到来的知识经济时代，世界上少数富国与大多数贫穷国家的差距会进一步拉大，富国运用它们占有和垄断的知识将居于更为有利的地位。因此，当前更为迫切的是建立合理的国际经济与政治新秩序，这需要全世界人民的共同努力。

在新的世纪、在知识经济初露端倪的今天，重视科学技术在经济建设中的作用、重视科学知识在社会生活中的作用，必须也应该成为绝大多数中国人的共识。我们应进一步提高人文社会科学在经济建设和社会进步中的作用。不仅在大中小学校，而且要在全社会开展正确的世界观、价值观、人生观教育。继承和发扬中华民族的优良文化传统，形成新时代的民族精神，把我国的精神文明建设、人民的素质培养提高到一个新的水平。江泽民主席多次指出，民族精神和民族凝聚力是综合国力的重要内容与重要标志。一个民族、一个国家，如果没有自己的精神支柱，就等于没有灵魂，就会失去凝聚力和生命力。这种精神支柱，正是中华民族在漫长的历史进程中产生和发展起来的。“中华民族有着自己的伟大民族精神。这个民族精神，积千年之精华，博大精深，根深蒂固，是中华民族生命机体中不可分割的重要成分。”

大学是新世纪创造和推进知识经济的主力军之一。它推动着当

今人文社会科学知识的创新和传播，它通过对社会主体的培育、人文环境的营造、社会改革的建议和参与，直接承担着发挥人文社会科学在社会启蒙、社会设计和社会整合方面作用的重任。当然，我们也清醒地意识到，知识经济的发展和知识经济时代必将对现代大学的许多方面、对人文社会科学知识的创新和传播方式，提出严峻的挑战。但是，只要我们回顾 19 世纪晚期以来科技发展和社会变革的历史，我们就会更有信心地说，在未来知识经济的时代大学的作用仍然不可低估，它必将是知识创新的基地和人才辈出的摇篮，必将强有力地支撑着 21 世纪经济的发展和社会的进步。这是历史的选择！

我希望，在科教兴国的旗帜下，高度重视科学技术的发展，充分发挥科学技术的作用；同时，也要高度重视人文社会科学的发展，充分发挥人文社会科学的作用。架起科学精神的两个车轮，张开科学雄鹰的两个翅膀，让它快速前进，让它展翅翱翔。

我希望，给人文社会科学工作者更大的施展才华的舞台和空间，让他们融入到改革开放和现代化建设的火热生活中，深入实际，总结经验；让他们成为我国优良传统文化的传承者和发扬者，弘扬人文精神；让他们放眼世界，广泛吸收人类文明中一切有益的成分，丰富我们现代的文化和精神，为我国的经济发展和社会进步贡献智慧与力量。

我希望，全社会高扬科学精神和人文精神，把提高全民族的素质放在重要地位，为中华民族在 21 世纪的伟大复兴，为建立一个繁荣、富强、文明、幸福的社会主义现代化国家而奋斗！

中国这样走进二十世纪*
——义和团运动后的中国政局

今年是义和团运动一百周年。一个世纪以前在中国大地上掀起的这场惊心动魄的政治风暴，不但在当时震动了世界，而且至今仍然留给我们许多值得深思的历史经验与教训。

义和团运动从开始到终结，正好经历了上个世纪之交。中国人民正是在血与火的洗礼中送走19世纪，跨入20世纪的门槛的。

义和团运动是民族矛盾十分尖锐、民族危机极为严重的产物。这场运动被残酷地血腥镇压下去之后，中国又面临着一种什么样的政治局面呢？中国人民是以什么样的心态迎接20世纪的曙光的呢？新的世纪给中国人民带来的是新的灾难还是新的希望？

一个严峻的课题

19世纪的最后十年，中国发生了三件大事。一是甲午战争，中国被日本打败，清政府苦心经营的北洋水师全军覆没，最后被迫签订了丧权辱国的《马关条约》。二是戊戌变法，光绪皇帝支持康有为、梁启超等维新人士推行政治改革，但在以慈禧太后为首的守旧势力的镇压下惨遭夭折，谭嗣同等六君子血洒刑场，改革的一线生机被痛心地扼杀。三就是义和团运动，北方地区的广大下层群众，自发地拿起原始武器，起来抗击列强侵略。但他们既对帝国主义的侵略本质缺乏理性的认识，又无力识破封建顽固势力的愚弄和出卖，

---

* 载《清史研究》，2000年第4期。署名：李文海、赵晓华。

最后只能悲惨地倒在八国联军的罪恶炮火之下。

这三个历史事件，内容不同，性质不同，社会影响也各异。但有两点是共同的：一是每一次事件过去后，民族危机总是进一步加深；再一与此相伴的，是民族觉醒程度的进一步提高，救亡意识的进一步加强。

甲午战败后，人们就用“瓜分豆剖，渐露机牙，恐惧回惶，不知死所”，“譬如地雷四伏，药线交通，一处火燃，四面皆应”① 一类的语言来形容祖国的危急情状。连一位守旧官僚也说，当时人们“私居偶语”，也动辄要发出“国亡国亡，可何奈”的慨叹。戊戌以后，不但内政鼎革无望，帝国主义国家对中国的瓜分狂潮更是波涛凶险。人们大声疾呼：“今日之中国，国势濒危，内部之患，如肉腐烂，日见消溃；外交之迫，如水煎膏，日渐憔悴。”② 任何一个关心国家、民族命运的人，都认为自己祖国“精华已竭，膏血俱尽”，因而充满了忧伤、焦虑、失望和悲愤之情。

随着义和团运动的失败，列强强迫清政府于1901年签订了《辛丑条约》。这个条约，是帝国主义强加在中国人民身上的又一副沉重枷锁。巨额赔款，对一系列国家主权的严重破坏，使中国进一步向半殖民地的深渊沉沦。在这种情势之下，人们会以何种心情来迎接新世纪的到来，自然可想而知。下面这段话，实在是颇具典型意义的：

> 俄虎、英豹、德法貔、美狼、日豺眈眈逐逐露爪张牙，环伺于四千余年病狮之傍。割要地，租军港，以扼其咽喉；开矿山，筑铁路，以断其筋络；借债索款，推广工商，以朘其膏血；开放门户，划势力圈，搏肥而食，无所顾忌。官吏黜陟，听其指使，政府机关，使司转捩。呜呼，望中国之前途，如风前烛、水中泡耳，几何不随十九世纪之影以俱逝也。③

---

① 康有为：《上清帝第五书》，见《中国近代史资料丛刊·戊戌变法》（二），189页。

② 《东方杂志》，第1卷，第11号。

③ 张枬、王忍之编：《辛亥革命前十年间时论选集》，第1卷上册，452～453页。

的确，在新的世纪，中国的前途和命运究竟怎样？具有古老文明的中华民族会不会随着19世纪的逝去而消亡？这正是摆在每个中国人面前的一个不容回避的严峻问题。

“长存于二十世纪新世界”

历史永远是丰富多彩的、千姿百态的。进入20世纪的时候，中国人民的精神面貌并非只有沮丧和失望。否则，我们也就无法理解20世纪后来的历史发展进程，无法做出如江泽民同志指出的“二十世纪的一百年，是中国人民从逆境中顽强奋斗，最终掌握了自己的命运，走上全面振兴的康庄大道的一百年”① 的科学论断了。

在危机感和紧迫感不断增强的同时，志士仁人对救国道路的探索也取得了新的发展、新的突破。

20世纪的头一年，21岁的青年鲁迅写下了他的著名诗作《自题小像》：“灵台无计逃神矢，风雨如磐暗故园。寄意寒星荃不察，我以我血荐轩辕。”这首小诗，既表达了对祖国命运的深切忧虑，又抒发了献身民族振兴事业的豪情壮志，很能反映当时有志青年的共同心声。

将鲜血与生命奉献于国家和民族的振兴，在当时，最直接的体现就是投身于推翻已经成为“洋人的朝廷”的清王朝的革命运动。如果要问，中国进入20世纪之初政治生活最鲜明、最本质的特点是什么？答案正是革命思潮的迅速传播和革命活动的蓬勃兴起。

从19世纪末叶就开始倡导推翻清朝政权的伟大革命先行者孙中山，切身感受到世纪交替前后革命形势的巨大变化。他在《革命缘起》中说，当他早期从事革命活动时，“举国舆论，莫不目余为乱臣贼子，大逆不道，咒诅漫骂之声，不绝于耳”，“惟庚子失败之后，则鲜闻一般人恶声相加，而有识之士，且多为吾人扼腕叹息，恨其事之不成矣。前后相较，差若天渊”②。特别是“八国联军之破北

① 江泽民：《在全国政协新年茶话会上的讲话》，载《光明日报》，2000年1月2日。

② 《孙中山选集》，199页，北京，人民出版社，1981。

京，清帝、后之出走，议和赔款九万万两而后，则清廷之威信已扫地无余。而人民之生计从此日蹙，国事危急，岌岌不可终日。有志之士，多起救国之思，而革命风潮至此萌芽矣”。

在这里，孙中山不但确切地描绘了革命形势的急剧转变，而且中肯地揭示了革命发展的客观条件和原因。帝国主义的野蛮侵略，封建专制统治的腐朽黑暗，人民群众在这样的双重压迫下再也无法照旧生活下去。为了挽救中国民族的危亡，拆除民族振兴的障壁，打开社会前进的通道，用暴力推翻封建君主专制统治的清王朝的革命便成为 20 世纪最初十年的时代潮流。

资产阶级革命派并不赞同义和团的笼统排外主义。在如何对待西方文明的问题上，他们坚持反对侵略与学习西方的辩证统一，这一点要比义和团高明得多。但是，他们确实从义和团的英勇斗争中看到了爱国精神激励下群众的巨大力量，这无疑极大地增强了同貌似强大的反动政治力量斗争的勇气和信心。

革命既不是人为制造的结果，也不是一时感情冲动的产物。这是一种理性的选择。当时的报刊从适应时代的高度，提出过这样的问题：“今日已二十世纪矣！我同胞之国民，其将何以自处也?”著名革命家邹容在《革命军》中所写的一段话，几乎可以被看作对这一问题的明确回答：“呜呼！我中国今日不可不革命。我中国今日欲脱满洲人之羁缚，不可不革命。我中国欲独立，不可不革命。我中国欲与世界列强并雄，不可不革命。我中国欲长存于二十世纪新世界上，不可不革命。我中国欲为地球上名国，地球上主人翁，不可不革命。”① 以后的历史发展，证明了邹容这段话是何等的正确和具有远见。在以孙中山为代表的资产阶级革命派领导下，经过前仆后继的英勇斗争，终于在 1911 年爆发了辛亥革命。这次革命推翻了清朝的反动统治，为中国的进步打开了闸门，成为中国能够长存于 20 世纪新世界并且以昂扬的步伐迈向 21 世纪的奠基石。

应该指出，在 20 世纪的头十年，活跃在中国政治舞台上，关心

---

① 张枬、王忍之编：《辛亥革命前十年间时论选集》，第 1 卷下册，651 页。

祖国命运并努力促使社会前进的政治力量，除资产阶级革命派之外，还有立宪派。立宪派由戊戌时期的维新派演化而来。立宪派者依然高扬着爱国主义的旗帜，同革命派一样认为“中国存亡诚一大问题”，救亡图存是压倒一切的当务之急。他们在传播资产阶级政治观念和社会观念方面做了不少有益的工作。他们也认为要挽救中国的危亡局面，首先必须改变腐朽的封建专制制度。他们中的有些人曾对封建专制主义进行过猛烈的抨击，如梁启超就说：“专制政体之在今日，有百害于我而无一利”，“使我辈数千年历史以脓血充塞者谁乎？专制政体也。使我数百兆人民向地狱过活者谁乎？专制政体也”。所以，他大声疾呼：“专制政体者，我辈之公敌也，大仇也！有专制则无我辈，有我辈则无专制。”① 他们与革命派的不同在于，他们认为专制政体是可以而且应当通过和平手段来废除的，所以他们反对暴力革命。

因为立宪派者反对革命，就把他们视为反动政治力量，自然是不对的，因为这忽略了事物的本质方面。但说革命派与立宪派只是“殊途同归”，无分轩轾，甚至认为立宪派的和平变革较之革命派的暴力革命更少引起社会的震荡和破坏，因而更加高明，这也不是一种合乎历史实际的判断。革命派的政治纲领与立宪派的政治纲领确有高下之分，是非之分，优劣之分。孰是孰非，主要看何者更加适应当时社会发展潮流的需要。革命派优于立宪派的地方就在于，革命派对旧的统治秩序和统治力量进行了更多一些的打击与扫荡，而这正是当时社会前进所必要的政治前提。立宪派企图通过同旧势力的妥协来实现自己的政治目标，这只能是幻想，他们发动的三次大规模的国会请愿运动的失败，生动地证明了这一点。

从瓜分到“保全”

由近代中国半殖民地半封建的社会性质所决定，中国的政局在

① 梁启超：《拟讨专制政体檄》。

很大程度上同帝国主义的对华政策息息相关。

在上个世纪之交，列强的对华政策，经历了由瓜分中国到“保全”中国的政策转变。这个转变同义和团运动有着密切的关系。

19 世纪末叶，特别是甲午战争后，帝国主义掀起了瓜分中国的狂潮。伴随着划分势力范围等种种实际步骤，瓜分中国的舆论甚嚣尘上。那时，几乎每个西方国家都“认为可以安然瓜分这个民族”①，它们相信“只要有现代化的军队一万人，就能够随心所欲地横行整个中华帝国”。1898 年 4 月，德国外交大臣比洛在德意志帝国议会上狂妄地叫嚣：“瓜分中国的事已经提到日程上来了。”② 就连提出“门户开放”政策的美国也表示，“如果中华帝国的肢解果真发生，它情愿同享中国的瓜分”③。

但是，义和团运动兴起以后，列强关于瓜分中国的议论却发生了微妙的变化。曾经担任侵略联军统帅的瓦德西在他的《拳乱笔记》中写道：“若以该国现刻武备之虚弱，财源之衰竭，政象之纷乱而论，实为一个千载难得之实行瓜分时机”，“但吾人在此却有一事不应忘却者，即中国领土内……共有人口四万万……彼等在实际上，尚含有无限勃勃生气”。因此，“瓜分一事，实为下策，如欲实行此下策，则后患又不可不防矣”。显然，义和团的英勇斗争教训了侵略者，使他们不得不承认，中华民族是一个不甘屈服的民族，如果贸然瓜分，只会激起中国人民永无休止的反抗。

经过反复的衡量和争论，列强终于认定，用“保全”代替瓜分是一个更加明智的选择。1900 年 10 月，《英德协定》签订，“英首相沙侯宣称，英德合约立后，中国土地当可因此保全”，此后“无论何国欲设法瓜分其土地，吾英当决计阻之，必不使成”④。俄国政府也提出“保持中国的旧国家制度”，“恢复北京的合法中央政府”，“消

---

① 中国社会科学院近代史研究所《近代史资料》编组编：《义和团史料》（上册），北京，中国社会科学出版社，1982。

② 转引自牟安世：《义和团抵抗列强瓜分史》，209 页，北京，中国经济管理出版社，1997。

③ 丹涅特：《美国人在东亚》，536 页，北京，商务印书馆，1959。

④ 佐原笃介：《八国联军志》，见《义和团》（三），258 页。

除可能引起瓜分中国的一切情况”①。

与瓜分相比，“保全”策略的出台似乎使20世纪初的中外关系蒙上了一层温情脉脉的面纱。但事实上，“保全”与瓜分，只是手段与方式之差异，并不改变侵略中国的实质。帝国主义只是试图通过“保全”一个清政府来借以镇压中国人民的反抗斗争，以便更好地实现对中国的掠夺和控制。号称“中国通”的英国人赫德曾经极为坦率地谈到这一点：“今日之计，惟有以瓜分为一定之目的，而达此目的之妙计，则莫如扶植满洲政府，使其代我行令，压制其民。民有起而抗者，则不能得义兵排外之名，而可以叛上之名诛之。我因得坐以收其利，此即无形瓜分之手段也。”②

正因为“保全”不过是“无形瓜分之手段”，所以在20世纪的最初十年，列强对中国国家主权的践踏和经济命脉的控制，仍然是变本加厉，有加无已。矿山开采权、铁路修筑权大部分落入列强之手，政府的金融财政为列强所垄断，甚至发生了在中国土地上公然争夺霸权的日俄战争，以及英国明目张胆发动的入侵西藏的战争。中国确确实实已经成为“列强俎上之肉，釜中之鱼，其存其亡，不容自主矣”，如果不决心变革，奋起救亡，则“二十世纪之中国，将长为数重之奴隶”③。这就是当时人们得出的结论，也正是历史的现实。

无可奈何的选择

经历了义和团运动和八国联军占领北京的巨大冲击，以慈禧太后为首的清朝封建统治者，又将以什么样的面貌走向20世纪呢？

在进行具体的分析之前，我们可以先肯定两点：其一，清朝政

---

① 张蓉初译：《红档杂志有关中国交涉史料选译》，238页，北京，三联书店，1957。

② 转引自杨度：《“游学议编”叙》，见张枬、王忍之编：《辛亥革命前十年间时论选集》，第1卷上册，254页。

③ 《二十世纪之中国》，载《国民报》，第1期。

府已经不可能按照原样统治下去了；其二，清朝政府也不可能自动地按照立宪派的企求将封建专制政权转化为资产阶级性质的君主立宪政权，更不可能容忍革命派建立资产阶级民主共和政府。

关于后一点，可以说是不言自明的。任何一种政治势力都不会自动退出历史舞台。在社会发展过程中，没有新的社会势力和政治力量的坚决斗争，旧的统治秩序是不可能自行瓦解的。这依然是一个颠扑不破的真理。

关于前一点，则稍微要多说几句。进入20世纪，清朝政府不能再照老样子统治下去，是国内外各种政治势力综合作用的结果。

首先，西方列强不允许。在义和团运动中，列强对清朝政府有两点明显的不满。一是清朝政府中一部分顽固势力，包括慈禧在内，曾利用义和团企图与列强对抗；二是清朝政府控制局势的能力太差，太腐朽，太没有力量。因此，在议和谈判中，有一些国家如英、德等就主张“惩办祸首”应包括慈禧。后来虽然由于各种矛盾的牵制而放过了慈禧，慈禧也通过谕旨的形式说出了“量中华之物力，结与国之欢心”这一类不顾脸面的话，以表示效忠列强的决心，但如果不真正做出一点改弦更张，力图振作，在列强面前还是难以交代的。列强决定“保全”清朝政府，毫无疑问，他们所“保全”的，不但要是一个忠顺的工具，而且要是一个得心应手的、有效率的工具。

其次，被统治阶级不允许。义和团运动后，一方面清廷的政治危机和经济危机发展到了最为严重的地步；另一方面清廷的威信已扫地无余，用某些官员的说法，“朝廷威信实大堕落……而蚩蚩之氓对于朝廷已大消其畏威之念，不复如曩时之屏息雌伏”①。人民群众通过自己的精英阶层即革命派和立宪派，以言论和行动强烈表达了推翻或改变封建统治的迫切要求。这极大地增强了封建专制统治阶级实行某种变革的紧迫感。在20世纪的最初几年，官方文书中谈得最多的内容就是，与其被动地变革不如主动地变革，与其强迫地变

① 《立宪私议》，载《东方杂志》，第2卷，第10号。

革不如操之自我地变革，与其因不变革而覆亡不如用变革来谋取一线生机。这些议论，确实是封建统治阶级当时心态的真实流露。

最后，封建统治集团中一部分具有开明思想的官僚，特别是像张之洞、刘坤一等一批很有实力和影响的封疆大吏，在政治风云变幻激荡的刺激和推动下，也认识到实施政治经济改革的必要性，竭力主张推行一系列新的政策以给这个危机四伏的政权注入新的活力。他们提出的变革主张，绝大部分是两年多以前维新派倡导过的。但是，时已非其时，人亦非其人，掌握最高统治权利的慈禧已不再对之加以悍然镇压，转而采取积极支持的态度了。

正是这些错综复杂的因素综合作用的结果，才有了慈禧在逃亡中发出的号召更法令、破痼习、“欲求振作，当议更张”的著名上谕，才有了一时有声有色的新政，也才有1906年9月清廷关于“预备仿行宪政”的郑重宣布。

新政也好，预备立宪也好，不论推行者的动机如何，实施结果无一不是资产阶级性质的经济、政治、文化因素的发展和增强，而实质上也就意味着封建统治的某种削弱和否定，在某种意义上说，封建专制政权正通过新政和预备立宪培植埋葬自己的力量。这一点，封建统治者其实是心知肚明的。那么，他们为什么还要这样做呢？原因其实很简单，因为他们更加清楚，如果不这样做，他们的王朝末日会来得更快。两害相权取其轻。对于封建统治者来说，这是一个无可奈何的选择，比较而言，应该说也是一个相对明智的选择。

经历过这段历史的鲁迅，在谈到中国的改革时，说过这么一段话：“譬如你说，这屋子太暗，须在这里开一个窗，大家一定不允许的。但如果你主张拆掉屋顶，他们就会来调和，愿意开窗了。没有更激烈的主张，他们连和平的改革也不肯行。”① 拿鲁迅的这个比喻去观察晚清历史，实在是最贴切不过了。维新派认为当时中国这个屋子“太暗”，要求改革（“开一个窗”），却不被允许；革命派主张推翻清朝政府（“拆掉屋顶”），于是，统治者便“愿意开窗”了，新

---

① 鲁迅：《无声的中国》，见《鲁迅全集》，第4卷，13～14页，北京，人民文学出版社，1981。

政和预备立宪也就相继推行，事情难道不正是这样么？

在黑暗的屋子里开个窗，透进一丝光明，吹入一缕清新的空气，这自然是好事，值得肯定。但因此而歌功颂德，认为这个举措已顺应了历史的潮流，甚至认为这是较之暴力革命更加理想的走向近代化的途径，则似乎判断还是简单了些。重要的是，要看看这间黑屋子是否还有“弥缝补漏”之可能。在革命派看来，当时中国的政治和社会“其敝坏已达极点”，只有“毁屋而重构”，才能“轮换一新”①，也就是创造出一个新的世界来。

后来的历史发展正是这样进行的。

百年后的反思

现在，我们正要告别20世纪。又一个新世纪的曙光已经在天际露出微曦。

江泽民同志在党的十五大报告中指出：“从一九〇〇年八国联军占领北京，中华民族蒙受巨大屈辱，国家濒临灭亡边缘，到二〇〇〇年中国在社会主义基础上进入小康，大踏步走向繁荣富强，是中国发生翻天覆地变化的一百年。”纵观20世纪从起始到终结的百年，可以看到，就社会状况、政治局面和人们的精神面貌而言，我们国家经历了何等急剧、巨大而深刻的变化，而当前面临的诸多重大问题，又是与百年前的历史行程有着何等紧密的联系。

义和团运动的主题是反对帝国主义对中国的野蛮侵略。不管义和团对帝国主义和封建主义的态度距离科学认识有多远，也不管义和团的社会实践用今天的眼光来看有多少可訾议之处，无论如何，用嘲弄的口吻对待当时的那一场惊心动魄的斗争，绝不是一种严肃的学术态度。民族独立地位的丧失，国家主权的备受欺凌，是阻碍中国走向近代化的最大障壁。正因为这样，才能够理解为什么近代

---

① 寄生：《论支那立宪必先以革命》，见张枬、王忍之编：《辛亥革命前十年间时论选集》，第2卷上册，131页。

中国的民族精英总是把最主要的精力投入到争取国家独立和民族解放的斗争中去。在这个斗争中，中国人民经历了由自发到自觉、由低级到高级、由感性到理性的发展过程，直到20世纪中叶，才终于推翻了帝国主义、封建主义、官僚资本主义三座大山，取得了新民主主义革命的伟大胜利。中华人民共和国成立后，国家被“瓜分豆剖”“蚕食鲸吞”的现实危险已不复存在，但是，捍卫国家主权、维护民族尊严的斗争却并未有须臾的止息，而且，在世界“大同”真正到来之前，这仍将是一个恒久的神圣使命。当然，要使中国永远自立于世界民族之林，归根到底要靠经济的发展和社会的全面进步。20世纪初，资产阶级革命派已经摒弃了义和团把抵抗侵略与学习外国对立起来的错误观念，清醒地认识到中国只有自强才能免遭侵略，而自强就必须善于学习西方先进的政治、科技和文化。在经济、科技全球化和信息网络化的进程日益加速的今天，我们更要以积极的姿态走向世界，完善全方位、多层次、宽领域的对外开放格局，博采各国文化之长，吸取人类文明的共同成果，在与世界各国的密切交往中实现中华民族的伟大复兴。

20世纪的最初十年，时代的主潮是革命，也就是以暴力推翻阻碍社会前进的清朝封建专制政权。作为上层建筑最重要部分的政权，虽然由经济基础决定，但对经济和社会的发展也起着或者促进或者阻碍的重大反作用。当某个时候政权成为经济发展和社会前进的严重障碍时，推翻这个反动政权就成为历史的要求。正是在这种情况下，革命便成为历史发展的火车头。20世纪上半叶，先后存在的几个政权，由它们的性质所决定，都不是也不可能成为人民根本利益的代表。一直到中华人民共和国成立后，中国共产党领导的人民政权，才自觉地代表中国先进生产力的发展要求，代表中国先进文化的前进方向，代表中国最广大人民的根本利益，组织人民群众为建设祖国、振兴中华而奋斗。

20世纪可以说是探索的世纪。事实上，从1840年鸦片战争开始，各种政治力量，各个政治派别，就围绕着中国应该走什么道路进行了艰难而执着的探索。毛泽东同志在《论人民民主专政》一文中，对中国共产党成立以前先进的中国人探索救国真理的过程做过生动而准确的描述，并且归纳说，走社会主义道路，“这就是结论”。其实，中国共产党成立之后，甚至中华人民共和国诞生之后，对中国发展道路的探索也并未结束，只是后来的探索已集中在怎样根据中国的国情来建设社会主义这个问题上。在波澜壮阔的实践中，积累了许多成功的经验和失败的教训，我们终于找到了一条建设有中国特色社会主义的道路，正是因为找到了这条道路，我们在面向新世纪的时候，才如此充满自信，如此步伐坚定。

当义和团运动刚刚被镇压下去的时候，资产阶级革命派在中外舆论的一片责骂声中，热情地赞扬义和团的爱国精神，称颂他们“实为中国民气之代表”，说义和团的英勇斗争表明“我中国之民气，未尝泯然息没”①。当然，他们也强调，对“民气”要有正确的引导，并且要有实实在在的物质力量作为基础。如果把视野放宽一点，可以说，在我国近代历史上，炽烈的爱国主义、坚强的民族凝聚力，是推动社会前进的巨大精神力量。在近代中国，没有一个对社会进步做出了重大贡献的历史人物和历史事件，不是在爱国主义的旗帜下展开历史活动的。一个民族、一个国家，如果没有自己的精神支柱，就等于没有灵魂，就会失去凝聚力和生命力。民族精神和民族凝聚力也是综合国力的重要内容。高举爱国主义的旗帜，弘扬民族精神，不断增强民族凝聚力，必将使我们在走向 21 世纪的时候，更加万众一心地去迎接各种挑战，战胜各种困难，聚精会神地实现社会主义现代化的宏伟大业。

① 张枬、王忍之编：《辛亥革命前十年间时论选集》，第 1 卷上册，62 页。

传统史学体裁的今日价值*
——李文海谈《清通鉴》的编纂

清朝是中国封建君主专制统治的最后一个王朝，在这个王朝统治时期，中国经历了在世界范围内由先进到落后的历史转折，经历了由一个独立的封建国家到半殖民地半封建国家的历史转折，也经历了由中世纪到近代社会的历史转折。正是这种巨大而深刻的变化蕴含了极为丰富的历史内容，也同今天社会生活的各个方面产生了非常紧密的联系。不但今天的版图疆域及中华人民共和国成立之初的人口基数都奠定于清代，而且当代中国的政治、经济、军事、外交、民族关系等诸多方面的问题也大多是从清代演化、延伸而来的。可以说，要深刻地了解中国的国情，离不开对清代历史的科学认识。所以，清史研究具有非常强烈的现实意义。对于清代历史的研究已经有了很多科学成果，但用通鉴体裁来编写清代历史，至今还没有过。因此，《清通鉴》的编纂，是我们对清代历史研究的一个探索。这个探索的实质是什么呢？就是中国传统的通鉴史学体裁在今天还有没有可能加以继承，或者说，通鉴的传统史学体裁在今天还有没有存在的价值。要较好地回答这个问题，我以为必须处理好三个关系：其一，通鉴体裁与现实需要如何兼顾、如何统一的问题。《资治通鉴》的宗旨是“资治”，让人们得到历史的借鉴，提供历史发展的规律，但是，通鉴这种体裁不同于学术专著或学术论文，不可能长篇大论，只能用“春秋笔法”，在叙事中表达作者的某种倾向和态度。其二，特定的文字表达方式与这一时期的历史内容、当前读者的接受习惯如何统一、兼顾的问题。《清通鉴》使用的是浅易文言。

---

* 载《中国图书评论》，2000年第5期。

其原因：一是清代的历史非常丰富复杂，如果用白话写，篇幅将成倍增长；再一是大量的官方文书如果用白话转述，肯定会词不达意。但是用浅易文言，也有两个方面的问题：清代特别是其晚期与国外交往很多，因此必然要涉及外文资料，在使用时就有一个浅易文言如何协调的问题；另外，今天的读者特别是一些年轻的读者，不一定习惯或接受这种浅易文言的表达方式。其三，通鉴这种体裁和《清通鉴》这部书的性质界定问题。这究竟是一部研究专著呢，还是一种资料汇编？是教科书呢，还是一种工具书？好像每一种都沾一点边，却又哪一种都不是。说句玩笑话，似乎有点四不像。但在我看来，既然是探索，出现这种四不像也不要紧，甚至可以说是正常的。总的来说，这种探索是有益的。但它是不是成功的，则有赖于学者专家和读者的评判。

人文、社会科学的功能与作用*

我国高等学校中文、历史、哲学学科和专业近年来教学与科学研究面临的一个突出问题就是：面对新的世纪，像文、史、哲等这样的文科基础学科，怎样在人才培养和科学研究方面进行深入的改革，以适应国际国内新的形势和我国社会主义现代化建设发展的需要。

文、史、哲是人文学科和社会科学的基础学科。要讨论文、史、哲的人才培养模式和学科建设，首先要弄清楚人文、社会科学的功能与作用。令人感到遗憾的是，虽然中央文件与党和国家领导人的讲话，对这个问题有过多次明确的阐述，但忽视、轻视甚至歧视人文、社会科学的现象依然随处可见。我以为，这个问题如果不引起足够的重视，并采取有力的措施加以解决，在一个短期内也许看不出来，长此以往，则必定会对经济发展和社会全面进步，对精神文明建设，对学术的发展与繁荣，对民族素质的全面提高，产生严重的消极影响。

这样说，是不是有点危言耸听呢？

当然不是。

人文学科和社会科学，是除自然科学以外的许多学科的总称。如果按照功能细分一下，大体有以下几类，分别在社会生活中起着不同的作用：

一类是事关我们国家和社会发展方向与发展道路的科学，这就是马克思列宁主义、毛泽东思想、邓小平理论。这是我们党的指导思想的理论基础。党的十五大强调指出，要把建设有中国特色社会

---

* 载《高校理论战线》，2000年第5期。

主义事业全面推向新世纪，根本的一条就是永远高举邓小平理论的伟大旗帜。回顾我国社会主义胜利和挫折的历史经验，也可以清楚地看出，正确地坚持马克思主义有何等重要的意义。毫无疑问，理论界和学术界，在用邓小平理论武装全党和全国人民，在建设有中国特色社会主义的伟大实践中进一步丰富与发展当代中国马克思主义方面，要做出许多艰苦的不懈努力。

一类是直接参与经济活动的学科，这主要是指经济学和管理类特别是经济管理类学科。劳动生产率的提高和经济的发展，不仅是一种依靠自然科学进步的技术过程，而且是一种人们组织程度合理化的社会过程。邓小平同志早在70年代起就反复强调，经济的发展和企业的改造，既要抓先进的技术，又要抓先进的管理方法和经营方法，并且指出："当前大多数干部还要着重抓紧三个方面的学习：一个是学经济学，一个是学科学技术，一个是学管理。学习好，才可能领导好高速度、高水平的社会主义现代化建设。"① 江泽民同志在十五大报告中也强调了"吸收和借鉴世界各国包括资本主义发达国家的先进技术和管理经验"的极端重要性。掌握经济规律和提高经济管理水平，将成为推动社会经济健康发展的有力杠杆。

一类是规范和引导人们的社会生活与人际关系的学科，如法学、社会学、伦理学、新闻学、人口学等。在社会的运行和发展过程中，人们发生各种各样的社会联系，也存在着各种各样的矛盾和冲突。上面这些学科，就是研究如何用各种不同的方式和手段去维护正常的社会秩序，弘扬社会正气，保护人们的正当权益，揭露和打击各种社会丑恶现象，防止社会矛盾激化，促进实现社会正义和维护社会稳定。毫无疑问，这不论对于物质文明建设还是对于精神文明建设，都具有极为重要的意义和作用。

最后一类，就是我们一开始提到的文、史、哲等文科基础学科。这些学科本身的特点，常常使人们认为它们离社会现实生活较远，因此不断会提出在全力进行社会主义现代化建设的今天这些学科

① 《邓小平文选》，2版，第2卷，153页。

“究竟有什么用”的问题。正因为这样，相比之下，这些学科在发展过程中自然遇到了较之文科其他学科更多的困难。其实，急功近利地要求和对待这些学科，正是认识上的一个很大误区。正像自然科学中没有数、理、化等基础学科的深入研究，就很难有高新技术的源源创新一样，如果没有文、史、哲等基础学科的不断进步，文科其他学科的发展也会受到很大的制约和影响。所以，邓小平同志说：“哲学、社会科学同自然科学一样，决不能忽视基础理论的研究，这些研究是理论工作的任何巨大前进所不可缺少的。”① 如果从更长远一点的观点来看，那么，文科基础学科对于总结和继承优秀传统文化，创建和发展有中国特色社会主义的新文化，全面提高全民族的素质，锻铸民族精神和增强民族凝聚力，都具有不可替代的作用。江泽民同志多次指出，民族精神和民族凝聚力是综合国力的重要内容与重要标志。一个民族、一个国家，如果没有自己的精神支柱，就等于没有灵魂，就会失去凝聚力和生命力。这种精神支柱，正是在中华民族漫长的历史进程中产生和发展起来的。“中华民族有着自己的伟大民族精神。这个民族精神，积千年之精华，博大精深，根深蒂固，是中华民族生命机体中不可分割的重要成分。”② 正是在这样一个层面上，文科基础学科有着广阔的用武之地。

因此，把自然科学和社会科学比作“车之两轮，鸟之两翼”，实在是既生动又贴切的譬喻。理论界有同志呼吁，应该提倡科学精神与人文精神的结合；教育界有同志认为，21世纪高等教育发展的基本态势，是科学教育与人文教育的比翼齐飞。我以为，这些都是很有见地的。

当然，作为人文、社会科学的理论工作者和学术工作者，不能一味埋怨社会的不重视，而应该着重考虑在人才培养和学科建设方面怎样更好地适应社会的需要。

去年6月召开的全国教育工作会议，在充分肯定教育工作取得

---

① 《邓小平文选》，2版，第2卷，179页。

② 江泽民：《在全国抗洪抢险总结表彰大会上的讲话》，载《人民日报》，1998年9月29日。

重大成就的同时，也鲜明地指出，我们的教育思想、教育体制、教育内容和方法还有许多方面同社会主义现代化建设发展的需要不相适应。不对这些不相适应的方面进行坚决而深刻的改革，教育的发展和教学质量的提高都将是一句空话。

事实上，就文、史、哲学科而言，教学的改革早在前几年就已经受到许多高校有关院系的注意。特别是1995年，当时的国家教委为了进一步提高文、史、哲学科人才培养的质量和科学研究的水平，促进人才培养模式以及教学内容、课程体系的改革，为我们现代化建设事业持续培养少而精、高层次、高素质的基础文科教学与科研人才，根据“扶强保重”、合理布局的原则，在全国部分高等学校建立了51个文科基础学科人才培养和科学研究基地。五年来，这些文科基地的广大师生，振奋精神，解放思想，努力实践，艰苦探索，在招生办法、课程设置、师资配备、教学内容、教学方法以及教育管理等各个方面，积极进行各种改革和试验，取得丰富的经验和丰硕的成果。有些不是基地的高校文史哲院系，同样以极大的热情，积极参与了改革的探索。本书收入的文章，就是文科基础学科五年教学改革成果的一个方面的反映和总结。读一读这些文章，就会发现，这里所涉及的问题，有对既往情况的回顾，但更多的是在以往实践的基础上，提出面向新世纪高等文科基础学科教育发展的设想和规划。也许可以说，理论探索和教学实践的统一，总结性和前瞻性的统一，正是这本书的一个特点。

战士与学者*

——大年同志的学术品格

去年岁末，听到大年同志不幸病逝的消息，我几乎不相信自己的耳朵。仅仅在几个月前，在7月9日举行的庆祝中国史学会成立50周年的会上，还同大年同志一起交谈照相，并聆听了带有他一贯特色的讲话。谁想到这具有欢庆色彩的瞬间，竟成为同大年同志的永诀。

大年同志的辞世，对于我个人来讲，是失去了一位尊敬的师长；对于史学界来讲，是失去了一位睿智的学者。

我20岁进入中国人民大学开始学习历史的时候，就对刘大年这个名字有了深刻的印象。这不仅因为他的《美国侵华史》是我们学习中国近代史的必读参考书，而且因为大年同志曾在北方大学工作过，而北方大学是中国人民大学的前身之一，我的师长中很有几位与大年同志共过事，他们常常谈起大年同志。一直到1958年，我才同大年同志有了直接的接触。那是中宣部为了迎接中华人民共和国的十年大庆，想要编一部《中华人民共和国十年史》，这个任务落到了大年同志头上。大年同志组织了一个十余人的班子，我记得近代史所参加的有余绳武同志、蔡美彪同志、曲跻武同志和从翰香同志；所外的有王宗一同志、管大同同志、李普同志、王汝丰同志。我的专业本来是中国古代史，不知为什么也把我调去了。这个班子工作了将近两年时间。分给我的任务是写抗美援朝战争，写了讨论，讨论了又写，几易其稿，却总也通不过。史料、观点、结构、文字，没有一处不要经过极严格的审议和批判。由于各种原因，这部书稿

---

* 载《近代史研究》，2000年第6期。

没有出版，但对我来说，却受到了一次真正的科研工作的启蒙训练，使我初步懂得了学术工作的严肃性和艰巨性。我也正是从那以后，把研究方向转到了中国近现代史。大年同志在学术上是十分严格的，但在待人接物上却很平易近人。工作后期，三年困难时期已经开始，有好几次讨论完书稿后，大年同志拿出自己不多的工资，请大家到仿膳饭庄吃肉末烧饼，此情此景至今还历历在目。

刘红同志写的《刘大年与佐藤猛夫重逢记》中，把大年同志称作“战士型史学家”，卫藤沈吉教授很赞赏这个提法，认为颇能反映大年先生的特质。金冲及同志在大年同志所著《我亲历的抗日战争与研究》一书的“序”中，也指出：“大年同志是一名英勇不屈的战士，又是一位好学深思的学者，这两个侧面在他身上十分自然地融为一体。”可见，这是不少人对大年同志的共同认识，也正是大年同志极为宝贵的学术品质。这样说，不仅因为他曾经亲身参加了抗日战争这场伟大的民族解放运动，是一位驰骋疆场的名副其实的八路军战士；更因为他从事学术工作以后，并不改变献身民族解放和民族振兴伟大事业的初衷，依然将学术作为武器，通过潜心的历史研究，探求历史的真实，揭示历史的真相，为中国人民的解放事业和社会主义事业提供历史的启示与借鉴。我们只要看一看大年同志所写的论著，就可以发现，几乎没有一篇不具有很高的学术价值，同时也没有一篇不具有很强的现实意义。

大年同志是一位著名的马克思主义史学家。令人尊敬的是，他不随风摇摆，而是凭着自己对唯物史观的坚定信念，努力按照科学的观点和方法，去认识历史，解剖历史，说明历史。他不但在社会主义处于高潮、马克思主义十分吃香的时候是这样，而且在一些国家出现严重曲折，社会主义处于低潮，在有些人看来，似乎马克思主义“就要消失了，没有了，失败了”的时候，依然是这样。这实在是非常难能可贵的。

大年同志十分注意优良学风的提倡。他常说，写一篇文章，不能人云亦云，旧调重弹，总要有一点新的意思，说一点新话，有一点自己的风格和特色；否则，就不如不写。在纪念孙中山诞辰 130

周年的国际学术讨论会上，大年同志特地约我晚上到他的房间去，说是随便谈谈。那天，他对史学界出现的种种不良学风，发了许多感慨，并叹惜说："学风问题不解决，会极大地制约和阻碍历史学的进步和发展。"还有一次，大年同志同我谈起某些学术回忆录的失真问题，指出有些人不负责任，胡编乱造，既颠倒了历史，又搞乱了思想，造成了很不好的影响。他说，他正在编一本《刘大年存当代学人手札》，目的就是为学术发展史提供一点可信的资料。

我想，沿着大年同志的方向和足迹，在史学园地里更加努力地耕耘，应该是对这位可敬的战士型史学家的最好悼念。

悲剧背后的思考*

《人民日报》3 月 1 日发表了江泽民主席《关于教育问题的谈话》。江主席对因学生学习成绩所迫而导致的一些极端事件表示了极大的关切，并深切希望社会、学校、家庭多管齐下，搞好教育改革。

在刚刚闭幕的九届全国人大三次会议和全国政协九届三次会议上，人大代表和政协委员就教育改革问题畅所欲言，献计献策，提出了许多建议和意见。全国人大代表，中国人民大学校长李文海，日前就教育改革的有关问题接受了本刊记者专访。

记者（以下简称记）：教育改革一直是全国人民特别是教育界人士十分关心的问题。近来新闻媒体屡屡曝光，报道了一些家长与孩子之间发生冲突而造成事端。这种令人震惊的极端事件，除了学生负担过重，家长望子成龙之外，其背后还有哪些深层次的问题？

李文海（以下简称李）：最近发生的几件触目惊心的恶性事件，引起了社会的普遍关注与强烈震动：有的家长望子成龙，在逼迫孩子学习时竟把自己的女儿活活打死；有的学生因忍受不了学习成绩名次和家长的压力，用榔头打死了母亲；有两名小学生因未完成作业，不敢回家，悲惨地冻死在风雪田野。这当然是几个极端的例子，其中所蕴含的深刻教训，非常值得我们深思。

还有些问题范围更加广泛，形式更加多样，消极影响更加深远。如：某些教育管理部门在评估学校时，以“升学率”为唯一标准而不是其他；中小学生不堪承受的课业负担；对于学生思想政治工作的严重削弱和忽视；“重智轻德”“重知轻能”现象的普遍存在；教学内容脱离时代和社会实际；妨害学生创新思维和创新能力发展的

---

* 载《中华英才》，2000 年第 8 期。记者：何海清。

教育观念、教育模式；陈旧的教育方法，特别是由教师单向灌输知识，以考试分数作为衡量教育成果的唯一标准，以及过于呆板的教育教学制度；等等。上面提到的那些悲剧，表面看起来是学生负担过重的问题，但更深层次的或者更带根本性的原因是，我们的教育观念还不端正，还存在许多偏差和误区。对教育的性质、宗旨、方针、方法，对为适应国际国内新形式的需要培养什么样的人才，还认识得不清楚、不科学。

去年召开的全国教育工作会议，明确提出了全面推进素质教育的任务。我认为，这确实抓到了问题的本质。现在的教育，在很多方面，是同素质教育的要求背道而驰的，这是发生恶性事件的深层次的根源所在。

其实，实施素质教育，就是要全面贯彻教育为社会主义事业服务、教育与社会实践相结合的教育方针，真正把提高国民素质作为根本宗旨，以培养学生的创新精神和实践能力为重点，造就一代“有理想、有道德、有文化、有纪律”的、德智体美全面发展的社会主义事业的建设者和接班人。

要从国运兴衰和民族振兴的高度认识实施素质教育的重要性与紧迫性。因为教育在综合国力的形成中处于基础地位，国力的强弱越来越取决于劳动者的素质，取决于各类人才的质量和数量。如果不能培养出富有创新精神和创新能力、各方面素质都很高的人才，中华民族的伟大复兴就难以实现。

记：现在青年人求职要出示文凭，学生开始一榜定终身。我国实施的传统用人制度根深蒂固，升学考试方法也是几十年一贯制，请您谈谈应试教育能够根本改变吗？素质教育何时能够真正实施？

李：全面推进素质教育，说起来简单，做起来十分复杂，十分艰巨。这里既有认识问题，又有实际问题；既要靠教育改革的进一步深入，又有赖于教育及经济、社会必要的发展；既是学校和教育部门的事，又离不开家庭和社会各个方面的关心、支持和参与。只是发挥某两方面的积极性，或者只从某些局部的、枝节的问题抓起，往往事倍功半，或者举步维艰。

可以举几个例子来说明这个问题。今年寒假前，教育主管部门专门发了切实减轻中小学生负担的文件，并做了若干具体规定。各学校根据这个精神，大多采取了相应的措施。但是，据报道，各类“教学参考书”依然十分畅销，不少家长仍然忙着为子女请家教或上各类补习班。其中一个重要原因就是，一些家长对“减负”没有正确的认识，结果学校“减负”，家长“加压”。又如，人们对“应试教育”已经批评了好多年，为什么“升学率”至今仍然是学校、老师、家长、学生心上的最大压力？我想，根本原因还是人们接受高等教育的迫切愿望同高等教育规模之间存在着尖锐的矛盾。如果不在社会经济可能的条件下适度发展高等教育，如果不对一榜定终身的高考制度做切实的改革，更广泛一点说，如果国家人事制度不做必要的相应改革，那么，一味责备中小学校长和老师搞“应试教育”，不但难以解决问题，而且恐怕也不大公平。当然，中小学的老师们绝不应该等上面这些条件统统具备了之后，再来加强素质教育，事实上，他们在许多方面是大有可为的。许多学校的老师，在现有的环境和条件下，已经培养了和正在培养各方面素质都很高的学生，这就是证明。

不论如何，在教育战线上工作的同志，毕竟是推进素质教育的主力军。许多事情，都要通过我们的手去完成。其中，最具有决定意义的，或者说是基础性与先导性的一环，是教育观念的深刻转变。不弄清楚教育的根本方针、教育的目的和宗旨、教育所面临的形式和任务，也就不可能积极探索新的人才培养的规律和模式，也就不会更新教学内容和改进教学方法，真正做到既教好书又育好人，使自己无愧于“人类灵魂工程师”的光荣称号。

全面推进素质教育，不但学校教育需要进行多方面的改革，而且需要形成一种有利于青少年学生身心健康发展的社会环境。学校教育、家庭教育、社会教育，要互相配合，共同努力，如果听任那些宣扬凶杀打斗、淫猥色情、坑蒙拐骗、封建迷信的货色在影视、书刊以及游戏软件中招摇过市，肆意泛滥，那么当然会对青少年的心灵造成很大的伤害；退一步说，如果让我们的广大青少年远离崇高和正义，成天为一些格调低下、庸俗无聊的作品所包围而习以为常，那么培养他们具有美好的心灵和健全的人格就不知何等困难！令人遗憾的是，这里所说的“如果”，很大程度上，在现实生活中，是不可回避的存在。

记：对于人才，人们往往从不同的角度出发，提出不同的要求和标准，过去曾经有过所谓“学好数理化，走遍天下都不怕”的说法；现在又有人说，掌握外语、计算机技术及会开小汽车是“进入21世纪的入门券”。您作为大学校长，认为大学生应该具备什么样的素质呢？

李：实施素质教育，应当贯穿从幼儿园到大学的各级各类教育。同时，各级、各类学校对素质教育，又应当有不同的内容和重点。我在高等学校工作，只能着重谈一点大学生的素质教育问题。

大学生的素质，主要是六个方面：思想政治素质、道德素质、心理素质、文化素质、专业素质、身体素质。

江泽民同志在第三次全国教育工作会议上说：“要说素质，思想政治素质是最重要的素质。不断增强学生和群众的爱国主义、集体主义、社会主义思想，是素质教育的灵魂。”过去，小平同志也说：“毫无疑问，学校应该永远把坚定正确的政治方向放在第一位。”① 大学生已经成年，应该可以通过课堂学习和社会实践，逐步树立正确的理想信念，树立正确的世界观、人生观、价值观。相反，如果轻视思想政治教育和人格培养，那么就会使学生在观察和处理问题、选择人生道路等方面产生很大的片面性，而这种片面性往往会影响人一生的轨迹。

道德素质和思想政治素质，既有联系，又有区别。道德素质的核心问题是，要懂得尊重集体，尊重他人。极端利己主义者不可能有高尚的情操。一个人如果没有一点对国家、对民族、对社会、对人民、对父老乡亲的历史责任感，就必定会心胸狭窄、鼠目寸光，反过来又会限制甚至扼杀自己聪明才智的发挥。有的人认为，过去

---

① 《邓小平文选》，2版，第2卷，104页。

一味强调集体主义，抹杀了人的个性；因此，现在不能再强调集体，而要提倡“个性的张扬”。这种把发展个性同尊重他人简单对立的看法，未免失之偏颇。

提高心理素质，是一个大问题。现在的青少年，大多是独生子女，从小比较娇生惯养。独生子女并一定不好，但确实有一个共同的弱点，就是心理承受能力差，比较脆弱，碰到一点小的挫折，甚至只是稍不如意，就不知所措，有时甚至会做出某些极端行为，但不管怎样，人的一生不可能永远一帆风顺，所以养成一种能从容面对和适应各种环境的本领，实在是高素质人才的一个必要条件。

文化素质，这里主要是指大学生的人文素养、艺术素养和科学素养。有一种误解，以为大学生的文化素质自然而然会是很高的。其实未必，有的大学生只顾埋头学自己的专业，别的一概不闻不问，结果照样文化素质很低。对祖国和世界的优秀文化遗产知之甚少，缺乏欣赏能力，甚至写封信也错别字连篇，对基本的科学常识也很少了解。在这种情况下，要养成创造性思维是很困难的。

大学教育仍然是一种专业教育。因此，具有良好的专业素质，自然是衡量人才质量的重要标准。这里要强调的是，大学里所学的专业知识，毕竟是有限的。科学的发展突飞猛进，日新月异。每个社会成员都必须树立终身受教育的观念。在大学里，不但要学好专业课程，更重要的是要学会继续学习的能力，培养学术上的创新精神和创新能力。

最后，是身体素质，这一点不用多说。因为健康的体魄是为祖国、为人民服务的基本前提，是中华民族旺盛生命力的体现。

应该着重指出的是，这六种素质相互促进、相互影响，在素质教育中构成一种良性循环。

江泽民同志希望大学生在成长过程中做到“四个统一”：坚持学习科学文化与加强思想修养的统一，坚持学习书本知识与投身社会实践的统一，坚持实现自身价值与服务祖国人民的统一，坚持树立远大理想与进行艰苦奋斗的统一。努力做到这“四个统一”，是我们教育工作者在全面推进素质教育中应当遵循的准则。

记：国家教育投入逐年增加，但缺口仍然存在。高等院校所需资金，一般要自己想办法解决，您如何看待这一问题？

李：应该说，近几年来，国家对教育的投入逐年有较大幅度的增长。但是，总的来说，教育经费仍然十分紧张：一是目前尚未达到占国民经济总收入4%的法定要求；二是与国外高等学校比，差距还很大。学校不得不用各种办法筹措经费，这部分已经超出了政府拨款的数额。这样做，虽然改善了办学条件，但也牵扯了领导和教师很大的精力，存在着一些不可忽视的消极影响。通过改革，进一步完善教育经费的拨款体系，多渠道筹措教育经费，并且随着经济和社会的发展而进一步加大教育投入，我想这个问题会得到很好的解决。

记：人们把高校扩招看作拉动内需的一种强有力的手段。但从目前情况来看，形势并不十分乐观。请您谈谈这方面的问题。

李：据报道，今、去年全国高等院校扩招所拉动的国民经济增量就达70亿元至80亿元。扩招缓解了高等教育的供求矛盾，有利于满足社会的迫切需求，有利于降低高等教育成本，有利于解决高等院校的教育资源浪费问题，有利于全国实施素质教育。但是，今年北京等地区第二次考试并不像预期的那样反映强烈。为什么会出现这样的情况呢？主要原因是今年春季招生还属于实验阶段，老百姓对此精神准备不够充分。今年春季少数几个学校来参加试验，重点大学、热门专业没有参加。今后会逐渐摸索出经验，使扩招工作进一步开展起来。

记：现在很多地方实行“银校联合”，加强了银行与高校之间的合作，请问这种“银校联合”意义何在呢？

李：人民大学也先后同中国农业银行、中国工商银行签订了“银校合作协议”。两家银行分别给予人民大学5亿人民币的贷款额度，用于支持教育事业的发展，学校则利用自己的智力优势和学科优势，为银行培养人才，提出决策咨询服务。对学校来说，最大的好处是通过贷款，可以把本来要过几年才能办的事提前来办，这样就可以争取时间，加快学校的改革和建设步伐。

记：最近一些学校纷纷出台了人事分配制度的改革，教职员工收入差距拉大。有人把此事比作教育领域内看不见的“大地震”。请问，分配制度改革带来了哪些新问题？

李：这是一件影响深远的事情。人民大学也从去年9月份起，实行了这样的改革。这一改革最重要的意义，并不是增加了教职员工的收入，而首先在于打破了平均主义、大锅饭，改变了干好干坏一个样的状况，形成了一套具体、细致的激励机制，有利于调动人们的积极性，有利于加强教学和科研第一线的工作，有利于吸引优秀人才，稳定教师队伍。当然，也确实较大幅度地改善了教职工的待遇，使得教师待遇偏低的情况有了一定的缓解。在实施过程中，也有许多新的情况，需要认真研究。如：在着重向教学骨干和工作骨干倾斜的同时，如何合理兼顾各种不同人群的利益？在教师工作较难量化的情况下，如何做好严格、公平的考核评估工作？等等。这些问题解决不好，会挫伤一部分人的积极性。但毫无疑问，方向是正确的，积极作用是明显的，要坚定不移地做下去。

发扬教育工会优良传统　落实科教兴国战略方针*

中国教育工会从诞生到现在，已经走过了整整半个世纪的道路。作为一个老的教育工作者，我对这个教育工作者自己的工会组织，表示衷心的祝贺！

趁这个机会，我想讲三点想法。

第一，50年前，也就是1950年8月2日，我国老一辈无产阶级革命家，中国教育工会第一任主席，也是中国人民大学的第一任校长吴玉章同志，在中国教育工作者工会代表大会的开幕词中，对于中国教育工会成立的意义及任务，做过深刻而明确的论述。他说，成立教育工作者工会，“这是中国历史上的一件大事情。这件事情是标志着中国社会体力劳动与脑力劳动分裂对立的现象开始走向体力劳动和脑力劳动的结合与统一的方向。这是人类发展史上很大的一件事情”，“教育工作者工会和其他产业工会一样，其目的就是保护工人阶级的利益。首要任务就是保证国家生产任务的完成，而在教育工作者工会说来，也就是保证人民政府教育计划的完成”。他还指出：“我们教育工作者有了自己的工会组织以后，就能全心全意致力于教育工作，致力于把文化落后的旧中国，变成为文化发达的新中国的伟大事业。”回顾50年奋斗历程，中国教育工会确实始终积极代表和维护广大教工群众的利益，充分发挥桥梁和纽带作用，团结、动员和组织广大教职工为实现教育事业的振兴而努力工作，取得了有目共睹的巨大成绩。

当教育工会刚刚成立的时候，广大教育工作者都为能够属于工

---

* 载《中国教工》，2000年第9期。

人阶级的一员而感到自豪和兴奋。教育工会建立和发展的历史，雄辩地说明我们党从一开始就是把知识分子作为工人阶级的一部分看待的，一开始就是把教育摆在十分重要的地位的。这是党的知识分子政策的重要体现。“文化大革命”中“四人帮”破坏党的知识分子政策，给教育工作者一律戴上“资产阶级”的帽子，教育事业遭到了严重破坏。粉碎“四人帮”以后，邓小平同志及时提出，“知识分子的名誉要恢复”①，强调“四人帮”关于“知识分子的大多数世界观基本上是资产阶级的，是资产阶级知识分子”② 的估计是不符合实际的。经过拨乱反正，特别是 20 多年的改革开放，党和政府积极实施科教兴国战略，尊师重教已在全社会蔚然成风，教育工作者作为工人阶级的一部分，在国家经济建设和社会发展中日益发挥着突出作用。中国教育工会在引导和团结广大教职工认清自己的光荣责任、完成好自己的历史使命方面发挥了重要作用，功不可没。

第二，正因为我们敬爱的吴老积极倡导，身体力行，所以中国人民大学一直有着重视发挥教育工会和教职工代表大会的作用，坚持依靠广大教职工实行民主办学的优良传统。工会和教代会也十分注意组织教职工对学校工作进行民主参与、民主决策、民主管理和民主监督。工会和教代会作用突出，曾多次被评为先进单位。1993 年，我校工会通过验收，成为“全国模范职工之家”。从 80 年代中期起，我曾担任学校党政工作 15 年，从自己的切身体会中，我认识到，不论对于党的工作，还是对于行政管理工作、学校的改革和发展，工会和教代会都有着独特的、不可替代的重要作用。这种作用主要表现在三个方面：一是领导和群众之间的桥梁作用、沟通作用。领导关于学校工作的方针、办法和举措，如果得不到广大群众的理解和支持，必将寸步难行；群众的要求、情绪和愿望，如果领导不掌握、不了解，也很难保证决策的正确和科学化。工会和教代会就是领导和群众之间的一个很好的桥梁，既可以把领导的意图及时地告诉群众，也可以把群众的心声及时地反映给领导，做到上下沟通，

---

① 《邓小平文选》，2 版，第 2 卷，51 页。

② 同上书，66 页。

干群同心。二是民主办学和校务公开的过程中组织教工关心与投入学校工作的参与作用。我校建立了一系列制度，落实教代会四项职权，如审议校长工作报告、讨论通过涉及群众利益的重要问题、评议领导干部等制度。实行这些制度，不仅使广大教职工大大提高了主人翁意识，而且使民主办学得到了组织的保证。三是群众自我教育、自我提高和增强团结的凝聚作用。群众中间也存在着各种利益冲突和矛盾，这需要通过细致的思想政治工作去解决。思想政治工作，党的组织要做，各级行政要做，工会组织也要做。而且，由于工会是广大教职工自愿结合的工人阶级群众组织，群众对之有一种自然的亲切感，工作方式也可以更生动活泼一些，有时往往能取得颇好的效果。总之，能否自觉地重视与依靠教育工会和教代会，充分发挥它们的作用，不但是一个党政领导民主意识、民主观念高低有无的表现，说到底，更是是否真正落实江泽民同志“三个代表”重要思想的具体体现。

第三，中华人民共和国成立以来，党和政府高度重视发展人民教育，花了很大精力，我国的教育事业得到了巨大发展，为社会主义建设培养了大批优秀人才。从清朝灭亡到中华人民共和国成立，30 多年间，全国高校毕业生一共只有 21 万多人，而去年一年招收的各类大学生就达 280 万人。中华人民共和国成立前，我国有 4 亿多人口，百分之八十是文盲，受教育的人数很少。现在，我国人口已达到 12 亿 5 千万，在校受教育的人数为 3.18 亿人。① 这是一个了不起的成就。面向新的世纪，教育发展得到了更好的机遇，但任务也更重了，教育发展所面临的形势也存在着更加严峻的方面。正如江泽民同志在第三次全国教育工作会议上指出的，教育虽然取得了巨大的发展，但“必须看到，面对当前国际国内的新形势，我们的教育思想、教育体制和结构、教育内容和方法，同社会主义现代化建设发展的需要不相适应的矛盾已经和正在日益显露出来”。解决这些矛盾，不但有赖于党和政府实施科教兴国战略的坚强决心与得力措

① 参见陈至立同志为《新中国教育五十年》所写前言。

施，更重要的是要依靠全体教育工作者的共同努力和不懈奋斗。在这中间，中国教育工会必须一如既往，发挥自己团结广大教职员工，不断推进科教兴国伟大战略顺利落实的积极作用。这也是我们在庆祝中国教育工会成立 50 周年时由衷的期望。

谢谢大家！

中国共产党的力量之源*
——学习江泽民同志“三个代表”重要论述的体会

江泽民同志关于“三个代表”的重要论述，具有深刻的理论意义和重大的现实意义，是对马克思主义的新发展。

党的十五大提出，面向新世纪，围绕在改革开放和现代化建设条件下建设一个什么样的党、怎样建设党的问题，要推进一个党的建设的新的伟大工程，其内容“就是要把党建设成为用邓小平理论武装起来、全心全意为人民服务、思想上政治上组织上完全巩固、能够经受住各种风险、始终走在时代前列、领导全国人民建设有中国特色社会主义的马克思主义政党”。江泽民同志关于“三个代表”的重要论述，就是实施新的伟大工程的根本指针。

“三个代表”的精辟论述，在关于党建的三个重要问题上，辩证地统一了起来。

一是党的根本宗旨与党的目标、任务的统一。党的宗旨就是为人民服务，代表人民的利益。党在当前一个历史时期的奋斗目标，是建设有中国特色社会主义，更长远地说，是实现共产主义。实现党的目标，正是代表了人民群众最根本的利益。怎样才能实现党的目标呢？最重要的就是要始终代表中国先进生产力的发展要求，始终代表中国先进文化的前进方向。没有生产力的迅速提高，没有经济的巨大增长，没有科学文化的高度繁荣，没有社会的全面进步，理想社会的到来就只是一句空话。有的人认为，社会主义、共产主义太遥远，不可捉摸，所以不要谈理想。谈理想就是假、大、空，就是“把人类的心灵变成某种意识形态的‘跑马场’”；“为人民服

---

* 载《中国高等教育》，2000年第12期。

务”是提倡奴性，是不适应现代社会的“陈腐意识”。这是一种偏见，是完全错误的。事实上，只要始终坚持“三个代表”的要求和为人民服务的宗旨，社会主义、共产主义理想，就都会变得切实、具体、明确。

二是物质文明建设与精神文明建设的统一。代表先进生产力的发展要求，才能搞好物质文明建设；代表先进文化的前进方向，才能搞好精神文明建设。只有两个文明都搞好，才是有中国特色社会主义。一个社会，经济是基础，生产力则是经济发展的最活跃、最具决定意义的因素。但是，经济的发展，也离不开科学文化的作用。在知识经济已露端倪的今天，尤其如此。邓小平同志说，发展是硬道理；这里所说的发展，既包括物质文明的发展，也包括精神文明的发展。建设物质文明是硬道理，建设精神文明也是硬道理。一手硬一手软，是不符合“三个代表”的要求的。

三是代表群众与带领群众的统一。党代表着中国最广大人民群众的根本利益，通过制定正确的路线、方针和政策，为实现国家和人民的根本利益而奋斗。党的一切活动，都要以群众满意不满意、赞成不赞成、高兴不高兴作为依据和评判标准。同时，党又是工人阶级的先锋队，理应比一般群众站得更高，看得更远。江泽民同志强调党代表的是人民的根本利益，也就是说，不是代表局部利益、部分利益、眼前利益、暂时利益。随着改革开放的深入，利益主体多元化的现象日益突出，不同利益群体有着不同的生活状况、思想状况，有着不同的愿望和要求，党应该从代表先进生产力发展要求和先进文化发展方向的高度，调整与整合人民群众内部的各种利益冲突和矛盾。

贯彻落实江泽民同志“三个代表”的重要指示，首先要进行理论的研究和宣传，对广大党员特别是党的干部进行正面教育，提高大家始终坚持“三个代表”的自觉性。但仅有正面教育，还是不够的。对某些人来讲，道理再好，说理再充分，仍是“言者谆谆，听者藐藐”。所以，在坚持正面教育为主的同时，也要旗帜鲜明地对违背“三个代表”的错误言行进行斗争。对于妨害先进生产力发展的陈腐观念，对于腐朽落后的文化垃圾，特别是反对马克思列宁主义、毛泽东思想、邓小平理论的错误思潮，对于党内存在的与人民根本利益对立的种种消极腐败现象，必须坚决斗争，绝不手软。这才是对人民真正负责的态度。

只要我们始终坚持“三个代表”，我们的党就能经受住各种风险，永远立于不败之地。

《民国时期自然灾害与乡村社会》序*

夏明方同志的灾荒史专著《民国时期自然灾害与乡村社会》已经完稿，他希望我早已答应为这本书写的序言能在年前写出，以便一起交给出版社。看看桌上的台历，已经只剩下薄薄的几页，1998年快要过去了。没有办法，只好暂且把手头的其他事情放一放，先来完成这个任务。

对于中国人民来说，1998年实在是极不平静的一年。

这一年，以改革开放、实现社会主义现代化为主要特征的历史新时期，刚刚走过了20年艰难曲折而又光辉灿烂的历程。人们正沉浸在欢庆胜利的喜悦之中时，却先后遇到了两个来自不同方面的严峻挑战和重大考验：一个是自去年以来由亚洲金融危机的冲击造成的一场经济风险；一个是今年夏天发生的历史上罕见的全国性大洪水造成的一场自然灾害风险。由于党和政府采取了正确的决策与有效的措施，由于全党和全国人民进行了顽强拼搏与艰苦斗争，我们终于成功地经受住了这两个方面的重大考验，使建设有中国特色社会主义的宏伟大业继续胜利行进。这个事实，反过来又恰恰成为改革开放20年巨大成就的检测和证明。

战胜今年夏天这样严重的特大洪水，确实是一个了不起的伟大胜利。江泽民同志在全国抗洪抢险总结表彰大会上说，“这将作为人类战胜自然灾害的一个壮举载入史册”，这是一点也不过分的。从大洪水的发生到抗洪抢险斗争的胜利，包含了如此生动丰富的社会内容，也给我们提供了那样多的值得深入思考的问题。在这方面，已经有很多人发表了许多很好的意见。我这里只就灾荒史的学科建设

* 《民国时期自然灾害与乡村社会》，北京，中华书局，2000。

问题，说一点自己的想法。

今年的大洪水，极大地引起了人们对灾荒史研究的重视和兴趣，这是十分令人鼓舞的。当抗洪抢险斗争还处于决战关头的时刻，北京出版社就征得了邓拓夫人丁一岚同志的同意，以极快的速度再版了邓拓同志的名著《中国救荒史》。稍后，中国国际减灾十年委员会决定汇集若干部研究自然灾害的学术著作，选编成一套丛书出版。至少有五六个出版社（这只是我接触到的）制定了组织编写出版有关灾荒史的专著或丛书的计划。有的省市的社科研究规划机构把灾荒史的研究列入了立项课题。几个月来，我们“近代中国灾荒研究课题组”接到讨论灾荒问题的来信来电，就不下百余次。这一切都使我更加深切地体会到，对于任何一门学科的发展，社会需要都是最终的推动力量。历史学尽管其研究客体是已逝的既往岁月，但它同今天的社会生活确实有着极为紧密的联系。

灾荒史，作为历史科学的一个分支，应该受到学术界更多的关注。对这个领域的研究应该投入更多的力量，应该产生更多具有科学价值和学术水平的研究成果。

这首先是由于自然灾害至今仍是人类生存和发展的大敌。尤其是我们国家，因为地域辽阔，地理条件和气候条件十分复杂，自古以来各种自然灾害就极其频繁。据文字记载，从公元前 206 年到 1949 年的 2 155 年，几乎每年都有一次较大的水灾或旱灾。在神州广袤的大地上，滨河地区常“十岁九淹”，高原区域则亢旱连年。不仅灾荒频仍，而且灾区扩大，灾情严重。有一组数字也许能说明问题：在近代社会，即从 1840 年至 1949 年的 109 年，因灾死亡人数在万人以上的大灾即达 124 次，其中死亡 10 万人以上的 28 次，死亡 50 万人以上的 11 次，100 万人以上的 6 次，1 000 万人以上的 2 次。当然，那个时候统计数字不是很精确，各种资料间的出入也较大，但作为一种趋势和大致状况，还是能反映问题的严重程度。中华人民共和国成立后，情况有了很大的变化，但自然灾害对我们的威胁和损害依然是很大的，这一点，经过了今年的大洪水，就无须再多费笔墨了。自然灾害同许多自然现象和社会现象一样，也是有规律可循的。通过对灾荒史的研究，逐步探索和掌握自然灾害发生发展的客观规律，加深对自然规律的认识和把握，从而进一步提高人们防灾抗灾的能力，更加科学地利用自然为自己的社会和社会发展服务，这显然是极有意义的。

历史上每一次重大灾荒的发生，都必然要对当时的社会生活产生巨大的、深刻的影响。最直接的影响当然是在经济方面。一场稍大一点的自然灾害，往往使灾区十几年、几十年都难以恢复元气。如鸦片战争期间连续三年的黄河大决口，造成河南省祥符到中牟长数百里、宽60余里的广阔地带，10余年间成为一片荒原，“膏腴之地，均被沙压，村庄庐舍，荡然无存”。光绪初连续三年的“丁戊奇荒”，使山西省“耗户口累百万而无从稽，旷田畴及十年而未尽辟”，重灾地区甚至半个世纪后人口尚未恢复到灾前的水平。经济的凋敝必然要冲击社会的稳定。在历史上，几乎没有一次大规模的农民起义与群众斗争，不是在严重自然灾害的背景下发生和发展起来的。因此，每一个王朝的更迭，灾荒当然地成了直接的导火线。不仅如此，灾荒还深深影响着社会生活的各个方面，从统治政策到社会观念，从人际关系到社会风习，这种影响也许是间接而隐性的，但恰如水银泻地，无孔不入。这样，要完整而深入地了解特定时期的社会历史，如果忽略了几乎连年不断而其影响又无处不在的灾荒史的研究，那就难免不遗憾了。

自然灾害一方面带给我们长期的威胁和侵袭，另一方面也使我们中华民族积累了丰富的抵御和抗击自然灾害的宝贵经验。这是中华文明史中人和自然做斗争过程中形成的珍贵历史遗产。譬如，在许多文物典籍中，有各种灾荒观的分析论述，有治水防洪等的对策研究，有具体抗灾经验的专题总结，也有历代封建王朝救荒政策与实践的文书记录。所有这些，同我国传统文化其他方面的内容一样，由于受时代的和阶级的历史局限，其中既有精华，也有糟粕，需要我们以辩证的分析态度，下一番去粗取精、去伪存真的功夫。事实上，我们祖先在同自然灾害的斗争中，那些符合科学的、行之有效的认识和实践，当然是我们今天可以继承发扬的历史财富；就是那些错误的认识和有害的行为，经过分析批判之后，同样可以成为反面的历史借鉴而产生积极的社会效应。应该强调的是，我们的前人曾经达到的有些认识，即使在今天，也依然没有丧失它的现实光彩。我们可以举一个小小的例子。一个半世纪以前，著名思想家魏源在谈到当时长江“数十年来告灾不辍，大湖南北，漂田舍，浸城市，请赈缓征无虚岁”的原因时，就极有见地地指出，造成这种严重状况的根源主要是，长江上游森林的破坏和中下游水道的淤塞导致的生态失衡。联系到今年长江全流域的大洪水，我们难道能不为魏源的这种远见卓识所深深折服吗？

夏明方同志的这本著作，初稿完成于今年夏天的大洪水之前，修改定稿于这次大洪水之后。由于研究主题的原因，这次大洪水没有反映到他的著作中。但毫无疑问，作为一位灾荒史研究工作者，今年大洪水的经历，确实使他以一种更加强烈的如本书“绪论”中所说的“关注人类命运和社会进步而甘于寂寞、勇于探索的历史使命感和责任感”，完成了对自己作品的加工修改。这本书的学术评价，应该留待广大读者和学术同行去做，我不想在这方面多说什么。但我还是想强调一点：本书多处提到，自然灾害史的研究，应该由自然科学工作者和社会科学工作者携手来进行，“突破传统的学科界限，把灾荒问题和自然、生态、技术，和经济、政治、文化、心理等各个方面联系起来进行全方位多层次的综合考察，以最大限度地减少机械、片面、静止地看问题所易滋生的弊端”。这个主张，我是十分赞成的。各个不同学科之间的联合、交叉与渗透，是当今科学发展的一个趋势。灾荒史的研究，由于它本身的特点，尤其需要提倡这一点。

《从鸦片战争到八国联军》序言*

19 世纪的下半叶，对于中国历史来说，是一个极为特殊也极为重要的历史时期。错综复杂的矛盾、急剧深刻的变化、激烈尖锐的斗争，交织成一幅令人目眩神迷的历史画卷。新与旧、正义与邪恶、抗争与屈辱、悲壮与凄凉、追求与失落，如此独特又如此奇妙地纠结在一起，赋予了历史极其深邃的内容。

历史学家曾经无数次地讲述过这段历史，但是这段历史至今仍然未失去它震撼人心的力量。

我相信，历史图集《从鸦片战争到八国联军》，将以它独特的历史表现方式，再一次震撼读者的心灵。

这部历史图集，不论对于专业的史学工作者，还是对于只是有兴趣了解我们祖国昨天的广大历史爱好者，都具有很高的阅读价值。许多图片是当年事件发生不久马上就被国外报纸刊出的新闻图片，作品的绘制者或拍摄者大多是事件的参加者，所以这些图片自然就有很高的史料价值。再加上不少图片是首次发表，所以就更为珍贵。作为已经逝去的岁月，历史场景是无法再现的。但这些历史图片，却使得许多重要的历史场景留下了生动的印迹。充分利用这些图片，必将大大增强历史研究者的历史感，使自己对这一时期的历史认知和历史评述更加接近历史的真实。对于历史爱好者来说，虽然这部书并不是对这一历史时期的全面论述，但对于这一时期的重大事件，都已有必要的反映，读者完全可以通过这部书对从鸦片战争到八国联军的历史有一个系统而概括的了解。特别是，它在很大程度上能

* 《从鸦片战争到八国联军》，天津，天津人民出版社，2000。

够弥补以往一些历史教科书比较枯燥干涩的毛病，可以大大提高广大读者了解历史的兴趣。

鸦片战争揭开了中国近代历史的序幕，而中国人民正是在八国联军的铁蹄践踏声中走进20世纪的。江泽民同志在十五大报告中指出："鸦片战争后，中国成为半殖民地半封建国家。中华民族面对着两大历史任务：一个是求得民族独立和人民解放；一个是实现国家繁荣富强和人民共同富裕。"又说："从一九〇〇年八国联军占领北京，中华民族蒙受巨大屈辱，国家濒临灭亡边缘，至二〇〇〇年中国在社会主义基础上进入小康，大踏步走向繁荣富强，是中国发生翻天覆地变化的一百年。"江泽民同志的这两段话，清楚地表明了从鸦片战争到八国联军侵华的这段历史，同今天的现实生活之间的不可分割的联系。中国人民正是在一个多世纪的顽强斗争中，完满地解决了两大历史任务，才走上了建设有中国特色社会主义的新道路。当我们即将告别20世纪的时候，我们才得以满怀信心地去迎接中华民族伟大复兴的到来。

翻开画册，也许会使我们再度体味不堪回首的民族创痛。但这并不是坏事。能够正视历史的民族，才是有自信、有活力的民族。我们时刻记住：不要拒绝历史，因为历史给我们以智慧；不要忘记历史，因为忘记历史意味着对事业的背叛；不要漠视历史，否则将受到历史的惩罚；不要割断历史，因为否定昨天也就将失去明天。

《义和团研究一百年》序言*

在义和团运动过去整整一个世纪的时候，由中国义和团研究会组织编写、苏位智和刘天路主编的《义和团研究一百年》正式出版，这无疑是一件十分适时也十分有意义的事情。

这是一部对义和团研究进行世纪学术总结的著作。我们在即将告别 20 世纪的时候，不论流连往昔还是瞻顾未来，都会很自然地回顾百年来走过的历程。因此，近年来，从各个不同学科和各个不同视角进行百年学术回顾的书已经出了不少。但是，以我的孤陋寡闻，像这样对一个具体历史事件做出如此系统、详尽的学术总结的，似乎还不多见。各个篇目的撰写者大多是长期从事义和团研究的著名专家，并且文章的内容又不仅限于研究状况的客观介绍，更多的是对各种学术观点及研究趋势的分析评述，这就更增加了这部书在学术上的深刻性和权威性。

义和团运动是上个世纪之交我国下层群众自发开展的反帝爱国斗争。如果拿今天人们的认识水平来衡量，义和团在当时的所作所为，无疑有不少可訾议之处。运动的发动者和参加者，不论在精神上还是在物质上，都缺乏先进的武器，指导他们行动的是掺杂着浓厚迷信色彩的朴素的爱国主义思想，而手中执持着用来对抗洋枪大炮的不过是原始的大刀长矛。这样的运动无法避免悲惨失败的命运。但脱离历史事件的客观环境和条件，以今天能够和应该做到的去要求历史人物，这既丧失了起码的历史感，也远离了科学的历史观，是任何严肃的学术态度所不取的。义和团运动的主题是反抗帝国主义对中国的野蛮侵略。它对于帝国主义和封建统治的沉重打击，是

* 《义和团研究一百年》，济南，齐鲁书社，2000。

中国人民在新的世纪里走向新的更高形式的斗争的一个必经阶梯。

对于义和团运动的反思和评论，事实上，从运动刚刚结束的时候就已经开始了。起初，不同阶级和不同政治派别的代表，为着各自的政治需要，就对它进行了各式各样的议论，有的诅咒，有的嘲讽，有的同情，有的赞颂。随着时间的流逝，人们更多地从历史经验的角度来总结这场运动，评论者也逐渐从政治界转向学术界，使它成为史学研究的一个重要课题，并一直在中国近代史学科中占有特殊的位置。这个历史进程，这部书中有着生动具体的描述。读一读这部书，我们可以对义和团运动的研究状况，得出以下几点看法：

首先，义和团运动是一个受到中外历史学家长期广泛关注的学术课题。书中不但详细介绍了我国学者研究义和团运动各个方面的研究状况和研究成果，而且具体评述了日本、欧美、俄国及苏联学者研究这一领域的学术情况与进展。这一历史事件如此强烈地吸引着中外学者的研究兴趣，是因为这场非同寻常的斗争，当时不仅震动了中国，而且震撼了世界；不仅对中国20世纪的历史发展产生着深刻的影响，而且对当时的世界政治格局的变动发生了重大的作用。

其次，对于义和团运动的认识，一个世纪以来，学术界存在着各种不同甚至完全相反的评价。正如这部书有的作者提出："在中国近代很少有什么历史事件像义和团这样引起如此长期的众说纷纭的讨论。义和团的谜一样的起源、浓厚的神秘主义气息和暴烈的抗争行为，以及同清王朝之间的错综复杂的关系和在国际社会引起的剧烈震动等，都构成了一个世纪以来人们关注的话题。"不同观点和不同意见的讨论与争鸣，是学术健康发展的必要前提和条件。我们衷心希望这种好的学术风气，能够继续保持并不断发扬光大。

最后，我们可以看到，随着学术的不断积累和研究的逐步深入，人们对义和团运动的认识水平是越来越提高、越来越接近于客观历史真实的。唯物史观的创始人之一恩格斯曾说，对于"人类历史"的认识，由于历史材料的不足，所以永远是不完整的、没有完成的。人们只能在不断发掘和掌握新材料的过程中，用科学的历史观进行去粗取精、去伪存真、由此及彼、由表及里的分析，才能够有所发现，有所创新，逐步达到对历史真相的更加深刻的认知。

对既往学术的回顾与总结，为今后的学术发展提供了一个新的起点。我们热切地期望，在即将到来的新世纪，立足于已经达到的学术高度，对义和团运动史的研究，取得新的突破，达到新的辉煌。

近代中国的民族觉醒*

从鸦片战争到中华人民共和国成立的109年，有一个民族意识和民族精神逐步发展、日益觉醒的艰难曲折的历史进程。研究这一历史进程，对于正确认识近代社会发展、演变的历史，是很有意义的。在辛亥革命时期，有的人曾经把这种民族精神称为“国魂”，那么，研究这个历史进程，也可以说是研究在一个几乎要亡国灭种的危亟时世中，我们的“国魂”如何熔铸、如何营造的过程。

“国魂”，直白一点说，就是国家的灵魂，民族的精神支柱。一个民族、一个国家，如果没有自己的精神支柱，就等于没有灵魂，就会失去凝聚力和生命力。

这种民族精神，是在中华民族漫长的历史演进中产生、积聚和发展起来的。

江泽民同志曾经对这个问题讲过一段极富激情的话：“中华民族有着自己的伟大民族精神。这个民族精神，积千年之精华，博大精深，根深蒂固，是中华民族生命机体中不可分割的重要成分。中华民族在五千年的发展中，历经磨难而信念愈坚，饱尝艰辛而斗志更强，开发建设了祖国的大好河山，创造了灿烂的中华文明，为人类文明进步作出了不可磨灭的贡献。”①

民族精神是一个历史范畴，在社会发展的不同阶段、不同时期有不同的具体内涵。1840年鸦片战争以后，中国进入了半殖民地半封建社会的历史时期。那时，帝国主义列强横行霸道，操纵着中国的经济和政治。封建统治者丧权辱国，勾结帝国主义残酷压榨中国

---

* 载《文汇报》，2001年2月10日。

① 江泽民：《在全国抗洪抢险总结表彰大会上的讲话》，载《人民日报》，1998年9月29日。

人民。国家日益贫弱，社会战乱不已，民族灾难深重，人民饥寒交迫。为了改变这种濒临亡国灭种的危殆状态和令人窒息的黑暗岁月，中国人民进行了前赴后继、不屈不挠的英勇斗争，这真是一个极为特殊也极为重要的历史时期。错综复杂的矛盾、急剧深刻的变化、激烈尖锐的斗争，交织成一幅令人目眩神迷的历史画卷。新与旧、正义与邪恶、抗争与屈辱、悲壮与凄凉、追求与失落，如此独特又如此奇妙地纠结在一起，赋予了历史极其深邃的内容。

在这样的历史条件下，时代呼唤着民族的新的觉醒，呼唤着民族精神的新的昂扬。

具体来说，在近代中国，民族觉醒的含义主要包括：反对列强的侵略，争取民族的独立；反对封建专制的统治，争取人民的民族权利；发展经济，改变国家极度贫弱和人民极度贫困的状况；发展科学文化，促使社会的文明进步。

但是，这只是一个总的奋斗目标。怎样才能达到和实现这个目标？人们不得不经过各种各样呕心沥血、艰辛备至的探索，不得不经过各种各样百折不挠、愈挫愈奋的实践。在这中间，人们不仅要勇敢面对强大的中外反动统治势力的阻挠镇压，而且要挣脱历史沉积在他们自己身上的种种因袭重担的钳制束缚。例如，对于帝国主义，如果不经过并且克服和抛弃崇洋、恐洋到拒外、排外的种种偏狭心理，就很难实现从感性认识到理性认识的飞跃。对于半封建主义，如果不同传统的“三纲五常”和根深蒂固的等级观念彻底决裂，也绝不能成为一个真正的民主主义者。此外，如果不能深刻理解经济的发展和社会的进步，必须要求有一个良好的政治环境，即首先要努力取得民族的独立和人民的解放，那么，即使对于国家现代化的要求再迫切，愿望再善良，也不免会因道路的迷失而左右碰壁，壮志难酬。

在近代历史上，各个不同阶段、不同政治派别，为了解决上面提到的问题，曾经提出过一个又一个不同的救国方案。每一个救国方案又不免带着时代的和历史的局限。在今天看来，除了最后的成功之外，似乎所有的方案都是幼稚的、不完善的，有的甚至是可笑的；就其实践来说，也都以失败而告终。但是，如果我们只对这些一味加以指责和嘲弄，那么，我们较之我们的前人，就更加幼稚可笑，更加值得指责。因为，这些不成熟的救国方案和失败了的斗争实践，不仅凝聚了前辈志士仁人的智慧和心血，而且所有的失败几乎都是成功道路上的必经阶梯。对于他们以及他们的思想和行为，一个信奉唯物史观的人，只能如列宁所说的，对之怀着至深的敬意。

从19世纪中叶到20世纪中叶的一个世纪，我们民族的志士仁人，在挽救民族危亡、追求中华振兴的征途上，付出了无比惨痛的代价，也获得了极其丰硕的成果。在旧民主主义革命时期，人们在经历一个接一个斗争失败的过程中，不断地提高了民族觉醒的程度，在此基础上，终于在20世纪之初，酝酿并爆发了推翻清朝封建君主专制制度的辛亥革命。这次革命虽然未能改变旧中国的社会性质和人民的悲惨境遇，但为中国的进步打开了闸门，使反动统治秩序再也无法稳定下来。这是近代民族觉醒的一个重要的里程碑。接着，在中国共产党产生以后，在党的领导和推动下，经过北伐、土地革命、抗日战争和解放战争，终于推翻了帝国主义、封建主义、官僚资本主义三座大山，建立了中华人民共和国，初步确立了社会主义制度，基本完成了民族独立和人民解放的任务，并为实现国家繁荣富强和人民共同富裕创造了必要的前提。这是民族觉醒的又一个重要的里程碑。

民族精神是一种巨大的精神力量和精神财富。江泽民同志指出，“几千年来，我们的民族经历了许多大风大浪，依靠我们的祖先自强不息的奋斗，不仅没有在历史的惊涛骇浪中沉没，反而成为屹立在世界东方的伟大民族。靠这种精神，我们的祖先创造了光辉灿烂的古代文明；靠这种精神，我们推翻了三座大山，开创了我国社会主义的新纪元。”① 当前，我们正在聚精会神地致力于实现祖国的社会主义现代化，实现中华民族的伟大复兴。促使我们万众一心地面对各种挑战、战胜各种困难的精神动力，仍然是在漫长历史进程中发

① 《继承发扬自强不息民族精神》，载《人民日报》，1991年5月11日。

展起来的伟大民族精神和民族凝聚力。

在历史发展进程中涵养而成的民族精神，必定会在对历史的更深刻的认知中得到进一步弘扬。人们在更加具体地了解了中华民族自强不息、百折不挠的发展历程，了解了我国各族人民对人类文明的卓越贡献，特别是了解了近代以来中国人民反抗外来侵略和压迫，争取民族独立、人民解放和国家繁荣富强的可歌可泣的伟大业绩后，必定会对今天更加热爱，对明天更加充满信心。

培养具有竞争性民族性人才*

——全国人大代表、原中国人民大学校长李文海建议

朱镕基总理在《关于国民经济和社会发展第十个五年计划纲要的报告》中指出："要坚持教育适度超前发展，为国民经济和社会发展服务"，对此，全国人大代表、原中国人民大学校长李文海教授在接受记者采访时谈了自己的看法。

李文海教授认为，教育是面向未来的，具有未来性和必然性，所培养的是未来社会的人才，其特点要求"教育适度超前发展"，所以对教育的投入应超过 GDP 的平均增长，超越国家财政增长，使教育超越经济发展。

当谈到对人才的看法时，李文海教授说，未来的人才是综合性的，是高科技和高人文素养的统一。全球经济一体化的浪潮对我国教育，尤其是高等教育提出了更高的要求，因此有必要从几个方面着眼，培养有竞争性民族性的人才。首先，要转变教育观念、体制、结构、内容和方法。传统的教育体制曾发挥过巨大的作用，但随着我国经济社会的持续发展，其也显示出了与发展不太适应的地方，因此，应按照全球化标准进行改革。其次，要培养维护本国利益的人才。全球化过程的游戏规则主要由发达国家制定，以维护发达国家的利益，而我们培养的人才要有民族性，面对全球化这把双刃剑，要切实维护我国利益。

李文海教授最后强调，未来世界各国的竞争必将是人才的竞争，对我们教育界而言，就是要培养具有竞争性、民族性的人才，要有超前意识。这条路对我们来说将任重而道远。

---

* 载《中国改革报》，2001 年 3 月 15 日。

关于清史的编纂*

中国有“易代历史”的传统。一个朝代灭亡以后，后继的新朝代为了总结历史，借鉴往事，吸取经验教训，都要给上一个朝代编纂历史。宋修唐史，元修宋史，明修元史，清修明史，这一修史的优良传统绵延不断，经久未绝，两千多年来积累了丰富浩瀚的“二十六史”和其他汗牛充栋的历史著作，构成了我国珍贵的历史文化遗产。

现在，清朝被推翻已经整整90年了，但至今还没有一部较为理想的大型清史。1914年，北洋政府曾开设清史馆，编纂清史，历时14年，至1927年完成536卷《清史稿》。此书刊行以来，议论纷起。由于参加编纂的人大多是清朝的遗老遗少，忠于清廷，故而在不少重大问题上记载失实，评论不公，如把徐锡麟、秋瑾、熊成基等革命烈士斥为乱匪，而对瑞方、志锐、陆钟琦等因抗拒革命而被击毙的清朝官员大加褒扬，说他们“慷慨捐躯，从容就义，示天下以大义”。还有在记载民国元年成立中华民国临时政府时，只书其事，而不书临时大总统孙中山之名。这种立场、观点当然不能为世人所接受。故国民党统治时代，《清史稿》被列为禁书。平心而论，《清史稿》是以前清国史馆的资料、稿本为基础，提纲挈领，删繁就简，囊括三百年史事，历时颇久，用功甚勤，有相当的学术价值，未可一笔抹杀，但存在严重的政治缺陷。且编纂时，清宫所藏历史档案尚未为世人共知，故没有利用丰富的档案史料，这就大大影响了此书的质量。国民党去台湾以后，亦有编纂清史之议。但它偏居一隅，无心做此巨大的文化工程，又缺乏修史的专门人才，故仅把《清史稿》稍作修订，没有进行大规模的修史工作。

---

* 载《中国人民大学校报》，2001年4月10日。署名：戴逸、李文海。

中华人民共和国成立以后，中央的领导人曾提出编纂清史的建议与设想，但由于种种原因，此项工作亦未能启动。中华人民共和国成立之初，董必武同志向中共中央建议编写两部书，一部是清史，一部是中国共产党史，此建议得到了许多领导人的赞同。但中华人民共和国成立之初，百废待兴，还顾不上修史工作，故而修史工作被搁置下来。1959年，周恩来总理委托吴晗同志考虑编纂清史的规划。吴晗有一个较宏大的设想，拟设立清史馆，先从培养清史研究人才和大规模征集整理清史史料开始。他向戴逸谈过设想并征求意见。田家英同志对修史最为热心，有意亲自撰写清史，他收集了大量清人的墨迹和史料作为修史的准备。60年代初，毛主席在和范文澜同志的一次谈话中说：自己退居第二线，管的事情少了，空闲的时间多了，想读一点清史方面的书。可见，清史和编纂清史工作受到了中央领导人的极大关注。1965年秋，周恩来总理责成中央宣传部筹备此工作。中宣部为此召开部长会议，决定设立清史编纂委员会，作为编纂清史的领导机构，委员由七人组成：郭影秋（明清史专家，时任中国人民大学副校长）、关山复（时任中国科学院哲学社会科学部主任）、尹达、刘大年、刘导生、佟冬、戴逸。并在中国人民大学内设立清史研究所，作为编纂大型清史的执行机构。但这次会议以后仅两个月，姚文元抛出了批判吴晗同志《海瑞罢官》的文章，揭开了“文化大革命”的序幕，酝酿多年的编纂大型清史的工作化为泡影，而且成为中宣部和郭影秋干扰与对抗“文化大革命”的一项罪行。“文化大革命”中，中国人民大学被“四人帮”勒令解散，教师分散到其他学校，郭影秋同志为了保存已在中国人民大学集合的一些清史研究力量，于1973年建议成立清史研究小组，暂时附设在北京师范大学内，至1978年中国人民大学复校，清史研究所复归到人大。80年代初，有人写信给邓小平同志，建议国家纂修清史，小平同志将这封信批转到中国社会科学院。此时，国家正在修订社会科学的“六五”规划，清史是历史规划中最重要的项目。本拟先写一部清代人物传和一部清代通史，作为整个大型清史的主要架构，此项工作一直延续到“七五”规划。因当初的社科规划基金较少，资助的力度不够以及其他原因，大型清史的编纂工程未能实施下去。现在，已经进入21世纪，经过20多年改革开放，国家的面貌焕然一新，已在向小康社会迈进。政治稳定、经济发展、社会进步、综合国力增强，加之研究队伍壮大，学术积累丰厚，编纂大型清史已是最佳时机。此项工作启动过早或过迟，均有不利。启动过早，历史当事人很多健在，涉及个人利害关系与意见分歧，且史料未及整理，研究未及展开，猝尔命笔，质量难以保证。启动过迟，时过境迁，历史记忆已淡褪，历史细节已模糊，亦不易写成真实可信的历史。“二十六史”中的很多部写成在旧朝代灭亡以后数十年至一百年左右。现在，清朝灭亡已90年，编纂大型清史，此其时矣。希望政府、社会、学术界共同关注此事，使此巨大的社会主义文化工程得以及时启动和顺利展开，使得老一辈无产阶级革命家的愿望能够实现。

编纂清史不但有重大的学术价值，而且有很强的现实意义。清朝统治中国达268年之久，其前期在发展经济文化、巩固国家统一、加强民族团结等各方面有重大功绩，其政策措施，多可借鉴。中叶以后，内外矛盾尖锐，实行闭关锁国，拒绝进行改革，政治日益腐败，其失误和教训，实足发人深省。“殷鉴不远，在夏后氏之世”。且清朝灭亡至今不足一百年，离我们时间最近，对现实生活影响最大，和当前的政治、经济、军事、外交、民族、文化等各个方面息息相关。要了解和掌握中国的国情，根据中国的国情来建设有中国特色社会主义，非对清代历史进行深入研究不可，因此很有必要编纂一部网罗各方面史事，详尽完备、篇幅较大的清史。江泽民同志指出：“我们党在领导革命、建设和改革的过程中，一贯重视历史经验的借鉴和运用。”又说：“一个民族如果忘记了自己的历史，就不可能深刻地了解现在和正确地走向未来。”① 修纂清史的重大意义，也正是在这里。

最近，曾女士写了一段她的父亲田家英同志关于编纂清史的谈话，值得我们一读。“妈妈（指田家英夫人董边）清楚地记得，50年

---

① 江泽民：《努力建设高素质的干部队伍——在纪念中国共产党成立七十五周年座谈会上的讲话》，载《人民论坛》，1996年第7期。

代，在一次她和父亲一起去王府井古旧书店买书的路上，父亲讲了一段话给她留下了深刻的印象。当父亲谈到治学时，他认为治学不应脱离现实社会，多年研究中国近代史，使他形成了一个看法，他认为清朝是一个很有代表性的朝代，可以说是集封建社会之大成，了解清代历史，可以了解中国封建社会的特点，而我们从新民主主义社会转向社会主义社会，不研究中国的过去，不了解中国的特点是搞不好的。早在延安，他就有志写一部《清史》，现在条件比过去好多了，只是工作太忙，不可能集中精力写，但可以着手收集资料，为日后的写作和研究做准备。他告诉妈妈，他的这种想法和认识曾和毛主席谈过，得到了主席的首肯。"① 田家英同志正是基于对清史的重要性的认识而有志于撰写清史，并得到毛泽东主席的赞同。

我们今天要写一部怎样的清史？其体例、体裁、部件、篇幅需要全国的专家学者共同讨论，各抒己见，集思广益，拟定一个比较完善而可行的方案。清史的编纂是继承和发扬我国修史的传统，应该和已有的"二十六史"相衔接，吸收已有史书的优点；然而，清代后期已从封建社会向近代社会跨进，历史内容和单纯的封建社会很不相同，所以修史的体例、体裁、方法不能不变化，应该超越前史，有所创新。为了讨论的方便，提出初步想法，大型清史可否考虑设置以下部件：

（一）编年。编年以记史事，按时间为序，取代"二十六史"中为帝王作传的本纪。

（二）传记。网罗268年之历史人物，分别作传。这是大型清史的主体部分。篇幅最大，相当于旧史中的列传。

（三）通史。按今日章节式之体裁，写成有清一代之通史。篇幅不必过大而观点须鲜明，叙事须准确，文字须通畅。具有高度的概括性、科学性，取其系统全面，简明可读，为旧史所无之新增部分。

（四）专史。分门别类，叙述清代政治、经济、军事、外

① 《中国政协》，2000年第9期。

交、民族、思想文化、科技、文学、艺术等各方面之发展，篇幅不下于数十种，取代旧史中的“志”。

（五）表。各种史表，如世系表、职官表等。

（六）图。地图与其他图籍，可否收录照片，待议。

（七）纪。清代268年中，包括南明和太平天国，二者各有其政权，各有其历史，各有其典章制度。如何记述？可否另设《南明纪》《太平天国纪》，分别叙述？又清代关外部分，可否设立《清史前纪》？

（八）清史著述书目。

总之，欲编纂清史，必须有工作计划与方案，先定部件与纲目，发凡起例，事体重大，必须全国专家学者共同商议，广泛吸收意见，冀可臻于完善。

当年，在中国人民大学内设立清史研究所，即是为了编纂大型清史。35年来，这一巨大的文化工程虽然迟迟未能正式启动，但清史研究所一直坚持这一工作方向和目标，黾勉以赴，矢志不渝，为大型清史的编纂做准备。大型清史，工程浩大，部件众多，不可能毕其功于一役，必须把各个部件分解开来，采取蚂蚁啃骨头的办法，逐个部件，分期分批，撰写完成。这个办法，持之以恒，已见成效。20年来，清史研究所与其他单位合作，已完成了许多研究成果，包括《清史编年》12卷、《清代人物传稿》37卷以及大量资料的整理编纂，这些成果可以作为今后修史的准备和基础。

“盛世修史”，这在文化史上具有重大意义。我们现在说到历代的文化工程，唐代就会提到《五经正义》和修纂“六史”（“二十六史”中的《晋书》《梁书》《陈书》《北齐书》《周书》《隋书》），这些都完成于唐初的贞观盛世。宋代就会提到《文苑英华》《册府元龟》《太平御览》《唐会要》《新唐书》《新五代史》《资治通鉴》，这些典籍都成于北宋前期政治较安定的宋太祖至宋神宗年间。明代就会提到《元史》和《永乐大典》，二书成于明太祖、明成祖国力最强大之日。清代就会提到《古今图书集成》《四库全书》《明史》，这些都编纂于康熙、雍正、乾隆的盛世。我们这一代人幸值国家由衰转盛开始腾飞之时，将以什么样的文化工程传留给后世？当然，编纂清史、中华民国史、中国共产党史，应该是21世纪历史学界光荣的使命和义不容辞的责任。

编纂清史是一项艰巨的文化工程，要有政府与社会的支持和参与。既要有一定的经费、编制，又要组织和协调各方面的专家学者共同努力，如军事史要依靠军事史家，经济史要依靠经济史家，科技史要依靠科技史家，要有学术界、文博界、档案界、科技界、出版界的协同配合，还要邀请台湾和海外学人参加编纂与讨论。任何个人和单位都难以单独承担这一繁复的组织领导工作。历代修史都是政府主持，以政府首脑领衔，如唐初“六史”的修撰，以宰相魏徵、房玄龄、褚遂良等领衔，有学者姚思廉、李延寿、颜师古、李淳风等参与；清修明史由大学士张廷玉领衔，有史学家万斯同、王鸿绪参与；《四库全书》的浩大工程以永瑢、永璇、永瑆三位皇子和大学士刘统勋、刘纶、舒赫德、阿桂等领衔，有学者纪昀、周永年、陆锡熊、陆费墀、戴震、邵晋涵、任大椿、翁方纲等参加。这样的修史班子具有政治上和学术上的权威性，便于创造修史的条件，动员和协调各方面的力量，研究和解决编纂中的疑难与问题。如果组织有力，条件具备，队伍齐心，规划妥善，不难完成编纂清史此一代之盛事、旷世之巨典。

论晚清史研究*

从道光二十年（1840年）鸦片战争爆发到宣统三年（1911年）清王朝在辛亥革命风暴的冲击下最后覆亡的这段历史，既是作为断代史的清史的尾声和结局，又是中国近代史的起始和开篇，不论从哪一方面说，其重要性都是不言自明的。中华人民共和国成立以来，对这段历史的研究，吸引了众多学者的关注与兴趣，其成果可以说是百花竞放、异彩纷呈。但从清史研究角度来说，把晚清史的研究同清代前中期历史结合起来、贯通起来，使之成为浑然一体的断代史，则还有一些重要的问题需要做进一步的讨论。

不要割裂清前中期与晚清社会的历史联系

作为断代史的清史，应该是研究清王朝从兴起至灭亡全部统治时期的社会历史。但是，鸦片战争以前的中国是封建社会，鸦片战争以后的中国逐步沦为半殖民半封建社会，因此，在学科分类上，道光二十年以前的清代历史属于历史学的二级学科中国古代史，而道光二十年至宣统三年的清代历史则属于另一个二级学科中国近代史。以总体来看，这样的分类是合理的。历史发展的客观进程，因为社会性质的不同而呈现出明显的阶段性。在中国，半殖民地半封建社会是一个既具有过渡性特点又具有相对独立性特点的社会形态，它本身有着自己特定的发展规律，有着极为丰富的历史内涵。作为当代中国的昨天，把这一段历史进行整体的研究，确实具有十分重

* 载《光明日报》，2001年5月29日。

要的学术价值和现实意义。正如江泽民同志在给白寿彝同志的信（1999 年 4 月 25 日）中所指出的："这对于大家弄清楚我国历史的基本脉络和中华民族的发展历程，增强民族自尊心、自信心和奋发图强的精神，增强唯物史观，丰富治国经验，都是很有好处的。"曾经有人发表文章，对鸦片战争以后的中国社会是否属于半殖民地半封建社会提出质疑，但多半只是在文字和提法上做文章，并没有提出认真的、充分的客观事实作为依据。其实，半殖民地半封建社会性质的确定，不但是思想界、学术界、政治界长期探索和研究的结果，而且已为根据这种判断进行社会改造的成功实践所检验和证明。半殖民地半封建社会是个客观存在，有清一代发生过从封建社会向半殖民地半封建社会的转变，同样是客观历史存在。讨论加强清代前中期历史研究同晚清史研究的相互联系与相互贯通，不是要也不应该是怀疑或否定以社会性质的变化划分中国古代史与中国近代史的必要性和合理性。否则，这样的讨论就会走入歧途。

问题是，作为完整的清史研究，不必要也不应该由于鸦片战争前后发生了社会性质的变化，就把清代前中期历史同晚清史割裂开来。不可否认，这种割裂的现象确实是存在的。例如，有一些清代通史性的著作，只写到道光二十年，鸦片战争以后的清代历史就不写了，成了鲁迅先生形容过的"断尾巴蜻蜓"。有些清史论文索引，所收文章大抵也以研究道光二十年以前的历史为限，鸦片战争以后的文章，因为属于近代史，就不收了。清史学界有个很好的传统，就是定期召开全国性的清史学术研讨会，至今已经开了九次。但是，研讨会的学术内容，很少或者说基本上没有晚清史方面的，这并不是某种疏忽，而是从观念上觉得鸦片战争以后的历史属于中国近代史的范围，而不属于清史。从队伍状况看也是这样，清史专家很少把自己的研究目光关注到道光后期以及咸、同、光、宣各朝，而研究鸦片战争至辛亥革命的学者也很少把自己看作清史研究工作者队伍中的一员。说得夸张一点，二者颇有点"鸡犬之声相闻，老死不相往来"的味道。

从中国近代史的角度说，鸦片战争至辛亥革命这一段历史研究得比较充分，成果也十分丰富；但从清史研究的角度说，这一段历史的研究还相对薄弱，有大大加强的必要。这种看似矛盾的现象的出现，是因为近代史同作为断代史的清史，其研究的视角和内容是有区别的。因此，从断代史的角度进一步加强晚清史的研究，是清史学科建设的一个重要课题。

社会性质的变化与清代历史的承续性

前面说过，有清一代的历史，以鸦片战争为契机，发生了从封建社会向半殖民地半封建社会转变的历史过程。如何认识和看待这个转变，是清史研究的一个无法回避的问题。

毛泽东同志在《中国革命和中国共产党》一文中，对封建社会和半殖民地半封建社会的基本特征进行过深刻的科学概括。对于封建社会，他主要讲了四个方面的特征：一是自给自足的自然经济占主要地位，二是封建统治阶级拥有最大部分土地而农民很少有土地或完全没有土地的封建土地所有制，三是以地租、贡税、无偿劳役为主要内容的封建剥削关系，四是维护封建剥削制度的专制主义中央集权统治。接着，他又指出："中国历代的农民，就在这种封建的经济剥削和封建的政治压迫之下，过着贫穷困苦的奴隶式的生活。""地主阶级这样残酷的剥削和压迫所造成的农民的极端的穷苦和落后，就是中国社会几千年在经济上和社会生活上停滞不前的基本原因。"封建社会的主要矛盾，是农民阶级和地主阶级的矛盾。

鸦片战争以后，中国一步一步地变成了一个半殖民地半封建社会。毛泽东同志从十个方面讲了帝国主义列强采用军事的、政治的、经济的和文化的压迫手段，使中国逐步变为半殖民地和殖民地的过程，同时对中国殖民地、半殖民地、半封建社会的基本特征做了六个方面的概括。根据毛泽东同志的概括，比照开始进入半殖民地半封建时代的晚清社会同尚处于封建时代的鸦片战争前的清代社会，我们可以发现，社会特征的变化呈现出以下三种不同的情况：

第一种情况是特征依旧，没有发生根本的变化。这包括两个方面：一方面是“封建时代的自给自足的自然经济基础是被破坏了；但是，封建剥削制度的根基——地主阶级对农民的剥削，不但依旧保持着，而且同买办资本和高利贷资本的剥削结合在一起，在中国的社会经济生活中，占着显然的优势”。再一方面，中国仍然处于皇帝和贵族的封建君主专制主义的统治之下。

第二种情况是出现了若干以往所没有的新的特征。这主要包括三个方面：一是“民族资本主义有了某些发展，并在中国政治的、文化的生活中起了颇大的作用；但是，它没有成为中国社会经济的主要形式，它的力量是很软弱的，它的大部分是对于外国帝国主义和国内封建主义都有或多或少的联系的”。二是“帝国主义不但操纵了中国的财政和经济的命脉，并且操纵了中国的政治和军事的力量”。三是“由于中国是在许多帝国主义国家的统治或半统治之下，由于中国实际上处于长期的不统一状态，又由于中国的土地广大，中国的经济、政治和文化的发展，表现出极端的不平衡”。

第三种情况是由于新的社会条件的出现，以往的问题变本加厉，在程度上愈益严重起来。这主要是指中国人民的贫困和不自由的程度大大加剧。由于帝国主义和封建主义的双重压迫，“中国的广大人民，尤其是农民，日益贫困化以至大批地破产，他们过着饥寒交迫的和毫无政治权利的生活”。

这个时期，帝国主义和中华民族的矛盾、封建主义和人民大众的矛盾，成了社会的主要矛盾，而帝国主义和中华民族的矛盾则是各种矛盾中最主要的矛盾。

从上面的对比可以看出，封建社会向半殖民地半封建社会转变，历史并没有被一刀切成两段，并没有出现历史的断裂，历史依然像不舍昼夜的东逝江水，绵延不绝。原有的许多重大社会现象在新的历史条件下依然存在，新的社会现象的出现也往往不可避免地同旧的历史环境发生各式各样的、千丝万缕的联系。特别要指出的是，社会性质的转变是一个逐步进行的历史过程，绝不是鸦片战争一声炮响，中国社会就立即具有了半殖民地半封建社会的一切特征。旧的阶级力量和政治力量、旧的社会观念，总是要千方百计地争取自己的存在权利，绝不愿意轻易地退出历史舞台；国外侵略势力进入，同本国的封建统治者既矛盾又勾结，大大地激化了社会矛盾并异常地增加了社会生活的复杂性；新的经济力量和社会力量生长缓慢，举步维艰。鸦片战争以后的晚清社会，就这样一方面背着历史的、因袭的重担，另一方面面对着世界列强纷至沓来的、前所未有的变局，展现着一幕幕历史的活剧。

既然鸦片战争前后的客观历史存在着不可分割的紧密联系，那么我们的历史研究就只能按照历史的本来面目去揭示这种联系，探讨历史发展的客观进程。

存在了 268 年的清王朝，有过它的辉煌，也经历了衰落乃至最后的覆亡。清代的前中期，当然有许多丰富的历史经验值得我们认真总结，有许多宝贵的历史遗产需要我们批判地继承。清朝的典章制度、统治政策、思想观念及社会生活等方面，变化最为急剧深刻的，恰恰发生在晚清时期。如果清史研究忽略了晚清部分，那么当然就大大削弱了清史研究的完整性。

研究清史，忽略了晚清史固然不行；研究晚清史而不了解清代的前中期历史，同样对很多问题弄不清来龙去脉。举例来说，中国近代史是从 1840 年鸦片战争的失败开始的。那么，鸦片战争的失败仅仅是一次偶然事件吗？当然不是。英国殖民主义选择在这个时候发动这一场侵略战争，并且自感有着必胜的把握，显然不是一种盲目的行为。仅仅在半个世纪以前，即所谓的康、雍、乾盛世，中国还是一个统治清明、社会安定、经济繁荣、文化昌盛的国家，为什么转眼间就成了被别人任意玩弄于股掌之上的弱国了呢？毫无疑问，不研究清楚从康、雍、乾盛世到鸦片战争前中国由强转弱的历史轨迹，就很难对中国近代史的开端做出十分深刻透彻的说明，甚至有可能把这个历史现象简单地归结为某个人或某些人的失误和过错（当然这方面也是应该顾及的）。

研究视角的转换

中华人民共和国成立初期，史学界开展过一次关于中国近代史分期问题的讨论。这次讨论对推动中国近代史的研究和学科发展，起了重要的积极作用。当时，通过讨论分期问题，实际上从各种不同的角度，论述了对于中国近代史的基本线索、主要内容以及近代史的主要任务的看法。意见是各式各样的，真正贯彻了党提出的“百花齐放，百家争鸣”的方针。改革开放以后，史学界对中国近代史的基本线索进行了新一轮讨论，有的同志对50年代的某些提法提出了质疑，人们对历史的认识有了新的发展和进步。不过，大体说来，中国近代史基本上指的是中国半殖民地半封建社会的历史，或者说是我国旧民主主义革命阶段的历史，其主体部分则是中国人民反帝反封建的斗争史。

作为断代史的清史，其内容当然与此不同，它应该是清王朝从建立至灭亡的全部统治时期的中国社会发展史。正如有了中国革命史、中国共产党史，并不能取消中华民国史和中华人民共和国史一样，从近代史的角度研究鸦片战争至辛亥革命的历史，也不能替代从清史的角度研究道光二十年以后的晚清史。

从清史的角度看，晚清社会历史的有些方面是亟待加强的。例如，对于清王朝的典章制度、统治制度，既要同清代前中期历史相衔接，又要理清晚清时期发展变化的脉络，这就是一个很重的任务。

过去我们常说，晚清史方面，政治史的研究是较充分的。其实，所谓政治史，主要只是在政治斗争方面，至于政治体制的变化、政治体制的具体运作、政治生活和社会生活的相互关系等，许多方面还有大大深入的必要和余地。

社会生活是立体的，多侧面的，反映特定时期社会的历史自然也应是丰富多彩的。令人高兴的是，近年来，晚清史的研究领域有了很大的拓宽，但总的来讲，这些领域的研究毕竟时日尚短，还须做持续不断的艰苦努力，以便取得更加丰硕的学术成果。

晚清社会是文化和观念领域发展最迅速、变化最深刻、矛盾最复杂、斗争最激烈的历史时期。深入研究这个领域各个方面的情况，分析和继承这一历史时期的历史文化遗产，对我们今天有着最为直接的借鉴意义。哲学、历史、思想、语言、文学、科学、宗教艺术和法律，都需要我们做深入研究，总结历史的经验教训。

清王朝在边疆开发上，曾经做出过重要的历史贡献，也有过那个时代、那个阶级不可避免的历史局限性。晚清以后，中国的边疆问题又同反抗帝国主义的侵略紧紧地联系在一起。进一步研究晚清的边疆问题，既对今天维护国家主权和民族尊严有直接的作用，又为当前实施西部大开发战略提供了历史的借鉴，具有十分重要的现实意义。

这里列举了晚清历史研究的一些问题，自然是挂一漏万，但足以说明加强晚清史研究的必要性和重要性。

历史的必然　人民的选择*

今年是中国共产党诞生 80 周年。从中共一大召开的 1921 年上溯 81 年，正是标志着近代中国半殖民地半封建社会开始形成的第一次鸦片战争爆发的 1840 年。于是，我们可以把 1921 年作为一个历史的坐标：1840 年到 1920 年的 80 年，近代中国在被侵略奴役的道路上蹒跚行进，期间从洪秀全到孙中山，近代中国的志士仁人抛头颅，洒热血，但终究无法改变近代中国的命运；1921 年中国共产党诞生到 2001 年的 80 年，近代中国发生了天翻地覆的变化，实现了民族独立和人民解放，建立了社会主义制度，开辟了建设有中国特色社会主义的道路，中国以昂扬奋进的姿态胜利迈进了 21 世纪。如此深刻的历史性巨变，是在中国共产党领导下取得的。中国共产党以她巨大的牺牲和杰出的贡献，赢得了中国人民的衷心拥护和爱戴，当之无愧地成为中国社会主义事业的领导核心。

近代中国历史发展的必然

1840 年，第一次鸦片战争爆发。从此，古老的中华帝国一步一步沦为半殖民地半封建社会，民族危机和社会危机日渐深重。一方面，东西方资本主义列强通过鸦片战争、中法战争、中日战争、八国联军侵华战争等一系列战争和一个个不平等条约，大肆掠夺中国的领土，践踏中国的主权，通过勒索赔款、强占租界、攫取治外法权、控制通商口岸和海关、垄断中国的经济命脉，甚至划分势力范

* 载《人民日报》，2001 年 6 月 7 日。署名：李文海、温乐群。

围等，完全把中国变成俎上之肉，近代中国被推向了亡国灭种的边缘。正如19世纪末伟大的革命先行者孙中山先生在《香港兴中会章程》中所指出的，中国正面临着“强邻环列，虎视鹰瞵”，“蚕食鲸吞，已效尤于踵接；瓜分豆剖，实堪虑于目前”的危急状况。另一方面，民族危机的加深不断加剧着社会矛盾，从而引发更为深刻的社会危机。鸦片战争前，人口剧增、农村凋敝、吏治败坏、贿赂公行、财政匮乏、土地兼并加剧和阶级矛盾深化等，无不表明大清帝国已处于封建末世的危机之中。东西方列强的侵略，使这些问题进一步加剧。首先，导致工场手工业和家庭手工业衰落。“外国用机器，故工致而价廉，且成功亦易；中国用人工，故工笨而价贵，且成功亦难。华人生计，皆为所夺矣！”在这种情况下，大批农民和手工业者破产，成为游民。另外，列强的经济侵略使中国人很难从投资近代工商业中获利，因而许多货币持有者热衷于购买土地，从事封建剥削。这就加剧了本来十分严重的土地兼并，加大了人口与土地比例的失调，加深了社会矛盾，引起社会的动荡不安。其次，大量的鸦片输入导致白银外流，赔款和军费剧增，清政府财政难以为继，于是拼命地把危机转嫁到广大劳动人民身上，各种苛捐杂税日重一日，以至“凡肩挑背负，日用寻常个人饮食之物，莫不有捐”。1895年康有为在给光绪帝上书中不无忧虑地指出：“吾民精华已竭，膏血俱尽，坐而垂毙，弱者转于沟壑，强者流为盗贼。”总之，晚清社会冲突层出不穷，阶级矛盾十分尖锐。

民族危机和社会危机双重压力之下的近代中国，救亡图存、振兴中华成为近代中国的时代性主题。为此，中华民族的志士仁人进行了艰辛的探索，尝试了种种变革之法。中国社会的各个阶级、阶层和政治集团也都在这一历史剧中寻找自己的位置，这是历史的选择。

率先奋起的是中国的农民阶级。1851年开始的太平天国运动，不仅在南京建立了农民政权，而且制定了前所未有的农民革命纲领《天朝田亩制度》。太平天国运动历时14年，席卷了大半个中国，给清政府以沉重打击。但终因农民阶级的局限性，无法超越绝对平均主义的空想和皇权主义的束缚，不可能找到一条民族的救国之路，不可能完成反帝反封建的民主革命任务，最终在中外反动势力的联合镇压下失败了。

作为近代中国现代化起步标志的洋务运动，是由晚清地主阶级中的洋务派掀起的一场自救运动。在“中学为体，西学为用”的思路内，它企图通过引进西方的军事工业，学习西方的科学技术来解决当时的危机和困局。但是，洋务运动既不可能越封建专制制度的雷池，又不能摆脱对西方先进技术和资金的依赖，故而无法在封建制度内找到自救之路，其最终的失败也就不可避免了。

19 世纪 70 年代后，随着中国民族工业的发展，一种新的社会力量——民族资产阶级产生了。民族资产阶级的代表人物改良派和革命派相继登上了历史舞台，高举“救亡图存”的旗帜，进行了戊戌维新的改良运动和资产阶级革命，但最后还是失败了。其中，孙中山先生领导的辛亥革命，推翻了统治中国几千年的君主专制制度，开创了完全意义上的近代民族民主革命，打开了中国进步的闸门。但是，辛亥革命没有改变半殖民地半封建中国的社会性质和民族的悲惨命运。究其原因，在于中国民族资产阶级力量的弱小和性格的软弱，其没有代表广大中国人民的利益。

到 20 世纪 20 年代初，半殖民地半封建的中国已经历了 80 年的风雨飘摇，军阀混战，百业凋零，人民困苦，精神沉沦。孙中山先生曾在《中国之现状及国民党改组问题》中沉痛地说：“政治上、社会上种种黑暗腐败比前清更甚，人民困苦日甚一日。”恰在此时，中国共产党诞生了，中华民族有了新的希望、新的前途，山穷水尽的中国出现了新的转机。

1919 年五四运动爆发后，日益发展壮大的中国工人阶级登上了政治舞台，并对五四运动的胜利起到了决定性作用。五四运动后，作为代表中国先进文化前进方向的马克思主义开始在中国广泛传播，成为新文化运动的主流，在一批具有初步共产主义思想的知识分子推动下，马克思主义与中国工人运动相结合，中国共产党已经是躁动于母腹中的婴儿，马上就要呱呱坠地了。1921 年 7 月，中国共产党第一次全国代表大会在上海召开，宣告中国共产党成立。从此，在古老的中国出现了一个完全新式的、以马克思主义为行动指南的、统一的无产阶级政党。

从 1840 年到 1920 年，近代中国经历了 80 年的屈辱、80 年的求索、80 年的失败，农民阶级、地主阶级改革派、资产阶级维新派和革命派都未能完成的民族独立和国家富强的历史任务，全部为中国共产党所承担下来。1921 年中国共产党的诞生，掀开了近代中国历史的新篇章。

中国人民的郑重选择

近代中国的半殖民地半封建社会，给中华民族提出了两大历史任务：一个是求得民族独立和人民解放，一个是实现国家繁荣富强和人民共同富裕。前一任务为后一任务扫清障碍，创造必要的前提。完成这两个历史任务，是中国人民根本利益之所在。中国共产党诞生以来，团结和带领全国各族人民，为实现民族独立、人民解放、国家富强、人民幸福，进行了 80 年的不懈奋斗，取得了巨大的成就。中国共产党正是在为中国人民的利益而不懈奋斗中确立和巩固自己的领导地位的。

中共二大制定的党的纲领中就明确规定：党的任务是打倒军阀；推翻国际帝国主义的压迫，统一中国为真正的民主共和国；在完成民主革命后，再实现党的最高纲领，即建立工农专政的政治、铲除私有财产制度、渐次达到一个共产主义的社会。这个纲领确定中国革命分两步走，第一次明确提出反帝反封建的民主革命任务，解决了中国近代以来革命一直未能解决的问题。毛泽东同志也曾明确指出："领导中国民主主义革命和中国社会主义革命这样两个伟大的革命到达彻底的完成，除了中国共产党之外，是没有任何一个别的政党（不论是资产阶级的政党或小资产阶级的政党）能够担负的。而中国共产党则从自己建党的那一天起，就把这样的两重任务放在自己的双肩之上了。”①

为了完成历史赋予的双重任务，中国共产党领导人民历经大革命、土地革命、抗日战争、解放战争几个历史阶段，经过28年的奋斗，克服了“左”的右的错误干扰，坚持实事求是，创造性地开辟了一条“以农村包围城市，武装夺取政权”的革命道路，实现了马克思主义与中国实际相结合的第一次历史性飞跃，产生了中国化的马克思主义——毛泽东思想，形成了以毛泽东同志为核心的坚强有力的第一代中央领导集体。在毛泽东思想的指导下，在以毛泽东同志为核心的党中央的坚强领导下，中国共产党领导全国人民最终打败了武装到牙齿的日本帝国主义和有着美国的支持并拥有先进武器装备的国民党军队，取得了新民主主义革命的胜利，建立了中华人民共和国。

中华人民共和国成立后，中国共产党成为执政党，历史进入了由新民主主义向社会主义过渡的时期。中国共产党适时地提出，在一个相当长的时期内，逐步实现国家的社会主义工业化，逐步实现国家对农业、手工业和资本主义工商业的社会主义改造，这就是以“一化三改”为核心内容的过渡时期的总路线。这条总路线，体现了社会主义革命和社会主义建设的同时并举，体现了解放生产力和发展生产力的同时并举。毛泽东同志指出：“社会主义革命的目的是为了解放生产力。农业和手工业由个体的所有制变为社会主义的集体所有制，私营工商业由资本主义所有制变为社会主义所有制，必然使生产力大大地获得解放。这样就为大大地发展工业和农业的生产创造了社会条件。”② 到1956年，生产资料私有制的社会主义改造取得了决定性的胜利，社会主义制度得以确立。到1957年，以建立中国工业化基础为目标的第一个五年计划提前完成，为进行大规模的社会主义现代化建设奠定了良好的基础。

此后，中国共产党领导全国人民开始了全面的、大规模的社会主义建设。然而，要在一个经济、文化落后的大国建设社会主义，

① 《毛泽东选集》，2版，第2卷，652页。

② 《毛泽东文集》，第7卷，1页，北京，人民出版社，1999。

特别是探索出一条适合中国国情的社会主义建设道路，何其难也。我们即无现成的经验可以照搬，冷战时代的国际环境使我们也无法从西方发达国家获得先进的技术和资金，更重要的是，对于我国社会主义建设的经验、社会主义经济发展的规律和中国经济基本情况的认识，需要有一个逐步积累和不断深化的过程。中国共产党在领导中国人民探索社会主义建设道路的过程中，既取得了巨大的成就，在旧中国千疮百孔的烂摊子上初步实现了工业化，积累了领导社会主义建设的重要经验，又出现了一系列失误，包括“文化大革命”这样的严重错误，走了一条曲折发展的道路。古今中外，任何个人、团体或政党，完全不犯错误是从来没有的。正如邓小平同志指出的：“我们党也犯过严重错误，但是错误总还是由我们党自己纠正的，不是别的力量来纠正的。就是粉碎‘四人帮’，也是由我们党代表人民的利益和要求来实现的。”①

正是在科学地总结历史经验、认真地分析和反思失误的基础上，中国共产党重新确立了“解放思想、实事求是”的思想路线，做出了以经济建设为中心，实现改革开放的战略决策，在十一届三中全会以来的伟大实践中逐步探索出一条建设有中国特色社会主义的道路，实现了马克思主义与中国实际相结合的第二次历史性飞跃，形成了邓小平理论。在邓小平理论的指导下，20 多年来，中国共产党领导全国各族人民取得了经济发展、社会进步、综合国力增强、人民生活水平提高的巨大成就。在世界社会主义运动处于低潮时，中华大地上展现出建设有中国特色社会主义实践的巨大成功，引起了全世界的瞩目。

中国共产党 80 年的光辉历程，就是为实现中国人民的根本利益而不懈奋斗的历程。中国共产党始终代表中国先进生产力的发展要求、中国先进文化的前进方向和中国最广大人民的根本利益。历史证明，没有中国共产党，就没有民族独立和人民解放，就没有新中国；没有中国共产党，就没有社会主义中国，就没有富强、民主、

---

① 《邓小平文选》，2 版，第 2 卷，267 页。

文明的社会主义现代化的中国。正因为中国共产党真正代表了人民的根本利益，所以她理所当然地受到了全中国人民的衷心爱戴与拥护，当之无愧地成为中国社会主义事业的领导核心。从这个意义上说，中国共产党领导核心地位的确立与巩固，是中国人民的郑重选择。

今天，人类社会已经进入新的世纪。抚今追昔，历史已经证明，只有中国共产党才能领导中国人民取得民族独立、人民解放和社会主义的胜利，才能开辟建设有中国特色社会主义的道路，实现民族振兴、国家富强和人民幸福。我们相信，在 20 世纪领导中国人民创造了不朽业绩的中国共产党，必将在 21 世纪领导中国人民创造出更加辉煌的未来。

实现民族复兴的保证*

历史证明，没有共产党就没有新中国，中华民族的伟大复兴只有在中国共产党的领导之下才能实现。为什么这么说？

第一，80年来，中国共产党领导人民所进行的革命、建设和改革的光辉实践，为中华民族的伟大复兴打下了坚实的政治基础和物质基础。中国共产党的成立，彻底改变了中国的面貌。为了民族振兴和国家富强，党领导人民首先致力于民族民主革命，终于实现了民族独立和人民解放，建立了中华人民共和国，为实现中华民族的伟大复兴提供了最基本的政治前提。中华人民共和国的诞生，社会主义制度的初步确立，开辟了民族复兴的广阔道路。20世纪后半叶，中国人民在党的带领下，为实现国家繁荣富强和人民共同富裕而不懈奋斗。在经历了挫折和胜利、失败和成功之后，终于走出了一条建设有中国特色社会主义的道路，我国的经济和社会生活发生了翻天覆地的变化，为在新世纪中叶实现中华民族的伟大复兴打下了坚实的物质基础。

第二，经过艰辛的探索，中国共产党找到了一条实现民族复兴的正确道路。在认真吸取前人经验教训的基础上，中国共产党以马克思主义为思想武器，深刻分析中国历史和中国国情，通过长期的实践摸索，终于找到了实现民族复兴的康庄大道，并已取得了辉煌的业绩。与此相适应，中国共产党把马克思主义基本原理同中国具体实际相结合，产生了两次历史性飞跃，先后形成了毛泽东思想和邓小平理论两大理论成果。在新的世纪，中国人民在以江泽民同志为核心的党的第三代领导集体的领导下，坚持和发展邓小平理论，

---

* 载《人民日报》，2001年7月10日。

必将把建设有中国特色社会主义事业推向新的阶段。

第三，中国共产党在革命、建设和改革中始终坚持“三个代表”，历史地成为领导实现民族复兴伟大事业的核心力量。经过80年的风雨历程，中国共产党得到了人民群众的衷心拥护。其根本原因就是，中国共产党是工人阶级的先锋队，在革命、建设和改革的各个历史时期，始终坚持“三个代表”，并通过制定正确的路线、方针、政策，为实现国家和人民的根本利益而不懈奋斗。中国共产党成为全国人民的领导核心，这是历史的选择，人民的选择。

江泽民同志在七一讲话中指出：必须始终坚持马克思主义基本原理同中国具体实际相结合，坚持科学理论的指导，坚定不移地走自己的路；必须始终紧紧依靠人民群众，诚心诚意为人民谋利益，从人民群众中汲取前进的不竭力量；必须始终自觉地加强和改进党的建设，不断增强党的创造力、凝聚力和战斗力，永葆党的生机和活力。这是党80年实践的基本启示，也是党继续前进必须遵循的基本原则。

走向现代化的必由之路*

几乎从历史进入近代的第一天起，对我们国家极端贫弱、民族备受凌辱有着切肤之痛的志士仁人，就热切盼望着国家的富强和民族的振兴，他们向往着有一天我们苦难的祖国能够与欧美国家“并驾而齐驱”。这种期盼和向往，一直持续了一个多世纪。当时，还没有“现代化”的概念，但实际上这是一种现代化的追求。如果把19世纪中叶到21世纪中叶这两百年历史进程联系起来，我们可以看到，对现代化的执着追求，是贯穿这一历史阶段的一个基本线索。

今年是辛亥革命九十周年。辛亥革命是20世纪中国人民在前进道路上经历的头一个历史性巨大变化，是鸦片战争以来完全意义上的民族民主革命。对这次革命同中国现代化历史进程的关系加以剖析，既有助于我们更加深切地了解它的伟大历史功绩，也能为进一步认识近现代历史提供一些有益的启示。

中国早期现代化进程为辛亥革命准备了必要条件

辛亥革命发生在20世纪之初，不是偶然的。它是鸦片战争以来全部历史发展的必然产物。

中国现代化的起步，是在殖民主义的侵略中断了中国社会正常发展进程的情况下开始的，也是在国内尚没有真正意义上的资本主义经济关系、资产阶级和无产阶级尚未形成的情况下开始的。正因如此，中国的现代化一开始就同反对民族压迫的斗争紧紧结

---

* 载《人民日报》，2001年10月11日。署名：李文海、颜军。

合在一起，而最早试图推动现代化的恰恰是资产阶级以外的政治力量。

真正迈出现代化实际步伐的，是封建统治阶级中的某些有识之士。他们为了“求强”“求富”，发动了所谓的“洋务运动”，以极大的热情致力于引进西方科学技术、兴办工矿企业、修筑铁路、开办学堂、派遣留学生等活动。他们的努力，为中国社会催生了资本主义经济因素和注入了资产阶级的社会观念。但是，他们绝不允许洋务运动越封建专制主义统治秩序的雷池一步。这就使得他们的现代化努力受到极大的制约，步履维艰，蹒跚行进。

资产阶级维新派较之洋务派的高明之处就在于，他们懂得，发展经济和文化，需要有一个良好的政治环境和政治条件。于是，他们首先致力于政治的革新，在光绪皇帝的支持下，发动了“百日维新”，力图对封建专制政治进行带有资本主义性质的改良。但是，他们以及他们支持者的力量是如此软弱，以至在封建顽固势力的反击下，冰消瓦解，一败涂地。当然，他们的斗争并非毫无意义。如果说，洋务派的历史功绩是为现代化留下了虽然菲薄但却极其宝贵的物质遗产，那么维新派的历史功绩则是为现代化留下了虽是昙花一现但却影响深远的政治遗产。

这样，中国早期现代化进程的艰辛和挫折，就成了呼唤辛亥革命到来的强大推动力和社会要求，而早期现代化的最初成果，则为辛亥革命准备了必要的物质基础和精神条件。

从革命队伍来看，中国早期现代化的发展，为辛亥革命锻造了一支强大的革命力量。领导辛亥革命的资产阶级革命派，其中坚力量与骨干成员主要是具有强烈爱国主义精神又接受了西方政治观念的留学生和新式知识分子。这部分社会力量，在中国传统社会中是不存在的，他们正是早期现代化的产物。革命派的主要依靠力量华侨和新军，或者与资本主义经济形态相联系，或者在早期现代化过程中进行了改造，在当时也被看作军队走向现代化的一个成果。没有早期现代化，就没有这些社会力量的汇合；没有这些社会力量的汇合，辛亥革命的发动和展开就是不可能的。

从革命纲领来看，只有经过了几十年早期现代化的历史发展，才有可能使得日渐壮大的资产阶级政治力量，能在中国近代历史上第一次提出系统的、契合现代化发展需要的、以实现民族独立和政治民主化为目标的政治纲领。孙中山以民族、民权、民生为内容的三民主义，能够在20世纪之初提出并得到相当一部分人的认同，除了他本人的杰出贡献之外，还需要两个必要条件：一个是思想源流，即对鸦片战争以来各个阶级和各派政治力量提出过的各种救国纲领的继承、扬弃和发展；另一个是社会环境，即当时社会上相当一部分人已经具备了能够接受这些观念和主张的客观基础。正是早期现代化的历史，创造并提供了这样的条件。

中国早期现代化的发展，也为辛亥革命提供了一定的物质保证。鸦片战争后，中国迈开了现代化的最初步伐，随着闭关锁国状态被打破，大批反映资本主义特征的生产方式、科学技术、思想文化、生活方式等涌入中国，使得人们耳目一新，激发了对现代化的进一步渴求。与此相比，腐朽的清政府虽然做出过某种姿态，但骨子里却仍然麻木不仁，故步自封，在先进生产力的发展要求面前，这个政权充分暴露了衰败没落的本质。

革命派清醒地认识到革命是为现代化创造必要的前提

鸦片战争后，中国成为半殖民地半封建国家，中华民族面对着两大历史任务：一个是求得民族独立和人民解放，一个是实现国家繁荣富强和人民共同富裕。如果没有前一任务的完成为后一任务扫清障碍、创造必要的前提，那么后一任务的实现就无从谈起。

这就是一贯执着追求现代化的中国人民，不得不集中那么多社会精英、经历那么多艰难险阻、付出那么多惨痛代价去从事革命斗争的根本原因。早在20世纪的40年代，毛泽东同志就在总结历史经验的基础上讲清了这个道理。他说："没有独立、自由、民主和统一，不可能建设真正大规模的工业。没有工业，便没有巩固的国防，便没有人民的福利，便没有国家的富强。”①

辛亥革命时期的资产阶级革命派，从自己的切身经验中深切地体会到，要想实现经济的发展、社会的进步、国家的富强、民族的振兴，首先必须集中全力推翻已经成为“洋人的朝廷”的清朝政权，埋葬封建帝制，求得民族的独立，争取政治的民主。他们清醒地认识到，自己所从事的革命正是为走向现代化创造必要的政治前提。

但是，革命派强烈地感觉到，民富国强这一美好愿望的实现，在现实生活中受到两个方面的严重阻碍：一个是帝国主义列强对中国的侵凌欺压，再一个是封建专制主义对人民的钳制束缚。

关于前者，孙中山早在1895年所写的《香港兴中会章程》中就大声呼喊：“方今强邻环列，虎视鹰瞵，久垂涎我中华五金之富、物产之繁。蚕食鲸吞，已效尤于踵接；瓜分豆剖，实堪虑于目前。呜呼危哉!”② 有些人曾一针见血地揭露，当时世界上的“帝国主义”实质上是一种“强盗主义”，不仅在政治上使一些弱小国家的人民“自由败灭”，而且通过经济的扩张，对别国进行肆无忌惮的掠夺。

资产阶级革命派没有明确地将反对帝国主义写进自己的政治纲领，这自然反映了革命派的某种弱点。但我们丝毫也不应该怀疑，为了国家的富强和民族的振兴，革命派有着争取民族独立、维护国家主权的强烈要求。

关于后一方面，孙中山也是在《香港兴中会章程》中对清朝政府的黑暗统治进行了有力地控诉：“政治不修，纲维败坏，朝廷则鬻爵卖官，公行贿赂；官府则剥民刮地，暴过虎狼。盗贼横行，饥馑交集，哀鸿遍野，民不聊生。呜呼惨哉!”③ 在革命派后来声势强劲的政治宣传中，揭露清朝封建君主专制制度的内容占据了最重要的部分。尤其令人注意的是，革命派突出地强调这个独裁的、腐败的、野蛮的专制政权，扼杀了国家民族的生机，堵塞了经济上、政治上、军事上和文化上走向现代化的任何通道，因此，不推翻这个政府，仅仅靠舍本逐末的新政或补苴罅漏的变法，是无济于事的。

---

① 《毛泽东选集》，2版，第3卷，1080页。

②③ 《孙中山全集》，第1卷，21页。

事情就是这样。既然民族独立地位的丧失，国家主权的备受侵凌，把中华民族逼到了生死存亡的危急关头；既然封建专制政治的统治，剥夺了人民生存与发展的权利，成为阻碍中国走向现代化的巨大障壁，志士仁人便不得不把主要精力投入到争取国家独立和民族解放的斗争中去。但遗憾的是，将近一个世纪前革命派壮怀激烈的行动，似乎并没有得到研究者的普遍认同，以至今日还有人认为辛亥革命是对生产力和经济发展的破坏，是对中国现代化进程的中断，它“耗尽了”“民族生命能量”，“带给中国很深的灾难”。这种看法，显然缺乏起码的公平和公正。

辛亥革命为现代化的继续前行开辟了道路

辛亥革命的风暴摧毁了统治中国几千年君主专制制度的殿堂，当资产阶级革命派梦寐以求的中华民国诞生在神州大地的时候，革命派显然过于乐观地估计了这场革命的政治成果。革命派以为，中国走向现代化的政治障碍已经扫除，现在可以一心一意地从事“产业革命”，进行“实业建设”了。孙中山兴高采烈地说：“今专制业已推翻，破坏之局已终，建设之局伊始。”① 又说：“今日满清退位、中华民国成立，民族、民权两主义俱达到，唯有民生主义尚未着手，今后吾人所当致力的即在此事。”② 实现民生主义最切实的举措，就是发展实业。孙中山对此满怀信心，指出：“今日共和告成，措施自由，产业勃兴，盖可预卜。”③ 这样的认识自然有不切实际的一面，但却十分有力地证明了，上述所说革命派的革命初衷是为了现代化、“破坏”是为了“建设”，是完全真诚的。

残酷的现实很快使革命派从陶醉中清醒过来。当中华民国的大总统袁世凯抛弃信誓旦旦“忠于共和”的承诺、公开复辟帝制的时

① 《孙中山全集》，第2卷，406页。
② 同上书，319页。
③ 同上书，322页。

候，革命派立即意识到，旧势力虽然受到了打击，但却远远没有被彻底清除。和平建设的道路还无法走通。为了国家的富强和民族的振兴，革命派依然不能放下革命的武器。

确实，辛亥革命未能改变中国的社会性质和人民的悲惨境遇，所以革命派并没有为现代化的发展创造良好的政治条件和社会环境。为了争取到这样的条件和环境，中国人民不得不前赴后继地高举革命的旗帜，进行长期的、难以想象的艰苦斗争。但是，绝不能因此而低估辛亥革命对于中国现代化的促进作用。辛亥革命为中国的进步打开了闸门，成为现代化进程历史链条中不可或缺的重要环节。

辛亥革命最直接的结果同时也是它对中国现代化发展最大的贡献是，它通过暴力革命的方式，一举推翻了统治中国两千余年之久并已日趋腐朽的封建君主专制制度。这是一个伟大的创举，意义十分重大。它不仅铲除了中国封建势力最顽固的堡垒，宣告了封建君主专制统治时代的结束，而且迈出了中国的政治从专制向民主转化的重要一步，为中国政治现代化开创了一个新的阶段。

辛亥革命对现代化发展的作用，还表现在对经济现代化的政治推动上。人们在讨论现代化问题的时候，往往把眼光局限于单纯经济的范围；在观察经济现代化的时候，又往往只重视具体的经济活动，而相对忽视经济政策对经济活动的巨大影响。实际上，经济政策对具体经济活动或者促进或者阻碍的作用，对一个社会的发展往往具有决定性的意义。近代著名的实业家张謇，对此就有深刻的切身体会。他认为，中国近代经济发展缓慢的一个重要原因就是缺少相关的政策法律支持。辛亥革命后，资产阶级革命派对发展社会生产力表现了极大的热情。革命派人士利用执掌政权的短暂时间，制定了若干维护资本主义发展的政策方针，努力为经济现代化提供强有力的法律保障。当然，对这方面不能估计过高，但其影响却是深远的。无论从规模、范围上还是从影响上，民国初年的经济发展都大大超过了晚清几十年的总和，这无疑是辛亥革命推动中国经济现代化的一个无可争辩的事实。

辛亥革命在摧毁封建君主专制制度、推动社会经济发展的同时，也极大地冲击了传统的意识形态，使得当时的人们在思想观念上产生了一系列深刻的变化，由此推动了中国现代化进程向一个更高的层次发展。辛亥革命时期，革命派特别重视两个问题：一是“国魂”的熔铸，再一是国民性的塑造。所谓“国魂”，实际上指的是民族精神和民族凝聚力。所谓“国民”，就是享有民权、自由、平等的地位与具有完全的权利和义务的公民。除此之外，革命派在思想意识方面，还涉及广阔的领域，如：反对文言文，提倡白话文；提倡科学，反对迷信；提倡妇女解放，主张移风易俗；等等。这些主张，都对当时社会的发展产生了深远的影响。正如许多研究者指出的，五四新文化运动所提出的种种问题，几乎在辛亥革命时期都已被提出来了。

思想的启蒙和观念的现代化，这是所有国家从传统向现代转换过程中必经的阶段和必需的基础。特别对中国这样一个具有几千年封建历史的国家来说，把长期束缚于封建主义精神枷锁中的人们解放出来，并使其实现思想意识的现代化，更是国家走向现代化的必不可少的前提。我们切不可低估辛亥革命在这方面的历史功绩。

世纪更迭随想*

当人们忙于对新的世纪进行展望和预测的时候，我却愿意更多地谈论一下如何客观地看待刚刚逝去的20世纪这段历史的问题。这一方面大概是出于史学工作者的职业习惯，另一方面也是因为如江泽民同志在纪念中国共产党成立七十五周年座谈会上所说的："一个民族如果忘记了自己的历史，就不可能深刻地了解现在和正确地走向未来。"

第一，把20世纪放到中华文明的历史长河中加以审视，我们可以发现，没有哪一个历史时段像这个世纪一样，使中国社会出现如此迅猛的发展和如此深刻的变化。

社会发展、变迁的丰富内容，渗透在经济、政治、文化、人们的精神面貌以及社会生活的各个方面，不是几句话可以说得完的。为了提供一点对比的素材，我们不妨回顾一下上个世纪之交的情形。

一百年以前的此时此刻，我们的祖国是一种什么样的情景呢？那时，一场下层群众自发掀起的、虽然声势浩大但精神武器和物质武器都十分原始落后的反帝爱国斗争正在被残酷地镇压下去。帝国主义组织的八国联军，对清王朝的首都北京以及天津和华北广大地区实行野蛮的军事占领。在占领区，侵略军肆意烧杀抢掠，无数无辜的生命惨遭屠戮。掌握着最高统治权的慈禧太后，置百姓与社稷于不顾，带领着因为梦想实行政治改革而被剥夺了一切权力的光绪皇帝及文武大臣，仓皇地逃到了西安。被清王朝派作议和大臣的李鸿章、奕劻等人，在谈判桌上听凭列强要挟恫吓，予取予求。在这种情况下，进入20世纪九个月后，终于被迫签订了丧权辱国的《辛

---

* 载《当代思潮》，2001年第1期。

丑条约》。这个条约，是帝国主义强加在中国人民身上的又一副沉重枷锁，超过10亿两白银的巨额赔款、对一系列国家主权的严重破坏，使中国进一步向半殖民地的深渊沉沦。

难怪当时关心祖国命运和民族前途的志士仁人，普遍提出了这样的问题：在新的世纪即20世纪，具有古老文明的中华民族，会不会随着19世纪的逝去而消亡？中国能不能以及怎样才能“长存于二十世纪新世界”？

当我们今天告别20世纪的时候，我们终于可以自豪地告慰先辈和先烈们，中国不仅“长存于二十世纪新世界”，而且正以百倍的信心和坚实的步伐阔步迈进21世纪，努力去实现中华民族的伟大复兴。

江泽民同志在十五大报告中指出：“从一九〇〇年八国联军占领北京，中华民族蒙受巨大屈辱，国家濒临灭亡边缘，到二〇〇〇年中国在社会主义基础上进入小康，大踏步走向繁荣富强，是中国发生翻天覆地变化的一百年。”我想，这是对20世纪历史的简明而准确的概括。

第二，民族独立地位的丧失，国家主权的备受侵凌，是阻碍中国走向现代化的最大障壁。想要挽救民族的危亡、拆除民族振兴的壁垒、打开社会前进的通道、实现国家的繁荣富强，首先必须开展反对帝国主义侵略和控制的顽强的斗争。正因为这样，20世纪的上半期，志士仁人把最主要的精力投入到了争取国家独立和民族解放的运动中。事实上，这个斗争在19世纪下半叶就已经开始了。

对这个问题，大家的认识远不是完全一致的。拿前面提到的义和团运动来说，有人就认为，以近乎赤手空拳的义和团去对抗用军舰、洋枪、大炮武装起来的侵略军，无异于以卵击石，不仅自不量力，而且愚蠢无比，只能落一个自取败亡的命运。就其结果而言，只是使列强更加穷凶极恶地对中国宰割掠夺，进一步加深了民族危机。义和团以前的其他反抗外国侵略的斗争也是一样。因此，有人就指责抵抗者是“寐于时势”，“逞一时之勇”而“误国殃民”；有人甚至公开提倡，面对列强的侵略，应该实行“孙子战略”，并且特意说明，这里所说的“孙子”，不是“孙子兵法”的那个“孙子”，而是儿子、孙子的“孙子”。这种说法，表面上看起来似乎不无道理，但实际上很难经得起认真推敲。如果世界上的弱小民族，面对力量强大的侵略者的欺压侵凌，只准俯首帖耳，逆来顺受，听凭人家予取予求，那么恐怕世界上早已成为少数几个霸权主义国家的一统天下了。事实上，古今中外的历史上，弱小的国家、弱小的民族，在爱国主义和民族精神的激励下，团结抗争，以小胜大、以弱胜强的事例屡见不鲜。对于义和团，历史学家可以而且应该分析其（以及当时整个社会环境和社会条件）在反抗侵略方面存在着哪些先天不足和后天失误，但却无权嘲弄与指责其反侵略斗争的合理性和正义性。要知道，中外历史上一切被压迫和被损害的群众，从来不是在已经完全具备了压倒反动势力的实力和必胜的把握后才开始抗争的，他们只能在经历不断的失败中提高自己的觉悟、扩大自己的队伍、增强自己的力量，从而最终战胜反动势力。所谓“孙子战略”，其实不过是“顺民哲学”。实际上，在整个20世纪，不断有人提倡和鼓吹过这种哲学，只是生活和历史终究没有选择它而已。

第三，20世纪的前半期，志士仁人除了从事反对帝国主义的英勇斗争之外，还前赴后继地开展了反对本国反动统治的革命运动。从埋葬清王朝的封建君主专制主义，到反对北洋军阀以至推翻蒋家王朝的封建法西斯政权，中国人民为此付出了惨重的代价，但也取得了辉煌的成果。这一切，连同前面所说的反帝斗争，构成了20世纪前半期历史发展的主旋律。

究竟如何看待革命在20世纪历史发展中的地位和作用，似乎也成了需要重新讨论的问题。有些人显然对革命耿耿于怀。有人说，天安门广场的人民英雄纪念碑，是“压在心头的一座坟”；有人说，“用革命的名义杀人是非常可怕的”，“我们中国近百年的现代历史就变成了一部不断地杀人，轮回地杀人的历史”；更有人说，“如果要对20世纪中国进行反省”，应该进行的第一个“根本性的反省”，就是革命革糟了，“20世纪的革命方式确实带给中国很深的灾难”，革命容易使人“发疯发狂”，“革命方式”有很多弊端，产生了很多后遗症，“包括它给社会带来的各种破坏”，“老是革命，整个民族的生命能量就在革命中耗尽了”。

抽象地、脱离具体历史环境地讨论革命是好还是坏，是对还是错，容易陷入概念的争论，不是研究问题的科学态度。谴责革命的人，往往以为革命是由少数人倡导或煽动起来的，革命家制造了一种“革命崇拜”，于是很多人也就把革命当圣物，以革命为时尚。其实，古今中外的任何一次革命都不是人为制造的结果。只有在统治者不能照旧统治下去，人民群众也不能照旧生活下去的时候，革命才会发生。作为上层建筑最重要的部分的政权，虽然由经济基础所决定，但对经济和社会的发展也起着或者促进或者阻碍的重大反作用。当某个时候政权成为经济发展和社会前进的严重障碍时，推翻这个反动政权便成为历史的要求。也正是在这种情况下，革命成了历史发展的火车头。革命是为经济发展和社会进步扫清障碍，创造必要的前提。把革命仅仅看作对生产力的破坏，看作对经济发展的中断，是片面的，是不符合实际的。它的片面性就在于，没有把革命放到历史的长河中去考察、去分析。中国人民并不是特别青睐革命，迷恋革命，革命是为了国家的发展和民族的振兴而必须做出的不容回避的选择。

我想，20 世纪的全部历史，已经对革命的作用做出了最为明确、最有权威的回答。

第四，如果说 20 世纪的前半期主要解决民族独立和人民解放的任务，那么，随着中华人民共和国的诞生，社会主义制度的初步确立，中国人民就获得了集中精力致力于实现国家繁荣富强和人民共同富裕的客观条件。就建设社会主义而言，20 世纪可以说是探索的世纪。事实上，从 1840 年鸦片战争开始，各种政治力量、各个政治派别，就围绕着中国应该走什么道路进行了艰难而执着的探索。毛泽东同志在《论人民民主专政》中对中国共产党成立以前先进的中国人探索救国真理的过程做过生动而准确的描述，并且归纳说：走社会主义道路，“这就是结论”。中国共产党成立之后，一直到中华人民共和国诞生之后，对中国发展道路的探索也并未结束，只是后来的探索已集中在怎样根据中国的国情来建设社会主义这个问题上。在波澜壮阔的实践中，积累了许多成功的经验和失败的教训，我们终于找到了一条建设有中国特色社会主义的道路，正是因为找到了这条道路，所以我们在面向新世纪的时候才如此充满自信，如此步伐坚定。

对于新世纪中国的经济发展，国内外各方人士包括各种不同政治态度的人在内，似乎都抱着颇为乐观的估计。历史本来就是一个延绵不绝的发展过程。从历史发展的趋势来看，20世纪准备好的政治、经济、思想、文化、社会等各种条件，为新世纪中华民族的伟大复兴奠定了坚实的基础，中国的经济会有一个很大的增长，这是不成问题的。需要我们特别注意的是：这种经济的增长将要付出什么样的和多大的代价？我们要尽量避免付出社会矛盾极度尖锐、道德水平普遍滑坡、消极腐败现象肆意泛滥等沉重的代价。因为正如小平同志所说的，“要说有风险，这是最大的风险”①。在这方面，思想理论界可以而且应该做出自己的贡献。

---

① 《邓小平文选》，第3卷，156页。

《中国公民道德礼仪读本》序*

社会文明既包括物质文明也包括精神文明。物质文明和精神文明是人类社会实践的两种相互联系的伟大成果，是社会生产和社会生活的两个密切的组成部分。缺少任何一个方面，社会都是畸形的，不可能健康地向前发展。这是一般而论。特殊地说，我们正在建设有中国特色社会主义，社会主义社会是全面发展、全面进步的社会。社会主义现代化事业是物质文明和精神文明协调发展、相辅相成的事业。正如江泽民同志在党的十五大报告中指出的："只有经济、政治、文化协调发展，只有两个文明都搞好，才是有中国特色社会主义。"

社会主义精神文明建设的内容主要包括两个方面：一个是思想道德建设，一个是科学文化建设。社会主义思想道德是集中体现精神文明建设的性质和方向的，所以，思想道德建设有着它的特殊重要性。

中国素以礼仪之邦、文明古国著称于世，一直有着崇尚道德教化的优良传统。孔子强调"为政以德"；孟子认为只有"以德服人"，才能使人"心悦而诚服"；管子提出"礼义廉耻，国之四维；四维不张，国乃灭亡"。尽管他们所讲的是国家、政治等，无不有着特定的时代内容和阶级内容，但他们突出道德在社会生活中的重要作用，无疑是完全正确的。可惜的是，在一个时期内，重视道德的优良传统受到了一定的削弱，道德建设在人们的观念上受到了相当程度的忽视或者轻视。首先是受到"左"的思想的干扰，其认为政治是决定一切的，只要政治方向对头了，什么问题就都解决了，道德不过

* 载《烟台师范学院学报》（哲学社会科学版），2001年第1期。

是“小节”，不值得给予特别的关注；传统道德只是一堆糟粕，没有任何可以批判继承的内容，必须加以全盘的否定。进入改革开放和社会主义现代化建设的历史新时期之后，有的人又从一个极端跳到另一个极端，认为：既然经济建设是我们的中心，那么就不应该再强调思想道德的问题；只要经济发展了，人民的文明程度和道德水平自然而然就会提高；而且，我们现在搞的是社会主义市场经济，市场经济的实质就是用物质利益调动人的积极性，强调道德建设，是不是又回到“重义轻利”的旧观念去了？以上两种看法，出发点和立论的根据是完全不同甚至完全相反的，但却存在着两个共同的谬误：一是把道德看作没有独立内涵和自身规律、完全依附于别的方面（政治或经济）的从属物；另一是都没有看到良好的道德风尚对于政治清明、经济发展、社会进步所起的重大的积极作用，或者反过来，如果社会的道德水准发生普遍滑坡，将对政治、经济以及社会生活产生严重的腐蚀和破坏作用。

集中精力进行社会主义现代化建设，搞社会主义市场经济，究竟是可以忽视道德建设，还是应该更加重视道德建设？在实践中正确回答这个问题，将在很大程度上决定新的世纪我国社会各个方面的面貌。邓小平同志是非常重视这个问题的。他曾经指出：“实行开放政策必然会带来一些坏的东西，影响我们的人民。要说有风险，这是最大的风险。”① 在谈到赶超亚洲“四小龙”时，他又说：“不仅经济要上去，社会秩序、社会风气也要搞好，两个文明建设都要超过他们，这才是有中国特色的社会主义。”② 我们应该把社会秩序管得比新加坡更好。“共产党能够消灭丑恶的东西”③。江泽民同志在党的十四届六中全会闭幕式的讲话中特别分析了在建立社会主义市场经济条件下加强思想道德建设的重要性，他指出：建立社会主义市场经济体制，“有利于进一步解放和发展社会生产力，为经济建设和社会发展注入强大的活力，也有利于促进社会主义精神文明建

---

① 《邓小平文选》，第3卷，156页。

② 同上书，378页。

③ 同上书，379页。

设达到新的水平。同时要看到，市场的缺陷和消极因素也会反映到人们的思想意识和人与人的关系上来，容易诱发拜金主义、享乐主义和个人主义”。因此，我们党才把在坚持经济建设为中心的前提下如何做好两手抓，在建立社会主义市场经济体制和扩大对外开放的条件下如何搞好精神文明建设，看作我们面临的历史性课题。

由龙口市委和烟台师范学院部分专家共同编写的这本《中国公民道德礼仪读本》，可以说是积极面对这一历史性课题的有益努力。从内容来说，这本书具有以下两个特点：一是理论性和实践性的统一，一是先进性要求和广泛性要求的统一。这两个特点之所以值得称道，是因为它们同道德建设的客观规律相符合。社会主义道德不会自发产生，也不是从天上掉下来的。它必须靠教育，靠提倡，而这首先就需要对有关道德的性质、历史、内容、作用以及道德建设的目标、任务、方法、途径等做出理论的说明。同时，道德本质上来说是一种社会实践，是处理人与人、人与社会、人与自然之间关系的行为规范，因此，社会主义道德建设除了教育、提倡之外，更重要的是社会生活的实际养成。本书既注意了理论的阐发，又有很强的可操作性。另外，道德不是脱离历史发展的抽象概念，而是经济基础的反映。社会主义道德既不能脱离社会主义初级阶段的客观现实，又要看到社会主义是向共产主义高级阶段前进的历史运动，要把崇高的共产主义道德作为先进分子的行为准则，同时要从实际出发，鼓励先进，照顾多数，把先进性的要求同广泛性的要求结合起来。本书既专门讨论了“共产主义的道德境界”，又详细说明了“社会主义道德规范”，更用了将近一半的篇幅讨论了作为社会道德最基础内容的礼仪问题。这就使得社会主义道德建设既有切实具体的入手之处，又有崇高而远大的长远目标。

在新的世纪刚刚来临之际，本书的出版，一定会对社会主义精神文明的建设，特别是对社会主义的道德建设，产生广泛而积极的作用。

八国联军侵华百周年断想*

一个世纪以前发生的义和团运动，是我国底层群众自发掀起的反帝爱国斗争。当时这个运动在很短的时期内，像狂飙一样，席卷了华北大地，不仅震动了中国，而且震惊了世界。如果拿今天人们的认识水平来衡量，义和团在当时的所作所为，无疑有不少可訾议之处。运动的发动者和参加者，不论在精神上还是在物质上，都缺乏先进的武器。指导他们行动的是掺杂着浓厚迷信色彩的朴素的爱国主义思想，而手中执持着用来对抗洋枪大炮的不过是原始的大刀长矛。他们既对帝国主义侵略本质缺乏理性的认识，也无力识破封建顽固势力的愚弄和出卖。这样的运动当然无法避免失败的悲惨命运。

帝国主义以镇压义和团为借口，再一次对中国发动了野蛮的武装侵略。由八个国家组成的十余万侵略联军，攻陷了北京、天津，在中国大地上烧杀抢掠，作威作福，并且强迫腐朽的清朝政府签订了近代以来丧权辱国最严重的不平等条约《辛丑条约》。中国人民正是在血与火的洗礼中送走19世纪，跨入20世纪的门槛的。

毫无疑问，义和团运动这样一幕失败了的悲壮历史剧，留给了我们极为丰富深刻的经验教训；帝国主义带给我们民族的深重苦难，也是我们绝不应该须臾忘记的。

有一段时间，我们对义和团运动进行人为的拔高，讳言这个运动确实存在的种种历史局限性，这当然是片面的，无助于解释历史的真实。但我们也注意到，最近一段时间，对义和团运动的研究比较沉寂，有的文章脱离历史事件的客观环境和条件，以今天能够和

---

* 载《理论与现代化》，2001年第1期。

应该做到的去要求历史人物，不敢理直气壮地肯定这场运动的正义性和确实起过的历史作用，甚至一味地以嘲弄和责难的口吻评述义和团运动。我以为这也是严肃的学术态度所不取的。

我想，出现这种现象，也是不奇怪的。有的同志可能觉得，在现在的环境下，如何客观地评价义和团运动，有些话似乎不太好说。现在不是要改革开放吗？不是要讲吸取一切人类文明成果吗？义和团主张的是笼统排外主义，拒绝和反对一切西方的精神文明甚至物质文明，如果肯定义和团，岂不是同改革开放的基本方针相矛盾，会不会损害改革开放的现行政策？不是讲经济全球化已经成为不可抗拒的趋势和潮流，世界已经变成小小的"地球村"了吗？在这种情况下，还有没有必要重新揭开过去的民族创痛，时时诉说几十年、百余年前列强的侵略罪行和民族苦难呢？过去不是有人写文章，说"爱国主义"是用来对抗改革开放的"精神武器"吗？这样一些思想影响，很可能是这一段时间义和团运动的研究显得相对冷清的原因。

其实，用这样的方法去对待历史同现实的关系是一种过于简单化的办法。或者说，现在某种贬低义和团运动的倾向，同过去对义和团运动的人为拔高一样，在具体结论上也许正好相反，但在方法论上来说其实是相通的。那就是把历史和现实做机械的类比，都把历史研究当作注释现行政策的工具。

判断与评价历史人物和历史事件的是非功过，不能离开历史活动的具体环境和条件，不能离开当时社会需要解决的时代主题。那么，19世纪末叶，时代主题究竟是什么呢？江泽民同志在十五大报告中指出："鸦片战争后，中国成为半殖民地半封建国家。中华民族面对着两大历史任务：一个是求得民族独立和人民解放；一个是实现国家繁荣富强和和人民共同富裕。前一任务是为后一任务扫清障碍，创造必要的前提。"实现这两大历史任务，就正是贯穿于整个近代社会的时代主题。

就这个意义来说，义和团运动作为反对民族压迫、争取民族独立的自发斗争，毫无疑问应该被给予积极的肯定。义和团群众从切身感受中直觉地意识到，列强的侵略是中国一切"混乱扰攘"的根源，并响亮地喊出“最恨合约，误国殃民”，揭示了不平等条约给中华民族带来的严重灾难。应该说，在这个问题上，他们的态度较之几乎同时的维新派，要更加鲜明一些。但是，在抵抗侵略与学习西方的关系问题上，义和团则要比维新派落后得多。二者都从爱国主义出发，维新派的信条是：要救国，只有维新；要维新，只有学外国。义和团则认为：既然列强是欺压中国的凶恶敌人，那么它们的一切，包括精神文明和物质文明，都是不可接受的甚至是应该加以反对的。义和团的这种认识，根源于小生产者的狭隘眼光，当然是完全错误的，也并非近代中国关于中西文化关系的主导意识。我们在肯定义和团反侵略斗争正义性的时候，绝不是要把其笼统排外主义一起加以肯定；相反，倒是应该认真地从中总结和吸取历史的经验教训，避免重犯前人犯过的错误。这样做，只会有利于今天的改革开放。毕竟，错误和挫折也是宝贵的历史财富。

有的人认为，以近乎赤手空拳的义和团去对抗用军舰、洋枪、大炮武装起来的侵略军队，无异于以卵击石，不仅不自量力，而且愚蠢无比，只能落一个自取败亡的命运。就其结果而言，只是列强更加穷凶极恶地对中国宰割掠夺，进一步加深了民族危机。这种看法似乎言之成理，但却很难经得起推敲。如果世界上的弱小民族，面对力量强大的侵略者的欺压侵凌，只是俯首帖耳，逆来顺受，听任人家予取予求，恐怕世界上早已成为少数几个霸权主义国家的一统天下了。事实上，古今中外的历史上，弱小的国家、弱小的民族，在爱国主义和民族精神的鼓励下，团结抗争，以小胜大、以弱胜强的事例屡见不鲜。对于义和团，历史学家可以而且应该分析其（以及当时整个社会环境和社会条件）在反侵略方面存在着哪些先天不足和后天失误，但却无权嘲弄与指责其反侵略斗争的合理性和正义性；否则，就真变成了“顺民哲学”或有的人津津乐道的所谓“孙子哲学”了。

义和团运动的失败，当然是一个无可否认的事实。但简单地以成败论英雄，以成败论是非，显然是一种过于肤浅也过于陈旧的历史观点。19世纪的最后10年，中国发生了三件大事：一是甲午战争，中国被日本打败，清政府苦心经营的北洋水师全军覆没，最后被迫签订了丧权辱国的《马关条约》；二是戊戌变法，光绪皇帝支持康有为、梁启超等维新人士推行政治改革，但在以慈禧太后为首的守旧势力镇压下惨遭夭折，谭嗣同等六君子血洒刑场，改革的一线生机被痛心地扼杀；三就是义和团运动，如前所述，由于当时的主客观条件，这个运动最终悲惨地断送在八国联军的罪恶炮火之下。这三个历史事件，内容不同，性质不同，社会影响各异，但它们之间有三个共同点：一是都以失败而告终；二是每一次事件过后，民族危机都进一步加深；三是与此相伴，民族觉醒程度进一步提高，救亡意识进一步增强。恩格斯说过一句话非常深刻和耐人寻味的话："没有哪一次巨大的历史灾难不是以历史的进步为补偿的。"① 义和团运动失败，是中国人民在反帝斗争中遭受到的一次巨大的历史灾难；同时，它沉重打击了帝国主义和封建统治，成为中国人民在新的世纪里走向新的更高形式的斗争的一个必经阶梯，也是中华民族民主革命取得最后胜利的奠基石之一。这就是历史的辩证法。

我们强调不应该忘记发生在上个世纪之交的八国联军带给中华民族的那一场历史性灾难，当然不是为了重新煽动民族仇恨，鼓吹狭隘报复心理，而是为了通过对历史的认知，更加深刻地了解现在和正确地走向未来。邓小平同志说："我是一个中国人，懂得外国侵略中国的历史。当我听到西方七国首脑会议决定要制裁中国，马上就联想到一九〇〇年八国联军侵略中国的历史。七国中除加拿大外，其他六国再加上沙俄和奥地利就是当年组织联军的八个国家。要懂得些中国历史，这是中国发展的一个精神动力。"② 一个民族、一个国家，如果没有自己的精神支柱，就等于没有灵魂，就会失去凝聚力和生命力。目前，我们正在聚精会神地致力于实现祖国的现代化，实现中华民族的全面振兴。促使我们万众一心地面对各种挑战、战胜各种困难的精神动力，就是一种伟大的民族精神。

江泽民同志指出，民族精神和民族凝聚力是综合国力的一个组

---

① 《马克思恩格斯全集》，第 39 卷，149 页，北京，人民出版社，1974。

② 《邓小平文选》，第 3 卷，357～358 页。

成部分。民族精神正是在中华民族漫长的历史进程中产生和发展起来的。江泽民同志说："中华民族有着自己的伟大民族精神。这个民族精神，积千年之精华，博大精深，根深蒂固，是中华民族生命机体中不可分割的重要成分。中华民族在五千年的发展中，历经磨难而信念愈坚，饱尝艰辛而斗志更强，开发建设了祖国的大好河山，创造了灿烂的中华文明，为人类文明进步作出了不可磨灭的贡献。"① 人们在更加具体地了解了中华民族自强不息、百折不挠的发展历程，了解了我国各族人民对人类文明的卓越贡献，特别是了解了近代以来中国人民反抗外来侵略和压迫，争取民族独立、人民解放和国家繁荣富强的可歌可泣的伟大业绩后，必定会对今天更加热爱，对明天更加充满信心。

全部中国近代历史告诉我们，民族独立地位的丧失，国家主权的备受侵凌，是阻碍中国走向近代化的最大障壁。正因为这样，才能够理解为什么近代中国的民族精英总是把主要的精力投入到争取国家独立和民族解放的斗争中。在这个斗争中，中国人民经历了由自发到自觉、由低级到高级、有感性到理性的发展过程，直到20世纪中叶，终于推翻了帝国主义、封建主义、官僚资本主义三座大山，取得了新民主主义革命的伟大胜利。中华人民共和国建立后，国家被"瓜分豆剖""蚕食鲸吞"的现实危险已不复存在；但是，捍卫国家主权、维护民族尊严的斗争，却并未有须臾的止息，而且，在世界"大同"真正到来之前，还仍将是一个恒久的神圣使命。

八国联军的侵略与义和团运动的失败还告诉我们，仅仅依靠所谓的"民气"，而没有发达的经济和先进的科技做后盾，没有稳定清明的政治环境为条件，也难以有效地抵抗贪婪成性的侵略者。这就要求我们更加振奋精神，艰苦奋斗，积极推进经济体制和政治体制的改革，促进经济的迅速发展和社会的全面进步，把我国建成富强、民主、文明的社会主义国家，实现中华民族的伟大复兴。

江泽民同志在十五大报告中总结即将过去的20世纪历史时指

---

① 江泽民：《在全国抗洪抢险总结表彰大会上的讲话》，载《人民日报》，1998年9月29日。

出："从一九〇〇年八国联军占领北京，中华民族蒙受巨大屈辱，国家濒临灭亡边缘，到二〇〇〇年中国在社会主义基础上进入小康，大踏步走向繁荣富强，是中国发生翻天覆地变化的一百年。"从 20 世纪历史的百年巨变中，我们更清晰地看到了即将来临的新世纪的美好前景。

“求真”才能“致用”*

作为人文社会科学重要组成部分的历史学，是一门具有重大社会功能的学科。我们的先哲们早就强调，“以史为鉴，可以知兴替”；史学应该“考论得失，穷尽变通，所以裁成义类，惩恶劝善，多识前古，贻鉴将来”。到了现代，马克思主义政党的领袖们，更是对历史学在鉴古知今、资政育人、促进社会发展和文明进步方面的作用，做了极其充分、极其透彻的论述。毛泽东同志曾把具有丰富的历史知识同掌握革命理论、有着对于实际运动的深刻了解一起，列为“指导一个伟大的革命运动的政党”① 取得胜利的三个必要条件。邓小平同志认为：“要懂得些中国历史，这是中国发展的一个精神动力。”② 江泽民同志则多次指出：“今天的中国是历史的中国的发展，作为当代中国的领导干部，如果不了解中国的历史，特别是中国的近代史、现代史和我们党的历史，就不可能认识和把握中国社会发展的客观规律，继承和发扬我们党在长期斗争中形成的光荣传统，也就不能胜任领导建设有中国特色社会主义的职责。”“一个民族如果忘记了自己的历史，就不可能深刻地了解现在和正确地走向未来。”③

历史学确实是一门“经世致用”之学，在这一点上，并没有什么太多的分歧与争论。但是，怎样才能最大限度地发挥和实现历史学的社会功能，则似乎还有进一步讨论的必要。

---

* 载《史学月刊》，2001年第4期。

① 《毛泽东选集》，2版，第2卷，533页。

② 《邓小平文选》，第3卷，358页。

③ 江泽民：《努力建设高素质的干部队伍——在纪念中国共产党成立七十五周年座谈会上的讲话》，载《人民论坛》，1996年第7期。

由于"文化大革命"期间"影射史学"猖獗一时，以及这种通过歪曲和伪造历史以服务于反动政治的做法对社会生活和学术本身造成的极为恶劣的影响，有的同志在拨乱反正的时候，不免矫枉过正，喊出了"还是要为历史而研究历史"的呼声，并且在自己的学术实践中，尽量将研究的内容离开政治、离开现实生活更远一点。这种现象无疑是存在的。但也有一些同志认为，既然学术同政治无法截然分开，大部分社会科学既有真理性，又有意识形态性，那么，史学只有首先服务于政治、服从于形势，才能充分发挥它的社会功能。明确阐述这种主张的虽然并不多见，但是在史学论著中，为了所谓"紧跟形势"而对史料和史实任意剪裁、随意曲解和牵强比附的作品，却能不时看到，这说明其影响还是不可低估的。

上面两种主张，观点是截然相反的，但却有一个共同之点，那就是都有意无意地把历史学的科学性同实用性、把对历史真实的揭示同史学社会功能的发挥割裂开来，甚至对立起来。

其实，对于马克思主义的历史学来说，二者是完全统一的。"求真"才能"致用"。把握历史真实愈深刻，历史学的知识功能、借鉴功能和指导功能发挥得就愈充分。马克思主义的历史学之所以有用，之所以能给人以深刻的启迪，就是因为它敢于面对历史的真实，从客观历史进程中提炼和总结出于今天有益的经验教训。

为了说明这一点，我们可以对历史学的社会功能做一点具体的分析。

概括地说，历史学的社会功能大致包括这样四个方面：(1) 揭示社会发展规律；(2) 借鉴历史经验教训；(3) 继承优秀传统文化；(4) 涵养中华民族精神。

我们常常把"社会发展规律"看得很抽象，甚至很神秘，其实，它是非常具体、非常实际的东西。它无非指社会发展的道路和方向，指时代的潮流。孙中山曾说："世界潮流，浩浩荡荡，顺之者昌，逆之者亡。"大到一个政党、一种政治力量，小到每一个人，如果违背了历史规律，逆时代潮流而动，那么不但一事无成，而且还可能遭受各种挫折，甚至身败名裂。中国共产党从诞生之日起，就努力探索和掌握社会发展规律，并按照这个客观规律确定自己的奋斗目标和斗争的战略策略。当革命者对于社会发展规律的认识从朦胧走向清晰、从感性走向理性时，党也就逐渐从幼稚走向成熟，并领导全国人民取得了民主革命与社会主义革命和建设的伟大胜利。在这个过程中，某些历史时期对国情和形势的分析以及路线政策的确定背离了社会发展规律，也曾给我们的事业造成了或大或小的损失。可见，在掌握社会发展规律的问题上，任何对历史真实的曲解，对国情的错误判断，都是有害无益的。对于个人来讲，也是如此。缺乏对于历史的真实了解，就很难看清时代的潮流，也就谈不上确立正确的世界观和人生观。邓小平同志讲过，青年人不了解中国近代半殖民地半封建社会，在帝国主义、封建主义和后来发展起来的官僚资本主义的压迫下，经历过何等悲惨和贫穷落后的境地，也就不容易深刻理解“中国除了走社会主义道路没有别的道路可走”的道理，正是基于这一点，他特别强调“我们要用历史教育青年，教育人民”①。

古人常常把历史比作一面镜子，面对镜子可以整衣冠，借鉴历史可以明是非。确实，社会的进退得失，政治的兴衰治乱，人物的善恶美丑，无不在漫长的岁月中，通过一幕幕悲壮慷慨或哀怨凄戚的历史活剧，一个个叱咤风云或默默无闻的历史人物，给人们展示出无比丰富深刻的历史警示。只要我们能够用历史唯物主义的观点去分析、总结历史上的重大经验教训，我们就可以从历史这面镜子中看出许多是非曲直，增长许多聪明才智。历史固然是不可重演的，但人类历史发展有着继承性和延续性。许多问题仍有其一贯和相通的地方，社会历史现象在特定条件下常常会以惊人相似的形式和面貌反复出现，这就说明借鉴历史经验教训具有何等重要的意义。不过，我们也能经常看到，某些历史人物，站在独夫的立场上，用错误的观点和方法，去总结所谓的历史经验和教训，在他们的镜子里反映的是颠倒了的历史，因此他们得出的经验教训不可避免地是是

① 《邓小平文选》，第3卷，206页。

非不分、黑白颠倒、美丑易位、善恶混淆的。他们嘲弄了历史，最终也不免被历史所抛弃。从借鉴历史经验教训的角度说，也必须坚持对历史真实的尊重。

中国是一个具有悠久历史和优秀文化的文明古国。中华民族是一个具有优良传统和独创精神、善于吸收人类社会进步中一切文明成果的伟大民族。中国的传统历史文化，是我们拥有的最宝贵的资源和财富，是取之不尽、用之不竭的珍贵历史遗产。正如毛泽东同志指出的：“我们这个民族有数千年的历史，有它的特点，有它的许多珍贵品。对于这些，我们还是小学生。今天的中国是历史的中国的一个发展；我们是马克思主义的历史主义者，我们不应当割断历史。从孔夫子到孙中山，我们应当给以总结，承继这一份珍贵的遗产。这对于指导当前的伟大的运动，是有重要的帮助的。”① 今天，我们在努力实现中华民族伟大复兴的宏伟事业中，在建设社会主义物质文明的同时建设社会主义的精神文明，就需要立足中国现实，继承历史文化优秀传统，汲取外国文化的有益成果。离开了当前波澜壮阔的有中国特色社会主义的伟大实践，文化的发展固然会成为无本之木；割断了与长期积累而成的中国传统文化的历史联系，社会主义新文化的发展也会成为无源之水。当然，中国传统文化，是建筑在古代旧政治和旧经济的基础之上的，有一个历史发展的过程。必然既有精华，也有糟粕。我们既不能像民族虚无主义者那样，对传统文化采取一概否定、全面抛弃的态度，妄自菲薄，数典忘祖；也不能像文化复古主义者那样，对传统文化采取一概肯定、顶礼膜拜的态度，颂古非今，言必称三代。正确的态度还是批判地继承，剔除其封建性的糟粕，吸收其民主性的精华。这种批判地继承，绝不是对传统文化随意地涂抹和改造，而是通过科学的分析、尊重历史的辩证法的发展，还历史以本来面目。

让人们更多地了解历史，懂得历史，可以极大地增强国家发展的精神动力。一个民族、一个国家，如果没有自己的精神支柱，就

---

① 《毛泽东选集》，2版，第2卷，533～534页。

等于没有灵魂，就会失去凝聚力和生命力。民族精神和民族凝聚力是综合国力的重要组成部分，有没有高昂的民族精神，是衡量一个国家综合国力强弱的重要尺度。民族精神，是在中华民族漫长的历史进程中产生和发展起来的。江泽民同志说："中华民族有着自己的伟大民族精神。这个民族精神，积千年之精华，博大精深，根深蒂固，是中华民族生命机体中不可分割的重要成分。中华民族在五千年的发展中，历经磨难而信念愈坚，饱尝艰辛而斗志更强，开发建设了祖国的大好河山，创造了灿烂的中华文明，为人类文明进步作出了不可磨灭的贡献。"① 在历史发展进程中涵养而成的民族精神，必定会在对历史的更深刻的认知中得到进一步的弘扬。在我国历史上，曾经产生过那么多杰出的革命家、改革家、政治家、思想家、科学家、文艺家、教育家、军事家，真可以说是群星灿烂，光耀夺目。曾经有那么多的志士仁人，为了建设和发展祖国，促进社会进步，创建中华文明，特别是近代以来，为了反对外来侵略和压迫，反抗腐朽统治，争取民族独立和人民解放，进行了那样百折不挠、前赴后继的英勇斗争，真可以说是惊心动魄，可歌可泣。历史学家义不容辞的责任就是，努力再现这些真实的历史，使之成为能够震撼人心的生动教材。

从上面的分析可以看出，要充分发挥历史学的社会功能，不论从哪一方面来说，都首先要尊重历史的真实，努力探索历史的真实，着力把握历史的真实。任何对历史真实的损害（更不用说对历史的有意曲解甚至伪造了），都必定会败坏历史学的声誉，哪里还谈得到发挥历史学的社会功能呢？

我国的历史学有许多优良的传统，其中有两点值得特别说一说。一是前面提到的，有"经世致用"的传统，历史学家十分重视史学著作能够"关国家盛衰，系生民休戚"。梁启超曾说："吾人做新历史而无新目的，大可以不作。历史要去研究，而且要常常研究，就是不断地予以新意义和新价值，以供吾人活动的资鉴。""现代人很

---

① 江泽民：《在全国抗洪抢险总结表彰大会上的讲话》，载《人民日报》，1998年9月29日。

喜欢唱‘为学问而学问’的高调，其实‘学以致用’四个字，也不能看轻。为什么要看历史？希望自己，得点东西；为什么作历史？希望读者，得点益处。学问是拿来用的，不单是为学问而学问而已。”① 另一就是“求真”的传统，重视历史的真实性，强调历史著作必须“秉笔直书”，史学家为了如实记录历史真相，甚至不惜牺牲宝贵的生命。以往的封建统治者为了维护一己的和一个阶级的私利，常常要掩盖历史，歪曲历史，伪造历史。但这种行径，从来都为正直的、严肃的史学家所鄙弃，所不齿。我以为，我国史学的这个优良传统，是马克思主义历史学应该很好继承和发扬的。

① 梁启超：《历史研究法》第一讲，载《清华周刊》，第384期。

树立“育人为本”思想　加强和改进德育工作*

新形势对德育工作提出的新挑战

江泽民同志在《关于教育问题的谈话》中充分肯定了中华人民共和国成立以来教育事业的巨大发展，其中也包括德育教育工作的巨大成就。同时，他也根据现实生活中发生的某些触目惊心的事实，尖锐地指出了德育工作中存在的不足和问题。这些不足和问题，很大程度上可以归结为我们的工作同客观形势的“不相适应”。在1999年召开的全教会上，江泽民同志讲了这样一段话：“必须看到，面对当前国际国内的新形势，我们的教育思想、教育体制和结构、教育内容和方法，同社会主义现代化建设发展的需要不相适应的矛盾已经和正在日益暴露出来。”因此，要研究如何加强、改进德育工作，首先要研究国际国内形势有哪些新的发展、新的形势对德育提出了哪些新的要求。

在当今世界，大家谈论最多的一个问题自然是正在发展的经济全球化趋势。政治家、学者以及各方人士，对经济全球化的性质、内容和它可能产生的影响，在认识上存在着许多分歧甚至尖锐的对立。最近一个时期，国际上正在出现一个反对由西方主导的经济全球化负面影响的浪潮。作为一个难以避免的客观历史进程，不管你喜欢还是不喜欢、赞成还是不赞成，经济全球化的趋向毕竟是个客观存在。我们只能面对现实，从容应对。尽管大家的认识很不一致，

---

* 载《北京高等教育》，2001年第4、5期。

但对于发展中国家来说，许多人都看到了经济全球化是一把双刃剑。一方面，它为发展中国家提供了一个实现跨越式发展的契机，通过进入经济全球化过程，努力分享经济增长的利益，吸取发达国家的先进技术和先进经验，改造、优化本国的资源配置，最大限度地提高自己的经济效益。另一方面，经济全球化毕竟是由西方发达国家主导的，发达国家是经济全球化的最大受益者，发展中国家很难从经济全球化中平等受益。发达国家凭借它们的各种优势，很可能把经济全球化变成一个由经济和军事强国在经济、政治和文化方面控制弱国的进程。这样，国际经济关系中的不平衡和不平等现象将大大加剧，富国和穷国的差距将进一步扩大，一些国家甚至会因主权受到侵害而失去独立性。西方有些人赤裸裸地声称，经济全球化就是“西方化”。这样的形势，对我们的教育，对我们人才培养的模式和规格，自然提出了全新的要求。我们应该培养既有熟练的专业知识，能够理解、通晓、驾驭经济全球化进程，又有清醒的政治头脑，能够自觉地维护国家利益、国家主权和国家安全的高层次、高素质人才。德育应为达到这样的目标而改进工作。

进入新的世纪，我们看到的是一个科技进步日新月异、知识经济初见端倪的新世界。学术界对今后的时代能不能称为“知识经济时代”存在着不同的看法，但无论如何，在新世纪，经济的发展和社会的进步将更多地依赖于或取决于知识的增长与科学技术的进步则是不容置疑的。在这样的情况下，一个民族、一个国家，如果跟不上知识经济和高新科学技术迅猛发展的步伐，那么它就将被飞速变化的时代抛在后面。这就极大地增加了培养具有创新精神和创新能力的科学技术人才的压力。应该特别强调的是，这样的创造性人才，不仅科学技术水平要能跟上世界的前沿，而且思想品德方面的要求也是很高的。这是因为，科学技术是人发明的，也应该是为了人的。科学技术应该而且必须以人为本。然而，自然科学和技术本身是中性的，它不能也不可能回答“为什么要发展技术”“如何运用技术”“技术发展的目的是什么”等价值判断问题。这些问题的正确解答，很大程度上要看掌握科技的人是否具有正确的世界观、人生观和价值观。从这个意义上来说，培养出来的科技人才思想品德素质的高低决定着我国科技发展的方向。这也是德育工作必须加强的一个不可忽视的原因。

当前，我国正处于承前启后、继往开来的关键时刻，改革进入攻坚阶段。通过 20 世纪特别是其最后 20 年的努力，奠定了实现中华民族伟大复兴的坚实基础，但一切发展都不能脱离社会主义初级阶段的客观实际。这样的特定历史条件，使我们的社会生活呈现出两个鲜明的特点。一是社会的发展与变化极其迅猛，极其深刻。因此，各种各样的矛盾冲突就异常错综复杂，各种各样的思想观念激荡撞击就异常尖锐剧烈。先进与落后、正确与谬误、文明与愚昧、崇高与卑劣、美好与丑恶，交错迭出，常常使人目眩神迷。二是社会生活的多样化。从经济成分的多样化，到利益主体的多样化、社会生活方式的多样化、社会组织形式的多样化，一直到思想观念和意识形态的多样化，要在如此五光十色的世界中健康地成长，不迷失方向，不犹豫彷徨，能够顺乎时代的潮流，坚定前进的航向，需要有极高的鉴别力和判断力，而它的根基就是科学的世界观、人生观和价值观。在这方面，德育担负着义不容辞的责任。

作为教育工作者，我们会发现，社会生活的某些发展和前进，对于德育工作，常常产生双重的影响。既为德育工作提供了更加有利的条件，创造了更加良好的环境，起到了推动德育的积极作用，同时也会带来某些不利的因素，增加德育工作的复杂性和难度，如果掉以轻心或者处理不当，就有可能对青少年的健康成长产生消极影响。例如，随着科技革命的开展，信息网络化的发展十分迅速，特别是刚刚过去的 10 年，可以说是全球信息网络化的大发展时期。信息网络的迅速发展，对政治、经济、军事、科技、文化、社会等各个领域都产生了深刻影响，当然也必定对人的思想观念产生重大影响。从积极的方面来说，由于网络为思想文化的传播提供了更便捷的渠道，大大地扩大了人们的生活视野，增加了人们能够获取的信息量，开阔了人们的眼界，活跃了人们的思维。但是，网上传播的信息，往往庞杂混乱，泥沙俱下，大量虚假的、错误的、迷信的、色情的甚至反动的内容，也不可避免地会对缺乏辨识能力的青少年造成毒害。又如，我们正在建立和完善社会主义市场经济体制，这不仅有利于进一步解放和发展社会生产力，为经济建设和社会发展注入强大的活力，有利于促进社会主义精神文明建设达到新的水平。在社会主义市场经济体制下，容易激发人们的创造精神、竞争意识和进取精神，为人的个性发展提供良好的环境。但是，正如江泽民同志在党的十四届六中全会闭幕式的讲话中所说：“同时要看到，市场的缺陷和消极因素也会反映到人们的思想意识和人与人的关系上来，容易诱发拜金主义、享乐主义和个人主义。”对于这一类问题，我们不能视而不见，更不能因噎废食，只能因势利导，趋利避害，用清醒的思考和积极的行动去探索德育的新课题。

在讨论加强与改进德育教育的重要性和必要性的时候，我们不能不提到最近中央提出的“以德治国”的方略问题。我们党在十五大明确而完整地提出了“依法治国，建设社会主义法治国家”的治国方略。在进入新世纪的重要时刻，江泽民同志提出了“以德治国”的问题，并在 2001 年年初召开的全国宣传部长会议上强调“在建设有中国特色社会主义，发展社会主义市场经济的过程中，要坚持不懈地加强社会主义法治建设，依法治国，同时也要坚持不懈地加强社会主义道德建设，以德治国”。并且指出：“对一个国家的治理来说，法制与德治，从来都是相辅相成、相互促进的。二者缺一不可，也不可偏废。”这是马列主义、毛泽东思想、邓小平理论的重要发展，是对建设有中国特色社会主义客观规律认识的新的飞跃。道德和法律，都是社会主义经济基础的上层建筑，都是为巩固和发展社会主义制度服务的。二者都是维护社会秩序、规范人们思想和行为的重要手段。法律的特点是强制性，法治是一种他律，以其权威性和强制手段规范社会成员的行为。道德的特点是建筑在自觉的基础上，是一种自律，德治以其说服力和劝导力提高社会成员的思想认识与道德觉悟。把德治同法治并提，共同作为我们的治国方略，就是把道德建设，把全民族道德素质的提高，放到了更加根本的位置上。毫无疑问，这对作为未来社会中坚力量的青年学生的道德素质，提出了更高要求。我们的德育工作就应该在更高的水平上满足这种要求。

德育与素质教育

我们正在全面推进素质教育，这是新世纪教育工作的战略重点，也是教育改革与发展的基本方向。因此，讨论教育工作的改进和加强，必须放在实施素质教育的大前提下来进行，必须首先弄清楚加强德育同全面推进素质教育的关系。

德育与素质教育的关系，需要着重明确以下三点：第一，思想政治素质是学生综合素质中最重要的素质；第二，应该始终坚持把学校德育工作摆在素质教育的首位；第三，教育是一个系统工程，这既指教育的外部关系也指教育的内部关系。从教育内部来说，学生的各种素质不是相互割裂而是相互影响的，因此，德育、智育、体育、美育要互相促进，相得益彰。要把德育工作渗透到教育的各个环节中。

素质教育已经谈了几年，但不能说对素质教育的认识和理解都很充分、很深刻，大家的看法非常一致了。事实上，对素质教育还存在着各种不同的理解，存在着不少的分歧。《中共中央、国务院关于深化教育改革全面推进素质教育的决定》中明确指出："实施素质教育，就是全面贯彻党的教育方针，以提高国民素质为根本宗旨，以培养学生的创新精神和实践能力为重点，造就'有理想、有道德、有文化、有纪律'的、德智体美等全面发展的社会主义事业建设者和接班人。"确立这样一种全新的教育理念，需要有教育思想的根本转变。这涉及对教育的根本看法问题。教育的宗旨和目的，仅仅是传播知识，还是塑造适应现代社会的全面发展的人呢？毫无疑问，传播知识是教育的重要职能之一，其所以重要，是因为掌握一定的知识是一个"完全之人物"必须具备的条件。但是，正像王国维在《教育的宗旨》中所说的："然有知识而无道德，则无以得一生之福祉，而保社会之安宁，未得为完全之人物也”；“古今中外之哲人无不以道德为重于知识者，故古今中外之教育无不以道德为中心点”。王国维的这段话，是将近一个世纪前讲的，他所说的知识、道德，其内容与今天的自然有很大的不同，但他强调教育应该把道德作为中心点，如果没有高尚的道德情操就不能成为“完全之人物”，则直到今天仍有它的现实意义。江泽民同志把学生素质、国民素质概括地分成两类：科学文化素质和思想政治素质。他在第三次全国教育工作会议上指出：“要说素质，思想政治素质是最重要的素质。不断增强学生和群众的爱国主义、集体主义、社会主义思想，是素质教育的灵魂。”思想政治素质之所以是最重要的素质，是因为这对决定一个人的人生态度、人生道路、发展方向具有根本性的意义。一个人如果没有正确的理想信念，没有正确的世界观、人生观、价值观，忽视了思想政治教育的人格培养，就会在观察和处理问题、选择人生道路等方面产生很大的片面性，而这种片面性往往会影响人的一生。

既然思想政治素质是最重要的素质，那么，坚持把德育工作摆在素质教育的首位也就是客观之必需，是不言而喻的事情了。事实上，重视思想政治教育，重视德育工作，是社会主义教育的优良传统，也是我们的一个重要政治优势。它不但不排斥智育，反而会促进智育。邓小平同志早就说过：“毫无疑问，学校应该永远把坚定正确的政治方向放在第一位。但这并不是说要把大量的课时用于思想政治教育。学生把坚定正确的政治方向放在第一位，这不仅不排斥学习科学文化，相反，政治觉悟越是高，为革命学习科学文化就应该越加自觉，越加刻苦。”① 遗憾的是，客观条件的某些变化，以及有些同志没能正确地对待这个变化，以至德育首位的观念受到一定的冲击，重视德育的优良传统受到一定的削弱。在现实生活中，各级各类学校领导的精力很难更多地顾及德育工作；重智育、轻德育的“一手硬一手软”现象还相当普遍地存在；特别是形式主义的弊

---

① 《邓小平文选》，2版，第2卷，104页。

端，极大地损害了德育工作的针对性和实效性，败坏了德育的声誉。所以，邓小平同志曾沉痛地把“对青年的政治思想教育抓得不够”总结为“我们的最大失误”①。江泽民同志在《关于教育问题的谈话》中也严肃地批评了“一些学校和地方，对学生的知识教育和学校的设施建设抓得比较紧，而对学生的思想品德、纪律法制教育，对学生在校外活动的情况，抓得比较松”的现象。当然，这些问题的产生，有各种复杂的原因，既有认识问题，又有实际问题；既有体制的原因，又有工作的原因。简单地批评和指责某些人，既有失公允，也不能轻易地解决问题。但是，这些问题必须得到认真而切实的改进，否则，全面推进素质教育就只是一句空话。

实施素质教育，应当贯穿于从幼儿园到大学的各级各类教育。同时，各级各类学校对素质教育，又应当有不同的内容和重点。我在高等学校工作，只能着重谈一点大学生素质教育中各种素质的关系问题。

如果分得细一点，大学生的素质，主要是六个方面：思想政治素质、道德素质、心理素质、文化素质、专业素质、身体素质。

大学生已经成年，应该也可能通过课堂学习和社会实践，逐步树立正确的理想信念，树立正确的世界观、人生观、价值观。曾经有人鼓吹青年人要少谈理想信念，提出所谓“远离理想，回避崇高”。认为谈理想是假、大、空，是对人的个性的束缚甚至扼杀。这当然是完全错误的。事实上，不管你承认还是不承认，每个人都有一个自己的人生设计，这种设计也就是一种人生理想。所以，根本就不存在要不要理想的问题，只存在你的理想正确还是不正确、符合时代潮流还是不符合时代潮流、崇高还是卑琐等的问题。教育工作者的任务，就是给青年以耐心细致的引导，使他们能够做出正确的选择。

道德素质和思想政治素质，既有联系，又有区别。所谓道德，无非就是规范人与人、人与社会、人与自然关系的行为准则。道德

① 《邓小平文选》，第3卷，287页。

素质的核心问题是，要懂得尊重他人，尊重集体，尊重社会。一个极端利己主义者，是不可能有高尚的情操的。一个人如果没有一点对国家、对民族、对社会、对人民、对父老乡亲的眷恋之情和历史责任感，就必定会心胸狭窄，鼠目寸光，反过来又会限制甚至扼杀自己聪明才智的发挥。

提高心理素质是一个大问题。现在的青少年，大多是独生子女，从小比较娇生惯养。独生子女并不一定不好，但确实有一个共同的弱点，就是心理承受能力差，比较脆弱，碰到一点小的挫折，甚至只是小不如意，就不知所措，有时甚至会做出某些极端行为来。但不管怎样，人的一生不可能永远一帆风顺，总要遇到各种困难，面对各种挑战，参与激烈的竞争。所以，养成一种能从容应对和适应各种环境的本领，实在是高素质人才的必要条件。

文化素质，这里主要是指大学生的人文素养、艺术素养和科学素养。有一种误解，以为大学生的文化素养自然而然是很高的，其实未必。有的大学生只顾埋头学自己的专业，别的一概不闻不问，结果照样文化素质很低。对祖国和世界的优秀文化遗产知之甚少，缺乏欣赏能力，甚至写封信也错别字连篇，对基本的科学常识也很少了解。这种情况，要养成创造性思维是很困难的。这几年，大家把提高文化素质作为素质教育的切入点，取得了很好的效果。实际上，在人文知识中，凝聚了大量杰出历史人物的精辟思想和美好情操，学习这些，对陶冶性情、涵养品德也是大有益处的。

大学教育仍然是一种专业教育，因此，具有良好的专业素质，自然是衡量人才质量的重要标准。这里要强调的是，大学里所学的专业知识，毕竟是有限的。科学的发展突飞猛进，日新月异，任何一个社会成员都必须树立终身受教育的观念。在大学里，不但要学好专业课程，更重要的是要学会继续学习的能力，培养学术上的创新精神和创造能力，这才是一辈子受用的事情。

最后是身体素质。身体素质之所以重要，不仅因为健康体魄是为祖国为人民服务的基本条件，是中华民族旺盛生命力的体现，而且体育中那种追求卓越、追求突破、勇于竞争、顽强拼搏的精神，同样对人的品格培养会起到十分积极的作用。

可见，这六种素质，并不是互相分割、互不关联的，它们相互促进、相互影响，处理得好，就可以在素质教育中构成一种良性循环。

正确处理德育工作的几个关系

加强和改进德育工作，须要正确处理好几个方面的关系。

继承和创新的关系。不论是德育的内容，还是德育工作的方法，都有一个继承和创新的问题。前面说过，我们是有重视德育的优良传统的，过去的德育工作也是取得了巨大成就的，这一点应该明确肯定。把过去的德育工作说得一无是处，一概否定，既不符合实际，对今后的工作也无好处。但是，必须清醒地看到，过去的德育工作确实存在着许多不足和问题，形势的新发展又对德育工作提出了很高的新的要求，如果没有德育观念的新的转变和德育工作的创新，就会影响科教兴国战略的实施，拖社会主义现代化建设的后腿。因此，需要对以往的德育工作，从内容到方法进行系统的深入的总结，提炼出某些规律性的东西来。同时，找出不足，明确新的任务，从观念到实践进行新的研究和探索。这是一个艰巨的也是长期的任务，不是写一两篇文章和开一两次会议就能轻易解决的。

教师主导作用和学生自主性的关系。在教育工作中，教师处于主导地位，在德育工作中也是一样。邓小平同志强调教师是“人类灵魂工程师”，江泽民同志指出“教师是学生增长知识和思想进步的导师”。这固然是对教师职业崇高地位的肯定，同时也突出了教师在塑造学生高尚灵魂、促进学生思想进步方面的神圣责任。不过，教师的主导地位，绝不能变成包办代替，必须充分尊重学生的自主性和独立选择的权利。这是因为，思想的问题、观念的问题，不经过受教育主体本人的思考、辨别、认同，是不能真正发生作用的。更何况，现在的社会环境、学习环境、家庭环境，已极大地增强了学生的自主性，如果我们一味采用单向灌输、硬性要求的办法，不但达不到好的效果，而且容易产生逆反心理。只有通过教师和学生之间相互学习、相互切磋、相互启发、相互激励，发现和开发蕴藏在学生身上的潜在的创造性品质，才能够引导学生健康成长。

严和爱的关系。热爱学生，是一个合格教师的最基本的品德。没有爱就没有教育。这里所说的爱，是指对学生未来的殷切期望，对学生独立人格的尊重，对学生成长过程中苦乐悲欢的分享和理解。但是，有的教师却把爱理解为放任，把热爱学生同对学生的严格要求对立起来，不分是非，不讲原则。对学生中存在的一些不良现象，采取“大事化小，小事化了”的态度，结果是打击了正气，纵容了歪风。江泽民同志在《关于教育问题的谈话》中说：“学校和学生中一定要发扬正气，绝不能让歪风邪气抬头。对学生中发生的不良行为，要加强思想教育；对违法行为，一定要依法严肃处理，千万不能姑息养奸。”所以，一定要把爱和严统一起来。爱是出发点，严是手段，严格管理要建筑在热爱学生的基础上。这样，才能够真正做到“严师出高徒”。

认知和实践的关系。一个人思想政治素质的提高，归根到底，要建筑在自觉的基础上。如果对于马列主义、毛泽东思想、邓小平理论没有基本的理解，如果对于我们所处的时代和我国的国情知之甚少，如果对于当前社会发展的道路和方向若明若暗，那么就很难自发地产生这种自觉性。因此，学习、了解包括适当的灌输，都是必要的。但是，德育的本质是实践的。思想品德的提高，根本要靠社会实践。先哲早就说过：“行为德之基也。基，始也。德自行而进也，不行则德何由积？”① 离开了社会实践，不通过社会生活的实际养成，思想道德的建设就无从谈起。加强实践环节是提高德育工作针对性和实效性的重要措施。

校内教育和校外教育的关系。党和政府一贯强调，全社会都要关心和支持教育事业。事实上，青少年学生的成长，除了学校教育

---

① 《陆九渊集》卷三十四《语录上》。

以外，家庭教育和社会教育同样具有难以估量的影响。如果不是全社会共同努力营造文明健康的学习环境和育人环境，仅靠学校加强德育，不说无济于事，至少也是事倍功半。令人担忧的是，追求金钱而不惜毒害青少年身心健康的种种活动和产品在社会上大肆泛滥，宣传武打、凶杀、迷信、色情等内容的书籍、杂志、电影、电视、光盘等充斥市场，政府虽然为解决这些问题做了一定的努力，但总的来说是软弱无力，成效不大。我们迫切希望，要从国家民族未来的高度，从关系到一代人健康成长的高度，对那些丑恶的东西，对那些毒害青少年的东西，坚决取缔，坚决打击。

新世纪人文、社会科学面临的三重挑战*

人文、社会科学是有中国特色社会主义文化的核心组成部分，也是社会主义精神文明的核心组成部分。党的十五大曾经特地指出：社会主义的文化和社会主义精神文明，二者就其主要内容来说，是一致的；文化相对于经济、政治而言，精神文明相对于物质文明而言。

文化也好，精神也好，都是一定社会的政治和经济在观念形态上的反映。要讨论人文、社会科学在新世纪的发展走向，当然离不开讨论新世纪特别是可以预见到的未来，例如21世纪的上半个世纪，中国的以及世界的政治和经济，将有哪些重大的发展变化，将会形成一种什么样的格局。正是从这个意义上说，我觉得我国的人文、社会科学，面临着以下三个方面的挑战：

一是面临着实现中华民族伟大复兴的这一光荣而艰巨任务的挑战；

二是面临着知识经济到来的挑战；

三是面临着经济全球化进程的挑战。

下面我分别就这三个方面说一点自己的看法，作为大家进一步讨论的参考。

一

江泽民同志《在庆祝清华大学建校九十周年大会上的讲话》中

---

* 载《高校理论战线》，2001年第10期。

指出："到本世纪中叶，我们要基本实现社会主义现代化，实现中华民族的伟大复兴。离开科学教育事业的发展，离开全民族科学文化水平的提高，这一光荣而艰巨的任务是不可能完成的。"这句话很短，但内容很丰富，结论是非常令人鼓舞的，但作为过程来说，我们可以从中体味到一个人文、社会科学工作者肩负的重大责任和面临的严峻挑战。

为了基本实现社会主义现代化，为了实现中华民族的伟大复兴，人文、社会科学有一个发展的任务，有一个改造的任务，有一个充分发挥能动作用，实现人文、社会科学的社会功能，促进经济、政治、社会发展的任务。

社会文明既包括物质文明也包括精神文明。物质文明与精神文明，是人类社会实践的两种相互联系的伟大成果，是社会生产和社会生活的两个密切相关的组成部分。缺少任何一个方面，社会都是畸形的，不可能健康地向前发展。我们常说，发展是硬道理。这里所说的发展，是全面的发展，包括经济的发展、政治的发展、社会的发展、文化的发展，也包括人文、社会科学事业的发展。人文、社会科学是人类认识世界、改造世界和完善自身的锐利思想武器，是推动历史发展、社会进步和人类文明的强大精神力量。社会主义现代化应该有发达的经济、发达的自然科学，也应该有繁荣的人文、社会科学。人文、社会科学的发展水平和繁荣程度，是一个民族综合素质和文化力量的重要体现。那么，今天的人文、社会科学，是不是已经十分发达、十分繁荣了呢？当然不能这样说。邓小平同志在 1979 年 3 月的一次讲话中指出："我们已经承认自然科学比外国落后了，现在也应该承认社会科学的研究工作（就可比的方面说）比外国落后了。我们的水平很低，好多年连统计数字都没有，这样的情况当然使认真的社会科学的研究遇到极大的困难。因此，我们的思想理论工作者必须下定决心，急起直追，一定要深入专业，深入实际，调查研究，知彼知己，力戒空谈。"① 20 多年过去了，情况

① 《邓小平文选》，2 版，第 2 卷，181 页。

当然有了变化，人文、社会科学得到了重要的发展和进步。但我们没有任何理由自满自足，与世界先进水平相比，我们的差距仍然不小。人们常常有一种奇怪的心态，对于科学技术的相对落后，往往看得很重，有很强的危机意识和紧迫感，但对人文、社会科学的差距，却淡然置之，觉得很多是不可比的，有点差距也无伤大体。其实，这恰恰是从另外一面对人文、社会科学的轻视。我们党并不是这样来看待问题的。十五大报告指出："面对科学技术迅猛发展和综合国力剧烈竞争，面对世界范围各种思想文化相互激荡，面对小康社会人民群众日益增长的文化需求，全党必须从社会主义事业兴旺发达和民族振兴的高度，充分认识文化建设的重要性和紧迫性。"

前面说了，到21世纪中叶，要基本实现社会主义现代化。这个现代化，并不仅仅指经济的发展水平，而应该包括经济的现代化、政治的现代化、文化的现代化、人的现代化特别是人的思想观念的现代化。经济的现代化，是有很明确的目标的：国民生产总值多少，主要产品的人均产量多少，人均收入要达到多少，工业化的程度和城市化的程度怎样，人们的生活水平和生活质量怎样，等等。但文化的现代化，尤其是人的思想观念的现代化，就很难用具体的数字、具体的指标来衡量了。那么，我们可不可以对文化的现代化提出一点设想，设计几条宏观一点的标准呢？在文化现代化的条件下，对人文、社会科学的面貌做一点描绘呢？我以为还是可以的。我们可不可以提出这样几点，作为人文、社会科学向着文化现代化建设的奋斗目标：

一是有一个良好的文化环境和学术环境，真正能做到在坚持指导思想一元化的前提下，坚持二为方向（为人民服务，为社会主义服务）和双百方针（百花齐放，百家争鸣），社会上尊重知识和尊重人才蔚然成风，学术界不同学术观点、不同学派之间能够相互切磋，相互争鸣。

二是真正做到既立足当代又继承发扬民族优秀文化传统，既立足本国又充分吸收世界文化优秀成果。以贯通古今的宽广眼界和海纳百川的博大胸怀，积极借鉴人类创造的一切文明成果，博采众长，择善而从。通过这样的途径，促进人文、社会科学的发展和繁荣。

三是人文、社会科学既要积极反映我国现代化的客观进程，反映中华民族伟大复兴的宏伟大业，又要能动地促进经济、政治的现代化，特别是在人的美好灵魂和完美人格的塑造上，在锻造中华民族伟大民族精神方面，做出自己的积极贡献。要做到这一点，就必须把大胆探索的勇气和科学求实的精神结合起来，以我国改革开放和现代化建设的实际问题、以我们正在做的事情为中心，着眼于马克思主义理论的运用，着眼于对实际问题的理论思考，着眼于新的实践和新的发展。学术文化的发展，当然重在建设，但对于妨碍现代化建设的腐朽思想和陈腐观念，对于那些反科学的歪理邪说，也绝不能放下战斗的武器。

四是我国的人文、社会科学要努力赶上并在有些领域超过世界发展水平，在吸收世界文明成果的同时，让中华文明在世界上有更多的发言权、更大的影响力。像历史上曾经有过的那样，对世界的发展做出更大的贡献。

将近一个世纪以前，关于文化的发展，鲁迅在《文化偏至论》中说过一句非常简明又非常深刻的话："外之既不后于世界之思潮，内之乃弗失固有之血脉。"鲁迅的这句话，抓住了文化的两个最重要的特性：一个是时代性，一个是民族性。所谓时代性，就是说应该跟得上时代的潮流；所谓民族性，就是要始终保持中国的特色。文化的这两个特性，任何一个受到损害，都会妨碍有中国特色社会主义的文化建设。我们还可以回过头去看一看历史。20世纪，随着社会生活各个方面的迅速发展和深刻变化，作为上层建筑的文化也有着巨大的发展和进步。但同时，我们也有过深刻的教训。我们在文化建设上最大的教训就是，我们曾不断地交替发生或同时发生对古今中外的文化采取要么全部肯定要么全部否定的绝对化错误倾向。这些错误思潮，大体有四种情况：一是文化上的民族虚无主义，从20世纪初的无政府主义思潮，一直到20世纪80年代以《河殇》为代表的那一套；二是文化复古主义，从20世纪20年代的国粹派到近来"只有东方文化才能拯救人类"的观点；三是殖民文化心理，从陈序经、胡适的“全盘西化论”到20世纪80年代所谓“自由化精英”的新“全盘西化论”；四是文化排外论，从清末的封建顽固派到义和团。可以说，一个世纪以来，或此起彼伏，或同声相应，几乎没有消停过，给文化发展带来了很大的消极影响。我们应该从历史中学得聪明一点了。

毛泽东同志在《新民主主义论》中提出了建设民族的、科学的、大众的新民主主义文化的命题，党的十五大把这个命题移用到当代，提出了建设民族的、科学的、大众的社会主义新文化的任务。我想，这是一个十分明确的任务、一个十分科学的概念，也是一个十分艰巨的奋斗目标。

二

第二个挑战是来自知识经济的挑战。进入新的世纪，我们看到的是一个科技进步日新月异、知识经济初见端倪的世界。学术界对今后的时代能不能称之为“知识经济时代”存在着不同的看法，但无论如何，在新的世纪，经济的发展和社会的前进将更多地依赖于或取决于知识的增长与科学技术的进步，这是不容置疑的。在这样的情况下，一个民族、一个国家，如果跟不上知识经济和高新技术迅猛发展的时代，那么它就将被飞速变化的时代抛在后面。那么，在这样的形势下，人文、社会科学的地位和命运又是怎样呢？

关于这个问题，我只想强调三点。

首先，一个健康的、合理的、文明的社会，必须是科学精神和人文精神相互渗透、相互促进、相互依存和共同高扬的社会。人文精神包含着科学的内容，而科学精神中最不可缺少的因素就是人文关怀。科学精神和人文精神，有共同点，也有不同点，而不同点不应是相互对立、相互否定，而应是互相渗透、互相补充、互相促进、互相影响的关系。科学技术是人发明的，也应该是为人服务的，科学技术应该而且必须以人为本。在社会主义条件下，科学技术的发展是为广大人民群众服务的，它不是人的异化和对人的否定，而是人的创造力的展示，是人的社会本质、自由、尊严、价值的进一步确证。

总的来说，人类完整的知识体系是由两大部分组成的：一种是关于自然对象和现象的知识，即自然科学；一种是关于人类社会、人的活动和人的思维的知识，即人文、社会科学。这两种知识相互影响，相互促进，如“车之两轮，鸟之两翼”，缺一不可。

知识经济的到来，预示着人类社会的又一次深刻变革。在这个变革中，科学技术将起到愈来愈大的作用，作为第一生产力的科学技术在社会生活中的影响也会更加突出地表现出来。但是，知识经济并不简单地等同于技术经济，知识经济的发展也不能简单地等同于技术的进步。知识应当是自然科学知识和人文、社会科学知识的有机总和。现代知识经济的发展虽然以技术的进步为基本特征，但它必须以人文、社会科学的进步为基础。只有这样，一个社会才能通过人文、社会科学在社会启蒙、社会设计和社会结合等方面的作用，有效地为技术创新提供永续的动力和强大的诱因，为技术与经济的有机融合、技术与社会的和谐整合创造必要的条件。

其次，人文、社会科学对科学技术的发展有着重要的推动作用。关于这个问题，还是用自然科学家自己的话来说最好。美国的著名化学家莱斯特在《化学的历史背景》一书的“序言”中说：“现在一般都承认，科学发现，无论巨细，几乎从来就不是个人自发做出的独创贡献”，而是“涉及科学家所处的社会、经济环境以及他们所接触的哲学思想”。

在清朝中叶以前，中国在自然科学、生产技术及经济发展方面，曾经有长达一千多年的时间处于世界领先水平。人们津津乐道的科学成就“四大发明”，从一个侧面反映了中国古代的科学技术水平。当时，先进的科学技术是与中国具有优良而发达的人文传统分不开的。在20世纪初，德国逐步成为世界科学的中心，许多著名的科学家云集在那里，这在很大程度上也得力于德国辩证法和唯物论哲学的发展，得力于长期形成的尊重知识、尊重科学的传统。

人类发展史表明，任何人类社会的进步都是科技进步和人文、社会科学进步相互协同作用的产物，任何技术进步都无法单独支撑起人类社会进步的大厦。古代如此，今天更是如此。四大文明古国，它们之所以能在鼎盛时期创造出最为辉煌的技术成就，关键就在于它们先进的人文、社会科学孕育了深厚的文化底蕴。工业革命之所以产生在欧洲，这不仅是因为欧洲那时拥有更多、更聪明的科学家和发明家，而且是因为欧洲经历了文艺复兴、启蒙运动这样的社会思想变革。这种变革所孕育的人文精神和资本主义制度体系的设计思想，为欧洲 18 世纪开始的产业革命构建了一个适应技术创新的人文、社会科学平台。

最后，还应该指出一点，人文、社会科学使科学技术更好地造福社会。科学技术是人类进步的强大推动力，它为人类带来文明和幸福。但是，科学技术也有一个如何对待它，用什么思想、态度来利用它，以及用它为什么样的目的服务的问题。

自然科学和技术是一把双刃剑。它掌握在具有不同思想的人的手里，可以产生完全不同的结果。原子能技术既可以用来建立核电站以造福人类，也可以用来制造原子弹以增加核威慑；强大的军事技术既可以成为主权国家安全的必要保障，也可以成为霸权主义者实行强权政治的工具。

自然科学和技术是中性的，它不能解答“为什么要发展技术”“如何运用技术”“技术发展的目的是什么”等价值判断问题。对于诸如此类的问题，人文、社会科学应该义不容辞地予以回答。利用自然科学、技术创新造福人类，依赖于科学技术的价值导向，依赖于人文、社会科学的发展状况及在全社会形成的文明程度。正确的社会价值导向和正确使用技术的社会机制，是技术促进人类进步、提高人类福祉的基本前提。

还必须指出，哲学、思想政治理论，事关国家和社会的制度建设与道德建设，事关国家和社会的发展道路与发展方向。它通过对社会价值体系的理解和阐发，通过对社会知识的创新和传播，通过对社会制度的设计和构建，创造出更加和谐、更加充满活力的社会。

这必然决定着科学技术的研究目的，决定着科学技术实际应用的方向和程度。经济科学与管理科学，则直接参与经济活动，使人们的经济活动更加有组织、更加合理化。越来越多的事实说明：经济科学与管理科学是推动社会经济高速度、高水平发展的有力杠杆，它同样也为科学技术的发展提供了环境和条件的支持。法学、社会学、新闻学等研究如何规范和引导人们之间的各种各样的矛盾，如何维护正常的社会秩序，如何保护人们的正当权益，如何提高人们的精神境界，所有这些，当然会对科学技术的研究和创新产生重大的影响。

在科学技术高速发展的今天，我们不断听到对于“文明病”的指责，以至大家都向往“回归自然”。事实上，“文明病”的产生，并不是文明本身的过错，而是社会在走向文明的过程中人文精神被淡化、被弱化的结果。

从上面的事实中，我们可以清楚地看到人文、社会科学在知识经济中的重要作用。有人说，知识经济必然要把人文、社会科学挤到社会生活的边缘地带，这就是它们应该待的地方。这个看法，不但失之极端和片面，而且同现实生活完全不符。

三

人文、社会科学面临的第三个挑战是经济全球化的挑战。

在当今世界，大家谈论最多的一个问题，自然是正在加速发展的经济全球化趋势。政治家、学者以及各方人士，对经济全球化的性质、内容和它可能产生的影响与后果，在认识上存在着许多的分歧甚至尖锐的对立。最近一个时期，国际上正在出现一个反对西方主导的经济全球化负面影响的浪潮。但是，作为一个难以避免的客观历史进程，不管你愿意还是不愿意，喜欢还是不喜欢，赞成还是不赞成，经济全球化的发展趋向毕竟是个客观存在。我们只能面对现实，从容应对。尽管大家的认识很不一致，但对于发展中国家来说，许多人都看到了经济全球化是一把双刃剑：一方面，它为发展中国家提供了一个实现跨越式发展的契机，通过进入经济全球化的过程，努力分享经济增长的利益，吸取发达国家的先进技术和先进经验，促进本国经济结构的改造，优化本国的资源配置，最大限度地提高自己的经济效益；另一方面，经济全球化毕竟是由西方发达国家主导的，发达国家是经济全球化的最大受益者，发展中国家很难从经济全球化中平等受益，相反，发达国家凭借着它们的各种优势，很可能把经济全球化变成一个由经济和军事强国在经济、政治与文化方面控制弱国的进程，这样，国际经济关系中的不平衡和不平等现象将大大加剧，富国和穷国的差距将进一步扩大，一些国家甚至会因主权受到侵害而失去独立性。

我们这里要着重讨论的是：经济全球化对我国的和世界的文化发展将产生什么样的影响？回答当然是各式各样的。有的人期望并且相信，经济全球化必将带来文化的一体化，如西方的某些政要就公开声称，经济全球化就是“西方化”。也有一些人呼应这种看法，说在经济全球化的条件下，中国要走向现代化，文化上就不能与世界主流文化即西方文化“格格不入”或者“唱反调”。有的人不愿意看到这个结果，但不无根据地担心这种结局的出现，如有的同志就指出，“以经济全球化推动政治全球化和资本主义意识形态全球化，又以政治全球化和资本主义意识形态全球化来保障经济全球化，就是国际资本主义主导经济全球化的全部战略”。说这种担心不无根据，是因为经济同文化确实有着密不可分的关系，而经济和文化的优势又确实被掌握在西方发达国家特别是美国的手里。也有一些同志有另一种看法，认为在经济全球化迅速发展的同时，还有一个国际政治格局的多元化趋势，世界政治不可能由一个超级大国独自主宰，世界文化的发展当然最后也不可能统一到一种模式。

我个人是赞成后一种意见的。在经济全球化的进程中，我们始终不能放松对于文化霸权主义的警惕，坚决反对文化一体化也就是变成西方文化的一统天下。世界文明的高度发展，只能依靠世界各国民族文化的百花齐放、共同繁荣。当然，这中间也包含着各民族文化之间的相互融合和渗透。只要努力，是可以做到这一点的。

这首先是由文化的特性决定的。文化是精神产品，它同物质产品不同。物质产品只要质量好，使用价值高，就可以占有世界市场。使用者并不管至少是不太管是谁生产和在哪里生产的。精神产品就不一样。它必须适合人民的历史传统、文化背景、千百年来养成的风俗习惯。由一种文化模式去主宰、统治全世界，是无论如何也做不到的。所以，蔡元培先生早就说过，世界东西方文明只有相互学习，互补短长，“世界新文明始有焕扬光彩，发育完成之一日”。中国从20世纪20年代开始，叫了那么多年的“全盘西化”（实际的思想则比这个更早），但始终是纸上谈兵，一天都没有真正“化”过，中国贫弱之极的时候尚且如此，难道已经初步强盛了的今天，倒轻轻易易地就“化”过去了不成？

当然，这需要做艰苦的努力。没有危机感，没有紧迫感，是不行的。

一个民族、一个国家，文化上有没有地位，人家看不看得起你，首先取决于经济力量，取决于国家的强弱。中山大学的一位博士研究生，在他的博士论文中写了这样一段话，是讲西方人“中国观”的变化的，我觉得很有意思。文章中说：16—18世纪，欧洲人认为中国是一个幅员辽阔、繁荣富庶、物产丰富、政治清明、拥有最古老优秀的文化、优雅的艺术、先进的美好国家。但到18世纪末、19世纪初，“越来越多的西方人士，对一度被视为‘样板’的中华帝国产生了轻蔑和敌视的态度，以侮辱和谩骂取代了以前的尊敬和颂扬。贫穷而野蛮、落后而停滞、闭塞而傲慢、道德败坏、极度虚弱，再加上腐败的专制主义政治制度，构成了新的但显然是否定性的西方人的中国观”①。

历史的经验教训告诉我们，要使我们的文化在世界上有立足之地、有更多的发言权和更大的影响力，对世界的文化发展与文明进步做出更多的贡献，首先要提高我们国家的综合国力，增强经济实

① 吴义雄：《基督教新教传教士在华南沿海的早期活动研究》。

力，加速社会发展，全面提高民族素质。当然，正如江泽民同志在党的十五大报告中指出的，有中国特色社会主义的文化，本身就是“凝聚和激励全国各族人民的重要力量，是综合国力的重要标志”。

总之，经济全球化加速发展的客观现实，不是减弱而是极大增强了建设有中国特色社会主义文化的紧迫性。人文、社会科学工作者，必须立足于建设有中国特色社会主义的实践，着眼于世界科学、文化发展的前沿，努力体现与弘扬时代精神和创造精神，积极继承和发扬中华民族的优秀文化传统以及人类社会创造的一切先进文明成果。以江泽民同志“三个代表”重要思想为指导，为繁荣人文、社会科学做出自己的贡献。

噩梦重温*
——《20世纪中国灾变图史》序言

当我动笔写这篇序言的时候，20世纪还剩下45天；当本书正式出版的时候，20世纪将成为真正的历史。在这样的时刻，从某一个方面对刚刚逝去的世纪做一点回顾和总结，实在是不早不迟，适逢其会。

20世纪是怎样的一个世纪？它有着什么样的历史内容？关于这个问题，学术界已经出版了好几部书，还发表了不少的论文，做出了各种各样的回答。如果要说得概括和简明一点，那么，江泽民同志的下面这句话可以说是画龙点睛之笔："二十世纪的一百年，是中国人民从逆境中顽强奋斗，最终掌握了自己的命运，走上全面振兴的康庄大道的一百年。"

这里所说的"逆境"，首先当然是指中国人民受侵略、受宰割、受凌辱、受掠夺、受欺压的悲惨处境，以及由中外反动统治带给他们的极端贫困和落后的非人生活。与此相应，"顽强奋斗"的主要目标，首先在于推翻黑暗的反动统治和改变不合理的社会制度，争取民族独立和人民解放，以便为实现国家繁荣富强和人民共同富裕创造必要的前提。也就是说，20世纪特别是它的前半期，使中国人民身处逆境的主要原因，中国人民为摆脱逆境而斗争的主要对象，是社会方面的。但是，往往被人们所忽略而在现实生活中又确实给人们带来巨大损失和创痛的还有另一个因素，那就是自然灾害。一场严重的自然灾害给社会造成的破坏之惨重，给人们带来的苦难之深切，往往不亚于一场战争。而且，就社会的角度说，随着民主革命

---

* 《20世纪中国灾变图史》，福州，福建教育出版社，2001。

的胜利和中华人民共和国的建立，中国人民已经“掌握了自己的命运”，虽然前进的道路上仍然不免遇到种种困难和曲折，但毕竟开始走上了“全面振兴的康庄大道”；但自然灾害却并不因革命胜利而稍许敛迹，停止肆虐，它依然残酷无情，作威作福，以一种威力无比的破坏力量祸患人间。直到今天，同自然灾害做斗争，仍然是中华民族伟大复兴过程中必须高度重视的紧迫课题。这说明，对于社会的革新和改造，固然要经过前赴后继的不懈努力，付出巨大的甚至流血牺牲的惨痛代价，但调适人和自然的关系，改造和战胜自然界中不利于人类的消极方面，则任务更加艰巨，更加困难，而且需要经历更长的时间。

正是在这个意义上，夏明方、康沛竹等同志编著的《20 世纪中国灾变图史》的出版，是一件令人高兴和值得欢迎的事。因为这本书系统地描述了 20 世纪我国人民同自然做斗争的一个重要方面的情况，具有较高的学术价值和很强的现实意义。

本书收集了近 800 幅珍贵的历史图片，直观的形象同理性的文字相互印证，既使人从中体察到科学的历史观，又使人从中感受到强烈而生动的历史感。这样一种历史的表现方法，我以为是很值得提倡的。长期以来，历史学界产生了许多非常有价值的学术成果，可惜的是，大多是十分深奥而又相当枯燥的学术专著或学术论文。这些论著往往只以同行、专家为阅读对象，结果就大大影响了学术成果社会效益的充分发挥。当然，由于历史学科本身的特点，要求所有的学术论著都写得浅显易懂，不仅是不现实的，而且是不合理的。但是，既然历史学是一门同社会生活有着紧密联系的学问，那么，总应该有相当一部分史学作品是面向社会广大读者的，它们能够以丰富深邃的内容，以生动活泼的形式，吸引人们的阅读兴趣。过去曾经有过这样的成功之作，本书在这方面做了有益的探索。

以往出版的有关灾害史的著作，大多偏重于特定历史时期灾害状况的记录和描绘。本书的一个值得称道之处是，在对灾害状况做客观描述之外，还以更加宽阔的眼光，探求灾荒的自然成因和社会成因、灾荒产生的社会影响，以及人们在不同的历史条件和社会条件下与自然灾害做艰苦斗争的情况。这就大大地深化了人们对这一问题的认识，并且把灾荒史真正变成了20世纪历史的有机组成部分。

读完这本书，可以使我们强烈感到，不论20世纪上半期还是20世纪下半期，不论旧中国还是新中国，自然灾害都给我们的生命财产造成了巨大损失。但是，在不同的时代，在不同的社会制度下，由于人民的社会地位不同、组织程度不同、精神状态不同、生产条件不同，更由于政权性质的不同，人们对待灾荒的态度、防灾抗灾的能力和水平，以及灾荒所造成的社会影响和消极后果，是完全不一样的。1931年的江淮大水灾，同1998年的全国性大洪水相比，从灾情来说，后者远重于前者，但后者死亡人数为3 004人，而前者则有数十万人为滔滔浊浪所吞没。对于造成如此天壤之别的原因，本书有极为详尽具体的分析。鲜明的对比，使我们再一次领悟了这样一个朴素的真理：建设有中国特色社会主义的道路，是实现中华民族伟大复兴的必由之路。

习于遗忘，大概是人类最常见的弱点之一。人们经历过的包括自然灾害在内的各种劫难，当大难临头之际，承受着切肤之痛时，往往惊心动魄，刻骨铭心，但是，随着时光的流逝，印象也就渐渐地淡漠，甚至对以往的经历不甚了然起来。严重一点的，竟像《列子》中所记的那个健忘症患者华子那样，弄得“今不识先，后不识今”。人类生息繁衍在地球之上，大自然为人类的生存与发展提供了各种必要的条件。同时，也有降灾肆虐的另外一面。特别是人类对大自然的过度索取，对生态环境的肆意破坏，极大地加强了自然力量的破坏作用。从某种意义上来说，自然灾害正是对人类破坏自然生态的一种报复和惩罚。可惜的是，自然灾害过去之后，人们往往好了伤疤忘了痛，为了暂时利益、局部利益而肆意破坏生态环境的现象依然到处可见。历史学家的任务之一就是，时时唤起人们的历史记忆，希望大家不要忘记历史的经验教训。我们期望，《20世纪中国灾变图史》的出版能够在这方面也起到积极的作用。

《晚清讼狱制度的社会考察》序*

因为中国封建政治的特点之一是各级官吏行政权与司法权混一，又因为封建政权职能的主要着眼点在于维护现存统治秩序，而相对弱化对经济生活与社会生活的组织管理，所以“断狱听讼”便成为封建官僚最主要、最经常的政务活动，这便是所谓“讼狱乃居官之首务”。与此相应，法律制度和讼狱制度的内容及实施状况也就成为反映封建政治本质的一种最重要、最直接的表现。

赵晓华同志《晚清讼狱制度的社会考察》一书所论述的问题，其意义首先就在于通过对晚清讼狱制度的观察与分析，深入揭示了封建政治的黑暗与罪恶。

使这本书容易引起读者兴趣的，还在于它所考察的历史时段的特殊重要性。清朝是我国最后一个君主专制主义统治的封建王朝，它同今天社会生活的各个方面有着紧密的联系。不仅今日的版图疆域及中华人民共和国成立之初的人口基数奠定于清朝，而且当代中国的经济、政治、外交、民族关系等诸多方面的问题，也大多由清朝演化、延伸而来。从鸦片战争开始的晚清时期，对于中国历史来说，更是一个极为特殊也极不寻常的历史时期。错综复杂的矛盾、急剧深刻的变化、激烈尖锐的斗争，交织成一幅令人目眩神迷的历史画卷。新与旧、正义与邪恶、抗争与屈辱、悲壮与凄凉、追求与失落，如此独特如此奇妙地纠结在一起，赋予了历史极其深邃的内容。

晚清的讼狱制度，当然不能不带有这一特定历史时期的时代烙印。虽然已经过时但却凭借着全部暴力机器的支持而顽强存在的旧的制度与运作机制，仍然在很大程度上主宰着人们的生活和命运；向新的近

---

* 《晚清讼狱制度的社会考察》，北京，中国人民大学出版社，2001。

代化的转变已经开始，但却步履蹒跚，举步维艰。本书对这两个方面都给予了关注，但不难发现，作者的着力之处主要还在前一方面。我以为，这并非作者的疏忽，倒是当时社会状况的客观反映。

1897年，孙中山曾专门撰文揭露清廷讼狱制度的黑暗与腐败。他说："在中国对任何社会阶层都无司法可言"；"地方行政官和法官的存在只是为了自己发财致富和养肥他们的顶头上司、直至皇室自身。民事诉讼是公开的受贿竞赛；刑事诉讼程序只不过是受刑的代名词——没有任何预审——对被告进行不可名状的、难以忍受的严刑拷打，不仅对可能有证据的嫌疑犯是如此，而且对任何一个兵勇或地位较高者告发的人也是如此"①。我们似乎不妨把孙中山的这段话看作对本书的提纲挈领的概括，也可以把本书看作孙中山这段话的具体而形象的演绎。当然，我们这里只是讲二者之间的客观联系，作者在写作时未必想到了这一点。

有的人是不大主张写历史上的黑暗和苦难的，我却以为读一读这方面的东西颇有益处。至少，了解一点封建时代令人窒息的罪恶统治，才能够对近代志士仁人如此热切地追求民主、自由的思想和实践多一点理解；了解一点我们民族曾经遭受过的种种难以想象的苦难，才能够对今天社会生活的深刻变化与巨大前进多一分珍惜。

赵晓华同志写本书时，曾同我讨论过几次。其间，我们还合写过一篇题为《厌讼心理的历史根源》的文章，发表于《光明日报》。现在书要出版，让我写几句话，作为序言，我自然是义不容辞的。不过，在学生吹捧老师、老师吹捧学生、同行间互相吹捧几乎成为时尚，一开口不把老的称作"大师""权威"，不把小的称作"新秀""新星"，就好像对不起对方的今天，我的小序就只便谈一点对本书主题意义的看法，而把对作者和作品内容评论的权利留给读者。这样做，可能不够"新潮"，难免招到"不懂包装"之讥，但于我，于作者，都会更加心安理得一些。

① 转引自《中山大学学报》，1984年第1期。

浮躁：学术创新的大敌*

主持人：危兆盖（本报记者）

嘉宾：李文海（中国人民大学教授）

学风浮躁的表现

主持人：四位都是国内知名的史学专家，又曾出掌一方高校校职，对眼下愈演愈烈的学风问题感受颇深。今天就请几位围绕学风建设问题谈谈看法。

李文海：党的十五届六中全会着重讨论了加强党的作风建设问题，江泽民总书记特别强调了学风问题的重要性。确实，倡导优良学风，反对学术浮躁，已成为学术界一项十分紧迫的任务，因为学风浮躁极大地制约着学术的创新和学术的繁荣。

…………

主持人：对于当前的浮躁学风，虽有目共睹，也时见批评，但似乎还没有人做系统诊断。根据各位的观察，浮躁学风主要表现在哪些方面？

李文海：表现之一是泡沫学术太多。现在每年出版的专著、论文真可以说是汗牛充栋，但真正有学术价值的到底有多少，值得研究。有些所谓专著、论文，毫无学术价值可言，在资源上是一种浪费，在文化上则是垃圾，在学风上助长浮躁。表现之二是管理上的

---

* 载《光明日报》，2002 年 3 月 19 日。本文删除了其他三位教授关于相关主题的论述。

急功近利。学术是需要长期积累、潜心钻研，才能获得有分量的成果的。但有些管理者总希望立竿见影，具体表现就是片面强调量化管理。在当前的教学和科研活动中，“量”的管理几乎无孔不入，弄得人人摇头蹙额。如不少学校要求在读研究生必须发表多少篇论文方可取得学位论文答辩资格，教师晋升职称也主要看著作和论文的数量。面对这种规定，不但学生着急，教师、学校领导也很无奈，加之各校之间为了争排名，往往互相攀比，这就更是火上浇油，把量化管理中“量”绝对化了。管理量化虽是必要的，但规定得太死，唯“量”是从，就走向了反面。

…………

学风浮躁的原因

主持人：“随风潜入夜，润物细无声”本是学术研究的常态，那么，是什么原因促成我们的学术界“浮躁”成“风”呢？

李文海：近几年学风浮躁问题愈演愈烈，绝非偶然。它既与学者个人的学术素养、学术品格有关，也与社会的环境、氛围有关，还与我们当前的人文心态和管理体制有关。我先谈点社会因素。对于当前的人文社会科学评估办法，学术界早就有不同的声音，很多人认为当前的评估办法在一定程度上助长了学风浮躁。如评估体系、评价标准，很多是从工程建设或者是从工科那里简单搬过来的，没有考虑到人文社会科学的特点和人文社会科学建设的客观规律。因此，我认为，对于酿成学风浮躁的社会因素要高度重视。

…………

学风浮躁治理的对策

主持人：我们探讨学风浮躁的原因、表现，最终目的是要净化学术环境，建设良好的学风。请问几位对浮躁学风的治理有何高见？

…………

李文海：要使学术研究的发展保持健康的方向，就必须根除浮躁的学风。现在很多有良心、负责的学者都在思考这一问题。我以为，首先是要大力提倡学界同仁讲学术道德，提高学术队伍的道德素质。这就要求学者不断提高个人的品格、道德、素质和修养。其次是要调整社会心理。如何看待人文社会科学对现实的作用？有些可能会有直接影响，有些则可能是对社会的长期作用，如人文科学对民族素质的作用就是长期的、潜移默化的。就此而言，社会要求人文社会科学发挥短期效应，要求人文社会科学像自然科学那样对人类社会生活发生立竿见影的效果是不可取的。再次就是要探索一套既符合学术发展规律又有中国特点的学术评估办法。我们不能照搬国外的那一套，也不能按照搞工程的办法来管理学术。即使有再大的困难，我们也要下决心改进当前流行的一套量化办法，否则，会为浮躁学风的蔓延推波助澜。譬如对在读博士生要求三年内发表三五篇论文，是很不切实际的，一年级要学外语，还有其他课程，二年级要写论文，三年级要准备论文答辩，还得联系工作；这任务已经不轻，现在还要在三年内完成三至五篇论文，其结果可想而知，只能是粗制滥造，甚至损害博士论文的学术水平。最后就是要加强学术评论。对好的学术成果，要大力推荐；对假冒伪劣的所谓专著、论文，则要进行严肃的批评。没有批评，就没有发展。

主持人：鲁迅曾说过，要扶花锄草。今天的话题也旨在于此。谢谢四位的支持。

爱国主义*
——实现中华民族伟大复兴的精神动力

中共中央印发的《公民道德建设实施纲要》，把“爱祖国”放在公民道德建设基本要求的首位，强调“要引导人们发扬爱国主义精神，提高民族自尊心、自信心和自豪感，以热爱祖国、报效人民为最大光荣，以损害祖国利益、民族尊严为最大耻辱”。深刻理解加强爱国主义教育的必要性和重要性，不断弘扬爱国主义精神，是建设社会主义精神文明和实施以德治国方略的客观要求。

爱国主义是民族精神的集中体现

江泽民同志指出：“在我国历史上，爱国主义从来就是动员和鼓舞人民团结奋斗的一面旗帜，是各族人民共同的精神支柱，在维护祖国统一和民族团结、抵御外来侵略和推动社会进步中，发挥了重大作用。在爱国主义精神激励下，我们的国家和民族自强不息，具有伟大的凝聚力和生命力。”一个民族、一个国家，如果没有自己的精神支柱，就等于没有灵魂，就会失去凝聚力和生命力。有没有高昂的民族精神，是衡量一个国家综合国力强弱的重要尺度。在长期历史发展中形成的爱国主义，是民族精神的集中体现。纵观历史，可以说，没有一个对社会进步做出了重大贡献的历史事件和历史人物，不是在爱国主义的旗帜下展开自己的历史活动的。

对生于斯、长于斯的祖国的深切热爱，使人们以自己的勤劳和

---

* 载《人民日报》，2002年3月28日。

智慧创造着光辉灿烂的物质文明与精神文明。博大精深的中华文明，使我们的祖国成为世界上的四大文明古国之一，对东方以至全世界的文化产生了深刻的影响。中华民族在自己的发展历程中，曾经历过许多大风大浪，遇到过无数艰难险阻。正是凭着对国家和民族的深厚感情，依靠在爱国主义旗帜下熔铸而成的凝聚力和向心力，中国人民和中华民族才得以经受住了各种难以想象的困难与风险的考验，一直保持坚强的团结和旺盛的生机。

进入近代以后，中国逐步沦为半殖民地半封建社会。殖民主义、帝国主义通过军事的、政治的、经济的和文化的侵略手段，肆意践踏中国的主权，横行霸道，巧取豪夺，操纵着中国的经济和政治，把中国拖到了亡国灭种的边缘。封建统治者则昏庸腐朽，丧权辱国，勾结帝国主义残酷压榨中国人民。在这样的形势下，中国人民为了挽救国家的危亡，争取民族的振兴，在爱国主义精神的鼓舞和推动下，与阻碍中国社会发展的帝国主义、封建主义反动势力进行了前仆后继、可歌可泣的斗争，经过百余年艰苦卓绝、英勇不屈的顽强拼搏，终于取得新民主主义革命的伟大胜利，实现了民族独立和人民解放，并为实现国家繁荣富强和人民共同富裕创造了必要的前提。

应该指出，爱国主义的表现形式是多种多样的。拿近代社会来说，革命是近代历史发展的主旋律。这是因为，在近代历史上，民族独立地位的丧失，国家主权的备受凌辱，是阻碍中国发展和进步的最大障碍。要想挽救中华民族的危亡，打开社会前进的通道，就必须首先推翻帝国主义、封建主义、官僚资本主义的反动统治。但是，也有一些人，如近代那些主张“教育救国”“实业救国”的人，虽然并未参加甚至并不赞同革命运动，但却同样抱着一腔爱国热情，兢兢业业、埋头苦干地振兴教育事业，发展民族经济，为中国社会的进步做出了自己的历史贡献。对于他们，同样应该给予积极的历史评价。

经过长期的历史积累，中国人民逐步形成了这样的信念：对外来侵略者无比痛恨，对卖国求荣的民族败类无比鄙视，对爱国志士无比崇敬。这不仅已成为中国人民判断是非的政治原则，成为分清善恶的道德标准，而且已经成为我们宝贵的民族性格的一部分。

新时期爱国主义的历史主题

爱国主义是一个历史范畴。在不同的历史时期，爱国主义有着不同的内容和不同的主题。

中国经历过漫长的封建时代，封建社会是一个充满尖锐阶级对抗的社会，所以，那时的爱国主义总是同反对民族压迫、反对分裂、反对统治阶级内部昏庸腐败和封建专制的斗争相联系的。当然，封建统治阶级内部也有一批坚决抵御外侮、维护祖国安全统一的有识之士和主张改革弊政的变法志士，他们也是当之无愧的爱国主义者。

在近代社会，爱国主义主要表现为：对外反对帝国主义列强的侵略，捍卫祖国的独立和领土完整；对内反对依附于帝国主义并出卖国家主权的反动统治阶级，要求改变亡国灭种的悲惨命运，推翻造成祖国贫弱、阻碍祖国振兴的封建专制制度。

中华人民共和国建立以后，帝国主义、封建主义、官僚资本主义三座大山被推翻，实现了民族独立和人民解放，中国人民站了起来，成为掌握国家命运的主人。社会主义制度的初步确立，为发展社会生产力提供了广阔的空间和可靠的保证。经过半个多世纪的艰难探索和艰苦奋斗，特别是改革开放20多年来，在总结我国社会主义建设的历史经验并借鉴其他社会主义国家兴衰成败的历史经验的基础上，中国人民找到了一条建设有中国特色社会主义的道路。正是在这个基础上，江泽民同志在党的十五大上正式宣布，到21世纪的中叶，也就是中华人民共和国成立100周年的时候，我们要基本实现社会主义现代化，实现中华民族的伟大复兴，把我们的国家建设成富强、民主、文明的社会主义国家。

实现中华民族的伟大复兴，既是这个历史阶段的宏伟奋斗目标，也是这个阶段爱国主义的历史主题，它包含许多具体的内容，并且渗透到社会生活的各个方面。

中华人民共和国建立后，我们虽然取得了民族的独立，但捍卫国家主权、维护民族尊严的斗争并未有须臾的止息。邓小平同志特别强调，要始终把国家的主权和安全放在第一位。这不仅是维护民族独立的需要，而且是为中国发展经济，摆脱贫困，实现社会主义现代化创造必要的条件和环境。因此，不断增强民族自豪感，提高自信心，倡导和弘扬民族气节，具有十分重要的现实意义。

自古以来，爱国主义的一个重要内容，就是维护祖国统一和民族团结。邓小平同志说，大陆同胞，台湾、香港、澳门的同胞，还有海外华侨，大家都是中华民族的子孙。我们要共同奋斗，实现祖国统一和民族振兴。20 世纪末，香港、澳门按照邓小平同志“一国两制”的基本方针顺利回归祖国的怀抱，这是祖国统一大业的伟大胜利。但是，台湾问题还没有解决，海峡两岸仍然被人为地分割着。这种状况严重违背具有光荣爱国主义传统的包括台湾同胞在内的中国各族人民的愿望。中国人民懂得，只有祖国的完全统一才有民族的全面振兴。发扬爱国主义精神，就要在促进祖国完全统一方面做出更多的努力。

人民对于祖国的挚爱，最根本的还是体现在对国家的繁荣富强和人民的普遍幸福及共同富裕的殷切希望上。爱国主义精神最基本、最本质、最重要的表现，就在于对自己国家经济发展和社会全面进步的追求与贡献，在于真正献身于社会主义现代化的宏伟大业。这是因为，经济不发展，国家的富强、社会的进步、文明的提高、人民的幸福，就都是不可能实现的，民族的独立也是不巩固的。中国共产党集中全国人民的智慧，确立了建设有中国特色社会主义的经济、政治、文化的基本目标和基本政策，制定了完整的社会主义初级阶段的基本纲领。实现这个基本纲领，也就是实现中华民族的伟大复兴。当然，这是一项伟大的事业，也是一项极其艰巨、需要面对各种困难和挑战的事业。这就更加需要全国人民高举爱国主义的旗帜，锐意进取，自强不息，艰苦奋斗，顽强拼搏，真正把爱国之志变成报国之行，在投身社会主义现代化建设的实践中实现自己的爱国抱负。

在当代中国，爱国主义与社会主义本质上是一致的

我们坚持的爱国主义，同狭隘的民族主义有着本质区别。改革开放同爱国主义不矛盾。坚持对外开放，认真学习世界各民族的长处，积极引进发达国家的先进科学技术和经营管理经验，增强我们自力更生的能力，加快祖国的发展，这正是爱国主义的重要内容。对于当代爱国主义者来说，必须把弘扬爱国主义同坚持改革开放辩证地统一起来。

在经济全球化加速发展的情况下，必须强调爱国主义。一方面，我们要紧紧抓住这个难得的机遇，通过参与经济全球化进程，努力分享经济增长的利益，吸收发达国家的先进技术和先进经验，优化我国的资源配置，最大限度地提高自己的经济效益。另一方面，我们也要保持清醒的头脑，防止某些国家凭借它们的优势，在经济全球化进程中实行经济霸权主义，危及我们的国家利益、国家主权和国家安全。因此，爱国主义教育绝不能削弱，而应该大大加强。

社会主义是我国人民的共同理想，爱国主义是我们民族的优良传统。从根本上讲，在当代中国，爱国主义与社会主义本质上是一致的，对于绝大多数的中国人来说，爱国主义、社会主义有机地统一在建设有中国特色社会主义的伟大实践之中。这是因为，历史已经充分证明，只有社会主义才能救中国，只有社会主义才能发展中国。对于生活在社会主义制度下的广大中国人民来说，爱祖国，也就必然爱社会主义。邓小平同志曾经说过这样一句话："难道祖国是抽象的吗？不爱共产党领导的社会主义的新中国，爱什么呢？港澳、台湾、海外的爱国同胞，不能要求他们都拥护社会主义，但是至少也不能反对社会主义的新中国，否则怎么叫爱祖国呢？"① 这句话深刻地揭示了爱祖国与爱社会主义的关系。

---

① 《邓小平文选》，2版，第2卷，392页。

坚持先进文化的前进方向*

江泽民总书记“5·31”讲话，在全面论述历史和时代赋予我们党的庄严使命时，提出了在发展社会主义经济、政治的同时，必须加强社会主义精神文明建设，大力发展社会主义文化的任务，强调“要坚持先进文化的前进方向，全面建设和繁荣我国的文化事业”。

江泽民同志在讲话中是从分析国际国内形势新的深刻变化入手的，他指出：“进入新世纪，我国进入了全面建设小康社会，加快推进社会主义现代化的新的发展阶段。国际局势正在发生深刻的变化。世界多极化和经济全球化的趋势在曲折中发展，科技进步日新月异、综合国力竞争日趋激烈。形势逼人，不进则退。”这样的形势，将会对社会主义文化建设提出什么新的要求，产生什么重大的影响呢？

首先，从国内来说，全面建设小康社会，到21世纪中叶要基本实现社会主义现代化，实现中华民族的伟大复兴，不仅要求社会主义物质文明建设有一个巨大的发展，同时也要求社会主义精神文明建设有一个巨大的发展。这是因为，社会主义社会是全面发展、全面进步的社会。只有经济、政治、文化协调发展，两个文明都搞好，才是有中国特色社会主义。

其次，江泽民同志在十五大报告中明确指出，有中国特色社会主义的文化，也是综合国力的重要标志。在科技进步日新月异，综合国力竞争日趋激烈的情况下，中华民族要能够自立于世界民族之林，为世界的文明和进步做出更大的贡献，就必须不断地增强自己的综合国力，首先是增强作为综合国力物质基础的经济实力、技术实力，同时一丝一毫也不能忽略作为综合国力重要组成部分的民族

---

* 载《中国教育报》，2002年7月19日。

文化素质的提高。

最后，在经济全球化趋势日益发展的情况下，有些人希望把这个趋势同时引向政治的一体化和文明的单一化，很显然，这是同和平与发展的世界历史潮流背道而驰的。与经济全球化同时，还存在着政治多极化和文明多样化的现象，这是谁也无法抹杀和否认的事实。在此情况下，努力建设有中国特色社会主义的文化，为世界文明的发展做出应有的贡献，是我们义不容辞的历史责任。

坚持什么样的文化方向，建设什么样的文化，是一个政党在思想上、精神上的一面旗帜。中国共产党始终高举中国先进文化的旗帜，为建设民族的、科学的、大众的文化做出了努力。在新的历史时期，坚持先进文化的前进方向，关键的一条就是，用“三个代表”要求统领社会主义文化建设。这是因为，“三个代表”同马列主义、毛泽东思想和邓小平理论一脉相承，反映了当代世界和中国的发展变化对党与国家工作的新要求。用“三个代表”的要求指导文化建设，就能使有中国特色社会主义的文化，既立足于建设有中国特色社会主义的实践，又反过来推动建设有中国特色社会主义的宏伟大业；既努力继承与发扬中华民族的优秀文化传统和五四运动以来形成的革命文化传统，又积极学习与借鉴世界各国人民创造的有益文化成果；通过积极的文化创新，创造出丰富多彩、健康向上的精神产品，最大限度地满足人民群众日益增长的精神文化需要。

“三个代表”的要求，不仅是建设与繁荣我国文化事业的指导方针，而且是衡量与检验文化建设成效的标准和尺度。是不是真正坚持了先进文化的前进方向，社会主义精神文明建设是不是得到了健康的发展，归根到底，要看文化是否为经济发展和社会全面进步提供了强大的精神动力与智力支持，看全民族的思想道德素质和科学文化素质是否有了明显的提高，看适应社会主义现代化要求的有理想、有道德、有文化、有纪律的新一代公民是否茁壮成长，看人民群众的文化需要是否有了较好的满足。这些正是我们进行社会主义文化建设的出发点和归宿。

江泽民同志“5·31”讲话还着重指出，要把培育和弘扬民族精神作为文化建设的一个极为重要的任务，使广大人民在建设有中国特色社会主义的征途上，始终保持奋发有为、昂扬向上的精神状态。这个问题为什么如此重要呢？这是因为，一个民族、一个国家，如果没有自己的精神支柱，就等于没有灵魂，就会失去凝聚力和生命力。目前，我们正在聚精会神地致力于实现祖国的现代化、实现中华民族的全面振兴。促使我们万众一心地面对各种挑战、战胜各种困难的精神动力，就是一种伟大的民族精神。这种民族精神，是在中华民族漫长的历史进程中产生和发展起来的。江泽民同志说："中华民族有着自己的伟大民族精神。这个民族精神，积千年之精华，博大精深，根深蒂固，是中华民族生命机体中不可分割的重要成分。"他还说："越是在我国革命、建设和改革的每一个重大关头，全国人民就越是充分显示出这种非凡的凝聚力。有了这种凝聚力，我们就能始终立于不败之地。"这是社会主义精神文明建设中的一个重要课题，也是在努力开创建设有中国特色社会主义事业新局面中带有全局意义的课题。

要善于从历史中吸取营养*

中国是一个有五千年文明历史的国家，中国共产党历来有重视历史、尊重历史的优良传统。以毛泽东同志、邓小平同志、江泽民同志为核心的党的三代中央领导集体，曾经反复强调学习和研究历史对于加强党的建设，提高干部素质以及提高全民素质的极端重要性。最近，江泽民同志在省部级主要领导干部金融研究班结业式上的重要讲话中，又把学习历史同学习理论、学习现代经济知识、学习科技知识一起作为各级干部乃至全党、全社会应该特别要注意的四个方面提了出来。他强调指出："一名领导干部不善于从历史中吸取营养，不可能成为高明的领导者；一个政党不善于从历史中认识和把握社会发展的规律，不可能成为顺应历史潮流的自觉的政党；一个民族不善于从历史中继承和发展本民族和世界其他民族创造的优秀文明成果，就不可能屹立于世界民族之林。"

深刻领会江泽民同志的讲话精神，在全党和全社会造成学习历史的深厚空气，必将在新形势下进一步兴起理论学习新高潮，增添更加生动丰富的内容，取得更加积极坚实的成效。

了解历史才能深刻地了解现在和正确地走向未来

历史是已经逝去的岁月。当我们正在集中全副精力进行社会主义现代化建设的时候，当我们正在迎接充满机遇和挑战的新世纪的来临，努力实现中华民族的伟大复兴的时候，为什么还要把目光注

* 载《中国党政干部论坛》，2002年第1期。

视到过去，去理会那些尘封岁月呢？

学习历史、研究历史，当然不是为了发思古之幽情，而是为了认识现实世界，推进现实实践。

江泽民同志早在两年多前所做的《努力建设高素质的干部队伍》的重要讲话中就指出："今天的中国是历史的中国的发展，作为当代中国的领导干部，如果不了解中国的历史，特别是中国的近代史、现代史和我们党的历史，就不可能认识和把握中国社会发展的客观规律，继承和发扬我们党在长期斗争中形成的光荣传统，也就不能胜任领导建设有中国特色社会主义的职责。"他还说："一个民族如果忘记了自己的历史，就不可能深刻地了解现在和正确地走向未来。"

在这里，江泽民同志指出了历史—现在—未来之间的历史关系，这种历史关系的根本内容就是社会发展规律。

中国共产党从诞生之日起，就努力探索和掌握社会发展规律，并按照这个客观规律确定自己的奋斗目标和斗争战略、策略。当革命者对社会发展规律的认识从朦胧走向清晰、从感性走向理性时，党也就逐渐从幼稚走向成熟，并领导全国人民取得了民主革命、社会主义革命和建设的伟大胜利。在这个过程中，某些历史时期对国情和形势的分析以及路线、政策的确定背离了社会发展的规律，曾给我们的事业造成了或大或小的挫折和损失。目前我们正在做的是建设有中国特色社会主义的宏伟大业。为什么我国的社会主义必须是中国特色而不是别种模式？因为只有符合我国历史特点的社会主义才能生根发芽，茁壮成长。为什么我们今天只能实施社会主义初级阶段而不是别种样式的纲领与政策？因为这是一个社会发展无法逾越的历史阶段。为什么我们的目标一定能够实现？因为这是人类社会发展规律所决定的。社会主义必然代替资本主义，这是社会历史发展不可逆转的总趋势。当然这个过程是漫长的，道路是曲折的，是要经过几代、十几代人的努力才能最终实现的。

以上事实说明，如果不能认识和掌握社会发展的规律，那么就既不能正确指导和投身于当前的社会实践，也难以看清未来的发展方向。对于政党来说，就不能说是一个成熟的党；对于个人来说，就不能说是一个自觉的清醒的革命者。离开了对历史的了解，认识社会发展规律就根本无从谈起。

这是在这个意义上，毛泽东同志早在1938年就如此鲜明而深刻地指出："指导一个伟大的革命运动的政党，如果没有革命理论，没有历史知识，没有对于实际运动的深刻的了解，要取得胜利是不可能的。"① 今天我们面临的形式更加复杂，任务也更加艰巨、更加宏伟，自然就要求我们的党员和干部具有更高的理论素养、更丰富的历史知识、更坚实的实践基础。

以史为鉴，可以知兴替，要重视历史经验的借鉴和运用

晚清著名思想家龚自珍曾经讲过："欲知大道，必先为史。"这里所说的"大道"，既包括社会的进退得失之道、政治的兴衰治乱之道，也包含个人品德的善恶美丑之道。在漫长的岁月中，一幕幕悲壮慷慨或哀怨凄戚的历史活剧，一个个叱咤风云或默默无闻的历史人物，为我们提供了丰富深刻的历史警示。如果我们能够用历史唯物主义的观点去分析总结历史上的经验教训，那么我们就可以从历史这面镜子里看出是非曲直，从而增长聪明才智。

我们的先人们充分认识到历史借鉴作用的重要性。一部伟大的经典式的史学巨著，从编撰目的到社会影响，都鲜明地贯穿着为后人提供历史借鉴和历史启迪这样一个根本之点。司马迁自己讲，他作《史记》，是"网罗天下放失旧闻，略考其行事，综其始终，稽其成败兴坏之纪"，"述往事，思来者"。司马光编撰《资治通鉴》，不仅书名就表明了此书的目的和功用，而且在《进〈资治通鉴〉表》中更明确地说明，此书的编写原则是"专取关国家盛衰，系生民休

---

① 《毛泽东选集》，2版，第2卷，533页。

戚，善可为法，恶可为戒者”入书。他希望最高统治者读后能“鉴前世之兴衰，考当今之得失，嘉善矜恶，取是舍非，足以懋稽古之盛德，跻无前之至治”。这些伟大的史学家之所以期望自己的作品能发挥这样的作用，是因为历史活动本身便具有这样的作用，史学著作不过是把历史本身的作用加以集中提炼而已。

时代的更易，社会的变迁，使今天的现实同历史的情况发生了很大的变化。我们在借鉴和运用历史经验的时候，自然不能简单地以历史的是非为是非，而需要下一番分辨剖析的功夫，过去之是也许恰恰成了今日之非，往昔视之为罪恶的也可能如今正应目之为辉煌。这并不意味着历史鉴戒作用的丧失，而只是说明在吸取历史营养的时候，确立正确的历史观十分重要，更何况由于人类历史发展的继承性和延续性，许多问题仍有其一贯和相通的地方。历史是不可重演的，但社会历史现象在特定条件下却常常会以惊人相似的形式和面貌反复出现，这正好说明借鉴历史经验教训具有何等重要的意义。正因如此，我们党在领导革命、建设和改革的过程中，一贯重视历史经验的借鉴和运用。

这里，我们可以举一个人们并不十分陌生的例子。延安整风时期，党中央特意把郭沫若所著的《甲申三百年祭》作为整风文件，印发给全党学习。此书是专门总结明末李自成领导的农民起义由胜利转向失败的经验教训的。学习的目的，就是让全党同志引以为戒，不要重犯胜利时骄傲的错误。在抗日战争即将取得伟大胜利的前夕，党中央和毛泽东同志用李自成因骄傲而失败的历史事实教育全党，提出了一个借鉴和运用历史经验的范例。

善于从历史中继承和发展人类创造的一切文明成果

党的十五大确定的社会主义初级阶段的基本纲领中，提出了“建设立足中国现实、继承历史文化优秀传统、吸取外国文化有益成果的社会主义精神文明”的重要任务。说它重要，是因为这是关系到有中国特色社会主义全局的大事。只有物质文明和精神文明都搞好，才有中国特色社会主义，而要建设好社会主义精神文明，就有一个正确对待中外历史文化遗产的问题。

毛泽东同志曾经多次论述继承历史遗产同指导当前运动的辩证关系。他说："我们这个民族有数千年的历史，有它的特点，有它的许多珍贵品。对于这些，我们还是小学生。今天的中国是历史的中国的一个发展；我们是马克思主义的历史主义者，我们不应当割断历史。从孔夫子到孙中山，我们应当给以总结，承继这一份珍贵的遗产。这对于指导当前的伟大的运动，是有重要的帮助的。"①

稍后，毛泽东同志又在《新民主主义论》中着重阐明了历史文化同新文化间的辩证关系，指出："中国现时的新政治新经济是从古代的旧政治旧经济发展而来的，中国现时的新文化也是从古代的旧文化发展而来，因此，我们必须尊重自己的历史，决不能割断历史。""中国的长期封建社中，创造了灿烂的古代文化。清理古代文化的发展过程，剔除其封建性的糟粕，吸收其民主性的精华，是发展民族新文化提高民族自信心的必要条件。"

新民主主义的新文化的建立与发展，必须从灿烂的古代文化中通过批判继承吸收其营养。同样，今天我们建设有中国特色社会主义的新文化，也需要把中华民族五千年文明史作为自己文化食粮的原料。离开了当前波澜壮阔的建设有中国特色社会主义的伟大实践，文化的发展固然会成为无本之木；割断了与长期积累而形成的中国传统文化的历史关系，社会主义新文化的发展也会成为无源之水。

中国的传统文化是我们拥有的一份最可贵的资源和财富，正是在这一点上，世界上很少有哪个国家可以与之相比。对于这一份珍贵的历史遗产，颂古非今、言必称三代，固然不行，但妄自菲薄、数典忘祖，也并不可取。还是应该尊重历史发展的辩证法，给历史以一定的科学地位。

我国文化的发展，不能离开人类文明的共同成果。所以，我们

---

① 《毛泽东选集》，2版，第2卷，533～534页。

讲尊重历史文化，理所当然地包括尊重世界各国历史文化的内容。学习世界历史知识，博采各国文化之长，在今天的世界形势下愈来愈显得必要和紧迫了。

从历史中获取继往开来的强大精神动力

国家的发展，民族的进步，需要精神动力。了解历史，懂得历史，这是获得精神动力的重要来源。

一个民族、一个国家，如果没有自己的精神支柱，就等于没有灵魂，就会失去凝聚力和生命力。目前，我们正在聚精会神地致力于实现祖国的现代化，实现中华民族的全面振兴。促使我们万众一心地面对各种挑战、战胜各种困难的精神动力，就是一种伟大的民族精神，这种民族精神，是在中华民族漫长的历史进程中产生和发展起来的。

江泽民同志曾经在全国抗洪抢险总结表彰大会上对这个问题讲过一段极富激情的话："中华民族有着自己的伟大民族精神。这个民族精神，积千年之精华，博大精深，根深蒂固，是中华民族生命机体中不可分割的重要成分。中华民族在五千年的发展中，历经磨难而信念愈坚，饱含艰辛而斗志更强，开发建设了祖国的大好河山，创造了灿烂的中华文明，为人类文明进步作出了不可磨灭的贡献。"

在历史发展进程中涵养而成的民族精神，必定会在对历史的更深刻的认识中得到进一步的弘扬。当人们更加具体地了解中华民族自强不息、百折不挠的发展历程，了解我国各族人民对人类文化的卓越贡献，特别是了解近代以来中国人民反抗外来侵略和压迫，争取民族独立、人民解放和国家繁荣富强的可歌可泣的伟大业绩后，必定会对今天更加热爱，对明天更加充满信心。

邓小平同志在论证为什么"中国除了走社会主义道路没有别的道路可走"这个问题时，专门论述了一段自鸦片战争以来的中国近代史，并且说："了解自己的历史很重要。青年人不了解这些历史，我们要用历史教育青年，教育人民。”①

不要拒绝历史，因为历史给我们以智慧；不要忘记历史，因为忘记历史意味着对事业的背叛；不要漠视历史，否则将受到历史的惩罚；不要割断历史，因为否定昨天也就将失去明天。

① 《邓小平文选》，第3卷，206页。

传承百年薪火　再创世纪辉煌*

刚刚跨入充满了希望和美好前景的21世纪不久，山西大学就迎来了建校一百周年的大庆。作为兄弟院校的一个老教育工作者，我对山西大学的全体师生员工，表示最衷心的祝贺！对山西大学这所具有悠久历史和辉煌未来的高等学府，表示最诚挚的祝福！

山西大学是我国在从传统向现代的社会转型中第一批建立的新型高等学校之一。她从创建到成长、发展的过程，几乎可以说是同我国现代意义的高等教育的产生、发展、完善的艰辛历程同步的。一百年来，山西大学在所有曾经在这里和现在正在这里工作与学习的老师、职工、同学的辛勤劳作与艰苦奋斗之下，形成了自己的办学特色，创造了优良的办学传统，为国家的发展、民族的振兴、社会的进步，培育了一大批优秀的人才；其中有些人为人民解放和社会主义建设事业做出了卓越的功勋。这是值得山西大学的师生员工引以为自豪的。

进入历史新时期以来，党和政府确立了科教兴国的治国方略，加强了对教育的领导，加大了对教育的投入，使教育的改革和发展出现了一个前所未有的好的形势和好的环境。山西大学的党政领导和全体同志，及时地抓住了这个机遇，并用自己的实际努力，大力加强了学科的建设、教师队伍的建设、办学条件的建设，大大深化了教学的改革、管理体制的改革、教育观念的改革。这一切，使山西大学在近年来得到了一个新的发展，全校呈现出一种朝气蓬勃、奋发向上的景象。

回顾历史，既不是为了发思古之幽情，也不是为了陶醉于既往

---

* 载《山西大学学报》（哲学社会科学版），2002年第2期。

的成就，而是为了承前启后、继往开来，在总结与发扬历史经验中明确继续前进的道路和目标。山西大学过去的一百年，无愧于时代的要求和人民的期望，是值得自豪的。在进入21世纪之后的新的百年，山西大学将在以往历史的基础上，迈出更大的步伐，做出更好的业绩，创造出更加灿烂的新的辉煌。

山西大学已经确定了自己的发展目标，这就是：以发展为主题，以创新为主线，以改革为动力，充分调动校内外的一切积极因素，把山西大学建成山西省高素质人才培养、高水平科学研究、高技术成果转化、高层次决策咨询的中心，成为学术思想活跃、学科特色鲜明、办学条件优良、综合实力雄厚、具有地方特色和地区示范作用的一流的教学科研型现代综合性大学，跻身于全国重点建设大学的行列。我以为，从山西大学的基础和发展趋势来看，只要全校上下团结一致，同心同德，埋头苦干，扎实工作，这个目标是一定能够实现的。

社会主义的教育是先进文化的重要组成部分，也是发展社会先进生产力的重要手段和推动力量。让青年一代接受良好的教育特别是高等教育，又是最广大人民群众的根本利益所在。就这个意义上说，教育工作者确实肩负着重大的社会责任和神圣的历史使命。教育对政治、经济的发展和社会的全面进步，起着巨大的促进作用；反过来说，教育的发展，又不能不受到政治、经济及社会状况的影响和制约。我们在思考新世纪教育发展问题的时候，自然不能不首先估量一下刚刚到来的21世纪，国内外的政治、经济、社会状况将会出现哪些重大的变化，这些变化又会对教育产生一些什么样的深刻影响。

关于新世纪国内外形势，江泽民同志《在庆祝清华大学建校九十周年大会上的讲话》中说了两句话，做了简明而深刻的概括。一句是："到本世纪中叶，我们要基本实现社会主义现代化，实现中华民族的伟大复兴。离开科学教育事业的发展，离开全民族科学文化水平的提高，这一光荣而艰巨的任务是不可能完成的。"另外一句是："纵观世界，经济全球化正在深入发展，科技进步日新月异，综合国力竞争日益激烈。”前一句主要讲的国内问题，后一句主要讲的是国际问题。我们可以思考一下，这两个方面对教育提出了一些什么样的新的要求。

基本实现社会主义现代化，实现中华民族的伟大复兴，这是中国人民几代人梦寐以求并为之顽强拼搏的理想和愿望，现在终于要在 21 世纪中叶梦想成真了，这是何等令人欢欣鼓舞的事。社会主义现代化的实现过程，既为教育的发展提供了机会和条件，又对教育的发展提出了更高的要求。只有教育特别是高等教育，发展到更高层次和更高水平，才能促进全民族科学文化水平的极大提高，社会主义现代化的实现才有了可靠的基础和保证。这正是党和政府确定高等教育要“适度超前发展”方针的根据和出发点。这里所说的“适度超前发展”，当然包括量和质两个方面；从某种意义上说，质的提高应该是更加重要的方面。特别是在人才培养的规格和目标上，如何大力培养人才的创新精神和创新能力；在教育观念和教育体制上，如何全面推动素质教育，更是我们应该着力做好的一篇大文章。教育的发展，又必须以教育的改革作为推动力。这是因为，正如江泽民同志在 1999 年召开的全国教育工作会议上的重要讲话中指出的：“必须看到，面对当前国际国内的新形势，我们的教育思想、教育体制和结构、教育内容和方法，同社会主义现代化建设发展的需要不相适应的矛盾已经和正在日益显露出来。”不认真解决这些不相适应的问题，教育的发展必定寸步难行。

在当今世界，大家谈论最多的一个问题自然是正在加速发展的经济全球化趋势。政治家、学者以及各方人士，对经济全球化的性质、内容和它可能产生的影响，在认识上存在着许多分歧甚至尖锐的对立。但是，作为一个不可避免的客观历史进程，不管你喜欢还是不喜欢，愿意还是不愿意，经济全球化的发展趋向毕竟是个客观存在。我们只能面对现实，从容应对。当然，经济全球化对于我国社会生活各个方面包括教育在内的影响，是有利有弊的，既会给我们的发展带来机遇，也会在某些方面向我们提出严峻的挑战。事实上，只要我们做好自己的工作，机遇可以为我们所用，挑战也会成为推动我们前进的动力。特别是在我国入世之后，中国与世界的联系必然进一步加强。在这种情况下，教育特别是高等教育的改革与发展，必须放到经济全球化的大背景中去考虑，要进一步加强国际合作与交流，认真吸取世界各国高等教育的成功经验，努力培养出既有熟练的专业知识、通晓国际经济、政治和社会的一般规则、能够理解和驾驭经济全球化进程，又有清醒的政治头脑、能够自觉地维护国家利益和国家主权的高层次、高素质的人才。在强调教育进一步融入国际社会的同时，还需要注意不要忽略了教育的中国特色问题。这是因为，在世界范围内，与经济全球化同时，还存在着政治多极化和文化多元化的发展趋向。世界是丰富多彩的，绝不可能把各种民族文化统一到一种文化模式之中。教育的中国特色愈鲜明，就愈加具备了同世界各国教育合作、交流的条件。世界眼光和中国特色，是一个问题的两个方面，它们不是相互对立的，而是相辅相成的。没有特色，就没有发展，就没有自己的地位，这个道理，其实在国际和国内都是适用的。

进入新的世纪，我们看到的是一个科技进步日新月异、知识经济初见端倪的世界。知识经济的到来，预示着人类社会的又一次深刻变革。在这个变革中，科学技术将起到愈来愈重要的作用。作为第一生产力的科学技术在社会生活中的影响会更加突出地表现出来。这对于高等教育，当然又提出了新的更高的要求。在科学技术领域，努力赶上并在某些方面超过世界先进水平；用科技的最新的前沿知识充实和改造教育内容，培养学生的科技创新能力，这些话说起来容易，真正做出成效，对一个学校和每一位老师来说，是需要集中全部精力或者毕生精力才能完成的。与此同时，还需要提醒一点，那就是，在强调技术进步的同时，不要忽略人文精神的发扬。这是因为，知识经济并不简单地等同于技术经济，知识经济社会的发展也不能简单地等于同技术的进步。知识应当是自然科学知识和人文社会科学知识的有机总和。现代知识经济的发展虽然以技术的进步为基本特征，但它必须以人文社会科学的进步为基础。许多有见地的教育家已经预言，21 世纪教育最重要的特征将是科学教育与人文教育的比翼齐飞。一个健康的、生气勃勃的社会，将是科学精神和人文精神共同昂扬的社会。2001 年 8 月 7 日，江泽民同志在北戴河会见部分国防科技专家和社会科学专家时，曾强调指出："在认识和改造世界的过程中，哲学社会科学与自然科学同样重要；培养高水平的哲学社会科学家，与培养高水平的自然科学家同样重要；提高全民族的哲学社会科学素质，与提高全民族的自然科学素质同样重要；任用好哲学社会科学人才并充分发挥他们的作用，与任用好自然科学人才并发挥他们的作用同样重要。"我想，明确这一点，对于建设一个教学科研型现代综合性大学，是十分重要的。

以上是我在学习过程中的一点粗浅的体会，写出来作为贡献给山西大学百年校庆的一份小小的礼物。

关于历史学学科建设的几个问题*
——“二十一世纪中国历史学展望学术讨论会”的结束语

组委会给我一个任务，让我在会议的最后讲几句“结束语”。会议的组织者很用了一点心思，不叫“闭幕词”，也不叫“小结”，而叫“结束语”。意思是这个讲话不代表任何方面，只是个人说几句自己想说的话，可长可短，可多可少，总之是给了我较大的自由空间。我很感谢会议组织者对我的宽容和爱护。

给我的时间是半小时。我想在规定的时间里讲三点意见。

第一点，当然还是要讲对这次会议的评价。这次会确实开得很成功，很圆满。这句话好说，因为这符合会议的实际，也符合参加会议的同志的普遍看法。有的同志说，“会议的学术水平出乎意外”。今天上午，云南大学汪戎副校长在主持会议时首先肯定“这次会是非常成功的”。钱乘旦同志在发言中说：“这次会上，大家发表了许多有深刻创新思想的见解。”谢本书同志在昨天的小组会上用很有激情的语言表达了自己的感受，认为这次会“大有重振史学雄风的气概”。他甚至建议发表一个《昆明宣言》，为21世纪中国历史学的发展提出完整的指导思想。我当然不敢把调子提得太高，而只是试图来回答一下，这次会议“成功”也好，“圆满”也好，究竟表现在哪里？在会议开幕式上，金冲及会长的开幕词就强调，这次会议的主题虽然是“21世纪中国历史学的展望”，但并不是要大家预测21世纪中国历史学将会怎样具体发展，那是不可能做到的。我们只是想围绕会议的主题，为大家提供一个场合，使大家可以“像朋友谈心

* 载《史学集刊》，2002年第4期。

一样自由地交换意见”，或者说“对大家共同关心的问题自由自在地交换意见”。这次会正是按照这个指导思想来进行的。因此，这次会议的收获、成果，似乎并不是通过讨论形成了某种共识，得出了某种结论，产生了某些精神。我们参加一个会，习惯于要问：会议有什么精神？是不是这次会议，有了一个关于中国历史学在21世纪应该怎样发展的什么精神或者叫作指导思想的东西呢？我以为会议的成果主要并不表现在这方面。借用哲学的语言来说，这次会议的成果，这次会议的成功之处，不在于“一”，而在于“多”。不在于用某种思想、某种精神来“统一”了大家的认识，而在于很多同志对新世纪的史学发展提出了许多很好的、很有深度的、很有见地的意见，进行了很多认真的、有分析的、高瞻远瞩的思考。不在于集中，而在于展开。不在于观点的高度一致，而在于思想的高度活跃，在于想法和看法的多样化。那么，是不是这次会议只是一次“清谈”的会，大家高谈阔论一番，没有什么实际意义呢？我以为不能这么说。它将会在三个方面对历史学的学科建设产生积极的推动作用。一是大家谈到的一些带有导向性的意见和主张，不论提倡的、鼓励的，还是批评的、反对的，都会在史学研究中产生影响，发生作用；二是大家对历史学学科建设提出的一些设想、思路、建议、方案、形势判断、趋势预测，也都会在今后的历史学教学与研究中得到体现；三是一些很有价值的具体工作意见，也一定会引起有关方面的重视，或者较快地加以落实，或者积极创造落实的条件。所以，我以为，意义是很重大的。因为这些思考、主张、意见、看法，是出于一些德高望重的史学前辈之口，出于一些在史学领域做出了显著成绩的中青年学术带头人之口，很多是深思熟虑的、言之有物的，也就有了较重的分量，如果说得不谦虚一点，也正是因为这样而具有了一定的权威性。也许可以设想，过了若干年之后，有人会回忆起，在刚刚进入21世纪的时候，曾经有71位历史学家，聚集在昆明的云南大学，对新世纪中国历史学的发展进行过讨论，提出过这样那样的想法和意见。我想这就是这次会议的历史意义所在。

第二点，大家从各个不同的学科，对以下几个方面的问题，表示了共同的关心、共同的兴趣。一是如何估价、如何看待20世纪或过去一个历史阶段中国历史学的发展状况；二是如何认识和评价历史学的现状；三是中国历史学在今后、在新世纪发展中应该特别重视、特别关注什么问题。关于这几个方面，大家谈了很多，内容十分丰富，没有必要也没有可能做什么归纳。但我觉得，有两点非常可贵，很值得特别提出来讲一讲。其一是对于过去，大家都采取分析的态度，不简单化，不绝对化，不搞形式主义，不搞形而上学。不是好就绝对的好，一切皆好；坏就绝对的坏，一切皆坏。不像我上个月刚刚读过的一篇文章，一开口就是“中国的历史学家不思进取”，写出的东西枯燥乏味，不堪卒读。也不像几年前一本杂志上的一篇文章，说什么自20世纪50年代以来，“几乎所有史家”都或者屈服于“政治威胁和行政压力”，或者“出于对自身生存利益的考虑”，形成了对唯物史观的“盲目崇拜与狂热迷信”，以至“不知不觉地放弃了对历史过程积极的理性探索精神，习惯成自然地丧失了历史批判的科学能力”。这一类“横扫一切”的文章，离客观事实总是很远，绝不是实事求是的科学态度。其二是大家在讨论新世纪历史学之发展的时候，立足点都比较高，因此看得也就比较远，思路也比较开阔。从史学史的发展过程来看，中国历史学今后的发展面临着什么样的历史任务？从到21世纪中叶基本实现社会主义现代化，实现中华民族的伟大复兴来看，历史学又承担着什么样的历史责任？从经济全球化的发展趋势来看，历史学在前进道路上面临着哪些机遇和挑战？从知识经济已初见端倪这个社会大环境来看，历史学在发展中又应注意些什么问题？我觉得，跳出太过狭窄、太过具体的专业划分，从国内外形势发展、从学术与社会的关系角度，来考虑历史学的未来发展，是十分必要的，也是十分重要的。

第三点，金冲及同志在开幕式上说，不可能也不应该对21世纪中国历史学的具体发展过程、发展状况预先做空想式的设计和规定，这完全是对的。如果一定要这样做，那不免是主观主义的、脱离实际的。但是，在讨论中，大家对历史学今后的发展毕竟提出了许多很有意义、很有价值的意见和想法。那么，我们可不可以在此基础上，对未来一段时间中国历史学的发展，从宏观的角度，提一点期望、希望，或者提出作为努力追求的某些目标呢？我想，这还是可以的，也是应该的。

我想提出这么五点：

（1）希望有一个比现在更好的学术环境、学术外部条件。江泽民同志继去年8月7日在北戴河发表加强人文社会科学的重要讲话后，今年4月28日在视察人民大学时，又集中讲了发展哲学社会科学的重要性。他一开始就说，去年在北戴河讲话中提出哲学社会科学与自然科学“四个同样重要”，大家都很认同，但真正落实还有很大距离，要走的路还很长。接着，他又进一步提出，哲学社会科学，主要是帮助人们解决世界观、人生观、价值观，解决理论认识和科学思维，解决对社会发展、社会管理规律的认识和运用的科学。掌握必备的哲学社会科学知识，对于人们正确认识纷繁复杂的社会现象、提高道德素养和精神境界是十分重要的，对于领导干部特别是高级干部学会讲政治、懂全局，驾驭复杂形势、研究战略策略、提高领导水平更是十分重要的。他要求各级党委和政府要关心哲学社会科学的发展，积极创造支持科学探索、鼓励学术创新的社会环境和学术氛围。对于广大哲学社会科学工作者，还提出了五点希望。

这个讲话，对我们哲学社会科学工作者来说，无疑是极大的鼓舞和鞭策。讲话精神如果得到全面落实，那对历史学的发展一定会起极大的推动作用。这些精神，有些是需要我们去做的，有些则需要政府、社会各方面的共同努力。对于前一方面，我们当然义不容辞；对于后一方面，我们也不能消极等待，一味地要求别人为我们创造好的环境和条件，而要通过我们的努力、争取、呼吁、促进，创造出一个真正能“支持科学探索、鼓励学术创新的社会环境和学术氛围”。

（2）历史学的研究，应该在现有基础上有一个大的发展。这种发展，表现在学术成果上，首先不是追求量的增加，而是致力于质的提高，就是要有一批在学术史上有自己的地位和无可替代的价值的精品，就像齐世荣先生在报告中引用顾炎武的话所说的“前人未及见，后人不可无”的作品。

要做到这一点，在历史观和方法论上，一方面要坚持指导思想的一元化，坚持唯物史观的指导地位；另一方面又要注意唯物史观本身也有一个“与时俱进”的问题，要用开放的态度对待那些不是马克思主义然而同样包含一定科学真理的历史观和方法论。要发掘新的历史资料，拓展研究领域，通过学科的交叉与渗透，创建新的分支学科。既要从社会的需要出发，又要从学科发展的需要出发，确定有重大现实意义和有重大学术价值的课题，集中力量，深入研究。还要注意历史学这门古老的学科研究在手段上的现代化。

（3）在经济全球化的大背景下，中国历史学应该以更加开放的态度、更加积极的步伐，主动参与和融入国际学术界。关于经济全球化的问题，学者、政治家以及各方面的人士，看法很不一致，意见分歧极多，众说纷纭，莫衷一是。就拿经济与政治、文化的关系来说，有的人就认为，经济全球化应该同时带来政治一体化和文明单一化，也就是说，经济全球化意味着“西方化”。但这个路子其实是走不通的，因为它同和平与发展的世界潮流背道而驰。世界本来就是丰富多彩的，在政治、文化上按照一种模式去改造世界，重塑世界，不但不可行，而且行不通。所谓政治一体化，意味着霸权主义和强权政治的合法化，是对世界各国人民按照本国国情自由选择政治制度和社会制度权利的无理剥夺。至于文化问题、文明发展问题，就更不能用一种文化模式去主宰世界。世界文明的高度发展，只能依靠世界各国各民族文化的百花齐放、共同繁荣。所以，我们在主张经济全球化的同时，要发展政治的多极化和文明的多样化。在经济全球化的进程中，我们始终不能放松对于文化霸权主义的警惕，要坚决反对文化单一化也就是变成西方文化的一统天下。可见，经济全球化不是放松、削弱而是强化、增加了建设中华文明的紧迫性和重要性。但是，建设和弘扬中华文明，不能通过封闭的办法，而要积极面对世界各国的不同文化形态，认真吸取人类文明的一切优秀成果，主动参加与各种异质文化的对话和交流。所谓“主动参与和融入”国际学术界，包含两层意思：一是用更加科学的态度、更加辩证的方法，按照“以我为主、为我所用”的原则，积极吸取国外先进史学成果；另一是中国历史学在国际学术界要有更大的发言权、更多的影响力，用齐世荣先生的话说，“要在世界史坛上占有我们重要的一席之地”。经济和文化是完全不同的两个领域，不能牵强比附，但在这一点上，倒有点像经济工作，不但要“引进来”，而且要“走出去”。改革开放之初，主要是解决“引进来”的问题，现在则不但要“引”得好，“引”得更有效，而且要花更多的力气做“走出去”的工作。这当然要花很大的力气，做很大的努力。如果我们自己拿不出精品，没有原创性的学术成果，要有更多的发言权就只能是一句空话。但不管难度有多大，我们中国史学界总要有这样一点志气、这样一点出息。

（4）逐步形成一个更加优良的学风。学风问题，最近学术界和社会上已经谈论得很多。毛泽东同志曾经说过，学风问题是思想方法问题，是对待马克思列宁主义的态度问题，也是工作态度问题，并且指出，学风问题“就是一个非常重要的问题，就是第一个重要的问题”①。只要大家想一想历史学的现状，我们对学风问题的重要性就会有比较深切的了解。这些年，历史学有很大的发展，取得了辉煌的成绩，但同时也存在不少的隐忧，存在相当的混乱。仔细想来，哪一种隐忧和混乱，不是同学风不正紧密地联系在一起的呢？学风不好，学术的健康发展就难乎其难。

学风问题涉及的内容很多，性质也不一样。例如学术浮躁，大家认为，产生这种现象的原因就比较复杂，有学者个人的学术修养问题和学术品格问题，但也有社会的原因，包括对某些基础学科的急功近利的错误要求、不科学的评估体系和政策导向、某些违反科学规律的管理制度等。学术浮躁往往是学术腐败的温床，但它本身同学术腐败还是有区别的。至于学术腐败，包括抄袭剽窃以及侵犯著作权等现象，则任何情况下都不能推到客观上去，都应该由本人来承担全部责任，因为这些现象同学术和学者的本性是根本不相

① 《毛泽东选集》，2版，第3卷，813页。

容的。

在学风问题上，还有一些带有倾向性的坏风气，也值得提出来说一说。拿史学研究来说，存在着这样的三风：一个叫贵族风，一个叫媚俗风，还有一个叫时尚风。所谓贵族风，就是从研究内容到表达方式，完全不考虑社会的需要、群众的需要，就像马克思曾经批评过的，把学术研究完全看作自娱自乐的手段，不食人间烟火，一味孤芳自赏。有人开玩笑说，现在博士论文的标准，往往是博士生导师也看不懂的才行。其实，能够用明白通畅的语言文字表达深刻的思想，才是真正的高手，这就叫“深入浅出”。退而求其次，必须要费好大的劲，绕几个弯，才能把稍为复杂一点的问题讲清楚。等而下之，就是用生造出来的名词概念组织成佶屈聱牙的文字，去表达一些浅薄苍白的内容，这就糟糕了。姑且把这叫作“浅入深出”吧。这也许能唬人于一时，但长此以往终究是不行的。所谓媚俗风，就是一味地迎合某些人的低级趣味，忘记了人文学科有提升人的精神境界的使命和作用。至于时尚风，齐世荣先生在他的报告中已经有非常生动和深刻的分析。学术研究，总不能像时髦女士打扮自己一样，成天考虑“画眉深浅入时无”，这一点，我想不需要重复了。

关于学风问题，还想说一点，就是真正贯彻“双百”方针的问题。平心而论，现在，相互尊重、相互切磋地进行学术问题的讨论或者争论，这种风气还不能说已经完全形成了。要么各说各的，互不交锋；要么尖酸刻薄，冷嘲热讽。平心静气地谈学术，就事论事地说意见，讨论问题时真正做到持之有故、言之成理，似乎很少见到。我认为，这种风气值得很好地提倡，这对于活跃学术空气、促进学术繁荣，是十分重要的。

（5）史学队伍建设要有一个更大的发展。队伍问题是根本。队伍建设不好，史学的发展和繁荣都谈不上。队伍建设涉及的方面很广，包含的内容很多。这里别的都不说了，只是对中青年学者提一点希望，希望你们能够迅速跨越我们这个“过渡的一代”，做出无愧于时代的成绩。在去年的青年史学工作者会议上，金冲及同志讲过一句名言，说我们这一代是“前不如古人，后不如来者”。这里所说的我们这一代，当然不包括田余庆先生、齐世荣先生这样老师一辈的人在内。我们这一代成为“过渡的一代”，没有那么多、那么大的学术成就，当然我们觉得心里很惭愧，但毕竟我们还可以找出这样那样的客观原因，为自己开脱。你们可就不行了。你们搞学术，已没有那么多的干扰，不需要经历那么多的曲折。你们如果不大大超过我们，就无法向历史做出交代。所以，我们衷心希望，在你们中间真正产生出学贯中西、汇通古今的学术大家来。这样的学术大家，只要不是自封的、“包装”出来的，或者是假冒伪劣的，实在是越多越好。

时间已经到了，我的结束语也就此结束。

谢谢大家！

清醒地自觉地维护和坚持立国之本*
——《社会主义初级阶段与四项基本原则》评介

由北京大学梁柱教授主编、教育系统一批专家学者和理论工作者集体撰写的学术专著《社会主义初级阶段与四项基本原则》，于今年3月由人民出版社出版。这是全国哲学社会科学“九五”重点课题的研究成果。通读全书，我们不禁为这部著作实事求是的学术态度、旗帜鲜明的学术风格、辨析说理的学术方法所吸引。我愿意就自己阅读此书的一点心得体会，对它做一简要的评价。

这是一部带有厚重历史感的书，它从历史规律的高度，阐明了我国在整个社会主义初级阶段始终坚持四项基本原则的必要性和重要性。

为什么在中国实现四个现代化，必须在思想上、政治上坚持四项基本原则，即坚持社会主义道路、坚持人民民主专政、坚持中国共产党的领导、坚持马克思列宁主义毛泽东思想？这是某些人头脑中凭空想出来的，还是历史的必然？

中国的社会主义正处在初级阶段，是初级阶段的社会主义。这部书指出，社会主义初级阶段有它特定的内涵，是指像中国这样在经济文化落后的条件下建设社会主义必然要经历的一个历史阶段，是从不发达的社会主义阶段逐步过渡到比较发达的社会主义的阶段，也就是从进入社会主义到基本实现现代化的这样一个历史阶段。这个历史阶段无法超越，是由近代中国社会发展的历史特点所决定的：一方面，中国可以不经过资本主义充分发展的阶段，而通过社会主义道路实现历史的要求；另一方面，我国进入社会主义社会以后还

---

* 载《高校理论战线》，2002年第6期。

将经过一个很长的历史阶段，去实现原本是在资本主义条件下实现的工业化和生产的商品化、社会化、现代化。

社会主义初级阶段的根本任务是，发展社会生产力，实现社会主义现代化，实现中华民族的伟大复兴。要完成这样的历史伟业，需要选择和遵循一条什么样的发展道路，就成为事业兴衰成败的关键问题。这部书通过历史地分析指出，社会主义基本制度和人民民主专政的国家政权的建立，中国共产党执政地位和马列主义、毛泽东思想在国家政治生活中指导地位的确立，既是中国人民的历史性选择，也是实现国家现代化的根本保证。正是在这个意义上，四项基本原则成为我国的立国之本。

值得指出的是，这部书在一些具体问题上，也是通过科学地总结历史经验，力图得出规律性的认识。例如，这部书通过对新时期党和人民反对资产阶级自由化斗争的历史回顾，分析了资产阶级自由化思潮发生、发展和泛滥的原因，适宜资产阶级自由化思想肆虐的社会政治环境和氛围，不同时期资产阶级自由化的主要内容和表现手法，指明它时而隐蔽时而又以某种尖锐的形式表现出来，从来没有止息过，因此，反对资产阶级自由化的斗争将贯穿整个社会主义初级阶段。

这是一部具有很强现实针对性的书，对人们在复杂多变的国内外形势下的思想困惑和需要辨别清楚的理论是非，做了明确的、有说服力的回答。

当今世界形势的复杂多变、社会变革的急剧深刻，使人们的思想空前活跃，同时也产生了许多一时难以弄清的思想困惑。社会主义运动在世界范围内受到严重挫折，发达资本主义国家在经济、科技方面占优势，西方意识形态的渗透将长期存在，这些现实问题，都要求我国理论工作者做出充分有理的、有说服力的回答。

这部书的特色之一就是，抓住理论界和人们关注的理论热点问题，在把握基本事实的基础上展开科学的论证，既重在从理论上分清是非，又坚持用事实来说明问题，力戒流于空泛，从而增强论述的说服力。例如，民主观问题既是西方文化对我国进行渗透的一个重要方面，又是多年来被资产阶级自由化搞乱的一个问题，同时也是我国社会主义民主政治建设必须从理论上加以澄清的一个重大问题。这部书从建设高度的社会主义民主和完备的社会主义法制的角度，分析了民主的一般性和特殊性的关系，指明要在一般性的基础上明确各自的特殊性，正确认识两种民主思潮的实质和发展趋势。同时，用大量事实从国体和政体角度说明两种民主观的界限，指明要从一定社会的经济基础和阶级关系出发来认识民主，从这个根本点上区别两种民主的本质，并把从阶级本质上认识西方民主同其运行机制上可资借鉴的方面加以区分。此外，还深入阐述了要有效抵制民主问题上的美国中心主义，分析了美国民主的霸权性、伪善性、颠倒性等特点，这对于澄清民主观上的是非，坚持我国社会主义民主建设的正确方向，有着重要的现实意义。

又如，新自由主义经济学是西方竭力向发展中国家和社会主义国家输出的经济思想，也是我国资产阶级自由化思潮的重要理论来源。这部书对经历了近百年的西方新自由主义经济学的发展源流、基本理论特征和政策主张，进行了比较系统的梳理和深入的剖析，指出新自由主义的实质和核心是宣扬资本主义与市场自由的普遍性，反对社会主义，维护资本主义私有制度。它在哲学上奉行的是主观唯心主义和不可知论，用这种认识论和历史观做基础，其经济思想的偏狭和浅薄就是必然的。同时，还分析了新自由主义经济思潮对西方国家、发展中国家和苏联东欧国家的影响，指出其主张在西方发达国家行不通，在广大发展中国家和苏联东欧国家也行不通，这是必然的，不以任何人的意志为转移。在这种情况下，西方仍然向发展中国家和社会主义国家大力兜售新自由主义经济思想，这就更加凸显了其政治目的。这部书还列举了新自由主义经济学对我国理论界的影响，这些都具有重要的现实意义。

此外，这部书论述了群众普遍关心的一些问题，如：在经济全球化的趋势下，“民族国家”是否已经过时？美国某些政要大肆鼓吹的“人权高于主权”错在哪里？邓小平同志坚持党的“双百”方针与提出“不搞争论”，二者为什么不是矛盾对立的，如何看待二者之间的辩证统一关系？为什么在社会主义初级阶段实行社会主义公有制为主体、多种所有制经济共同发展的基本经济制度，不是不问姓“社”姓“资”和姓“公”姓“私”，更不是“补资本主义的课”？弄清这些问题，对统一认识，进一步增强民族凝聚力，团结大家同心同德，群策群力，为实现中华民族的伟大复兴而努力奋斗，是十分重要的。

这是一部注重理论思维和理论创新的书，力求全面、正确地根据邓小平理论关于社会主义初级阶段的学说和党的基本路线进行深入的理论阐述。

党的十五大以后，在以邓小平理论武装全党，以及在全社会掀起学习邓小平理论的新高潮过程中，党始终强调要正确地学习和掌握邓小平理论的科学体系，这是十分重要的，因为邓小平理论博大精深，内容丰富，任何把这个理论简单化、绝对化和实用化的做法，如强调一点而不及其余，人为地制造各种观点之间的矛盾对立，都会扭曲这个理论，损害这个理论，甚至造成严重的后果。这部书正是根据这种情况，特别着重在“全面、正确”上下功夫。

这一点，在对党的基本路线的论述和分析中，得到了很好的体现。

按照课题立项的规定，课题研究的重点是“十一届三中全会以来中国共产党反对西方文化渗透和资产阶级自由化的历史经验研究”。为了把这个问题弄清楚，作者们把这个主题放到更加广阔的场景中去观察，去研究，去叙述，不但分析了社会主义初级阶段的基本特征、根本任务和发展趋向，而且从党在这个历史阶段的基本路线的角度，探讨了这一主题与基本路线各个方面的相互关系。既强调了经济建设这个中心不可动摇的地位，又辩证地论述了坚持四项基本原则这个立国之本同改革开放这个强国之路相互依存、相互促进的关系，指出：我国的改革开放，是以坚持四项基本原则为根本前提的，只有这样，才能确保改革开放的社会主义方向；同样，只有坚持改革开放才能更好地完善和发展社会主义制度，才更有利于坚持四项基本原则。只有这两个方面都做好了，经济建设这个中心才能够真正落到实处，从而最终实现社会主义的现代化，实现中华民族的伟大复兴。

这种坚持用辩证的方法观察问题和分析问题的态度，在其他许多方面，也有很具体的表现。如在论述邓小平同志关于“两手抓，两手都要硬”的重要思想时，书中特别指出：这一思想是十分丰富、深刻的。“两手抓”的思想，邓小平同志在不同场合曾使用过不同的说法，诸如：要一手抓改革开放，一手抓打击经济犯罪活动；一手抓建设，一手抓法制；一手抓开放政策，一手抓反对资产阶级自由化；一手抓改革开放，一手抓惩治腐败；等等。所有这些，实际上都是围绕着“一手抓物质文明建设，一手抓精神文明建设”这一社会主义现代化建设的战略方针展开的。辩证地对待这两个方面之所以特别重要，是因为：一方面，物质文明建设为精神文明建设提供物质基础；另一方面，精神文明建设又为物质文明建设提供政治保证和精神动力。只有物质文明建设和精神文明建设都搞好，只有经济、政治、文化协调发展，才是有中国特色社会主义。

在论述社会主义初级阶段的阶级斗争、反腐败斗争的性质和意义、对外开放条件下学术与政治的关系等问题上，这部书也努力做到全面地、辩证地看问题，避免片面性、简单化和绝对化，对这些重要问题做出了新的富有启发性的理论阐述。

总之，这是一部具有较高学术价值和很强现实意义的好书，值得一读。

求真致用　以史为鉴*

——读魏宏运教授《锲斋文录》

魏宏运教授将自己半个世纪以来研究中国近现代史的学术论文，择其精要，围绕五个方面的主题，编为《锲斋文录》，作为“南开史学家论丛”之一种出版，是一件很有意义的事情。读完这部文稿，我觉得魏先生的史学研究在学术风格上有三个极为鲜明的特色：一是求真求实的态度，二是关注现实的态度，三是辩证分析的态度。

读《锲斋文录》，可以深切地感受到作者尊重历史、尊重历史的辩证法的治学准则。为了反映抗日战争的全貌，作者既对中国共产党最早建立的抗日根据地——晋察冀抗日根据地的政治、经济、文化、社会各方面做了全面深入的研究，开辟了一个颇具特色的“华北区域史”的研究领域，又较早地将研究视野扩展到国民党军队的正面战场以及国统区的社会状况，写作了《南京保卫战述论》《台儿庄战役述论》等一批文章，在史学界产生了较大的影响。

读《锲斋文录》，可以看出作者在自己的学术活动中倾注着对社会现实的强烈关注。如《南京沦陷时期日军宁沪杭之间的暴行》一文无异于对日本某些坚持军国主义立场的右翼政要不断散布美化侵略谬论的直接回击，《民初中国民族工业的发展和工人阶级的成长》则有力地澄清了有人散布的辛亥革命阻碍了中国现代化进程的荒唐观点。这种旗帜鲜明而又坚持说理的文章，读来令人神往。

---

* 载《光明日报》，2003年4月10日。

读《锲斋文录》，还可以感受到作者对历史事件和历史人物始终坚持辩证分析的方法。如对学术界颇有争议的“新文化运动”中提出的“打倒孔家店”口号，作者的分析就颇为中肯，充分显示出作者严谨的治学态度。

中国是怎样走向共和的？*

中国走向共和，对于生活在今天的人们来说也许显得有些遥远，但这场历史性巨变对中国的影响实在太大了，不了解它就很难了解今天中国的由来，以至人们至今依然时常回顾它，谈论它。

谈论这个问题有一个前提，那就是：一场历史性巨变的到来，一场席卷全国的革命大浪潮的到来，如果不具备客观的历史需要，没有深刻的社会背景，任何人都无法凭自己的主观意志把它制造出来。

那么，将近一个世纪前的这场历史性巨变是怎样发生的呢？

为民族生存寻求出路

上个世纪之交，中华民族正处在深重的苦难之中。

鸦片战争以后，中国丧失了独立地位，变成了一个半殖民地半封建国家。中日甲午战争的失败，大大加快了这种沉沦的步伐。亡国灭种的阴影，沉重地压在几代中国人的心头。戊戌维新运动的志士谭嗣同悲愤地写下了这样的诗句："世间无物抵春愁，合向苍冥一哭休。四万万人齐下泪，天涯何处是神州？"20世纪初到日本留学的鲁迅也写道："灵台无计逃神矢，风雨如磐暗故园。寄意寒星荃不察，我以我血荐轩辕。"

当时，中华民族面对着两大历史任务：一个是求得民族独立和人民解放，一个是实现国家繁荣富强和人民共同富裕。前一项任务

* 载《光明日报》，2003年8月12日。署名：金冲及、龚书铎、李文海。

为后一项任务扫清障碍，创造必要的前提。如果把 20 世纪分为两半，前半个世纪，中国人所要解决的是前一个任务；后半个世纪，中国人所努力实现的是后一个任务，直到现在我们仍在为此而继续奋斗。

为了民族独立和人民解放，中国人经历过艰难的求索。

19 世纪后半期，封建统治阶级中的一些人打出“自强”“求富”的旗号，发动洋务运动，开始兴办工矿企业，修筑铁路，开办学堂，派遣留学生。这些活动，对资本主义经济因素和资产阶级社会观念在中国的催生起了一定的作用，不少人对它们也有殷切的期待。但是，洋务派的社会地位和政治立场，使其陷入无法解决的矛盾之中。洋务派的一条根本原则是，不但不允许这些活动超越封建专制统治秩序的雷池一步，而且要用它来维护和巩固封建专制统治秩序。封建官场的腐败更是充斥在这些活动中。这就注定了洋务派不可能使中国真正做到“自强”和“求富”。中日甲午战争的失败，用事实宣告了这个运动的破产。以康有为、梁启超为代表的维新派既肯定洋务派在学习西方问题上所起的“筚路开山”作用，又尖锐地批评他们“根本不净，百事皆非”。这里所说的“根本”，就是坚持封建专制统治秩序的根本立场。

维新派懂得发展经济和文化，需要有一个良好的政治环境和条件。他们首先致力于政治的革新，在光绪皇帝支持下，发动了百日维新，力图对封建专制政治进行一些带有资本主义性质的改革。但是，他们以及他们的支持者如此软弱，以至在以慈禧为代表的封建顽固势力的残酷镇压下，顷刻瓦解，一败涂地。

在回顾这段历史的时候，不能回避对当时掌握着最高统治权力的一些人物的历史评价。例如，对于作为清王朝最高统治者的慈禧太后应该怎么看？对于 19 世纪后期实际掌握清王朝军政外交大权的李鸿章又怎么看？不弄清楚这些人的历史地位和作用，就很难对中国走向共和的历史面貌有确切的了解。

我们不能说慈禧没有做过一点儿好事。可是，作为封建专制统治的政治代表，慈禧绝不是站在历史潮流前头引导社会前进的人物。

慈禧尽心竭力维护的是“大清王朝”的统治，而这个时候，“大清王朝”已经走到末日，成为历史前进的绊脚石。我们绝不能把“朝廷”同“国家”混同起来，以为一心致力于巩固和维护“大清王朝”就是梦想着实现“国富民强”。“国家”和“朝廷”有一致的一面，但又有根本的区别。对清朝政府来说，有时为了“朝廷”的利益，可以完全不顾以至牺牲国家民族的利益。时人文廷式在《闻尘偶记》中记载：甲午战败，有人在城门上贴出一联：“万寿无疆，普天同庆；三军败绩，割地求和。”不久，又有一联：“台湾省已归日本，颐和园又搭天棚。”八国联军侵占北京后，慈禧为了维护“大清王朝”的统治，不仅急于签订丧权辱国的《辛丑条约》，而且竟在煌煌上谕中写上“量中华之物力，结与国之欢心”那样不顾脸面的话，听凭列强予取予求，使当时许多爱国者感到蒙受奇耻大辱。这哪里谈得上是追求“国富民强”？

难怪连主张君主立宪的梁启超也要指出：国家与朝廷是截然不同的两码事，“爱国必先自区分国家与朝廷始”。至于革命派的陈天华就说得更加直截了当了：“请看近来朝廷所做的事，哪一件不是奉洋人的号令？我们分明是拒洋人，他不说我们与洋人作对，反说与现在的朝廷作对，要把我们当做谋反叛逆的杀了。”“朝廷固然是不可违拒，难道说这洋人的朝廷也不该违拒吗？”既然清朝政府把自己的利益同帝国主义侵略者紧紧联结在一起，那么民众自然也就把反对帝国主义的爱国救亡斗争同反对清朝政府紧紧联结在一起。这是完全符合逻辑的结论。

李鸿章从镇压太平天国运动起家，稍后成为洋务运动的主角，对中国现代化的最初起步做出过自己的贡献。在对待帝国主义侵略的问题上，他始终坚守“力保和局”的宗旨，奉行“外须和戎”的外交方针。李鸿章的贪婪聚敛是有名的，当时甚至有“宰相合肥天下瘦”（李是安徽合肥人）的说法。他在“自强”旗号下一手训练起来的、用洋枪洋炮武装的淮军，腐败不堪，只能用于对内镇压，在对付日本侵略时几乎一触即溃。当列强将侵略战争强加到中国人民头上的时候，他一味避战求和，甚至命令北洋舰队在黄海海战后

“不得出大洋浪战，致有损失”，并多次签订损害国家利益和民族尊严的不平等条约。对此，李鸿章有着不可推卸的历史责任。《中日马关条约》签字前，日本首相伊藤博文咄咄逼人地说：“中堂见我此次节略，但有允、不允两句话而已。”李鸿章就其中两项辩驳。伊藤说：“驳只管驳，但我主意不能稍改。”李鸿章随即在请旨的电报中提出：“其愈逼愈紧，无可再商，应否即照伊藤前所改订条款定约，免误大局。”朝廷批准了他的意见。四天后，他便在条约上签字。因此，把李鸿章说成明了世界大势的“最杰出的外交家”，甚至把他描写成“忍辱负重”、有着“我不入地狱谁入地狱”高尚情操的“悲剧英雄”，是完全背离历史真实的。至于“弱国无外交”的问题，李鸿章作为一个弱国的政治代表，他的外交活动势必受到极大的制约，我们不能要求李鸿章做他无法做到的事情。但是，即使是一个弱小的、落后的国家，也有自己的民族自尊和志气，绝不是对列强种种侵略要求只能俯首帖耳、逆来顺受。否则，汪精卫之流也可以被看作“悲剧英雄”了，那还有什么是非可言，还有什么民族自尊自信可言？且不说古今中外历史上，弱小的国家和民族在爱国主义与民族精神的激励下，团结抗争，以小胜大、以弱胜强的事例屡见不鲜，就是有些斗争失败了，但抗争者那种宁死不屈的精神对后来者也起到了巨大的激励作用。这些人不愧为民族的脊梁。就是在同一时期，在对外交涉中，也不乏竭力维护国家利益和民族尊严从而在外交斗争中取得局部胜利甚至重大胜利的人。如曾纪泽、杨儒的对俄交涉，特别是左宗棠不顾李鸿章等人的反对，从外来侵略者手中收复新疆的巨大胜利等，都是很好的例子。

20世纪初出生的邓小平同志曾说：“我是一个中国人，懂得外国侵略中国的历史。当我听到西方七国首脑会议决定要制裁中国，马上就联想到一九〇〇年八国联军侵略中国的历史。”① “要懂得些中国历史，这是中国发展的一个精神动力。”② 他在同英国首相撒切尔夫人讨论香港问题时说：“如果不收回，就意味着中国政府是晚清政

---

① 《邓小平文选》，第3卷，357～358页。

② 同上书，358页。

府，中国领导人是李鸿章！”这些话，是值得我们反复玩味的。

革命是不得不做出的选择

漫漫长夜，中国的出路在哪里？在19世纪后半个世纪里，中国人做过多种试验，但都救不了中国。当历史进入20世纪的时候，中华民族面对的现实更加严峻。国家民族的生死存亡已处在千钧一发的关头。正如陈天华在《警世钟》中所说："要革命的，这时可以革了，过了这时没有命了！"

中国人实在没有其他路可走，只能义无反顾地投身到近代民族民主革命中去。这是现实迫使他们做出的选择。

谁都知道，革命需要付出巨大的代价，对革命志士来说必须准备抛头颅、洒热血。下这个决心，自然极不容易。如果那时的清王朝真是一心为中国谋出路，甚至民众哪怕还对它抱有一点儿希望，那么大多数人就宁可采取温和的态度推动它进行改革，而不会断然采取革命行动。

孙中山和革命派中的不少骨干分子，一开始也企图通过和平手段来促使清政府改革。1894年孙中山上书李鸿章，提出一整套改良方案，就是因为他对李鸿章还抱有希望。孙中山的好友陈少白说："孙先生所以要上李鸿章书，就因为李鸿章在当时算为识时务之大员，如果能够听他的话，办起来，也未尝不可挽救当时的中国。"然而，事实却很无情，孙中山的热切愿望换来的却是李鸿章冰冷的回答，连见都没见他，于是孙中山"知和平之法无可复施"，最终才坚定了革命的决心。

20世纪初，越来越多的知识分子奋不顾身地走上革命道路，都是他们对清王朝进行长期观察后做出的抉择。八国联军战争结束后，清政府的腐败祸国更加暴露无遗，其标榜实行新政，采取的奖励设厂和废科举、兴学堂等措施，虽然多少也起过积极作用，但始终拒绝实行任何根本的变革。人们的失望、不满和愤怒越来越强烈，最后得出一个结论：不用革命的手段推翻这个专制、腐朽的祸国政府，中国是一点儿希望都没有了。连温和的曾反对革命的君主立宪派最后都感到绝望了。清王朝宣布预备立宪时，立宪派曾大喜过望。但清政府公布的《钦定宪法大纲》规定："君主神圣不可侵犯"；"凡法律虽经议院议决，而未奉诏批准颁布者，不能见诸实行"；用人、军事、外交等大事，议院都不得干预。这个《大纲》无非把君主专制制度以成文的法律形式肯定下来，并加以强化。立宪派发动了颇具规模的请愿运动，要求清政府速开国会和成立责任内阁，尽快转入君主立宪的轨道。但清王朝不能容忍自己专制权力的任何削弱和丧失，一次又一次地拒绝了这种请愿要求。到立宪派准备进行第四次请愿时，清政府竟严令禁止，并变本加厉地加强集权统治，成立"皇族内阁"。这使立宪派大为愤怒，梁启超在报刊上撰文痛斥清政府是"祸国殃民之政府""妖孽之政府"。清政府的倒行逆施，将越来越多的立宪派人士推向革命方面。

再看20世纪初清王朝统治下的中国社会：百业凋敝，民不聊生。一个御史在给朝廷的奏折中写道："士为四民之首，近已绝无生路，农、工终岁勤动，难谋一饱，商贾资本缺乏，揭借者多，获利维艰，倒闭相望。城市村落，十室九空，无业游民居其大半，弱者转于沟壑，强者流为盗贼，土匪蠢动，此灭彼兴，民不聊生，何堪搜括。加以各省水旱蝗蝻，哀鸿遍野，徐、海饥民数百万，遮蔽江、淮，困苦流离，生无所赖。万一揭竿并起，滋蔓难图……大患岂堪设想。"民众无法生活下去，抗捐抗税、抢米风潮、会党与农民起义等遍布全国城乡，连绵不断。据不完全统计，1902年到1911年，全国各地此起彼伏的民变多达1 300余起。它削弱了清政府的统治，为辛亥革命的爆发创造了客观的社会环境和群众基础。当时有人指出："是故革命之主义，非党人所能造也，由于平民所身受之疾苦而发生者也。……使平民之疾苦日深一日，则革命之主义日炽一日，而革命党之实力亦日盛一日。"

人心向背决定一切。到辛亥革命前夕，人们对清王朝的这种不满和愤怒已发展到不加掩饰的地步。这连外国人也看出来了。长沙关税务司伟克非给总税务司安格联的信中写道：“毫无疑问，大多数老百姓是希望换个政府的，不能说他们是革命党，但是他们对推翻清朝的尝试是衷心赞成的。”“我看在不久的将来，一场革命是免不了的。现在已是公开鼓吹革命，并且获得普遍的同情，而政府并没有采取任何预防措施，却尽在瞎胡闹。”

这是当年中国历史画卷中最鲜明、最突出的内容，其他什么都无法同它相比。不充分地看到这一点，便谈不上历史的真实。

由此可见，辛亥革命的发生是客观形势使然。当时的清政府，正如孙中山所形容的，“可以比作一座即将倒塌的房屋，整个结构已从根本上彻底地腐朽了，难道有人只要用几根小柱子斜撑住外墙就能够使那座房屋免于倾倒吗？”革命形势已经成熟。以孙中山为代表的革命派起而推翻清政府，走向共和，正是代表广大民众的意愿，顺应历史发展的必然趋势。

推翻帝制为中国的进步打开了闸门

毛泽东同志在《纪念孙中山先生》这篇文章中说：“纪念他在辛亥革命时期，领导人民推翻帝制、建立共和国的丰功伟绩。”

“共和国”的建立，是中国历史上的一次巨大变化。孙中山在中国同盟会建立时就指出：“中国数千年来都是君主专制政体，这种政体，不是平等自由的国民所堪受的”，革命要将“中国数千年来君主专制之治一扫而空”，新的“国家为人民之公产，凡人民之事，人民公理之”。1912 年南京临时政府成立后颁布的《临时约法》，破天荒地明确宣告：“中华民国之主权，属于国民全体。”普通老百姓至少在法理上从“子民”“蚁民”一下子被承认为国家的主人，这是一个了不起的变化。

走向共和，可以说是革命民主主义同君主专制主义的对立和斗争。这是一场生死搏斗。不是说对历史人物要“以他在中国近代历史中起到的推动作用来评判”吗？在慈禧当政下，“大清帝国”江河日下，成为社会前进的障碍。只有推翻清朝政府的统治，民族才有希望，社会才能进步。当然，慈禧也好，袁世凯也好，为了维护和巩固他们的统治，也做过一点儿在历史上起积极作用的事情，但这并不能改变他们在总体上代表中国社会中的腐朽力量、是民族罪人的本质。

在严重的民族危机面前，不同阶级的代表人物所想的并不是一回事，探寻的也是不同的出路。不管慈禧是否像有些人想象的那样“慈祥”“温馨”、有“高雅情趣”，作为封建专制主义的总代表，她只能是共和的对立物。不管把袁世凯说得怎样“开明”“进步”，他在必要时可以抛弃清朝政府，但他追求的依然是君主专制，而不是民主共和。这里用得着鲁迅说过的一句话：“某一种人，一定只有这某一种人的思想和眼光，不能越出他本阶级之外。说起来，好像又在提倡什么犯讳的阶级了，然而事实是如此的。”

在清朝统治者眼里，孙中山等革命者是大逆不道、犯上作乱的“叛贼”“乱党”。以为追求共和主义的革命者和维护君主专制制度的封建统治者都在为救中国“找出路”，一道“走向共和”，岂不荒唐?! 要是那样的话，革命岂不是多余的？包括秋瑾、黄花岗七十二烈士等在内的先烈的流血牺牲岂不毫无价值？

辛亥革命的历史功绩是不可磨灭的。它带来的直接后果至少有两个：第一，它使中国的反动统治秩序再也无法稳定下来。中国封建社会本来有个头，那就是皇帝。他是大权独揽的绝对权威，是反动统治秩序赖以保持稳定的重心。辛亥革命突然把这个头砍掉了，整个反动统治就乱了套。这以后，从北洋军阀到南京政府，像走马灯似地一个接着一个登场，但始终不能建立一个统一的、稳定的统治秩序。辛亥革命在这里所起的巨大作用是无法抹杀的，它为中国的进步打开了闸门，为中国人民革命的胜利开辟了道路。第二，它使中国人民在思想上获得了一次大解放。皇帝在过去是至高无上、神圣不可侵犯的，如今都可以打倒，那么还有什么陈腐的东西不可以打破？思想闸门一经打开，这股汹涌澎湃的思想解放潮流就奔腾向前，不可阻挡了。尽管辛亥革命后，政治形势还十分险恶，但人们已开始大胆地寻求新的救中国的出路，不久便迎来了五四运动和马克思主义的传播，开始了中国历史的新纪元。

袁世凯在清王朝崩溃之局已成的情况下，表示“矢忠”共和，并且当了“民国总统”，但他的目的却是借革命之手取清朝皇帝而代之。他一旦自以为站稳了脚跟，便立刻宣布取消共和，恢复君主专制制度，自己做起皇帝来。但历史不会倒转，袁世凯的称帝很快在全国人民反对下失败了。革命所带来的已经发生了的变化，任谁也无法把它全部抹杀掉。

当然，辛亥革命取得的成功毕竟有限。帝国主义和封建势力在中国的统治实在根深蒂固，并不是一两次冲击就能推倒的。辛亥革命没有改变中国半殖民地半封建社会的性质，孙中山期盼的“共和”受到挫折，人民的悲惨境遇依然如故。1921 年以后，中国共产党继承孙中山未竟的事业，向前迈进，领导中国人民在新民主主义的旗帜下进行了长期的不屈不挠的革命斗争，终于推翻了压在中国人民头上的三座大山，响亮地宣告“中国人从此站立起来了”，建立起中华人民共和国，这才是真正的人民共和国。

由此可见，中国走向共和，走的是一条多么艰难曲折的道路！但同时又是一条多么值得中国人自豪的道路！

黄土文明的过去和未来*

山西大学借百年校庆的机会，邀请海峡两岸的学者，以“全球化与黄土文明”为主题举行学术论坛，是很有意义的。我想围绕这个主题，谈一点自己的想法，向大家请教。

一、黄土文明是中华文明的摇篮，在历史上有过自己的辉煌

所谓黄土文明，应该是指孕育、诞生和生长于我国黄土高原这一特定自然环境与社会环境的文化形态。

中国的黄土高原，是世界上最大的黄土沉积区，位于我国中部偏北，包括太行山以西、青海省以东、秦岭以北、长城以南的广大地区，跨山西、陕西、甘肃、青海、宁夏、河南等省区，东西1 000余千米，南北约700千米，全部面积约40万平方千米。

黄土高原既是中华民族的发祥地，也是中华文明的摇篮。

中华民族人文始祖炎、黄二帝，虽是传说时代的人物，但学术界基本肯定是兴起于我国西部黄土高原地区的部落领袖。正是从炎黄时代开始，在这个地区发展起来了农耕、医药、音乐、文字，出现了某些社会制度的雏形，诞生了中国的古代文明。经过5 000多年的积累和发展，形成了源远流长的中华文明。

世界几大古代文明，只有中华文明没有中断地延续下来，追根溯源，我们绝不应该轻视、忽视甚至诋毁作为中华文明摇篮的黄土

---

* 载《寻根》，2003年第1期。

文明。原因很简单，因为文明本身就是一个延绵不绝的发展过程。江泽民同志对于中华文明的形成、发展及其历史作用，讲过这样一段话：

> 中华民族有着自己的伟大民族精神。这个民族精神，积千年之精华，博大精深，根深蒂固，是中华民族生命机体中不可分割的重要成分。中华民族在五千年的发展中，历经磨难而信念愈坚，饱尝艰辛而斗志更强，开发建设了祖国的大好河山，创造了灿烂的中华文明，为人类文明进步做出了不可磨灭的贡献。①

2002年4月28日，江泽民同志在考察中国人民大学时又说，希望大家既立足中国又面向世界，努力继承和弘扬中华民族的优秀文化。中华文化博大精深，为人类文明进步做出了不朽的贡献，我们应当结合时代精神加以继承和发展。

但是，20世纪80年代后期，以《河殇》为代表的民族文化虚无主义思潮，对所谓的"黄色文明"实际上也对整个中华文明进行了无所不至的冷嘲热讽，加以彻底的否定。其认为，"黄色文明"是一种"内陆文化"，它的特性是封闭的、保守的、僵化的，只有所谓的"蓝色文化"或者叫作"海洋文化"才是进取的、有活力的。

持这种思潮的人说：

"这片土黄色的大地不能教给我们，什么是真正的科学精神。"

"肆虐的黄河不能教给我们，什么是真正的民主意识。单靠这片黄土和这条黄河，已经养育不起日益膨胀的人口，已经孕育不了新的文化，它不再有过去的营养和精力。"

"儒家文化或许有种种古老完善的'法宝'，但它几千年来偏偏造就不出一个民族的进取精神、一个国家的法治秩序、一种文化的更新机制；相反，它在走向衰落之中，形成了一种可怕的自杀机制，不断摧残自己的精华，杀死自己内部有生命力的因素，窒息这个民

---

① 江泽民：《在全国抗洪抢险总结表彰大会上的讲话》，载《人民日报》，1998年9月29日。

族的一代又一代精英。”

“历史证明：按照一种内陆文化的统治模式……不能根本性地赋予整个民族以一种强大的文明活力。只有当蔚蓝色的海风终于化为雨水，重新滋润这片干旱的黄土地时，这些只在春节喜庆日子里才迸发出来的令人惊异的活力，才有可能使巨大的黄土高原重新获得生机。”

“（新的文明）不可能再从黄河里流淌出来。旧文明的沉渣已经像淤积在黄河河道里的泥沙一样，积淀在我们民族的血管里。它需要一场大洪峰的冲刷。”

当然，这些都不是学术语言，说这些也不是在进行学术意义上的讨论。就像他们自己所说的，他们骂长江黄河，是“借长江黄河象征某种势力”，因为“长江黄河不会讲话，把它们作为反面人物，它们也不会出来打倒你”。其实，彻底否定“黄色文明”乃至中华文明，企求和呼唤“蓝色文明”来“重新滋润这片黄土地”，只不过是为新的“全盘西化”论提供某种论据，至于这种论据是否能够成立倒是无关紧要的。

不过，在这个学术讨论会上，我们倒是可以撇开他们讲这些话的政治内容和政治含义，纯粹从学理上进行一点讨论。就这个意义上，我们可以肯定地说，从中华文明后来的发展历程看，把黄土文明判定为封闭、保守、僵化的东西，纯粹是武断的和主观臆测得出的结论。

我们可以举两个例子。

一是汉、唐文化。历史学家普遍认为，汉、唐历史和汉、唐文化，正是以黄土高原为基地的。在中国历史上，汉、唐文化放射着璀璨的光芒，所以能达到这个境界，除了经济、社会的发展以外，一个重要原因就是当时的人们能大胆地、闳放地吸收外来文化。正如鲁迅所说：“汉唐虽然也有边患，但魄力究竟雄大，人民具有不至于为异族奴隶的自信心，或者竟毫未想到，凡取用外来事物的时候，就如将彼俘来一样，自由驱使，绝不介怀。”① 文化在世界上处于先

① 鲁迅：《看镜有感》。

进地位，自然会向周围辐射，对世界文明的发展产生积极的影响。唐代的长安有那么多日本的遣唐使，就是一个小小的证明。

另一个例子就是妇孺皆知的丝绸之路。这条东西商业贸易之路，中国和欧亚各国间政治往来、文化交流之路，正是以汉代的长安为起点，穿过黄土高原，出玉门关，经新疆，进入中亚地区，一直通往欧洲甚至北非的。通过丝绸之路，西方的科学、艺术、宗教等传入中国，中国的纺织、造纸、印刷、火药、指南针、制瓷等工艺技术，绘画等艺术手法，儒家、道教等思想，也传向西方。

这就是历史的真实。只有拂去政治偏见，历史真相才能十分清晰。

二、经济全球化与文明多样化

文明的发展进步，总是在一定的社会环境下才能实现，总是离不开特定的时代条件。

江泽民同志在党的十六大报告中，着重分析了当前国际国内形势的新的深刻变化，指出："当人类社会跨入二十一世纪的时候，我国进入全面建设小康社会、加快推进社会主义现代化的新的发展阶段。国际局势正在发生深刻变化。世界多极化和经济全球化的趋势在曲折中发展，科技进步日新月异，综合国力竞争日趋激烈。形势逼人，不进则退。"

这样的形势，将会对我们的文化建设提出什么新的要求，产生什么重大影响呢？在这样的背景下，黄土文明，或者扩大一点说，中华文明的历史命运将会如何呢？

我以为，国际国内形势的新变化，不仅不意味着中华文明将在所谓"国际化"浪潮下受到削弱，相反，其为中华文明的发展提供了难得的契机；不仅不意味着建设中华文明的责任和任务可以有丝毫的减轻或放松，相反，应更加极大地增强建设中华文明的重要性和紧迫性。

这可以从以下三点来加以说明：

第一，从国内来说，全面建设小康社会，到21世纪中叶要基本实现社会主义现代化，实现中华民族的伟大复兴，不仅要求社会主义物质文明建设有一个巨大的发展，而且要求社会主义精神文明建设有一个巨大的发展。这是因为，社会主义社会是全面发展、全面进步的社会。只有经济、政治、文化协调发展，只有物质文明和精神文明都搞好，才是有中国特色社会主义。在精神文明的建设中，继承和发展中华文明，弘扬和培育民族精神，具有十分重要的意义。

第二，江泽民同志曾多次指出，有中国特色社会主义的文化是综合国力的重要标志。在科技进步日新月异、综合国力竞争日趋激烈的情况下，中华民族要能够自立于世界民族之林，为世界的文明和进步做出更多更大的贡献，就必须不断地增强自己的综合国力，首先是增强作为综合国力物质基础的经济实力、技术实力，同时一丝一毫也不能忽略作为综合国力重要组成部分的民族文化素质的提高。

第三，在经济全球化趋势日益发展的情况下，中华文明应该怎样发展？经济全球化问题，大概是当今世界大家谈论得最多的一个问题。政治家、学者以及各方人士，对经济全球化的性质、内容和它可能产生的影响与后果，在认识上存在着许多的分歧甚至尖锐的对立。最近一个时期，国际上正在出现一个反对由西方主导的经济全球化负面影响的浪潮。但是，作为一个难以避免的客观历史进程，不管你愿意还是不愿意，喜欢还是不喜欢，赞成还是不赞成，经济全球化的发展趋向毕竟是个客观存在。我们只能面对现实，从容应对，积极参与，趋利避害。在许多分歧和争论之中，有一个问题，就是经济与政治、文化的关系。有些人期望并且相信，经济全球化必将带来世界的政治一体化和文明的单一化，如西方的某些政要就公开声称，经济全球化就是“西方化”，也就是如有的人一针见血所指出的：“以经济全球化推动政治全球化和资本主义意识形态全球化，又以政治全球化和资本主义意识形态全球化来保障经济全球化，就是国际资本主义主导经济全球化的全部战略。”但是，这样一种思路，这样一种图谋，从根本上说来，是同和平与发展的世界历史潮流背道而驰的。因为，世界本来就是丰富多彩的，在政治、文化上按照一种模式去改造世界，重塑世界，不但不可行，而且也行不通。所谓政治一体化，意味着霸权主义和强权政治的合法化，是对世界各国人民按照本国国情自由选择政治制度和社会制度权利的无理剥夺。至于文化问题，文明发展的问题，就更是如此。经济全球化绝不应该导致文明的单一化，而应该更好地实现文明多样化，这样才能在经济发展的同时，使世界文明向着更高水平和更加繁荣的方向前进。这既是文化本性所决定的，也是文明发展的客观要求和必然趋势。文化是精神产品，它同物质产品不同。物质产品只要质量好，使用价值高，价格又便宜，就可以占有世界市场。使用者并不管至少不太管是谁生产和哪里生产的。精神产品就不一样，它必须适合人们的历史传统、文化背景、千百年来养成的风俗习惯。由一种模式去主宰、统治全世界，是无论如何也做不到的。所以，蔡元培先生早就说过，世界东西方文明只有相互学习，互补短长，“世界新文明始有焕扬光彩，发育完成之一日”。所以，在经济全球化的进程中，我们始终不能放松对于文化霸权主义的警惕，要坚决反对文化单一化也就是变成西方文化的一统天下。世界文明的高度发展，只能依靠世界各国民族文化的百花齐放、共同繁荣，当然这中间也包含着各民族文化之间的相互融合和渗透。毫无疑问，在经济全球化的大背景下，我们必须以更加开放的心态、更加主动的精神，去面对世界各国的不同文化形态，认真吸取人类文明的一切优秀成果，积极参与各种异质文化的对话与交流，通过这些，使中华文明得到更好的发展、更大的创新。

三、黄土文明也要与时俱进

鲁迅曾说：“文化的改革如长江大河的流行，无法遏止，假使能够遏止，那就成为死水，纵不干涸，也必腐败的。”① 作为中华文明摇篮的黄土文明，在历史上有过自己的辉煌，书写过灿烂的篇章。随着时代的变化，黄土文明也需要不断发展，不断前进，才不至于干涸腐败，成为一潭死水。

黄土文明在自己的建设过程中，需要辩证地、科学地处理好各种关系。这里，我着重谈一下四个方面的关系。

一是既要坚持先进文化的前进方向，又要重视保持区域文化的传统和特色。坚持什么样的文化方向，推动建设什么样的文化，是一个带有根本性质的原则问题。中国共产党始终高举中国先进文化的旗帜，在民主革命时期，为建设民族的、科学的、大众的新民主主义文化而努力奋斗；在社会主义时期，又为建设民族的、科学的、大众的有中国特色社会主义文化而努力奋斗。黄土文明是中华文明的一个组成部分，或者说，是有中国特色社会主义文化的一个组成部分。中央对于建设有中国特色社会主义的文化，有一系列明确的方针和政策，特别是党的十五大和十六大，制定了社会主义初级阶段的基本路线和基本纲领，规定了全面建设小康社会、开创有中国特色社会主义事业新局面的宏伟目标，其中对于建设有中国特色社会主义文化的目标任务和基本政策，有十分具体的规定。所有这些，当然也是黄土文明建设和发展的根本指导方针。同时，黄土文明又有自己的传统和特色，在发展过程中，应该保持这些特色和传统，不要盲目地跟着别人跑。例如，黄土文明，跟东南沿海地区的文化模式，就应该有所不同。没有自己的特色，也就失去了自己存在的价值。

二是文化的发展，既要立足于建设有中国特色社会主义的实践，又反过来推动建设有中国特色社会主义的宏伟大业。一定的文化是一定社会的政治和经济在观念形态上的反映。有中国特色社会主义的文化，渊源于中华民族五千年文明史，又植根于有中国特色社会主义的实践；它反映我们社会主义经济和政治的基本特征，又对经

① 鲁迅：《从“别字”说开去》，见《且介亭杂文二集》，283页。

济和政治的发展起着巨大的促进作用。没有经济的发展和政治的稳定，文化建设就无从谈起。党中央做出了西部大开发的重要决策，为黄土文明的发展提供了千载难逢的机遇和条件。衡量与检验文化建设的成效，归根到底，要看文化是否为经济发展和社会全面进步提供了强大的精神动力与智力支持，看全民族的思想道德素质和科学文化素质是否有了明显的提高，看民族凝聚力是否有了极大的增强，看适应社会主义现代化要求的有理想、有道德、有文化、有纪律的新一代公民是否茁壮成长，看人民群众的文化需要是否得到了较好的满足。

三是新的文化既要具有强烈的时代特征，又要带有鲜明的中国风格和民族特色。就像鲁迅所说的那样："外之既不后于世界之思潮，内之仍弗失固有之血脉。"① 鲁迅的这句话，抓住了文化的两个最重要的特性：一个是时代性，一个是民族性。所谓时代性，就是说应该跟得上时代的潮流；所谓民族性，就是要始终保持中国的特色。鲁迅在赞扬陶元庆的画展时，主要也是肯定其作品既"和世界的时代思潮合流，而又并未梏亡中国的民族性"，他认为，这样的作品，才是"存在于现今想要参与世界上的事业的中国人的心里"②的真正的艺术。过去有一句话，叫作"越是民族的，就越是世界的"。有人对这句话大不以为然，其实这句话并不错。试想，如果民族的血脉、民族的风格、民族的特色、民族的气派已经不再存在，那么中华文明还能在世界上有一席之地吗？

四是在文化建设的过程中，既要努力继承与弘扬中华民族的优秀文化传统和五四运动以来形成的革命文化传统，又要积极学习与借鉴世界各国人民创造的有益文化成果。黄土文明与中华文明的关系，前边已经讲过了。这里特别提出五四运动以来形成的革命文化传统，因为这个文化传统正是在黄土高原上真正成熟起来的。这个历史渊源，对黄土文明的发展应该具有特殊重要的意义。至于学习与借鉴世界文明的重要性和必要性，是因为我国的文化发展不能离

---

① 鲁迅：《文化偏至论》。

② 鲁迅：《当陶元庆君的绘画展览时》。

开人类文明的共同成果。所以，要坚持“以我为主、为我所用”的原则，开展多种形式的对外文化交流，博采各国文化之长，向世界展示中国文化建设的成就。在继承与借鉴、融会与交流中积极进行文化创新，创造出丰富多彩、健康向上的精神产品，最大限度地满足人民群众日益增长的精神文化需要。

《康济录》的思想价值与社会作用*

《康济录》是一部搜集“自周至明”史籍中有关灾荒与荒政的“历代典故”，并逐条加以评析剖解的专门著作。作者为钱塘县监生陆曾禹。原稿本名《救饥谱》，但一直“未经刊刻”。陆曾禹逝世后，他的同乡时任吏科给事中的倪国琏，觉得这部书稿很有价值，乃于乾隆四年（1739 年）进呈给皇帝。乾隆帝阅后，深表嘉许，命“南书房翰林详加校对，略为删润，命名曰《康济录》，交与武英殿刊刻颁发”（乾隆四年七月二十日上谕）。根据这个谕旨，清王朝组织了以和硕和亲王弘昼为“监理”，大学士鄂尔泰、张廷玉、徐本为“总阅”的工作班子，经一年多的校改，最后编成一部共四卷、约 14 万字的书，加上“钦定”字样正式颁行。此后，这部书在社会上产生了重要的影响，清代乾隆以后言荒政者几乎都要引用此书。① 因此，探讨这部书的思想内容及其在实际生活中的作用和影响，对于灾荒史的研究来说，应该是很有意义的。

一、《康济录》倡导的灾荒观的积极意义

《康济录》一书，在很大程度上，是作者关于救荒问题对包括皇帝在内的各级封建统治者的进言。正是这样一个写作出发点，促使

---

* 载《清史研究》，2003 年第 1 期。

① 《康济录》原版已成珍本。范宝俊主编的《灾害管理文库》（1999 年 6 月当代中国出版社出版），将《康济录》全文收入，按原书刻本版式扫描制版。原刻本只有分卷，无页码。本文凡引用《康济录》原文，为便于读者查阅，除注明卷数外，另按《灾害管理文库》第 2 卷第 4 册标明页码。

作者用最浓重的笔墨，首先着重描述和论证作为一个当权者，应该以什么样的态度去对待带给人民巨大苦难的灾荒，去对待啼饥号寒挣扎在死亡线上的哀哀灾民。

作者能够使用的思想武器，并没有超出传统封建儒学的最精华部分民本思想的范围。但是，作者在强调救荒必须“以仁心行仁政”时，可以说把民本思想发挥到了极致。在论及君和民的关系时，书中不仅反复谈到“君民一体”，指出“民不赖君，何能活于凶岁；君不得民，何以享其太平。此君民一体之意也”（卷一，第40页）。谈到国与民是鱼水关系时，指出“国之赖民，犹鱼之借水。鱼无水，则不生；国无民，则难与治”（卷一，第42页）。而且更进一步指出，君与民相比较，民是更根本、更重要的主体。圣明的君主，应该把民放到重于自己的地位，所谓“圣王御宇，其爱民也，甚于爱身”（卷三，第191页）。书中甚至把统治者和老百姓的关系喻之为毛与皮的关系，说：“皮之不存，毛将安附？各位大藩而不知为朝廷旬宣布化，子惠黎元，忝厥职也甚矣。”（卷一，第45页）值得注意的是，书中竟然使用了诸如“爱国必先爱民”（卷二，第102页）、“彻底为民”（卷二，第187页）这样的词句，这在以往民本主义思想家的作品中也是罕见的。封建君主专制主义从本质上说，是同民主主义相矛盾、相对立的。在封建主义的统治秩序下，君主始终拥有至高无上的权力，始终是人民群众的无可动摇的主宰。在这样的前提下，对民的地位和重要性强调得愈加充分，就愈能促使政治的清明和社会的稳定。《康济录》的作者把这个问题作为灾荒观的头一个重要问题提出来，确实抓到了要害和根本。因为没有对人民群众切身利害的高度关切，没有“惠爱苍生”“存心于天下，加志于穷民”的意识和胸怀，高高在上的统治者是很难尽心竭力地做好抗灾救灾工作的。

当充分说明了救荒赈灾是得乎民心、顺乎天意、合乎仁政的道理之后，《康济录》的作者就顺理成章地提出，一旦发生了重大自然灾害，贤君就应该“自贬以救民”，“节一人之用度，救万姓之流离”（卷一，第22页）。还说：“治国不可以纵欲，守位贵从乎民好。膺民社者，治本是图。躬行节俭，则恩膏沛于万姓，菽粟足于仓箱矣。”（卷一，第29页）他还直截了当地警告说：“饥馑之岁，亿兆嗷嗷于下，司牧者忧劳于上，惟恐弗克积诚感召天和，为民请命于苍昊，矧敢燕闲深宫，置民伤于度外哉!”（卷三，第202页）这样，就把是否重荒政作为判断与区分封建统治阶级是圣君贤相还是庸君墨吏的一个重要尺度和分水岭。无疑，这样的观念成为越来越多的人的共识，将极大地有利于推动封建政权对荒政的实施。

同封建正统的灾荒观一致，《康济录》从“天人感应”“天人合一”的认识出发，大力宣扬自然灾害是“天意示警”的观念，认为灾荒的发生是上天对社会生活和现实政治中不合理现象的一种警告。这种灾荒观，由于强调的方面不同，可以得出两种不同的结论。过于强调上天的作用，容易引导人们走向迷信，一味乞求上天的保佑，忽略和放松了抗灾救灾的实际努力，这是消极的一面。着眼于检讨与改进现实生活特别是统治政策中的问题和黑暗面，以此消除“乖戾之气”，感动上苍。这虽然不是对灾荒的科学认识，但在现实生活中却显然有着积极的意义。在这个问题上，《康济录》当然无法完全摆脱迷信的成分，但其主导方面却贯穿着积极的态度。书中反复强调，“夫灾荒之至，半由人事阙失，故惟恐惧修省，克谨天戒，以感召和气，则灾戾消而百谷用成，万民以济”（卷三，第198页），“人有冤抑之事不明，则郁恨之气不散，遂结于太虚而灾眚见，淫雨、亢旱、蝗蝻、兵火之类是也”（卷三，第276页），“天之以灾谴示警，实未尝殃民以快意也，将以试司牧者之处置何如耳!”（卷三，第194页）从这里出发，《康济录》的作者列举历史上一些贤明君主为榜样，要求统治者在严重灾害面前，理冤狱，除苛政，戒侈靡，广言路，清吏治，蠲租赋，苏民困，行仁政，认为这些是较之具体的赈灾救荒措施更为根本的举措，因为“风雨之调和，原在人心之喜豫。盖心和而气和，气和而阴阳交泰矣。王政本符乎情理，天心总寄于民心”（卷一，第39页）。且不论这些要求在多大程度上能为封建统治者所接受并付诸实施，无论如何，这些要求本身，应该是在封建主义的范围之内能够提出的最好的政治企盼，在当时的条件下具有重要的进步意义。

从民本思想出发，在对待因为遭受灾荒而生活无着被迫铤而走险的人群上，《康济录》提出了一种与封建传统观念大相径庭的看法。传统观念认为，灾民一旦有了抢掠行为，就破坏了封建统治秩序，就是叛逆，一概目之为“盗贼”。这些人不但不属于官府的赈济对象，而且必须用武力加以剿除。所以，以往的赈灾大员常常强调救荒时要带两样东西：一手带粮款，一手带刀枪。粮款赈济灾民，刀枪镇压“盗贼”。《康济录》的作者则认为，“凡陷于剽掠者，皆因饥寒逼迫而致之，岂乐此丧身亡家之祸哉?”（卷二，第138页）“米珠薪桂，人皆自顾不暇，何处恳求，官长若不救全，老弱死而壮者盗，必然之势”（卷三，第337页）。该书还引用苏轼的话说：“河北京东，比年以来，旱蝗相仍，盗贼渐多。今又不雨，麦不入土。窃料明年春夏之际，盗必甚于今日。”（卷三，第433页）“公私匮乏，民不堪命。冒法而为盗则死，畏法而不盗则饥。饥寒之与弃市，均是死亡，而赊死之与忍饥，祸有迟速，相牵为盗，亦理之常。虽日杀百人，势必不止。”（卷三，第434页）这段话，不但实事求是地分析了饥民在无法生活的情况下“相牵为盗”的客观现实性，而且指出一味靠屠戮镇压是无济于事的。所以，《康济录》在强调“民因饥馑而为盗，非扰社稷而兴兵”的同时，还大声疾呼应该对这些人像对待一般灾民一样给以赈济，“予以自新之路”，而且要更加及时，免得他们在违反封建法制的路上愈陷愈深：“民之为盗，多迫于无可如何耳。有司已得其情，自宜及早招来，予以自新之路，仍为治世良民。但救之贵早，迟则积恶多而不可屈国法以徇民。”（卷一，第83页）可以看出，作者的立场并没有、我们也不应该要求他超出封建主义的范围，但毕竟这是一个正统封建主义者所能做出的最好的见解和呼吁。

《康济录》在灾荒观方面还有一个很有价值的思想，就是在防灾和救灾的关系上，主张“防”重于“救”，把灾害的防止放在更加重要的地位。该书反复强调要“安不忘危”，“豫备不虞”。只要事先有充分的准备，“天下无不救之饥寒”。“赒急济困之道，苟能斟酌于康年，自可维持于俭岁。”（卷三，第189页）怎样才能做到“有备无患”呢？该书强调了三点。一是前面已经说到的，就是要政治清明，社会安定，有祥和之象，少乖戾之气，统治者以“圣德仁恩之厚，勤劳天下，宵旰勿遑。凡大滋茂衣食，便安黎民之道，至大至详，有举无废，用是万方乂安，坐臻上理。当是时也，时有饥荒，国无歉乏。补偏救弊之术，无所事诸”（卷二，第95页）。就是说，在那样的情况下，即使局部地区发生灾害，有了饥荒，全国也不会有歉乏之虞。二是要发展生产，“盛于稼穑”。该书所列“先事六则”即灾荒发生之前应该做好的六件事情中，头两件就是“教农桑以免冻馁”，“讲水利以备旱涝”。因为只有大力发展生产，才能够增强防灾抗灾的能力，才能够在一旦灾荒出现的时候，具备充裕的赈济救灾的经济实力。三是要有足够的粮食物资的储存，所谓“谷不积，不足以救饥”，“丰年多蓄，则饥馑可无虞耳”（卷一，第20页）。我国一向有“耕三余一”的说法，“三年耕，必有一年之食；九年耕，必有三年之食”。该书特别引用《礼记·王制篇》中的话，来强调必要的粮食储备的极端重要性：“国无九年之蓄曰不足，无六年之蓄曰急，无三年之蓄，曰国非其国也。”（卷一，第25页）这实在不是什么危言耸听，而是充分说明了这个问题的紧迫性。

二、《康济录》对救荒实务的总结推广

《康济录》一书另一个重要的写作目的是，搜集、总结历史上各种赈灾救荒的具体做法，向社会各界进行宣传推广。其中，既有对曾经在实际生活中行之有效的成功经验的积极肯定，也有对长期沿袭的某些错误观念和方法的批评与纠正。这方面的内容，不但有很强的可操作性，而且反映了作者的眼光和识见。

《康济录》把迅速、及时看作有效赈济灾荒的第一要义。书中反复宣说，“良有司”应该“深明乎救灾拯患之不可少缓”（卷一，第52页），“饥民之待食，如烈火之焚身，救之者，刻不可缓”（卷一，

第84页），“救荒贵速而恶迟”（卷一，第93页）。并列举历代救荒中的反面事例，指出以往“荒政之弊，费多而无益，以救迟故也”（卷一，第76页）。因灾蠲免租赋，固属“惠民之政”，“然亦贵及时。否则追呼早迫，杼轴已空。恩诏来自九重，而国课已纳于百室，此际上有隆恩，下无实惠，中间吏胥，有私饱其囊橐而已”（卷一，第81页）。《康济录》如此突出地强调这表面上看起来似乎是不言而喻的事，丝毫不是多余，而是有着很强的现实针对性。在清代，从制度的规定来说，有关赈灾事宜，从“报灾”“勘灾”到“查赈”“放赈”，每一个环节都有严格的时限要求，逾限则相关官员就要受到追究和处分。① 但是，封建政治的一个本质特征就是表里不一，言行相悖。实际上，这些规定很大程度上不过是一纸具文。这一方面是封建政治固有的办事拖沓、手续繁琐、推诿敷衍、效率低下这些痼疾宿弊的必然表现，如后来有一个奏折曾描述的：“夫荒形甫见，则粮价立昂，嗷嗷待哺之民将遍郊野，必俟州县详之道府，道府详之督抚，督抚移会而后拜疏，迩者半月，远者月余，始达宸聪。就令亟沛恩纶，立与蠲赈，孑遗之民亦已道殣相望。况复迟之以行查，俟之以报章，自具题以讫放赈，非数月不可。赈至，而向之嗷嗷待哺者早填沟壑。”② 另一方面，也许是更加重要的原因，则是一些贪官墨吏有意拖延，以制造营私舞弊、中饱私囊的机会。这中间的种种黑幕，往往是常人难以想象的。③ 但也正因如此，《康济录》所谈的这个问题也就有着非常实际的社会意义。

《康济录》认为，使赈灾救荒工作取得实效的另一个关键问题是组织好一支得力的骨干队伍，即所谓救荒“首重得人”（卷三，第217页），“以得人为首务”（卷三，第212页）。对这个问题，该书进一步申述说：“天下事，未有不得人而能理者也，况歉岁哉。事起急迫，人非素练。老幼悲啼，妇女杂乱。厉之以严，则饿体难以扑责；

---

① 关于这方面的情况，参见李文海、周源：《灾荒与饥馑：1840—1919》，285～301页，北京，高等教育出版社，1991。

② 《录副档》，咸丰六年十月十六日湖广道监察御史曹登庸折。这个奏折虽然说的是咸丰时的情形，而咸丰前这类情况亦屡见不鲜，带有相当的普遍性。

③ 这方面的情况，参见李文海、周源：《灾荒与饥馑：1840—1919》，320～340页。

待之以宽，则散漫莫肯循规。加之吏胥作弊，致使饿殍盈途。故不得人，其何以济？此历代圣君贤相，无不以得人为要也。”（卷三，第219页）怎样才能做到“得人”呢？《康济录》主张应该不拘一格，只要能“实心任事”“勤敏自励”，就应该“破格优礼”。对于现任的各级官吏，救荒本来是他们的职责所在，一遇凶荒之年，自然应该责成他们“专以抚治为事”。但对他们必须严加考核，根据救荒实绩，别其赏罚，加以黜陟。这叫作“求贤于赏罚之中”，“如此，则人人有所激励，而荒政之行，或庶几乎！”（卷三，第217页）该书还引用明代林希元的一个奏疏说，即使对现职官员，也要经过事先的考察选择，才能委以赈灾重任。“抚按监司，精择府县之廉能者使主赈济。正印官如不堪用，可别择廉能佐贰，或无灾州县，廉能正印官用之。盖荒事处变，难以常拘也。”（卷三，第217页）这种敢于打破封建等级观念，一切以个人品德和实际能力作为择人标准的认识，不能不说是十分大胆和难能可贵的。

《康济录》还竭力主张，在现职官员之外，应多聘用一些地方士绅，介入赈灾事务，特别是在县以下广大区域，更要吸收地方士绅阶层的广泛参与，认为这是“择贤任能”的一条重要途径。当然，对于这些人的选聘，不能只看他们财富的多少，而同样应以品德能力为首要条件。该书引用元朝张光大的言论说：“择人委任，为第一要事。若委任得人，自然无弊。君子作事谋始，赈济之方，尤为当慎。若一概委用富豪之家，则富而好义者少，为富不仁者多，其害有甚于吏胥无藉之辈。今后莫若选择乡里有德望诚信，谨厚好义之人，或贤良缙绅，素行忠厚廉介之士，不拘富豪，但为众所敬而悦服者，许令乡民推举，使之掌管，庶几储积不虚，凶年饥岁，得以济民也。”（卷三，第215页）对这个主张，《康济录》评论说，张光大“留心荒政真诚恺切，故所说悉皆出于肺腑，事事可法”（卷三，第216页），表明了完全赞赏的态度。

在我国的救荒史上，以常平仓、义仓、社仓为主要形式的仓储制度，以及设立粥厂以救济灾民的措施，一直为历代封建政权所重视。常平仓是官仓，由各级地方政权设立；义仓、社仓则为民办，设于市镇或乡村，由民众自行管理。它们的主要作用，在平时适时粜籴，调节粮食供应和粮价；一遇灾荒，则以积谷赈恤灾民。除仓储制度外，在清代，在京城、省城、府城等大中城市及一些水陆要冲处，每年冬春要设立粥厂（或称施粥厂），以救济一些城市贫民及进入城市的流民。在水旱成灾的情况下，视灾情的轻重、饥民的多少，在灾区临时性地设立粥厂，使一时得不到赈济的灾民得以存活。《康济录》对这两个方面都给予了足够的重视。在该书卷四中，专立一册为《社仓条约》，一册为《赈粥须知》。在《社仓条约》中，首先指出，社仓的设立是“救荒之术”中的根本之图。但是，如“建之而不得其法，或相强于未行之前，或粉饰于举行之际，托非其人，干没是患，开发或滥，浮冒正多。推其意，原本于乡党相赒，而久且为闾里之扰累，岂非徒骛虚名而毫无实裨者乎?”（卷四，第697页）为了防止社仓举办过程中容易发生的弊端，该书特选刊了朱熹所撰的《崇安社仓记》及手订的《社仓条约》，作为一种示范，加以推广。在《赈粥须知》中，该书搜集了历史上成功举办粥厂的事例，总结了以往粥厂的种种经验和教训，大至粥厂的规模、粥长的选定、厂规的订立、米谷的筹措、施粥的稽查、瘟疫的防止，小至散粥之法的确定、煮粥器皿的选用、煮粥之费的计算、施粥秩序的维持等，都做了详细的论述和介绍。甚至对于久饥之人，骤然得食，粥不可过热，食不可过急，腹不可过饱，都言之谆谆。正如该书所说，“何者当先，何者宜后，断宜选择者何人，必不可少者何事，悉以古人之法为法。既无遗漏，又不泛施。使饿殍借之而生，枵腹赖之而活。虽云一粥，是人生生死关头，须要一番精神、勇猛注之，庶几阛市穷乡，皆沾利益”（卷四，第637页）。这些看起来极为具体琐碎的内容，对于后来的救荒实践却具有很强的借鉴意义。

“以工代赈”，是我国在防灾抗灾中至今仍在应用的一个方针性举措。1998年，我国遭受了以长江全流域性大洪水为中心的全国大水灾。当年，在总结这场严重自然灾害的基础上，中央提出了进行水利建设的32字方针，其中的一条就是“以工代赈”。写作在将近三百年前的《康济录》，还没有“以工代赈”这样明确的文字概括，但对这种做法的实际内容却已给予了大力的肯定与提倡。按照该书的说法，叫作“以智行仁，即工寓赈”（卷三，第 390 页），有时候也写作“以工役而寓赈济”（卷三，第 392 页），或“兴工作以食饿夫”（卷三，第 389 页）。具体内容是，当灾荒发生时，政府招募灾民挖河筑堤，修城墙，建学宫，给予工价银米。这样，既解决了兴修水利及其他公益事业所需的劳动力，又可局部解决灾民的生活问题，可谓一举两得。《康济录》指出：“官府赈给，安能饱其一家？故凡城之当修，池之当凿，水利之当兴者，召民为之，日授其值。是于兴役之中，寓赈民之惠也。”（卷三，第 395 页）“兴修水利，令民口有食而家有粮，非目前之善策乎？兴修之后，堤塘坚固，沟洫分明，田事赖以不损，非永远之善策乎？”所以，实行这种“即工寓赈”的办法，实在是“一举而数善备焉”（卷三，第 392 页）的大好事。比起简单的“放赈”，这是一种更加注重实际效益、注重长远利益的积极赈灾办法，《康济录》在那个时代就对此大力提倡，确实是很有见地的。

《康济录》对于历史上的荒政，并不是一味地盲目照搬或随声附和，而是采取分析的态度，这一点是特别可贵的。书中对某些习以为常的做法，就提出了一反常规的独特见解。例如，以往每当灾荒发生时，某些地方官吏，出于对局部利益的考虑，或为表面现象所迷惑，往往以行政命令的方式做出一些有害的决定。常见的有禁止流民入境、“闭籴”（不准粮食出境，不准向邻近灾区出售粮食）、平抑粮价（限定粮价，不准随意上涨）等。《康济录》认为，这些做法表面上似乎在维护本地民众的利益，但实际上适得其反，不仅破坏了救荒的全局，而且最终会对本地区的百姓造成极大的损害。该书尖锐地抨击说，这样一些做法，完全是“不近人情之事”，这样做的地方官是一些“沽名而不恤民者，非良有司也”，“皆胥吏贪污者之所为也”（卷三，第 291 页）。一方面，这种做法缺乏全局观念，圣君贤相应该“以天下为家，胞与为怀。凡在版图，莫不欲安养而生全之，宁肯令此境阜安，彼方饥馁乎？”（卷三，第 292 页）另一方面，这样做的结果是南辕北辙，不仅不能解决问题，而且会使问题愈来愈严重。以平抑粮价为例。从现象上看，平抑粮价，防止奸商趁灾荒之机，囤积居奇，哄抬粮价，似乎是有利于缺粮的贫民的。但实际上，“抑价之令一出，商贾不来，囤户不卖。即卖，亦专卖与出重价之远商而去。四境之米，于是而绝。无论小民无钱在手，即有钱何以得籴？非死亡，即劫掠，缘斯而起”（卷三，第325页），“抑价之令一行，商贾固裹足不前，囤户亦皆无米，吏知之乎？囤户恐人贱籴，略留少许以应多人，余皆重价而暗售他方。故无米者室如悬磬，有钱者亦欲呼庚”（卷三，第320页）。那么，解决的出路何在呢？办法只有一个，那就是要让物资尽量地流通起来。“商不通，民不救；价不抑，客始来。此定理也”（卷三，第327页）。等到商贾“闻风争赴”“舟车辐辏”的时候，外地粮食就会源源而来。粮食一多，粮价自然不抑而平。所以，《康济录》认为，用行政命令实行抑价，名为利民，实为害民。只有用经济的手段，使物流通畅，才能“商自通而民可救”。《康济录》把这叫作“以经济为心”（卷三，第327页）。在一个以“重农抑商”作为主流观念的社会里，能有这样的识见，不能不说比当时的社会认识高出了一筹。

三、《康济录》的历史局限

同任何一部作品一样，《康济录》绝不是完美无缺的。这部著作在充分展现作者敏锐的观察力、睿智的思考和炽烈的爱心的同时，也反映出作者在认识问题上的某些谬误和片面。这是时代和历史给予的局限，任何人都无法避免。从积极的视角来观察，我们倒是可以在《康济录》所反映出的局限和不足中，捉摸到自该书成书至今近三百年来人们对灾荒问题的认识有了多大的长进。

《康济录》中灾荒观的一个重要理论基石是儒家学说中“天人合一”“天人感应”的思想。这方面的思想包含着相当丰富有时也不免庞杂的内容。“天人合一”的“天”，如果解释为自然，就带有人与自然应该和谐、统一的深刻含义；如果解释为冥冥之中有一个主宰人们的万能的上苍、上帝，即使仍然可以从中引出某些积极的思想内容，但却无法跳出迷信的藩篱。《康济录》基本上是在后一个意义上使用和解释“天人”关系的。因此，如前所述，尽管该书的作者在许多方面努力导引出实施清明政治、抨击黑暗腐败的现实结论，但最终却难以同封建迷信划清界限。《康济录》中罗列了许多故事，渲染在严重自然灾害面前，君主或封疆大吏们或发一善念，行一善政，或虔诚祈祷，为民祈福，便立即感动上苍，阴阳交泰，久旱则甘霖应时而降，水灾则淫雨戛然而止。并发议论说：“念民既深，祈祷自切。（达）奚武不避一身之险，遂格岳神之灵，阴云布而时雨降，民间之困释矣。后之君子，欲免灾危者，可不小心翼翼昭事上帝哉！”（卷三，第 193 页）“天之水旱固难测，人之祈祷，亦岂同哉。如遇旱灾，扰龙潭，掩枯骨，禁民间不得举火，抑阳而助阴。遇雨患，闭城门北门，盖井，禁妇人不许入市，抑阴而助阳。”（卷三，第 192 页）过于夸大这一方面，必然会对群众产生误导，分散群众的精力，放松或干扰了切实有效的抗灾救灾活动。从这样的观念出发，进一步甚至会推衍出十分可笑的结论。如该书认为，“蝗之为灾，一在赋敛之苛，一在官员不职，古人所推，理必不爽”。如果当地有司贤良，教化大行，即使“天下大蝗”，蝗虫也会不入其境。因此，该书得出结论说，“观蝗蝻之有无，即知司牧之贤否”（卷三，第 461 页）。如果当真拿这个标准去衡量与评判地方官员的优劣好恶，那么必定要造成极大的混乱和不公。

不过，关心政治、关心社会、关心民瘼，才是《康济录》的作者考虑问题的真正出发点，某些迷信观念只是他无法摆脱的思想束缚。平心而论，他与那些奉苍天为主宰一切的绝对权威的宿命论者，还是有很大的区别的。一个典型的例证是，他公然指出神也会有过错：“清白之吏，神勿福之乎？无辜之民，岁将困之乎？民无罪而令长贤，雨或稍迟，神岂无过？”（卷三，第 195 页）如果本应造福于人的神，不断降灾于“清白之吏”和“无辜之民”，那么这样的神不过是“徒偶于位矣，何以为神？”从这里可以很清楚地看出，一旦对上苍和神的尊崇与他的政治原则发生了矛盾，他就毫不犹豫地让前者服从于后者。

自然灾害的发生，既有自然的原因也有社会的原因，更确切地说，是自然因素同社会因素交相作用的结果。《康济录》的一个明显缺陷是，较多地注意了从社会的角度观察和讨论灾荒问题，而在很大程度上忽略了从自然角度的探究。这并不是偶然的疏忽，而是作者在学识素养和知识构成方面缺陷的逻辑体现。而且，很有可能这正好反映了那个时代中国封建士人的共同弱点。《康济录》在论述时，一旦进入自然领域，就常常发生道听途说或主观推断的错误。例如，在第二卷，该书介绍了一种“穿井法”，其中说，“凡开井，当用数大盆，贮清水置各处，俟夜色明朗，观所照星，何处最大而明，其地必有甘泉”，还特地强调说，“此屡试屡验者”（卷二，第130页）。这显然是没有根据的妄说，但其却郑重其事地向人们加以介绍，其实不过是以讹传讹而已。另外，在卷四的《捕蝗必览》中，对于蝗虫的生理特点、生活习性、活动规律以及扑灭方法，很多地方的描述是同实际状况大相径庭的。在防灾、抗灾、救灾等方面涉及技术层面的问题，往往十分遗憾地付诸阙如。这些不能不说是这本书的重大不足。

前面提到，该书在论述灾荒问题时，往往详于社会而略于自然。但如果再深究一下，就能够发现，在社会的视角中也还存在着畸轻畸重的现象。作者的主要注意力集中在政治方面，而对社会生活方面的问题则语焉不详。全书除一处谈及因人口的增长增加了引发灾荒的条件外，其余对造成灾荒的种种社会因素，几乎很少涉及。如生态环境的保护或者破坏，对自然灾害的发生将会产生些什么样的影响，似乎完全没有被纳入作者研究和思考的范围。当然，这也许不应该责备作者，因为在那个时代，这个问题还根本没有被提上历史的议事日程。

《论江泽民的历史观》笔谈*

汪征鲁教授的《论江泽民的历史观》①，是一篇有相当理论深度、有自己的独立见解并有较强现实针对性的文章。

第一，文章较全面地分析了在新的历史条件下，江泽民对马克思主义历史唯物主义的坚持和发展。唯物史观是马克思主义的重要组成部分，是马克思主义的创始人做出的重大理论贡献之一。唯物史观的基本原理必须坚持，同时，又必须随着时代的发展而与时俱进。一个时期以来，唯物史观受到了各种挑战。在这种挑战面前，江泽民在纪念中国共产党成立七十八周年座谈会上指出："我们共产党人的根本政治信仰是社会主义和共产主义，世界观是马克思主义的辩证唯物主义和历史唯物主义，这是任何时候都丝毫不能动摇的。"并强调："一定要努力学习马克思主义的辩证唯物主义和历史唯物主义，树立科学的世界观。离开了科学的世界观，我们的决策、我们的事业就丧失了坚实的哲学基础。"文章详细论述了江泽民在哪些方面继承和坚持了唯物史观的基本原理，并且着重分析了江泽民在"生产力是人类社会历史发展的根本动力"及"人民群众是创造历史的真正动力"这两个问题上对唯物史观的新的发展；更重要的是，论述了江泽民高举邓小平理论的旗帜，对毛泽东晚年在运用唯物史观上由于没有恰当把握"度"的分寸，产生了"以阶级斗争为纲"、过分强调政治作用的"政治决定论"、过分强调人的主观意志的"唯意志论"的错误，进行拨乱反正的理论贡献。

第二，文章着重分析了江泽民提出"三个代表"重要思想的历

---

* 载《东南学术》，2003年第1期。

① 《东南学术》，2001年第4期。

史哲学基础。“三个代表”的重要思想，是在新的历史时期，根据中国共产党面临的新的形势、新的环境、新的任务，对党的性质、宗旨、奋斗目标的新的概括，是马克思主义建党学说的新的发展。实践“三个代表”，是中国共产党的立党之本、执政之基、力量之源。“三个代表”重要思想，既不是凭空产生的，也不是主观想象的结果。它一方面全面总结了党的建设和发展的丰富历史经验，一方面深刻掌握了时代发展的种种新的趋向，同时建筑在坚实而深邃的理论基础之上。正如文章中所说：“‘三个代表’的思想既是对唯物史观某些本体内容的解释和发展，又更是作为完善后的马克思主义价值系统而实际运用的。”文章逐个分析了“三个代表”与唯物史观的相互关系，揭示了“三个代表”重要思想如何作为一个有机整体，统一于唯物史观的科学理论体系中。

第三，文章对江泽民一贯重视和倡导学习历史，努力掌握历史规律，通过对历史经验的借鉴与运用指导现实斗争的思想和实践，进行了多角度的论述。中国共产党历来是一个尊重历史、重视历史的政党。同毛泽东、邓小平等老一辈无产阶级革命家一样，江泽民十分重视对历史的学习了解和对历史规律的掌握。他多次号召全社会特别是领导干部，必须了解中国的和世界的历史，强调指出：“一个民族如果忘记了自己的历史，就不可能深刻地了解现在和正确地走向未来。”“一名领导干部不善于从历史中吸取营养，不可能成为高明的领导者；一个政党不善于从历史中认识和把握社会发展的规律，不可能成为顺应历史潮流的自觉的政党；一个民族不善于从历史中继承和发展本民族和世界其他民族创造的优秀文明成果，就不可能屹立于世界民族之林。”江泽民本人身体力行，对历史有着浓厚的兴趣和广博的知识，并且熟练地将历史经验运用到党和国家的领导工作中。

总结历史 开创未来*

江泽民同志在党的十六大报告中，从中华民族伟大复兴的高度回顾了党的发展历程，指出："在新民主主义革命时期，我们党团结和带领全国各族人民完成民族独立和人民解放的历史任务，为实现中华民族伟大复兴创造了前提。中华人民共和国成立后，我们党创造性地完成由新民主主义到社会主义的过渡，实现中国历史上最伟大最深刻的社会变革，开始了在社会主义道路上实现中华民族伟大复兴的历史征程。十一届三中全会以来，我们党找到建设中国特色社会主义的正确道路，赋予民族复兴新的强大生机。中华民族的伟大复兴展现出灿烂的前景。"客观地、全面地描述这个历史进程，科学地、正确地总结这个历史进程，正是中华人民共和国国史研究的重要任务。很好地完成这个任务，对于进一步统一全党全国人民的思想认识，加深对什么是社会主义和怎样建设社会主义的理解，坚定走有中国特色社会主义道路的信念，深切体会全面建设小康社会、实现社会主义现代化这一宏伟事业的伟大意义，必将产生重要的积极作用。这是因为，正如江泽民同志曾经指出的："一个民族如果忘记了自己的历史，就不可能深刻地了解现在和正确地走向未来。"从这个意义来说，十六大对国史研究提出了新的更高的要求。

十六大提出了全面建设小康社会的宏伟目标，要求在21世纪的头20年，集中力量，全面建设惠及十几亿人口的更高水平的小康社会，使经济更加发展、民主更加健全、科教更加进步、文化更加繁荣、社会更加和谐、人民生活更加殷实。并且重申，在此基础上，再奋斗几十年，到21世纪中叶即中华人民共和国成立100年的时

---

* 载《当代中国史研究》，2003年第1期。

候，基本实现社会主义现代化，实现中华民族的伟大复兴。中国人民对于现代化的追求，历史地说，从19世纪中期历史进入近代就开始了。1840年鸦片战争后，中国成为半殖民地半封建国家。民族独立地位的丧失，帝国主义、封建主义的双重压迫，把国家拖上了绝境。当时的一些志士仁人，热切企盼着中国有朝一日能与世界先进国家“并驾而齐驱”。当时虽然没有“现代化”的概念，但实际上却是一种现代化的最初追求。从那时开始，中华民族就面对着两大历史任务：一个是求得民族独立和人民解放，一个是实现国家繁荣富强和人民共同富裕。这样看来，从19世纪中叶到21世纪中叶，从现代化的最初追求到现代化的基本实现，前后整整经历了200年时间。当然，前100年，只是为现代化创造前提，准备条件；直到中华人民共和国成立之后，才真正开始了实现中华民族伟大复兴的历史进程。深入了解中国人民对现代化锲而不舍的执着追求和百折不挠的奋斗历程，就会对今天的现实倍加珍惜，更加清醒、更加自觉地投身到全面建设小康社会、开创中国特色社会主义事业新局面的伟大斗争中去。

建设中国特色社会主义，在中国这样一个曾经是十分贫穷落后的大国实现社会主义现代化，是前无古人的、开创性的宏伟大业。没有成例可援，没有任何现成的经验可资借鉴。一切都需要在实践中探索，在实践中总结，并上升到理性的认识。在某种意义上可以说，半个多世纪的共和国史，正是建设中国特色社会主义道路的探索史。在经历了波澜壮阔的社会主义建设实践的艰难探索的基础上，党和人民取得了可贵的、丰富的成功经验，也遭遇了种种困难甚至严重的挫折，才有可能通过对正反两个方面经验教训的科学总结，找到建设中国特色社会主义的正确道路。只有如实地以探索的眼光来看待这个历史阶段中发生的种种事实，来分析这个历史阶段中出现的所有胜利和挫折，才能够更加感到成功难能可贵，才能够得出失误产生的合理解释，才能够对被实践检验证明是正确的方向和道路坚信不疑。

江泽民同志在十六大报告中指出：“民族精神是一个民族赖以生

存和发展的精神支撑。一个民族，没有振奋的精神和高尚的品格，不可能自立于世界民族之林。”江泽民同志还曾讲过：“一个民族、一个国家，如果没有自己的精神支柱，就等于没有灵魂，就会失去凝聚力和生命力。有没有高昂的民族精神，是衡量一个国家综合国力强弱的一个重要尺度。”民族精神，只有在长期的历史发展中得到涵养和培育，才必然会在对历史的正确认知中得到弘扬和光大。人们在更加具体地了解了中华民族自强不息、百折不挠的发展历程，了解了我国各族人民对人类文明的卓越贡献，了解了近代以来我国人民反抗外来侵略和压迫、争取民族独立和人民解放的英勇斗争，特别是了解了中华人民共和国成立以来党领导全国人民战胜各种困难和风险，为了国家繁荣富强和人民共同富裕，在社会主义道路上奋勇前进的光辉业绩后，必定会对今天更加热爱，对明天更加充满信心。

十六大号召全党和全社会要“坚持社会科学和自然科学并重，充分发挥哲学社会科学在经济和社会发展中的重要作用”。以十六大精神为指针，潜心钻研，力戒浮躁，厚积薄发，勇于创新，努力开创国史研究的新局面，是时代赋予我们的义不容辞的历史责任。

民族精神：综合国力的重要标志*

江泽民同志在党的十六大报告中强调，全面建设小康社会，必须大力发展社会主义文化，建设社会主义精神文明，指出："当今世界，文化与经济和政治相互交融，在综合国力竞争中的地位和作用越来越突出。文化的力量，深深熔铸在民族的生命力、创造力和凝聚力之中。"一个民族生命力、创造力和凝聚力的集中体现就是民族精神，只有坚持弘扬和培育民族精神，才能使中华民族的生命力、创造力和凝聚力始终保持昂扬向上的状态，使之成为推动中华民族伟大复兴的强大精神力量。

民族精神是综合国力的重要组成部分

十六大报告指出："民族精神是一个民族赖以生存和发展的精神支撑。一个民族，没有振奋的精神和高尚的品格，不可能自立于世界民族之林。"江泽民同志还曾说："一个民族、一个国家，如果没有自己的精神支柱，就等于没有灵魂，就会失去凝聚力和生命力。有没有高昂的民族精神，是衡量一个国家综合国力强弱的一个重要尺度。综合国力，主要是经济实力、技术实力，这种物质力量是基础，但也离不开民族精神、民族凝聚力，精神力量也是综合国力的重要组成部分。"

当前，国际局势正在发生着极其深刻的变化，随着世界多极化和经济全球化的曲折发展，科技进步的日新月异，各国间综合国力

* 载《人民论坛》，2003年第1期。

的竞争日趋激烈，这对我国既提供了发展的机遇，也提出了严峻的挑战。十六大报告用“形势逼人，不进则退”八个字，形象地表明了对综合国力竞争应该具有的紧迫感和危机感，而把民族精神看作综合国力的重要组成部分，正是对综合国力认识的一个意义重大的深化和飞跃。

我们对综合国力的认识，经历了一个不断深化的发展过程：最初，我们观察综合国力的着重点主要在经济力量以及国防力量；随着知识经济的初见端倪，人们更多地注意到技术实力在综合国力中的重要性，相应地提高了全社会对发展科技、实现科技创新的迫切要求；党的十五大，第一次明确提出：“有中国特色社会主义的文化，是凝聚和激励全国各族人民的重要力量，是综合国力的重要标志。”

把有中国特色社会主义的文化和民族精神纳入综合国力的客观范畴，意义十分重大。它把我们的视野从单纯物质文明的范围扩展到精神文明的领域。物质文明和精神文明的相互统一、相互依存、相互促进，才是综合国力的完整内容。国力的强弱、国运的兴衰，既要看物质文明的发展程度和发展水平，又要看精神文明的发展程度和发展水平；社会文明既包括物质文明也包括精神文明，缺少任何一个方面，社会都是畸形的，不可能健康地向前发展。物质力量是综合国力的基础，没有这个基础，一切都谈不上；但忽视精神力量，国家的强大、民族的振兴，也是无法实现的。精神文明的发展要有一定的物质条件，但在一定的条件下，精神的力量又可以转化为物质的力量；强大的精神力量不仅可以促进物质技术力量的发展，而且可以使一定的物质技术力量发挥出更好、更大的作用。另外，综合国力的竞争是全方位的竞争，它体现在经济、政治、科技、军事等各个方面，但归根到底，起决定作用的还是人的竞争，即人的素质、民族素质的竞争。

在国际国内局势发生深刻变化的今天，面对全面建设小康社会，开创中国特色社会主义事业新局面，力争到 21 世纪中叶基本实现社会主义现代化，实现中华民族伟大复兴的宏伟目标，面对世界范围内科学技术迅猛发展和综合国力剧烈竞争，以及各种思想文化相互激荡的形势，弘扬与培育民族精神变得更加重要和紧迫。对这一点，我们应当有一个清醒的认识。

中华民族伟大民族精神的基本内容

任何一个民族都有自己的传统。中华民族是具有优良传统和独创精神的伟大民族，中华民族在创造灿烂中华文明的过程中形成了具有强大生命力的民族精神。这个民族精神，博大精深，根深蒂固，已经成为中华民族生命机体中不可分割的重要成分。

那么，我们的民族精神包含了什么样的主要内容呢？十六大报告指出："在五千多年的发展中，中华民族形成了以爱国主义为核心的团结统一、爱好和平、勤劳勇敢、自强不息的伟大民族精神。"这就是对我们民族精神的科学概括。

爱国主义是我们民族精神的核心。有史以来，我国人民的爱国主义从来就是推动祖国社会历史前进的一种巨大精神力量，爱国主义作为人们对于"生于斯，长于斯，衣食于斯"的祖国的一种神圣感情，在历史上最大限度地团结了各种社会力量，为祖国的发展和文明的进步进行了积极的斗争。在各个不同历史时期，无数仁人志士，受到爱国主义这一强大精神力量的鼓舞和推动，把自己毕生的精力投入到捍卫祖国独立统一和追求祖国富强昌盛的伟大事业中。可以毫不夸张地说，没有哪一个对社会前进做出了积极贡献的历史人物，没有哪一桩对祖国发展产生了积极影响的历史事件，不是在爱国主义的旗帜下展开历史活动的。爱国主义是一个历史范畴，其具体内容是随着历史条件和历史阶段的变化而发展变化的。大体说来，在我国古代社会，爱国主义主要是同反对分裂、反对民族压迫、反对统治阶级内部昏庸腐败和封建专制的斗争相联系的。进入近代之后，爱国主义增加了新的内容和特点：它主要表现为对外反对殖民主义和帝国主义的侵略，捍卫祖国的独立和领土完整；对内反对同列强勾结、出卖祖国利益的反动统治阶级，要求改变造成祖国贫弱、阻碍祖国振兴的封建专制制度。中华人民共和国成立后，爱国主义又同建设富强民主文明的社会主义国家，实现社会主义现代化，实现中华民族伟大复兴的宏伟大业相联系，同推进现代化建设、完成祖国统一、维护世界和平与促进共同发展这三大历史任务相联系。坚持爱国主义同社会主义的统一，使中国人民的爱国主义发展到了一个崭新的历史阶段。正如邓小平同志所说："中国人民有自己的民族自尊心和自豪感，以热爱祖国、贡献全部力量建设社会主义祖国为最大光荣，以损害社会主义祖国利益、尊严和荣誉为最大耻辱。"①

作为爱国主义精神的进一步延伸和展开，我们的民族精神在以下四个方面有着鲜明的体现：

一是团结统一。中华民族是由56个民族组成的大家庭。各族人民在中华民族的形成和发展中，在为祖国的兴盛和进步的团结奋斗中，都做出了自己的贡献。正是各族人民的共同努力，开发了祖国的大好河山，创造了光辉灿烂的中华文明，形成了幅员辽阔的统一国家。中国历史上虽然出现过暂时的分裂现象，但民族团结和国家统一始终是中华民族历史的主流，是中国发展进步的重要保障。对待民族团结、国家统一的态度，一直是作为重大的政治原则和根本的道德准则，判定着历史人物的善恶忠奸。团结统一的精神是民族凝聚力的重要思想保证。中华民族凭借这种精神，万众一心，顽强拼搏，创造了光辉的过去，也一定会在这种精神的进一步发扬中，同心同德，群策群力，实现中华民族的伟大复兴，实现祖国的完全统一，创造更加美好的未来。

二是爱好和平。中华民族一向以热爱和平著称于世。我们的先人早就把"讲信修睦，尚辞让，去争夺"作为处理天下大事的重要原则。在长期的历史发展过程中，中国人民同世界各国人民开展了友好交往关系，在经济、政治、文化各方面进行了合作与交流。实现天下太平，是中国人民的衷心向往。在近代历史上，中华民族有

① 《邓小平文选》，第3卷，3页。

过被侵略、被凌辱、被奴役的痛苦经历，因此，取得民族独立后的中国人民，更加珍视各国人民之间友好相处、各个国家之间和平共处的可贵。尽管目前世界上存在许多争端，但中国人民一贯主张不用战争手段而用和平方式去解决。当前，中国人民正在专心致志进行现代化建设，需要有一个长期的和平国际环境和良好的周边环境。

三是勤劳勇敢。勤劳是创造一切物质文明和精神文明的源泉。勇敢是不怕困难、不畏强暴的体现。“克勤于国，克俭于家”，“富贵不能淫，贫贱不能移，威武不能屈”，一向是中华民族信奉不渝的高尚情操。我们民族的伟大生命力，就蕴含在这种民族精神延绵不绝的传承中。中国人民依靠这种精神，不断战胜自然和社会带来的各种艰难险阻，使得中国作为人类文明发祥地之一，在漫长的历史进程中，文化传统始终没有中断。即使到了民族最危险的时刻，也总能转危为安，由弱变强。在历史的新时期，这种精神仍然是保持我们民族勃勃生机的力量源泉。

四是自强不息。有没有自强不息的精神，也就是一个民族是安于现状还是积极进取，是无所作为还是奋发图强，是因循保守还是开拓创新的问题。我们的祖先，为了适应不断变化的客观世界，为了自己的生存与发展，高扬自强不息的精神，极大地推动了社会历史的前进。永远不满足于已有的成就，永远向着新的、更加美好的目标奋勇攀登，这就是我国历史不断发展的奥秘所在。这种自强不息的精神，在日新月异、瞬息万变的今日世界，尤其凸显了其重要性。

中华民族的民族精神，内容十分丰富。这里提到的只是其主要的方面。但从这些方面已经可以清楚地看出，弘扬和培育民族精神有着非常重要的现实意义。

弘扬和培育民族精神的主要途径

民族精神的培育，最重要的是靠持之以恒的提倡和教育。邓小平同志在谈到要大力弘扬党在长期革命斗争中形成的革命精神时说："如果一个共产党员没有这些精神，就决不能算是一个合格的共产党员。不但如此，我们还要大声疾呼和以身作则地把这些精神推广到全体人民、全体青少年中间去，使之成为中华人民共和国的精神文明的主要支柱，为世界上一切要求革命、要求进步的人们所向往，也为世界上许多精神空虚、思想苦闷的人们所羡慕。"① 一个"大声疾呼"，一个"以身作则"，中肯地概括了提倡和教育的最主要的工作方法。"大声疾呼"，就是要造成舆论，广泛宣传；"以身作则"，就是要知行统一，付诸实践。民族精神的弘扬和培育也应该采取这样一种方法。

中华民族的民族精神，是植根于中华文明的沃土、在漫长的历史发展进程中涵养而成的，它也必定会在对中华文明的继承、发扬和对祖国历史的科学认知中得到进一步的丰富与升华。中华文化博大精深，凝聚了先哲们的无数心血和智慧；祖国历史浩渺绵长，蕴含着丰富的治国安邦的历史经验。鲁迅曾经说过，中国自古以来，就有一批埋头苦干的人、拼命硬干的人、为民请命的人、舍身求法的人，他们是"中国的脊梁"。在他们身上，民族精神得到了生动而鲜明的体现。这些都是培育民族精神的极好教材。

我们正在进行的建设中国特色社会主义的伟大实践，是弘扬和培育民族精神的最好课堂。民族精神既是推动中国特色社会主义事业的强大精神动力，生动活泼、热火朝天的现实斗争又为民族精神的丰富与发展提供了取之不尽的源泉，不断赋予民族精神新的时代特点。这是一个精神变物质、物质变精神的辩证发展过程，也是民族精神得以与时俱进的可靠保证。

我们提倡发扬中华民族的民族精神，绝不是主张和赞成狭隘民族主义。狭隘民族主义闭目塞听，与世隔绝，夜郎自大，故步自封，本身就同我们的民族精神相悖，当然也不符合人类历史发展的趋势和时代的潮流。弘扬和培育民族精神，必须同积极学习与借鉴各国人民创造的有益文化成果结合起来、统一起来。

---

① 《邓小平文选》，2版，第2卷，368页。

我们今天要纂修一部什么样的清史*

在党中央、国务院的亲切关怀下，清史纂修工程已正式启动。要顺利地、高质量地完成这项新世纪规模宏大的文化工程，必须团结和依靠全国清史学界以及其他有关学科专家的力量，同心同德，群策群力，共同奋斗。特别是对修纂工作中的一些重要问题，必须充分发扬学术民主，集思广益，博采众长，在百家争鸣的基础上，通过认真的讨论争辩，逐步取得共识，才能够形成较为理想的方案，做出比较科学的判断。

在当今这个时代，我们究竟要纂修一部什么样的清史，就是需要认真讨论的重要问题之一。我想对这个问题，提出一点自己的想法，作为一家之言，参加讨论。

一、纂修清史的指导方针

要明确我们今天要修一部什么样的清史，首先要确定纂修清史的指导方针。有什么样的指导方针，就会修出什么样的清史。

今年1月28日，李岚清同志召开清史编纂工作座谈会，听取纂修清史准备工作情况的汇报和有关专家学者的意见、建议，并发表了重要的讲话。岚清同志强调，“编纂工作要以马克思列宁主义、毛泽东思想、邓小平理论和‘三个代表’重要思想为指导，坚持辩证唯物主义和历史唯物主义的基本观点和方法，本着以史为鉴、古为今用的原则，既要尊重历史事实，又要反映时代精神；既要继承前

* 载《清史研究》，2003年第2期。

人研究成果，又要勇于进行学术创新。要以史实为依据，去伪存真，去粗取精，避免主观臆断。不要以自己的认识去推论历史，把主观认识当作历史，使后人产生误解”①。我以为，岚清同志的这段话，就是对纂修清史指导方针的非常明确、非常完整的表述。

岚清同志的这段话，包含着互相关联的三层意思。下面我说一点自己的学习体会：

第一，编纂清史应该本着以史为鉴、古为今用的原则。这一点，看起来似乎大家都赞成，但实际上人们的认识并不完全一致。有的同志认为，历史学的全部任务就是重现历史，不必也不应强调发挥历史学的社会功能，否则，就会使历史学带上明显的功利性，从而损害历史学的客观性和科学性。特别是“文化大革命”期间“影射史学”猖獗一时，以及这种通过歪曲和伪造历史以服务于反动政治的做法对社会生活与学术本身造成了极为恶劣的影响，使有的同志在拨乱反正的时候，不免矫枉过正，喊出了“还是要为历史而研究历史”的呼声。这种认识当然失之片面。事实上，重视史学“经世致用”的社会功能，一直是我国史学的优良传统。一部伟大的经典式的史学巨著，从编撰目的到社会影响，都鲜明地贯穿着为后人提供历史借鉴和历史启迪这样一个根本立足点。司马迁自己讲，他撰《史记》，是“网罗天下放失旧闻，略考其行事，综其始终，稽其成败兴坏之纪”，“述往事，思来者”②。司马光编撰《资治通鉴》，不仅书名就表明了此书的目的和功用，而且在《进〈资治通鉴〉表》中更明确说明，此书的编写原则是“专取关国家盛衰，系生民休戚，善可为法，恶可为戒者”入书，他希望最高统治者读后能“鉴前世之兴衰，考当今之得失，嘉善矜恶，取是舍非，足以懋稽古之盛德，跻无前之至治”。到了近代，大力提倡“新史学”的梁启超讲得更加明白，他说：“质言之，今日所需之史，则‘国民资治通鉴’或‘人类资治通鉴’而已。史家目的，在使国民察知现代之生活与过去未来之生活息息相关，而因以增加生活之兴味，睹遗产之丰厚，则欢

① 《光明日报》，2003年3月13日。

② 《汉书·司马迁传》。

喜而自壮；念先民辛勤未竟之业，则矍然思所以继志述事而不敢自暇逸；观其失败之迹与夫恶因恶果之递嬗，则知耻知惧；察吾遗传性之缺憾而思所以匡矫之也。夫如此，然后能将历史纳入现在生活界，使生密切之联锁。”① 又说：“现代人很喜欢唱‘为学问而学问’的高调，其实‘学以致用’四个字，也不能看轻。为什么要看历史？希望自己，得点东西；为什么作历史？希望读者，得点益处。学问是拿来用的，不单是为学问而学问而已。”② 历史的发展如江河奔腾，川流不息，有它的承续性和连贯性。历史是不可重演的，但社会历史现象在特定条件下却常常会以惊人相似的形式和面貌反复出现，正因如此，借鉴历史经验教训就具有了极其重要而实际的意义。所以，江泽民同志在纪念中国共产党成立七十五周年座谈会上指出：“我们党在领导革命、建设和改革的过程中，一贯重视历史经验的借鉴和运用。”我们经常讲历史可以起到“资政育人”的作用，原因也在这里。

过去说的“资治”也好，现在说的“资政”也好，从字面上看好像没有什么大的区别，但在政治内容和阶级内容上，二者却存在着本质的不同。过去的“资治”，是“资”封建专制统治之“治”，为了维护一家一姓或少数特权阶级的私利，不可避免地要对历史进行讳饰、曲解、颠倒甚至伪造，在那里，历史的科学性同政治性常常是分离甚至对立的。今天的“资政”，所“资”的是社会主义的政治文明，历史学所着力追求的是能够代表先进生产力的发展要求、代表先进文化的前进方向、代表最广大人民的根本利益的历史学，这样的历史学不但不需要曲解和伪造历史，反而是以揭示历史的真实为前提的。“求真”才能“致用”。要充分发挥历史学的社会功能，首先要十分尊重历史的真实，努力探索历史的真实，着力把握历史的真实。揭示历史的真实愈深刻，历史学的知识功能、借鉴功能和指导功能就发挥得愈充分。任何对历史真实的损害（更不用说对历史的有意曲解甚至伪造了），都必定会败坏历史学的声誉，哪里还谈

---

① 梁启超：《中国历史研究法》，4 页，上海，华东师范大学出版社，1995。

② 梁启超：《历史研究法》第一讲，载《清华周刊》，第 384 期。

得到发挥历史学的积极社会功能呢？我们的史学著作要能给人以深刻的启迪，就必须敢于面对历史的真实，从客观历史进程中提炼和总结对今天有益的经验教训。

事实上，党中央之所以一贯重视清史编纂工作，根本原因就在于清代的历史有着很强的现实借鉴意义和教育作用，正如岚清同志在座谈会上所说："清朝长达 268 年，是我国历史上很重要的一个朝代，对我国近现代社会的发展有很大影响。""清代历史对我们现在的经济、文化、科学技术的发展以及外交、民族事务的处理都有重要的借鉴作用。""研究历史，对我们今天教育人民群众，激发人民群众的民族自豪感和爱国热情；用历史的观点来明辨是非善恶；以史为鉴来为人处事，甚至对治理国家、处理国家的一些重大经济社会问题有重要意义。"

第二，清史的纂修必须以马克思列宁主义、毛泽东思想、邓小平理论和"三个代表"重要思想为指导，坚持辩证唯物主义和历史唯物主义的基本观点与方法。对这一点，岚清同志在讲话中反复做了强调。他把这个问题看作能否完成清史纂修工作的根本条件，指出："党的十一届三中全会以来，经过改革开放 20 多年的实践，使我们对历史问题的看法更客观，更讲求实事求是，比较符合辩证唯物主义和历史唯物主义。有正确的思想作指导，有较好的经济支持，有雄厚的人才保障条件和多年来已有的研究基础，我们可以着手完成这项历史任务了。"岚清同志列举了能够完成任务的各种条件，而首要的是"有正确的思想作指导"。这是因为，如果没有辩证唯物主义和历史唯物主义的指导，就无法对历史事件和历史人物进行客观的、深入的、辩证的认知与分析，只是凭主观臆断去评定社会历史现象的善恶是非，把极其复杂的问题简单化，非此即彼，非黑即白，非好即坏，那样，只能对历史制造混乱，根本无法科学地揭示历史的真相。

对于中国的历史学来说，20 世纪最重要的、带有根本性质的事情是确立了马克思主义对历史学的指导地位。有了辩证唯物主义和历史唯物主义的指导，历史学的面貌就发生了质的变化，实现了巨大的飞跃。关于这一点，只要不抱偏见，可以说是有目共睹的。我们不必讳言，在运用唯物史观研究历史的过程中，由于各种复杂的原因，曾经发生过这样那样的偏差甚至错误，这些偏差和错误，既损害了历史学，也损害了唯物史观。但是，从总体来说，从全局来说，在唯物史观的指导下，历史学的研究取得了以下成果：历史学从过去主要描述政治兴衰、王朝更替的所谓“相砍书”，转变成把社会历史作为一个生产力与生产关系、经济基础与上层建筑矛盾统一的有机整体进行研究的发展过程；历史发展从过去被看作“分久必合，合久必分”的循环往复过程，转变成被看作一个不以人的意志为转移、由低级向高级发展的、有客观规律可循的历史过程；历史学从过去的“帝王将相的家谱”，转变成研究以人民群众的生产斗争和阶级斗争为主体，同时充分重视杰出人物的作用的各种社会合力共同进行的创造性活动的学科；对于思想、文化等精神活动和精神成果，改变了过去从观念到观念、就精神论精神的研究方法，摒弃了以往认为思想、观念、意识是社会发展的最终推动力的陈旧观念，把社会意识看作社会存在的反映，把思想、观念、意识的产生、发展和变化，同社会的物质生活条件紧紧地联系起来。所有这些，都是运用唯物史观去研究历史所取得的积极成果。背离了这些，就只能造成历史学的倒退。我想，这也正是今天强调纂修清史必须坚持辩证唯物主义和历史唯物主义的指导的根本原因。

毫无疑问，坚持辩证唯物主义和历史唯物主义的指导，只是指出要坚持这一科学理论的基本观点和方法，绝不是说要用唯物史观的某个具体结论和具体历史判断来代替史学研究，也不是说要排斥任何唯物史观以外的有益的史学观点和史学方法。唯物史观给我们提供了一个科学的历史观和方法论，使我们可以用这个锐利的武器，对历史资料和历史现象进行去粗取精、去伪存真的分析鉴别，然后以史实为依据，对历史做出实事求是的论证和说明。

第三，要正确处理继承和创新的关系。岚清同志在座谈会上指出：“既要尊重历史事实，又要反映时代精神；既要继承前人的研究成果，又要勇于进行学术创新。”创新是一个民族进步的灵魂，是一个国家兴旺发达的不竭动力。对于科学和学术来讲，创新则是科学进步、学术发展的本质要求。没有创新，科学和学术的发展也就停滞了。没有真正意义上的学术创新，也就谈不上反映时代精神。但是，对于创新，要有一个科学的、全面的认识。创新不能靠主观的、随心所欲的想象，不是无根据的瞎说，更不能把创新同继承对立起来，把传统一概视为过时的东西统统扔掉。毛泽东同志曾说：“陈者旧也。过去的事物都叫旧，也就是所谓传统。传统有精华，也有糟粕，所以要改革。”对传统中的精华，要推崇、推动、推进；对传统中的糟粕，要推开、推掉、推翻，这就叫“推陈出新”①。梁启超也说过类似的话，他说：“我们不能说新的完全是好的，旧的完全是坏的；亦不能说古的完全都是，今的完全都不是；古今新旧，不足以定善恶是非的标准。”② 真正意义上的创新，首先要建筑在对客观实际的深刻分析的基础之上，对于历史学来说，就是要建筑在尊重历史事实的基础之上；其次要建筑在对传统的精华与糟粕的具体分析的基础之上，对于历史学来说，就是要继承前人的研究成果，同时弥补与纠正前人研究中的不足和舛误，力争超越前人的研究成果。在新的世纪，集中人力、物力来新编一部清史，绝不是重复前人说过的老话就可以完成任务的。作为中国历史学的一个分支学科的清史，是 20 世纪刚刚产生并发展起来的新的学科，与历史学的其他分支学科相比，虽然时间较短，但由于学科内容的特殊重要性，几十年来吸引了广大学者的浓厚兴趣和热切关注，不论在资料的发掘整理上还是在史实的分析研究上，都取得了丰硕的成果。这既是今天纂修清史的一个有利条件，又极大地增加了学术创新的难度。只有把前人已经达到的高度作为自己的起点，才能迈向新的学术高峰；只有超越前人的学术成就，才能使自己的学术成果取得存在的价值。

---

① 《新华文摘》，2002 年第 1 期。

② 梁启超：《儒家哲学》。

二、纂修清史的目标和定位

指导方针明确了，但是，新修的这部清史，应该确定什么样的目标，具有什么样的性质，似乎还有进一步讨论的必要。

岚清同志在座谈会上说："编纂的清史质量要高，必须是精品，要注重科学性和可读性。确保编纂出一部能够反映当代中国学术水平的高质量、高标准的清史巨著，使之成为经得起历史检验的传世之作。"这一段话，可以看作对新修清史所确定的目标，也是对这部著作进行定位的重要依据。

这是一个很高的目标，要达到这个目标，需要锲而不舍、持之以恒地付出艰苦的努力，需要呕心沥血、殚精竭虑地进行创造性的学术活动。

这个目标的根本之点，就是要把质量放在第一位，把质量当作整个编纂工作的生命线和立足点，树立精品意识，努力做到科学性和可读性的有机统一。能够称为学术精品的标志是什么？岚清同志提出两条：一条是"能够反映当代中国学术水平"，一条是"经得起历史检验"。符合前一条，才能称得上"清史巨著"；符合后一条，才能称得上是"传世之作"。这实在是极高的要求，不仅要顾及现在，而且要顾及将来；不仅有横向的同当代学术水平的比较，而且有纵向的经受漫长岁月变迁的时间考验。

任务确实是艰巨而光荣的，对此要有足够的思想准备和充分的思想认识。但是，也还是要从实际出发，实事求是。态度要积极，头脑要冷静。

在《清史编纂体裁体例调研大纲》里，在清史纂修"应该实现的主要目标"一项，头一个问题是"要不要使所修《清史》能够象征性地与'二十四史'相衔接？"问题提得很含蓄，也很有分寸，但却不大好回答，因为很难说清楚怎样算是"象征性地""衔接"。不过，在关于体裁体例的学术座谈会上，确实存在着两种意见：一种主张新修清史应该与“二十四史”相衔接，另一种则主张不必提与“二十四史”相衔接的问题。我个人是赞成后一种意见的，在这里申说一下自己的理由。

所谓“二十四史”，包含着从《史记》到《明史》的二十四部史书。实际上，“二十四史”概念的形成，有一个长期发展变化的过程。来新夏同志所撰《二十四史》（收入《三学集》时改题目为《论正史》）对此有详细的论述。据来新夏同志所说，所谓“正史”，早期“基本上依体裁划分，只是一种图书分类，而不包含固定某史为正史之意”。后来逐步变化，“定二十四史为‘正史’是清乾隆四十年（1775年）以后的事”。“二十四史”作为一个正式名称，“它是乾隆四十年从《永乐大典》中辑出《旧五代史》，并由武英殿合二十三史刻印后的定称。不久，《四库提要》又明确规定此二十四部史籍为正史。从此以后，不经统治者批准，不得增列正史。正史——‘二十四史’的尊崇地位至此底定”①。

在我看来，“二十四史”（以及后来的所谓“二十五史”“二十六史”）乃是特定历史时代的产物，这个特定历史时代既已过去，那么它也就成了一个历史的名词。尽管如梁启超所说，“今所谓二十四史者，其品之良秽亦至不齐”②，但从总体来说，“二十四史”在文化史上体现了中国史学的无比辉煌，具有无可替代的崇高学术地位。然而，“二十四史”的学术地位和历史作用是一回事，我们今天的史学著作要不要同它相衔接则是另一回事。我觉得，在新的时期写的新的史学著作，没有必要强调同它的衔接问题。这是因为，如果强调要同“二十四史”相衔接，有几个问题就很不好处理。

首先，会极大地束缚我们的思路，束缚我们的手脚。把二十四部史籍汇合在一起，视作一个整体，自然是因为它们之间存在着一些共同的特点。这些特点就是“二十四史”之成为“二十四史”的根据和原因。如果我们丝毫不顾及这些特点，那么也就谈不上同它相衔接的问题。如果要在相当程度上遵从这些特点，那就会大大增

---

① 来新夏：《三学集》，411页，北京，中华书局，2002。

② 梁启超：《中国历史研究法》第三章。

加实现“反映时代精神”“进行学术创新”的目标的难度。例如，我们是以辩证唯物主义和历史唯物主义为指导的，“二十四史”的共同历史观是唯心史观，两种对立的历史观怎么“衔接”？“二十四史”都是以封建帝王的活动为中心线索来展开历史叙述的，我们今天当然不能再按照这个来书写历史，在这个根本点上，当然也无法谈什么“衔接”。即使撇开这些指导思想和历史观等大的问题不说，单从写作形式方面来考虑，强调“衔接”也会有许多窒碍难行之处。《清史编纂体裁体例调研大纲》中有一个问题，是征询对于“清史修纂宜采用何种文体”的意见的，一共提供了三种选择：一是“简易文言”，一是“精炼的现代书面语”，再一是“其他（自拟）”。我想，如果一定要强调同“二十四史”相衔接，那么就别无选择，只能采用第一种即“简易文言”（下面我将讲到，我个人是不赞成的）。原因很简单，只要试想一下，如果一部用现代书面语写出的清史著作，非说它是同“二十四史”相衔接的，一定会给人一种不伦不类的感觉。事情恐怕会是这样：反映我们今天的“时代精神”愈鲜明，同“二十四史”之间的距离就会拉得愈开；愈要设法同“二十四史”相衔接，“反映时代精神”的难度就愈大。既然如此，我们又何必自己给自己立个框框呢？

其次，在封建时代，作为“正史”的“二十四史”，由于政治权力的干预，即经过封建君主的“钦定”，取得了不同于一般史著的特殊地位。鲁迅在《这个与那个》一文里说“正史”必须是“官修”而加以“钦定”的①，这说得不完全准确，因为“二十四史”中就有相当一部分不是“官修”的，但经过“钦定”，却是事实。《四库全书总目》在“正史类”的小序中说：“（‘二十四史’）今并从官本校录，凡未经宸断者，则悉不滥登。盖正史体尊，义与经配，非悬诸令典，莫敢私增，所由与稗官野记异也。”② 把某种史著提高到与“经”相并列的地位，在后来的实际生活中虽然并没有做到，但“二十四史”有着与别的“稗官野记”迥然有别的特殊身份，则是确凿

① 参见鲁迅：《华盖集》。

② 转引上书。

无疑的。封建时代这样做，当然可以理解，甚至是天经地义的。但在今天，不仅不存在这样做的必要，而且真这样做起来，恰恰是违反学术规律的。今天的清史修纂工程，确实得到了党和政府的大力关心与支持，在某种意义上说，也可以说这是一种政府行为，但无论如何，写出来的清史还是一种学术著作。任何学术作品，它的地位、水平、作用和价值，都需要在面向社会之后，经过学术实践的客观检验，由文化界、学术界以及社会各界广大专家、读者来做出评判和鉴定。各种学术成果一视同仁，公平竞争，这样才能真正贯彻党一贯倡导与坚持的“二为”方向和“双百”方针。正因如此，我们应该高标准、高质量地完成清史编纂工程，努力编出一部可以称得上“清史巨著”“传世之作”的学术精品，以不辜负党和政府以及社会各界的殷切期望，但却不必也不宜事先把这部著作定位为“与‘二十四史’相衔接”的这样一种性质。

前面提到“官修”的话题，又说到了“学术规律”，我想就此引申出一点相关的看法。前引鲁迅的文章曾说“官修”的“正史”不免要“装腔作势”，摆“史架子”，当然他说的是旧的史书。梁启超则从另一角度谈了“官修”的弊端，他说：“此种官撰、合撰之史，其最大流弊则在著者无责任心。刘知几伤之曰：‘每欲记一事载一言，皆搁笔相视，含毫不断。故头白可期，汗青无日。’又曰：‘史官记注，取禀监修。一国三公，适从何在?’（《史通·忤时篇》）既无从负责，则群相率于不负责，此自然之数矣。坐此之故，则著者之个性湮灭，而其书无复精神。”① 姑不论这次编修清史要不要称作“官修”，既然是一项规模宏大的文化工程，就必定要依靠和组织广大学术界特别是清史学界的力量，吸收相当多的学者参与其事。要避免梁启超指出的容易产生的弊端，似乎应该事先加以注意和筹划。尤其是清史涉及的面很广，头绪纷繁，内容庞杂。仅从史实来说，有很多重要的历史现象，至今还是未知之谜。有的则众说纷纭，莫衷一是，存在着两种或多种相互矛盾、相互对立的说法和看法。至

① 梁启超：《中国历史研究法》，24页。

于对历史问题的认识和评论，就更有许多分歧和争论。这本来是好事情，是研究深入的一种表现，但对于编写一部大书来说，则带来了极大的困难。我们总不能像刘知幾说的那样，遇到不同的意见或一时不易判断的问题，就“搁笔相视，含毫不断”，谁也不拿主意。解决的办法，还是要坚决按学术规律办事。在这个问题上，特别要强调两条原则：一是要发扬学术民主，一是要实行主编负责制。这两个方面相辅相成，缺一不可。发扬学术民主，就是要形成一个宽松的学术气氛，可以发表各种学术意见，在互相尊重的基础上，各种不同的学术观点可以心平气和地讨论争辩。在充分展开讨论的基础上，主编择善而从，做最后的学术决断，确定一种较为合理的说法，也就是做民主基础上的集中。这样做，可以使全书左右呼应，前后一贯，不至出现同一部书中，观点自相矛盾，史实彼此抵牾的尴尬现象，也可以避免梁启超所说“合撰”的史书往往“个性湮灭”“无复精神”的毛病。

在新修清史的目标和定位问题上，一个容易产生因而需要注意防止的倾向，是追求“大而全”的思想。说这种思想容易产生，客观上是因为大家潜意识里常常想着这是一项规模宏大的文化工程，所以很怕有所疏漏缺失。的确，清史编纂工作的性质和任务，规定了将来的成果必须要有相当的规模、容量、篇幅和字数，否则就难以实现预定的目标。但是，“宏大的文化工程”，绝不是说规模越大越好，篇幅越长越好，字数越多越好；更不是内容要无所不包，问题要无所不谈。相反，正因为它是一项“宏大的文化工程”，所以我们在编写的时候，更应该着力考虑的，倒是如何不使内容过于杂沓，选材不至过于冗滥，条理力求清晰，文字力求简洁。也就是说，要尽量摒弃“大而全”，力争做到“少而精”。

编纂新的清史，不是要完成和结束清史研究的任务，而是要为清史研究的进一步发展和繁荣创造条件，开辟道路。新的清史编出来之后，会使清史研究上一个新的台阶，却并不意味着已经登上了这个学科的巅峰。人们对于世界万事万物的认识，总是相对的，只能逐步趋于完善，而不可能一下子就认识穷尽。恩格斯特别强调，对于“人类历史”的认识，由于历史材料的不足，甚至永远是不完整的、没有完成的。因此，“大而全”不仅没有必要，而且做不到。我们只能确定在我们这个时代应该和可能做到的必要而有限的任务。

比起其他朝代的历史来，清史研究一个最有利的条件就是清代历史资料的异常丰富。档案、文集、方志、报刊等，正所谓浩如烟海，汗牛充栋。整理出版这些历史资料，抢救这些珍贵的历史文物，既是编纂清史的必要条件，也是纂修清史工作的成果组成部分，具有十分重要的意义。但是，也应该看到，这个工作，不是一代人而是要若干代人锲而不舍的努力，才能真正完成。所以，深入调研，认真选择，科学规划，严格论证，制订好文献资料的整理出版计划，分出轻重缓急，从最重要、最紧迫、最急需的资料入手，逐步实施，是极其重要的。

比起“大而全”来，“少而精”是一种更高的要求。任何史著既然不可能把特定时代的社会历史全貌，事无巨细、不分主次地做包罗万象式的罗列，那么，研究本身就要求对史实进行严格的选择，确定哪些社会现象是反映历史的本质真实的，哪些历史事件之间存在着内在的联系，哪些历史人物能够在历史画廊中占有一席之地。这些，正是研究者“史识”“史才”的重要体现。任何一部历史著作，不可能没有作者的立场和观点，所谓“纯客观”的历史研究，是根本不存在的，或者说，它只存在于某些人的主观想象之中。历史观点不一定通过长篇大论的阐述表现出来，其更主要的是通过对历史材料的选择和诠释、对历史现象的描述和分析来体现的。研究者的学术水平，不仅反映在写些什么，怎样去写，而且反映在不写什么，遗弃什么。

最后，还要说一说“文体”的问题。采用“简易文言”，也有一定的道理。一是文字可以比较简练，用较少的文字叙述较多的内容；二是在形式上同传统史学更接近一些，也未始没有一定的好处。但是全面权衡，我觉得用“简易文言”还是弊多利少。它的弊病主要有四条：第一，经过了将近一个世纪的历史发展，文言文毕竟已不是我们这个时代的通用文字了。在新的世纪，出一部新的学术著作，写作时用的却是文言文，这总使人觉得同时代精神有点不太协调。第二，由于长期很少使用，所以对于广大读者来说，能否接受和顺利读懂“简易文言”，也是一个很大的问题。这只要看所谓的“今译古典名著”在图书市场上大行其道，就可以得到一点消息。“古典名著”需要“今译”，今天的新作再用古文，是不是有点不大合乎时宜？第三，说一句不知天高地厚的话，不但读者，就是作者，能不能请到那么多能够写出正确顺畅的“简易文言”的人来，恐怕也还是一个困难的任务。这不是轻慢学者。不妨拿我自己做例子。像我这样的年纪，小时候多少读过几篇古文，长大以后，虽然一直做学术工作，但始终用白话文写作，文言文读是要读的，但写作却没有这样的训练，如果一定要求我用文言文（哪怕是“简易文言”）写作，恐怕难免要出洋相。当然，能够写漂亮的、超逸潇洒的文言文的学者肯定是有的，不能以我例彼，一概而论。问题是一部大著作，要有较多的人参与，选择水平较整齐的能用文言文写作的作者，就会有相当的难度。第四，清代跟以前各个朝代不同，与世界的交往已经很多，所以岚清同志在讲话中特别强调“要把清史放到世界历史的范畴中去分析、研究和评价。既要着眼中国历史的发展，又要联系世界历史发展的进程”。要把外国的许多人名、地名以及其他各种全新的名词概念，放到文言文里，写起来和读起来都会感到相当别扭。

既然如此，我赞成还是用“精炼的现代书面语”为好。只要我们思想上不要老想着“同‘二十四史’相衔接”，这个问题也就不成其为问题。

三、关于体裁体例的具体建议

在 2001 年 4 月 14 日《人民日报》发表的戴逸同志和我合写的文章中，曾经对新编清史的体例提出过一个粗线条的设想。此后，戴逸同志对此不断进行深入思考，对原来的设想做了重要调整，同时对全书以及每个部件的内容做了更加细致、更加具体的设计，形成了一个完整的编写纲要。根据集思广益、发扬学术民主的要求，戴逸同志坚持要更多地听取专家学者以及各个方面的意见，以便博采众长，最后提出一个比较科学合理的方案。为了参加讨论，我也提出自己一点不成熟的看法，供大家参考。

我建议新编清史包括六个方面的内容，或者说是六个部件：(1) 综述；(2) 编年；(3) 典志；(4) 年表；(5) 传记；(6) 图录。现分述如下。

综述——这一部分是对清代历史做提纲挈领、系统扼要的叙述，既要反映有清一代历史发展的基本线索，又要描绘清代社会各个方面的大致轮廓。使读者读了这部分之后，对清朝历史既有全局的了解，又有重点的掌握，为进一步学习与研究清代历史打下一个比较坚实的基础。这一部分字数不宜太多，30 万字左右即可。这部分独立起来，就是一本面向社会的清史简明读本。

编年——这是由传统纪传体中的“本纪”改造而来。过去的“本纪”，以封建帝王的活动为纲，这个根本之点是必须剔除的。但保留它按年代顺序记载历史活动的优点。清代 268 年历史（还应加上清入关前的一段），每年每月每日，各发生了一些什么样的重大历史事件，按时记录，一目了然。如果一年平均以两万字左右计算，有 600 万字左右也就可以了。

典志——以往许多纪传体史书都有“志”，章太炎 1900 年写《中国通史略例》主张不设“志”，改用“典”。其实“典”和“志”虽略有不同，但基本上都是讲一个朝代的典章制度的，所以这里把它们统称“典志”，把需要集中论述的一些专门问题列入此处。最早设“志”的《汉书》有 10“志”，以后略有增加，大体保持在十余之数，《清史稿》有“志” 16 篇。清代面临的形势复杂，同世界各国的交往增多，社会的变化急剧深刻，所以需要涉及的问题也大为增加，适当扩充“志”的数量，是完全必要的。但我觉得，“典志”似还不能完全同“专史”等同起来。“史”和“志”本来是有区别的。专史应该侧重于专门问题的纵的发展，即历史的叙述，而且范围较宽；

“典志”则侧重于问题的横的描述，当然也不可避免地要适当交代其发展变化，但内容主要还是围绕典章制度方面的问题。

年表——将一些问题，用“表”的形式加以反映，既简明，又醒目，且可节省许多篇幅，这是一个好的传统，也是新的研究方法中经常采用的，我们应该加以继承和发扬。

传记——历史发展离不开人的活动，毫无疑问，人物传记应该是新编清史中不可或缺的组成部分。《清史稿》收入人物近五千人，但其中只有姓名没有任何事迹者即达千余人。中华人民共和国成立后新出的《清代人物传稿》收入人物约 1 500 人。中华人民共和国成立前出版的《清史列传》共收 2 876 人，《清代七百名人传》收入人物 700 余人（较粗，中有一人二传者）。参考这些情况，把人物传记控制在两千以内，可能大体适当。章学诚是反对立传过多的，他认为“宋元之史，人杂体猥，不可究诘，或一事而数见，或一人而两传，人至千名，卷盈数百”，是“纪传体之最敝者”。这里提出两千之数，也是鉴于清代历史的特殊情况，略做扩充了。

图录——到了清代，各种图画乃至照片已有许多，再加上现存的许多很有历史价值的实物，可以制成图片，使这部新的清史能够增加一个以往史著中未曾有过的内容，就是图录。图文并茂，必将大大地提高这部著作的科学性和可读性，提升它的学术价值。

这六个部分，组合成一个完整的整体，形成一部结构严谨的独立著作，而不是一套丛书。

在座谈会上，岚清同志还提到，在编纂清史的同时和以后，还可以“编写出大量的衍生作品”。我觉得这一点是很重要的，只有把许多问题通过“衍生作品”去解决，去回答，才能真正保证新编清史做到“少而精”。这里，我只是建议在新编清史之外，有两部书，可以作为配套工程，单独编写出来。一部是《清史纪事本末》。这部书的特点是对清代历史上的重大事件，分析条目，因事命篇，详其经过，叙其始末。这可以弥补前面所建议的那样的体例，将同一件事情，分见于多处，“类例易求而大势难贯”（章学诚语）的缺憾。有了这样一部书，清史的研究者或者爱好者，要想具体了解清代发生的某个重大事件，只要按题翻找，就很容易弄清此事的前因后果，来龙去脉。那么，为什么不把《纪事本末》一起纳入那部新编清史呢？因为那样就会同其他部分有许多重复，使得全书臃肿冗沓。所以，应该另行编写，独立成书。还有一部是工具书，叫作《清代人名大辞典》。前面讲到，新编清史中的“传记”部分，入传者应该经过精选，只有那些确实在清代历史上产生过重要影响的人，才能入选。其实，除此之外，还有很多历史人物，都有过这样那样或多或少的历史活动。这些人从重要性来说，可能稍逊一筹，但人们仍然有了解他们的必要。所以，就应该编一部《清代人名大辞典》，以满足不同的人为着不同的目的了解不同的历史人物的需要。这部书的特点，不是“精”而是“全”，只要在清代历史上有过历史活动的人，皇亲贵胄、达官显宦、骚人墨客、士农工商、贩夫走卒、兵役胥吏、五行八作、三教九流，只要留下过历史的印痕，无不登录齐备。这样一部书，是很有实用价值的。这两部书，如果由负责清史纂修工程的学者兼行完成，一定能收事半功倍之效。

延安精神的当代价值*

党的几代领导人都一直强调，在新的历史时期要继承、恢复和发扬延安精神。胡锦涛同志就任总书记不久，就带领书记处的同志到西柏坡学习考察，并特别强调了牢记毛泽东同志倡导的“两个务必”，坚持与发扬党的革命传统和革命精神的极端重要性。最近，中央领导又对宣传和弘扬延安精神以及延安精神研究会的工作，做了重要批示。贯彻中央的有关精神，我觉得，有两个问题是需要特别加以深入思考的：(1) 延安精神的当代价值是什么，为什么在新的时代，延安精神不但没有过时，反而更加凸显出它的重要意义和不可替代的作用？(2) 在新的历史时期，怎样不断赋予延安精神新的时代内容，使其发扬光大？从发展过程来讲，延安精神是在一个特定的历史时期，以中国共产党人为核心的中华民族优秀分子，在争取民族独立和人民解放的伟大斗争实践中，他们的理想追求、精神风貌、思想品德、行为准则、工作作风的精华和结晶，是我们党的优良传统的重要组成部分。

在新的历史时期，继承和弘扬延安精神变得特别重要，是由我们所处的主客观环境和条件所决定的。

一是我们党承担的宏伟历史任务和庄严历史使命的需要。十六大确定了全面建设小康社会的奋斗目标，在此基础上，到21世纪中叶，要基本实现社会主义现代化，把我国建成富强、民主、文明的社会主义国家，基本实现中华民族的伟大复兴。这既是一个上百年来我们的先人梦寐以求的追求目标，又是一个前人从来没有做过的空前伟业。在实现这个伟大目标的征途上，必定会遇到各种预料之

---

* 载《思想理论教育导刊》，2003年第6期。

中的和无法预见的困难与问题、风险与挫折。伟大的实践需要伟大的精神支撑。正像胡锦涛同志指出的："要完成党的十六大提出的全面建设小康社会的奋斗目标，要完成基本实现现代化、把我国建设成为富强民主文明的社会主义国家的历史任务，要不断开创中国特色社会主义事业新局面，我们要走的路还长得很，我们肩负的任务还很艰巨，我们可能遇到的困难和挑战还会很多，我们必须始终谦虚谨慎、艰苦奋斗。"

二是保持我们党的先进性的需要。邓小平同志说过，办好中国的事情，关键在人，关键在党。在我们这样一个多民族的发展中大国，要把全体人民的意志和力量凝聚起来，全面建设小康社会，加快推进社会主义现代化，必须始终保持党的先进性和纯洁性，毫不放松地加强党的建设，改善党的领导。当前我们党所处的环境，党的建设所面临的任务，较之过去已有很大的不同。要保持党的先进性和纯洁性，必须解决两大历史性课题：提高党的执政能力和领导水平，提高拒腐防变和抵御风险的能力。在解决这两大历史性课题中，继承和发扬延安精神，具有极为重要的作用。我们只要想一想，如果忘记或者摒弃了延安精神，没有了理想信念，不坚持正确理论的指导，脱离人民群众，一味追求个人享乐，还怎么谈得上党的先进性呢？在当前的现实生活中，党内确实存在着一些消极腐败现象，其思想根源，难道不正是同延安精神背道而驰的吗？

三是从容应对国内外复杂环境的需要。十六大提出了一个以往较少讲到的问题，那就是要居安思危，增强忧患意识。为什么我们在政治稳定、经济发展、社会进步的情况下，要提出这个问题呢？这当然不是无的放矢，无病呻吟，而是因为我们的社会主义现代化建设是在一个极为复杂的内外环境中进行的。别的不说，最近发生的伊拉克战争，难道不是清楚地告诉我们，霸权主义和强权政治仍然在国际政治生活中招摇过市，横行无忌吗？某些国家凭借自己的经济实力和军事实力，不顾国际舆论，不顾联合国大多数国家的意见，不顾国际法准则和《联合国宪章》，更不顾几十万、上百万反战群众的抗议，一意孤行，想怎么打就怎么打。如果我们没有了民族精神，没有了靠自力更生发展自己的坚强意志，没有了全国人民的团结一致，我们能保证自己国家的独立和民族尊严吗？事实上，西方敌对势力从来没有放松反共反社会主义的思想渗透，国内的有些人也从未放弃宣扬“全盘西化”的思想观念。我们用什么思想武器来应对呢？延安精神就是一种十分锐利、十分有力的思想武器。在新的历史时期，各方面的情况都已发生了很大的变化。继承和弘扬延安精神，绝不是简单地照搬过去的一套。一定要结合新的实际，不断赋予延安精神时代内容。

这里可以举几个例子。

实事求是，理论同实际相结合，是延安精神的重要内容。关于这个问题，彭真同志有一段话，讲得非常好。他在《实事求是，不尚空谈》（1990年6月27日）中说：“我们发扬延安精神，是为了解决现在存在的问题。现在的情况和延安时期的情况有很多不同了，要根据现在的‘实事’去求现在的‘是’。”可见，有的人认为老是强调延安精神，是“迷恋于过去”，“跟不上时代”，是“保守”“僵化”，这样的看法是毫无根据的。因为“与时俱进”正是延安精神的本质要求。

密切联系群众，全心全意为人民服务，也是延安精神的重要内容。但是，现在的情况同延安时期相比，有一个非常大的区别，那就是现在我们的党处于执政的地位，是执政党了。很多党员也都掌握了或大或小的权力。在这种情况下，讲为人民服务，树立正确的权力观就成为十分重要的问题。究竟是执政为民还是以权谋私？就成为区分是否真正为人民服务的一个分水岭。手中有了一点权力，只要稍为缺乏自觉性，脱离群众的毛病就容易产生。这就不仅提高了密切联系群众的标准和要求，而且增强了加强群众观念的紧迫性。

自力更生、艰苦奋斗，这是延安精神中给人印象最深的内容。我们讲自力更生，绝不是同对外开放相对立的。对外开放与自力更生，相辅相成，辩证统一。通过对外开放来加快发展自己。我们的对外开放必须以自力更生为基础和立足点。在对外开放中，必须贯彻“以我为主、为我所用”的原则。经过半个多世纪的发展，我们的经济力量、综合国力有了很大的提高。有人认为，现在再来强调艰苦奋斗，已经没有多大必要了。而且，我们建设有中国特色社会主义的目的，不是要不断提高人们的物质文化生活水平，满足人民不断增长的物质文化需要吗？全面建设小康社会，目标之一不是要使“人民生活更加幸福美好”“生活富裕”吗？在这种思想指导下，有人甚至公开发表“享乐主义宣言”，从理论上来论证享乐主义的合理性，这应当引起我们的严重关切。其实，发扬艰苦奋斗的精神，同不断改善人民的物质文化生活，争取人们的共同富裕，不仅不矛盾，而且是完全统一的。艰苦奋斗，不是要叫人做苦行僧，而是提倡一种精神。从全社会来说，没有艰苦奋斗的精神，一味耽于逸乐，习于奢靡，怎么能够建设起社会主义四个现代化？我们党是靠艰苦奋斗起家的，也是靠艰苦奋斗发展壮大、成就伟业的。艰苦奋斗作为我们党的优良传统和作风，作为我们马克思主义政党的政治本色，是凝聚党心民心、激励全党和全体人民为实现国家富强、民族振兴共同奋斗的强大精神力量，是我们党保持同人民群众血肉联系的一个重要法宝。越是改革开放和发展社会主义市场经济，越要弘扬艰苦奋斗的精神。

《走向共和》给人们提供了什么样的“新的历史观点”？*

电视剧《走向共和》播出后，在观众中引起了截然相反的反应。赞誉者称这部戏“还原了历史的真实状态”，“重现了极为丰富的历史场景”，是一部“完全可以当作历史教材”的难得的“精品”；批评者认为这部戏“胡编乱造比比皆是”，“对李鸿章等人物黑白颠倒的描写及其对中国近代历史上一些重大事件的歪曲描述”，不仅篡改了“基本历史事实”，而且严重损害了“中国人的民族自尊心”。看法如此对立，说明对这部电视剧有进一步讨论的必要。冷静的、客观的、说理的讨论，可以提高我们对于近代历史的科学认识，使大家从中得到很大的教益。

《走向共和》的导演张黎说：“我觉得观众喜欢《走向共和》可能还是（由于）电视剧所提供的一些新的历史观点。”有的报纸更直截了当地宣称这部电视剧取得了“历史观的决胜”。既然如此，我们的讨论就不妨从历史观谈起，看看这部电视剧给人们提供了一些什么样的“新的历史观点”？

这部电视剧的主创人员反复强调，此剧的“新颖”之处，是对于剧中人物的评判，“不是以道德为标准，而是以他在中国近代历史中起到的推动作用来评判的”，或者叫作“不以道德论英雄，以推动时代的进步论英雄”。这样一种评判历史人物的标准，虽然不很准确（因为道德评判同历史评判并非毫不相关或根本对立，它们之间有着一定的联系），但基本上是正确的。需要指出的是，这其实并不是什么新的观点，我们过去对于历史人物的评价，大体也是这样。不说

---

* 载《高校理论战线》，2003年第6期。

别人，就是对慈禧、李鸿章、袁世凯，不论肯定的还是批评的、责难的，甚至一概骂倒的，其根据和着眼点主要还是她/他推动或者阻碍了历史发展，道德评判的成分极少。因此，要为这些人“塑造全新的影视形象”（作者一再申明不是要“给历史人物平反和翻案”，为了尊重作者，所以特别选用了他们自己的说法），从排除“道德评判”的角度入手，未免没有找准切入点。

不过问题不在这里。问题在于，前面所说的评判历史人物的标准，并没有认真地贯彻到《走向共和》的艺术实践中去，相反，该剧常常用一些抽象的甚至含糊的概念代替具体的、确切的历史分析，在很多地方违背了历史的本质真实，既歪曲了人物形象，又扭曲了历史面貌。

我们可以通过一些具体的例证来加以说明：

在《走向共和》开播之前，有的传媒就着力宣扬此剧的一大特点，是表现出了“人物的人性化”，后来主创人员又一再强调了这一点。“人性”问题，其实是一个很老的问题。人的“性恶”“性善”，争论了几千年，到现在似乎也没个结论。至于“表现最普遍的人性”是不是文学的最高使命，这个问题至少从20世纪30年代开始，已经讨论了七八十年，许多问题本来早已弄清楚了，只是近年来又有人把它重新翻腾出来，一时间似乎又有点莫衷一是。《走向共和》的“人物的人性化”，究竟怎么个“化”法呢？

所谓“人物的人性化”，大概有两方面的含义。一是说，慈禧、李鸿章、袁世凯等，他们都是人，是人就有人性，有人性就有善良的一面。用李鸿章的扮演者的话说，“李鸿章这个人应该是我们现代人可以理解的，坏蛋也有温柔宽厚的一面，因为他的温柔宽厚也是他为人的一种手段”。（顺便说一句，认真的史学工作者并不主张把历史人物简单地分成好人或坏蛋。）还有人说，光绪4岁进宫，是慈禧抱着带大的，所以慈禧和光绪必然有“很深的亲情”，不可能阴狠毒辣地对待光绪。

好吧，那我们就来看看历史上封建统治阶级的“亲情”“宽厚”，究竟是怎么一种情况。

不管是帝王将相，还是普通百姓，他们都是人，都有喜怒哀乐、爱恨情仇，对于自己的亲人，也必定会有浓浓的亲情。这是毫无问题的。但是，历史上为了争夺最高统治权力，父子残杀、手足相拼的事，可以说是史不绝书。举几个任何一本历史教科书上都能找到的例子。李渊是唐朝第一位皇帝，立长子建成为皇太子，封次子世民为秦王。李世民利用太子上朝的机会，在玄武门设伏兵，杀了大哥建成和支持建成的四弟元吉，接着又以武力威胁父亲放弃帝位，自己当了皇帝，他就是历史上有名的唐太宗。这一事件在历史上被称作“玄武门之变”。明初，朱元璋的儿子朱棣，起兵打败了自己的侄儿建文帝朱允炆，使这位皇帝不知所终，朱棣自己接了帝位，他就是明成祖。至于清朝的事情，大家就更熟悉了。康熙皇帝两次废立自己的儿子胤礽，最后把心爱的儿子幽闭而死，原因就是胤礽急于抢班夺权，甚至有图谋政变的打算。雍正接位以后，对作为自己政敌的兄弟大肆杀戮，更是众所周知的事实。在上面所举的历史人物中，很有一些是颇有作为的杰出君主，人们也并不因上述历史事件而一味对他们进行道德的谴责。但无论如何，这些事实说明了一点，在争夺封建最高统治权力的斗争面前，所谓“人性”，所谓“亲情”，即使不说变得一钱不值，起码也是被远远地抛到了一边。这对于把“人性”“亲情”看得那样神圣的人来说，自然不免有点悲哀，甚至可以说有点残酷，但这却是无法改变的历史事实，实在叫人无可奈何。慈禧也不能而且确实也未曾逃脱这个客观历史规律。这恰恰应了鲁迅在《“硬译”与“文学的阶级性”》一文中说过的一句话：“文学不借人，也无以表示‘性’，一用人，而且还在阶级社会里，即断不能免掉所属的阶级性，无须加以‘束缚’，实乃出于必然。”

“人物的人性化”的另一层含义，是说人的性格是有血有肉、丰富多彩的，不应该简单化、脸谱化。这个认识完全正确。第一层含义说的是人的共性，这一层含义则是强调人的个性。但是，在相当一部分文艺作品、影视作品里，似乎只是把人物性格的复杂化、多样化理解为或处理为好人身上加一点毛病、坏人身上加一点光彩。同所谓“清宫戏”同样流行的“警匪片”，里边常常有这样的情节：

大毒枭为了忠于爱情不惜冒落网的危险，黑道老大在被捕前一定要给老母亲洗一洗脚以示孝心。这几乎已经成了一种新的简单化和脸谱化了。其实，生活本身或者历史本身就是丰富多彩的。要使人物真正丰满起来，必须深入生活，挖掘和把握生活的真实，对于历史题材的作品，则需要准确地反映历史的真实。拿李鸿章来说，梁启超曾对李鸿章一类所谓“温和派”说过这么一段话：“今夫所谓爱国之士，苟其事有利于国者，则虽败己之身，裂己之名，犹当为之。令既自谓爱国矣，又复爱身焉，又复爱名焉；及至三者不可得兼，则舍国而爱身名；至二者不可得兼，又将舍名而爱身。吾见世之所谓温和者，如斯而已，如斯而已。”① 梁启超并没有把李鸿章描写为天生的卖国贼，但同时又讲了他同那些彻底的爱国主义者的区别，这就是李鸿章在爱国问题上的复杂个性。

我很赞同这样的说法：世界上没有人“天生就是喜欢卖国的坏蛋”。汪精卫是个公认的大汉奸，但他曾经确实是一个热心的爱国者。从爱国者到大汉奸，中间自然有一个复杂的发展过程。至于慈禧，作为清王朝的最高统治者，她肯定同帝国主义存在着矛盾，绝不会乐于忍受一切听命于洋大人的状况。中法战争和中日甲午战争刚开始的时候，她都曾主战，虽然很快就转为主和。义和团运动时期，她亲自主持御前会议，做出了向各国宣战的决策，虽然这个决策现在看来是愚蠢的、错误的。但这些都表明了慈禧在一定条件下希望摆脱帝国主义控制甚至在一定程度上同列强较量较量的心态。可是，当八国联军占领北京、清王朝被迫签订城下之盟时，慈禧面对列强“惩办祸首”的威胁，终于在煌煌上谕里写上了“量中华之物力，结与国之欢心”的话，向帝国主义表明了彻底降服、听凭列强予取予求的态度。作为清王朝的最高统治者，把这样不顾脸面的话公之于世，慈禧的内心深处肯定会有斗争、有郁闷，甚至有痛苦。但为了不至于被帝国主义“换马”，一脚踢开，甚至作为“祸首”来“惩办”，她还是发了这样的上谕。她的这种心路历程，梁启超在前

① 梁启超：《戊戌政变记》，见《梁启超全集》，第1册，221页。

面那一段话里，实在已经刻画得惟妙惟肖了。

用抽象的、抽去了政治内容的“人性化”去处理历史人物，结果就使李鸿章成了在签订多次屈辱的、损害国家民族利益的不平等条约中忍辱负重、抱着“我不入地狱谁入地狱”崇高心情的“悲剧英雄”。而慈禧，先是成了虽然残忍却也有宽厚的一面、虽然守旧却也有革新的一面的人物，接着就变成了“慈祥”“温馨”“有着高雅情趣的老太太”，有着“美好梦想”、一心希望“国富民强”的“出色的政治家”和“优秀的政治家”。可惜的是，做出这样的历史评价，主要并不是以他们推动还是阻碍历史前进为标准的，至少道德评判（且不论这种评判是否符合历史实际）的比重远远超过了政治评判的分量。

《走向共和》的编剧说，这部电视剧的主题就是“找出路”，“剧中众多的历史人物都在国破家亡风雨飘摇中寻求出路”，“当时的人无论出于什么目的，都是在为中国找出路”，“《走向共和》一剧本身是旨在讲述方方面面的中国人面临国破家亡的种种屈辱而奋起寻求救国求强道路的感人经历”。的确，探索救国图强的道路，是近代中国的一个显著特点。那些关心国家民族命运的志士仁人，通过艰难的上下求索，曾经在不同的时期提出并实践过各种不同的救国方案，为近代历史的发展进步做出了各自的历史贡献。但是，要说剧中的历史人物都是救国道路的探索者，甚至认为“当时的人无论出于什么目的，都是在为中国找出路”，却大谬不然，完全背离了历史的真实。譬如，慈禧就不能说是寻求救国道路的探索者。为什么这么讲？正如《走向共和》的编剧所说，慈禧“的一切作为都是为了巩固和维护大清王朝的统治”。在慈禧当政的时候，这个“大清王朝”已经走到了王朝末日，封建君主专制主义扼杀着民族的生机，扼杀着健康的人性和人的创造力，再加上政治的腐朽黑暗、各种社会矛盾的尖锐激烈，这样一个政权完全成了社会前进的障壁、历史进步的绊脚石。从历史发展的趋势来说，这样的政权越是得到维护和巩固，就越是增加历史前进的阻力和难度。看起来，《走向共和》的创作者把“王朝”和“国家”两个不同的概念混淆起来了，以为一心致力于“巩固和维护大清王朝”，也就是时刻梦想着实现“国富民强”。其实完全不是那么回事。“国家”和“朝廷”有一致的、统一的一面，但二者有着本质的区别，绝不是一而二、二而一的关系。正因如此，慈禧为了“巩固和维护大清王朝”，曾经也做过一点好事，但也确实做了更多的错事和坏事。封建统治者为了维护王朝的利益，可以损害或者放弃民族尊严和国家权利，而在那些真正要求“走向共和”的革命民主主义者的心目中，只有推翻这个腐朽反动的“大清王朝”，才能使中国得到独立和富强，才是真正的爱国之举。说来有点让人感叹，早在19世纪末叶，梁启超就针对有些认为爱国就要忠君、就要忠于清王朝的人说过，国家和朝廷是截然不同的两码事，“爱国必先自区分国家与朝廷始”。

“走向共和”是一场你死我活的政治大搏斗，为了取得哪怕是推翻封建专制王朝的胜利，人们付出了惨痛的代价，更有许许多多一心为实现“共和”而奋斗的志士献出了宝贵的生命。那么，他们的直接斗争对象是谁呢？毫无疑问，就是封建君主专制主义，就是反动的“大清王朝”及其统治者。在为“共和”奋斗的革命民主主义者眼里，清王朝统治者是一群昏庸腐朽、祸国殃民的“独夫民贼”，而在清朝统治者眼里，那些革命者则是大逆不道、犯上作乱的“叛贼”“乱党”。不管慈禧是不是“慈祥”“温馨”，有没有“高雅情趣”，作为封建专制主义的最高政治代表，在政治上，她只能站在“走向共和”的对立面。正如鲁迅所说：“某一种人，一定只有这某一种人的思想和眼光，不能越出他本阶级之外。说起来，好像又在提倡什么犯讳的阶级了，然而事实是如此的。”

电视剧呈现在我们面前的历史人物，到底是深化了还是歪曲了历史认识，归根到底，要看是否符合历史的真实。关于这个问题，《走向共和》的创作者说得比较混乱。一方面，他们竭力强调，这部作品是读了5 000多万字历史资料，“花了很多时间和精力研读中国历史，尤其是晚清时期的中国历史”写出来的，是依据“对历史的深入和发现”，把“历史的发现和思考呈现出来”。所以，创作的原则就是“要真实，要把这部剧写得像是中国近代史上的教科书”；

“这是一部历史正剧”，除了细节有虚构，进行艺术处理外，一定要追求“历史的真实、情节的真实”。可是，当有人指出剧中很多地方违背历史的真实时，编剧却潇洒地“照单全收了史学家的质疑”，强调“电视剧是艺术”，“电视剧还是以愉悦观众为主要目的”，“没有必要给历史人物下定论”，“怎样评价历史人物是历史学家的事”，“历史到底是怎样的，自有专家和有关部门来考证”。

关于历史的真实和艺术的真实的问题，讨论了几十年，应该说，很多问题是清楚的了。钱钟书在给周而复的信中，曾谈到历史小说的创作问题，说：“历史小说虚虚实实，最难恰到好处。弟尝戏改《红楼梦》中联语为此体说法云：‘假作真时真不假，无生有处有非无’。”对此周而复回答说：“一语道破其中奥秘，深获我心。”“重大事件应符合史实，但若干细节中人物与事件、时间、地点等，无须完全本诸史实，如曾发生或可能发生者，即放手撰写，不必拘于史实也。”[①] 对于历史小说（“历史正剧”自然也一样）来说，具体细节的虚构，不但是允许的，而且是必需的。但是，“重大事件应符合史实”，虚构部分也必须是曾经发生或可能发生的。如果对人物和事件的刻画描写，与客观历史进程完全是脱离的，如果虚构的内容在特定的历史条件下是根本不可能发生的，如果按照某种历史再现的历史恰恰是历史的颠倒，那么就必然会对受众造成误导，产生不良的社会影响。关于这一点，早已谢世的清史研究老前辈孟森先生说得颇中肯，他说：“凡作小说，劈空结撰可也；倒乱史事，殊伤道德。即或比附史事，加以色泽，或并穿插其间，世间自有此一体。然不应将无作有，以流言掩实事，止可以其事本属离奇，而用文笔加甚之，不得节外生枝，纯用指鹿为马的方法，对历史肆无忌惮，毁记载之信用。”[②] 此事“事关公德，不可不辩”[③]。我想，这应该是对待历史的严肃态度。

最后还需要说明一点。在是否允许对某些史实进行虚构的问题上，历史学和历史剧是完全不同的。历史学要求绝对忠实于历史事

① 《人民日报》，1998年7月24日。

②③ 转引自郭成康：《乾隆大帝》（上册），58页，北京，中国华侨出版社，2003。

实，来不得半点虚假杜撰；而历史剧则允许甚至要求对历史的某些具体细节进行虚构和改造。但是，在以什么样的历史观去对待历史的问题上，作为学术的历史学同作为艺术的历史剧则并无不同。历史学通过学术研究，以正确的、科学的历史观去诠释和解读历史；而历史剧则通过艺术创作，以正确的、科学的历史观去形象地再现历史。历史的真实和艺术的真实，正是应该在这一点上统一起来。这就是我们这篇短文集中从历史观的角度来进行讨论的原因。

用“三个代表”重要思想统领各项工作*

学习贯彻“三个代表”重要思想，重在理论联系实际。要通过学习，坚持用“三个代表”重要思想统领各项工作，把“三个代表”重要思想贯彻到社会主义现代化建设的各个领域，体现在党的建设的各个方面，落实到改造客观世界和主观世界的实践之中。

是否真正把“三个代表”重要思想落实到各项工作中，是衡量学习成效的重要标志。学习的目的全在于运用，运用是更重要的学习。只有同指导实践相结合，才能把理论学深学透。正如胡锦涛总书记在《在“三个代表”重要思想理论研讨会上的讲话》中所指出的：“新的时代呼唤新的理论，新的理论指导新的实践。学习贯彻‘三个代表’重要思想，根本目的就是要推动全党更好地带领人民群众把中国特色社会主义事业推向前进。”

只有对“三个代表”重要思想的认识达到新的高度，才能开创中国特色社会主义事业的新局面。对于“三个代表”重要思想，只有“真正学懂”，才能“真心实践”；只有“真心实践”了，才表明确实“真正学懂”了。我们只有对“三个代表”重要思想的时代背景、实践基础、科学内涵、精神实质和历史地位的认识达到新的高度，才能够自觉地、清醒地、同心同德地为全面建设小康社会、开创中国特色社会主义事业新局面而奋斗。

把握“三大规律”，进一步提高实践“三个代表”重要思想的自觉性和坚定性。“三个代表”重要思想的形成，表明我们党对共产党执政规律、社会主义建设规律和人类社会发展规律的认识达到了新的理论高度。深刻了解和把握这“三大规律”，对于我们用“三个代表”重要思想统领各项工作，将起到十分重大的作用。

---

* 载《求是》，2003年第14期。

李文海文集

卷三

《李文海文集》编委会　编

中国人民大学出版社
·北京·

《李文海文集》

编委会

1954 年

参加辛亥革命五十周年学术讨论会

目　　录

唐代官手工业的性质和作用*

官手工业，在中国历史上很早就存在了。远在西周，即已有政府经营手工业的记载；到汉代，中央官制中更有考工令、平准令、御府令、尚方令等，官手工业就已具有相当大的规模。其后它随着封建社会的发展而发展，一直存在到封建社会末期。因此，研究一下官手工业的性质，研究一下官手工业对中国社会发展的作用，特别是对封建社会中手工业发展的作用，是很有意义的。

但是，官手工业的性质和作用，在不同历史时期（譬如在封建社会初期、封建社会中期和封建社会末期）是不一样的。因此要正确了解这一问题，就必须把官手工业与当时的社会经济条件有机地联系起来加以研究。必须具体地、历史地说明官手工业在当时生产关系体系中的地位，说明它在某一个具体社会的生产力发展中的作用。

很多史学家把唐代叫作中国封建社会的"分水岭"，在唐以前和唐以后，社会经济确实起了一些极为明显的变化。这个变化同样明显地表现在官手工业之中。因此我们选择唐代作为研究官手工业的重点。

唐代官手工业与当时封建经济的关系

在封建社会，生产关系的基础是封建的土地所有制，以及在此基础上的超经济的强制。除封建所有制外，还存在农民和手工业者以本身劳动为基础占有生产工具和自己私有经济的个人所有制。大的封建土地所有制是地主剥削农民的经济基础。农业是最重要的生

---

* 载《教学与研究》，1955（8-9）。

产部门。手工业一般作为农村的副业与农业相结合。除此之外，也有离开农业而独立的小手工业者和手工业作坊。

官手工业不同于上述任何一种所有制形式和生产部门，然而它却与上述各种所有制形式都有着直接的联系。

唐代，官手工业所赖以存在和发展的基础同样是封建土地所有制。不过，如马克思在讲到亚细亚的情况时所指出的，“在这里，国家是最高的地主。在这里，主权就是在全国范围内集中的土地所有权”，而这种土地所有权所表现出来的“财产关系同时就必然会当作直接的统治与奴役关系”①。正是在这种人身隶属关系的基础上，官手工业才能在榨取农业、小手工业的无偿劳动和物质的条件上发展起来。我们可以从三方面来说明这一点：

第一，官手工业的原料，除有一部分是政府自己采办，另外有少数是由政府以低于市场的价格半强制性“和买”外，绝大部分是强迫农民“任所出州土以时而供送”的，如中尚署所需要的金木、齿革、羽毛，左尚署所需要的金帛、胶漆、材竹，右尚署所需要的绫绢、金铁、毛革，织染署练染所需要的各种染料，无一不是由各州“岁贡”而来。②《唐六典》户部所列各道贡赋中，属工业原料的有麻、蜡、漆、熟青、熟绿、丝、绵、胶、铁、芒硝、水银、各种皮革等二十二种。这些原料或半成品，大都要事先经过手工业者的开采和加工。因此，如果没有相当发达的手工业和农村家庭副业，尤其是如果没有政府与这些手工业者和小农的主从关系，官手工业的存在是不能设想的。

第二，官手工业中的劳动者，除了少数的官奴婢和刑徒外，其余全是征发来的民间的工匠和农民。关于这一点我们以后还要详细讲。可是从这里也就可以看出，官手工业是通过国家所把持的封建特权，在榨取农业、小手工业之下存在和发展的。

因此，官手工业生产得以进行是因为，一方面从小生产者那里抢掠来原料，另一方面又从小生产者那里抢掠来劳动力。开元二十

---

① 《资本论》第三卷，1031～1032页。

② 参见《唐六典》卷二十二《少府监》。

二年（734）崔沔谈官家铸钱，“若税铜折役，则官冶可成”①，最集中地表明了上述特点。

第三，官手工业不仅指直接由政府经营的手工业生产，而且还应包括虽由人民经营，但隶属于官手工业的（如亭户、灶户、坑冶户）以及民间兼应官差的（如贡户）手工业生产。我们以贡户为例。所谓贡户，大都本是小手工业者，有着特别高明的生产技术，但是在官家那里登记上了他们的名字。他们必须在指定的日期里，按官家所规定的产品和式样来进行生产，并在产品上记上自己的名字。②从各种贡品之多看来，这种贡户是不在少数的。而为数不少的贡户之存在，同样说明了官手工业如何建筑在封建生产关系的基础上，建筑在对小手工业者残酷榨取的基础上。

由此可见，官手工业不仅不与封建生产关系相对立，而且正是封建生产关系的反映，正是封建经济的一个组成部分。

但还不能到此为止。我们不仅要了解官手工业与整个封建经济的关系，而且还要了解官手工业在当时社会经济中占着何等地位。为此，我们必须较为详细地叙述一下当时社会经济的情况。

整个唐代，是自然经济占统治地位。尽管中唐以后，手工业和商业有着相当的发展，这一情况也仍然没有改变。这首先表现在，绢帛等实物还作为交换媒介而与钱币并用。在唐初，绢帛曾是很重要的交换媒介，甚至使用得比铜钱还广泛。中唐以后，虽然出现了“柜坊”和“飞钱”（俗称“便换”），也没有能完全排斥掉绢帛之作为货币的用途。③

在农村，实物交换尤其普遍。直至穆宗长庆二年（822），还有

---

① 《册府元龟》卷五〇一。

② 《全唐诗》卷十一王建《织锦曲》：“大女身为织锦户，名在县家供进簿。长头起样呈作官，闻道官家中苦难。回花侧叶与人别，唯恐秋天丝线干。……合衣卧时参没后，停灯起在鸡鸣前。一匹千金亦不卖，限日未成官里怪。……”又白居易《新乐府》的《紫毫笔》：“紫毫笔，尖如锥兮利如刀。江南石上有老兔，吃竹饮泉生紫毫。宣城之人采为笔，千万毛中拣一毫。毫虽轻，功甚重，管勒工名充岁贡……”又元稹《织女词》注云：“予掾荆时，目击贡绫户有终老不嫁之女。”（《唐文粹》卷十二）

③ 关于这一点，可参见彭信威：《中西货币史》第四章第一节；加藤繁：《唐代绢帛之货币的用途》，载《食货》，第一卷第二期。

这样的记载："中书舍人韦处厚……云……山谷贫人，随土交易，布帛既少，食物随时，市盐者或一斤麻，或一两丝，或蜡或漆，或鱼或鸡，琐细丛杂，皆因所便。"①

在以前，政府向人民征租庸调，全是实物。建中年间（780—783）定两税法，曾规定一部分折征现钱。这引起了很多人的反对。在反对者的言论中，很可以看出当时经济的自然性质。如河南尹齐抗说："百姓本出布帛，而税反配钱。……农人所有，唯布帛而已。用布帛处多，用钱处少。"② 陆贽叙述两税以前的情况说："谷帛者人之所为也，钱货者官之所为也。人之所为者，故租税取焉；官之所为者，故赋敛舍焉。……是以国朝著令……租出谷，庸出绢，调杂出缯纩布麻……"③ 他批评两税之"但估资产为差，便以钱谷定税"是"不稽事理，不揆人功"。到宪宗时，杨於陵等就要求"天下两税榷盐酒利等，悉以布帛丝绵任土所产物充税，并不征见钱"，以免农人"贱卖匹帛"④。我们且不论实行两税是不是真的"不稽事理，不揆人功"，但这些意见中所表露出的当时自然经济的情况却是十分明显的。

自然经济的特征还表现在与农业相结合的家庭手工业以及地主的庄园手工业之盛行。大部分农民都兼营纺织副业，一方面，满足全家的衣着之需；另一方面，作为赋税交给国家。⑤ 根据前引的《唐六典》的记载，全国十个道的贡赋，绝大部分是手工业产品，特别是丝织业和麻织业几乎遍及全国各地。天宝八年（749），政府收入除钱粟外，还有绢七百四十余万匹，绵一百八十五万余屯，布一千六百零五万端。⑥ 这个庞大的数目绝大部分是由小农交纳的。⑦ 家

---

① 《唐会要》卷五十九。

② 《新唐书·食货志》。

③ 《陆宣公翰苑集》卷二十二《均节赋税恤百姓六条》。

④ 《唐会要》卷八十四。

⑤ 白居易《秦中吟·重赋》："厚地植桑麻，所要济生民。生民理布帛，所求活一身。身外充征赋，上以奉君亲。"

⑥ 参见《册府元龟》卷四百八十七《邦计部》。

⑦ 元和十一年（816）京兆府有一个奏折上讲道："小户本钱不足，任纳丝绵斛斗，须是本户，如非本户，辄合集买成匹段代纳者，所由决十五，枷项令众。"（《册府元龟》卷四百八十八）

庭手工业之纺织业在整个农民经济中所占的重要地位，还可以从下面的诏令中看出来：

> （开元）二十八年十月戊辰诏曰：如闻徐泗之间，丝蚕不熟。虽庸课已纳，虑百姓艰辛，今年地租特宜放免。①

在地主的庄园中，除庄宅和田地之外，大多还包括果园、菜园、店铺、茶园、盐畦、车坊等。有的庄园不仅有“家机”织造“细绢”，而且还有银匠打造银器。② 绝大部分地主还往往截水造碾硙，这是利用水力发动的碾米制粉手工业。碾硙之多，甚至影响到农田的灌溉。大历初，郑渠、白渠二水就有“贵家豪戚”的“私碾百余所”，以致“农夫所得，十夺六七”③。在大文学家王维的庄园中，甚至专设两人负责制作供自己扫地之用的扫帚。④

自然经济的特征还表现在政府的收入中。在实行两税法以前，政府收入来源主要是租庸调、户税、地税⑤。两税法虽然规定“不居处而行商者，在所州县税三十之一，度所取与居者均”，但商税在政府整个收入中始终只占极小的比例。德宗接受了赵赞的建议，“诸道津会置吏，阅商贾钱，每缗税二十，竹木茶漆税十之一”，也只是用以“赡常平本钱”。而且接着就因为“军用迫蹴”，“亦随而耗竭”⑥。

官手工业在唐代有着十分巨大的规模，这也正说明了当时的自然经济的性质。如我们所知道的，以后，在商品生产更加发达的明代和清代，官手工业就日趋衰落了。

唐代官手工业之建基于自然经济之上，不仅表现在上面所列举的官手工业的原料直接取自民间，并且是多种多样到几乎包罗万象，

---

① 《册府元龟》卷四百九十。

② 《太平广记》卷一百七十二“赵和条”，记地主赵和所开的家产清单，有“稻若干斛，庄客某甲等纳到者；细绢若干匹，家机所出者；钱若干贯，东邻赎契者；银器若干件，匠某锻成者”。

③ 《册府元龟》卷四百九十七。

④ 参见冯贽：《云仙杂记》卷八。

⑤ 地税，指以设立义仓为名而征取的税。

⑥ 《新唐书·食货志》。

而且还表现在官手工业为获得劳动力而实行的徭役制度上。列宁早曾指出：徭役制度盛行的必要前提之一是“自然经济的统治”①。

最明显不过地表示出官手工业的自然经济性质的是官手工业的产品。官手工业产品的种类是很多的。从维护封建统治所必需的军士用的武器，到统治者为满足其奢淫生活及维持等级尊严所需的服用玩好，直至平日吃喝的菜蔬和酒，都由官手工业源源供给。仅金器就有“销金、拍金、镀金、织金、砑金、披金、泥金、镂金、撚金、口金、圈金、贴金、嵌金、裹金”等十四种。② 官手工业内部分工十分细密，如少府监织染署就包含二十五作。其中织袵之作有布、绵、絁、纱、绫、罗、锦、绮、䌷、褐等十项，组绶之作有组、绶、绦、绳、缨等五项，紬线之作有紬、线、弦、网等四项，练染之作有青、绛、黄、白、皂、紫等六项。③ 政府甚至对一些不很重要的手工业生产部门也专门委任官吏来经营，以满足统治者消费的需要，例如毡、毯和酒的生产，就有毡坊使、毯坊使、酒坊使专门管理。④ 这多种多样的产品，除一小部分人民生活必需品（如盐和农具）作为商品出卖，以及另一部分留作对外交换（这种交换大多是通过“贡”与“赐”的形式来进行的）之用外，其余都是由政府或统治者直接消费，而不是当作商品投到市场上去的。

可见，官手工业“从采取各种原料起到最后制成消费品止”，都很少与市场发生联系，而这正是自然经济的最重要的特征。因此，尽管官手工业有那么庞大的组织、细密的分工、巨量的精美产品，但它不仅不瓦解当时占统治地位的自然经济，反而正好是建基于自然经济之上，并为封建统治服务的。

当然，绝不能把封建制度下的自然经济的统治理解为绝对没有商品生产，没有交换，理解为纯粹的自给自足的经济。斯大林同志

---

① 《俄国资本主义的发展》，161页。

② 参见《古今图书集成·食货典》。

③ 参见《唐六典》卷二十二。

④ 《事物纪原》卷四：“《宋会要》曰：唐有毡坊、毯坊使，五代合为一使……又曰：唐有酒坊使，宋朝初加内字，后去之。”

指出，商品生产在封建制度下存在过，并且替封建制度服务过。[1]事实上，整个唐代的商品生产、商品货币关系是有很大发展的，特别在城市中尤其如此。

唐代的城市中存在着各种不同种类的手工业作坊，如织锦坊、纸坊、毯坊、染坊、酒坊、糖坊、铜坊、金银作等。这些作坊，进行着商品生产。在定州出现了拥有“绫机五百张”的大型手工业作坊。[2] 虽然这只是个别的而且是极不详尽的记载，然而定州正是丝织业很发达的地方，因此，出现这种大型丝织业手工作坊是并不奇怪的。

各地已出现了以精美见称而名闻全国的手工业特产，如扬州的铜镜、四川的绫锦、襄州的漆器、大邑的瓷器、宣城的纸笔等。这说明某些产品的市场已超越了地方性的限制而向更大范围发展。扬州的丝织品更远输海外。

随着商品生产的发展，中唐以后，商业也真正繁荣起来，某些地主也开始从事商业。《太平广记》卷一百二十八“尼妙寂条”记有一个经常役使“群佣苦作”的地主申兰，“或农或商”，“或畜货于武昌”。

当时商业繁荣的情况，如《通典》卷七所记：

> 至（开元）十三年……东至宋汴，西至岐州，夹路列店肆待客，酒馔丰溢。每店皆有驴赁客乘，倏忽数十里，谓之驿驴。南诣荆襄，北至太原范阳，西至蜀川凉府，皆有店肆，以供商旅。

《旧唐书》卷九十四《崔融传》：

> 天下诸津，舟航所聚，旁通巴汉，前指闽越，七泽十薮，三江五湖，控引河洛，兼包淮海，弘舸巨舰，千轴万艘，交贸往还，昧旦永日。

---

① 参见斯大林：《苏联社会主义经济问题》。

② 《太平广记》卷二百四十三“何明远条”：“唐定州何明远大富，主官中三驿，每于驿边起店停商，专以袭胡为业，资财巨万，家有绫机五百张。”

随着水路交通的发达，出现了“操驾之工数百”① 的大航船。至于装载八九千石的货船，更是普遍。

扬州城中“商贾如织”，当时的扬州不仅是国内贸易的中心，同时也是国际贸易的重要城市。②

上面已经讲到整个唐代还是存在着实物交换。然而随着商品生产及商业的发展，货币的需求量在不断增大，出现了类似汇票性质的“飞钱”，甚至出现了类似存款取款的金融关系的萌芽。③ 在高宗、武宗时代，已有面额一贯和十贯的名为“钞”的纸币。④ 货币流通量之增加也反映在政府收入之中。唐中叶以前，政府岁入以谷粟布帛等为主，钱币只占 4%～5%；安史乱后，政府整个收入减少了，其中钱币收入的绝对量反而增多，如天宝八年（749）收入钱数为二百余万贯，到宝应元年（762）为四百万贯，大历十四年（779）便达一千二百万贯。⑤

最足以表明唐代商品生产发展情况的是，在唐代城市手工业者的行会组织发展起来了。每行有特定的行规，有自己的行会语言，推举“行头”⑥。行头要规定产品价格，主持对官府纳税和其他交涉事件。⑦ 行会在这个时候发展起来不是没有原因的，恩格斯在《反杜林论》里指出：中世纪的行会就像当时农村土地公社（马克）似的，是由经济上深刻的自然性质产生的。行会的产生，一方面表示商品生产还较为微弱，小商品生产者还经不起竞争，还惧怕竞争，因此才不得不借助行会来限制竞争；另一方面也正表示，在自然经济的统治下，商品生产有了某些发展，使得市场扩大了，于是小商

---

① 李肇：《国史补》卷下。

② 参见全汉昇：《唐宋时代扬州经济景况的繁荣与衰落》，载《历史语言研究所集刊》第十一本。

③ 《太平广记》卷十六“张老条”、卷十七“卢李二生条”、卷二十三“张李二公条”等，都记载当时可凭某种信物支取款项。

④ 参见秦璟：《唐代货币之一考究》，载《中国经济》，一卷二期。

⑤ 参见全汉昇：《唐宋政府岁入与货币经济的关系》，载《历史语言研究所集刊》第二十本上册。

⑥ “行头”，或叫“行首”“长老”。

⑦ 参见全汉昇：《中国行会制度史》。

品生产者日夜惧怕的竞争终于不可避免地日益剧烈起来，这竞争“破坏了小工业者实际的垄断地位所造成的家长制的幸福”。而他们为了“要求保持这种垄断地位”，才必然地出现了行会的组织。

所有这一些，对官手工业不是毫无影响的。我们已经说过，官手工业是建筑在自然经济的基础上的，尽管上述一些商品生产活跃的情况并未改变自然经济的统治，然而也不能忽视地对官手工业起了很大的影响，特别是使得官手工业中的劳动力性质起了某些重要的变化。这一点，我们在下面就要谈到。

唐代官手工业的封建性质

不是所有的有着劳动分工与协作的手工业生产都属于资本主义的形态。马克思说：“在古代世界，在中世纪，在近代殖民地，间或也有极大规模的协作，但都是以直接的支配服从关系，特别是以奴隶关系作为基础。资本主义的形态，却自始就是以自由工资劳动者为前提。”① 列宁也指出，在俄国除了纯粹资本主义式的手工工场外，还有一种奠基在农奴的或暂时负有义务的农民的劳动上面的手工工场。这种手工工场与资本主义工厂是截然不同的。②

从马克思和列宁对各种不同性质的协作与手工工场的分析中，我们知道决定手工工场性质的是：（1）生产资料的所有制形式；（2）与此相关联的劳动者的性质。

关于第一方面，我们在上一节中已经有了大致的说明。手工业生产与农业生产不同，生产资料主要不是土地，而是手工业装备和原料，以及在生产过程中所必需的货币。可是这一些在官手工业中完全不具有资本主义的固定资本、流通资本的意义。前面已经说过，这一些无非是国家以封建特权从小农和小手工业者那里榨取来的剩余劳动而已。因此，官手工业生产资料的所有者，是作为封建制度上

① 《资本论》第一卷，400～401页。

② 参见《俄国资本主义的发展》。

层建筑的国家。从这一方面可断定，唐代官手工业的性质是封建的。

可是，为了全面论证官手工业的封建的性质，我们还必须进一步来考察一下官手工业中的劳动者的性质，因为在唐代，官手工业中的劳动者有着十分复杂的情况。

唐代官手工业中的劳动者，大概有这几种：

第一，官奴婢和刑徒。他们都是罪犯，一般罪犯在服刑期间“则皆配居作”，“在京送将作监，妇人送少府监缝作”①。犯了反逆罪的，其全家男女、奴婢就都要“没官”而为官奴婢，“有技艺者从其能而配诸司，妇人工巧者入于掖庭，其余无能咸隶司农”，终身服役。官奴婢和刑徒无任何劳动报酬，只是由政府供给衣服和粮食，有病时“太常给其医药”②。

与官奴婢相类似的是番户和杂户。他们与官奴婢的不同只是在于官奴婢“长役无番”，而他们却可以轮番服役，“番户一年三番，杂户二年五番，悉皆一月，十六以上当番，请纳资者听之”③。官奴婢“一免为番户，再免为杂户”，再遇赦宥，才可成为“良人”。

这些人不论是在役或在家，如果逃亡，“一日笞三十，十日加一等”④，是没有任何自由的。很明显，这些劳动者被奴役的程度虽有若干不同，但基本上都还是与奴隶无多大区别的农奴。然而这一部分人在整个官手工业中不占重要地位。

第二，短番匠。政府把全国的专业工匠都组织起来，“以州县为团，五人为火，五火置长一人”⑤。被组织起来的工匠，政府选择其中“材力强壮、技能工巧者”每年到官手工业中去服役二十日。这些工匠没有任何报酬，甚至“粮用皆自赍持”⑥。他们若在上番时逃

---

① 《唐六典》卷六。

② 《唐会要》卷八十六“奴婢条”。

③ 《唐六典》卷六。

④ 《唐律疏义·捕亡》。

⑤ 《新唐书·百官志》。

⑥ 《唐大诏令集》卷七十二《乾符二年南郊赦》：“每念疲人，尤多横役……材石人工，并配百姓，至于粮用，皆自赍持。”《全唐文》卷一百五十三戴胄《谏修洛阳宫表》：“一人从役，举家被废，入军者督其戎仗，从役者责其糇粮。”《唐文粹》卷十六《采玉行》：“官府征白丁，言采蓝溪玉。绝岭夜无人，深榛雨中宿。独妇饷粮还，哀哀舍南哭。”

亡，也是“一日笞三十，十日加一等”[①]。这些劳动者是如列宁所说的“暂时负有义务”的徭役制度下的手工业者。

第三，和雇匠。即由政府募雇一些匠人，给予一定的报酬。与此相类的还有明资匠。

除了上述三种基本的工匠外，在官手工业中工作的，还有不少军人（“官健”）[②]，他们接近第一类。还有一种“巧儿”或“绫匠”，他们身份上较自由，有专门技术，同时还有私蓄[③]，接近第三类。另外，还有一种长上匠。很多人把他们看作一种既不同于官奴婢与刑徒，也不同于短番匠与和雇匠的匠人。其实，长上匠只是长期在官手工业中工作，至于他们的性质则是各种各样的。有“官户长上者”，他们的性质与官奴婢差不多，只是发的粮食稍多一些。[④]有“本司招补”的“长上募士”[⑤]和“太常自访”的“长上散乐”[⑥]，这些人虽不是工匠，但身份和待遇是与和雇匠一样的。有“诸州匠人长上者”，他们的待遇是“州率其资纳之，随以酬雇”[⑦]或“州县率资钱以酬雇”[⑧]，即与和雇匠一样领得报酬，可以看出他们的性质与和雇匠一样。因此，为了把问题简单化，我们暂且抛开官健、巧儿、长上匠等不管，而集中分析上述三种基本类型。

这三种不同类型的劳动者，在整个唐代自始至终都是同时存在的，但他们在官手工业中的地位及重要性却不是自始至终都一样。一般说来，在开元、天宝（713—755）以前，是以短番匠为主；开元、天宝以后，和雇匠有了更大的发展。

《旧唐书·食货志》记载：“凡丁岁役二旬，若不役则收其佣，每日

---

① 《唐律疏义·捕亡》。

② 《唐会要》卷三十《诸宫杂记》，《全唐文》卷九十二《昭宗改元天祐赦文》，《太平广记》卷八十四“会昌狂士条”，都有关于这方面的记载。

③ 《唐会要》卷五十一记，贞元三年（787），皇帝“命玉工为带坠，有一銙误堕地坏焉。工者六人，私以钱数万市玉以补坏者”。

④ 参见《唐六典》卷六《刑部》注。

⑤ 《唐会要》卷六十五《卫尉寺》。

⑥ 《唐六典》卷十四。

⑦ 《唐六典》卷二十三。

⑧ 《新唐书》。

三尺。”《唐六典》卷七记载：“其驱役不尽，及别有和雇者，征资市轻货，纳于少府将作监。”有的史学家据此就以为，在唐代一开始就存在着一种“纳资课代役”的制度，即应番工匠不愿上番的，只要每日交绢三尺，就可免役。政府就拿这些绢去“和雇”工匠到官手工业中去工作。因此，似乎和雇匠在唐初就已很普遍了。其实完全不是这样。在唐初，应番工匠是不能随随便便纳资不上番的。上面已经说过，政府规定，“材力强壮、技能工巧者”，一律每年要上番工作二十日，并规定“不得隐巧补拙，避重就轻”，但全国材力强壮的工匠到底是很多的，政府不一定个个都用得上，而且，还有更多材力不很强壮、技能也并不工巧的工匠。此外，由于临时的或特殊的需要，有时也会和雇一些匠人，因此本来要上番的工匠现在也暂时用不到了。对这些人，政府是不肯放过吸吮他们的机会的，因此才有了“不役则收其佣，每日三尺”的办法。上面所引的《唐六典》的材料明明写着，只是在“驱役不尽”及“别有和雇”时，政府才“征资（即收钱）市轻货”，并且下面还规定“其巧手供内者不得纳资”。下面还有两个材料可以证明这一点：“内中尚巧匠无作则纳资”[①]；“诸色当番人应送资课者，当郡具申尚书省勾覆，如身至上处，勿更抑令纳资，致使往来辛苦”[②]。因此，和雇匠在开元、天宝以前虽然已经存在[③]，但大都是做一些临时性和简单的劳动，主要的还是短番匠。玄宗时少府、将作两监共有工匠 34 850 人[④]，而据《新唐书·百官志》载，少府监有短番匠 5 029 人，将作监有短番匠 12 744 人，从数量上看，占了绝大多数。

只是到开元、天宝以后，和雇匠的使用才一天天多起来。皇帝在诏令中一再强调，要“和雇人夫充役”，不得“差徭”百姓。[⑤] 也

---

① 《古今图书集成·考工典》。

② 《全唐文》卷二十四《改年为载推恩制》。

③ 《旧唐书》卷四《高宗本纪》：“（永徽五年）筑京师罗郭，和雇京北百姓四万一千人，板筑二十日而罢。”《唐会要》卷三十“洛阳宫条”：“上元二年，高宗将还西京……（韦）机奏曰，臣曹司旧式，差丁采木，皆有雇直。”

④ 参见《唐六典》卷七。

⑤ 关于这方面的材料是很多的，仅《唐大诏令集》一书中有关的就有下列各篇：卷二《顺宗即位赦》，卷五《改元天复赦》，卷二十九《太和七年册皇太子德音》，卷六十九《广德二年南郊赦》。

只是在开元、天宝以后，才真正有了根据“诸色丁匠”自己情愿而“纳资课代役”的办法，不过所纳的钱是每月每人两千文，比每日交绢三尺要贵得多了。①

那么，这种在中唐以后发展起来的和雇匠到底是什么性质呢？它与当时存在于民间手工业及农业中的雇佣劳动有什么不同呢？

第一，政府用来“和雇”匠人的钱，大致有两个来源：一是税收（两税钱、苗税钱、青苗钱等）；一是“所纳丁庸之直”，亦即“番上不至者”所纳的钱。因此，对政府来讲，或者是要人（直接役使工匠），或者是要钱（由工匠“纳资课代役”），然后再拿钱雇人。不论是前者还是后者，其实质都是在封建生产关系基础上对直接劳动者的封建特权的体现。

第二，在两个皇帝的赦文里②，都指出“和雇诸色人役”，要“先依时价给钱”，在另一个赦文里指出，“和市和雇，并须先给价钱”③。“依时价给钱”与“先给价钱”作为皇帝的“德音”，正可想见平时被“和雇”的匠人所得到的工价一般是低于时价，而且时常是少给或欠给的。有一条材料表明，甚至有名为和雇而不给价钱的：

> 唐杨务廉……上章奏开陕州三门，凿山烧石，岩侧施栈道，牵船，河流湍急，所顾夫并未与价值。④

即使给了钱，这些被“和雇”的人，仍然要负担路费及其他各种费用，而自己所赔的钱比起所拿到的工价来还要多得多，即所谓“私出资费，数又倍之”⑤。

可见，这些被“和雇”的人，不仅不能因为政府给钱而得到什么好处，反而要自己赔上不少“资费”。也可见这些被“和雇”的人，不是没有任何生产资料与生活资料的无产者，而是有自己的生

---

① 《册府元龟》卷四百八十七：“（大历）八年正月诏，诸色丁匠如有请愿纳资课代役者，每月每人任纳钱二千文。”

② 《全唐文》卷八十二《宣宗大中改元南郊赦文》；《唐大诏令集》卷二《中宗即位赦文》。

③ 《唐大诏令集》卷六十九《德宗贞元元年南郊大赦天下制》。

④ 《太平广记》卷二百六十八“杨务廉条”。

⑤ 《唐会要》卷八十九“疏凿利人条”。

产资料，以本身劳动为基础的小生产者。

第三，也是最重要的，被“和雇”的人不是自由的劳动力的出卖者，他们之去应雇只是对于封建特权的一种义务。《新唐书·食货志》载：“（贞元中）改科役曰召雇，率配曰和市，以巧避微文。”《唐会要》上也记着，政府虽然出“每人月给八千钱，粮食在外”的价钱，然内园丁“犹僦募不占”，结果是由“府司集事”，即仍由政府用行政命令去征集。① 有些被“和雇”的人就是原来的短番匠，服役期满，被政府硬留下来：“顷年以来，疲于徭役，关中之人，劳弊尤甚，杂匠之徒，下日悉留和雇。”② 正因如此，所以很多地方都指出“和雇”如何“烦扰”百姓。《旧唐书》记：“太宗贤妃徐氏……上疏谏曰……假使和雇取人，不无烦扰之弊……”③ 显庆元年（656），中书令来济也说：“近者为山东役丁，年别有数万人，将为烦扰，欲取其庸直，在京雇人充役，复恐非宜。”④ 既然和雇“不无烦扰之弊”，则如果不是依靠着封建特权，就将会一个人也雇不到，这是十分明显的事了。

因此，所谓“和雇”，实际上仍然是一种在封建隶属关系下的强制性募集，虽然带上了货币支付的形式，却并不能改变它的封建奴役的实质。

白寿彝和王毓铨两先生把这种“和雇”叫作工役制，并且引用列宁的说法，把它看作“劳役制的直接残余，同时也是到资本主义的过渡形式”⑤。

唐代的和雇匠的确符合列宁所说的工役制的特征。根据列宁在《俄国资本主义的发展》中的意见，在工役制之下，“劳动价格普通比在资本主义雇佣之下要低到两倍以上”，而更重要的，工役雇佣“总是以被雇佣者之对于雇主的人格依赖为前提，总是以‘超经济的

---

① 参见《唐会要》卷八十九“疏凿利人条”。

② 《全唐文》卷一四〇魏徵《十渐疏》。

③ 《旧唐书》卷五十一《贤妃徐氏传》。

④ 《唐会要》卷五十二“忠谏条”。

⑤ 白寿彝、王毓铨：《说秦汉到明末官手工业和封建制度的关系》，载《历史研究》，1954（5）。

强制’之多少保存为前提”。

可是，并不是所有的工役制都是“到资本主义的过渡形式”。列宁在该书中之所以说改革以后存在于俄国农村中的工役制是“到资本主义的过渡形式”，那是因为当时的地主经济中不仅存在着工役制度，同时还存在着资本主义制度，而且“这两种制度实际上是极其多样化和奇妙地交错着：在许多地主领地上，这两种制度结合在一起，应用于各种不同的经济工作”。由于各种条件，资本主义排挤着工役制。实际上，列宁不仅指出资本主义排挤工役制之不可避免性以及这种排挤之进步性，而且还一再强调指出这两种制度是“如此不同的和甚至完全相反的经济制度”，强调指出：“劳役经济的……经济特征差不多完全适用于工役制（唯一的例外就是：在工役制度的形式之一中，劳役制度的条件之一消失了，即是，在零工雇佣时，我们看到劳动的报酬不是实物而是货币）。”最后，他还清楚地指出：“工役制差不多从有俄罗斯人时就存在着（土地占有者还在‘俄罗斯真理’时代就已经奴役奴仆了），把墨守成规的技术永远维持下去，只在改革后的时代才迅速地让位给资本主义。”因此，我们可以把唐代存在于官手工业中的和雇看作一种“工役制”，但却不能把这看作“到资本主义的过渡形式”。其之所以不能，不仅因为在唐代，不论手工业或农业中还没有任何资本主义经济，而且还因为，其一，作为封建经济基础的上层建筑的国家绝不可能把自己的官手工业改为资本主义的经营；其二，被“和雇”的工匠既然没有与生产资料相分离，既然他们实际上还是有自己的生产工具及私有经济，以本身劳动为基础的小手工业者，那他们就绝不会把自己的劳动力作为商品而出卖。我们只应该把这种制度看作与劳役经济的经济特征没有什么本质区别的一种制度。

这样，我们就可以回到这一节一开始所提出的问题上去。尽管在官手工业中的劳动者从初唐到晚唐有过一些重要的变化——从以短番匠为主变为以和雇匠为主，但唐代官手工业的性质却并未起什么本质变化，仍然是十足的封建经济。

最后，为了把问题交代全面，还需要简单说一下官手工业中的劳动者从以短番匠为主转变到以和雇匠为主的原因以及这种转变的作用问题。虽然上面我们说过不应该把这种转变的意义过分夸大，这种转变并未改变官手工业之封建性质，但也不应该认为这种转变是偶然发生的和毫无意义的。正好相反，这种转变有着深刻的经济原因，对整个社会生产也有着十分积极的意义。

必须把这一转变与当时整个社会经济的发展联系起来考察。与官手工业中的劳动者从以短番匠为主变为以和雇匠为主同时，社会经济、政治制度也有着一系列的变化：在土地所有制形式上，是均田制的最终破坏和庄园制的确立；在赋税制度上，是租庸调的废除和两税法的实行；在兵制上，是募兵制代替府兵制。一句话，是封建经济进入了更成熟的阶段，小农和小手工业者对地主、对国家的人身隶属关系有了一定程度的削弱。在封建经济发展的基础上，商品生产、商品货币关系有了如第一节所说那样的发展。这样，一方面，原来每年有二十日徭役义务的小手工业者，现在可以“纳资课代役”而不必亲自上番了；另一方面，政府对它所役使的工匠开始萌生货币支付的形式。前者表明小手工业者对国家的人身隶属关系的削弱，后者则正是受了当时商品货币关系发展的影响，而总的原因都是封建经济的进一步发展。

我们说官手工业中的劳动力性质的转变，对社会生产有十分积极的意义，并不是因为被“和雇”的工匠能拿到一些工值，而是因为原来要上番的工匠可以“纳资课代役”（当然这两个方面是统一而不可分的）。它的作用，是可以与马克思所指出的在农业中以生产物地租代替劳役地租所起的进步作用相类比的（虽然二者并不完全一样，例如手工业者到官手工业中去上番的时间，比起农业中的劳役地租来，无论如何要少得多。因此“纳资课代役”所具有的意义，比起农业中以生产物地租代替劳役地租所具有的意义来，无疑也要小得多）。一方面，生产者可以有更大的活动范围为自己工作，可以有更多的自由支配的时间；另一方面，对政府讲，“为地主（按：在这里是为国家）而做的劳动所引起的苛扰性的，视徭役劳动的管理方法而多少不等地发生扰乱作用的中断”[1] 虽不是消灭了，至少也是减少了。而且，由于“和雇”的是较熟练的劳动力，生产效能自然要较以前为高，如天宝十一年（752），由于采纳了韦伦“厚价募丁”铸钱的建议，就收到了“役用减而鼓铸多”[3] 的效果。这反过来又成为刺激统治者减少人民徭役的原因之一。除此之外，还应该估计到，工匠由于上番下番而跋涉数百数千里的劳苦也减少了，而实际上这种花在路上的时间甚至比服役时间更长一些。

因此，应该把“和雇”看作比短番较进步一些的制度。

唐代官手工业对社会生产的作用

评价官手工业对整个社会生产的作用，是个很复杂的问题，因为如一开始我们已提到的，官手工业对社会生产的作用，在各个时期有着很大的不同。因此，绝不能对官手工业的作用做抽象的、一成不变的评价，我们只有在分析了某一具体历史时期官手工业所处的社会经济全貌及其特点的前提下，再据此而进一步分析官手工业对当时社会生产的作用，才是可能的和有意义的。

在分析唐代官手工业的作用之前，我们想先对上面已提到的《说秦汉到明末官手工业和封建制度的关系》一文中有关这方面的意见加以讨论，因为这还是第一次较全面系统地论述官手工业的论文。其中提出了不少可贵的意见，但也有些意见还是值得商榷的，例如对官手工业的作用的论述，就有很多不甚妥善的地方。

第一，在评价官手工业的作用时，上述论文没有依据对各个不同时期的不同情况加以具体分析的原则，而是笼统论证“官手工业对社会生产力的束缚”，笼统地下结论说：“官手工业对社会生产力所可能起的推动作用，是很有限度的……在相反的方面，官手工业对社会生产力的束缚是没有限度的，它阻碍封建社会生产力之质的

---

① 《资本论》第三卷，1037～1038页。

② 《新唐书》卷五十四《食货志》。

变化，阻碍社会经济体系向新的历史阶段的转化。”① 论文中列举了从秦到明各个朝代的材料，去证明适合从秦到明各个朝代的、关于“官手工业对社会生产力的束缚”的一般结论。虽然也指出了“官手工业的这种反动性质是越到后来越显著的”②，但这显然只是在肯定上述结论的前提下的补充，就是说，不论在何时，官手工业总是“阻碍封建社会生产力之质的变化，阻碍社会经济体系向新的历史阶段的转化”的，不过这种阻碍作用的程度是“越到后来越显著”罢了！

我们的意见与此相反，我们认为，官手工业在历史上不仅有过束缚社会生产力发展的时候，也有过按其主要方面来说是推动社会生产力发展的时代——譬如下面即将谈到的唐代官手工业的情况就是如此。

第二，我们认为，上述论文中对官手工业束缚社会生产力发展的几个方面的论述也是不正确的。

的确，官手工业存在着束缚社会生产力的一面，但这一面只有到封建社会末期，只是到封建社会内部的商品经济有了相当的发展，并且已“孕育着资本主义的萌芽”时，才成为主导的一面，即末期的封建社会愈往前发展，商品经济愈发展，自然经济愈趋于解体，则官手工业之束缚社会生产力的反动作用也愈明显和突出，而官手工业本身也就愈趋于衰落。

要详细论述这一点，不仅超过了本文题目所规定的范围，而且在这里也是不可能的。我们只是简单指出两个方面。一方面是官手工业之存在，使国内市场之创立过程更加缓慢，更加困难，这包括：(1) 官手工业对一些重要生产部门的垄断与控制，使“单个独立工业部门的数目之增加”的过程受到限制，亦即社会分工的增长过程受到限制，而“社会分工的……递进的增长，正是资本主义国内市场创立过程中的基本契机”③；(2) 官手工业对某些重要生产部门的垄断与控制，以及通过政府对小手工业者和小农的榨取，使得有些

①② 《历史研究》，1954 (5)。

③ 《俄国资本主义的发展》。

本来投到市场上的产品现在直接被消费了（例如在明朝，政府对金银、香蜡、药物等的“采办”和对丝织品及瓷器的所谓“织造”“烧造”就是这样），这就在某种程度上缩小了消费品和原料的市场。而这二者正是在封建社会末期才具有了头等的意义。另一方面，在封建社会末期，当时社会经济中既已出现了大型手工业作坊甚至手工工场，则官手工业之大生产的优越性便完全丧失了，而由于在官手工业中农奴制的保存，官手工业的劳动生产率比民间手工业更为低下，技术落后。因此，官手工业在生产力上不再起着带动民间手工业前进的作用，剩下来的仅仅是对小手工业者和小农的徭役与掠夺，而这种徭役与掠夺对封建社会末期的小手工业者和小农来说，特别不可容忍。关于这，我们借用列宁的一段话来说明，虽然他指的是乌拉尔的矿业的情况，但用来说明中国的官手工业也是十分恰切的：“农奴法一时曾经是乌拉尔高度繁荣的基础，是它不仅在俄国而且部分地也在欧洲的统治的基础。……但是同一农奴法，在欧洲资本主义萌芽时代虽能帮助乌拉尔上升得如此之高，而在欧洲资本主义繁荣时代却成为乌拉尔衰落的原因。”①

白寿彝、王毓铨二先生在论文中所讲的关于官手工业对社会生产力的束缚的表现，与上述的完全不同，他们认为，官手工业之束缚社会生产力，一方面表现在，“官手工业中，人力物力的浪费是巨大的”；另一方面，“历代统治集团为了保证他们对手工业劳动力的使用，便利用古老的传统，凭着国家的权力，把手工业劳动力固定起来。办法有三个：一是控制劳动力的编制，一是加强手工业者和农业的结合，第三是巩固手工业技术的世代传袭”②。

诚然，在“官手工业中，人力物力的浪费是巨大的”，这种“人力物力的浪费”对劳动者来讲，无疑是一种痛苦不堪的遭遇，可是这种集中大量人力物力的巨大生产，以及在这种大生产中对劳动者的残酷剥削，对社会生产会产生什么样的结果，如果脱离了当时具体社会的经济条件，同样是不能说明任何问题的。我们知道，奴隶

---

① 《俄国资本主义的发展》。

② 《历史研究》，1954（5）。

社会高度发展的手工业，正是奴隶主使用了大量奴隶劳动，并对这些奴隶进行残酷剥削的结果。对直接劳动者——奴隶说来，这无疑是一种痛苦不堪的生活，但正是在这个基础上，奴隶社会的生产力大大地发展起来。恩格斯说："只有奴隶制才使农业与手工业间某种大规模的分工成为可能，从而才使古代世界底繁荣，希腊底文化成为可能……我们绝不应忘记，我们一切经济的、政治的和知识上的发展，都是以奴隶制度为其先决条件，在这一制度下，奴役制既是如此必需的要素，也是公认的要素。"① 同样，大的封建经济优越于逐渐受封建主奴役的自由小农经济的地方，也正在于大地产和对广大农奴的剥削，使得封建领地内部在农业方面和手工业方面都有可能进行相当程度的分工，并使生产力在这一基础上获得提高。马克思指出："简单的协作，也可以生出伟大的结果来。这可以由古代亚细亚人，埃及人，伊特拉斯康人等等的巨大建筑物来说明。"② 接着，他引用了资产阶级政治经济学家琼斯的话说："在过去时代，这些亚细亚国家，在供给行政上军事上的支出以后，尚有剩余的生活资料，可以用在美观的和实用的土木工程上。……亚洲各帝国的非农民劳动者，除个人的肉体力，只有很少的东西可以用在工作上，但他们的人数，就是他们的力量。那种令人惊异不置的遗迹所以能够发生，就因为该帝国的君主和教主，对于这大群人有指挥的权力。这种种事业有成功的可能，就因为劳动者依以生活的资料，集中在一个人或少数人手中。"③

官手工业也是这样，我们且举俄国的例子。大家知道，彼得大帝曾经大量培植农奴制的手工工场，这种手工工场的资本部分由国家提供，部分是封建贵族的财产，而这种大规模生产的基本特点是，它建立在农奴劳动的基础之上。这种农奴制手工工场，在俄国之工业发展上具有很大的意义。④ 可是难道我们能说，在这种手工工场

---

① 《反杜林论》。

② 《资本论》第一卷，399 页。

③ 同上书，399～400 页。

④ 参见科兹洛夫：《资本主义生产方式的准备》，61～63 页。

中，对农奴劳动的使用没有巨大的“人力物力的浪费”吗？

可见，脱离具体社会的经济条件，抽象地谈“官手工业中，人力物力的浪费是巨大的”，并不能一定表明“官手工业对社会生产力的束缚”。

白寿彝、王毓铨二先生的论文中所说的“官手工业对社会生产力的束缚”的另一表现，是“历代统治集团为了保证他们对手工业劳动力的使用……把手工业劳动力固定起来”。

办法之一就是“控制劳动力的编制”。“这不只使现役的手工业劳动者在官手工业中操作，并且使全国的手工业劳动者都成为官手工业的后备军。这样的编制实在是手工业劳动者的枷锁，它可以随时搅乱他们的日常生活，妨碍他们的正常发展。”[①] 这样说是正确的，可是须得加上一项重要的补充：“控制劳动力的编制”，并不是问题的本身，应该指出劳役制度来。劳役制度必须“控制劳动力的编制”。脱离了劳役制度，“这样的编制实在是手工业劳动者的枷锁”的结论就会是不可理解的。

办法之二是“加强手工业者和农业的结合”。上述论文中举出了很多国家分配土地给手工业者以及手工业者交纳地税的材料，来说明“历代皇族统治集团用国家权力把手工业者和农业的结合固定下来，这一方面是用‘最低廉’的办法使手工业者取得生活资料，又一方面也就把手工业者束缚在土地上”[②]。这里，论文的作者显然是把封建国家与手工业者的关系和封建地主与小农的关系混同了起来。列宁曾经说过，地主经常分给农民一块份地，“其目的不是给农民‘保证’生活资料，而是给地主‘保证’劳动人手”。“这种经济（按：指劳役经济）所必需的，是使直接生产者被分与一般生产资料，特别是土地；不仅如此，还必需使直接生产者束缚于土地，因为否则地主便没有保证获得劳动人手了。”[③] 固然，马克思说过在亚洲，国家是最高的地主，但它们之间毕竟是有区别的。如列宁所指出的，地主为获得劳动人手，便非分给农民一块土地，并把农民束

①② 《历史研究》，1954（5）。

③ 《俄国资本主义的发展》。

缚在土地上不可。但国家却可以凭借着封建特权来保证官手工业的劳动人手。当然，这种封建特权同样是建筑在封建土地所有制的基础上，可是它既经产生，便超出了这个狭隘范围，例如政府虽常常分给手工业者和商人一些土地，但也常常少分或不分（唐代就是如此，《新唐书·食货志》："工商者宽乡减半，狭乡不给"），可是我们却看见，国家仍然凭借着封建特权征发手工业者到官手工业中去服役。

可是，离开了保证劳动人手的目的，国家分给土地，"把手工业者和农业的结合固定下来"，又是为了什么呢？为什么国家要用"'最低廉'的办法使手工业者取得生活资料，又一方面也就把手工业者束缚在土地上"呢？这些岂不是都变成毫无意义的了么？

其实，在封建社会中，国家对手工业者虽常常少分或根本不分给土地，但有时也终于不免要分给一些，手工业者也总是或多或少有一些土地，只是说明当时的手工业经常是与农业相联系，手工业与农业的分离还不明显而已。"工业与农业之完全分离，只有大机器工业才能引起。"① 白寿彝、王毓铨二先生的论文中谈到统治集团"把手工业劳动力固定起来"的办法之三是"巩固手工业技术的世代传袭"②。并且指出，"这种传习，根绝了技术上的竞争，是妨碍生产技术的发展的"③，因此，这也表明了"官手工业对社会生产力的束缚"。关于这点，我们的意见是：(1)"手工业技术的世代传袭"，是在市场扩大、竞争加剧的条件下，小生产者为了保持他们的垄断地位而出现的一种现象，它与官手工业并无关系，官手工业并不曾"巩固"这种"技术的世代传袭"（顺便说一下，"技术的世代传袭"的说法是不够明确的，列宁的更确切的说法是"小工业者倾向于掩藏其技术的发明与改良，向别人隐蔽其有利的业务"④）。正好相反，我们下面将会拿唐代的例子来说明，在封建社会中期，由于官手工业的技术比民间手工业的高，它倒是经常通过各种形式把较高的生

① 《俄国资本主义的发展》。

②③ 《历史研究》，1954（5）。

④ 《俄国资本主义的发展》。

产技术传播到民间去。(2)“手工业技术的世代传袭”表示小商品生产者惧怕竞争，然而却终究不能“根绝”技术上的竞争，商品生产的规律打破了小商品生产者的主观要求，使分化、竞争日益尖锐与深刻。

这就是我们对白寿彝、王毓铨二先生论文中关于官手工业作用之估价的一些意见。现在我们且回到本题，说一下根据我们的看法，对唐代官手工业的作用究应如何估价的问题。

唐代整个社会经济的情况是：封建社会刚开始走入繁荣时期，生产力与生产关系的矛盾还没有达到十分尖锐的地步，生产关系仍然起着“生产力的主要推进者的作用”，生产力在封建生产关系中还有广阔发展的余地；同时，如上所述，虽然商品生产有了一定程度的发展，但整个社会仍然由自然经济统治。在这个情况下，一方面，徭役制度尽管对小生产者是个沉重而难堪的负担，可是它之存在，在当时不仅是合理的，而且是必要的。因为没有这个，封建经济便不能存在，当然也就更谈不上繁荣。另一方面，手工业生产还没有提出冲击封建制度的问题，而是在为封建制度服务的基础上取得发展与繁荣的问题。在确立了这个前提之后，我们便可从三个方面来分析唐代官手工业的作用：

第一，官手工业不仅建基于封建生产关系之上，它不仅单纯是封建生产关系的反映，而且它还反过来巩固着封建制度，支持着封建帝国的昌盛。在当时，它是封建经济的一个不可缺少的组成部分。

首先，在财政上，一方面政府直接经营着某些手工业生产，这些部门所得的收益成为政府财政收入的一部分。如矿冶，据《唐书·地理志》的记载，全国有金矿十八，银矿三十三，铜矿六十三，铁矿一百一十三，锡矿十三。这些矿冶，除了有时“以山泽之利归州县”外，一般都是直接由中央的盐铁使经营，“以供国用”。宣宗时，“天下岁率银一万五千两，铜六十五万五千斤，铅十一万四千斤，锡万七千斤，铁五十三万斤”①。又如盐，“唐有盐池十八，井

① 《新唐书·食货志》。

六百四十，皆隶度支”①。大历末，每年盐利“六百余万缗，天下之赋，盐利居半，宫闱服御军饷，百官禄俸，皆仰给焉”②。《通典》所记盐利收入数字更大：“自兵兴，上元以后，天下出盐，各置盐司，节级权利，每岁所入，九百余万贯文。”③ 虽然其中除政府直接经营的盐池、盐场的收入外，还包括很大一部分盐税收入，但从这里仍可看出官手工业对封建政权的财政所起的作用是何等重要。另一方面，财政所需的钱币的铸造，也都是来自官手工业。天宝时，“天下炉九十九……每炉岁铸钱三千三百缗，役丁匠三十，费铜二万一千二百斤，镴三千七百斤，锡五百斤，每千钱费钱七百五十，天下岁铸三十二万七千缗”④。政府对铸钱量和成本进行严格的计算不是没有道理的，因为它保证了社会对货币的需要，同时也增加了政府的财政收入。

其次，官手工业之很重要一部分是制造军器的，中央政府专门设有“军器监”，任务是“掌缮造用（按：此字疑‘甲’之误）弩，以时纳于武库”⑤，下设有甲坊、弩坊两署。除中央政府外，各地方也都设有造军器的作坊，《唐大诏令集》记：“诸处本置作坊，只合制造干戈兵甲及进献供需，昨徐方用军，诸道多无兵器，内库般送，填塞道途，如闻作坊，唯使杂伎，弓甲之匠十无一人，打筑即唯务精新，器甲则总忘修整……”⑥ 这一方面固然说明，在商品货币关系的发展下，为适应统治者腐化生活的需要，某些军事工业变成了供应奢侈生活用品的作坊，但另一方面也说明，官手工业有很大部分是进行军器生产的，因此它与军事也有密切的关系，而封建社会中的军队则正是维护封建制度的必不可少的支柱。

最后，政府对灌溉、治水及交通工程的经营，也是十分重视的。关于这一方面，我们可以毫不费力地在最常见的书中（如《旧唐书》之《食货志》《良吏传》，《册府元龟·牧守部》“兴利条”，《唐会要》

---

①② 《新唐书·食货志》。

③ 《通典》卷十《食货》“盐铁篇”注。

④ 《新唐书·食货志》。

⑤ 《旧唐书》卷四十四《职官志》。

⑥ 《唐大诏令集》卷七十二《乾符二年南郊赦》。

等）找到几十条材料，证明政府常因征使几万到几十万的“丁夫”或“工役”，修治了水利，灌溉了田地，使“公私深以为利”，甚至赢得百姓“刻石水滨，以纪其绩”的声誉。政府还规定：“凡天下造舟之梁四，石柱之梁四，木柱之梁三，巨梁十有一，皆国工修之，其余皆所管州县随时营葺。”①

以上材料说明：不论是在财政方面、军事方面还是在公共事务方面，官手工业都对封建政权起着巩固、支持的作用，而在当时说来，巩固和稳定的封建政权曾是社会生产力发展的必备的要素。

第二，官手工业中的生产力、生产技术，在当时显然要比民间手工业的高。这一方面是由于官手工业是大生产，存在着十分细密的劳动分工。这种劳动分工对提高生产力的意义，马克思列宁主义的经典作家们做了十分透彻的说明。② “在手工生产的基础上，除了以分工的形式，是不能有其他的技术进步的。”③ 另一方面，在劳动分工的基础上，产生了一种技术传习制度，即所谓“教作者传家技”的办法。④ 传习的年限，根据技术的复杂程度而不同：“细镂之工，教以四年；车辂乐器之工，三年；平漫刀稍之工，二年；矢镞竹漆屈柳之工，半焉；冠冕弁帽之工，九月。”对传习的情况，要经过考试来鉴定，“四季以令丞试之，岁终以监试之，皆物勒工名”⑤。虽然大生产的优越性由于使用徭役劳动而有很大的限制，但官手工业的生产技术高于民间手工业仍然是十分明显的事（这我们在下面马上就会看到）。关于这，潘克拉托娃同志正确地指出：“在一定的历史情况下，使用强迫劳动的大生产对发展国家的生产力起了积极的推动作用。”⑥

---

① 《唐六典》卷七。

② 参见《资本论》第一卷，第四篇第十一、十二章。

③ 《俄国资本主义的发展》。

④ 列宁说：“生产过程分为由各种专门匠师所执行的几种细节工作。这种专门家的养成，需要相当长时间的学习，因而学徒制是工场手工业的自然伴随者。”（《俄国资本主义的发展》）

⑤ 《新唐书·百官志》。

⑥ 《学习译丛》，1954（2）。

官手工业的较高的生产力和生产技术，通过各种不同的形式影响着民间手工业，从而对民间手工业的生产技术起了推进作用。

官手工业生产力影响民间手工业的一种形式是，由官府征集各地工匠，有意识地加以训练，并将新产品推广至各地。下面是关于这方面的例子："（文宗）太和二年闰三月，京兆府奏准内出样造水车讫，时郑、白渠既役，又命江南征造水军（按：此字疑'车'之误）匠，帝于禁中亲指准，乃分赐畿内诸县，令依样制造，以广溉种。"①

我们知道，在唐代有相当大的一部分农具是由官手工业制造的，因此官府能造出新式样的水车来，完全不是偶然的。

官手工业生产力影响民间手工业的另一种形式就是，官手工业的某些产品或生产技术逐渐往外流传。《旧唐书·五行志》有一段记载：

> 中宗女安乐公主，有尚方织成毛裙，合百鸟花，正看为一色，旁看为一色，日中为一色，影中为一色，百鸟之状，并见裙中。……又令尚方取百兽毛为鞯面，视之各见本兽形。……自安乐公主作毛裙，百官之家多效之，江岭奇禽异兽毛羽，采之殆尽。

安乐公主的毛裙是"尚方织成"的，可是随着从安乐公主处传到"百官之家"，这织毛裙的精巧技术也就必然会逐渐从"尚方"传到民间。

又如在绢帛上印花的技术，有所谓"夹缬"和"蔺缬"的②，起初也是宫廷所用之法，以后逐渐成为唐代盛行的工艺美术。

官手工业生产力影响民间手工业的又一种形式是，一些原来在

---

① 《册府元龟》卷四百九十七《河渠二》。

② 傅芸子《正仓院考古记》"论夹缬屏风条"："夹缬，一作夹颉……法以二板镂同样图案花纹，夹帛染之，并可施以二三重染色，染毕解板，花纹相对，左右均整，色彩宜人。"同书"论蔺缬屏风条"："所谓蔺缬，系以蜜蜡于布上描成文样，浸染料中，及蜡脱落，留其文样，再蒸而精之乃成。更有施二三重染者，尤形丽巧。"

官手工业中工作的匠人，由于各种原因，离开了官手工业，投入民间手工业作坊工作，这样，官手工业中的生产技术自然也就随之带到了民间。《全唐诗》引《卢氏杂说》云："卢氏子失第，徒步出都城，逆旅寒甚，有一人续至，附火，吟云云，卢愕然以为白乐天诗，问姓名，曰姓李，世织绫锦，前属东都官锦坊，近以薄技投本行，诗云：学织缭绫功未多，乱投机杼错抛梭。莫教官锦行家见，把此文章笑杀他。"① 这虽是个别的例子，但在皇帝的诏命中经常有停作坊放工匠的记载，这些离开了官手工业的工匠，不难设想也会与上述例子一样，把生产技术带到民间。

官手工业生产力影响民间手工业的再一种形式，就是贡户。在第一节中我们已经谈过了贡户的情况，这里没有必要再加重复，应该特别说明的是，贡户正是官手工业与民间手工业之间最好的桥梁。一方面，他要按官家所规定的式样来生产，他有着特殊的技术；另一方面，他毕竟生活在民间，因之不可避免地会把这种技术带到民间去。关于这，白居易的名著《新乐府》之一《缭绫》有十分精彩的描写，我们且抄一大段在下面：

> 缭绫缭绫何所似，不似罗绡与纨绮，应似天台山上月明前，四十五尺瀑布泉。中有文章又奇绝，地铺白烟花簇雪。织者何人衣者谁，越溪寒女汉宫姬。去年中使宣口敕，天上取样人间织。织为云外秋雁行，染作江南春草色。广裁衫袖长制裙，金斗熨波刀翦纹。异彩奇文相隐映，转侧看花花不定。……②

虽然我们看到贡户为保守生产技术的秘密而有"终老不嫁之女"③，但上面说过，这种保守生产技术秘密的做法正是表明小商品生产者由于市场狭小，害怕竞争，并力图保持自己的垄断地位的一种措施。因此，说贡户为官手工业保守生产技术的秘密是说不通的，因为官手工业并不存在市场与竞争的问题。相反，我们倒是更有理

---

① 《全唐诗》卷二十八《织锦人》。

② 《白香山集》。

③ 元稹《织女词》注云："予掾荆时，目击贡绫户有终老不嫁之女。"（《唐文粹》卷十二）

由推论说，贡户除了为官手工业工作外，还同时兼营着某些商品生产。①

第三，我们也应估计到，毕竟是不能把徭役制度理想化的。我们说官手工业及与此相连的劳役制度在当时是必要的与合理的，但我们并不歌颂和欣赏这种制度，正好相反，大量材料为我们指出，小生产者如何在这种徭役制度下悲惨地生活着，官手工业和徭役制度如何夺去了小生产者几乎所有的剩余劳动和剩余产品，甚至夺去了他们的部分生产资料和生活资料。

官手工业所役使的工人，数量很多，仅中央少府、将作两监，在玄宗时就有工匠共三万四千八百五十人，临时“和雇”的工匠还不算在内。除这两处以外，在内廷及别的机构中还有不少匠人，如“贵妃院织锦刺绣之工”就有七百人。② 唐中叶以后，直接的役使逐渐为“和雇”所代替，然而上面我们已经说过，这仍然是一种基本上与徭役制度无多大区别的制度。

除了中央机构外，各地方还存在着更多的官手工业机构。上面说的军器作坊是一个例子。另外，《唐大诏令集》记有开元二年（714）七月的一个命令，令“两京及诸州旧有官织锦坊悉停”③。《全唐文》记有代宗时的一个命令，是因为“扬、洪、宣等三州作坊……征夫役工，损费尤甚”，故“亦宜并停”④。同书《禁断织造淫巧诏》中，记有“在外所织造大张锦、硬软锦……等，并宜禁断”。这些都说明各地官手工业作坊是相当普遍的。这些地方官手工业中的工匠，从上面所说的“征夫役工”看来，当然也是各地征发的小手工业者。

这些工匠的工作条件是很恶劣的。去应役时，“远者往来五六千

---

① 奴隶反对奴隶主，农奴反对农奴主，是整个奴隶社会和封建社会的主要矛盾，他们斗争的方式是逃亡、武装暴动，也有怠工、破坏工具。因此，这种保守秘密，就绝不能从这种阶级矛盾上找到说明。唯一能说明的就只有，这些贡户除了担负徭役外，还在进行一部分商品生产。

② 参见《旧唐书·后妃传》。

③ 《唐大诏令集》卷一〇八《禁奢侈服用敕》。

④ 《全唐文》卷四十七《停扬洪宣三州作坊诏》。

里，春秋冬夏，略无休时”①。正式工作时就更加悲惨，武后时监察御史张廷珪讲到工匠工作情形时说道：“通计工匠，率多贫窭，朝驱募役，劳筋苦骨，箪食瓢饮，晨炊星饭，饥渴所致，疲疫交集。”②有一次造三阳宫，“夫匠疲劳死者十五六”③。

另外，官手工业垄断了某些产品的生产，或者是由政府对某些产品加以统一收购。④ 上面我们已经说过，政府对某些手工业生产部门之垄断，成为政府财政收入的一个来源，然而对小生产者来说，这显然是十分不利的。这不仅减少了商品生产的某些部门，而且有时候，政府还勒令原来的小商品生产者成为专门替官手工业工作的劳动者。例如：“（元和三年六月）诏曰：……其天下自五岭以北，见采银坑，并宜禁断，恐所在坑户不免失业，各委本州府长吏劝课，令其采铜助官中铸作。”⑤ 比这个更甚的是，政府为了专利，把百姓经营的某些手工业没收归政府经营，如茶场就是这样。本来，茶的生产是民间一种相当主要的手工业，“江南百姓营生，多以种茶为业”⑥。随着种茶及制茶业的发展，甚至很多“异色财物”，“唯有茶山可销受。盖以茶熟之际，四远商人，皆将锦绣缯缬，金钗银钏，入山交易，妇人稚子，尽衣华服，吏见不问，人见不惊”⑦。开元以后，北方饮茶习惯也渐渐普遍了，因此，江淮的茶便大量销至北方，“茶自江淮而来，舟车相继，所在山积，色额甚多”⑧，甚至出现了“每岁召采茶人力百余人，男女佣功者杂处”⑨ 的大茶园。但文宗太和时，“王涯判二使，置榷茶使，徙民茶树于官场，焚其旧积者”，

---

① 《全唐文》卷一百五十五马周《陈时政疏》。

② 《唐会要》卷四十七。

③ 《全唐文》卷一百七十三。

④ 《册府元龟》卷五〇一《钱币三》载开元十七年（729）诏：“所有采铜锡铅，官为市取。”

⑤ 《旧唐书·食货志》。

⑥ 《册府元龟》卷四百九十四。

⑦ 转引自王仲荦：《从茶叶经济发展的历史看中国封建社会的一个特征》。

⑧ 《封氏闻见记》卷六。

⑨ 《太平广记》卷三十七。

结果“天下大怨”[①]，连当时的官僚也说：“岂有令百姓移茶树就官场中栽，摘茶叶于官场中造，有同儿戏，不近人情。”[②]

因此，不能一般地、抽象地论述封建社会官手工业的作用。对唐代，从以上的叙述逻辑得出的结论是：为官手工业所需的徭役制度，对小生产者是一种沉重而难堪的负担，但对当时整个封建经济而言，是合理的而且是必需的。这种官手工业是封建经济的不可缺少的组成部分。而且，在大批使用徭役劳动的基础上，官手工业的生产力和生产技术有着相当快的发展，这种较高的生产力与生产技术，通过各种形式，不断地流传到民间手工业中去，带动民间手工业生产技术不断提高。当然，我们并未忘记，官手工业中若干精巧技术也来自民间，如“教作者传家技”，家技当然是民间的。但只有政府以强大权力，集中了民间所有最精巧的技艺，并在大生产中，使许多服役或被奴役的工匠取得互相观摩和学习的机会，才能使精巧的技艺有进一步的提高。这又是封建社会中期，在那种墨守成规、闭关自守的自然经济统治下，官手工业促进生产技术发展的作用之一。

① 《新唐书·食货志》。

② 《册府元龟》卷四百九十四《邦计部》“山泽条”。

唐代的商业与商品生产*

在说明唐代商业发展的情况时，下面两条材料是常用的："天下诸津，舟航所聚，旁通巴汉，前指闽越，七泽十薮，三江五湖，控引河洛，兼包淮海，弘舸巨舰，千轴万艘，交贸往还，昧旦永日。"① "东至宋汴，西至岐州，夹路列店肆待客，酒馔丰溢。每店皆有驴赁客乘，倏忽数十里，谓之驿驴。南诣荆襄，北至太原范阳，西至蜀川凉府，皆有店肆，以供商旅，远适数千里，不持寸刃。"②

自然，这些材料反映了唐代商业的繁荣景况，可是，我们还要追问一下：如此繁荣的商业，在当时整个经济生活中究竟占有何种地位？这种商业发展的基础是什么？斯大林同志说过："决不能把商品生产看作是某种不依赖周围经济条件而独立自在的东西。"③ 商业亦应该是如此。那么在唐代，商业和商品生产与当时的经济条件间的相互关系又是怎样的呢？下面我想就这些问题做些简单的说明。

唐代商业繁荣的基础不是商品生产的高度发展

自从黄巾起义以后，商品货币关系发生决定性的衰落，一直到唐中叶，才得到恢复，并有了进一步的繁荣。这不仅表现在上引材料中所提到的贸易的频繁、交通的便利，而且更集中地表现在新城市的兴起和发展，以及掌握着大批资本的大商人的活跃上。当时，

---

* 载《历史教学》，1956（4）。

① 《旧唐书》卷九十四《崔融传》。

② 《通典》卷七。

③ 斯大林：《苏联社会主义经济问题》，11 页。

扬州、广州、汴州、长安、益州、瓜州等，都是十分繁盛的都市。[①] 杭州的户口，贞观中还只有三万五千零七十一户，到开元时便急速地增加到八万六千余户。[②] 很多商人都已是“邸店田舍，遍满海内”。有些大商人则不仅“藏镪千万”，而且可以指挥资本较少的富商。不可否认，这些情形正表明当时封建经济的高度发展，像马克思所说的：“生产越是发展，货币财产就越是集中在商人手中，或表现为商人财产的特别形态。”[③] 但是，绝不能把当时商业发展的意义过分夸大，因为这种商业繁荣的基础，并不是商品生产的高度发展。中学历史课本上也曾指出：“有了发达的农业和手工业的基础”，“商业在很多城市里繁荣起来”。对课本上所说的，不能理解为唐代的商业已经十分发达，和封建社会末期的情况相同。比起封建社会末期的明代的商业来，唐代的商业不仅有着程度上的差异，而且还有着某些性质上的不同。这一点，如果我们把唐代商品的种类来加以具体分析，就可以明了。

在唐代，可以把市场上最常见的商品分成三种类型：一种是人民日常生活之必需品，但这种产品的生产，或是由政府直接经营，或是由政府严格控制，而产品的出售也是由政府严密管理的，如盐、铁、茶等。另一种也是人民日常生活用品，但其产品来源并非商品生产，而多半是由农民的家庭手工业所生产。农民为了负担封建贡赋的义务，不得不拿出一些生产——不论其作用与影响，甚至其性质——物品投到市场上去。在某些情况下，农民也会将一些细小的剩余物拿到市场上去，以换取其他生活及生产用品，例如绢帛等；绢帛有时还起着货币的作用。再一种是奢侈品，例如珠玉、鹰马、铜镜、绫锦等，这些产品有一部分确确实实是商品，然而仅有少数大地主、大富商才能消费它们，因而它们在整个经济生活中不可能起十分重大的作用。

唐王朝像其他封建朝廷一样，紧紧地控制了盐铁等人民日用必

---

① 参见《旧唐书》卷六十四、八十八、九十八、一百八十二等处。

② 参见吴自牧：《梦粱录》卷十八“户口条”。

③ 《资本论》第三卷，403 页。

需品。这种控制，成为封建王朝剥削人民的一种特殊手段。政府机构中的盐铁使，就是专门管理、控制或主持盐铁生产的。正因为盐铁是人民生活和生产所必不可少的用品，同时政府又不许人民私营，而且即使政府允许，这种生产也不是一家一户可以进行的，所以盐和铁在市场上成为最重要的商品。例如当时很多大商人是经营盐的贩运的："盐商妇，多金帛，不事田农与蚕绩……问尔因何得如此？婿作盐商十五年，不属州县属天子。"① 铜铁也是市场上的重要商品，《新唐书·食货志四》记："（文宗）时虽禁铜为器，而江淮岭南列肆鬻之。"正因为铜铁在市场上成为一种重要的商品，所以，它们也就渐渐地成为对外贸易的商品之一。这一点，可以由唐王朝为了战略目的而屡次禁止"金铁之物""与诸蕃互市"来证明。② 盐铁之外，唐代商品中又新增加了茶一项。《唐会要》载："长庆元年……左拾遗李珏上疏曰……茶为食物，无异米盐，于人所资，远近同俗，既祛渴乏，难舍斯须，田闾之间，嗜好尤切。""……茶熟之际，四远商人，皆将锦绣缯缬，金钗银钏，入山交易……"③ 这些重要的商品，其生产也是由政府直接经营的，或者至少也是由政府严格控制的。下面分别列举一些有关材料：

盐："唐有盐池十八，井六百四十，皆隶度支……"④ 而各地盐池，如"胡落池，近在丰州界，隶河东供军使，每年采盐一万四千余石"⑤。"安邑解县两池，置榷盐使一员，推官一员……防池官健及池户若干人。先是，两池盐务隶度支……"⑥ 这些盐买卖均控制在政府之手："（开元）二十五年，判仓部格蒲州盐池，令州司监当，租分与有力之家营种之……仍差官人检较。"⑦ "（长庆元年三月）盐铁使王播……又奏请诸盐院粜盐，付商人，请每斗加五十文，通旧

---

① 白居易：《白氏长庆集》卷四《盐商妇》。
② 参见《唐会要》卷八十六《市》。
③ 转引自王仲荦：《从茶叶经济发展的历史看中国封建社会的一个特征》。
④ 《新唐书·食货志四》。
⑤⑥ 《唐会要》卷八十八。
⑦ 《册府元龟》卷四百九十三《邦计部》"山泽条"。

二百文价。诸道处煎盐场，停置小铺粜盐，每斗加二十文，通旧一百九十文价。”①

铜铁：“诸冶监掌铸铜铁之事。”② 唐王朝的矿冶情形，大致如下：“金、银、铜、铁、铅、锡之冶，总二百七十一……铜十一州、一军、冶四十六。铁二十四州、二军、冶七十七。……”③ 开元元年（713）十一月，左拾遗刘彤上表建议：由天子下诏，“盐铁木等官，各收其利，贸迁于人”。经过大臣们讨论，“咸以盐铁之利，甚益国用”，于是随即“检校海内盐铁之课”④。

据《新唐书·食货志》，宪宗时每年采铜二十六万斤，采铁达二百零七万斤。而据《新唐书·地理志》记载，全国有铜矿凡六十三处，铁矿共一百二十五处。一直到五代时，周世宗显德二年（955）还下令说：“其铜镜今后官中铸造，于东京置场货卖，许人收买，于诸处兴贩。”⑤

茶：“（开成）三年三月，以浙西监军判官王士玫充湖州造茶使，时湖州刺史裴充卒，官吏不谨，进献新茶不及常年，故特置使以专其事，宰臣上言，造茶乃州县之常务，若别立使额，即人户不属州县，差役偏并，谏官上疏，切为不可，诏罢之。”⑥ 到文宗太和九年（835），竟下令百姓“移茶树就官场中栽，摘茶叶于官场中造”⑦。虽不久即罢，然政府始终对之控制甚严。

尽管从现象上看，生产这些商品是为了投到市场上去卖，当然是一种商品生产，然而它是由封建王朝直接经营的，因此与一般的商品生产有着很大的不同。因为这种生产之得以进行，以及这种生产之所以有垄断的市场，都是封建经济的上层建筑发挥作用的结果，而实质上，它也只是封建剥削的一种形式。

自然，在这些生产部门中，也不是绝对没有人民自己经营的，

① 《唐会要》卷八十八。
② 《旧唐书》卷四十四《职官三》。
③ 《国史两朝志》。
④ 《唐会要》卷八十八。
⑤ 《册府元龟》卷五〇一《钱币三》。
⑥⑦ 《册府元龟》卷四百九十四。

如有允许人民自己开采制造盐铁的记载，茶也是如此。[①] 不过这些民间自营的生产，有的产品必须卖给国家，有的政府课以很重的税，再不然政府也控制着市场，所以它们的活动范围是绝不能与正常条件下的商品生产相比的。

除了这一类型的商品之外，还有另一类型商品，正如马克思所说："生产物在这里，由商业而变成商品了。是商业在这里发展了生产物的商品形态，不是所生产的商品的运动形成商业。"[②] 就是说，它们原来不是商品，只是这些生产物被拿到市场上以后，方才变成了商品。

这种情况主要出现在农村里。由于在当时，农业乃是最重要的生产部门，所以在这种情况下投到市场上的生产物，绝不是一个小数目。

这种现象的出现，有的是因为农民要向政府或地主交纳贡赋和地租，而不得不拿出一些农产品与家庭手工业品，到市场上换取货币，或换取货币后再买进其他的东西。（实行两税法后，这现象一度更加普遍。）例如陆贽在反对两税法时指出："今督收迫促，蚕事方兴而输缣，农功未艾而敛谷，有者急卖而耗半直，无者求假费倍。"[③] 白居易讲得更清楚："吏胥追征，官限迫蹙，则易其所有，以赴公程，当岁丰，则贱粜半价，不足以充缗钱。"[④]

文艺作品是最能反映现实社会生活的。"二月卖新丝，五月粜新谷。医得眼前疮，剜却心头肉"[⑤]，也活生生地描绘了小农被迫与市场相联系的痛苦情景。

小农被迫与市场相联系，当然不仅是因为要交纳封建贡赋，有的时候，还因为他们要用自己的产品去换些必不可少的生产与生活用品。有一首诗描写一个农妇怎样卖掉自己织的绢并买回耕田用的"刀"来：

---

① 《册府元龟》卷四百九十四："（开成五年）盐铁司奏：伏以江南百姓营生，多以种茶为业。"

② 《资本论》第三卷，405页。

③ 《新唐书》卷五十二。

④ 白居易：《白氏长庆集·策林》。

⑤ 聂夷中：《伤田家》。

“乳燕入巢笋成竹，谁家二女种新谷。无人无牛不及犁，持刀砍地翻作泥。……去年灾疫牛囤空，截绢买刀都市中。……”① 还有一首诗则是描写一个被离弃的妇女，在以前怎样将自己昼夜纺绩出来的布帛，拿到市场上换取黄金，以供养那个无情的丈夫：“昔日初为妇，当君贫贱时。昼夜常纺绩，不得事蛾眉。辛勤积黄金，济君寒与饥。……”②

不管怎么样，农产品在一定条件下会投到市场上去，成为市场商品的一个相当重要的来源。所以早在武德元年置常平监官的时候，诏令中指出其作用是“均天下之货”，“市肆腾踊，则减价而出；田啬丰羡，则增价而收”，可见农业之丰歉与市场商品之多少是有着密切的关系的。

这些现象正说明在农业上，“生产物的主要部分，是用来满足共同体自身的直接需要的，不是当作商品。……转化为商品的，只是生产物的剩余部分”③，而这却正表现了商品生产的发展程度不够。

再一种类型的商品，乃是贵重的奢侈品。在关于当时城市繁荣、商业发达的记载中，有不少记录都说明城市中市场上的商品，主要的是奢侈品。韦坚曾在天宝年间开一广运潭，潭成后用二三百只船，每船装着各地有名的特产，这些特产是些什么呢？请看：

> 若广陵郡船，即于袱背上堆积广陵所出锦、镜、铜器、海味；丹阳郡船即京口绫衫缎；晋陵郡船即折造官端绫绣；会稽郡船即铜器、罗、吴绫、绛纱；南海郡船即玳瑁、真珠、象牙、沉香；豫章郡船即名瓷、酒器、茶釜、茶铛、茶碗；宣城郡船即空青石、纸笔、黄连；始安郡船即蕉葛、蚺蛇胆、翡翠。④

这些东西与广大人民生活的关系是很不密切的。拿扬州的铜镜为例，铜镜曾是扬州城中很重要的手工业产品，然而从下面的材料中我们知道，它只是极少数人才有能力购买的：“韦栗者，天宝时为新淦

---

① 戴叔伦：《女耕田行》。

② 张籍：《离妇》。

③ 《资本论》第一卷，430～431页。

④ 《旧唐书》卷一〇五《韦坚传》。

丞，有少女十余岁，将之官，行上扬州，女向栗欲市一漆背金花镜。栗曰：我上官艰辛，焉得此物？待至官，与汝求之。……秩满，载丧北归，至扬州，泊河次，女将一婢持钱市镜，行人见其色甚艳，状如贵人家子，争欲求卖。……”[①] 由此可以看见，唐代很多诗人都拿铜镜作为吟咏的对象[②]，并不是表示铜镜使用之普遍，相反，正是表明铜镜乃是十分稀有和贵重的。这就说明了，尽管这些奢侈品名闻全国，然而其活动范围却只限于少数“贵人家子”，因而其作用是极有限度的。

从这些材料和分析中我们就能了解，为什么扬州这个在唐代头等繁荣的城市，只是经唐末一次战乱，便会一蹶不振。其根本原因就是，扬州的繁荣与后代的大城市不同，是没有坚实的基础的。扬州的繁荣只是单纯的商业的繁荣，而没有高度发展的社会分工做基础，因此，一些重大的政治上的变化便可能引起经济上的衰落。

“唐代商业繁荣的基础不是商品生产的高度发展”这个结论，不但可从对市场商品种类的分析中得出来，也可以从对当时手工业生产的各种形态的分析中得出来。当时，最普通与大量存在的，是农民的家庭手工业、农村副业与地主的庄园手工业；在城市，则主要是以本身劳动为基础占有生产工具和自己私有经济的小手工业（其中有相当一部分是生产贵重的奢侈品的，但正因为这种产品必须是十分精美的，所以产量是很小的）。至于规模很大的大作坊或手工工场，在唐代的史料中还没有发现。虽然有像“家有绫机五百张”的何明远这样的大丝织业作坊，但这条材料很不详尽，而且何明远之所以“大富”，之所以有五百张绫机，并不是因为他进行大规模的商品生产的结果，而是其某些政治上的特权及不正当的掠夺的结果。[③]

---

① 《太平广记》卷三百三十四“韦栗条”。

② 如韦应物《感镜》、张籍《白头吟》等。

③ 《太平广记》卷二百四十三“何明远条”：“唐定州何明远大富，主官中三驿，每于驿边起店停商，专以袭胡为业，资财巨万，家有绫机五百张。”唐代胡商很多，而且资本很大，“袭胡为业”，我觉得，应该解释作对胡商进行劫掠性贸易而致富的意思。

唐代商业的繁荣只是在一定地区和一定部门

正因为唐代商业繁荣的基础不是商品生产的高度发展，所以这种商业的活动，尽管在形式上十分繁荣，但它不可能囊括社会经济的各个方面。

首先，居住着全国百分之九十以上人口的农村，还仍然是真正的自然经济的统治王国。正如毛主席所说，当时“农民不但生产自己需要的农产品，而且生产自己需要的大部分手工业品”①。同时，在绝大多数情况下，封建王朝往往把农民家庭手工业的全部产品搜刮殆尽，这种搜刮采取了十分原始的形式，不仅要绢帛，而且没有织成绢帛的丝茧也要上交：“去岁初眠当此时，今岁春寒叶放迟。愁听门外催里胥，官家二月收新丝。”② “三日开箔雪团团，先将新茧送县官。已闻乡里催织作，送与谁人身上著。”③

唐王朝的这种残酷掠夺，便把农民本来有可能投到市场的某些剩余生产物，也直接纳入统治者之手了。不仅是在荒歉年岁，即使是在丰年，农民也很少与市场有什么经常性的联系。

至于地主经济方面呢？自然，比起农民来，他们会更多地与市场相联系，因为“在奴隶关系，农奴关系，贡赋关系之下，只有奴隶所有者，封建主，受贡国家，是生产物的所有者，从而是生产物的售卖者”④。但即使如此，他们的庄园，由于手工业和农业相结合，也仍然是一个自给自足的自然经济整体。《全唐文》上记，这些有着广大田园的地主“蚕而衣，耕而食，不持一钱以助王赋”，当然，进行“耕”和“蚕”的劳动的，不是地主们自己，而是他们的农奴或依附农民。此外，唐代庄园中，碾硙、纺织、榨油等手工业

---

① 《中国革命和中国共产党》。

② 唐彦谦：《采桑女》。

③ 王建：《簇蚕辞》。

④ 《资本论》第三卷，402页。

十分普遍。而裴冕"自制巾子工甚，人争效之，号仆射巾"①，更可见地主们连巾子都是自己制造的。在《墨经》上，还有这么一段重要的材料："凡古人用墨，多自制造，故匠氏不显。唐之匠氏，惟闻祖敏……""匠氏不显"的原因，是由于"多自制造"，二者的关系是清清楚楚的。

所以，不论是地主经济，还是小农经济，总之，在农村中，商业的活动是很不发达的。

农村中商业活动之不发达，很清楚地表现在市集现象上。唐代农村中，还没有像明代那样经常性地聚集着若干工商业者的市镇，而只有定期的市集。宋初人所作的《茅亭客话》中记："蜀有蚕市，每年正月至三月，州城及属县，循环一十五处……又蚕将兴，以为名也，因是货蚕农之具及花木果草药什物。"② 在《文苑英华》中，有一篇文章记载彭州唐昌县草市发展的情形，唐昌县原来是很偏僻的乡村，"虽有村落，僻在荒塘……遂使行役者野食而泉饮，贸易者星往而烛归"，以后置了草市，"每及上春，以蠢（按：疑'蚕'字之误）为名，因定日而有知所往，公亦约之以期而候之，其日商旅辇货而至者数万，珍纤之玩悉有，受用之具毕陈"③。政府对这种"市"还要加以严格的管理，"凡市以日午击鼓三百声，而众以会；日入前七刻击钲三百声，而众以散"④。所以，这些情形并不表示商业交换的发达，而恰好相反，表示发展是有限的。

正因为这些情形，我们才能了解，为什么在城市中甚至已出现了"飞钱"等的时候，农村中还经常使用实物交换。⑤ 一方面既出现了"飞钱"，另一方面在市场上又经常可以看到实物交换，这是

① 《唐书》卷一〇四《裴冕传》。

② 《茅亭客话》卷九《鬻龙骨》。

③ 《文苑英华》卷八〇八，陈谿《彭州新置唐昌县建德草市歇马亭镇并天王院等记》。

④ 《唐六典》卷二十。

⑤ 《日知录》卷十一《银》："元稹奏状言，自岭已南，以金银为货币；自巴已外，以盐帛为交易。"《全唐文》卷六百五十一元稹《钱货议状》："黔巫溪峡，大抵用水银、朱砂、缯彩、巾帽以相市。"

一种从形式上看来十分矛盾的现象。黄宗羲曾总结唐代的货币问题：

> 唐时民间用布帛处多，用钱处少。大历以前，岭南用钱之外，杂以金锡、丹砂、象齿。贞元二十年，命市井交易，以绫罗绢布杂货与钱兼用。宪宗诏，天下有银之山必有铜，唯银无益于人，五岭以北，采银一两者流他州，官吏论罪。元和六年，贸易钱十缗以上参布帛。太和三年……交易百缗以上者，粟帛居半。按唐以前，自交、广外，上而赋税，下而市易，一切无事于金银，其可考彰彰若是。①

这种矛盾现象透露出，在某些部门（例如奢侈品），商业活动十分繁荣；在一般日用品部门中，商业活动不发达。

从以上的材料中我们知道：（1）唐代的商业，只有在少数大城市与交通要道，即课本所说的水陆要道才是十分繁荣的；在广大农村中，商业并不发达。（2）唐代的商业，只是在有些部门（如奢侈品）才是十分繁荣的，在一般日用品部门中并不发达。这就反映出唐代商品经济还异常微弱，自然经济占着决定性的统治地位。

商品生产、商业与经济结构间的相互关系

所谓商品生产、商业与当时经济结构间的相互关系问题，一方面是指当时的封建制度如何影响着商品生产与商业，另一方面也要说明商品生产与商业的发展又如何反过来作用于封建生产关系。这两个方面是互相关联着的，所以在叙述的时候，我们把它们归纳为下面三个问题：

第一，封建制度一方面阻遏着一般商品生产的发展，同时却又刺激着奢侈品的生产。

封建制度对一般商品生产的阻遏作用，其最根本的原因，乃是

① 《明夷待访录》。

在于封建生产方式本身。马克思说："生产是依照怎样的范围加入商业，通过商人的手，那是取决于生产方式"①。因为在封建生产方式中，"农民不但生产自己需要的农产品，而且生产自己需要的大部分手工业品。地主和贵族对于从农民剥削来的地租，也主要地是自己享用，而不是用于交换"②，所以就大大限制了商品生产的发展。

在这一根本原因之外，我们还可以看到，作为封建生产关系的上层建筑的唐王朝的某些措施，都是直接阻遏商品生产的发展的，例如：（1）政府对最必需的日用品从生产到出售的一系列严密控制；（2）政府对生产品的式样、大小等的死板的规定③；（3）政府对工匠所实行的徭役制度等。但这只是问题的一个方面；另一方面，随着封建经济的发展，随着地主阶级荒淫生活的要求的发展，它也就刺激着奢侈品的进一步的发展。所以，刘晏所说的"万商废业，则人不聊生"④，并不是说商业已经重要到在每一个人的生活中不可或缺的地步，而只是反映出封建主的奢侈品的消费日益依赖于市场罢了。

我想，这个才是造成唐代商业的前述特点的一个原因。当然，到以后，由于生产的发展，社会分工的更加细密，自然经济的日益瓦解，这些特点也便会慢慢地消失。商品生产为封建制度服务，在自然经济的统治下，城市吸收一部分地主向农民剥削来的剩余生产品，同时将贵重的奢侈品供给地主，以满足他们的需要，应该也是很重要的一个方面。

第二，封建王朝为了经济的与政治的利益，对商业在各方面加以压抑与限制。然而在货币力量的冲击下，地主阶级和王朝却日益受着商业之支配。

封建王朝对商业的压抑和限制，表现在各个方面，譬如对商人

① 《资本论》第三卷，401 页。
② 《中国革命和中国共产党》。
③ 参见《唐六典》卷二十及《唐律疏议》。
④ 《旧唐书·刘晏传》。

课很重的税，《通典》记："诸道节度使、观察使，多率税商贾……或于津济要路，及市肆间交易之处，计钱至一千以上者，皆以分数税之，自是商旅无利，多失业矣。"① 《新唐书·食货志》也记着，在建中三年（782），赵赞建议："诸道津会置吏，阅商贾钱，每缗税二十……德宗纳其策。"② 同时政府又在很多地方设立"官店"，而且朝廷对国外贸易还加以严格的限制。③ 尤其是，商人在政治地位上是被贱视的。《宣室志》中有一段故事："荥阳郑又玄，名家子也……有同舍仇生者，大贾之子，年始弱冠，其家资万计，日与又玄会，又玄累受其金钱赂遗，常与宴游，然仇生非士族，未尝以礼接之也。"④ 然而，货币的威力是巨大的。商业愈益发展，货币的威力也愈益增大。尽管封建王朝从各个方面抑制着商业，但商业和货币终于使政治权力屈服了。官吏要向商人借钱了。⑤ 商人只要肯出钱，也照样能做官了。⑥ 不仅如此，许多地主、官吏也在货币财富的引诱下从事商业活动，以至朝廷屡次下令禁止。不过朝廷起先虽然禁止，到后来却一面禁止，一面连皇帝也在把"碾硙、店铺、车坊、园林等"⑦ 赐给王公、公主、百官们了。

而在农村中，一些地主也逐渐参加了商业活动。这样，我们就看到，商业和货币是如何地在侵蚀着封建王朝，使这个王朝日益贪婪、腐烂。

同时，封建政权在财政上也越来越多地依靠商税的收入，如黄巢打到广州时，就有人十分忧虑地指出："南海有市舶之利，岁贡珠

---

① 《通典》卷十一注。

② 《新唐书·食货志二》。

③ 侯厚培《中国国际贸易小史》引木宫泰彦《中日交通史》："唐时非经官府许可，不得私与诸蕃交易，遣唐使一行，归日时，购物犯禁，即为唐官所缚。"

④ 《宣室志》卷九。

⑤ 《资治通鉴》卷二百四十三："自大历以来，节度使多出禁军，其禁军大将资高者，皆以倍称之息贷钱于富室，以赂中尉，动逾亿万。"《旧唐书·许孟容传》："神策吏李昱假贷长安富人钱八千贯，满三岁不偿。"

⑥ 《资治通鉴》卷二百四十七："大商皆假以牙职，使通好诸道，因为贩易。"卷二百四十二："于是商贾胥吏，争赂藩镇，牒补列将而荐之，即升朝籍。"

⑦ 《旧唐书》卷十五《宪宗本纪》。

巩，如令妖贼（按：指黄巢起义军）所有，国藏渐当废竭。”[①] 当然，其结果并不是使政府感觉到有促进商业发展之必要，只是使得政府对商业的控制更加严格而已。

第三，商业的发展，一方面刺激着生产的发展；另一方面，在商业及它的双生兄弟高利贷活跃的情况下，却又使得小农的生活更加悲惨，进一步地瓦解着小农经济。

商业的发展刺激着生产的发展，乃是从两方面进行的：一方面是对小农来说，由于市场的引诱，他们更加紧张地进行着生产，企图由此获得一些剩余生产品；另一方面，对地主来说，为了满足对奢侈品的要求，也就要更加残酷地榨取农民，以便取得更多的剩余生产物。马克思说：“当然，商业对于有它在中间进行着的诸共同体，会多少发生反应。它使生产愈益从属于交换价值，因为它使享受和生存，愈益依存于售卖，而不是依存于生产物的直接使用。它就是由此把旧关系颠覆的。”[②] 然而从这两方面引起的，却是一个使统治者深感头痛的问题，小农眼看着在商业的进攻下破产了，于是就“托迹于军籍释流”，或者，他们在商业的引诱下，“游手于道途市肆”[③]。这也就大大影响了帝国的统治基础。白居易就这个问题发表意见说：“是以商贾大族，乘时射利者，日以富豪；田垄罢人，望岁动力者，日以贫困。劳逸既悬，利病相诱，则农夫之心尽思释耒而倚市，织妇之手皆欲投杼而刺文。至使田卒污莱，室如悬磬，人力罕施而地利多郁，天时虚运而岁功不成。”[④] 而且还不仅如此，那些不但有着财富，而且也逐渐取得政治特权的商人，还直接地加入封建特权阶级的行列里，让小农进贡：“永徽六年，雍州长史长孙祥奏言：往日郑、白渠溉田四万余顷，今为富商大贾，竞造碾硙，堰遏费水。”[⑤]

总之，在这个时候，封建制度对商业的影响，固然是两重性的，而商业对封建制度的反作用，也具有如上述的两个相反相成的方面。

---

① 《旧唐书·郑畋传》。

② 《资本论》第三卷，408页。

③④ 白居易：《白氏长庆集·策林》。

⑤ 《文献通考》卷六《水利田》。

历史科学战线上的巨大胜利*

——为庆祝中华人民共和国成立十周年而作

中华人民共和国成立十周年了，这是我国飞跃进步的十年。经过十年的革命和建设，我国已变成一个强大繁荣的社会主义国家。

经济战线、政治战线和思想战线上的胜利，推动了学术的发展，而社会主义科学的繁荣，又反过来对于前者起着积极的促进作用。

马克思列宁主义历史科学是社会科学的一个重要组成部分，十年来也有着巨大的发展。这种发展，反映着马克思列宁主义的新的胜利。

正像毛主席所说："马克思主义仍然必须在斗争中发展。……正确的东西总是在同错误的东西作斗争的过程中发展起来的。真的、善的、美的东西总是在同假的、恶的、丑的东西相比较而存在，相斗争而发展的。"① 马克思列宁主义历史科学也正是在同资产阶级的甚至封建主义的唯心主义历史学做反复、尖锐的斗争中得到发展的。因此，回顾十年来的斗争，正确估计这个斗争的意义，对于进一步推动历史科学的发展，是十分必要的。也正因为这样，所以尽管我们的科学水平很低，无力对十年来历史科学在斗争中的发展，做深刻的、全面的总结，但也仍然乐于从一个侧面尝试性地做一些粗略的描绘。

一

马克思列宁主义历史科学在我国已经产生了三十多年了。但只

---

* 载《教学与研究》，1959（10）。本文与马汝珩合写。

① 毛泽东：《关于正确处理人民内部矛盾的问题》，27页。

有在中华人民共和国才得到了蓬勃发展的天地。

早在五四运动之际，马克思主义传入中国之后，我国即产生了马克思主义的历史科学。最早的马克思主义宣传者、党的创始人之一李大钊同志，在介绍马克思的历史唯物论后，即提出了“根据新史观、新史料，把旧历史一一改作”的斗争任务。① 并指出，“新史观的树立”必须通过对于在当时占统治地位的一切“循环的、退落的、精神的、唯心的”旧史观的“抗辩”（即批判和斗争），才有可能。②

以后，随着无产阶级领导的人民革命斗争的发展，马克思列宁主义历史科学也就有所发展，并很快地成为革命的思想战线上一个不可缺少的组成部分。而在这一条战线上，也如在其他战线上一样，得到了我们党的领袖毛泽东同志的直接指导。

毛泽东同志是以历史唯物主义观点阐述中国历史的巨匠。他在1939年和1940年分别发表了《中国革命与中国共产党》《新民主主义论》两部辉煌不朽的著作。他以马克思列宁主义的原理结合着中国革命的实践，阐明了中国历史的发展特别是近百年历史的发展规律，并指出了中国社会与中国革命的前途，成为我国以马克思列宁主义研究中国历史的光辉典范。

特别是到了1941年、1942年延安整风运动时，毛泽东同志对历史科学又做了更为全面、深刻、具体的指示，这就有力地把历史科学推向一个新的发展阶段。

但是，在中华人民共和国成立以前，与当时政治上的封建主义、帝国主义、官僚资本主义的统治相适应，在历史学方面，与马克思列宁主义历史科学争夺领导地位的，是封建主义的、洋奴买办的以至资产阶级的反动的历史观。它们竭力宣传历史唯心主义，用各种不同的方式对中国历史加以歪曲、篡改和捏造，把历史研究作为维护阶级剥削、为国内反动统治者服务的工具。马克思列宁主义的历

---

① 参见《李大钊选集》，290页。

② 参见上书，291页。此外，在《研究历史的任务》等文章中，李大钊也提出了同样的主张。

史科学，由于它本身的科学性和革命性，产生了巨大的思想影响，和反动的历史学的排斥、“围剿”以至反动政权的直接迫害，做英勇的斗争，使自己得到发展。

新民主主义革命的胜利和无产阶级专政政权的建立，使情况起了根本的变化。随着三大敌人被打倒，这些阶级的思想、意识也就因失去了政治凭借而迅速被清除着。马克思列宁主义成为合法的、指导我国人民的思想。历史科学也就获得了空前的新的发展条件。

1949 年后，我们在人民群众中，相当普遍地宣传和讲授了社会发展史。这就在人们的意识中树立起劳动人民是历史的主人的意识，打破了旧的正统观念和英雄史观；树立起劳动光荣、剥削可耻的观念，长劳动人民的志气，扫剥削阶级的“威风”。

在 1949 年，作为当时国家根本法的《共同纲领》中，明确规定要“用科学的历史观点，研究和解释历史”①。这个规定反映了马克思列宁主义历史科学在 1949 年后的崇高的地位，和 1949 年前的地位完全不同。

接着，在中华人民共和国成立后的头两年中，多数史学工作者同其他岗位上的知识分子一起，进行了自我教育、自我改造的学习，并在实际革命斗争中初步锻炼了自己。这样，就使得旧史学界有了一个初步的转变。1951 年 7 月，中国史学会在北京举行成立大会时，郭沫若同志在会上总结史学界的这种转变，指出它主要表现在：（1）从旧时的唯心史观逐步转向为唯物史观；（2）从个人单干逐步转向为集体研究；（3）从“名山事业”逐步转向为“为人民服务”；（4）从贵古贱今逐步转向为注重近代；（5）从大民族主义逐步转向为注重少数民族；（6）从欧美中心主义逐步转向为注重亚洲历史。②

郭沫若同志所指出的这六点，也可以说，正是新的马克思列宁主义历史学与一切旧的历史学的根本区别；也可以说，这六点正是我国十年来历史学发展的总趋势。

当然，这里所说的种种“转向”，正如郭沫若同志以后又重新提

① 《共同纲领》，第四十四条。

② 参见《进步日报》，1951-09-29。

到的那样，“当时为了鼓励大家，所说的多少出于自己的期待”，实际上“转向的速度并不那么快”①。它只不过是转向的开始而已。统治过学术界几十年的资产阶级唯心主义，再加上封建主义的僵尸，是不可能在一两年之内就肃清其影响的。资产阶级反人民、反科学的唯心主义在学术界还有着顽强的阵地。这一点，很快地在影片《武训传》的摄制和讨论中暴露出来了。

二

1951年进行了对电影《武训传》与武训的批判。这一事件，在政治思想上来说，是马克思主义与资产阶级反动思想之间的一场尖锐斗争。而对历史科学来说，则是人民的、科学的历史观点和反人民、反科学的历史观点之间在1949年以后的第一场决斗。

《武训传》是一部历史传记影片。影片的主人公武训本来是一个半殖民地半封建社会中最丑恶、最虚伪、起着反动作用的奴才，是腐烂的封建文化的狂热宣传者。然而影片却把他描写成“向封建统治者做了一生一世的斗争”的坚韧的革命战士。影片为了抬高这个向封建统治者顶礼膜拜的渺小人物的地位，还不惜对当时的农民革命运动横加污蔑。

可是，这样一部歌颂封建统治拥护者和污蔑农民革命斗争、歪曲中国历史、污蔑中国人民的影片，竟引起了文艺界和学术界不少人的称赞。这就充分暴露了资产阶级的历史观点还是如何根深蒂固地充塞在某些人的头脑之中，而少数自称学得了历史唯物主义的“马克思主义者”，一旦接触到实际问题，却束手无策，甚至熟视无睹，解除了武装。

党揭露了《武训传》的反动性，在党的领导下，开展了对于武训和《武训传》的批判。这在史学界和知识分子中留下了深刻的影

① 郭沫若：《关于厚今薄古问题》，载《人民日报》，1958-06-11。

响。因为通过这次批判，史学工作者从活生生的现实问题中，受了一次生动的历史唯物主义的教育，对于如何评价历史人物的问题，对于如何在历史研究中贯彻马克思主义阶级斗争观点的问题，对于在历史上应当歌颂什么和反对什么的问题，对于中国人民走过的历史道路，是革命的道路，还是改良主义、投降主义的道路的问题，等等，都进行了一次深入的讨论。

这样，对《武训传》的批判，就大大提高了历史科学工作队伍的理论水平和解决历史问题的能力，大大削弱了资产阶级历史学的阵地。

差不多与此同时，对于历史科学的发展具有重大意义的还有另外两件事。其一就是毛泽东同志的哲学著作《实践论》和《矛盾论》的重新发表，以及由此而掀起的学习这两部马克思主义经典著作的热潮。其二就是为庆祝中国共产党成立三十周年而进行的对于党史、革命史的深入研究和广泛宣传。

这两件事，前者进一步给历史科学以锐利的理论和方法论的武器，巩固并发展了在《武训传》批判中历史唯物主义对于历史唯心主义的胜利。而后者，即对于党的历史及近三十年的革命史的深入研究和正确阐发，其本身便是马克思列宁主义历史科学的重大发展。

三

1952年胜利地完成了国民经济的恢复工作，从1953年起，我国就开始了更加深入全面的经济战线上的社会主义革命。与消灭资本主义生产资料所有制同时，便必然地提出了更进一步地批判资产阶级唯心主义的任务。

资产阶级唯心主义思想并没有（事实上也不可能）经过《武训传》批判这一个战役就放下武器，而且在某些方面它还企图占上风。这一点恰好为1954年揭发俞平伯《红楼梦研究》中的资产阶级唯心主义思想的事实所证明了。由批判俞平伯《红楼梦研究》开始，马克思主义和资产阶级唯心主义又进行了一次决战。

这一场决战，是在前几年马克思主义的不断胜利的基础上进行的，因此，它自然比以往的批判要更深入、更彻底。这样，批判的矛头，便自然而然地指向近三十年来资产阶级唯心论的代表人物——胡适身上。胡适的实用主义，正是《武训传》和《红楼梦研究》所犯错误的主要思想根源，或者说，这些错误无非是胡适的资产阶级思想的遗毒在中华人民共和国的反映而已。

1949年以前，胡适的反动的唯心主义思想——实用主义思想，散播很广，甚至统治着许多学术部门。因此，为彻底消除其恶劣影响而进行的胡适思想批判，也就不能不在政治、哲学、历史、文学等领域内进行。历史研究曾经是胡适派思想活动和支配的重要领域，也是其遗毒较深的一个方面，因此，在这一方面的斗争也就表现得十分突出和尖锐。

马克思主义的历史学家和学习马克思主义还不久的历史学家，都严肃地以历史唯物主义的战斗武器，对胡适的唯心主义历史观展开了激战。结果，胡适派的抹杀历史发展规律的唯心主义历史观，蔑视人民群众、污蔑人民革命斗争而夸大个别人物的历史作用的英雄史观，否定祖国历史遗产而把中国历史描绘成漆黑一团的虚无主义的历史观，以及为这一切服务的实用主义的“考据学”，都遭到了彻底的揭露和严重的打击。在科学面前，伪科学原形毕露了。

稍后，学术界还对梁漱溟的唯心主义观点——包括其重要的一方面，即唯心主义的历史循环论在内——进行了批判。梁漱溟的政治、学术观点属于封建主义观念形态的范围，因为这是一种比资产阶级唯心主义更为陈旧的“木乃伊”，因而这种思想的败阵也就更为迅速。

批判胡适派资产阶级唯心主义和梁漱溟思想，对于马克思列宁主义历史科学的发展，具有十分重大作用。它大大肃清了历史唯心主义对于史学界的影响，它使曾受这种思想束缚的某些史学工作者得到思想上的解放。而且这次斗争，锻炼和扩大了马克思主义历史科学工作者的队伍，巩固和发展了马克思列宁主义在历史科学的阵地。

这一切的结果，就促成了历史科学的进一步繁荣。这种学术上的繁荣，特别是在党明确提出“百花齐放、百家争鸣”的方针之后，明显地表现了出来。

四

“百花齐放、百家争鸣”的方针，是在我国社会主义改造取得决定性的胜利，人民民主政权日益巩固，人民政治上、思想上的一致性日益增强，广大知识界政治思想水平日益提高的条件下，党为了使我国文学艺术和科学工作得到迅速的发展以适应社会主义建设的需要而提出的。这一方针，正如毛主席所指示我们的：它“是促进艺术发展和科学进步的方针，是促进我国的社会主义文化繁荣的方针”[①]。事实证明，这一方针的贯彻不仅给我国文学艺术界带来了蓬勃发展、欣欣向荣的活跃景象，而且也有力地推动了科学工作走向更高的发展。作为社会科学领域中重要组成部分的历史科学，在这一伟大方针的指导下，也同样出现了前所未有的繁荣局面。

科学的发展要通过不同意见的争辩才能达到。“我国的历史证明，如果没有对独立思考的鼓励，没有自由讨论，那么，学术的发展就会停滞。反过来说，有了独立思考的鼓励，有了自由讨论，学术就能迅速发展。”[②] 1949年以来，由于党对历史科学的直接领导和关心，由于历史科学工作者的马克思列宁主义水平的不断提高，由于在肃清帝国主义、封建主义学术观点和批判资产阶级学术思想中不断地取得胜利，我国历史科学已经有了很大的发展。历史科学中学术性的讨论，在全国各地开展起来。党中央提出的“百花齐放、百家争鸣”的方针，更加推进了自由讨论风气的增长。

但由于过去反动的史学观点的散布与影响，我国历史上一些重

① 毛泽东：《关于正确处理人民内部矛盾的问题》，25页。
② 陆定一：《百花齐放、百家争鸣》，载《人民日报》，1957-06-13。

大的问题，不仅没能得到应有的解决，反而因反动资产阶级史学家的别有用心的捏造和歪曲，给我国历史研究中的许多重要问题造成极端的混乱。因此，1949 年后我国的史学工作者，在清除和批判反动资产阶级观点的同时，对中国历史上的一些重大问题，例如中国古代史分期问题、中国近代史分期问题、中国资本主义萌芽问题、汉民族形成问题，以及近来所讨论的关于曹操的历史评价等问题，都进行了热烈的争辩和自由的讨论。在这一系列问题的讨论中，不仅持有各种不同意见的人可以更全面地考虑其学术观点，而且通过争论，各派史学家的若干重要论点，逐渐接近乃至一致。以资本主义萌芽问题的讨论为例，过去对我国资本主义萌芽的程度的估计，是有各种不同主张的，而且对立的意见十分鲜明。但是通过几年来不断商讨和争辩，各种原来分歧的意见已在某些点上取得了一致的看法。由此可见，通过争鸣，我国历史研究中许多重大问题逐渐解决了。这里充分地证明了，党在科学工作上所贯彻的“百花齐放、百家争鸣”方针是完全正确的。

在党的领导下，1949 年以来史学方面已取得了重大成就。但是，史学界一小撮右派分子和全国其他方面的右派分子一样，乘党整风的时机，向党向社会主义发动了猖狂的进攻。他们完全否认 1949 年以来历史科学工作中所获得的成绩，公开打起反党反马克思列宁主义的旗帜，制造和散布种种谬论，说什么 1949 年以来历史科学“只开五朵花”，说什么“共产党领导不了历史科学研究”，并荒谬地宣布马克思主义“还停留在 1895 年的地方”而没有发展。在这些右派分子当中，有的公开向党向马克思主义进行肆意的诋毁和攻击；也有的披着马克思主义外衣，暗地里向党和社会主义制度射出恶毒的冷箭。但他们却怀着一个共同的反动的政治目的，那就是：取消马克思列宁主义对历史科学的指导，取消中国共产党对历史科学的领导，使资产阶级的学术复辟，以便为资产阶级的政治复辟开辟道路。

但是，这些右派分子所得到的，只是一个可耻的失败。在全国人民纷纷起来对右派进行反击的同时，历史学界也展开了大规模的反右派斗争。

我们知道，反对资产阶级右派的斗争，乃是继经济战线上社会主义革命之后而展开的政治战线上和思想战线上的社会主义革命。这是社会主义和资本主义两条道路的斗争。史学界的反右派斗争，也正是这两条道路的斗争在历史科学领域的反映。这次轰轰烈烈的政治运动，不仅彻底地粉碎了史学界右派分子的猖狂进攻，从而捍卫了马克思列宁主义历史科学，而且在斗争中也使得广大史学工作者得到了深刻的阶级教育与政治锻炼，提高了马克思列宁主义水平，给我国历史科学的“大跃进”准备了良好的条件。

五

在取得反右派斗争的完全胜利以后，党为了很快地完成我国的社会主义建设，提出了“鼓足干劲、力争上游，多快好省地建设社会主义”的总路线。在这个伟大的总路线的光辉照耀下，紧接着全国人民在党的领导下投入了伟大的“双反”运动。这就给我国实现1958年的“大跃进”造成了有利的形势。

为了使科学工作更好地适应我国社会主义建设“大跃进”的需要，党对我国的科学工作及时地提出了“厚今薄古、边干边学”的方针。这个对一切科学工作具有普遍指导意义的方针，对历史科学来说，就更有其重大的现实意义。

党教导我们以“厚今薄古”的方针来研究历史不是1949年后才提出的。我们伟大的领袖毛主席早在1941年的《改造我们的学习》的报告中，就给我们指出了明确方向。他在谈到研究历史的重要性时，指示我们对“特别重要的是中国共产党的历史和鸦片战争以来的中国近百年史”①，应该着重学习和研究，并号召我们“对于近百年的中国史，应聚集人材，分工合作地去做，克服无组织的状态。

---

① 《改造我们的学习》。

应先作经济史、政治史、军事史、文化史几个部门的分析的研究，然后才有可能作综合的研究”①。毛主席对历史研究工作的这一指示，在今天来看，依然有着重大的现实意义。

党教导我们“厚今薄古”，并不是只要今而不要古或对古代文化遗产采取粗暴的全部否定的态度，相反党对我国丰富的历史遗产和文化遗产是非常珍视的。问题在于我们怎样来对待这部分遗产。应该说：我们在接受历史遗产问题上的态度，是早已解决了的。毛主席在 1938 年的六届六中全会上关于学习问题的一段讲话中曾明确指出：“学习我们的历史遗产，用马克思主义的方法给以批判的总结，是我们学习的另一任务。我们这个民族有数千年的历史，有它的特点，有它的许多珍贵品。……今天的中国是历史的中国的一个发展；我们是马克思主义的历史主义者，我们不应当割断历史。从孔夫子到孙中山，我们应当给以总结，承继这一份珍贵的遗产。这对于指导当前的伟大的运动，是有重要的帮助的。”② 可见，我们之所以重视和继承古代的历史遗产与文化遗产，绝不是单纯地为了继承而继承，而是有着更现实、更深远的意义，那就是使它为我们无产阶级政治服务，为现实服务。对于这个问题，有的文章说得非常明确：“对于我们马克思主义者来说，不但要用无产阶级的世界观去整理大量的旧材料、旧知识，加以科学的、历史的新概括，而且更重要的，最重要的，是要在各种学术领域，各种文化领域，用无产阶级的世界观继续不断地去掌握和整理大量的新材料，经过周密的、系统的研究，提出新的问题，做出新的概括。”因此，党所提倡的“厚今薄古”不是别的，而是用无产阶级的世界观对古代的历史遗产与文化遗产实行批判继承的基础上，进行“敢于打破老传统的束缚”而具有创造性的学术研究工作。

我国历史科学虽然通过反右派斗争取得了胜利，但由于过去资产阶级治学方法的影响，仍然存在着“言必称三代”的烦琐主义学风与厚古薄今的倾向，正如有的文章所说：“资产阶级制度被社会主

---

① 《改造我们的学习》。
② 《中国共产党在民族战争中的地位》。

义革命推翻了，可是，资产阶级的学风和习惯还残存下来。在历史研究的问题上，这种影响格外明显。”

有些史学工作者，他们对我国翻天覆地的社会主义建设的伟大事业，不闻不问，一心一意钻到故纸堆里，放任自己脱离政治、脱离现实。也有些史学工作者，他们不是对历史上的重大问题和历史事变，做系统的分析和深入的研究，而是对古书上的一句一字进行“不能说明什么社会现象或历史事变，而且连他们自己也说不清楚到底有多少用处的”烦琐主义的考证。所有这些厚古薄今的倾向，对实现我国历史科学“大跃进”来说，都是非常不利的。因此，我国史学界在进行伟大的“双反”运动的同时，在历史科学研究与教学中展开一次厚古薄今和厚今薄古的辩论，是非常及时的，也是必要的。

应该指出，厚古薄今和厚今薄古的对立是历史科学中两条路线斗争的表现。前者是地主资产阶级残余思想在历史科学研究中的反映，后者是指导历史科学的马克思主义的、为无产阶级政治服务的治学方针。厚古薄今与厚今薄古的辩论，虽然表现为历史研究中学术作风的对立，但就其本质来说，仍然是资本主义与社会主义两条道路斗争在历史科学工作中的反映。因此，从厚古薄今到厚今薄古是历史科学工作中的伟大革命，也是我国史学界实现“大跃进”的先决条件。

1958年3月10日国务院科学规划委员会第五次会议上提出“厚今薄古”方针，立即引起了我国史学界和高等学校历史系的广泛讨论。从史学界各个角落到各个高等学校，结合着“双反”运动，展开了群众性的学术批判运动。对多年来一直以资产阶级观点研究历史的史学家和存在着一定程度厚古薄今倾向的史学工作者，进行了揭露与批判。这次厚古薄今与厚今薄古的辩论以及由此而引起的学术批判，进一步肃清了历史科学领域的资产阶级思想，使马克思主义历史科学的发展又大大前进了一步。

十年来我国历史科学的发展，可以使我们清楚地看到：

第一，我国马克思列宁主义历史科学，从它诞生那天起，便担负起和封建主义的、资产阶级的反动历史观点做斗争的伟大历史任务，而且伴随着中国人民革命不断的胜利而逐渐成长壮大起来，形成革命阵线上的一支力量。特别是在1949年后，随着反动统治的被推翻与人民政权的建立，随着社会主义革命的发展和社会主义建设的需要，作为阶级斗争有力武器之一的马克思列宁主义历史科学，不断地同封建主义的、资产阶级的反动思想展开斗争。每次斗争都以马克思列宁主义历史科学取得胜利而结束。这就不仅沉重地打击了资产阶级反动的史学观点，因而使其反动影响与阵地逐渐缩小，而且在历次斗争中，也锻炼了广大的史学工作者，增强了史学界的力量，扩大并巩固了马克思主义历史科学的阵地。可见，我国历史科学是在不断同资产阶级反动思想的斗争中成长壮大的，也是在不断斗争的胜利中得到发展的。

第二，十年来，我国历史科学已得到了飞跃的进展，并取得了前所未有的辉煌成就。所有这些成就的取得绝不是偶然的，而是和党的正确领导与马克思列宁主义的思想指导分不开的。谁都知道，如果没有马克思列宁主义作为历史科学工作的唯一的指南，我国历史上的若干重大问题就得不到科学的解决，更不会战胜一切资产阶级反动史学观点而占领其阵地；如果没有党的“百花齐放、百家争鸣”的政策，各派史学家在马克思列宁主义统一指导下对历史研究中的某些问题就无法进行热烈的争论，我国历史科学也就得不到空前的繁荣和发展；同样，如果没有党的“厚今薄古、边干边学”伟大方针的提出，史学界就无法进行一次深刻的革命，从而也就不能给历史科学的“大跃进”造成有利的形势。显而易见，如果没有马克思列宁主义的思想指导与党的方针、政策的指示，我国历史科学的发展和“大跃进”是很难想象的。

值此伟大的中华人民共和国成立十周年来临之日，回溯过去十年来我国社会主义建设与历史科学的伟大成就，瞻望未来祖国社会主义、共产主义社会的宏伟远景与马克思列宁主义历史科学的无限发展前途，我们精神奋发，干劲十足。让我们高举着马克思列宁主义历史科学的大旗，在党的领导下英勇前进！

辛亥革命与会党*

一

五十年前发生的辛亥革命是一次全国规模的资产阶级民主革命运动。这次革命取得了巨大的成果。但是，由于领导这个革命运动的民族资产阶级及其政党本身的软弱，它们不能正确地对待和处理有关革命的根本问题，革命终于失败。

任何革命必须依靠一定的社会力量。依靠什么社会力量，如何动员、团结、组织这种力量，就是许多革命根本问题中的一个。

辛亥革命时期最活跃的三支力量是所谓“学界”（资产阶级、小资产阶级知识分子）、“军界”（新军和巡防）、会党。当时最通行的革命组织工作，“其方法不外借会党之声气，以鼓舞军、学界，复以军、学界之名义，歆动会党”①，而以资产阶级革命派为“鼓舞”“歆动”这些力量的“原动力”。这表明：辛亥革命的领导者即资产阶级革命派，已经接触到了如何建立、掌握一支革命武装以及如何寻找、团结同盟者这两个基本问题。他们企图通过运动新军以掌握一支武装，又企图通过联络与劳动群众有密切联系的秘密组织——会党来团结同盟者，壮大革命力量。但软弱的资产阶级革命派毕竟没能真正地、彻底地解决这两个问题。他们只是运动新军而不是严格地按革命要求去组织建立一支崭新的、自己的武装队伍，他们只是联络会党而不是艰苦地放手发动广大的工农群众。

---

* 载《教学与研究》，1961（4）。

① 《中国近代史资料丛刊·辛亥革命》第三册，62页。

二

在以反帝反封建为基本内容的整个旧民主主义革命时期，会党一直是一支十分活跃的社会力量，在辛亥革命这一特定历史舞台上，会党也始终扮演着一个重要的角色，并不是什么偶然因素把会党推上历史舞台的。会党是阶级斗争的产物，而当它既经产生之后，也就当然地成为阶级斗争的工具。

会党的最早组织是天地会，根据现存的天地会文件和与会党有过直接接触的人们所说，天地会成立于清代初年（具体的说法是康熙十三年，即1674年），其宗旨为“反清复明”。孙中山对会党的产生做过描述，他说：在康熙以前的一连串反清斗争迭告失败之后，“二三遗老，见大势已去，无可挽回，乃欲以民族主义之根苗流传后代，故以反清复明之宗旨，结为团体，以待后起者可借为资助也”[①]。把以后发展得如此广泛的会党之产生归于二三有心人的安排，这自然是不符合事实的。但是，他却说明了会党本来不过是站在汉族立场上反对所谓“异族压迫”的秘密团体，既然民族压迫的实质不过是阶级压迫的变形，则民族斗争最终必会转化或还原为阶级斗争。所以，当清朝封建政权的统治渐趋稳定与巩固后，所谓“反清”也就具有了反对现存封建政权的内容，待到天地会正式发动第一次大规模武装起义，即乾隆五十一年（1786）的台湾林爽文起义时，我们看到，其斗争内容基本上已是一种反封建斗争了。当地的人们，在数十年间，因求“免地方官暴政”而纷纷参加到天地会中去[②]，终因这种暴政之无法避免而不得不拿起了武器。在这以后，直至太平天国革命爆发之前，天地会继续不断地发动着反封建的武装起义，著名的如1841年湖北崇阳县钟人杰起义，1843年湖南曾如炷起义，1845年广西邓立奇、钟敏和等起义，1847年湖南雷再浩起

① 《建国方略》。

② 参见《中国秘密社会史》，22页。

义，1852年广西天地会起义，等等，无一不是劳动人民——首先是农民群众的反封建斗争。在农民反封建革命高潮时期，会党的活动也就更加活跃起来。例如，在太平天国起义前，由于封建统治者的镇压，浙江地区会党曾一度显得沉寂，但当太平军入浙后，“会党之势力乃又炽”①。不仅浙江一地如此，在整个中国南半部，会党与太平军的联合或没有直接联合的配合作战，共同造成了高涨的革命声势。关于这，只须举出广西的大成国起义和上海福建的小刀会起义就够了。

属于天地会系统的其他一些会党组织，以及不属于天地会系统的若干较小规模的会党组织，它们之作为反封建的阶级斗争的工具这一特性，也是显而易见的。在太平天国革命失败后，这些会党组织继续不断地进行反封建斗争。它们有的反清吏催课，有的与土豪械斗，或与官吏冲突，或谋起兵“独立”。陶成章说，浙江地区“自太平天国兵兴后，迄今四十余年，会党之起义者，不下数十次，盖几于无岁无之”②，就很概括地说明了这一点。又如陕西省，到清代末叶，“政以贿成，剥削民脂，扣减军饷，军民怨愤已久，投身会党者日众，哥老会之势力，及于全陕”③。这个材料也说明了会党势力正是在阶级矛盾尖锐的基础上得到发展的。

随着外国侵略者侵入中国，中国人民开始了反侵略斗争之后，在会党的斗争中也就加进了反抗侵略的内容。例如，天地会支派之一的哥老会，其宗旨本来“亦不过反清复明而已。自耶教传播……遂生嫌恶洋人之情，化为激烈之排外党”④。《梁任公先生年谱长编初稿》中比较具体地讲到这种情形，说：“按长江一带，自蜀至苏数千里，其中只哥老会一种，已不下数十万人，会名不一，山名不一，每会有一票，票……下方其宗旨下，或八字或四字或两字，语句多不通，有曰灭洋者，有曰杀尽洋鬼者，其宗旨实则排外，与义和团相等。”⑤ 哥老会的这种斗争宗旨的变化正反映了时代的变化、社会

①② 《浙案纪略》。

③ 郭孝成：《陕西光复记》。

④ 《中国秘密社会史》，76页。

⑤ 《梁任公先生年谱长编初稿》第二册，227页。

矛盾的变化。此外，一些带有地方性的小会党，也有着明显的反抗外国侵略的倾向，像浙江的伏虎会，“立会招贤，以排外为宗旨，于庚子、辛丑之际，屡闹教案”①。白布会也曾“假反抗教名义起兵”②。江西之洪莲会“借仇教为名，希图起事”③。有的会名干脆就叫“平洋党”。其他如“乌带党、金钱党、祖宗教、百子会、白旗会、红旗会、黑旗会、八旗会等，皆以仇洋为主义，以愤耶教之跋扈故也”④。这里所引的记载全都出自中外资产阶级之手，他们笔下的“排外”“仇洋”“仇教”之类，实际上具有反抗侵略的内容，这一点当然是不必再加证明的了。到了从1890年开始的四川余栋臣起义时，会党的反侵略斗争便进一步发展为规模巨大的武装斗争。这次起义主要由哥老会组织，斗争一直坚持了好几年，影响极大。无怪乎作为封建地主阶级政治代表、帝国主义忠实走狗的清政府要三令五申地禁止会党的活动！无怪乎清政府对会党抱着如此深刻的仇恨与恐惧！

但是，我们说会党有着反帝反封建的一定的历史传统，它是人民群众手里用以进行斗争的一种工具，这还只是说了问题的一个方面，还应该指出问题的另一方面：它是一种落后的并不犀利的工具，在某些场合下，它的斗争方向是模糊的、不鲜明的。

有一些小会党是由某些地主分子为了报个人私仇而组织起来的，像浙江的“平阳党”，就是由“清季文生”竺绍康，“因与本地土豪蔡老虎有杀父仇，特组织此会以谋报复”而发展成拥有数万党徒的大团体的。⑤ 又像浙江“黄某因受人欺凌，特（按：疑为‘持’字）其资劝（王）金宝倡建一会，以图报复”⑥。在这种情形下组织起来的会党，它之得以发展尽管终究有客观社会矛盾作为基础，尽管在以后阶级斗争的洗练中会逐渐改变性质，但无论如何，这毕竟是阶

---

① 《浙案纪略》。

② 冯自由：《革命逸史》。

③ 《东方杂志》丙午六月，第七期。

④ 《中国秘密社会史》，80页。

⑤ 参见《浙案纪略》及《革命逸史》。

⑥ 《浙案纪略》。

级性和斗争方向不鲜明的一种表现。

在通常的情况下，这个会党和那个会党，某一会党的这一部分和那一部分，不仅在斗争中“不相联络”，反而常常产生“彼此相仇”的现象①，甚至彼此“常又有械斗之举”②。举个具体的例子，四川“永宁会党分两大派：曰成会，曰义会。两派水火不容，常纠合数百人至千人械斗，俗呼斗龙。各奉天主、福音两教作护身符，泸街、大坝……一带为最甚，各持械赶场，逢着便打”③。这个资料说明，此地区的会党不仅互相械斗，而且双方各与帝国主义侵略势力纠缠在一起，敌我观念是很不分明的。但这种现象却并不只是个别的。

我们还时常看到，会党中有些人有时甚至干出抢劫掳掠的勾当。《警世钟》说，哥老会、三合会中，不少人“不过图奸淫掳掠四字”。《苏报·客民篇》说，哥老会“其会中人屡屡肇事……阴实济其抢劫之计”④。贵州革命团体“自治学社”的主要成员周培艺等作《贵州血泪通告书》谓：“满清时之哥老会发源于郑成功，其初皆优秀人物，为日既久，面目渐失，烧杀抢掳之事，半出于此辈之中。”⑤《教会源流考》的作者评论会党说：“会党之弊，结联团体，大者流而为铁算，小者流而为鼠窃，或且为流丐，要以皆狗盗而已。”⑥这些评论并不是完全出于资产阶级的偏见，而是有确切的事实依据的，而这一切当然与鲜明的阶级性和斗争方向距离很远。

这里所列举的还远不是会党弱点和落后性的全部。但仅凭这一些就已能使会党的政治性掩盖在厚厚的尘污下了。所以，资产阶级革命家们异口同声地说，会党“政治之意味殆全失矣”，甚至“反清复明之口语，亦多有不知其义者”⑦。这种说法不是没有原因的。那

① 参见陈天华：《猛回头》。
② 陶成章：《教会源流考》。
③ 《辛亥革命四川回忆录》，载《近代史资料》，1958（2）。
④ 《苏报》，1903-05-08。
⑤ 《云南贵州辛亥革命资料》，205页。
⑥ 《中国近代史资料丛刊·辛亥革命》第三册，106页。
⑦ 《中国近代史资料丛刊·辛亥革命》第一册，6页。

么，产生这些弱点的原因何在呢？我认为，首先，会党的成员是复杂的，但其基本群众是贫苦农民和手工业工人。这些人作为被剥削被压迫者，有着十分强烈的革命性，但作为小生产者，却又有着盲动、散漫、缺少政治远见、纪律松弛等落后性。斯大林同志指出，个别农民起义队伍甚至“带有‘强盗性’和无组织性”①。这些落后方面，在农民和封建统治阶级进行你死我活的阶级搏斗之时，在残酷的战斗面前，比较易于克服或者暂时隐藏不发。但是会党这种组织，不仅存在于阶级斗争高涨之时，而且在阶级斗争低潮时，它也仍然是团聚劳动人民革命力量的一个纽带。在漫长的“和平时期”，小生产者的落后性便不免暴露得更加充分，更加突出。其次，在会党中出头露面的具有较大影响的人物，有不少是流荡江湖的游民无产者，另外也还有不少的地主。这两部分人与一般的小生产者有所不同。前者与小生产者的劳动大众相比，一方面，他们固然有更为强烈的反抗性，另一方面却也有更为强烈的盲目性和破坏性，而后者的参加，他们的阶级意识当然会给予会党这一组织强烈的影响。前面所提到的会党的那些落后方面，显然更多地是这两部分人的政治反映。

总之，一方面，会党是阶级斗争的工具，但它的阶级性又常常是模糊的；另一方面，它有着反帝反封建的历史传统，但它的矛头又常常不能对准真正的敌人：这就是会党的历史面貌。

三

对于这样一支社会力量，正确的态度显然应该是：发动它，团结它，同时又教育它，改造它。发扬它反帝反封建的历史传统，克服它的组织散漫、纪律败坏的弱点。资产阶级革命派是否这样做了呢？——没有，也不可能。

---

① 《斯大林全集》第十三卷。

本来会党对于资产阶级革命派的联络表示了热烈响应的态度。孙中山说，他开始革命时，“其闻革命排满之言而不以为怪者，只有会党中人耳”①。资产阶级革命派和会党结合的基础，就正是上一节中所说的：作为阶级斗争的产物和工具的会党，有着反帝反封建的历史传统，资产阶级革命派因为这一点而重视对会党的“联络”，会党因为这一点而可能较快较易地与资产阶级革命派结合起来。

那么，在资产阶级革命派与会党的结合中，还存在着一些什么样的问题呢？

从资产阶级革命派这一方面来说，他们中间对于联络会党的必要性的认识，对于会党在革命中可能起的作用的认识，是很不一致的。大致说来，有如下三种看法：第一种认为会党和他们没有什么区别，所谓“洪门宗旨，不外反清，与吾党主义无殊”，故“应联络以厚势力”②。说这段话的是同盟会会员余永兴、陈涌波。同盟会著名领袖之一黄兴也认为，他们与会党是“同一排满宗旨”③。第二种认为会党“脑筋简单”，“知识幼稚”④，故“只能利用”，“而不可恃为本营”⑤。这种看法可以孙中山为代表，他说：“彼众皆知识薄弱，团体散漫，凭借全无，只能望之为响应，而不能用为原动力也”⑥。第三种看法，以陕西的革命派为典型，他们认为会党“其首领有救民伐暴之宣言，其党员挟乘机劫掠之希望”，而在革命形势已经一触即发之际，“即民军不举，彼等亦必揭竿而起，不如联络利用，输以常识，免致地方糜烂，故亟与会党合谋，早日举义”⑦。就是说，他们之联络会党，只是为了避免会党的破坏作用。湖北的革命党人中也有类似的看法。1904年春，他们中的很多人集合在武昌，“谈及革

---

① 《中国近代史资料丛刊·辛亥革命》第一册，7页。
② 《中国近代史资料丛刊·辛亥革命》第二册，543页。
③ 《中国近代史资料丛刊·辛亥革命》第四册，277页。
④ 张难先：《共进会始末》。
⑤ 《中国近代史资料丛刊·辛亥革命》第二册，237页。
⑥ 《中国近代史资料丛刊·辛亥革命》第一册，7页。
⑦ 《中国近代史资料丛刊·辛亥革命》第六册，41页。

命进行方略，众意以会党发难易，成功难；即成而嚣悍难制，不成则徒滋骚扰”①。这真是三种截然不同的看法。有趣的是，这三种看法正好反映了资产阶级革命派在领导革命时的三个致命弱点。

第一种看法只看到了会党的积极方面，完全忽略了它还有消极的一面，而且也不承认资产阶级革命派与会党在“主义”上有什么不同。他们认为，革命党人和会党，同是以“排满”为宗旨。——这已经不是他们对会党的认识不正确，而首先是他们对“革命”的认识不正确。这反映了资产阶级革命派在革命理论和纲领上的思想混乱。一部分激进的革命家提出了包括在同盟会纲领中的民族主义革命理想，而更多的人却只是把“革命”理解或要求为“反满”。辛亥革命的很多研究者都已指出了当时资产阶级革命派在革命纲领上的混乱如何损害了这一次革命，以及这种混乱如何反映了资产阶级革命派的弱点。现在我们看到，这种弱点在对待会党问题上也是能表现出来的。

与第一种看法相反，第三种看法只看到了会党消极的、落后的一面。自然，这一面本来是客观地存在着的。但是资产阶级革命派只把会党看作一种足以“糜烂地方”“徒滋骚扰”的可怕的破坏力量，他们没有设法去引导这种力量，改造这种力量。或者更正确地说，他们没有力量去引导与改造（他们感到会党“嚣悍难制”），因而也就感觉不到有去“引导”与“改造”之必要。他们联络会党，只是为了抵制它。确实，资产阶级革命派自己既然没有一个坚强的组织和彻底的纲领，又如何能期望他们正确领导其他社会力量呢？毛泽东说：“领导的阶级和政党，要实现自己对于被领导的阶级、阶层、政党和人民团体的领导，必须具备两个条件：（甲）率领被领导者（同盟者）向着共同敌人作坚决的斗争，并取得胜利；（乙）对被领导者给以物质福利，至少不损害其利益，同时对被领导者给以政治教育。”② 资产阶级革命派既不向会党指明谁是和为什么是“共同敌人”，并引导他们“作坚决的斗争”，又不给会党“以政治教育”，

① 杨玉如：《辛亥革命先著记》，11页。

② 《关于目前党的政策中的几个重要问题》。

他们怎么能够实现自己在革命中的领导呢？

第二种看法在当时的资产阶级革命家中是最普遍、最通行的。这种看法见到了会党和革命派在政治上的差别，也企图进行某些政治工作的努力。如孙中山曾说："洪会中人，犹以推翻满清，为袭取汉高祖、明太祖、洪天王之故智，而有帝制自为之心，未悉共和真理……望时以民族主义、国民主义，多方指导为宜。"① 但是，他们既然对会党抱着一种鄙视的态度和利用的目的，当然也就不可能对之进行有效的改造。他们对于会党持一种矛盾的心理：一方面，认为会党是鄙陋的、幼稚的、不足以成大事的；另一方面，又觉得只有从会党那里去寻求力量才是最容易、最可靠和最能收速效的。就是说，他们对于会党，既是"貌合神离"，却又不得不"倚为主力"。这种矛盾心理产生的根本原因在于，他们不知道到哪里去寻求真正的力量。软弱的资产阶级即使在青春时期、革命时期也仍然有轻视甚至害怕工农群众的一面。他们既然看不见也不敢依靠人民群众首先是广大农民群众的铜墙铁壁之力，当然也就只能"半心半意"而又"迫不及待"地去"利用"和"运动"会党（还有新军）。

总而言之，他们对会党这支社会势力的异乎寻常的重视，出发点是他们的这样一种自我感觉：他们既感到自己空虚，又觉得自己"强大"。一方面他们缺乏一支足以依靠的真正强大的阶级力量（尽管当时工农群众在迅速革命化），因而急于向会党伸出手去；另一方面，他们却又抱着民粹主义的天真想法，认为只要由他们做"原动力"，会党和新军在他们的"指挥"之下，"聚而为我用，各尽其能"，奔走用命，则革命胜利就指日而待了。

资产阶级革命派抱着如是种种的态度去"运动"会党，会党又是持什么态度呢？

从会党方面来说，他们倒是比较积极主动地接受了资产阶级革命派的领导的。他们接受资产阶级革命家到自己的组织中去任地位较高的统领（如"龙头"），在武装斗争中他们服膺资产阶级革命派

① 《中国近代史资料丛刊·辛亥革命》第四册，284页。

的指挥，纷纷加入各种革命团体，推戴资产阶级革命家做会党和革命团体联合组织的领导（如哥老会、三合会曾派人到香港与兴中会联盟，并推孙中山为“总会长”）。

这一切说明：会党群众这些“人类生活中最不安定”的人，他们对于现存的统治秩序，有一种渴求变革的欲望，有一种渴求反抗的欲望，有一种渴求斗争的欲望。对于这种行将到来的政治变革具有什么性质和意义，他们也许并不十分明确，但是我们仍得说，在辛亥革命前夕，会党活动的日趋活跃，正是广大群众日趋革命化的一个反映。而在这一个时期的阶级斗争舞台上，资产阶级革命派正是生机勃勃的主角，于是，会党便很快地与资产阶级革命派站到一起，进行共同的斗争了。

四

前面我们谈到了，因为辛亥革命的领导者的软弱，他们尽管十分重视对于会党的联合，但是却没能对会党进行积极的引导。群众手里既然没有更加先进的组织作为工具，那么即使像会党这样的旧有的原始形态的组织，当然也绝不会在波及全国政治生活一切方面的大斗争中无所动作。现在，当我们来观察会党在辛亥革命中到底起了什么积极作用的时候，我们会发现，有趣的是，正是资产阶级革命派的软弱这同一理由，使得会党在这次斗争中的积极作用更加突出。

如果要用简单的历史追述来说明会党在辛亥革命中的作用，那么，我们可以说：在革命组织方面，从兴中会直到领导武昌起义的文学社；在武装起义方面，从 1895 年广州起义到 1911 年黄花岗之役；在各省独立的过程中，从武昌起义到四川独立，每一个革命组织、每一次武装起义、每一个省份的独立过程，若完全没有会党力量的参加，几乎是绝无可能的。有一些革命组织（如“共进会”“华兴会”）、有一些武装起义（如萍浏醴起义）、有一些省份的独立（如陕西、贵州)，则主要是依靠会党的力量。

显然，会党力量的参加，壮大了革命声势，扩大了革命势力的政治影响。革命声势的造成、政治影响的扩展凭借于革命思想的宣传，同时却也依靠着革命斗争的实践。会党群众纷纷参加到革命团体中去，就使得革命组织迅速发展。在辛亥革命前夕，清政府深以为忧的所谓“伏莽遍地”，有很多正是接受了资产阶级革命派联络的会党势力。会党分子积极地参加了武装斗争，尽管这些武装斗争都因缺乏周密的准备和正确的指导而陷于失败，但却产生了巨大的影响。血的宣传比文字的宣传更加有力。它对人民群众是一种鼓舞和启发，而对反动派则是一种警告和冲击。它造成了“山雨欲来风满楼”的革命形势，促进了革命高潮的到来。

1907年六月，江苏巡抚陈夔龙致清政府军机处电文中，有如下的一段话，生动地道出了会党在壮大革命声势中的作用：“长江一带，各帮匪徒本众，孙汶逆党亦多，不独联络勾结，固属滋蔓难图，即使各不相谋，而闻风响应，为患何可胜道。”在同一电文中，又说：“第逆党可忧矣，不与盗匪合，其势尚孤，是锄伏莽急于治逆党也。盗匪可虑矣，不与饥民合，其患犹小，是抚穷黎急于诛盗匪也。”① 这里，所谓“逆党”是指革命党，所谓“盗匪”“伏莽”是指会党势力，所谓“饥民”“穷黎”则是指被压迫被剥削的广大劳动人民。反动而狡猾的陈夔龙在这里提出了一个重要问题，那就是资产阶级革命派、会党、劳动群众这三者的关系问题，由于会党在这次革命斗争中的广泛参加，它便成为一种中介，使得资产阶级革命派在一定程度上联系了劳动群众。这正好是会党在辛亥革命中的积极作用的又一表现。

从数量上说，会党的基本群众正是广大的农民和其他贫苦劳动大众。蔡寄鸥说，会党“散则为民，集则成伙，当时之所谓‘会匪’，实际上都是人民”②。《浙案纪略》在谈及会党成员服从统领命令的情形时说，“会中兄弟”一闻命，“市者无不即弃筐筥，耕者无

① 《中国近代史资料丛刊·辛亥革命》第三册，172～173页。

② 《鄂州血史》，16页。

不即弃耒耜”，也反映了这一点。当然，除了从量上说绝大部分是劳动大众之外，会党的领袖人物有不少是游民无产者。而游民无产者本身与劳动人民也有着历史的联系（他们不过是失了土地的农民和失了工作机会的手工业工人）。资产阶级革命家把会党叫作“下等社会”的组织，除了说明他们固有的对劳动人民的轻视而外，倒是正确地反映了会党与下层劳动人民的关系。

资产阶级革命派没有在更加广大的范围内对劳动人民进行艰苦细致的革命宣传和组织工作。当时的革命家们认为，联络会党本身就已经算是在吸收广大群众参加革命了。而其实，联络会党本身只不过是为接触群众开辟了一条极其窄小的途径而已，它离着真正地发动工农大众还有很远的距离。但是，对于社会基础异常薄弱、面对的敌人又异常强大的资产阶级革命派来说，其意义是十分重大的。

在以会党为主力发动起来的萍浏醴起义中，我们看到反革命方面的惊呼，一则说“此间乡民，兵到即民，兵去即匪，可恨之至”①。再则说“萍醴至宜万一带，到处皆有伏莽，平日倡言无忌，兵到则散为民，兵去又结为匪”②。这两个电文表明，在会党联系下的劳动人民，如何在当时的革命斗争中发挥了巨大的作用，给反动派以沉重的打击。没有这个，辛亥革命要取得如此迅速的发展是不能设想的。

当革命经过了艰苦曲折的酝酿而准备成熟之时，在对封建专制政权的最后一击中，会党也发挥了颇大的作用。会党成员基本上成为冲锋陷阵的主力军。这在那些对于反动势力多少经过了流血斗争而取得独立的省份，表现得尤为明显。陕西是进行了武装起义的，而“陕西光复，革党与会党联合之力也”③。其实，如果要论到对革命局势的控制力量，则资产阶级革命派远远比不上会党。下面一事就清楚地表明了这一点：陕西的新军起义后，某些革命党人想着手对之进行整编，以便迎接即将到来的更大的战斗。然而这个企图却

---

① 《江西巡防队统领袁坦第四次致赣抚吴重熹电》。

② 《萍乡矿局林道台志熙致赣抚吴重熹电》。

③ 《从戎纪略》，见《中国近代史资料丛刊·辛亥革命》第六册，77页。

并未成功，“后乃就会党中当日所推标舵营舵者发委状，令其自行编集，众始稍定”[①]。新的政权正是在这支武装的支持下建立起来的。湖南也是经过了武装斗争而宣布独立的，在宣布独立前，湖南已是“伏莽遍地，各属哥弟会党，风起云涌”[②]。而湖南的发难，则正是由革命党人、会党首领焦达峰率领武装在长沙首先举义的。由于在革命前一些革命党人进行了发动会党的长期工作，因此在杭州光复后，浙江其余各府各县的响应，很多是会党势力所发动的，如绍兴就是由平阳党首领王金发领导建立革命政权的。此外，四川独立时，“哥老遍地”[③]；贵州独立时，“哥老会为自治学社革命的辅助力量之一”[④]；会党同样是这些省份的革命元勋。甚至在像山西这样的省份的独立过程中，会党也十分活跃地进行了斗争，成为重要的革命推动力量。[⑤] 确实，如毛主席所说，这一批人很能勇敢奋斗，他们勇敢地拿起武器，勇敢地战争，勇敢地流血牺牲。在推翻几千年封建帝制的丰功伟绩中有他们一份不小的功劳。

这一切的汇合，使我们有理由说，由于在革命中广泛发动会党，当时的阶级斗争，在当时社会条件许可的范围之内，进一步深化了。《中国秘密社会史》一书的作者说：“（三合会）徒党遍伏各地，此次（辛亥）革命之所以风靡南方者，三合会未始无力也。”[⑥] 这个评价是并不过分的。

五

当时的资产阶级革命家们，在论及会党的作用时，往往加以过

---

① 《从戎纪略》，见《中国近代史资料丛刊·辛亥革命》第六册，67页。

② 《湘事记》，见《中国近代史资料丛刊·辛亥革命》第六册，155页。

③ 《贵州辛亥革命史略》，载《近代史资料》，1956（4），121页。

④ 《贵州辛亥革命史略》，载《近代史资料》，1956（4），116页。

⑤ 参见《清山西巡抚张锡銮等奏折》，见《中国近代史资料丛刊·辛亥革命》第六册，217页。

⑥ 《中国秘密社会史》，33页。

多的指责和否定，这是一种偏见。根据前面所说的，显然应该把会党看作辛亥革命的元勋之一。当然，这不是说要我们走入另一个片面，不是说我们不应该指出会党在某些时期、某些地区、某些场合下确实有过的若干消极作用。

在辛亥革命时期，会党的某些消极作用通常表现为以下几种形式：

第一，由于会党本身有种种弱点，又由于资产阶级革命派没有能对之加以正确的“引导”，会党的参加就使得革命派中原来就显得混乱的革命思想更加混乱起来。我们可以举出两个典型的例子。

其一，在以会党为主发起的萍浏醴起义中，我们发现了两个内容互相矛盾的檄文。在具名为《中华国民军起义檄文》的文件中，起义者宣传了同盟会的“驱除鞑虏，恢复中华，建立民国，平均地权”的资产阶级民主革命纲领。而在另一个具名为《新中华大帝国南部起义恢复军布告天下檄文》的文件中，却赫然写道：“勿狃于立宪专制共和之成说，但得我汉族为天子，即稍行专制，亦为我家中祖父，虽略示尊严，其荣幸犹为我所得与；或时以鞭扑相加，叱责相遇，亦不过望我辈之肯构肯堂，而非有奴隶犬马之心。我同胞即纳血税，充苦役，犹当仰天三呼万岁，以表拥忱爱戴之念。”① 在同一起义中出现这样两个互相抵牾的文告，起义者之间思想的不一致和混乱竟到如此地步，确实是使人惊异和难以置信的。然而这却是无可置疑的事实。

其二，我们都知道“共进会”将同盟会纲领中的“平均地权”改为“平均人权”的事实。据记载，这一修改正是出于“长江一带会党的首领”张伯祥，“他认为中国的人阶级太多，太不平等了。中国人除视官僚为上品外，士农工商都有地位，独视会党为下品，为江湖流派，所以社会上多有称会党为‘汉流’的，伯祥乃主张革命成功后，无论各界的人，一律平等相待。所以改为平均人权，他是见好于会党，俾努力革命的意思”②。

---

① 《中国近代史资料丛刊·辛亥革命》第二册，47页。

② 杨玉如：《辛亥革命先著记》，37页。

“建立民国”和“平均地权”的政治纲领的提出，是资产阶级革命派的伟大的贡献，是资产阶级民主革命的最重要的内容。尽管当时有一些革命者并不完全赞成这两点，但会党居然公开加以修正和批驳，就不能不起着降低运动水平的坏作用。革命队伍中革命理论和革命思想的混乱是造成辛亥革命失败的重要原因之一，而这种思想上的混乱，虽然不是由会党造成的，但是，会党却起了推波助澜之作用。

第二，辛亥革命时期，有些省份在独立之后，会党势力有着较大的发展，但是会党不仅没有迅速地帮助建立革命秩序，反而胡作非为，加速了革命的失败。

在这方面，典型的例子是陕西省。对陕西的光复，会党曾起了相当主要的作用。独立后，“所有要位都在不识字的哥老会的手上”，但他们“不知民主共和为何事，误以为会党出头之时，气焰甚张，一日千丈”①。结果是“码头”林立，“不能悉计。办支应，理词讼，直代县官行政，甚至公然以地方主人自居，鱼肉良懦，苛派钱款，乡民畏惧”，将陕西弄成一个“会党世界”②。叙述这一段话的郭希仁，在清末是陕西谘议局副议长，他虽然参加了同盟会，但实际上却是个立宪党人。正像《邹永成回忆录》所说：“宪政党的人素来仇视革命党人和会党的。”③ 因此其中显然有些污蔑夸张之词。但我们却也不能因此而否定这方面的事实。我们不妨证之以贵州的情形。下面一段话是贵州革命党人胡刚、吴雪俦所说的：“贵州光复前，各县哥老会，均由自治学社（按：自治学社，系领导贵州进行革命的组织）派人组织联络。光复后已成军的编为巡防军，其余的则在各城乡公开活动。各行各业，纷纷开公口、立山堂，头打包巾、身穿短打、背插双刀、额竖英雄结子的人，随时可见。各地哥老会中人，亦趁机大肆活动。地方秩序，逐渐呈现混乱。”④ 可以想见，正当旧

① 张奚若：《辛亥革命回忆录》。
② 郭希仁：《从戎纪略》。
③ 《近代史资料》，1956（3），80页。
④ 《贵州辛亥革命史略》，载《近代史资料》，1956（4）。

政权被摧垮，革命需要进一步深入之际，群众睁眼看到的革命新政权是这个样子，这对革命将是一个如何重大的打击。

胡刚等后来总结贵州辛亥革命失败的教训，其中谈到会党时说："运用哥老会力量，虽也是革命过程中的一种策略，但在运用之先，就要熟计利害，于革命成功后，如何安顿这种力量，改造这种力量，使不致动摇革命的基础，影响社会的秩序。自治学社对于这方面并未作到适当的处理。因而革命后……贵州公口盛行，秩序混乱，人心恐怖，确是革命政权失去全省人民拥护的最大原因。"①

第三，辛亥革命以后，各省立即展开了立宪派与革命派争夺革命果实的斗争。在这场斗争中，有一些会党常常被具有丰富政治斗争经验的立宪派所利用，直接间接地成为他们争夺江山的工具。

我们仍然可以举贵州的情形为例。前面已经提到，在贵州光复中，会党是起了颇为重要的作用的。贵州光复会后，会党得到漫无节制的发展，这不仅由于革命派没有妥善安排，更由于立宪党人的故意制造。立宪党人组织了"耆老会"，与当地的革命派"自治学社"进行斗争，在斗争中，他们一方面"煽动哥老会保安公口龙头蓝钠谋乱，蓝党遂嗾使巡缉队暴动，欲得（陈）永锡（自治学社领导人之一）而甘心焉"②。另一方面则"在立法院登台演说，谓今日之贵州，非公口不足以立国；贵州之政府及社会，非公口不足以辅助而保全。此语既出，不两日而省内外公口已达百余处之多。……并袭取满官威仪，设大堂，摆公案，俨与政府对埒"③，以此来扰乱革命秩序。接着，立宪党人又以会党扰乱治安为借口，对革命力量大肆镇压，终于使贵州的革命党人被杀的杀，逃的逃，政权落入了反革命力量之手。总之，在这场斗争中，会党成为被玩弄于立宪派掌中的工具。

确实，会党在辛亥革命中所起的这些消极作用，是一个历史的悲剧。我们不能要求会党克服这一切，然而我们也不能抹杀这一切。

---

① 《贵州辛亥革命史略》，载《近代史资料》，1956（4）。

② 冯自由：《革命逸史》。

③ 《贵州血泪通告书》。

正如我们不能要求资产阶级革命派不软弱，然而我们终于还是要批判他们的软弱一样。

六

辛亥革命已经过去五十年了。历史的发展是如此迅速，很多当年在政治舞台上大显身手的各种社会力量已经消失了，或者只剩下了一点残余，不仅封建皇帝被消灭了，封建势力也基本上被消灭了，领导过辛亥革命的资产阶级，在新的历史条件下也失去了赖以存在的经济基础。本文所论及的主要对象——会党，也早已失去了它存在的价值。但是，前一历史事变永远是以后历史发展的一个阶梯，前人的斗争也永远值得我们分析和总结。

会党毕竟是一种落后的原始的组织，“农民和手工业工人不可能依靠这类团体得到出路”①。但在辛亥革命时期（同样，在我国整个旧民主主义革命时期），这一多少具有群众性的落后组织的确在斗争中起过巨大的作用。它的群众性决定了它在斗争中起过很大的积极作用，而它的落后性又决定了它在斗争中所起的消极作用。历史地说，它在当时的积极作用是主要的。

但重要的还不在于此，重要的问题在于，从辛亥革命时期的会党的活动中，我们又一次体会到：如果没有下层群众的参加，辛亥革命哪怕要取得推翻封建帝制的成就，也是根本不可能的；同时，不在更大范围内对劳动群众进行真正的彻底的发动，不依靠工农群众自己起来，只是利用他们中间的某种现成的陈旧组织，要取得更进一步的胜利，同样是不可能的！

---

① 《中国社会各阶级的分析》。

戊戌变法时期维新派的“民权”观*

民权之说——戊戌时代新旧思想斗争的一个焦点

在19世纪末叶的戊戌变法运动期间，资产阶级维新派曾经提出过各色各样改良中国社会的政治方案。对于他们来说，任何一项政治的、经济的、文化的乃至社会习俗的改革，似乎都是促使中国富强的“根本之根本”。当他们反对封建科举制度时，好像八股一废，就可人才辈出，中国也就可以立臻富强了，所以他们说，政治的改革“莫亟于废八股”；当他们要求发展资本主义时，又好像工厂一开，就可外御强敌，内兴民利，国家的贫弱也就能立即走向它的反面了，所以他们又说，政治的改革“舍此无以求速效”。他们把一切都看作问题的根本，其实正是因为他们找不到一条真能保证这些改革实现的根本途径。维新派这样提出和说明他们的政治方案，连他们自己也感到有些矛盾。梁启超在1897年写信给严复，说道：“变法之难，先生所谓一思变甲，即须变乙，至欲变乙，又须变丙，数语尽之。启超于此义，亦颇深知，然笔舌之间无可如何。……当其论此事也，每云必此事先办然后他事可办，及其论彼事也，又云必彼事先办然后余事可办。比而观之，固已矛盾。”①

明明感到“矛盾”却又“无可如何”，这是由改良主义的本性所

---

* 载《历史教学》，1962（10）。

① 《中国近代史资料丛刊·戊戌变法》第二册，540页。

决定的。正像列宁所说："改良就是在保持统治阶级统治的条件下从统治阶级那里取得让步。……因此，改良主义的纲领通常是罗列许多条。"①

当然，维新派自己所认为是同样重要的许多条纲领之间，其实并不都是同等重要的。从政治的、思想的意义说，哪些问题影响更深远一些，对封建主义的冲击更大一些，这不仅要看维新派自己的表白，更要看当时社会思想界的反响。从这个角度说，我以为，改良派的"民权"观在维新思潮中有着特殊重要的位置。

"民权"这个政治口号，历史上从来就是新兴的资产阶级用以反对封建阶级的思想武器之一。在中国，最早把"民权"作为一面政治旗帜而高高举起的，就是戊戌时代的资产阶级维新派。比他们更早一些，甲午战前的一些具有若干改良主义思想的人，虽也曾提到"民权"这两个字，但与其说他们是作为一种政治口号来提出的，倒不如说是作为在政治改革中应该预先加以防止的偏向来提出的。他们在宣扬西方资本主义国家的议会政治的同时，急急忙忙地批评那些国家"民权过重"，甚至认为如果不及早防止，就会成为"犯上作乱之滥觞"。② 这与戊戌时代资产阶级维新派的"民权"观，是很不一样的。

戊戌时代的维新派第一次把"兴民权"作为改革中国社会的政治前提来提出。他们说："君权日益尊，民权日益衰，为中国致弱之根原。"③ 因此，"欲兴内治，不能不稍伸民权"④。"一旦衔勒去，民权兴"，那就一切都会好起来：人民"各遂其生，各均其利，杼轴繁而悬鹑之衣绝，工作盛而仰屋之叹消"⑤。梁启超概括他在戊戌时代的政治宣传活动时说，"所言皆当时一派之民权论"⑥；稍后，在

① 《答美国记者问》，见《列宁全集》第二十九卷，471 页。

② 参见郑观应：《盛世危言》卷一《议院上》；薛福成：《出使日记》卷三；陈炽：《盛世危言序》。

③ 《中国近代史资料丛刊·戊戌变法》第一册，460 页。

④ 梁启超：《戊戌政变记》附录二，《湖南广东情形》。

⑤ 谭嗣同：《仁学》卷上。

⑥ 《中国近代史资料丛刊·戊戌变法》第一册，442 页。

1902年，他又把甲午战前的改良主义思想叫作“言变法者”，把戊戌时代的改良主义思潮叫作“言民权者”①。这里说明，在维新派自己看来，他们的“民权”观在维新思潮中是占着特别重要的地位的。

马克思说过，如果哪一条几何学定理触犯了统治阶级的利益，那么，统治阶级对之也是不会轻易放过的。何况，“民权”“君权”等，不是什么几何学定理，而是直接牵涉到各个阶级、阶层的政治权力的利害问题。因此，封建顽固势力在他们坚决反对的维新思潮中，特别对其中的“民权平等”的“邪说”表示深恶痛绝，也就毫不足怪了。湖南举人曾廉上书请杀康、梁，唯一一条理由就是康、梁的“民权平等之说”“大逆不道”，“邪说狂煽，必率天下而为无父无君”；御史文悌参劾康有为，认为行西学倒没有什么，唯独“伸民权”“平君臣之尊卑”，必会“召乱无已”；张之洞作《劝学篇》，一面也大谈办报馆、设学堂、改科举、行变法，一面却严“斥民权之乱政”，认为“使民权之说一倡，愚民必喜，乱民必作，纪纲不行，大乱四起”，甚至把维新派的“民权”论“谓为洪水猛兽”。②

封建顽固势力把维新派的“民权”论看作“洪水猛兽”，这至少反映了两个问题：一是这个“民权”论在一定程度上刺痛了他们，击中了他们的某些要害；二是这个“民权”论在当时社会上迅速扩展着影响，取得了一部分人的赞成和支持。这才引起了封建势力的恐惧与仇恨。刘坤一在一封信里说：“学术之坏，实为人心世道之忧。平等民权，妄引《论》《孟》，中外津津乐道。”③ 这样，维新派所提出的所谓“民权”问题就成了当时新旧思想斗争的一个焦点。

---

① 梁启超：《敬告我同业诸君》，见《辛亥革命前十年间时论选集》第一卷上册，221页。

② 参见《中国近代史资料丛刊·戊戌变法》第二册，485页；《中国近代史资料丛刊·戊戌变法》第四册，183页；《戊戌政变记》第一篇第一章；《劝学篇》内篇，《正权第六》。

③ 《中国近代史资料丛刊·戊戌变法》第二册，633页。

“抑君权，伸民权”——维新派对封建专制主义的批判

维新派在政治上提出要“抑君权，伸民权”。他们把“抑君权”和“伸民权”看作一个问题的两个方面——虽然这个正确的认识随后就被他们自己所否定了，但这仍然首先促使他们对封建专制主义进行了批判。这是不难理解的：不管中国的资产阶级多么软弱，不管这个时候这个阶级还是多么不成熟，但既然封建专制主义成为它发展的障碍，那这个阶级的思想家也就不能不对封建专制主义进行批判。

维新派直截了当地把专制主义的政治称作国家之“大弊”和“大患”，是国家致弱的根源。康有为在保国会的演讲中说，中国“上下不通，贵贱隔绝”，“故宜其弱也”；梁启超说，“吾国之大患由国家视其民为奴隶”，又说“中国之大弊，莫甚于上下壅塞，下情不能上达”；在代内阁学士阔普通武起草的奏折里，康有为更直接指出，“吾国行专制政体，一君与大臣数人共治其国，国安得不弱?”谭嗣同说得更加透彻一些，他说：“中国所以不可为者，由上权太重，民权尽失，官权虽有所压，却能伸其胁民之权。昏暗残酷，胥本于是。”①

在这里，维新派把国家按“上下”“贵贱”“君（官）民”分成两个集团：“卑下”的、受欺压的、被视为奴隶的贱民和“高贵”的、欺压人的统治者。这自然不是什么阶级论，但却反映了国家内在的矛盾和对抗。既然维新派把少数人的专制统治看作造成国贫民弱的根由，因此他们说要取得国家的富强，就必须首先形成像西方国家那样“君不甚贵，民不甚贱”的政治局面，也就是说，“变法必自天子降尊始”②。

---

① 《谭嗣同全集》，442页。

② 《中国近代史资料丛刊·戊戌变法》第二册，501～502页。

这种观点是与封建主义的传统观念大相径庭的。封建主义的传统观念是：君君臣臣，贵贵贱贱；“天皇圣明”，“君权神授”；君就是权力、真理、天意的体现。因此，任何对君的哪怕是小小的腹诽都将是罪大恶极的，更不要说把任何邪恶跟它联系起来了。显然，维新派要使自己的前述观点得以成立，就必须对君和君权的产生做不同于封建主义的新的解释，这种解释，他们从西方国家资产阶级革命时期的一些思想家那里找到了。

“君”是什么？梁启超说：“臣也者，与君同办民事者也。如开一铺子，君则其铺之总管，臣则其铺之掌柜等也。”① 欧榘甲说：“合族类而成国，合众民而成君。君也者，民之积也。君与民一体也。”② 严复说：“其（民）有相欺相夺而不能自治也，故出什一之赋而置之君，使之作为刑政甲兵，以锄其强梗，备其患害。”③ 谭嗣同说：“生民之初，本无所谓君臣，则皆民也。民不能相治，亦不暇治，于是共举一民为君。夫曰共举之，则非君择民，而民择君也。……君末也，民本也。……君也者，为民办事者也；臣也者，助办民事者也。”④

把这些说法总括起来，无非是：（1）君末民本，君主是由民产生的；（2）君主不过是替民办事的；（3）君主的权力本来是由民授予的。这样，君主的神的面具被撕下了，君主的偶像的宝座被动摇了。

既然君主不过是由民“共举”出来、授以权力、为民办事的，那么，如果他们不好好办事，或者办得不好，反而利用民众授予的权力去戕害民众时，又该怎么办？维新派回答说：君则废，臣则诛！或者说：“彼君之不善，人人得而戮之！”⑤ ——这个回答是前述对君权的分析的逻辑结论，虽然，在当时做出这个结论来是需要多么

---

① 《中国近代史资料丛刊·戊戌变法》第二册，550页。

② 《论大地各国变法皆由民起》，见《中国近代史资料丛刊·戊戌变法》第三册，153页。

③ 严复：《辟韩》，见《中国近代史资料丛刊·戊戌变法》第三册，79页。

④ 谭嗣同：《仁学》卷下。

⑤ 谭嗣同：《仁学》卷上。

大的勇气和决心！

在政治上，维新派不是民主主义者而是改良主义者，他们不是要推翻君权而是要依靠君权。但是，思想领域的斗争往往比政治领域的斗争更深刻些、走得更远一些。如果以他们所提的标准来看，那么，历史上几乎没有一个君不该废、不该诛的。

请看当时的维新派对历史上封建专制主义的代表——“君”是如何描写的：“夫自秦以来，为中国之君者，皆其尤强梗者也，最能欺夺者也。……高高在上者，朘我以生，出令令我，责所出而诛我，时而抚我为后，时而虐我为仇。”[①]“二千年之政，秦政也，皆大盗也。……二千年来君臣一伦，尤为黑暗否塞，无复人理，沿及今兹，方愈剧矣。”[②]“君为独夫民贼。”“竭天下之身命膏血，供其盘乐怠傲，骄奢而淫杀……”“供一身之不足，又滥纵其百官，又欲传之世世万代子孙，一切酷毒不可思议之法，由此其繁兴矣！”“君主视天下为其囊橐中之私产，而犬马土芥乎天下之民也。”[③]

在这里，他们没有分什么“治世”和“乱世”，没有分什么“圣君”和“暴君”，而是指责了一切君主的专横暴虐，抨击了整个专制主义的痼疾宿弊。虽然，并不是所有的维新派都会达到这样的思想高度[④]，那些提出了这些思想的人如谭嗣同、严复等在另外一些地方也还有着正相反的观点和政治实践，但我们仍要把这一些看作戊戌时代维新思潮的高峰和精华。这些思想闪烁着批判的、战斗的光辉，鼓舞人们为改变黑暗的政治现实和争取美好的政治理想而斗争！

“以君主之法，行民权之意”——维新派对“民权”问题的几种错误认识

反映着刚从地主、官僚和商人转化而成的资产阶级政治要求的

---

① 严复：《辟韩》，见《中国近代史资料丛刊·戊戌变法》第三册，79～80页。
② 谭嗣同：《仁学》卷上。
③ 谭嗣同：《仁学》卷下。
④ 例如，维新派的首脑康有为就没有敢接触到这样的问题。

维新派，在国内政治问题上，明显地存在着这样的两面性：一方面，对封建专制主义的政治统治感到不满；另一方面，则是对革命、对劳动人民感到恐惧。梁启超所说的“民皆蚩蚩，伏莽遍地，一方有事，家揭竿而户窃号，莫能统 ”①，康有为所说的“强邻四逼于外，奸民蓄乱于内”，“金田之役，将复起矣”②，就是这种恐惧心理的自白。这种恐惧心理使得他们的“民权”思想不可能是彻底的。历史上一切资产阶级的“民权”论从来也不是要提高劳动人民的政治权力，而戊戌时代维新派的“民权”论则比欧美各国资产阶级革命时期的“民权”思想更加躲躲闪闪，藏头露尾。梁启超自己说，他“时时发‘民权论’，但微引其绪，未敢昌言”③，也就是说他没有敢把欧美先哲的民权论不折不扣地照搬过来。

维新派对于“民权”加上种种的限制，并且为这些限制创造了一些谬误的理论依据。

他们的第一个也是带有根本性质的谬误，是所谓的“权生于智”说。戊戌前一年，梁启超写信给陈宝箴，说道：“今之策中国者必曰兴民权，斯固然矣。然民权非可以旦夕而成。权者生于智者也。有一分之智，即有一分之权；有六七分之智，即有六七分之权；有十分之智，即有十分之权……但使其智日进者则权亦日进。”④ 一直到1902年，改良主义者夏曾佑还坚持说：“民权之说，众以为民权立而民智开，我以为民智开而后民权立耳。”⑤ 权生于智，有智即有权，这种说法其实是把问题的本末完全颠倒了。且不说这种观点与马克思主义毫不相干，它甚至与维新派自己一再宣称过的思想相抵牾。维新派曾经说，民智不开，正是专制主义的统治对民众“锢聪塞明”的结果，正是那些“制人之身者”兼用封建的三纲五常“制人之心”的结果；也就是说，正是人民群众无权的结果。

---

① 梁启超：《戊戌政变记》。

② 康有为：《上清帝第一书》，见《中国近代史资料丛刊·戊戌变法》第二册，125页。

③ 《清代学术概论》，见《中国近代史资料丛刊·戊戌变法》第一册，442页。

④ 梁启超：《戊戌政变记》附录二，《上陈宝箴书》。

⑤ 《夏曾佑致汪康年兄弟信》，原件现藏上海图书馆。

根据“权生于智”的说法，加以逻辑的推理，他们的第二个谬误就是：既然目前民智还不开，那么，“兴民权”云云，虽然是一件很好的、十分重要的事情，但它的实现却必须在遥远的将来。维新派用了种种字眼来形容人民的“愚昧”：什么“顽固嚣张”啦！“可以乐成，难以虑始”啦！“智识未开”啦！“民智极塞，民情极涣”啦！“人民愚昧笃旧，瞢无所知”啦！如此等等，不一而足。既然人民是这样的人民，那么，他们所提倡的“民权”应该怎么办呢！他们说：“今中国尚孩提也，孩提而强使自主，是曰助长，非徒无益，将又害之，故今日倡民政于中国，徒取乱耳！”① 他们说：“中国之民未能自事其事，即不能自有其权！”② 他们说：“支那而言民权，大约三百年内绝不必提及之事也。”③

他们在“民权”问题上的第三个谬误是：既然是“权生于智”，那么，提高民权的根本办法就不是要靠与封建统治者的斗争，而是靠一步一步地去“开民智”。所谓“今日欲伸民权，必以广民智为第一义”④。那么，由谁来“开民智”最为合适呢？梁启超说：“中国今日民智极塞，民情极涣，将欲通之，必先合之。合之之术，必择众人目光心力所最趋注者，而举之以为的，则可合。……今日民义未讲，则无宁先借君权以转移之。”⑤ 这可不只是梁启超一个人的意见。严复说：“夫民既不克自为，则其事非陛下倡之于上，固不可矣！”⑥ 康有为说：“中国不亡，国民不奴，惟皇上是恃。”⑦ 便都是同一个意思。

---

① 梁启超：《戊戌政变记》。

② 麦孟华：《论中国宜尊君权抑民权》，见《中国近代史资料丛刊·戊戌变法》第三册，113页。

③ 《夏曾佑致汪康年兄弟信》，原件藏上海图书馆。夏曾佑在这里说三百年，那还算是比较积极的估计，在另一封信里，他还曾说：“民权平等之万不能行于支那，宪政之行，其千载之后乎？”

④ 梁启超：《戊戌政变记》附录二，《上陈宝箴书》。

⑤ 《与严幼陵先生书》，见《中国近代史资料丛刊·戊戌变法》第二册，541页。

⑥ 严复：《上今上皇帝万言书》，见《中国近代史资料丛刊·戊戌变法》第二册，319页。

⑦ 康有为：《进呈突厥削弱记序》，见《中国近代史资料丛刊·戊戌变法》第三册，7页。

把提高民权的希望寄托在君权的提携上，这自然与我们在前一节中所分析的维新派的那些观点是完全矛盾的。但这个矛盾产生在改良主义者身上，却完全合乎逻辑。在前一节里我们看到，维新派像德国自称为“激进派”的自由主义者海因岑一样，“宣称君主是造成一切贫困和灾难的祸首”。但这正如恩格斯批评海因岑时所说的那样：“海因岑先生硬说君主能造下多少灾祸，他们也就能做出多少好事。由此做出的结论却不是必须进行革命，而是虔诚地希望有一位可爱的国王、好心的皇帝约瑟夫。”① 维新派有他们自己心中的“约瑟夫”，他们认为，只有依靠他的力量才能实现提高民权的目的。

这样，戊戌时代的维新派在政治思想上转了一个圆圈，这个圆圈以“兴民权”作为轴心，从批判封建君权开始，最后到求助于封建君权结束。

康有为的学生陆乃翔等为康有为作传，总结他在戊戌时代的政治思想，说是“先生心在立宪，而行在专制；义在民权，而事在保皇”②。他的另一高足梁启超也为他作传，总结他在戊戌时代的政治思想，说：“先生论政之目的在民权，而其揆时势以谋进步，则注意于格君。”③ 又说：“先生之议，谓当以君主之法，行民权之意。”④ 真是知师莫若弟子，这几句话可谓言简意赅，概括得很好。而且，这几句话，不仅是对戊戌时代的康有为政治思想的概括，而且可以看作对整个维新派的“民权”思想的概括。

“欲兴民权，宜先兴绅权”——维新派“民权”论的阶级实质

据康有为的学生们说，康有为那种既立宪又专制、既倡民权又

---

① 《马克思恩格斯全集》第四卷，300 页。
② 陆乃翔等：《南海先生传》上编。
③ 梁启超：《康有为传》，见《中国近代史资料丛刊·戊戌变法》第四册，10 页。
④ 同上书，34 页。

言保皇的政治思想，乃是“似相反而实相成”的。乍一看这似乎使人难以理解，但如果我们进一步看一下维新派“民权”论的阶级实质，我们就会恍然大悟，觉得真是“此言不虚”了。

马克思和恩格斯说过，一个新的阶级，“为了达到自己的目的而不得不把自己的利益说成是社会全体成员的共同利益”①，把自己的思想描绘成唯一合乎理性的、有普遍意义的东西。资产阶级维新派高叫“民权”，对封建专制主义进行抨击，从表象上看，他们确乎是代表着全社会的大多数，向着统治这个社会的少数人进行斗争。但从实质来说，则还是为了“达到自己的目的”，即为了扩大自己阶级的政治力量。

戊戌变法时期的维新派，在对待劳动群众的态度上，也如俄国的民粹派一样，“总是把他们看作某些比较合理的措施的对象，当作应当听命走这一条或那一条道路的材料，而从来没有把各个居民阶级看作在既定道路上独立的历史活动家”②，劳动群众既然是愚昧的、落后的，那么就应当听命于维新派这些先知，按照他们安排的“比较合理的措施”来改进这个社会。因此，维新派把自己看作全社会的当然的代表。在他们看来，只要发展了他们的政治力量，那么尽管“民权”放到三百年或者千载之后去实行，而“民权”之“义”或“意”也就真正地体现出来了。

所以，梁启超说：“欲兴民权，宜先兴绅权。”③ 谭嗣同说：“即不能兴民权，亦当畀绅耆议事之权。……夫苟有绅权，即不必有议院之名，已有议院之实矣！”④

一句话，维新派提出的要“兴民权”，其实倒不过是为了要“兴绅权”。什么是“绅”？维新派所谓的“绅”，是既区别于“官(君)”，又区别于“民”，介于当权的统治者和被压迫的劳动人民之间的一个阶层。这种“绅”，既有财产，又有智识；既没有劳动人民的可怕，又没有封建官僚的可憎；在维新派看来，是代表着社会的

---

① 《马克思恩格斯全集》第三卷，54 页。
② 《列宁全集》第二卷，463 页。
③ 梁启超：《戊戌政变记》附录二，《湖南广东情形》。
④ 《上欧阳瓣薑师书》，见《谭嗣同全集》，307 页。

正义、良心和智慧的。当然，“绅”还并不就是资产阶级的代名词。除了资产阶级之外，更多的是指不当权的地主。“绅”并不是一个阶级的名字，而是一个按政治地位来说基本一致的阶层的名字。但当时的资产阶级维新派只能用“兴绅权”来表达扩大自己阶级力量的政治要求，这原因，部分因为当时资产阶级的社会基础还过于窄小，部分因为维新派还没有能力洞察掩盖在政治关系下面的经济关系。他们不理解（虽然他们能意识得到）阶级，他们理解的只是政治地位。因此，维新派把整个社会按政治权力分成四部分：君权，官权，绅权，民权。君权和官权应该加以适当的限制；“兴民权”，那是遥远的将来的事情；目前的问题，就是“兴绅权”！

适当地限制“君权”和“官权”自然是“兴绅权”的前提，但“绅权”之兴毕竟还得依靠着“君权”的提携，而“兴绅权”的结果又必然是“君权”更加巩固（维新派经常以这一点去说服统治阶级，例如康有为的《进呈法国革命记序》里就强调过这样的意思）。斯所谓“似相反而实相成”也。

谭嗣同曾经具体地设计过“兴绅权”的实施方案，虽然这个方案没能施行，但它却能帮助我们了解维新派所谓的“兴绅权”到底是怎么一回事。谭嗣同以一个省作为设计对象，说道：“今请于行省设总学会，督抚学政，身入会以为之倡；府厅州县设分学会……凡会悉以其地之绅士领之，分学会各举其绅士入总学会。……官欲举某事，兴某学，先与学会议之，议定而后行，议不合，择其说多者从之；民欲举某事，兴某学，先上于分学会，分学会上总学会，总学会可则行之。……于是无议院之名，而有议院之实。”①

谭嗣同在维新派中是最为激进的。但即使是他，对于“兴民权”的认识，也还是超不出这样的公式：兴绅权即兴民权，而绅权与官权则“似相反而实相成”。确实，在某一政治思潮的各个代表人物间，在对许多问题的认识上会有差异和分歧，但他们的思想终究不能越出他们所代表的阶级生活的界限。在“民权”问题上，维新派

① 《壮飞楼治事》第四，见《谭嗣同全集》。

的思想也就是如此。

"冲决君主之网罗"——维新派"民权"论的思想意义

在我们现在看来，维新派的"民权"观充满了混乱、迷惘、动摇和矛盾，既有认识上的混乱，也有认识与实践之间的矛盾。但这是不能苛求前人的。列宁说："判断历史的功绩，不是根据历史活动家没有提供现代所要求的东西，而是根据他们比他们的前辈提供了新的东西。"① 值得我们珍视的，正是维新派当时那种在思想上、理论上企图否定传统观念束缚的战斗的精神和勇气。他们并不要推翻君主的统治，但是他们却对君主专制主义做了猛烈的冲击；他们并不想在实际上提高人民群众的政治权利，但是他们为人民取得政治权利的正当性做了热烈论证。维新派"民权"论的思想意义也正是在于：他们勇敢地"冲决君主之网罗"②，对于封建专制主义，在思想上冲破了一个缺口，并因此而激烈地震动了当时的中国思想界。就像维新派常说的那样，思想的发展"如转石于悬崖"，一发不可收拾。他们既然在理论上证明了君主不过是罪恶和黑暗的化身，尽管今天他们还要竭力证明君主之存在是必要的，但明天就会有另外一些人来证明推翻君主专制的必要性，并且会在政治实践中实现它！

封建顽固势力是十分清楚这一点的。因之，他们毫不理会维新派"忠君爱国"的表白，只是认定维新派的"民权"论为大逆不道、洪水猛兽。他们说："权既下移，国谁与治？民可自立，君亦何为？"他们说："议院必不可设，君权必不可下移。"果真，封建顽固势力为保持自己的"权不下移"，毫不留情地扼杀了戊戌维新运动。③

---

① 《列宁全集》第二卷，150页。

② 谭嗣同：《仁学》自序。

③ 参见《中国近代史资料丛刊·戊戌变法》第二册，638页；《中国近代史资料丛刊·戊戌变法》第三册，336页。

然而历史更加毫不留情！1902 年，梁启超描写当时社会思想的发展，说：“二十年前，闻西学而骇者比比然也，及言变法者起，则不骇西学而骇变法矣；十年以前，闻变法而骇者比比然也，及言民权者起，则不骇变法而骇民权矣；一二年前，闻民权而骇者比比然也，及言革命者起，则不骇民权而骇革命矣。”① 等到革命思想影响了相当一部分群众之后，封建专制王朝也就再也不能存在下去了！

① 梁启超：《敬告我同业诸君》，见《辛亥革命前十年间时论选集》第一卷上册，221 页。

论康有为的《大同书》*

一

康有为是近代中国向西方寻找救国真理的杰出代表，是资产阶级改良主义运动的领导人。他的《大同书》精心地设计了一个未来美好社会的蓝图，表现了新兴资产阶级反封建的进步精神。康有为的这个大同理想，在中国思想发展史上占有重要的地位。

《大同书》共分十部，开宗明义的第一部是“入世界观众苦”。在这一部里，康有为历数了人世间的种种苦难，他写道：“耳闻皆勃豀之声，目睹皆困苦之形。……号为承平，其实普天之家室，皆怨气之冲盈，争心之触射，毒于黄雾而塞于寰瀛也。若夫民贼国争，杀人盈城，流血塞河，于万斯年，大剧惨瘥，呜呼痛哉！生民之祸烈而救之之无术也……苍苍者天，抟抟者地，不过一大杀场、大牢狱而已。”

《大同书》里尽情倾诉了人生的各种苦难，这无非是对半殖民地半封建中国黑暗现实所进行的揭露和鞭挞。这种揭露和鞭挞为当时政治改良运动的合理性提供了根据，也和康有为设计的未来社会形成鲜明的对照，使得大同理想更加增添了诱人的光彩。

在其余的九部里，康有为具体地勾画了大同世界各个方面的图景。这里是一个“人人极乐”的幸福天堂，“安乐既极，忧虑绝无”，“人人相亲，人人平等，天下为公”，“人性止于至善”。一切都合乎理性，一切都合乎人道。康有为谈论得津津有味，甚至对未来社会

* 载《人民日报》，1963-04-06。本文与戴逸合写。

的家具、食物、沐浴、丧吊等细节也做了周密的设计。当然他也没有忘记给人们指引通往这个幸福天堂的道路。但是所有这一切在当时的实际生活里并没有实现的条件。因此，康有为对大同世界的生活细节描绘得愈是细致详尽，他对通往大同的道路议论得愈是严肃认真，就愈使人感觉到这个幸福天堂只是存在于康有为脑子里的海市蜃楼，只是他自己主观愿望和荒诞呓语的复杂混合物。

二

康有为的大同学说虽然是一种幻想，但作为一种思想潮流来说，它对当时的政治运动曾经有过积极的意义。它的积极意义在于把资产阶级改良派所要争取的政治改革和一个尽美尽善的远大政治理想联结在一起，给戊戌变法运动提供了一个虽属虚幻但却美丽动人的远景。康有为声称：自己所致力的改良主义运动，只是“救今世”的权宜措施，“其事只在小康”。“小康”对于当今的“据乱世”来说，是一个进步；对于未来的“大同世”来说，则又是一个必经的阶梯。有“小康”才能言“大同”，“小康”之世愈早实现，“大同”之世也才能愈早到来。很显然，康有为给当前改良主义运动所加上的这顶“大同”桂冠绝不是无关紧要的。大同世界被描绘得愈加美丽动人，资产阶级改良主义运动的必要性也就愈加得到充分的证明。

康有为以前的改良主义思想家们，如王韬、薛福成、马建忠、何启、郑观应等人，对于黑暗腐败的现实社会曾经做了卓越的剖析和有力的抨击，并且从政治、经济、军事、文化等各方面提出了进步的改革主张。但是所有这些思想家都没有回答两个极其重要的问题：实行这些改革的后果是什么？中国社会将来会变成什么样子？这些思想家的精力完全被吸引在当前的具体问题上，忙忙碌碌地提出一个又一个救急方案，却很少注意到前途，几乎忘却了未来。康有为思想的一个特出之点是：他不仅如以前的思想家那样，猛烈地抨击现实社会，提出当前的改革措施，而且把精力更多地投入学术和理论领域中，他的目光开始注射到实现改革的社会后果上去，努力为改良主义运动构筑一个未来世界的乐园。

康有为的大同思想从酝酿到成熟虽然是一个漫长的过程，它的公开传布更要晚得多，但实际上，在戊戌变法以前这种思想已争取到一批虔诚的信徒。梁启超在《清代学术概论》里记载：当他和陈千秋等听到康有为演述大同思想以后，“喜欲狂，锐意谋宣传。有为谓非其时，然不能禁也”，“后此万木草堂学徒多言大同矣”。梁启超又说：谭嗣同原来“治王夫之之学，喜谈名理，谈经济。及交启超，亦盛言大同”，并且自诩为康有为的“私淑弟子”。大同思想把贴地爬行的改良主义运动提到一个更高的境界，也使普通学人康有为一跃登上“救世主”的宝座。在他周围团聚起最早的一批维新派骨干，推动了戊戌变法运动的到来。

应当指出，以前的改良主义思想家很少提到中国的未来，这绝不仅仅是出于偶然的疏忽。中国近代思想发展的过程是中国近代社会变革过程的反映，因此一定阶段思想发展的程度总是受制于该阶段社会变革的程度。在 19 世纪 80 年代以前，外来的侵略虽已十分严重，但还没有出现后来那样紧迫的瓜分之势；中国的资本主义工业虽已诞生，但其力量和影响极为微弱，社会的阶级结构几乎还没有什么变化。统治阶级还在大吹大擂“洋务富强之道”。中国近代社会还处在变革的初期，不成熟的思想正与当时矛盾尚未进一步展开和进一步激化的社会状况相适应。以前的改良主义思想家虽然预感到了社会变革的必不可免，但是还不能认识这场变革的严重性和深刻程度。对于他们来说，提出一个又一个救急方案，似乎已经足够应付他们所能预见的中国社会各个方面的变化了。他们的任务是为旧世界补缺修漏，根本没有想到旧世界会全部崩溃，因此在他们的思想体系中当然也不会有对新世界的描绘。

康有为同样是一个为旧世界补缺修漏的改良主义者。但是他的思想酝酿和发展已经临近 19 世纪 90 年代。这时，帝国主义的侵略日益加紧，瓜分之势已迫在眉睫；中国的资本主义有了初步发展，从封建阶级中愈来愈多地分化出一批进步知识分子，他们愈来愈多地们摸到中国社会这场变局的各种征候，模糊地感觉到它空前未有的激烈程度。但是客观矛盾的发展还远没有成熟到足以显示这场变革后果的清晰轮廓，他们仍然不可能认识中国社会的行进方向和未来世界的确切性质。刚从封建阶级分化出来的知识分子，一方面呼吁和推动这场社会变革，宣称“缓变不可，必当速变；小变不可，必当全变”，并积极投身于争取实现变法的政治斗争，但另一方面，他们对变革的后果感到迷惘，无法掌握自己在大变革中的命运，甚至对变革的激烈、深刻程度怀着恐惧心理。康有为在《进呈法国革命记序》中这样说：“天下民性可静而不可动也，一动之后，如转石于悬崖，不至于趾不止也。”他用法国大革命的“可怕后果”警告皇帝“莫若立行乾断，不待民之请求迫胁，而与民公之”。

改良主义者刚刚开始和封建顽固派进行实力较量，就发现了投射到自己背后的革命阴影。他们既要和顽固派斗争，又要防止这场斗争所可能带来的可怕结局。《大同书》就是在这样的历史条件下酝酿、成熟的。它一方面以历史进化的观点宣称变革的不可避免，借用知识分子所熟知的儒家大同学说，给这场变革涂抹上神圣的光彩，用美丽远景和传统力量来鼓舞知识分子参加斗争；另一方面，又同样用历史进化的观点制造了到达未来美好社会的无穷阶梯，把大同世界的诺言推到遥远时刻，用幻想来抵制一场可能引起的革命灾难，为这场不可捉摸的大变革蒙上一层温情脉脉的面纱。

因此，康有为的大同思想，作为解决中国问题的方案来看，丝毫没有现实生活的基础，是彻头彻尾的幻想，而作为一种历史性的思想潮流来看，它植根于当时的社会生活中，反映了改良主义知识分子的精神面目。幻想是弱者的表现。康有为对中国前途的幻想，正是刚刚诞生的中国资产阶级软弱性的表现。他的大同学说可以说是集中概括了当时知识界的憧憬和追求、迷惘和苦闷、恐惧和愿望。

三

在马克思主义诞生以前，任何为人类的长远未来设计方案的企图，不可避免地要成为测字算命式的臆想。康有为大同思想中大量的荒诞呓语是不足为奇的。奇怪的是，这个资产阶级代言人，这个极端害怕革命的"救世主"，竟给自己的政治理想涂上一层"社会主义"的颜色。且看他是怎样描绘大同世界的：

大同之世，"必去人之私产"，"凡农工商之业，必归之公"；"举天下之田地皆为公有，人无得私有而私买卖之"；"天下之工必尽归于公，凡百工大小之制造厂、铁道、轮船皆归焉，不许有独人之私业"。

大同之世，生产力高度发展，"电汽极精，飞船满空"，"机器日精"。因此，人们的劳动时间将大大缩短，每天"仅三四时或一二时已足，自此外皆游乐读书之时"。在大同世界里，劳动"不惟无苦而反得至乐"。

大同之世，实行计划经济，消灭了资本主义社会中生产"各自为谋"，"不能统算"，"销售与否，多寡孰宜，无从周知，无从预算"的盲目状态。

大同之世，没有国家机器和阶级镇压的各种工具，"亦无帝王，亦无君主"，"刑措不用，囚狱不设"，"无国之争，无家之私，无军兵之拥"。

大同之世，"太平之道，人人无苦患"，"人人极乐，愿求皆获"，"人皆有乐而无忧"。

我们可以惊奇地发现，康有为对大同世界的描绘，包含着多少有意思的想法！当然，这些想法很难说是出自康有为的独创和发明，因为在西欧国家，各式各样的社会主义学说早已风起云涌，上列《大同书》中的想法也大多为西欧的思想家所表述过了。康有为所描绘的大同世界，与其说是一幅西方资本主义社会的蓝图，倒不如说是对西方资本主义社会的否定。事实上，《大同书》中曾一再指出：欧美资本主义国家，虽然"略近升平"，但仍然有种种苦难，"比之大同之世"，"邈如天渊"。

这样就产生了一个必须加以解释的问题。在当时，中国所面临的不是从资本主义制度下解放出来的问题，而且恰恰相反，资本主义生产方式还是向上发展和唯一可能的生产方式。资产阶级制度还是没有成熟的果实，康有为本人就是浇灌这个果实并等待着摘取它的园丁。在这样的历史条件下，由这样一个历史人物，提出这样一种带有主观社会主义色彩的政治理想，这显然是很不调和的矛盾。他在实际争取的正是自己所批判的，他所努力鼓吹的却是自己不可能达到的。

全部问题在于：康有为所代表的那个阶级，不是在别的历史时期、别的社会环境下产生的资产阶级，而是在帝国主义时代、在半殖民地半封建的中国社会中产生的资产阶级。

在英国和法国等资产阶级革命发生较早的国家里，资产阶级启蒙思想家面临的任务是反对封建专制制度。他们借助于人类思维的理性来反对封建特权和封建压迫，反对迷信和偏邪，他们相信所谓“永恒的正义”，宣称人权产生于自然，因而是神圣的、有尊严的，宣称人们的自由和平等是不可侵犯的。这些原则在打扫封建主义的肮脏马厩时已经足够有用了。但是当资产阶级革命胜利之后，特别是到了19世纪末期腐朽的、垂死的帝国主义阶段，“理性王国”完全走到了它的反面，“人权”变成了资产阶级剥削和压迫的特权，“自由”变成了无产阶级和广大劳动人民失业、破产的自由，“平等”只有在老板、经理饥饿的鞭子下的平等。资本主义的贪婪、残酷和吃人本性已经暴露无遗。资本主义国家内的工人阶级，为推翻现存的吃人制度而展开了如火如荼的斗争，殖民地人民为摆脱奴役地位、为争取民族独立而正在进行着英勇不屈的反抗。和启蒙学派的光辉预言相对照，“理性”胜利所建立的社会制度和政治制度乃是一幅极度令人痛心失望的讽刺画。在这样的历史时代，殖民地半殖民地国家里的进步思想家就不可能简单地重复西方启蒙学派的“理性王国”方案。特别是对于中国来说，外国资本主义的侵略和中国人民的反侵略斗争已经进行了半个多世纪之久。在西方资本主义的侵略下，中国人民受尽了折磨和苦难，任何一种美化资本主义，把西方国家说成“永恒的正义”化身的说教，都将被广大人民群众所唾弃。在这样的时代、这样的国度里，那些真诚的、富有创造性的思想家，既要割除封建主义长期溃烂的脓疮，又希望防止在西方国家已经发作起来的资本主义痼疾。这样，西方已经盛行的批判资本主义制度的各种社会主义思潮就成了他们重要的借鉴，他们从各种社会主义的思想武器库里拖来了称手的兵器。

这里，我们不免要联想到孙中山。资产阶级改良派的思想代表康有为在提出君主立宪的政治主张的同时，提出了大同理想；资产阶级革命派的思想代表孙中山在提出民主共和国政治纲领的同时，提出了民生主义。孙中山说：民生主义是鉴于“欧美各国，善果被富人享尽，贫民反食恶果”的不合理现象而提出的，目的是“不顾少数富人专利”，使“家给人足，四海之内，无一夫不获其所”。康有为和孙中山，一个改良，一个革命，同样都提出了批判资本主义的主观社会主义。这绝不是偶然的巧合。

对于康有为、孙中山的全部理论和实践活动来说，重要的不是他们同样带有主观社会主义的印记，这种印记丝毫没有妨碍他们争取资产阶级制度的实现。这里最重要的是他们怎样改造从西欧借取来的社会主义思想，以适合面临的任务，怎样填平在长远目标和当前现实之间的巨大鸿沟，怎样为达到理想社会而制定自己的行动纲领。正是这一些，划清了改良派和革命派的原则分野，体现了康有为和孙中山截然相反的政治立场。

孙中山的行动路线是：在建立民主共和国的同时，就设法防止资本主义灾难的泛滥，这就是所谓“举政治革命、社会革命，毕其功于一役”。这种不畏惧巨大变革，对未来充满信心的积极态度，促使孙中山和其他革命者行动起来，为立即实现美好的未来而坚决斗争。

康有为的行动路线是：把大同世界推到遥远的未来，甚至其“绵远以千数百年计”。实际上，大同世界就成了可望而不可即的空中楼阁。他谆谆告诫人们，千万不要把大同理想误认为可以立即实现的政治纲领。他说：“夏葛冬裘，各有时宜，未至其时，不得谬援比例。”这种无限期地推迟以至取消大同世界的消极态度，表现了资产阶级改良派畏惧行将到来的大变革，畏惧积极斗争的人民群众。

改良派给自己规定的任务，就仅仅剩下向统治者叩头上书，乞求恩赐，就仅仅是一枝一节、一点一滴的改革。这条廉价的道路，终于使他们滑进反革命的泥塘里。结果，他们变成了投靠权门的走卒和一心维持现状的反动派。

四

毛泽东同志说："康有为写了《大同书》，他没有也不可能找到一条到达大同的路。"① 真正的大同世界，只有在无产阶级成长壮大起来，以马克思主义为指导，通过无产阶级的阶级斗争和革命专政，才能够到达。当然，康有为形成大同思想的时候，中国还不具备这样的客观条件。

既然实际生活的发展还没有准备好一条通向大同世界的途径，康有为就只好依靠头脑来"创造"它，"发明"它。他和其他的历史唯心主义思想家一样，乞求人类"本性"的帮助，用康有为的话来说，就是"不忍之心"。人类靠什么走入大同世界呢？靠"人人皆有此不忍之心"。这个"不忍之心"发挥着奇妙的"吸摄之力"，使得人们像磁铁一样"吸摄"在一起，相互关怀。梁启超介绍康有为的学说时写道："先生之论政论学，皆发于不忍人之心，人人有不忍人之心，则其救国救天下也，欲已而不能自已。"康有为面向着主观世界而背对着客观现实。在他的头脑里，整个宇宙都以"不忍之心"为轴心而围绕着它旋转。巍峨的大同殿堂也就建筑在这像散沙一般的唯心主义基础上。

康有为以仁慈的"不忍之心"关怀着世界上所有的人，他的大同之路是一条普度众生的路。他甚至像一个吃斋修行的痴心老妪一样，把动物界的鸟兽虫鱼都列在自己所要超度的行列之内。在这个抽象的"不忍之心"所主宰的世界里，当然不允许有阶级斗争，不

① 《论人民民主专政》。

允许有对于剥夺者的剥夺。苦难的人类呀！忘掉仇恨，相互“吸摄”，丢弃“私心”和“争心”，不分贵贱贫富，彼此拥抱吧！彼此亲吻吧！这就是康有为这位自命不凡的“救世主”严肃认真地给芸芸众生所指引的大同之路。

我们看看这位“救世主”慧眼中所观察到的世间苦难。在这里，他也表现出对劳苦人民的同情。他说：“哀彼农民，劳种而无少获。举家勤动，终岁不休，而八口嗷嗷，粒食不得。”“农夫失收而狼顾，工人罢业而家食，主吏追租而锒铛，室人交谪而远适。”但是，康有为的这种同情是廉价的。他根本不想一想造成劳动人民苦难的根源何在，当然也不会把同情导引到对于剥削制度和剥削阶级的痛恨。相反，这种廉价的同情被湮没在大量的对于一般的“人”的普遍同情的呓语之中，或者说，对于劳苦群众的同情只不过是对于一般的“人”的同情所偶然举出的若干例证。《大同书》一共列举了三十八种人生苦难，其中涉及社会问题的只有将近一半，另外一半完全是谈自然现象，例如生老病死、水火疫病等等。在康有为看来，只要是人，不管是什么样的人，都逃不脱这些苦难。在另一半接触到社会问题的有关人生苦难的叙述中，《大同书》也总是“不偏不倚”地把怜悯普遍地施舍众生。这部书里甚至还辟出专门章节来讨论“富人之苦”“贵者之苦”“帝王之苦”等。

康有为所观察到的人是抽掉了阶级属性的人，是丧失了社会基础的人，这样的人在现实世界里是不存在的。真实的人不是作为剥削阶级而存在，就是作为被剥削阶级而存在，剥削阶级的欢乐正是建立在被剥削阶级的苦难的基础上。对立的阶级不会有共同的苦难和共同的欢乐，也永远不可能同时解脱苦难，同时得到欢乐，除非阶级斗争的发展达到了从根本上消灭阶级的对立。康有为偏偏要大家相信他的抽象说教，要大家抛弃“过激”的阶级斗争，要人们彼此相爱而不要彼此仇恨。毛泽东同志说：“世上决没有无缘无故的爱，也没有无缘无故的恨。至于所谓‘人类之爱’，自从人类分化成为阶级以后，就没有过这种统一的爱。过去的一切统治阶级喜欢提倡这个东西，许多所谓圣人贤人也喜欢提倡这个东西，但是无论谁都没有真正实行过，因为它在阶级社会里是不可能实行的。”

康有为既然避开了阶级压迫和阶级斗争，当然就既看不到造成人生苦难的真正根源，也看不到解脱人生苦难的真正动力。他在解释苦难的原因时，把社会现象和自然现象的各个方面拼成一只替罪的九头鸟，这就是他所说的“九界”，包括国界（国家）、级界（等级）、种界（种族）、形界（男女）、家界（家庭）、产界（财产）、乱界（政治）、类界（动物）、苦界（生活需要）。他说：“总诸苦之根源，皆因九界而已”，“吾救苦之道，即在破除九界而已”。康有为抓来了这只九头鸟，也就算找到了实现大同的捷径。这位救苦救难的圣人就像和风车搏斗的堂吉诃德一样，在自己的主观世界里和这只不祥的九头鸟厮杀起来。在康有为看来，妨碍人类到达大同世界的尤其是“九界”中的“家界”和“国界”。因此，《大同书》里着重阐发的就是“去家界”和“去国界”，即所谓“欲至太平独立性善之美，惟有去国而已，去家而已”。

据康有为说，到达天下为公的大同世界，消灭一切私有财产，“其事甚易”，这里不需要严重的阶级搏斗，不需要剥夺剥夺者，只需要“去人之家”就行了。他写道：“男女皆平等独立，婚姻之事不复名为夫妇……行之六十年，则全世界之人类皆无家矣，无有夫妇父子之私矣，其有遗产无人可传，其金银什器皆听赠人。若其农田、工厂、商货皆归之公，即可至大同之世矣。”康有为认为，有了家庭才有私有财产，家庭消灭了，私有财产也就跟着消失了。这真是近便得无以复加的大同捷径！

在《大同书》里，走向大同世界的另一个重要措施是“去国界”。康有为认为，人类有国之后，“各私其国”，于是“养成争心，养成私心”，结果是大吞小、强并弱，兵连祸结，争杀无已。那么，怎样才能“去国界”呢？说来可笑，他的办法是：“盖分并之势乃淘汰之自然，其强大之并吞，弱小之灭亡，亦适以为大同之先驱耳。而德、美以联邦立国，尤为合国之妙术，令诸弱小忘其亡灭。他日美收美洲，德收诸欧，其在此乎，此尤渐致大同之轨道也。”

这就是说，国界的存在造成了强大吞并弱小的不合理现象，所以必须“去国界”，而“去国界”却仍是通过强大吞并弱小的办法，甚至还指定德国和美国为了“实现大同”而去并吞欧洲和美洲。当弱小国家都“亡灭”，而且“忘其亡灭”不再反抗的时候，大同世界也就到来了。这种露骨地为帝国主义侵略辩护的立场，实在是对大同世界的恶毒讽刺。

我们巡历了康有为的主观世界，看到这位“救世主”挥动“不忍之心”的慧剑，破除“家界”和“国界”，为人类打开了走向“大同世界”的两条最重要的途径。至于他怎样苦心思索去破除其余次要的“七界”，就没有必要去详加观察了。

康有为从“不忍之心”的历史唯心主义出发，抹杀客观存在的阶级对立和阶级斗争，使他堕落到保皇主义的泥潭里去。其实，当康有为勃然变色，喝令革命派结束革命、停止斗争的时候，他恰好是站在反动阶级方面，向人民群众进行着最猛烈、最残酷的阶级斗争！

假使说，康有为的大同思想曾经起过积极作用，那也只在戊戌变法期间的一个短暂时刻内，因为那时候大同思想的锋芒还针对着封建旧制度。历史在汹涌地前进，大同学说像一块顽石一样，躺在历史的激流中。时间的推移逐渐磨光了它的棱角，改变了它原来的位置。在1901—1902年大同思想完全成熟和《大同书》最后定稿的时候，它已经成了“明日黄花”，不能适应历史的潮流。到1913年，康有为第一次公开发表《大同书》的前两部，它就成了一个恶意嘲讽革命的反动作品。1935年，康有为已死去八年，《大同书》才全部公开发表。在无产阶级领导的革命暴风雨中，康有为构筑的大同殿堂，这时已经全部坍塌下来，只剩下一片瓦砾堆。

大同思想的破产和康有为的堕落，再一次证明了客观历史的严峻和无情。任何一个企图抹杀阶级压迫和阶级斗争的政治派别，任何一个用“不忍之心”“普遍人性”来自欺欺人的“救世主”，任何一种妄想把历史纳入主观框架的思想体系，其结果总是要从历史的前进列车中远远地摔出去，摔成一堆齑粉。

谈历史的真实*

人们能不能把握历史的真实，用什么样的理论和方法去研究、解释历史才能揭示历史的真实，这是长期以来人们不断关心和讨论的问题。为了把这个问题弄清楚，我们有必要看一看历来资产阶级历史学家关于历史的真实这一问题说了些什么，他们的谬误又在哪里。

一

过去有一些资产阶级的历史学家，根本就否认人们能够把握历史的真实。法国两个著名历史学家朗格诺瓦和瑟诺博司说："在历史中，吾人决未能见任何之'真实'……过去之真实，乃吾人所不能观察之事。"又说："凡人类心思，本为空泛，故亦仅能引起一空泛之集合的印象。……历史之为学，终不免为一种主观之科学，吾人若以分析之学，实为不当之理。"① 我国的资产阶级历史学家何炳松也说："史家所见，皆非本真，盖仅心灵上之一种印象而已。"② 又说："就事实本质而论，世间并无所谓历史的事实。"③

这是一种关于社会历史的不可知论。在持有这种观点的人们看来，或者世界上根本就无所谓历史的事实之存在，它只是历史学家"心灵"上的一种"印象"；或者虽然世界上也有历史的真实，但它

---

* 载《文汇报》，1963-10-08。署名：洪素文。

① 朗格诺瓦、瑟诺博司：《史学原论》。

② 何炳松：《历史研究法》，5页。

③ 何炳松：《通史新义》，2页。

已经是逝去的东西，因此人们也就无法见到它，无法认识它。同时，他们还认为：历史是由人们的心理活动形成的，即社会存在是由人们的意识决定的，既然如此，而人们什么时候发生什么思想又是根本无法捉摸的，那么，由这种不可思议的心理活动所创造出来的历史，它的真实内容当然也就捉摸不到了。

说历史不过是历史学家“心灵上之一种印象”，这同贝克莱的“整个世界不过是我的表象”的说法一样，是一种最纯粹的主观唯心主义。整个世界包括自然界和人类社会两个部分，在“世界是不是不依赖于人们意识的客观存在”这个根本问题上，人类社会同自然界完全是一样的。就像自然界并非人们的经验、表象或“感觉的复合”，人们的感觉只是物质世界的客观反映一样，社会历史也不是人们“心灵上”的“印象”，人们对于社会历史的认识只不过是客观历史进程的真实的或者歪曲的反映而已。既然人类社会在历史上发生的一切事物，同自然界发生的一切事物一样，也是一种不依赖于人们的意识、感觉的客观真实的存在，那么，对于这种客观实在，人们的主观世界当然能够真实地认识它、确切地反映它，并且提供出它的正确的摹写。当然，社会现象同自然现象是有区别的。它们之间的最根本的区别就是：在自然界中彼此发生作用的，只是一些盲目的、不自觉的力量，而“在社会历史领域内起作用的则是人，而人是赋有意识，经过深思熟虑行动或在热情影响下行动，并且抱有一定目的的”①。然而这丝毫也不改变问题的实质。创造历史的人们固然各人有各人的动机、目的和意志，但人们产生出这样或那样的思想，却并不是完全不可捉摸的，它归根到底要受到社会物质生产状况的制约。我们对于已经过去的某一历史阶段的生产力状况以及在生产关系基础上的阶级关系的研究，能够使我们确切认识那一历史阶段的社会真实面貌。正是在这个意义上，我们说不管社会生活中的现象怎样复杂，社会历史科学毕竟能成为像生物学一样的准确科学。

可见，那种认为人们根本无法察见任何历史真实的观点是完全

---

①《马克思恩格斯文选》（两卷集）第二卷，莫斯科中文版，389页。

没有根据的。那些历史学家否定人们认识历史真实的客观可能性，其实也就是取消了社会历史研究的科学意义。

不过，干脆直接地否认历史真实性的，毕竟还只是少数人。更多的资产阶级历史学家也高唱着要求历史的真实。他们标榜与“信史”，他们说历史应该是“像它真实发生的那样”，“征信为历史之第一要义”，等等。他们所谓的“信史”，所谓的“真实”，到底是什么意思呢？他们认为应该怎样才能发现历史的真实呢？只要稍稍分析一下，我们就会发现，他们所要求的历史的真实，无非仅仅是要求对于个别历史现象的具体描述罢了，他们把历史的真实同对于历史现象的任何概括、抽象和分析对立起来。正是因为这样，他们又认为，只有纯粹客观主义地对待历史现象，在研究历史时不存有任何自己的意见、感情和目的，才有可能达到历史的真实。

梁启超是我国早期的资产阶级历史学家，他对于历史的真实这个问题谈得较多，因此，他的议论是有代表性的。据他看来，要发现历史的真实：第一，不能要求探寻历史现象之间的因果联系，“今必强悬此律（按：指因果律）以驭历史，其道将有时而穷，故曰不可能，不可能而强应用之，则反失历史之真相”。第二，不能要求对于历史事实有自己的看法。他说：“如何才算忠实，即‘对于所叙述之史迹，纯采客观的态度，不丝毫参以自己意见’便是。”第三，不能对历史上活动着的人物和发生过的事件有任何爱恶之情，而应该像镜子一样，“是什么照出来就是什么”。第四，研究历史的目的就是研究历史，不能要求有别的作用，特别是不能用过去的历史事实作为教育人们的手段。他说“以史为目的而不以为手段，夫然后有信史”，否则一定要“失却历史的真实性”①。

我们来看一看，根据梁启超的这种种规定，探求出来的历史真实到底是什么。

梁启超认为，如果要找出历史现象之间的因果联系，就会“反失历史之真相”。原因是，在他看来，在各种历史现象之间，这种因

---

① 《中国历史研究法》及其补编。

果联系并不存在。德国的唯心主义哲学家马赫曾经宣称："在自然界中，既没有原因，也没有结果。"列宁曾经指出，马赫的因果论同休谟、康德一样，是一种不可知论，它最终必然导向否认认识客观世界真实面目的可能的结论。列宁对于马赫的批判同样可以用于梁启超。如果社会历史的各种现象之间，"既没有原因，也没有结果"，那么，社会历史的发展当然不是一个有规律的过程，它只是各种历史现象之间的偶然堆积而已。人们面对着这各自孤立的一大堆历史现象的偶然堆积，怎么能把握得到历史的真实呢？因此，如果根据梁启超的第一个意见，那么虽然他高叫着求取"历史之真相"，实际上却正好堵塞了通往历史真相之门。

梁启超对于历史真实的看法，是把历史现象同历史规律性对立起来，把具体的历史事件的真实同历史发展的本质真实对立起来。在他看来，既然社会历史的发展没有什么规律性，那么如果人们要透过历史现象去发现历史规律，如果人们要透过具体的历史事实分析出历史的本质，那就不免是"参以自己意见"，失去了一种"纯采客观的态度"，因此也就是对于历史的不"忠实"。换句话说，要忠实于历史，人们就只有通过对于历史文献和资料的考订，找出个别历史现象的真实内容，除此之外，不能再多走一步。

但是，弄清楚了各种历史现象的真实内容，是不是就确切地、完满地把握了历史的真实呢？

弄清楚各种历史现象的真实内容，这对于揭示历史的本质真实无疑是绝对必要的，而且前者正是后者的首要前提。因为，现象是本质的显现，只有在真实可靠的历史现象中才能抽象出历史的真实的本质。我们说考据学在历史研究中有着一定的地位，它是历史科学研究的一个必不可少的环节、一种重要的手段，就是因为考据学能够为我们提供某些具体历史现象的真实内容，从而为对于社会历史做科学的抽象和概括提供可靠的前提。

但是考据学并不能代替历史科学，因为历史现象并不等于历史的本质。在考订清楚了各种历史现象的本来面目之后，还需要透过这些历史现象，揭示出历史发展的本质和规律性，才算最完满地、确切地、深刻地把握了历史的真实。这是因为，事物的现象只能曲折地表现事物本质的一个方面、一个片段、一个局部，而在某些情况之下，如像列宁所说的，本质的显现还会是一种“假象”。因此，现象同本质不但有联系，同时也有差异，有矛盾。本质和现象是历史过程的两个不同方面。本质是内在的、隐蔽的、深刻的东西，只有从研究大量现象入手，通过抽象思维才能达到对历史真实的认识。在这里越过大量现象是不对的，但抛开主观的抽象思维同样是不对的。历史的本质，历史的规律性，不是用直观的形式可以认知的。“这种全局性的东西，眼睛看不见，只能用心思去想一想才能懂得”①，对于丰富生动的现象，进行科学的概括，“用心思去想一想”，从感性认识上升到理性认识，这正是科学工作的基本任务。

因此，把历史现象中的假象看作历史的本质，固然必定会歪曲了历史的真实，就是把某一真实的历史现象绝对化、神化，把一个方面、一个片段、一个局部看作历史的本质，同样也会形成对于历史真实的背离。历史过程像一条流动不息的长河，仅仅看到浮现在长河表面上的泡沫而不去追索历史的深流，这等于是关闭了认识历史真实的大门。而资产阶级历史学家却正是抽掉了历史的本质去谈历史的真实，正是不分清主流和支流，不区别假象和实质，一律将各种历史现象指为历史的真实。正因如此，他们也就无论如何把握不到历史的本质真实。

二

社会历史现象异常丰富繁杂，迷离混沌。“马克思主义给我们指出了一条基本线索，使我们能在这种看来迷离混沌的状态中找出规律性来。这条线索就是阶级斗争的理论。”② 因为，历史不是别的，

---

① 《中国革命战争的战略问题》。

② 《列宁全集》第二十一卷，39 页。

“历史**不过是**追求着自己目的的人的活动而已”①。而自从原始公社解体以后，社会开始分裂为各个独特的、彼此对抗的阶级，历史上也就只存在着阶级的人。任何一个人的活动，不论是言论还是行动，也就无不打上阶级的烙印。社会历史的最基本的内容，也就是那对抗着的各个阶级之间的有时隐蔽、有时尖锐的斗争。因此，如果离开了阶级斗争这个基本的历史内容，自然就不可能了解到历史的本质真实。同样，如果不用阶级斗争的理论去观察和分析各种繁杂多样的历史现象，自然也就不可能对那恍惚迷离的历史现象做出真实的解释。

诚然，在马克思以前，历史上活动着的人们并没有科学的阶级斗争观念。但这一点不仅不应成为否定阶级斗争理论的借口，反而更加证明用阶级斗争理论去分析历史事件之必要。正因为历史上活动着的人们并没有科学的阶级斗争理论，所以一方面，这些人的一切活动无不打上阶级的烙印，而另一方面，他们又无不是把自己的阶级性直截了当地写在自己的政治旗帜之上，使人一眼就能看穿。如果我们不能用科学的阶级斗争理论去观察社会历史现象，我们就必定要在假象面前受到迷惑，受到欺骗，历史的真实就会远远地离开我们。

马克思和恩格斯在说明社会历史的本质内容是敌对阶级之间的阶级斗争时，对于资本主义社会以前的历史这样描写道：“自由民和奴隶，贵族和平民，地主和农奴，行会师傅和帮工，简短些说，压迫者和被压迫者，始终处于相互对抗的地位，进行不断的，有时隐蔽，有时公开的斗争”②。要揭示历史的真实，就必须真实地说明历史上各种各样的压迫者如何残酷地压迫被压迫者，被压迫者如何英勇顽强地反抗压迫者的压迫。可见，梁启超主张的不能对历史上活动着的人们和发生过的事件有任何憎恶喜爱之情的纯客观主义，只是一种虚伪的呓语。试问，如何能够要求一名历史学家对于敌对着的不同阶级有同一的喜爱和憎恶？世界上又怎会有一个既爱奴隶主

① 《马克思恩格斯全集》第二卷，118～119页。

② 《马克思恩格斯全集》第四卷，466页。

又爱奴隶、既爱地主又爱农奴、既爱资产阶级又爱无产阶级的历史学家？退一步说，如果真有这样一位历史学家，我们又如何期望这位不偏不倚的历史学家能够正确地描绘出充满着阶级之间的矛盾、斗争的历史的真实？

其实，在阶级社会里，不仅历史上任何一个人无不具有一定的阶级性，而且任何一个历史学家也无不站在一定的阶级立场上。任何一个历史学家研究和说明历史，都抱有一定的目的，这个目的就是为他本阶级的利益服务。纯粹的客观主义是根本就不存在的。梁启超自己就是一个最明显的例证，他的历史研究就是直接地服务于他的资产阶级改良主义政治活动的。至于说如果以历史研究为服务于某种目的的手段，就必定要“失却历史的真实性”，这也是不正确的。对于一切剥削阶级尤其是资产阶级说来，他们为了拿历史研究作为服务于自己阶级利益的手段，确实必定会歪曲历史、捏造历史。这是因为，当历史上一切剥削阶级成为统治阶级时，他们的阶级利益通常是同社会上大多数人民的利益处于敌对地位的，他们如果不依靠欺骗和镇压，就不能维护自己的统治。因此，他们当然不敢揭示历史的真实，特别是不敢揭示阶级压迫和阶级斗争的真实。历史上最后一个剥削阶级——资产阶级，面对着日益觉醒的它的掘墓人——无产阶级的深刻斗争，也就更加需要在一切方面包括在历史领域里进行捏造和欺骗。

但对于无产阶级来说，对于马克思主义的历史科学来说，问题就完全不同了。马克思主义历史科学当然有它的目的，这目的就是为无产阶级的政治服务。但这种目的的实现，不是通过对于历史的歪曲和捏造，恰恰相反，正是只有在深刻地、完整地揭示出历史的真实的情况下，历史科学为无产阶级政治服务的目的才得以实现。这是因为，无产阶级是这样一个阶级，它的利益同历史发展的进程完全一致，同全体人民的利益完全一致。它既不需要欺骗人民，也不需要歪曲历史。相反，对于历史真实的揭示，必然会成为号召人民进行斗争的号角，成为动员人民进行自己解放自己的斗争的战鼓，而无产阶级只有解放了全人类才能最后解放自己。

总之，只有用阶级斗争的理论去研究社会历史，只有运用马克思主义历史科学，才能最客观地、最深刻地揭示历史的真实。但是，马克思主义历史科学对社会历史真实的客观反映，同“客观主义”有着原则的区别。列宁说：“一方面，唯物主义者运用自己的客观主义比客观主义者更彻底，更深刻，更全面。……另一方面，唯物主义本身包含有所谓党性，要求在对事变做任何估计时都必须直率而公开地站到一定社会集团的立场上。”①

列宁说这段话是在1894年，目的是回答俄国某些民粹主义者对于唯物主义的指责。在将近七十年之后的今天，我们把这段话借用来作为对于持有“运用阶级斗争理论会歪曲历史真相”观点的人们的回答，仍然是很确切的。

---

① 《列宁全集》第一卷，379页。

论阶级观点和历史主义的统一*

一

马克思主义的科学的历史观，和以往一切旧的历史哲学相比较，有两个重要的带有根本性质的特点：第一，它以为社会历史不是静止的、不变的，“历史不外是各个世代的依次交替”①。任何一个社会历史形态都不是永恒的，在历史上彼此更替的一切社会秩序，都不过是人类社会由低级到高级的无穷发展进程中的一些暂时阶段而已。唯物史观把历史看作人类发展的过程，同时还指出，这种发展过程乃是一个十分复杂并且充满矛盾，但毕竟是有规律的统一过程。第二，它认为社会历史的现象尽管异常复杂纷繁、迷离混沌，但是决定社会面貌的基本因素，无非是一定历史发展阶段上的社会生产关系。在阶级社会，生产关系内部的各个阶级互相对抗着，历史的基本内容以及推动社会历史发展的根本动力，正是各个敌对阶级之间的斗争。“全部以往的历史，除原始社会之外，都是阶级斗争的历史。”② “阶级斗争，一些阶级胜利了，一些阶级消灭了。这就是历史，这就是几千年的文明史。拿这个观点解释历史的就叫做历史的唯物主义，站在这个观点的反面的是历史的唯心主义。”③

这两点，虽然并没有包括历史唯物主义的异常丰富的全部内容，却无疑是唯物史观的最基本的核心。

---

* 载《光明日报》，1964-03-12。

① 《马克思恩格斯全集》第三卷，51页。

② 恩格斯：《社会主义从空想到科学的发展》。

③ 《丢掉幻想，准备斗争》。

这两点并不是彼此孤立、各不相涉的，而是对于客观历史进程的完整的统一的了解。社会历史，一方面是运动着、发展着的有规律的过程；另一方面，历史运动的内容则是阶级间的矛盾和斗争，推动历史发展的是阶级矛盾的产生、激化以及某种形式的解决。马克思主义的创始人在《共产党宣言》中，曾明确地指出二者的统一，他们说："至今所有一切社会的历史都是在阶级对立中演进的，而这种对立在各个不同的时代又是各不相同的。"①

正因为历史唯物主义把历史看作人类社会的发展过程，所以它要求我们在观察、认识、说明历史时，必须坚持历史主义的原则；正因为历史唯物主义把历史看作阶级斗争，所以阶级分析方法就成为研究历史的根本方法。又正因为这两个方面乃是历史唯物主义对于客观社会历史的完整的统一的了解，所以历史主义和阶级分析法应该是统一的，是有机地联系着的，是不可分割的。忽略了任何一个方面，都不可能对于社会历史做出正确的、科学的说明。

马克思主义经典作家在分析说明某一特定的历史时代的时候，总是要求人们从这一时代的社会结构（阶级结构）出发。"每一历史时代主要的经济生产与交换方式及其所必然决定的社会结构，是该时代政治历史和该时代智慧发展史所由以确立的基础；只有根据这一基础出发，才可说明这个历史时代。"②

马克思主义经典作家在分析说明某个阶级的历史状况和历史作用的时候，总是要求人们把它放置于一定的历史时代之中。恩格斯说："常常有人提出这样的问题：社会上不同的阶级，在什么限度内是有用的或甚至是必要的呢？回答自然是按照各个不同的历史时代而有分别的。"③

我以为，充满了矛盾斗争的运动着的社会历史本身，历史唯物主义对于社会历史的完整的统一的了解，就正是阶级观点和历史主义统一的客观基础。

---

① 《马克思恩格斯全集》第四卷，489页。

② 《共产党宣言》，1888年英文版序言。

③ 《"劳工旗帜"论文集》，34页。

二

但是，马克思指出，不能在“看出有**差别**的地方就看不见**统一**”，在“看见有**统一**的地方就看不出**差别**”①。当我们说，在马克思主义看来，阶级观点和历史主义是完全统一的时候，我们决不能把阶级观点和历史主义看作两个毫无差别的东西。有的同志为了强调它们的统一（这是完全正确的），便认为它们并不是不同的两种观点。我以为，这是值得商榷的。

一般说来，两种完全相同的东西，也就谈不上什么“统一”，什么“内在的、有机的联系”了。

阶级观点和历史主义是统一的，是具有内在的、有机的联系的；同时，它们又各有自己的特定的内容，各有自己的特定的含义。

马克思主义的阶级斗争理论，粉碎了历史唯心主义对于社会历史的种种荒诞呓语。列宁说：“阶级斗争理论第一次……把社会学提到了科学的程度。……阶级斗争理论所以是社会科学取得的巨大成就，正是因为它十分确切而肯定地规定了把个人因素归结为社会根源的方法。……这个理论制定了社会经济形态的概念。”② 概括地说来，这个理论的基本内容是：

第一，除原始社会以外，至今所有一切历史都是阶级斗争史。第二，在阶级社会中，没有抽象的“人”，“人的本质”也就是人的阶级性；没有超阶级的思想，一切思想无不打上阶级的烙印。第三，阶级斗争是历史发展的真正动力。第四，阶级斗争必然导向无产阶级专政，而这种专政本身，只是作为消灭一切阶级和过渡到一个无阶级社会的手段。

马克思主义历史主义是与机械的、形而上学的历史观点根本对立的。

---

① 《马克思恩格斯全集》第四卷，332 页。

② 《列宁全集》第一卷，388 页。

马克思主义历史主义的根本要求，是尊重历史的辩证法的发展。它认为一切社会现象都要从它的历史形态去观察，一切都以条件、地点和时间为转移。在分析任何一个社会问题时，必须把问题放到一定的历史范围之内，放在与历史的一定联系中去考察。同时，在注意到某一社会现象的横的联系时，还要注意到这一现象的纵的联系，而不应当割断历史。

可见，阶级观点和历史主义是两个内容不同的概念。能够表明它们之间不同的一个简单事实是：阶级观点是分析和说明阶级社会历史的科学理论，而历史主义的适用范围则包括自从世界上有了人因而也就有了历史的一切时代。怎么能够说，两个适用范围有所不同的观点之间没有什么差别，没有什么不同呢？

三

有些同志认为，历史主义与阶级观点的统一，乃是其中的一个包含另一个的关系。一种意见说："马克思主义的阶级斗争学说贯彻着或者说包含着历史主义。"另一种意见说："从某种意义上说，马克思主义历史主义就等于历史唯物主义。"而阶级斗争理论乃是唯物史观的核心，因此，历史主义就包含了阶级观点。这两种意见虽然有些不同，但它们有一点共同之处，那就是它们都主张只要有了其中的某一个，也就必然地、自然地有了另一个。

我认为，这种意见的缺点，也还是在于把二者做了简单的混同。

如果说，脱离历史主义的阶级观点绝不是马克思主义的正确的阶级观点，脱离阶级观点的历史主义绝不是马克思主义的正确的历史主义，这自然是完全对的。我在前边也已经谈到了这一点。但是，当我们对社会历史进行科学的研究和认识时，绝不是只要注意了其中的一个方面，就会"必然地""自然地"有了另一方面。相反，正因为历史主义和阶级观点是统一的，因此，我们在考察历史时，倒是应该不断提醒自己，不要对其中的任何一面有所忽略、有所背离，要不断地坚持同时用这两种观点去统一地考察社会历史，既要有阶级的观点，又要有历史的观点。只有把这两个方面统一起来，才能够对于社会历史现象做出科学的、正确的认识。

当我们评论历史人物的时候，我们通常要分析某个历史人物的局限性，以避免对于这一人物的不适当的全盘肯定或过分苛求，这是因为局限性对任何一个历史人物都是存在的。但在指出历史人物的局限性时，我们总是要同时从两个方面去分析阶级的局限和历史的局限。在同一历史条件下不同阶级的代表人物，或者同一阶级的人物在不同的历史条件下，都会有不同性质、不同内容的局限，可见，在分析历史人物的时候，我们既要有阶级的观点，又要有历史的观点，必须把这两个方面统一起来考察，才能对历史人物做出正确的评论。

马克思和恩格斯一向指出，当我们研究思想发展的历史时，总是应该同时考虑到两个因素：一个是社会物质条件的变化，一个是思想领域本身独立的历史发展。前一个因素是说，在不同的社会物质生活条件下，在各个不同的阶级那里，会有各种不同的关于政治、法律、哲学和宗教等的思想内容。后一个因素是说，任何思想都还有本身的历史发展过程，“都具有由它那些先驱者传授给它，而它便由以出发的一定思想资料作为前提”①。恩格斯甚至把那种“不愿承认那在历史上起作用的各种思想领域有独立的历史发展”的观念，称为“一个荒谬观念”，他认为那种观念否认了思想对历史有任何影响。② 普列汉诺夫曾经说过：人类智慧发展的最后原因、基本推动力，是阶级斗争。但是，为了理解每一个特定时代的智慧状态，为了解释为什么在这一时代中正是这些学说而不是另一些学说取得胜利，应该预先认识前一时代的智慧状态；应该知道，那些学说和学派曾在当时统治过。他认为：“如果没有这一点，则不管我们怎样好地通晓它的经济，也完全不能理解特定时代的智慧状态的。”③ 可

---

① 《马克思恩格斯文选》（两卷集）第二卷，496页。

② 参见上书，499页。

③ 《普列汉诺夫哲学著作选集》第一卷，735页。

见，我们对思想的发展只有既从阶级方面进行观察，又从历史方面进行观察，才能正确了解和说明思想的发展以及社会思想对于历史发展的作用。

毛泽东同志在《实践论》中指出：在很长的历史时期内，大家对于社会的历史只能限于片面的了解，这一方面是由于剥削阶级的偏见经常歪曲社会的历史；另一方面，则由于生产规模的狭小限制了人们的眼界。在这里，也是讲两方面，而不是讲一方面。在马克思主义产生以前，人们不能对于社会历史的发展有全面的了解，其原因，一方面是阶级的限制，另一方面是历史条件的限制。

总之，当我们在实际分析社会历史现象时，总是要同时兼顾两个方面，而不能有任何的偏废。

四

很多同志正确地指出：认识阶级观点和历史主义是统一的，这是一回事情；在研究工作中具体贯彻这种统一，又是另一回事情。在历史研究的某些问题上，有时可能发生非历史主义倾向，有时又可能发生脱离阶级观点的倾向。

但是，我们可以进一步问一下：这种在历史研究中可能出现的对于阶级观点和历史主义的统一的背离，说明了一些什么问题呢？

第一，它说明绝不能把阶级观点和历史主义的统一看作二者的一而二、二而一的完全等同。如果阶级观点也就是历史主义，历史主义也就是阶级观点，或者说阶级观点包含了历史主义，历史主义包含了阶级观点，那么，在具体研究中，阶级观点和历史主义的背离就会是难以设想的。这种背离的可能出现，正好说明了历史主义的具体内容是不能完全包括在阶级斗争理论之中的，阶级观点的具体内容也不能完全包括在历史主义之中。

第二，针对历史研究中的非历史主义倾向，我们的任务是以阶级观点和历史主义的统一的原则去批评非历史主义，坚持历史主义；

针对历史研究中的超阶级观点，我们的任务是以阶级观点和历史主义的统一的原则去批评超阶级观点，坚持阶级分析法。

坚持历史唯物主义，反对历史唯心主义，这是马克思主义历史工作者的一个不能有一刻放松的战斗任务。但是，在进行这个战斗的时候，针对不同的情况，把斗争的锋芒着重地集中在某一个方面，这不仅是容许的，而且是必要的。

基督教的历史学硬说人类是上帝创造的，说历史有一个虚幻的最终目的，而且这个目的已经由基督所实现。为了自圆其说，它否认真实的历史具有任何内在意义。这种历史观当然与马克思主义的阶级斗争理论风马牛不相及，当然是完全缺乏任何阶级分析的。但恩格斯在谈到这种历史观点的时候，主要还是批评它“轻视历史，无视人类的发展”，批评它“割断了历史”①。

18 世纪的机械唯物论者，在反对中世纪残余的激烈斗争中，“把中世纪不过看作是由千年来普遍野蛮状态所引起的历史进程之简单的中断”，他们对封建社会中取得的一切巨大成就一律不加以任何注意，认为整个中世纪除了黑暗与不合理性之外便没有任何别的东西了。这里显然没有什么科学的阶级观点。但是，恩格斯在谈到这种历史观点的时候，也主要是批评它“缺乏对事物的历史观点”，批评它没有“对于伟大历史联系的正确看法”②。

具体地分析具体情况是马克思主义的活的灵魂，恩格斯具体地分析了基督教历史学的具体错误，分析了 18 世纪机械唯物论者的历史观的具体缺陷，因此他很好地坚持、发挥了历史唯物主义。

五

为了说明历史主义和阶级观点之间既有联系又有区别的辩证关系，我们可以拿情形十分相似的辩证法和唯物主义的关系来进行比

① 《马克思恩格斯全集》第一卷，650 页。

② 《费尔巴哈与德国古典哲学的终结》。

较、进行对照。

作为马克思主义的完整的宇宙观，辩证法和唯物主义是互相统一的，是具有内在的有机联系的。马克思主义的辩证法是唯物辩证法，它的唯物主义是辩证唯物主义。但是，终究不能说在马克思主义那里，辩证法和唯物主义完全是一回事，它们没有各自的特定的内容和含义。辩证法是“研究外部世界和人类思维的一般运动规律的科学”（恩格斯），是“最完整深刻而无片面性弊病的发展学说”（列宁）。对于马克思主义来说，这种运动和发展，不像在黑格尔那里一样是“概念的自我发展”，而是承认“头脑底辩证法仅仅是现实世界（不论自然界或历史）底运动形态之反映”①。唯物主义所要说明的，是精神和物质的关系问题。它承认并坚持物质第一性和意识第二性，“物质不是精神的产物，而精神本身倒是物质的最高产物”②。对于马克思主义来说，整个物质世界不是静止不变的，而是按照辩证规律在不断运动着，“运动是物质存在的形态”。可见，在马克思主义那里，辩证法和唯物主义一方面是有机地、内在地联系着的，另一方面却又有各自的特定的内容和含义，它们所要说明的是两种不同的问题。这是马克思主义宇宙观中的两个不同的有机组成部分。马克思主义的经典作家在不止一个地方分别地详尽阐述和发挥过这两个不同的范畴，但绝对没有把辩证法和唯物主义割裂开来。

在讨论历史主义的文章中，几位同志都援引过列宁的如下一段话：“马克思和恩格斯在他们的著作中特别强调的是辩证唯物主义，而不是辩证唯物主义，特别坚持的是历史唯物主义，而不是历史唯物主义。”③

如果辩证法和唯物主义是同一个东西，或者如果辩证法中间包含了唯物主义、唯物主义中间包含了辩证法，那么，谁也无法理解列宁的这一段话了！但列宁这段话显然不是毫无意义的，它深刻地

---

① 恩格斯：《辩证法与自然科学》。

② 《费尔巴哈与德国古典哲学的终结》。

③ 《唯物主义和经验批判主义》，见《列宁全集》第十四卷，348页。

指出了辩证唯物主义和历史唯物主义产生的历史特点，使得我们在了解马克思主义的完整的哲学时，避免任何片面性的弊病。

和辩证法与唯物主义的关系的情形十分类似，尽管在马克思主义那里，阶级观点和历史主义是统一的，具有内在的有机的联系，但它们仍然是有各自的特定的内容和含义的两个不同的概念。

六

根据上面的叙述，我以为可以把阶级观点和历史主义的关系归纳为以下几点：

第一，阶级观点和历史主义是属于历史唯物主义范畴中的两个不同的概念、不同的组成部分。第二，这两个概念、两个组成部分是有机地联系着的，它们共同统一于历史唯物主义之中。第三，历史主义和阶级观点一样，只是历史唯物主义整个科学体系中的一个部分、一个方面。第四，阶级观点和历史主义统一的客观基础，是充满了矛盾斗争的运动着的社会历史本身。

因此，我们既要看到阶级观点和历史主义的统一的一面，防止把二者割裂开来，又要看到阶级观点和历史主义的差别与不同，防止把二者做简单的混同。

在战斗中学习*

战斗和学习，这是一个贯穿马克思主义的革命者毕生的重要任务。在认识世界和改造世界的大道上，每前进一步，都必须经过种种严酷的战斗，而顽强的学习之必不可少，又正是由于我们为了不断取得战斗的胜利就得不断提高战斗本领。

对于革命的社会科学工作者来说，战斗和学习当然更是一刻不能放松的两项根本性的任务。

社会科学工作者的任务，从根本上说来，是以理论的形式总结人民斗争的经验。很难设想，一个和人民斗争完全脱离、面对着人民斗争的千波万浪而漠然无动于衷的人，能够对于人民斗争的历史和经验做出科学的总结。鲁迅曾经用“血管里流出来的总是鲜血”来说明只有革命者创作出来的作品才是革命文艺的真理，同样，只有积极置身于人民斗争中的社会科学工作者，才能对于人民斗争的经验做出科学的概括。拿历史科学来说，这是通常被认为离开现实斗争稍远的一门社会科学学科。但是，如果我们严格地站在历史唯物主义的立场上，把社会历史了解为像毛主席所指出的那样，“阶级斗争，一些阶级胜利了，一些阶级消灭了。这就是历史，这就是几千年的文明史”①，那么，就决不能说，一个对于现实阶级斗争的状况、形势、规律毫无所知、漠不关心的历史工作者，却能够对于历史上的阶级斗争进行深刻的分析和说明。因此，如果说某一些资产阶级历史学家钻在故纸堆中还可以进行适合于他们要求的所谓“研究”的话，那么，对于马克思主义的历史工作者来说，离开了现实

---

* 载《文汇报》，1964-04-10。

① 《丢掉幻想，准备斗争》。

的战斗就将是寸步难行了。这样，我们也可以明确地说：一个马克思主义的历史工作者，首先必须是一个坚定的革命者。

更广泛地说，社会科学工作者的任务在于科学地认识和说明世界（社会），以便更好地改造世界（社会）。但是为了正确地认识世界、说明世界，也就需要在思想领域、学术领域进行战斗。如果不和陈旧的、落后的种种传统观念决裂，如果不揭露资产阶级思想对于社会现象的种种歪曲……总之，如果不清除科学的前进道路上的各色各样的绊脚石，那么，社会科学的任何发展都是难以设想的。

为了战斗，就需要学习。只有认真学习马克思列宁主义，并且运用这个无比锐利的思想武器，我们才能在战斗中无往而不胜。

但是学习从来就有两种态度、两种方法：一种是马克思主义的，一种是违反马克思主义的。

马克思主义的学习态度和学习方法，就是理论和实际相统一，边干边学，在战斗中学习。

有这样一种关于学习的意见，这种意见认为，对于青年社会科学工作者，首要的任务不是战斗而是学习。因为青年人没有读几本书，还没有打好基本功，所以，应该十年寒窗，埋头苦读，“闭门不问天下事”。等到学得了一身本领，然后再“别师下山”，参加“战斗”。这种意见不是把战斗和学习看作辩证的统一，而是把二者割裂开来。

这种意见，从两方面说来，都是不正确的。

首先，“学无止境”，如果要等某一天把一切东西都学会了，然后才上阵去战斗，大概这个“某一天”永远也不会到来。过去的武侠小说里，常有一些人“上山学艺”，过个三年五载，便练得“十八般武艺件件皆能”，无敌于天下。可惜这只能发生在荒诞的武侠小说里，而不能应用于科学上。

其次，更重要的一个方面是，怎样才能更好更快地学习，是“两耳不闻窗外事”的闭门读书呢，还是在战斗中学习，在战斗中提高？

毛主席教导我们说：“读书是学习，使用也是学习，而且是更重要的学习。从战争学习战争——这是我们的主要方法。没有进学校机会的人，仍然可以学习战争，就是从战争中学习。革命战争是民众的事，常常不是先学好了再干，而是干起来再学习，干就是学习。”① 毛主席这里讲的是如何学习战争的问题，但是他所提出的方法具有普遍的意义。是“先学好了再干”，还是“干起来再学习”？是学习和战斗结合，还是学习和战斗分离？两种态度，两种方法，对于我们来说，只能是边干边学，在战斗中学习。只有积极地投入战斗，我们才能在斗争中提高我们作战的本领，开眼界，长知识。只有听惯了炮声的人才能成为老战士。董存瑞第一次参加战斗，把组织上发给的仅有的几发子弹一口气全打完了，没有伤着敌人的一根毫毛，尽管如此，这次战斗在这位人民英雄的生命史上却是多么重要的一次战斗啊！

马克思主义理论的全部价值就在于，它在本质上是批判的和革命的。作为马克思主义的社会科学工作者，如果离开了战斗、批判、革命，怎么能把马克思主义真正地学到手呢？

这样说，当然丝毫也没有轻视读书的重要性的意思。“知己知彼，百战不殆”，为了要战斗，我们既要了解自己，也要了解敌人；既要认真地学习马克思主义经典著作，也要读各种各样的反面材料。这样的读书，不是为学习而学习，而是有的放矢。我们说在战斗中学习能学得更快更好，也正是在这个意义上。

① 《中国革命战争的战略问题》。

论“清官”*

“清官”是我国古代历史上很复杂的一种政治现象，它在漫长的阶级社会中一再重复地出现，并被各个不同的阶级所重视。统治阶级的“圣训”“谕旨”和官修“正史”里，往往表扬一批“循吏”“良吏”，作为官场的楷模；民间的文艺作品中也塑造了一些圣洁无瑕的“清官”形象，历千百年而传颂不绝。被对立的阶级所共同称赞的“清官”，既不纯粹出自统治者欺骗性的虚构，也不完全是人民群众虚幻理想的产物，而是多少被美化了的实际政治现象。这种政治现象在一定的历史条件下出现，成为封建社会直接暴力统治的一个补充，在政治斗争中发挥实际的影响。

目前，学术界对“清官”的评价很不一致。有的同志强调“清官”的所作所为有利于人民，称“清官”是“人民的救星”，“代表着人民的利益和要求”，在封建社会里是人民的最高理想，等等；也有的同志认为，“清官”的作用“只是为了清除和缓和人民的革命斗争……这种人在历史上起的作用是反动的，没有什么值得赞扬”。这两种截然相反的评价，究竟有多少根据？本文试图就“清官”的特点、产生条件和历史作用，提出一些粗浅的看法。

“法定权利”和“习惯权利”

什么是“清官”？我们从许多历史和文艺作品的描写中，大体上可以归纳出“清官”的若干特点，如“自奉廉洁”“爱民如子”“赈

---

* 载《人民日报》，1964-05-28。署名：星宇。

贫扶弱”“断狱如神”“压抑豪强”“执法公平”等。“清官”和一般官吏有所不同，他们比较俭朴，不接受贿赂，不投靠权门；他们赈济灾民，减免赋税，兴修水利，奖励扶植农业生产，给老百姓做了一点好事。而且，不少“清官”还和豪强权贵进行了一定的斗争。例如，西汉的郅都“行法不避贵戚，列侯宗室，见都侧目而视，号曰苍鹰”[①]。北宋的包拯“立朝刚严，闻者皆惮之……贵戚宦官，为之敛手”[②]。元朝的耶律伯坚有一个信条：“宁得罪于上，不可得罪于下。”[③] 明朝的海瑞说：“弱不为扶，强不为抑，安在其为民父母哉!”[④] 他们具有刚强不阿的性格，所作所为使豪强地主不能不有所畏忌。我们要问一下：在整个封建官场的滔滔浊流中，何以出现了少数“清官”的“美德嘉行”？这种“美德嘉行”具有什么性质？“清官”作为封建统治机构中的一员，何以要把斗争的锋芒指向豪强权贵？这种斗争具有什么意义？

为了理解“清官”的思想、性格和行为，就不能不把这一政治现象和当时的整个阶级斗争以及封建政治统治的形式联系起来做考察。

任何统治阶级为维持一定的统治秩序，都要制定一套法律规范体系。一定的法律规范体系是一定生产关系的反映，是保障统治阶级利益和特权的工具，是依靠国家政权力量而强制实现的统治阶级的意志。但是，我们这样说并不是指统治阶级剥削劳动人民的全部贪欲随时随意地都表现为法律的形式。统治阶级的贪欲能够在多大程度上转变成法律条文，这并非取决于统治者（也就是立法者）的主观愿望。在任何时候，统治阶级总是希望从劳动人民身上榨取掠夺尽可能多的贡物，总是希望法律赋予自己尽可能大的剥削特权，而实际上，统治者的贪欲却总是要碰到一定的界限，这个界限是由一定社会生产发展水平和人民群众的反抗斗争所形成的。如果剥削

---

① 《史记》卷一百二十二《酷吏列传》。

② 朱熹：《五朝名臣言行录》。

③ 《元史》卷一百九十二《良吏传》。

④ 《海瑞集》上册，74页。

程度超过了这个界限，那便会使得一定集团的统治趋于崩溃而出现新旧王朝的更替。一般说来，法律所反映、所维护的就是不过分超越这个界限的统治权利。马克思说：“在这里，和在到处一样，社会的统治阶级的利害关系，总是要使现状，当作法律，成为神圣不可侵犯的，并且要把它的由习惯和传统而固定化的各种限制，当作法律的限制固定下来。”① 法定的剥削权利之所以需要某些限制，恰恰是为了能够经常持久地保障这种权利，这完全符合统治阶级的长远需要。

在封建社会里，农民群众是封建剥削特权和封建法律体系的坚决的反对者。封建法律是束缚农民群众的锁链，使农民处在完全无保障的地位，长年过着奴隶牛马一样的生活。所有的农民起义和农民战争都以否定现存的法律体系为前提。封建的法律体系和农民的利益是根本对立的。

封建的法律体系不但经常遭到来自农民方面的挑战，而且也不时被地主阶级内部某些集团和某些个人所突破。这些集团和个人不满足于享受法定权利，他们千方百计地越过法律界限，进行不法活动，追求集团的和个人的特殊权利。只要有可能任意违反法律，统治阶级总是不会放过这种机会的。地主阶级贪婪的本性撕裂了法律尊严的假面具，暴露了封建法律的本质。法律权利不过是被神圣化了的不法活动，而不法活动又是法律权利形影相随的伴侣。

像所有事物都一分为二那样，封建剥削权利也分裂为法定的权利和法外的权利（或习惯权利），二者互相依存而又互相对立。马克思这样写道：

> 在封建制度下也是这样……当特权者不满足于**法定权利**而又呼吁自己的**习惯权利**时，则他们所要求的不是法的人类内容，而是法的动物形式，这种形式现在已丧失其现实性，并已变成纯粹野蛮的假面具。
>
> 贵族的习惯权利按其**内容**来说是反对普通法律的形式的。

① 《资本论》第三卷，1035页。

它们不能具有法律的形式，因为它们是已固定的不法行为。这些习惯权利按其内容来说和法律的形式——普遍性和必然性——相矛盾，这也就说明它们是**习惯的不法行为**。因此，决不能维护这些习惯权利而对抗法律，相反地，应该把它们当做和法律对立的东西废除，而对利用这些习惯权利的人也应给以某种惩罚。①

封建统治阶级的“法定权利”和“习惯权利”同样都生根在封建社会的土壤上，它们是地主阶级对农民两种不同形式的剥削。“法定权利”体现了地主阶级长远的、整体的利益。这个剥削之神是用普遍法律形式的圣洁光轮装饰起来的，它仿佛凌驾于一切贫富贵贱之上，显示了不可侵犯的凛凛尊严。而“习惯权利”则体现了地主阶级特殊的、眼前的利益，它像一头显露出狰狞本相的恶兽，一心要吞噬看得见的一切。“习惯权利”在封建法律界限之外，追求无限制的剥削，而“法定权利”为要维持本身的长期生存，就不能不限制“习惯权利”的活动范围。这一对矛盾在整个封建社会里贯彻始终，影响到封建社会的各个方面，使得当时的政治斗争和思想斗争呈现出更加错综复杂的色彩。只有在这一矛盾的基础上，我们才能够理解“清官”这一政治现象的本质，才能够说明“清官”压抑豪强地主以及其他种种行为的实际意义。

“压抑豪强”“执法公平”“爱民如子”

“清官”，按其本质来说，就是地主阶级中维护法定权利的代表之一。尽管“清官”对豪强权贵的暴行进行过斗争，对人民群众的苦难流露过同情，以及在思想、性格、才能和作风上具有各不相同的个人特征，但维护封建的法定权利是“清官”所共有的本质特点之一。

① 《马克思恩格斯全集》第一卷，143页。

“清官”反对豪强地主的斗争，就是封建的法定权利和习惯权利相冲突的一种表现形式。豪强地主追求无限制的剥削，而“清官”的所作所为不过是在一定程度上限制了这种非法剥削。这种斗争不但是封建制度所许可的，而且还是维护封建法定权利所必需的。

有名的“清官”海瑞迫使江南地主退还占夺的土地，这是一则脍炙人口的“压抑豪强”的佳话。当时江南的一些豪强地主，用巧取豪夺的手段，大量兼并土地。封建经济的发展必然引起土地兼并，而大规模的土地兼并迫使人民破产、死亡或起而反抗，又严重威胁到地主阶级的整个统治。封建统治陷在这种不可克服的矛盾之中，它必须进行某种自我调节，才能够延续自己的存在。海瑞和其他“清官”一样，都是自觉或不自觉地充当着封建统治进行自我调节的工具。海瑞的退田斗争，无非是在一定程度上遏制非法的兼并之风，以利于封建统治的稳定。他在《复李石麓阁老》的信中说得很清楚：“存翁（按：指江南大地主徐阶）近为群小所苦太甚，产业之多，令人骇异，亦自取也。若不退之过半，民风刁险可得而止之耶！为富不仁，有损无益……区区欲存翁退产过半，为此公百年后得安静计也。”① 退田的目的是为了防止“民风刁险”，退田斗争也只能以“退之过半”为限度，“清官”的阶级性格决定了他们的步伐只能跨出这么远。当然，这种斗争也会使一部分农民的生活得到改善，但是，这种“改善”充其量只是从做不稳奴隶到做得稳奴隶而已。我们指出这一点不是要苛求“清官”去做他们无法做到的事情，而仅仅是为了指出所谓“压抑豪强”的斗争并没有超出封建统治所许可的范围。有的同志把这种斗争描写成仿佛是站在人民立场上的反封建斗争，这是完全不正确的。

“清官”反对不法的习惯权利，正是为了保障法定的剥削权利。如果法定权利被豪强权贵所突破，“清官”固然会起而反对，而如果法定权利遭到起义农民的破坏，他们也会毫不犹豫地凭借军事力量让革命农民倒在血泊之中。在农民起义的时候，尽管起义军对“清

① 《海瑞集》下册，431 页。

官”常常表现出宽容和礼遇，而“清官”却总是顽抗到底，死而不悔。对于他们来说，反对豪强的斗争和反对起义农民的斗争有着一致性，其目的都是为了封建统治的永世长存。像包拯这样一个家喻户晓的“清官”，当小规模的农民起义发生时，就主张严厉镇压。他说：“无谓郏小，蜂虿有毒。……虽乌合啸聚，莫能久长，而生灵涂炭矣，则国家将何道而猝安之？况今国用窘急，民心危惧，凡盗贼若不即时诛灭，万一无赖之辈相应而起，胡可止焉！……应有盗贼，不以多少远近，并须捕捉净尽，免成后害。或少涉弛慢，并乞重行朝典。”① 这种态度距离“人民的立场”“人民的利益”“人民的救星”是何等遥远！

“清官”不能不在两条战线上做斗争。他们既要反对豪强暴行，又要反对农民起义，而反对豪强暴行的目的又是为了消解农民起义。他们始终站在维护封建法定权利的基地上，严肃认真地把法律付诸实现。人们往往称赞他们“执法公平”“铁面无私”。的确，在“清官”手里也曾平反过一些冤狱，解除了豪强权贵加在人民头上的一些灾难，但如果夸大了这一点，把“清官”当作公正的仲裁者，救民于水火的救世主，甚至说“凡农民与乡绅财主发生讼案，总是乡绅财主吃亏的时候多”，那是根本错误的。“清官”的职务是贯彻实施封建国家的法律、制度、政策。在这一方面，他们也许可以做到丝毫不苟，但他们所执行的封建法制，是早已被地主阶级的剥削和意志所决定的。即使他们抱着对受难人民的同情和对豪强权贵的愤慨，但他们的良心并不能改变或影响封建法制的本质。狱讼判决的依据并不是他们的良心，而只能是吃人的封建法律。如果判决的依据是地主阶级的法律，那么，公正判决也就是意味着贯彻地主阶级的意志。马克思说得好：“如果认为在立法者偏私的情况下可以有公正的法官，那简直是愚蠢而不切实际的幻想！既然法律是自私自利的，那么大公无私的判决还能有什么意义呢？法官只能够丝毫不苟地表达法律的自私自利，只能够无条件地执行它。在这种情形下，

① 《包拯集》，58页。

公正是判决的形式，但不是它的内容。内容早被法律所规定。”① 当然，在“清官”的判决下，疯狂地追求习惯权利的恶霸豪绅也可能个别地受到制裁。但是，我们应当记得：第一，在漫长的封建社会里，“清官”本来是很少的，而受到“清官”严厉制裁的豪强权贵更是极少数；第二，统治阶级完全可能牺牲其个别成员的利益来维持法律的公正外貌，因为法律的公正外貌对整个阶级的长治久安至为必要。放弃一些次要的、特殊的东西，往往是为了牢牢地保持住主要的、普遍的东西。把这种情形认为是“乡绅财主吃亏的时候多”，这岂不正好受了历史假象的欺骗！

“清官”是封建统治机构的成员，为统治阶级的利益服务。从根本上说，他们和人民群众站在对立的立场上。但是，这一点并不妨碍他们在主观思想形式方面对人民群众表现一定的同情、怜悯和关心。明朝东林党的领袖顾宪成说：“官封疆，念头不在百姓上……即有他美，君子不齿也。”② 海瑞则把做官的目的说成是为贫苦人民打抱不平，他说：“举凡天下之人，见天下之有饥寒疾苦者必哀之，见天下之有冤抑沉郁不得其平者必为忿之。哀之忿之，情不能已，仕之所由来也。”③ “清官”在讲这种话的时候，主观上可能完全是真诚的。我们一点也不想否认促使“清官”行动起来的这种观念冲动力，但是问题在于不应该停止在这种观念冲动力的前面，而应该进一步探究这种观念冲动力怎么可能发生，隐藏在这种观念冲动力后面的是什么，以便确定这种观念冲动力的实质。地主阶级剥削和压迫农民，它的存在是以农民的存在为前提的。较有远见的封建政治家和封建思想家完全能理解这一点。有名的“好皇帝”唐太宗说：“水所以比黎庶，水能载舟，亦能覆舟。”地主阶级之所以重视农民，正因为只有农民，才能够载负起或者颠覆掉封建统治的巨舟。历代“圣君”“贤相”“清官”“名儒”都以“民为邦本”“爱民如子”“关心民瘼”作为信条，事实上，这些冠冕堂皇的信条，只是包裹着地

① 《马克思恩格斯全集》第一卷，178 页。

② 《明儒学案》卷五十八。

③ 《海瑞集》上册，38 页。

主阶级狭隘利益的观念形态的外衣而已。对于“清官”来说，他们对掩盖在自己观点、感情背后的阶级利益可以并无觉察，因为这种观点、感情在长期的历史发展中通过非常曲折的途径早已形成。马克思说：“通过传统和教育承受了这些情感和观点的个人，会以为这些情感和观点就是他的行为的真实动机和出发点。”① 任何一个“清官”绝不会因为信奉“爱民如子”的信条而主张终止本阶级的政治统治和经济剥削，因为“爱民如子”的信条是和“小人耕而以有余养君子”之类的信条密不可分地联结在一起的。如果说“清官”的所作所为是出于对人民的同情、怜悯和爱护，那么这种同情、怜悯和爱护无非是反映了地主阶级对劳动人手的需要及对残酷剥削的伪装。毛主席说：“爱是观念的东西，是客观实践的产物。我们根本上不是从观念出发，而是从客观实践出发。……世上决没有无缘无故的爱，也没有无缘无故的恨。”② 如果“爱民如子”之类的思想感情不符合地主阶级的需要，那就成了“无本之木、无源之水”，根本就不会在执行镇压职能的封建国家机构中发生影响，更不会被历代统治者奉为神圣的信条。

“清官”和“党争”

维护封建的法定权利，这是“清官”的共性。但是，仅仅指出这一点，还不足以说明他们在不同历史条件下的不同特性。一般说，“清官”处在封建官僚机构的中层和下层，只是封建王朝整套统治机器上的一些机件。因此，必须结合封建王朝的升沉隆替和各个时期阶级斗争的具体形势来进行考察，才能够理解“清官”在漫长历史发展过程中所表现的各种不同形态和所发挥的不同作用。

当大规模的农民战争过去之后，新的封建王朝刚刚兴起，地主阶级的势力受到了重大打击，它的习惯权利受到较大限制。这时候，

---

① 《马克思恩格斯全集》第八卷，149页。

② 《在延安文艺座谈会上的讲话》。

接受了农民起义教训的所谓“圣君”“贤相”不得不减轻对人民的压迫，采取一些有利于恢复和发展生产的措施，其中也包括奖励清廉、惩治贪污的措施。明太祖告诫各地的地方官说：“天下初定，百姓财力俱困，譬犹初飞之鸟，不可拔其羽，新植之木，不可摇其根，要在安养生息之。惟廉者能约己而利人……尔等当深戒之。”[1] 他对贪官的惩处也特别严厉，不惜施用重典，甚至要剥下贪官的皮，陈列在官员的公座旁边，以示警戒。在这个政治上比较安定的时期，会出现一批“清官”。这类“清官”是社会矛盾相对缓和的产物，是“圣君”“贤相”执行其“安养生息”政策的得力助手。在他们面前没有什么重大的阻力，没有什么需要大干一番的轰轰烈烈的事业。他们的名字也不大被后代人所注意。“清静宽简”是他们居官的准则。他们的无所作为意味着少去扰乱人民的正常生产，这就是他们最好的作为。他们的历史作用就在于他们是“好皇帝”的助手和工具。一个“好皇帝”如果没有忠实的助手和得心应手的工具，自然就无法推行自己的政策，无法完成历史所赋予的使命。

随着封建经济的恢复、发展，地主阶级对农民的剥削逐步加紧。统治者的贪欲无休止地增长扩大，农民的生活一天一天地更加不好过。开国初期奖廉惩贪的律令渐成具文，最高统治者的宝座旁换了一批奢侈昏聩的庸才，官场中则充斥着贪赃枉法的“惯家”。在这种黑暗的局面下，官僚中的少数人觉察和忧虑腐朽风气将会给整个封建统治带来极其不利的后果。他们力图用自己有限的权力去约束习惯权利的横行，希望扭转统治阶级日益腐败的趋势。这一类“清官”是社会矛盾逐步尖锐化的产物。他们一反前一阶段“清官”清静宽简、平流顺进的特点，显示出刚正不阿的性格和雷厉风行的作风。他们虽然仍是封建专制制度的附属物，离开专制君主所赋予的权力，便没有什么影响社会的有效手段，但是由于君主权威的衰落，整个统治机器的运转失灵，“清官”便不得不比较独立地担负起支撑统治局面的责任，在历史上或者在人民的心目中占据一个比较显著的地

① 《明太祖宝训·任官》。

位。他们在局部地区和局部范围内，改革弊政，平反冤狱，减轻赋税，赈济灾荒，约束豪强权贵的不法行为，这一切无非是为了抑制决堤而出的习惯权利的逆流狂澜，以缓和人民的反抗，延续王朝统治的寿命。“清官”所要执行的任务，和他们所拥有的权力是很不相称的。由于权力的不足，他们只得以“刚直”、“严厉”、敢于任事、敢于任怨等个人特点来弥补。人所共知的“清官”包拯、海瑞，都是属于这种类型的。包拯和海瑞活动的时代，一在北宋仁宗年间，一在明朝嘉靖、隆庆和万历初年，正当宋王朝和明王朝由盛转衰的时期。特定的时代需要有特定的人物来执行特定的使命。包拯、海瑞之流的“清官”，实际上是封建制度在矛盾尖锐化过程中的一种自我调节器。

一个大一统封建王朝各种矛盾的积累和尖锐化，是一个长期的历史过程，需要几十年以至一二百年才会达到总爆发的程度。在矛盾逐步尖锐化的长过程中，引起农民起义的各种因素日积月累，小规模的起义不时地发生，但还没有来得及汇合成冲击王朝统治的巨大洪流。因此，“清官”所面对的不是一个大规模农民战争已经展开的局面，而是一个表面上繁荣升平、实际上习惯权利横行无忌、反抗激流潜滋暗长的局面。“清官”的注意力集中在遏制豪强权贵的不法行为上面，因而还能够暂时地、局部地减轻农民群众的负担。统治阶级中的“清官”在人民中传颂不绝的根据就在于此。

当然“清官”的行动是徒劳无功的。统治阶级一天一天腐烂下去，这是无可挽回的必然趋势。海瑞曾经说：“本县初意直欲以圣贤之所已言者，据守行之，自谓效可还至。迄今四载，中夜返思：日日催征，小民卖子鬻产，未有完事之日；时时听讼，小民斗狠趋利，未有息讼之期。感孚之道薄而民不化，烛奸之智浅而弊犹存。徒有其心，未行其事；徒有其事，未见其功。”① 这是一个“清官”沉痛而真实的自白。后代人在戏曲舞台上看到的顶天立地、叱咤风云、诛权贵如屠猪狗的喜剧式的“清官”，在历史上却是一些抑郁不伸、

① 《海瑞集》上册，49～50页。

赍志以殁的悲剧式人物。

有的同志不分析各个时期的“清官”，笼统地一概否定，甚至以为“清官”比豪强权贵还要坏一些。这些同志的逻辑是这样的：豪强权贵的残暴行为引起人民的反抗，“清官”反对豪强权贵的暴行只是为了消除和缓和人民的革命斗争；如果消除斗争、灭绝斗争，历史就不会取得任何进步，因此，“清官”的所作所为应该完全否定。这些同志几乎把任何暴行都当作了进步的源泉。

剥削阶级的暴行有两种：一种暴行是打通历史前进道路的手段，如原始积累时期资产者的暴行。无产阶级当然也谴责这种暴行，但如果因为反对这种暴行而去抗拒历史发展的趋势，那就是反动的。剥削阶级的另一种暴行则是阻碍历史前进的，我国封建社会中豪强权贵的暴行即属于这一类。“清官”的反暴行斗争当然极其软弱，他们所能干预的只是千万桩暴行中的一两桩，不可能改变人民水深火热的处境。但是，如果以为残酷的剥削和压迫根本就不应该反对，那就等于说：贩奴者的鞭笞可以引起奴隶反抗，因此就不应该反对这种鞭笞。

“清官”的所作所为会不会消除斗争和灭绝斗争？的确，“清官”在主观上确实抱有这种反动的目的，指出这一点是必要的。但是在不同的历史时期，“清官”所起的实际作用却并不完全一样。当统治阶级正在腐烂，而人民斗争尚未展开的时候，“清官”的反豪强斗争却往往起了揭露封建制度的作用。这种斗争进行得越猛烈，豪强的不法行为就暴露得越彻底，人民群众对于在“太平盛世”幌子下的王朝统治的真实内容也就看得越清楚。豪强权贵粗暴地践踏“清官”的信条和设施，使“清官”标榜的理想归于澌灭，这也正好向人民群众证明了“清官”想要挽救的东西是无可挽救的。在各种复杂因素的交叉作用下，“清官”的行动产生了和预期恰好相反的结果。他们的失败引起了人民对封建统治者幻想的破灭，这种幻想的破灭是掀起大规模农民起义不可缺少的条件。海瑞死后，地主何良俊说：“海刚峰爱民，只是养得刁恶之人。”① 另一个地主沈德符说：

① 何良俊：《四友斋丛说》卷十三。

“海忠介所颁条约云：‘但知国法，不知有阁老尚书。’于是刁民蜂起，江南鼎沸，延及吾浙。”① 地主阶级异口同声地发出的这种咒骂，是不无道理的。笼统地认为“清官”的行为后果都会达到他们自己预期的消除斗争和灭绝斗争，这是对复杂历史过程过分简单化的看法。

个别“清官”挽救没落王朝的企图失败了，他们退出了历史舞台。但是，统治阶级的内部斗争还在继续下去，并且愈演愈烈。大规模的党争开始出现了，如东汉的党锢，唐朝的牛李之争，宋朝的元祐党人，明朝的东林党人，清朝的前后清流。这些党争是统治阶级内部各种矛盾的集中爆发。造成党争的因素十分复杂，每次党争都有各不相同的背景和意义，但党争中不当权的一方总是以“清官”的姿态出现（而实际上党争的双方都有许多贪赃枉法者加入），并在反暴政、反贪赃的旗号下攻击对方。法定权利和习惯权利的矛盾达到了最尖锐的程度，采取了集团之间公开对抗的形式。大规模党争显示封建王朝最后阶段的分崩离析，它往往就是农民革命风暴来临的征兆。没落王朝的当权集团总是无比顽固和无比愚蠢的，它失去了任何调整改革的能力。在前一阶段，它还能对“清官”表示一定的宽容，而当人民革命阴影日益迫近的时候，它就不择一切手段地匆忙结束党争。党争的结果免不了一场恐怖的屠杀，统治阶级用相互残杀的行动向人民群众再一次证明了自己的顽固不化和野蛮残酷。腐朽的当权集团埋葬掉内部反对派，也就为外部反对派准备好了埋葬自己的条件。

伟大的农民战争像一阵急风暴雨，把这个积满了污秽的腥臭世界大加荡涤。革命的农民既反对习惯的剥削权利，又反对法定的剥削权利。统治阶级的各个集团面临毁灭的威胁，不得不抛弃旧怨，携起手来，共同对付革命的农民。在你死我活的阶级搏斗中，统治阶级所需要的不是那种可以装饰门面的“清官”，而是能够瓦解起义军的骗子以及残杀起义军的屠夫。这时候以“清官”作标榜的人，

---

①　沈德符：《万历野获编》。

包括以前在党争中孑遗的党人，往往就来充当这种极其反动的角色。

农民不能够推翻旧制度、创立新制度，农民战争最后仍不免于失败。但它打乱了封建统治秩序，清理了几百年积累起来的各种矛盾、冲突，扫除了旧王朝的恶风邪气，用血和火在一片荆榛中开辟出了历史前进的道路。伟大的农民战争是推进历史发展的动力。

以上我们结合各个时期的形势对各种类型的“清官”做了一个概略的描述。当然，这种描述是极其粗糙的，需要做更进一步的剖析。我们的主要目的是想说明这一政治现象阶级的和历史的性质。“清官”是封建统治阶级中维护法定剥削权利的一种势力。从根本立场上说，他们是和人民对立的，不可能代表人民的利益和要求，忽略这一点是不应当的。这种维护法定权利的势力在不同历史条件下表现为几种各不相同的“清官”类型，有的是“圣君”“贤相”的得力助手，有的是封建制度自我调节的工具，有的是对付农民起义的骗子和屠夫。他们的特点和作用不完全一样，因此，笼统地肯定和笼统地否定都是不对的。只有用马克思主义观点，结合各个时期阶级斗争的形势进行具体分析，才能够对这一历史现象做出恰如其分的评价。

一次爱国的政治运动*
——“公车上书”①

清朝光绪二十年（1894），日本帝国主义对中国发动了大规模的侵略战争，这就是历史上有名的“甲午战争”。在这次战争里，虽然中国人民的抗日意志很坚决，士兵作战也很勇敢，但是由于清朝政府的腐败无能和统治集团中投降派的从中破坏，结果还是失败了。清朝政府被迫派出头号卖国外交家李鸿章，到日本去签订了丧权辱国的《马关条约》。根据这个条约，不但中国承认朝鲜“完全无缺之独立自主”，而且中国自己的领土台湾全岛及所有附属岛屿、澎湖列岛和辽东半岛也被割给日本；不但开放了沙市、苏州、杭州、重庆等地为商埠，而且还允许日本在中国通商口岸设立领事馆和工厂及输入各种机器。另外，中国人民还要支付2亿两银子的赔款。

甲午中日战争的失败和《马关条约》的签订，不能不对中国国内的政治生活产生重大的影响。在这以前，中国就几次被西方列强打败过，如今又被东方的小国日本打败了，而且条约订得那样苛刻——割地、赔款、开商埠，这是多么大的耻辱！广大人民都反对投降派，反对李鸿章，一时爱国情绪在全国迅速高涨起来。人民群众愤怒地喊出：“身可灭，家可毁，而台湾尺寸之土，断不能畀之于日人！”特别是台湾同胞，更一致表示：“愿人人战死而失台，决不愿拱手而让台！”同时，对于卖国投降的统治阶级，也进行了无情的鞭挞和讽刺。当时《申报》上有人写文章说：“我君可欺，而我民不

---

* 见中国人民广播电台文教科学编辑部编：《历史故事》第六集，北京，北京出版社，1964。

① “公车”是举人入京应试的意思，“公车上书”就是入京应试的举人向皇帝上书。

可欺！我官可玩，而我民不可玩!”这表达了当时人民的呼声。但是，在这种群情激愤的形势面前，腐朽的统治阶级却无动于衷，继续过他们荒淫无耻的生活。慈禧太后带着她的满朝文武，仍然在颐和园张灯结彩，庆祝她的六十大寿。有人在北京的城门上贴了一副对联：“台湾省已归日本，颐和园又搭天棚。”这副对联反映了人民群众对外国侵略者的愤慨和对清朝统治者的痛恨。在全国人民斗争形势的影响下，很多爱国的知识分子也纷纷参加到斗争的行列里来。“公车上书”就是当时的知识分子在人民群众爱国热诚的推动下进行的一次爱国政治运动。

甲午中日战争的第二年，也就是 1895 年，北京举行会试，这正是李鸿章到日本去谈判求和的时候。就在这一年的 4 月 15 日，李鸿章准备答应日本割让辽东半岛、台湾全岛等地和赔款 2 亿两白银的消息传到了北京，这件事在参加会试的举人当中引起了很大的震动，于是以康有为为首，发起了一次“公车上书”的政治活动。康有为是广东省的举人，他在青年时候就读过西欧各国政治经济方面的翻译书籍，接受了资产阶级的政治思想。他希望清朝皇帝按照西方资本主义国家的样子，来改变中国的国家制度。当他听到李鸿章准备卖国求和的消息以后，立即联合了广东省的举人，准备向光绪皇帝上书，要求清朝政府拒绝日本的要求，反对向日本屈服，并且把这封书文交给了都察院。在他们的影响之下，其他各省的举人也都纷纷上书请愿。这时候，都察院门前真是车水马龙，应接不暇。特别是台湾的举人，听说清朝政府要把自己的家乡割让给日本侵略者，很多人都痛哭流涕，表示誓死不愿离开祖国的怀抱。康有为等人看到大家反侵略情绪的高涨，就决定再发动一次更大规模的请愿运动。4 月底，他邀请各省参加考试的举人在北京宣武门外的松筠庵里集会，研究联合上书的问题，会上推定康有为执笔起草。他用了一天两夜的时间，奋笔疾书，写成了一篇一万四千多字的“万言书”。因为当时没有印刷条件，这份“万言书”就由康有为的弟子梁启超、麦孟华等人抄写了几份，然后分送各处传阅。大家情绪激昂，在“万言书”上签名的举人有一千三百多人。

在这封“万言书”里，康有为沉痛地指出，民族危机十分严重，国家前途岌岌可危。他要求清朝政府惩办“主和辱国”的卖国官僚和“丧师失地”的投降将帅。他要求清朝政府迁都长安，将2亿两赔款改作军费，激励天下，联合四万万人民的心成为一条心，和日本侵略者决一死战。纵然打一百次仗失败一百次，也不与日本讲和，最后必定“扫荡日本，大雪国耻”。

除了这些内容以外，“万言书”里还提出，要真正地挽救民族危亡，达到立国自强，还需要“变法”，也就是在政治上进行一些改革，实行君主立宪，由人民选举议员来管理国家大事，等等。实质上，这些都是改良主义的主张。但是，腐朽的清朝政府，对于人民群众的爱国运动抱着敌视的态度，对于改良政治的要求也十分害怕。他们甚至无耻地说：“宁可亡国，不可变法!”因此，他们风闻“公车上书”这件事以后，就立刻阻止破坏。在“上书”的前一天晚上，派人到各个会馆去向各省举人进行恫吓，企图阻止他们参加这个运动。阻止没有成功，又在大街小巷到处张贴无头告示，企图陷害参加“上书”的人。他们更集中地攻击领导这个活动的康有为，到处宣传康有为是疯子，是狂人。一时京中谣言四起，议论纷纷。果然，有一部分人在反动势力的面前动摇了、退却了。有些人就请求在“万言书”上除掉自己的名字。但是，在爱国思想的激励下，康有为和绝大部分的爱国士人都没有动摇。5月2日，大家正式把“万言书”递到都察院，参加递书的各省举人，在都察院门前排成了一里多长的队伍。清朝统治者无可奈何，只得推说光绪皇帝已经在和约上用玉玺盖了印，没有办法挽回，对于举人们所上的“万言书”，终于拒不接受。

要向腐朽的清朝政府去请求抵抗侵略、改良政治，这本来是办不到的事情，自然不会有什么结果。“公车上书”的举人们把希望寄托在清朝统治者身上，这种希望只是虚妄的幻想。但是，在当时的条件下，“公车上书”这件事却有着很大的政治影响。他们的要求和主张完全是正义的，这些要求在客观上反映了中国人民的意见，因为那时候人民并没有自己的舆论机关。“公车上书”以后，这封洋洋万言的《上今上皇帝书》不但传遍了北京，而且随着各地举人返回家乡，也把它带到了全国各地，很多人都受到它的鼓舞和启发。同时，“公车上书”这个行动本身，就已经冲破了几千年来封建统治者严厉禁止知识分子集会、结社和议论国家大事的禁令，具有一定的斗争意义。这是清朝政府统治二百多年以来的一件大事情，是近代中国知识分子第一次参加反对帝国主义和反对封建主义斗争的群众性运动。在这以后，以挽救民族危亡和发展资本主义为目的的改良主义运动——戊戌维新运动，就进一步发展起来了。但是，领导这次“公车上书”的康有为，却在维新运动失败以后，逃亡海外，组织保皇党，和孙中山所代表的资产阶级、小资产阶级的革命派相对立，成了反动的政治派别的首领。

鲁迅历史观的发展*

鲁迅，这位“中国文化革命的主将”，“他不但是伟大的文学家，而且是伟大的思想家和伟大的革命家”①。他在和敌人的斗争中给我们留下了异常丰硕的思想遗产。鲁迅的战斗的投枪始终是指向当时黑暗的社会现实的，为了现实斗争的需要，他一直十分重视历史的剖析，努力去“明白旧的，看到新的，了解过去，推断将来”，把对于历史的认识、研究、引证、分析当作推进现实斗争的犀利武器。正如他自己说过的：“读史，就愈可以觉悟中国改革之不可缓了。”②正因如此，在鲁迅整个思想遗产中间，他的历史观点占着一个重要的地位，而研究鲁迅的历史观点，也就成为总结其思想遗产任务的一个重要方面。

鲁迅的革命的一生，经历了从“封建宗法社会的逆子，绅士阶级的贰臣”到“无产阶级和劳动群众的真正的友人，以至于战士”的深刻的转变，也就是经历了从革命民主主义者到共产主义者的深刻转变。③ 这种转变在思想上的映现，便是从进化论到阶级论。与这个转变相适应，鲁迅的历史观点也就不能不经历了从历史唯心主义到历史唯物主义的两个不同阶段。早期的鲁迅，他的历史观点时时闪烁着理智与战斗的光辉，同时也明显地包含着唯物主义的因素。但是，那时候他对社会历史的认识，如他自己后来所说的，还存在着种种“偏颇”之处，特别是对于人民群众以及他们所进行的阶级斗争在历史发展上的重要性和决定性还没有明确的认识。纠正这

---

* 载《学术月刊》，1965（3）。

① 《新民主主义论》。

② 《这个与那个》，见《鲁迅全集》第3卷，103页。

③ 参见瞿秋白：《鲁迅杂感选集序言》。

“偏颇”并使他的历史观点进入一个新的更高的境界的，便是马克思主义的唯物史观。

这样，对鲁迅历史观的探究，便具有了双重的意义：一方面，作为思想遗产的重要的一部分，供我们分析、学习、借鉴；另一方面，我们从鲁迅历史观的发展中，可以更具体地体会到历史唯物主义的巨大威力。

历史——“人肉的筵宴”

1918年，鲁迅在小说《狂人日记》里，借“狂人”之口说出了这样一段话：“我翻开历史一查，这历史没有年代，歪歪斜斜的每叶上都写着‘仁义道德’几个字。我横竖睡不着，仔细看了半夜，才从字缝里看出字来，满本都写着两个字是‘吃人’！”①

我们记得，戊戌维新时代当康有为以资产阶级改良主义思想抨击封建制度时，敌对阵营方面“咸以康为病狂”；辛亥革命时代当孙中山以资产阶级民主主义思想抨击封建制度时，敌对阵营方面也都以“中风病狂相视”。当鲁迅发表《狂人日记》的时候，虽然已经经过了两次思想解放的潮流，封建朝廷也已换上了“民国”的商标，但“这并未改革的社会里，一切单独的新花样，都不过一块招牌，实际上和先前并无两样”②。因此，对前面所引的那一段话，封建势力是必定会使用故技，指为狂人狂语的，但是，它其实却是对封建历史的极其清醒的认识和极其深刻的揭露。

鲁迅自己曾说过：《狂人日记》的写作是意在暴露封建的家族制度和封建礼教的弊害的。③ 他透过“仁义道德”等封建礼教看出历史的“吃人”的本质：“所谓中国的文明者，其实不过是安排给阔人享用的人肉的筵宴。所谓中国者，其实不过是安排这人肉的筵宴的

① 《鲁迅全集》第1卷，12页。

② 《关于妇女解放》，见《鲁迅全集》第4卷，461页。

③ 参见《〈中国新文学大系〉小说二集序》，见《鲁迅全集》第6卷，189页。

厨房。……大小无数的人肉的筵宴，即从有文明以来一直排到现在，人们就在这会场中吃人，被吃，以凶人的愚妄的欢呼，将悲惨的弱者的呼号遮掩，更不消说女人和小儿。”① 读着这些，我们不由得深深地感觉到：作为封建阶级的逆子、贰臣，鲁迅对于他那“熟识的本阶级”的“反戈一击”，能够多么沉重地击中要害，能够多么无情地揭开那黑暗王国的阴森的帷幕呵！

在延续了几千年的封建主义的历史中，劳动人民一直生活在封建统治的重压之下。封建统治阶级拥有着最大部分的土地，掌握着保护封建剥削制度的国家权力机关，而历代的劳动群众，就在残酷的经济剥削和野蛮的政治压迫之下，过着贫穷困苦的奴隶式的生活。正是在这个意义上，毛主席把备受封建压迫的农民叫作“无数万成群的奴隶”，而把封建地主阶级叫作农民的“吃人的仇敌”②。历史进入了近代，封建社会转化为半殖民地半封建社会，但束缚在人民身上的封建枷锁不仅没有被打断，反而和帝国主义的侵略结合在一起，成为帝国主义统治中国的墙脚。鲁迅的关于从古到今的历史无非是大小不绝的人肉筵宴这个思想，充满了激进的反封建主义的民主主义战斗精神。在其中，包含着对封建制度的愤怒鞭挞，对苦难人民的深厚同情，对推翻黑暗现实的强烈期望！

鲁迅差不多用了全部力量，在他的作品中“对于有害于新的旧物”，竭力加以抨击。他揭破统治阶级对于历史的伪造，指出“历史上的记载和论断有时也是极靠不住的，不能相信的地方很多”③。统治阶级竭力宣传中国历史似乎“向来就很好的”，这其实却是极大的欺骗。④ 整部中国历史里，并没有什么真正的“太平盛世”，所有的“只是两种物质——是刀与火”⑤。统治者们凭借这刀与火，把被压迫的人民的血肉廉耻当馒头似的吞噬，而无拳无勇的人民，只得“火从北来便逃向南，刀从前来便退向后”，在纷乱奔逐中将生命当

① 《灯下漫笔》，见《鲁迅全集》第1卷，315～316页。

② 《湖南农民运动考察报告》。

③ 《魏晋风度及文章与药及酒之关系》，见《鲁迅全集》第3卷，379页。

④ 参见《鲁迅全集》第1卷，311页。

⑤ 《圣武》，见《鲁迅全集》第1卷，424页。

作阔人们的人肉筵宴的佳肴。

除了“刀与火”的物质力量外，帮助安排这人肉筵宴的还有封建传统的旧学说、旧习惯、旧思想——封建主义的精神武器。“社会上多数古人模模糊糊传下来的道理，实在无理可讲；能用历史和数目的力量，挤死不合意的人。这一类无主名无意识的杀人团里，古来不晓得死了多少人物。”①

在这些话里，鲁迅喷发着对于黑暗的封建统治的巨大怒火，也表现了鲁迅在思想上的无畏的勇敢。他揭露掌握着“刀与火”的统治者们的凶暴，其实却是对于他们的蔑视；他宁愿自己背负着因袭的重担，其实却是对传统观念的决裂。

鲁迅对于统治者、压迫者的憎恶和愤恨，是建立在对被侮辱、被损害的劳苦人民的同情和爱之上的。1934 年，他以极其悲愤的心情写过以下的话：“自有历史以来，中国人是一向被同族和异族屠戮，奴隶，敲掠，刑辱，压迫下来的，非人类所能忍受的楚毒，也都身受过。每一考查，真教人觉得不像活在人间。”② 这种思想，这种感情，是在他早期就一直存在的。1925 年，他曾说过：“至于百姓，却就默默的生长，萎黄，枯死了，像压在大石底下的草一样，已经有四千年！”③

在《灯下漫笔》那篇著名的文章里，鲁迅认为，从人民的处境来看，整个中国历史可以直截了当地归结为两种时代的交替，那就是：

第一，想做奴隶④而不得的时代；

---

① 《我之节烈观》，见《鲁迅全集》第 1 卷，243 页。

② 《病后杂谈之余》，见《鲁迅全集》第 6 卷，142 页。

③ 《俄文译本〈阿 Q 正传〉序》，见《鲁迅全集》第 7 卷，78 页。

④ 鲁迅对于“奴隶”这个词，是有过严格的界说的。他认为，自己明知道是奴隶，打熬着，并且不平着，挣扎着，一面意图挣脱以至实行挣脱的，即使暂时失败，甚至套上了镣铐，但终究要反抗这奴隶的地位的，才是奴隶；如果从奴隶生活中寻出“美”来，赞叹，抚摩，陶醉，那就是万劫不复的奴才了。一个人被迫地成了奴隶，那并不算是他的罪过，但如果是安心于当奴才，那就是理应受到愤恨、鄙视和憎恶的“下贱东西”了。鲁迅对于“奴才”的深恶痛绝和对于要求反抗奴隶地位的人们的深厚同情，正是半殖民地半封建社会中最可宝贵的性格。

第二，暂时做稳了奴隶的时代。

鲁迅热切地期待着苦难的中国人民能够挣脱这奴隶的命运，因此，他要求，不论是“想做奴隶而不得的时代”抑或是“暂时做稳了奴隶的时代”，应一并埋葬，“创造这中国历史上未曾有过的第三样时代!”①

早期的鲁迅并不知道所谓“第三样时代”应该是或者将会是什么样子，但是，他的“创造第三样时代”的呼喊，正好充分地表明了他早期历史观点的反封建的战斗精神。他并不只是将自己的同情之泪廉价地洒向已经逝去的时代，而是迫切地要求着对于黑暗现实的根本改造。在《灯下漫笔》一文的最后，是以这样的句子结束的：“这人肉的筵宴现在还排着，有许多人还想一直排下去。扫荡这些食人者，掀掉这筵席，毁坏这厨房，则是现在的青年的使命!”②

就在写这文章的同一年，鲁迅曾在和许广平的通信中，把古旧的中国社会比作“一只黑色的染缸”。他说：“中国大约太老了，社会上事无大小，都恶劣不堪，像一只黑色的染缸，无论加进什么新东西去，都变成漆黑。”③ 他还说：“这种漆黑的染缸不打破，中国即无希望。”④

打破漆黑的染缸，掀掉吃人的筵宴，创造第三样时代！——这就是早期的鲁迅通过历史分析而得出的现实革命结论。

但是，前面说过，早期的鲁迅还并不是阶级论者。作为科学地认识社会历史的根本方法，任何人不掌握阶级分析方法便不可避免地要对社会历史做出种种片面的乃至错误的结论，即使像鲁迅这样杰出的思想家和激进的革命家，也不例外。

对于几千年“吃人”历史的揭露，鲁迅的批判的锋芒首先和主要是指向压迫者与剥削者的。但是，封建统治的黑暗的担子太沉重了，他看到了强者吞噬弱者，但却看不到弱者对于强者的反抗、斗

① 《鲁迅全集》第1卷，213页。

② 同上书，316页。

③ 《两地书》，见《鲁迅全集》第9卷，18页。

④ 同上书，22页。

争，而是过多地看到了弱者的所谓“卑怯”。1925年6月所作的《杂忆》中的一段话，最典型地表达了这一思想：“我觉得中国人所蕴蓄的怨愤已经够多了，自然是受强者的蹂躏所致的。但他们却不很向强者反抗，而反在弱者身上发泄……再露骨地说，怕还可以证明这些人的卑怯。卑怯的人，即使有万丈的愤火，除弱草以外，又能烧掉甚么呢！”①

作为这一思想的印证，《狂人日记》里所描写的吃人的一伙，除了“古久先生”、赵贵翁等之外，还有这样的一群：“他们——也有给知县打过枷的，也有给绅士掌过嘴的，也有衙役占了他妻子的，也有老子娘被债主逼死的；他们那时候的脸色，全没有昨天这么怕，也没有这么凶。”②

很显然，这里所说的“他们”，正是在封建统治下被侮辱、被损害、被欺压的一群，在《狂人日记》里，他们却又全是合伙吃人的一群。他们不是向知县、绅士、衙役、债主抗争，而是去吃更弱的弱者，并且露出了比受迫害时更怕更凶的脸色。

鲁迅也曾经把“不幸的人们”的弱点之形成原因看作“病态社会”的影响，看作“僵硬的传统”的毒化。但是，他最终却极简单地把“吃人”的历史的根源笼统地归诸所谓“国民性”，并且认为“改良社会”的根本方法就在于“改革国民性”：“此后最要紧的是改革国民性，否则，无论是专制，是共和，是什么什么，招牌虽换，货色照旧，全不行的。”③

很显然，“国民性”的说法是缺乏阶级内容的。这种社会历史观点自然是错误的。事实上，正如掌握了阶级论之后的鲁迅自己所深刻指出的，在阶级社会里，所有的人都“断不能免掉所属的阶级性”④，各个不同阶级的人，有各种不同的“性”，世界上并不存在什么抽象的“国民性”。

---

① 《鲁迅全集》第1卷，322页。
② 同上书，10～11页。
③ 《两地书》，见《鲁迅全集》第9卷，26页。
④ 《“硬译”与“文学的阶级性”》，见《鲁迅全集》第4卷，164页。

但鲁迅很快——虽然是经过了极其艰难的摸索、体察、批判的途径——就改正了这种错误的认识。到1927年，我们已经看到了这种改正的最初的端倪。他在这年4月所做的《革命时代的文学》的讲演中，已经强调环境决定思想、思想形成文学这样的观点了。他对于劳动人民所受旧的统治阶级思想的影响，也有了一个新的、大体正确的认识。他仍然看到旧的封建传统思想对于劳动大众的毒害，但是他已不把摆脱封建思想的束缚看作创造新社会的根本之道，相反，却认为只有工农大众的真正解放，才能使他们最终摆脱封建思想的束缚。他写道："如果工人农民不解放，工人农民的思想，仍然是读书人的思想，必待工人农民得到真正的解放，然后才有真正的平民文学。"①

鲁迅早期的所谓"改革国民性"，其实质是"个性主义"，即要求"人性的解放"。正如鲁迅后来所回忆的，五四时代的文学革命者，当然包括他自己在内，"以为只要扫荡了旧的成法，剩下来的便是原来的人，好的社会了"②。

从要求"人性的解放"到期待"工农大众的真正解放"，这中间，反映了鲁迅对于人民群众的认识的一个巨大的飞跃。

谁创造了历史？

鲁迅自己曾经讲过他从小对于劳动大众的认识的一段经过：在中国的古书上，常常把"劳苦大众"描写得十分幸福，说他们"平和得像花鸟一样"。因为从小就受着这种思想的欺骗，所以鲁迅也一向"看得劳苦大众和花鸟一样"，甚至有时还羡慕他们的安乐。"但我母亲的母家是农村，使我能够间或和许多农民相亲近，逐渐知道他们是毕生受着压迫，很多苦痛，和花鸟并不一样了。"鲁迅的这种经历，以及由此而得到的对农民苦痛的深刻认识，正是他能够斩断

① 《鲁迅全集》第3卷，317～318页。

② 《〈草鞋脚〉小引》，见《鲁迅全集》第6卷，16页。

“过去”的葛藤、憎恶“上流社会”的堕落的契机。

但是，对于劳苦大众有着深切的爱、深切的同情，却并不等于就有了正确的认识。事实上，当鲁迅还是进化论者的时候，对于人民群众的力量也是估计不足，过分地夸大了人民群众的消极的一面：

> 群众——尤其是中国的——永远是戏剧的看客。①
>
> 群众不过如此，由来已久，将来恐怕也不过如此。②

抱着这样的想法，早期鲁迅对于人民群众充满了一系列矛盾的心理：他同情他们的痛苦，但又愤慨他们“尽钻在僵硬的传统里，不肯变革，衰朽到毫无精力了，还要自相残杀”③。他期待着“民魂”的发扬，但又担心着“国民倘没有智，没有勇，而单靠一种所谓‘气’，实在是非常危险的”④。但是，鲁迅思想上的这些矛盾，终于通过艰苦的革命斗争的实践，通过对社会政治生活的矛盾斗争的体察，通过对马克思主义的学习，最后，经由他自己思想的斗争、摸索、进步、发展而克服、解决了。

为了能够比较清楚地看出鲁迅对人民群众认识的发展印迹，为了能使我们了解鲁迅在思想发展过程中如何勇敢地否定自己曾经有过的“偏颇”，我们且来看看鲁迅对以下三个问题的认识的变化。

第一个问题，是“知识阶级”和劳动群众的关系问题。

1925年，鲁迅在一封信中曾说过，“民众要看皇帝何在，太妃安否”，跟他们去倡导改革，宣传科学，也就是进行所谓“思想革命”，是必定要“收获失败无疑”的。他以为，“现在没奈何，也只好从智识阶级……一面先行设法，民众俟将来再谈”⑤。这也无异于说，民众是消极的、被动的，只有知识阶级觉醒了，才能由这些“先知”们带领着“民众”走上改革之路。

但到了1930年以后，鲁迅又有几次谈到“知识阶级”和劳动大

---

① 《娜拉走后怎样》，见《鲁迅全集》第1卷，274页。

② 《两地书》，见《鲁迅全集》第9卷，60页。

③ 《忽然想到》，见《鲁迅全集》第3卷，35页。

④ 《杂忆》，见《鲁迅全集》第1卷，323页。

⑤ 《鲁迅全集》第3卷，20页。

众的问题，而看法却已经根本改变了。如果把这时的看法归纳起来，大致有如下几点：

1. “体质和精神都已硬化了的人民，对于极小的一点改革，也无不加以阻挠”，这是因为——他引用列宁的意见说——“习惯”和“风俗”是很难改革的，改革者应该“有正视这些的黑暗面的勇猛和毅力”。

2. 但是，“多数人的力量是伟大，要紧的”，而且，“大众并不如读书人所想象的愚蠢”。

3. 因此，虽然“由历史所指示，凡有改革，最初，总是觉悟的智识者的任务”，但这“觉悟的智识者”同时又必须“只是大众中的一个人”。他必须“深入民众的大层中”，“深知民众的心”。

4. 如果智识者不是跟工农大众结合起来，那么，“则无论怎样的高文宏议，浪漫古典，都和他们无干，仅止于几个人在书房中互相叹赏，得些自己的满足”。

5. 知识阶级有知识阶级的事要做，不应特别看轻，但是知识阶级绝不能自己以为特别高贵，幻想着革命成功后劳动大众会特别优待，捧着牛油面包来献给他们。“事实上，劳动者大众……也决不会特别看重知识阶级者的。”①

可以看出，掌握了历史唯物主义的共产主义者鲁迅，在思想上比他的前期已经有了很大的进步。他也还是指出群众的弱点，但已经没有了消极的悲观；也还是肯定知识分子在前进中的重要作用，但已经没有了盲目的高傲。鲁迅自己所走的，就正是他在这里指出的知识分子和工农大众相结合的革命化的道路。当然，由于种种主客观条件的限制，鲁迅只是也只能是一般性地提出知识分子革命化的方向问题。历史发展到今天，我们在这个问题上学习鲁迅，就只有坚决地按照党和毛主席极其深刻、完整地指出的知识分子革命化的道路，实行同工农群众相结合，全心全意地为工农群众服务，尊重体力劳动和体力劳动者，向工农群众学习，通过阶级斗争、生产斗争和科学实验这三大革命运动，在思想感情上同工农群众打成一

---

①　以上几点可参阅《习惯与改革》《对于左翼作家联盟的意见》《门外交谈》《中国语文的新生》等文。

片，使自己真正地成为劳动化的革命知识分子。

第二个问题，是关于人民群众的创造力的问题。

早期的鲁迅，对于人民群众，常常视之为“愚弱”的“庸众”。虽然有时也指出，劳动人民比起“圣人之徒”来，思想要“纯白”得多，但这“纯白”又常常和“愚妄”结合着，似乎是劳动人民身上的不可分离的双生子。但到他的社会历史观点根本转变之后，我们却不止一次地看到他对于劳动人民伟大历史创造力的热情赞颂。

鲁迅批判了一切封建主义的和资产阶级的“学者们”的传统谬见，这种谬见“多以为各种智识，一定出于圣贤，或者至少是学者之口；连火和草药的发明应用，也和民众无缘，全由古圣王一手包办：燧人氏，神农氏”①。鲁迅却认为，一切文物都是历来的“无名氏”所逐渐创造的，也就是历来的人民群众所创造的。

鲁迅曾不止一次地批驳过文人学者、“正人君子”称劳动大众为“愚民”的污蔑。他指出：“愚民的发生，是愚民政策的结果。”② 其实，统治阶级的愚民政策并没有真的把群众治成“愚民”。一二九运动时，爱国学生举行游行示威，反动派大起恐慌，不仅用水龙刀棍对付，而且还急急忙忙地把一部分学生闭于城外。这时，附近居民纷纷组织慰劳队，送水送饭，表现了对于爱国运动的热情支持。鲁迅从这件事中受到很大的鼓舞，他高兴地写道：“谁说中国的老百姓是庸愚的呢，被愚弄诓骗压迫到现在，还明白如此。”③

在阶级社会里，被统治阶级的思想虽然不可避免地总是要受到占统治地位的思想——统治阶级的思想——的影响，但是，根本对立的阶级利益的冲突，总是使得被统治阶级能够摆脱统治阶级的愚弄诓骗，他们相信和承认从自己亲身经历中得出的结论。他们有自己的爱憎，有自己的好恶，是非黑白，绝不含糊。鲁迅一面嘲笑那些自命不凡的所谓“士大夫”，一面热情地赞扬人民群众的判断力，说：“诚然，老百姓虽然不读诗书，不明史法，不解在瑜中求瑕，屎

---

① 《知了世界》，见《鲁迅全集》第5卷，414页。
② 《上海所感》，见《鲁迅全集》第7卷，669页。
③ 《“题未定”草》，见《鲁迅全集》第6卷，350页。

里觅道，但能从大概上看，明黑白，辨是非，往往有决非清高通达的士大夫所可几及之处的。”①

第三个问题，是关于人民群众在历史上的反抗斗争的问题。

前面曾经说过，早期的鲁迅认为，被压迫者在受到强者的迫害时，只会含着愤怒，向更弱者去发泄，而不去向压迫者反抗。这个看法当然是错误的，因为几千年的文明史，一方面固然是剥削者压迫、吞噬被剥削者的血泪史，另一方面却也是被剥削者反抗剥削者的斗争史。鲁迅还不懂得阶级分野的时候，在整个历史上便只看到一团混战，一部中国历史便只是所谓的“相砍书”，而当他掌握了阶级论之后，他就把人民群众的反抗斗争完全地加以肯定了。

鲁迅说：当老百姓受着“官灾”之后，会“想到了自己的力量”②。

鲁迅说：“劳苦大众”的“反叛的叫声”，会“使统治者恐怖”③。

鲁迅说：当人民受到迫害时，他们会“跪香，民变，造反！”④

总之：“被压迫者对于压迫者，不是奴隶，就是敌人，决不能成为朋友！”⑤

由前面的叙述可以看出，对于人民群众力量、作用的新认识，是鲁迅历史观点发展的最重要的内容，而这种新认识的实现，则是凭借着阶级分析方法的力量。当鲁迅还未能充分地估计人民群众的力量和作用的时候，虽然他也一直在进行着坚韧的战斗，但我们却不免时时从战斗中看见他流露出来的一丝一缕的孤寂之感，而当他对人民群众的力量和作用有了新的认识之后，他的战斗的声音就更充实、更响亮、更有力了！

> 我们从古以来，就有埋头苦干的人，有拼命硬干的人，有为民请命的人，有舍身求法的人……虽是等于为帝王将相作家

---

① 《“题未定”草》，见《鲁迅全集》第6卷，350页。

② 《鲁迅全集》第4卷，404页。

③ 同上书，221页。

④ 同上书，418页。

⑤ 《〈且介亭杂文二集〉后记》，见《鲁迅全集》第6卷，360页。

谱的所谓“正史”，也往往掩不住他们的光耀，这就是中国的脊梁。①

“惟新兴的无产者才有将来!”

进化论是鲁迅早期的思想武器，他曾用这武器对于根深蒂固的“旧文化”施行过不断的袭击。

鲁迅坚信“将来必胜于过去”。这种信念的基础，是建筑在历史是发展的这个观念之上的。

鲁迅认为“人事连绵，深有本柢”，就像水有源、树有根一样，“苟为寻绎其条贯本末，大都蝉联而不可离”②。从这历史的联系中，鲁迅看到了发展，看到了进化：“文明如华，野蛮如蕾；文明如实，野蛮如华。”③ 而这种发展进化又并不是直线的行进，却是波浪式的曲折的上升，“所谓世界不直进，常曲折如螺旋，大波小波，起伏万状”④。

这里所引的三篇论文，都作于 1907 年。自古以来，一直到鲁迅写这些论文的时候，一直到鲁迅发表这些论文以后的一段时间，占统治地位的历史观点大抵是所谓“笃古的”——它认为世界愈古愈好，“言必称三代”；唐虞尧舜，是最理想、最完美的历史时代和历史人物。它的最高愿望就是回到往古去。鲁迅的历史观点和这种传统观念是根本对立的。他曾经针锋相对地批判这种传统观念，说：“心神所注，辽远在于唐虞，或径入古初，游于人兽杂居之世；谓其时万祸不作，人安其天，不如斯世之恶浊阽危，无以生活。其说照之人类进化史实，事正背驰。”⑤

① 《中国人失掉自信力了吗》，见《鲁迅全集》第 6 卷，92 页。
② 《文化偏至论》，见《鲁迅全集》第 1 卷，182 页。
③ 《摩罗诗力说》，见《鲁迅全集》第 1 卷，195 页。
④ 《科学史教篇》，见《鲁迅全集》第 1 卷，171 页。
⑤ 《摩罗诗力说》，见《鲁迅全集》第 1 卷，198 页。

鲁迅反对美化往古，迷恋过去，但是却也并不主张可以任意地贬斥往古，抹杀过去。他认为，如果有人拿古代的事物和如今的相比，“得其差池，因生不满”，甚而至于“哂神话为迷信，斥古教为谫陋”，这也是可笑和可悯的。因为持此观点者同样不懂得人类历史是发展进化的这个道理。

总之，鲁迅要求对于“过去”有一个确切的实事求是的认识。

鲁迅之重视认识“过去”，是注目于“现在”，希望着“将来”的。他并不只是为认识过去而认识过去——“但可惜的是中国的旧见解，又恰恰与这道理完全相反。本位应在幼者，却反在长者；置重应在将来，却反在过去”①。

鲁迅勇敢地向这“旧见解”挑战，简洁地说：“仰慕往古的，回往古去罢！……现在的地上，应该是执着现在，执着地上的人们居住的。”②

但是，进化论者并不是彻底的发展论者。深刻的彻底的历史发展观点，是只有唯物史观这个唯一科学的历史观所独具的。因此，我们在鲁迅早期的历史观中，沿着“过去—现在—将来”这一条线索，不能不重又看到一系列的迷惘的问号。

第一，怎么看待从“过去”到“现在”？前面说过，鲁迅是主张现在必定胜于过去的。但是，当现实生活中的黑暗重重地压着社会、压着鲁迅的时候，他曾经不止一次地慨叹着历史与现实的“神似”，慨叹着“仿佛时间的流驶，独与我们中国无关！”这种慨叹，甚至使他在1924年写的一篇文章中悲愤地说出“我是不甚相信历史的进化的”③ 这种话来。

第二，怎么争取从“现在”到“将来”？进化论者鲁迅所主张的，对于人，是一个个的“个性的解放”；对于事，是一步步的改革与进化。

第三，“将来”应该是什么样子？1934年，鲁迅回忆他早期的思

---

① 《我们现在怎样做父亲》，见《鲁迅全集》第1卷，248页。

② 《杂感》，见《鲁迅全集》第3卷，38页。

③ 《又是“古已有之”》，见《鲁迅全集》第7卷，333页。

想时，明白地说道："先前，旧社会的腐败，我是觉到了的，我希望着新的社会的起来，但不知道这'新的'该是什么，而且也不知道'新的'起来以后，是否一定就好。"①

时间终究在不绝地流逝，"现在"成了过去，过去的将来成了"那时的现在"。鲁迅从伟大的十月革命中，从世界上第一个工农政权的诞生和成长中，破天荒地看到了"工农大众的模范"，开始知道了"新的"社会的创造者是无产阶级，于是扫除了怀疑，增添了勇气。接着，在经历了1924—1927年的第一次国内革命战争之后，一方面，受着剧烈的阶级斗争的震荡和教育；另一方面，他对于马克思主义进行了认真的学习，终于在中国共产党的帮助下确立了工人阶级的立场，成了伟大的共产主义者，学会了将科学的世界观作为观察国家命运的工具。他懂得了觉悟的无产阶级必须也一定会组织起来，进行斗争，夺取政权，使自己成为统治阶级，并且由此而"确切的相信无阶级的社会一定要出现！"②

他坚定地、愉快地相信："惟新兴的无产者才有将来！"③

当鲁迅做出这样的结论的时候，中国社会还正处在长夜难明、群魔乱舞之际，但是，鲁迅却并不把貌似强大的反动统治阶级看作时代的主宰，看作时代精神的体现者。相反，他认识到只有无产阶级才是打破旧制度、创建和发展新制度的根本力量，只有无产阶级才代表着历史的未来！因为，他了解到，无产阶级业已成为在历史上起主导作用的阶级，已经成为时代的中心。

如何对待历史遗产？

历史的巨轮，是决不因帮闲们的不满而停运的；我已经确切的相信：将来的光明，必将证明我们不但是文艺上的遗产的

① 《答国际文学社问》，见《鲁迅全集》第6卷，14页。

② 同上书，19页。

③ 《二心集》序言。

保存者，而且也是开拓者和建设者。①

写于1934年1月的这一段话中的“我们”，显然已经是指自己所属的那代表着历史的将来的无产阶级。

对于历史遗产，五四时代的鲁迅也有着与他同时代的先进人物所共具的使用形式主义方法的缺点：所谓坏就是绝对的坏，一切皆坏；所谓好就是绝对的好，一切皆好。但是，鲁迅却一贯坚决地反对对待中外历史遗产的两种最恶劣的倾向：封建复古思想的“国粹主义”和帝国主义奴化思想的“全盘欧化论”。鲁迅对于新文化前进道路上的这两大敌人，自始至终地进行着坚韧的战斗，只是愈到后来，这种战斗更有力、更正确、更彻底罢了。这是鲁迅反帝反封建斗争在文化战线上的重要体现。

鲁迅所批判的“国粹主义”者的“国粹”，并非祖国历史遗产的精华，恰恰相反，他们死命抓住的却是一大堆糟粕：金人玉佛，扶乩炼丹，小脚长辫，《推背图》，八股文……但这样的“国粹”是肯定不能保存我们的，因此我们也就绝不能去保存这样的“国粹”。因为，“要我们保存国粹，也须国粹能保存我们”②。

鲁迅一直很重视对外国文化遗产的吸收和介绍，他那比创作的分量更多的译文集，就是一个最好的说明。他认为，只要是有自信力的人，有自信力的民族，是绝不会害怕吸收外国文明的，“好像吃牛肉一样，决不会吃了牛肉自己也即变成牛肉的”③。见了外国文明就害怕，大叫着恐防“用夷变夏”的，其实倒是因为自己过于衰弱，失去了自信力。不过，他特别强调，对于外国文明必须“加一番慎重的选择”④。他坚决地反对那种用“势利的眼睛”，对于“用金钱和枪炮作掩护”的帝国主义文化，采取奴才态度的买办相——按照鲁迅的形象化的说法，即“西崽相”。⑤

---

① 《〈引玉集〉后记》，见《鲁迅全集》第7卷，679页。
② 《随感录三十五》，见《鲁迅全集》第1卷，383页。
③ 《关于知识阶级》，见《鲁迅全集》第7卷，456页。
④ 《从孩子的照相说起》，见《鲁迅全集》第6卷，63页。
⑤ 参见《“题未定”草（三）》，见《鲁迅全集》第6卷，282～285页。

封建主义的复古思想和帝国主义的奴化思想，是半殖民地半封建社会中如影随形的一对反动同盟军。封建主义者常常拉帝国主义的文化来装点门面，打的旗号是所谓“中学为体，西学为用”；帝国主义者又常常别有用心地希望中国“保存国粹”，他们摇头晃脑地说：“你家圣人的话实在不错！”鲁迅清楚地知道，不论封建主义也好，帝国主义也好，它们所要保存的旧文化，于中国人民只是像鸦片一样，会毒害人民的心灵，对于发展民族的新文化是毫无益处的。

有人根据鲁迅对所谓“保存国粹”的批判，认为鲁迅对于民族传统文化抱虚无主义态度，这其实是别有用心的捏造和污蔑。事实上，鲁迅对于优秀的民族文化遗产，是充分地加以肯定，并且一向十分珍爱的。譬如，他早期对于祖国的医学遗产，虽然曾经一度形式主义地做了过多的否定，但很快地就改变了看法。1933 年，他在谈到《本草纲目》时就认为，这虽“是很普通的书，但里面却含有丰富的宝藏”，“这书中的所记，又不独是中国的，还有阿剌伯人的经验，有印度人的经验”，这些经验“留给后人很大的益处”，“实在是极可宝贵的”①。此外，他对于祖国的绘画、雕刻、音乐等，都给予了充分的重视和肯定。至于他在《中国小说史略》中，对于祖国优秀的古典文学遗产的高度评价，更是大家所熟知的。

鲁迅极其重视对于历史遗产的继承，因为他知道：“新的阶级及其文化，并非突然从天而降，大抵是发达于对于旧支配者及其文化的反抗中，亦即发达于和旧者的对立中，所以新文化仍然有所承传，于旧文化也仍然有所择取。”②

鲁迅认为，重要的是对于继承历史遗产要有一个正确的态度和方法。

1934 年 5 月，鲁迅在《论〈旧形式的采用〉》一文中提出，对于历史遗产，应该“如吃用牛羊，弃去蹄毛，留其精粹，以滋养及发达新的生体”，以及对历史遗产要“有所删除，有所增益，有所变革”。在稍后几天所写的《拿来主义》一文中，他对这种主张做了详

---

① 《经验》，见《鲁迅全集》第 4 卷，412 页。

② 《〈浮士德与城〉后记》，见《鲁迅全集》第 7 卷，586 页。

尽的发挥。① 他极生动地用一个穷青年得了一所大宅子来做比喻，他认为，对于这所“大宅子”，下面三种态度都是极端错误的：

1. 因为反对这所宅子的旧主人，怕给他的东西染污了，徘徊不敢走进门——这是孱头；

2. 勃然大怒，放一把火烧光，算是保存自己的清白——这是“昏蛋”；

3. 原本羡慕这宅子的旧主人的，这回接受一切，欣欣然地蹩进卧室，大吸剩下的鸦片——这当然是废物。

鲁迅认为这三种态度都是要不得的，正确的态度“首先是不管三七二十一，‘拿来’!”拿来之后，就占有、挑选：“或使用，或存放，或毁灭。”

鲁迅在这里极其深刻地阐明了对历史遗产的批判地继承的原则。他指出，对于历史遗产，既不能粗暴地全盘否定，也不能简单地全盘接受；要敢于继承，但必须经过批判、辨别。而经过批判地继承之后，往往能“化腐朽为神奇”，害人的鸦片也能够变成治病的药物。鲁迅对于历史遗产的态度是很全面、很深刻的，这是因为他对于历史遗产，不是采取形而上学的而是采取辩证的、分析的方法。正如毛主席指出的：“鲁迅后期的杂文最深刻有力，并没有片面性，就是因为这时候他学会了辩证法。”②

在“大宅子”面前，不要做不敢入门的“孱头”，不要做放火的“昏蛋”，当然，更不要做接受一切的“废物”，而要能真正地成为历史遗产的保存者、开拓者和建设者。——这对于我们，实在是仍然值得时刻地警惕着的。而要做到这一点，最根本的方法是加强历史唯物主义的学习，加强毛泽东思想的学习。

---

① 这两篇文章均收入《且介亭杂文》，见《鲁迅全集》第6卷。

② 《在中国共产党全国宣传工作会议上的讲话》。

“干”然后知不足*

要说参加农村社会主义教育运动的体会，我觉得最基本的一点是重新认识了自己。在实践中、在斗争中，暴露了很多过去所未曾认识的弱点，在很多方面都感到了自己的不足。我这个人，过去一向很自以为是，从不自以为非，现在开始有点儿自知其非了，这也算是一点不小的收获。

中国过去有句老话，叫作“学然后知不足”。我觉得改一个字就更恰当：“干然后知不足。”干，就是实践。脱离实践，关起门来“学”，光从书本上“学”，结果越学越觉得条条多了，“学问”大了，越觉得了不起了，越自以为是了。这一回，参加这么丰富生动的阶级斗争，参加这么艰苦复杂的生产斗争，生活在劳动群众中间，各种各样的“不足”就一齐暴露出来了。

近来，我对于下面三个问题有了一些新的想法：第一，会不会工作？第二，有没有理论？第三，懂不懂历史？对这些问题，如果一律做完全否定的回答，那也是不实事求是的。问题是：原先对这三个方面，虽不敢说过得硬，但觉得至少还是能过得去的。现在，却深感这几方面都存在着不少问题，有很多的缺陷。

先说工作。

过去，在知识分子群里，似乎工作上还是很能对付的。有时，还颇有点游刃有余的样子。但是，一走出学校的大门，一走到工农群众的面前，一遇到复杂具体的现实问题，一接触到火热的群众斗争，自己却不折不扣地变成了一个最没有知识的人：话也不知该咋说了，手也不知该咋放了，主意也没有了，办法也不多了。

---

* 载《中国人民大学学报》，1965-06-05。

拿讲话这件小事来说，以往和知识分子一起，我是很能夸夸其谈的。嘴一张，话就到。一说开，就像“黄河之水天上来”，一泻千里，“灵感”也多了。

但是，在农民群众面前，却不知怎的，嘴也笨了，舌也拙了，“灵感”也不来了。我记得很清楚，我第一回到一个贫农家里去访问，上炕之后，我们有如下一段对话：

问：你家有几口人？

答：四口。

问：今年收成怎样？

答：不赖。

问：比去年要好一点吧？

答：就是。

问：要搞社教运动了，你是贫农，可要积极参加运动啦！

答：不行！我只管劳动，什么也不知道。

下面就再也谈不下去了。那一晚上，我在那里，坐也不是，站也不是，走也不是，真是难受极了。

有一回，工作队里一位本地干部跟我们开玩笑说：“你们书读多了，读成个书呆子了！”一开始，我只听进去上半句，觉得说我们书念多了，这也不坏。但仔细一想，这正是尖锐的批评。批评的正是我们身上那种在复杂的生活和斗争中迟疑犹豫或者主观武断的毛病，批评的正是我们身上的脱离实际的坏作风，批评的正是我们身上那种酸秀才式的知识分子腔。

一个无产阶级的知识分子，应该首先是个革命者，是个政治活动家，而不应该是个“书呆子”。

说到理论，我也看过一些马恩列斯的著作，也反复地读过几遍毛主席的著作。但是，我们学习理论，并不是为了单纯的学习，而是为了革命实践的需要。“对于马克思主义的理论，要能够精通它、应用它，精通的目的全在于应用。”过去在学校里，对有些问题，也似乎学懂了，学通了。可是一接触到实际，一应用，就出了毛病，这恰恰说明了并没有学懂、学通。

下乡之前，学术界正好开展了“一分为二”的讨论。“对一切事物都应该一分为二”，这一点，似乎已经懂了。但是，刚下来那一阵，对于干部，就硬是不“一分为二”，就是不能用“一分为二”的理论去分析农村形势，分析干部。

后来，经过反复学习党的政策，再对照着平时了解到的许多实际材料，对于农村形势和干部的看法才有了转变。

有没有理论水平？别的我说不准，至少这“一分为二”，我只能打一个不及格。

学历史，已经有十三年了。别的不敢说，历史知识总有一点吧？——这话，也对也不对。

历史是什么？毛主席认为历史就是阶级斗争。不论是中国古代史还是近代史，斗争的主力军是“无数万成群的奴隶”——农民。

那么很显然，要真正懂得历史，就要懂得阶级斗争，就得了解农民。

不懂得现时代的阶级斗争，能够懂得过去的阶级斗争吗？对社会主义时代的农民一无所知，能够了解封建时代的农民吗？——不行。马克思认为人体解剖是猿体解剖的钥匙。只有深刻地认识现在，才有可能更深刻地认识过去。

不参加社会主义教育运动，我对于农村里的阶级斗争、对于农民，懂得吗？了解吗？不！参加了农村社会主义教育运动，就比较地懂了一些，了解了一些。

对于这个问题，我的体会是：一个资产阶级历史学家，可以躲在象牙之塔里，皓首穷经，写那些与人民的斗争毫无关联，甚至是消磨人民斗争意志的“历史巨著”。但一个马克思主义的历史工作者，要在历史科学领域里有所创造、有所发明、有所前进，那就必须到人民群众中去，参加阶级斗争和生产斗争。否则，将一事无成！

写农民的历史，为农民写历史*

我们中国人民大学历史系中国历史教研室的几个同志，在山西五台县阳白公社李家庄大队参加了农村社会主义教育运动，对于历史科学为农民群众服务的问题有一点体会。现在把它写出来，请大家指正。

农民迫切需要文化

劳动人民是历史的主人，是历史的真正创造者。在旧社会里，农民用自己的血汗创造了社会物质财富和精神文化财富，但是他们处在被压迫、被剥削的地位，没有学习文化的权利。中华人民共和国成立以后，农民群众在政治上、经济上翻身做了主人，也就迫切地要求成为文化的主人。新一代的农村知识青年正在成长起来。十多年来，我们在农村文化建设方面做了很多工作，但还远远不能满足广大农民日益增长的需要。在社会主义教育运动以前，李家庄只有一个四年制的初级小学，没有文化室、俱乐部和医疗站。全村的报纸、书籍也不多。近年来加强了农村电影的放映工作，但农民看电影的次数仍然极少。

在社会主义教育运动中，我们帮助农民组织起来，学习毛主席著作，他们的劲头很大。我们又和农民一起建立了文化室，举办了讲习所、故事会，农民群众非常欢迎。

农民如饥如渴地要求学习政治、学习文化。五亿农民群众意气

---

* 载《人民日报》，1965-11-12。署名：夏芗。

风发，信心百倍，为彻底铲除历史上遗留的文化落后状况而斗争。在这样的形势和要求面前，我们历史科学工作者能不能为农村的文化革命和文化建设贡献一份力量？历史科学要不要下乡以及怎样下乡为广大农民群众服务呢？

农民喜爱学历史

要回答历史科学要不要下乡的问题，可以先看看农民中有多少历史知识以及流行着什么样的历史观点，他们是否需要和喜爱历史科学，历史知识在他们的生活中能够起什么作用。

农村中流传着许多历史故事和历史传说。生产队里大多有一些能写、能算、能说的“秀才”，他们往往就是农村的故事员。讲的人眉飞色舞，听的人津津有味。其中有很大部分讲的是历史故事。

农民讲的乡土现代革命历史，具有很大的真实性和很高的价值。李家庄及其邻村有几位刘胡兰式的和狼牙山壮士式的英雄人物，他们光辉壮烈、可歌可泣的事迹，感人至深，值得历史科学工作者为之立传作赞。但是对超过乡土的和现代的范围的历史，农民就只有些片断的、模糊的、不确切的印象了。除少数农村“秀才”以外，大多数农民是很缺乏历史知识的。

农民群众缺乏科学的历史知识。在农村中流行的故事和传说，大多掺杂着虚构的成分。有的还比较健康，能够反映历史的某些侧面；有的则显然是出自剥削阶级的捏造，包含着严重的毒素。劳动人民创造了历史，但是几千年的封建统治剥夺了农民群众正确地了解自己历史的权利。农村文化革命的深入发展要求澄清剥削阶级对历史的歪曲，使农民的历史知识建立在更真实可信的基础上。

农民群众对祖国历史具有深挚的感情，他们爱听历史故事，爱读历史书。但是，他们苦于缺乏指导，缺乏书籍。

为了加强阶级教育，活跃农村的文化生活，我们一共举办过十四次故事会，大部分是讲近现代革命斗争的故事。农民们非常欢迎。

每逢故事会的日子，屋子里挤满了人，来迟了的挤不进去，就站在窗外听。群众反映：听革命历史故事，“既受教育，又听着红火（生动热闹的意思）”。

我们还买了一批通俗历史读物借给农民读，征求他们的意见。不料有一个青年借了一本《鸦片战争》（工农通俗文库），当天就读完了。他称赞这本书，一连几天向我们借书读。

看到这些现象，我们既兴奋，又惭愧。我们过去对农村的文化工作做得太少了，不了解农村的情况和农民的要求，甚至以为农民不喜欢学历史，不能接受科学的历史知识。这些错误想法必须彻底纠正。历史科学工作者应当深入农村，把农民口头流传的阶级斗争史集中起来，加以提高，作为阶级教育的教材；同时，也把科学的历史知识送到农村，让广大农民群众了解自己历史的真面目。

阶级斗争的一个侧面

现在，各地农村正在掀起学习毛主席著作的热潮，这是提高农民政治思想水平，促进农村阶级斗争、生产斗争和科学实验三大革命运动的最根本、最主要的途径。围绕着学习毛主席著作，文化教育方面的各行各业应当紧紧跟上，满足农民群众广泛的、多方面的需要。在这场农村文化革命中，历史科学作为一个方面军，应该而且能够发挥它的战斗作用。

历史科学通过事实的陈述来达到认识规律性的目的，这个特点和农民的认识方法很相近。因此，历史故事和传说曾经是农民智慧的重要来源之一，他们从中学到了待人处世的态度和方法。农民自己在说明一个道理的时候，也往往更多地借助摆事实的办法，很少做长篇的议论分析。在一次会议上，我们听一个贫农（文盲）讲了中山狼的历史寓言，来说明对于假装老实的反革命分子要保持警惕。他讲得虽然不很确切，却很生动。这个发言紧紧扣住了听众的心弦，有很强的说服力。

历史知识潜移默化的教育力量是相当强大的。人们读历史书的同时，不知不觉地在陶冶自己的品质。革命的历史故事给人以鼓舞和推动，而反动、淫秽、不健康的历史故事则给人以消极恶劣的影响。革命和反动、正确和错误，两种历史故事和历史传说都在农村中流行，这是农村阶级斗争的一个侧面。党教导我们，在整个社会主义阶段，政治、经济、文化、思想各个领域中的阶级斗争是不会停息的，这个斗争是长期的、反复的、曲折的、复杂的，有时还是很尖锐的。马克思列宁主义的历史科学如果不去占领农村的阵地，那么，包含着资本主义和封建主义毒素的历史知识、历史观点就仍然要谬种流传，继续腐蚀着农民群众的思想。事实上，农村中确有一小撮反动分子，还在那里嘘其余焰，妄想按照他们的需要和方式来培养他们的接班人。农村青年爱听故事，他们就投其所好，大讲神仙鬼怪、孝子忠臣；农村青年爱读书，他们就拿出荒唐淫秽的旧小说给青年们读。这种现象岂不就是尖锐的阶级斗争的反映吗？

历史科学是一门具有鲜明党性的科学，是党在文化战线上向劳动人民进行政治思想教育的有力武器。历史科学工作者应当是朝气蓬勃的革命战士，应当写出适合农民需要的科学的历史，特别是“四史”和近现代革命史，宣传无产阶级的革命的科学的历史观点，批判地主阶级和资产阶级的历史观点，在农村文化革命中贡献出自己的一份力量。

为谁写和写什么

历史科学，也如哲学社会科学的其他学科一样，只有适应时代的需要，为千百万人民群众所掌握，才能具有强大的生命力。当然，两个方面的工作都是重要的：既要有普及基础上的提高，也不可忽略了在提高指导下的普及。

中华人民共和国成立以来，历史学界在历史知识的普及方面做了不少工作，但从广大农村的需要来说，是远远不够的。我们在李家庄住了半年多，连一本通俗历史读物也没有看见。周围几个村庄，情况也是一样。据我们在县城和几个市镇上的了解，历史书籍一般也很少。这是历史科学工作者应当极端重视的问题。

写出适合农村需要的历史作品，关键在于历史科学工作者自身的思想革命化。我们必须听毛主席的话，深入农村去蹲点，和贫下中农交知心朋友，学习劳动人民的高贵品质，使我们的思想感情和农民息息相关。这样，写出来的作品才能立场鲜明、思想性强、通俗生动，为广大农民群众所欢迎。

为农民写历史，首先应当写农民自己的斗争史。占人口绝大多数的农民群众是几千年来历史舞台上的主角，历史科学当然要反映和讴歌农民群众创造历史的丰功伟绩。历史学界的确也很重视农民战争史的研究，但是农民战争的史料较少，而且几乎全是剥削阶级遗留下来的充满诬蔑歪曲的记载，如果只是局限在这样的史料堆里，就很难探究到历代农民战争的真相。要深入理解农民战争的历史，很重要的一条是深入农村，调查农村的现状和过去，了解农民生产和生活状况，体会他们的思想感情和要求。流不尽的血泪、诉不完的苦难、扑不灭的仇恨，正是这一切一次又一次地开动了历代农民战争的发条。要抓住这根历史的发条，就只有到农村去，和农民同命运、共呼吸，做深入的调查研究，此外别无捷径。

就在李家庄这个偏僻的小山村里，我们听到了许多极富教育意义和历史价值的传说。几百年前，有两户农民怎样迁徙到这里，他们的汗水滋润了这片土地，辛勤地抚育起附近的山村。清朝初年，爱国志士傅山的朋友怎样在这里组织起义，又怎样被清兵击破。若干年前，某村的大恶霸向李家庄勒索银米不遂，怎样一把火将全村化为灰烬。特别是在抗日战争和解放战争时期，活在农民记忆里的革命事件和英雄人物更加丰富具体，神采奕奕。农民群众没有读过历史学家的论文，他们从自身最切近的斗争历史中受到了教育，吸取了前进的力量，而历史学家却对群众的斗争史知之不深，类似这些可歌可泣的生动史实还没有在史册中得到更多的反映。

目前，各地正在展开群众性的编写“四史”的运动，这是人民群众伟大的自我教育运动，同时也为历史研究开辟了一个宽广的新天地。历史科学工作者应该积极投身到这个运动中去，认真地改造自己的立场、观点和方法，全心全意地帮助群众续起红色的家谱，让群众的革命英雄主义广泛传布，成为鼓舞全体人民的巨大力量。

当然，写“四史”，写群众近现代革命史，并不排斥我们为农民创作其他历史作品。我国人民为自己悠久的革命传统和丰富的历史遗产而自豪。历史上阶级斗争和生产斗争的经验教训可以作为今天的借鉴。只要我们坚持古为今用的方针，引导农民向前看，那么，古代的和世界的人民革命的历史也能够成为推进农村文化革命的巨大力量。

历史科学怎样下乡

历史科学工作者有了为农民服务的决心，还需要解决怎样服务的问题。

毛主席谆谆教导我们：“共产党员如果真想做宣传，就要看对象，就要想一想自己的文章、演说、谈话、写字是给什么人看、给什么人听的，否则就等于下决心不要人看，不要人听。”① 这个宣传的对象决定了我们所应采取的宣传形式和宣传方法，因此对于宣传对象必须下一番调查、研究、分析的功夫。归根到底，仍然是个下乡蹲点的问题。只有下乡蹲点，才有可能熟悉和了解农民，写出内容好、形式好的通俗历史读物。

我们在李家庄分发了一批通俗历史读物，征求农民的意见。他们表示很欢迎。但是，他们也提出了很多意见：

第一，情节不够生动。不少农民反映通俗历史读物“不红火”，有些书里“没有人”（指史话一类），有些事“写得太简单”，“读着没意思”。这就是说，他们希望的历史读物，人物要有性格，故事要

---

① 《反对党八股》。

有情节。历史科学不是文艺作品，当然不允许随意虚构，但却应当尽量写得像文艺作品一样生动可读。它不但要说服人，而且要感动人。历史本来是无限生动的，但到我们手里往往把它弄得干巴巴的，这是我们的过错。

第二，语言文字不够群众化。这里面有两个问题，一个问题是难字难句、名词术语、人名地名太多，文章半文半白、半中半西，农民不容易懂；另一个问题是有些书带有“学生腔”，表达方式和农民的不一样，他们看不惯。毛主席再三要我们学习人民的语汇。我们听了农民讲的一些故事，他们的语言确实生动、简洁、风趣。我们应当认真地向农民学习，这样才能把一件事、把一个思想说到农民的心坎上。

第三，选题缺乏针对性。有些农民反映，通俗历史读物里写的人物、事件，他们大多不知道，而他们熟悉的人物、事件，书里又没有。譬如，这里距北宋名将杨业的故乡很近，他们自然而然地很关心杨家将。农民希望复习和验证自己已有的历史知识，并在这个基础上扩大知识的领域。如果整本书全是陌生人、陌生事，农民是要摇头的。

此外，还可以采用连环画、故事会、幻灯片、科教影片等手段，创造一些普及历史知识的新途径。

历史科学怎样下乡？办法是从实践中来的。如果我们真正放下架子，到群众中去，诚恳地向农民学习，诚恳地为农民做事，那么，我们就一定能够积累起普及历史知识的好经验和好办法。

论义和团的纪律*

一

义和团的纪律究竟怎样，是好还是坏，这是义和团运动中一个较为具体的问题。

中华人民共和国成立以来中国近代史的一般论著，对这个问题大抵做了肯定的回答。在谈到义和团纪律的地方，通常用的是“严明的”“良好的”“严正的”“森严的”“严格的”“自觉的”一类形容词；一些文章和专著斩钉截铁地宣布：“义和团严明的纪律，是绝对不容许任何人抹杀的”，“是丝毫不容许歪曲的”。最近，有的文章对此提出了不同的看法，认为“义和团的纪律是靠封建迷信与对死亡的恐惧来维持的”，而“用这种办法来维持纪律是不会长久的”。因此，到后来，抢劫财物等就成了常事，“封建迷信的无效和农民的无组织无纪律更使得义和团的组织涣散解体，成为不可避免”。

两种结论截然相反，但历史的真相却只有一个。究竟哪一种说法更加符合或接近历史的本来面目呢，这就引起了我们进一步探究的兴趣。就义和团运动史的研究来说，这自然说不上是最为重大的课题，但弄清楚这个问题的具体情况，对于分析这一运动的优点和缺点、长处和局限，却也绝不是毫无意义的。

应该说明，上述两种看法都是有一定的历史资料作为依据的。问题是，社会现象是如此复杂，对于同一事物往往有着相互矛盾抵牾的记载。义和团运动时期，社会上各个阶级、各种政治派别和各

* 载《近代史研究》，1980（4）。

色人物，由于各种不同的原因，对义和团采取了不同的态度：或者同情、支持、赞助，或者反对、敌视、镇压；有的欺骗、利用，有的坐视、观望。在不同人物的笔下，对义和团的纪律，也就有的说坏，甚至坏得一塌糊涂；有的说好，简直好得无以复加。其实，在历史上对农民武装或褒或贬都曾发生过，只是义和团由于所处社会矛盾和斗争形势的特殊复杂性，表现得更加突出罢了。例如，信奉义和团的刘以桐在《民教相仇都门闻见录》中称赞团民"均自备口粮，毫无滋扰"①，而坚决主张剿灭义和团的劳乃宣在《拳案杂存》里则宣称"其党焚杀劫掠，无所不至"②。又如，西什库天主堂的法国主教樊国梁在信中指斥义和团"抢掠焚杀，有逾土匪"③，而为了某种政治目的利用义和团的刚毅则声言"拳民出死力为国宣难，入京以来，秋毫无犯"④。不仅如此，就是同一个人，在不同时期，也可以对义和团的纪律做出完全相反的评论。我们可以举直隶布政使、曾经一度任署理直隶总督的觉罗廷雍为例。廷雍是著名的"溺信"义和团的官僚之一。当时，他曾对义和团的许多方面当然也包括纪律在内，做过种种的赞扬。但是，一到八国联军占领了北京，慈禧在逃亡途中下了"剿团"的上谕之后，廷雍也就立即见风使舵，积极地调兵遣将，四处屠杀义和团，而这时他在奏折里也就谈起义和团"扰害地方，勒索财物，欺侮官商"⑤ 等来了。

哪一种说法可靠一些？我们应该相信谁？

可不可以设想：由于义和团从事的是爱国的正义的斗争，因此，在纪律方面，说好的才是真实，说坏的统统是"诬蔑"？或者反过来，由于义和团发动的是一场没有先进阶级领导的自发的农民运动，而且又受了封建主义的严重影响，因此，说坏的才是真实，说好的只是"吹捧"？——不，不能这样，这是一种过于简单的办法，而历史却并不是如此简单的。

---

① 《中国近代史资料丛刊·义和团》第二册，183页。
② 《中国近代史资料丛刊·义和团》第四册，457页。
③ 《近代史资料》，1963（3）。
④ 《中国近代史资料丛刊·义和团》第二册，486页。
⑤ 《义和团档案史料》上册，584页。

看来，即使对待如纪律好坏这样的具体问题，随意抽出一些个别事实和罗列一般例子也是无济于事的，必须掌握大量的、批判地审查过的历史资料，努力按照列宁提倡的方法，“从事实的全部总和、从事实的联系去掌握事实”①，才能在矛盾混乱的材料中逐步弄清它的真实面貌。

二

如果狭义地来谈论纪律，也就是说，如果把问题限制在义和团对待普通群众（当时的文字材料一般称作“平民”或者“良民”）是否随意烧杀抢掠这个范围之内，那么，应该说，义和团的纪律在主要的、基本的方面来说是好的。

请看事实。

义和团在山东发展起来以后，较早的一次军事行动是朱红灯等在平原的战斗。有两个材料谈到这个时期义和团的纪律问题。一个是光绪二十五年十一月二十四日（1899 年 12 月 26 日）翰林院侍讲学士朱祖谋的奏折，其中说：“拳会人数既众，良莠自不能齐，果有不法，岂可概从宽纵，致贻养痈之患。第该拳会等为徒虽夥，未闻扰害平民，劫掠官府。”② 另一个是同年十二月初五（1900 年 1 月 5 日）御史高熙喆的奏折，其中说：“即如山东平原教案……平心而论，罪在教民，不在平民也。不知者，顾归咎于义和团诸会，竟以会匪目之。夫村民联壮结会，并无他意，不过为各保身家起见。虽其间良莠不齐，然究无骚扰闾阎情事。”③

这两个人，朱祖谋认为义和团“将为不测之患”，因而主张“剿办解散”；高熙喆则认为团民是“朝廷赤子”，竭力反对袁世凯的“痛剿”方针。他们对义和团的政治态度不同，然而，当谈到义和团

① 《列宁全集》第二十三卷，279 页。

② 《义和团档案史料》上册，43 页。

③ 同上书，49 页。

的纪律时，却异口同声，一个说“未闻扰害平民”，一个说“究无骚扰闾阎情事”，这当然不能认为是偶然的巧合。

义和团从山东发展到直隶，在更加广阔的范围内展开了斗争。1900 年春夏之交，义和团先在涞水击毙了前来镇压的清军统领杨福同，接着数万团民占据了涿州城，引起了帝国主义和清朝政府的极大的震动。那么，义和团在这一地区的纪律又是如何呢？

跟着刚毅、赵舒翘到涿州一带调查情况的顺天府尹何乃莹曾两次谈到义和团在这一地区的纪律问题。据《高枬日记》，于式枚给高枬看过一封何乃莹的“涿州来信”，信中谈及义和团时，“谓其吃小米、苦盐，持戒甚严，故无掳掠”①。另外，何乃莹在与赵舒翘一起写的奏折中也说义和团“并无抢劫焚掳之事”②。

不过，我们对这些材料且不要忙于轻信，因为何乃莹同赵舒翘一样，都是看刚毅眼色行事而表示“支持”义和团的。他们讲的是不是事实，还需要别的材料的印证。

有一个名叫吴正斋的退休小官僚，在写给儿子的家信中谈到义和团占据涿州城的事，信中说：“闻其居城一日，城内毫无扰害。”③从信的口气看，此人是坚决反对义和团的，自不会替义和团故意做什么粉饰。不过，他此时住在保定，涿州的事也只是得诸耳闻，所以，也还算不得是第一手的资料。

相比之下，下面两个材料的可靠性要更大一些。光绪二十六年五月初四（1900 年 5 月 31 日），直隶总督裕禄的中军副将张士翰在致裕禄的一封电报中报告说：“（义和团）踞城自卫，尚无骚扰衙署、居民之事。”④ 张士翰自称，他这个消息是“细询”兵丁后得来的。过了两天，裕禄在回复总理衙门的电报中说：“现在拳众聚集涿州关厢甚多……与民杂处，虽未搅扰百姓，而匪势甚为猖獗。”⑤ 裕禄后来也是一个著名的“信团”的官僚，但那是在刚毅等到过涿州之后，

---

① 《庚子记事》，145 页。
② 《义和团档案史料》上册，110 页。
③ 《义和团运动史料丛编》第一辑，261 页。
④ 《义和团运动史料丛编》第二辑，137 页。
⑤ 同上书，147 页。

此时的裕禄则对义和团还多少抱着一种敌对的态度，就在这同一封电报里，他还主张“厚集兵力，稍加惩创”。因此，这时他口中所说义和团并不“搅扰百姓”的话，应该说是大体可信的。

所有上面这些材料，最后都在一个上谕里得到了证实。这个上谕这样写：“涞、涿拳匪，既焚堂毁路，急派直隶练军弹压。乃该军所至，漫无纪律，戕虐良民，而拳匪专持仇教之说，不扰乡里，以致百姓皆畏兵而爱匪。匪势由此大炽，匪亦愈聚愈多。”①

这件材料的权威性，并不是由于它出自所谓“皇皇圣谕”，而在于它发布的时间。那是光绪二十六年十二月二十六日（1901 年 2 月 14 日）。这时，慈禧等一行早已逃到了西安。他们为了向帝国主义乞求原宥，也为了应付清政权内部某些政治势力的压力，就一而再、再而三地宣称，“此次衅端，实由拳民肇祸”，把一切罪责全都推到义和团身上，并且竭力洗刷他们对义和团除了围剿“弹压”外还曾有过的其他一切关系。在这种情势下，上谕仍然不得不承认义和团“不扰乡里”，并且拿官军的纪律败坏做陪衬，得出“以致百姓皆畏兵而爱匪”的结论。这里，除了“匪”之一字是对义和团的污称外，其余的我们没有什么理由怀疑它的真实性。

在直隶的其他地区，如景州、易州、良乡、雄县等地，也有一些材料谈到当地义和团的纪律问题，因为情况同涿州一带的差不多，为节省篇幅计，不一一征引了。我们只是举出一位官吏在直隶各州县的旅途见闻，以窥一斑：“余于四月廿三日至德州，均属平顺。廿四日到景州，即闻往北州县，皆有义和团匪与奉教人为难，并不伤害行客。……廿九日到雄县，则沿途皆有，或三五人，或十人八人、四五十人不等，皆腰束红带，首帕用红裹，亦有束带用黄裹者……途中相遇，秋毫无犯。”②

人们更加关心的，大概是义和团进入京津以后的情形。因为义和团进入这个地区之后，一方面斗争更加尖锐了，另一方面封建统治者对他们的控制和影响也加强了，再加上参加义和团的成员的进

---

① 《义和团档案史料》下册，945 页。

② 《节录某大令自京来函》，见《中国近代史资料丛刊·义和团》第一册，250 页。

一步复杂化，这一切不能不对义和团的纪律产生一定的影响。这种影响的具体表现，我们暂且留待下一节再去叙述。这里要讲的是，尽管估计到这一些，但义和团在纪律方面也还没有发生根本的、性质上的变化，同以往一样，从主要的和基本的方面来说，他们的纪律还是好的。

为了选择比较客观的舆论，我们首先挑出这样三个人的著述来分析，这三个人对义和团的态度，大体说来，既不是狂热的信从，也不是势不两立的敌对，而是多少带着一种旁观的意味。对于义和团是“邪”是“正”，他们在那里观察、琢磨、思索。他们对义和团不无微词，有的甚至偶尔觉得为长远计，也许真应该像某些洋务派官僚主张的那样，非“痛剿一二股不可”[①]。但他们对义和团的所作所为，却并没有故意的诋骂或美化。那么，他们是怎样谈论义和团的纪律的呢？

仲芳氏《庚子记事》说：“义和团如此凶横，是正耶，是邪耶，殊难揣测。谓系匪徒滋事，借仇教为[名]，乘间叛乱。看其连日由各处所来团民不下数万，多似乡愚务农之人，既无为首之人调遣，又无锋利器械；且是自备资斧，所食不过小米饭、玉米面而已。既不图名，又不为利，奋不顾身，置性命于战场，不约而同，万众一心；况只仇杀洋人与奉教之人，并不伤害良民；以此而论，似是仗义。若看其请神附体，张势作威，断无聪明正直之神，而附形于腌脏愚蠢之体，更焉有杀人放火之神灵者乎？且焚烧大栅栏老德记一处之房，遂致漫延如此大火，何以法术无灵？以此而论，又似匪徒煽惑扰乱耳。”

《恒谦手札残稿》说：“东城四牌楼以南，各胡同皆有坛，少者亦有四五十人，每日三餐，老米咸菜饭。总理衙门设坛，有八百余人，吃一回切面，须八百余斤，终久将京中吃穷为止。”

《石涛山人见闻志》说：“国家大事，有此一变，不知后来大局如何。论义和团实为神意，众志成城，大家一志，吃素，喝白开水，

---

① 《石涛山人见闻志》，见《义和团运动史料丛编》第一辑，78页。

不为一钱，不扰百姓，不沽名气。拳众皆打仗为事，出自心中愿意。不知天意此一变是何局也，是以加心记之。”

从这些材料反映的情况看，在京师的义和团，首先，生活是清苦的，所食不是“小米饭、玉米面”，就是“老米咸菜饭”，再者就是“吃素，喝白开水”。至多也不过吃一点切面，还引得恒谦发出“终久将京中吃穷为止”的感叹。其次，行动也是约束检点的，他们“既不图名，又不为利”，“不为一钱，不扰百姓，不沽名气”，“并不伤害良民”。材料的作者们对这些是满意的。他们不满意的是“请神附体”而又“法术无灵”，以及对洋人教民的随意烧杀。此外，义和团的行动显然也引起这一部分人对“后来大局如何”的恐惧和忧虑。但这些问题，已经超出了纪律的范围。

不论是在北京还是在天津，义和团都抢过不少教堂、洋行及教民的财产。对于这类事，需要说明这样一点：这主要是义和团的一种政治性行动，它同通常所说的掳掠是有区别的。有材料表明，在抢这些地方的时候，一般情况下（当然并不是无例外地）义和团自己是不取东西的，财物多半让“贫民”“穷人”任意“恣取”。一个极端仇视义和团的人在一份笔记中写道：“里巷之人，始信其术，继利其货。（原注：若辈火人居室，不私一物；火发时令人恣取什物，故火不延烧，而贫民极感戴。）”①

前面提到过的刘以桐，在五月十八、十九两日（6月14、15日）分别记：“顺治门外、内城根天主堂，义和团民炸则桥（?），会齐围烧，喝令穷人抢取财物。”“前门西城根，烧钟表卫姓住宅，奇特东西甚多，穷民分抢无遗。”②

引用这些材料只是想说明，不能因为义和团烧抢教堂、洋行等，就笼统地说义和团纪律已经败坏了。至于义和团这样做在政治上是否可取，是否正确，那是另外一个问题，我们将在下一节中再做分析。

总之，义和团进入京津以后，就纪律而言，并没有变得一塌糊

---

① 黄曾源：《义和团事实》。

② 《中国近代史资料丛刊·义和团》第二册，186页。

涂，不可收拾。这一点，就是当时一些坚决反对义和团的人也是承认的。英国驻北京公使窦纳乐在致英国外交大臣的信中称：吏部侍郎许景澄就曾对他“公然说出，在中国政府缺乏代议制的情形下，决不可忽视像很孚人望的义和团运动所提供出来的这种民意反映”。“虽然教徒遭受很重的报复，国家财产也被损坏，然而迄今为止，普通安分的人民并没受到任何损害。”谁都知道，许景澄是坚决反对义和团的，后来他还为此而送掉了自己的性命，既然连他都认为义和团运动“很孚人望”，“普通安分的人民并没受到任何损害”，想必这种说法不至于离事实真相太远吧！

三

然而，纪律并不是可以孤立存在的东西。任何一支武装队伍的纪律，归根到底，是这个队伍的政治素质的一个方面的反映。义和团对一般的“平民”不掳掠，不“扰害”，有时还让一些“穷民”分取一点“什物”，正表明这支队伍基本上是下层劳动群众的武装，其成员中“农民占其多数”[①]。但是，农民并不是先进的阶级。农民阶级的局限，使得这次运动在政治上和组织上都存在着许多缺陷，而这些缺陷又不能不影响到这支队伍的纪律。

这种影响主要表现在以下三个方面：

第一，义和团的主要斗争锋芒针对的是帝国主义，但是，这个时候，中国人民对于帝国主义的认识，还停留在表面的感性的认识阶段，因此在斗争上便表现为笼统的排外主义。义和团最重要的口号是“灭洋、仇教”。所谓“灭洋”，就是消灭（包括杀戮和驱逐）洋人；所谓“仇教”，便是烧教堂，杀死或惩罚教士、教民，分抢他们的财物，迫令信奉天主、基督等教的教民“反教”。义和团把这一些看作自己最重要的斗争目标。他们在做这些事情的时候，对于什么

① 王崇武译：《英国档案馆所藏有关义和团运动的资料》，载《近代史资料》，1954(2)。

样的人该不该杀死、什么样的财产该不该烧抢，并没有明确的标准，也不根据具体情况（如是否作恶、是否犯罪等）加以认真的区别。而没有区别，也就是没有政策；或者说，义和团的“政策”正是对于“大毛子”“二毛子”的财产和生命可以任意地烧杀抢掠。这当然首先不是纪律的问题而是政治方针的问题。义和团对于教士、教民等任意烧杀，并不是由于纪律败坏造成的，而是由于政治上的笼统排外主义方针导致的。上一节里我们讲到，义和团在抢教堂和教士、教民财产时，自己“不私一物”，而“喝令穷人抢取财物”，就更加说明了这一点。但是，如果从纪律的角度来看问题，那么事情就变成了这样：义和团对于一般“平民”是不加滋扰的，但对于教士、教民则是“焚杀任意，抢掠无禁”。我们在文章的开头曾经讲到当时存在着两种针锋相对的舆论，其部分原因就是因为双方所谈问题的角度不同。强调义和团“毫无扰害”的，一般是指对“平民”“良民”而言；指责义和团“抢掠焚杀”形同土匪的，则往往是指对于教士、教民等而言。有时，这两个方面竟同时从一个人的口中说了出来，如御史郑炳麟在一个奏折里写道：“臣闻义和团风声日恶，专以仇杀教民洋人为事，每至一处，焚毁教房，秋毫无犯，故民心易于翕服。”① 从逻辑上说，到处焚杀同“秋毫无犯”恰恰是互相对立的，但在这里却很自然地把二者统一了起来，其原因就在于烧杀专施于“教民洋人”，对“平民”则是“秋毫无犯”，这才得出了“故民心易于翕服”的结论。

义和团的笼统排外主义，并不仅仅表现在以上所述方面。他们不但反对一切洋人，反对一切与洋人有过交往的人，而且反对一切“洋货”以及使用洋货的人。有一个材料说：“匪中呼洋人为老毛子，教民为二毛子。先犹专杀教民，次则凡家有西洋器具货物，或与西人稍有交往者，概加以二毛子之名，任意屠掠。”② 另一个材料说：“又哄传各家不准存留外国洋货，无论巨细，一概砸抛；如有违抗存留，一经搜出，将房烧毁，将人杀毙，与二毛子一样治罪。大凡铺

① 《义和团档案史料》上册，135 页。

② 吴永：《庚子西狩丛谈》，见《中国近代史资料丛刊·义和团》第三册，377 页。

户住户大小多寡不拘，谁不使用洋货？弃之可惜，留之不敢，人人惶恐，合城不安。”① 这样一来，打击面就扩大很多了，也就是说，义和团对之可以不受自己纪律约束的那部分对象大大地增加了。我们假定义和团的纪律确实是“秋毫无犯”的，又假定没有任何成员想有意地去破坏这秋毫无犯的纪律（在实际上当然不可能有哪一支队伍能做到这一点），但仅仅由于这种笼统排外主义的政治方针，也必然要使这种纪律在适用范围上打上一个不小的折扣。因为它把相当一部分家里或多或少有一点“西洋器具货物”的人都排除到“良民”范围之外去了。

义和团的笼统排外主义，是和封建迷信思想结合在一起的，这种迷信思想又在客观上使义和团的纪律受到一定程度的损害。我们可以举著名的火烧大栅栏事件为例子。光绪二十六年五月二十日（1900 年 6 月 16 日），义和团在排外主义方针指导下，到北京最繁华地区前门外大栅栏去烧老德记洋货铺和屈臣氏大药房。由于相信自己的法力，他们“不许人救，曰断不连烧民房”②。谁知一把火烧起来之后，便再也控制不住，迅速地变成了一场真正的火灾。据当时人记载，有的说烧了一千余家，有的说烧了三千余家，有的说烧了四五千家。总之，“此火非小。将大栅栏、廊房头二三条胡同、西河沿、煤市街北半截、杨梅竹斜街东半截、煤市桥、纸巷子、前门大街路西北半截、西月墙、东西荷包巷、帽巷子，并正阳门南门楼洞，皆烈焰飞腾，金龙万顷，付之丙丁而已矣。可怜几千家生意生业，一刻而尽！皆在义和拳说专烧奉教、不连别家之误也”③。这件事，就义和团的主观意愿来说，他们并不是在那里破坏纪律，恰恰相反，倒是在认真地执行他们的政治方针，实现他们的斗争目标，而其结果，却是上千家无辜“平民”的房屋统统付之一炬。这不能不引起群众的惊恐和不安，“被烧者如醉如痴，未烧者心惊胆战”④，“自大栅栏

① 《庚子记事》，12～13 页。
② 袁昶：《乱中日记残稿》，见《中国近代史资料丛刊·义和团》第一册，348 页。
③ 《石涛山人见闻志》，见《义和团运动史料丛编》第一辑，76 页。
④ 《庚子记事》，14 页。

等处烧毁，市面萧条，人心惶惑”①。这件事造成了很坏的政治影响。

第二，义和团为了解决经费问题，在很多地区实行过“勒捐富户”的办法。这种办法又给了义和团的纪律以何种影响呢？

前面有材料讲到义和团是“自备”资斧和口粮的，但是，对于绝大部分穷困的劳动群众来说，所带显然是很有限的，这至多只能解决短期的问题。在所谓“宣战”以后，朝廷也曾“奖”给团民一些银两和粮米，但数量也不是很多。要解决如此庞大的队伍的给养，支持较长时期的斗争，必须另想筹措经费的方法。其中重要的一项，就是“向富户勒捐银米”②。有记载说，不少“绅耆富室曾被匪众勒令助器、助饷……勒派供支”③。

本来，在历史上的农民起义中，采用这种办法来解决军费问题是屡见不鲜的。人们并不认为这是农民军纪律败坏的表现，恰恰相反，倒是体现了他们反封建的革命精神。但是，义和团运动同以往的历次农民起义和农民战争有一个很大的不同之点，那就是他们的斗争锋芒，主要不是反对封建主义而是反对帝国主义。他们尽管不可避免地要同封建统治秩序发生这样那样的冲突，有时甚至是很严重、很尖锐的冲突，但却没有提出过明确的反封建主义的斗争纲领。在这种情况下，义和团的“勒捐富户”，似乎变成了名不正言不顺的事。义和团没有勇气理直气壮地宣布这样做的必要性和合理性，于是，他们只得在方法上借助于某些不那么光明正大的手段。李鸿章在一个奏折里说：“窃查顺直地方，自本年五月拳匪倡乱以来，每勒有力之家捐助钱米，稍不遂欲，辄加以二毛之名，任意烧杀，官司不敢过问。”④

这是不是李鸿章的诬蔑之词呢？恐怕不能这样说，因为类似的记载还有很多。《赵声伯庚子纪事长札》云：“于民间则指称教民，勒令捐助银米，不遂即焚杀从事。”⑤ 杨慕时《庚子剿匪电文录》

---

① 《义和团档案史料》上册，161页。
② 佚名：《天津一月记》，见《中国近代史资料丛刊·义和团》第二册，143页。
③ 阎骏业：《荼城冒险记》，见《义和团运动史料丛编》第一辑，240～243页。
④ 《义和团档案史料》下册，929页。
⑤ 《中和》月刊，第2卷第1期。

载："凡有富厚之家，指为教民，则所掠无算。"柳溪子《津西毖记》称："又诈称某富户奉教，馈以财物得赎罪。"龙顾山人《庚子诗鉴》记："凡教民皆目为直眼。其鱼肉富室，亦以直眼论，必输多金乃免，否则屠其人、火其居。"①

应该说明，这种硬给人扣上"二毛子"（这在当时是一顶十分吓人的帽子）之名以勒捐财物的办法，只是用于"富室"，对一般"平民"则是"随意捐助"，并不做任何的强迫。《都门纪变百咏》中即曾讲："自六月初旬起，街坊无赖辈挨户写捐，米麦银钱，随意捐助。"② 但即使如此，实行这种"勒捐富户"的办法，仍然使义和团在某种程度上丧失了社会舆论的同情，因为谁都看得清楚，这种"罪名"（如果算是"罪名"的话）是无中生有地加上去的。随便入人以罪，不管出发点和目的是否正当，都必然要引起人们的疑虑和戒惧。而且，这么一来，"获罪"和"赎罪"都变成了不确定的东西，没有什么客观的标准，一切都取决于某些人的主观意志，这就不能不为那些混入义和团的不法之徒破坏纪律造成可乘之机。

第三，义和团的组织是十分松散的，没有统一的领导，没有严密的建制，更没有必要的管理。任何人，只要愿意，挂起红带子便成了团民，聚集若干人便可以立坛。如果任何一次大的群众斗争都不免会有一些不纯分子混入的话，那么，在义和团运动中，鱼龙混杂、泥沙俱下的情况便表现得格外突出。

这种组织状况当然要给义和团的纪律带来消极的影响。

佚名《天津一月记》说："城中自有团匪以来，焚杀任意，抢掠无禁。甚至抢衙署，劫监狱，无人过问。是以素不安分之徒，或设坛附和，或仿效装束，鱼肉良善，人人思乱，不复知有法纪矣。"前半句所说的"抢衙署，劫监狱"，显然属于一种政治性的活动，而自从一些"素不安分之徒"也穿上了义和团的装束之后，便不免出现了"鱼肉良善"的现象。这种情况在北京也同样存在。仲芳氏《庚子记事》说："各乡村团民，尚多粗食布衣。京城内新设各

① 《庚子事变文学集》上册，103～104 页。
② 同上书，121 页。

坛团民，虽亦蒙头裹腿，打扮相同，而衣履旗帜皆多绸绉。人人洋洋得意，夸富争荣。”“京城无业游民亦多立坛集众，竖旗为团，借端生事。”

这个材料特别强调了从各地农村进入京师的义和团同城里那些无业游民或纨绔子弟所组织的“团”在纪律方面的区别，指出“近观各州县之义和团民，粗食布衣，尚有朴实耐劳之气象”，而后面那一类的“团民”，“立坛愈多，勒财之法愈奇”①。

这里，材料的作者对义和团的纪律采取了分析的态度，既不是绝对的肯定，也不是绝对的否定，并且实事求是地指出了纪律好和不好的都分别是些什么人。我认为这是比较客观和公正的。

义和团组织松散，不但难以杜绝某些投机分子混入义和团为非作歹，甚至还出现某些人出于政治目的而嫁祸于义和团的现象。例如，有一个材料说：“直北一带，天主教民往往效拳匪服色，四出行劫。有被获者，自称义和团，则地方官即刻释之。”② 另一个材料说：“（自昌平）到京，闻大炮声不解，到宅，则闻拳团尚守法，某军不服朝命，所为烂事，皆推之于团。”③

这两个材料，一个说的是教民，一个说的是官军，他们冒充义和团，做了“烂事”，则都推到义和团身上，其目的显然是为了败坏义和团的声誉。顺便说一下，这两个材料的作者对义和团都是持反对态度的。

义和团曾对专门扰害百姓的所谓“假团”进行过斗争，甚至还杀了一些人。但是，这一工作是自发和零星地进行的，并不曾有计划地和大规模地做过，因此收效不大。义和团组织方面的弱点，使得他们没有能力整顿和纯洁自己的队伍，及时清除那些混入队伍的投机分子。也正因为这样，义和团对于一般群众的纪律，也只能说基本上是好的，绝不可能真正地做到秋毫无犯。这一点，甚至可以说是不以他们自己的主观意志为转移的。

---

① 《庚子事变文学集》上册，25页。

② 佚名：《庸扰录》，见《庚子记事》，256页。

③ 《高枬日记》，见《庚子记事》，151页。

四

比较，往往能使人更好地看清事物的真相。在这篇文章即将结束的时候，我们稍稍花点笔墨，把义和团的纪律和清政府军的纪律做一点比较，我想是有好处的。

这种比较，在义和团运动当时就已有不少人做过。

前面提到的那个讲涞、涿地区情形的上谕，就是一例。不过，上谕中所说的“百姓皆畏兵而爱匪”的现象，却绝非只是涞、涿一地如此。

光绪二十六年五月十五日（1900年6月11日），守护西陵大臣奕谟等在一个奏折里谈到易州一带的情形，说：“（义和团）虽日聚日众，从无扰累平民。今练勇以剿灭拳教为名，乃至肆意焚掠，戕杀无辜，势必至百姓不畏拳匪而畏勇营，则拳民之煽惑人心，弥易为力。”[①] 尽管这个奏折写在前述上谕之前半年多，但所用的语言却几乎和上谕的一模一样。不过，这里的叙述还是比较抽象的。究竟官军怎样“肆意焚掠”，义和团怎样并不“扰累平民”，在上谕、奏折之类的文件中大概是难以详述的。要看具体生动的描绘，还得找私人笔记。

有一个名叫王大点的人，原是京城五城公所的一名差役。义和团运动起来后，他无所事事，便整日在街头闲逛。在他留下的《王大点庚子日记》中，详细地记载了他所目睹的一些抢劫事件。统计了一下，日记中提到抢掠之事共十七处，其中说明是官军（甘军、游勇等）所抢的五处，土匪所抢的五处，其他的（所谓“回籍人”）一处，未讲抢者身份的六处，但没有一个地方说是义和团抢劫的。在日记中，王大点并不讳言他自己也常常趁火打劫，在混乱中拿些木料、皮衣、瓷锡器、现钱等，甚至在一次抢兴隆斋书铺时，他也跟着进去“抢抄”了“旧书数十本”[②]。既然如此，他当然不会专门

---

① 《义和团档案史料》上册，130页。

② 《王大点庚子日记》，见《义和团运动史料丛编》第一辑。

为义和团做什么隐饰，何况从日记看，他对义和团也并不怎么信奉。他没有提义和团抢劫，想必这类事确实主要发生在官军和土匪身上。

仲芳氏的《庚子记事》，对于这方面的情形有着更加详尽的记述。作者在光绪二十六年五月二十七日（1900 年 6 月 23 日）这一天记：

> 前门内枪声昼夜未息。棋盘街东城根、户部街、兵部街、东交民巷、达子馆、南北御河桥、东长安街、台基厂、东单牌楼头条二条三条、王府井、丁字街、东华门皇城根，并霞公府、甜水井、蔡厂［菜厂］、阮府［大阮府］等处大小各胡同，无论贫富铺户住户官宅民居，俱被武卫各军大肆抢掠，骚扰无遗。有因移避别处中途被劫者；有将人口逃出，家货被抢者；有因武卫军闯入院内，枪伤事主，打劫者；有因官军进院逐杀男子，霸占妇女者；有因土匪假扮营勇团民，借端抢掳者；有因奉教二毛子躲避进院，营勇团民追入院中，玉石俱焚者；有因二毛子进院，先将良民杀害，欲图藏匿者。各铺户有因保护货物，不敢开门，合铺被烧者；有因逃避，携带财物，遇匪劫杀者，更有全家殉难自尽者。种种惨祸，不堪胜记。大抵逃出性命，即为万幸，何敢顾及保全财产。总之，武卫军大肆劫掠，土匪乘机抢掳，满街巷男哭女啼，寻儿觅父，惨乱之状，不忍见闻。①

这里展示了当时烧杀抢掠奸淫的各种形态，而其中涉及义和团的只有一件事，那就是追拿“奉教二毛子”。至于其余一切令人发指的罪恶行径，全都是官军和土匪——特别是武卫军干的。

其实也不仅是武卫军如此。在京津一带，除武卫军外，神机营、虎神营、八旗军、甘军以及后来添募的虎军等，无不“肆行劫掠，其凶横直与强盗无异”。他们“诬良为盗，指民为二毛子，搜抢财物，奸掳妇女，强买强卖，霸占民房，焚烧铺户，种种残虐，不堪

---

① 《庚子记事》，17 页。

枚举”，以致“众怨沸腾，人心共愤”①。官军纪律之窳败，连老于行伍的李秉衡也说是见所未见。他在一个奏折里这样说：“就连日目击情形，军队数万充塞道途，闻敌辄溃，实未一战。所过村镇则焚掠一空，以致臣军采买无物，人马饥困。臣自少至老屡经兵火，实所未见。”② 难怪有人说：“此等兵勇，以之御敌则不足，以之殃民则有余。”③

总之，就纪律而言，义和团确实要比官军好过不知多少倍，这是不可否认的事实。

由于历史的和阶级的局限，义和团在自己的斗争中存在着许多错误和缺点。尽管如此，他们的运动仍然得到了广大群众的普遍同情和支持，这除了取决于这个运动的革命性和正义性之外，良好的纪律恐怕也是一个重要的因素。

这篇文章并不是对义和团运动的全面评价，只是就纪律论纪律，稍微涉及一点其他方面的问题，也只以直接、间接地与纪律有关的为限。我想，一个一个具体问题弄得比较清楚了，也会有助于对这个运动的综合评价吧。

---

① 《义和团档案史料》上册，245页。

② 同上书，469页。

③ 同上书，188页。

农民战争的壮丽画卷*
——评《星星草》上卷

凌力同志的长篇历史小说《星星草》，反映的是中国近代史上一场暴风骤雨式的伟大农民战争——太平天国运动时期的捻军起义。读完刚刚出版的上卷，我们感到，这部作品的一个优点是，作者遵循历史小说的创作规律，在历史真实和艺术真实的结合上，做出了自己的努力。作品描写的重大事件和主要人物，都是历史上确实存在过的，是符合历史实际的。但是，作者并没有拘囿于历史事实，而是通过巧妙的艺术构思，对史实加以取舍、想象、虚构、集中、概括，以引人入胜的故事情节刻画，性格鲜明的人物塑造，生动具体的社会风习描绘，把一个多世纪以前的那一场惊心动魄的斗争，艺术地再现在读者面前。

《星星草》上卷通过后期捻军从濒临败亡到重新振兴的曲折过程，为我们描画了一幅气势磅礴的农民战争壮丽画卷。作品以相当的篇幅进行了战争场景的描写。一个战役接着一个战役，但却并不使人感到重复或雷同，而是变幻多姿，各有特色。拿捻军三次消灭僧格林沁的前锋部队来说，写法上就各不相同。第一次太平桥之战是实写，详细地写了战斗的准备、发动、经过和结局。第二次邓州之战是虚写。虽然这次战斗给予官军的打击并不次于上一次，但小说只用了不到五十字，就一笔带过了。第三次鲁山大捷则是先虚写，后实写。先是通过僧格林沁的眼睛，环视了官军尸横遍野的战场，预先点明了战斗的结局，然后再用倒叙的笔法，生动地绘述了战争的全部经过。这样，读起小说来就时时给人以新鲜之感。

---

* 载《光明日报》，1980-10-29。

在捻军和封建朝廷的反革命武装的生死搏斗中，小说并没有把官军写得孱弱无力，不堪一击。小说并不回避官军在军事实力上的优势，而是着力揭露在貌似强大的军事力量后面存在着的政治上的虚弱。不论是僧格林沁也好，还是曾国藩、李鸿章也好，他们的军队都面临着两个极其尖锐的矛盾。一个是他们同人民群众的势不两立的阶级对立：官军所到之处，烧杀抢掠，无恶不作，而人民群众则如曾国藩自供的“恨兵如仇”。另一个则是封建军队各派系之间的内部争斗，他们互相倾轧，尔虞我诈，甚至不惜兵戎相见。小说以生动的故事情节，让这两个矛盾得到充分的展现，并且使之与捻军同人民群众的骨肉情义以及捻军将士之间的革命团结做鲜明的对比。这就使读者有充分理由相信，手持旧式武器的捻军，能够在与训练有素的官军作战中取得一次又一次辉煌的胜利，是合乎情理的，是符合生活逻辑和历史逻辑的。

《星星草》结合着波澜起伏的情节开展，塑造了一批血肉丰满、性格鲜明的人物。这些人物中的大多数，虽然在上卷中尚未完成其个性的最后创作，但已经给人留下了深刻的印象。

小说着力刻画了那些叱咤风云的革命农民英雄的群像，特别是这支起义队伍的主要领导人赖文光、张宗禹和任化邦。

赖文光的历史原型，本来就是一位文武兼备、智勇双全的英雄人物。他是一个自金田起义就参加革命的太平军老战士，曾转战南北，累建功勋。在小说中，赖文光是在广大捻军将士的期待、关切、信任、爱戴的气氛中出场的，又受命于危难之际，在起义军面临存亡继绝的生死关头被推为统帅。接着，小说把赖文光放到一系列矛盾冲突的中心地位，让他在处理和解决这些矛盾时，展示其作为农民领袖的种种可贵品格。小说写赖文光的智，不仅是写他个人的聪慧敏捷，而是着重表现他运筹帷幄，指挥若定；在政治眼光和军事才能上，他较之同时代的战友站得更高些，看得更远些，想得更深些。小说写赖文光的勇，也不仅是写他个人的孔武威猛，而是着重表现他襟怀阔大，气度恢宏，有着坚毅沉着、临危不惧的革命胆略。梁王张宗禹和鲁王任化邦，是小说用力刻画的另外两位农民领袖。

在封建时期编纂的史书中，张宗禹有“沉静好谋”之名，任化邦则有“骁勇善战”之誉。在作品中，通过一系列富于传奇色彩的故事情节和细腻朴实的性格发展，我们看到了张宗禹这样一个年轻的农民领袖在斗争锻炼中逐渐成熟的过程，也看到了任化邦这样一个勇敢、忠诚、豪放、粗犷的农民领袖的典型性格。此外，小说还塑造了农民起义军中其他一些英雄形象，如英雄母亲刘三娘、青年将领罗立海、从小在革命队伍中长大的少女罗晓妹、活泼开朗的捻军小将小皮绠等。这些人物，也都写得有血有肉，栩栩如生。

值得一提的是，作者在描绘这些农民英雄群像时，并不是把他们写成满脑子只知道冲锋陷阵、杀敌斩妖，对其他一切都无动于衷的人物。在作者的笔下，这些农民英雄很有“人情味”，他们有丰富的精神世界，有强烈的感情。小说写出了他们对于阶级敌人的恨，又多方面地写了在革命队伍内部各种不同性质的爱：赖文光对于将士、人民群众的阶级爱和同志爱，向革命贡献出了自己五个儿子的刘三娘的母子之爱，张宗禹和罗晓妹在生死与共的战斗中萌生、建立的男女之爱，一对烈士子女罗立海和罗晓妹的兄妹之爱，甚至还有“绿林英豪”式的任化邦和鲁王嫂的夫妇之爱，等等。这些各式各样的爱的描写，不仅没有损害英雄形象，反而使这些形象更加丰满、更加完整了。

《星星草》上卷在反面人物的刻画上，也有自己的特点。作品摒弃了从外形、从现象上去丑化反面人物的简单做法，着重从政治本质上揭露人物的反动性。作者大胆地将一些好的形容词用于某些反面人物的外形描写（如写曾国藩“体态高大”“气宇凝重”；刘铭传“面部的线条棱角分明”，“表现出一种蓬勃刚强的锐气”；等等），甚至在品格和行动方面，也敢于给反面人物一些肯定的描述或评论（如写僧格林沁的勇敢和“身先士卒”，曾国藩的精敏和“儒雅风流”，等等）。其实，这样的描写不是削弱而是深化了对于反面人物反动本质的揭露。在生活中，在美的形体中埋藏着肮脏灵魂的人，难道不是经常可以见到的吗？作为朝廷镇压捻军的钦差大臣的僧格林沁，急于要把捻军一口吞掉，他愈是勇敢，愈是身先士卒，不愈加说明他是起义军的凶恶敌人吗？精敏的反革命较之颟顸的反革命，对革命不是有着更大的危险性吗？只有“四人帮”的文艺“理论”，才胡说反面人物越无能、越愚蠢、越昏聩，才越显出正面人物的高大和完美。《星星草》在人物塑造上的新探索，也是对“四人帮”文艺“理论”的有力批判。

当然这部作品也还存在着一些不足之处，如在一些次要人物的身上，语言还显得缺乏符合不同身份的个性和特色；个别的语言还略嫌现代化了一些；少数地方的细节描写也有过分之处。我们希望作者百尺竿头，更进一步，将《星星草》的下卷写得更好。

清末资产阶级革命派对封建法制的批判*

在清朝封建专制政权统治的最后十年里，以孙中山为首的资产阶级革命派，曾经高举民主主义的旗帜，对封建主义的意识形态和政治制度，展开了一场范围广泛的批判运动。他们效法西方资产阶级革命时期那些启蒙思想家，将当时现实社会和政治生活中的一切，都放到理性的法庭面前，去判别其是否有继续存在的权利。由于中国资产阶级的软弱，这一次批判运动，虽然在猛烈和深刻的程度上远逊于西方的启蒙运动，但它仍然帮助许多人从封建主义的精神枷锁中解放出来，迅速提高了政治觉悟，从而推动了当时的实际革命斗争。它是 1911 年爆发的辛亥革命运动的思想先导。

作为封建上层建筑重要组成部分的法律观念和与之相适应的法律设施，自然不能不成为资产阶级革命派批判锋芒的一个主要靶的。孙中山在武昌起义后不久以临时大总统名义发布的一个命令中谈到这一点，说："本总统提倡人道，注重民生，奔走国难，二十余载，对于亡清虐政，曾声其罪状，布告中外人士。而于刑讯一端，尤深恶痛绝。"① 资产阶级革命派对封建法制的批判，涉及很多方面。在中国历史上，虽有个别进步思想家对封建法制的个别方面进行过抨击，但比较集中和比较系统的批判，应该说，这还是破天荒的第一次。现在，我们就来看一看这第一次战斗达到了怎样的深度和广度，存在着哪些长处和不足，这对我们今天仍会有它的借鉴意义。

---

* 见中国人民大学清史研究所编：《清史研究集》第 1 辑，1980 年 11 月。

① 《中国近代史资料丛刊·辛亥革命》第八册，24 页。

一

辛亥革命时期，资产阶级革命派对封建法制的批判，主要集中在以下几个方面：

第一，揭露封建法制是“钤制束缚”和“摧锄愚弄”人民的工具，主张法律应该是保障国民权利和自由的武器。

资产阶级革命派首先提出法律应该为谁服务的问题。他们说，在封建专制主义之下的法律，不过是要全国人民服从帝王一人之私意，是维护独夫民贼黑暗统治的工具。“试放眼一览至繁赜之律例，至森严之王法，何一非出自寡人私意者乎？而有生杀万民操纵一世之无上大权者，非此私意制成之律例王法而谁？夫至私意制成之律例王法，而乃有生杀万民操纵一世之无上大权，则其毒人祸世，害尚可胜言耶！”① 他们的揭露，在一定程度上接触到了封建法制作为反动国家机器的实质。有的说，如果军队是封建特权阶级的“保障”，那么法律便是他们的“护符”；有的说，封建法制同科举、理学、官制及赋税制度等一样，都是用来“愚弄驭制”人民的；有的说，正因为封建政府设了“种种严酷惨毒”之法制，才使人民慑服于它的淫威之下，敢怒而不敢言；有的说，封建法制其实是一种“奴隶规律”，因为它不过为人们“划成若干套奴隶圈限”，而人民的一切权利都被剥夺得精光，所有的权力“一握于独夫民贼之手”。封建地主阶级为了维护自己的阶级利益和统治地位，总是要用严刑峻法，威吓被压迫、被剥削的人民群众不要起来触动和改变现存的统治秩序，因之，极端残酷的惩罚主义和报复主义就成为封建刑罚制度的一条基本原则。辛亥革命时期的革命派看到了这一点，指出：“近世文化日进，刑法之目的，亦因而递嬗，昔

① 汉驹：《新政府之建设》，见《辛亥革命前十年间时论选集》第一卷下册，586页。

之喝威吓报复为职志者，今也则异。”① 但腐朽的清朝政府逆世界历史之潮流，仍是“法网繁密，残民以逞”，“严其刑罚，苛其条例，吾民一触其网罗，则有死无生”②。他们认为，这一切正是这个政权丑恶野蛮的一种表现，也是人们必须起来推翻这个政权的重要原因之一。

资产阶级革命派认为，建立在“人道”和“正义”基础之上的文明法律，与封建法制相反，立法的原则应该“一以国民多数幸福为标准”③，而法律的本质应该是“以平等为精髓，无压抑之理，无犯人自由之律”④，使法律真正起到保障国民权利的作用。

第二，揭露封建法制所规定的各色各样的“刑罚之不平等”，主张在法律面前人人平等。

封建时代虽有所谓“王子犯法，与庶民同罪”的说法，但实际上真正对权贵绳之以法的，毕竟只是极其罕见的例外，通常实行的还是“刑不上大夫”的原则；等级森严的封建特权，其法律表现必然是赤裸裸的不平等。资产阶级革命派从诸如君民、贵贱、主奴、男女等各个方面揭露了法律上的不平等现象。他们指出：在封建专制政治下，“朕即国家，朕即法律”，皇帝可以为所欲为，不受任何法律的约束；贵戚勋臣，大小官吏，也可以依仗自己的权势，肆行不法，即使触犯了法网，法律上也有“八议”之类的条文可以公开地为他们开脱罪责。⑤ 至于无拳无勇的老百姓，封建统治者则“非迫民以威，即陷民以律”，“咸以重法绳民，若民以疾苦上闻，则治以越诉之罪”⑥。还有一些生活在社会最底层的所谓“贱民”，就连平民的地位也无法企及。辛亥革命后，孙中山在临时政府的一份公报里指出：“自专制者设为种种无理之法制，以凌轹斯民，而自张其

---

① 《中国近代史资料丛刊·辛亥革命》第八册，24 页。

② 《中国近代史资料丛刊·辛亥革命》第五册，148 页。

③ 《中国近代史资料丛刊·辛亥革命》第八册，23 页。

④ 《辛亥革命前十年间时论选集》第一卷上册，481 页。

⑤ “八议”，指议亲、议故、议贤、议能、议功、议贵、议勤、议宾。凡贵族官僚犯了法而符合这些条款的，都可以宽大处理。

⑥ 章太炎编：《天讨·中华民国军政府讨满洲檄》。

毒焰，于是人民之阶级以生。前清沿数千年专制之秕政，变本加厉，抑又甚焉。若闽粤之蛋户，浙之惰民，豫之丐户，及所谓发功臣暨披甲家为奴，即俗所称义民者，又若薙发者，并优倡隶卒等，均有特别限制，使不得与平民齿。一人蒙垢，辱及子孙，蹂躏人权，莫此为甚。”① 此外，在男尊女卑的封建社会里，男女犯同样的罪，却“定罪有差”。资产阶级革命派根据“天赋人权”的学说，认为凡此种种，都是不公平、不合理、不符合正义的。

除了上述那些封建法制中共有的不平等之外，辛亥时期的革命派还着重揭露了以往历代封建王朝所没有的两种不平等现象。其一，是随着中国沦为半殖民地半封建社会而出现的中国人和外国人在法律面前的不平等。不但外国人“在中国犯了罪，中国官员不能惩办他”②，而且反过来，“中国有讼狱，外人得而会审之；中国有罪犯，外人得而惩罚之”③。其二，是由于掌握着清王朝统治大权的满洲贵族实行民族压迫政策而产生的满汉之间在法律上的不平等。“曩所谓大清律例者，袭二千年专制之遗法，益之以贵满而贱汉，满人、汉人虽同所犯之罪，而不同所运用之刑律，其专制不平等久为人所同愤矣。”④ “其颁律也，满杀汉族，罚金二十四两；汉伤满奴，赔抵殃及妻孥。诸如此类之不平等，屈指而计，不可胜数。”⑤ 由于资产阶级革命派特别致力于反满的宣传，所以类似这样内容的文章，在当时的革命报刊上几乎俯拾皆是。

针对这样一些事实，资产阶级革命派响亮地提出了在法律面前人人平等的口号，并认为，实现了这一点，就能够限制强权，伸张公理，而社会的安宁，人民的幸福，国家的进步，也就可以指日而待了。他们强调，“一国之事皆归法以范围之，一国之人皆归法以统治之，无所谓贵，无所谓贱，无所谓尊，无所谓卑，无所谓君，无

---

① 《大总统通令开放蛋户惰民等许其一体享有公权私权文》，见《中国近代史资料丛刊・辛亥革命》第八册，27页。

② 陈天华：《警世钟》。

③ 《中国灭亡论》，见《辛亥革命前十年间时论选集》第一卷上册，79页。

④ 《辛亥革命前十年间时论选集》第三卷，528页。

⑤ 章太炎编：《天讨・中华民国军政府讨满洲檄》。

所谓臣，皆栖息于法之下”[①]。“率一国人民无强无弱、无尊无卑、无智无愚、无贵无贱，均受治于法律下而无稍偏陂，举人群之生命财产、身体名誉、无大无小、无彼无此，均支配于法律下而莫不公平。”[②] 他们说，这样，强者、尊者、贵者、富者就无所仗恃以肆其凌虐，弱者、卑者、贱者、贫者也就有所凭借而保其权利了。

第三，批判封建法制生杀任意，“刑章枉挠”；主张依法定罪，罪刑相当。

资产阶级革命派并不停留在指斥封建法律的不平等，他们还进一步指出：即使这样不公平的法律，封建统治者也没有打算认真遵守，在压制和镇压人民的时候，封建阶级是从来也“不依法律正当之行为”办事的。辛亥时期的革命党人，在鼓吹革命的宣传品中，常常把清朝政府称作“无法律之政府”，这是因为，皇帝的一道谕旨，朝廷的一纸文书，都可以成为法律的依据，产生法律的效力，甚至“官场一语，等于法律”[③]；既然什么都可以成为法外之法，也就是说什么都可以否定和破坏成文的法律，这样，有法也就等于无法。虽然《大清律》连同附例共有一千八百余条之多，人民群众却还要在此之外到处碰到更加繁密的无形的法网。这样一种随意立法、随意毁法的情况，对于人民的政治生活造成了什么样的后果呢？武昌起义时，湖北军政府在《宣布满清罪状檄》中有这样一段话：“历观数年来寻常私罪，多不覆案，府电朝下，囚人夕诛。好恶因于郡县，生杀操之墨吏，刑部不知，按察不问。遂令刑章枉挠，呼天无所。”[④] 孙中山也说，清朝政府“严刑峻制，惨无人理。任法吏之妄为，丝毫不加限制，人命呼吸，悬于法官之意旨”[⑤]。于是，本来就

---

① 田桐：《满政府之立宪问题》，见《辛亥革命前十年间时论选集》第二卷上册，547页。

② 汉驹：《新政府之建设》，见《辛亥革命前十年间时论选集》第一卷下册，586页。

③ 孙中山：《伦敦被难记》，见《孙中山选集》上卷，23页。

④ 《中国近代史资料丛刊·辛亥革命》第六册，240页。

⑤ 《临时大总统宣告各友邦书》，见《中国近代史资料丛刊·辛亥革命》第八册，22页。

毫无政治权利的人民，其生命财产就更只能听凭统治阶级生杀予夺了。封建官吏在执行司法权力时，既不必拘守法律条文，也无须遵循什么法律程序，只要他们需要和愿意，无罪可以行罚，轻罪可以重判。这种情形，就连封建统治者自己也是不得不承认的。例如，顺治十年（1653）的一个上谕中讲道："法者天下之平，非徇喜怒为轻重也。往者臣民获罪，必下部议，以士师之任，职在明允。乃或私心揣度，事经上发，则重拟以待亲裁；援引旧案，又文致以流刻厉。"上谕虽然说今后法司在审判时要"务得真情，引用本律，钩距罗织，悉宜痛革"①，但这一纸具文根本不可能改变封建法制黑暗状况之分毫。事实上，终清之世，那种随意对人民"钩距罗织"罪名的做法，始终没有停止过。而且，越是在阶级矛盾激化、革命形势日趋高涨的时候，就越变本加厉。到了清末，朝廷既有"就地正法，便宜行事"之令，又有"州县治盗，格杀勿论"之例，法律已经等于废纸，民命自然更是贱如蝼蚁了。《民报》上有一篇时评，相当精辟地说明了封建统治阶级不论是执行还是逾越法律，都是有利于他们的阶级利益的："然民贼借法律以为拥护，彼法律者，不祖道义，而祖强权，遂使民贼得以行其恶，是即使按之法律，所处之刑，悉当其罪，固已甚便于民贼矣。设使所处之刑，而过其罪者，是民贼并所借为屏蔽之法律，亦悍然不顾，而惟知明目张胆，以快其嗜杀人之性也。"②

资产阶级革命派强调法律的尊严和神圣性。他们宣称，在革命成功之后，不仅将用合于公理和正义的法律去取代腐朽的清朝政府的野蛮法律，而且一定要依法办事，"法律所立皆有守之之责"。如果有触犯法纪的，确定其罪行大小和量刑轻重，不是根据哪一些人的主观意愿，而只能根据法律的规定。罪与罚必须相当，既不能轻罪重判，也不能枉法矫纵。惩罚罪人的目的，既不是"快私人报复之私"，也不是单纯"以示惩创"，唯一的目的只是"保持国家之生

① 《清史稿》卷五《世祖本纪二》。

② 民意：《西班牙之滥杀》，载《民报》，第26号。

存，而成人道之均平”①。

第四，反对刑讯逼供，主张审讯判罪要“实凭实据”。

资产阶级革命派在批判封建法制的时候，给人们描绘了一幅鲜血淋漓的图画，特别是对于公堂审讯的残酷和监狱内幕的黑暗，更是揭露得淋漓尽致。他们在文章中指出：“清律重刑讯，所用刑具有笞杖、枷锁、手扭、脚镣、夹棍、拶指、压膝、问板等，已极人世之残忍矣。而官吏取供，官刑之外，更用私刑，所造刑具尤凶毒无人理。民之死于斩绞者，不若死于监狱者之众；死于监狱者，不若死于刑讯者之众。”② 一些文章具体而详尽地记录了清朝官吏刑讯逼供的惨酷情形：有的受刑者“膝骨排裂，周身露肌淹血十余处”；有的被打得“身无完肤，如新剥皮之鸡”；有的用香火、烙铁炙烧受刑者的身体；有的把人打得血肉狼藉，然后又“附胶于纸，遍贴伤处”，再将纸连同皮肉一条一条地撕下来。如此等等，读之令人发指。资产阶级革命派特别用清朝政府虐害革命党人的事实，来激发人们的革命意识，如沈荩的惨受杖刑、邹容的庾毙狱中、禹之谟在法庭横遭非刑、徐锡麟被清吏剖腹刳心等，当时的革命报刊上都发表了专门的文章，记叙其事。这些文章，至今读起来，还使人兴起对于黑暗的封建政治的极大愤慨和对于革命先烈英雄行为的无限缅怀。

资产阶级革命派对刑讯逼供特别深恶痛绝，这不仅因为他们对此有切肤之痛，而且也是为了更好地求取法律的公正。他们指出，靠刑讯去断狱，是不可能得到正确的判决的，因为“三木之下，何求不得”？用那样的办法“锻炼周纳，以成其狱”，其结果只能是制造冤狱。公正的判决只有建筑在“实凭实据”的基础上。辛亥革命以后，孙中山很快就以临时大总统的名义，两次发布了禁止刑讯的命令，命令除告诫不准“重煽亡清”刑讯之“遗毒”外，十分可贵的是提出了不论“何种案件，一概不准刑讯鞫狱，当视证据之充实与否，不当偏重口供”的主张，这较之封建的法制观念来说，确实

① 《中国近代史资料丛刊·辛亥革命》第八册，24页。

② 《辛亥革命前十年间时论选集》第三卷，530页。

是一个重大的进步。①

第五，反对“葛抄株连”，罪及无辜；主张“父子兄弟，罪不相及”。

封建刑律中的所谓“株连”之法，由来已久。愈到封建社会的后期，“株连”的范围也愈广，处罚的手段也愈严，如明律、清律中对于人民因反抗封建统治而犯了所谓“谋反”“谋大逆”的“大罪”的，其“株连”的范围就要比唐律所规定的大得多。清王朝建立以来，“即专恃刑罚，滥兴大狱，终于近代，何止百数”②。资产阶级革命派通过对历史的回顾，指出：清朝政府“以淫威行其政策，一言之忤，九族为灰烬”③；“民间小罪，皆动辄收禁，株蔓牵连，逮及妇女”④；“连累以暨乡人，淫威加乎女子，无辜被僇，动以百计”⑤。这种情况，最清楚不过地说明了封建法制的野蛮性。除了封建统治者需要以这种残忍的手段威吓人民、禁阻人民的革命斗争外，它没有任何可以存在的理由。资产阶级革命派援引古代所谓“罪人不孥”的说法，认为即使一个人真的犯了罪，处罚也只能及于本人，不能累及他的家属妻儿，更不能旁及毫无关系的师友等人。“且杀人者死，载诸刑书，则亦尸行事者一人以偿，至矣。”⑥ 别人是绝不应该无故受到牵连的。

第六，揭露封建法制只不过是君主和贵族的“陪属”，主张司法要独立。

在资产阶级革命派看来，要革除封建法制的种种弊端，实现他们关于法制改革的种种主张，一个重要的条件就是在政治制度方面实行司法独立的原则。他们认为，清朝政府所推行的法制，不过是封建君主和王公贵族们的附属品。封建法制所表现出来的一切黑暗，归根到底是反映了封建特权阶级的贪婪和残暴。“数千年蜷伏于专制

---

①　参见《大总统令内务司法两部通饬所属禁止刑讯文》及《大总统令内务司法部通饬所属禁止体罚文》，见《中国近代史资料丛刊·辛亥革命》第八册。

②　寄生：《安抚恩铭被刺事件》，载《民报》，第16号。

③　石顽：《清政府又将兴大狱耶》，载《民报》，第2号。

④　豕韦之裔：《普告汉人》，见章太炎编：《天讨》。

⑤⑥　寄生：《安抚恩铭被刺事件》，载《民报》，第16号。

政权之下，复罔论宪法！全社会束缚于名分大防之内，复罔论法律！”① 所以，资产阶级革命派公开号召：“以前的法律，我们都不能服从他，因为那法律实在没有道理。”② 法律只有摆脱了强权的干预和支配，才能成为公正无私的东西。他们信奉孟德斯鸠的三权分立学说，认为按照这个学说建立起来的政权机构，就能保证司法的独立性。甚至 1905 年成立的资产阶级政党中国同盟会，其领导机关的组织机构，就是按照三权分立的原则设置的。后来，孙中山又根据中国的情况，把三权分立发展为“五权宪法”，其中一条重要的原则也仍然是坚持了司法权的独立。他们相信，司法独立可以保障一切法定权利，可以制裁一切违法行为，也可以对政府进行法律的监督。

从上面的这些内容可以看出，当时的资产阶级革命派确实表现了生气勃勃的革命精神，他们对于封建法制的批判在不少地方击中了要害。他们提出的许多主张，作为封建法制的对立物，是有着巨大的历史进步作用的。这些主张，鲜明地表示了对于受苦群众的深切同情，热切地反映了人们对于未来生活的无限向往。可惜的是，当他们以全社会代表的身份大谈正义、平等、自由、幸福等的时候，他们自己也并不懂得，在这些美好字眼的后面，包含着多少虚妄的幻想啊！

二

在辛亥革命时期，并不是只有资产阶级革命派一个政治派别对封建法制进行过批判。为了衡量他们的批判曾经达到怎样的历史高度，有必要联系当时政治思想战线的状况做一点比较的分析。

批判封建法制的还有资产阶级改良派。资产阶级改良派是主要

---

① 汉驹：《新政府之建设》，见《辛亥革命前十年间时论选集》第一卷下册，586 页。

② 林獬：《国民意见书》，见《辛亥革命前十年间时论选集》第一卷下册，896 页。

由封建官僚、洋行买办、大地主、大商人、高利贷者转化而成的那部分上层资产阶级的政治代表。他们和封建势力、帝国主义势力有密切联系，因而竭力反对和仇视革命，但是为了能挤进政权，他们也对封建专制主义的政治包括封建法制表示过某些不满。

革命派和改良派都把法制问题看作仅次于官制（亦即由哪些人掌握政权）的第二位重要的问题；他们都批评封建法制的腐败，认为必须进行改革；他们都提出立法权应该属于“多数国民”（自然他们都认为自己是“多数国民”的当然代表）；他们都主张“三权分立”；他们都重视举办法政学堂、组织法政学会等活动。从表面上看来，改良派对于法制问题的议论比革命派讲得更多，有时似乎也十分激烈。但是，一接触到实质问题，改良派的保皇面目也就不能不暴露了出来。可以看出，在法制问题上，资产阶级革命派和改良派同样是针锋相对的。

资产阶级革命派对于封建法制的批判，归根到底是服务于推翻君主专制的清朝政府这个革命的总目标的。他们把封建法制的脓疮揭示给人们看，目的是为了告诉人们，封建君主专制的统治在各个方面都已经腐烂透了。他们懂得，封建统治阶级绝不肯放弃自己手中的任何一点权力，因此，也绝不会容许对封建法制做任何一点根本性的改革。他们明确地宣称：“然则吾国民而欲享受平民政治之权利，其必自倒寡人政治始；吾国民而欲沐浴法治国之幸福，其必自破专制治国始。”① 改良派与此相反，他们批评封建法制的一些弊病，目的是为了劝说皇帝，只有赶快自动地进行某些必要的改革，才能消弭人民的不满和平息革命的风暴，否则，人民就会自己行动起来，那后果将不堪设想。他们说：“若刑法长此腐败，中国国民犹坐待执政诸人之立宪乎？犹坐待执政诸人创一司法机关乎？”② 这种貌似气势汹汹的警告，实质上却不过是忠心耿耿的献策。梁启超讲

① 汉驹：《新政府之建设》，见《辛亥革命前十年间时论选集》第一卷下册，586页。

② 李庆芳：《中国国会议》，见《辛亥革命前十年间时论选集》第三卷，119页。

得比这更加“恳切”，也更加露骨一些，他为了说服皇帝对法制做一定的改革，一面讲拒绝改革将会招致革命之害，一面讲实行改革对于君主之利：“况以立法权畀国民，其实于君主之尊严，非有所损也。……故今日之君主，不特为公益计，当畀国民以立法权，即为私利计，亦当尔尔也。苟不畀之，而民终必有知此权为彼所应有之一日，及其自知之而自求之，则法王路易第十六之覆辙，可为寒心矣。”① 不同的政治立场，不同的观察问题的方法，对于同一事物可以得出截然相反的结论。革命派以封建法制的窳败作为必须推翻专制统治的一个根据，而改良派则以此作为中国不能实行“共和立宪”的理由。梁启超在《开明专制论》一文中就发挥过这样的“高论”。他说：中国没有民法，所以无法确定什么是人民的“权利”；没有刑法，所以无法弄清什么是不能触犯的“法网”；没有好的法官，所以有司不免上下其手；司法不能独立，所以人民有冤也无处“控诉”。既然如此，宪法就没有任何用处。中国不仅不能实行“共和立宪”，就连“君主立宪”也要待之将来，今日急务只能行“开明专制”而已。

资产阶级改良派在批判封建法制的同时，时常伴之以对于封建法制的赞颂。这种自相矛盾的可笑状况，是他们在政治上既想限制并从而分享君主的权力，又要千方百计维护封建君主的统治这种左右支绌处境的反映。他们昨天刚表示由于缺乏法律的保障，人民的生命财产“常厝于不安之地”，今天就声言人民早已有了充分的自由：“我中国谓其无自由乎，则交通之自由官吏不禁也，住居行动之自由官吏不禁也，置管产业之自由官吏不禁也，书信秘密之自由官吏不禁也，集会言论之自由官吏不禁也，信教之自由官吏不禁也。”② 总之，西方国家宪法规定的一切权利，中国人民早就统统都有了。他们在某一篇文章里刚谴责过封建特权之不合理，在另外的文章里就强调中国早就废除了不平等：“中国今日，举国人民，其在

① 梁启超：《论立法权》，见《辛亥革命前十年间时论选集》第一卷上册，163页。

② 梁启超：《十种德性相反相成义》，见《辛亥革命前十年间时论选集》第一卷上册，10页。

法律上，本已平等，无别享特权者。”[①] 康有为和梁启超甚至说中国在战国至迟在秦汉时就已取消了不平等的“陋习”，人民已经享受了两千年的自由平等了。他们一会儿讲中国几千年“国为无法之国”，一会儿又说中国早就“法律统一，举国相同，贵贱平等”，“即今万国文明，亦无能比”。如果要在中国提倡“自由之说”，搞什么革命，那不过是“无病之呻”[②]。资产阶级改良派就这样自打嘴巴，用对封建法制的奴颜婢膝的讴歌把曾经做出的一点批判抵消个一干二净。资产阶级革命派对于改良派美化封建法制的胡言乱语逐条做了驳斥，指出这些说法根本不符合中国历史和现实的真实情况，简直是一派“病狂之言”，使人读后“愤火内发”。他们还指出，改良派之所以要对封建法制进行粉饰和辩护，原因不是别的，只不过表明这些利禄之徒“之暱于君主也，深矣”。应该说，这种揭露是一针见血的。

为了麻痹人民群众的革命情绪，抵制革命运动的日趋高涨，清政府于1906年9月颁布了决定“预备仿行宪政”的诏书。在清政府演出的伪立宪丑剧里，有一个内容就是所谓“改革法制”，包括准备在政府机构中建立司法和检察机关，制定和颁布新刑律及其他几种法律，等等。对此，改良派立即表示欢欣鼓舞，“弹冠相庆，或且以为立宪之嚆矢”。梁启超对清政府的所谓“新刑律”“新民律”等充满了希望，他一面对朝廷的一年修订，二年核订，三年颁布，一直到第六年才实行这种慢吞吞的拖延做法表示不满，一面则急不可待地预先加以吹捧，说这些新律“早颁一日，即救一日之敝”[③]。资产阶级革命派则采取全然不同的态度，对此表示了坚决的抵制。他们说，所谓“新刑律”，不过是一纸空文，是清政府炫饰天下人的耳目的，只要封建特权不消除，“则无论刑律条文若何美备，裁判制度若何完全，要皆归于死文徒法，民命之贱无稍殊于畴昔”[④]。事实确实

---

① 《希望满洲立宪者盍听诸》（《民报》第4号）一文中引用《新民丛报》的话。

② 康有为：《法国革命史论》，见《辛亥革命前十年间时论选集》第二卷上册，322～323页。

③ 梁启超：《立宪九年筹备案恭跋》，见《中国近代史资料丛刊·辛亥革命》第四册，150页。

④ 《论革命之趋势》，见《辛亥革命前十年间时论选集》第三卷，529页。

是这样。新刑律的颁布，不仅没有丝毫减少封建司法制度的黑暗，清朝政府对于人民的镇压和屠杀反而变得更加野蛮、更加疯狂了。这时已是王朝末日，这个政权为了垂死挣扎，除了不顾一切地加速开动镇压机器之外，已经没有别的什么办法可想了。

除了资产阶级改良派之外，还有一部分人值得在这里提一下，这就是一些自称是“无政府党”的无政府主义者。

无政府主义者也主张以革命的手段推翻清朝政府，从这个意义上说，他们是革命派的一个支流。但是，他们的许多政治主张，同信奉孙中山提出的三民主义的资产阶级革命派是有很大不同的。在对待封建法制的态度问题上，也是如此。

无政府主义者同其他革命派一样，对封建法制进行过猛烈的批判。而且，他们与那些认为西方资产阶级国家的法制完美无缺的人不同，在批判封建法制的同时，还指出资本主义法制仍然是建筑在不平等的基础上的，这是他们较之其他革命派高出一筹的地方。他们说：“仔细研究各国宪法的内容，觉得为国民订出权利条文，很是有限，大半还是替政府资本家开方便之门的。”① 共和政府所订的法律，允许人们有言论、出版、集会、书信、迁徙等自由，但常常并不真的实行，即使实行了，也不过是“以小惠愚民”。“立宪共和之国……所订法律，名曰公平，实则贵族资本家咸受法律之保护，而平民则受法律之蹂躏。”② 他们所说的无疑是事实，这种事实，在那些资本主义国家里，早已是不能闭眼不看的了。问题是，无政府主义者并不是只反对封建的和资本主义的法律，而是反对一切政府，也反对一切法律。他们认为，任何法律都是自由的敌人、进步的障碍。由少数人所定而强迫大多数人遵守的法律，固然是不公正的和不正当的，就是按照大多数人的意志所订的法律，也是不可取的，因为它仍然要对某些人实行限制。而任何限制，任何服从，都是侵犯人的自由，因而是违反人的本性的。无政府主义者提出的“反对

① 景梅九：《罪案》，见《中国近代史资料丛刊·辛亥革命》第二册，256页。

② 何震、刘师培：《论种族革命与无政府革命之得失》，见《辛亥革命前十年间时论选集》第二卷下册，954页。

法律”“消灭法律”的口号，在当时的历史条件下只是起了混乱思想的作用，是完全错误的。至于反对一切限制和服从，要求绝对的个人自由，这在任何社会包括将来的共产主义社会里，都是不可能也不应该有的。这样的一种思想，本质上是反动的。

人们也许会觉得，无政府主义者反对一切政府和法律，可见他们是很激进的了。其实不然。他们在文章中曾经讲到消灭法律的途径，其办法不过是八个字，叫作“加强教育，发扬公德”。“（公德）增而不已，人人乃悟人类之相互，即可归极于公德，更无所用其契约，于是法之命运亦终。”① 靠什么增进公德呢？靠教育。“公德者，乃教育之极则。”所以，他们声称，“无政府主义以教育为革命”，除教育之外，再无所谓革命。“日日教育，亦即日日革命。”② 这种主张，充分反映了这些无政府党人貌似激烈实则怯懦的本质。这是从革命到改良的后退，这是在高喊“革命”的烟幕下取消革命。它比之资产阶级革命派所坚持的以暴力手段推翻专制政权而代之以新的政权、废除旧的封建法制而代之以新的法制的理论和实践，实在是差得太远了。

上面所说的一切表明，在对待封建法制的问题上，资产阶级革命派要比同时代的其他任何政治派别高明得多。在当时，他们是走在时代最前面的。当然，这并不是说他们的批判没有任何缺点。同其他方面一样，在这个问题上他们也不能不受历史的和阶级的局限。这一点，我们在下面就将要谈到。

三

资产阶级革命派坚信自己的事业是正义的。他们真诚地认为，

---

① 四无：《无父无君无法无天》，见《辛亥革命前十年间时论选集》第三卷，207页。

② 吴稚晖：《无政府主义以教育为革命论》，见《辛亥革命前十年间时论选集》第三卷，218～219页。

他们对封建法制的批判，是在同邪恶作战，是为了使永恒公平、人类幸福这些崇高的原则真正在人们的生活中得到实现。然而，法律并不是什么抽象的原则，它乃是根源于物质生活关系的，由一定的物质生产方式所产生的利益和需要的表现。“法学家以为他是凭着先验的原理来活动的，然而这只不过是经济的反映而已。”① 不管资产阶级革命派有没有意识到，从根本上说来，他们所从事的一切，包括对封建法制的批判在内，都不过是为了清除横在历史前进道路上的封建障壁，以便为资本主义经济的发展创造更好的政治条件。这是时代的要求，是完全符合历史发展的方向的，应该给予充分的肯定。但也要看到，即使这些要求完满地实现了，也绝不意味着资产阶级革命派所期许的普遍幸福的人间乐园的到来。如果不联系社会的物质生活关系去考察，那么我们对革命派提出的法制原则，就很难给予确切的、实事求是的评价。拿“法律面前人人平等”这个口号来说，它同我们今天社会主义法制所要求的“法律面前人人平等”，在字面上是完全一样的，但是，二者却有着本质上的区别。资产阶级提出的“法律面前人人平等”，对于封建的等级和特权来讲，是一个巨大的进步。但是，资本主义生产关系的存在，决定了在剥削阶级与被剥削阶级之间、有产者与无产者之间、债权人与债务人之间，绝不可能有共同的利害，因而也不可能有什么真正的平等。恩格斯在谈到这一点时指出：“平等原则又由于被限制为仅仅在‘法律上的平等’而一笔勾消了，法律上的平等就是在富人和穷人不平等的前提下的平等，即限制在目前主要的不平等的范围内的平等，简括地说，就是简直把**不平等**叫做平等。”② 在社会主义条件下，情况就根本不同了。在这里，生产资料的私有制已经消灭，剥削已经废除，人民在经济上享有平等权利，因而在政治上也就能实现真正的平等。只要社会主义法制不遭到破坏，“法律面前人人平等”也就不是一句空话了。

资产阶级革命派同情劳苦大众，但受到他们阶级地位的限制，

---

① 恩格斯：《致康拉德·施米特》（1890 年 10 月 27 日）。

② 《马克思恩格斯全集》第二卷，648 页。

他们并没有能充分地相信和依靠劳动人民。由于半殖民地半封建社会资产阶级的特殊的软弱性，这一点显得更加突出。在对待封建法制的问题上，这个弱点也充分表现出来了。改良派在反对革命的时候，提出的一条重要理由是所谓“人民程度未及格”，在他们眼里，劳动群众是如此之落后，根本“未有共和国民之资格”。梁启超甚至说，“今日中国国民，只可以受专制，不可以享自由”，因为他们没有能力行使法律上的平等权利。革命派对于这种谬论表示了极大的愤慨，认为这是“厚诬”了中华民族。可是，他们用什么道理去批判改良派的这个谬论呢？他们说：所谓人人都有“参政之权者”，不过是讲人人都有这样一种“资格”而已，并非要让人人都去管理国家大事。因此，改良派的担心是毫无根据的。人民在“法律上之权利，唯选举行为，至于立法、司法、行政之事，皆有国家机关以司之”①，老百姓是不必去操心的。也就是说，人民的民主权利，主要体现在他们有选举官吏之权，选举之后，一切就万事大吉，其余的事情统统听任官吏们去办就是了。这是一种何等可怜的权利啊！在这个问题上，革命派与改良派，岂不是只有五十步与百步之差吗?!

作为一个政治派别，资产阶级革命派有着基本一致的政治纲领。但是，由于革命者的成分比较复杂，革命队伍内部的认识水平参差不齐，在一些问题上，常常出现意见的分歧和混乱。这种情况也在对封建法制的批判上表现了出来。理论的不彻底、意见的不统一，在一定程度上削弱和损害了对于封建法制的打击力量。资产阶级革命派一般都主张以西方资本主义法制为蓝本，参酌中国的国情，建立新的法制。但章太炎却批评说：“士人之醉于西方法令者，非直不问是非，亦不暇问利害，直以殉时诡遇，斯其见又在满洲政府下矣。”他大肆赞扬了一通“魏晋南朝之律”，认为在此之前和在此之后的封建法制虽然都是要不得的，唯独这个时期的法律有着“重生命”“恤无告”“平吏民”“抑富人”等优点，只要以此为根据，“参以今制，复略采他方诸律”，就可以制定出最美最好的律法来。② 这

① 《驳革命可以生内乱说》，载《民报》，第9号。

② 参见《五朝法律索隐》，载《民报》，第23号。

种意见无异于说，应该以一种封建法制去代替另一种封建法制，这当然是极其错误的。事实上，封建法制虽然随着时代的变化而有所变化，但其基本精神却是一以贯之的。譬如，突出反映法律之不平等的所谓“八议”之法，最早恰恰出现在章太炎大为欣赏的魏律里边，以后也就一直延续了下来，并照样被吸收到清律之中。类似的情况并不仅仅表现在章太炎一个人身上。再举一个例子，前面说过，资产阶级革命派曾经反对封建法制中的“株连”之律。可是，在《龙华会章程》中规定，凡是会员“坏了良心，出首会中秘密的事件”，就不仅要对本人“处以极刑”，“并且还要罪及妻子呢，重者满门诛戮，轻者妻女为娼，儿子为奴，世世代代受罚无穷”①。一个革命组织，对于叛变者应该执行严肃的纪律，这是完全必要的。但这里所规定的处罚方法，实在比封建法制还表现了更浓厚的封建性。这样，他们在实践中又把自己的主张抛到一边去了。

法律是一种强制力量。这种强制力量，只有在军队、警察、法庭等全部国家机器作为后盾的情况下才能发生作用。正如列宁所说的：“如果没有政权，无论什么法律，无论什么选出的机关都等于零。”② 资产阶级革命派似乎完全看不到这一点。他们天真地认为，法律之所以是一种“强制力”，根本原因乃是因为法的本质就是“国民之总意”，既然法律反映了“国民意志”，符合于“社会心理”，那么它对于每个社会成员自然就会产生强制的作用，每个个人也自然会乐于听从法律的制约。资产阶级革命派在法制问题上的这种错误认识，同他们轻视建立革命武装和掌握革命政权的错误一样，都表现了他们的软弱和没有力量。他们很快就为这种错误认识付出了惨痛的代价。辛亥革命后，以孙中山为首的资产阶级革命派制定并公布了《中华民国临时约法》，这部约法虽然是不完全的、有缺点的，但它带有明显的革命性和民主性。手无寸铁的资产阶级革命派幻想用这个具有革命性质的约法去约束窃取了大总统权力的袁世凯，袁世凯却凭借手中的反革命武装毫不费力地撕毁了这个象征共和制度

① 《中国近代史资料丛刊·辛亥革命》第一册，543页。

② 《列宁全集》第十一卷，98页。

的《中华民国临时约法》。《中华民国临时约法》从产生到被废除，从一个侧面反映了辛亥革命的成功与失败，也十分生动地反映了资产阶级革命派法制观念的一些优点和缺点。

上面，我们简略地回顾了几十年前围绕法制问题的这场斗争。作为历史发展整个链条的一个环节，这次战斗是很有意义的。资产阶级革命派提出的一些进步的法制思想，作为这次斗争的成果，给了以后的历史以积极的影响，而这次斗争所反映的弱点和局限，同样可以给后人以有益的启示。重温这一场斗争提供的历史经验和教训，也将有助于进一步清算林彪、“四人帮”践踏社会主义法制的罪行，增强我们健全和维护社会主义法制的自觉性。

太平天国女营、女馆制度*

太平天国根据“男有男行，女有女行，不得混杂”的指导思想，建有女营——后期叫作女馆的组织。这个制度在太平天国运动的前期、中期及后期，不论在组织形式、社会内容以及政治影响各方面，都有很大的发展变化。所以，对这个制度进行评价，不能不对它做具体的历史的分析。

太平天国初期的女营

在太平天国从金田到南京的进军途中，这个时期的女营，完全是太平军中女战士的一种战斗组织。

金田起义后，洪秀全发布的第一道命令，其中有一条便是“别男行女行”①。接着颁布的《定营规条十要》里，第五条又有“要别男营女营，不得授受相亲”② 的规定。自此之后，太平军中一直严禁“男女混杂”，女战士和女家属被统一组织在女营中，即使子女省视父母，丈夫探看妻子，也只准“在门首问答，相离数武之地”，“不得径进姊妹营中”③。男女包括夫妇如私行同宿，就会因“犯天条”而被严行诛戮。亲自参加太平天国革命的英国人呤唎在讲到太平军女战士时说：“革命初期，她们曾勇敢参战，有的并担任了军官

---

* 载《社会科学辑刊》，1981（1）。

① 《天命诏旨书》，见《中国近代史资料丛刊·太平天国》第一册，63 页。

② 《太平条规》，见《中国近代史资料丛刊·太平天国》第一册，155 页。

③ 《天情道理书》，见《中国近代史资料丛刊·太平天国》第一册，384 页。

的职务。军队中男女分营，只在举行宗教仪式时才不分男女。”①

在战争激烈进行的过程中，特别是在没有任何较为固定的根据地而处于流动作战的情况下，太平军中严格实行的男女分营的制度，无疑是必要的、正确的，它对革命战争的发展起了明显的积极作用。

在专门向太平军将士进行政治教育的《天情道理书》中，有一处特别讲到军中实行男女分营的原因：“我们兄弟荷蒙天父化醒心肠，早日投营扶主，多有父母妻子伯叔兄弟举家齐来，固宜侍奉父母，携带妻子。但当创业之初，必有国而后有家，先公而后及私；况内外贵避嫌疑，男女均当分别，故必男有男行，女有女行，方昭严肃而免混淆。”② 这里说得很清楚，由于许多人是全家参加革命的，所以太平军中男女老幼都有，为了使这种情况适应“创业之初”的战争环境，就必须有恰当的形式加以组织。反过来说，正因为有女营这种组织形式，才能更多地吸收群众举家参军。谁都知道，封建法律对于拿起武器造反之人是要处以灭九族之刑的。为了责令地方官吏搜寻和挖掘太平天国领导人的祖坟，皇帝曾专门下过几道上谕，那么，对于活着的革命战士家属的残酷迫害，自然也就可想而知了。在这种情况下，全家参加革命，使一家大小分别编入太平军的各种组织之中，对于安定军心、解除革命将士的后顾之忧，有着重要的意义。这一点，不论敌我双方都曾指出过。一个站在反动立场的佚名作者在所写的《平贼纪略》中说：“发逆（按：‘发逆’‘贼’，均为对太平军之污称，下同，不一一说明）别男女甚严，夫妇不能同居，盖恐贼众引家，不与力战，而设女馆，挈家同行，以系恋之。”③ 而太平天国的领导人也确实把这一点作为优于反动军队的一个方面，并以此教育战士，鼓舞士气。《天情道理书》说：“盖我们兄弟自金田以至金陵，随处进剿妖魔……丰衣足食，父母妻子，俱各偕来，同享天福，时常皆得亲身照料。现今建都天京，虽家室尚未团圆，试观何等威风，何等排场！以视残妖之困苦不堪，不顾

①② 呤唎：《太平天国革命亲历记》上册，233页。

③ 《太平天国史料丛编简辑》第一册，326页。

其家，莫保其身者，奚啻相悬霄壤乎!”① 对于许多举家参军的战士来说，在残酷的战争环境下，为了维护严密的军事组织、严格的军事纪律，暂时地放弃家庭生活，是可以理解和可以接受的。

太平军中的女战士，既经以女营的形式组织起来，自然就能更有效地发挥她们的作用。她们威风凛凛，冲锋陷阵，驰骋疆场，“勇健过于男子”。许多著述都记录了（或者出于赞美，或者出于诅咒）太平天国女军的英勇战斗业绩。在中国历史上，众多数量的妇女在军队中发挥过重要的战斗作用，这种现象通常只在革命队伍中才屡屡见到。而太平天国在这一方面，较之以往任何一次农民战争都要反映和表现得更加突出，更有声色。

太平军在内部严格男女之别，使得他们在执行群众纪律方面也更加严肃，更加认真。许多对太平天国革命进行恶毒攻击的人也往往不得不承认，太平军“戒淫甚严”，他们是严禁奸淫妇女的。连曾国藩也说，太平军“颇能禁止奸淫”②。有一个反动文人在对太平军做了一通污蔑后，竟然丧心病狂地慨叹南京在被太平军攻占时，妇女死得不够“特异”，以致他失去了生动“可传”的材料。他说：“缘贼禁奸淫甚严，其党皆不敢犯，故妇女无逼迫难已之情，因无激烈可传之行。”③ 这种道学家的悖谬心理固然使我们觉得难以索解，但文中反映的太平军的纪律严明则是十分真实的。如果拿所谓“官兵”即封建反动军队的行为来加以对照，我们就能得到更加鲜明的印象。有一个材料说，清政府的官军经过醴陵时，“大路左右数里，无妇不奸，无物不掠”，而太平军则“不甚淫杀，惟与官兵为仇，目之为妖”。“长发颇谨饬，有妇女入家，不准进房，授受不亲。贼令最严密，故民不怨。”④ 太平军的严格纪律，从根本上说取决于这支队伍的革命本质，但有一系列比较好的制度，包括女营制度在内，作为有力的保证，也不能不说是个重要的因素。

---

① 《天情道理书》，见《中国近代史资料丛刊·太平天国》第一册，382 页。

② 曾国藩：《沿途察看军情贼势片》。

③ 张汝南：《金陵省难纪略》，见《中国近代史资料丛刊·太平天国》第四册，698 页。

④ 《太平天国史料丛编简辑》第一册，66 页。

洪仁玕在英勇就义前所作的自述中，回顾太平天国的历史，曾把实行“男女有别，虽夫妇不许相见”的军中女营制度，作为革命初期“所至无不胜捷”的一条重要原因。[①] 这个看法，不是没有道理的。

太平军占领武昌以后的“男女分馆”

自太平军占领武昌开始，特别是定都天京以后，在一些城市中，太平军对全体居民实行“男女分馆”的政策，把所有的男子集中到“男馆”，全体妇女集中到“女馆”。这意味着在一定时间里和一定地区内取消了家庭，这当然产生了一定的社会影响。

1853 年 1 月，太平军攻下了武昌，大军顺江东下，占领南京指日可待。它将怎样组织和管理自己统治地区的广大群众呢？在武昌，它把原先仅仅实行于军中的男女分营制度，照搬而扩大到了广大群众中间，对全体城市居民，不分男女老幼，一律实行“男女分馆”的政策。《粤匪纪略》云：“省门陷后，首逆入城，将绅民铺户，无论男妇，逼胁投降，以二十五人为一军，男有男贼管带，女有女贼管领。……男人少壮者，即命出城守营，其余分别男女馆，概令归馆住宿，彼此不许往来。”[②]《鄂城纪事诗》也说：“贼分男女各二十五人为一馆，彼此不相往来，或男至女馆，女至男馆，一经败露，即时斩首。男馆以两司马领之，女馆以蛮婆领之。规矩森严，不敢或犯。”[③]

此外，《武昌纪事》《武昌兵燹纪事》等也都有类似的记载。

太平军在武昌停留了将近一个月，即挥师东进，于 1853 年 3 月 19 日攻占南京，不久又先后从清军手中夺得镇江和扬州。在这几个城市里，太平军同样对全体城市居民实行了“男女分馆”的政策。

---

① 参见《中国近代史资料丛刊·太平天国》第二册，850 页。

② 《太平天国史料丛编简辑》第一册，30 页。

③ 《太平天国资料》，37 页。

如镇江，“以空屋分男女居之，各立男女伪司马掌之，屋各数十人”①。扬州，“别城中民使各处（谓之打馆子，每馆十数人，即民房室而错据之），男女异地，夫妇不相闻”②。“嗣出伪示，令民进贡，驱民拜降，男为男馆，女为女馆，潜以兵法部勒，或夫妇暂相语，谓之犯天条。”③

这种“男女分馆”政策的具体内容究竟怎样？我们可以看一看作为太平天国首都的天京的情形。一方面，在这里这一政策似乎执行得最为认真和彻底；另一方面，这里较之其他地方留下了有关这一问题的更为详尽的材料。

据当时人的记载，太平军进入南京之后的四五日，也就是军事行动刚刚结束，天王洪秀全、东王杨秀清等领导人尚未入城之时，就开始了组织“男女分馆”的工作，“令合城男女分别住馆，不准私藏在家”④。这件工作做得雷厉风行，往往是当场令全家大小，略带一点随身衣物，不得有须臾迟延，立即各归各馆，“于是父母兄弟妻子立刻离散，家业顿抛”⑤，“虽夫妇母子不容相通”⑥。馆有几种，有专门技术的，编入专业馆，如男子会机织的可入机匠馆，能做瓦木工的可入瓦木营，妇女会刺绣的分入绣锦营；男子十六岁以下和六十岁以上或有残疾的，编入牌尾馆或老民馆，但“女馆则老幼同居，固无所谓牌尾也”⑦；其余则男归男馆或曰新兄弟馆，女归女馆或曰新姊妹馆。

当时有一些群众心怀疑惧，或者东躲西藏，拒不入馆；或者联络一些亲友，男女分别聚居在一起，组织所谓“私馆”。如胡思燮在《患难一家言》中就记，他为了对付太平天国的“男女分馆”政策，在躲藏了一阵之后，由于太平军对“隐于僻巷未入馆者”查究甚严，

---

① 《丹徒县志》，转引自郭廷以：《太平天国史事日志》上册，236页。
② 《扬州御寇录》，见《中国近代史资料丛刊·太平天国》第五册，104页。
③ 《劫余小记》，见《太平天国资料》，82页。
④ 《金陵杂记》，见《中国近代史资料丛刊·太平天国》第四册，622页。
⑤ 《金陵省难纪略》，见《中国近代史资料丛刊·太平天国》第四册，695页。
⑥ 《平贼纪略》卷上，见《太平天国史料丛编简辑》第一册，226页。
⑦ 《紫蘋馆诗钞》，见《太平天国史料丛编简辑》第六册，393页。

觉得实在躲不过去了，“揣其势，非入女馆不可。乃与母兄商，暂于金沙井觅空屋，可容数十人者居之，自设两馆，以女奴为牌头应差役，余兄仍居宅旁，供给一切”①。但这也不行。太平军对“私馆”也严加查察。《可园备忘录》就讲到，在进行“男女分馆”个把月之后，即“闻贼有查私馆之说，私馆者，女馆之未入贼籍者也。众大惧，然亦无如何”，后来太平军果然将一些妇女从私馆中一一逐出，强制编入正式的女馆。② 这些材料说明，太平天国确实是极为认真地实行了这一政策，丝毫也不肯马虎。

女馆的情况，一般的是“以二十五人为一房”，但因人数甚多，所以实际上常常超过，也有以五十人、六七十人，甚至一二百人为一馆的。每一女馆，以参加革命较早的广西、湖南的太平军女战士为统领。“或十余馆，或数馆，有一贼妇督之，谓之女伪百长，即伪卒长。其上又有女伪军帅、女伪监军、女伪总制等贼婆。”③ 女馆妇女，每日发给粮米，过着统一的供给制生活。同时，则要从事削竹签、挑砖、负米、挖壕、刈麦、割稻、担水等种种战事勤务或日常生活的劳动。男子进入女馆是严格禁止的，即使太平军的高级将领亦不例外。“虽起义重臣，无敢乱群肆虐者。”但亲属前往女馆门前省视，还是允许的。故《金陵省难纪略》说，女馆“不准男子入探，母子夫妻止于馆外遥相语”④，而《金陵杂记》则云“女眷在馆，其家有男丁在城内者，尚可暗中照应，私送米菜”⑤。隐伏在天京的清军奸细张继庚在《致祁公子书》里，记有到女馆去向清朝江宁布政使祁宿藻的妻子及自己的家属“定省慰劝”及送“米柴衣物”⑥ 等情形。可见，有的记载说女馆“锁闭严禁，不许人窃探”⑦，“亦不

① 《太平天国史料丛编简辑》第二册，338页。

② 参见上书，370页。

③ 《金陵杂记》，见《中国近代史资料丛刊·太平天国》第四册，622页。

④ 《中国近代史资料丛刊·太平天国》第四册，695页。

⑤ 同上书，623页。

⑥ 同上书，761页。

⑦ 同上书，749页。

许相见讲话”①，未免是言过其实了。

女馆的驻地，一般选民间房屋较宽大者。因为男女集中居住，所以便空出一部分房屋来，这些空屋便加以锁闭，不许人随便入内，所谓“其女馆所在皆有民居，非设伪馆者皆扃之”②。但这些女馆却经常迁移。据《粤逆纪略》说，“伪馆或六七日一搬，或五六日一搬，甚有间日一搬者”，而女馆之“迁移无定，殆有甚于男馆者”③。我们看当时曾有家属在女馆中生活的人的叙述，果然有在一两个月之内搬徙达五六处的。

天京城内的妇女一度全部集中到女馆，所以女馆的数量着实不少。《金陵杂记》有这样一段记载：

> 女馆住处甚多，城北由莲花桥洪武街一带，以至花牌楼门楼桥等处，城南在南门大街以至内桥，城东在石桥新廊、武定桥、石坝街、军师巷、东牌楼、状元境、奇望街、承恩寺、王府园口，城西三山街坊口以至陡门桥、糯米巷、安品街东并前后街一带，直至朝天宫后，易家桥左右街巷，又自珠宝廊至虹桥、卢妃巷、土街口一带，共约有妇女十余万口。④

普遍地对城市居民实行“男女分馆”，将如此众多的妇女集中到女馆之内，过着一种类似军事共产主义的生活，究竟引起了什么样的后果呢？

太平军刚刚进入南京的时候，社会秩序还很不安定，残存在这个城市的反革命分子十分猖獗和活跃。他们有的“十百为群，往往于昏黑时，贼孤入委巷，辄袖刃尾杀之”，从事罪恶的暗杀活动；有的“密结统治，歃血为盟”，纠集和发展反革命势力，和城外的清军秘密勾结，阴谋内外配合；有的“聚处一室，暇则作骂贼之诗以纾愤”，进行反革命宣传；有的捏造清军打胜仗的消息，“奔走数十里转相告”，散步反革命谣言。⑤ 在这种情况下，太平军把全体居民组

---

① 《中国近代史资料丛刊·太平天国》第四册，377 页。

②③ 《患难一家言》，见《太平天国史料丛编简辑》第二册，338 页。

④ 《中国近代史资料丛刊·太平天国》第四册，623 页。

⑤ 参见《患难一家言》，见《太平天国史料丛编简辑》第二册，331 页。

织起来，悉数编入馆中，一时确实起到了一定的限制与打击反革命活动的作用。

然而，对反革命活动的限制和打击，不一定通过“男女分馆”这种方式，通过别的方式或许会做得更好些。由于实行“男女分馆”政策引起的广大群众对太平天国革命政权的疑惧和不满，其政治上的损失则是很难弥补的。实行“男女分馆”，意味着在一定时期之内取消了家庭，所谓“馆分男女家何在”①，“家则登时败坏，人则子散妻离”②，就是这种情况的反映。正如恩格斯指出的：“自从私有制产生以后，家庭始终是整个社会赖以存在的细胞，而现代社会则是纯粹以个体家庭为分子而构成的一个总体。”③ 在一百多年前的中国社会里，取消家庭是极为虚妄的。同一切反动派一样，清朝封建统治者把太平天国说成杀人放火、青面獠牙的暴徒和恶棍，对群众进行欺骗宣传。其实，太平军曾规定了极严格的纪律，不得随意伤害群众，不得奸淫妇女，不准妄取群众一物，与百姓交易要照价付钱，甚至行军时不得随意进入民宅，等等。这些规定，特别是在前期，很大程度上是认真执行的，正因为这样，太平军一直受到人民群众的热烈拥护。但是，在天京以及其他几个城市实行的“男女分馆”的政策，却使不少群众感到太平军损害了他们的切身利益。中国的老话，常常以“家破人亡”作为最大不幸，现在，人亡虽则未必，“家破”却似乎确实临到头上。群众的这种感觉，由于实施过程中过于生硬简单而缺乏细致耐心的宣传教育，自然不免会更加强烈了。

有人说，实行“男女分馆”的结果，使“阖城无一安居者”④，不但引起一部分群众的逃亡，甚至还引起更为严重的后果。《金陵纪事》云：“自男女各分馆后，既不能得民欢心，又不能禁人逃走。”《金陵杂记》也说：“城中被掳男女，无时不思逃窜。”⑤ 甚至有人

---

① 《紫薮馆诗钞》，见《太平天国史料丛编简辑》第六册，392页。
② 《粤匪纪略》，见《太平天国史料丛编简辑》第一册，30页。
③ 《马克思恩格斯选集》第四卷，70页。
④ 《鄂城纪事诗》，见《太平天国资料》，37页。
⑤ 《金陵杂记》，见《中国近代史资料丛刊·太平天国》第二册，624页。

说："是时贼令男女分居，有同室者斩以徇。于是有室不能保，有家不敢归，坐此阖门殉节者甚多。"① "又传男行女行之令，令男女分馆，驱迫即行。……于是父母兄弟妻子立刻离散，家业顿抛。有请缓颊至来日遵行者，遂于夜间或阖室焚烧，或全家自缢，或近河塘牵连投水，纷纷无数。……次日分析男女愈急，而乘夜遁归自尽者连日未休。"② 自杀者是否有如此之多，是大可怀疑的，但终究不能完全否定有这样的事实。连太平天国的正式文告中也曾说过："在尔民人以为荡我家族，离我骨肉，财物为之一空，妻孥为之尽散，嗟怨之声，至今未息。"这段话却明白无误地表明，广大群众确实感到骨肉离散了，家资荡尽了，以致历时一年有余，仍然"嗟怨之声，至今未息"。广大群众对于取消家庭的长期不满，迫使这个制度终于无法继续下去，从发布这个告谕之后，仅仅半年多时间就废除了。

太平天国后期的女馆

1855 年春以后，太平军在占领一些城市时，仍然建立和组织"姊妹馆"。有的同志据此认为，天京长期隔离男女的制度虽然废除了，但在攻克新的城市时，却仍是一样照旧例把男女隔离开来，只是实行的时间较短而已。其实这是不确定的。虽然在不少城市中（也包括后期的天京）确有"女馆"或"姊妹馆"的存在，但却没有任何一个材料记载太平军在占领城市时，曾像 1855 年前在天京、扬州等地所实行的那样，把全体居民都强制编入男馆、女馆之中。相反，许多材料表明，太平天国后期，在城市中也如在乡村中一样，始终允许群众以一家一户为单位生活。也就是说，一部分妇女之编入女馆，与绝大部分群众过着正常的家庭生活是并存的。这种情况与 1855 年以前的政策有着性质上的不同。《苏台麋鹿记》曾明确讲到这种区别："金陵之陷也，贼勒民分别男女设馆，不许同室，而日

① 《太平天国史料丛编简辑》第二册，335 页。

② 《中国近代史资料丛刊·太平天国》第四册，695 页。

给以米，男之精壮者为牌面，老幼者为牌尾。至苏城却不尽沿此例，间或设立女馆，无非虚言恫喝。”①

那么，太平天国后期的女馆，参加者究竟是些什么人呢？这种女馆又是什么样的性质呢？大致说来，有以下几种：

一是将在外作战的太平军将士的家属，或一些没有亲人照料的单身青年女子集中起来，组成女馆。呤唎在《太平天国革命亲历记》中记1860年以后天京的社会生活，说：“在他们的‘圣城’里——他们经常这样称呼他们的新都——秩序和纪律最为完善。城中划出几部分地区作为出外作战或因公出差的人们的妻女的住所。”② “太平天国妇女或结婚成为家庭一员，或入姊妹馆（许多大城市中都设有姊妹馆，由专人管理），而不准单身妇女有其他生活方式。这条法律是为了禁娼。”③ “姊妹馆由正式指定的女官负责，并特别设有机构以教养那些没有亲人照料的青年女子，以及那些因丈夫长期出外工作而无亲人供养的已婚妇女。”④

一是在战事刚刚结束或尚未完全结束的地区，收容一部分在战乱中无家可归的难民妇女，组成女馆。龚又村《自怡日记》记他于太平军占领常熟后，于常熟城内，“路遇无数难妇，知赴南城总局点名，每日一粥两饭，无屋者常住姚局，有屋者由家就食”⑤。他还讲到，他朋友家中一个姓黄的婢女，就在女馆中生活。⑥ 又，据《鳅闻日记》记载，慷天燕钱桂仁到常熟后，即“出令查放女馆难民，给发银米，暂借住兴福寺”⑦。这些材料都讲到常熟女馆中收容有不少难民妇女。据说，常熟一带设立女馆等，多是效仿忠王李秀成在苏州的做法，那么，我们推测在苏州的女馆中也有很多是难民，大概不致有多大错误。

---

① 《中国近代史资料丛刊·太平天国》第五册，276页。
② 《太平天国革命亲历记》，166页。
③ 同上书，240页。
④ 同上书，241页。
⑤ 《太平天国史料丛编简辑》第四册，392页。
⑥ 参见上书，390页。
⑦ 《近代史资料》，1963（1），95页。

还有一种情况。自1855年初废除隔绝男女的制度后，太平军将士是准许结婚和有家室的。但是，在行军作战之时，队伍中还是不准带家眷。在太平天国后期，由于参加太平军的人员成分比较复杂等各种原因，军队纪律有所懈弛，有少数将士便违反规定而在军伍中窝藏妇女，甚至还有人“私掠民女”。对这种违反军纪的，检查出来，便将那些妇女送入女馆，统一管理，“不准妄娶，亦不许奸盗”。显然，女馆也是对妇女群众的一种保护。

从上面这些情况看，太平天国后期的女馆，不是违背群众的利益而是保护群众的利益的，不是主观地强求一律推行而是根据客观需要有目的地实行的，总体来说，是有益的、积极的，它与1855年以前的那种女馆所起的作用是完全不同的。

现在，我们可以对太平天国女营、女馆制度概括地说几句。还在1853年时，《华北先驱周报》就曾发表过一篇社评，称赞太平天国“在特别作战期间男女分隔”的制度，“洵世界未曾见之奇观，即人类的幻想亦未能形状其伟大”①。作为一种勇敢的、大胆的试验，这种制度在人类历史上确实是“未曾见”的。但既然是尝试，就可能成功，也难免失败。我们看到，这样一种制度，当它符合现实斗争的客观需要的时候，它具有蓬蓬勃勃的生命力，而当它哪怕是沿着同一个方向前进得过了头，超过了应有的限度时，就会走向反面，成为一种脱离实际的幻想，于是就不免要碰壁，要受挫；它只有重新回到现实生活所许可的范围之内，才又重新起积极作用。这也是不以人的意志为转移的。

---

① 《华北先驱周报》，第174号，转引自罗尔纲：《太平天国史事考》，337页。

论中国历史上的封建君主专制主义*

君主专制主义，是封建主义的政治核心。在中国历史上，中央集权的君主专制制度，曾经支配了两千余年的封建社会的政治生活。在这种制度最终为民主革命烈火烧毁之后的很长时间内，专制主义不可避免地还会在人们的意识里和生活中留下鲜明而深刻的印迹。早在1928年，毛泽东同志就曾谈及这一点，指出："封建时代独裁专断的恶习惯深中于群众乃至一般党员的头脑中，一时扫除不净，遇事贪图便利，不喜欢麻烦的民主制度。"① 后来的实践表明，肃清封建专制主义的流毒，不仅要经过持久的、顽强的斗争，有时还需要付出严重的代价。掉以轻心是不行的，一蹴而就是做不到的。

对于历史科学来说，任务并不只是在于指明封建君主专制主义已经完全不适合我们目前的时代，也不只是在于对这种古老的意识形态和制度发泄革命的义愤，它还要求我们探究封建君主专制主义的历史形态，说明其在历史上怎样和为什么存在，曾经起过什么样的历史作用。

一

作为封建生产关系上层建筑的君主专制主义，其产生差不多是与封建制度的确立同时的。早在战国时期，各诸侯国的封建国君就极力扩大王权，初步形成了尽管还是地方性的和不甚完备的君主专

* 载《社会科学战线》，1981（2）。本文与戴逸、罗明合写。

① 《井冈山的斗争》。

制制度。秦始皇统一六国以后，建立了中央集权的统一的封建王朝，使得君主专制制度有了一个新的发展。以后，随着封建社会的日益成熟和繁盛，这种君主专制制度也就更形严密。一直到封建社会末期，由于社会矛盾的更加尖锐和复杂化，反动的地主阶级为了维护自己腐朽的统治，把君主专制制度进一步强化到了前所未有的程度。最后，在 20 世纪初，资产阶级领导的革命运动兴起了，君主专制作为一种政治制度，才被 1911 年的辛亥革命最终扫进了历史的垃圾堆。

绵延了如此之久的封建君主专制主义，一般地说，具有哪些基本特征呢?

第一，皇帝拥有独揽的至高无上的权力。不论是政治的、经济的或是军事的最后决定权，都集中于君主一人，“天下之事无大小，皆决于上”①。君主对于任何人的生命财产，都可以随意生杀予夺，甚至对专制主义做过一定程度批判的进步思想家王夫之也承认，君主对于人臣，“可贵、可贱、可生、可杀”，因为“刑赏者，天之所以命人主也，贵贱生死，君即逆而吾固顺乎天”②。皇帝的话就是法律。当封建的成文法与皇帝的诏令发生矛盾时，法律只能卑贱地服从诏令。“君心之好恶”成为判断是与非、罪与非罪的最高准则。正像孟德斯鸠所说的：“在专制国家里，法律仅仅是君主的意志而已。”③ 总之，“朕即国家，朕即法律”，一切都可以凭着皇帝个人的专制权威独断专行。

权力的高度集中于一极，是以另一极的绝对无权为前提的。既然君主的权力不受限制，这也就意味着人民群众被剥夺了任何一点民主和自由。人民不但根本不能参加国家的机构和管理国家，甚至没有资格对政治做任何的评议。马克思说过：“专制制度的唯一原则就是轻视人类，使人不成其为人。”④ 人民的天职被看成只是服从、

---

① 《史记·秦始皇本纪》。

② 《读通鉴论》卷二。

③ 《论法的精神》。

④ 《摘自“德法年鉴”的通信》，见《马克思恩格斯全集》第一卷，411 页。

奉行君主的意旨，忍受一切凌辱和压迫。人民和君主的关系是十分明确的，按照韩愈的毫无掩饰的说法，那就是："民不出粟、米、麻、丝，作器皿，通货财以事其上，则诛。"① 在封建专制主义的政治统治下，人民是奴隶，或者连奴隶还不如。鲁迅说："但实际上，中国人向来就没有争到过'人'的价格，至多不过是奴隶，到现在还如此，然而下于奴隶的时候，却是数见不鲜的。"② 正因为这样，鲁迅把历史上的一乱一治，看作不过是两种时代的依次交替：一是"想做奴隶而不得的时代"，二是"暂时做稳了奴隶的时代"。只要有一位强有力的君主，较有秩序地收拾了天下，并且厘定规则——怎样服役、怎样纳粮、怎样磕头、怎样颂圣，就算是"天下太平"了。

第二，有无数大大小小的官僚，作为皇权的代表，对人民实行专制统治。马克思在分析西欧的封建政治时，把"大批的文职、军职和神职官僚"称作"君主专制"的"组成部分"③。列宁在谈到俄国的专制统治时曾说："沙皇专制就是官吏专制。"④ 中国的情况也完全一样。皇帝虽有至高无上的权力，但并不是也不可能由他一个人来管理国家。他选拔和任命从中央到地方的各级官僚，对于皇帝来说，这些官僚不过是他的一批可以随意使唤的奴才，但对于人民群众来说，他们则都是皇权的代表，是一个个可以擅作威福的小暴君。"骑在没有发言权的人民头上的官吏黑压压地好像一片森林；普通的做工的人永远穿不过这片森林，永远得不到公道。对于官吏的贪污、掠夺和残暴行为的任何控诉，都是石沉大海，官场舞弊使得一切状子都毫无下文。……不由人民选举因而不必对人民负责的大群官吏，结成了一张紧密的蜘蛛网，人们就像苍蝇那样在这张蜘蛛网上挣扎。"⑤ 列宁的这一段话，生动地画出了君主专制制度下官僚政治的黑暗状况。

第三，君主专制主义是与封建的宗法制、家长制紧密结合在一

---

① 《原道》。

② 《灯下漫笔》。

③ 《道德化的批判和批判化的道德》，见《马克思恩格斯选集》第一卷，186页。

④⑤ 《给农村贫民》，见《列宁选集》第一卷，第2版，395页。

起的。封建帝王从来把天下国家视作一家一姓的私产，所谓“普天之下，莫非王土；率土之滨，莫非王臣”。他们的最大愿望，就是要把这种对于整个国家的占有权万世一系地传给自己的子孙。最早确定皇帝称号的嬴政说过：“朕为始皇帝，后世以计数，二世、三世至于万世，传之无穷。”① 虽然秦王朝的统治极有讽刺意味地到二世就垮台了，但秦始皇的这段话却代表了后来一切帝王的共同心理。只要他们的统治不被农民起义所推翻，不在统治阶级的内部斗争中被篡夺，也不为国内其他民族的统治者所征服，那么，掌握着最高政治权力的皇帝总是按照“嫡长制”的原则把帝位一代一代地传下去，通过世袭制以达到“家天下”的目的。这种统治的基层细胞，恰恰又是一个一个封建的家族单位。几千年来小生产的家长制，正是君主专制赖以存在的广阔的社会基础。在这种情况下，独裁统治的皇帝被说成是扩大了的大家长，一切军民人等无不是“朝廷赤子”、君主的“子民”，而皇帝则“上为皇天子，下为黎庶父母”②。就是小小的地方长吏如州牧县令之类，也习惯地被称作老百姓的“父母官”。统治阶级与被统治阶级的关系，又罩上了一层温情脉脉的宗族关系的面纱。封建的政权和族权、夫权互相纠结。封建政治原则中，总是把“君为臣纲”同“父为子纲”“夫为妻纲”并提，强调“家齐而后国治”，这正是君主专制主义与宗法制、家长制结合的理论反映。

第四，形成了一整套维护君主专制制度的封建意识形态。早在封建社会初期，先秦的法家思想家就竭力强调君主的独尊地位，并从政治上论证了君王拥有超越和凌驾于全社会之上的无限权力的必要性。西汉以后，经过改造的儒家思想宣扬“天人合一”“君权神授”，皇帝被认为是天即上帝的儿子，所谓“王者父天母地，为天之子也”③。君主的至高无上和无所不包的权力被说成是“天意之所

① 《资治通鉴》卷七。

② 《汉书·鲍宣传》。

③ 班固：《白虎通》。

予”[1]。这样，服从皇帝也就是顺应天意，而对皇帝的任何冒犯都是对天与神的亵渎。这就在理论上给君主专制主义涂上了一层神秘主义的色彩，使得皇权变得更加神圣不可侵犯。于是，忠君就成了封建政治行为的最高准则，也成了封建道德规范的首要标准。一本托名东汉马融所作的题为《臣轨》的书写道：“天之所覆，地之所载，人之所履，莫大乎忠。”（第一章）“善莫大于作忠，恶莫大于不忠。忠则福禄至焉，不忠则刑罚加焉。”（第十六章）这里，不仅把忠君看作天地之间至大至要的事，而且告诉人们，忠君的政治原则如果得不到遵守，那就不但要受到封建道德这类精神力量的约束，而且要受到封建法律这类物质力量的惩罚。事实上，封建法律一直把触犯皇帝权威的“大逆”罪和冒犯皇帝尊严的“大不敬”罪列入“十恶”，处以最严厉的刑罚。有些封建王朝的律法甚至规定对皇帝“腹诽”也要获罪处刑。

第五，封建地主经济支配下的农业和家庭手工业相结合的自然经济形态，是君主专制制度赖以存在的物质基础。封建的土地占有关系，农民对地主的人身依附关系，都要求有一种与之相适应并能保护这种经济关系的政权形式，君主专制制度正是封建经济关系的政治表现。在地主经济的支配下，农民作为小生产者，一家一户就是一个生产单位，他们被束缚在一小块土地上，从事着繁重的劳动。每一个农户差不多都是自给自足的，农业和家庭手工业紧密结合。他们虽然过着同样的牛马不如的生活，但“他们的生产方式不是使他们互相交往，而是使他们互相隔离”[2]。这种分散的个体生产，使得小农习惯于服从他人的主宰，听命于高高站在他们上面的权威，容忍那种不受限制的政府权力。封建君主专制主义，正是以这种经济条件作为自己长期生存的肥沃土壤。

君主专制主义并不是中国历史上独有的现象。但是，应该指出，我国的君主专制统治，较之其他各国，要彻底得多、严厉得多。被恩格斯称为“在中世纪是封建制度的中心”的法国，在法王腓力四

---

① 董仲舒：《春秋繁露》。

② 《马克思恩格斯全集》第八卷，217页。

世时就召开了有教会贵族、世俗贵族和市民三个等级代表参加的第一次三级会议；英国在1265年就召开了不仅有大贵族而且还有地方骑士和市民代表参加的第一次国会，到14世纪，国会分成了上、下两院。以后一直延续下来的“三级会议”和“国会”，在封建时代虽然在本质上仍然是地主阶级专政的一种工具，但毕竟提供了某些民主（哪怕是如此有限的地主阶级民主）的形式。即使在被马克思和列宁常常称为“最野蛮、最横暴”的专制制度的沙皇俄国，也还有过“贵族委员会”“贵族代表会议”之类的代议机关。但在中国的封建社会政治史上，却从来未曾有过这些东西。

二

在一定的历史时期内，封建君主专制主义曾经起过积极作用。当封建制度还是作为一种新的社会制度代替腐朽的奴隶制的时候，集中而强有力的王权，在与没落的奴隶主贵族的政治斗争中是必不可少的杠杆。当封建主义处于生气勃勃的上升阶段时，君主专制主义也曾经为维护新的生产方式尽过自己的历史责任。特别是在从封建割据的状况联合为统一集中的国家的过程中，君主专制主义更曾发挥过重大的促进作用，而任何一个国家，如果不能摆脱封建分散和诸侯混乱的状态，就不可能指望保持自己的独立并真正发展经济和文化。

但是，即使在封建社会的前期，专制主义的历史进步性也是同残暴的镇压与专横的统治紧密联系在一起的。随着社会的发展，封建生产方式内部各种固有矛盾日益深化和激化，专制主义曾经有过的一点积极作用也就逐步消失。历史越往前走，专制主义就越成为社会发展的桎梏。

君主专制主义对于社会历史的消极作用，主要表现在哪些方面呢?

马克思曾说，企图“在君主政体、专制制度和暴政三者之间找区别”，是徒劳的，因为“这一切都是同一概念的不同说法”[1]。也就是说，君主专制制度就是暴政。当然，这绝不是说，历史上从来没有出现过某些贤明的君主，他们的统治政策曾经对历史发展起过积极的甚至是重大的促进作用。这样的在历史上应该给予肯定评价的封建帝王无疑是存在的。秦皇、汉武，唐宗、宋祖，以及明代的朱元璋、清代的康熙等，就是一些具有雄才大略的著名历史人物。但是，一方面，在历史上起过积极作用并不排除他们的统治是残暴的；另一方面，有作为的帝王是如此之少，简直是凤毛麟角。明末清初的进步思想家唐甄曾说：“帝室富贵，生习骄恣，岂能成贤？是故一代之中，十数世有二三贤君……其余非暴即暗，非暗即辟，非辟即懦。”[2] 这个说法是大体符合历史真实的。我们如果翻翻“二十四史”，就不难发现，一个个“君临天下”的封建帝王，绝大多数不是暴君，就是暗君、辟君、懦君。他们之中，有的“天性好杀，一日无事，即惨惨不乐”，“钳凿刀锯，不离左右，为击脑槌阴剖心之诛，日有数十，至尸卧流血然后快”[3]；有的“沉湎于酒，昏醉如痴，沉酣既久，遂亏本性”[4]；有的听说百姓无食，竟问“何不食肉糜”；有的在位数十年，从未召见过大臣。当然，绝不是历史故意捉弄人，偏偏把那些昏暴庸愚的人物推上皇帝的宝座，而是君主专制的一整套制度，决定了登临大位的人往往难以摆脱全部教养、环境、条件所铸成的性格特征。可悲的是，正是这些昏暴庸愚的封建帝王，拥有着极大的影响历史进程的政治权力。这种情况，往往成为封建政治腐败黑暗的一个重要因素。

皇帝既然成为一切权力的象征，那些充满贪欲和权力野心的政治集团，不可避免地要加强对于皇位的角逐和对于君主的控制。在我国历史上，外戚、宦官、权臣、军阀相互之间争权夺利的斗争，史不绝书。在皇室内部，父母、子女、兄弟、夫妇之间，彼此阴谋

---

① 《马克思恩格斯全集》第一卷，411页。

② 《潜书·鲜君》。

③ 赵翼：《廿二史劄记》卷十一。

④ 赵翼：《廿二史劄记》卷十五。

弑杀，也是屡见不鲜。统治集团内部矛盾的不断爆发和尖锐化，是封建君主专制主义的必然产物。这种斗争在统治阶级内部是你死我活的，既充满着诡谲奸诈又十分残酷狠毒，它往往还会发展为大规模的政治动乱，给社会生活造成极大的破坏。

一方面是臣属对于君权的觊觎，另一方面必然是君主对于臣僚权力的限制防范。“飞鸟尽，良弓藏；狡兔死，走狗烹。”在我国历史上，一次又一次地发生过皇帝诛逐功臣良将的事情。绝不能把这种现象归于君主性格的普遍多疑，实质上，不过是由于某些人功高权重，危及了君主的独断地位。杜牧诗云：“由来枉死贤才事，消长相持势自然。”① 用这两句诗来解释上述历史现象，是相当贴切中肯的。因此，在君主专制主义之下，封建官僚政治的基本要求正是庸庸碌碌，无所作为。“万岁相公”的历史掌故②，“多磕头，少说话”的官场诀窍，并不是封建政治中的偶然现象，倒是深刻地反映了官僚政治的本质。在封建时代，也曾出现过极少数正直、有作为、多少考虑到人民利益的所谓“清官”，但这些人大抵仕途坎坷，只落得一个悲剧的结局。真正能够经得起宦海沉浮，踞高位而不衰的，一般是那些尸位素餐、无所事事之徒。朱熹引用一个姓范的小官僚的话说：“今日气象，官无大小，皆难于有为，盖通身是病，无下药处耳。”③ 他们不了解“通身是病”的病根是什么，其实正是封建的君主专制主义。君主专制主义不去，官僚政治的弊病是无药可医的。

政治专制主义必然导致文化专制主义和愚民政策。“民可使由之，不可使知之”，这是因为，如我们在前一节中讲过的，在君主专制主义之下，民只是提供“王赋”的工具，只是压迫和役使的对象，却绝不容许他们有丝毫干预国家政事的权利。斯大林在谈到俄国的专制制度时说：受这种专制制度压迫摧残的人是举不胜举的，“他们的人数是如此之多，要是他们都懂得这一点并明白谁是他们的共同

---

① 《樊川诗集·李和鼎》。

② 沈德符《万历野获编》卷一“召对条”载：“（明宪宗）一日召阁臣万眉州、刘博野、刘寿光等人，话及时政，俱不能置对，即叩头呼万岁，当时有‘万岁相公’之谑。”

③ 《朱文公政训》。

敌人，那么俄国的暴政是一天也不能存在的”①。因此，独裁的君主想尽一切办法“愚弄黔首”，以阻止他们的团结和觉醒。文化专制主义就是其中最重要的一个手段。在封建时代，文化、思想“定于一尊”，任何逾越封建主义界限的异端，都遭到严密的防范和残酷的镇压。明清时代的文字狱，不过是君主专制制度禁锢思想的突出表现而已。其结果，必然是阻遏了社会政治思想的活跃和学术文化的繁荣，也堵塞了科学技术迅速发展的道路。当然，我国封建社会并不是没有产生过灿烂的文化，在意识形态领域也不乏民主性的精华，但这些都是在极端困苦的条件下，经过曲折的道路和顽强的斗争，艰难地生长起来的。

专制主义对于社会历史的消极作用，更直接地体现在经济领域之中。为了保护和巩固专制主义的经济基础，封建政权一直实行“重农抑商”政策，一方面是使封建小农经济得到维持和相对稳定，另一方面对商品经济的发展加以限制。为了满足君主和皇室奢侈生活的需要，历代王朝都经营着相当规模的官营手工业，并对一些重要的生产部门实行垄断。宋代人石介说：“国家之禁，疏密不得其中矣。今山泽江海皆有禁，盐铁酒茗皆有禁，布绵丝枲皆有禁，关市河梁皆有禁。”② 宋代如此，以后各朝大体皆然。这不可避免地会对民间工商业的发展造成阻碍。特别是资本主义萌芽产生以后，封建主义的这一套经济政策，更成为遏制新生产关系幼芽进一步成长的巨大障碍。

最后，还必须提到君主专制主义在民族问题上所产生的影响。列宁指出：“民族压迫政策是专制制度和君主制度的遗产”③。我国很早以来就是一个统一的多民族的国家。但是，在封建君主专制制度之下，不论皇帝是汉族人还是少数民族人，从总体上说，实行的都是民族压迫和民族歧视的政策。对于专制君主来说，民族之间的分裂、隔膜、仇恨，便于他实行“分而治之”的政策，因而也是有

① 《斯大林全集》第一卷。

② 《石徂徕集》下，《明禁》。

③ 《列宁全集》第二十四卷，269页。

利于他的独裁统治的。

当然，上面所说到的一切，都已经是历史的陈迹了。但是，认真估计君主专制主义的历史作用，对于我们了解历史上曾经存在的这种思想和制度，却是完全必要的。

三

在历史上，不同时期、不同阶级的许多人物，都曾对封建专制主义做过程度不同的批判。

在封建社会晚期，由于君主专制制度的弊病暴露得越来越充分，甚至地主阶级中的一些进步思想家，也开始对这个制度产生了怀疑和不满，进而对之进行了猛烈的抨击。特别是在明末清初这个大动乱的时代，大胆暴露君主专制主义的有一批人。黄宗羲曾公开宣称："为天下之大害者，君而已矣！"因为他们"敲剥天下之骨髓，离散天下之子女，以奉我一人之淫乐"①。唐甄则说："自秦以来，凡为帝王者皆贼也。""自秦以来，屠杀二千余年，不可究止，嗟乎，何帝王盗贼之毒至于如此其极哉！"② 王夫之认为："天下者，非一姓之私也。"③ 比他们稍后的龚自珍，也不满于"一人为刚，万夫为柔"的政治状况，并指斥君主"震荡摧锄天下之廉耻"④。但是，不论言论多么激烈，写得如何痛快淋漓，他们却并没有提出根本代替专制主义制度的方案。在他们的心目中，皇帝这种东西仍是取消不得的，所谓"人不可一日而无君"⑤。他们只是要求皇帝变得贤良、公正、开明而已。所以，黄宗羲希望君主更多地注意"万民之忧乐"⑥，而唐甄则要求"富有四海，贵为天子"者，"存心如赤子，

---

① 《明夷待访录·原君》。
② 《潜书》。
③ 《读通鉴论》卷十一。
④ 《定盦续集》卷二。
⑤ 《读通鉴论》卷十九。
⑥ 《明夷待访录》。

处身如农夫，殿陛如田舍，衣食如贫士，海内如室家”①。我们在钦佩这些思想家勇敢的批判精神的同时，还得承认，他们的这种政治理想也是颇为美丽的，可惜的是，这是地地道道的空中楼阁，没有一点现实的基础。拥有无限独裁权力的封建帝王，是永远也不会按照他们描绘的形象出现在历史舞台上的。

处于封建社会最底层的贫苦农民群众，受君主专制制度的蹂躏最直接、最深重。因此，这个阶级中的一些人，对君主专制主义的批判，也比地主阶级进步思想家要早得多。中国的封建社会，爆发过无数次农民起义和农民战争，每当这个时候，革命农民不但用暴力对封建专制政权进行武器的批判，同时也往往举起批判的武器，指斥专制政治的残暴，揭露封建统治的黑暗。从陈胜、吴广起义“伐无道，诛暴秦”开始，到李自成起义公开发布“明朝昏主不仁，宠宦官，重科第，贪税敛，重刑罚，不能救民水火，日罄师旅，掳掠民财，奸人妻女，吸髓剥肤”② 的讨伐檄文止，一次又一次的斗争都包含了在政治上和思想上批判封建君主专制主义的内容。但是，农民不是新的生产方式的代表者，他们仇恨封建专制制度，却又跳不出皇权主义的圈子，仍然幻想着有个“好皇帝”高高地君临于他们头上，从上面赐给他们雨水和阳光。甚至作为旧式农民战争最高峰的太平天国运动，当洪秀全登上了天王的宝座之后，也就宣扬起“只有臣错无君错”的观念来，从造君主专制制度的反开始，最后依然回到了君主专制主义的轨道上。

历史进入了近代，一个新的阶级——资产阶级登上了政治舞台。资产阶级的第一个政治派别——戊戌时代的维新派，曾把批判的锋芒指向封建君主专制主义。维新派中的激进分子谭嗣同，把自秦以来的历代帝王统统骂作“独夫民贼”，指出他们把天下作为其“囊橐中之私产”，实际上是戕害人民的“大盗”。他根本否定“忠君”的观念，指出：“君为独夫民贼，而犹以忠事之，是辅桀也，是助纣也。”进而，他又对君主专制主义的理论核心“三纲五常”展开了进

① 《潜书·尚治》。

② 彭孙贻：《荡寇志》。

攻，他说："数千年来，三纲五伦之惨祸烈毒，由是酷焉矣。"谭嗣同提出了"冲决君主之网罗"的口号，主张"废君统，倡民主，变不平等为平等"。① 可以看出，维新派对君主专制主义的批判，要比他们的前人深刻得多、有力得多。这种批判，在当时也确实起到了振聋发聩的作用，极大地启迪了人们民主思想的觉醒。但是，维新派的批判仍然有着很大的局限性。大多数维新人士，在政治观点上并没有达到谭嗣同所曾达到的水平。从根本上说，维新派同样并不否定君主的存在，他们的政治理想只是改君主独裁为君主立宪，用他们自己的话说，就是实行"开明专制"。达到这种政治理想的主要途径，又恰恰是依靠他们心目中的圣君贤主光绪皇帝。这种不触动封建统治的资产阶级改良运动，很快被反动的封建势力扼杀了。

接踵而来的是资产阶级革命民主派的兴起。这个政治派别是以推翻和根除封建君主专制制度作为自己运动的首要目标的，所以，在革命斗争中，他们对君主专制主义展开了全面的、比较系统的批判。他们揭露了君主专制主义的反动本质，控诉了独裁统治造成的"恶劣政治"给予人民的痛苦，指出专制君主是反对一切改革和进步，造成国家贫弱的总根源，热切地呼吁人民起来改变自己任人宰割的奴隶地位。以孙中山为代表的资产阶级革命派，在批判君主专制主义的同时，提出了资产阶级民主共和国的纲领，并且响亮地提出："敢有帝制自为者，天下共击之！"② 人民群众在资产阶级革命派的领导下，发动了具有重大历史意义的辛亥革命运动，摧毁了延续两千多年的封建君主专制制度，建立了共和国，这是资产阶级革命派的伟大历史功绩。

封建的君主专制制度虽然被推翻，但它的流毒和影响是不可能很快肃清的。这一方面由于资产阶级革命派的软弱性，使得他们在批判君主专制主义的时候，仍然不免有某种保留，如孙中山就曾说"中国所受君权的影响，可以说是利害参半"，甚至认为，同西方相

---

① 以上均见《谭嗣同全集》。

② 《中国同盟会革命方略》。

比，中国人民“并没有受过极大专制的痛苦”①。另一方面，由于意识形态有相对的独立性，当一种旧制度死亡的时候，反映这种旧制度的旧思想却并不能跟着装进棺材，埋入坟墓，它仍然要在人们中间腐烂发臭，毒化周围的空气。

回顾对于封建君主专制主义的批判历史，可以清楚地看出，继续清算封建君主专制主义的思想影响，彻底消除它的遗毒，这个战斗任务仍然历史地要求无产阶级来完成。中国人民在中国共产党的领导下，进行了新民主主义革命，推翻了封建主义的反动统治和封建土地所有制，是成功的、彻底的。但是肃清思想政治方面的封建主义残余影响这个任务，因为我们对它的重要性估计不足，以后又很快转入社会主义革命，所以并没有能够很好地解决。在我们今天的政治生活和社会生活中，一些不合理、不完善的制度和不健康、不正确的思想作风，如官僚主义、特权、权力过分集中的现象，干部领导职务的终身制，社会关系中残存的宗法观念和等级观念，上下级关系和干群关系中在身份上的不平等现象，等等，无不带有封建主义的色彩，无不是封建主义残余影响尚未肃清的表现。对于这些东西，如果不是在思想上对它有足够清醒的认识，同时在制度上做一系列切实的改革，那就必然要成为实现“四化”这个宏伟目标的巨大障碍和阻力。正是在这个意义上，分析中国历史上曾经长期存在的封建君主专制主义，仍然有着重要的现实意义。

① 《孙中山选集》下卷，669页。

辛亥革命时期资产阶级革命派的献身精神*

七十年前发生的辛亥革命，是一次由资产阶级领导的民主主义革命。在这个运动中，不少革命党人，为了推翻腐朽卖国的清朝政府，结束封建君主专制制度，争取国家民族的独立富强，置生死安危于不顾，摒功名利禄于度外，抛头颅，洒热血，写下了可歌可泣的历史篇章。他们所表现出来的高尚的革命情操，对于今天的无产阶级和革命人民来说，仍然是值得珍视的精神遗产。

辛亥革命的杰出领导者孙中山曾经回忆说："我们从前去革命，不但是自己的性命难保，并且还有抄家灭族的危险。我们从前有那样的大危险，还能够去革命，那是什么原故呢？就是由于我们富于牺牲的精神。"① 孙中山本人就是一个蔑视一切困难和危险，把自己的全部心力都奉献给了革命的伟大人物。他穷毕生之力，"精诚无间，百折不回，满清之威力所不能屈，穷途之困苦所不能挠。吾志所向，一往无前，愈挫愈奋，再接再励"②。

当时有许多革命者，宁肯放弃舒适的生活，离开温暖的家庭，抛却个人的幸福，而乐于选择一条困苦艰险、荆棘丛生的革命之路。"为求富国强兵策，强忍抛妻别子情。"③ 光复会的领导人之一陶成章，在辛亥革命的前十年间，主要在江浙一带从事革命活动。为了联络会党，他腰束麻绳，足穿芒鞋，风尘仆仆地往返各地。他曾四次途经杭州，与他的家乡会稽只一江之隔，但都过门而不入。一次将近除夕，有人劝他回家度岁，他说："情字难却，一见父母妻子，

---

* 载《人民日报》，1981-04-18。

① 《孙中山选集》下卷，465页。

② 《孙中山选集》上卷，104页。

③ 吴玉章：《辛亥革命》。

即不能出矣！”又说：“既已身为国奔走，岂尚能以家系念耶！”[1] 对于所谓的“功名富贵”，许多人更是视若浮云。大家知道，辛亥革命时期，有不少著名的革命活动家曾是留日学生。清政府为了拉拢知识分子，在废除科举后，曾规定对“学成归国”的留学生进行考试，合格者给予举人、进士等出身，并从中挑选一些人直接授予官职。做官还是革命？事实表明，不少人宁愿冒着掉脑袋的风险去做专制统治的叛逆，也不肯为了个人的荣华而去当反动政府的帮凶和奴才。所以陈天华在《警世钟》里说：“留学生若是贪图利益，明明翰林进士的出身不要，倒要做断头的事，没有这样蠢了。”在1911年的黄花岗起义中被捕牺牲的李德山，临刑前曾厉声指斥政府的监斩官说：“大丈夫为国捐躯，分内事也。我岂不能致富贵者，特不能如汝辈认贼作父，不知羞耻耳！”[2] 徐锡麟为掩护革命活动，通过各种关系谋得了安徽省巡警处会办的官职。他并不因贪恋权位而稍变革命初衷，毅然组织安庆起义。在刺杀安徽巡抚恩铭的那一天早晨，他召集巡警学校的学生演讲说：“我此次来安庆，专为救国，并非为功名富贵到此，诸位也总要不忘救国二字。”[3] 后来事败被捕，徐锡麟惨遭杀害。就义前，他神态自若，对人说：“功名富贵，非所乐意，今日得此，死亦无憾。”[4]

在民主革命运动中悲壮牺牲的女革命家秋瑾，生前曾写信给友人，说：“成败虽未可知，然苟留此未死之余生，则吾志不敢一日息也。吾自庚子以来，已置吾生命于不顾，即不获成功，而死亦吾所不悔也。”[5] 后来，她果然实践了自己的诺言。当时，许多革命党人，以接受艰巨任务为光荣，以亲临险地为夙愿，一种慷慨蓬勃的朝气弥漫于革命队伍之间。孙中山在《革命原起》中曾讲到，1906年萍浏醴起义爆发时，“东京之会员，莫不激昂慷慨，怒发冲冠，亟思飞渡内地，身临前敌，与虏拼命。每日到机关部请命投军者甚众，

---

① 《篁溪文存》。

② 《武昌革命真史》。

③ 《浙案纪略》。

④⑤ 《革命先烈传记》。

稍有缓却，则多痛哭流泪，以为求死所而不可得，苦莫甚焉。其雄心义愤，良足嘉尚”。刘道一、宁调元、杨卓霖等，就是闻讯后自动从日本返国，奔赴武装斗争的第一线，最后壮烈地牺牲在清政府的屠刀下的。

黄花岗起义时，活动在日本和南洋各地的革命党人，以及“吴、楚、闽、粤、滇、桂、洛、蜀、越、皖、赣十一省之才士乐赴国难，无所图利者，相继来集”[①]。战斗打响前，大家争着参加“选锋队”（敢死队），“其一种为主义而革命之热烈，实不知利害死生为何事也”。例如，朱执信本来有别的任务，起义爆发时刚刚赶到，他不顾旁人的劝阻，立即裁去长衫的下半截，参加了进攻督署的战斗，虽然“胸腿受伤，血透衣外”，仍然奋勇争先。林觉民在起义前，就给他妻子写了一封感情深挚的绝命书。在和别人的谈话中，他预计到此举“身必死”，但深信“吾辈死事之日，距光复期，必不远矣”。起义失败后，他不幸被执。面对着敌人的刑讯，他“侃侃而谈，综论世界大势，各国情事”，并要纸笔写了一篇坚贞不屈的自供状，“书至激烈处，解衣磅礴，以手捶胸若不复忍书者”。“又在堂上演说，至时局悲处，捶胸顿足。”[②] 最后从容就义。

像林觉民这样在反动统治者的残酷刑讯下，无所畏惧，视死如归的，不只是一两个人，而是有一批这样的英雄。这里，我们只能举几个例子。1900 年惠州起义中被捕的兴中会会员史坚如，年仅 21 岁，清朝官吏先是诱以“甘言美词，相待极优礼，欲以言餂得情实，因罗织成大狱”，但他毫不为所动。于是，反动派露出了凶恶面目，“以威力相胁怵”。史坚如“备受刑杖，惨酷无人理，始终惟怒目不答，傲睨自若”[③]。清政府一无所获，最后把这位年轻的革命家杀害了。1906 年 6 月，萍浏醴起义前夕，清政府抓获了湖南革命党人禹之谟。官吏反复审讯，禹之谟“慷慨辩论，问官辞屈”。于是“更酷刑十余日以取供”，刑罚有跪铁链，压杠子，荆条鞭背，用大椒末熏

① 《赵伯先事略》。

② 《武昌革命真史》。

③ 《史坚如事略》。

口鼻，用香火灼肉，用绳吊大手指及大脚趾悬于空中，等等，残酷野蛮，惨无人道。禹之谟被刑后，昏死多次，始终不屈，最后被绞杀在湖南靖州东门外。“就义之先，犹手书绝命词，虽拇指已断，字迹仍端好如恒。”① 1908年领导安庆马炮营起义的同盟会会员熊成基，事败后亡走日本。次年，他到哈尔滨从事革命活动时被捕。押解途中，他向围观的群众陈辞说：“诸君珍重，我死犹生，吾愿以一腔热血，灌自由之花。”“今生已矣，我愿继我而起者，大有人也。”② 当反动当局审问他组织安庆起义的情况时，他昂然说：“我之宗旨，事成则已，否则牺牲其身，社会上亦不无小受影响也。”“尔等决不能诛尽我党，亦只有愈死愈多而已。”“总之，我心坚定，百折不回。”③ 临刑时，他还高声宣布革命宗旨，充分表现了一个革命者的浩然正气。

列宁直截了当地认为：“如果对伟大的资产阶级革命者不抱至深的敬意，就不能成为马克思主义者。”④ 之所以要对他们抱至深的敬意，我想，除了由于他们在历史上曾经创造了值得称道的业绩，在推动社会历史的前进中做出了自己的贡献外，他们那种崇高的、可贵的献身精神，也应该是一个不可忽略的方面吧！

---

① 《禹之谟就义记》。
② 《熊成基谋杀载洵始末记》。
③ 《熊成基供词》。
④ 《第二国际的破产》。

刻苦求学　丕兴国家*

——辛亥革命时期的爱国留学运动

辛亥革命前十年间，中国近代的留学运动达到了全盛期。许多爱国青年，为了寻求救国真理，离乡背井，远涉重洋，留学于欧美和日本，学习较中国传统的封建文化远为先进的资产阶级社会学说和科学技术。留学生中的不少人，积极投身于资产阶级民主革命，其中还产生了一批著名的政治活动家，成为资产阶级革命民主派的中坚，在辛亥革命中发挥了重要的作用。

一

在近代历史上，最早向外国派遣留学生，始于清同治十一年(1872)。但那时数量不多，派的也都是十二岁至二十岁的“幼童”，在社会上影响不大。起初主要是派往欧美，后来渐及日本，但直到19世纪末叶，中国在日留学生最多时也不过八十余人。

1894年甲午中日战争的惨败，1900年八国联军对义和团运动的大肆屠杀和镇压，强烈地震荡着中国社会。在这两次战争中，帝国主义列强通过《马关条约》和《辛丑条约》，从中国勒索和掠夺了更多的权益，使民族危机达到了空前严重的地步。在这种形势下，许多爱国人士殚精竭虑，日夜焦思着如何才能避免迫在眉睫的“亡国灭种”的命运，如何才能挽救祖国的危亡。人们从惨痛的历史教训中认识到，要救国，必须向外国学习，而出国留学又是学习外国的

---

* 载《学习与研究》，1981 (4)。署名：梁溪。本文与房德邻合写。

重要途径之一。清朝政府迫于形势和社会舆论的压力，也采取了“奖励游学”的政策。于是，从20世纪初开始，留学生的数量便迅速增加起来。

毛主席在回顾中国人民寻找救国真理的历史进程时，针对这一历史阶段的情况，指出：“那时，求进步的中国人，只要是西方的新道理，什么书也看。向日本、英国、美国、法国、德国派遣留学生之多，达到了惊人的程度。”“日本人向西方学习有成效，中国人也想向日本人学。”① 由于日本离中国较近，社会习俗也有很多相似的地方，花费较少，所以，公费或自费到日本留学的人就更多，一时出现了“父遣其子，兄勉其弟，航东负笈，络绎不绝”的景象。据统计，到1902年，留日学生就激增至五百余人，1903年为一千三百余人，到1905—1906年，则达到了八千余人之多。

留日学生人数既多，资格、身份、年龄和所怀抱的目的等情况自然也就比较复杂。但留日学生中占主导地位的思想，是“爱国求学”。在留学生较早创办的《游学译编》上，有一篇《劝同乡父老遣子弟航洋游学书》，其中说：“自今日观之，中国之种祸固如何巨如何急乎？且中国有何种学问适用于目前，而解救我四万万同胞急切之大祸也？某今又决言曰：惟游学外洋者，为今日救吾国唯一之方针。”他们把“求学”比作“求药”，即寻求医治患了重病的祖国的药方：“吾国今日如垂危之病，以学为药，而子弟之出洋求学者，乃如求药之人。”这种“求学如求药”的思想，正是广大爱国的、求进步的留学生中具有代表性的思想。

爱国留学运动必然带有强烈的反帝色彩。留学生所到之国，都是曾经穷凶极恶地侵略和掠夺我国的帝国主义国家。这一点引起了一些人的疑虑：怎么能向欺凌宰割我们的“仇国”去学呢？封建顽固派也利用这一点对留学运动加以责难和谩骂。爱国留学生针锋相对地回答说：“今日不务爱国求学，一言学人，则骂之耻之，而不思将来白人踞中国，我汉种奴颜婢膝，其耻如何！”他们认为，只有学

---

① 《论人民民主专政》。

习列强，才能够抵抗列强，才能“报仇雪耻”。这一层道理，杰出的革命宣传家陈天华在他著名的《警世钟》里讲得十分透彻。他说：“须知要拒外人，须要先学外人的长处。”虚骄自大，不肯学习别国的长处，祖国也就不能富强起来，当然也就不能真正地抵抗帝国主义的侵略。对于列强侵凌我、朘削我的罪恶行径，是应该仇恨的，但“越恨他，越要学他；越学他，越能报他”。所以他要求人们“忍耻含羞”，“习点本领，返救祖国”。

许多先进青年也正是抱着这样一种思想，克服了种种困难，牺牲了个人的利益，踏上出洋留学的途程。“为求富国强兵策，强忍抛妻别子情。”吴玉章同志回忆他“浮槎东渡”赴日本留学时的情景说：“这时我刚结婚六年多，已有一个不到五岁的女儿和一个不到三岁的儿子，妻贤子幼，实在不忍分离。但是，为了挽救祖国的危亡，为了争取自己的前途，我没有因儿女私情动摇上进的决心。”① 为了筹措经费，他和他哥哥变卖了家中的土地。何香凝这样叙述她同廖仲恺去日本留学的经过：“戊戌政变之后，有志青年赴日留学，一时成为风尚，仲恺也很想去日学习。……为了成全他这个志愿，我就把结婚时娘家给我陪嫁的珠玉首饰卖掉，抛弃了我一向过惯了的优裕悠闲的生活，同到日本留学。”② 著名的巾帼英雄秋瑾，为了赴日留学，和各种阻力进行了勇敢的斗争。她丈夫为阻止她留学，偷走了她私蓄的首饰，但她毫不动摇，托人变卖了剩余的首饰，把两个年幼的孩子寄托给亲友，只身东渡。这些事例，生动地反映了先进青年“爱国求学”的炽烈衷肠。

腐朽反动的清朝政府，竭力想把留学生培养成封建统治的帮凶和奴才。为了控制和笼络留学生，于1903年同时颁布了《约束游学生章程》和《奖励游学生章程》。该两章程规定，只要留学生“安分用功”，报效朝廷，朝廷即根据留学生的品行和学力，分别给予拔贡、举人、进士、翰林等出身，加以录用。对于封建统治者功名利禄的诱饵，除了极少数人外，绝大部分爱国留学生都不为所动。陈

---

① 吴玉章：《辛亥革命》。

② 何香凝：《我的回忆》，见《辛亥革命回忆录》（一）。

天华撰文说："夫留学生则何求？欲求富贵乎？举人、进士之上谕固已降矣，毕业之后数千万金之馆地固无忧也。"但绝不能因追求这些而忘却了爱国的初衷，因为"保国急于一人之富贵也，国不保则一人之富贵将焉取之?"① 陈天华甚至不惜以生命激励更多的留学生"坚忍奉公，力学爱国"。他在《绝命辞》中写道："（吾）于今日死之，使诸君有所警动！去绝非行，共讲爱国，更卧薪尝胆，刻苦求学，徐以养成实力，丕兴国家，则中国或可以不亡，此鄙人今日之希望也。"深沉的爱国之情，扣人心弦，至今读起来，仍有极大的感人肺腑的力量。

二

留学生留学的目的不同，其表现当然也就有很大的差异。极少数功名利禄之徒和纨绔子弟，"名为游学生，而闻铃就膳、鸣钟上堂而外无事业，语言文字器械工艺而外无学问，风俗妇女饮食玩好而外无交游"。但是，绝大多数留学生却与这些不肖者相反，他们生活刻苦，学习认真，努力吸取资产阶级的社会学说和自然科学，以便向古老的封建中国传播就当时来说十分先进的物质文明和精神文明。许多爱国留学生懂得学习是为了挽救祖国的危亡，为了振兴中华，因此，他们时时有一种紧迫感，对时间抓得很紧，"必计日限钟刻以治事务"。他们这种勤奋学习的精神，是由爱国热情激发出来的。

为了获得救国的药方，爱国留学生进行了认真而艰苦的探索。当时，有一部分人是学自然科学的，如开矿、冶炼、机械、石油、纺织、交通、医学等。他们认为，这些可以使中国富强起来。有些人是学师范的，他们认为，学成归国可以为中国培养更多的人才。但是，当时的中国正处于反动的封建君主专制主义的黑暗统治之下，人们逐渐发现，如果不在政治上对中国进行彻底的改造，那么，先

① 陈天华：《复湖南同学诸君书》。

进的自然科学和教育也就会变成“屠龙之术”，终将无所施其技。于是，实践的需要吸引了更多的人去钻研资产阶级的社会学说。政治、法律、历史等成了许多人喜欢学习的学科。卢梭的《民约论》、约翰·穆勒的《自由原论》、孟德斯鸠的《万法精理》等著作，以及介绍欧美资产阶级国家革命历史、政治制度的书籍，成了人们如饥似渴阅读的范本。许多年轻的爱国者各以罗伯斯庇尔、华盛顿、伏尔泰等自命，他们期许着在改造中国的伟大事业中奉献出自己的一切，甚至宝贵的生命。

留学生中的许多人，在爱国主义思想的基础上，又接触了西方资产阶级民主革命思想，很快地便成了革命者，投身到了以孙中山为首的资产阶级革命派的行列中去。这种情况，引起了封建统治者的极大忧虑。早在1903年，管学大臣张之洞就在一个奏折中说，“游学日本学生”中有不少人“惑于邪说，言动嚣张”①。1906年，两江总督端方在一个奏折里惊呼，“逆贼孙文演说，环听辄以数千；革命党报发行，购阅数逾数万”，“一唱百和，如饮狂泉”②。这些材料，正从侧面说明了革命风气在留学生中的日益高涨。

为了革命斗争的需要，很多人十分注意学习军事。一部分人通过各种办法直接进入了日本陆军学校，大部分人则利用业余时间学习军事知识。辛亥革命的重要领导人之一黄兴，本在日本东京弘文学院学习师范，但对军事训练特别有兴趣。“一有机会，他就去观看日本士官联队的操练。有时，他要求日本军官给他以军事战略方面的指导。他特别喜爱的课外活动之一是实弹射击，他是一个优秀的射手。”③ 许多留学生还自己组织起来进行军事训练。军国民教育会会员在日本时，首要任务就是学习射击。他们每星期到东京一个体育会去学习步枪射击一次。廖仲恺、黎仲实等根据孙中山的指示，成立了义勇队，每天清晨秘密聚集某地练习射击。为了避免日本政府的干涉，他们经常利用一早一晚的时间进行，而且时时变换地点。

---

① 《筹议约束鼓励游学生章程折》。

② 《请平满汉畛域密折》，见《中国近代史资料丛刊·辛亥革命》第四册。

③ 《黄兴与中国革命》，18页。

还有一些人，为了准备武装起义，特地学习研制火药和炸弹的技术。喻培伦原来在大阪高等工业学校学习，为了研制炸弹，他毅然转到千叶医学校药科学习，专攻化学。他废寝忘食地研制炸弹，在一次试验中被炸断了一只手臂。伤愈后，他又继续研究，终于造出了一种威力强大的炸弹。后来，在黄花岗起义中，他制造的炸弹几乎个个爆炸，发挥了很大的作用。

总之，当时的爱国留学生，祖国需要什么，就学什么；革命需要什么，就干什么。正是因为有着这样的态度，他们才在辛亥革命运动中做出了巨大的贡献。

三

辛亥革命是资产阶级领导的一次民主主义革命运动。在这次运动中，留日学生中的资产阶级革命派，起着先锋和骨干的作用。

首先，许多革命团体是在留日学生中首先组织起来的，其成员特别是领导骨干很多也是留学生。

中国最早的资产阶级革命团体是兴中会。它成立于1894年，是由孙中山创建的。成员主要以华侨为基础，几乎没有什么留学生参加。但十年以后，当黄兴、宋教仁、陈天华等创立华兴会时，情况就有了很大的不同，其成员几乎全是留日学生。这说明，留日学生中革命化的倾向已经大大发展了。光复会的前身，是留学生创立的军国民教育会。到1905年，当孙中山在日本东京创建中国革命同盟会时，参加者主要也是留日学生。据档案材料，同盟会成立初期的1905年和1906年，共有963人参加了这个组织，其中仅在日本东京一地加入的就有863人，这些人显然绝大多数都是留日学生。[①] 同盟会总部组织机构执行部、评议部和司法部的干部，也基本上由留日学生中的革命分子担任。除同盟会之外，一些较小的革命团体，如

① 参见《黄兴与中国革命》，50页。

日知会、共进会、文学社等，其活跃分子也往往是留学生。

其次，留日学生中的资产阶级革命派，进行了广泛而卓有成效的革命宣传工作。

开始，资产阶级革命派用来进行革命宣传的，“仅有《扬州十日》《嘉定屠城记》及选录《明夷待访录》内《原君》《原臣》，单行本数种”①。这些宣传品，显然还缺乏民主主义的内容。1901年后，留日学生开始创办了一批具有明显革命倾向的杂志，诸如《国民报》《游学译编》《新湖南》《湖北学生界》《浙江潮》《江苏》等。这些刊物的许多文章，以西方资产阶级的革命历史和革命学说为根据，揭露清王朝的专制统治，论证了革命的正义性和合理性，把革命的宣传推到了一个新的水平。接着，其他革命报刊也如雨后春笋，陆续出版，直到1905年11月，同盟会的机关报《民报》在日本东京出版，革命的宣传就更有计划、更有力量了。除了报刊以外，一些在广大群众中发生了巨大影响的通俗小册子，如邹容著的《革命军》，陈天华著的《警世钟》《猛回头》等，反响也很大。当时，不少革命报刊和书籍，有的是直接从日本经过伪装偷偷运入国内的，有的是从日本带回到国内再加翻印的。这些革命宣传品，为辛亥革命的爆发和胜利做了很好的思想、舆论准备。

再次，留学生中的许多革命者，根据斗争形势的需要，回国联络会党，运动新军，为组织和扩展革命力量做出了贡献。

资产阶级革命派十分注意联络会党，因为会党组织成员大多是下层的劳苦群众，他们对清朝政府的反动统治又具有一定的反抗性。留日学生中一些著名革命活动家，如陶成章、秋瑾、熊克武、焦达峰、孙武等人，都曾花很大力气从事组织和联络会党的工作，有的人还亲自参加到会党中去。同时，他们还很重视运动新军。从日本陆军士官学校毕业归国的一些留学生，利用各种关系，互相援引，掌握了一定的兵权，如蓝天蔚、吴禄贞、李根源、蔡锷等，他们利用自己的地位，在军队中积极开展革命工作，或暗中庇护同盟会的

① 冯自由：《革命逸史》初集，11页。

活动。另有一些归国留学生，则投笔从戎，参加到新军中去，在军队中联络同志，宣传革命，和士兵同甘苦、共患难，做着十分艰苦、十分细致的发动群众的工作。联络会党和运动新军，壮大了革命的力量，为辛亥革命的胜利创造了重要的条件。

最后，许多留学生直接奔赴武装斗争的第一线，很多人在战斗中献出了生命，表现了英勇的献身精神。

辛亥革命时期，资产阶级革命派曾经发动了一次又一次的武装起义，每次起义几乎都有爱国留学生参加。如 1906 年萍浏醴起义爆发时，“东京之会员，莫不激昂慷慨，怒发冲冠，亟思飞渡内地，身临前敌，与虏拼命。每日到机关部请命投军者甚众，稍有缓却，则多痛哭流泪，以为求死所而不可得，苦莫甚焉。其雄心义愤，良足嘉尚”①。黄花岗起义时，不仅起义的领导骨干和“选锋队”的不少成员是留日学生中的革命党人，而且七十二烈士中的一些著名人物，如方声洞、林觉民、喻培伦等，也都是爱国的留日学生。这些革命先烈所表现出来的爱国主义思想和献身精神，至今仍然值得我们表示深深的钦佩和景仰。

辛亥革命已过去七十年了。七十年来，中国社会发生了翻天覆地的变化。尽管历史条件和斗争目标已经根本不同，但是，当年爱国留学生提出的“刻苦求学”“丕兴国家”的口号，直到今天还仍旧有着重要的现实意义。

---

① 《孙中山选集》上卷，177 页。

辛亥革命时期的爱国主义*

辛亥革命时期，蕴藏在中华民族之中的爱国主义精神，显示了激励人心、改造社会、推动历史的伟大作用。

继承历史上爱国主义传统

20 世纪初，中国进一步半殖民地化。许多帝国主义国家武装侵入中国，清政府的统治更加腐朽，中华民族处于存亡绝续的危急关头。许多志士仁人为了挽救国家危亡，殚精竭虑，在黑暗中探索，终于走上了革命的道路。正像伟大的民主主义革命家孙中山先生所说：义和团运动失败后，“国势危急，岌岌不可终日。有志之士，多起救国之思，而革命风潮自此萌芽矣”①。

在革命的关键时刻，爱国主义召唤了亿万群众，奔向战场，投入斗争，并英勇献身。《二十世纪之支那》的发刊词，满怀深情地赞美祖国：“夫支那为世界文明最古之邦，处世界最大之洲，为亚洲最大之国，有数千年引续之历史可爱，有三千年前迄今之典籍可爱，有四万万之同胞可爱，有二十行省之版图可爱，有五岳四渎之明媚山川可爱，有全国共用之语言文字可爱。支那乎！支那乎！吾将崇拜而歌舞之，吾将顶祝而忭贺之，以大声疾呼于我国民之前曰：支那万岁！”可是，这样可爱的祖国却遭到了帝国主义的掠夺，战乱不息，山河破碎，疮痍满目，民不聊生，亡国灭种之祸就在眼前。在

---

* 载《人民日报》，1981-09-17。本文与戴逸合写。

① 孙中山：《有志竟成》。

当时的革命派看来，我们的祖国既雄伟，又孱弱；既富饶，又贫困；既美丽，又残破。这种强烈的对比，使人更加体会到国家沦亡的可悲、可耻和可愤，更加感到为救国救民而英勇战斗、断头舍身的可敬、可佩和可颂。当时最著名的宣传品《革命军》沉痛而激昂地警告了豆剖瓜分的危险即将到来，《警世钟》如泣如诉地缕述了民族的灾难、国家的不幸，《猛回头》愤怒地控诉了帝国主义的种种侵略罪行。这一切都强有力地拨动了人们的心弦，激发起爱国的热忱，鼓舞起革命的意志。20世纪初，爱国主义潮流的高涨，推动了群众的进一步觉醒，使得反帝反封建的民主主义革命深入人心，为人民所理解，所接受，所拥护。

辛亥革命时期先后组织起来的各种革命团体，尽管在政治主张和纲领等方面存在着一定的有时甚至是原则的差异，但爱国主义却可以说是它们之间的共同思想基础。这种爱国主义精神，在革命团体的宣言、章程、誓词，甚至组织名称上，都有十分鲜明的反映。最早成立的革命组织——兴中会的宗旨就是要“振兴中华”，要“亟拯斯民于水火，切扶大厦于将倾”。随着形势的发展，以后的革命组织，在斗争目标、政治纲领、组织纪律、策略思想等许多方面，有了更加丰富、更加明确的内容。但拯救祖国、振兴中华这一基本思想，却一直贯穿下来。有的革命团体的机关报甚至直截了当地宣称：“是则吾人之主义，可大书而特书曰：爱国主义。”①

爱国主义精神推动着革命志士采取行动，不顾牺牲，去完成种种业绩。陈天华投海而死，在《绝命辞》中谆谆以“丕兴国家”嘱告同志，希望以自己的生命唤醒人们，“皆以爱国为念，刻苦向学，以救祖国”；吴樾在行刺出洋五大臣之前写给妻子的诀别信中，要求她不断提高“爱国之精神”；林觉民、方声洞在黄花岗起义前给父母、妻子的绝笔书中，也豪迈而深情地告诉亲人，他们之乐于舍生赴义，是因为“祖国存亡在此一举”，是“为天下人谋永福”。对于他们来说，爱国主义不是抽象空洞的口号，而是不惜为之捐躯献身

---

① 《〈二十世纪之支那〉宣言》。

的崇高的精神力量。

爱国主义与革命民主主义相结合

辛亥革命时期的爱国主义，较之以往具有崭新的内容和特点，这就是：它与革命民主主义相结合，成为推翻封建君主专制制度的思想武器。

我们国家在几千年漫长的历史征途上产生过许多民族英雄，他们为祖国做出了卓越的贡献。但是，在他们的时代里，爱国和忠君总是紧密地联系在一起，不可能把二者加以区别。他们往往是在为某个皇帝、某姓王朝效忠并为之做殊死斗争的狭隘基础上完成了惊天动地的爱国事业。到了近代的鸦片战争、中法战争、甲午中日战争和义和团运动中，中国人民和清朝的许多士兵、将领，奋起反对帝国主义的武装侵略，英勇牺牲，表现了崇高的爱国精神。但是他们中的绝大多数人在和帝国主义浴血战斗的时候，还自认为是爱新觉罗王朝的忠臣，是在为维护大清的江山效力。辛亥革命时期，中国人民已经从实践中取得了教训，爱国与忠君绝对不能相容。要真正爱国，要避免亡国灭种之祸，使国家和民族兴旺发达，首先必须起来打倒清朝政府。正如孙中山所说："知清廷窳败，难期振作，非推翻专制，澈底改革，无以拯救祖国于危亡。"① 在19世纪的最后十年，中国进步思想界的根本信念是：要救国，只有维新，对腐败的清政府做修补和改革。在20世纪的最初十年，中国进步思想界的根本信念是：要救国，只有革命，必须推翻清朝的统治。在很短的时间内，爱国的观念发生了根本改变，冲决了忠君的网罗。

资产阶级革命派把爱国同推翻封建君主专制制度的斗争统一起来，主要是基于两点理由：

第一，腐朽的清朝政府是导致国家贫困落后、衰败危殆的总根

① 《中华民国开国前革命文献》。

源。尽管民族危机、社会危机、政治危机已经到了十分严重的地步，但清朝政府仍然顽固地拒绝任何改革。于是人们看清了：清政府这架残破的机器已无法修补，不可挽救，它的继续存在是国家、民族的最大灾难。“满洲政府，实中国富强第一大障碍”①，要打通走向富强的道路，只有起来推翻这个反动的封建政权。

第二，更加重要的是，清朝政府实际上已是“洋人的朝廷”。为了取得帝国主义对自己统治的支持，它对帝国主义唯命是从，不惜拱手出让国家之利权，“以土地为贽仪，以财产为赆金，苟有可以博外人之欢心者，虽牺牲无量数之人民，抛掷无量数之权利，封割无量数之土地，挥霍无量数之财产，亦毫不介意。……试复案其政略，何一不为外族作伥，制吾人死命！”② 要取得国家、民族的独立、自由、富强，就不能不和这个卖国的政权决裂。

革命派强调，必须把国家、民族和君主、王朝区别开来，“如不忍中国之亡，必自辨朝廷与国家之区别始”③。国家不是君主的私产，一姓王朝的倾覆不等于国家和民族的灭亡。革命派一面歌颂宋、明遗民坚贞的民族气节，以之鼓舞当前的斗争，一面又指出其对一姓王朝的愚忠是不可取的，“宋、明之遗民，讴咏不离于赵、朱，以其帝系代表吾国也。在今日，方且笑其不知国家与皇室之区别”④。至于立宪派，既高唱爱国保种的高调，却又极力维护清朝的腐朽统治，顽固地反对革命，其所作所为，“非爱国也，实害国也”。

爱国主义和革命民主主义日益紧密地结合，为最终推翻两千多年封建君主专制制度奠定了思想基础。

爱国主义与学习外国的思想相结合

辛亥革命时期爱国主义的另一个特点是和学习外国的思想相结

① 吴樾：《意见书》。

② 汉驹：《新政府之建设》。

③ 沈翔云：《复张之洞书》。

④ 朱执信：《心理的国家主义》。

合。当时的革命派对于革命的胜利和祖国的前途充满信心，认为只要善于向外国学习，就一定能够赶上和超过外国。

中国是一个有悠久历史的国家，曾经长时期地走在世界的前列，以自己的灿烂文明著称。但是，在近代一段历史时期内，中国停滞落后了，因而遭到了许多帝国主义国家的侵略。资产阶级革命派以“物竞天择”的理论来解释中国的近代史，他们认为：近代是一个飞速发展的时代，全世界处在激烈的竞争中，“物竞天择，适者生存”，在这样的环境中，只有自强不息，不断进步，才能求得生存；否则，人为刀俎，我为鱼肉，亡国灭种之祸就不可避免。这种理论没有科学地解释帝国主义侵略的本质，但对处在灭亡危险下的中国人民，却是一服有效的清醒剂。革命派说，“人必自侮而后人侮之”，如果人民觉醒，国家进步，那么穷凶极恶的帝国主义也将无可奈何于我。所以，挽救国家危亡，首先应该使全国人民振奋起来，改造社会，实现自强，“积人成国，国人一体，强弱存亡，责任在己”①。

革命派认为：自强的关键是要学习外国，向西方寻找救国的真理。一是学习西方的政治，把资产阶级的政治、法律、教育等制度及其思想介绍到中国来。孙中山说：“仿效外国革命政治，成立民主政体，目的是在取法乎上。所以把外国很高的政治哲理和最新的政治思想，都拿来实行。”② 二是要学习科学技术，设工厂，开矿藏，筑铁路，行轮船，提高生产力，“外国的长处是科学。……因为这种科学进步，所以人力可以巧夺天工”③。

封建顽固派不加分析地排斥和鄙视一切外来事物，死抱住所谓的“国粹”，“一言学人，则骂之耻之”。革命派反复说：“要拒外人，须要先学外人的长处”④，“凡他种种强过我们的事件，我哪一件不要学他的呢？不把他们好处学到手，可抵得他住吗?”⑤ 他们认为：当前，不应以学人为可耻，相反，应当以不学为可耻。

---

① 《〈云南杂志〉发刊词》。

②③ 《民族主义》。

④ 《警世钟》。

⑤ 《猛回头》。

同时，革命派也批判了一味崇外、恐外、媚外的奴隶主义，指出：有些人对洋人“奉之如帝天，事之如父祖”，“怕洋人怕到了极步”，“见了洋人，就称洋大人、洋老爷，预先存一个顺民的意思。……这也无非因打下几个败阵，遂把洋人看得极重。其实洋人也不过是一个人，非有三头六臂，怎么就说不能敌他”[①]。排外主义和奴隶主义都和爱国主义精神背道而驰，都应该在思想上加以摒弃；摒弃之道，就在于提高民族的自尊心和自信心。

当时，中国民族资产阶级的先进代表深信：清朝必将被推翻，革命必定会胜利。孙中山先生认为：中国在政治上、经济上、文化上必将出现大的飞跃，“迎头赶上”资本主义强国，对全人类做出应有的贡献。

孙中山和他的战友们没能看到这个理想的实现，但是，他们所从事的英勇斗争，他们所立下的丰功伟绩，为实现这理想扫清了道路。

---

① 《猛回头》。

一次反封建的思想大解放*
——纪念辛亥革命七十周年

七十年前发生的辛亥革命运动，是一场推翻清朝的反动统治、结束绵延两千多年的君主专制制度的伟大政治斗争；同时，也是在我国旧民主主义革命史上一次规模最大、影响至深的思想解放运动。

封建专制主义的政治思想和伦理道德观念，是维护封建专制主义政治制度的重要工具和手段。多少年来，这种反动的传统观念，成为一种巨大的历史惰性力，牢牢地束缚着人们的思想。辛亥革命时期的资产阶级革命派懂得，如果不冲破封建主义的精神牢笼，就不能动员人们投入革命的洪流。因此，他们高举革命民主主义的旗帜，勇敢地向封建思想文化展开了猛烈的冲击。

辛亥革命时期的思想解放，涉及的面很广，但主要集中在以下几个方面：

第一，否定封建君主的独断权威，要求政治民主。

封建时代，皇帝拥有独揽的至高无上的权力。君主对于任何人的生命财产，都可以随意生杀予夺。与此相适应，忠君被看作封建政治行为的最高准则，任何对君主权威的冒犯或不敬，都是大逆不道。资产阶级革命派对这一切进行了大胆的挑战。他们指出，封建君主是“涂毒天下之肝脑，敲击万夫之膏髓”的“独夫民贼”，是“举众人所有而独有之，以为一家一姓之私产”的“大盗巨寇”。国家的贫弱，政治的黑暗，其总根源就是封建君主专制制度。他们一反“人不可一日而无君”的旧观念，响亮地提出：革命不但要推翻清朝皇帝的反动统治，而且要“儆万世不复有专制之君主”。今后，

---

* 载《工人日报》，1981-09-23。

“敢有帝制自为者，天下共击之!”

资产阶级革命派认为，“天下之至尊至贵不可侵犯者，固未有如民者也”，“中国是中国人公共的中国，不是独夫民贼的中国”。因此，在推翻专制政权之后，应该建立共和的政体，实行民主的政治。

刘少奇同志在《关于中华人民共和国宪法草案的报告》中指出：“辛亥革命使民主共和国的观念从此深入人心，使人们公认，任何违反这个观念的言论和行动都是非法的。”这是辛亥革命的一个巨大历史功绩。

第二，冲决封建等级关系的网罗，主张人人平等。

在封建专制制度下，人和人之间等级森严。贵贱、尊卑、上下、主奴之间，存在着赤裸裸的欺凌和服从关系，绝不容许僭越。资产阶级革命派根据天赋人权的学说，指出这一切都是不合理和不公平的。他们主张：“率一国人民无强无弱、无尊无卑、无智无愚、无贵无贱，均受治于法律下而无稍偏陂。举人群之生命财产、身体名誉、无大无小、无彼无此，均支配于法律下而莫不公平。”他们所说的平等，最后只是归结为在资产阶级法律面前的人人平等。

第三，抨击封建伦理道德的丑恶虚伪，提倡革命的新道德。

封建时代的一整套伦理道德观念，其核心就是所谓“三纲五常”。资产阶级革命派尖锐地提出，这种封建的“纲常名教”，违反自然，违反人的天性，是“伪道德”；只有建筑在自由、平等、博爱基础上的新道德，才是“真道德”。“伪道德愈尊，真道德愈晦，将世界进化之机益以窒绝。”因此，资产阶级革命派对当时流行的许多社会陋习，如男尊女卑、男子纳妾、妇女缠足、买卖婚姻、婚礼的繁文缛节、强迫寡妇守节、蓄养奴婢以至鬼神迷信等，都作为伪道德的种种表现而加以挞伐。

第四，批判僵死“法古”的封建学术文化，主张文化思想要务实、创新。

资产阶级革命派曾经一针见血地揭示，封建学术不过是为封建政治服务的工具，“专以柔顺为教，养成奴隶之性质，以便供己驱束役使之用”。其基本精神便是“法古”，即一切都要按照祖宗传下的老规矩作为模式，不能有一丝一毫的创新。这种学术文化，实际上是一种僵死的教条。资产阶级革命派对“法古”思想反驳说：“时势变迁，刻刻不同。”“古人有古人之时势，斯有古人之理法，至今日而时势变矣，时势变，则理法从之而变。”“处文明灿烂之世界，而犹欲袭用蒙昧之旧俗，是非颠倒，孰有过于是者乎!”

资产阶级革命派在批判封建学术文化的时候，首先强调要摆脱“数千年来牢不可破之风俗、思想、教化、学术之压制”，要敢于创新。同时，要不尚空谈，注重实学。他们说：“故欲谋今日之中国，必先涤尽旧日之陈朽，以改易社会之观念，非好异也。”

辛亥革命时期，围绕以上主要内容而进行的思想解放运动，给了当时社会以深刻的影响。它不仅推动了革命实践活动的发展，而且也为后来的五四运动打下了一定的思想基础。

为振兴中华而献身！*

——纪念辛亥革命七十周年

今天，是辛亥革命七十周年纪念日。

七十年前的今天，以孙中山先生为首的中国革命民主派，高举“振兴中华”的义旗，推翻了清朝的君主统治，埋葬了延续两千多年的封建帝制，建立了民主共和制度。辛亥革命的丰功伟绩，将永远载入中国人民革命的光辉史册。

孙中山先生和其他革命志士，痛感帝国主义对祖国的“蚕食鲸吞”和清朝政府的腐朽卖国，庄严地宣告：“吾人之主义，可大书而特书曰：爱国主义！”正是这种爱国主义精神，激励他们宁愿舍弃温暖的家庭、舒适的生活，为革命东奔西走，历尽艰辛，“一往无前，愈挫愈奋”。正是这种爱国主义精神，使他们置生死安危于不顾，视功名富贵如浮云，不求苟安，乐赴国难，即使砍头灭族也心甘情愿。辛亥革命先烈替国家担忧、为人民献身的爱国主义精神，是中华民族宝贵的精神财富，将永远激励着我们和子孙后代。

辛亥革命虽然推翻了清朝皇帝，但是帝国主义和封建势力并没有被打倒，民主革命的任务并没有完成。孙中山先生逝世前不得不沉痛地呼吁：“革命尚未成功，同志仍须努力。”中国共产党领导全国人民肩负起振兴中华的历史重任，经过艰苦卓绝的努力，做出了巨大的牺牲，才在1949年推翻了帝国主义、封建主义和官僚资本主义的统治，建立了中华人民共和国，完成了辛亥革命没有完成的任务。在民主革命胜利后，我国人民又进行了更加深刻的社会主义革命，开展了大规模的社会主义建设。今天，我们可以告慰辛亥革命

---

* 载《工人日报》，1981-10-10。

先烈的是，和七十年前相比，中国的面貌已经发生了根本的变化，中华人民共和国作为一个伟大的社会主义国家，已经在世界的东方雄伟地站立起来了！

中华人民共和国成立以来，我们在社会主义革命和社会主义建设中取得了巨大的成就。但是振兴中华的任务还很艰巨，因为我们的经济还相当落后，要充分发挥社会主义制度的优越性，把国民经济尽快搞上去。因此，今天纪念辛亥革命七十周年，我们广大职工要发扬革命前辈的爱国主义精神，提高主人翁责任感，进一步发挥积极性，献身“四化”建设，使我们伟大祖国迈着更稳健、更强劲的步伐，走向更加繁荣昌盛。

要进一步振兴中华，还要完成祖国统一大业。叶剑英委员长提出的关于台湾回归祖国、实现和平统一的九点方针政策，表达了亿万人民的愿望。我们全国广大职工坚决拥护叶委员长的谈话，希望台湾的工人团体和职工群众，同大陆的工会组织和职工群众一道，为完成祖国统一大业，振兴中华，做出积极的贡献。

中国工人阶级最有远见，最富于彻底革命精神和爱国主义精神。尽管辛亥革命时期它尚未作为一个独立的政治力量登上政治舞台，但是，成千上万的工人群众，满怀爱国主义激情，前仆后继，流血牺牲，成为辛亥革命中的一支生力军。今天，工人阶级作为新中国的领导阶级，一定要继承和发扬爱国、团结、战斗的优良传统，做统一祖国、促进全民族大团结的模范，做建设祖国、实现四个现代化的先锋！

论清政府的“预备立宪”*

“预备立宪”的历史背景

20世纪的最初十年，中国社会政治生活的一个显著特点，是革命形势的日益发展，革命时机的渐趋成熟。

列宁曾经多次指出，革命形势的特征不仅表现在被压迫阶级的贫困和灾难超乎寻常地加剧，因而“下层”不愿照旧生活下去，而且还表现在统治阶级遭到严重的政治危机，因而“上层”也不能照旧生活统治下去了。

1901年1月，清政府宣布实行“新政”，便是封建阶级不能照旧统治而试图改变统治政策的最初尝试。1906年9月，清政府宣布“预备仿行宪政”，则是这种意图在更深程度上和更大范围内的进一步努力。

从1906年9月以后，清朝政府的全部政治设施，几乎都是在“预备立宪”的名义下进行的：“凡政府一举一动，皆纳入于筹备宪政之范围中。”①

戊戌变法时期，当康、梁等维新派提出君主立宪的政治主张时，封建统治集团的绝大多数都目之为洪水猛兽，大逆不道。戊戌以后，康、梁逃亡海外，继续鼓吹君主立宪，清政府在通缉他们的上谕中则斥之为“肆为簧鼓”“布散邪说”。② 可是，仅仅过了几年时间，清政府却自己举起了君主立宪的旗帜，并且声称，唯有实行预备立

---

* 载《历史档案》，1982（1）。

① 《辛亥革命前十年间时论选集》第三卷，637页。

② 参见《清德宗实录》卷455，光绪二十五年十一月壬戌；卷458，光绪二十六年正月戊午；卷479，光绪二十七年正月丙戌等条。

宪，才能“立国家万年有道之基”，也即保持封建专制政权的长治久安。那么，是什么原因促使清政府在这短短的时间里来了个一百八十度的大转弯呢？总体说来，清政府妄图达到如下三个政治目的：

第一，孤立资产阶级革命派，“消弭”和扑灭越烧越旺的革命烈火。

这是清政府实行预备立宪的最主要的着眼点，而对于这一点，政府几乎是直言不讳的。清朝官吏中最早奏请立宪的驻法公使孙宝琦在奏折里就说：只有将仿行立宪政体的宗旨“先行宣布中外”，才能“团结民心，保全邦本”，“不然则外侮日逼，民心惊惧相顾，自铤而走险，危机一发，恐非宗社之福”①。端方在一个密折里先是惊慌失措地报告了资产阶级革命派的活动和革命影响的扩展，“无知青年，惑其邪说，什而七八。逆贼孙文演说，环听辄以数千；革命党报发行，购阅数逾数万”，“一唱百和，如饮狂泉”，继而忧心忡忡地指出了问题的严重性：“窃以为今日中国，大患直在腹心，纵任之则溃决难收，芟夷之则全局糜烂。”最后无可奈何地提出了解决问题的“善后之策”：“今日欲杜绝乱源，惟有解散乱党；欲解散乱党，则惟有于政治上导以新希望……夫所谓政治上导以新希望者，则奴才等前此所谓宣布国是定十五年实行立宪是也。”② 端方的这一段议论，颇具有代表性，类似的话充斥在当时的许多奏折里边。

第二，“抚慰”日益强烈的立宪舆论，拉拢资产阶级立宪派。

在革命派迅速兴起的同时，资产阶级的另一政治派别——立宪派，也积极展开他们的政治活动。以康有为、梁启超为代表的一些人在海外，以张謇、汤寿潜等为骨干的一批人在国内，纷纷出版报纸，编译书籍，游说权贵，联络同志，竭力鼓吹宪政。在立宪派的鼓动下，要求政府实行立宪政治的舆论日见普遍。早在1903年，有人就在文章中这样形容：“于是遍四万万人中所谓开通志士者，莫不喘且走以呼号于海内外曰：立宪！立宪！！立宪！！！”③ 于是，在

---

① 《东方杂志》，1904（7）。

② 《请平满汉畛域密折》，见《中国近代史资料丛刊·辛亥革命》第四册，39～44页。

③ 亚卢：《中国立宪问题》，见《辛亥革命前十年间时论选集》第一卷下册，594页。

1905年以后，就形成了这样一种局面：“数年以来，朝野上下，鉴于时局之阽危，谓救亡之方只在立宪。上则奏牍之所敷陈，下则报章之所论列，莫不以此为请。”[①] 因此，清政府实行预备立宪的又一个重要目的，是想通过这一活动把立宪派网罗过来，以免这些人向革命派靠拢或转化，成为封建政权的异己力量。

第三，加强统治效能，取悦帝国主义。

义和团运动时期及稍后，帝国主义对于以慈禧为首的封建顽固派颇有不满的表示，甚至曾经散布过要慈禧下台、让光绪“再行亲政”的风声。后来，帝国主义从自己的利益出发，虽然决定继续“保全”和支持清政府，但对于以慈禧为首的清朝统治集团来说，如何消除洋主子的不满，却是一个需要认真对待的严重问题。清朝统治者采取了相应的两种措施：一是对帝国主义矢忠矢信地表示“敦睦”和服从，对于列强的种种侵略要求，百依百顺，甚至将“量中华之物力，结与国之欢心”这样的话也不顾脸面地写进了皇皇圣谕之中。二是竭力做出一付要“整肃”吏治、“改革”政事的姿态，以便加强统治效能，表示自己确实具备做帝国主义代理人的资格和能力。慈禧之所以迫不及待地在流亡途中就匆匆忙忙发布所谓“新政”诏书，最主要的目的，还是做给帝国主义看的。但是，“新政”实行了几年，封建政治却并没有什么起色。帝国主义对此当然感到不满足，便继续对清政府施加压力，要求清政府“改革”的施政效率更高、统治能力更强一些。正是在这种情况下，清政府觉得有必要再进一步把“新政”发展为“预备立宪”。十分清楚，预备立宪明显地具有适应帝国主义政治需要的性质。

既是拙劣的欺骗，也是痛苦的让步

几乎所有评论清政府预备立宪的论著，都指出这是一场地地道

① 《清末筹备立宪档案史料》上册，25页。

道的政治骗局或者政治丑剧。这无疑是完全正确的。需要补充一句的是：对封建统治者来说，这里也包含着在无可奈何之中做出的若干让步。欺骗和让步，二者并不截然对立，其实倒是相反相成的。如果不是为了欺骗，封建统治者当然不可能做出丝毫的让步；没有必要的让步，却也难以达到欺骗的目的。

看一看清政府预备立宪的具体内容和实施步骤，其欺骗性是一目了然的。

清政府在预备立宪中，尽可能地维护封建君主的特权和保持专制制度的基本原则。1908年9月颁布的《钦定宪法大纲》规定：“君上有统治国家之大权，凡立法、行政、司法，皆归总揽。”并且具体列举了颁行法律，召集、开闭、停展及解散议院，设官制禄及黜陟百司，统率陆海军，宣战、讲和、订立条约及派遣使臣，宣告戒严，爵赏及恩赦，总揽司法，发布命令，以及制定皇室经费等十四项“君上大权”，尤其是第一条特别写上“大清皇帝统治大清帝国，万世一系，永永尊戴”①。人们实在难以看出这样的“君主立宪”同以往的君主专制有什么原则的区别，如果一定要说有区别的话，也只不过是把过去专制君主无限的独断权力，用所谓的“宪法”条文加以确认而已。

清政府一再宣示，预备立宪的根本原则是“大权统于朝廷，庶政公诸舆论”，认为这两句话“已全揭一代宪法之精神，即为今日预备之标准”②。那么，这两句话的含义究竟如何呢？1907年12月24日的上谕说：“施行庶政，裁决舆论，仍自朝廷主之。民间集会结社，暨一切言论著作，莫不有法律为之范围，各国从无以破坏纲纪干犯名义为立宪者。”③ 1908年7月22日的上谕说：“要不外乎行政之权在官吏，建言之权在议员，而大经大法，上以之执行罔越，下以之遵奉弗违。”④ 这就很清楚了。人们在法律范围之内，对于国家

① 《清末筹备立宪档案史料》上册，57页。

② 同上书，390页。

③ 《清德宗实录》卷583，光绪三十三年十一月丁未。

④ 《清德宗实录》卷593，光绪三十四年六月戊寅。

大事有“建言之权”，这就是所谓“庶政公诸舆论”。但是，舆论之是否正当，建议之是否可行，均要听从朝廷来“裁决”，一切“大经大法”要由封建政权来“执行”，这就是“大权统于朝廷”。“纲纪”即封建纲常是不能破坏的，“名义”即封建等级是不能干犯的，朝廷的一切命令是必须“遵奉弗违”的，这就是宪法将要给予人民的“应得应尽之权利义务”。

但是，即使这样一种对于国家政治只能称之为“清谈”的可怜异常的权利，朝廷也并不愿意慷慨地赐予所有的普通老百姓。他们担心，假使人们对于国家的任何一桩“内外政事”，都要“借口立宪，相率干预”，那“民气”未免太过“嚣扰”了。对于封建统治者来说，不仅会增添许多麻烦，弄得不好，甚至还可能引起“下陵上替，纲纪荡然”的严重后果。因此，他们提醒人们说，立宪政治“固非人人皆得言事，亦非事事皆可参预”①，“建言之权”必须集中在（也就是限制在）作为“议院基础”的资政院及各省谘议局内，只有这里才是合法的“舆论总汇之地”。这样，“则资政院以百数十人为四万万人之代表，通国欲言于政府者，移而归诸资政院，化散为整，化嚣为静”，“民气疏达，亦不致横决难收”② 了。

那么，中央的资政院，各省的谘议局，果真能成为集中群众意志、反映群众要求的民意机关么？不，那也是骗人的。《资政院院章》规定，资政院议员由下列人员选充：宗室王公世爵十六人，满汉世爵十二人，外藩王公世爵十四人，宗室觉罗六人，各部院衙门官三十二人，硕学通儒十人，纳税多额者（指“业主有资产满一百万元以上”者）十人，以上都属“钦选”，即由皇帝指派。另由各省谘议局议员中“互选”一百人。所谓“互选”，就是在各省谘议局议员中选出十分之一，由该省督抚“覆加选定”。资政院的总裁、副总裁（相当于议长、副议长），则从王公大臣及三品以上大员中“由特旨简充”。③ 显然，这样的议员，与其说是代表人民的意愿，不如说

---

① 《清末筹备立宪档案史料》上册，53 页。

② 《中华民国史档案资料汇编》第一辑，92 页。

③ 参见《清末筹备立宪档案史料》下册，627～637 页。

是主要代表朝廷的意愿；这样的资政院，与其说是民意机关，不如说是官意机关。各省谘议局的组成情况也大致差不多，只是代表资格的条件稍稍放宽一点而已。

自从宣布“仿行宪政”以后，过了将近两年，即到1908年8月，清政府才正式确定了九年的筹备期限，并公布了一个九年之内逐年筹备事宜清单。清单所列举的每年应行筹备的事情，乍一看五花八门，内容繁多，似乎筹备工作是相当紧张的。但仔细一分析，则正如梁启超所评论的：“卤莽灭裂，不成片断”①，“听其言则百废俱举，稽其实则百举俱废”②。清政府的方针是要尽可能延长“预备”的期限，推迟实行“立宪”的时间。这个方针，其实是在决策之初就已经确定了的。载泽在《奏请宣布立宪密折》中就明确地说：“不知今日宣布立宪，不过明示宗旨，为立宪之预备。至于实行之期，原可宽立年限。”③ 在这个方针指导下，清政府的“筹备之策”，就是故意“迂缓其途”，拖延搪塞。这种做法与口头上的雷厉风行，如此不协调地结合在一起，使人一眼就能看出清政府的预备立宪是虚伪的、缺乏诚意的。当时有人评论说：“清廷之预备立宪也，以迁延为惟一之方法。仿行宪政之国是，既定于丙午（1906年），而筹备宪政之年限，托始于戊申（1908年）。九年之期，遥遥莫即，清单所列，尤多具文。其不能副全国人民之期望也，无待言矣。”④

既然如此，为什么我们又说清政府在预备立宪过程中确实做了某些让步？这种让步又表现在哪些方面呢？

首先，清政府把实行君主立宪政体（尽管要经过若干年的筹备之后才付诸实施）作为一种国策（“国是”）确定下来，这件事情本身就意味着承认君主专制制度是不完美的、有缺陷的，至少是一种已不适应当时形势因而必须加以改革的政治制度。这一点，在当时

---

① 沧江：《国会期限问题》，见《辛亥革命前十年间时论选集》第三卷，599页。

② 沧江：《论政府阻挠国会之非》，见《辛亥革命前十年间时论选集》第三卷，646页。

③ 《中国近代史资料丛刊·辛亥革命》第四册，29页。

④ 伧父：《立宪运动之进行》，见《中国近代史资料丛刊·辛亥革命》第四册，6页。

可并不是一件小事。封建君主专制制度在中国延续了几千年，在封建主义的法律规范、道德标准和意识形态里，一向是作为天经地义的、神圣不可侵犯的原则而存在的。现在，这个原则不仅在资产阶级的不同政治派别那里遭到了否定，封建阶级自身也被迫同意是可以改变的了。对于封建统治者来说，承认这一点，无疑是极其不愿意和十分痛苦的，但却又终于不能不做出这种承诺。他们就是处在这样一种矛盾失据和进退维谷的状态之中。

其次，尽管做了种种限制，清政府毕竟在条文中和形式上规定给予人民一些民主权利。这些规定，就人们的政治地位是否有了提高这个角度而言，可以说是没有多大实际意义的，但就有利于人们从事政治活动这个角度来说，却并非毫无作用。现在，人们可以抓住“庶政公诸舆论”这句话，为参与某些政治活动找到合法的依据。作为辛亥革命前奏的四川保路运动，就是用这句话作为吸引群众的口号和防范清政府镇压的护身符的。预备立宪后，人民集会结社的自由写进了《钦定宪法大纲》，这也就冲破了二百多年不准结社的禁令。在这种情况下，各种政治团体纷纷成立，据有人统计，在清政府宣布预备立宪的前后，不包括秘密活动的革命团体，仅仅公开性的结社，就有六百余个之多。①

最后，清政府在预备立宪过程中，通过改革官制、设立资政院和谘议局、推行地方自治等，为一部分资产阶级挤进统治机构打开了一道门缝。在讨论官制改革的过程中，颇有人提出应该重视吸取“富资本、能通晓一宗实业、有经验而信于其侪者”（翻译成现在的话，也就是资产阶级代表人物）参与政治活动的意见②，在有些新设或改设的机构中，也确实吸收了一些号称通达“宪政”的人物。在资政院和谘议局议员选举办法中，都有关于“营业资本或不动产”等财产方面的条件，甚至明确规定了有“资产”的“业主”的议员名额，这种规定当然也是为吸收资产阶级参与统治机构而特意做出

---

①　参见张玉法：《清季的立宪团体》，90～144页。

②　参见《出使德国大臣杨晟条陈官制大纲折》（光绪三十二年七月二十八日），见《清末筹备立宪档案史料》上册，391页。

的安排。此外，各地先后试办地方自治，在府、县、镇、乡各级设立议事会、参事会等，又吸收了一部分士绅参加。这一切，不能不说是封建地主阶级在统治权方面对资产阶级做出的一定让步。当然，不能过高地估价这一历史现象。因为封建地主阶级绝不是要与资产阶级分享政权，他们这样做，只不过是一种网罗和拉拢的手段，以便能够适当扩大自己的统治基础而已。

事情走向反面

事态发展的结果，正好走到了封建统治阶级主观意愿的反面——本来主要是用来对抗和抵制革命的预备立宪，恰恰成了加速革命发生的触媒剂。

预备立宪的施行促进了辛亥革命的爆发。辛亥革命的爆发宣告了预备立宪的破产。

预备立宪的失败和破产，是辛亥革命时期政治舞台上活跃的三支力量即资产阶级革命派、资产阶级立宪派及封建统治阶级自身全部政治活动的自然结果。

资产阶级革命派对于清政府的预备立宪，始终采取抵制和揭露的立场。他们用各种方式揭露预备立宪的虚伪和反动。

革命派揭露预备立宪是“假立宪之名，行专制之实”。他们指出：“各国之宪法，其本旨在于限制君权；满洲之宪法，其本旨在巩固君权。”① “推其意趣，不为佐百姓，亦不为保乂国家，惟拥护皇室尊严是急。”② 按照这种宪法组成的政府，权力依旧操在“亲公贝子王侯大臣”之手，因此，即使果真实行了宪政，也不过是换汤不换药，“举固有之政体，易其名而已矣”③。

---

① 《论革命之趋势》一文中引用胡汉民的话，见《辛亥革命前十年间时论选集》第三卷，531页。

② 章太炎：《虏宪废疾六条》，见《辛亥革命前十年间时论选集》第三卷，100页。

③ 娲石女氏：《吊国民庆祝满政府之立宪》，见《中国近代史资料丛刊·辛亥革命》第二册，185页。

革命派还揭露预备立宪是“假文明之名，行野蛮之实”。表面上许诺给予人民这样那样的自由和权利，实际上却借口立宪，对革命进行残酷镇压，对人民发动新的进攻。他们用大量事实证明，清政府一方面说要给予人民参政之权，一方面却探网密布，缇骑四出，对爱国者进行血腥屠戮，“复兴党狱，蔓引株求，未有穷已”；一方面说要给予人民言论自由，一方面却禁止“妄议朝政”，甚至发布取缔报馆之令，“夺全国人之发言权，有过于始皇偶语之禁”；一方面声称“臣民非按照法律所定，不加以逮捕、监禁、处罚”，似乎人们的合法权利真能得到法律的保障，一方面却肆意践踏法律，“好恶因于郡县，生杀成于墨吏，私刑毒杀，暗无天日”，“刑章枉挠，呼天无所”。总之，言与行，名与实，完全是相反的。

应该说，革命派对于预备立宪的批判和揭露，是卓有成效的。它促使一些人从清政府的政治欺骗中清醒过来，到后来，甚至连“童子愚騃，亦知其伪”① 了。

立宪派对于清政府预备立宪的态度，与革命派完全不同。预备立宪的上谕一颁布，他们便立即报之以欢呼和赞扬。1906 年 12 月 9 日，康有为在纽约《中国维新报》上发表文告说：“顷七月十三日明谕，有预备行宪政之大号，以扫除中国四千年之秕政焉。薄海闻之，欢腾喜跃，民权既归，兆众一心，吾民同治，中国从兹不亡矣。”文告形容保皇党人听到预备立宪之后的心情，是“从心所欲，天从人愿，大喜欲狂”，“不知手之舞之，足之蹈之也”②。在这之前一个星期，梁启超在日本东京发表演说，其中道：“今朝廷下诏，刻期立宪，诸君子宜欢喜踊跃。”③ 看来，他们确实是踌躇满志、兴高采烈了。

立宪派做出这样的反映，是一点也不奇怪的。这是因为，多年以来，他们孜孜兢兢，一向“专以倡宪政为义”。现在，封建统治者

---

① 望帝：《四川讨满洲檄》，见《中国近代史资料丛刊·辛亥革命》第二册，324 页。

② 《中国近代史资料丛刊·辛亥革命》第二册，84～85 页。

③ 太炎：《政闻社社员大会破坏状》，见《中国近代史资料丛刊·辛亥革命》第二册，416 页。

自己也宣布要“仿行宪政”了，这不能不使立宪派看作自己的一个政治上的胜利。

但是，立宪派绝不满足于这一点胜利。他们懂得，预备立宪的宣布，不过是为他们提供了更多地参加政治活动、更好地发挥政治影响的良好机会。他们对于参加政权的要求，绝不是在封建统治阶级手中分得一点残羹冷炙就能甘心的。他们要得到的更多。

于是，立宪派对于清政府的预备立宪，就采取了这样的方针：一方面支持，一方面批评；一方面督促，一方面请求。用他们自己的话来说，就是“以秩序的行动，为正当之要求”①。“秩然秉礼，输诚而请。得请则国家之福，设不得请而至于三、至于四、至于无尽，诚不已，则请亦不已。”②

批评也好，请求也好，都紧紧围绕着一个问题，就是要求召开具有制定法律、监督政府职权的国会。立宪派强调，“有国会谓之宪政，无国会谓之非宪政”，离开了开设国会，筹备宪政就成了一句空话，预备立宪的诏书就只是一纸具文。其实，说到底，立宪派是把争取召开国会看作从封建阶级手中分享政权的理想途径。他们幻想，通过国会，可以争取在政权上与封建阶级平分秋色，弄得好也许甚至能“取而代之”。梁启超说，国会召开之后，只要立宪派“揭健全之政纲以号召天下，而整齐步伐以从事运动，则国会势力必为所占。以之与无主义、无统一之官僚内阁相遇，其犹以千钧之砮溃痈也，进焉则取而代之，退焉则使官僚内阁唯唯服从也必矣”③。因此，立宪派组织了一个又一个立宪团体，这些团体的政纲，首先就是“创立国会”；立宪派发动了一次又一次的请愿运动，这些运动的口号也都是要求“速开国会”。

立宪派严格地在封建统治秩序容许的范围内从事这些活动。他们一再表白，他们丝毫没有要亵渎或破坏封建统治秩序的意图，“其

---

① 《政闻社宣言书》，见《辛亥革命前十年间时论选集》第二卷下册，1064页。

② 张謇：《送十六省议员诣阙上书序》，见《辛亥革命前十年间时论选集》第三卷，598页。

③ 《读十月初三日上谕感言》，见《辛亥革命前十年间时论选集》第三卷，676～677页。

对于皇室，绝无干犯尊严之心；其对于国家，绝无扰紊治安之举”①。但是，封建统治者虽然在一切方面都表现出极端的昏聩糊涂，唯独对于维护独断政权这一点，却始终保持着极高的政治敏感。他们察觉到，立宪派要求召开国会包含着想从皇帝和封建贵族手里分取统治权力的企图，而这一点是他们无论如何不能轻易答应的。因此，封建统治者对于立宪派要求速开国会的回答，或是推托敷衍，或是严词申斥，或是肆行镇压，更多的时候是这几种手法同时并用。1908 年夏，当政闻社社员、法部主事陈景仁等电奏“请定三年内开国会”时，清政府立即宣布给予陈景仁革职处分，接着又以“阴图煽乱，扰害治安”的罪名查禁了政闻社，并命令对社员“严拿惩办”；然后就公布了九年筹备的期限，并表示在“逐年筹备各事办理完竣”之后，朝廷自会“颁布〔召〕集议员之诏”，在此之前，断乎不准“不靖之徒附会名义，借端构煽，或躁妄生事，紊乱秩序”，否则“朝廷惟有执法惩儆”②。1909 年到 1910 年春，当立宪派发动第一、第二次国会请愿时，清政府一再坚持“仍俟九年筹备完全，再行降旨定期召集议院”，并宣称今后“毋得再行渎请”③。到 1910 年秋天，立宪派再一次发动国会请愿运动，清政府迫于压力，宣布提前于“宣统五年为开设议院之期”，作为一种聊胜于无的安慰和让步。但同时，则勒限各省请愿代表，“令其即日散归，各安职业”④，不得在京师逗留，“如不服劝谕纠众违抗，即行查拿严办”⑤。对有的请愿代表，竟强行发配新疆。

这样做的结果是不问可知的。清政府原来是想把实行宪政的旗帜握在自己的手里的。它在上谕里不断宣示“一定实行预备立宪维新图治之宗旨”，“理无反汗，期在必行”，其目的就是要人们相信朝廷是立宪政治的热心倡导者和推行者。但是，经过立宪派的请求再请求，清政府的拒绝再拒绝，朝廷热心宪政的美丽外衣终于被剥落

---

① 《政闻社宣言书》，见《辛亥革命前十年间时论选集》第二卷，1064 页。
② 《清末筹备立宪档案史料》上册，68 页。
③ 《清末筹备立宪档案史料》下册，645 页。
④ 同上书，646 页。
⑤ 同上书，652 页。

下来了。清政府预备立宪的每一个步骤和行动，现在完全成了在舆论逼迫下无可奈何的被动应付之举。在人们的心目中，清政府根本不是立宪政治的倡导者、推行者，倒是宪政运动的扼杀者、镇压者了。

革命派的抵制，立宪派的促请，已经使预备立宪的虚伪本质暴露得差不多了。但是，封建统治阶级在预备立宪中的所作所为，将封建政治的全部丑恶和反动揭示在人们面前，从而给了预备立宪最致命的一击。

已经处于没落之中的清朝封建统治集团，以其不可救药的腐朽性，使预备立宪变成了对于人民的一场真正的灾难。

封建统治机器早已运转不灵。大大小小的封建官僚，除了保持并扩大自己的权位和财富之外，几乎已不再关心其他什么东西。预备立宪创议之初，统治集团中有一些人是颇寄予希望的，但整个统治机器却按照封建政治的惯例，依然用因循粉饰、敷衍塞责的老办法来对待。一个官僚说：“在位诸臣，人各有心，或阳奉而阴违，或始勤而终怠，行之不力，则功堕半途……内外臣僚，久已习为软媚。”① 总之，一切都还是照旧。“自外人之眼观之，则法度之不立如故，政事之不修如故，官方之不肃如故，民治之不兴如故。”② 封建专制统治已经病入膏肓、回天乏术了。其实，说一切照旧还不很确切。准确地说，是愈搞愈乱，愈搞愈糟，预备立宪“不惟无尺寸之功，乃益形棼乱”③。某御史在奏折里讲的如下一段话，可以使我们比较形象地了解这种情形的实际面貌：“易私塾门榜即为学堂，改亲兵衣饰即为巡警，建一二洋式衙署，用一二留学生，即为崇奉西法。甚至清理财政而漏卮愈大，编练新军而哗兵愈众，改轻刑律而断狱愈多。事事有尽更其故之思，人人有不如其初之慨。腐败如此，何尝见政治发达。”④

---

① 《清末筹备立宪档案史料》上册，360～361页。

② 同上书，361页。

③ 同上书，261页。

④ 同上书，356页。

清政府曾经期望，实行预备立宪能够调整和团结整个封建统治阶级的力量，“上下一心”，共同应付日见危难的政治局势。但结果却适得其反，预备立宪加剧了统治集团的内部矛盾，使统治力量更加四分五裂了。从1906年的官制改革开始，一直到1911年皇族内阁的成立和改组为止，整个封建统治集团的各种势力和派别，围绕着权力的攫夺，展开了你死我活的残酷争斗。在这个过程中，贿赂，请托，勒索，钻营，排挤，倾轧，种种卑劣的心机和手法都无所不用其极地施展出来了。立宪派在一篇文章中谈到这个问题时说：“自明降谕旨改革官制以来，迄于今日，大小臣工，徘徊瞻顾，虚悬草案，施行无期，而昏夜乞怜，蝇营狗苟，其风益炽。清议不足畏，官常不足守。上则如社鼠城狐，要结权贵；下则如饥鹰饿虎，残噬善类。”①

对于人民群众来说，比这个更加感到切肤之痛的是，封建统治者在预备立宪的借口下，大大增加了对于人民的搜括和掠夺。本来，庚子赔款“遍摊于十八行省，民间已啧有烦言。近则新政所需，无不用其摊派，计臣但知提拨，不问款项之何来，疆吏无计搜罗，且复刻剥以塞责”②。清政府每提出一个应行筹备的事项，从中央到地方的各级官吏就想出一个加捐加税的名目。“此处加一捐，彼处加一税”，“至添设巡警，建立学堂，提倡农工，振兴商务，仍责令地方自筹，贤者太息咨嗟，束手无策，不肖者借端苛敛，扰累无穷”③。到后来，“搜括新法，愈出愈奇，征赌不已，变而征娼”，“若欲于敲肤吸髓之余，更谋巧敛之术，鸟穷则啄，兽穷则攫，民不聊生，如水斯决”④。人民无法忍受了。现在留给他们的只有一条出路，那就是参加到反抗清王朝黑暗统治的斗争浪潮中去。封建统治者就这样为革命制造着深广的群众基础。

列宁在评论1905年沙皇发布立宪诏书以后沙皇专制政府的作为

---

① 《诸开国会之理由书》，见《辛亥革命前十年间时论选集》第三卷，129页。
② 《筹备立宪档案史料》上册，207页。
③ 同上书，489页。
④ 同上书，432页。

时指出：“沙皇帮了革命者一个大忙，他证实了革命者认为‘自由主义的’诏书是假让步、是丑恶的滑稽剧的评价。”① 对于清政府的预备立宪，我们也可以作如是观。清朝封建统治者帮了资产阶级革命派一个大忙，他们证实了革命派对预备立宪的揭露和批判是完全正确的。

1911 年 10 月 10 日，武昌起义爆发了。清政府慌慌张张地在 10 月 30 日发布了一个上谕，宣布结束“筹备”，立即“实行宪政”。在这个上谕里，有一段话对几年的预备立宪做了一个总结性的自白：“政地多用亲贵，则显戾宪章，路事朦于佥壬，则动违舆论。促行新治，而官绅或借为网利之图，更改旧制；而权豪或只为自便之计。民财之取已多，而未办一利民之事；司法之诏屡下，而实无一守法之人。驯致怨积于下而朕不知，祸迫于前而朕不觉。”②

且不管发布这个上谕出于何种动机，作为一个无可奈何的自供状，应该说这段自白还是大体符合实际的吧！

但清政府这个“实行宪政”的上谕实在来得太晚了，它已不能产生任何实质性的政治作用。仅仅过了三个月，清政府的反动统治就被人民革命运动彻底打碎了。

---

① 《最新的消息》，见《列宁全集》第九卷，423 页。

② 《清末筹备立宪档案史料》上册，96 页。

翔实·公允·清新*

——评《中华民国史》第一编上册

我们怀着极大的兴趣读完了新近出版的《中华民国史》第一编上册［《中华民国的创立》（上）］。这是一部史事翔实、立论公允、格调清新的优秀史学著作，是近年来我国丰富多彩的学术园地中开放的一枝新卉。

《中华民国史》编写的是从中华民国的兴起直到灭亡的整个一代的历史。此书由集体编写，李新同志主编。全书计划写三编：第一编包括中华民国创立时期及南京临时政府时期的历史，第二编是北洋政府时期的历史，第三编是国民党政府时期的历史。全书是一部规模宏大的多卷本著作。编写这样的著作和论文汇编、单本专著不一样，需要更加深湛的研究和更加丰厚的资料积累，需要许多同志长期而有计划的通力合作。它既是很艰苦的研究工作，又是很复杂的组织工作。中华人民共和国成立已经三十二年了，社会科学领域中还很少有规模宏大的多卷本著作。我们需要有能够和中华民族的灿烂文化与社会主义新中国的历史地位相称的学术巨著，我们需要有博大精深、丰富详赡，能够同“二十四史”媲美并超过它的优秀的历史学巨著。随着全国四个现代化的发展，可以期待今后会有越来越多的多卷本科学著作问世。

对我们来说，“中华民国”还是刚刚过去的昨天，是中国人民得到新生和旧剥削制度逐步走向灭亡的历史时期，是父辈、兄辈以至我们自己生活过、斗争过的火热的年代。它和今天一脉相承，息息

* 载《学习与研究》，1982（3），《人民日报》1982年3月12日转载。本文与戴逸合写。

相关，我们当然相当了解这段历史，但是为了继续前进，我们需要经常回顾它，更加了解它、熟悉它。不充分地懂得昨天，就不可能安排好今天和明天。我们应该有一部大型的、包罗社会生活各个方面的多卷本历史著作，来全面地反映中华民国这一历史时期。这对于总结历史经验、认识中国国情、建设高度的社会主义精神文明都是十分重要的。

要完成这样的学术巨著，必须有专题研究和收集资料的长时期的准备，必须有周密的计划和良好的组织。在编写《中华民国史》以前，已经预先编写了《中华民国大事记》《中华民国人物传》以及各种专题资料数十册。正是在大量的资料工作和研究工作的基础上，才能够着手编写《中华民国史》第一编。因此，它的出版，既是过去多年大量的辛勤劳动的可喜成果，又是今后大规模编写工程的良好开端。

本书第一编上册，共三十三万字，是全书开宗明义的篇章。它分析了中华民国产生的背景，描述了中国资产阶级领导的反清革命运动的发生和发展，说明了资产阶级政党——中国同盟会的出现以及这个革命组织成立后所从事的一系列革命斗争，充分肯定了孙中山等革命派领导和推动革命的伟大功绩，展现了那个时代无数志士仁人为振兴中华而英勇奋斗的历史面貌。在这一重要的历史时期内，各种政治势力的矛盾错综复杂，形形色色的社会思潮更迭变换，人民群众的斗争风起云涌，政治形势的发展瞬息万变。本书通过对那些令人眼花缭乱的社会现象和历史事件的细致而深刻的叙述与分析，形成了自己颇具个性的若干特色。

本书的序言中曾经提出："要实写，不能虚写，虚写容易概念化。"应该说，第一编上册是认真贯彻了这个主张的。对于一些重大的历史现象和历史事件，书中总是力求具体地、详尽地加以论述，讲清它们的来龙去脉、前因后果，尽可能地把事情的全貌告诉读者，没有多少脱离历史实际的空议论。作者的观点，或者体现在对历史情况的叙述中，或者在讲清历史过程之后画龙点睛地做一些必要的概括。作者不是先验式地向读者去"灌输"什么现成的历史结论，而是通过对历史本身的翔实的描绘，引导读者自己去做出判断。例如，在讲到中国同盟会的成立的时候，一般都要讲到在同盟会之前已经有了哪些革命小团体。以往的论著大抵只介绍兴中会、华兴会、光复会及科学补习所、日知会等几个较著名的组织，详细一点的也不过对其他的革命小团体略举一二。本书则除了上述几个革命团体外，还根据确凿的历史资料，具体介绍了江苏的励志学会、知耻学社、强国会；四川重庆的公强会，成都的华阳阅书报社、公德社；上海的旅沪福建学生会；福建的益闻社、文明社、汉族独立会、福建学生会支部；江西的易知社、我群社；安徽的岳王会、维新会；广州的群智社；贵州的武备学堂学生自治会；留日学生中的革命组织新华会、革命同志会、大湖南北同盟会；等等。（第293～306页）这样，不仅具体地说明了群众革命情绪的增长；同时，中国同盟会成立的必要性、迫切性、客观条件以及同盟会建立的意义和影响等，也就有了更为生动、更有说服力的根据。又如，在讲到同盟会成立后革命派和改良派的论战时，以往的论著往往只注意在日本的《民报》与《新民丛报》之间的论战。而本书则指出：除了这两个主要论战对手之外，在其他地区也形成了许多对垒的报纸，如南洋有《中兴日报》与《南洋总汇新报》，檀香山有《自由新报》与《新中国报》，曼谷有《华暹新报》与《启南新报》，仰光有《光华报》与《商务报》，温哥华有《大汉日报》与《日新报》，旧金山有《美洲少年报》与《世界报》，“上述地区论战的激烈程度也不亚于东京”（第377页）。这就把这一场论战的广度和深度，规模和气势，以及它在政治界、思想界的影响，更加清楚地表现了出来。马克思主义史学工作者的任务在于揭示客观历史的发展规律，但是如果把揭示规律局限于空泛地阐述几条结论，那显然是很不够的。客观历史本来是生动具体、丰富多彩的，只有对历史事实、历史过程进行确切详尽的研究和叙述，才能对客观历史进程进行科学的抽象和概括。恩格斯在《反杜林论》中讲到考察自然界或人类历史的时候曾指出，仅仅正确把握“现象的总画面的一般性质”是不够的，还要了解构成这幅总画面的各个细节，因为“要是不知道这些细节，就看不清总画面”①。本书由于注意对于历史事件的各个细节做详细而正确的描画，因而使我们对这一时期的历史总画面看得更加清楚了。

我们已经说过，本书编写以前已做了许多专题研究和资料工作的准备，从第一编上册所征引的资料，也可以看出作者为了做到史事翔实而付出了多么艰苦的劳动。这些资料，不仅来源于国内已经公开出版的大量书籍报刊，而且还有许多采自从未发表过的历史档案、手稿、电稿、碑文拓片等，同时，也尽可能地参考、利用了台湾地区和国外出版的有关论著及材料。对于某些记载歧异的史料，书中做了必要的考订。这些都表明了作者在写作过程中所持的严肃认真的态度。

在书中得到较好体现的另一优点是实事求是，立论公允。本书前言说：“要用马克思主义的唯物史观来研究和编写历史，就要绝对尊重历史事实，还历史以本来面目，而不容作任何歪曲……要求立论公允。”要贯彻这些主张，并不是轻而易举的事。它不仅要求有相当的马克思主义的理论素养，掌握、驾驭大量确切的历史材料，而且还要有足够的理论勇气和科学良心。用句老话来说，就是不但要有史识、史才，还要有史德。譬如说，由于近代社会矛盾的极端复杂性和斗争的空前尖锐性，许多历史人物前期、后期的政治态度和历史作用，常常有很大的变化。随着岁月的推移，本来在同一营垒中的战友，却有的前进，有的颓唐，有的落伍，有的叛离了。当然，其中不乏始终站在正面指导时代潮流的伟大人物，也有许多历尽艰难险阻而仍然百折不挠地坚持革命、坚持进步的坚强斗士，但确实也有不少人，在一定的条件下参加了伟大的历史运动，做出过相当的有时甚至是重要的历史贡献，可是在后来却走向了反面，终于成了历史的罪人。对于这些昙花一现的人物曾经有过的历史功绩，究竟采取什么态度？是因为他们后来的罪恶而对他们前期的历史活动一笔抹杀、讳莫如深呢，还是对他们的前期活动进行适当的“改铸”，以证明他们后来的罪恶是有“历史根源”的呢？抑或是对他们

① 《马克思恩格斯选集》第三卷，60页。

的前期功绩和后来的罪恶如实写出，以看出这些人物的发展轨迹及历史全貌呢？本书坚持了最后一种态度，因而也就真正地做到了实事求是，尊重历史事实。这里可以举汤尔和为例。汤尔和曾经是资产阶级革命派中的一员，在1903年的拒俄运动中是个颇为活跃的人物。在这一年的4月29日召开的以拒俄为内容的留学生全体大会上，他被推为临时议长，并发表了慷慨激昂的演说。但是，只过了一年多时间，他就倒向了立宪派一边，到了20世纪30年代末，更公然地当了汉奸。对于这样一个人，本书仍然用整整一页的篇幅介绍和分析了他在4月29日大会上的演说词，鲜明地肯定“这篇演讲代表了当时留学生们沸腾的爱国主义热情”（第155页）。同时，也毫不含糊地分别在一些地方指出他后来背弃革命和丧失民族气节的罪责。

不仅对于二等汉奸汤尔和是这样，就是对于后来成了头号大汉奸的汪精卫，以及后来是国民党著名右派的吴稚晖、胡汉民等，本书也无不如此。汪精卫是辛亥革命中的活跃人物，在《民报》上写过不少宣传革命的文章，其中有一些文章是孙中山授意、由汪精卫执笔写成并署名发表的。可是，由于汪精卫后来成了臭名昭著的民族罪人，许多论著中常常不愿意或者不敢于叙述他在那一时期的历史活动。本书却并没有简单地把他写成一个生来就坏、一切皆坏的恶棍，而是实事求是地肯定了他做过的一些好事。甚至，对于汪精卫所受到的某些不符合实际的指责，本书还根据历史事实做了适当的交代。例如，1905年12月留日学生在抗议取缔规则的斗争中，曾经发生过意见分歧，一派主张全体退学回国，一派主张“忍辱负重”，继续留学。有关论著一般把秋瑾、宋教仁等作为前一派的代表，而把汪精卫、胡汉民作为后一派的代表，并认为后两人的主张和活动起了破坏留学生罢课斗争及革命团结的负面作用。本书特意在一个附注中说明：“当时，孙中山担心同盟会员大批归国，有可能被清政府一网打尽，打电报给汪精卫，要他出面劝阻。12月24日，汪精卫、胡汉民、朱执信等组织维持留学界同志会，主张忍辱负重，以求学为前提，不轻言返国。”（第353页）反对取缔规则的斗争中，对两种主张谁是谁非，可以有不同的看法，但是汪精卫既然是执行孙中山的指示，而孙中山的出发点又是怕会员大批归国后被一网打尽，那么，给汪精卫、胡汉民扣上破坏罢课斗争和革命团结的帽子，是不公允的。这种不公允的评价并不因为汪精卫、胡汉民日后的堕落而成为合理的东西，因为，它毕竟背离了历史的真实。

这样的写法将会形成怎样的社会效果呢？这并不会使反动人物逃脱历史的谴责。历史学家把历史人物的全部社会活动作为一种历史过程如实反映，只会使人们更清楚、更深刻地认识各种历史人物的本质，从而吸取有益的经验。人们看到了那些风云一时的人物，怎样蜕变，怎样叛卖，怎样投靠，以至从历史功臣变成历史罪人的全部过程，就会更增加对他们朝秦暮楚、翻云覆雨的丑恶品质的鄙夷，同时也就更增加对那些始终坚持革命初衷、不断跟着时代步伐前进的先进人物的景仰和崇敬！

对于历史上的杰出人物和革命英雄，本书在充分肯定他们的历史功绩的同时，也并不回避他们的某些局限和缺点。这是尊重历史事实、公允评价人物的又一个方面。因为任何历史活动家，即使是十分伟大的人物，也不可避免地会有这样那样的缺点，会发生或多或少的失误。历史科学的任务，既不是指责这些缺点和失误以苛求前人，也不是掩饰这些缺点和失误以神化历史人物，而是从历史条件加以说明，使人们能够正确地取得历史经验和教训。本书对于杰出的资产阶级民主革命宣传家陈天华的论述，就是一个很好的例子。书中详细地介绍了陈天华的革命活动，对他所著的革命宣传品《猛回头》《警世钟》等给予了高度的评价，指出：“《猛回头》《警世钟》反帝爱国思想的强烈程度超过了当时的同类作品。这两本书还以通俗易解见长……所以很快就深入农村、军营和工人、平民中去。”（第 199 页）但是，本书也指出，在 1905 年初，陈天华由于受梁启超的引诱，曾经一度发生动摇。对此，书中分析说：“陈天华有他自己的弱点，他是一位慷慨悲歌之士，激流之中不会吝惜热血和头颅，却容易被崎岖的道路和腻人的琐务消磨掉意志。他的动摇突出地反映了当时革命运动处于停滞、沉闷状态所产生的危机。”（第 306 页）这样才是令人信服地分析了革命英雄身上存在的弱点，避免了那种好就是绝对的好、一切皆好的形而上学。

上面提到的这些优点，使得本书在内容上具有一种突破了框框的新特点。但还应该指出，本书在表述形式和文字方面，也给人一种值得称道的清新之感。历史著作不同于文艺作品，它不是以艺术构思和形象塑造去感动人、吸引人，但是它可以而且应该通过生动的历史事实，去激励人、说服人、教育人。历史本身是丰富多彩、生动活泼的，历史科学著作也应该避免写得枯燥、干瘪、呆板。为此，本书选择和使用了许多活生生的史实，其中包括一些在通常的习惯看来“上不了书”的材料，使得全书丰满充实，情趣盎然。在描写历史事实时，不仅有过程，有时还有情节；在分析历史人物时，不仅讲思想和行动，有时还讲性格；在综述社会现象时，不仅有数字统计，有时还有图表。此外，在引用的材料中，有对话、演说、歌诀、诗词，甚至有人物的外号、别号，社会的民俗、民谚。所有这些，都不是游离于基本历史线索之外的搜异猎奇，而恰恰起着更好地渲染和烘托历史主线的作用。

本书的优点当然不是仅止于这些，这里我们只是着重指出那些具有特色的方面而已。同时，这本书自然也不是尽善尽美的，它也还存在着一些不足之处。例如，由于这是一本集体编写的著作，有些地方前后文气显得有些不统一；有一些历史事件，分散在几个地方叙述，显得有点零散而不连贯（如关于留日学生反对取缔规则的斗争，就是分别在第352～353页、373页、429页中陆续交代的）。

马克思在说到科学研究工作的时候，曾经引用过这样一句俗语：“万事开头难，每门科学都是如此。”[①] 对于《中华民国史》这部多卷本的历史科学著作来说，第一编上册的出版，表明已经有了一个良好的开头，我们也就有理由期望全书将会顺利地编写下去，并将较快地陆续呈现在读者的面前。我们相信，只要保持并发扬第一编上册的优点和特点，一部有分量的、可以真正称作“信史”的《中华民国史》的诞生是指日可待的。

---

① 《马克思恩格斯选集》第二卷，205页。

封建统治阶级与义和团运动*

八十余年前发生的义和团运动，是一次反对帝国主义的爱国斗争。在中国历史上，大规模的武装起来的农民不是把革命暴力的主要锋芒指向封建统治者，这还是头一次，同时也是仅有的一次。① 对于封建统治阶级来说，怎样对待这一场既不是主要反对自己又在很多方面冲击和超越了封建统治秩序的声势浩大的群众运动，怎样在急风暴雨中最大限度地保持和维护自己的阶级利益，确实是一个前所未遇的全新的课题。本文就是分析封建统治阶级是如何回答这个课题的，他们的回答又给了义和团运动一些什么样的影响。

统治阶级内部的一场激烈争论

著名的因反对义和团而为封建统治集团中另一派势力所杀害的太常寺卿袁昶，曾经在一个奏折里这样说："盖发匪、捻匪、教匪之乱，上自朝廷，下至闾阎，莫不知其为匪，而今之拳匪，竟有身为大员，谬视为义民，不肯以匪目之者，亦有知其为匪，不敢以匪加之者"②。

这一段话反映了，义和团运动爆发后封建统治阶级的态度，同对待以往的农民起义的态度有很大的不同。过去，对于类似太平天国和捻军等的农民起义军，封建地主阶级的态度是完全一致的：大

---

* 载《中国历史博物馆馆刊》，1982（4）。本文与林敦奎合写。

① 这里不包括中国共产党领导的农民运动在内。

② 《严劾大臣崇信邪术请旨惩办疏》，见《中国近代史资料丛刊·义和团》第四册，165页。

家都目之为“匪”，大家都主张严厉地镇压。现在，对于义和团，从这个组织的性质到对待它的方针，封建地主阶级内部却产生了严重的分歧。这种分歧立即表现为政见的争论，并且引起了人们广泛的关注，以至京师大学堂的季考亦“以义和团剿抚议命题”①。有意思的是，莘莘学子做出来的文章，也是众说纷纭，莫衷一是。这正是社会上关于这个问题意见错杂的一个缩影。

这种意见分歧，最后不能不反映到封建政治机构的统治中枢里。有一个材料这样说：“在廷臣工，议及此事，意见各殊。有谓拳民为义民者，有谓拳民为叛民者。由前之说，意在敷衍了事；由后之说，意在剿捕严惩。”②

以后的事态发展，是大家都知道的：不但中央和地方的大员们纷纷上书言事，各执己见，而且朝廷还为此专门召开了几次御前会议。在激烈的争论中，包括前面提到的袁昶在内的五位大臣，竟因此而丢掉了脑袋。在统治集团的内部斗争中诛戮大臣，造成流血事件，在有清一代虽不乏先例，但毕竟是非比寻常的事。

那么，如此广泛而又尖锐的争论，主要包含一些什么内容呢？

从上面的材料已经约略可以看出，争论的基本点就是义和团是“义民”还是“邪教”（或曰“乱民”“叛民”）。双方的言论和主张，都是围绕这个基本点而展开的。具体地说，分歧集中在以下几个问题：

其一，义和团“灭洋仇教”，是好事还是坏事？

一种意见认为，义和团之起，是由于洋人和教民“借端扰害乡里，民间不堪其苦，以致衅端屡起。地方官不论曲直，一味庇教而抑民，遂令控诉无门，保全无术”，“国家不能敌，而民自敌之”。这种“义愤所激，万众同心”表现出来的民气，是十分可贵的。“义愤之气，足以御侮于无形”，若“民心一去，大局立危”③。反对者虽

---

① 《赵声伯庚子纪事长札》跋，载《中和》月刊，第2卷第1期。

② 《詹事府司经局洗马檀玑折》，见《义和团档案史料》上册，131页。

③ 争论双方的言论，基本都收集在《义和团档案史料》一书中，为避免烦琐，不一一注明出处。

然也承认，义和团之起因，“推原其故，固由教民之强横，亦多由地方官未能持平办理”。但是，一则，他们认为“民教互仇，积愤外侮，国家自有办法，断不容匪徒自行报复”。二则，他们强调，“拳会仅恃邪术，各国非比流寇”，“论兵力，一国焉能敌各国，不败不止”。如果“外衅一开”，后果将不堪设想。

其二，义和团是“自卫身家，并非谋乱”，还是“借闹教而作乱，专为国家挑衅”？

一种意见认为，义和团对上“并无与官为仇之意”，对下则“秋毫无犯”，“未闻扰害平民”。因此，不能把义和团等同于“寻常会匪”。他们是“良民”，是“朝廷赤子”；他们组织起来，拿起武器，不过是为了“自卫身家”。反对者则强调，义和团“名为忠义，实则叛乱”，“实系会匪，断非良民”。他们援引历史，指出“结会联盟，例有严禁”，人民群众自行组织拳会，这本身就是触犯封建刑律的。义和团同白莲教、大刀会等一样，都是“为法所必诛”。何况他们还“抗敌官兵，戕害官长，焚烧铁路，劫杀良民，种种行为，逆迹显著”。他们的结论是：义和团“乃借闹教而作乱，专为国家挑衅”，是封建政权的叛逆。

其三，对义和团是“抚”还是“剿”？

一种意见认为，对待义和团，绝不能用“剿”之一法，一来因为“团民与教民为仇，其名近正”，剿之则师出无名；二来“剿拳民则失众心”，将引起广大群众的怨愤；三来怕“一意剿击”，会“激之生变，铤而走险，势所必然”。因此，主张“不如抚而用之”，“因其仇教之心，用作果敢之气。化私忿而为公义，缓急可恃”。反对者则主张，对义和团必须“一意主剿”，“格杀勿论”。如果姑息宽容，就会养痈遗患，“蔓延日久，收拾益难”。他们特别强调要“先清内匪，再退外兵”，也就是说，只有中国政府自己赶快剿灭义和团，才可以“慰安洋情”，“乃可免洋兵助剿”。

为什么在同一个时期，对于同一件事物，同一阶级的人们之间会产生如此根本对立的不同看法？为什么封建统治阶级中的一部分人，会在一定程度上对人民群众的反帝武装斗争抱有同情、支持甚至赞助的态度？原因固然很多，最主要的一点还在于当时社会矛盾的特殊复杂性。长期以来，特别是甲午战争以后，中国的民族危机日益加深，帝国主义瓜分中国的威胁日益严重。到义和团运动时期，民族矛盾上升为主要矛盾，国家内部各阶级的一切矛盾，包括封建制度和人民大众之间这个主要矛盾在内，都暂时地降到次要和服从的地位。上面所说的一切，正是在这个大的背景下出现的历史现象。当时的一份报纸在一篇文章中描述那个时候的社会思想状况，说："夫中国外交之起，出于不得已而成互市，其间丧师辱国，赔款割地，盖几乎无约不损，无战不败。故其时通国臣民上下，以复仇为雪耻，以积愤思报怨，以下令逐客为最快人意，以闭关绝市为复见太平。其处势应变，虽曰非宜，其抗志负气，殆非无取。"① 正是这样一种思想状况，造成了社会舆论上对义和团的巨大同情。在义和团运动的当时及稍后的一段时期内，一些著作中曾流行这样一种观点：义和团运动完全是由载漪、刚毅等"二三愚妄大臣"为了实行皇位的废立而一手煽动起来的，封建统治阶级中对于义和团的不同态度，只不过是统治集团之间争权夺利的一种反映。这种观点完全是把事实真相颠倒了。不错，载漪、刚毅等出于自己一派小集团的政治私利，别有用心地对义和团表示支持，加以利用；他们的"支持"和利用对于义和团的活动确实也起了相当的影响。不估计到这一点，当然是不对的。但夸大这一点，把它看作全部事情的出发点和关键，却是更加错误的。如果没有上面所说的在封建统治阶级中广泛存在的那一场争论，载漪、刚毅等就没有施展他们欺骗、利用伎俩的客观基础；即使想搞欺骗、利用，也将很难产生什么实际的影响。不是载漪、刚毅等制造了这一场争论，而是这一场争论所造成的政治形势为他们提供了一定的活动条件。

还应该说明一点，就是不能简单地以对待义和团的态度作为判断当时某个政治派别和政治人物是非曲直的唯一标准。不能认为，凡是支持义和团的，都是爱国的、进步的；凡是反对并主张镇压义

① 《论近日致祸之由》，载《中外日报》，1900-06-09，收入《中国近代史资料丛刊·义和团》第四册，182页。

和团的，都是卖国的、反动的。当然也不能反过来，如中华人民共和国成立前大多数论述和研究义和团运动的著作那样，认为支持义和团的一律都是昏昧顽固之徒，而反对义和团的则统统都是明达有识之士。历史的真实要远远比这个复杂得多。我们可以先举一个小小的例子。直隶布政使，后来曾一度署理直隶总督的觉罗廷雍，是著名的"赞助"义和团的地方大吏，可是当帝国主义侵略军兵临保定时，他亲自率领僚属开城门欢迎，接着又卑贱地跪在侵略军面前乞求宽恕他过去"信团"的"罪过"，最后终于可耻地俯首就戮。直隶提督聂士成是坚决主张镇压义和团的，但当帝国主义军队侵入天津一带时，聂士成英勇地率军转战，最后悲壮地死在抗击外敌的战场上。这两个人，谁是爱国者？显然不能仅仅根据对待义和团的态度来判定，尽管义和团运动本身具有明确无误的爱国性质。事实上，在表示支持义和团的封建官僚和士绅中间，很多人固然是发自爱国忧时之心，但也确实有些人如载漪、刚毅之流，"非真为土地日削，权力日失，发动公愤之心，起而与之一抗也；欲一挫强敌，免为挟制干预，得成其大欲耳"①。也有像王培佑那样因此而钻营到顺天府尹官位的"贪利无耻希荣干进者流"②，还有赵舒翘、裕禄等因"功名念重""慑于端、刚之言"而见风使舵的人物。同样，在反对义和团的人们中，不可否认有一部分是由于在半殖民地半封建的政权中，与帝国主义有着更多一些的联系和勾结，如一个材料所说的："有通洋情而受贿者，有仗洋势而升官者，有借洋务而致富者，有隶名教堂而甘心从逆者，有资财寄顿于洋行、子弟游历于各国、直与洋人相依为命者。"③ 但确也有一些人，比较冷静地估计到当时的客观斗争形势，他们之反对义和团只是出于认为义和团的斗争方式并不足以挽救民族的危亡，反而可能会给国家招来大祸，其中如许景澄、袁昶等，为了这种政治信念甚至不惜牺牲自己的生命④，对他们显然也

---

① 《中国近代史资料丛刊·义和团》第四册，208 页。

② 《赵声伯庚子纪事长札》，载《中和》月刊，第 2 卷第 1 期。

③ 《御史徐道焜折》，见《义和团档案史料》上册，255 页。

④ 从许景澄、袁昶的几个著名奏折中可以看出，他们对自己可能被杀，是有思想准备的。参见《中国近代史资料丛刊·义和团》第四册，《袁昶奏稿》。

不能简单否定。如果超出封建地主阶级这个范围，那么，问题就更明显了。当时的资产阶级革命派和资产阶级维新派，也都是反对义和团的。尽管他们由于阶级的局限，对义和团和帝国主义在不少方面存在着错误的认识，但却并不能因此而改变或抹杀他们的革命性或历史进步性。在这个问题上，必须做具体的历史的分析。

剿或抚——不剿不抚、半剿半抚和只剿不抚

封建统治阶级内部的广泛争论，必然要对清朝中央政权的政策产生重大的影响。

作为清廷最高决策者的慈禧，在逃亡途中，曾经详细叙述她对于义和团所采取的方针的前后经过。[①] 这段话，虽不无辩解和虚饰的成分，但大体反映了她在义和团运动中左右支绌、前后矛盾和表里不一的处境、心情、手法。如果我们联系慈禧的这个自白，再认真地看一看当时清政府处理义和团问题的上谕、朱批之类的正式文件，那就会发现，这些文件颇有点儿特别之处。首先，文件的用语常常是模棱两可、捉摸不定的，如光绪二十五年十一月二十七日（1899 年 12 月 29 日）的一个上谕说“拳民聚众滋事，万无宽纵酿祸之理”，紧接着则又说“不可一意剿击，致令铤而走险，激成大祸”[②]。涞水事件后，裕禄向清廷报告了情况，并提出要“添调营队”“予以惩罚”的主张。两天以后得旨，对裕禄的请示完全避而不答，只是说：“此事各处情形不同，迁就适足养奸，操切亦恐滋变。该督务当严饬派出文武，相机操纵，勿稍大意，是为至要。”[③] 这样的指示，往往弄得地方官摸不着头脑，不知如何执行是好。其次，是方针的变化多端、反复无常。正如当时有人评论的：“朝廷办义和

① 参见吴永：《庚子西狩丛谈》卷四，见《中国近代史资料丛刊·义和团》第三册，436～438 页。由于这段话篇幅较长，又是常被人们所引用的，故此处从略了。

② 《中国近代史资料丛刊·义和团》第四册，9 页。

③ 《义和团运动史料丛编》第二辑，26 页。

拳诏书，前后反复，不类一人一时所为。”① 仅就对义和团的称呼来说，上谕中一会儿称“乱民”，一会儿称“拳民”“团民”，一会儿称“义民”，一会儿又变成了“拳匪”。不但如此，甚至还有今天的谕旨这样讲，过了一两天，又一个谕旨完全加以推翻；公开的文件一种说法，私下的“密旨”又是另一种说法。有人说，这个时期“政令最乱，或剿或否，毫无宗旨”②。最后，有的时候，谕旨失去了约束力，有些官吏并不完全按照谕旨所说的去办理。有一个材料这样说：“谨案五月以来，有禁团民滋扰禁城谕旨七道，严饬步军统领、顺天府、五城御史及派出之统兵大员，缉拿首要，解散胁从，撤坛拆棚，至矣尽矣。乃禁者禁而为者为……虽明诏煌煌，不特团民蔑视无关，即地方官吏亦视若弁髦，是则诏谕直等于官样文章耳。”③ 当各县令去向顺天府尹王培佑“请示机宜”，询问应如何执行“拿办”义和团的上谕时，王培佑竟公开答复说，“汝等奉行故事，即属尽职”，就是说只要敷衍一下就可以了，根本不必认真执行，“否则定遭参办”④。也有另外一种情况：当朝廷称义和团为“义民”而大加奖励时，有些地方官照样在那里对义和团肆行剿杀。总之，在这一个短时期内，清政府的各级官吏在对待义和团的问题上颇有点各行其是的味道了。

这种种情形，表明了这样一个事实：封建统治阶级内部在对待义和团问题上存在着严重分歧，以致清政府在政策上出现了某种程度的含糊、混乱和不统一的状况。

但绝不是说，清朝中央政权对于义和团的政策，完全失去了任何一点的确定性，已经没有某种固定的原则和总的倾向了。事实上，在一些混乱和矛盾的表面现象背后，仍然可以清楚地看出清政府在各个不同阶段对于义和团的基本方针来。

作为正式的官方政策，清政府对于义和团运动的态度大体经历

---

① 胡思敬：《驴背集》，见《中国近代史资料丛刊·义和团》第二册，520页。
② 《庚子记事》，222页。
③ 杨典诰：《庚子大事记》，见《义和团运动史料丛编》第一辑，13页。
④ 佐原笃介等：《拳事杂记》，见《中国近代史资料丛刊·义和团》第一册，260页。

了以下三个阶段：从义和团运动发生到光绪二十六年（1900）四月底义和团占据涿州，是第一阶段。这个阶段，清政府的基本政策是“防范查禁”，也就是限制和禁止。从同年五月初刚毅及赵舒翘察看、“晓谕”义和团返京到七月下旬八国联军侵占北京，是第二阶段。这个阶段，清政府的基本政策是对义和团进行控制和利用。从七月下旬慈禧一行逃亡以后，进入第三阶段。这个阶段清政府的基本政策是对义和团进行剿杀。

中华人民共和国成立以后研究义和团运动的文章和著作，一般都把清政府对于义和团运动的态度，说成是“一开始”就进行血腥的镇压和残酷的屠杀，也就是自始就采取“剿”的方针。只是由于义和团的力量愈来愈强大，清政府剿不胜剿，才不得已“改剿为抚”。我们认为，这并不符合历史实际。恰恰相反，在第一阶段，清廷在责令各地方官对义和团“防范查禁”的同时，曾三番五次地禁止对团民随意“剿击”。限制和禁止，这当然也是一种镇压，但只是一种有限度的镇压，它同大规模的血腥屠杀即“剿”的方针是有很大的不同的。

从有关上谕来看，清廷在第一阶段中对于义和团的方针，大致包括在以下三句话中间：一是“调和民教”；二是遇有拳教斗争，要“持平办理”；三是力争“化大为小，化有为无”。这是义和团刚刚起来时，清朝政府力图以拳教双方的调停人的面目出现，在拳民和教民之间搞平衡，避免事态扩大所采取的方针。但是，义和团很快地发展起来，到处组织拳会，并纷纷展开了斗争，于是，清政府提出了“止论其匪不匪，不必问其会不会”的原则，就是一方面承认立会练拳的合法性，一方面则限制义和团的斗争，如果超越了封建统治秩序所许可的范围，就加以“匪”的罪名进行适当惩办。然而，事情并不按照封建统治者的愿望发展，义和团不仅没有被限制住，其斗争规模反而越来越扩大了。清朝政府只得下了禁止练拳设厂的命令，对于参加义和团的人，方针是“严拿首要，解散胁从”，就是惩办个别为首的领导人物，而对其余的人则勒令解散。

对于清廷的这样一种方针，封建统治阶级中一部分坚决反对义和团的人是很不满意的，他们纷纷批评这种方针是“剿抚不定”，

“剿抚无定见”，“既不剿，又不抚，依违持两可”。直隶安平知县何子宽在批评朝廷“严拿首要，解散胁从”的方针时说：“查义和拳设厂，凡属入伙演习者，皆系甘心乐从，并非由于逼胁。而首要以伙从为羽翼，若不翦其羽翼，何能得其首要？”“窃拟欲拿首要，必须用兵，合力兜捕，先不问其为首为从，但能畏罪逃避，即毋庸穷追；倘敢在场拒捕，概予格杀勿论。如是，首要易于就擒，从犯亦不解而自解。”① 从反对者的批评意见中也可以证明，朝廷这个时期并不是采取什么“剿”的方针。如果一定要用“剿”或“抚”来概括清政府这一阶段对待义和团的政策，那么，批评者们所说的“既不剿，又不抚”，倒是勉强接近当时的实际情况。

在义和团运动的当时和稍后时期，曾经有很多人指出：如果清政府一开始就采取“剿”的方针，义和团是很容易“荡平”而不至于发展到后来那样的规模的。这个说法并非毫无道理。但是，到了第二阶段，情况就不同了。如果说第一阶段清廷是能剿而不剿，到第二阶段则是欲剿而不能了。

由于在错综复杂的条件下义和团得到了空前迅速的发展，也由于载漪、刚毅等一派在宫廷斗争中占了上风，于是就出现了这样一种政治局势——按照慈禧的形容，就是“那时他们（按：指义和团）势头也大了，人数也多了，宫内宫外，纷纷扰扰，满眼看去，都是一起儿头上包着红布，进的进，出的出，也认不定谁是匪，谁不是匪，一些也没有考究”，“因此更不敢轻说剿办”②。按照上谕的说法，叫作“既有法不及众之忧，浸成尾大不掉之势”③，“剿之，则即刻祸起肘腋，生灵涂炭，只可因而用之，徐图挽救”④。而按照巴德兰的叙述，则是“（义和团）滋闹既久，聚集愈众，国家虽欲弹压，一时亦难措手矣”⑤。清政府对于义和团实行控制和利用的政

① 何子宽：《义和拳民陈锅元等讯供保释案》，见《义和团运动史料丛编》第一辑，253页。

② 吴永：《庚子西狩丛谈》，见《中国近代史资料丛刊·义和团》第三册，436页。

③ 《义和团档案史料》下册，946页。

④ 《义和团档案史料》上册，187页。

⑤ 《中国会党论》，见《中国近代史资料丛刊·义和团》第四册，242页。

策，就是在这种背景下被迫确定下来的。

人们通常把清政府这个阶段的政策称作“抚”的方针，或者叫作“全面招抚”的方针，这自然不能算错，但却是很不确切的。因为“抚”之一字，并不能包括这样一个重要事实：在清政府正式褒称义和团为“义民”、屡次“传旨嘉奖”并赏赐银米，甚至下令各省督抚要对之“招集成团，借御外侮”的同时，清朝统治阶级中的许多人，包括某些所谓“支持”义和团的封建官僚在内，几乎是不约而同地在那里设法并实行着借刀杀人的阴谋，即借助帝国主义的武装，消灭义和团的有生力量。

清廷在发布所谓“宣战”上谕以后的第四天和第五天，就先后向各省督抚解释过“朝廷万不得已之苦衷”①；八天以后，就向各帝国主义国家表示“此种乱民，设法相机自行惩办”②，这已是众所周知的了。但是，公开的“惩办”毕竟条件还不成熟，于是，封建统治者便采取了将手执刀矛棍棒等原始武器的义和团驱赶到前线，与使用洋枪洋炮等新式武器的侵略军队硬拼的阴谋手段，以图削弱和消灭义和团。

袁昶曾经这样说：“现禁城有拳团三万余人，来者穰穰不止，日久必生变，既不能部勒使受约束，不如导使随（甘军马玉崑）往津御洋兵，少两得之。”③

所谓“两得之”，是指一方面可以借团民之力抵挡一阵洋兵，阻止或者延缓帝国主义向京师进军；另一方面又可以把大批义和团群众引出京外，减轻朝廷的危险和压力，借帝国主义军队之手削弱和打击义和团的力量。对于封建统治者来说，这真是“一石双鸟”的好主意。

前面说过，袁昶是坚决反义和团的。可是，说来奇怪，曾被慈禧形容为相信义和团迹类癫狂并且受命“会办义和团事宜”的载澜，却居然与袁昶不谋而合，并且把袁昶的主张积极地付诸实施了。《高

---

① 《义和团档案史料》上册，187页。

② 同上书，202页。

③ 《乱中日记残稿》，见《中国近代史资料丛刊·义和团》第一册，341页。

枬日记》七月初八载："又闻澜公昨日饯团，誉其忠义；饬往前敌，而断不可回；如一回，则以军法从事。"①

曾经为义和团问题争斗得你死我活的两位著名人物，在这个问题上，难道不是异曲而同工吗？

封建统治阶级的这种阴谋，在当时几乎成了公开的秘密。《石涛山人见闻志》有这样两段记载：

> 七月初六日，天气仍热。外间言，天津各团众闭枪炮者，说只说，听只听。马玉崑指挥各团前敌打仗，有进无退。中间武卫军，前团进有敌枪所伤，稍退，勇两旁一分，大炮开矣，各团众皆赴鬼门关闭枪炮去者！大内各邸堂与各堂密语，京东及天津一炮可打四千余人，因地旷得手；西什库则不能者，地窄也。看此光景，里外皆夹打团匪，此半抚半剿之道露出。京城各门有令，准出不准入，实情不虚。由京调出者无日无之，皆以夸讲为奖励之辞；出京师即刺杀之。天津教民不必言，官军一见，亦杀拳匪；各将官见而杀之。
>
> 闻各路兵及庄王、荣相、董军门、各统兵大臣，皆设密法收抚团众。有不受抚者，均遣至各处攻打前敌，少有退缩，迎以大炮，一炮休矣，升天矣。实露半抚半剿之法。②

这位石涛山人虽然在叙述中多少带着某些赞许的意味，却不自觉地把这个时期封建统治者的阴谋揭露得淋漓尽致。对于这种办法，他想出了个"半抚半剿"的名词，意思无非是说，清政府在表面"招抚"的名义下，暗地里还干着某种剿灭义和团的勾当。这种"剿"自然不是公开的剿，但所谓"抚"却也并非完全的抚。这个说法倒颇有点值得人玩味的地方。

到了第三阶段，形势的发展已经再也不需要这种遮遮掩掩的"半抚半剿"法，于是，清政府便公开发布谕旨，宣称"此次衅端，实由拳民肇祸"，因此要"责成带兵官实力剿办，以清乱源"了。从

---

① 《庚子记事》，163页。

② 《石涛山人见闻志》，见《义和团运动史料丛编》第一辑，96～97页。

此，清政府对于义和团的政策，便变成了地地道道的“只剿不抚”。

组织控制和思想渗透

封建地主阶级一方面通过封建政权的统治政策，另一方面通过本阶级成员直接加入义和团组织，给予以农民为主体的义和团运动巨大的影响。

义和团运动时期，特别是在上面所说的第二阶段，不少封建官僚和士绅，抱着各式各样不同的动机和目的，纷纷加入义和团组织中去。地主阶级分子的广泛参加，无疑大大地壮大了义和团的声势，同时，也不可避免地将这个阶级的意识、心理、作风等渗入了义和团组织。尤其是，由于他们的社会地位和活动能力等原因，地主分子往往较易掌握团坛的领导权，他们的影响就更加不容低估了。吴永在《庚子西狩丛谈》中曾这样说：“各团领袖，皆称大师兄。……大师兄躬代神位，口含天宪，因此声势赫耀，可以颐指而气使，凡隶该团本域住民，无论富贵贫贱，生死祸福，举出于其一言之下。此职率由地方豪猾充任，其威力直远出郡县长官之上。”[①] 相当一部分义和团组织被控制在那些“地方豪猾”手中，这是义和团运动受到封建主义严重影响的一个重要原因。

封建地主阶级并不只是自发地在组织上去控制义和团。在很大程度上，这种组织控制往往是统治阶级有意识、有计划地进行的。《榆关纪事》中曾讲到这样一件事情：当关于将拳民“招集成团”的上谕传到山海关之后，临榆县知县俞良臣立即执行上级指示，“将拳民编成乡团，择立团首，约束拳众”。并宣布：“至统率各团，即以该团大师兄立为团首；尤宜选择有功名身家公正素著绅董，作为团总；以团总管团事，约束团民。遇有事件，州县传谕团总，团总传知团首，务使遵奉教令，不得抗违。如此层层钤束，庶无尾大不掉

---

① 《中国近代史资料丛刊·义和团》第三册，373页。

之患。”显然是俞良臣做得太过分了，广大义和团群众一下子就看出这样“严加约束”的结果是义和团将完全被捏在统治阶级的手心里，不仅丧失了任何自主活动的权利和可能，而且还是“预为日后就办张本”，于是，团众“遂各自分散，虽大师兄百计羁縻，而赴坛者日少，各坛遂不禁自散”①。这个典型例子，相当生动而明白地说明了封建统治阶级的用心所在。而这种情形，几乎是在各地都可以见到的。

封建统治阶级在政治上给予义和团的影响，一个突出的方面，就是大肆煽动排外主义。本来，对于农民来说，一方面，他们对帝国主义还处于感性认识的阶段；另一方面，他们的经济地位决定了他们除具有巨大的革命性之外，还有着保守、落后的一面，因此，排外的思想在他们身上原先就是存在的。而封建统治阶级特别是那些顽固派官僚，更把这种排外推进到狂热的程度。许多官僚曾上书建议，对教民要“按户搜杀，以绝乱源”②。朝廷也“竟有奖励各省拳民焚毁教堂之诏令”③。庄王载勋不仅曾“以步军统领下令，能捕斩一夷人者，赏五十金，生致者倍之，妇女婴儿以差次受赏”④，而且亲自指挥，一次就“于庄王府外杀害教民数百名”⑤。毓贤在太原“带领兵勇”，“亲自兜拿”，一次就“将洋人大小男女四十四名口”及教民十七人杀害，此事竟受到朝廷的表扬。⑥ 所有这些，对于义和团显然起着一种鼓励和示范的作用。义和团的排外行为，越是在直隶一带特别是京津地区，表现得越严重、越突出，这绝不是偶然的。难怪当时的报纸上对于清政府有这样的评论：“忽闻助清美名，灭洋快事，满朝心醉，举国皆狂，则斯时非惟纵之，且或煽之。故以拆铁路，毁电杆，烧学堂，焚译署，杀教民，攻使馆，事事合政

① 《义和团运动史料丛编》第一辑，166～167页。

② 李希圣：《庚子国变记》，见《中国近代史资料丛刊·义和团》第一册，15页。

③ 吴永：《庚子西狩丛谈》，见《中国近代史资料丛刊·义和团》第三册，375页。

④ 李希圣：《庚子国变记》，见《中国近代史资料丛刊·义和团》第一册，37页。

⑤ 《景善日记》，见《中国近代史资料丛刊·义和团》第一册，74页。

⑥ 参见《山西省庚子年教难前后记事》，见《中国近代史资料丛刊·义和团》第一册，501页。

府宗旨，即事事为政府主使，盖亦可知。”① 应该说，这个评论大体是正确的。

封建地主阶级大量加入义和团，对义和团的纪律也产生了消极的影响。总体说来，义和团的纪律还是比较好的。当时的舆论，不仅同情和赞助义和团的人常常称赞义和团“持戒甚严”“秋毫无犯”，就是反对义和团的人中，也颇有人承认义和团并不“搅扰百姓”，“普通安分的人民并没受到任何损害”。但是，那些士绅富豪所立的团坛，则往往破坏纪律，胡作非为。《庚子记事》中有这样的记载：“看其连日由各处所来团民不下数万，多似乡愚务农之人，既无为首之人调遣，又无锋利器械；且是自备资斧，所食不过小米饭、玉米面而已。既不图名，又不为利，奋不顾身，置性命于战场，不约而同，万众一心。”“各乡村团民，尚多粗食布衣。京城内新设各坛团民，虽亦蒙头裹腿，打扮相同，而衣履旗帜皆多绸绉。人人洋洋得意，夸富争荣。”作者评论说，“近观各州县之义和团民，粗食布衣，尚有朴实耐劳之气象”，而那些京城新立之团则到处“借端勒索”，“勒财之法愈奇”②。作者仲芳氏对义和团既不完全信从，也不坚决反对，他对于义和团的纪律，采取了比较客观的分析的态度。这个材料极有说服力地表明了地主富豪的加入怎样败坏了义和团的纪律。

当然，封建统治阶级对于义和团运动的影响，并不止这些。这里我们只是把最主要的几点略加论述而已。

封建统治阶级之所以能够在义和团身上施展其影响，根本原因还要从作为义和团主体的农民这个阶级自身的分析中得到说明。外因总是要通过内因才能起作用。组织极其涣散、迷信思想严重的义和团，在封建统治阶级错综微妙的统治政策面前，缺乏正确处理和对待的能力；对于封建统治阶级通过各种渠道、各种形式的渗透，也没有抗拒、抵制的觉悟和办法。在一些问题上，他们曾勇敢而坚决地冲击了封建统治秩序，但在另一些问题上，他们又软弱而天真

① 《原乱》二，载《中外日报》，1900-12-08，收入《中国近代史资料丛刊·义和团》第四册，228页。

② 《庚子记事》，25页。

地接受了封建统治阶级的欺骗和愚弄。对义和团运动的最后失败，这不能不说是一个重要的原因。

在历史研究中，人们常常更多地注意对于革命方面的分析和总结，而比较容易忽略对于反动方面的了解和考察。明于知己而昧于知彼，这样一个不足之处，在对于义和团运动史的研究中，应该说也是有所反映的。但是，社会历史本来就是各个阶级、各种政治力量之间相互联系、相互制约、相互斗争、相互依存着的矛盾统一体，不对矛盾的各个方面进行具体的分析，也就不可能真正了解历史事件的全貌。在义和团运动的历史上，封建地主阶级的活动、清政府的统治政策，当然还有帝国主义方面的各种行动，都不能不对义和团产生巨大而深刻的影响。同时，在反动势力的措施和对策中，也可以曲折地间接反射出革命力量方面的某些面貌的轮廓来。我们的文章远远没有完成从封建统治阶级这一方来分析义和团的任务，我们只是希望能够进一步引起大家的重视而已。

忠于党的事业*

——悼念尚钺同志

著名的马克思主义历史学家和文学家，党的无产阶级革命老战士尚钺同志，和我们永诀了。我们深切悼念这位为我国历史科学的发展及史学人才的培养献出了全部心力的学者和老师。

尚钺同志对于中国历史有着广博的知识和深湛的研究。但是，对于我们这些在他的引导下进入史学战线并同他相处了三十年的学生来说，对我们影响最大、教育最深的，却不仅是他的学术成就，更主要的还是他锲而不舍、坚定不移、忠于党的事业的革命精神。

尚钺同志经常教育我们，史学研究不是满足个人爱好的高雅娱乐，也不是攫取名利的鄙浊手段，而是整个革命事业的一个组成部分。既然党把我们放到了史学战线这个阵地上，那么，我们就应该认认真真地、踏踏实实地在这个阵地上工作。他常说："我们应该用自己辛勤的劳动，拿出新的研究成果，去丰富历史科学的宝库，即使不是珠玑，哪怕是增添一砖一瓦也好。"

尚钺同志自己就是根据革命的需要和党组织的决定，开始从事历史科学的研究的。

尚钺同志在青年时代曾追随鲁迅先生从事进步文学活动。他是著名文学团体莽原社和狂飙社的中坚分子。他的小说集《斧背》《病》在我国近代文坛上产生过积极的影响。在李大钊同志等的直接教育下，他走上了革命道路。1927 年 9 月，正当反动派把大批共产党人和进步分子淹没在血泊之中，白色恐怖笼罩全国的时候，尚钺同志加入了中国共产党。从此，尚钺同志开始了职业革命家的活动。

---

* 载《人民日报》，1982-04-26。本文与沙知、罗明合写。

他时而战斗在贫困的河南农村，以豫南特委宣传鼓动部部长和该地区苏维埃主席的身份，发动农民武装暴动；时而活跃在十里洋场的上海，在党中央组织部和《红旗日报》工作；时而又出入于东北的深山密林，担任满洲省委秘书长的职务。在尖锐复杂的斗争中，他两次被捕入狱，遭到敌人的残酷刑讯；后来，又因党内“左”倾路线的统治而受到排斥打击，和党组织一度失去了联系。但是尚钺同志坚强不屈，始终对革命事业忠贞不渝。

20 世纪 40 年代初，党决定抽调一批同志到文化教育战线从事教学和研究工作，以便在思想理论方面加强同反动派的斗争。这时，已到中年的尚钺同志才开始去熟悉和掌握历史科学这个战斗武器。

正因为这样，尚钺同志始终十分重视马克思主义理论对历史研究的指导作用。他形象地说：“没有马克思主义，历史是躺着的；有了马克思主义，历史就站立起来了。”意思是说，不用马克思主义理论观察、研究历史，历史只是一个徒具躯壳的僵尸；有了马克思主义理论指导，就有可能使历史恢复本来的面貌。他还认为，研究历史不能只见树木，不见森林。只有在马克思主义的指导下，通观全史，综观全局，才能够认识历史发展的客观进程，总结历史经验，揭示历史规律。也只有这样的历史研究，才是革命所需要的，才是人民所需要的。

尚钺同志以极顽强的毅力，孜孜不倦地刻苦钻研。我们清楚地记得，中华人民共和国成立之初，年已半百的尚钺同志，一面给我们讲课，一面埋头写作，经常工作到深夜，顾不得休息。有几次，因通宵赶写讲稿，过度疲劳，竟和衣趴在书桌上睡到天明。

辛勤的劳作换来了可喜的学术成果。1954 年，他主编的《中国历史纲要》出版了。这本书以明快的笔法、简短的篇章，将中国悠久的历史进程勾勒出了一个比较清晰的轮廓。这本书出版后，受到了广大读者的欢迎，同时在国外学术界也受到了重视，在短期内就有了几种译本。

与此同时，尚钺同志还发表了许多论文，在中国古代史分期问题上提出了“魏晋封建说”，在资本主义萌芽问题上也提出了比较系统的新见解。对这两个问题的观点，引起了史学界的热烈讨论，促进了对于中国历史发展规律的深入研究。

尚钺同志在自己的学术活动中，表现了一种勇于探索、敢于创新的开拓精神。他尊重前人的研究成果，却不囿于成说；他重视名家的学术见解，却不迷信权威。这种精神，对于学术的发展本来就是十分必要和极可宝贵的，因为学术领域的任何一点进步，总是要在原有基础上通过对现成结论的丰富、补充、争辩甚至扬弃才能达到的。可是在“左”的思想影响下，尚钺同志的学术活动却遭到了不公正的对待，他的学术观点被指责为“修正主义”，遭到了全国性的批判。这种所谓的“批判”，不仅极大地损害了尚钺同志个人，而且损害了党的“双百”方针在史学领域的贯彻执行。

但尚钺同志本人却并没有轻易放弃经过多年潜心钻研而得出的学术见解。尚钺同志认为，一个历史学家必须实事求是，尊重历史，绝不容许左顾右盼，瞻前顾后，察言观色，见风使舵，否则，就是亵渎了学术研究的尊严。

尚钺同志在学术问题上不轻信，不苟同，表现了一个马克思主义者的严肃态度和原则精神。同时，他又并不是一个闭目塞听、固执己见的人。一旦感觉到自己的观点需要重新考虑，他又乐于改变自己的旧说。以中国古代史分期问题为例，他本来也赞同周秦封建说，当他研究了新出土的大量考古资料以后，对周秦封建说产生了怀疑，逐渐形成了他自己的魏晋封建说。当然，这些学术观点的是非正误，应该通过深入的探究和讨论，才能求得正确的解决。但在那时候，他敢于提出这些问题，确实需要理论上的勇气。

尚钺同志在几十年的革命斗争中，历艰危而忠贞不渝，处逆境而斗志弥坚。他这种坚强的革命意志，来源于对马克思主义、对共产主义事业的坚定信仰。他一直相信，党和人民一定会对他的工作做出公正的评价。即使在“文化大革命”期间，他仍然鼓励同志们不要悲观，不要泄气，要准备迎接明天新的战斗，去完成党将要交给的新的任务。长期以来，尚钺同志有一个心愿，就是想要编写一部大型中国通史。为此，他已经写了一百几十万字的草稿。其后由于客观的原因，无法继续这项工作了，但他在任何时候都没有放弃过这个计划。

尚钺同志多难的学术生涯，坎坷的学术道路，包含了许多值得总结的经验教训，需要我们认真地汲取。而他留给我们的勤勤恳恳、兢兢业业、忠于党的事业的崇高思想，不计个人得失、追求真理、坚持原则的道德风范，在学术上勇于探索、敢于创新的科学态度，是永远值得我们学习的。

恩格斯的体育爱好*

——纪念恩格斯诞生一百六十周年

马克思的最亲密的战友、被列宁称作“整个文明世界中最卓越的学者和现代无产阶级的导师”的恩格斯，以他毕生的努力，做出了伟大贡献。对于繁重的科学研究和复杂的实际革命斗争，恩格斯倾注了自己的全部心血。他常常从早晨起一直工作到深夜，以致养成了不到夜里两点钟不睡觉的习惯。但是，这种紧张的战斗生活并没有使恩格斯放弃他的体育爱好。

凡是接触过恩格斯并熟悉他的工作情况的人，几乎都对他的过人精力有着深刻印象。威廉·李卜克内西回忆说：当恩格斯庆祝七十寿辰的时候，“他精神健旺，又幽默，又威武，就像还在活泼愉快热情奔放的青年时代一样”。而马克思的女儿艾琳娜则说：恩格斯“一个人在晚年所做的工作，由十二个平常人来做也未必能够胜任”。

为了实现理想而锻炼

恩格斯从小就是一个积极的体育爱好者。

在高中还差一年就要毕业的时候，恩格斯被迫遵照父亲的意愿，中断学业，在他父亲的商行事务所里工作。一年以后，十九岁的恩格斯又被送到不来梅的一家批发商行里当练习生。

在不来梅，恩格斯利用业余时间，一方面大量阅读各种各样的书籍报刊，努力学习多种外国语言，并且开始运用他所掌握的渊博

* 载《新体育》，1982（11）。署名：梁溪。

知识，在报刊上发表一些尖锐批评宗教和社会缺陷的文章与诗作；另一方面，他积极从事形式多样的体育活动。他十分喜好击剑，常常到击剑场去进行刻苦的训练。他也喜欢游泳，即使有时有点感冒和咳嗽，也仍然坚持下水，他能在宽阔的威悉河上横渡四个来回。骑马也是他爱好的一项体育活动。一到星期日，他就和一些朋友从商人那里租来马匹，驰骋到郊区农村，尽情享受乡村的清新空气和美丽景色，并了解农村的生活风习。有的时候，他不是骑马而是步行到乡下去，这种远足式的郊游也使他得到无穷的乐趣，既结交了朋友，了解了农民的生活，又锻炼了身体。

青年恩格斯的这些体育爱好，绝大多数在他的中年甚至老年时期仍然继续保持着。

把大海当作“主要的药”

自从恩格斯成为一个社会主义的自觉战士之后，他几乎没有什么真正闲暇的时间，但只要条件允许能挤出一点工夫，或者因为身体有病而不得不暂时放下手中的工作时，他总要设法到海滨去畅游一番。他也常常邀请和动员马克思同他一道去。而马克思，只要一听到恩格斯工作过于劳累或身体不适，也总要规劝他“必须尽快地去海滨”，“借助海滨的空气和比较悠闲的生活来恢复自己的健康”。例如，1857 年夏天，恩格斯一连两个多月患牙痛和恶性脓肿，但仍然忍着剧痛，带病坚持工作。生活在伦敦的马克思知道这个情况后，立即连续写信给住在曼彻斯特的恩格斯，坚持要恩格斯“认真对待”自己的病，放弃单纯依靠药物治疗的办法，立即到海滨去，一面服药，一面“去海里洗澡”，也就是说，把“海本身”当作“主要的药”，以战胜疾病，恢复健康。恩格斯接受了马克思的建议。不久以后，恩格斯在海滨给马克思写信说：“今天我第一次洗了海水浴，感到异常舒适，食量大增，目前我只能隔天洗一次。”过了一些时候，恩格斯在另一封信中告诉马克思：“我的情况好多了，原有的疾病已

经痊愈，任何腺体都不再发炎了，现在我只是让伤口愈合长好——这确是进展得很慢——长满肌肉和脂肪。海水浴对我起了非常好的作用；我又能随意游泳了，这证明，我在治疗中获得了怎样的进步。”

恩格斯一直坚持游泳，所以他的游泳技术很好。据一位参加过1873年9月国际海牙代表大会的代表泰奥多尔·库诺的回忆，代表大会闭幕后，马克思和恩格斯邀请代表到离海牙很近的避暑地施文宁根去，饭前，大家都去洗海水澡。库诺过去从未在海水中游泳过，所以游了250米以后，已没有力气同海浪搏斗，游不回来了。恩格斯看见库诺处于危险之中，就立即潜游到库诺身边，抓住他的胳膊，用力把库诺托上海面，拖带着他奋力游回海岸。那时，恩格斯已经五十二岁了。

骑马——“所有军事科目的物质基础”

骑马，正如马克思所说的，已经成了恩格斯的一种“嗜好”。这在马克思和恩格斯的通信中，有着生动的叙述，如1857年10月19日，恩格斯写信告诉马克思：“健康情况良好；昨天我骑了七个钟头的马，而且我也已经把养病时的一套清规戒律抛弃了。”

同年11月15日，恩格斯在信中说：“骑马以及办事处工作的减轻，必定会有助于健康的恢复。”

同年12月31日，恩格斯告诉马克思：“星期六我去猎狐，骑了七个钟头的马。这样的活动往往使我有好几天非常兴奋。这是我所知道的最好的体育娱乐。在整个打猎场上，我只看到两个人比我骑得好，不过他们的马也比较好。这使我的健康完全恢复。”

1858年2月8日，在给马克思的信中，恩格斯写道：“不过，感冒现在减轻了，昨天我又能够骑马走了二十八英里，所以明天又可以开始工作了。”

过了三天，恩格斯在下一封信里又说：“昨天被人怂恿去骑马会猎，大家用灵猩追捕兔子，我一共骑了七个小时的马。”在这封信里，他还自豪地说：“昨天我骑马跳过高五英尺多的土堤和围墙，这是我跳得最高的一次。要能轻松地做这样的操练没有十分健康的肢体无论如何是不行的。总之，将来我们重回德国的时候，是可以在骑术方面向普鲁士的骑兵表演些东西的。这些先生们要追赶我将感到困难，因为我现在练得很多，而且日有长进”。

马克思接信后，一方面为恩格斯的骑术和健康高兴，另一方面又为他可能遇到意外的危险而担心。他立即回信给恩格斯，信中说：“祝贺你骑马的成就。只是不要作过于危险的跳跃，因为不久将会有更重要的事情需要去冒生命的危险。”这时，恩格斯正在从事军事科学的研究，同时为《美国新百科全书》撰写一批军事条目。所以，恩格斯在回信里略带幽默地说：实际上，骑马“这是我所有军事科目的物质基础”。他安慰马克思说：“骑马是我至少已达到中等成绩的唯一的体育项目；而且在行猎追捕时的危险性恰恰很小（或然率是 1∶10 000），以致它具有不可克服的诱惑力。其实，请你放心：我将在另一种场合牺牲生命，而不会是从马上摔下来。”

两个多月以后，马克思到曼彻斯特看望恩格斯，恩格斯设法让马克思同他一道去骑马，这样一来，不但完全打消了马克思的担心，而且使马克思也对这项运动产生了兴趣。这一年的 5 月 11 日，恩格斯十分高兴地给马克思的夫人燕妮写信，说：“摩尔（按：摩尔是马克思一家及几个亲密朋友给马克思起的绰号）今天骑了两个小时的马，感到非常良好，以致开始有骑马瘾了。……希望摩尔专心骑马，这样，一个星期后他大概又能写作了。”

恩格斯不仅是一个优秀的骑手，而且也是一个出色的猎手。恩格斯非常喜爱打猎。他是曼彻斯特“狩猎协会”的会员。马克思的女婿保尔·拉法格回忆说：“恩格斯是一位出色的骑手，他有一匹专为猎狐用的马。有时中上等贵族按照封建旧习邀请邻近的骑手猎狐，遇到这种机会他从不放过。在猛烈地追逐野兽时，恩格斯总是一马当先，壕沟、篱笆等障碍物等他都毫不在意。”

这种军事体育活动，曾经大大地有益于革命斗争的需要。早在

1849年6、7月间，当恩格斯亲自参加巴登-普法尔茨起义的时候，他就曾骑着马，佩戴着军刀和手枪，率领着一支几十人组成的小分队，像追逐狐狸一样地追逐过普鲁士帝国的反动军队。在这次起义中，他参加过三次战役，所有在战火中见过他的人，无不对他那种非凡的镇静和漠视一切危险的气魄感到钦佩。

奉行特殊的宗教观——散步

恩格斯自觉地利用一切机会来进行体育锻炼。由于参加起义，恩格斯受到普鲁士政府的通缉，警察搜查了恩格斯在科隆的住宅。于是，恩格斯只好逃亡。他从普鲁士奔赴比利时的布鲁塞尔，但刚刚到那里，就被逮捕并驱逐出境。这样，恩格斯又由比利时警察押送到了巴黎。他决心由巴黎步行到瑞士去，之所以决定步行，一方面是因为没有钱，另一方面也因为这是一个难得的锻炼机会。所以，他并没有选择一条最短的路程。他一共走了四十多天，行程500多公里，一路上，他欣赏着美丽的风景，观察着丰富的植物资源，并且接受了农民们殷勤的款待。他后来写的《从巴黎到伯尔尼》一文，生动地记录了这次徒步旅行的情况。不久以后，他又从热那亚乘帆船到英国去，利用这个机会，他又进行了一次航海的锻炼。他在船上每天写日记，记录了太阳的位置、风向、海潮的变化等，这样，他又学到了一些航海知识。

不过，对于恩格斯来说，最经常也是受益最大的一种体育活动，莫过于散步和郊游了。

说起散步，我们可以先讲这么一个笑话。在19世纪50年代，英国的宗教活动非常普遍，几乎每个英国人在礼拜日都要去教堂祈祷。有一个星期日，恩格斯到曼彻斯特一个朋友家里去做客。当人们问到恩格斯是去哪个教堂做晨祷时，恩格斯笑着回答说：每星期日早晨他都是去郊外散步，因为他认为这是消磨一个休假日的最好的办法。听了这话之后，他的朋友惊奇地说：“您大概奉行一种特殊的宗教观吧，恩格斯先生?”

散步几乎可以说是他每日的必修课。恩格斯的工作日程大体是这样的：吃过早饭后，他一般阅读报章杂志和处理来往信件。然后是吃午饭。饭后，他就到家附近的丘陵地或公园里去散步。接着就开始工作，除了用一个小时左右时间吃晚饭及稍事休息外，往往是一直工作到深夜两点以后。1870 年 9 月，恩格斯从曼彻斯特搬到伦敦，居住在马克思家的附近。从这时起一直到 1883 年马克思逝世，马克思主义的这两位创始人几乎每天在一起。只要天气晴朗，又没有其他的特殊原因，他们总是在下午一点左右一起去散步。散步结束后，他们就更加精力充沛地从事科学工作。据恩格斯说，这种每日必行的散步甚至在马克思病重的时候也没有停止。只要条件许可，恩格斯喜欢把短距离的散步改成长距离的郊游。这种郊游的习惯，是他在年轻的时候就养成了的。由于革命斗争的需要，恩格斯到过欧洲许多国家的许多城市，而每到一个新的城市，哪怕再忙他也要抽出时间来参观一下当地的名胜古迹。在他定居伦敦以后，他和马克思一家及其他少数挚友所进行的星期日汉普斯泰特荒阜郊游，由于威廉·李卜克内西在《忆马克思》一文中的生动描写，已经变得几乎尽人皆知了。他们步行一个多钟头到达美丽的汉普斯泰特荒阜后，在那里骑驴子、赛跑、角斗、投石块，在天真的欢笑中消除了过度工作的劳累，难怪这种郊游被所有的参加者看作“最大的快乐”哩!

马克思在给恩格斯的一封信里说过这样的话：“我首先要请你注意自己的健康。时代在好转，它将对你的身体提出很多要求。所以你要锻炼它，而不要损害它。”

看来，恩格斯确实是实现了马克思对他提出的这个期望的。

义和团运动中的“假团”问题*

义和团组织的发展，在初期虽曾有过一定的简单仪式和手续，但很快就在实际生活中被它的广泛的群众性所冲破而取消了。到运动的高潮阶段，任何人只要“立坛集众，竖旗为团”，就可以自行组织起一支义和团武装队伍来。它们既不需要得到谁的认可，相互间也没有严格的隶属关系。从这个意义上说，义和团似乎也就无所谓真假的问题。正如当时有些人指出的：“义和团初无真伪之分。”① 或曰：“并无黑团、真团之别。”②

但是，在当时，几乎各种政治派别和政治势力都曾大谈过“假团”问题。有关“假团”的种种说法，不仅见诸皇帝的诏书，还见诸廷臣的奏疏、督抚的告谕、地方文武官员的来往公牍、报刊的消息评论，以及帝国主义的外交文书；此外，更广泛地见于时人文字的或口头的议论。显然，“假团”问题，曾经是当时人们普遍关心的问题之一。如果仔细地加以观察，还可以发现，在持不同立场和政治态度的人们中间，对于“假团”的解释和态度也是各不相同，有时甚至是截然相反的。

这种历史现象表明，“假团”问题，对于义和团运动史来说，是一个具有研究价值的课题。

---

* 载《近代史研究》，1983（3）。

① 龙顾山人：《庚子诗鉴》，见《义和团史料》上，44页。

② 刘孟扬：《天津拳匪变乱纪事》，见《中国近代史资料丛刊·义和团》第三册，35页。在有关义和团的资料中，“黑团”一词，有两个各不相同的意思：一是指义和团的一个派别，即所谓“乾团黄巾，坎团红巾”，人们有时把他们称作黄团、红团；兑字门、巽字门尚黑，称黑团，“黑团者以黑巾缠头”。另一是指假团。下文所引材料“所谓黑团者，伪团也”，是后一种意思。

一

利用“假团”问题大做文章最起劲的，是封建统治阶级中对义和团力主剿杀的那一派。

1900年5月底以前，清政府对义和团的政策和方针，虽然在镇压的方式、规模、手段等方面表现出若干犹疑和节制的态度，但总体是强调要禁遏、解散、惩办的。那时，那些坚决主张“剿团”的官吏，在他们权势和力量所及的范围内，大肆屠杀团民，从他们那一面说，完全是“合理”（当然是封建阶级之理）“合法”（当然是封建阶级之法）的——虽然某些过分的举动也不免偶尔受到朝廷的牵制和责备。由于各种错综复杂的矛盾的发展，到6月初，清朝中央政权对义和团的政策，至少在表面上，发生了急剧的变化。6月21日，清廷发布了“宣战”诏书，同时又颁发了褒奖义和团的上谕，并明令各省督抚对“此等义民”要“招集成团，借御外侮”[①]。这一来，对于主张剿团的那一派官吏，无疑提出了一个绝大的难题。

朝廷政策的变化，带来了两个明显的后果：一方面，义和团由于取得了某种合法地位而大大地加速发展起来。如《庚子记事》云：“连日义和团既奉旨为义民，更大张其势。”[②] 连山东这样因袁世凯大力镇压使义和团活动一度沉寂的省份，此时也重新活跃起来。东平州的一个禀帖回顾说：“讵自今夏六、七月间，北方开战之后，信息传闻不一，拳匪猖獗滋事，以致中外开衅，既而改称拳民，既而改称义民，谣传纷纷，人心慌慌。始则直东交界窜扰，继则到处蔓延波及”；“阖省一百另五州县，被扰教民无处无之”[③]。另一方面，在朝廷正式把义和团称作“义民”之后，如果继续对他们公然进行剿杀，就不免会与中央政权的公开政策发生抵牾和冲突。这对于主

① 《义和团档案史料》上册，163页。
② 《庚子记事》，16页。
③ 《山东义和团案卷》下册，537页。

剿派来说，不能不说是一种障碍和困难。当时还是怀来县令的吴永说过的一段话，就颇有代表性地反映了这一派人的为难处境："无何而奖励拳民之上谕，已四处张布，并由省转行到县。于是邑绅署幕，内外交逼，禁拘之人，不得不悉予省释矣。越日，闻西园子坛中，拳首已公然号召徒众，从者云集，念已奉明令，更无法可禁阻，只得听之。"①

吴永所说的"只得听之"，绝不意味着他们就此歇手，再不与义和团为敌了。事实证明，除了很少几个见风使舵、谄谀干进的投机之徒外，绝大多数主张剿团的人都并没有因朝廷政策的变化而改变自己的立场。他们不得不暂时稍加收敛，只不过是为了要找到一个既可以继续剿杀义和团而又不致有"违旨"之嫌的巧妙口实。这个口实怎样毫不费力地被制造出来，我们可以先举一个小小的实例。

河南省河北道道员岑春荣，为了镇压义和团，同一些士绅筹设了团防局。岑春荣的一个幕僚王锡彤建议应立即由团防局出面对义和团严加查禁。但岑春荣颇有些顾虑，说："义和拳是义民，奉朝旨嘉许者，倘加查禁，不违旨乎？"王锡彤回答说："此何时耶？旨之真伪不可知，纵使有之，文字上固可躲闪也。"也就是说，只要在文字上玩弄一点花招，义和团是可以照杀不误的。我们且看王锡彤是怎样在文字上进行"躲闪"的。他起草的一个告示写道：

> 为严拿假充义和团民以靖地方事：照得前因中外失和，民教仇杀，近畿一带有义和团民练习拳勇，不取民间一草一木，曾经奉旨嘉奖，此等义民，至为难得。乃近来风闻河北三府竟有无知愚民烧香聚众，名曰学习义和拳，而良莠不齐，地方痞棍夹杂其中，派费派捐，种种不法，殊堪痛恨。……除已将河内县假义和团严提到案即日办理外，合行示谕各该县民知悉，自示之后，如有匪徒借义和拳之名，烧香聚众，设立坛场，希图敛费肥己者，即系假义和拳，即当照章就地正法。②

---

①　吴永：《庚子西狩丛谈》，见《中国近代史资料丛刊·义和团》第三册，387页。

②　王锡彤：《河塑前尘》，见《义和团史料》上，420页。

据说，岑春荣看了这个稿子后，大为赞赏，连声说“此如我心”。那么，这个告示“高明”（应该说是恶毒）在什么地方呢？它一方面抽象地肯定义和团，说什么“此等义民，至为难得”；另一方面却把大批“烧香聚众，设立坛场”的真正义和团，统统冠以“假义和拳”之名，宣布要对之“就地正法”。既然正法的是“假义和拳”，当然也就与奖励团民之朝旨并不相悖，他们又可以“名正言顺”地剿团了。

王锡彤颇为自己有这样反革命的“聪明”而洋洋自得。其实，玩弄这一类小小的手法，几乎可以说是封建官吏的素习；这样的阴谋诡计，在封建政治中差不多是家常便饭。所以，像王锡彤提出的这一套办法，几乎在各个地方都不约而同地有人在使用着。在 1900 年 6 月至 8 月这一段时间里，在许多地区都发生了以惩办“假团”为名残酷剿灭或强迫解散义和团的事实。

6 月 25 日，贵州提督梅东益在直隶沧州对义和团发动突然袭击。他在团民毫无戒备的情况下，猝然出动马队、步队，关闭城门，对义和团不分青红皂白地大加屠戮，一次即杀害团民三千左右，“河水尽赤”。事后，他向朝廷报告时，“只以千余上告，则是时京师尚未失陷，端、庄等仍执前见，恐受谴责。且所报千余人，仍以假团为说，以不违政府宗旨故也”①。

7 月 18 日，临榆县知县俞良臣接到上司关于严加约束义和团的札饬，其中说：“如本境内有假冒拳名之匪徒及各项贼匪扰害地方者，即令拳民与官军竭力剿捕，毋任滋蔓。”俞良臣立即限令境内各坛“造册送县”，以便“层层钤束”。团民看出了俞良臣的阴谋，知道他这样做的目的是想在“假冒拳民”的罪名下将团民“绳之以法”，“预为日后就办张本”，“遂各自分散，虽大师兄百计羁縻，而赴坛者日少，各坛遂不禁自散”②。这个地区的义和团就这样被封建统治阶级破坏搅散了。

甚至山西这样一个在著名的“信团”巡抚毓贤管辖下的省份，

① 管鹤：《拳匪闻见录》，见《中国近代史资料丛刊·义和团》第一册，483 页。
② 邹渭三等：《榆关纪事》，见《义和团运动史料丛编》第一辑，166～167 页。

也有许多地区发生了以“假团”为名杀害或搅散义和团的事件。平阳府太平县的一个姓侯的县令，因为看到义和团“日即纵横”，便下令他们一律要“赴县署报名，以便申送天津御敌，否则即为假冒，当以匪徒治之。习拳者遂日解散”①。雁平兵备道出的一个告示也强调，“其学习义和拳之人，必有奇技可观，即钦遵上谕，招集成团，以备调赴天津助战”。仍留在本地“滋事”者，即“假冒义和拳民”，“自应严拿惩办”②。此外，阳曲、榆次、太原、平遥、介休、赵城、洪洞、临汾等处，也都发生了把义和团民作为“假冒拳民”之“土匪”加以杀害的事。这些情况引起了毓贤的注意和不满，他不得不起来干预。在一个文件中，他申斥一些人“不辨拳民之真伪，但凭一胥吏呈报，教民控告，遂将拳民惩办，实不知是何居心”。他警告说：“如系真正拳民，各在村庄，安分演习，仍应听其操练，毋得禁遏。如或偏袒洋教，抗不遵旨，擅行惩办，恐该地方官不能当此重咎也。”③

山东的情况正好与山西相反。在那里，全省所属各州县，正是在巡抚袁世凯的严行督促和统一指挥之下，全面地、有组织地以惩办“假团”的名义，对真正的义和团民进行了大规模的血腥屠杀。

袁世凯在给他几个下属的一封密信中，曾经讲了以下一段话，这段话实际成为朝廷“招抚”义和团期间山东“办团”的基本方针：

> 鄙意以为，现在办法，总以不牵动东省全局为第一要义。而欲不牵动全局，则非先弭内患不可。好在拳民、土匪，本有区别。拳民自谓设坛读符咒，能避枪炮，能御强敌。现在津沽西兵麇集甚众，拳民亦麇聚甚众，是该□忠义之民执干戈以卫庇厦者，即指天津所聚之拳民言之也。各处拳民，胥以忠义自负，亦必先后驰往天津前敌助战，方不失同仇敌忾本意，是所谓真拳民也。其余托词观望，往来直东边境，借词纠众，借端

① 佚名：《综论义和团》，见《义和团史料》上，181页。

② 《山西省庚子教难前后纪事》，见《中国近代史资料丛刊·义和团》第一册，503页。

③ 同上书，498页。

> 滋事，以为地方害者，是为土匪。以土匪而冒充拳民，仍以从严惩办为是。……现已恭奉廷寄，有拳匪势众，患生肘腋，朝廷迫于万不得已之苦衷等因。是于初乃是一时权宜办法，大约不久即须戡定。[①]

在这封密信里，袁世凯首先强调，朝旨中所说的“忠义”之民，是专指“天津所聚之拳民”而言的，言外之意，天津地区以外的义和团，朝廷并没有承认都是“义民”。这当然也是在玩弄文字花招，但却完全经不住推敲，因为上谕明明说“此等义民，所在皆有”[②]。其次，袁世凯又强调，只有“驰往天津前敌助战”，才是“真拳民”。这样说的目的，是为了在表面上设法与朝旨保持一致，意谓对于真拳民，他袁世凯也是不反对的。关于这一点，我们很快就可以看到它的极端虚伪性。再次，袁世凯指出那些“托词观望”，仍然留在山东境内，“借词纠众，借端滋事”的，统统是土匪，是假拳民；对于这些假拳民，一律应予严惩。这一点，正是全文的主旨所在。最后，袁世凯以其敏锐的反革命嗅觉，精明地判定朝廷对于义和团实行“抚”的方针，不过是“一时权宜办法”，绝不会持久，很快就会转而采取“剿”之一法。他之所以敢于有恃无恐地把山东境内的义和团一概称作“土匪”和“假拳民”，并下令严加剿办，就正因为他看准了这一点。这也是他鼓动部属在继续镇压义和团方面放手大干而吃的一颗定心丸。

袁世凯对于贯彻这个方针，抓得很紧，真可谓不遗余力。他先是饬令各属，对于本地或外来的团民，一律“劝令前赴天津一带应敌”[③]，“北上助战”[④]。接着就声称：“查东省拳民均已赴直境助战，凡窜扰本省各州县假托义民寻仇劫杀者，即是土匪乱民。”[⑤]“现在津沽洋兵麇集，拳民均赴前敌奋勇助战，何至窜扰内地，显系土匪

---

① 《筹笔偶存》卷九，中国第一历史档案馆藏稿。
② 《义和团档案史料》上册，163页。
③ 《山东义和团案卷》上册，106页。
④ 同上书，151页。
⑤ 《山东义和团案卷》下册，497页。

冒充拳会，希图扰害地方。仰即督饬各州县会同防营实力捕治。如敢拒捕，格杀勿论。”① 他曾几十次地重复这个意见，仅在《山东义和团案卷》一书中，我们就可以看到，6月4日他对清平县和武城县的批示，6月5日对武定府和乐陵县的批示，6月6日对禹城、博平、长清等县的批示，6月8日对海丰县的批示，6月11日对长清县的批示，6月14日对齐河县的批示，6月15日对夏津县的批示，6月23日对茌平县的批示，6月24日对武城县的批示，7月7日对临邑的批示，7月14日对乐陵县的批示，7月18日对泰安县的批示，都曾反复申述了这些内容，尽管所用的文字略有不同。

袁世凯把是否“前赴津沽前敌助战”作为区分真团、假团的标准，其中奥妙，本来是司马昭之心，路人皆知的。即使在当时，也绝不会有人天真到以为这个著名的帝国主义走狗和奴才会忽而勃发起爱国之心，真的要动员人民来“陷阵冲锋”，“执干戈以卫社稷”。不过袁世凯是个老奸巨猾的人物，他是绝不肯捅破这层窗户纸，把真正的底完全亮出来的。后来还是他的一位自作聪明的部属禹城县令，揣摩志意，在献策中愚蠢地把袁世凯那一套只可意会不可言传的心思说了出来。这个县令在1900年7月11日的禀帖中写道：

> 合计拳会所聚，多者百余人，少者数十人。莫若申谕其众，尽数北归，前往津门，居前助战，再以兵勇押送出境，不过押送三次，则其情伪立见。匪众畏离乡土，必不复起，此不剿而剿之一法也。其不去者，劝令归农，如不去亦不归农，则是甘心构乱，然后晓谕居民，使人人皆知此等匪徒罪无可逭。及其勾连未广，随其所起而剿之，可以一击而散。此又剿之而惩一儆百之法也。②

在他们看来，这无疑是一箭三雕的好主意：（1）如果义和团真的出境前往津沽前线，则可以借用洋人的枪炮加以消灭③；（2）如

---

① 《山东义和团案卷》下册，609页。

② 《山东义和团案卷》上册，267页。

③ 他们是把与洋人开仗看作“送死”的，在一个禀帖里就公然写有“免得北上送死”字样。参见《山东义和团案卷》下册，631页。

果义和团“畏离乡土”，不愿赴津，就可以指责他们不为国家效力，强迫解散归农；（3）如果拒绝解散，就可以扣上“甘心构乱”的帽子，当作土匪冒充的“假团”而严加剿杀。三条中不管哪一条，都可以达到扑火义和团的罪恶目的，何况三管齐下？问题十分清楚，什么区分真团、假团，都不过是幌子。说到底，就是要千方百计使义和团不复存在。袁世凯之流所谓的“假团”“伪团”，恰恰是那些不受他们的欺骗和摆布，继续坚持斗争的真正的义和团。这一点，可以从历史事实中得到充分的证明。当时在袁世凯部下担任先锋后路左营管带的张勋，在一次屠戮了一百多名所谓“冒充拳民之匪”后，向袁世凯报告说：“细查各尸身，均头扎黄巾，腰系红兜，确系匪党。”① 1900 年 8 月 12 日，副将方致祥和武城县令在会禀中说：“细加体察，盖土匪初冒拳民而滋事，饥民即随土匪以求生，故半月以前，拳民、饥（民）溷厕其间，所在皆匪。”② 很显然，那些被称作“土匪”“匪党”而惨遭杀害的，都是“头扎黄巾，腰系红兜”的拳民和饥民。袁世凯在山东究竟一共残害了多少义和团民，难以确数，有人说：“世凯之在山东，杀红巾以万计。”③ 这中间有很大一部分正是在惩办“假团”的名义下进行的。

二

说来也许有点奇怪，出于某种政治需要而最先造出“假团”之说的，倒并不是借此大做文章的主剿派，而是封建统治阶级中主张“招抚”、利用义和团的那一派别。

有一些主剿派在大肆屠杀所谓“土匪冒充拳民”的“假团”时，曾声称他们是根据光绪二十六年六月初四（1900 年 6 月 30 日）的一个上谕行事的。这个上谕第一次提到了“假托冒充义和团”的问题。

---

① 《山东义和团案卷》上册，32 页。

② 《山东义和团案卷》下册，849 页。

③ 李希圣：《庚子国变记》，见《中国近代史资料丛刊·义和团》第一册，31 页。

上谕内容是：

> 前因义和团民皆以忠勇为名，自应深明大义，原冀其戮力报效，借资折冲御侮之用。乃近日京师附近莠民，多有假托义和团之名，寻仇劫杀，无所顾忌，殊属不成事体。若不严加分别，恐外患既迫，内讧交乘，大局何堪设想！所有业经就抚之义和团民，即著载勋等严加约束，责成认真分别良莠，务将假托冒充义和团借端滋事之匪徒，驱逐净尽。倘仍有结党成群，肆意仇杀者，即行拿获，按照土匪章程惩办，以靖地方。①

朝廷在发布奖义和团为“义民”的诏书仅仅九天之后，就又颁发了这样一个上谕，这其间，自然反映着各种政治力量间错综复杂的微妙斗争。但发布这个上谕的直接因由，史书中均语焉不详，迄今为止，我们只看到了一个比较具体地讲述了这个上谕的出笼经过的材料：

> 近畿拳众劫杀无忌，凶慝渐彰。上以诘，统拳王公诿为伪团。于是有严惩伪团之诏，略谓……（按：内容同前引上谕，此处从略）当日朝野上下，咸知伪团之说，由于诿饰。先公（按：指该文作者之父，当时为光禄寺卿，荣禄亲信）言于荣文忠，谓彼既认有伪团，则即以拿办伪团为名，亟下明诏，庶外镇剿匪者得所措手。文忠韪之，言于上，遂有是诏。②

这个材料中所讲的具体情况是否完全确实可靠，只能存疑。这不但因为只是孤证，也因为此文是事隔多年以后的追记，而且作者在文中对荣禄常多吹捧辩护之词，态度并不很客观。但其中有两点却大体是可信的：一是说颁布“严惩伪团之诏”一事是发端于“统拳王公”的主张，另一是说他们之所以要提出“伪团之说”是“由于诿饰”。关于前一点，管鹤在《拳匪闻见录》中也有类似说法：“肇祸诸人，迫于时势已坏，公论不容，遂勉强下剿办假团之令。”③关于后一点，则有更多的历史材料足资证明。

① 《义和团档案史料》上册，206～207页。

② 龙顾山人：《庚子诗鉴》，见《义和团史料》上，44页。

③ 《中国近代史资料丛刊·义和团》第一册，492页。

当载漪、刚毅、载勋等一派人一度在朝廷中占了上风，清政府做出宣战和“招抚”义和团的决策之后，慈禧立即派载勋、刚毅等为团练大臣，以便“统率义和团民”，“引之就范”。但是，尽管有一些义和团组织到庄王府等处“挂号”，并自称是“奉旨义和团”，表示“受抚”外，另有许多团民并不愿意使自己成为“官团”；即使已经挂了号的，也并不完全听凭封建统治阶级的控制和摆布。义和团不顾载漪的阻拦，坚持要杀在攻打西什库的战斗中向义和团打黑枪的纳继成时，曾亲口告诉载漪：“王所遵者皇上，我们遵者玉帝。”①那桐、许景澄奉旨出都，走到丰台，为团民所阻，那桐等告以朝命在身，义和团回答说：“吾民知有祖师之命，不必问朝廷之命。”②这些都说明，封建统治阶级“约束”义和团“引之就范”的打算，在很大程度上是落空了的。所以当时不少记载都说：“然拳匪专杀自如，载勋、刚毅不敢问。”③“自五月以来，生杀予夺皆在团。团曰可，不敢否；团曰否，不敢可。”④

这种情况，对于载漪、刚毅、载勋等人自然是个绝大的难堪。因为一来，他们曾竭力保证，只要“抚之果能得法”，即可对义和团“收而用之”，团民们是绝不会“与朝廷为难的”。二来，他们负有“统率”和“约束”义和团的直接责任。但义和团的斗争实践，既证明了他们言论之虚妄，也证明了他们行动之无能。在这种情况下，他们需要做出某种解释或者叫作搪塞，以便下用以应付封建阶级中政治舆论之不满，上用以应付最高当权者慈禧的诘责。于是，他们便发明了所谓的“伪团之说”，意思是：那些不听他们约束而“借端滋事”的，乃是“假托冒充义和团”之“匪徒”，与他们所说的“真正义和团民”无关。既然如此，他们自然也就无须对此承担任何政治责任了。

作为这种用“假团”来“诿饰”的一个典型事例，这里可以稍

---

① 刘以桐：《民教相仇都门闻见录》，见《中国近代史资料丛刊·义和团》第二册，193页。

② 《拳乱纪闻》，见《中国近代史资料丛刊·义和团》第一册，135页。

③ 李希圣：《庚子国变记》，见《中国近代史资料丛刊·义和团》第一册，15页。

④ 黄曾源：《义和团事实》，见《义和团运动史料丛编》第一辑，128页。

稍讲一讲庆恒被杀一事。庆恒是清军的副都统。1900年7月间，庆恒的家属因故被义和团杀死，载勋等闻悉后，立即将义和团五人"正法"。此事引起了团民的强烈不满，"哓哓不已"，结果团民又将庆恒杀死。杀掉一个副都统，自然不是一件小事，如果承认这是义和团所为，岂不与义和团"业经受抚"的说法发生矛盾？为此朝廷专门发布了一个上谕，"旨中均指为伪义和团所为"①。并且借着这个题目，大讲了一通区分真、假义和团的"道理"："务将真正义和团众，勉其恪守戒规，义以和众。其有匪徒假托义和团之名，寻衅焚杀，著照土匪之例，即行严办。经此次淘汰后，义和团之真心向善者，益当爱惜声名，同心御侮，其伪托之匪徒，自无所逃于显典。从此泾渭攸分，当亦该团之所深愿也。"②

就像"假团之说"曾是主剿派用以"剿团"的一个法宝一样，它对于端、刚之流来说，则成了用以"诿过"的一个法宝。不过，端、刚之辈并不只是把"伪团之说"作为消极的"诿饰"之词，同时，他们也企图把它当作"约束"义和团的一个积极的武器。1900年7月28日，载勋等向慈禧报告说："窃奴才等自统率义和团以来，即与严定条规，引之就范。嗣奉谕旨，饬令严加约束。奴才等钦遵之下，惶悚莫名。当将假冒滋事之团随时拿办，并与京外各团申明约束，刊发团规，俾令众见共闻，咸知遵守。"③ 这里提到了他们控制义和团的两条最主要的措施，一是"拿办""假冒滋事之团"；一是"刊发团规"，"申明约束"。这两条本是紧密相连的。因为所谓的"团规"，除了规定义和团不得"滋事"，打仗"不可畏葸退缩"，不得与官军"稍存尔我之见"，必须"谨遵"官府"号令"，以及一切重大行动均须报告官府，"听候办理"外，关键的还有以下一条："如有不守团规，循私偏听，借端滋事，诬害良民，或报复私仇，或意图讹诈，任意烧杀抢掠等情，即系匪徒假冒。……若经访有确据，或被指名告发，禀明总团，即带团往拿，照匪徒办理，如敢抗拒，

① 佚名：《庸扰录》，见《庚子记事》，264页。

② 《中国近代史资料丛刊·义和团》第四册，133页。

③ 《义和团档案史料》上册，392页。

应格杀勿论。”

换言之，义和团必须全部放弃自己的斗争目标和斗争权利，一切听命于封建统治者，成为他们手中随意摆弄的驯服工具，否则，就是“匪徒”冒充的“假团”，就应“格杀勿论”。[①]

有意思的是，载澜等在“团规”中所用的语言，与袁世凯在山东所用的语言，是如此相似，几乎如出一辙。在封建统治者中间，主张利用义和团的和主张镇压义和团的，曾经形成了互相对立的两大派。两派围绕着对义和团的政策，展开了激烈的斗争，简直是水火不容，势不两立，甚至闹到使政敌杀头流血的地步。可是在一定条件下，在一定问题上，他们之间又可以有共同的语言、共同的步调。这绝不是偶然的，说到底，还是因为他们“本是同根生”，既属一个阶级，自然也就有相同的阶级利益。马克思和恩格斯在《德意志意识形态》中曾经指出：统治阶级的内部矛盾可以造成政治上的分裂，“这种分裂甚至可以发展成为这两部分人之间的某种程度上的对立和敌视”，可是一旦实际的冲突使阶级本身受到威胁，共同的阶级利益受到侵犯时，“这种敌视便会自行消失”[②]，对立的两派又会统一行动了。

端、刚等人制造出这样一个“假团之说”，其效果究竟如何呢？看来并不太妙。至于用以控制义和团，前面说过，实在是收效甚微。接二连三发布要求进一步“钤束”义和团及惩办“假团”的上谕，就是控制失效的最好证明。用以搪塞舆论，似乎也没有起多大的作用。有一个材料说，关于“京师附近莠民假托义和团，借端滋事”的上谕，“见者匿笑”[③]。人们为什么要“匿笑”呢？因为大家心里明白，所谓“假团”，其实正是真团。人们笑的就是上谕炮制者掩耳盗铃的愚蠢行径。

如果说人们意味深长的“匿笑”表示了一种含蓄的批评，那么，有两个人曾对这种“假团之说”表示了鲜明而强烈的反对态度。一

---

① 参见《近代史资料》，1957（1）。

② 《马克思恩格斯全集》第三卷，53页。

③ 佚名：《庸扰录》，见《庚子记事》，295页。

个是太常寺卿袁昶，他在《请速谋保护使馆维持大局疏》中说："若云真义和团确能为国宣力，其寻衅焚杀，皆依附其间之伪义和团所为。一类之中，既分真伪，扰乱已极；且既容附入之伪者无恶不作，则真者亦非善类可知。……无论真伪，总之藐视王法，均为冥顽不灵，罪在不赦。"① 袁昶向以敌视义和团著称，他的立场无疑是反动的；所谓"无恶不作""冥顽不灵"等，也都是对义和团的诬蔑。但他不同意人为地在"一类"之中硬分出真伪来，这却是触到了端、刚等人的隐痛。

另一个人是英国驻华公使窦纳乐。他在致英国外交大臣的信中说："你将看出，在五月二十九日和三十日的上谕中，虽在谴责假义和团运动而捣乱的坏分子，但对义和团却表现出十分宽大的精神，而在六月六日颁发的上谕中，这种精神表现得更加明显。"在另一封信中，他还担心"地方官吏将毫不迟疑地利用在公布的诏令中反复申述过的一句话'义和团中有好人也有坏人'来作为懈怠职务的口实"②。窦纳乐的不满是因为清政府只谴责了"假义和团"，尽管他也许会意识到这里所说的"假团"，其实正是真的义和团，他也不能赞同这种吞吞吐吐、遮遮掩掩的所谓"明抚暗剿"的态度，他所需要的是把取缔和镇压义和团作为一种正式政策明确地肯定下来。因此，他的反对自然是毫不奇怪的。不过他毕竟对中国的封建政治半通不通，他只是担心地方官吏会利用"义和团中有好人也有坏人"（上谕原文是"良莠不齐"）这句话放松镇压，却不知道对于袁世凯那样一类地方官吏来说，也可以利用这句话作为对义和团加强镇压的依据。

三

从上面的材料可以看出，封建统治阶级中不论是主张镇压的一

---

① 《中国近代史资料丛刊·义和团》第四册，163页。

② 《英国档案馆所藏有关义和团运动的资料》，载《近代史资料》，1954（2）。

派也好，还是主张利用的一派也好，他们所说的“假团”“伪团”，其实恰恰都是指坚持斗争的真义和团。

除了封建统治阶级之外，义和团本身也常常谈到“假团”问题。他们所说的假团有哪些含义呢？义和团也在那里反对“假团”，这种历史现象又说明了什么呢？

义和团自己所说的假团，情况比较复杂，需要做具体的分析。

大体说来，义和团所说的“假团”，包括以下三种不同的情况：

第一，教会武装或清军组织假团。义和团同这一类假团的斗争，是对敌斗争的一种形式。

由帝国主义势力控制的教会武装，或者为了同义和团作战，或者为了败坏义和团的声誉，常常假扮团民，这种事屡有发生。《庸扰录》记：“直北一带，天主教民往往效拳匪服色，四出行劫。有被获者，自称义和团，则地方官即刻释之。”① 《石涛山人见闻志》记京师情形说：“奉教皆扮成假义和拳会，各处杀人寻仇，惟西城更多。”② 直隶总督裕禄在奏折中也谈到这个问题：“教匪亦乘间效其装束，以红黄布裹首，混迹城乡，暗埋地雷，无从分辨。”③ 义和团对这种假团，一经发觉，就展开斗争。叶昌炽《缘督庐日记钞》中就记载，距昌平十余里的冬瓜村，“有教民七八十人，假团肆扰”，被昌平开去的义和团一夜“荡尽”④。

除教民武装外，清军在镇压义和团过程中，有时也采用这种手法，山东清平县令曾建议对义和团实行所谓“以毒攻毒之法”，办法是：“密派劲兵一营，脱去号衣，携带短枪，扮作拳会，星驰该匪出没之区。一遇此项匪徒，责其假冒之罪，乘机格杀。该匪既被诛灭，而不知其所由来。”⑤ 自己“扮作拳会”，却要对义和团“责其假冒之罪”，非但滑稽，而且无耻。不过，这种恶毒的手法却会给缺少战斗经验和训练的义和团武装带来很大的损失。

---

① 《庚子记事》，256 页。
② 《义和团运动史料丛编》第一辑，79 页。
③ 《义和团档案史料》上册，366 页。
④ 《中国近代史资料丛刊·义和团》第二册，449 页。
⑤ 《山东义和团案卷》上册，416 页。

第二，义和团在发展过程中，鱼龙混杂，泥沙俱下，确有不少不纯分子乘机混入。其中有一些组织，领导权掌握在流氓分子手里，专事打家劫舍，完全失却了反抗帝国主义侵略的斗争方向，这是一些打着义和团招牌的真正的假团。义和团对这一类假团的斗争，表明了他们为纯洁队伍、维护纪律所做的可贵努力。

义和团的一个突出弱点，是组织的松懈。在斗争趋向高潮、义和团迅速发展，特别是进入了大城市之后，许多投机分子也纷纷抱着各式各样的自私动机，参加到义和团的组织中来。例如，在天津，“立团之始，颇能践言，与人无怨”。但稍后，即有一些“素不安分之徒，或投机附和，或仿效装束，鱼肉良善，人人思乱，不复知有法纪矣”①。在北京，“京城内外游手好闲之人，希图分惠，均在各庙宇安坛设团，聚集无业莠民，以保国保家为名，乘机牟利”②。“驯至南城外之戏子杂流诸人，遂各立一团，亦事效扎巾带，群充义民，遂益相率抢掠。”③ 对于这些人，从组织上说，是很难说他们是假团的。因为组织义和团本没有什么严格的手续，而组成之后，“皆以红布蒙头，红兜肚，黄腿带，各处一般装束，真假并无区别”④。但从政治上说，他们却无疑是义和团的异己力量。杨典诰《庚子大事记》在谈到有义和团拦路抢劫的事之后，感叹说：“真团未见其功，假团已肆行无忌矣。”⑤ 这就可见，在群众的心目中，这部分人是被以假团目之的。

以小生产者为主体组织起来的义和团，是没有力量真正解决这个问题的。组织的自发性既不可能有效地防止投机分子的混入，组织的分散性又决定了无法采取有力措施制裁和清除自己队伍中数量不小的乘时射利之徒。但是，绝不是说义和团丝毫未曾察觉到这部分痈疽对自己健康肌体的危害。事实上，义和团的一些领导者，也曾做出“整饬”组织的若干努力。例如，张德成和曹福田就在天津

---

① 佚名：《天津一月记》，见《中国近代史资料丛刊·义和团》第二册，144页。
② 《庚子记事》，18页。
③ 袁昶：《乱中日记残稿》，见《中国近代史资料丛刊·义和团》第二册，348页。
④ 《庚子记事》，20页。
⑤ 同上书，86页。

“查拿”过“假团”，并取得了一定的成效。“先是津匪肆行，商民疾首。忽传张老师、曹老师带神拳至，声言来拿天津伪团，匪众闻之顿敛迹。盖匪皆土棍冒充拳民，故以为张、曹有神术而惮之也。”① 另一个材料也有大体相仿的记载：“连日津匪肆行无忌，商民敢怒而不敢言。忽传独流张老师带两万人至，声言天津假团太多，特来查拿。此说一播，次日津匪居然敛迹。盖津匪皆土棍，自充拳民，故以为张德成真有神术而惧之。又有曹老师，亦津匪所畏惧，是日亦然，故街巷间无复向日之纷扰矣。”② 在北京，也有假团躲避真团的记载。《庚子大事记》说：“并听传言，满街塞巷皆有假义和团，到处烧杀；有遇真者，望影而逃，或还杀之。”③ 可惜的是，由于我们前面说过的原因，这种查拿假团的事，并没有自觉地、有计划地、大规模地进行。因此，它可以取效于局部和一时，却终究未能从全局上解决义和团队伍不纯的问题。

第三，由于小生产者的分散性和褊狭性，义和团之间常常发生内部纠纷，互相指责对方是“假团”，进行无原则的派别斗争。

在一些义和团资料中，常有关于“团斗团”④ 的记载。这种“团斗团”，很多是由于一些细故引起的。例如，有的是因为两个坛的人“言语相触”，以致“反戈怒目”⑤；有的是因为此团的人途遇另一团的队伍，未及让避，“闯队碰徒”，以致双方发生“争斗”⑥；也有的是坎团围观了乾团的活动，引起“乾怒与坎斗”⑦。总之，他们“虽同为拳团，亦复各树门户”⑧，“互相猜忌，并不联络”⑨。恩格斯在《德国农民战争》中曾反复指出，由于农民平时毫无联系，

① 龙顾山人：《庚子诗鉴》，见《义和团史料》上，69页。

② 管鹤：《拳匪闻见录》，见《中国近代史资料丛刊·义和团》第一册，477页。

③ 《义和团运动史料丛编》第一辑，84页。

④ 如《高枬日记》六月二十四日即记有良乡城外团与城内团“开仗”之事，又七月初二记“乔宅旁，团斗团”。参见《庚子记事》，158、160页。

⑤ 《义和团运动史料丛编》第一辑，86页。

⑥ 同上书，105～106页。

⑦ 同上书，126页。

⑧ 《中国近代史资料丛刊·义和团》第二册，145页。

⑨ 《中国近代史资料丛刊·义和团》第三册，374页。

散居四方，所以他们不仅散漫而难以组织起来，即使组成农民军之后，也常常表现出强烈的地方狭隘性和顽固的褊狭性，这个弱点几乎“毁坏了整个运动”①。在义和团运动中，中国农民的这一弱点可以说表现得与德国农民战争中的情形同样突出。

一旦团和团之间发生矛盾，他们就互相指责对方为“假团”。“拳党互相结拜，名曰‘拜团’，亦多互相仇视攻击者，则此称彼为‘假团’，彼亦指此为‘强盗’。故同一拳党，而有真假之说。”② 另一材料也说：“自伪拳说起，于是展转仇杀，辄以伪拳目之。”③ 这种在“假团”名义下的相互仇杀，与上面所说的“查拿”真的假团，显然是完全不同的两类性质的斗争。

团与团之间无原则的矛盾、纠纷、攻击、仇杀，削弱和抵消了自身的力量，结果常常被敌人所乘，使之坐收渔人之利。吉林省海龙县样子哨地方的义和团，就发生过这样的事：当地两股团民，因抄没教民资产事发生矛盾，一方对另一方“斥其神拳为伪，往袭之，杀戮甚众”，官兵乘机出动，结果团民“多被官兵击死，时大雨，尸蔽街衢，血流漂杵”④。这种情况，在山东、直隶发生得更多，如1900年6月底，直隶、山东交界的南皮、盐山的义和团因故互斗，双方即死伤甚众，“有名者杀死八十八人，无名者尚不计数”。负责“剿办”这一带义和团的张勋，按捺不住高兴的心情，向袁世凯报告说：“似此自相残杀，不久必将扑灭。”⑤ 后来这一地区的义和团，果然在张勋的“围剿”下受到很大的损失。山东蒲台县大刀会与义和团互斗，一次即战死七十余人。正在双方斗得难解难分之际，又是张勋的队伍，突然于半夜“衔枚疾驰”，加以包围，“四面搜剿”。结果，一举残酷杀害农民武装五百余人。⑥ 这种惨痛的血的教训，实在值得革命人民永远记取。

---

① 《马克思恩格斯全集》第七卷，481页。

② 管鹤：《拳匪闻见录》，见《中国近代史资料丛刊·义和团》第一册，492页。

③ 龙顾山人：《庚子诗鉴》，见《义和团史料》上，50页。

④ 《海龙县志》卷十七，见《义和团史料》下，1012页。

⑤ 《山东义和团案卷》上册，29页。

⑥ 参见《山东义和团案卷》下册，784～787页。

上面，我们围绕着“假团”问题的各个方面，做了一点粗略的论析，可以算是“假团”问题的面面观。在“假团”这样一个简单政治术语之下，竟包含了如此迷离混沌、五光十色的内容，实在使我们惊异于历史现象的丰富和多样性。《红楼梦》中写太虚幻境入口处的大石牌坊上有一副对联，上联是“假作真时真亦假”，用这句话来形容这个问题，倒是相当贴切。对“假团”问题的分析，既使我们进一步看到了封建统治阶级对义和团政策的复杂性和反动性，也从一个方面反映出义和团本身的某些优点和弱点。这也许是弄清这个问题的意义所在吧！

戊戌维新运动时期的学会组织*

由初次走上政治舞台的中国民族资产阶级发动和领导的戊戌维新运动，不论是在思想领域还是在社会实践方面，都有许多以往的历史活动家所未能提供的新的东西。盛行一时的学会组织，就是这个时期中出现的若干新鲜事物之一。

维新派对学会组织的重视

戊戌时期的维新派普遍认为，组织学会，对于挽救民族危亡、争取祖国富强、推动变法维新运动的开展，是一件至关重要的大事。康有为说："泰西所以富强之由，皆由学会讲求之力。"① 梁启超认为，只要把学会普遍组织起来，则"一年而豪杰集，三年而诸学备，九年而风气成"，"以雪仇耻，何耻不雪？以修庶政，何政不成？"② 所以他说："欲救今日之中国，舍学会末由哉！"③ 谭嗣同说："今日救亡保命，至急不可缓之上策，无过于学会者"④；"今之急务，端在学会"⑤。当时还是维新思想信奉者的章太炎，也在《时务报》上发表文章，呼吁"学会有大益于黄人，急宜保护"⑥。总之，他们认

---

* 见胡绳武主编：《戊戌维新运动史论集》，长沙，湖南人民出版社，1983。

① 康有为代张之洞作《上海强学会序》，见《中国近代史资料丛刊·戊戌变法》第四册，385页。

② 梁启超：《论学会》，见《中国近代史资料丛刊·戊戌变法》第四册，376页。

③ 《会报叙》，见《中国近代史资料丛刊·戊戌变法》第四册，377页。

④ 《论全体学》，见《谭嗣同全集》(增订本，下同)，405页。

⑤ 《报涂儒嵩书》，见《谭嗣同全集》，274页。

⑥ 《章太炎政论选集》上册，9页。

为，“今日之中国，以开学会为第一要义”①。

正是基于这样的认识，他们便以极大的努力为发展学会组织创造必要的条件。除了在报刊发表文章加以鼓吹提倡外，他们还通过各种方式，试图争取朝廷的支持。康有为曾经专门编了《日本会党考》，附在《日本变政考》之后，进呈给光绪。在光绪召见的时候，康有为又特意强调了要“推广社会，以开民智而激民气”② 的问题。在《应诏统筹全局折》中，他甚至建议政府专门设立“游会局”，“凡举国各政会、学会、教会、游历游学各会，司其政律而鼓舞之”③。

维新派为什么把组织学会放到如此重要的地位呢？他们期望学会组织在维新运动中发挥哪些作用呢？概括起来，他们认为，学会的作用，一在开风气，二在联人才，三在伸民权。用他们的话来说，就是“学以此兴，士以此联，民以此固，国以此强”④。

所谓“开风气”，就是通过学会制造舆论，扩大影响，增强变法维新运动的声势。

维新派一向把实行变法维新的主要希望寄托在皇帝的支持之上，所以他们，一而再、再而三地向光绪上书言事。但是，他们也懂得，如果不同时广泛制造社会舆论，动员一定的社会力量，形成相当的政治声势，维新变法运动的进行也将是窒碍重重、寸步难行的。所以，他们一方面“上书求变法于上”，一方面“开会振士气于下”⑤，上下呼应，双管齐下。康有为说：“中国风气，向来散漫，士夫戒于明世社会之禁，不敢相聚讲求，故转移极难。思开风气，开知识，非合大群不可，且必合大群而后力厚也。合群非开会不可。”⑥ 梁启

---

① 《湖南龙南致用学会章程序》，见《中国近代史资料丛刊·戊戌变法》第四册，465 页。

② 《康南海自编年谱》，见《中国近代史资料丛刊·戊戌变法》第四册，147 页。

③ 《中国近代史资料丛刊·戊戌变法》第二册，201 页。

④ 《郴州学会禀》，见《中国近代史资料丛刊·戊戌变法》第四册，466 页。

⑤ 梁启超：《记保国会事》，见《中国近代史资料丛刊·戊戌变法》第四册，416 页。

⑥ 《康南海自编年谱》，见《中国近代史资料丛刊·戊戌变法》第四册，133 页。

超也说："先是胶警初报，事变綦急，南海先生以为振厉士气，乃保国之基础，欲令各省志士各为学会，以相讲求，则声气易通，讲求易熟。"① 特别是在维新派多次上书不达而碰壁之后，他们更悟出了这样一个道理：像他们这样一些既无显赫的官职，亦乏强大的权势的青年士子，人微言轻，所上的奏折是否能"上达天听"就很成问题，至于能否收到实际效果就更属渺茫了。因此，即使从争取皇帝支持的角度看，也有必要着意于组织学会，扩大影响，从而引起朝廷的注意。梁启超《戊戌政变记》中的一段话，对这一点说得很明白："此书既不克上达，康有为以为望变法于朝廷，其事颇难，然各国之革政，未有不从国民而起者，故欲倡之于下，以唤起国民之议论，振刷国民之精神，使厚蓄其力，以待他日之用。"② 康有为也说："上书不达之后，日以开会之义，号之于同志。"③ 他们相信，只要把学会认真地创办起来，坚持下去，"吾未见我朝廷之不曲谅苦衷，俯如人愿也"④。康有为最初强调变法首先要"变于上"；后来又"倡为不变于上而变于下之说，其所谓变于下者，即立会之谓也"；等到他受到光绪的青睐，被破格接见之后，又转而强调变法"非尊君权不可"。对于这种变化，王照感到有点难于索解。⑤ 其实，虽然在各个不同时期，康有为由于情势不同而强调不同的重点，但他的基本思想却是一以贯之的。那就是：一方面利用君权来"提携"，一方面组织学会以推动。而学会的普遍发展，又将反过来有利于争取君权的支持。

所谓"联人才"，就是通过学会培养一批通晓"西学"的知识分子，团聚和组织一支致力于变法维新事业的骨干队伍。

维新派一直把培养人才看作振兴中国的根本，而培养人才的重要方法之一就是组织学会。维新派认为，维新运动的发展迫切需要

---

① 《林旭传》，见《中国近代史资料丛刊·戊戌变法》第四册，56 页。

② 《中国近代史资料丛刊·戊戌变法》第一册，297 页。

③ 《康南海自编年谱》，见《中国近代史资料丛刊·戊戌变法》第四册，133 页。

④ 《论热力》（下），见《唐才常集》，143 页。

⑤ 参见《在逃犯官王照笔谈一则》，见《中国近代史资料丛刊·戊戌变法》第四册，331 页。

“广求同志”，而“广求同志”的重要方法之一也在于组织学会。他们声称：“天下之变，岌岌哉！夫挽世变在人才，成人才在学术，讲学术在合群”①；“今欲振中国，在广人才；欲广人才，在兴学会”②。这里所说的人才，是指那些学习西方资产阶级社会学说或自然科学的知识分子。在维新派看来，这样的知识分子越多，维新事业的社会基础也就越雄厚，对窳败落后的封建政治和学术的改造也就越迅速，祖国的富强昌盛也就越有指望。人才的培养当然可以通过新式学堂，但学堂有两个方面的局限：一是学堂数量有限，能够吸收就学的学生不可能很多。学会则不同，“一省有一省之会，一府有一府之会，一州县有一州县之会，一乡有一乡之会，虽数十人之寡，数百金之微，亦无害其为会也。积小高大，扩而充之，天下无不成学之人矣”③。另一是学堂只能培养少年儿童，而对于数量很大的成年人，特别是那些受过封建教育的士子，向他们灌输资产阶级的新知识，使之扩大眼界，转变思想，却是一个更为现实也更为紧迫的任务，所谓“欲实行改革，必使天下年齿方壮、志气远大之人，多读西书、通西学而后可”④。这个任务有赖于通过学会去完成。学会的普遍建立，不仅可以使一批志同道合的维新志士集合在一起，形成一支变法维新的骨干力量，而且可以吸引和争取很多人加入维新运动的行列，“齐万而为一”，把分散的力量团聚和组织起来。所以维新派说：“群者学会之体，而智者学会之用。”⑤ 又说：“以群为体，以变为用。”⑥ 讲的就是研求学术、组织群众、推动变法的关系。

所谓“伸民权”，就是通过学会争取和扩大群众的某些政治权利，锻炼和提高资产阶级从事政治活动的能力。

维新派认为，中国封建政治的大弊在于尊卑悬殊，上下隔绝。

---

① 《上海强学会序》，见《中国近代史资料丛刊·戊戌变法》第四册，385页。
② 梁启超：《论学会》，见《中国近代史资料丛刊·戊戌变法》第四册，375页。
③ 同上书，376页。
④ 梁启超：《戊戌政变记》，见《中国近代史资料丛刊·戊戌变法》第二册，29页。
⑤ 《群萌学会叙》，见《谭嗣同全集》，430页。
⑥ 梁启超：《说群自序》，见《中国近代史资料丛刊·戊戌变法》第三册，26页。

这种君主专制主义的统治，压抑了人们的政治活力，摧残了民气，堵塞了统治者的视听，断绝了政治进步的通道。康有为形容封建专制政治“如浮屠十级，级级难通，广厦千间，重重并隔，譬咽喉上塞，胸膈下滞，血脉不通，病危立至”①。他得出结论说：“考中国败弱之由，百弊丛积，皆由体制尊隔之故。”② 因此，维新派提出了“兴民权”的主张，要求“通上下之情”，适当限制封建统治阶级的特权和削弱森严的等级制度，在一定程度上给予人民群众某些政治权利。在维新派看来，学会的建立将能在这一方面发挥良好的作用。谭嗣同说，中国的政治一向是“君与臣隔，大臣与小臣隔，官与绅隔，绅与士隔，士与民隔，而官与官、绅与绅、士与士、民与民又无不自相为隔”。很多人虽然看到了这个问题，力图加以改变，“用力非不勤，而卒于罔效”。为什么呢？因为他们“未得其道，而乌合兽散，无会焉以为之联系也”。如果学会能普遍建立起来，情况就可立即改观。“凡会悉以其地之绅士领之，分学会各举其绅士入总学会，总学会校其贤智才辨之品第以为之差。官欲举某事、兴某学，先与学会议之，议定而后行。议不合，择其说多者从之。民欲举某事、兴某学，先上于分学会，分学会上总学会，总学会可则行之。官询察疾苦，虽远弗阂也；民陈诉利病，虽微弗遏也，一以关捩于学会焉。”③ 不过，维新派所讲的“民权”，其实主要是资产阶级（包括某些资产阶级化的地主绅士）之权，用他们的话来说，就是“绅权”。所以，梁启超说：“欲兴民权，宜先兴绅权；欲兴绅权，宜以学会为之起点。”④ “故欲用绅士，必先教绅士。教之惟何？惟一归之于学会而已。”⑤ 维新派既然认为学会能发挥如此重大的作用，因而就不遗余力地从事学会的组织工作。在他们的努力下，各式各样的学会果然如雨后春笋般建立起来了。

---

① 《上清帝第七书》，见《中国近代史资料丛刊·戊戌变法》第二册，204页。

② 同上书，205页。

③ 《壮飞楼治事十篇》，见《谭嗣同全集》，438页。

④ 《上陈宝箴书论湖南应办之事》，见《中国近代史资料丛刊·戊戌变法》第二册，553页。

⑤ 同上书，555页。

戊戌时期学会的数量和规模

光绪二十一年（1895）七月，康有为、梁启超等在北京组织了戊戌维新时期的第一个学会——强学会。[①] 同年10月，康有为南下上海，成立了强学分会。不久，守旧势力攻讦康有为等“私立会党，将开处士横议之风”，强学会遭到封禁。“然自此以往，风气渐开，已有不可抑压之势”[②]，学会纷纷创建。在戊戌政变前的一个短时间里，学会组织发展十分迅速。梁启超说：“各省学会极盛，更仆难数。”[③] 又说：“自是学会之风遍天下，一年之间，设会百数。”[④] 康有为也说：“自强学会开后，海内移风，纷纷开会，各国属目。”[⑤] 又说：“学堂学会，遍地并起。”[⑥]《湘学报》谓：“各行省则学会如林。”[⑦] 唐才常谓：“学会林立，万众沸腾。”[⑧] 这些不同的说法汇合起来，便勾画了当时学会发展的一个总的面貌。但这些毕竟只是一种笼统的形容，当时有名称、有组织、有活动的学会，究竟一共有多少个，却并不能从中得到确切的答案。

梁启超在《戊戌政变记》中，曾经列举“强学会封禁后之学会、

① 梁启超在《谭嗣同传》中曾提到，谭嗣同“自甲午战后，盖发愤提倡新学，首在浏阳设一学会，集同志讲求摩厉，实为湖南全省新学之起点焉。时南海先生方倡强学会于北京及上海，天下志士，走集应和之。君乃自湖南溯江，下上海，游京师，将以谒先生”。按这个说法，谭嗣同在浏阳所设之学会，似稍早于强学会，至少也是与强学会同时。但这个学会叫什么名字，有何活动，均不可考。谭嗣同自己也从未讲起过这个学会。故我们仍按通常的说法，把强学会看作最早成立的学会。

② 梁启超：《强学会封禁后之学会学堂报馆》，见《中国近代史资料丛刊·戊戌变法》第四册，395页。

③ 《中国近代史资料丛刊·戊戌变法》第二册，30页。

④ 《中国近代史资料丛刊·戊戌变法》第四册，10页。

⑤ 《康南海自编年谱》，见《中国近代史资料丛刊·戊戌变法》第四册，135页。

⑥ 《中国近代史资料丛刊·戊戌变法》第四册，157页。

⑦ 《论西政西学治乱兴衰俱与西教无涉》，载《湘学报》第28册，1902年3月10日。

⑧ 《唐才常集》，182页。

学堂、报馆”的名称，其中学会共三十三个。① 胡思敬在1913年刻印的《戊戌履霜录》中，附有《二十一省新政表》，其中列举的学会名称共三十四个。② 梁启超是戊戌维新运动的领导人物之一，胡思敬则是对维新运动持反对态度的亲历者。两个政治立场截然对立的人，提供了大体相同的情况，这些材料自然是极为重要和极有价值的。但是，更多的材料表明，他们二人所列举的学会名目仍很不完全。中华人民共和国成立以后，汤志钧同志对这个问题做了专门研究，在他所写的《戊戌变法时的学会和报刊》一文中，根据大量资料，共列举了那一时期的学会组织共四十九个。③ 张玉法先生在《清季的立宪团体》一书中，谈到戊戌时期的学会组织，则比汤著又有增加，一共列举了各种学会七十八个。④ 尽管其中有若干不准确之处，但这仍然是目前我们所看到的最为详备的一个材料。下面我们根据该书所列学会名称按地区分述如下：

北京：

强学会　强学小会（强学会被封禁后成立）

知耻学会　粤学会　经济学会

关西学会　闽学会　商业总会

蜀学会　保国会　保浙会

保川会　保滇会　尚贤堂

上海：

强学分会　地图公会　东文学社

农学总会　务农会　兴亚会

医学善会　戒缠足会　集学会

蒙学公会　女学会　译书公会

算学会　实学会　戒鸦片烟会

---

① 包括各种分会，如加上强学会及上海强学分会，则为35个。参见《中国近代史资料丛刊·戊戌变法》第四册，395页。

② 未含强学会、上海强学分会及保国会，如加上这些，则为37个。参见《中国近代史资料丛刊·戊戌变法》第一册，399页。

③ 参见《戊戌变法史论丛》，243页。

④ 参见《清季的立宪团体》，199～206页。

戒烟会　亚细亚协会

湖南：

南学会（设于长沙，岳州、邵阳、武冈、沅州、衡州均有分会）

延年会（长沙）　群萌学会（浏阳）

湘学会（长沙）　校经学会（浏阳）

明达学会（常德）　三江学会（会同）

学战会（长沙）　致用学会（龙南）

质学会（衡山）　郴州学会（郴州）

公理学会（长沙）　保湘会（长沙）

任学会（衡州）　公法学会（长沙）

地学公会（长沙）　法律学会

戒缠足会

广东：

东文学社　戒缠足会　群学会

公理学会　显学会　农学会

戒鸦片烟会

广西：

圣学会（设于桂林、广州，梧州有分会）

戒鸦片烟会

福建：

算学会　东文学社　不缠足会

江苏：

测量会（江宁）　蒙学会（江宁）

劝学会（江宁）　苏学会（苏州）

匡时学会（扬州）　雪耻学会（吴江）

浙江：

农学会（温州）

江西：

励志学会　同心会

湖北：

质学会　不缠足会

贵州：

仁学会（贞丰）

陕西：

味经学会

天津：

天足会

此外，中国香港、澳门以及居住日本横滨之华人中，均设有戒鸦片烟会。

前面说过，这个材料有若干不准确之处。这里所说的不准确，既包括不该列入而列入了的舛错，也包括应该列入而未予列入的脱漏。下面我们举一些例证。

材料中提到，强学会被封禁之后，京师又出现了一个名为“强学小会”的组织。其实，这个组织是并不存在的。《清季的立宪团体》的根据，大概是梁启超的如下一段话：“自强学一役，被议中辍，而京师一二劬学之士，犹为小会，月辄数集，相与讲论治平之道，亹亹勿绝，今琉璃厂之西学堂是也。”①

光绪二十三年五月初一（1897 年 5 月 31 日）的《知新报》上还登过这样一条消息：“京师强学会封禁以后，一二有志之士，倡为小会，数日一集，每假陶然亭、枣花寺等处，为讲学之地。后官书局复开，而此小会仍别行，相与讲求实学，惟日孜孜。顷闻集者益众，已有数十人。……闻顷间常住会中者，为刑部主事总署章京张君菊生元济云。”②

这两条材料中提到“数日一集”或“月辄数集”的“小会”，其实不过是一些志同道合的京官士夫的不定期会晤。他们在一起讲学论政，却并没有说已经成立了什么组织，更无所谓“强学小会”之名。这一点，被称为“常住会中”的张元济在《戊戌政变的回忆》中说得很明白：“丙申年（1896 年，光绪二十二年）前后，我们一部

① 《会报叙》，见《中国近代史资料丛刊·戊戌变法》第四册，377 页。

② 《中国近代史资料丛刊·戊戌变法》第四册，381 页。

分同官，常常在陶然亭聚会，谈论时政，参加的一共有数十人。当时并没有会的名称，只是每隔几天聚会谈谈而已。”①

材料中提到的“经济学会”，同样是一个并不存在的组织。固然，梁启超说过“胶变之后，康有为开经济学会于京师”②。但实际上，这个学会最终并没有能够成立起来。《康南海自编年谱》中记道：“（光绪二十三年冬）又与文中允焕、夏编修虎臣及旗人数辈，创经济学会，已为定章程呈庆邸，请庆邸主之，且为庆邸草序文。既而以欲删‘会’字，议不合，事遂已。”③ 可见，这个经济学会虽然连章程、序文等都已拟好，但由于奕劻不同意用“会”的名义，最后发生意见分歧，在奕劻的反对下，会事也就搁浅了下来。类似这样酝酿而未成的还有一些，如谭嗣同曾拟议成立“矿学会”，并写好了十二条章程，但“议久不决，事以未果”④。这些胎死母腹的学会，当然都是不能算数的，因为它们根本就没有出世。

材料中也有一会二名，却被误算作两个不同学会的，如“校经学会”和“湘学会”就是一例。“校经学会”是湖南学政江标创设的，其实也就是一所学校，有时也被称作“校经学堂”或“校经堂学会”。在这个学堂里，江标又成立了一个“湘学会”。光绪二十四年五月十一日（1898 年 6 月 29 日）《国闻报》上《湖南学会林立》一文称：“自上年前学使江建霞文宗创立湘学会于校经书院，为多士讲学之地。近则日新月异，继长增高。”⑤ 可见，“湘学会”与“校经学会”，实际上是一而二、二而一的组织。

另外，由美国传教士李佳白等组织的“尚贤堂”，是与广学会同一类型的组织，与维新派组织的学会性质不同，而且它的正式成立时间也晚于戊戌数年，自然也以不列入为宜。

除了这样一些错讹之外，还有一些确实存在并有活动的学会组

① 《新建设》，第 1 卷第 3 期。

② 梁启超：《强学会封禁后之学会学堂报馆》，见《中国近代史资料丛刊·戊戌变法》第四册，395 页。

③ 《中国近代史资料丛刊·戊戌变法》第四册，138 页。

④ 《谭嗣同全集》，268 页。

⑤ 《中国近代史资料丛刊·戊戌变法》第四册，383 页。

织，《清季的立宪团体》却未曾提到，如湖南浏阳的算学会，是有相当成绩的一个学会。《浏阳兴算记》记载，谭嗣同等本想将南台书院改为算学馆，筹备已经就绪，恰逢湖南大旱，经费临时改充赈灾之用，算学馆也就只好暂停。"（欧阳）瓣薑师乃纠同志十余人，醵资结算学社，聘新化晏君壬卿为之师。"[①] 谭嗣同等在呈湖南巡抚的禀帖中也说："况现今风气大开，人思自励，忽值停课之举，遂各纠合同志，自立算学社，精研算学，以备下年考取入馆。在本城中已结三社，余城乡续议结社者尚纷纷未已。"[②] 谭嗣同在致汪康年的信中也曾提到："此章程（按：指《浏阳算学社章程》）亦嗣同违众硬做者。去年尚系私结之社，极有效验。"[③] 可是这个学会却在材料中漏掉了。此外，湖南的方言学会等，似乎也是应该补入的。

尽管有这样一些小的不准确之处，但无论如何，该书给我们提供了一个比较接近当时实际面貌的学会发展情况。

认真地估量这一时期学会组织涉及多大的社会面，不仅需要弄清学会总的数量，而且需要看一看各个学会的规模大小。

应该指出，戊戌时期的学会组织，除少数几个影响较大者外，其余的学会一般都是规模较小、成员不多的。例如，粤学会只有二十余人："时欲续强学会之旧，先与乡人士开会，曰粤学会，于（光绪二十三年）十二月十三日在南海馆创办，京友集者二十余人。"[④] 金陵测量会成立之初，参加者只有几个人："拟每人先习一器，各专一门，先联合同志数辈行之，俟成效既著，徐图扩充云。"[⑤] 寿富筹建知耻学会时，参加者寥寥无几："都人士咸以为狂，莫或应也。"[⑥] 广西圣学会是被康有为称为"士夫云集，威仪甚盛"的，但其实会员数量也极其有限："（康有为）夤缘臬司蔡希邠，倡圣学会。粤西

---

① 《谭嗣同全集》，184 页。

② 同上书，185 页。

③ 同上书，494 页。

④ 《康南海自编年谱》，见《中国近代史资料丛刊·戊戌变法》第四册，138 页。

⑤ 《学会彬彬》，见《中国近代史资料丛刊·戊戌变法》第四册，381 页。

⑥ 梁启超：《饮冰室诗话》，见《中国近代史资料丛刊·戊戌变法》第四册，347 页。

僻在一隅，士纯朴，不尚声气，久之无所发舒。”① 这种情况并不是个别的例外，而是代表了当时学会组织的一般状况。造成这种情况的原因，在客观上固然是由于封建专制主义的统治一向将集会结社悬为厉戒，因此当开创风气、冲决禁例的时刻，难免有许多人瞻顾踟蹰，“惮会之名号，咸欲避之”②，甚至“党会二字，当时视如蛇蝎”③，从而增添了组织工作的困难。但从主观上说，却也由于维新派在指导思想上本就主张多立小会，可以事半功倍，易于见效。梁启超说：“学者一人独立，难以成群，或力量不能备购各书，则莫若设立学会；大会固不易举，则莫若小会。数十人可以为会，十余人可以为会，即等而少之至三四人，亦未尝不可以为会。”④ 汪康年也强调应多“开小学会”，“一月数聚，自三人以上，即可创办，以渐增加”，并认为这是一种“易行之法”⑤。

人数较多、规模较大的，只有强学会、南学会、保国会等少数几个。但即使这几个组织，其参加的实际人数也常常是被夸大了的。

拿北京强学会来说，谭嗣同在一封信里曾经说：“康长素倡为强学会，主之者，内有常熟，外有南皮，名士会者千计，集款亦数万。”⑥ 这条材料曾被人们广泛引用，但实际上，参加强学会的不仅没有“千计”，连几百个也说不上，一共只有几十人。梁启超《戊戌政变记》云：“乃倡设强学会于北京，京朝士大夫集者数十人，袁世凯、文廷式与焉，英、米人士亦有列名会员者。”⑦ 佚名《袁世凯全传》也说，强学会成立时，“京朝士大夫集者数十人，世凯与焉”⑧。

---

① 胡思敬：《戊戌履霜录》，见《中国近代史资料丛刊·戊戌变法》第一册，373页。

② 梁启超：《康有为传》，见《中国近代史资料丛刊·戊戌变法》第四册，10页。

③ 张元济：《追述戊戌政变杂咏》，见《中国近代史资料丛刊·戊戌变法》第四册，351页。

④ 《西学书目表》，见《中国近代史资料丛刊·戊戌变法》第一册，457页。

⑤ 《论中国求富强宜筹易行之法》，见《中国近代史资料丛刊·戊戌变法》第三册，134页。

⑥ 《致欧阳中鹄书》，见《谭嗣同全集》，455页。

⑦ 《中国近代史资料丛刊·戊戌变法》第一册，297页。

⑧ 《中国近代史资料丛刊·戊戌变法》第四册，102页。

光绪二十四年十月十六日（1898年11月29日）的《中外日报》转载了《天南新报》的一则新闻，其中说："京师强学之会以立，一时京内外闻人如张之洞……康祖诒，余外尚数十人，互相讲论，而文廷式实预其选。"① 就连康有为在《上海强学会后序》中，也只是说："昔在京师，既与诸君子开会以讲中国自强之学，朝士集者百数。"② 这个数字虽较"数十人"稍多，但大体亦相差不远。强学会成立之时，谭嗣同远在浏阳，而且他自己说"嗣同于（强学会）总会分会均未与闻，已既不求入会，亦无人来邀"③。他所讲的情况，自然不过是传闻之辞，绝不如康、梁等主持其事的人所讲的确切可靠。

南学会的会员数，据平山周在戊戌政变以后到湖南考察返回日本所发表的谈话，说是"其会员当时一千二百余名"④。梁启超也曾讲过，湖南新政"以南学会最为盛业"，"每会集者千数百人"⑤。但这个数字也是不实的。南学会成立以后，基本上坚持了七日一讲的制度，前后共有几个月之久。从现有材料看，每次开会讲演，参加者也就是三百余人。如光绪二十四年四月十四日（1898年6月2日）的《国闻报》载："湘省创设南学会……二月朔日为开会第一期，是日自陈右铭中丞、徐研甫学使、黄公度廉访以下官绅士庶，会者三百余人。"⑥ 唐才质所撰《唐才常烈士年谱》中也说："夏历二月初一日，为南学会开讲第一期，官绅士民集者三百余人。首推皮鹿门（锡瑞）学长主讲，继由各长官士夫以次讲演，阐明古今学术盛衰之源流，以及近代学术之情况，且俾互相问答，以资讨论。"⑦ 这一情况在《皮锡瑞年谱》中也得到了印证。该谱云："戊戌，复创南学会于长沙，公被聘为学长，主讲学派一科。开讲之日，官绅士民集者

① 《中国近代史资料丛刊·戊戌变法》第三册，460～461页。
② 《中国近代史资料丛刊·戊戌变法》第四册，389页。
③ 《致欧阳中鹄书》，见《谭嗣同全集》，455页。
④ 《中国近代史资料丛刊·戊戌变法》第三册，470页。
⑤ 《谭嗣同传》，见《中国近代史资料丛刊·戊戌变法》第四册，50～51页。
⑥ 《中国近代史资料丛刊·戊戌变法》第四册，383页。
⑦ 《唐才常集》，272页。

三百余人。”① 可见，梁启超所说“每会集者千数百人”，显然是大大超过了实际情况。至于平山周所说的会员有一千二百余名，就更加言过其实了，因为前往听讲的，并不一定全是南学会的会员。南学会章程规定，必须“既登会籍”，才能称作“会友”，而听讲者则范围稍广一些，“讲演时任何人都可预先领听讲凭单，届时参加”②。

保国会的情况又怎样呢？保国会集会数次、参加人数大体与南学会举办讲演会相仿，也许要略多一些，但绝不如康有为在《明夷阁诗集》中所说的，“胶旅割后，各国索地，吾与各省志士开会自保，未乃合全国士大夫开保国会，集者数千人”③。康有为这里所说的，几乎要比实在数目扩大了十倍。谓予不信，请看以下材料：

英国驻华公使窦纳乐于 1898 年 9 月 28 日致英国外交大臣的信中提到：“康最近在北京所组织的保国会，这会社的会员有三百多人。”④

光绪二十四年八月十七日（1898 年 10 月 2 日）《申报》的一条消息说：“又闻目前康有为倡设保国会，结党三百数十人，皆系宦途。”⑤

文悌在参劾保国会的奏折中说：“康有为不知省改，且更私聚数百人，在辇毂之下，立为保国一会。”⑥

胡思敬在《戊戌履霜录》中云：“戊戌三月，开保国会于粤东馆，京僚集者四百余人。”⑦

梁启超在《记保国会事》中则说：“于三月二十七日在粤东会馆第一集，到会者二百余人……再会于崧云草堂，三会于贵州馆，来会者尚过百人。”⑧

以上这些材料，出自各种不同身份的人之手，其写材料之目的

---

① 《中国近代史资料丛刊·戊戌变法》第四册，190 页。

② 韩秉芳：《维新变法在湖南》，见《中国近代史研究论丛》，111 页。

③ 《中国近代史资料丛刊·戊戌变法》第四册，341 页。

④ 《中国近代史资料丛刊·戊戌变法》第三册，541 页。

⑤ 同上书，428 页。

⑥ 《中国近代史资料丛刊·戊戌变法》第二册，485 页。

⑦ 《中国近代史资料丛刊·戊戌变法》第一册，374 页。

⑧ 《中国近代史资料丛刊·戊戌变法》第四册，416 页。

也迥然各异，但所讲人数却基本接近。其实，康有为自己在有的材料中也只说开保国会时“士夫集者数百”①，否定了他本人关于“集者数千人”的说法。

上面的材料，有的是讲保国会的会员数，有的是讲参加集会的人数，这里当然还要说明一句，这二者是有区别的。正如当时有人所说的，参加集会的人，“其有识之士则意在听议论，其无知之徒亦无非赶热闹，故当日与闻此会之人，未必即入会之人也”②。因此，对于保国会的规模，也是绝不应估计得过大的。

学会的活动内容及其性质

戊戌时期数量众多的学会，是一种什么性质的组织呢?

关于这个问题，维新派自己有过各式各样的回答。康有为曾把强学会称作“政党嚆矢”③；梁启超则说“强学会之性质，实兼学校与政党而一之焉”④。关于南学会，有的说“实隐寓众议院之规模”⑤；有的说“兼学会与地方议会之规模”⑥；有的说“国会即于是植基，而议院亦且隐寓焉”⑦；连反对者也说这是“议院之权舆”⑧。至于戊戌维新运动史的研究者，则一般把学会（至少是其中的一部分）看作近代资产阶级“政党的雏形”，或者说已经“略具政党的规模”。

在判断学会性质的时候，首先应该看看当时那些学会的活动内容和活动方式。

---

① 《康南海自编年谱》，见《中国近代史资料丛刊·戊戌变法》第四册，143页。

② 《中国近代史资料丛刊·戊戌变法》第三册，438页。

③ 《南海先生诗集》，见《中国近代史资料丛刊·戊戌变法》第四册，338页。

④ 《莅北京大学校欢迎会演说词》，见《中国近代史资料丛刊·戊戌变法》第四册，255页。

⑤ 梁启超：《戊戌政变记》，见《中国近代史资料丛刊·戊戌变法》第一册，301页。

⑥ 梁启超：《谭嗣同传》，见《中国近代史资料丛刊·戊戌变法》第四册，51页。

⑦ 《谭嗣同全集》，278页。

⑧ 《掌陕西道监察御史黄均隆折》，见《戊戌变法档案史料》，253页。

当时的学会，大体上可以分成三种类型：一种是以政治性为主的，如强学会、南学会、保国会以及保川、保滇、保浙等会；一种是以学术性为主的，如质学会、算学会、测量会、郴州学会、法律学会、校经学会等；一种是以改革社会习俗为主的，如不缠足会、戒鸦片烟会、延年会等。[①]

第一种类型的学会，其具体的立会宗旨，一般是研讨某种政治学说，宣传某种政治思想，如强学会"专为中国自强而立"，"开会以讲中国自强之学"[②]；保国会"以国地日割，国权日削，国民日困，思维持振救之，故开斯会以冀保全"[③]；南学会也是为了"集诸志士相与讲爱国之理，救时之法"[④]。这里应该特别说明的是，我们说这类学会以政治性为主，只是指它们所研求之"实学"主要是政治性的，并不是指这类学会有组织其成员去实现某种具体的政治主张和政治目标的任务。这类学会组织的成员，主要是一部分官僚和士大夫。[⑤]

第二种类型的学会，一般是学习和讲求一门至几门具体的社会学说或自然科学，如郴州学会主要是研究舆地和算学两科，"舆地以绘险要究兵略为主，旁及农矿，算学以程功董役行军布阵制器为主，旁及天文"[⑥]；上海农学会主要是学习和推广西方农业新法，"俾中国士夫咸知以化学考地质，改土壤，求光热，以机器资灌溉，精制

---

① 延年会并不是讲究健身益寿的卫生团体，而是针对把光阴虚耗于无益的纷扰、烦琐的礼仪以及无所事事的懒散之中等陋习，力主加以改革的。《延年会叙》说："虽然无能延于所得之年之外，自可延于所得之年之中；无能延年于所阅之时，自可延年于所办之事。则惟有明去其纷扰以耗吾年者，即以所腾出闲暇之年，为暗中增益之年。少一分之纷扰，即多一分之闲暇。无纷扰，有闲暇，则一日可程数日之功，一年可办数年之事。统合算之，将使一世之成就可抵数世，一生之岁月恍历数生，一人之才力若并数人。"（《谭嗣同全集》，410页）

② 《中国近代史资料丛刊·戊戌变法》第四册，389页。

③ 《保国会章程》，见《中国近代史资料丛刊·戊戌变法》第四册，399页。

④ 陈乃乾：《谭嗣同年谱》，见《中国近代史资料丛刊·戊戌变法》第四册，180页。

⑤ 保国会曾有几个"商号中人""行商坐贾"参加，但这是数量极少的。参见《中国近代史资料丛刊·戊戌变法》第三册，438页。

⑥ 《郴州学会禀》，见《中国近代史资料丛刊·戊戌变法》第四册，466页。

造之法之理”①。湖北的质学会共设十四科：一、经学；二、史学；三、法律学；四、方言学；五、算学；六、图学；七、天文学；八、地学；九、农学；十、矿学；十一、工学；十二、商学；十三、兵学；十四、格致学。会员“各占一科”，“分科肄习”②。事实上，有一些学会实际就是学堂（如校经学会），或者是学校的预科、预备班（如浏阳的算学社、常德的明达学会），或者是某种专科学校（如湖南的法律学会）。但是也应该指出，这一类型的学会，虽然是以学术性为主，却并非脱离现实政治的纯学术团体，因为当时人们之所以要立会以研习声光化电、格致测算等西方科学技术，目的就在于求中国之富强，所以这些学会总是强调在学好各门具体学科的同时，“尤宜讨论中外古今盛衰之源，联合士气，互相师法，庶几合天下为一群，合一群以振中国”③。这类学会的成员，主要是一部分中青年知识分子。

第三种类型的学会以改革封建陋俗、提倡社会新风为目的。这一类学会，提倡者和反对者双方都很清楚，在对待社会习俗不同态度的背后，包含着鲜明的政治内容和尖锐的政治冲突。拿不缠足会来说，维新派在讲缠足之害时，一下子就把批判的锋芒指向了“污君独夫民贼贱丈夫”，认为正是这些人“苟以恣一日之欲”，才使得缠足之丑习“波靡四域，流毒千年”。而在宣传成立不缠足会之必要性时，也是从储人才、强国本方面立论，从而把它纳入了维新运动的轨道。④ 反对者也首先是从政治方面着眼。《申报》刊《论康有为大逆不道事》一文云：“其设不缠足会也，彼盖以缠足之禁已弛，自康熙朝在国家弛之，而我必设法禁之，是明以匹夫而与国家抗也，谓非心存反叛而何?”⑤ 这就是说，反对者根本撇开妇女缠足之是非、好坏、美丑等问题的争论，一下子提到了遵从还是反叛封建秩

① 《务农会章》，见《中国近代史资料丛刊·戊戌变法》第四册，429页。

② 《武昌质学会章程》，见《中国近代史资料丛刊·戊戌变法》第四册，442页。

③ 《郴州学会禀》，见《中国近代史资料丛刊·戊戌变法》第四册，467页。

④ 参见梁启超：《戒缠足会叙》，见《中国近代史资料丛刊·戊戌变法》第四册，432页。

⑤ 《中国近代史资料丛刊·戊戌变法》第三册，358页。

序的高度。这一类型的其他学会，大体也是如此。这类学会，参加者的范围较上两种要略为广泛，“士农工商”各阶层的人都有一些。

这三种类型的学会，尽管有着各自不同的特色，但就其基本的活动内容和活动方式来说，却是大致相同的。其活动主要是：

第一，定期或不定期的集会。强学会“三日一会”①；南学会“每七日大集众而讲学”②；保国会“会期有大会、常会、临时会之分”，并详细制订了开会宣讲的规则③。其他的学会组织，也都把集会当作一种主要的活动方式，如衡州任学会规定“每年开大会一次，两月小会一次”④；京师关西学会规定“每一星期聚会一次”⑤；广西圣学会规定“每逢庚子日大会”，“其每旬庚日，皆为小会”⑥。所不同的是，强学会、保国会等之集会，主要“演说万国大势及政学原理”⑦，“发明中国危亡之故，西方强盛之由”⑧。而那些以学术性为主的学会，则是“以读书所得，质疑辨难，如有撰述，互相质证”，也就是着重于学术内容的切磋、交流。南学会的集会宣讲，则两个方面兼而有之，既有政治问题的阐绎，也有学术方面的探讨。

第二，藏书阅书。许多学会都集款购置各种书报，供会员借阅，有的也自己翻译和刻印一些。这是各类学会着力进行的第二项主要工作，甚至可以说，有相当一部分学会主要就是做了这一件工作。例如，上海农学会，这是一个颇有点影响、被称为“行之有效”的学会组织，但是，尽管在创办之初曾规划设计过各种各样的工作，如在江浙两省购田试办农场、试种“中外各种植物”、选用并推广各种农业机械、改良种子、举办农业“赛会”（博览会）等，但由于条

---

① 《康南海自编年谱》，见《中国近代史资料丛刊·戊戌变法》第四册，134 页。也有材料说强学会是“每十日而一集”的。

② 梁启超：《谭嗣同传》，见《中国近代史资料丛刊·戊戌变法》第四册，51 页。

③ 参见《保国会章程》及《会讲例》，见《中国近代史资料丛刊·戊戌变法》第四册，399～402 页。

④ 《中国近代史资料丛刊·戊戌变法》第四册，473 页。

⑤ 同上书，427 页。

⑥ 同上书，439 页。

⑦ 同上书，51 页。

⑧ 《中国近代史资料丛刊·戊戌变法》第二册，555 页。

件的限制，结果全都落空了，真正做出了一点成绩的不过是翻译和搜集了一批“东西洋农报农书”，传播了资产阶级近代化的某些农业知识。又如，蒙学会明确说明，“本会创始先办书报”，“本会初办……只书报二端”①。苏学会除于每月朔望“作为会集之期”外，唯一的活动就是组织会员借阅图书，“每逢五逢十，为发书之期，以五日为一限期，能多阅者每期发书两本，少者一本，上期取去，下期缴换”②。其实，不仅这些学会是如此，就是强学会、南学会等，最经常、最实际的活动，也就是藏书、译书和供人阅书。据梁启超的回忆，强学会“最初着手之事业，则欲办图书馆与报馆”，所以开始第一件事就是“向上海购得译书数十种”③。又说，强学会组织起来后，“备置图书仪器，邀人来观，冀输入世界之知识于我国民”④。无怪乎封禁强学会的上谕在论及强学会的主要罪责时，也只是说“创立强学书院，专门贩卖西学书籍”⑤。南学会也是这样。据熊希龄说，他“劝捐家藏书籍于南学会，准人入会看书，以益寒士”⑥。欧阳中鹄说，南学会浏阳分会“仿省城学会办法，立定章程，招人看书”⑦。陈宝箴说，南学会于戊戌年二月始创时定期宣讲，但不久以后，即“以阅经史文书为主，到四月即已停讲，惟听人时往翻阅书籍”⑧。这些材料都说明，许多学会在立会之初，虽做过这样那样的设想，但实际上所能经常进行的活动，只是“招人看书”而已。

第三，出报纸。维新派认为，报纸和学会是互相呼应的，“以书报为起点，而以学会为归宿”⑨，“报出而学可联”⑩，所以许多学会

---

① 《中国近代史资料丛刊·戊戌变法》第四册，428页。

② 同上书，448页。

③ 《莅报界欢迎会演说词》，见《中国近代史资料丛刊·戊戌变法》第四册，253页。

④ 《莅北京大学校欢迎会演说词》，见《中国近代史资料丛刊·戊戌变法》第四册，255页。

⑤ 《中国近代史资料丛刊·戊戌变法》第二册，2页。

⑥ 《上陈右铭中丞函》，见《中国近代史资料丛刊·戊戌变法》第二册，590页。

⑦ 《致谭嗣同书》，见《中国近代史资料丛刊·戊戌变法》第二册，599页。

⑧ 《陈宝箴致张之洞电》，见《中国近代史资料丛刊·戊戌变法》第二册，616页。

⑨ 《蒙学会公启》，见《中国近代史资料丛刊·戊戌变法》第四册，453页。

⑩ 《谭嗣同全集》，267页。

在章程中都有创办报纸的计划。但没有一定的资金和人力，报纸是办不起来的，而许多学会又规模甚小，资金短缺，因此只有一部分学会真正出版了自己的报纸，如京师强学会的《中外纪闻》，上海强学分会的《强学报》及后来的《时务报》，校经学会的《湘学报》，南学会的《湘报》，上海农学会的《农学报》，译书公会的《译书公会报》，算学会的《新学报》，广西圣学会的《广仁报》，蜀学会的《蜀学报》，上海女学会的《女学报》等。这些报纸，成了西方资产阶级新学的重要宣传阵地，推进变法维新运动的有力舆论工具。

除了以上这些活动内容，许多学会本来还规定了其他一些工作，如开博物院、派人出国游历等，大抵限于条件而未能实现。南学会本来还规定有“治事”一条，“一切新政，将举办者，悉交会中议其可办与否”①。但实际上也只在很小程度上实行了。

如果根据这些具体情况，来对戊戌时期学会组织的性质做出判断，那么，我们不妨说，这是一些具有鲜明政治性和浓厚学术性的社会群众团体。

毫无疑问，假使没有这些社会群众团体作为萌芽状态而存在，那么在以后的中国政治舞台上也就不可能会有近代资产阶级性质的政党出现；同样毫无疑问，戊戌时期的学会组织，作为一种新出现的政治幼芽，它与后来资产阶级性质的政党还存在着极大的差别。

首先，戊戌时期的学会组织，并没有什么明确的政治纲领。维新派不论在政治方面、经济方面还是在文化教育方面，都有相当全面的目标和主张，也就是说，维新派对于变法维新运动，是有一个系统的政治纲领的。但是，他们从来就没有把这个纲领贯彻到学会活动中去。不错，各个学会大抵有一个立会宗旨，但即使是以政治性为主的学会，其宗旨也只是一些笼统的政治口号，如“自强”“保国保种保教”之类，既没有具体要求争取实现的政治目标，更没有

① 《中国近代史资料丛刊·戊戌变法》第二册，555页。

为达到此种目标而规定的实际政治步骤。参加此种组织的成员，并不都是为着一个共同政治目的而奋斗的同志，“闻见既歧，趋向各异”①，有的人自己说：“不过逐队观光，并不识有所谓政治思想。”②

其次，任何人参加此类组织，并不需要有什么条件或履行什么严格的手续。一般“愿入会者”，“不分畛域，一律延揽”，“来者听之”③。办法也很简单，只要将自己的姓名、籍贯、职业等向学会办事机构开个单子就可以了。有些学会，几乎连会员数目和名册都是没有的。大名鼎鼎的强学会就是一例。《中外日报》有一篇文章说：“京师强学会，仅有议论，未见实事，何来人名清单?”④ 保国会稍微严格一些，章程规定：“欲入会者，须会中人介之，告总理值理，察其合者，予以入会凭票。”⑤ 但这个规定实际上并未认真执行。所以后来甚至发生有些人听说自己列名于保国会中，为之“哗然，纷纷函请除名”⑥ 的事。这虽是政变后披露的消息，是否确实，还需存疑，但至少可以看出保国会在吸收会员时也是十分随便的。

最后，这些学会对自己的成员没有什么组织纪律的约束，如农学会竟明确宣称，“本会本无强人遵守章程之权”，“惟无权强人遵守，故所定章程，悉从极简、极易，必不至因繁难而生厌倦”⑦。极简、极易的结果，也就是取消了任何义务、纪律、规章，使得学会成了一种极其松散的团体。有一些学会制定了对会员的某些禁例，如武昌质学会有这样的规定：“惟夫识趣嵬琐，气习嚣张，纯盗虚声，广为道径，既乖本义，公议辞退。”⑧ 衡州任学会的章程中有这样的条文：“惟其人志不宏

---

① 张元济：《追述戊戌政变杂咏》，见《中国近代史资料丛刊·戊戌变法》第四册，351页。

② 李宣龚：《致丁在君书》，见《中国近代史资料丛刊·戊戌变法》第二册，576页。

③ 很多学会章程都有类似的规定，这里引用的是关西学会略规及质学会章程。

④ 《读天南新报逐臣踪迹记》，见《中国近代史资料丛刊·戊戌变法》第三册，463页。

⑤ 《中国近代史资料丛刊·戊戌变法》第四册，400页。

⑥ 《缕记保国会逆迹》，见《中国近代史资料丛刊·戊戌变法》第四册，419页。

⑦ 《农学会会友办事章程》，见《谭嗣同全集》271页。

⑧ 《中国近代史资料丛刊·戊戌变法》第四册，443页。

毅，识不坚凝，遇事作骑墙之见者，未便接引入会。”① 但这些也只是学会对于会员的道德修养方面的要求，并不能看作政治纪律。

曾经亲历戊戌维新运动，后来成为我们党老一辈无产阶级革命家的吴玉章同志说得好：“戊戌变法时期虽然有学会一类的组织，这些组织在变法运动中也起了一些作用，但是它们没有坚强的领导，没有明确的政治纲领和组织原则，没有严格的组织纪律。”② 我们在分析学会组织的性质时，对此自然是不能忽略的。

学会的社会影响

戊戌维新运动时期的学会，是一种与以往封建社会中的文人结社完全不同的组织形式，是一个具有开创意义的新事物。正因为这样，在它身上表现出各种不成熟性、过渡性以及种种弱点和缺点，不仅毫不足怪，反而是理所当然的。也正因为这是在历史上首次出现的东西，因此不论它多么幼稚，却终究要在社会生活中产生广泛而深刻的影响。

在学会的组织和发展过程中，维新派理直气壮地论证了集会结社的正当性和必要性，在观念上冲破了封建专制主义“君子群而不党”的教条，在政治实践上冲破了封建专制主义不准结社的禁令。

封建专制主义的政治统治，为了维护皇权的独断地位，绝不容许在封建统治集团之外的任何社会势力享有“干预国政”的权利。因此，封建政治一向把集会结社悬为厉禁，“广集徒众，妄议朝政”就是大逆不道，必定要予以严惩，更何况形成组织？与此相适应，封建统治阶级在意识形态上也极力宣扬“君子群而不党”之类的说法。长期以来，在人们的思想上，形成了这样一种观念：“朋党”总是与“奸人”联系在一起，“结党”总是与“营私”联系在一起。维新派勇敢地向千百年来被视为天经地义的这种封建政治和传统观念

① 《中国近代史资料丛刊·戊戌变法》第四册，474 页。

② 《戊戌变法的历史教训》，见《戊戌变法六十周年纪念论文集》，3 页。

进行挑战，给予了社会极大的震动。

维新派批判封建主义“疾党如仇，视会为贼”的极端荒谬性。他们指出，集会结社可以“破旧例愚民抑遏之风，开维新聚众讲求之业”，是“智民而利国”的大好事。朝廷应该像西方国家那样，对会社“尊重保护而奖借之，或君主亲临，以重其事，或拨帑津贴，以助其成”①。维新派是充分意识到创建学会对于封建政治的斗争意义的，甚至可以说，他们正是把冲决封建专制政治的网罗作为组织学会的首要目的。梁启超在《康有为传》中指出：“自近世严禁结社，而士气大衰，国之日孱，病源在此，故务欲破此锢习。所至提倡学会，虽屡遇反对，而务必达其目的然后已。”② 梁启超还讲了这样一段故事：“强学会之开也，余与其役，当时创议之人，皆赞此举，而惮会之名号，咸欲避之，而代以他字，谓有其实不必惟其名也，而先生（按：指康有为）断断持之，不肯迁就，余颇怪焉。先生曰：吾所以办此会者，非谓其必能成而有大补于今时也，将以破数百年之网罗，而开后此之途径也。后卒如其言。”③ 确实，在戊戌维新运动时期，不仅维新志士理直气壮地把组织学会当作爱国、救国的正义事业，不仅社会上一部分要求进步的知识分子对学会从畏忌、犹疑到赞成、参加，而且相当一部分反对维新的封建官僚，也不敢明目张胆地再讲结社是大逆不道了。当光绪要军机大臣和总理各国事务王大臣对康有为关于开制度局的奏折加以议复时，他们对于是否应“劝谕民人立会”的问题，也只好说当前“风气未开，民间见闻固陋，势难骤然奋兴”④，建议“缓办”而已。这种拖延的策略，表明封建顽固势力再要简单地禁止结社已是不太容易的了。所以，尽管戊戌政变后清廷发布了“禁立会社”的诏谕，但报纸上仍然不时出现宣传救国必须立会结党的议论⑤，也仍有新的学会

① 梁启超：《论学会》，见《中国近代史资料丛刊·戊戌变法》第四册，375页。

② 《中国近代史资料丛刊·戊戌变法》第四册，10页。

③ 同上书，10页。

④ 《戊戌变法档案史料》，11页。

⑤ 如光绪二十四年九月初六（1898年10月20日）《国闻报》，同年十一月初一（12月13日）《知新报》，都有这样内容的文章。

组织起来①。

学会的普遍建立，确实对维新运动的发展起了很大的推动作用。“按中国近两年来风气骤开，颇赖学会之力。”② 康有为曾把强学会的建立看作维新运动的发轫，“自强学会首倡之，遂有官书局、《时务报》之继起，于是海内缤纷，争言新法，自此举始也”③。这个说法并非没有道理。梁启超对比强学会到保国会成立前后的社会风气及士人见识的变化，一则说，在强学会成立前，他在京师“陈中国危亡，朝不及夕故，则信者十一，疑者十九”，而到保国会成立时，他“复游京师与士大夫接，则忧瓜分、惧为奴之言洋溢于吾耳也”④。再则说，强学会成立前，很多人“自尊自大，自居于中国”，把外国人一概视作“夷狄”，“经保国会后，又有保滇会、保浙会继之，自余各省从风，州县并起，不可指数，虽有政变，而民智已开，不复可遏抑矣”⑤。人们思想认识上和社会舆论上的这些变化，反映了时代的深刻动荡、形势的急剧发展、人们的迅速觉醒，也说明了学会组织在维新运动中起了巨大的作用。

如果不仅向前而且也向后做一点历史的对比，那么，戊戌时期学会组织的开创作用就更加明显。进入20世纪之后，资产阶级的宪政运动和革命运动同时迅速发展起来，这时，更大规模和更多数量的各种政治组织纷纷建立起来了。这些政治组织，当然与戊戌时代的学会有了很大的不同，但不论是立宪团体还是革命团体，有相当一部分却仍然沿用着学会、学社等名称，如立宪团体中，就有“自治研究会”“宪政研究社”“群学会”“科学会”“岭南学会”“算学研

① 如《翁同龢日记》于光绪二十四年八月十九日（1898年10月4日）记：“俞生送厉志学会章程，此会江西候补官四人所创，捐赀才千余金，俞生四人之一也。”

② 梁启超：《戊戌政变记》，见《中国近代史资料丛刊·戊戌变法》第一册，281页。

③ 《三月二十七日保国会上演讲会辞》，见《中国近代史资料丛刊·戊戌变法》第四册，408页。

④ 《演说保国会开会大意》，见《中国近代史资料丛刊·戊戌变法》第四册，413页。

⑤ 《强学会封禁后之学会学堂报馆》，见《中国近代史资料丛刊·戊戌变法》第四册，396页。

究会”等；革命团体中，也有“励志学会”“知耻学社”“爱国学社”“兴学会”“群学社”“少年学社”“合肥学会”等。正是在这里，我们看到了历史发展链条的相互环接。马克思说：“一切发展，不管其内容如何，都可以看做一系列不同的发展阶段，它们以一个**否定**另一个的方式彼此联系着。”① 辛亥革命时期的立宪团体和革命团体，对于戊戌时期的学会组织来说，无疑是一种否定，但我们正是在这种否定中，看到了它们之间的联系，并且认定，戊戌时期的学会组织，对于辛亥革命准备时期的立宪团体和革命团体来说，正是一个必经的发展阶段。

---

① 《马克思恩格斯选集》第一卷，169页。

戊戌维新时期改革与反改革的斗争*

戊戌维新运动，既是一次振聋发聩的思想解放运动，又是一次惊世骇俗的政治改革运动。思想战线和政治战线的斗争，交错迭出，互相影响，互相促进。可以这样说：没有维新思想的广泛传播，政治改革就无由发生；反之，不经过政治领域中新旧势力的激烈搏斗，维新思潮也难以造成深广的影响。本文着重从政治改革的角度，对当时的社会状况和历史状况做一点勾画、剖析，以便从一个侧面来估量戊戌维新运动的历史作用。

一场深刻的社会震动

人们常常批评资产阶级维新派把自己的活动局限在十分狭小的范围之内，并认为这是导致他们的事业最终失败的致命弱点之一。这个批评只有在一定的限度内是合理的和公正的。诚然，维新派所能依靠并直接组织到运动中来的活动分子，确实寥寥无几。正如严复所说的："（维新党）与守旧党比，不过千与一之比，其数极小。"[①]但是，如果就他们的活动所造成的社会影响来说，却是极其巨大的。维新派推行的政治改革，在当时成了社会各个阶层注目的中心，并且真正引起了一场深刻的社会震动，其强烈的程度，在一潭死水似的封建政治生活中是极为少见的。

不论是赞成还是反对变法维新的人，都一致承认以下的事实：

---

* 见胡绳武主编：《戊戌维新运动史论集》。

① 《论中国分党》，见《中国近代史资料丛刊·戊戌变法》第三册，76 页。

在政治改革趋向高潮的一个短时间里，从来没有那么多的人关心着国家大事。人们在公开场合和私人接触中，都把变法维新作为议论的主要课题。梁启超形容当时的情形是：“上自朝廷，下至人士，纷纷言变法。”① 谭嗣同的描写则是：“人思自奋，家议维新。”② 欧榘甲的说法是：“家家言时务，人人谈西学。”③ 而唐才常对当时的社会生活，则描绘了这样一幅图景：“方新政甫行之日，明诏一下，欢声雷动，学会林立，万众沸腾。风雨杂沓，衿褷鳞萃，人怀召见之心，士冀特科之选。以变法改制为口头禅，以揣摩风气为绵里针。于时有目以旧党者，辄踧踖不敢任受。”④ 这种情形在反对者的笔下也有所反映，而在语气上不免带着一点伤感的调子：“朝局岌岌不可终日，如蜩如螗，如沸如羹，今其时矣。”⑤ 政治改革的旋风是如此强劲，甚至把一些平素安分守己、不问国事的人也卷了进来。有一个材料说：“至戊戌春康君入都变法之事，遂如春雷之启蛰，海上志士，欢声雷动，虽谨厚者亦如饮狂药。”⑥ 在这里，我们可以借用马克思的这样一句话：“神通广大的历史锅炉全部沸腾起来了!”⑦

在这种情况下，两个社会地位很低的小人物、变法维新事业的设计者和倡导者康有为、梁启超，骤然进入了政治舞台的中心，成了众目所视的历史主角。当然，他们不仅是在一片赞扬欢呼声中，同时也是在一片詈骂诅咒声中登上历史舞台的。但不管怎样，他们在当时的巨大影响，正是他们所从事的政治改革运动引起的社会震荡的确切反映。变法维新运动触及的社会生活面愈广，人们对康、梁的议论也就愈多。我们先来看看康有为。有人说，戊戌春夏，“朝

① 《戊戌政变记》，见《中国近代史资料丛刊·戊戌变法》第二册，19页。

② 《与徐仁铸书》，见《谭嗣同全集》上册，269页。

③ 《论政变为中国不亡之关系》，见《中国近代史资料丛刊·戊戌变法》第三册，156页。

④ 《唐才常集》，182页。

⑤ 叶昌炽：《缘督庐日记钞》，见《中国近代史资料丛刊·戊戌变法》第一册，528页。

⑥ 罗振玉：《贞松老人遗稿》，见《中国近代史资料丛刊·戊戌变法》第四册，249页。

⑦ 列宁：《论马克思恩格斯及马克思主义》。

野议论，无处不谈康有为"[1]。又有人说，康有为"博学多才，盛名几遍天下。誉之者有人，毁之者尤有人。誉之者无不俯首服膺，毁之者甚至痛心切齿，诚有非可以常理论者"[2]。还有人说："自康有为平权改制之说兴，一时年少轻浮无识之士，趋之如市，邪说横流，几若狂澜之倒，不易挽回。"[3] 梁启超的情况也同他的老师差不多。自从他发表了《变法通议》等文章后，"此论一倡，遂风靡海内，举国趋之如饮狂泉"。他主编的《时务报》也"一时风靡海内，数月之间，销行至万余份，梁任公之名，由是噪起"[4]。有的材料甚至说："当《时务报》盛行，启超名重一时，士大夫爱其语言笔札之妙，争礼下之。自通都大邑，下至僻壤穷陬，无不知有新会梁氏者。"[5] 可以看出，发表这些言论的人们对康、梁的态度是很不一致，甚至是截然相反的，但不论从正面还是从反面，都无可置疑地证明了康有为、梁启超的言行，在当时的社会生活中曾经激起了怎样的波澜。

上面这些材料，主要是说明变法维新所引起的社会震荡的广度问题。至于深度呢？我们不妨先引用一份外国报纸的评论。1898 年 11 月 7 日《字林西报》的一篇文章说："维新党在各个部门中都实行大刀阔斧的改革工作，直到举世都为之震惊，认为比起这个青年的中国来，就是日本的维新速度也瞠乎其后。"[6]

这个评论无疑带有夸张的成分，但毕竟不是无中生有。应该承认，资产阶级维新派所推行的改革运动，确实在很多方面触动、影响甚至一定程度上改变了人们传统的思想方式和生活方式。

剧烈的震动首先反映在人们的精神生活领域。维新派通过各种手段，包括向朝廷上书、报章撰文、学会演说等，反复而详尽地提

① 苏继祖：《清廷戊戌朝变记》，见《中国近代史资料丛刊·戊戌变法》第一册，335 页。

② 陈宝箴：《奏厘正学术造就人才折》，见《中国近代史资料丛刊·戊戌变法》第二册，357 页。

③ 《掌江西道监察御史王鹏运折》，见《戊戌变法档案史料》，479 页。

④ 杨复礼：《梁启超年谱》，见《中国近代史资料丛刊·戊戌变法》第四册，171～172 页。

⑤ 胡思敬：《戊戌履霜录》，见《中国近代史资料丛刊·戊戌变法》第四册，47 页。

⑥ 《野蛮较佳于维新》，见《中国近代史资料丛刊·戊戌变法》第三册，516 页。

出并宣传自己的一系列变法改革的主张。几乎每一种宣传方式都得到了强烈的社会反响。拿上书来说，本来这主要是以争取和说服皇帝为直接目的的，而且康有为的上书在起初大部分都“未达九重”，但在实际上，这些奏稿却在社会上不胫而走，“京师一时传抄，海上刊刻，诸大臣士人共见之，莫不嗟悚”①。“原文传布，登沪上报章”，“展阅一周，言有过于痛哭者”②。至于本来就以向公众宣传为目的的报章论说，其社会影响自然就更大了。胡思敬《戊戌履霜录》曾说：“甲午款夷后，朝政多苟且，上下皆知其弊，以本朝文禁严，屡兴大狱，无敢轻掉笔墨讥时政者。自《时务报》出，每旬一册，每册数千言，张目大骂，如人人意所欲云，江淮河汉之间，爱其文字奇诡，争传诵之。”③ 李提摩太也说，《时务报》的刊行“从最初就是一个灿烂的胜利，震动了整个的帝国”④。维新派创办的其他报刊，也同样引起了社会的瞩目，因为用报纸议论时政，本身就是“一举而破二千余年之结习”⑤ 的创举。此外，维新派又“分日夜之力，往各会宣讲”，他们在一些学会组织的集会上演说时，常常是“楼上下人皆满，听者有泣下者”⑥。维新派慷慨激越的呼喊怎样引起了人们的共鸣，我们只要看一看文悌参劾保国会的奏折中的一段话就会了解：“康有为不知省改，且更私聚数百人，在辇毂之下，立为保国一会。日执途人而号之曰：‘中国必亡，中国必亡！’……以致士夫惶骇，庶民摇惑，私居偶语，亦均曰：‘国亡国亡，可奈何！’”⑦ 文悌从这种社会现象中得出“四民解体”“势必乱国而后已”的耸人听闻的结论。我们却从这种历史现象中看到了人民爱国主义精神的昂扬。总之，在一个相当的范围内，维新思想深深地扣动了人们的心弦。

---

① 梁启超：《戊戌政变记》，见《中国近代史资料丛刊·戊戌变法》第一册，250页。

② 谭献：《复堂日记续录》，见《中国近代史资料丛刊·戊戌变法》第一册，536页。

③ 《中国近代史资料丛刊·戊戌变法》第一册，373页。

④ 《中国的维新运动》，见《中国近代史资料丛刊·戊戌变法》第三册，560页。

⑤ 《湘报序》，见《唐才常集》，137页。

⑥ 《康南海自编年谱》，见《中国近代史资料丛刊·戊戌变法》第四册，143页。

⑦ 《中国近代史资料丛刊·戊戌变法》第二册，485页。

资产阶级维新派发动的改革运动，也对人们的政治生活产生了深刻的影响。拿组织学会一事来说，在维新运动以前，这完全是不可思议的事。除了封建时代早已存在的下层群众的秘密结社以外，建立近代意义上的政治性组织，人们是连想也不敢想的。由于封建专制统治一向“严禁结社”，“疾党如仇，视会为贼”，所以人们对于“党会二字，当时视如蛇蝎”①。维新派开始筹组学会时，许多人不是裹足不前，就是望而却步；即使有些人心表赞同，也“惮会之名号，咸欲避之，而代以他字”②。在维新派的坚持努力下，这种带有鲜明政治性和浓厚学术性的社会群众团体，终于艰难地然而富于生命力地出现在中国政治舞台上；到变法维新的高潮时期，更是“学会之风遍天下”，出现了“学会如林”的局面，这不能不说是那个时代人们政治生活中的一件大事。③ 又如，在百日维新时期，维新派曾经争得了允许士民上书言事的权利，这一件在今天看来也许是微不足道的事，在当时却非同小可。梁启超说：“国朝天泽极严，君臣远隔，自内而公卿台谏，外而督抚，数百十人外，不能递折。……故虽有四万万人，实数十资格老人支柱掩塞之而已。”“故疾苦如山，积弊如海，九重万里，无由闻知，向来譬之如十七重浮屠，层层塞隔。”④ 一般小民，不仅不能向皇帝上书，就是对王公、大臣、督抚、司道，也是侯门似海、蔽塞难通。一旦由上谕明令许天下士民上封奏，在政治上引起的巨大震动自然是可以想见的。维新派说实行这个政治措施的结果是“嘉谟入告”“民隐尽达”⑤。这未免言之过甚。其实，这件事的真正意义，并不在于它取得了多少政治民主化的实际效果，而主要是借此造成一种政治改革的浓厚空气，表示对于封建专制政治的某种冲击而已。这一点，当时已经做到。“于是

---

① 张元济：《追述戊戌政变杂咏》，见《中国近代史资料丛刊·戊戌变法》第四册，351页。

② 梁启超：《康有为传》，见《中国近代史资料丛刊·戊戌变法》第四册，10页。

③ 参见《戊戌维新运动时期的学会组织》一文。

④ 梁启超：《戊戌政变记》，见《中国近代史资料丛刊·戊戌变法》第一册，308页。

⑤ 同上书，272页。

人人封章，得直达于上，举国鼓舞欢蹈，争求上书。……又从前仪式最严，一笔违误，即至议处，至是下僚寒士，皆不谙奏折格式，随手写折，或奏或呈或上书，或跪或不跪，或上款或下款，种种新式，杂沓可笑。至有野人渔民上书，纸有二尺长条。言及皇上，亦不抬头。"① 这种情况，实质上是对封建专制主义统治下万马齐喑、死寂沉闷的政治局面的一种抗争。

变法维新的改革运动，也深入人们的日常社会生活领域。明显的例子是废除八股取士制度所引起的巨大震动。多少年来，读书人所习惯的生活道路，就是治帖括、习八股，然后通过科举考试，极少数侥幸者经过狭窄的孔道跻身于统治阶级的行列，绝大多数人则皓首穷经，潦倒一生。戊戌变法时发布停废八股、改试策论的上谕后，"一时缙绅士庶，田夫市侩，以及识字妇女，学语小儿，莫不交口而訾曰：八股无用，八股无用"②。广大封建士大夫不管愿意不愿意，也不得不从走惯了的老路上踅回头，重新探索一条陌生的人生道路。"八股既废，数月以来，天下移风，数千万之士人，皆不得不舍其兔园册子帖括讲章，而争讲万国之故，及各种新学，争阅地图，争购译出之西书。昔之梦梦然不知有大地，以中国为世界上独一无二之国者，今则忽然开目，憬然知中国以外，尚有如许多国，而顽陋倨傲之意见，可以顿释矣。虽仅数月，八股旋复，而耳目既开，民智骤进，自有不甘于谬陋者，旧藩顿决，泉涌涛奔，非复如昔日之可以掩闭抑遏矣。"③ 此外，维新派在社会习俗方面所提倡的一些改革，如兴女学、废缠足、摒弃烦琐的封建礼仪等，也为人们的社会生活带来了一股清新之风。

也许有人会说：这些都不过是昙花一现、瞬息即逝的现象，以慈禧太后为代表的顽固势力一反扑，政变一发生，封建政治即恢复旧观，改革的成果全都成了子虚乌有。这种说法，我认为并不全面。人类已经获得的东西是不会轻易失去的。且不说思想影响无法抹去，就是具体的政治成果，也不能一概废除；已经废弃了的，经过一个

① 梁启超：《戊戌政变记》，见《中国近代史资料丛刊·戊戌变法》第二册，69页。
② 《八股辨》，载《申报》，光绪二十四年六月十九日。
③ 梁启超：《戊戌政变记》，见《中国近代史资料丛刊·戊戌变法》第二册，25页。

短时期后，在新的历史条件下，又会重新显现出来。上引梁启超所说的“旧藩顿决，泉涌涛奔”八个字，是很能说明这一场社会震动的深刻含义的。

来自两方面的阻力

当变法维新运动刚刚失败的时候，社会上许多人士，包括维新派自己在内，都有意无意地把失败的原因归于慈禧太后与光绪皇帝的权力之争。康有为在逃亡途中就说过：“反维新运动，是西太后和光绪帝之间争权的结果。”[①] 王照更说：“慈禧但知权利，绝无政见，纯为家务之争。”[②] 他甚至埋怨康有为等人不知“调和两宫”，以致引起了慈禧太后对变法运动的恶感。这种认识当然是极其肤浅的，根本没有接触到问题的本质。

变法维新运动既然是一场改革，就必然要遇到阻力。恩格斯说：“每一种新的进步都必然表现为对某一神圣事物的亵渎，表现为对陈旧的、日渐衰亡的、但为习惯所崇奉的秩序的叛逆。”[③] 而旧秩序的代表总要竭力维护旧事物，以拼死的反抗来制止改革的进行。因此，把政变的发生仅仅归咎于像慈禧太后这样的个别反动分子的恶意，是不够的；事实上，站在改革的对立面的，是整个腐朽的旧制度。慈禧太后不过是这种旧制度的最高代表。

具体一点说，改革的阻力主要来自两个方面：

一方面，也是最主要的方面，是凭借旧制度和旧秩序而取得既得利益的特权阶层。由于改革必然给他们以损害，因此，他们就必然要敌视改革。这部分人形成了一股盘根错节的反改革的守旧势力。

---

① 《窦纳乐致英国外交大臣信》（1898年10月13日），见《中国近代史资料丛刊·戊戌变法》第三册，532页。

② 《方家园杂咏二十首并纪事》，见《中国近代史资料丛刊·戊戌变法》第四册，359页。

③ 《马克思恩格斯选集》第四卷，233页。

光绪皇帝说守旧衰谬之大臣“盈廷皆是”①，宋伯鲁说“中外诸臣，半属守旧”②，指的就是这些人。

关于这一点，在当时，其实不论当事者还是旁观者都是十分清楚的。

英国公使窦纳乐在向其政府报告戊戌政变的经过时，就毫不含糊地指出，大多数满洲贵族和汉族官僚之所以要“摧毁维新派”，根本原因就是：“光绪采纳热心变法的年青一派的建议从事改革，不但危及他们的权利，甚至危及到他们的地位。”他还表示赞同地转述康有为的话说：“这些改革，将削弱他们的权力，减少他们的薪俸，甚至使他们冒着免职的危险，以便让位给热烈赞同光绪意见的年青人。”③

如果这只是概括的、结论性的看法，那么，当事人梁启超的分析就更加具体、更加深入了：

> 今守旧党之阻挠变法也，非实有见于新法之害于国病于民也。吾所挟以得科第者曰八股，今一变而务实学，则吾进身之阶将绝也。吾所恃以致高位者曰资格，今一变而任才能，则吾骄人之具将穷也。吾所借以充私囊者曰舞弊，今一变而核名实，则吾子孙之谋将断也。然犹不止此，吾今日所以得内位卿贰，外拥封疆者，不知经若干年之资俸，经若干辈之奔竞而始能获也；今者循常习故，不办一事，从容富贵，穷乐极欲，已可以生得大拜，死谥文端，家财溢百万之金，儿孙皆一品之荫。若一旦变法，则凡任官者皆须办事，吾将奉命而办事耶？则既无学问，又无才干，并无精力，何以能办？将不办耶？则安肯舍吾数十年资俸奔竞，千辛万苦所得之高官，决然引退，以避贤者之路哉？故反复计较，莫如出死力以阻挠之。盖全国千万数之守旧党人，不谋而同心，异喙而同辞，他事不顾，而惟阻挠

---

① 《中国近代史资料丛刊·戊戌变法》第一册，251页。

② 《中国近代史资料丛刊·戊戌变法》第二册，350页。

③ 《窦纳乐致英国外交大臣信》（1898年10月13日），见《中国近代史资料丛刊·戊戌变法》第三册，536页。

新法之知。①

对这个问题讲得最精彩、最透辟的，倒是在改革运动中比较温谨、比较保守的严复。如果说梁启超还只是做了一些静态的分析，严复则对此进行了动态的研究，深刻地揭示了守旧势力与敝法、私利之间的因果关系：

> 国家承平既久，则无论为中为外，举凡一局一令，皆有缘法收利之家，且法久弊从，则其中之收利者愈益众。一朝而云国家欲变某法，则必有某与某者所收之利与之偕亡，尔乃构造百端，出死力以与言变者为难矣。是故其法弥敝，则其变弥不可缓，而亦其变之弥不可缓，则其欲变弥难。盖法之敝否，与私利之多寡为正比例，而私利之多寡，又与变之难易为正比例也。夫小人非不知变法之利国也，顾不变则通国失其公利，变则一己被其近灾，公利远而难见，近灾切而可忧，则终不以之相易矣。②

梁启超和严复都指出，守旧势力并非不知道改革对国家和社会是有利的，但个人和阶级的私利却是个更为现实的因素；对于这些人来说，私利在天平上的砝码是远远重于国家民族的公利的。严复进一步指出，越是迫切需要改革的腐败陈旧的“敝法”，某些人能够从中牟取的私利也就越多，因而他们也就越拼命地维护其存在，从而改革的阻力也越多，改革的困难也越大。

这些论断完全符合变法维新运动的客观实践。几乎每一项改革措施，都不免触犯一些人的利益，因此他们就出而反对和抗拒。最引起他们反感的是像立制度局、裁撤冗官这样一些涉及封建统治机构的改革，由于那关系到他们的乌纱帽问题，当然反应特别强烈。康有为提出“请立制度局于内廷”的建议后，立即“朝议哗然，谓此局一开，百官皆坐废矣”③。于是纷纷反对，最后终于使这个建议

---

① 《论变法后安置守旧大臣之法》，见《中国近代史资料丛刊·戊戌变法》第三册，33～34页。

② 《上今上皇帝万言书》，见《中国近代史资料丛刊·戊戌变法》第二册，327页。

③ 胡思敬：《戊戌履霜录》，见《中国近代史资料丛刊·戊戌变法》第一册，363页。

搁置起来。裁撤冗官算是部分地实行了，在百日维新期间，发布了裁撤詹事府、通政司、光禄寺、鸿胪寺、太常寺、太仆寺、大理寺及广东巡抚、湖北巡抚、云南巡抚、河东总督、各省粮道等衙门和官职的诏谕。本来，这些衙门的官员“皆无事可办，任其职者，皆养尊处优，素餐尸位，朘民之脂膏，以养此无谓之闲人”①。然一旦裁撤，可就引起了轩然大波，“此诏一下，于是前者尸位素禄、阘冗无能、妄自尊大之人，多失其所恃，人心皇皇，更有与维新诸臣不两立之势”②。有人估计，因裁官而受到牵连失去职位的（包括一些属吏，这些人大都是大官的亲友）“将及万人”③，也有的说“不下五千余人”④，这些人便都成了改革运动的积极反对者。

就是一些看来并不直接伤害什么人的利益的举措，竟也为守旧势力所不容。例如前面提到的许士民上封章一事，仅仅由于上书言事不再成为少数人的特殊权利，所以有损于特权阶层的尊严，打乱了森严的封建等级关系，而被守旧势力认为是“第一切肤之痛”的事。他们恨恨地说：“欲天下无事，杜绝言路，自然安静，而办事者，亦可顺手。”⑤ 还可以举另一个例子，是关于修理京城街道的。当时京师街道，脏乱不堪，“粪土载道，秽污山积，风即扬尘，雨即泥泞”，“洋人目之为猪圈，外省比之为厕屋”⑥。在改革运动的高潮中，有人也想到了这件事，觉得应该加以改进。这无论从哪方面看都应该说是件好事，既壮观瞻，又利卫生，该能够比较容易行得通了吧？谁知不然。尽管光绪为此发了专门的诏谕，但毫无动静，几经催促，最后才在宣武门前修了一小段路，算是应付一下门面。为

① 梁启超：《戊戌政变记》，见《中国近代史资料丛刊·戊戌变法》第一册，279页。

② 同上书，271～272页。

③ 陈夔龙：《梦蕉亭杂记》，见《中国近代史资料丛刊·戊戌变法》第一册，485页。

④ 光绪二十四年七月二十六日《中外日报》消息，见《中国近代史资料丛刊·戊戌变法》第三册，399页。

⑤ 苏继祖：《清廷戊戌朝变记》，见《中国近代史资料丛刊·戊戌变法》第一册，342页。

⑥ 同上书，340页。

什么连这样一件小事也难办呢？因为“修道岁支帑六十余万金，旗丁工部街道厅分之，若必修，则无可分矣，此所以不能行乎！”[①]此类事尚且如此，其余的就更可想而知了。这使我们想起了列宁曾经引用的一句著名格言：“几何公理要是触犯了人们的利益，那也一定会遭到反驳的。”[②]何况改革并不是几何公理，而是社会生活的一部分，改革本身就意味着矛盾，意味着斗争，因此，任何微小的改革，也总要遭到一部分社会势力的抗阻。当然，像修理京城街道这样的小事尚且窒碍难行，则事实正好表明：封建政治的躯体已经完全僵化，毫无活力；它的腐朽已深入骨髓，实在是无可救药的了。改革的艰难正证明了改革的必要，而改革的迫切性却丝毫不能改变反改革者的顽固态度。

反改革的阻力还来自另外一个方面，也是容易被人忽略的方面，这就是在封建专制主义的长期统治下造成的习惯势力。“千百万人的习惯势力是最可怕的势力。”[③]这种习惯势力常对新事物起着一种抗拒的作用。正由于这种习惯势力与改革格格不入，所以它对守旧势力是助纣为虐的。

资产阶级维新派在推行改革时处处感受到这种习惯势力的阻碍。梁启超在给汪康年的信中谈道：“中国人士寡闻浅见，专己守残，数百年如坐暗室之中，一无知觉。创以新学，则阻挠不遗余力；见一通人，则诋排犹如仇雠。”[④]杨深秀在一个奏折中指出：“夫数百年之旧说，千万人之陋习，虽极愚谬，积久成是，诚非一二言所能转易也。”[⑤]康有为则深有感触地慨叹：“盖变千年之俗，诚不易也。”[⑥]在千百万人的习惯势力面前，他们产生了某种孤寂之感，这并不全是他们的过错，不能把责任完全归在他们身上。《国闻报》有一篇文

---

① 《康南海自编年谱》，见《中国近代史资料丛刊·戊戌变法》第四册，132页。

② 《马克思主义和修正主义》，见《列宁选集》第二卷，第2版，1页。

③ 《共产主义运动中的“左派”幼稚病》，见《列宁全集》第三十一卷，26页。

④ 《致汪康年夏曾佑等书》，见《中国近代史资料丛刊·戊戌变法》第二册，536页。

⑤ 《请御门誓众折》，见《中国近代史资料丛刊·戊戌变法》第二册，393页。

⑥ 《康南海自编年谱》，见《中国近代史资料丛刊·戊戌变法》第四册，126页。

章，曾对习惯势力做过极为生动的描述："举国在于沉舟之下，覆屋之中。强盗人室，大火烧门，有壮者荷戈持锣，大声疾呼，而同室之人，不恶盗贼，不救大火，而反仇是荷戈持锣之人，骂之詈之，攻之讦之，缚之扶之，组织而锻炼之，甚且诬罔以为荷戈欲窃、持锣放火也。"在严重压力下，一些"向号开新之人"，也不免犹疑动摇起来，"惊惑于众论，或疑其无益，或哂其多事，或疑其虚论而无实事，或拟其不必骇众而卖名，或以为不必骛愚而饰智"，竟对改革事业进行冷讥薄诮。①

习惯势力的特点，就是前引杨深秀奏折中提到的"积久成是"四个字。习惯势力之反对改革，往往并不是由于改革损害了他们的利益，而只是由于改革违反了旧的传统，这种传统因为有其悠久的历史而在一些人的心目中被视为天经地义，神圣不可侵犯。在被传统观念紧紧束缚住头脑的人们那里，宁肯安于现状，不愿改弦更张。维新派的议论中常常使用这样一些词句："积习相沿，深而且固"，"人之安常，如水就下"，"人情常乐因循，而惮改作"，等等。有时，他们还发些诸如"凡民可与乐成，难与虑始"一类的牢骚。这固然在一定程度上表现了他们轻视人民群众的唯心思想，但也反映了他们在改革中遭到习惯势力抗拒的严重情况。这方面比较典型的情况，仍然可以举废除八股取士一事为例。八股之害，人们论之已久。从国家说，固然是"驱天下有用之才，而入于无用之地"②；就士人说，也是蔽聪塞明，弄得"目不通古今，耳不知中外"③。极少数人虽可以此为敲门砖登上仕途，但绝大多数人终不免困于科场，老死牖下。有清一代，不少有见识的思想家、文学家曾通过自己的作品对八股取士制度进行过声泪俱下的控诉和揭露。因此，不但维新派把废八股看作实行改革的头一件大事，而且"八股一事，守旧大臣

① 参见《闻保国会事书后》，见《中国近代史资料丛刊·戊戌变法》第四册，412页。

② 杨深秀：《奏请正定四书文体以励实学折》，见《中国近代史资料丛刊·戊戌变法》第二册，343页。

③ 徐致靖：《请废八股疏》，见《中国近代史资料丛刊·戊戌变法》第二册，339页。

中稍明事理者，亦不谓然”[1]。可是，当废八股、改策论的诏谕公布以后，“远近帖括之士，惊怪不知所为”[2]，因为制艺自宋、元、明至清代，“行之且千年，深入迂儒骨髓”[3]，他们再也想象不出除了习八股之外，还有别的什么事业可做。所以，他们尽管是受害最深的人，却总觉得自己与八股“性命相依”，一旦废八股，似乎就绝了他们的安身立命之所。于是，全国数千进士、数万举人、数十万秀才、数百万童生，汹汹然反对此种改革。“愚陋守旧之徒，骤失所业，恨康有为特甚，至有欲聚而殴之者，自是谣诼大兴，亦遍于天下。”[4]

类似这样的情况，在当时几乎是随处可见。强学会成立时，“有闻强学会之名者，莫不惊骇，而疑有非常之举”[5]；保国会成立时，“京师大哗”，“谣诼之起，遍于全都”[6]。其所以如此，固然主要由于守旧势力的有意破坏，但也有一部分原因在于一些人觉得这种举措于史无征，未免“非圣无法”。缠足“本非天下女子之所乐为”，“缠足之害”也几乎“无人不知”，但真要抵制缠足，却不免引起许多人的“骇奇疑笑”。康有为于光绪九年（1883）在南海家乡最初组织之不裹足会，也因共同创办者恐怕立会“犯禁”而散去。其原因，无非是人们“拘于习俗，而无敢畔其范围而已”[7]。连设立新式学堂这样的事，也遭到社会上习惯势力的攻讦。谭嗣同等欲将浏阳的南台书院改为算学馆，并已呈请湖南学政江标批准，“批出，而众论大哗，至诋浏阳为妖异，相戒毋染浏阳之逋毒”[8]。梁启超也谈道：

---

① 苏继祖：《清廷戊戌朝变记》，见《中国近代史资料丛刊·戊戌变法》第一册，350页。

② 胡思敬：《戊戌履霜录》，见《中国近代史资料丛刊·戊戌变法》第一册，361页。

③ 同上书，360页。

④ 梁启超：《戊戌政变记》，见《中国近代史资料丛刊·戊戌变法》第二册，25页。

⑤ 《莅北京大学校欢迎会演说词》，见《中国近代史资料丛刊·戊戌变法》第四册，255页。

⑥ 梁启超：《戊戌政变记》，见《中国近代史资料丛刊·戊戌变法》第一册，270页。

⑦ 严复：《原强》，见《中国近代史资料丛刊·戊戌变法》第三册，55页。

⑧ 《浏阳兴算记》，见《谭嗣同全集》上册，184页。

“当时社会嫉新学如仇，一言办学即视同叛逆，迫害无所不至。”①证之以谭嗣同等办算学馆的遭际，这话显然并不过分。

这种习惯势力，不仅存在于封建统治阶级身上，也一定程度地存在于社会其他各个阶层中间。究其根源，仍然是由于封建专制主义的反动统治。维新派不止一次地指出：人民群众中的“顽固嚣张之习”，并非中国人民所固有，而是封建统治者的愚民政策造成的。“中国人之聪明，本不让欧西，特千年以来，君上务以愚民为术，抑遏既久，故日即于固陋耳。”② 统治阶级的思想在每一时代都是占统治地位的思想。封建主义的意识形态，必然要浸淫、毒害人们的头脑，封建统治阶级所固有的那种维护现存统治秩序、反对任何变革的守旧因循思想，也必定要通过各种渠道影响人们，因此，社会上的相当一部分人，“其见改革而惊讶，固所当然也”，实在是没有什么可以奇怪的。自然，人们在日益激烈的政治斗争中，终究会逐渐挣脱封建主义的精神枷锁，不断提高自己的思想觉悟，但这需要一个过程，需要走过漫长的、曲折的、艰苦的道路。不妨说，戊戌维新运动，正是这条漫长道路中的一个重要里程碑。

守旧势力的反改革活动

戊戌时代的改革运动，以失败而告终。这种失败，并不是突然发生的。守旧势力对改革活动的每一步都进行了顽强的抗拒。慈禧太后发动的反动政变，不过是改革与反改革斗争的最后一幕和合乎逻辑的结局。

守旧势力反对改革的活动手法是多种多样的，有公开的和隐蔽的，政治的和思想的，“合法”的和“非法”的，等等。分析一下这些五花八门的手法，对于我们认识当时阶级斗争的复杂性，

---

① 《莅北京大学校欢迎会演说词》，见《中国近代史资料丛刊·戊戌变法》第四册，255页。

② 梁启超：《戊戌政变记》，见《中国近代史资料丛刊·戊戌变法》第二册，31页。

也许是不无裨益的。

首先是公开的反对。尽管某些人反对改革的言论夹杂着无中生有的捏造和诬陷，但较之隐蔽的破坏似略胜一筹。强学会成立时，杨崇伊进行参劾，说是“私立会党，将开处士横议之风”。保国会成立时，李盛铎、潘庆澜、黄桂鋆等进行参劾，说是“包藏祸心，乘机煽惑”。光绪召见康有为后，许应骙、文悌等又立即奏劾康有为“其建言既不可行，其居心尤不可问”，要求立予罢斥，驱逐回籍；曾廉甚至上书请杀康、梁。湖南实行新政比较积极，徐树铭、黄均隆等即相继“入奏严劾”。这些都是比较突出的，此外还有许多。可以说，守旧势力几乎在每一个重大问题上都进行了公开的非议和攻击。

守旧派的公开反对，显然给维新派的改革事业带来了极大的困难。但是，由于光绪皇帝最终表示支持变法，守旧势力的公开阻挠未能全部奏效。于是，他们便改变策略，采取了拖延的手法。据不完全统计，百日维新期间，光绪发布的严责各地官僚对新政敷衍搪塞的诏谕有十二次之多。中央的和地方的许多大吏，对于诏谕要求举办的新政，或者根本置之不问，或者借口“不懂”“从未办过”而“模棱不奉”，有的甚至“无一字复奏”。最典型的一件事是处理康有为请立制度局的建议。自康有为上折后，光绪即交总理衙门研究，自戊戌正月一直拖到五月，没有回音。光绪怒促数次，总理衙门才写了个复奏，其中不是说“迹涉纷更，未必即有实际”，就是说“不必更变名目”，“毋庸置议”。光绪阅后，大为不满，朱批“著该衙门另行妥议”。总理衙门回奏说，“事关重要”，请加派王大臣一起会同“议奏”，“以期妥慎”，把皮球踢了过去。光绪立即令军机大臣与总理各国事务王大臣一起“切实筹议具奏，毋得空言搪塞”。二十天后，军机大臣和总理各国事务王大臣联名写了个议复的奏折，这个奏折是一篇颇能表明封建官场中如何玩弄文牍游戏的相当有趣的妙文。文件在抽象肯定康有为的建议“切中事情”之后，对康有为的具体主张条分缕析，说明有的“已经举办”，有的“应请缓办”，有的“不便施行”，有的“尚须推广”，而总的意思是说，只要现有的各个衙门“果使各勤职业，办理自可裕如，正不必更立名目，转滋纷扰”。[①] 总之，转了一个大圈，最后是不了了之。正如张元济所说：“近来臣工条奏，凡有交议，廷臣多不能仰体圣意，切实议行。或诡称已办，或极称不便。无非欲行驳斥，即有一二议准，亦复支吾影射，貌合神离，迥失原奏本意。”[②] 梁启超也说：“自四月以来，明诏累下，举行新政，责成督抚，而除湖南巡抚陈宝箴外，寡有能奉行诏书者。上虽谆谕至于三令五申，仍复藐为具文。”[③]

比拖延策略更坏的，还有一种阳奉阴违的办法，按照当时人们的说法，叫作“迁就弥缝，阴怙旧习”。这个说法见于王照的奏折：“惟两月以来，皇上振厉，志在风行，而诸臣迁就弥缝，阴怙旧习。上以诚感，下以伪应。”[④] 前面我们曾两次提到，废八股、改策论一事如何引起了社会上包括赞同和反对两个方面的强烈反响。其实，这件事本身，与其说是维新派改革运动的一大胜利，不如说是一大失败。因为光绪虽然发布了废除八股的上谕，但只是讲了一个原则，具体实施办法，仍须由礼部详细具拟。礼部就采用了“迁就弥缝，阴怙旧习”的手法，表面上赞成和支持改试策论的原则，而实际上却偷梁换柱，在乡会试的内容和方法上玩弄了许多花招，结果是新瓶装旧酒，换汤不换药。所以叶昌炽的《缘督庐日记钞》中说：“（六月初二日）见礼部所议改试策论章程，束缚驰骤，甚于旧制，无怪康门之反唇也。”[⑤] 这就是某些封建政治家的一大本领，他们对于有关改革建议的奏折，“似无一语驳者，似无一条不行者”，但弄来弄去，却使之“皆成为虚文”[⑥]。

以上列举的并没有囊括守旧势力反改革手法的全部内容，但仅

---

① 以上均见《戊戌变法档案史料》，7～11 页。

② 《总理各国事务衙门章京张元济折》，见《戊戌变法档案史料》，42 页。

③ 梁启超：《戊戌政变记》，见《中国近代史资料丛刊·戊戌变法》第二册，61 页。

④ 王照：《礼部代递奏稿》，见《中国近代史资料丛刊·戊戌变法》第二册，352 页。

⑤ 《中国近代史资料丛刊·戊戌变法》第一册，529 页。

⑥ 《康南海自编年谱》，见《中国近代史资料丛刊·戊戌变法》第四册，154 页。

仅这些，也就足以使我们相信，幼稚质直而缺乏政治经验的维新派，远不是那些老谋深算、久于官场的守旧派的对手。何况，卑劣的动机往往要借助于卑劣的手法，这里我们不能不简单地提一下守旧势力曾广泛使用的一个伎俩：制造政治谣言。戊戌维新时期，各种各样离奇荒唐的谣言到处传布，什么光绪病重啦，什么光绪入天主教啦，什么光绪吃了外国人的迷药啦，什么康有为兄弟出入宫禁、“秽乱宫闱”啦，什么康有为要“尽废京师六部九卿衙门”啦，什么朝廷要“设立鬼子衙门”、伊藤博文要入军机当“客卿”啦，甚至还有“陈宝箴拜跪洋人，使妇人易西种”等不堪入耳的话。有人说：“正月以来，都中上自王公，下及士庶，众口哗然，谣言四起，多由显者口中传出，故信之者众。”“内言传于外，外言又传于内，愈出愈奇，不值识者一笑。”① 当时的报纸也说：“新政甫颁，流言竞起，虽非显行违抗，实已阴为阻挠。”② 这些政治谣言，或者把严肃的政治斗争化为耸人听闻的奇闻怪事，或者把合情合理的改革夸张为不近人情的蛮干，混淆视听，惑乱人心，煽动社会舆论对改革的不满，弄得“人情汹汹”“一夕数惊”，起着十分恶劣的作用。

《时务报》上曾登过一篇题为《论阴挠新法之害》的文章，归纳了守旧势力反对改革的种种手法：“彼所以阻新法者，无他术，曰延之，限之，混之，孤之，阱之，阳誉而阴绝之，假他端以弃之。”③“延”，就是拖延；“限”，就是竭力缩小、限制改革的范围和内容；“混”，就是鱼目混珠，“相似而实非也”；“孤”，就是极力孤立维新派，“使其行孤、言孤、势孤”；“阱”，就是划定一个藩篱，尽量使维新派的行动不逾越它；“阳誉而阴绝之，假他端以弃之”，则是封建守旧派惯用的两面三刀的阴险而恶毒的手法。这个概括，生动地刻画了守旧派的丑恶面貌，准确地反映了当时的历史实际。

---

① 苏继祖：《清廷戊戌朝变记》，见《中国近代史资料丛刊·戊戌变法》第一册，335页。

② 《论阻挠新法》，载《申报》，光绪二十四年七月初二。

③ 《中国近代史资料丛刊·戊戌变法》第三册，208～209页。

维新派立志改革的斗争精神

资产阶级维新派清楚地认识到自己与守旧势力之间力量的悬殊，也清楚地意识到改革事业的艰难。但他们仍然知难而进，英勇搏斗，表现了一种极其宝贵的立志改革的斗争精神。

杨深秀在一个奏折里曾这样说："开新者通达中外，其人本寡，其势甚孤；守旧者承袭旧习，其人极多，其势甚大。"① 梁启超认为自己的改革活动"犹孤身入重围之中，四面楚歌，所遇皆敌"②。显然，他们深感自己力量不足，改革事业成功的希望是很小的。而且他们也懂得，所谓改革，是一个除旧布新的过程，不能只布新，不除旧。而除旧就必定会触犯某些人的利益，引起他们的嫉恨，所以梁启超说："变法之事，布新固急，而除旧尤急。"又说："变法之事，布新困难，而除旧尤难。"③ 如果为个人的荣辱安危、成败利钝计，是大可不必冒如此重大的风险去推行改革的。然而，他们终于勇敢地向旧势力发起了挑战，并没有因为困难而畏缩退却。

人们常常责备维新派过分热衷于向皇帝上书，并把这一点作为他们缺乏斗争精神的一个例证。殊不知上书也并不是一件容易的事。当康有为在光绪十四年（1888）第一次上书时，由于从来没有如此卑微的人物竟敢向皇帝进言，并且居然提出了变法的请求，于是，"朝士大攻之"，而一般守旧的人亦"皆大哗，乡人至有创论欲相逐者"④。康有为不顾这一切，在著名的公车上书后，"四年之间，凡七上书，其不达也如故，其频上也如故，举国流俗非笑之，唾骂之。或谓为热中，或斥为病狂"。但康有为"若为不闻也者，无所于挠，

① 《山东道监察御史杨深秀折》，见《戊戌变法档案史料》，2页。

② 梁启超：《戊戌政变记》，见《中国近代史资料丛刊·戊戌变法》第一册，269页。

③ 《论变法后安置守旧大臣之法》，见《中国近代史资料丛刊·戊戌变法》第三册，33页。

④ 《康南海自编年谱》，见《中国近代史资料丛刊·戊戌变法》第四册，121页。

锲而不舍”[1]。后来，有一个奏折终于送到了光绪手中。据传闻，当光绪看到奏疏中“求为长安布衣而不可得”及“不忍见煤山前事”等文字时，曾对左右说：“康某何不顾死生乃尔，竟敢以此言陈于朕前耶?”[2] 光绪有没有说过这样的话，姑置勿论，但康有为竟敢把这种犯忌讳的话写给皇帝看，无论如何是要有很大的胆量的。因为如果皇帝看了这些话而大怒，自己是会立刻掉脑袋的。总算好，光绪看到这些话，并没有生气，反而受到了感动，这是由于光绪具有爱国心的缘故。

维新派所从事的其他改革活动，特别是那些带有开创新局面意义的活动，其所受的压力、遇到的困难、经历的艰辛，自然更是要大得多。梁启超曾慨叹地倾吐个中苦衷，非当事人是很难体味的。关于这一点，还是拿建立学会为例加以说明：康有为等组织学会，是自觉地带有向封建政治挑战的意味的。立会之初，一些人主张回避“会”的名称，但康有为“断断持之，不肯迁就”。他说：“吾所以办此会者，非谓其必能成而有大补于今时也，将以破数百年之网罗，而开后此之途径也。”[3] 很显然，如果没有顽强的斗争精神，对这一类事情是很难坚持下去的。这种斗争精神，就连维新运动的反对者也不能不承认其难能可贵。如有一个名叫李宣龚的人，在一封信中大肆攻击了保国会一通之后，说：“当时辇毂之下，何施不可，康、梁诸公乃敢犯冒严谴，成此异举，实在不能不钦佩。”[4]

守旧派对维新派的斗争精神表示“钦佩”是不难的，但要理解它就不大可能了。当时，有一些高级官僚完全凭猜测帝后之间谁可得势，维新与守旧的斗争结局如何，来决定自己是倒向慈禧太后一边，还是倒向光绪一边。但维新派与这些人完全不同，明知自己力量弱小，成功的希望渺茫，为什么还是义无反顾、勇往直前呢？对

---

① 梁启超：《康有为传》，见《中国近代史资料丛刊·戊戌变法》第四册，11页。

② 黄鸿寿：《清史纪事本末》，见《中国近代史资料丛刊·戊戌变法》第四册，257页。

③ 梁启超：《康有为传》，见《中国近代史资料丛刊·戊戌变法》第四册，10页。

④ 李宣龚：《致丁在君书》，见《中国近代史资料丛刊·戊戌变法》第二册，577页。

于像李宣龚这类人物来说，他们是找不到答案的。

维新派立志改革的斗争精神，来源于对民族危亡的忧愤、对国家命运的关切，一句话，来源于爱国主义。康有为在一封信中说："当是时也，谣谤盈廷，弹劾继踵，自非至愚，谁不知其险难者。仆诚哀中国之危亡，悯生民之涂炭，思振救之。"[①] 从康有为等在戊戌时期的全部社会实践来看，这个说法并非虚夸，是符合客观实际的。

戊戌维新运动的著名领袖人物，都表现了一种不求名、不求利甚至"卓厉敢死"的献身精神。康有为说自己"日日以救世为心，刻刻以救世为事，舍身命而为之"[②]。政变发生后，当被捕的危险尚未过去时，他在上海吴淞口的轮船上致书李提摩太说："至于我个人的死活，全置之度外，我将尽我一生的时光，为国人效力。"[③] 梁启超在戊戌夏由湘返沪时，曾在轮船中与同行者谈论救国志愿："吾国人不能舍身救国者，非以家累，即以身累，我辈从此相约，非破家不能救国，非杀身不能成仁。""同此意者，皆为同志。"[④] 到政变发生时，他从容地说："我的生命早就准备献给祖国，毫无可惜。"[⑤] 至于谭嗣同甘愿以自己的鲜血和生命，换取变法事业的发展和国家的进步，在反动派的屠刀面前，从容就义，视死如归，就更是"有口皆碑"的事。人们称颂他"久于生死等鸿毛""慷慨悲歌气若虹"[⑥]，他是完全当之无愧的。

我们在评价戊戌维新运动的时候，总是要指出资产阶级维新派的软弱性。诚然，软弱的一面无疑是存在的，这主要表现在他们的政治主张方面：他们不敢（也不可能）与封建主义实行彻底的决裂；对于西方的资产阶级政治，他们既热烈向往，又隐隐感到某种疑惧，既认真追求，又在一些方面做出某种保留。这种软弱，无疑是阶级

---

① 《复依田百川君书》，见《中国近代史资料丛刊·戊戌变法》第二册，530页。

② 《康南海自编年谱》，见《中国近代史资料丛刊·戊戌变法》第四册，118页。

③ 《中国近代史资料丛刊·戊戌变法》第三册，528页。

④ 杨复礼：《梁启超年谱》，见《中国近代史资料丛刊·戊戌变法》第四册，174页。

⑤ 《中国近代史资料丛刊·戊戌变法》第三册，572页。

⑥ 孙宝瑄：《忘山庐日记》，见《清代日记汇抄》，385页。

的和时代的局限。但是，对于自己已经确定的政治理想，包括他们认为在当时可以而且应该推行的改革事业，他们是勇敢的、坚决的。既软弱又坚定，既怯懦又勇敢，这是当时特定条件下维新派的特定阶级性格。只强调一面而忽略了另一面，既不全面，也不符合历史的真实。

"强学会"和"保国会"始末*

戊戌维新运动时期，一种与以往的旧式文人结社迥然不同的崭新社会团体，出现在中国人民的政治生活之中，这就是维新派大力提倡的学会组织。

维新派普遍认为，组织学会，对于挽救民族危亡、争取祖国富强、推动变法维新运动的开展，是一件至关重要的大事。谭嗣同说："今日救亡保命，至急不可缓之上策，无过于学会者。"① 梁启超也说："欲救今日之中国，舍学会末由哉！"②

维新派为什么把组织学会放到如此重要的地位呢？他们期望学会组织在维新运动中发挥哪些作用呢？概括起来，他们认为学会的作用有以下几方面：一是"开风气"，就是通过学会制造舆论，扩大影响，增强变法维新运动的声势；二是"联人才"，就是通过学会培养一批通晓"西学"的知识分子，团聚和组织一支致力于维新事业的骨干队伍；三是"伸民权"，就是通过学会争取和扩大群众的某些政治权利，锻炼和提高资产阶级（包括某些资产阶级化的地主绅士）从事政治活动的能力。用他们的话来说，叫作"学以此兴，士以此联，民以此固，国以此强"③。

在维新派的积极倡导和组织下，各式各样的学会果然如雨后春笋般建立起来，"各省学会极盛，更仆难数"④，学会如林，遍地并起。据我们所看到的材料，在那个时期，全国有名目可考的学会组

---

* 载《文史知识》，1983（8）。

① 《论全体学》。

② 《会报叙》。

③ 《郴州学会禀》。

④ 《中国近代史资料丛刊·戊戌变法》第二册，30页。

织在七十个上下，其中最著名、影响最大的，要数康有为亲自组织的强学会和保国会了。

强学会是维新运动时期第一个组织起来的学会，成立于1895年。康有为提出，成立这个组织的宗旨是“讲中国自强之学”。在民族危机空前严重的情势下，这个带有鲜明爱国主义性质的口号，显然给予人们一种巨大的鼓舞和吸引的力量。因此，虽然筹备工作开始不很顺利，曾“三举不成”①，但逐渐得到了一些人的赞同。后来，不仅一些下层知识分子和中小官僚加入进来，连光绪皇帝的老师、军机大臣兼户部尚书翁同龢也表示支持，答应可每年拨给经费，甚至张之洞、刘坤一、袁世凯这样一些人物，也纷纷表示捐资入会了。

维新派深知，创建这样的组织，是对封建政治的一场严重斗争。甚至可以说，维新派正是把冲决封建专制政治的网罗作为组织学会的首要目的的。梁启超指出：“自近世严禁结社，而士气大衰，国之日孱，病源在此，故务欲破此锢习。所至提倡学会，虽屡遇反对，而务必达其目的然后已。”他还讲了这样一段故事：“强学会之开也，余与其役，当时创议之人，皆赞此举，而惮会之名号，咸欲避之，而代以他字，谓有其实不必惟其名也，而先生（按：指康有为）断断持之，不肯迁就，余颇怪焉。先生曰：吾所以办此会者，非谓其必能成而有大补于今时也，将以破数百年之网罗，而开后此之途径也。”②

北京强学会成立后，康有为又于同年10月南下上海，组织了上海强学分会。

封建顽固势力当然不容许这种明目张胆的挑战。他们首先是制造一些流言蜚语，对会事大加诽谤。接着，由李鸿章的儿女亲家御史杨崇伊出面，参劾康有为等“私立会党，将开处士横议之风”。于是，慈禧便立即下令将强学会封禁。北京的强学会存在了四个月，上海的强学分会只存在了两个月，就都夭折了。

---

① 《康南海自编年谱》。

② 《康有为传》。

但是，新生的学会组织有着强大的生命力，它并不因为封建顽固势力的摧残而失去生机。梁启超说："强学会虽封禁，然自此以往，风气渐开，已有不可抑压之势。"① "惟岁以来，此风渐图，于是桂林有圣学会，长沙有湘学会，武昌有质学会，苏州有苏学会，上海有算学会、务农会、不缠足会等次第兴起。或规模已成，或草创未定，若其肇始建议者，若医会、游历会、化学会、格致会、工艺会、红十字会、戒烟会等，继轨并作。"②

在各地学会普遍建立的基础上，康有为于 1897 年 11 月重到北京，准备建立一个更大规模的群众组织。这时正好发生了德国强占胶州湾事件，祖国被瓜分的危机益形严重了。于是，康有为先联络一部分人，分别组织了保川、保滇、保浙等会。1898 年 4 月，正式成立了保国会。康有为亲自撰写了《保国会序》，贴于会所，其中列举了最近一系列"失地失权之事"后，指出："天地为愁，我将何容？昧昧我思之，惟有合群以救之，惟有激耻以振之，惟有厉愤气以张之。我四万万人知身之不保，移其营私之心，以营一大公；知家之不存，移其保家之心，以保一大国。"《保国会章程》开宗明义，第一条也指出："本会以国地日割，国权日削，国民日困，思维持振救之，故开斯会以冀保全，名为保国会。"

可是，保国会的寿命比强学会的更为短促。封建顽固势力故技重演，用对付强学会的老办法来对付保国会。他们仍然是先制造流言。保国会成立不久，社会上就开始流传"开此会为大逆不道""保中国不保大清"之类的说法，甚至散布荣禄要参加保国会的人"小心脑袋"等等的无耻威吓，"展转传闻，一唱百和，于是谤议大兴"③。接着，黄桂鋆、李盛铎、潘庆澜等纷纷上章奏劾。在奏疏中，他们说："如保浙会、保滇会、保川会，皆由保国会党包藏祸心，乘机煽惑。"并指责说："近日人心浮动，民主民权之说日益猖獗。若准各省纷纷立会，恐会匪闻风而起，其患不可胜言。"保国会

---

① 《强学会封禁后之学会学堂报馆》。

② 《会报叙》。

③ 梁启超：《记保国会事》。

等“抵制外人则不足，盗窃内政则有余”，“名则保其桑梓，实则毁其家邦，此风万不可长”①。虽然由于光绪皇帝的庇护，保国会未被查究，但自此以后，也就停止活动，名存实亡了。实际上，保国会前后只活动了一个多月的时间。

那么，强学会和保国会曾经开展了哪些活动呢？主要是：

第一，举行定期或不定期的集会。强学会“三日一会”②，保国会“会期有大会、常会、临时会之分”。在集会上，主讲人“演说万国大势及政学原理”，“发明中国危亡之故，西方强盛之由”③。讲的人慷慨激昂，听的人热血沸腾，讲到动人处，“座中人有为之下泪者”④。

第二，发行报纸。北京强学会创办了《中外纪闻》，木刻活字印刷，日出一张，“只有论说一篇，别无记事”，随“宫门钞”分送在京官员。开始印一千份，后增至三千份左右。这是维新派创办的第一份报纸。上海强学分会也发行了《强学报》，但未办多久，就停刊了。

第三，办图书馆。据梁启超的回忆，强学会“最初着手之事业，则欲办图书馆与报馆”，故开手第一件事就是“向上海购得译书数十种”⑤。又说，强学会组织起来后，“备置图书仪器，邀人来观，冀输入世界之知识于我国民”⑥。可是由于风气闭塞，当时前来阅读这些“西学新书”的人，几乎是寥若晨星。强学会曾四处寻觅，好不容易从上海购到一幅世界地图，“图来之后，会中人视同拱璧，日出求人来观，偶得一人来观，即欣喜无量”⑦。于此也就可见一斑了。

保国会由于存在时间短，实际上只进行了第一项活动。

康有为曾把强学会称作“政党嚆矢”，梁启超则说：“强学会之性质，实兼学校与政党而一之焉。”至于保国会，戊戌维新运动史的

---

① 《禁止莠言折》。

② 一说强学会“每十日一集，集则有所演说”，见梁启超：《戊戌政变记》卷七。

③ 《中国近代史资料丛刊·戊戌变法》第二册，555页。

④ 梁启超：《记保国会事》。

⑤ 《莅报界欢迎会演说词》。

⑥⑦ 《莅北京大学校欢迎会演说词》。

研究论著也大抵把它称作近代资产阶级“政党的雏形”，或者说已经“略具政党的规模”。但实际上，它与近代资产阶级性质的政党存在着很远的距离和很大的差别。

首先，强学会和保国会并没有什么明确的政治纲领。维新派不论在政治方面、经济方面还是在文化教育方面，都有相当全面的目标和主张，也就是说，维新派是有一个系统的政治纲领的。但是，他们从来没有把这个纲领贯彻到学会活动中去。强学会和保国会的宗旨，只是“自强”“保国保种保教”之类的比较笼统的政治口号，既没有具体要求争取实现的政治目标，更没有为达到此种目标而规定的实际政治步骤。参加此种组织的成员，“闻见既歧，趋向各异”①，有的人自己说：“不过逐队观光，并不识有所谓政治思想。”②

其次，任何人参加此类组织，并不需要有什么条件或履行什么严格的手续。一般“愿入会者”，“不分畛域，一律延揽”。入会手续也很简单，只要“将姓名、爵里函知局中”就可以了。《中外日报》有一篇文章说：“京师强学会，仅有议论，未见实事，何来人名清单?”③ 可见强学会连本会员名册都没有。保国会稍微严格一些，章程规定：“欲入会者，须会中人介之，告总理值理，察其合者，予以入会凭证。”但实际上这个规定并未认真执行。

最后，这些组织对自己的成员没有什么组织纪律的约束。不论是强学会还是保国会的会章，对会员提出的唯一要求就是“必求品行心术端正明白”，“入会者若心术品行不端，有污会事者，会众除名”。但这些只是对于会员道德修养方面的基本要求，连以往“以文会友”的文人结社也会提出这种要求，根本不能看作政治纪律。

曾经亲历戊戌维新运动，后来成为我们党老一辈无产阶级革命家的吴玉章同志指出：“戊戌变法时期虽然有学会一类的组织，这些组织在变法运动中也起了一些作用，但是它们没有坚强的领导，没

① 张元济：《追述戊戌政变杂咏》。

② 李宣龚：《致丁在君书》。

③ 《中国近代史资料丛刊·戊戌变法》第三册，463页。

有明确的政治纲领和组织原则，没有严格的组织纪律。”① 历史事实确是如此。

当然不应因此而低估强学会和保国会在维新运动中的历史作用。强学会和保国会的成立，在观念上冲破了封建专制主义“君子群而不党”的教条，在政治实践上冲破了封建专制主义不准结社的禁令，对维新运动的发展起了很大的推动作用。梁启超说：“按中国近两年来风气骤开，颇赖学会之力。”② 康有为则更把强学会的建立看作维新运动的发轫：“自强学会首倡之，遂有官书局、《时务报》之继起，于是海内缤纷，争言新法，自此举始也。”③ 这种估计，应该说是完全确切公允的。

---

① 《戊戌变法的历史教训》。

② 《戊戌政变记》卷四。

③ 《三月二十七日保国会上演讲会辞》。

戊戌维新派如何看待洋务运动*

在洋务运动的研究中，很自然地涉及洋务运动同维新变法运动的关系。这是一个重要的也是颇为复杂的问题。要得出合乎历史实际的结论，需要从各个方面进行细致深入的探究。其中之一，我以为不妨看看历史的当事人即戊戌时期的资产阶级维新派，对洋务运动有一些什么样的认识和评论。

维新派承认洋务运动在学习西方过程中的一定的历史地位

梁启超在《戊戌政变记》中，曾经回顾了我国学习西方、推行变法的历史过程。他把这个过程分为四个阶段：第一个阶段是自鸦片战争以后的二十余年，这个阶段中“魏源著《海国图志》，倡师夷长技以制夷之说；林则徐乃创译西报，实为变法之萌芽”。第二个阶段是自同治初到中法战争的二十余年，这个阶段中曾国藩等“渐知西人之长，创制造局以制器译书，设方言馆，创招商局，派出洋学生”，“变法之事，于是荜路开山矣”。第三个阶段是自中法战争到甲午中日战争的十年，这个阶段中“识者渐知西法之不能尽拒，谈洋务者亦不以为深耻”，但人们所学之“西法”，仍“不过称其船坚炮利制造精奇而已，所采用者不过炮械军兵而已，无人知有学者，更无人知有政者”。直到甲午战争失败，维新运动日益发展，才进入了第四个阶段。在这个阶段中，由于民族危机的空前严重，“朝野乃知

* 载《历史教学》，1983（10）。

旧法之不足恃，于是言变法者乃纷纷”，“天下人士咸知变法，风气大开矣”①。

梁启超的这段叙述，把洋务运动看作在学习西方过程中经历的两个历史阶段，肯定了它在推行变法中的“荜路开山”的历史地位，在某种程度上承认了洋务运动对于自己从事的维新事业的先驱作用。当然，所有这一切都是有条件的，因为他在论述这个问题时，并没有忘记指出洋务运动的根本缺陷。

即使在维新变法运动进入高潮，资产阶级维新派对洋务运动进行严厉批判的时候，他们也仍然时常以肯定甚至赞赏的态度和口吻，谈起像郭嵩焘、曾纪泽这些人在传播西学中所起的作用。梁启超在《南学会叙》中说：“湘南天下之中，而人才之渊薮也。……其乡先辈若魏默深、郭筠仙、曾劼刚诸先生，为中土言西学者所自出焉。”②《湖南时务学堂缘起》说得更详细一些：“窃闻吾乡先辈，若魏默深、郭筠仙、曾劼刚诸先生，咸于天下不讲西学之日，受怨谤，忍尤垢，毅然慨然以倡此义，至今天下之讲西学者，则靡不宗诸先生。”③ 谭嗣同在《浏阳兴算记》中也讲过类似的话：“然闻世之称精解洋务，又必曰湘阴郭筠仙侍郎、湘乡曾劼刚侍郎，虽西国亦云然。两侍郎可为湖南光矣。”④ 这些大致相仿的言论，正说明这是维新派的共同认识。

事实上，维新派最早接触和获得的关于西学的知识，大都正是来自洋务派人物主持翻译出版的书籍。从这个意义上说，也许可以把洋务派称作维新人士的启蒙老师。维新派自己不仅不讳言这一点，反而常常提起它。梁启超在他撰写的《康有为传》中指出，他的老师在青年时代，“其时西学初输入中国，举国学者，莫或过问，先生僻处乡邑，亦未获从事也”。直至康有为离乡出游京师，始在沪上“悉购江南制造局及西教会所译出各书尽读之”，“自是于其学力中，

---

① 《中国近代史资料丛刊·戊戌变法》第二册，18页。

② 《中国近代史资料丛刊·戊戌变法》第四册，422页。

③ 同上书，492页。

④ 《谭嗣同全集》，174页。

别开一境界”[1]。在《三十自述》中，梁启超讲到自己的经历时又说：开始，他求学只是“日治帖括”，后来又致力于“训诂词章”，除此之外，不知天地间“更有所谓学也”；直到十八岁入京应试，“下第归道上海，从坊间购得《瀛寰志略》，读之始知有五大洲各国，且见上海制造局译出西书若干种，心好之”[2]。像康、梁这样的经历，显然具有典型的意义，基本上代表了大多数维新人士所走过的治学道路和思想发展的过程。

正因为这样，维新派对江南制造局、同文馆等翻译出版西学著作一事，尽管因其“皆初级普通学，及工艺、兵法、医学之书”，缺乏社会政治方面的内容，而颇觉不能满足，但对其草创之功，是并不抹杀的。梁启超在《西学书目表序例》中就指出：“海禁既开，外侮日亟，曾文正开府江南，创制造局，首以译西书为第一义。数年之间，成者百种，而同时同文馆及西士之设教会于中国者，相继译录，至今二十余年，可读之书，略三百种。”[3]

可以这样说，维新派在评论洋务运动的时候，是充满着历史感的。用谭嗣同的话来说，叫作“惩末流之失，遂谓创始者之非，何异因噎废食、惩羹吹齑乎！”[4] 这句话他分别在《致欧阳中鹄书》和《报贝元徵书》里反复说过两遍，可见并非信笔所书，而是反映着对于洋务运动的一种客观态度。

维新派抨击洋务运动“根本不净，百事皆非”

所谓历史感还有另外一方面的意义，那就是：维新派并不因为承认洋务运动的一定历史地位而放松对它的指责和批判。当问题从历史拉回到现实的时候，维新派毫不含糊地指出，洋务运动是一个完全

---

① 《中国近代史资料丛刊·戊戌变法》第四册，9页。
② 同上书，44页。
③ 《中国近代史资料丛刊·戊戌变法》第一册，447页。
④ 《谭嗣同全集》，204页。

失败的运动，是一种对于国家民族非徒无益、反而有害的历史活动。

康有为在《上清帝第一书》中说："今天下非不稍变旧法也。洋差商局学堂之设，开矿公司之事，电线机器轮船铁舰之用，不睹其变，反以滋奸。""至于奸蠹丛生，虽良法美意，反成巨害，不如不变之为愈矣。"①

梁启超在《戊戌政变记》中说："我中国自同治后，所谓变法者，若练兵也，开矿也，通商也，交涉之有总署使馆也，教育之有同文方言馆及各中国学堂也，皆畴昔之人所谓改革也。"②"中国之言改革，三十年于兹矣。然而不见改革之效，而徒增其弊。"③在《论变法不知本原之害》中又指出："中兴以后，讲求洋务，创行新政，不一而足，然屡见败衄，莫克振救。"④

严复在《原强》和《救亡决论》等文章中说："海禁大开以还，所兴发者，亦不少矣。译署一也，同文馆二也，船政三也，出洋肄业四也，轮船招商局五也，制造六也，海军七也，总署八也，洋操九也，学堂十也，出使十一也，矿务十二也，电邮十三也，铁路十四也，拉什数之，盖不止一二十事。此中大半，皆西洋以富以强之基，而自吾人行之，则淮橘为枳，若存若亡。"⑤"夫盗西法之虚声，而沿中土之实弊，此行百里者，所以半九十里也。"⑥

唐才常在《尊新》《尊专》等文章中说："中国之创新政求新法也，费五十年之时日，掷万亿兆之金钱，购恒河沙数之枪械，然而北胁于俄，南挫于法，东困于日，何也?"⑦"中国数十年来，同文、方言、武备等馆，次第举行，衿褛杂拉，风雨鳞萃。而临变仓卒，不获一器一人之用。"⑧

---

① 《中国近代史资料丛刊·戊戌变法》第二册，129页。
② 《中国近代史资料丛刊·戊戌变法》第一册，274页。
③ 同上书，273页。
④ 《中国近代史资料丛刊·戊戌变法》第三册，19页。
⑤ 同上书，52～53页。
⑥ 同上书，68页。
⑦ 《唐才常集》，32页。
⑧ 同上书，33页。

这些就是资产阶级维新派对洋务运动的总的评价。

如果说甲午战争的失败在实际上宣告了洋务运动的破产，那么，在理论上宣告洋务运动的破产是在戊戌变法时期由维新派来完成的。

维新派认为，洋务运动的失败不是偶然的，既不是由于主持其事的洋务派缺乏应有的能力和魄力，也不是由于他们没有推行新政的必要的权势和地位。问题在于洋务运动在指导思想上就是完全错误的。这不是一条能够真正挽救民族危亡、促使国家富强的正确道路。只能是“经划屡年，一无所成”。用维新派的话来说，叫作“根本不净，百事皆非”①。

维新派从哪些方面去论证洋务运动失败的必然性呢？

首先，洋务派只知学习西方的船坚炮利，着意于兴矿利、筑铁路、整商务、练海军，不仅避而不谈政治的改革，反而强调封建政治的“大经大法，不可轻改”。维新派指出，这是“不变本原，而变枝叶；不变全体，而变一端”②，是“不务本而欲齐其末”③。像这样“少变而不全变，举其一而不改其二，连类并败，必至无功”④。

其次，由于封建政治已经十分窳败，积弊甚深，因此，即使那些枝枝节节的洋务措施，也都是“务其名而不务其实”，“徒为具文”，不过是“奉行故事”而已。谭嗣同慨叹说：中国讲了几十年的洋务，其实“何曾有洋务？亦岂有能讲之者？”⑤ 不仅如此，腐朽的旧势力为了达到一己之私利，总是要“将旧政之积弊，悉移而纳于新政之中”。练兵则可以拥军自重，购械则可以中饱自肥，开矿则可以串弊贪渎，通商则可以抑勒朘削。结果，如梁启超所说：“如是则练兵反不如不练……开矿反不如不开……通商反不如不通”⑥，“自

---

①　康有为：《上清帝第四书》，见《中国近代史资料丛刊·戊戌变法》第二册，178页。

②　《戊戌政变记》卷五。

③　谭嗣同：《记官绅集议保卫局事》，见《中国近代史资料丛刊·戊戌变法》第一册，303页。

④　《康南海自编年谱》，见《中国近代史资料丛刊·戊戌变法》第四册，145页。

⑤　《谭嗣同全集》，158页。

⑥　《中国近代史资料丛刊·戊戌变法》第一册，274～275页。

余庶政，若铁路，若轮船，若银行，若邮政，若农务，若制造，莫不类是”①。总之，是“百举俱废”，“犹治丝而棼之，故百举而无一效也”②。

最后，维新派强调指出，尽管洋务派同封建顽固派进行过激烈的斗争，但在挽救中国的危亡这个问题上，二者其实并没有本质的区别。如果讲区别，也只是五十步与百步之差而已。维新派声称，中国社会已是这样的衰敝危殆，任何“补漏缝缺之谋”都是无济于事的，只有“再立堂构”——按照他们的纲领实行维新改革，才是唯一的出路。

总之，维新派认为，洋务运动虚掷了数十年极可宝贵的大好时光，白白浪费了千百亿艰难筹划的国家资财，结果，“利未一见，弊已百出，反为守旧之徒，抵其隙而肆其口也”③。为了堵塞那些利用洋务运动的失败来反对变法维新、反对改革的守旧势力之口，维新派明确地要人们区分和划清洋务运动同维新运动的界限。康有为指出，洋务运动只是“变事”而不是“变法”。当光绪召见他的时候，他又针对着社会上所谓“过去几年中国已经有了一些改革”的说法，告诉光绪说：“根据我的意见，中国不仅没有改革，而且所已经做的，恰恰是我所劝你不要做的那些事。”④ 严复也说，洋务派不过是一些“有维新之貌而无维新之心”⑤ 的人。他们这些话，主要是要人们了解，洋务运动的失败不是变法、维新、改革事业的过错，因为洋务运动根本就不是真正的变法、维新、改革。

维新派认为封建性和买办性是洋务运动的致命病根

梁启超曾概括地指出，洋务运动“其蔽有二：其一欲以震古铄

---

①② 《中国近代史资料丛刊·戊戌变法》第一册，20页。

③ 《中国近代史资料丛刊·戊戌变法》第三册，21页。

④ 同上书，508页。

⑤ 《论中国分党》，见《中国近代史资料丛刊·戊戌变法》第三册，76页。

今之事，责成于肉食官吏之手；其二则以为黄种之人，无一可语，委心异族，有终焉之志”[①]。这里涉及了两个带有根本性质的问题，前者指出了洋务运动的封建性，后者指出了洋务运动的买办性。

在维新派看来，洋务运动的封建性，主要表现在新、旧关系的处置失宜上；洋务运动的买办性，则主要表现在中、外关系的处置失宜上。

维新派指出，洋务运动“不务除旧而言布新”[②]，“大抵皆务增其新，而未尝一言变旧”[③]。按照这个原则，其结果，“累朝蠹政，不忍割弃”[④]，腐朽的封建政治既一仍其旧，其他方面的举措也就只能空有其名，无补于实。在这种情况下，像办厂、开矿、筑路、练兵等事，“泰西行之而富强”者，一引到中国这块封建土壤上来，就不免“有淮橘为枳之叹”了。谭嗣同曾具体列举用封建主义的一套老办法去办新式机器工厂造成了怎样的结果：“嗣同尝往来各省机器局，见所谓总办，非道即府，问其得道府之由，上之挟万无一用之举业，弋科目而驯致之；否则入赀财而货取之，营荐举而巧攫之。中国辨士论官，固自不出此，何怪于算学制造了不省悟，则以下诸官属之懵然昏然，又不待言。即或一二奇材异能之士杂其中，夫谁知而听之！”[⑤] 靠这么一批人而能够办好工厂，岂不是成了怪事？

自己办不好，便“不得已而用西人主其事”。维新派认为，“当急则治标之时”，适当地“借材异域”，聘用一些外国技术人员是可以的、无可厚非的。问题是，一则洋务派对外国人的话奉命唯谨，言听计从，“于西人之言，辄深信谨奉，而不敢一致疑也”[⑥]。二则洋务派事事依赖外国，“练兵而将帅之才，必取于彼焉；置械而船舰

① 《论变法不知本原之害》，见《中国近代史资料丛刊·戊戌变法》第三册，20页。

② 《戊戌政变记》卷三。

③ 严复：《上今上皇帝万言书》，见《中国近代史资料丛刊·戊戌变法》第二册，319页。

④ 刘桢麟：《复仇说》，载《知新报》，光绪二十三年十一月二十一日。

⑤ 《谭嗣同全集》，203页。

⑥ 梁启超：《续论变法不知本原之害》，见《中国近代史资料丛刊·戊戌变法》第三册，22页。

枪炮之值，必归于彼焉；通轮船铁路而内地之商务，彼得流通焉；开矿而地中之蓄藏，彼得染指焉。且有一兴作，而一切工料，一切匠作，无不仰给之于彼”[1]。三则洋务派并不是把聘用外国人作为一种过渡性的权宜之计，有计划地逐步培养我国自己的人才来取而代之，而是把依靠外国人办洋务当作一种长远的方针。维新派批评说：洋务运动“亦既数十年，而犹然借材异地，乃能图成，其可耻孰甚也?”[2] 这样，中国就在很大程度上失去了自主之权，而成为处处仰洋人之鼻息行事了。

充满了爱国主义精神的维新派，对洋务运动的买办性从多方面进行了批判。他们指出，惯于侵略欺凌我国的列强，从根本上说来，是乐于中国保持“弱也，愚也”的状况的，因为正是这种状况有利于他们在中国操大权沾大利。“自西人言之，则其为中国谋者十之一，自为谋者十之九”，把侵略者的意见和谋划当作拯救中国的灵丹妙药，实在未免是南辕而北辙。[3] 况且，中国自己不振作，不奋起，那么，“西人竭诚忠事与否，已不可信，见我无知无识，安坐束手，以受指挥，而听愚弄，彼亦何为不遂愚弄之乎?”[4] 自己不图自振、自强、自立，就只好任人摆布，受人欺凌。怨天尤人是无济于事的。

维新派对洋务派代表人物采取区别对待的分析态度

任何历史活动都是人的活动。对于历史事件的评论自然也离不开对于从事这一活动的历史人物的评论。

资产阶级维新派对倡导和推行洋务运动的那些洋务派代表人物不是抱着笼统的、一概而论的简单看法，而是采取了区别对待的分析的态度。这是一种值得称道的态度，当然，他们所肯定的或否定

---

① 梁启超：《续论变法不知本原之害》，见《中国近代史资料丛刊·戊戌变法》第三册，22页。

② 同上书，20页。

③ 参见《中国近代史资料丛刊·戊戌变法》第三册，23页。

④ 《谭嗣同全集》，204页。

的，未必都是科学的和正确的。

对于曾国藩、左宗棠等人，维新派较多地肯定了他们的历史地位。康有为在保国会的一次演说中说："曾文正与洋人共事，乃始少知其故，开制造局译书，置同文馆、方言馆、招商局……实为绝异之事。"[①]《上海强学会章程》中也说："曾文正公开制造局，以译书为根，得其本矣。"[②] 特别是对于左宗棠，维新派是抱有一定的尊重态度的。谭嗣同在《上欧阳中鹄书》中颇为激赏左宗棠在请造轮船的奏疏中的如下一句话："彼既巧，我不能安于拙；彼既有，我不能傲以无。"这里的"彼"自然是指列强，"我"则指中国。谭嗣同不仅对此发出了"善夫!"的赞叹，认为此论道出了真正足以长民族志气的心声，而且指出"傲之一字，遂足以亡天下而有余"[③]，因此也正是切中时弊的呼唤。

对于文祥、沈葆桢、丁日昌以及前面提到的郭嵩焘、曾纪泽等，维新派则认为他们不失为封建官僚中"稍明时局"、有一定见识和抱负的人。但是同时也指出，即使是这些封建官僚中的佼佼者，由于他们所致力的洋务运动本身的局限，也不可能做出像样的历史贡献和成绩。

对于李鸿章，维新派虽然也肯定了他在洋务运动中的某些作用，但更多的则是责难和否定。谭嗣同曾说："到天津，见机厂、轮船、船坞、铁路、火车、铁桥、电线、炮台等，他如唐山之煤矿，漠河之金矿，无一不规模宏远，至精至当。此在他人，能举其一，功即不细，合肥兼综其长，夫亦人杰。惜晚节不终，弥增悼叹。"[④] 这里对李鸿章的一些赞誉的话，显然主要是针对他举办的一些洋务企业而言的；一谈到李鸿章主持的军事活动和外交活动，谭嗣同立即表示了深恶痛绝的态度。尤其是对于李鸿章在甲午战争时中日谈判中奴颜婢膝的卖国丑态，他更是大加抨击，甚至称之为"彼全无心肝者"[⑤]。谭嗣同还指出，在李鸿章实际主持下的中国政局，"日暮途

---

① 《中国近代史资料丛刊·戊戌变法》第四册，408页。
② 同上书，390页。
③ 《谭嗣同全集》，157页。
④ 同上书，459页。
⑤ 同上书，156页。

穷，百政废弛，诚足恶矣”。而之所以造成这种局势，固然有种种主客观原因，不能只责备李鸿章一个人，但李鸿章之成为历史罪人，却也并非偶然，正好说明“贪位恋权之足以丧身如此，徒枉其才而已”①。

维新派对张之洞的评价，更能说明这种分析态度。在公车上书中，康有为等曾对张之洞一力推荐，认为张之洞和其他一些在中法、甲午中日战争中力主抗战、立有功绩的人，“皆有天下之望，宜有以旌之”，建议朝廷“悬赏功之格，为不次之擢”②。谭嗣同也曾说过这样的话：“今之衮衮诸公，尤能力顾大局，不分畛域，又能通权达变，讲求实济者，要惟张香帅一人。”③ 但当维新运动深入开展，新旧斗争渐趋激烈之际，张之洞从表面支持变法维新，一变而公然压制湖南的改革活动，多方干涉《时务报》对维新思想的宣传，直至发表以攻击维新运动为目的的《劝学篇》之后，维新派对张之洞的认识也就深了一层，明确地把他归入顽固守旧势力一流，并指出他在改革与反改革的斗争中，是“深中陋儒之毒，桎梏于纲常名教之虚文”，“以乱天下者”④。但即使如此，维新派仍然承认张之洞是“大臣中之最贤而有闻于时者”⑤，并不完全抹杀他的一定的历史作用。只是到了张之洞以卑劣手段残酷血腥地镇压了自立军起义之后，维新派才以极大的义愤揭露张之洞“甘心为那拉后死党”“背主卖国，不忠不义”“诛杀无辜，屠戮忠贞”⑥ 的罪行。

维新派并不只是就事论事地评论洋务派的活动和功过，还进一步分析了洋务派一事无成甚至在政治上每况愈下的思想根源在于缺乏真正的爱国主义精神。维新派指出，洋务派平素也常以“爱国”

① 《谭嗣同全集》，208 页。

② 《中国近代史资料丛刊·戊戌变法》第二册，134 页。

③ 《谭嗣同全集》，157 页。

④ 欧榘甲：《论政变为中国不亡之关系》，见《中国近代史资料丛刊·戊戌变法》第三册，159 页。

⑤ 《戊戌政变记》卷三。

⑥ 《驳后党张之洞于荫霖伪示》，见《中国近代史资料丛刊·戊戌变法》第一册，424 页。

相标榜，但在爱国、爱名、爱身三者之间，放在最重要地位的还是“爱身”，也就是爱一己之私利。“今既自谓爱国矣，又复爱身焉，又复爱名焉；及至三者不可得兼，则舍国而爱身名；至二者不可得兼，又将舍名而爱身。”① 维新派认为，没有坚定的爱国信念，没有公而忘私的献身精神，是谈不上实行改革的。

以上我们简略地介绍了资产阶级维新派对洋务运动和洋务派的一些主要认识。马克思曾指出：“我们判断一个人不能以他对自己的看法为根据，同样，我们判断这样一个变革时代也不能以它的意识为根据。”② 尽管维新派同洋务派是两个性质完全不同的政治派别，但维新派对洋务运动的认识，毕竟也只是反映戊戌维新运动这个变革时代的一种社会意识，因此仍然不能作为我们确切判断和评价洋务运动的根本依据。资产阶级维新派并不掌握科学的历史观，作为历史事件的当事人，他们的意见又不免受到现实斗争中所激发的各种情绪的强烈影响，因此，客观和深刻都是难以做到的。但无论如何，前面介绍的维新派的种种认识，终究可以作为我们分析洋务运动同维新运动关系时的一个重要的参考。

① 《戊戌政变记》卷三。

② 《马克思恩格斯选集》第二卷，83页。

用历史拨动人们的爱国心弦*

——爱国主义通俗历史读物获奖作品读后感

近年来，广大史学工作者积极响应党中央关于建设高度的社会主义精神文明，发扬爱国主义，在人民群众中“加强祖国历史特别是近代史的教育”的号召，在马克思主义毛泽东思想的指导下，在历史科学研究的同时，编写了一批以普及历史知识为目的的通俗读物。据不完全统计，从十一届三中全会到现在，全国出版的这类读物已接近两千种。这是史学战线的一个可喜收获。在此基础上，中国史学会和中国出版工作者协会于最近联合举办了评奖活动，从中评选出优秀的爱国主义通俗历史读物二十八种。浏览一下这些获奖作品，我们深深感到，悠久而又丰富生动的祖国历史，确实是进行爱国主义教育的极好教材。

一

热爱祖国首先要了解祖国。对祖国的历史和现状知之愈深，我们对她也就爱之愈切。从各个不同的方面展示祖国的过去，必定会更加唤起人们满怀热情地建设祖国的现在，追求祖国的将来。这次获奖的二十八种作品，给我们的突出印象是作品题材的广泛性和多样化。从追述神州大地远古人类发展的前进足迹，到讴歌近百年来爱国者和革命者争取民族独立与人民解放的奋斗历程，从记叙我们祖先辛勤创造的光辉灿烂的科技成就，到介绍源远流长而又绚丽多

---

* 载《光明日报》，1984-06-20。

采的优秀文化，从描写中华儿女对包括宝岛台湾在内的一些地方的经营和开发，到反映组成我国民族大家庭的各族人民的生活和斗争，每一种读物虽然只是讲了漫长历史的一个片断、一个侧面，但却都能使人形象而具体地感到祖国的伟大与可爱。事实证明，在进行爱国主义教育的时候，只是依靠空洞的说教，凭借抽象的口号，往往是苍白无力的，也难以取得应有的效果。只有通过一桩桩、一件件确切而生动的事实，让人们在对历史和现实的广泛了解中，不断增强民族自豪感，提高民族自信心，才能使蕴蓄于人们心中的爱国主义激情得到进一步迸发和升华。这次获奖的许多作品之所以能在群众中受到欢迎，发挥了较好的宣传教育作用，其原因正在这里。同时，我们从获奖作品中也可以看到，不应该把爱国主义教育的含义和内容理解得过于狭窄。从历史的角度说，宣传我们祖先对世界文明做出的杰出贡献，赞颂民族英雄为保卫祖国而进行的卓绝斗争，固然可以使人受到鼓舞和振奋；揭露历史上帝国主义对我们国家的掠夺和侵凌，叙述我们民族曾经遭受的种种屈辱和苦难，以及刻画献身于革命和改革的前驱们为寻求救国之路而经历的种种困顿挫折、危难牺牲，也能够使读者得到激励，并在强烈的对比中更加感到今日的幸福生活是怎样来之不易，社会主义中国的现实是何等值得珍惜与宝贵。总之，用历史内容进行爱国主义教育，有取之不尽的史实，用之不竭的素材，等待我们去开掘，去提炼，去写作。这是一个可以供我们史学工作者纵横驰骋的广阔天地。

二

思想性、科学性和生动性的有机结合，可以说是这次获奖作品的一个共同特点。

从获奖的二十八种读物来看，不仅内容广泛，而且体裁也多种多样，有通俗简史，有专题史话，也有文章汇集。不论什么样的内容和体裁，一般都是观点鲜明，史实准确，文字清新，雅俗共赏。

三分之二以上的书籍还附有插图、照片和地图，做到图文并茂，引人入胜。有的作品，就其题材来说，是比较专门的，如描绘我国原始社会及早期奴隶社会状况的《中国历史的童年》，叙述我国古代天文学发生、发展、繁荣和衰落过程的《天文史话》，介绍一种古老而别致的历史文物的《铜鼓史话》等，但也都能写得通俗易懂，以生动有趣的内容、活泼流畅的笔触，引起广大读者的阅读兴趣。

通俗历史读物在性质上与历史小说、历史戏剧、历史演义等完全不同，它不是历史题材的文艺作品，而是传播历史知识的科学读物。就这个意义上说，在思想性、科学性、生动性三者之中，科学性是基础和出发点。它所发挥的爱国主义教育作用，并不是通过艺术构思，用典型化了的人物形象和故事情节去感动人们，而是通过科学概括，用真实可靠的历史事实去说服读者。当然，这种说服不是干瘪的、枯燥的、生硬的，应该力求做到丰满、形象、动人，而这些恰恰是建筑在对复杂纷繁、矛盾交错的历史真实的确切反映之上，并不是靠随意的夸张和虚构。应该说，这次获奖作品在这方面得到了较好的体现。

深入才能浅出。只有对所写的问题有较深的研究，才能写出生动活泼、有血有肉、为群众喜爱的通俗历史读物来。那种认为通俗历史读物是“低档”作品、不费力气就可以写作的看法显然是不正确的。这次获奖作品中，有不少是对所写问题有深湛研究的学者专家撰写的，如《北京史话》《辛亥革命时期的历史人物》中的许多篇目，其作者不仅对所写内容潜心研究多年，而且有的还早就发表过有关这一内容的长篇学术专著，在此基础上为更广大的读者群写作通俗读物，自然是驾轻就熟，举重若轻，游刃有余。有些作品虽然并非出自名家手笔，但作者也都是以严肃认真的态度，搜集了大量的历史资料，进行了细致的分析综合，概括和吸取了史学界的科研成果，有的还提出了自己的独创性见解。这样的作品，不但为广大群众普及了正确的历史知识，对专业历史工作者也有一定的学术参考价值。

三

在获奖的爱国主义通俗历史读物中，有相当一部分都在短时间里一版再版，有些书印数达几十万甚至上百万册之多，这种情况在历史书籍中是颇为少见的。这在一定程度上说明这些作品产生了广泛的社会影响，说明广大读者是欢迎和喜爱这些读物的。同时，也相当有力地表明了写作和出版这样的爱国主义通俗历史读物的重要意义。

五十多年前，鲁迅在谈到文艺的大众化问题时，曾经讲过："应该多有为大众设想的作家，竭力来作浅显易解的作品，使大家能懂，爱看。"① 这个问题，对于今天，对于史学工作者，也仍然是适用的。我们竭诚期望有更多的"为大众设想"的史学家，写出更多"浅显易解"的、广大群众"能懂，爱看"的作品。充分发挥历史科学的战斗作用，密切史学和现实生活的联系，对史学的大众化给予更多的关注，更好地通过历史进行爱国主义的宣传教育，应该是时代和社会赋予我们史学工作者的光荣而神圣的职责。

这次爱国主义通俗历史读物的评奖，是中华人民共和国成立以来的第一次。这既是对以往工作的回顾，也将是对今后工作的促进。事实表明，在用历史向广大群众进行爱国主义教育的方面，已经有了一个良好的开端。我们相信，在史学工作者和出版工作者的共同努力下，一定会有更多更好的爱国主义通俗历史读物奉献给广大读者。

---

① 《集外集拾遗·文艺的大众化》。

义和团运动史*
——1983年述评

如果仅就数量而言，1983年的义和团运动史研究，不能算是丰收的一年。报刊上发表的论文，是《中国历史学年鉴》创刊以来最少的。但是，这并不意味着在这一领域没有取得值得注意的成果，这种成果主要表现在：第一，对多年来特别是近几年来一直在讨论的一些老的问题，进行了新的探索，使这些问题的研究大大深入了一步；第二，提出了若干新的研究课题，开拓了这个领域的研究视野；第三，出版了几种极有价值的历史资料，为这一专题的进一步研究提供了一定的条件。

老问题的新探索

近年来，随着思想的解放和史学的繁荣，在义和团运动史的研究中，有一些问题引起了人们的极大兴趣，并展开了热烈的讨论。1983年，不少同志继续对这些问题发表了自己的看法，也有的同志对某些传统的说法提出了新的挑战。这些问题主要有：

（一）义和团运动的性质以及义和团是否反封建

义和团运动是一场什么性质的运动？义和团是否具有反封建性？这两个密切相关的问题，是近年来史学界意见分歧最多的问题之一。三年前，《中国历史学年鉴》在关于义和团运动的述评中曾指出："有关义和团是否具有反封建性的争论正在展开，但双方大都从某一角度，各执一

* 载《中国历史学年鉴：1984年》，北京，人民出版社，1984。

部分资料发表意见，看来需要根据全部事实总和，从运动的各个阶段发展过程中，做出进一步细密有力的分析。”陈贵宗在《义和团是否反封建》① 一文中提出，要解决这个问题，首先应明确判断是否具有反封建性的标准。他认为，“在中国历史上，从来没有只以是否反对封建专制制度、推翻封建政权和提出土地问题来判断农民战争是否具有反封建性质”，“只要反抗地主阶级的残酷统治，反对封建的经济剥削和政治压迫，就是反封建”。他的结论是：“在义和团运动中，既有反封建，也有不反封建。”所谓“有反封建”，主要是指一部分被称为“私团”的义和团，在政治上“反清”，军事上“抗官”，经济上“均粮”。所谓“也有不反封建”，主要是指一部分被称为“官团”的义和团，接受或变相接受招抚，实际上成了官办或官督民办的团练，在政治上“扶清”，军事上听候王公大臣的“转牌调遣”，经济上主张“自带口粮”。但是，文章强调，不论“私团”和“官团”，都主张灭洋，因此也就都不可避免地要反对封建势力的媚外投降。陈贵宗还提出，在义和团运动中，反封建与不反封建在不同派别、不同时期、不同地区表现得并不统一。

洪世华在《试论义和团运动的反封建性》② 中认为，义和团运动的反帝性质固然是主要的，但不能片面地强调义和团的反帝性质而抹杀其反封建性。文章从义和团运动兴起的原因，义和团的基本成员，封建统治阶级对义和团的态度，义和团的揭帖、告白、歌谣、乩语所反映的运动宗旨，义和团的斗争实践，以及“扶清灭洋”的政治口号等诸方面，分析和论证这一场运动既抵抗了帝国主义的侵略，又反抗了清朝统治者的镇压与屠杀，并且自始至终保持了行动上的独立自主，不为统治者的意志所左右，打击了封建势力，具有鲜明的反封建性。只是由于当时民族危机空前严重，从而使反封建斗争居于次要地位罢了。

胡滨在《关于中国近代史基本线索问题（笔谈）》③ 中提出，义

① 载《史学集刊》，1983（2）。
② 载《贵州省史学学会首届年会论文集》，1983。
③ 载《文史哲》，1983（3）。

和团运动“是一次对外民族战争，而不是单纯的农民战争；是一个反帝爱国运动，而不是反封建的革命运动”。他认为，就其性质而言，义和团运动与两次鸦片战争、中法战争和甲午中日战争是相同的，尽管它们本身各有不同的特点。因此，他不主张把义和团运动列入“革命高潮”之内。

（二）义和团运动的历史地位和历史作用

吴剑杰在《对义和团排外斗争的认识》[①] 中，不同意王致中在《封建蒙昧主义与义和团运动》[②] 中关于义和团是一个反对新的生产方式和生活方式在中国早日生根的、违背历史发展趋势的“惰性力量”的观点，认为“如果这种观点能够成立，那么义和团运动的反帝爱国性质就要被否定”。吴剑杰指出，义和团的攻击目标始终只限于为非作歹的外国教士和为虎作伥的中国教民，至于义和团是否确有捣毁机器的实际举动，至今尚未发现这类记载。因此，断言义和团对外洋事物一概排斥、毁弃，对洋人“要不加区别地杀完”，以及义和团“殊死反对”帝国主义在侵略中国的同时带来的新的生产方式和生活方式，是毫无根据的。

在估价义和团运动的历史作用的时候，前几年的某些论著中曾涉及如何看待义和团运动后帝国主义没有能立即瓜分中国的原因问题。张玉芬《论义和团运动时期帝国主义的对华政策》[③] 一文不同意过去许多论者以义和团对帝国主义打击的沉重来说明全部原因，认为：“义和团运动期间，列强各国之所以没有能立即瓜分中国，除了中国人民，特别是义和团的英雄们以血肉之躯给帝国主义以沉重打击外，列强各国在对华政策上的矛盾和斗争也一定程度上制约了列强各国肢解中国的阴谋的实现。”王致中在《论义和团运动的反帝作用》[④] 中表示，不赞成近四十年来我国史学界关于义和团运动“阻止了各侵略国的瓜分野心”等的“传统性结论”，认为，如果全

---

① 载《武汉大学学报》，1983（4）。

② 载《历史研究》，1980（1）。

③ 载《辽宁师院学报》，1983（4）。

④ 载《社会科学》，1983（3）。

面考察瓦德西、勃罗温、赫德、田贝等人的议论，只能证明义和团运动对于列强瓜分中国有打击作用，却并不能证明1900年列强没有瓜分中国主要是甚至完全是义和团反抗的结果，更不能以此证明列强对中国的瓜分从此就被“粉碎了”。相反，有些议论恰恰表明列强之间的争夺与矛盾是影响瓜分的一个更有力的原因。

（三）义和团的源流

源流问题是近年来义和团研究中成绩显著、有较大突破的一个方面。但是，以往的探讨一般多注意对义和团组织源流的追索，而对义和团运动的思想渊源和特点，则鲜有专论涉及。程歗的《民间宗教与义和团揭帖》① 独辟蹊径，从义和团揭帖入手，着重分析了这场运动的宗教意识，从思想方面对义和团的源流做了认真的研究。该文认为，在义和团运动中流传很广的“劫”的观念，其内涵主要不是佛家经典的本义，而是对白莲教信仰的比较接近的延续。义和团的多神主义，在很大程度上也是继承了白莲教那种区别于正统宗教的“异端”特色。此外，义和团在揭帖中还表露了一种“真主”信仰，“诸神下降”是为了“扶保真主”。这同白莲教起义在组织领导上的一个特点即神学权威（佛祖化身的教主）和世俗权威（神佛护佑的“真主”）的分立也是十分相像的，从这里可以明显看到民间教门对义和团的深刻影响。文章同时回答了在义和团与白莲教的关系上有争论的几个问题。

文章在概括义和团宗教思想的历史作用时指出：义和团的神秘主义外衣，由于包藏和融合了农民群众要求反抗侵略和变革现实的强烈愿望，因而做了促进运动发展的思想上和组织上的纽带。但是，任何神秘主义都是无知者的世界观。神秘主义是义和团运动先天的和致命的赘疣，它集中表现了运动的蒙昧落后的一面，成为导致运动悲剧结局的重要原因。

（四）民族资产阶级如何对待和评价义和团

史学界以往一般都认为，除了极个别的例外，民族资产阶

---

①　载《历史研究》，1983（2）。

级——不论是维新派还是革命派，都是对义和团运动采取简单的否定甚至咒骂的态度。骆宝善、桑兵在《民族资产阶级与义和团运动》① 中列举大量资料，证明“这种简单的否定的说法，与历史事实有许多不符之处”。

文章指出，在民族资产阶级的政治代表中间，特别是在队伍弱小但思想激进的革命派队伍里面，有一批有识之士认识到了义和团爱国救亡的本质，明确肯定了这场革命运动的政治大方向，从而在一定程度上肯定了义和团的历史地位，其中有些人甚至表示了领导这场群众革命斗争的主观愿望。另一部分人虽然没有明确肯定义和团在政治上的正义性、爱国性和进步性，但却认识到义和团运动的兴起，是由于帝国主义的侵略造成了中华民族的深重灾难，因而对义和团给予了有条件的同情。民族资产阶级中最保守的一派，则对义和团采取完全否定的态度，不仅根本抹杀了义和团的正义性和爱国性，而且还把义和团视为自己的头号大敌，甚至不惜与中外反动派持同一立场，表示要同他们采取同一步调。

除以上几个问题外，有一些文章对义和团运动前的几次教案、义和团运动在山东爆发的原因、义和团运动中的教会活动与民教冲突、义和团运动前后的余栋臣起义与景廷宾起义，以及义和团运动的重要领导人物赵三多等，做了很好的研究和分析。

新提出的研究课题

这里所说的新课题，是指那些在有关义和团运动的历史资料中经常能够接触到，但过去却从未有过专门论述的问题。这方面的问题主要有：

（一）义和团的粮需来源

冯士钵、于伯铭的《有关义和团粮需来源的几个问题》② 归纳

① 载《近代史研究》，1983（4）。

② 载《北方论丛》，1983（4）。

了义和团解决吃饭问题的几种办法：一是自带口粮，二是战时的群众支援，三是强行勒派，四是吃官粮。作者认为，义和团解决粮需来源的办法，大都是一些临时性措施，这既反映了一些义和团组织缺乏长期斗争的思想准备，也反映了由于义和团的分散性而未能建立起统一的后勤军需制度。没有后勤保障，当然不可能适应长时期外出战斗和进行军事活动的需要。在义和团失败的许多原因之中，没有认真解决粮需来源，正是一条重要的原因。

（二）义和团运动中的“假团”问题

义和团运动时期，几乎各种不同政治派别和政治势力都曾大谈过“假团”问题。陈振江、李喜所的《真假义和团探析》[①] 和李文海的《义和团运动中的“假团”问题》[②]，对这个当时人们曾普遍关心而以往研究甚少的问题，发表了自己的看法。陈振江、李喜所认为，在义和团运动时期，社会上普遍承认有真假义和团之分，但不同的阶级、集团，有着不同的区分真假的标准和目的。如果加以分类，所谓“假团”大致有以下三种类型：第一种类型的假团是地主官绅所组织的义和团，第二种类型的假团是所谓没有被清政府承认的义和团，第三种类型的假团是一些地痞流氓、无业游民等“混混”们所组织的义和团。他们认为，“义和团成分的复杂性决定了假团出现的必然性”，义和团运动是在特殊的社会矛盾和特殊的社会环境中出现的，这场运动较一般的革命运动都显得纷乱复杂，出现假团是势所必然的事。李文海认为，利用“假团”问题大做文章，最起劲的是封建统治阶级中对义和团力主剿杀的那一派。这一派在清政府承认义和团的“合法”地位以后，为了使自己的“剿团”行径不致有“违旨”之嫌，便竭力把那些坚持斗争的真正义和团组织指为“假团”“伪团”。但最先造出“假团”之说的，倒是封建统治阶级中主张“招抚”、利用义和团的那一派。他们把不听他们约束的那一部分义和团民说成是“假托冒充义和团”之“匪徒”，一方面作为掩饰自己无力控制义和团的推诿之词，另一方面也企图作为进一步“钤

① 载《南开史学》，1982（2）。

② 载《近代史研究》，1983（3）。

束”义和团的一个法宝。义和团本身也常常谈到“假团”问题，这部分表明了义和团为纯洁队伍、维护纪律而做的可贵的努力；部分则反映了小生产者的分散性和褊狭性，他们在内部纠纷中往往互相指责对方为“假团”，结果是削弱和抵消了自身的力量。

（三）对载漪的评价

廖一中的《论载漪》① 一文，着重剖析了载漪决心“抚拳灭洋”的政治动因，指出载漪企图借用义和团之力，作为抵制列强、扶持自己的儿子溥儁正式登位的一个机会。文章认为义和团大举进入北京城是载漪主持组织的；清军杀死日本公使馆书记官杉山彬和德国公使克林德，是载漪纵容和支持的；围攻使馆是载漪首先提议发动的；清政府的对外“宣战”是载漪及其集团一力促成的；所谓义和团要杀“一龙二虎三百羊”的流言也是载漪炮制散布的；朝廷诛戮许景澄、袁昶等五大臣则是载漪等为排除异己而制造的冤案。载漪抗洋的目的，是企图幸而战胜，或给列强一点打击；即使战而不胜，只要能“使馆朝夷，皇位夕易”，则事后再“割地以赎前愆”，也在所不惜。总之，载漪力主宣战，非出于“公愤”，乃为了“私仇”而采取的孤注一掷的盲动。到北京沦陷前夕，载漪曾主张“张白旗”投降，昔日坚持抗战的“英雄”，其实不过是胆小如鼠的怕死鬼。

继上年评价毓贤、袁世凯、杨儒等的文章之后，1983 年对杨儒的研究也有了进一步的深入，这反映了史学界在研究义和团运动时，不仅注意到人民群众斗争的一方，也逐步重视封建统治阶级一方的可喜趋向。

历史资料的出版和考订

1983 年，有几部新的有关义和团运动的历史资料书问世。主要有：

---

① 载《天津师大学报》，1983（4）。

《义和团史料》，上、下两册，共九十八万字，中国社会科学出版社1982年出版，1983年正式发行。本书由中国社会科学院近代史研究所《近代史资料》编辑组编，作为“近代史资料专刊”之一种。全书所收资料共分四类。第一类为义和团文献，包括义和团的传单、揭帖、乩语、咒言等，共四种。第二类为史籍汇录，包括文集、函札、日记、笔记、纪事诗、年谱中有关义和团运动的原始文件和记录，共六十七种。第三类是四川红灯教的专题资料，包括四川巴县所藏清政府案卷七十五通，以及辑录《新民丛报》《汇报》《广益丛报》《四川官报》《东方杂志》等报刊资料三十件。第四类为方志资料，辑录各地方志中有关义和团资料，共一百九十九种。这些资料，不少系初次刊行的稿本或原始档案，有些过去虽曾成书，但流传极少，几成孤本，十分珍贵，史料价值亦很高。

《筹笔偶存》，是“近代史资料专刊”的又一种，也由中国社会科学出版社出版。全书近六十万字，由中国社会科学院近代史研究所与中国第一历史档案馆合编。该书手稿发现于中国第一历史档案馆所收藏的清外务部档案卷宗之内，原为山东巡抚衙门中一个师爷的工作日记。其内容，一是记录当日收到的来文，摘录其要点；二是代巡抚草拟批答；三是草拟函、电、咨文、告示、奏稿等。由于所记时间起自光绪二十五年（1899）四月，止于光绪二十九年（1903）二月，正值义和团运动期间，山东又是义和团运动的发源地和重要活动区域之一，因此这份资料对义和团运动史的研究极有帮助。

《一个俄国军官的满洲札记》，是齐鲁书社所出“义和团资料丛编”的一种。该书共十六万字，由吉林省社会科学院编，刘秀云、吕景昌译校，1982年11月出版，1983年正式发行。该书作者谢·阿·多勃隆拉沃夫是沙俄侵华军队中的军官，1900年8月，奉俄国关东司令阿列克谢耶夫之命，率东西伯利亚第十九步兵团侵入我国东北，镇压义和团。全书共分八章，记述了沙俄侵略军的许多具体活动，虽然作者在书中竭力为沙俄的侵略扩张政策进行辩护和涂脂抹粉，但仍然是沙俄侵华罪行的真实记录。书末附有译自《中东铁路沿革史》第六、七、八章之材料，也从一个侧面反映了东北义和团的活动情况。

除新史料的出版以外，丁名楠在《景善日记是白克浩司伪造的》[1] 一文中，对《景善日记》的真伪进行了认真的考订。文章根据对大英图书馆保存的《景善日记》原稿本的研究，以及休·特雷费-罗珀所写《北京的隐士——白克浩司的隐蔽生活》[2] 一书所提供的材料，进一步认定《景善日记》确系白克浩司所伪造。文章回顾了半个多世纪以来关于《景善日记》真伪问题的争论过程，介绍了白克浩司其人的生平和惯于弄虚作假、伪造文件的恶劣品质，揭露了《景善日记》在史实、制度、掌故、宫阙名称等方面的矛盾和错误，做出了“《景善日记》是伪造的，白克浩司发现历史学家日记的整个过程也是假的。白克浩司伪造这份日记时，得到中国人的帮助”的结论。同时，该文还对程明洲关于伪造《景善日记》的政治背景是为荣禄辩解一说提出了质疑。

综观 1983 年的义和团运动史研究，我们仍然看到了在这一领域不断前进的坚实步伐。

---

① 载《近代史研究》，1983（4）。

② 1977 年纽约出版。

太平天国的丧礼改革*

封建统治阶级历来把礼仪看作维系封建政治关系和伦理关系的重要手段。一切反抗传统封建秩序的斗争也不可避免地要发起对封建礼仪的冲击。太平天国运动当然亦不例外。《贼情汇纂》说，太平军“无参拜揖让之礼，凡打躬叩首皆呼为妖礼”。“知粗鄙人绳以礼法，则手足无措，故简略之，使其易知易从耳。”① 《鳅闻日记》说，太平军“亦有庆吊之礼，与常人全异。上下主从，不分贵贱，共牢而食，亦无坐位。男女淆乱，不忌内外，自相称呼，俱是兄弟”②。这些被封建地主阶级讥为“不成体统”“不成规模气概”的东西，却多少反映了劳动群众中自发的民主倾向，反映了革命农民对维护等级关系的封建礼仪的某种否定。

在对封建礼仪的挑战中，也包含了对丧礼的改革。在太平天国的正式文书《天条书》中，农民革命的领导人就曾明确宣布，应该在丧葬问题上把“一切旧时坏规矩尽除”。亲身参加了太平天国运动的英国人呤唎也提到，在太平天国统治区，“一切佛教的丧礼和一般中国人的祭祀的旧俗全都被严加禁止”③。

那么，太平天国认为在丧葬问题上有哪些“旧时坏规矩”是应该革除的？太平天国所实行的“与常人全异”的丧礼又是什么样子的呢？根据文献和史实，大概有这样几点：

第一，应该把人的死亡视作值得庆贺的事。《天条书》（重刻本）中说：“升天是头顶好事，宜欢不宜哭。”其他材料中也有太平天国

---

* 载《文史知识》，1984（11）。

① 《中国近代史资料丛刊·太平天国》第三册，171页。

② 《近代史资料》，1963（1），103页。

③ 呤唎：《太平天国革命亲历记》上册，245页。

禁止为死人哭泣的记载。太平天国做这样的规定，显然是因为太平军一直处于频繁作战的环境中，死人的事经常发生，为了使大家减少对死亡的恐惧，便用宗教的语言，把人死叫作“升天”，是回到“大天堂”这个“极乐世界”去享受永福，所以“宜欢不宜哭”。这种说教，也许对提高士气、加强战斗力起过一定的积极作用，但毕竟是缺乏鲜明的政治教育而不得不借助于迷信的一种表现。

第二，反对传统的一套烦琐、铺张的办丧事程序。《天条书》（初刻本）中说：“丧事不可做南无，大殓、成服、还山俱用牲醴茶饭祭告皇上帝。”《备志纪年》记载，太平天国规定：“父母死，禁不得招魂设醮。”这些内容，是同拜上帝教关于只能敬拜“独一真神”皇上帝、不准崇拜皇上帝以外的一切“妖魔邪神”的教义相一致的。事实上，洪秀全早在金田起义前就反对“修斋建醮”：“死生灾病皆天定，何故诬民妄造符？作福许妖兼送鬼，修斋建醮尚虚无。”① 办丧事时不做佛事道场，不招魂设醮，其他仪式也尽量从简，只要“用牲醴茶饭”祭告一下皇上帝就可以了，这比起传统的丧礼来，自然有它的进步作用。但是，也不能说它具有反对封建迷信的意义，因为太平天国只不过是用新的迷信去取代旧的迷信而已。

第三，禁用棺木。太平天国规定：“所有升天之人，俱不准照凡情歪例，私用棺木，以锦被绸绉包埋便是。”② 《平定粤寇纪略》也说：“贼出伪示，死不用棺，用则为妖；香火不设，设则为邪。”对于这条规定，太平天国的有些领导人是身体力行的。洪秀全死后，就没有用棺椁，只是“以黄龙缎袱裹尸”③。赖汉英死，“亦不过用大红洋绉被裹葬而已”④。

第四，反对选墓地讲风水。洪仁玕专门写了《葬墓说》，力辟选墓地讲风水的恶习，指出：“盖孝子仁人之掩其亲，不忍暴露污秽，有辱己辱亲之念，别无求富求贵之意也。”“更可怪者，为人之子，

---

① 《原道救世歌》。

② 《贼情汇纂》卷八《伪律诸条禁》。

③ 《太平天国资料汇编》第一册，327 页。

④ 《太平天国史料丛编简辑》第五册，79 页。

以在生父母为可有可无之亲，而死后骨骸视为求富求贵之具”，认为这是一种十分可耻可鄙的“妄念”。[①] 洪仁玕的这些言论，具有鲜明的反对旧的世俗心理和迷信思想的含义，是十分可贵的。

以上这些内容，大致构成了太平天国的葬礼观。在这些内容中，太平天国最为注重，也是群众反映最为强烈的，要算是禁止棺葬一事了。

太平天国常常用强制的手段禁止棺葬。一个生活在天京而对太平天国持敌对态度的封建士人说：“贼匪之令，凡死者无分贵贱，以被裹尸而葬，不用棺木。故当破城后，见民家预备寿材棺板，概行打碎，或作柴薪，或作筑台、筑土城之用，无少留者。”[②] 甚至对已入殓的尸体，还要“撬棺戮尸”“劈棺戮尸”。所以当时颇有一些文人写了以此为吟咏题材的诗作，如林大椿的《粤寇纪事诗》中，有《发停棺》一首：“贼来劈棺如儿戏，众棺齐开见残骴”，“可怜白骨刀下磬，阴云惨淡阴风悲。有罪无罪谁得知，生得首领死戮尸”。马寿龄《金陵癸甲新乐府》有《庆升天》一首：“煌煌诰谕满城郭，无用衣衾与棺椁。灵魂既登极乐界，皮囊无碍填沟壑。”

太平天国为什么要雷厉风行地禁用棺木呢？在太平天国的文书中，我们没有看到直接的解释。由于这一措施与民间传统积习大相径庭，所以当时的人们便极自然地以“邪教”教规目之。但实际上，用拜上帝教的宗教观念去解释是很难说通的，因为在专门叙述太平天国宗教仪式和戒条的《天条书》中，初刻本在谈到丧事时曾有这样的文字：“临盖棺、成服、还山、下柩时，大声唱曰：奉上主皇上帝命，奉救世主耶稣命，奉天王大道君王全命，百无禁忌，怪魔遁藏，万事胜意，大吉大昌。”这里提到“盖棺”“下柩”，证明在太平天国初期，按照拜上帝教的仪式，是允许棺葬的。这一段话，在定都天京后重刻的《天条书》里被删掉了。因此，我们可以推想，禁止棺葬并非拜上帝教宗教观念所固有的内容，而是在金田起义到定都天京这一段千里转战的过程中逐渐形成的。其主要原因恐怕是因

---

① 参见《钦定军次实录》。

② 《太平天国史料丛编简辑》第五册，79页。

为战争中人员的大量死亡，不允许按照民间一般习俗实行棺葬，由此而提出了棺葬是“妖礼”的说法。而一经形成之后，太平天国的将士们便带着宗教的虔诚态度去身体力行，这倒是一个事实。

但是，要一百多年以前的人们接受人死不用棺木这样一种思想和做法，实在是太困难了。我们看到，太平天国统治区的群众，千方百计地抗拒不准棺葬的禁令。而任何一种只凭一时的强制力量，既没有充分的宣传教育，又缺乏具体措施使之持之以恒的禁令，总不免在习惯势力的面前退却和瓦解。所以，到了太平天国后期，棺葬依然在群众中相当普遍地实行着。例如，《避寇日记》的作者沈梓的姐姐和妻子于1860年10月先后亡故，沈梓在日记中记：“自朝至日中，寻亲故，购棺木衣物不可得，盖是时死人多，棺木居奇者价昂数倍。……午后，始定买邻媪寿榇。”“是时吾镇（按：指浙江秀水县濮院镇，这时这一带正流行瘟疫）死者日必四五十人，棺木贵不可言，尚以得购棺木为幸。”《柳兆薰日记》记1861年1月6日参加一个朋友的丧礼时说：“虽因时事艰难，一应减省，然杂乱无章，未免俭不中礼，惟棺木生江处办，廿一洋一千，尚属楚楚。”可见，人们对棺葬是十分重视、绝不马虎的。

事实上，太平天国的一些领导人，到后来也逐渐放松了对棺葬的禁令，有的甚至大规模地发放棺木了，如李秀成在自述中就讲到，他曾为清朝的江南提督张国梁、浙江巡抚王有龄、杭州将军瑞昌、乍浦副都统杰纯等“寻其尸首，用棺收埋”；不仅如此，当他攻克杭州时，还对“在城饿死者发薄板棺木万有余个，费去棺木钱财贰万余千”[①]。可见，到这时，即使像李秀成这样的高级领导人，在观念上不但不把棺葬看作有违太平天国政策之事，反而认为是理所当然的了。

这件事告诉我们，在社会习俗方面要进行某些即使是并不十分重大的改革，也绝不是轻而易举的事，更不可能一蹴而就，必须经过艰苦的、长期的、锲而不舍的工作和斗争。

---

① 罗尔纲：《李秀成自述原稿注》。

关于中国近代文化史研究对象与任务的建议*

史学领域中一门久遭冷遇的学科——中国近代文化史，正日益受到人们愈来愈多的重视。一批研究成果的出现，“中国近代文化史丛书”的着手编辑，中华人民共和国成立以来首次近代文化史学术讨论会的召开，是这门学科日趋繁荣的点滴信号。

在这种十分喜人的形势下，进一步明确中国近代文化史的研究对象与任务，更具有紧迫的意义。因为迄今为止，对这个问题还不能说已经有清晰而确定的认识。

中外学术界对“文化”下了各式各样的定义。与此相适应，也曾对历史上的文化现象做各式各样的分类。

一个较为通行的说法是把文化分为物质文化与精神文化两大类，并认为人类所创造的一切都属于文化的范畴。要根据这种说法去确定文化史研究的对象是很困难的，因为它失之于太泛。世界无非物质世界和精神世界两部分，人类社会赖以存在的最基本的活动——生产活动，说到底也只有物质生产和精神生产两种。按照上面的分类法，文化就变成了无所不包的东西，文化就是一切，一切都是文化。文化史也就是全部社会史，中国近代文化史也就与中国近代史没有什么区别了。范围无限扩大的结果，反而取消了文化史作为一种具有特殊对象与任务的研究领域的存在资格。

于是有些同志便主张对“文化”应归纳一个狭义的概念，并认为文化就是一个社会的观念形态。这种说法弥补了前一种说法的缺陷，但也还存在着某些不足。有些文化现象并不能为观念形态所包括。而且，如果文化即观念形态，那么中国近代文化史也就是中国近代观念形态发展史，那它又无法与中国近代思想史相区

---

* 载《中州学刊》，1985（2）。

别了。

因此，似乎应该考虑更为具体一些的文化分类，在形形色色的社会历史的大千世界中，确定究竟哪些属于文化现象的范围。我认为，是否可以归纳为下面三大类：

第一，观念形态，包括哲学、政治思想、宗教、道德观念、文学艺术、美学、科学等。

第二，传播和反映这些观念形态的媒介与方式，如文字、语言、教育、新闻、出版等。

第三，群众日常活动中具有民族特色的社会生活要素，如风俗习惯、衣着、饮食、建筑、礼仪等。这方面的范围比较广泛，最近有的同志就提出，饮食文化又可细分为酒文化、茶文化、烹饪文化、副食文化等。这里应该注意的是，并不是一般的日常生活都可以算作文化，而必须是本国、本民族具有特色的那部分内容。例如吃饭，世界上的人都要吃饭，不能说吃饭就是文化，但中国的烹饪艺术可就成了烹饪文化了。

如果这个看法可以成立，那么，中国近代文化史的研究对象，就应该是研究中国半殖民地半封建社会中这三个方面的状况，它的发展变化，它的矛盾斗争，它的形形色色的表现。这就是中国近代文化史应该去占领的阵地。

当然，这样的研究对象仍然是十分广泛的，它涉及思想史、哲学史、宗教史、文学史、艺术史、教育史、法制史、民俗史等。但是，文化史并不是这些专门史的简单相加，也不是要去替代这些专门史的研究。中国近代文化史的研究任务，是探究和揭示中国近代社会中各种文化运动发展的历史规律。一方面，它要综合和概括各种专门史，从宏观方面把文化作为一个完整的体系，去分析各个领域的相互结构和相互作用；另一方面，它又要在整个社会史的范围内，去着重分析近代文化怎样反映近代政治和经济，又给予了近代政治和经济何种伟大的影响与作用。简单说来，前者是研究文化的内部关系，后者是研究文化与政治、经济的外部关系。这就是中国近代文化史这门学科的研究任务。

计算机何时传入我国？*

有人说，今后的世界是计算机的世界。计算机对于社会生活的重大作用，确是愈来愈明显了。那么，计算机最早传到中国，是在什么时候呢？

据现在看到的材料，至少在20世纪末，上海就已经有计算机出现了。戊戌维新运动的著名活动家谭嗣同，在1896年夏写给欧阳中鹄的一封信里谈到，他曾在英国传教士傅兰雅处见到一种神奇的“算器”，使用这种“算器”，“人不须解算，但明用法，即愚夫妇，可一朝而知算，句稽繁隐，无不立得。器中自有数目现出示人，百试不差；兼能自将数目印成一张清单送出”①。很显然，这种早期的“算器”已经具有后来计算机的某些重要性能。可是，当时的中国正处于腐朽的清朝政府统治之下，根本不具备有计划地引进西方先进科学技术的必要政治条件，所以谭嗣同等除了极口赞叹此物“至奇”“不可思议”外，也就无能为力了。

---

* 载《北京日报》，1985-03-22。署名：梁溪人。

① 《谭嗣同全集》下册，458页。

晚清爱国思潮的折射与映现*

——读《反洋教书文揭帖选》

如果冷静地做一点自我反思，在思想史的研究中，似乎存在着这样一种现象：我们较多地注意了对精英阶层单个的、个别的思想家的解剖，却相对地较少顾及对社会思潮的综合分析，更少对于特定时期普通老百姓的思想状况、思想脉络的了解和论述。这不能不说是一个缺陷。

正是怀着弥补这个缺陷的愿望，我极有兴味地阅读了《反洋教书文揭帖选》①。这本书中所收的资料，除了一小部分是由活跃在晚清政治舞台上的某些上层人物如奕譞、李鸿章、刘坤一、倭仁、薛福成等所撰写者外，绝大部分是由普通老百姓创作并以普通老百姓为读者对象的政治宣传品。文章的作者至多不过是一些名不见经传的举人、秀才一类的地方小士绅和乡村知识分子。应该说，从这本书的内容中，是很可以窥见当时普通老百姓的一般真实思想状况的。

在晚清历史上，绵延不绝、此起彼伏的反洋教运动，是中国人民反侵略斗争的一个重要组成部分。这类性质的斗争，从中国沦为半殖民地半封建社会之后不久就已开始，经过了将近半个世纪的延续，到19世纪末，终于发展成为一场震惊世界的反帝爱国的义和团运动。就斗争形式和思想渊源来说，义和团运动与反洋教斗争确是一脉相承的。随着时代的发展和社会矛盾的激化，义和团在思想意识及斗争实践中形成了自己的某些特色，但许多基本点则是在反洋

---

* 载《清史研究通讯》，1986（2）。

①　王明伦选编，济南，齐鲁书社，1984。

教的群众身上早就显示出来了。

在《反洋教书文揭帖选》中，我们可以清晰地看到，随着外国殖民主义侵略的加深，反抗意识怎样在生活在社会底层、身处穷乡僻壤的普通群众中间潜滋暗长，爱国主义的烈火怎样在他们心中蔓延燃烧，并驱使他们去认真思考一些从来没有思考过的问题。

群众认识世界，总是从与自己紧密相关的切身利害开始的。许多书文揭帖具体地揭露了以外国侵略者为靠山的教会势力“欺压农商，鱼肉乡里”① 的罪恶。一些不法教士和教民“作奸犯科，无所不至”；“种种妄为，几难尽述”②。他们“强夺婚姻，霸占田土，估赊货物明骗银钱，横欺良孺，佃人田地不与纳租，已卖产业强人赎回，伐人坟树，拆人房屋，占人基址修天主堂，平地生波，因风起浪，种种不情无理之事，不恤人言，不畏国法，不论尊卑，明目张胆为不善，惟曰不足。甚至成群结党，寻仇挟嫌，持杖执刀，登时杀毙人命”③。教会势力中的不法分子的种种暴行，确实令人发指。正是这些不法行为，引起了群众对“洋教”的敌视与反抗。

但是，群众的认识并没有停留在这一点上。他们十分自然地去追寻某些教会势力能够如此横行霸道的根源，并立即与鸦片战争以来外国资本主义的一系列侵略活动联系起来。于是，他们自然而然地把教会的侵略活动看作列强整个侵略活动的一个组成部分。有一个材料说：“自道光二十一年间，海疆用兵，大吏多望风逃避。外洋觊觎中国之心，于是益急。和议既成，外洋人在东南各海口通商，遍立天主堂传徒行教。”④ 他们“逼处我肘腋，窥窃我腹心，肆恫喝之虚词，以要胁为能事。挟其薄技，藐我王章，驱我士民，供其羽翼。普天率土，凡有血气，谁不愿切齿同仇，思雪大耻，而压于事势，莫可如何。积岁经年，至于今日，祸几亟矣!”⑤ 著名的反教会斗争的群众领袖余栋臣在告示中鲜明地指出：“自道光以迄于今，其

---

① 《反洋教书文揭帖选》，18页。
② 同上书，37页。
③ 同上书，50页。
④ 同上书，27页。
⑤ 同上书，30页。

焰益张，其行强暴。由是煽惑我民心，奸淫我妇女，侮慢我朝廷，把持我官府，占据我都城，巧取我银钱；小儿嗜如菜果，国债重如丘山；焚我清宫，灭我属国，既占上海，又割台湾，胶州强立埠镇，中国意欲瓜分；自古夷狄之横，未有如今日者！”[①] 这一段话，与大体同一时期的资产阶级维新派领袖康有为在保国会上的演说、资产阶级革命派领袖孙中山所写的《兴中会章程》相比，在对于帝国主义列强侵略引起的民族危机的强烈呼喊方面，可以说是毫不逊色的。

在有些方面，被资产阶级维新派视作“蚩蚩群氓”的下层群众，在认识上却有高出于以觉醒者自居的资产阶级维新派的地方。这主要表现在对于封建统治阶级中卖国官僚的抨击和揭露上。有一首流传于群众中的歌谣，除指出外国侵略者“把中国人，不当人，任意欺凌”外，还特别强调：“尤可恶，有一些，贪官污吏。媚外人，欺己国，秀士良民。”[②] 另一首歌谣云：“可恨可恨真可恨，可恨一般蠢杂种！奴颜婢膝媚外人，认贼作父害良民。每逢一宗教案起，丧权辱国输到底。无人来把正气伸，做个皇清骨鲠臣。”[③] 一份民众揭帖说：“可恨贪生怕死、卖国求荣的这些官长，做我清朝的官，一心向外国人。”[④] 还有一份冒名为《张之洞奏稿》而实则是流传于群众中的匿名揭帖写道：“群臣贸贸，咸欲议和；合朝唯唯，不敢言战。乃议黎民之罪，加官长以刑。顺夷者反以为功臣，逆敌者皆为奸党。灭中华之威风，长禽兽之阴险。……乃属臣最为饱学之儒，素号明达之士，而反独议和者，呜呼！亦知其故矣。盖以皇上冲龄，兵民疲困，见敌势之颠狂，求身家之安乐，而遂欲苟且偷旦夕之安，且谓徐求后日之效，而安知一日纵敌，数世之患也。”[⑤] 这里对于封建统治阶级中投降卖国分子的揭露，可谓洞鉴肺腑、入木三分了。有的甚至在抨击投降派官僚时，直接间接地涉及封建统治的最高政治代表慈禧太后和光绪皇帝。如湖南的一份匿名揭帖说：“方今中外大

---

① 《反洋教书文揭帖选》，93 页。
② 同上书，228 页。
③ 同上书，229 页。
④ 同上书，112 页。
⑤ 同上书，86～87 页。

臣重开边衅，逆夷数动，未闻有一督一抚秣马厉兵，奉请勤王敌忾者。皇太后、皇上深宫高拱，莫可如何。”[①] 这里虽没有认为皇帝、皇太后与卖国官僚是一丘之貉，但公开宣称皇帝可以被瞒过，却瞒不过百姓，那么，天子头上那一圈睿智圣明的神秘光圈，也实在被灭得差不多了。这里所引的一些议论，在资产阶级维新派那里，几乎是很难得听到的；即或偶有一点，也是温和婉转得多，绝没有如此痛快淋漓和直截了当。而没有这样一些认识作为先导，辛亥革命时期的资产阶级革命派要一下子喊出清朝政府“已是洋人的朝廷”来，恐怕也是不大可能的。

以上的材料足以说明，在19世纪60年代至90年代的反洋教斗争中所反映的普通老百姓对外国侵略者的认识，是晚清爱国思潮的一个组成部分，是中国近代社会爱国思想发展的一个重要阶段，是旧民主主义革命时期民族觉醒途程中一级必经的阶梯。

不过，如果认为这时下层群众的爱国主义觉悟，在总体上已经超过了资产阶级的政治代表，却是完全不符合事实的。因为上面所提到的那些思想，常常淹没在大量捕风捉影的谣传、耸人听闻的讹言、荒诞不经的迷信观念、陈腐迂阔的封建说教之中。

反洋教书文揭帖中一个最常见也是最突出的内容是，大肆渲染天主教如何剖心剜目、“采生折割”，实际上把天主教徒描绘成红眉毛绿眼睛的吃人的妖魔鬼怪一般。什么“拐骗男女幼孩，取其精髓，造作丸药”[②] 啦！什么“百姓被洋人哄入伊教，吃了迷药，送去传针，与伊同歇，采补元阳元阴”[③] 啦！什么从教者将死时，教士“趁其人尚存气息，即剜其目，剖去其心，为彼国造伪银之药”[④]啦！如此等等，不一而足。有的宣传品中甚至活灵活现地讲，“洋鬼子”所以要取中国人的眼睛，是因为将眼睛配药，可以在一百斤铅中煎出白银八斤，“惟其银必取中国人睛配药点之，而西洋人睛罔

① 《反洋教书文揭帖选》，107页。

② 同上书，115页。

③ 同上书，47页。

④ 同上书，5页。

效"①。这一类传言的普遍程度，我们可以在鲁迅先生 1924 年所写的《论照相之类》中得到印证。这篇文章提到"三十年前"（按：正是 19 世纪 90 年代）他幼小的时候，在家乡"常常旁听大大小小男男女女谈论洋鬼子挖眼睛"的事。据说，挖眼睛一是用于电线，二是用于照相，"而且洋鬼子又挖心肝，那用意，也是应用。我曾旁听过一位念佛的老太太说明理由：他们挖了去，熬成油，点了灯，向地下各处去照去。人心总是贪财的，所以照到埋着宝贝的地方，火头便弯下去了。他们当即掘开来，取了宝贝去，所以洋鬼子都这样的有钱"②。所有这些传言，当然都是捕风捉影的无稽之谈，并无什么事实的依据。这些荒诞不经的讹言的广泛流传，有一个十分复杂的过程。既有人刻意编造，也有大多数人盲目信从，这在《反洋教书文揭帖选》中是可以寻找出端倪来的。如果从社会心理学的角度去做一点深入研究，必定是颇为有趣的。但有一点可以肯定，正是这些鲜血淋漓的传言，以极大的煽动力激起了千千万万普通老百姓的愤懑情绪。那些稍微深刻的爱国思想，便借着这种曲折的形式扩散和传播开来。

在反洋教的宣传中，我们时常还看到一些封建主义的说教。这在很大程度上损害了爱国主义的思想内容。

"为圣贤卫道"，每每用来作为反洋教必要性的重要立论之一。许多书文揭帖反复强调，天主、耶稣等教的重要罪孽，即有违于孔孟之道，有悖于三纲五常。因此，必然要"坏人心术""邪说诬民""左道惑众""败俗乱常"。如有的材料说："自古我中国圣人尧帝、舜帝、禹王、汤王、文王、武王、周公、孔子、孟子传下六经四书教天下万世，君要仁，臣要忠，父要慈，子要孝，夫要义，妇要顺，兄要友，弟要恭，朋友要信。其余道理虽多，总之以这五伦为重。"③"想想这鬼叫④敢来伤坏我中国几千年的正教，你说可恨不可

① 《反洋教书文揭帖选》，9 页。

② 鲁迅：《坟》。

③ 《反洋教书文揭帖选》，194 页。

④ 按："鬼叫"系"鬼教"之谐音，指"洋教"，下同。

恨哩!”① 还有一首题为《辟邪歌词》的，其中说道：“自古中华只一教，二帝三王周孔道。道理精微细难言，忠恕两字总其要。”“忠恕不离五伦里，五伦又从三纲起。”“可恨西洋教最邪，邪书遍发煽中华。三纲五常全不要，一点不知圣贤道。”② 这样的宣传，脱离了外国殖民主义的侵略罪行，避而不谈政治上丧失独立自主而形成的严重民族危机，却以维护早已成为历史惰性力的封建意识形态和伦理纲常为职志，这就大大减弱了它的战斗力量。

在一些反洋教宣传品中，还常常把洋教同封建时代农民秘密结社的所谓“邪教”混为一谈。如有则材料写道：“照得邪教滋事，为日已久，其有灯花青莲等教，固显而易见。近有天主教，假意为善，尤为地方之害。如有从其教者，立予正法，决不宽贷。”③ 还有许多宣传品特别喜欢把天主教同太平天国的拜上帝教联系起来，指出：“道光末年，乃有杨秀清、洪秀全等奉其教，群起倡乱，竟至蔓延东南，迄周纪不得平息。”④ “自道光末年起，广东、广西鬼叫就多，长毛贼洪秀全、杨秀清、石达开就是鬼叫大头目，一反就闹乱遍天下，几十年才得斩尽杀绝。你们年轻人不晓得长毛反的情形，你们问问年老人看，长毛贼从前发的书是鬼叫不是呦!”⑤ 在这些地方，已经不是从反侵略的立场出发，而是从反对农民起义的立场出发去抵制洋教了。

在以爱国思想为基本内容的反洋教书文揭帖中，夹杂着浓厚的封建观念，这并不奇怪，是完全可以理解的。一方面，这些文书的作者，毕竟都是些熟读儒家经典的封建知识分子，他们尽管社会地位低微，接近劳动群众，但在观念形态上终究是以孔孟之道为正统的；另一方面，统治阶级的思想在每一时代都是占统治地位的思想，那些没有精神生产资料的人的思想，一般地是受统治阶级思想支配的。因此，即使是下层劳动人民，在思想上也到底摆脱不了封建意

---

① 《反洋教书文揭帖选》，199 页。
② 同上书，205 页。
③ 同上书，282 页。
④ 同上书，8 页。
⑤ 同上书，198 页。

识形态的桎梏和束缚。

从上面所说的一切看来，我们完全有理由把《反洋教书文揭帖选》中所包含的普通老百姓对外国侵略的认识，看作晚清爱国思潮的一种反映、一种表现。但是，它多少是在被扭曲了的情况下反映和表现出来的。说是“扭曲”，分量也许重了一点，那就叫作爱国思潮的一种折射吧！

关于义和团与封建统治阶级关系的若干问题*

义和团运动是中国近代历史上的重大事件之一。这一次伟大的反帝爱国斗争，就其对当时世界震动的强烈程度、运动进程中各种政治势力矛盾斗争的错综复杂情况、中国人民在斗争中表现出的炽热的爱国热情及难以避免的历史局限等方面来说，较之近代史上的其他事件，都显得更加突出、更加鲜明。义和团运动以其特殊的历史地位，吸引了史学工作者强烈的研究兴趣。特别是近几年来，在这一领域提出了许多新的研究课题，展开了热烈而认真的讨论。下面，我着重围绕着义和团与封建统治阶级的关系问题，做一些情况的介绍，也谈一点自己的不成熟的看法。

义和团运动是农民革命运动还是对外民族战争？

过去，许多论著都把义和团运动称作“农民革命运动”或“农民战争”，并认为正是这场运动构成了中国近代史前期第二次革命高潮的重要组成部分。近年来，在关于中国近代史发展基本线索的讨论中，有的同志对此提出了不同的看法，认为义和团运动不属于农民革命运动而是一次对外民族战争，在性质上与鸦片战争、中法战争、甲午中日战争是一样的。既然义和团不是一场革命，当然也就不存在“第二次革命高潮”，义和团也就不应列入中国近代史发展的基本线索之内。① 中国近代史发展的基本线索问题，是个带有全局

* 载《求索》，1986（3）。

① 参见李时岳：《中国近代史主要线索及其标志之我见》，载《历史研究》，1984（2）；胡滨：《关于中国近代史基本线索问题》，载《文史哲》，1983（3）。

性而又十分复杂的研究课题，这里不可能做详细的讨论。因此，我们暂且撇开近代史上是否存在“三次革命高潮”，也不去深究对外民族战争应不应该列入近代史基本发展线索之内，无论如何，前面提出的问题毕竟是有趣的，那就是：义和团运动究竟是一场农民革命运动，还是一场对外民族战争？

义和团的基本队伍是以农民为主体的下层劳动群众，这一点，大概不会有什么分歧的意见。但是，在义和团的旗帜下所掀起的那一场轰轰烈烈的武装斗争，与封建时代或刚刚进入半殖民地半封建时代不久的农民起义或农民战争相比，确实有很大的不同，具有自己鲜明的特点，这是无可置疑的事实。其不同之点主要是：

第一，一般所说的农民革命运动或农民战争，其主要的斗争锋芒总是指向封建统治阶级，指向封建朝廷和封建帝王。即使像发生在外国资本主义势力已经侵入中国时期的太平天国运动，农民英雄们首要的斗争目标也仍然是推翻黑暗腐朽的清王朝。只是当洋人以反革命武装帮助封建统治阶级时，农民军才针锋相对地进行武力对抗。义和团运动则不同，它自始至终把革命暴力的主要矛头对准外国侵略者，而对封建统治阶级，则只是在他们以武力阻遏和镇压义和团的“仇教灭洋”活动时，才针锋相对地进行武力抗争。

第二，封建统治阶级对待义和团的态度，也同对待以往的农民起义和农民战争有很大的不同。过去，封建地主阶级对农民的造反行动，认识和态度是完全一致的，都目之为“匪”，为“盗贼”，都主张严厉镇压和剿杀，但对于义和团这支农民武装，在封建统治阶级内部却产生了严重的分歧。太常寺卿袁昶在一个奏折里所说的一段话，就生动地反映了这种情况：“盖发匪、捻匪、教匪之乱，上自朝廷，下至閭阎，莫不知其为匪，而今之拳匪，竟有身为大员，谬视为义民，不肯以匪目之者，亦有知其为匪，不敢以匪加之者。”①封建统治阶级对义和团或“剿”或“抚”的政治争论，一直十分激烈，直至闹到为此而诛戮大臣、造成流血事件的地步。这在过去的

① 《中国近代史资料丛刊·义和团》第四册，165页。

农民战争时期是从未有过的。

第三，以往的农民起义或农民战争中，农民武装总是处于不合法地位，而与封建王朝的政府军形成两军对垒的状态。义和团农民武装则与此不同，在一个相当长的时间内，清王朝虽然一再对义和团采取限制、防范、查禁的态度，但由武装的劳动群众组成的义和团，一般还是处于公开的、半合法的地位。作为清政府公开宣布的策略原则，在1900年6月以前，基本上奉行“止论其匪不匪，不必问其会不会”的方针，就是说，作为义和拳会，是可以合法存在的，但如果超越封建统治秩序许可的范围，就要加以“匪”的罪名进行适当惩办了。等到1900年6月清政府向列强发布所谓“宣战”诏书以后，上谕中公开嘉奖义和团，称之为“义民”，甚至要各省督抚“招集成团，借御外侮”①，那就更是取得完全合法的地位了。

除此之外，还可以举出一些不同之点来，但这三点是最基本的，带有根本性质的。从这几个方面可以看出，义和团运动确实与通常所说的或一般意义上的农民革命运动有着重大的区别。

但是不是因此就可以说，义和团运动是与鸦片战争、中法战争、甲午中日战争完全一样的对外民族战争呢？似乎还不能简单地这样判定。确实，在一个很短的时间里，义和团运动曾一度发展为带有民族战争性质的斗争，但从运动的全过程来看，从总体来看，这场运动与鸦片战争、中法战争、甲午中日战争等典型意义的对外民族战争，同样存在着很多不同之处，具有自己鲜明的特征。我们至少可以举出以下几点：

首先，一般的对外民族战争，组织者、领导者、指挥者都是封建统治阶级，是封建王朝和中央政权。尽管这种组织、领导、指挥有时十分糟糕，而且在统治集团中几乎总是有失败主义和投降主义势力的存在，但毕竟应该承认，建筑在民族矛盾基础上爆发的对外民族战争，如果不是通过掌握国家政权的统治阶级的意志和命令，是不可能正式进行的。义和团运动时期，1900年6月21日清政府发

① 《义和团档案史料》上册，163页。

布过一个“宣战”诏书，似乎可以看作清朝封建统治集团正式领导和组织反抗八国联军的一个标志，但可惜的是，仅仅过了四五天时间，清朝政府就在致各省督抚的上谕中反复解释朝廷对义和团“剿抚两难”“只可因而用之，徐图挽救”的“不得已之苦衷”，并一再申明“朝廷慎重邦交”“不欲轻构外衅”的一贯态度；稍后，又电令出使各国大臣向驻在国政府切实声明，表示“中国即不自量，亦何至与各国同时开衅，并何至恃乱民以与各国开衅”，请求各国的“谅解”，做出保证说，对义和团这样的“乱民”，应当“设法相机自行惩办”。① 到这个时候为止，尽管八国侵略联军并不停止对义和团同时也对清朝政府军的敌对军事行动，但一定要说清政府还在那里领导和组织抗击八国联军的军事斗争，就未免不符合历史的实际了。那么，在 1900 年 6 月 21 日以前的一年多时间里，在 1900 年 6 月 29 日（这是清政府电谕出使各国大臣的日子）以后的一年多时间里，义和团运动究竟是什么性质呢？这个运动是在清朝政府的组织和领导之下开展起来的，还是恰恰相反，倒是违反清朝封建统治者的意愿和希望而发动起来的呢？

其次，在一般对外民族战争中，与外国侵略军队进行战斗的基本力量，只有一支武装，即政府军。当然，每一次民族战争都有一些下层群众自发组织起来，拿起武器，与外国侵略者进行英勇的战斗，在具体战役中，有时甚至能给侵略者以重大的打击。但从战略上看，这种群众的自发武装力量大体是小规模的、零星的、分散的，它一般只起配合作用，并不能决定战争全局的进程。义和团运动时期则不同。在与外国侵略者进行战斗的过程中，同时存在着两支不同性质的武装力量，一支是群众自发组织的义和团武装，一支是清朝政府军。在一些场合，这两支武装互相联合，共同与侵略军作战；在另一些场合，与侵略军作战的主要任务由义和团承担了起来，政府军或明或暗地破坏、阻挠甚至屠杀义和团群众。

最后，在一般的对外民族战争中，外国侵略武装的主要对手、

① 参见《义和团档案史料》上册，186～203 页。

打击的主要对象是掌握着国家政权的封建统治者。但义和团运动时期则不同。外国侵略者曾一再声明，他们出兵的目的，并非与清朝政府为难，而是为了“竭力帮助中国平定地方，剿办乱匪”[1]。沙俄户部大臣维特甚至在电文中表示：“我皇与贵国暨太后睦谊无损。”[2]当然，这里包含着某些虚伪的外交辞令的成分，但也不能不承认，侵略者主要的打击对象是义和团而不是清朝政府，他们“惩膺”清政府，那是因为不满于清政府对义和团不全力剿办的态度；在议和过程中，他们强烈要求严办“召祸诸臣”，也是把他们作为义和团的后台，而不是作为清政府的政治代表看待的。

从以上这些方面看来，义和团运动同一般的对外民族战争又有着重大的区别。

我们常常习惯于把一切事物归纳到某几个类型中去，似乎所有的事物总是非此即彼的。但实际上，丰富多彩的大千世界，往往难于用简单的归纳方法包罗。在这一类型同那一类型中间，总会有许多中间层次，非此非彼，而又亦此亦彼。拿义和团运动来说，既不是典型的农民运动，也不是典型的对外民族战争；既有农民运动的若干特征，也有对外民族战争的一些因素。它就是它，是具有自己时代特征和阶级特征的“这一个”，是以农民为主体的下层群众自发组织起来的反帝爱国武装斗争。

义和团是否反封建？

这是史学界长期以来争论的一个重要问题，近年来，不少文章对这个问题做了比较深入的讨论，大致有以下几种不同的意见：

一种意见认为，义和团不仅反对帝国主义，而且反对封建主义。义和团提出了明确的反帝反封建的斗争纲领，“具有反帝反封建的双重性质”。持这种意见的同志，有的在文章中提出，义和团“把矛头

---

① 《义和团档案史料》，72 页。

② 同上书，64 页。

直指清朝皇帝”，“决心推翻‘儿皇帝’的清王朝”。有的说：“义和团英雄们主张打倒清朝皇帝和贪官污吏，推翻清朝封建统治。”也有的说：“义和团运动在山东爆发后就提出了比较鲜明的反帝反封建的政治口号”，“把反帝反封建斗争联系起来”。还有的说：“义和团运动是近代史上一次伟大的农民革命运动”，“义和团虽然把反对帝国主义作为自己的首要任务，但并没有忽视对清朝封建统治势力的斗争”，“义和团反封建的性质也是很明显的”。

另一种意见与此截然相反，认为义和团根本不反封建。持这种意见的文章指出：“义和团运动的最主要缺点，就是它只反对帝国主义的侵略，而不是反对封建的社会制度和清王朝的封建政权，甚而在‘扶清灭洋’的旗帜下，淹没了农民运动本应具有的自发的反封建本性。”“义和团运动确实未能触动封建制度的一根毫毛。”义和团“实际上正好是在宣扬一条不但不反封建，而且还保护封建的道路”。有的文章还认为，义和团运动“就其高潮阶段来说，却是一个‘奉旨造反’的运动，是中国农民在近代史上受封建统治者的一次大蒙蔽”。“义和团的产生尽管有其深刻的根源，但它能烈火燎原般地形成高潮，却也正显示了‘圣旨’与官意对皇权主义者的农民所起的作用。”

在这截然对立的两极中间，还有一系列在程度和分寸上各有差别的种种不同看法。

有的论著强调，义和团的主要斗争锋芒虽然是反对帝国主义，但由于封建统治阶级总是顺应洋人的要求，保护外国教会的利益，“所以义和团不能不在实际上同封建统治势力相对垒”。“反对帝国主义的义和团运动，实质上是和封建统治者相对立的，封建统治者不可能真正支持人民的爱国运动。”这种意见没有过多地去论证义和团在主观上是否具有反封建的要求，更没有回答义和团在政治上是否具有明确的推翻或反对封建王朝的目标，只是着重从客观方面去分析义和团反帝必定要同封建统治者发生尖锐的矛盾和冲突。

另一种意见完全从义和团斗争的客观效果和客观影响去谈问题，提出义和团运动的实际结果，在打击帝国主义势力的同时，必然打击了清王朝的封建统治。如有的论著指出："义和团在反对帝国主义的同时，也就必然起到打击清朝封建统治的作用。""义和团也沉重打击了帝国主义的走狗清政府"，"加速了反动清王朝的崩溃"。

还有一种观点认为，义和团在反封建问题上，在不同地区和不同时间里，情况是不一样的。在各个时期和各个地区之间，义和团对待封建统治的态度和方针是有区别、有变化的，不可一概而论，不能简单地回答对封建是"反"还是"不反"。

分歧的意见如此多样，如此矛盾，如此对立，说明了一个问题：对于义和团是否反封建问题，是很难用简单的肯定或否定、是或非来回答的。历史远远比这样的简单回答要丰富复杂得多。

如果撇开客观方面的原因（如当时社会矛盾的特殊复杂性、各派政治势力之间斗争状况的特殊复杂性等）不谈，那么，造成这种众说纷纭的意见分歧的原因，主要是这样两点：一是对历史资料所反映的历史事实的解释不同，另一是对"反封建"所包含的内容理解不同。

"反封建"是一个内容相当不确定的灵活概念。有的同志认为，只有反对封建主义的经济基础及其上层建筑，能够用新的社会关系和政治制度取而代之的，才称得上"反封建"。有的同志的标准稍低一点，认为是否"反封建"的基本标志在于有没有主张并实行推翻现存的封建政权的统治。还有的同志则认为，不一定要提出推翻封建政权的纲领和主张才算是"反封建"，只要在实际行动上反抗地主阶级的残酷统治，反对封建的经济剥削和政治压迫，就是反封建。另有一些同志则主张，任何斗争，不论是政治的、军事的、经济的、思想的、文化的，只要超越了封建统治秩序所许可的范围，便都有了反封建的性质和意义。

我觉得，如果不是停留在概念的争论，而是从义和团的实际活动和具体斗争着眼，实事求是地来分析和确定义和团在对待封建统治秩序的各个方面所采取的态度、所达到的水平，那么，义和团是否反封建的问题，有不少基本点是可以为大家所接受的。

上列对于"反封建"的第一种理解，显然是一种过高的要求。

按照这个标准，岂止义和团运动，实际上，封建社会及半殖民地半封建社会的任何一次农民起义或农民战争，都将没有资格称得上是“反封建”的。

那么，义和团有没有推翻现存封建政权即清王朝的主张和实践呢？如果我们不是专注于在那些带有神秘主义和宗教色彩的揭帖、乩语中去寻找依据（这些揭帖、乩语之类的东西，当然有很重要的史料价值，但作为一种思想资料，往往有一个长期的辗转流传的过程，因此其所包含的思想内容是比较复杂的），而是着眼于义和团大量的、明显的实际政治活动，我相信大多数同志都能同意，义和团是并不存在推翻清王朝的明确政治目标的。义和团曾经在一些政治性文件中指斥过包括皇帝在内的某些封建统治者，但这种指斥只是出于对封建统治集团中某些成员投降卖国行为和贪黩虐民劣迹的愤怒，并不是把他们作为政治代表而对封建政权所做的根本否定。

但是，如果由此而得出结论说，义和团运动根本就没有“触动封建制度的一根毫毛”，甚至认为这个运动从本质上说来是在封建统治者的蒙蔽和欺骗下，承受了封建朝廷的“圣旨”和“官意”而煽动起来的，也未免失之过偏，离开了客观的历史实际。事实上，这场在民族矛盾激化的背景下，以下层劳动群众为主体的自发农民武装反帝斗争，至少在以下几个方面，是冲击和打乱了封建统治秩序的：

首先，传统的封建政治一向是“严禁结社”的，所谓“私立会名，皆属违禁犯法”①，“义和拳名目，久干例禁”②。但义和团却冲破了严厉的封建禁令，在如此广泛的范围内扩展了自己的组织，这本身便不能不说是一种对于封建秩序的大胆挑战，何况，在组织起来之后，团民又自动地拿起锄头、木棍、大刀、长矛等原始武器，形成了一支不由封建官府指挥和控制的群众武装队伍，这就更触犯了封建统治秩序之大忌，成为对封建统治阶级的一个巨大威胁。我们只要看一看义和团运动从兴起到失败的整个过程中，封建统治集

① 《义和团档案史料》上册，72页。

② 同上书，64页。

团在上谕、奏疏、指令、函札等无数文件中，对于义和团这个群众组织和这支群众武装所表露的那种半是惶恐、半是恼怒的心理，就可以毫不怀疑，义和团从本质上说来，是一种封建统治的异己力量。

其次，当义和团势力发展到一定规模的时候，他们便开始了“灭洋仇教”的活动和斗争，如烧教堂、惩教民、禁洋货、杀洋人等。我们且不管这些活动在多大程度上具有爱国反帝的性质，又在多大程度上存在着笼统排外主义的成分，也就是说，评价可以各异，但有一点是肯定的，那就是从根本上说来，这些活动是违反封建朝廷所早已确定的政治方针的，是不为当时历史条件下的半殖民地半封建的政权所容许的。封建统治者一再声明，“各国传教，载在约章”，“朝廷谊重邦交”，“中外敦崇睦谊，总宜永远不渝”①。如果说，由于各种错综复杂的原因，义和团的“灭洋仇教”活动还曾受到封建统治集团中一部分人的赞赏甚至纵容的话，那么，当义和团从烧教堂、拆教产进而发展为拆铁路、毁电杆时，封建统治阶级中不论是主剿派还是主抚派，就一致表示反对了。主剿派认为，义和团“毁坏国家所设铁路，法所当诛”，“此乃借闹教而作乱，专为国家挑衅”②；即使像刚毅这样著名的“主抚”派，在他前往良乡、涿州一带查察义和团时所发告示中也指出，“铁路栈房系国家之物，万不可毁”，“倘有拆毁，皆耗国家之财”③。这足以说明，义和团的这些活动，已经越出封建统治秩序的范围很远了。

再次，既然义和团的组织是违反统治阶级的意愿而存在、义和团的许多活动是不为统治阶级所容许的，封建统治阶级便多方使用手中掌握的国家机器对义和团进行限制、禁阻，在不少场合，还曾表现为动用封建军队对义和团进行武力的镇压和剿杀。对于封建统治阶级的军事进攻，义和团一般都进行了针锋相对的回击，于是，便发生了义和团武装与清朝政府军之间的连绵不断的军事冲突和交战。当然，由于义和团的主要斗争矛头是指向外国侵略者的，因此，

① 《义和团档案史料》上册，328～329页。
② 同上书，112页。
③ 同上书，139页。

义和团农民武装与清朝政府军之间的军事斗争，具有不同于以往一般农民战争的特点。从统治阶级这方面说，他们发动的围剿义和团的军事行动，一般是局部的、小规模的，每次战役持续的时间也比较短暂；从义和团这方面说，他们一般不主动向政府军发动进攻，只是在官军兵锋所及时，进行必要的然而又是坚决的抗拒和还击。总之，清朝政府军与义和团农民武装之间，只是分散和零星的军事摩擦、对抗，没有爆发或转化为全面的内战。但是，双方的这种军事对抗和冲突，就时间来说，却一直贯穿于义和团运动的始终，即使是清王朝公开承认义和团合法并奖誉为“义民”的那个短暂时期，这种对抗和冲突也没有完全停止。就规模来说，每一个具体战役，虽说是规模不大，但由于发生的频繁和普遍，因此，从总体来看，又是义和团全部活动中一个极其重要的方面。从某种意义上可以这样说，义和团在武装斗争中所付出的精力和代价，对待清朝政府军的也许要超出对待帝国主义八国联军的之上。无论如何，军事斗争毕竟是阶级斗争的最尖锐的一种形式，怎么能够说，在如此频繁的军事斗争中不具有丝毫的反封建意义呢?

又次，义和团群众在政治上和思想上，对封建统治也表示了相当程度的轻视甚至蔑视（应该说明，这种轻视或蔑视并没有导致对现存封建统治的根本否定)。义和团不顾载漪的阻拦，坚持要杀在攻打西什库教堂的战斗中暗向团民打黑枪的纳继成时，曾亲口告诉载漪：“王所遵者皇上，我们遵者玉帝。”① 那桐、许景澄奉旨出都，走到丰台，为团民所阻，那桐等告以朝命在身，义和团回答说：“吾民知有祖师之命，不必问朝廷之命。”② 这些都说明，在平日一直被认为是神圣不可侵犯的“皇上”“朝廷”“圣旨”等，到了这个时候，至少在相当一部分义和团民的眼里，已经大大地降低了它们的地位，失去了往昔的威严。在义和团的一些宣传品里，更有十分鲜明地指斥封建统治阶级的内容。例如大家所熟知的这样一张传单：“君非桀纣，奈佐非人。最恨和约，一误至今。割地赔款，害国殃民。上行

① 《中国近代史资料丛刊·义和团》第二册，193 页。
② 《中国近代史资料丛刊·义和团》第一册，135 页。

下效兮，奸鬼道伸；中原忍绝兮，羽翼洋人；趋炎附势兮，肆虐同群。”[①] 这里可以说对封建统治集团的投降卖国、祸国殃民的罪恶，揭露得相当淋漓尽致了。有的同志也许会说：这里明明说“君非桀纣，奈佐非人”，这不还是认为皇帝是好皇帝吗？前面我们已经说过，义和团虽然对封建统治表示了某种蔑视，但却并没有根本否定现存的封建统治。因此，他们对作为封建统治的象征和代表的皇帝做某种肯定，是一点也不奇怪的；所谓“君非桀纣”，也只不过是说皇帝还没有坏到夏桀、殷纣那样的程度；肯定的语气实在是有很大的保留的，更看不出有多少赞颂之意。

最后，义和团对封建统治秩序的冲击，还表现在“向富户勒捐银米”这类经济斗争上。很多材料表明，有不少“绅耆富室曾被匪众（按：指义和团）勒令助器、助饷”，“勒派供支”。[②] 义和团采取这种办法，当然首先是为了解决武装队伍给养和武器配备等需要，同时，在向“富户”进行“勒捐”的时候，也往往要披上“仇教”的外衣，不肯理直气壮地直接打出具有反封建意味的旗帜来。如柳溪子《津西毖记》称：“诈称某富户奉教，馈以财物得赎罪。”杨慕时《庚子剿匪电文录》载：“凡有富厚之家，指为教民，则所掠无算。”龙顾山人《庚子诗鉴》记：“凡教民皆目为直眼，其鱼肉富室，亦以直眼论，必输多金乃免，否则屠其人、火其居。”李鸿章在一个奏折里也说：“窃查顺直地方，自本年五月拳匪倡乱以来，每勒有力之家捐助钱米，稍不遂欲，辄加以二毛之名，任意烧杀，官司不敢过问。”[③] 但尽管如此，义和团始终把“勒捐”的对象主要限制在“富厚之家”“有力之家”，而于一般“平民”，则一直是“秋毫无犯”，有时还把从富绅那里“勒捐”来的银米向贫民散发，从这里不也可以嗅到某种反封建秩序的气息吗？

以上这些具体事实的存在，我想很多同志都是会同意和承认的，如果我们不去纠缠于抽象的概念争论，而着眼于义和团在哪些方面

---

① 《近代史资料》，1957（1），8页。

② 参见《义和团运动史料丛编》第一辑，240～243页。

③ 《义和团档案史料》下册，929页。

冲击了封建统治秩序，哪些方面打击了封建统治，其程度和范围究竟如何，那么，“义和团是否反封建”的问题，似乎也不难逐步取得比较一致的看法。

怎样看待义和团的“扶清”口号?

与上面一个问题相联系，人们很自然地要考虑到如何看待义和团的“扶清”口号的问题。义和团在一些方面对封建统治集团的冲击，又如何同其“扶清”口号统一起来呢?

“扶清灭洋”是义和团运动的基本口号。一场大的政治运动的中心口号，往往能够概括地反映这个斗争的优点和缺点，一定程度地体现它的基本面貌。过去，史学界对“扶清灭洋”口号在当时现实斗争中的社会作用和影响，存在着种种不同的估价。有的是基本肯定的，认为这个口号具有“策略意义”，它利用了清朝政府与帝国主义存在着的一些矛盾，争取到了封建统治阶级对义和团运动的同情和支持，正因为这样，义和团运动才“得到很大的发展”；也只有在这个口号的掩护下，义和团“才能进入天津、北京对洋人直接作战”。有的是基本否定的，认为“扶清灭洋口号，麻痹着群众对清王朝的警惕，消磨着群众反封建的思想，便利了清朝统治者破坏和出卖义和团”。还有一种意见则认为，这个口号既有积极作用又有消极作用，如有的文章说，“扶清灭洋口号的提出，一方面固然扩大了义和团的势力，另一方面却使义和团内部阶级成分日益复杂起来，给革命运动带来了很大的危险”。评价尽管有很大的分歧，但在相当一个时期里，许多论著大体上都把“扶清”的“清”解释为清王朝或清政府，“扶清”即扶持清朝封建统治者之意。近年来，有一些文章对此做出了新的解释，认为这里所说的“清”具有双重含义，它既可以指清王朝或清政府，也可以指“清国”或“大清国”。从后一个意义上来说，“扶清”则包含着“扶助中国”的意思。我以为这个说法是很有道理的，也确实有充足的材料作为根据。事实上，义和团运动的参加者常常是在后一种意义上使用这个政治口号的。

义和团运动的一个目击者，在这个运动被镇压下去的第二年，追忆前两年的情况时说：“光绪二十五年冬，山东境内义和拳匪，因仇教蜂起。及二十六年春，乃流入天津，以保清灭洋为名，朝野上下，多深信之。喜相告曰：‘扫平洋人，扶持中国，在此一举，而今而后，海内肃清，升平有日矣。’”① 此人是敌视义和团的，但这里所引用的话，却是信奉或参加义和团的人们中流行的说法，其中“扫平洋人，扶持中国”两句，便是“保清灭洋”的注脚。可见在这里，“清”字是作“中国”而不是作“清廷”解的。

有一份义和团张贴的告示，其中有这样一段话：“今上帝大怒，免去雨雪，降下八万神兵，教传义和团神会，特借人力，扶保中华，逐去外洋，扫除别邦鬼象之流。”② 这份告示中没有提到“扶清灭洋”口号，但“扶保中华，逐去外洋”，却正是这个口号的体现。那么，在这里，扶清的“清”指的也是“中华”而非朝廷。

另一张义和团的《告白》，上面标明是1900年5月28日出具的，中间有这样的话：“吾等俱练习义和神拳，保护中原，驱逐洋寇。”③ 这里所说的“中原”并不是指中原地区，而是泛指中国，这从义和团的揭帖“神助拳，义和团，只因鬼子闹中原”中可以得到印证。这里的“保护中原，驱逐洋寇”，当然和上面的“扶保中华，逐去外洋”，完全是同一个意思。

现在保留下来的另一份义和团文件，即《京都顺天府宛邑齐家司马兰村义和团晓谕》，在讲到“扶清灭洋”时，是这样说的：“窃有天主教，由咸丰年间，串结外洋人，祸乱中华。……今以上天大帝垂恩，诸神下降，赴垣设立坛场，神传教习子弟，扶清灭洋，替天行道。出力于国家而安于社稷，佑民于农夫而护村坊，否极泰来之兆也。”④ 国家、社稷、农夫、村坊，其内容比单纯的扶保朝廷，

---

① 《中国近代史资料丛刊·义和团》第二册，5页。
② 《中国近代史资料丛刊·义和团》第四册，147页。
③ 同上书，149页。
④ 同上书，148页。

显然要丰富得多，实际上也是“扶持中国”或“扶保中华”的意思。

这里引用的都是义和团本身对于“扶清灭洋”的说明。可以看出，其所说的“扶清”，几乎很少有扶持清王朝的内容。在上引的义和团文书中，“扶清”，就是扶持大清国，或曰中国、中原、中华。这一点，政治眼光比较敏锐的人在当时就看出来了。坚决主张严厉镇压义和团的吴桥县令劳乃宣，在一封信里曾经写道：“从来叛乱之徒，无不有所托之名，以为号召众人之帜。……拳党之以扶中朝灭洋教为名，亦犹是也。”“是又保国会保中国不保大清之故辙也。”①义和团和保国会当然是完全不同的两回事。但是，劳乃宣看出“保清”有“保中国”和“保大清”（按：指保清王朝）两层内容，义和团的真意在于前者而不是后者。尽管他这个认识出发于反动的政治立场，但我们终究不能不说这确是一种高明之见。

在义和团所举的旗帜上，“扶清灭洋”有时也写作“保清灭洋”“助清灭洋”“兴清灭洋”。有人或者会问：如果把“清”解释为中国或中华，那么“保清”或“兴清”固然可以说是保卫中国或振兴中华，在文字上完全可通，但“扶清”“助清”，就不免有语病了。因为扶、助这类字，一般是第三者的口吻，义和团农民英雄们本来就是中国人民的主体、中华民族的儿女，怎么能够自己“扶助”自己呢？这不是在文字上先就不通了吗？

这个问题提得有点道理。但如果仔细地加以研究，却也不难解决。

原来，“扶清灭洋”这个口号，并不是简单地说义和团扶帮中国，逐灭洋人。它的原意要比这个稍稍复杂一些。从前面所引的材料已可看出，它本来是说：由于洋人（外国侵略者）在中国作恶多端，所以天或上帝的意志要扶助中国、逐灭洋人，义和团就是执行这个天意的；用我们现在的话说，义和团就是实现“扶清灭洋”这个天意的物质力量。事实上，在义和团发展最盛的时候，“天寄权于团”“天意灭洋”这一类说法，已经成为街谈巷议的最

---

①《中国近代史资料丛刊·义和团》第四册，458页。

常见的话题。有一个材料说："盖自从义和拳起，皆相谓曰，此天灭洋人也。"[①] 另一个材料则说："愚民传说义和团法力甚大……天意灭洋，玉皇大帝特派八百万神兵下世，从此中国无洋人矣。"[②] 王照在笔记中谈到他在义和团运动正值高潮时行经山东各州县所见情景时说："其街谈巷议，大抵不外'天灭洋人''李鸿章卖江山''光绪爷奉教'……之类。"[③] 舆论之普遍竟到了这个程度，使一位赶时髦的道士给自己起名为"天灭"。

把"扶清灭洋"口号放到这样一种社会环境中去考察，就比较容易弄清它的真义了。诚然，直接说义和团"扶助"中国，在文意语气上确实是不甚通顺的。但是，说天或上帝这个仅仅存在于义和团群众心目中的虚幻的最高主宰，对于一中一洋，分别采取一助一灭的态度，这样的解释不但完全符合文字的逻辑，而且也完全符合当时实际政治生活的逻辑。浓厚的封建迷信思想是义和团运动一个明显的特征。对于这种迷信色彩对当时运动所起的作用，人们可以做各种各样的评论，但毕竟不能否定它的客观存在。而这种迷信思想，不能不在他们的政治口号中有所反映，这是一点也不奇怪的。相反，假如他们的政治口号中根本不掺杂天、神之类的东西，倒是叫人觉得不可思议了。许多历史记载说明，义和团在高举"扶清灭洋"大旗的同时，常常在旁边举着另一面旗帜，上书"替天行道"四个大字，这个现象确切地反映了义和团革命群众的真实思想和觉悟状况。

那么，在义和团运动的当时，有没有人把"扶清"解释为扶持清王朝即封建朝廷呢？也是有的。下面，我们也引几条材料：

李秉衡、张之洞、刘坤一等在力主"速剿"义和团致总理衙门的电文中说："旗书扶清灭洋，乃各省会匪故套，若助朝廷，何以抗旨？"[④] 这段话很清楚，在他们看来，"扶清"就应该"助朝廷"，但

---

① 《中国近代史资料丛刊·义和团》第二册，59页。

② 同上书，141页。

③ 《中国近代史资料丛刊·义和团》第一册，409页。

④ 《中国近代史资料丛刊·义和团》第二册，329页。

义和团竟然“抗旨”，可见并不真助朝廷，这就是他们认为义和团该杀的一个理由。

有一个叫作杨典诰的人，在他用日记体裁写的《庚子大事记》里，曾发过这样的议论：“不知电杆、铁路乃国家营造者，既悬‘扶清灭洋’之旗，而又烧焚公家之物，是直与国家为难，非乱民而何?”① 看来，这个人也是把“扶清”解作扶持朝廷的，既如此，当然不能“与国家为难”，否则，便是“乱民”，非“痛剿”不可了。

综合这些议论，我们看出这样一个共同点，那就是：在义和团运动正在激烈进行的过程中，一些反对和敌视这场伟大反帝斗争的人，为了责难革命群众的所谓“不法”行为，或者要求义和团接受封建势力的“约束”，才突出强调“扶清”应该是扶持朝廷这个意思。当然，“清”字字义的含混，便利了封建统治阶级对“扶清灭洋”口号做有利于自己的解释，但对于义和团本身来说，至少在运动前期，是很少把这样的意思包含在“扶清灭洋”的口号之中的。

“扶清”的两重含义，在当时基本上是各说各的，不同的政治派别各自强调符合自己要求的内容。就我们现在所看到的，只有一份历史文件曾经把这两种解释同时列举，并加以分析，这就是著名的袁昶、许景澄于1900年7月23日所上的《严劾大臣崇信邪术请旨惩办疏》。奏疏中这样说：“夫‘扶清灭洋’四字，试问从何解说?谓我国家二百余年深恩厚泽，浃于人心，食毛践土者，思效力驰驱，以答载覆之德，斯可矣。若谓际兹国家多事，时局维艰，草野之民，具有大力能扶危而为安，扶者倾之对，能扶之，即能倾之，其心不可同，其言尤可诛。”②

我们暂且不管这份奏疏的真实性究竟如何，至少，从这个文稿的作者看来，所谓“扶清”，如果是出于对清朝封建统治者的感恩戴德，愿意为朝廷“效力驰驱”，那是可以的；如果不是指扶持朝廷而是指对国家能“扶危而为安”，那是不行的，是不允许的。因为在封建统治阶级看来，对于国家的控制和统治之权，只能由他们独占，

---

① 《庚子记事》，79页。

② 《中国近代史资料丛刊·义和团》第四册，165页。

“草野之民”是没有份的。如果人民可以撇开封建统治者而自己去扶持国家的危厄，那么，人民也就随时可以把国家的统治权从封建阶级手里夺过来。对于他们来说，这是一种多么危险的情景啊！

总之，当“扶清”作为“扶助中国”“振兴中华”的意义来解释时，这无疑是一个充满爱国主义精神的口号。而当这个口号被解释为“扶助朝廷”时，情况就比较复杂了。它表示：义和团武装起来，不是为了反对政府而是为了扶持政府，其斗争的主要目标是“洋鬼子”，是为了“灭洋”。这个意思，有一定的合理性：当时的主要矛盾是反帝。为了抓住和解决主要矛盾，可以暂时放松、缓和人民大众和封建统治者这个次要矛盾。但是我们还是要指出：义和团毕竟不可能清醒地认识这些错综复杂的矛盾，更没有能力恰当地处理这些矛盾。他们不懂得这个时候的封建统治者已经是帝国主义的走狗。从根本上说来，封建朝廷是绝不会容许人民自己起来反抗帝国主义的。只要时机成熟，统治者迟早要同帝国主义一起联合把反抗的群众抛到血泊里去。因此，后一种意义上的“扶清”，削弱了他们对封建统治者的警惕，模糊了革命人民的视野，在政治上具有一定的消极作用。

清王朝对待义和团的策略特征

义和团运动不仅在山东、直隶及京畿地区轰轰烈烈地开展起来，而且迅速扩展到山西，河南，东北的奉天、吉林、黑龙江三省，以及蒙古、陕西、甘肃、新疆等地。南方各省虽没有义和团组织，但在北方义和团斗争的影响下，人民群众反对帝国主义侵略的自发斗争也此起彼伏，所在皆有。对于这样一场席卷全国特别是强烈地震撼了整个中国北部的群众斗争大风暴，已经逐步沦为半殖民地半封建政权的清王朝，究竟抱着什么态度，采取什么对策呢？

在封建统治阶级内部，从一开始，就对义和团这个组织的性质，以及对待它的方针，产生了严重的分歧。这种分歧立即表现为政见的争论，争论主要集中在以下三个问题[①]：

其一，义和团“灭洋仇教”，是好事还是坏事?

一种意见认为，义和团之起，是由于洋人和教民“借端扰害乡里，民间不堪其苦，以致衅端屡起。地方官不论曲直，一味庇教而抑民，遂令控诉无门，保全无术”。“国家不能敌，而民自敌之。”这种“义愤可激，万众同心”表现出来的民气，是十分可贵的：“义愤之气，足以御侮于无形”，若“民心一去，大局立危”。反对者虽然也承认，义和团之起因，“推原其故，固由教民之强横，亦多由地方官未能持平办理”。但是，一则，他们认为“民教互仇，积愤外侮，国家自有办法，断不容匪徒自行报复”。二则，他们强调，“拳会仅恃邪术，各国非比流寇”，“论兵力，一国焉能敌各国，不败不止”。如果“外衅一开”，后果将不堪设想。

其二，义和团是“自卫身家，并非谋乱”，还是“借闹教而作乱，专为国家挑衅”?

一种意见认为，义和团对上“并无与官为仇之意”，对下则“秋毫无犯”，“未闻扰害平民”。因此，他们是“良民”，是“朝廷赤子”。他们组织起来，拿起武器，不过是为了“自卫身家”。反对者则强调，义和团“名为忠义，实则叛乱”，“实系会匪，断非良民”。他们援引历史，指出“结会联盟，例有严禁”，人民群众自行组织拳会，这本身就是触犯封建刑律的，故义和团“为法所必诛”。何况他们还“抗敌官兵，戕害官长，焚烧铁路，劫杀良民，种种行为，逆迹显著”。他们的结论是：义和团“乃借闹教而作乱，专为国家挑衅”，是封建政权的叛逆。

其三，对义和团是“抚”还是“剿”?

一种意见认为，对待义和团，绝不能用“剿”之一法，一来因为“团民与教民为仇，其名近正”，剿之则师出无名；二来“剿拳民则失众心”，将引起广大群众的怨愤；三来怕“一意剿击”，会“激之生变，铤而走险，势所必然”。因此，主张“不如抚而用之”。反

---

① 争论双方的言论大都见《义和团档案史料》一书，下不一一注明。

对者则主张，对义和团必须“一意主剿”，“格杀勿论”。如果姑息宽容，就会养痈遗患，“蔓延日久，收拾益难”。他们特别强调要“先清内匪，再退外兵”，也就是说，只有中国政府自己赶快剿灭义和团，才可以“慰安洋情”，“乃可免洋兵助剿”。

为什么在同一个时期，对于同一件事物，同一阶级的人们之间会产生如此根本对立的不同看法？为什么封建统治阶级中的一部分人，会在一定程度上对人民群众的反帝武装斗争抱有同情、支持甚至赞助的态度？原因固然很多，最主要的一点还在于当时社会矛盾的特殊复杂性。因为这个时候，民族矛盾上升为主要矛盾，国家内部各阶级的一切矛盾，包括封建制度和人民大众之间这个根本矛盾在内，都暂时地降到了次要和服从的地位。

不过这里应该说明一点，就是不能简单地以对待义和团的态度作为判断当时某个政治派别和政治人物是非善恶的唯一标准。不能认为，凡是支持义和团的，都是爱国的、进步的；凡是反对并主张镇压义和团的，都是卖国的、反动的。当然更不能反过来，如1949年前大多数论述和研究义和团运动的著作那样，认为支持义和团的一律都是昏昧顽固之徒，而反对义和团的则统统都是明达有识之士。历史的真实要远远比这个复杂得多。特别是在如何对待义和团的问题上，还夹杂进了封建统治集团之间争权夺利的宫廷斗争和派系斗争，就使情况更为复杂了。

在这种错综复杂的情况下，掌握着最高统治权的慈禧，陷入了左右为难、无所适从的困境。对义和团运动，支持吧，不行。一来，她知道这就意味着同帝国主义决裂，而这一点，她是无论如何也没有这个胆量的，因为她已经是帝国主义的奴才了；二来，她也怕义和团势力愈来愈大，尾大不掉，失去控制，最后危及自己。镇压吧，也不行。一来，她就有可能失去相当一部分亲信（后党）的支持，使得她在宫廷斗争中处于不利地位；二来，义和团的矛头本来是针对帝国主义的，自己如果全力镇压，就会引火烧身，使得义和团的矛头立刻转过来对准自己，这是十分危险的。慈禧的这种心情，在逃难途中与吴永的一次谈话中表露得十分清楚：

> 太后一日且为予缕述出宫情事，谓当乱起时，人人都说拳匪是义民，怎样的忠勇，怎样的有纪律，有法术，描形画态，千真万确，教人不能不信。后来又说京外人心，怎样的一伙儿向着他们，又说满汉各军，都已与他们打通一气了，因此更不敢轻说剿办。后来接着攻打使馆，攻打教堂，甚至烧了正阳门，杀的，抢的，我瞧着不像个事，心下早明白，他们是不中用，靠不住的。但那时他们势头也大了，人数也多了，宫内宫外，纷纷扰扰，满眼看去，都是一起儿头上包着红布，进的进，出的出，也认不定谁是匪，谁不是匪，一些也没有考究。这时太监们连着护卫的兵士，却真正同他们混在一起了。……这时我一个人，已作不得十分主意，所以闹到如此田地。我若不是多方委曲，一面稍稍的迁就他们，稳住了众心，一面又大段的制住他们，使他们对着我还有几分瞻顾，那时纸老虎穿破了，更不知道闹出什么大乱子。……
>
> 稍停，又续言曰：依我想起来，还算是有主意的。我本来是执定不同洋人破脸的，中间一段时期，因洋人欺负得太狠了，也不免有些动气。但虽是没拦阻他们，始终总没有叫他们十分尽意的胡闹。火气一过，我也就回转头来，处处都留着余地。我若是真正由他们尽意的闹，难道一个使馆有打不下来的道理？①

慈禧毕竟是一个有着丰富统治经验的老奸巨猾的角色，她运用种种狡猾的手段，制定了对付义和团运动的极其阴险毒辣的反革命策略，躲过了这一场巨大的风暴，保住了她的岌岌可危的统治地位。

正是因为有上述种种复杂的情况，所以，以慈禧为首的清王朝对待义和团的政策，表现出以下三个方面的特点：

第一，变化不定，反复无常，缺乏政策的一贯性和连续性。

当义和团刚开始出现时，清政府的上谕一直强调应“防范查禁”，也就是采取限制和禁止的方针。“防范查禁”的办法，首先是

---

① 吴永：《庚子西狩丛谈》，86～89 页。

“调和民教”，遇有拳教斗争，要“持平办理”，力争“化大为小，化有为无”，也就是清政府力图以拳教双方的调停人面目出现，在拳民和教民之间搞平衡，避免事态扩大。但是，义和团很快发展起来，到处组织拳会，并纷纷展开了斗争。于是，清政府提出了“止论其匪不匪，不必问其会不会”的原则，就是一方面承认了立会练拳的合法性，一方面则限制义和团的斗争，如果超越了封建统治秩序所许可的范围，就加以“匪”的罪名进行惩办。然而，事情并不按照封建统治者的意愿发展，义和团不仅没有被限制住，其斗争规模反而越来越大了。清朝政府只得下了禁止练拳设厂的命令，对于参加义和团的人，方针是“严拿首要，解散胁从”，就是惩办为首的领导人物，而对其余的人则勒令解散。

等到义和团大批进入京津，统治阶级对这支近在肘腋的农民武装感觉到了越来越大的恐惧和威胁，于是他们反复强调：京师重地，严禁义和团活动，并派军队“弹压解散”。这样的上谕，在五月份一个月之内，接连下了七道。上谕中一再称义和团为“拳匪”“匪徒”“奸匪”“乱民”“奸徒”“土匪”等，并声称：“此等匪徒，亟应严加剿办，不容再事姑息。”甚至宣布，京师“城内外设立坛棚，应尽行拆去”。

但这样的上谕刚刚发布没有几天，帝国主义的军队集中在天津，并于6月17日（五月二十一日）侵占了大沽炮台。同时，慈禧得到消息（实际是载漪等为激怒慈禧而故意捏造的一个假情报），说是洋人发出照会，一共四条，其中一条是要“勒令皇太后归政”①。慈禧别的事都可答应，唯独这件事是死也不能容忍的。她在又气又急的情形下，对洋主子的恼怒一时压倒了她对洋人的一贯恐惧，于是，她接受了载漪这一帮人的意见，决定对列强“宣战”。6月21日（五月二十五日），清政府正式发布“宣战”上谕。同时，又发布了招抚义和团的上谕。这时因为要动员义和团去与帝国主义军队打仗，所以，义和团就不再是“土匪”“乱民”“奸徒”，而是“执干戈以卫社

① 《中国近代史资料丛刊·义和团》第一册，49页。

稷”的“义民”了。上谕称赞义和团“以血肉之躯与枪炮相搏”，已经“杀敌不少”，他们“不用国家一兵，不糜国家一饷”，忠心为国，勇敢奋发。几天以前还坏得不得了的义和团，现在一变就成了好得不得了。上谕命令各省督抚，“此等义民，所在皆有”，“如能招集成团，借御外侮，必能得力”。

但这种情况并没有保持多久。随着前线战事的失利，帝国主义武装侵略规模的日益扩大，清王朝也就很快改变了口气，先是在暗地里，后来是公开的，又把义和团称作“团匪”，表示要“严加痛剿”了。等到八国联军打进了北京，慈禧和光绪在逃难路上，于 9 月 14 日（八月二十一日）发布谕旨，声称“此次祸端肇自拳匪，叠经降旨痛加铲除”，“非从严剿办，不足以惩凶顽”。清王朝的方针又有了变化，正式把剿杀义和团作为向帝国主义乞降的进见礼了。

第二，各行其是，各自为政，缺乏政策的统一性和一致性。

清王朝对义和团一会儿剿，一会儿抚，一会儿称“义民”，一会儿叫“拳匪”，一些地方官吏也就跟着这根指挥棒乱转。但是，这根指挥棒也出现了失灵的现象，相当一部分地方官吏，并不完全听从指挥，而是我行我素，各自为政，过去神圣的诏书（上谕）竟然在一定程度上失去了约束力。“乃禁者禁而为者为……虽明诏煌煌，不特团民蔑视无关，即地方官吏亦视若弁髦，是则诏谕直等于官样文章耳。”① 特别是，一些省份对义和团的政策，常常是视该省督抚的态度不同而不同。如山东、山西两省，山东巡抚袁世凯是帝国主义的忠实走狗，他是竭力主张剿灭义和团的，所以在他那里，不管朝廷的上谕怎么说，他总是抱定宗旨，一意镇压。在他的疯狂镇压下，山东义和团受到很大损失。山西巡抚毓贤是“信团”的，毓贤的“信团”，主要是出于顽固派的仇外心理。他在朝廷还口口声声称义和团是“匪”时，就数次亲自迎接义和团的首领到抚署，待如上宾。他竭力煽动排外、仇外思想，用封建思想去腐蚀毒害义和团。据统计，毓贤在晋抚任内杀死各国传教士及其家属共一百五十名，其中

① 杨典诰：《庚子大事记》。

有的是年仅数岁的小孩，甚至有“未满岁”的婴儿在内。对这种笼统排外行动，毓贤要负主要责任。在这里，我们要充分估计那些“支持”义和团的封建统治者给予义和团的消极影响。

这种各自为政、各行其是的状况，给义和团的斗争带来多大的困难和损害，我们可以从梅东益在清廷明令称赞义和团为“义民”时悍然发动的“沧州事件”中，得到一点具体的了解。管鹤《拳匪闻见录》记载，在沧州义和团无任何防备的情况下，梅东益“遂传令杀匪，令铺民合门自守，无纳匪。悉闭各城门，饬马队任城外堵剿，步队任城内搜击。匪党遂如瓮中之鳖，无可遁逃。唯十二三龄以下者，赦之。无何，红巾红带，弃置满地。……于是坠城死甚多。统计此次，实毙三千人之谱，梅公只以千余上告……且所报千余人，仍以假团为说，以不违政府宗旨故也。自是沧州左近，一律肃清”①。

这次事件，从义和团方面说，完全处于无任何防备的状况，因为此时按朝廷的政策，义和团是公开合法的；从清军方面说，则完全是有计划、有预谋的一次卑鄙阴险的突然袭击。像这样的事件，并不是仅有这一次。

讲到政策的不统一，还应该提一下“东南互保”的问题。正当清朝中央政府公开“宣战”的时候，东南几个省份，以两江总督刘坤一、湖广总督张之洞、两广总督李鸿章、山东巡抚袁世凯及住在上海的铁路督办盛宣怀等为首，纠集其他督抚，与各国驻沪领事订立了一个《东南保护约款》，共九条，其中规定“上海租界归各国公同保护”，“长江及苏杭内地各国商民教士产业均归南洋大臣刘、两湖督宪张允认切实保护”。这些督抚自行和帝国主义各国联络，承担保护它们的利益的责任，完全置北京朝廷的“宣战”诏书于不顾。中央在向帝国主义“宣战”，地方在与帝国主义讲合作与友好，岂不是绝大的怪事？

第三，阴一套，阳一套，言行不一，表里两歧，充分表现了反动政策的虚伪性和两面性。

---

① 《中国近代史资料丛刊·义和团》第一册，483页。

清王朝对于义和团的政策，不仅变化不定，而且就是在公开宣称执行某种政策的时候，背地里也往往另有一套打算。公开宣布的政策，常常只是骗人的表面文章。例如，前面提到6月21日，朝廷曾发布上谕，称义和团为“义民”，并要各省督抚“招集成团”，接着在几天之内，慈禧对义和团又是赏银子，又是赐粮食，似乎真是要大力依靠和支持义和团了。但就在同时，在发布上述上谕的第四天和第五天，就先后向各省督抚解释说，朝廷这样做，实在有“万不得已之苦衷”，因为“此次义和团民之起，数月之间，京城蔓延已遍，其众不下十数万，自兵民以至王公府第，处处皆是，同声与洋教为仇，势不两立。剿之，则即刻祸起肘腋，生灵涂炭，只可因而用之，徐图挽救”①。八天以后，又向帝国主义正式表示：“朝廷非不欲将此种乱民下令痛剿，而肘腋之间，操之太蹙，深恐各使保护不及，激成大祸。”“中国即不自量，亦何至与各国同时开衅，并何至恃乱民以与各国开衅。”并保证说：“此种乱民，设法相机自行惩办。”② 把这几个文件一对照，清王朝的两面派嘴脸应该说是暴露无遗了。

更毒辣的是，清王朝实行了“借刀杀人”的办法，以支持义和团为名，把赤手空拳或只有原始武器的团民诱骗、驱赶到前线，借侵略者的洋枪洋炮大肆屠杀义和团，而官军表面上说是与团民并肩作战，实际上常常在背后放冷枪杀害义和团民，使义和团处于前后夹击、腹背受敌的境地。

清朝统治者这种“借刀杀人”的办法，使义和团遭到极大的损失，大批团民在这种反革命策略的欺骗下牺牲了。仅7月9日（六月十三日）这一天，在天津战斗中，义和团就因此而牺牲两千多人。佚名《遇难日记》云：“十三日……至晚华兵在后，义和团在前，合攻租界。洋兵开排枪御之，天明而止，计轰毙义和团二千余名，华兵伤者寥寥。事后探访，知官兵……责令（义和团）充先锋当前敌，否则杀死，团匪无奈，只得持刀前行……前列者已死，在后者畏惧

① 《义和团档案史料》上册，187页。

② 同上书，202页。

欲逃，官兵见之大怒，有退后者，即用枪击死。故是夕团匪死者如此之多，并非皆洋兵打死。”①

综上所述，清王朝对于义和团的反革命策略，尽管五花八门，手法多样，但万变不离其宗，最根本的乃是千方百计扑灭它。人们也许难以想象，在那个时候，人民仅仅为了取得爱国、救国的权利，取得反抗帝国主义侵略的权利，竟会遇到那么多的陷阱，经历那么多的困难，付出那么大的代价。但这却是千真万确的历史事实。

① 《中国近代史资料丛刊·义和团》第二册，171页。

“北京地区文化”与基本特点*

我谈两点。第一点，我很同意李侃同志的意见，还是不用“京派文化”“海派文化”这类说法为好。鲁迅先生的《“京派”与“海派”》这篇文章写于1934年1月30日，文中也确实涉及北京、上海地区的某些文化人和文化现象，但很显然文章的任务并不是对这两个地区的文化做科学的概括，“京派”“海派”的名词也是从当时报上的某些文章里借用来的，所以鲁迅在用到这两个词时，一律加上了引号，有的地方还特意在这两个名词前加上“所谓”二字，明确表明了对这种提法的保留态度。在分析“京派”与“海派”的特点时，鲁迅从当时的历史状况出发，深刻指出，“北京是明清的帝都，上海乃各国之租界，帝都多官，租界多商，所以文人之在京者近官，没海者近商”。言外之意，“京派”多封建性，“海派”多买办性。这种看法，是完全符合当时的社会现实的。但如果把这看作对北京和上海两个地区文化的基本特点的概括，就不行了，就把这两个地区文化的积极方面都抹杀了。还有一点，“京派”“海派”这类名词的产生，本来就是两地文化人出于文人相轻的门户之见，在互相嘲讽、互相指责的情况下形成的。今天袭用这种提法，也无助于促进文化界的团结。

不叫“京派文化”，那么叫什么好呢？我以为还是老老实实，朴素一点，就叫“北京地区文化”，比较明确，也比较科学。

第二点，不论是研究北京地区文化的历史，还是讨论北京地区文化的发展战略，都离不开一个问题，那就是：怎样认识北京地区文化的基本特点？

---

* 载《北京社会科学》，1986（3）。

这是一个比较复杂的问题。这里我只能谈一点简单的、不成熟的想法：

第一，北京地区文化有一个长期的发展过程，有它的悠久历史，在长期发展中形成了自己特有的、系统完整的文化形态。如果说得远一点，从周口店的“北京人”算起，北京地区文化的发展已经有四五十万年历史了。近一点，从燕文化开始，也有几千年的历史。当然，作为中华民族的一个部分，这一地区的许多文化现象同全国其他地区是有共性的，但也确实有不少具有独特的个性和特点的东西。

第二，北京成为都城以后，特别是明清乃至近现代以来，就一直是全国政治、经济、文化的中心。因此，这段时期内，北京地区文化就具有了全国性的意义。一方面，它通过各地来京的官僚、士人、游子、商客，对全国各地的文化进行综合和吸取；另一方面，北京地区文化又成为一个中枢，影响和导引着全国各地的文化发展。

第三，由于上面这个特点，反动势力和进步力量都十分注意争夺这块阵地，所以在文化领域中，新与旧、是与非、美与丑、精华与糟粕、前进与倒退的斗争，在这里也表现得最为集中、最为尖锐。不论是反动的、复古的文化思潮，还是革命的、进步的文化运动，往往都发轫于北京地区。这在近现代历史上表现得尤为突出。

北京地区文化的基本特点，绝不止于这三个方面。特别是具体到各个文化领域，更有建基于各自不同发展规律上的不同特点。总结这些特点，是研究北京地区文化的重要任务。这里提到的三个方面，是就总体而言的，因而也是粗线条的。

孙中山的爱国主义研究述评*

孙中山的全部思想和社会实践，贯穿着两个最基本、最突出的核心内容：一个是鲜明的革命民主主义，一个是炽烈的爱国主义。对于这两个方面，学术界的研究状况，十分有趣地反映出很大的差异。阐发和分析前一问题的论著，可以说是目不暇接，而专门研究后一课题的文章，却是寥若晨星，屈指可数。不过，这种状况，并不表明研究者对孙中山的爱国主义有任何忽略甚至漠视。正像孙中山本人并没有长篇大论去呼喊爱国主义，而把爱国精神渗透和融化到自己的所有言行中去一样，研究孙中山的论著虽然没有很多专论其爱国主义的篇章，而每一个重大问题的剖析，最终总不免联系或归结到爱国主义的内容上来。如果把那些十分广泛而又相对分散的意见集中起来，加以综合、比较、概括、推求，我们就可以对孙中山的爱国主义的全貌得到一个清晰的轮廓。在有关论著中，不仅揭示了孙中山的一生为什么可以当之无愧地被称作“伟大爱国主义者的一生”，而且还从各个方面论证了孙中山爱国主义的基本内容、特点，对近代历史上爱国主义的继承和发展，以及它在中华民族觉醒途程中的历史地位，等等，从而帮助我们加深对这位伟大的革命先行者的认识和理解。

爱国主义是推动孙中山不断前进的最强大的精神力量

孙中山生活的时代，是一个饱含着民族苦难和阶级苦难的时代，

---

* 见孙中山研究学会编：《回顾与展望——国内外孙中山研究述评》，北京，中华书局，1986。

是一个充满着矛盾斗争的时代，是一个剧烈动荡和迅速变动的时代。孙中山全心全意地为了改造祖国而耗费了毕生的精力，同时，他始终站在正面指导着时代潮流的前进。

可以这样说：孙中山所从事的每一个斗争，他感受着时代脉搏而跨出的不断前进的每一个步伐，无一例外地都是在强烈的爱国主义精神推动下实现的。

下面的材料，是从大量不同的文章和论著中摘出的相同内容的一小部分：

“还在学生时代，孙中山已经表现出是一个关心祖国命运的人。”当时，“外国侵略者张牙舞爪地吞噬着中国的边疆和邻邦，亡国灭种的危机不时鞭挞着爱国人士的心灵”，也促使孙中山时时思考着国家的前途。①

“孙中山作为一个伟大的爱国主义者，早在青少年时代，就对清政府统治下的中国百事落后，农、工、商业受到窒息，民生憔悴，深为不满，亟思‘讲求新法’，进行改革。”②

1894年，孙中山在《上李鸿章书》中提出了改革政治以谋求国家富强的主张，虽然这些主张并没有超越改良主义的范围，但却“充满了爱国主义精神”，反映了孙中山“热爱祖国和人民的真挚感情”③。

这年年底，孙中山组建了第一个革命团体兴中会。透过在兴中会宣言中那些“充满着爱国激情的火热语言”，我们“强烈地感受到这位伟大爱国者当年的满腔悲愤和斗争意志”④。

“二十世纪初，以孙中山为首的资产阶级革命派很快取代了改良派，在爱国运动中居于主流地位。究竟是什么力量，使革命派能很快地做到这一点？答案仍在‘爱国救亡’这四个字。”⑤

---

① 参见李时岳、赵矢元：《孙中山与中国民主革命》，271页。

② 陈锡祺、段云章：《孙中山二十世纪初的预见》，载《学术研究》，1978（2）。

③ 李占奎：《辛亥革命前后孙中山主观社会主义的宣传活动》，见中山大学学报编辑部：《辛亥革命论文集》，115页。

④ 金冲及：《孙中山走过的道路》，载《复旦大学学报》（社会科学版），1979（1）。

⑤ 胡绳武、金冲及：《从辛亥革命到五四运动》，30页。

到同盟会建立的前后，“孙中山把自己的学说、理论概括为‘三民主义’。爱国主义是产生这种学说、理论的思想动力”①。

民国初年，孙中山一方面为形势所迫，一方面受到自己幻想的欺骗，将政权交给了袁世凯，自己集中力量从事振兴实业的活动。“孙中山的这些活动，反映了他为祖国富强而斗争的强烈愿望，表现了他对被压迫、被剥削的劳动人民生活状况的真挚同情和关怀。”其要求和愿望本身，“不仅是善良的，而且是爱国的和进步的”②。

经过了一次又一次的顽强斗争，遭受了一次又一次的挫折和失败，最后，孙中山终于在中国共产党和国际无产阶级的帮助下，将旧三民主义发展为新三民主义，确定了联俄、联共、扶助农工的三大政策，实现了伟大的转变。“关于孙中山发生伟大转变的主观原因，研究者一致肯定，首先由于孙中山是一个‘真诚的爱国者’，经常从整个中华民族的利益来考虑问题。”③

1925 年 3 月，孙中山在艰苦奋斗了四十年之后，终于积劳成疾，溘然长逝。“孙中山直到临终之前，还念念不忘祖国的前途和命运，充分表现了他那崇高的爱国主义精神。正如周恩来同志所说：孙中山先生不愧为‘一个伟大的爱国者’。”④

我们不厌其详地摘引这么多文章和著作中的有关段落，目的是为了说明这样一点：从孙中山开始从事政治活动，一直到他最后逝世，每一个阶段，每一个行动，每一个转折，每一个进步，都紧紧地同他的爱国主义联系在一起。爱国主义是孙中山全部政治实践的思想出发点，他的所有政治活动正是爱国主义精神的体现和外化——这无疑是大多数孙中山研究者不约而同所进行的共同思考。

---

① 刘大年：《孙中山——伟大的爱国主义者与民主主义者》，见《纪念辛亥革命七十周年学术讨论会论文集》上册，48 页。

② 陈锡祺：《孙中山为创建共和国而斗争的伟大功勋》，见《纪念辛亥革命七十周年学术讨论会论文集》上册，96 页。

③ 陈锡祺：《建国以来孙中山研究述评》，见《纪念辛亥革命七十周年学术讨论会论文集》下册，2156 页。

④ 黄彦辉：《辛亥革命后孙中山反帝思想的发展》，载《中山大学学报》（哲学社会科学版），1979（4）。

思想在历史运动中有着巨大的意义。任何一个历史活动家，总是在一定的思想支配之下、抱着一定的动机和目的从事行动的。当然，归根到底，社会思想、社会观念、社会的精神生活，终究不过是社会的物质生活条件和一定社会存在的反映。但无论如何，准确地判断历史人物的思想动因毕竟是评论历史人物的极为重要的内容。在孙中山研究中，有不少论著曾经去努力探求这个问题的答案，但有相当一部分并没有能找到接近历史真实的说明。有的把孙中山描写成“神”，认为他之所以杰出和伟大是因为他与生俱来就有着非凡的、“超人”的特质；也有的过于强调西方教育以至西方社会生活对孙中山的影响。如前所引，这些意见并不为国内大多数孙中山研究者所接受和赞同。对于孙中山思想发展的脉络和过程，有的文章指出：在民族危机日益加深的刺激下，“孙中山同情人民的善良愿望，便上升为爱国和救国的热情，革命思想于是乎生”。“由同情人民到爱国、救国，再到革命，构成了孙中山思想发展的一个鲜明脉络，构成了孙中山爱国主义思想酝酿、发生、发展的完整过程。”① 有的文章则做了这样的概括和描述：“孙中山是一个伟大的爱国者。他热爱自己的祖国。国外的生活和所受的西方近代教育，使他对祖国危急的命运和进行根本改革的必要性有着更痛切的感受。长时期内，他苦心焦虑地寻求拯救祖国的道路。一切其他的尝试都失败了。这就不能不驱使他最终下定决心，拿起武器，走上革命的道路。爱国，必须革命。这正是孙中山从自己切身经历中得出的结论。”②

爱国主义成为孙中山思想中最突出、最带有根本性质的内容，这一点，不仅对研究孙中山本身具有重要的意义，而且对揭示那一场由孙中山领导和发动，并以孙中山为旗帜的辛亥革命的某些特点，也是一个不可忽视的因素。李泽厚在《二十世纪初资产阶级革命派思想论纲》中就注意到了这一点。他提出，辛亥革命时期中国的资

① 钟卓安：《试论辛亥革命前孙中山对帝国主义的认识》，见中山大学学报编辑部：《辛亥革命论文集》，433页。

② 金冲及为《孙中山与中国革命的起源》一书（美国史扶邻著）所写的“中译本前言”。

产阶级革命派与西方的资产阶级启蒙思想家是否有所不同？为什么辛亥时期的革命派并没有把人权、自由、平等、民主等作为最重要的旗帜和口号高高举起，更没有做到深入人心？他认为："中国资产阶级革命派的思想发展的主流是由爱国而革命，即由抵抗外国侵略要求祖国富强而必须推翻满清政府，是为了国家的独立、自由、富强而革命，这与洛克、卢梭等人强调个人的自由、平等、独立、人权，为这些东西而斗争的革命，并不完全相同。国家的独立始终是中国革命的首要主题。所以孙中山用国家的自由（即不做外国的奴隶）来界说他的民族主义一点也不偶然。""在中国，蹈海以死激励人们的是为了救国、爱国。至于人权、民主等等，虽然辛亥前有过一些宣传，但既未真正深入人心，也确非当时现实迫切要求所在。"① 可惜的是，这个颇为重要的问题，在辛亥革命史的研究中没有得到进一步的展开。

充分估计爱国主义在孙中山思想发展过程中的重要作用，其之所以必要，还因为孙中山的道路，在近代中国具有普遍的、典型的意义。诚然，孙中山的道路是一条极其光辉的道路，孙中山是一个近乎完美的典型，并不是所有的人都能轻易达到的。但是，正如有的同志指出的："在旧中国，绝大多数的知识分子是爱国的。热爱祖国，不能忍受伟大的祖国受到外国资本主义、帝国主义的侵凌和蹂躏，为了振兴中华，才奋起革命的。这在近代中国的革命知识分子中，几乎是一条普遍的规律。"② 有多少人像孙中山一样，在爱国主义的推动下，投身于改造中国的斗争，参加了革命者的行列，表现了崇高的献身精神和牺牲精神。在孙中山以及他的后继者的身上，我们充分看到爱国主义精神的巨大威力。理解这一点，对今天的现实生活依然有着非常实际的意义。爱国主义可以使孙中山从改良走向革命，从一个资产阶级革命家进而成为社会主义的真诚朋友，在今天，我们自然更可以和应当在爱国主义的旗帜下为祖国的统一、富强做出我们这一代人的努力。有的研究者从相反的角度提出问题，

① 李泽厚：《中国近代思想史论》，309～310页。

② 廖沫沙：《革命者的道路》，载《人民日报》，1984-07-23。

指出："每当运动由一个阶段向另一个阶段转化、发展的时候，不少原来的进步人士由于跟不上时代的发展而被抛出运动之外，成为旁观者，甚至成为企图阻止历史车轮前进的反动分子……而孙中山却光荣地、胜利地通过了一切重大的考验，始终和人民同呼吸，和历史共前进。孙中山为什么能够不断前进、艰苦奋斗呢？因为他是真诚的爱国者。他不是从个别集团的利益，更不是从个人的狭隘利益来考虑问题的。因此，为了救国救民，他没有什么陈旧的公式和个人的东西不舍得抛弃。"① 这就是说，要跟上历史的前进步伐，不致落后于时代，为时代所抛弃，就应该像孙中山那样，执着地、坚韧地做一名真诚的爱国者。

孙中山把近代历史上的爱国主义提高到一个新的水平

爱国主义，这种千百年来巩固起来的对自己的祖国最深厚的感情，并不是突然出现、突然产生的。在中国历史上，爱国主义的传统源远流长。到了近代，由于"帝国主义侵略、压迫与中华民族独立、生存的矛盾，成了近代中国社会最主要、最突出的矛盾"，爱国主义也就成为"中国近代历史的主流之一"②。孙中山继承了中国历史尤其是中国近代史上的爱国主义伟大传统，但这种继承并不是简单的因袭和重复，而是在原有基础上有所发展，有所创新。孙中山为爱国主义注入了许多前所未有的新的内容，把近代历史上的爱国主义推进到一个崭新的阶段。正如有的文章指出的："孙中山对于中华民族光荣的爱国传统，更是起了发扬光大和承先启后的作用。"③"这种革命民主主义的爱国主义，在中国人民的爱国主义发展史上，

① 李时岳、赵矢元：《孙中山与中国民主革命》，292页。

② 刘大年：《孙中山——伟大的爱国主义者与民主主义者》，见《纪念辛亥革命七十周年学术讨论会论文集》上册，37～38页。

③ 钱远镕：《孙中山的办学精神和教育思想》，见武汉师范学院编：《辛亥革命论文集》，482页。

是一座重要的里程碑，具有继往开来的历史地位。”[①]

孙中山的爱国主义，有哪些方面是以往的历史活动家所未能提供的新的东西呢？孙中山对爱国主义做了哪些历史发展呢？

在研究孙中山的论著中，大体提出了以下几个方面：

第一，孙中山的爱国主义与民主主义相结合，在历史上第一次从革命立场阐明了爱谁的国、爱哪个阶级的国这个具有根本性质的问题。

在近代历史上，许多不同阶级、不同政治派别的人都曾经高举起爱国主义的旗帜，从事过各种不同内容和不同形式的爱国斗争。但是，在孙中山以前，没有哪一个人能够把国家和政权明确区分开来。就大多数人来说，甚至常常把爱国与忠君视同一理。爱国必须忠君，忠君就是爱国，在封建主义意识形态中几乎被认为是天经地义的事。不论是民族战争中坚持反抗列强武装进攻的抵抗派，还是领导变法维新以改革政治、谋求国家富强的资产阶级维新派，都“把挽救民族危亡和维护清王朝的久安长治联系在一起，他们所爱之国，仍然是封建君主专制的大清帝国”[②]，无法跳出“爱国主义立足改良大清政权的窠臼”[③]。太平天国的农民英雄们虽然反对清朝皇帝的统治，但他们本身仍然是皇权主义者，他们所爱的也还是实行君主专制政体的新王朝。孙中山勇敢地冲破了这一个框框，表现了他出类拔萃的远见卓识。首先，他提出了“爱大清国”还是“爱中华国”的问题，旗帜鲜明地“把爱国与爱封建政权的界限区别开来”[④]。其次，他“坚持爱国必须打倒已经变成帝国主义傀儡的清政权，釜底抽薪，走革命的道路”，在中国近代历史上破天荒第一次提

---

① 陈胜粦：《孙中山提倡共和革命救中国的思想主张》，见中山大学学报编辑部：《辛亥革命论文集》，377页。

② 陈胜粦：《论孙中山向西方学习的爱国主义立场和态度》，载《学术研究》，1981（6）。

③ 钟卓安：《试论辛亥革命前孙中山对帝国主义的认识》，见中山大学学报编辑部：《辛亥革命论文集》，434页。

④ 林家有：《孙中山与中华民族的崛起》，载《贵阳师院学报》，1980（4）。

出“爱国必须革命”的唯一正确的政治方针。[①] 最后，孙中山在革命的前期就已明白主张，中国人民应该“要爱独立的、以民族资产阶级为主体的中国”，到了后期，他更前进一步，“他所认为要爱的国，客观上是民主主义的国、人民大众的国，性质就更鲜明了”[②]。

这样，孙中山的爱国主义，区别了所爱之国的不同性质，规定了爱国主义的阶级内容，找到了一条适合当时历史条件的爱国斗争的正确道路，阐明了爱国主义的具体内容与实质。正如刘大年在前引论文中指出的，由于孙中山的爱国主义与革命民主主义相结合，“第一，它与林则徐以下的封建阶级的爱国思想区别开来了”，“第二，与太平天国、义和团那种单纯的农民革命、农民思想区别开来了”，“第三，与资产阶级改良派区别开来了”。正是在这个方面，孙中山的爱国主义放射出夺目的光彩。

第二，不仅要求在政治上改造中国，而且要求在经济上建设中国，真诚地追求祖国的富强昌盛，成为孙中山的爱国主义的另一个鲜明的特色。正是孙中山第一个系统地提出了使中国近代化[③]的设想和方案。

许多研究者都指出，孙中山对于祖国的热爱，不仅表现在政治上致力于建立一个独立、民主的共和国，而且还表现在经济上企求迅速实现大的飞跃，努力赶上先进的国家，争取社会经济的繁荣。这二者，同样都表现了孙中山作为一个伟大爱国者的英雄气概。早在1956年，李泽厚在一篇文章中就曾指出：“孙中山不仅以革命而且也以建设富强祖国为己任，他苦口婆心地再三说明，中国必须摆脱穷困和屈辱，消灭愚昧和落后，要做到这些，必须在革命后实现工业化，努力兴办规模巨大的工业，建立高度发展的交通线和铁路

---

① 参见刘大年：《孙中山——伟大的爱国主义者与民主主义者》，见《纪念辛亥革命七十周年学术讨论会论文集》上册，42～43页。

② 刘大年：《孙中山——伟大的爱国主义者与民主主义者》，见《纪念辛亥革命七十周年学术讨论会论文集》上册，41页。

③ 也有的文章称作“中国现代化”。

网，生产大量的农产品和日用物。”[①] 作者在这篇文章中还提到，一些有关的论著“相对忽略了”孙中山在经济上“建设伟大祖国”的思想。这个批评在当时是颇为切要的，但现在可以说已经失去时效了，因为近几年来已经有不少文章比较深入地讨论了这个问题。有的文章指出：孙中山充分意识到，要改变中国“国病民贫”“国贫民瘠”的状况，“只有政治革命是不够的，必须大力发展社会生产，解决好人民的衣食住行问题。中国只有迅速地赶上和超过欧美、日本等列强，才能获得自立于世界民族之林的能力”。这一思想，集中地“表示出他对中国实现现代化，争取独立富强的殷切希望”[②]。孙中山坚信，只要推翻了腐朽的封建专制统治，创造一个能够保证经济发展的良好政治条件，只要中国人民“奋发自雄”，不是亦步亦趋地跟在外国人的屁股后面爬行，而是“取法乎上”，“迎头赶上”，学习外国最先进的经验和长处，中国一定能够在经济发展中取得“异常之速度”，在短时期内实现一个大跃进，不但可以“举西人之文明而尽有之”，而且可以超过他们。孙中山把这种宏伟的远见和细密的计划紧密地结合起来，“提出了较为完整的中国近代化和国民经济现代化的设想”[③]。宋庆龄在一篇文章中谈到，早在同盟会成立前后，孙中山就“草拟了许多计划，要提高人民生活水平，使国家工业化的计划”[④]。辛亥革命后，孙中山决心从事“经济革命”，提出了用十年时间修二十万里铁路以奠定中国富强之基的宏伟目标，并为实现这个目标而奔波操劳。“第一次世界大战后，孙中山又精心编制了一个相当详细的《实业计划》，其中包括修筑十万英里铁路、一百万英里公路，建设三个巨大海港以及许多大工厂、大矿山等等。这是孙中山使中国现代化的最精致的设想，充分显示了这位大革命家的高度爱国热忱和为中国迅速富强而奋斗不息的革命精神。”[⑤] 孙中山的

---

① 《论孙中山的思想》，见《中国近代思想史论》，321页。

② 隗瀛涛、谢放、何一民：《孙中山学习外国先进科技的思想》，载《历史知识》，1981（3）。

③ 邵德门：《中国革命民主派的旗帜》，载《学习与探索》，1981（4）。

④ 宋庆龄：《两个“十月”》，见《为新中国而奋斗》，104页。

⑤ 陈锡祺、段云章：《孙中山二十世纪初的预见》，载《学术研究》，1978（2）。

这些计划，当时并没有实现的必要条件和客观可能性，但作为爱国主义的一个重要内容，却仍然是留给我们的一份极为珍贵的遗产。

第三，反对国家分裂，要求国家统一，是孙中山爱国主义的又一重要内容。

当孙中山投身于革命的时候，帝国主义瓜分中国的危机日趋严重；以后，由于帝国主义相互矛盾和争夺而造成的军阀割据，又成为半殖民地中国政治生活的一个重要特征。因此，孙中山始终把争取民族独立和捍卫祖国统一紧紧联结在一起。刘大年指出，孙中山一直认为，“爱国，就要反对国家分裂，维护国家统一……反对国家分裂，维护国家统一，成了孙中山全部爱国斗争的一项迫切任务”①。早在20世纪初叶，孙中山就明确指出，“支那国土统一已数千年”，“支那民族有统一之形，无分割之势”，中国人民绝不允许列强“分割此风俗齐一、性质相同”之民族。辛亥革命后，孙中山深切感受到全国人民“热望祖国成为强大统一之中国”的迫切要求，一再宣布新成立的共和国“当成为统一独立与兴盛之国家”，严正地抨击了帝国主义企图把中国“分为两国”的“卑劣之言”，坚决抵制了列强以“把国家划分为二”作为外交承认条件的威胁利诱。以后，孙中山对军阀的分裂割据进行了不屈不挠的斗争，这种斗争一直持续到他生命的最后一刻。陈胜粦在一篇文章中指出：“孙中山是一个充满革命精神的伟大的爱国者。他所要建立的新国是一个独立富强的统一的资产阶级民主共和国。这个国家，对外要一洗清朝‘辱国之举措，与排外之心理’，使中国‘见重于国际社会’；对内则必须实现民族统一、领土统一、军政统一、内治统一、财政统一。他强调，只有建立统一的国家，才能‘达革新之目的’，使‘国民蒙共和之福’。”② 在以往的爱国主义思想中，还从来没有像孙中山这样把

---

① 刘大年：《孙中山——伟大的爱国主义者与民主主义者》，见《纪念辛亥革命七十周年学术讨论会论文集》上册，45～47页。

② 陈胜粦：《论孙中山在创建南京临时政府时期的斗争》，载《中山大学学报》（哲学社会科学版），1979（4）。

国家的统一放到如此突出的地位。

第四，在孙中山的心目中，祖国并不是一个抽象的概念，它是以数万万祖国同胞作为实体的。真诚地热爱、关怀人民群众，深切同情劳动群众的苦难，为人民谋取幸福而献身，是孙中山爱国主义的又一个鲜明的特征。

钱远镕指出，孙中山在向别人进行爱国主义教育时，“充满了爱民的思想”①。陈胜粦在两篇文章中都强调，“对清朝专制统治的强烈憎恨和对下层民众生活与斗争的真挚同情”，正是孙中山“对祖国的热爱”的“突出表现”。② 萧致治提出了这样的问题：孙中山深沉、热烈、真挚地同情人民群众，尽心竭力谋求人民的解放，尊重群众，相信人民，认为人民是国家的主人，革命和建设都要靠四万万人的同心协力、共同奋斗才能成功。很显然，在对待人民群众的态度上，孙中山比起一般的资产阶级革命派来，更加激进。孙中山在这个问题上为什么能达到同时代人所难以企及的水平呢？作者回答说：主客观原因可能有许多，其中一个最重要的因素，正是因为“孙中山是一位真诚的爱国者，又是一个虚心学习、善于学习的人。他全心全意救国救民，从不计较个人利害得失”③。有的文章甚至认为，同情和热爱人民群众，乃是孙中山爱国主义思想得到不断升华的根本出发点。④ 也有的文章从相反的角度去分析这个问题：正是爱国斗争的需要，促使孙中山同广大工农群众站在一起，以便从人民群众中寻找和汲取力量。“帝国主义及其走狗封建势力是一个强大的敌人，要打倒这个敌人，离开亿万工农群众的强大力量，是根本办不到的。一个真正为祖国独立解放而奋斗的爱国者，最后必然会

---

① 钱远镕：《孙中山的办学精神和教育思想》，见武汉师范学院编：《辛亥革命论文集》，485页。

② 参见《孙中山提倡共和革命救中国的思想主张》，见中山大学学报编辑部：《辛亥革命论文集》，381页；《论孙中山向西方学习的爱国主义立场和态度》，载《学术研究》，1981（6）。

③ 萧致治：《孙中山和人民群众》，见《辛亥革命史丛刊》第3辑。

④ 参见钟卓安：《试论辛亥革命前孙中山对帝国主义的认识》，见中山大学学报编辑部：《辛亥革命论文集》，433页。

同广大工农群众站在一起。否则，就不可能把斗争坚持下去。孙中山也是这样做的。”① 这两种意见虽然在讨论问题时的着眼点和侧重点有所不同，但却都讲到了孙中山爱国主义与热爱人民之间的内在联系。

第五，孙中山在争取民族独立的斗争中，并不把目光局限于一个国家的范围之内，而是把中国的民族运动同世界被压迫民族的民族运动相互联系起来。这可以说是孙中山爱国主义的最后一个但远非最不重要的一个特点。

一些论著指出，早在旧三民主义时期，孙中山就不止一次地对其他被压迫民族的解放事业给予了热情的支持。他表示，自己不仅要为“救支那四万万之苍生”而奋斗，而且还要“为亚洲黄种，为世界人道而尽力”。孙中山积极支持被压迫民族反对殖民主义和帝国主义的正义行动，曾在各国革命志士中引起了很好的反响，赢得了他们的极大敬仰。② 孙中山把旧三民主义发展为新三民主义之后，进一步把自己的思想上升到联合世界上一切被压迫民族共同反对帝国主义的高度。③ 同时，孙中山还一再强调，中国将来强盛起来之后，绝不能与帝国主义“走相同的道路”，“去灭人的国家”，而是要“济弱扶倾”，共同抵制帝国主义的侵略，直到最后“把那些帝国主义消灭”，以达到“大同之治”。钱远镕认为，孙中山的这种认识，实际上是“在宣传爱国主义的同时，又把国际主义结合进去了”④。其他文章虽然没有把孙中山的爱国主义提到同国际主义相结合的高度，但也都注意到孙中山的爱国主义，既有迫切要求中国的国家独立、民族解放的内容，同时又包容着争取世界各民族平等相处、维护世界和平、增进人类福祉以达到世界大同的含义。⑤ 这就远远

① 金冲及：《论孙中山走过的道路》，载《复旦大学学报》（社会科学版），1979（1）。

② 参见尚明轩：《孙中山传》（第二版），62页。

③ 参见张磊：《孙中山思想研究》，46～47页。

④ 钱远镕：《孙中山的办学精神和教育思想》，见武汉师范学院编：《辛亥革命论文集》，433页。

⑤ 参见魏忠胜：《孙中山前期的民族主义》，载《湖南师院学报》，1981（4）；黎明：《论孙中山前期的民族主义》，载《南京师院学报》，1980（3）。

超出了以往历史上爱国主义的狭隘范围，更不是那些大汉族主义的民族主义所能比拟的了。

从对孙中山的爱国主义的基本内容和特点的归纳中，可以看出，即使在同一社会形态和同一历史阶段，爱国主义也并不是一个一成不变的抽象概念，它随着斗争的展开和深入，随着时代的演变和前进，不断发展，不断深化，不断增添着新的内容，赋予新的含义。孙中山在这一方面的历史功绩，就在于在历史已经达到的基础上，多方面进行了开拓和创造，把爱国主义发展到切合时代需要的新的高峰。

爱国与反帝

刘大年在《孙中山——伟大的爱国主义者与民主主义者》一文中曾经提到，近年来西方研究孙中山的论著中有一种流行的说法，即认为孙中山在为实现革命宏图而奋斗的过程中，喜欢同西方和日本的最富有冒险性的帝国主义分子结成联盟。这种情况，似乎很难说是爱国主义的。刘大年在文章中反驳了这个说法，指出："孙中山对帝国主义抱有幻想，那是毋须讳言的。""但是没有理由可以对这个侧面张大其词。""马克思主义的研究，肯定孙中山是一位伟大的爱国者，并没有无视那些幻想，或认为无可非议。归根到底，侧面并非正面，非本质的东西永远变不成本质的东西。"①

这个问题提醒我们，当我们研究孙中山的爱国主义的时候，有必要注意孙中山对帝国主义认识和态度的发展变化。

爱国和反帝是两个虽有联系却又并不相同的概念②，既然帝国主义和中华民族的矛盾是近代社会的主要矛盾，那么，理所当然地，每一个爱国人士必定是痛心疾首于外国侵略者对中国人民的欺压凌

---

① 《纪念辛亥革命七十周年学术讨论会论文集》上册，39页。

② 刘真武在《孙中山前期新民族主义没有反帝思想》中就指出了这一点。参见《南京师院学报》，1981（3）。

辱并刻意追求祖国的独立富强的，不具备这样一点，绝不能称为爱国主义者。但是，正如毛泽东同志曾经指出的，中国人民对于帝国主义的认识，经历了表面的感性的认识到本质的理性的认识这样两个发展阶段。在前一个阶段，中国人民对帝国主义的了解往往只是看到一些片面的、现象的、外部联系的东西，与此相适应，在反对帝国主义的斗争中也不免存在着诸如笼统排外主义或抱有各种幻想等缺点。经过了第一阶段的不断摸索，才有可能进入第二阶段："看出了帝国主义内部和外部的各种矛盾，并看出了帝国主义联合中国买办阶级和封建阶级以压榨中国人民大众的实质，这种认识是从一九一九年五四运动前后才开始的。"① 如果只有能够科学地提出反帝国主义的目标和纲领的历史活动家才有资格归入爱国主义者的行列，那就无异于一笔抹杀了近代历史上的爱国主义。

就孙中山来说，当他将旧三民主义发展为新三民主义之后，在思想上和政治上已经把帝国主义作为中国人民的最主要的敌人，把反对帝国主义的斗争作为中国革命的首要任务，从而基本上达到了对帝国主义的清醒认识，这一点，在学术界是完全一致、并无异议的。但对于孙中山的旧三民主义是否包含有反帝国主义的内容，则存在着明显的分歧。

大致说来，对这个问题有三种不同的回答：

一种意见认为，孙中山对帝国主义侵略中国始终是痛恨的，但在辛亥革命时期，对帝国主义国家本身却还没有感到深恶痛绝，更没有认识到爱国就必须反帝。因此，他的斗争纲领中"基本上没有包括反对帝国主义，对帝国主义侵略采取了回避的态度"②。孙中山对旧三民主义中民族主义的解释，"总是着眼于国内民族矛盾，从中并看不出反帝思想的痕迹来"③。

另一种意见认为，孙中山领导的辛亥革命虽然"并没有提出反对外国帝国主义的口号"，同盟会的纲领中也"并没有反帝国主义的

① 《实践论》。

② 冬青：《清末资产阶级革命派有无反帝思想》，载《学术月刊》，1981（2）。

③ 刘真武：《孙中山前期民族主义没有反帝思想》，载《南京师院学报》，1981（3）。

内容”，但“应当承认，中国资产阶级领导的这一次推翻清廷的民主主义革命，在实质上也是反对外国帝国主义的”[①]。“‘反满’，实质上就是反对帝国主义和封建主义的统治。这一历史的真实内容，孙中山当时就说得很清楚。”[②] 还有的文章指出，孙中山旧三民主义中的民族主义，虽然“缺乏明确的、彻底的、坚决的反帝内容，没有提出有力的反帝斗争的纲领和口号”，但却提出了个别的、不带根本性质的反帝要求。[③]

还有一种意见则认为：“孙中山前期的民族主义思想目标不仅针对所谓‘异种’满清政府，而且针对‘外邦’帝国主义列强，决不仅仅局限于着眼国内民族矛盾，还明显地包含着争取中国国家独立与中华民族解放的要求，具有反帝国主义的实际意义。”[④] 孙中山“在决心推翻清朝统治的同时，不但注视和警惕着帝国主义侵略中国的野心，而且敢于起来与之进行一定的揭露和斗争，在实际上肩负起反帝反封建的双重历史任务”[⑤]。

看起来，意见分歧是相当大的。但是，这些互相歧异甚至对立的看法，在实际阐述中，却有两个共同之点：一是持任何一种意见的作者都承认孙中山对帝国主义的侵略是坚决反对的，对中华民族的独立是梦寐以求的；二是不论哪一种主张都不否认孙中山在这一历史时期在对待帝国主义的问题上存在着种种幻想和局限。观点的分歧正是在这两条界标划定的范围之内展开的。

显然，要对孙中山在旧三民主义时期反帝斗争的认识和实践做出科学的判断与估价，有待进一步的研究和讨论。但有一点是肯定的，那就是20世纪的头一个十年，以孙中山为代表的资产阶级革命

① 胡绳：《辛亥革命中反帝、民主、工业化问题》，见《纪念辛亥革命七十周年学术讨论会论文集》上册，139页。

② 胡绳武、金冲及：《辛亥革命是革帝国主义的命》，见《辛亥革命五十周年纪念论文集》，656页。

③ 参见魏忠胜：《孙中山前期的民族主义》，载《湖南师院学报》，1981（4）。

④ 黎明：《论孙中山前期的民族主义》，载《南京师院学报》，1980（3）。

⑤ 钟卓安：《试论辛亥革命前孙中山对帝国主义的认识》，见中山大学学报编辑部：《辛亥革命论文集》，442页。

派，在对待帝国主义的问题上，比19世纪末叶人们的认识和觉悟已大大地向前跨进了一步。胡绳武、金冲及在《辛亥革命和中国近代的民族觉醒》中对此做了论述，指出：第一，“他们对帝国主义侵略的形势和性质作了比过去深刻得多的揭露和分析”；第二，“他们指出清朝政府已经成为帝国主义统治中国的工具，因此，反对帝国主义的斗争必须同反对清朝政府的斗争密切结合起来”；第三，“他们指出：只有采取革命的手段，才能将中华民族从危亡中挽救出来”，“爱国，必须革命”；第四，“他们还满怀信心地指出：只要进行了革命，中华民族的前途是十分光明的”。① 历史唯物主义既然告诉我们，判断历史的功绩不是根据历史活动家有没有提供现代所要求的东西，而是根据他们是否比他们的前辈提供了新的东西，那么，弄清孙中山在辛亥革命时期对待帝国主义的认识较之过去政治思想界有哪些发展和前进，自然是比起计较他在这个问题上的不足更为重要和更值得注意了。

当结束这篇述评的时候，我们还不得不稍稍花一点笔墨，谈一谈孙中山强烈的民族自尊心和民族自信心问题，因为这个问题也是爱国主义的题中应有之义。孙中山生活在半殖民地半封建的中国，民族的屈辱和苦难，国家的贫弱和残破，曾是激发孙中山爱国主义精神的催化剂。但即使在当时的条件下，孙中山也从来没有丧失过对国家民族前途的信心。对现实的巨痛深忧同对未来的乐观主义融为一体。他一方面大声疾呼“瓜分之祸，已岌岌不可终日”，但又“时时宣传中华民族有光辉的过去，有灿烂的明天”②。他不断诉说“国贫民瘠”，“疮痍满目”，又竭力反对嫌弃祖国落后的思想，认为中国幅员广阔，物产丰殷，这“一片好山河”正是英雄用武之地。③他“既坚决反对盲目排外的闭关主义，又理直气壮地反对盲目崇外的民族自卑心理和民族虚无主义，在积极向西方学习的同时，继承

① 以上材料见《从辛亥革命到五四运动》，33～37页。

② 林家有：《孙中山与中华民族的崛起》，载《贵阳师院学报》，1980（4）。

③ 参见张启承、郭志坤：《论孙中山对中国国情的研究》，载《复旦大学学报》（社会科学版），1981（5）。

和发扬中华民族的优秀文化传统和奋发图强的战斗精神”①。辩证地处理这样一些关系，即使从今天来说，也并不是十分容易就能做到的。因此，研究孙中山的这一方面的思想和主张，无疑具有强烈的现实意义。

---

① 陈胜粦:《论孙中山向西方学习的爱国主义立场和态度》，载《学术研究》，1981(6)。

李莲英与晚清政治*

对于清末的著名太监李莲英，相当多的人恐怕也是耳熟能详了。不过，人们对于此人的了解，大抵来自文艺作品如电影、戏剧、小说等的描绘，至于他在历史上的真实面目，却未必知道得十分确切。这里，我们从与李莲英生活在同一时代的人们所写的历史资料中，看一看李莲英在晚清政治生活中究竟扮演着一个什么样的角色。

炙手可热的权奸

据现在所存的原竖立在李莲英墓前的墓志碑记载，李莲英生于道光二十八年十月十七日（1848 年 11 月 12 日），“九岁入内廷充役使”。开始，他只是被派充为那拉氏的梳头小太监。后来，逐步取得那拉氏的宠信。随着那拉氏被晋封为慈禧太后，并通过宫廷政变获取了清王朝的最高统治权力，李莲英也一跃而为总管太监，“又赏加二品顶戴，此掖廷人破格之举，自开国以来未有若是之光荣者也”①。

原来，清朝封建统治者鉴于明代宦官擅权之祸，曾对太监干政做过严格的防范和限制。清初的顺治皇帝曾命人在宫中交泰殿内立了一块铁牌，“戒内宫不许干预政事”。乾隆时期有个叫高云的宦官，“稍干涉外事”，当即受到诛杀。太监们的官阶不得超过四品。这样延续下来，直到咸丰时，朝廷里还没有出现过宦官专权的局面。李

* 载《历史大观园》，1986（8）。本文与刘仰东合写。

① 李莲英墓志碑。

莲英能够获得这种“破格”的殊荣，寻根问由，史书上曾经讲到这样一段故事：

咸丰皇帝临终之前，预感到那拉氏有政治野心，将来会跋扈专权。有一次，他同肃顺谈起那拉氏，把她比作汉武帝的钩弋夫人，暗示自己打算像汉武帝那样，把未来的小皇帝的生母处死，以防止可能出现的母后擅权。这话恰好被李莲英偷听到了。他连夜从狗洞里爬出宫去，跑到醇亲王奕譞的住处，将此信息密告给那拉氏的妹妹、奕譞的妻子。第二天一早，奕譞的妻子带着载淳（后来的同治皇帝）进宫向皇帝请安，借机劝说咸丰打消了这个念头。尽管这个故事的真实性尚待进一步证实，但李莲英对慈禧个人的忠诚，赢得了慈禧对他的特殊宠信，则是无可置疑的事实。所以，当咸丰死后，慈禧以宫廷政变的方式除去了肃顺等一批政敌，大权独揽，李莲英也就在封建统治集团中翻云覆雨，成为炙手可热的人物了。

在慈禧当政的几十年时间里，不论是声威煊赫的封疆大吏，还是名重京师的朝廷显贵，都要仰李莲英的鼻息，视李莲英的眼色行事。有一次，李莲英跟随醇亲王巡阅北洋水师，醇亲王不敢乘军舰，而李莲英却把醇亲王撇在一旁，大模大样地登上军舰，威风凛凛地代表朝廷检阅海军，连水师提督丁汝昌也不得不“竭诚尽力”地博取他的欢心。这件事，实在是很有象征意义地说明了李莲英在晚清政治生活中的地位。

当时许多官僚，为了巩固自己的势力或者希图升擢，无不竭力结纳李莲英。靠办洋务起家、在近代中国社会的厂矿交通事业中握有实权的大买办官僚盛宣怀，就曾经暗中给李莲英巨资，成为“外官之贿李莲英之第一人”。后来，他果然屡次得到李莲英的关照，在仕途中不断化险为夷，渡过各种难关，一直保持着官运亨通。盛宣怀在担任天津海关道时，凭借职权，从中渔利，多中饱公帑，因而受到弹劾。这时，胆战心惊的盛宣怀连忙再一次“辇巨金致李莲英求解”。结果，他不但没有因此受到查责，反而得以进一步插手铁路，遥控汉冶萍煤矿，把持轮船、电报、纺织及银行业务，成为近代经济史上一个举足轻重的人物。1902 年，由于轰轰烈烈的收回利权运动的兴起，盛宣怀曾再度遇到政治危机，面临着失势的危险。这时，又因李莲英的出面，盛宣怀得到慈禧的赏识，结果反而取得了更为显赫的职位。

戊戌变法失败以后，清王朝的日常政务，掌握在军机大臣荣禄和协办大学士刚毅二人手里。可是，这两个身兼将相、权倾文武、指挥着政权中枢的人物，对李莲英却同样都是低声下气，阿谀逢迎，一味巴结。荣禄的许多活动，都要就商于李莲英。刚毅虽然身为满洲亲贵，而且年龄要比李莲英大十岁，却竟心甘情愿地将李莲英“呼为李大叔”，“深相纳结”，简直到了无耻的地步。还有那个狡诈险狠、野心极大的袁世凯，他在仕途中一步步向上爬的过程中，每次进宫朝见后，从不放弃到李莲英住处拜望的机会，结果，不但通过李莲英向慈禧表达了他的一片忠心，而且也从中探听到许多宦海隐秘、政坛信息，使他能够窥风测雨，在变幻莫测的政局中左右逢源。

推涛作浪的弄臣

李莲英在晚清政治斗争特别是在封建统治阶级的内部斗争中，始终站在反动势力的一边，推涛作浪，助纣为虐，起着十分恶劣的作用。

清末封建统治集团的内部矛盾，是同宫廷斗争紧密纠缠在一起的。以慈禧为首的后党同以光绪为首的帝党，围绕着当时的一些重大政治事件，演出了一幕幕错综复杂的活剧。李莲英作为慈禧的心腹和死党，在其中扮演了重要的角色。

光绪二十年（1894），为庆祝慈禧六十大寿，先期演习礼仪。在规定的时刻，光绪率领文武百官，齐集殿堂，唯独不见李莲英的身影。光绪等人“鹄立三时之久”，李莲英才姗姗来迟。皇帝如此屈尊地等着一个“阉竖”，这在历史上实属罕见。演习一完毕，强忍怒气的光绪终于勃然而起，下令“廷杖李莲英四十”。李莲英此举，本来就是有意激怒和羞辱光绪，扩大帝后之间的矛盾，待到遭受皮肉之苦后，便立即向慈禧哭诉，并添油加醋地谮称光绪对慈禧“有怨望之心”，从此，本来在权力争夺中存有戒心的慈禧，对光绪就更加切齿痛恨、水火不容了。

甲午中日战争爆发后，在全国爱国热情高涨的推动和影响下，光绪也竭力主战。但慈禧及当时掌握清廷政治、军事及外交实权的李鸿章，却坚决主和。他们一方面是作为半殖民地半封建政权的政治代表，恐洋、崇洋成性，根本不敢开罪于帝国主义；另一方面，从慈禧来说，更怕一旦战火烧起来，会冲了她的六十大寿。因此，他们一心屈辱退让，妥协投降。就这样，主战派和主和派之间的斗争异常激烈。在两派斗争中间，李莲英虽然没有在政治争辩中公开发言的机会，却在私底下竭力附和甚至怂恿慈禧的主和。当时直言敢谏的御史安维峻就在一封奏折中指出：外间纷纷传言，皇太后的主和主张，“李莲英实在左右之”。并且质问说：“李莲英是何人斯，敢干政事乎?”提出要按清朝祖制严办李莲英。当然。李莲英不仅没有受到“严办”，安维峻却反而因此受到了申斥和处分。

甲午战争失败后不久，资产阶级维新派发动了戊戌维新运动。光绪出于振兴国家的爱国立场，不顾慈禧的阻挠，积极支持变法维新运动。这个运动最后遭到以慈禧为代表的封建顽固势力的打击和扼杀，终于以悲惨的失败而告终。在破坏变法维新运动的罪恶勾当中，李莲英也欠下了一笔孽债。

戊戌维新运动刚刚兴起后不久，慈禧为了阻挠变法，曾想方设法打击光绪身边某些支持变法的帝党官僚。光绪所眷倚的师傅翁同龢的被逐，就是一例。① 据费行简在《慈禧传信录》中所说，翁同龢被逐的直接导因，是李莲英应荣禄之嘱，在慈禧面前诬告翁同龢“专横，且劝帝游历外洋”。慈禧听后，顿时大发雷霆，立即下谕“逐同龢去”。当然，实际的原因远远要比这复杂得多，但李莲英的进谗却完全是符合这个人的阴险性格的。

---

① 翁同龢被斥逐的原因，目前史学界存在不同看法，此处暂从旧说。

李莲英还把矛头对准其他支持变法的人物。当时，曾担任光绪宠爱的珍妃的老师、翰林院侍读学士文廷式赞助光绪亲政，并支持康有为发起强学会。他代替具有爱国思想的太监寇连材拟了一份奏疏，建议慈禧“行新政，摒老臣，用才士”。寇连材本来也是慈禧的心腹，是特地派到光绪身边监视帝党行动的。但他受到维新思想的感染，毅然回家辞别老小，冒险进谏。慈禧览奏，觉得寇连材背叛了自己，十分恼怒，将他发配黑龙江。李莲英跟着就落井下石，在慈禧面前“力谮其通外，泄宫中事”，非将其置之死地而后快。在李莲英的唆拨下，慈禧果然处死了寇连材，并将文廷式革职查办。

变法被绞杀后，光绪被软禁起来，慈禧再度垂帘听政。一天夜里，“群阉忽惊起，谓帝谋逃逸”。这又是李莲英精心策划的一起政治阴谋。根据李莲英的报告，慈禧进一步把光绪囚禁在南海四面环水的瀛台，使他完全失去了行动的自由。李莲英派心腹太监昼夜对光绪严加看管，“虽后妃不得与帝谋一面”。

不久，反帝爱国的义和团运动在中国大地上兴起。有一部分封建顽固势力的代表，出于本集团的政治私利，妄图以“抚”为名，利用义和团，竭力煽动封建迷信思想和盲目排外情绪。作为清朝最高统治者的慈禧，开始时拼命限制、禁阻、瓦解义和团，后来在错综复杂的形势下改变策略，一变而为支持端王载漪、刚毅等利用义和团的那一派势力。此时，李莲英奉慈禧之命，奔走于北京与颐和园之间，探视外面消息。一次，李莲英到端王府，碰上义和团的“老教师”，回宫复命时，他便向慈禧大肆宣扬义和团法术如何神异，竭力鼓吹和散布封建迷信思想。这对慈禧显然产生了相当大的影响。据有的材料说，义和团运动时期，慈禧一有空，“必将神团咒诵七十次”。每次诵咒后，李莲英总要说上一句：“又亡洋夷一名矣。”他们竭力夸大义和团的迷信的一面，只会给义和团运动带来不利的影响。

腐败政治的化身

随着封建王朝的日趋没落，清末的官场中充满了腐败习气，营私舞弊，卖官鬻爵，枉法徇情，贿赂公行。在许多肮脏的政治交易中，李莲英是个相当活跃的人物，如袁世凯一次就给李莲英送去白银二十万两。吴永在《庚子西狩丛谈》中提及，“京外大员进奉，必经李手，即贡呈皇上物品，亦须先由李呈明太后过目，方始进御”。这一种权力，就给了李莲英敲诈勒索的机会。

户部侍郎张荫桓曾亲口对吴永谈起他因为没有“孝敬”李莲英致因进贡获罪的经历。张荫桓在一次出使英国返回时，选购了两枚宝石，预备“进奉两宫”。回国后将红宝石贡奉光绪，绿宝石贡奉慈禧。按价值论，绿宝石远在红宝石之上。按惯例，大臣向两宫进贡时，应另备一份，馈送李莲英，作为经手之代价。但此次张荫桓竟未向李莲英送任何贿赂，这就招来了一场横祸。一日，慈禧正在满心欢喜地玩弄张荫桓进贡的宝石，李莲英却在一旁阴阳怪气地冷笑道：“难为他如此分别得明白，难道咱们这边就不配用红的么?”慈禧因出身西宫，按封建习俗，侧室只可穿绿，不能披红。李莲英的话，立刻触动了慈禧的忌讳，她认定张荫桓向她贡绿宝石是意存讥讽，不觉勃然变色，立即命令将两份贡物一并发还。张荫桓还没有弄清是怎么回事，就被发配到新疆戍边去了。后来，慈禧又下令将张荫桓杀害。

1900年，八国联军侵入北京，慈禧等仓皇出逃西安，李莲英乘战乱之机，更加横行无忌。在沿途三十多个城镇中，他以进贡的名义到处勒索，稍不遂其愿，就设计陷害打击。宣化知府李肇南，因进献微少，李莲英在慈禧面前恶语中伤，终于丢掉了乌纱帽。潼关的一个地方官吏“馈百金”，李莲英嫌少，便故意张扬说：“此人想用此来贿污我。”结果也被革职罢官。相反，谁如果满足了他的私欲，就能够加官晋爵。华阴县令“所进独丰”，使李莲英在慈禧面前说了几句好话，便一下跃为知州；河南知府文悌，孝敬李莲英一万两，拉上了关系，以至可以在李莲英屋内“手拿烟袋随意出入”，后来也得到了擢升。在这段时间里，李莲英的气派和威风，简直到了“拟于王者”的程度。柴萼在《庚辛纪事》中谈到慈禧等人从西安“回銮”京师的情形时说：“当德宗（光绪）在外，事无巨细，一任内监（李莲英）调置。此次回銮，一切应用车辆，及陈设各物，除黄色谨避外，其余悉与御用者一式。闻其内服及燕服，则反较御用者精美。”这个封建独裁者的忠实奴才，可以说是爬到了他一生权力的顶峰了。

李莲英既是腐朽政治的产儿，又是腐朽政治的制造者。他利用政治交易大发其财，到他死时，“除大城原籍，及各银号金店存款外，其储于宫内者，尚有现银三百万之多”。不过，好景不长，晚清的腐败政权毕竟不能长久存在下去。1912 年，在辛亥革命的烈火燃烧下，中国历史上最后一个封建王朝终于被化成了灰烬。李莲英也在清王朝覆灭之前走完了他罪恶的一生。

形象的历史　生动的教材*

多么熟悉，又多么陌生！当银幕上映现着祖国河山在外国侵略者的炮火下燃烧，广大人民在封建统治下艰难地挣扎，无数志士仁人，或者用刀与剑，或者用笔与舌，为国家民族的独立、民主和富强而奋勇献身的画面时，我这个教了近三十年“中国近代史”课程的教师，仍被这些虽然在课堂上讲过很多遍，却第一次以艺术形象呈现在眼前的内容深深地打动了。

是的，我们的国家经历过这样深重的苦难，我们的民族进行过这样光辉的斗争。在历史走向现代化的途程上，有过如此曲折、如此漫长、如此艰险崎岖的路。看完《近代春秋》的前三集，我的心久久不能平静。

《近代春秋》是中央新闻记录电影制片厂正在拍摄的一套中国近代史的系列电影纪录片，由何钟辛同志任总导演，著名的历史学家胡绳同志任顾问。这套系列电影片共分八集，内容为：第一集《从鸦片战争说起》，第二集《天国风云》，第三集《变法前后》，第四集《辛亥浪潮》，第五集《五四的曙光》，第六集《北伐始末》，第七集《抗日烽火》，第八集《走向新中国》。其中第一、二、三、七集已经摄制完成，其余各集正在制作，不久也将与观众陆续见面。这部系列片主要是反映从1840年鸦片战争开始，到1949年中华人民共和国成立，这一个多世纪的半殖民地半封建社会的历史，也是包括旧民主主义和新民主主义两个阶段的民主革命的历史。

从已经公映的几集片子看，这套影片有以下两个鲜明的特点：一是科学性和艺术性的统一，二是历史感和现实感的统一。

---

* 载《中国教育报》，1986-09-13。

影片在历史内容的准确性上，下了很大的功夫。它不同于历史题材的故事片，其中没有虚构，所有的历史人物和事件都是有根据的，都力求反映客观历史的本来面目。对人物和事件的解释、评论，在分寸上也掌握得恰到好处。同时，影片又并不是中国近代历史教科书的简单图解，而是调动了一切艺术手段，对许多珍贵的历史文物、历史图片、历史资料加以精心编排和剪接，在充满激情的解说词的贯穿下，给人以生动、形象的视觉感受。

影片严格按照历史事件的特定时代环境，提示当时社会生活中的矛盾冲突，描绘当时政治舞台上的风云变幻。它把我们的思想和情绪，拉回到我们先辈的斗争氛围中去，使观众的心随着历史发展的节奏而跳动。同时，影片并不是在那里发思古之幽情，而是通过对以往国情的认识，让观众不自觉地接受历史的启示。愈是看到以往因落后而挨打的现实，就愈使人加强对现代化的追求；愈是饱览民族和阶级的苦难经历，就愈使人加深对社会主义祖国的热爱；愈是目睹近百年来改革封建政治的努力不断受到挫折和失败，就愈使人坚定今日改革经济体制、政治体制的决心和信心。

在当前正在进行的教学改革中，影像教学正日益显示其越来越重要的作用。同时，在高等学校的政治理论课改革中，“中国革命史”课程的教学改革也正在许多学校积极进行。《近代春秋》系列电影纪录片的诞生，将能为高等学校和中学的“中国革命史”“中国近代史”的教学，提供一套较好的形象教材。

荣禄与义和团运动*

近年来，义和团运动史的研究有了明显的深入。这表现在许多方面，其中之一，是对清朝封建统治阶级的政策和政治活动的分析与探究得到了加强。就以人物的评论来说，以往谈得很少甚至从未论及的一些统治阶级成员，从慈禧、光绪开始，包括载漪、李秉衡、袁世凯、毓贤、盛宣怀、董福祥、聂士成、罗荣光、寿山、杨儒、章高元，一直到并非当权人物、只是跟统治阶级有某些关联的珍妃、赛金花等人，都在这几年的报刊上得到了被专文评述的机会。这自然是一个颇能鼓舞人的现象。

上面这一串名单，当然没有包括曾经活动于义和团运动这个历史舞台上的统治阶级中的所有重要人物。也就是说，还有一些人是值得我们继续关注的。本文将要着重讨论的荣禄，就是这些人物中间的一个。

一个待解的谜

义和团运动时期，荣禄“入枢密，又将大兵”①，正是身兼将相，权倾文武，处于炙手可热的当权地位。作为慈禧太后最为宠信倚畀的心腹近臣，这时他恰好达到了一生的权力顶峰阶段。

荣禄，字仲华，号略园，瓜尔佳氏，正白旗满洲人。他沉浮宦海数十年，在复杂的政治斗争中，窥时度势，倾轧攀附，逐渐跻身于封建统治阶级的上层集团之列。戊戌维新运动中，慈禧任命荣禄

---

* 见夏良才、曾景忠主编：《近代中国人物》第3辑，重庆，重庆出版社，1986。本文与林敦奎合写。

① 佚名：《综论义和团》，见《义和团史料》上，156页。

为直隶总督兼北洋大臣，牢牢控制了京师及近畿的军事实力。凭借这个武力作为后盾，慈禧轻而易举地粉碎了资产阶级维新派的密谋，扼杀了要求实行政治改革的变法运动。政变后不到两个月，荣禄便升任军机大臣，接着又“晋文渊阁大学士”，1990 年，“转文华殿大学士”①。同时，慈禧“尽以兵权委之”，让荣禄管理兵部事务，“开幕府，设关防，立北洋军务公所”，建立武卫五大军（武卫左军，武卫右军，武卫前军，武卫后军，武卫中军），均归荣禄一人节制。②因此，当义和团运动酝酿和开始发展的阶段，清政府中主持日常政务的不是别人，正是荣禄和另一个协办大学士刚毅。李希圣在《庚子国变记》中说：“自戊戌以后，（刚）毅与荣禄枋政，拟于共和。荣禄主兵，而毅喜言利。”③ 连当时的英国驻华公使窦纳乐在向英国外交大臣索尔兹伯理所做的报告中也强调：“根据所有那些同我们保持联系的人所作的说明，荣禄现在是中国政府中掌权的人物。”④

但是，令人奇怪的是，在义和团运动时期尖锐复杂的矛盾斗争中，荣禄却没有出头露面，没有站在政治斗争的第一线公开亮相。在这一出历史活剧的前台，我们几乎很难看到荣禄的身影。这种状况，同荣禄当时所处的政治地位和所握有的政治权力，发生了严重的不协调，甚至可以说是出乎常规的。

从 1900 年 4 月初开始，正当义和团在各地迅猛发展，并开始大规模进入封建统治中心京津地区的时候，荣禄突然“病手足”，“不能动转”，请假养疴。⑤ 一病就是两个多月。⑥

---

① 俞樾：《荣文忠公墓志铭》，见《荣文忠公集》卷二，石印本。

② 参见胡思敬：《驴背集》，见《中国近代史资料丛刊·义和团》第二册，487 页。

③ 《中国近代史资料丛刊·义和团》第一册，30 页。

④ 《窦纳乐爵士致索尔兹伯理侯爵函》，见《英国蓝皮书有关义和团运动资料选译》，105 页。

⑤ 参见《荣禄集·函稿》，载《近代史资料》，1983（4），39 页；《荣禄与奎俊书》，见《义和团运动史料丛编》第一辑，138 页。

⑥ 很显然，荣禄此病是一种“政治病”。当时外电报道说：荣禄对载漪、刚毅等之所为“深为不然”，迭次劝谏，“均不听从，故已呈请病假，不愿与闻现在之事矣”（佐原笃介等：《拳乱纪闻》）。后来也有人参劾荣禄“畏谗谢病，不肯出”（李希圣：《庚子国变记》）。

1900年6月6日（光绪二十六年五月初十），政治形势的发展愈来愈严重，义和团斗争的高涨和帝国主义列强军事威胁的迫近，使清政府面临着两种势力的双重挑战。于是，荣禄终于不得不销假视事。不几天，恰好赶上慈禧连续四次召开御前会议，讨论对义和团的剿、抚和对列强的和、战事宜。在会上，“群臣纷纷奏对，或言宜剿，或言宜抚，或言宜速止洋兵，或言宜调兵保护”[①]，争得不可开交。有的哭泣，有的狂怒，有的詈骂，有的抗辩，闹得沸反盈天，简直失去了王公大臣们平日惯有的体统和常态。荣禄参加了所有这些会议，但从当事人所记的日记或笔记中，我们却几乎没有看到荣禄讲过一句话。[②] 他意味深长地保持了沉默。

前面提到，荣禄是清政府中手握兵符的实权人物，而且他自己也“自负知兵”[③]。但又一次令人惊奇的是，不论是同外国侵略者还是同义和团的多次军事交锋中，至少从表面上看来，荣禄差不多是置身事外的。李超琼《庚子传信录》说：“时专设军务处，以徐桐、崇绮等主军事。”[④]《恽毓鼎庚子日记》也记：“（六月二十日）派端王、庆王、徐相、崇公充军务处大臣。”[⑤] 李希圣《庚子国变记》则说：“以载漪、奕劻、徐桐、崇绮主兵事，有请无不从。政在军府，高下任心。”[⑥] 总之，专管军事的大学士荣禄却不参与军事决策和指挥。6月21日，清廷发布关于加强京师城防事宜的上谕，也把守城之责交给载勋、载澜而不是委之于总统“武卫五大军”的荣禄。在八国联军侵占北京之前，清廷颁给荣禄的谕旨极少，只有6月6日（即荣禄销假视事的当天）的一件上谕专门责成荣禄，对不服劝谕

---

① 恽毓鼎：《崇陵传信录》，见《中国近代史资料丛刊·义和团》第一册，47页。

② 说荣禄没有讲过一句话，也许是有些夸大。恽毓鼎《崇陵传信录》中谈到，在6月16日的会议上，当有人提出董福祥不可恃时，慈禧很生气地说：“汝保人来。”于是有的保荐袁世凯，有的保荐刘坤一，这时荣禄说了一句：“刘坤一太远，袁世凯将往调矣。”不过，这句话根本没有表明荣禄的政治态度，所以同没有说也差不多。参见《中国近代史资料丛刊·义和团》第一册，48页。

③ 胡思敬：《驴背集》，见《中国近代史资料丛刊·义和团》第二册，487页。

④ 《义和团史料》上，214页。

⑤ 《义和团运动史料丛编》第一辑，58页。

⑥ 《中国近代史资料丛刊·义和团》第一册，18页。

解散的义和团民，“分饬董福祥、宋庆、马玉崑等，各率所部，实力剿捕”[①]。但此诏下后不久，清廷已经确定了“抚团”方针，所以这个谕旨也就形同具文了。

究竟怎样来合理解释荣禄的这种异乎寻常的举措，我们暂且放到以后再说。这里要说的是：正是荣禄的这种令人难以捉摸而略带暧昧的表现，使人们（从事件发生的当时一直到今天）对他的真实政治态度，对他在义和团运动中的活动及所起的作用，存在着截然相反的反映和评论。有的把荣禄看作与载漪、刚毅一样“纵团”的“罪魁祸首”，另一些人则认为荣禄是与许景澄、袁昶一样坚持“剿团”的“中流砥柱”，还有的则批评荣禄在主剿派和主抚派之间首鼠两端、前后矛盾。

有相当一批材料是持第一种看法的。当义和团运动尚未完全结束的时候，《中外日报》上就发表过一篇题为《戊己间训政诸王大臣论略》的文章，其中说：“荣禄、刚毅并以夤缘贵显，得至大官……大抵荣险而巧，刚悍而愎，每欲举大事，荣阴谋于室，刚公言于朝。荣起于但贪富贵，刚出于有所憾恨，此其显殊；至其同为国贼，同酿国祸，则二人之所共谋，虽及没世，不能别也。”[②] 佚名《综论义和团》中也说：荣禄“虽竭力保护使馆，实则构乱之罪魁也。彼盖欲乘此乱机，张其权力……诽外人，主废立，重拳匪，皆由荣主谋，故罪魁祸首皆荣为之。惟狡猾异常，故西人亦为其朦蔽，不列名罪魁”[③]。这篇文章的另一处还说，董福祥向洋人开仗，是荣禄发的令，“观此则荣禄之罪魁恶首明矣”[④]。李希圣《庚子国变记》也认为：“禄内主拳匪附载漪，而外为激昂，称七上书争之不能得，颇扬言自解，世或多信之。”[⑤] 佐原笃介等所辑之《拳事杂记》中，曾经引用一篇名为《记客谈某中堂事》的短文，虽然没有指名，但令人一眼就能明白是指荣禄的，其中写道：“及排外议起，某中堂主持最

---

① 《义和团档案史料》上册，119页。

② 《中国近代史资料丛刊·义和团》第四册，220页。

③ 《义和团史料》上，160页。

④ 同上书，165页。

⑤ 《中国近代史资料丛刊·义和团》第一册，27页。

先，事败则外人又以其罪并归刚毅，亦不及某中堂……与端邸尤至密，大阿哥之立也，实某中堂一人主谋……而是时义和团适起京师，因力保可用于太后之前。至五月二十日，遂奉命督兵亲攻使馆，闻聂军在天津，方痛剿匪，则大不怿。”① 以上这些说法，由于当时社会上流传的董福祥致荣禄的一封信件而得到了加强。在这封信中，董福祥为自己遭到革职处分而愤愤不平，说：“祥辱隶麾旄，忝总师戎，一切举动，皆仰奉中堂指挥，无一敢专擅者……去年拳民之事，累奉钧谕，嘱攻各国，祥以事关重大，疑迟未决。承中堂驱策，不敢不奉命惟谨。后又承钧谕，及面嘱累次，围攻使馆，不妨开炮。祥始尚虑得罪各国，杀戮其使，恐兵力不敌，祥承此重咎。又承中堂谕，谓戮力攘夷，祸福同之。祥是武夫，无所知识，但恃中堂而为犬马之奔走耳……夫祥于中堂，其力不可谓不尽矣。中堂命行非常之事，则祥冒死从之；中堂欲抚拳民，则祥荐李来中；中堂欲攻外国，则祥拼命死斗。而今独归罪于祥，麾下士卒解散，咸不甘心。”② 董福祥不但是荣禄的部下，而且二人原有深交，甚至有材料称荣、董二人曾“结为兄弟”③。这封以董福祥名义所写的信件，言之凿凿，自然有很大的说服力。何况，这种说法还可以得到以下事实的印证：当开始议和的时候，清廷根据李鸿章等的一再请求，曾正式发布谕旨，同意加派荣禄为议和大臣，但这个任命遭到了各国公使的拒绝。英国驻华公使窦纳乐正式向自己的政府报告说：由于荣禄的军队参与了围攻使馆的战斗，故不能接受荣禄的议和全权代表资格。④ 在列强的反对下，清廷不得不撤回了成命。看来，把荣禄看作“主抚派”的代表人物，似乎并不是毫无根据的。

但是，支持第二种说法的材料更多。孙葆田《荣文忠公神道碑》称：“（光绪）二十六年，拳匪起畿南，公屡请剿乱党，保护各国使

---

① 《中国近代史资料丛刊·义和团》第一册，263～264页。

② 这封信分别收入李杕：《拳祸记》上集，33～34页；柴萼：《庚辛纪事》，见《中国近代史资料丛刊·义和团》第一册，327页。

③ 《中国近代史资料丛刊·义和团》第四册，221页。

④ 参见《英国蓝皮书有关义和团运动资料选译》，214页。

馆。”[1] 俞樾《荣文忠公墓志铭》中说：“山左乱民，恃其拳勇，阑入京师，启衅外邦，焚杀平民，攻围使馆，公屡言于朝，请剿乱党，勿替邦交，而一时强宗悍将，横行恣睢，几使公无从置喙，公亦数濒于危。卒赖公言，稍全大局。”[2] 荣禄《行状》中也有大体相类的记载。[3] 龙顾山人《庚子诗鉴》说：“初，两宫尚驻跸湖园，荣文忠闻拳众毁路事，亟赴园密奏，谓‘宜急剿勿失’。孝钦大惊，立命驾回宫，仅降旨命聂士成保护铁路，而于剿拳大计，迟回不决，荣知不能用其言，引疾请开缺，孝钦不许。”[4] 书中还提到，由于荣禄同意各公使调洋兵入卫使馆，刚毅深为不满，“尝语人曰：‘不知仲华是何居心！’荣性沉毅，虽撄众谤，犹以维护使馆自任。厥后使团不谅，几以罪魁视之。乱后相见，词意漠然，则荣所不及也”[5]。这位龙顾山人为此作诗赞曰：“独排众议纳西师，早料来朝打劫棋。危谤绯衣君不避，怪他海燕尚猜疑。”[6] 此外，陈夔龙《梦蕉亭杂记》、《高枬日记》、叶昌炽《缘督庐日记钞》等，也都有荣禄反对端、刚，力主剿团的叙述。这样一种看法也在外国人所写或所编的材料中得到反映。佐原笃介等所辑的《拳事杂记》及《拳乱纪闻》中，就有这样一些记载：“京友来函云：……现在枢臣中惟荣中堂尚立意主剿。”“团匪初起时，荣相颇深忧之。五月十九日，建议召李傅相以议和，召袁慰帅以剿团，擘画周详，颇足钦佩。”“（五月十一日）北京访事来电云：皇太后昨晚在宫内召集各大臣，密议团匪乱事，为时极久。旋即议定，决计不将义和团剿除……当定议时，只荣相、礼王不以为然，又因势力不及他人，故不能为功，余如庆王，端王，刚相，启、赵二尚书等，俱同声附和，谓断不可剿办团匪，王中堂则默然无语。”[7] 英国驻天津领事贾礼士在 1900 年 8 月 6 日发给索尔兹伯理的一封信中也说：“在北京的主要政治家中间，庆亲王和

---

①② 《荣文忠公集》卷二。

③ 参见《荣禄集》，载《近代史资料》，1983（4），29 页。

④ 《义和团史料》上，42 页。

⑤ 同上书，39 页。

⑥ 同上书，38 页。

⑦ 《中国近代史资料丛刊·义和团》第一册，124 页。

大学士荣禄似乎已成为对端王或董福祥提督起牵制作用的仅有的人物。"[1] 作为这一种说法的有力佐证的，是荣禄本人在事件当时（1900 年 7 月 18 日）写给他正在当四川总督的叔叔奎俊的一封家书。在信中，荣禄不但深责载漪、载勋、载澜、董福祥等"误事""各怀心意""不成事体"，而且详述自己在病假期间，"曾七上禀片，皆以赶紧剿办，以清乱萌，而杜外人借口"为辞，以及销假后坚持反对抚团、竭力保护使馆的情形。[2] 叔侄之间，无所不谈，家书也不同于一般官样文章，字里行间毕竟有较多的真情的流露。因此，说荣禄是坚主剿团的，显然也有充足的理由。

大概是由于对这两种互相矛盾、根本对立的看法难以判断的缘故吧，于是出来了第三种说法。有的说，荣禄本来是赞成排外的，后来"见事不顺，又持两端"[3]。有的恰好相反，认为"荣中堂初无攻西之意，嗣见廷意已决，端、庄势盛，遂亦同声附和。其致聂士成电音，始谕剿匪，后谕抚匪，聂进退维谷，不知所从"[4]。总之，是说荣禄见风使舵，按照现在的流行术语来说，是个地地道道的"风派"。

对于荣禄在义和团运动中政治态度的以上三种不同看法，一直保持到中华人民共和国成立以后。1957 年出版中国史学会所编的《中国近代史资料丛刊·义和团》资料时，在该书所附《有关义和团人物简表》中，编辑者对荣禄是这样写的："庚子义和团事起，载漪等称其术，欲倚以排外，荣禄和之。"[5] 这显然是第一种看法的继续。廖一中在《论清政府与义和团的关系》一文中，把荣禄与奕劻、袁昶、许景澄、李鸿章、刘坤一等并列，称之为"坚持对内镇压、对外求和"的一个政治集团[6]；李德征、丁凤麟在《论义和团时期的围攻使馆事

① 《英国蓝皮书有关义和团运动资料选译》，223 页。

② 参见《荣禄与奎俊书》，见《义和团运动史料丛编》第一辑，138 页。

③ 佐原笃介等：《拳事杂记》，见《中国近代史资料丛刊·义和团》第一册，264 页。

④ 李杕：《拳祸记》上集，31 页。

⑤ 《中国近代史资料丛刊·义和团》第四册，517 页。

⑥ 参见《义和团运动论文选》，348 页。

件》一文中，提到“以荣禄、袁昶、许景澄为代表的主和派”[1]：这显然与前述第二种看法是相一致的。1964年出版的《义和团运动史料丛编》的编者，在一个按语中指出，“关于荣禄对义和团的态度，前后亦有反复”[2]，则是赞成前面提到的第三种说法的了。

那么，究竟哪一种说法是符合历史实际的呢？

荣禄与清政府的剿抚政策

围绕着对待义和团的政策，清朝封建统治集团内部展开过尖锐复杂的冲突和斗争，其激烈程度，直闹到诛戮大臣、杀人流血的地步。如果不是在抽象意义上而只是做一种实际的表述，那么用“你死我活”来形容这场封建统治阶级的内部斗争，是一点也不过分的。作为主持日常政务的中枢重臣荣禄，绝不可能在这种政治背景下置身于斗争旋涡之外，更不可能对这场斗争漠然置之。既然在关于荣禄对义和团主剿、主抚的态度上说法莫衷一是，我们只好着力探寻荣禄当时的实际活动，以检验和判断所有这些说法的是非真伪。

荣禄在给他叔叔奎俊的信中，当谈到他力主剿团的立场时，特别强调了他病假期间“曾七上禀片”这件事。不但如此，他在给李鸿章、刘坤一、张之洞等东南八督抚的电报以及致袁世凯的信函中，也反复说过自己虽然“请假六十余日”，但“身在斗室而心在直庐”，曾于“病中数上封事”和“假内仍上奏片七次”的话。[3] 前面提到，李希圣在《庚子国变记》中，否定荣禄对义和团持“主剿”的态度，首先也是否定他七次上书的真实性，认为这是他“扬言自解”以欺骗世人的。那么，我们不妨首先来讨论一下荣禄病假期间是否真有“七上禀片”这回事。

这件事，除荣禄本人再三谈起外，还见于继昌的《拳变纪略》：

---

① 《义和团运动论文选》，380页。
② 《义和团运动史料丛编》第一辑，138页。
③ 参见《荣禄集》，载《近代史资料》，1983（4），37～39页。

“时都中有传闻该匪（按：指义和团）猖獗情形，毁电杆，拆铁路，因命提督聂士成派队弹压，保护路工。匪众竟敢伤聂军，聂军亦伤拳众。军机大臣荣禄，适在假中，七上章请剿。旨责以不得孟浪从事。盖枢臣中刚毅、启秀、赵舒翘均力主解散，剿恐激变。”① 继昌这时正任军机章京，恰好是接触和经手处理机密文书的岗位，荣禄有没有“七上禀片”，继昌应该是一清二楚的。如果此事根本属子虚乌有，他似乎不至于盲目地跟着荣禄瞎说。

不过，荣禄的七次奏折，具体内容如何，在相当一段时间里我们一直不得而知。直到去年（按：指 1984 年），我们看到了一个题为《荣相国事实纪略》的抄本②，才有了较为确切的了解。这本材料讲到了荣禄“由五月初一至初七日连递奏片七次之实在情形”，可惜这是个残本，前面几次奏折的内容已付阙如。从该材料转述的后面几次折片的简要内容看，恰好同《荣禄集》卷三的《高碑店以北电线铁路焚毁片》《京师严查保甲缉匪安良片》《涿州拳众占城竖旗可否进剿片》《再奏涿州拳众占城竖旗可否进剿片》的内容相同。③《荣禄集》卷三共收八个折片，上奏时间自五月初二到五月初八（5 月 29 日至 6 月 4 日）。从数量来说，只比“七上禀片”多一件；从时间上说，只比《荣相国事实纪略》所记顺延一天。我们推想，《荣禄集》卷三的内容，应该正是荣禄“七上禀片”的原文。至于多出一件，也许是其中某一次在正折之外另加一附片，这在当时是很普通的事。日期后延一天，也完全可能是由于所记系写折与递折时间的不同而产生的歧异。

如果这个推断可以成立，那么，荣禄的坚主剿团的立场，就是明白无误的了。因为在这些折片中，荣禄确曾一而再、再而三地要求清廷对义和团“严办”，“立置重典，决不宽贷”，“切实剿办”，“就地正法，以昭炯戒”，“欲消弭外衅，必须赶紧肃清畿辅，是为要著”，“相机进剿”，等等。④ 这证明荣禄自称“七上禀片”

---

① 《义和团史料》下，558 页。

② 这个抄本为中国社科院近代史研究所收藏。承该所慨允借阅，我们深表谢意。

③ 参见《近代史资料》，1983（4），35～36 页。

④ 参见《近代史资料》，1983（4），31～37 页。

的内容“皆以赶紧剿办，以清乱萌，而杜外人借口”，说的确实是真话。

在这段时间里，荣禄对义和团一直主张“严加剿办”的态度，还可以从他签署的另外一些文件中得到证实。林学瑊《直东剿匪电存》中，保留了荣禄拍发给直隶总督裕禄及其属下的五份电报，其中除1900年6月7日（五月十一日，即荣禄销假的次日）的一份电报，除要求裕禄派员将“毛瑟有箭枪子二百万粒”急速解京备用外，其余的都是布置和商议镇压义和团的。4月6日（三月初七），大概在荣禄请病假的前夕，他致电裕禄，要求“迅速饬查”定兴白河沟等处的义和团活动，“以息乱萌”。5月29日（五月初二）、5月31日（五月初四）、6月6日（五月初十），当他正在病假期间时，他还接二连三地致电裕禄和聂士成，指令他们发兵对义和团“堵御、弹压”，“迎护铁路，保护洋人”①。当然，所用的语言还是相当克制的，那是因为清廷一再有“不得孟浪从事”一类的告诫，并不是荣禄不想“痛剿”。

包士杰辑《拳时上谕》中，有《杂录》一卷，其中保存了荣禄致法国主教樊国梁的一封信。信中称“敝恙尚未大愈，一时不能出门，至为焦灼”，可见此信亦为病假期间所写。在这封信里，他表示对定兴等处义和团运动，“闻之惋恨殊深”，并担保一定要“知照直隶总督添派重兵”，“将滋事匪徒严拿重惩，务绝根株”②。联系到他的一贯“剿团”立场，显然不能把这封信看作出于应付的外交辞令。

等到6月6日销假以后，荣禄在清政府剿抚决策的激烈辩论中，虽然没有赤膊上阵，与载漪、刚毅等人公开对抗，但却从来没有改变或放弃过对义和团的主剿立场。

这一点，可以从荣禄同其他主剿派的关系中得到清晰的说明。

聂士成是武将中的坚决主剿派。据聂士成的幕僚汪声玲在《枕戈偶录》中回忆，当聂士成在5月30日（五月初三）接到电旨，只令其保护铁路而“不及剿匪事”时，颇感苦闷。汪声铃向聂士成劝

---

① 《义和团运动史料丛编》第二辑，169页。

② 《中国近代史资料丛刊·义和团》第四册，145页。

解说："公力主剿，荣相已代奏请矣，今旨责保护路线，上意可知已。"① 这个事实说明，聂士成关于"主剿"的奏折，是通过荣禄代递的。通常，代递奏折者必须对奏折内容负有责任，如果荣禄不赞成"主剿"，当然也就不会为之代递。

袁昶、许景澄是文臣中的坚决主剿派。袁昶《乱中日记残稿》中多次提到，他和许景澄或面见荣禄，或通过荣禄的亲信幕僚樊云，要求荣禄向清廷"代奏"关于"剿团"的建议，或促请荣禄代筹"感佛（指慈禧）、阻端（指载漪）、助庆（指奕劻）之法"。② 著名的袁、许剿团三奏疏的第一疏就是认为，义和团之所以不能迅速剿灭，"皆由无将统率，毫无赏罚，军律不严，此事权不一之故"，提出只有给荣禄"以便宜从事，俾一事权"，"不使稍有掣肘"，"准其格杀勿论"，才能消灭根株，立见功效。③ 也就是说，在他们看来，只有荣禄才是能够真正彻底扑灭义和团运动的铁腕人物。可以想象，袁昶、许景澄如果不是充分了解荣禄与自己的政治态度一致，是绝不会对荣禄如此寄予厚望、如此深信不疑的。

当慈禧在载漪、刚毅等的压力下决定诛戮袁昶、许景澄以及立山、联元、徐用仪等五大臣时，荣禄明白无误地表示了自己的反对态度。《高枏日记》称："袁、许将被难，荣相跪求不允。下而约庆王同上。庆曰：'我与若等耳，你求不行，我安能行者？如不获已，非徐（桐）、崇（绮）一言不可。'荣以嘱崇，慨然许之。求徐，徐曰：'我不上去，我看此等人，杀得愈多愈好。'"④ 关于这件事，李希圣的《庚子国变记》也有记载："七月初三日，杀许景澄、袁昶，秉衡有力焉。荣禄微争，太后笑。禄未起，太后曰：'若敢抗旨耶？'不许，天下冤之。"⑤ 这一段记载字数不多，但写得十分生动形象，也很有分寸。寥寥数语，简直把当时的情形刻画得使读者如临其境。

---

① 《义和团史料》上，484页。

② 参见《中国近代史资料丛刊·义和团》第四册，145页；《中国近代史资料丛刊·义和团》第一册，337～338页。

③ 参见《中国近代史资料丛刊·义和团》第四册，161～162页。

④ 《庚子记事》，215页。

⑤ 《中国近代史资料丛刊·义和团》第一册，20页。

荣禄虽反对杀袁、许，甚至跪求不起，但只是“微争”；慈禧虽不允所请，甚至责问荣禄是否想“抗旨”，但诘责的话是笑着说的。这样一些微妙的表情和神态意味着什么，下面我们将稍做一点分析。李希圣在同书中还讲到荣禄反对杀徐用仪等人的情形：“是日（七月十七日）杀徐用仪、立山、联元……荣禄方入对，知将杀用仪等，至殿门，与徐桐约俱请，桐曰：‘吾尝劾用仪，今岂肯为之请？且诛内奸以清朝列，何请为！’色甚厉。至前，太后袖出诏，禄顿首曰：‘祖宗时不轻杀大臣，今诛之太骤，罪不明。臣亦见奕劻，奕劻言不可。’太后曰：‘奕劻喜与他人事耶？为我谢奕劻，行将及若矣！’”①陈夔龙《梦蕉亭杂记》也谈到荣禄谏阻杀徐用仪等人的经过，据说，荣禄知道消息后，曾“碰头吁恳”，不允；又欲邀徐桐等挽回，亦遭拒绝。荣禄连叹：“奈何！奈何！”废然而返。②

从上面这些形象的描写中，可以看到荣禄不同于袁昶、许景澄等人的某些特点。尽管他们之间在对待义和团的态度方面是完全一致的，但荣禄毕竟要比袁、许“成熟”得多或者说“圆通”得多。他对他们的遭戮表示了自己的反对意见，也做了一定的救援，但他只是“微争”，绝不犯颜死谏，一旦慈禧“不允”时，他也只是徒唤奈何而已。这种态度不仅表现在对袁、许等人身上，我们还可以举一个他和聂士成的关系的例子。前面讲到，聂士成的剿团主张，是得到荣禄的支持的。可是，当聂士成因为剿团而引起载漪等人的不满，聂军在天津紫竹林租界与洋兵激战十昼夜，伤亡惨重，却得不到任何军事支援时，荣禄竟坐视不理。聂士成无奈，只得派自己的亲信幕僚汪声玲赶往京师，“绕至荣相府请见”。不料荣禄竟拒不接谈，只是派一个兵弁传言说：“端王、庄王众口一词，中堂亦无可如何。此间耳目多，直言恐得祸。”叫他有什么话，由兵弁转达即可。过了两天，荣禄派人告诉汪声玲，嘱聂士成“振刷精神”，表示“如有意外，当以身任之，不会受屈云云”③。可见，荣禄并不改变对聂

① 《中国近代史资料丛刊·义和团》第一册，22页。
② 参见《义和团史料》下，689页。
③ 《义和团史料》上，488～489页。

士成的支持，但在行动上却十分谨慎地避免因此与载漪等对抗。

即小可以见大。在清政府讨论剿抚、和战的决策时，荣禄尽管并不改变自己对内主剿、对外主和的一贯态度，但当得知在一个短时间内载漪等一派已得到慈禧的支持时，他就暂时地把自己的主张收起来，不使自己与主抚派处于公开对抗的地位。这一点，正可以用来解释荣禄在四次御前会议上一言不发、保持沉默的缘由。也正是由于这同一个原因，慈禧虽然在一个短时间内曾与荣禄在政策性见解上产生了分歧，但终究并不失去对荣禄的宠信。

暂时的沉默显然不同于改变自己的政治主张。在私底下，荣禄仍然坚持他的“剿团”立场。袁昶在日记中谈到，6 月 16 日御前会议散值后，他又找到奕劻、载漪和荣禄，申言“招抚拳会”之非，并声称：“即使洗剿东交民巷，战胜外兵，然开衅十一国，众怒难犯，恐坏全局。”听了这些话，三人的反映是各不相同的：载漪“甚怒”，亦劻“神色沮丧，无所言”，荣禄则“韪之云：非我所能做主”[①]。一面表示赞成，一面表示无能为力，这确确实实是荣禄当时的真实态度。胡思敬在《驴背集》中评论清政府关于剿抚决策的争论时，认为当时奕劻、荣禄、王文韶是“恶匪党而不敢直言”，这个评论也可以说是大体公允的。

荣禄与围攻使馆事件

把荣禄视作端、刚一派的人物，最主要的一条根据是说荣禄主张并主持了围攻使馆的战事。在前面的材料里已经引述了若干这方面的议论，为了说明这类说法流传范围之广，这里再补充一点资料。《拳乱纪闻》引用当时的新闻电讯，在讲到 6 月 20 日开始甘军与使馆洋兵开仗时，即说：“闻是役系荣中堂发令，饬董军开仗。”[②] 这大概是这类说法的最早记载。李希圣《庚子国变记》说：“（五月）

① 《中国近代史资料丛刊·义和团》第一册，338 页。

② 同上书，138 页。

二十四日，遂令董福祥及武卫中军，围攻东交民巷，荣禄自持檄督之，欲尽杀诸大臣。”还说，侍讲学士朱祖谋曾详细向荣禄讲了不应围攻使馆的理由，力主罢兵，但荣禄拒绝向慈禧和光绪传达。① 类似的记载还有一些，这里不一一详列。

但是，这些说法并不符合事实，事实是，荣禄自始至终都是反对围攻使馆、与洋兵开仗的。在清廷决定向列强“宣战”之前，荣禄念念不忘的是“剿团”；在所谓“宣战”之后，荣禄念念不忘的是“和洋”，而“和洋”的一个重要内容，就是保护使馆。

为了弄清事实真相，有必要对围攻使馆事件的发生经过做一点历史的回顾。

史学界对围攻使馆事件的性质，存在着两种不同的看法。一种意见认为，这一事件是由义和团发动和领导的反帝斗争行动，反映了义和团顽强抗击帝国主义的英雄气概。另一种意见则认为，这个事件是慈禧及其一伙为了实现废帝立储的夙愿所策划的新阴谋。也就是说，前一种意见认为围攻使馆事件的发动者是义和团，后一种意见则认为这一事件的策划者是慈禧和端、刚等人。

事实究竟怎样呢？

在清廷正式确定围攻使馆之前大约一个星期，就有一部分义和团民自发地向东交民巷使馆区发动了冲击。其起因是由于各国公使以“保护使馆”为名，强迫清政府同意先行调京的四百余名洋兵在使馆区及其周围进行武装挑衅，随意枪杀中国居民，激起群众义愤。刘福姚《庚子纪闻》云：“各国夷人目义和为拳匪，本谓朝廷剿办不力，各调兵至津欲入京助剿。先以保护夷馆为名，各以兵数十入城，朝廷许之。各国共约四百余人。既入，并不专护使馆，时登城放枪，或游行街市，往往伤人。于是民兵交愤，欲与为难。”② 6 月 12 日（五月十六日）晨，“红巾过御河桥，使馆兵击以铳，皆应手毙，误伤一汲水者”③。这件事显然成为一根导火线，使群众积郁已久的怒

---

① 参见《中国近代史资料丛刊·义和团》第一册，16～17 页。

② 《义和团史料》上，223 页。

③ 李超琼：《庚子传信录》，见《义和团史料》上，209 页。

火立即爆发出来。第二天，就发生了团民进攻东交民巷的事情。袁昶在6月15日（五月十九日）致奕劻的一封信里这样说：“十七日……拳匪不知何时闯入前三门，倏聚数千人，焚烧海岱门内及堂子胡同、灯市口各教堂，火光烛天，一片声喊杀。旋攻东交民巷各洋馆，洋兵用破车架叠，把断要路，放枪立毙数人。”① 在6月18日（五月二十二日）他与许景澄同上的奏疏中又说：“乃自本月十六、七日，该匪胆敢潜入京师，盗兵辇毂之下，焚毁教堂，攻击各使馆，纵横恣肆，放火杀人，震惊宫阙，实属罪大恶极，万不可赦。”②

从上面的记载看来，围攻使馆一事最早发生在6月13日，这距清政府正式做出围攻使馆决定的6月18日还有五天时间。这时，既没有任何封建统治阶级成员的插手，也没有任何官军的参与，事件的自发性质是十分明显的。

但是，义和团对使馆区的自发进攻，却无疑对封建统治集团中主剿、主抚两派都产生了极为深刻的影响。主剿派，如上引袁昶的奏折和函件中所表露的那样，感到极大的震惊，认为这是个不可忽视的重大事件，一方面说明了义和团的“罪大恶极”，一方面也十分担心会引起国际干涉的严重后果。而主抚派则觉得可以利用这一形势，进一步煽风点火，掀起排外仇外情绪，以达到自己政治小集团的一派私利。就在这个时候，载漪的某些夹袋人物就开始制造围攻使馆的舆论。李超琼在《庚子传信录》中记：“候补知府曾廉、翰林院编修王龙文献三策，乞载漪代奏：攻交民巷，杀使臣，上策也；废旧约，令夷人就我范围，中策也；若始战终和，必至衔璧舆榇，斯下策矣。载漪大喜曰：此公论也。”③ 显然，载漪和曾廉等不过是在唱一出双簧。曾廉等请载漪“代奏”，载漪赞曾廉等所言为“公论”，似乎真是不谋而合，英雄所见略同，其实“公论”无非是出于载漪私下的授意。袁昶在6月17日（五月二十一日）的日记中就有

---

① 《中国近代史资料丛刊·义和团》第四册，157页。
② 同上书，160页。
③ 《义和团史料》上，221页。

"闻端郡王力主战局，有密寄饬高密攻打各林牙馆之说"[①] 的记载。可见，不论是由于当事者有意散布还是出自人们的辗转传闻，载漪等决心把围攻使馆确定为清廷的正式决策，已是人尽皆知了。

但是，至少到6月16日（五月二十日），朝廷的正式态度还是以团民之围攻使馆为一种不法行为，并公开宣布政府的责任是要"实力保护使馆"。这一天，有这样一道明发谕旨："近因民教寻仇，讹言四起，匪徒乘乱，烧抢迭出。所有各国使馆，理应认真保护。著荣禄速派武卫中军得力队伍，即日前往东交民巷一带，将各使馆实力保护，不得稍有疏虞。"[②] 这是荣禄接到的第一个也是唯一一个关于使馆问题的正式谕旨，这个上谕不是叫荣禄去围攻使馆，而是命令他对使馆"实力保护"。

两天以后，即6月18日（五月二十二日），在第三次御前会议上，载漪正式提出"请攻使馆"的倡议。经过激烈的斗争，在慈禧的支持下，终于通过了围攻使馆的决策。接着"6月20日下午四点三十分钟左右，义和团和中国兵开始了对公使馆的攻击"[③]。

从以上的事实可以看出，围攻使馆绝非出于荣禄的主谋，它是由载漪等人利用义和团的自发行动，有计划地加以煽动和策划而导演起来的。

关于围攻使馆的争论，是与对义和团的剿抚及对列强的和战问题的讨论一起进行的。上一节中我们已经证明，在关于剿抚、和战决策的四次御前会议上，荣禄一面在思想上对内主剿、对外主和，一面却在正式场合暂时保持沉默，避免与载漪一派公开对抗。在是否围攻使馆问题上，他显然也采取了同一态度。材料表明，当载漪等一力主张围攻使馆，并对包括平素不太敢直抒己见的王文韶在内的反对者大肆咆哮，斥责阻攻使馆的意见为"误国之言"时[④]，荣禄依然是默不作声。甚至当光绪亲自同荣禄说，"我兵全不可恃，事

---

① 《乱中日记残稿》，见《中国近代史资料丛刊·义和团》第一册，339页。

② 《义和团档案史料》上册，144页。

③ 《窦纳乐致白尔特信》，见《义和团史料》下，557页。

④ 吴永：《庚子西狩丛谈》，见《中国近代史资料丛刊·义和团》第三册，435页。

宜审慎，好在兵权全在你手”，暗示（不如说是乞求）荣禄出面阻止围攻使馆一事时，他还是不置一词，不肯做出明确的反应。[①] 但是，在会下，荣禄对袁昶所说攻使馆将“开衅十一国，众怒难犯，恐坏全局”的话，则毫不含糊地深表赞同，只是同时声明“非我所能做主”而已，袁昶、许景澄等对荣禄的这种态度是很理解的。许景澄在写给樊云的信中就说：“至董军一层，还请中堂通筹，揣略相亦有说不出的苦。”[②] 这里所谓“董军一层”，是指当时拟调董福祥军队去阻挡洋兵进京，而许景澄等深知“董骄蹇已极，不受节制，素持联拳灭洋之说”，恐怕董军前往，事情闹大，故要请荣禄“通筹”，设法取消此议。下句“略相”即指荣禄（荣禄号略园）“亦有说不出的苦”者，知道荣禄明明反对同洋人决裂，但却不能公开表示也。

荣禄在致李鸿章、刘坤一等东南八督抚的电报及致袁世凯的信函中，都明确地表示了自己反对围攻使馆的态度：“以一弱国而抵十数强国，危亡立见。两国相争，不罪使臣，自古皆然。祖宗创业艰难，一旦为邪匪所惑，轻于一掷，可乎？”[③] 同时，他也表示，自己虽曾“婉转其词力陈之”，但却“竟不能挽回一二”。这里的“婉转”二字，同反对杀袁、许时“微争”二字一样，用得很有分寸，确切地表明了荣禄当时的思想和行动。

像荣禄这样一种思想状况，说他会亲自前往督阵，甚至说他与董福祥各率一路队伍，对使馆区前后夹击，“荣自某门而进”，显然是不合情理和不可思议的。这要比传说中所谓刚毅赤膊率队去攻打西什库教堂更加难以令人相信。

这里着重讨论的是围攻使馆开始前后荣禄的态度和表现。战斗打响以后，荣禄认定“现惟有力图补救之一法”[④]，便利用自己的地位，让围攻使馆的清军“不可力攻”，以便“竭力保护各使臣无伤，尚可作将来转圜地步”[⑤]。当时曾广泛流传着这样一个故事，董福祥

---

① 参见袁昶：《乱中日记残稿》，见《中国近代史资料丛刊·义和团》第一册，339页。

② 《中国近代史资料丛刊·义和团》第一册，338页。

③④ 《荣禄集》，载《近代史资料》，1983（4）。

⑤ 《荣禄与奎俊书》，见《义和团运动史料丛编》第一辑，138页。

曾经向荣禄借巨炮以攻使馆。荣禄笑笑说："炮固在，不断吾头不可得也。"还有一次，武卫军炮队队长张怀芝得到炮击使馆的命令，便去请示荣禄。荣禄沉吟半晌后，回答说："横竖炮声一出，里边总是听得见的。"① 张怀芝心领神会，回去便彻夜发炮，但"隆隆者皆空炮"，荣禄颇为高兴，夸奖说："好小子有出息!"② 且不必深究这些故事的真假，故事不胫而走这个事实本身就说明，荣禄当时对使馆持明攻暗保的态度，几乎已是公开的秘密。甚至连被围在使馆区中的人也都知道这一点。朴笛南姆威尔在《庚子使馆被围记》中，于1900年7月16日写下了这样一段话："闻人言荣禄与法教士友谊甚好，暗中维持，命军队不必猛攻（西什库教堂)，实有一种延缓之政策，与其所施于使馆者同。"③

其实，在正式围攻使馆之后，仅仅过了很短一段时间（至多只有四五天)，荣禄"力保使馆"的方针就已经由暗到明，变得合法化了。因为慈禧很快就觉察到一味听信载漪、刚毅等是一个错误，同洋主子彻底翻脸，其后果毕竟是应该认真考虑的。于是，她立即重新把自己的信任放到了荣禄身上。胡思敬《驴背集》有如下一段描写："时方盛暑，兵匪骸骼载道，炮声隆隆，日夜不绝，子弹落宫禁中，屋瓦皆震。太后顾大阿哥曰：汝父误我！从荣禄计，令总署章京舒文，手白旗诣使馆说和，言用兵非朝廷之意，皆奸民所为。今护汝返国，保无他。奸民我自治之。止外兵勿进，和好自在也。"④

6月25日（五月二十九日)，慈禧决定停攻使馆，并命荣禄亲自到使馆与各国驻华使节谈判和局。上面材料中提到派总署章京文瑞"诣使馆说和"就发生在此时。按照荣禄的指示，文瑞在御河桥端悬挂白旗，树立"奉旨停战，保护使馆"的木牌。同时，荣禄一面以前线军情紧急，不断将团民和董福祥的士兵调赴天津助战，以减少围攻使馆的兵力；一面派武卫中军在使馆周围巡逻，约束甘军士兵

---

① 《义和团史料》下，562页。

② 同上书，563页。

③ 《中国近代史资料丛刊·义和团》第二册，293页。

④ 同上书，504页。按：舒文乃文瑞之误。

的进攻。可以说在保护使馆安全的问题上，荣禄真是费尽心机。

7月14日（六月十八日），天津陷落，清廷“乃议停攻使馆，荣禄潜遣使慰劳，且载瓜果遗之”，并以总理衙门名义致函各国公使，“言拳匪势盛，各国援兵皆败回，请诸使挈眷迁总署暂避，政府任保护”①。被拒。7月19日（六月二十三日），据载，荣禄又以“有总理衙门关防充分证明的公函，把中国皇帝致英国女王和其他国家元首的电报原文通知了五国使节（美、俄、日三国公使，德代办及我本人）。这些电报的主要意思大致是相同的——呼吁各国帮助中国摆脱它所处的困境”。同时，劝告各国驻华使节“动身前往天津”暂避，中国政府派兵保护，确保安全。亦遭拒绝。第二天，总理衙门又照会各国使馆，说“已接奉上谕提及天气炎热，指示将各国使馆或许未得供应的一些西瓜和其他蔬菜送给我们（按：指英使馆）。这些东西及时送到了使馆街的法国哨所”。随后还继续送大米和面粉。慈禧、荣禄等向各国驻华使节“频送秋波”，以表达其友好姿态和结束战争的意愿，当然不会被列强所轻易接受。因为，这个时候帝国主义的联合干涉武装，在占领天津之后，正在继续进犯北京，只有用军事力量压服清朝政府，才能取得更大的侵略权益。但是，各国公使毕竟还是收下了慈禧和荣禄送来的礼物，作为对他们的行动表示欣赏的一种表示。英国驻华公使窦纳乐致函外交大臣索尔兹伯理说：“拒绝接受朝廷的这批礼物，是更符合我们本来的情绪的，但是，采取这一行动将不符合我们既定的政策，即不做任何可能使‘温和派’感到为难的事情，而‘温和派’似乎正获得某些权势。”② 窦纳乐所说的“温和派”，最具体和最直接的代表人物，指的自然正是荣禄。

总之，在荣禄的建议和慈禧的允准下，由荣禄直接主持，一面同使馆里的各国使节信使往还，一面不断向使馆馈送水果、菜蔬等，出现了一个不战不和、亦战亦和的奇怪局面。至于实际的军事斗争，则是时断时续，这是清朝政府中载漪一派、荣禄一派各自发挥不同

---

① 《中国近代史资料丛刊·义和团》第二册，503～504页。

② 《窦纳乐爵士致索尔兹伯理侯爵函》，见《英国蓝皮书有关义和团运动资料选译》，108页。

的作用和影响的结果。由于这后一段情况，各种资料的记载并没有什么歧异，为大家所公认，所以我们这里就可以不必多费笔墨了。

关于围攻使馆的问题，最后我们不能不引用大家熟悉的慈禧所讲的一段话："依我想起来，还算是有主意的。我本来是执定不同洋人破脸的，中间一段时间，因洋人欺负得太狠了，也不免有些动气。但虽是没拦阻他们，始终总没有叫他们十分尽意的胡闹。火气一过，我也就回转头来，处处都留着余地。我若是真正由他们尽意的闹，难道一个使馆有打不下来的道理?"① 这里所说的"他们"，自然是指端、刚等人。慈禧是怎样和通过谁来牵制"他们"，使他们不能"尽意"地闹呢？又是怎样"处处都留着余地"的呢？关键人物不是别人，正是荣禄。慈禧所说的"留着余地"，也就是荣禄所说的"作将来转圜地步"。荣禄在围攻使馆事件中所做的一切，为慈禧渡过义和团运动时期的政治难关起了关键的作用。

荣禄与东南互保

自从慈禧在各种矛盾冲突的复杂形势下，同意端、刚等人的意见，正式做出开战的决策，并于 6 月 21 日（五月二十五日）发布"宣战"诏书以后，却碰到了中央和地方两股势力或暗或明、或软或硬的阻拒。

在中央，荣禄虽未曾激烈反对，却明显地表示了自己的保留意见，并在实际上多方面进行着"设法转圜""竭力维持""以全和好"的努力。而在地方，以刘坤一、李鸿章、张之洞等东南督抚为代表，则正式上疏反对"轻构外衅"，指责朝廷"信其邪术以保国"② 之谬妄，甚至在下面公开声称"宣战"诏书系"矫诏""伪诏"，拒绝遵奉。为了同帝国主义"曲全和好"，他们直接与列强进行了订立《东南互保章程》的谈判。

---

① 吴永：《庚子西狩丛谈》，见《中国近代史资料丛刊·义和团》第三册，438 页。
② 《义和团档案史料》上册，185 页。

荣禄同东南督抚之间，不仅就其活动内容来说是互相呼应、互相配合的，而且在实际上双方也有密切的联系，有共同的磋商。可以说，荣禄直接插手和促成了“东南互保”的实现。《庚子诗鉴》中甚至两次提到，“互保之约，东南诸帅实取决于荣文忠”①，“东南各省有订约互保之举，阴取决于文忠”②。不能说这个说法毫无根据。

这里需要说远一点，先回顾一下荣禄与李鸿章等洋务派官僚的关系。《荣文忠公神道碑》有这样一段记载：“公先后与文文忠、宝文靖、左文襄、李文正诸公游，各以忠诚相砥砺。至是，诸公皆徂谢，独合肥李公与公为国家柱石臣，而李公历任疆圻，公在政府，不立崖岸，于中外利弊，独洞见本源，力持大体，不为众说所淆。”③ 这个材料表明，荣禄与著名的洋务派代表人物有密切的往还，并且有着共同的政治倾向。而当文祥、宝鋆、左宗棠等一批早期洋务派健将相继“徂谢”之后，荣禄与李鸿章就一在“政府”，一在“疆圻”，互相呼应，同“为国家柱石臣”了。

荣禄与李鸿章不仅在政治上有共同的思想，而且在私交方面也有很深的关系。李希圣《庚子国变记》的一段记载颇能说明问题：“李鸿章之自日本归也，失势居萧寺中，宾客皆引去。荣禄新用事，将五大军，贵幸倾天下，大从车骑过之曰：‘两宫方隙，君之所知也，即有变，吾不知死所矣。’因泣下。鸿章笑曰：‘君何忧之甚也？太后方向君，君何虑？’禄曰：‘太后春秋高，吾任重，祸之所集也。太后百岁后，吾宁能为鱼肉耶？’鸿章良久，乃言曰：‘君何不早自为计，太后方盛时，君徐自引避，何求不得，安用涕泣乎？’禄颔之，遂结欢而去。鸿章起督广东，荣禄饯之，剧饮大欢，解貂裘而别。及鸿章以直隶总督内召，太后意不测，荣禄私报鸿章，鸿章谢病不行，免，故德禄尤深。”④

---

① 《义和团史料》上，60页。

② 同上书，43页。

③ 《荣文忠公集》卷二。这里的“公”指荣禄，“文文忠”指文祥，“宝文靖”指宝鋆，“左文襄”指左宗棠，“李文正”指李鸿藻，“合肥李公”指李鸿章。

④ 《中国近代史资料丛刊·义和团》第一册，26～27页。

两个老于世故的官僚，敢在私底下议论慈禧身后之事，多少使人感到有点怀疑。但这个材料至少说明，在当时人们的心目中，荣禄与李鸿章是可以畅叙心曲直言无隐的莫逆之交。

以这样的关系，在义和团运动时期他们又同处在一种复杂微妙的境遇之中，自然会一起研究对策，一起谋划行动。这本是顺理成章的事。

《庚子诗鉴》在谈到荣禄与"东南互保"的关系时，曾讲了这样一个事实：当时，荣禄与东南各省督抚讨论"订约互保之举"的"往复电文"，都是通过光禄寺卿郭某与山东巡抚袁世凯"辗转代达"的，并称"此事外间罕有知者"[①]。究竟荣禄与东南督抚之间有些什么电文，其详细内容如何，现在尚未发现具体的材料。《荣禄集》中所收荣禄致李鸿章、刘坤一、张之洞等八督抚的一份电报，以及致袁世凯的三封信件，虽然十分鲜明地表示力主剿团、反对"以一弱国而抵十数强国"，并对端、刚等人的做法表示了强烈的责难之意，但却并无一字涉及"东南互保"，只是含糊地说："时局如此，无可如何，沿江沿海，势必戒严。尚希密为布置，各尽其心。"[②] 这种说法，当然也可以理解为是对"东南互保"的一种隐晦的支持，但毕竟是闪烁其词，含义也相当笼统。不过，我们可以肯定，荣禄一定有比这些材料更为明确、更为直截了当地赞同"东南互保"的表示，这从帝国主义方面的某些文件中可以得到确定的证明。

1900 年 6 月 29 日，英国驻沪代总领事霍必澜在致索尔兹伯理的一份电报中写道："从可靠方面得到下述消息，并且刘坤一总督和上海道台的谈话证实了它的大致内容：总督通过山东巡抚收到了 6 月 20 日的一道密旨……李鸿章收到了荣禄 6 月 21 日的信，告诉他对北京的谕旨不必继续予以重视。李鸿章同长江总督一起，已同意不再承认北京政府。"他又写道："我有一份该密旨的副本。他所用的词句是暧昧不明的，但我认为瑞王在 6 月 21 日前后可能篡夺了朝廷的

---

① 《义和团史料》上，43 页。光禄寺卿郭某系《庚子诗鉴》作者龙顾山人（郭则沄）的父亲，名待考。

② 《近代史资料》，1983（4），38 页。

权力。据说，荣禄正企图同汉族总督们合作，并反对端王。”①

这一段材料十分重要，因为它说明了很多关键性的问题：第一，当6月20日（应为21日）清廷发布“宣战”诏书后，荣禄在第二天（或当天）就向李鸿章发信，告诉他对这个谕旨不必“予以重视”。接着李鸿章等就在下面公然散布“宣战”诏书是“矫诏”“伪诏”，这中间存在着显然的联系。而“矫诏”说正是推行“东南互保”的一个重要理论根据。第二，仅仅在“宣战”诏书发布后一个星期左右，“荣禄正企图同汉族总督们合作，并反对端王”的情报就传到了英国外交官的耳中，说明这在当时已经是公开的秘密了。第三，上面这些消息是得到刘坤一等的正式证实的，因此，其可靠程度不容怀疑。

过了几天，霍必澜收到了英国驻汉口总领事的一份电报，这份电报说，根据张之洞提供的消息，“荣禄报导北京处于无政府状态”②。这个简单的消息所包含的内容却并不少。它说明，荣禄将北京的政治形势向李鸿章、刘坤一，同时也向张之洞等及时地进行“报导”。可见，他同东南督抚之间的联系不仅密切，而且频繁、广泛。所谓“北京处于无政府状态”，显然说明荣禄认为载漪等不仅不代表政府，而且他们的暂时得势只不过意味着政府陷于瘫痪而已。这与他告诉李鸿章不必对“宣战”诏书“予以重视”完全是同一个意思。

不久，八国联军攻入北京，京师沦陷，慈禧出逃。形势又急剧地发生了一个大的变化。但是，荣禄与李鸿章、刘坤一、张之洞等人之间的政治联系与配合，却并没有就此中断。

正是在荣禄的建议下，清廷任命李鸿章为直隶总督、议和大臣。李鸿章北上时机的选择，也是与荣禄密谋而决定的。这在前面所引的材料中已经说过了。

李鸿章在北京议和期间，荣禄也经过在保定等地的短期滞留以后，终于获准赶赴西安行在，重新到了慈禧的身边。刘坤一、张之

---

① 《英国蓝皮书有关义和团运动资料选译》，59页。

② 同上书，65页。

洞则留在长江南岸，与李鸿章、奕劻“会商办理”议和事宜。荣禄与李鸿章、刘坤一、张之洞等之间的政治联盟，从原来一北一南、一内（中央）一外（地方）遥相呼应，略微改变了形式，成为一在西安流亡政府的中枢、一在沦陷首都的会议桌旁的互相配合，如果加上留居东南“襄赞策划”的刘、张，则成为西、北、南三角联盟。俞樾《荣文忠公神道碑》说：“两宫之西狩也，各国索戎首甚亟，公力陈安危所系，请早定大计，以安宗社。罪人既得，外论始平。公与两全权大臣往复函商，以定和议。人知庆邸与李文忠之楮柱于外，不知由公之斡旋于内也。”[①] 这个材料里所说的奕劻、李鸿章“楮柱于外”，荣禄“斡旋于内”，相当形象地说明了荣禄与李鸿章等人之间在议和过程中的紧密配合，以及荣禄在这个时期的态度和作用。

释疑

经过前面的叙述，荣禄在义和团运动中的真实政治态度和具体活动，可以说是比较清楚了。但是，要使人完全信服，还需要回答几个读者可能提出的疑问。

问题之一是：本文所叙述的荣禄在义和团运动中的态度和表现，符合荣禄一贯的思想和性格吗？

是的。不但符合，而且可以说正是荣禄其人全部思想和性格的逻辑表现。荣禄在戊戌变法时期，作为慈禧的得力工具，残酷地镇压了维新运动，因此，人们常常把他划入顽固派的行列。其实，荣禄的思想和作为，同徐桐、刚毅、载漪等所谓的顽固派有很大的不同。如果一定要把他划入某一个政治派别，那他可以称作后党中的洋务派。前面我们已经讲到了他同洋务派代表人物的非同一般的密切关系，事实上，他自己在政治上和思想上，也一直热衷于洋务事业。他最着力的是进行军事改革，令军队“练习洋枪以佐骑射”，并

① 《荣文忠公集》卷二。

以洋操训练新式军队；主张“参酌中外兵制，设立武备特科”；提倡设立武备学堂。同时，他在经济上主张引进西方先进的生产经营方式和科学技术，建立商会、学会，发展工商业；在文化教育方面主张改书堂为学堂，教学内容中西并重。这些主张，正是当时洋务派思想的最基本的内容。一直到他临终时，他在遗折中还念念不忘地向慈禧建议：“新政之当举者，必以实力推行；成宪之当遵者，毋以群言淆惑。善求因革之宜，驯致富强之效。”[①] 这些词句，也仍然不脱洋务派的口吻。

大家都知道，洋务派在义和团运动中的基本态度是“剿团、和洋”，那么，荣禄在这个时期内，同样抱有这样的主张和立场，又有什么奇怪呢？相反，如果他突然与载漪、刚毅（谁都知道荣禄与刚毅存在着尖锐的矛盾）站到了一起，岂不是反倒令人难以索解了吗？

不过，荣禄同一般洋务派又略有一点不同。他的“剿团、和洋”主张虽是一贯的，但当清朝封建统治集团内部在决策过程中激烈斗争之际，他有一个短时间表现了沉默的态度，并没有公开站出来充当主剿派的一面旗帜（按照他的地位和政治影响，是可以成为这样的旗帜的）。这种表现，又是与他的一贯性格分不开的。

关于荣禄的性格，当时人对他有很多描写。好听一点的，说他“素持重”[②]；不好听一点的，则说他“猾巧而多忌”[③]，“狡猾异常”[④]，“险而巧”[⑤]，“善为诡言”与“巧诈”[⑥]，“内主阴谋，外博时望”[⑦]。说法不同，意思却都差不多：阴险、圆滑、机诈，城府甚

---

① 《荣文忠公集》卷三。

② 吴永：《庚子西狩丛谈》，见《中国近代史资料丛刊·义和团》第三册，434页。

③ 苏继祖：《清廷戊戌朝变记》，见《中国近代史资料丛刊·戊戌变法》第一册，352页。

④ 佚名：《综论义和团》，见《义和团史料》上，160页。

⑤ 《戊己间训政诸王大臣论略》，见《中国近代史资料丛刊·义和团》第四册，220页。

⑥ 李希圣：《庚子国变记》，见《中国近代史资料丛刊·义和团》第一册，30页。

⑦ 佐原笃介等：《拳事杂记》，见《中国近代史资料丛刊·义和团》第一册，263页。

深。具有这样一种性格的人，是绝不会像袁昶、许景澄那样，明明知道有杀身之祸，还去冒死直谏的。特别是当他看到自己的靠山慈禧在一时冲动之下，做出了与自己的看法相左的决定，他更不会去据理力争，而宁肯保持暂时的沉默。他认定，必要的等待（甚至可以说是退让）是有益的，一味蛮干反而于事无补。这可以拿他自己的话来做证。当有人“蒿目感愤”写了一封反对端、刚等“抚团、攻洋”做法的奏疏准备上递时，荣禄劝阻说：“君言诚正，然吾辈叨居迩列，徒效龙比，于事何益。意不若居中图补救也。”[①] 事实证明，荣禄的这种态度，对他们这一政治派别来讲，确实取得了极好的效果。这种“苦心”，也为后来终于回过味来的慈禧所承认。在荣禄逝世后慈禧专门发布的懿旨中，就特别强调了他“竭力尽心，调和中外”的功劳，并且意味深长地说：“翊赞纶扉，适在时事艰难之日，尽心经画，献纳周详，有为中外所不及知者。”[②] 这就是暗指当时荣禄在复杂的政治环境中的表现了。

问题之二是：如果说荣禄一直是主张“剿团、和洋”的，那么，怎样来解释本文开头引过的董福祥的那封信呢？难道董福祥在信中所说的一切全都是假的吗？

我们觉得，与其说董福祥在信中所写的都是假的，不如更准确地说，那封以董福祥的名义所写的信很可能是伪造的。理由有三：第一，荣禄主张“剿团、和洋”，是有一系列事实为根据的，这些事实前面已经一一列举了，而那封所谓董福祥的信中所讲到的事，却没有任何事实为证明。信中所谈之事，与目前保存的当时原始文件中所反映的荣禄的真实思想和态度，完全是矛盾的，根本无法统一起来，因而是不可信的。第二，信的内容和口气，也有颇多不合情理之处。从文字看，信应写于董福祥被革职和荣禄重新掌握实权之后。在议和中，帝国主义认为董福祥“是最恶劣的罪犯之一”，不断要求处以死刑，清政府在私下向列强“琢磨”说：董福祥手握重兵，且“素为陕、甘两省汉、回所倾服，设办理稍涉操切，深恐激而生

① 《义和团史料》上，43页。

② 《荣文忠公集》卷一。

变，后患无穷”①，要求列强谅解清廷苦衷，稍于宽缓。而公开的理由则是说他“围攻使馆，系由该革王（按：指端王）等指使”，董福祥只是被动的执行者，因而“格外从宽”，只予革职处分。② 这显然是有意给他一个台阶下，说明他的责任只是执行了端王的错误命令，对于一个军事指挥官来说，这也许是最好的开脱借口了。在这种情况下，董福祥再鲁莽，也绝不会自己授人以柄，硬要说义和团首领李来中是由他推荐给荣禄的，围攻使馆时他曾“拚命死斗”。那样岂不是把好不容易开脱了的罪责重新由自己加到自己头上吗？再者，信中居然说甘军“有欲得中堂之首者”，则简直是要以荣禄的性命相威胁了。试问，一个革了职的提督能够对一个正手握大权的军机大臣用这样的口气讲话吗？董福祥即便再骄横跋扈，恐怕也难以如此吧！《庚辛纪事》甚至绘声绘色地说，荣禄得到此信后，“急送五十万金，将士赏赉有差，董乃已”③。如果荣禄真的这样做，岂不是等于不打自招，坐实了董福祥的指责是确有其事吗？以荣禄之“巧诈”“狡险”，又岂肯干这样痕迹毕露的蠢事呢？第三，从历史上看，荣禄与董福祥确有很密切的关系，但不少材料谈到，在义和团运动的高潮时期，荣禄与董福祥之间由于政治态度上的分歧而产生了尖锐的矛盾。如叶昌炽《缘督庐日记钞》云：“又闻董福祥召对后，即统全军驻永定门，摩拳擦掌，预备与洋兵开仗。荣相檄令调驻南苑。董云：从前受中堂节制，此时我面奉谕旨，只能前进，不能后退。荣相已退值，再递膳牌请独对，以太后朱谕出示之，始允撤兵。”④ 陈夔龙《梦蕉亭杂记》云：“董福祥带武卫后军，归荣相节制。讵载漪暗相结纳，引为己用，福祥亦以灭洋自任。荣相再三戒饬，竟不听命。”⑤ 佚名《庸扰录》云：“闻荣禄曾力阻董军入京，谓其必至肇事。而端王谓董军来后，可夺西人之气，决计召令来京。遂有十

① 《义和团档案史料》下册，868 页。
② 参见李杕：《拳祸记》上集，249 页。
③ 《中国近代史资料丛刊·义和团》第一册，328 页。
④ 《中国近代史资料丛刊·义和团》第二册，443 页。
⑤ 《义和团史料》下，679 页。

五日之变（按：指杀杉山彬事）。”[1] 这些大都是当时人所写的日记，其内容却与那封所谓的董福祥书信中“一切举动，皆仰奉中堂指挥，无一敢专擅者”的说法完全抵牾。这些都足以说明，所谓董福祥致荣禄信函的真实性是极为可疑的。

问题之三是：如果本文的分析成立的话，那又怎样解释各帝国主义国家拒绝荣禄出任议和全权大臣一事呢？

不错，当清廷正式任命荣禄为议和全权大臣时，遭到了列强的拒绝。其原因有二：一是当时一些报纸上（尤其是沪上某些外国人所办报纸）关于荣禄对义和团的态度，存在着一些分歧的评论，其中有一些是指责荣禄“纵拳”肇祸的；另一是因为荣禄所统辖的武卫军参与了围攻使馆的战斗。有这样两个因素，有关各国政府不同意把他作为谈判对手，自然是合乎情理的。但是，帝国主义各国从来没有把荣禄列入“惩凶”对象的名单之中。这一点，只要看一看英国公使萨道义向本国政府报告所谓“惩凶”谈判经过的外交文件，就可以清楚了。[2] 如果这还不够的话，我们还可以举出张之洞与英国驻汉口代总领事法磊斯的一次谈话来作为佐证。在那次谈话中，张之洞特别“询问各国对荣禄抱有什么意见”，并代替荣禄辩解说：武卫军参与攻击使馆，并非荣禄的责任，一则因为武卫军中也有义和团，二则是董福祥不接受荣禄的约束所致。法磊斯对此回答说：“上海报纸指责荣禄，正像它们指责很多中国高级官员一样，但我们没有得到关于他的任何正式消息。”[3] 言外之意，报纸上对荣禄的指责，并不代表各国政府的意向。官方并没有提出对荣禄的任何惩办要求。这恰好说明，帝国主义从来没有把荣禄与载漪、刚毅等所谓“首祸大臣”同样看待。

问题之四是：根据本文所说荣禄在义和团运动中的态度和表现，应该怎样评价荣禄在这一事件中的历史作用呢？

荣禄在义和团运动中的作用是双重的。一方面，他主张并在实

---

① 《庚子记事》，252页。

② 参见《英国蓝皮书有关义和团运动资料选译》，453～458页。

③ 同上书，362页。

际上指挥一些官军镇压和屠杀义和团。这种镇压和屠杀，不仅发生在清廷确定“招抚”团民之前，而且还继续到“招抚”团民之后。有材料说，荣禄曾指使武卫中军对围攻使馆的义和团“猛烈开火”，从背后进行阴险而残酷的屠杀。还有材料说，荣禄等曾与“各统兵大臣，皆设密法收抚团众。有不受抚者，均遣至各处攻打前敌，少有退缩，迎以大炮，一炮休矣，升天矣”①。可以说，荣禄与袁世凯一样，是双手沾满了义和团鲜血的刽子手。这一历史罪恶，荣禄是难辞其责的。另一方面，荣禄的所作所为，一定程度上抑制了载漪、刚毅一派人的胡作非为，多少减弱了这一帮昏庸愚妄的顽固大臣对当时局势所造成的混乱和消极后果。对这一方面，也是应该给予恰当评价的。这两个方面互相纠合在一起，不太容易分开，但却又是必须分开的，因为这是性质不同的两码事。

讲到荣禄在义和团运动中的作用，还不能不提到一件事：荣禄直接统辖的武卫中军，在义和团运动时期，表现了极坏的纪律，他们乘京师局势混乱动荡之机，大肆掠杀奸淫，无恶不作，给当时的人民带来了极大的痛苦和灾难。② 当时社会上流传着这样的民谣：“武卫军，如虎狼，谁其将者荣中堂!”③ 这就是那个时代的群众给荣禄所做的恰当的鉴定。关于这一点，也有人做过各种各样的分析和解释。有的说，荣禄根本不是“知兵人才”，因此，他所统率的军队纪律荡然，正是他领导军队无能的表现。有的说，荣禄未始不想整饬军纪，但在那种复杂情势下已经失去了控制的能力。《荣相国事实纪略》则特别强调，武卫中军招募成军才年余，统领张俊接任不久即告病亡，继任的恩祥“暂权其任”，不及训练，即开兵端，以致弄得无可收拾。但是，不管人们对荣禄做怎样的辩解，作为武卫五大军的最高统领，无论如何是要对这支军队在义和团运动中的恶劣表现负直接责任的。

---

① 《石涛山人见闻志》，见《义和团运动史料丛编》第一辑，96～97页。

② 由于篇幅的限制，这方面的材料从略了，可参见李文海：《论义和团的纪律》，见《义和团运动史论文选》，246～248页。

③ 《中国近代史资料丛刊·义和团》第二册，487页。

义和团运动时期社会心理分析*

从某种意义上说，社会历史的显示是立体的而不是平面的。只有从各个不同侧面去观察，才能了解它的全貌。就义和团运动来说，绝大多数的文章都是从政治斗争的角度去进行分析，这本来是理所当然的，因为这正是问题的主要方面。我们远不能说对这一侧面已经饱览无余，研究得十分透彻了。但是，当我们调换一个角度，尝试着从一个新的侧面对这一历史事件加以审视时，我们有理由期望它会呈现若干新的形象，使我们得到一点新的认知。我们就是抱着这样一种心情，确定从社会心理方面来探索和剖析义和团运动的。

迷信思想与群体凝聚力

任何一个社会群体，之所以能结合在一起，总必定要凭借某种凝聚力。这种凝聚力往往是多元的，也就是多种因素的集合。像义和团这样的政治集团，它的群体凝聚力主要是什么呢？

在义和团运动的当时和稍后一段时期，许多记载和谈论义和团的文字，都把迷信思想看作义和团借以存在和发展的最重要的情感力量。所谓“上法焚表，闭枪炮，钝刀剑，妖言惑众，一人倡之，众人和之，举国若狂”①，所谓“挟其邪术，煽惑愚民，其说极为不经，而愚民趋之若骛”②，就都是认为义和团是靠迷信思想加以维系的。

---

* 载《近代史研究》，1986（5）。本文与刘仰东合写。

① 《义和拳倡乱原由论》，见《中国近代史资料丛刊·义和团》第二册，434页。

② 《恽毓鼎庚子日记》，见《义和团运动史料丛编》第一辑，48页。

但是，也有少数较能细心体察而又认真思索的事件目击者，不满足于这种肤浅的说法，认为迷信的力量毕竟是一种表面现象，更深的根源却并不在此。柳堂在《宰惠纪略》中曾以自问自答的方式说过这样一段话："或曰，五六月间，不惟村农学之，间有读书人子弟，父兄亦不深禁；即不学，亦绝不以为非而心向之者。何也?"对这个问题，他回答说："中国受外国凌侮，平民受教民欺压，人人衔恨，无以制之。一旦传闻义和拳烧洋楼、毁电杆之奇技，明知非正，未始不足称快。""其心向之也，亦犹是耳。"① 就是说，由于民族压迫的存在，就产生了这样一种社会心理，虽然对义和团的那些迷信举动"明知非正"，但因为它能迎合人们对外国侵略者的反抗情绪，所以还是"不以为非"，反而向往之。管鹤在《拳匪闻见录》中也说："方今我国自知孱弱，而不求所以自强之方；第知仇人，而不求所以自立之道。愈不振，愈闭塞，愈羞愧，乃愈愤懑。一旦有以神术售者，恐将信而奉之，倩为御侮计。"② 如果排除作者因敌视义和团而形成的某些偏见，那么这段话确实包含着这样一种具有一定合理因素的内容，人们之所以对义和团的"神术""信而奉之"，主要是因为愤懑于国家民族之"不振"，而又未能找到一条正确的"自强之方"和"自立之道"。也就是说，义和团的迷信思想能够起作用是要有一定的土壤的，这个土壤归根到底还是对于民族危机的紧迫感和民族压迫的反抗要求。

确实，从根本上说来，义和团的群体凝聚力，最主要的还是反对外国侵略的爱国主义。这在义和团的文书揭帖中有着鲜明的反映。在这些材料里，义和团公开宣称："混乱扰攘均由洋鬼子招来。"外国侵略者"上欺中华君臣，下压中华黎民"，"祸乱中华"，"横施强暴，无所不用其极"。他们提出要反对外国侵略者对中国"割据逞奇能"，并表示"最恨和约（指不平等条约），误国殃民"。③ 就这一部分内容而言，义和团所做的对外国侵略的揭露和对民族危机的描述，

---

① 《中国近代史资料丛刊·义和团》第一册，403页。

② 同上书，467页。

③ 上引材料均见陈振江、程歗：《义和团文献辑注与研究》，不一一注明出处。

比之康有为在保国会上的演说、孙中山在《兴中会章程》中的呼喊，可以说是毫不逊色。不仅如此，义和团还进一步把抨击的矛头无情地指向封建统治集团中的投降卖国势力，指斥他们“割地赔款”，“羽翼洋人”；“上行下效，民冤不伸”；“趋炎附势，肆虐同群”。并且指名道姓地警告奕劻“既吃了中国的俸禄，反与外洋助力，如此不改，悔之晚矣”。甚至揭露甲午战争时，正值慈禧“六十万寿”，“朝廷骄纵至甚”，“是时文嬉于内，武弛于外，以致用兵一败涂地”，这简直是直批龙鳞了。[①] 从这方面来讲，我们可以毫不夸张地说，其激烈程度是戊戌时代的资产阶级维新派所未能企及的。

但是，这些具有强烈政治色彩的思想和言论，在当时的社会环境下，毕竟只能为一小部分群众所掌握、所理解、所接受，对于僻处在荒村野寨、劳作于田间山林的贫苦大众以及那些下层知识分子来说，认识要一下子上升到这样的高度，显然还有相当大一段距离。因此，大量的迷信内容，便有意无意地作为一种必要的添加剂，掺入上述那些思想中去，以便借助“神”的力量，使之得到扩散，得到传播。

从这个意义上说，迷信思想也应该被看作义和团的群体凝聚力之一种。

我们可以具体考察一下，义和团的迷信思想，究竟包含着一些什么样的内容，它导源于——甚至还可以说迎合于——一些什么样的社会心理。

大致说来，可以分以下四个方面：

第一个方面是把外国侵略者包括教会势力的罪恶，说成是亵渎了神灵，干犯了天怒。一份借用“玉皇大帝”名义书写的揭帖说：“彼等在各地传邪教、立电杆、造铁路，不信圣人之教，亵渎天神，其罪擢发难数。我极为震怒，大发雷霆。”另一份揭帖声称，洋人弄得中国“国不泰而民不安，怒恼天庭”。“因以外教邪术迷人，上天恼怒，差众圣下界，赴坛传教子弟。”还有的说，洋人的胡作非为，

---

① 上引材料均见《义和团文献辑注与研究》。

使“神发怒，佛发愤”；“神爷怒，仙爷烦”。中国有句老话，是常常用来表明罪大恶极的极限程度的，叫作“天怒人怨”。义和团抬出玉皇、上帝、仙、佛、天庭等等来，强调这些主宰世界的神灵都已经被“洋鬼子”的行径所激怒，这就一下子在人们的心理上大大加重了外国侵略者所犯罪恶的分量。不仅如此，义和团还在宣传品中强调，当时北方中国广大地区之所以久旱不雨，正是由于洋教惹恼了老天而降下的惩罚，“天无雨，地焦干，只因鬼子止住天”，“天久不雨，皆由上天震怒洋教所致”。因此，只有“扫除外国洋人，象（才）有细雨”，“不平不能下大雨”，“扫平洋人，才有下雨之期”。[①]这样，就巧妙地把对洋人罪恶的揭露同广大群众特别是农民的切身利益联系了起来。这种宣传方式在群众中显然是常见的。王照在《行脚山东记》中说，当德国人在山东修建铁路时，当地的群众就“喧传凡铁路所经若干里内，禾稼皆死”，于是群众纷纷起来，“齐向洋人拼命”。不过王照认为以这种形式动员起来的群众斗争是不能持久的，因为“铁矿大利、交通大权，被德人夺去，土人毫不能解，他日见禾稼不死，即为悦服洋人之日矣”[②]。同样的道理，一旦天下大雨，旱象解除，又将怎样来解说外国侵略者的滔天大罪呢？所以，英国公使窦纳乐在1900年5月21日致英国外交大臣的信中不无根据地说：“我相信只要下几天大雨，消灭了激起乡村不安的长久的旱象，将比中国政府或外国政府的任何措施都更迅速地恢复平靖。”[③]这在一定程度上道出了建筑在迷信心理上的宣传的局限。

第二个方面是把义和团的灭洋斗争说成是得到上苍的支持，是符合甚至代表天意的。据仲芳氏《庚子记事》记载，义和团运动时期，各处流传着这样的话：“洋人进京四十年，气运已尽，天意该绝，故天遣诸神下界，借附团民之体，烧尽洋楼使馆，灭尽洋人教民，以兴清朝。”[④] 义和团揭帖、碑文、告白、传单中也充斥着这样

---

① 以上引文均见《义和团文献辑注与研究》。
② 《中国近代史资料丛刊·义和团》第一册，410页。
③ 《义和团史料》下，541页。
④ 《庚子记事》，12页。

一类内容："今上帝大怒，免去雨雪，降下八万神兵，教传义和团神会，特借人力，扶保中华，逐去外洋，扫除别邦鬼象之流。""今以上天大帝垂恩，诸神下降，赴垣设立坛场，神传教习子弟，扶清灭洋，替天行道。出力于国家而安社稷，佑民于农夫而护村坊，否极泰来之兆也。"[①] 在封建时代的传统心理中，"逆天行事"还是"顺天应时"，往往被看作衡量事情的是非曲直的重要尺度。义和团强调自己是在"替天行道"，是执行天的意志，甚至是接受上天的派遣，显然是用迷信来加强自己活动和斗争的正义性、严肃性。我们综观各地义和团所打的旗号，可以发现，他们往往将自己的组织名称同两类内容相联系：一类是神权，如"义和神团""替天行道""天神天将""奉天承运"等；另一类是皇权，如"奉旨义和团""奉旨义民，保清灭洋""钦命乾字义和神拳"等。这种现象表明，义和团虽然在实际行动中做到了"国家不能敌，而民自敌之"的境地，表现了爱国主义的英雄气概，但在思想上和心理上，却总是需要寻找某种依托和支持——不是依托于现实生活中掌握统治权力的君主或封建政权，就是依托于幻想世界里主宰宇宙万物的上天和神权。这恰恰表明了农民"不能代表自己，一定要别人来代表他们"[②] 的特性。

第三个方面是用一些神秘的宗教预言或荒诞的宗教形式，在群众中造成一种紧张、惶恐和避祸趋福的心理，以提高义和团的声望和权威。义和团宣传品中常常有"〔今年〕人死大半""人民有灾当为善""十方大难死七分""善者方免，恶人难逃"[③] 之类的内容，这种宣传在社会上造成一种动荡不安的气氛，同时也就在一部分群众中制造这样一种心理：只有参加或信仰义和团，才能躲过这场空前的劫难。到了义和团运动的高潮时期，在北京、天津的街头，义和团几乎每晚要传下坛谕，或者"令家家焚香向东南叩头"[④]；或者"令各家烧香点灯，贴红纸条，不准睡"[⑤]；或者命"用红布写'义

① 《义和团文献辑注与研究》。
② 《马克思恩格斯选集》第一卷，693页。
③ 《义和团文献辑注与研究》。
④ 《庚子记事》，84页。
⑤ 同上书，102页。

和团之神位’张之门首”①；或者“传令各家，将烟囱用红纸蒙严，不许动烟火，不许茹荤，三更时在院中向东南方上供馒头五个，凉水一碗，铜钱百文，行三拜九叩礼”；等等。甚至有时荒唐地要求妇女不准梳头，不准洗脚，不准出门，不准下炕；让各家将“粪桶倒置，插纸花于上”②。这些奇特怪诞的行为在实际上当然是毫无意义的，今天看来也许十分可笑，但在当时，人们却是“不敢不遵”，几乎无敢不从者。③ 我们可以看一看当时社会生活的这样一些图景：“义和团民传知各户，每晚门首各点红灯一个，以助神道灭洋之举。故大街小巷，夜间如火龙。”④ “夜半，匪徒（按：对义和团的污称）沿街狂呼，传播邪说，一夕数惊。”⑤ “夜间则有人沿街传呼，或云：‘向东南烧香’；或云：‘供净水一盂’；或云：‘今夜勿睡，以防妖邪之入人家’。由初更至天明止，卯以后，则声息不闻矣。及昏，又复如是。”⑥ 义和团这样的令出必行，虽然不是表现在政治方面，而是以迷信行为出之，在当时群众的心目中却也确实大大地增添了他们的声威。这不由得使我们想起费尔巴哈的如下一句话：“神的崇拜只不过依附在自我崇拜上面，只不过是自我崇拜的一个现象。”⑦

最后一方面，义和团用迷信的方式夸张自己的“神术”“法力”，实际上是为了弥补自己在武装斗争中物质力量方面对敌人的劣势，力图“仗神威以寒夷胆”⑧，在精神方面压过外国侵略者。义和团到处宣传他们“受术于神，传之〔于〕人，刀剑不入，枪子不中，掣云御风，进退自在”⑨。又说：“教练神拳，精之能枪炮不入，借以歼灭西人，共伸大义。”⑩ 至于义和团能使敌人“枪炮不燃”，“可咒

① 《庚子记事》，104页。
② 《中国近代史资料丛刊·义和团》第一册，475页。
③ 参见《庚子记事》，104页。
④ 杨典诰：《庚子大事记》，见《义和团运动史料丛编》第一辑，12页。
⑤ 《恽毓鼎庚子日记》，见《义和团运动史料丛编》第一辑，49页。
⑥ 唐晏：《庚子西行记事》，见《中国近代史资料丛刊·义和团》第三册，473页。
⑦ 《宗教的本质》，4页。
⑧ 柴萼：《庚辛记事》，见《中国近代史资料丛刊·义和团》第一册，314页。
⑨ 《义和团文献辑注与研究》，58页。
⑩ 同上书，48页。

其火药自焚”，能“居一室斩首百里外，不以兵”，红灯照能“驾一片彩云，直上天际”，“只须红巾一拂，可使百尺楼顶发火，立时灰烬”，用扇一扇，便能使洋人“轮船在海中自烧，或一煽而城楼坚困石室俱焚”，甚至说红灯照已把俄国、日本的京都烧毁，“外洋十八国已灭去十六国”等无稽之说，在当时确实是“一唱百和”，不胫而走。① 尽管有的人根本不信，有的人将信将疑，但也确实有不少群众是抱着“宁可信其有，不可信其无”的心理来对待它们的，还有一些人则采取坚信不疑的态度。不管怎样，有一点可以肯定，这些迷信观念的制造者，心里一定十分清楚，这些所谓的“神术”是根本不存在的。那么，他们出于什么心理要制造出这些神话来呢？这些无稽之谈得以广泛传布，又是适应什么样的社会心理呢？看来，唐晏在《庚子西行记事》中的一段话是比较接近实际的：“甲午之役，吾国败于日人，上下之人，举以为忧。亦明知其宜发奋以自强，然自强之道，果安在乎？于是君子谋于朝，小人谋于野。”手无寸铁的群众“求其所以能制胜而杀敌者，其道无由。盖洋人之炮利也，必求所以不畏炮火者；兵精也，必求所以能制其兵者。至此而民之技穷，乃有为之说者曰：胜此者，非神道不为功。于是义和拳之说起矣”②。就是说，当广大下层群众在民族危机日益严重的情势下，谋求自强御侮的积极性没有能得到统治者的认真组织和正确引导，自己又缺乏足够的力量可以与民族敌人的坚船利炮相抗衡时，他们便自然地以善良的意愿，从神的力量中找到寄托和希望。

以上就是义和团迷信思想的主要内容。可以看出，对这些迷信思想盲目的肯定，甚至加以赞美或者粗暴的指责，甚至加以嘲笑，都未免是一种过于简单化的办法。它的存在，有着复杂的社会历史条件和社会心理背景，需要我们细致地加以分析。

不过，迷信思想这种群体凝聚力，虽然可以在一个时期里发生

---

① 这个方面的材料极多。这里引用的分别见《中国近代史资料丛刊·义和团》第一册，13、346、470页；《中国近代史资料丛刊·义和团》第二册，9、141页；《中国近代史资料丛刊·义和团》第三册，374、486页；《义和团史料》上，251页；《义和团运动史料丛编》第一辑，126页。

② 《中国近代史资料丛刊·义和团》第二册，486页。

作用——甚至是巨大的作用，如有些材料所说，义和团“假托神佛名目，以动人之听闻”①，正是靠迷信思想以“饰其术之神奇”②，才使“妖风所扇，举国为狂”③，“不托神不能被诱如此之速”④。但这毕竟是一种不科学的、反科学的思想武器，因此，它的凝聚力量是十分脆弱的。一旦神奇的预言没有兑现，无边的法力露出了破绽，人们就怀疑，就动摇，甚至会走向反面。

我们可以举两个典型例子。一个是杨典诰。此人履历不详，大概是一个并不当权的普通知识分子。在他所写的《庚子大事记》中，开始他多次认为义和团确“有法力”，“其术不止一端”，对于红灯照能“游行天空”的传闻亦照录而未加非议。但当义和团火烧大栅栏事件之后，他就改变了态度，指责义和团“其伎俩之尽于此矣”，并不断地对团民的作为加以责难和批评。到团民久攻使馆不下后，他更发出了“是其所谓能避枪炮者，至今而愈信其伪言惑听也”⑤的感叹。另一个是仲芳氏，他的身份也不清楚，在他所写的《庚子记事》中，也曾大量记载义和团的种种迷信活动和传闻，开始，有的地方是以肯定的口吻写下的，如说义和团烧教民之家时，“四面指画，火即不能延及四邻”，“术亦奇矣”⑥。有的地方则表现出比较客观的存疑态度，如讲到义和团能避敌人枪炮时，说“未悉果确否，予未亲见”⑦。但是，也是在义和团火烧大栅栏事件之后，他的态度有了明显的变化，公开批评团民“愚弄”群众，造成了一场“从来未有之奇灾”⑧。在这一事件之后的第四天，他在日记中记下了自己对义和团活动的思考过程：“义和团如此凶横，是正耶，是邪耶，殊难揣测。”⑨“看其连日由各处所来团民不下数万，多似乡愚务农之

---

① 《义和团史料》下，1009页。

②③ 《义和团史料》上，366页。

④ 《中国近代史资料丛刊·义和团》第一册，404页。

⑤ 《义和团运动史料丛编》第一辑。

⑥ 《庚子记事》，13页。

⑦ 同上书，12页。

⑧ 同上书，14页。

⑨ 同上书，15页。

人，既无为首之人调遣，又无锋利器械；且是自备资斧，所食不过小米饭、玉米面而已。既不图名，又不为利，奋不顾身，置性命于战场，不约而同，万众一心；况只仇杀洋人与奉教之人，并不伤害良民；以此而论，似是仗义。若看其请神附体，张势作威……焉有杀人放火之神灵乎？且焚烧大栅栏老德记一处之房，遂致漫延如此大火，何以法术无灵？以此而论，又似匪徒煽惑扰乱耳。”① 这段话清楚地告诉我们，对于一个比较客观地观察问题的人来说，对于义和团的同情和肯定，主要在于政治素质和政治作风；义和团的迷信的一面，在一定的条件之下，反而成为引起人们反感的重要因素。这一点，也许恰恰是义和团所始料不及的。

讹言与从众行为

在中国近代历史上，从来没有哪一个时期像义和团运动时这样讹言四起。有的材料说：“讹言横兴，莫甚于光绪二十六年夏秋之交也。”② 有的说：“以谣传为掌故，以讹言为实录，怪诞支离，不可究诘。”③ 有的说：“谣言谬说，日盈于耳。”④ 也有的说：“见橐驼为马肿背，今日之乱，市虎讹言，十有八九。”⑤ 还有的说，清政府虽曾将造谣言者正法，然“谣言尚未息，他说东我说西，闻者难辨是非。或有谣言，谣言实有其事；此亦天意，大数至矣，非人之所能测也”⑥。

说讹言之盛传是由于人不可测的“天意”，不过是用迷信来说明历史，当然只能是愈来愈糊涂。讹言也是一种社会现象，而任何社

---

① 《庚子记事》，15页。

② 刘大鹏：《潜园琐记》，见《义和团在山西地区史料》，39页。

③ 《砭俗》，见《中国近代史资料丛刊·义和团》第四册，196页。

④ 管鹤：《拳匪闻见录》，见《中国近代史资料丛刊·义和团》第一册，468页。

⑤ 叶昌炽：《缘督庐日记钞》，见《中国近代史资料丛刊·义和团》第二册，453页。

⑥ 《石涛山人见闻志》，见《义和团运动史料丛编》第一辑，77页。

会现象都是可以分析，并找到合理的说明的。

我们不妨先来看看义和团运动时那些讹言的几种不同类型。

一种类型是对于教会势力的罪恶的控诉。义和团以“反洋教”作为自己主要的斗争目标之一。他们对洋教的揭露，除了有一部分是从政治上指出以外国侵略者为靠山的教会势力，包揽词讼、武断乡曲、鱼肉良善、侵吞田产、霸占妇女、残害人命等之外，有很大一部分是以讹言的形式，大肆渲染外国教堂的教士如何剜目剖心、采生折割，实际上把洋教徒描绘成红眉毛绿眼睛的妖魔鬼怪一般。这本来是继承了从 19 世纪 60 年代到 90 年代的反洋教斗争的传统。只要翻一翻《反洋教书文揭帖选》，我们就可以看到，作为义和团运动先声的反洋教斗争，曾经在自己的宣传品中写了这样一些内容：什么教士“拐骗男女幼孩，取其精髓，造作丸药”啦；什么“童子割肾，妇女切乳，剜眼取胎，婴孩同煮”啦；什么“百姓被洋人哄入伊教，吃了迷药，送去传针，与伊同歇，采补元阳元阴”啦；什么入教后“子淫其母，兄淫其妹，父奸其女，翁奸其媳”啦；什么“外国洋人雇觅讨饭穷人，诓拐中国小孩，得一个额外赏银数两。拐去小孩将心挖去，不知作何使用，害死小孩无知多数”啦！有的书文揭帖中甚至活灵活现地讲，“洋鬼子”所以要取中国人的眼睛，是因为将眼睛配药，可以在一百斤铅中煎出白银八斤，“惟其银必取中国人睛配药点之，而西洋人睛罔效”①。这一类传言的普遍程度，我们可以在鲁迅先生 1924 年所写的《论照相之类》中得到印证。这篇文章提到“三十年前”（按：正是 19 世纪 90 年代）他幼小的时候，在家乡“常常旁听大大小小男男女女谈论洋鬼子挖眼睛”的事。据说，挖眼睛，一是用于电线，二是用于照相；“而且洋鬼子又挖心肝，那用意，也是应用。我曾旁听过一位念佛的老太太说明理由：他们挖了去，熬成油，点了灯，向地下各处照去。人心总是贪财的，所以照到埋着宝贝的地方，火头便弯下去了。他们当即掘开来，取了宝贝去，所以洋鬼子都这样的有钱”②。类似这样的讹言在义和团

① 《反洋教书文揭帖选》。

② 鲁迅：《坟》，见《鲁迅全集》第一卷，288 页。

运动时期，依然（或者说是更加）广泛流传。如叶昌炽在《缘督庐日记钞》中就记载，团民在西医学堂中看到蜡人，便“以为人腊”；在某照相馆中“搜出广东鲜荔支，传观以为挖人眼珠，莫不眦裂发指”[①]。佚名《庸扰录》记：“京中纷纷谣传，各教堂西人将教民家之妇女，尽行拘留，将阴户割去，再行出卖，每人卖银三两等语。”[②] 龙顾山人在《庚子诗鉴》中还谈到，义和团“谓摄照必以人眼”，曾缚住丰泰照相馆老板，加以刑迫，“务令指出藏睛处”[③]。所有这些传言，当然都是捕风捉影的无稽之谈，并无什么事实的依据。但正是这些鲜血淋漓的讹言，以极大的煽动力激起了千千万万普通老百姓的愤懑情绪。这类讹言同上一节所讲的迷信思想不同。“游行天空”、令轮船自燃之类的迷信说教是现实世界不可能发生的事情，而剜目挖心之类，虽在实际生活中并不真正存在，却是可能做得到的事情。因此，有的人并不相信义和团的迷信观念，而对上面提到的那一类讹言却并不怀疑。如《恽毓鼎庚子日记》中曾多次提到，义和团“挟其邪术，煽惑愚民，其说极为不经”，但在五月十八日（6月14日）的日记中却以肯定的语气写道：“拳民从教堂中搜出恶物甚多，人眼珠、心肝、阳物等类，有数十缸，甚至剥人皮、刳孕胎以为魇禳，伤心惨目，行路者咸悲愤。”[④] 从这里可以看出讹言对人们心理所产生的影响。

另一种类型的讹言，套用一句现代词语，可以叫作政治谣言。它是对于当时在政治舞台上活动的著名人物所编派或捏饰的种种传闻和消息。《义和团杂记》中就记有流传于民间的所谓“李鸿章侄子系东洋国的副（驸）马”[⑤] 的传说。王照在《山东行脚记》里谈到，义和团运动时期，他在山东莱州府一带游历，听到的“街谈巷议，大抵不外‘天灭洋人’‘李鸿章卖江山’‘光绪爷奉教’‘袁世凯造

---

① 《中国近代史资料丛刊·义和团》第二册，453页。
② 《庚子记事》，250页。
③ 《义和团史料》上，131页。
④ 《义和团运动史料丛编》第一辑，49页。
⑤ 《义和团史料》上，4页。

反'‘康有为封六国圣人’之类”①。《嵩昆庚子日记》在六月十七日（7月13日）曾记录了作者听到的种种谣言，包括：盛京将军增祺“私接济洋人军火枪炮”；在直隶总督裕禄宅中搜拿到康有为，“裕禄交部治罪”；李莲英谋害光绪皇帝，“事发，毒死”；李鸿章吞金身亡；等等。嵩昆忧心忡忡地说：“以上各谣如果属实，尚可问耶！”②这一类讹言，假如袭用以往公文中的陈语，那就是事出有因，查无实据。人们痛恨袁世凯镇压义和团，就说他“造反”；痛恨李鸿章卖国投降，就说他侄子做了东洋国驸马，他本人“卖江山”，又吞金而亡；痛恨李莲英纳贿擅权，就说他谋害皇帝，被毒死；不满于光绪和康有为学习洋人，搞变法维新，就说光绪信了教，康有为做了“六国圣人”（意为做了汉奸卖国贼），或者已被逮捕。可以说，这些政治谣言，在很大程度上曲折地反映了群众的心理和意愿。为了证明这一点，我们还可以举出1900年七、八月间流传在湖南一带的一个所谓《和约二十五款》。这个条款冒名御前会议通过，已经“送交各国”，其实却完全是群众所伪造。这二十五款中，提出了“各国前所索赔款，一概作废”“日本将台湾交还中国”“德国将胶州交还中国”“俄罗斯将大连湾交还中国”“英国须将新安、九龙交还中国”“中国海关仍归华人办理”“各国应偿兵费四百兆两”等义正词严的爱国要求，同时也夹杂着某些笼统排外主义的内容。③很显然，这个和约纯属子虚乌有，封建统治者也绝没有这样的魄力和胆量敢于拟出这样的和约条款来。但是，在这个以讹言形式出现的假文件中，却十分确切、十分可贵地蕴藏着广大爱国群众的真心实意。

还有一种类型的讹言，是在尖锐斗争和剧烈动荡的局势下，普通老百姓惊惶恐惧心理的反映和写照。《潜园琐记》中描写的山西太原讹言四起、风声鹤唳的情形，就很具典型意义。当1900年七、八月间义和团的斗争正处高潮的时候，“太原百十村庄因讹言而传扰者大半”。每当讹言一起，即“人民惊惶，群相奔走”，“悲啼呼号，男

① 《中国近代史资料丛刊·义和团》第一册，409页。

② 《义和团运动史料丛编》第二辑，217页。

③ 参见《义和团文献辑注与研究》，53页。

负其妻，子负其母，披星踏露，四散遁逃”。例如，七月初七（8月1日）夜半，“街市传言教民来攻城。阖城士庶奔走相蹂躏”。等到天晓，始知无事。过了几天，又传“柳林庄教民乱”，“各村人民惊恐无措，鸣铜锣，缮守御，田亩农夫佥负耒耜而归，老弱妇女咸仰屋而泣”。后来知道根本没有这回事，完全是一场虚惊，“民乃不扰”。又有一天傍晚，“城中居民无故惊惶，男号女哭，终夜惶惶。诘朝究讯，谓有黑风口至此，其实未之见也，亦不知黑风口何妖。然在城之民自是不安，谓黑风口夜出伤人，无论男女老幼各执皮鞭防护己身，以驱黑风口，如是者半月有奇”。类似这种讹言，几乎是逐日哄传，弄得群众“时惊时疑”，“一夜数惊”。最后，才知道“所传悉付子虚”。① 这种情形，大概是在大的动乱变革时期通常会发生的现象。鲁迅在一篇《随感录》中就讲到辛亥革命时期他的一点亲身经历：“民国成立的时候，我住在一个小县城里，早已挂过白旗。有一日，忽然见许多男女，纷纷乱逃：城里的逃到乡下，乡下的逃进城里。问他们什么事，他们答道：‘他们说要来了。’”② 在动荡的时刻，相当一部分没有卷入斗争旋涡的普通群众，只感到危机四伏，稍有风吹草动，立即草木皆兵，甚至还没有弄清危险的根源在哪里，就盲目遁逃，疲于奔命。鲁迅上面的描写，同义和团运动时期的情景是多么相似啊！这种相同的历史现象，正是建筑在相同的社会心理的基础之上的。

不管哪一种类型的讹言，之所以能够广泛传布，不胫而走，在人们的日常生活中产生极大的影响，都是同社会心理学中所说的“从众行为”相关联的。所谓从众行为，就是在某种社会压力下，个人盲目地接受外界的影响，采取与大多数人一致的行动，大体上有点类似俗话所说的“随大流”。讹言的特点，就是“言者不知其妄，闻者信以为真”③；“言者如是，闻而传者如是，传而力争者复如是”④。一传十，十传百，人云亦云，众口铄金，待到满城风雨、异

---

① 以上均见《义和团在山西地区史料》，39～42页。

② 《随感录》五十六，见《鲁迅全集》第一卷，419页。

③ 刘孟扬：《天津拳匪变乱纪事》，见《中国近代史资料丛刊·义和团》第二册，11页。

④ 《论拳匪》，见《中国近代史资料丛刊·义和团》第四册，176页。

口同声之时，便造成了一种强烈的社会舆论和环境气氛，使得人们比较容易地信而从之，做出与周围人们的一般意识相符的行动来。事实上，义和团在自己的发展过程中曾经有意无意地（虽然他们并没有心理学的依据）利用了人们的这种心理状态，所以许多传单揭帖都有诸如“传一张能免一家之灾，传十张免一方之灾”或“传三张，免一家之灾；传十张，免此方四邻之灾；如见不传，必受刀头之罪”一类的内容。其用意，就是用免祸祈福作为一种社会和团体的压力，迫使人们“顺从”或“从众”。下面这个真实的故事，对于我们了解义和团时期人们在从众行为中的微妙心理是有帮助的：《拳匪闻见录》的作者管鹤，因避乱自天津逃至青县后，借住在一个姓刘的老人家里。一日，这位老人叫管鹤出来看红灯照，并指着天空中一片黑云说：“此中无数红衣女子，即红灯罩也。”管鹤看了半天，却什么也看不见。然而“途人纷纷传说，指天画地，确切不移，刘翁亦随声附和，哓哓不休”。最后，管鹤才悟出道理，是因为在这种气氛和压力下，“刘翁实为保身计，故不觉以假面孔向余也”①。这件事，颇为生动地揭示了从众行为的某种实质。

逆反心理与社会刻板印象

义和团运动时期，在民族情感空前高涨的同时，广大群众在思想和行动等许多方面表现出笼统的排外主义倾向。爱国主义与排外主义，常常是互相交叉、互相纠结在一起的。从政治上说，笼统排外主义的产生，是由于中国人民对帝国主义的认识，还停留在表面的感性的认识阶段，无法看清帝国主义内部和外部的各种矛盾，还没有可能了解帝国主义的本质。从社会心理的角度看，则显然与逆反心理和社会刻板印象的作用有密切的关系。

自从鸦片战争之后，在半个多世纪的漫长岁月里，随着外国殖

① 《中国近代史资料丛刊·义和团》第一册，488 页。

民主义军事、政治、经济、文化各个方面侵略的加深，随着中国社会日益迅速地向半殖民地沉沦，一方面，在相当一部分人的观念中，恐洋、崇洋的思想越来越浓厚。在一些人看来，西洋各国，“彼之军械强于我，技艺精于我”，因此中国要谈什么“攘夷”，完全是“虚妄之论”，就是想“保和局，守疆土”，也不是随便能做到的事。① 我们绝不能把这些话仅仅看作李鸿章个人的意见。以这些言论作为指导思想的李鸿章，能够在实际上主持清朝政府外交和军事几十年，这件事实本身就表明李鸿章的这些话代表着一定的社会势力的认识，在某种意义上也反映了一种社会思潮。与这种观念相适应，对于外国侵略者，便表现为低声下气。帝国主义分子利用其侵略特权，颐指气使，作威作福，成为站在中国人民甚至中国政府头上的太上皇。另一方面，随着价廉物美的洋货像潮水般地涌入中国市场，人们也越来越多地在日常生活中使用舶来品。有一个材料描写义和团运动前夕的情形说：“中国自通商以来，洋货日销，土货日绌。洋纱洋布，岁销五千三百万。其余钟表、机器、呢绒、毡毯、火油、食物以至纽扣、针线之细，皆窥我情形，探我玩好，务夺我小工小贩一手一足之业者，而乃销流日广，始于商埠，蔓于内地，流于边鄙。吾华靡贫靡富，靡长靡幼，日用之需，身体之间，靡不有洋式之物，舍此莫好，相习而忘。”②

这种情况，在和平时期，在旧统治秩序按部就班地、慢吞吞地日复一日维持着的时候，表面上看来，似乎是正常的、自然的，至少是习以为常的。虽然不时有人提出非议，发出改变这种状况的强烈呼喊，然而总是难以产生决定性的影响。但是，一旦长期郁积在人民心中的怒火喷薄而出，当广大群众不再安分守己地忍受侵略者的肆意凌辱和蹂躏，揭竿而起的时候，人们就不再承认前述情况是可以容忍的了。不但如此，逆反心理在这种状况下促使人们走向另

---

① 参见《李文忠公全集·奏稿》卷19，《筹议制造轮船未可裁议折》；卷24，《筹议海防折》。

② 转引自君朴：《十九世纪后半期几种洋货和土货在国内市场上的竞争》，载《经济研究》，1956（2），122页。

外一个极端。既然洋人一直把中国人民当成可以任意宰割的牲灵，那么，义和团就号召人们“万众一心，歼灭洋丑”，“一概鬼子全杀尽，大清一统庆升平”。既然“数十年来，教民恃外人之势，欺压平民，地方官恐开罪外人，左袒教民，无复曲直”①，于是“民心积愤”，要求“仇教”，“灭教”，“日以焚教堂、杀教民为事”。既然洋货成了垄断市场的时髦，义和团便“毁洋货、洋油、花露，倾倒满街”②。“团中云，最恶洋货，如洋灯、洋磁盂，见即怒不可遏，必毁而后快。于是闲游市中，见有售洋货者，或紧衣窄袖者，或物仿洋式，或上有洋字者，皆毁物杀人。”③

笼统排外主义的一个基本特点，是对事物不做必要的区别。在半殖民地半封建时代，到中国这块土地上来的洋人，固然有不少是帝国主义分子，但也不乏中国人民的真诚的朋友。即使是执行帝国主义侵略政策的人，也并不个个都是罪足至死的。至于教士，有的确实是披着宗教外衣的侵略分子，但也有专心致志地进行传道布教的。而教民，即使在赵舒翘这样的人看来，也并非是铁板一块的。他在一个奏折中认为：“入教之民，良莠不齐，其奉教安分者，固属不少，而倚教士为护符，欺压乡里者，亦复所在皆是。”④ 把教民一概看作坏人，同在“民教冲突”中把教民一概看作有理的一方一样，是完全没有道理的。此外，用不着特别的分析，大家都能理解，把资本主义的物质文明统统看作异端妖物而加以毁弃，是何等可笑。

不过，在当时，这种笼统排外主义的想法和做法，却几乎是人同此心，心同此理。左绍佐在《悟澈源头》中称：“其所仇者教民，而推原于洋人，亦禁于洋货，皆当乎天理之自然，合乎人心之大同。”⑤ 刘福姚《庚子纪闻》云：“至五月间，（义和团）所在拆毁铁路、电线，焚洋堂，杀教民。官兵虽加剿捕，无如民心蓄怒已久，不约而同。闻灭鬼子、杀教民，人人踊跃思奋。……凡所云率荒诞

---

① 《恽毓鼎庚子日记》，见《义和团运动史料丛编》第一辑，48页。

② 黄曾源：《义和团事实》，见《义和团运动史料丛编》第一辑，133页。

③ 佚名：《天津一月记》，见《中国近代史资料丛刊·义和团》第二册，146页。

④ 《义和团档案史料》上册，108页。

⑤ 《义和团史料》上，232页。

可笑，而愚民多信之，以仇教之说得人心之故也。”① 鲁迅在《从孩子的照相说起》中，曾经说过这样一段话：“因为多年受着侵略，就和这‘洋气’为仇，更进一步，则故意和这‘洋气’反一调：他们活动，我偏静坐；他们讲科学，我偏扶乩；他们穿短衣，我偏着长衫；他们重卫生，我偏吃苍蝇；他们壮健，我偏生病……”② 出于针砭时弊的目的，鲁迅偏重于强调这种逆反心理的消极方面，但即使如此，也仍然明确地指出，这种逆反心理，归根到底还是根源于帝国主义的侵略和压迫。

除了逆反心理之外，促使笼统排外主义的流行的，还有另一种心理形态——社会刻板印象。

社会刻板印象实际上是一种成见。它表现为社会上对于某一类事物产生的比较固定的看法，也是一种概括而笼统的看法。中华民族长期生息在同一块土地上，大致相同的社会生活、地理环境和文化水准使人们在漫长的社会演变中形成了自己特有的心理、风俗、观念。这些民族特性在一代又一代的人们的脑子里渐渐形成了一种固定的模式，这就必然使得人们要以自己特有的民族观念看待世界、看待社会。然而，全世界各个民族的发展并不都在相同的时间被纳入相同的轨道。由于许多复杂的原因，当西方国家普遍进行了资产阶级革命的时候，中国社会依然停滞在相对落后的封建的社会形态上。1840 年以后，随着一系列不平等条约的签订，民族矛盾愈来愈尖锐起来。到了 19 世纪末，中华民族遭受到空前猛烈的冲击。从民族心理的角度看来，中华民族不可能一下子改变自己的特性而轻易地去接受来自另一个世界的另一种观念。虽然这个民族独立的发展轨迹被打乱了，但长期以来民族发展的惯性，使更多的中国人依然按照自己民族特有的观念去看待世界和社会，这就不可避免地对洋人、洋货和洋教形成某些成见，这样的成见实际上就是社会心理学范畴里的一种现象：社会刻板印象。

最能明白地显示民族形态的社会风俗，也容易导致社会刻板印

---

① 《义和团史料》上，222～223 页。

② 《鲁迅全集》第六卷，32 页。

象。特别是我们古老的中华民族的社会风俗，它的渊源能追溯到十分遥远的年代，在到义和团运动时期为止几千年漫长的社会演变中，社会风俗已经成为中华民族观念上的支柱，一旦有什么异样的东西来改变它甚至不遵从它时，便会受到社会刻板印象的冲击。于是，维护传统的民族观念同排斥异教自然地结合在一起。在山西省一些地区，出现过因古老的传统风俗而引起的争执。当时，地方官向居民分摊各项公款，“而于习教者，因其以求雨、演戏、赛会各事为异端，不愿出钱，故于别项公款，所派比常民较多”①。这里表明，求雨、演戏、赛会等事项作为社会风俗，在人们的意识中已经被固定下来，因而他们不能容忍对抗这种民族观念的形态出现。当少数教民接受了西方的教派和教习，同中国传统的民族习惯发生冲突时，社会刻板印象的作用就非常明显地表现出来了。强迫教民多出钱，实际上无异于以强制手段使某些社会风俗成为对所有人而言的权威，这当然也同时宣布了他们对异教的成见。这种势态愈演愈烈，有的史料甚至记载说：“去岁拳匪之乱，惨杀教民，晋案为最大，实由平日各乡社演戏之风极盛，教民不出戏资，怨积日久，故一举发，如此强烈。”② 我们看到，出于维护传统观念的动机，类似的做法已经走向了极端。冲突的发生是由教民不出戏资引起的，而事情的实质绝不是为了多收几个钱，因为教民的做法背离了传统的社会风俗，人们便视为大逆不道并用强迫乃至惨杀的手段对待教民。在人们的观念中，属于民族情感的成分已经变得模糊不清了，而社会刻板印象，也就是一种笼统而固定的意识，越来越主宰了人们的动机和行为。

上面我们只是从社会风俗的角度来说明，当人们的认识导致社会刻板印象的产生后，会引起怎样的矛盾和冲突，这种矛盾和冲突又怎样进一步发展为对抗。事实上，义和团在看待外国侵略者的时候，往往由于他们的所作所为一切都违背人们的素见习闻，而觉得格格不入。这种感情，多少还会因受封建阶级的“非我族类，其心

---

① 《义和团在山西地区史料》，77 页。

② 同上书，112 页。

必异”的传统观念的影响而得到加强。早在义和团以前的历次反洋教斗争中，群众散布的各类宣传品中就不乏着眼于民族差异而对外国人进行丑化的语言，如“逆夷噗咭唎者，僻处海澨。其主或女而或男，其种半人而半畜”①，“鬼子其形，于〔与〕中大有不同，羊眼猴面，淫心兽行，非人也”②。到义和团运动时期，这类内容依然触目地包含在一些传单、揭帖之中。如有的写道：“女无节义男不贤，鬼子不是人所添。如不信，请细观，鬼子眼珠都发蓝。”当这种本来只属于民族性质或民族性格的差异，同民族之间的压迫与被压迫、统治与被统治的政治对抗的现实联系在一起的时候，社会刻板印象就会产生强烈的作用与影响。义和团运动时期，《中外日报》上一篇文章这样说：“夫玩所习见，而蔽所希闻，此常人恒性使然。西人性情风气，事事不与中国相同。一旦攘利权于中国，又屡以战胜得之，由愧恨之情既多，则闭拒之心愈甚。”③ 且不论《中外日报》在义和团运动时期的政治倾向怎样，它在这里所发的议论，却是不无道理的。

结束语

社会心理是指在特定的历史时代，特定民族、特定的社会群体中普遍流行的一种外在的精神状态。一般说来，产生它的土壤是人们所处的经济条件、生活状况以及建立在经济条件之上的社会政治制度。也可以说，社会心理是对社会存在的直接的经验的反映。

义和团运动时期流行一时的特定社会心理，同其他社会现象一样，也是由当时的主要社会矛盾所决定和制约的。

近代中国社会的半殖民地化有一个较长时期的演变过程。以鸦片战争为契机，中国的社会性质和社会主要矛盾，发生了急剧而深

---

① 《反洋教书文揭帖选》，1页。

② 同上书，157页。

③ 《原乱》，见《中国近代史资料丛刊·义和团》第四册，227页。

刻的变化。当然，这种变化也是一个不断延续的过程。在鸦片战争以后的半个多世纪里，虽然清王朝已经在半殖民地半封建社会中泥足深陷，不能自拔，虽然愈来愈尖锐的民族矛盾使中国人民不断地起来反抗和斗争，虽然改良、维新、变法的呼声日甚一日，但我们注意到，在这段较长的时期里，民族危机的严重性还没有达到足以动员起全国规模的人民群众用武装反抗外国侵略者的程度。只有到了清朝军队被打得落花流水的甲午中日战争以后，列强通过《马关条约》把中国推向空前的社会危机和民族危机中，这个时候，清朝统治者已经完全失去了抵御侵略者的勇气，中华民族已经到了存亡绝续的关头，义和团运动才具备了登上中国政治舞台的客观条件。

传统的生活方式随着半殖民地社会的加深而受到了强烈的冲击。每个民族都有自己的生活方式，中国社会半殖民地化以后，不仅外国商品渐渐影响以至占领了中国市场，洋教的传播也逐渐由沿海港口转向内地，由南方转向北方。几千年来形成的原有的生活状况发生了实质性的变化，这种变化伴随着侵略的形式而出现，使更多的人从观念上对它产生抵触乃至敌视情绪。在义和团运动爆发的前夕，社会上反洋教的斗争已经达到了有史以来最激烈的程度。

甲午战争冲击波作为义和团运动爆发的一个主要因素，给中国南方和北方造成了两种不同的观念。

在南方，特别是东南、南部沿海的各个省份，由于受到资本主义因素直接和长期的影响，对西方近代文明的接受程度大大超过了北方，而变法图强的维新思潮得到了广泛的传播，这种观念不是以排外而是以相反的态度来对待战后的社会危机，它造就了著名的戊戌维新运动和维新运动的领袖们。

北方则又是一回事了。它的自然环境决定了自给自足的小农经济一直占统治地位，由于闭塞而导致的守旧观念强有力地根植在自上而下各个阶层人们的心中，鸦片战争没能打开缺口，甲午战争虽然震动了北方社会，却没有促成人们的完全觉醒。在北方，无论是统治阶级中的极端守旧派还是底层百姓，虽然他们在地位、所受教育、生活环境上都存在着很大的差异，但这并没有影响到在他们之间产生某些共同的心理，传统的观念使他们在对待列强的态度上惊人地走到一起来了。这为义和团社会心理提供了更多更大的市场。

政治制度、社会生活的变化，马上便可以在社会心理中得到反映。特别是当社会发生某些政治事件之后，人们便很快自发地反馈。义和团运动时期正是这样。甲午战争失败后不久，北方社会立即弥漫起带有反抗色彩的排外情绪，与此相关联的各种社会心理现象也不断地产生或发生，并在社会中广泛流行起来，成为一种特定的社会心理。

义和团运动时期特定的社会心理形态，在这场运动自始至终的每一个步骤和环节上都产生了巨大的影响。

它确实以一种略带畸形的方式，动员更多的人团结在抵抗外来侵略的旗帜之下。我们看到，许多社会心理都在从不同的角度帮助人们汇集成一股巨大的反抗力量。这些心理现象使人们毫不犹豫地加入义和团的队伍，使得这支队伍一时间活跃在中国广大北方地区，并且影响到中国的南部和西南地区，犹如狂飙怒涛，呼啸汹涌。

也应该看到，义和团时期形形色色的社会心理，往往同时产生着双重的甚至互相矛盾的实际社会效应。影响和支配义和团的，常常是几种互相交织的心理形态。当然，这些心理形态并不是无条件地随意而来，又随意而去。在一些场合，某一种心理特征会更突出地体现出来。在另外的一些场合，往往又是几种心理形态共同起作用。在一定时期和一定条件下，某种心理状态具有积极的意义，而在另一个时期和另一种条件下，同样的心理又会起着消极的作用。

不论是爱国也好，迷信也好，排外也好，义和团时期的社会心理主要反映了社会底层广大群众的脉搏。所有这些社会心理，归根到底，由于缺少强有力的科学的思想武器，而不免形成一种无人能够驾驭的自发的精神力量。农民、手工业者以及游民阶层，即这些组成义和团的主要力量，是不可能产生科学理论的。因此，也就不可能使社会心理上升为社会意识，从而也就失去了社会意识对社会心理的重要反作用，它最终导致了许多不利的后果，为义和团运动的迅速崩溃埋下了祸根。

注意历史人物内心世界的复杂性*

——读《曾国藩全集·家书》随想

社会生活错综复杂，充满矛盾。作为人们物质生活的直接产物的观念、思维、精神生活，自然也不可能是简单划一的。马克思在《评普鲁士最近的书报检查令》中曾经说，人们的精神活动是“世界上最丰富的东西”，它较之“大自然悦人心目的千变万化和无穷无尽的丰富宝藏”具有更多不同的色彩。[①] 任何一个历史人物，在确定自己的实际活动之前，总要受到一定的动机的驱使，总要有各式各样的筹思、谋划、打算，并且常常是在许多相互冲突的观念中做出自己的判断和抉择。因此，人们的内心世界永远要比我们所能看到的具体实践活动更为复杂、更为曲折。

内心世界是一块相对隐蔽的领地。它不是那么外露，不是那么容易捕捉，但是，却也并非完全神秘莫测。一些历史人物，常常自觉不自觉地打开内心世界的窗户，让人们能够窥视其中的若干奥秘，从而使我们对这些历史人物得到更为深切的认识。

岳麓书社出版的《曾国藩全集·家书》，为我们提供了一个可能：对曾国藩这个中国近代社会史上十分重要的历史人物，更加细致地做一番观察和了解。家书较之公开的政治文件毕竟少一些矫饰做作，多一些真情实意，因而能较多地流露其内心世界的真实活动。这里所写的，就是读了这部书之后，零星想到的一些问题，用以说明即使像曾国藩这样一个在近代史上起着复杂作用的人物，平时道貌岸然，其内心世界也并非只是一潭死水，没有起伏，没有涟漪，

---

* 载《河北师院学报》，1987（1）。

① 参见《马克思恩格斯全集》第一卷，7页。

没有波澜；恰恰相反，在他的思想里，各种矛盾和冲突随处可见。用简单化的态度和方法，并不能揭示他灵魂深处的底蕴。

怎样看待曾国藩的“爱民”思想？

曾国藩不止一次地在给他的家人的书信中谈到“爱民”的问题，如咸丰十年四月二十二日（1860 年 6 月 11 日）给弟弟曾国荃的信说：“吾自三年初招勇时，即以爱民为第一义。历年以来，纵未必行得到，而寸心总不敢忘爱民两个字。”① 同年六月初十（7 月 27 日）致四弟国荃、五弟国葆的信中，叮嘱他们说：“吾辈不幸生当乱世，又不幸而带兵，日以杀人为事，可为寒心，惟时时存一爱民之念，庶几留心田以饭子孙耳。”② 同年七月初三（8 月 19 日）给这两个相同收信人的函中说：“凡养民以为民，设官亦为民也，官不爱民，余所痛恨。”③ 过了九天，在给这两个人的另一封信中，曾国藩又强调说：“默观近日之吏治、人心及各省之督抚将帅，天下似无戡定之理。吾惟从一勤字报吾君，以爱民二字报吾亲。”“行军本扰民之事，但刻刻存爱民之心，不使先人之积累自我一人耗尽。此兄之所自矢者，不知两弟以为然否？愿我两弟亦常常存此念也。”④ 咸丰十一年三月十三日（1861 年 4 月 22 日）给儿子纪泽、纪鸿的信称：“余久处行间，日日如坐针毡，所差不负吾心，不负所学者，未尝须臾忘爱民之意耳。”⑤ 一直到同治十年（1871）曾国藩临死前两三个月，在给他两个儿子的信中还说：“若但知私己，而不知仁民爱物，是于大本一源之道已悖而失之矣。至于尊官厚禄，高居人上，则有拯民溺、救民饥之责。”⑥ 上面的这些材料足以表明，曾国藩标榜“爱

---

① 《曾国藩全集·家书》，540 页。
② 同上书，549 页。
③ 同上书，557 页。
④ 同上书，560 页。
⑤ 同上书，622 页。
⑥ 同上书，1427 页。

民”，并不是一时的随口敷衍，而是在他思想上占有相当地位的一种观念。

但是，十分显然，这种观念同我们头脑中的曾国藩的历史形象似乎完全不能相容。在镇压太平天国运动中，在镇压捻军中，乃至在处理天津教案中那个残酷屠杀、草菅人命的刽子手，怎么大谈起“爱民”“仁民爱物”来了呢？甚至在当时不就有人给予曾国藩“曾剃头”“曾屠户”的称号了吗？难道不正是他创建的湘军，野蛮地生吃被俘的太平军战士的心肝吗？难道不是连曾国藩自己也公开申明“欲纯用重典以锄强暴”，即使“身得残忍严酷之名亦不敢辞”吗？①“残忍严酷”同“仁民爱物”，形同冰炭，二者怎么能统一起来呢？

可以找到一个最简单的解释，那就是：曾国藩大谈“爱民”，无非是一种虚伪的欺骗，其目的恰恰在于掩盖他的嗜杀成性的血腥凶残。这种解释用于曾国藩的身上，似乎是尤其相宜的，因为曾国藩在世的时候，封建统治阶级中的另一些人，在政治派系斗争中，就曾经着重地揭露曾国藩的“欺”与“伪”。我们确实不能排除这种解释具有一定的合理性。细读上面所引的信，曾国藩在谈到“爱民”的时候，常常联系到他“带兵”“杀人”“扰民”，多少存在着某种以“爱民”的呓语来作为自己“杀人”“扰民”的一种补偿，以求得到一丝灵魂的自我慰藉的意味。

不过，用“虚伪”和“欺骗”作为问题的全部答案，毕竟也还只是停留在事物的表层。因为这个答案无法解释，曾国藩有什么必要向自己的兄弟子侄做这种“欺骗”，为什么要在私人信函中做这种“虚伪”的表白。曾国藩曾屡次表示不要将这些家书发刻刊行，因此说他存心想利用这些信件去欺骗世人，也好像说不大通。

还有重要的一点，曾国藩一面在家书中大谈“爱民”，一面同时又毫尢避忌地在这些信函中多次强调对造反作乱的农民军要“斩尽杀绝”。例如，咸丰八年（1858）五月，曾国荃久攻吉安不下，曾国藩恐怕他弟弟急躁冒进，特地写信劝他要“忍耐谨慎，勉卒此功”。

---

① 参见《曾文正公奏稿》第2卷，4页。

并强调说，问题不在破城之迟早，“只求全城屠戮，不使一名漏网耳。若似瑞、临之有贼外窜，或似武昌之半夜潜窜，则虽速亦为人所诟病。如似九江之斩刈殆尽，则虽迟亦无后患”①。咸丰十一年五月十八日（1861年6月25日），曾国藩在给曾国荃的另一封信里杀气腾腾地说：“克城以多杀为妥，不可假仁慈而误大事，弟意如何?”② 有一次，大概连凶暴残忍的曾国荃都因杀人太多而流露出了某种悔惧之意，曾国藩连忙在信中打气说：“既已带兵，自以杀贼为志，何必以多杀人为悔?”“既谋诛灭，断无以多杀为悔之理。”③ 不久安庆被湘军攻陷，曾国藩听说阖城太平军被“诛戮殆尽，并无一名漏网”，立即写信表示“差快人心”④。他甚至公开主张和赞美连封建政治准则也视为不义的杀俘杀降。咸丰十一年七月初十（1861年8月15日），他写信给曾国荃，指出“前此弟于投诚之贼，凶悍者一概杀之”，现在周万倬营对“投诚之贼”不杀，未免“办理两歧”，且易“误事”⑤。同治二年（1863），李鸿章在苏州杀降，引起反动阵营内部的一场风波，曾国藩却在给二弟曾国潢的信中表示：“此间近事，惟李少荃在苏州杀降王八人最快人意。”⑥ 如果曾国藩果真想利用家书中关于“爱民”的言论来掩饰自己的凶残行径，那他为什么同时又在家书中大谈杀人，自己来拆穿自己的“欺骗”宣传呢?

只有一种解释可以回答这个问题，那就是：在曾国藩的内心世界里，“爱民”和屠杀农民起义军是一致的，是并不矛盾的，也许还可以说，是相反相成的。

《曾国藩全集·家书》中有一句话，似乎可以作为说明这个问题的一条线索：“民宜爱而刁民不必爱，绅宜敬而劣绅不必敬。”⑦ 在曾国藩看来，“爱民”是重要的，是做官的“第一义”，但这里所说

---

① 《曾国藩全集·家书》，388页。
② 同上书，726页。
③ 同上书，737页。
④ 同上书，769页。
⑤ 同上书，753页。
⑥ 同上书，1061页。
⑦ 同上书，369页。

的“民”，必须是服膺、顺从封建统治秩序的安分守己的老百姓，如果违抗或蔑视了封建统治秩序，那就不是一般的“民”而是“刁民”了。“刁民”是“不必爱”的。至于参加了农民起义或农民战争的造反者，那根本就不是“民”，而是“贼”；对于“贼”，在曾国藩看来，自然不是爱不爱的问题，而是应该“斩刈殆尽”的了。在咸丰元年十月十二日（1851 年 12 月 4 日）的一封信里，曾国藩极口称赞湘乡知县朱石樵“为官竟如此之好，实可佩服!”因为他在“盗贼四起”时，身先士卒，缉“盗”捕“贼”，“至于铳沙伤其面尚勇往前进，真不愧为民父母”。他说：“现在粤西未靖，万一吾楚盗贼有乘间窃发者，得此好官粗定章程，以后吾邑各乡自为团练，虽各县盗贼四起，而吾邑自可安然无恙，如素之桃花源，岂不安乐?”① 这个实例为我们说明了曾国藩的这样一种思想逻辑：“好官”应该爱民，同时应该“治盗”。从某种意义上来说，“治盗”即“爱民”。按照封建统治者的传统政治术语，这叫作“以杀止杀”。

曾国藩是一个理学家。他的思维模式受到传统理学的强烈影响。其实，在宋明理学中，“爱民”的思想从来就是同坚决镇压农民起义的主张联系在一起的。理学大师朱熹在任官时，很注意赈恤灾民，蠲减赋税，修筑堤塘，兴办水利。还创议建立“社仓”，“以纾民之急”。他“访民隐，至废寝食”②。对贪污赈米的赃官加以弹劾，对兼并土地的豪右进行抑制，处处表现了对人民群众的深切同情。但是，他对泉州同安县的饥民起义，对湖南潭州（今长沙）的少数民族起义，则毫不犹豫地进行了残酷的镇压。另一位理学名家陆九渊，曾经提出过著名的“民为邦本”说，尖锐地抨击“今时郡县，能以民为心者绝少。民之穷困日甚一日。抚字之道，弃而不讲；掊敛之策，日以益滋。甚哉！其不仁也”。他强调“诚有忧国之心者”，应该“恤民”，而不应该“日蹙其本”③。但是，他在知荆门军任上，却致力于组织义勇，成立“烟火队”，以“防民患”。根据“建炎间，

① 《曾国藩全集·家书》，226 页。
② 王懋竑：《朱子年谱》卷二下。
③ 《陆九渊集》卷七《与陈倅》。

盗贼蜂起，所在为保伍以自卫。郡每被寇，必檄以捍御”的历史经验，“始至，即修烟火保伍。盗贼之少，多赖其力”①。在对人民反抗的严格防范镇压下，他自豪地声称，“境内盗贼绝少，有则立获，讼谍有无以旬计”②。这两个例子清楚地说明，在和平时期，在阶级斗争相对缓和的时候和地方，理学家们不仅主张而且实践着“爱民”，但一旦阶级斗争趋于尖锐和激烈（即使是在局部地区），他们对于胆敢叛逆封建统治秩序的人们，就力主镇压了。

在太平天国运动爆发以前，曾国藩一直在做京官，并且职司闲散，并无临民之责。等到他带兵并逐渐成为独当一面的疆臣时，如他自己所说，则始终是“以杀人为业”③，即以镇压农民起义和农民战争为职志了。我们没有可能也没有必要去悬揣如果是在和平时期，曾国藩究竟将会是一个清官还是酷吏，更不是想证明曾国藩的思想中既有残忍的一面，也有仁慈的一面，只是想说，仅仅从曾国藩的个人品质和性格中去揭露他镇压太平军与捻军的罪恶，是远远不够的。这是一个正统封建主义者在特定阶级斗争形势下合乎逻辑的行动。君不见，甚至像林则徐这样一个具有浓厚“民本”思想、曾经实实在在为老百姓做了许多好事的清官和好官，对于云南的回民起义、腾越的彝民起义，不也是力主“多调重兵”，“非重惩数处，难挽积惯颓风”，“非重办无以扫清”的吗？④ 对于太平天国运动，不也是认为“粤匪猖狂已极”，在受命前往镇压前就自动地“与同志诸公悉心计议，攻守兼施”，表现出一种跃跃欲试的迫切心情吗？⑤

“盈虚消长之机”和“持盈保泰之道”

曾国藩的一生，总体说来应该算是仕途坦顺、宦海通达的。早

① 《陆九渊集》卷二十八，《葛致政墓志铭》。
② 《陆九渊集》卷十七，《与邓文范》。
③ 《曾国藩全集·家书》，638页。
④ 参见《林则徐集·奏稿十三》（下），1012～1013页。
⑤ 参见《林则徐年谱》（增订本），505页。

在做京官的时候，他就在家信中自豪地宣扬："湖南三十七岁至二品者，本朝尚无一人。予之德薄才劣，何以堪此！近来中进士十年得阁学者，惟壬辰季仙九师、乙未张小浦及予三人。"① 志得意满之态，溢于言表。以后在镇压农民起义的血腥事业中，他逐步飞黄腾达，久居大学士、两江总督或直隶总督的高位，被封建阶级誉为"中兴第一名臣"。但颇堪玩味的是，具有这样一种政治经历的人，却在家书中反复表示了对功名利禄的淡漠和厌倦。

道光二十九年（1849）三月，曾国藩在给诸弟的信中说："大凡做官的人，往往厚于妻子而薄于兄弟，私肥于一家而刻薄于亲戚族党。予自三十岁以来，即以做官发财为可耻，以官〔宦〕囊积金遗子孙为可羞可恨。"② 一个多月后，在另一封信中又说："吾细思凡天下官宦之家，多只一代享用便尽。其子孙始而骄佚，继而流落，终而沟壑，能庆延一二代者鲜矣。""故教诸弟及儿辈，但愿其为耕读孝友之家，不愿其为仕宦之家。"自己"此时虽在宦海之中，却时作上岸之计"③。咸丰六年九月二十九日（1856 年 10 月 27 日），曾国藩在给儿子纪鸿的信中说："凡人多望子孙为大官，余不愿为大官，但愿为读书明理之君子。"④ 后来，随着名望与权位的日隆，他虽然不再讲不做官的话了，但仍多次表示："将来遇有机缘，即便抽身引退，庶几善始善终，免蹈大戾。"⑤ "吾兄弟位高功高，名望亦高，中外指目为第一家。楼高易倒，树高易折，吾与弟时时有可危之机"⑥。他希望能够得到一个"体面下场，斯为万幸"⑦。他还在给儿子纪泽的信中自称"时时作罢官衰替之想"⑧。他不仅对自己作如是观，而且还以此劝人。如对"欲考供事，冀得一官以养家"的王率五

---

① 《曾国藩全集·家书》，149 页。
② 同上书，183 页。
③ 同上书，187 页。
④ 同上书，324 页。
⑤ 同上书，978 页。
⑥ 同上书，1281 页。
⑦ 同上书，1175 页。
⑧ 同上书，1297 页。

说："宦海风波，安危莫卜，卑官小吏，尤多危机。"不如"勤俭守旧，不必出外做官"[①]。就是在儿女婚嫁问题上，也多次反对与有"富贵习气"的仕宦之家缔姻。

这种心理状态究竟是怎样产生的呢？

从思想上来说，曾国藩显然不是一个主张出世的人。他也并不是对功名利禄不感兴趣。有这样一件事：曾国藩的几个弟弟，为子侄辈起名排行，他们起了甲、乙、丙、丁四字，每字排十人，曾国藩子纪鸿，列名丙一。曾国藩得知此讯后，给诸弟复信说："予意不必用甲、乙、丙、丁为排，可另取四字，曰甲、科、鼎、盛，则音节响亮，便于呼唤。"[②] 从这样一件小事中，颇可以反映出曾国藩的内心深处对"甲科鼎盛"的向往。还有一件事：同治元年（1862），曾国葆病逝，曾国藩的挽联中有"痴心说因果，望来世再为哲弟、并为勋臣"[③] 的话，可见他对于能够做一个"勋臣"，是看作莫大的荣耀的。此外，每当亲友中有少年登第者，他也往往流露出欣羡之色。

那么，前面所引的那些表示鄙薄功名利禄的话，全都是言不由衷的无病呻吟么？那倒也不是。那些言论有一个思想根源，就是曾国藩自称一向留心的"盈虚消长之机"，时刻恪守的"持盈保泰之道"。

曾国藩认为，世界万事万物，"未有常全而不缺者"。"日中则昃，月盈则亏，天有孤虚，地阙东南"，这正是"盈虚消息之理"[④]。他认为，最好的境界是"花未全开月未圆"，常处于一种不完满的状态，本此志以行之，则"惜福之道、保泰之法莫精于此"[⑤]。所以，他把自己的居室起名为"求阙斋"。他仕途一帆风顺，得意之余，却也不免产生一种"满则招损，亢则有悔"的恐惧感，深怕泰极否来，福盈祸倚。所以，他时时提醒家人："我家气运太盛，不可不格外小心，以为持盈保泰之道。"[⑥] 家运如果"极盛，则有盈满之惧，亦可

① 《曾国藩全集·家书》，91页。
② 同上书，191页。
③ 同上书，913页。
④ 同上书，78页。
⑤ 同上书，933页。
⑥ 同上书，74页。

畏也”[1]。随着官位愈来愈高，这种恐惧心理也愈来愈浓，所以他在家书中多次说：“余忝窃高位，又窃虚名，遐迩观瞻，深以为惧。”[2]“倚畀太重，权位太尊，虚望太隆，可悚可畏。”[3]“余三年以来，因位高望重，时时战兢省察。”[4]他特别强调说：“总之，家门太盛，有福不可享尽，有势不可使尽，人人须记此二语也。”[5]“今家中境地虽宽裕，侄与诸昆弟切不可忘却先世之艰难，有福不可享尽，有势不可使尽。”[6]“余蒙先人余荫，忝居高位，与诸弟及子侄谆谆慎守者但有二语，曰有福不可享尽、有势不可使尽而已。”[7]

作为一种哲学观念，对“盈虚消长之机”的默察和虔信，对曾国藩的政治行为显然产生了颇深的影响。不过，曾国藩也并非只是根据某种抽象的哲理原则行事。他关于“功名之地，自古难居”[8]、身膺高位必须“时时省惕”的想法，还明显地由于受到当时政治现实的刺激而加强。

处于封建末世的曾国藩，一方面混迹于官场之中，一方面又亲身体察到当时吏治的腐败。作为一个正统的封建主义者，他颇想竭力振刷一番，以挽颓风，但又感到封建统治者的衰朽已及肌里，自己也缺乏起死回生的信心。他不但对于官场，“颇厌其繁俗而无补于国计民生”[9]，甚至愤激地认为“事经官吏，则良法美政，后皆归于子虚乌有”[10]。前面已经引过的一条材料表明，曾国藩在“默观近日之吏治、人心及各省之督抚将帅”之后，竟对能否镇压太平天国运动表示怀疑，甚至认为“天下似无戡定之理”，也就是说，曾国藩对当时的官场和吏治，已经完全失去信心，近乎彻底失望了。

---

① 《曾国藩全集·家书》，170页。
② 同上书，795页。
③ 同上书，800页。
④ 同上书，919页。
⑤ 同上书，1062页。
⑥ 同上书，1066页。
⑦ 同上书，1134页。
⑧ 同上书，1277页。
⑨ 同上书，197页。
⑩ 同上书，209页。

除此之外，曾国藩还深切感到封建政治中派系斗争的尖锐和严酷，争夺、倾轧、嫉恨、暗算弥漫于官场。曾国藩从当京官时起，到后来在湖南筹建湘军，在江西、安徽等地与太平军作战，在江北地区“剿捻”，直到最后处理天津教案，曾不断受到封建统治集团中异己力量的排挤攻击，朝廷对他也始终采取既想依靠又存戒心的态度。对于这一切，曾国藩虽“常在耐劳忍气四字上做工夫”①，如他自己所说，采取“打脱牙和血吞”的办法，但毕竟给他留下了“宦海真可畏耳”② 的深刻印象。他时时“存一临深履薄之想”③，“饱阅世态，实畏宦途风波之险”④。在这种情况之下，产生前面所提到的那些想法，确实也是极其自然的事。

怎样才能实现“持盈保泰之道”呢？曾国藩在家书中，对他的兄弟子侄做了一系列的规定。这些规定主要包括：第一，戒奢惰，注意勤俭。他强调，“凡仕宦之家，由俭入奢易，由奢返俭难”，所以“切不可贪爱奢华，不可惯习懒惰”⑤。他规定“诸男在家勤洒扫，出门莫坐轿；诸女学洗衣，学煮菜烧茶”⑥。他要求家中妇女“每日纺绩有常课”，甚至在安徽指挥作战时，在安庆寓所中还专门“办棉花车七架”，令家中妇女纺纱，“每日纺声甚热闹”⑦。他提出“早”（早起）、“扫”（洒扫）、“考”（祭祀祖考）、“宝”（善待亲族邻里，系无价之宝）、“书”（读书）、“蔬”（种菜）、“鱼”（养鱼）、“猪”（养猪）八个字，为治家之道的八字诀，其要旨也在勤俭二字。第二，戒骄矜，注意谦敬。曾国藩强调，立身治家，“大抵第一要除骄傲气习。中无所有而夜郎自大，此最坏事”⑧。即使确有才能，也不能恃才傲物，因为“天下古今之庸人，皆以一惰字致败；天下古

① 《曾国藩全集·家书》，937 页。
② 同上书，1203 页。
③ 同上书，812 页。
④ 同上书，233 页。
⑤ 同上书，324 页。
⑥ 同上书，444 页。
⑦ 同上书，1064 页。
⑧ 同上书，90 页。

今之才人，皆以一傲字致败”①。他特别针对自己家子侄辈的骄矜习气，不断地提出警告：“余家后辈子弟，全未见过艰苦模样，眼孔大，口气大，呼奴喝婢，习惯自然，骄傲之气入于膏肓而不自觉，吾深以为虑。”② “天地间惟谦谨是载福之道，骄则满，满则倾矣。凡动口动笔，厌人之俗，嫌人之鄙，议人之短，发人之覆，皆骄也。无论所指未必果当，即使一一切当，已为天道所不许。吾家子弟满腔骄傲之气，开口便道人短长，笑人鄙陋，均非好现象。”③ 因此，必须要讲一个谦字，讲一个敬字，对人谨慎、恭敬，始能免败家之厄。第三，家属不得干预公事。早在道光二十五年（1845）五月，曾国藩还在做京官时，就在给父母的一封家书中叮咛：“我家既为乡绅，万不可入署说公事，致为官长所鄙薄。即本家有事，情愿吃亏，万不可与人构讼，令官长疑为倚势凌人。”④ 以后，他不断告诫家属，不得干预公事。如道光二十五年十月初一（1845 年 10 月 31 日）在给他叔父的一封信中说：“凡乡绅管公事，地方官无不衔恨。无论有理无理，苟非己事，皆不宜与闻。地方官外面应酬，心实鄙薄，设或敢于侮慢，则侄腼然为官而不能免亲之受辱，其负疚当何如耶？以后无论何事，望劝父亲总不到县，总不管事。”⑤ 咸丰五年三月二十六日（1855 年 5 月 11 日）致诸弟的信中说：“凡县城、省城、衡城之事，一概不可干预。”“且军中事件，家中亦不宜干预。”“凡有信托商大营事者，弟概辞以不管可也。捐项事尤不可干预。”⑥ 咸丰六年九月十七日（1856 年 10 月 15 日），的家信中说：“家中一切，有关系衙门者，以不与闻为妙。”⑦ 类似这样的信函还有多件，应该说对于这一点曾国藩还是防范颇严的。第四，不贪财，不肥私橐。曾国藩颇以“不贪财”“军中银钱，不敢妄取丝毫”自许。他时常

---

① 《曾国藩全集·家书》，587 页。
② 同上书，593 页。
③ 同上书，628 页。
④ 同上书，114 页。
⑤ 同上书，123 页。
⑥ 同上书，294 页。
⑦ 同上书，323 页。

说："家中却不可过于宽裕。处此乱世，愈穷愈好。"① "盖凡带勇之人，皆不免稍肥私橐。余不能禁人之不苟取，但求我身不苟取。"② 他主张家中不积钱，不买地，有裕可置义田，以赡本乡之贫民。③ 他在京城做官时，曾定例"每年寄银一百五十两至家"，后虽带兵，仍循此规。直到他丁父忧在家，始知"家中日用綦繁"，颇受窘迫，还为此发了一通"不明事理，深亏孝道"的感慨。④ 此后虽寄银稍多，仍尚有节制。据他自己向诸弟解释："我在军中决不肯多寄银回家，改向来之样子。一则因父母在时我未多寄，二则因百姓穷困异常，我不忍独丰也。"⑤ 当然，曾国藩倡言"不贪财"，在当时腐烂的封建政治环境中，究竟有多大实际意义，实在是很可怀疑的。至少，乃弟曾国荃就是一个著名的贪黩之徒。但也应该承认，曾国藩本人，对这一点大体还是能够遵行的。

如果我们不因人废言，也不去深究曾国藩提出这些"持盈保泰之道"的思想动机，那么，可以说，这些思想和主张是有其积极意义的。在当时的封建政治中，可以算得上是难能可贵的了。

曾国藩的内省功夫与骑墙的天人观念

曾国藩十分注意内省功夫。所谓"内省"，实际上就是内心世界的一种复杂的心理活动，一种在封建意识形态制约下微妙的思想冲突和斗争。

曾国藩的内省功夫，最初是从晚清理学名家倭仁那里学来的。道光二十二年十月二十六日（1842 年 11 月 28 日）他给几个弟弟的信中说："倭艮峰先生则诚意工夫极严，每日有日课册，一日之中一念之差、一事之失、一言一默皆笔之于书。书皆楷字，三月则订一

① 《曾国藩全集·家书》，281 页。
② 同上书，336 页。
③ 参见上书，194、598 页。
④ 参见上书，361、388、432 页。
⑤ 同上书，439 页。

本。自乙未年起，今三十本矣。盖其慎独之严，虽妄念偶动，必即时克治，而著之于书。”“余自十月初一日起亦照艮峰样，每日一念一事，皆写之于册，以便触目克治。”① 以后，虽然在具体方法和形式上没有能完全照办，但时时“省躬责己”，却毕生不懈。

曾国藩的“内省”，主要针对自己性格上的弱点和待人接物中的缺失。例如，他曾多次反省自己治学办事缺乏恒心的缺点。在给儿子纪泽的一封信中说：“余生平坐无恒之弊，万事无成。德无成，业无就，已可深耻矣。逮办理军事，自矢靡他，中间本志变化，尤无恒之大者，用为内耻。尔欲稍有成就，须从有恒二字下手。”又说：“无恒是吾身之大耻。”② 为了改掉自己“无恒”的毛病，他把家中一室起名为“有恒堂”。经过多年坚持，终于在这方面有了长进。所以在同治元年（1862）四月的一封信中，他又说：“四十六岁以前作事无恒，近五年深以为戒，现在大小事均尚有恒。”③ 在官场交际中，他严守一个“悔字诀”，不断地“省己之不是”。同治六年正月初二（1867年2月6日）在给曾国荃的一封信中说：“兄昔年自负本领甚大，可屈可伸，可行可藏，又每见得人家不是。自从丁巳、戊午大悔大悟之后，乃知自己全无本领，凡事都见得人家有几分是处。故自戊午至今九载，与四十岁以前迥不相同，大约以能立能达为体，以不怨不尤为用。立者，发奋自强，站得住也；达者，办事圆融，行得通也。”④ 曾国藩在教育诸弟及子侄时，每当说道理时，通常总是联系自己的教训或不足，现身说法，不是那么生硬，这是他在家庭教育中的成功之处。

不过，这种“内省”毕竟是一种唯心的修养方法。从根本上来说，是服从于他的正统封建主义的政治立场的。内省的结果，无非是使得他在镇压农民起义的反革命事业中更加坚忍狠毒而已。即使从封建道德标准来说，“内省”的结果也不一定总是使自己向着更高

---

① 《曾国藩全集·家书》，40页。

② 同上书，506页。

③ 同上书，827页。

④ 同上书，1317页。

的道德水准前进，有时倒反而会随俗浮沉，向通行的官场陋习屈膝。例如，咸丰八年正月初四（1858年2月17日）给曾国荃的信中就说道："吾自信亦笃实人，只为阅历世途，饱更事变，略参些机权作用，把自家学坏了。实则作用不如人，徒惹人笑，教人怀恨，何益之有？"① 同年五月十六日（6月26日）给同一收信人的信中说："余昔在军营不妄保举，不乱用钱，是以人心不附，至今以为诟病。近日揣摩风会，一变前志。"② 这些事例说明，曾国藩的"内省"功夫，看起来清高脱俗，但最终还是不能摆脱封建功利主义的左右。

唯心的"内省"既然受到功利主义的影响和束缚，这就使得曾国藩在一些认识问题上不可能有鲜明的原则性，而时时表现出模棱两可的骑墙态度。这在对天人关系的论述中表现得最为明显。

曾国藩常常表示，成大事者，谋事在人，应该"尽其在我"。所谓"吾辈不恃天人之征应，而恃吾心有临事而惧好谋而成之实"③。又公开声言："余生平不信鬼神怪异之说。"④ 他甚至多次表示厌恶"风水"之说和"占卜"之术，说："我平日最不信风水。"⑤ 又说："吾祖星冈公在时，不信医药，不信僧巫，不信地仙。此三者，弟必能一一记忆。今我辈兄弟亦宜略法此意，以绍家风。""天下信地、信僧之人，曾见有一家不败者乎？"⑥ 还说："占验之说，本不足信。"⑦ 从这些言论看来，曾国藩似乎是并不迷信天神观念的。

但是，他在另外一些地方，却又是另外一种说法。

曾国藩很相信命运。他反复申述，"天下事由命不由人"⑧，"以余阅历多年，见事之成功与否，人之得名与否，盖有命焉，不尽关人事也"⑨。"主持劫运，生死之早迟，冥冥者早已安排妥贴，断非

---

① 《曾国藩全集·家书》，363页。
② 同上书，391页。
③ 同上书，1064页。
④ 同上书，917页。
⑤ 同上书，184页。
⑥ 同上书，624页。
⑦ 同上书，744页。
⑧ 同上书，776页。
⑨ 同上书，627页。

人谋计较所能及。”①

但是，曾国藩生活在阶级斗争、政治斗争极为尖锐复杂的年代，他需要组织力量，同试图推翻清朝封建统治的农民起义军进行殊死搏斗，因此，清静无为，乐天知命，是不符合曾国藩的政治信条的。他在给弟弟国荃、国葆的信中特别嘱咐：虽然“名位大小，万般由命不由人”，但“父兄之教家、将帅之训士不能如此立言耳!”② 这看起来似乎有点奇特，仔细琢磨也就不足为怪，试想，假使和广大湘军将士大谈“万般由命不由人”，谁还肯为曾国藩的反革命事业去出力卖命?

于是曾国藩设法找到一种折中的说法，所谓“凡办大事，半由人力，半由天事”③；“凡成大事，人谋居半，天意居半”④；“古来成大事者，半是天缘凑泊，半是勉强迁就”⑤。有时则说：“古来大战争、大事业，人谋仅占十分之三，天意恒居十分之七。”⑥ 这种说法十分有利于曾国藩的政治需要。当他想用某种封建道德教条去熏陶别人时，可以强调“祸福由天主之，善恶由人主之。由天主者，无可如何，只得听之；由人主者，尽得一分算一分，撑得一日算一日”⑦。当他希望别人为某种政治目标尽力时，可以宣扬“尽其在我，听其在天”⑧。而当需要为自己或别人的某种挫折与失败找到宽解的理由时，便可以声称凡事“仍有天定，不关人谋”⑨，“人力虽尽到十分，而成功纯是天意，不可丝毫代天主张”⑩。真是左右逢源，黑白咸宜。

像曾国藩这样自诩在封建统治集团中颇有见识的人物，有时的

---

① 《曾国藩全集·家书》，651页。

② 同上书，559页。

③ 同上书，79页。

④ 同上书，1016页。

⑤ 同上书，1041页。

⑥ 同上书，1057页。

⑦ 同上书，445页。

⑧ 同上书，1214页。

⑨ 同上书，1053页。

⑩ 同上书，1072页。

思想脉络简直是十分可笑的，他不是说“平日最不信风水”吗？他母亲葬于木兜冲，葬后他多次升官，所以当家中有人提出要迁葬时，他坚决反对，说：“葬后乃吉祥如此，可见福人自葬福地，绝非可以人力参预其间。”① 但到后来他弟弟曾国华（温甫）战死之后，他就竭力主张要“改葬二亲之坟”了，说：“如温弟之变果与二坟相关，则改葬可以禳凶而迪吉。”② 又说：“温弟之事，虽未必由于坟墓风水，而八斗冲屋后及周壁冲三处皆不可用，子孙之心，实不能安。千万设法，不求好地，但求平安。”③ 这就把“不信风水”的标榜忘得一干二净。他不是表示“生平不信鬼神怪异之说”吗？可是碰到有些事态发展偶与乩语之意相类，或某些现象符合自己的幻觉意识时，他马上“又觉神异之不尽虚妄”④ 了。

曾国藩是一个十分复杂、充满矛盾的人物。他一方面是封建理学的最后一批代表人物之一，另一方面又是洋务运动的最初倡导者的一员。复杂的时代赋予他复杂的性格，养成他复杂的内心世界。我们集中了上面几个问题，尝试着做一些粗浅的分析。这些问题，当然不是他内心世界的全部，只是通过他的家书窥视到的内心世界的若干曲折流露，但仅从这些问题也可以说明，对任何一个人，用简单化的方法，是难以弄清他的庐山真面目的，如果有意强调一面而忽略另一面，则有点像哈哈镜一样，照出来的大抵是扭曲了的畸形形象而已。

---

① 《曾国藩全集·家书》，183页。
② 同上书，443页。
③ 同上书，458页。
④ 同上书，917页。

太平天国统治区社会风习素描*

太平天国定都天京以后，在一些地区先后建立了相对稳定的统治区域。太平天国政权对这些地区的统治，短则数月，长则几年甚至十余年。那么，在这样一段时间里，当地人们（当然是各色各样阶级不同、社会地位不同和政治态度不同的人们）的社会生活是怎样的呢？太平天国为他们提供了一个什么样的生活环境呢？这一场被某些封建统治者形容为“天崩地坼”的大风暴对人们日常的、普通的生活习俗和生活方式产生了些什么样的影响呢？

这个饶有趣味的问题，却似乎没有得到研究太平天国史的学者们足够的注意。有一些论著接触到了太平天国统治区的经济生活和政治生活的某些方面，但社会生活的更广阔的领域，却一直在很大程度上被摒斥于研究视野之外。这种情形，不能不使人产生一种不满足之感。列宁说：“唯物主义者即马克思主义者是最先提出不仅要分析社会生活的经济方面而且必须分析社会生活的各个方面这一问题的社会主义者。”① 马克思甚至认为：“现代历史著述方面的一切真正进步，都是当历史学家从政治形式的外表深入到社会生活的深处时才取得的。”② 我们引用这两段话，并不是试图表示只有这个问题才是头等重要和高于一切的，不过是想说明，对于那些看起来似乎细小甚至有点琐碎的普通老百姓的生活世态和习俗的研讨，不但不有悖于唯物史观，其实倒反而是唯物史观本身的要求。

一定历史时期的社会风习，像一面多棱镜一样，虽然片断、零

---

* 见《太平天国学刊》第3辑，北京，中华书局，1987。

① 《什么是“人民之友”以及他们如何攻击社会民主主义者?》，见《列宁全集》第一卷，141页。

② 《马克思恩格斯全集》第十二卷，450页。

散，然而却能够从不同侧面和不同层次反映出那个社会的某些真实面貌。研究太平天国统治区的社会风习，自然也会有助于对太平天国运动本质的了解。当时人对这一点是看得很清楚的。呤唎就曾经说过，他同他的“所有友人和熟人”最初正是根据“亲眼见到”的“太平天国的生活和风俗”来认识和判断这场运动的。① 一些外国侵略者在派人到天京去时，也反复强调要注意搜集“关于你们所通过地区的居民或占领者的职业、服饰、食物、家庭和社会习惯、教育和性格等情报”②。而那些顽固坚持清朝封建统治阶级立场的人，则把太平军占领后带来的风俗的变化看作心腹大患，常熟的封建文人龚又村在《自怡日记》中就记，他和朋友们在一起谈论，“谓吾邑若复，粮额也要变，文体也要变，风俗也要变”③。从这些出发于不同目的的议论中，都可以看出当时人们对社会风习的重视。

社会风习所包含的内容是很丰富的，在一篇文章里自然不可能全都涉及。这里只是选择几个问题加以粗略的讨论，这些问题包括：（1）宗教活动；（2）服饰装束；（3）婚丧礼仪；（4）过节度岁；（5）天国诸禁。对这些问题，也只是白描式地勾画一个大体的轮廓，因之不敢妄称研究，只能名之曰“素描”。

宗教活动

太平天国运动的创始人和领导者洪秀全，是通过宗教的门槛走上封建统治秩序的叛逆之路的。在发动武装起义之前，洪秀全和他的战友们建立了一个拜上帝会作为这个运动的组织核心。对拜上帝会的宗教仪式和宗教信条，太平军中始终是奉若神明的。那么，太平天国的宗教，在多大程度上影响着这个政权统治下群众的宗教心

① 参见呤唎：《太平天国革命亲历记》上册，298页。

② 《麦华陀等一八五四年六月访问天京文件辑录》，见《太平天国史译丛》第一辑，4页。

③ 《太平天国史料丛编简辑》第四册，459页。

理和宗教生活呢?

有一些记载过高地估计了拜上帝教对太平天国统治区群众的影响和作用。例如，呤唎说过:“在他们政权统治下的所有家庭全都用《圣经》代替了佛教。”① “两千多年来的传统积习，古代圣贤的名教格言，世代相仍的放荡淫佚和偶像崇拜，全都涤除于一旦。”② 呤唎是带着赞赏的态度说这些话的，而另一位中国人则带着懊丧的心情慨叹太平天国的统治，弄得儒、释、道“三教俱废”③。其实，这些话并不完全符合当时的历史实际。

确实，太平天国的领导者是曾经想用政权的力量把拜上帝教推行到民间的。《天朝田亩制度》就详细规定了“内外诸官及民”包括所有“男妇”及“童子”，都要从事读圣书、做礼拜、“颂赞天父上主皇上帝”等活动。④《醒世文》中也有“为民务宜守本分，逆天者亡顺天存。尔们亦是爷生养，务各认识圣父亲。天父上帝当虔敬，切勿私自拜邪神”⑤ 的训诫。洪仁玕在1861年发布的《喧谕众民》文告中强调，凡“投诚天朝，仍为中国华民者”，都应“诚心敬拜天父上帝造化万物大主宰，切不可拜一切人手所做之木石死妖该杀”⑥。但是，像太平天国的其他许多政策规定一样，在宗教方面的这些规定也在很大程度上落空了。

太平军占领南京前后，曾在一些城市如武昌、天京、镇江、扬州等地，对全体居民实行“男女分馆”的政策，把所有的男子集中到“男馆”，全体妇女集中到“女馆”，在一个短时间里暂时取消了家庭这种社会组织形式。许多材料表明，当太平天国用这样一种方式组织城市居民的社会生活时，他们确曾把拜上帝教的一整套宗教活动贯彻到人们的日常生活中去。“馆”中的每一个成员，每天清晨都要祈祷；三餐饭前都要在“馆主”的带领下背诵赞美词；每七日

---

① 呤唎:《太平天国革命亲历记》上册，212页。
② 同上书，243页。
③ 虞阳避难叟汤氏辑:《鳅闻日记》，载《近代史资料》，1963(1)，111页。
④ 参见《太平天国印书》(上)，413页。
⑤《太平天国印书》(下)，666页。
⑥《太平天国印书》(上)，784页。

要做礼拜，敬拜天父；有时还要对人们能否背诵经句进行不定期的考核。但是，由于那种对全体居民“以兵法相部勒”使之实行类似军事共产主义的做法，没有任何一点赖以存在的客观社会条件，因此，到1855年春，太平天国政权终于被迫宣布取消这种政策，使自己的社会政策后退到现实生活所许可的范围之内，重新承认家庭作为社会细胞的合法性。从这个时候起，用行政命令的办法使所有城市居民都“敬拜天父上帝”的事也就随之而告终了。

也许作为太平天国首都的天京是一个例外。因为按照呤唎的描写，一直到1861年，天京城内和城外的居民，每天傍晚仍要在天王府的锣声的召唤下一齐进行祈祷：“天王府头一道庭院中置大锣数面，每日祈祷，鸣锣为号。锣声挨户传送，直传到城中遥远的角落，再由城上的哨兵传到四郊。城内和城外乡村，人人屈膝祈祷。我经常站在古老的南京城上，夕阳的余辉在周围投下了奇异的阴影，下面发出了人民的喃喃祈祷声。”① 不过，我们对这一段牧歌式的描写，暂时还只能抱存疑的态度，这不仅因为它只是一个孤证，而且还因为这位好心的英国朋友，出于对太平天国运动的强烈热爱和同情，在自己的记载中，不时发出一些不甚客观的夸张之词。至于在天京以外的其他城市和乡村，则任何类似这样的材料都根本看不到了。

那么，是不是在1855年以后，太平天国政权在群众面前已经完全收起了拜上帝教的宗教旗帜呢？那也不是。改变只是在于，他们把用行政措施组织群众的宗教生活改为非强制性的宗教宣传。太平天国统治区的人们，在下面几种场合，仍然可以强烈地感受到拜上帝教的宗教气氛：（1）太平天国的文告中，一般总是有许多宗教性的语句，从事拜上帝教的宣传；许多政治性的措施也往往要加上某些宗教的论证。沈梓的《避寇日记》说：“余从白雀寺走过，见长毛有告示，系南京伪天皇规条，有十诫、十嘱、十除、十斩四十条。其说总以天主、耶稣为教主，盖教匪也。所谓嘱、诫、除、斩者，

① 呤唎：《太平天国革命亲历记》下册，292页。

不可胜记。约略举以而言，则诫者，诫人犯教中之禁也；嘱者，劝人从其教也；除者，除去恶习，如乌烟、花酒、释道之类；斩者，斩违教者也。”“又有歌咒几句，叫人朔望礼拜，亦忘之矣。”① 这里记的是 1861 年浙江秀水的情形，却反映了太平天国统治区的一般情况。（2）当太平天国军政官员向群众“讲道理”时，也常常要进行“拜上帝”的说教和宣传。上引《避寇日记》描述太平军的一次“讲道理”的情景时说：“所讲说者，百姓皆要敬天，所以遭难者皆不敬天所致。”②《贼情汇纂》也说：太平军每“讲道理”时，“贼目先敷衍邪教套话一番”，“贼目讲邪教禁令，谓之天情”③。（3）太平天国印刷了许多宗教宣传品，向群众广为散发。据毛隆保《见闻杂记》记载，江西丰城群众到南昌向太平军“进贡”，“送礼者归，各得书数本”，其中有《天条书》、《天父下凡诏书》、天历、《幼学诗》等，很多内容是关于拜上帝教的。④ 1861 年春，一个叫缪维廉的牧师在天京与太平军的一位年轻战士谈话，双方进行了这样的问答：

问：“所有的官署内全都注意教导属下的文武人员么?”

答：“是的。天京里面的每个男人、女人和到了一定年龄的儿童，全都能背诵天父的赞美颂。”

问：“乡间的人民怎么样呢?”

答：“那些短发的人还没有受到充分的教导，可是圣书是发给他们了，他们可以学习。”⑤

以上材料表明，在后期，太平天国对“拜上帝”的宣传工作做得还是很认真的。但一般说来，只以劝诫、动员、教导和让人学习为限，并不见强制人们直接从事具体的拜上帝活动的记载。

在拜上帝会的宗教信念中，最基本和最主要的是相互关联的两

---

① 《太平天国史料丛编简辑》第四册，74 页。
② 同上书，72 页。
③ 《中国近代史资料丛刊·太平天国》第三册，267 页。
④ 参见《太平天国史料丛编简辑》第二册，59 页。
⑤ 呤唎：《太平天国革命亲历记》下册，386 页。

个内容：一是敬拜“天下凡间大共之父”“独一真神”皇上帝，另一是不拜皇上帝以外的一切“妖魔邪神”。从当时的某些人一直到当代的少数太平天国史研究者，据此而把太平天国称作“反对偶像崇拜”“废除偶像崇拜”的运动，把太平天国农民英雄们称作“打破偶像主义者”，这自然是很不确切的，因为上述两方面内容本来是一个问题的两个侧面，太平天国不过是要用新的偶像崇拜去替代旧的偶像崇拜而已。但我们也确实看到，在实际活动中，太平天国用于破坏旧的偶像崇拜的措施，要远远超过其建立新的偶像崇拜的努力。其具体表现就是，对于新的偶像崇拜，除了一个短时期之外，一般只停留在文字的或口头的宣传上，而对旧的偶像崇拜的破除，却一直以军事的和政治的力量强制推行，而且其时间几乎是与太平天国运动相始终的。

太平天国的领导人把反对和破坏神佛（所谓“死妖”）的斗争放在与反对清朝统治阶级（所谓“活妖”）的斗争差不多同样重要的地位。如果回顾一下太平天国的早期斗争史，可以清楚地看到在农民战争爆发之前，拜上帝会会众反对“死妖”的斗争，正是随之而来的反对“活妖”斗争的先导。而当农民战争进行了三年之后，杨秀清在《太平救世歌》的序文中曾这样总结这一段历史：“故自金田首倡大义，万众欢腾，诛灭群妖，焚毁妖庙，扫净邪秽，尽返真醇。此数千年以来未有若此巍巍之功德也。”① 这里所说的“诛灭群妖”，是指摧毁清政府的军事力量和政治统治，而“焚毁妖庙”，则是指对佛道寺观的破坏扫荡。在杨秀清看来，这两方面是可以相提并论的，都是亘古未有的巍巍大功业。到了太平天国后期，洪仁玕仍然把反对“拜邪魔，信邪说”，视作天朝新于清朝之根本所在：“干王谕曰：倘我天朝之人，仍依妖之俗例拜邪魔，信邪说，叛皇天，恃己力，一切妖样而行，又何敢自称为新乎！”②

在这样的思想指导之下，太平天国在所占领的城市和乡村，都雷厉风行地进行了破寺庙、毁神像的活动。这方面的材料甚多，下面我

① 《太平天国印书》（上），141页。
② 《英杰归真》，见《太平天国印书》（下），774页。

们按地区举一些例子，从中可以看出实行这一措施的普遍性和持久性。

湖南："自孔圣不加毁灭外，其余诸神概目为邪。遇神则斩，遇庙则烧。"①

湖北武昌："然不信诸神及浮屠氏，遇寺观辄火之，目为妖庙。"②

安徽："贼勒焚神像，藏匿者有罪。"③

南京："贼遇庙宇悉谓之妖，无不焚毁。姑就金陵言，城外则白云寺、灵谷寺、蒋侯庙、高座寺、天界寺、雨花台亭、长干塔、吕祖阁、天后宫、静海寺，城内则鹫峰寺、朝天宫、十庙等处，此犹其最著者，至无名寺观则指不胜屈，间遇神像无不斫弃。"④

江苏镇江："贼于神像无不毁坏。""金山、北固山梵宇甘露寺俱付一炬，万岁楼为列朝胜迹，亦成焦土。"⑤

江苏苏州："及贼入城，庙宇寺院神像，莫不铲毁。"⑥"一切神佛庙宇，或毁或焚，无有存者。"⑦

江苏常熟："庵观寺院，若城中之致道观、致和观、慧日寺、方塔寺、白衣庵，及城外之破山寺、三峰寺、维摩寺、拂水寺、龙殿、小云栖寺、普福寺、普仁寺、资福寺、接待寺、新塔寺，毁坏甚多，间有存者，惟破屋数间而已。在各乡镇者亦有毁坏，然较之在城附郭，则大相悬殊矣。"⑧

江苏青浦："遇有神像则必毁坏之。"⑨

浙江绍兴："贼最恶神佛，遇祠庙，必毁，否则以刀砍塑像，或以粪污涂之，目为土妖。"⑩

---

① 佚名：《粤匪犯湖南纪略》。
② 佚名：《武昌兵燹纪略》。
③ 储枝芙：《皖樵纪实》。
④ 佚名：《粤逆纪略》。
⑤ 海虞学钓翁：《粤氛纪事诗》。
⑥ 潘钟瑞：《苏台麋鹿记》。
⑦ 王步青：《见闻录》。
⑧ 佚名：《避难纪略》。
⑨ 姚济：《小沧桑记》。
⑩ 王彝寿：《越难志》。

浙江慈溪："见庙像辄焚毁。"①

浙江海宁："毁拆观庙无算。"②

浙江秀水："又闻万寿山本觉寺被陡门长毛拆毁，将砖瓦营造土城炮台，而濮院翔云观、东岳庙等亦被长毛拆毁。"③

浙江乐清："贼毁城内神祠殆甚，仆其像投之水火，乡村诸社庙虽未毁，然像设罕有完者。"④

浙江温岭："好纷纷改作，尽毁神庙，惟圣庙及朱子庙无损。"⑤

江西南昌："进外（按：进贤门外）如绳金塔寺、法华堂、圆觉堂、宿觉堂、百福寺、天寿寺、法云律堂、祗园庵、珠林庵，惠外（按：惠民门外）如圆觉寺、观音庵、西方庵，德外（按：德胜门外）如天空寺、泰宝寺、龙光寺、龙河寺、悦仙堂、北兰寺、药师院，章外（按：章江门外）如石哥寺等，类不可胜数，皆焚毁殆尽。"⑥

江西湖口："乡下庙宇尽行拆毁，即著百姓搬运。"⑦

山东临清："各庙神像皆毁，文庙大成殿焚，圣像及两庑木主无存者。松柏多数百年物，亦被焚枯死。各庙神像或剜目、斫手足及首，无一全者。"⑧

这里我们只是列举了材料的一小部分，但已经可以看出，地域上由南到北，时间上自始至终，太平天国一直坚持破毁寺观神像的方针。张德坚所说太平军"见庙宇即烧，神像即毁"⑨，杜文澜所说太平军"所过名城繁镇、梵宫宝刹，必毁拆殆尽，朱碧绀黄悉薪之，金身法相悉火之"⑩，是完全真实的。太平天国的许多政策方针，前

---

① 柯超：《辛壬琐记》。
② 冯氏：《花溪日记》。
③ 沈梓：《避寇日记》。
④ 林大椿：《粤寇纪事诗》。
⑤ 叶蒸云：《辛壬寇记》。
⑥ 邹树荣：《蔼青诗草》。
⑦ 张宿煌：《备志纪年》。
⑧ 马振文：《粤匪陷临清纪略》。
⑨ 《贼情汇纂》卷十二，见《中国近代史资料丛刊·太平天国》第三册，315页。
⑩ 《平定粤寇纪略》附记二，见《太平天国资料汇编》第一册，316页。

后常有变化，唯独于此事一以贯之，这自然是十分值得注意的。

有材料说，太平天国不仅破坏寺观神像，而且还“见僧道即杀”①，“伪示有逢僧尽杀之说”②，这却是一种失实传闻。我们不仅没有看到太平天国曾经发出这样的告示，也根本没有看到过滥杀僧道的具体史实。③ 不过，太平天国政权确实明令禁止僧道诵经念佛，也禁止群众“奉佛敬神”。如《鳅闻日记》载：“不许僧道诵经拜忏，稍与争执，刀背乱砍。”④《劫余灰录》则说：“贼禁人间僧道追荐，不许奉佛敬神，见则以香烛置之厕中。”⑤ 禁令的范围，甚至包括不准“民间供奉家堂、灶神”⑥，“不准以纸钱、饭菜追敬祖先”⑦。看起来，这真是相当彻底的了。

可是，事情并没有这样简单。一把火可以很容易地把寺观庙宇烧个精光，一纸命令却很难将人们千百年来形成的宗教心理随意改变；毁坏泥塑木雕的神像是轻而易举的，要摧毁人们心目中具有超自然力量的神佛的地位却无法一蹴而就。太平天国禁止人们“奉佛敬神”的命令，遭到了群众默默的然而是顽强的抗拒。

太平天国的领导者们显然低估了传统宗教观念的影响和力量。事实上，传统宗教特别是佛教，在中国已经有了千百年的历史，在群众中有着深厚的基础和广泛的影响。“南人信鬼神，固沿习俗”，“神佛塑像，吴人敬奉如生”⑧。不但一般没有文化的人，就是在封建士大夫中，绝大部分人也满脑子是神仙鬼怪、因果报应的那一套。在太平军占领常熟的前夕，有人就描写了当地知识分子如何热衷于请神求仙的情景：“有读书子弟，始由扶乩请仙，联诗作对，继而

---

① 《太平天国史料丛编简辑》第六册，380页。

② 《太平天国史料专辑》，495页。

③ 简又文在《太平天国全史》中也认为：“毁寺观诚有之，杀僧道则不尽然。”（上册，532页）这个看法是实事求是的。

④ 《近代史资料》，1963（1），111页。

⑤ 《太平天国史料丛编简辑》第二册，162页。

⑥ 《太平天国史料专辑》，37页。

⑦ 《太平天国史料丛编简辑》第六册，394页。

⑧ 潘钟瑞：《苏台麋鹿记》卷上，见《中国近代史资料丛刊·太平天国》第五册，273页。

妄请上界大圣大神，虔心邀福。乩判略示，疑逗天机，必倾心信感。后渐入魔道，诵经礼忏，制备庄严，练习礼仪，纠集五六十人，礼忏设醮，居然锣鼓钟磬，步罡踏表，儒冠道服，不知成何体统!”① 我们可以毫不夸张地说，在统治阶级的提倡下，佛教思想已经是当时社会上占统治地位的一种宗教思想。用简单的办法宣布这种思想是荒谬的和非法的，显然不能达到取缔这种思想的目的。

我们看到的一个明显事实是：生活在太平天国统治区的人们，依然用极其虔敬的心情礼神拜佛——当然，在通常的情况下，是稍微隐蔽地进行的，但也不乏公开的活动，只要条件允许这样做的话。

据《柳兆薰日记》的记载，当1860年6月太平军占领了他的家乡吴江芦墟以后，他仍多次带领子侄至庙中敬神。如：

1860年10月22日：“饭后，衣冠至本庙观音大士前、刘王神前焚香虔叩。”

1861年3月13日：“饭后诵经毕，率应墀、应奎衣冠至广阳庵拈香烛，至文帝、武帝前叩头拜祝，默求保佑免劫。复至观音菩萨前叩头拈香，求三十签，下下。”

同年6月20日：“饭后，不具衣冠，穿夏长衫，具蔬果、香、酒、烛至庙（按：疑为‘广’字之误）阳庵叩拜文帝、武帝。今日武帝圣诞。”

1862年3月3日：“朝上，拈香烛在大厅上陈设，恭拜文帝圣诞，武帝前亦谨奉一瓣香，同供拜叩。广阳庙（按：疑为‘庵’字之误）有土毛窟，不洁净，故于家中悬拜。”②

这几则日记中，最后一次提到，因为广阳庵中驻扎了太平军，所以只得悄悄地在“家中悬拜”了。

如果上述材料只是反映了日记作者的个人活动，那么，龚又村《自怡日记》中的记载则表明了群众祈神拜佛的普遍性：“（1862年9月15日）今夏祀火神，家家用纸钱，予家仅香烛，今特补礼，命子

① 柯悟迟：《漏网喁鱼集》。

② 上述引文均见《太平天国史料专辑》。

代叩神前。”①

在相当多的地区，僧道依然十分活跃。他们到处代人念佛诵经，设坛打醮，有时甚至忙得不可开交。前引《自怡日记》中就提到日记作者之兄亡故后，曾“遣羽士哮经镇宅”②。《柳兆薰日记》中也提到自己的儿子病后，“请紫云庵僧代诵《金刚经》一千卷，祈求病体能愈”③。虽然后来这一千卷《金刚经》并没有能挽救他儿子的生命。沈梓的《避寇日记》甚至讲到这样一个情况：1860年夏，太平军占领的秀水县濮院镇发生瘟疫，十月“初九日，为先姊六七之期，拟邀僧礼佛，僧以镇人死者多，而佛事忙，弗能齐集而止”④。和尚们的生意如此兴隆，这大概是坚决反对“拜一切邪神”的太平天国领导者们所万万没有想到的。

但问题还不止于此。在一些地方，人们还公开举行大规模的、有众多群众参加的敬神拜佛的宗教活动，如平时举办“佛会”、收获时敬神演剧、天旱时请佛祈雨等。佚名《庚申避难日记》中，多次出现“城隍庙焰口，兴教寺亦焰口”“余至陶家宅佛会家吃面”“到元田里钱姓家为三官佛会，代伟儿烧香，缴社钱，吃面而回”等记载，这是常熟的情形。⑤《柳兆薰日记》中有“村人敬神演剧，尚有升平景象”“村人敬神，雅奏一日”的记载，这是吴江的情形。⑥《癸丑纪闻录》中则有“因旱请佛祈雨”的记载，这是嘉善的情形。⑦这些材料显然表明，至少在这些地区，这样一些活动是为太平天国政权所容许或者默认的。

这类现象的频繁出现，看起来未免有点奇怪，但却并不是难以索解的。太平军将士们并不是生活在真空之中。他们也不可避免地要受到自己生活的那个时代社会条件的制约。不但是大部分新战士，

① 《太平天国史料丛编简辑》第四册，459页。
② 同上书，383页。
③ 《太平天国史料专辑》，239页。
④ 《太平天国史料丛编简辑》第四册，48页。
⑤ 参见上书。
⑥ 参见《太平天国史料专辑》，135页。
⑦ 参见上书，525页。

就是对于一些两广的“老兄弟”来说，接受具有千百年传统的释道观念也远比接受陌生的拜上帝教教义容易和自然得多。这一点，只要看看李秀成的自述就可以理解了。他在自述中多次以否定的口吻批评洪秀全“一味靠天”“认实无情”“言天说地”“具（俱）信天灵”，而在解释太平天国“除神像”一事时，他说这“是天王之意，亦是神圣久受烟香之劫数”，“此是先机之定数”①，也就是说，还是不自觉地以释道观念去解释太平天国打击释道的行动。像李秀成这样的高级领导人尚且如是，下面的将士就更可想而知了。

正因为这样，在一些地方，太平天国关于禁止人们“奉佛敬神”的政策得不到全面的贯彻，就是很自然的事了。相反，我们还发现，太平军本身就在不少地方“奉佛敬神”，其虔诚的程度丝毫不比当地老百姓逊色。

《避寇日记》中曾颇为生动地讲到一部分太平军主张拆庙，而另一部分太平军又明令反对拆庙的情形。1861年8月6日，符天燕钟良相到濮院，在翔云观戏台上“讲道理”，讲毕，问翔云观何以有几处被拆毁。当地的师帅答以系陡门太平军所拆，“钟因言日后倘再来拆，可来禀我等说”。后来，钟果然“出令不许拆庙”。过了一年，又有“桐乡长毛至濮院拆毁关帝庙，兼捉船。既而嘉兴伪廖天安以文书至，禁止勿毁，遂止”②。太平天国地方政权在这个问题上政令的不统一，正是根源于思想的不统一。

凡是求神拜佛活动比较盛行的地方，不是得到太平军的默许，就是有太平军直接参加。据《自怡日记》，1861年9月12日，有顾秋谷兄弟“建雷醮”，“表书大清咸丰”年号，被驻守当地的太平军发现，“夺去铙钹等件，勒罚钱文”③。但太平军惩罚的是不该不用太平天国年号而仍奉清朝的正朔，却并不是“建雷醮”本身。因此，到了次年春天，该日记中就多次出现了“殑伽庵香会，热闹似往时”“香火复盛”“诸善女喃喃拜佛”“旋过殑伽庵，适诸善女拜经，栴檀

---

① 罗尔纲：《李秀成自述原稿注》，154页。
② 《太平天国史料丛编简辑》第四册，191页。
③ 同上书，406页。

沁鼻”的记载。使人感到滑稽的是，为了适应形势，避免太平天国政权的干涉禁阻，人们在观音大士的脑袋上缠上了一块红绢。所以日记的作者一面看到“鼓吹齐鸣，香火甚盛”，发出了“尘世久不觏矣”的欢呼，一面又因为“恐佛遭匪毁，首缠红绢，大士亦致屈辱”，发出了“可为寒心”的叹息。① 但缠上了红绢的观音大士，从严格的拜上帝教教义来说，毕竟还是“邪神”，并不因为略加装扮就“立地”不成“佛”了。事实表明，只要在某一点上有了缺口，群众中的习惯势力很快就会把禁令全线冲垮。

上面的材料反映了某些太平军的这样一种意向：宗教问题可以让步，但在如使用什么年号这类政治问题上则不能随便。实际上，有些太平军就连这样的原则也并不坚持。《避寇日记》中讲到了这样一件事：1863 年春，濮院镇上发生了几次火灾，东岳庙皂班金聋子乘机放出“吾镇有大火灾”的谣言，“于是镇人皆惧，敛钱延羽士禳灾，定于廿二、三、四日设醮坛于周家场曹氏祠堂，张长毛（按：指顶天豫张镇邦）亦往烧香。廿二日，罗庵为贼火药局，亦有火灾。廿四日上天表，仍书咸丰年号焉”②。顶天豫张镇邦不但亲自到醮坛烧香，而且目睹道士的“天表”上仍书咸丰年号也不过问，完全采取了听之任之的态度。

太平军为了避祸求福而礼神拜佛的事，绝不止上面一例。《花溪日记》就记有 1862 年浙江海宁太平军因各处“瘟疫大发，死无算”，而向神佛“祈禳”的事实。③《寅生日录》谈到，吴县横泾镇的城隍庙里，有“无数穹窿山道士大设醮坛，因为长发住在庙中共有八十余人，不过两旬内死去五六十人（按：此时瘟疫蔓延），所以众发俱有恐惧之心，以为祷此，即可免罪”④。这类事，不仅发生在中小城镇，甚至发生在苏州这样的大城市中。据《自怡日记》，有一个名叫慧觉的僧人亲口告诉日记作者：“前寓山塘度凡庵，伪将熊病，曾来

① 参见《太平天国史料丛编简辑》第四册，395 页。
② 同上书，242 页。
③ 参见《中国近代史资料丛刊·太平天国》第六册，707 页。
④ 《太平天国史料专辑》，428 页。

求药方。迨疾愈，酬佛檀香一担、鞭爆二千，施红绫等件，致各匪信从，香筵极盛。”作者由此联系到常熟的现实，说：“常城匪疾亦祀神斋佛，原拟摈废纸马，各店仍卖者坐罚，至此禁弛。”① 既然自己也进行着信神拜佛的活动，则一切关于不准“拜邪神”的禁令随之失效，当然是势所必至的了。愈到太平天国后期，这种情况就愈益普遍。有的材料反映，太平军甚至将过去亲手焚毁的庙宇重新修建，以供自己祈祷之用。丁葆和《归里杂诗》中谈到钱塘的情况时说：“贼见神像呼为死妖，壬癸之间（按：1862—1863 年），贼气已衰，贼妇仍乞佛慈，以保性命。上天竺大殿已毁，复起小殿，争相祈祷。”② 简单地把这类记载一概目之为地主阶级的污蔑之词，是未必妥当的。因为这种现象的出现，并不违背农民阶级思想发展的脉络和逻辑。相反，假如太平天国当真消灭了一切“偶像崇拜”，倒叫人不可理解了。

服饰装束

这方面有关于太平天国在自己的“属管之地”实行“禁头变服”的说法。③ 所谓“禁头”，是指对于剃发的禁令；“变服”，则是变易清代冠服的举措。这些今天看来似乎纯属服饰装束方面的生活末节，在当时却普遍被视作具有严重政治意义的事情。

探究这个问题，自然先得从太平军本身的服装谈起。

大体说来，太平军在占领武昌以前，在服装方面并没有具体的统一规定。《贼情汇纂》说：“贼由粤西至长沙，尚皆布衣蓝缕，缝数寸黄布于衣襟，以为记号；囚首垢面，鹑衣百结者，比比皆是；即首逆洪秀全、杨秀清等，亦止红袍红风帽而已。”④ 直至占领武昌以后，才开始对太平军中不同地位的人在服饰方面有一些不同的规

① 《太平天国史料丛编简辑》第四册，450 页。
② 《太平天国史料丛编简辑》第六册，461 页。
③ 参见李汝昭：《镜山野史》，见《中国近代史资料丛刊·太平天国》第三册，10 页。
④ 《中国近代史资料丛刊·太平天国》第三册，172 页。

定。到定都天京后，这方面的规定愈来愈严密，愈来愈烦琐，从一个侧面反映了太平天国队伍中等级分野愈来愈森严的趋势。从袍服靴帽的质料、颜色、式样、花式乃至包巾的长短尺寸，无不根据官职的大小定出不同的标准，用以分别尊卑贵贱。《金陵杂记》中所说“贼陷武昌之后，舆马服饰即有分别。迨踞金陵以后，日益猖獗”①，并非是毫无根据的。这一点，只要翻一翻《贼情汇纂》《避难纪略》等书的有关记载，就可以得到一个清晰的印象。②

应该说明的是，尽管太平军在服饰方面为“分别职级”而制订了一系列条规，但自始至终，一直并没有形成固定的类似统一军服的服装式样。《归里杂诗》说：“贼之服色随掳随著，未尝一定，惟额扎绸巾，腰不系带，足履花鞋，相见一跪，对食辄相箕踞而已。”③《避难纪略》说：“贼之衣服亦无定式。”④《苏台麋鹿记》说：“贼之服色，毫无定制，大略惟盘辫、裹头、短衣、散裤腿为一律，以五色绸绉条挂裤腰以矜华美。”⑤ 从这些材料可以看出，即使在太平天国后期，太平军在服饰方面也依然没有“定式”或“定制”，只是在长期的实际生活中形成了某些共同的风格，如前面提到的裹头、扎巾、短衣、花鞋之类。促使这些服饰风格形成的，不外乎以下三个因素：一是作为与旧王朝相对立的农民武装队伍的政治标志的象征，二是劳动群众传统生活方式的影响，三是适应行军打仗的战斗需要。罗尔纲先生在谈到太平军每每把地主士绅的长袍截为短袄穿着的历史现象时指出：“长衫与短衫只是衣服的两种样式，本身并没有阶级性，但是，在当时中国封建社会里，长衫是地主阶级的服装，而短衫却是农民及其他劳动者的服装。”太平军改长衫为短衣，“这是一种有意识的行动，其中含有浓厚的阶级意识”⑥。这确是颇有见

---

① 《中国近代史资料丛刊·太平天国》第四册，638页。

② 这方面的材料既多又长，为节省篇幅计，此处不引。可参见《中国近代史资料丛刊·太平天国》第二册，173～177页；《太平天国史料专辑》，63页。

③ 《太平天国史资料丛编简辑》第六册，462页。

④ 《太平天国史资料专辑》，63页。

⑤ 《中国近代史资料丛刊·太平天国》第五册，279页。

⑥ 《论太平天国的壁画》，见《太平天国史迹调查集》，146页。

地的看法。

对于太平军的服饰，当时的人们完全随着自己不同的政治态度而给予了迥然不同的美学评价。对太平天国抱着深切同情并亲身参加了这个运动的呤唎，竭力称赞太平军的服装“使他们有一种特别华美的神采”，“真是威武非凡”，“简直使人不能想象还有比这更华丽、更耀目的服装了”①。而被英国公使包令派到天京去的麦华陀则认为，“反叛者的衣着有些特别”，帽子“极像小丑帽”；穿着“绚丽夺目的颜色”的衣服的太平军，“具有令人眼花缭乱的外观”，使人觉得“模样邋遢、粗野，乍一看很可怕”②。一个与太平天国有着杀父之仇的地主文人，一见到“头上系黄绉纱，订帽花一朵，身上穿棉褂、棉马褂，脚上着花鞋子”的太平军，就觉得“甚为可恨”③。也有的人嘲笑“赭衣花履，窄袖宽裆”的太平军服装“有如囚样”④。那么，被一些人誉为华美绝伦而被另一些人诋为丑陋无比的太平军服饰，对太平天国统治区的普通群众产生了些什么影响呢？生活在新政权下的人们在服饰装束方面与生活在旧政权下的时候有些什么变化呢？

大家知道，太平天国运动曾得到了相当一部分贫苦农民和其他下层群众的欢迎与支持。对于一些积极拥护太平天国运动的人来说，太平军的一举一动、一言一行，都具有一种新奇的、诱人的魅力。在这种情况下，仿效太平军的服饰装束，不免会在某些人中成为时尚。《自怡日记》记载，太平军在常熟“开市颇盛，牌署天朝，掌柜者俱土人，亦辫红履朱，诩诩自得”。又说：“无耻土奸，往往更换贼衣，借凌乡懦，见之可憎。”⑤如果透过因出于阶级偏见而使用的诬蔑性语言，我们就可以看到当时确实存在着某些人以效法太平军装束为荣的心理。这种情况在其他材料中也有反映，如《避难纪略》中就谈到有的乡官“穿着衣服与贼无异”，由乡官组织的群众武装

① 呤唎：《太平天国革命亲历记》上册，52～53页。
② 《太平天国史译丛》第一辑，35页。
③ 《太平天国史料专辑》，429页。
④ 《太平天国史料丛编简辑》第四册，391页。
⑤ 同上书，391页。

"穿亦与贼同，不知者每认为城中之贼"①。《花溪日记》甚至说，海宁通元镇"镇人尽小帽无结，发系红绳"②，太平军的服饰简直有风靡全镇之势了。

不过绝不应该夸大这种现象的普遍程度。实际上，大部分群众多半是用好奇的，有时甚至带点冷漠的神情看着太平军的服饰，而自己则依然穿着传统式样的衣衫。这种情况在多大程度上反映太平天国与群众的关系，自然可以讨论，但显然与这个政权在某些政策和措施上的错失而造成同群众的隔阂、疏远不无关系。

从正式的官方文书上看，太平天国对群众服装只有极简单的规定。这主要见于 1861 年新镌的《钦定士阶条例》。这个文件除详细设计了秀士、俊士、杰士、约士、达士、国士、武士、榜眼、探花、状元等的衣帽袍靴式样外，还规定："拟民间居常所戴之帽皆用乌布纂帽，其富厚殷实之人，则细缎绉纱，任由自便，但不得用别样颜色，致与有官爵者相混。""拟民间喜事所戴之帽形如圆月，内用硬胎，或加红额壹个；所穿之袍青、蓝、乌色为准。"③ 但在有些地区，某些地方政权较之这个规定走得要更远一些，曾有以行政命令"使民间效其服饰"④ 的做法。这种做法的社会效果究竟如何呢？

从盛泽发生的一次易服风波的典型事例来看，这种强行"整顿服饰"的措施很难行得通。沈梓的《避寇日记》在 1861 年 3 月 7 日记："（同治元年）正月十二日，余在盛泽闻长毛欲改服饰，男子皆红扎巾，不许戴毡帽，女子不许着裙子。黎里已出告示，凡道里间戴毡帽则除之，拖辫发者则割之，女子曳裙子则扯之，故盛泽亦将复然。余初不信，后晤岳蓉邨，知望边果有伪文移至盛泽整顿服饰。"后来，盛泽的太平军果然"纷纷除人毡帽"。此事受到了枪船头子孙少湘的反对。孙少湘扬言："人谁无妻孥？人谁无头足？而官绅当为百姓先，今官绅未尝尽易其服，而欲令百姓从之，不亦难乎？

① 《太平天国史料专辑》，72 页。
② 《中国近代史资料丛刊·太平天国》第六册，677 页。
③ 《太平天国印书》（下），754 页。
④ 《中国近代史资料丛刊·太平天国》第四册，593 页。

男子无帽，何以御寒？女子无裙，何以蔽身？此固无须易者。今盛泽绅士及军师帅若必欲易之，则请各绅士及军师帅之妻女去裙曳裤，敲锣迎于镇，令百姓见之，俾知所向，夫然而有不遵此制者，我孙少湘受其咎；若其不能，则我当先打各绅士及军师帅之家，而后及长毛。”结果，不仅盛泽地区，连邻近的“新塍、濮院等处”也“遂无易服饰之议”①。当然，这里的情况较为复杂，因为带头阻止太平军“整顿服饰”的，是枪船势力，而枪船是一支在太平天国与清朝两个政权之间鼠首两端、在实际活动中则专门残害人民的反动武装。但问题不在枪船头子孙少湘个人，而在于他的这一段话，尽管其语气带着与人物身份相符的流氓腔调，内容却在很大程度上是符合群众心理的。因此，当这一带地区停止“易服饰”后，群众显然是大大地松了一口气。

像盛泽地区这样大张旗鼓地“整顿服饰”的，似乎并不多见，但禁止男子戴帽和妇女穿裙，则相当普遍。蓼村遁客的《虎窟纪略》，是记苏州情形的，就提到太平军禁“民间戴帽”②。《柳兆薰日记》记吴江情形，说“去帽之令甚严”③。李光霁《劫余杂识》记浙江乌程情况，说太平军“不准戴小帽，只准戴半西瓜式毡帽御寒，违者究罚”④。张宿煌《备志纪年》记江西湖口情形，也提到“不许戴毡帽”⑤ 的事。而《山曲寄人题壁》则有“贼人不准穿裙，途间相遇者，尽行扯去”⑥ 之说。所谓“女子去裙男去帽”⑦，确实是太平天国政权变易群众服饰的重要内容。但从实施情况来看，这些命令在很大程度上是“下而不行”⑧，或者执行了一段时间即因难以贯彻而“寝而不究”⑨。

---

① 《太平天国史料丛编简辑》第四册，134～135页。

② 《太平天国史料专辑》，40页。

③ 同上书，233页。

④ 《中国近代史资料丛刊·太平天国》第五册，321页。

⑤ 《近代史资料》，总34号，190页。

⑥ 《太平天国史料丛编简辑》第六册，386页。

⑦ 马寿龄：《金陵癸甲新乐府·易服色》，见《中国近代史资料丛刊·太平天国》第四册，737页。

⑧ 《太平天国史料专辑》，238页。

⑨ 柯超：《辛壬琐记》，见《太平天国资料》，191页。

如果说在一般群众服饰方面，太平天国基本上采取比较灵活的态度，那么，在下面两件事上，则态度十分鲜明而坚决。一件是严格禁止穿着清朝的正式官服；另一件是要求群众蓄发，严禁剃头。因为这两件事，是直接关系到在政治上站在哪个政权一边的原则问题。

太平天国曾经在自己的正式文告中多次谈到这两件事的政治意义。以杨秀清和萧朝贵的名义发布的《奉天讨胡檄》中写道："夫中国有中国之形象，今满洲悉令削发，拖一长尾于后，是使中国之人变为禽兽也。中国有中国之衣冠，今满洲另置顶戴，胡衣猴冠，坏先代之服冕，是使中国之人忘其根本也。"① 类似的意思曾在其他文件中反复申述。在向群众"讲道理"时，也常常要大谈"不许剃头，留须蓄发，复中原古制等说"②。在这些充满着反满气息的言词里，包含着明确的反抗现存统治秩序的内容。因为正如呤唎所说，剃头蓄辫和翎顶衣冠，确实是占据了封建王朝最高统治地位的满洲贵族强加于汉族及其他各族人民的一种"奴隶标记"。③ 也正如《太平天国初期纪事》的两位法国作者所说，"剪去辫子"和"脱去满洲服装"这两件事，看起来虽然简单，"其实十分严重，因为这样便犯了大逆不道的罪，这样做非有极大的勇气不可。事实上，剪去辫子等于拔刀出鞘"④。

因此，太平军兵锋所到之处，凡见有清王朝的朝衣朝冠，必竭力加以破坏，而对藏有这类对象的主人，则通常要严加惩责。"贼以官为妖，见朝衣、朝冠、补褂、翎顶之类，以为妖器，人家有此服物，则蹂躏益甚。"⑤ "其詈本土绅士为妖，凡诰命、旗匾尽行拆毁，靴冠、袍套斥为妖装，搜得科罚。"⑥ 即使并非官服，只是秀才、举人等由清政府给予功名者的法定衣冠，也一概在禁止服用之列。《柳

① 《太平天国印书》(上)，109页。
② 《太平天国史料丛编简辑》第四册，72页。
③ 参见呤唎：《太平天国革命亲历记》上册，49页；下册，551页。
④ 《太平天国初期纪事》，34页。
⑤ 《中国近代史资料丛刊·太平天国》第五册，279页。
⑥ 《太平天国史料丛编简辑》第四册，354页。

兆薰日记》就谈到，当作者去太平军占领的梨川镇时，发现“街上衣冠不能着矣”①。《自怡日记》也说，同治元年过年时，“贺岁多不衣冠，恐招贼怪也”②。这一点大概颇引起了那些衣冠士绅的伤心，柳兆薰有一天在晾晒被太平军禁止服用的冠裳时，就无限感慨地说：“未识衣冠可重振否也？思之闷极。”③ 如果我们联想到在封建时代通常将“簪缨”“衣冠”之类冠于“望族”之前作为具有显赫身份的表征，那我们对生活在太平天国统治区的地主士绅那种饱含着愤懑和无可奈何心情的叹息也就可以理解了。

至于蓄发之令和剃头之禁，更是实行得雷厉风行。由于这方面的材料俯拾皆是，我们这里可以略而不引。只稍指出，命令群众蓄发，大抵是太平军占领一个地方以后所发布的头一道公告和头一个政治行动。对于拒绝蓄发者，往往处以极严厉的惩罚，或杀④，或杖⑤，或科钱⑥，或割辫示众⑦，或锁禁⑧，或关押⑨，或吊打⑩，总之是毫不宽贷。频繁出现的严刑峻法，一方面反映出太平天国对实行这一方针的重视和坚决，另一方面也透露出一个信息，表明抗拒这一措施的也颇不乏人。其中一部分当然是出于地主阶级的政治对立，但也有相当一些人只是出于封建正统观念的作祟。

这里应该提一下关于“剃头凭”的事。蓄发既然是归顺太平天国的标志，自然也就是反叛清朝的记号。这么一来，来往于太平天国统治区和清王朝统治区的商人，就大感不便。太平天国政权为了保护和鼓励商业发展，普遍实行发放“剃头凭”的办法。《避寇日记》云：“土人不得剃发，而商贾中有往上海、通州、海门去者，不

① 《太平天国史料专辑》，165页。
② 《太平天国史料丛编简辑》第四册，425页。
③ 《太平天国史料专辑》，237页。
④ 参见《中国近代史资料丛刊·太平天国》第六册，783页。
⑤ 参见《太平天国史料专辑》，32页。
⑥ 参见《太平天国史料丛编简辑》第四册，496页。
⑦ 参见上书，498页。
⑧ 参见《中国近代史资料丛刊·太平天国》第五册，318页。
⑨ 参见《太平天国史料丛编简辑》第四册，501页。
⑩ 参见《近代史资料》，1963（1），111页。

能不剃。至从上海、通州、海门归者，短发又不便，因有向贼中说明缘故，而取伪凭为据者，曰剃头凭。”① 在一封私人信件中也提到：“尤奇者，人有剃头凭。以过江贸易为词，钱之多寡在日期之远近。”② 这种发放“剃头凭”的办法，并不是一种权宜之计或偶然发生的个别现象，而是在太平天国地方政权的正式文告中公开宣布的一贯方针，如海宁的太平军驻军长官就“谕百姓剃头过江贸易，每给剃头凭，须费仅廿六文，剃者甚众”③。秀水的太平军首领也出示：“其出外经营者，准其剃头。”④ 这种政策，对于太平天国的商业发展显然起了积极的作用。

既然蓄发与否是对太平天国政权是否拥护的一种表示，群众对这个问题的态度，自然与对这个政权的态度基本相一致。前面我们提到，有一部分人对蓄发持保留的甚至抗拒的态度，这一点我们不用讳言。但这一部分人毕竟不是群众中的多数。群众的大多数似乎比较容易地接受了蓄发的命令，至少并不如那些地主一样把这看作什么奇耻大辱。洪仁玕在《英杰归真》中有一段话是专门反驳那些反蓄发舆论的，其中举出反对蓄发的一个最主要理由不过是长发不易栉洗，会引起“头皮起痒”⑤。这种出奇温和的反对理由，反而表明对大多数人来说，蓄发的政治必要性已是不言而喻、理所当然的了。据呤唎说，他在苏州附近的平望逗留时，为了“尽可能地去观察太平天国和太平军，我常去访问附近的村庄，以调查村民对太平天国的统治有什么感想。我很高兴见到他们在各方面都十分满意；尤其使我感动的是他们都乐于留发，这是太平和自由的标记”。呤唎还谈到，当他船上留了长发的水手要离开太平天国统治区而回到上海去时，他们“坚决不肯剃头”，一个年轻小伙子甚至“在理发师动手剃头的时候，像孩子似地哭了起来”⑥。我们认为呤唎的这段叙述

① 《太平天国史料专辑》，65页。
② 《近代史资料》，1955（3），84页。
③ 《太平天国史料丛编简辑》第四册，245页。
④ 同上书，73页。
⑤ 《太平天国印书》（下），768页。
⑥ 呤唎：《太平天国革命亲历记》上册，297页。

并不过分，基本上是符合实际的，因为我们可以从一些反面材料中得到印证。1854年十月，曾国藩在一个奏折中曾经说："小民劫于凶威，蓄发纳贡，习为固然，虽经谕令剃发，狐疑观望，设官军稍有败衄，则四面皆贼。"在反革命武装的胁迫下"谕令剃发"，群众尚且"狐疑观望"，可见对于大多数群众来说，蓄发确乎是自愿的，至少是"习为固然"的行动。

婚丧礼仪

封建统治阶级历来把礼仪看作维系封建政治关系和伦理关系的重要手段。一切反抗传统封建秩序的斗争也不可避免地要涉及对封建礼仪的冲击。太平天国运动亦莫能外。《贼情汇纂》说："逆贼无参拜揖让之礼，凡打躬叩首皆呼为妖礼。虽贼礼拜天父，群下朝洪逆，亦止长跪，其余伪官互见平行，并无礼节。""贼知粗鄙人绳以礼法，则手足无措，故简略之，使其易知易从耳。"① 《鳅闻日记》说：太平军"亦有庆吊之礼，与常人全异。上下主从，不分贵贱，共牢而食，亦无坐位，男女淆乱，不忌内外，自相称呼，俱是兄弟"②。这些被封建地主阶级讥为"不成体统""不成规模气概"的东西，多少反映了劳动群众中自发的民主倾向，反映了革命农民对维护等级关系的封建礼仪的部分否定。可惜的是，随着太平天国领导集团日益受封建主义的侵蚀，在礼仪方面的民主倾向也愈来愈减弱和淡薄了。

由于本文是从社会风习的角度来观察问题，因此这里主要想选择社会性、群众性比较突出的婚礼和葬礼来做一点讨论，也就是具体考察一下被称为"与常人全异"的"庆吊之礼"，在太平天国统治区究竟是一个什么样子。

太平天国曾经比较明确地表示要在婚丧礼仪方面革除清朝"妖

① 《中国近代史资料丛刊·太平天国》第三册，171页。

② 《近代史资料》，1963（1），103页。

礼”的意图。《天朝田亩制度》在讲到“民人”的“婚娶吉喜等事”时，强调要将“一切旧时歪例尽除”①。《天条书》在讲到丧葬问题时，也说应该把“一切旧时坏规矩尽除”②。如果按照吟唎的叙述，上述意图似乎已经在很大程度上被付诸实施了，因为他有过这样的描写：“各种异教俗礼全被废弃。男女从未谋面即行结婚的旧俗，选择吉日的迷信，以及致送聘金等等全被革除净尽。唯有新娘将下垂的长发挽起成髻，以及新郎于夜间率乐队、灯笼、轿子和骑着马的友人（首领结婚则尚有旗帜、仪仗等）至女家迎娶这两件事仍旧保持着昔日的风俗。”“一切佛教的丧礼和一般中国人的祭祀的旧俗全都被严加禁止。”③

历史的真相却既没有这样简单，也没有这样纯净。

先说婚礼。我们确实在一些材料中看到，在太平天国统治下，民间嫁娶时有不少“草草成礼”的现象。不具聘礼，不宴宾客，不用鼓乐，只是举行一个极其简单的“合卺”之礼，结婚仪式就算完成了。例如，《柳兆薰日记》在谈到自己的侄儿结婚情形时说：“应祉侄草草合卺成礼，无一贺客。……诸事草草，不开门，不宴客，时势使然，不能不尔也，言之可叹。”④ 沈梓的《避寇日记》写他的五妹出嫁的情况：“先是六月中菊裳有信来，云五妹许字陈莼溪久，此刻乱世，宜草草出阁。……因致信菊裳，嘱陈姓以小船来娶以去，不必举动也。……屋主人闻之，谓妹将就彼家出嫁，又欲索钱，乡人并不许停船在河埠云。余泣谓主人曰：余妹虽闺女，然此刻逃难，非出嫁也。汝见婿家并未具一聘礼，余亦并不制一嫁衣，视寻常丫环出嫁且相悬绝，况余尚将载妹至家取零物，然后下船至双，何尝就你家出嫁也，何索钱为？乡人乃解。”⑤ 王永年的《紫蘋馆诗钞》谈到作者在南京于太平军占领后第四天“迎娶涂氏”一事时说：“凡

① 《太平天国印书》（上），410页。

② 同上书，152页。

③ 吟唎：《太平天国革命亲历记》上册，253页。

④ 《太平天国史料专辑》，144～145页。

⑤ 《太平天国史料丛编简辑》第四册，43页。

彩舆、鼓吹、执事之类皆无之，惟短烛一对交拜而已。”[①] 李光霁《劫余杂识》记南浔一带情形说：“民间婚嫁皆于夜深人定后闭门行礼，恐偶服礼服为贼见而劫持也。”[②] 类似的记载还可以举出一些。

是不是据此可以认为，太平天国有效地在群众中进行了婚礼改革，摒弃了传统的那一套烦琐、迷信、铺张的迎亲礼仪，使《天朝田亩制度》中规定婚礼要“用之有节”的精神真正得到贯彻了呢？不能这么说。一般来说，上面那些事实，大抵是在局势动乱的情况下出现的。有的是太平军刚刚占领，军事行动尚未停止；有的是清军和太平军拉锯地区，战事时有发生；有的是事主只身逃难在乡间，举目无亲。所以，举办婚事之家时常有“此刻乱世”“时势使然，不能不尔”一类的感叹。只要太平天国的统治相对稳定，群众暂时摆脱了兵革之忧、离乱之苦，他们在举办婚事的时候，就又立即恢复了旧观。

也是《柳兆薰日记》，在前述他侄子结婚一年之后，于 1861 年 11 月 25 日记载了他参加一个朋友的儿子的婚礼，情形就完全不同了：“至则宾客满堂，主人引至新宅内坐席。下午……宴饮共十席，桂岩同座，鼓吹盈耳，惜旧时衣冠不见，可叹。”[③] 请看，“宾客满堂”，“鼓吹盈耳”，其热闹场面同一年前作者侄儿结婚时“无一贺客”“不开门，不宴客”的冷清况味是何等鲜明的对比。一年时间，前后迥异，并不是太平天国关于婚礼的政策有了什么变化，只不过是政治局势已经日趋稳定而已。柳兆薰略感不足的是，“惜旧时衣冠不见”，这一点，我们在上一节中已经交代，是由于太平天国严格禁止穿着清朝冠服的结果。

类似这样排场十足、热闹非凡的婚礼，在太平天国统治区绝不是仅见的。龚又村在《自怡日记》中谈到 1861 年底他参加一个本家子侄辈的婚礼，说：“时同堂各房喜宴三日，坐客亦盛于往时，斗彩弄牌，借消永夕。”1862 年 12 月 4 日，作者在日记中记载了参加另

---

① 《太平天国史料丛编简辑》第六册，395 页。
② 《中国近代史资料丛刊·太平天国》第五册，321 页。
③ 《太平天国史料专辑》，218 页。

一个婚礼的情景："胡芳梅（建业）长子（厚坤）完姻，予往贺。……宴于木屋，嘉肴旨酒，异味满筵，主人欲博下箸，不惜万钱也。"① 这两个材料，一方面说明在太平天国统治区，地主豪绅在经济上并没有遭到致命的打击，他们依然过着锦衣玉食、一掷万金的豪华生活；另一方面也说明，太平天国政权对婚礼方面并没有什么认真限制，婚礼的规模甚至"盛于往时"。所谓"一切旧时歪例尽除"，在很大程度上不免成为一句空话。

或说，上面的材料并没有直接提到太平军对婚礼的态度。那么好，我们举一个太平军亲自观看民间婚礼的例子。《避寇日记》中说，1862 年 1 月 25 日，有一支太平军途经秀水濮院镇普家村，"是夜有村人合卺者，贼闻鼓乐声，问之，或以告。贼谓朱（按：指师帅朱老应）曰：可与我观乎？朱曰：可。新郎红包头、红马衣、黄马褂行合卺礼，令婚家具酒食二筵，一以饷贼首，一以饷贼首之妻属，贼喜甚"②。这个婚礼显然与传统的婚礼并没有什么两样，而新郎的吉服则明显地违背了上节所引《钦定士阶条例》的规定，然而太平军不仅丝毫未加干涉，反而颇为高兴地接受了喜宴的邀请。意味深长的是，日记作者并不以为太平军的这种做法有什么值得诧怪或违反常规之处，可见这正是太平天国政权的一贯态度。

其实，民间婚礼一仍旧贯，是一点也不奇怪的，因为太平军本身的婚礼，就是如此。《虎窟纪略》记苏州附近的木渎镇太平军头目娶妻，"鼓乐彩旗，略似民间"，唯一的区别是"不行合卺礼"③。所谓"略似民间"，自然是指略似民间的传统婚礼之意。《避寇日记》记 1863 年 3 月 27 日，"陡门卡上长毛娶亲，娶濮院蔡家浜熊姓女及庙桥许姓女，办酒席卅余桌，用鼓乐请大士地赞神歌"④。《鳅闻日记》谈常熟情形说："自岁底到今（按：指自咸丰十年末至次年春），长毛婚娶民间甚多。每有乡官熟识人等做媒，聘赀柯金丰厚，酬赠

① 《太平天国史料丛编简辑》第四册，471 页。
② 同上书，115 页。
③ 《太平天国史料专辑》，31 页。
④ 《太平天国史料丛编简辑》第四册，238 页。

不吝。”[①] 这些材料证明，呤唎关于太平天国已经把请媒人、送聘金等“结婚的旧俗”全都“革除净尽”的说法，是并不符合事实的，至少并不符合天京以外广大地区的历史事实。

由于太平军处于掌权的地位，从某种意义上说，已经成了当地的“新贵”，所以一般说来，婚礼的规模排场，大抵要比民间阔绰铺张得多。王彝寿《越难志》曾记述绍兴太平军三次婚礼情形。一次是勍天福胡兴霖娶画士李某长女，“择日迎娶，鼓吹旗帜夹道路，贼兵皆披红簪花，歌呼踊跃”。一次是见天安姚克刚娶李某次女，“迎娶之盛，更胜于胡”。再一次是雁天安陆顺福娶某女，“迎娶之日，锦衣白马，旗帜夹道，鼓吹多至数十部，愚民或艳羡之”。据说办这次婚事一举即“费银三万余”[②]。《柳兆薰日记》谈到盛川太平军婚礼情形时说：“知局中喜事极阔，约二千号，在平时虽大绅衿不能如是也。”[③]《鳅闻日记》记常熟监军汪胜明娶妇时，“局中人合他处乡官潘竹斋等，各醵分。于姜振之宅，铺设新房，整备酒筵。鼓乐、花轿、喜嫔、灯彩、花爆，一应俱全，迎娶成亲。贺客赴筵并杂差帮喜。徐兆康为首，率领一班红布扎头之人，跪贺新贵，领取赏封。……各乡官俱派富户酌具银洋二三十元或十余两往送贺分”[④]。这位常熟的太平军地方官长竟借婚礼大醵“贺分”，而绍兴的太平军首领办一次婚礼就花去三万两银子，盛川的太平军首领婚宴邀请两千位客人，以至引起当地人们的“艳羡”，甚至像柳兆薰这样拥有三四千亩土地的大地主，也认为是在清朝封建政权统治下的“大绅衿”所望尘莫及的。如此说来，在有些地方，太平天国的婚礼较之传统封建婚礼，“歪例”不仅未除，反而颇有点“古已有之，于今为烈”的味道了。

比起婚礼来，太平天国对葬礼的改革要切实一些，也严格一些。

太平天国比较明确地提出在葬礼方面应该除去的“坏规矩”包

---

① 《近代史资料》，1963（1），115 页。

② 邹身城：《太平天国史事拾零》附录，168 页。

③ 《太平天国史料专辑》，235 页。

④ 《近代史资料》，1963（1），96～97 页。

括哪些内容，在有些场合，还对这样做的理由做了一定的说明。概括起来，主要有：(1)《天条书》重刻本："升天是头顶好事，宜欢不宜哭。"(2)《天条书》初刻本："丧事不可做南无，大殓、成服、还山俱用牲醴茶饭祭告皇上帝。"(3)《贼情汇纂》卷八："所有升天之人，俱不准照凡情歪例，私用棺木，以锦被绸绉包埋便是。"(4)《备志纪年》："父母死，禁不得招魂设醮。"事实上，洪秀全早在金田起义前就宣传反对"修斋建醮"，《原道救世歌》曰："死生灾病皆天定，何故诬民妄造符？作福许妖兼送鬼，修斋建醮尚虚无。"(5)反对选墓地讲风水。洪仁玕在《葬墓说》中，力辟选墓地讲风水的习俗，指出："盖孝子仁人之掩其亲，不忍暴露污秽，有辱己辱亲之念，别无求富求贵之意也。"《钦定军次实录》："更可怪者，为人之子，以在生父母视为可有可无之亲，而死后骨骸视为求富求贵之具。"认为这些都是极不可取的"妄念"。以上这些内容，大致构成了太平天国的葬礼观。这种观念的形成，有的是从拜上帝教的宗教信条演化而来，有的是适应战争环境的需要，也有的则确实具有反对旧的世俗心理或封建迷信的含义。

在这些内容中间，太平天国最为注重也是群众反应最为强烈的，要算是禁止棺葬一事了。太平天国曾反复出示，人死不准用棺。"贼以人死用棺为犯天条，禁之严。"① "贼出伪示，死不用棺，用则为妖；香火不设，设则为邪。"② 对于这条规定，太平天国的有些领导人是身体力行的。洪秀全死后，就没有用棺椁，只是"以黄龙缎袱裹尸"③。赖汉英死，"亦不过用大红洋绉被裹葬而已"④。还有其他一些高级将领也是如此。对于一般"民人"，则常常用强制的办法禁止棺葬，"贼匪之令，凡死者无分贵贱，以被裹尸而葬，不用棺木。故当破城后，见民家预备寿材棺板，概行打碎，或作柴薪，或作筑台、筑土城之用，无少留者"⑤。佚名《粤逆纪略》也说太平军曾

① 《太平天国资料汇编》第二册上，89页。

② 《太平天国资料汇编》第一册，316页。

③ 同上书，327页。

④⑤ 《太平天国史料丛编简辑》第五册，79页。

"将南京各处空棺劈烧殆尽"①。更加厉害一点的是，甚至对已入殓的尸体，还要"撬棺戮尸""劈棺戮尸"。如《自怡日记》就谈到，太平军在常熟，将张荫槐家"新停三柩被劈戮尸"，将"死未终七"的丁凤池"撬棺戮尸"的事。② 所以当时颇有一些文人写了以此为吟咏题材的诗作，如林大椿的《粤寇纪事诗》中，有《发停棺》一首："贼来劈棺如儿戏，众棺齐开见残骴。……可怜白骨刀下礴，阴云惨淡阴风悲。有罪无罪谁得知，生保首领死戮尸。"③ 马寿龄《金陵癸甲新乐府》有《庆升平》一首："煌煌诰谕满城郭，无用衣衾与棺椁。灵魂既登极乐界，皮囊无碍填沟壑。"④

太平天国为什么要如此雷厉风行地禁止棺葬呢？在太平天国的文书中，我们没有看到直接的解释。由于这一措施与民间传统积习大相径庭，所以当时的人们便极自然地以"邪教"教规目之。但如果仔细加以考察，就可以发现，用拜上帝教的宗教观念去解释是说不通的。因为在专门叙述太平天国宗教仪式和戒条的《天条书》中，初刻本在谈到丧事时曾有这样的文字："临盖棺、成服、还山、下柩时，大声唱曰：奉上主皇上帝命，奉救世主耶稣命，奉天王大道君王全命，百无禁忌，怪魔遁藏，万事胜意，大吉大昌。"⑤ 这里提到"盖棺""下柩"，证明在太平天国初期，按照拜上帝教的仪式，是允许棺葬的。这一段话，在定都天京后重刻的《天条书》里被删掉了。因此，我们可以推测：禁止棺葬并非拜上帝教宗教观念所固有的内容，而是在金田起义到定都天京这一段千里转战的过程中逐渐形成的。其主要原因恐怕是因为战争中人员的大量死亡，不允许按照民间一般习俗实行棺葬，由此而提出了棺葬是"妖礼"的说法。而一经形成之后，太平天国的将士们便带着宗教的虔诚态度去实力奉行，这倒是一个合乎逻辑的事实。

但是，要一个多世纪以前的人们接受人死不用棺木这样一种思

---

① 《太平天国史料丛编简辑》第二册，50页。
② 参见《太平天国史料丛编简辑》第四册，351、380页。
③ 《太平天国史料丛编简辑》第六册，455页。
④ 《中国近代史资料丛刊·太平天国》第四册，740页。
⑤ 《太平天国印书》(上)，30页。

想和做法，实在是太困难了。我们读太平天国时期的某些日记笔札，当作者悼念自己在战乱中亡故的亲友时，感到最悲痛的往往并不是死亡本身，而是没有能给死者一口像样的棺木。龚又村谈到自缢而死的长女时说："死无棺殓，葬无冢埋，予愧慈父矣，尚忍言哉!"①沧浪钓徒在说到自己母亲弥留情形时说："被难日，寿木为贼掠去，遂决计出城，至常熟界，问：有棺木乎？或曰：有。乃喜，而谓子妇曰：吾可以终于此矣。"② 把棺木看得似乎比生命还重要，今天看来未免有点令人难以索解，但在当时却确确实实是颇为典型的一种社会观念。

这样，我们自然可以想象得出，太平天国统治区的群众必定会千方百计地抗拒关于不准棺葬的禁令，而任何一种只凭一时的强制力量，既没有充分的宣传教育，又缺乏具体措施使之持之以恒的禁令，总不免要在习惯势力的面前退却和瓦解。

我们看到，在太平天国后期，群众依旧相当普遍地实行着棺葬，葬礼大抵还是传统式样。下面我们举出几个有关的例子：

1860 年 10 月 2 日，沈梓之姊死，"自朝至日中，寻亲故，购棺木衣物不可得，盖是时死人多，棺木居奇者价昂数倍"。"午后，始定买邻媪寿榇。"③

过了半个月，沈梓的妻子也相继死去，"是时吾镇（按：指秀水县濮院镇，这时这一带正流行瘟疫）死者日必四五十人，棺木贵不可言，尚以得购棺木为幸"④。

1861 年 1 月 6 日，柳兆薰参加一个朋友的丧礼，"虽因时事艰难，一应减省，然杂乱无章，未免俭不中礼，惟棺木生江处办，廿一洋一千，尚属楚楚"⑤。

1861 年 11 月 28 日，柳兆薰参加姻伯杨斗翁葬仪，"至则吊客纷来，衣冠济济，乱后甚难见之象。午前送殓，升炮排场，如此丧礼，

① 《太平天国史料丛编简辑》第四册，375 页。
② 《太平天国史料丛编简辑》第二册，154 页。
③④ 《避寇日记》
⑤ 《柳兆薰日记》。

均斗翁忠厚之报也”①。

1862年10月29日，龚又村参加从妹的殡礼，“时僧道同坛，偕诗友高勿斋、刘怡然等听笙歌，品肴馔，继以斗牌”②。

1863年3月27日，一位不知姓名的作者叙述他为儿子举行葬礼的情形说：“余买棺成殓，晚夜回丧，棺停小石桥新阡。”③

从这些材料可以看出，尽管不同人家的葬礼，由于各种条件的制约，有的俭省，有的排场，但对于棺葬则绝不马虎，必千方百计“买棺成殓”而后已。在另外一些材料中，还提到葬礼时“用羽士”“送阴阳”“放焰口”等细节，仪式也有殓尸、成服、还山、举殡、停柩、出殡等颇为复杂的过程。在这里，我们重又遇到这样一种现象：太平天国政权发布的某些改革社会习俗的禁令，常常受到群众中千百年习惯势力的无声抗拒，而在实际生活面前显得无能为力。

太平天国政权面临着这样一个困难的抉择：如果坚持禁令，就将同广大群众（绝不只是封建地主阶级）处于尖锐对立的地位；如果要避免这样的对立，就只能收起或者放松这类禁令。看来，太平天国政权基本上采取了后一种态度。

我们不仅在材料中发现，太平天国后期对棺葬并不如初占天京时那样严厉禁止，甚至对公开出售棺木的人也不加干涉。更有甚者，有一些材料表明，有的地方政权对因饥疫而死的难民，还代买棺木加以葬殓。如《避寇日记》1862年1月24日载：“在仲宅遇保郇人云，自十月、十一月中，临平、长安等处人逃在屠甸寺，寄居乡镇庙宇及卑田院者饥寒交迫，死者数千人，屠镇局中为买松板作棺木殓之。”④《庚申避难日记》提到，一个叫黄德芳的乡官（旅帅）因故自杀身死，“禀福山余大人赏结（给）买棺钱贰十千文”⑤。可见，到了太平天国后期，一些地方政权负责人，在观念上不但不把棺葬看作有违太平天国政策之事，反而认为是理所应当的了。了解了这

① 《柳兆薰日记》。

② 《自怡日记》。

③ 《庚申避难日记》。

④ 《太平天国史料丛编简辑》第四册，114页。

⑤ 同上书，523页。

个背景，我们对于李秀成在自述中讲到他曾为清朝的江南提督张国梁、浙江巡抚王有龄、杭州将军瑞昌、乍浦副都统杰纯等“寻其尸首，用棺收埋”的事，就不至于简单地看作向曾国藩表功讨好的举动了。[①] 事实上，李秀成不但用棺木埋葬了这些清朝文武大员，还曾在攻克杭州时对“在城饿死者发薄板棺木万有余个，费去棺木钱财贰万余千”[②]。李秀成这样大规模地发放棺木，背离了太平天国的政策原则，却在很大程度上赢得了人心。

过节度岁

在社会生活中，几个传统的节日一向为人们所重视。最重要的自然要推新旧岁交替的年节，即俗称的“过年”了，稍次是清明节和中秋节；至于端午、立夏、冬至等小节，民间稍有一些活动，但大抵已不是那么隆重。用什么方式度过那些重要的节日，构成了社会风习的一个不可忽视的方面。

在太平天国统治区，人们是怎样度过这些节日的呢?

太平天国统治区总体说来是处于战乱的环境中，因此人们过节度岁的气氛，较之所谓“承平”时期，要冷清得多。拿过年来说，在不少地区都缺乏通常具有的那种欢乐热闹的情景。以咸丰十一年的新年为例，这个新年，在江浙的大部分地区，是太平天国占领后所过的头一个年节，我们看到了这样一些记载：

浙江秀水：“余镇俗例于（岁末腊月）廿三、廿四作醉司命之举，爆竹声比户相同。是时里井无炊烟，风景凄然，惟予家独举炊耳。”“（元月）初一日，天晴明，老母命往圆觉庵、白雀寺、观音菩萨祠及众安桥施公祠烧香，年年游人纷沓、士女咸集之香海寺，至此则寥落无人。”[③]

---

① 参见罗尔纲：《李秀成自述原稿注》，207、249、250页。

② 同上书，263页。

③ 沈梓：《避寇日记》。

江苏苏州："是年不拜贺，不宴客，民间不换衣冠，不贴春联，无一新年景象。"①

江苏无锡："年节窘迫殊甚。除夕，买肉半斤、鱼两条以泣祭先祖。凄凉之况，殆不能堪也。"②

江苏常熟："正月朔，各庙香烟减，因神佛像非毁坏，即搬去。衣冠肃肃拜贺新春者概免。"③

这种情况，不仅头一个年节如此，后来不少地区也还是这样。例如，《花溪日记》记浙江海宁同治元年过年时，"罢贺新年，无闻一爆竹声"④。次年，"又罢贺新春"⑤。《辛壬寇记》记浙江温岭同治元年过年时，"除夕大雪，各铺户俱闭，人家门亦不启，四街人迹萧条甚矣。乃令两男炽炭于炉，扫雪烹茶，以消严寒"。"壬戌正月元旦，雪霁，立门外移时，不见一人，人家俱未换桃符，庆吊亦不相往来矣。"⑥

在旧社会，对于不同阶级的人们，过年具有完全不同的意义，对于富人、剥削者是欢乐的节日，而对那些被剥削、被奴役的贫苦农民，则是难过的年关。上面所引的材料，多半出自地主阶级之手，由此我们不免会产生这样的问题：是不是由于太平天国实行了政治上和经济上打击地主阶级的政策，这些地主分子不再能像往昔那样过欢乐富裕的生活，因此在他们的笔下，把年景描写得如此冷冷清清，凄凄戚戚，不过是发泄对旧日的留恋和对今日的不满呢？

我们不能排除有这样的因素在内。但有一点可以肯定，那就是在太平天国统治区，绝不曾形成一种与清朝统治时完全颠倒的局面：过年，对于穷人已经成为欢乐的节日，只有富人才感到"风景凄然"。

为什么这样说呢？

---

① 蓼村遁客：《虎窟纪略》。
② 张乃修：《如梦录》。
③ 柯悟迟：《漏网喁鱼集》。
④ 《中国近代史资料丛刊·太平天国》第六册，699页。
⑤ 同上书，709页。
⑥ 《近代史资料》，1963（1），203页。

首先，上面所引的材料，其中提到的不拜贺、不宴客、不换衣冠、不贴春联、不换桃符、不闻爆竹声等，并不仅仅是讲作者本人的情况，而是一种一般性的概括描写。其中的许多活动，并不是地主阶级所独有，在广大群众中也是通行的。因此，所谓没有“新年景象”，也就在一定程度上具有普遍的社会意义。

其次，我们的观察如果深入一步，就会发现，地主富绅们在过年的时候，虽然要略逊于往昔，但仍然要比一般老百姓阔气和热闹得多。

我们可以解剖两个典型。

一个是常熟的小地主龚又村。他在《自怡日记》中，讲到同治元年度岁的情形时，有两段总的描写，表明从整个社会上来看，过年是大不如往日的：“念自贼据吾吴，十家九破，往年家家画米囤，贴门神，拜年贺寿，一例删除。但见野田鸦噪，雪屋雀巢。”“唯新正神祠佛宇荒废者多，纸镪价昂，人不滥用，烧香者寥寥，虽有奉三元斋者而巷不悬灯，拜年者亦不恒遇。声稀爆竹，帖少宜春，迥非昔年光景。”但是，在叙述到他本人过年的活动时，则依旧是一派欢庆景象。从元月初一到十五日，他几乎无日不往各至亲好友家贺岁宴饮。在这半个月里，他或者“斗牌掷采”“拇战尽欢”，或者“呼卢喝雉，终日畅怀”，或者“围炉暖酒”“衔杯畅叙”，或者“飞字八巡，劝酬无算”。在他所参与的宴筵上，旨酒佳肴，水陆杂陈，备极丰洁。日记中充斥了这样的句子：“品金波酒剧佳”，“鸡豚鸭卵俱出糟床，他如熏鱼等味并是仙品”，“家鸡海错，鲁脍豚蹄均可口”，“肴馔鼎烹”，“醴甘肴洁，余味在齿颊间”，“肴精酒洌”，等等。由于应酬忙不过来，他在日记中竟发出了“殊觉食多口寡”的叹息。① 如果联系到同一日记在稍后一段时间谈到普通农民生活的一则记载，说是“见天久不雨，例破黄梅，农民望天益甚，致米珠粟玉，度日大难”②，我们就可以想象到，当时地主的生活，同农民的相比，仍然存在着天壤之别。

---

① 参见《太平天国史料丛编简辑》第四册，425～429页。

② 同上书，446页。

另一个是前面提到的有地三四千亩的吴江大地主柳兆薰。他在日记中连续记了太平军占领前后所过的四个年节的情况。太平军占领后的头一个年（咸丰十一年）和第二个年（同治元年）是在家乡过的；第三个年（同治二年）是逃到上海过的；第四个年（同治三年）时太平军已经失败，吴江重又沦入清朝政府之手。柳兆薰过这四个年节，情况并没有太大的变化。头两个年，作者在元旦首先照例要率子侄拜如来佛，到“东厨司命、家祠内叩谒”。然后拜先世神像，接着“行家人拜贺礼”。以后的几天，就是亲友间来往“贺岁”“吃年酒”，还要接灶神、财神，忙乱而热闹，充满了过节的气氛。虽然出门时由于太平天国的禁令而不敢穿着清朝衣冠，但在家中拜祖、拜神时，仍然是“衣冠肃肃”的。这一切，实在同重归清政权统治下的第四个年节，看不出什么太大的区别。倒是在上海过的第三个年，由于流离在外，虽然“比邻爆竹之声，锣鼓之喧，颇为热闹”，但作者本人时刻记挂着“家中今夜不堪闻问矣”，显得有一丝凄凉的意味。①

在太平天国统治区，过年的气氛之所以略显冷清，除了处于战乱环境这一个原因之外，还有一个政策性的原因，那就是太平天国政权严格推行天历，禁止群众按原来的旧历（太平天国把它称为“妖朝历”或“妖历”）过年度岁。据《避寇日记》记载，咸丰十一年岁末，盛泽的太平军就早早出示，要求镇人按天历过年，如违背这个命令而仍按旧历过年，就要“治罪”。腊月二十四是民间例行的“送灶日”，这一天“镇有送灶者被长毛拉去，谓仍用妖朝历”。大年三十晚上，“长毛巡行街道，欲觅民间请土地及祭祖者拉以去，镇人知之，乃闭门而祭”。有的被太平军发现，就于元旦“被锁敲锣迎四栅，令其自喊曰：‘有人过年者，与我一体带械’”。②

这种情况，在其他地区也屡有发现，如《漏网喁鱼集》记常熟情形说：“除夕晴。明日是同治元年，毛贼预有示禁，以正月十二为元旦，各店铺不能闭户。及十二日，贼又不许开店，新年气象固无，

① 以上见《太平天国史料专辑》，164、165、231、232、297、298、356页。

② 以上见《太平天国史料丛编简辑》第四册，100、114、116、122页。

账簿只开壬戌年，十二年又不能写矣。"[①] "除夕，家家兴味萧索，祀神祭先，常恐被贼知觉，幸未骚扰，只得且过今宵，又虚度一年岁月而已。"[②]《辛壬琐记》记慈溪情形说："以今年（按：同治元年）正月十二日为元旦。先出伪示，晓谕民间：不准仍照旧历，不准缨帽拜祖。"[③] 据《越难志》所说，同治元年过年时，杭州的太平军曾"下令民间"，一律按天历过年，甚至采取了"有不遵者族"的严厉措施。[④] 其实，这种禁止按旧历度岁的政策早在刚刚定都天京时就已实行了。谢介鹤的《金陵癸甲纪事略》说，咸丰四年元旦，金陵城中女馆有人"着裙共相庆贺"，被发觉后"或杖或枷，目为妖"。牌尾馆中"间有庆贺，为贼所觉，亦多受杖"。因为按照天历，要到正月初七才是元旦。[⑤] 可见，从定都天京开始，直至太平天国末期，要求群众按天历过年的规定大体未变。当新的习俗尚未养成，旧的习俗又处于不合法的情况下时，群众自然只能冷冷清清地度过年节了。

除了过年之外，群众比较重视的要数清明节了。这个节日之所以重要，主要是因为这是一个祭祖扫墓的日子。在宗族观念极重的封建时代，这一点自然具有相当的神圣性。从材料来看，除了少数正在进行战事的地区受到一些影响外，一般情况下太平天国统治区的人们都可以正常从事祭祖扫墓的活动。前面提到的柳兆薰在自己的日记中记载了自 1860 年至 1865 年所过的五个清明节的情形。第一个和第五个清明节是在清政权统治下度过的，第二、第三个清明节是在太平天国统治下度过的，第四个清明节是家乡在太平军占领下、本人则逃难到上海度过的。其中，除第四个清明节因远离家乡无法扫墓外，其余几个都同样进行了隆重的祭祖扫墓活动。拿 1861 年（咸丰十一年）的情况来说，清明节前三天，柳兆薰就率领子侄，到各处父祖辈"墓上祭扫"。4 月 4 日是清明节正日，"祀先祠，堂内

① 柯悟迟：《漏网喁鱼集》，56 页。
② 同上书，78 页。
③ 《太平天国资料》，182 页。
④ 参见邹身城：《太平天国史事拾零》附录，148 页。
⑤ 参见《中国近代史资料丛刊·太平天国》第四册，659 页。

设享”。次日，又乘船至邻乡先祖公墓前“祭奠扫墓”。事毕，阖族人等“饮散福酒，共八席，五十人，菜极丰盛”，“宴饮欢甚”[①]。这样一些活动，同清政权统治下所过的清明节并无什么差异。所以柳兆薰自己也说：“乱后吾族此典未废。”[②] 这并不是柳兆薰一家如此，因为他在日记中指出：“清明冷节，乡间补吊甚行。”[③] 可见是具有相当的普遍性的，自然，在一般老百姓那里，扫墓的仪式绝不会像柳家那样排场。

中秋是民间普遍重视的又一个重要节日。这个节日的主要内容是阖家团圆，而兵荒马乱的战争环境，不可避免要造成离乱之苦，也就不能不给这个节日蒙上一层阴翳。因此，总体说来，中秋的节日气氛，同年节一样，要略逊于平时。尽管如此，只要太平天国统治区局势稳定下来，人们在这一天就照例喝酒赏月，共庆佳节。《漏网喁鱼集》记1860年常熟情形说：“中秋节吾方依然赏月。”[④]《劫余小记》记1858年扬州情形说：“（咸丰）八年中秋节，辕门桥观灯者拥簇如盛时。”[⑤] 这是太平天国统治区群众生活相对安定的反映。当然，也有人大兴今不如昔之叹，《避寇日记》的作者沈梓就是其中一个。他对家乡濮院镇过中秋的情况有一段对比性的描写，那是在看到东岳庙被拆毁后有感而发的。他说，道光以来，“中秋踏月之风特盛”，“是日，各豪富家悉出古玩、宝玉、名人书画，于各殿宇、各台阁陈设殆遍，灯烛辉煌。里中纨绔子弟，登吹台，倚笛度曲，声达九霄，彻夜不绝。士女游观，踏歌步月，络绎往来十锦塘岸上，舟中灯光与水光相映。后虽渐衰，余风未息。今一旦荆榛瓦砾矣”[⑥]。沈梓只是描写了社会生活的一个方面，即“豪富”之家、“纨绔子弟”在太平天国运动前过中秋节的情况。至于一般老百姓，特别是那些贫苦农民在啼饥号寒声中，如何度过中秋节，则被轻轻

---

① 《太平天国史料专辑》，174页。
② 同上书，367页。
③ 同上书，173页。
④ 柯悟迟：《漏网喁鱼集》，47页。
⑤ 《太平天国资料》，87页。
⑥ 《太平天国史料丛编简辑》第四册，71页。

地掩盖了，或者说根本就没有被纳入他的视野之内。就这个意义说，如果因太平天国运动这场暴风骤雨的冲刷，使“豪富”们在如过中秋节等方面确实稍微敛迹，那倒未始不是一件值得称道的好事情。

天国诸禁

前面几节我们分别提到了太平天国的一些禁令，如禁拜邪神、禁着清朝衣冠、禁剃发、禁棺葬、禁用“妖历”等，并且粗略地考察了这些禁令的实施情况和社会效果。这一节我们将集中谈一谈除此之外的其他几个重要禁令，主要有禁烟、禁赌、禁娼、禁奴。这些禁令的一个鲜明特征，是带有剪除社会陋习、提高道德风尚的改革性质和进步意义。

反对赌博、吸食鸦片和酗酒，这是拜上帝会的领导人在金田起义之前就反复宣传过的。洪秀全在《原道救世歌》中写道：“第六不正为赌博，暗刀杀人心不良。戒，戒，戒！理不当。求之有道得有命，勿以诈骗坏心肠。命果有兮何待赌，命无即赌愿难偿。……无所不为因赌起，英雄何苦陷迷乡。不义之财鸩止喝，士农工商耐久长。千个赌钱千个贱，请尔易虑细思量！他若自驱陷阱者，炼食洋烟最颠狂。如今多少英雄汉，多被烟枪自打伤。即如好酒亦非正，成家宜戒败家汤。请观桀纣君天下，铁统江山为酒亡。”① 金田起义后，这些带有宗教劝善色彩的思想就以军事纪律的形式在太平军中认真加以施行。《定营规条十要》的第三条就有“不得吹烟、饮酒”② 的规定。杨秀清在1854年还专门发布了《禁酒诰谕》，指出：“闻得朝内军中嗜酒滋事者甚属不少，此等行为，殊堪痛恨！”强调“自谕之后，仍还有私自饮酒者”，即“将吃酒人犯遵旨斩首示众”③。洪仁玕在《资政新篇》中也有如下的主张：“禁酒及一切生

---

① 《太平天国印书》（上），13页。

② 同上书，66页。

③ 《太平天国文书汇编》，89页。

熟黄烟、鸦片，先要禁为官者，渐次严禁在下，绝其栽植之源，遏其航来之路，或于外洋入口之烟，不准过关。走私者杀无赦。”① 这个主张得到了洪秀全的肯定和赞许。

及至太平天国建立了自己的统治区之后，原先在军中实行的这些规定又进一步推广到社会上去，成为要求全社会遵奉的一种政策性措施。赵烈文在《能静居士日记》中引用一个从天京逃出的人的话说：“街内巡查极多，烟、酒之禁最严。间有私卖旱烟者，亦不能明吃。吃水烟、鸦片者，一人俱无。”② 陈庆甲《金陵纪事诗》云：“骨牌、骰子、烧酒、水旱烟皆为贼中禁物。”③ 孙亦恬《金陵被难记》亦说：“贼令无分上下，不准吸烟，食鸦片者必杀。有吸建烟、水潮烟者察出枷号，鸣锣游街示众。”④ 张汝南《金陵省难纪略》具体记述了太平天国禁烟的步骤和措施：“禁烟及鸦片。烟谓之黄烟，鸦片谓之洋烟，犯吸黄烟者枷责，以烟具置枷上，荷之游街；犯吸洋烟者杀，后宽限令戒，限后一月内犯者枷三个礼拜，两月内犯者枷七个礼拜，三月内犯者杀。”⑤ 这类禁令，并不局限于天京一地，而是普遍施行于整个太平天国统治区。所以大量地方性材料也反映出，太平天国于“烟、酒、赌博概不准，鸦片烟之禁尤严”⑥。太平军“出告示劝人戒赌、戒鸦片，先以妻子衣食为喻，继以精神血气父母遗体为喻，长篇累牍，居然苦口婆心”⑦。甚至在清政府上谕转发的祁寯藻《探闻贼情折》中，也有这样的话：“贼禁食旱烟、水烟、潮烟，有吸鸦片烟者立杀。”⑧ 太平天国的这些政策措施，也从当时访问天京并会晤过太平军高级领导人的一些外国人的报道中得到了证实。塞克斯于 1861 年 8 月 21 日在致《每日新闻》编辑的信

---

① 《太平天国印书》(下)，689 页。
② 《太平天国史料丛编简辑》第三册，256 页。
③ 《太平天国史料丛编简辑》第六册，403 页。
④ 《太平天国史料丛编简辑》第五册，81 页。
⑤ 《中国近代史资料丛刊·太平天国》(四)，715 页。
⑥ 《太平天国史料丛编简辑》第六册，394 页。
⑦ 《太平天国史料丛编简辑》第四册，74 页。
⑧ 《中国近代史资料丛刊·太平天国》第七册，103 页。

中写道："太平军把禁烟、禁酒当成了教规。据曾在南京住过一个时期的杨笃信牧师说，南京城里看不到大烟馆和酒店。"[①] 麦华陀、鲍林等在访问东王时，提出过这样一个问题："吸烟、抽鸦片、酗酒、奸淫等是否严禁，以及我依何法惩治犯者?"杨秀清斩钉截铁地回答说："凡食洋烟、水旱等烟及吃酒并奸淫，皆我主天王遵天父圣旨斩邪不赦也。"[②]

要恰当地估价太平天国禁烟、禁赌的社会意义，首先需要了解一下烟、赌造成的社会污染是何等严重。关于鸦片的毒害，在较太平天国运动早十年的鸦片战争时期，人们就已经谈论得很多了，为节省篇幅计，此处可以不再做详细的论述，这里只引一首以清军同太平军做对比的《新乐府》，略示鸦片烟怎样深刻地腐蚀了作为清王朝统治支柱之一的军队："小兵草草灯一盏，对眠吐纳语声软。大帅岩岩灯两碗，左左右右免展转。吸烟未了又熬烟，烟鬼满营烟满天。翻羡贼人法令严，手乍持枪头已悬。"[③] 太平军的严厉禁烟与清朝军队的"烟鬼满营"，形成了极其鲜明的对照。据曾国藩说，清朝军队不仅普遍吸鸦片，而且公开开赌场："兵伍之情状，吸食鸦片，聚开赌场，各省皆然。"[④] 军队往往是社会的缩影。军队如此，社会状况可以想见。王步青《见闻录》谈到太平军占领之前苏州府属赌风炽盛的情况说："时俗尚樗蒲，风行各镇，平望尤甚，官禁之不止。"[⑤] 沈梓《避寇日记》记苏浙一带情形说："咸丰年赌风大盛，而各赌魁皆以豪横称。"[⑥] 朱用孚《摩盾余谈》记广东佛山镇情形说："佛山镇为天下四镇之首，各省商贾云集。俗喜博，对岸曰鹰嘴沙，十里之遥，博场数百家，中间青楼妓以万计。"[⑦] 烟、赌并不只是盛行于

① 《太平天国史译丛》第一辑，69 页。

② 同上书，14 页。

③ 马寿龄：《金陵城外新乐府》，见《中国近代史资料丛刊·太平天国》第四册，742 页。

④ 曾国藩：《议汰兵疏》，见《太平天国史事拾零》，30 页。

⑤ 《太平天国史料专辑》，557 页。

⑥ 《太平天国史料丛编简辑》第四册，326 页。

⑦ 《太平天国史料丛编简辑》第一册，152 页。

繁华城镇，也蔓延到穷乡僻壤。李召棠在《乱后记所记》中谈安徽贵池县的烟、赌二害时写道："池城之害，莫如赌场，尤莫甚于烟馆。赌，向见父老借乐余年，继则儿童戏耍矣。向惟男子有此恶习，继乃妇女消闲矣。鸦片，道光初年池城始闻其名。由是而富民开始矣，由是而贫民效尤矣，由是而奸民设厂，先犹闭户开灯，继乃启门卖土矣。以上流弊，皆乱之阶。吾池如此，他郡可知。况所见闻，有更甚于池者哉！此记未乱之先致乱之由之所纪者也。"① 这里，我们且不论作者把烟、赌视作两个重要的"致乱之由"是否抓住了根本，却至少说明了太平天国政权大力禁烟、禁赌，是怎样切中时弊。

除了禁烟、禁赌之外，太平天国还禁娼妓，禁卖人为奴。呤唎在《太平天国革命亲历记》中说：

> 太平天国妇女或结婚成为家庭一员，或入姊妹馆（许多大城市都设有姊妹馆，由专人管理），而不准单身妇女有其他生活方式。这条法律是为了禁娼，违者处以死刑。自然这是非常有效的办法，因为在太平天国所有城市中，娼妓是完全绝迹的。②
>
> 太平天国彻底废除了令人憎恶的奴隶制，这个禁令是严厉执行的，违者不论男女一概斩首论处。禁止男奴的法律尚无关紧要，因为男奴在中国并不普遍，但是对于或多或少都是奴隶的妇女来说，这样一种重大的革新措施，就是完全必要的了。③
>
> 中国的穷苦人民出卖女儿是习以为常的。只要考虑一下中国的广大人口以及这么多的女孩子全都买去操此贱业，那么其后果也就可想而知了。在中国广大的偏僻地区，我曾看见一些自十二岁到二十岁的年轻漂亮姑娘被她们的母亲和投机商人标价出卖，每名卖价自六元至三十元不等。我常常听见中国人说："有时可以以若干文钱一斤的价钱买到一个漂亮姑娘，比猪肉还贱。"太平天国是严厉取缔这类事件的，如果没有外国人的干涉，他们就可以教导全国人民唾弃这类事件了。④

---

① 《近代史资料》，总34号，177页。

② 呤唎：《太平天国革命亲历记》上册，232页。

③④ 同上书，242页。

我只能老实承认，我没有看到任何材料来支持或者否定呤唎关于太平天国业已“彻底废除了令人憎恶的奴隶制”的论断。可能是本来就缺乏这样的材料，但更大的可能是囿于我见闻的寡陋。至于娼妓，肯定地说它已在“太平天国所有城市中”“完全绝迹”，却无论如何不符合当时的历史实际。这一点，我们将在下面同禁烟、禁赌的实际效果一并来讨论。

太平天国禁烟、禁赌的政策，遭到了来自内部和外部两个方面的双重挑战。

就内部来说，首先是等级观念破坏了政策的普遍适用性。对于太平天国的高级领导人，许多禁令或者生活准则是可以不予服从、不加理睬的。当太平天国宣布婚姻应当是一夫一妻制的时候，并不妨碍天王、东王等可以拥有几十个甚至几百个“娘娘”。关于烟、酒之禁也是一样。富礼赐在《天京游记》中详细叙述了他在忠王府参加一次豪华宴会的经过，指出：“由此显见他们高级的领袖并不遵行天王之荒谬的禁令，因席上人人尽量畅饮，洋酒固人所共赏，天酒亦一再满斟，壶干了又倒新的。抽烟亦是常事，为座中人人所好者。”① 可是，上有所好，下必甚焉。高级领袖既然可以置烟、酒之禁于不顾，自然也就难以杜绝中下级将领的效法仿行。顾深的《虎穴生还记》、胡恩燮的《患难一家言》、李光霁的《劫余杂识》等，都曾谈及作者被掳入太平军后，亲眼看到太平军的下级首领带头吸鸦片、招饮聚赌的事。② 再加上随着战争的发展，队伍的扩大，成分愈来愈复杂，纪律愈来愈松弛，禁赌、禁烟的规定就“渐成具文”。《贼情汇纂》说：“至于烟、酒为贼最禁之物，吸洋烟谓之犯天条，杀无赦。水旱烟名曰黄烟，名酒曰潮水，有犯禁吸饮者，重则立决，轻亦枷杖。贼令虽严，然未能周察，故杀者自杀，而食者自食也。”③《鳅闻日记》说：“贼中素禁吸烟，至鸦片则愈犯戒。前黄

---

① 《中国近代史资料丛刊·太平天国》第六册，952页。

② 参见《中国近代史资料丛刊·太平天国》第六册，733页；《太平天国史料丛编简辑》第二册，344页；《中国近代史资料丛刊·太平天国》第五册，315页。

③ 《中国近代史资料丛刊·太平天国》第三册，187页。

逆之众，吸者甚少。兹缘苏、徽二府人多，故染洋烟者十分之八也。”[①]《平贼纪略》说：太平军“嗜赌”，“平时或示禁，度岁则弛”[②]。这些记载，不能一概目之为对农民革命运动的诬蔑，倒是一定程度上真实地反映了关于烟、赌的禁令如何被逐渐破坏的具体过程。

就外部来说，太平天国的禁烟、禁赌也包括禁娼的政策，遭到了枪船势力的武装抗拒。

前面已经说过，枪船势力是一支专门残害人民的反动武装。

枪船并不是太平天国时期才开始出现的。在此以前，江、浙一带某些靠聚赌致富而“以豪横称”的“赌魁”，为了保护自己罪恶的生财之源，乘着时势动乱之机，纷纷组织起一支支小股武装，“集无赖数百人，私制炮火枪刀，造小船容四五人者名曰枪船，就各镇市设博场名曰老作”。“赌魁”们在武装保护下，“各盖厂聚博徒，招女优时装演剧，昼夜不辍，曰花鼓戏；佐以妓船各一二十艘，常川停泊，曰跳板船。画舫笙歌，靡靡达旦。匪类则借此以招博徒，得彩以供挥霍。数千亡命，恃众横行，睚眦杀人，戕官拒捕”。“日则横刀过市，骚扰闾阎，夜则十百成群，四出劫掠。”[③] 清政府对这一批亡命徒束手无策，“官不能捕”，及至太平天国运动起来，清政府便以重金收雇，使作防堵之用。太平军占领了江、浙地区后，枪船武装表面上“归顺”太平军，但依然开赌设娼，胡作非为，公然抗拒太平天国的法令。太平天国虽然在局部地区和某些短暂时间内对枪船势力做过一定的斗争，但在基本方针上却采取了十分错误的政策，既没有坚决消灭这些反动武装，也没有对之进行分散收编，而是采取“羁縻”甚至放任的态度，只要不公开反叛太平天国政权，就各不相扰，实际上承认了枪船武装的合法存在。其结果，便使得太平天国统治区中有一部分却处于枪船势力的控制之下。

在这样一些地区，烟、赌、娼不但说不上被禁绝，反而变本加

---

① 《近代史资料》，1963（1），103页。

② 《太平天国史料丛编简辑》第一册，332页。

③ 《中国近代史资料丛刊·太平天国》第五册，311页。

厉地盛行起来。为了使读者对此有一点形象的了解，我们在大量有关资料中选摘几条：

江苏吴江县："梨川卜小二、孙四喜、阿玉等，横行无忌，聚党数千人，啸集船上，枪炮皆备，名曰枪船。各镇搭棚演戏，以聚赌为事，剃发、剃须不受贼禁令，贼亦莫之敢问。"①

江苏吴县："朝在房间押字宝账，其宝共有三十四门，俱是话物等类，且话物又有别名，所以押者需多打几门，如能押着者，一文可赢三十文。此间（按：指横泾乡）共有两处，一在城隍庙，一在混堂内。押者甚不少。……看押宝者喧闹异常，皆枪船上人所起，略看而回。""闻茶馆内明日又欲开一字宝局，亦枪船上所起，俱是刮地皮之人，虽未能谓强盗，可以谓之软盗。"②

江苏常熟县："季茀卿、卢器轩、朱竹书邀余归圩观剧，买鲥鱼侑酒……画舫数十，博局亦多，几忘世乱。""予同词仙及家福庭、廉斋莘庄茶话，以火酒拨闷，水榭忘寒，阑外画舫往来，多是到赌场者。""步至莘庄，答陈霭亭，承留酒食，同过小桥卡及粮局。……两岸茗馆、酒坊、博场、烟铺兼有唱书，颇觉热闹。""家朴园、雅园凫鳖烧猪备酒饭茶点船只，载予赴归圩。……舞台女乐至日晚始上，演《双望郎》，两假女一真女，形神毕肖，惜声俱不扬。惟酒馆肴香，芦棚茗净，点心亦可口，不似接场。新炮船彩旗高下，俨观龙舟，而试枪之声不绝。……器轩、朴园、春桥于博场得采，爰作东道，引予上歌舫，始逢倡女秀宝，因有客嘱分坐别船。……扶过小舟，见东路火光烛天，想为恶匪冲突。"③

浙江秀水县："先是湖州逃难船在新塍者几五六百，日久粮罄，妇女皆上岸行乞，视之皆良家子也。新塍西栅，每日赐粥一餐，而白龙潭停妓船二百余艘，琉璃窗，锦绣帐，箫管声细细，厌饫粱肉，长毛富商出入其中，千金一掷。其上则二里桥花鼓戏场，锣鼓喧天，声闻数里，喝雉呼卢，昼夜不辍，几忘其为长毛世界者。""余由新

---

① 蓼村遁客：《虎窟纪略》。
② 蒋寅生：《寅生日录》。
③ 龚又村：《自怡日记》。

（塍）至濮（院）……吾镇赌风大作，大街上为盛，雷潭、塌坊浜皆停枪船。”①

浙江海宁县：“七星党起，枪船数百，旗号星字，于各处开赌，招勇俱薙发。”“赌风之盛，莫过于此。自黄店、沈塘南来镇乡凡数百处，谓老作。屋皆强僭，专事勒诈，凭空起衅，势甚猖獗。花溪共十八作，枪船百余只，俱强伐墓木所造。”②

虽然只是引了有关材料的一小部分，但我们却已经可以清晰地看到这样一幅图景：街上赌场、烟铺林立，河中歌舫、妓船相望。富豪们（有时还加上混入太平军中的某些“新贵”）呼雉喝卢，狂啖豪饮，纵情声色，寻欢作乐。如果不是他们不时发出一二声“几忘世乱”之类的慨叹，有时也还不免要听到和看到一点枪声火光，我们也差不多要忘记这竟是太平天国统治区的社会生活情景了。

当时有一些人认为，太平天国之所以对枪船势力采取放任态度，主要是因为太平军无力加以镇压。其实这是不对的。如果思想明确，态度坚决，要对付乌合之众的枪船武装，太平军还是绰有余力的。1862年太平军大剿枪船就是一个例证。据记载，这年7月9日，太平军在江、浙各地曾对枪船发动了一次大规模打击。从秀水地区的情形看，“自陡门而吾镇（按：指濮院镇）、桐乡、屠甸市、庙牌卡等处，无不会齐拿获，庙牌杀十四人，吾镇杀三人，陡门杀二十余人”，此后，“赌匪逃匿净尽，各镇各乡无枪船踪迹”，“自是赌局豪横之风始息”。《避寇日记》的作者颇有感慨地说：“余生三十余年，目不见赌，独有此时，窃叹长毛号令，清时地方官所不逮也。”③ 可惜这种镇压措施没有贯彻始终，等到风声稍缓，枪船势力便重又活跃起来，甚至以行贿的手段买通了太平天国的某些地方官长，公开打出“奉令”的旗号，再度大开赌局。这就清楚地说明，烟、赌、娼之类社会黑暗现象之不能禁绝，根本的原因还应该从太平天国本身去寻找。

---

① 沈梓：《避寇日记》。

② 冯氏：《花溪日记》。

③ 《太平天国史料丛编简辑》第四册，180～181页。

我们这样说，丝毫也不意味着低估太平天国农民英雄们的高尚道德心和改革社会陋习的善良意愿。只是想说，当问题涉及复杂而有根深蒂固传统的社会生活时，仅仅有美好的愿望是不够的，没有细致而恰当的政策，不经过持久不懈的努力，要在社会习俗方面取得改革的成效，是难乎其难的。

上面，我们对太平天国统治区社会风习的若干方面，做了一些探索性的考察。我们只是力求如实地把当时的社会风貌反映出来，并不太多地去考虑这样的反映将会增添还是减损伟大的太平天国运动的历史地位和光彩。事实上，历史本身是个客观存在，任何人为的装饰或有意的贬抑都不会改变它的本来面目。

廖寿丰廖寿恒合传*

廖寿丰（1836—1901），字穀似，又字阆斋，晚年自号止斋。其弟寿恒（1839—1903），字仲山，晚号抑斋。江苏嘉定（今上海市）人。弟兄二人都在清朝政府中任高级职务，于晚清政治略具影响。

廖寿丰为同治十年（1871）进士，改庶吉士，充国史馆编修。光绪七年（1881），任浙江粮储道。十三年（1887），升贵州按察使。次年，调浙江按察使。光绪十六年（1890），转福建布政使，因系祖籍例应回避，未赴任即调补河南布政使。光绪十九年（1893）末，擢浙江巡抚，直至二十四年（1898）十月告病去职，返归故里。光绪二十七年（1901）逝世。

廖寿恒较其兄早八年中进士，改庶吉士。同治九年（1870），任湖南学政。十二年（1873），充国史馆纂修。光绪元年（1875），提督河南学政，擢侍讲学士，后又任内阁学士。此后自光绪七年（1881）至二十三年（1897），历任礼部、刑部、工部、兵部、户部、吏部之左、右侍郎及仓场侍郎，其中大部分时间兼在总理各国事务衙门行走。直至光绪二十三年（1897）七月，始升任左都御史，一月后署兵部尚书。又一月后兼任刑部尚书。次年二月，命在军机大臣上学习行走，八月，调礼部尚书。光绪二十五年（1899）十一月，罢值军机。次年以“足疾”为名开缺回籍。光绪二十九年（1903）八月，卒于家乡。

在清末统治集团中，廖氏兄弟不失为比较关心民瘼、敢于任事的封建官吏。史称寿恒“遇事敢言”，“朱墨填委，百吏不给而应机

---

* 见《清代人物传稿》下编3卷，沈阳，辽宁人民出版社，1987。

立断，恢恢有余”[1]；其兄寿丰则“报国之忱，不以去位而弛”[2]。廖寿丰在调任河南布政使时，正值沁河漫口，泛滥成灾，到任后，即主持兴筑孟县小金堤石坝，疏浚济河，导黄入海。并督率河内（今沁阳）、武陟两县官绅，举办沁河工程，厘定章程，尽革浮费。[3] 任职浙江时，于修治海塘事亦颇尽力。廖寿恒虽久居部曹，未任封疆，但亦颇关心民间疾苦，直言敢谏。光绪四年（1878），以旱灾连岁，上疏极陈大吏取巧、州县贪纵、外人“窥伺其旁”之危状，要求朝廷“审敬怠，明是非，核功罪，信赏罚”[4]。光绪九年（1883），又上疏请皇太后、皇帝“崇俭黜奢，时以民生为念”，慎选御前服役之太监，裁节“宫廷土木之工，内府传办之件”[5]。时慈禧正宠信太监李莲英，弄权纳贿，并耗巨资修颐和园，穷奢极侈。寿恒此奏，颇中窍要。此后十余年间，周历六部而职止侍郎，恐与此奏忤慈禧之意不无关系。

中法战争期间，廖寿恒认为越南“与粤滇依为唇齿，万无弃而不顾之理”，力主严备战守，抗击侵略，“有必战之势而后有必和之局”。如法军进犯，则“兵端自彼而开，不得谓我不修邻好”。光绪十年（1884）闰五月，朝廷命廖寿恒与锡珍、陈宝琛、吴大澂等会同李鸿章“详细妥筹法国条约”。李鸿章一意主和，廖寿恒等与之“议益相左”。法越和议成后，廖寿恒又上疏奏请“先发制人以杜后患”，主张一面支持刘永福进行抗法斗争，一面将法国侵略罪行“布告各国，折以公法，责令将所立条约全行议削”，绝不能“委蛇隐忍，听其得寸进尺”。这时，正在浙江粮储道任上的廖寿丰，因南北洋戒严，恐海运有梗，特至沪上借轮船运粮，使南漕北输得以无误。[6]

廖氏兄弟对变法维新活动都表示了一定程度的同情和支持。光

---

① 《清代七百名人传·廖寿恒传》。
② 《续碑传集》卷三十二《廖寿丰传》。
③ 参见《光绪朝东华录》，总 2804 页。
④ 《清史列传》卷六十一《廖寿恒传》。
⑤ 《清史稿》卷四百三十九《廖寿恒传》。
⑥ 参见罗惇曧：《中法兵事本末》；《清史列传》卷六十一《廖寿恒传》。

绪二十三年（1897），身任浙江巡抚的廖寿丰在杭州创设求是书院，添设武备学堂，并饬令宁波、绍兴、金华、湖州、台州、严州、海宁等地“或就书院加课，或设学堂专课”，传授新学。他还向朝廷建议设立经济岁科，以及令各出使大臣在华侨聚集地建立学堂，选拔华侨子弟之颖异者入学，学成后回“原籍作为经济科商籍生员”，以广开才路等。在他所保举的七名使才中，有著名的维新人士黄遵宪，还有同维新派领导人康有为共同准备创设经济学会的寿富、很早就同意为康有为代递奏折的盛昱等。

廖寿恒与维新运动的关系，较之其兄则更为密切。戊戌（光绪二十四年，1898年）正月，当光绪令总理衙门王大臣约见康有为时，廖寿恒曾面询变法之方法步骤，康有为答以“宜变法律，官制为先”。不久，廖寿恒入值军机，此后直至戊戌七月光绪擢谭嗣同等军机四京卿之前，光绪与康有为之联系，几乎全通过廖寿恒进行。光绪索阅康有为所撰之《日本变政考》《列国政要比较表》《日本书目志》《波兰分灭记》等书，固由寿恒代传，康有为有章奏条陈，亦均由寿恒呈进。因之朝中守旧派讥之为“廖苏拉”（按：“苏拉”为满语闲散之意，一般指清代内廷机构中担任杂务之太监），或称廖寿恒乃康有为之“笔帖式”，甚至有直骂为“康狗”者。[①] 在守旧势力的压力下，廖寿恒稍稍“避之”，未敢参与更多的维新活动，故戊戌政变发生后，未受到大的牵连，慈禧曾命其起草训政之谕旨，并令与军机大臣荣禄、刚毅、王文韶会审谭嗣同、康广仁等“六君子”。未及审讯，忽得慈禧之命，令即行正法。廖寿恒思想上对被戮诸人仍表同情，曾在日记中写：“杨（深秀）、林（旭）、刘（光第）三人冤矣……刑之滥，罚之不公，至此极矣。”[②] 戊戌政变后不久，因遭刚毅倾轧排挤，寿恒被迫退出政治舞台，后终老故里，享年六十四岁。

---

① 参见《康南海自编年谱》；苏继祖：《清廷戊戌朝变记》。

② 廖寿恒：《抑斋戊戌八月以后日记》（稿本），原件藏上海图书馆，转引自汤志钧：《戊戌变法人物传稿·廖寿恒传》。

鲁迅的中西文化观*

被毛泽东同志称为代表“中华民族新文化的方向”① 的鲁迅，对中国传统文化与西方文化的关系曾给予极大的关注。他围绕这个问题发表的许多精辟见解和议论，不但远远超过他的先辈和同时代的那些“向西方国家寻找真理”的先进人物，而且直至今日，也并未失去在社会主义文化建设中带有指导意义的思想光辉。

对传统文化应该“分别好坏”，决定弃取

鲁迅以毕生的精力，在文化战线上，代表全民族的大多数，向着敌人进行了冲锋陷阵的英勇搏击。在他的战斗业绩中，一个重要方面就是对中国传统文化中消极、落后甚至丑恶的糟粕，即封建的文化专制主义，进行了深刻、系统的揭露和清算。如他自己所说：“我总还想对于根深蒂固的所谓旧文明，施行袭击，令其动摇，冀于将来有万一之希望。”②

鲁迅首先把自己的斗争锋芒集中指向封建的文化专制主义，并非偶然。

鲁迅生活在半殖民地半封建时代。从清末的封建王朝，到民初的袁世凯和北洋军阀，乃至后来的国民党新军阀的反动统治，所有的统治阶级无不一面“坦然地放火杀人，奸淫掳掠”，用反革命暴力宰割压迫着无拳无勇的小民，一面又“制礼作乐，尊孔读经”，对群

---

* 见张立文等主编：《传统文化与现代文化》，北京，中国人民大学出版社，1987。

① 《新民主主义论》。

② 《两地书》，1925 年 3 月 31 日致许广平信。

众实行着文化思想上的钳制和愚弄。统治阶级的帮闲们，不论是“国学家的崇奉国粹，文学家的赞叹固有文明，道学家的热心复古”①，也都是把痈疽当作宝贝，“以古训所筑成的高墙”，窒息着任何一点有生气的思想，使百姓“像压在大石底下的草一样”，默默地生长，萎黄，枯死。鲁迅悲愤地慨叹：“‘反改革’的空气浓厚透顶了，满车的‘祖传’‘老例’‘国粹’等等，都想来堆在道路上，将所有的人家完全活埋下去。”②

加之，帝国主义者在血腥屠戮之余，一面享用着靠封建文化所排好的“用子女玉帛所做的奉献于征服者的大宴”，一面则剔着牙齿，拍拍肚皮，别有用心地也在那里赞颂着“中国的固有文明”③；甚至竟高唱起“中国人要顾全自己祖国学问呀!”“中国人应该整理国故呀!”“要令中国道德学问，普及世界呀”④ 等等来。这恰恰表明，封建的文化专制主义不但是本国统治者手中的反动思想武器，也是帝国主义所需要的杀人不见血的“软刀子”。

于是，鲁迅用犀利的笔，无情地揭穿了中外反动统治者所大肆鼓吹和提倡的所谓“国粹”“中国固有文明”的反动本质。按照鲁迅的说法，这是为了要“把那些坏种的祖坟刨一下”⑤。他关于“仁义道德”不过是掩盖“吃人”社会真相的发现，关于“孝”“烈”是“一味收拾幼者弱者的方法”的呼喊，关于封建礼教扭曲了人性的控诉，关于所谓中国的文明“其实不过是安排给阔人享用的人肉筵宴”的剖析，以及关于“保存旧文化，是要中国人永远做侍奉主子的材料”的警告，在当时，确实起到了振聋发聩的作用，曾经惊醒了多少个沉睡的灵魂，指引了多少个彷徨于人生歧路的过客。

鲁迅的特别深刻之处在于，他并不停留在对封建的文化专制主义本身的抨击上，而是进一步清醒而深沉地看到封建文化对广大人民精神的戕贼和毒害，勇敢地提出了“改革国民性”的问题。他在

① 《灯火漫笔》，见《坟》。

② 《通讯》，见《华盖集》。

③ 《灯下漫笔》，见《坟》。

④ 《略谈香港》，见《而已集》。

⑤ 《致萧军、萧红》，见《鲁迅书信集》下卷，717页。

谈到“旧文明”的罪恶时同时强调，“此后最要紧的是改革国民性，否则，无论是专制，是共和，是什么什么，招牌虽换，货色照旧，全不行的”①。

鲁迅在许多作品中，怀着哀其不幸、怒其不争的心情，无情地解剖和揭示由封建文化涵养出来，并由“绅士的思想”影响于平民的“国民的坏根性”，诸如自私、卑怯、调和、折中、不为最先、不容改革、无持操、无是非观，以及阿Q式的精神胜利法等。他认为，对于这一些，“虽是国民性，要改革也得改革”②，否则，社会的进步是难有希望的。

当时有人指责说，鲁迅“把国民的丑德都暴露出来”，“真该割去舌头”③。其实，如果全面地了解鲁迅关于“国民性”的言论，就可以清楚地看出，鲁迅虽然出于暴露病根、催人留心设法加以治疗的热望，对“国民性”中的一些弱点加以不留情面的批评，但这与有些人把中华民族说得一无是处，似乎中国人的本性只是“丑陋”，是根本不同的。因为，鲁迅在谈到“国民性”时，还强调了以下几点：

第一，中国的国民性，从总体来说，“其实是伟大的”。他在写于1936年3月的一封信中说：“日本国民性，的确很好。……我们生于大陆……历史上满是血痕，却竟支撑以至今日，其实是伟大的。但我们还要揭发自己的缺点，这是意在复兴，在改善。”④ 他还曾特别声明：“我所指摘的中国古今人，乃是一部分，别有许多很好的古今人不在内。”⑤ 他不但指出，中国自古以来就有一批埋头苦干的人，拼命硬干的人，为民请命的人，舍身求法的人，是“中国的脊梁”，而且，当有人讥笑老百姓“庸愚”“卑鄙”的时候，他忍不住起来辩解，指出中国人并非“都是卑鄙，没有价值的”，老百姓“明黑白，辨是非”，“谁说中国的老百姓是庸愚的呢?”

---

① 《两地书》，1925年3月31日致许广平信。

② 《这个与那个》，见《华盖集》。

③ 《两地书》，1925年4月25日许广平致鲁迅信。

④ 《致尤炳圻》，见《鲁迅书信集》下卷，1064页。

⑤ 《忽然想到·附记》，见《华盖集》。

第二，造成国民性格中的一些坏根性的根源，正是历代反动统治阶级。在《经验》中，鲁迅曾指出，有些人奉行着“各人自扫门前雪，莫管他人瓦上霜”的人生哲学，而这种人生哲学发展为一种“国民性”，却正是“因豺狼当道”，使很多人付出过许多牺牲的缘故。在《中国地质略论》中，他又指出，迷信、自私、害群，这些都是“历代民贼所经营养成者”。在《上海所感》中，他还指出，“愚民的发生，是愚民政策的结果”。鲁迅指摘了一些带有普遍社会性的坏现象，但板子却始终打在“上等人”即统治阶级的屁股上。

第三，鲁迅认为，改革国民性是一件十分艰难的事情，但又坚信国民性是可以改变的。有志于改革者不应该只停留在指责上，更不应该流于冷嘲，而是要有“正视这些的黑暗面的勇猛和毅力”，同时要“深知民众的心，设法利导，改进”①，才能收到实效。

鲁迅对于封建文化专制主义的批判，立足点在于社会的发展和进步。所以，他明确宣布：“我们目下的当务之急，是：一要生存，二要温饱，三要发展。苟有阻碍这前途者，无论是古是今，是人是鬼，是《三坟》《五典》，百宋千元，天球河图，金人玉佛，祖传丸散，秘制膏丹，全都踏倒他。”②

鲁迅在批判中国传统文化的糟粕时，曾经说过一些绝对化的话，诸如“要少——或者竟不——看中国书，多看外国书”③，以及“中国古书，叶叶害人”④ 之类，出现这种情况，一个重要原因是要从当时的历史条件中来加以说明的。五四运动前后，在文化战线上曾开展过一场东西方文化之争，这场争论延续了十几年，大约从 1915 年开始到 1927 年结束。争论过程中，新文化运动的一些倡导者，曾经对维护封建主义思想文化的顽固守旧势力进行过有力的打击，对发展新文化做出过很大的贡献，但在斗争中，由于本身未能克服形而上学的缺点，常常采取好就是绝对的好、坏就是绝对的坏的态度，

---

① 《习惯与改革》，见《二心集》。

② 《忽然想到》（六），见《华盖集》。

③ 《青年必读书》，见《华盖集》。

④ 《致许寿裳》，见《鲁迅通信集》上卷，20 页。

以致有时对传统文化流露出全盘否定的口吻。在一个短时期里，这种形而上学的毛病也在鲁迅的思想上有所反映。但是，统观鲁迅思想的全貌，他在文化问题上，不但绝不是一个民族虚无主义者，相反倒是多次明白宣布应该继承和发扬中国传统文化的优秀遗产的。

还在鲁迅生前，就有人给他送上过一顶“虚无主义者”的帽子，认为他的笔下，只有一片黑暗，几乎否定了一切，使人失去了对于追求光明的信心，也表明自己之“没有出路”。对此，鲁迅回答说：“至于希望中国有改革，有变动之心，那的确是有一点的。虽然有人指定我为没有出路——哈哈，出路，中状元么——的作者，‘毒笔’的文人，但我自信并未抹杀一切。”① 这里所说的“并未抹杀一切”，是也包括中国传统文化在内的。早在1908年他写《破恶声论》的时候，就明白指出，不能因为古埃及“以迷信亡”，就“举彼上古文明，胥加呵斥”，更不能因为“见中国式微，则虽一石一华，亦加轻薄”。并且说，那种因中国暂时的落后而对自己民族的旧物一概否定的“竖子之见”，“按其由来，实在拾外人之余唾”②。在同一时期所作的《科学史教篇》中，还曾鲜明地提出既不要“笃古”也不要“蔑古”的主张，认为把现代的一切“学术艺文”，统统看作古已有之，“一切新声”都不过是“绍述古人”，自然是自欺欺人之谈，但用现代的尺度去衡量“往古人文”，“得其差池，因生不满”，甚至“哂神话为迷信，斥古教为谫陋者”，也并非是历史的态度。③ 后来，他还曾热情地肯定日本学者有岛武郎“以为中世纪在文化上，不能算黑暗和停滞”的看法，是很有“史识”的。④

在鲁迅从思想上接受了辩证唯物论，确立了共产主义世界观之后，他对于中国传统文化的主张，就更加全面、更加科学了。他曾经根据列宁的意见，指出风俗和习惯都是“文化”的一部分，而对文化尤其是其中的风俗习惯的改革，是很困难的，“倘不深入民众的

① 《通信》，见《三闲集》。

② 《破恶声论》，见《集外集拾遗》。

③ 参见《科学史教篇》，见《坟》。

④ 参见《〈奔流〉编校后记》（四），见《集外集》附录。

大层中，于他们的风俗习惯，加以研究，解剖，分别好坏，立存废的标准，而于存于废，都慎选施行的方法，则无论怎样的改革，都将为习惯的岩石所压碎，或者只在表面上浮游一些时”①。这一段话之所以重要，是因为他对于传统文化，提出了一整套重要的原则。首先，对待传统文化，应该采取细致的分析态度，经过研究、解剖，分别出好坏来。其次，根据确定的标准，好者存，坏者废，但不论存废，都不能有半点粗疏或大意，而应该谨慎从事。最后，由于文化是与广大民众的切身生活密切相关的东西，因此，绝不是只靠某些“天才”或权威个人独断就可判定其价值的，而要“深入民众的大层中”，经过群众实践的鉴定，才能得出实事求是的认识。

鲁迅的态度十分明朗，认为中国传统文化中，是不乏优秀的历史遗产可供我们继承和采取的，不过“这些采取，并非断片的古董的杂陈，必须溶化于新作品中，那是不必赘说的事”。他打了一个生动的譬喻：这恰如人们吃牛羊，“弃去蹄毛，留其精粹”，就可以滋养和发达新的生体。②

鲁迅本人的实践，可以说是忠实地贯彻了他关于对待历史文化遗产的主张的。他对于中国传统木刻的总结和翻印，对于中国小说史的研究，对于碑刻拓片的搜集和整理，对于保护古建筑、保护壁画及塑像、研究古乐的建议，等等，都表现出他对于中国传统文化的科学态度和实事求是精神。所有这些，难道不正是对那种认为鲁迅否定一切传统文化的观点的有力反驳么？

对西洋文明要敢于吸取，慎于选择

从鸦片战争开始，外国资本主义、帝国主义利用军事的、政治的、经济的、文化的种种侵略手段，使中国社会一步步向半殖民地深渊不断沉沦。在这种情况下，窃据政权的统治者，一面继续对本

① 《习惯与改革》，见《二心集》。

② 参见《论“旧形式的采用”》，见《且介亭杂文》。

国人民作威作福，巧取豪夺，一面却对洋主子予取予求，肆无忌惮地将国家民族的主权利益廉价拍卖。具有讽刺意味的是，尽管他们在行动上一直奉行着“量中华之物力，结与国之欢心”[①] 的卖国方针，但在口头上却又不断喧嚣着“要以中国文明统一世界”“中国的精神文明主宰全世界”之类的呓语。这不仅仅是阿Q式的自我解嘲，更重要的是对他们自己卖国行径的拙劣掩饰和对人民群众的欺骗、麻醉。

针对着这种话，鲁迅尖锐地指出：统治者明知道“中国固有文化”是“咒不死帝国主义”的，他们之所以要故意高喊发扬“民族精神”和“固有文化”，“意思其实很明白，是要小百姓埋头治心，多读修身教科书。这固有文化本来毫无疑义：是岳飞式的奉旨不抵抗的忠，是听命国联爷爷的孝，是斫猪头，吃猪肉，而又远庖厨的仁爱，是遵守卖身契约的信义，是‘诱敌深入’的和平”[②]。其实，历史已经清楚地表明，“中国的精神文明，早被枪炮打败了”。出路倒在老老实实地承认中国文化在近代的落后，“将先前一切自欺欺人的希望之谈全都扫除，将无论是谁的自欺欺人的假面全都撕掉，将无论是谁的自欺欺人的手段全都排斥”，“倒去屈尊学学枪击我们的洋鬼子，这才可望有新的希望的萌芽”[③]。

后来，鲁迅把这个意思说得更加明白。他说：西洋文明中“有不少是优点，也是中国人性质中所本有的，但因了历朝的压抑，已经萎缩了下去”，这些是应该经过一番慎重的选择，加以学习，使之恢复过来的。“即使并非中国所固有的罢，只要是优点，我们也应该学习。即使那老师是我们的仇敌罢，我们也应该向他学习。”[④]

为了民族的振兴，国家的富强，应该不惜向即使是侵略压迫我们的仇敌学习，平心而论，这个思想并非是鲁迅的独创。在近代历史上，从魏源的“师夷之长技以制夷”，到辛亥革命时期资产阶级革

① 这两句话，虽是由慈禧太后公开在谕旨中宣布的，但其实后来的反动统治者也都无一例外地继承着这个衣钵，所以可以看作清末以后所有反动统治者的共同方针。

② 《真假堂吉诃德》，见《南腔北调集》。

③ 《忽然想到》（十一），见《华盖集》。

④ 《从孩子的照相说起》，见《且介亭杂文》。

命派的“要拒外人，须要先学外人的长处”，虽然大家对外人的“长技”“长处”的内容的理解有很大的区别，但“要救国，必须要向外国学习”，却是许多志士仁人的共同主张。当然，鲁迅讲得更加具体、更加明确，而且在当时，鲁迅的话仍然有着很强的针对性和现实性。这是因为，在一个长期封闭的社会里，统治者害怕任何一点新鲜空气的透入都会引起对现存秩序的搅扰和瓦解。因此，他们总是对一切新的思想文化采取深闭固拒的态度。在他们的影响下，社会上顽固守旧的风气仍很浓重，有些人常常无端地与“洋气”为仇，更进一步，则故意和这“洋气”反一调，自以为这样才是爱国，才是保存中国固有文化；更有些人，则还在那里唱着已经唱了几十年的学习西洋文化是“用夷变夏”的老调。

鲁迅通过总结历史强调指出，文化的发展总是要“取材异域”，吸收外来文化，才能更有生气，不断进步。在中国历史上，汉、唐文化是放射着璀璨的异彩的，之所以能达到这个境界，一个重要原因就是当时的人们能大胆地、闳放地吸取外来文化。“汉、唐虽然也有边患，但魄力究竟雄大，人民具有不至于为异族奴隶的自信心，或者竟毫未想到，凡取用外来事物的时候，就如将彼俘来一样，自由驱使，绝不介怀。”① 因此，一个有力量、有自信心的民族，是绝不应该害怕吸取外来文化的，因为外来文化经过吸收、消化，便成为滋养、丰富民族文化的材料，正像人们吃牛肉，通过吸收、消化将之变成身体的养料，“决不会吃了牛肉自己也即变成牛肉的”②。只有病态的社会，孱弱的民族，才会神经衰弱，“每遇外国东西，便觉得仿佛彼来俘我一样，推拒，惶恐，退缩，逃避，抖成一团，又必想一篇道理来掩饰，而国粹遂成为孱王和孱奴的宝贝”。鲁迅的结论是：应该“放开度量，大胆地，无畏地，将新文化尽量地吸收”③。在当今的世界上，各国之间有着千丝万缕的联系和频繁的接触，中国既然是世界上的一国，则不可能不受到别国的影响。我们

① 《看镜有感》，见《坟》。

② 《关于知识阶级》，见《集外集拾遗》。

③ 《看镜有感》，见《坟》。

根本无须因受到别国影响而脸红，相反，我们倒是对于别国的文化，“实在知道得太少，吸收得太少”[①] 了。

但是，鲁迅也坚决反对所谓的“全盘西化”论。鲁迅很早就曾毫不留情地嘲笑过那种“言非同西方之理弗道，事非合西方之术弗行”[②] 的想法和做法。以后，他更一直坚持对于西方文化要采取分析的、区别对待的态度。

鲁迅首先强调，对于西方文化，要分清“送来”和“拿来”的区别。“送来”，是指帝国主义强迫我们接受的，亦即帝国主义的文化侵略；“拿来”，是我们根据自己的需要，主动从西方文化中吸取的。这是两种不同性质的东西，也是两种对待西方文化的不同的态度。

帝国主义“送来”的东西，如英国的鸦片、德国的废枪炮、法国的香粉、美国的大腿电影、日本的印着“完全国货”的各种小东西，都不过是西方文化中的一面。对于这一面，鲁迅曾辛辣地指出，“我在中国，看不见资本主义各国之所谓‘文化’”[③]；帝国主义输入中国的不过是“伪文明”，因为“公道和武力合为一体的文明，世界上本未出现”[④]。

鲁迅认为，不能被动地接受帝国主义“送来”的货色，而要“运用脑髓，放出眼光，自己来拿”。这就是大家都熟悉的鲁迅提倡的“拿来主义”。

“拿来”以后怎么办？鲁迅各举出三种情况，以说明正确态度和错误态度的对立。错误的态度是，或怕受到“染污”，以致不敢接触；或“放一把火烧光”，以示自己的清白；或“接受一切”，甚至把糟粕当成宝贝。“拿来主义”者却全不这样。正确的态度应该是“占有，挑选”，根据不同情况，“或使用，或存放，或毁灭”[⑤]。

这里的关键在于，对西方文化要加以慎重的择取，用鲁迅的话

---

① 《〈奔流〉编校后记》，见《集外集》。

② 《文化偏至论》，见《坟》。

③ 《答国际文学社问》，见《且介亭杂文》。

④ 《忽然想到》（十），见《华盖集》。

⑤ 《拿来主义》，见《且介亭杂文》。

来说，就是要“已立准则，慎施去取”。而选择的标准，则在于是不是“善美而可行诸中国之文明”①。就是说，首先，它必须确实是善的、美的，即西方文化中的优秀成分；其次，它又必须是“可行诸中国”，即能够移植于中国这块土壤的，绝不能重复历史上曾经有过的形式主义地吸收外国东西的错误。不过，鲁迅也认为，某些有害的东西，包括一些“‘帝国主义者’的作品”，也不妨有计划地做一点介绍，其目的是使人们做到“知己知彼”，“恰如大块的砒霜，欣赏之余，所得的是知道它杀人的力量和结晶的模样”，这就增长了避免其毒害的知识。当然，这样做，“必须有先觉者来指示”，例如在书籍之前写出详序，“加以仔细的分析和正确的批评”②。

基于这样的认识，鲁迅一方面期待着有更多的人从事介绍西方文化的工作，一方面自己身体力行，用很大精力像普罗米修斯一样，传播着异国知识的火种。他那几乎与创作同等分量的译著，就是一个最好的证明，也是中外文化交流史上的一座丰碑。

不过，鲁迅清醒地知道，在当时那种政治环境和社会条件下，要大规模地、系统地、卓有成效地学习和吸收西洋文化，是有很大的限制的。他曾说：“凡当中国自身烂着的时候，倘有什么新的进来，旧的便照例有一种异样的挣扎。”③ “每一新制度，新学术，新名词，传入中国，便如落在黑色染缸，立刻乌黑一团，化为济私助焰之具，科学，亦不过其一而已。”④ 因此，首要的问题还是在政治上进行革命，用“火与剑”推翻反动统治，进行社会改革，以便为文化的继承和发展创造必要的客观条件。

在改革中创造新时代的新文化

不论是批判地继承中国传统文化也好，还是学习和借鉴西方文

---

① 《文化偏至论》，见《坟》。
② 《关于翻译》（上），见《准风月谈》。
③ 《关于〈小说世界〉》，见《集外集拾遗》。
④ 《偶感》，见《花边文学》。

化也好，其最终目的都在于创造和发展适合时代要求的新文化。

鲁迅把文化的发展看作一个不以人们的意志为转移的客观历史进程，而推动发展的力量则是改革。“文化的改革如长江大河的流行，无法遏止，假使能够遏止，那就成为死水，纵不干涸，也必腐败的。”① 它一定有迁移，绝不会“回复故道”；一定有改变，绝不会永远“维持现状”。应该说，这是一个颇具卓见的认识，其中充满着唯物辩证法的革命精神。

不管人们承认还是不承认，中国传统文化对现实生活（包括当代生活着的每个人的头脑）的作用，是个无法摆脱的客观存在。今天的社会主义新文化，毕竟只能在中国传统文化的旧基础上，经过不断的改革和创新，逐步发展和成熟起来。因为，如果把文化的发展比作江河的奔流，那么，没有上游，也就没有下游；没有源头，又何来活水？社会主义文化并不是从天上掉下来的，也不是某些自命为“超越整个社会”的“天才”杜撰出来的，它应当是人类在整个历史进程中创造出来的全部知识的合乎规律的发展。只有确切地了解人类全部发展过程所创造的文化，并对这种文化加以改造，才能建设社会主义和共产主义的新文化。

鲁迅说得好：“因为新的阶级及其文化，并非突然从天而降，大抵是发达于对于旧支配者及其文化的反抗中，亦即发达于和旧者的对立中，所以新文化仍然有所承传，于旧文化也仍然有所择取。”“古人所创的事业中，即含有后来的新兴阶级皆可以择取的遗产。”② 鲁迅的这段话，大致说清楚了传统文化和新文化之间的辩证关系。

所谓改革，所谓发展，当然既包括对旧文化的继承（鲁迅所说的“承传”“择取”），又包括对旧文化的批判（鲁迅所说的“对立”“反抗”）。因为在马克思主义看来，一切发展，不管其内容如何，都可以视作一系列不同的发展阶段，它们以一个否定另一个的方式彼此联系着。而且，对于任何事物的改革，总不免是对该事物的传统的一种冒犯和亵渎。如果一味陈陈相因，当然也就谈不到改革和发

① 《从“别字”说开去》，见《且介亭杂文二集》。

② 《〈浮士德与城〉后记》，见《集外集拾遗》。

展，新文化的建设也就成了一句空话。在这个意义上说，不破不立，不塞不流，不止不行，是完全正确的。不过，破、塞、止，只是为立、流、行扫清道路，创造前提。破并不等于立，塞并不等于流，止并不等于行。这一点，却不可不加以充分的注意。

“文化大革命”时期，曾经流行过一个说法，即所谓“破字当头，立在其中”。在这种思想指导下，以破“四旧”的名义“横扫”了一切传统文化，结果，社会主义新文化不仅没有得到发展，反而造成了封建主义和资本主义腐朽思想文化的沉渣泛起。这是一个沉痛的教训。其实，早在六十多年前，鲁迅对这个问题就做过比较全面和合理的论述。他说：“无破坏即无新建设，大致是的；但有破坏却未必即有新建设。”[①] 因为破坏者有两种，一种是“革新的破坏者”，他们为了建设新轨道，便将碍脚的旧轨道一扫而空，这种破坏，“是扫除，是大呼猛进”，内心里有着理想的光；另一种是寇盗式或奴才式的破坏者，他们或者想将旧物据为己有，或者想借此占些目前的小便宜，这种破坏，结果“只能留下一片瓦砾，与建设无关”。所以，鲁迅十分强调，对于文化遗产，不论是讲破坏还是讲保存，都应该立足于未来的新的建设，“新的建设的理想，是一切言动的南针”[②]。

如果要举一点鲁迅如何致力于新文化建设的实例，他对新木刻的提倡也许是颇具典型意义的。在这方面，他曾花过许多心血。他聚集了一批年轻的木刻艺术工作者，举办过木刻讲习班，多次举行木刻展览，竭力介绍国外的优秀木刻作品，编辑出版了如《北京笺谱》那样的古代木刻作品集和如《木刻纪程》那样的当代木刻集刊。对新木刻的发展，他多次提出过十分重要的指导性意见。他认为，木刻本来是由中国传到西欧去的，从唐到明，中国的木刻有过很体面的历史，但是，明代以后，西欧的木刻艺术水平大大超过了中国的传统木刻艺术水平。中国的木刻今后要能“开出一条新的路径来”，主要应从两个方面去努力，一是学习国外木刻艺术的新法，二

① 《再论雷峰塔的倒掉》，见《坟》。
② 《〈浮士德与城〉后记》，见《集外集拾遗》。

是吸取“中国旧日之所长”。“采用外国的良规，加以发挥，使我们的作品更加丰满是一条路；择取中国的遗产，融合新机，使将来的作品别开生面也是一条路。”只要做到二者很好地“融合起来”，“中国的木刻界就会发生光焰”。①

对于新文化，鲁迅十分强调这样两点：一个是时代性，一个是民族性。所谓时代性，就是说应该跟得上世界时代的潮流；所谓民族性，就是要始终保持中国的特色。他说，新的文化应该是“外之既不后于世界之思潮，内之仍弗失固有之血脉”②。在称赞陶元庆的画展时，他主要也是肯定其作品既“和世界的时代思潮合流，而又并未梏亡中国的民族性”。他认为，这样的作品，才是“存在于现今想要参与世界上的事业的中国人的心里”③ 的真正的艺术。

中国的新文化怎样才能走向世界？鲁迅的看法是：愈是民族化，愈是具有浓郁的中国特色和地方色彩，才愈能为世界所承认。因为世界各国环境不同，情景各别，文化艺术又最忌千篇一律。用带有中华民族特性的文化，去丰富世界新文化的宝库，才是我们对于世界的应有的贡献。“现在的文学也一样，有地方色彩的，倒容易成为世界的，即为别国所注意。打出世界上去，即于中国之活动有利。”④

鲁迅一向认为，从历史上看，并非各种知识均出于圣贤、学者之口，相反，“一切文物，都是历来的无名氏所逐渐造成的”⑤。只不过有些东西，原先在人民中间萌芽，后来却被特权者所收揽，成为他们独占和把持的专利品了。因此，鲁迅十分重视新文化的大众化，实际上，这是一个把文化重新交还到工农劳动大众手里的问题。鲁迅要求，新文化应是大众喜闻乐见，而又不是一味“迎合和媚悦”大众，真正为大众服务、于大众有益的文化。他竭诚地期待着“多有为大众设想的作家，竭力来作浅显易解的作品，使大众能懂，爱

---

① 以上参阅《〈木刻创作法〉序》，见《南腔北调集》；《〈木刻纪程〉小引》，见《且介亭杂文》；《致李桦》，见《鲁迅通信集》下卷，746 页。

② 《文化偏至论》，见《坟》。

③ 《当陶元庆君的绘画展览时》，见《而已集》。

④ 《致陈烟桥》，见《鲁迅通信集》上卷，528 页。

⑤ 《经验》，见《南腔北调集》。

看，以挤掉一些陈腐的劳什子”。不过，鲁迅完全清楚，在那样的社会里，“全部大众化，只是空谈”，因为这是需要“政治之力的帮助”① 的，但当时掌握着政权的却是只知对工农大众剥削压榨的反动统治阶级。鲁迅把自己的期望寄托在将来。

后期的鲁迅，坚定地相信“惟新兴的无产者才有将来”。这不但在政治上是如此，在文化上也同样如此。他认为，当时的反动统治者是新文化的死敌，而资产阶级也未能完成创造新文化的任务。这个任务，历史地落到了无产阶级身上。面临着各种反动势力对他进行的文化“围剿”，他豪迈地宣布：“历史的巨轮，是决不因帮闲们的不满而停运的；我已经确切的相信：将来的光明，必将证明我们不但是文艺上的遗产的保存者，而且也是开拓者和建设者。”② 而要完成这开拓与建设新文化的任务，则必须进行长时期的锲而不舍的韧性战斗，因为鲁迅有着深切的体会：“要在文化上有成绩，则非韧不可！”③

---

① 《文艺的大众化》，见《集外集拾遗》。
② 《〈引玉集〉后记》，见《集外集拾遗》。
③ 《对于左翼作家联盟的意见》，见《二心集》。

李文海文集

卷六

《李文海文集》编委会　编

中国人民大学出版社
·北京·

《李文海文集》

编委会

出席中国史学界第七次代表大会

与戴逸（中）、张岂之（右）在国家清史编纂委员会工作会议上

目　　录

推荐一部适合党政干部阅读的优秀历史教材*
——《从文明起源到现代化——中国历史 25 讲》

由林甘泉、张海鹏、任式楠主编的《从文明起源到现代化——中国历史 25 讲》，作为全国干部培训教材十二种中的一种，已经正式出版了。江泽民同志在为这套教材所写的《序言》中指出："编写好的学习教材，对于推动干部的学习非常重要。"本书的出版，无疑会对广大干部学习历史产生巨大的推动作用。

要把干部学习历史的活动真正有效地开展起来，不但要有认识的极大提高和制度的必要保证，还必须解决一个在某种意义上带有关键性的问题，那就是提供一套适合干部需要、符合干部特点的好的教材。《从文明起源到现代化——中国历史 25 讲》一书的编著者们，首先从编写体例的创新上入手。他们把祖国从古到今的悠久历史分成 25 个专题。这些专题，独立起来，分别描述中国历史发展进程中一个重要的侧面；综合起来，则相对完整地反映出中国历史发展的全貌。干部通过对这些专题的学习，可以了解到许多应该具备也迫切希望知道的历史知识，例如，中华文明的起源情况是怎样的，"中国"的名称是何时开始、怎样发展的，中国历代疆域经历了怎样的变迁，中国古代的城市状况如何，农民的生活状况以及他们进行过什么样的斗争，历代王朝为什么跳不出盛衰兴亡的周期律，中国近代社会发生了哪些重大变化，中国在走向现代化的过程中进行了怎样的艰难探索、经历了哪些曲折和斗争，等等。由于采取了这样的体例，整个教材更好地突出了"少而精"的原则。这样，干部在学习过程中就可以大大减轻一些不必要的负担，而把更多的精力集

* 载《理论前沿》，2003 年第 9 期。

中于吸取能够学以致用的知识。

为了适应干部学习历史的需要，该书较好地处理了观点和资料、揭示历史规律和掌握历史知识、思想性和学术性的关系，从而使之既内容丰富，包含着很大的信息量，又重点突出，给读者提供了清晰的历史脉络。历史是已经逝去的既往岁月。历史的真实面貌，只有通过大量历史资料才能得到复原和再现。因此，任何史学著作在做出历史判断、形成学术观点的时候，都必须建筑在引征和分析丰富历史资料的基础之上。但是，作为一部干部学习历史的教材，如果只是连篇累牍地罗列历史资料，没有作者自己对于这些资料所反映的历史现象的观点和看法，也不能说是一部好的教材。该书的一个重要优点，就是较好地做到了观点和资料的有机结合。在论述每一个问题的时候，作者都提出了明确的观点和看法。这些观点和看法，并不是毫无根据地夸夸其谈和心血来潮地主观臆测，而是在唯物史观指导下根据大量历史资料做出的科学判断。为了让读者对历史有具体的、感性的了解，作者经过精心的选择，挑选出最具典型意义的少量原始资料，写入教材。这样，读者不仅在教材中可以了解到历史的原貌是怎样的，而且还可以知道历史的原貌为什么是这样的，或者说，可以为读者在解读历史时提供指导和参考。

历史研究的根本任务是揭示历史规律。因为如果不认识和掌握历史发展规律，就不能正确指导和投身于当前的社会实践，也难以看清未来的发展方向。对于党来说，就不能说是一个成熟的党；对于个人来说，就不能说是一个自觉的清醒的革命者。而离开了对于历史的了解，认识历史发展规律也就根本无从谈起。所以，该书在很多问题上，都十分注意在纷繁复杂的历史现象中概括、提炼出规律性的认识。但是，如果离开了生动多彩的历史实际，不掌握广泛丰富的历史知识，所谓的历史规律也就变成了无本之木、无源之水。为此，该书围绕着 25 个专题，尽量具体而又详尽地提供有关的历史知识，这不仅增强了教材的深刻性，也大大地增加了教材的可读性。

中国历史是一门时间跨度很长、内容涵盖很广的学科，对很多问题都存在着不同的学术观点。特别是进入新时期以来，随着思想的解放、学术的繁荣，新的研究成果不断涌现，学术上不同意见的争鸣也更加活跃。该书在编写过程中，十分注意吸收最新的学术成果，对有些不同的学术观点也尽可能客观地加以介绍。这就大大地增强了本书的学术性。同时，该书对于那些事关政治方向、重大原则的理论问题，也并不回避，而是旗帜鲜明地通过摆事实、讲道理，实事求是、有根有据地分清是非。例如，对于近年来个别人在文章中散布的“侵略有功”论、“告别革命”论，书中就做了有理有据、有说服力的评析，不仅说清了这些观点错在何处，而且说清了它们为什么是错的。因此，思想性和学术性的统一，是该书的又一个值得称道的优点。

晚清官僚士人群体的人际交往*

在任何社会历史时期，人际交往都是人类社会生活的一个重要内容。一方面，为了生存和发展，为了满足自身生理、情感和进取等基本需求，作为个体的人必然要与其他社会成员以一定的方式进行大量的、直接的个人接触和交往。通过这些活动，社会成员在自身周围形成了现实的人际交往圈。另一方面，一个特定时期、特定群体的人际交往关系也生动地体现着当时社会精神生活的内容和趋向，并且鲜明地反映了主体的社会心态和价值观念。官僚士人群体是传统中国知识分子的主体。本文拟对晚清官僚士人群体的人际交往关系做简要的描述，进而从一个侧面揭示晚清社会生活状况及其变迁。

一

概括起来，晚清官僚士人的人际交往活动主要包括：

1. 饮宴应酬、吉庆丧吊及冶游娱乐

这些属于官僚士人人际交往中最为频繁的活动。官僚士人之间的互访，除去私人间的交往之外，许多是因为公事。晚清许多朝廷重臣都在自己家中办公："国初长官画诺，皆在公署，以其无日不入曹也。自乾隆以后，重臣兼职者多，遂不恒入署。而阅折判牍，移于私宅。且事繁，私宅亦不得见。往往追逐竟日，司官以为苦事。"① 在

---

* 载《中国人民大学学报》，2003年第6期。署名：李文海、赵晓华。

① 震钧：《天咫偶闻》，166页，北京，北京古籍出版社，1982。

互访时根据主客双方的身份，一定要遵循相应的礼节。比如，考生拜访老师时，应该先“具受业帖，亲至门，各送贽敬，以四金为率”。另外，还要准备门敬，钱数为贽敬的十分之二。约好时间拜访时，学生行三叩礼，老师皆答。以后每逢年节、端午、中秋三节以及老师和师母的生日，都须“各送贺祝敬如初谒时”①。无论是何种性质的互访，在拜访前，客人先要投名帖或提前写信通知对方，约定拜访时间。名帖因访问者与主人身份关系的不同而不同，一般不得对任何人都用同一名帖。如果对方身份比自己高，就要使用细字名帖，而不能使用对平等之人使用的名帖。主人在给予答复的时候，应该将自己的名刺放在信中或直接让人带回。拜访者应该穿上自己最好的衣服，双方从见面到分别，都要遵循相应的礼节。清代一般场合见面都要行请安礼。请安有双腿、单腿之别。屈双膝者为双腿安，凡臣见君、奴见主、卑属见尊亲都要行之。屈一膝者为单腿安，“凡寻常相见，不论尊卑皆行之”②。此外，晚清官场上还有“环安”之说：“假如你外官初到任，或是到一处地方，有许多比你低级的，环绕着向你请安，你要环绕着回礼，这种请安，名之曰‘环安’。”③访谈结束后宾主双方告别的礼节也是很复杂的。19 世纪末来华的英国传教士吉伯特·威尔士描述：“主客双方互相打一个拱，同时仆人就去叫轿夫。主人陪着客人穿过那几道门到达停轿子的地方，客人要走在前面，每过一个门时就要礼貌地劝主人不要陪他走得更远，说‘请留步’或‘不敢不敢’；主人要回答‘应该应该’或‘客气客气’。到了停放轿子的门边，主客双方又得互相打一下拱，客人跨上轿子，注意这样做时不要将背对着主人，坐好前还要最后打一个拱，说道‘再会’。然后再在轿子上坐好，被抬走。”④

吉庆丧吊作为一种礼俗，也是清代官僚士人社交的重要场合。

---

① 章伯锋、顾亚主编：《近代稗海》，第 11 辑，285 页，成都，四川人民出版社，1988。

② 同上书，304 页。

③ 包天笑：《钏影楼回忆录》，291 页，香港，大华出版社，1971。

④ 吉伯特·威尔士、亨利·诺曼：《龙旗下的臣民——近代中国社会与礼俗》，36 页，北京，光明日报出版社，2000。

同年之间有人办红白喜事，一般就要集会饮酒，联络感情。同僚之间逢升任、出差、吉庆丧吊及旧僚返京，也要举行宴会或出礼金，这在清代已成官场上的一种惯例。旧僚至京时，不拘已未升任，原司掌印送一隶供役，“敛分各三钱，治席公请”。同僚中如有人升任，同司掌印也“敛分四钱，举饯赆及文轴册叶”①。升任者到任后要寄回银四两，以备同部公用。如若有出差者，也敛分各四钱，用于举行饯赆。光绪年间，官僚士人间吉庆丧吊已形成一定规模：“都下风俗，自五品以下，遇庆会，具受贺，演戏终日，谓之请分子，每分多至八金以上，少至一金以下，每会可数百金，除费计赢若干，以为主人之得。”②

冶游娱乐也是晚清士大夫休闲活动和人际交往中常见的形式。许多年节集会、联谊团拜、红白喜事中都有戏曲来助兴。“公私会集，恒有戏，谓之堂会。”③ 晚清时京师梨园极盛：“公宴庆祝，别有演剧之所，名曰戏庄，将有事，择能应者一人司其事，曰戏提调。”④ 根据李慈铭的描述，同治末年，京官中对戏剧的嗜好已达到了非常盛行的地步：“都中有梆子腔，惟舆隶贾竖听之。一二年来，诸邸有好之者，士大夫遂相率盛行，其价顿贵数倍。衣冠宴会，非此不欢。”⑤

通过参与这些活动，官僚士人可以获取最直接的信息。在当时人看来，无论是学术交流，还是打通官场上的各种关节，都离不开这些交往应酬。

在上述各种场合的人际交往中，除了要遵循一些约定俗成的礼节外，清代还规定了许多更为详细的官场礼仪。康熙年间，礼部仪制清吏司曾制定《春曹仪式》一册，对官场往来的礼节做了具体的规定。比如，送往迎来时，内院大学士、吏部正堂、都察院正堂不送上马；各部正堂以下及曹堂俱送上马；同僚之间相见时俱行南礼；

---

① 震钧：《天咫偶闻》，28页。

② 周家楣等：《光绪顺天府志》，第1册，582页，北京，北京古籍出版社，2001。

③ 徐珂：《清稗类钞》，第11册，5043页，北京，中华书局，2010。

④ 徐珂：《清稗类钞》，第4册，1605页。

⑤ 李慈铭：《越缦堂日记》，同治十二年二月一日。

宴会时两人一席，相见行两拜礼，行南礼；等等。这些规定得到了当时多数人的认同，“有不如约者，众相正之”①。对于新上任的官员，其所在司吏也会到仪制清吏司领一册送览。

2. 诗歌唱和，以文会友

诗歌唱和历来是士人抒发传递情感的重要方式。崇尚以文会友的士人渴望通过诗歌唱和交流学问，揣摩诗文。晚清官僚士人诗歌唱和的渠道和方式有很多。同年间的集会常要饮酒做诗，春秋游宴也要相聚会诗，平日间的送往迎来，各种节日庆典，都有诗歌唱和。此外，还有固定的诗社。嘉道年间京城即有著名的宣南诗社。“宣南诗社，京朝士夫朋从之乐，无以逾此。或消寒，或春秋佳日，或为欧苏二公寿。”陶澍、林则徐等在京时都曾参与其间。陶澍及至任两江总督时，仍每年寄宴费。诗社给士大夫们提供了一个“野寺观花，凉堂读画”的休闲场合和交流机会，在当时士人心目中实“为不可多得之盛事”②。

为了防止出现明末士林结社干预朝政的局面，清代严禁集会结社。顺治年间，清政府两度下令，规定“诸生不许纠党多人，立盟结社，把持官府，武断乡曲”。如若违反，“各该学臣即行革黜参奏。如学臣隐徇，事发一体治罪”③。因此，与明代带有政治色彩的士人结社相比，在戊戌维新运动以前，清代文人结社多半以单纯的交流学问或举业为目的。上面提到的宣南诗社就是一个例子。另外，为了参加科举考试的需要，许多青年学子取志同道合者立社，定期集会，作诗辞时艺，互相评阅以期提高。道光年间福建厦门士子“好结文社，月有课，课有期，期则聚首角艺，至宵分乃罢，求前辈甲乙之”④。1844年，包括李鸿章在内的在京各地应举文人，在九条胡同三号组织文社，请曾国藩出任社长，“社规每月应交文三篇，

① 震钧：《天咫偶闻》，29页。

② 张祥河：《关陇舆中偶忆篇》，见雷瑨：《清人说荟》，扫叶山房，1928。

③ 转引自张玉法：《清季的立宪团体》，149～150页，台北，“中央研究院”近代史研究所，1985。

④ 道光《厦门志》，卷十五。

诗八篇”①。此外，参加过科举考试者还有按科分的集会，如北京就有常年存在的同年会。“同年至京，互相访见，定期行团拜故事。”②团拜时，一般要宴请座师、房师，醵饮演剧，等等。

3. 会馆活动

在上面的人际交往以外，官僚士人还有按籍贯分的同乡聚会。清代在北京及各省省会都设有会馆。会馆在很大程度上是同乡士人联络感情的一个重要场所。会馆为士人提供了多种联谊方式。首先是各种祭祀活动。各地会馆的祭祀对象和每年祭祀的次数都不尽相同。如北京吉安会馆规定，每年以清明前三日、冬至前五日为期，知会内外籍在京的士绅、举贡、监生如期举行祭祀活动。绩溪会馆“每年正月十三日上灯恭祀众神，正月十八日恭祀汪越国公，二月三日恭祀文昌帝君，五月十三日恭祀关圣帝君，九月十七日恭祀福德财神。以上每次祭毕散福，每席酌用京钱二吊二百文，不得多费”③。礼毕根据人数多少举行宴会，“期于尽欢而散，人多则散胙”。这些祭祀活动成为联系乡情的纽带。曾国藩在京做官时，每月朔望都去湖南会馆进香。其次是每年的团拜活动。例如，晚清时浙江官场就有同乡团拜的惯例。各省在浙江做官的人，无论官阶大小，自佐杂直至府道司院，都要会集同乡在正月十五以前择一公所演戏饮酒，团拜费用一般照人公派。咸丰年间，浙江的安徽籍官员团拜，数年费用都由按察使段光清、粮道王月川等三个官员自愿支付。咸丰十年（1850年），因为浙江大僚皆是安徽人，段光清担心招致其他籍贯的官员的嫉妒和不满，故停止了是年的同乡团拜。④ 此外，会馆还有各种内容不同的庆典、祭奠活动以及送往迎来的宴会。如京官外放、新科进士的庆贺以及新科举人进京等，会馆都会举行宴集，以敦乡谊。

---

① 李鸿章：《禀母》，见《李鸿章尺牍》。

② 章伯锋、顾亚主编：《近代稗海》，第11辑，287页。

③ 《北京会馆档案史料》，283页，北京，北京出版社，1997。

④ 段光清：《镜湖自撰年谱》，154页，北京，中华书局，1960。

二

在娱乐生活较为贫乏的晚清，上述各种形式的人际交往活动表明，官僚士人的社会生活基本依循着亲缘、地缘和业缘三大交往渠道展开。通过频繁的人际交往，官僚士人或切磋学业、加强友谊，或陶冶情趣、互利互助。维新运动前后，京师会馆更成为维新派交流会聚的场所。1894年，梁启超住在新会会馆，谭嗣同住在浏阳会馆，夏曾佑（字穗卿）住在贾家胡同。据梁启超回忆："（夏穗卿）租得一间小房子在贾家胡同，我住的是粉房琉璃街新会馆，后来又加入一位谭复生，他住北半截胡同浏阳馆。'衡宇望尺咫'，我们几乎没有一天不见面，见面就谈学问，常常对吵，每天总大吵一两场，但吵的结果十次有九次我被穗卿屈服，我们大概总得到意见一致。"① 这种近在咫尺的交流无疑有助于双方的思想沟通。此外，维新运动期间，资产阶级维新派兴办的各种学会虽然带有鲜明的政治色彩，但在形式上也与官僚士人传统的文人结社具有一定的相似之处。如维新派最早组织的强学会，在形式上就采取了传统的"游宴小集"、筹资结会的方式。刘坤一、张之洞、王文韶等都为强学会各捐银五千两。

但是，晚清社会毕竟已是中国封建社会的末世。严重腐败的吏治使得官僚士人之间的交往弥漫着一种腐化堕落的征逐之风。人际交往从寻求友情、交流学问的方式已经更多地变成腐朽的封建士大夫阶层蝇营狗苟、请托钻营的手段。比如，在素以"应酬繁冗甲天下"的京师，嘉道以前"风气犹简静"的应酬征逐之风到晚清愈演愈烈。光绪年间，"宦游京师者，托事请客敛分金，曰撒网"。一个叫黄长霖的人描述当时京师应酬之繁说："京俗入词林者，凡座师、房师，及朝殿复试、阅卷大臣，例执弟子礼，位尊者或投三四刺始

① 梁启超：《亡友夏穗卿先生》，见《饮冰室合集》文集之四十四（上），20页，北京，中华书局，1989。

获见，此外乡会同年，及同衙门同乡，皆须投谒，仆仆不得少憩，日奔走宴会。霖性疏懒，应酬生涩不周，日觉抱疚，然已碌碌少暇，若贵游子弟，交游愈广，投赠愈多，则终日困顿车马酒食场中而已。”① 即使是一些自律甚严者，也不得不把自己多半的时间和精力放在繁杂的应酬中。翻阅曾国藩在京任职期间的日记可见，访客、交往、饮宴几乎日日有之，频率之繁到了应接不暇的地步。如道光二十二年十月十七日的日记记载：“午正客来……巳刻，冯树堂来……未正，出门拜客一家，饭杜兰溪处……晡时散。走何子敬处，渠生辰……本日在何宅听唱昆腔”；又如同年十一月十五日，他先去“会馆敬神，便拜客五家，巳正归……出门拜客二家……申正归。饭后，岱云来久谈，因同出步月，至田敬堂寓……”虽然曾国藩一再勉励自己要“渐改征逐之习”，但他也承认自己“心一散漫，便有世俗周旋的意思，又有姑且随流的意思”。在当时的环境下，改掉积习实非易事。总体来看，晚清官僚士人人际交往中的陋习和积弊鲜活地反映了处于末世的封建上层社会的腐朽生活。概而言之，主要包括如下几个方面：

1. 挥霍奢侈，纸醉金迷

光绪初年，北京的官场上出现了这样的情景：“争事冶游……风会颓靡……其酒肉贵游，风尘热吏，皆改趋北里，恣狎淫倡，挥霍之余，偶亦波及。而冷官朝隐，举子计偕，往往托兴春游，陶情夏课。酒炉时集，灯宴无虚……如江夏彭侍郎之视学江左，岁以千金寄黎艳侬；丹徒杨大理得视学安徽之命，即遍许诸郎厚分囊橐；而四川方臬使、江西李学政去年述职至都，皆彻夜笙歌，挥霍巨万；太和张京兆莅治神都，亦复轻赍时出。”② 实际上，晚清官场中花天酒地的宴请应酬早已成为权与利交换的场所。京师饮宴征逐之风之所以列天下之首，其中一个重要的原因就是京官以饮宴征逐作为生财之道，外官也借此作为与京官勾结的桥梁。为了解决俸入甚微的

① 李家瑞：《北平风俗类征》，320页，上海，商务印书馆，1937。
② 李慈铭：《越缦堂日记》，光绪三年四月七日。

生活状况，京官“专以咀嚼外官为事，每遇督抚司道进京，邀请宴会，迄无虚日。濒行时，分其厚薄各家留别。予者力量已竭，受者冀望未餍，即十分周到，亦总有恶言”。甚至有双方漠不相识、绝不相关者，也“或具帖邀请，或上书乞帮，怒其无因，闵其无赖，未尝不小加点染”①。对于外官而言，也须通过馈赠宴请而在京城广结声援，以求升转，但这笔费用更是庞大而惊人的。以张集馨为例，他任陕西粮道出京留别共费银一万七千余两，任四川臬司出京留别共费银一万三四千两，任贵州藩司出京花掉银一万一千余两，调任河南藩司出京又花掉银一万二三千两，年节应酬及红白事体尚不在其内。这样的应酬费用不可谓不高。难怪外官都视进京为畏途。另外，就是对京官而言，频繁的应酬也需要十分充裕的收入来支持。“京师最尚应酬，外省人至，群相邀请，筵宴听戏，往来馈送，以及挟优饮酒，聚众呼卢，虽有数万金，不足供其挥霍。”② 然而对于普通的官僚士人而言，其收入又是有限的，因此，有限的金钱多半用于应酬，日常生活中常常捉襟见肘，难以支持度日。以李慈铭为例，光绪三年，他在京支付的饮宴、娱乐、应酬之费将近一百七十两，占其全年支出的一半还多，而他的弟弟是年却在家乡饿死。他自己也承认：“余虽穷，酒食声色之费亦不下百金。通计出门七年以来，寄弟者不过十金耳。”生活在花天酒地中的士大夫们常常债台高筑，经济困窘，这种现象在晚清社会中是不足为怪的。

2. 送往迎来，公务废弛

饮宴征逐成为晚清官僚士人日常生活中最为重要的部分，公务反而成为次要的东西，连皇帝都知道“文酒之会，为翰林积习”。其实，翰林院如此，其他各部各省也是如此。光绪年间，“京师各部院有公事至简者，堂司各官，惟日一到署，小坐而已”③。李慈铭在户部二十余年，很少入衙。户部尚书阎敬铭为求整顿吏风，实行上堂

---

① 张集馨：《道咸宦海见闻录》，270～271页，北京，中华书局，1981。

② 《道光都门纪略》，见《北平风俗类征》，320页。

③ 徐珂：《清稗类钞》，第4册，1605页。

点名，李斥责他所为有辱士人身份，上书抗议，结果名也不点了。各级官员往往因忙于“迎送而各事俱废”①，正常的行政事务，如阅公牍、理刑狱、勤操练、严监察等等，反而因为官员无暇顾及而束之高阁。此外，过度沉迷酒宴也直接影响着工作效率。当时军营中竟然出现了这样的景象：有些武将每于“踉跄酩酊，或睡或欹”之际操练军队，于是，“主将作呫呓之词，健儿斗身手之勇，昏黄落日，莫辨旗枪；左右燔柴，俾资跳踯，设有伤损，军士难免退言”。如此以往，就连统治阶层都担心“营制日见败坏，将备亦无惧心，其自损威重者尚小，其关系武备者则大也”②。在晚清官场上，送往迎来、酒肉征逐反而成为官僚士人日常生活中最重要的工作。张集馨任陕西粮道期间，凡遇过客皆由粮道承办。每逢过客到境，必然要传戏备席。戏筵散后，“无论冬夏，总在子末丑初”。然后是繁缛的感谢和送别礼节：“群主将客送出登舆，然后地主逐次揖送，再著人持群主名帖，到客公馆道乏，又持粮道衔柬，至各署道乏。次日，过客起身，又往城西公送，并馈送盘缠，其馈送之厚薄，则视官职之尊卑。”这样的生活频繁到“大宴会则无月无之，小应酬则无日无之”。“如十天半月，幸无过客滋扰，道中又约两司、盐道在署传戏小集，不如是不足以联友谊也。”如此奢靡腐烂的生活，无怪乎连张集馨也认为“终日送往迎来，听戏宴会，有识者耻之”③。在京城官场几十年的李慈铭的自嘲更是一针见血：“我辈无事坐食，实国家之一蠹。”④

3. 胸无天下，不思进取

在中国传统社会中，士大夫阶层集知识文化角色和职业官僚角色于一身，始终占据着社会生活中的重要地位。作为中国古代知识分子的主体，士大夫以修身、齐家、治国、平天下为自己的道德修

① 夏东元主编：《郑观应集》，380页，上海，上海人民出版社，1982。

② 张集馨：《道咸宦海见闻录》，294～295页。

③ 同上书，79～80页。

④ 李慈铭：《越缦堂日记》，光绪六年十月十日。

养目标，以“内圣外王”、经世济民为自己的理想追求，以舍生取义、固穷守志为其价值取向，视人格完成、文化创造和社会责任为一体。因此，在传统中国的文人学士中，出现了无数推动社会历史前进的志士仁人。但是，晚清以来，随着封建统治阶级日趋腐朽，士大夫这种可贵的传统价值观也日渐沦落。对于这种现象感到痛心疾首的龚自珍即批判说：“今士大夫，无论希风古哲，志所不属，虽下劣如矜翰墨，召觞咏，我知其必不暇为也。今上都通显之聚，未尝道政事谈文艺也；外吏之宴游，未尝各陈设施谈利弊也；其言曰：地之腴瘠若何？家具之不赢足若何？车马敝而责券至，朋然以为尤，居平以贫故，失卿大夫体，甚者流为市井之行。”① 与传统士大夫“如欲平治天下，舍我其谁也”的政治责任感相比，同样在封建国家事务中担当重要角色的晚清官僚士人，则几乎为追逐权力、耽于逸乐的思想所役使。官场奢靡的生活习尚实际上折射出官僚士人阶层的不思进取和日趋没落：“晚近士大夫习于声色，群以酒食征逐为乐，而京师尤甚。有好事者赋诗以纪之曰：‘六街如砥电灯红，彻夜轮蹄西复东。天乐听完听庆乐，惠丰吃罢吃同丰。街头尽是郎员主，谈助无非白发中。除却早衙迟画到，闲来只是逛胡同。’”② 京师如此，其他各级官场也是如此。府州县官们“每逢同僚会集，所言惟缺分之优瘠，浮收之多寡，其风土人情，从无过而问者……遇有委办事件，无非敷衍塞责，毫无实际。”③ 与此同时，少数清廉的官吏反而显得与官场奢靡之风格格不入。如与李慈铭同时为官的李用清，安贫厉节，他自己拒绝饮宴，不收陋规，徒步扶榇回家葬父，在京时以教授生徒自给。但这样的人却被李慈铭耻笑是“一无才能，惟耐苦恶衣食，捷足善走，生长僻县，世为农氓，本不知有人世甘美享用也”④。戊戌六君子之一的刘光第，对当时士大夫虚废时光的应酬之风深恶痛绝，他自己品行廉洁，“非旧交，虽礼馈皆谢绝”，对

---

① 龚自珍：《龚自珍全集》，30页，北京，中华书局，1975。

② 徐珂：《清稗类钞》，第4册，1596页。

③ 《鸦片战争》，第3册，469页，上海，上海人民出版社，1957。

④ 李慈铭：《越缦堂日记》，光绪十一年六月十三日。

于京中许多无聊的僚友宴会极少参与，而结果是如此清廉之人任刑部主事十余年，“虽同乡不尽知其名”。

还应当提到的是，与官僚士人奢华腐朽生活形成鲜明对比的，是民族危机的日渐加重和亿万农民的日趋贫困化。实际上，供封建社会上层挥霍的巨额费用，又何尝不是依靠剥削压榨终日不得一饱的数亿贫民所得。

三

晚清是一个处于新旧各种矛盾交替过渡的时代。在整个社会生活趋向近代化的过程中，有关人际交往关系的方式、观念等也在发生着变化。总体来看，近代人际关系的变化表现出多样化、外向化、等级观念淡化和交往礼仪简化等特点。在新旧文化观念的冲突和对比下，官僚士人没落的人际交往方式也受到了先进思想家和新知识界的批判和挑战。

晚清官场穷奢极欲的征逐之风首先成为先进思想家批判的对象。郑观应认为，传统礼仪和人际交往的目的是传递人与人之间的真诚，而晚清士大夫却置此不顾，他们对“迎送宴会年节之仪，婚丧寿庆之事，亦恒喜耀其外观，有一不臻华美者，则歉然哗然，自尤而人非之，至于精意之存亡，真诚之有无，乃相与置诸勿论”①。维新运动期间，谭嗣同从珍惜生命价值的角度深刻地指出：那种宾客不时、起居无节、酒食征逐、流连往返于声伎戏剧的生活只能耗人之年，这些并非祖宗之法，并非人所必须遵守的。要想延长生命，就应该舍弃那种“晨起出阍，暮不得息，望门投刺，冠服重累”的生活，就应该放弃“舆从阗咽，出入如市，主人劳于倒屣，敝于将送，眠食失常，夜以继日”的交往方式，就应该抛弃“无故杀犬豕，所遇皆鼎俎，贸贸然肃客，戟戟然赴食”的生活。针对社会陋俗，谭嗣同

① 夏东元主编：《郑观应集》，376页。

同发起成立延年会，订立《延年会章程》，规定了严格的作息时间，其中约定入会者“无故不得请客，无暇不得赴席，不赴不请，彼此皆不得见罪”；在请客筵席的规模上，“只准五簋八碟，不得奢侈无度”；在接待客人方面，约定了每日的见客时间，会客时规定“只可言某事之本末，言毕即行，不得牵引他事及无聊闲谈，致延时刻”；在礼仪方面，即使至熟的朋友均不答拜，平时彼此往来，即使生客也不着冠带，只以便衣接待。①

另外，受封建专制统治的禁锢，晚清官僚士人的结社往往只注重诗歌唱和，极少有政治色彩。戊戌维新运动期间，维新派冲破禁令，梁启超指出，康有为等设立强学会的目的，就是看到“近世严禁结社，而士气大衰，国之日孱，病源在此，故务欲破此锢习”②。维新运动期间，资产阶级维新派发起各式学会组织七十多个，在观念上冲破了封建专制主义“君子不党”的教条。清末新知识界中各种性质的社团兴起，这些社团注重自由平等的理想追求，以培育国民、输入文明为主要目标，与传统官僚士人带有强烈等级观念、以扩张个人权力为目的的交往和集会完全不同。清末新知识界中的社交也抛弃了一味讲求奢侈饮宴的旧俗。如京师西学会每星期聚会一次，目的是交流学术心得，以“四小时为率，菜无过四簋，酒无过三行”③。

此外，在民主、文明的时代浪潮的推动下，等级观念相对淡化和交往礼仪上的简化已成为近代人际关系变化中不可阻挡的趋势。在先进的思想家和新式知识分子的推动下，伴随着欧风美雨的浸润，传统社交礼节中等级森严、烦琐虚伪的弊病到清末受到了猛烈的批判。许多先进的中国人在看到了中西礼仪的实质不同后，指出清代社交场合中普遍使用的跪拜礼不过是古代席地而坐的产物，封建统治阶级将其长期保存下来，用以维护其森严的等级秩序，实际上这种礼节不过是“奴隶仪式”“虚伪习俗”。郑观应站在挽救民族危亡

---

① 蔡尚思、方行编：《谭嗣同全集》，410～412 页，北京，中华书局，1998。

② 梁启超：《康有为传》，见《戊戌变法》，第 4 册，上海，上海人民出版社，1957。

③ 《京师开西学会缘起》，载《知新报》，第 45 册，1898 年 3 月 3 日。

的高度痛斥这些虚伪烦琐礼仪的弊病："呜呼！此我中国上下四万万人群相见以伪，而至成今日之衰弱也。与其悦典礼之繁，共成一伪，何如从典礼之简，犹得一真。"① 资产阶级革命派更从社会进步的角度指出："吾国之习惯陋俗……其阻碍进化，有甚于洪水猛兽者。"② 清末要求废除跪拜礼的呼声很高，并得到了社会各界热烈的响应。1906 年 1 月 24 日，即光绪三十二年除夕，两广总督岑春煊对下属宣布，从次年正月起，广东、广西两省官员在下级晋见上级时不再跪拜，一律改用"长揖"。辛亥革命期间，广东军政要人在社交中已普遍采用了握手、鞠躬、鼓掌等现代礼仪。民国初年规定，在正式场合，男子礼为脱帽三鞠躬，女子礼为三鞠躬。非正式场合，男子脱帽致意为礼，女子鞠躬为礼。除此之外，当时的政治文化精英阶层也为革除封建的旧礼俗做了不懈努力。如宋教仁、蔡元培在改良社会的章程中列举了 36 条改良细则，除去上面提到的礼节的改革外，其中还包括："戒除拜门、换帖、认干儿女之习"，"在官时不受馈赠"，"一切应酬礼仪宜去繁文缛节（如宴会、迎送之类）"，"年节不送礼，吉、凶等事不为虚糜之馈赠"，等等。这些内容显示了精英阶层与旧式官僚士人迥乎不同的人际交往观念。虽然观念的变迁需要一个长期曲折的历史过程，但所有这些表明，伴随着制度鼎革和社会发展，人际交往方式及其观念的现代化变迁已成为不可阻挡的历史潮流。

---

① 《郑观应集》，376 页。

② 张枬、王忍之：《辛亥革命前十年间时论选集》，第 3 卷，198 页，北京，三联书店，1977。

坚持“两个务必”是新时期加强党的建设的必然要求*

2003年是毛泽东同志诞辰110周年。在这个时候，我们重温毛泽东同志关于坚持“两个务必”的思想，感到格外亲切，也具有特别重要的意义。

毛泽东同志是在民主革命取得伟大胜利，中华人民共和国即将诞生的前夕提出“两个务必”的思想的。在1949年3月5日党的七届二中全会上，毛泽东同志指出：“中国的革命是伟大的，但革命以后的路程更长，工作更伟大，更艰苦。这一点现在就必须向党内讲明白，务必使同志们继续地保持谦虚、谨慎、不骄、不躁的作风，务必使同志们继续地保持艰苦奋斗的作风。”① 毛泽东同志所说的“革命以后的路程”，指的是一条什么路呢？不是别的，就是社会主义建设的路，就是实现四个现代化的路，就是经过长时期的努力，不断使经济更加发展、民主更加健全、科教更加进步、文化更加繁荣、社会更加和谐、人民生活更加殷实，不断促进人的全面发展，不断向党的最终目标前进的路，也是实现中华民族伟大复兴的路。一句话，也就是我们现在正在走的路。按照毛泽东同志的说法，比起革命来，这条路更长，更伟大，也更艰苦。所以，如果不能坚持“两个务必”，这条路就走不好，甚至会走到邪路上去。

毛泽东同志这里讲的是党的作风问题。切不可轻视党的作风建设。党的作风，关系党的形象，关系人心向背，关系党的生命。如果我们党的思想作风、学风、工作作风、领导作风、干部生活作风

---

* 载《中华魂》，2004年第1期。

① 《毛泽东选集》，2版，第4卷，1438～1439页，北京，人民出版社，1991。

出了大的问题，我们党的形象就会受到损害，就会失去人民的拥护，就无法保持自己的生命力和凝聚力，最终会丧失作为中国人民领导核心的资格。

正因为这样，胡锦涛同志在就任党的总书记后不久，就立即带领中央书记处的同志到革命圣地西柏坡学习考察，并发表重要讲话，强调了坚持“两个务必”、发扬革命精神的极端重要性，号召“全党同志特别是领导干部都要牢记我国正处于并将长期处于社会主义初级阶段的基本国情和我们党的庄严使命，清醒地看到激烈的国际竞争给我们带来的严峻挑战，清醒地看到我们肩负的任务的艰巨性和复杂性，增强忧患意识，居安思危，牢固树立为党和人民的事业长期艰苦奋斗的思想”。

胡锦涛同志的重要讲话，不仅深刻地分析了坚持“两个务必”的时代背景和客观必然性，而且具有很强的现实针对性。进入新时期以来，我们党在全面推进党的建设的新的伟大工程中，取得了重大的成绩和进步。但也不可否认，在解决提高党的执政能力和领导水平，提高拒腐防变和抵御风险能力这两大历史性课题上，还存在着不少差距和不足，特别是毛泽东同志严肃批评的“骄傲情绪，以功臣自居的情绪，停顿起来不求进步的情绪，贪图享乐不愿再过艰苦生活的情绪”，在一部分党员干部中还严重存在；有些人则“经不起人们用糖衣裹着的炮弹的攻击”①，在糖弹面前打了败仗，成了党和人民的罪人，受到了党纪国法的严惩。

党内这种消极现象的严重存在，是同某些思想上的混乱联系在一起的。要真正坚持“两个务必”，需要澄清某些思想混乱，把那些似是而非的歪理辩论清楚。

有的地方或部门的负责人，讲排场，摆阔气，流连于灯红酒绿，沉湎于声色犬马，却美其名曰是为了“树立形象”，促进改革开放。理由是：如果不坐名牌车，不穿名牌服装，不出入于高级酒楼歌厅，谁来跟你做生意、签合同？这种“理论”甚至被荒唐地应用到历史

---

① 《毛泽东选集》，2版，第4卷，1438页。

人物身上。《走向共和》的编剧在解释慈禧太后不顾“甲午战争”正在紧张进行而大搞祝寿活动时，这样说：慈禧认为如果她——一个国家最高统治者的生日办寒碜了，怎么能体现大清国的国泰民安？那么洋人就会瞧不起她，老百姓也不会服她。洋人瞧不起，就会欺负她，老百姓不服，国家就会出事，江山社稷就会毁于一旦。所以慈禧办生日就大办特办，她是在为朝廷争面子。这话说得直率，却并不在理，因为慈禧并没有因此而挣到“面子”，当时的“大清帝国”也没有因此而免遭洋人的欺凌。至于今天，认为只有大手大脚才能引来经济伙伴，这恐怕也大大低估了合作者的判断能力和水平。实际上，任何一个认真的企业家，在确定合作伙伴的时候，必定会深入了解和考察对方的经济实力、经营理念、管理水平乃至诚信度等等，才做出最后的决定。我们倒是常常听到，有些谈判正是因为接待方过度的挥霍浪费，使外商望而却步，最终打消了合作的念头。

还有一种说法，那就是：时代不同了，现在已经不是延安时代，不是西柏坡时代，老是强调“艰苦奋斗”有点不合时宜了。确实，与战争年代相比，与中华人民共和国初期相比，我们的经济有了巨大的发展，综合国力有了极大的提高。与客观形势的变化相适应，在坚持“两个务必”的时候，在具体内容和方法上也要不断增添新的时代内容。但是，艰苦奋斗、谦虚谨慎的精神，却并不会因为客观环境的变化而过时，它是由中国共产党的性质和宗旨所决定的。更何况，从经济发展水平来说，从综合国力来说，我们比过去虽然有了大的发展，但与世界上的发达国家相比，我们还有很大的差距，我们还是世界上最大的发展中国家。从实际情况看，我们没有丝毫可以夜郎自大的理由。即使将来我们的国家有了更大的发展，艰苦奋斗的传统也不能丢。

还有的人认为，我们建设有中国特色社会主义的目的，不是要不断提高人们的物质文化水平，满足人民不断增长的物质文化需要吗？全面建设小康社会，目标之一不是要使“人民生活更加幸福美好”“生活富裕”吗？一味强调艰苦奋斗，是不是同我们的奋斗目标背道而驰呢？在这种思想指导下，有人甚至公开发表“享乐主义宣言”，从理论上来论证享乐主义的合理性。其实，发扬艰苦奋斗的精神，同不断改善人民的物质文化生活，争取人们的共同富裕，不仅不矛盾，而且恰恰是完全统一的。“俭节则昌，淫佚则亡。”① “历览前贤国与家，成由勤俭败由奢。”② 艰苦奋斗，不是叫人做苦行僧，而是提倡一种精神。从全社会来说，没有艰苦奋斗的精神，一味耽于逸乐，习于奢靡，怎么能够建设起社会主义四个现代化？胡锦涛同志说得好：“我们党是靠艰苦奋斗起家的，也是靠艰苦奋斗发展壮大、成就伟业的……艰苦奋斗作为我们党的优良传统和作风，作为我们马克思主义政党的政治本色，是凝聚党心民心、激动全党和全体人民为实现国家富强、民族振兴共同奋斗的强大精神力量，是我们党保持同人民群众血肉联系的一个重要法宝……越是改革开放和发展社会主义市场经济，越要弘扬艰苦奋斗的精神。”③

总之，我们要从党所面临的国内外形势的高度，从党承担的历史任务和庄严使命的高度，来看坚持“两个务必”的重要性和必要性。

---

① 《墨子·辞过》。

② 李商隐：《咏史》。

③ 胡锦涛：《坚持发扬艰苦奋斗的优良作风　努力实现全面建设小康社会的宏伟目标》，载《人民日报》，2003-01-03。

在“甲午战争110周年学术讨论会”上的讲话*

各位领导、各位同行专家：

首先，我代表中国史学会衷心祝贺“甲午战争110周年学术讨论会”的召开，并预祝会议取得圆满成功！

10年前，我们曾经在这里举行过纪念甲午战争100周年的国际学术讨论会，那次会议取得了丰硕的学术成果，对甲午战争的研究乃至中国近代史的研究，起到了积极的推动作用。10年过去了，这么多的专家学者再一次在这里聚会，这生动地说明：甲午战争这个重大历史事件留给我们的强烈震撼和深刻的经验教训，并不因为时光的流逝而有所淡漠，甲午战争的学术内容始终吸引着学术界的广泛关注和强烈兴趣。

说到这里，我可以讲一个真实的故事：我国杰出的文学家冰心，在她的晚年，也就是1994年94岁高龄的时候（即甲午战争100周年的时候），曾毅然对友人们说：“我要写一部大作品。”这部作品的名字就叫《甲午战争》。据冰心老人的子女和身边的人回忆，冰心曾经多次提笔写作，但每次一握起笔，就禁不住老泪纵横，有时甚至号啕大哭，哭得完全不能下笔。直到冰心逝世后，子女和身边的人才发现了一个牛皮信封，里边有一页纸，就是《甲午战争》的开篇，纸上布满了泪痕。信封外页有两行手书，写的是：“以百年国耻激励后人，教育后人，前事不忘后事之师。”我想，冰心老人的这种感情，这份心愿，我们史学工作者是最能够理解、最能够体会的。

甲午战争留给我们极为深刻的历史经验和教训，这方面人们已

---

* 载《中国甲午战争博物馆馆刊》，2004年第4期。

经谈得很多了。在这里，我只简单地讲两点：

第一，没有民族的独立，就不可能有国家的富强。甲午战争是日本政府蓄谋已久、强加给中国人民的一场侵华战争。在战争爆发的前后，国内外许多人都曾提出过一个令人迷惑不解的问题：日本幅员仅四岛，地不为广；丁不满十万，兵不为强；洋债日增，国不为富——为什么竟敢悍然侵略有如此广大的土地、如此众多的人民的中国呢？答案其实很简单。日本侵略者看准了中国早已是一个没有民族独立的国家，清朝政府是一个依附于外国的半殖民地半封建政权。这样的国家，这样的政权，是可以欺负的。1840 年以后，殖民主义列强通过频繁的侵略战争和一个又一个不平等条约，使中国丧失大量权益，一步步沦为半殖民地社会，从而失去了独立发展的基本前提，这早已是铁的历史事实。甲午战争不过是沿着历史剧剧情逻辑发展的更加惊心动魄的一幕而已。甲午战争的整个过程更加清楚地表明，没有民族的独立，就从根本上失去了国家发展、社会文明和进步的前提，每一场侵略战争之后，中国只会在半殖民地的社会中愈来愈泥足深陷，从而长期处于挨打、受辱和任人宰割的灾难之中。

第二，一个腐败的政权不可能领导反侵略战争取得胜利。一般说来，战争的胜负，很大程度上同战争的性质有关。但战争的正义性，并不能天然地保证胜利。在甲午战争刚刚爆发的时候，长期在中国生活和做官的英国人赫德就说过这样一段话："日本是根本没有什么正义可言的，除非借口代别人打抱不平而自己捡便宜也可以算作正义。正义完全在中国方面。我不相信单靠正义可以成事，就像我相信单拿一根筷子不能吃饭那样，我们必须要有第二支筷子——实力。但是，中国人却以为自己有充分的正义，并且期望能够以它来制服日本的铁拳，这想法未免太天真了。"赫德说得一点不错。在甲午战争时期，中国缺少战胜日本的"第二支筷子"——实力。这里所说的实力，实际指的是综合国力。如果仅仅是指军事力量和经济力量，当时中日之间可以说是各有所长，日本并不占绝对优势。甲午战争导致中国失败的，是综合国力的落后，它不仅仅指经济因素、军事因素，还包括政治因素、心理因素等等在内。当时的清王朝，政府和军队中的腐败现象已经到了难以想象的程度。这样的政权，既不能做出正确的政治决策，又不能有效地团聚民心军心，更不能进行有力的军事指挥，又怎么可以指望他们去打胜仗呢？因政权机器和军队日益腐败从而导致综合国力的衰落，是清政府在一系列反侵略战争中无一胜例的根本症结所在。

恩格斯有一句名言：“没有哪一次巨大的历史灾难不是以历史的进步为补偿的。”① 对于中国人民和中华民族来讲，甲午战争的惨败当然是一次巨大的历史灾难，但是，中国人民在逆境中奋起，中华民族在患难中图强。正是甲午战争的创巨痛深，极大地促进了民族精神的觉醒，激发了爱国主义的高扬。在此基础上，无论是下层劳动群众还是上层统治集团中的有识之士，也不论是以康、梁为首的维新派还是以孙中山为代表的革命派，都纷纷提出了自己的救亡方略和救国方案，并且各自付诸自己的政治实践。当人们从血泪斑斑的甲午痛史中走出，置身于甲午战后中华民族新的觉醒浪潮中，改革和革命的巨大力量便如排山倒海一样冲击着历史因袭重担的种种污泥浊水，社会正是在这种狂飙巨浪中飞速前进。

甲午战争是一个研究成果很多、研究相对充分的领域，正因为这样，就更加需要有学术上的创新，有学术上的新的突破，也正因为这样，学术创新也就有更大的难度。我们所希望和追求的学术创新，指的是在历史资料上有新的发现，对历史真相有新的揭示，对历史现象有新的分析，在历史认识上有新的深入。学术创新是一件艰难的事情，绝不是靠天马行空的臆想或随意提个新的提法和说法就可以完成的。梁启超就说过：“我们不能说新的完全是好的，旧的完全是坏的；亦不能说古的完全都是，今的完全都不是；古今新旧，不足以为定善恶是非的标准。”② 那么，历史学创新的标准应该是什么呢？我以为，应该以是否符合历史实际、是否符合历史真实为标准。我相信，在这次学术讨论会上，在今后的中国近代史研究中，

---

① 《马克思恩格斯全集》，中文1版，第39卷，149页，北京，人民出版社，1974。
② 《儒家哲学》，见《饮冰室合集》专集之一百三。

具有真正创新意义的学术成果一定会大量地涌现。在人文社会科学发展的大环境有明显改善的情况下，人文社会科学的繁荣局面一定会很快出现！

再一次预祝讨论会取得圆满的成功！

打破分割，促进融合*

——对历史学学科建设的一点思考

改革开放以来，我国历史学研究取得的发展和进步有目共睹：研究视野进一步拓展，研究领域不断扩大；发掘、整理了很多新资料，新的研究成果大量涌现；积极开展中外史学交流；史学人才健康成长；等等。但是，在发展过程中也不可避免地存在着某些问题。这些问题，有的是早已存在的，有的是新产生的。其中，必须关注的一个问题是学科分割对历史学发展的制约。

学科分割既反映在历史学学科内部，也反映在历史学与其他学科的关系上

从历史学内部来说，按国务院学位委员会的学科名录，历史学包括8个二级学科：史学理论与史学史、考古学、中国古代史、中国近现代史、世界史、专门史、历史地理、历史文献学。这8个二级学科，各有自己特定的研究对象和研究任务，同时它们又都是历史学的有机组成部分，相互之间存在着紧密的联系。但现实的情况是，各个二级学科之间壁垒过于森严。不少史学工作者除了自己所从事的二级学科，把其余学科都看作另一种行当，不但在学术内容方面不闻不问，“事不关己，高高挂起”，就是在人员交往方面也颇有点“鸡犬之声相闻，老死不相往来”的样子。此外，就是在同一个二级学科内部，也存在着学科分割的现象：或者专注于某一历史

---

* 载《人民日报》，2004年5月14日。

时段，或者潜心于某一社会历史领域，心无二用，目不旁骛。研究先秦的对唐宋历史无暇一顾，研究经济史的对政治、军事、思想、文化、社会等方面的历史也缺乏必要的兴趣。

在历史学与其他学科之间，学科分割的现象就更加突出、更为严重。历史学是人文社会科学的基础性学科。一方面，它应该为其他学科提供丰富而翔实的思想资料；另一方面，由于历史是已经逝去的社会生活的总和，所以历史学理应借鉴和吸取其他学科的某些研究方法和研究成果，以加深对社会历史的科学认识。但是，由于过分强调历史学的传统和特性，一些史学工作者不大愿意去了解和学习其他学科相关的研究成果和有借鉴意义的研究方法，甚至可以说已经有点“闭目塞听”“故步自封”了。

学科分割制约了历史学的发展

学科分割对历史学发展的制约是显而易见的，主要反映在以下几个方面：

限制了研究者的视野。历史是一个前后承续、不断发展的过程。研究历史，既要有微观的深入考察，也要有宏观的深刻思考。有些历史现象，特别是某些带规律性的历史现象，离开了对社会历史的长时段的观察，离开了对社会现象多角度的综合分析，是很难揭示其本质的。学科分割往往会使史学工作者的研究视野过于狭窄，不得不把一些长时段的、全局性的、规律性的问题排除在自己的研究视野之外。

影响了专题研究的深入。社会历史现象既然是相互联系、相互影响的，那么就专门问题的研究来说，就不能画地为牢、就事论事，孤立地、静止地进行研究。不了解古代的状况，怎么能说清楚近代社会发生了哪些新的变化？不了解世界历史的状况，怎么能确切判定中国社会在当时的世界舞台上所处的历史地位？生产关系和生产力、经济基础和上层建筑以及经济、政治、思想、文化之间，都有着不可分割的联系，以为集中一点而不及其余便可以研究得更加深入，其结果可能适得其反。当然，这并不是主张对所有的问题都要做面面俱到的综合研究，而是说在重点突破时要兼顾其他，这样会更加有利于重点研究的深入。

妨碍了学者间的交流。学术的发展，一个重要条件是专家学者之间的相互切磋和讨论。一个新的学术成果的出现，能为广大同行专家所关注和分享；一个新的学术问题的提出，能得到广大同行专家的热烈反响。这样的学术环境才是充满活力和生机的。但是，由于学科分割，不少史学工作者只专注于自己的那一小块学术领地，学者之间的交流变得十分困难。近些年来，很少看到围绕哪一个学术问题开展热烈而认真的“百家争鸣”，不少很有学术价值的史学新著也没有引起应有的广泛反响。

减弱了历史学社会功能的发挥。学科分割，使人们形成了一种思维定式，似乎史学著作只是写给史学界内部少数同行专家看的。诚然，史学论著理应首先提供给史学界并经受同行专家的评判，但仅局限于这一点却是远远不够的。历史学作为“经世致用”的一门学问，要充分发挥其社会功能，还必须走出史学界，面向其他学科，面向全社会，为学术文化的发展和全民族素质的提高发挥自己的作用。胡锦涛同志指出：“中华民族历来就有治史、学史、用史的传统。”① “治史”当然首先是史学工作者责无旁贷的神圣使命，而“学史”“用史”则是与全社会都有密切关系的事情。史学工作者要在全社会“学史”“用史”中起骨干作用，把住一个狭窄的研究领域是不行的，必须以更加广阔的眼光适应社会的需要，从选题、视角、内容到成果表现形式，冲破长期形成的固定程式，进行大胆的探索和创新。

不利于历史学的学术创新。同任何学术一样，创新也是史学发展的本质要求。学术从本质上讲就是对未知的不断探索，对真理的不懈追求。如果史学只知道复述前人的老话，陈陈相因，了无新意，

---

① 《进一步认识把握社会历史发展规律　增强推进改革发展的自觉性主动性》，载《人民日报》，2003-11-26。

不敢越雷池一步，那么史学也就丧失了生命力，甚至失去了自己存在的资格和价值。当然，要真正实现史学的创新是很不容易的，需要各个方面的艰苦努力。学科分割，隔断了自己与其他学科的联系，失去了借鉴其他学科研究成果和研究方法的机会，容易导致学术封闭和思想僵化。这样，新的研究领域的开拓，新的研究视角的提出，新的研究切入点的选定，新的分析方法的运用，都会受到极大的限制。

打破学科分割，实现学科交叉、学科渗透、学科融合

克服学科分割带来的种种弊端，需要广大史学工作者共同努力，采取切实措施，促进历史学内部以及历史学与其他学科之间的学科交叉、渗透与融合。

转变观念。中华民族是一个有着悠久历史的民族，历史内容丰富多彩，历史典籍汗牛充栋，历史资料浩如烟海。这一客观情况使中国历史学形成了凡事都要穷追深究、探本溯源的良好学风和传统。这一学风和传统无疑是应该坚持和发扬的。在这种学风下，研究一个问题往往需要花费大量的精力和时间，因而不免难以顾及自己主要研究方向以外的其他问题，这是情理之中的事。但是，凡事都有个度，超过了这个度，事情就会走向反面。过分强调深入钻研而形成学科分割，其实并不符合中国史学的历史传统。司马迁撰《史记》“欲以究天人之际，通古今之变”，司马光作《资治通鉴》是要“鉴前世之兴衰，考当今之得失”，其眼光是何等的宽阔，胸襟是何等的博大。近代以来，出现了一批史学大家，他们关注的学术领域各不相同，做出的学术贡献也各有千秋，但他们作为史学大师都有一个共同点，就是融会古今、兼通中外。这些都说明正确处理通与专的关系，跳出狭窄的学科限制是何等重要。

营造有利于学科交叉融合的学术大环境。对重大学术问题，在

相互尊重和相互平等的基础上开展热烈而健康的争鸣与辩论，有利于引起学术界的共同关心，有利于学术的交流，有利于打破学科分割的状况。比如，20世纪50年代，当我们党提出“双百”方针后，史学界曾经围绕几个重大历史问题进行过热烈争论，这些争论广泛吸引了史学界各方面专家的注意，也不乏史学界以外的一些学科专家参加进来。这不仅极大地推动了对问题的深入研究，更重要的是调动了各学科关心共同问题的积极性，促进了史学的繁荣发展。

改进人才培养模式。随着高等教育事业的发展，研究生特别是博士生越来越成为史学队伍新鲜血液的主要来源。近些年来，在他们中间已经涌现出一批品学兼优的青年学术带头人。但是，在研究生的培养上也存在一些值得改进的问题。有些同志担心的所谓“博士不博”现象，就是其中之一。这主要是指博士生的知识面过窄，缺乏必要的基础知识的素养和研究方法的训练。入学以后，往往一头扎进博士论文的写作，而博士论文的题目又常常不过是硕士论文题目的延续和扩展。这样培养出来的学生，可以对某一点有较深入的研究，却很难成为适应社会要求的全面人才。为了进一步改进史学队伍的建设，在这方面需要认真探索，大胆改革。

借鉴应用相关学科的研究方法。当前，一些史学工作者在学术成果的自我介绍中，往往提到运用了社会学、政治学、心理学、人类文化学、民俗学等研究方法，但细究下去，很大程度上只是贴一个标签、打一个幌子。如果对自己所提到的相关学科的基础常识尚付阙如，怎么谈得上应用和借鉴其研究方法？真要“应用”，真要“借鉴”，首先得腾出精力，老老实实地学习，待到弄清楚相关学科的基本知识和基本内容之后再融会贯通，得其要领，并将这些知识同自己的史学研究工作有机地结合起来，才会产生积极的效果。

义和团运动时期江南绅商对战争难民的社会救助*

尽管学界已对义和团运动时期发生的诸多历史问题进行了论述，但在该运动后期出现的一个非常耐人寻味的现象却甚少为人所留意。这就是，在八国联军相继攻陷天津和北京后，以一批江南绅商为主体的社会力量自发组织和动员社会资源，在中外战争状态远未结束的时候，就自行设法深入华北战区，以便救助那些因战祸而被迫流落在当地的南方人士，并且取得了相当显著的成效。

迄今为止，唯有闵杰先生曾注意过这一事件，但也只是做了相当简单的描述，不足以显示其整体面貌和意义。① 事实上，这一事件隐含着两个非常值得考察的方面：首先，如此规模的跨地域救济兵灾难民的行动在中国历史上从未有过先例，因此剖析其历史缘起和条件，可以从一个侧面来观察中国社会生活所经历的近代演变；其次，按照以往地方史研究框架的诠释，地方精英的行动能力一般不会越出本地社会之外，那么江南地方精英何以能在此时跋涉数千里，到地域性质完全不同的华北地区开展救援行动呢？因此，在某种意义上，这个看似偶然的小事件又在方法论层面上构成了对地方史框架的反思。

有关这场救援行动的资料是相当丰富的。当时的一些重要报纸，尤其是《申报》曾对此事进行过相当多的报道，在一定程度上颇具现代新闻追踪的性质，因而成为本文最主要的资料依据。另外，作

---

* 载《清史研究》，2004年第2期。署名：李文海、朱浒。

① 参见闵杰：《近代中国社会文化变迁录》，第2卷，181～186页，杭州，浙江人民出版社，1998。

为此次行动的重要组织者之一的救济善会（简称救济会）事后编印了一份《救济文牍》，该会主持人之一陆树藩则留下了记述自己参与救援行动过程的《救济日记》，其中均披露了许多为报纸所不载的具体活动情形，这也大大充实了本文的基本素材。

一

这场救援行动始于光绪二十六年（1900）八月中旬，大致告止于次年（1901）二月末。之所以说它的发生看起来有些偶然，是因为其处于一个极为特殊的历史情境中。当时，较大规模的战斗虽已随着北京城的陷落而停止，但联军仍然以剿灭义和团为借口四处烧杀骚扰，给华北许多地方带来了深重的灾难。在这方面，盛宣怀的堂侄盛铬颐以亲身经历提供了一个实例。光绪二十六年七月初，他“避至青县，蒙黄关道派充保靖营官医，每月得薪十金，仅可糊口。忽于闰月廿七，洋兵冒雨突至青县，兵勇宵溃”，他“只得一人暂避北乡，而所带行李并笔墨一扫而空。从此南北之路不便行旅者月余”①。值得一提的是，联军这次对青县的骚扰相当严重，连知县沈正初都被联军士兵“分割其肉，尸无完肤”②。另外，由于华北许多地方的官府在清廷外逃后也很快趋于瘫痪，这就进一步加重了华北地区的动荡局面。

除了这场世纪之交大变动造成的苦难外，华北这时还遭受着天灾的持续打击。特别是在义和团最早兴起的山东、直隶两地，当初在一定程度上促进义和团运动发展的严重灾荒依然没有得到多少缓解。仅据官方记载，直隶就有不少地方在光绪二十六年夏、秋两季仍亢旱如故，部分州县又被黄水，全省报灾歉者共 35 州县。山东进入夏季后同样有多处州县发生水旱偏灾，全年共有 77 州县被灾。次

① 陈旭麓、顾廷龙、汪熙主编：《义和团运动》，433 页，上海，上海人民出版社，2001。

② 陆树藩：《救济日记》，光绪三十三年刻本。

年，直隶春旱秋水，被灾之处达100余州县，而山东全年遭受水旱灾地区亦有84州县之多。①

在这种战祸和天灾的双重压迫下，即使是堪称繁富之区的天津城内，“日仅一餐者比比皆是，其有数日一举火者。较诸发、捻之难，殆尤过之”②。因此，尽管当地也有人试图进行赈救，但“官吏已去，库款无存，欲拯孑遗，束手无策”③。时人曾这样描述当时的情况：

> 天津自郡城失守，于今三月有余。刻下逃难而回者，十有八九绅商富户财物被掠净尽，日食尚需用力张罗，何暇顾及他人？铺户业经焚烧大半，失业者无处安插。又况由东撤回各兵乘隙抢掳，每日不下数十起，更有黉夜捣毁门户、肆行抢夺者，以故市上家家闭户。苦力者身充夫役，日博数百文，尚能糊口，一交冬令，天寒地冻，无地谋生，势必饥寒交迫。津郡为然，推之顺直各州县村镇……财物米已抢掠一空，甚至房屋亦均拆去，惟有露处旷野，无衣无食。冻馁而死者不计其数。④

因此，天津一些人士向上海的著名善士发去了求援呼吁，不仅希望其“惠寄籼米洋圆，多多益善”，甚至连用来“遍洒街衢，以消疹疠”的“臭油”（即来苏水）都“乞由怡和轮船之便，寄下若干桶”⑤。

北京城里同样传出了迫不及待的求救信号。当时困居京都粤东会馆的一批广东京官致函上海广肇公所的同乡们，声称京城内“乱兵乱民遍地焚掠。银肆尽毁，质库全空，既无复典借之路，南粮不来，民食如缺，且将为无米之炊”，故请“酌拨巨款，从速设法寄京，以资振贷”⑥。虽然这里求救的并非华北地方人士，但也从一个

---

① 参见李文海等：《近代中国灾荒纪年》，667～669、684～686页，长沙，湖南教育出版社，1990。

② 《申报》，光绪二十六年十月二十八日

③ 《申报》，光绪二十六年闰八月初一日。

④ 《申报》，光绪二十六年九月初六日。

⑤ 《申报》，光绪二十六年闰八月初一日。

⑥ 《申报》，光绪二十六年闰八月十八日。

侧面表明了京城内的危急情形以及对江南援助的期盼之情。

相对于华北地区，此时的江南一带处于较为平静的状态。究其原因，除了义和团运动对此地区影响甚小外，主要还在于东南各省的地方大员在清廷发布对列强宣战上谕后的第五天，便委托盛宣怀会同上海道余联沅在上海与各国领事签订了《东南保护约款》，从而形成了所谓“东南互保”的局面。① 尽管“东南互保”不可避免地存在着诸多的消极意义，但正如有的学者指出的那样，它毕竟使江南地区“免遭生灵涂炭，保护了资本主义工商业免遭破坏”②，因此在客观上为江南社会的这次救济行动提供了必要的物质条件。

面对华北地区的上述情况，江南社会做出了积极的反应。例如，针对这场兵灾而成立的一个主要救助组织——救济会就公开声明：“北方兵祸之惨，为从来所未有……其望我南人往救之情何等急切。”③ 该会主持人陆树藩更直截了当地说要“合南方之财力，救北地之疮痍”④。颇能代表公共舆论的一些报纸也纷纷表达了类似意识。《申报》在一篇社论中就以南方立场表达了这样的看法：“关山鼙鼓，北方之烽燧频惊；花月笙歌，南方之繁华犹昔。验天心之向往，思人事之推迁，作善以迓庥祥，修德而免灾戾。”⑤ 设于上海的《游戏报》亦使用了类似的言辞：“吾想东南各省邀如天之福，得以安居乐业，烽火无惊，当共愿力济时艰。”⑥ 《中外日报》甚至认为举行这种“泯南北之畛域，一视同仁”的行动，还有可能成为开启“中国合群之理”⑦ 的一个契机。

应当说，上述观点在东南各省是有一定的社会基础的。例如，扬州的一位孝廉就认为：“试思彼苍生我，我人也，北方官绅商民亦人也。我之乐如此，非如饮食衣服之不可须臾离也；人之苦如彼，

---

① 参见苑书义等：《中国近代史》，中册，659～660页，北京，人民出版社，1986。
② 夏东元：《盛宣怀传》（修订本），287页，天津，南开大学出版社，1998。
③ 《申报》，光绪二十六年闰八月十二日。
④ 陆树藩：《救济日记》。
⑤ 《申报》，光绪二十六年闰八月十二日。
⑥ 《救济文牍》，卷六，页十四。
⑦ 《救济文牍》，卷六，页十一。

非有遗孽隐匿之足贻上天怒也……且我既得遂其为我，是天独厚于我，我何不稍存恻隐以承天?"① 一位不知名人士显然以南方身份倡言道："比闻北直被兵，民生涂炭，因念吾辈处东南无事之地，得以全性命而保家室，徜坐视彼土劫烬之余，一任其生者流离，死者暴露，而不思援手，扪心何以自安?"② 尽管因时代局限，上述言论大多带有浓厚的因果福报色彩，但从中不难看出，南方社会对实施救援行动的必要性和紧迫性是具有共识的。此外，或许这些言论并不只代表着江南地区的声音，但在具体活动中，江南社会确实居于无可争辩的主体地位。

二

事实上，江南社会一直密切注视着华北形势的发展，所以江南绅商极有可能在接到来自华北的直接求救信号以前③，就已经通过其他各种渠道知晓了华北兵灾的大致状况，并且早在庚子年八月间便以上海为中心开始准备救援行动了。其最明显的表现便是两个规模较大、组织较为完善的救援机构于当月中下旬先后成立，这便是救济会和济急善局。

首先成立的就是前面提到的救济会，其公开宣布成立的时间恰在慈禧太后带领光绪帝逃到太原的前一天④，即光绪二十六年八月十六日（1900 年 9 月 9 日）。是日，救济会同人在《申报》上刊出公启，对其缘起进行了说明：

> 近因京师拳匪为非，激成大变，列国师船连樯北上，竟以全球兵力决胜中原。炮火环轰，生灵涂炭，兵刃交接，血肉横

① 《申报》，光绪二十六年九月初五。

② 《救济文牍》，卷五，页八。

③ 因为这些信号中最早的一个在江南地区公开发布的时间是当年闰八月初一（9 月 24 日），而江南绅商开始准备行动的时间则是八月中旬。见《申报》，光绪二十六年闰八月初一日。

④ 参见《清史编年》，第 12 卷，228 页，北京，中国人民大学出版社，2000。

飞。最可怜者，中外商民寄居斯土，进无门，退无路，不死于枪林弹雨之中，即死于饥渴沟壑之内。身家尽毁，几如釜底之鱼，玉石俱焚，枉作他乡之鬼。呜呼痛哉！能无冤乎？某等不忍坐视，先集同志筹捐举办，拟派妥实华人，并延请洋医华医赴津沽一带，遇有难民，广为救援，名曰中国救济善会。呈请上海道照会各国领事，声明此系东南各省善士募资创办，亦如外国红十字会之例，为救各国难民及受伤兵士起见，已蒙各国领事会议，允商领兵官发给护照，俾救济会之人携向军前救护。①

救济会公所设在上海北京路庆顺里，其首要主持者是浙江湖州人、在籍户部山西司郎中陆树藩。不过，这个动议可能是由杭州鼎记钱庄执事潘赤文提出的，因为根据陆树藩自己的说法，他是得知潘赤文“大发善愿，拟救济北京被难官商，先垫巨款”② 后，才产生创设救济会念头的。而且，潘赤文后来也成为救济会的重要主持人之一。③ 但无论如何，救济会的主要创立者是一些江南绅商，应是确定无疑的。

救济会成立后，立即采取了三个行动来扩展自身的社会影响。首先，它联合了相当一批江南绅商来扩大组织网络，其中最显著的表现，就是《申报》馆协赈所、杭州清和坊鼎记钱庄、苏州东大街同元钱庄、广东源丰润票号、宁波北江下富康钱庄、绍兴保昌钱庄、杭州庆福绸庄、苏州中市仁和钱庄都设立了救济会的收捐处。④ 另外，上海其他一些报馆也在发送报纸时帮助救济会分送捐册。⑤ 其次，它委托当时的上海道余联沅照会德国驻上海总领事，请其“颁给护照，俾救济会之人准向军前随时救护”，德国总领事也很快便“缮给执照”，从而扫清了北上的外部障碍。⑥ 最后，它向当时暂时停留在上海的李鸿章禀告了自己的救援请求，很快也得到了肯定的

① 《申报》，光绪二十六年八月十六日。
② 《救济文牍》，卷四，页六。
③ 参见《申报》，光绪二十六年闰八月二十三日。
④ 参见《申报》，光绪二十六年八月十九日。
⑤ 参见《申报》，光绪二十六年九月二十四日。
⑥ 参见《申报》，光绪二十六年八月十八、八月三十日。

答复。[1] 后面这两个举措为救济会的行动带来了很大的便利，因为这使得该会可以“相机行事，与华人办事则依赖中堂，与洋人办事则昌言善举耳”[2]。

由于救济会的组织工作堪称完善，很快赢得了江南社会广泛的信任和支持。它成立不久，当时旅居上海的刘鹗就筹垫了白银一万二千两的巨款送交救济会，上海道余联沅也捐银一千两，轮船招商局委员谭干臣、韦文甫和郑观应等人则拨助大米五百石。[3] 晚清著名经学大师俞樾捐助自己的著作数十部，并“自书单款楹联两副，嘱一并变价助振”[4]。上海的一位医士则表示，只须救济会“给以凭票”[5]，即可收诊其救回的病人。据救济会人士所言，当时“宦海儒林均极踊跃，即佛门中人亦大发慈悲，朱提慨助”，“甚至六龄弱女亦捐压岁之钱为拯灾之助”[6]。尽管这种说法不无夸张之处，但救济会彩票的发行可从一个侧面证明捐助救济会的热烈程度。起初，救济会意欲尽快筹集款项，因而在九月初“拟开彩票”，不过当时由于彩物“需件甚多”[7]，一时还只是个设想。岂料仅过了一个多月，它所收到的捐助便足以制成每张售洋二元的“得物票二千张，计设得物者有五百张之多”[8]，并从十月十五日（12 月 6 日）开始发售。所有这些情况表明，救济会在江南造成了相当大的声势。

不过，或许是因为陆树藩、潘赤文等人并非是江南地区最著名的善士，所以救济会并不是当时最大的救援机构。而当时江南最著名的一批善士严信厚、席裕福、杨廷杲、施则敬等人尽管设立济急善局（后亦称作东南济急会，简称济急会）的时间略晚于救济会，但其规模很快超过了救济会。就在救济会发布公启后仅九天，严信厚

---

① 参见《申报》，光绪二十六年八月二十二日；又见《救济文牍》，卷三，页一至二。

② 《申报》光绪二十六年九月十九日。

③ 参见《申报》，光绪二十六年闰八月十四日。

④ 《申报》，光绪二十六年九月十五日。

⑤ 《申报》，光绪二十六年闰八月二十二日。

⑥ 《申报》，光绪二十六年九月初五日。

⑦ 《申报》，光绪二十六年九月初一日。

⑧ 《申报》，光绪二十六年十月十五日。

等人也在《申报》上发布公启，在宣布济急善局正式成立的同时，也显示出济急善局从一开始就有着比救济会更大的社会联系面：

> 信厚等昨奉合肥相国面谕，并接同乡好善诸君函嘱，集资往救以尽桑梓之情，因议在上海三马路《申报》馆、后马路源通官银号、陈家木桥电报局、六马路仁济善堂、盆汤弄丝业会馆设立济急善局，即由信厚等分别筹办。一面函恳杭州同善堂樊介轩、高白叔两先生，苏州吴君景萱、潘君祖谦、尤君先甲、郭君熙光、焦君发昱、徐君俊元、喻君兆淮、吴君理杲、尹君思纶、倪君思九，江西丁少兰观察，镇江招商局朱君煦庭诸善长，暨则敬胞兄汉口招商局紫卿二家兄，随缘劝助，源源接济。①

除了联络上述绅商外，济急会同人复于闰八月初二日（9月25日）邀集大批绅商筹议救济事项。会议的主要参加人员有招商局的顾缉庭、严芝楣，福余南的曾少卿，汇业董事左庆先、白星五，洋货业董事许春荣，茶业董事梁玉堂、袁瞟笙，四明公所董事朱葆三，天顺祥主人陈润夫，钱业董事陈笙郊、刘杏林、孙荻洲、谢纶辉、袁联清，丝业董事黄佐卿等人。会议结果，除多人当场认捐了大批款项外，各行业董事还“均允即转商同业，再行分别筹助”②。同救济会一样，济急会也得到了社会上的广泛认同，所以它在成立后不到一个月的时间里，便收到了将近二万元的社会捐款。③

另外，济急会声势的壮大还得益于一个重要人物的支持，此人便是当时驻守在上海的电报局和轮船招商局总办、大理寺少卿盛宣怀。其实，盛宣怀甚至可以说是济急会的主要幕后主持者，因为作为该会重要主持人之一的施则敬明确宣称自己是“随同盛京卿诸公承办济急善局”④ 的。另外，盛宣怀还不时公开出面参与济急会的行动。例如，在该会成立不久，他就公开领衔与济急会同人向各省“制台、抚台、河台、漕台、提台、镇台、藩臬运道台、各局所、各

---

① 《申报》，光绪二十六年八月二十五日。

② 《申报》，光绪二十六年闰八月初三日。

③ 参见《申报》，光绪二十六年闰八月十七日。

④ 《申报》，光绪二十六年十月初二日。

统领"① 发出筹捐公电。而许多省份的地方大员在很短的时间内也纷纷募助大批款项以示支持，例如，湖南巡抚俞廉三"允借银一万两"，浙江巡抚刘树棠、布政使恽祖翼等"合助银五千两"②，江西布政使张绍华等共助银五千两，安徽巡抚王之春等筹助银五千两，云南巡抚丁振铎筹助银四千八百两，云南布政使李经羲助银二千两；福建、四川、广东、山东、广西等省的大员亦"分别电助济急经费"③ 不等。正是鉴于这种形势，盛宣怀在九月初便放言"此举大约可凑十万以外"④。这无疑大大增强了济急会的活动能力。

除救济会和济急会外，上海还出现了第三个救援机构，即江苏绅士杨兆鏊、杨兆鋆、尤炯等人于同年十月初创设的协济善会。⑤不过，由于协济善会的规模和影响远逊于前两个救援机构，而且其实际作用相对来说亦相当有限，因此这里对它的组织情况不再赘述。

应当指出，虽然当时其他一些省份也曾尝试过类似的活动，但并未出现可以与江南绅商相提并论的救援行动。例如，曾有江西绅士打算北上办理救济本省同乡事宜⑥，而身为广东人的郑观应在得知济急会的江浙绅商派人北上"招呼京津落难者回南"⑦ 后，也立即催促自己在上海的同乡们展开同样的行动，不过，前者后来根本未能成行⑧，而后者则是完全依靠救济会才得以行动的⑨。

三

在救援行动的具体实施上，应当说救济会和济急会的计划都考

---

① 《申报》，光绪二十六年闰八月十三日。
② 《申报》，光绪二十六年闰八月二十、二十八日。
③ 《申报》，光绪二十六年九月二十五日。
④ 陈旭麓、顾廷龙、汪熙主编：《义和团运动》，345页。
⑤ 参见《申报》，光绪二十六年十月初一日。
⑥ 参见《申报》，光绪二十六年闰八月二十日。
⑦ 夏东元主编：《郑观应集》下册，1139页，上海，上海人民出版社，1988。
⑧ 参见《申报》，光绪二十六年九月初七日。
⑨ 参见夏东元主编：《郑观应集》下册，1139～1140页。

虑得较为周到。这主要表现在这样两个方面：首先，它们都对救援路线做了妥善的安排，不仅在南下必经的陆路上设立机构以救助从北方逃来的难民，而且把更大的精力放在了海路上，即从上海派发轮船北上天津海口，直接将大批难民运回相对安全的南方；其次，两会在护送难民南下途中都对之进行了妥善照料，从而使救助行动更具实际效果。

救济会的行动首先证明了上述情况。由于清江至德州一带是南来必经之路，所以其第一步行动是准备“在清江浦设立难民总局，派妥实之人至德州一带沿途查察”①。而且，在尚未派会中人员前往清江的时候，救济会就解银三千两，委托浙江布政使恽祖翼转托山东地方官员办理此事，并很快得到了应允。② 此后，救济会又拨银八千两，派会友钱金裕赶往德州设立救济局。③ 这次行动持续了相当一段时间，因为到九月中旬，当得知山东“青齐一带南人之留滞者饥寒困苦”的情况后，救济会再次拨银四千两、洋五百元，由会友姚少明等四人前往济宁设局，开展救援行动。④

不过，在清江至德州之间的行动只能说是外围工作，因为当时南北道路阻绝，能够逃出京津地区的难民毕竟是少数，所以救济会很早就决定“派轮船往津”⑤ 接运被难官商。只是由于这个计划颇具深入虎穴的意味，需要做很多准备工作，故而落在了清江行动的后面。后来，在得到轮船招商局拨定“爱仁号”轮船相助后⑥，庚子年闰八月二十二日（1900 年 10 月 15 日），救济会主事陆树藩会同德国医官贝尔榜、德国人喜士、前中国驻法参赞陈季同、近代著名思想家严复以及司事等共计 82 人，由吴淞口起程北上，于二十六日（10 月 19 日）上午抵达大沽口。⑦ 此举标志着救济会的第二步救援

① 《申报》，光绪二十六年八月十七日。
② 参见《申报》，光绪二十六年八月二十二、二十七日。
③ 参见《申报》，光绪二十六年闰八月十九日。
④ 参见《申报》，光绪二十六年九月二十日。
⑤ 《申报》，光绪二十六年八月十七日。
⑥ 参见《申报》，光绪二十六年闰八月初四日。
⑦ 参见陆树籓：《救济日记》。

工作正式实施。

以九月初五日（10 月 27 日）在天津针市街火神庙设局为开端①，陆树藩在随后的一个半月时间中救助了大量的难民。除天津外，还向保定、芦台、唐山、沧州、固安等处“派人前往招徕”②流落当地的难民。到陆树藩回到上海的十月下旬，救济会已经救出被难官民 5 583 人。③ 应该指出的是，救济会救助的人士并非全是如其最初宣称的“被难官商”，因为在它运送回南的第一批名单中，就有十余人的身份是小工。④ 另外，上面这个数字还远不是救济会最终救助的全部人数。因为当陆树藩回南后，救济会并没有立刻撤局，而是继续收聚散在四乡的难民。⑤ 直到次年二月间，救济会还运送了两批共约一千名难民回南。⑥

济急会在救助难民回南方面毫不逊色。该会首先也是自清江至德州“沿河一带为止”⑦ 开展救援，并且早在闰八月初就请刘兰阶等人动身前往了。另外，济急会还商请山东巡抚袁世凯从官局先“垫发银五千两”⑧ 交与刘兰阶，从而保证了救援行动能够迅速展开。至于其第二步行动则是直接从京城救护难民回南。起初，济急会只计划从“德州以上至津京一带，另延妥友分头举办”⑨，但盛宣怀认为，必须在京城“请各省京官设一局所，方能办事”⑩。恰好李鸿章因准备北上议和而于八月下旬离开上海，济急会同人趁机请随其进京的幕僚杨文骏等人主持北京的救济事务⑪。杨文骏等人抵京后，立即在李鸿章下榻的贤良寺内“收拾两间屋为公所”⑫，开办了

① 参见《申报》，光绪二十六年九月十九日。
② 《申报》，光绪二十六年十月初四日。
③ 参见陆树籓：《救济日记》。
④ 参见《申报》，光绪二十六年九月二十日。
⑤ 参见《申报》，光绪二十六年十一月初九日。
⑥ 参见《申报》，光绪二十七年二月初九、二十一日。
⑦ 《申报》，光绪二十六年八月二十七日。
⑧ 《申报》，光绪二十六年闰八月初七日。
⑨ 《申报》，光绪二十六年八月二十七日。
⑩ 陈旭麓、顾廷龙、汪熙主编：《义和团运动》，308 页。
⑪ 参见《申报》，光绪二十六年闰八月十三日。
⑫ 《申报》，光绪二十六年十月初四日。

京城济急分局。当滞留京城的南方京官们得知此事后，到公所“来探闻者日不暇给”①。而济急会在北京的行动成效也是相当可观的。到九月十三日（11 月 4 日）止，它就已经解往京城五批银洋，共合规银七万余两。②

因此，对于需要救助的被难京官，济急会在救济额度方面颇为宽松，规定“酌量人数匀济，至多每人不得过一百金”，若“有出京而百金仍不敷者”，则“随时添助”③。并且在从京城往天津的路上一路妥善护送：京城至通州段，由“李幼山、董遇春带翻译赴通州照料”；通州至杨村段，由杨莘伯“带翻译等赴杨村照料”；塘沽由“（张）燕谋京卿派矿局洋人白乐文照料”④。尽管从北京救回的具体人数尚不清楚，但由于它的款项相对救济会来说更充足一些，且运送的第一批难民就有一千数百人之多⑤，所以其救助的总人数应当不少于救济会。

另外，救济会和济急会还在救护难民回南方面进行了有效的合作。两会同人早在八月下旬就互通了声气，曾约定“清江等处归严君筱舫诸公筹办，京津一带归陆君纯伯诸公筹办”；对于双方都开展救援行动的清江一带，救济会将“所有潘君赤文、陆君纯伯已经解交恽心耘观察代收转运之款，即由陆君纯伯电请拨归刘君兰阶查收，严君筱舫诸君俟恽观察复电到日，立即照数就近拨还”⑥。后来，在济急会于京城设立分局后，尽管济急会曾经声明“救济会系陆纯伯部郎专办天津一路，济急会系盛京堂及诸同仁专办京城、德州两路”⑦，但济急会有三百余人“不及护送出京”⑧ 时，还是委托入京探访情形的陆树藩设法带回了天津。

---

① 《申报》，光绪三十六年九月三十日。
② 参见陈旭麓、顾廷龙、汪熙主编：《义和团运动》，363～364 页。
③ 《申报》，光绪二十六年闰八月初七日。
④ 《申报》，光绪二十六年九月二十八日。
⑤ 参见陆树藩：《救济日记》。
⑥ 《申报》，光绪二十六年八月二十九日。
⑦ 《申报》，光绪二十六年十月十六日。
⑧ 《救济文牍》，卷四，页二十四至二十五。

对于运回上海的难民，两会继续给予良好的照顾。还在北上接运难民之前，两会就共同请求“寓沪各省官绅顾全乡谊，各先预备房屋、床桌等件，免致临时局促。一面并请郑陶斋观察派友分恳各栈主，量予通融，暂准免收房饭等资，以期时艰共济”①。长发等八家客栈亦应允“被难绅商来沪投栈，不计房钱，只收饭金每口日钱一百二十文”②。这在后来确实得到了落实。例如，救济会第一批抵沪难民即“分住名利、长春两栈”③；九月二十六日（11 月 17 日）下午三点钟，当“安平”轮船行抵上海金利源码头时，济急会的任锡汾、施则敬等人亲自前往查看，见“中有广东人苏邦，大小各二口，穷苦堪怜，即嘱赴长发栈暂住。浙江杭州人田永泉，大小各五口，安徽合肥人张万珍，大小各两口，均嘱处鼎升栈暂住，各给本会票据为凭”④。在整个救援行动期间，诸如此类的照顾屡屡可见。

两会还接受南省人士的委托，开展了大量的代为寻人、送钱和送信工作。它们在这方面同样成效卓著，以至于聂士成的儿子也在其父战死后，专程到救济会和济急会公所求助，请其寻找流落北方的家眷。⑤ 而且，两会后来也不负所托，在古北口找到了聂家人的下落。⑥ 至于受托汇钱汇信的事务更是数不胜数，救济会前后共代汇信“一千数百户之多”⑦。济急会则在刚开始代办此项事务不久，就因“托寄信件太多”，不得已规定必须“改用薄纸小封，并删除一切客套闲话，方可代为递寄”⑧。

应当指出，在开展救助行动的同时，救济会和济急会也并未忽视对京津地方的灾后赈济。在天津，陆树藩在抵达后不久，便因城厢内外皆多弃尸而开始办理掩埋事宜。⑨ 九月中旬，救济会在天津

① 《申报》，光绪二十六年八月二十九日。
② 《申报》，光绪二十六年九月初三日。
③ 《申报》，光绪二十六年九月二十五日。
④ 《申报》，光绪二十六年九月二十八日。
⑤ 参见《申报》，光绪二十六年九月初一、二十一日。
⑥ 参见《申报》，光绪二十七年二月初九日。
⑦ 《申报》，光绪二十七年二月二十六日。
⑧ 《申报》，光绪二十六年九月十四日。
⑨ 参见《申报》，光绪二十六年九月十九日。

设施医舍材局，并在“城厢内外按段分设平粜局”①。又因“津郡乱后，失业者多”②，拟集资在浙江海运局内开设天津工艺局。在北京，救济会委托刘鹗同样开办了平粜、掩埋及施医诸事项。③ 济急会亦在救护南方难民出京之外，“旁及施衣、粥厂、掩埋、赈给诸善举，力所能及，无不兼营”④。应当说，两会的这些举措对京津当地灾民恢复正常生活起到了一定的积极作用。

此次救援行动的最终费用相当可观，济急会用银达五十余万两之多⑤，而救济会综计所费亦将及银二十万两⑥。其中为数不少的款项来自于江南社会的捐助。至于许多省份官方提供的经费支持，从前面的叙述可以看出，这些经费并非纯粹的官方拨款，而是由救援机构主动向其募助的，并由该机构自行支配，因此这些资金可以说具有很大的民间性质。

最后，关于这次行动的救助对象还需要做一点说明。起初，救济会和济急会试图救助的实际上只是江南地区在华北被难的人士，例如，前者在章程中声明此举欲“专济东南各省之被难官商”⑦，后者亦公开宣称自己的行动“仅指救济江浙人士而言”⑧。从最后结果来看，两者实际上救助的也确实以江南地区的难民为最多。不过，在南方其他一些省份的官商士绅对两会的这种做法提出质疑后，济急会很快重新设定了救助对象的范围，其规定是：“现在在京之江苏、江西、安徽、浙江、福建、广东、广西、云南、贵州、四川、山东、河南、湖南、湖北各省绅士商民，及各直省京朝官，均应救济。”⑨ 至于救济会虽然没有做出具体规定，但其事实上也救助了不少江南以外的难民。而这样一来，不仅使这场救助行动得到了更广

① 《救济文牍》，卷一，页十四至十七；《救济文牍》，卷二，页五。
② 《救济文牍》，卷一，页十九至二十二。
③ 参见《申报》，光绪二十六年十二月十一日。
④⑤ 陈旭麓、顾廷龙、汪熙主编：《义和团运动》，676页。
⑥ 参见《救济文牍》，卷一，页十九。
⑦ 《救济文牍》，卷一，页二。
⑧ 《申报》，光绪二十六年八月二十五日。
⑨ 《申报》，光绪二十六年闰八月初七日。

泛的支持，而且其实际作用亦辐射到更为广大的区域。

四

这场救助行动得以发生的直接原因固然是北方的战祸，但是促成该行动的社会基础则是一个相当复杂的机制。大体而言，该行动包含着三条不同的社会脉络：其一是江南地区自明清以来的慈善传统，其二是晚清时期形成的以江南为中心的义赈实践，其三则是西方近代公益事业对中国的实际影响。正是在这三条脉络的交互作用下，这场跨地区进行的救助行动才在时代需要的情况下成为现实。

江南地区之所以能够做出上述反应和行动，首先是因为该地区自明清以来便形成了远胜于其他地方的慈善传统。对此，民国《吴县志》中的一个广被引用的说法即为显著例证："吴中富厚之家多乐于为善。冬则施衣被，夏则施帐扇，死而不能殓者施棺，病而无医者施药，岁荒则施粥米。"① 这个传统到晚清时依然未辍，而上海尤为突出，以至于时人曾戏言："君亦知人皆乐为上海人乎？……至于身死之后，并可借得一具美材以掩遗骨，妻妾能守则有清节堂赡之，子孙能读则有各义塾教诲之，病则有医药，饥则有热粥，寒则有棉衣，皆可仰望取给于各善堂也。"② 此言虽戏，足见上海慈善事业的兴盛程度。而台湾地区学者梁其姿更从实证的角度表明，在善会善堂的数量方面，江浙两省在整个清代都占有对别处极为明显的优势。③ 在这样一种氛围下，江南绅商在上海使用传统善会的名义来组织救援行动，显然是个颇为自然的举动，同时也就不难理解其为何在活动中大量运用传统的慈善话语。

---

① 民国《吴县志》，卷五十二上。

② 《申报》，同治十二年十二月十九日。

③ 参见梁其姿：《施善与教化——明清的慈善组织》，331页，石家庄，河北教育出版社，2001。

不过，善会善堂的救助范围毕竟有限，梁其姿的研究就清楚地表明，自嘉庆以降，江南善会善堂的基本发展方向是为小社区服务的。① 即使清后期存在着以“江南育婴圈”为代表的慈善系统②，其最终指向也是江南地方内部，并不足以支持跨越地方边界的社会救济行动。而江南绅商在此时得以远远跨越地方边界，深入到另外一个地方空间开展救济活动，是因为江南地区这时已大体形成了一种跨地域救荒的实践机制，这就是业已持续了二十多年的晚清义赈活动。

晚清义赈在19世纪70年代后期的“丁戊奇荒”期间萌发于江南，并且由于晚清时期灾荒的频繁发生，其活动也连绵不断，到19世纪末已“风气大开”，甚至对官赈产生了极大影响。正如晚清义赈的重要发起人之一经元善所说，当时已是“海内成为风气，一若非义赈不得实惠”③。这是一种“民捐民办”，即由民间自行组织劝赈、自行募集经费，并自行向灾民直接散发救灾物资的跨地域救荒活动，而且是一大批江南绅商的联合行动。它虽然与江南慈善传统有着极为密切的关系，但又在很大程度上超越了传统的地方性慈善事业，与后者在性质上有重大差异。而其中一个极为重要的表现就是它始终立足江南，面向全国范围内的灾荒，从而形成了自身独特的运行机制。④

尽管这场兵灾与以往义赈主要面对的灾荒性质不同，但从这场救援行动中还是可以明显看到晚清义赈的影子。

首先，这场救援行动的许多活动方式就是仿照义赈而进行的。就救济会而言，其章程中便有这样的规定：

> 议在上海设立筹办救济善会公所，杭州、苏州、广东等省设立代收救济善会捐款分所，此外各府县如有好善君子愿为劝募，再行随时添设分所。
>
> 议所有捐款各处，即由分所代收，付给收条为凭，寄存钱

① 参见梁其姿：《施善与教化——明清的慈善组织》，257页以下。
② 参见王卫平：《清代江南地区的育婴事业圈》，载《清史研究》，2000（1）。
③ 虞和平主编，《经元善集》，118页，武汉，华中师范大学出版社，1988。
④ 参见李文海：《晚清义赈的兴起与发展》，载《清史研究》，1993（3）。

庄票号，转解上海公所汇收，仍由公所分存上海庄号，随时支用。上海公所收到捐款，亦付收条为凭。

议呈请李中堂……札饬电报局委员，凡有救济善会往来电报，援照办理灾振成案，一概不收报费。

议上海公所所收捐款，逐日录请登报；各处分所所收捐款，逐批录请登报。一切开销，每月结总后，请详细登报，以昭大信。①

不仅所有这些都是在义赈中首创并早已是屡见不鲜的做法，而且救济会同人也意识到自己是在模仿义赈的活动方式，因为在它开办之初，就有人建议其应“仿照赈捐旧章办法”②，并且得到陆树藩的完全赞成。至于济急会则更加直接地表明了自身行动与义赈的联系，它在行动一开始就宣称：“此次承办同人仍延历届助振诸君，以期得力而归实济。”③ 尤其是济急会派往清江一带开展救援的“多年放赈之刘兰阶先生”，正是以“放赈之法”办理救济行动的。④

其次，济急会和救济会的主要主持者都与义赈有着直接的关联。济急会的严信厚、施则敬、杨廷杲、郑观应、席裕福等人正是此前和之后主持办赈多年的义赈头面人物，而其办事地点也正是几家最重要的协赈公所所在地。⑤ 因此济急会同人在救援行动结束后接办京畿春赈可以说是一个顺理成章的举动。至于救济会的主办者陆树藩等人，虽然此前并没有参与过义赈活动，但他们后来将救济会径直改称“救济善会筹办顺直义赈局”来接办顺直地区的春赈⑥，从而正式加入了义赈的行列。

最后，局外许多社会人士也常常将这场救援行动与义赈联系起来。例如，四川、江西、云贵等省绅商请求济急会帮助搭救本省被

① 《申报》，光绪二十六年八月十七日。

② 《救济文牍》，卷四，页十一。

③ 《申报》，光绪二十六年八月二十七日。

④ 参见《救济文牍》，卷四，页二十七；《申报》，光绪二十七年正月十二日。

⑤ 这一点参见朱浒的博士论文《晚清义赈研究》（中国人民大学，2002 年）第三章中的有关论述。

⑥ 参见《申报》，光绪二十六年正月十二日。

难同乡时，其表示信任的根据就是“各善长素来乐善，历年各省灾振，莫不仰赖荩筹”①。刘鹗在赞赏江南绅商举行救济行动的同时，认为此次北省遭劫而南省得以保全的原因，正在于“二十余年来，上海义赈不下数百万金，感召昊苍，所以得此邀福也”②。此外，由于济急会曾言明，若有被难官商将来归还当初接受的救济款，则“全数拨充振需”③，所以《申报》上的一篇社论甚至将对救援行动的捐助视为对义赈的某种捐助：“凡振济之举，嗷嗷待哺之哀鸿既已受惠于前，断无偿还于后。若此次北省被难之官绅商民……生还故里，从前所受之数未必不设法偿还……是诸善士之捐资入会者，既以救今日漂泊异乡之旅客，迨他日受此者或仍如数缴还，则借此仁浆义粟，又可救若干无告之穷民，是不啻以一次之款而行两次之善也。”④ 因此，如果只从组织和募捐的角度来看，这场救援行动的确可以归入义赈的发展脉络。

不过，从根本上说，这次在华北开展的救援行动与义赈之间毕竟存在着较大的差别。因为以往的义赈活动毕竟只是国家内部的一种救荒实践方式，并且由于其往往以“补官赈之不足”为旗号，还常常能够得到官方的支持，而这时的华北一带却根本不存在中国官方的权威。同时，尽管江南地区处于相对和平状态，但江南绅商在华北依然要直面中外战争的态势。因此，借用陆树藩的话来说，若救援行动在当地“牵连官场，反更为难”⑤。在这样的情况下，这场救援行动的发生除了中国自身传统所起的作用外，还在于它加入了新的因素，即西方近代公益事业对中国的影响，具体而言，就是其首次在中国实际应用了红十字会的原则和精神。

周秋光先生在研究晚清时期的中国红十字会时认为，红十字会的相关知识转入中国以后，正是由于义和团运动的爆发才导致中国酝酿成立红会的进程不幸被打断，直到日俄战争时期方在组织上出

① 《申报》，光绪二十六年闰八月初二日。
② 《申报》，光绪二十六年闰八月十四日。
③ 《申报》，光绪二十六年闰八月初七日。
④ 《申报》，光绪二十六年闰八月十二日。
⑤ 《申报》，光绪二十六年闰九月十九日。

现中国红十字会的先声。[①] 这种说法实际上严重忽视了此次救援行动对中国红会发展史的重要意义。对此，闵杰先生曾指出，根据救济会的公启来看，该会确实具有一定的红十字会性质，因而在一定意义上可以称之为中国红十字的先声。[②] 不过，后者的说法虽然中肯，但证据十分有限。实际上，这场救援行动所表现出来的红会性质远远不止于救济会公启中的一个简单提法。

首先，无论是救济会还是济急会，都在借助红十字会方面有着明确的意识。救济会在成立之初就声明是自己是仿照"外国红十字会之例"而行动的，而济急会在其第二份章程中也正式说明本会"系仿照红十字会意办理"[③]。救济会还尤其注意在实际行动中体现红十字会的标志和精神。该会规定，会中"无论上下人等均穿红十字记号衣服"[④]，凡该会所派人"身边及舟车均以红十字旗号为凭"[⑤]；其开设保定分局时规定，执事人"衣上有红十字记号，洋文写明'中国红十字会执事人'字样"[⑥]。另外，陆树藩在天津遇到一批"甘从洋兵，以身试险"却陷于困境的苦工时，虽恼怒其"贪利北来"，但念及"红十字会例，以平等救人为主，故仍一体援之"[⑦]。当他得知随自己北上的一些司友"颇有退心"时，又特地向其解释"泰西红十字会章程，系专往军前救济"[⑧]。

其次，这场救援行动的红十字会性质在当时也得到了广泛的认可。《申报》就认为，救济会和济急会的宗旨都"与泰西红十字会相同"[⑨]。时人赋诗称赞救济会，就有"救济会原红十字"[⑩] 之句。如果说这尚属一般人的模糊认识，则驻俄公使杨儒的看法应具有一定

① 参见周秋光：《晚清时期的中国红十字会述论》，载《近代史研究》，2000（3）。
② 参见闵杰：《近代中国社会文化变迁录》，第2卷，185页。
③ 《申报》，光绪二十六年闰八月初七日。
④ 《救济文牍》，卷一，页五。
⑤ 《救济文牍》，卷二，页六。
⑥ 《申报》，光绪二十六年十一月初三日。
⑦ 陆树藩：《救济日记》。
⑧ 《救济文牍》，卷二，页七。
⑨ 《申报》，光绪二十六年八月十六、闰八月初九日。
⑩ 《申报》，光绪二十六年九月二十三日。

的权威性，因为他曾经代表清政府画押了国际红十字会的一个条约文本①，可以说是国内较早了解红十字会的人士之一，而当他知晓救济会的活动后，认为其与红十字会“虽办法稍殊而宗旨无异”②。另外，侵华各国统兵官见到救济会中人臂上均“缚有红十字”时，尽管认为该会尚未加入“杰乃法之会（即日内瓦国际红十字会），未便滥用红十字旗帜”，但也只是让该会将“红十字改为蓝十字”③，并未质疑其行动原则或阻挠其行动。由此可见，侵华各国对救济会的红十字会性质在一定程度上也给予了承认。

不过，指出这场救援行动的红十字会性质，并非仅仅要表明其是中国红十字会发展史上不可或缺的一环。这次行动更具研究价值的地方在于，通过它所展示的中国近代公益事业的一个产生途径，引出了前面所说的对地方史取向的挑战问题。如前所述，由于此次行动的主体部分是江南人救助江南人，故而在很大程度上仍然属于地方性实践的范围。然而，这次地方性实践无论是在地域上还是在制度层面，都越出了以往地方史研究框架设定的界限。特别是作为中国近代公益事业产生的一个标志，红十字会的原则在中国实际运用时却带有浓厚的地方性色彩，这一方面意味着地方社会的救荒传统在近代背景下的转化，另一方面也彰显了西方式公益事业在中国实现本土化的一个具体途径。正是在这个意义上，这次救援行动才成为一个不能被一笔带过的救济事件。

① 参见《使俄杨儒奏遵赴荷兰画押请补签日来弗原议并筹办救生善会折》，见《清季外交史料》，第141卷，20页，台北，文海出版社，1964。

② 《救济文牍》，卷五，页五。

③ 《救济文牍》，卷一，页四十二。

坚持用唯物史观认识和把握中国国情*

——学习华岗史学思想的一点体会

华岗同志是一位忠诚于党的事业的革命前辈，卓越的马克思主义理论家。在他的富于传奇而又历尽坎坷的一生中，不论是经历还是贡献，都是多方面的、丰富多彩的。他做过党的组织工作，从事过青年运动，还做过统战工作、宣传工作、教育工作、理论工作。在思想理论战线，他所关注的领域，涉及哲学、政治学、历史学诸方面，并都写出了大量的作品，取得了许多有重要影响的学术成果。

作为一个后辈、一名史学工作者，在纪念华岗同志诞辰一百周年的时候，我只想着重谈一谈自己学习他的史学思想的一些心得体会。

研究历史是为了推动历史、创造历史

华岗同志是一位坚定的革命者。自从他确立了革命信念之后，他的一切活动便都成了完成人民解放事业这个目标的组成部分，历史研究也是这样。他明确宣称，自己“首先是战士，其次才是学者”。他正是为了革命的需要而去研究历史和哲学的，目的是通过“对客观的社会历史发展规律做正确的把握，然后努力我们的主观实践，推动历史前进并创造新历史”①。他强调，“历史并不是刻板的死籍”，必须“把学术研究与实际的社会生活连结起来”，“打破一切

---

* 载《山东大学学报》，2004年第3期。

① 向阳：《华岗传》，3页，杭州，浙江人民出版社，2003。

理论脱离实际和实际隔绝理论的现象”①。

华岗以自己的史学研究，践履着他提出的这个学术理念。

大革命失败后仅仅一年多时间，这场悲壮斗争的直接参加者华岗，就开始了《中国大革命史》的写作。中间因忙于革命活动，时断时续，到1930年3月在养病期间才得以完成初稿，1931年7月在鲁迅的帮助下出版。作者在《自序》中叙述写作此书的目的，一来是保存历史的真相，使“真确史实”得以“流传”；二来是总结历史的“经验与教训”，以便后继者在“取得许多具体的历史辩证法的教训”之后，能够更好地去迎接新的伟大的战斗；三来也是为了“纪念大革命中及大革命失败后成千上万为革命牺牲的英勇的战士”，使历史永远不忘记这些为人民的解放事业奋勇献身的先烈们。

1939年，正当抗日战争进行得如火如荼的时候，华岗写作了《中国民族解放运动史》，次年正式出版发行。他在《增订本自序》中说：“本书初稿是在抗日战争紧张期间，为了适应读者急切需要而产生，主要任务是在提供中国近代民族解放运动的史实与经验教训，借以鼓舞抗日战争情绪，加强抗日民族统一战线，坚持民主抗战方针，反对中途妥协，避免重蹈过去民族抗战失败的覆辙。”

华岗的史学研究，并不仅仅满足于对历史现象和历史事实的描述与重塑，他总是着力透过历史的表象，深入到历史的本质，特别注意用唯物史观去努力认识和把握中国的国情。因为只有正确地了解了国情，才能对近代历史的发展做出合乎逻辑的解释，也才能发挥历史科学指导现实斗争的作用。华岗的《中国大革命史》和《中国民族解放运动史》，开宗明义都是从分析中国近代社会的性质和民族解放活动的社会经济基础入手，他用无可辩驳的史实，揭示了中国进入半殖民地半封建社会以后，殖民主义、帝国主义的侵略怎样把中华民族推上了绝境；帝国主义怎样维持着封建统治以阻碍资本主义的发展和现代化的进程；中国人民为了求得民族的生存，争取社会的发展和进步，怎样不得不拿起革命的武器，为民族独立和人

① 山东大学青岛校友会编：《华岗文集》，103、110页，济南，山东大学出版社，1998。

民解放而进行不屈不挠的斗争。1925年3月孙中山逝世后，华岗立即写了《中山不死》一文，在深切哀悼中山先生的同时，鲜明地指出："中国的革命不是孙中山个人的理想造成的，乃是外国帝国主义侵略中国的形势逼出来的。孙中山先生虽然成就一些自己的理想和主义，来号召并指导中国的革命，但他那些理想和主义都是客观情形的反映"，只要"中国人民仍处于帝国主义加紧侵略和国内军阀愈加压迫之下"，"中国革命运动绝不会随中山之死而停顿"，"只有猛烈的国民革命是死中求生的惟一出路"。① 这段话虽然写于将近80年之前，却是对近年曾流行一时的所谓"告别革命"思潮有力的回答！

为了推动历史、创造历史而研究历史，为了认识今天而去了解昨天，这样一种学术动力，使华岗的史学研究充满了激情，充满了活力，同现实生活发生着紧密的联系。应该说，这是华岗史学思想的一个特点，也是一个值得称道的优点。

近年来，有些人在评论包括华岗在内的革命和战争年代的老一辈马克思主义史学家时，却常常批评这一点，认为他们强烈地为革命而研究历史的立场，损害了学术的客观性；他们所写的东西，是宣传品而不是学术，"功利性"超过了"科学性"，政治利益的考虑妨碍了对历史真实的追求。有人甚至主张，史学的任务只是复述历史，不应加入作者任何的判断和倾向；要淡化意识形态，对历史事件和历史人物的任何褒贬都是不客观的，因此都不能传之久远。

对于这样的评论，需要做一点具体分析。

老一辈马克思主义史学家，在用唯物史观研究历史的时候，做了一件惊天动地的工作，那就是"把颠倒了的历史重新颠倒了过来"。这是一个了不起的学术成就。20世纪历史学的巨大发展，最重要的就是在这个基础上进行的。当然，他们的历史研究，绝不是完美无缺的。他们的有些学术观点，不可避免地受到时代的限制，存在着不正确、不完满、不全面的地方。这是任何一个历史学家无法

---

① 以上引文分见向阳：《华岗传》，39、40页。

避免的。正像我们今天必须去纠正前人的学术谬误一样，后人也一定会发现并纠正我们今天的这样那样的错误和不足。否则，史学的发展就停止了。但是，我们决不能因此而无视或轻视老一辈马克思主义史学家在奠定科学历史基础上的筚路开山之功，更不能用轻薄的态度去对待他们的历史局限。至于那种认为只要有一定的政治立场，抱着某种目的去研究历史，历史同现实生活紧密结合，就必定是不客观、不科学的看法，则完全违背了中国史学的实际。试问，有谁能举出一部作者没有特定政治立场，没有自己的学术判断，没有任何倾向性的史学著作呢？事实上，从古到今，没有一个有成就的史学家，没有一部有影响的史学巨著，不是抱着一定的政治目的为某种社会需要而研究、写作的。只是随着时代的变迁，政治目的和社会需要的具体内容有所变化罢了。司马迁撰《史记》，是“网罗天下放失旧闻，王迹所兴，原始察终，见盛观衰”①，“考之行事，稽其成败兴坏之理”，“亦欲以究天人之际，通古今之变”②。司马光作《资治通鉴》，其编写原则是“专取关国家盛衰，系生民休戚，善可为法，恶可为戒者”入书，他希望是最高统治者读后能“鉴前世之兴衰，考当今之得失，嘉善矜恶，取是舍非，足以懋稽古之盛德，跻无前之至治”③。这些伟大的史学家，决不把史学看成政治的奴仆，一味看着政治的眼色行事，也从不讳言他们修史治学的政治目的和政治追求。当然，他们所说的成败兴衰、善恶是非，不能不是以封建主义的意识形态为标准的。

中国共产党是一个十分重视历史、尊重历史的政党。早在延安时期，毛泽东就明确指出：“指导一个伟大的革命运动的政党，如果没有革命理论，没有历史知识，没有对于实际运动的深刻的了解，要取得胜利是不可能的。”④ 到了新时期，江泽民又强调：“我们党在领导革命、建设和改革的过程中，一贯重视历史经验的借鉴和运用。”“一个民族如果忘记了自己的历史，就不可能深刻地了解现在

①② 班固：《汉书·司马迁传》。
③ 司马光：《进〈资治通鉴〉表》。
④ 《毛泽东选集》，2版，第2卷，533页。

和正确地走向未来。”① 现在，我们所处的时代和面临的任务发生了深刻的变化，战争环境变成了和平环境，革命任务变成了建设任务。但是，对于史学研究来说，我们仍要沿着老一辈马克思主义史学家开创的道路，一如既往地为中国先进生产力的发展，为坚持先进文化的前进方向，为最广大人民的根本利益，潜心钻研，刻苦创新，贡献出无愧于时代的学术成果。

真实是历史研究的生命

历史既然是一门“经世致用”之学，要完全脱离现实、脱离政治，显然是不可能的，也是不足取的。问题在于服务的是什么样的现实，用什么态度去对待政治？对这个问题，需要做一点阶级的和政治的分析。

华岗一针见血地指出，像日本帝国主义这样的侵略者，深深懂得“‘亡人国者必先去其史或改其史’的奥妙”②，所以他们总是竭力地伪造历史、篡改历史、曲解历史。这个事实，大大加重了史学工作者以历史真相教育群众的社会责任。所以华岗说：“为了提高自力更生的信心，为了配合政治、军事、经济等方面的奋斗，对于日寇恶毒修改和伪造中国历史的无耻行为和一切曲解中国历史的错误思想，就必须给以无情的批判，唤起全国人民要为尊重自己的历史和开辟新中国的前途，更能不屈不挠地为完成抗战建国的大业而奋斗。”③

读着华岗的这些议论，不由得使人想起，虽然中日两国人民本着“以史为鉴，面向未来”的精神，努力促进中日友好，但时至今日，却总有那么一些人，肆意篡改历史，闭着眼睛宣称二战期间日

① 江泽民：《努力建设高素质的干部队伍——在纪念中国共产党成立七十五周年座谈会上的讲话》，载《人民日报》，1999-06-24。

② 山东大学青岛校友会编：《华岗文集》，144页。

③ 同上书，158页。

本对中国及其他国家的野蛮占领并不是“侵略”，甚至公然声称令人发指的南京大屠杀是“根本不存在”的！对于这样的历史歪曲，难道能够不闻不问，不用事实真相来加以澄清吗?!

我国的历史学有许多优良的传统，其中重要的一条就是“求真”，重视历史的真实性，强调历史著作必须“秉笔直书”。史家为了如实记录历史真相，甚至不惜牺牲宝贵的生命。以往的封建统治者为了维护一己的和一个阶级的私利，常常要掩盖和歪曲历史，但这种行径，从来为正直的、严肃的史家所鄙弃，所不齿。对马克思主义的历史学来说，由于其根本出发点是人民群众的根本利益，它所追求的是历史的发展和社会的进步，因此它不需要掩盖历史真相，伪造历史事实。在这里，历史学的科学性和实用性，对历史真实的揭示同史学社会功能的发挥，是完全统一的。“求真”才能“致用”。把握历史真实愈深刻，历史学的知识功能、借鉴功能和指导功能发挥得就愈充分。马克思主义的历史学之所以有用，之所以能给人以深刻的启迪，就是因为它敢于面对历史的真实，从客观历史进程中提炼和总结出于今天有益的经验教训来。

华岗十分重视发扬中国历史学的“求真”传统。他强调，研究历史，一定要还历史的“本来面目”，对于历史人物和历史事件，“不需要任何外来的附加，更不可断章取义、望文生义和牵强附会”，以致“走上失实失真的地步”。① 在谈到中国近代史的研究时，他说：“我们研究中国近代史，必须要有辨伪求真的眼光，首先要辨清材料的来源。”② 在谈到《老子》研究时，又说：“当然我们不必去作繁琐的引证，更不要为一些似是而非的注释所迷惑，而要拿出严肃辨伪的科学鉴别功夫，以便去粗取精和去伪存真。要进行科学鉴别，就应该从《老子》其书本身去探索，也就是从全书所论述的全面思想体系中去理解，尽力做到实事求是和信而有征，避免断章取义或望文生义的支离臆测。”③

---

① 参见山东大学青岛校友会编：《华岗文集》，464～465 页。

② 同上书，224 页。

③ 同上书，463 页。

在追求历史真实的问题上，华岗不仅强调要重视对历史资料的分析鉴别，更着重坚持科学历史观和方法论即辩证唯物主义和历史唯物主义的指导。华岗针对有人“不公允的”批评五四新文化运动的观点，指出：“诚然‘五四’时代人物对封建文化的批判，不能使我们今日完全满意，但这并不是因为他们的批评太激进了，而是因为他们在批评中缺少正确的历史观。正因为他们不能运用正确的历史观来执行批判，所以在学术研究中，一方面留下了让封建文化视为避逃的缝隙，同时却又一般是卑视旧有的文化遗产，而不能给以正确的扬弃。”① 我们之所以特地引用这一段话，是因为不论在对五四新文化运动的评价上，还是在坚持唯物史观的指导上，这一段话都具有极强的现实针对性。

近年来，对唯物史观的批评和否定颇多。怎样看待唯物史观的历史作用和当代价值，便成了一个必须讨论清楚的重要问题。有人发表文章，认为阻碍 1949 年以来历史学发展的最大障碍或桎梏，是强迫人们接受了唯物史观。自 20 世纪 50 年代以来，“几乎所有史家”都或者屈服于“政治威胁和行政压力”，或者“出于对自身生存利益的考虑”，形成了对唯物史观的“盲目崇拜与狂热迷信”，以致“不知不觉地放弃了对历史过程的理性探索精神，习惯成自然地丧失了历史批判的科学能力”。因此，那位作者主张，要“少谈历史观，多谈历史感”，或者用历史感取代历史观。

我们并不认为，唯物史观以外的任何历史观和方法论一点也不能发现和揭示某些历史的真实；但无论如何，在我国的史学史上，正是马克思主义的唯物史观，使历史学出现了革命性的变革。这种变革表现在：（1）把历史从过去主要描述政治兴衰、王朝更替的所谓“相砍书”，转变成把社会作为一个生产力与生产关系、经济基础与上层建筑预先统一的有机整体进行研究的历史过程；（2）把历史发展从过去看作“分久必合，合久必分”的循环往复的过程，转变成看作一个不以人的意志为转移、由低级向高级发展的有客观规律

① 山东大学青岛校友会编：《华岗文集》，108 页。

可循的历史过程；(3）把历史从过去的“帝王将相的家谱”，转变成以人民群众的生产斗争和阶级斗争为主体，同时也充分重视杰出人物的作用的各种社会合力共同进行的创造性活动；（4）对于思想、文化等精神活动和精神成果，改变了过去从观念到观念、就精神论精神的研究方法，摒弃了以往认为思想、观念、意识是社会发展的最终推动力的陈腐观念，把社会意识看作社会存在的反映，把思想、观念、意识的产生、发展和变化，同社会的物质生活条件紧紧地联系起来。所有这些，都是20世纪中国历史学发展的最重要的成果，而这些成果正是在唯物史观的指导下取得的。诚然，马克思主义历史学在发展过程中也有过失误，但如果因为我们曾经在理解和运用唯物史观方面出现过错误和偏差，就根本否定和一笔抹杀唯物史观对中国历史学发展的历史作用和历史贡献，那将无异于只见树木、不见森林。

至于中华人民共和国成立后，是不是“几乎所有史家”都因屈服于“政治威胁和行政压力”而被迫接受唯物史观，刚刚出版的最新一期《当代中国史研究》恰好有两篇文章是涉及这个问题的。一篇是朱佳木同志在纪念顾颉刚诞辰110周年座谈会上的讲话，讲话说：“顾先生不是马克思主义者，至少在提出‘层累’说时还不是马克思主义者。”但顾颉刚早在1933年就声明，他“决不反对唯物史观”，并且说“研究古代思想和制度时，则我们不该不取唯物史观为其基本观念”。1949年以后，他如饥似渴地学习马克思主义，在几本重要的指导史学研究的马列原著上面“密密麻麻地写满了他的心得体会”。对此，朱佳木同志问道：“今天一些自称是马克思主义者的人，却带头说什么唯物史观‘有严重缺陷’，‘过时了’，要用其它理论来求‘代替’了。他们与顾老先生对唯物史观的态度相比，难道不应当感到羞愧吗?”① 另一篇是陈其泰同志的《新中国成立后历史考证学的新境界》，其中讲道：“谭其骧、唐长孺等人都是严谨、诚实、具有科学态度的学者，他们对于建国以后在全国范围内形成学

① 朱佳木：《顾颉刚先生治学生涯的启示》，载《当代中国史研究》，2003（5）。

习热潮的唯物史观，因其与实证史学有诸多类通之处而觉得它容易接受，又因其比以往的学说具有更高的科学性和巨大的进步性而感到眼前打开一片新土地，能引导自己更加接近真理，学术达到新的境界。故他们学习唯物史观是充分自觉的、兴奋的，而且充满自我解剖精神，勇于放弃以前不恰当的观点，迫切要求进步。”① 两篇文章里提到的几位都是史学大家，两位文章的作者今天写作此文肯定是不会受到“政治威胁和行政压力”，文章所说的内容，与前面引用的把“几乎所有史家”一概抹杀的说法，哪个更加合乎历史的真实，我想只要不抱偏见的人都能做出恰当的判断。

还有所谓“少一点历史观，多一点历史感”，实在也是叫人难以索解的。历史观只有对错之分，没有多少之别。任何一位历史学家，在研究历史时，都不免受到某种历史观的支配和指导，不知道怎样才能做到使历史观“少一点”？历史观与历史感，也不是此长彼消、你多我少的关系。所谓“历史感”，无非是指在观察和分析历史现象的时候，要充分考虑到历史环境、历史条件、历史氛围、历史特点，也就是我们常说的要坚持历史主义的态度，而没有正确的历史观做指导，要做到这一点无疑是很困难的。

创新是史学发展的本质要求

创新是一个民族进步的灵魂，是一个国家兴旺发达的不竭动力。对于学术来说，离开了创新也就谈不上发展。因为学术从本质上讲就是对未知的不断探索，对真理的不懈追求。如果我们的学术只知道复述前人的老话，陈陈相因，了无新意，人云亦云，亦步亦趋，不敢越雷池一步，那学术也就丧失了生命力，甚至失去了自己存在的资格和价值。

华岗同志十分重视学术的创新。他说：“一个严整的科学家应该

---

① 陈其泰：《新中国成立后历史考证学的新境界》，载《当代中国史研究》，2003(5)。

随时根据客观事物的新发现，来验证和改变自己的旧观点，有勇气用根据新事物得出的新结论，来代替已经过时的旧结论。当然，这种改变决不能是无原则的、任意的，而必须要有充分的客观事物作根据。”① 华岗的这一段话，讲得很深刻，也很全面；既讲了学术创新的极端重要性，又讲了创新必须遵循的原则。对于今天的学术界也有很强的现实意义。

要真正实现学术创新，很重要的一条，就是要使思想从教条主义的束缚中解放出来。华岗说：“教条主义曾经很严重地危害过中国革命，也曾经很严重地危害过学术研究工作。教条主义的最大特点，是把生动的革命原理变成死板的公式教条，而其致命弱点，就是轻视实践，就是不懂得真理不是依主观上觉得如何而定，而是依客观上社会实践的结果如何而定；就是不懂得只有人们的社会实践（包括生产活动、阶级斗争、政治生活、科学和艺术的活动），才是人们对于外界认识的真理性的标准。”② 反对教条主义，坚持思想解放，绝不是提倡和容许无根据的瞎说和空想，而是要坚持“实践第一”的观点，把实践作为检验真理的唯一标准。只有真正从社会实践中来，又符合客观实践要求的真知灼见，才能称得上是真正意义上的学术创新。所以华岗强调：“克服教条主义的主要方法，是一切从实际出发，通过调查研究，拿实践作真理的标准，‘通过实践而发现真理，又通过实践而证实真理和发展真理’，以便在发展进程中能够以适合于新历史条件的新结论和新原理，来代替已经过时的个别原理和个别结论。”③

真正做到学术的创新，除了必须正确对待实践以外，还有一个必须正确对待传统的问题，梁启超曾经说过，学术上的是非，是不能简单地以新旧为标准来判断的：“我们不能说新的完全是好的，旧的完全是坏的；亦不能说古的完全都是，今的完全都不是；古今新旧，不足以定善恶是非的标准。”④ 毛泽东在解释戏剧的“推陈出

---

① 山东大学青岛校友会编：《华岗文集》，194 页。

②③ 同上书，400 页。

④ 《儒家哲学》，见《饮冰室合集》专集之一百三。

新”方针时说：“陈者旧也。过去的事物都叫旧，也就是所谓传统。传统有精华，也有糟粕，所以要改革。‘推’字可以作推开、推掉、推翻解释，也可以解释成推崇、推动、推进嘛。对于旧的传统剧目要具体分析，其中民主性的精华要推崇、推动、推进；封建性的糟粕要推开、推掉、推翻，这就对了。”① 现在有的文章，只要是推翻旧说的便一概称为“创新”，既不对旧说的“善恶是非”进行必要的分析，也不用客观实际来进行认真的检验，这种学风，实在是不可取的，至少是对学术创新的一种误解。华岗非常强调对历史遗产要采取分析的态度，指出：“中国历史传统中，有许多消极的因袭重担，但也有许多留给我们的宝贵的遗产，在这许多遗产中，可以发掘出不少带民主性、科学性、大众性的积极因素，而且是在民间广泛流传的，我们必须给以批判的接收，或者给以某种程度的改造，使之发扬光大，使其适合今天中国的需要。”②

鲁迅在谈到文化发展的问题时，说过一句十分经典的话，叫作“外之既不后于世界之思潮，内之仍弗失固有之血脉”③。对外要不能落后于世界的潮流，用现在的话来说，就是需要不断与时俱进，跟上时代的步伐；要用宽阔的胸怀和眼光，加强与世界各国的文化交流，学习并且吸取世界上一切优秀的文明成果。对内来说，则不要失去中华民族自己的固有血脉，不要丢掉了民族文化的根。这一点，华岗可以说有着自己独到的见解。他强调要通过认识和把握中国的国情，通过继承和发扬中华民族的优良传统，通过培育对中华民族和中国人民的高度的爱，通过与老百姓同呼吸共命运的血肉联系，在学术上创造出中国作风和中国气派。早在1943年，他就称赞毛泽东、周恩来、鲁迅、茅盾的著作是“表现现代中国的作风和气派”的优秀代表，这是由于“他们对于中国经济、政治、文化的特质，都有相当深刻的研究和体认，所以才能提炼熔铸出新鲜活泼、

---

① 转引自祝晓风、易丹：《毛泽东“百花齐放，推陈出新”题词的故事》，载《中华读书报》，2001-10-17。

② 山东大学青岛校友会编：《华岗文集》，219页。

③ 鲁迅：《文化偏至论》，见《坟》。

为中国老百姓所喜闻乐见的各种中国特质。他们也大量吸收外国的进步文化，作为自己精神食粮的原料，但是他们不像洋八股先生和教条主义者那样，不顾中国的国情，只知生吞活剥地搬取外国；相反地，他们吸收外国的进步东西，却是经过一番消化作用，使之在其每一表现中带着中国的特点，即是说，按照中国民族的特点去应用它"①。在今天，当经济全球化的趋势愈来愈明显，世界上各种异质思想文化的相互激荡更显突出的时候，在学术上怎样既大胆吸收世界的优秀文化成果，又牢牢植根于中华民族的沃土，保持和发扬中国作风和中国气派，实在是一个值得我们深入思考和努力实践的大问题。

华岗的史学思想，内容还有很多，这里只是选取几个现实针对性较强的问题，谈一点自己的学习体会。

---

① 山东大学青岛校友会编：《华岗文集》，218页。

就史学社会功能答客问*

问：李教授，从事与历史有关的专业的一些年轻人，常常提出这样的问题："学历史究竟有什么用？"您能不能就这个问题发表一点看法？

答：确实，历史是已经逝去的岁月。当我们正在集中全副精力进行社会主义现代化建设的时候，当我们正在迎接充满机遇和挑战的新世纪的来临，努力实现中华民族的伟大复兴的时候，为什么还要把目光注视到过去，去理会那些尘封的岁月呢？

原因其实很简单，就是因为"过去—现在—未来"之间，并不存在着一条不可逾越的鸿沟，倒是有一种连绵不断、先后承续的关系。江泽民同志曾经讲过这样一句话："一个民族如果忘记了自己的历史，就不可能深刻地了解现在和正确地走向未来。"① 也就是说，学习历史，研究历史，不是为了发思古之幽情，而是为了认识现实世界，推进现实实践。

问：有人说，马克思主义强调"同传统的观念实行最彻底的决裂"，因此，它只讲对历史传统的批判，不重视对历史遗产的继承。您同意这种说法吗？

答：这显然是一种误解。如果认真地读一读《共产党宣言》的全文，我们就可以强烈地感受到马、恩在对待社会现象上的浓郁的历史感，同时也可以准确地了解两个"彻底决裂"的含义。其实，

---

* 载《历史并不遥远》，2004年6月1日。1999年春，《历史教学问题》编辑部派人采访，要求谈谈历史学的社会功能问题。本文就是这次谈话的记录。

① 江泽民：《努力建设高素质的干部队伍——在纪念中国共产党成立七十五周年座谈会上的讲话》，载《人民日报》，1999-06-24。

还在马、恩活着的时候，就有人指责他们轻视历史和怀疑历史。对这种指责，恩格斯回答说："我们根本没有想到怀疑或轻视'历史的启示'；历史就是我们的一切，我们比任何一个哲学学派，甚至比黑格尔，都更重视历史。"①

问：那么，我国的情形怎么样呢？

答：中国是一个有五千年文明历史的国家。中国共产党历来有重视历史、尊重历史的优良传统。以毛泽东、邓小平、江泽民为核心的党的三代领导集体，曾经反复强调学习和研究历史对于加强党的建设、提高干部素质以及提高全民族素质的极端重要性。毛泽东同志早在1938年就明确指出："指导一个伟大的革命运动的政党，如果没有革命理论，没有历史知识，没有对于实际运动的深刻的了解，要取得胜利是不可能的。"② 邓小平同志强调："了解自己的历史很重要。""我们要用历史教育青年，教育人民。"③ 江泽民同志在两年多前所做的《努力建设高素质的干部队伍》的重要讲话中指出："今天的中国是历史的中国的发展，作为当代中国的领导干部，如果不了解中国的历史，特别是中国的近代史、现代史和我们党的历史，就不可能认识和把握中国社会发展的客观规律，继承和发扬我们党在长期斗争中形成的光荣传统，也就不能胜任领导建设有中国特色社会主义的职责。"④ 最近，江泽民同志在省部级主要领导干部金融研究班结业式上的重要讲话中，又把学习历史同学习理论、学习现代经济知识、学习科技知识一起作为各级干部乃至全党、全社会应该特别注重的四个方面提了出来。他强调指出："一名领导干部不善于从历史中吸取营养，不可能成为高明的领导者；一个政党不善于从总结历史中认识和把握社会发展的规律，不可能成为顺应历史潮流的自觉的政党；一个民族不善于从历史中继承和发展本民族与世

---

① 《马克思恩格斯全集》，中文1版，第1卷，650页，北京，人民出版社，1956。

② 《毛泽东选集》，2版，第2卷，533页。

③ 《邓小平文选》，1版，第3卷，206页，北京，人民出版社，1993。

④ 江泽民：《努力建设高素质的干部队伍——在纪念中国共产党成立七十五周年座谈会上的讲话》，载《人民日报》，1999-06-24。

界其他民族创造的优秀文明成果，就不可能屹立于世界民族之林。”①

问：能不能请您具体谈一谈历史学的社会功能？

答：概括地说，历史学的社会功能，主要表现在四个方面：掌握历史规律，借鉴历史经验，继承文化遗产，涵养民族精神。

问：请您展开地谈一谈好吗？

答：先说第一方面，就是掌握历史规律。

中国共产党从诞生之日起，就努力去探索和掌握社会发展规律，并按照这个客观规律确定自己的奋斗目标和斗争的战略、策略。当革命者对于社会发展规律的认识从朦胧走向清晰、从感性走向理性时，党也就逐渐从幼稚走向成熟，并领导全国人民取得了民主革命、社会主义革命和建设的伟大胜利。在这个过程中，由于某些历史时期对国情和形势的分析以及路线、政策的确定背离了社会发展的规律，也曾给我们的事业造成或大或小的挫折和损失。目前我们正在做的是建设有中国特色社会主义的宏伟大业。为什么我国的社会主义必须是中国特色而不是别种模式？因为只有符合我国历史特点的社会主义才能生根发芽，茁壮成长。为什么我们今天只能实施社会主义初级阶段而不是别种样式的纲领与政策？因为这是一个社会发展无法逾越的历史阶段。为什么我们的目标一定能够实现？因为这是人类社会发展规律所决定的。社会主义必然代替资本主义，这是社会历史发展不可逆转的总趋势。当然，这个过程是漫长的，道路是曲折的，是要经过几代、十几代人的努力才能最终实现的。

以上事实说明，如果不能认识和掌握社会发展规律，既不能正确指导和投身于当前的社会实践，也难以看清未来的发展方向。对于政党来说，就不能说是一个成熟的党；对于个人来说，就不能说是一个自觉的清醒的革命者。而离开了对于历史的了解，认识社会发展规律就根本无从谈起。

---

① 《江泽民文选》，第2卷，301页，北京，人民出版社，2006。

问：人们常说，“以史为鉴，可以知兴替”，这是不是说明借鉴历史经验的重要性呢？

答：是的。晚清著名思想家龚自珍曾经讲过：“欲知大道，必先为史。”这里所说的“大道”，既包含社会的进退得失之道，政治的兴衰治乱之道，也包含个人品德的善恶美丑之道。在漫长的岁月中，一幕幕悲壮慷慨或哀怨凄戚的历史活剧，一个个叱咤风云或默默无闻的历史人物，为我们提供了丰富深刻的历史警示。如果我们能够用历史唯物主义的观点，去分析总结历史上的经验教训，就可以从历史这面镜子里看出是非曲直，增长聪明才智。

我们的先人们充分认识到历史借鉴作用的重要性。一部伟大的经典式的史学巨著，从编撰目的到社会影响，都鲜明地贯穿着为后人提供历史借鉴和历史启迪这样一个根本之点。司马迁自己讲，他作《史记》，是“网罗天下放失旧闻，考之行事，稽其成败兴坏之理”，“述往事，思来者”。司马光编撰《资治通鉴》，不仅书名就表明了此书的目的和功用，而且在《进〈资治通鉴〉表》中更明确地说明，此书的编写原则是“专取关国家盛衰，系生民休戚，善可为法，恶可为戒者”入书。他希望最高统治者读后能“鉴前世之兴衰，考当今之得失，嘉善矜恶，取是舍非，足以懋稽古之盛德，跻无前之至治”。这些伟大的史学家之所以期望自己的作品能发挥这样的作用，是因为历史活动本身便具有这样的功能，史学著作不过是把历史本身的功能加以集中提炼而已。

时代的更易，社会的变迁，使今天的现实与历史的情况相比发生了很大的变化。我们在借鉴和运用历史经验的时候，自然不能简单地以历史的是非为是非，而需要下一番分辨剖析的功夫。过去之是也许恰恰成了今日之非，往昔视之为罪恶的也可能如今正应目之为辉煌。这并不意味着历史鉴戒作用的丧失，而只是说明在吸取历史营养的时候，树立正确历史观的重要。更何况由于人类历史发展的继承性和延续性，许多问题仍有其一贯和相通的地方。历史是不可能重演的，但社会历史现象在特定条件下却常常会以惊人相似的形式和面貌反复出现，这正好说明借鉴历史经验教训具有何等重要的意义。正因为如此，我们党在领导革命、建设和改革的过程中，一贯重视历史经验的借鉴和运用。

江泽民同志本人就是重视历史经验的借鉴和运用的典范。大家还记得，1996年夏天，他在日理万机、工作十分繁忙的情况下，亲自拟了有关中外历史方面的九个问题，用九个半天时间，邀请八位历史学家进行讲述，并共同加以研究。这九个问题是：中国古代国家的历史特征、中国古代儒家思想与政治统治、世界古代帝国和文化兴衰、英美法三次资产阶级革命、中国民族边疆史研究、文艺复兴及其与资本主义发展的关系、中国近代以来的社会变革、中国近代灾荒与社会稳定、近代以来中美苏日关系的特点。江泽民同志认为，研究这些问题，对处理今日中国的经济、政治、社会各方面的问题及对外关系，具有极为重要的借鉴意义。

问：再请您谈谈历史研究同发展社会主义新文化的关系。

答：党的十五大确定的社会主义初级阶段的基本纲领中，提出了"建设立足中国现实、继承历史文化优秀传统、吸取外国文化有益成果的社会主义精神文明"的重要任务。说它重要，因为这是关系到有中国特色社会主义全局的大事。只有物质文明和精神文明都搞好，才是有中国特色的社会主义。而要建设好社会主义精神文明，就有一个正确对待中外历史文化遗产的问题。

毛泽东同志曾经多次论述过继承历史遗产同指导当前运动的辩证关系。他说："我们这个民族有数千年的历史，有它的特点，有它的许多珍贵品。对于这些，我们还是小学生。今天的中国是历史的中国的一个发展；我们是马克思主义的历史主义者，我们不应当割断历史。从孔夫子到孙中山，我们应当给以总结，承继这一份珍贵的遗产。这对于指导当前的伟大的运动，是有重要的帮助的。"①

毛泽东同志在《新民主主义论》中，又着重阐明了历史文化同新文化之间的辩证关系，指出："中国现时的新政治新经济是从古代

① 《毛泽东选集》，2版，第2卷，533～534页。

的旧政治旧经济发展而来的，中国现时的新文化也是从古代的旧文化发展而来，因此，我们必须尊重自己的历史，决不能割断历史。”① “中国的长期封建社会中，创造了灿烂的古代文化。清理古代文化的发展过程，剔除其封建性的糟粕，吸收其民主性的精华，是发展民族新文化提高民族自信心的必要条件。”②

新民主主义的新文化的建立与发展，必须从灿烂的古代文化中通过批判继承吸取其营养；同样，今天我们建设有中国特色社会主义新文化，也需要把中华民族五千年文明史作为自己文化食粮的原料。离开了当前波澜壮阔的建设有中国特色社会主义的伟大实践，文化的发展必然会成为无本之木；割断了与长期积累而形成的中国传统文化的历史联系，社会主义新文化的发展也会成为无源之水。

中国的传统文化，是我们拥有的一个最可宝贵的资源和财富，正是在这一点上，世界上很少有哪个国家可以与之相比。对于这一份珍贵的历史遗产，颂古非今、言必称三代固然不行，妄自菲薄、数典忘祖也并不可取，还是应该尊重历史发展的辩证法，给历史以一定的科学的地位。

我国文化的发展，不能离开人类文明的共同成果。所以我们讲尊重历史文化，理所当然地要包括尊重世界各国历史文化的内容在内。学习世界历史知识，博采各国文化之长，在今天的世界形势下愈来愈显得必要和紧迫了。

问：请您谈谈最后一方面的问题，就是怎样从历史中获取继往开来的强大精神力量？

答：国家的发展，民族的进步，需要精神动力。而了解历史，懂得历史，这是获得精神动力的重要来源。

一个民族、一个国家，如果没有自己的精神支柱，就等于没有灵魂，就会失去凝聚力和生命力。目前，我们正在聚精会神地致力于实现祖国的现代化，实现中华民族的全面振兴。促使我们万众一

---

① 《毛泽东选集》，2版，第2卷，708页。

② 同上书，707～708页。

心地去面对各种挑战、战胜各种困难的精神动力，就是一种伟大的民族精神。这种民族精神，是在中华民族漫长的历史进程中产生和发展起来的。

江泽民同志曾经对这个问题讲过一段极富激情的话："中华民族有着自己的伟大民族精神。这个民族精神，积千年之精华，博大精深，根深蒂固，是中华民族生命机体中不可分割的重要成分。中华民族在五千年的发展中，历经磨难而信念愈坚，饱尝艰辛而斗志更强，开发建设了祖国的大好河山，创造了灿烂的中华文明，为人类文明进步作出了不可磨灭的贡献。"①

在历史发展进程中涵养而成的民族精神，必定会在对历史的更深刻的认知中得到进一步的弘扬。当人们更加具体地了解中华民族自强不息、百折不挠的发展历程，了解我国各族人民对人类文明的卓越贡献，特别是了解了近代以来中国人民反抗外来的侵略和压迫，争取民族独立、人民解放和国家繁荣富强的可歌可泣的斗争业绩后，必定会对今天更加热爱，对明天更加充满信心。

问：谢谢您谈了这么多。您能不能把这次访谈的主旨用几句话做一个归纳呢？

答：我想说这么几句话来结束我们这次谈话。那就是：不要拒绝历史，因为历史给我们以智慧；不要忘记历史，因为忘记历史意味着对事业的背叛；不要漠视历史，否则将受到历史的惩罚；不要割断历史，因为否定昨天也就将失去明天。

---

① 江泽民：《在全国抗洪抢险总结表彰大会上的讲话》，载《人民日报》，1998-09-29。

“邓小平理论和‘三个代表’重要思想研究丛书”总序*

20世纪末，我们组织部分高校的理论工作者，撰写了一套“有中国特色社会主义论丛”，共12册，对中国特色社会主义的有关重要理论问题进行学术性的研究和阐述。这套论丛由山东人民出版社出版后，对高等学校的“两课”教学和理论研究产生了积极的作用，也受到社会上和理论界的关注与好评，并于2000年获得第十二届中国图书奖。

进入新世纪后，时间虽然只有短短的几年，但中国人民建设中国特色社会主义的宏伟大业在党的第三代领导集体的领导下，不论在理念上还是在实践上都有了新的发展、新的前进。这既为理论工作者提出了新的时代课题，又赋予他们以新的历史任务。这也就是我们决定编写这套“邓小平理论和‘三个代表’重要思想研究丛书”的缘由。从这个意义上说，这套丛书可以看作五年前出版的“有中国特色社会主义论丛”的姐妹稿。

党的十六大把“三个代表”重要思想同马克思列宁主义、毛泽东思想、邓小平理论一道确立为党必须长期坚持的指导思想，要求全党把这一重要思想贯彻到社会主义现代化建设的各个领域，体现在党的建设的各个方面，这是一个历史性的决策，也是一个历史性的贡献。正如胡锦涛总书记在《在“三个代表”重要思想理论研讨会上的讲话》中指出的：“我们党从诞生之日起就把马克思主义确立为自己的指导思想，并在长期奋斗中坚持把马克思主义基本原理同

* “邓小平理论和‘三个代表’重要思想研究丛书”，北京，中国人民大学出版社，2004。

中国具体实际相结合，产生了毛泽东思想、邓小平理论和‘三个代表’重要思想这三大理论成果。”“三个代表”重要思想“这一科学理论在建设中国特色社会主义的思想路线、发展道路、发展阶段和发展战略、根本任务、发展动力、依靠力量、国际战略、领导力量和根本目的等重大问题上取得了丰硕成果，用一系列紧密联系、相互贯通的新思想、新观点、新论断，进一步回答了什么是社会主义、怎样建设社会主义的问题，创造性地回答了建设什么样的党、怎样建设党的问题”。“‘三个代表’重要思想的形成，表明我们党对共产党执政规律、社会主义建设规律和人类社会发展规律的认识，达到了新的理论高度，开辟了马克思主义发展的新境界。”①

我们这套丛书，着重点在研究和简述邓小平理论的新的发展，努力探求“三个代表”重要思想的时代背景、实践基础、科学内涵、精神实质和历史地位。“三个代表”重要思想同马克思列宁主义、毛泽东思想和邓小平理论是一脉相承而又与时俱进的科学体系，是马克思主义在中国发展的最新成果。因此，我们在对待这一科学理论的时候，既不能人为地把它们之间的内在联系割裂开来、对立起来，忽视了马克思主义基本原理仍然是我们正确认识和运用人类社会发展规律的锐利思想武器，又要以我国改革开放和现代化建设的实际问题、以我们正在做的事情为中心，着重弄清“三个代表”重要思想怎样紧密结合新的时代条件，对马克思主义做了什么样的新的发展。作为一个理论工作者，必须具有自觉的、强烈的创新意识，紧紧把握一切从实际出发、理论联系实际、实事求是、在实践中检验真理和发展真理这些马克思主义最重要的理论品质。问题是，怎么样才称得上真正的科学意义上的理论创新？对这个问题，胡锦涛同志在《在“三个代表”重要思想理论研讨会上的讲话》中有十分深刻的论述。他说：“理论创新必须以坚持马克思主义基本原理为前提，否则就会迷失方向，就会走上歧途，而坚持马克思主义又要以根据实践的发展不断推进理论创新为条件，否则马克思主义就会丧

---

① 胡锦涛：《在“三个代表”重要思想理论研讨会上的讲话》，载《人民日报》，2003-07-02。

失活力，就不能很好地坚持下去；最广大人民改造世界、创造幸福生活的伟大实践是理论创新的动力和源泉，脱离了人民群众的实践，理论创新就会成为无源之水，就不能对人民群众产生感召力、对实践发挥指导作用。”“必须坚持实践第一的观点，以最广大人民的实践为理论创新的源泉，以实现最广大人民的根本利益为理论创新的目的。”① 胡锦涛同志关于理论创新的必要性、创新的前提、创新的动力和源泉、创新的目的的深刻论述，对党的理论工作有着极强的指导意义，也是我们每一个理论工作者需要牢牢记取的。

根据党的十六大提出的要求，全党全国人民迅速兴起了学习贯彻“三个代表”重要思想的新高潮。在学习中，干部群众提出了一些深层次的问题。这些问题既有理论问题，也有政策问题；既有思想认识问题，也有涉及干部群众切身利益的实际问题；既有关系党和国家发展的全局性问题，也有关系各地各部门发展的局部性问题。我们在编写这套丛书时，力求结合在学习贯彻“三个代表”重要思想新高潮中干部群众提出的种种问题，从理论和实践的结合上做出比较深入的说明。学习马克思主义，包括目前正在兴起的学习“三个代表”重要思想的新高潮，要真正取得成效，既要注重在理论上学懂弄通，又要更加着力于实践上的贯彻运用。早在延安时期，毛泽东就指出：“对于马克思主义的理论，要能够精通它、应用它，精通的目的全在于应用。”② 这次学习“三个代表”重要思想的新高潮，党中央更强调必须做到三个结合，即坚持学习理论和指导实践相结合，改造客观世界和改造主观世界相结合，运用理论和发展理论相结合，不仅要切实领会“三个代表”重要思想的科学内涵和精神实质，着力掌握其科学态度和创新精神，努力提高马克思主义理论水平，更要紧紧围绕实现全面建设小康社会的宏伟目标，密切联系改革开放和现代化建设的实际，联系本地区本部门的工作实际，坚持用“三个代表”重要思想指导实践、解决问题、推动工作。总

---

① 胡锦涛：《在“三个代表”重要思想理论研讨会上的讲话》，载《人民日报》，2003-07-02。

② 《毛泽东选集》，2版，第3卷，815页，北京，人民出版社，1991。

之，在学习理论和应用理论的问题上，二者不能偏废，应用是学习理论的根本目的，而学懂弄通又是应用理论的前提。如果对理论本身一知半解，或者“以己昏昏，使人昭昭”，在实践中就不免走偏方向。我们这套丛书，将较多的力气放在对理论本身内容的学术性阐述上，也是希望能够在这方面多起一点作用。

在决定编写这套丛书的时候，我们就希望，不仅在内容上能够给广大读者提供一定的帮助或者启发，而且在学风和文风上能够符合马克思主义的优良传统，尽量做到严谨而不保守，活泼而不轻浮，锐意创新而不哗众取宠。作者们尽力朝这个方向去努力了，但是不是真正做到了这一点，还需要由读者来做出评判。

丛书各卷的作者，大都是长期在高校从事理论教学的专家，他们凭着对马克思主义的坚定信念，在困难的条件下，始终坚持在理论教育的第一线坚守马克思主义的理论阵地，在传播马克思主义的基本原理，推动邓小平理论和“三个代表”重要思想进课堂、进教材、进学生头脑方面，做出了重要的贡献。为了编写这套丛书，他们潜心钻研，深入调查，花费了大量心血。对他们这种踏踏实实搞研究、扎扎实实做学问的精神，我们表示由衷的敬佩。为了编好丛书，我们还特地邀请了一些著名学者和资深教授，参与从选题策划，研究提纲和写作大纲的制定，一直到初稿审读的各个环节的工作，先后参加这些工作的有黄枬森、罗国杰、许征帆、陈先达、陶德麟、龚书铎、钟哲明、吴易风、梁柱、任大奎、李润海、顾海良、田心铭、朱景文等同志，他们所提出的各种意见，对书稿质量的提高起了重要的作用。对于他们的辛勤劳动和大力支持，我们表示真诚的感谢。此外，承担出版这套丛书的中国人民大学出版社，以及责任编辑李艳辉等同志，为丛书的编辑出版提供了巨大的帮助，付出了不少的心血。教育部邓小平理论和“三个代表”重要思想研究中心办公室的同志做了大量艰苦细致的学术组织工作。对此我们一并表示感谢。

最近，中共中央发出了《关于进一步繁荣发展哲学社会科学的意见》的重要文件，提出了“努力建设面向现代化、面向世界、面向未来，具有中国特色的哲学社会科学”的总体目标。实现这个目标，除了加强党的领导，取得社会各方面的大力支持外，根本的还是要靠广大哲学社会科学工作者的努力。我们希望这套丛书的出版，成为积极响应中央“大力繁荣发展哲学社会科学”伟大号召的一个具体行动。

加强对“汉唐盛世”的研究*

选择“汉唐盛世”作为这次学术研讨的主题，很有意义。历史是丰富多彩的。在漫长的历史发展中，有治世，有乱世；有盛世，也有衰世和末世。不论是治世、盛世，还是乱世、衰世，都会从不同的方面，给我们提供极为丰富的历史借鉴。

鲁迅曾经把历史区分为两种不同的类型：一种是老百姓“想做奴隶而不得的时代”，另一种是老百姓“暂时做稳了奴隶的时代”。应该怎样来理解鲁迅的这句名言呢？我以为，对这句话，不能做简单化的理解。事实上，鲁迅是从更高的社会追求，也就是从“人应该像人一样尊严地生活”的标准做出这样的历史判断的。这同恩格斯说过的一句话的意思十分相近。恩格斯说，当大多数人不能摆脱少数人的专制统治的时候，当人们还不能摆脱对物的盲目依赖的时候，人就不能真正地像人一样生活，大多数人只能沦为社会的奴仆，人的自由的全面发展就是不可能的。毫无疑问，从历史发展的总体规律来看，从宏观来看，这个历史判断是完全正确的；但是，从历史发展的具体过程来看，对历史进程做微观的考察后，那么我们可以清楚地看到，治世和乱世，盛世和衰世，不论在经济的发展增长时期还是在停滞破坏时期，不论在文化的活跃繁荣时期还是在萎缩凋零时期，不论在社会的稳定和顺时期还是在混乱动荡时期，不论在老百姓生活的相对安定时期还是在水深火热时期，都有着巨大的差别。事实上，鲁迅也从来没有把盛世和乱世看作没有什么区别的。他不仅曾经引用民间的谚语，发出过“离乱人不如太平犬”的感叹，而且在《看镜有感》这篇著名杂文中，用明确的语言称赞汉唐盛世

---

* 载《中国社会科学院院报》，2004年9月14日。

的“豁达闳放之风”，认为由于汉唐国力的强盛，所以在文化上能够充满自信，“放开度量，大胆地，无畏地，将新文化尽量地吸收”。他说：“汉唐虽然也有边患，但魄力究竟雄大，人民具有不至于为异族奴隶的自信心，或者竟毫未想到，凡取用外来事物的时候，就如将彼俘来一样，自由驱使，绝不介怀。”

回顾过去的历史研究，我们也许会发现，以往的研究视野，往往较多地放在社会矛盾冲突尖锐、社会秩序剧烈动荡的历史时期，相对来说，对太平盛世的研究比较薄弱。认真研究社会的矛盾冲突和深刻变革，不能说不对；但忽略或轻视对太平盛世的研究，却不能说不是一个缺点。因为盛世无疑可以给我们提供更多的具有积极意义的历史经验和教训，在很多方面更加具有切实的现实借鉴作用。

我一向认为，简单化是历史研究的大敌。相对忽视对太平盛世的研究，也可以说是简单化的一种表现。主要大概是害怕有美化封建主义的嫌疑。当然简单化还有许多另外的种种表现。事实上，即使是最反动、最腐朽、最昏庸的政权统治下的社会，如鲁迅所说的代表“中国的脊梁”的那部分社会力量，也从来不会停止推动社会前进的积极斗争。因此，即使是那样的时代，历史也不会是“漆黑一团”的。历史的发展有如长江大河的奔流，它会有曲折，有迂回，甚至会有倒流，但永不会停滞自己前进的脚步。乱世并不只是“漆黑一团”，同样，太平盛世也并非是“一片光明”，在政治清明、经济发展、文化繁荣、社会稳定的同时，自然也还是有许多消极的方面、黑暗的方面。历史永远在社会的矛盾运动中不断开辟自己的道路，不管你喜欢不喜欢，这都是无法改变的客观存在。

我们高兴地看到，近年来，包括历史学在内的人文社会科学发展的社会大环境有了明显的改善。以胡锦涛同志为总书记的党中央，不仅发出了《关于进一步繁荣发展哲学社会科学的意见》的重要文件，而且中共中央政治局举行的十三次集体学习，其中就有两次是专门讨论有关哲学社会科学问题的。一次是有关繁荣和发展我国的哲学社会科学问题，另一次专门邀请了两位历史学家，讲解 15 世纪以来世界主要国家发展的历史。在第二次学习时，胡锦涛同志强调：

"浩瀚而宝贵的历史知识既是人类总结昨天的记录，又是人类把握今天、创造明天的向导。""中华民族历来就有治史、学史、用史的传统。我们党在领导革命、建设和改革的过程中，一贯重视对历史经验的借鉴和运用。在新形势下，我们要更加重视学习历史知识，更加注重用中国历史特别是中国革命史来教育党员干部和人民。""加强对历史知识的学习，既是提高领导水平和领导能力的现实要求，也是培养科学文化素质和综合能力的重要途径。"①

在提高认识的基础上，人文社会科学的战略地位得到了加强，发展所需要的软环境和硬环境也都有了不同程度的优化。在这种情况下，史学工作者就有更大的责任，在学术上多出精品，以满足社会对史学研究的迫切要求。

① 《进一步认识把握社会历史发展规律　增强推进改革发展的自觉性主动性》，载《人民日报》，2003-11-26。

繁荣哲学社会科学的学术园地*

《广东社会科学》创刊20周年了。20年来，这本刊物在宣传马克思列宁主义、毛泽东思想、邓小平理论和“三个代表”重要思想，引导正确的社会舆论，传播先进的科学文化，促进哲学社会科学的发展繁荣等方面，做出了不懈的努力，取得了显著的成绩，也因此在学术界产生了广泛的影响。

作为一个史学工作者，我高兴地看到，《广东社会科学》对历史学始终给予了高度的重视和关注。有关史学研究的文章占据了刊物的相当篇幅，据去年的统计，史学文章约占总发稿量的五分之一。这不仅是难能可贵的，也是十分有见地的。去年冬，中共中央政治局进行第九次集体学习，邀请两位历史学家就15世纪以来世界主要国家发展历史进行讲解。胡锦涛总书记主持学习时发表讲话说：“中华民族历来就有治史、学史、用史的传统。我们党在领导革命、建设和改革的过程中，一贯重视对历史经验的借鉴和运用。在新形势下，我们要更加重视学习历史知识，更加注重用中国历史特别是中国革命史来教育党员干部和人民。”“领导干部在着力加强马克思主义理论学习、研究现实问题的同时，加强对历史知识的学习，既是提高领导水平和领导能力的现实要求，也是培养科学文化素质和综合能力的重要途径。”① 应该说，在继承和实践中华民族治史、学史、用史的优良传统方面，《广东社会科学》确实做了许多有益的工作。

这些年，《广东社会科学》发表了许多思想性和学术性都很强的

---

* 载《广东社会科学》，2004年第5期。

① 《进一步认识把握社会历史发展规律　增强推进改革发展的自觉性主动性》，载《人民日报》，2003-11-26。

优秀文章，成为广大史学工作者重要的学术园地和理论阵地。这些文章，坚持唯物史观的指导，坚持正确的理论导向，在尊重历史事实的基础上，积极探索，勇于创新，力求对历史做出具有原创性的剖析和解读。可以看出，这份刊物在学风和文风方面，一直在朝着"严谨而不保守，活跃而不轻浮，锐意创新而不哗众取宠"，坚持理论和实践的辩证统一的正确方向努力。在这个过程中，刊物团聚了一批著名的历史学家，支持和培育了一批很有发展前景的青年学术骨干。也就是说，在历史学的发展中，《广东社会科学》在出成果和出人才两个方面，都做出了自己的历史贡献。

当前，哲学社会科学的发展面临着一个极好的机遇。今年年初，中共中央发布了《关于进一步繁荣发展哲学社会科学的意见》的重要文件，胡锦涛总书记在中共中央政治局第十三次集体学习会上发表了大力推进哲学社会科学繁荣发展的重要讲话。文件和讲话高度肯定了哲学社会科学的重要战略地位，强调"繁荣发展哲学社会科学事关党和国家事业发展的全局。哲学社会科学是人们认识世界、改造世界的重要工具，是推动历史发展和社会进步的重要力量。哲学社会科学的研究能力和成果是综合国力的重要组成部分"①。在党和政府的大力领导和推动下，发展哲学社会科学的社会大环境有了明显的改善。我们衷心希望，作为综合性人文社科学术理论期刊的《广东社会科学》，能够紧紧抓住这个难得的历史机遇，发扬20年来长期积累的优良办刊传统，不断开拓创新，为实现"努力建设面向现代化、面向世界、面向未来，具有中国特色的哲学社会科学"的总体目标做出新的努力和新的贡献。

---

① 《关于进一步繁荣发展哲学社会科学的意见》，载《人民日报》，2004-03-21。

小平同志对发展哲学社会科学的殷切期望*
——纪念邓小平同志诞辰百周年

中国共产党是一个十分注重理论思维的党。由于哲学社会科学同马克思主义理论存在着密不可分的关系，所以党一贯重视哲学社会科学的研究。从毛泽东同志在延安做关于整顿作风、改造学习的一系列报告，到不久前胡锦涛同志在政治局学习会上做发展与繁荣哲学社会科学的重要讲话，几十年来，推进哲学社会科学研究一直成为贯穿党的思想政治工作的一条红线。小平同志对发展哲学社会科学提出的许多高瞻远瞩的战略构想，就是这条思想红线的重要组成部分。

在隆重纪念小平同志诞辰百周年的时候，重温小平同志的有关教导，可以使我们更加自觉、更加清醒地贯彻执行中共中央《关于进一步繁荣发展哲学社会科学的意见》，为全面建设小康社会、实现中华民族的伟大复兴提供重要的思想保证、精神动力和智力支持。

认清哲学社会科学的战略地位

哲学社会科学是人类认识世界、改造世界的重要工具，是推动历史发展和社会进步的重要力量。哲学社会科学的发展水平，体现着一个国家和民族的思维能力、精神状况和文明素质。1977 年，“文革”刚刚结束之际，在中央召开的科学和教育工作座谈会上，邓小

* 载《史学集刊》，2004 年第 4 期。

平同志就指出："我们国家要赶上世界先进水平，从何着手呢？我想，要从科学和教育着手。科学当然包括社会科学。"① 这就意味着，哲学社会科学和自然科学都是我国科教兴国战略中的有机组成部分，建设中国特色社会主义离不开以马克思主义为指导的哲学社会科学的繁荣发展。正如中共中央《关于进一步繁荣发展哲学社会科学的意见》中所说："在改革开放和社会主义现代化建设进程中，哲学社会科学与自然科学同样重要，培养高水平的哲学社会科学家与培养高水平的自然科学家同样重要，提高全民族的哲学社会科学素质与提高全民族的自然科学素质同样重要，任用好哲学社会科学人才并充分发挥他们的作用与任用好自然科学人才并充分发挥他们的作用同样重要。社会主义现代化，应该有发达的自然科学，也应该有繁荣的哲学社会科学。"

1978 年 12 月 13 日，邓小平发表《解放思想，实事求是，团结一致向前看》的重要讲话，在回答进行社会主义现代化建设的过程中，全党应该如何加强学习，学习的内容是什么的时候，他说："根本的是要学习马列主义、毛泽东思想，要努力把马克思主义的普遍原则同我国实现四个现代化的具体实践结合起来。当前大多数干部还要着重抓紧三个方面的学习：一个是学经济学，一个是学科学技术，一个是学管理。学习好，才可能领导好高速度、高水平的社会主义现代化建设。"② 这里小平同志所提出的学习内容，绝大部分是有关哲学社会科学的。此后，在许多场合，邓小平同志都反复强调："要提倡学习，主要是学哲学，学习毛泽东同志的哲学著作……我看应当搞学习运动，认真学习马克思、列宁和毛泽东同志的著作。这个学习必须联系中国革命的历史，这样就能了解党是怎样领导革命的，了解毛泽东同志有哪些功绩，使大家知道中国革命是怎样成功的。"③

繁荣发展哲学社会科学最重要的目标是要在全社会形成共同的

---

① 《邓小平文选》，2 版，第 2 卷，48 页，北京，人民出版社，1994。

② 同上书，153 页。

③ 同上书，381 页。

理想和精神支柱。邓小平认为，我们的人民要有建设有中国特色社会主义的“共同理想”，党员要有共产主义的“坚定信念”，我们国家才有凝聚力，人民才能团结，强调“没有这样的信念，就没有一切”①。我们要坚定这样的理想信念，要靠依据实践的理性思考，要靠思想自觉。也就是说，只有在实践中通过学习马克思列宁主义、毛泽东思想、邓小平理论和“三个代表”重要思想，学习在马克思主义指导下的哲学社会科学，懂得社会发展规律，走历史必由之路，立志为社会主义事业献身，才能把自己的理想信念置于科学认识的基础之上。邓小平同志在 1987 年 2 月 18 日的讲话中强调：“中国除了走社会主义道路没有别的道路可走。一旦中国抛弃社会主义，就要回到半殖民地半封建社会，不要说实现‘小康’，就连温饱也没有保证。所以了解自己的历史很重要。青年人不了解这些历史，我们要用历史教育青年，教育人民。”② 今天的中国是历史中国的延续，对现实的曲解必定源于对历史的无知，如果我们都不知道我们来自哪里，我们又怎能知道将走向何方？

应该承认，当今中国的哲学社会科学相对来说还存在着落后的一面，还有许多弱点和不足。邓小平同志在 1979 年 3 月的一次讲话中曾经指出：“我们已经承认自然科学比外国落后了，现在也应该承认社会科学的研究工作（就可比的方面说）比外国落后了。我们的水平很低，好多年连统计数字都没有，这样的情况当然使认真的社会科学的研究遇到极大的困难。因此，我们的思想理论工作者必须下定决心，急起直追，一定要深入专业，深入实际，调查研究，知彼知己，力戒空谈。”③ 党的十五大报告从另一个角度强调了发展哲学社会科学的紧迫性，指出：“面对科学技术迅猛发展和综合国力激烈竞争，面对世界范围各种思想文化相互激荡，面对小康社会人民群众日益增长的文化需求，全党必须从社会主义事业兴旺发达和民族振兴的高度，充分认识文化建设的重要性和紧迫性。”迅速赶上和

---

① 《邓小平文选》，1 版，第 3 卷，190 页。

② 同上书，206 页。

③ 《邓小平文选》，2 版，第 2 卷，181 页。

超过世界哲学社会科学的发展水平，形成具有中国特色、中国风格和中国气派的学科体系，是我国哲学社会科学工作者肩负的光荣历史使命。

人类发展史表明：任何人类社会的进步，都是科技进步和人文社会科学进步相互协同作用的产物；任何技术进步都无法单独支撑起人类社会进步的大厦。在全面建设小康社会、加快推进社会主义现代化的新的发展阶段，更应该重视哲学社会科学的发展，重视精神文明的建设工作。如果只注重经济，片面地抓物质文明建设而忽视哲学社会科学建设，不能真正坚持两手抓，两手都要硬，那么我们的社会就会缺乏凝聚力，人民群众就会失去精神支柱，社会风气就会每况愈下。1979 年，邓小平同志就指出："我们要在建设高度物质文明的同时，提高全民族的科学文化水平，发展高尚的丰富多彩的文化生活，建设高度的社会主义精神文明。"① 在中共中央工作会议上，小平同志再次强调："我们要建设的社会主义国家，不但要有高度的物质文明，而且要有高度的精神文明……没有这种精神文明，没有共产主义思想，没有共产主义道德，怎么能建设社会主义？党和政府愈是实行各项经济改革和对外开放的政策，党员尤其是党的高级负责干部，就愈要高度重视、愈要身体力行共产主义思想和共产主义道德。否则，我们自己在精神上解除了武装，还怎么能教育青年，还怎么能领导国家和人民建设社会主义！"②

对于如何建设社会主义精神文明，邓小平同志认为："还要建设社会主义的精神文明，最根本的是要使广大人民有共产主义的理想，有道德，有文化，守纪律。国际主义、爱国主义都属于精神文明的范畴。"③ 要达到这些要求，需要哲学社会科学工作者的共同努力，"文艺工作者，要同教育工作者、理论工作者、新闻工作者、政治工作者以及其他有关同志相互合作，在意识形态领域中，同各种妨害四个现代化的思想习惯进行长期的、有效的斗争。要批判剥削阶级

---

① 《邓小平文选》，2 版，第 2 卷，208 页。

② 同上书，367 页。

③ 《邓小平文选》，1 版，第 3 卷，28 页。

思想和小生产守旧狭隘心理的影响，批判无政府主义、极端个人主义，克服官僚主义。要恢复和发扬我们党和人民的革命传统，培养和树立优良的道德风尚，为建设高度发展的社会主义精神文明做出积极的贡献”①。

哲学社会科学在提高人的理论思维素质，增强人们认识世界和改造世界的能力方面，在提高人们的思想境界和道德境界，在全社会形成共同的理想信仰方面都有着不可替代的重要作用。为此，必须从战略高度来认识和对待哲学社会科学事业。

坚持哲学社会科学的正确发展方向

哲学社会科学要坚持正确的发展方向，必须始终坚持马克思主义的指导地位，而最关键的是坚持马克思主义的立场、观点和方法，即辩证唯物主义和历史唯物主义。邓小平同志曾满怀信心地指出：“我坚信，世界上赞成马克思主义的人会多起来的，因为马克思主义是科学。它运用历史唯物主义揭示了人类社会发展的规律。封建社会代替奴隶社会，资本主义代替封建主义，社会主义经历一个长过程发展后必然代替资本主义。这是社会历史发展不可逆转的总趋势……”②

对于那种轻视甚至否定马克思主义指导作用的倾向，邓小平同志给予了坚决的驳斥。1983 年 10 月 12 日，小平同志在中国共产党第十二届中央委员会第二次全体会议上指出：“一定要彻底扭转这种不正常的局面，使马克思主义的和社会主义、共产主义的宣传，特别是在一切重大理论性、原则性问题上的正确观点，在思想界真正发挥主导作用。”③ 1985 年 9 月 23 日，他在中国共产党全国代表会议上再次强调：“不仅是专对新干部，对老干部也同样适用，就是要学习马克思主义理论。或者会有同志问：现在我们是在建设，最需要

---

① 《邓小平文选》，2 版，第 2 卷，209 页。

② 《邓小平文选》，1 版，第 3 卷，382～383 页。

③ 同上书，46 页。

学专业知识和管理知识，学马克思主义理论有什么实际意义？同志们，这是一种误解。马克思主义理论从来不是教条，而是行动的指南。它要求人们根据它的基本原则和基本方法，不断结合变化着的实际，探索解决新问题的答案，从而也发展马克思主义理论本身。”①

除了坚持马克思主义的指导地位，哲学社会科学的研究与发展还必须坚持“古为今用”“洋为中用”的方针，处理好对祖国传统文化和外来文化的批判继承与吸收借鉴的关系。我们知道，中华人民共和国的哲学社会科学作为社会主义文化的核心内容，是中国传统文化发展到新阶段的本质体现。包括毛泽东思想、邓小平理论和“三个代表”重要思想在内的整个社会主义意识形态，既是社会主义经济关系的客观要求和反映，又植根于中国文化的土壤，是合乎历史潮流的当代中国的民族文化。因此，它不但离不开现实生活的源泉，而且需要从传统文化的优秀成分中吸取营养。因而不能割断历史，把现实和历史人为地对立起来。

同样，对于外来文化，包括西方资产阶级哲学社会科学，也要采取辩证分析的科学态度。我们要虚心学习、大胆吸收和广泛借鉴人类创造的一切优秀文化成果，以丰富我们的民族文化，开阔我们的理论视野，汲取思想营养，加速我国哲学社会科学的发展。邓小平同志曾经指出：“我们要向资本主义发达国家学习先进的科学、技术、经营管理方法以及其他一切对我们有益的知识和文化，闭关自守、故步自封是愚蠢的。”② 他认为：“认识落后，才能去改变落后。学习先进，才有可能赶超先进。提高我国的科学技术水平，当然必须依靠我们自己努力，必须发展我们自己的创造，必须坚持独立自主、自力更生的方针。但是，独立自主不是闭关自守，自力更生不是盲目排外。科学技术是人类共同创造的财富。任何一个民族、一个国家，都需要学习别的民族、别的国家的长处，学习人家的先进科学技术。我们不仅因为今天科学技术落后，需要努力向外国学习，即使我们的科学技术赶上了世界先进水平，也还要学习人家

① 《邓小平文选》，1版，第3卷，146页。

② 同上书，44页。

的长处。”①

繁荣发展哲学社会科学必须发扬理论联系实际的学风，反对本本主义，坚持学习创新。从一定意义上说，哲学社会科学就是研究人的活动及由此构成的历史与社会。因而，脱离人的实践活动，哲学社会科学就会成为无本之木、无源之水。1978 年 12 月 13 日，邓小平同志在中共中央工作会议闭幕会上的讲话中说：“从实践中学，从书本上学，从自己和人家的经验教训中学。要克服保守主义和本本主义。”② 因此，发扬理论联系实际的学风，深入实际，注重实践，锐意创新，是由哲学社会科学研究工作的性质、对象所决定的基本要求。努力在实践中向社会学习，向群众学习，是理论创新的基础和源泉。“实践之树常青”，现实的实践总是新鲜的。实践没有止境，理论创新和学术创新也就没有止境。哲学社会科学工作者应当注重实践，坚持理论联系实际，一切从实际出发，以实践为检验真理的唯一标准，深入社会，调查研究，勤于思考，才能有所发现，有所创新。

加强哲学社会科学的队伍建设

积极发展和繁荣哲学社会科学，关键是理论队伍建设和人才的造就与培养。而造就一批哲学社会科学的专家和人才，关键靠教育。小平同志指出：“科学技术人才的培养，基础在教育。我们要全面地正确地执行党的教育方针，端正方向，真正搞好教育改革，使教育事业有一个大的发展，大的提高。教育事业，决不只是教育部门的事，各级党委要认真地作为大事来抓。各行各业都要来支持教育事业，大力兴办教育事业。”③ 小平同志特别强调，教育和培养人才，必须打破常规，不拘一格。他说：“在人才的问题上，要特别强调一

① 《邓小平文选》，2 版，第 2 卷，91 页。

② 同上书，153 页。

③ 同上书，95 页。

下，必须打破常规去发现、选拔和培养杰出的人才……把尽快地培养出一批具有世界第一流水平的科学技术专家，作为我们科学、教育战线的重要任务。”①

小平同志特别强调哲学社会科学工作者的崇高使命和历史责任，他说：“思想战线上的战士，都应当是人类灵魂工程师。在当前这个转变时期，在社会主义精神文明建设和整个社会主义建设事业中，他们在思想教育方面的责任尤其重大。十年内乱的消极后果和历史遗留的种种因素，新形势下出现的新的复杂问题，在人们的思想上引起各种反应，包括一部分模糊和错误的认识。作为灵魂工程师，应当高举马克思主义的、社会主义的旗帜，用自己的文章、作品、教学、讲演、表演，教育和引导人民正确地对待历史，认识现实，坚信社会主义和党的领导，鼓舞人民奋发努力，积极向上，真正做到有理想、有道德、有文化、守纪律，为伟大壮丽的社会主义现代化建设事业而英勇奋斗。”②

繁荣发展哲学社会科学，还需要营造生动活泼、求真务实的学术环境，提倡不同学术观点、学术流派的争鸣和切磋。哲学社会科学同自然科学一样，本质上旨在探索和揭示未知的事物及其发展规律，具有极大的探索性和创造性，在它的研究过程中，必须坚持“百花齐放、百家争鸣”的优良学风，这是我国整个社会主义文化事业的方向，当然也是哲学社会科学发展的方向。对学术观点、科学探讨的分歧，小平同志历来主张自由讨论，他多次强调：“我们要坚持百家争鸣的方针，允许争论。不同学派之间要互相尊重，取长补短。要提倡学术交流。”③“无论如何，思想理论问题的研究和讨论，一定要坚决执行百花齐放、百家争鸣的方针，一定要坚决执行不抓辫子、不戴帽子、不打棍子的‘三不主义’的方针，一定要坚决执行解放思想、破除迷信、一切从实际出发的方针。”④

---

① 《邓小平文选》，2版，第2卷，95～96页。

② 《邓小平文选》，1版，第3卷，40页。

③ 《邓小平文选》，2版，第2卷，57页。

④ 同上书，183页。

提倡“双百方针”，决不意味着可以对事关全局、事关原则的问题不去分清理论是非。小平同志曾经尖锐地批评一些错误观点：“比如宣传抽象民主，甚至主张反革命言论也应当有发表的自由；把民主同党的领导对立起来，在党性和人民性的问题上提出违反马克思主义的说法，等等。有些同志至今对党提出坚持四项基本原则仍然抱怀疑态度。有一个时期，有少数同志认为，我们这个社会是不是社会主义社会，该不该或能不能实行社会主义，以至我们党是不是无产阶级政党，都还是问题。有些同志又认为，既然现在是社会主义阶段，‘一切向钱看’就是必然的，正确的。这些错误的观点大都写成文章公然在报刊上发表，有些一直没有得到澄清。可见理论界的一部分同志思想混乱到什么程度。”① 小平同志讲这个话已是20年前了。20年来，思想理论战线的情况有了很大的变化，但也应该承认，有的问题依然存在。因此，我们仍然必须高举马克思主义的旗帜，多做统一思想、提高认识的工作。

繁荣发展哲学社会科学还必须加强改革的力度，探索建立有利于哲学社会科学发展的现代科研管理体制。努力理顺和大胆改革旧的管理体制，探索建立符合哲学社会科学发展规律和同社会主义市场经济相协调的现代科研管理体制。小平同志认为：“我们不是没有人才，问题是能不能很好地把他们组织和使用起来，把他们的积极性调动起来，发挥他们的专长……怎样打破军民界限、部门地方界限，合理使用，把全国的科技人员使用起来，并且使用得当，是个很大的问题……要落实知识分子政策，第一位的就是科技队伍的管理使用问题。人才，只有大胆使用，才能培养出来。对那些真正有本事的人，要放手提拔，在工资级别上破格提高……人才不断涌出，我们的事业才有希望。”②

哲学社会科学管理体制改革的基本要求和基本取向，就是要围绕出成果、出人才这个核心，建立符合哲学社会科学的发展规律、与社会主义市场经济体制相适应的现代科研管理体制。1985年，在

---

① 《邓小平文选》，1版，第3卷，42页。

② 同上书，17～18页。

全国科技工作会议上，邓小平同志指出："改革经济体制，最重要的、我最关心的，是人才。改革科技体制，我最关心的，还是人才……第一，能不能每年给知识分子解决一点问题，要切切实实解决，要真见效。第二，要创造一种环境，使拔尖人才能够脱颖而出。改革就是要创造这种环境……善于发现人才，团结人才，使用人才，是领导者成熟的主要标志之一。"①

总之，作为"当代中国的马克思主义"的邓小平理论，是中国社会主义建设事业重要的思想指南，是与时俱进的科学体系，其对哲学社会科学的论述在今天看来仍然有着极强的指导意义，是我们繁荣发展哲学社会科学宝贵的精神财富。

① 《邓小平文选》，1版，第3卷，108～109页。

羊腰湾的如烟往事*

要写一点高中生活的回忆，真动起笔来，却觉得很不容易。总体来说，中学时代是一个人一生中最值得留恋、珍惜和回味的时代；可具体想想，却又很难找出几件生动、有趣而又特别有意义的事来，大抵只是一些平凡小事，几乎是人人经历过的，写起来和读起来都不免索然无味。毕竟，那个时候还太小，太小则对一些事还朦朦胧胧；现在则又太老，太老则回忆过去不免模模糊糊。再加上中间相隔了半个多世纪，所以这样的回忆，说得诗意一点，真是似梦似幻，如一缕轻烟，缥缈空逸，总之是不太真切了。

我高中时的母校私立无锡中学门前是大运河，河在这里正好拐一个大弯，大概因为河湾状如羊腰，所以叫作羊腰湾。这片地方也以此得名。我中学生活的四分之三，就是在羊腰湾畔度过的。

高中一共三年，怎么占了中学生活的四分之三呢？这里有个原因，我中学只读了四年，初一、初二没有上。为什么会这样？这要从我的家庭谈起。

我的家庭是个教育世家。我的父亲、我的大哥、二哥和我，都是教师。我父亲是一个在乡村小学教了几十年书、当了几十年小学校长的贫苦知识分子。我小学就是在我父亲和大哥执教的学校读的书。

我小学毕业的时候，一来我二哥已在读中学，一个贫苦知识分子家庭无力供养两个中学生；二来当时还是日伪统治时期，沦陷区的老百姓过着暗无天日的生活，所以我就留在小学，继续读一点书，名义上叫上“补习班”。一直到 1945 年日本投降，抗日战争胜利，

---

* 私立无锡中学 49/50 届高中同学会编印：《羊腰湾弦歌》，2005 年 1 月。

我才到离家十几里地的洛社中学去上初中三年级。

在小学补习了两年，学的内容自然无法同正规的中学相比。主要是学“国文”（即“语文”）。这门课是我父亲亲自教的。他的国学功底很好，教得也特别认真，所以这两年，我的语文程度特别是古文水平有很大的提高。从此打下了我喜欢语文、喜欢写作的基础。这也许影响了我一辈子。我后来走上史学工作者的道路，不能说跟这一段经历没有一点关系。

但是，其他课程就不行了。因为没有正式读过初中一、二年级，突然插班读初三，许多课都跟不上。物理、化学之类还好说，特别是英语和数学，前面的没有学过，后面的连老师的讲课都听不懂。从初三一直到高中，我偏科特别严重。语文课、作文课始终名列前茅，英语、数学等课则学得十分吃力，有时还常常不及格。老师对我的印象大概也是如此。语文老师会认为我是个很优秀的学生，而英语或者数学老师一定会感到我笨得出奇。

在许多老师中，我最喜欢的自然也是语文老师。我印象最深的是李延秋老师。他上课的时候，真可以说是全神贯注，精力集中。他大概喜欢喝点酒。如果来上课的时候，他脸红红的，带着几分酒气，那这堂课就一定十分精彩。他会把课文抑扬顿挫地大声吟诵出来，极其好听，并且手舞足蹈，连说带唱，真是全身心地投入，听课的也不由得跟着进入到课文所描写的环境中去。听这样的课，真可以说是一种享受。华山老师的课也讲得很好，他渊博的知识，常常能引人入胜。中华人民共和国成立后，华山老师到山东大学任教，从事历史的教学与研究，我们在专业上成了同行。我一直企盼着能够再当面向他求教，可惜那时学术界的交流和活动都不多，始终未能找到机会，后来机会多了，先生已经仙逝，这实在是一个遗憾。

朱康福老师是我们大家十分尊重的，他担负着管理我们班的任务，那时大概没有班主任的名称，但他同我们接触是最多的。上面说过，我的作文成绩不错，所以常常有把我的作文在班上张贴或宣读的机会。其中有一次，便是朱康福老师在全班同学面前宣读我的一篇周记。

抗战胜利后，国民党政府也开始派遣学生出国留学。当时，朱康福老师正在等待出国。但是，派遣出国留学的事情，在操作中存在着许多毛病和弊端。有一次，朱老师在班会上谈到这件事，表示了对此事的不满，并流露出某种失望的情绪。那时候，学校规定每个学生每星期要写一篇周记，题目和内容都不限，目的既是锻炼写作，也是通过这个了解学生的思想和情况。我在周记里写了一些自己的想法，大意是：出洋留学深造，是一件很重要的事情，不会那么顺利。只要不断奋斗，一定能达到目的，千万不能灰心失望。并且用了一个很尖锐也很夸张的题目，叫作《哀莫大于心死》。不料朱老师看过之后，非但没有生气，反而大加赞赏，在文章后面写了一大段批语，并在全班同学面前读了这篇周记和批语。这件事情虽不大，却颇能反映出当时师生关系中充满着一种民主的精神和气氛。

朱康福老师平时喜欢穿长衫，显得温文尔雅；而温广才老师则经常穿笔挺的西装，时尚而潇洒。温广才老师很喜欢跟同学们接触，十分平易近人。无锡的冬天还是很冷的。每到冬天，不论是出早操还是课间活动，很多同学都是缩着脖子，把手拢在衣袖里或者插在裤兜里。温老师看见了，总是一边奔跑，一边搓着手，嘴里不断地喊："动一动啦！动一动啦！"在温老师的督促和带动下，同学们也就跟着活动起来。温老师说得一口漂亮的普通话（当时叫"国语"），记得一次，全县运动会在私立无锡中学举行，温老师担任大会的司仪，他的响亮而标准的普通话，吸引了在场的每一个人。

私立无锡中学的教学质量是高的，最重要的原因，是她拥有一批高水平的老师，其中有些是有丰富教学经验的老教师，有些是当时还比较年轻的大学毕业生。他们都十分忠诚于教育事业，把培育人才看作自己的天职。就我们来说，私立无锡中学的老师们确实为我们的人生道路打下了极其坚实的基础。这是我们永远不会忘记的。

除了课堂教学以外，母校还十分重视学生的课外活动。例如，每个班级都办有自己的墙报（当时叫"壁报"）。我们班的墙报刊名叫《戈壁》，我是主编。我记得经常写稿的有姚湛一、张育林、黄善谦、项元生、杨尔烈、薛禹群、贾寿泉等，不论是内容还是形式，我们班的墙报在全校都可以数第一。现在想来，通过办墙报，文字水平不一定提高了多少，但增强了办事的责任感，倒是一个重要的收获。

因为我喜欢文艺，我还曾偷偷地向无锡地区的报纸《人报》《锡报》投过稿，并且居然发表了几篇。用的笔名叫“叶黄”。文章的内容，大抵是无病呻吟之类，因为当时对世事根本不可能有什么认真的思考，自然也说不出什么深刻的思想。不过它毕竟提高了我从事写作的兴趣，所以对我还是起了积极作用的。这件事我没有敢告诉同学们，大家也不知道这件事。

私立无锡中学有一个不错的图书馆。课余时间，我常常到图书馆借一些课外读物。鲁迅的不少杂文和《阿Q正传》《祝福》等小说，茅盾的《子夜》，曹禺的剧作《日出》《雷雨》等，都是在这时候看的。也读张恨水的小说，如《啼笑因缘》《金粉世家》《满江红》等。现在想来，课外阅读的收获，似乎比课堂教学更重要，影响也更深远一些。从这里可以体会到，一个教育工作者，指导好学生的课外阅读，实在是一件十分重要的工作，千万轻视不得，也大意不得啊！

进一步拓展中国近代思想史的研究领域*

这些年来，中国近代思想史的研究取得了巨大的成绩，这是有目共睹的。一批具有创新意义的学术成果的涌现，一些受到广泛社会关注的研究课题的热烈讨论，一些新的青年学者的成长和崭露头角，都是中国近代思想史这一学术领域发展、兴旺的生动反映。同时，这个领域还有很大的发展余地、发展空间。其中一个重要方面，就是在研究领域，还可以而且应该有大的拓展。下面，我就这个问题说一点自己的想法，以就教于大家：

第一，从主要研究思想家的精英思想，扩展到同时关注社会广泛阶层特别是下层群众的民间思想。研究思想家个别人物的思想或某种社会思潮，理所当然地是思想史的主体内容，这是没有问题的。但以往的研究，似乎相对忽略了至少是弱化了对民间思想的关注。这不仅使思想史的内容有所缺失，难以全面反映社会思想的面貌，而且反过来也并不利于对精英思想研究的深入。这是因为，精英思想同民间思想，看起来是两个不同的范畴，其实二者有着极为紧密的联系。一方面，思想家的思想、观念，必须具有超前的特点，他的所思所想、所言所论，一般来说，大抵是社会上的人们未曾想到甚至是一时无法接受的，所以，思想家常常是“孤独者”“寂寞者”。但是，任何一种思想或者主张，只有掌握群众，才能变成巨大的物质力量。因此，衡量精英思想的价值、作用和意义，必须通过与民间思想的比较，才能做出确切的判断。另一方面，民间思想又会给精英思想以巨大的影响，思想家的思想或某种社会思潮，在其形成和发展过程中，常常会受到民间广大群众的思想、观念、情绪、习惯等等的重大影响，

---

* 载《吉首大学学报》（社会科学版），2005 年第 1 期。

这种影响也许是显而易见的，也许是潜移默化的，但这种影响确实存在。而且，由于民间思想的影响，精英思想往往还会在发展过程中做某种校正。这些都说明把研究领域扩展到民间思想的重要性。

第二，从单纯的思想研究，扩展到思想与社会实践并重。历史证明，只有转化为实践、行动的思想，才是重要的、有价值的思想。如果一种思想只停留在议论、著述上，哪怕再好，也说明是脱离时代、脱离社会需要的。所以，研究思想的同时，不研究社会实践是不行的。另外，中国近代思想史有一个显著的特点，就是同一词语、同一旗号常常会有完全不同的内容和含义，例如“洋务”，某些人所讲的“洋务”，同另外一些人所讲的“洋务”，意思是完全不一样的。“变法”也一样，洋务派讲“变法”，维新派也讲“变法”，甚至守旧派中的某些人也讲“变法”，但其具体内容和真实含义，就不仅要察其言，而且要观其行，才能弄得清楚。类似这种情况还有很多。还有一点，就是有一些思想，单纯从理论上看，从学理上看，是完全错误的，但从实践上去观察，则往往又能看到有相对合理的一面，有其积极的、值得肯定的一面。例如，近代历史上的教育救国论、实业救国论，从理论上说，当然是完全错误的。在不推翻反动统治的情况下，在没有完成民族独立和人民解放的历史任务的时候，要想靠发展教育、发展实业去救国，解决中国的发展问题，只能是一种虚妄的幻想，是绝对不可能实现的，这一点，早已为中国近代社会的发展历程所证明。但是，从实践看，这些人大都也是抱着一腔爱国热情，历尽千辛万苦，面对艰难险阻，有时甚至抛家舍业，做出各种牺牲；从客观效果看，虽然并不能解决中国的根本问题，但也为国家和社会的发展积累着积极的力量。只有从思想和实践两个方面统一起来观察，才能得出比较全面的实事求是的结论。

第三，从以政治思想、文化思想为主，进一步扩展到思想的各个领域。以往中国近代思想史的研究，着力最多、最充分的是政治思想、文化思想，这是完全应该的和合理的。但是，也不应忽视了对思想的其他领域的研究，或者说，在思想的其他领域，还有宽广的进一步深入研究的余地。例如经济思想、伦理思想、文艺思想、教育思想、法制思想、社会观念等等，都是思想史研究者可以纵横驰骋的广阔天地。而且，各种思想之间，又存在着很强的相互关联性，研究思想的某一方面，往往可以加深对其他思想领域的认识和了解。

第四，避免就思想谈思想、从思想到思想，进一步从思想与经济、思想与政治的相互关系、相互作用中去研究思想，分析思想。就思想而言，经济是基础，政治是核心。这一点不能回避，也无法回避。有人说，社会存在决定社会意识，经济基础决定上层建筑，唯物史观的这个原理已经不行了；也有人说得稍为客气一点，说这个原理存在着重大缺陷。其实，现实生活几乎无时无刻不在证明着唯物史观的这些原理的无可辩驳的真理性。研究一种思想，不去分析这种思想产生的政治环境和经济条件，不去探究这种思想对社会的政治生活和经济生活发生了什么样的影响，不去观察思想家的政治倾向、政治追求、政治立场，不去联系思想家提出这种思想的经济背景、经济根源、经济目的，思想是研究不清楚的。从思想到思想的研究，很难揭示历史的本质。

第五，研究中国近代思想史，必须从“古、今、中、外”的相互关系、相互矛盾、相互作用中去进行动态的研究。中国近代社会是个激烈动荡、急剧变动的社会。在这个历史阶段，新与旧，正义与邪恶，屈辱与抗争，悲壮与凄凉，追求与失落，如此独特又如此奇妙地纠结在一起，赋予了历史极其深邃的内容。在思想领域，传统与现代，中国与外国，各种思想观念相互激荡，相互撞击，使得思想界呈现出五光十色、令人目迷神眩的奇特景观。这既为思想史的研究增加了很大的难度，又为思想史研究的深入提供了极好的机会。一般来说，中国的传统思想有悠久的历史和丰富的内涵，但当时在总体上已经落后，需要注入新的符合时代要求的内容。外国的一些先进思想，是中国学习的对象，但是，这种思想，不是在和平的、平等的条件下，中国主动去学习的，而是与侵略同时传入的，这就增加了问题的复杂性。鲁迅曾讲过“拿来主义”，强调要分清“拿来”与“送来”的区别。不管怎样，思想要起作用，归根到底要经过一个本土化的过程。

警惕历史虚无主义思潮*

进入新时期，历史学研究同人文社会科学的其他学科一样，取得了显著成绩，思想活跃，研究深入，成果丰硕，人才辈出。但是也出现了一些值得注意的倾向，其中历史虚无主义就很值得警惕。一些人以“重新评价”为名，歪曲近现代中国革命的历史、党的历史和中华人民共和国的历史，在社会上造成了很不好的影响。我们对此要慎思之，明辨之。为此本报特邀沙健孙（北京大学教授）、李文海（中国人民大学教授）、龚书铎（北京师范大学教授）、梁柱（北京大学教授）四位资深学者进行了座谈。

以“重新评价”为名歪曲历史：历史虚无主义的表现

记者：先请各位谈谈，在近现代史研究中，历史虚无主义思潮有哪些主要表现？

沙：熟悉历史的人都知道，近代以来的中国历史，就其本质和主流来说，是一代又一代的仁人志士和人民群众为救亡图存而英勇奋斗、艰苦探索的历史；是全国人民在中国共产党的领导下，经过新民主主义革命赢得民族独立和自身解放的历史；是经过社会主义改造、建设和改革，把一个极度贫弱的旧中国变成一个初步繁荣昌盛、充满生机和活力的社会主义新中国的历史。这是中国五千年文明史上的光辉篇章，也是人类社会发展史上的壮丽一页。但是，近年来一些人对于近现代中国的历史采取虚无主义态度，以“重新评

* 载《光明日报》，2005年3月15日。记者：危兆盖。

价”为名，肆意歪曲历史。其主要表现是：一、提出否定革命、“告别革命”的主张，认为革命只起破坏性作用，没有任何建设性意义。二、把五四以来中国选择社会主义发展方向视为离开所谓的“以英美为师”的“近代文明的主流”而误入了歧路，宣称经济文化落后的中国没有资格搞社会主义，中华人民共和国成立以后搞的不过是小资产阶级的空想社会主义。三、用攻其一点、不及其余的方法歪曲中国共产党的历史，否定或掩盖它的本质和主流，把它说成是系列错误的延续。从学术研究角度看，这些观点并没有什么学术价值，因为它们不符合近代中国历史的实际，是站不住脚的；从政治上看，这些观点的流行、这种思潮的泛滥会给人们的思想造成混乱，甚至导致严重后果，因此应当引起我们的高度重视。

李：在近现代史研究中，历史虚无主义的一个突出表现是贬低和否定革命，诋毁和嘲弄中国人民为争取民族独立和人民解放而进行的反帝反封建斗争。这种思潮的集中体现，就是所谓的“告别革命”论。有的文章竭力渲染革命的“弊病”，公开判定“20世纪的革命方式确实带给中国很深的灾难”。有的甚至直截了当地宣称革命的结果只是实现了“专制复辟”。按照这样的描述，从鸦片战争到中华人民共和国成立109年的历史，自然就从根本上被否定了。

龚：表现在近现代史研究中的历史虚无主义思潮，对于这段历史也不是完全的“虚无”，有所“虚无”，有所不“虚无”。他们“虚无”的是中国人民的革命运动、中国共产党的领导、马克思主义的指导、社会主义制度和人民民主专政，不“虚无”的则是为早已有历史定论的叛徒、汉奸、反动统治者歌功颂德。他们不是从历史发展的真实情形出发去诠释历史，而是想当然地解读历史、虚构历史、歪曲历史、否定历史，为中国近现代历史的发展寻找根本没有历史根据的另类“历史规律”和“发展道路”。

梁：在一些人那里，历史成了一个可以任人打扮的小姑娘。他们解构历史又重构历史，就是要否定近代中国革命斗争的合理性和必要性。为此，他们把站在革命对立面的人物包括袁世凯等人打扮成中国现代化的开拓者，而把一切革命斗争说成是“疯狂和幼稚”。

当然，一个腐朽政权不可能自甘毁灭，它势必要做出种种努力，譬如晚清政府也搞过新政一类的举措，但从根本上说，其目的绝不是为实现中国的独立和富强开辟道路，而是为了延续处于穷途末路的反动政权，绝不是代表历史前进的方向，而是在阻挡历史进步的潮流。

以“理性思考”为名否定社会主义：历史虚无主义的谬误

记者：可是他们却宣称自己是在进行理性的思考，是要实现什么研究范式转换，似乎这样就堂堂正正、师出有名了。事情真的是这样吗？

龚：当然不是。歪曲了历史的真实，当然也就说不上真正的理性思考。事实是，他们为了否定和贬抑革命，就拼命去美化和歌颂帝国主义和封建主义。他们把推动历史前进的革命领袖和革命群众边缘化甚至丑化，而把阻碍历史前进的反动势力、反面人物放到了历史舞台的中心位置。这不是在为历史研究提供新的范式，而是从根本上颠倒历史，歪曲历史的真相。

沙：为了否定革命，有的人声称，只有搞改良主义才是近代中国的唯一出路。我们知道，改良是在保存原有社会的政治经济基本制度的基础上对它的某些局部进行调整，但是阻碍中国走向独立和富强的，恰恰是整个半殖民地半封建社会的基本制度，而不只是它的某个局部，所以靠改良是不能解决问题的。而且，采取改良措施，必须经过统治者的同意，并自上而下地实施，而无论是晚清政府、北洋政府还是国民党政府，他们都不可能废除帝国主义在中国的特权，废除封建主义对中国人民的束缚，不可能争得民族独立和人民解放，也不可能开辟中国走向现代化的道路。

李：为了否定中国近代历史上的革命斗争，一些人还故意把革命同现代化对立起来，宣称要用“现代化史观”取代“革命史观”，而经过这样所谓的“范式”转换，近代史上的改革和革命便成了制造社会动荡、破坏经济发展、阻碍社会进步的消极力量。有的文章说，如果没有康梁的变法维新和孙中山的革命，“中国早就实现现代化了”。其实，马克思主义的中国近现代史研究也不能简单地用“革命史观”来概括。我们主张用唯物史观去研究革命，也用唯物史观去研究现代化。我们认为，革命不仅不同现代化相矛盾，而且恰恰是现代化最重要、最强劲的推动力量，没有革命也就不可能有现代化。早在20世纪40年代，毛泽东就在总结历史经验的基础上，讲清了革命和现代化建设之间的关系：“没有独立、自由、民主和统一，不可能建设真正大规模的工业。没有工业，便没有巩固的国防，便没有人民的福利，便没有国家的富强。”“一个不是贫弱的而是富强的中国，是和一个不是殖民地半殖民地的而是独立的，不是半封建的而是自由的、民主的，不是分裂的而是统一的中国，相联结的。在一个半殖民地的、半封建的、分裂的中国里，要想发展工业，建设国防，福利人民，求得国家的富强，多少年来多少人做过这种梦，但是一概幻灭了。”① “中国人民的生产力是应该发展的，中国应该发展成为近代化的国家、丰衣足食的国家、富强的国家，这就要解放生产力，破坏帝国主义和封建主义。正是帝国主义和封建主义束缚了中国人民的生产力，不破坏它们，中国就不能发展和进步，中国就有灭亡的危险……革命是干什么呢？就是要冲破这个压力，解放中国人民的生产力，解放中国人民，使他们得到自由。所以，首先就应该求得国家的独立，其次是民主。没有这两个东西，中国是不能统一和不能富强的。”②

记者：历史虚无主义不但割裂革命与现代化的关系，而且认为近代以来的中国革命是由少数革命家“制造出来”的。这符合历史实际吗？

李：历史的真相完全不是这样。鸦片战争后，中国逐渐沦为半

① 《毛泽东选集》，2版，第3卷，1080页。

② 毛泽东：《在中国革命死难烈士追悼大会上的演说》，载《解放日报》，1945-06-19。

殖民地半封建国家。中华民族面临着两个历史任务：一是求得民族独立和人民解放，二是实现国家富强和人民富裕。由于反动统治势力不愿自动退出历史舞台，因此前一个任务只能通过革命的手段来完成。而如果不先完成前一个任务，就不可能为完成后一个任务扫清障碍、创造前提，国家繁荣富强和人民共同富裕也就成为空中楼阁。这就是为什么近代以来的民族精英总是不惜抛家舍业，流血牺牲，把最主要的精力投入革命事业中去的原因。中国人民选择革命，完全是为了国家的富强和民族的振兴。这才是近代以来中国历史发展的逻辑。可以这样说，现代化是近代以来中国人民魂牵梦绕的不懈追求，革命则是贯穿近现代历史的主旋律。

沙：近代中国发生的革命，不是也不可能由少数革命家“制造出来”。革命的发生，有着深刻的社会历史背景。正是因为帝国主义和中华民族的矛盾，封建主义和人民大众的矛盾及其尖锐化，才引发了近代以来日益壮大的革命运动。如果不革命，中国人民就将继续忍受深重的、没有尽头的苦难。正是有了中国人民的革命斗争，尤其是中国共产党领导的新民主主义革命，才从根本上改变了中国的面貌，改变了中国人民的命运。它不仅挽救了中华民族的危亡，而且打开了中国通向现代化的强国之路。如果说，近代以来我们的民族蒙受过深重的屈辱，我们的人民经历了无穷的灾难，那么革命胜利以后，虽然也遇到过许多困难，甚至遭受过某些暂时的、严重的挫折，但是从根本上说，我们的民族是真正在世界上站立起来而且站稳了，我们的人民终于过上了具有人的尊严的生活，我们这个文明古国重又焕发了青春的光彩。

记者：历史虚无主义主张“告别革命”，以所谓的“现代化范式”取代“革命史范式”，言外之意是近代中国应当走资本主义发展道路。

李：历史虚无主义歪曲历史，否定革命，美化和歌颂帝国主义与封建主义，丑化党的领导和社会主义，归根到底就是要按照西方的那一套在中国搞资本主义。然而，历史早已证明，这是没有出路的。邓小平曾经指出：“孙中山开始就想学习西方，所谓西方即资本主义”，但并没有成功。“在帝国主义、封建主义和后来发展起来的官僚资本主义压迫下，中国继续贫穷下去。这个历史告诉我们，中国走资本主义道路不行，中国除了走社会主义道路没有别的道路可走。一旦中国抛弃社会主义，就要回到半殖民地半封建社会，不要说实现‘小康’，就连温饱也没有保证。”讲完这段话，他特别强调：“所以了解自己的历史很重要。青年人不了解这些历史，我们要用历史教育青年，教育人民。”①

沙：近代以来的中国历史表明，中国的先进分子也曾试图通过走资本主义道路来实现国家的独立和富强，但此路不通。众所周知，中国近代民族资本主义经济对外国垄断资本具有相当大的依赖性，并且始终未能形成一个独立的、比较完整的工业体系和国民经济体系。因此，独立以后的中国如果不搞社会主义而是走资本主义道路，它就仍然不能摆脱对于外国垄断资本的依赖，结果必然成为外国垄断资本的加工厂和单纯的廉价原料、廉价劳动力的供应地。历史虚无主义还借口中国经济文化落后，否定中国人民有选择走社会主义道路的权利。这种观点也是不能成立的。经济文化落后的国家在一定条件下可以搞社会主义，这是马克思在答复查苏利奇的信件和列宁在《论俄国革命》等论著中早已阐明的思想。中国共产党领导中国人民进行社会主义改造和建设的实践，证明了马克思主义的这一理论。1977 年 10 月，邓小平在同加拿大林达光教授夫妇谈话时指出：列宁在批判考茨基的庸俗生产力论时讲，落后的国家也可以搞社会主义革命，我们也是反对庸俗的生产力论的。“当时中国有了先进的无产阶级的政党，有了初步的资本主义经济，加上国际条件，所以在一个很不发达的中国能搞社会主义。这和列宁讲的反对庸俗的生产力论一样。”②

梁：事实再清楚不过了，只有社会主义才能救中国，保有社会主义才能发展中国。中华人民共和国成立以后，我们在社会主义建

① 《邓小平文选》，1 版，第 3 卷，205、206 页。

② 中共中央文献研究室编：《邓小平年谱（一九七五——一九九七）》上，223 页，北京，中央文献出版社，2004。

设方面确确实实取得了巨大的成就。我们基本上建立起了一个独立的、比较完整的工业体系和国民经济体系，使中国在赢得了政治上的独立之后又赢得了经济上的独立。十一届三中全会以来进行的改革，是社会主义制度的自我完善和发展。它是在坚持社会主义基本制度的前提下进行的。改革开放以来中国取得了举世瞩目的巨大成就，进一步证明社会主义制度具有极大的优越性和旺盛的生命力。有的人把改革说成是对社会主义的否定和对资本主义的“补课”，这是完全不符合实际的，是对改革开放以及改革开放以来的中国历史的歪曲。

龚：中国共产党是中国革命和建设事业的领导者和组织者，是全国各族人民的领导核心。中国共产党自 1921 年成立以来，在八十多年的时间里，为了推动中国社会的进步，领导人民做了许多事情。总起来说，就是三件大事：第一，开展反帝反封建的新民主主义革命，推翻了半殖民地半封建的旧社会制度，创建了伟大的中华人民共和国，使得近代以来受尽压迫和欺凌的中华民族和中国人民站起来了；第二，进行社会主义改造，全面确立社会主义的基本制度，为中国以后的进步和发展奠定了基础；第三，开始全面建设社会主义的经济、政治、文化，开创中国特色社会主义道路，使中国摆脱了极度贫弱的境况，而变成了一个初步繁荣昌盛、欣欣向荣的国家。这就是党的历史的本质和主流。我们要旗帜鲜明、理直气壮地宣传党的光荣历史、伟大成就和实践经验，同时也要旗帜鲜明、理直气壮地批驳各种历史虚无主义的谬误。

灭人之国，必先去其史：历史虚无主义的危害

记者：如果革命的历史被否定，那会导致什么样的后果呢？

龚：鼓吹历史虚无主义，实质上是从歪曲革命的历史、社会主义的历史和党的历史入手，达到否定党和社会主义制度的目的，其影响之坏，危害之大，不可不防。清代著名思想家龚自珍说过：“欲

知大道，必先为史。”他又说过：“灭人之国，必先去其史；隳人之枋，败人之纲纪，必先去其史；绝人之材，湮塞人之教，必先去其史；夷人之祖宗，必先去其史。”这些话从正反两方面说明了研究历史和正确对待历史的重要性，说明了能否正确评价历史关乎国家治乱兴亡的道理。这是对历史经验的深刻总结，值得我们深长思之。

沙：重视历史研究，注意总结和汲取历史经验，是中国共产党的一个优良传统。我们之所以必须对历史虚无主义思潮保持警惕，是因为如果听任这种思潮泛滥，必然会把中国人民革命的历史、中国共产党的历史、中华人民共和国的历史丑化了、糟蹋了，必然会摧毁坚持人民革命的成果、坚持社会主义制度、坚持共产党的执政地位和领导作用的历史依据，由此会导致何种严重的政治后果就不言而喻了。所以，在涉及近现代革命历史、党的历史和中华人民共和国历史的重大问题上，我们要旗帜鲜明，坚持原则，决不能采取含糊敷衍的态度。

李：历史虚无主义必然导致民族虚无主义。一些人不但歪曲近代以来的中国历史，而且对中华民族的伟大民族精神，对源远流长的灿烂民族文化也一笔抹杀。在一些人的笔下，我们的民族不仅“愚昧”“丑陋”，而且充满“奴性”，缺乏创造力，安于现状，逃避现实，如此等等。这样一些荒唐的言论，不但远离历史的真实，而且对于增强民族的自信心和凝聚力也都是十分有害的。大家知道，我们中华民族之所以能在世界上屹立五千年，历经磨难，饱尝艰辛，战胜各种惊涛骇浪，创造了光辉灿烂的中华文明，就是因为我们有着优秀的民族传统和民族精神。这种民族精神是一种巨大的精神力量，也是综合国力的重要组成部分。因此无论是从学术研究上，从文化建设上，还是从国家和民族的发展前途上考虑，我们对历史虚无主义思潮都不能听之任之。

唯心史观和社会主义“失败论”：历史虚无主义的根源

记者：历史虚无主义的根源是什么呢？

龚：历史虚无主义所鼓吹的那一套，从根子上说是历史唯心主义。就方法论而言，评价任何一个历史事件或历史人物，都要看它的主流、本质，而不能抓住支流、现象就下结论。历史虚无主义研究历史，恰恰是把支流当主流，把现象当本质，将历史上的某些失误抽象化，并加以孤立地、片面地放大、渲染，从而达到歪曲历史的目的。

沙：从思想渊源上看，历史虚无主义在学术上并没有什么新意，有的甚至是早已被马克思主义史学家乃至革命的资产阶级思想家驳倒了的论调。比如，在1905—1907年资产阶级革命派同改良派进行的论战中，革命派就把改良派借口革命要流血牺牲而鼓吹改良、否定革命的缺点，批驳得体无完肤，以至改良派也不得不承认自己“气为所慑，口为所钳”。

李：历史虚无主义常常打着“解放思想”“反对僵化”的幌子，以标榜自己“思想解放”，而指责别人是“思想腐化”。其实，他们所宣扬的那一套，不过是从某些西方汉学家那里贩卖来的，是教条主义的一种反映。美国杜克大学的德里克（Arif Dirlik）教授在一篇题为《革命之后的史学：中国近代史研究中的当代危机》的文章中，就详细介绍过欧美汉学家通过从“革命史范式”转换到“现代化范式”，实现对中国近代历史从革命的正面评价到否定革命的转变的情形。文章说：“历经六七十年代，革命一直是美国汉学界历史解释的范式。”当时，占主导地位的是对革命的“正面评价”，认为“革命给中国引进了一种新型政治，使远比此前为多的人们得以参与政治，使无权言政的人们得以发言，它将人们从过去的被压迫状态中解放出来，并使他们摆脱了传统的思想奴役。革命使中国摆脱了帝国主义，并转变为一个现代主权国家。革命还清除了或由历史形成的，或由近代帝国主义导致的种种发展障碍，解决了发展问题”。但这种看法在20世纪80年代中期开始发生改变了：“先前一直被描述为解放史诗的革命史，现在却变成了衰落与失败的故事。”有的甚至说：“革命带来的可能并不仅仅是失败，它还可能打断了清末以前一直在进行的朝着现代化方向的发展过程。”“革命使潜存于中国文化中的恶劣习性与态度泛滥成灾。”“中国如果没有革命，其境况会较好些。”如果我们把这些西方观点同国内学术界某些人否定革命的言论相对照，就不难发现，从思想到语言，实在是亦步亦趋，如出一辙。

梁：谈到历史虚无主义思潮的根源，还应当看到，发生在20世纪80年代末90年代初的东欧剧变、苏联解体及其后国际上出现的西强东弱的总体态势，使得社会主义“失败论”、马克思主义“过时论”、共产主义“渺茫论”的市场有所扩大。其实，革命低潮的出现并不可怕，因为历史的进程从来就不是直线的，暂时的挫折不能改变历史所昭示的发展方向。值得警惕的是，因为低潮的出现，革命队伍里有人因此而惊慌失措、丧失信心，甚至另找出路。历史虚无主义思潮的出现，正是同社会主义处在低潮的形势紧密相关的。他们以学术研究为幌子，要求“重写历史”，鼓吹“告别革命”，说到底是为“另找出路”制造历史依据。

沙：历史是一部伟大的教科书，科学地研究和宣传近代以来尤其是中国共产党成立以来的中国历史，是每一个有民族自信心和历史责任感的史学工作者应尽的义务。切实做好这方面的工作，有助于我们正确地认识中国的国情，掌握中国社会发展的客观规律，弘扬民族精神，坚定我们走中国特色社会主义道路的信念。

真实重现民国时期社会生存图景*

在中国几千年的历史长河之中，以中华民国为历史标志的20世纪上半叶，虽然只不过是极其短暂的一瞬，但无疑是其中社会生活各方面的动荡和变化最为剧烈、最动人心魄的一幕。其间，新制与旧统共存，建设与破坏同行，革命与反动互激，内忧与外患交迫，中国社会的各个方面，无论是政治制度还是经济基础，无论是科学技术还是意识形态及文化风习，无不酝酿着、爆发着重大的变化与改造，并最终为民主主义革命的胜利奠定了坚实的基础。

随着时代的推移，尤其是21世纪的到来，“中华民国史”逐渐突破了以往覆盖于其上的中国革命史的框架，从某种意义上来说，中华民国已经作为一个与此前中国历史上的历朝历代相并列的重要历史时期而被人们所认识和接受。在国内外学术界，特别是在国内学术界，已经有越来越多的学者，从断代史的角度来研究这一时期的各方面问题。而且需要特别指出的是，随着学术研究的不断深入，为适应当代中国社会发展的需要，人们对民国史的研究兴趣，也逐渐从那些叱咤风云的历史人物、扣人心弦的政治事件以及茶余饭后的奇闻逸事，逐渐扩散到了或者准确地说是深入到了经济生活、社会生活的层面，用马克思的话来说，就是“从政治形式的外表深入到社会生活的深处”①，从而使有关民国史的研究更紧密地与以经济发展为主题的当代社会联系在一起。于是，中华民国史不仅已经以其原有的完整的风貌独立地展示在当代国人面前，成为中国历史研究乃至整个学术研究的新的热点和生长点，而且也必然会对当代中国的经济建设与社会发展发挥越来越大的历史借鉴作用，并因此而

---

* 载《光明日报》，2005年4月26日。署名：李文海、夏明方、黄兴涛。

① 《马克思恩格斯全集》，中文1版，第12卷，450页，北京，人民出版社，1962。

得到社会各界越来越广泛的重视。

然而令人遗憾的是，迄今为止有关民国历史资料的整理出版尽管包罗广泛，涉及档案、方志、报纸杂志、官方文献、私人著述以及中华人民共和国时期的回忆录等等，而且这些资料也都是极其宝贵的，但人们却很少注意到另一种为民国时期所独有的资料宝库，即由当时国内外各主要政治力量和政治派别、各地政府、各学术团体和学校以及学者个人所进行的大量的社会调查，特别是农村社会调查。与业已整理出的其他资料相比，这些调查具有独特的不可替代的学术价值和收藏价值。这不仅仅是因为调查的涉及面极其广泛，覆盖着全国绝大部分省区的包括城镇乡村在内的自然环境及社会生活等各个方面，更主要的原因是这些调查大都是运用现代科学方法如现代经济学、人类学、社会学等等方法和手段调查完成的，而且均以调查报告甚至学术论文作为最终的成果形式，这样既保存了大量的调查数据和原始资料，又凝聚了代表当时比较先进的中国知识分子对各种自然、社会及政治、经济等问题的分析、透视以及为解决这些问题所提出的对策和建议，具有非常重要的现实借鉴价值，是深入研究和了解旧中国城乡社会问题的极可珍视的第一手的原始资料，也是当今社会经济建设资以借鉴的极其难得的思想库。民国时期的调查资料实际上也已经走出了历史学界的圈子而受到其他学科学者的关注。

源自福建教育出版社的远见卓识和鼎力支持，使我们终于有条件能够共同担当这一历史的重任。不过，由于这一时期的社会调查种类繁多、数量庞大，而且所藏散漫，有不少甚至散佚海外，如果一味求全，势必不能，亦且难以满足当前学界的急迫需求，故此我们决定采取“丛编”的形式，按步骤分阶段地予以整理出版。第一批收录的文献共计 193 种，按其调查内容大致分为 10 卷，包括婚姻家庭、社会保障、社会组织、宗教民俗、底边社会、城市（劳工）生活、乡村社会、人口、文教事业及少数民族等。其中既有当时印行的书籍，亦有散藏于各类报刊的论文，另有部分迄今尚未公开出版的手稿和油印本。凡中华人民共和国成立后重印且流行颇广的调查报告，如《定县社会调查》等，暂不收录。

让历史学更加贴近生活、贴近社会、贴近现实*

按照主编侯建新同志在《写在前面的话》中的说法，经济－社会史是历史学的一个全新的分支学科，它在西方也只是在20世纪下半叶才“蓬勃兴起”，到21世纪初才在中国“应运而生”。“这一学科的基本特点是，从经济与社会的互动角度和民众生活的角度对历史进行认知和诠释。”

在我国的历史学科中，经济史和社会史的研究已经有相当长的传统，对民众生活的关注虽然较为薄弱，但近年来也有了明显的加强。那么，如果说“新”，似乎主要“新”在这些分支学科之间的交叉、渗透与融合。无论如何，这正是科学发展的一个共同趋势。通过相邻学科间的交叉、渗透和融合，确实可以孕育和催生出新的学科来。

既然是新的学科分支，就需要为她呼唤，为她呐喊，为她培育生长的沃土，为她争取健康成长的环境和条件。也正因为这是一个新的学科分支，就需要团聚一批志同道合的研究者，形成并不断壮大这支队伍，以便在相互切磋和相互启迪中使这个学科得到发展和繁荣。这一切，就需要一个阵地、一个园地，《经济－社会史评论》的出版，正好满足了这个要求。

我很赞成主编提出的办刊方针，强调这个刊物的个性和特色在两条：一是“历史与现实的结合”，二是“外国历史同中国历史的结合”。特别讲到“要使历史学更加贴近生活，更加贴近社会与现实，使历史学变得更加开阔和更加多姿多彩”。“以科学严谨的态度治学，

---

* 载《史学理论研究》，2005年第2期。

决不媚俗，决不投机取巧，决不走捷径。”这些主张，实在不是无的放矢，无病呻吟，而是有着极强的现实针对性。

一般说来，任何一门科学，哪怕是最深奥的学问，如果不同丰富鲜活的社会生活发生紧密的联系，不同广大群众发生密切的关联，就不可能有生命力。广大群众有了解祖国历史以及世界历史的浓厚兴趣，有接受和汲取中国传统优秀文化和世界文明的强烈愿望。这一点，只要到群众中去感受一下历史文化在他们日常生活中的深深的印痕，只要看一看近年来历史题材的文艺作品在群众中受欢迎的程度，就可以明白了。但是，史学家似乎并没有以很大的热情来回报广大群众的积极要求，史学工作者的作品中，很少有以史学界以外的广大群众为读者对象的。史学研究的成果通常只是作为史学界一部分同人交换研究心得的手段。当然，从学科建设和发展来说，这完全是必要的、有益的，史学研究毕竟应当首先立足于史学界。然而，仅着眼于这一点显然远远不够。史学家还要善于跨越史学界，关注社会，关注群众，重视对全社会提供对于当前社会生活有借鉴意义的直接或间接的历史认知。从中国史学史的发展来看，历史上大凡史学方面的名篇巨著，几乎都是超出历史学的范围而作用于社会的。因此，从研究题材、学术内容到表现形式，更加贴近生活、贴近社会、贴近现实，实在是史学发展的关键所在。

从历史学的学术角度说，所谓“媚俗”，就是放弃或者背离代表先进文化发展方向的要求，一味迎合部分群众的落后意识和低俗趣味，从根本上否定了历史学社会功能的实现；所谓“投机取巧”，就是无视历史科学的严肃性和客观性，为着一己私利任意涂抹篡改历史，把历史学变成时髦女郎身上日新月异、变幻不定的时装；所谓“走捷径”，就是不按学术规律办事，急功近利，急于求成，有哗众取宠之意，无实事求是之心。令人遗憾的是，这样一些不良的学风，现在似乎还颇有点市场。《经济－社会史评论》在创刊之初，就旗帜鲜明地表明了坚决反对这些不良学风的立场，这也是值得我们欢迎和尊重的。

衷心祝愿《经济－社会史评论》发展壮大，越办越好！

《中国禁毒史》序*

据报载，当今全世界吸毒人数，已达5 000万人。事实上吸毒和禁毒，早已成为人类发展进程中一个带有全球性的重大问题了。

对于中国来说，鸦片之害以及禁止鸦片烟毒的斗争，更是曾经给予政治、经济及社会生活各个方面深刻影响的重要历史现象之一。谁都知道，中国近代社会，就是以英国殖民主义发动臭名昭著的鸦片战争开其端的。鸦片战争失败后，烟毒的泛滥不仅没有制止，反而愈演愈烈。清朝政府、北洋政府和后来的南京国民政府，虽然也采取过各种禁毒措施，有时也曾取得过某些局部的成效，但从总体来说，始终未能从根本上解决问题。一直到中华人民共和国成立之后，才如邓小平同志所说的，“只花了三年时间，这些东西就一扫而光。吸鸦片烟、吃白面，世界上谁能消灭得了？国民党办不到，资本主义办不到。事实证明，共产党能够消灭丑恶的东西”①。

但是，生活的现实告诉我们，某些消极甚至丑恶的社会现象，并不是经过一两次扫荡，就可以一劳永逸地使之消失的。在一定的国际国内的社会环境和社会条件下，它们又会沉渣泛起，死灰复燃。近年来，吸毒贩毒又再度猖獗起来。有的人吸毒成瘾，不仅个人身心受到摧残，还常常为此而杀人越货，谋财害命；毒贩子则更是见利忘义，铤而走险，把罪恶的毒品四处扩散以牟取暴利。只是随着时代的变化，毒品已经主要不是鸦片，早已“更新换代”，变成海洛因之类的东西了。所以，邓小平同志同时也指出：“开放以后，一些腐朽的东西也跟着进来了，中国的一些地方也出现了丑恶的现象，

---

* 《中国禁毒史》，上海，上海人民出版社，2005。系《中国禁毒简史》（北京，学习出版社，1996）原序。

① 《邓小平文选》，1版，第3卷，379页。

如吸毒、嫖娼、经济犯罪等。要注意很好地抓，坚决取缔和打击，决不能任其发展。”①

正是面对着现实生活中吸毒贩毒重新泛滥的事实，王金香同志从一个史学工作者的社会责任心出发，萌发了研究中国禁毒历史的念头。她在山西师范大学一边教学，一边研究，数易寒暑，终于写出了《中国禁毒史》的初稿。1995 年 9 月至 1996 年 6 月，她以访问学者的身份来到中国人民大学清史研究所，在进行其他课题研究的同时，在北京继续搜集资料，修改书稿，直至定稿。

王金香同志的这本书，写的是自清代道光年间直至中华人民共和国成立之初，一个多世纪中国社会烟毒泛滥及禁毒的历史。这是已经翻过去的历史的一页，但毫无疑问，重新打开并阅读这一页历史，对于今天的人们仍然有很大的现实意义。我们不仅可以从前人禁毒的成功经验中得到借鉴，从前人禁毒的失败经历中汲取教训，还可以从历史上鸦片烟毒对社会造成的严重危害与破坏中，进一步提高全社会同当前逐渐蔓延的吸毒贩毒现象做坚决斗争的决心。

我经常听到某些年轻的同志提出这样的问题：在以经济建设为中心、全国人民全力建设四个现代化的今天，学习和研究历史，翻腾几十年、几百年甚至几千年以前的旧事，究竟有没有以及有多大的用处？实际上，在这个问题的背后，常常包含着对于历史的两种误解：或者以为已经逝去的岁月同今天的生活是毫无关系或毫无联系的，或者不切实际地要求任何一个历史课题都能直接回答今天现实生活提出的各种问题。事实上，历史可以说是一部无所不包的无字的百科全书，其中蕴涵着今天人们能够得到深刻启迪的各种思想文化资料，但它却并不负责直接回答现实生活的种种问题，因为现实的问题只有根据现实的条件找出解决的方案。周恩来总理曾经说过：历史是一个民族的记忆。不重视历史，也就等于一个民族失去了记忆，而失去记忆的民族自然是没有前途的。最近，江泽民总书记在《努力建设高素质的干部队伍》的重要讲话中，专门谈了学习

---

① 《邓小平文选》，1 版，第 3 卷，379 页。

历史的问题，强调指出："一个民族如果忘记了自己的历史，就不可能深刻地了解现在和正确地走向未来。"① 我想，我们党和国家领导人关于历史、现实和未来关系的论述，是很值得我们深思的。借《中国禁毒史》出版的机会，对历史学的功能发一点小小的议论，希望不会被认为是多余的话。

① 江泽民：《努力建设高素质的干部队伍——在纪念中国共产党成立七十五周年座谈会上的讲话》，载《人民日报》，1999-06-24。

学习《在纪念中国人民抗日战争暨世界反法西斯战争胜利60周年大会上的讲话》座谈会上的发言*

胡锦涛同志《在纪念中国人民抗日战争暨世界反法西斯战争胜利60周年大会上的讲话》（以下简称《讲话》）发表后，在社会各界引起强烈反响。姚有志、朱佳木、李文海、石仲泉、沙健孙、步平、刘益涛等专家学者在接受记者采访时谈到，胡锦涛同志的《讲话》，高屋建瓴，全面深刻，充满哲理，新意迭出，不仅是中国人民纪念抗日战争和世界反法西斯战争胜利的宣言，更是实现中华民族伟大复兴、促进人类和平发展的伟大纲领。胡锦涛同志的《讲话》，不仅深刻总结了中国抗日战争和世界反法西斯战争的历史经验，而且从60年来中国社会和世界局势的发展演变中，对中华民族的伟大复兴和世界文明进步的历程做了科学的论述，提出了若干带规律性的精辟分析，这对于全国人民鼓起勇气，充满信心，在新时期抓住难得的历史机遇，承担起实现中华民族伟大复兴，为人类和平发展做出更大贡献的历史责任，具有重要而深远的指导意义。

胡锦涛同志的《讲话》指出：中国人民抗日战争和世界反法西斯战争的胜利，是中华民族永远值得纪念的胜利，也是世界各国人民永远值得纪念的胜利！我们学习《讲话》，就是要牢记历史，不忘过去，珍爱和平，开创未来。

中国史学会会长李文海教授说，中国抗日战争是中华民族从衰败走向复兴的伟大枢纽，虽然60年过去了，但它在中华民族历史发

---

* 载《光明日报》，2005年9月21日。记者：危兆盖。

展长河中的这一重要地位却越来越清晰地展现在人们面前。胡锦涛同志的《讲话》，运用历史唯物史观，站在时代的高度，对抗日战争这段历史及其意义做了发人深省的分析，这对我们深化中国近现代史研究、不断提高学术研究水平，是有非常重要的指导意义的。《讲话》指出："落后就要挨打，这是中国人民从近代以来屡遭外来侵略的悲惨经历中得出的刻骨铭心的教训。一个国家只有首先自强，才能在世界上自立。"中华民族在五千多年的历史发展中创造了举世闻名的灿烂文明，曾经长时期走在世界前列。但由于封建统治的腐败和束缚，自清中叶以来中国渐渐落后了。从 1840 年鸦片战争开始，中国屡遭帝国主义列强的侵略和蹂躏，领土主权备受侵蚀，民族灾难日益深重，国家前途风雨飘摇。这样，就形成了落后与被侵略之间的恶性循环。而打破这个恶性循环，实现中华民族的伟大振兴，就成为中国人民梦寐以求的不懈追求和前赴后继的斗争实践。《讲话》指出："中国要实现民族振兴和人民幸福，必须首先实现民族独立和人民解放。"这是因为，在半殖民地半封建的旧中国，如果不首先用革命的手段推翻帝国主义和封建主义的反动统治，取得民族的独立和人民的解放，经济的发展和人民的共同富裕，就会因没有必要的政治前提而无法实现。《讲话》指出："中国人民抗日战争的胜利，在全世界人民面前树立了一个以弱胜强的光辉范例。"在中国近代历史上，曾经发生过许多次反抗外国武装侵略的民族战争，但除了抗日战争以外，没有一次战争不是以我国失败、签订丧权辱国条约而告终的。失败的原因主要有两个：一是社会制度腐败，二是经济技术落后。不幸的是，有人据此得出了错误的结论，认为既然中国经济力量和军事力量都远比人家落后，打也必定失败，打败之后，中国只会付出更加沉重的代价，因此，任何抗争都是多余的甚至错误的，是昧于大势、不识时务的。这一认识实际上是把"落后就要挨打"变成了"落后只能挨打"，是非常糊涂的逻辑。按照这个逻辑，强国对于弱国可以为所欲为，予取予求；而弱国对于列强的侵略欺凌只能俯首帖耳，逆来顺受。如果真是这样，落后国家和弱小民族岂不将永远处于万劫不复的境地？中国抗日战争恰好以铁的事实向人们提供了一个弱国可以战胜强国的典型范例，而胡锦涛同志的《讲话》更是具体分析了抗日战争中中国战胜日本的各种主客观条件，指出“中国人民能够赢得抗日战争的胜利，以落后的武器装备打败经济实力和军事装备远比自己强大的侵略者，绝不是偶然的”，它符合历史前进的规律和法则。这一论述有力地澄清了上述错误认识，对于我们正确把握近代以来中国社会发展的历史规律，深化中国抗日战争史乃至中国近现代史的研究，是非常有益的。

在中国社会科学院历史研究所建所50周年庆祝大会的讲话*

各位前辈，

各位同行专家：

十分感谢历史所的领导和同志们邀请我参加这个有重要意义的盛会，借此机会，我谨代表中国史学会，对历史研究所建所50周年表示热烈的祝贺！

历史研究所的第一所和第二所，是在中华人民共和国刚刚成立不久，全国各项事业百废待兴的情况下，由中央决定成立的最早的史学研究机构。这件事情本身，反映了国家对历史学的高度重视，也是中央为推进史学研究而采取的一个重要举措。经过半个世纪的历程，在全所学者和工作人员一代又一代的不懈努力下，历史研究所在历史学的人才培养和学术研究两个方面，都取得了令人瞩目的成绩，成为全国历史学公认的学术中心和重要的人才培养基地，为中国历史学的发展做出了巨大的贡献。

历史研究所在半个世纪的发展历程中，同全国其他各条战线一样，也经历了各种风雨和坎坷，面对过各种困难和艰辛，可以这样说：不经过并不断战胜过去的各种磨难，也就没有今天的成绩和辉煌；不忘记过去发展道路上的各种坎坷和艰辛，才能更加珍惜今天的大好局面。

在今天祝贺50年所庆的时候，我们不仅为历史所50年来所取得的成就感到欣喜，也可以从历史所50年所走过的道路中得到许多有益的启示。对于我个人来讲，至少以下三点给我以深刻的印象和

---

* 载《中国史学研究》，2005年增刊。

重大的启发：

第一，历史所的不断发展，首先是因为在这里汇聚了一批政治坚定、品德高尚、学识精良的老一辈学者，同时，又在老一辈学者的带领下，坚持按照德才兼备的方针，精心培养了一批中青年学术骨干。人才是一切事业的根本。尊重人才，培养人才，才有学术的发展和繁荣。在20世纪，中国史学有过两次根本性的变革，一是从传统史学到近代史学的转变，二是从近代史学到马克思主义史学的转变。在历史所工作过的许多老一辈史学家，在这两次变革中都曾从不同的角度发挥过积极的作用，做出过自己的学术贡献。历史所的优良的学术传统，正是从这里开始并不断传承下来的。对于老一辈史学家，我们一定要尊重历史，充分肯定他们在建设和发展中国历史学方面所做出的历史贡献。当然，他们的有些学术观点，不可避免地会受到时代的限制，存在着不正确、不完满、不全面的地方。这是任何一个历史学家无法避免的。正像我们今天必须去纠正前人的学术谬误一样，后人也一定会发现并纠正我们今天的这样那样的错误和不足。否则，史学的发展就会停止了。但是，我们决不能因此而无视和轻视老一辈史学家在奠定科学历史基础上的筚路开山之功，更不能用轻薄的态度去对待他们的历史局限。

第二，在史学研究上，历史研究所始终坚持唯物史观的指导地位，这也是一个非常重要的好的学术传统。近年来，唯物史观的指导地位受到了种种挑战。有人甚至发表文章说，阻碍中华人民共和国历史学发展的最大障碍或桎梏，是强迫人们接受了唯物史观。自20世纪50年代以来，“几乎所有史家”都或者屈服于“政治威胁和行政压力”，或者“出于对自身生存利益的考虑”，形成了对唯物史观的“盲目崇拜与狂热迷信”，以致“不知不觉地放弃了对历史过程的理性探索精神，习惯成自然地丧失了历史批判的科学能力”。我以为，这样的描述和判断，未免失之于武断。不说别的，历史研究所的50年发展历程，就可以生动地证明，这样的判断是完全背离历史真实的。当然，我们不能说，唯物史观以外的任何历史观和方法论一点也不能发现和揭示某些历史的真相；我们也不必和不应该回避在运用唯物史观方面曾经犯过教条主义和简单化、绝对化的毛病，有过严重的失误。但是，如果用历史的眼光来看，从长远和全局来看，则我们不能不承认，正是唯物史观，使历史学出现了革命性的变革。这种变革表现在：(1) 把历史从过去主要描述政治兴衰、王朝更替的所谓“相砍书”，转变成把社会作为一个生产力与生产关系、经济基础与上层建筑矛盾统一的有机整体进行研究的历史过程；(2) 把历史发展从过去看作“分久必合，合久必分”的循环往复过程，转变成看作一个不以人的意志为转移、由低级向高级发展的有客观规律可循的历史过程；(3) 把历史从过去的“帝王将相的家谱”，转变成以人民群众的生产斗争和阶级斗争为主体，同时也充分重视杰出人物的作用的各种社会合力共同进行的创造性活动；(4) 对于思想、文化等精神活动和精神成果，改变了过去从观念到观念、就精神论精神的研究方法，摈弃了以往认为思想、观念、意识是社会发展的最终推动力的陈腐观念，把社会意识看作社会存在的反映，把思想、观念、意识的产生、发展和变化，同社会的物质生活条件紧紧地联系起来。所有这些，都是20世纪中国历史学发展的最重要的成果，而这些成果正是在唯物史观的指导下取得的。

第三，历史研究所多年以来，一直坚持严谨、扎实、实事求是的好学风，这一点也是非常难能可贵的。在我的潜意识里，有这样一种感觉，凡是历史研究所的学术成果，一般是可信的、靠得住的。这种想法，拿现在的时髦话说，就是“名牌效应”。这是要经过长期的努力才能取得的。我们看一看历史研究所的那些标志性学术成果，大都是既有很高的学术价值，又有很强的现实意义，同时都是潜心钻研，刻苦经营，经得起时间的考验的。在学风浮躁相当流行的今天，要能够抵得住各种诱惑，抵得住各种压力，是十分不容易的。我觉得，历史研究所的同志们，一直在朝着“严谨而不保守，活跃而不轻浮，锐意创新而不哗众取宠”，坚持理论和实践、史料和观点的辩证统一的正确方向努力。这是很值得我们学习的。

最后，衷心祝愿中国社会科学院历史研究所在新的世纪取得新的辉煌！

中国社会史研究的一项奠基性工程*

——在《民国时期社会调查丛编》出版座谈会上的发言

中国近代社会史是近年来日益兴旺的新兴研究领域，其兴旺的原因有二：一是从现实而言，由于我国进入全面建设小康社会的转型期，出现了许多社会问题，一时难以厘清，难以解决，人们希望从近往的历史经验中寻找借鉴，因而近代以来的社会历史引起人们更多的关注；二是从学术角度而言，经过以往的研究，一些基本问题已经厘清，形成了比较成熟的认识，因而需要进一步向社会史这一更广阔、更深入的领域拓展。基于上述原因，近年有越来越多的学者，特别是中青年学者投身于近代社会史领域的研究，每年都发表论文几百篇，出版著作数十部。然而，由于近代社会史没有像一些传统学科那样有历史资料整理出版的积累，而相关的历史资料既浩繁又分散，缺乏整理和汇集。虽然不少研究者手头已有了相当的资料积累，但由于学术管理体制上的种种缺陷，对于资料整理和出版缺乏支持，使得这一工作难以展开，因而至今还没有一套大部头的、具有一定基础性和系统性的近代社会史资料汇编。这种状况使得多数研究不得不从收集最基本的资料入手，导致大量重复性劳动。研究课题也多为小题目或局部研究，难以形成具有一定普遍意义的中层问题研究，也难以建立具有一定普遍意义的历史解释与理论方法。历史资料缺乏整理汇集，已经成为阻碍近代社会史研究向纵深发展的瓶颈。

不久前，福建教育出版社出版的由李文海、夏明方、黄兴涛教

---

* 载《光明日报》，2005 年 11 月 24 日。

授主编的十卷本《民国时期社会调查丛编》，是打破这一局面、突破这一瓶颈的开拓之作。这套书汇集了20世纪20至40年代中国第一代社会调查者对当时中国社会多个方面的一些社会调查成果，它们既是对当时社会状况的直接描述和记录，有许多是第一手资料，同时也是社会调查学术史的早期记录，反映了第一代社会学者的初步考察和研究结晶。其中许多问题是人们今天仍然在关注、仍然需要研究的问题，这些早期的学术开拓也是人们今天继续研究、重新起步的基础和阶梯，因此这些资料具有双重史料意义。这套书的出版，以及已列入计划的后续系列的出版，给近代社会史的研究提供了一批基础性资料，在近代社会史资料的整理出版上具有开创性和奠基性意义。此套书甫一出版，在学术界就产生了较大的影响。在近期召开的一次出版座谈会上，海内外社会史研究专家均高度评价了《民国时期社会调查丛编》（以下简称《丛编》）对于研究和认识近代中国社会的学术价值。

李文海教授认为：《丛编》尽管还有一些不完善，但还是值得做下去。出版社能出《丛编》，很有眼光，也有很大的魄力。

近年来，社会史的研究在史学领域是发展最快的一个学科，成绩很大，发展的势头也很猛，研究的眼光、学术兴趣也在不断地拓宽。但正因为发展得太快、太猛，我觉得事先的准备不足。这表现在两个方面：一个是对社会史学科本身讨论得不是很充分，对社会史的研究方法和研究对象很多人认识不清。他们表现出两种倾向：一个是无限扩大，另一个是无限缩小。无限扩大的人把社会史变成无所不包的东西，就像文化史一样。关于文化有几百种定义，其中一种流行的定义，认为人类创造的一切都是文化。按照这个定义，人类一切的活动都是文化史。无所不包，好像十分重视文化史的地位，但实际上却取消了它自己的特性，因为所有的历史都是文化史，文化史也就等同于所有的历史，它也就没有自己的特性了。社会史也面临着无限扩大的问题。所有的历史都是社会史，这好像提高了社会史的地位，但实际是取消了社会史的特性，反而不好。这是一个倾向。另外一个倾向，就是将社会史研究零碎化，认为不要去研究宏观问题，只研究具体问题就可以了，研究社会史就是研究具体问题史。这是一个方面的问题。

另外一个方面的问题，刚才赵世瑜讲了，就是学术史的问题，就是尊重前辈工作的问题。出版《丛编》，对我们借鉴前辈的思想，明确社会史的范围、特性、任务、特点有很大的帮助。除了为大家研究提供方便外，在思想的意义上说，更重要的是学风的引导。这应体现在三个方面：（1）尊重中国历史学重视史料的传统。这些年来，这个传统相对有些被忽视，很多人不太愿意真正踏踏实实地从基础资料做起。社会史的一个特点是资料很散，从基础做起，为他人做嫁衣，不太有人愿意去做。20 世纪 50 年代，《中国近代史资料丛刊》贡献巨大，为中国历史学科的发展做出了重大的贡献，它远远超过了多少篇论文、专著，培养了不知多少个博士。从这个意义上讲《丛编》就应该继续做下去，大家不愿意做，我们来做。（2）内容上，社会史离开田野调查、社会调查就很空洞。现在很多人忙于建立自己的体系、自己的框架。实际上 20 世纪二三十年代的大师们没有跳出田野调查的范围，而且这个调查不像今天的调查，学术大师们田野调查的方法应给我们以启示。（3）要尊重前人的成果和科学劳动，这是我们当今学术界比较忽视的地方。历史学学术创新受到两个条件的限制。第一，必须符合历史实际，要受到历史实际的检验。客观真理要受实践检验，历史学必须受历史实际检验。有些“创新”实际上是很荒唐的。第二，要正确地对待前人，正确地对待传统，正确地批判继承前人的成果。这样才有合理的、有价值的创新。这是当前社会史研究两个方面的问题，从当前的学术状况来说，我觉得后者更重要。

推进学术创新，倡导优良学风*

翻阅“国家社科基金成果文库”首批出版的10部著作之后，感到这些作品确实称得上是学术精品。这些著作的出版，是对中央发出繁荣发展哲学社会科学号召的一个最生动、最切实的回应。“文库”的出版必将对学术界产生重大的积极影响。这种积极影响主要表现在以下四个方面：

一是有利于强化精品意识，带动更多学术精品的生产。这些年来，多出学术精品、上品的呼声很高，但仅靠呼吁是不够的。什么样的成果才算得上是精品？通过什么样的途径才能产生出学术精品？最重要的还是要拿出样子来，并在社会上产生广泛的影响。纳入“文库”的成果，标准高，筛选严，确实给学术界和全社会提供了一个学术精品的榜样。

二是有利于推动学术创新。创新是学术发展的本质要求，如果学术一味因袭前人、墨守成规、人云亦云、故步自封，那学术就没有了生命力，没有了活力，也就失去了存在的资格和权利。但什么是真正的学术创新，大家的认识并不完全一致。有的把创新看得很容易，似乎不必经过认真的科学论证，不必经过严格的实践检验，也不必对已有的学术成果做客观的辩证分析，随意提出一些看法，构建一个“体系”，就完成了“创新”。更有甚者，把“创新”同坚持马克思主义对立起来，认为只有对马克思主义的背离才能实现“创新”。这是完全错误的。“文库”首批出版的著作树立了好榜样，它们都是以马克思主义为理论指导的，都有充分的历史根据，同时能以新的视野、新的角度，提出许多新的观点。

---

* 载《光明日报》，2006年3月27日。

三是有利于优良学风、文风的倡导。当前，学风浮躁、文风怪诞，已成为制约学术发展的一个重要问题。对此，一方面应该通过学术评论，进行正面引导和必要的说理、批评；另一方面报刊和出版单位要加强责任意识，严格把关。要用更多的好作品去占领学术阵地，使优良的学风、文风成为主流。“文库”坚持出版下去，持之以恒，定能在这方面发挥重要作用。

四是有利于扩大国家社科基金的影响力。国家社科基金是我国为推动哲学社会科学发展而设立的国家级基金。自设立以来，先后资助了数以万计的项目，但宣传、转化不够。出版“文库”是对成果的宣传、转化工作的加强，是进一步扩大国家社科基金影响的很好的途径和形式。

文化发展趋向的历史思考*

近年来，学术界对文化问题的研究给予了特殊的关注。哲学、政治学、文学、历史学、伦理学、社会学等等，各个领域都围绕着文化问题，展开了广泛的研究和讨论。所谓“文化热”的出现，当然不是一种偶然的现象，乃是文化在经济社会发展中的重要作用越来越显现的逻辑结果。

中国近代文化发展的曲折历程

文化的发展是一个先后承继、连绵不绝的历史过程。讨论当前的文化发展趋向，首先得从历史的回顾做起，看一看近代中国的文化发展曾经走过了什么样的道路。

中国近代史是从 1840 年英国发动侵略中国的鸦片战争开始的。从那时起，中国从一个独立国家逐步变成了半独立国家，中国社会从一个完整的封建社会变成了半殖民地半封建社会。这种情况一直持续到 1949 年中华人民共和国成立，前后经历了 109 年时间。

在这一个多世纪的时间里，一方面，中国国内的经济关系、政治制度、阶级构成和社会生活发生了剧烈的变动；另一方面，许多在文化类型上与中国完全不同的国家，同中国发生了尖锐的对抗。这种情况反映到文化领域，便造成了在文化问题上激烈的冲突和论争，有中学与西学之争，旧学与新学之争，学校与科举之争，文言与白话之争，东方文化与西方文化之争等等。有人归纳说，中国近

* 载《江南大学学报》（人文社会科学版），2006 年第 2 期。

代的文化发展，是在“古、今、中、外”四个字的矛盾冲突中展开的。

当时，摆在中国思想界面前有一系列的问题：怎样对待中国的传统文化？怎样对待西方的外来文化？其中一个最为严峻也最为实际的问题是：面对着利用军事的、政治的、经济的、文化的各种手段肆无忌惮地侵略、压迫、凌辱中国的殖民主义、帝国主义国家，应该不应该、可以不可以吸取它们的先进的文化？捍卫祖国独立和尊严同学习西方二者是根本对立的，还是可以统一的？

在上面这些问题上，近代社会长期存在着两种错误倾向：一种是文化复古主义，一种是文化上的民族虚无主义。这两种错误倾向曾经极大地对近代文化发展产生过消极影响。一部分人主张对西方文化采取坚决拒绝、一概排斥的态度，认为对西方文化的任何吸取都是极端有害的。当然，持这种态度的人，情况并不完全一样。其中，有的是政治上的封建顽固派，他们从维护封建统治的立场出发，“唯祖宗之法是尊，唯古圣先贤是尚”，闭目塞听，因循守旧，敌视一切新事务，幻想回到闭关锁国的时代，认为接受西方文化就是“用夷变夏”，会造成封建统治的灭顶之灾；有的是一些具有朴素爱国思想但对外国侵略者缺乏理性认识的下层群众，他们出于强烈的民族感情，走向盲目排外，为了对抗“洋鬼子”的侵略而否定、排斥一切外国传来的物质文明和精神文明；还有一些人则是文化保守主义者，他们认为只有中国固有的文化传统才是尽善尽美的，这时中国的“国粹”，是“一国精神之所寄”，“为立国之根本源泉”，“国粹存则其国存，国粹亡则其国亡”。不仅如此，他们还宣扬中国传统文化远较欧洲现代文化优良，只有孔子和儒学方可救济欧洲、支配世界，这就是所谓的“东方文化救世论”。

如果把上面的主张称作文化复古主义，那么，与这种主张处于另一极端的则是文化问题上的民族虚无主义。持民族文化虚无主义观点的人，对中国传统文化采取彻底否定的态度，认为中国民族文化只是一堆糟粕、一堆垃圾，绝对地坏，一切皆坏；西方文化则是绝对地好，一切皆好。所以，他们的行为准则，正如鲁迅在《文化偏至论》中所描述的，“言非同西方之理弗道，事非合西方之术弗行，掊击旧物，唯恐不力”①。他们提出“全盘西化”的口号，声称“非彻底和全盘的西化不足以言自存”，中国的出路，就在于彻底抛弃民族文化传统，全部照搬西方的物质文明、制度文明和精神文明，以“极端的崇外”来取得民族的“新生”。

这两种错误倾向，虽然影响巨大，历时弥久，但通观近代历史，思想界的主流却基本能够注意到将革新中国传统文化同吸收西方先进文化相统一，将坚持抵抗侵略同向外国学习相统一。早在鸦片战争时期，林则徐、魏源等就一面坚决抗击英国侵略军，一面积极阅读西方书报，以便了解西方，并提出了十分著名的“师夷长技以制夷”的主张，简洁明了地表述了抵制外国侵略和学习外国“长技”的相互关系。洋务派的“中学为体，西学为用”，虽然着重点在维护封建意识形态，但也包含着“中学”和“西学”可以相互结合、互为表里的合理成分。到19世纪末，康有为、梁启超等发动并领导了戊戌维新运动，这既是一次具有鲜明爱国色彩的救亡斗争，又是一场按照资本主义蓝图来改造封建统治的政治改革。维新派的信条是：要救国，只有维新；要维新，只有学外国。在他们的政治纲领和政治实践中，挽救祖国的危亡同学习外国的先进文化是逻辑地、内在地统一在一起的。在文化发展问题上，康有为明确提出要“泯中西之界限，化新旧之门户”②，严复也强调，“必将阔视远想，统新故而视其通，苞中外而计其全，而后得之”③。到20世纪的最初十年，伟大的革命先行者孙中山领导的辛亥革命运动，推翻了统治中国几千年的君主专制制度，埋葬了最末一个封建王朝——清王朝，为中国的进步打开了闸门。在这场革命的准备过程中，革命派一方面淋漓尽致地揭露帝国主义列强的侵略罪行，一方面又强烈呼吁要敢于和善于学习世界各国（包括自己的敌人在内）的长处。他们说：“须知要拒外人，须要先学外人的长处。”“不把他们的好处学到手，可

---

① 鲁迅：《文化偏至论》，见《坟》。

② 《康有为政论集》上册，295页，北京，中华书局，1981。

③ 《严复集》，第3册，560页，北京，中华书局，1986。

抵得住他吗?”孙中山更鲜明地提出：“发扬吾固有之文化，且吸收世界文化而光大之，以期与诸民族并驱于世界。”① 中国共产党诞生以后，在领导革命斗争的实践中，提出了新民主主义的文化纲领，既强调新民主主义文化“是从古代的旧文化发展而来，因此，我们必须尊重自己的历史，决不能割断历史”，要对古代文化采取批判继承的态度；又主张对于“一切外国的东西”，“凡属我们今天用得着的东西，都应该吸收”，但必须经过分析研究，“把它分解为精华和糟粕两部分，然后排泄其糟粕，吸收其精华”，“决不能生吞活剥地毫无批判地吸收”，并且明确地指出：“所谓‘全盘西化’的主张，乃是一种错误的观点。形式主义地吸收外国的东西，在中国过去是吃过大亏的。”②

值得注意的是，前面提到的两种错误倾向，其流风余韵，即使在中华人民共和国成立后也不能说已经绝灭了踪迹。大家也许都还记得，20 世纪的 80 年代，以电视政论片《河殇》为代表的民族虚无主义的思潮曾经喧嚣一时。当时的报刊上，充斥着形容和描述我们祖国和民族“丑陋”“愚昧”的文章。有的说，“积淀在我们民族血管里的”只是“奴性”，缺乏创造力，安于现状，畏怯斗争，逃避现实，“成为整个民族的人格”；也有的说，中国的传统文化只是一堆糟粕和垃圾，这种“千年不死的劣根”“早就该后继无人”，加以“整体地打破”和“全面否定”。至于中国文化的出路，那就是“全面地、彻底地向西方学习”，“应当全方位开放或者全盘西化”，“全盘西化包括学习西方的科学、技术、文化、政治、经济、意识形态、道德所有全部的东西”，“包括政治体制、所有制”。与此同时，也有一些人则认为西方文化已经破产，中国文化乃至世界文明的发展方向就是“儒学的复兴”；有人竭力提倡所谓“儒化中国”，甚至拾古人的唾余，重新鼓吹把“儒教”定为“国教”。这些情况说明，正确地总结和吸取历史的经验教训，对于文化建设的健康发展仍然具有重要的意义。

---

①《孙中山全集》，第 7 卷，60 页，北京，中华书局，1986。

②《毛泽东选集》，2 版，第 2 卷，707 页。

新形势下加强文化建设的紧迫性

当今世界，国际国内形势发展有了许多新的特点，不能不对中国的文化建设产生重大而深刻的影响。

在新的时代，形势发展具有一些什么样的新特点呢？从世界范围来说，世界多极化和经济全球化的趋势在曲折中发展，科技进步日新月异，综合国力竞争日趋激烈。从国内来说，我国进入了全面建设小康社会、加快推进社会主义现代化的新的发展阶段。所有这些，都对文化建设提出了新的要求，需要我们深刻认识文化建设的战略意义，大大增强推进社会主义文化建设的紧迫感。

文化建设的重要性和紧迫性，突出地表现在以下四个方面：

1. 综合国力竞争的严峻挑战

和平与发展是当今时代的主题。但正如邓小平同志所说："和平与发展两大问题，和平问题没有得到解决，发展问题更加严重。"① 不公正、不合理的国际政治经济旧秩序没有根本改变，影响和平与发展的不确定因素在增加，霸权主义和强权政治有新的表现。国际间尖锐复杂的斗争，归根到底是综合国力的竞争。这样的激烈竞争，对我们来说，可以说是"形势逼人，不进则退"。当前，文化与经济和政治相互交融，在综合国力竞争中的地位和作用越来越突出。因此，加强文化建设就成为提高综合国力水平的重要环节。在对于综合国力的认识上，我们经历了一个不断深化的发展过程。最初，我们观察综合国力的着重点，主要在经济力量及国防力量，这当然有它的合理性，因为这正是综合国力的物质基础。随着科技革命的迅猛发展，人们更多地注意到技术实力在综合国力中的重要性。之后，又提出"精神力量也是综合国力的重要组成部分"，"有没有高昂的

---

① 《邓小平文选》，1版，第3卷，353页。

民族精神，是衡量一个国家综合国力强弱的一个重要尺度”①。党的十五大则进一步明确提出：“有中国特色社会主义文化，是凝聚和激励全国各族人民的重要力量，是综合国力的重要标志。”把有中国特色社会主义文化和民族精神纳入综合国力的客观范畴，意义十分重大。它把我们的视野从单纯物质文明的范围扩展到精神文明的领域，而物质文明和精神文明的相互统一、相互依存、相互促进，才是综合国力的完整内容。国力的强弱，国运的兴衰，既要看物质文明的发展程度和发展水平，又要看精神文明的发展程度和发展水平。社会文明既包括物质文明也包括精神文明，缺少任何一个方面，社会就是畸形的，不可能健康地向前发展。物质力量固然是综合国力的基础，没有这个基础，当然一切都谈不上；但忽视精神力量，国家的强大、民族的振兴也是无法实现的。我们正是要从这个高度认识建设社会主义文化的重要性和紧迫性。

2. 对科技革命的积极应对

科技进步的日新月异，知识经济的初见端倪，极大地改变着世界的面貌。毫无疑问，在新的世纪里，经济的发展和社会的进步，将更多地依赖于或取决于知识的增长和科学技术的进步。在这样的情况下，一个民族，一个国家，如果跟不上知识经济和高新技术的飞速发展，那就必定会被急剧变化的时代抛在后面。但是，一定要防止对于“知识”“文明”的片面理解。物质文明与精神文明是人类社会实践的两个相互联系的伟大成果，是社会生产和社会生活的两个密切相关的组成部分。人类完整的知识体系也是由两大部分组成的：一种是关于自然对象和现象的知识，即自然科学；一种是关于人类社会、人的活动和人的思维的知识，即人文社会科学。这两种知识相互影响，相互促进，如车之两轮，鸟之双翼，缺一不可。中外科技发展史表明，任何技术进步都无法单独支撑起人类社会进步的大厦，人类社会的一切进步，都是科技进步和

---

① 江泽民：《在全国抗洪抢险总结表彰大会上的讲话》，11页，北京，人民出版社，1998。

人文社会科学进步协同作用的产物。没有完全意义的文化的全面发展，高新技术的进步就缺少了根基，缺少了深厚的土壤，也缺少了强大的精神动力。所以，在今天，我们既要提倡科学精神，又要提倡人文精神，要努力做到科学精神同人文精神相互渗透、相互推动和共同高扬。人文精神包含着科学的内容，而科学精神中最不可缺少的因素是人文关怀。科技进步以全民族文化素质的提高为坚实基础，文化建设为技术创新提供强大的动力和不竭的源泉。

3. 全面建设小康社会的历史要求

我们确定了在本世纪头二十年，集中力量全面建设惠及十几亿人口的更高水平的小康社会的宏伟目标。实现这个目标，将使我国的经济更加发展、民主更加健全、科教更加进步、文化更加繁荣、社会更加和谐、人民生活更加殷实。在建设小康社会的伟大任务中，文化建设具有举足轻重的地位。这是因为，小康社会的目标，是中国特色社会主义经济、政治、文化全面发展的目标，是与加快推进现代化相统一的目标，而我们所要求的社会主义现代化，决不仅仅是指经济的发展水平，而且应该包括经济的现代化、政治的现代化、文化的现代化、人的现代化特别是人的思想观念的现代化。如果文化建设没有巨大的进展，人民群众日益增长的精神文化需求就无法得到满足，全面建设更高水平小康社会的任务就会落空。更加重要的是，文化具有启迪思想、陶冶情操、传授知识、鼓舞人心的积极作用，是民族亲和力、生命力和凝聚力的重要源泉。科学文化素质和思想道德素质的提高，民族精神的昂扬，将会极大地为建设小康社会、实现民族振兴的宏伟事业提供强大的精神动力、智力支持和思想保证。

4. 落实科学发展观、构建和谐社会的客观需要

进入新世纪之后，我们在总结改革开放和现代化建设的历史经验，吸取世界各国在发展中的经验教训的基础上，对国家和社会的

发展问题达到了一个新的认识，提出了“以人为本，全面、协调、可持续的科学发展观”，同时，提出了建设社会主义和谐社会的构想。“以人为本”，一方面当然是指一切从人民群众的根本利益出发谋发展、促发展，不断满足人民群众日益增长的物质文化需要，切实保障人民群众的经济、政治和文化权益；另一方面，也表明要通过社会主义现代化建设，实现人的全面发展。不言而喻，文化素质的提高，对于人的全面发展具有决定性的意义。科学发展观强调物质文明、政治文明和精神文明的协调发展，经济、政治、文化、社会各方面的协调发展，人与社会、自然环境的和谐发展。我们从科学发展观中可以清楚地看到，在继续强调物质文明建设的同时，把政治文明和精神文明的建设放到了更加重要的地位；在继续强调经济、政治发展的同时，把文化和社会的发展放到了更加重要的地位；同时，对社会历史发展过程中人的主体地位和作用，对人类赖以生存的自然环境，给予了充分的尊重和重视。这一切，都突出了文化建设的极端重要性。和谐社会的建设，需要和谐文化的引导和支撑。和谐社会并非没有矛盾、没有冲突的社会，而是指客观存在的矛盾冲突能够得到必要地调节、恰当地处理和有效地化解。其中，精神文明程度的高低，对于化解矛盾的客观环境和主观能力都有着关键性的意义。最近，胡锦涛同志提出要树立社会主义荣辱观：“以热爱祖国为荣、以危害祖国为耻，以服务人民为荣、以背离人民为耻，以崇尚科学为荣、以愚昧无知为耻，以辛勤劳动为荣、以好逸恶劳为耻，以团结互助为荣、以损人利己为耻，以诚实守信为荣、以见利忘义为耻，以遵纪守法为荣、以违法乱纪为耻，以艰苦奋斗为荣、以骄奢淫逸为耻。”① 这是推进精神文明建设的重要指导方针。如果“八荣八耻”在社会上能够蔚然成风，全社会的精神文明程度就会有极大的提高，人际和睦、人与社会和谐发展就有了可靠的保证。

---

① 《胡锦涛关于社会主义荣辱观的论述》，见《社会主义荣辱观学习参考》，1页，北京，中共党史出版社，2006。

经济全球化与文明多样化

在世界形势的新变化中，加速发展的经济全球化趋势是人们议论最多，也是认识最具分歧的一个问题，政治家、学者以及各方人士对经济全球化的性质、内容和它可能产生的影响与后果，在认识上存在许多的歧异甚至尖锐的对立。因此，经济全球化将对世界文明的发展与前景产生什么样的影响，在这样的大环境下中国文化的发展路向又是如何，需要我们加以专门的讨论。

有的人期望并且相信，经济全球化必将带来文化的一体化，也就是说可以用经济全球化来推动资本主义意识形态的全球化。也有人认为，在经济全球化的条件下，中国要走向现代化，文化上就不能与“世界主流文化”亦即资本主义文化“格格不入”。毫无疑问，文化同经济、政治有着紧密的联系，经济全球化和信息网络化为各种异质文化间的接触、联系和交往提供了前所未有的便利条件。在这种情况下，任何一个国家、任何一个民族的文化，同世界完全隔绝而孤立自在地存在，是根本不可能的。但是，文化并不等同于经济和政治，它们各自有着不同的本质特征。经济全球化虽然大大加强了国际间经济、文化的联系和合作，但这绝不是说，经济全球化必然要削弱乃至泯灭各个国家民族文化的特色和本质特征，实现文化的趋同，甚至将世界文化变成某种文化的一统天下。倒是相反，世界文明的发展进步，要求文明的多样化，要求各个国家和民族发展和丰富自己的文化特色和文化传统。这是因为，世界本来就是丰富多彩的，精神世界就更是如此。马克思曾经生动地论述过精神世界的客观多样性：“你们赞美大自然悦人心目的千变万化和无穷无尽的丰富宝藏，你们并不要求玫瑰花和紫罗兰散发出同样的芳香，但你们为什么却要求世界上最丰富的东西——精神只能有一种存在形式呢?”① 文化

① 《马克思恩格斯全集》，中文1版，第1卷，7页。

就其本质来说，是同各民族的精神本性和历史传统紧密相连的，其中包括各民族的思想、文字、思维方式、伦理道德、风俗习惯、心理素质等等。各国文明的多样性，是人类社会的基本特征，也是人类文明进步的动力。只有尊重各国的历史文化、社会制度和发展模式，承认世界文化多样性的现实，才能使世界的和平与发展得到可靠的保证。世界各种文明和社会制度，应当长期共存，在竞争比较中取长补短，在求同存异中共同发展。只有各国民族文化以各自特有的色彩争奇斗艳、竞相开放时，世界文明的百花园才能呈现出姹紫嫣红、满园春色的繁荣景象；如果文化只剩下了一种色彩，那只能意味着世界文明的萧条和衰退。那种认为国际间发生“最持久、最暴虐”的矛盾对立的根本原因，是由于世界各种不同文明之间的相互冲突，尤其是西方文明同非西方文明的冲突的所谓“世界文明冲突论”，是对客观现实世界的曲解，它理所当然地遭到了国际上政治界和学术界的强烈批评。不久前，联合国教科文组织以 148 票赞成、2 票反对的压倒多数通过了《文化多样性公约》，这件事极具象征意义地反映了世界舆论对文化霸权主义、文化单边主义的否定与对抗，以及对文明多样性的认同。对于我们来说，只有努力用带有中华民族特性的新文化去丰富世界文化的宝库，才是我们对于世界文明应有的贡献。正是在这个意义上，我们看到“越是民族的，才越是世界的”这一命题的合理性。在建设和发展我们自己的民族文化的时候，一方面当然要以从容大气的胸怀和更加开放的心态对待世界各民族文化，摈弃和克服狭隘民族主义心理；另一方面也要注意树立文化自信和民族自尊，防止“文化自卑感”，时刻注意维护国家的文化安全，警惕和抵制文化霸权主义的侵蚀。

遵循文化发展的客观规律

相对于经济、政治而言的文化，与相对于物质文明而言的精神文明，就其主要内容来说是基本一致的，有着特定的确切含义。它们的发展，也有着自身特有的客观规律。遵循文化发展和精神文明建设的客观规律，才能少走弯路，健康前进。下面几点，也许是文化建设中应该特别加以注意的：

1. 坚持时代性和民族性的统一

将近一个世纪以前，鲁迅关于文化的发展，说过一句非常明确又非常深刻的话："外之既不后于世界之思潮，内之仍弗失固有之血脉。"① 鲁迅的这句话，抓住了文化的两个最重要的特点，一个是时代性，一个是民族性。所谓时代性，就是说应该跟得上世界时代的潮流；所谓民族性，就是要始终保持中国的特色。不着眼于世界文化发展的前沿，就会落伍；失去了民族的固有血脉，也就没有了根基。所以，文化的这两个特性，任何一点受到损害，都会妨碍中国特色社会主义的文化建设。

2. 把握先进文化的前进方向

文化是一个范围十分宽泛的概念。当前，各种文化形态复杂纷纭，不同文化观念相互交织、相互影响。因此，文化建设必须牢牢把握先进文化的前进方向。发展先进文化，就是发展面向现代化、面向世界、面向未来的，民族的、科学的、大众的社会主义文化。这种先进文化，顺应历史潮流，反映时代精神，代表社会发展方向，体现人民群众的根本利益，是推动中国特色社会主义宏伟大业和实现中华民族伟大复兴的强大精神力量。同时又应该看到，随着经济社会的迅速发展，随着社会生活多样化趋势的出现，人民群众的精神文化需求不断提高，并且要求也是多种多样的。因此，我们的文化产品，一定要坚持弘扬主旋律，提倡多样化，满足人民群众多层次、多方面的文化需要。当然，这绝不是说我们可以一味媚俗和迎合，相反，对于落后文化必须努力改造，对于腐朽文化必须坚决抵制，逐步缩小和剔除它们借以滋生的土壤。

① 鲁迅：《文化偏至论》，见《坟》。

3. 继承历史文化的优秀传统，吸收外国文化的有益成果

中国特色社会主义文化，渊源于中华民族五千年文明史，又植根于中国特色社会主义的实践。正是波澜壮阔、生动活泼的社会实践，为文化的发展提供了坚实的基础和肥沃的土壤，而有着悠久的历史，经过千百年创造和积累的传统文化，又为新文化的成长提供了不竭的源泉。同时，我国文化的发展，离不开人类文明的共同成果，离不开异质文化之间的交流与融合。越是大胆地开放，勇敢地吸收，越有助于民族文化的发展与提高。鲁迅通过总结历史，强调指出文化的发展，总是要“取材异域”，吸收外来文化，才能更有生气，不断进步。在中国历史上，汉、唐文化是放射着璀璨的异彩的，之所以能达到这个境界，一个重要原因，就是当时的人们能大胆地、闳放地吸收外来文化。所以，以贯通古今的宽广眼界和海纳百川的博大胸怀，积极借鉴人类创造的一切文明成果，博采众长，择善而从，正是建设社会主义新文化的康庄大道。当然，任何一种文化，不论是我国古代文化还是外国文化，都会有精华和糟粕，对它们都要采取分析的态度。

4. 以改革为动力，以创新为目标

文化的发展是一个具有规律的客观历史进程，而推动文化发展的力量则是改革。鲁迅说过：“文化的改革如长江大河的流行，无法遏止，假使能够遏止，那就成为死水，纵不干涸，也必腐败的。”它一定有迁移，决不会“回复故道”；一定有改变，决不会永远“维持现状”①。这是一个颇具卓见的认识。新的文化绝不可能从天而降，也不会在一片废墟上突然产生。中国的新文化只能在中国传统文化的旧基地上，经过不断的改革和创新，逐步发展和成熟起来。如果把文化的发展比作江河的奔流，那么，没有上游，也就没有下游；没有源头，又何来活水？文化上的改革，核心内容就是对传统文化

---

① 鲁迅：《从“别”字说开去》，见《且介亭杂文二集》。

的继承、扬弃和革新。通过这样的途径，达到文化创新的目标。创新可以说是文化发展的本质要求，如果文化一味因袭前人、墨守成规、亦步亦趋、人云亦云、因循守旧、故步自封，那就没有了生命力，没有了活力，也就失去了存在的资格和权利。从这个意义上说，没有创新，就没有文化的发展与进步。

5. 坚持"二为"方向，贯彻"双百"方针

我们的文化，必须坚持为人民服务、为社会主义服务的方向。这是中国特色社会主义文化的本质要求，决定着文化发展的根本方向。一个国家，一个民族，没有共同的指导思想，没有共同的理想信念，没有共同的奋斗目标，就会涣散我们的凝聚力和战斗力，甚至导致思想混乱和社会动荡。这在我们的历史上是有过深刻的经验教训的。但是，我们决不能把思想变成一潭死水，文化的发展要求思想的活跃，要求生动活泼的学术环境。"百花齐放、百家争鸣的方针，是促进艺术发展的科学进步的方针，是促进我国的社会主义文化繁荣的方针。"没有不同观点之间的相互切磋、相互讨论、相互争辩，学术文化就不能进步，更谈不上文化的繁荣。如果在不同学术观点、不同文化和艺术流派之间，能够怀着追求科学真理的目的，抱着相互尊重、相互学习的态度，采用平心静气、充分说理的方法，具有海纳百川、虚怀若谷的学者风度，那么，学术争论愈充分，学术气氛就愈活跃，学术研究就愈深入，学术队伍就愈团结，文化的发展和繁荣也就有了可靠的保证。

弘扬延安精神的几个关键问题*
——在学习胡锦涛同志论延安精神座谈会上的发言摘要

胡锦涛同志在讲话中，对延安精神，实际上回答了三个极为重要的问题：第一个问题是，延安精神是怎样产生的，是在什么条件下产生的？第二个问题是，延安精神究竟是什么？第三个问题是，怎样在新的时代，让延安精神放射出新的时代光芒？

下面谈一点自己的学习体会。

一

延安精神是怎样产生的？胡锦涛同志 2016 年 1 月 29 日在延安视察时说："延安在中国革命史上具有十分重要的地位。革命战争年代，毛泽东同志等老一辈革命家在这里工作和生活了 13 年。宝塔山下，延河岸边，孕育了延安精神。"那么，延安的 13 年，究竟在中国革命史上做出了什么贡献呢？概括起来说，就是三条：(1) 在这里产生了马克思主义中国化的第一个理论成果——毛泽东思想，这是一件具有决定意义的事情；(2) 中国共产党正是在这里走向成熟，成为一个成熟的马克思主义政党的；(3) 由于前两条，就使得革命事业得到迅速的发展，党领导全国人民打败了日本帝国主义的侵略，并为稍后夺取新民主主义革命的最终胜利，建立中华人民共和国，打下了坚实的基础。所以，延安精神的产生和形成，有一个十分鲜

* 载《中华魂》，2006 年第 5 期。

明的特点，即它是同毛泽东思想的形成同步的。如果要讲延安精神同毛泽东思想的关系，首先就应该讲，毛泽东思想是延安精神的理论基础。我们可以具体来看一看：毛泽东写了《中国革命与中国共产党》《新民主主义论》等著作，深刻阐明了党在当时历史阶段的奋斗目标和未来社会主义、共产主义的长远奋斗目标，这就成为全体共产党员及革命者共同追求的坚定正确的政治方向，所有的革命者正是为了这个共同的革命目标走到一起来的。毛泽东为指导整风运动，写了《改造我们的学习》《整顿党的作风》《反对党八股》等著名文章，特别是对“实事求是”做了新的经典性的解释，为党的实事求是的思想路线提供了坚实的理论基础。从党成立之日起，为人民服务、为人民群众的根本利益而奋斗，就是党的根本宗旨，而在延安时期，毛泽东写的《纪念白求恩》《为人民服务》《愚公移山》《中国共产党在民族战争中的地位》等文章，更把“全心全意为人民服务”提高到世界观、人生观的高度，成为人生坐标。在当时各种条件极其艰苦的环境下，党领导的革命队伍自力更生、艰苦奋斗蔚然成风，毛泽东所写的《论军队生产自给，兼论整风和生产两大运动的重要性》的文章，以及“自己动手，丰衣足食”的题词，极大地推动了大生产运动。从上面简单的历史回顾可以看出，延安精神正是在毛泽东思想的指引下，在长期的革命斗争实践中产生和形成的。

二

但是，也不能简单地把延安精神同毛泽东思想完全等同起来，把二者看作同一个东西。胡锦涛同志 2006 年 1 月 29 日在延安视察时指出：“延安精神是我们党的性质和宗旨的集中体现，是我们党的优良传统和作风的集中体现，是中国共产党人崇高品德和伟大情怀的集中体现。”很清楚，革命精神，指的是革命的传统、作风、品德、情怀，它同从实践中概括出来的反映中国革命规律的思想体系即革命理论是有区别的。延安精神，是党中央在延安这个特殊历史阶段，以中国共产党人为核心的中华民族优秀分子，在争取民族独立和人民解放的伟大斗争实践中的理想追求、精神风貌、思想品德、工作作风的精华和结晶。

毛泽东同志强调："人是要有一点精神的。"① 这句话充分说明了精神风貌的重要性。一个人有什么样的精神风貌，在很大程度上反映着这个人的政治本质；一个党有着什么样的传统和作风，党的成员具有什么样的精神状态，也在很大程度上反映着这个党的性质。胡锦涛同志说"延安精神是我们党的性质和宗旨的集中体现"，其道理也正在这里。可以说，是否坚持革命精神是能否成为一个合格共产党员的分水岭。

理论只有被群众所掌握，才能变成巨大的物质力量。在延安时期，革命事业所以在毛泽东思想的指引下取得伟大的胜利，是因为革命队伍有着积极、乐观、坚定、向上的精神风貌。从这个意义上我们又可以说，延安精神是实践毛泽东思想的巨大精神力量。

把这个问题同前一个问题联系起来，在毛泽东思想同延安精神的关系问题上，我们可以说两句话，那就是：毛泽东思想是延安精神的理论基础，延安精神是实践毛泽东思想的巨大精神力量。

三

胡锦涛同志讲得最多的，是我们今天怎样进一步弘扬延安精神。胡锦涛同志 2006 年 1 月 29 日在延安视察时指出："革命战争年代需要大力弘扬延安精神，和平建设时期也需要大力弘扬延安精神。在全面建设小康社会的伟大进程中，我们要把延安精神作为凝聚人心、团结奋进的强大动力，作为战胜困难、夺取胜利的重要法宝，让延安精神放射出新的时代光芒。"胡锦涛同志还具体讲了今天弘扬延安

---

① 《毛泽东文集》，第 7 卷，162 页，北京，人民出版社，1999。

精神应该特别强调哪些新的内容和新的特点。

1. 在和平建设时期，要不要进一步弘扬延安精神，实际上大家的认识是不一致的，是有斗争的。譬如，今天还要不要讲坚定正确的理想信念？有些人一听到谈理想信念，就斥之为"'左'的空谈"；有的人散布一种论调，说今天的年轻人都是"现实主义者"，只看重实际利益，对理想信念一概不感兴趣（事实完全不是这样）；还有人公开写文章，鼓吹要"远离理想，躲避崇高"；等等。再如，讲坚持谦虚谨慎、艰苦奋斗，厉行勤俭节约，这当然是弘扬延安精神的重要内容。但实际情况是，从理论到现实，追求奢侈成了一种时尚。两年前，德国《明镜》杂志记者沃夫冈·拉茨勒写了一部书，叫作《奢侈带来富足》，很快成了畅销书。接着，一本本鼓吹奢侈主义、奢侈享受、奢侈品牌的书纷纷出笼，诸如《奢侈的概念：概念及历史的探究》《时尚帝国》《奢华，正在流行——新奢侈时代的制胜理念》等等，刮起了一阵"奢侈潮流"。我们国内，不是也有一个报纸，用核桃大的字做标题，整版发表所谓《享乐主义宣言》吗？至于现实生活中的奢侈浪费现象，更是触目惊心。其实，生活中存在奢侈浪费，这在古今中外历史上都是难免的，问题是：是非要清楚，舆论不能颠倒。清代著名思想家唐甄说，他所生活的时代，许多人对贪婪奢侈的官，"谓之能吏，世人慕之，乡党尊之，教子弟者劝之；有为吏而廉者，出无舆，食无肉，衣无裘，谓之无能，市人贱之，乡党笑之，教子弟者戒之"。这样一种是非的颠倒，实际是对奢侈和贪污的鼓励和怂恿。这种现象，今天还存不存在呢？这不能不引起我们的深思。从上面讲的这些，说明要真正弘扬延安精神，还要花很大的力气，做艰苦的努力。

2. 弘扬延安精神，要弄清楚变和不变的辩证关系。延安精神的基本原则是不能变的。譬如，任何时候都要坚持坚定正确的理想信念，都要坚持实事求是的思想路线，都要全心全意为人民服务，都要坚持自力更生、艰苦奋斗的创业精神，这些是不能变的。把这些丢了，也就是把延安精神丢了，把党的优良传统和优良作风丢了。但是，延安精神的具体内容，则要随着时代的发展而赋予新的内涵。

这一点，胡锦涛同志的讲话说得很多了。同样是理想信念，延安时期是夺取革命战争的胜利，完成新民主主义革命，建立中华人民共和国，为创建社会主义社会创造条件。而在今天，则要自觉学习和忠实贯彻党的基本理论、基本路线、基本纲领、基本经验，坚定不移地为全面建设小康社会，为推进中国特色社会主义伟大事业而奋斗。再说为人民服务。过去是战争环境，现在是和平建设的环境，党已经成了执政党，所以对为人民服务的要求也就更高了，如胡锦涛同志在延安视察时所说："就要坚持立党为公、执政为民，做到权为民所用、情为民所系、利为民所谋，始终不渝地为最广大人民谋利益。"这个话大家都讲，但根本不想身体力行的也大有人在，否则，我们党的消极腐败现象，也就不至于那么令人担忧了。

3. 弘扬延安精神，当然要在社会上做广泛宣传，但更重要的，是要紧紧抓住几个重点人群。我觉得重点人群有三个：第一是领导干部。党的十四届六中全会在讲到党的组织建设时，强调要抓好全国一千多名省部级领导干部。因为一方面，他们掌握着党和国家的重要权力，他们的所作所为，会极大地影响党和国家的命运和前途；另一方面，他们的精神面貌怎样，会对整个社会的精神面貌产生深刻的影响。我以为这是很有道理的。但遗憾的是，社会上有些不好的东西，就是从某些领导干部那里"刮起来"的。第二是理论队伍，说得准确一点，是舆论队伍。他们能不能用正确的舆论去影响人、鼓舞人，对人们的思想作风、道德情操以及对全社会的精神风貌，影响是很大的。正确的舆论环境，是党和人民之福；错误的舆论导向，是党和人民之祸。应该说，在这方面，问题是不少的。我们只要看一看影视作品中豪华风、滥情风、媚俗风的流行，就可以看出问题的严重性。第三是青年学生，他们是我们的希望，是国家和民族的未来。优良的革命传统如果不能被年轻一代所接受、所继承，弘扬延安精神也就成了一句空话。据我的接触，绝大部分青年学生是有强烈的国家观念、民族意识的，是能够接受马克思主义的，是能够接受革命传统教育的，关键是看我们怎样去做工作。

弘扬延安精神是保持党的先进性的必然要求*

今年1月29日，胡锦涛同志在延安考察时，对延安精神做了全面的、深刻的阐发，强调指出："革命战争年代需要大力弘扬延安精神，和平建设时期也需要大力弘扬延安精神。在全面建设小康社会的伟大进程中，我们要把延安精神作为凝聚人心、团结奋进的强大动力，作为战胜困难、夺取胜利的重要法宝，让延安精神放射出新的时代光芒。"

继承和弘扬延安精神，有两个问题是需要特别加以深入思考的。一是，延安精神的当代价值是什么？为什么在新的时代，延安精神不但没有过时，反而更加凸显出它的重要意义和不可替代的作用？二是，在新的历史时期，怎样不断赋予延安精神以新的时代内容，使之发扬光大？

弘扬延安精神的时代要求

延安精神，是在一个特定的历史时期，以中国共产党人为核心的中华民族优秀分子，在争取民族独立和人民解放的伟大斗争实践中，他们的理想追求、精神风貌、思想品德、行为准则、工作作风的精华与结晶。所有这些，融汇而成为一种社会精神，就具有了超越时空的普遍意义，成为我们党的优良传统的重要组成部分。正如胡锦涛同志着重指出的："延安精神是我们党的性质和宗旨的集中体现，是我们党的优良传统和作风的集中体现，是中国共产党人崇高

---

* 载《中华魂》，2006年第9期。

品德和伟大情怀的集中体现。”

在新的历史时期，继承和发扬延安精神，并不是某些人的心血来潮，也不是简单地基于对既往激情岁月深切怀念而产生的“延安情结”，而是由我们所处的主客观环境和条件所决定的。主要可以从以下几个方面来考虑：

第一，是我们党和人民面对的宏伟历史任务和承担的庄严历史使命的需要。党的十六大确定了全面建设小康社会的奋斗目标，在此基础上，到 21 世纪中叶，要基本实现社会主义现代化，把我国建成富强、民主、文明的社会主义国家。这既是一个百余年来我们的先辈梦寐以求的追求目标，又是一个前人从来没有做过的空前伟业。在实现这个伟大目标的征途上，必定会遇到各种意料之中的以及无法预见的困难和问题、风险和挫折。伟大的事业需要依靠伟大的团结，伟大的实践需要有伟大的精神做支撑。延安精神无疑就是这种伟大的精神。

第二，是全面落实科学发展观，始终保持我们党的先进性的需要。中国共产党是领导我们事业的核心力量。只有我们的党始终坚持科学发展观，才能更好地发挥中国特色社会主义事业领导核心的作用。要做到这一点，就决不能丢掉党的优良传统和作风，必须结合新的实际，使党的优良传统和作风得到新的发扬。这就必须解决两大历史性课题：一是提高党的执政能力和领导水平，二是提高拒腐防变和抵御风险的能力。在解决这两大历史性课题中，继承和发扬延安精神具有极为重要的作用。我们只要想一想，如果忘记或者摈弃了革命精神，丢掉了革命传统，没有了理想信念，不坚持正确理论的指导，脱离人民群众，一味追求个人享乐，还怎么谈得上党的先进性呢？

第三，是从容应对国内外复杂环境，直面激烈国际竞争给我们带来的严峻挑战的需要。党的十六大提出要居安思危，增强忧患意识。这当然不是无的放矢、无病呻吟，而是因为我们的社会主义现代化建设是在一个极为复杂的内外环境下进行的。从国内来说，一方面，全面建设小康社会、加快社会主义现代化建设是一个惠及十三亿人口的事业，必然会得到全国广大人民群众的衷心拥护和积极参与；但另一方面，也应该看到，由于实行改革开发和发展社会主义市场经济，我国社会经济成分、组织形式、就业方式、利益关系和分配方式日益多样化，各种新的社会矛盾更趋复杂化。如果不能清醒地对待这些问题，不能妥善地处理这些矛盾，就会引发社会危机，危及国家的稳定和发展。从国际来说，超级大国依仗其经济、科技、军事优势，大肆鼓吹各种“霸权有理”论，甚至公然违反国际法，悍然动用武力，同时加紧推行对社会主义国家的“西化”“分化”战略。事实上，西方敌对势力从来没有放松反共反社会主义的思想渗透，国内的有些人也从未放弃宣扬“全盘西化”的思想观念。我们用什么思想武器来应对呢？“两个务必”就是一种十分锐利、十分有力的思想武器。

第四，是增强民族凝聚力、增强综合国力的需要。我国是一个多民族的发展中大国，如果没有伟大的民族精神把十三亿人的力量凝聚起来，就会像旧中国那样，一盘散沙，四分五裂，不仅现代化实现不了，而且必然会陷入混乱的深渊。革命精神是中华民族伟大民族精神在特定历史时期的体现和深化。当今世界，综合国力的竞争是全方位的竞争，它体现在经济、政治、科技、军事等各个方面，但归根到底，起决定作用的还是人的竞争，即人的素质、民族素质的竞争。如果从这个角度看问题，我们就能够更加深切地认识到在今天强调坚持“两个务必”的重大意义。

不断赋予延安精神新的时代内容

怎样才能不断赋予延安精神以新的时代内容呢？我们可以通过一些具体事例来加以说明。

具有坚定的理想信念，并为自己的理想信念不怕牺牲，执着追求，这是延安精神的一个重要内容。民族独立的取得，人民解放的实现，社会主义制度的建立，改革开放的推进，为争取国家的繁荣富强和人民的共同富裕创造了条件。再继续奋斗几十年，到21世纪中叶基本实现现代化，把我国建设成富强、民主、文明的社会主义国家。这个奋斗目标便是一切热爱祖国、关心祖国命运的人的新的理想，新的信念。这同延安时期的理想信念既一脉相承，又有阶段差别。理想信念的阶段性内容变了，不变的则是理想信念的终极目标和对它的执着追求。

与这种情况相类似，我们还可以举出“实事求是”这条原则。正是在延安整风时期，毛泽东对“实事求是”做了经典性的论述。关于这个问题，彭真同志有一段话，讲得非常好。他说：“我们发扬延安精神，是为了解决现在的问题。现在的情况和延安时期的情况有很多不同了，要根据现在的‘实事’去求现在的‘是’。”可见，有的人认为老强调延安精神是“迷恋于过去”，“跟不上时代”，是“保守”“僵化”，这样的看法是毫无根据的，因为“与时俱进”正是延安精神的本质要求。

变化了的客观实际，会拓展延安精神的适用范围，对它提出更高的要求。我们试以党和人民群众的关系为例。本来，立党为公、全心全意为人民服务是中国共产党的根本宗旨，只要党的性质不改变，这个宗旨就必定一以贯之。在延安时期，党为着人民的利益，站在时代斗争的最前列，密切联系群众，紧紧依靠群众，同群众建立了鱼水关系，取得了人民战争的伟大胜利。如今，党的地位发生了重要的变化。中国共产党已经成为在全国执政五十多年、领导着十三亿人口、拥有七千多万党员的执政党。执政党的地位，使很多党员掌握了或大或小的权力。在这种情况下，究竟是执政为民还是以权谋私，就成为区分是否真正为人民服务的一个分水岭。因为手中有了一点权力，只要稍微缺乏自觉性，脱离群众的毛病也就容易发生，如果再失去了或者逃避了必要的监督，就很难经受住各种诱惑和考验，严重的甚至不免沦入腐败堕落的深渊。相反，如果真正做到权为民所用、情为民所系、利为民所谋，就能当好推进改革开放和现代化建设的带头人，当好为民造福、为民解难的贴心人。所有这一切，都不仅大大提高了密切联系群众的标准和要求，也极大地增强了加强群众观念的紧迫性。

还有一种情况，那就是随着客观形势的变化，在实践延安精神的时候，必须有一些新的思路，注意到一些新的着重点。例如自力更生、艰苦奋斗，这是延安精神中给人印象最深的内容。但是现在来谈自力更生、艰苦奋斗，显然具有许多新的含义。我们讲自力更生，绝不是同对外开放相对立的。自力更生不是闭关自守，更不是拒绝同世界各国的交流与合作。对外开放与自力更生，相辅相成，辩证统一。通过对外开放来加快发展自己，而对外开放必须以自力更生为基础和立足点。对外开放中，必须贯彻以我为主、为我所用的原则。艰苦奋斗，也不是要叫人做苦行僧，而是要提倡一种精神，就是不怕困难、艰苦创业的精神。

弘扬延安精神必须注意的几个重要问题

早在改革开放之初，邓小平同志就发扬革命精神问题讲过这么一段话："毛泽东同志说过，人是要有一点精神的。在长期革命战争中，我们在正确的政治方向指导下，从分析实际情况出发，发扬革命和拼命精神，严守纪律和自我牺牲精神，大公无私和先人后己精神，压倒一切敌人、压倒一切困难的精神，坚持革命乐观主义、排除万难去争取胜利的精神，取得了伟大的胜利。搞社会主义建设，实现四个现代化，同样要在党中央的正确领导下，大大发扬这些精神。如果一个共产党员没有这些精神，就决不能算是一个合格的共产党员。不但如此，我们还要大声疾呼和以身作则地把这些精神推广到全体人民、全体青少年中间去，使之成为中华人民共和国的精神文明的主要支柱，为世界上一切要求革命、要求进步的人们所向往，也为世界上许多精神空虚、思想苦闷的人们所羡慕。"① 邓小平同志这里提到的"大声疾呼"和"以身作则"，中肯地概括了如何提

① 《邓小平文选》，2版，第2卷，367～368页。

倡和教育的最主要的工作方法。“大声疾呼”，就是要造成舆论，广泛宣传，讲清在新的历史时期继承和发扬延安精神的重要意义，分析延安精神产生和形成的历史环境和条件，揭示延安精神的基本内涵，表彰在新时期实践延安精神的先进典型，造成浓厚的健康舆论环境和社会氛围。“以身作则”，就是要知行统一，付诸实践。决不能说的是一套，做的又是一套，表里不一，言不由衷。尤其是共产党员和各级领导干部，更应该身先士卒，率先垂范。党的作风搞好了，就会起到潜移默化的作用，全社会自然会跟上来。

应该指出，在和平建设时期，要不要进一步弘扬延安精神，实际上大家的认识是不一致的，是有斗争的。例如，有些人一听到谈理想信念，就斥之为“左”的空谈；有的人散布一种论调，说今天的年轻人都是“现实主义者”，只看重实际利益，对理想信念一概不感兴趣（事实完全不是这样）；还有人公开写文章，鼓吹要“拒绝理想，躲避崇高”；等等。再如，讲坚持谦虚谨慎、艰苦奋斗、厉行勤俭节约，这当然是弘扬延安精神的重要内容。但实际情况是，从理论到现实，追求奢侈成了一种时尚。两年前，德国《明镜》杂志一位记者写了一部书，叫作《奢侈带来富足》，很快成了畅销书。接着，一本本鼓吹奢侈主义、奢侈享受、奢侈品牌的书纷纷出笼，什么《奢侈的概念：概念及历史的探究》《时尚帝国》《奢华，正在流行——新奢侈时代的制胜理念》等等，刮起了一阵“奢侈潮流”。我们国内，不是也有一个报纸，用核桃大的字做标题，整版发表所谓《享乐主义宣言》吗？至于现实生活中的奢侈浪费现象，更是触目惊心。这些说明，要真正弘扬延安精神，还要花很大的力气，做艰苦的努力。

弘扬延安精神，当然要在社会上做广泛宣传，但更重要的，是要紧紧抓住几个重点人群。我觉得重点人群有三个：第一是领导干部。他们掌握着党和国家的重要权力，他们的所作所为会极大地影响党和国家的命运和前途，他们的精神面貌怎样会对整个社会的精神面貌产生深刻的影响。遗憾的是，社会上有些不好的东西，不少就是从某些领带干部那里“刮起来”的。第二是理论队伍，说得准确一点，是舆论队伍。他们能不能用正确的舆论去影响人、鼓舞人，对人们的思想作风、道德情操，对全社会的精神风貌，影响是很大的。正确的舆论环境，是党和人民之福；错误的舆论导向，是党和人民之祸。应该说，在这方面，问题是不少的。我们只要看一看影视作品中豪华风、滥情风、媚俗风的流行，就可以看出问题的严重性。第三是青年学生，他们是我们的希望，国家和民族的未来。优良的革命传统如果不能被年轻一代所接受、所继承，弘扬延安精神也就成了一句空话。据我的接触，绝大部分青年学生是有强烈的国家观念、民族意识的，是能够接受马克思主义的，是能够接受革命传统教育的，关键是看我们怎样去做工作。

把“纲要”课打造成大学生真心喜爱、终身受益的优秀课程*

从新学期开始，全国高校将普遍开设“中国近现代史纲要”课。正如教育部周济部长指出的：“在大学生世界观、人生观形成的关键阶段开设‘中国近现代史纲要’课，意义非同寻常。”中国近现代历史蕴藏着丰富的教育资源。大学生通过对这一段历史的系统掌握，紧紧围绕中国特色社会主义道路这一主题，能够了解“民族独立和人民解放”与“国家繁荣富强和人民共同富裕”的历史进程，深刻领会历史和人民怎样选择了马克思主义、怎样选择了中国共产党、怎样选择了社会主义道路，从而进一步确立科学的理想信念，树立正确的世界观、人生观、价值观，坚定在中国共产党的领导下，走中国特色社会主义道路，实现中华民族伟大复兴的信心和决心。

现在，已经有了一本以唯物史观为指导的，主题明确、观点鲜明、线索清晰、说理透彻、结构严谨的很好的教材，为讲好这门课提供了一个很好的条件。需要进一步着力解决的问题，就是要抓紧对所有任课教师进行一次全员培训，帮助教师们以高度的政治责任感和使命感，领会精神，吃透教材，钻研教法，在提高教学水平和教学艺术上下功夫，力争把“中国近现代史纲要”课打造成大学生真心喜爱、终身受益的优秀课程。

怎样才能讲好这门课？我觉得以下几个问题是值得我们思考的。

---

* 载《高校理论战线》，2007年第3期。

旗帜鲜明，理直气壮

这门课有很强的思想性和意识形态性，有很多内容涉及许多重要的政治是非和理论是非，对这些问题，教师要态度明确，不能含糊。毛泽东同志说："我们必须坚持真理，而真理必须旗帜鲜明。"① 邓小平同志说："作为灵魂工程师，应当高举马克思主义的、社会主义的旗帜，用自己的文章、作品、教学、讲演、表演，教育和引导人民正确地对待历史，认识现实，坚信社会主义和党的领导，鼓舞人民奋发努力，积极向上，真正做到有理想、有道德、有文化、守纪律，为伟大壮丽的社会主义现代化建设事业而英勇奋斗。"② 要旗帜鲜明地揭露帝国主义、封建主义和官僚资本主义的腐朽反动本质，鞭挞它们制造民族灾难、扼杀民族生机、阻碍社会前进的罪恶；理直气壮地热情讴歌为争取民族独立和人民解放，为实现国家繁荣富强和人民共同富裕而英勇斗争的志士仁人及广大人民群众。要做到这一点，十分重要的是要摸清当代大学生的思想脉搏，认清大学生的思想主流。在文化发展呈现出多样化的趋势，各种思想文化形态复杂纷纭，不同文化观念相互交织、相互影响的今天，某些错误思潮会对大学生产生一定的甚至重要的影响，这是不容回避的客观现实。但决不能认为，大学生对于马克思主义这一科学真理，天然抱着抵触和拒绝的态度，对于重大的政治是非和理论是非，一概抱着不感兴趣的冷漠态度。恰恰相反，绝大多数大学生对于民族的命运、国家的前景给予了巨大的关注，具有强烈的历史责任感。因此，只要教师能真正遵循唯物史观的原则，实事求是地讲清历史真相，有理有据地揭示历史规律，客观公正地总结历史经验，就能够得到大学生的热烈欢迎和强烈反响。

---

① 《毛泽东选集》，2版，第4卷，1322页。

② 《邓小平文选》，1版，第3卷，40页。

动之以情，晓之以理

胡锦涛同志说：“历史是一面映照现实的明镜，也是一本最富哲理的教科书。”① 这门课的一个重要特点，就是通过对于具体生动的历史场景的描述刻画，从感性上升到理性，以便进一步加深对客观事物规律性的认识。这个特点对课程提出了两个方面的要求：一是不能把教学内容变成干巴巴的若干概念、几条原理，而是要通过生动的史实，让学生了解我们国家历尽沧桑、饱经忧患的辛酸史，了解我们的先辈为国家的独立富强而进行的可歌可泣的斗争，了解我们民族、我们党的光辉实践和优良传统。二是不能就事论事，停留在对历史现象的客观叙述，而是要透过现象揭示本质、启发思考、讲清道理。前者是“动之以情”，后者是“晓之以理”。只有激情和理性的完美结合，历史感和历史观的有机统一，才能最大限度地增强这门课程的吸引力，使历史教育真正发挥“资政育人”的作用。荣毅仁在回忆自己怎样从一个资本家到接受“中国要走社会主义道路”这个真理，认识到“中国的富强、民族的振兴、人民的幸福乃至我们个人的贡献，都离不开共产党的领导，离不开走社会主义道路”的经过时，特别提到1955年10月和12月毛泽东对工商业者代表所做的两次讲话：“毛主席生动的语言，诙谐的比喻，深邃的哲理，尤其是他在阐述革命道理时所表现出的满腔热情，给我留下终生难忘的印象。这两篇讲话，是动之以情、晓之以理的典范。”② 这件事情，对我们搞好教学工作也有很大的启示作用。

---

① 胡锦涛：《会见参加中国抗日战争的俄罗斯老战士代表的讲话》，载《人民日报》，2005-05-09。

② 荣毅仁：《毛主席指引社会主义道路》，载《人民日报》，1993-09-08。

贴近实际，有的放矢

《解放日报》在2007年1月20日发表的《为近现代史成为大学必修课叫好》的评论中，强调“当下许多青年人因缺乏历史教育而未能树立正确的历史观”，“青年一代历史观的扭曲已是不争的事实”。这个估计是符合实际的。这些年来，在中国近现代史领域，以“告别革命”论为代表的历史虚无主义思潮，不仅在青少年中，甚至在历史学界，都有着广泛的影响。大肆渲染中华民族的“奴性”“愚昧”“丑陋”；竭力鼓吹殖民主义在传播西方文明、促进中国社会进步，乃至“在世界范围内推动了现代化进程”的历史“功绩”；在美化封建统治者的同时，对爱国志士、改革家特别是革命家大张挞伐，横加“不识时务”“破坏稳定”“丧失理性”“给社会带来破坏”，甚至“妨碍现代化”的种种罪名；等等。这种历史的颠倒在一些人那里已经成为一种时尚。所以，青年人中存在的历史观的扭曲，其责任并不在青年人身上。但是，要把“中国近现代史纲要”这门课讲好，就一定要注意有的放矢，有针对性，根据大学生的思想困惑、关心热点，不回避问题，不简单从事，通过对历史真相的客观介绍和对历史现象的科学分析，清除历史虚无主义的错误影响，让科学的历史观在大学生头脑中扎下根来。近年来，理论界在将理论通俗化、大众化的过程中，怎样用循循善诱的平等解说和敞开心扉的坦诚沟通，在理论同大众亲近、受大众欢迎方面，创造并积累了许多成功的经验，很值得我们学习和借鉴。

师生互动，教学相长

作为一门思想政治理论课，它的任务不仅仅是传授历史知识，更重要的是进行思想政治教育，进行唯物史观的教育。胡锦涛同志指出：“要坚持以辩证唯物主义和历史唯物主义为指导，认真学习我们党的历史、中国历史、世界历史，深入思考，科学分析，不断提高对共产党执政规律、社会主义建设规律和人类社会发展规律的认识水平，不断提高自觉运用这三个规律的能力，更好地促进社会主义物质文明、政治文明和精神文明的协调发展。”① 为了更好地实现这个目的，一定要在充分发挥教师的主导作用的同时，十分注意调动学生的学习主动性，吸引他们积极参与，启发他们深入思考，组织他们相互辩论，联合他们一起进行历史考察和历史研究。这样做，就可以做到师生互动，教学相长。在教学过程中，一方面要充分利用各种现代化的教学手段，一方面又要充分利用社会上各种丰富的历史资源，使我们的教学立体化、形象化，取得更好的效果。

---

① 《进一步认识把握社会历史发展规律 增强推进改革发展的自觉性主动性》，载《人民日报》，2003-11-26。

正确地了解过去、认识现在、把握未来*
——就《中国近现代史纲要》出版访沙健孙、李文海、程中原、田居俭

作为马克思主义理论研究与建设工程重点教材的《中国近现代史纲要》（以下简称《纲要》），已于今年2月由高等教育出版社出版发行。这部全国高校本科生公共必修的思想政治理论课教材，今年春季进入了各高校的课堂。为深入了解该书的意义、特色，更好地学习、使用这本书，我们采访了《纲要》编写课题组首席专家沙健孙，中国近现代史专家李文海、程中原、田居俭。

明确的指导思想　高标准的写作追求

记者：请沙健孙教授介绍一下《纲要》编写的有关情况。

沙健孙（北京大学教授、中共中央党史研究室教授、全国高校思想政治理论课教学指导委员会副主任委员）：在高等学校普遍开设中国近现代史的课程，是以胡锦涛同志为总书记的党中央领导集体做出的决定。《纲要》的编写被纳入了中央马克思主义理论研究与建设工程。编写工作是在中宣部、教育部的领导下进行的。为了使《纲要》能够成为适合大学生要求的思想政治理论课教材，在编写工作中，编写组的全体同志注意把握了以下两个原则：

第一，全面、准确地把握和落实中央关于开设《纲要》课程的基本要求。本课程主要讲授“中国近代以来抵御外来侵略、争取民

---

* 载《求是》，2007年第10期。记者：周溯源。

族独立、推翻反动统治、实现人民解放的历史，帮助学生了解国史、国情，深刻领会历史和人民怎样选择了马克思主义，选择了中国共产党，选择了社会主义道路”。我们要通过对近现代史的叙述和分析，帮助大学生“了解国史、国情”，懂得“三个选择”的必要性和正确性。

第二，从大学生的实际出发，适应大学生对《纲要》课程学习的要求。在校大学生在中学阶段已经比较系统地学过中国近现代历史，他们对有关的历史事实、重大事件和重要人物已有了一个基本的了解。但是，他们对历史发展的脉络还不能完整地把握；对历史发展的规律性和主要经验，尚不能准确地理解；对于“三个选择”有关的历史情况，还缺少深入的了解，并存在着若干困惑。根据这种情况，我们既要注意避免与中学课程的简单重复，又要注意弥补大学生在近现代史把握方面的不足之处，使他们能在原来所学近现代史知识的基础上大大提高一步。

基于以上两个原则，我们创新了教材编写的体例。《纲要》将整个近现代史分作相互衔接的三个大阶段。每个阶段的历史采取综合论述和专题论述相结合的写法。全书共分为上、中、下三编。上编：从鸦片战争到五四运动前夜（1840—1919）；中编：从五四运动到新民主主义革命胜利（1919—1949）；下编：从中华人民共和国成立到社会主义建设新时期（1949—2006）。每编下设综述，分别讲述各个时期的社会经济结构、政治状况、阶级关系，面临的主要矛盾和主要任务，各种社会力量的基本政治主张和建国方案及其历史命运。通过各编综述，帮助学生了解各个时期中国的基本国情，把握这个时期的历史脉络、历史发展的基本规律。每编除综述外，设若干专题。专题共十章，主要围绕着历史和人民怎样做出“三个选择”这个中心来确定。对专题的叙述和论述，是为了帮助学生对有关的重大历史问题、重要的历史经验获得比较深入的了解。

记者：在《纲要》的编写过程中，各位专家特别注意了哪几个问题？

沙健孙：第一，突出主题、主线。党的十五大对近百年来的中国历史进行过全面的回顾和总结。十五大报告指出："鸦片战争后，中国成为半殖民地半封建国家。中华民族面对着两大历史任务：一个是求得民族独立和人民解放，一个是实现国家繁荣富强和人民共同富裕。前一任务是为后一任务扫清障碍，创造必要的前提。"为实现"民族独立和人民解放"与"国家繁荣富强和人民共同富裕"两大历史任务而斗争，这就是中国近现代历史的主题。根据十五大报告的概括，我们认为中国的近现代史，就其主流和本质来说，就是一代又一代的仁人志士和人民群众为救亡图存、实现中华民族的复兴而英勇奋斗、艰苦探索的历史；尤其是全国各族人民在中国共产党的领导下，进行伟大的艰苦的斗争，经过新民主主义革命，赢得民族独立和人民解放的历史；经过社会主义革命、建设和改革，把一个极度贫弱的旧中国逐步变成一个初步繁荣昌盛、充满生机和活力的社会主义新中国的历史。这就是中国近现代历史的主题、主线。我们突出了这个主题、主线。

第二，联系实际，加强针对性。在论述近现代史的基本问题时，我们注意联系社会上流行的有关思潮（如鼓吹"告别革命"之类的历史虚无主义思潮），联系大学生经常关注或感到困惑的重大问题（如帝国主义的入侵究竟给中国带来了什么？资产阶级共和国方案为什么在中国行不通？怎样科学评价毛泽东领导的社会主义建设时期的历史？如何正确看待革命和建设中的失误？等等），说明有关的历史情况，着重从正面讲清道理，以期起到释疑、解惑、明理的作用。

第三，点、线、面结合，开阔视野，加强比较。为了使教材的内容丰满，说服力强，我们力求做到：（1）以世界历史的眼光审视中国近现代史，注意联系时代特征、国际格局和世界大势论说中国问题。（2）除政治史外，加强对各个时期的经济、文化发展情况的反映。（3）通过比较研究（包括各种社会力量的政治主张、建国方案的比较，各种社会思潮的比较等），来说明与"三个选择"有关的问题。

第四，史论结合，于叙事中寓论断。《纲要》注意结合近现代历史的发展，着力阐明近现代中国历史的发展规律，总结这个时期历史的基本经验，突出理论性。尽可能让历史事实来说话，做到“于序（叙）事中寓论断”①。

特色鲜明 精品读本

记者：《纲要》主要有哪些特色呢？

程中原（中国社会科学院当代中国研究所研究员、《当代中国史研究》主编）：《纲要》为大学生提供了一本好教材，为广大读者提供了一本精品读物。通读之后，我感到有三个显著特点。

第一，较好地体现了历史与逻辑相统一、理论与实际相结合的要求，称得上是一部信史。全书结构完整，重点突出；脉络清楚，有条不紊；史实准确，分析辩证；视野开阔，评价得当。例如，“新中国成立以来的历史性成就”这一节，从经济、政治、文化、外交四个方面来讲成就，用了四个“从……到……”：第一，从争取经济独立到建设社会主义现代化国家；第二，从赢得政治独立到建设社会主义民主政治；第三，从发展新民主主义文化到建设中国特色社会主义文化；第四，从打破封锁到全方位对外开放。概括力很强，有历史进程，有发展变化，叙述评论都很贴切，因而很有力量。再如，从1953年开始，中国为何选择社会主义道路，也就是20世纪50年代进行社会主义改造的必要性和可能性问题。教材以历史唯物主义为指导，以经济为根本，从四个方面做了具体的辩证的分析，指出：国有经济相对强大，有所发展；资本主义经济力量弱小，发展困难；主要由于国家工业化的需要，对个体农业进行改造十分紧迫；中华人民共和国成立后长期处于受帝国主义封锁、遏制的国际环境。这就有力地回答了中华人民共和国史上这个十分重要而颇难回答的问题。教材编写者能够抓住重要问题，进行历史的、辩证的分析，做出有说服力的回答，足以解惑释疑，令人信服，这是成功

① 顾炎武：《日知录》。

之处。

第二，理直气壮讲成就，实事求是讲挫折。本书对一些有争议的问题做出了明确的回答，对一些敏感的问题不回避，讲得客观公允，很有分寸，使人感到这是一部对历史负责的而不是遮遮掩掩的书。不能无视成就和光荣。中华人民共和国成立以来近 60 年的历史，就其本质和主流来说，是胜利前进的历史，是辉煌的历史。中国走上了一条成功之路，中国取得了举世瞩目的成就和经验。例如第十章第五节讲“改革开放和社会主义现代化建设的成就”，从十个方面对此进行概括，内容非常充实，给人一种如数家珍、说不尽道不完的感觉。书中对总路线、“大跃进”，对南宁会议、八大二次会议等的辩证分析，也很精当。指出了毛泽东在这一时期所犯错误的复杂原因，同时客观介绍了毛泽东为纠“左”所做的努力，写得客观、充分。

第三，写出了重要历史人物的作用，对他们的功过是非进行了实事求是的评价，较好地体现了人从事出、论从史出的原则。以孙中山为例，在“辛亥革命与君主专制制度的终结”这一章中，教材通过叙述辛亥革命从酝酿、发动到推翻帝制、肇建共和直至失败的全过程，对民主革命的先行者孙中山的历史功绩做了充分的肯定，对他的学说做了扼要而又全面的介绍，对他领导的辛亥革命终至失败的原因和教训做了深入的分析。在书中，读者可以了解三民主义学说的要义，知道它的革命意义和积极影响，同时又知道它的不足和因此带来的消极影响。这样历史具体而又客观辩证的分析评价，使 20 世纪的伟人——孙中山的形象在学生心目中是高大的、真实的。

田居俭（中国社会科学院当代中国研究所研究员）：在这部教材中，近代史上为救亡图存做出贡献的仁人志士，群众斗争的领袖人物，都留下了名字和事迹。即使是对洋务派，书中在分析他们失败的原因时也没有忘记适当地肯定他们的历史作用。书中提到五四时期和中国共产党初创阶段的重要人物有 30 多人。不仅评述了李大钊、陈独秀、毛泽东、周恩来、董必武、蔡和森、陈望道、李汉俊、李达、苏兆征、彭湃等的功绩，而且也没有讳言以后钉在了耻辱柱上的张国焘以至陈公博、周佛海的名字。对于中国近现代史上的重要人物，这部教材均能采取历史主义的态度，是值得称道的。

李文海（中国人民大学教授、中国史学会会长）：总之，《纲要》指导思想明确，主题鲜明，主线突出，在编写体例上有所创新，有较强的现实针对性，文字清晰简明，分量适中，是一部思想性、学术性、可读性结合得较好的高校教材，是叙述中国近现代发展历程的一部信史。

让历史告诉未来

记者：我们党历来十分重视学习、研究历史，一再强调要对人民群众特别是领导干部、青少年学生进行历史教育。请各位谈谈这本书出版的意义。

李文海：该书不仅适用于高校政治理论课教学，而且适合广大干部、群众阅读。相信这部书会在建设社会主义核心价值体系的过程中，在资政育人、全面落实科学发展观、构建社会主义和谐社会中发挥积极作用。同时，对国外学者深入研究中国近现代史也会产生重大影响。

田居俭：自人类用劳动和智慧创造了历史以后，历史就成为资政育人的必修课。实践一再证明：历史对人们树立正确的世界观、人生观和价值观，增强民族自尊心、自信心和自豪感，乃至经世济民、治国安邦，都有不可低估的重大作用。正如唐代史学家刘知幾所说："史之为用，其利甚博，乃生人之急务，为国家之要道。"所以，历代有识之士，莫不倡导历史学习和历史教育。

以毛泽东、邓小平、江泽民为核心的党的三代中央领导集体，经常号召和督促全党通过历史学习，丰富历史智慧，总结和运用历史经验，推动各项事业不断向前发展。2003 年 11 月 24 日，胡锦涛在主持中共中央政治局第九次集体学习的讲话中再次强调："浩瀚而宝贵的历史知识既是人类总结昨天的记录，又是人类把握今天、创造明天的向导。一部人类文明史就是人类不断在以往历史的基础上有所发现、有所发明、有所创造、有所前进的历史。中华民族历来就有治史、学史、用史的传统。我们党在领导革命、建设和改革的进程中，一贯重视历史经验的借鉴和运用。在新形势下，我们要更加重视学习历史知识，更加注重用中国历史特别是中国革命史来教育党员和人民。”①

李文海：提出用历史“教育党员和人民”，首先应当想到青年，因为青年是国家的希望，是创造美好明天的栋梁，是肩负未来社会重任的中坚力量。不论他们现在学的是什么专业，也不论他们将来从事什么工作，都会遇到人与人、人与社会、人与自然等各种矛盾。要解决好这些矛盾，离不开了解过去、“把握今天、创造明天的向导”。这个向导，就是写满“中国的灵魂”（鲁迅语）的历史，特别是近现代史。历史向每个中国人提供了大是大非问题的答案：创造了五千年辉煌历史、为人类文明发展做出过巨大贡献的中华民族，为什么在近代落后了？在帝国主义、封建主义和官僚资本主义“三座大山”重压下的中国人民，为什么能站立起来再创辉煌？中国人民为什么选择了马克思主义、中国共产党和社会主义道路？当代青年只有弄清了这些问题，才能做一个头脑清醒、意志坚强、开拓创新的中国人，自觉地担负起时代赋予的使命，坚定地沿着中国特色社会主义道路前进，为构建社会主义和谐社会、全面建设小康社会、实现中华民族的伟大复兴做出应有的贡献。

记者：在高校开设《纲要》课程，应当达到什么目的呢？

沙健孙：主要是为了让大学生认识近现代中国社会发展和革命发展的历史进程及其内在的规律性，做到前面所说的“两个了解”和懂得“三个选择”的必要性和正确性。具体说来，应当达到以下的目的与要求：

1．了解外国资本主义、帝国主义入侵中国及其与中国封建势力

---

① 《进一步认识把握社会历史发展规律　增强推进改革发展的自觉性主动性》，载《人民日报》，2003-11-26。

相结合给中华民族和中国人民带来的深重苦难；了解近代以来中国面临的争取民族独立、人民解放和实现国家富强、人民富裕这两项历史任务；懂得必须首先推翻半殖民地半封建的社会制度，争得民族独立、人民解放，才能为集中力量进行现代化建设开辟道路；认识革命的必要性、正义性、进步性；自觉地继承和发扬近代以来中国人民的爱国主义传统和革命传统，进一步增强民族的自尊心、自信心和自豪感。

2. 了解近代以来中国的先进分子和人民群众为救亡图存而进行艰苦探索、顽强奋斗的历程及其经验教训；注意比较地主买办资产阶级、民族资产阶级和工人阶级政党的政治方案，懂得旧民主主义革命让位给新民主主义革命、资产阶级共和国让位给人民共和国的原因；认识历史和人民怎样选择了中国共产党、选择了马克思主义，进一步强调拥护共产党的领导和接受马克思主义指导的自觉性。

3. 联系中华人民共和国成立以来的国内外环境，了解中国人民走上以共产党为领导力量的社会主义道路的历史必然性；了解实行改革开放和搞好现代化建设的重大意义，联系社会主义改造以后中国现代化建设事业的发展尤其是改革开放以来取得的巨大成就，懂得中国选择社会主义的正确性；进一步树立“只有社会主义才能救中国，只有社会主义才能发展中国”的信念，坚定走中国特色社会主义道路的信念。

4. 紧密结合中国近现代的历史实际，通过对有关历史进程、事件和人物的分析，提高运用科学的历史观、方法论分析评价历史问题，辨别历史是非和社会发展方向的能力。

记者：谢谢各位专家接受我们的采访！

尊重历史真实，着力学术创新*

由张海鹏同志主编、中国社会科学院近代史研究所部分学者集体编写的10卷本《中国近代通史》，已经正式出版。据本书编者的统计，带有通史性质的中国近代史书，公开出版的已接近200种之多。但以500余万字的宏大篇幅，如此全面、详尽地反映1840—1949年中国半殖民地半封建社会政治、经济、文化教育、社会生活、民族、边疆等各个方面历史状况的学术专著，应该说这是仅见的。本书的问世，无疑是对中国近代史学科建设的一个推进，为历史学的繁荣发展做出了自己的贡献。

我个人认为，《中国近代通史》有以下三个值得称道的优点和特点：一是尊重历史真实，二是着力学术创新，三是关注历史和现实的统一。

第一，史学的生命在于真实。只有客观地、正确地反映历史真实面貌，才能称得上是一部信史。本书的编写者为自己规定的任务，“是要厘清近代中国历史发展的基本事实，探索其发展规律，在此基础上重现近代中国丰富与斑斓的历史画面”。“本书不是片面地、零碎地讲述，而是根据近代中国的历史发展过程的演变顺序，全面地、系统地讲述历史。尽可能做到形神兼具、骨肉兼具、点面兼具。”①这是一个很高的要求，可以看出，作者们是按着这个方向去努力的。为了做到这一点，本书在两个方面给我留下了较深的印象：一是本书不是从概念、从某种主观设计的“框架”出发去选择史实、剪裁史实、改铸史实，而是从客观存在着的历史实际去力求真实地再现

* 载《近代史研究》，2007年第5期。

① 《中国近代通史》，第1卷，64页。

当时的历史场景；对于重大历史事件发生的环境条件、发展进程和社会影响，重要历史人物的产生背景、思想内涵和活动脉络，力图原原本本地讲清楚；在叙述清楚历史面貌之后才做出必要的历史判断，许多独到的见解往往寓于历史过程的叙事之中。这不仅大大增强了作品的可信度和立体感，也在很大程度上增加了历史内容的丰富性和这部学术著作的可读性。二是本书对历史资料搜集、发掘、考订、利用的重视。充分掌握历史资料，是探究历史真相的基础和前提。在这方面，本书是下了功夫的。仅以档案的利用来说，书中除以往较常使用的第一、第二历史档案馆藏档外，还引用了过去利用较少的中央档案馆、中国人民解放军档案馆档案，台北“国史馆”藏蒋介石档案，台北中国国民党中央委员会档案，以及美国斯坦福大学胡佛档案馆、哥伦比亚大学珍本与手稿图书馆藏国民党军政人物档案、苏联解密档案等珍贵历史资料。这些重要档案的发掘利用，对于我们更真切地了解历史真相，无疑具有重要的意义。

第二，创新是学术发展的本质要求。一部史学著作，学术水平的高低和学术贡献的大小，很大程度上取决于在历史事实的描绘刻画和历史现象的分析判断上，较之以往有了哪些新的发现、新的前进。我以为，《中国近代通史》的学术创新，主要表现在两个方面。一是研究领域的拓展。近年来，史学领域一些新的学科得到迅速发展，诸如思想文化史、社会史的研究取得了显著的成绩。这些学术研究的新成果，在书中得到了确切的反映。但本书并不认为政治史和经济史的研究可以有稍许的削弱和忽视。编者强调：“一个社会是由诸多政治、经济、文化等现象组成的。经济发展程度是社会前进的尺度，政治表现在社会前进中起着指标的作用。文化的发展既受制于同一个社会的政治与经济条件，也要反作用于一个社会的政治与经济。”因此，“政治史研究的深度和广度如何，对其他的研究领域起着制约的作用。经济史研究的深度和广度如何，对解释社会的发展方向有着深刻的含义。文化思想史、社会史的研究同样重要，不可偏废”①。与以往的中

① 《中国近代通史》，第1卷，61、62页。

国近代通史著作相比，研究范围与研究视野的扩展，应该说有了长足的进步。二是对一些存在着重大争论的学术问题提出了自己的独创性看法。例如，关于洋务运动，本书既不同意对这一历史事件一味否定，“把洋务活动的负面作用说的绝对了”；也不赞成把它全盘肯定，奉之为中国现代化的方向。在全面论述了洋务活动的种种具体措置之后，指出：“洋务运动由少数受西方资本主义影响较多的旧式官僚和绅商发起、领导和实施，并未成为真正的国策，未能成为上下一致的全国性运动；在实际举措中也是单纯而有限地引进一些先进科学技术和设备，在传统的封建社会结构中开办新式企业，且吏治腐败、效率低下。因此，洋务运动是一种局部的、初步的和畸形的早期现代化运动，其求富举措尚有可嘉，其自强之道实属可训，其失败结局令人可悲。”① 这样的分析，避免了对历史现象做简单化处理，是值得肯定的。

谈到学术创新，有的人似乎有一种误解，以为只有对传统观点进行否定，只有推翻旧说，才算是“创新”。其实这是十分片面的。梁启超曾经说过，学术上的是非，是不能简单地拿新旧做标准来判断的：“我们不能说新的完全是好的，旧的完全是坏的；亦不能说古的完全都是，今的完全都不是；古今新旧，不足以定善恶是非的标准。”② 传统有精华，也有糟粕。对传统必须做辩证的、科学的分析，好的就坚持、就继承，坏的或者错的就否定、就摈弃，并用新的观点、新的结论取而代之，学术就在这种辩证对待的过程中得到发展，得到前进。《中国近代通史》对中国近代社会和近代历史中若干曾为多数学者所认同，并在很大程度上经受了历史实践的检验，而对近年来又受到种种批评与责难的重大问题，如半殖民地半封建社会性质问题、近代历史发展的“两个过程”问题、中国近代社会两大历史任务问题、改良和改革的历史命运问题、中国近代史研究的“革命史范式”与“现代化范式”问题等等，都进行了深入细致、充分说理的讨论和阐述，提出了不少颇具启发性的见解，深化了对

---

① 《中国近代通史》，第3卷，485页。

② 《儒家哲学》，见《饮冰室合集》专集之一百三。

这些问题的认识，应该说这也是一种重要的学术创新。

第三，史学研究的任务，不仅仅是“再现”历史或者“复原”历史，而且是要通过回顾历史，更深刻地了解现在，更正确地走向未来。正如胡锦涛同志所说：“历史是一面映照现实的明镜，也是一本最富哲理的教科书。”① 一部中国近代史，既是中华民族历尽沧桑、饱经忧患的辛酸史，又是志士仁人和广大人民群众为国家的独立富强而进行的可歌可泣的奋斗史。生动而真实地将这些记录下来，反映出来，就能为增强民族自信心和自尊心，培育和弘扬民族精神、爱国主义精神提供极好的教材。《中国近代通史》的编写者充分认识到自己的社会历史责任，强调：“中国近代史与中国现代的政治、社会生活紧密相连，对于今天来说，它是我们的昨天。因此，中国近代史的研究，首先要注意科学性，同时也要考虑现实性一面。要处理好科学性与现实性的结合。”② “这样的研究与重现并不断加深认识的过程，就能够为我国人民探索有中国特色的社会主义道路提供有说服力的历史根据，为提高我国人民的文化素质及其爱国主义教育的水准，加强其对国家、民族、社会主义道路的信仰力和凝聚力，发挥积极的作用。”③

重视历史和现实的统一，一个重要的问题就是要认识和揭示历史发展和社会兴亡的规律。一谈历史规律，有些人就把它想象为几条干巴巴的教条，甚至将其指责为历史僵化枯燥的罪魁祸首。其实，这恰恰是对“规律”的误解。毛泽东曾经指出：“规律自身不能说明自身。规律存在于历史发展的过程中。应当从历史发展过程的分析中来发现和证明规律。不从历史发展过程的分析下手，规律是说不清楚的。”④ 我们可以从《中国近代通史》中举几个例子。只有清楚了解了洋务运动、清末新政、辛亥革命的成功与失败，以及北洋军阀和南京国民政府统治的具体情况，才能够真正懂得邓小平同志所

---

① 胡锦涛：《会见参加中国抗日战争的俄罗斯老战士代表的讲话》，载《人民日报》，2005-05-09。

② 《中国近代通史》，第1卷，60页。

③ 同上书，64页。

④ 《毛泽东文集》，第8卷，106页，北京，人民出版社，1999。

说的历史规律：“历史告诉我们，中国走资本主义道路不行，中国除了走社会主义道路没有别的道路可走。一旦中国抛弃社会主义，就要回到半殖民地半封建社会，不要说实现‘小康’，就连温饱也没有保证。”① 又如，只有全面考察和把握抗日战争时期敌、我、友各个方面的情况，抗战阵营中中国共产党、中国国民党以及其他各党派、各民族、各阶级、各团体的情况，正面战场和敌后战场的情况，才能够真正了解胡锦涛同志所说“人类社会是按照历史的规律和法则前进的。中国人民能够赢得抗日战争的胜利，以落后的武器装备打败经济实力和军事装备远比自己强大的侵略者，绝不是偶然的”②这样一个规律。《中国近代通史》把探索近代社会发展规律作为自己的研究任务，但能注意从历史发展过程的分析下手，这种做法应该说是可取的、成功的。

作为一部涉及内容如此广泛的大部头著作，不可能不存在某些不足之处。例如，有些观点还有进一步讨论的余地，有些方面的内容仍稍显薄弱，全书的指导思想在各分卷中的体现也存在某些不平衡的现象。这些固然难以避免，但我还是抱着“责备贤者”的态度，希望在今后的修订中能够不断精益求精。

---

① 《邓小平文选》，1版，第3卷，206页。

② 《人民日报》，2005-09-04。

历史的选择，人民的选择*

——访中国人民大学教授李文海

中国特色社会主义，是当代中国发展进步的旗帜，是全党全国各族人民团结奋斗的旗帜。近代以来中华民族的发展史尤其是改革开放以来我国经济社会发展取得的巨大成就雄辩地证明，走中国特色社会主义道路，是历史的选择，是人民的选择。围绕这一主题，记者近日采访了中国人民大学教授李文海。

记者：1840 年以后，由于西方列强的入侵，中国逐渐沦为半殖民地半封建社会，民族危机和社会危机空前深重。中国无数仁人志士都在苦苦探索救国救民的道路，其过程可以说是相当艰难的。

李文海：的确如此。从 1840 年的鸦片战争开始，中国屡屡遭受帝国主义列强的侵略和蹂躏，国家主权和领土完整不断受到侵蚀。在帝国主义和封建主义的双重压迫下，政治黑暗、经济凋敝、社会残破、民不聊生。中华民族蒙受着巨大的屈辱和灾难，国家濒临灭亡的边缘。

面对着存在“亡国灭种”实际危险的严峻局面，那些关心国家命运和民族前途的有志之士，合乎逻辑地把“振兴中华”作为最紧迫、最重要的历史任务提了出来。不同阶级，不同社会阶层，不同政治力量，为了挽救民族的危亡，实现国家的富强，提出并实践过各式各样冀求走向民族复兴的救国方案：以洪秀全为代表的太平天国农民英雄们轰轰烈烈掀起的太平天国运动，虽然给予封建统治秩序以重大打击，但在中外反动势力的联合镇压下惨遭失败；封建统治阶级中一些有识之士领导的洋务运动，虽然在中国走向现代化方

* 载《人民日报》，2017 年 10 月 9 日。记者：叶帆、禹伟良。

面起到了筚路开山的作用，但其求富求强的愿景最终化为了泡影；中日甲午战争失败后，以康有为、梁启超等为代表的维新派发动了著名的“百日维新”，但在封建顽固势力的坚决镇压下，这个运动犹如流星划过夜空，瞬息即逝了；孙中山领导的辛亥革命，推翻了清王朝的反动统治，结束了主宰中国几千年的君主专制制度，但也未能改变中国半殖民地半封建的社会性质和人民的悲惨命运。“路漫漫其修远兮，吾将上下而求索。”用诗人屈原的这个名句来形容中国人民对民族复兴之路的寻觅过程，实在是再贴切不过了。

记者：在近代中国历史上，旨在救国救民的斗争和探索，每一次都在一定的历史条件下推动了中国的进步，但为什么又一次次地失败了呢？

李文海：这主要是因为很多复兴民族的方案，其学习对象主要是西方资产阶级的文明；它们所追求的，主要是发展资本主义的经济和文化；它们所设计的道路，不管意识到还是没有意识到，归根结底，跳不出资产阶级共和国的圈子。但是，在中国发展资本主义、建立资产阶级现代国家的愿望，却不断在现实中碰壁。这是由国际国内的客观条件决定的。帝国主义列强侵入中国的目的，绝不是要把封建的中国变成资本主义的中国，它们也决不允许中国真正地富强起来。帝国主义为了维持和强化半殖民地的统治，就必然勾结和支持中国的封建势力，维护封建专制制度，竭力保持封建剥削制度的根基即封建生产关系。在这样一种政治环境及社会条件之下，中国的资产阶级在经济上和政治上是异常软弱的，他们没有力量承担起建立资产阶级共和国的历史任务。

记者：由此可以看出，不触动封建根基的自强运动和改良主义，旧式的农民战争，资产阶级革命派领导的旧民主主义革命，以及照搬西方资本主义的其他种种方案，都不可能完成救亡图存的民族使命和反帝反封建的历史任务。而只有当中国共产党登上历史舞台之后，中国才进入了新民主主义革命及以后的社会主义革命和建设的崭新发展阶段。

李文海：是的。在各种力量探索救国救民的道路相继失败后，中国人民期待着新的社会力量寻找先进理论，以开创救国救民的道路。1919年发生的五四运动，在中华民族复兴的漫长征途上具有划时代的里程碑意义。这是因为，在这个历史事件的前后，中国人民的政治生活中增添了两个崭新的内容：一是找到了马克思主义，一是诞生了中国共产党。从此，领导反帝反封建的革命斗争，争取民族独立和人民解放，实现振兴中华的伟大使命历史地落到了中国共产党的身上。有了共产党，中国革命的面貌就焕然一新了。

以马克思主义为指导，在中国共产党的领导下走社会主义道路，是中国人民选择的救亡图存、发展复兴之路。然而，要求得民族独立和人民解放，实现国家繁荣富强和人民共同富裕，必须解决将马克思主义基本原理同中国国情、同中国革命实际相结合的问题，也就是要解决马克思主义中国化的问题。以毛泽东同志为主要代表的中国共产党人，坚持马克思主义的立场、观点和方法，在理论和实际相结合的基础上创立了毛泽东思想，实现了马克思主义中国化的第一次历史性飞跃。正是在毛泽东思想指引下，我们党领导全国各族人民取得了新民主主义革命的胜利，建立了人民民主专政的国家即中华人民共和国。中华人民共和国的成立，是中国从古未有的人民革命的大胜利，也是中华民族伟大复兴的一个根本转折点。

记者：中华人民共和国的成立，意味着中华民族的发展开启了新的历史纪元。而建设社会主义，仍然需要我们坚持将马克思主义基本原理同中国具体实际有机结合起来。

李文海：建设中国特色社会主义，是一个没有成例可援的开创性事业，不可能一蹴而就。党的十一届三中全会以后，以邓小平同志为主要代表的中国共产党人，在我国改革开放和现代化建设的实践中形成了邓小平理论，科学地回答了什么是社会主义、怎样建设社会主义的问题，找到了一条建设中国特色社会主义的正确道路。党的十三届四中全会以后，以江泽民同志为主要代表的中国共产党人，在推进中国特色社会主义事业的伟大实践中，创立了“三个代表”重要思想，进一步回答了什么是社会主义、怎样建设社会主义的问题，创造性地回答了建设什么样的党、怎样建设党的问题，深化了对中国特色社会主义的认识。党的十六大以来，以胡锦涛同志为总书记的党中央，着眼于党和国家事业发展的全局，提出了科学发展观等重大战略思想，奋力开拓中国特色社会主义更为广阔的发展前景。事实证明，中国特色社会主义是历史的选择、人民的选择，中国特色社会主义伟大道路必将越走越宽广，越走越辉煌！

成功永远只属于勤奋的人*

小吴同学：

很高兴收到你的来信。我 19 岁离开家乡，但一直关心家乡的情况。你的信使我又一次忆起了自己童年和少年时的生活情景，勾起了思乡之念。我是一个教育工作者，我的任务和职责就是为祖国培养青年一代。从这个意义上说，我也有义不容辞的责任给你复信。

你要我讲讲自己的成长道路，说实话，我从小一直到现在，都是一个十分普普通通的人。如果没有共产党，如果不是生活在社会主义这个时代，也就谈不上我个人的成长。这是最根本的一点，但又是十分实在的一点。除此而外，从我自己的体会来说，在成长道路上，下面这几点似乎是十分重要的：

一、一个人活着，总要想着对他人、对社会、对国家、对民族能够做出一点什么贡献，而不能一味考虑他人、社会、国家、民族怎样满足自己的种种要求。一个人活着只是为了自己，那又有什么意义呢？如果只想到自己，那就必定心胸狭窄、鼠目寸光，生活也不会愉快，也会限制了自己才能的发挥。从社会和国家的角度来说，如果人人都只讲索取，不讲奉献，那社会又怎么能发展呢？所以，一个人“利他”之心愈多，“服务”观念愈强，就愈有利于自己的成长；一个国家，有献身精神的人愈多，就愈有利于国家的发展和进步。

二、要勤奋。一个人能力有大小，天赋也不会完全一样。不管什么条件，成功永远只属于勤奋的人。幻想天上掉下馅饼来，坐享其成，是注定不会有出息的。

---

* 载《大江南北》，2008 年第 1 期（增刊）。

三、要准备迎接和善于克服各种困难。人的一生，不可能一帆风顺，在成长的道路上，必定会遇到各种矛盾、各种困难，会遭到各种挫折。古今中外有作为的人，没有不是在同各种困难的搏斗中成就自己的事业的。现在的孩子，生活条件优越了，容易有骄气和娇气，一旦遇到些不顺心的事就觉得承受不了，这也是没有志气的一种表现。说这么几点，供你参考，很欢迎你今后常来信。

即祝

进步！

李文海

3.26

坚持理论创新，促进学术繁荣*

《高校理论战线》创刊20周年了，到今年第2期为止，已经出满200期。一份政治性、理论性都很强的哲学社会科学刊物，20年岁月，200期历程，能够一贯地坚持自己的办刊理念和方针，在长期实践中逐步形成具有鲜明特色的学术风格，不为各种风险所惧，不为任何干扰所惑，锲而不舍，矢志不渝，始终以坚持马克思主义理论阵地为己任，以繁荣发展具有中国特色的哲学社会科学为追求的目标，是一件很不容易的事。尤其是在当前思想文化发展呈现出多样化的趋势，各种文化形态复杂纷纭，不同文化观念相互影响，人们思想活动的独立性、选择性、多变性、差异性明显增强的情况下，能够做到这一点，更是十分难能可贵的。

坚持解放思想、实事求是、与时俱进，积极推进理论创新，最重要的是要研究、宣传、探索、丰富马克思主义中国化的理论成果。这方面的内容，占了《高校理论战线》最主要的篇幅。从马克思主义中国化的第一个理论成果毛泽东思想，到包括邓小平理论、“三个代表”重要思想以及科学发展观等重大战略思想在内的中国特色社会主义理论体系，刊物都从各个不同角度进行了深入的探索和阐述，进行了完整、准确的宣传和解读。刊物设立的诸如“本刊专稿”“‘三个代表’重要思想科学内涵和精神实质”“科学发展观研究”“社会主义理论与实践”等专栏，发表了不少以我国改革开放和现代化建设的实际问题为中心，着眼于马克思主义理论的运用，着眼于对实际问题的理论思考，对社会生活和社会实践中出现的新情况、新矛盾、新问题做出新的理论研究、判断和解释的好文章，使马克

---

* 载《高校理论战线》，2008年第3期。

思主义的时代性和民族性得到了很好的体现。

党中央《关于进一步繁荣发展哲学社会科学的意见》指出："加强马克思主义基本原理研究是繁荣发展哲学社会科学的一项极为重要的工作。要立足新的实践，加强马克思、恩格斯、列宁经典著作的编译和研究工作，准确阐述经典著作中的基本观点。"刊物自设立"马克思主义经典著作研读"专栏以来，请著名学者对马克思、恩格斯、列宁的若干重要著作做导读性的讲解，受到了读者的欢迎。小平同志说，我们搞马克思主义中国化，搞改革开放，并没有丢掉"老祖宗"，"老祖宗不能丢"①。锦涛同志强调指出："理论创新必须以坚持马克思主义基本原理为前提，否则就会迷失方向，就会走上歧途。"② 可见，加强对马克思主义经典著作的研究，不仅不同理论创新相矛盾，反而是实现理论创新的基本前提。

繁荣发展哲学社会科学，一个重要环节是要努力营造生动活泼、求真务实的良好学术环境，着力贯彻"百花齐放、百家争鸣"的方针。没有不同学术观点的讨论和切磋，没有思想的活跃和对未知领域的勇敢探索，学术就会变成一潭死水，也就谈不上学术的繁荣。刊物通过"理论热点述评""读书与评论""探索与争鸣"等栏，开展了对一些重要学术问题的讨论，同时对一些新出的学术著作进行评论，其中既有对优秀作品的分析推介，也有对一些作品的认真的实事求是的批评。这对学术的健康发展，无疑是一种积极的推动。

贯彻"双百"方针，本身就包含着科学思想同某些错误思潮的矛盾和斗争，包含着先进文化同某些落后文化、腐朽文化的矛盾和斗争。党的十七大报告要求我们"主动做好意识形态工作，既尊重差异、包容多样，又有力抵制各种错误和腐朽思想的影响"。刊物在这方面同样做出了自己的努力。近年来，刊物对新自由主义思潮、民主社会主义思潮、历史虚无主义思潮，都曾发表了一批既旗帜鲜

---

① 《邓小平选集》，1版，第3卷，369页。

② 胡锦涛：《在"三个代表"重要思想理论研讨会上的讲话》，载《人民日报》，2003-07-02。

明又充分说理的批评文章，在思想政治领域产生了很好的影响。小平同志曾严肃指出：一些错误思想“在人民中混淆是非界限，造成消极涣散、离心离德的情绪，腐蚀人们的灵魂和意志，助长形形色色的个人主义思想泛滥，助长一部分人当中怀疑以至否定社会主义和党的领导的思潮”①。对于这些错误思潮，“马克思主义者应当站出来讲话”②。刊物正是按照这个要求做的。例如，一段时间以来，一些人竭力鼓吹“儒化中国”“儒化共产党”“儒化社会”，要“用孔孟之道替代马列主义”，“将尧舜孔孟之道作为国家的立国之本”。刊物发表的《评“儒化中国”论》，根据历史的经验和现实的分析，有针对性地回答了上面的议论，持之有故，言之成理，有很强的说服力。作为读者，这样的文章确实给我留下了很深的印象。

《高校理论战线》取得这样的成绩，一个很重要的原因，是在它的周围团结、凝聚了一批政治方向坚定、理论功底扎实、学术素养深厚、学风严谨正派的学术工作者。他们中间，既有德高望重、满腹经纶的老学者，也有朝气蓬勃、锐意进取的年轻新秀。正是通过他们，组成了一支庞大的作者队伍，把以高等学校为主体的理论、学术研究成果恰当地反映出来。刊物有一个很有特色也颇吸引人的栏目，叫作“社科学人”，每次介绍一位哲学社会科学的学者，仅从第一部编辑成集、书名为《无言的风景——中国高校知名社科学者学术思想巡礼》来看，就生动地展示了高校社科科研队伍的雄厚实力与学术风采，这也正是我们建设面向现代化、面向世界、面向未来，具有中国特色的哲学社会科学的重要依靠力量。

《高校理论战线》聘请了一批顾问，除几位学术界老前辈外，大部分是教育部的老领导。顾问们对刊物，可真是又“顾”又“问”。编辑部每年要召开一次“新春顾问座谈会”，顾问们不是年已古稀，就是年届耄耋，但他们总是不顾年老体弱出席会议。在会上，他们

---

① 《邓小平文选》，1版，第3卷，44页。

② 同上书，46页。

论方向，讲形势，评文章，出题目，提建议，为进一步办好刊物出谋划策。编辑部的同志说，这样的顾问会，“一年开一次，一次管一年”。其实，他们不仅从老前辈那里得到工作的指导，更重要的是得到巨大的精神鼓舞。

20年来，《高校理论战线》在各方面的关心、支持下成长和发展，在今后的年月中，也一定会继续在各方面的关心、支持下创造新的业绩，跃上新的台阶，在“以科学的理论武装人，以正确的舆论引导人，以高尚的精神塑造人，以优秀的作品鼓舞人”方面，做出更大贡献，发挥更大作用。

民族复兴之路的历史考察*

从1840年鸦片战争起，一直至今天，无数志士仁人和广大人民群众，在不同的历史环境和社会条件下，始终把实现中华民族的伟大复兴作为自己梦寐以求的奋斗目标。到21世纪中叶，我国将基本实现现代化，基本实现中华民族的伟大复兴。也就是说，中国人民为了实现民族复兴，要坚持不懈地奋斗整整200年时间。回顾这个历史进程，会给我们提供许多有益的启示。

孙中山提出“振兴中华”的历史贡献

实现中华民族的伟大复兴，是我国各族人民的一致追求，是所有中华民族子孙的共同愿望。它过去是、现在依然是动员、鼓舞我国各族人民和各界人士的最具感染力和震撼力的政治口号和奋斗目标。

中华民族在五千多年的历史发展中，创造了举世闻名的灿烂文明，曾经长时期走在世界前列。但是，由于封建统治的腐败和束缚，中国渐渐从先进转为落后。到清代的康雍乾时期，虽然号称“盛世”，在一些方面也仍然具有优势，其实却已经走到了封建末世，光彩夺目的只是“落日的余晖”。此后，我国同世界先进国家间的差距逐渐拉大。从1840年的鸦片战争开始，中国屡屡遭受帝国主义列强的侵略和蹂躏，国家主权和领土完整不断受到侵蚀。在帝国主义和封建主义的双重压迫下，政治黑暗，经济凋敝，社会残破，民不

---

* 见林家有主编：《孙中山研究》，第一辑，广州，中山大学出版社，2008。

聊生。

中华民族蒙受着巨大的屈辱和灾难，国家濒临灭亡的边缘。

面对着辉煌历史同衰败现实之间的强烈对比，面对着存在“亡国灭种”实际危险的严峻局面，那些关心国家命运和民族前途的有志之士，合乎逻辑地把挽救民族危亡作为最紧迫、最重要的历史任务提了出来。

进入近代以后，中国人民就开始了对于民族复兴之路的艰苦而执着的探索。各个阶级、各种社会阶层、各派政治力量，为了挽救民族的危亡，争取国家的富强，提出并实践过各式各样冀求走向民族复兴的救国方案。

到19世纪的末叶，即从甲午战争到义和团运动期间，几个不同的政治派别，先后发出了类似于民族、国家要“自振”“自保”的呼喊。但只有伟大的革命先行者孙中山，以最鲜明的思想和最明确的语言提出了“振兴中华”的口号。1894年11月，孙中山在檀香山成立了第一个资产阶级革命团体“兴中会”。这个组织的《章程》指出：“方今强邻环列，虎视鹰瞵，久垂涎于中华五金之富、物产之饶。蚕食鲸吞，已效尤于接踵；瓜分豆剖，实堪虑于目前。”① 为了挽救祖国的危亡，他们大声疾呼：“亟拯斯民于水火，切扶大厦之将倾”，并且郑重宣告：“本会之设，专为联络中外有志华人，讲求富强之学，以振兴中华、维持国体起见。”②

这里需要特别说明一下：孙中山此处所说的“振兴中华、维持国体”的“国体”，并不是今天我们通常所说“政体”“国体”的那个“国体”，具有“国家体制”、国家性质或“社会各阶级在国家中的地位”的意思，因为对于当时的封建君主专制主义的清王朝，此时孙中山已经下定了武力推翻的决心，谈不上加以“维持”的问题。所以，这里所说的“国体”，其实是指国家的“本体”，即国家的存在、国家的地位、国家的尊严。

---

① 《檀香山兴中会章程》，见《孙中山全集》，第1卷，19页，北京，中华书局，1981。

② 《香港兴中会章程》，见《孙中山全集》，第1卷，21、22页。

孙中山在中国历史上第一次提出“振兴中华”，具有重大而深远的意义。一是他抓住了时代赋予的历史性课题，集中反映了中国人民的共同意愿；二是用最准确、最精练的语言，凝聚成一个现实的、可以感知的、成为广泛动员群众的政治口号，在现实生活中产生了巨大的精神力量；三是他在“振兴中华”中加进了民主主义的内容，提升了“振兴中华”的思想内涵。孙中山的这一历史功绩，应该被给予充分的肯定。

民族复兴内容的历史变迁

实现中华民族的伟大复兴，是一个漫长的历史过程，也是一个在不同历史环境、不同时代条件下其目标和内容不断发展变化的历史概念。

所谓民族复兴，具体内容是两方面：一是“救亡图存”，二是“奋发图强”。也就是说，进入近代以后，中华民族面对着两大历史任务：一个是求得民族独立和人民解放，一个是实现国家的繁荣富强和人民的共同富裕。前一任务是为后一任务扫清障碍，创造必要的前提。

在半殖民地半封建社会条件下，民族复兴的直接要求，首先是要争取国家的独立、民族的生存。也就是说，首先要用革命的办法，推翻帝国主义和封建主义的统治，完成民族独立和人民解放的任务。这是因为，不完成这个任务，国家的繁荣富强和人民的共同富裕就根本无从谈起。

这个任务，经过了从 1840 年到 1949 年一个多世纪的艰苦卓绝的斗争，终于胜利地完成了。

中华人民共和国的建立，是中国从古未有的人民革命的大胜利，也是中华民族伟大复兴的一个根本转折点。从此以后，民族独立和人民解放的任务已经基本完成，而社会主义制度的确立，则为国家繁荣富强和人民共同富裕创造了良好的政治、经济及社会条件。

在中国这样一个经济技术基础十分薄弱的大国，要实现国家的繁荣富强和人民的共同富裕，是一个没有成例可援的开创性事业，当然不会是一条没有任何艰难和风险的“平安大道”。中国人民在探索民族复兴之路的过程中，既做出了巨大的贡献，也遭遇过各种失误和挫折，但总体来看，毕竟取得了举世瞩目的成就。对于中国的主体即大陆地区来说，中华民族的伟大复兴，同中国特色社会主义是有机地统一在一起的，具有本质的内在联系。我们就是要在建设中国特色社会主义的道路上实现中华民族的伟大复兴。这也是由中国的历史特点所决定的。

作为实现中华民族伟大复兴的重要一步，进入 21 世纪之后，我们正集中全力全面建设小康社会。经过大约 20 年的努力，使我们的经济更加发展、民主更加健全、科教更加进步、文化更加繁荣、社会更加和谐、人民生活更加殷实。在此基础上，再继续奋斗几十年，中华民族的伟大复兴就可以基本实现了。

实现中华民族伟大复兴的一个题中应有之义，就是要实现祖国的完全统一。香港和澳门回归祖国，丰富了“一国两制”的理论和实践，这些年香港、澳门地区社会经济的发展进步，生动地证明了“一国两制”方针的强大生命力。坚持“和平统一、一国两制”的基本方针，解决台湾问题，尽早实现祖国的完全统一，是全体中华儿女的共同心愿。

民族精神是推进民族复兴的巨大精神力量

实现中华民族的伟大复兴，需要大力弘扬和培育民族精神。民族精神是一个民族赖以生存和发展的精神支撑。一个民族，没有振奋的精神和高尚的品格，不可能自立于世界民族之林。民族精神是一个民族生命力、创造力和凝聚力的集中体现，只有坚持弘扬和培育民族精神，才能使中华民族的生命力、创造力和凝聚力始终保持昂扬向上的状态，成为推动中华民族伟大复兴的强大精神力量。中华民族是具有优良传统和独创精神的伟大民族。中华民族在创造灿烂中华文明的过程中，形成了具有强大生命力的民族精神。这个民族精神，博大精深，根深蒂固，已经成为中华民族生命机体中不可分割的重要成分。在五千多年的发展中，中华民族形成了以爱国主义为核心的团结统一、爱好和平、勤劳勇敢、自强不息的伟大民族精神。发扬这种民族精神，是提升我国综合国力的重要内容。这是因为，有没有高昂的民族精神，是衡量一个国家综合国力强弱的重要尺度之一。综合国力，主要是经济实力、技术实力，这种物质力量是基础，但也离不开民族精神、民族凝聚力，精神力量也是综合国力的重要组成部分。

我们讲弘扬和培育民族精神，既不是主张和赞成复古主义，也不是主张和赞成狭隘民族主义。复古主义对我国传统文化中的民主性精华和封建性糟粕不加分析，统统对之顶礼膜拜，有的甚至把糟粕当精华，结果恰恰损害了灿烂的中华文明。狭隘民族主义闭目塞听、与世隔绝、夜郎自大、故步自封，本身就是同我们的民族精神相悖的，当然也不符合人类历史发展的趋势和时代的潮流。我们弘扬和培育民族精神，既要扎根于中华文明的旷野沃土，又要以宽阔的胸怀去吸取世界文明的一切有益成果，这才是一个有着自尊心和自信心的民族应有的健康心态。

孙中山研究领域的拓展与创新*

广东一直是孙中山研究的学术重镇和科研基地。多年来，广东的孙中山研究者，孜孜不倦，辛勤耕耘，推出了一批研究孙中山的学术成果，其中不乏学术精品，对全国的孙中山研究起着重要的带动作用。由孙中山研究会和广东省社会科学院联合主办的纪念孙中山先生诞辰120周年、130周年、140周年的三次国际学术讨论会，就都是在世纪伟人孙中山的故乡中山市举行的。这三次研讨会吸引了国际国内学术界的广泛关注，具有很高的学术水准，极大地推动了孙中山思想和生平学术研究的深入，在孙中山研究的学术史上具有自己应有的地位。我们衷心希望，广东的朋友们在这个领域，继续努力，继续奋斗，不断开拓孙中山研究的新境界和新局面，不断推动和促进孙中山研究的深入和发展，为落实党的十七大提出的实现社会主义文化的大发展大繁荣做出我们史学工作者的应有贡献。

我想谈几点不成熟的想法，同大家一起来研究、讨论。

第一，孙中山的思想、学说和他的伟大实践，是一个研究了很久的、为大家广泛关注的、已经有了很多高水平的学术成果的老课题。很多问题已经讨论过了，很多问题也已经研究得相当深入了。也就是说，在这个领域，学术起点已经很高了。在这种情况下，孙中山研究还有没有进一步深入、进一步发展、进一步提高的必要和可能呢？对这个问题，我觉得应该同时看到两个方面，不能只看到一个方面而忽略了另一方面。一方面，要看到由于学术起点很高，要取得新的学术进展，有着极大的难度。创新是学术发展的本质要求，因为学术的发展，从根本上来说，无非是对未知的探求。如果

---

* 载《广东社会科学》，2008年第3期。

学术一味因袭前人，墨守成规，亦步亦趋，人云亦云，说一些人家早已说过的话，谈一些人家早已谈清楚了的问题，那学术就没有了生命力，没有了活力，也就失去了存在的资格和权利。所以，在孙中山研究这个领域，要像邓小平同志说的那样，真能够说一点“新话”，是很不容易的。这就特别需要提倡创新意识、创新精神。“创新”现在是个很时尚的词，大家都讲，但大家的认识却未必一致。我感到有些人把创新看得很简单、很轻易，不能充分认识创新的艰辛。什么是创新？按我的理解，创新就是对传统的超越。你在传统的基础上，有所发现，有所发明，有所创造，有所前进，你就超越了传统，就做到了学术的创新。有的人把对传统的超越理解为对传统的简单否定、简单抛弃，对传统的东西一概盲目地、粗暴地、无根据地加以颠倒或者翻案，以为这样就是在学术上出了新。其实，这是一种十分简单化的做法，并不符合学术发展的规律。梁启超早就说过，学术上的是非，是不能简单地拿新旧做标准来判断的。“我们不能说新的完全是好的，旧的完全是坏的；亦不能说古的完全都是，今的完全都不是；古今新旧，不足以定善恶是非的标准。”① 毛泽东在解释戏剧的“推陈出新”方针时说得更加清楚：“陈者旧也。过去的事物都叫旧，也就是所谓传统。传统有精华，也有糟粕，所以要改革。‘推’字可以作推开、推掉、推翻解释，也可以解释成推崇、推动、推进嘛。对于旧的传统剧目要具体分析，其中民主性的精华要推崇、推动、推进；封建性的糟粕要推开、推掉、推翻，这就对了。”② 现在有的文章，只要是推翻旧说的便一概称为“创新”，既不对旧说的“善恶是非”进行必要的分析，也不用客观实际来进行认真的检验，这种学风，实在是不可取的，至少，是对学术创新的一种误解。我们一定要如毛泽东所说的，对传统做辩证的、科学的分析，好的就坚持、继承、发扬，错的或者坏的就否定、摒弃，并用新的观点、新的结论取而代之，学术就在这种辩证对待的过程

---

① 《儒家哲学》，见《饮冰室合集》专集之一百三。

② 转引自祝晓风、易丹：《毛泽东“百花齐放，推陈出新”题词的故事》，载《中华读书报》，2001-10-17。

中得到创造性的发展和前进。

上面我们强调了在孙中山研究这个领域，要取得新的进展，要实现学术创新，是很不容易的，是有很大难度的。但这只是问题的一个方面。还要看到另一个方面，那就是，对孙中山思想和实践的研究，是一个永远不会穷尽、永远不会枯竭的常青的课题。一般来说，人们对于世界万事万物的认识，总是相对的，只能逐步趋于完善，而不可能一下子达到终极的最后真理。恩格斯曾经说过，对于“人类历史”的认识，由于历史材料的不足，甚至永远总是不完整的、没有完成的。对于孙中山的研究，则尤其如此。为什么呢？这是因为：首先，孙中山的思想和实践，在他那个时代，在改变中国、影响世界方面，曾经起过极其重要、无可比拟的作用。研究孙中山，不仅仅是研究某个个人，而且是研究一个时代。其次，孙中山思想和实践的丰富性，几乎包含和涉及了社会生活的一切方面。从内容说，不仅有政治，还有经济、文化、社会等；从时段说，不仅有解决当前社会急迫问题的谋略和方案，还有对于祖国前途和人类命运的长远思考，其中有许多内容具有很强的前瞻性。再次，社会历史现象是有明显的连贯性和承续性的，从孙中山的时代到今天，不到一个世纪的时间，历史环境和社会状况发生了翻天覆地的巨大变化，但仍然有很多东西，可以清晰地看到历史的影子。今天的许多社会问题，都可以追溯到以往，甚至人们的某些生活习俗和社会心理，也很难轻易摆脱历史因袭的重担。所以，孙中山先生当年所思考、所追求、所设计的一些东西，今天仍有很强的现实意义。最后，对于重要的历史事件和历史人物，不同时代的人们，总会站在不同的历史起点上，从不同的时代高度，选取不同的历史视域，对之进行新的解读，做出新的历史认识、判断和概括，以便从中吸取新的历史营养，得到新的历史借鉴。正因为如此，我们可以说，孙中山的思想和实践，永远是中华民族引以为自豪的宝贵的历史遗产。

第二，这次会议的主题是“孙中山思想与和谐社会”。前面说了，“孙中山思想”是个老课题，而“和谐社会”则是一个新的命题、新的概念，是党的十六大以后，作为科学发展观的重要内容而提出来的，是建设中国特色社会主义的一个重要战略目标。会议选择这样一个题目，把老课题和新概念结合起来，实际上是想把历史和现实更好地结合起来，体现了史学工作者浓厚的关注现实的人文精神和强烈的社会责任感。这一点，是十分值得肯定的。但要做好这个题目，要把二者结合得好，却并不很容易。我以为，最重要的一点，是一定要坚持在尊重历史真实的基础上去关注现实，为现实生活提供有益的历史借鉴。切不可以简单地用历史为现实生活做注脚，把历史同现实做机械地类比，不顾历史条件而用今天的认识去要求、评判历史人物和历史现象，或者把今天达到的认识和观念说成一切都“古已有之”，当然更不容许为了配合现实政治而曲解历史。在这方面，我们曾经有过沉痛的历史教训，我们应该努力摒弃这类违反实事求是精神的不良学风。但不可否认，这种思想方法和研究方法，直到今天我们仍然会时常碰到。其实，这样做，既歪曲了历史，也损害了现实政治，这是我们马克思主义的历史主义者所决不应该做的。

学术和政治的关系是个老问题。学术与政治既是两个不同性质的事物，又确实存在着紧密的联系。把二者完全地等同起来或者绝对地割裂开来，都是错误的。把学术从属于政治，或者把学术问题当作政治问题去对待和处理，都会伤害学术，影响学术的发展。对学术问题，只有通过自由讨论，达到认识的深化。但学术的发展确实有一个政治方向的问题，任何一个具有强烈社会责任感的学者，都应该坚持正确导向，宣传科学真理，传播先进文化，塑造美好心灵，弘扬社会正气，倡导科学精神。

2007 年 6 月，俄罗斯召开了一个全国社会科学教师会议，专门研讨教科书及学校历史教育等问题。普京参加会议并发表了讲话。普京严肃地批评“由于过去人文科学和历史教育领域的混乱，造成社会思想像‘一锅粥’，教师头脑也是‘一锅粥’”。“为扭转历史教育和思想领域的混乱局面，俄罗斯将从改革历史教学和重编历史教科书入手，从青少年抓起，带动全社会珍惜本国的历史文化传统，摒弃历史虚无主义和媚外思想，形成‘俄罗斯民族思想’。”关于历史虚无主义，普京说："过去史学家过于强调历史污点，造成书刊和教材中有大量糟粕和泡沫，必须剔除这些糟粕，去伪存真。"会议强调，"过去的历史教科书充满对苏联历史的否定"，"虽然苏联有这样那样的缺点，但也曾有辉煌显著的成就，苏联历史绝不单单是肃反和劳改营"。关于媚外思想，普京指出："俄罗斯必须抵制国外教师爷的干涉"，"不容许他人以教师爷的身份指挥我们。俄罗斯应加强公民爱国主义教育"。有的与会者说："俄罗斯引进了一些抽象的、模糊的、似是而非的全人类价值"，"我们像小孩子一样，接受人家递给的一些带字母的积木"。"不假思索地照搬这些西方外来词语，使自己落入圈套"。俄罗斯正在讨论的这些问题，是不是也值得我们认真思考？是不是对我们也有着重要的借鉴意义？

第三，要做好这个题目，很重要的一点，是要坚决反对对历史现象、历史认识的简单化、绝对化和形而上学的态度。譬如，一讲到"和谐社会"，似乎就不能讲或不应该讲社会上客观存在着的矛盾和斗争；有的把封建时代的农村描写得像桃花源似的，农民们过着牧歌式的生活，自由而宁静，地主和农民的关系温馨、融洽，地主甚至"想成为自耕农而不得"。总之，好像不论什么历史环境、历史条件，都是"和谐社会"。其实，这既不符合客观现实，也不符合提出"和谐社会"的原意。中共中央《关于构建社会主义和谐社会若干重大问题的决定》指出："任何社会都不可能没有矛盾，人类社会总是在矛盾运动中发展进步的。构建社会主义和谐社会是一个不断化解社会矛盾的持续过程。我们要始终保持清醒的头脑，居安思危，深刻认识我国发展的阶段性特征，科学分析影响社会和谐的矛盾和问题及其产生的原因，更加积极主动地正视矛盾、化解矛盾，最大限度地增加和谐因素，最大限度地减少不和谐因素，不断促进社会和谐。"社会主义社会尚且如此，前社会主义的阶级对抗社会就更可想而知。在社会主义条件下，社会的和谐正是通过对各种矛盾正确地、有效地、恰当地处理和化解，才得以逐步实现的。如果忽视矛盾、回避矛盾、掩盖矛盾，矛盾就会激化，就会引起社会动荡，破坏社会安定，构建和谐社会的目标就会落空。这也正是党的十七大特别强调要关注民生、重视社会公平、着力解决过大的贫富差距、更加关心弱势群体等的思想根基。有人提出，中国传统文化的精华和核心，就是一个字："和"。并且把"和"同矛盾、斗争绝对地对立起来。这种概括，我以为大可商讨。这不仅过于简单，传统文化中许多丰富的、深刻的内容被忽略或被否定了，而且对传统文化中的"和"的命题也缺少具体的、客观的分析。其实，世界上的事物总是复杂的、多样的、多面的，绝不是只有一面。比如孙中山，既有追求"天下为公""世界大同"，要求实现人人平等、人人幸福的政治理想，这种理想显然包含着社会和谐的重要内容；又为了实现这个崇高理想，提出了许多具体的、现实的方法和途径。同时，孙中山所处的时代，社会的客观现实是政治腐败、社会残破、民生凋敝，社会中充满了矛盾和冲突。中外反动势力的黑暗统治，扼杀了中华民族的生机，阻碍着中国社会的进步。因此，孙中山不得不用全副精力，用自己的全部聪明才智，同各种各样的旧势力做顽强的、不屈不挠的斗争。就像鲁迅所说的："中山先生的一生历史具在，站出世间来就是革命，失败了还是革命；中华民国成立之后，也没有满足过，没有安逸过，仍然继续着进向近于完全的革命的工作。""他是一个全体，永远的革命者。无论所做的那一件，全都是革命。"① 这是客观环境使然，是历史条件所决定的，并不是孙中山好斗成性，一味"狂热"，有什么"革命崇拜症"。恰恰相反，他之所以这样做，正是为了实现"天下为公""世界大同"的理想，希望能够通过斗争，创造出一个人人幸福的、充满和谐的美好社会来。一直到孙中山先生在生命的最后时刻，所说的一句话，还是"和平……奋斗……救中国"，其中既包括"和"，又包括"斗"。总之，在孙中山身上，"和"同"斗"是辩证地统一起来的。二者不仅不相互排斥、相互矛盾，反而是相辅相成、互为表里的。只有把这两个方面结合起来、统一起来，才是一个完整的、真实的孙中山。

---

① 鲁迅：《中山先生逝世后一周年》，载《国民新报》，1926-03-12。

多难兴邦：历史的辩证法*
——五人访谈发言

“多难兴邦”是中华民族几千年历史的一个科学总结，在中华民族的历史中是一个铁的规律

主持人：最近，温家宝总理慰问北川中学师生时，在课堂黑板上写下清秀工整的四个汉字：多难兴邦！以此勉励复课学生在磨难中要更加坚强。那么，从中华民族几千年的历史来看，“多难兴邦”有何深刻的内涵？

黄枬森：“多难兴邦”乃中国古训，是对中华民族几千年历史的一个科学总结，蕴涵着历史的辩证法。中华民族是一个有着几千年辉煌历史的伟大民族，也是一个几千年多灾多难的苦难民族。单单日本军国主义者就给中华民族造成了几千万生命的牺牲。但是，在灾难面前，中华民族有一个鲜明的特点，就是面对灾难，没有被打得趴在地上起不来，从此彻底认输，停止战斗，正如毛泽东所说的那样：他们从地上站起来，掩埋好同伴的尸体，擦干净身上的血迹，又拿起枪战斗了。和平建设时期同样需要这种不屈不挠的斗争精神，正是因为中华民族从古以来在灾难中养成了这种精神，今天我们一直在发扬这种精神，不向困难低头，不同挫折妥协，不在任何灾难面前屈服，所以，我们才有今天繁荣兴旺的局面和光辉灿烂的明天。可以说，“多难兴邦”在中华民族的历史中是一个铁的规律，一个人类社会的辩证规律，一个人类实践的辩证规律。

陈伯君：“多难兴邦”源自《左传·昭公四年》：“或多难以固其

---

* 载《北京日报》，2008年6月10日。

国，启其疆土；或无难以丧其国，失其守宇。”意思是，有些遭遇劫难的国家政权巩固，疆土拓展；有些未遭劫难的国家却政权不守，疆土丢失。现在，人们这样解释其内涵：国家多灾多难，在一定条件下可以激励人民奋发图强、战胜困难，使国家强盛起来。如黄枬森教授提到日本发动侵华战争，使中华民族到了最危险的时候，迫使每个中华儿女发出最后的吼声：起来！起来！起来！把我们的血肉，筑成我们新的长城！中华人民共和国把这首诞生于抗日战争血与火考验中的歌曲《义勇军进行曲》定为国歌，就体现了“多难兴邦”的历史道义和中国精神。

在社会的和自然的双重灾难中，中华民族历经磨难而信念愈坚，饱尝艰辛而斗志更强

主持人：中华民族在与灾难的抗争中形成了什么样的民族精神？

李文海：中华民族在自己的发展历程中经历的灾难来自两个方面，一是社会的原因，一是自然的原因。拿近代历史来说，社会方面的灾难，主要是指殖民主义、帝国主义对我国的侵略、掠夺、欺压、凌辱，把我们的国家和民族变得极端贫困和落后，直至拖向亡国灭种的边缘。自然方面的灾难，主要是指频繁发生且破坏严重的水旱风雪震疫等灾害。这两方面的灾难，都对我国经济政治造成很大损害，对人民群众的生命财产造成严重的摧残，对社会的发展进步造成巨大的障碍。在自然灾害方面，有人说，一部二十四史，几乎同时也是一部中国灾荒史，这话并不过分。邓拓先生曾经指出，我国自有文献记载以来的四千余年间，“几乎无年不灾，也几乎无年不荒”。且不说水旱灾害，就以地震灾害而言，自夏代有文字可考的公元前 1831 年起，至 1963 年，我国发生的 4.75 级以上的破坏性地震就有 3 180 次。清代 8 级以上的地震共发生 8 次。从鸦片战争到中华人民共和国成立的 109 年间，发生 7 级以上的地震 64 次。每次大灾，造成的生命财产损失也极为严重。以光绪初年（1876—1879 年）被称为“丁戊奇

荒”的华北大旱灾来说，因饥饿及疫病而罹难的即达1 000万人。

面对着社会的和自然的双重灾难，中华民族从来没有被压倒，从来没有被屈服，而是坚定、无畏地挺起民族的脊梁，经过艰苦奋斗，无数次地战胜横暴相加的灾祸，始终昂首行进在实现中华民族伟大复兴的康庄大道上。1998年江泽民同志在全国抗洪抢险总结表彰大会上的讲话中指出：“中国人民具有团结一致、顽强拼搏的光荣传统，中华民族有着巨大的凝聚力，是任何困难、任何风险都压不垮的。”“中华民族有着自己的伟大民族精神。这个民族精神，积千年之精华，博大精深，根深蒂固，是中华民族生命机体中不可分割的重要成分。中华民族在五千年的发展中，历经磨难而信念愈坚，饱尝艰辛而斗志更强，开发建设了祖国的大好河山，创造了灿烂的中华文明，为人类文明进步作出了不可磨灭的贡献。”这段话也鲜明地揭示出了“多难兴邦”的深刻内涵。

张海鹏：特别是18世纪以后，中国封建统治者故步自封，不求进取，经济和社会发展远远落后于西方，乃至在鸦片战争以后沦落到落后挨打的地步，逐渐成为帝国主义的殖民地半殖民地。中国社会经受了数千年未有之大变化，人祸天灾交相袭来。中华民族没有在巨大的灾难面前屈服，而是自强不息，奋起自救，掀起一波又一波的救国运动，组成代表新的社会阶级的政党，引进并且吸收来自西方的资本主义生产方式和社会政治学说，进而产生无产阶级先锋队——中国共产党，采用马克思主义理论武装，再次面对多难，再次在多难中奋起，赢得了国家的独立和社会主义制度的诞生。中华人民共和国成立以后，在国家面临困难的时候，周恩来总理也多次用“多难兴邦”的话来鼓励干部和群众克服困难，勇敢前进。

在这次抗震救灾中，我们感受到中华民族精神的极度昂扬，这是民族凝聚力的生动体现。有了这些，我们就会赢得“历史进步的补偿”

主持人：恩格斯说过一句非常深刻和耐人寻味的话：“没有哪一

次巨大的历史灾难不是以历史的进步为补偿的。”① 那么，如何认识灾难对中华民族的“补偿”？

李文海：刚刚发生的汶川大地震，对于中国人民来说，当然是一次不折不扣的“巨大的历史灾难”，但在抗震救灾的伟大斗争中，我们看到了无数顽强拼搏、不畏艰险、舍己救人、乐观向上的动人事迹，这是民族精神的极度昂扬，这是民族凝聚力的生动体现。有了这些，我们就会赢得历史进步的补偿，我们就会赢得更加光辉灿烂的明天。

民族精神是一个民族赖以生存和发展的精神支撑。一个民族，没有振奋的精神和高尚的品格，不可能自立于世界民族之林。民族精神是一个民族生命力、创造力和凝聚力的集中体现，只有坚持弘扬和培育民族精神，才能使中华民族的生命力、创造力和凝聚力始终保持昂扬向上的状态，成为推动中华民族伟大复兴的强大精神力量。中华民族是具有优良传统和独创精神的伟大民族。中华民族在创造灿烂中华文明的过程中，形成了具有强大生命力的民族精神。这个民族精神，博大精深，根深蒂固，已经成为中华民族生命机体中不可分割的重要成分。在五千多年的发展中，中华民族形成了以爱国主义为核心的团结统一、爱好和平、勤劳勇敢、自强不息的伟大民族精神。发扬这种民族精神，是提升我国综合国力的重要内容。这是因为，有没有高昂的民族精神，是衡量一个国家综合国力强弱的重要尺度之一。综合国力，主要是经济实力、技术实力，这种物质力量是基础，但也离不开民族精神、民族凝聚力，精神力量也是综合国力的重要组成部分。

陈伯君：灾难也是一所“学校”，可以让人从中学会很多东西。中华民族善于从这所“学校”中总结经验教训，挖掘灾难中产生的精神财富，因而，能够获得历史巨大进步的补偿。

对“多难兴邦”不能做绝对理解，不能把它理解成多难之后无条件地会出现兴邦的局面

主持人：有人说，“多难兴邦”是对中华民族历史的一种错误理

---

① 《马克思恩格斯全集》，中文1版，第39卷，149页。

解。对此该怎么看？

黄枬森：就中华民族来说，诚然是“多难兴邦”，但对“多难兴邦”不能做绝对的理解，不能把它理解成多难之后无条件地会出现兴邦的局面，多难而邦不兴，甚至多难亡邦也是完全可能的。古罗马帝国的覆亡、玛雅文明的消失都是明显的例证。“多难兴邦”并不是无条件的，不具备必要的条件，多难也是会亡邦的。“多难兴邦”不是与人无关的自然规律，而是有人参与其中的社会规律，人的状况如何是必不可少的条件。我认为至少有两个条件：一是人民已经初步形成不屈不挠、绝不屈服的坚强无畏的精神；二是灾难来时，人民能够团结一致，充分发挥自己的聪明才智和创造能力，不怕牺牲去争取胜利。有了这两个条件，“多难兴邦”就一定能实现。

陈伯君：还应该看到，“多难兴邦”在不同的社会制度下的效果是大不一样的。中华人民共和国成立以来，中华民族历经磨难形成的不屈不挠的民族精神和优良传统同社会主义制度结合在一起，焕发出了更加旺盛的生命力。这次地震，动员的人力、物力、财力是十分巨大的，这只有在社会主义制度下才能做到。特别是我国经过30多年的改革开放，制度建设成就很大。在较完善的制度条件下，监督得力，过程透明，使财物能够及时发放到灾区群众手中。政府的快速救助，也极大地增强了民众对政府的向心力和凝聚力。

“多难”不仅是考验，而且是锻炼。百折不挠，“多难兴邦”，这就是中华民族的逻辑

主持人：通过对“多难兴邦”的历史考察，我们可以得到哪些启示？

张海鹏：其一，在国家和社会发展、前进的过程中，有困难是客观存在，但在困难面前，如果不能动员和依靠群众，缩手缩脚，

畏手畏脚，没有战胜困难的勇气和决心，拿不出战胜困难的办法，就会被困难击倒。“多难”不可控制，“兴邦”则在于我们的努力，重点是“兴”字。千百年来，中华民族面对困难，百折不挠，就是有这个“兴”字。这是一种可贵的民族精神。其二，要有危机意识、忧患意识、风险意识，要有防范突发事件的精神准备、物质准备和制度准备。今天的中国，成就很大，但困难很多，国情复杂，各地发展极不平衡。地虽大，自然环境并不理想；物虽博，人口众多，平均下来，往往不及世界平均数。我们的发展中，天然地存在着许多已知的、未知的困难。这些困难，有些是天灾造成的，有些是人祸造成的，有些是天灾人祸互相作用的。面对危机和突发事件，要有政治措施，要有经济措施，要有法制措施，要有人文关怀的准备，要有适当的物质储备；要把人的权利、人的安全、人的福祉、人的发展放在首位。要取得进一步战胜困难的经验，进一步加强危机意识和忧患意识，以防患于未然。在处理发展问题上，要坚决贯彻科学发展观，重大项目的设计和资金的投放要考虑自然环境的承载能力。其三，在应对灾难面前，坚持以自力更生为主，但不拒绝外援。我们已经取得了战胜自然灾害的国际合作经验。这样的经验很值得总结。

黄枬森：“多难兴邦”还预示着一幅劫后重建的无限美好家园的图景。在这里，单单“兴邦”两个字所能够预示的图景当然是很抽象的，灾后重建的“美好”起码有三个层次：一是与从前一样好，二是比从前更好，三是比无灾建设得更好还要好。灾后重建比无灾建设得更好还要好，可能吗？完全可能，因为这正是“多难兴邦”不同于一般的“兴邦”的地方。“多难”不仅是考验，而且是锻炼；不仅证明人民经得起打击，而且使人民在抗震救灾中变得更纯粹了，更高尚了，更聪明了，更能干了，更成熟了。这样的人民重建家园当然能够把家园建设得比更好还要好。百折不挠，“多难兴邦”，这就是中华民族的逻辑，她是这样走过来的，也将这样走下去！

中华民族经过这场灾难的洗礼，民族精神与时代精神得到进一步升华，这必将为中华民族的伟大复兴注入新的力量

主持人：灾难可以成为社会发展的动力。国外著名历史学家汤因比就认为，人类社会就是在对自然灾难挑战的应战中获得发展动力的。那么，我们从这次汶川大难中可以获得哪些发展动力呢？

朱相远：至少可增强四方面的力量：

第一，国家自信力。国家在发展中，面临各种艰难险阻，有无强大自信力至关重要。这次抗灾实际是对我国综合国力、政府感召力、体制应变力、年轻一代传承力、社会稳定力等的一次大考验，也是对30多年改革开放成果的一次大验收。结果证明：考试合格，验收优良。过去有人担忧，改革开放把经济搞上去了，精神却要丢失了。认为市场经济为富不仁，一切向钱看，使世风日下，人心不古。通过这场考验，全国上下忽然自觉意识到，我们自己竟然拥有如此强大的潜在力量。也使人们看到改革开放30多年的积极成果，看到进步与光明的前景。这种觉悟与自信，对于今后基本路线的执行和社会的科学发展，都将形成无比强大的保障力。

第二，改革的推动力。进行各种改革，尤其涉及政治领域，人们总是格外小心，怕引起社会动荡。因为在中国，稳定是压倒一切的。在这次大灾难中，我们看到，扩大人民的知情权、参与权、监督权，尊重民间自发的首创精神，增加媒体的话语权，这种民主意识与取向，只会大大增强社会的稳定性。这次抗灾行动，已从许多方面，大大突破各种原有传统程序与习惯做法，使许多新风尚、新做派、新气象，如井喷般突然涌现。这将促使举国上下思想大解放。人们胆子更大了，放手依靠群众、发扬民主，不会无序失控。这对今后加快改革步伐将形成巨大推动力。

第三，民族的凝聚力。这场生死大搏斗大大增强了我国民族凝

聚力。这次全国各民族表现出空前的大团结。海外侨胞，更在保卫圣火的基础上，再次高扬起爱国主义旗帜。同胞情，血浓于水，可歌可泣。中华民族经过这场灾难的洗礼，民族精神与时代精神得到进一步升华，实现中华民族伟大复兴更有希望。

第四，对外亲和力。中国的发展，必须博得世界的同情与支持。通过对这次抗灾行动的公开报道，世界人民开始观察到中国的真实面貌，认识到中国历史进程的转折，感受到中国社会转型的蜕变，从而对中国的未来更加放心。这种形象的更新，对外亲和力的增强，对于我国实现国际化，融入全球，将提供有利的基础。

朝“多难兴邦”方向着力，危机也是改善社会关系、提升政府威信的机遇

主持人：从现实情况来看，灾难似乎也可以成为政府改善社会关系、进一步提升自身威信的机遇？

陈伯君：可以这么认为。一个有希望的民族，会在灾难中挺立，会在灾难中迸发出同样超强的力量。这超强的力量，形成于摒弃前嫌、万众一心地迎击灾难的过程中。“多难兴邦”的价值就在这里。朝“多难兴邦”方向着力，危机也是改善社会关系、提升政府公信力的机遇。在不可抗拒、难以预防的巨大灾难面前，任何个人的力量都微不足道。任何个人都会本能地意识到，只有淡化和平状态下积累的社会矛盾和社会问题，众志成城迎击灾难，才能战胜灾难。由此，社会各个阶层的民心聚集起来。当政府主动迎击灾难，国家机器高速运转，不仅能够体现出政府对人民的生命财产高度负责，使民心和民力得以有效地凝聚和发挥，将灾难降低到最低程度，而且能够很好地化解人们对过去政府一些工作和政策的埋怨，重塑威望。按照危机攻关的原理，这是危机过程中形成的一个稍纵即逝的机会点，抓住这个机会点，常态下需要花很大力气才能解决的难题，都可能迎刃而解。一些重特大灾难，在国家和人民遭受重创的同时，

这个国家的社会结构、社会心理、社会力量也会发生不同程度的变化，形成一些新的有利因素。政府的智慧将表现在紧紧抓住在灾难中聚集起来的民心、民力以及各种社会关系空前和谐的契机，定格为灾后重建、灾后发展的崭新起点，将灾难所承受的损失和付出的巨大代价转化为重建和发展的力量。

灾难锤炼了我们民族的意志*

中国灾荒的频繁性、复杂性、严重性和广泛性，在世界上可以说是颇为少见的。一部二十四史，几乎就是一部中国灾荒史。而一部中华文明史，从某种意义上说，就是一部中华民族与自然灾害不断抗争的历史。英国历史学家汤因比在谈到黄河下游古代中国文明的起源时这样说过：人类在这里所要应付的自然环境的挑战要比两河流域和尼罗河流域的挑战严重得多。

在极其严酷的自然环境下，频繁而严重的灾荒固然给中华民族带来了无比深重的劫难，但也恰恰成为激励中华文明生长、绵延的一种积极力量。中华民族从很早的时候起，就不再匍匐于自然灾害的淫威之下，而是发展出"天定胜人，人定亦胜天"的思想，与灾荒进行了不间断的、不屈不挠的抗争，为后世留下了许多宝贵的历史遗产。

早在社会生产力还很低下的时代，就有人对消极祈禳弭灾的观念和活动进行了批评，形成了具有朴素唯物主义意味的灾害观。荀子明确说："天行有常，不为尧存，不为桀亡。"东汉王充坚决反对把自然灾害的发生加以神秘化的灾异谴告说。南北朝时期的《颜氏家训》中亦声称："日月有迟速，以术求之，预知其度，无灾祥也。"所有这些认识，都冲击了天命主义的灾害观，也成为中国古代积极进行抗灾救荒的思想基础。

与灾害观的发展相对应，关于采取怎样的有效措施来进行抗灾救荒的思想也很早就出现了。成于战国时代的《周礼》提出"以荒政十有二聚万民"，其内容包括："一曰散利，二曰薄征，三曰缓刑，

---

* 载《人民日报》，2008年6月24日。

四曰弛力，五曰舍禁，六曰去几，七曰书礼，八曰杀哀，九曰蕃乐，十曰多昏，十有一曰索鬼神，十有二曰除盗贼。”这是我国历史上首次提出的较为系统的荒政思想。除了“索鬼神”，其他各项大体涵盖了政治、经济和社会等方面切实可行的措施。差不多同时代的《礼记》，更明确阐述了积储备荒的必要性。这类思想在后世得到进一步发展，尤其是到了明清时代，救荒思想的内容更为丰富，也对当时荒政制度的建设起到极大的指引作用。直到今天，其中仍不乏值得借鉴的真知灼见。

我国积累了世界上可谓独一无二的、大量的灾害史料。在先秦时代的《竹书纪年》《春秋》《左传》《逸周书》等典籍中，就保存了相当多的灾害史料。《汉书》首创灾害专志“五行志”，开正史记录灾害之先河，后来的正史几乎都有专门篇幅辑录历期历代的灾害史料。不仅如此，我国另外一项独有的史志编纂传统即地方志的修撰中，也都有“灾祥”“灾异”等专章记录本地区灾害的历史，在很大程度上弥补了正史中灾害记录之不足。这些丰富的灾害史料，有助于我们总结、认识自然灾害的发生机理和规律。

我国在长期实践中形成了一套国家力量主导下的、相当系统而且周密的荒政制度。至少从秦汉时代开始就已出现了许多专门应对灾荒的有效政策和行动。后来各朝代几乎莫不在重视和继承前代荒政经验的基础上，对这项制度又有所发展，特别是清代，更是集中国古代荒政制度之大成。当然，在更多的时候，无论多么严密的制度规定，都无法避免封建统治下操作过程的种种弊端。

我国还形成了重视总结救荒经验的传统。大约从宋代起，一批有识之士就开始系统地总结和整理源自官方和民间的诸多救荒经验和赈灾措施，并著录成书。据初步统计，迄至清末民初，此类救荒专书约有250余种之多，其中如《救荒活民书》《康济录》《筹济编》《荒政辑要》等，均被当时的统治者奉为救荒圭臬和赈灾指南，且多次刊行，流传颇广。这些救荒文献，一方面详尽记录了中国历史上重大灾害的实况及其对社会的影响，另一方面则通过对各级官府与民间社会历次救灾实践的实录和总结，颇为系统地反映了中国救荒制度的变迁历程，对于今天的人们深入了解各历史时期的灾害情况特别是救灾减灾的经验教训，具有非常重要的理论意义和学术价值。在今天党和国家逐步完善社会保障制度、构建和谐社会的大背景下，它也可以从历史的角度提供极其珍贵的传统文化资源，为国家减灾救灾提供宝贵的借鉴。

中华民族是一个多灾多难的民族。这种民族灾难，既包括社会的，也包括自然的。但不论哪一种灾难，都从来没有把我们的民族压倒，都没有使我们的民族屈服。相反，灾难锤炼了我们民族的意志，昂扬了我们民族的精神，增强了我们民族的凝聚力，我们的国家、我们的民族正是在克服各种巨大灾难中不断奋起、不断前进的。

晚清史漫谈（1840—1912年）*

很高兴能有机会同大家谈谈历史问题。我希望谈得轻松一点，就像聊天一样。讲的时间很短，只有两个来小时，要讲清代晚期70多年的一段历史，所以不可能讲很多史实，只能谈一谈我对这一段历史有些什么样的思考，应该用什么样的观点去看待这段历史。

我们的党是一个十分重视历史、尊重历史的政党。三代领导集体都强调学习历史、把握历史、借鉴历史的极端重要性。延安时期，毛泽东同志就讲过，一个政党要想取得革命胜利，必须要有三个条件：一是要坚持马克思列宁主义的指导，注重马克思列宁主义的应用；二是要注重研究现状，要有对实际运动的了解和指导；三是要注重研究历史，掌握历史规律。前两条容易理解，为什么研究历史也是政党取得胜利的必要条件呢？道理很简单，因为不懂得历史，就不能正确了解国情，也就无法制订正确的方针、路线和政策。邓小平同志专门做过《用中国的历史教育青年》的讲话，在回顾了中国半殖民地半封建社会的悲惨历史后，指出："这个历史告诉我们，中国走资本主义道路不行，中国除了走社会主义道路没有别的道路可走。一旦中国抛弃社会主义，就要回到半殖民地半封建社会，不要说实现'小康'，就连温饱也没有保证。所以了解自己的历史很重要。青年人不了解这些历史，我们要用历史教育青年，教育人民。"①江泽民同志则强调，作为当代中国的领导干部，如果不了解中国的历史，特别是中国的近代史、现代史和我们党的历史，就不可能认识和把握中国社会发展的客观规律，继承和发扬我们党在长期斗争

---

* 见《名家谈历史》，236～256页，北京，人民出版社，2008。

① 《邓小平文选》，1版，第3卷，206页。

中形成的光荣传统，也就不能胜任领导建设有中国特色社会主义的职责。因为“今天的中国是历史的中国的发展”，“一个民族如果忘记了自己的历史，就不可能深刻地了解现在和正确地走向未来”①。最近，胡锦涛总书记亲自主持了中共中央政治局的集体学习，请两位历史学家围绕“15世纪以来世界主要国家发展历史考察”这一主题谈了自己的体会。会上，胡锦涛同志指出：“浩瀚而宝贵的历史知识既是人类总结昨天的记录，又是人类把握今天、创造明天的向导。”“加强对历史知识的学习，既是提高领导水平和领导能力的现实要求，也是培养科学文化素质和综合能力的重要途径。领导干部学习历史知识，必须把深入理解国情、切实解决中国的问题作为立足点。”② 我所以在正式开讲以前先讲这一番话，主要是想说明，中央国家机关团工委组织这个历史讲座，是抓得很对的，是很有眼光的，可以说是在干部培训工作中抓到了点子上。

从鸦片战争到清王朝的覆亡

我讲的是晚清史，也就是从1840年鸦片战争到1911年辛亥革命爆发并于1912年最终推翻清朝封建君主专制反动政权的一段历史，一共72年。这段历史时间不长，但内容丰富，变动急剧，是一个极为特殊也极为重要的历史时期。错综复杂的矛盾，急剧深刻的变化，激烈尖锐的斗争，交织成一幅令人目眩神迷的历史画卷。新与旧，正义与邪恶，抗争与屈辱，悲壮与凄凉，追求与失落，如此独特又如此奇妙地纠结在一起，赋予了历史极其深邃的内容。在这期间，中国社会经历了三个方面的重大转折：一是从一个独立的主权国家转变为失去了民族独立地位的半殖民国家，二是从一个完整

① 江泽民：《努力建设高素质的干部队伍——在纪念中国共产党成立七十五周年座谈会上的讲话》，载《人民日报》，1999-06-24。

② 《进一步认识把握社会历史发展规律　增强推进改革发展的自觉性主动性》，载《人民日报》，2003-11-26。

的封建社会转变为开始有了资本主义经济的半封建社会，三是政治、经济、思想、文化以及社会生活的各个方面都发生了从传统到近代的转化。在这种急剧而深刻的变化中，出现了那么多的重要历史人物，发生了那么多的重大历史事件，我究竟从哪里说起呢？我选择了一个角度，或者叫切入点，就是以中国早期现代化的历程作为线索。

中国早期现代化的历史进程

我选择这个题目，有两个原因。

一个原因是：实现现代化，是当前全党全国人民同心同德、群策群力共同追求的奋斗目标，也是我们实现中华民族伟大复兴的最核心的内容。在这种情况下，历史工作者自然会去研究，我们的先辈最早是怎样为现代化奋斗的？走过了什么样的路程？有些什么样的经验教训？其实，从鸦片战争失败开始，先进的中国人已经表示了跟上时代潮流、赶上世界先进国家的愿望，尽管那时还没有“现代化”这个概念，但实际上这就是一种现代化的最初的追求。这种追求连绵不断，一直到我们党的十五大和十六大正式宣布将在 21 世纪中叶，也就是中华人民共和国成立一百周年的时候，基本实现社会主义现代化。可以说，中国人民的现代化追求，从 18 世纪中叶到 21 世纪中叶，整整经过了三个世纪。研究这方面历史的最初发展情况，自然是很有意义也很有兴趣的。

另外一个原因是：近年来，史学界颇为流行过一种观点，说中华人民共和国成立以来，在中国近代史的研究中，占主导地位的，一直是以“革命史观”去分析和认识这段历史，这种观点存在着很多片面性，有许多毛病。现在革命已经过去了，大家都在搞建设，搞“现代化”，所以要用“现代化史观”去取代“革命史观”。根据所谓的“现代化史观”，一些史学著作对中国近代史做出了一套完全不同的描述，构筑了一个完全不同的学术体系。我个人是不赞成人为地制造出截然对立的所谓“革命史观”同“现代化史观”的矛盾的。我以为，作为马克思主义的史学工作者，只有一个史观，那就是唯物史观，也叫历史唯物主义。用唯物史观去研究革命，也用唯物史观去研究现代化，就可以发现，“革命”同“现代化”不仅不是矛盾的，而且是相辅相成、互相促进的。不经过革命，现代化就没有必要的政治前提，现代化也就步履维艰；没有现代化的基础，革命的发生也是难以想象的；不实现现代化，革命的成果也不能最终得到巩固。我们是历史唯物主义者，我们必须尊重历史。不能说在革命时期，我们就拼命去歌颂革命、赞美革命，一旦革命过去了，就回过头来贬斥革命、咒骂革命。这种做法，连台湾地区的学者都不赞成。前年是辛亥革命的90周年，在武汉举行了一个国际研讨会，在会上，一位台湾地区学者发言就说：不能因为革命过去了，就对革命先烈不尊重，甚至泼污水。历史是客观的东西，该怎么评价就怎么评价，不能随心所欲，不能因为形势变化了，历史评价也就任意跟着变。

现在你们学历史，同20世纪50年代我们学习历史的时候有很大的不同。我们学历史的时候，比较简单，只要认真听讲就行了。把老师讲的都听懂了记住了，就算学好了。因为那时老师讲的基本是统一的观点。现在可不同了，各种观点五花八门，好多是互相矛盾、互相对立的。同一个历史事件，同一个历史人物，不同的人讲出来可以是完全不同的。这就加大了学习的难度。你不能全都相信，全都赞成，你必须要自己去做出选择，做出判断。我今天也就要介绍一些不同的观点，同时讲我自己的看法。你们觉得有道理，就赞成；觉得没有道理，就不要相信，甚至可以反驳，可以辩论。这样就生动活泼了。

我先介绍一下对中国近代史的看法。先介绍国外的一些情况。

美国杜克大学的德里克（Arif Dirlik）教授在题为《革命之后的史学：中国近代史研究中的当代危机》一文中，叙述了“美国当今的汉学界（一定程度上也包括欧洲汉学界）”在对中国近代史研究上，经历了从“革命史范式”到“现代化范式”变化的行情。文章说：“历经（20世纪的）六七十年代，革命一直是美国汉学界历史解释的范式。不仅近代中国史是以革命史为中心来书写的，那些并非直接研究革命问题的著作也以革命成就为标准，据此来解释、评判其他历史问题。”当时，尽管意见并不一致，但占主导地位的还是对革命的“正面评价”：“革命给中国引进了一种新型政治，使远比此前为多的人们得以参与政治，使无权言政的人们得以发言，它将人们从过去的被压迫状态中解放出来，并使他们摆脱了传统的思想奴役。革命使中国摆脱了帝国主义，并转变为一个现代主权国家。革命还清除了或由历史形成的，或由近代帝国主义导致的种种发展障碍，解决了发展问题。”

但是，这种看法从20世纪80年代中期便开始改变了。“先前一直被描述为解放史诗的革命史，现代却变成了衰落与失败的故事，它甚至被描写为一种畸变，一种对中国历史正常道路的偏离。”德里克教授列举了一系列“有影响的著作”，这些著作有的宣称：“革命并不意味着被压迫者对压迫阶级的胜利，而是使中国社会的不良分子得以掌握权力。”“革命使潜存于中国文化中的恶劣习性与态度泛滥成灾。”有的认为：“虽然中国经历了一个世纪的战争与革命，但晚清以来的中国从未成为现代社会。换句话说，中国革命不仅未使中国现代化，反而强化了其前现代的状态。”有的则更进一步强调：“革命带来的可能并不仅仅是失败，它还可能打断了清末以前一直在进行的朝着现代化方向的发展进程。”“中国如果没有革命，其境况会较好些。”总之，“论者们或者否定革命是近代中国历史的中心事件，或者在仍肯定其中心地位的前提下，将其理解为至少是一场失败和一种中国发展的障碍。”

德里克教授在详细介绍了美国和欧洲汉学界的观点之后，特别指出：“中国学者自己的中国近代史研究，也同样存在着这些问题。”我们不得不说，德里克教授的观察实在是准确而深刻的。

近几年来，一些研究中国近代史的论著对中国近代社会的几个重大的根本性的问题，提出了一套相当有体系的所谓“新见解”，这些看法都是在“中国现代化”的大题目下展开的，或者也可以叫作“现代化范式”。这些看法集中在以下三个问题上。

1. 殖民主义、帝国主义的征服对中国近代社会产生了什么样的影响

有的文章批评中华人民共和国成立以后的近代史研究“在很大程度上仍停留在对异族侵略者的口诛笔伐的感情宣泄上，这就大大淡化了我们研究的理性色彩”。有的主张要“重新评价近代西方殖民征服”，认为传统的关于西方殖民主义侵略造成了东方普遍落后的观点，使“历史批判的天平倾斜了”，照这位作者的观点看来，西方殖民主义势力冲击了封建中国的“超稳定系统”，“不仅有利于西方资本主义经济文化向世界体系的拓展，而且从根本上改变了东方历史的发展过程，成为东方民族赶上现代文明的唯一的现实良机”。有的更直截了当地说：“如果没有近代西方的殖民征服，人类，特别是东方各民族所有优秀的自然才能将永远沉睡，得不到发展。”还有的说：“鸦片战争是在执行一种历史的使命，是对中国闭关锁国、因循守旧政策的一种必然回应，它是用侵略手段来达到使中国走向世界开放的目的。”从某种意义上来说，是鸦片战争的一声炮响，给中国送来了近代文明。总之，按照这种观点，逻辑地得出的结论就是：“殖民化在世界范围内推动了现代化进程。”

2. 封建主义的统治能不能引导中国走向现代化

一些论著对这个问题做了完全肯定的回答。有的论著认为，洋务运动本来可以使中国走向现代化，可惜康梁发动的戊戌变法中断了洋务运动的发展，使中国丧失了一次走向现代化的机会；清末的“新政”和预备立宪，在政治上和经济上大力发展资本主义，又一次提供了使中国走向现代化的难得的机遇，可惜孙中山领导的辛亥革命中断了“新政”和预备立宪的进程，使中国再一次丧失了走向现代化的机会，“当初如若避免这场革命，中国很可能成为当今世界头号强国”。与此同时，一大批封建统治阶级的政治代表，从曾国藩、李鸿章、张之洞一直到慈禧太后，纷纷被戴上“中国近代化的第一人”之类的桂冠。当然，对所有封建统治阶级的代表人物，采取简单化的一笔骂倒的做法是不足取的；他们中间的某些人，确实在历史上起过某种积极的作用，有其值得肯定之处。但是，不加分析地

一律把他们称为“文化精英的杰出的历史人物”，却也是一种新的简单化的做法。一味讴歌曾国藩继承了“以天下为己任的爱国主义精神”，李鸿章“为中国近代开的药方是切合中国实际的”，“是可以挽救中国的”，甚至认为“西太后的认识与主张并无大错”，“如果以此为共识，中国的未来与发展可能将是另外一个样子”，则未免颠倒了历史的实际。至于说把袁世凯推行的政策评价为“反映了当时社会历史发展的趋势”，称赞他的教育思想“是前无古人的”，甚至把“陈独秀、李大钊、胡适、鲁迅等一代文化大师脱颖而出”，“毛泽东、周恩来等一代无产阶级革命家在北洋时代成长起来”都归因于袁世凯和北洋政府的“开明”统治的结果，把徐世昌吹捧为“推翻旧世界的先行者”等等，则似乎很难说是什么认真的学术见解了。

3. 革命好得很还是糟得很

既然殖民主义、帝国主义对中国社会起了那样积极的作用，既然封建主义能够引导中国走向现代化，那么，逻辑的结论自然是，以反帝反封建为基本内容的革命，是搞错了，搞糟了。有的文章也确实是这样来看待和描写革命的。在他们看来，总结20世纪的历史，首先要反省的，“就是革命和政治压倒一切、排斥一切、渗透一切甚至主宰一切”，犯了“革命崇拜症”。据他们说，“革命有很多弊病”，“革命容易使人发疯发狂，丧失理性”；在革命的扫荡下，“社会变得空疏、空洞，理想重新化为空想”；“革命后一定会留下一种政治真空，而填补这种真空，除了再次专制，别无选择”。总之，“以为革命可以解决一切问题，确实是一种幼稚病”，“二十世纪的革命方式确实带给中国很深的灾难”。他们提醒大家，应该充分注意“革命的残忍、黑暗、肮脏的一面”，并力主把“革命神圣”这个“大案翻一翻”。

应该怎样看待这些意见？为什么我们不能同意这些看法？弄清这个问题，不应该陷于抽象的概念争论，最根本的还是要经受历史实际的检验。所以，我们下面通过中国人民早期追求“现代化”的历史进程，来看看上面这些看法同历史的真实存在着多大的距离。

鸦片战争后，中国成为半殖民地半封建国家。中华民族面对着两大历史任务：一个是求得民族独立和人民解放，一个是实现国家繁荣富强和人民共同富裕。由于反动统治势力不可能自动退出历史舞台，因此前一任务只能通过革命的手段才能完成。而如果没有前一个任务为后一任务扫清障碍，创造必要的前提，则后一任务的实现也就无从谈起。

中国现代化的起步，是在殖民主义的侵略中断了中国社会正常发展进程的情况下开始的，也是在国内尚没有真正意义上的资本主义经济关系，资产阶级和无产阶级尚未形成的情况下开始的。正因为如此，中国的现代化一开始就同反对民族压迫的斗争紧紧结合在一起，而最早试图推动现代化的恰恰是资产阶级以外的政治力量。

鸦片战争前后，林则徐、魏源等一批放眼看世界的封建官僚和士人，就主张借鉴西方，改革弊政，强国御侮。这可以看作中国社会对于现代化的最初思考和呼喊。

农民阶级由于处在社会的最底层，过着饥寒交迫和毫无政治权利的生活，对国家富强和民族振兴有着天然的迫切要求。但他们并不是先进生产力的代表者。鸦片战争后不久，以洪秀全为代表的太平天国农民英雄们，幻想在绝对平均主义的基础上构建没有剥削、人人温饱的理想社会。他们虽然对封建政治统治和封建经济关系进行了狂飙式的冲击和扫荡，但本身思想上却跳不出皇权主义的藩篱，更提不出实施现代化的具体步骤。在后期的领导人中，洪仁玕由于个人经历的特殊性，曾提出过若干带有现代化要求的政策建议，这些建议虽然得到洪秀全的首肯，却因为缺乏社会基础而被束之高阁。

真正迈出现代化实际步伐的，却是封建统治阶级中的某些有识之士。他们在太平天国运动失败后，为了“求强”“求富”，发动了所谓的“洋务运动”，以极大的热情致力于引进西方科学技术，兴办工矿企业，修筑铁路，开办学堂，派遣留学生等活动。他们的努力，为中国社会催生了资本主义经济因素，注入了资产阶级的社会观念。但是，他们的政治地位和阶级立场，使他们陷入了一个无法解决的矛盾之中。一方面，他们决不允许“洋务运动”越封建专制主义统治秩序的雷池一步；另一方面，资本主义的任何发展实质上都是对封建主义的直接挑战，再加上当时中国的社会条件，使他们不得不依靠西方列强的资金、技术和管理经验发展中国的经济。这就使得他们的现代化努力受到极大的制约，步履维艰，蹒跚行进。以康有为、梁启超为代表的维新派对洋务派做过颇为客观而公允的评价：一方面，充分肯定他们在变法问题上的“筚路开山”的作用；另一方面，也尖锐批评他们“根本不净，百事皆非”。这里所说的“根本”，就是指坚持封建专制主义的根本立场。

20多年前，日本著名历史学家、京都大学名誉教授井上清在一次国际学术会议上讲道：近来有些中国学者对洋务运动的评价越来越高，我不理解。他又说：中国学者把洋务运动同明治维新相比较，其实，洋务运动和明治维新很不相同，倒是和明治维新前夜德川幕府的改革更为相似。井上清教授的这些看法，很值得我们深思。

维新派懂得发展经济和文化需要有一个良好的政治环境和条件。他们首先致力于政治的革新，在光绪皇帝支持下发动了“百日维新”，力图对封建专制政治进行一些带资本主义性质的改革。但是，他们以及他们的支持者如此软弱，以致在以慈禧为代表的封建顽固势力的残酷镇压下，顷刻瓦解，一败涂地。

在回顾这一段历史的时候，不能回避对当时掌握着最高统治权力的一些人物的历史评价。例如，对统治清王朝将近半个世纪的最高统治者慈禧太后应该怎么看？对19世纪后期实际掌握清王朝军政外交大权的李鸿章又怎么看？不弄清楚这些人的历史地位和作用，就很难对中国走向现代化的历史面貌有确切的了解。

我们不能说慈禧太后没有做过一点好事。可是，作为封建专制统治的政治代表，慈禧绝不是站在历史潮流前头引导社会前进的人物。慈禧尽心竭力维护“大清王朝”的统治，而这个时候，“大清王朝”已经走到王朝末日，成为历史前进的绊脚石。决不能把“朝廷”同“国家”混同起来，以为一心致力于巩固和维护“大清王朝”就是时刻梦想着实现“国富民强”。“国家”和“朝廷”有一致的一面，但又有根本的区别。正因为这样，慈禧为了巩固和维护“大清王朝”的统治，不仅急于签订丧权辱国的《辛丑条约》，而且竟在煌煌上谕中写上“量中华之物力，结与国之欢心”那样不顾脸面的话，听凭列强予取予求，使当时许多爱国者感到蒙受了奇耻大辱，哪还谈得上什么追求“国富民强”？

难怪连主张君主立宪的梁启超也针对有些人的认识说：国家与朝廷是截然不同的两码事，“爱国必先自区分国家与朝廷始”。至于革命派的陈天华就说得更加直截了当：“列位：你道现在的朝廷仍是满洲的吗？多久是洋人的了！列位若还不信，请看近来朝廷所做的事，那一件不是奉洋人的号令？我们分明是拒洋人，他不说我们与洋人作对，反说与现在的朝廷作对，要把我们当作谋反叛逆的杀了。”“朝廷固然是不可违拒，难道说这洋人的朝廷也不该违拒吗？”

既然清朝政府把自己同帝国主义侵略者紧紧连接在一起，那么，毫不奇怪，民众自然也就把反对帝国主义的爱国救亡斗争同反对清朝政府紧紧连接在一起。这是完全符合逻辑的结论。

李鸿章从镇压太平天国农民运动起家，之后，他成为“洋务运动”的主角，对中国现代化的最初起步做出了自己的贡献。而在对待帝国主义侵略的问题上，他始终坚守“力保和局”的宗旨，奉行“外须和戎”的外交方针。他在“自强”旗号下一手训练起来的、用洋枪洋炮武装的淮军，腐败不堪，只能用于对内镇压，在对付日本侵略时几乎一触即溃。当列强将侵略战争强加到中国人民头上的时候，他一味避战求和，甚至命令北洋舰队在黄海海战后“不得出大洋浪战，致有损失”，并多次签订损害国家利益和民族尊严的不平等条约。对此，李鸿章有着不可推卸的历史责任。中日《马关条约》签字前，日本首相伊藤博文咄咄逼人地说：“中堂见我此次节略，但有允、不允两句话而已。”李鸿章就其中两项辩驳。伊藤说：“驳只管驳，但我主意不能稍改。”李鸿章随即在请旨的电报中指出：“其愈逼愈紧，无可再商，应否即照伊藤前所改订条款定约，免误大局。”四天后，他便在条约上签字。把李鸿章说成是明了世界大势的“最杰出的外交家”，甚至把他描写成“忍辱负重”，有着“我不入地狱谁入地狱”的崇高心情的“悲剧英雄”，是完全背离历史真实的。

至于“弱国无外交”的问题，李鸿章作为一个弱国的政治代表，他的外交活动势必受到极大的制约，我们不能要求李鸿章做他无法做到的事情。但是，即使是一个弱小的、落后的国家，也有自己的民族自尊和志气，绝不是对列强种种侵略要求只能俯首帖耳、逆来顺受。否财，汪精卫之流也可以被看作“悲剧英雄”，那还有什么是非可言，还有什么民族自尊自信可言？我们且不说古今中外历史上弱小的国家和民族，在爱国主义和民族精神的激励下，团结抗争，以小胜大，以弱胜强的事例屡见不鲜。即便有些人为了国家民族的利益牺牲了自己的生命，落得了一个悲剧的结局，他们的壮烈斗争也对后来者的抗争起着激励作用。这些人不愧为民族的脊梁。就拿与李鸿章同时代的一些人来比较，也不乏有人能够在对外交涉中，竭力维护国家利益和民族尊严，取得外交斗争的局部胜利甚至重大胜利。如曾纪泽、杨儒的对俄交涉，特别是左宗棠不顾李鸿章等的反对从外来侵略者手中收复新疆的巨大胜利，都是很好的例子。正是在这种历史对比中，可以还历史以客观和公正。

20世纪初出生的邓小平同志说过：“我是一个中国人，懂得外国侵略中国的历史。当我听到西方七国首脑会议决定要制裁中国，马上就联想到一九〇〇年八国联军侵略中国的历史。”“要懂得些中国历史，这是中国发展的一个精神动力。”①

当各种斗争都一个一个失败之后，到20世纪初，以孙中山为代表的革命党人，高举起革命的旗帜，决心以武力推翻清朝封建君主专制主义的黑暗统治，明确提出建立共和政治的伟大目标。中国才真正开始了“走向共和”的实际行程。

以孙中山为代表的资产阶级革命派，之所以要集中力量，不顾一切艰难险阻去推翻作为“洋人朝廷”的清王朝，是因为如果不这样做，中国就不能摆脱落后与贫弱，不能走向富强，不能实现现代化。只有取得了民族独立和人民解放，才能够为实现国家繁荣富强和人民共同富裕创造必要的前提。

这就是一贯执着追求现代化的中国人民，为什么不得不集中那

---

① 《邓小平选集》，1版，第3卷，357～358页。

么多社会精英，经历那么多艰难险阻，付出那么多惨痛代价去从事革命斗争的根本原因。

早在20世纪的40年代，毛泽东同志就在总结历史经验的基础上讲清了这个道理。他说："没有独立、自由、民主和统一，不可能建设真正大规模的工业。没有工业，便没有巩固的国防，便没有人民的福利，便没有国家的富强。""一个不是贫弱的而是富强的中国，是和一个不是殖民地半殖民地的而是独立的，不是半封建的而是自由的、民主的，不是分裂的而是统一的中国，相联结的。在一个半殖民地的、半封建的、分裂的中国里，要想发展工业，建设国防，福利人民，求得国家的富强，多少年来多少人做过这种梦，但是一概幻灭了。"①

辛亥革命时期的资产阶级革命派，不一定已经从理性上掌握了这一历史规律，但他们从自己的切身经验中，深切地体会到要想实现经济的发展、社会的进步、国家的富强、民族的振兴，首先必须埋葬封建帝制。他们所从事的革命，正是为走向现代化创造必要的政治前提。

以孙中山为代表的资产阶级革命派，热诚希望国家的繁荣昌盛和人民的普遍幸福，对现代化怀着强烈的追求。孙中山曾经多次以无限憧憬和充满自信的口吻，描绘过自己祖国的美好未来。1904年，他在给美国人民的一封信中说："一旦我们革新中国的伟大目标得以完成，不但在我们的美丽的国家将会出现新纪元的曙光，整个人类也将得以共享更为光明的前景。普遍和平必将随中国的新生接踵而至。一个从来也梦想不到的宏伟场所，将要向文明世界的社会经济活动而敞开。"② 第二年，他在日本东京中国留学生欢迎大会上发表演说，强调"中国文明已著于五千年前"，虽然近年来落后了，但只要奋发自强，"十年、二十年之后不难举西人之文明而尽有之，即或胜之焉，亦非不可能之事也"③。类似这样的话，在革命派其他人物

① 《毛泽东选集》，2版，第3卷，1080页。

② 《中国问题的真解决》，见《孙中山全集》，第1卷，255页。

③ 《在东京中国留学生欢迎大会的演说》，见《孙中山全集》，第1卷，282页。

的口中也屡见不鲜。

但是，他们强烈地感觉到，国富民强的美好愿望的实现，在现实生活中受到两个方面的严重阻碍：一个是帝国主义列强对中国的侵凌欺压，再一个是封建专制主义对人民的钳制束缚。

关于前者，孙中山早在1895年所写的《香港兴中会章程》中就大声呼喊："方今强邻环列，虎视鹰瞵，久垂涎于我中华五金之富、物产之繁。蚕食鲸吞，已效尤于踵接；瓜分豆剖，实堪虑于目前。呜呼危哉！"① 有的人写得比这个更加触目惊心，如李书城《学生之竞争》一文中写道："俄虎、英豹、德法貔、美狼、日豺，眈眈逐逐，露爪张牙，环伺于四千余年病狮之旁。割要地，租军港，以扼其咽喉；开矿山，筑铁路，以断其筋络；借债索款，推广工商，以朘其膏血；开放门户，划势力圈，搏肥而食，无所顾忌。官兵黜陟，听其指使；政府机关，使司转捩。呜呼！望中国前途，如风前烛，水中泡耳，几何不随十九世纪之影俱逝也。"② 特别值得指出的是，他们中的有些人，一针见血地揭露当时世界上的"帝国主义"实质上是一种"强盗主义"，不仅在政治上使一些弱小国家的人民"自由败灭"，而且通过经济的扩张，对别国进行肆无忌惮的掠夺。有的文章强调，列强的经济侵略是较之政治侵略更加危险的："经济上之竞争，其祸乃更毒于政治上。何以故？譬之是犹人也，朝割其一手，夕割其一足，其人必痛，而其惊醒也易，而其反抗之力大，而其人犹可复生也。若举全身之精血而吸之，其犹茫然皇然莫知所由，未几乃病瘵以死矣。此言其术也。若夫于政治上，则未有经济之权既占，而政治上之权乃犹能以人者也。盖其资本所在之地，即其政治能力所到之地，征之于近代，历历有明征也。"③

资产阶级革命派没有明确地将反对帝国主义写进他们的政治纲领，这自然反映了他们的某种弱点。但我们丝毫也不应该怀疑，为了国家的富强和民族的振兴，他们有着争取民族独立、维护国家主

① 《香港兴中会章程》，见《孙中山全集》，第1卷，21页。

② 《辛亥革命前十年间时论选集》，第1卷上，453页。

③ 飞生：《俄罗兵之东亚高政策》，见《浙江潮》，第1期，1页。

权的强烈要求。

关于后一方面，孙中山也是在《香港兴中会章程》中，就对清朝政府的黑暗统治进行了有力的控诉："政治不修，纲维败坏。朝廷则鬻爵卖官，公行贿赂；官府则剥民刮地，暴过虎狼。盗贼横行，饥馑交集，哀鸿遍野，民不聊生。呜呼惨哉！"① 在革命派后来的声势强劲的政治宣传中，揭露清朝封建君主专制政治制度的内容占据了最重要的部分。而尤其令人注意的是，他们突出地强调这个独裁的、腐败的、野蛮的专制政权，扼杀了国家民族的生机，堵塞了经济上、政治上、军事上和文化上走向现代化的任何通道，因此，不推翻这个政府，仅仅靠舍本逐末的"新政"或补苴罅漏的"变法"是无济于事的。孙中山说："不完全打倒目前极其腐败的统治而建立一个贤良政府，由地道的中国人来建立起纯洁的政治，那么，实现任何改进就完全不可能的。仅仅只是铁路，或是任何这类欧洲物质文明的输入，就会使得事情越来越坏，因为这就为勒索、诈骗、盗用公款开辟了新的方便的门路。"② 也许孙中山所说的后半句话略显偏颇，但却不失为当时社会生活的相当真实的写照，而前半句所表达的结论性意见，却是千真万确的真理。吴樾则宣称："吾国今日之行政、军事、教育、实业，一切国家社会之事，必经非常之改革始克有真进步，绝非补苴罅漏、半新半旧之变法，足以挽此呼吸间之危亡也。"③

事情就是这样。既然民族独立地位的丧失、国家主权的备受侵凌把中华民族逼到了生死存亡的危急关头，既然封建专制政治的统治剥夺了人民生存和发展的权利，成为阻碍中国走向现代化的巨大障壁，志士仁人们便不得不把主要精力投入到争取国家独立和民族解放的斗争中去。我们应该十分重视生产力在社会发展中所起的最终决定作用。社会存在决定社会意识，经济基础决定上层建筑。一个社会，如果经济不发展，民族的独立、国家的富强、文明的进步、

---

① 《香港兴中会章程》，见《孙中山全集》，第1卷，21页。

② 《中国的现在和未来》，见《孙中山全集》，第1卷，88页。

③ 吴樾：《意见书》，见《辛亥革命前十年间时论选集》，第2卷上，391～392页。

人民的幸福都是不可能实现的。一部中国近现代史，就生动地说明了这一点。但是，我们也要充分肯定和重视精神对物质、社会意识对社会存在、上层建筑对经济基础、政治对经济的反作用，而决不能把生产力归根到底对社会发展起决定作用的原理简单化、绝对化、庸俗化。生产力不可能脱离社会环境和社会条件孤立自在地运作和发展。没有良好的社会条件，没有适宜的客观环境，生产力的发展就会举步维艰，社会经济甚至会凋敝衰败。这一点，同样由一部中国近现代史做出了生动的证明。当某个时候政权成为经济发展和社会前进的严重障碍时，推翻这个反动政权就成为历史的要求，也正是在这种情况下，革命便成为历史发展的火车头。从现象上看，辛亥革命似乎只是或主要是一种政治行动，但资产阶级革命派却特意提醒人们，要从政治表象的背后看到经济的目标和推动力。孙中山说："毫无疑义，最近时期中国的革命运动具有单纯的政治性质，而不是经济的性质。但是它将为我们未来的经济发展打下基础。"① 就在当时，社会上有些人就指责革命派只是热衷于破坏而无意于建设，对于这种指责，革命派反复说明，他们对于旧制度和旧秩序的破坏，正是为大规模的建设犁清地基，扫除障碍。邹容说："欲大建设，必先破坏；欲大破坏，必先建设。此千古不易之定论。吾侪今日所行之革命，为建设而破坏之革命也。"② 孙中山后来也曾对胡汉民说过："建设是革命的唯一目的，如不存心建设，即不必破坏，更不必言革命。"③ 遗憾的是，将近一个世纪前革命派的谆谆表白，似乎并没有得到研究者的充分注意，以致至今还有人认为辛亥革命是对生产力和经济发展的破坏，是对中国现代化进程的中断，它"耗尽了民族的生命能量"，"带给中国很深的灾难"。这种看法，显然缺乏起码的公平和公正。

辛亥革命时期的革命派，是一群赤诚的爱国主义者。他们的炽烈的爱国情怀，在他们慷慨悲歌的言论和壮怀激烈的行动中有着极

---

① 《复鲁塞尔函》，见《孙中山全集》，第1卷，323页。
② 《革命军》。
③ 金冲及：《孙中山和辛亥革命》，4页，广州，广东人民出版社，1996。

为生动的体现。探究他们这种精神状态产生的原因，不应该从性格、心理等方面去寻找，而要从他们的社会生活、社会存在中得到合理的解释。撇开别的原因不说，从现代化的角度来观察，当中国现代化开始起步时，西方主要国家已经完成了工业革命。中国新兴的资产阶级，既不可能也没有力量像西方资产阶级那样，通过开辟海外市场来攫取经济利益，实现经济发展。相反，他们面对的恰恰是殖民主义的穷凶极恶的侵略。殖民主义的到来，对中国社会产生了两方面的影响。一方面，列强为了自身的利益，总是要按照自己的面貌去改造殖民地和半殖民地国家，在这个过程中，也就不可避免地会向这些地区传播某些资本主义文明，并在客观上对这些地区的发展产生一定的积极影响。另一方面，列强侵入中国的目的，绝不是要把封建的中国变成资本主义的中国，他们也决不允许中国真正地走向现代化。从近代历史发展的全过程来看，资本主义、帝国主义勾结中国封建势力压迫中国资本主义的发展，阻止和破坏中国社会的前进，却是由无数事实所证明了的历史本质真实。资产阶级革命派忧心忡忡呼喊中国已到了“亡国灭种”的边缘，不是杞人忧天，更不是无病呻吟，而是上述历史过程的实际结果。

辛亥革命时期的革命派，是一群坚定的民主主义者。他们强调所从事的革命是同以往改朝换代的“英雄革命”完全不同的“国民革命”，目的是推翻封建帝制，建立民主共和国。孙中山指出，中国数千年来都是君主专制政体，这种政体，不是平等自由的国民所堪受的①，革命要将“中国数千年来君主专制之治一扫而空”，新的“国家为人民之公产，凡人民之事，人民公理之”②。“民权主义”的提出，在当时具有振聋发聩的作用，它始终贯彻着对人民主权的追求，表达了革命派建立现代民主国家的信念和决心，成为中国人民民主化进程中的一个新的里程碑。革命派把反对封建、争取民主放在斗争的核心地位，也从一个侧面反映了中国现代化的历史特点。

① 参见《中国同盟会革命方略》，见《孙中山全集》，第1卷，318页。

② 《在东京〈民报〉创刊周年庆祝大会的演说》，见《孙中山全集》，第1卷，325页。

中国的封建主义，在现代化的前史及初始阶段，没有经受过类似西方国家启蒙运动那样的思想冲击，也没有受到出世颇晚的资产阶级反复的政治冲击，因此，虽然已经走到了历史的尽头，却依旧是“百足之虫，死而不僵”。殖民主义的侵入，自然会同封建主义产生一定的矛盾冲突，但列强为了维持和强化半殖民地的统治，就必须利用、勾结和支持中国的封建势力，维护封建专制制度，竭力保持封建剥削制度的根基即封建生产关系。就这样，封建主义窒息现代化生机的反动作用得到了进一步的强化，也就自然地成为革命派无法回避的首要斗争目标。

“民生主义”反映了资产阶级革命派建立一个共同富裕和普遍幸福的理想社会的向往。从总体上讲，他们的学习对象，主要是西方资产阶级的文明；他们所追求的，主要是发展资本主义的经济和文化；他们所设计的道路，不管意识到还是没有意识到，归根到底，跳不出资产阶级现代国家的圈子。这不仅是合乎逻辑的，而且也是顺乎时代发展潮流的。因为，在那个时候，资本主义的经济、政治和文化，在世界上还处于最先进的地位。发展资本主义，还是中国社会在前进道路上首先要跨出的步伐。但是，在当时，资本主义社会的某些固有矛盾和阴暗面，已经相当清楚地暴露出来，这就使得革命派敏锐地察觉到，中国的现代化，不应当不折不扣、亦步亦趋地以西方资本主义社会为榜样，而应该在学习的同时，事先寻求避开弊端的方法和途径，这就是孙中山在“民生主义”中强调“社会革命”的缘由。

邹容在《革命军》中曾经热情呼喊20世纪初革命风暴的到来：“呜呼！我中国今日不可不革命。我中国今日欲脱满洲人之羁缚，不可不革命。我中国欲独立，不可不革命。我中国欲与世界列强并雄，不可不革命。我中国欲长存于20世纪新世界上，不可不革命。我中国欲为地球上名国，地球上主人翁，不可不革命。”这段话，既富于激情，也富于理性，可以看作资产阶级革命派对于革命的经典阐述，而且已经为20世纪的全部历史所证明。

以上就是中国早期追求“现代化”的历史情景。

小结

辛亥革命的历史功绩是不可磨灭的。它带来的直接后果至少有两条：

第一，使中国的反动统治秩序再也无法稳定下来。中国封建社会本来有个头，那就是皇帝。他是大权独揽的绝对权威，是反动统治秩序赖以保持稳定的重心所在。辛亥革命突然把这个头砍掉了，整个反动统治就乱了套。这以后，从北洋军阀到南京政府，像走马灯似的一个接着一个登场，都始终建立不起一个统一的、稳定的统治秩序来。辛亥革命在这里所起的巨大作用是无法抹杀的，它为中国的进步打开了闸门，为中国人民革命的胜利开辟了道路。

第二，使中国人民在思想上得到了一次大解放。皇帝该算是至高无上、神圣不可侵犯的了，如今都可以打倒，那么，还有什么陈腐的东西不可以怀疑，不可以打破？思想闸门一经打开，这股汹涌澎湃的思想解放潮流就奔腾向前，不可阻挡了。尽管辛亥革命后，一时看来政治形势还十分险恶，但人们又大胆地寻求新的救中国的出路，不久便迎来了五四运动和马克思主义的传播，开始了中国历史的新纪元。

袁世凯在清王朝崩溃之局已成的情况下，表示“拥护”共和，并且当了“民国总统”，但他的目的只是在借革命之手，取清朝皇帝而代之。一旦他自以为站稳了脚跟，立刻宣布取消共和，恢复君主专制制度，自己做起皇帝来。但历史不会倒转，袁世凯的称帝很快在全国人民的反对下失败了。革命带来的已经发生了的变化，是谁也无法再把它全部抹杀掉了。

当然，辛亥革命取得的成功仍很有限。帝国主义和封建势力在中国的统治实在太根深蒂固了，并不是一两次冲击就能把它们推倒的。辛亥革命没有能改变中国半殖民地半封建社会的性质，孙中山期盼的“共和”受到挫折，人民的悲惨境遇依然如故。1921年以后，中国共产党继承孙中山未竟的事业，又向前跨进，领导中国人民在新民主主义的旗帜下进行了长期的不屈不挠的革命斗争，终于推翻了压在中国人民头上的三座大山，建立起中华人民共和国，这才是真正的人民共和国。

中国走向共和，走过的是一条多么艰难曲折的道路，也是值得中国人自豪的道路。

历史是复杂的，有许多侧面需要做具体分析，不能用简单化和绝对化的观点去看待它。对历史事件和历史人物也是如此。过去有些历史论著中的确存在这类缺点。最近二十多年来，本着实事求是的精神，在这方面已有很大改进。

但决不能从一个极端走向另一个极端，从一种片面性走向另一种更糟的片面性。作为客观存在的历史，不管怎样复杂，总有它的基本方面，总得分清事情的大是大非。就拿中国的抗日战争来说，侵略和反侵略、正义和非正义的界限当然十分清楚。但国内外也有人对它做出不同的解释。如果醉心于猎取某些个别事实，那么，在发动侵略战争的那些日本军国主义者头子身上难道任何人都找不出一点个人的长处？而在中国军民英勇抗争事迹中难道就寻不到任何一点未必恰当的做法？如果把注意力集中在这些次要的地方，尽力加以渲染，而大量存在的基本事实却消失在视野中，这样来谈历史，对那些不了解真相的人来说也许是一种“新视角”，“提供了新的历史观点”，事实上，这只能导致荒唐的结论，自然是不足取的。至于所依据的如果本来不是历史事实，而是出于随心所欲的虚构和杜撰，那就更不值一提了。

研究和谈论历史，可以帮助我们了解现实的由来，可以作为未来的借鉴。这是一项严肃的工作，需要有对历史负责、社会负责的高度责任感。近年来，史学领域常常谈到如何重新看待一些重要历史事件和历史人物的问题。其中，有些确实取得了可喜的成果，但前面所说的那类现象，可能也是一个十分值得注意的问题。

马克思主义中国化为民族复兴提供了科学的理论指导*

1919年发生的五四运动，在民族复兴的漫长征途上，具有划时代的里程碑意义。这是因为，在这个历史事件的前后，中国人民的政治生活中增添了两个崭新的内容：一是找到了马克思列宁主义，二是诞生了中国共产党。

中国共产党从诞生之日起，就把马克思列宁主义确立为自己的指导思想，把社会主义作为自己的追求目标，这是中国人民在民族复兴征途上的一个伟大的飞跃。

但是，并不是找到了马克思列宁主义这个锐利的思想武器，就万事大吉了。要实现中华民族的伟大复兴，求得民族独立和人民解放，实现国家繁荣富强和人民共同富裕，还必须解决马克思列宁主义这个科学真理同中国国情、同中国革命实际相结合的问题，也就是要解决马克思主义中国化的问题。

马克思主义的基本原理同中国的具体实际相结合，是一个复杂而艰难的历史过程，中国共产党人为此付出了全部的聪明才智，表现了非凡的理论勇气，做出了巨大的奉献牺牲。在一定意义上，我们甚至可以说，中国共产党的历史就是一部探索马克思主义中国化，并在实践中不断推进马克思主义中国化的历史。

最早明确提出“马克思主义中国化”这个命题的是毛泽东同志。他在1938年党的六届六中全会的政治报告中强调指出：“没有抽象的马克思主义，只有具体的马克思主义。所谓具体的马克思主义，就是通过民族形式的马克思主义，就是把马克思主义应用到中国具

---

* 载《马克思主义文摘》，2008年第6期。

体环境的具体斗争中去，而不是抽象地应用它。成为伟大中华民族之一部分而与这个民族血肉相连的共产党员，离开中国特点来谈马克思主义，只是抽象的、空洞的马克思主义。因此，马克思主义的中国化，使之在其每一表现中带着中国的特性，即是说，按照中国的特点去应用它，成为全党亟待了解并亟须解决的问题。”①

以毛泽东同志为主要代表的中国共产党人，坚持马克思主义的立场、观点和方法，认真掌握中国历史和中国文化的特色，积极投身于革命斗争并加强对于实际运动的深刻了解，在理论和实际相结合的基础上创立了毛泽东思想，实现了马克思主义中国化的第一次历史性飞跃。正是在毛泽东思想的指引下，经过大革命、土地革命、抗日战争和解放战争，推翻了帝国主义、封建主义、官僚资本主义三座大山，取得了新民主主义革命的胜利，建立了伟大的中华人民共和国。

中华人民共和国的建立，是中国从古未有的人民革命的大胜利，也是中华民族伟大复兴的一个根本转折点。从此以后，民族独立和人民解放的任务已经基本完成，而社会主义制度的确立，则为国家繁荣富强和人民共同富裕创造了良好的政治、经济及社会条件。中华人民共和国成立后，党领导人民进行了社会主义改造，发展了社会主义的经济、政治和文化，取得了社会主义革命和建设的巨大成就。在这期间，毛泽东同志特别指出：现在是社会主义革命和建设时期，我们要在马列主义的基本原理同中国革命和建设的关系上，进行“第二次结合”，找出在中国怎样建设社会主义的道路。历史表明，毛泽东思想是被实践证明了的关于中国革命和建设的正确的理论原则和经验总结。

在中国找出怎样建设社会主义的道路，并不是可以一蹴而就的事情。毛泽东同志领导党和人民对这个问题的探索，既取得了重要的进展，也出现了错误和挫折。党的十一届三中全会以后，以邓小平同志为代表的中国共产党人，在和平与发展成为时代主题的历史

---

① 《中共中央文献选集》，第 11 册，658～659 页，北京，中共中央党校出版社，2009。

条件下，在我国改革开放和现代化建设的实践中，在总结我国社会主义胜利和挫折的历史经验并借鉴其他社会主义国家兴衰成败的历史经验的基础上，逐步形成了新的建设中国特色社会主义的理论，即邓小平理论，实现了马克思主义中国化的第二次历史性飞跃。邓小平理论第一次比较系统地初步回答了在中国这样的经济文化相对落后的国家如何建设社会主义，如何巩固和发展社会主义，中国社会主义的发展道路、发展阶段、根本任务、发展动力、外部条件、政治保证、战略步骤、党的领导和依靠力量以及祖国统一等一系列基本问题，找到了一条建设中国特色社会主义的康庄大道。

党的十三届四中全会以后，面对即将到来的 21 世纪国际国内形势发展的新特点，以江泽民同志为代表的中国共产党人，在推进中国特色社会主义事业的伟大实践中，科学判断党的历史方位，认真总结治党治国治军新的宝贵经验，创立了"三个代表"重要思想。"三个代表"重要思想在邓小平理论的基础上，进一步回答了什么是社会主义、怎样建设社会主义的问题，创造性地回答了建设什么样的党、怎样建设党的问题，深化了对中国特色社会主义的认识，从而进一步推进了马克思主义的中国化。

党的十六大以来，以胡锦涛同志为总书记的党中央，着眼于党和国家事业发展的全局，立足于国内外形势的发展变化，在理论上不断扩展新视野、做出新概括，提出树立和落实科学发展观、构建社会主义和谐社会、建设社会主义新农村、建设创新型国家、加强党的执政能力建设和先进性建设、树立社会主义荣辱观、走和平发展道路等重大战略思想，继续推进着马克思主义中国化的发展进程。

综观马克思主义中国化的历史进程，我们可以得到以下几个方面的体会：

首先，马克思主义同马克思主义中国化的各个理论成果之间，是一脉相承又与时俱进的关系。马克思主义是科学，它始终严格地以客观事实为根据。而实际生活总是在不停地变动中，这种变动的剧烈和深刻，近一百多年来达到了前人难以想象的程度。因此，马克思主义必定随着时代、实践和科学的发展而不断发展，不可能一成不变。马克思主义中国化，不是要抛弃或者背离马克思主义，而是更好地坚持、继承和发展马克思主义。我们说“老祖宗不能丢”，是指马克思主义的基本立场、观点和方法，被实践证明了是科学真理的马克思主义那些基本原理，是不能丢的，丢了就丧失了根本。正像小平同志所说：“我们搞改革开放，把工作重心放在经济建设上，没有丢马克思，没有丢列宁，也没有丢毛泽东。老祖宗不能丢啊！”① 但绝不是说可以或者应该把马克思主义变成僵死的教条，用“本本主义”的态度去对待马克思主义，把马克思主义的个别字句和个别结论看作现成的灵丹圣药，以为得了它就可以包医百病。我们党在历史上，曾经吃过教条主义的大亏，反对教条主义的斗争，也一直是我们党思想理论战线上最重要的内容。正确处理好坚持和发展的关系，辩证统一地看待“一脉相承”和“与时俱进”的关系，是实现和推进马克思主义中国化的基本立足点。

其次，马克思主义中国化，既要注意“民族性”，又要注意“时代性”。马克思主义中国化命题的提出，最早就是从马克思主义怎样“用于中国的实际”，如何同中国的民族特点相结合以创建“民族形式的马克思主义”出发的。所以毛泽东反复强调，马克思列宁主义的普遍真理必须同中国革命的具体实践相结合，要运用马克思主义的立场、观点和方法，“来具体地研究中国的现状和中国的历史，具体地分析中国革命问题和解决中国革命问题”。但是，“中国”并不是一个抽象的概念，随着时代的发展，随着世界形势的变化，中国的国情、中国这块土地上所面临的问题，也发生了急剧而深刻的变化。科学理论是客观世界的反映，是人们社会实践的总结。既然客观世界是千变万化的，人们对客观世界的了解和认识也就应该不断地发展变化；既然人的社会实践是永无止境的，我们的理论创新也就没有止境。离开中国的实际和时代的发展来谈马克思主义，是没有意义的。静止地、孤立地研究马克思主义，把马克思主义同它在现实生活中的生动发展割裂开来、对立起来，是没有出路的。

① 《邓小平文选》，1版，第3卷，369页。

最后，要十分重视马克思主义中国化的实践性和群众性。这个问题包含着三层意思：一是我们推进马克思主义中国化，不是为着好看，不是为着装点门面，而是为了中国社会主义现代化建设的需要，为了中华民族伟大复兴的需要。只有以我国改革开放和现代化建设的实际问题、以我们正在做的事情为中心，着眼于马克思主义理论的运用，着眼于对实际问题的理论思考，才能充分发挥马克思主义中国化对社会发展和民族振兴的指导和引领作用。另一方面，在马克思主义中国化进程中产生的理论成果是否正确，是不是科学真理，也需要经受社会实践的检验。二是归根结底，理论来源于实践。实践既需要科学理论的指导，又是理论创新的永不枯竭的动力和取之不尽的源泉。热火朝天的社会生活和社会实践，总会不断地发生新情况，出现新矛盾，提出新问题，要求做出新的理论研究、判断和解释；同时，也总会不断地取得新成果，创造新经验，产生新认识，要求做出新的理论总结、概括和提炼。因此，理论创新，绝不是靠少数人脱离实际、闭门造车、从书本到书本、从概念到概念所能够完成的。马克思主义中国化是全党和全国人民在社会实践中集体智慧的结晶。三是理论只有为群众所掌握，才能变成改造世界的物质力量。人民是历史的真正创造者。正如胡锦涛同志所说："中国最广大人民群众是建设中国特色社会主义事业的主体，是先进生产力和先进文化的创造者，是社会主义物质文明、政治文明和精神文明协调发展的推动者。"① 马克思主义中国化的理论成果，所以具有强劲的生命力，就在于它深深地扎根于人民群众之中，既代表人民群众的根本利益，又为广大人民群众所理解、所接受、所喜爱，它确实已经成为群众手中认识世界和改造世界的锐利武器。

---

① 胡锦涛：《在纪念毛泽东同志诞辰一百一十周年座谈会上的讲话》，见《十六大以来重要文献选编》，上册，646页，北京，中央文献出版社，2005。

讲授《中国近现代史纲要》上编“综述”的几个问题*

作为高等学校的思想政治理论课，“中国近现代史纲要”还是一门新的课程。怎样提高讲授质量和教学水平，使之成为大学生真心喜爱和终身受益的优秀课程，需要认真探索，精心钻研，积累经验，加强交流。这里，我仅对这门课程教材的上编“综述”部分谈几点意见。

教材《中国近现代史纲要》上编涉及的是从鸦片战争到五四运动这个历史时段。这是中国历史上一个十分重要的转折时期：从封建社会转变为半殖民地半封建社会，从古代社会转变为近代社会。在这个转折过程中，我们国家遭受着帝国主义和封建主义的双重压迫，政治黑暗，经济凋敝，社会动荡，民族危殆。中国人民为了救亡图存，进行了前赴后继、不屈不挠的英勇斗争，与此同时，新的经济因素和社会力量也在旧基地上逐步诞生和成长起来。矛盾错综复杂，变化急剧深刻，斗争尖锐激烈。无比生动的历史内容提供了极为丰富的教育资源。所以，江泽民强调，学习、了解包括这段历史在内的中国近现代史，在五个方面都“极为重要”：“了解我们国家悠久的文明发展史和历尽沧桑、饱经忧患的辛酸史，了解我们的先辈为国家的独立富强而进行的可歌可泣的斗争，了解我们民族、我们党的优良传统，对于增强民族自尊、自信、自强精神，极为重要；对于坚定爱国主义、社会主义信念，极为重要；对于树立正确的人生观、价值观，极为重要；对于坚持两个文明建设一起抓，极为重要；对于坚定不移地执行党的基本路线，也

---

* 载《思想理论教育导刊》，2008年第8期。

极为重要。”①

上编“综述”一共包括三个方面的内容：一是“鸦片战争前的中国与世界”，二是“西方列强入侵与近代中国社会的半殖民地半封建性质”，三是“近代中国的主要矛盾和历史任务”。第一是讲历史转折，第二是讲社会性质，第三是讲历史任务。现在我根据自己的理解，分别对这三个方面做一点说明，谈一点体会。

“鸦片战争前的中国与世界”

为什么开宗明义要讲这个问题？道理很简单，就是要把中国近代社会放到纵向的和横向的历史联系中来认识、观察。纵向的就是近代社会同古代社会的历史联系，就像毛泽东所说的：“今天的中国是历史的中国的一个发展；我们是马克思主义的历史主义者，我们不应当割断历史。”② 不了解我国封建社会的基本特点，不了解中国封建社会由盛到衰的历史进程，就无法了解为什么从鸦片战争开始，会发生由古代社会向近代社会转化的历史转折。而且，封建社会不论经济、政治、社会、文化的种种优点和缺点、精华和糟粕、成就和问题，无不十分强烈地影响着近代社会生活的各个方面，所以不了解封建社会，也就很难深刻地、透彻地了解近代半殖民地半封建社会。横向的就是中国同世界的历史联系，因为正如胡锦涛所说，学习和研究历史，“不仅要有深远的历史眼光，而且要有宽广的世界眼光”③。如果不了解当时中国所处的国际环境，不了解世界资本主义的发展情况，不懂得殖民主义的本质和根源，不进行中国同主要资本主义国家在综合国力等方面的历史对比，同样无法了解为什么从鸦片战争开始，会发生中国由古代社会向近代社会转化的历史

---

① 江泽民：《领导干部要切实加强学习》，见《论党的建设》，88页，北京，中央文献出版社，2001。

② 《毛泽东选集》，2版，第2卷，534页。

③ 《进一步认识把握社会历史发展规律　增强推进改革发展的自觉性主动性》，载《人民日报》，2003-11-26。

转折。

关于这个问题，我以为主要应该掌握、讲透以下三个重点：

第一，要讲清楚中国封建社会的基本特点，尤其要充分肯定光辉灿烂的古代中华文明。

关于封建社会的基本特点，包括经济形态、政治制度、社会结构、文化思想体系等，《中国近现代史纲要》教材中已经都谈到了。那么，为什么要强调充分肯定灿烂的古代中华文明呢？因为在 20 世纪的 80 年代，曾经泛滥过一阵民族虚无主义思潮，这个思潮竭力诋毁和丑化我们的民族，全盘否定我们的传统文化，造成了极为恶劣的影响。当时，有一个名叫《河殇》的电视政论片，就是这种民族虚无主义的代表。它宣传“黄河文明”是一种“失败的文明”，竭力渲染“黄色文明”的所谓落后、封闭和保守，甚至把“黄土”“黄水”以至“黄皮肤”都当作中国文化落后无望的标记。声称只有用西方的“蓝色文明”（海洋文明）取代“黄色文明”，才是中国的唯一出路。得出的结论，就是中国只有走“全盘西化”这一条道路。这部电视片在国家电视台反复播放，风行一时。在此影响下，报刊上一时间充斥着形容和描述我们祖国和民族“丑陋”“愚昧”的文章。有的说“中国是个没有个性的国家”，“积淀在我们民族血管里的”只是“奴性”；缺乏创造力，安于现状，畏怯斗争，逃避现实，“成为整个民族的人格”；也有的说中国的传统文化只是一堆糟粕和垃圾，这种“千年不死的劣根”“早就该后继无人”，加以“整体地打破”和“全面否定”；还有人直截了当地公开表示对于爱国主义的轻蔑，宣称“如果要我彻底说，我不赞成爱国主义的口号，至少不是完全赞成”。“我无所谓爱国、叛国，你要说我叛国，我就叛国！就承认自己是挖祖坟的不肖子孙，且以此为荣。”这一套歪理邪说，首先，它完全背离了历史的真实。我们可以举出许多例证，证明历史的真相正如江泽民讲的那样：“中华民族有着自己的伟大民族精神。这个民族精神，积千年之精华，博大精深，根深蒂固，是中华民族生命机体中不可分割的重要成分。中华民族在五千多年的发展中，历经磨难而信念愈坚，饱尝艰辛而斗志更强，开发建设了祖国的大好河山，创造了灿烂的中华文明，为人类文明进步作出了不可磨灭的贡献。”① 其次，它在现实生活中，只能起着涣散斗志、搅乱人心、散布悲观失望情绪、动摇和打击民族自信心的消极作用。一个民族，一个国家，如果丧失了民族的自尊心和自信心，没有自己的精神支柱，就等于没有灵魂，就会失去凝聚力和生命力。有没有高昂的民族精神是衡量一个国家综合国力强弱的一个重要尺度。综合国力，主要是经济实力、科技实力，这种物质力量是基础，但也离不开民族精神、民族凝聚力，精神力量也是综合国力的重要组成部分。按照马克思主义的唯物辩证法观点，在一定条件下，精神可以变物质，精神的力量可以转化为物质的力量。强大的精神力量不仅可以促进物质技术力量的发展，而且可以使一定的物质技术力量发挥出更好更大的作用。在科技进步日新月异、综合国力竞争日趋激烈的国际大环境下，党的十六大特别提出要“坚持弘扬和培育民族精神”，原因也正在于此。

第二，要从中外历史的对比中，讲清楚在鸦片战争之前的大约半个世纪左右的时间里，中国已经大大地落后于西方资本主义国家。

18 世纪末 19 世纪初，一方面，中国走到了封建社会的末世，僵化的、没落的封建制度和君主专制主义的政治统治，扼杀了人们的创造精神，阻碍着先进生产力的发展和科学技术的进步，无力解决各种各样的社会矛盾和社会危机；另一方面，英国、美国、法国等几个主要西方国家，先后通过资产阶级革命，挣脱了封建主义的束缚，建立了资产阶级政权，实行并完成了工业革命，使资本主义制度得到了确立，资本主义经济得到了迅猛发展。其中，英国凭借其自身的诸多有利条件，成为世界资本主义最强大的国家，并且先后挫败西班牙、荷兰、法国，成为“海上霸王”，在美洲、非洲、亚洲、大洋洲建立了号称“日不落”的殖民大帝国。两相比较，一个相对停滞的、按照“蜗牛爬行的速度”缓慢行进的封建主义的中国和一个迅猛发展并急欲对外殖民扩张的资本主义的西方世界，必定

---

① 《江泽民文选》，第 2 卷，231 页。

要在一个特定历史时刻发生矛盾冲突甚至战争。鸦片战争在此时此刻发生，并且正是由英国来扮演头一个殖民侵略者的角色，其历史必然性也就在这里。

所以，要谈到近代中国的落后，需要明确两个相互联系的观点：一是中国的落后并不是鸦片战争以后才开始的，早在鸦片战争以前相当一段时间，中国就已经明显地落后于世界一些主要国家了。甚至可以说，正是这种落后，使得中国无力阻止殖民主义侵略者的横暴相加。二是殖民主义的侵略，确实大大地加重了和加深了中国的落后。布热津斯基在他写的《大失败——20世纪共产主义的兴亡》中写道："19世纪强加给中国的一系列条约、协定和治外法权条款，使人们清清楚楚地看到：不仅中国作为一个国家地位低下，而且中国人作为一个民族同样地位低下。这一衰败的现实同中国人的自我意识发生了猛烈的冲突。中国人认为在过去，甚至就在不久以前，他们在文化上和政治上都还比那伙蛮横的侵略者们富有和强大得多。事实上，中国在经济和政治上发生大滑坡只是近代的事。"① "这些事实驳斥了西方流行的看法：中国是一个停滞和颓废的帝国，而更加生机勃勃和更富进取精神的欧洲人可以随时欺侮它。"② 大家知道，布热津斯基的这本书是以预言共产主义的"大失败"为其主旨的，连他也这样说，可见这是一个无法否认的事实。

第三，要讲清楚殖民主义的本质和特征，正确认识殖民主义侵略对被侵略国家造成的后果和产生的历史影响。

近年以来，对究竟应该怎样看待殖民主义的侵略，存在着明显的分歧。有人发表文章，批评中华人民共和国成立以后的近代史研究"在很大程度上仍停留在对异族侵略者的口诛笔伐的感情宣泄上，这就大大淡化了我们研究的理性色彩"。有的提出要"重新评价近代西方殖民征服"，认为传统的关于西方殖民主义侵略造成了东方普遍落后的观点，使"历史批判的天平倾斜了"。在他们看来，西方殖民

---

① 布热津斯基：《大失败——20世纪共产主义的兴亡》，179页，北京，军事科学出版社，1989。

② 同上书，180页。

主义势力冲击了封建中国的“超稳定系统”，“不仅有利于西方资本主义经济文化向世界体系的拓展，而且从根本上改变了东方历史的发展过程，成为东方民族赶上现代文明的唯一的现实良机”。有的更直截了当地说：“如果没有近代西方的殖民征服，人类，特别是东方各民族所有优秀的自然才能将永远沉睡，得不到发展。”还有的说：“鸦片战争是在执行一种历史的使命，是对中国闭关锁国、因循守旧政策的一种必然回应，它是用侵略手段来达到使中国向世界开放的目的。”“从某种意义上来说，是鸦片战争一声炮响，给中国送来了近代文明。”总之，按照这样的观点，逻辑地得出的结论就是：殖民化在世界范围内推动了现代化进程。

事实果真是这样吗？

殖民主义是什么？殖民主义是资本主义国家通过军事的征服、政治的控制以及经济的掠夺，占领、奴役和剥削弱小国家、民族和落后地区，将其变为殖民地半殖民地的侵略政策。

在资本原始积累时期，殖民主义大都采取赤裸裸的暴力手段，如武装占领、海盗式的掠夺、血腥的奴隶买卖、欺诈性贸易、海外移民等；到自由资本主义时期，殖民主义的表现形式有了某种改变，主要通过“自由贸易”形式，把不发达国家、民族和地区变成自己的商品市场、原料产地、投资场所，以及廉价劳动力和雇佣兵的来源地。进入帝国主义时期，除了采取上述各种手段外，资本输出成为剥削这些国家、民族和地区的主要形式。西方殖民主义侵略曾大大促进了西欧资本主义的发展，可以说，殖民主义同资本主义是本质地联系在一起的。剥削和奴役殖民地半殖民地，是资本主义生存的必要条件。毛泽东甚至说，在帝国主义时代，资本主义到了“更加依赖殖民地半殖民地过活”① 的地步。

西方殖民主义势力统治或者控制了殖民地半殖民地以后，为了最大限度地获取自己的利益，必然要按照自己的面貌去改造殖民地半殖民地，在这个过程中，也就不可避免地会向这些地区传播某些

---

① 《毛泽东选集》，2版，第2卷，680页。

资本主义文明，譬如，把一些资本主义的生产方式、管理制度、科学技术引入殖民地半殖民地。毫无疑问，这在客观上对这些地区的发展会产生一定的积极影响，这就是马克思所说的“充当了历史的不自觉的工具”。对于这些，我们不必回避，也不应该回避。我们在揭露和批判殖民主义的罪恶时，应该实事求是地肯定它同时带来的某些客观进步的历史作用。但是，决不能一味地夸大问题的这一方面，以至于像前面所说的，把殖民主义看作传播文明的天使，引领历史前进的先知，给人们带来普遍福音的救世主。因为问题还有更加本质、更加主要、更加具有决定意义的方面，那就是，说到底，殖民统治者实行殖民侵略的根本目的，绝不是要把这些地方变成资本主义国家，也决不允许这些地区真正地走向现代化，以致让它们由自己的经济附庸变为自己的竞争者。且不说殖民主义在武力征服过程中带给被统治国家的种种令人发指的民族灾难，通过战争赔款、投资利润以及欺诈贸易等攫取的大量财富，仅从强迫订立的各种不平等条约所取得的各种政治、经济、外交特权，就像一根根巨大的绳索，把被压迫民族捆绑得死死的，扼杀了任何新政治、新经济的生机。从中国近代历史发展的全过程来看，殖民主义勾结中国封建势力压迫资本主义的发展，阻止和破坏中国社会的前进，是由无数事实所证明了的历史本质真实。

有人以香港为例，证明殖民主义怎样促使一个地区走向了现代化，并且可惜中国没有都像香港那样受殖民统治，以致慨叹说“中国要康乐富强，先得被殖民 150 年不为过”。这实在是典型的“只见树木，不见森林”。香港这样一块地方，发展成这样，是由一系列特殊条件造成的。世界上那么多受殖民统治的地区，何曾都得到像香港那样的发展机会？我们可以看看当今的所谓“最不发达国家”，哪一个不是历史上的殖民地？它们今天的落后与贫困，难道不正是当年殖民主义者对它们残酷掠夺、无穷榨取的结果吗？不仅如此，殖民统治留下来的种种问题，至今仍然严重地困扰着这些国家和民族，成为它们前进道路上的制约因素和障碍。殖民地半殖民地必须挣脱殖民统治才能得到正常发展，这是历史证明了的规律。

“西方列强入侵与近代中国社会的半殖民地半封建性质”

关于这个问题，我以为应该着重讲清的教学重点有三个：

第一，我们应该如何看待弱国反抗强国军事侵略的民族战争。

最近一段时间以来，在一些人中流行一种观点，认为鸦片战争以及后来的一系列反抗外来侵略的民族战争，都是在敌强我弱的大背景下进行的。在中国远远落后于列强的总体态势下，像林则徐这样的抵抗派是“不识时务”，“昧于大势”，“狂妄自大”，“虚骄误国”，正是他们的强硬态度导致了战争的爆发，他们应该为战争的失败及其所带来的严重后果负责；而琦善以及后来的李鸿章等主张妥协、求和的人，则是能够“审时度势”，“权衡利弊”，“忍辱负重”，“委曲求全”，了解中国和世界的情势，所作所为符合国家利益。他们最重要的理由是，既然“落后”必定要“挨打”，那么反抗也是没有用的，因为反抗以后仍要失败，而且失败之后只能付出更加惨重的代价。

这一套说法看起来似乎有点道理，但仔细分析，是站不住脚的，为什么呢？

“落后就要挨打”，这是中国人民从近代以来屡遭外来侵略的悲惨经历中得出的刻骨铭心的教训，无疑是完全正确的。但上面所说的观点，却对此做了不恰当的引申，把“落后就要挨打”变成了“落后只能挨打”。虽然只有两字之差，意思却大相径庭。“落后就要挨打”是一个积极的命题，它要求我们有强烈的忧患意识，警醒我们一个国家只有首先自强，才能在世界上自立，要通过艰苦的努力，尽快摆脱落后的状况，使自己强盛起来，赶上先进，以平等的姿态跻身世界民族之林。只有这样，才能够改变任人宰割、听人摆布、受尽屈辱的悲惨命运。“落后只能挨打”则是一个消极的命题，它宣扬奴隶主义、“顺民哲学”，涣散人们的斗争意志，鼓吹在强敌当前、横逆袭来的时候，只应该俯首帖耳、逆来顺受，任凭侵略者作威作福，予取予求。

这种观点的一个假设前提，就是认为落后的、弱小的国家和民族，在反侵略战争中失败是必然的、不可避免的。他们的逻辑是，既然必定要失败，反抗是徒劳无益的，那就不如不反抗。但这个假设并没有科学的依据。在古今中外的历史上，不论是国与国之间的战争，还是国内战争，弱小的一方战胜表面上力量强大的一方的事，可以说屡见不鲜。美国在独立战争中打败了当时世界上最先进的英国，落后的小国海地赶走了法国殖民者而赢得了独立。从我国的历史看，如果因为力量对比的悬殊就放弃了斗争，那哪里还有中国共产党推翻国民党反动统治的胜利！胡锦涛在谈到抗日战争的时候，特别强调“中国人民能够赢得抗日战争的胜利，以落后的武器装备打败经济实力和军事装备远比自己强大的侵略者，绝不是偶然的”①。为什么弱能胜强呢？这是因为，战争的胜负，是由多种因素决定的，军事力量、经济力量固然重要，但战争性质、人心向背、政治动员、战争谋略等，也起着不可忽视的作用。其实，一个真正的爱国者决不会只有在有必胜的把握时才投入反侵略斗争。而作为一种历史评判，当侵略者把战争强加在被压迫民族头上的时候，却去一味地责备为国家民族的生死存亡而拼死抗争的人们，这难道有一点起码的公平吗？

既然反抗是徒劳的、错误的，那么，在他们看来，当侵略者以军舰大炮兵临城下的时候，弱小民族应该何以自处呢？对此，他们开出了两张药方：一张药方是先不要抵抗，等到“整顿军备、充实武力”后再战；另一张药方是放弃抵抗，通过让步以换取与侵略者缔结一项“相对有利的和约”。对于第一点，我们不必多费唇舌，因为这本来就是一张空头支票，说穿了，不过是一种搪塞而已。试想，战争什么时候打，找什么借口来打，从来都是由侵略者来决定的，难道侵略者会等到你“整顿军备、充实武力”之后，再来发动侵略战争吗？对于第二点，清朝政府在面对列强侵略的时候，曾经不断试用过这个办法，中法战争、中日甲午战争之前，李鸿章尽心竭力，

① 《纪念中国人民抗日战争暨世界反法西斯战争胜利60周年大会在京隆重举行》，载《人民日报》，2005-09-04。

幻想通过各种让步乞求各国的“调停”以避免战争，结果战火还是照样在中国大地上熊熊燃烧。为什么？因为侵略者“欲壑难填”，绝不是一点小的让步就可以满足的；相反，你越让步，他必然越“得寸进尺”。正像林华国教授所说的：“中外战争史中，被侵略者以顽强抵抗迫使侵略者降低侵略要求的事例并不少见，以放弃抵抗赢得侵略者让步的事例却闻所未闻。”①

近代以来，世界上的帝国主义国家，几乎都曾经欺凌过中国；而近代中国的反侵略战争，从 1840 年反对英国侵略的战争直到抗日战争以前无不以中国失败并被迫接受丧权辱国的条约而告结束。其根本原因，“一是社会制度腐败，二是经济技术落后”②。我们应该怎样来看待这个令人痛心的事实呢？能不能根据反侵略战争不断失败的事实，得出根本就不应该进行反侵略战争的结论呢？简单地以成败论英雄，以成败论是非，显然是一种过于肤浅也过于陈旧的历史观点。事实上，近代历史上的一些重大事件，许多都是失败的，太平天国运动、戊戌维新运动乃至辛亥革命，没有一个不是以失败告终的，但它们都从不同的角度，对历史产生过积极的影响，推动了历史的前进，这些历史事件都是中国人民走向新的更高形式斗争的一个必经阶梯，也是中国民族民主革命取得最后胜利的奠基石之一。反侵略的民族战争也是一样。甲午战争失败了，中国付出了惨重的代价，给中华民族带来了巨大的灾难和空前的耻辱。但是，正是在这种情况下，中华民族掀起了新的觉醒浪潮，爱国主义得到了新的昂扬，要求变革的呼声日益高涨。就像梁启超指出的：“吾国四千余年大梦之唤醒，实自甲午战败，割台湾偿二百兆以后始也。”③“自中东一役，我师败绩，割地偿款，创钜痛深，于是慷慨爱国之士渐起，谋保国之策者，所在多有。”④ 这就是恩格斯所说的：“没有哪一次巨大的历史灾难不是以历史的进步为补偿的。”⑤

① 林华国：《近代历史纵横谈》，147 页，北京，北京大学出版社，2005。

② 《毛泽东著作选读》下册，848 页，北京，人民出版社，1986。

③ 《饮冰室合集》专集之一，1 页。

④ 《饮冰室合集》文集之三，67 页。

⑤ 《马克思恩格斯全集》，中文 1 版，第 39 卷，149 页。

第二，正确判断社会性质的重要意义。

以鸦片战争为开端的中国近代社会是半殖民地半封建社会。什么是半殖民地半封建社会呢？所谓半殖民地半封建社会，实际上包含着两重意思，或者说，由于殖民主义的侵略使中国社会发生了两个方面的变化。一方面，列强的侵略促使封建社会解体，促使中国产生了资本主义因素，但旧的封建主义的政治、经济等仍然顽强存在，所以，这个社会已不是完整的封建社会，而是半封建社会了。另一方面，列强残酷统治了中国，使中国丧失了独立的地位，但又同殖民主义、帝国主义直接统治的殖民地有所区别，他们采取的是勾结、支持中国的封建势力作为自己的代理人，对中国实行间接统治，所以是半殖民地性质。这两个方面合起来，就是半殖民地半封建社会。这个判断不是随便做出的，而是经过认真探索得出的科学结论。做出这个判断，一方面是中国共产党人在革命斗争中，为了弄清中国的国情，明确革命的性质和任务而进行的观察和研究。与此同时，理论工作者们在20世纪20年代末30年代初，开展了一场关于中国社会性质问题的大讨论，参加讨论的有马克思主义者，也有非马克思主义的学者。经过热烈的争论，中国社会是半殖民地半封建社会的观点得到多数人的认同。后来，毛泽东在把马克思主义中国化的过程中，对半殖民地半封建社会的问题做了系统的论述，形成了一套完整的理论。

正确判断社会性质之所以重要，一是因为认识中国近代社会的性质，就是认识近代中国的国情；二是因为认清社会性质是认清一切革命问题的基本根据；三是因为认清社会性质是研究中国近代历史的基本出发点。毛泽东在《中国革命和中国共产党》中说："只有认清中国社会的性质，才能认清中国革命的对象、中国革命的任务、中国革命的动力、中国革命的性质、中国革命的前途和转变。所以，认清中国社会的性质，就是说，认清中国的国情，乃是认清一切革命问题的基本的根据。"① 中国共产党根据中国近代社会是半殖民地

① 《毛泽东选集》，2版，第2卷，633页。

半封建社会的判断，制定了新民主主义革命的纲领、路线和政策，引导革命取得了胜利；而革命的胜利，又雄辩地证明了中国近代社会是半殖民地半封建性质这一判断的正确性和科学性。

第三，半殖民地半封建社会的基本特征。

要使大学生很好地学懂弄通这个问题，不能不要求他们认真读一读毛泽东的《中国革命和中国共产党》这篇文章，特别是其中的第一章第三节。因为这篇文章对这个问题做了极为深刻、极为全面而又十分生动活泼的论述。在这篇文章里，毛泽东首先从十个方面，描绘了帝国主义列强怎样采用军事的、政治的、经济的和文化的种种压迫手段，一步步地“把一个封建的中国变为一个半封建半殖民地和殖民地的中国的血迹斑斑的图画”。这十个方面是：（1）对中国举行多次侵略战争；（2）强迫中国订立一系列不平等条约，攫取侵略特权；（3）控制中国的通商口岸，设立租界；（4）在中国经营轻重工业，直接进行经济压迫；（5）垄断中国的金融、财政；（6）造成一个买办的和商业高利贷的剥削网，培植买办阶级和高利贷阶级；（7）使地主阶级成为它们统治中国的支柱；（8）造成军阀割据和军阀混战；（9）实行文化侵略政策；（10）在一定条件下，把一部分地区沦为直接统治的殖民地。

前面我们说过，殖民主义侵略虽然有带来资本主义文明的作用的一方面，但更主要、更本质的方面则是阻碍被侵略国家的经济发展和社会进步。这十个方面，就是对这个问题具体的无可辩驳的说明。

“近代中国的主要矛盾和历史任务”

在半殖民地半封建的旧中国，社会矛盾是十分错综复杂的。但是，在复杂的事物的发展过程中，在存在着的许多矛盾中，必定有一种或两种矛盾是主要矛盾，它们的存在和发展规定或影响着其他矛盾的存在和发展。在半殖民地半封建社会中，占支配地位的主要矛盾有二：一是帝国主义和中华民族的矛盾，二是封建主义和人民大众的矛盾。这两大主要矛盾互相交织在一起，而帝国主义与中华民族的矛盾，又是最主要的矛盾。

这两大主要矛盾，其矛盾的地位也是随着形势的变化而变化的。当帝国主义进行侵略战争的时候，国内各阶级，除了一些叛国分子以外，能够暂时地团结起来举行民族战争去反对帝国主义。这时，帝国主义和中华民族的矛盾成为主要矛盾，而国内各阶级的一切矛盾，包括封建制度和人民大众之间这个主要矛盾在内，便都暂时地降到次要和服从的地位。当帝国主义不是用战争压迫而是用政治、经济、文化等比较温和的形式进行压迫的时候，封建统治阶级就会向帝国主义投降，二者结成同盟，共同压迫人民大众。这种时候，就会显出内部矛盾的特别尖锐性。

研究近代历史，对于非主要矛盾也是不能忽略的，因为非主要矛盾在历史上也要产生一定的、相当的影响，忽略了非主要矛盾，历史的生动性和丰富性就会受到削弱，变成干巴巴的东西。但一定要看到，非主要矛盾毕竟是受主要矛盾的制约、影响和支配的，决不能脱离主要矛盾孤立地去谈非主要矛盾，更不能主次颠倒，把非主要矛盾误认为是主要矛盾。那样就会对历史做出错误的判断。例如，在近代历史上，“学习西方”是个重要的命题，因为要救国，要自强，就要学习西方先进的东西。但有的研究者把学习西方看作评价历史的主要标准，实际上把中学与西学、新学与旧学的矛盾看成了主要矛盾，结果就把义和团完全当成了违反历史潮流而动的政治力量。义和团的盲目排外当然是错误的，是应该否定的，但却不能因此而一笔抹杀了下层群众反抗帝国主义的正义性。又如有的人夸大了统治阶级的内部矛盾，以致把袁世凯在辛亥革命中的“逼宫”看作推翻清朝的决定因素，结果把这位帝制祸首歌颂为共和元勋。可见，只有正确认识中国近代社会的主要矛盾，才能正确揭示近代历史的真相。

近代社会的两个主要矛盾，决定了中国人民面临着两大历史任务。

第一，两大历史任务的具体内容。

关于近代中国的两大历史任务，在党的十五大报告中讲得最清楚明白。报告说：“鸦片战争后，中国成为半殖民地半封建国家。中华民族面对着两大历史任务：一个是求得民族独立和人民解放；一个是实现国家繁荣富强和人民共同富裕。前一任务是为后一任务扫清障碍，创造必要的前提。”这一段话讲得很清楚。帝国主义的侵略，使中华民族丧失了民族独立的地位；帝国主义勾结封建主义实行的反动统治，使中国人民处于被压迫、被奴役的地位，毫无政治权利。所以，要求得民族独立和人民解放，就必须坚持反帝反封建的斗争，又因为反动统治势力不可能自动退出历史舞台，因此这个任务只能通过革命的手段才能完成。只有实现了前一个任务，为后一个任务扫清了障碍，创造了必要的前提，国家繁荣富强和人民共同富裕才有实现的可能。

从某种意义上说，这里讲的也正是近代社会中革命和现代化的关系。前一个任务主要讲的是革命，后一个任务虽然并不能完整地反映现代化的全部内容，但大体同人们在一般意义上所说的现代化比较接近。如果说两大历史任务是相统一的、密切相关的，那么，在近代历史上的革命和现代化也应该是相统一的、密切相关的。可以这样说，现代化是近代以来中国人民魂牵梦绕的不懈追求，革命则是贯串整个近代历史的主旋律。

但近年来却流行一种观点，认为革命妨碍了、破坏了现代化。他们提出要“告别革命”。他们说：“如果要对20世纪中国进行反省”，头一个应该进行的“根本性的反省”，就是革命革糟了。我们的民族患了“革命崇拜症”，而“革命容易使人发疯发狂，丧失理性”；“革命方式”有很多弊病，产生很多后遗症，“包括它给社会带来的各种破坏”；“老是革命，整个民族的生命能量就在革命中耗尽了”。所以，“20世纪的革命方式确实带给中国很深的灾难”。总而言之，他们认为革命妨碍了现代化，破坏了现代化。这种观点渗透到近代史研究的各个方面，逐步形成了一个完整的体系。所以，要正确认识中国近代历史，就不能回避历史唯物主义同以“告别革命”

论为代表的历史虚无主义这两种历史观的对立。

那么，所谓的“告别革命”论究竟有没有道理，符合不符合历史实际呢？下面我们就来做一点回答。

第二，革命是怎样发生的？

对于革命，不管你赞成、歌颂也好，反对、指斥也罢，革命确确实实是中国近代史的主旋律，这个事实并不因为人们的喜欢或者厌恶而有所改变。美国著名汉学家费正清在《观察中国》一书中说：“帝国主义的侵略使中国人民蒙受了耻辱，正是这种耻辱唤起了中国的民族主义并激发了二十世纪的中国革命。”① “革命是近代中国的基调，美国人要想了解这一点，必须首先要懂得中国的历史。”② 直到中华人民共和国成立之后，建设才代替革命成为放在中国人民面前的头等重要的任务。

革命作为社会发展过程中一种客观的历史运动，它既不是少数人鼓吹、制造的结果，也不是一时感情冲动的产物，这是一种适应社会需要的理性选择。以为靠少数革命家振臂一呼，制造一种“革命崇拜”，就可以把无数群众卷入革命洪流中来，未免想得过于天真。恩格斯早就说过：“把革命的发生归咎于少数煽动者的恶意的那种迷信时代，是早已过去了。现在每个人都知道，任何地方发生革命震动，总是有一种社会要求为其背景，而腐朽的制度阻碍这种要求得到满足。”③ 只有在统治者不能照旧统治下去，人民群众也不能照旧生活下去的时候，革命才会发生。革命者并不是一伙“发疯发狂”的好乱之徒，他们选择革命或接受革命，往往是别的路都走不通之后，才被“逼上梁山”的。孙中山曾不止一次叙述过他怎样“不得不”选择非和平的、暴力革命道路的缘由和经过。他在《伦敦被难记》中说，他本想“以和平之手段、渐进之方法请愿于朝廷，俾倡行新政”，只是在多次碰壁之后，才“积渐而知和平之手段不得不稍易以强迫”。所以，抽去了历史条件，完全不顾历史环境，抽象

---

① 费正清：《观察中国》，13页，北京，世界知识出版社，2003。

② 同上书，96页。

③ 《马克思恩格斯全集》，中文1版，第8卷，5～6页，北京，人民出版社，1961。

地讨论是改良好还是革命好，是讨论不清楚的，也是毫无意义的。在条件许可的情况下，改良自然能够起积极的历史作用。但是，当改良已经失去了现实可能性的时候，为了社会的进步，革命便是一种唯一的选择。在半殖民地半封建的中国，既然民族独立地位的丧失、国家主权的备受侵凌，把中华民族逼到了生死存亡的危急关头；既然封建专制政治的统治，剥夺了人民生存和发展的权利，成为中国走向现代化的巨大障碍，志士仁人们便不得不把主要精力投入争取国家独立和民族解放的斗争中去。这就是中国人民为什么不得不集中那么多社会精英、经历那么多艰难险阻、付出那么多惨痛代价去从事革命斗争的根本原因。中国人民并不是青睐革命，而是为了国家的发展和民族的振兴必须做出的无法回避的选择。

诚然，革命必定要付出代价，而且是沉重的代价，但是，如果不革命，如果没有革命对旧制度的扫荡，人们以及社会付出的代价要大过千百倍，要沉重千百倍。至于破坏和建设的关系，其实在百年以前，当时的革命者就已经讲清楚了。邹容在《革命军》一书中曾说：“欲大建设，必先破坏；欲大破坏，必先建设。此千古不易之定论。吾侪今日所行之革命，为建设而破坏之革命也。”孙中山后来也曾对胡汉民说过：“建设是革命的惟一目的，如不存心建设，即不必破坏，更不必言革命。”①

第三，没有革命便没有现代化。

现代化的一个重要内容是工业化。但是，在半殖民地半封建的旧中国，不经过革命，能够实现工业化吗？对于这个问题，早在20世纪40年代，毛泽东就在总结历史经验的基础上，做了十分明确的回答。他说：“没有独立、自由、民主和统一，不可能建设真正大规模的工业。没有工业，便没有巩固的国防，便没有人民的福利，便没有国家的富强。”“一个不是贫弱的而是富强的中国，是和一个不是殖民地半殖民地的而是独立的，不是半封建的而是自由的、民主的，不是分裂的而是统一的中国，相联结的。在一个半殖民地的、

① 转引自金冲及：《孙中山和辛亥革命》，4页。

半封建的、分裂的中国里，要想发展工业，建设国防，福利人民，求得国家的富强，多少年来多少人做过这种梦，但是一概幻灭了。”①

在晚清时期，人们还不可能从理性上掌握这一历史规律。但人们从自己的切身经验中逐步体会到，要想实现经济的发展、社会的进步、国家的富强、民族的振兴，首先必须集中全力推翻已经成为“洋人的朝廷”的清朝政权，埋葬封建帝制，求得民族的独立，争取政治的民主。这就是辛亥革命发生并迅速兴起的原因。

---

① 《毛泽东选集》，2版，第3卷，1080页。

关于正确把握民族复兴历史进程的几个问题*

从 19 世纪中叶到 21 世纪中叶，中华民族从沉沦到复兴，经历了 200 年的时间。在这段时间里面，无数的志士仁人、广大的人民群众在不同的历史环境、社会条件下，始终把“实现中华民族伟大复兴”作为自己的奋斗目标。如果把这 200 年时间分成两段，那么可以说是前面 100 年，后面 100 年。

鸦片战争一直到中华人民共和国成立这个前 100 余年，主要历史内容可以概括成六个字：沉沦、探索、奋斗。沉沦，就是一步一步地从封建社会变成一个半殖民地半封建社会，民族灾难越来越深重，民族危机越来越严重。探索，就是我们的先人、先辈探索走一条什么样的道路来实现我们的民族复兴。奋斗，就是围绕这个探索来实践，来进行斗争，争取中华民族的复兴。这 100 年的基调是悲凉的。当时中国人民所做的一切，主要是为了挽救民族危亡，同时为中华民族的伟大复兴准备必要的条件。

从 20 世纪中叶到 21 世纪中叶，这个后 100 年，就是中华人民共和国成立以后的 100 年时间，主要的历史内容也可以概括成为六个字：探索、奋斗、辉煌。虽然中华人民共和国成立了，以后的路怎么走，社会主义怎么建设？探索里面有成就，有失败，有挫折，最后找到了一条有中国特色的社会主义道路。

按照党的十六大的提法，中华人民共和国成立以后，我们才开始了在社会主义道路上实现中华民族伟大复兴的历史进程。中华人民共和国成立以前这个 100 年，基本上都是为这个做准备。关于民族复兴的内容，党的十七大报告有一个非常好的概括。它说，鸦片

* 载《学习与研究》，2008 年 9 月。

战争之后，中国成为半殖民地半封建的国家，中华民族面对着两大历史任务，一个是求得民族独立和人民解放，一个是实现国家繁荣富强和人民共同富裕。前100年主要完成前一个任务，就是求得民族独立和人民解放，为后一个任务扫清障碍，创造必要前提；后100年主要是完成后一个任务，实现国家繁荣富强，人民共同富裕。

那么怎样正确弄清楚这段历史？我觉得有几个问题需要讨论清楚。

殖民主义、帝国主义的侵略到底给中国社会带来哪些影响

中国近代历史的开端，是以英国殖民主义侵略者发动鸦片战争为标志的。近年来，到底应该怎样看待殖民主义侵略，存在着很明显的分歧。现在一个很流行的观点就是殖民主义的侵略带来了西方文明，没有这个西方文明中国就不能进步。有的人发表文章批评中华人民共和国成立以后的近代史研究有很大的错误和问题。他们说近代史研究很大程度上停留在对异族侵略者口诛笔伐的感情宣泄上，大大淡化了研究的理性色彩，光是批评殖民主义、帝国主义。

有的人主张要重新评价近代西方殖民征服，认为过去说西方殖民主义侵略造成了东方普遍落后这种观点，使得历史批判的天平倾斜了，不公正了。认为西方殖民主义势力冲击了中国封建的“超稳定系统”，不但有利于西方资本主义经济文化向世界体系扩展，而且从根本上改变了东方历史的发展过程，或成为东方民族赶上现代文明唯一的现实良机。如果没有殖民主义推动，东方民族永远不能向现代化前进。所以有一篇文章里面这样总结道：“从某种意义上说，是鸦片战争一声炮响，给中国送来了近代文明。”所谓近代文明，就是资本主义的文明。按照这些观点，其逻辑的结论就是——殖民化在世界范围内推动了现代化进程。

事实果真如此吗？

殖民主义是什么？殖民主义的概念是资本主义国家通过军事的征服、政治的控制与经济的掠夺，占领、奴役、剥削弱小国家、民族和落后地区，将其变成殖民地半殖民地的侵略政策。

殖民主义势力统治或者控制了殖民地半殖民地之后，为了最大限度地获取自己的利益，必然要按照自己的面貌去改造殖民地半殖民地。在这个过程中，我们应该承认不可避免地会向这些地区传播某些资本主义的文明，比如说把一些资本主义的生产方式、管理制度、科学技术引到殖民地半殖民地。毫无疑问，这一点在客观上对这些地区的发展会产生一定的积极影响。过去我们对于这一点没有给予必要的承认、必要的分析，应该纠正。正如马克思主义所说，殖民主义充当了历史不自觉的工具，对于这个问题我们不要回避，也不应该回避。

我们在揭露和批判殖民主义罪恶的时候，应该实事求是地肯定它同时带来的某些客观进步的历史作用。但是不能夸大，不能把这些作用无限夸大，说成是主要的东西。那样的话，就把主次颠倒了，把本质、非本质的东西颠倒了。也就是说，殖民统治确实带来一些西方资本主义的文明，但是如果不看到它带给殖民地半殖民地的剥削、统治、压榨，就完全是只见树木，不见森林。因为殖民主义侵略和统治这些地区、这些国家，它绝不允许这些地区、这些国家走向现代化，也成为一个资本主义国家，这样的话它就无利可图了。它只允许这些地区、国家成为它的经济附庸。

怎样看待弱国反抗强国军事侵略的民族战争

毛泽东曾说，近代以来，世界上的帝国主义国家，几乎都曾经欺负过中国，而近代中国的反侵略战争，从1840年反对英国侵略的战争一直到抗日战争以前，无不以中国失败、被迫接受丧权辱国的条约而告结束。其根本原因，一是社会制度腐败，二是经济技术落后。

最近一段时期以来，有一些学者根据这个事实提出了一种观点，认为既然鸦片战争以来一系列反抗外来侵略的战争都是在敌强我弱这个大背景下进行的，那么在中国远远落后于列强的总体态势下，像林则徐这样的抵抗派是不识时务、昧于大势、狂妄自大、虚骄误国。正是林则徐这些人的强硬态度导致了战争的爆发，他们应该为战争的失败及其所带来的严重后果负责，所以他们是千古罪人。而琦善以及后来的李鸿章等主张妥协求和的人是审时度势、权衡利弊、忍辱负重、委曲求全。他们能够了解中国和世界情势，他们的所作所为符合国家利益，所以他们是“杰出”的、“头脑清醒”的外交家。

他们这样评价的一个最重要理由是：落后一定要挨打，那么反抗也是没有用的。反抗以后仍然失败，失败了以后只能付出更加惨重的代价，那就不如不反抗。这个话听起来似乎有点道理。中国是落后的，落后以后也确实经常打败仗，那么还要不要反抗呢？是不是所有的反抗都错了呢？下面我就从几个方面来对这个问题做一个回答。

1. “落后就要挨打”，这是中国人民从近代以来屡遭外来侵略的悲惨经历中得出的一个刻骨铭心的教训，完全正确。但是上面所说的观点，把“落后就要挨打”做了一个不恰当的引申，变成了“落后只能挨打”，两字之差，意思完全不一样了。“落后就要挨打”，这是一个积极的命题，它唤醒我们强烈的忧患意识，警醒我们一个国家只有首先自强，才能够在世界上自立，要通过艰苦的努力，尽快摆脱落后的状况，使自己强盛起来，赶上先进，这样才能以平等的姿态跻身于世界民族之林。只有这样才能够改变任人宰割、听人摆布、受尽屈辱的悲惨命运。“落后只能挨打”，这是一个消极的命题。它宣扬奴隶主义、顺民哲学，涣散人们的斗争意志，鼓吹在强敌当前、横逆袭来的时候，只能够俯首帖耳、逆来顺受，听凭侵略者作威作福、予取予求。

2. 这种观点的假设前提是：落后的、弱小的国家和民族，在反侵略战斗中是一定要失败的。他们的逻辑是，既然必定要失败，反抗就是徒劳无益的，你不如不反抗。我认为，问题的关键是这个假设是没有科学依据的。在古今中外的历史上，不论是国与国之间的战争，还是国内战争，弱小的一方战胜表面上力量强大一方的事情，可以说屡见不鲜。美国在独立战争中打败了当时世界上最先进的英国，那时美国的力量很弱小。如果说落后不能反抗的话，那么美国就不能打败英国。落后的小国海地也同样赶走了法国殖民者，赢得了独立，取得了反殖民主义的胜利。

从我们国家的历史看，如果因为力量对比悬殊就放弃斗争的话，那就没有共产党推翻国民党的胜利了。胡锦涛同志在讲到抗日战争胜利的时候特别强调："中国人民能够赢得抗日战争的胜利，以落后的武器装备打败经济实力和军事装备远比自己强大的侵略者，绝不是偶然的。"① 抗日战争时候，中国经济实力落后，武器装备、军事装备远比日本落后，但是中国胜利了。原因就是战争的胜负是由多种因素决定的。军事力量、经济力量非常重要，但是战争的性质、人心的向背、政治动员、战争谋略等等也起着不可忽视的作用。而作为一种历史的评判，当侵略者把战争强加在被压迫民族头上的时候，有些人一味地责备为国家和民族生死存亡而拼死抗争的人，这没有一点起码的公平。

3. 既然反抗是徒劳的、错误的，那么当侵略者以军舰、大炮兵临城下的时候，弱小民族应该怎么自处呢？对此，他们开了两张药方。

第一张药方是：先不抵抗，等到整顿军备、充实武力之后再战。我认为这完全是一句空话。因为战争什么时候发动，不是由你决定的。战争什么时候打，找什么借口来打，从来都是由侵略者决定的。侵略者会等到你整顿军备、充实武力之后再来发动战争吗？不存在这种可能，所以这样的研究毫无价值。

第二张药方是：应该放弃抵抗，通过让步来换取与侵略者缔结的一项"相对有利的和约"。实际上，近代历史上李鸿章等人一直在

① 胡锦涛：《在纪念中国人民抗日战争暨世界反法西斯战争胜利60周年大会上的讲话》，载《人民日报》，2005-09-04。

用这个办法。中法战争、中日甲午战争之前，李鸿章都曾经尽心竭力地幻想通过各种让步来求得各国的调停，避免战争。其结果还是避免不了，战火还是在中国大地上熊熊燃烧。因为侵略者们欲壑难填，绝不是一点小的让步就可以满足的。相反你一让步，他必然愈加得寸进尺。所以，林华国教授在一篇文章里这样写道："中外战争史里边，被侵略者以顽强抵抗，迫使侵略者降低侵略要求的事例并不少见，以放弃抵抗赢得侵略者让步的事例是闻所未闻。"

4. 既然反侵略的民族战争都失败了，我们应该怎么来看待这种令人痛心的事实呢？简单地以成败论英雄，以成败论是非，显然是一种过于肤浅也过于陈旧的历史观点。事实上，近代史上的许多重大事件都以失败而告终，但不能说失败了就不起作用，失败了就是错误的。从鸦片战争到五四运动这 80 年来，太平天国运动、戊戌维新运动都失败了。辛亥革命虽然取得了推翻清朝封建专制君权的胜利，但是它最后没有改变社会性质，没有改变人民受压迫的地位，所以也是以失败而告终的。但是这些运动都从不同角度对历史产生过积极影响，都从不同角度推动了历史前进，这些历史事件都是中国人民在走向新的、更高形式的斗争中的一个必经阶段，也是中国民族民主革命取得最后胜利的奠基石。

反侵略的民族战争也是一样。甲午战争失败了，中国付出了惨重代价，中华民族蒙受了巨大灾难、空前耻辱。但正是这种失败，使中华民族掀起了新的觉醒浪潮，爱国主义精神得到了新的昂扬，要求变革的呼声越来越高涨。所以，恩格斯曾经说："没有哪一次巨大的历史灾难不是以历史的进步为补偿的。"①

不仅甲午战争是这样，义和团运动在八国联军和清朝政府的血腥镇压下也失败了。但是，是不是说义和团运动就毫无意义呢？不是的。我们说义和团运动确确实实起了阻止外国瓜分中国的作用。八国联军的统帅瓦德西曾说："吾人对于中国群众，不能视为已成衰弱或已失德性之人。彼等在实际上，尚含有无限蓬勃生气……至于

① 《马克思恩格斯全集》，中文 1 版，第 39 卷，149 页。

中国所有好战精神，尚未完全丧失，可于此次‘拳民运动’中见之。”“无论欧美日本各国，皆无此脑力与兵力，可以统治此天下生灵四分之一也……故瓜分一事，实为下策。”① 赫德比瓦德西想得更深，看得更远一些。他说：“这是一个纯粹的爱国主义的自发自愿的运动。”“这个运动已经掌握了群众的想象力，它将会像野火一样烧遍全中国。”“今天的这段插曲不是没有意义的，那是一个要发生变革的世纪的序曲，是远东未来历史的主调：公元2000年的中国，将大大不同于1900年的中国！”② 他的眼光是敏锐的、独到的，义和团运动可以给予我们的启示正是：2000年的中国跟1900年的中国完全不一样了。

怎么看待革命与现代化的关系

1. 革命同现代化不是对立关系，不是互相排斥的关系。美国的汉学家们对革命本来是肯定的，后来又否定了，用“现代化范式”来代替“革命史范式”，认为革命起的作用很坏。那么到底应该怎么看待革命和现代化，它们是个什么关系呢？我认为，革命与现代化不是对立的关系，不是互相排斥的关系。我是不赞成用现代化史观来替代革命史观这个提法的。并不是不可以从现代化的角度去研究中国近现代历史，而是不能用现代化史观替代革命史观。过去我们过于强调政治，忽略了社会经济、社会文化等。这种教条、僵化的思想应该改变。如果我们用唯物史观去研究革命，也用唯物史观去研究现代化，那么就会发现，革命与现代化这两者是统一的。革命是近代史的主要内容，革命是近代史的最强音，而现代化实际上是中国人民200年的不懈追求，所以这两个东西是统一的。

权威学者费正清在其著作《观察中国》中写道，帝国主义的侵略使得中国人民蒙受了耻辱，正是这种耻辱唤起了中国的民族主义，

---

① 《义和团》(三)，86页。

② 《“黄祸论”历史资料选辑》，144页。

并且激发了20世纪的中国革命。他认为，革命是近代中国的基调。所以，把革命同现代化对立起来，用一个否定另一个，这不符合历史，其实革命是为现代化创造条件的。要推翻帝国主义统治，不革命是不行的；要推翻封建专制主义的统治，不革命也是不行的。因此，就是要进行革命。但这个革命是为中国的富强、人民的共同富裕创造的必要前提，而现代化也为革命提供必要的物质基础和精神基础。也就是说，没有一定的现代化，革命也不能发生。同样，革命也为现代化的大步前进创造了必要的政治前提。没有民族独立，就没有人民民主，也不能实现现代化；没有现代化，现代意义的革命也无从发生；政治、经济、文化永远落后，也不能实现真正的民族独立。所以，二者之间不是矛盾的关系，不是一个否定另一个的关系，而是互相促进的关系。

2. 革命是被逼出来的。不管你赞成也好，反对也罢，革命确确实实是中国近代史的主旋律，这个事实并不因为你喜欢或者厌恶而有所改变。一直到中华人民共和国成立之后，建设才代替了革命。革命，作为社会发展过程中一种客观的历史运动，它不是少数人鼓吹、制造的结果，也不是一时感情冲动的产物，这是一种适应社会需要的理性选择。革命不是少数人一呼，大家就跟着革命了，就崇拜革命了。恩格斯曾经说过一段话："把革命的发生归咎于少数煽动者的恶意的那种迷信时代，是早已过去了。"① 现在每个人都知道，任何地方发生革命震动，总是有一种社会要求作为背景，而腐朽的制度则阻碍这种要求得到满足。

现在很多人都抽象地讨论是和平好还是战争好，是革命好还是改良好。我认为，抽象地提出这样的问题，本身就很荒唐。谁都喜欢和平。因此，我们说，在正常情况下改良好，但在不革命就不能前进的时候，就必须要革命。到这个时候，革命就成为历史发展的火车头。

事实上，我们国家的所有革命家，几乎都是被"逼上梁山"的。

---

① 《马克思恩格斯全集》，中文1版，第8卷，5页。

在这一点上孙中山、毛泽东自己都讲过。孙中山曾说过：我本想和平改革，而且我也曾经向李鸿章上书，希望他支持我，但是李鸿章不理我，最后不得不推翻政权，不得不易之以强迫。毛泽东也曾经讲过：我先是教小学后来是教中学，从来没有想起过拿起枪杆子来。后来看，不推翻这个社会就不能前进了，所以我就拿起枪杆子来参加战斗了。很多人在作为一个革命者之前，都是改良主义者，后来都参加革命了。在那种社会条件下，不打倒当时的政权社会无法前进一步，也就不得不拿起枪杆子来进行革命了，所以我说我们的革命是被逼出来的。

3. 没有革命就没有工业化。现代化的一个很重要内容就是工业化，这是没错的。但是在半殖民地半封建的中国，不经过革命，工业化是不能实现的。毛泽东曾说："没有独立、自由、民主和统一，不可能建设真正大规模的工业。没有工业，便没有巩固的国防，便没有人民的福利，便没有国家的富强……一个不是贫弱的而是富强的中国，是和一个不是殖民地半殖民地的而是独立的，不是半封建的而是自由的、民主的，不是分裂的而是统一的中国，相联结的。"① 在一个半殖民地半封建的分裂的中国，想发展工业、建设国防、福利人民、求得国家的富强，多少年来多少人做过这样的梦，但是一概幻灭了。只有正确理解革命和现代化的关系，才能对近代社会的两大历史任务有深切的认识，也才能够对中华民族伟大复兴的历史进程有准确的把握。

① 《毛泽东选集》，2版，第3卷，1080页。

创新成果的集中展示*
——评第三批“国家社科基金成果文库”

“国家社科基金成果文库”第三批优秀成果（以下简称“文库”）的出版，充分体现了国家社科基金组织和推动哲学社会科学发展所起的积极作用，同时也充分证明，注重原创性，坚持不断创新正是繁荣和发展哲学社会科学的不竭动力。

坚持科学理论的指导，是学术创新的根本方法。胡锦涛同志指出：“理论创新必须坚持马克思主义基本原理为前提，否则就会迷失方向，就会走上歧途。”哲学社会科学的研究，只有以辩证唯物主义和历史唯物主义为指导，才能科学地认识纷繁芜杂的社会现象和历史现象。我国民俗学泰斗、《中国民俗史》主编钟敬文先生在该书的“总序”中说，马克思主义的唯物辩证法对于搞学术研究、对于指导人生选择、对于树立正确的世界观，还是相当有效的。这既是老一辈学者的肺腑之言，也是对理论研究和学术研究提出的基本要求。

解放思想、实事求是，是学术创新的锐利武器。创新是一个民族进步的灵魂，是一个国家兴旺发达的不竭动力。对于学术来说，同样如此。任何学术的创新都必须符合客观实际，坚持解放思想、实事求是，从既有的事实出发，通过细致严谨的科学论证，得出水到渠成的结论。这次出版的10部著作，在这方面都处理得较为妥当。《〈昭明文选〉研究发史》的作者强调：“采取知人论世的传统方法，使用先分析后综合的方法，一切从第一手材料出发，努力做到论从史出。”具备了这种治学态度，才能客观地反映历史的真实面貌，也才能谈得上真正的学术创新。

---

* 载《求是》，2009年第1期。

潜心钻研、锲而不舍，是学术创新的基本途径。恩格斯说过：“即使只是在一个单独的历史事例上发展唯物主义的观点，也是一项要求多年冷静钻研的科学工作，因为很明显，在这里只说空话是无济于事的，只有靠大量的、批判地审查过的、充分地掌握了的历史资料，才能解决这样的任务。”① 当前，有些人没有任何事实根据就轻易地“建构体系”，“创立新说”，提出一些令人匪夷所思的观点。这种貌似“创新”的做法，实则是对创新的亵渎，是对学术的戕害。而“文库”第三批的10部著作，都是经过作者（个人或者群体）长期积累，倾注了巨大精力的精品。《中国民俗史》“七易寒暑”，《重识老子与〈老子〉——其人其书其术其演变》经过“六改”。可见，严谨的学风是学术创新的前提，两者是统一的。

正确地、辩证地对待传统，是学术创新的重要条件。创新是在继承传统的基础上有所创造、有所前进。任何一个国家和民族文化的发展，都是在既有文化传统基础上进行的文化传承、变革与创新。党的十七大报告指出：“中华文化是中华民族生生不息、团结奋进的不竭动力。要全面认识祖国传统文化，取其精华，去其糟粕，使之与当代社会相适应，与现代文明相协调，保持民族性，体现时代性。”我们一定要对传统做辩证的、科学的分析，好的就继承，就发扬；错的或者坏的就摒弃，就要用新的观点、新的结论取而代之。学术就是在这种辩证对待的过程中得到创造性的发展的。“文库”第三批成果的作者们充分尊重前人的学术成果，吸取和借鉴已有的学术成就，又敢于超越。这正是推动学术创新所必备的科学态度。

---

① 《马克思恩格斯选集》，2版，第2卷，39页，北京，人民出版社，1995。

怎样看待五四时期对封建主义文化思想的批判*

在关于五四运动的历史评价和历史作用的讨论中，如何看待当时反对封建主义文化思想的斗争，无疑是争论的重要焦点之一。

早在20世纪的30年代，一位国民党政要就说："五四运动，纯为一种文化的破坏工作，以致我国固有文化，摧残无余。""整个的社会，陷于堕落颓废而毫无秩序的状态；整个的民族，日趋衰落灭亡的悲境。""凡此种种，皆为'五四'新文化运动之遗毒。"[①] 近年来，也颇有人宣称五四新文化运动是"全盘化反传统"，造成了"意识形态的真空"，使我国传统文化遭到了"断裂"，导致全民性价值观的混乱和社会失序。更有人提出，五四新文化运动应该称作"第一次文化大革命"，因为它实际是后来"文化大革命"的"预演"和"滥觞"。

这样的评判，究竟是不是合乎客观的历史实际呢？把两种不同背景、不同内容、不同性质、不同影响的历史事件，生拉硬扯地搅和在一起，能不能算得上是一种历史主义的严肃态度呢？

孔子和儒家的思想，是我国传统文化的重要组成部分。在长期的历史发展中，儒家文化曾经起过十分重要的作用。其中既包含着极为珍贵的思想精华，也存在着应该摒弃的文化糟粕。五四时期，新文化运动的倡导者和斗士们曾经对以孔子开创的儒学为核心的封建思想文化开展过猛烈的批判和斗争。他们这样做，究竟是一时心

---

* 载《高校理论战线》，2009年第4期。

① 转引自林甘泉主编：《孔子与20世纪中国》，480页，北京，中国社会科学出版社，2008。

血来潮，还是有着客观的历史必然性？究竟是出于盲目冲动，还是存在着充足的历史合理性？离开了对当时历史条件、历史环境的具体分析，就无法对这些问题做出实事求是的回答。

事实是，如果没有这一场尖锐激烈的思想文化战线的大交锋，就没有五四带来的思想大解放，就没有科学与民主精神的大发扬，就没有与对旧礼教的冲击同来的深刻的社会大变革。我很赞同《孔子与20世纪中国》这部十分客观的学术著作中的这样一段话："没有新文化运动，孔教会要求定孔教为国教的政治诉求可能就会得逞，继袁世凯、张勋之后中国可能还会出现第三次帝制复辟，妇女在贞节的名义下被剥夺生存权利的惨剧还会不断发生，中国的社会进步不知道还要滞后多少年。"①

我们不妨来具体看一看当时的情景。

第一，这是反对专制统治、争取民主的客观需要。

辛亥革命推翻了统治中国几千年的君主专制制度，取得了巨大的胜利，为中国的进步打开了闸门。但这场革命并没有改变旧中国的社会性质和人民的悲惨境遇，政权也很快地落到了大地主大买办阶级的代表人物袁世凯手里。人们思索辛亥革命的失败教训时逐渐发现，仅仅通过武装斗争推翻旧政权还远远不够，如果不经过对旧思想、旧文化、旧礼教的深刻批判，大多数国民缺乏必要的民主意识，共和制度就不能得到真正的巩固。因此，必须掀起一场思想文化运动的狂飙，为辛亥革命补上这一课。

恰恰在这时，袁世凯及其后继者为了对抗共和、复辟帝制，掀起了一场尊孔复古的闹剧。他们公然以政府的名义发布《尊孔祀孔令》，恢复辛亥革命后已被废除的小学读经课程，袁世凯亲率百官至文庙三跪九叩，祀孔行礼。在这样的气氛下，各地尊孔组织纷纷成立。以康有为、陈焕章等为首的孔教会更多次呼吁，要求"定孔教为国教"。在其中的一个请愿书中，他们说："凡国家有大事则昭告于孔子，有大疑则折中于孔子。一切典章制度、政治法律，皆以孔

---

① 林甘泉主编：《孔子与20世纪中国》，480页。

子之经义为根据，一切义理、礼俗、习惯，皆以孔子之教化为依归，此孔子为国教教主之所由来也。”他们耸动说：如果不这样，“其祸必至于国粹沦亡，国基颠覆，国性消灭，国俗乖戮，而国且不保矣”①。袁世凯死后，继起的军阀官僚及那些封建卫道士们，仍然大力营造尊孔复古的社会舆论和政治氛围。客观现实充分说明，尊孔与反尊孔的争论已经成为政治生活中无可回避的严重斗争。李大钊明确指出，对于孔子，“历代君主，莫不尊之祀之，奉为先师，崇为至圣。而孔子云者，遂非复个人之名称，而为保护君主政治之偶像矣”。“故余之掊击孔子，非掊击孔子之本身，乃掊击孔子为历代君主所雕塑之偶像的权威也；非掊击孔子，乃掊击专制政治之灵魂也。”② 这就把五四时期反尊孔的实质讲得很清楚了。

第二，这是冲决精神枷锁、促进思想解放的客观需要。

五四时期提出的两个口号，一个是民主，另一个是科学。民主是针对专制而言，上面已经说了。科学则是针对愚昧而言，包括思想的僵化，迷信的盛行，新知识的缺失等等。而这种现象产生的根源，正是反动的专制统治。正如鲁迅一针见血地指出的：“愚民的发生，是愚民政策的结果。”③ 中国人身上的迷信、自私、害群等陋习，都是“历代民贼所经营养成者”。制礼作乐，尊孔读经，就是专制统治者对群众实行文化思想上的钳制束缚的工具。鲁迅无情地揭露那些统治阶级的帮闲们，一味地崇奉国粹，热心复古，其实都是“把痈疽当作宝贝”，“以古训所筑成的高墙”窒息着任何一点有生气的思想，使百姓“像压在大石底下的草一样”，默默地生长，萎黄，枯死。④ 鲁迅悲愤地慨叹：“‘反改革’的空气浓厚透顶了，满车的‘祖传’，‘老例’，‘国粹’等等，都想来堆在道路上，将所有的人家完全活埋下去。”⑤ 因此，要想破除迷信，解放思想，廓清蒙昧，启发理智，改变“万马齐喑”的局面，打通传播科学知识的道路，就

---

① 转引自林甘泉主编：《孔子与20世纪中国》，82页。
② 《自然的伦理观与孔子》。
③ 《上海所感》。
④ 《俄文译本〈阿Q正传〉序》。
⑤ 《通讯》。

必须挣脱封建精神枷锁，对尊孔思潮进行一次猛烈的扫荡。李大钊说："看那二千余年来支配中国人精神的孔门伦理，所谓纲常，所谓名教，所谓道德，所谓礼义，哪一样不是损卑下以奉尊长？哪一样不是牺牲被治者的个性以事治者？"① 思想解放是五四运动的最重要的成果之一，而破除对孔学的迷信正是一个必不可少的前提。

第三，这是反对旧礼教、创建新道德的客观需要。

五四时期，新文化运动的倡导者们特别关注新的伦理道德的创建，这也是切中时弊的。这是因为旧的礼教、旧的道德，对于个人，则摧残了个性；对于社会，则扼杀了生机。所以，陈独秀把"伦理的觉悟"看作"吾人最后觉悟之最后觉悟"②。要改造社会，首先要实现"伦理之觉悟"，与吃人的旧礼教做彻底的决裂。在上面的文章里，陈独秀指出："三纲之根本义，阶级制度是也。所谓名教，所谓礼教，皆以拥护此别尊卑明贵贱制度者也。"在另一篇文章里，他讲得更加淋漓尽致："儒者三纲之说，为一切道德政治之大原。君为臣纲，则民于君为附属品，而无独立自主之人格矣。父为子纲，则子于父为附属品，而无独立自主之人格矣。夫为妻纲，则妻于夫为附属品，而无独立自主之人格矣。率天下之男女为臣为子为妻，而不见有一独立自主之人者，三纲之说为之也。缘此而生金科玉律之道德名词，曰忠，曰孝，曰节，皆非推己及人之主人道德，而为以己属人之奴隶道德也。"③ 变"以己属人"为"推己及人"，变奴隶道德为主人道德，人们之间的伦理关系将会发生一个根本性的变化；社会将更加合乎理性，人们将能够真正体现生命的价值。这也就是鲁迅所热切期望的："中国觉醒的人，为想随顺长者解放幼者，便须一面清结旧账，一面开辟新路。就是开首所说的'自己背着因袭的重担，肩住了黑暗的闸门，放他们到宽阔光明的地方去；此后幸福的度日，合理的做人'。这是一件极伟大的要紧的事，也是一件极困苦艰难的事。"④

---

① 《由经济上解释中国近代思想变动的原因》。

② 《吾人最后之觉悟》。

③ 《一九一六年》。

④ 《我们现在怎样做父亲》。

其实，新文化运动的健将们，在激烈批判儒学的同时，并没有全盘否定孔子和儒家学说的历史价值。陈独秀就明确指出："夫孔教之为国粹之一，而影响于数千年来之社会心理及政治者最大，且为当时社会之名产，此均吾人所应绝对承认者。"① 又说："孔教亦非绝无可取之点。"甚至还说："孔学优点，仆未尝不服膺。"李大钊也说："孔子于其生存时代之社会，确足为其社会之中枢，确足为其时代之圣哲，其说亦确足以代表其社会其时代之道德。"② 至于说他们一笔抹杀、一概否定了中国的传统文化，则更是无稽之谈。我们可以以鲁迅为例。当有人给鲁迅戴上一顶"虚无主义者"的帽子，指责他的笔下只有一片黑暗，几乎否定了一切时，鲁迅回答说："至于希望中国有改革，有变动之心，那的确是有一点的……但我自信并未抹杀一切。"这里所说的"并未抹杀一切"，是包括中国传统文化在内的。早在辛亥革命前夕，他就在一篇文章中明白指出，不能因为古埃及"以迷信亡"，就"举彼上古文明，胥加呵斥"；更不能因为"见中国式微，则虽一石一华，亦加轻薄"。并且说，那种因中国暂时的落后而对自己民族的旧物一概否定的"竖子之见"，"按其由来，实在拾外人之余唾"③。在另一篇文章里，还曾鲜明地提出既不要"笃古"也不要"蔑古"的主张，认为把现代的一切"学术艺文"统统看作古已有之，"一切新声"都不过是"绍述古人"，自然是自欺欺人之谈；但用现代的尺度去衡量"往古人文"，"得其差池，因生不满"，甚至"哂神话为迷信，斥古教为谫陋者"④，也并非是历史的态度。待到接受唯物史观之后，对于包括风俗习惯在内的传统文化，他更明确提出必须采取辩证的、分析的态度，"加以研究、解剖，分别好坏，立存废的标准，而于存于废，都慎选施行的方法"⑤。这应该说达到了一个认识的新的高度了。

任何一个历史运动，都不可避免地存在着一定的时代局限。由

---

① 《对常乃德来信的答复》。

② 《自然的伦理观与孔子》。

③ 《破恶声论》。

④ 《科学史教篇》。

⑤ 《习惯与改革》。

于当时许多人还没有马克思主义的批判精神，有时看问题的方法存在着形式主义的毛病，好就是绝对地好，坏就是绝对地坏，因此不免产生一些片面性和简单化的情况。这一点我们不应该回避。但如果因此而否定当时反对尊孔及批判封建主义思想文化的必要性、合理性和历史必然性，看不到这场斗争产生的巨大社会影响和历史进步作用，那就是只见树木不见森林，未免模糊甚至扭曲了对于历史本质真实的认识。

五四运动已经过去了 90 年，时代和社会环境发生了极为深刻的变化，但五四的爱国主义精神，追求科学与民主的精神，对今天仍然有着重大的现实意义。历史决不会停滞不前，更不可能向后倒退。如果时至今日，还要鼓吹让儒学“成为当今中国代表中华民族生命与民族精神的正统思想”，“中国的政治秩序依儒家文化统治为合法，不依儒家文化统治为不合法”，甚至提出要“儒化中国”，“重新确立儒教作国教”，则听起来实在有点像痴人说梦。我们还是应该按照党的十七大提出的对待中国传统文化的正确方针，“全面认识祖国传统文化，取其精华，去其糟粕，使之与当代社会相适应、与现代文明相协调，保持民族性，体现时代性”。只有这样，才能够真正弘扬中华文化，建设好中华民族的共有精神家园。

各界畅谈《中国社会科学报》创刊*

侯树栋（国防大学原副校长、中将）：

我欣喜地看到哲学社会科学界出现这样一份综合性报纸。我国社会科学界非常需要它，因为只有像这样的综合性报纸，才可以从总体上来反映社会科学，而只有具备综合性，才能够掌握体系、掌握联系，并从整体联系上思考问题。

在这份报纸上，我希望看到两点：一个是对社会科学，特别是对我国科学社会主义基本理论的研究和宣传；再一个就是研究现实问题，特别是研究当代中国的哲学社会科学，尤其是中国特色社会主义理论的问题，对于我们国家来说，它关系着我们的生存和发展。

当前我国哲学社会科学界在注意自身发展的同时，一定不能忽视对下一代的教育问题，要让我们的子孙后代树立起坚定的中国特色社会主义理论的信念。

李际均（中国军事科学院原副院长、中将）：

拿到这样一份报纸，第一印象就是庄重、大气。非常能体谅你们的辛苦，我心中也是充满期待。

希望这份报纸反映人民的呼声，办成人民的报纸。希望这份报纸既有丰富的时代气息，又有深厚的历史纵深感。希望这份报纸体现社会主义核心价值观，反映主流意识形态，成为马克思主义理论学术的坚强阵地，厘清当前一些混乱的乃至错误的认识。我是从战争岁月走过来的人，特别清楚地知道新、旧中国的差别，现如今安定和谐的局面来之不易啊！我们的报纸就是要体现核心价值观的宣

---

* 载《中国社会科学报》，2009-07-02。记者：王建峰、郭烁、李春艳、冯建华、孙龙、张梦薇、范建满、奚平、吕莎、王鹏权。

传、引导作用。

李文海（中国人民大学原校长）：

去掉“院”字之后，《中国社会科学报》成为一份全国性的反映哲学社会科学学术动态及研究成果的报纸，这对促进我国哲学社会科学的繁荣与发展具有重大意义。新时期以来，哲学社会科学发展非常迅速，成果很多，但是全国的哲学社会科学研究者缺少一个共同的学术园地、精神家园。

希望报纸能加强针对性。目前中国的思想理论战线的一个很重要的特点是多元化、多样化和多变性，这是好事。从本质上讲，实现中国哲学社会科学繁荣发展，思想上要讲求活跃，也应该提倡思想和文化的多样化，但这样就面临一个任务，即怎样弘扬主旋律，怎样分析各种不同的声音，怎样引导社会分辨是非。《中国社会科学报》要承担起这样的责任。

李忠杰（中共中央党史研究室副主任）：

社会科学与自然科学同等重要。我国社会科学近年来得到了很大的发展。但是，长期以来，我国缺乏一个具有全局性和权威性的平台，用以反映我国社会科学的进展、成果和动态。如今，《中国社会科学报》的创刊正好弥补了这一空白，在我国哲学社会科学的发展历史上具有重大意义。

科学在于发现，而发现是一个永远处于探索中的过程。任何一项发明成果，只是这个过程的一个阶段。《中国社会科学报》的发展也是一个需要不断探索的过程。前面的道路很漫长，也许充满坎坷，但是，它的目标应该是明确的，那就是以研究和探索为主要任务，在反映最新、最高的学术成果的同时，不断推动理论创新，促进我国哲学社会科学进一步发展。

开启中华民族发展的新纪元*

——李文海教授谈中华人民共和国成立的伟大历史意义

中华人民共和国的成立是20世纪具有世界历史意义的伟大事件，标志着中国人民经过100多年的英勇斗争，终于推翻了帝国主义、封建主义和官僚资本主义的统治，结束了旧中国国家四分五裂、民族蒙受屈辱、人民灾难深重的局面，中华民族的发展开始了新的历史纪元。在中华人民共和国成立60周年之际，回顾近代以来中国历史的发展进程，深刻认识中华人民共和国成立的伟大意义，对于我们进一步理解中国为什么要走社会主义道路而不能走资本主义道路具有重要作用。近日，记者就此采访了中国人民大学教授李文海。

李文海说，要认识中华人民共和国成立的伟大历史意义，必须将中华人民共和国的成立放到中华民族从逐步沉沦到走向复兴的整个历史进程中去分析。从1840年鸦片战争开始，中国逐步沦为半殖民地半封建社会，中华民族面对着两大历史任务：一是求得民族独立和人民解放，二是实现国家繁荣富强和人民共同富裕。通过什么样的道路，采取什么样的办法，才能完成这两大历史任务，对于中国人民来说是全新的历史课题。在1840年至1949年的109年时间里，无数志士仁人对此进行了不懈探索。用“路漫漫其修远兮，吾将上下而求索”来形容近代历史上志士仁人的心路历程，实在是最贴切不过了。这109年的时间大致可以分为三个阶段。第一个阶段是从1840年的鸦片战争到1895年的甲午战争。在这个阶段，西方列强开始侵略中国，中国面临着数千年所未遇的变局。对于应当如

* 载《人民日报》，2009年9月7日。记者：叶帆、朱佩娴。

何应对变局，当时社会所能达到的认识程度，就是在封建统治秩序的框架内学习和引进资本主义的物质文明。为此，洋务派推行了洋务运动。但这个活动的根本性质决定了它无法取得成功，结局就像维新派一针见血指出的，因“根本不净”而“百事皆非”。在这个阶段，下层群众因不堪忍受封建统治的残酷压迫，发动了太平天国农民战争。太平天国运动虽然沉重地打击了封建统治，并较早提出了学习资本主义的主张，但在思想上终究无法突破封建皇权主义的藩篱，最后也走向失败。第二个阶段是从 1895 年的甲午战争到 1919 年的五四运动。比起前一阶段来，这一阶段有两个突破：一是要求把变革的对象从单纯的物质文明领域扩展到政治领域和制度层面；二是跳出了封建专制主义的框框，把资本主义政治文明作为追求目标。戊戌变法和辛亥革命，就是这种追求的鲜明体现。这两次运动在民主思想启蒙方面取得了重要进展，其中辛亥革命还取得了结束统治中国两千多年的封建君主专制制度的重大胜利，但都没能改变中国社会的半殖民地半封建性质，没能改变中国人民贫穷落后的悲惨境地。

在这两个阶段，各个阶级、各派政治力量都曾经提出过各种各样的救国方案。李文海指出，这些方案之间存在很大差异，但有一点是共同的，就是除少数例外，它们的学习对象主要是西方资产阶级的文明，所追求的主要是发展资本主义的经济和文化。应该说，这在当时也是顺乎时代发展潮流的，但在中国发展资本主义的愿望在现实中却不断碰壁。原因主要有三条：一是帝国主义不允许，二是封建主义的束缚和阻碍，三是由上面两条所决定的中国资产阶级的弱小和无力。这里尤其需要说明的是第一条。在当时，帝国主义列强入侵中国的目的，绝不是要把封建的中国变成资本主义的中国，他们也决不允许中国真正富强起来。虽然帝国主义列强为了自身的利益，会向被侵略地区传播某些资本主义文明，并在客观上对这些地区的发展产生一定的积极影响，但若无限夸大这一点甚至认为帝国主义的侵略“成为东方民族赶上现代文明的唯一的现实良机”，则是完全背离历史真实的，也是荒谬的。正是因为前两个阶段提出的各种救国方案都失败了，所以，在从 1919 年五四运动到 1949 年中华人民共和国成立的第三阶段，中国人民开始选择社会主义作为自己的道路，并在中国共产党的领导下，用革命的手段推翻旧政权，建立中华人民共和国。中华人民共和国的诞生，完成了民族独立和人民解放的历史任务，为实现国家繁荣富强和人民共同富裕的第二个历史任务扫清了障碍，创造了必要的前提。中华人民共和国成立的伟大历史意义，任何时候都不应该被低估。当代中国的一切发展和进步，都是以中华人民共和国的成立为基础、为根本的。忘记了这一点，就是否定历史，就是对历史的背叛。

李文海指出，回顾近百年来的中国历史可以知道，正是因为各种和平发展的道路都被堵塞了，我们的先辈才选择了革命的道路；正是因为各种走资本主义道路的试验都失败了，中国人民才最终选择了社会主义道路。一些人攻击共产党“迷信暴力”，宣称要“告别革命”，甚至嘲弄革命烈士是权力争夺中的“祭坛上的牺牲”，进而否定中华人民共和国成立的伟大历史意义，这是对革命和成千上万先烈的亵渎，是我们决不能接受的。毛泽东同志曾经说过：“建立新中国死了多少人？有谁认真想过？我是想过这个问题的。”① 中华人民共和国成立的前一天，中国人民政治协商会议第一届全体会议就做出了关于建立人民英雄纪念碑的决议。这个纪念碑的碑文是这样的：“三年以来，在人民解放战争和人民革命中牺牲的人民英雄们永垂不朽！三十年以来，在人民解放战争和人民革命中牺牲的人民英雄们永垂不朽！由此上溯到一千八百四十年，从那时起，为了反对内外敌人，争取民族独立和人民自由幸福，在历次斗争中牺牲的人民英雄们永垂不朽！”在中华人民共和国成立 60 周年的时候，所有中国人都应该重读这篇碑文，对革命先辈表示由衷的崇敬，而决不能对他们为中华人民共和国的成立、为民族的复兴所做出的牺牲进行否定甚至嘲弄。

---

① 逄先知、金冲及主编：《毛泽东传（1948—1976）》，1389 页，北京，中央文献出版社，2003。

让民族记忆转化为民族振兴的巨大精神力量*

历史是一部生动而丰富的教科书。一个民族如果不尊重自己的历史传统，不善于从历史中吸取营养，就不可能深刻地了解现在和正确地走向未来。正如周恩来总理指出的："历史对一个国家、一个民族，就像记忆对于个人一样，一个人丧失了记忆就会成为白痴，一个民族如果忘记了历史，就会成为一个愚昧的民族。而一个愚昧的民族是不可能建设社会主义的。"①

因此，向广大群众进行历史教育，是一件极有意义的事情。而国史教育，则在历史教育中具有更加重要的意义，这是由中华人民共和国60年这个历史阶段在中华民族五千多年文明史中的特殊地位所决定的。

有人或者会问，中华人民共和国的历史，是当代每个中国人都或长或短生活过来的，都有着亲身经历的直接体验。为什么还必须进行历史教育呢？这是因为，在这个历史时期，生活变革是如此之深刻，社会发展是如此之迅猛，历史内容是如此之丰富，前进的道路又是如此之曲折，以至仅仅凭着个人的具体感受，是很难达到对历史全貌的了解和理性认识的。

国史教育的特殊重要性，可以从正反两个方面来谈。从正面说，当人们清楚地看到中华人民共和国的成立怎样结束了旧社会政治黑暗、经济凋敝、国家动荡、民族危殆、民不聊生的悲惨境地，怎样实现了综合国力的极大增强、人民生活的根本改善、国际地位的空前提高，怎样使社会主义经济建设、政治建设、文化建设、社会建

---

* 载《中国社会科学报》，2009-10-20。

① 转引自张启华：《党史期刊要为党史工作的发展多作贡献》，载《中共党史研究》，2006（1）。

设取得举世瞩目的巨大成就时，人们就会极大地振奋民族精神，增强对领导这个宏伟大业的中国共产党的信任，坚定对建设中国特色社会主义和实现中华民族伟大复兴的信念。通过对马克思主义中国化和中国特色社会主义道路的艰难探索历程的经验总结，也可以进一步提高对共产党执政规律、社会主义建设规律和人类社会发展规律的认识水平，不断提高自觉运用这三个规律的能力。

从反面讲，如果不进行国史教育，否定革命、否定社会主义道路、否定中华人民共和国伟大历史进步，污蔑中华人民共和国是“极权统治”，是“脱离人类文明主流的轨道”之类的历史虚无主义的错误思潮就会乘虚而入。历史搞乱了，就会引起思想的混乱，进而造成政治的动乱。这不是危言耸听，而是实实在在已经发生过的深刻教训，对此，我们决不能掉以轻心。

进行国史教育，要努力做到四点。

一是真实性。历史的教育作用，就存在于客观历史本身之中。只要实事求是地把历史的真实面貌讲清楚了，人们就必定会从中吸取历史智慧，得到历史借鉴。中华人民共和国的历史进程，既有伟大的成就，也发生过严重的失误。成就应该充分肯定，失误也不应该回避掩饰。

二是生动性。历史本来是丰富多彩、生动活泼的。但是，我们的国史研究存在着一个很大的矛盾，那就是尽管学术成果十分丰富，但科学研究的成果同社会、同群众、同现实的结合，却还有着较大的差距。有的文章从概念出发，没有具体的历史情节和历史场景的描写，只是抽象的逻辑推理，读起来枯燥乏味。相反，群众广泛接触的如电视剧、历史讲座等，由于从事这项工作的不少人是非史学专业学者，在传播历史知识时往往存在不少“硬伤”，有的甚至为了提高收视率、发行量等，不惜歪曲历史，起到了误导的作用。要改变这种状况，需要专业史学工作者在潜心学术研究的同时，以更多的精力做好历史知识的普及工作。

三是针对性。当前，世界范围各种思想文化相互激荡，呈现出多元、多样、多变的特色。在进行国史教育的时候，要加强针对性，有说服力地回答广大群众关心的热点问题，而不是空洞说教，更不是以势压人。要主动做好意识形态工作，既尊重差异、包容多样，又有力抵制各种情绪和腐朽思想的影响。

四是思辨性。进行国史教育，不仅要告诉人民中华人民共和国成立以来在神州大地上发生了哪些激动人心的故事，出现了哪些令人景仰的人物，不仅要真实地描述历史，客观地评析历史，还应该努力地去揭示历史发展的规律性。所谓规律，实际上是指历史现象中本质的必然联系，是历史发展过程的一种主导趋势。只有这样，才能够避免就事论事，使人们达到理性的认识。

1840年以来中国近现代史的若干基本结论*

总结1840年以来的中国近现代史，可以清楚地得出若干最基本、最朴素但也是最重要、最深刻的历史结论：

第一，因为各种和平发展的道路全都被堵塞了，我们的先辈们为了国家的生存和民族的振兴，才选择了革命的道路，才得出“枪杆子里面出政权”的真理性认识。一些人攻击共产党“迷信暴力”，嘲弄革命烈士们是权力争夺中的“祭坛上的牺牲”。不久前还有人写博客说“牺牲人来挽救国家是本末倒置”，他们斥责今天的社会是“暴力社会主义”，宣称要“告别革命”。这是对革命和成千上万先烈的亵渎，当然是我们决不能接受的。

第二，因为各种走资本主义道路的试验都失败了，中国人民才最终选择了社会主义，才有了“只有社会主义才能救中国，只有中国特色社会主义才能发展中国”的科学真理。依靠封建主义来发展资本主义，依靠帝国主义来发展资本主义，还有独立发展资本主义的梦想都行不通，只有社会主义的路走通了。为什么过去资本主义道路在中国走不通？原因有三条：一是帝国主义不允许，二是封建主义的束缚和阻碍，三是由上面两条而决定的资产阶级的弱小和无力。为什么今天更不能走资本主义的道路？我们可以用邓小平同志说过的两句话来回答：“中国根据自己的经验，不可能走资本主义道路。道理很简单，中国十亿人口，现在还处于落后状态。如果走资本主义道路，可能在某些局部地区少数人更快地富起来，形成一个新的资产阶级，产生一批百万富翁，但顶多也不会达到人口的百分之一，而大量的人仍然摆脱不了贫穷，甚至连温饱问题都不可能解

---

* 载《高校理论战线》，2009年第10期。

决。只有社会主义制度才能从根本上解决摆脱贫穷的问题。所以我们不会容忍有的人反对社会主义。”① “如果我们不坚持社会主义，最终发展起来也不过成为一个附庸国，而且就连想要发展起来也不容易。”② 这就是历史的结论。

第三，因为各种政治力量都不能领导中国实现民族复兴，只有中国共产党做到了这一点，所以才有“没有共产党就没有新中国”的科学真理。农民是重要的革命力量，但太平天国和义和团运动表明单纯依靠他们不能解决中国的问题；封建阶级曾经掌握着统治权力，但近代历史上的全部表现表明他们是历史发展的阻碍力量，包括洋务运动和清末新政在内的某些改革活动，也不能为中国找到出路；资产阶级为近代历史的进步做出了自己的贡献，但也无力挽救国家的危亡，领导民族的振兴。事实证明，在中国，从来没有任何一个政治组织像中国共产党这样集中了那么多的先进分子，组织得那么严密和广泛，为中华民族做出了那么多牺牲，同人民保持着密切的联系，在前进中善于总结经验，郑重对待自己的失误，以形成并坚持正确的理论和路线。不是有人要问共产党执政的合法性吗？历史的选择，人民的选择，这就是共产党执政合法性的最终根据。

第四，爱国主义和民族精神是实现民族复兴的巨大精神力量。回顾从鸦片战争到中华人民共和国成立109年的历史，回顾中华人民共和国成立以来60年的历史，我们可以看到，没有哪一个对社会前进做出了积极贡献的历史人物，没有哪一桩对祖国发展产生了积极影响的历史事件，不是在爱国主义的旗帜下，在民族精神的推动下展开历史活动的。人们的最大共识，就是以热爱祖国、报效人民为最大光荣，以损害祖国利益、民族尊严为最大耻辱。但是，前些年，境外有的报刊却说：爱国主义是北京的左派理论家用来对抗改革的思想武器。这实在有点草木皆兵了。四项基本原则是立国之本，改革开放是强国之基。弘扬爱国主义，培育民族精神，既要维护立国之本，又要践行强国之基。有什么理由硬要把爱国主义同改革开

① 《邓小平文选》，1版，第3卷，207～208页。

② 同上书，311页。

放对立起来呢?

第五，坚持马克思主义中国化的旗帜，坚持中国特色社会主义的道路，坚持中国特色社会主义理论体系，不动摇，不懈怠，不折腾，是实现中华民族伟大复兴的最根本的政治保证。

这几条，也许已经是老生常谈了，为什么还要在这里不厌其烦地重复呢?原因很简单。对这样明显的历史事实和这样清楚的历史结论，还是不断有人要加以质疑，加以曲解，加以否定。既然如此，我们就不能不浪费一点口舌，说一点已经多次说过了的话。

增进了解才能增加共识*

很显然，中日两国由于国情不同、文化传统不同以及社会性质、政治制度、历史观念等等方面的差异，在许多历史问题上的看法有很大的区别。这种情况，我认为很自然，也应该被理解。事实上，不仅两国之间有观念上的不一致，就是中国和日本国内，在社会上和学者中间，也并不是和不可能对所有历史问题的认识都是完全一样的。

存在不同的看法怎么办？无非是两种办法：一种是各说各的，各自坚持自己的意见，互不接触，互不交锋，深沟高垒，各执一词；另一种是相互接触，相互交流，既坦率陈述自己的观点，也认真听取对方的意见，通过共同研究、共同讨论甚至相互争辩，逐渐地增进了解，增加共识。

这一次中日两国历史学家对中日关系史的共同研究，就是一次很好的尝试，经过两国学者的共同努力取得了预期的成果，所以应该说也是一次成功的尝试。

具体来说，这次共同研究的积极成果表现在哪些方面呢？我认为主要在以下三个方面。

一是增进了相互了解。过去中日历史学界之间已经有过很多的学术交流，对双方的学术观点也有过很多讨论，但像这次这样，对中日关系史的各个方面列出专题，由两国专家分别进行系统的研究，然后双方坦率地交换意见，则是第一次。通过这样的系统研究和讨论，双方都比较深入地讲清了自己的观点，也充分了解了对方的想法，一起弄清了在哪些问题上存在着共识，在哪些问题上存在着分

* 载《中国社会科学报》，2010年1月26日。

歧，意见分歧的症结以及所持的根据和理由。应该说做到这一点十分重要，因为增进了解正是增加共识的前提和基础。

二是在一些重大问题上取得了共识。中日共同历史研究，当然并不是要求在所有的历史问题上都取得完全统一的认识，这样的要求，不仅是难以做到的，也并不符合学术规律。但是，在一些带有政治原则意义和重大历史是非的根本性问题上，通过讨论，双方的观点逐步接近甚至取得共识，不仅是可能的，也是应该做到的。这种重大问题历史共识的取得，就会转化成促进两国人民长期友好的一个重要的思想基础。这次中日共同历史研究，从双方提供的研究成果来看，在这方面取得了很好的结果。相信这样的共识还会在今后的研究中不断地扩大。

三是创建了一个良好的学术交流、沟通的渠道和平台。改革开放以后，我国同国外学术界的交往日益发展，形式多样，规模空前。今后，要进一步扩大人文社会科学的国际交流，积极吸取国外学术界的优秀成果，采取各种有效措施扩大我国人文社会科学在世界上的影响。这次由中日两国政府倡导、著名学者参与的对一些专门问题进行共同研究的形式，应该是一种很好地探索和尝试。实践表明，只要双方有良好的合作意愿，坚持尊重历史真实的原则，即使存在着学术观点的巨大分歧，也同样可以营造和谐的学术氛围，取得积极的学术成果。

当今世界，文化与经济和政治相互交融，地位和作用越来越突出。学术文化的相互交流，学者之间的密切交往，对建立一个稳定、友好的两国关系具有十分重要的意义。我想，这也正是中日共同历史研究的重要意义所在。

谈“中日共同历史研究”

中日共同历史研究告一段落，中方委员和日方委员分别发表了各自的研究论文。怎样来看待历时三年的这一项工作呢？通过对一部分论文的研读，我个人觉得，这一段工作，是取得了成效的，是很有意义的，是值得肯定的。中日共同历史研究的积极成效主要表现在以下四个方面：

第一，通过共同研究，双方了解了在历史问题上各自的观点，明确了分歧的所在以及形成分歧的学术依据和复杂成因。而这种了解，正是加强沟通、促进交流、增进共识的必要前提。怎么看待在历史认识上的分歧？一方面，要看到这个问题的重要性。不同的历史认识，在一般性的学术问题上，永远会存在，在两国国内学者之间，也并不是看法都完全一样，存在分歧是正常的、符合学术发展规律的。但是，在一些重大的政治性、原则性问题上，认识上的严重分歧，确实会对现实生活，对两国关系的正常发展，对中日两国人民世世代代友好交往，产生消极的影响。这是问题的一个方面。同时又要看到，产生这些分歧，有着十分复杂的原因，要解决这个问题，不可简单从事。做好这件事，一个重要前提就是要相互了解问题的所在，弄清分歧的焦点是什么，对方的主要依据是什么。如果只是各说各的，那就谈不上有交流，有对话，当然更谈不上逐步缩小分歧，增加共识。我看日本学者的文章，在这方面还是很注意的。例如，在讲到甲午中日战争发生的原因时，就特别强调了“在日本学界中的见解也存在分歧”，同时还列举了中国学者的主要观点。在第三部第三章“历史认识与历史教育问题”中，努力去观察和分析中日双方“历史认识各持己见”的背景和原因，虽然有些观点我们不一定赞同，但有些意见也值得重视。如他们提出，尽管日本政要和正式文件中曾经做过“道歉”，“为何没能给中国人强烈印象呢?”文章引用别人的话回答说：这是因为“‘日本否认侵略战争和反对道歉的动态，要大过道歉的声音’，即阁僚等政治家的‘失言’、参拜靖国神社和教科书问题等具体行为被视作问题，抵消了反省和道歉的效果”。这样去思考问题还是有益的，是值得肯定的。

第二，通过共同研究，在一些重大历史问题上取得了共识。例如，日本学者的文章，在谈到甲午战争时，一方面指出日本学者中一般的说法，“是认为日本是贯彻侵略朝鲜、对华战争目标的见解”；同时转述中国学者的意见，强化了“日本从较早时期开始准备对中国战争、走上军扩路线”的观点。讲抗日战争，标题就用了《日军侵略与中国抗战》。在写鸦片战争时，也比较明确地指出了英国发动战争的“非正义性”等等。当然，在大前提一致下若干具体论述与分析，仍然会有许多争议之处。如讲八国联军，虽然承认“联军的总数约二万人，日本军约占了半数”的事实，但在描述日本军队的作为时却只是强调“义和团事件发生时，致力成为‘文明国军队’而重视纪律的日军保护了总理衙门的档案”，对当时作为侵略军队的日军给予中国人民的严重伤害轻描淡写。在讲到日本发动侵略时，往往把责任完全归于个别当事人，并且不断强调这同日本内阁和参谋本部的方针是相左的。类似这些问题，显然需要经过长期的讨论，在尊重历史真相的原则下逐步得到解决。

第三，通过共同研究，比较系统地发表并向日本学术界展示了中国学者的主流观点，这些有丰富史料根据（特别是大量引用了日文资料）的有说服力的学术见解，必将在日本广大群众中产生积极的影响。

第四，创建了一个良好的学术交流、沟通的渠道和平台。改革开放以来，我国同国外学术界的交往日益增多，形式多样，规模空前。今后，要进一步扩大人文社会科学的国际交流，积极吸取国外学术界的优秀成果，采取各种有效措施扩大我国人文社会科学在世界上的影响。这次由中日两国政府倡导、著名学者参与的对一些专门问题进行共同研究的形式，应该是一种很好的探索和尝试。实践表明，只要双方有良好的合作意愿，坚持尊重历史真实的原则，即使存在着学术观点的巨大分歧，也同样可以营造和谐的学术氛围，取得积极的学术成果。

李文海：当一个入世的历史学者*

他生于灾荒的年代，他研究灾荒的历史，他告诉您灾荒背后的本质。在历史学家李文海看来，历史学的存在，对于个人、社会乃至民族、国家都有着极为重要的意义，这不仅表视为古人所说的“欲知大道，必先为史”，也不仅表现为历史感和历史知识对于学术思想的发展和个人修养的不可或缺性，同时还表现为历史无法隔断。

我想证明历史有用

北京市海淀区苏州街是中国电子高科会聚的地方，但就在这里，有一家不为人熟知的单位——国家清史编纂委员会。今年已经 78 岁的李文海总会按时来这里办公，厚厚的玻璃隔离了外面热闹的世界，李文海沉浸在近代波澜壮阔的历史中。那个特殊的时代，那些丰富的故事，那些生动的面容，让他痴迷了半个多世纪。

20 世纪 80 年代，中国开始走上了改革开放的道路，经济建设迅猛发展，社会生活急剧变化。在当时那股全民经商的热潮中，出现了“教授卖油饼”“造原子弹不如卖茶蛋”等诸多现象，“历史无用论”也于学术界弥漫。就在这时，刚刚从中国人民大学历史系主任升任副校长的李文海，悄悄成立了一个“中国近代灾荒研究”课题组，对灾荒这个被历史学家长期忽略的领域展开研究。对于成立这个课题组的原因，李文海坦言他的初衷就是为了证明研究历史是有用的。“大家都忙着经商，不愿意研究历史，认为历史是没用的学

* 载《中国电视报》，2010 年 9 月 9 日。本报与央视《大家》栏目联合报道。

问，这使我不得不去思考，历史是否有用。历史是一个民族的记忆，不了解自己的历史，得了失忆症的民族是愚蠢的。”把研究方向定为中国近代灾荒史，李文海也经过了深思熟虑，“它跟我幼年的经历紧密相连，而且，也跟我的学识积累有关”。

灾荒史不仅是自然问题

1932 年，李文海出生于江苏无锡一个小山村，在战乱中，他艰难成长。少年时期，长江流域发生了严重的水灾，逃难的人群来到了李文海的家乡，抢劫、偷盗成为了他们生存的依托。直到 1949 年，李文海才结束了这种担惊受怕的生活。1952 年他进入中国人民大学历史系，开始与近代历史研究结缘。童年的经历让他最终选择了灾荒史作为研究方向。

然而，刚刚接触的这些历史，让李文海触目惊心。尤其是 1878 年，清朝光绪统治的第三年，一场罕见的灾荒在中国大部分地区蔓延，史称“丁戊奇荒”。当时，沉重的战争赔款使得国库空虚，清政府对于这个牵涉华北五省的大灾荒表现得无能为力。“丁戊奇荒”在全国造成了惨不忍睹的后果，这些史料详细记述了当时的惨状：全家饿死于屋内，日久无人埋葬，或赤身弃于村外者，或掷于沟壑者，人食狼吞，令人发指。在这些史料的背后，李文海认识到，自然灾害不仅仅是自然问题这么简单，而且应该把它看成是一个社会问题。

另一方面，社会问题往往也会加剧自然灾害的破坏性，比如：清朝末年，由于治水不力，加上官员的贪污腐化，黄河这条中华民族的母亲河变成了一条灾难河。“每年清政府治理黄河的拨款大部分被经手官员们层层贪污。此外，按照惯例一旦黄河决口，清政府会拨出经费安抚地方。为了这笔经费，不乏官员丧心病狂地人为造成黄河决口。可以说，清朝末年的黄河经年泛滥问题，当时的社会制度脱不了责任。”在近代灾荒史的研究中，李文海先后撰写了《近代灾荒的历史启示》《中国近代灾荒与社会稳定》《清末灾荒与辛亥革命》《甲午战争与灾荒》等文章，对灾荒的社会问题以及引发的后果提出了独特的观点。

除了旱灾，水灾在历史上也曾造成严重的后果。1931 年 7 月，一场大洪水突如其来，东下川水与长江中下游洪水相遇，造成荆江大堤下段漫溃，沿江两岸一片汪洋，54 个县市受灾，受淹农田 5 090 万亩，受灾人口 2 855 万人，损毁房屋 180 万间，因灾死亡人数超过 13 万，灾情惨重，震惊全国。李文海分析，这场大水之所以产生如此严重的灾情，跟当时时局混乱，当政者无暇顾及民生问题有着密切的关系。

不搞闭门研究

“我觉得一个有学术良知的史学家，就应该关注社会，关注老百姓的疾苦，然后才能在历史中找出对今天有用的东西。”李文海继承了先人经世致用的传统，对我国的民族精神和近代爱国主义进行了系统的研究，主编了《近代爱国主义论纲》，撰写了《近代爱国主义的历史特点》《近代中国的民族觉醒》等 20 多篇专题论文，以情感和理性结合的方式，宣扬爱国主义，弘扬民族精神。

1985 年出任中国人民大学副校长，1987 年起任中国人民大学党委书记，1991 年兼任清史研究所所长，1994 年出任中国人民大学校长……纵观他的履历就会发现，李文海并不只是单纯地搞学术研究，在中国人民大学，他还长期担任着不同的行政职务。对于如何当一位学者型官员，李文海有着自己的理解：“如果闭门搞研究，相信我的学术成果要比现在多，但是因为参加了一些工作，我的史学研究跟生活结合得比较紧密，这是我的优点。”

2000 年，李文海卸任中国人民大学校长的职务，这让他有更多的时间从事自己喜爱的历史研究工作。他在一篇文章中曾这样写道：“陶渊明的《归去来兮辞》中有这样两句：倚南窗以寄傲，审容膝以易安。这是描写他归隐之后的简朴恬静生活的。我不是想附庸风雅，自然更不是要逃避现实，只是想回归到历史学界的队伍里，重新成为一个专业的史学工作者。”李文海最初的志愿是新闻，但组织安排他学了历史，并一生以此为职业。如今半个多世纪过去了，李文海动情地说，如果可以让他再次选择，他还会选择历史。因为，研究历史可以随时跟历史中无数杰出的人物直接对话，其乐无穷！

“莫用三爷，废职亡家”*

清代的官场上流传一句谚语，叫作“莫用三爷，废职亡家”。

这里所说的“三爷”，其实是指三种人——子为少爷，婿为姑爷，妻兄弟为舅爷。这少爷、姑爷和舅爷，“未必才无可用”，但居高位者，决不可将之倚为心腹，委以重任。原因很简单，这些人“内有嘘云掩月之方，外有投鼠忌器之虑。威之所行，权辄附焉；权之所附，威更炽焉”。一旦权力落入彼等之手，就不免狐假虎威。残民以逞，“通贿赂，变是非”，“弊难枚举”①。如果对亲属任意放纵，最终就不免落得个“废职亡家”的结局。

来自民间的这一官场谚语，实际是总结了一条十分重要的历史经验，那就是大臣们要做一个清正廉洁的好官，不仅要洁身自好，严于律己，而且要严格要求和管理好自己的至爱亲朋，不可让他们任意逞威弄权，尤其不可一味任用至亲，“一用子弟至亲，百弊丛生”②。

其实不仅是自己的亲属，只要居官者疏于警惕，忽于防范，就很容易受到各种心怀叵测者的蒙蔽。因此有人说：“居官大戒，第一蒙蔽。盖上下内外，非蒙蔽无以行其奸欺也。蒙蔽之在内者，有官亲、家人；蒙蔽之在外者，有猾书、蠹役。内外勾连，鬻情卖法，则为官者孤立无与，而坐听声名之败裂，其亦危险矣哉！”③

---

* 载《北京日报》，2010年10月25日。

① 汪辉祖：《学治臆说》。

② 《居官警语》。

③ 徐栋、丁日昌：《牧令书辑要·治原》。

年度立项与后期资助相得益彰*

国家社科基金年度立项和后期资助，目的是一样的，都是为了推进哲学社会科学的繁荣和发展，但二者在不少地方还是有很多不同。这两种资助方式，相互配合、相互补充、相得益彰：

第一，年度立项主要是一种规划性研究，后期资助主要是一种自主性研究。作为一个社会主义大国，对于人文社会科学的发展，应该根据时代的要求和社会发展的需要，做出必要的科学规划。这种规划，通过五年一次的哲学社会科学研究规划，每年国家社科基金各学科发布的课题指南，以及一年一度的课题评审立项体现出来。但是，规划不可能也不应该囊括所有的研究领域和研究方向。一些学术工作者根据自己的长期研究基础和学术积累，从独特的视角进行独创性的研究，同样具有重要的学术价值和理论意义。给予这样的研究成果以后期资助，符合学术发展的客观规律。

第二，年度立项的作用，主要在于事前引导；后期资助的作用，主要在于事后激励。年度立项，课题申报人根据规划提出的指导思想和学科发展方向，进行课题设计；通过通讯评审和会议评审，对课题设计进行审议并提出修改意见，这些程序起着重要的引导作用。而后期资助申请人只是在潜心钻研、刻苦写作的基础上，提供接近完成的科研成果。申请人正是以这种高质量的成果，证明自己学术研究的社会价值和科学价值。因此，给予他们与事先得到年度立项的研究者们同样的物质奖励，是完全理所应当的，可以说更好地体现了学术公平的原则。

第三，年度立项的工作重点，应该在研究思路、研究计划的审

---

* 载《光明日报》，2010年11月10日。

定和指导，在研究工作开展中的情况了解和督促检查，当然也要重视最终成果的评估和验收。后期资助的工作重点，则主要在对接近完成的研究成果的评审和提出进一步修改的建议。因为任何研究成果都不是一次就能搞好的，而能够得到那么多评审专家的集体会诊，对于作者和作品来说，实在是一次极为难得的提高成果质量的机会。如果评审专家能够对可以通过资助的项目进行进一步修改提高，并多花一点时间来讨论，提出深入具体的修改意见，对于申请者来说，一定是大有裨益的。

社会需求是灾荒史学科发展的动力*

20 世纪 80 年代以来，我国灾荒史研究取得了令人瞩目的成就。这主要表现在：社会和学术界对灾荒史学科地位和作用的认识越来越高，关注和支持的程度越来越大；发掘、整理了大批内容丰富的珍贵历史资料，完成并出版了相当数量具有创新意义的研究成果，使灾荒史学科的理论框架逐步清晰；学术内容日益充实，资料依据更加充分，在学科建设上迈出了决定性的步伐；形成了一支结构合理、学风严谨的专业队伍，与国外同行之间的学术交流日趋活跃。正因为这些，中国灾荒史研究吸引了国内外学术界的广泛关注，使他们对这一领域产生了浓厚的学术兴趣。

学术发展史告诉我们，任何一种学术，任何一个学科，只有存在着巨大的社会需求，并且这种需求越来越深刻地为社会所认识和了解时，才可能得到迅猛的发展和进步。社会需求是推动学术发展和繁荣的重要力量。

人们不会忘记近年来发生的那些突发性灾害。国内从 1998 年夏天的全国性洪涝巨灾，到 2003 年春夏的“非典”流行，再到 2008 年 5 月引起全民族悲痛的汶川大地震，国外从 2004 年岁末印度洋地震引来的大海啸，到 2010 年 1 月发生的导致 21 万余人罹难的海地大地震，都是如此惊心动魄、扣人心弦。它们无时无刻不在提醒我们，自然灾害是人类生存和发展的巨大威胁和障碍。

当今世界，科技进步日新月异，经济发展一日千里，社会面貌瞬息万变。这种情况，对于人和自然的关系来说，对于社会和灾荒的关系来说，其实是一把双刃剑。一方面，科技进步和经济发

---

* 载《中国社会科学报》，2010 年 7 月 22 日。

展极大地增强了人类“为自己创造新的生存条件”的能力，增强了抵御自然灾害和有效防灾、抗灾、救灾的能力。但一方面，由于人类不恰当地对待自然界，迅速发展的科技和经济反而加速了生态环境的恶化，使自然灾害的发生频率日益增高，灾害造成的人员伤亡、财产损失和社会影响也越来越严重。三年前联合国公布的一份材料显示，在最近30年时间里，城市快速扩张，大片的森林遭到破外，内陆的湖泊干涸，触目惊心地展示了人类对地球的破坏性影响。

正因为这样，保护生态环境，应对气候变化，加强防灾减灾，就成为全人类必须共同面对的重大课题。灾荒史的研究也就越来越凸显出其紧迫性和重要性。

从我国的国内情况来说，进入21世纪以后，全党、全国人民在总结改革开放和社会主义现代化建设的历史经验，吸取世界上其他国家在发展中的经验教训的基础上，对国家和社会的发展问题达到了一个新的认识，提出了以人为本，全面、协调、可持续的科学发展观。其中，“统筹人与自然和谐发展”，“促进人与自然的和谐，实现经济发展和人口、资源、环境相协调，坚持走生产发展、生活富裕、生态良好的文明发展道路，保证一代接一代地永续发展”，“建立良好的生态环境”，成为科学发展观的重要组成部分。而这些，正是灾荒史应该着重关注和研究的主要内容。

加强灾荒史的学科建设，需要特别强调学科的交叉、渗透问题。这种交叉渗透，既包括人文社会科学的不同学科之间，也包括社会科学与自然科学之间。顾名思义，灾荒史既是历史学的一个分支，又是灾害学的一个分支。灾荒史研究的对象，既有自然的，又有社会的，特别是要从自然与社会的相互关系、相互作用中，揭示问题的本质，发现事物的规律。因此，没有社会科学工作者同自然科学工作者之间的交流和合作，没有社会科学同自然科学之间在研究思路、研究内容和研究方法上的交叉与融合，是难以取得创新性的重大学术成果并实现学科的繁荣发展的。

从社会大环境而言，社会发展对正确处理人和自然的关系，其中也包括深入系统地总结、借鉴人类应对自然灾害的历史经验在内，提出了客观的强烈要求，这就必然成为一种强大的推动力量，促进了灾荒史研究的发展和进步。很好地回应社会对学术的这种呼唤，正是学术工作者不可推卸的历史责任。

论清史研究与清史纂修的良性互动*

这次研讨会的主题是“清史研究与清史纂修”。一般来说，“研究”与“纂修”并不是两个根本不同、可以完全分割的概念，纂修也是研究，或者说是研究的一个阶段、一个部分、一种方式。所以，泛泛来谈“清史研究与清史纂修”的关系，在逻辑上不是很顺。我体会，这里所说的“清史纂修”，应是特指专门由国家清史编纂委员会组织的清史工程。如果从这个意义上来探讨一下清史的纂修同清史研究的关系，倒是可以谈一点自己的观察与体会。

清史研究的深入为清史纂修创造了学术前提

任何综合性著作的撰写，都必须建立在深入的专题研究的基础之上，这是学术规律的客观要求。没有前 80 年清史研究的学术积累，清史工程的启动是无法想象的。

我们可以回顾一下《清史稿》的编纂情况。《清史稿》的不尽如人意，当然原因很多，比如政治环境的问题，编撰队伍的问题，物质条件的问题等等，但一个相当关键的因素，就是缺乏前期清史专题研究的基础和准备。当时，清王朝灭亡还只有几年，可以说还没有任何能够称得上学术性的清史研究。

我们的清史工程，从中华人民共和国成立伊始就开始酝酿，但一直到 21 世纪初才正式启动。这也并不偶然。中华人民共和国成立初期，鼎新革故，百废待兴，一时自然难以顾及此事；“文革”时

---

* 载朱诚如、王天有主编：《明清论丛》，第 10 辑，北京，紫禁城出版社，2010。2009 年 9 月下旬第 13 届国际清史学术研讨会在北京召开，本文是作者在会议开幕式上的讲话。

期，政治动乱，是非颠倒，不要说修史，任何学术工作都处于停顿状态，清史的修纂当然无从谈起；只是在改革开放 20 多年之后，综合国力大大增强，文化事业日趋繁荣，清史工程才有可能提到议事日程上来。而其中最重要的一个条件，就是经过学术界同人的长期努力，清史研究有了迅速的发展和长足的进步，这无疑是清史工程得以正式开展的决定性条件。

清史研究怎样极大地推动了清史纂修，从对清朝历史地位的总体评价的变化中，得到了十分生动的体现。

从清朝覆亡到 20 世纪 50 年代，全社会当然也包括学术界，对清代历史总体上评价是不高的。指责、批判、否定的比较多，而肯定其积极作用的则甚少。整个清朝的历史常常被全盘否定，一笔骂倒。有的学术著作认为整个清朝破坏了社会生产力，阻滞了社会经济的发展，推迟了中国历史的发展进程，甚至造成了历史的大倒退。这种认识所以一时成为社会的流行观念，有极其复杂的原因，大体说来，可以从以下四个方面加以思考：

一是清朝建立之初，一些人受“华夷之辨”传统观念的影响，把改朝换代看作“国破家亡”，新王朝统治的合法性在一个相当长的时间里受到质疑。再加上满族贵族在统一中国的过程中，确实实行了残酷野蛮的屠杀政策，大大地激化了民族矛盾，给后人留下了一个挥之不去的历史形象。

二是清代不管经历了何等历史的辉煌，但无论如何，中国在世界的地位，从先进到落后的深刻转变与巨大落差，确实是在清朝这个历史时期发生和实现的。特别是到了晚清，我们的国家和民族，在帝国主义的侵略压迫下，沦落到了亡国灭种的边缘。这段屈辱的历史理所当然地给中国人民造成了难以忘怀的伤痛。

三是在推翻清王朝的辛亥革命时期，革命派为了动员群众，宣传革命，集中力量对清廷的腐朽黑暗的统治进行了无情的揭露。这种揭露，正如周恩来总理所说，在当时是有其历史合理性的：“清末，鼓动革命的文章，例如邹容写的《革命军》，现在读起来还感到痛快淋漓。当时人们把满族说得坏些，这是可以理解的。可是，今天就不能再那样看待满族了。”① 这是因为，革命宣传毕竟不是也不能替代对整个清代历史的科学评价。

四是中华人民共和国成立之初的一段时期内，因为在运用唯物史观方面存在着简单化、绝对化的毛病，所以曾经出现“打破王朝体系”“打倒帝王将相”等错误口号，在这种“左”的思想的影响下，对清朝历史的一味贬低和否定也就不足为奇了。

不难想象，如果在这样的学术大环境下去撰写清史，是决然难以写出一部符合客观实际、全面反映历史真实的信史来的。

长期以来，我们的学术前辈在清史这个学术领域，筚路蓝缕，潜心钻研，对清代历史的各个方面殚精竭虑，发微探幽，为正确揭示清代历史的真实面貌做出了巨大的努力与贡献。但是，对清代历史总体评价发生根本性的转变，还是在 20 世纪的五六十年代之交。其中，1961 年是一个值得我们特别关注的年份。

这一年，就清史研究而言，发生了两件十分重要的事情。

一件事情是，1961 年 6 月 10 日，周恩来总理在接见溥仪、嵯峨浩、溥杰等人时，对于清代历史讲了一段非常重要的话。他说：“清朝所做的坏事，历史已经做了结论，用不着多提，做的好事是应该讲一下的。”② “清朝是中国最后一个王朝，它……也做了几件好事：第一件，把中国许多兄弟民族联在一起，把中国的版图定下来了，九百多万平方公里。第二件，清朝为了要长期统治，减低了田赋，使农民能够休养生息，增加了人口，发展到四万万人，给现在的六亿五千万人口打下了基础。第三件，清朝同时采用满文和汉文，使两种文化逐渐融合接近，促进了中国文化的发展。清朝在确定版图、增加人口、发展文化这三方面做了好事。”③ 他还强调指出：“封建制度是坏的，但统治阶级中也不是一无好人，尽管他们对人民的同情是有局限性的，但是那时的人民对这些人还是歌颂的。”④ 他甚至

---

① 《周恩来统一战线文选》，336 页，北京，人民出版社，1984。

②③ 《周恩来选集》下卷，320 页，北京，人民出版社，1984。

④ 同上书，197 页。

旗帜鲜明地称赞“康熙懂得天文、地理、数学，很有学问”①。在另外的场合，周恩来总理还讲过这样的话：“过去统治中国的是满族中的统治阶级，而不是满族整个民族。即使谈到满族统治阶级，他们在历史上的作用，有坏的一面，也有好的一面。”② “封建王朝里边也有一些有进步作用的东西，有的帝王也做过促进历史发展的事情，我们也不能采取非历史主义的观点一律抹煞。”③ 这些话，根本扭转了对清代历史在总体评价上一味贬低、否定的基调，在当时来说，不仅让人耳目一新，而且起了振聋发聩的作用，体现了周恩来的创新精神和理论勇气，也充分反映了他尊重历史的实事求是的学风。

另一件值得一提的事是，在这一年第三期《历史研究》上，发表了马克思主义史学家刘大年的《论康熙》一文。在这篇文章里，刘大年同志运用历史唯物主义观点，分析了康熙帝所处的时代及他一生的作为，强调指出：“在国内，康熙统治期间，中国形成了一个疆域辽阔，民族众多，相当坚强统一的封建国家；封建的经济文化在这个条件下，发展到了一个新的顶点。”“对国外，康熙统治期间，中国成为一个繁盛的国家屹立于亚洲东部，这使正在把触角伸向中国的西方早期殖民势力受到遏制，并且对于亚洲邻近国家抵制西方侵略势力也有其影响。”因此他得出结论说：康熙在封建帝王里是一个杰出的了不起的人物。当然，康熙也自有其消极、保守甚至反动的一面。对于《论康熙》这篇文章，戴逸同志做了这样的学术评价：“在我心目中，《论康熙》是新中国成立以来第一篇用马克思列宁主义来分析研究清代前期历史的重要文章，是一篇经典之作。它详细地阐述了康熙一生的经历，一生的贡献，肯定了康熙，随之肯定了清朝前期的历史地位，纠正了长期以来对清朝历史的片面观点。建国初期，研究清朝前期历史的人很少。一般都是古代史、秦汉史，郭沫若等几位大家都是研究秦汉以前的历史；而且清朝前期的历史常常是被全盘否定。由于辛亥革命高举反满的旗帜，凡清朝政府所

---

① 《周恩来选集》下卷，320页，北京，人民出版社，1984。

② 《周恩来统一战线文选》，336页。

③ 《周恩来文化文选》，795页，北京，中央文献出版社，1998。

做的事，凡清朝的官、皇帝，都不行。当时那种环境对康熙、乾隆的评价都不怎么好，大家一提到清政府就是腐败的代名词，是无能的代名词。清朝历史一片骂倒。那时大家强调中国是一个汉人世界。大年同志这篇文章是中华人民共和国成立以来学术界第一个提出真正不同的看法的，是真正用马克思主义的观点来分析清朝的功过是非，写得非常精彩，意义重大。当然他也讲了清朝的缺点、问题，但他比较公正地评价了清朝的历史。"①

对清代历史地位的重新认识，对清朝历史总体评价的重大变化，迅速地推动了清史研究的发展和进步。表现在：研究视野和研究领域极大拓展，对一些重要历史问题的认识不断深化，对许多历史现象的评析更加客观公正，对清代历史资料的大规模发掘和整理，对清代历史发展规律性的理性思考，以及一批通史性或综合性著作的面世等等。没有这些，清史工程是决不能启动的，也决不会列入国家规划，成为国家项目。

从上面的学术史回顾中可以看出，清史研究的发展和深化，原因当然很多，而其中最关键的一条，无疑是坚持唯物史观指导清史研究的结果。只要不抱偏见，对此应该没有什么可以争议的。但有的人却偏偏对如此明显的事实视而不见，以情绪化的态度对待唯物史观，给唯物史观加上了种种罪名。在有的人眼里，唯物史观几乎成了"僵化""保守"的代名词。有人写文章分析"中国当代史学家的心理障碍"，认为最大的心理障碍是"上世纪 50 年来"，"几乎所有史家"都或者"屈服于政治威胁和行政压力"，或者"出于对自身生存利益的考虑"，形成了对唯物史观的"盲目崇拜狂热迷信"，以致阻碍了历史学的发展。唯物史观是不是真的如此罪大恶极？究竟应该怎样看待唯物史观对历史研究的影响和作用？我想，与其我们多费唇舌，倒不如先听听国外我们的同行学者们是如何说的。

20 世纪 70 年代，联合国教科文组织决定要编一套"社会科学和人文科学研究主要趋势"的丛书，其中的历史学卷委托英国当代著

---

① 2007 年 3 月 13 日在《刘大年往来书信选》出版座谈会上的发言。

名历史学家杰弗里·巴勒克拉夫负责，他执笔起草后，经过集体讨论，写出了《当代史学主要趋势》一书。这部书对于马克思主义对史学研究的作用与影响，是怎样看的？又是怎样描述的呢？我们摘引其中的一段话：

> 马克思主义作为哲学和总的观念，从五个方面对历史学家的思想产生了影响。首先，它既反映又促进了历史学研究方向的转变，从描述孤立的——主要是政治的——事件转向对社会和经济的复杂而长期的过程的研究。其次，马克思主义历史学家认识到需要研究人们生活的物质条件，把工业关系当作整体的而不是孤立的现象，并且在这个背景下研究技术和经济发展的历史。第三，马克思促进了对人民群众历史作用的研究，尤其是他们在社会和政治动荡时期的作用。第四，马克思的社会阶级结构观念以及他对阶级斗争的研究不仅对历史研究产生了广泛影响，而且特别引起了对研究西方早期资产阶级社会中阶级形成过程的注意，也引起了对研究其他社会制度——尤其是奴隶制社会、农奴制社会和封建制社会——出现类似过程的注意。最后，马克思主义的重要性在于它重新唤起了对历史研究的理论前提的兴趣以及对整个历史学理论的兴趣。①
>
> 1930年以后，马克思主义的影响广泛扩展，即使那些否定马克思主义历史解释的历史学家们，也不得不用马克思主义的观点来重新考虑自己的观点。②

把上面这些看法同我们前面提到的那些议论相比，何者更加客观一些，更加实事求是一些，是显而易见的。我们所以大段引用《当代史学主要趋势》的文字，一个重要原因，是此书作者对唯物史观的评论，大概不至于被人怀疑是由于“屈服于政治威胁和行政压力”，或“出于对自身生存利益考虑”的结果。

---

① 杰弗里·巴勒克拉夫：《当代史学主要趋势》，27页，上海，上海译文出版社，1987。

② 同上书，32页。

当然，我们强调唯物史观对历史研究的指导作用时，应该注意到以下几点：首先，唯物史观仅仅提供认识历史、研究历史的科学的理论和方法，“绝不提供可以适用于各个历史时代的药方和公式”。它是研究的指南，但并不能代替具体的历史研究。这是马克思、恩格斯自己多次强调过的。其次，唯物史观是个开放的系统，它并不自以为垄断了真理。一方面，它能够吸收人类文明中的一切有益成果；另一方面，它也十分尊重运用其他史观分析历史得出的科学成就。最后，唯物史观也有一个“与时俱进”的问题，既要坚持时代性，用不断变化着的客观实际充实自己、发展自己；又要坚持民族性，使唯物史观的基本原理同中国实际相结合，避免脱离时代、脱离现实的教条主义。

清史纂修应该处理好的几个关系

清史工程是个巨大的文化工程。按照计划，新修的《清史》由通纪、传记、典志、史表、图录5个部分组成，全书拟撰92卷，总字数超过3 000万字。除主体工程外，还包括搜集、整理、出版数量巨大的档案、文献资料的辅助工程。要完成这样一个艰巨而复杂的任务，需要有明确合理的指导思想、坚强有力的组织指挥、雷厉风行的工作作风、奋发有为的精神状态。同时，必须注意处理好几个关系：

1. 个性与共性

人文科学同自然科学不同，在通常情况下，自然科学面临的问题一般只有一种答案，对或者错。人文科学中的一种社会现象或历史现象，可以从各种不同角度、不同层面、不同范围去分析和评论，所以很多问题不能简单地用对或错来回答。一因多果、多因一果、多因多果的历史现象比比皆是。因此，一个历史事件，往往既有积极作用，也有消极影响；一个历史人物，也不是简单地分成好人或坏人就可以了事。分清历史现象的真与伪、是与非、善与恶，往往要经过多角度的观察，多重性的分析，反复的论证，才能逐步接近历史的真相。多样性是人文社会科学的一个特点，因此要提倡个性，尊重个性。

千余人一起编书，各人有各人的个性，完全一律，既做不到，也会扼杀了人家的创造性，不利于书稿质量和水平的提高。

但这是一部书，是一个整体，不是一套丛书，更不是哪个个人的学术专著，所以又要讲共性。要有那么几条是大家必须共同遵守的东西。譬如，全书体例必须统一。对于这个问题，应该说下了不少功夫，也有了明确的规定和要求。但具体操作起来，仍然有很大的难度。让所有的稿子都做到完全符合体例的规定和要求，这是在统稿过程中必须解决的问题。又譬如，全书的基本线索、主要观点必须一以贯之，不能前后矛盾，相互打架，也不能有过多的重复。每个作者都应该有全局观念，服从全书的布局与安排。戴逸同志为了统一规划“通记”的内容，亲自动手，起草了编写大纲，并且在充分征求写作者意见的基础上，一共修改了六稿。按照这样的写作大纲写出的书稿，就能够保证书稿内容的一贯性、统一性。再譬如，全书的文字风格要做到基本一致。这部书用什么样的文体去写，是经过了认真的讨论的。根据多数意见，最后确定用“精练的现代书面语”。但实践中如何掌握，也并不是那么容易。我看了一部分初稿，文字可以说是五花八门。有的确实是比较通畅的“精练的现代书面语”，有的则是文言文，或者半文半白的文字，也有的是大白话，甚至同一篇文稿三种文体混杂使用。这方面需要下很大功夫。

2. 继承与创新

学术是薪火相传的事业，历史学尤其如此。没有传承，学术的发展就像无源之水，无本之木，不会有强劲的生命力。但如只有传承，没有创新，学术也就像一潭死水，没有了发展。如鲁迅所说：“纵不干涸，也必腐败的。”① 所以，继承和创新是一对矛盾，必须

① 鲁迅：《从“别字”说开去》，见《且介亭杂文二集》。

辩证地对待。继承是创新的前提，创新必须立足于继承的基础上；创新是继承的延伸和发展，也是学术的本质要求。学术是对未知的探求，没有创新，只是重复前人已经说过的话，已经弄清的问题，学术也就失去了自己存在的价值；没有继承，你做的都是前人已经做过的重复劳动，又何来学术创新？

我们要求这部清史能够反映当代清史学科前沿的水平，这里首先就有一个充分吸收和反映前人科学成果的问题。如果许多新的认识、新的科学观点在书中没有反映，这部书的学术价值自然难以被学术界认可。但吸取和反映并不是简单地照搬照抄，而是要通过融会贯通，有机地纳入书的内容之中，同时要十分注意尊重他人的知识产权，严格遵循学术规范。

学术创新是一个艰苦的过程。我们大家都很熟悉恩格斯的如下一段话："唯物主义的认识的发展，哪怕是单单对于一个历史实例，都是一种科学工作，要求多年的冷静钻研，因为这是很明白的，单靠几句空话是做不出什么来的，只有大量的、批判地审查过的、透彻地掌握住了的历史资料，才能解决这样的任务。"① 把创新简单地看作对传统观点的否定，似乎只有推翻旧说，才算是"创新"，其实这是十分片面的，是对创新的一种误解。传统有精华，也有糟粕。对传统必须做辩证的、科学的分析，好的就坚持、就继承，坏的或者错的就否定、就摈弃，并用新的观点、新的结论取而代之，学术就在这种辩证对待的过程中得到发展，得到前进。对于历史学来说，创新的途径和形式应该是多种多样的。发掘和发现新的历史资料，从而对历史现象得到新的了解，自然是一种创新；对已知的历史状况做出新的分析和判断，提出较前人更加深入的见解，也是一种创新。拓宽研究领域，补填前人研究的空白或薄弱环节，是一种创新；沿着前人的研究方向和道路，在同一个领域内以新的视角重新审视历史现象，做出具有独创性的历史感悟，同样是一种创新。当然，在充分掌握历史事实根据的基础上，纠正前人的失误，指出已有学

① 恩格斯：《论马克思的〈政治经济学批判〉》。

术成果的错谬，更是创新的一种体现。

3. 叙事与评史

接受以往所谓“影射史学”的教训，一些同志强调史学要远离现实，远离政治，认为历史学的任务就是“还原历史”，把历史事实讲清楚就行了；赋予历史学以社会功能，通过历史来寻求“资政育人”的目的，就不免会损害历史的真实，就不能写出真正的信史。对于这些看法，有必要做一点具体的分析。

“影射史学”确实曾经给予历史学以极大的伤害。“影射史学”的特点是通过歪曲历史的手段，为某种阴暗反动的政治目的服务。历史学是科学，它不应该是政治（更不用说是反动政治）百依百顺、随便摆布的奴仆，这是毫无问题的。历史学以尊重历史真实为最高准则。

但是，没有任何社会目的和政治追求的学术著作，其实是根本不存在的。拿我国的史学名著来说，司马迁自称，他撰写《史记》的目的是“网罗天下放失旧闻，考之行事，稽其成败兴坏之理”，“述往事，思来者”，“欲以究天人之际，通古今之变，成一家之言”①。司马光编撰《资治通鉴》，不仅书名就表明了此书的目的和功用，而且在《进〈资治通鉴〉表》中更明确说明，此书的编写原则是“专取关国家盛衰，系生民休戚，善可为法，恶可为戒者”为内容，他希望最高统治者读后能“鉴前世之兴衰，考当今之得失，嘉善矜恶，取是舍非，足以懋稽古之盛德，跻无前之至治”。可见，他们治史的出发点，都有着十分明确的政治目的。

当然，今天史学的政治目标，同封建时代的史学有着根本的不同。胡锦涛同志说：“历史是一面映照现实的明镜，也是一本最富哲理的教科书。”② “要坚持以辩证唯物主义和历史唯物主义为指导，认真学习我们党的历史、中国历史、世界历史，深入思考，科学分析，不断提高对共产党执政规律、社会主义建设规律和人类社会发

---

① 班固：《汉书·司马迁传》。

② 胡锦涛：《会见参加中国抗日战争的俄罗斯老战士代表的讲话》，载《人民日报》，2005-05-09。

展规律的认识水平，不断提高自觉运用这三个规律的能力，更好地促进社会主义物质文明、政治文明和精神文明的协调发展。”①

所以，问题不在于史学是不是要同现实生活和政治要求相联系，而在于在关注现实、联系政治中如何坚持历史的真实性。事实上，历史的真实性既包括叙事的客观正确，也包括评论的公正恰当。北宋吴缜认为一部好的历史著作要有三个条件：“夫为史之要有三：一曰事实，二曰褒贬，三曰文采。有是事而如是书，斯谓事实。因事实而寓惩劝，斯谓褒贬。事实、褒贬既得矣，以资文采以行之，然后成史。”② 以为只是客观叙事而不做评论，就可以保持历史的真实性，其实是一厢情愿的事。且不说叙事时无法不带任何倾向性，即使真的把事实原原本本讲清楚了，却不做任何的褒贬，不对善恶是非明确表明态度，也不能说已经充分揭示了历史的真相。

当然，如何评析，如何褒贬，是需要认真讲究的，要根据这部著作的性质和特点来进行。新修《清史》不同于个人学术专著，不宜长篇大论地发议论，只能在叙事中通过材料的取舍、文气的表达体现自己的倾向性，在关键的地方画龙点睛地加以点评，不应该随便对历史事件和历史人物贴标签、扣帽子，这是需要特别注意的。

4. 进度与质量

清史工程按计划大体十年为期。这比清代用将近六十年时间修一部《明史》，时间要紧多了。在这么短的时间里，要完成这么巨大的编纂任务，如何把握好质量同进度的统一，就成为一个十分尖锐的问题。

戴逸同志多次强调，质量是清史工程的生命，质量重于泰山，一定要向党和国家、向社会、向人民交一份合格的答卷。

中央对清史编纂是有明确要求的，这就是：“以马克思列宁主义、毛泽东思想、邓小平理论和‘三个代表’重要思想为指导，坚

---

① 《进一步认识把握社会历史发展规律，增强推进改革发展的自觉性主动性》，载《人民日报》，2003-11-26。

② 吴缜：《新唐书纠谬·序》。

持辩证唯物主义和历史唯物主义的基本观点和方法，本着以史为鉴、古为今用的原则，既要尊重历史事实，又要反映时代精神；既要继承前人研究成果，又要勇于进行学术创新。要以史实为依据，去伪存真，去粗取精，避免主观臆断。不要以自己的认识去推论历史，把主观认识当做历史，使后人产生误解。”“确保编纂出一部能够反映当代中国学术水平的高质量、高标准的清史巨著，使之成为经得起历史检验的传世之作。”① 这是一个很高的要求。俗话说：“十年磨一剑。”要在10年左右的时间里磨铸出这样标准的一把“宝剑”来，如果不是参与其事者聚精会神，呕心沥血，殚智竭虑，夙兴夜寐，全身心地投入，是不可能很好完成这个任务的。把质量同进度结合起来，既不能因为赶进度而降低质量要求，也不能因为强调质量而慢条斯理，拖拉磨蹭。进度靠什么来保证？我们应该怎样来争取时间？很显然，进度不能靠降低质量来实现，我们只有向科学管理要时间，向倡导优良作风要时间，向调动积极性要时间，向加强责任制要时间，向团结协作要时间。这就是我们的出路。

清史纂修为清史研究提供新的起点

就认识的本性来说，人们对于世界万事万物的认识，总是相对的，只能逐步完善，而不可能一下子达到终极的最后真理。对于人类历史资料尤其如此。恩格斯曾经特别强调，由于历史的和社会的种种局限，也由于历史资料的无法穷尽，所以人们对于历史的认识永远是不完整的，不可能最终完成。毫无疑问，清史工程也许能对以往的清史研究起一个阶段性小结的作用，却决不能把清史的主要问题都研究清楚了。对今后的学术发展来说，它只是为清史研究开创新的局面打下一个较好的基础。

学术发展的客观规律就是这样：在各种专题研究的基础上，产

---

① 李岚清：《统一思想 团结协作 努力把清史编纂工作做好》，载《光明日报》，2003-03-13。

生综合性、概括性的学术著作；这样的著作又提供了一个学术发展的新的起点，推动学术研究的进一步发展。

清史工程可能在哪些方面推动清史研究的进一步发展呢？

首先，清史工程在写作过程中，必然会提出一些新的研究领域和新的研究视野，这些方面不可能在新的《清史》中得到充分的展开，需要在今后的清史研究中不断加以深化。

其次，清史工程中涉及的某些学术观点，也不过是一家之言，有的需要进一步地论证与分析，有的会引起学术界的争论，这就为清史研究新的发展创造了十分有利的条件。

最后，清史工程十分注意清代档案和文献资料的搜集、整理和出版工作。在存世的 2 000 余万件清代档案中，已有近 200 万件整理完毕并可上网使用，尚有相当数量的档案正在组织出版。在文献资料方面，仅已出版的《清代诗文集汇编》（800 册）、《清代稿钞本》（已出 2 辑 100 册）、《清代缙绅录集成》（95 册）等就已达 4 亿多字。资料是历史研究的基础和根据，这些珍贵历史资料的问世，必定会极大地推动清史研究的发展，对开创清史研究的新局面产生长远而深刻的影响。

我们为什么要关注灾荒史*
——访著名历史学家李文海

2011 年 2 月 15 日的午后，我们见到了李文海老师。冬日和暖的阳光温柔地泻下光晕，让这位本就和蔼谦逊的大学者更显平易近人。从清史编委会办公楼 12 层的窗户俯瞰，高楼林立，一片喧嚣的中关村清晰可见，而在这间被书本占去“半壁江山”的办公室里，时间却似乎悄然放慢了脚步。

镜头中，光影镌刻出他的侧影，平静，淡然，却又深刻。1985 年，正是在他的呼吁下，中国的灾荒史研究才得以开展。是年，他 53 岁，历史学正遭受着前所未有的冷遇，周围的人要么打算下海经商，要么畅想着不久后含饴弄孙的退休生活，只有他，还在坚持“历史有用论”，并倾 26 年之力以证明。在他的带领下，近年来，一部部研究灾荒史的著作相继问世，一支灾荒史研究的队伍得以建立。如今，历时 10 年编成的 1 300 余万字的《中国荒政书集成》也已付梓，可李文海的脚步依然没有停下。“杂事多得很，不过还干得动。”他自我解嘲道。他依然思维敏捷，条分缕析，甚是缜密严谨，让人在不经意间折服。

采访末了，问及如何在文中介绍具体职务。“就写人民大学教授吧。”半天也未能从书桌中找出一张名片的李文海平淡地说。

我们为什么要编这套书

记者：在以政治史研究为主线的 20 世纪 80 年代，您是怎么想

* 载《中国文化报》，2011 年 2 月 21 日。记者：焦雯、卢毅然。

到开始进行灾荒史研究的？

李文海：1985 年，改革开放不久，人们的思想还不成熟，全民掀起了经商的热潮。大家都觉得历史学没用处了，教授下海去卖油饼，这是真事。为了回答历史无用论，证明历史于现实是有意义的，与我们是紧密结合的，我就想到了做一些灾荒史方面的研究，帮助人们更深入、具体地去观察近代社会，得出有益于今天的借鉴和启示。

记者：那时就有编这么一套书的想法吗？

李文海：我们从 1985 年成立“中国近代灾荒研究”课题组以来，一直在做资料搜集整理的工作，也出版过一些著作，比如《近代中国灾荒纪年》《灾荒与饥馑：1840—1949》等等，但编这套书的想法是逐渐形成的。1 300 余万字，可以说做了相当多的准备工作，搜集过档案、文集，各地的方志、报纸甚至是个人日记，整体历经了 10 年左右。当然，其间也遭遇过一些挫折，不过现在还是出版了。

目前，就灾荒史来说，资料整理工作大大滞后于学术研究工作，甚至可以说已经成为学科发展的一个瓶颈。资料的发掘和整理，是一件吃力不讨好的事，投入的精力和财力多，遇到的困难和麻烦大，许多人不愿意或不屑于做这种事情。我们在编这部书的 10 年间，就有过很深切的体会。看起来有些为他人做嫁衣裳的意思，但总要有人来做这件事情，这个学科才能发展、传承。

回首灾荒　唤醒人们的历史记忆

记者：您觉得这套书除了学术价值，还能给我们提供怎样的精神支撑？

李文海：这些年，不论中国还是世界，自然灾害都很多，最近还有所谓 2012 年世界毁灭的说法。人们心里都有疑惑，经济发展了，科技进步了，照理说人类抵抗灾难的力量应该增强了，为何反而问题越来越多？这就是人思想观念的问题。对生产生活环境的破坏，对自然界过分的掠夺，损害了人与自然界的和谐，这也是大自然对我们的提醒，但人很多时候是健忘的。灾害发生时，往往惊心动魄、刻骨铭心，大灾一过，就故态复萌，为新的自然灾害的到来准备着条件。因此，历史学家就有一个义不容辞的责任，就是要时时唤起人们的历史记忆，用历史上曾经经历的巨大灾难、进行的艰苦斗争、积累的丰富经验、发生的惨痛教训作为教材，不断提高全社会预防和应对自然灾害的意识和能力。

另外，中国历来多灾，积累了丰富的防灾抗灾的经验。荒政书就是这些经验的总结和结晶。拿这些古代的东西对照今天的生活现实，确实感觉到是一份珍贵的历史遗产。可惜的是，即使像《四库全书》这样的文化工程，也没有给予这一类书籍以一席之地，有些反映灾荒的作品，反而因为文字犯忌而被列入禁毁书目之中。所以，从历史传承和文化积累的角度看，编辑这么一套书也是十分必要的。

开疆拓土　一个崭新领域的呈现

记者：据说这部书的编纂，也为灾荒史研究领域培养起一支精干的中青年队伍。

李文海：的确，近20年来，灾荒史的研究得到了突飞猛进的发展，令人鼓舞。去年举办的第七次灾荒史研究会有100多人参加，研究的方向、领域也比从前又有扩展。像湖南师大主要研究地方的灾害，首师大长于宋代灾荒的研究，还有复旦等一些学校把灾害与历史地理结合在一起研究。要知道，1985年刚开始的时候，想找个人讨论我都找不到。

记者：《中国荒政书集成》的出版，可以说是灾荒史研究领域的又一个里程碑，那接下来，您对于灾荒史研究的发展，还有什么样的一些期待？

李文海：在2005年召开的“清代灾荒与中国社会”国际学术研

讨会上，我就提出“加深和拓展灾荒史研究要重视五个结合”。分别是，注重社会科学工作者与自然科学工作者的结合，注重学术研究的开拓创新同历史资料的发掘整理的结合，注重基础研究同应用研究的结合，注重中外学者的结合，注重学术工作者同实际工作者的结合。任何一门科学，哪怕是最深奥的学问，如果不同鲜活丰富的社会生活发生紧密的关联，就不可能有生命力。中国有句老话，叫作“学术乃天下之公器”。学术不是学者个人自娱自乐的东西，它必须要有益于社会，服务于社会，学术成果要能为社会所共享。如果我们的研究不能得到关注和反响，那就不能不说是我们的悲哀。

近代灾荒　是天灾更是人祸

记者：这几天我们也看到一些灾荒的资料，确实是触目惊心，感慨于祖先们竟能在那样恶劣的环境里生存下来。您多年接触、研究灾荒史，又有些什么样的感触？

李文海：首先是看到我们的国家多灾多难，心里感到很沉重。在研究这些史料之前，也听说过丁戊奇荒，但没有这么深的体会。1 000 万人啊，一个旱灾，都死掉了，有的地方死了 90%的人。历史上大的战争，从来都没有死过这么多人。可想而知，自然灾害对人类的打击何等严重，对环境的保护一定要充分重视起来。

还有，就是觉得我们老祖宗很聪明，他们总结的天人关系以及许多思想，都是很现代化的，很有前瞻性的，比如要敬畏自然，要环保等等。当然，也有荒唐的，但总体是有益的教训，值得借鉴。

给我体会最深的一点就是，危害严重的自然灾害，大部分不仅仅是自然的问题，更是社会的问题。有道是“华夏水患，黄河为大”，“三年两决口，百年一改道”，历史上有记载可查的黄河大决口即达 1 500 次左右。进入近代以后，黄河“愈治愈坏”，河道衙门一时间成为最肥的差事，为了得到更多的拨款，治河官员们竟丧心病狂地偷偷挖开大堤，制造决口。而中华人民共和国成立 60 多年来，黄河岁岁安澜，从未决口，这确实是极为鲜明和强烈的对比。

此外，1931 年、1998 年中国南方都发生了同样规模的水灾，但前者死亡 13 万人，后者仅死亡几百人，其中大部分还是因抗灾牺牲的。足可见社会制度和政权性质的变革，政治文明的进步，对于应对自然灾害有何等重要甚至关键的意义。

治理灾害离不开哲学社会科学*

随着越来越严峻的生态环境恶化，自然灾害呈现出愈来愈频繁的趋势。如何减轻日益严重的自然灾害所造成的生命财产损失和社会经济破坏，已经成为全人类必须共同面对的紧迫任务。

应对自然灾害离不开哲学社会科学

人生活在一定的自然环境之中，同时也生活在一定的社会条件之下，自然现象同社会现象从来不是互不相关的而是相互影响的。在大体相似的自然条件下，政治条件和社会环境不同，自然灾害的发生及其后果会有很大的差异。因此，在应对自然灾害时，不仅要从自然方面而且更需要从社会方面去思考，在这方面哲学社会科学有着极大的用武之地，也承担着巨大的社会责任。

有学者指出：人类的问题千头万绪，归根到底就是一个问题，一个“元问题”，也就是“人与自然”的问题。对于这个问题的思考与回答，从古代的“天人合一”“天人相应”，到今天科学发展观提出的“统筹人与自然和谐发展”“促进人与自然和谐相处”“坚持走生产发展、生活富裕、生态良好的文明发展道路”的理念，这种认识上的深化与升华，正是建筑在千百年来广大群众艰苦实践基础上的哲学概括及政治思考的结果。

我们面临着一个表面上似乎相悖的现象：经济飞速发展和科技日益进步，极大地增强了抵御自然灾害、有效地防灾抗灾的能力，

---

* 载《中国社会科学报》，2011年3月22日。

但自然灾害发生的频率却越来越高，灾害造成的人员伤亡、财产损失和社会影响也越来越严重。这种矛盾现象的产生，根源于人类不恰当地对待自然，迅速发展的科技和经济反而加速了生态环境的恶化。在这当中，社会的因素显然要远远大于自然的因素。因此，解决问题的出路当然也要更多地由哲学社会科学来提供。

灾害一旦发生，实时的应急处理及灾后重建是一个复杂的系统工程，涉及政治、社会、经济、法律、新闻、人口、教育、卫生、心理等各个方面，几乎包括了哲学社会科学的各个学科。这些学科的积极参与，必然会对科学应对自然灾害产生积极、重大的影响。

史学对研究自然灾害意义特殊

我国自古以来就是一个多灾害的国家。中国人民在同灾害做斗争中积累了十分丰富的经验。由于史学的发达和政府对荒政的重视，中国也是一个对自然灾害记录最丰富、最完整的国家，历朝历代都有对自然灾害比较详细、具体的记录，留下了大量的历史文献。近年来，史学对研究自然灾害的意义越来越为人们所认识。作为史学分支学科的灾荒史在最近20余年的迅速发展，就是一个有力的证明。

史学对灾害研究的意义，至少可以从三个方面来看：

一是加深对自然灾害的规律性认识。只有掌握了灾害发生、发展的规律，我们才能更加清醒、更加自觉、更加主动地加以应对。但规律并不会直接呈现在人们的面前。人们看到的只是历史的表象，只有在对一次次灾害历史过程的具体了解、反复比较中，才能够提炼、概括从而发现、掌握规律。就像江泽民同志所说："自然灾害是件坏事，但通过同它的斗争，人们可以加深对自然规律的认识和把握，从中得出有益的结论，从而更加科学地利用自然为自己的生活和社会发展服务。"①

---

① 《江泽民文选》，第2卷，232页。

二是不断提高全社会的防灾意识。每次大灾后，身历其事者往往“惨目伤心，兴言欲涕”。但是，随着时光的流逝，印象也就渐渐地淡漠了，甚至对以往的经历不甚了然了。严重一点的，竟然患了健忘症，居然“今不识先，后不识今”，把曾经的劫难忘得一干二净。某种意义上来说，自然灾害正是对人类破坏自然生态的报复和惩罚。可惜的是，自然灾害过去之后，人们往往好了疮疤忘了痛，为了暂时利益、局部利益而肆意破坏生态环境的现象故态复萌。史学家的任务之一，就是时时唤起人们的历史记忆，用历史上大祲巨灾的痛苦经历，告诫人们要始终保持对大自然的敬畏和友好之情，以不断提高防灾抗灾的意识。

三是从历史中吸取应对自然灾害的经验教训。我国既是一个多灾害的国家，也是一个具有丰富防灾、抗灾、救灾经验的国家。《周礼》中就有关于荒政十二条的记载。秦汉以后的历朝政权，逐渐建立并完善了救荒的政治运作机制和政策措施，积累了许多具有借鉴意义的经验，至今还留下了大量的有关荒政的档案资料。大约从宋代开始，一批有识之士即系统地总结和整理源自官方和民间的救荒经验和赈灾措施，并著录成书。据我们不完全的收集，此类“荒政书”有数百种之多，字数在千万字以上，是极其宝贵的文化遗产。

加强灾荒史学科建设

既然社会生活对灾荒史学科的发展存在着紧迫的要求，史学工作者理应通过艰苦细致、锲而不舍的学术实践，使灾荒史研究取得真正突破性进展，为灾荒史走向繁荣做出自己的努力。为了做好这个工作，我以为重视下面五个方面的结合是十分重要的：

一是社会科学工作者同自然科学工作者的结合。就灾荒史来讲，提倡社会科学工作者同自然科学工作者之间的交流与合作，提倡社会科学同自然科学之间在研究内容、研究思路与研究方法上的交叉渗透，尤为重要。因为灾荒史既要研究自然，又要研究社会，特别是要从自然与社会的相互关系、相互作用中，揭示问题的本质，发现事物的规律。

二是学术研究的开拓创新同历史资料的发掘整理的结合。历史资料是认识历史的根据和基础，必须克服重学术研究、轻资料整理的错误倾向。事实上，灾荒史的资料既大量存在又分散难找，急需投入相当的人力、物力，做有计划的发掘整理。

三是基础研究同应用研究的结合。正确处理基础研究和应用研究的关系，是学术健康发展的必要条件之一。像灾荒史这样既包括基础研究又包括应用研究的学科，科学合理地对待二者的关系就显得尤为重要。基础研究离不开现实生活的出发点，应用研究也离不开深厚的学术根基。厚此薄彼，有失偏颇；互济互动，相得益彰。

四是中外学者的结合。经济全球化、信息网络化，要求人们更多地站在整个人类和世界的角度，去面对和思考人类生存所无法回避的各种问题。研究灾荒史的中外学者之间加强学术交流，不仅相互提供学术资料，交流学术心得，共享学术成果，而且广泛开展实质性的共同研究，就成为一项切实而紧迫的任务。

五是学术工作者同实际工作者的结合。专门从事灾荒史研究的学术工作者，数量毕竟是有限的。社会上还有一支数量庞大的防灾抗灾的实际工作者队伍，他们理应成为学术工作者的良师益友和思想源泉。像灾荒史这样同广大群众有着密切联系的学科，如果学术工作者不从广大群众的生动实践中吸取营养，如果学术研究不能得到广大群众的关注和反响，那就不可能有旺盛的生命力。

从普通百姓社会生活揭示历史真相*

农村集体化问题是历史虚无主义的重灾区。很多问题在一些作品中早已被描写得一团混乱，漆黑一片。

读了《阅档读史》（北京大学出版社，2011 年）之后，我觉得，这是一部严肃认真、实事求是、很有学术价值的著作。全书一是真实可信，二是生动具体，三是客观公正。这三点是一部好的史学著作最重要也是最基本的要求。北宋吴缜认为一部好的历史著作要有三个条件："夫为史之要有三：一曰事实，二曰褒贬，三曰文采。有是事而如是书，斯谓事实；因事实而寓惩劝，斯谓褒贬；事实、褒贬既得矣，必资文采以行之，夫然后成史。"这三点正是上面提到的三个方面：叙事要真实可信，评论要客观公正，文字要具体生动。

1950—1952 年，我在江苏参加土改。1957—1958 年，我在北京丰台区下放锻炼，当时正是人民公社化、"大跃进"、吃集体食堂的时候。1963—1964 年，我在山西搞"四清"。1976—1977 年，我在北京门头沟区学大寨。这部书里的几个重要时段，我恰好都在农村。所以，对这段历史虽说缺乏研究，但毕竟有一点切身体会。

《阅档读史》的所有材料都是山西大学中国社会史研究中心多年收集的农村基层档案，既有地方政府的决定、公告、通知、命令、通令、调查报告、工作总结，也有相关单位的生产计划、会议记录、工作方案、公约条规、账簿表册，还有个人的日记、笔记、卡片、心得体会等，再加上当时的报刊资料，构成了资料的一个显著特点，就是真正第一手的、原汁原味的、原生态的、没有经过任何加工的。这样的资料是最可贵的，因为它非常直接、非常准确地反映了历史

* 载《中国社会科学报》，2012 年 3 月 28 日。

的本来面目、真实面目。

以往研究这一段历史，主要通过中央的决策、党和政府的全局性活动及举措来分析这些重大历史事实的是非得失。这当然十分必要。但中央的决定、方针、政策在基层是怎样贯彻的，给予老百姓的生活什么影响，人们直接感受到的变化有哪些，这些东西才是最根本、最本质的，只有通过对这些具体内容的了解，才能回过头去检验、观察、判断中央的决定、方针、政策究竟如何，这些东西才是最生动的历史实际。这部书的一个重要特点，就是眼光向下，关注普通老百姓的生产状况、生活状况、观念变化、心理状态，这就抓住了这段历史的最生动具体的环节。

近年来，历史虚无主义十分泛滥，搞乱了许多历史问题。历史虚无主义的主要表现：一是鼓吹“告别革命”论，否定中国人民为争取民族独立和人民解放而进行的反帝反封建斗争；二是把五四以来中国人民选择社会主义道路视为脱离了所谓的“以英美为师”的“近代文明的主流”而误入了歧途；三是肆意歪曲中国共产党领导的革命和建设的历史，把它说成是一系列错误的堆积，描写成一团漆黑，并极力丑化甚至妖魔化革命领袖和为革命献身的志士仁人。这个错误思潮是怎样歪曲历史、颠倒历史的？我们可以引用金冲及同志一篇文章里的一段话：“令人担忧的是：现在有一些书刊似乎只津津乐道这段历史（指中华人民共和国头30年历史——引者）中的消极方面，仿佛那些年只充满一片黑暗，而对当年举国上下热气腾腾地建设新社会和新国家那些激动人心的往事却抱着奇怪的冷漠态度，以为那都是‘老一套’，不值得再多说。有的人还把一些道听途说以至任意编造的‘故事’当作信史，加以渲染。他们企图留给人们这样一种印象：中国共产党在这段时期内所做的，无非只是一个运动接着一个运动，整了一批人又整了一批人，别的就没有做什么好事。这种误导积以时日可能造成的恶果，从苏联东欧剧变的历史悲剧中已可以看到不少惊心动魄的事例，值得深思。”① 针对这种情况，习

① 《谈谈〈中国共产党历史〉第二卷》。

近平同志最近强调指出：“坚决反对任何歪曲和丑化党的历史的错误倾向。这是党史工作必须遵循的党性原则，也是每一个党史工作者应该履行的政治责任。”①

该书坚持了实事求是的原则，既不有意丑化、一概否定，也不回避问题、回避错误。譬如讲到中华人民共和国成立初年的一系列政治运动时，就用了肯定的语气，做了历史的分析。对镇压反革命，书中首先讲了反革命分子破坏活动的严重危害，肯定了镇压反革命的必要性和正义性，而不是像有的文章不分青红皂白地一味宣扬杀人怎样“残酷”“血腥”，竭力渲染镇压反革命如何“反人性”和“不人道”。材料中举的具体例子，讲到一次900多人暴乱，杀害干部群众10人，也只“匪首7人伏法”。对总路线也是从两方面进行分析：一方面指出“多快好省”搞社会主义建设，反映了广大群众迫切要求摆脱贫困，尽快改变落后面貌，实现国家富强的迫切愿望；另一方面也指出在指导思想上和具体工作中不顾客观条件，违反客观规律，急于求成，过于迷信人的主观能动性的错误，造成了严重后果。对于集体化，既论证了集体化的好处、必要性，也不回避党内存在着争论，不回避管理方面存在的种种弊端。像这样以辩证的态度、分析的态度而不是以绝对化的态度来对待历史，我以为是很好的，也是很难得的。

总之，这部书对待历史的心态是平和的，方法是客观的，语言也是平和的，始终贯彻了实事求是的原则。这是最值得肯定的一点。

当然此书也不是没有一点再改进的余地。如结构方面，把土改放在“互助组”“初级社”下面作为一个小题目，似乎分量轻了，还应该更突出一点。土改是集体化的前提、先决条件。先土改，解决了封建土地所有制问题，真正意义的集体化才能提上日程。土改以后，一是发展生产的需要，二是避免两极分化的需要（很多贫苦农民分得了土地又迅速卖地），所以才必须很快搞集体化。可以找一些农民买卖土地的文书契约进行深入的研究。

---

① 《全国党史工作会议在京举行》，载《人民日报》，2010-07-22。

这部书其实是山西大学中国社会史研究中心一整套出版计划的开篇之作。该中心还有一个雄心勃勃的计划，准备将收集到的大量农村基层档案陆续整理出版。我相信，这个计划的实施，一定会为中华人民共和国国史研究提供一大批有价值的历史资料，对推动、促进当代社会史研究产生积极的作用。

辛亥革命百年的历史思考*

100年前发生的辛亥革命，是中华民族伟大复兴历史进程中的一个重要里程碑。100年来，我们的民族从不断沉沦到自立于世界民族之林；我们的国家从风雨飘摇、濒临灭亡边缘到综合国力大幅跃升，大踏步走向繁荣富强；我们的人民从穷苦不堪到总体上实现小康，政治生活、经济生活、文化生活、社会生活发生了翻天覆地的变化。这样的历史性巨变是怎样实现的？其中蕴涵着怎样的历史启示？

辛亥革命发生的历史必然性

辛亥革命的发生并非偶然。它既不是由于“西方思想的影响”激起的“骚动和不安”，也不是在少数人“极端感情”或“革命狂热”煽动下的“幼稚与疯狂”，而是社会矛盾运动的产物，有着深刻的历史根源和社会根源。

从1840年鸦片战争开始，中国一步步沦为半殖民地半封建社会。殖民主义、帝国主义通过对中国多次发动侵略战争，强迫中国订立了许多不平等条约。根据这些条约，它们一方面牢牢控制了中国的政治和军事，把封建统治阶级变为它们统治中国的支柱；另一方面操纵中国的财政和经济命脉，在经济上进行剥削掠夺，阻碍中国资本主义的生长和生产力的发展。在帝国主义和封建主义的双重压迫下，中国面临着“内忧外患”的极大危机。1895年，孙中山先生在《香港兴中会章程》中指出，中国的外部环境是“堂堂华国，

* 载《人民日报》，2011年9月20日。

不齿于列邦；济济衣冠，被轻于异族”，“强邻环列，虎视鹰瞵”，“瓜分豆剖”，“蚕食鲸吞”；国内状况则是“政治不修，纲维败坏”，“鬻爵卖官，公行贿赂”，“盗贼横行，饥馑交集，哀鸿遍野，民不聊生”。这是一幅何等触目惊心的悲惨景象！

当时中国社会的主要矛盾，一个是帝国主义和中华民族的矛盾，另一个是封建主义和人民大众的矛盾，而帝国主义和中华民族的矛盾乃是各种矛盾中最主要的矛盾。这是因为，造成近代中国国弱民贫的最根本的原因，正是帝国主义的野蛮侵略。漆树芬在1926年出版的《经济侵略下之中国》一书中曾这样写道：“弱我中国者，资本帝国主义也；致我于危亡者，由此产生之不平等条约也。资本帝国主义实为蚕食我之封豕长蛇，不平等条约实为束缚我之桎梏陷阱。”在这种情况下，要挽救国家的危亡，寻求民族振兴的出路，就要把斗争的矛头指向压迫和阻止中国社会向前发展的帝国主义及其附庸封建主义。包括辛亥革命在内的中国革命运动，就是在这些基本矛盾的基础上发生和发展起来的。因此，如果要用最简洁明确的语言来回答辛亥革命发生的原因，那就是毛泽东同志所说的：“帝国主义的侵略引起了反抗。”“辛亥革命是革帝国主义的命。中国人所以要革清朝的命，是因为清朝是帝国主义的走狗。”①

事实上，进入近代以来，中华民族从来没有停止过争取民族独立和人民解放、实现国家富强和人民富裕的美好追求，没有停止过反帝反封建的斗争。在辛亥革命以前，这种斗争主要表现在三个方面：

一是在列强发动的侵略战争面前，中国广大爱国将士和民众勇敢地拿起武器，进行顽强的抵抗，表现了中华儿女不畏强暴、保家卫国的民族精神。不论鸦片战争、第二次鸦片战争、中法战争、中日甲午战争还是八国联军侵华战争，都是如此。但由于社会制度腐败、经济技术落后，这些战争都以中国的失败而告终。

二是以农民为主体的下层群众，不堪忍受帝国主义和封建主义

---

① 《毛泽东选集》，2版，第4卷，1513页。

的欺凌和压迫，拿起原始武器，直接对封建统治阶级或帝国主义展开武装斗争。太平天国农民战争、义和团运动，就是其中最突出的表现。但是，由于自身的局限性，这两个运动最终都在中外反动势力的联合血腥镇压下惨遭失败。

三是戊戌维新派的政治改革运动。甲午战争前后，维新派总结了清王朝推行洋务运动、企图在维护封建统治的前提下学习西方物质文明的成功做法和失败教训，决心按照西方的政治制度模式对中国的封建政治进行大胆改革，发动了戊戌变法。但这些改革举措为封建顽固势力所不容，变法活动仅仅进行了103天就在慈禧太后的镇压下夭折了。

这三个方面的斗争，都是中国人民在不同时期和不同程度上反对帝国主义和封建主义压迫的斗争。虽然这些斗争都做出了自己的历史贡献，但总体来说都还只处于资产阶级民主革命的准备阶段，因为它们都只是在个别方面打击了外国侵略者和国内封建势力，还没有能够提出较为系统的民族革命和民主革命的政治纲领。只有孙中山先生领导的辛亥革命，才在比较完全的意义上开始了资产阶级民主革命。

孙中山先生在成立兴中会的时候，就在神州大地上第一次响亮地喊出了“振兴中华”的口号。在中国同盟会成立前后，孙中山先生又提出了民族、民权、民生的“三民主义”，集中反映了中国人民追求民族独立、民主自由和民生幸福的崇高理想，特别是明确提出要推翻君主专制政体，建立民主共和国。这是以往从未有过的政治理念，把民主主义推进到了一个崭新的高度，开创了完全意义上的近代民族民主革命。

辛亥革命就是在这样的政治旗帜下开展起来的。

辛亥革命怎样为中国的进步打开了闸门

辛亥革命推翻了清朝统治，结束了我国两千多年的君主专制制度，建立了中华民国，这是一个伟大的胜利。但是，这场革命没有实现真正的民族独立和政治民主，没有改变中国半殖民地半封建的社会性质和人民的悲惨境遇，国家统一的局面很快为军阀混战所代替。从这个意义上说，辛亥革命又是失败的。

认清辛亥革命失败的一面，可以使人们进一步了解中国革命的艰巨性和长期性，就像孙中山先生晚年所说："革命尚未成功，同志仍须努力。"后继者只有在总结辛亥革命失败教训的基础上，探索新的道路，进行艰苦斗争，才能实现民族独立和人民解放、国家富强和人民富裕的历史任务。不过，如果把辛亥革命放到中华民族伟大复兴的历史进程中去考察，则我们应该更加深入地研究它的伟大历史意义，具体分析它怎样为中国的进步打开了闸门。

辛亥革命带来了一次思想上的大解放。封建君主专制制度被推翻，意义并不仅仅在于赶跑了一个皇帝，更在于在两个重大政治原则问题上对传统思想做了根本性的颠覆。一是过去被认为至高无上、神圣不可侵犯的专制独裁政治，被宣布为罪恶的、黑暗的、"不是平等自由的国民所堪受的"，公开声称"敢有帝制自为者，天下共击之！"这是对以往政治是非的一个根本颠覆。二是过去被认为是卑贱的、可以任意生杀予夺的"愚民""草民"，被宣布为国家的主人。这是对以往政治是非的又一个根本颠覆。早在同盟会时期，革命派就提出"国家为人民之公产，凡人民之事，人民公理之"。在制订《中华民国临时约法》时，孙中山先生特地要求加上"中华民国之主权，属于国民全体"的内容。这两条虽然在现实政治生活中没有立即实现，但至少在法律上、观念上得到了认可，成为绝大多数人的共识，其对后来政治产生的影响是十分巨大、十分深远的。辛亥革命以后，任何形式的专制独裁统治都无例外地以失败而告终，追根溯源，不能不说同上面提到的政治思想的变革有着密切的关联。因此，辛亥革命后，政权虽然落到了袁世凯手里，辛亥革命的政治成果却并没有完全丧失。辛亥革命不仅铲除了中国封建势力最顽固的堡垒，宣告了封建君主专制统治时代的结束，而且促进了人们民主意识的极大提高，迈出了从专制向民主转化的重要一步，为中国的政治现代化开创了一个新的阶段。思想的大解放促进了人们在道德观念、社会风俗及生活习惯等方面发生了一系列新的变化。革命活动本身就是对许多陈腐观念的巨大冲击和涤荡。南京临时政府成立后，又大力革除封建陋习，提倡社会新风。如废除对官吏的跪拜礼，禁称“大人”“老爷”；废止奴婢，解放“贱民”；男子剪辫，女子放足；禁止种植和吸食鸦片；提倡科学，反对迷信；等等。这些措施，使社会一时出现了生机勃勃的景象，对改变社会风气产生了长远影响。

辛亥革命为社会经济发展创造了重要条件。辛亥时期的革命志士们，始终把国家富强和人民幸福作为自己追求的目标。他们一方面深信，只要推翻了封建专制主义的统治，中国一定能够在经济发展中取得“异常之速度”，在短期内“迎头赶上”甚至超过西方国家；另一方面发展经济，努力改善民生，“为人民谋福祉”。南京临时政府成立后，为了振兴实业，成立了实业部，先后颁布了一系列有利于工商业发展的政策、法令，使当时的经济发展出现了一个前所未有的高潮。民国初年，现代工业无论在数量、规模、范围还是影响上都大大超过晚清几十年的总和，教育事业、新闻出版事业、医疗事业等也都有了明显的进步。这就为以后的社会经济发展创造了重要条件。

辛亥革命为中华民族共同体的构建做出了积极贡献。在辛亥革命的准备时期，革命派曾提出过“反满”的口号。这个口号自然有它的历史局限性，但其实质还是反对以满洲贵族为最高统治者的封建独裁政权，而不是反对满洲这个民族。到了清王朝覆亡后，革命派就立即高举民族平等的大旗，强调消除民族畛域，促进民族和睦。孙中山先生在《临时大总统宣言书》中明确宣布：“国家之本，在于人民。合汉、满、蒙、回、藏诸地为一国，即合汉、满、蒙、回、藏诸族为一人。是曰民族之统一。”在另外的文件中，孙中山先生还强调只有实现国内各民族的平等，才能“和衷共济，丕兴实业，促进教育，推广东球之商务，维持世界之和平”。这些认识和举措，是以往历代封建政权所从未有过的，在中华民族的发展历史上有着重大而深远的意义。

辛亥革命为中国共产党的成立准备了条件。辛亥革命后 10 年，中国共产党诞生。这两个重大历史事件之间存在着显而易见的内在联系。辛亥革命导致的思想解放，为包括马克思主义在内的各种政治和社会学说的传播提供了环境和条件；辛亥革命追求资产阶级共和国的梦想的破灭，促使人们在怀疑和失望中另觅新路，为选择社会主义打下了思想基础；辛亥革命后民族资本主义的发展，壮大了无产阶级的力量，为中国共产党的成立准备了阶级基础；中国共产党的早期活动家有一部分是积极参加辛亥革命甚至在同盟会时期就担负重要领导责任的，有一部分是受到辛亥革命重大影响的，从这个意义上说，辛亥革命也为中国共产党的成立准备了干部条件。中国共产党成立后，始终把自己为之奋斗的事业视为辛亥革命的继续和发展，并公开声称，现代中国人，除了一小撮反动分子以外，都是孙中山先生革命事业的继承者。中国共产党所继承的，就是辛亥革命为实现民族独立和人民解放而进行的反帝反封建斗争，就是争取国家富强和人民富裕的中华民族伟大复兴事业。中国共产党不仅把旧民主主义革命发展到新民主主义革命，而且在新民主主义革命取得伟大胜利的基础上进行了社会主义革命和社会主义建设。这种又继承又发展的历史进程，就是历史发展的辩证法。

综观我国进入 20 世纪一直到现在百余年的历史，中国人民在前进道路上经历了三次历史性的巨大变化：第一次是辛亥革命，第二次是中华人民共和国的成立和社会主义制度的建立，第三次是改革开放。正确认识百余年来的中国历史，最关键的是正确认识这三次历史性巨变之间的历史联系和辩证关系。没有辛亥革命推翻统治中国几千年的君主专制制度，开创完全意义上的中国近代民族民主革命，也就谈不上革命从旧民主主义向新民主主义的转变。没有新民主主义革命推翻帝国主义、封建主义、官僚资本主义的反动统治，建立人民当家做主的国家政权，确立社会主义基本制度，并取得社会主义革命和建设的巨大成就，也就不可能有改革开放的伟大事业，不可能有中国人民在中国特色社会主义道路上取得的举世瞩目的伟大成就。历史的发展就像长江大河之运行，川流不息，奔腾向前，前后承续，无法切断；又如登临崇山峻岭，必须由低及高，拾级而上，每一个台阶都是通往顶峰的必经阶梯。看到过去的贡献而无视现实的超越，或者以今天达到的水准去嘲弄昨日之幼稚，都不是历史主义的态度。

辛亥革命的精神遗产

任何历史人物，即使像孙中山先生这样的伟大人物，也不可避免地会有其历史局限性，会有缺点甚至会犯错误。辛亥志士们在革命理念和斗争实践中同样存在着这样那样的问题和失误，这需要进行认真总结。但是，他们为了国家民族的未来抛头颅、洒热血，置生死安危于不顾，置功名利禄于度外，谱写了可歌可泣的历史篇章。他们气壮山河、感动天地的英雄事迹，为中华民族精神增添了新的内容，是今天仍然值得珍视的精神遗产。这主要表现在以下几个方面。

为振兴中华而矢志不渝、顽强奋斗的爱国情怀。爱国主义是中华民族的优良传统，从来就是推动中国社会历史前进的巨大精神力量。孙中山先生曾经说自己“爱国若命”，“生平以爱国为前提”。事实上，所有辛亥志士无不是由爱国精神所驱使而投身于革命的。鲁迅写过“寄意寒星荃不察，我以我血荐轩辕”的诗句，吴玉章写过“为求富国强兵策，强忍抛妻别子情”的诗句，这些诗句真实地反映了那个时代许多革命者的共同心声。他们为了挽救民族的危亡，求取国家的富强，宁肯放弃舒适的生活，离开温暖的家庭，抛却个人的幸福，而选择一条困苦艰险、荆棘丛生的革命之路，甚至不惜献出青春和生命。对祖国前途和命运魂牵梦绕的关注，对中华民族整体利益执着不屈的追求，使他们汇聚在一起，形成一支向阻碍中国社会前进的独裁政权宣战的战斗队伍。辛亥革命时期的爱国主义有着鲜明的时代特色：一是把爱国主义与民族独立的要求相结合，以

“造成独立自由之国家”为重要目标；二是把爱国主义与民主主义相结合，为建立共和政治而奋斗不息；三是把爱国主义与国家统一相结合，指出只有国家的“统一独立”才有国家的“兴盛”，只有建立统一的国家才能“达革新之目的”。孙中山先生强调：“‘统一’是中国全体国民的希望。能够统一，全国人民便享福；不能统一，便要受害。”这就把近代的爱国主义提升到了一个崭新的水平。

“以浩气赴事功，置死生于度外”的献身精神。一群开始时几乎是赤手空拳的革命者，要推翻一个虽然已经腐朽却还掌握着全部国家机器并有着根深蒂固的封建势力以及帝国主义列强做后盾的清王朝，将会遇到怎样的艰难险阻是可以想见的。辛亥志士们勇敢地直面困难，为实现自己的理想锲而不舍、百折不挠，表现了坚强的意志和坚定的决心。正如孙中山先生所说：“吾志所向，一往无前，愈挫愈奋，再接再厉。”这个概括，既是孙中山先生毕生经历的真切写照，也是许多辛亥志士的共同品格。女革命家秋瑾在致友人信中表示了这样的信念：“已置吾生命于不顾，即不获成功而死，亦吾所不悔。”方声洞在参加黄花岗起义前，给父亲写下了这样的诀别书：“夫男儿在世，不能建功立业，以强祖国，使同胞享幸福；虽奋斗而死，亦大乐也；且为祖国而死，亦义所应尔也。”他们用自己的行动实践了自己的誓言。对于这些革命先烈，我们由衷地抱着至深的敬意。

关心民生疾苦，立志为百姓谋福祉的高尚品德。在辛亥志士的心目中，祖国并不是一个抽象的概念，而是以数万万同胞为实体的具体存在。真诚地热爱、关怀人民群众，深切地同情劳动群众的苦难，为人民谋取幸福，是他们奋斗目标的一个重要内容。孙中山先生曾说：“三民主义是为人民而设的，是为人民求幸福的”，革命“就是要除去人民的那些忧愁，替人民谋幸福”。他们深深懂得，要替人民谋幸福，必须改变“国贫民瘠”的状况。当有人批评革命只有破坏、没有建设时，他们回答说：革命正是为了建设，“革命之破坏与革命之建设必相辅而行”，只有推翻了腐朽政权之后，才可以“大力发展社会生产，解决好人民的衣食住行问题”。所以，“革命的目的是为众生谋幸福”。我们只要看一看孙中山先生关于革命后中国如何发展经济、实现工业化、提高人民生活水平的宏伟设想，就可以清楚地了解他对于国家富强和人民幸福抱着何等殷切的期望。

顺应时代潮流，放眼世界的博大胸怀。孙中山先生和他的战友们对国家民族前途命运的思考，常常能以世界眼光观察国际大势，从而做出顺应时代潮流的判断和决策。“世界潮流，浩浩荡荡，顺之则昌，逆之则亡”，成为孙中山先生自觉遵循并时刻不忘的座右铭。他强调，解决中国的问题，只有“内审中国之情势，外察世界之潮流，兼收众长，益以新创”，才能收到积极的成效。孙中山先生本人，从和平改良到武装反清，从追求资产阶级共和国到“以俄为师”，从依靠某些军阀势力到“联俄、联共、扶助农工”三大政策的确立，始终随着时代变化而不断前进。同时，辛亥志士们也强烈地意识到中国对于世界文明所肩负的历史责任。早在1904年，孙中山在给美国人民的一封信中就满怀信心地说：“一旦我们革新中国的伟大目标得以完成，不但在我们的美丽的国家将会出现新纪元的曙光，整个人类也将得以共享更为光明的前景。普遍和平必将随中国的新生接踵而至。”他们坚信，一旦革命成功，中国一定能对人类做出新的更大的贡献。类似这样的言论，在革命派其他人物的口中也屡见不鲜。

100年前，这些思想成为推动人们投身革命的巨大精神力量。直至今天，革命先辈留下的精神遗产仍然没有失去思想光辉，仍然是实现中华民族伟大复兴的强大精神动力。

辛亥革命在中华民族伟大复兴中的历史地位*

100 年前发生的辛亥革命，是中华民族伟大复兴历史进程中的一个重要里程碑。100 年来，我们的民族从不断沉沦到自立于世界民族之林；我们的国家从风雨飘摇、濒临灭亡到在社会主义基础上进入小康，大踏步走向繁荣富强；人民的经济生活、政治生活、文化生活、社会生活发生了翻天覆地的变化。这样的历史性巨变是怎样实现的？其中蕴涵着极为丰富的历史启示。

辛亥革命是偶然发生的还是历史的必然

辛亥革命是怎样发生的？对于这个问题，可以说 100 年来一直存在着不同的认识。中华人民共和国刚刚成立的时候，美国发表了一个白皮书，把辛亥革命的发生归因于“西方的影响”：“到了十九世纪中叶，西方突破了中国孤立的墙壁。”正是西方带来的许多“新思想发生了重要作用，激起了骚动和不安”，才爆发了辛亥革命，推翻了清王朝。对于这个说法，毛泽东专门写了《唯心历史观的破产》一文，加以评析。指出用思想来解释革命的发生，其实是唯心史观的老调。

20 世纪 90 年代，开始流行“告别革命”论，说：辛亥革命是在一些人“丧失理性”“发疯发狂”的“情绪化”的鼓动下发生的，许多人犯了“革命崇拜症”，“辛亥革命搞糟了，是激进主义思潮的结果”，20 世纪中国选择革命方式是“令人叹息的百年疯狂与幼稚”，

* 载《江淮文史》，2011 年第 6 期。

"给社会造成了大破坏"。这个观点依然是用思想来解释革命，而且认为革命是少数人鼓动起来的，这实在是一种非常陈旧的观点。早在19世纪，恩格斯就说过："把革命的发生归咎于少数煽动者的恶意的那种迷信时代，是早已过去了。"①

所以，回答这个问题，不能简单归之于思想的作用，更不能归之于少数人的煽动，而要从社会物质生活中去找原因，从社会矛盾中去找根源。首先要了解中国是怎样一步步沦为半殖民地半封建国家的，在帝国主义和封建主义的双重压迫下，国家怎样面临着"内忧外患""亡国灭种"的极大危机。其次要弄清楚辛亥革命前中国社会的主要矛盾是什么。最后要了解中国人民为了解决社会矛盾、社会危机进行过哪些斗争，乃至发动了辛亥革命，把民主主义推到了一个崭新的高度，开创了完全意义上的近代民族民主革命。

结论是什么呢？结论就是两句话："帝国主义的侵略引起了反抗。""辛亥革命是革帝国主义的命。中国人所以要革清朝的命，是因为清朝是帝国主义的走狗。"

最近出版的一部专门讲辛亥革命的书中，说辛亥革命前，中国社会是很稳定的，"经济得到很大的恢复发展"，财政大幅度增加，"工商业呈现兴旺景象"，社会治安良好，所以，"革命形势一直都不够成熟"，"这个革命的发生，多少有点偶然性"。这个说法符合当时的客观形势吗？讲历史，不能凭主观臆想，而要根据客观事实。当时究竟是一个什么样的形势？比较信得过的是当时人和当事人的看法和意见。

当时的革命派对国家、民族面临的亡国灭种的危险，可以说是披肝沥胆，大声疾呼，描述得淋漓尽致。读一读邹容的《革命军》，陈天华的《警世钟》和《猛回头》，以及其他一些革命报刊的文章，就很清楚。《革命军》这样写："我祖国今日病矣，死矣，岂不欲食灵药、投宝方而生乎？……革命！革命！得之则生，不得则死。""呜呼！我中国今日不可不革命。"孙中山在《香港兴中会章程》中

① 《马克思恩格斯全集》，中文1版，第8卷，5页。

做了这样的描写：中国的外部环境是“堂堂华夏不齿于邻邦，文物冠裳被轻于异族”，“强邻环列，虎视鹰瞵”，“瓜分豆剖”，“蚕食鲸吞”；国内状况则是“政治不修，纲维败坏”，“鬻官卖爵，公行贿赂”，“盗贼横行，饥馑交集，哀鸿遍野，民不聊生”。这是一幅何等触目惊心的悲惨景象！

也许有人会说，革命派为了宣传的目的，难免有意夸大当时形势的危险性和严重性。那么你可以去看看立宪派的言论。立宪派是不主张推翻清王朝的，但他们也认为当时民族危殆，险象环生，清政权已危如累卵了。有一部书叫《辛亥革命前十年间时论选集》，其中收录了各派政治力量对时势的看法，很多意见并不一致，甚至针锋相对，但对当时形势的分析，我丝毫没有看到同前文提到的那部书里一样的观点。

我们还可以看看敌对阵营的言论。长沙海关税务司伟克非在1911年5月写给总税务司安格联的信中说：毫无疑问，大多数老百姓是希望换个政府的。不能说他们是革命党，但是他们对于推翻清朝的尝试是衷心赞成的。中国（指清朝政府）的前途似乎非常黯淡，我看在不久的将来，一场革命是免不了的。再看看清朝当权者怎么看？慈禧、光绪死后，宣统继位，由载沣任摄政王，载沣成为继慈禧之后掌握清廷最高统治权的人。辛亥革命爆发后，载沣被迫辞去摄政王职，在辞职的奏折中，他用了这样8个字来形容当时的政局：“人心瓦解，国势土崩。”“人心”也好，“国势”也罢，都已经到了“土崩”“瓦解”的地步，哪里还有一点“社会稳定”的影子？事实上，辛亥前夕，清朝的一些中高级官员，在私底下或半公开场合，讲清王朝“气数已尽”“大势已去”“大厦将倾”，已经是司空见惯的了。

还可以举一个十分有趣的现象为例，当时3位持不同政治立场和政治态度的人物，一个孙中山，一个梁启超，一个李鸿章，都曾不约而同地把清王朝比喻成一座千疮百孔、摇摇欲坠的老房子，只要有一点风吹雨打，就会轰然倒塌。孙中山在1904年写道：“满清王朝可以比作一座即将倒塌的房屋，整个结构已从根本上彻底地腐朽了，难道有人只要用几根小柱子斜撑住外墙就能够使那座房屋免于倾倒吗？”① 梁启超是主张维护君权的，但他也把清王朝比作一栋老房子，他说：“今有巨厦，更历千岁，瓦墁毁坏，榱栋崩折，非不枵然大也，风雨猝集，则倾圮必矣！”只有“去其废坏，廓清而更张之，鸠工庀材，以新厥构”，才能够使房子坚固，高枕无忧。不这样做，房子必倒，国家也“罔不亡”②。李鸿章虽然在义和团运动以后就死了，但死前也把清王朝比作一栋老房子。他说：“我办了一辈子的事，练兵也，海军也，都是纸糊的老虎……不过勉强涂饰，虚有其表，不揭破犹可敷衍一时。如一间破屋，由裱糊匠东补西贴……有小风小雨，打成几个窟窿，随时补葺，亦可支吾对付。”但碰到大风大雨，“自然真相败露，不可收拾，但裱糊匠又何术能负其责？”③

从这个例子可以看出，不管什么人，都看到清王朝的毁灭是不可避免的了。

辛亥革命怎样为中国的进步打开了闸门

宣统逊位，清朝覆亡。这绝不仅仅是赶走了一个皇帝，而是埋葬了延续几千年的封建君主专制制度。这是一个具有历史意义的大事件。君主专制制度的废除，虽然并没有立即实现民族独立和人民解放，但却为寻求中国发展的新道路创造了条件。按照中共十五大的说法：“辛亥革命未能改变旧中国的社会性质和人民的悲惨境遇，但为中国的进步打开了闸门。”

曾有文章认为，“慈禧太后为首的清王朝顺应时代潮流，开始了史无前例的宪政改革”，“我们在九十年代做的工作，大体上是继续做光绪皇帝、宣统皇帝的未竟事业”。这个观点的错误，首先是混淆两种不同性质的“事业”，光绪、宣统搞的所谓宪政，出发点和落脚

---

① 《孙中山全集》，第1卷，254页。
② 《饮冰室合集》文集之一，2页。
③ 吴永：《庚子西狩丛谈》，121页。

点都是永远维持封建君主专制制度，《钦定宪法大纲》的第一条就是“大清皇帝统治大清帝国，万世一系，永永尊戴。”第二条是“君上神圣尊严，不可侵犯。”其他就不用念了。我们现在搞的事业，不论是社会主义民主法制建设也好，政治体制改革也好，出发点和落脚点都是以人民当家做主为根本。就像胡锦涛同志在庆祝建党 90 周年大会上的讲话所说：“没有民主就没有社会主义，就没有社会主义现代化，人民当家做主是社会主义民主政治的本质和核心。”“要坚持国家一切权力属于人民，健全民主制度，丰富民主形式，拓宽民主渠道，保证人民依法实行民主选举、民主决策、民主管理、民主监督。”这样两种截然相反的“事业”，怎么可能是一种相互继承的关系呢？恰恰相反，不否定专制独裁，就不可能有人民民主。不破除旧的制度，就不能开辟新路。如果我们在 100 年前不推翻清王朝的腐朽统治，而是一直沿着光绪、宣统的老路走下去，绝对不可能走到今天。这一点，只要不抱偏见，大概不会有什么争议。

“告别革命”论强调“革命只起破坏性的作用，没有任何建设性的意义”。“暴烈的战争或革命很少能带来真正的进步。”“革命是一种能量的消耗，老是革命，整个民族的生命能量就在革命中耗尽了。”应该怎样来看待破坏和建设的关系呢？

这其实是一个十分古老的问题。还在辛亥革命的准备阶段，也就是 100 多年前，改良派就指责革命派只热衷于破坏而无意于建设。对于这种指责，革命派反复说明，他们对于旧制度和旧秩序的破坏，正是为大规模的建设厘清地基，扫除障碍。邹容说：“欲大建设，必先破坏；欲大破坏，必先建设。此千古不易之定论。吾侪今日所行之革命，为建设而破坏之革命也。”孙中山后来也曾反复讲过：“建设是革命的唯一目的，如不存心建设，即不必破坏，更不必言革命。”革命正是为了建设，“革命之破坏与革命之建设必相辅而行”，只有推翻了腐朽政权之后，才可以“大力发展社会生产，解决好人民的衣食住行问题”。的确，革命的根本目的就在于解放生产力。既然民族独立地位的丧失，国家主权的备受侵凌已把中华民族逼到了生死存亡的危急关头，既然封建专制政治的统治剥夺了人民生存和发展的权利，成为阻碍中国走向现代化的巨大障壁，志士仁人们便不得不把主要精力投入到争取民族独立和人民解放的斗争中去。从现象上看，辛亥革命似乎只是或主要是一种政治行动，但资产阶级革命派却特意提醒人们，要从政治表象的背后看到经济的目标和推动力。孙中山说："毫无疑义，最近时期中国的革命运动具有单纯的政治性质，而不是经济的性质。但是它将为我们未来的经济发展打下基础。"所以，把辛亥革命同中国的现代化对立起来，是没有道理的。

那么，辛亥革命是怎样为中国的进步打开闸门的呢？

辛亥革命带来了一次政治上和思想上的大解放。辛亥革命在两个重大政治原则问题上对传统观念做了根本性的颠覆。一是过去被认为至高无上、神圣不可侵犯的专制独裁政治，被宣布为罪恶的、黑暗的、"不是平等自由的国民所堪受的"。《中国同盟会革命方略》中就公开声称"敢有帝制自为者，天下共击之！"这是对以往政治是非的一个根本颠倒。二是过去被认为是卑贱的、可以任意生杀予夺的"愚民""草民"，被宣布为国家的主人。早在同盟会时期，革命派就提出"国家为人民之公产，凡人民之事，人民共理之"。在制定《临时约法》时，孙中山特地要求加上"中华民国之主权，属于国民全体"的内容。这是对以往政治是非的又一个根本颠倒。这两条虽然在现实政治生活中没有立即实现，但至少在法律上和人们的观念上得到了认可，成为绝大多数人的共识，这对后来政治产生的影响是十分深远的。辛亥革命以后，任何形式的反动专制统治都无例外地以失败而告终，追根溯源，不能不说同上面提到的政治观念的变革有密切的关联。因此，辛亥革命后，政权虽然落到了袁世凯手里，但辛亥革命的政治成果并没有完全丧失。它不仅铲除了中国封建势力最顽固的堡垒，宣告了封建君主专制统治时代的结束，同时也促进了人们民主意识的提高，迈出了从专制向民主转化的重要一步，为中国的政治现代化开创了一个新阶段。

辛亥时期的革命志士们，始终把国家富强和民生幸福作为自己追求的目标。他们一方面深信，只要推翻了封建专制主义的统治，中国一定能够在经济发展中取得“异常之速度”，在短期内“迎头赶上”甚至超过西方国家；另一方面通过发展经济，努力改善民生，“为人民谋福祉”。南京临时政府成立后，为振兴实业，成立了实业部，先后颁布了一系列有利于工商业发展的政策、法令，使当时的经济发展出现了一个前所未有的高潮。民国初年，现代工业无论在数量、规模、范围还是影响上，都大大超过晚清几十年的总和，教育事业、新闻出版事业、医疗事业等也都有了明显的进步。这就为以后的社会经济发展创造了重要的条件。

辛亥革命还促进人们思想观念、社会风俗和生活习惯等方面发生了一系列新的变化。革命活动本身就是对许多陈腐的旧观念的巨大冲击和涤荡。南京临时政府成立后，又大力革除封建陋习，提倡社会新风。如废除对官吏的跪拜礼，禁称“大人”“老爷”；废止奴婢，解放“贱民”；男子剪辫，女子放足；禁止种植和吸食鸦片；提倡科学，反对迷信；等等。这些措施，使社会一时出现了生机勃勃的动人景象，也对改变社会风气产生了长远的影响。

在讨论辛亥革命历史作用时，不能忽略它在加强中华民族共同体构建方面的积极贡献。在辛亥革命的准备时期，革命派曾提出过“反满”的口号，这个口号自然有它的历史局限性，但其实质还是反对以满族贵族为最高统治者的封建独裁政权，而不是反对满族这个民族。一旦清王朝覆亡，革命派就立即高举民族平等的大旗，强调消除民族畛域，促进民族和睦。孙中山在《临时大总统宣言书》中明确宣布：“国家之本，在于人民。合汉、满、蒙、回、藏诸地为一国，即合汉、满、蒙、回、藏诸族为一人，是曰民族之统一。”在另外的文件中，孙中山还强调只有实现国内各民族的平等，才能“和衷共济，丕兴实业，促进教育，推广东球之商务，维持世界之和平”。这些认识和举措，是以往历代封建政权所未有过的，这在中华民族的发展史上，有重大而深远的意义。

辛亥革命后10年，中国共产党诞生。这两个重大历史事件之间存在着显而易见的内在联系。毛泽东在《如何研究中共党史》的讲话中指出：“说到革命的准备，一九二一年开始的第一个阶段，实际上是由辛亥革命、五四运动准备的。”“所以严格地讲，我们研究党史，只从一九二一年起还不能完全说明问题，恐怕要有前面这部分的材料说明共产党的前身。”① 毛泽东明确地把辛亥革命和五四运动看作“共产党的前身”，这既科学地揭示了辛亥革命、五四运动同中国共产党产生之间的历史联系，也充分肯定了辛亥革命推动历史前进的巨大进步作用。

辛亥革命带来的思想解放，为包括马克思主义在内的各种政治和社会学说在中国的传播提供了环境和条件；辛亥革命所追求的资产阶级共和国梦想的破灭，促使人们在怀疑和失望中另觅新路，为选择社会主义打下了思想基础；辛亥革命后民族资本主义的发展，壮大了无产阶级力量，为中国共产党的产生奠定了阶级基础；中国共产党的早期活动家，有一部分是积极参加辛亥革命甚至在同盟会时期就担负重要领导责任的，有一部分是受到辛亥革命重大影响的，就这个意义来说，辛亥革命也为中国共产党的成立准备了干部条件。

所以我们可以这样说：没有辛亥革命，就没有中国共产党的诞生，也就没有以后党领导下的新民主主义革命的伟大胜利。

综观我国进入 20 世纪一直到现在的 100 余年历史，中国人民在前进道路上经历了三次历史性的巨大变化：第一次就是辛亥革命；第二次是中华人民共和国的成立和社会主义制度的建立；第三次是改革开放，为实现社会主义现代化而奋斗。正确认识 100 余年来的中国历史，最关键的是要正确认识这三次历史性巨变之间的历史联系和辩证关系。没有辛亥革命推翻统治中国几千年的君主专制制度，开创完全意义上的中国近代民族民主革命，也就谈不上革命从旧民主主义向新民主主义的转变。没有新民主主义革命推翻帝国主义、封建主义、官僚资本主义的反动统治，建立人民当家做主的国家政权，确立社会主义基本制度，并取得社会主义革命和建设的巨大成就，也就不可能有改革开放的伟大事业，不可能有中国人民在中国特色社会主义道路上取得的举世瞩目的伟大成就。历史的发展就像

---

① 《毛泽东文集》，第 2 卷，402 页。

长江大河之运行，川流不息，奔腾向前，前后承续，无法切断。又如登崇山峻岭，必须由卑及高，拾级而上，每一个台阶都是通往顶峰的必经阶梯。看到过去的贡献而无视现实的超越，或者以今天达到的水准去嘲弄昨日之幼稚，都不是历史主义的态度。

辛亥革命的精神遗产

辛亥革命给我们留下了丰富的历史遗产。前面我们已经从政治、经济、文化和社会风俗以及民族等方面做了一些分析。这里还想特别谈一谈辛亥志士们留下来的精神遗产。他们为了国家民族的未来，抛头颅、洒热血，置生死安危于不顾，摈功名利禄于度外。他们气壮山河、感动天地的英雄事迹，为中华民族的民族精神增添了新的内容，是今天我们仍然值得珍视的精神遗产。

辛亥志士们留下的精神遗产，主要表现在四个方面：第一，为振兴中华而矢志不渝的爱国情怀。“振兴中华”是孙中山在我国历史上第一个提出来的，后来他一直为此而奋斗。孙中山曾经说自己“爱国若命”，“生平以爱国为前提”。第二，“以浩气赴事功，置死生于度外”的献身精神。辛亥志士们勇敢地直面困难，为实现自己的理想，锲而不舍，百折不挠，表现了坚强的意志和坚定的决心。如孙中山所说：“吾志所向，一往无前，愈挫愈奋，再接再厉。”这个概括，既是孙中山毕生经历的确切写照，也是许多辛亥志士的共同品格。第三，关心民生疾苦，立志为百姓谋福祉的高尚品德。孙中山曾说：“三民主义是为人民而设的，是为人民求幸福的”，革命“就是要除去人民的那些忧愁，替人民谋幸福”。第四，顺应时代潮流，放眼世界的博大胸怀。孙中山和他的战友们对国家民族前途命运的思考，常常能以世界眼光观察国际大势，从而做出顺应时代潮流的决策和判断。“世界潮流，浩浩荡荡，顺之则昌，逆之则亡”，成为孙中山自觉遵循并时刻不忘的座右铭。

在当今社会，有些人特别是我们的领导干部，也就是人民公仆，经不起胡锦涛同志所说的四个考验，即“执政考验、改革开放考验、市场经济考验、外部环境考验”，面临着四个危险，即“精神懈怠的危险、能力不足的危险、脱离群众的危险、消极腐败的危险”，丧失了理想信念，缺失了精神支柱，成为我们加强党的建设的一个十分紧迫的问题。在这样的情况下，大力弘扬辛亥革命的精神遗产，并且身体力行，发扬光大，不是事关国家安危、事业成败的大事吗？

也许有人会说，他们毕竟是资产阶级革命家，他们真有那样高的思想境界吗？难道我们社会主义者还要把他们作为学习的榜样吗？关于这个问题，我想稍说几句。

首先，资产阶级在上升时期、革命时期，是生气勃勃的，是有崇高理想的，是以代表全社会利益自居的。所以，毛泽东说这个时候他们是“真老虎”①。列宁则说：“如果对伟大的资产阶级革命者不抱至深的敬意，就不能成为马克思主义者。”②

其次，前面提到，革命事业是一个不断发展的过程。在我们天安门广场的人民英雄纪念碑上，镌刻着辛亥革命的图案，毛泽东所作的题词也明确说人民英雄包括鸦片战争以来一切为人民解放事业奋斗牺牲的烈士。所以，他们是为中华人民共和国铺路奠基的，他们是我们民族英雄群体中当之无愧的成员。我相信，一个忠诚于革命的人，一个懂得敬畏历史的人，对所有为民族解放和民族振兴做出贡献和牺牲的前辈，是绝不会忘记的，是会永远铭记的。过去有句话，“忘记过去就意味着背叛”。事实告诉我们，背叛也总是从抹杀过去、歪曲过去、否定过去开始的。

最后，革命传统、革命精神的形成，也是一个历史积累的过程，是多少革命先辈一代一代用鲜血和生命锻造出来的。辛亥志士们那些令人感佩的思想、情操，后来为无产阶级革命者继承并发扬光大。颂扬这些精神遗产，捍卫这些精神遗产，继承和实践这些精神遗产，就是对历史的敬畏和尊重，是对所有革命先辈的尊重，是对我们伟大的民族精神的尊重。

---

① 《毛泽东文集》，第7卷，456页。

② 列宁：《第二国际的破产》。

延安整风运动与马克思主义中国化*

——纪念延安整风运动七十周年

70年前的延安整风运动，不仅对于党的历史，而且对于中国近现代史，对于中华民族发展史，都产生了深远的影响。延安整风的内容十分丰富，这里只就马克思主义中国化的问题，谈一谈自己的学习体会。我以为这个问题是延安整风留给我们最重要的历史遗产，也是对今天最具有现实意义的问题。

"马克思主义中国化"现在成了一个很时髦的名词，大家都在谈，但看法不见得完全一致。也有人认为马克思主义中国化是近年来提出的新问题。其实，这是误解。我们党几十年来，一直努力从事马克思主义中国化的艰难探索，并在理论和实践上都取得了伟大的成果。而最早提出这个命题的，不是别人，正是毛泽东同志。他在1938年党的六届六中全会上就指出："成为伟大中华民族的一部分而和这个民族血肉相连的共产党员，离开中国特点来谈马克思主义，只是抽象的空洞的马克思主义。因此，使马克思主义在中国具体化，使之在其每一表现中带着必须有的中国的特性，即是说，按照中国的特点去应用它，成为全党亟待了解并亟须解决的问题。"①

延安整风时期，这一思想为全党所接受，成为全党的共识，在此基础上，马克思主义中国化的第一个理论成果——毛泽东思想，也趋于成熟。可以说，没有延安整风对马克思主义中国化所做的极其宝贵的开创性工作，也就不会有以后中国革命、建设和改革的伟大胜利，也就产生不了中国特色社会主义理论体系。延安整风在马

---

* 载《中华魂》，2012年第10期上半月。

① 《毛泽东选集》，2版，第2卷，534页。

克思主义中国化方面，创造了一些重要的经验，确立了若干必须遵循的根本原则，概括起来讲，就是要坚持和做到“三个统一”，下面我就对这“三个统一”做一点说明。

第一，坚持马克思主义基本原理同时代特征及中国实际的统一

实现马克思主义中国化，不是要丢掉马克思主义的基本原理，而是为了更好地学习和运用马克思列宁主义。所以，毛泽东反复强调，马克思列宁主义是“最好的真理”，是“解放我们民族的最好的武器，而中国共产党则是拿起这个武器的倡导者、宣传者和组织者”①。“要有目的地去研究马克思列宁主义的理论”，坚持马克思列宁主义的立场、观点和方法。他还说：一个共产党员，一个自命为马克思主义的革命者，“必须有马克思列宁主义的知识。但是现在有些同志，却缺少马克思主义的基本观点”②。如果背离了马克思主义的基本原理，缺少马克思主义的基本观点，也就丢掉了老祖宗，在这样的前提下去奢谈什么马克思主义中国化，奢谈什么“理论创新”，就必然走到邪路上去。“化”来“化”去，就不是马克思主义的中国化，而是别的什么主义的“中国化”了。就像胡锦涛同志所说的：“理论创新必须以坚持马克思主义基本原理为前提，否则就会迷失方向，就会走上歧途。”③ 那么，毛泽东同志70年前批评的“缺少马克思主义的基本观点”的情况，现在还有没有呢？这很值得我们思考。现在，党中央提倡要读一点马克思主义的原著，读一点马克思主义的经典著作，更多地了解一点马克思主义的基本观点，我以为这很有针对性，是十分正确的。

当然，延安整风时期，主要需要解决的问题是教条主义的问题

---

① 《毛泽东选集》，2版，第3卷，796页。

② 同上书，852页。

③ 2003年纪念七一讲话。

和本本主义的问题。反对主观主义以整顿学风，最主要的就是破除把马列主义教条化，把共产国际决议和苏联经验神圣化。对这个问题，毛泽东讲了很多十分深刻、十分尖锐的话。譬如他说："直到现在，还有不少的人，把马克思列宁主义书本上的某些个别字句看作现成的灵丹圣药，似乎只要得了它，就可以不费气力地包医百病。这是一种幼稚者的蒙昧，我们对这些人应该作启蒙运动。那些将马克思列宁主义当宗教教条看待的人，就是这种蒙昧无知的人。对于这种人，应该老实地对他说，你的教条一点什么用处也没有。"① 他甚至说："这种反科学的反马克思列宁主义的主观主义的方法，是共产党的大敌，是工人阶级的大敌，是人民的大敌，是民族的大敌，是党性不纯的一种表现。大敌当前，我们有打倒它的必要。"② 他还说："脱离实际的理论是空洞的理论。空洞的理论是没有用的，不正确的，应该抛弃的。对于好谈这种空洞理论的人，应该伸出一个指头向他刮脸皮。"③ 毛泽东对"实事求是"这句成语重新做的经典解释，可以说概括了马克思主义认识论的精华，也是马克思主义中国化的根本要义。

延安整风时期，毛泽东反复强调，马克思列宁主义的普遍真理必须同中国革命的具体实践相结合，要运用马克思主义的立场、观点和方法，"来具体地研究中国的现状和中国的历史，具体地分析中国革命问题和解决中国革命问题"④。但是，"中国"并不是一个抽象的概念，随着时代的发展，随着世界形势的变化，中国的国情、中国这块土地上所面临的问题，也发生了急剧而深刻的变化。科学理论是客观世界的反映，是人们社会实践的总结。既然客观世界是千变万化的，人们对客观世界的了解和认识也就应该不断地发展变化；既然人的社会实践是永无止境的，我们的理论创新也就没有止境。离开中国的实际和时代的发展来谈马克思主义，是没有意义的。

---

① 《毛泽东选集》，2版，第3卷，820页。

② 同上书，800页。

③ 同上书，817页。

④ 同上书，797页。

静止地孤立地研究马克思主义，把马克思主义同它在现实生活中的生动发展割裂开来、对立起来，是没有出路的。

第二，坚持理论和实践的统一

延安整风时期，毛泽东反复强调理论联系实际，指出“理论和实际统一”是马克思主义的一条基本原则。“我们学马克思列宁主义不是为着好看，也不是因为它有什么神秘，只是因为它是领导无产阶级革命事业走向胜利的科学。”① 毛泽东把这个思想归纳为一句现在已经大家都耳熟能详的名言：“对于马克思主义的理论，要能够精通它、应用它，精通的目的全在于应用。”② 我们大家都可以用这句话来对照一下自己：“精通”也许说不上，至少对于马克思主义是否有了基本的了解？在我们的工作中、实践中是不是身体力行地“应用”了这些理论？我们今天推进马克思主义中国化，同样不是为了好看，不是为了装点门面，而是为了中国社会主义现代化建设的需要，为了中华民族伟大复兴的需要。只有以我国改革开放和现代化建设的实际问题、以我们正在做的事情为中心，着眼于马克思主义理论的运用，着眼于对实际问题的理论思考，才能充分发挥马克思主义中国化对社会发展和民族振兴的指导和引领作用。因此，理论创新，绝不是靠少数人脱离实际，闭门造车，从书本到书本，从概念到概念所能够完成的。马克思主义中国化是全党和全国人民在社会实践中集体智慧的结晶。对于我们许多理论工作者来说，可能都碰到过一个困惑，就是并不是理论弄不明白、讲不清楚，而是理论往往同社会实际状况脱节，理论讲的是一套，现实生活的客观实际则又是另外一套。这种情况极大地损害了理论的公信度，影响了理论的说服力。面对这种情况，不由得让我们想起毛泽东同志在延安整风时期对我国另一句成语——“有的放矢”的经典解释。他说：“马克思

① 《毛泽东选集》，2版，第3卷，820页。
② 同上书，815页。

列宁主义理论和中国革命实际，怎样互相联系呢？拿一句通俗的话来讲，就是'有的放矢'。'矢'就是箭，'的'就是靶，放箭要对准靶。马克思列宁主义和中国革命的关系，就是箭和靶的关系。有些同志却在那里'无的放矢'，乱放一通，这样的人就容易把革命弄坏。有些同志则仅仅把箭拿在手里搓来搓去，连声赞曰：'好箭！好箭！'却老是不愿意放出去。这样的人就是古董鉴赏家，几乎和革命不发生关系。马克思列宁主义之箭，必须用了去射中国革命之的。这个问题不讲明白，我们党的理论水平永远不会提高，中国革命也永远不会胜利。"① 现在是不是还有一些同志，仍然对理论采取"无的放矢"的态度，甚至存在把箭射错了方向的情况呢？这也是我们在致力于马克思主义中国化时应该十分警惕的。

第三，坚持改造客观世界同改造主观世界的统一

马克思主义是改造客观世界的最有力的武器，同时，马克思主义者在改造客观世界的时候，也不断地改造着自己的主观世界。这两个方面，本来是有机地统一的。延安整风的主要任务，一是反对主观主义以整顿学风，二是反对宗派主义以整顿党风，三是反对党八股以整顿文风。毛泽东在谈到这些不正之风时，特别指出，党的主流是好的，党的事业是有很大发展的，这些不正之风，并不是占统治地位的作风，"这不过是一股逆风，一股歪风，是从防空洞里跑出来的"②。但即使这样，如果不下大力气去解决，危害也很大，真理就不能抬头，党性就不能巩固，革命就不能胜利。解决这三种不正之风，是为了共产党更加纯洁，队伍更加整齐，步调更加一致，力量更加强大，以便在改造客观世界的斗争中发挥更大的作用。对于个人来说，就是以整风的精神揭发错误，批判缺点，克服思想意识中存在的唯心论、教条主义、空想、空谈、轻视实践、脱离群众

---

① 《毛泽东选集》，2 版，第 3 卷，819～820 页。

② 同上书，812 页。

等的缺点，真正做到思想上完全入党，成为全心全意为人民服务的公仆。这就是改造主观世界的过程。现在，改造主观世界的问题，已经不大有人提起了。似乎这个问题已经不值得重视了，不需要大力提倡了，我以为这是很不妥当的。

首先，并不是随便什么人都可以成为马克思主义的信仰者和忠实践行者的。只有对马克思主义真信、真懂、真做的人，才能够真正有理论自觉和理论自信。什么叫理论自觉？就是自觉地学习理论、信仰理论、践行理论。什么叫理论自信？就是相信马克思主义是科学真理，是能够解决现实生活中的实际问题的，是能够得到群众信任和赞同的。一个双重人格的人，嘴里讲马克思主义，但却言行不一，从不准备在自己身上实行，马克思主义讲起来也是没有底气的，是心虚的，是言不由衷的。我们很难相信，一个极端利己主义者能够成为全心全意为人民服务的公仆，一个享乐主义者能够同群众同甘苦、共命运，一个唯我独尊的官僚主义者能够真正做到“以人为本”。所以，不在改造客观世界的同时注意改造自己的主观世界，所谓改造客观世界也只是一句空话。

其次，从现在的党情、国情、世情来看，改造主观世界的任务，较之过去，不是轻了，而是更加重了，更加紧迫了。为什么？一是我们的地位变了，成为了执政党，许多党员掌握了或大或小的权力，能够听到规劝、批评声音的机会少了，听到颂扬捧场的多了。在这种情况下，如果缺乏自觉，就会昏昏然，自以为了不起，不能保持清醒的头脑。而权力一大，一旦犯错误，危害也就越大。二是我们的环境变了，改革开放，市场经济，不论国内的还是国外的环境，比以往任何时候都要复杂得多，主观世界改造的任务也就愈加迫切。三是任务变了，要在最近 10 年左右时间内实现更高水平的小康社会，在 21 世纪中叶基本实现现代化，把我国建设成富强、民主、文明的社会主义国家，实现中华民族的伟大复兴，这是何等宏伟的目标，又要经历何等艰难困苦的斗争。如果不是不断努力地改造自己的主观世界，怎样可能成为这个伟大时代的合格战士呢？

上面所说的三个变化，综合起来，就形成了胡锦涛同志在庆祝中国共产党成立 90 周年大会上的讲话中深刻分析的“四个考验”和“四个危险”：我们面临着长期的、复杂的、严峻的执政考验、改革开放考验、市场经济考验、外部环境考验，尖锐地存在着精神懈怠的危险、能力不足的危险、脱离群众的危险、消极腐败的危险。怎样应对这四个考验，避免这四个危险呢？办法只有一个，就是严格要求自己。从党组织来说，一定要落实党要管党、从严治党的方针，健全党的生活，严肃党的纪律，保持党的肌体健康。从党员个人来说，就是要加强改造主观世界的自觉性，时刻不忘做一个合格的、当之无愧的党员。

延安整风运动过去 70 年了，为什么说延安整风的精神并没有过时呢？从上面“三个统一”来看，都有很强的现实针对性。如果我们老老实实地、真心诚意地对照延安整风的思想和做法，把它贯彻到实际工作中去，就可以很好地解决我们遇到的许多困惑，大大加强我们党的纯洁性和战斗力，这难道不是十分生动地表明了延安整风精神的当代价值吗？

教育部中国特色社会主义理论体系研究中心工作报告*

1994年1月，江泽民同志在全国宣传工作会议上宣布在中央党校、国家教委、中国社科院、解放军国防大学和上海社科院组建五个研究建设有中国特色社会主义理论的基地。18年来，在中宣部指导和教育部党组的直接领导下，教育部中国特色社会主义理论体系研究中心（理论研究中心）在指导和组织协调教育系统学习、研究、宣传中国特色社会主义理论体系，推进马克思主义中国化、时代化、大众化方面，发挥了重要作用，做出了积极贡献。

把推进中国特色社会主义理论体系研究作为主要任务，做到党的理论创新每推进一步，理论研究就跟进一步

我们党是一个高度重视理论创新的党。加强对党的理论创新成果的研究，是理论研究中心的主要任务。

党的十四大确立了邓小平建设有中国特色社会主义理论在全党的指导地位。理论研究中心立即组织广大高校理论工作者开展一系列理论研讨活动，如举办了“全国教育系统学习《邓小平文选》和建设有中国特色社会主义理论研讨会”“全国教育系统第二次邓小平建设有中国特色社会主义理论研讨会”等，围绕党的思想路线、社会主义本质、社会主义市场经济、社会主义精神文明建设和跨世纪

---

* 载《高校理论战线》，2012年第5期。

发展战略等重大问题展开深入研讨，编辑出版文集《用科学的理论武装人》，促进了用党的创新理论武装教育师生的工作。

党的十五大把邓小平理论同马列主义、毛泽东思想一起确立为党的指导思想，正式写入党章。理论研究中心按照中宣部的部署和教育部党组的安排，组织高校一批资深专家和中青年学术骨干，精心编写出版由12种书组成的“有中国特色社会主义论丛”，该“论丛”获2000年中国图书奖。同时，组织举办“纪念党的十一届三中全会20周年理论研讨会”“纪念中国共产党成立80周年理论研讨会”“邓小平生平与思想研讨会”等系列研讨活动，编辑出版《在邓小平理论旗帜下》《光荣属于伟大的党》《邓小平与20世纪的中国》等研究文集。这些研究，深入阐释了社会主义初级阶段、社会主义发展道路等重大理论问题，深入总结了党和人民学习运用邓小平理论指导实践取得的宝贵经验，深入研讨了我们党领导革命、建设和改革的宝贵经验，充分阐述了在邓小平理论指导下我国改革开放和社会主义现代化建设取得的巨大成就，引导广大师生全面深入地理解和把握邓小平理论的科学内涵及精神实质，自觉走有中国特色社会主义道路。

党的十六大把“三个代表”重要思想确立为党的指导思想，写入党章。理论研究中心按照中宣部的精神和教育部党组的要求，积极组织研究队伍，承担马克思主义理论研究和建设工程课题，撰写理论文章，研究出版由13种书组成的“邓小平理论和‘三个代表’重要思想研究丛书”，2005年8月5日，《人民日报》以《博大精深、与时俱进的科学理论体系》为题，对理论研究中心的研究成果进行了报道，在社会上引起较大反响。同时，举办专题研讨会，编辑出版《马克思主义中国化的新篇章》等研究文集。这些研究，以深刻的分析和充分的说理，深入阐释了邓小平理论和“三个代表”重要思想，深入探讨了“三个代表”重要思想的时代背景、实践基础、科学内涵、精神实质、历史地位和指导意义，为推动用邓小平理论和“三个代表”重要思想武装教育广大师生做出了贡献。

党的十七大提出了科学发展观是发展中国特色社会主义必须坚

持和贯彻的重大战略思想。为全面贯彻落实党的十七大精神，深入推进对科学发展观等重大战略思想的研究，理论研究中心组织高校专家学者撰写理论文章，出版了《从“三个代表”重要思想到科学发展观——21世纪马克思主义中国化的新进展》《中国特色社会主义理论体系研究述评》《社会主义核心价值体系研究述评》等理论专著。同时，积极打造“中国特色社会主义理论体系论坛”，为高校理论工作者研讨科学发展观搭建学术交流平台，不断推选理论研讨的深入。从2008年开始，先后以科学发展观与中国特色社会主义、社会主义中国的成就与经验、推进社会主义核心价值体系建设、中国共产党90年的成就与经验为主题，举办了四届中国特色社会主义理论体系论坛，编辑出版《科学发展观——中国特色社会主义理论体系的最新成果》《社会主义中国60年：成就与经验》《建设社会主义核心价值体系的理论思考与实践探索》《光辉的历程辉煌的成就》等研究文集。这些研究，深入阐释了科学发展观的主要观点和精神实质，深入阐释了推进社会主义核心价值体系建设的经验，科学总结了中华人民共和国60年和中国共产党90年的辉煌成就和宝贵经验，为在教育系统推进科学发展观的学习教育奠定了学理基础。

把研究重大现实问题作为主攻方向，组织开展重大项目调研，积极发挥思想库和智囊团作用

理论工作只有为党和政府的决策服务、为实践服务、为人民服务，才能展示出蓬勃的生机和旺盛的活力。长期以来，理论研究中心紧密结合改革开放和社会主义现代化建设的新实践，紧密联系广大干部群众的思想实际，重点抓住经济社会发展的重大现实问题开展调查研究，推出一批有理论深度、有创新价值、有实践意义、有社会影响的研究成果，为上级有关部门提供对策建议和理论咨询。

根据中宣部下达的任务，理论研究中心组织高校专家开展了一系列重大现实问题研究。先后向中宣部报送了《关于价值观问题的

调研报告》《关于"繁荣哲学社会科学，推进理论创新"的调研报告》《关于科学发展观基本理论体系和主要观点的调研报告》《关于党的执政能力建设研究报告》《关于提高国家文化软实力的研究报告》《关于"划清社会主义思想文化同封建主义、资本主义腐朽思想文化界限"的调研报告》《科学发展观的重大理论和实践意义的调研报告》等一系列研究报告，为深化相关问题的理论研究提供学理支持。

根据马克思主义理论研究和建设工程办下达的任务，理论研究中心组织开展了 9 个重大理论和现实问题的研究。这 9 个问题是：关于树立和落实科学发展观问题；关于加强党的执政能力建设问题；关于历史发展的动力问题；关于以人为本的内涵问题；关于实践在马克思主义哲学中的地位问题；关于社会主义市场经济条件下的社会公平问题；关于我国历史上社会建设的理论问题；关于国外社会建设理论问题；关于认识和把握新形势下人民内部矛盾产生的特点和规律，形成正确处理人民内部矛盾的有效机制等。在《求是》《北京大学学报》等刊物上发表了一批有深度、有分量的研究文章，向工程办提交了高质量的研究报告。其中，报送的 15 份研究成果当年被选入马克思主义理论研究和建设工程的成果选编或参考资料选编。

为配合做好理论热点面对面的编写工作，受中宣部委托，理论研究中心每年都组织开展干部群众关注的热点难点问题及思想认识问题的调研，连续 9 年向中宣部理论局报送了调研报告，提出关于编写通俗理论读物的建议。

把推进党的理论创新成果的宣传普及作为重要职责，组织编写通俗理论读物，大力推进马克思主义大众化

撰写理论文章，既是深入开展理论研究的重要形式，也是理论学习宣传的重要载体。理论研究中心按照中宣部的部署和教育部党

组的要求，围绕中国特色社会主义的重大理论和实践问题，围绕重大事件纪念活动等，组织专家学者撰写发表了一批有较高学术价值和一定实践指导作用的中心署名文章。从2002年至今，理论研究中心先后在《人民日报》、《求是》杂志、《光明日报》和《经济日报》等中央报刊发表近120篇中心署名文章。这些文章的内容涵盖我国经济、政治、文化、社会、生态、党建、教育、思政等各个方面，在推进马克思主义大众化方面，在唱响共产党好、社会主义好、改革开放好的时代主旋律等方面发挥了重要作用。

及时向青少年宣传普及当代马克思主义最新成果，是中国特色社会主义理论体系宣传普及的重点，也是理论研究中心的重要职责。为帮助广大青少年学习邓小平理论、“三个代表”重要思想和科学发展观，按照教育部党组的部署，理论研究中心分别于1998年、2003年和2008年，先后组织编写出版了《邓小平理论青少年读本》《“三个代表”重要思想青少年读本》《科学发展观青少年学习读本》。其中，《邓小平理论青少年读本》获得2001年中宣部“五个一”工程奖。

推进党的创新理论的宣传普及，要考虑用什么样的方式更形象、更生动、更深刻地打动群众，特别是青少年。制作大型电视谈话节目就是方式之一。为及时宣传党的十六大精神，理论研究中心联合中国教育电视台，制作了11集电视节目“十六大精神系列访谈”，及时系统地宣传十六大精神，播出后反应良好。为大力宣传社会主义核心价值体系，理论研究中心联合有关部门制作了“社会主义核心价值体系纵横谈”大型电视谈话节目，邀请一批社科专家对建设社会主义核心价值体系做出深入阐释。这套节目在中国教育电视台播出后反响热烈，中央电视台进行了重播。

把服务教育事业改革发展作为基本要求，紧密联系教育实际，认真开展中国特色社会主义理论体系教育理论的学习研究宣传

作为教育部的理论研究基地，理论研究中心始终坚持把学习研

究宣传中国特色社会主义理论体系与学习研究宣传中国特色社会主义教育理论结合起来，与贯彻党的教育方针结合起来，与推进我国教育改革发展结合起来，与帮助青少年树立正确的世界观、人生观和价值观结合起来。

承担编写党的教育理论“学习纲要”任务，宣传普及中国特色社会主义教育理论。按照中央关于要从各自工作的领域对党的创新理论的有关内容进行系统钻研和深刻理解的要求，受教育部委托，理论研究中心组织编写了《邓小平教育理论学习纲要》和《“三个代表”重要思想教育理论学习纲要》，比较全面、系统地阐述了邓小平教育理论、“三个代表”重要思想教育理论的基本观点。两书出版时，中央宣传部、教育部党组联合发出通知，要求各级宣传部门、教育工作部门将《纲要》作为学习邓小平教育理论、“三个代表”重要思想教育理论的重要辅助材料。

认真组织开展科学发展观教育理论研究。为深入研究、回答胡锦涛同志在加强和改进大学生思想政治教育工作会议讲话中提出的“十个如何”问题，理论研究中心组织开展《新世纪新阶段大学生思想政治教育问题研究》，出版《大学生思想政治教育“十个如何”研究》学术专著，全面系统地阐释胡锦涛同志重要讲话精神和中央16号文件精神，有针对性地提出了解决问题的对策建议，为加强和改进大学生思想政治教育提供了理论支持和决策参考。同时，理论研究中心还承担了教育部人文社会科学研究专项项目——“关于加强和改进大学生思想政治教育工作研究”课题，先后撰写9篇理论文章在中央主要报刊发表，深入阐释中央16号文件精神。我们还组织专家深入学习研讨胡锦涛同志在教育工作会上的讲话和《国家中长期教育改革和发展规划纲要（2010—2020年）》精神，深入学习研讨胡锦涛同志在清华大学100周年校庆大会上的重要讲话，及时在中央报刊上发表了一批理论文章。

为全面深入研究科学发展观教育理论，理论研究中心通过承担国家社科基金教育学2009年度重点课题——“科学发展观教育理论研究”，组织力量深入研究科学发展观教育理论的历史地位、科学内涵、精神实质和根本要求，深刻阐明以胡锦涛同志为总书记的党中央关于教育改革发展的新思想、新观点、新论断，科学总结党的十六大以来教育改革发展的经验及规律，出版专著《科学发展观教育理论研究》，为深入贯彻落实教育规划纲要，建设中国特色社会主义教育强国提供学理支持。

我们还按照教育部党组的部署，积极配合有关司局组织开展专题调研活动，为教育改革发展提供决策服务。积极开展“马克思主义中国化美育思想研究”、“关于社会主义核心价值观的几个问题”研究、“当代社会思潮对高校师生思想的影响及对策”研究、“美国进行意识形态渗透的若干做法”研究等，形成了一批研究成果，编写《参阅材料》报送部领导和有关司局。

回顾18年的工作，给予我们许多深刻的启示：一是必须始终坚持马克思主义在意识形态领域的指导地位。马克思主义是认识规律、揭示真理的科学理论。做好理论工作，必须始终坚持正确的理论导向，高举中国特色社会主义伟大旗帜，坚持用发展着的马克思主义指导理论工作，把马克思主义中国化最新成果贯穿于工作的各个环节，体现在学习研究宣传中国特色社会主义理论体系的各个方面。二是必须大力推进理论创新。马克思主义是与时俱进、不断发展的理论。做好理论工作，必须紧跟党的理论创新步伐，坚持解放思想与实事求是的统一，积极推进实践基础上的理论创新，不断赋予当代中国马克思主义鲜明的实践特色、民族特色、时代特色。三是必须坚持理论联系实际。马克思主义是指导实践、服务人民的理论。理论工作必须坚持理论联系实际，围绕经济社会发展和人民群众的理论需求，以重大理论和现实问题为研究重点，努力推出有价值、有影响的研究成果，不断增强理论的说服力和影响力。四是必须坚持以理论研究推进理论学习教育。理论研究中心要充分发挥教育系统的优势，突出理论教育特点，把理论研究宣传和理论学习教育融为一体，通过深化研究宣传促进理论的学习教育，为推进中国特色社会主义理论体系进教材、进课堂、进头脑提供坚实的理论支持。五是必须坚持团结依靠高校理论工作者开展工作。人才是做好理论工作的第一资源。教育系统有一支人数众多、学科齐全、政治素质和理论素养较好的理论工作者队伍。依靠这支队伍，理论研究中心开展了系列重大课题研究，举办了系列研讨活动，推出了系列研究成果，为推进马克思主义中国化、时代化、大众化做出了自己的贡献。

李文海自述*①

我于1952年8月进入中国人民大学学习时，还是一个年方二十、涉世未深的青年，如今在这里回首往事，已是一个年届八十的耄耋老人。除了“文化大革命”期间人大被迫停办的几年，我前后在人大工作、生活了整整一个甲子。说我的一生主要是在人大度过的，一点也不过分。

60年来，我工作上的成败利钝，学术上的进退得失，情感上的喜怒哀乐，生活上的甜酸苦辣，都主要是在中国人民大学这个环境里发生和实现的。中国人民大学这所有着悠久历史和光荣传统的最高学府，培养了我，哺育了我，使我成长，促我发展，我也通过在人大的服务实现了对国家、社会和父老乡亲的报答。

用有限的篇幅来回顾和叙述我在人大的60年岁月，是很困难的，这里只能提供一个简单的线索，留下一点历史的痕迹。

1932—1952年：进入人大之前

讲我在人大的经历，自然需要先简单介绍一下我进入人大以前的情况。

我出生于1932年初，农历腊月二十三，是过小年、灶王爷上天的日子。家在江苏无锡县秦巷镇倪巷村。父亲李榕，是一个担任了几十年小学校长的乡村知识分子，在周围群众中颇有威望。母亲王

---

* 见《求是园名家自述》，第二辑，北京，中国人民大学出版社，2012。

① 本文由李文海教授应中国人民大学校史研究室之约于2012年5月写成。此前，2011年11月24日，校史研究室对李文海教授进行了采访。

月英，是一个新旧转型中的过渡人物。缠过脚，后来又放开了；能读书看报，善良能干，在极困难的条件下把6个子女抚育成人，历经的磨难可以想见。她一直活到103岁才辞世。生活是清贫的，家里房无一间，地无一垄，主要靠父亲和大哥当小学教师维持生活。从我出生到离开家，一直住在租来的房子里。生活水平略高于当地的贫苦农民，但始终处于拮据窘迫的状态。我当时年幼无知，许多事懵懵懂懂，但父母不时为衣食住行、柴米油盐愁急的样子，还是给我留下很深的印象。我兄弟姐妹6人，两个哥哥，两个姐姐，一个妹妹，我排行老五。

到我5岁的时候，七七事变发生，全民族抗战爆发。过不多久，我的家乡就被日本侵略军占领，成了沦陷区。我的童年就在动荡、惊恐、贫困、愁惨的情况下度过了。

1943年小学毕业。一方面，当时局势还很混乱，另一方面，我二哥正在读中学，父亲无力同时供两个孩子上中学，我便留在父亲的小学里上“补习班”。说是补初中的课程，但实际上数学、动植物等课程并不开，主要是由父亲讲授国文。父亲有很好的国学功底，教得又认真，所以我和同学们读了不少古文。《古文观止》中的一些名篇，如李白的《春夜宴桃李园序》、陶渊明的《桃花源记》、范仲淹的《岳阳楼记》、柳宗元的《种树郭橐驼传》及欧阳修的《醉翁亭记》等，有些篇目至今还能够背出几句，这都是那时打下的一点基础。这一段经历可以说对我一生都有影响。到正式上中学时，我的数理化功课一直很差，学得很吃力，但语文课从来都是全班第一，我的作文常常被国文老师作为范文念给同学听。后来，我的专业是搞历史，我的古文基础也帮了大忙，让我沾了不小的光。

1945年抗战胜利，父亲咬牙把我送到洛社中学插班上初三。初中毕业后考上了私立无锡中学，读了三年，直到高中毕业。从初三一直到高中，我偏科特别严重。语文老师会认为我是个很优秀的学生，而英语或者数学老师一定会认为我笨得出奇。除了课堂教学以外，母校还十分重视学生的课外活动。例如，每个班级都办有自己的墙报（当时叫“壁报”）。我们班的墙报刊名叫《戈壁》，我是主编。经常写稿的，我记得有姚湛一、张育林、黄善谦、项元生、杨尔烈、薛禹群、贾寿泉等人，不论是内容还是形式，我们班的墙报在全校都可以数第一。现在想来，通过办墙报，文字水平不一定提高了多少，但增强了办事的责任感，倒是一个重要的收获。

私立无锡中学有一个不错的图书馆。课余时间，我常常到图书馆借一些课外读物。鲁迅的不少杂文和茅盾的《子夜》，曹禺的剧作《日出》《雷雨》等，都是在这时候看的。也读张恨水的小说，如《啼笑姻缘》《金粉世家》《满江红》等。现在想来，课外阅读的收获，似乎比课堂教学更重要，影响也更深远一些。

1949年4月，人民解放军渡过长江，接着无锡解放。刚解放不久，国民党的飞机曾来轰炸过几次，有一次还在学校门前向运河里的船只扫了机枪。学校为了安全起见，停课让学生回家。后来局势稳定了，学生重新回到学校，不久我们也就毕业了。

高中毕业后，我先在家乡附近的陡门小学教了两个多月书。那时，正是革命形势发展迅猛、中华人民共和国成立的前后，人们的革命热情空前高涨。许多青年纷纷加入革命队伍，我在这样的革命大潮中，也于这一年的11月参加了革命，成为家乡所在的洛社区委农村工作队的一名队员，主要是做减租减息、秋征秋收、生产备荒等工作。不久，土地改革开始。为了统一领导，我们并入了苏南农村工作团二大队，在丹阳农村搞了两年多的土改。

在农村工作的这一段时间，我受到的教育是十分深刻的。过去我虽然就生活在农村，但年龄很小，同社会没有多少接触，对农民并不真正了解。在土改中，我才初步懂得了一些革命的道理，可以说这是革命启蒙教育的第一步。特别是二队队长陈晖同志，是一位年轻的“老干部”，工作能力极强，有一段时间我曾在他身边工作，从他身上学到了很多东西。他可以说是我的第一个革命启蒙老师。陈晖同志后来任苏州市副市长，“文革”期间被打成一个“反党集团”的头子，受尽折磨，但是他坚强不屈。平反后，他重新出任苏州市副市长兼经委主任，对苏州的经济发展特别是工业发展做出了重大贡献，当地的老百姓至今还很怀念他。

土改结束后，我于1952年2月被批准加入中国共产党。从入党到现在，也已经过去60个年头了。

土改结束，我们全部调到苏州，参加刚刚开展的“三反”“五反”运动。我被派到中粮公司的一个粮食门市部，领导这个门市部的“三反”运动，任务是“打老虎”。“老虎”是贪污分子的代名词，“打老虎”就是发动群众揪出贪污犯来。门市部的职工没有几个，所以除了门市部主任靠边站了一段时间，对一个留用的会计重点清查了一下账目外，其他倒也比较平稳地过去了。

为了适应中华人民共和国成立后大力开展经济和社会建设的需要，党和政府决定从干部中选调一批素质较好、有一定文化基础的青年，到高等学校去学习科学知识，名之曰“调干生”。1952年夏初，我也被列入调干生的行列。我们先参加了在常熟举办的一个“干部补习班”，补习了三个月的文化基础知识。“补习班”快要结束的时候，中国人民大学的几位老师来招生，我报了名，通过笔试和面试，竟然顺利地被录取了。我就这样进入了中国人民大学。

1952—1955年：在人大的学生生涯

我进入人大之后，被分到中国历史研究班学习。

那个时候的人们，专业选择、志愿选择的观念很淡薄，组织观念则很强，领导分配你学什么就学什么。因为组织上调你来学习，就是国家和人民需要你学好本领来服务，至于学什么，只是掌握的本领不同，服务时使用的工具不同，所以个人用不着挑三拣四。这不是说空话，确实是当时的真实思想。如果有谁闹专业问题，不愿意服从分配，大家觉得是思想十分落后的表现。加之像我这样的调干生，过去根本就没有任何专长，也谈不上有什么特别的爱好，所以是一张白纸，学什么都一样。我就是这样稀里糊涂地跨进了历史学的门槛，从此以后，历史教学与研究成了我一辈子再也分拆不开的事业，这却是当时始料未及的。

20世纪50年代，人大主要招调干生，还有开展一些在职干部的培训，基本不招应届高中毕业生。我们这个班的人员构成也体现了这个特色。我们这个中国历史研究班，一共26个人，四分之三是调干生，就是工作了几年的青年干部，年龄一般在二十左右，有从政府机关来的，也有从部队来的。文化程度大体是高中毕业，从来没有进过大学的门，更不知道历史是怎么一回事。另外四分之一则是已经在大学里教了多年历史的老师，有的是助教，有的是讲师，最大的一位是王介平同志，已经是副教授，年龄也已四十开外。他们有扎实的专业知识，但对马克思主义也知之甚少。这样两部分人在一起，怎样学，怎样教，实在是一个很大的难题。

入学后的第一年是学四门政治理论课。课程是各个不同专业的研究班在一起上大课。那时人大校本部在“铁一号”，我们学习则在西郊校区。当时还没有教学楼，教室都是平房，上课是在一个可以容纳百余人的大教室里。条件虽然简陋，讲课的可都是名教授：中国革命史是何干之、胡华老师；哲学是徐琳、萧前老师；政治经济学第一学期是一位名叫詹姆斯金的苏联专家，第二学期是苏星老师。他们中有的早已是全国著名的学者，有的是当时中青年教师中的佼佼者，后来很快也声名卓著了。

这一年的学习，对我而言，真可以用“醍醐灌顶”来形容。我的一点马克思主义的基本常识，主要就是在这个时候打下的基础。过去，我从来没有读过一本马列的原著，毛主席的著作也只是学过《论人民民主专政》等少数几篇，当时读的一些书，听的一些道理，真是闻所未闻，见所未见，顿时觉得豁然开朗，开辟了一个思想的新天地。一个“矛盾”问题，居然可以讲出那么丰富的内容来，而且讲得那样生动、那样真切。世界万事万物，是如此复杂，如此奇妙，一切都在发展、变化之中，没有什么东西是永存的；事物的发展有着客观必然性，但必然性又往往透过偶然性表现出来。历史不是一堆偶然现象的堆积，是有规律可循的。这些从来没有想过也没有听过的道理，确实使自己的思想深刻了许多。原来马克思主义理论是这么一回事。

学校还经常请一些学术名家或革命前辈来给我们做报告。我记得艾思奇、薛暮桥、何长工、钱俊瑞、张友渔等都曾来讲过。那时学校没有礼堂，每当有重大活动时，就在露天的文化广场进行。一片空地，没有一个座位，与会者每人自己带一个马扎，列队坐好。主席台是一个土台，学校领导和报告人、演讲者就坐或站在土台子上。条件虽然艰苦，但秩序井然。那个时候，确实在生活中和思想上继承着延安时期陕北公学那样一种风气，那样一种精神。

从第二年起，我们回到中国历史教研室进行专业学习。中国历史教研室同世界历史教研室既不在西郊，也不在“铁一号”，而是在鼓楼附近、紧靠什刹海边上的一所大四合院里，据说过去是一个大官的府第。这儿环境幽美，出门走几分钟就是银锭桥，著名的“银锭观山”就在这里。

教研室主任尚钺同志，对我们这个班倾注了大量心血。戴逸同志是我们的班主任，对我们进行直接领导。尚钺同志给我们通讲了中国古代史，戴逸同志给我们通讲了中国近代史。谈起我在人大的学习生活，尚钺、戴逸同志给我的影响是最大、最深的。

尚钺老师的情况，我在 2002 年 3 月 29 日举行的“纪念尚钺同志诞辰 100 周年大会”的发言中做过一点介绍，也谈到他对我的影响，现在摘引其中的几段：

> 1952 年 9 月，刚刚 20 岁的我以调干生考进了中国人民大学，被分到中国历史研究班学习。这是尚钺同志主办的第二个研究班，这样的研究班先后办过四期，培养 80 余名学生。尚钺同志为办好这几个班，真可以说是废寝忘食，呕心沥血，倾注了大量精力，也取得了很好的效果。
>
> ……尚钺同志首先为我们制订了一个较切合我们实际的教学计划，不是简单地传授历史知识，而是把重点放在用科学的历史观对社会历史做重新观察、重新认识、重新评价上。同时，他坚持由他本人自始至终讲完全部中国古代史，由戴逸同志通讲中国近代史。就这样，尚钺同志和戴逸同志就成了引领我进入史学殿堂的最初的启蒙导师。

> 尚钺同志讲课是十分认真的。那时，他主编的《中国历史纲要》虽未正式出版，但已分册印出教材。可是，他每讲一堂课，都要重新写出讲稿。即使是基本史实，也决不采用剪贴的办法，而是一丝不苟地写得清清楚楚。为了保证在两天之内写二个学时的讲稿，他几乎每天都要工作到深夜。我是学习班长，常常因为课程的问题去找他。有两次，我早晨七点钟左右到他家里去，同他谈上课的事，竟惊奇地发现他趴在桌子上酣睡未醒。后来才知道，因为开夜车开了一个通宵，到黎明时才沉沉睡去。这件事，给我留下了很深的印象。
>
> 尚钺同志对我们要求很严格，看到我们稍不用功，就进行严厉的批评，说我们“凳子上有钉子吗？坐不住，怎么做学问?”他特别要求我们学风要严谨，要尊重历史，不要人云亦云。但是，在生活上，他对我们这些年轻人十分关心，十分爱护……在学术上，他对我们十分信任，鼓励我们大胆进行科学研究，积极参加各种学术活动，并且要求我们踊跃地在学术会议上发表意见。他常常给我们讲起鲁迅怎样关心和帮助青年，他认为鲁迅的胸怀宽广，也正是鲁迅伟大之所在。①

关于戴逸同志，他既是我的学术启蒙老师，也是后来一起共事将近60年的战友，我们之间是可以敞开心扉、无话不谈的。我在庆祝清史研究所成立30周年的一篇文章中，也曾简要地谈到戴逸同志培养我们的一些情况：

> 戴逸同志对于清史研究所的历史贡献，主要在两个方面：一是学科建设，二是队伍建设。学科建设，不仅他自己对整个清史有着全面深入的研究，形成了一个完整的体系，而且还围绕着清代历史，设计并组织了一系列大的科研项目，如《简明清史》《清代人物传稿》《18世纪的中国与世界》《清史编年》《清通鉴》等。所有这些重大的学术成果，无一不是在他的设计、策划以及直接组织、领导下完成的。队伍建设，更是戴逸

① 《尚钺先生》，248～251页，北京，中国人民大学出版社，2011。

> 同志极为关心并且尽心竭力去做的事情。就我的观察和体会，戴逸同志培养人才的方法，主要有三招：一是示范，二是传授，三是压担子。示范，就是自己率先垂范，身体力行，也就是我们常说的“身教”。他对学术执着追求，刻苦钻研，青灯黄卷，乐此不疲，在这样的榜样面前，无须多说什么，只要是有上进心的学生，自然不敢偷懒，不敢懈怠，不知不觉地就会跟着去做。这是一种无声的命令，无形的力量。我想，作为学术带头人，没有这一条，只会夸夸其谈，说得再多，也是带不出好的队伍来的。传授，就是总结自己的治学经验，没有保留地告诉学生，也就是我们常说的“言传”。我当学生的时候，戴逸同志不仅亲自从头到尾给我们讲中国近代史，而且多次给我们做读书和研究方法的报告。怎样写卡片，怎样做索引，怎样确定研究主题，怎样出科研副产品，如此等等，这些科研的基本知识和技能，我都是第一次从戴逸同志那儿听来的。压担子，就是到一定时候，戴逸同志就根据学生和青年教师的个人特点，放手地给他们布置任务，同时给予具体的帮助和指导，让他们在干中学，在实践中提高。这是一种最有效的办法。①

除了尚钺、戴逸老师之外，同我们关系较密切的还有三位德高望重的教授：孙家骧、郑昌淦、曾宪楷老师。孙家骧老师是教学组组长，他讲课条理清楚、简明扼要，深受学生们的欢迎。郑昌淦老师是尚钺同志编《中国历史纲要》的主要助手，他当时也已近60岁了，但很喜欢同年轻人在一起，同我们接触较多。曾宪楷老师教我们“史料选读”课，她学识渊博，态度和蔼，使我们学到了许多关于阅读史料、运用史料的知识，大家都很尊重她。

有了这样一些老师的精心培育，就为我们的成长提供了重要的客观条件。后来，我们这个班确实出了不少人才：其中有在党的领导机关担任重要职务的高级干部，有学养深厚、成果丰硕的历史学家，有在各单位的工作骨干和学术骨干。追根溯源，不能不对呕心

---

① 《传承与超越》，载《清史研究》，2008（3）。

沥血培育我们的老师充满感恩之心。

前面提到，在我们学习期间，尚钺、戴逸同志积极鼓励我们参加学术活动，这里可以举一个例子。学到第三年，教研室领导给我们布置了一个任务，就是认真研读范文澜同志的《中国通史简编》，并写一篇书评。这篇书评后来由石峰、王忍之、王介平、孙长江、罗明和我六个人署名，在《新建设》杂志发表了。书评既肯定了《中国通史简编》的成就，也对有些问题提出了商榷。范老是史学权威，我们是几个没有毕业的学生，居然写这样的文章，实在有点越出常规。这一方面反映了当时的学术大环境比较好，另一方面也说明我们的老师思想比较开放，能够鼓励年轻人大胆发表学术见解。

除了紧张的学习生活外，我们的业余活动是比较丰富多彩的。每天早晨，大部分同学都围绕美丽的什刹海跑步。下午课外活动时，我们几个人几乎每天都打一场篮球，其他人也做各种文体活动。

在班上，石峰是党小组长，王荣是团支部书记，我是学习班长，我们三个人就成了我们班的一个核心，班里的很多事情由我们商量着处理。当时，学生自治的空气还是很浓厚的。我们班三年学习期间，总的来说还是和谐团结、生动活泼的。就我个人来说，这三年的学生生涯可以说是一生中最快乐、最有活力、最值得留恋的一个历史阶段。

1955—1966 年：初为人师

1955 年 7 月，我研究班毕业，幸运地被留校任教，成为中国历史教研室的一名青年教师。

中国历史教研室是学校的一个直属教研室。当时，人大只有中共党史系，还没有历史系，所以没有本科生，当然也就没有本专业的课程。教研室的任务是面向全校开中国通史课，那时的课程设置，历史课的地位还较重要，许多系都有中国通史课，所以教学任务还是比较重的。

但是，从我留校任教到1966年“文化大革命”开始，10年多一点的时间，我实际从事教学和科研的时间却非常少，主要的精力都花在政治运动上了。在这个10年中，几乎一个政治运动接着一个政治运动，所以对于教学、科研，在这里只需简单交代几句就可以讲清楚了，大量的内容不得不涉及各种政治运动的情况，这似乎有点本末倒置，但却是当时实际生活的真实反映。

从当一名青年教师起，一直到“文革”前，10年多的时间，我一共只讲了三个课堂的课。第一次是当尚钺同志的助教，尚钺同志在档案系开“中国古代史”课，我一面随堂听课，一面负责给学生做辅导，定期收集学生学习中的疑难问题，向学生做解答。大约一周有一至两个晚上，方式上或集体讲解，或个别辅导。同时，一个学期还要负责组织和主持两至三次课堂讨论，由同学们对某个主题发表自己的看法和意见，有时这种讨论进行得很热烈，甚至有很激烈的争论。这是一种能充分发挥学生学习积极性和主动性的教学方式，很受同学们欢迎。后来，我曾在新闻系和工业经济系独立讲授了“中国古代史”课。

至于科学研究，就更是少之又少了。10年多的时间，一共只写了四五篇文章。

我的专业，原先是中国古代史，所以不仅讲课是讲古代史的课，最初发表的文章也主要是唐史方面的内容。最早的两篇，一篇是讲唐代的官手工业的，发表于《教学与研究》；一篇是讲唐代的雇佣劳动的，发表于《光明日报》。

1958年下半年，我参加了一项科研活动，对我后来的专业工作产生了重大的影响。原来，为了庆祝中华人民共和国成立10周年，中宣部决定组织力量编写一部《中华人民共和国十年史》，在中华人民共和国成立10年大庆时出版。此项工作由刘大年同志牵头，从各单位调集了十来个同志，组成一个编写组。中国人民大学调去两人，一个是王汝丰，一个是我。编写组中，我们两人和近代史所的丛翰香同志比较年轻，都是刚工作不久的年轻教师和研究人员，其余的大都已是学术名家，如当时担任全国工商管理局局长的管大同，新华社的李普，科学院近代史研究所的蔡美彪、余绳武、曲跻武等。我负责的是抗美援朝部分。稿子还没有写完，由于政治形势的原因，大概主管部门觉得对中华人民共和国10年的历史做出准确评判的条件还不够成熟，接着又开展了“反右倾”运动，此事便搁置了下来，最后不了了之了。这件事虽然没有结果，但同这些名家在一起一年多，耳濡目染，确实从这些学者身上学到了许多东西。对我个人尤其重要的是，从此以后，我的专业就从古代史改为近代史，近代史研究成为了我一辈子从事的事业。

在科研工作方面，还有一件值得一提的事情，就是1961年10月到武汉参加辛亥革命50周年学术讨论会。这是中国史学界在中华人民共和国成立之后召开的第一次全国性的学术会议，会议规格很高，老一辈的著名史学家，如我们的老校长吴老，以及范文澜、侯外庐、翦伯赞、吕振羽、李达、吴晗、刘大年、何干之、邵循正等都参加了。我写了一篇题为《辛亥革命与会党》的论文，有幸入选，所以也得到了与会的机会。出席会议的人中，我和张磊年龄最小，差几个月不到30岁，吴老还半玩笑地说我们是“三十而立”。这次会对我的影响，不仅是开阔了眼界，增长了知识，更从老一辈学者的身上看到了学术的神圣、学术的尊严，增加了对学术的敬畏之心。

除了上面所说的十分有限的教学和科研活动之外，我的主要的时间和精力则是参加接连不断的各种政治运动。

头一个政治运动就是反右派斗争。1957年4月底，党中央决定开展整风运动，6月上旬，开始反右派斗争。这时，我成为教师还不到两年。我当然积极地参加了这个运动。不过，我们教研室主要是批判社会上的右派言论，并没有在本单位“深挖”右派分子，大家天天开批判会，写大字报，搞得轰轰烈烈。但在整个反右派运动中，我们教研室没有抓出一个右派分子，这在当时是很少见的。能够出现这样的局面，平心而论，同当时领导运动的直属党支部书记李竹然同志有一定的关系，这一点我留到后面再讲。

到1957年10月份，反右派运动基本告一段落，接着是干部下放运动，就是抽调一批干部，下放到农村，进行生产劳动，接受贫下中农的再教育。我年纪最轻，又是党支部委员，当然要带头报名。申请很快就被批准了，由我带队，由沙知、林敦奎、王荣、杜文凯、李华、刘美珍等共9位教师组成下放干部工作队，到丰台区看丹乡榆树庄老庄子生产队下放锻炼一年。这一年，主要的任务是参加生产劳动。从秋冬到春夏，经历了农业生产一年四季的全过程。过去我虽然在农村待过不短的时间，但基本上没有参加过生产劳动，并不了解劳动的艰辛。当时每天日出而作，日落而息，又逢“大跃进”时期，经常还要搞“挑灯夜战”，一天下来，真正是精疲力竭，但思想感情确实有了明显的变化。艰苦的生活条件和繁重的体力劳动，使自己对什么是困难有了新的了解，增强了克服艰难困苦的意志和能力。同时，也真正加深了尊重劳动、感恩劳动群众的感情。这时，正是全国高举总路线、“大跃进”、人民公社“三面红旗”的时候，实现公社化，大办食堂，挖水库，农业产量“放卫星”，甚至男女老少轰麻雀，等等，我们正好全都赶上了。我们既感受到了在政治上获得了解放的人们要求进一步改变贫困落后面貌的迫切心情和愿望，也具体看到由于党的政策违反了客观经济规律而对群众的生产和生活造成的种种消极影响。这样一种经历，无疑有助于我们提高观察社会、认识社会的本领。我们同当地老乡建立了良好的关系，生产队长高丙银、妇女队长范淑珍、车把式冯德贵以及社员扈满仓、张近堂等，我们在离开以后还一直来往了20多年。

1958年10月，我们回到学校，正好赶上全校师生在“大炼钢铁”，我们自然也参加进去，用废铜烂铁炼出了一些毫无用处的铁疙瘩。

1959年秋，“反右倾”运动开始。这本来是一场党内的政治斗争，但同时也在社会上对几个学术界代表人物进行批判。批判对象，哲学界是杨献珍，文学界是巴人，经济学界是孙冶方，历史学界则是尚钺。

尚钺同志是一位具有刻苦钻研和独立思考精神的历史学家。他在多年的治学活动中提出了许多重要的学术见解，取得了许多重大的学术成果。他的主要学术贡献集中在两个问题上：一是中国古代史分期问题，他是“魏晋封建论”的主要倡导者之一；二是中国资本主义萌芽问题，他认为中国至迟在明代已出现了资本主义的萌芽。本来，这两个问题完全是学术问题，同政治没有什么直接联系。但因为他的一些具体分析同毛泽东同志对中国历史的论述有所不同，在“左”的思想指导下，还是成了全国重点批判对象。关于批判尚钺和我在这个问题上的态度，在纪念尚钺百年诞辰大会上我的讲话中有所涉及①，这里不再重复。需要补充的一点是，在社会上，批判尚钺的文章虽然铺天盖地，但在尚钺所在的本单位，却没有开过一次全教研室的批判斗争尚钺的大会。只是由校党委组织过一两次17级以上党员干部参加的批判会，我因为级别不够，没有参加。教研室支部也开过一两次会，主题是对尚钺同志进行“批评帮助”，调子也不算很高。之所以能够这样，我在前面提过一句，是同当时担任直属支部书记的李竹然同志很有关系的。李竹然同志也是一位老党员。在教研室，尚钺是行政领导，李竹然是党组织负责人，平时在工作中二人也能配合，但他们之间的关系并不很融洽，相互之间甚至有点心存芥蒂。李竹然同志在政治上不是很“左”，比较通情达理，执行政策也较稳。批判尚钺开始后，他不仅没有乘机兴风作浪、落井下石，反而采取了低调处理的态度，为此他承受了不小的压力。应该说，在“左”的风气颇盛的政治环境下，能够这样做，实在是难能可贵的。在整个“反右倾”运动中，尚钺同志始终没有被正式戴上“右倾机会主义分子”的帽子，这也算是不幸中之大幸了。

从1960年开始，进入了三年困难时期。中央集中全力总结工作中的失误和教训，在经济上、政治上乃至文化上做全面的调整。这三年，生活虽十分艰苦，物资匮乏，吃不饱饭，甚至全身乏力、双腿浮肿，但没有了政治运动的干扰，我倒是安安静静地认真读了一点书，做了一点学术研究。这是我在人大难得有过的能够专心读书的几个时期之一。

1964年，“四清”运动开始。全校师生员工分期分批参加“四

---

① 参见《尚钺先生》，252～254页。

清”工作队。我和戴逸、李华、黄兆群、孙方明、尹金翔等同志，被分派到山西五台县阳白公社李家庄大队去参加“四清”运动。我和戴逸、李华同志住在一个半山腰的窑洞里，睡在一个土炕上。晚上，在灯光如豆的小油盏灯下看材料，谈工作，有时也谈点学术问题。1965年6月返校，也就到了“文化大革命”的前夕了。

1966—1979年：在“文革”风浪中

1965年11月10日，上海《文汇报》发表了姚文元《评新编历史剧〈海瑞罢官〉》的文章，成为“文化大革命”的导火线。

姚文元文章发表后，戴逸同志被借调到中宣部，我则被借调到《北京日报》，都是去写批判吴晗文章的。同我一起借调到《北京日报》的还有方克立同志。

这次任务很特别，也很微妙。领导我们的是时任北京市委文教书记的邓拓同志和北京市副市长兼北京日报社社长范瑾同志。我们这个小组除方克立和我外，还有两位《北京日报》的资深编辑。姚文元的文章点名批判了吴晗，但谁的心里都清楚，矛头不仅是指向吴晗的，而且是指向北京市委的。邓拓和吴晗又是一起写《三家村札记》的合作者，所以吴晗和北京市委及邓拓同志实际上很难分得开。为了政治表态，必须写批判吴晗的文章，但又不能跟着姚文元的调子，上纲到政治上鼓吹“单干风”“翻案风”“号召右倾机会主义分子东山再起”的高度。邓拓一向被称为我们党内的“才子”，是写文章的高手，但他和范瑾同志给我们开了两次会，却显得茫然无措，一筹莫展，不知道该怎么办。最后，邓拓同志自己动手写了一篇文章，以“向阳生”的笔名在《北京日报》发表；我则代市委组织部部长李琪写了一篇文章，以“李东生”的笔名发表。这些文章，后来都成为“假批判、真包庇”的“罪证”。戴逸同志在中宣部的情况也差不多。在周扬同志的领导下，他和另外三位同志一起写了署名“方求”的文章，后来也没有逃脱“假批判、真包庇”的指控。

过了一段时间，毛泽东同志点名批评中宣部是“阎王殿”，北京市委是“针插不进、水泼不进”的“独立王国”，形势发展到这个地步，写文章已经毫无意义，我和戴逸同志也就先后回到了学校。

“文革”初起时，我的大体处境和心情，我在《传承与超越》一文中有过一段描述，比较真实地反映了当时的实际，转引如下：

> “文革”开始时，中国历史教研室的大部分教师，都还在河北邢台搞“四清”。戴逸同志和我，因为分别被借调到中宣部和北京市委，没有去邢台，“文革”起来就回了学校。我们听着广播聂元梓等7人的大字报、“五一六通知”，天天看着学校其他单位轰轰烈烈地揪斗“走资派”和“反动学术权威”，真不知我们的命运会是怎样的。记得有一次，我同戴逸同志在北海公园的“濠濮涧”整整待了一天，长吁短叹，愁肠百结，心中一片茫然，既说不清下一步事态会如何发展，也想不出一点切实的对策。只是相对唏嘘，黯然神伤。
>
> 等邢台“四清”的同志们回校以后，尚钺、戴逸同志就被打成了“反动学术权威”和“反革命修正主义分子”，我和另外五位同志作为“走资派”，跟尚钺、戴逸同志编在一起。好在我官位太小，只是一个教研室副主任，所以除了陪斗及游街一次以外，倒也没有遭到更多的折腾，只是每天集中学习和劳动，还要没完没了地写交代和自我批判的材料。①

到1967年以后，两派群众组织之间的斗争愈来愈激烈，像我这样的小干部就无暇顾及了。我也同一派群众组织的同志们在一起，学习，搞大批判，写大字报。但我们教研室在城内“铁一号”，与西郊学校主体部分离得较远，所以在两派斗争中，我始终远离斗争的中心和旋涡。后来我被组织上选进学校领导班子，一个很重要的因素，很可能是“文革”中我不是任何一派的活跃人物和骨干分子，也就是说“派性”不是很重。

---

① 《清史研究》，2008（3）。

接着是工宣队、军宣队进校，两派搞大联合，“清理阶级队伍”，恢复党的组织生活。一次一次地检查，一关一关地过去。出乎我的意料，成立校革委会的时候，竟把我调到校革委会的教育革命组去工作，这样，我就算彻底地“解放”了。

1969年，根据毛主席的“五七指示”，中国人民大学也在江西余江县办起了“五七”干校。1970年3月，我作为第二批“五七战士”到了江西干校。去的时候，是做好了“一辈子走‘五七’道路”的准备的，所以把学校的房子都退了，把许多书，包括花了我几个月工资买的一套精装的《资治通鉴》都卖了。

到了干校以后，我被分到指挥部的政工组，任务实际上是做干校领导的秘书工作。当时干校已成立了党委，书记是崔耀先，副书记是杨德福。但真正掌权的是军宣队。我主要做文字工作，包括不定期地写反映干校情况的《简报》，各种上报、下发的材料，起草领导的讲话稿，等等。为了了解情况，需要经常到各个连队去跑，有空就去参加生产劳动。工作和劳动还是很紧张的，生活也挺艰苦，但比起在连队的“五七战士”，就算是十分特殊的了。我在干校的那段时间，“清理阶级队伍”刚刚过去，抓“五一六分子”的运动尚未开始，所以“五七战士”虽然劳动十分繁重，开山、打石头、盖房子、运塘泥、平整土地、抢种抢收、养猪种菜、采茶制茶等，什么活都干，但政治生活倒还算相对平静。

1970年10月，中央决定中国人民大学停办。这个消息在干校引起很大的震动。次年1月，有单位到干校来选调少部分同志，我也名列其中。回到学校后，才知道来选调的单位是北京市革委会。就这样，我被调到北京市革委会工作，分在政治组的宣传小组。在那里，已经有几位人大的老师了，如曹子西、王其超、汪作玲、宋士忠、许启贤等。我们都在一个小组。没过多久，北京市委正式恢复，我们这个小组就改成宣传部理论处，曹子西任处长，我任副处长。

当时，理论处的工作是很困难的，因为“文革”时所谓“无产阶级专政下继续革命”的理论本身就是错误的，是违反马克思主义基本原理的，再加上“四人帮”的破坏和捣乱，更使得在思想上、理论上弄得混乱不堪。作为一级地方党组织的宣传部门，不能不宣传这些东西，但自己思想上对有些问题虽然一时认识得不那么清楚，却也对不少问题感到格格不入、无法接受。所以，在工作和思想上一直处在矛盾、困惑之中。特别是对于“四人帮”，思想上是十分反感的。所以，大家一面按照当时的统一部署进行工作，批资产阶级法权、反经验主义、评《水浒》、评法批儒等都做了，但另一方面，对“四人帮”那一套也并不完全跟着走，而是在力所能及的范围内做了一些抵制和斗争。这种状况，不是哪一个人如此，而是宣传部多数人的共同心态。

宣传部多数同志是这种思想状况，这同当时任市委宣传部部长的张铁夫同志有不小的关系。

张铁夫同志是直接参加延安文艺座谈会，亲身聆听过毛主席在座谈会上讲话的老新闻工作者，是著名杂文作家“马铁丁”成员之一。“马铁丁”是陈笑雨、郭小川、张铁夫三人共同使用的笔名。在中华人民共和国成立之初，他们写了大量的杂文，影响极大，20世纪50年代的青年，只要稍有点文化的，大概很少有人不知道“马铁丁”这个名字的。谭征的《寻找马铁丁》一书，对此有颇为详细的介绍。关于张铁夫同志在“文革”中的情况，《寻找马铁丁》有如下的描述：

> 1972年，张铁夫被任命为北京市委宣传部部长。他一上任，就受到“四人帮”在北京市代理人的刁难和打击。由于张铁夫为人光明磊落，从不患得患失，做事有原则……他不惧怕“四人帮”，对那些代理人进行了一系列的抵制和斗争。例如，他和老友穆青一起商议向中央反映音乐学院教师李春光反对江青的文章；和老友李季、贺敬之商量如何避开“四人帮”的封锁，为恢复《诗刊》向毛主席写报告。最终《诗刊》得以复刊。在北京市宣传单位负责人工作会议上，针对“四人帮”的反动谬论，大胆提出“不要搞形而上学，不要只讲斗、斗、斗，批、批、批，不要再批唯生产力论，不要批知识私有，不要再批利润挂帅……”等等。因为这些，他遭到“四人帮”的追查……

> 粉碎“四人帮”之后，经过清查，他所领导的宣传部门所有人员都没有与“四人帮”有牵连……他的所作所为，得到中央领导同志的肯定，也得到北京市委和机关干部的称道。①

1975年末，政治形势风雨欲来，“批邓、反击右倾翻案风”即将开始。江青的亲信，时任北京市委副书记的谢静宜一直盯着张铁夫不放。担任市委书记的吴德同志为了保护张铁夫，想了一招，让铁夫同志组织宣传部机关及下属北京日报社、广播电台、新华分社、市委党校的同志，以“学大寨工作队”的名义，离开机关，到农村去一段时间。那时我已被提拔为宣传部的副部长，铁夫同志让我带领上述单位的十几位同志，到门头沟区妙峰山公社担礼大队去“学大寨”，我兼任门头沟区区委常委，作为挂职锻炼。铁夫同志自己则机关、农村两头跑。就这样，铁夫同志才躲过了“批邓、反击右倾翻案风”这一劫。

1976年1月8日，周恩来总理逝世。7月6日，朱德委员长逝世。9月9日，毛泽东主席逝世。这几位开国元勋的先后谢世，使全国人民沉浸在强烈的悲痛之中。

1976年10月初，我们离开了农村，回到了市委机关。10月6日，中央一举粉碎了“四人帮”，10年的“文化大革命”终于结束了。

粉碎“四人帮”后，在中国人民大学老领导郭影秋等同志以及广大教工的积极呼吁和多方努力下，在邓小平等同志的亲切关怀下，1978年7月，中央正式决定恢复人民大学。人大复校后，我在人大的几位老师和朋友几次动员我回校工作。我一来觉得人大是我的母校，是培养我成长的地方；二来也未能割舍已经有了深厚感情的史学专业；三来从前一段经验看，也觉得一旦党内生活不正常，政治上不稳定，宣传工作是很难搞的；四来从我的个人气质而言，也不大适合仕途发展，而比较适应学术工作。所以我经过申请，得到组织批准，于1979年8月重新回到了人民大学。

---

① 谭征：《寻找马铁丁》，75～77页。

1979—1985 年：从清史研究所到历史系

我决定回人大的时候，学校有两个历史学的教学和研究机构：一个是历史系，尚钺同志任系主任；一个是清史研究所，罗髫渔同志任所长，但罗老年事已高，实际工作由副所长戴逸同志主持，一年以后，戴逸同志就接替罗老担任了所长。尚钺同志给我写过信，希望我回校参加历史系的工作。戴逸同志也专门派人来谈，表达了同样的意愿，但他希望我回到清史研究所。尚钺、戴逸同志都是我的老领导，又都是我的启蒙老师，我究竟到哪里去？有点两难。

郭影秋同志此时已因病住院，他特意在医院中约见我一次。郭校长征询我到历史系还是到清史研究所的意见，我考虑了一下，表示愿到清史研究所，同时提出一个请求，就是到所里以后，希望能集中精力搞科研，不担任任何行政工作。当时，影秋同志非常赞成这个想法，他强调说，既然决定走学术发展的道路，就要安下心来，甘于寂寞，心无旁骛，刻苦钻研。只要持之以恒，锲而不舍，就一定能够取得学术成就，做出自己的学术贡献。影秋同志语重心长的谈话，我一直记在心里。

我之所以选择到清史研究所，主要原因是我同清史研究所有着一点历史的因缘。

清史研究所正式成立于 1978 年 7 月，但其实在“文革”之前，学校就已有过成立清史研究所的决定，并且这件事还同我发生过一定的关联。

1965 年秋天，具体日期记不清了，大概是国庆节后不久，我突然接到学校通知，说是孙泱副校长要找我谈话。我如约而去，谈话是在孙泱同志家里进行的。他告诉我，国家已经成立了清史编纂委员会，我校郭影秋副校长、戴逸同志都是委员会成员。清史编纂任务以中国人民大学为主来承担。为此，学校决定成立清史研究所，作为承担这一任务的专门学术机构，由戴逸同志任所长，我任副所长，协助戴逸同志工作。同时他还说了一些鼓励的话。

那个时候，人大的系、所领导，都是一些老革命、老的著名学者，像我这样 30 岁刚出头的年轻教师当副所长，不说是“破格”，至少也是“破例”了。学校之所以做出这个决定，主要原因当然是由于戴逸同志的推荐。戴逸同志是我的老师，他当教研室主任时我又做过他的副手，他对我是十分了解的。但也可能还有另外一个因素。郭影秋同志刚调来人大时，我恰好在《文汇报》上发表了一篇题为《论历史的真实》的文章。影秋同志是很关心青年教师的成长的，他看到文章后，跟我谈过一次话，这也许同让我当副所长的事不无关系。当然，这仅是一种推测，并没有直接的根据。

但孙泱同志找我谈话以后不久，“文革”就开始了，成立清史研究所的事自然也就搁置了下来。谁知道一拖就拖了整整 13 年！

1979 年 8 月，我正式到清史研究所工作。刚开始，确实按照事先的约定，没有担任行政工作，自己全副精力用于专业学习，除了读书、写作之外，几乎没有任何其他杂务的干扰。这是我一生中少有的另一次能够集中精力专心读书的时段。在将近一年的时间里，我努力补习“文革”期间荒疏了的史学业务，读了不少资料，也集中在戊戌变法和义和团运动方面写了几篇文章。

可惜好景不长，到 1980 年 7 月，在戴逸同志的反复要求下，我又担任了清史研究所副所长的职务。与我同时被任命为副所长的还有我的同班同学罗明同志。在此后的三年时间里，戴逸、罗明和我一起，共同担负起领导清史研究所的责任，大家合作得还是比较默契、比较和谐的。清史所在全体同志的共同努力下，也生机勃勃，发展迅速。

1983 年 9 月，尚钺同志因年龄关系，不再担任历史系主任职务。学校做出了一个决定，要戴逸同志兼任历史系主任。戴逸同志十分发愁，因为这样一来，要同时兼管清史研究所和历史系两个单位的工作，势必全部精力都要陷入行政事务之中，不可能再从事学术研究，而且也必定会大大削弱清史研究所的工作。学校的决定又不能不执行，究竟怎么办？他当时几乎陷入束手无策的窘境。经过多次商量，我们终于想出了一个办法，就是戴逸同志去兼任历史系主任，但只是挂名，把我调离清史研究所，到历史系去担任副主任。历史系的实际工作都由我来负责，戴逸同志只在重大问题上把把关，在重要场合出出面。平时他仍然集中精力领导清史研究所。就我个人来说，这件事看起来有点离奇可笑：为了保证清史研究所的工作，我却离开了清史研究所。但从全局出发，这样做显然是有利的，也许甚至是必要的。就这样，我从 1983 年 9 月起，调到了历史系工作。

系里的工作要比所里的工作繁重得多。因为研究所的主要任务是搞科研，教学只针对为数不多的研究生，所以行政工作相对要简单一些。系里教学任务不仅针对研究生，还针对本科生；专业也是中外古今的历史都有，管理工作也要复杂得多。每天都有许多事情要处理，所以几乎每天都要到系里去上班。这样，用于研究工作的时间就大大减少了。

但是我行政工作再忙，也不放弃教学和科研，因为在学校这样的单位担任一定的行政职务，假如脱离了教学，不搞科研，就同师生没有了共同语言，出的主意、实施的举措也往往不切实际，甚至会出现主观主义、瞎指挥的情况。不管担任什么工作，自己首先是一个教员、一位老师，这才是自己最重要、最带本质意义的角色。这一种观念，一直到后来担任了学校的主要领导之后也没有改变。这是我自己觉得很满意的一点。

我的几篇在学术界产生了一定影响的文章，就是在这个时期，在十分困难的条件下写成的，如《太平天国统治区社会风习素描》《义和团运动时期社会心理分析》等，主要就是利用业余时间及寒暑假写出来的。

讲到这两篇文章，我想对如何看待唯物史观谈一点想法。近年来，有些人对唯物史观提出了种种责难，甚至说对唯物史观的“盲目崇拜”使研究者“不知不觉地放弃了对历史过程的理性探索精神，习惯成自然地丧失了历史批判的科学能力”。在这种思想的影响下，有些年轻人一提起唯物史观就将之视作“左”的、“僵化”的“陈旧观念”。我以为这种认识和态度未免失之武断。上面提到的两篇文章，从我主观上说，是力图用唯物史观的指导来进行研究的。是否运用得好，另当别论；但在学术实践中，唯物史观除了给我提供了观察问题的科学观点和方法外，并没有妨碍我对历史现象进行“理性探索”，更没有妨碍我去探求和认识历史真相。查一查学术史，在此之前，几乎很少有人从“社会风习”和“社会心理”的视角去探究近代历史的，这至少说明唯物史观并不是一种“僵化”的理论，用这个理论做指导，可以做出创新性成果。这使我想起了钱学森同志对这个问题讲过的一些话。钱学森同志逝世后，报纸上发表了他的一些谈话，其中有几段是这样说的：“人不懂历史唯物主义，就会是愚蠢的人。”“马克思主义哲学是人类智慧的结晶，是法宝，是尚方宝剑，你不要这个东西是要吃亏的。”“应用马克思主义哲学指导我们的工作，这在我国是得天独厚的。从我个人的经历中，我的确深有体会：马克思主义哲学确实是一件宝贝，是一件锐利的武器。我们在搞科学研究时（当然包括交叉学科），如若丢弃这件宝贝不用，实在是太傻瓜了!”请大家注意一下钱学森同志讲话的语气，他不是一般讲唯物史观如何正确、如何重要，而是反复说不使用这个锐利武器实在“太傻瓜了”，太“愚蠢”了，“是要吃亏的”。这充分说明，这些确实是他发自肺腑之言，绝不是对唯物史观的“盲目崇拜”。

1984 年 4 月，我兼任历史系的党总支书记。1985 年 6 月，学校同意戴逸同志不再兼任历史系主任，由我正式接替历史系主任的职务。

仅仅过了两个月，即 1985 年 8 月，中央决定任命袁宝华同志担任中国人民大学校长。在组建新班子的时候，我也被列入副校长的人选。当宝华同志同我谈话时，我提出了一个请求，就是我的组织关系，既不放在校部，也不放在历史系，而是转到清史研究所。宝华同志同意了我的请求。从那时起，一直到现在，不管工作有什么样的变动，我始终是清史研究所的一名研究人员。1980 年 7 月至 1983 年 8 月，由于清史研究所在干部调动中一时找不到合适的所长人选，还曾由我兼任过一段时间的所长职务。

清史研究所是一个学术空气十分浓厚的单位，我一直以作为清史研究所的一员而感到自豪。在庆祝建所30周年的时候，我曾经讲过一段话，大体概括了清史研究所成立以来走过的道路和取得的成绩：

> 中国人民大学清史研究所已经走过了30年的历程。30个寒暑，短暂而又漫长。创业之甘苦，学海之浮沉，师友之聚散，世事之往复，一缕缕如烟往事，历历在目，恍如昨日。说这30年不过是“弹指一挥间”，实在并不仅仅是诗人的浪漫和夸张。但是，清史所建所以来，不说别的，仅以科研工作而言，30年间一共出版了244部专著，发表了2 000余篇论文，连同主编的各种书籍、资料、古籍整理、译著等在内，学术成果达两亿四千余万字之多，这却是所有现在以及曾经在清史研究所工作过的老师和同志们，在一万多个日日夜夜里，埋头苦干，辛勤劳作，共同奋斗的结果。许多同志为此付出了心血，付出了青春，甚至可以说付出了自己的全部学术生命。这确实是一条漫长的路，当然也是一条无悔的路。①

1985—2000年：担任学校党政领导工作

1985年7月31日，学校正式宣布了中共中央和国务院任命袁宝华同志为人大校长的决定。9月6日，宣布了国家教委的通知：“黄达同志留任副校长，罗国杰、李文海、杨德福同志任副校长，李焕昌同志代理党委书记。”到1987年10月，焕昌同志因年龄关系离职，由我接任党委书记。那时，人大实行党组制，宝华同志任党组书记，黄达和我任党组副书记。实际上，黄达同志在学校行政工作上全面协助宝华同志，我则在党的工作和思想政治工作方面成为宝

① 《清史研究》，2008（3）。

华同志的助手。

袁宝华同志是一位老革命家，长期从事国家经济领域的领导工作，积累了丰富的工作经验，品德高尚，具有很高的威望。朱镕基同志在一首诗中，称赞宝华同志“赤臣谋国志不休”，“公正廉明口碑留”。王梦奎同志则有“满城争说袁公好，岂止清操贻子孙”① 之句。著名报人范敬宜在一篇文章中这样写道：

> 仆尝谓友人曰：“予心中之长者可谓多矣，有可尊者，有可敬者，有可亲者，有可慕者，若四者兼而有之，则南阳袁公耳。”
>
> 何谓可尊？德高望重，而不居功自矜也。何谓可敬？清正廉明，而不孤芳自赏也。何谓可亲？谦冲平易，而不随俗自薄也。何谓可慕？博闻儒雅，而不恃才自炫也。一言之，曰自持、自牧、自重、自律。人生至此，庶几无憾焉。②

这些文字，情真意切，自然是肺腑之言。能够在这样一位德高望重的长者领导下工作，实在是一次难得的学习和锻炼的机会。

宝华同志在人大工作期间，给我印象最深的有这样几点：

一是对知识和知识分子的尊重。他多次强调，“教师是建设人类文明的工程师”，“教师确实是我们国家建设的功臣”，“尊师重教是天经地义的”③。他经常同老教授促膝谈心，关心他们的工作和生活，听取他们对办好学校的意见。他特别强调“民主办校”的问题，指出“要把人民大学办好”必须“紧紧依靠全体师生员工”，“发挥教工民主管理的作用”④。他亲自主持制定了《充分发扬社会主义民主，进一步搞好民主办学的若干措施》，提出从 13 个方面疏通民主渠道，落实民主办学的具体办法。所以当时的民主气氛确实是很浓厚的。

二是对年轻教师和青年学生的关心爱护。他特别强调，“要提拔年轻干部。要大胆选拔、启用有才能的年轻人，把他们放到各级领

---

① 《偷闲吟草》，7 页。
② 《袁宝华访谈文集》序。
③ 《袁宝华文选》，6 页。
④ 同上书，7 页。

导岗位，给他们锻炼机会，使他们很快成长起来。放到岗位上，就要信任他，放手让他工作，出了事，领导承担责任。当然对青年人既要培养、使用，也要严格要求，培养青年人也包括在学术上奖掖后进。希望专家、教授、系主任、总支书记都开明一些”①。每年新学年开学，我都陪同宝华同志举行学生座谈会，请新生谈入学感受，请老生谈暑假回家乡的情况，既沟通了思想，又提供了一个进行思想教育的很好的平台，他大力提倡和鼓励学生利用寒暑假及其他假日，借回乡探亲、学业实习等机会，做社会调查，并亲自为《中国人民大学学生社会实践论文集》撰写序言。

三是既强调发扬人大的优良传统和校风，又大力推进教育管理和学术上的改革与创新。宝华同志认为，中国人民大学有着光荣的革命传统，有着优良的校风和学风，这些是办好学校的极为宝贵的精神财富。他将人大的优良传统和校风概括为“理论联系实际、实事求是、勇于开拓、民主团结、艰苦奋斗”，号召大家继承和发扬这些光荣传统，以此振奋精神。同时，他又强调绝不能墨守成规、故步自封，而要随着时代的变化、形势的发展，大胆进行改革和创新。他专门做过一个《学新知·立新意·树新风》的讲话，提倡不断“学一点新东西”，“要有开拓创新精神”，坚持好的作风，改掉不好的作风。对理论问题和学术问题，更旗帜鲜明地提倡“要解放思想，大胆探索，实事求是，不拘一格。划框框，不利于理论上有所突破”②。

宝华同志的这些教育理念和治校举措，是很符合教育规律的，也是很符合人大实际的。

前面讲到，宝华同志说要支持年轻同志，放手让他们工作，我虽然已经不能算是年轻人了，但我对此还是有着切身的体会的。作为副校长，我是分管教学工作的。有一段时间，在商品大潮的冲击下，教学秩序有点混乱，有些教师不能专心教学，对学生不愿多管、不敢严格要求的现象也时有发生。我在一次会上提出“整顿教学秩

---

① 《袁宝华文选》，23页。
② 同上书，32页。

序，为更好地进行教学改革创造必要的条件和环境”的问题，就得到了宝华同志的大力支持。在1981年9月的一次会上，宝华同志讲了这么一段话：

> 关于整顿教学秩序这件事情，文海同志讲了两次。一次是在9月10日教师节会上，本来是庆祝会，应该说好话，但要实事求是，有好就说好的，有不好的就说不好。文海同志强调了“严师出高徒”。过去叫“名师出高徒”，名师不一定出高徒，看来还是严师出高徒。文海同志还讲了一句《三字经》上的话：“教不严，师之惰。”教师节会上这个讲话，我看还是很真诚的，完全合乎实际。第二天开学典礼时，文海同志又讲了教学纪律和教学秩序，讲得很好，反应也很好。王任重同志听了文海同志关于“严师出高徒”的讲话后对我说，这是讲到点子上了。第二天开学典礼，文海同志讲过以后，余秋里同志也说了几句：解放军的优良传统，重要的一条就是严格要求，这个作风一直到现在仍然起着作用。①

这虽然是一个小例子，但很能反映出我在宝华同志领导下的工作状态，所以把这段话引在这里。

作为党委书记，我对自己的工作有一个定位，就是通过党的工作和思想政治工作，努力营造一个良好的政治环境和学术环境，为学校的改革与发展提供较好的条件和保证。

1991年底，在袁宝华同志的多次申请下，中央同意宝华同志不再担任中国人民大学校长，校长一职由黄达同志接任。我则仍旧担任党委书记。

黄达同志任校长，这在人大历史上是一个很重要的变化。过去，中国人民大学的校长都是老革命、高级干部、政治活动家，像吴玉章、成仿吾、郭影秋、袁宝华等，黄达同志则开创了由著名学者担任人大校长的历史。其实，黄达同志也是老干部，中华人民共和国成立前就参加革命了，不过他一直在教育战线工作，在社会上是以

---

① 《袁宝华文选》，33页。

财政金融方面的权威学者著称，这跟过去历任校长的情况是有所不同的。这个变化，当然是由客观形势的发展及学校本身的变化导致的，校长的两种类型各有其长处和优点，不能简单地认定人大只能采用某一种模式。

黄达同志从中国人民大学正式命名之前就在学校了，可以说他是人大全部历史的见证人，所以他对人大的一切都十分熟悉。他自己又长期从事教学和科研，对如何办学有着丰富的经验。对许多事情他都胸有成竹，处理起来得心应手。所以，我作为党委书记，仍然把主要精力放在营造良好的政治和学术环境上，我以为这是对校长工作的最好的配合。

1994 年 6 月，中央批准了黄达同志的申请，同意他不再担任校长职务，并决定由我接任人大校长，由马绍孟同志任党委书记。在我担任校长期间，先后任副校长的有杨德福、力康泰、杜厚文、郑杭生、李昭公、郑英良、袁卫、林岗、周建明几位同志。

我任党委书记的时候，如何配合校长做好工作，上面已经讲过了。我当校长的时候，同党委书记马绍孟同志合作得也比较默契。我们两人共同写过一篇文章，题目是《团结出凝聚力，团结出战斗力——书记、校长二人谈》，谈书记和校长之间如何既分工又合作，既相互尊重又独立负责。当时的国家教委主任朱开轩同志看到后，颇为赞赏，批示印发全国各高校领导干部阅读，还特地找我询问这篇稿子的写作经过。原因是在党委领导下的校长负责制的体制下，党政关系如何处理好，在相当一些学校还是一个问题。开轩同志认为这个问题有普遍意义，所以加以肯定、推广。事情确实是这样，如果学校的党政一把手关系不那么融洽，不那么协调，甚至“各唱各的调，各吹各的号”，就会对学校的各个方面产生许多消极的影响。

在我任校长期间，一件大事是争取学校进入国家“211 工程”计划名单。“211 工程”是指在 21 世纪，国家重点建设 100 所高等学校的一个战略决策。能否进入“211 工程”，对学校的发展关系重大。经过认真的准备，中国人民大学“211 工程”可行性研究报告及立项申请终于在1996年8月30日获得国家教委专家组的审核通过。

中国人民大学是一所以人文社会科学为主的综合性大学，人文社会科学学科最为齐全，但理工科专业所占比例则很小。在那个时候，社会上重理工、轻文科的观念十分浓厚，这种“重理轻文”的现象渗透在各个方面，诸如经费的投入、学校的评估标准、人才的地位和待遇、学术水准的评定等，甚至教育和教学的管理也常常以理工科思维去对待与处理文科学科的问题。我感到这个问题不仅对我们学校的发展有很大影响，扩大一点说，对于我国整个教育事业的发展，甚至对中国特色社会主义事业的健康发展而言，都是一个必须加以重视的问题。所以，我利用一切机会，大力呼吁必须充分认识人文社会科学的地位和作用，党和政府必须对人文社会科学给予与自然科学同样的重视和同等的地位。我在一些重要会议及报刊上，先后发表了《重视基础文科建设》《面向21世纪的高等文科教育》《新世纪人文、社会科学面临的三重挑战》等讲话和文章，产生了一定的社会影响。经过大家的努力，现在的情况已经有了很大的变化，但还不能说这个问题已经完全得到了解决，还需要大家的持续努力。

在我担任学校领导的15年时间里，给我印象最深刻、对我考验最严峻的，应该说是1989年发生的那一场政治风波。当时我是党委书记，正处于工作的第一线，许多问题都需要我直接面对。这场政治风波，正如小平同志所说，“是国际的大气候和中国自己的小气候所决定了的，是一定要来的”①。那时，改革到了第10个年头，在取得重大成就的同时，也遭到了前所未有的严重问题，突出的是经济生活中明显的通货膨胀，物价上涨幅度过大，党政机关和社会上的某些消极腐败现象也使人触目惊心。国际和国内敌对势力认为这正是可乘之机，企图利用人们对物价上涨和腐败现象的正当不满来制造分裂，把中国搞乱，改变中国的社会主义制度。广大学生出于爱国热情，但又缺乏社会经验，在资产阶级自由化分子的蛊惑煽动下，

① 《邓小平文选》，1版，第3卷，302页。

举行示威游行，后来发展到在天安门广场静坐、请愿。有一段时间，中央对学潮又存在着两种声音，所以如何对待这种局面，很多问题要靠自己做出判断，做出决定。在那段非常的日子里，我一直坚守岗位，整整两个多月时间，我没有回家一次，每天都住在办公室。我始终坚持了两条：一是决不中断、停止党组织的活动，依靠党组织的力量，最大限度地团结师生员工，发挥人大党的力量比较强的政治优势，来共同应对复杂的政治局面。那时，每个礼拜都要开一两次总支书记会，通报情况，商讨对策。各个总支也及时加以贯彻。二是决不隔断与学生的联系，坚持面对面地与学生接触、对话。那时，我们始终保持着与学生联系的渠道，一方面积极引导，苦心劝说；另一方面又不采取与学生相对立的态度。我至今还保存着当时我在天安门广场人大静坐学生面前，手持大喇叭，劝说学生回校的照片。在当时没有条件召开大会的情况下，我向全校师生发表了两次广播讲话，强调要正确对待改革和前进过程中出现的问题，要吸取“文革”的经验教训，政治的动荡不仅不能解决问题，还容易被别有用心的人所利用，损害来之不易的大好局面。事实证明，只要讲得合情合理，绝大部分同学还是听得进去的。当这场政治风波过去后，大概组织上觉得我在这个问题上处理得还比较恰当，所以我在1989年8月被中组部、中宣部、国家教委授予“全国优秀党务工作者”称号，1991年6月又获得了“全国普通高等学校优秀思想政治工作者”称号。

到了2000年的世纪之交，我已经68岁，校长任期也已超过了两年，我多次向教育部领导口头或书面提出离职申请，于2000年9月20日得到批准，免去我的校长职务，同时中央任命纪宝成同志接任中国人民大学校长。

2000年至今：重返教师岗位

进入新世纪，我的生活状况有了很大的改观。离开了校长岗位，肩上的责任和心里的压力都大大减轻了，彻底摆脱了复杂繁重的行政事务。原本以为“无官一身轻”，可以轻松自在，逍遥洒脱，安安静静地读点书，写点自己想写的文章，过一过陶渊明在《归去来兮辞》中所描写的“引壶觞以自酌，眄庭柯以怡颜。倚南窗以寄傲，审容膝之易安。园日涉以成趣，门虽设而常关。策扶老以流憩，时矫首而遐观”的那种悠闲生活了。

谁知实际情况却并非如此。

实际情况是什么样的呢？我在最近写的一篇短文里做了这样的描述：

> 进入古稀之年后，朋友见面问得较多的一句话是：“你近来忙点啥呢？”我的回答多半是两个字：“打杂。”这个“打杂”的含义，大致同最近流行的一个网络热词“打酱油”差不多，就是说自己没有什么重任在肩，主要是给别人帮帮忙，做点琐事，类似打打油盐酱醋之类。有些事情让我去凑凑热闹，敲敲边鼓，只要是对社会有益的，我便欣然从命，起一点摇旗呐喊、站脚助威的作用。有的事情让我去出出主意，发发议论，只要邀请者出于诚意，我也奉命惟谨，去讲几句可供参考或者未必很合时宜的话。就这样，倒也忙忙叨叨，居然“不知老之已至”。这样的“杂事”并不少，但大多是上不了账的，过了一段时间，回过头来想想，自己也说不清究竟干了些什么。①

上面所说的“打杂”，主要是指社会上要求我做的一些临时性的任务，这占去了我很多的时间，但“大多是上不了账的”。当然，还有“正业”，就是作为教师最主要的工作：教学与研究。下面，我把能够罗列出来的事情分三个方面报一个流水账：

第一，教学工作。我每年招收一至两位博士生，从开始到现在，已经毕业的博士生共25人，还有3位在读的博士生。除讲授博士生课程外，也做一点专题讲座，在本校及一些兄弟院校如北大、清华、北师大、首师大、山东大学、安徽大学、河北大学等做一些学术

① 《从民族沉沦到民族振兴》序言。

报告。

第二，科学研究。这也可以分成两个方面：一是写了一些学术文章，进入新世纪以后写的一些文章大体收录在《李文海自选集》《历史并不遥远》以及正在排印尚未出版的《从民族沉沦到民族振兴》《清代官德丛谈》几本集子里。二是编了几部书。主要有：同戴逸同志一起主编了22卷本的《清通鉴》（获第12届中国图书奖），主编了12卷本的《清史编年》（获北京市第7届哲学社会科学优秀成果一等奖），同夏明方同志共同主编了12卷本的《中国荒政书集成》（获第26届全国优秀古籍图书奖一等奖）及论文集《天有凶年》，同夏明方、黄兴涛同志一起主编了两辑共10余卷的《民国时期社会调查丛编》（获首届中华优秀出版物图书奖及北京市第9届哲学社会科学优秀成果一等奖），与龚书铎同志共同主编了《二十世纪中国学术论辩书系》历史卷共11册，与满运来同志共同主编了《20世纪掠影》等。

第三，社会工作。我有一些社会兼职，有些是20世纪就担任并于后来延续下来的，有的是退出领导岗位以后新担任的。主要有：党的十四大、十五大代表，党的第十四届中纪委委员，第九届全国人大代表（1998—2003年），中国史学会会长（2004—2009年），国务院学位委员会历史学学科评议组组长（1995—2002年），教育部中国特色社会主义理论体系研究中心主任（1994—2012年），教育部历史学教学指导委员会主任（1995—2005年），中国高等教育学会副会长（1998—2004年），北京市高等教育学会会长（2002—2007年）等。目前仍兼任的有：国家社科基金历史学科评议组组长，中国延安精神研究会副会长，清史编纂委员会委员，国家基础课程教材专家咨询委员会委员，《高校理论战线》编委会主任，“国家清史编纂委员会·研究丛刊”编委会主任等。

不管怎样，我的最基本的、始终不变的角色是一名“史学工作者”，我的这样或那样的社会兼职大体也是围绕这一点展开的。

回顾一下进入21世纪以来10多年的史学研究，我觉得，我写的一些文章，至少有两点需要特别提出来说一说。这两点，一个是优点，一个是缺点。

先说缺点。那就是这些文章，涉及的方面和范围较泛、较杂，经过自己有计划的、长期积累和潜心钻研的研究成果较少，因此内容也就较浅，缺乏深度。产生这一缺点的原因，主要是这些文章的写作多半是根据形势的发展，为完成某种任务而写的。套用鲁迅“遵命文学”的说法，东施效颦一下，也可以说这些东西不过是“奉命史学”。当然，我绝不敢随便去攀附鲁迅，鲁迅自己说他“所遵奉的，是那时革命的前驱者的命令”①，而我所“奉”之“命”，其实十分具体、十分简单，无非是工作的需要、报刊的邀约、朋友的嘱托，有时还有学生的要求等而已。不过，应该申明一点，所谓“奉命”也者，只是讲文章写作的缘由，也就是“为什么写”，至于“怎样写”“写什么”，倒是完全自由的，并没有在任何方面做过任何的规定和限制。因此，不管对了也好，错了也好，都是我自己的真实想法，应该文责自负。

既然“有一利必有一弊”，那么反过来说，“有一弊”往往也会“有一利”。所以，同缺点相伴的，也有一个优点，那就是这些文章与现实生活结合得比较紧密，有较强的现实感和针对性。有些文章是直接针对现实问题而写的；有的文章虽然讲的是历史问题和学术问题，但心目中也往往存在着某种现实针对性，希望通过对历史的叙述和分析，为人们提供一些有益的启示和借鉴。对于这种做法是不是历史学发展的正确途径，大家的认识似乎并不一致。有人对此是不以为然的，认为史学文章只有离现实愈远，它的学术性和科学性才愈高，才能传之久远。不过，我倒是赞成梁启超的主张，他在关于《历史研究法》的讲演中说：“现代人很喜欢唱‘为学问而学问’的高调，其实‘学以致用’四个字，也不能看轻。为什么要看历史？希望自己，得点东西。为什么作历史？希望读者，得点益处。学问是拿来用的，不单是为学问而学问而已。”②

在史学研究中，我用功较多、坚持较久的是中国灾荒史的研究。

① 鲁迅：《〈自选集〉自序》，见《南腔北调集》。

② 《历史研究法》第一讲，载《清华周刊》，第384期。

从1985年开始，我组织了一个近代灾荒史课题组，20多年来，课题组成员不断发展变化，但灾荒史的研究始终没有停顿，也出了一批成果，得到了学术界的肯定。为什么我们特别关注这个问题呢？这首先是因为社会生活的严峻挑战提出了学科发展的强烈要求。这一点大家都有切身体会。这些年，不论中国还是世界，自然灾害的发生频率和破坏性影响愈演愈烈，成为社会发展进步的巨大障碍，也成为一个人类必须共同面对的严峻挑战。最近，联合国组织了一个“全球可持续性问题”的高级别小组，撰写了一份题为《具有承受力的人类、具有复原能力的地球：值得选择的未来》的报告。这个报告的第一句话是这样写的：“今天，我们的地球和我们的世界正处于最好的时期，也正处于最坏的时期。全世界正在经历前所未有的繁荣，而地球也承受着空前的压力。”确实是这样。我们的物质生活越来越好，我们享受着各种文明的成果，我们的生活从来没有像现在这样丰富多彩。但是，这只是问题的一个方面。另一方面，地震、海啸、干旱、洪涝灾害、气候变暖、疫病流行等，随时威胁着人们的生命财产安全，环境问题越来越严峻。正像有人所描写的：“地球已被糟蹋得遍体鳞伤了。”“移山造海、乱砍滥伐、无休止掘矿采矿、捕猎珍奇动物等等，可以说到了无以复加的地步！”人类在发展过程中，肆无忌惮地对环境进行掠夺和破坏，严重超出了环境可承受的限度。我们今天的发展，实际上是向环境、向资源、向子孙后代借了很多债。恩格斯有一句名言：人类的每一个进步都必须付出巨大的代价。如果人类只顾自己的发展，把我们生存于其中的自然环境都破坏了，那么人类的发展环境也就没有了。有人甚至说：“如果人类仍然一意孤行，以为可以在地球上称王称霸，那么人类毁灭之日将不会遥远。”我以为这个话绝不是危言耸听。拿我国来说，从1998年的全国性大水灾，2003年的“非典”流行，2008年5月引起全民族巨大悲痛的汶川大地震，2010年春的玉树地震，同年由于极端天气条件造成的多发性洪涝灾害以及甘肃舟曲县特大山洪泥石流地质灾害，一直到近几年南方的雨雪灾害和北方的大面积旱灾，所有这些，都无时无刻不在提醒我们：自然灾害是人类生存和发展的巨大威胁与障碍。因此，历史学家就有一个义不容辞的责任，就是要时时唤起人们的历史记忆，以历史上曾经经历的巨大灾难、进行的艰苦斗争、积累的丰富经验、发生的惨痛教训为教材，不断提高全社会预防和应对自然灾害的认识与能力。

这些年来，我们对人与自然必须和谐相处的认识，有了很大的进步。从世界范围看，至少从20世纪的60年代开始，美国及欧洲一些国家就掀起了轰轰烈烈的环境保护运动，环境科学也随之得到了长足的进步。从我国的情况看，随着科学发展观的确立，坚持以人为本，坚持全面、协调、可持续的发展，促进人与自然的和谐，实现经济发展和人口、资源、环境相协调，努力做到“生产发展，生活富裕，生态良好”，“人与自然和谐相处”，不仅成为大多数人的共识，而且已经上升到国家的重大战略决策层次。这就为灾荒史的发展提供了良好的社会条件。

中国是个多灾的国家，一方面遭受了自然灾害的严重侵袭，另一方面也积累了丰富的防灾抗灾的经验。我国有一大批被称为“荒政书”的著作，就是这些经验的总结和结晶。这也是中华文化百花园中极有历史价值的珍贵遗产。

2004年夏，我出过一本论文集，书名叫作《历史并不遥远》。我一向认为，历史离今天、离我们并不遥远，历史虽然过去了几十、几百、几千年，时代和形势发生了天翻地覆的变化，但有一些历史规律、历史经验、历史真理，仍然同我们今天的生活十分贴近，至今并没有失去其生命力。南宋诗人陈渊有诗云：“谁云古人远？正是无来去！”今天的人们可以从古人那里得到许多历史的智慧，从过去发生的事情中得到生动的历史借鉴，这正是历史学的魅力所在。所以，我对于历史，概括了这么几句话：不要拒绝历史，因为历史给我们以智慧；不要忘记历史，因为忘记历史意味着对事业的背叛；不要漠视历史，否则将受到历史的惩罚；不要割断历史，因为否定昨天也就将失去明天。这几句话就算是我学史、治史几十年的一点心得和感悟吧！

学习历史，把握规律*

——《国家大势》简评

王浩雷撰写的《国家大势》一书，近日已由人民出版社出版。该书上篇写中国发展道路的历史，下篇谈当前面临的几个带有根本性的重大现实问题，在推进理论大众化，揭示我国近两个世纪的发展大势，实现历史与现实结合等方面做了认真探索和有益尝试。

从大众的角度讲道理，在服务群众中普及理论，推进理论大众化，是新形势下加强党的思想理论建设的一项长期任务，也是促进中国特色社会主义事业长远发展的内在要求。理论只有掌握了群众，才能变成改造世界的物质力量。如果脱离了群众，脱离了实践，与大众隔绝起来，理论再好也没有意义。写一部让读者“愿意读、能读懂、读后能解渴”的大众化理论著作，是作者在写作之初就定下的目标和追求。而该书较好地体现了理论的准确性、内容的针对性、形式的多样性和文字的生动性，基本做到了立场鲜明、思路清晰、论述有力、生动活泼、文辞优美。

从历史的角度看问题，在历史与现实的结合中把握未来。讲国家大势，必须讲历史，从历史讲起。我国是一个有着学史、治史、用史传统的国家，我们党一贯重视对历史的学习和对历史经验的总结与运用。在新的历史时期，学习历史是提高党的执政能力、从历史中汲取治国理政的政治智慧的需要，是弘扬中华文化、推进社会主义文化大发展大繁荣的需要。该书采用历史与现实有机结合、相互贯通的写法，深刻说明了一个国家、一个民族、一个社会发展的历史规律，有助于推动广大干部群众学习历史、分清历史是非、把握历史发展规律、确立理想信念。

---

* 载《人民日报》，2012年8月16日。

发挥历史学社会功能的有益尝试*

我国是一个有着学史、治史、用史传统的国家。我们党一贯重视对历史的学习和对历史经验的总结与运用，善于从不断认识和把握历史规律中找到前进的正确方向和道路，这是我们党 90 多年来之所以能够领导中国革命、建设、改革不断取得胜利的一个重要原因。

在当前全面建设小康社会、开创中国特色社会主义事业新局面的新时期，学习历史具有了新的意义和紧迫性。这至少可以从几个方面来说明。

一是提高执政能力，从历史中汲取治国理政的政治智慧的需要。

面对新形势下出现的许多新情况、新问题、新挑战，面临着长期、复杂、严峻的执政考验、改革开放考验、市场经济考验、外部环境考验，增长政治智慧和执政本领便成为我们国家实现长治久安的一个十分关键、十分紧要的问题。我国的历史中，蕴含着丰富的治国安邦的历史经验，真实地记录了国家、民族、社会在发展过程中遇到的成败、得失、兴衰、安危等方面的经验与教训。借鉴历史上治国理政的各种有益经验，是提高各级干部执政能力的一个不可或缺的重要途径。作为当代中国的领导干部，如果不了解中国的历史，就不可能认识和把握中国社会发展的客观规律，也就不能胜任领导建设中国特色社会主义的职责。正如胡锦涛同志所说："在新形势下，我们要更加重视学习历史知识，更加注重用中国历史特别是中国革命史来教育党员干部和人民。""坚持以辩证唯物主义和历史唯物主义为指导，认真学习我们党的历史、中国历史、世界历史，深入思考，科学分析，不断提高对共产党执政规律、社会主义建设

---

* 载《博览群书》，2012 年第 12 期。

规律和人类社会发展规律的认识水平，不断提高自觉运用这三个规律的能力，更好地促进社会主义物质文明、政治文明和精神文明的协调发展。”

二是弘扬中华文明，推进社会主义文化大发展大繁荣的需要。

党的十七届六中全会明确提出了坚持中国特色社会主义文化发展道路，努力建设社会主义文化强国的战略目标。社会主义文化的根基和源泉，一个是广大群众生机蓬勃的社会实践，一个是源远流长的传统文化。中华民族在五千多年的发展中，创造了灿烂的中华文明，为人类文明进步做出了不可磨灭的贡献。学习和批判继承中华民族优秀的传统文化，对个人来说，可以获得精神鼓舞，升华思想境界，陶冶道德情操，完善优良品格；对于社会来说，则是弘扬社会正气，培养高度的文化自觉和文化自信，促进社会主义文化的创新发展，建设中华民族共有精神家园的必由之路。

三是培育民族精神，加强全民族的凝聚力，提高民族自尊心、自信心的需要。

实现中华民族的伟大复兴，需要大力弘扬和培育民族精神。民族精神是一个民族赖以生存和发展的精神支撑，是一个民族生命力、创造力和凝聚力的集中体现。一个民族，没有振奋的精神和高尚的品格，不可能自立于世界民族之林。只有坚持弘扬和培育民族精神，才能使中华民族的生命力、创造力和凝聚力始终保持昂扬向上的状态，成为推动中华民族伟大复兴的强大精神力量。中华民族是具有优良传统和独创精神的伟大民族。中华民族在长期的共同奋斗中，形成了以爱国主义为核心的团结统一、爱好和平、勤劳勇敢、自强不息的伟大民族精神。这个民族精神，博大精深，根深蒂固，已经成为中华民族生命机体中不可分割的重要成分，成为综合国力的重要组成部分。这种民族精神，是在中华民族漫长的历史进程中产生和发展起来的，也必定会在对历史的更深刻的认知中得到进一步的发扬光大。

四是正本清源，不断清除历史虚无主义消极影响的需要。

在社会思想意识日趋活跃，多元多样多变趋势更为明显的形势下，一些错误思潮有所滋长。在历史领域，历史虚无主义就是颇有影响的一种。历史虚无主义把灿烂的中华文明说成是应该被“整体打破”和“全面否定”的糟粕和垃圾；竭力渲染我们民族的“丑陋”“愚昧”，宣称“积淀在我们民族血管里的”只是“奴性”；歌颂“殖民主义在世界范围内推动了现代化进程”，“如果没有近代西方的殖民主义，人类，特别是东方各民族的自然才能将永远沉睡，得不到发展”；指责革命“革糟了”，“丧失理性”，“革命给社会带来各种破坏”，“整个民族的生命能量就在革命中耗尽了”；特别是全面否定中国共产党为中国人民的解放、为中华民族的振兴所做的种种努力，肆意歪曲中国共产党领导的革命和建设的历史，把它说成一系列错误的堆积，描写成漆黑一团，并极力丑化甚至妖魔化革命领袖和为革命献身的志士仁人。针对这种情况，习近平同志不久前强调指出：“坚决反对任何歪曲和丑化党的历史的错误倾向。这是党史工作必须遵循的党性原则，也是每一个党史工作者应该履行的政治责任。”①历史是非颠倒了，历史搞乱了，必然引起思想的混乱，进而引起政治的混乱，甚至社会的动荡，这绝不是小事，千万不能掉以轻心。清除历史虚无主义的影响，最好的办法就是学习真实的历史，了解历史的真相和本来面目。

要把广大干部、群众学习历史的活动真正有效地开展起来，不但要有认识的极大提高，还必须解决一个在某种意义上带有关键性的问题，就是提供一部适合社会需要、符合读者要求的好的教材。《简明中国历史读本》以历史唯物主义为指导，突出“少而精”的原则，把祖国从文明起源到整整一百年前最后一个君主专制主义的封建王朝（清朝）灭亡为止的历史，做了既清晰又概括的论述，使读者读了以后，能够对中国历史的全局有一个系统的了解，对中国历史的发展脉络有一个总体的把握，为进一步更加深入地研究历史打下比较坚实的基础。

《简明中国历史读本》通过对每个历史朝代从经济基础到上层建

---

① 《在全国党史工作会议上的讲话》。

筑各个领域在内的社会形态的剖析，对在社会矛盾基础上展开的统治阶级与被统治阶级之间以及统治阶级内部错综复杂的斗争进行客观的描述，不但揭示了历史发展的基本规律，同时也使我们了解到许多应该具备也迫切希望知道的历史知识。例如：中华文明的起源情况是怎样的？“中国”的名称是何时开始的？“中华民族”的概念最早是怎样提出的？中国历代疆域经历了怎样的变迁？历代王朝为什么跳不出盛衰兴亡的周期律？中国曾经产生过哪些文化巨人？创造过哪些位居世界前列的科技成果？中国近代社会发生了哪些重大变化？中国在走向现代化的过程中进行了怎样的艰难探索，经历了哪些曲折和斗争等。这些都是十分令人感兴趣的重大问题。用较少的笔墨承载较大的信息量，是这本书的一个值得称道的长处。

我国优秀史学传统中，一个重要特点就是强调历史的真实性，要尊重历史，还原历史的真实面貌，这样才可以称得上是一部“信史”。《简明中国历史读本》在进行历史叙述、做出历史判断的时候，不是随意罗列和堆砌历史资料，而是经过精心选择，以最确切、最典型的史实作为依据，让读者真正了解到历史的真相。同时，《简明中国历史读本》在编写过程中，十分注意吸收最新的学术成果，对存在着不同学术观点的问题，尽量在注释中把几种不同观点加以介绍，并说明采取某种观点的根据和理由。这就大大地增强了这本书的学术性。

书中强调，“中国自古以来是一个多民族的国家”，“各民族的历史都是中国历史的组成部分”，“中华民族的历史是各民族共同创造的”。《简明中国历史读本》既客观分析了汉民族在历史上的地位，也用相当的篇幅论述了各民族之间的交流融合，以及少数民族建立的王朝在历史上的地位和作用。这也是这本书的一个重要特色。

我们相信，《简明中国历史读本》的出版，是充分发挥历史学社会功能的有益尝试，是史学大众化跨出的重要一步，必将会对广大读者学习历史产生巨大的推动作用。

套话为何久拒不绝*

当前，报刊和网络上反对官话、套话的声浪颇高，很有点老鼠过街、人人喊打的味道，表明了人们对相当泛滥的官话、套话极度不满甚至深恶痛绝的态度。官话也是一种套话，所以这里着重对套话进行一些讨论。

所谓套话，是指泛泛而论，空洞无物，没有针时性，既不提出问题也不分析矛盾，既不表明赞成什么、反对什么，也没有解决问题的切实措施的空话；是指言不由衷，言行不一，只图说得好听，根本就不打算实行的假话；是指陈词滥调，只是翻来覆去炒冷饭，毫无一点新意的老话。对于这些话，听众耳熟能详、了如指掌，就是不知道讲这些话想要解决什么问题。套话今天在这里讲可以，明天到那里讲也可以；在这个会上讲可以，在别的会上讲也可以；跟这部分人讲可以，跟另外一些人讲也可以。也许没有一句话是错的，但通篇听下来，讲了等于没讲。这理所当然让人厌烦，遭人抱怨。

既然套话如此不受欢迎，如此遭人唾弃，为什么有些人依然乐此不疲？究其原因，大概有以下几点：一是可以不动脑筋，少费心思。既不需要事先做深入的调查研究，也不需要对掌握的情况做周密的分析思考，只要东拼西凑、照抄照搬，就可以夸夸其谈、滔滔不绝。二是可以不冒风险，不担责任。要有自己的主见，就要根据具体情况做出独立判断；自己既没有这样的勇气，也没有这样的担当，就不如讲一些大家都讲过的话来得保险。虽然谁也不能从讲话中得到点什么，却也无法从讲话中挑出哪句话有毛病。三是可以八面玲珑，不得罪人。所谓“言多必失”，讲一点有内容、有新意甚至

---

* 载《人民日报》，2013年2月5日。

有棱角的话，难免会引起争议，甚至得罪人，而这是那些只图仕途坦顺、不顾工作成败的人所忌讳的。于是，套话便成了他们最好的选择。

延安整风时期，毛泽东同志做过《反对党八股》的著名讲话。所谓“八股”，是一种从内容到形式都已经异常僵化了的文体，可以说是一种典型的套话。这种话风和文风浸入共产党的队伍中间，就形成了“党八股”。毛泽东同志列举了“党八股”的八大罪状，今天的套话表现和危害其实也跳不出这个范围。毛泽东同志把“党内很流行”的党八股称作一种“幼稚的、低级的、庸俗的、不用脑筋的形式主义的方法”，号召大家“必须揭破它”，“彻底抛弃”。可惜的是，说套话的现象根深蒂固，虽然不断反对，但正如毛泽东同志1958年在一封信里所感慨的，对于有些人，“灵台如花冈之岩，笔下若玄冰之冻”，虽然“讲了一万次了，依然纹风不动”①，以至于直到今天，拒绝套话仍是改文风不得不着力解决的重要问题。

杜绝套话，绝不仅仅是讲话的方法和技巧问题。如果没有强烈的历史责任感和使命感，如果没有对人民高度负责的态度和自觉，如果缺乏做好工作、完成任务的迫切愿望，如果不具备为民族复兴伟大事业敢于担当的勇气，就不可能彻底抛弃官话、套话。我们说文风和话风是党风的反映和表现，根据也正在这里。

---

① 毛泽东：《对北戴河会议工业类文件的意见》，见《建国以来毛泽东文稿》，第7册，368页，北京，中央文献出版社，1992。

说“亲民”*

党中央关于转变作风的八项规定出台后，得到了广大群众的由衷拥护和赞扬。为什么群众对干部作风问题如此关心呢？因为作风和风气体现着政治本质。正如习近平同志所说的，工作作风上的问题绝对不是小事，如果不坚决纠正不良风气，任其发展下去，就会像一座无形的墙把我们党和人民群众隔开，我们党就会失去根基、失去血脉、失去力量。

种种脱离群众的不良风气，就其历史根源来讲，无非是旧时代官僚习气在我们干部身上的影响和反映。

封建时代的官民关系，是统治与被统治的关系，二者存在着尖锐的矛盾和对立。所以封建统治者一直把“体统尊严，势分悬绝”作为处理官民关系的基本准则，强调官与民之间“贵贱有等，上下有别”，“君子不重则不威”，认为“民不畏官，是谓乱象”。官员“逞志作威，严刑聚敛，贱民如粪土，疾民如仇雠”①，而百姓则“视官长如神灵，见公差如鬼刹”②。二者形同陌路，势如水火。

平时，官员们高居衙署，发号施令，根本不与群众接触。治事问案时，百姓在堂上必须叩头跪拜，而官员则可以任意对百姓“或鞭或挞，或死或生”③。一旦出行，俗话所谓“巡抚出朝，地动山摇”，不仅侍从兵丁前呼后拥，仪仗彩旗高举林立，更有“肃静”“回避”牌两块，并“鸣锣开道”，“呼喝不绝”，要求“军民人等”一齐躲闪让路。像这样与群众隔绝的状态，当然耳不聪，目不明，

---

* 载《中国党政干部论坛》，2013年第3期。

① 《官箴》，462页。

② 同上书，304页。

③ 蒋士铨：《官戒诗》。

对辖区各种状况懵懵懂懂，心中无数。清代的州县官叫知州、知县，有人说：“顾名思义，必于此一州一县中，户口几何，钱粮若干，道路之险夷安在，控制之扼塞何方，与夫风俗之奢俭正淫，民生之疾苦休戚，知之周悉，而后处之始当。”① 但实际上地方官对这些一无所知，又怎么能指望他们对政务处置适当，对地方做有效的管理？

在这种情况下，官员们摆阔气，讲排场，便成为一种风气、一种陋习。袁守定《图民录》说：“仕途中有种习气，俗谓排场，亦曰讲款。如衣服合时，进退中度，仆从都秀，饮馔佳良，器皿精工，轿伞齐整，应对便给，书札殷勤，皆所谓排场也。然讲排场者，皆内不足，所务在此，必不能尽心民事。”② 金庸斋《居官必览》更指出：“做上官的，只是要尊重，迎送欲远，称号欲尊，拜跪欲恭，供具欲丽、酒食欲丰，驺从欲都，伺候欲谨。行部所至，万人负累，千家愁苦。”③ 这里都讲到，一味讲排场的官员，必定不能“尽心民事”，而且还会给老百姓带来极大的负担和痛苦。

即使在这样的政治生态下，一些有识之士也认识到官民隔绝状况的严重弊害，力图改变封建官场的这种传统痼疾，并响亮地提出了“治以亲民为要”的主张，强调“亲民”是实现清明政治的首要条件。

光绪时人但湘良撰文说：“盖牧令者，亲民之官，官不能治民，则民之疾苦日甚，天下所由多事也。”④ 把“亲民”提到天下大势安危治乱的高度。还有人则称：“州县乃亲民之官，为之者别无要妙，只一‘亲’字认得透，做得透，则万事沛然，无所窒碍矣。”⑤ 强调“亲民”是做好一切事情的根本。

“亲民”的要义何在呢？有人做了这样的论述：“亲民之道，全在体恤民隐，惜民之力，节民之财，遇民以诚，示之以信，不觉官之可畏，而觉官之可感，斯有官民一体之象矣。”⑥ 能够体恤百姓的

---

① 田文镜：《州县事宜》。
② 袁守定：《图民录》，卷四。
③ 《官箴》，354页。
④ 《平平言》序。
⑤ 谢金銮：《居官致用》。
⑥ 汪辉祖：《学治臆说》，卷上。

疾苦，爱惜民力，待以诚信，这才是亲民之道。也就是说，“亲民”不是政治作秀，而是时时以百姓为念，刻刻有爱民之心，以这样的胸怀去理政治事，自然政通人和。

“亲民”的具体做法，也有人做过生动的描写，虽然这是对封建官吏的要求，但在今天也并不是毫无借鉴意义。前引《居官必览》写道：“时屏驺从，巡历乡村，与山农野叟，欢然讲论，察访舆情。不烦人迎接，不累人一啜一杯，务期民志常通，欲恶与共。”① 谢金銮《居官致用》讲得更为具体：“下乡之时不厌其多，必轻骑减从，一食箪、茶炉、酒榼，行馆即住民居。遇耕民则问晴雨，相慰劳与谈辛苦，察其家口子妇能孝顺否，兄弟能友爱否，地有遗利、人有失业否。遇秀才则与语读书行谊，入书斋察童子孰聪颖可成就，询所读书，为正句读，提讲解。当说则说，当劝则劝，当骂则骂，杂以欢谑戏笑，使相浃洽。遇食则山蔬脱粟皆可食，遇坐则土埂芦席皆可坐。如此，所至闻风相率而来，遇小事便与立断，不用告状。行之一二年，则诸乡之是非贤不肖皆了然于心目。如此者，何利不兴，何弊不除，何凶不可缉，而又何贫之足患哉！”

这些要求，在封建时代很大程度上只是一种美好的政治愿望和冀求，真正能照此身体力行的，虽不说是绝无仅有，至少也是凤毛麟角。这是由社会制度和社会性质所决定的。今天情况就完全不同了。我们的各级干部是人民的公仆，权力是人民给的，只有老老实实、勤勤恳恳为人民服务的责任，没有对人民耀武扬威、颐指气使的权力。所以“亲民”之举，本应是一切党政干部的政治本色。现实中存在的种种脱离群众的不良风气，其实是旧时代官僚习气流毒的反映，读读历史，是可以大大增强我们转变作风的自觉性的。

① 《官箴》，342页。

要容得下尖锐批评*

习近平总书记在中南海与民主党派、工商联、无党派人士代表欢聚共迎新春时讲话表示，对中国共产党而言，要容得下尖锐批评。批评和自我批评是我们党的三大优良作风之一。但毋庸讳言，这些年来，在我们党和干部队伍中，这个优良作风大大地被削弱、被淡化了，特别是在领导干部身上，认真听取群众批评的民主作风越来越淡薄，相互之间开展积极的思想斗争越来越困难。群众调侃说，在有的领导那里，“批评和自我批评”已经被“表扬和自我表扬”所取代，确实反映出群众对这个问题的不满与担忧。

当前，我们正处在实现中华民族伟大复兴的关键时期，世情国情党情都发生了深刻变化，精神懈怠、能力不足、脱离群众、消极腐败的危险尖锐地摆在我们面前，在全党开展批评和自我批评显得尤为必要和紧迫。出现批评和自我批评被削弱的现象原因很多，其中重要一点，同有些同志错误地接受历史教训，生怕重蹈“文革”中曾经普遍存在的“残酷斗争”“无情打击”“上纲上线”“狠斗私字一闪念”之类的覆辙有关。其实，积极的、健康的批评与自我批评，不论从主观愿望和出发点、关注内容、方式方法乃至最终结果，都同政治生活不正常的条件下“左”的一套具有本质的不同，划清二者的界限，并不是一件难以做到的事情。

要使批评和自我批评蔚为风气，领导干部的表率作用很重要。身为领导干部，要自觉地、真心诚意地进行自我批评，更要满腔热情地鼓励、欢迎、认真听取和严肃对待群众的批评，特别是要容得下尖锐的批评。能容得下尖锐批评，并不是一件容易的事。领导干

---

* 载《中国党政干部论坛》，2013年第5期。

部由于所处的地位，所掌握的权力，平日里赞誉之声充溢不绝，“规益之言少入于耳”。“意之所欲，信以为不逾；令之所发，概期于必行。”在鲜花和掌声的包围中，逐渐滋长了“喜谀而恶直、喜柔而恶刚、喜从而恶违”的坏习气。一旦听到批评特别是尖锐批评时，就会觉得伤害了自己的尊严，有损于自己的威信，或者担心否定了自己的政绩。于是面有悻色，心存芥蒂，甚至一触即跳，老虎屁股摸不得，严重的竟利用手中的权力，给提意见的人一点颜色看看。这种“报喜得喜，报忧得忧”的现象一经发生，就会堵塞言路，打击正气，以致众人钳口，真话敛迹。这必定会使生动活泼的政治局面受到极大的损害，同社会主义民主政治的要求完全背道而驰。

常言说得好，忠言逆耳，良药苦口。所谓尖锐批评，无非是言词犀利一点，态度不留情面一点，问题提得鲜明一点，目的只不过是想更好地引起被批评者的重视和警醒。毛泽东同志在一次会议上说：“批评要尖锐。这次有些批评，我觉得不那么尖锐，总是怕得罪人的样子。你不那样尖锐，不切实刺一下，他就不痛，他就不注意。”“其实，你讲出来了，把问题尖锐地摆在桌面上，倒是好相处了。”① 正确对待批评和自我批评，首先需要听意见的人有宽阔的气度，襟怀坦白，光明磊落；更要有强烈的“为民之心”和“畏民之心”，一切以人民利益为最高准则，时刻对群众怀着敬畏之心。这样，才能做到闻过则喜。这应该是党政干部的一个基本政治素养。

---

① 毛泽东：《在中国共产党全国代表会议上的讲话》（1955年3月）。

《聊斋志异》描绘的官场百态*

郭沫若在蒲松龄故居聊斋堂上写了这样一副楹联："写鬼写妖高人一等，刺贪刺虐入骨三分。"这十六个字，简明、精准地概括了《聊斋志异》这部文学巨著的思想价值和艺术成就。

蒲松龄自己称《聊斋志异》是一部"孤愤之书"。他通过谈狐说鬼，讲神论怪，宣泄和倾吐着自己对种种社会现实的满腔悲愤。书中涉及的社会问题林林总总，而着力最多的，还是"刺贪刺虐"，是对官场黑暗的无情揭露。

下面我们来看看蒲松龄笔下描绘的官场百态是一幅什么样的图景。

"今日官宰半强寇"

蒲松龄在《聊斋志异》中曾经借一位姓徐的商人同"夜叉国"人的对话，讨论了"官"是什么的问题。"问：'何以为官？'曰：'出则舆马，入则高堂；上一呼而下百诺；见者侧目视，侧足立。此名为官。'"这里对于官的描写，主要强调了他们安富尊荣、威风八面、颐指气使、睥睨群下的一面。那么，这些声名显赫、位高权重的官员们的行径和作为，又是怎样的呢？

"老龙舡户"讲的是出没于南海的一群江洋大盗，他们"以舟渡为名，赚客登舟，或投蒙药，或烧闷香，致客沉迷不醒，而后剖腹纳石，以沉水底"。但历任有司，对报案者"竟置不问"，结果是

---

* 载《光明日报》，2013年6月19日。

“千里行人，死不见尸，数客同游，全无音信，积案累累，莫可究诘”。直到朱徽荫“巡抚粤东”，才把那些江洋大盗缉捕归案，无数无头公案得以昭雪。对此，蒲松龄发出了这样的感慨：“剖腹沉石，惨冤已甚，而木雕之有司，绝不少关痛痒，岂特粤东之暗无天日哉！”“彼巍巍然，出则刀戟横路，入则兰麝熏心，尊优虽至，究何异于老龙舡户哉！”这段话讲得很清楚，那些泥塑木雕一样对百姓痛痒不闻不问的官员，虽然“出则刀戟横路，入则兰麝熏心”，冠冕堂皇，炙手可热，其实同杀人越货的江洋大盗没有什么区别。可惜的是，这样暗无天日的政治，并不只是粤东一地，而是具有相当的普遍性。

《成仙》中讲了这样一个故事：山东文登一位家道殷实的“周生”，因小事同“黄吏部”发生纠纷，黄仗势串通邑宰，将周生家的仆人“重笞”一顿。周甚感不平，“欲往寻黄”。周的一位好友“成生”力劝之，说了下面这样一段话：“强梁世界，原无皂白。况今日官宰半强寇不操矛弧者耶？”把当时的官宰说成大半是不打旗号的强盗，由这些人来统治，世界当然就是非不分，黑白颠倒。可惜周生不听，非要同邑宰去争个曲直，结果惹恼了邑宰，不仅把他抓了起来，“搒掠酷惨”，“绝其饮食”，还贿迫监狱中的“海寇”，“使捏周同党”，必欲置之于死地。在严刑逼供之下，“周已诬服论辟”，最后全靠着成生多方营救，才得以“朦胧题免”。这是又一次把官员比作盗寇的例子。

在更多场合，蒲松龄常把那些残民以逞的官员比作吃人的猛兽，悲愤地说：“窃叹天下之官虎而吏狼者，比比也。即官不为虎，而吏且将为狼，况有猛于虎者耶！”《三生》一文描写了一位姓刘的孝廉，前生是缙绅之家，但“行多玷”，作恶颇多。死后始罚作马，继又罚作犬，最后则罚作蛇，“满限复为人”。借这个故事，蒲松龄发了这样一段议论：“毛角之俦，乃有王公大人在其中；所以然者，王公大人之内，原未必无毛角者在其中也。”这篇文字不但暗示“王公大人”们如果作恶多端，难免变成犬马之类，而且特别指出，其实“王公大人”之中，原本就有“毛角之俦”在。这段略显隐晦的话，如果说得直白一点，无异直指某些“王公大人”不过是“人面兽心”的“衣冠禽兽”。

众所周知，《聊斋志异》写狐，其实是在写人。书中讲了一狐仙，化作一位老翁，却并不掩饰自己的身份，有人来访，“无不伛偻接见”，“独邑令求通，辄辞以故”。问其原因，回答说：“彼前身为驴，今虽俨为民上，乃饮米糙而醉者也。仆固异类，羞与为伍也。”“饮糙而醉”是一个典故，原意是说，只要有钱，即使不喝酒也醉了，也就是见钱眼开的意思。驴之为物，体大气粗，表面威风凛凛，但扔给一点草料，也就“帖耳辑首”，实在同贪官的形象十分相像。所以蒲松龄评论说：“以此居民上，宜其饮糙而亦醉也。愿临民者，以驴为戒，而求齿于狐，则德日进矣。”这可以说是对前面“王公大人”中不乏“毛角之俦”的呼应。

《黑兽》叙述的故事十分简单，讲的是一只老虎遇见一不知名的黑兽，竟觳觫战栗，延颈就死的事。对此，蒲松龄发表议论：“凡物各有所制，理不可解。如猕最畏狨，遥见之，则百十成群，罗而跪，无敢遁者。凝睛定息，听狨至，以爪遍揣其肥瘠，肥者则以片石志颠顶。猕戴石而伏，悚若木鸡，惟恐堕落。狨揣志已，乃次第按石取食，余始哄散。余尝谓贪吏似狨，亦且揣民之肥瘠而志之，而裂食之；而民之戢耳听食，莫敢喘息，蚩蚩之情，亦犹是也。可哀也夫！”猕和狨都是猿的一种。书中所说狨和猕的关系，是否合乎科学，我们不必深究，因为谈论这种动物关系不过是一个由头，要旨是从中引出官与民的关系来。上面这段话包含两层意思：一是谴责“贪吏似狨”，对无拳无勇的“民”择肥而噬，谋财害命；一是哀叹小民们面对着“贪吏”的敲骨吸髓，狼吞虎咽，只能“戢而听食，莫敢喘息”。这既反映了对贪官污吏的强烈愤恨，也表达了对被欺压、被凌辱的底层群众的深切同情。字里行间充溢着对那些生存在“人为刀俎，我为鱼肉”处境下的老百姓“哀其不幸、怒其不争”的悲怆与无奈。这种鲜明的爱憎情怀，在当时的历史条件下，实在是难能可贵的。

令人发指的“官贪吏虐”

《聊斋志异》通过一个个故事，将许多“官贪吏虐”“官虎吏狼”的具体情景生动地展现在读者面前。

《促织》的故事直接涉及作为最高统治者的封建帝王，所以蒲松龄不得不把时间设定在明宣德年间。由于皇帝喜欢斗蟋蟀，便要求各地把蟋蟀作为“常供”的一种贡品。地方官吏“假此科敛丁口，每责一头，辄倾数家之产”。帝王的小小喜好，到了基层便变成按“丁口”搜刮聚敛的借口，甚至弄得一些家庭鬻妻卖子，倾家荡产。对此，蒲松龄说：“天子偶用一物，未必不过此已忘；而奉行者即为定例。加以官贪吏虐，民日贴妇卖儿，更无休止。故天子一跬步，皆关民命，不可忽也。”上有所好，下必甚焉。在上者的言行稍一不慎，到下边就往往会形成一场灾难。

其实，贪官污吏们可以把任何事情变成压榨百姓、大发横财的机会。康熙三十四年（1695 年），清廷为了平定噶尔丹叛乱，用兵于广大漠北地区。“其地不毛，间或无水”，军粮的供给便成为很大的问题。朝廷决定用钱购买民间骡马运粮。山东长山一个姓杨的县令，“性奇贪”，便“假此搜刮，地方头畜一空。周村为商贾所集，趁墟者车马辐辏。杨率健丁悉篡夺之，不下数百余头。四方估客，无处控告”。这个杨县令竟然置军国大事于不顾，热衷于借机肥私，不但将地方牲畜搜刮一空，而且胆大妄为，在光天化日之下，公开派兵抢掠商贾的马匹。面对这样的暴政，受害人固然是控诉无门，杨县令虽然遭到舆论的讥讽，却并没有受到任何惩处。

贪官污吏们为了聚敛财富，怎样不择手段、泯灭人性，书中不乏记载。安二成的妻子臧姑因为家庭矛盾，涉讼官府。“官贪暴，索望良奢”。贪官一面对臧姑严刑拷打，“械十指，肉尽脱”，一面向其丈夫大肆勒索。安二成“质田贷赀，如数纳入”，最后不得已将田产悉数卖掉，才了结这场官司。还有一位姓夏的商人，偶然从自己的院墙下挖得一个装满千余两白银的铁瓮。此事为邻人妻窥见，出于妒忌，“潜告邑宰”。“宰最贪，拘商索金。妻欲隐其半。商曰：‘非所宜得，留之贾祸。’尽献之。宰得金，恐其漏匿，又追贮器，以金实之，满焉，乃释商。”贪官对老百姓财富的掠夺完全采取竭泽而渔的方式，不让有涓滴的“漏匿”。在另外一个故事里，描写了“湖南巡抚某公”，派人押解饷银六十万赴京，途中饷银被盗，“荡然无存”。巡抚多方追查，却收到了这样一封信：“汝自起家守令，位极人臣。赇赂贪婪，不可悉数。前银六十万，业已验收在库。当自发贪囊，补充旧额。解官无罪，不得加谴责。”这位巡抚看到这封信，“面色如土”，不敢再追究，马上设法补解。几日以后，惊吓而死了。我们从“赇赂贪婪，不可悉数”几个字中，不难想见有多少家庭被弄得妻离子散，家破人亡。

《聊斋志异》对贪官鞭挞的主要矛头所向，或者是“位极人臣”的“王公大臣”，或者是开府建衙的“封疆大吏”，大都是当时政治舞台上的中高级官员。这当然不难理解。因为高官们身居要职，手握重权，一旦身涉贪贿，其恶劣影响及社会危害就特别严重。而且上行下效，一个贪渎成性的高官，往往成为一群贪官的保护伞，在破坏政治秩序和败坏社会风气方面产生巨大的影响。但是，也还有另外一种值得注意的现象，就是小官大贪，如该书所指出的：“官卑者愈贪，其常情然乎？”一些底层官员，甚至那些被称为“不入流”的身份低微的差役、书吏、门丁之类，只要手中握有一点权力，也往往会对小民多方刁难，百计勒索。而且因为这些人直接同百姓接触，许多具体事务都经彼等之手，这就为他们残民敛财提供了更多的机会。而且正由于他们身份低贱，连封建道德都失去了对他们的约束力，为非作歹时就更加无所顾忌，胆大妄为。因此，老百姓对这样一些人就更加有着切肤之恨。《聊斋志异》在评事论理时，极少使用不留余地的绝对化语言，但在谈到对“公役”的态度时，却讲了这样一番话：“余欲上言定律，‘凡杀公役者，罪减平人三等’，盖此辈无有不可杀者也。故能诛锄蠹役者，即为循良；即稍苛之，不可为虐。”说“公役”无不可杀，自然有点过分，但在这种咬牙切齿的诅咒背后，反映了群众的满腔委屈和无比愤恨，却是不可忽视的现实。

封建官僚是集行政权与司法权为一身的，断狱判案是他们的主要公务之一。司法不公是社会不公的最突出的表现，也是贪官们弄权纳贿的主要渠道。贪赃必定枉法，在这方面，卑劣和无耻也表现得最赤裸裸和明目张胆。对此，《聊斋志异》做了这样的描述：“一人兴讼，则数农违时；一案既成，则十家荡产。”“每见今之听讼者矣，一票既出，若故忘之。摄牒者入手未盈，不令消见官之票；承刑者润笔不饱，不肯悬听审之牌。蒙蔽因循，动经岁月，不及登长吏之庭，而皮骨已将尽矣！而俨然而民上也者，偃息在床，漠若无事。宁知水火狱中，有无数冤魂，伸颈延息，以望拔救耶!”“官问不及，吏诘不至，其实一无所用，只足以破产倾家，饱蠹役之贪囊，鬻子典妻，泄小人之私愤而已。”这一段话，既揭露了官吏以权谋利的种种手法，又诉说了小民在冤狱面前的悲惨境遇，无异于一篇对黑暗刑狱制度的血泪控诉书。

贪官心态的深刻揭示

贪风炽盛之处，必定吏治败坏，贿赂公行，公理荡然，民怨沸腾。《聊斋志异》在涉及官府事务时，通过贿赂以枉法谋私的情节随处可见，俯拾皆是。例如：“以具（巨）金贿上下”，本拟死罪者“得不死”。大盗落网，可“以重贿脱之”。官吏治狱不公，遭上司追究，“纳数千金”，即可“营脱”。官员获罪，“罚赎万金”，即可免刑。一人涉嫌“讼诬”，拟严办，“啖以重贿，始得免”。一“狂生”因与某刺史为酒友，“凡有小讼求直者，辄受薄贿，为之缓颊，刺史每可其请”。官员欲谋“迁擢”，需“赍银如干数赴京”钻营打点。夺人妻女，以“货产行赇”，官府反将本夫“拘质”。有的本属冤枉，也需要“醵钱贿役”，以免遭凌虐。如此种种，不一而足。甚至有的人通过贿赂，妄攀无辜，祸及良善，以莫须有的罪名置人于死地。

几乎整个社会风气都变了，形成了“生死曲直，不断之以法，而断之以贿”的怪现象。将以上种种联系到一起，就使读者有充分理由相信，在那样一种政治生态下，公正敛迹，正义不伸，法律已经沦为权力和金钱的奴仆。

贪赃枉法需要冒巨大的风险，上则国法难容，官德不齿；下则千夫所指，万人唾骂。一旦事情败露，难免声名扫地、身败名裂。为什么许多官员还是如飞蛾扑火，甘冒不韪呢？他们究竟抱着一种什么样的心态呢？我们来看看《聊斋志异》对这个问题的思考。

《续黄粱》描写了一个醉心功名利禄、渴求高居人上的青年士子，在梦中经历了“一言之合，荣膺圣眷”，在天子的恩宠下，大富大贵，权势烜赫，由于擅作威福、百计聚敛、纵情声色、作恶多端，最终一朝失势，沦为狱囚，甚至难逃天谴，坠入“九幽十八狱”的故事。虽然鲁迅认为此篇事迹“颇有从唐人传奇转化而出者”，但不论从内容之丰富，抑或文采之华美，都绝不是《枕中记》或《邯郸梦》的简单复制和演绎，而是真正的艺术再创作，对当时的社会生活有着很强的现实针对性。在主人公的短短一梦中，浓缩了当时宦海凶险、仕途龌龊的众生相。当主人公高居于权力巅峰时，“撚髯微呼，则应诺雷动”，“公卿将士，尽奔走于门下，估计夤缘，俨如负贩，仰息望尘，不可算数”。甚至“奴仆一到，则守、令承颜；书函一投，则司、院枉法”。如果“有杰士贤臣，不肯阿附，轻则置之闲散，重则褫以编氓。甚且一臂不袒，辄迕鹿马之奸；片语方干，远窜豺狼之地”，真可以说是“顺我者昌，逆我者亡”。但一旦失宠，从权力的顶峰跌落下来，则“科道九卿，交章劾奏；即昔之拜门墙、称假父者，亦反颜相向”，终于众叛亲离，成为影单形只的孤家寡人。

这位黄粱一梦的主人公，在手握重权、身居高位之际，叱咤风云，颐指气使，却又毫无奉公尽职、为国为民的观念，“不思捐躯摩顶，以报万一”，“国计民生，罔存念虑”，当然就经不起金钱美女的种种诱惑，利用权势，大肆搜刮，“平民膏腴，任肆蚕食；良家女子，强委禽妆”，不是“仗势凌人”，卖官鬻爵，就是“声色狗马，昼夜荒淫”。“接第连阡者，皆畏势献沃产，自此富可敌国。”

他们难道不怕人们的抗拒、愤怒和揭露吗？对此，贪官们自有一套奇特的逻辑。《梦狼》中弟兄俩的一段对话，极为典型地吐露了大多数贪官的心声，具有很大的代表性。事情的缘起要从直隶一位姓白的老人说起。老人有两个儿子，长子在南方做官。一日，老人做了一个奇怪的梦，梦见自己到了儿子的衙署，看到堂上、堂下都是恶狼，台阶上则白骨如山。儿子竟然用巨狼衔来的死人“聊充庖厨”。老人正惊疑间，忽见两个“金甲猛士”将其子锁住，其子“扑地化为虎”，“虎大吼，声振山岳。翁大惧，忽醒，乃知其梦”。这个梦让老人很不放心，便派次子往探究竟。“弟居数日，见其蠹役满堂，纳贿关说者，中夜不绝，流涕谏止之。甲曰：‘弟日居衡茅，故不知仕途之关窍耳。黜陟之权，在上台不在百姓。上台喜，便是好官；爱百姓，何术能令上台喜也？’弟知不可劝止，遂归。”为什么对待百姓可以如狼似虎，作威作福呢？因为“黜陟之权”，“不在百姓”。所以，人民群众的生死存亡、哀痛疾苦，自然是不必放在心上的，只要把“上台”伺候好了，“便是好官”。能够得到上司的喜好与信任，不管贪赃枉法也好，草菅人命也好，都可以在仕途一帆风顺，飞黄腾达。在那个时候，没有群众监督，没有舆论监督，也没有健全的制度监督，上面这样的思想自然更为许多无耻之徒奉为圭臬，使自己的贪渎行为有恃而无恐了。

我们把《聊斋志异》关于贪官心态的揭示做一个简单的概括，就可以看出，主要是他们无力抵御和抗拒权力与金钱的诱惑。在掌握生杀予夺的大权而又缺乏有效监督的时候，他们不能自制，恣情妄为，以权谋私，巧取豪夺，擅权枉法。在雕梁画栋、锦衣玉食的巨大物质利益面前，他们目眩神迷，穷奢极欲，声色犬马，骄奢淫逸，纸醉金迷。这双重诱惑，使得他们不惜以身试法，铤而走险。这样，官吏贪贿的现象就成为社会的毒瘤，不但长久存在，而且不断蔓延扩散，以至于在那个时代，“求一真正清廉之吏，几等于麟角凤毛”了。

蒲松龄生活的时代，主要是清初顺治、康熙年间。到他的晚年，开始进入“康乾盛世”。总的来说，这时清朝统治渐趋稳定，国家的统一得以实现，版图有所扩大，社会经济得到恢复和发展，文化也有了一定的繁荣，人口有了迅速的增加。即使在这种情况下，封建统治的黑暗和残暴，依然像一座大山一样压在老百姓的头上，人民照样遭受着各种各样难以挣脱的苦难。这就清楚地告诉我们，所谓的“盛世”，绝不是老百姓的极乐世界和幸福天堂，人民不过是像鲁迅所说，生活在一个“暂时做稳了奴隶的时代”而已。就这个意义而言，我们可以把《聊斋志异》看作一曲“盛世悲歌”。毛泽东同志把《聊斋志异》同《红楼梦》《金瓶梅》相并列，称这是中国小说中写社会历史的难得的三部书。细读《聊斋志异》对官场百态的描写，有助于我们对清代社会历史的进一步了解。

史学要关注现实，尊重历史
——李文海教授访谈录*

问：李老师，您前几年出版的一部著作，书名叫《历史并不遥远》，强调历史同现实的联系。去年您在新出的《清代官德丛谈》一书的“自序”中，再一次谈到这个话题，认为历史虽然是已经逝去的岁月，但同今天的生活仍然十分贴近。是什么促使您特别关注这个问题呢？

李：我是根据当前史学研究的现状提出这个问题的。这些年来，历史学取得了长足的进步，甚至可以说出现了初步繁荣的景象。这主要表现在：史学研究的思想观念得到极大的解放；对历史现象有了许多更加深入的认知和学术创见；扩大了研究视野，拓展了研究领域；发掘并出版了一大批有重大价值的历史资料；史学队伍建设健康发展，一批学术功底扎实、学风严谨的中青年学者崭露头角；同世界的学术交流得到广泛开展。这些无疑是有目共睹的事实。但任何发展进步总是会伴随某些不足和问题。史学在迅速发展中也存在某些危机和某些值得注意的倾向，其中之一就是历史研究同社会生活的联系相对薄弱。史学存在着相当严重的自我封闭现象。许多很有价值的学术著作，读者面却十分窄小，通常仅局限在少数同行专家之间。广大群众接受历史知识的主要渠道，往往是一些历史题材的影视故事或文艺作品，这些作品本来就不是以传播历史知识为职志，有的甚至公开申明是在“消费历史”或“戏说历史”，但人们偏偏误认为反映的内容就是历史的真实。这种情况引起了一些人的忧虑。但我们不能禁止人家写历史题材的文艺作品，而必要的虚构

---

* 载《史学月刊》，2013 年第 7 期。

又正是文艺作品同史学著作的本质区别之一。所以，倒是我们史学工作者自己，需要改变某些传统观念和习惯，更加努力地写一些能够为广大群众所接受、所喜爱的东西，也就是致力于史学的大众化。十几年前，我曾发表过一篇短文，题目叫作《历史学，请走出史学界》，其中说："史学工作者的作品中，很少有以史学界以外的广大群众为读者对象的。史学研究的成果通常只是作为史学界一部分同人交换研究心得的手段。"这当然十分必要，但远远不够。"史学家还要善于跨越史学界，关注社会，关注群众，重视对全社会提供对于当前社会生活有借鉴意义的直接或间接的历史认知。""任何一门科学，哪怕是最深奥的学问，如果不同丰富鲜活的社会生活发生紧密的联系，不同广大群众发生密切的关联，就不可能有生命力。"这个问题，我以为很值得广大史学工作者重视和思考。

问：您觉得应该怎样看待历史同现实之间的内在联系呢？

李：社会历史的发展，都是从远古走向现在，又从现在走向未来，从不间断，从不止息。就像长江大河的流水，滔滔不绝，尽管也有旋涡，也有曲折，但总是日夜不停，奔腾向前。"抽刀断水水更流"，历史也一样，没有任何力量可以把历史一刀两断。毛泽东同志有两句话，一句叫作"今天的中国是历史的中国的一个发展"①，一句叫作"如果要看前途，一定要看历史"②。这两句话联系起来，就讲清了历史—现实—未来之间的关系。历史不过是业已逝去的现实，而当未来变成现实时，今天的现实也就成为新的历史。

历史是不可能重复的，但许多历史现象，会在社会生活中长久存在，带给后人以深刻的影响。人类创造的文明成果，不管经历什么样的社会变动和政治变动，都不可能轻易丧失，在特定的历史条件下，社会历史现象常常会以惊人相似的形式和面貌反复出现。所以，历史虽然过去了几十、几百、几千年，时代和形势发生了天翻

① 《毛泽东选集》，2版，第2卷，534页。

② 毛泽东：《从历史来看亚非拉人民斗争的前途》，见《建国以来重要文献选编》，第19册，1页，北京，中央文献出版社，2011。

地覆的变化，但有一些历史规律、历史经验、历史真理，仍然同我们今天的生活十分贴近，至今并没有失去其生命力。今天的人们可以从古人那里得到许多历史的智慧，从过去发生的事情中得到生动的历史借鉴，这正是史学的魅力所在。

不论是搞革命还是搞社会主义现代化建设，都必须从中国的国情出发。一切方针、路线、战略、政策，凡是符合国情的，就能行得通，做得好，取得成绩和胜利；凡是背离国情的，就会犯错误，对社会的发展和进步造成障碍，甚至发生重大的挫折和危害。所谓国情，无非是两个方面，一是现实状况，一是历史传统。现实状况也总是经由一个历史发展过程而形成的。因此，离开了对于历史的了解，拒绝对于历史经验的总结和借鉴，势必陷入盲目的状态，失去正确前进的方向。

周恩来同志曾经把历史称作“民族的记忆”，他说：“历史对一个国家、一个民族，就像记忆对于个人一样，一个人丧失了记忆就会成为白痴，一个民族如果忘记了历史，就会成为一个愚昧的民族。而一个愚昧的民族是不可能建设社会主义的。”① 一个失忆的民族，不了解自己的过去，当然也就不能深刻地了解现在，更不可能正确地走向未来。所以，一个不要历史的民族将是衰落的民族，一个忘掉历史的国家将是没有前途的国家。习近平同志在一次专谈干部学习历史的讲话中也指出：“历史是一个民族、一个国家形成、发展及其盛衰兴亡的真实记录，是前人各种知识、经验和智慧的总汇。重视对历史的学习和对历史经验的总结与运用，善于从不断认识和把握历史规律中找到前进的正确方向和道路，这是我们党 90 年来之所以能够领导中国革命、建设、改革不断取得胜利的一个重要原因。”② 历史同现实究竟存在着怎样的内在联系，这些话应该讲得很清楚了。

---

① 转引自张启华：《党史期刊要为党史工作的发展多作贡献》，载《中共党史研究》，2006 (1)。

② 《领导干部要读点历史》，载《人民日报》，2011-09-02。

问：这样看来，研究历史确实不是为了“发思古之幽情”，而是为了认识现实世界、推进现实实践的需要。历史学具有重要的社会功能。

李：不错。历史学的功能，概括起来说主要有三个方面：一是认知功能，二是教育功能，三是传承功能。

认知功能，就是通过对丰富复杂的社会历史现象加以总结概括，提炼出一些规律性的认识，使我们能够从历史中汲取治国理政的政治智慧。“以史为鉴，可以知兴替”，只有把历史当成一面镜子，从中照映并领悟出国家盛衰兴亡之道，社会进退治乱之理，才能认识和掌握历史发展和社会前进的规律，更加主动、更加自觉、更加清醒地做好今天的工作。就像胡锦涛同志指出的：“要坚持以辩证唯物主义和历史唯物主义为指导，认真学习我们党的历史、中国历史、世界历史，深入思考，科学分析，不断提高对共产党执政规律、社会主义建设规律和人类社会发展规律的认识水平，不断提高自觉运用这三个规律的能力，更好地促进社会主义物质文明、政治文明和精神文明的协调发展。”①

教育功能，就是借鉴历史的经验教训，像司马光所说的，“关国家盛衰，系生民休戚，善可为法，恶可为戒”②，通过学习历史，让大家在许多涉及对国家、社会、民族及个人的重大问题上，辨是非，明得失，弃恶扬善，既提高我们的执政能力，也提升广大干部群众的思想境界和道德情操。历史是一部最生动、最深刻的教科书。在历史上，那些被鲁迅称之为“中国的脊梁”的“埋头苦干的人，拼命硬干的人，为民请命的人，舍身求法的人”，以及为捍卫祖国的独立和尊严而血洒疆场的人，为革命和改革而英勇献身的人，他们的嘉言懿行，可歌可泣的光辉事迹，曾经激励了世世代代为国家、民族的发展进步而奋斗不息的中华民族子孙。一些人们耳熟能详的名言警句，如“人生自古谁无死，留取丹心照汗青”，“先天下之忧而

---

① 《进一步认识把握社会历史发展规律　增强推进改革发展的自觉性主动性》，载《人民日报》，2003-11-26。

② 《进〈资治通鉴〉表》。

忧，后天下之乐而乐”，“苟利国家生死以，岂因祸福避趋之”，“寄意寒星荃不察，我以我血荐轩辕”等等，这些掷地有声的语言，在锻铸我们伟大的民族精神中发挥了何等巨大的作用！至于那些“残民以逞”的独夫民贼，“择肥而噬”的贪官污吏，“卖身求荣”的民族败类，则被永远地钉在历史的耻辱柱上，成为人们所不齿的反面教材。

传承功能，就是中华民族的优良传统和灿烂文化，通过一代又一代人的不懈努力，不断继承、发扬、创造、发展，像接力赛一样，保持历史的延续性和创新性。世界几大古代文明，只有中华文明没有中断地延续下来。中华民族在五千多年的发展中，经历了无数灾祸磨难，饱尝了各种困顿艰辛，不屈不挠，愈挫愈奋，开发建设了祖国的大好河山，创造了灿烂的中华文明，为人类文明进步做出了不可磨灭的贡献。源远流长的中华文明得以不断发扬光大，一个重要原因就是我们的先人善于从总结历史中不断开拓前进。时至今日，也只有通过研究历史、学习历史，才能了解和懂得自古以来中国人民创造的灿烂历史文化，继承中华民族在漫长历史发展进程中形成的优良传统，从中汲取思想精华，在继承中华文明的基础上建设社会主义新文化。

问：当前，我国正处于全面建成小康社会，实现中华民族伟大复兴的中国梦的关键时期。在这样的历史新时期，史学又处于怎样的地位呢？

李：我国是一个有着学史、治史、用史传统的国家。中国共产党是一个一贯高度重视对历史的学习和对历史经验的总结与运用的政党。在以往的历史发展中，史学曾经起过重大的无可替代的作用。在历史新时期，史学的地位和作用不是削弱了、降低了，恰恰相反，学习和研究历史具有了新的意义和紧迫性。这至少可以从以下几个方面反映出来。

一是提高执政能力，加强拒腐防变和抵御风险能力的需要。面对新形势下出现的许多新情况、新问题、新挑战，面临着长期、复杂、严峻的执政考验、改革开放考验、市场经济考验、外部环境考验，我们面前尖锐地摆着精神懈怠的危险、能力不足的危险、脱离群众的危险、消极腐败的危险。在这样的客观形势下，增长政治智慧、增强执政本领便成为我们国家实现长治久安的一个十分关键、十分紧要的问题。我国的历史中，蕴含着丰富的治国安邦的历史经验，真实地记录了我们国家民族在发展过程中遇到的成败、得失、兴衰、安危等等方面的经验与教训。借鉴历史上治国理政的各种有益经验，是提高各级干部执政能力的一个不可或缺的重要途径。作为当代中国的领导干部，如果不了解中国的历史，就不可能认识和把握中国社会发展的客观规律，也就不能胜任领导建设中国特色社会主义的职责。正如胡锦涛同志所说："在新形势下，我们要更加重视学习历史知识，更加注重用中国历史特别是中国革命史来教育党员干部和人民。""要十分珍惜我国在革命、建设和改革的长期实践中积累的宝贵经验，也要认真研究和借鉴其他国家历史发展提供的经验教训，站在世界文明发展的历史高度，进一步认清当今世界风云变幻的规律性趋势，进一步认清我国的基本国情和发展大势，更好地掌握加快我国发展的主动权。"①

二是弘扬中华文明，推进社会主义文化大发展大繁荣的需要。党的十七届六中全会明确提出了坚持中国特色社会主义文化发展道路，努力建设社会主义文化强国的战略目标。社会主义文化的根基和源泉，一个是广大群众生机蓬勃的社会实践，一个是源远流长的传统文化。中国的传统文化中，有许多珍贵品，有许多闪耀着真理光芒的思想成果，形成了优良的历史文化传统。这些传统，随着时代变迁和社会进步获得继承和发展，对今天仍然发生着深刻的影响。学习和批判继承中华民族优秀的传统文化，对个人来说，可以获得精神鼓舞，升华思想境界，陶冶道德情操，完善优良品格；对于社会来说，则是弘扬社会正气，培养高度的文化自觉和文化自信，促进社会主义文化的创新发展，建设中华民族共有精神家园的必由

---

① 《进一步认识把握社会历史发展规律　增强推进改革发展的自觉性主动性》，载《人民日报》，2003-11-26。

之路。

三是凝聚中国力量，培育民族精神，努力实现中国梦的需要。当前，中华民族伟大复兴这个美丽的中国梦正在逐步实现，习近平在就任国家主席后的首次讲话中强调：实现中国梦必须走中国道路。实现中国梦必须弘扬中国精神。实现中国梦必须凝聚中国力量。中国梦归根到底是人民的梦，必须紧紧依靠人民来实现，必须不断为人民造福。所谓中国力量，也就是全国人民的大团结，民族精神的大发扬。民族精神是一个民族赖以生存和发展的精神支撑，是一个民族生命力、创造力和凝聚力的集中体现。一个民族，没有振奋的精神和高尚的品格，不可能自立于世界民族之林。只有坚持弘扬和培育民族精神，才能使中华民族的生命力、创造力和凝聚力始终保持昂扬向上的状态，成为推动中华民族伟大复兴的强大精神力量。中华民族在长期的共同奋斗中，形成了以爱国主义为核心的团结统一、爱好和平、勤劳勇敢、自强不息的伟大民族精神。这个民族精神，博大精深，根深蒂固，已经成为中华民族生命机体中不可分割的重要成分，成为综合国力的重要组成部分。这种民族精神，是在中华民族漫长的历史进程中产生和发展起来的，也必定会在对历史的更深刻的认知中得到进一步的发扬光大。

可以看出，这几个方面，不过是上面谈到的史学功能在当今时代的新的要求和体现，其内容是完全一致的。

问：“文革”期间，史学曾经成为错误政治斗争的工具，产生了很坏的影响。您强调史学要关注现实，强调发挥史学的社会功能，但要怎样才能避免重蹈“文革”的覆辙呢？

李：你这个问题提得非常好。把这个问题讨论清楚至关重要。“文化大革命”是一场由领导者错误发动，被反革命集团利用，给党、国家和各族人民带来严重灾难的内乱。它从理论到实践都是错误的。在这样的大背景下，批《海瑞罢官》也好，“评法批儒”也好，“批林批孔”也好，愈是用运动的方式把广大群众卷入历史迷雾的旋涡之中，历史愈是同现实结合得紧密；愈是卖力地去服务于当时的政治，就愈加产生破坏性的影响。其结果，既搅乱了政治，也伤害了历史。教训十分深刻。

“文革”后，有的同志为了接受教训，就主张史学应该离现实，离政治越远越好，甚至重新提出了“为学术而学术”“为历史而历史”的口号。这却未免是从一个极端跳到另一个极端，是不可取的。因为“为学术而学术”，其实是并不存在的。将近一个世纪以前，梁启超在关于《历史研究法》的演讲中就讲过这样一段话：“现代人很喜欢唱‘为学问而学问’的高调，其实‘学以致用’四个字，也不能看轻。为什么要看历史？希望自己，得点东西。为什么作历史？希望读者，得点益处。学问是拿来用的，不单是为学问而学问而已。”① 史学研究，总有它一定的现实目标，总是为了满足和解决人们的现实需要而产生与存在的。事实上，我国任何一部史学名著，从司马迁的《史记》到司马光的《资治通鉴》，作者自己都明白宣布写作的目的是为了总结历史经验教训，给人们提供历史的借鉴。离开了“资政育人”“鉴古知今”，历史学也就失去了自己存在的价值。

历史是一种不能任人摆布的客观存在，历史学是一门具有自己特定研究对象和任务的科学，它不应该是政治的附属品，更不能成为政治的奴仆。另一方面，史学又无法同政治截然分开，互不关联。这种情况，就要求史学工作者具有正确的政治理念和政治观点，清楚地认识到总结历史经验是为了有益于推动社会发展进步的政治的需要，是为了有益于维护人民利益的需要。同时，史学工作者还必须以辩证唯物主义和历史唯物主义的科学历史观和方法论为指导，坚持实事求是，还历史以本来面目。坚决摒弃那种出于某种政治私利胡乱改编、曲解、伪造历史的恶劣做法，也要防止对历史和现实做简单类比、生搬硬套的弊病。评析历史时不虚美，不隐恶，不褒贬任意，不好恶随心，真正做到尊重历史的真实。

还应该注意一点，总体来说，历史学是一门基础性的人文学科，因此，决不能要求任何一个研究课题都同现实生活有直接的关联。

① 《历史研究法》第一讲，载《清华周刊》，第384期。

有一些研究方向和研究课题，同现实有一定的距离，但对于学科的发展却有着重要的意义，是推进历史学不可或缺的方面。对这样的研究成果，当然应该给予十分的重视和尊重。它们其实也是为现实服务的，只不过是用间接的方式，在更长远的意义上发生作用而已。所以，当我们在强调史学要关注现实的时候，一定要防止简单化、绝对化、急功近利的态度，这种态度是有害于学术发展的。

问：具体地说，我们应该从哪些方面来进行努力呢？

李：我们强调史学要关注现实，更加贴近社会生活，贴近广大群众，在史学大众化方面花更多的力量，这绝不仅仅是指多写一些通俗历史文章。优秀的通俗历史文章和著作，当然十分重要，也是史学大众化的一个非常重要的方面，但还不仅限于此。应该从思想观念、研究方向、研究领域、成果形式、文字风格等各个方面，有一个较大的转变。譬如说，研究一个课题，写作一部书稿，你心目中究竟是面向少数同行专家，还是面向更多的界外人士？我觉得，一部优秀的著作，它一定要兼顾两部分读者的需要，为两部分读者所接受和认同：一部分是专家学者，他们对这部著作的要求是在学术上有哪些前进，哪些创新，运用了哪些新的史料，观点上给人们哪些启发。还有一部分是并不专门研究这一问题的人，甚至很可能是“外行”，他们对这部书的要求，是讲清你研究的主题，读了此书之后，能够了解这个问题的来龙去脉、前因后果，从中得到对这个问题的比较系统完整的知识。一般来说，后一部分人总是占读者的大多数，甚至占95%以上。由于历史学的学科分割比较严重，专业划分过细，所以真正的同行专家的圈子比较窄小，人数永远只占少数。只有同时满足了这两部分人的要求之后，才能算是一部优秀的著作，可以称得上是“深入浅出”“雅俗共赏”。所谓“问题意识”也是这样，搞科研首先要有问题意识，但这问题从哪里来，是单纯从书本上来，还是更多地考虑到社会的需求、群众的愿望？这些观念上的转变，肯定会对研究视野、研究领域甚至研究选题的确定，产生重要的影响。

在成果表现形式上，也有许多地方可以突破传统的方式，进行新的探索。譬如，即使学术性很强的作品，也有写得很生动、很通畅、引人入胜的成功例子。我们能不能除了在学术内容上用力之外，在表现形式上也下点功夫，尽量避免写得过于严肃呆板，枯燥乏味？近年来出版的几部学术水平很高的著作，由于写得生动活泼，很受广大群众的欢迎，如金冲及的《二十世纪中国史纲》、蔡美彪的《中华史纲》、国家图书馆编的几本《部级领导干部历史文化讲座》等等，就提供了很好的成功经验。

当前现代化传媒手段发展迅速，影视作品的受众十分广泛。电视台播出的几部历史文献片或纪录片，在社会上产生了巨大的影响：如《复兴之路》《旗帜》以及开始陆续播出的100集《中国通史》电视纪录片等，都在以现代化手段传播正确的历史知识方面做出了很好的贡献。史学工作者在这方面还有着广阔的空间，可以做更多的事情。

问：自从中央提出转变作风的八项规定以后，社会上对转变文风的呼声十分强烈。对于史学领域来说，转变文风是否也是一个紧迫的问题呢？

李：当然。文风问题，在学术领域反映也很突出，史学自然也不例外。转变文风，主要是反对说假话、套话、老话，提倡讲真话、实话、新话。文章应该言之有物，有的放矢，朴实无华，清新流畅，不要空话连篇，装腔作势，故弄玄虚，陈词滥调。眼下，有的人喜欢把文章写得佶屈聱牙，晦涩难懂，让人读了不知所云。在有些人那里，这几乎成了一种时尚。这可以说是当前文风不正的一个突出表现。我国著名哲学家、美学家叶朗教授去年编辑出版了一部叫作《文章选读》的书，收了古今中外的文章76篇，目的就是为了提高人们的写作能力和欣赏水平。他在谈到编辑这部书的体会时，说过这样的话：“我在北大教哲学、美学，教学过程中，越来越发现我们的大学生不会写文章，不重视写文章。文章写得简洁干净、明白通畅，这是写文章的低端要求，同时也是写文章的高端要求。现在很多人都做不到，本来几句话的意思，他可以写上好几页。”“还有一种倾向是把论文写得让人看不懂。文章中堆砌着从外国搬来的名词，故弄玄虚。以让人看不懂为荣，以让人看不懂为深刻，已经成为学术界的一种流行病。”他感叹说：“康德、黑格尔我还能读懂，你的文章真看不懂。其实这就是古人批评的‘以艰深文其浅陋’。”① 现年84岁的台湾地区著名诗人、翻译家余光中先生，也对“中文发生西化，甚至发展到了某种程度成了恶性西化”的现象表示了深切的担忧，他在一次讲演中举了许多生动的例子，呼吁大家“继承那么悠久丰富的中华文字、中华文化”②。这些意见，可以说切中时弊，很值得我们一起来共同努力，加以改进。

问：您刚才提到我国的史学传统，您觉得我国传统史学的优秀遗产主要有哪些呢？

李：我国优良史学传统内容十分丰富，简单几句话不足以充分反映。如果讲最重要的，我觉得主要是两点：一是“经世致用”“资政育人”的传统，二是“秉笔直书”“追求信史”的传统。前者我前面已经讲过了，现在简单讲讲后一点。

实事求是，客观反映历史的真实，以撰写信史为目标，一直是我国史学公认的一种很高的境界。在我国史学史上，这方面的事例不胜枚举。《正气歌》中的“在齐太史简，在晋董狐笔”，不过是两个突出的典型。像这样为了记录真实的史实，不惧权势的威迫利诱，不顾个人的荣辱安危，甚至不惜牺牲身家性命的事情，可以说屡见不鲜。为我国史学发展奠定基础的巨著《史记》，在这方面就树立了一个很好的榜样。班固评论《史记》时，称赞其“善序事理，辨而不华，质而不俚，其文直，其事核，不虚美，不隐恶，故谓之实录”③。这里讲到的叙事“其文直，其事核”，评论“不虚美，不隐恶”，核心就是一个“信”字，或者说就是尊重历史的真实，尊重历

---

① 《光明日报》，2013-03-01。
② 《解放日报》，2009-10-09。
③ 《司马迁传》后论，见《汉书》，卷六十二。

史的本来面目。此后，许多史家对这个问题做了反复的强调。如南北朝时刘勰主张写史书应该“文非泛论，按实而书”，“文疑则阙，贵信史也”。唐代刘知幾提倡“叙述当时，务在审实”，他在《史通》中专门写了《直书》《曲笔》两篇，讲了秉笔直书是史家的基本道德。清代钱大昕认为：“史非一家之书，实千载之书，祛其疑，乃能坚其信；指其瑕，益以见其美。”“惟有实事求是，护惜古人之苦心，可与海内共白。”① 这里，他不仅讲到对待历史要有实事求是的态度，努力去寻求历史的真相，更流露出对历史的敬畏之心。只有敬畏历史，才能够不篡改历史、伪造历史、曲解历史。

正如有的同志指出的：由于各种主客观原因，历史的“绝对真实”是很难做到的，“不过是可望而不可即的理想憧憬”。或者说，任何史家都不可能完全“复原”已经逝去的历史。这主要是因为：(1) 历史本身十分错综复杂，丰富多彩，任何历史记载都只能反映一个重要历史时段、一个重大历史事件或一位重要历史人物的某个侧面、某个片断、某些表象。(2) 记录历史的人，总不免受到个人情感、观念、利益、态度、视角等等的左右，以致无法完全排除自己主观意向的影响。(3) 时间的流逝，往往会模糊事物的本来面目，如刘勰所说，“岁远则同异难密，事积则起讫易疏”②，使人们对历史真相的探求变得更加困难。但这些都不能成为我们拒绝追求历史真实的理由，任何一个严肃的史学工作者，都会把尊重历史、坚持写作信史作为自己的行为准则和学术品格，通过对历史资料的分析比较，辨别考证，去粗取精，去伪存真，从而最大限度地达到接近并揭示历史本来面目的要求。

有的同志常常担心“经世”“资治”同“求真”之间存在着一定的矛盾。“经世”“资治”总是有某种功利性，讲“功利”就很难做到纯客观，就会同科学性产生矛盾。其实，“资”什么“治”，如何“经世”，追求怎样的“功利”，都不可以一概而论，必须要做具体的分析。如果是为国建功、为民谋利，这样的“功利”，不正是应该大

---

① 《廿二史考异》序。

② 《文心雕龙·史传》。

力提倡的吗？如果不是为一己或少数人乃至某个政治小集团的私利，而是为国家民族的发展和社会的进步，为人民大众的共同利益，就不需要伪造历史、颠倒历史、曲解历史。只有从真实的历史中，才能汲取到真理的智慧；只有客观地认识历史，才能正确借鉴历史的经验教训。在这种情况下，“经世”和“求真”恰恰是相互统一、相得益彰的。

问：这样说来，“求真”“求信”应该是一部优秀史学著作的最高目标、最高境界了。

李：可以这样说，但还不够完整。它是最高境界，因为就像前面所说的，揭示历史真相很难，能够写出一部信史来，是很了不起的学术贡献；同时它也是最低要求，如果一部作品，事实是无中生有、胡编乱造的，评论是黑白颠倒、褒贬任意的，即使写得天花乱坠，也不能算是一部合格的史学著作。在历史上，人们把这样的东西叫作“秽史”“伪史”。

优秀的史学著作应该具备哪些条件？我比较赞成北宋吴缜的主张，他有一段言简意赅的话，对这个问题做了很好的概括：“夫为史之要有三：一曰事实，二曰褒贬，三曰文采。有是事而如是书，斯为事实。因事实而寓惩劝，斯为褒贬。事实、褒贬既得矣，必资文采以行之，夫然后成史。至于事得其实矣，而褒贬、文采则阙焉，虽未能成书，犹不失为史之意。若乃事实未明，而徒以褒贬、文采为事，则是既不成书，而又失为史之意矣。”① 吴缜在这里讲了三个条件，一是事实必须要有根据，要符合实际；二是评论必须要客观公正，劝善惩恶，是非分明；三是还要有文采，写得生动流畅，引人入胜。三者缺一不可。但“事得其实”是基础，是根据，褒贬、文采都必须在客观事实的基础上进行。如果事实根本就没有弄清楚，甚至是对事实做了错误的描述，“而徒以褒贬、文采为事”，那就不但写不成书，也完全违背了治史的主旨。我觉得，这三个方面，应

① 吴缜：《新唐书纠谬·序》。

该是我们共同努力的方向。

问：近来报刊和网络上，对历史题材的文艺作品特别是影视作品中的历史真实性问题，有许多讨论和评论。您对此有些什么看法呢？

李：对文艺我是外行，要谈看法，难免会讲点外行话。我觉得，首先要明确，文艺和史学是两个性质完全不同的领域，各自有着自己特有的规律，不能用自己熟悉的一套硬去要求另外的行当。譬如虚构的问题，史学是决不允许对历史有任何虚构的，讲究的是“事必有据”，所谓“无一字无出处，无一字无来历”，一切叙述都要有史料的依据。文艺则不同，不仅允许虚构，甚至没有虚构就形不成文艺作品。文艺要源于生活，高于生活，也就是说，文艺不是生活的简单记录、简单复制。历史题材的文艺作品也不是历史的简单记录和复制。当然，虚构也并不是可以天马行空、胡编乱造，而要有一定的规则和一定的制约。在这方面，情况也比较复杂，不可一概而论。历史题材的文艺作品，也有几种不同的类型。

一种是我们通常所讲的“历史正剧”，也就是以艺术形式来反映一个重大历史事件或一个重要历史人物的作品。这样的作品，对历史真实的要求就高一些，虚构的空间相对就小一些。有一个原则，似乎是文艺界和史学界都能共同接受的，就是“大事不虚，小事不拘”，大的方面，要符合历史的真实，不能随意虚构；小的方面，某些具体情节，具体活动，则不必过于拘泥，可以有必要的虚构。以往学术前辈，其实对这方面曾发表过很好的意见，如钱钟书曾经给周而复写信，谈到历史小说的创作问题，说：“历史小说虚虚实实，最难恰到好处。弟尝戏改《红楼梦》中联语为此体说法云：‘假作真时真不假，无生有处有非无。’”对此，周而复回答说：“一语道破其中奥秘，深获我心。”“重大事件应符合史实，但若干细节中人物与事件、时间、地点等，无需完全本诸史实，如曾发生或可能发生者，即放手撰写，不必拘于史实也。”① 这可以说是对“大事不虚，小事

① 《人民日报》，1998-07-24。

不拘”的十分准确精辟的解读。我们高兴地看到，已经有一大批历史正剧，很好地遵循了这个原则，贯彻了这个精神，在真实性、思想性、艺术性诸方面做到了有机的统一，取得了很好的效果，有的甚至成为影视作品的经典，不仅给人以艺术享受，也传播、普及了历史知识。这种作品的影响，远远超过学术性的史学著作，我们史学工作者应该对这些作品的主创人员表示由衷的感谢和深深的敬意。

另一种是故事发生在某个历史时期的文艺作品，虽然也是历史题材，却并不专门描述历史上确实有过的事件和人物。这种作品，对历史真实性的要求，同历史正剧显然不同，应该宽松得多。当然也要符合历史环境和历史条件。“关公战秦琼”那样的笑话固然不可以有，把李白、杜甫描写成身怀绝技的剑侠，让唐朝人满嘴讲着“裸奔”“黑帮老大”“蜜月期”“老牛吃嫩草”之类的话，实在也叫人哭笑不得。完全脱离历史环境和条件，必定会引起受众的非议。最近报刊上对一窝蜂的抗战题材的影视剧，就啧有烦言，认为作品中出现的“徒手撕鬼子”“飞刀敌炮火”“手榴弹朝天炸飞机”“一把弓箭射死几十个敌人”等等雷人情节，完全脱离了抗日战争的实际，把抗日剧武侠化、魔幻化、脸谱化。有的评论尖锐地指出，“抗战剧娱乐化是对历史的不敬”，“是对历史的不尊重”。我以为这样的批评并不过苛。至于那些纯粹以“娱乐至上”“戏说”“搞笑”为目的的作品，当然谈不上历史的真实，但也要有一个底线，就是在娱乐中给人以美的享受，不能以丑为美，以假乱真，指恶为善，一味靠低俗、庸俗、媚俗赚取“票房价值”和“收视率”。因为文化毕竟是国家的软实力，社会的正能量，承担着提升世道人心的职责和功能。

问：几年以前，您同另外三位学者在《光明日报》撰文，呼吁“警惕历史虚无主义思潮”，能不能请您就这个问题再谈谈您的想法？

李：写那篇文章是八年前的事了。可惜的是，这些年来，在社会思想意识日趋活跃，多元、多样、多变趋势更为明显的形势下，历史虚无主义不仅没有收敛，相反更加系统化，形成了一个相对完整的思想体系。历史虚无主义最核心的内容，就是否定历史，抹黑历史，颠倒历史。因此，讨论历史真实性问题，确实无法回避历史虚无主义的错误思潮。

历史虚无主义可以说由来已久。在旧中国，完全否定我国历史和文化的“全盘西化”论，就是历史虚无主义的典型表现。“文革”时期，把我国的传统文化统统看作“封、资、修”的东西，作为“四旧”（即“旧思想、旧文化、旧风俗、旧习惯”）而一“破”了之，这在政治上来说是极左，从历史观来说，也正是历史虚无主义的具体体现。

在当前的条件下，历史虚无主义的内容有了新的变化。历史虚无主义把灿烂的中华文明说成应该被“全面否定”的糟粕和垃圾，宣称“传统是极端的偏见，要打破就要整体地打破”，传统文化“早该后继无人”，“对传统文化的彻底否定正是使国人脱胎换骨的开始”。竭力渲染我们民族的“丑陋”“愚昧”，宣称“中国是个没有个性的国家”，“积淀在我们民族血管里的”只是“奴性”，“中国的民族性则使人活得不是人，是奴隶”，“决不能蛮不讲理或愚昧无知地要求一个人去爱把他变成非人的祖国”。指责革命“革糟了”，说我们的民族患了一种“革命崇拜症”，“革命容易使人发疯发狂，丧失理性”，“革命给社会带来各种破坏”，“整个民族的生命能量就在革命中耗尽了”；农民战争杀人如麻，流血成河，“造成对社会生产大规模的破坏”，没有一点积极作用，他们“貌似爱国，实属误国、害国”。特别是全面否定中国共产党为中国人民的解放和为中华民族的振兴所做的种种努力，肆意歪曲中国共产党领导的革命和建设的历史，把它说成是一系列错误的堆积，描写成漆黑一团。公开声称“中国人在被‘解放’几十年后，不但历史上传统的精神奴役的创伤远未治愈，而且继续处在被奴役的状态中”。“1949 年以后都是错误的，是一种堕落”，提出要“删除 1949，恢复 1911”，在纪念辛亥革命一百周年的时候，竟提出要“进行第二次辛亥革命”的号召。与此同时，极力丑化甚至妖魔化革命领袖和为革命献身的志士仁人。在全面否定了历史上一切进步的、积极的东西之后，历史虚无主义又狂热歌颂“殖民主义在世界范围内推动了现代化进程”，“如果没有近代西方的殖民主义，人类，特别是东方各民族的自然才能将永远沉睡，得不到发展”，“鸦片战争一声炮响，给中国带来了近代文明”。同时，对封建专制统治者高唱赞歌，把他们誉为推行政治民主、发展现代经济的“先驱”，说什么“慈禧太后为首的清王朝顺应时代潮流，开始了史无前例的宪政改革”，“我们九十年代做的工作，我看了一下，大体是继续做光绪皇帝、宣统皇帝的未竟事业”。甚至美化汉奸、歌颂汉奸在一些人那里也成了一种时尚，有人公开发表文章说，汪伪政权并不代表日本侵略者的利益，而是代表沦陷区人民的利益。

历史虚无主义凭空构筑了一个与真实历史完全相反的体系，在这个体系下，殖民主义、帝国主义、封建专制主义统治者，甚至汉奸卖国贼都成了推动中国社会前进的积极力量和发展的动力。而革命者、改革者、爱国者，拿起武器斗争的农民们统统成了阻碍现代化、破坏社会生产的捣乱分子。广大人民群众则是盲目跟随，被任意愚弄的群盲。

历史虚无主义错误思潮所以值得警惕，是因为它有一定的迷惑性。他们在“解放思想”“反思历史”的旗号下，把被历史唯物主义颠倒过来的历史又重新颠倒过去。坚持历史虚无主义的只是极少数人，但其社会影响特别是对青少年的影响却不容低估。半个多世纪前，毛泽东就语重心长地讲过这么一段话：“历史上不管中国外国，凡是不应该否定一切的而否定一切，凡是这么做了的，结果统统毁灭了他们自己。”① 后来的事实发展，证明了这段话的正确。历史是非颠倒了，历史搞乱了，必然引起思想的混乱，进而引起政治的混乱甚至社会的动荡，这绝不是小事，千万不能掉以轻心。清除历史虚无主义的影响，最好的办法就是学习真实的历史，了解历史的真相和本来面目。

问：那么，历史虚无主义是怎样得出他们那些所谓的“历史结论”的呢？

---

① 毛泽东：《在省、市、自治区党委书记会议上的讲话》（1959 年 2 月 2 日）。

李：我在我的自选集的序言里，曾经谈到最初听到这些奇谈怪论时的心情："说实话，对这些议论，从思想感情上是无法接受的。但是，这些说法究竟错在哪里？历史的真相究竟怎样？自己一下子似乎也说不大清楚。于是就去看书，向历史去做调查。看来看去，终于弄明白，这些情绪化的语言，其实只不过是服从于某种政治图谋的信口雌黄，与真正的学术研究没有一丝关系。"就方法论而言，他们不是从事实出发，通过对历史过程的全面掌握和客观描述，抽象出符合实际的判断和结论，而是从概念出发，不认真研究事实和客观地分析各种历史现象，只是武断地做出判断，为自己的政治诉求服务；不是具体问题具体分析，从具体的历史环境出发考察问题，一切以条件、地点和时间为转移，重视基本的历史联系，把问题放到特定的历史发展脉络中考察其前因后果，而是脱离历史环境，脱离社会条件，孤立地抓住一点，不及其余；不是对历史事件和历史人物采取辩证分析的态度，分清精华糟粕，评定功过是非，而是采取简单化、绝对化的办法，好就是绝对地好，一切皆好，坏就是绝对地坏，一切皆坏；不是从事实的全部总和、从事实的相互联系去掌握事实，而是根据片断的、胡乱挑选的个别事实轻易做出评判，以偏概全，以假乱真，用支流代替主流，拿现象掩盖本质。列宁曾经说过一段话："在社会现象领域，没有哪种方法比胡乱抽出**一些个别**事实和玩弄实例更普遍、更站不住脚的了。挑选任何例子是毫不费劲的，但这没有任何意义，或者有纯粹消极的意义，因为问题完全在于，每一个别情况都有其具体的历史环境。如果从事实的**整体**上、从它们的**联系**中去掌握事实，那么，事实不仅是'顽强的东西'，而且是绝对确凿的证据。如果不是从整体上、不是从联系中去掌握事实，如果事实是零碎的和随意挑出来的，那么它们就只能是一种儿戏，或者连儿戏也不如。"①

问：您在 1985 年就组织了"中国近代灾荒研究"课题组，开始

① 《列宁全集》，2 版，第 28 卷，364 页。

研究灾荒史，一直坚持到如今。这是否同您的“史学要关注现实”的理念有关呢?

李：确实如此。我们课题组研究灾荒史，可以看作对史学如何关注现实的一种尝试，一个实践。

说起我当初选择灾荒史作为研究方向，不能不联系当时的社会环境。1985 年，我国改革开放起步不久，人们对这样一个历史性的巨变还缺乏较充分的思想准备，还需要有一个逐步适应的过程。在商品大潮的冲击下，科学研究特别是人文科学的研究一时变得十分困难，甚至出现了“搞原子弹的不如卖茶叶蛋的”“教授卖油饼”的现象。“历史无用论”更是到处泛滥，许多人觉得历史是老古董，同热火朝天的现实没有多大关系，更不能带来实际的物质利益。在这种情况下，我觉得必须要选择同现实关系密切的研究方向和研究课题，用学术实践证明史学不是“无用”的，不是游离于社会主义现代化建设之外的东西，它可以对社会生活发挥重大的积极作用。我们的课题组就是在这样的思想下成立起来的。

问：您觉得灾荒史研究现在面临着一个什么样的形势呢?

李：从 1985 年到现在，将近 30 年时间过去了。30 年来，不论是资料的发掘整理、研究成果的涌现、学术队伍的建设乃至对外学术交流的开展，都取得了长足的进步，甚至可以说灾荒史是新时期史学发展最迅速的学科之一。时至今日，灾荒史更遇到了一个加强学科建设的绝佳时机。我们必须抓住这个机遇，使灾荒史研究上一个新的台阶，开创一个新的局面。

学术发展史告诉我们，任何一种学术，任何一个学科，只有存在着巨大的社会需求，并且这种需求越来越深刻地为社会所认识和了解时，才可能得到迅猛的发展和进步。社会需求是推动学术发展和繁荣的最有力的杠杆。

这些年，不论中国还是世界，自然灾害的发生频率和破坏性影响愈演愈烈，成为人类必须共同面对的严峻挑战。不久前，联合国组织了一个“全球可持续性问题”的高级别小组，撰写了一份题为

《具有承受力的人类、具有复原能力的地球：值得选择的未来》的报告。这个报告的第一句话是这样写的："今天，我们的地球和我们的世界正处于最好的时期，也正处于最坏的时期。全世界正在经历前所未有的繁荣，而地球也承受着空前的压力。"确实是这样。当今世界，科技进步日新月异，经济发展一日千里，社会面貌瞬息万变。这种情况，对于人和自然的关系来说，对于社会和灾荒的关系来说，其实是一把双刃剑。一方面，科技进步和经济发展，极大地增强了人类"为自己创造新的生存条件"的能力，增强了抵御自然灾害，有效地防灾、抗灾、救灾的能力。但另一方面，由于人类不恰当地对待自然界，迅速发展的科技和经济反而加速了生态环境的恶化，使自然灾害的发生频率日益增高，灾害造成的人员伤亡、财产损失和社会影响也越来越严重。我们的物质生活越来越好，我们享受着各种文明的成果，使我们的生活从来没有像现在这样丰富多彩。但与此同时，地震、海啸、干旱、洪涝灾害、气候变暖、雾霾和沙尘暴、疫病流行等，随时威胁着人们的生命财产安全，成为社会发展和进步的巨大障碍。正像有人所描写的："地球已被糟蹋得遍体鳞伤。""移山造海、乱砍滥伐、无休止掘矿采矿、捕猎珍奇动物等等，可以说到了无以复加的地步！"人类在发展过程中，肆无忌惮地对环境进行掠夺和破坏，严重超出了自然生态可承受的限度。我们今天的发展，实际上是向环境、向资源、向子孙后代借了很多债。恩格斯有一句名言：人类的每一个进步都必须付出巨大的代价。如果人类只顾自己的发展，把我们生存于其中的自然环境都破坏了，那么人类的发展环境也就没有了，有人甚至说："如果人类仍然一意孤行，以为可以在地球上称王称霸，那么人类毁灭之日将不会遥远。"我以为这个话绝不是危言耸听。

拿我国来说，从1998年的全国性大水灾，2003年的"非典"流行，2008年5月引起全民族巨大悲痛的汶川大地震，2010年春的玉树地震，同年由于极端天气条件造成的多发性洪涝灾害以及甘肃舟曲县特大山洪泥石流地质灾害，一直到刚刚发生的2013年4月四川雅安市芦山县地震，以及近几年遍及我国南北的严重水灾和大面积干旱，所有这些，都无时无刻不在提醒我们：自然灾害是人类生存和发展的巨大威胁与障碍。因此，历史学家就有一个义不容辞的责任，就是要时时唤起人们的历史记忆，用历史上曾经经历的巨大灾难、进行的艰苦斗争、积累的丰富经验、发生的惨痛教训作为教材，不断提高全社会预防和应对自然灾害的认识与能力。灾荒史的研究也就越来越凸显出其紧迫性和重要性。

这些年，人们在“人和自然”关系的认识上也有了很大的进步，达到了一个新的飞跃。从世界范围看，至少从20世纪的60年代开始，美国及欧洲一些国家，掀起了轰轰烈烈的环境保护运动，环境科学也随之得到了长足的进步。从我国的情况看，随着科学发展观的确立，坚持以人为本，坚持全面、协调、可持续的发展，促进人与自然的和谐，实现经济发展和人口、资源、环境相协调，努力做到“生产发展，生活富裕，生态良好”，“人与自然和谐相处”，已经成为大多数人的共识。我国政府在各种相关的国际会议上，多次郑重表示：“绝不靠牺牲生态环境和人民健康来换取经济增长！”这样的指导方针，体现在党和政府的各项工作之中，这表明，它已上升到国家的重大战略决策的地位。这为灾荒史的发展提供了一个十分重要的良好学术环境和社会环境。

说到发展机遇，当然不能忽略了党和政府对哲学社会科学工作越来越重视的客观现实。近年来，中央强调“在全面建设小康社会、开创中国特色社会主义事业新局面、实现中华民族伟大复兴的历史进程中，哲学社会科学具有不可替代的作用”，并且专门做出《关于进一步繁荣发展哲学社会科学的意见》，加强了领导，增加了投入，改进了宏观管理体制和微观运行机制的建设，高度重视哲学社会科学人才的培养和使用。在这样的政治大环境下，更加加重了史学工作者用自己的辛勤劳动和艰苦的学术实践发展灾荒史学科的责任。

问：将近30年来，你们课题组一直坚持在灾荒史这个领域辛勤耕耘，锲而不舍，持之以恒，做出了令人瞩目的成绩。您能不能简要地介绍一下课题组的工作情况和工作体会呢？

李：中国地域辽阔，地理条件和气候条件都十分复杂，自古以来就是一个多灾的国家。学术前辈傅筑夫先生曾经指出，一部“二十四史”，几乎就是一部中国灾荒史。同时，我国也有着世界上独一无二的丰富的灾害记录，如成于战国时代的《周礼》中就有关于灾荒的论述，“二十四史”中也有不少如《灾异志》一类的专门篇章，官私文书中有关灾荒的记载更是汗牛充栋。不过，最早对我国灾荒做系统研究的，应该推邓拓同志。1937 年，邓拓同志以邓云特的笔名发表了《中国救荒史》，这是我国第一部以唯物史观为指导，完整、科学地研究我国历代灾荒和荒政的专著，由此开创了灾荒史这一学科。可惜的是，接着抗日战争爆发，灾荒史的研究也就中断了下来。中华人民共和国建立以后，为了经济建设和防灾、抗灾的需要，许多自然科学工作者展开了对各种自然灾害规律的探讨，从天象、气象、水文、地质、地理、生态等角度，系统地揭示了几千年来特别是近五百年来旱涝、地震等各种灾害的演变趋势、自然成因及其影响，提出了灾害防治的技术、工程对策，这是灾荒史研究的一个巨大的成就。

我们课题组自成立到现在，在前人丰厚学术积累的基础上，继续探索，力图在灾荒史的研究上有所发展，有所前进。近 30 年来，课题组成员不断发展变化，但灾荒史的研究始终没有停顿，也出了一批成果，得到了学术界的肯定。如果做一个概括性的总结，我们所做的工作，只不过是从一个新的角度，即以灾荒与社会的相互关系、相互作用、相互影响为视角，对灾荒史的研究做进一步的拓展和深入而已。自然灾害，当然是由自然原因造成的，但在不同的政治条件和社会环境下，灾害的发生及其后果会有很大的差异。这也正是把灾荒同社会联系起来考察的意义所在。

具体说来，这些年我们主要做了这样一些工作。

首先是从史学的基础工作即资料的收集整理做起。这个工作做不好，不在这方面花力气，研究也好，著书立说也好，都是沙上建塔，没有根基，即使勉强写作，也是空中楼阁、水上浮萍，很不牢靠的。我们最先出的两本书，即《近代中国灾荒纪年》和《近代中国灾荒纪年续编》，其实算不上是学术专著，不过是一种资料长编。但这两部书，至今还保持着很高的引用率。后来，我们又编了1 300余万字的《中国荒政书集成》，把民国以前的荒政书收集在一起，点校出版，既为自己的研究服务，也为学术界提供方便。目前我们正在编辑清代有关灾赈的档案资料，这套书的规模比《中国荒政书集成》还要大很多，出版以后可以提供许多难得一见的新资料。

在努力掌握历史资料的基础上，我们开始了专题性的学术研究，写出了一批有关近代灾荒的学术论文，也出版了几部学术专著，如《中国近代十大灾荒》、《灾荒与饥馑：1840—1919》以及夏明方的《民国时期自然灾害与乡村社会》、朱浒的《地方性流动及其超越——晚清义赈与近代中国的新陈代谢》等。与此同时，也注意编写一些不是专门面向同行学者而是适应更广大的社会读者需要的出版物，如夏明方、康沛竹主编的《20世纪中国灾变图史》。

为加强中外同行学者之间的交流与合作，我们独立主办或与兄弟单位联合举办了若干次学术讨论会，如2005年举办的“清代灾荒与中国社会”国际学术研讨会，有我国各地及法国、美国、德国、日本和澳大利亚等灾荒史研究领域的诸多前辈及中青年学者参加，取得了很好的学术成果和学术影响。这次会议的论文，收在《天有凶年——清代灾荒与中国社会》这本论文集中。

从队伍建设来说，我们除了随时欢迎志趣相投、志同道合的同志加入这个集体外，主要精力放在培养硕士、博士研究生上。课题组先后培养了博士生60余人，其中多数人的研究方向是灾荒史。不少毕业的博士生出版了各种不同题材的作品，有的还是畅销书，但占比重最大的仍是灾荒史的专著，如刘仰东的《灾荒史话》、赵晓华的《救灾法律与清代社会》、康沛竹的《灾荒与晚清政治》及《中国共产党执政以来防灾救灾的思想与实践》、周琼的《清代云南瘴气与生态变迁研究》、王娟的《近代北京慈善事业研究》、张艳丽的《嘉道时期的灾荒与社会》等。许多年轻朋友的加盟，大大增强了课题组的生机和活力。

我深深感到，要想在人文科学上做出一些具有自己特色的学术贡献，取得某些经得起时间检验的学术成绩，心浮气躁不行，三心二意不行，急于求成不行，浅尝辄止不行，必须认定一个目标，不动摇，不放弃，持之以恒，积以时日，才能水到渠成，有所收获。当然，也不能只盯住一点，不及其余，除主要研究方向外，对其他领域的学术问题一概不闻不问，那样，视野就会狭窄，思维就会呆板，目光就会短浅，主要研究方向的深入也就会受到极大的制约。但一个课题组必须有自己的基本立足点，有自己的主业，有自己的专长，这样才能有自己的立足之地。

一个学术单位，仅靠一两个人的孤军奋斗是难以持续发展的，必须有一个有生气、有活力、有凝聚力、有战斗力的学术团队。这个团队的人际关系是民主的、生动活泼的、团结和谐的。在学术问题上，在工作问题上，大家什么话都可以说，什么不同意见都可以心平气和、畅所欲言地讨论。成员之间相互尊重，相互关心，相互爱护。大事同心同德，齐心协力；小事不计较，淡然处之。我很庆幸我们课题组成员都能向这个目标努力，这是我们这些年能够做出一些成绩的重要保证。

问：《中国荒政书集成》的编纂，前后整整花了 10 年时间。书出版后，得到学术界的好评，还荣获全国优秀古籍图书奖一等奖。请您介绍一下这部书的有关情况。

李：此书共分 12 册，共 1 300 余万字，收录宋至清末、民初历代荒政文献共 187 种，基本囊括目前所知海内外较为重要、珍稀的荒政专书，按问世时间顺序编排，大致反映出我国自古以来救荒思想、救荒制度和救荒实践的总体面貌和发展历程。全书另附录《清末民初以前中国荒政书目》，分现存、已佚和外人编著三个部分，著录了 492 种荒政书的书名和版本，有助于研究者和读者更加全面深入了解中国荒政书的整体状况。这是一部在充分借鉴前人研究成果基础上，按照现代学术理念编纂而成的系统性专题资料丛书。它一方面为人们了解中国历史特别是近五百年来重大灾害的实况提供了珍贵资料，另一方面又通过对历次救灾实践的实录和总结，系统地反映了中国救荒制度的变迁历程，对于认识中国历史灾害的演变规律，了解历史时期减灾救灾的经验教训，具有重要的理论意义和学术价值。

许多同志为这部书的编辑、整理投入了辛勤的劳动，而出力最大、花费心血最多的是夏明方教授。

我们当初为什么要编这样一部书呢？

首先是为了研究的需要，这一点在前面已经谈到了。历史学同其他所有学科的一个不同之处是，其他学科不论是自然科学还是社会科学，一般来说，其研究对象都是现实存在的东西，即使比较抽象的哲学、宗教学等也是如此。唯独历史学，研究的对象是已经逝去了的东西，是不可再现的往事，所以，史学工作者只有通过历史资料才能接触到自己的研究对象。这就决定了历史资料的整理对学科建设的特殊重要性。目前，就灾荒史来说，资料整理工作大大滞后于学术研究工作，甚至可以说已经成为学科发展的一个瓶颈。资料的发掘和整理，是一件吃力不讨好的事，投入的精力和财力多，遇到的困难和麻烦大，许多人不愿意或不屑于做这种事情。我们在编这部书的10年间，就有过很深切的体会，甜酸苦辣，五味杂陈，确实经过了很多的曲折，当然也得到了许多朋友的热情帮助。有很多事情是很令人感慨的，也有很多事情是很令人感动的。

其次，也是历史传承的需要。中华文化博大精深，灿烂辉煌，是中华民族共有的精神家园，也对世界文明做出过重大贡献。在中华文化的百花园中，荒政书有着自己鲜明的特点和特殊的价值。中国是个多灾的国家，一方面遭受了自然灾害的严重侵袭，另一方面也积累了丰富的防灾抗灾的经验。荒政书就是这些经验的总结和结晶。司马迁十分强调历史学应该“究天人之际，通古今之变”，荒政书恰恰在这两个方面反映得最为充分。这类书的所有内容，都是围绕着天人关系展开的，其中有许多精辟深邃的、合乎客观实际的、符合科学精神的观点和议论，也有不少现在看来是错误的、可笑的甚至是荒唐的认识和说法。不论对与错，经过分析，都会给人们提供启示和借鉴。拿这些古代的东西对照今天的生活现实，这确实是一份珍贵的历史遗产。可惜的是，即使像《四库全书》这样的文化工程，也没有给予这一类书籍一席之地，有些反映灾荒的作品，倒因为文字的犯忌而被列入禁毁书目之中。明代藏书家叶盛有一句话："夫天地间物，以余观之，难聚而易散者，莫书若也。"我们把分散的、零星的那些孤本、珍本、手抄本，各种不易见到的本子汇聚在一起，不让它散失，不仅方便大家使用，而且从历史传承和文化积累的角度看，也是十分必要的。

最后，也是学科建设的需要。中国有句老话，叫作"学术乃天下之公器"。我想，这句话有两层意思。一个意思是，学术不是学者个人自娱自乐的东西，它必须要有益于社会，服务于社会，学术成果要能为社会所共享。现在，垄断资料、封锁资料的现象十分严重，这对学术的发展极为不利。我们想为改变这种风气做一点努力。另一层意思是说，学术不是靠一个人或少数人的努力就可以做好的，必须要得到各个方面的支持和帮助。这一点，在现代社会更是如此。在过去，也许靠某个人，十年寒窗，毕生心血，青灯黄卷，皓首穷经，可以产生出了不起的学术成果。今天则完全不同了，如果没有学术界同行以及社会各个方面的关心和支持，要做出一点学术成绩是难乎其难的。我们在编这部书时，就有很深的感受。借这个机会，也向帮助我们、关心我们的朋友们表示由衷的、诚心诚意的感谢！

问：2012年5月，中国人民大学成立了生态史研究中心，由夏明方教授任主任，由美国环境史研究的先驱者、美国环境史学会前主席唐纳德·沃斯特院士及您任名誉主任，能不能请您谈一谈灾荒史同生态史的关系呢？

李：灾荒史和生态史或环境史，是两个既密切相关又各有自己特定研究对象和任务的不同学科。

二者有着一些重要的关联性甚至某些共同点。在这方面，至少可以举出以下几点：一是从宏观角度说，二者都是以研究人与自然，或者说自然与社会相互关系为主题的。环境是人的生存之本、发展之基。人类总是在一定的自然环境中生活并进化着的，而人的社会活动又对自然环境的变化产生着重大而深刻的影响。自然界为人类发展提供了一切客观条件，而人对自然的过度索取又不能不受到自然的惩罚，自然灾害就由此而生。

二是灾荒和环境常常互为因果关系。生态环境的破坏和恶化，通常是自然灾害的最根本的原因，在这里，生态环境破坏是因，自然灾害是果；反过来，一旦严重的自然灾害发生之后，又会对生态环境产生重大的影响，使生态环境遭到进一步恶化。于是，二者的因果关系又发生了一个颠倒，灾荒是因，环境破坏又成了果。

三是二者在历史原因、发展过程、存在问题以及应对方略中，有相当一部分有交叉甚至重叠的地方。如社会制度、政治体制、经济发展方式、科技伦理等问题，既可以对环境问题产生重大影响，同样也对灾害的发生和防灾抗灾的进行起着十分重要的作用。

尽管有这些紧密相关的地方，甚至存在某种共性，但决不能把二者混淆起来，看作大致差不多的一个学科。实际上，它们各有各的研究对象和研究任务，是各自独立的两个不同学科。

生态史或环境史，是环境科学的一个分支。所谓“环境科学”，是研究人类生存环境质量及其保护和改善的科学。环境科学下面有许多分支，如环境地学、环境化学、环境工程学、环境生物学、环境海洋学、环境考古学等等，环境史学则是研究特定社会生态环境的历史变迁、发展规律的学科。

灾荒史或灾害史，是以研究历史上人们灾荒观念的发展变化、自然灾害的历史面貌和历程、重大灾害的社会影响、特定时期政府与社会关于灾荒的管理机制、应对重大灾害的具体实践等为主要内容的学科。

从学科本身的历史来说，由于人们受自然灾害的侵袭和打击由来已久，可以说很早就有切肤之痛，所以在文明早期，就开始有关于灾荒的历史记载，从这个意义说，灾荒史这个学科似乎历史比较长，可以算是一个老学科了。但环境史这个学科，则相对要年轻一些。这是因为生态环境对人类生活的关系，没有自然灾害那样直接，而且在前工业化时期，人类对生态环境的破坏也没有后来那样严重、那样厉害，所以对它的重要性的认识，也相对要晚一些。一直到18世纪末，随着工业革命的扩展，环境污染与生态破坏的渐趋严重，才逐渐引起了社会的重视。直到20世纪60年代，人们才发现环境污染造成的损害是全面的、长期的和严重的，这才掀起了环境保护运动，环境科学也随之迅速发展起来。环境科学虽然起步较晚，但发展十分迅速，最重要的一个原因是这门学科有强大的社会需求和社会力量的推动。

问：最后，请您谈一谈灾荒史的发展前景和应该注意些什么问题。

李：几年以前，我曾讲过加深和拓展灾荒史研究要重视五个"结合"，从这些年的实践来看，这五个"结合"似乎还站得住脚，所以这里我简单地把这五个方面的要点再提一提，具体内容就不重复了。这五个"结合"是：社会科学工作者同自然科学工作者的结合，学术研究的开拓创新同历史资料的发掘整理的结合，基础研究同应用研究的结合，中外学者的结合，学术工作者同实际工作者的结合。依靠学者们潜心钻研、深入探索、勇敢创新，努力做到这五个"结合"，我们完全有理由信心十足地判定，在新的世纪，灾荒史的研究一定会不断取得新的成绩，开创新的局面！

问：感谢您接受我的采访，衷心祝愿您身体健康，精神愉快！

李：谢谢！

关于孙中山研究的口述访谈*

时间：2013 年 3 月 20 日

地点：北京海淀区蓝靛厂世纪城李文海先生家

口述者：李文海

采访者：胡波　赵军

整理者：赵军　胡波

问：李教授，您好！我们是“孙中山研究口述史”项目组①。您是国内著名的近代史研究专家，在这个学科领域做出了很多重要学术贡献。您对太平天国社会风俗的系统考察和潜心研究，对义和团时期社会心理的深刻揭示和独特分析，对戊戌维新时期政治改革与社会变动的专题论述和历史评价等，都具有开创性和探索性的贡献，是较早注重探研近代中国社会状况的学者。同时，您在辛亥革命研究与孙中山研究领域也做过系统性的梳理和考察，曾参加过多次重要的学术会议，也专门撰写过孙中山研究学术史方面的文章。您从 1952 年进入中国人民大学学习，前后在人大工作、生活了整整一个甲子，这样的经历本身就是一笔珍贵的财富，能否先从您的治学经历谈起？

李：好的。② 我 1932 年出生于江苏无锡。5 岁的时候，七七事

---

* 见胡波主编：《孙中山研究口述史》，京津卷上，广州，广东人民出版社，2016。本文题目为编者所加。

① 2013 年 3 月初，与李文海教授预约采访的时候，他的身体不太好，家人本不同意接受采访。但是李教授听说我们访谈的主题是孙中山研究，他说正好近些时间以来对孙中山有一些新的思考和认识，便坚持抱病接受了采访。两年过去，念及彼时情形，仍然令人动容。

② 下文作者回忆治学经历部分引自李文海教授应中国人民大学校史研究室之约于 2012 年 5 月写成的自述文稿，全文收录于中国人民大学校史研究丛书编委会主编、中国人民大学学校办公室（校史研究室）主编的《求是园名家自述》（第二辑），中国人民大学出版社 2012 年版，采访时经作者本人同意转引，有所删减。

变发生，全民族抗战爆发。过不多久，我的家乡就被日本侵略军占领，成了沦陷区。我的童年就在动荡、惊恐、贫困、愁惨的情况下度过了。我父亲是一个担任了几十年小学校长的乡村知识分子，在周围群众中颇有威望。受父亲的影响，我读了《古文观止》中的一些名篇，如李白的《春夜宴桃李园序》、陶渊明的《桃花源记》、柳宗元《种树郭橐驼传》、范仲淹的《岳阳楼记》及欧阳修的《醉翁亭记》等，有些篇目至今还能够背出几句，这都是那时打下的一点基础。这一段经历可以说对我一生都有影响。

1949 年 4 月，人民解放军渡过长江，无锡解放。刚解放不久，国民党的飞机曾来轰炸过几次，有一次还在学校门前向运河里的船只扫了机枪。学校为了安全起见，停课让学生回家。后来局势稳定了，学生重新回到学校，不久我们也就毕业了。

高中毕业后，我先在家乡附近的陡门小学教了两个多月书。那时，正是革命形势发展迅猛、中华人民共和国诞生的前后，人们的革命热情空前高涨。许多青年纷纷加入革命队伍，我在这样的革命大潮中，也于这一年的 11 月参加了革命，成为家乡所在的洛社区委农村工作队的一名队员，主要是做减租减息、秋征秋收、生产备荒等工作。不久，土地改革开始。为了统一领导，我们并入了苏南农村工作团二大队，在丹阳农村搞了两年多的土改。在农村工作的这一段时间，我受到的教育是十分深刻的。过去我虽然生活在农村，但年龄很小，同社会没有多少接触，对农民并不真正了解。在土改中，我才初步懂得了一些革命的道理，可以说这是革命启蒙教育的第一步。土改结束，我们全部调到苏州，参加刚刚开展的“三反”“五反”运动。

为了适应中华人民共和国成立后大力开展经济和社会建设的需要，党和政府决定从干部中选调一批素质较好、有一定文化基础的青年到高等学校去学习科学知识，名之曰“调干生”。1952 年夏初，我也被列入调干生的行列。我们先参加了在常熟举办的一个“干部补习班”，补习了三个月的文化基础知识。“补习班”快要结束的时候，中国人民大学的几位老师来招生，我报了名，通过笔试和面试，竟然顺利地被录取了。我进入人大之后，被分到中国历史研究班学习。那个时候的人们，专业选择、志愿选择的观念很淡薄，组织观念则很强，领导分配你学什么就学什么。因为组织上调你来学习，就是国家和人民需要你学好本领来服务，至于学什么，只是掌握的本领不同，服务时使用的工具不同，所以个人用不着挑三拣四。这不是说空话，确实是当时的真实思想。如果有谁闹专业问题，不愿意服从分配，大家觉得是思想十分落后的表现。加之像我这样的调干生，过去根本就没有任何专长，也谈不上有什么特别的爱好，所以是一张白纸，学什么都一样。我就是这样稀里糊涂地跨进了历史学的门槛，从此以后，历史教学与研究成了我一辈子再也拆分不开的事业，这却是当时始料未及的。

入学后的第一年是学四门政治理论课。课程是各个不同专业的研究生班在一起上大课。那时人大校本部在“铁一号”，我们学习则在西郊校区。当时还没有教学楼，教室都是平房，上课是在一个可以容纳百余人的大教室里。条件虽然简陋，但讲课的可都是名教授：中国革命史是何干之、胡华老师；哲学是徐琳、萧前老师；政治经济学第一学期是一位名叫詹姆斯金的苏联专家，第二学期是苏星老师。他们中有的早已是全国著名的学者，有的是当时中青年教师中的佼佼者，后来很快也声名卓著了。

这一年的学习，对我而言，真可以用“醍醐灌顶”来形容。我的一点马克思主义的基本常识，主要就是在这个时候打下的基础。过去，我从来没有读过一本马列的原著，毛主席的著作也只是学过《论人民民主专政》等少数几篇。当时读的一些书，听的一些道理，真是闻所未闻，见所未见，顿时觉得豁然开朗，开辟了一个思想的新天地。一个“矛盾”问题，居然可以讲出那么丰富的内容来，而且讲得那样生动、那样真切。世界万事万物，是如此复杂，如此奇妙，一切都在发展、变化之中，没有什么东西是永存的。事物的发展有着客观必然性，但必然性又往往透过偶然性表现出来。历史不是一堆偶然现象的堆积，是有规律可循的。这些从来没有想过也没有听过的道理，确实使自己的思想深刻了许多。原来马克思主义理论是这么一回事。

学校还经常请一些学术名家或革命前辈来给我们做报告。我记得艾思奇、薛暮桥、何长工、钱俊瑞、张友渔等都曾来讲过。那时学校没有礼堂，每当有重大活动时，就在露天的文化广场进行。一片空地，没有一个座位，与会者每人自己带一个马扎，列队坐好。主席台是一个土台，学校领导和报告人、演讲者就坐或站在土台子上。条件虽然艰苦，但秩序井然。那个时候，确实在生活中和思想上继承着延安时期陕北公学那样一种风气，那样一种精神。

从第二年起，我们回到中国历史教研室进行专业学习。中国历史教研室同世界历史教研室既不在西郊，也不在“铁一号”，而是在鼓楼附近、紧靠什刹海边上的一所大四合院里，据说过去是一个大官的府第。这儿环境幽美，出门走几分钟就是银锭桥，著名的“银锭观山”就在这里。

谈起我在人大的学习生活，尚钺、戴逸同志给我的影响是最大、最深的。戴逸同志是我们的班主任，给我们通讲了中国近代史，对我们进行直接领导。教研室主任尚钺同志，给我们通讲了中国古代史，也倾注了大量心血。尚钺同志对我们要求很严格，看到我们稍不用功，就进行严厉的批评，说我们“凳子上有钉子吗？坐不住，怎么做学问？”他特别要求我们学风要严谨，要尊重历史，不要人云亦云。但是，在生活上，他对我们这些年轻人十分关心，十分爱护。关于戴逸同志，他既是我的学术启蒙老师，也是后来一起共事将近60年的战友，我们之间是可以敞开心扉、无话不谈的。

在我们学习期间，尚钺、戴逸同志积极鼓励我们参加学术活动，这里可以举一个例子。学到第三年，教研室领导给我们布置了一个任务，就是认真研读范文澜同志的《中国通史简编》，并写一篇书评。这篇书评后来由石峰、王忍之、王介平、孙长江、罗明和我六个人署名，在《新建设》杂志上发表了。书评既肯定了《中国通史简编》的成就，也对有些问题提出了商榷。范老是史学权威，我们是几个没有毕业的学生，居然写这样的文章，实在有点越出常规。这一方面反映了当时的学术大环境比较好，另一方面也说明我们的老师思想比较开放，能够鼓励年轻人大胆发表学术见解。

1955年7月，我研究班毕业，幸运地留校任教，成为中国历史教研室的一名青年教师。但是，从我留校任教到1966年"文化大革命"开始，10年多一点的时间，我实际从事教学和科研的时间却非常少，主要的精力都花在政治运动上了。在这个10年多中，几乎一个政治运动接着一个政治运动，所以对于教学、科研，在这里只需简单交代几句就可以讲清楚了，大量的内容不得不涉及各种政治运动的情况，这似乎有点本末倒置，但却是当时实际生活的真实反映。

1958年下半年，我参加了一项科研活动，对我后来的专业工作产生了重大的影响。原来，为了庆祝中华人民共和国成立10周年，中宣部决定组织力量编写一部《中华人民共和国十年史》，在中华人民共和国成立10年大庆时出版。此项工作由刘大年同志牵头，从各单位调集了十来个同志，组成一个编写组。中国人民大学调去两人，一个是王汝丰，一个是我。编写组中，我们两人和近代史所的丛翰香同志比较年轻，都是刚工作不久的年轻教师和研究人员，其余的大都已是学术名家，如当时担任全国工商管理局局长的管大同，新华社的李普，科学院近代史研究所的蔡美彪、余绳武、曲跻武等。我负责的是抗美援朝部分。稿子还没有写完，由于政治形势的原因，大概主管部门觉得对中华人民共和国10年的历史做出准确评判的条件还不够成熟，接着又开展了"反右倾"运动，此事便搁置了下来，最后不了了之了。这件事虽然没有结果，但同这些名家在一起一年多，耳濡目染，确实从这些学者身上学到了许多东西。对我个人尤其重要的是，从此以后，我的专业就从古代史改为近代史，近代史研究成为了我一辈子从事的事业。

在科研工作方面，还有一件值得一提的事情，就是1961年10月到武汉参加辛亥革命50周年学术讨论会。这是中国史学界在中华人民共和国成立之后召开的第一次全国性的学术会议，会议规格很高，老一辈的著名史学家，如我们的老校长吴玉章，以及范文澜、侯外庐、翦伯赞、吕振羽、李达、吴晗、刘大年、何干之、邵循正等都参加了。我写了一篇题为《辛亥革命与会党》的论文，有幸入选，所以也得到了与会的机会。出席会议的人中，我和张磊年龄最小，差几个月不到 30 岁，吴老还半开玩笑地说我们是“三十而立”。这次会议对我的影响，不仅是开阔了眼界，增长了知识，更从老一辈学者的身上，看到了学术的神圣、学术的尊严，增加了对学术的敬畏之心。

粉碎“四人帮”后，人大复校。我于 1979 年 8 月正式到清史研究所工作。刚开始，确实按照事先的约定，没有担任行政工作，自己全副精力用于专业学习，除了读书、写作之外，几乎没有任何其他杂务的干扰。这是我一生中少有的能够集中精力专心读书的时段，在将近一年的时间里，我努力补习“文化大革命”期间荒疏了的史学业务，读了不少资料，也集中在戊戌变法和义和团运动方面写了几篇在学术界产生了一定影响的文章。如《太平天国统治区社会风习素描》①《义和团运动时期社会心理分析》② 等，主要就是利用业余时间及寒暑假写出来的。

讲到这两篇文章，我想对如何看待唯物史观谈一点想法。近年来，有些人对唯物史观提出了种种责难，甚至说对唯物史观的“盲目崇拜”使研究者“不知不觉地放弃了对历史过程的理性探索精神，习惯成自然地丧失了历史批判的科学能力”。在这种思想的影响下，有些年轻人一提起唯物史观就将之视作“左”的、“僵化”的“陈旧观念”。我以为这种认识和态度未免失之武断。上面提到的两篇文章，从我主观上说，是力图用唯物史观的指导来进行研究的。是否运用得好，另当别论；但在学术实践中，唯物史观除了给我提供了观察问题的科学观点和方法外，并没有妨碍我对历史现象进行“理性探索”，更没有妨碍我去探求和认识历史真相。查一查学术史，在此之前，几乎很少有人从“社会风习”和“社会心理”的视角去探究近代历史的，这至少说明唯物史观并不是一种“僵化”的理论，用这个理论做指导，可以做出创新性成果。这使我想起了钱学森同志对这个问题讲过的一些话。钱学森同志逝世后，报纸上发表了他

---

① 见《太平天国学刊》，第三辑，北京，中华书局，1987。

② 与刘仰东合写，载《近代史研究》，1986（5）。

的一些谈话，其中有几段是这样说的："人不懂历史唯物主义，就会是愚蠢的人。""马克思主义哲学是人类智慧的结晶，是法宝，是尚方宝剑，你不要这个东西是要吃亏的。""应用马克思主义哲学指导我们的工作，这在我国是得天独厚的。从我个人的经历中，我的确深有体会：马克思主义哲学确实是一件宝贝，是一件锐利的武器。我们在搞科学研究时（当然包括交叉学科），如若丢弃这件宝贝不用，实在是太傻瓜了！"请大家注意一下钱学森同志讲话的语气，他不是一般讲唯物史观如何正确、如何重要，而是反复说不使用这个锐利武器实在"太傻瓜了"，太"愚蠢"了，"是要吃亏的"。这充分说明，这些确实是他发自肺腑之言，绝不是对唯物史观的"盲目崇拜"。

2004 年夏，我出过一本论文集，书名叫作《历史并不遥远》。我一向认为，历史离今天、离我们并不遥远，历史虽然过去了几十、几百、几千年，时代和形势发生了天翻地覆的变化，但有一些历史规律、历史经验、历史真理，仍然同我们今天的生活十分贴近，至今并没有失去其生命力。南宋诗人陈渊有诗云："谁云古人远？正是无来去！"今天的人们可以从古人那里得到许多历史的智慧，从过去发生的事情中得到生动的历史借鉴，这正是历史学的魅力所在。所以，我对于历史，概括了这么几句话：不要拒绝历史，因为历史给我们以智慧；不要忘记历史，因为忘记历史意味着对事业的背叛；不要漠视历史，否则将受到历史的惩罚；不要割断历史，因为否定昨天也就将失去明天。

问：李教授，长期以来您深耕于近代史学界，并对孙中山研究也有较多著述。如早在 1985 年就写过《伟大的革命先行者孙中山》一书。参加过多次辛亥革命研究和孙中山研究的重要学术研讨会，如 1985 年在涿县开的"孙中山研究述评"国际学术讨论会上发表了《孙中山的爱国主义研究述评》等文章。能否结合您以往的研究成果和当前的思考，对孙中山领导的辛亥革命在中国近代史上的地位与作用谈谈您的看法，同时您对孙中山的历史功绩做何评价？

李：自从习近平同志提出“中国梦”概念以来，全国上下的人民群众都在谈“中国梦”，投入了非常大的热忱关注这个问题，也就是中华民族的伟大复兴。我想，如果问我如何看待孙中山，如何评价孙中山的历史功绩，也可以从这个角度来看。因为过去的研究中也没有明确地提到，所以今天我想从“孙中山与中国梦”的这个角度谈谈辛亥革命与中华民族伟大复兴的关系，以及孙中山先生的历史贡献与评价问题。关于这个问题，得知你们要来采访，我提前做了一些思考，整理了一个提纲。简而言之，就是提出一个“四—三—二”的概念来进行评述分析。

“四”是什么呢，就是四个时期。从开始产生这个梦，再到圆这个梦，实际上就是从中华民族开始沉沦，从一个先进的民族、先进的国家变成一个落后的国家，到最后实现了民族复兴，圆了这个中国梦，中间经过了四个时期。从这四个时期的历程背景来看孙中山处于一个什么样的历史位置，我觉得这样看可能是一个比较新的角度。

第一个时期，应该是从18世纪开始。18世纪中期以前，中国可以说是一个在世界上处于先进地位的国家，即所谓的康乾盛世。那个时候就有一些西方人到中国来游历考察，他们写中国都是地大物博、物产丰富、庞大的帝国、悠久的历史文化、政治清明、老百姓很有礼貌等等，这就是当时18世纪中前期西方人的中国观，基本上都是非常正面的评价。但是到了18世纪后期就变了，18世纪是一个什么样的世纪呢？是中国开始从先进走向落后的一个世纪，这是第一个时期。

第二个时期，是康乾盛世过后的20多年，中国开始走向落后了。嘉庆、道光年间，西方人来了以后就开始说中国人落后、愚昧、保守、僵化，老百姓很穷，矛盾很尖锐，社会没有发展等等，这些负面的报道在那个时候已经很多了。西方人的中国观发生了一个天翻地覆的变化，这说明什么问题呢？说明中国的国家地位、民族地位发生了变化。这不是说人家的看法变化了，而是中国本身确实发生了变化。

第三个时期，是 19 世纪，这是一个被外国列强侵略、欺负、掠夺、压迫的世纪，灾难越来越深重，民族危机越来越严重，同时中国的有志之士开始要求民族复兴。社会沿着下滑的方向在发展，于是到了 19 世纪 40 年代的时候，就有了鸦片战争。所以不能说是鸦片战争引起了中国的落后，这个是不对的，应该说是中国的落后引起了鸦片战争，招来了鸦片战争。落后就要挨打，鸦片战争之前，中国已经处于落后状况了。有一个很典型的例子，发动鸦片战争之前，英国的国会讨论要不要打这场战争，另外英国的社会舆论也在讨论应不应该发动这场战争。当时他们的反应，都是没有把中国当回事，认为派一支很小的军队就可以征服中国，他们已经很看不起中国了。所以说并不是鸦片战争之后他们才轻视中国，实际上在鸦片战争之前他们已经这样了。后来事实果然是这样，鸦片战争没有怎么打，中国就已经被制服了。然后就是第二次鸦片战争、中法战争、甲午战争、义和团运动、八国联军侵华等等一系列的中国式失败。所以说 19 世纪是一个很屈辱的世纪，是一个不断沉沦的世纪，这是我说的第三个时期。

第四个时期就是 20 世纪，从辛亥革命到中华人民共和国成立，再到改革开放。一个重要的关键点就是 1949 年建立了中华人民共和国，一直到现在中国开始振兴，国家逐渐富强。这就是一个从落后、沉沦到向上发展，开始民族振兴的一个时期。

这四个历史时期分别经历了从先进地位到开始衰落，再从社会秩序被彻底打破走向重建，逐渐复兴强大这样四个阶段。那么孙中山在这么一段历史中处于什么样的位置呢？这就要讲到“三”，就是在这四个阶段的历史进程中，出现了三次伟大的、里程碑式的历史变革，这也在我们十五大的报告里面有过明确的表述。第一次是辛亥革命，第二次是中华人民共和国成立，第三次是改革开放。这三次历史变革，不仅催生了三位中国 20 世纪的历史伟人，更标志着中国从沉沦到了开始上升的新阶段。如果从民族衰落、下滑的趋势讲，第一次重大的历史变革应该是鸦片战争；但是从民族振兴、上升的趋势来说，第一次重大的历史变革应该是辛亥革命。

最后一个提到的“二”，就是习近平同志说的两个一百年，一个是到中国共产党成立一百年的时候，全面建成小康社会，这还有十来年的时间。还有一个就是到中华人民共和国成立一百年的时候，我们要建成富强民主文明和谐的社会主义现代化国家，也就是意味着基本上实现了我们中华民族的伟大复兴，基本上圆了“中国梦”。

如果把孙中山放到这个“四—三—二”的体系当中来看他处于什么样的历史地位和角色，可能显现得更加清楚。孙中山的主要贡献就是领导了辛亥革命，当然还有他后来捍卫共和，包括对社会主义的支持和同情等，但最重要的还是辛亥革命。而辛亥革命在这四个社会变化阶段里面处于转折点的位置。在辛亥革命之前，中国历史也有进步，但整体趋势是下滑的。你看鸦片战争、中法战争、甲午中日战争、洋务运动、太平天国运动、戊戌变法、义和团运动、晚清新政等等一系列不同政治力量倡导的救亡图存运动都失败了。这些历史活动都曾留下历史功绩，但是总的来说没有改变中国历史下滑的趋势。辛亥革命以后的情况就不一样了，中国开始从下滑走向上升——1911年辛亥革命推翻了封建统治，建立了共和制度；紧接着1919年爆发了五四运动，五四运动是一个彻底的、不妥协的反帝反封建运动；再紧接1921年中国共产党成立；一直到1945年，中国历史上发生了在此之前的近代史上从来没有取得过的民族战争的胜利，就是抗日战争的胜利。抗日战争过去四年，就成立了中华人民共和国。成立了中华人民共和国以后，虽然我们在探索社会主义发展道路的过程当中还是有失误，有挫折，甚至发生过很严重的错误，但是不管怎么说，整个社会发展的总体趋势还是向前的，整个国家的地位，国力、工业、经济的发展，社会的进步，人民生活的改善都是在不断地向前发展的。再从改革开放到今天提出的“中国梦”，然后再到两个一百年，基本上都是向上发展的趋势，而辛亥革命以前都是向下发展的趋势。我认为孙中山的历史地位最重要的就是在“中国梦”的追寻过程中，他处于一个重要的转折点位置，他扭转了中华民族的发展轨迹，在民族历史从衰落走向复兴的重要节点上，孙中山成为一个举足轻重的人物。过去评价孙中山的观点里面好像还没有从这种角度来进行剖析的，我觉得这样可能更公平一些，更符合历史实际一些。

我认为有四个“第一”是孙中山区别于前人的历史功绩。

第一个“第一”：孙中山第一次把中华民族伟大复兴凝聚成一个政治口号，凝聚成一个政治目标，成为一个政治追求和政治理念，这在以前是没有的。以前没有任何人，也没有任何学说思想从这个理论高度上提出过“振兴中华”的口号，只有孙中山从这个高度第一次提出，这就非常了不起了。胡锦涛总书记过去也提到过这个事情，说中国共产党成立以后，就是为了中华民族伟大复兴而奋斗，把这个作为自己的理想。中国共产党也是一直按照这个理想来斗争的。但是再早一点的话，非常鲜明地提出这个政治口号、政治理念的，就只有孙中山了，这个功劳就很了不起了。

第二个“第一”：孙中山是第一个提出要跳出体制来寻求中国发展道路的人。我们可以想象一下，在孙中山以前也有很多人探索救中国的道路。包括改良派，包括封建主义的有志之士，包括曾在历史上做过一些不好的事情但是还有一些爱国心的人，也包括农民。但是他们有一个共同的特点，就是都是在体制之内来想办法、找出路，来寻求中国救亡图存的道路。比如农民领导的太平天国运动、义和团运动等。太平天国运动从表面上看是要推翻清朝的，好像是非常彻底的，但是它在给予清朝一定的打击之后，太平天国领袖们的思想还是没有跳出封建专制主义的体制范围之外。它结束了清政府在部分区域的政权，之后洪秀全不叫皇帝了，叫天王，但实际上他所作所为的那一套东西和封建皇帝并没有什么两样，甚至有些地方做得还不如清朝的皇帝。当然它的历史功绩也不能否定，但还是有局限性，没有跳出大的体制。再如洋务派发起的洋务运动，倡导中体西用。中体是什么呢？就是还要维护中国的封建君主专制体制，然后在这里面学习西方的科学技术文化，这就是中体西用。这样的改革还是没有能够跳出封建体制的大框框之外，还是体制内的努力，那么最终还是失败的。后来历史学界对洋务运动是否失败还有争论，但是我觉得这个失败还是很明显的，不光是我们在这里说，当时戊戌变法的时候，他们维新派也做了很多的分析，既要学习西方的东西，又不敢跟封建君主专制决裂，所以它不可能做成很多事情，很多事情都半途而废了。农民领导的另外一次变革就是义和团运动，义和团提出的口号是“扶清灭洋”，我曾经写过一篇文章专门讨论“扶清”的两个意思：一个是扶持大清国，也就是扶持国家，压制洋人，这是一个爱国主义的口号。但是农民在思想上没有很高的认识水平，他们分不清国家跟朝廷的区别。另外一个意思就是扶助清政权，因为义和团整个的斗争并不是反对清政权的，后来也受到清政权里面一些王公大臣的争辩和舆论的反对，也失败了。所以我们说改良派、农民式运动都是在体制之内改革的，包括维新派也是在光绪皇帝的支持下改革的。再后来的新政，也在中国历史进程中起到一定的积极意义，但是它还是有一个最大的问题，就是调和解决不了社会最根本的问题。所以，综上所述，在历史上第一次要跳出体制来寻求救亡图存之路的只有孙中山，这相对于前人的尝试来说，是一次完全的新格局和新理念，意义和功绩都是非常巨大的。

第三个“第一”：孙中山是中国历史上第一个提出“国家应该是人民的国家”这种观念的政治家。国家是老百姓的，国家的主人是人民，掌权的人应该是公仆，而不是骑在人民头上的老爷。这个思想很了不起。因为现在谈多了，大家觉得应该就是这样，但是在当时的历史条件下，社会关系是一种统治与被统治、压迫与被压迫的关系，能够第一个提出这种彻底颠覆性的观点，从人类民主政治发展的趋势来说，是具有开拓性的历史意义的。

第四个“第一”：孙中山第一个提出国家的富强、人民的富裕是要依靠更换一个政权来实现的。这个观念在孙中山之前也没有人提出来。过去有很多人批评孙中山只知道革命，只知道破坏，不知道建设。实际上孙中山提出了很多建设的主张，关于民生建设、经济建设和实业计划等，他都有一整套的想法。当他在政治上没有办法继续做临时大总统的时候，他自己就要求去当铁路督办，说他要花10年时间，修20万里铁路。但是做实业没有政权支持也是不行的，他一下台袁世凯就把他赶走了。这样一种思想以前也是没有人提出过的。

所以，我说这“四个第一”都是孙中山区别于其他的历史人物的不同之处。这四个“第一”后来共产党都有继承和发展，甚至有的地方提得比他更完整，或者有的地方付诸实践，做得比他更好，但是开创人仍然是孙中山。为什么我们把他称为革命的先行者，从这个意义上说就会更加清楚。就是说很多事情他走在前面，我们后人只是继承和延续了这种思想。前年举行辛亥革命 100 周年纪念的时候，我还没有这些想法，经过这几年逐渐的沉淀和思考，我觉得从这些角度去思考和研究，倒还有一点新的意思。

说老实话，辛亥革命 100 周年的时候，学界有一些观点我个人是不太赞成的。比如说，有一本畅销书就说辛亥革命是偶然发生的，辛亥革命之前，清朝的统治是很稳定很稳固的，社会状况很好，财政状况很好，老百姓生活也很好，经济是发展了的，所以辛亥革命是偶然发生的。当时好些人都讲到这个意思，我觉得这样会导致一个很明显的结果，就是孙中山领导辛亥革命是没有基础的，不是因为客观社会的矛盾需要才发动辛亥革命的。所以很多人后来都对孙中山进行批评，说孙中山发动革命是多余的，都是建立在这种思想基础上的。这个问题你要挑出几件枝节上的事情来进行个体研究也是可以的，但是总体上来说这种论述不符合当时的历史实际。你看看革命派对晚清社会的揭露，当时的社会是多么黑暗，确实是有很多问题的。如果要是说革命派为了推翻清王朝才说这些话的话，你再看看立宪派怎么说，他们对清朝的统治也是非常不满意的，他们也看到清朝的统治长不了，维持不下去。如果这样还不行，你再看看外国人怎么说的，我曾经举过一个外国海关官员的例子：1911 年 4 月，英国海关的一个官员曾经向英国外交部写了一个报告，说他看中国不久以后就要发生一场大的变动，革命是不可避免的。你想外国人在辛亥革命半年前都已经看出来了，那怎么能证明当时社会很稳定呢？如果这个例子还不能证明，再根据后来清朝统治者自己的观点，他们也觉得自己的统治日薄西山了，没有希望了，这个话说得很多。包括摄政王载沣下台的时候就说，这几年来完全是人心丧失了，瓦解了。他们自己都这么说，而现在我们的研究学者为了猎奇出彩，急于想出新观点，那么多的历史资料都不去查，不顾历史环境，不顾历史条件，大量的历史现象都抛开不去看，这样我觉得不行，这样就违背了历史研究的基本事实。

事实是什么呢？从1840年鸦片战争开始，中国一步步沦为半殖民地半封建社会。殖民主义、帝国主义通过对中国发动多次侵略战争，强迫中国订立了许多不平等条约。根据这些条约，它们一方面牢牢控制了中国的政治和军事，把封建统治阶级变为它们统治中国的支柱；另一方面操纵中国的财政和经济命脉，在经济上进行剥削掠夺，阻碍中国资本主义的生长和生产力的发展。在帝国主义和封建主义的双重压迫下，中国面临着"内忧外患"的极大危机。1895年，孙中山先生在《香港兴中会章程》中指出，中国的外部环境是"堂堂华国，不齿于列邦；济济衣冠，被轻于异族"，"强邻环列，虎视鹰瞵"，"瓜分豆剖"，"蚕食鲸吞"；国内状况则是"政治不修，纲维败坏"，"鬻爵卖官，公行贿赂"，"盗贼横行，饥馑交集，哀鸿遍野，民不聊生"。这是一种何等触目惊心的悲惨景象！因此，辛亥革命的发生并非偶然。它既不是由于"西方思想的影响"激起的"骚动和不安"，也不是在少数人"极端感情"或"革命狂热"煽动下的"幼稚与疯狂"，而是社会矛盾运动的产物，有着深刻的历史根源和社会根源。

曾经在辛亥革命100周年的一个学术讨论会上，有一个学者强调这么一个流行的思想，就是说辛亥革命的亮点是什么呢？是各个方面的妥协。包括哪些方面呢？包括清政府的妥协，袁世凯的妥协，革命派孙中山他们的妥协，也包括立宪派的妥协和地方督抚官员们的妥协，各方面的妥协最后成就了辛亥革命的成功。这样分析问题我觉得很糟糕很糟糕。究竟怎么去看待这个妥协？他们说清朝最后把政权交出来了，没有坚持打，要是坚持打的话最后有可能像土地革命战争时期，老百姓要受更大的苦。这些话听起来好像很有道理似的。袁世凯也妥协了，袁世凯掌握了一定的兵权，但是没有让自己的军队完全投入到战场上去，算是妥协了。革命派也妥协了，你看战后把临时大总统交出来了，弄得皆大欢喜，弄到一个成功维持和平的局面。这个问题说老实话，当时要是没有残酷的斗争怎么可能会有妥协的一面？我们看了好多历史材料，有多少人为斗争流血牺牲，如果不是斗争在全国造成这样一种形势局面，怎么可能会有清政府后面和平谈判，怎么会把政权交出来？袁世凯为什么在几天以前还明确地表示坚持君主专制，坚决反对共和，誓死效忠清朝，可是几天以后就突然表示愿意接受共和。所以说妥协是一种策略，是斗争本质的表面现象，你要是把它作为一种本质问题来夸大，历史研究就乱了套了，就是按照现代人的需要去臆造历史真实，这是绝对不行的。

所以我说，要看待孙中山的历史功绩和历史地位，一定要放在中国梦的大背景之下去看，不仅看辛亥革命以前一百多年，还要看辛亥革命后一百年，更要看“中国梦”提出以后的一百年，或许这样才能更清晰地看清楚孙中山在中华民族的复兴史中充当一个什么样的历史角色。

问：李教授，您曾经专门著文对孙中山研究领域的拓展与创新提出了自己的看法。您觉得孙中山研究的现状如何？未来深化研究的方向在哪里？

李：一般来说，人们对于世界万事万物的认识总是相对的，只能逐步趋于完善，而不可能一下子达到终极的最后真理。恩格斯曾经说过，对于人类历史的认识，由于历史材料的不足，甚至永远总是不完整的、没有完成的。对于孙中山的研究则尤其如此。为什么呢？这是因为：首先，孙中山的思想和实践，在他那个时代，在改变中国、影响世界方面，曾经起过极其重要、无可比拟的作用。研究孙中山，不仅仅是研究其个人，而是研究一个时代。其次，孙中山思想和实践的丰富性，几乎包含和涉及了社会生活的一切方面。从内容说，不仅有政治，还有经济、文化、社会等；从时段说，不仅有解决当时社会急迫问题的谋略和方案，还有对于祖国前途和人类命运的长远思考，其中有许多内容具有很强的前瞻性。再次，社会历史现象是有明显的连贯性和承续性的，从孙中山的时代到今天，不到一个世纪的时间，历史环境和社会状况发生了翻天覆地的巨大变化，但仍然有很多东西，可以清晰地看到历史的影子。今天的许多社会问题，都可以追溯到以往，甚至人们的某些生活习俗和社会心理也很难轻易摆脱历史因袭的重担。所以，孙中山先生当年所思考、所追求、所设计的一些东西，今天仍有很强的现实意义。最后，对于重要的历史事件和历史人物，不同时代的人们，总会站在不同的历史起点上，从不同的时代高度，选取不同的历史视域，对之进行新的解读，做出新的历史认识、判断和概括，以便从中吸取新的历史营养，得到新的历史借鉴。

有人提出，中国传统文化的精华和核心，就是一个字："和"，并且把"和"同矛盾、斗争绝对地对立起来。这种概括，我以为大可商讨。这不仅过于简单，把传统文化中许多丰富的、深刻的内容忽略或否定了，而且对传统文化中的"和"的命题也缺少具体的、客观的分析。其实，世界上的事物总是复杂的、多样的、多面的，绝不是只有一面。比如孙中山，既有追求"天下为公""世界大同"，要求实现人人平等、人人幸福的政治理想，这种理想显然包含着社会和谐的重要内容；又为了实现这个崇高理想，提出了许多具体的、现实的方法和途径。同时，孙中山所处的时代，社会的客观现实是政治腐败、社会残破、民生凋敝，充满了矛盾和冲突。中外反动势力的黑暗统治，扼杀了中华民族的生机，阻碍着中国社会的进步。因此，孙中山不得不用全副精力，用自己的全部聪明才智，同各种各样的旧势力做顽强的不屈不挠的斗争。就像鲁迅所说的："中山先生的一生历史具在，站出世间来就是革命，失败了还是革命；中华民国成立之后，也没有满足过，没有安逸过，仍然继续着进向近于完全的革命的工作。""他是一个全体，永远的革命者。无论所做的那一件，全都是革命。"① 这是客观环境使然，是历史条件所决定的，并不是孙中山好斗成性，一味"狂热"，有什么"革命崇拜症"。

① 鲁迅：《中山先生逝世后一周年》，载《国民新报》，1926-03-12。

恰恰相反，他之所以这样做，正是为了实现他“天下为公”“世界大同”的理想，希望能够通过斗争，创造出一个人人幸福的、充满和谐的美好社会来。一直到孙中山先生在生命的最后时刻，所说的一句话还是“和平……奋斗……救中国”，其中既包括“和”，又包括“斗”。总之，在孙中山身上，“和”同“斗”是辩证地统一起来的，二者不仅不相互排斥、相互矛盾，倒反而是相辅相成、互为表里的。只有把这两个方面结合起来，统一起来，才是一个完整的、真实的孙中山。

问：李教授，您被学术界公认最突出的学术贡献是对近代中国灾荒史的研究，您有关灾荒史的著作为近代中国灾荒史的研究打下了坚实的基础，并对整个中国灾荒史研究的发展和深化起到了重要的引导作用。能不能请您谈一谈为什么会对灾荒史研究有兴趣？您是怎样走上灾荒史研究的道路的？

李：在史学研究中，我用功较多、坚持较久的是中国灾荒史的研究。从1985年开始，我组织了一个近代灾荒史课题组，20多年来，课题组成员不断发展变化，但灾荒史的研究始终没有停顿，也出了一批成果，得到了学术界的肯定。

当时因为改革开放不久，社会很多方面都有较大的转变，人民群众的思想准备不足，形成了一股前所未有的下海风潮，这对高等学校搞教学研究和科研工作的人有很大的冲击。不知道你们有没有印象，那个时候的“历史无用论”一度甚嚣尘上。大家都觉得研究历史毫无意义，没有什么用，大家都要下海做生意挣钱，搞原子弹的不如卖茶叶蛋的，很多教授去炸油饼、卖油条。在这种情况下的历史学的基础研究，大家都是很摈弃的，觉得没什么干劲，也没什么前途。面对这样一种情况，我觉得光讲道理不行，必须选择一个跟现实生活很密切的研究方向，能够做出一点成绩来回答这个问题。当时我就选择了灾荒史。

现在来看，我当时的选择还是很有道理的，原因有这么几条：第一条就是社会生活的需要。因为这几年来，经济快速发展，生态环境遭到破坏，社会发展的过程当中不注意环境保护，在人与自然的关系上我们处理得很有问题，这已经成为一个世界性的课题。加之各种灾荒和自然灾害发生频繁，我们国家也是大水灾、大旱灾、大地震、山体滑坡不断，这些问题陆续地出现，就使得我们不得不关注灾荒史的研究。因为中国是一个灾荒频发的国家，也是关于灾荒应对的思想、文献、经验比较丰富的国家。从来没有哪个国家留下这么丰富的灾荒研究资源。第二条就是我们认识上的提高，代表性的表现就是科学发展观。胡锦涛总书记在科学发展观的解释里面，有好几个地方都提到了人与自然和谐相处的问题、生态的问题，这样的认识与过去有很大的变化，也有很大的进步。这就为灾荒史的研究提供了一个很重要的推动力量。第三条就是改革开放三十余年来，灾荒史的研究取得了一定的成绩，得到了一定的认可。现在来看，是灾荒史研究非常好的时期，不仅在中国，国外很多学者也很关注这个问题。比如说在德国就开过专门性的研究灾荒应对的学术会议。因为一个学科的建立与发展必须要有社会的需要作为推动力，没有社会需要的研究只是屠龙之技，只靠几个人提倡那是不行的。

最近，联合国组织了一个“全球可持续性问题”的高级别小组，撰写了一份题为《具有承受力的人类、具有复原能力的地球：值得选择的未来》的报告。这个报告的第一句话是这样写的：“今天，我们的地球和我们的世界正处于最好的时期，也正处于最坏的时期。全世界正在经历前所未有的繁荣，而地球也承受着空前的压力。”确实是这样。我们的物质生活越来越好，我们享受着各种文明的成果，我们的生活从来没有像现在这样丰富多彩。但是，这只是问题的一个方面。另一方面，地震、海啸、干旱、洪涝灾害、气候变暖、疫病流行等，随时威胁着人们的生命财产安全，环境问题越来越严峻。正像有人所描写的：“地球已被糟蹋得遍体鳞伤了。”“移山造海、乱砍滥伐、无休止掘矿采矿、捕猎珍奇动物等等，可以说到了无以复加的地步！”人类在发展过程中，肆无忌惮地对环境进行掠夺和破坏，严重超出了环境可承受的限度。我们今天的发展，实际上是向环境、向资源、向子孙后代借了很多债。恩格斯有一句名言：人类的每一个进步都必须付出巨大的代价。如果人类只顾自己的发展，把我们生存于其中的自然环境都破坏了，那么人类的发展环境也就没有了。有人甚至说："如果人类仍然一意孤行，以为可以在地球上称王称霸，那么人类毁灭之日将不会遥远。"我以为这个话绝不是危言耸听。拿我国来说，从1998年的全国性大水灾，2003年的"非典"流行，2008年5月引起全民族巨大悲痛的汶川大地震，2010年春的玉树地震，同年由于极端天气条件造成的多发性洪涝灾害以及甘肃舟曲县特大山洪泥石流地质灾害，一直到近几年南方的雨雪灾害和北方的大面积旱灾，所有这些，都无时无刻不在提醒我们：自然灾害是人类生存和发展的巨大威胁与障碍。因此，历史学家就有一个义不容辞的责任，就是要时时唤起人们的历史记忆，以历史上曾经经历的巨大灾难、进行的艰苦斗争、积累的丰富经验、发生的惨痛教训为教材，不断提高全社会预防和应对自然灾害的认识与能力。

这些年来，我们对人与自然必须和谐相处的认识，有了很大的提高。从世界范围看，至少从20世纪60年代开始，美国及欧洲一些国家就掀起了轰轰烈烈的环境保护运动，环境科学也随之得到了长足的进步。从我国的情况看，随着科学发展观的确立，坚持以人为本，坚持全面、协调、可持续的发展，促进人与自然的和谐，实现经济发展和人口、资源、环境相协调，努力做到"生产发展，生活富裕，生态良好"，"人与自然和谐相处"不仅成为大多数人的共识，而且已经上升到国家的重大战略决策层次。这就为灾荒史的发展提供了良好的社会条件。中国是个多灾的国家，一方面遭受了自然灾害的严重侵袭，另一方面也积累了丰富的防灾抗灾的经验。我国有一大批被称为"荒政书"的著作，就是这些经验的总结和结晶。这也是中华文化百花园中极有历史价值的珍贵遗产。

问：李教授，我们知道您不仅在学术研究方面有很突出的成就，而且您还曾做过很多的行政职务，做过大学的校长，也在政府部门做过行政领导，那么您是如何协调行政事务与学术研究之间的关系的呢？

李：实际上我觉得要协调好的话，是很困难的一件事情。因为两个方面都要兼顾到，都想做好是达不到的，人的精力毕竟有限。比如说搞学术研究要求你全身心地投入，你当校长管理学校，也要求全身心地投入，一个人只有一个全身心，怎么能兼顾得好呢？过去在清华大学他们都把这种情况叫双肩挑，其实你要想双肩挑都挑得好是非常困难的。但是如果自己能够处理得比较有技巧、有方法，倒还是有一定可能性的。因为在高等学校里面工作，如果脱离了学术和教学，那你这个行政工作、党的工作也做不好。为什么呢？你跟教师没有共同语言，你跟学生也就脱离了接触，这样指挥的话就是瞎指挥，所以一定要坚持在教学第一线、科研第一线。哪怕你做得少一点，你也必须去做。时间怎么来呢？就靠自己去挤，晚上的时间，休息的时间，很辛苦的。比如我写《灾荒与饥馑》那本书的时候，都在办公室睡觉，我每天给自己定一个指标，每天写两千字，写不完就不睡觉。这样坚持了几个月才写完，那段时间是很辛苦的。

问：最后能不能请您对我们中山市如何进行孙中山研究提一些建议，指点一下方向？

李：这太客气了。我觉得你们中山市的领导非常重视孙中山的研究，现在已经逐渐成为中山市的一个对外交流品牌了。中山市加强孙中山研究不仅仅有文化的意义、学术的意义，而且还有很强的政治意义。我觉得中山市的领导对孙中山研究有很强的自觉性，这样国内外的专家学者都很愿意去中山市参观交流，能有这么多的专家学者集中到一个地方那是很不容易的。不仅仅因为这里是孙中山的故乡，还与领导重视、有很强的研究自觉性有很大的关系。希望你们继续坚持下去，假以时日一定会大有所为的。

问：最后再次感谢李教授接受我们“孙中山研究口述史”课题组的采访，祝您身体健康。

李：也感谢你们前来采访，讲得不好，仅作参考吧。

图书在版编目（CIP）数据

李文海文集/《李文海文集》编委会编. —北京：中国人民大学出版社，2017.8
ISBN 978-7-300-24890-5

Ⅰ.①李… Ⅱ.①李… Ⅲ.①李文海（1932－2013）-纪念文集 Ⅳ.①K825.46-53

中国版本图书馆 CIP 数据核字（2017）第 194751 号

李文海文集
《李文海文集》编委会 编
Li Wenhai Wenji

出版发行	中国人民大学出版社		
社　　址	北京中关村大街 31 号	**邮政编码**	100080
电　　话	010－62511242（总编室）		010－62511770（质管部）
	010－82501766（邮购部）		010－62514148（门市部）
	010－62515195（发行公司）		010－62515275（盗版举报）
网　　址	http://www.crup.com.cn		
	http://www.ttrnet.com（人大教研网）		
经　　销	新华书店		
印　　刷	北京联兴盛业印刷股份有限公司		
规　　格	160 mm×230 mm　16 开本	**版　　次**	2017 年 9 月第 1 版
印　　张	225.25 插页 32	**印　　次**	2017 年 9 月第 1 次印刷
字　　数	3 096 000	**定　　价**	1680.00 元

李文海文集

卷二

（下）

《李文海文集》编委会　编

中国人民大学出版社
·北京·

《李文海文集》

编委会

八十寿辰

与美国经济学家斯蒂格利茨（右三）等

目　录

从民族沉沦到民族振兴

清代官德丛谈

从民族沉沦到民族振兴

北京，中国人民大学出版社，2012。

自　序

收入本书的文章，除一两篇外，都是在 2005 年到 2011 年间，也就是我 73 岁到 79 岁的时候写成的。

从内容来说，文章大体分成三类：一类可以算是学术论文性质的，主要是对辛亥革命至今一百年来几个重大历史事件的纪念和反思；第二类是对几部书的评论和为几部书写的序言；第三类一部分是对学术前辈的缅怀，另一部分是对学科建设的若干建议。

书名采用了第一篇文章的题目，叫作《从民族沉沦到民族振兴》。

实现中华民族的伟大复兴，是几代中国人魂牵梦绕的美好理想。几个世纪以来，无数志士仁人为了实现这个宏伟目标，呕心沥血，顽强拼搏，甚至无畏、无悔地献出了自己宝贵的生命。历史所以呈现出这样的面貌，是因为我们的民族经历了一次从辉煌到沉沦的痛苦转折，曾经从一个处于世界先进地位的文明古国，沦落为一个被人鄙视蔑视、任人蹂躏宰割的几乎亡国灭种的民族和国家。对于这一段历史，我们既不应该忘记，也不应该用轻薄的态度加以对待。最近看到有人发表这样的议论，说什么老是不忘记别人“总是欺侮我们”，成天装得“苦大仇深”，“总是在哭，总是在闹”，不过是一种“怨妇心态”；而肯定或者歌颂对强暴的反抗，则是一种“泼妇心态”，“凡事讲打”，打又打不过人家，“充其量就是挠人一把”，这不是泼妇是什么？从这里引出的结论是：不能“把整个近代史写成仅仅是反抗的历史”。看到这些，我突然想起清代人陈宏谋在《从政遗规》中说过：“在古人之后，议古人之失，则易；处古人之位，为古人之事，则难。”我们的先人，面对着列强的侵凌，拍案而起，以身许国，这实在是性命攸关的严肃选择，现在以嘲弄的态度讲几句风凉话是很容易的，在当时却是一件了不起的大事，绝不是人人都能够轻易做到的。今天我们讲不要忘记被人侵略、被人欺负的历史事实，既不是为了发泄怨气，也不是为了博取同情，更不是为了鼓吹复仇，算历史的旧账，不过是为了尊重历史，让我们不忘曾经经历的民族苦难，从历史中汲取经验教训，进一步振奋民族精神，提高我们的民族自尊心和自信心而已。中国近代史确实不仅仅是“反抗的历史”，它还有许多其他十分丰富的内容，但如果列强的侵略和人民的反抗斗争都不应该讲，都无须讲，都不能讲，讲了就是“怨妇心态”和“泼妇心态”，那这样的近代史又将是一部什么样的历史呢?

进入古稀之年后，朋友见面问得较多的一句话是：“你近来忙点啥呢?”我的回答多半是两个字：“打杂。”这个“打杂”的含义，大致同最近流行的一个网络热词“打酱油”差不多，就是说自己没有什么重任在肩，主要是给别人帮帮忙，做点琐事，类似于打打油盐酱醋之类。有些事情让我去凑凑热闹，敲敲边鼓，只要是对社会有益的，我便欣然从命，起一点摇旗呐喊、站脚助威的作用。有的事情让我去出出主意，发发议论，只要邀请者出于诚意，我也奉命唯谨，去讲几句可供参考或者未必很合时宜的话。就这样，倒也忙忙叨叨，居然“不知老之已至”。这样的“杂事”并不少，但大多是上不了账的，过了一段时间，回过头来想想，自己也说不清究竟干了些什么。勉强能够记上账的，大概就是收在这书里的几篇或长或短的文字了。还有几篇杂文，则另外编了一本小册子。

编完这部书，恰好是农历除夕，这时离我 80 岁生日刚刚过去八天。用出一本书来作为自己某个寿辰的纪念，这个办法很多人都乐于采用。例如学术大家梁启超先生，就曾告诉他的朋友林志钧说：“吾年得至六十，当删定生平所为文，使稍稍当意，即以自寿。”① 不幸梁先生 56 岁就病逝了，所以这个愿望终于未能实现。不过我在 80 岁的时候编这本书，却丝毫没有“自寿”的意思，完全是一种巧合。

① 夏晓虹编：《追忆梁启超》（增订本），53 页。

我向来不大关心过生日、过年之类的事情。所谓“天增岁月人增寿”，其实不过是哄人高兴的一句善意的废话。老天爷增不增岁月，对我们普通人实在关系不大；而自己虚度一年光阴，“增寿”一岁，实在说不上有多少值得祝贺的理由。对于上了点年纪的人来说，每增加一岁也就意味着向老年迈进一步。我不大喜欢过生日的原因就在这里。不过这一回的巧合，我倒是挺高兴的，因为通过编这本文集，乘机对80岁以前这几年的学术生涯做一次盘点，也是一个难得的机会。

对于自己的旧作，各人的态度各不相同。鲁迅在《集外集》的序言中说：“听说：中国的好作家是大抵‘悔其少作’的，他在自定集子的时候，就将少年时代的作品尽力删除，或者简直全部烧掉。”“但我对于自己的‘少作’，愧则有之，悔却从来没有过。”郑板桥在《词钞自序》中则说：“燮年三十至四十，气盛而学勤，阅前作辄欲焚去；至四十五六，便觉得前作好；至五十外，读一过便大得意。可知其心力日浅，学殖日退，忘己丑而信前是，其无成断断矣!”郑板桥认为能够看出自己“前作”之不足，表明学业有进步，等到只觉得“前作”很好，就说明自己已经“心力日浅，学殖日退”，再不能有新的成就了。在编这本集子的时候，我也想了一想自己对“前作”是个什么态度和心情呢？读一读过去的文章，当然没有“大得意”的感觉，但也确实没有什么后悔之意。过去文章里曾经讲到的一些认识，到现在似乎依然有人在继续思考和争论，比如前面提到的所谓“怨妇心态”“泼妇心态”的问题，其实在本书的第一篇文章里就所有涉及，当然讲的是另外一番道理。历史是业已逝去的社会生活的记录，是过去了的客观存在，任何人都无法加以改变。但持有不同历史观的人，对历史可以做出完全不同的描述和解读。对于学术来说，有不同观点是完全正常的。至于哪一种看法更加接近于历史的真实，更加客观公正，更加合乎情理，读者心里自然有一杆秤，会做出自己的评判。

为了保持历史的原貌，文章汇集成册时，除稍有删节外，基本上未做修改。李光伟同志为核对资料，花了不少心血，在这里谨表谢忱。

2012年1月24日初稿，3月31日修改

从民族沉沦到民族振兴*

谢谢大家来听这个讲座。我讲的题目是：从民族沉沦到民族振兴。实际上是回顾一下中华民族伟大复兴的历程，着重分析一下学术界对于这段历史存在着一些什么样的争论和分歧，以及怎样看待这些所谓“热点”问题。

“中华民族伟大复兴”这个主题，它的重要性反映在胡锦涛同志十七大报告里面的这样两句话。一句话是：“我们党自诞生之日起就勇敢担当起带领中国人民创造幸福生活、实现中华民族伟大复兴的历史使命。”还有一句话是：“我们一定要居安思危、增强忧患意识，始终保持对马克思主义、对中国特色社会主义、对实现中华民族伟大复兴的坚定信念。”胡锦涛同志这里讲一个共产党人、一个马克思主义者的理想信念应该包括三个方面：一个就是对马克思主义的信念，一个就是对中国特色社会主义的信念，一个就是对中华民族伟大复兴的信念。可见，这既是两个历史使命之一，又是必须始终坚持的三个信念之一。

但是我想，如果不把历史搞清楚，如果对这一段历史不能有一个正确的认识，就很难对历史使命有深刻认识，也不可能树立自觉的坚定信念，所以今天跟大家讲讲历史。我主要讲四个问题。

众说纷纭的历史迷雾

第一，民族的沉沦。

我们这个民族在很长一段历史时期一直走在世界的前列，著名

---

* 本文是2008年2月23日在“部级领导干部历史文化讲座”上的讲稿，收入《部级领导干部历史文化讲座·2008》，北京，国家图书馆出版社，2009。

的汉唐文明对世界产生了重要影响。一直到清代所谓的“康乾盛世”，无论是经济、政治、文化，总之综合国力在全世界还是名列前茅的。不过这个时候已经是“落日的辉煌”，夕阳无限好，只是已经接近黄昏了。

18 世纪末 19 世纪初，一方面中国走到了封建社会的末世，僵化的、没落的封建制度和君主专制主义的政治统治，扼杀了人们的创造精神，阻碍着先进生产力的发展，阻碍着科学技术的进步。封建政权没有力量去解决各种各样的社会矛盾和社会危机。另外一方面，英国、美国、法国等几个主要的西方国家先后通过资产阶级革命，挣脱了封建主义的束缚，建立了资产阶级的政权，实行并且完成了工业革命，使得资本主义制度得到了确立，资本主义经济得到了迅速的发展。在这种情况下，中国开始落在了一些资本主义国家的后面。鸦片战争之后，殖民主义的侵略压迫加重、加深了中国的落后，使得中国一天天陷入半殖民地半封建社会的深渊，民族的沉沦从此开始。

对于这样一个从先进转化成落后的过程，布热津斯基在《大失败——二十世纪共产主义的兴亡》一书里有这么一段描述。他说：“19 世纪强加给中国的一系列条约、协定和治外法权的条款，使人们清楚地看到：不仅中国作为一个国家地位低下，而且中国人作为一个民族同样地位低下。这一衰败的现实同中国人的自我意识发生了猛烈的冲突。中国人认为在过去，甚至就在不久以前，他们在文化上和政治上，还都比那伙蛮横的侵略者们富有和强大得多。事实上，中国在经济和政治上发生大滑坡只是近代的事。”① “这些事实驳斥了西方流行的看法：中国是一个停滞和颓废的帝国，而更加生机勃勃和更富进取精神的欧洲人可以随时欺侮它。”② 这本书写于 20 世纪 90 年代初，是预言到 20 世纪“共产主义将不可逆转地在历史上衰亡”的，所以它绝不是“共产党的宣传”，绝不是“共产主义的意识形态”。但我们不必因人废言，不管《大失败》作者写作出发点怎

① 布热津斯基：《大失败——二十世纪共产主义的兴亡》，179 页。

② 同上书，180 页。

样，这一段描述还是很符合历史实际的。

随着中国的衰落，世界对我们这个国家和民族的看法也发生了180度的大转弯。吴义雄的《在宗教与世俗之间——基督教新教传教士在华南沿海的早期活动研究》一书中做过这样的描述：16世纪到18世纪这一段时期，欧洲人普遍认为中国是一个幅员辽阔、繁荣富强、物产丰富、政治清明，拥有最古老、最优秀的文化，最优雅的艺术，最先进的技术的美好国家。但是到了18世纪末19世纪初，“越来越多的西方人士，对一度被视为‘样板’的中华帝国产生了轻蔑和敌视的态度，以侮辱和谩骂取代了以前的尊敬和颂扬。贫穷而野蛮，落后而停滞，闭塞而傲慢，道德败坏，极度虚弱。再加上腐败的专制主义政治制度，构成了新的、但显然是否定性的西方人的中国观”①。

从鸦片战争开始，与我们的国家和民族日益沉沦的同时，中国人民就开展了顽强的、执着的争取中华民族伟大复兴的艰苦斗争。一直到党的十五大，我们庄严地宣布，“到21世纪中叶建国一百年时，基本实现现代化，建成富强、民主、文明的社会主义国家”，也就是基本实现中华民族的伟大复兴。从民族沉沦到民族复兴，中国人民经历了从19世纪到21世纪整整200年的时间。在这200年的时间里，我们民族的经历大概可以概括成3句话12个字：多灾多难，不屈不挠，自立自强。研究中华民族伟大复兴的历史，也就是我们通常讲的中国近现代史，最重要的是客观地、真实地、实事求是地了解、认识我们的民族到底曾经经历了怎样的难以想象的灾难，经历了怎样艰苦卓绝的顽强斗争。

我认为研究这段历史主要是要抓住两个问题，一个是辛酸史，即我们民族经历了怎样的灾难；一个是斗争史，即我们民族经历了什么样的艰苦斗争，才取得了今天的辉煌。但是实际情况并不是这样，在这个领域里存在着许多的混乱。可以这样说，几乎没有一个重大的历史事件，没有一个重要的历史人物，不存在着重大的意见

---

①　吴义雄：《在宗教与世俗之间——基督教新教传教士在华南沿海的早期活动研究》，454页。

分歧。这种意见分歧不仅反映在学术界，也反映到我们经常接触到的各种日常生活里面。我想思想活跃是好事情，但是其中夹杂着许多错误的观点。这种错误的观点形成了一股思潮，这股思潮又通过各种形式各种途径，渗透到社会的各个方面，尤其对青少年影响巨大。这是一个很大的问题，不能不引起我们的高度重视。所以我今天要对这一段历史里面的一些热点问题进行讨论，就是因为这些问题太重要了。

第二，从“革命史范式”到“现代化范式”的转变。

在介绍我们国家学术界的状况之前，我们不妨先看看俄罗斯的情况，这或许会给我们提供一点借鉴，也加深一下我们对这个问题的认识。2007 年 6 月，俄罗斯召开了一次全国社会科学教师会议，专门研讨教科书和学校的历史教育问题，普京参加了会议并且发表了讲话。普京严肃地批评了过去由于人文科学和历史教育领域的混乱，造成了社会的思想混乱得像“一锅粥”，教师的头脑里面也是“一锅粥”。他特别批评了历史虚无主义和媚外思想。他说，过去史学家过于强调苏联历史的污点，造成书刊和教材中有大量的糟粕和泡沫，现在必须剔除这些糟粕，去伪存真。虽然苏联有这样那样的缺点，但也曾经有过辉煌显著的成就，苏联历史绝不单单是“肃反”和劳改营。完全否定苏联的历史，说苏联历史一团漆黑，一无是处，这是一种历史虚无主义。普京还说：“俄罗斯必须抵制国外教师爷的干涉”，“不容许他人以教师爷的身份指挥我们。俄罗斯应加强公民爱国主义教育”。为了扭转历史教育和思想领域的混乱局面，俄罗斯将从改革历史教学和重编历史教科书入手，从青少年抓起，带动全社会珍惜本国的历史文化传统，摒弃历史虚无主义和媚外思想，形成俄罗斯的民族思想。

我觉得俄罗斯正在讨论的这些问题很值得我们认真思考。我们国内的历史教学和历史教科书里面有没有历史虚无主义，有没有媚外思想？有一些问题是不是本来已经很清楚了，现在也弄成“一锅粥”了？

普京为什么对历史问题（包括中学、大学的历史教学）如此敏感，如此重视呢？一个十分重要的原因就是他接受了苏联解体的历史教训。对于苏联解体、苏共瓦解的原因，学术界的认识并不完全一致，有很多分歧。但是有一点大家基本都承认，就是苏联解体、苏共瓦解的切入点首先是从对历史的扭曲开始的。

龚自珍曾说过，“灭人之国，必先去其史”。要想颠覆这个国家，首先要重新改造它的历史。日本占领东三省的时候，日本统治台湾的时候，都是首先篡改历史。一直到今天，日本的教科书问题仍然是一个十分尖锐的问题。陈水扁搞“台独”，也首先篡改历史，所谓“去中国化”。大家都知道最近台湾发生的事情，连中正堂的匾也要取掉，蒋氏父子的墓也要迁。周恩来同志有一段话，很值得我们思考。他说：历史对一个国家、一个民族，就像记忆对于个人一样。一个人丧失了记忆就会成为白痴，一个民族如果忘记了历史，就会成为一个愚昧的民族，而一个愚昧的民族是不可能建设社会主义的。所以现在围绕着历史问题而展开的斗争，唯物史观跟历史虚无主义的斗争，绝不是一个抽象的学术问题，而是一个非常尖锐的现实问题。

普京说俄罗斯有按照国外教师爷指挥的情况，中国有没有？我想，中国不但有，而且这个毛病还是很重。在介绍中国学术界的情况之前，我再讲一点欧美汉学家对中国近现代历史是怎样看待的，再来看看我们中国的学术界在思想上、学术上的分歧和矛盾。

美国杜克大学的德里克教授写过一篇名为《革命之后的史学：中国近现代史研究中的当代危机》的文章。他说，当今美国的汉学界，一定程度上也包括欧洲汉学界，在对中国近代史的研究上经历了一个从“革命史范式”到“现代化范式”变化的情形。他说，20世纪60、70年代，革命一直是美国汉学界，也是欧洲汉学界历史解释的范式。“不仅近代中国史是以革命史为中心来书写的，那些并不是直接研究革命问题的著作也是以革命成就为标准，据此来解释、评判其他历史问题的。”尽管当时意见并不一致，但是占主导地位的是对革命的正面评价：“革命给中国引进了一种新型的政治，使远比此前为多的人们得以参与政治，使无权言政的人们得以发言。它将人们从过去的被压迫状态中解放出来，并使他们摆脱了传统的思想奴役。革命使中国摆脱了帝国主义，并转变为一个现代主权国家，革命还清除了或由历史形成的、或由近代帝国主义导致的种种发展障碍，解决了发展问题。”

但是德里克教授说，这种看法到20世纪80年代中期就改变了。“先前一直被描述为解放史诗的革命史，现在却变成了衰落与失败的故事，它甚至被描写为一种畸变，一种对中国历史正常道路的偏离。”德里克教授列举了一系列在美国“有影响的著作”。这些著作的作者有的宣称，革命并不意味着被压迫者对压迫阶级的胜利，而是使中国社会的不良分子得以掌握权力；革命使潜存于中国文化里边的恶劣习性与态度泛滥成灾，中国革命不仅没有使中国现代化，反而强化了它前现代的状态。

总而言之，他们这些人“或者否定革命是近代中国历史的中心事件，或者在仍然肯定其中心地位的前提下，把它理解为至少是一场失败和一种中国的发展的障碍”。大家看看这些话，再回顾一下中国学术界这几年对于革命的批评，就会明白原来源头在这里。实际上，上面所说的“范式”变化的情形，几乎在中国近代史的研究中亦步亦趋地得到充分的反映。

第三，历史虚无主义在我国史学领域的表现。

到了20世纪90年代，有人提出了所谓“告别革命”论。他们说，“如果要对20世纪中国进行反省”，头一个应该进行的“根本性反省”就是革命革糟了。我们的民族患了一种“革命崇拜症”，而“革命容易使人发疯发狂，丧失理性”；“革命方式”有很多弊病，产生很多后遗症，“包括它给社会带来的各种破坏”；如果“老是革命，整个民族的生命能量就在革命中耗尽了”。所以，“20世纪的革命方式确实带给中国很深的灾难”。这种思想在高等学校的学生里面影响巨大。

这种历史虚无主义思潮，渗透在对近现代历史研究的各个方面。如有的文章说，“殖民主义在世界范围内推动了现代化进程”；革命很坏，殖民主义很好，“如果没有近代西方的殖民主义，人类，特别是东方各民族的自然才能将永远沉睡，得不到发展”；中华民族“几千年的历史中，占据主导地位的是流氓价值观”；农民战争杀人如麻、流血成河，“造成对社会生产大规模的破坏”，没有一点积极作用；太平天国是“邪教”，义和团运动“貌似爱国，实属误国、害国”；辛亥革命更不用说，完完全全是“搞糟了”。

另外一方面，对于在历史上起过消极作用的，甚至起过反动作用（当然情况比较复杂，有些人功过都有，不能简单化）的人物高唱赞歌，大肆吹捧。如说鸦片战争时的琦善是“头脑清醒的外交家”；李鸿章是“最伟大的悲剧英雄”；袁世凯是“缔造民国的共和元勋”，是一位前无古人的教育家；慈禧太后是一位文明、高雅的，喜欢法国文化、有政治头脑的“优秀的政治家”，是“真诚地主张进步与革新”的。甚至美化汉奸、歌颂汉奸在一些人那里也成了一种时尚。有人公开发表文章说，汪伪政权并不代表日本人的利益，而是代表沦陷区人民的利益。我觉得这完全是一种情绪化的语言，不是一种科学的态度。

最近有一部电影大家都知道，那就是引起很大争论的《色·戒》。对于《色·戒》这部电影的评价，网上有两种完全不同的意见。许多网友特别是青年观众，愤怒地批评这部影片是地地道道的“汉奸文艺”。我觉得张爱玲写这部作品不奇怪，李安拍这部作品也不奇怪。问题就是这部电影放映了以后，在中国内地，有一段时间内一片叫好声，这很值得我们深思。中国传媒大学有位叫刘建平的大学生，他针对《色·戒》说了这么一段话：“如果先辈们争取民族独立斗争的历史被诬蔑而非价值化，如果我们赖以为人处世、立国的民族精神被蚕食，如果我们沉迷于插科打诨的小品式娱乐或者是在肉体横陈的艺术中醉生梦死，这样的全球化对中国来说，就不是文明和进步，而是新的蔑视和奴役。”像这些问题很值得我们思考，希望大家能够关注这些问题。

那么，在共和国史领域里面到底是什么情况呢？最近召开的第七届国史学术年会，我给大家念两段年会上一些同志的发言。一位同志说：“不能不警惕，一些片面歪曲、全盘否定历史，进而否定共产党领导、质疑共产党执政的情况也确实存在。”还有一位同志说：“由于国史学科的特殊性质，各种反对党的领导、敌视社会主义制度的势力和思潮，也往往披上国史研究的学术外衣，用貌似客观而实则混淆时空、偷换概念、歪曲事实、以偏概全等方法，来为他们否定中华人民共和国的历史，进而否定中国共产党的执政资格制造舆论。人们只要稍加注意便不难发现，现在中华人民共和国的历史，几乎没有一个重大事件不被他们攻击和篡改。”

如果把我刚才介绍的这些观点串起来，就形成了中国近现代历史研究中的另外一个体系。现在有些人十分热衷的就是要颠覆过去的体系，建造另外一个体系。问题是这个体系到底符合不符合历史的真实?

按照这些观点，中国近现代史就会呈现出另外一副面貌，就是殖民主义、帝国主义、封建专制主义统治者，甚至汉奸卖国贼都成了推动中国社会前进的积极力量和发展的动力。而革命者、改革者、爱国者、拿起武器斗争的农民统统成了阻碍现代化、破坏社会生产的捣乱分子。广大人民群众是盲目跟随、被任意愚弄的群盲。

那么，历史的真实面目到底如何呢?

民族复兴之路的历史考察

从19世纪中叶到21世纪中叶，中华民族从沉沦到复兴，经历了200年的时间。在这段时间里面，无数的志士仁人、广大人民群众在不同的历史环境、不同的社会条件下，始终把“实现中华民族伟大复兴”作为自己的奋斗目标。如果把这200年的时间分成两段，那么可以说是前面100年，后面100年。鸦片战争一直到中华人民共和国成立这个前100年，主要历史内容可以概括成六个字：沉沦、探索、奋斗。

沉沦，就是一步一步地从封建社会变成一个半殖民地半封建社会，民族灾难越来越深重，民族危机越来越严重。探索，就是我们的先辈探索走一条什么样的道路来实现我们的民族复兴。奋斗，就是围绕这个探索来实践，来进行斗争，争取中华民族的复兴。

这100年的基调是悲凉的。当时中国人民所做的一切，主要是为了挽救民族危亡。同时，为中华民族的伟大复兴准备必要的条件。从20世纪中叶到21世纪中叶，这个后100年，就是在中华人民共和国成立以后的100年的时间，主要的历史内容也可以概括成为六个字：探索、奋斗、辉煌。首先是探索，虽然中华人民共和国成立了，但以后的路怎么走，社会主义怎么建设？探索里面有成就、有失败、有挫折，最后找到了一条有中国特色的社会主义的道路。

按照十六大的提法，中华人民共和国成立以后，我们才开始了在社会主义道路上实现中华民族伟大复兴的历史进程。中华人民共和国成立以前这个100年，基本上都是为这个做准备。关于民族复兴的内容，十五大报告里面有一个非常好的概括。它说，鸦片战争之后，中国成为半殖民地半封建社会的国家，中华民族面临着两大历史任务，一个是求得民族独立和人民解放，一个是实现国家繁荣富强和人民共同富裕。两个任务，前100年主要完成前一个任务，就是求得民族独立和人民解放，为后一个任务扫清障碍，创造必要的前提；后100年主要是完成后一个任务，实现国家繁荣富强和人民共同富裕。

民族复兴主要就是做这两件事，主要经过这两个阶段。有利于这两件事的就是对的，就是进步的，就是值得肯定的；不利于这两件事的就是错的，就是阻碍历史前进的，就是应该批评的。这个标准很清楚。那么，怎样正确弄清楚这段历史？我觉得有几个问题需要讨论清楚。

第一，殖民主义、帝国主义的侵略，到底给中国社会带来哪些影响？

中国近代历史的开端，是以英国殖民主义侵略者发动鸦片战争为标志的。那么，如何看待殖民主义的侵略呢？近年来，在应该怎样看待殖民主义侵略的问题上，存在着很明显的分歧。现在一个很流行的观点就是殖民主义的侵略带来了西方的文明，没有西方文明中国就不能进步。有的人发表文章批评中华人民共和国成立以后的近代史研究有很大的错误、很大的问题。他们说近代史研究很大程度上停留在对异族侵略者口诛笔伐的一种感情宣泄上，大大淡化了研究的理性色彩，只是批评殖民主义、帝国主义，这不能算是真正的历史研究。

有的人主张要重新评价近代西方殖民征服，认为过去说西方殖民主义侵略造成了东方普遍落后这种观点，使得“历史批判的天平倾斜了”，不公正了。说西方殖民主义势力冲击了中国封建的“超稳定系统”，不但有利于西方资本主义经济文化向世界体系扩展，而且从根本上改变了东方历史的发展进程，“成为东方民族赶上现代文明的唯一现实良机”。如果没有殖民主义推动，东方民族永远不能向现代化前进。所以有一篇文章总结性地说：“从某种意义上说，是鸦片战争一声炮响，给中国送来了近代文明。”所谓近代文明，就是资本主义的文明。按照这些观点，得出的结论是什么呢？就是殖民化在世界范围里面推动了现代化进程。

事实果真如此吗？

殖民主义是什么？殖民主义是有明确的科学概念的，它的内容就是资本主义国家通过军事征服、政治控制与经济掠夺，占领、奴役、剥削弱小国家、民族和落后地区，将其变成殖民地、半殖民地的一种侵略政策和制度体系。

殖民主义势力统治或者控制了殖民地、半殖民地之后，为了最大限度地获取自己的利益，必然要按照自己的面貌去改造殖民地、半殖民地。在这个过程中，我们应该承认不可避免地会向这些地区传播某些资本主义的文明。比如说把一些资本主义的生产方式、管理制度、科学技术引到殖民地、半殖民地。毫无疑问，这一点在客观上对这些地区的发展会产生一定的积极影响。过去我们对于这一点没有给予必要的承认、给予必要的分析，应该纠正。正如马克思所说，殖民主义充当了历史的不自觉的工具，对于这个问题我们不要回避，也不应该回避。

我们在揭露和批判殖民主义罪恶的时候，应该实事求是地肯定它同时带来的某些客观进步的历史作用。但是不能把这些作用无限夸大，说成是主要的东西。如果那样的话，就把主次颠倒了，把本质、非本质的东西颠倒了。因为殖民主义侵略、统治这些国家和地区，主要是为了从这些国家和地区攫取政治特权和经济利益，进行残酷的掠夺和剥削，绝不允许这些地区和国家走向现代化，也成为一个资本主义国家，这样的话它就无利可图了。它只允许这些国家和地区成为它的经济附庸，而决不容许成为它的竞争对手。

我跟学生讨论的时候，有些学生经常拿香港作为一个例子来反驳，说香港受了这么长时间的殖民统治，不是发展得很快吗？这好像是一个很重要的理由。所以有的人就说了，中国都应该像香港那样受殖民统治，“中国要康乐富强，先得被殖民一百五十年不为过”。我认为这个比喻是没有道理的。

香港之所以能够发展成为今天这个样子，它有一系列的主客观条件。是不是只要当了殖民地的都能够发展成香港那样子？很显然不是。只要我们稍微把眼光放大一点，看看全世界的情况就会明白。比如印度，当了多少年的殖民地，但是从来没有发展成像香港那样。甚至一直到今天为止，殖民主义的影响在印度还是很严重的。今天世界上最不发达的国家和地区，历史上都是过去的殖民地。现在还有很多人口处于饥饿状态之下，还有很多十分贫困落后的国家和地区，这些地方，主要也都是过去的殖民地。殖民统治确实带来一些西方资本主义的文明。但是如果不看到它带给殖民地的剥削、统治、压榨，就完全是只见树木，不见森林。

第二，怎样看待弱国反抗强国军事侵略的民族战争？

毛泽东曾说：“近代以来，世界上的帝国主义国家，几乎都曾经欺凌过中国；而近代中国的反侵略战争，从 1840 年反对英国侵略的战争直到全民族抗日战争以前，无不以中国失败、被迫接受丧权辱国的条约而告结束。其根本原因，一是社会制度腐败，二是经济技术落后。”①

① 《毛泽东著作选读》下册，848 页。

最近一段时期以来，在一些人中流行一种观点，认为既然鸦片战争以来一系列反抗外来侵略的战争、民族战争都是在敌强我弱的这个大背景下进行的，在中国远远落后于列强总体态势下面，像林则徐这样的抵抗派是“不识时务”“昧于大势”“狂妄自大”“虚骄误国”，正是林则徐这些人的强硬态度导致了战争的爆发，他们应该为战争的失败及其所带来的严重后果负责，所以他们是“千古罪人”。而琦善以及后来的李鸿章等主张妥协求和的人是“审时度势”“权衡利弊”“忍辱负重”“委曲求全”。他们能够了解中国和世界的情势，他们的所作所为符合国家的利益，所以他们是杰出的、头脑清醒的外交家。

他们这样评价的一个最重要的理由是落后一定要挨打，那么反抗也是没有用的。反抗以后仍然失败，失败了以后只能付出更加惨重的代价，那就不如不反抗。这个话听起来似乎有点道理。中国是落后的，落后了也确实经常打败仗，那还要不要反抗呢？是不是所有的反抗都是错的呢？下面我就从几个方面，来对这个问题做个回答。

1. “落后就要挨打”，这是中国人民从近代以来，在屡遭外来侵略的悲惨经历中得出的一个刻骨铭心的教训，完全正确。但是上面所说的观点，把落后就要挨打做了一个不恰当的引申，变成了落后只能挨打，两字之差，意思完全不一样了。落后就要挨打，这是一个积极的命题，它唤醒我们强烈的忧患意识，警醒我们一个国家只有首先自强，才能够在世界上自立，要通过艰苦的努力，尽快摆脱落后的状况，使自己强盛起来，赶上先进，这样才能以平等的姿态跻身于世界民族之林。只有这样才能够改变任人宰割、听人摆布、受尽屈辱的悲惨命运。落后只能挨打，这是一个消极的命题。它宣扬奴隶主义、顺民哲学，涣散人们的斗争意志，鼓吹在强敌当前、横逆袭来的时候，只能够俯首帖耳、逆来顺受，听凭侵略者作威作福、予取予求。

2. 这种观点的假设前提是落后的、弱小的国家和民族，在反侵略战斗中就一定要失败。问题是这个前提成立不成立？他们的逻辑是既然必定要失败，反抗就是徒劳无益的，就不如不反抗。但是这个假设是没有科学依据的。在古今中外的历史上，不论是国与国之间的战争，还是国内战争，弱小的一方战胜表面上力量强大一方的事情，可以说是屡见不鲜的。美国在独立战争中，打败了当时世界上最先进的英国，那时美国的力量很弱小。如果按照落后不能反抗的观点，那么美国就不能打败英国。而落后的小国海地也赶走了法国殖民者赢得了独立，取得了反殖民主义的胜利。

从我们国家的历史看，如果因为力量对比的悬殊就放弃了斗争，那就没有共产党推翻国民党的胜利了。胡锦涛同志在讲到抗日战争胜利的时候特别强调："中国人民能够赢得抗日战争的胜利，以落后的武器装备打败经济实力和军事装备远比自己强大的侵略者，绝不是偶然的。"[①] 抗日战争时期，中国经济实力落后，武器装备、军事装备远比日本要落后，但是中国胜利了，原因就是战争的胜负是由多种因素决定的。军事力量、经济力量非常重要，但是战争的性质、人心的向背、政治动员、战争谋略等也起着不可忽视的作用。而作为一种历史的评判，当侵略者把战争强加在被压迫民族头上的时候，去一味地责备为国家和民族生死存亡而拼死抗争的人，这没有一点起码的公平。

3. 既然反抗是徒劳的、错误的，那么当侵略者以军舰、大炮兵临城下的时候，弱小民族应该怎么自处呢？他们开了两张药方。第一张药方是，先不要抵抗，等到整顿军备、充实武力之后再战。我认为这个药方不过是一张废纸，完全是一句空话。因为战争什么时候发动，不是由你决定的。战争什么时候打，找什么借口来打，从来都是由侵略者决定的。侵略者会等到你整顿军备、充实武力之后再来发动战争吗？不存在这种可能，所以这样的研究毫无价值。

第二张药方是，应该放弃抵抗，通过让步来换取跟侵略者缔结一个"相对有利的和约"。实际上在近代历史上，像李鸿章等人一直是用这个办法。中法战争、中日甲午战争之前，李鸿章都曾经尽心竭力地，幻想通过各种让步来求得各国的调停，来避免战争。但结

---

① 胡锦涛：《在纪念中国人民抗日战争暨世界反法西斯战争胜利 60 周年大会上的讲话》，载《人民日报》，2005 年 9 月 4 日。

果还是避免不了，战火还是在中国大地上熊熊燃烧。因为侵略者欲壑难填，绝不是一点小的让步就可以满足的。相反你一让步，他必然愈加得寸进尺。所以林华国教授在一篇文章里讲的一个观点，我以为很有道理，他说："中外战争史里边，被侵略者以顽强抵抗，迫使侵略者降低侵略要求的事例并不少见，以放弃抵抗赢得侵略者让步的事例则闻所未闻。"

4. 既然反侵略的民族战争都失败了，我们应该怎么来看待这种令人痛心的事实呢？能不能根据反侵略战争不断失败的事实，得出根本就不应该进行反侵略战争这样的结论呢？简单地以成败论英雄，以成败论是非，显然是一种过于肤浅，也过于陈旧的历史观点。

事实上，近代历史上的许多重大事件都是失败的。不能说失败了就不起作用，失败了就是错误的。从鸦片战争到五四运动近 80 年间，太平天国运动、戊戌维新运动、辛亥革命均失败了。辛亥革命虽然取得了推翻清朝封建君主专制制度的胜利，但是它最后没有改变社会性质，没有改变人民受压迫的地位，所以也是以失败而告终。但是这些运动都从不同的角度，对历史产生过积极的影响，都从不同的角度推动了历史的前进，这些历史事件都是中国人民走向新的、更高形式的斗争的一个必经的阶段，也是中国民族民主革命取得最后胜利的奠基石。反侵略的民族战争也是一样。甲午战争失败了，中国付出了惨重的代价，给中华民族带来了巨大的灾难、空前的耻辱。但是正是这种情况，使中华民族掀起了新的觉醒浪潮，爱国主义得到了新的昂扬，要求变革的呼声日益高涨。所以恩格斯曾经说：没有哪一次巨大的历史灾难不是以历史的进步为补偿的。

不仅甲午战争是这样，义和团运动也是如此。现在很多人把义和团运动说成是一个落后的、反动的运动。理由很简单，因为它反对西方文明，既然西方文明比中国的封建文化先进，那么，反对西方文明就是错的。把中外文化冲突这样一个矛盾，不恰当地变成了当时社会的一个主要矛盾。当时学习西方，接受西方的资产阶级文明，是很重要的问题。因为中国要前进，不可避免地要学习西方，但是这个问题不能决定一切。当时决定一切的是要争取民族独立。

义和团运动在八国联军和清朝政府的血腥镇压下也失败了。说老实话，以原始的思想和原始的武器去反抗侵略，是不可能胜利的，所以当时无数的老百姓悲惨地倒在血泊中。帝国主义强迫清朝政府签订了丧权辱国的《辛丑条约》。

但是，是不是说义和团的斗争就毫无意义呢？义和团运动确确实实是起了一个阻止外国瓜分中国的作用。八国联军的统帅瓦德西曾说："吾人对于中国群众，不能视为已成衰弱或已失德性之人。彼等在实际上，尚含有无限蓬勃生气……至于中国所有好战精神，尚未完全丧失，可于此次'拳民运动'中见之。"① "无论欧美、日本各国，皆无此脑力与兵力，可以统治此天下生灵四分之一也。……故瓜分一事，实为下策。"② 赫德比瓦德西想得更深，看得更远一些。赫德说，"这是一个纯粹爱国主义的自发自愿的运动"③，"这个运动已经掌握了群众的想象力，它将会像野火一样烧遍全国"④，"今天的这段插曲不是没有意义的，那是一个要发生变革的世纪的序曲，是远东未来历史的主调：公元 2000 年的中国，将大大不同于 1900 年的中国!"⑤ 他的眼光是很敏锐的，他下了一个正确的判断，正确的预言，就是 2000 年的中国确实跟 1900 年的中国是完全不一样了。

第三，怎么看待革命与现代化的关系？

1. 革命同现代化不是对立关系，也不是互相排斥的关系。我不赞同用"现代化史观"来替代"革命史观"的这个提法。并不是不可以或不应该从现代化的角度去研究中国近现代历史，但是所谓用"现代化史观"替代"革命史观"则是错误的。实际上，所谓"革命史观"也是造出来的，我们从来没有把我们的历史观叫作革命史观，我们只信奉唯物史观。用唯物史观去研究革命，也用唯物史观去研究现代化。"革命史观"有人有意把它夸大了。过去我们过于强调政

---

① 《义和团》(三)，86 页。

② 同上书，44 页。

③④ 《"黄祸论"历史资料选辑》，146 页。

⑤ 同上书，144 页。

治，相对忽视了社会经济、社会文化等。这种简单化的思想方法应该改变。如果用唯物史观去研究革命，也用唯物史观去研究现代化，就会发现这两者是统一的。革命是近代史的主要内容，是近代史的最强音，而现代化实际上是中国人民200年的不懈追求，所以这两者是统一的。

20世纪60、70年代，美国的汉学家的主流意识是以肯定的态度看待中国革命的，当然现在有很多人否定了。但是比较权威的学者，如费正清，他写了一本书叫《观察中国》。他认为，帝国主义的侵略使得中国人民蒙受了耻辱，正是这种耻辱唤起了中国的民族主义，并且激发了20世纪的中国革命。他说，革命是近代中国的基调，美国人要想了解这一点，必须懂得中国的历史。

所以，把革命同现代化对立起来，用一个否定另一个，这不符合历史的真实，其实革命是为现代化创造条件、开辟道路的。要推翻帝国主义统治，不革命行吗？帝国主义能自动退出历史舞台吗？要推翻封建专制主义的统治，不革命行吗？就要进行革命。但这个革命是为中国的富强、人民的共同富裕创造必要的前提的。从另一方面说，现代化也为革命提供必要的物质基础和精神基础。说实话，没有一定的现代化的发展，革命也不能发生。辛亥革命主要是一些留学生发动的，如果没有最初现代化的前进，哪里来的留学生？可以说，革命的思想观念、队伍组成、物质基础、社会条件，都是由中国现代化的初步发展创造的。而反过来，正是革命，又为现代化的大步前进创造了必要的政治前提。没有民族独立，就没有人民民主，也不能实现现代化；没有现代化，现代意义的革命也无从发生，政治、经济、文化永远落后，也不能实现真正的民族独立。所以，二者之间不是矛盾的关系，不是一个否定另一个的关系，而是互相促进的关系。

革命与现代化既有联系又有区别，既息息相关又不能分离，各有自己的特定内容，不能相互替代。二者有先后、主次之分。在当时的环境下，首先要革命才能够谈得上现代化。在人民没有任何权力的情况下，是无法实现现代化的。我举一个例子来说。孙中山从懂事时候起就革命，一直到逝世都在革命。孙中山不喜欢现代化吗？孙中山非常热切地希望中国现代化。他自己交出了临时大总统的权力以后，提出了一个要求，作铁路督办。他计划用十年时间修20万里铁路。不是常说“若要富，先修路”吗？要走向现代化，首先要解决交通问题。但是孙中山的铁路能够修得下去吗？袁世凯称皇帝以后，孙中山怎么办？难道你称你的皇帝，我搞我的现代化？那前面革命的流血牺牲全都白费了。他就起来反对帝制，袁世凯就通缉他，孙中山只能流亡，20万里铁路也就成为泡影。因为没有政治条件、政治权力、政治环境，现代化也就必然搞不下去了。

2. 革命是怎样发生的？不管赞成也好，反对也罢，革命确确实实是中国近代史的主旋律，这个事实并不因人们的喜欢或者厌恶而有所改变。一直到中华人民共和国成立之后，建设才代替了革命，成为社会生活的主题。革命作为社会发展过程中一个客观的历史运动，它不是少数人人为鼓吹、制造的结果，也不是一时感情冲动的产物，这是一种适应社会需要的理性选择。革命不是少数人一呼，大家就跟着革命了，就“崇拜革命”了。恩格斯曾经说过一段话：把革命的发生归咎于煽动者的恶意的那种迷信时代早已过去了。现在每个人都知道，任何地方发生革命震荡，总是有一种社会要求为其背景，而腐朽的制度阻碍这种要求得到满足，所以人们就不得不起来革命。

现在很多人都抽象地讨论历史问题。我经常碰到参加会议的人讨论和平好还是战争好，革命好还是改良好。抽象地提出问题，这本身就很荒唐。谁不喜欢和平？这个问题对于普通人来说，是个不成问题的问题。但如果有人将战争强加到你头上时，你怎么办？所以不能抽象提出问题。在正常情况下，不使用暴力而取得社会进步当然好，但是在一定条件下，不革命就不能前进的时候，就必须要革命。到这个时候，革命就成为历史发展的火车头。所以马克思、恩格斯说“革命是历史发展的火车头”并不是无条件的，并不是任何时候革命都是历史发展的火车头，只有必须要通过武装力量解决问题的时候才是。不这样社会就不会前进。

事实上，我们国家所有的革命家，几乎都是被逼上梁山的。在这一点上孙中山、毛泽东自己都讲过。孙中山曾说过：我本想和平改革，而且我也曾经向李鸿章上书，希望他支持我，但是李鸿章不理我，最后不得不推翻政权，不得不“易之以强迫”。毛泽东也曾经讲过：我先是教小学后来是教中学，从来没有想起过拿起枪杆子来。后来看，不推翻这个反动政权社会就不能前进了，所以我就拿起枪杆子来参加战斗了。很多人在作为一个革命者之前，都是改良主义者，后来都参加革命了。并不是他们生性喜欢犯上作乱，喜欢闹事，无事生非。在那种社会条件下，不打倒当时的政权，社会就无法前进一步，在这种情况下就不得不拿起枪杆子来。

3. 没有革命就没有工业化。现代化的一个很重要的内容就是工业化，这是没错的。但是在半殖民地半封建社会的中国，不经过革命，能够实现工业化吗？毛泽东早就回答过这个问题，他说：“没有独立、自由、民主和统一，不可能建设真正大规模的工业。没有工业，便没有巩固的国防，便没有人民的福利，便没有国家的富强。”“一个不是贫弱的而是富强的中国，是和一个不是殖民地半殖民地的而是独立的，不是半封建的而是自由的、民主的，不是分裂的而是统一的中国，相联结的。在一个半殖民地的、半封建的、分裂的中国里，要想发展工业，建设国防，福利人民，求得国家的富强，多少年来多少人做过这种梦，但是一概幻灭了。”①

辛亥革命 90 周年的时候，开了一次国际学术讨论会。有一位台湾的学者，针对大陆的一些人否定革命的思潮曾说，这样的研究方法是不对的。他说，过去你们搞革命的时候，就称赞革命；现在你们搞社会主义建设了，你们就觉得革命都是错的，就否定革命。哪能够数典忘祖？研究历史能够这样吗？过去的革命是起了它的历史作用的，不能说因为今天革命胜利了，搞现代化建设了，所以革命就错了，革命就应该批评了，那我们今天的根就没有了。台湾的学者能讲出这样一番话来，实在值得我们大陆的史学家深思。

---

① 《毛泽东选集》，2 版，第 3 卷，1080 页。

总之，只有正确理解了革命和现代化的关系，才能对近代社会的两大历史任务有深切的认识，也才能够对中华民族伟大复兴的历史进程有准确的把握。

民族精神是推进民族复兴的巨大精神动力

实现中华民族的伟大复兴，就需要大力弘扬和培育民族精神。怎样看待我们这个民族，怎样看待中华民族的民族精神，是一个十分重要的问题，是一个关系到我们民族是否能够自尊自强、有没有民族脊梁、是否能自立于世界民族之林的问题。

有一段时期，一些人在学术界散布了很多的历史虚无主义的思想。特别是在20世纪80年代，曾经泛滥过一阵民族虚无主义的思潮。这股思潮极力地诋毁和丑化我们的民族，全盘否定我们的传统文化，造成了非常恶劣的影响。当时的报纸上充斥着形容和描写我们民族“丑陋”“愚昧”的文章。有的说，中国是一个没有个性的国家，积淀在我们民族血管里的只是“奴性”；缺乏创造力，安于现状，畏怯斗争，逃避现实，“成为整个民族的人格”。也有的说，中国的传统文化是一堆糟粕、一堆垃圾，这种“千年不死的劣根”早就应该“后继无人”了，应该“整体地打破和全面否定”。有的人直截了当地公开表示对爱国主义的轻蔑，宣称“我无所谓爱国、叛国，你要说我叛国，我就叛国，就承认自己是挖祖坟的不肖子孙，而且以此为荣”。这一套胡说是对历史真实的严重背离。

在现实生活里，历史虚无主义只能起到涣散斗志、搅乱人心、散布悲观失望情绪、动摇打击民族自信心的消极作用。一个社会、一个民族、一个国家总会存在一些消极的、错误的思想或者陋习。其中最坏的一种就是民族虚无主义。就是自己看不起自己，自己否定自己，自己糟践自己，因为这是最没有出息的，最没有骨气的，也是最没有希望的一种思想观念、一种精神状态。一个民族如果是这样一种思维方式，对自己是这么看的，那就糟糕了。

历史事实证明，中华民族有着自己的伟大民族精神。正如江泽民同志所说："中华民族有着自己的伟大民族精神。这个民族精神，积千年之精华，博大精深，根深蒂固，是中华民族生命机体中不可分割的重要成分。中华民族在五千多年的发展中，历经磨难而信念愈坚，饱尝艰辛而斗志更强，开发建设了祖国的大好河山，创造了灿烂的中华文明，为人类文明进步作出了不可磨灭的贡献。"①

对于综合国力的认识，我们经历了一个过程。我国跟其他国家的竞争主要就是综合国力的竞争。十六大报告中说："科技进步日新月异，综合国力竞争日益激烈。形势逼人，不进则退。"所以我们要提高忧患意识。如果我们综合国力不进步，我们就要被人家甩在后边，我们就要退步，就会丧失自己的国际地位。

综合国力是什么呢？过去我们想得比较简单，认为就是经济力量和军事力量。后来把科技也算作综合国力的一个部分。到了1998年抗洪救灾以后，江泽民同志明确提出要把民族精神作为综合国力的一个重要因素，我认为这是一个很重要的进步。综合国力里不仅有物质力量，还有精神力量。到了十六大，又进一步把社会主义文化也说成是综合国力的重要组成部分，而且文化在综合国力竞争里边的位置越来越重要。这个认识是一步一步往前进步，从单纯的物质力量扩展到精神领域里边，把精神力量也视为综合国力的重要组成部分，是一个民族赖以生存和发展的精神支撑。

外国人对我们这个民族的看法，往往要比我们自己高很多。比如尼克松曾经发表过一篇文章，对于我们这个民族的发展前景给予了很高的评价，说将来发展起来是不可限量的。前两年我参加一个国际会议。美国某大学的一位美籍华人终身教授，他说来中国后发现了一个奇怪的现象，就是对中国的评价，外国人最高，美籍华人次之，中国人自己最低，他让我解释一下原因。我说这个一点都不奇怪，因为外国人是远远地看中国，他看不到中华民族复兴的过程中间经过了多少困难，付出多大的牺牲，存在着多少矛盾，现在还

① 《江泽民文选》，第2卷，231页。

存在着多少消极现象。他们更多的只是看到了中国这些年来的巨大变化，所以他们的评价很高；美籍华人跟国内有千丝万缕的联系，他们对我们民族复兴过程中间的困难以及不尽如人意的地方有一些了解，所以他们的评价稍微低一点；在国内，我们身处庐山之中，我们不仅看到我们自身的进步，切身感受到我们的变化，同时也感受到为了取得这些变化，我们付出了何等代价，经历了多少困难，以及仍然存在的一些亟待解决的问题，所以我们自己的评价相对来讲不是那么高。这其实一点也不奇怪。但是总的来讲，我们自己要有自信，对于自己要有一种自尊心、自信心，这一点非常重要。

我带了一份材料，给各位简单地念几段。现在一些国家的历史教科书里边，如美国、德国、俄罗斯等国家的教科书中对于中国的评价，我觉得有不少是积极的、给予应有的肯定的。比如俄罗斯的历史教科书《世界文明史》里边说，“中华文明是世界上最古老的文明之一，她历经数千年仍然完好地保持了文化传播的延续性，这真是个奇迹”。它还说，“欧洲和中东国家的古代文明都曾因为宗教、社会或政治等方面的重大变革而发生大的断裂，但中华文明是一个例外”。“古代中国在最为艰难的历史时期，总是在本民族理想和价值体系中寻找出路，她从不盲目地吸收外来经验”，“因此得以孕育出其一脉相承的独特的文化”。“中国人追求自我完善，很有责任感，所以中华文明的道德观念非常发达。”德国高中历史教科书《德国通史》里边这么说，“早在公元13世纪，中国就成为世界上最繁荣的文化和贸易中心”，“以指南针、造纸术、印刷术及火药发明为首的众多发明对世界历史和科技发展有重要的贡献”。德国小学5年级的一个历史课本里边讲，中国的纸的发明比火药的发明“更加具有造福人类的意义”。美国、印度、日本的历史教科书里也不乏类似的论述。把这些论述同我前面引用过的我们有些同胞所宣扬的那些历史虚无主义言论相对照，实在是很有意思的，也使人感慨良多。

我们弘扬民族精神，既不是赞成复古主义，也不是赞成狭隘的民族主义，一定要跟这两者划清界限。刚才讲的历史虚无主义，我就很不赞成，这样来理解我们民族就没有前途了，但是同样也不主张复古主义。最近一段时间，我觉得有一些复古主义思潮的表现，好像中国的传统文化好得不得了，一点缺点都没有。几千年间的东西离我们今天毕竟有很大的距离。大家可以看看十七大报告里边有一段话谈到如何对待中国传统文化，我觉得非常好。十七大报告中说："中华文化是中华民族生生不息、团结奋进的不竭动力。要全面认识祖国传统文化，取其精华，去其糟粕，使之与当代社会相适应、与现代文明相协调，保持民族性，体现时代性。"我以为这就是我们对待中华文明的正确方针和态度。

复古主义对我国传统文化中的民主性精华和封建性糟粕不加分析，统统对之顶礼膜拜，有的甚至把糟粕当精华，结果恰恰是损害了灿烂的中华文明。狭隘民族主义闭目塞听，与世隔绝，夜郎自大，故步自封，本身就是同我们的民族精神相悖，当然也不符合人类历史发展的趋势和时代的潮流。我们弘扬和培育民族精神，既要扎根于中华文明的旷野沃土，又要以宽广胸怀去吸取世界文明的一切有益成果，这才是一个有着自尊心和自信心的民族应有的健康心态。

民族复兴过程中的三个历史性选择

回顾和总结150年来中华民族伟大复兴的历史，有三条最根本性质的经验，也可以说是三个最具有决定性意义的历史性选择，那就是：

第一，中国共产党是实现民族复兴的核心力量。

第二，马克思主义中国化为民族复兴提供了科学理论的指导。

第三，中国特色社会主义为民族复兴开辟了一条康庄大道。

第一，伟大的事业需要伟大的团结。如果没有全国各族人民万众一心的共同参与和团结一致的顽强拼搏，中华民族伟大复兴的最终实现是无法想象的。

民族的团结，人民的团结，需要一个核心。这个核心就是中国共产党。中华民族的伟大复兴，这样一个无数关心国家命运的先辈梦寐以求并为之英勇献身的宏伟大业，只有在中国共产党的领导之下才能实现。这是全部社会生活给予我们的带有宏观必然性的珍贵历史启示。

中国共产党在不同历史时期，根据不同的历史条件和社会环境，制定了符合客观实际的党的路线、方针和政策，并且带领广大群众全身心地投入到斗争第一线，为民族复兴事业贡献出自己的全部力量。这是由中国共产党的根本性质所决定的，因为中国共产党是工人阶级的先锋队，同时是中国人民和中华民族的先锋队。在革命、建设、改革的各个历史时期，它总是代表着中国先进生产力的发展要求，代表着中国先进文化的前进方向，代表着中国最广大人民的根本利益，并通过制定正确的路线、方针、政策，为实现国家和人民的根本利益而不懈奋斗。在中国，从来没有任何一个政治组织像中国共产党这样集中了那么多的先进分子，组织得那么严密和广泛，为中华民族做出了那么多牺牲，同人民保持着密切的联系，在前进中善于总结经验和教训，以形成并坚持正确的理论和路线。因此，我们可以说，中国共产党成为全国人民的核心，这正是历史的选择，人民的选择。

第二，中国共产党从诞生之日起，就把马克思主义确立为自己的指导思想，把社会主义作为自己的追求目标，这是中国人民在民族复兴征途上的一个伟大的飞跃。

但是，并不是找到了马克思主义这个锐利的思想武器，就万事大吉了。要实现中华民族的伟大复兴，求得民族独立和人民解放，实现国家繁荣富强和人民共同富裕，还必须解决马克思主义这个科学真理同中国国情、同中国革命实际相结合的问题，也就是要解决马克思主义中国化的问题。

最早明确提出“马克思主义中国化”这个命题的是毛泽东同志。他在1938年党的六届六中全会的政治报告中强调指出：“成为伟大中华民族的一部分而和这个民族血肉相连的共产党员，离开中国特点来谈马克思主义，只是抽象的空洞的马克思主义。因此，使马克思主义在中国具体化，使之在其每一表现中带着必须有的中国的特性，即是说，按照中国的特点去应用它，成为全党亟待了解并亟须解决的问题。”①

马克思主义中国化的第一个理论成果是毛泽东思想；第二个理论成果是邓小平理论；党的十三届四中全会以后，逐步形成了“三个代表”重要思想，十六大以后又提出了科学发展观，二者同邓小平理论一起，构成了中国特色社会主义理论体系，进一步推进了马克思主义的中国化。

马克思主义同马克思主义中国化的各个理论成果之间，是一脉相承又与时俱进的关系。马克思主义是科学，它始终严格地以客观事实为根据。而实际生活总是在不停地变动中，这种变动的剧烈和深刻，一百多年来达到了前人难以想象的程度。因此，马克思主义必定随着时代、实践和科学的发展而不断发展，不可能一成不变。马克思主义中国化，不是要抛弃或者背离马克思主义，而是更好地坚持、继承和发展马克思主义。我们说“老祖宗不能丢”，是指马克思主义的基本立场、观点和方法，被实践证明了是科学真理的马克思主义那些基本原理，是不能丢的，丢了就丧失根本。正像小平同志所说：“我们搞改革开放，把工作重心放在经济建设上，没有丢马克思，没有丢列宁，也没有丢毛泽东。老祖宗不能丢啊！”② 但绝不是说可以或者应该把马克思主义变成僵死的教条，用“本本主义”的态度去对待马克思主义，把马克思主义的个别字句和个别结论看作现成的灵丹圣药，以为得了它就可以包医百病。在我们党的历史上，曾经吃过教条主义的大亏，反对教条主义的斗争，也一直是我们党思想理论战线上最重要的内容。正确处理好坚持和发展的关系，辩证统一地看待“一脉相承”和“与时俱进”的关系，是实现和推进马克思主义中国化的基本立足点。

第三，中华民族的伟大复兴，同中国特色社会主义是有机地统一在一起的，具有本质的内在联系。我们就是要在建设中国特色社会主义的道路上实现中华民族的伟大复兴。这也是由中国的历史特点所决定的。

---

① 《毛泽东选集》，2版，第2卷，534页。

② 《邓小平文选》，1版，第3卷，369页。

在中国共产党成立之前，各种各样复兴民族的方案，尽管存在着很大的差异，但有一点是共同的，那就是，除少数例外，他们的学习对象，主要是西方资产阶级的文明；他们所追求的，主要是发展资本主义的经济和文化；他们所设计的道路，不管意识到还是没有意识到，归根结底，跳不出资产阶级共和国的圈子。这不仅是合乎逻辑的，而且在当时也是顺乎时代发展潮流的。因为，在那个时候，资本主义的经济、政治和文化，在世界上还处于最先进的地位。发展资本主义，还是中国社会在前进道路上首先要跨出的步伐。

但是，在中国发展资本主义、建立资产阶级现代国家的愿望，却不断在现实生活中碰壁。这是由国际国内的客观条件决定的。从近代历史发展的全过程来看，帝国主义勾结中国封建势力压迫中国资本主义的发展，阻止和破坏中国社会的前进，是已经由无数事实所证明了的历史本质真实。帝国主义为了维持和强化半殖民地的统治，就必须勾结和支持中国的封建势力，维护封建专制制度，竭力保持封建剥削制度的根基即封建生产关系。这样，资本主义的发展就更加困难重重。在这样一种政治环境及社会条件之下，中国的资产阶级在经济上和政治上就不能不是异常软弱的，他们没有力量承担起建立资产阶级共和国的历史任务。

这就是为什么资本主义道路在中国走不通的根本原因，这就是为什么中国的民族复兴只有走中国特色社会主义道路的根本原因。邓小平同志说得好：“历史告诉我们，中国走资本主义道路不行，中国除了走社会主义道路没有别的道路可走。一旦中国抛弃社会主义，就要回到半殖民地半封建社会，不要说实现‘小康’，就连温饱也没有保证。所以了解自己的历史很重要。”①

中国共产党的政治领导，马克思主义的理论指引，社会主义的制度和道路，这是人民的选择、历史的选择，但我在这里，也想强调一点，就是人民和历史选择了我们，如果我们不争气，如果我们自己搞不好，人民和历史也会做别的选择，要有这个观念。这个话

① 《邓小平文选》，1版，第3卷，206页。

不太好听，但确实如此。如果我们共产党忘掉了为人民服务的宗旨，我们不再为大多数人去谋利益了，我们不再为中国的伟大复兴去奋斗了，不再为我们伟大的事业牺牲自己了，我们没有能力克服党内的消极腐败现象了，有一天人民会不选择你，历史会不选择你。我们的领导干部应该有这样的忧患意识，这是从反面说。从正面说，我们要坚持共产党的领导，坚持中国化马克思主义的指导，坚持中国特色社会主义道路，我们中华民族的复兴，到了 21 世纪的中期就一定能够实现，我们就可以完成先辈所追求的这样一个伟大的目标。

中华民族伟大复兴的历史新起点*

——纪念五四运动90周年

90年前发生的五四运动，在中国近现代历史上是个具有划时代意义的事件。如果把它放到中华民族伟大复兴的历史长河中来考察，就可以明显地发现，正是五四运动成为许多重大问题的历史转折点。在五四运动以前，中国革命的政治指导者是小资产阶级和资产阶级（他们的知识分子），在思想文化战线上主要是资产阶级的新文化同封建阶级的旧文化的斗争，而民族复兴的目的是建立资本主义的社会和资产阶级专政的国家；在五四运动以后，中国革命的政治指导者已经属于无产阶级（通过五四运动后不久成立的中国共产党），思想文化战线上主要是共产主义的宇宙观和社会革命论同帝国主义文化和封建文化的斗争，民族复兴的目的则是建立社会主义社会和人民民主专政的国家。正是因为这些变化，中国的民主主义革命，也就从旧民主主义革命转化为新民主主义革命。就民族命运来说，也以此为契机，基本扭转了自鸦片战争以来不断向下沉沦的发展趋向，逐步转向实现民族独立和人民解放的向上发展的轨道。

胡锦涛同志5月2日在同中国农业大学师生代表座谈时的重要讲话中指出："实现中华民族伟大复兴，是五四运动以来一代又一代中国青年矢志追求并为之顽强奋斗的宏伟理想。现在，实现这一宏伟理想的光明前景已经展现在我们面前。当代青年对五四运动最好的纪念、对五四先驱最好的告慰，就是要在党的领导下，以执着的信念、优良的品德、丰富的知识、过硬的本领，勇敢地担负起历史

---

* 载《光明日报》，2009年5月5日，《人民日报》2009年5月7日转载，收入《学习活页文选》2009年第12期。

重任，同广大人民群众一道，奋力开创中国特色社会主义事业新局面，让伟大的五四精神在振兴中华新的实践中放射出更加夺目的时代光芒。”当此纪念五四运动 90 周年之际，按照总书记的要求，进一步弘扬五四精神，发扬五四运动的光荣传统，对于我们，尤其是广大青年坚定不移地走中国特色社会主义道路，努力实现中华民族伟大复兴的宏伟大业，无疑具有十分重要的意义。

民族的新觉醒

五四运动首先是一场爱国运动。它的直接起因是第一次世界大战结束后，在解决战争善后问题的巴黎和会上，帝国主义列强竟不顾中国人民的强烈要求，悍然决定将战败国德国在山东的权益交给日本，由此引发了中国人民反对帝国主义强权、声讨军阀政府卖国行为、维护中国民族尊严、捍卫中国国家主权的广泛群众运动。这个运动以青年学生为先锋，很快扩展到工、商及社会各界，人们响亮地喊出“外争国权，内惩国贼”“还我青岛”“拒签和约”“誓死力争”等口号，带有彻底地不妥协地反帝反封建性质，促进了爱国主义的新的昂扬，实现了民族精神的新的觉醒。

有人指责五四时期“救亡压倒了启蒙”，以致使运动走上了歧路。意思是说，由于人们沉浸于狂热的爱国激情，所以从新文化运动开始的思想启蒙被冲掉了、夭折了。这个批评显然不符合历史实际。事实上，“救亡”同“启蒙”不仅不矛盾，反而是相辅相成、相互促进的。如果不是到了亡国灭种的边缘，如果不是为了国家、民族的前途命运去寻找救国救民的真理，人们不可能如此急不可待，如此如饥似渴地去了解、去推介各种各样的“学说”和“主义”，形成五四前夕思潮激荡、百家争鸣的局面。所以，与其说是“救亡压倒了启蒙”，不如说正是“救亡”推动了思想的“启蒙”。

其实，对当时来说，“救亡”是一个谁也无法回避的历史主题。1840 年的鸦片战争以后，中国进入了半殖民地半封建社会。帝国主义列强横行霸道，操纵着中国的经济和政治。封建统治者丧权辱国，勾结帝国主义残酷压榨中国人民。国家日益贫弱，人民饥寒交迫，社会战乱不已，民族灾难深重。面对这种国家将被瓜分豆剖的危殆状态和令人窒息的黑暗岁月，“救亡”便不能不成为一种时代的要求。在这种情况下，以爱国主义为核心的民族精神的主要内容，就是对外反对帝国主义列强的侵略，捍卫祖国的独立和领土完整，维护民族的尊严；对内反对依附于帝国主义并出卖国家主权的反动统治阶级，要求改变任人宰割的悲惨命运，推翻造成祖国贫弱、阻碍民族振兴的封建专制制度。五四运动的一个重要历史功绩，就是让民族精神在更广阔的范围内和更深刻的程度上，提升到了一个新的高度和新的水平。

民族精神是一个历史范畴，在社会发展的不同阶段、不同时期有着不同的具体内涵。现在民族独立和人民解放早已实现，但培育和弘扬民族精神的任务，仍然是我们应该认真对待并着力做好的。这是因为，不论在什么时候，民族精神始终是一个民族赖以生存和发展的精神支撑。一个民族，没有振奋的精神和高尚的品格，不可能自立于世界民族之林。民族精神是综合国力的重要组成部分。当前，世界多极化和经济全球化的趋势在曲折中发展，科技进步日新月异，综合国力竞争日趋激烈。在这样的新形势下，不断增强民族精神，就更加具有不容忽视的重要性和紧迫性。

思想的新解放

五四运动不仅是一个反帝反封建的爱国政治运动，也是一个解放思想的伟大文化运动。

在近代历史上，中国人民为了实现中华民族的振兴，经历过几次影响巨大的思想解放的高潮。19 世纪末叶的戊戌维新运动是一次。当时的维新派以进化论为武器，勇敢地提出要在思想上“冲决网罗”，批判封建君权和封建纲常伦理，呼吁革除积弊，变法维新，这不仅对随之而来的戊戌政治改革运动起到了重要的思想动员作用，也使人们扩大了眼界，把顽固的封建主义思想壁垒打开了一个缺口。20世纪初的辛亥革命又是一次。当时的革命派以“三民主义”为旗帜，再次发起了对封建君权和封建纲常伦理的冲击，呼吁推翻清朝，创立民国。辛亥革命结束了统治中国两千多年的封建君主专制制度，虽然革命的果实很快为袁世凯所窃取，但民主共和的观念开始深入人心，大大激发了人民的爱国热情和民族觉醒，打开了历史进步的闸门。

较之戊戌维新和辛亥革命，五四运动的思想解放，其深度和广度都远远超过了前者。五四新文化运动的倡导者和斗士们，高举“民主与科学”两大旗帜，对封建主义旧文化旧思想进行了猛烈的扫荡，给人们的思想以强烈的震撼。

在关于五四运动的历史评价和历史作用的讨论中，如何看待当时反对封建主义文化思想的斗争，无疑是争论的重要焦点之一。

早在20世纪30年代，一位国民党政要就说：“五四运动，纯为一种文化的破坏工作，以致我国固有文化，摧残无余”，“整个的社会，陷于堕落颓废而毫无秩序的状态；整个的民族，日趋衰落灭亡的悲境”，“凡此种种，皆为五四新文化运动之遗毒”①。近年来，也颇有人宣称五四新文化运动是“全盘化反传统”，造成了“意识形态的真空”，使我国传统文化遭到了“断裂”，导致全民性价值观的混乱和社会失序。

这样的评判，究竟是不是合乎客观的历史实际呢？

孔子和儒家的思想，是我国传统文化的重要组成部分。在长期的历史发展中，儒家文化曾经起过十分重要的作用。其中既包含着极为珍贵的思想精华，也存在着应该摒弃的文化糟粕。五四时期，曾经对以孔子开创的儒学为核心的封建思想文化，开展过猛烈的批判和斗争。那么，当时的人们这样做，究竟是一时心血来潮，还是有着客观的历史必然性？究竟是出于盲目冲动，还是存在着充足的

---

① 陈立夫：《中国国民党党员与新生活运动》，转引自林甘泉主编：《孔子与20世纪中国》，480页。

历史合理性？离开了对历史条件、历史环境的具体分析，就无法对这些问题做出实事求是的回答。

我们不妨来具体看一看当时的情景。

第一，这是反对专制统治、争取民主的客观需要。

辛亥革命推翻了统治中国几千年的君主专制制度，取得了巨大的胜利。但这场革命并没有能改变旧中国的社会性质和人民的悲惨境遇，政权也很快落到了大地主大买办阶级的代表人物袁世凯手里。当人们思索辛亥革命的失败教训时，逐渐发现，仅仅通过武装斗争推翻旧政权，还远远不够。如果不经过对旧思想、旧文化、旧礼教的深刻批判，大多数国民缺乏必要的民主意识，共和制度就不能得到真正的巩固。因此，必须要掀起一场思想文化运动的狂飙，为辛亥革命补上这一课。

恰恰在这时，袁世凯及其后继者为了对抗共和，复辟帝制，掀起了一场尊孔复古的闹剧。他们公然以政府的名义发布《尊孔祀孔令》，恢复辛亥革命后已被废除的小学读经课程。袁世凯亲率百官至文庙三跪九叩，祭孔行礼。在这样的气氛下，各地尊孔组织纷纷成立。以康有为、陈焕章等为首的孔教会更多次呼吁，要求“定孔教为国教”。在其中的一个请愿书中，他们说：“凡国家有大事则昭告于孔子，有大疑则折衷于孔子。一切典章制度、政治法律，皆以孔子之经义为根据，一切义理、礼俗、习惯，皆以孔子之教化为依归，此孔子为国教教主之所由来也。”他们告诫说：如果不这样，“其祸必至于国粹沦亡，国基颠覆，国性消灭，国俗乖敎，而国且不保矣”①。袁世凯死后，继起的军阀官僚及那些封建卫道士，仍然大力营造尊孔复古的社会舆论和政治氛围。客观现实充分说明，尊孔与反尊孔的争论已经成为政治生活中无可回避的严重斗争。李大钊明确指出，对于孔子，“历代君主，莫不尊之祀之，奉为先师，崇为至圣。而孔子云者，遂非复个人之名称，而为保护君主政治之偶像矣”，“故余之掊击孔子，非掊击孔子之本身，乃掊击孔子为历

① 《孔教十年大事》卷8。

代君主所雕塑之偶像的权威也；非掊击孔子，乃掊击专制政治之灵魂也”①。这就把五四时期反尊孔的实质讲得很清楚了。

第二，这是冲决精神枷锁、促进思想解放的客观需要。

五四时期提出的两个口号，一个是民主，另一个是科学。民主是针对专制而言，科学是针对愚昧而言，包括思想的僵化、迷信的盛行、新知识的缺失等。而这种现象产生的根源，正是反动的专制统治，正如鲁迅一针见血地指出的：“愚民的发生，是愚民政策的结果。”② 中国人身上的迷信、自私、害群等陋习，都是“历代民贼所经营养成者”③。“制礼作乐，尊孔读经”，就是专制统治者对群众实行文化思想上的钳制束缚的工具。鲁迅无情地揭露那些统治阶级的帮闲一味地崇奉国粹，热心复古，其实都是“把痈疽当作宝贝”，“以古训所筑成的高墙”窒息任何一点有生气的思想，使百姓“像压在大石底下的草一样”④，默默地生长，萎黄，枯死。鲁迅悲愤地慨叹：“‘反改革’的空气浓厚透顶了，满车的‘祖传’‘老例’‘国粹’等等，都想来堆在道路上，将所有的人家完全活埋下去。”⑤ 因此，要想破除迷信，解放思想，廓清蒙昧，启发理智，改变“万马齐喑”的局面，打通传播科学知识的道路，就必须挣脱封建精神枷锁，对尊孔思潮进行一次猛烈的扫荡。李大钊说：“看那二千余年来支配中国人精神的孔门伦理，所谓纲常，所谓名教，所谓道德，所谓礼义，哪一样不是损卑下以奉尊长？哪一样不是牺牲被治者的个性以事治者？”⑥ 思想解放是五四运动的最重要的成果之一，而破除对孔学的迷信正是一个必不可少的前提。

第三，这是反对旧礼教、创建新道德的客观需要。

五四时期，新文化运动的倡导者，特别关注新的伦理道德的创建，这也是切中时弊的。这是因为旧的礼教，旧的道德，对于个人，

① 李大钊：《自然的伦理观与孔子》。
② 鲁迅：《上海所感》。
③ 鲁迅：《中国地质略论》。
④ 鲁迅：《灯下漫笔》。
⑤ 鲁迅：《通讯》。
⑥ 李大钊：《由经济上解释中国近代思想变动的原因》。

则摧残了个性；对于社会，则扼杀了生机。所以，陈独秀把“伦理的觉悟”看作“吾人最后觉悟之最后觉悟”①。要改造社会，首先要实现“伦理之觉悟”，与吃人的旧礼教做彻底的决裂。在上面的文章里，陈独秀指出：“三纲之根本义，阶级制度是也。所谓名教，所谓礼教，皆以拥护此别尊卑明贵贱制度者也。”在另一篇文章里，他讲得更加淋漓尽致：“儒者三纲之说，为一切道德政治之大原。君为臣纲，则民于君为附属品，而无独立自主之人格矣。父为子纲，则子于父为附属品，而无独立自主之人格矣。夫为妻纲，则妻于夫为附属品，而无独立自主之人格矣。率天下之男女为臣为子为妻，而不见有一独立自主之人者，三纲之说为之也。缘此而生金科玉律之道德名词，曰忠，曰孝，曰节，皆非推己及人之主人道德，而为以己属人之奴隶道德也。”② 变“以己属人”为“推己及人”，变奴隶道德为主人道德，人们之间的伦理关系，将会发生一个根本性的变化。社会将更加合乎理性，人们将能够真正体现生命的价值。

其实，新文化运动的健将，在激烈批判儒学的同时，并没有全盘否定孔子和儒家学说的历史价值。陈独秀就明确指出：“夫孔教之为国粹之一，而影响于数千年来之社会心理及政治者最大，且为当时社会之名产，此均吾人所应绝对承认者。”③ 他还说：“孔教亦非绝无可取之点”，甚至还说过：“孔学优点，仆未尝不服膺。”李大钊也说：“孔子于其生存时代之社会，确足为其社会之中枢，确足为其时代之圣哲，其说亦确足以代表其社会其时代之道德。”④ 至于说他们一笔抹杀、一概否定了中国的传统文化，则更是无稽之谈。我们可以以鲁迅为例。当有人给鲁迅戴上一顶“虚无主义者”的帽子，指责他的笔下只有一片黑暗，几乎否定了一切时，鲁迅回答说：“至于希望中国有改革，有变动之心，那的确是有一点的”，“但我自信并未抹杀一切”。这里所说的“并未抹杀一切”，是也包括中国传统

① 陈独秀：《吾人最后之觉悟》。
② 陈独秀：《一九一六年》。
③ 陈独秀：《对常乃德来信的答复》。
④ 李大钊：《自然的伦理观与孔子》。

文化在内的。早在辛亥革命前夕，他就在一篇文章中明白指出，不能因为古埃及“以迷信亡”，就“举彼上古文明，胥加呵斥”；更不能因为“见中国式微，则虽一石一华，亦加轻薄”。并且说，那种因中国暂时的落后而对自己民族的旧物一概否定的“竖子之见”，“按其由来，实在拾外人之余唾”①。在另一篇文章里，他还曾鲜明地提出既不要“笃古”、也不要“蔑古”的主张，认为把现代的一切“学术艺文”统统看作古已有之，“一切新声”都不过是“绍述古人”，自然是自欺欺人之谈；但用现代的尺度去衡量“往古人文”，“得其差池，因生不满”，甚至“哂神话为迷信，斥古教为谫陋者”②，也并非是历史的态度。待到他接受了唯物史观之后，对于包括风俗习惯在内的传统文化，更明确提出必须采取辩证的、分析的态度，“加以研究，解剖，分别好坏，立存废的标准，而于存于废，都慎选施行的方法”③。应该说达到了一个认识的新的高度了。

任何一次历史运动，都不可避免地存在着一定的时代局限。由于当时许多人还没有马克思主义的批判精神，有时看问题的方法存在着形式主义的毛病，好就是绝对的好，坏就是绝对的坏，因此不免产生一些片面化和简单化的情况。这一点我们不应该回避。但如果因此而否定当时反对尊孔及批判封建主义思想文化的必要性、合理性和历史必然性，看不到这场斗争产生的巨大社会影响和历史进步作用，那就是只见树木，不见森林，未免模糊甚至扭曲了对于历史本质真实的认识了。

五四时期的思想解放，使人们挣脱了封建主义的精神枷锁，为新思想新观念的传播扫清了基地。正如毛泽东同志所说：不把为帝国主义和封建阶级服务的旧思想旧文化打倒，“什么新文化都是建立不起来的。不破不立，不塞不流，不止不行，它们之间的斗争是生死斗争”④。从这个意义上，我们可以说，没有五四时期的思想解

---

① 鲁迅：《破恶声论》。

② 鲁迅：《科学史教篇》。

③ 鲁迅：《习惯与改革》。

④ 毛泽东：《新民主主义论》。

放，也就不可能有马克思主义的广泛传播，更不可能有中国人民在争辩和对比的基础上对马克思主义科学理论的理性认识和坚定信仰。

道路的新选择

从鸦片战争到五四运动的近80年间，各种不同的政治力量和政治派别，或者为着挽救民族的危亡，或者为着应对政治的危机，都在思索着中国应该走一条什么样的发展道路，提出了一个又一个救国方案。

太平天国农民战争曾经幻想用按人口均分土地的办法，去取代野蛮残酷的封建剥削制度，以建立一个“有田同耕，有饭同食，有衣同穿，有钱同使，无处不均匀，无人不饱暖”的理想社会。但是，这种绝对平均主义缺乏真正实施的现实可能性，农民自己在思想上也无法挣脱皇权主义的束缚。结果，他们轰轰烈烈掀起的运动终于在中外反动势力的联合镇压下惨遭失败。

此后，封建统治阶级中的一部分有识之士推行的洋务运动，虽然通过创建军事工业，兴办民用工业，建工厂，开矿山，筑铁路，以及办学堂，派遣留学生等，在中国走向近代化方面起到了筚路蓝缕的作用，但是，他们的根本目的是维护封建统治，因此不敢越封建专制主义的雷池一步，同时，他们所办的企业在资金、设备、技术、管理等各个方面，又对西方列强存在着极大的依赖性，因此，洋务运动也就不能不如维新派所批评的那样，因“根本不净”而“百事皆非”。

甲午战争中国败于日本之后，民族危机达到了空前严重的程度。残酷的现实，不能不促使人们对救国道路做重新的思考。于是，以康有为、梁启超为代表的维新派登上了历史舞台。他们认识到，学习西方仅仅局限在物质文明的层面，是远远不够的，还需要更进一步，按照西方政治制度的模式，对中国的封建政治进行大胆的改革。他们坚信“要救国，只有维新；要维新，只有学外国”，并在1898

年发动了著名的“百日维新”。但这场政治改革仅只昙花一现，很快就被以慈禧为代表的封建顽固势力镇压了。

孙中山领导的辛亥革命，提出了完整地建立资产阶级共和国的政治纲领，在比较更完全的意义上开始了资产阶级民主主义的革命。如前面已经提到的，辛亥革命取得了巨大的成功，但最后并没有改变中国半殖民地半封建社会的性质，仍然未曾逃脱失败的命运。

毛泽东同志曾经生动地描述过五四运动以前中国人民探索救国道路的艰难历程：“自从一八四〇年鸦片战争失败那时起，先进的中国人，经过千辛万苦，向西方国家寻找真理。洪秀全、康有为、严复和孙中山，代表了在中国共产党出世以前向西方寻找真理的一派人物。那时，求进步的中国人，只要是西方的新道理，什么书也看。”“学了这些新学的人们，在很长的时期内产生了一种信心，认为这些很可以救中国。”“帝国主义的侵略打破了中国人学西方的迷梦。很奇怪，为什么先生老是侵略学生呢？中国人向西方学得很不少，但是行不通，理想总是不能实现。多次奋斗，包括辛亥革命那样全国规模的运动，都失败了。国家的情况一天一天坏，环境迫使人们活不下去。怀疑产生了，增长了，发展了。”①

恰恰在这个时候，国际国内的形势发生了重大的转折。国际上，俄国十月革命的胜利，显示了马克思主义这一科学理论的威力，也提供了除资本主义以外的另一种即社会主义制度的样板。国内，由于辛亥革命的积极影响，也由于帝国主义国家忙于第一次世界大战而暂时放松了对中国的控制，资本主义经济得到了初步发展的机会；而随着资本主义的发展，无产阶级也日益壮大起来。五四运动前后，一部分先进的知识分子，如李大钊、陈独秀、毛泽东、周恩来、蔡和森等，接受并积极宣传马克思主义，在社会上产生了巨大的影响。经过五四运动，在马克思主义同工人运动相结合的基础上，于1921年成立了中国共产党。中国共产党自诞生之日起，就把马克思主义确立为自己的指导思想，把社会主义作为自己的追求目标。中国发

---

① 毛泽东：《论人民民主专政》。

展道路的新的选择，是中国人民在民族复兴历程中一次伟大的飞跃。

五四运动以后，经过 30 年艰苦卓绝、前赴后继的英勇斗争，终于取得了新民主主义革命的伟大胜利。正如党的十七大报告指出的：“新民主主义革命的胜利，社会主义基本制度的建立，为当代中国一切发展进步奠定了根本政治前提和制度基础。”中华人民共和国的成立，开始了在社会主义道路上实现中华民族伟大复兴的历史进程。特别是改革开放以后，我们在中华人民共和国前 30 年取得社会主义革命和建设伟大成就以及艰辛探索社会主义建设规律取得宝贵经验的基础上，开辟了中国特色社会主义道路，形成了中国特色社会主义理论体系。矢志不渝地坚持这条道路和这个理论体系，不动摇，不倒退，不折腾，就为中华民族伟大复兴的实现，提供了最可靠的政治保证。

辛亥百年的学术对话*

在纪念辛亥革命100周年前夕，《思想理论教育导刊》记者走访了清史专家李文海教授，就辛亥革命研究中若干学术问题进行了访谈，主要内容如下：

记者： 人们把一百年前发生的辛亥革命，称作20世纪中国人民在前进道路上经历的第一次历史性巨变，您能不能先谈一谈这个伟大历史事件是在什么样的情况下发生的？

李文海： 辛亥革命是怎样发生的？革命发生的原因是什么？对这个问题，可以说一百年来，一直存在着不同的认识。

中华人民共和国刚刚成立的时候，美国发表了一个白皮书，把辛亥革命发生的原因归结于“西方的影响”。其中说：“到了19世纪中叶，西方突破了中国孤立的墙壁”，正是西方带来的许多“新思想发生了重要作用，激起了骚动和不安”，才爆发了辛亥革命，推翻了清王朝。对于这个，毛泽东同志专门写了《唯心历史观的破产》加以评析，指出用思想来解释革命的发生，其实是唯心史观的老调。

20世纪90年代，开始流行“告别革命”论。鼓吹者说：辛亥革命的发生是在一些人“丧失理性”“发疯发狂”的“情绪化”的鼓动下，许多人犯了“革命崇拜症”，“辛亥革命搞糟了，是激进主义思潮的结果”。20世纪选择革命方式是“令人叹息的百年疯狂与幼稚”“给社会造成了大破坏”。这个观点依然是用思想来解释革命，而且认为革命是少数人鼓动起来的，这实在是一种非常陈旧的观点。早在19世纪，恩格斯就说过：把革命的发生归咎于少数煽动者的恶意

---

* 载《思想理论教育导刊》，2011年第9期，《人民日报》2011年9月20日以《辛亥革命百年的历史思考》为题摘要刊发。

的那种迷信时代早已过去了。

所以，回答这个问题，不能简单归之于思想的作用，更不能归之于少数人的煽动，而要从社会物质生活中去找原因，从社会矛盾中找根源。

从1840年的鸦片战争开始，中国一步步沦为半殖民地半封建社会。殖民主义、帝国主义通过向中国发动多次侵略战争，强迫中国订立了许多不平等条约。根据这些条约，它们一方面牢牢地控制了中国的政治和军事，把封建统治阶级变为它们统治中国的支柱；一方面操纵中国的财政和经济命脉，疯狂地进行剥削掠夺，阻碍中国资本主义的生长和生产力的发展。在帝国主义和封建主义的双重压迫下，国家面临着内忧外患的极大危机，经济凋敝，社会残破，政治动荡，民不聊生。

当时中国社会的主要矛盾，一个是帝国主义和中华民族的矛盾，一个是封建主义和人民大众的矛盾，而帝国主义和中华民族的矛盾，乃是各种矛盾中最主要的矛盾。这是因为，造成近代中国国弱民贫的最根本的原因，正是帝国主义的野蛮侵略。要挽救国家的危亡，寻求民族振兴的出路，就要把斗争的矛头指向压迫和阻碍中国社会向前发展的帝国主义及其附庸封建主义。辛亥革命就是在上述这些基本矛盾的基础上发生和发展起来的。因此，如果要用最简洁明确的语言来回答辛亥革命发生的原因，那就是如毛泽东同志所说："帝国主义的侵略引起了反抗。""辛亥革命是革帝国主义的命。中国人所以要革清朝的命，是因为清朝是帝国主义的走狗。"①

记者：最近出版的一部专门讲辛亥革命的书中，说辛亥革命前，中国社会是很稳定的，"经济得到很大的恢复发展"，财政大幅度增加，"工商业呈现兴旺景象"，社会治安良好，所以，"革命形势一直都不够成熟"，"这个革命的发生，多少有点偶然性"。您觉得当时的客观形势是这样吗？

李文海：讲历史，不能凭主观臆想，而要根据客观事实。当时

---

① 毛泽东：《唯心历史观的破产》。

究竟是一个什么样的形势，比较信得过的是当时人和当事人的看法和意见。

当时的革命派对国家、民族面临的亡国灭种的危险，可以说是披肝沥胆，大声疾呼，描写得淋漓尽致。读一读邹容的《革命军》，陈天华的《警世钟》和《猛回头》，以及其他一些革命报刊的文章，就很清楚。孙中山在《香港兴中会章程》中做了这样的描写：中国的外部环境是“堂堂华国，不齿于列邦；济济衣冠，被轻于异族”“强邻环列，虎视鹰瞵”“瓜分豆剖”“蚕食鲸吞”；国内状况则是“政治不修，纲维败坏”“鬻爵卖官，公行贿赂”“盗贼横行，饥馑交集，哀鸿遍野，民不聊生”。这是一幅何等触目惊心的悲惨景象！

也许有人会说，革命派为了宣传目的，难免有意夸大当时形势的危险性和严重性。那么你可以去看看立宪派的言论。立宪派是不主张推翻清王朝的，但他们也认为民族危殆，险象环生，清政权已危如累卵了。有一部书叫《辛亥革命前十年间时论选集》，收录了各派政治力量对时势的各种看法，很多意见并不一致，甚至针锋相对，但对形势的分析，我丝毫也没有看到有同你刚才提到的那部书里那样的观点。

我们还可以看看清朝掌握最高统治权力者是怎样说的。慈禧、光绪死后，宣统继位，由载沣任摄政王，载沣成为继慈禧之后掌握清廷最高统治权力的人。革命起来，载沣被迫辞去摄政王，在辞职的奏折中，他用了这样八个字来形容当时的政局：“人心瓦解，国势土崩。”“人心”也好，“国势”也好，都已经到了“土崩”“瓦解”的地步，哪里还有一点“社会稳定”的影子？事实上，辛亥前夕，清朝的一些中高级官员，在私底下或半公开场合，讲清王朝“气数已尽”“大势已去”“大厦将倾”，已经是司空见惯的了。

还可以举一个十分有趣的现象，当时三位不同政治立场和政治态度的人物，一个孙中山，一个梁启超，一个李鸿章，曾不约而同地把清王朝比喻成一座千疮百孔、摇摇欲坠的老房子，只要一遇急风暴雨，就会轰然倒塌。我在一篇题为《“老屋子”的比喻》的杂文里，就讲到这方面的情况。

从上面这些事实，可以看到清王朝确实已经走到了历史的尽头，日薄西山，气息奄奄，苟延残喘，朝不保夕。我们可以说，辛亥革命的发生，绝不是偶然的，而是有着客观的历史必然性。

记者：毛泽东曾经说过，中国反帝反封建的资产阶级民主革命，正规地说起来，是从孙中山先生开始的。应该怎样理解这句话呢？

李文海：我觉得，这句话包含两层意思：一是说，中国人民反帝反封建的斗争，在辛亥革命前就有了，但还不是正规意义上的，不是完全意义上的；二是说，只有到了孙中山先生领导的辛亥革命，才把资产阶级民主革命提升到了正规的阶段。

事实上，进入近代以来，中国人民从来也没有停止过争取民族独立和人民解放、实现国家繁荣富强和人民共同富裕的美好追求，没有停止过反帝反封建的斗争。在辛亥革命以前，这种斗争主要表现在三个方面：

一是在列强发动的侵略战争面前，我国广大爱国将士和民众，勇敢地拿起武器，进行了顽强的抵抗，表现了中华儿女不畏强暴、保家卫国的民族精神。不论是鸦片战争、第二次鸦片战争、中法战争、中日甲午战争还是八国联军侵华战争，都是如此。但由于社会制度腐败，经济技术落后，这些战争都以中国的失败而告终。

二是以农民为主体的下层群众，不堪忍受帝国主义和封建主义的欺凌与压迫，拿起原始武器，直接对封建统治阶级和帝国主义展开武装斗争。鸦片战争后10年发生的太平天国农民战争，辛亥革命前10年发生的义和团运动，就是其中最突出的表现。太平天国前后坚持了14年之久，占领了广大地区，建立了与清王朝相对峙的政权，给予封建统治秩序以重大打击。义和团在中国北方广大地区开展的波澜壮阔的斗争，不仅震动了中国，而且震撼了世界，以自己的爱国壮举有力地抵制了列强瓜分中国的图谋。但是，太平天国所追求的绝对平均主义缺乏真正实施的现实可能性，农民自己在思想上也无法挣脱皇权主义的束缚；义和团凭借笼统排外主义及迷信思想也无力抗拒帝国主义的野蛮镇压，更不能识破和摆脱封建统治者的欺骗与愚弄。结果，这两个运动都在中外反动势力的联合血腥镇压下终于惨遭失败。

三是戊戌维新派的政治改革运动。甲午战争前后，维新派总结了清王朝推行洋务运动企图在维护封建统治秩序的前提下学习西方物质文明所取得的积极成效和失败教训，决心按照西方政治制度的模式，对中国的封建政治进行大胆的改革。1898 年，在维新派的推动下，光绪皇帝下诏宣布变法，要求革新封建政治，发展经济文化。这个运动极大地促进了人们的思想解放，大大提升了国民的民主意识。但这些改革举措为封建顽固势力所不容，变法活动进行了 103 天，在慈禧太后的镇压下夭折。

毛泽东同志指出："近代中国最著名的斗争，有鸦片战争、太平天国运动、中法战争、光绪二十年的甲午战争，后头又有戊戌变法、义和团运动，以后接着是辛亥革命。革命是反对两个东西：一个叫做外国的压迫，一个叫做封建制度的压迫。中国人民对这两个东西总是不满意，总是要起来反抗。"① 前面提到的辛亥革命前发生的那些历史事件，都是中国人民在不同的时间中和不同的程度上反对外国压迫和封建制度压迫的斗争。虽然这些斗争都做出了自己的历史贡献，但总体来说，都还只处于资产阶级民主革命的准备阶段，因为它们都只是在个别方面打击了外国侵略者和本国封建势力，还没有能够提出较为系统的民族革命和民主革命的政治纲领。只有孙中山领导的辛亥革命，才在比较更完全的意义上开始了资产阶级民主主义的革命。

孙中山在成立兴中会的时候，就在神州大地上第一次响亮地喊出了"振兴中华"的口号。在中国同盟会成立前后，孙中山又提出了民族、民权、民生的"三民主义"，集中反映了中国人民追求民族独立、民主自由和民生幸福的崇高理想。特别是明确提出要推翻君主专制政体，建立民主共和国，这是以往从未有过的政治理念，这就把民主主义推进到了一个崭新的高度，开创了完全意义上的近代民族民主革命。

---

① 毛泽东：《中国共产党第七次全国代表大会的工作方针》。

记者：前些年有人鼓吹2008年是“中国宪政百周年”，因为1908年清廷颁布了一个《钦定宪法大纲》，认为从此开启了民主宪政的历史。对此您怎么看呢？

李文海：是的，前几年确实有人闹过一阵。他们写文章说：“中国人得到自由是从什么时候开始的？是从清末新政开始的。”“慈禧太后为首的清王朝顺应时代潮流，开始了史无前例的宪政改革”，“我们九十年代做的工作，我看了一下，大体是继续做光绪皇帝、宣统皇帝的未竟事业”。他们说的“九十年代”，是指20世纪90年代，也就是改革开放以后。这个观点当然是很荒唐的。其错误，首先是混淆两种不同性质的“事业”，光绪、宣统搞的所谓“宪政”，出发点和落脚点都是永远维持封建君主专制制度，《钦定宪法大纲》的第一条就是“大清皇帝统治大清帝国，万世一系，永永尊戴”。第二条是“君上神圣尊严，不可侵犯”。也就是说，这个《钦定宪法大纲》首先维护的是清朝的封建君主专制政体，即独裁政权。独裁同民主正好是相对立的两极，二者冰炭不容，针锋相对。坚持独裁，必然扼杀民主；争取民主，必然要推翻专制统治。说中国人民从那个时候起得到了自由民主，实在有点像天方夜谭。我们现在搞的事业，从政治方面说，不论是社会主义民主法制建设也好，还是政治体制改革也好，出发点和落脚点都是以人民当家做主为根本，就像胡锦涛同志在庆祝建党90周年大会上的讲话所说：“没有民主就没有社会主义，就没有社会主义现代化，人民当家做主是社会主义民主政治的本质和核心。”“要坚持国家一切权力属于人民，健全民主制度，丰富民主形式，拓宽民主渠道，保证人民依法实行民主选举、民主决策、民主管理、民主监督。”这样两种截然相反的“事业”，怎么可能是一种相互继承的关系呢？恰恰相反，不否定专制独裁，就不可能有人民民主；不破除旧的制度，就不能开辟新路。如果我们在一百年前不推翻清王朝的专制独裁统治，而是一直沿着光绪、宣统的老路走下去，绝对不可能走到今天这个境地。这一点，只要不抱偏见，大概不会有什么争议。

记者：“告别革命”论强调“革命只起破坏性的作用，没有任何建设性的意义”，“暴烈的战争或革命很少能带来真正的进步”，“革命是一种能量的消耗”，“老是革命，整个民族的生命能量就在革命中耗尽了”。应该怎样来看待破坏和建设的关系呢？

李文海：这其实是一个十分古老的问题。还在辛亥革命的准备阶段，改良派就指责革命派只热衷于破坏而无意于建设。对于这种指责，革命派反复说明，他们对于旧制度和旧秩序的破坏，正是为大规模的建设厘清地基，扫除障碍。邹容在《革命军》中说：“欲大建设，必先破坏；欲大破坏，必先建设。此千古不易之定论。吾侪今日所行之革命，为建设而破坏之革命也。”孙中山后来也曾反复讲过：建设是革命的唯一目的，如不存心建设，即不必破坏，更不必言革命。革命正是为了建设，“革命之破坏与革命之建设必相辅而行”，只有推翻了腐朽政权之后，才可以“大力发展社会生产，解决好人民的衣食住行问题”。的确，革命的根本目的就在于解放生产力。既然民族独立地位丧失，国家主权备受侵凌，中华民族被逼到了生死存亡的危急关头；既然封建专制政治的统治剥夺了人民生存和发展的权利，成为阻碍中国走向现代化的巨大障碍，志士仁人便不得不把主要精力投入到争取民族独立和人民解放的斗争中去。从现象上看，辛亥革命似乎只是或主要是一种政治行动，但资产阶级革命派却特意提醒人们，要从政治表象的背后看到经济的目标和推动力。孙中山说：“毫无疑义，最近时期中国的革命运动具有单纯的政治性质，而不是经济的性质。但是它将为我们未来的经济发展打下基础。”所以，把辛亥革命同中国的现代化对立起来，是没有道理的。

记者：党的十五大对辛亥革命的历史作用概括成一句话：为中国的进步打开了闸门。请问，这种进步作用具体表现在哪些方面呢？

李文海：辛亥革命推翻了清朝统治，结束了我国两千多年的君主专制制度，建立了中华民国，这是一个伟大的胜利。但是，这场革命没能实现真正的民族独立和政治民主，没能改变中国半殖民地半封建的社会性质和人民的悲惨境遇，国家统一的局面很快被军阀混战所代替。就这个意义说，辛亥革命又是失败的。辛亥革命虽然是一个失败了的革命，但却有着十分伟大的意义。它的历史意义集中到一点，就是“为中国的进步打开了闸门”。

这种为进步打开闸门的历史作用究竟怎样体现出来呢？概括地说，可以从政治、思想、经济、文化、社会几个方面来谈。

从政治、思想上说，辛亥革命带来了一次政治上、思想上的大解放。封建君主专制制度的被推翻，其意义并不仅仅是赶跑了一个皇帝，它在两个重大政治原则问题上，对传统观念做了根本性的颠覆。一是过去被认为至高无上、神圣不可侵犯的专制、独裁政治，被宣布为罪恶的、黑暗的、“不是平等自由的国民所堪受的”，公开声称“敢有帝制自为者，天下共击之！”这是对以往政治是非的一个根本颠倒。二是过去被认为是卑贱的、可以任意生杀予夺的“愚民”“草民”，被宣布为国家的主人。早在同盟会时期，革命派就提出“国家为人民之公产，凡人民之事，人民共理之”；在制订《中华民国临时约法》时，孙中山特地要求加上“中华民国之主权，属于国民全体”的内容。这是对以往政治是非的又一个根本颠倒。这两条虽然在现实政治生活中没有立即实现，但至少在法律上、人们的观念上得到了认可，成为绝大多数人的共识，这对后来的政治产生的影响是十分巨大、十分深远的。辛亥革命以后，任何形式的反动专制统治都无例外地以失败而告终，追根溯源，不能不说同上面提到的政治观念的变革有着密切的关联。因此，辛亥革命后，政权虽然落到了袁世凯手里，辛亥革命的政治成果却并没有完全丧失，它不仅铲除了中国封建势力最顽固的堡垒，宣告了封建君主专制统治时代的结束，同时也促进了人们民主意识的极大提高，迈出了从专制向民主转化的重要一步，为中国的政治现代化开创了一个新的阶段。

从经济上说，辛亥时期的革命志士，始终把国家富强和民生幸福作为自己追求的目标。他们一方面深信，只要推翻了封建专制主义的统治，中国一定能够在经济发展中取得“异常之速度”，在短期内“迎头赶上”甚至超过西方国家；一方面通过发展经济，努力改善民生，“为人民谋福祉”。南京临时政府成立后，为了振兴实业，成立了实业部，先后颁布了一系列有利于工商业发展的政策、法令，使当时的经济发展出现了一个前所未有的高潮。民国初年，现代工业无论在数量、规模、范围还是影响上，都大大超过晚清几十年的总和，教育事业、新闻出版事业、医疗事业等也都有了明显的进步。这就为以后的社会经济发展创造了重要的条件。

从文化和社会方面说，辛亥革命促使人们文化观念、社会风俗及生活习惯等方面发生了一系列新的变化。革命活动本身就是对许多陈腐的旧观念的巨大冲击和涤荡，南京临时政府成立后，又大力革除封建陋习，提倡社会新风。如废除对官吏的跪拜礼，禁称“大人”“老爷”；废止奴婢，解放“贱民”；男子剪辫，女子放足；禁止种植和吸食鸦片，以及提倡科学、反对迷信等。这些措施，使社会一时出现了生机勃勃的景象，也对改变社会风气产生了长远的影响。

在讨论辛亥革命的历史作用时，不能忽略了它在加强中华民族共同体的构建方面的积极贡献。辛亥革命的准备时期，革命派曾提出过“反满”的口号，这个口号有它的历史局限性，但其实质还是反对以满洲贵族为最高统治者的封建独裁政权，而不是反对这个民族。等到清王朝覆亡后，革命派就立即高举民族平等的大旗，强调消除民族畛域，促进民族和睦。孙中山在《临时大总统宣言书》中明确宣布：“国家之本，在于人民。合汉、满、蒙、回、藏诸地为一国，即合汉、满、蒙、回、藏诸族为一人。是曰民族之统一。”在另外的文件中，孙中山还强调只有实现国内各民族的平等，才能“和衷共济，丕兴实业，促进教育，推广东球之商务，维持世界之和平”。这些认识和举措，是以往历代封建政权所从未有过的，在中华民族的发展历史上，有着重大而深远的意义。

记者：今年既是辛亥革命 100 周年，也是中国共产党成立 90 周年。也就是说，辛亥革命以后十年，中国共产党诞生。这两个重大历史事件之间有着什么样的内在历史联系呢？

李文海：毛泽东在《如何研究中共党史》的讲话中指出：“说到革命的准备，一九二一年开始的第一个阶段，实际上是由辛亥革命、五四运动准备的。”“所以严格地讲，我们研究党史，只从一九二一年起还不能完全说明问题，恐怕要有前面这部分的材料说明共产党的前身。”毛泽东明确地把辛亥革命和五四运动看作“共产党的前身”，这既科学地揭示了辛亥革命、五四运动同中国共产党诞生之间的历史联系，也充分肯定了辛亥革命和五四运动推动历史前进的巨大进步作用。

可以这样说：辛亥革命为中国共产党的成立准备了客观社会条件。辛亥革命导致的思想解放，为包括马克思主义在内的各种政治和社会学说的传播提供了环境和条件；辛亥革命所追求的资产阶级共和国的梦想破灭，促使人们在怀疑和失望中另觅新路，为选择社会主义打下了思想基础；辛亥革命后民族资本主义的发展，壮大了无产阶级的力量，为中国共产党的诞生准备了阶级基础；中国共产党的早期活动家，有一部分是积极参加辛亥革命甚至在同盟会时期就担负重要领导责任的，有一部分是受到辛亥革命重大影响的，就这个意义说，辛亥革命也为中国共产党的成立准备了干部条件。

中国共产党成立后，始终把自己为之奋斗的事业视为辛亥革命的继续和发展，并公开声称，现代中国人，除了一小撮反动分子以外，都是孙中山先生革命事业的继承者。中国共产党所继承的，就是辛亥革命为实现民族独立和人民解放而进行的反帝反封建斗争，就是为争取国家繁荣富强和人民共同富裕的中华民族伟大复兴事业。中国共产党把旧民主主义革命发展到新民主主义革命，又在新民主主义革命取得伟大胜利的基础上，推进了社会主义革命和社会主义建设。这种又继承又发展的历史进程，就是历史发展的辩证法。

记者：最后，能不能请您讲一讲辛亥革命在整个中华民族伟大复兴的宏伟大业中的历史地位？

李文海：综观我国进入20世纪一直到现在百余年的历史，中国人民在中华民族伟大复兴的道路上经历了三次历史性的巨大变化：第一次就是辛亥革命，第二次是中华人民共和国的成立和社会主义制度的建立，第三次是改革开放，为实现社会主义现代化而奋斗。正确认识这百余年的中国历史，最关键的是要正确认识这三次历史性巨变之间的历史联系和辩证关系。没有辛亥革命推翻统治中国几千年的君主专制制度，开创完全意义上的中国近代民族民主革命，也就谈不上革命从旧民主主义向新民主主义的转变。没有新民主主义革命推翻帝国主义、封建主义、官僚资本主义的反动统治，建立人民当家做主的国家政权，确立社会主义基本制度，并取得社会主义革命和建设的巨大成就，也就不可能有改革开放的伟大事业，不可能有中国人民在中国特色社会主义道路上取得的举世瞩目的伟大胜利。历史的发展就像长江大河之运行，川流不息，奔腾向前，前后承续，无法切断。又如登临崇山峻岭，必须由卑及高，拾级而上，每一个台阶都是通往顶峰的必经阶梯。看到过去的贡献而无视现实的超越，或者以今天达到的水准去嘲弄昨日之幼稚，都不是历史主义的态度。

辛亥革命与中国共产党*

今年是中国共产党建党 90 周年，也是辛亥革命的 100 周年。辛亥革命是 20 世纪中国人民在前进道路上经历的第一次历史性巨变，而中国共产党的诞生，则是中国历史上开天辟地的大事，从根本上改变了中国的面目。这两个赓续相连的重大历史事件，存在着什么样的内在联系，从中可以给我们提供哪些历史启示呢?

辛亥革命为中国共产党的成立准备了客观社会条件

辛亥革命推翻了清王朝的黑暗统治，结束了在中国延续几千年的君主专制制度，开创了完全意义上的近代民族民主革命。这次运动虽然没有能够改变中国半殖民地半封建的社会性质和人民的悲惨境遇，但却有着伟大的历史意义，它为中国的进步打开了闸门，谱写了古老中国发展进步的历史新篇章。辛亥革命为中国的进步打开了闸门，表现在政治、经济、思想文化的各个方面，其中重要的一条，就是为中国共产党的诞生准备了客观社会条件。

毛泽东在《如何研究中共党史》的讲话中指出："说到革命的准备，一九二一年开始的第一个阶段，实际上是由辛亥革命、五四运动准备的。""所以严格地讲，我们研究党史，只从一九二一年起还不能完全说明问题，恐怕要有前面这部分的材料说明共产党的前身。"毛泽东明确地把辛亥革命和五四运动看作"共产党的前身"，

---

* 本文与赵晓华合作撰写，载《光明日报》，2011 年 9 月 19 日，收入《纪念中国共产党成立 90 周年理论研讨会文集》，北京，学习出版社，2011。

这既科学地揭示了辛亥革命、五四运动同中国共产党诞生之间的历史联系，也充分肯定了辛亥革命推动历史前进的巨大进步作用。辛亥革命是怎样为中国共产党的诞生创造客观条件的？我们可以从以下几个方面来做具体的论述。

首先，辛亥革命促进了民族资本的发展，为中国共产党成立准备了阶级基础。辛亥革命解放了为封建专制统治所禁锢的近代中国的先进生产力。南京临时政府成立之后，资产阶级革命派对发展社会生产力表现出极大的热情。孙中山宣称："现在民国大局已定，亟当振兴实业，改良商货，方于国计民生有所裨益。"① 黄兴也指出："今者共和成立，欲苏民困，厚国力，舍实业莫由。"② 南京临时政府设立了实业部，颁布了一系列鼓励和保护工商业的章程和条例，以立法的形式大力促进民族资本的发展。据当时农商部统计，辛亥革命前 8 年间，全国共设厂 6 393 家，而民国建立后，3 年内建厂 3 669 家，年设厂率大大超过了晚清时期。1912 年至 1918 年 6 年之中投资总额达 1.4 亿多元，比甲午战争后到辛亥革命前 16 年间的投资总和还多 3 000 多万元。民族资本发展的过程，也就是工人阶级队伍发展壮大的过程。辛亥革命前，中国近代产业工人不超过 60 万人，到 1920 年，全国产业工人已经达到二三百万人。可以说，无产阶级如果没有从辛亥革命开始的这一过程的量的积累，在五四运动时就很难以独立的力量登上历史舞台，更不可能在五四运动以后的两年间成立工人阶级先锋队组织。因此，辛亥革命是工人阶级发展壮大的一个临界点，为中国共产党的诞生急剧地积聚着阶级力量。

其次，辛亥革命促进了新思想的传播，为中国共产党的成立准备了理论基础。辛亥革命的胜利，极大地促进了思想的解放。1912 年元旦，《申报》一篇名为《新祝词》的文章写道："我四万万同胞如新婴儿新出于母胎，从今日起为新国民，道德一新、学术一新、冠裳一新，前途种种新事业，胥吾新国民之新责任也。"辛亥革命之后，共和以崭新的实体形式出现在国人面前，资产阶级革命派用立

---

① 《孙中山全集》，第 2 卷，158 页。

② 《黄兴集》，252 页。

法的手段表明了对封建君主专制制度的否定及对资产阶级民主共和政体的确认。南京临时政府所颁布的《中华民国临时约法》宣布："中华民国之主权，属于全体国民。"人民应该是国家的主人，是国家主权的所有者。这一点，虽然在现实政治生活中没有立即实现，但对于人们思想观念的改变，却产生了巨大而深远的影响。此后，民主、共和已成不可阻挡的时代潮流。由于"专制局破，共和成立"，大大激发了人们参与政治活动的热情。当时全国报纸的数量已从十多年前的100多种增至近500种，许多报纸议论时政，宣传民主、科学和各种社会政治学说。政党、社团也如雨后春笋般涌现，民初政党数量"殆达三百有余"。在这样的大背景下，世界上各种社会政治学说广为传播，五光十色的各种主义风起云涌，虽然情况正如邓颖超所描写的："那时的思想，受到长期禁锢，像小脚女人把脚裹住；放开以后，不知怎样走路，有倒的，有歪的，也有跌跤的。那时是百家争鸣，各种思潮都有。"① 但马克思主义和社会主义也正是在各种思潮奔涌而至的情况下一起传了进来，并由于主客观社会条件逐渐发展成新思潮的主流。另一方面，"起共和而终帝制"的辛亥革命的失败，又使关心国家、民族命运的人们在感到失望和迷茫的同时，积极寻找探索资产阶级共和国以外的新路。连孙中山本人也说："夫去一满洲之专制，转生出无数强盗之专制，其为毒之烈，较前尤甚。于是而民愈不聊生矣。"② 毛泽东也谈到，辛亥革命失败后，"国家的情况一天一天坏，环境迫使人们活不下去。怀疑产生了，增长了，发展了"③。在这样的情势下，国际国内局势此时恰好发生了重大的转折。俄国十月社会主义革命的胜利显示了马克思主义这一科学理论的威力，随着无产阶级的壮大，五四运动前后，一部分先进的知识分子，如李大钊、陈独秀、毛泽东、周恩来、蔡和森等，接受并积极宣传马克思主义，坚定地选择了社会主义道路，在社会上产生了巨大的影响。经历了五四运动，在马克思主义同工

① 邓颖超：《回忆天津"觉悟社"等情况》。

② 孙中山：《建国方略》。

③ 毛泽东：《论人民民主专政》。

人运动相结合的基础上，中国共产党于1921年诞生了。

再次，辛亥革命也为中国共产党的成立准备了干部条件。中国共产党的早期活动家和领导人，或者直接参与过辛亥革命运动，甚至在辛亥革命中发挥过重要的作用；或者受到辛亥革命的重要影响。这些老一代共产党人和许多后来同共产党合作的民主人士正是从辛亥革命出发再继续向前迈进的。中国共产党的主要创始人和早期领导人，如陈独秀、朱德、吴玉章、董必武、林伯渠等，皆直接参与过辛亥革命，亲自经受过辛亥革命的洗礼。吴玉章在1905年即成为中国同盟会最早的会员之一；1907年，他和焦达峰、孙武等人在东京创立革命团体共进会；1911年，吴玉章参与策划黄花岗起义，随后赴四川领导荣县起义和内江起义。陈独秀曾是安徽反清秘密组织岳王会的总会长，武昌起义后又担任过安徽都督府的秘书长。朱德称他自己“就是在孙中山的民主革命思想的影响下，于1909年在云南讲武堂参加同盟会的”①。另外许多共产党人，如任弼时、李大钊、毛泽东、瞿秋白、周恩来、恽代英、张太雷、赵世炎、李立三、彭湃、王若飞、蔡和森、陈潭秋等，虽未直接参加辛亥革命，但深受它的感染，读过当时的进步书刊或接受过同盟会会员的启蒙。如毛泽东在同斯诺谈话中，就说自己青年时代常读《民报》，从报纸上知道了同盟会的活动和纲领，经过思考，他明确地反对军阀和反对帝国主义。据不完全统计，在中国共产党创立时期的最初几批党员中，直接或间接参加过辛亥革命运动经历的人数约占三分之一，其中约有10%原为同盟会会员。

中国共产党与孙中山晚年的转变

1922年6月，孙中山特别倚重的粤军首领陈炯明公然发动武装叛乱。与此同时，帝国主义和国内各派军阀乘机对他落井下石，孙

① 朱德：《辛亥革命回忆》。

中山陷入了空前的窘境。在这样关键的时刻，中国共产党、共产国际和苏俄都向他伸出友谊之手，热情地鼓励他重新振作起来，进行新的革命斗争。孙中山的思想由此发生了重大的转变。他转告共产国际的代表达林说："在这些日子里，我对中国的命运想了很多，我对以前所信仰的一切几乎都失望了。而现在我深信，中国革命唯一实际的真诚朋友是苏俄。"① 是年 7 月，中共二大在上海召开，这次会议做出了关于建立民主联合战线的决议，规定民主联合战线就是"无产阶级的革命势力和民主主义的革命势力的合同动作"，这里实质上即指建立以国共合作为核心的各种革命力量的大联合、大协作。8 月，中共负责人李大钊等到上海拜访了孙中山，据李大钊后来回忆说，孙中山与他"讨论振兴国民党以振兴中国之问题"②。孙中山对李大钊等共产党人产生了深刻的印象："他认为这些人是他的真正革命同志，他知道，在斗争中他能够依靠他们的明确的思想和无畏的勇气。"③ 8 月底，中共中央召开西湖会议，决议中共党员可以个人身份加入国民党。根据会议精神，李大钊首先向孙中山提出了加入国民党的要求。1923 年 1 月，孙中山和苏俄代表越飞经过谈判，联名发表《孙文越飞联合宣言》，标志着孙中山联俄政策的确立。此后，孙中山多次指出，国民党此次改组，"乃以苏俄为模范"，俄国的成功经验，"殊可为我党师法"。"我党今后之革命，非以俄为师，断无成就。"在他看来，"苏俄的主义与吾党之三民主义，实在暗相符合。吾党与他们所主张皆是三民主义，主义既是相同，但吾党尚未有良好方法，所以仍迟迟不能成功。他等气魄厚，学问深，故能想出良好方法。吾等想革命成功，一定要学他"④。1924 年 1 月，中国国民党第一次全国代表大会在广州召开，会议通过了国民党一大宣言。宣言对三民主义做出了新的解释，确立了联俄、联共、扶助农工的三大革命政策。国民党一大的召开标志着第一次国共合作的

---

① 达林：《中国回忆录》，126 页。

② 《李大钊文集》下，890 页。

③ 宋庆龄：《孙中山和他同中国共产党的合作》。

④ 《孙中山全集》，第 8 卷，438 页。

形成。此次大会选举产生的中央执行委员会委员和候补委员一共41名，其中中共党员有10名，占了四分之一多。毛泽东对孙中山晚年思想的转变予以高度评价："孙中山先生之所以伟大，不但因为他领导了伟大的辛亥革命（虽然是旧时期的民主革命），而且因为他能够'适乎世界之潮流，合乎人群之需要'，提出了联俄、联共、扶助农工三大革命政策，对三民主义作了新的解释，树立了三大政策的新三民主义。"①

中国共产党对辛亥革命事业的继承与发展

"无量头颅无量血，可怜购得假共和。"辛亥革命虽然宣告了两千多年封建政体的结束，但是，却未能改变中国半殖民地半封建的社会性质。辛亥革命的失败，说明了继太平天国提出的平均、平等的空想农业社会主义方案，资产阶级维新派提出的君主立宪方案先后失败之后，为资产阶级革命派所精心设计的资产阶级共和国方案也不能够挽救中华民族的危亡。辛亥革命为先进的中国人继续探寻救国之路奠定了基础，也激励着中国人民为争取民族独立和人民解放、实现国家富强而更加勇敢地奋斗。1925年3月，为革命耗尽毕生精力的孙中山留下"革命尚未成功，同志仍需努力"的谆谆嘱愿，溘然长逝。中国共产党忠实地继承了孙中山及其领导的辛亥革命的伟大精神。毛泽东同志曾经指出："现代中国人，除了一小撮反动分子以外，都是孙先生革命事业的继承者。"② 胡锦涛同志在纪念孙中山诞辰140周年纪念大会的讲话中也指出："中国共产党人是孙中山先生革命事业最坚定的支持者、最亲密的合作者、最忠实的继承者。孙中山先生也始终把中国共产党人当成自己的亲密朋友。"中国共产党自成立以来的发展历程，正是对辛亥革命的继承和超越。中国共产党所继承的，就是辛亥革命为实现民族独立和人民解放而进行的

① 毛泽东：《新民主主义论》。
② 毛泽东：《纪念孙中山先生》。

反帝反封建斗争，就是为争取国家繁荣富强和人民共同富裕的中华民族伟大复兴事业。90 年来，中国共产党在辛亥革命的爱国主义精神和大无畏的革命精神激励下，继续高举革命旗帜，把旧民主主义革命发展为新民主主义革命，领导中国人民首先致力于对外推翻帝国主义压迫的民族革命和对内推翻封建地主压迫的民主革命，经过大革命、土地革命战争、抗日战争、全面解放战争，终于结束了国内外反动势力的统治，实现了民族独立和人民解放，取得了新民主主义革命的伟大胜利，建立了人民当家做主的中华人民共和国。接着又不失时机地把民主革命转化为社会主义革命，开展了大规模的社会主义建设。改革开放以来，中国共产党又团结和带领全国各族人民在有中国特色社会主义道路上开拓前进，取得了举世瞩目的伟大成就，迎来了中华民族伟大复兴的光明前景。1956 年，毛泽东在《纪念孙中山先生》一文中满怀豪情地展望："一九一一年的革命，即辛亥革命，到今年，不过四十五年，中国的面目完全变了。再过四十五年，就是二千零一年，也就是进到二十一世纪的时候，中国的面目更要大变。中国将变为一个强大的社会主义工业国。"2001 年，江泽民同志在纪念辛亥革命 90 周年大会上的讲话中对毛泽东同志的这段话做了深情的回应："四十五年已经过去了，现在的中国怎么样呢？毛泽东同志关于'中国的面目更要大变'的预言完全实现了！今日之中国，到处是发展和进步的蓬勃场面，社会生产力和综合国力大大提高，人民生活总体上达到了小康水平，昔日积贫积弱的历史旧貌已经一去不复返了。今日之中国，国家统一，各民族团结，爱国统一战线不断发展壮大，香港、澳门回到了祖国怀抱。今日之中国，国际地位和影响与日俱增，已成为促进世界和平与发展的重要力量。"的确，事实证明，中国共产党不仅真正实现了令无数辛亥革命先辈魂牵梦萦的民族独立、政治民主、民生幸福的美好理想，完成了孙中山先生和辛亥革命志士们未竟的事业，而且把它更加发扬光大。

从中华民族伟大复兴的历程来看，孙中山领导的辛亥革命同中国共产党领导的中国特色社会主义事业，是既有联系又有区别的两个历史阶段，是历史发展的螺旋式上升的合乎规律的现象。回顾辛亥革命直至今天的一百年，中国人民在前进道路上经历了三次历史性巨变，第一次就是辛亥革命，第二次是中华人民共和国的成立和社会主义制度的建立，第三次是改革开放，为实现社会主义现代化而奋斗。其中，第一次伟大历史变革是由孙中山领导的，第二、三次历史性巨变是在以毛泽东、邓小平为核心的中国共产党的领导下实现的。正确认识百年来的中国历史，最关键的是要正确认识这三次历史性巨变之间既相互联系、前后继承又不断发展、不断前进的辩证关系。

100 年来的中国历史，始终贯穿着一个主题，就是实现中华民族的伟大复兴。1894 年，孙中山在檀香山建立第一个资产阶级革命团体兴中会，由他亲自起草的《兴中会宣言》，在中国历史上第一个响亮地发出了“振兴中华”的呼喊。自此以后的 100 多年间，“振兴中华”这一振聋发聩的口号激励着一代又一代中华儿女为祖国强大而奋斗。实现中华民族的伟大复兴，不仅是无数革命先驱梦寐以求的理想，也是当代中国人不可推卸的历史使命。我们应当铭记辛亥革命志士们振兴中华的夙愿，在中国共产党的领导下，继续把几代中国人为之呐喊、为之奋斗、为之流血牺牲的民族复兴伟业继续推向前进。抚今追昔，展望未来，站在新的历史起点上，我们比以往任何时候都更加自信地看到，中华民族的伟大复兴正在中国特色社会主义道路上乘风破浪，勇往直前。

清王朝覆亡百年祭*

1912年2月12日，以清朝隆裕太后用懿旨名义代表6岁的宣统皇帝发布“退位诏书”为标志，存在了268年的清王朝正式宣告结束。皇冠落地，君权陨灭。这对于有着数千年封建君主专制统治历史的中国社会来说，不能不说是一件惊天动地的大事变。

如今，一百年已经过去。时移世易，岁月沧桑，历史的尘埃已经落定。但往事烟云，并不随着时间的流逝而烟消云散，依然在今天的社会生活中留下了诸多历史的印痕，值得我们对这样一个重大历史事件做一点冷静的反思。

把清王朝覆亡放到中华民族伟大复兴全过程中加以审视

清朝从17世纪中叶建立全国政权，到20世纪初叶覆亡，统治中国将近三个世纪。这段历史，同中华民族从沉沦到全面振兴的客观进程，有很大一部分在时间上是重合的。对待历史，不是孤立地就事论事，而是把它放到一个较长时段中去，审视事件的前因后果，观察各种现象的相互关联和长远影响，往往能够看得更加清楚，了解得更加全面深刻。一百年以前清王朝覆亡这件事情，如果放到中华民族从沉沦到振兴的全过程中，将会给我们呈现一些怎样的面貌呢?

中国是一个有着悠久历史的文明古国，灿烂的中华文明，曾经为人类文明进步做出了不可磨灭的贡献。但是，在一个相当长的时

---

* 载《河北学刊》，2012年第1期。

间内，中华民族经历了并正在经历着一个逐步衰落又重新振兴的复杂过程。这个过程，前后大约经过和将要经过四个世纪。如果用最简单的语言来表述，是否可以这样说：

18 世纪：是中国从强盛开始走向衰落的世纪。

19 世纪：是国家、民族危机空前严重，同时开始民族觉醒的世纪。

20 世纪：是中国人民从逆境中顽强奋斗，通过革命手段，实现了民族独立和人民解放，走上社会主义康庄大道的世纪。

21 世纪：是中华民族全面振兴、实现社会主义现代化的世纪。

这样的简单概括，肯定不能涵盖丰富复杂的历史内容，甚至也未必能够抓住历史的本质和核心，但大体反映一个历史趋势，我觉得还是可以的。

中国从什么时候开始衰落的？学术界看法并不一致。譬如，有的认为衰落从明代末年就已开始，有的则认为更早一些，从明成祖以后就逐渐衰落了。我把从强盛开始走向衰落的时间，放在 18 世纪，主要基于两个原因：一是因为所谓中国的衰落，不仅是自己同自己比，更重要的是中国同世界各国相比。在西方一些主要国家还没有经过工业革命，资产阶级政治革命的任务尚未完成的时候，判定中国已经衰落未免言之过早。二是 18 世纪毕竟还有一个“康乾盛世”，对“康乾盛世”学术界看法也并不完全相同，但康雍乾时期是中国封建制度发展到最高峰，这好像大家并无多少异议。戴逸同志认为：康乾盛世“国家统一，经济繁荣，政治稳定，国力强大，文化昌盛”①，“当时清朝确实达到了一个很高的水平，工农业产值全部超过当时的欧洲，就是当时的英国、法国、德国、俄罗斯等加起来还赶不上一个当时的中国”②，“康雍乾时期的中国 GDP 增长速度是世界第一。从 1700—1820 年的 120 年时间里，中国的 GDP 比西欧 12 国的 GDP 多增加了 40%”③，所以，“清朝的生产水平应该是

① 戴逸：《涓水集》，362 页。

② 同上书，24 页。

③ 同上书，252 页。

封建时代中最高的”①，“可以说是中国历史发展到了最高的水平”②。当然，戴逸同志同时也指出：“所谓盛世繁荣，不能光看到盛世，不能光看到繁荣，要看到繁荣下面掩盖的阴暗。”③ 因为制度、体制、观念、政策等方面存在着一系列重大的问题，“僵化、落后，在前进的道路上有着不可逾越的障碍。18 世纪末的中国没有跨过近代化的门槛，已经是落日余晖，逐渐黯淡下去”④。

中国的由盛转衰过程，通过西方人的“中国观”的变化，得到了十分确切的印证。随着中国的衰落，世界对我们这个国家和民族的看法也发生了 180 度的大转弯。吴义雄的《在宗教与世俗之间——基督教新教传教士在华南沿海的早期活动研究》一书中做过这样的描述：16 世纪到 18 世纪这一段时期，欧洲人普遍认为中国是一个幅员辽阔、繁荣富强、物产丰盈、政治清明，拥有最古老、最优秀的文化，最优雅的艺术，最先进的技术的美好国家。但是到了 18 世纪末 19 世纪初，“越来越多的西方人士，对一度被视为‘样板’的中华帝国产生了轻蔑和敌视的态度，以侮辱和谩骂取代了以前的尊敬和颂扬。贫穷而野蛮，落后而停滞，闭塞而傲慢，道德败坏，极度虚弱。再加上腐败的专制主义政治制度，构成了新的、但显然是否定性的西方人的中国观”。郭成康在《康乾盛世历史报告》中也说：“德国的莱布尼茨，法国的伏尔泰、魁奈等著名思想家都对中国的政治、社会、文化、学术及民众的道德，以至帝王官员的品行才干给予高度评价。”直到后来嘉道中衰之后，别人才把中国视作愚昧落后的“劣等民族”。

到了鸦片战争前夕，英国国内在讨论发动对华战争是否有取胜的把握时，占主导地位的舆论是英国战胜中国毫无问题，只要派一支小小的舰队就可以制服庞大而不堪一击的老大帝国。后来的事态发展果然不幸而言中。

所以，不能简单地说殖民主义的侵略是开启中国落后的原动力，

---

①② 戴逸：《涓水集》，248 页。

③ 同上书，25 页。

④ 同上书，253 页。

中国由盛转衰的过程，其实早就开始了。正是落后造成了挨打的局面，为侵略成性的殖民主义提供了可以予取予夺的对象。殖民主义、帝国主义的侵略，则加重、加深、加快了中国的落后，使中国的民族危机达到了空前严重的程度。

整个19世纪，中华民族的命运，从历史走向来讲，基本上是沿着下滑的方向不断沉沦，当然也始终没有停止过挣扎、战斗与抗争，但一直到清王朝覆亡之前，这样的斗争没有能根本扭转民族沉沦的发展趋向。

在导致清王朝覆灭的辛亥革命时期，人们致力于推翻清王朝的一个最直接的理由，是它已经是“洋人的朝廷”，也就是一个完全投靠外国侵略势力的政权。这当然是事实。但清王朝同帝国主义的关系，毕竟有一个不断发展的历史过程。一开始，当殖民主义凭借武力打击和勒索中国时，清朝封建统治者理所当然地表示过不满和反抗。世界上没有一个当权者会心甘情愿地、满心欢喜地去充当别人的傀儡和儿皇帝的，没有人天生有做奴才的癖好，这本来是常识范围的事情。但是在反复较量中，经过多次的失败，终于屈服了，认输了，最终把个人或某个政治集团甚至某个阶级的利害关系，放置于国家、民族的利益之上，做出了“量中华之物力，结与国之欢心”的决策，这大概是包括汪精卫这样的大汉奸在内的所有卖身投靠者的共同心路历程。

封建统治者对列强的认识和态度，有一个从抗拒到屈服再到投靠的变化过程，同样，人民群众对于列强侵略的认识，也有一个从感性到理性、从自发到自觉的发展过程。经过一次次的斗争、失败、再斗争、再失败，在血与火的洗礼中提高了觉悟，增强了能力，每一次斗争的失败，既积累了宝贵的经验教训，也各自留下了不同的历史贡献，终于为20世纪初辛亥革命的发生和清王朝的灭亡做好了思想和物质的各种准备。

20世纪以中华人民共和国的成立为标志，明显地区分为两个截然不同的历史阶段：上半个世纪的主旋律是革命，下半个世纪的主旋律是建设。不论革命还是建设，都充满了艰难的探索，因为这些都是中国人民从来没有经历过的空前宏伟的事业，既没有成功的模式可循，也没有现成的答案可抄，一切都要根据中国的具体国情在实践中摸索前进。

对于革命，不论你是赞成还是反对，是歌颂还是指斥，无论如何，它确确实实是20世纪上半叶历史发展的最本质的现象。既然如此，历史学的任务就是去认真探求革命发生的真正原因，为什么那么多志士仁人和社会精英为革命所吸引，不惜抛头颅、洒热血投身于这个神圣的事业？革命究竟对社会产生了什么样的影响？社会的巨大变革同革命到底有着什么样的关联？从社会运动的实际出发而不是从某种预设的观念出发，就不难找到符合历史实际的答案。

20世纪的下半个世纪，所谓建设，实际上就是中国人民在社会主义道路上实现中华民族伟大复兴的历史。这段历史所包含的无比丰富的内容，辉煌业绩和严重失误，巨大胜利和严峻挑战，宝贵经验和深刻教训，在近年来纪念改革开放30周年、庆祝中华人民共和国成立60周年以及建党90周年之际，都进行了认真的、精辟的总结。

目前我们已经进入了21世纪。这个世纪还刚刚开头，大部分时间还只是未来而并非历史。但是，正像毛泽东同志所说："如果要看前途，一定要看历史。"① 前面的历史为中国在这个世纪的腾飞做好了全部准备。在21世纪的上半叶，我们将力争在中国共产党成立100年时建成惠及十几亿人口的更高水平的小康社会，到中华人民共和国成立100年时建成富强、民主、文明、和谐的社会主义现代化国家，然后在此基础上继续前进。只要我们像胡锦涛同志在庆祝中国共产党成立90周年大会上所说的："永远保持谦虚、谨慎、不骄、不躁的作风，永远保持艰苦奋斗的作风，勇于变革、勇于创新，永不僵化、永不停滞，不动摇、不懈怠、不折腾，不为任何风险所惧，不被任何干扰所惑，坚定不移沿着中国特色社会主义道路奋勇前进"，中华民族伟大复兴的宏伟大业就一定能够实现！

---

① 《毛泽东文集》，第8卷，383页。

清朝兴、盛、衰、亡的几点历史启示

中国最后一个、也是离我们最近的一个封建君主专制王朝，从兴起直到最后灭亡的历史行程，蕴涵着许多值得深思的历史启示。这里我们只是选择几个问题，略加讨论。

（一）怎样看待清王朝这个国家政治权力对社会发展的作用

政治发展是以经济发展为基础的。政权作为一种上层建筑，当然建立在一定的经济基础之上。清代在鸦片战争之前，是一个独立的以封建制度为基础的社会，它的上层建筑包括占统治地位的政治、法律观念以及适合于这些观念的制度，当然要反映、维护、巩固封建制度的利益和要求。对这个问题，我们曾经有过某种简单化的认知，认为既然封建制度是黑暗的、落后的，那么作为这个经济基础的上层建筑的清王朝自然也是彻底反动和罪恶的。半个世纪前，周恩来总理对这个问题发表了不同的看法，指出："封建制度是坏的，但统治阶级中也不是一无好人，尽管他们对人民的同情是有局限性的，但是那时的人民对这些人还是歌颂的。"① 历史上的统治阶级中也有一些比较进步的人物："封建王朝里边也有一些有进步作用的东西，有的帝王也做过促进历史发展的事情，我们也不能采取非历史主义的观点一律抹煞。"② 他甚至称赞"康熙懂得天文、地理、数学，很有学问"。同时也指出，"中国当时封建经济的统治比较稳固，工商业不发达，康熙只致力于发展封建文化"，没有能像同时代的俄国彼得大帝一样汲取西欧的经验，推动工商业和科技的发展。③ 这些话，今天读来也许不会感到那么强烈的新奇和震撼，但在那个流

① 《周恩来选集》下卷，196页。

② 《周恩来文化文选》，795页。

③ 参见《周恩来选集》下卷，320页。

行“打破王朝体系”和打倒一切帝王将相的年代，不能不说起着振聋发聩的作用。

实际上，国家权力对于社会、经济发展的作用，大体有三种情况：一是国家权力沿着社会、经济发展同一方向起作用，这时国家权力从主要方面就表现为一种积极的推动力量；二是国家权力逆着社会、经济发展方向起作用，那时就会阻碍历史的发展，甚至引起经济和政治秩序的崩溃；第三种情况是国家权力设法改变原有的发展方向，而推动它沿着另一种方向走。但结果不是回归到第一种，就是回归到第二种。有清一代，这三种不同的情况几乎都曾发生过。清代前中期，经过长期战乱，国家要求统一，社会要求稳定，经济要求发展，清王朝实行了一系列有利于这些的方针、政策，取得了政治的安定、经济的进步和文化的繁荣，正是这样，才迎来了所谓的“康乾盛世”。到了清代的中晚期，社会矛盾逐渐激化，后来民族矛盾更上升为主要矛盾，政治动荡，民生凋敝，面对这样的局势，清王朝无力应对，因循敷衍，营私腐败，残民以逞，丧权辱国，这时的政权便成了社会前进的障碍。这中间，清王朝通过洋务运动和清末新政，也曾想某种程度地改变封建政治、经济的发展方向，纳入部分资本主义的因素，但这个时候的中国社会，已经是半殖民地半封建社会，相应的这个政权，也是一个半殖民地半封建的政权，它根本无力解决民族独立及维护国家主权这个根本问题，也就必然失去了解决其他各种社会矛盾的基本前提，最后仍然回到第二种状态，成为革命势力和人民群众不得不加以推翻的对象。

（二）清王朝与“兴亡周期律”

大家熟知的1945年黄炎培同毛泽东在延安窑洞里谈到的“兴亡周期律”，清王朝同其他历朝历代一样，当然没有也无法“跳出这周期律的支配力”。想当年，满族初兴之时，朝气蓬勃，英勇善战，凭着强劲的民族精神和正确的政治军事方略，迅速地一统天下，真所谓“其兴也勃焉”。那时的统治阶级，“聚精会神，没有一事不用心，没有一人不卖力”，努力去克服各种“艰难困苦”，确立了自己的统治地位。在建立了全国政权之后，继续实行了一系列基本符合社会发展要求的政策，保持了一百多年的社会稳定和繁荣。

然而，正如黄炎培先生所说，“因为历时长久，自然地惰性发作”，封建统治的各种弊端日益显露，有“政怠患成”的，有“人亡政息”的，有“求荣取辱”的，总之，吏治愈来愈败坏，“由少数演为多数，到风气养成，虽有大力，无法扭转，并且无法补救”，最后免不了“其亡也忽焉”的命运。

清王朝为什么无法跳出这“兴亡周期律”？根本原因是由封建君主专制制度所决定的。毛泽东同志在讲到中国共产党已经找到“能跳出这周期律”的“新路”时，强调的是“这条新路，就是民主”，“只有让人民来监督政府，政府才不敢松懈。只有人人起来负责，才不会人亡政息”①。“民主”同“君主专制”正好是冰炭不容的两极。在君主专制政体下，皇帝是主宰一切的绝对权威，臣僚百官对百姓固然可以作威作福，对君上也只是仰其鼻息的奴才，哪里容得了“人民来监督政府”？郭成康同志对这一点有着颇为独到的见解。他在论述康雍乾“盛世光环掩盖下的隐患”时，特别强调“皇权的过度膨胀”，认为这是“康乾盛世的最大隐患”，“这个隐患的逐渐暴露，恐怕对康雍乾时代国势转衰更有其直接的促进作用”②。他从乾隆中期以后迅速蔓延的政治腐败、事关国家与民族命运的决策严重失误和中华民族人才消磨和思想窒息三个方面，具体分析了一个不仅没有人民监督甚至没有任何制约的独断权力，怎样不可避免地不断削弱自己的统治基础，最后导致这个政权分崩离析，众叛亲离，自取灭亡。

拿反对官员贪黩腐败来说，封建帝王并不是不知道反腐肃贪是事关政权存亡的头等大事。康熙皇帝就曾在上谕中多次强调，“官以清廉为本”，“治天下以惩贪奖廉为要”③。他在亲撰的《廉静论》中强调说：“自为吏者有贪私之实，而后重廉洁之名，故尤以廉为贵。”

---

① 《毛泽东与黄炎培的革命情谊》，载《中华魂》，2008年第4期。

② 郭成康：《康乾盛世历史报告》，64页。

③ 《康熙政要》卷15。

“吏苟廉矣，则奉法以利民，不枉法以侵民；守官以勤民，不败官以残民。民安而吏称其职也，吏称其职，而天下治矣，故吏尤以廉为贵也。”① 他甚至说过：“别项人犯，尚可宽恕，贪官之罪，断不可宽。”② 从康熙到乾隆，皇帝对查出的大臣贪污案件的处理也确实不可谓不严。可是，客观现实却是惩贪愈严，贪风愈炽。原因何在呢？原因在于，仅仅靠官德的提倡难以抵挡巨大物质利益的诱惑，事发后严刑峻法的惩处也不能完全打消贪官们心存侥幸的妄念。要从根本上解决这个问题，还得有赖于对权力有着严密制度化的、多种形式的、有广泛群众参与的有效监督，而这一点，在封建专制政治下自然是无法做到的。

（三）清朝统治者对外部世界挑战的应对

戴逸同志强调清代历史和过去历史一个很大的不同，是这时候世界和中国的联系越来越密切。这是因为，随着资本主义的产生、兴起和发展，世界市场开始形成，结束了世界各地区的分割和孤立状态，世界各国的政治、经济和文化开始发生了密切的联系。不管清朝统治者的主观认识和实施的政策如何，都无法抵挡全球一体化的巨大冲击力。

在鸦片战争之前和之后，中国同世界的关系，在性质上有着本质的区别。鸦片战争以前的中外关系，虽然也有过一些政治争端甚至领土纷争，但占主体地位的基本上是一种平等的经济、文化交流关系；而以鸦片战争为起点，以后的中外关系就变成了维护还是丧失民族独立地位和国家领土主权完整的问题。

清代的前中期，虽然统治者在对外政策上有过关于实施还是解除“海禁”的争论和政策变化，但总体来说，中外经济、文化交流还是明显存在的。从清初一批传教士带来西方科学，到以后通过对外贸易导致的大量白银输入，以及在生产领域国外一些高产作物如白薯、玉米、花生等的大力推广和广泛种植，都曾经对清代经济、

① 《康熙政要》卷13。
② 《康熙政要》卷15。

文化和社会生活产生过重大影响。

鸦片战争以后，清朝统治者面对这“数千年来未有之变局”，确实进退失据，应对乏术。他们理所当然地要承担相应的历史责任。但是，讲历史责任，也应该实事求是。有一种议论，我以为是并不符合历史实际的，我们可以对此做一点讨论。

有的文章认为：列强发动侵华战争，不是出于殖民主义、帝国主义的侵略本性，而是由封建统治者措置失当引起的。他们昧于世界大势，不了解国际法，不按照所订条约办事，促使列强不得不用武力逼迫清王朝遵守条约规定，所以，这是清朝统治者“犯贱找抽”，自作自受。这种观点是无法令人接受的，因为它颠倒了事情的因果关系，混淆了是非界限。封建统治者把国家弄得贫穷落后，使得列强可以对你穷兵黩武，践踏蹂躏，这是封建统治者应负的历史责任。但觊觎别国的领土财富，要拓展殖民地甚至瓜分世界，这却是殖民主义、帝国主义的本性所决定，至于发动战争的借口，即使没有也可以任意制造出来，这已经被中外古今无数历史事实所证明。晚清所订的许多条约，不少带有不平等性质，就连第二次鸦片战争时任英军全权专使的额尔金都说这些条约是“用手枪抵在咽喉上逼勒而成的”，难道不遵守这些条约就罪不可逭了吗？中国人民对帝国主义强加的不平等条约有着切肤之痛，深知不平等条约是帝国主义为“达其压迫榨取之目的”而以此“束缚我之桎梏陷阱”，所以在整个近代历史上进行了锲而不舍地废约斗争，直到取得最终的胜利。对这样一种历史现象如果也横加指责，显然有失公正。

（四）清朝统治者的自救努力为什么没有能挽救他们的灭亡

面对着内忧外患，政权风雨飘摇、朝不虑夕的危急局面，清朝统治者当然不会无动于衷，束手待毙。他们采取了两手并用的应急措施：一手是开动全部国家机器，对威胁统治权力的敌手全力镇压；另一手是在可能范围内实施某些政治、经济变革，力图以此加强统治力量，化解政治危机。这种情况，最明显的发生在 19 世纪 50、60

年代和20世纪的最初十年。

前面一手，当然是对太平天国农民战争和对资产阶级革命运动的镇压，这个众所周知，不必多说。在镇压太平天国时，在外敌不过是“肢体之患”“肘腋之忧”而造反的农民则是“心腹之害”的思想指导下，不惜向刚刚占领过京师、给予清王朝沉重打击的外国侵略军求助，实行“借师助剿”，联合镇压。这充分暴露了清王朝的政治本质。

另外一手，则主要表现在咸同年间的洋务运动和清末最后十年的新政与预备立宪上。

洋务运动和新政、预备立宪，取得了一定的积极成果，这是不应该忽视和否定的。洋务运动时期，建工厂，修铁路，开矿山，行轮船，在中国首次引入了机器生产；开同文馆，派留学生，传播了西方先进的科学文化。所有这些，可以说迈开了中国社会走向近代化的第一步。新政和预备立宪，把学习西方从器物层面伸展到制度层面，一定程度上推进了走向近代化的步伐。这些都应该实事求是地加以肯定。

但是，社会实践对这些活动做了最好的评判。洋务运动最后以失败而告终；新政和预备立宪，在革命风暴的冲击下，半途夭折，同清王朝一起成了历史的过眼烟云。

为什么清朝统治者的这些自救努力，终究没有能挽救他们的灭亡命运呢？在我看来，这些活动存在着三个致命的弱点：一个叫作“表不治本”，一个叫作“缓不济急”，一个叫作“势不可为”。

先说“表不治本”。洋务运动的指导思想和基本原则是“中体西用”，就是说，封建君主专制制度这个本体是不可动摇的，西方的“坚船利炮”等物质文明则可以拿来利用。新政和预备立宪虽然提出某些政治方面的革新，但出发点和归宿依然是“大清皇帝统治大清帝国，万世一系，永永尊戴”“君上神圣尊严，不可侵犯”①。在封建主义统治秩序的基础上嫁接一些资本主义的因素，这就使它陷入不可调和的矛盾之中。梁启超批评洋务运动是“不变本原，而变枝

① 《钦定宪法大纲》。

叶；不变全体，而变一端”①，谭嗣同的批评是“不务本而欲齐其末”②，康有为则指出洋务运动是“根本不净，百事皆非”③。这里所说的“本原”、“本”和“根本”，指的就是封建君主专制主义这个“命根子”，不跳出这个藩篱，就不免“百事皆非”，其他一切都是空中楼阁。其实这一点，洋务运动的挂帅人物李鸿章也是心知肚明的。他在一次私人谈话中，就坦率承认：“我办了一辈子的事，练兵也，海军也，都是纸糊的老虎……不过勉强涂饰，虚有其表，不揭破犹可敷衍一时。如一间破屋，由裱糊匠东补西贴，居然成一净室，虽明知为纸片糊裱，然究竟决不定里面是何等材料，即有小风小雨，打成几个窟窿，随时补葺，亦可支吾对付。”但碰到大风大雨，“自然真相败露，不可收拾”④。

再说“缓不济急”。洋务运动虽然只是枝节的改革，但在顽固势力看来，已经有“用夷变夏”的危险，所以竭力阻挠和反对。因此洋务运动只能步履维艰，蹒跚前行。仅仅一个修铁路问题，就整整争论了十年。预备立宪时，清廷迫于形势，不得不接过“立宪”的旗帜，但定计之初，就明确说明“至于实行之期，原可宽立年限”，这句话透露了问题的本质。“立宪”不过是个幌子，并不是打算马上兑现的，至于什么时候实施，不妨推到遥远的将来。整个预备立宪的过程如此磨磨蹭蹭，一波三折，其实倒是早就确定的既定方针。这不仅使革命派看到清廷预备立宪之虚伪，也使主张实行君主立宪的立宪派大失所望，使许多立宪派转到共和主义的立场上去。革命形势一触即发，而清廷却企图用这种拖延战术来应付，正所谓“急惊风碰上慢郎中”，其失败也就是不可避免的了。

最后说“势不可为”。这是指从当时的客观形势看，控制着中国这个半殖民地的帝国主义列强，绝不允许在这里实行真正意义上的资本主义改革。列强为了最大限度地攫取自己的利益，必然要按照

---

① 梁启超：《戊戌政变记》卷5。

② 谭嗣同：《记官绅集议保卫局事》。

③ 康有为：《上清帝第四书》。

④ 吴永口述：《庚子西狩丛谈》，107页。

自己的面貌去改造殖民地半殖民地。在这个过程中，不可避免会向这些国家和地区传播某些资本主义的文明，把一些资本主义的生产方式、管理制度、科学技术引到殖民地半殖民地。毫无疑问，这一点在客观上对这些地区的发展会产生一定的甚至巨大的积极影响。有些人竭力夸大这一点，宣称殖民主义、帝国主义的侵略带来了西方的文明，没有西方文明中国就不能进步。西方殖民主义势力冲击了中国封建的“超稳定系统”，不但有利于西方资本主义经济文化向世界体系扩展，而且从根本上改变了东方历史的发展过程，“成为东方民族赶上现代文明的唯一现实良机”。这样的说法，就把主次颠倒了，把本质、非本质的东西颠倒了。因为殖民主义侵略、统治这些国家和地区，主要是为了从中攫取政治特权和经济利益，进行残酷的掠夺和剥削，绝不允许这些国家和地区走向现代化。正像马克思在谈到英国入侵印度的影响时指出的，尽管不列颠带给印度蒸汽机和科学，但“英国资产阶级看来将被迫在印度实行的一切，既不会给人民群众带来自由，也不会根本改善他们的社会状况，因为这两者都不仅仅决定于生产力的发展，而且还决定于生产力是否归人民所有”①。中国的情况也是这样。帝国主义列强侵入中国的目的，绝不是要把封建的中国变成资本主义的中国，相反，帝国主义勾结中国封建势力压迫中国资本主义的发展，才是中国近代历史的真相。

所以，对洋务运动和清末新政、预备立宪的历史作用，应该给予实事求是的肯定，但如果认为这就是中国现代化的发展方向，甚至认为如果不是辛亥革命的“破坏”和“捣乱”，只要耐心等待清王朝进行有秩序的改革，中国早就实现现代化了，这样的设想，自然远离于历史实际，即使不是偏见，至少也是过于天真了。

一个朝代的终结和一个时代的终结

一百年前清王朝被推翻，不仅是一个朝代的终结，而且也是一

① 马克思：《不列颠在印度统治的未来结果》。

个历史时代的终结。与以往历次改朝换代相比，清王朝的覆灭包含了更加丰富、更加深刻的社会内容。党的十五大把辛亥革命推翻清王朝称作20世纪中国人民在前进道路上经历的第一次历史性巨大变化，作为这种变化的重要标志，就是在思想观念和政治制度的一些方面，宣告了旧轨的结束和新路的开启。

这主要体现在以下四个方面。

首先也是最明显的一点，当然是延续了几千年的封建君主专制制度的终结。这方面大家谈得已经很多，这里只需简单提一下。在过去，从“王侯将相宁有种乎”到“彼可取而代也”，推翻旧王朝的胜利者依然登上皇帝的宝座，君主专制统治依旧，不过是天下易姓而已。清王朝的灭亡则不同，它不仅仅是赶跑了一个皇帝，而且彻底埋葬了君主专制制度，把过去被认为至高无上、神圣不可侵犯的专制、独裁政治，宣布为罪恶的、黑暗的、“不是平等自由的国民所堪受的”，人们公开声称“敢有帝制自为者，天下共击之!”与此同时，还把过去被认为是卑贱的、可以任意生杀予夺的“愚民”“草民”视作国家的主人，在法律条文上正式写上了国家主权“属于国民全体”的内容。这是对以往政治是非的根本颠倒，对后来的政治产生的影响十分巨大、十分深远。辛亥革命以后，任何形式的反动专制统治都无例外地以失败而告终，追根溯源，不能不说同这种政治观念的变革有着密切的关联。因此，清朝灭亡后，政权虽然落到了袁世凯手里，人民革命的政治成果却并没有完全丧失，它不仅铲除了中国封建势力最顽固的堡垒，宣告了封建君主专制统治时代的结束，同时也促进了人们民主意识的极大提高，迈出了从专制向民主转化的重要一步，为中国的政治现代化开创了一个新的阶段。

其次是使爱国主义精神得到了一个新的升华。爱国主义历来是中华民族战胜艰难险阻、推动发展进步的巨大精神力量。但是，长期以来，人们分不清国家和朝廷的区别，经常把忠君和爱国混淆在一起。因此，人们在民族危机严重、寻求国家出路时，往往局限在体制范围之内，不能突破现成统治秩序的藩篱。戊戌变法时期，梁启超虽然明确提到爱国“必自辨朝廷与国家之区别始”，但自己在很长时间也仍然以“保皇”为职志。只有到了辛亥革命时期，人们才鲜明地提出，要救国，首先要推翻已经成为“洋人的朝廷”的清王朝，打倒把天下当作一己私产的独裁皇帝，这才是真正的爱国！辛亥时期的爱国主义，有着鲜明的时代特色。一是把爱国主义与民族独立要求相结合，以“造成独立自由之国家”为己任；二是把爱国主义与民主主义相结合，为建立共和政治而奋斗不息；三是把爱国主义同国家统一相结合，指出只有国家的“统一独立”才有国家的“兴盛”，只有建立统一的国家，才能“达革新之目的”，使“国家蒙共和之福”。这就把近代的爱国主义提升到了一个崭新的水平。

再次，晚清以来，人们对未来社会的追求，一直以资本主义为目标，只是到清王朝覆亡之后，人们才在中国发展道路上做了重新抉择，选择了社会主义。自鸦片战争到辛亥革命，各个阶级，各种社会阶层，各派政治力量，曾经提出各种各样的救国方案。这些方案之间存在着很大的差异，但有一点是共同的，那就是：除少数例外，他们的学习对象，主要是西方资产阶级的文明；他们所追求的，主要是发展资本主义的经济和文化；他们所设计的道路，不管意识到还是没有意识到，归根结底，跳不出资产阶级共和国的圈子。这不仅是合乎逻辑的，而且也是顺乎时代发展潮流的。因为在那个时候，资本主义的经济、政治和文化，在世界上还处于最先进的地位。发展资本主义，还是中国社会在前进道路上首先要跨出的步伐。但是，正如邓小平同志所说：“历史上有人想在中国搞资本主义，总是行不通。”① 包括辛亥革命在内的一次次失败，促使人们重新思考这个问题，得出了“中国搞现代化，只能靠社会主义，不能靠资本主义”② 的历史结论。这个认识上的飞跃，使中国历史在发展方向上产生了根本的变化。

最后也是最重要的一点，是以清王朝的覆亡为标志，中华民族在发展趋向上基本结束了不断沉沦的状态，开始了逐步上升的势头。如前所述，清朝自嘉道以后，开始衰落；鸦片战争以后，民族危机

①② 《邓小平文选》，1版，第3卷，229页。

日益深重，甚至到了亡国灭种的边缘。这中间，中国人民从未停止过抗击外来侵略和反对腐朽统治的斗争，也取得过一定的成效。但总体来说，并没有能够根本遏制住不断沉沦的趋势。清朝灭亡以后，情况有了重大的变化。清亡后八年，五四运动发生；清亡后十年，中国共产党成立。在中国共产党的领导下，革命活动风起云涌，通过难以想象的艰难困苦而又波澜壮阔的斗争，在20世纪30、40年代取得了中国历史上反抗外来侵略的民族战争的第一次彻底胜利，在20世纪50年代取得了新民主主义革命的伟大胜利，实现了民族独立和人民解放。接着又在中国特色社会主义的道路上昂首阔步地胜利行进，取得了举世瞩目的成就。

如果把中华民族从沉沦到振兴的历史过程画成一条曲线，那么，清王朝的覆亡正处于这条曲线的转折点上。这就是清王朝覆亡这一重大历史事件所处的历史方位。

民族复兴之路与马克思主义的中国化*

努力争取中华民族的伟大复兴，不断推进马克思主义的中国化，是中国近现代史上带有全局性和根本性的两个极为重要的历史内容。从1840年鸦片战争起，一直到今天，无数志士仁人和广大人民群众，在不同的历史环境和社会条件下，始终把实现中华民族的伟大复兴作为自己梦寐以求的奋斗目标。波澜壮阔、曲折悲壮的斗争实践，要求着、呼唤着、推动着科学理论的形成和发展；对科学理论的苦心寻觅和艰难求索，终于使中国化的马克思主义成为民族复兴宏伟大业的强大精神动力和锐利思想武器。理论和实践的相互结合、相互推进，构成了中国近现代历史的壮丽画卷，也为我们今天提供了深刻的历史启示。

对民族复兴之路的艰难求索

中华民族在五千多年的历史发展中，创造了举世闻名的灿烂文明，曾经长时期走在世界前列。但是，由于封建统治的腐败和束缚，中国渐渐从先进转为落后。到清代的康雍乾时期，虽然号称“盛世”，在一些方面也仍然具有优势，其实却已经走到了封建末世，光彩夺目的只是“落日的余晖”。此后，我国同世界先进国家间的差距逐渐拉大。从1840年的鸦片战争开始，中国屡屡遭受殖民主义、帝国主义列强的侵略和蹂躏，国家主权和领土完整不断受到侵蚀。在

---

* 原为《民族复兴之路与马克思主义的中国化》“引言”，北京，清华大学出版社，2007。

帝国主义和封建主义的双重压迫下，政治黑暗，经济凋敝，社会残破，民不聊生。中华民族蒙受着巨大的屈辱和灾难，国家濒临灭亡的边缘。

面对着辉煌历史同衰败现实之间的强烈对比，面对着存在“亡国灭种”实际危险的严峻局面，那些关心国家命运和民族前途的有志之士，合乎逻辑地把“振兴中华”作为最紧迫、最重要的历史任务提了出来，其具体内容，一个是“救亡图存”，一个是“发愤图强”，也就是党的十五大报告所概括的：“中华民族面对着两大历史任务：一个是求得民族独立和人民解放；一个是实现国家繁荣富强和人民共同富裕。前一任务是为后一任务扫清障碍，创造必要的前提。”

通过什么样的道路，采取什么样的办法，才能解决和完成这两个光荣而艰巨的历史任务，实现中华民族的真正复兴呢？这对于中国人民来说，是一个全新的历史课题，既没有成功的模式可循，也没有现成的答案可抄。于是，中国人民开始了对于民族复兴之路的艰苦而执着的探索。各个阶级，各种社会阶层，各派政治力量，为了挽救民族的危亡，争取国家的富强，提出并实践过各式各样冀求走向民族复兴的救国方案。

以洪秀全为代表的太平天国农民英雄们，幻想在绝对平均主义的基础上构建没有剥削、人人温饱的理想社会。但这种绝对平均主义缺乏真正实施的现实可能性，农民自己在思想上也无法挣脱皇权主义的束缚，结果，他们轰轰烈烈掀起的太平天国运动，虽然给予封建统治秩序以重大打击，却终于在中外反动势力的联合镇压下惨遭失败。

封建统治阶级中的某些有识之士，通过洋务运动，力图在维护封建专制统治秩序的前提下，依靠西方列强的资金、技术和管理经验发展中国的经济，以求取国家的富强。他们一面向外国购买军舰大炮，一面“仿习机器”，先是创建军事工业，接着又兴办民用工业，开工厂，建矿山，筑铁路；同时，还办学堂，派遣学生出国留学等。所有这些，确实在中国走向现代化方面起到了筚路蓝缕的作用。但是，他们对封建专制主义的悉心维护，对西方列强的深度依赖，不能不使他们的洋务事业处于进退维谷、步履维艰的境地，求富求强的愿景也只能最终化为泡影。

中日甲午战争失败后，面对民族危机空前严重的局面，以康有为、梁启超等为代表的维新派，设计了一个依靠光绪皇帝推行维新变法，通过政治变革，有限度地发展资本主义经济、政治的纲领。他们比前人高明之处，是开始认识到，实现民族振兴，仅仅停留在学习西方的物质文明的层面，是远远不够的，还需要更进一步，按照西方政治制度的模式，对中国的封建政治进行大胆的改革。他们通过光绪皇帝，于1898年夏发动了著名的“百日维新”。这次政治改革对当时的社会产生了强烈的震动，促进了人们的思想解放。但在封建顽固势力的坚决镇压下，这个运动犹如流星划过夜空，瞬息即逝了。

早在戊戌维新运动之前的三四年间，伟大的革命先行者孙中山就在中国历史上第一次提出了“振兴中华”的口号，将它写进了政治纲领，并且以“兴中会”命名自己成立的革命组织。戊戌变法和义和团运动相继失败后，孙中山领导的革命运动就迅速发展起来。孙中山将“兴中会”改组为“中国革命同盟会”，提出了民族、民权、民生的“三民主义”，明确宣称只有推翻已经成了“洋人的朝廷”的清王朝的统治，才能避免“瓜分”“亡国”的命运。他直接提出建立民主共和国的任务，把民主主义发展到了一个崭新的高度，开创了完全意义上的近代民族民主革命。这个运动的结果，是在1911年爆发了辛亥革命，推翻了清王朝的反动统治，结束了主宰中国几千年的君主专制制度。帝制的废除和民国的建立，使中国社会一时呈现出一派生机勃勃的动人景象。但是，尽管这次革命取得了巨大的成果，却依旧是一次失败了的革命，因为它没有能够改变中国半殖民地半封建的社会性质。正如党的十五大报告所指出的：“辛亥革命未能改变旧中国的社会性质和人民的悲惨境遇，但为中国的进步打开了闸门，使反动统治再也无法稳定下来。”

“路漫漫其修远兮，吾将上下而求索。”用著名爱国诗人屈原的这个名句来形容中国人民对民族复兴之路的寻觅过程，实在是最贴切不过了。

也是诗人但更主要是伟大政治家和革命家的毛泽东，不是用诗的语言而是以生动晓畅的写实手法，描述了晚清时期人们探索民族复兴之路的艰难历程："自从一八四〇年鸦片战争失败那时起，先进的中国人，经过千辛万苦，向西方国家寻找真理。洪秀全、康有为、严复和孙中山，代表了在中国共产党出世以前向西方寻找真理的一派人物。那时，求进步的中国人，只要是西方的新道理，什么书也看。"① "学了这些新学的人们，在很长的时间内产生了一种信心，认为这些很可以救中国。"② "帝国主义的侵略打破了中国人学西方的迷梦。很奇怪，为什么先生老是侵略学生呢？中国人向西方学得很不少，但是行不通，理想总是不能实现。多次奋斗，包括辛亥革命那样全国规模的运动，都失败了。国家的情况一天一天坏，环境迫使人们活不下去。怀疑产生了，增长了，发展了。"③

究竟路在何方呢？

马克思主义中国化为民族复兴提供了科学理论的指导

1919年发生的五四运动，在中国民族复兴的漫长征途上，具有划时代的里程碑意义。这是因为，在这个历史事件的前后，中国人民的政治生活中，增添了两个崭新的内容：一是找到了马克思主义，一是诞生了中国共产党。

中国共产党从诞生之日起，就把马克思主义确立为自己的指导思想，把社会主义作为自己的追求目标，这是中国人民在民族复兴征途上的一个伟大的飞跃。

但是，并不是找到了马克思主义这个锐利的思想武器，就万事

① 《毛泽东选集》，2版，第4卷，1469页。

②③ 同上书，1470页。

大吉了。要实现中华民族的伟大复兴，求得民族独立和人民解放，实现国家繁荣富强和人民共同富裕，还必须解决马克思主义这个科学真理同中国国情、同中国革命实际相结合的问题，也就是要解决马克思主义中国化的问题。

马克思主义的基本原理同中国的具体实际相结合，是一个复杂而艰难的历史过程，中国共产党人为此付出了全部的聪明才智，表现了非凡的理论勇气，做出了巨大的奉献牺牲。在一定意义上，我们甚至可以说，中国共产党的历史就是一部探索马克思主义中国化，并在实践中不断推进马克思主义中国化的历史。

最早明确提出“马克思主义中国化”这个命题的是毛泽东同志。他在1938年党的六届六中全会的政治报告中强调指出：“成为伟大中华民族的一部分而和这个民族血肉相连的共产党员，离开中国特点来谈马克思主义，只是抽象的空洞的马克思主义。因此，使马克思主义在中国具体化，使之在其每一表现中带着必须有的中国的特性，即是说，按照中国的特点去应用它，成为全党亟待了解并亟须解决的问题。”①

以毛泽东同志为主要代表的中国共产党人，坚持马克思主义的立场、观点和方法，认真掌握中国历史和中国文化的特色，积极投身于革命斗争并加强对于实际运动的深刻了解，在理论和实践相结合的基础上，创立了毛泽东思想，实现了马克思主义中国化的第一次历史性飞跃，并经过土地革命、抗日战争和全面解放战争，推翻了帝国主义、封建主义、官僚资本主义三座大山，取得了新民主主义革命的胜利，建立了伟大的中华人民共和国。

中华人民共和国的建立，是中国从古未有的人民革命的大胜利，也是中华民族伟大复兴的一个根本转折点。从此以后，民族独立和人民解放的任务已经基本完成，而社会主义制度的确立，则为国家繁荣富强和人民共同富裕创造了良好的政治、经济及社会条件。新中国成立后，党领导人民进行了社会主义改造，发展了社会主义的

① 《毛泽东选集》，2版，第2卷，534页。

经济、政治和文化，取得了社会主义革命和建设的巨大成就。在这期间，毛泽东同志特别指出：现在是社会主义革命和建设时期，我们要在马克思主义的基本原理同中国革命和建设的关系上，进行“第二次结合”，找出在中国怎样建设社会主义的道路。[①] 历史表明，毛泽东思想是被实践证明了的关于中国革命和建设的正确的理论原则和经验总结。

在中国找出怎样建设社会主义的道路，并不是可以一蹴而就的事情。毛泽东同志领导党和人民对这个问题的探索，既取得了重要的进展，也出现了错误和挫折。党的十一届三中全会以后，以邓小平同志为代表的中国共产党人，在和平与发展成为时代主题的历史条件下，在我国改革开放和现代化建设的实践中，在总结我国社会主义胜利和挫折的历史经验并借鉴其他社会主义国家兴衰成败历史经验的基础上，逐步形成了新的建设中国特色社会主义的理论，即邓小平理论，实现了马克思主义中国化的第二次历史性飞跃。邓小平理论第一次比较系统地初步回答了中国这样的经济文化相对落后的国家如何建设社会主义、如何巩固和发展社会主义，中国社会主义的发展道路、发展阶段、根本任务、发展动力、外部条件、政治保证、战略步骤、党的领导和依靠力量以及祖国统一等一系列基本问题，找到了一条建设中国特色社会主义的康庄大道。

党的十三届四中全会以后，面对即将到来的21世纪国际国内形势发展的新特点，以江泽民同志为代表的中国共产党人，在推进中国特色社会主义事业的伟大实践中，科学判断党的历史方位，认真总结治党治国治军新的宝贵经验，创立了“三个代表”重要思想。“三个代表”重要思想在邓小平理论的基础上，进一步回答了什么是社会主义、怎样建设社会主义的问题，创造性地回答了建设什么样的党、怎样建设党的问题，深化了对中国特色社会主义的认识，从而进一步推进了马克思主义的中国化。

党的十六大以来，以胡锦涛同志为总书记的党中央，着眼于党

---

① 参见逄先知、金冲及主编：《毛泽东传》（上），506页。

和国家事业发展的全局，立足于国内外形势的发展变化，在理论上不断扩展新视野、做出新概括，提出树立和落实科学发展观、构建社会主义和谐社会、建设社会主义新农村、建设创新型国家、加强党的执政能力建设和先进性建设、树立社会主义荣辱观、走和平发展道路等重大战略思想，继续推进着马克思主义中国化的发展进程。

综观马克思主义中国化的历史进程，我们可以得到以下几个方面的体会：

首先，马克思主义同马克思主义中国化的各个理论成果之间，是一脉相承又与时俱进的关系。马克思主义是科学，它始终严格地以客观事实为根据。而实际生活总是在不停变动中，这种变动的剧烈和深刻，近一百多年来达到了前人难以想象的程度。因此，马克思主义必定随着时代、实践和科学的发展而不断发展，不可能一成不变。马克思主义中国化，不是要抛弃或者背离马克思主义，而是更好地坚持、继承和发展马克思主义。我们说“老祖宗不能丢”，是指马克思主义的基本立场、观点和方法，被实践证明了是科学真理的马克思主义那些基本原理，是不能丢的，丢了就丧失根本。正像小平同志所说：“我们搞改革开放，把工作重心放在经济建设上，没有丢马克思，没有丢列宁，也没有丢毛泽东。老祖宗不能丢啊！”① 但绝不是说可以或者应该把马克思主义变成僵死的教条，用“本本主义”的态度去对待马克思主义，把马克思主义的个别字句和个别结论看作现成的灵丹圣药，以为得了它就可以包医百病。在我们党的历史上，曾经吃过教条主义的大亏，反对教条主义的斗争，也一直是我们党思想理论战线上最重要的内容。正确处理好坚持和发展的关系，辩证统一地看待“一脉相承”和“与时俱进”的关系，是实现和推进马克思主义中国化的基本立足点。

其次，马克思主义中国化，既要注意“民族性”，又要注意“时代性”。前面我们已经讲到，马克思主义中国化命题的提出，最早就是从马克思主义怎样“用于中国的实际”，如何同中国的民族特点相

---

① 《邓小平文选》，1版，第3卷，369页。

结合以创建“民族形式的马克思主义”出发的。所以毛泽东反复强调，马克思主义的普遍真理必须同中国革命的具体实践相结合，要运用马克思主义的立场、观点和方法，“来具体地研究中国的现状和中国的历史，具体地分析中国革命问题和解决中国革命问题”①。但是，“中国”并不是一个抽象的概念，随着时代的发展，随着世界形势的变化，中国的国情、中国这块土地上所面临的问题，也发生了急剧而深刻的变化。科学理论是客观世界的反映，是人们社会实践的总结。既然客观世界是千变万化的，人们对客观世界的了解和认识也就应该不断地发展变化；既然人的社会实践是永无止境的，我们的理论创新也就没有止境。离开中国的实际和时代的发展来谈马克思主义，是没有意义的。静止地孤立地研究马克思主义，把马克思主义同它在现实生活中的生动发展割裂开来、对立起来，是没有出路的。

最后，要十分重视马克思主义中国化的实践性和群众性。这个问题包含着三层意思：一是我们推进马克思主义中国化，不是为着好看，不是为着装点门面，而是为了中国社会主义现代化建设的需要，为了中华民族伟大复兴的需要。只有以我国改革开放和现代化建设的实际问题、以我们正在做的事情为中心，着眼于马克思主义理论的运用，着眼于对实际问题的理论思考，才能充分发挥马克思主义中国化对社会发展和民族振兴的指导和引领作用。另一方面，在马克思主义中国化进程中产生的理论成果，是否正确，是不是科学真理，也需要经受社会实践的检验。二是归根结底，理论来源于实践。实践既需要科学理论的指导，又是理论创新的永不枯竭的动力和取之不尽的源泉。热火朝天的社会生活和社会实践，总会不断地发生新情况，出现新矛盾，提出新问题，要求做出新的理论研究、判断和解释；同时，也总会不断地取得新成果，创造新经验，产生新认识，要求做出新的理论总结、概括和提炼。因此，理论创新，绝不是靠少数人脱离实际，闭门造车，从书本到书本、从概念到概

① 《毛泽东选集》，2版，第3卷，797页。

念所能够完成的。马克思主义中国化是全党和全国人民在社会实践中集体智慧的结晶。三是理论只有为群众所掌握，才能变成改造世界的物质力量。人民是历史的真正创造者。正如胡锦涛同志《在纪念毛泽东同志诞辰110周年座谈会上的讲话》中所说："中国最广大人民群众是建设中国特色社会主义事业的主体，是先进生产力和先进文化的创造者，是社会主义物质文明、政治文明和精神文明协调发展的推动者。"马克思主义中国化的理论成果，之所以具有强劲的生命力，就在于它深深地扎根于人民群众之中，既代表人民群众的根本利益，又为广大人民群众所理解，所接受，所喜爱。它确实已经成为群众手中认识世界和改造世界的锐利武器。

中国共产党历史地成为实现民族复兴的核心力量

实现中华民族的伟大复兴，是我国各族人民的一致追求，是所有中华民族子孙的共同愿望。它过去是、现在依然是动员、鼓舞我国各族人民和各界人士的最具感染力和震撼力的政治口号和奋斗目标。伟大的事业需要伟大的团结。如果没有全国各族人民万众一心的共同参与和团结一致的顽强拼搏，中华民族伟大复兴的最终实现是无法想象的。

民族的团结，人民的团结，需要一个核心。这个核心就是中国共产党。中华民族的伟大复兴，这样一个无数关心国家命运的先辈梦寐以求并为之英勇献身的宏伟大业，只有在中国共产党的领导之下才能实现。这是全部社会生活给予我们的带有客观必然性的珍贵历史启示。

前面我们已经简要地叙述了中国共产党人怎样通过推进马克思主义中国化的进程，为民族复兴找到了一条正确的道路。在科学理论的指导下，党在不同历史时期，根据不同的历史条件和社会环境，制定了符合客观实际的党的路线、方针和政策，并且带领广大群众全身心地投入到斗争第一线，为民族复兴事业贡献出自己的全部力量。这是由中国共产党的根本性质所决定的，因为中国共产党是工人阶级的先锋队，同时是中国人民和中华民族的先锋队。在革命、建设、改革的各个历史时期，它总是代表着中国先进生产力的发展要求，代表着中国先进文化的前进方向，代表着中国最广大人民的根本利益，并通过制定正确的路线、方针、政策，为实现国家和人民的根本利益而不懈奋斗。中国共产党成为全国人民的核心，这正是历史的选择，人民的选择。

实现中华民族的伟大复兴，既然是一个没有成例可援的开创性事业，当然不会是一条没有任何艰难和风险的“平安大道”。人们在探索民族复兴之路的过程中，不可能不犯这样那样的错误，不遭受这样那样的挫折。中国共产党人在民族振兴的伟大斗争中，做出过巨大的贡献，付出过重大的牺牲，同时，也有过失误和挫折，有时甚至犯过严重的错误。但是，中国共产党为了民族的、人民的利益，总是勇敢地自己起来纠正自己的错误。这正是中国共产党坚强有力的一种表现。而且，今天的正确认识，也包含了对错误和挫折的沉痛教训的吸取在内。正是在这个意义上，我们要格外珍惜马克思主义中国化的理论成果。

中华民族的伟大复兴，同中国特色社会主义是有机地统一在一起的，具有本质的内在联系。我们就是要在建设中国特色社会主义的道路上实现中华民族的伟大复兴。这也是由中国的历史特点所决定的。

在中国共产党成立之前，许多志士仁人努力追求发展资本主义，企求建立资产阶级共和国。这个愿望，却不断在现实生活中碰壁。这是由国际国内的客观条件决定的。帝国主义为了自身的利益，总是要按照自己的面貌去改造殖民地和半殖民地，在这个过程中，也就不可避免地会向这些地区传播某些资本主义文明。但是，帝国主义列强侵入中国的目的，绝不是要把封建的中国变成资本主义的中国，它们也决不允许中国真正地富强起来。相反，从近代历史发展的全过程来看，帝国主义勾结中国封建势力压迫中国资本主义的发展，阻止和破坏中国社会的前进，却是已经由无数事实所证明了的历史本质真实。帝国主义为了维持和强化半殖民地的统治，就必须勾结和支持中国的封建势力，维护封建专制制度，竭力保持封建剥削制度的根基即封建生产关系。这样，资本主义的发展就更加困难重重。在这样一种政治环境及社会条件之下，中国的资产阶级在经济上和政治上就不能不是异常软弱的，他们没有力量承担起建立资产阶级共和国的历史任务。

这就是为什么资本主义道路在中国走不通的根本原因。这就是为什么中国的民族复兴只有走中国特色社会主义道路的根本原因。邓小平同志说得好："历史告诉我们，中国走资本主义道路不行，中国除了走社会主义道路没有别的道路可走。一旦中国抛弃社会主义，就要回到半殖民地半封建社会，不要说实现'小康'，就连温饱也没有保证。所以了解自己的历史很重要。"①

实现中华民族的伟大复兴，需要大力弘扬和培育民族精神。民族精神是一个民族赖以生存和发展的精神支撑。一个民族，没有振奋的精神和高尚的品格，不可能自立于世界民族之林。民族精神是一个民族生命力、创造力和凝聚力的集中体现，只有坚持弘扬和培育民族精神，才能使中华民族的生命力、创造力和凝聚力始终保持昂扬向上的状态，成为推动中华民族伟大复兴的强大精神力量。中华民族是具有优良传统和独创精神的伟大民族。中华民族在创造灿烂中华文明的过程中，形成了具有强大生命力的民族精神。这个民族精神，博大精深，根深蒂固，已经成为中华民族生命机体中不可分割的重要成分。党的十六大报告指出："在五千多年的发展中，中华民族形成了以爱国主义为核心的团结统一、爱好和平、勤劳勇敢、自强不息的伟大民族精神。"发扬这种民族精神，是提升我国综合国力的重要内容。这是因为，有没有高昂的民族精神，是衡量一个国家综合国力强弱的重要尺度之一。综合国力，主要表现在经济实力、技术实力，这种物质力量是基础，但也离不开民族精神、民族凝聚力，精神力量也是综合国力的重要组成部分。

---

① 《邓小平文选》，1版，第3卷，206页。

我们讲弘扬和培育民族精神，既不是主张和赞成复古主义，也不是主张和赞成狭隘民族主义。复古主义对我国传统文化中的民主性精华和封建性糟粕不加分析，统统对之顶礼膜拜，有的甚至把糟粕当精华，结果恰恰是损害了灿烂的中华文明。狭隘民族主义闭目塞听，与世隔绝，夜郎自大，故步自封，本身就是同我们的民族精神相悖，当然也不符合人类历史发展的趋势和时代的潮流。我们弘扬和培育民族精神，既要扎根于中华文明的旷野沃土，又要以宽阔胸怀去吸取世界文明的一切有益成果，这才是一个有着自尊心和自信心的民族应有的健康心态。

当今世界，国际局势正在发生深刻的变化。世界多极化和经济全球化的趋势在曲折中发展，科技进步日新月异，综合国力竞争日趋激烈。形势逼人，不进则退。在这样的世界大环境中实现民族复兴，要有更多一点的忧患意识。应该看到，目标已经确定，但征程还很漫长；道路已经开通，但探索并未终结；基础已经牢固，但挑战依然严峻。但是，只要我们坚持马克思主义中国化的理论旗帜，坚持中国特色社会主义道路，同全国人民同甘共苦，继续拼搏，就一定能从容应对征途上的各种复杂局面，战胜各种可能出现的艰难险阻，使中华民族伟大复兴的崇高事业得以最终实现。

在灾害面前挺起民族的脊梁*

2008年5月23日上午，重返汶川特大地震灾区的温家宝总理，在刚复课三天的北川一中一间临时教室的黑板上写下了“多难兴邦”四个字，鼓励同学们“要面向光明的未来，昂起倔强的头颅，挺起不屈的脊梁，向前，向光明的未来前进”。温总理在这里所传达的在巨大困难面前不屈不挠的坚定信念，正是从中华文明发展进程中总结出来的。

中华民族是一个多灾多难的民族。这种民族灾难，既包括社会的，也包括自然的。但不论哪一种灾难，都没有把我们的民族压倒，都没有使我们的民族屈服。相反，灾难锻炼了我们的民族意志，昂扬了我们的民族精神，增强了我们的民族凝聚力。我们的国家、民族正是在克服各种巨大灾难中不断奋起，不断前进，群策群力，同心同德，努力在中国特色社会主义的大道上实现中华民族的伟大复兴。

著名经济史家傅筑夫先生曾经指出，一部二十四史，几乎就是一部中国灾荒史。而一部中华文明史，从某种意义上来说，也就是一部中华民族与自然灾害不断抗争的历史。英国历史学家汤因比在谈到黄河下游古代中国文明的起源时这样说过：“人类在这里所要应付的自然环境的挑战要比两河流域和尼罗河的挑战严重得多。人们把它变成古代中国文明摇篮地方的这一片原野，除了有沼泽、丛林和洪水的灾难之外，还有更大得多的气候上的灾难，它不断地在夏季的酷热和冬季的严寒之间变换。”这样一种频繁而严重的灾荒，固然给中国人民带来了无比深重的劫难，但在同时，这样一种极其严

* 本文与朱浒合作撰写，载《光明日报》，2008年7月6日。

酷的自然环境也恰恰成为刺激中华文明生长、绵延的一种积极力量。因此，了解和研究中国灾荒史，不仅可以更全面、更深刻地去体验我们这个民族曾经遭受过怎样一种巨大的苦难，也可以从历史上抗击灾荒的经验中得到有益于今天防灾御灾对策的借鉴和启示。

十年九荒：历史上触目惊心的灾害记录

中国地域辽阔，地理条件和气候条件都十分复杂，自古以来就是一个多灾的国家。据中国灾荒史研究的开拓者之一邓拓先生统计，我国历史上水、旱、蝗、雹、风、疫、震、霜、雪等灾害，自有确切历史记载的公元前 206 年算起，到 1936 年止，共计 2 142 年间达到 5 150 次，平均每 4 个月强便有一次。另有学者通过统计成灾州县数目测算了受灾的广度。据估算，1644 年至 1839 年间成灾州县共 28 938 州县/次，年均约 148 州县/次。进入近代后，为数更巨，如 1860 年至 1895 年间总数为17 278 州县/次，年均 493 州县/次；1912 年至 1948 年间共 16 698 州县/次，年均 451 州县/次，这意味着此时每年都有近 1/4 的国土笼罩在灾荒的阴霾之下。

一旦接触到大量的、更为直观的有关灾情的历史资料，人们更不能不为其中展现出来的灾荒之频繁、灾区之广大及灾情之严重所震惊。就拿水灾来说，这是带给人们苦难最深重、对社会经济破坏最巨大的灾种之一。在我国重要的江、河、湖、海周围，几乎连年都要受到洪水海潮的侵袭。黄河是中华文明的摇篮，素有“母亲河”之称，但它也是中国历史上决口泛滥最多、为祸最烈的一条河流。仅中国最后一个封建王朝清朝立国后的 200 年间，黄河共决口 364 次。进入近代后的百余年间，更几乎“无岁不溃”。1855 年，黄河又发生了有史以来的第 26 次大改道，也是离当代最近的一次大改道，给该流域造成了巨大的变迁和灾难。此后，河患更是变本加厉。在民国短短 38 年间，共决口 107 次，几乎年均 3 次决口。

较之黄河来说，我国第一大河长江原本造成的水患要小一些。

据统计，从1583年到1840年的两个半世纪内，长江流域发生的特大水灾不过两次。而从1841年到1949年，竟发生特大水灾9次，超过了同一时期黄河重大灾害性洪水的次数。还在道光朝后期，著名经世思想家魏源就以敏锐的眼光注意到长江为患这一严峻的事实，指出“历代以来，有河患无江患”，但近数十年来，长江却“告灾不辍，大湖南北，漂田舍，浸城市，请赈缓征无虚岁，几与河防同患”。也就是说，此时的长江几乎已经变成第二条黄河了。

其他大河流域亦是水患频仍。在淮河流域，因黄河自金、元以后改道夺淮入海，黄水带来的大量泥沙堵塞从淮北到鲁西南的许多河道，淮河流域的灾害自此日甚一日，变成了著名的“大雨大灾，小雨小灾，无雨旱灾”的贫瘠地区。地处北京附近的永定河，原名无定河，变迁不定，防守之难，几与黄河相埒，致有“小黄河”之称。据各种资料统计，从1840年到清朝灭亡的71年间，永定河共漫决33次，平均两年一次。其中，从1867年到1875年，更是创造了连续9年决口11次的历史记录。洞庭湖流域在有清一代几乎年年都有“被水成灾”的记录，并且随着时间的推移，水灾周期急剧缩短，灾情不断加重，鱼米之乡也就变成了实实在在的水患之区。我国第五长河珠江也经历了同样的生态变迁，尤其是晚清到民国年间，这里的水患已经增至几乎无年不灾的程度。1915年夏季，珠江终于爆发了一场200余年未见的特大洪水，珠江三角洲各县围堤几乎全部崩毁，广州城市被水淹浸长达7天之久。

与水灾相比，旱灾的发生频率毫不逊色。有人统计，1644年至1839年间，旱灾占到了全部自然灾害的32%，全国年受灾150州县以上的特大旱灾共12次。俗话说，“水灾一条线，旱灾一大片”，旱灾对农作物的破坏往往更为严重。它虽不像洪灾那样来势迅猛，但是覆盖面积广、持续时间长，而且由于它的影响有个积累的过程，以致人们一旦觉察到旱灾的威胁时，常常对之措手不及。特别是从19世纪中后期开始，旱灾范围不仅在北方地区大为蔓延，还呈现出自西北向东南扩张的势头，出现了不少特大型的灾荒，如光绪初年的华北大旱灾，1920年的北五省大旱荒，1928年至1930年的西北、华北大饥荒，1942 年至 1943 年的中原大饥荒和广东大饥荒，都是旱魃肆虐的突出表现。其中，光绪初年的华北大旱灾，是以“丁戊奇荒”这一骇人听闻的特定称呼载入史册的。从 1876 年到 1879 年，旱情持续了 4 年之久，旱区覆盖了山西、河南、直隶、山东和陕西 5 省，并波及苏北、皖北、川北和甘肃东部。在总面积百余万平方公里的土地上，田地龟裂，河道干涸，树木枯槁，青草绝迹，真可谓“赤地千里”。连昔日纵横泛滥、溃决频闻的黄河，这几年也呈现出少有的枯水状况。据不完全统计，1876 年至 1878 年，整个旱区受灾民众约在 1.6 亿到 2 亿之间，约占当时全国人口的一半，以致当时清朝官员每每称之为有清一代“二百三十余年未见之惨凄、未闻之悲痛”，甚至说这是“古所仅见”的“大祲奇灾”。当时旅华的外国人士，也把它看成是中国自古以来的“第一大荒年”。可是，从后面的历史来看，几乎在同一区域，这样的悲剧仍不止一次地重演过。

“大旱（或大水）之后必有大蝗。”在旧中国，蝗灾也是一种相当严重的自然灾害，而且往往同水旱灾害相伴而生，使得灾荒火上加油。只要一闹蝗灾，便会出现“飞蝗蔽日”的骇人景象，而蝗阵一旦落地，该处庄稼、草木往往“顷刻而尽”，出现“白地千里”的悲惨景象。晚从明末起，有关蝗灾的记录即无年不有。近代以来，至少出现过 3 次比较严重的蝗灾盛发期。其一发生在 1852 年至 1858 年，覆盖省份占全国面积的 1/3，“蔽空往来”的大队飞蝗甚至从正在京郊巡游的咸丰皇帝头顶飞过。其二是 1928 年至 1936 年，其间不仅几乎“无年不蝗”，且有 6 年遍及 6 省以上。其三为 1942 年至 1947 年，主要集中在以黄泛区为中心的地带，由于庄稼全被蝗虫吃完，不少地方民众不得已以蝗虫充饥，结果蝗虫倒成了“风极一时的食品”。

另外一个不能不提及的为害至烈的灾害就是地震。我国处于世界上两个最强大的地震带即环太平洋构造带和欧亚构造带的夹持之中，使我国成为震多、震强、震频的国家之一。据《中国地震目录统计》，到 1949 年止，我国历史上发生的 4.75 级以上破坏性地震 1 645次。地震造成的破坏性更是骇人听闻。1556 年 1 月 23 日，发生了以陕西华县为震中的8.25级大地震，祸及陕西、山西和河南三省，至少有83万多人罹难，是世界地震史上迄今伤亡人数最多的一次地震。仅在1840年至1949年间，我国即发生7级以上地震64次，造成千人以上死亡的共27次。其中，1879年甘肃武都、1902年新疆阿图什、1906年新疆沙湾、1920年甘肃海原（今属宁夏）、1927年甘肃古浪、1931年新疆富蕴等处为震中的大地震，震级皆在8级或以上。

与地震灾害具有较强的区域特征相比，疫灾在全国范围的分布却相当普遍而平均，其危害性亦不容低估。有学者测算，1232年汴京大疫，所造成的死亡人口占全城的40%；明崇祯末年肆虐华北的大鼠疫，在核心区即山西、直隶和河南三省北部，疫死人口可能达到总人口的1/3。而在近代交通兴起以后，疫灾也随之迅速突破地域的限制。1911年秋，黑龙江西北满洲里出现鼠疫，很快就沿着铁路传入哈尔滨、长春以及奉天等地，并侵入直隶、山东，估计东三省因疫而死者将近“五六万口之谱”。1919年，瘟疫又席卷了从福州到哈尔滨之间的广大地域，约有30万人丧生。此外，地表生物、微生物造成的某些地方病灾害亦为祸甚烈。如中华人民共和国成立前仅血吸虫病即长期威胁长江流域1亿多人口，受其感染的高达1 000万人以上。在灾重地区，确实是“千村薜荔人遗矢，万户萧疏鬼唱歌”。

除了上述几种灾害之外，严霜、奇寒、冰雹、大火等也不时袭击神州大地。而且，所有这些灾害往往接连不断或交相并发，出现“灾上加灾”的情况。事实上，某种自然灾害特别是重大灾害一经发生，常常导致连锁反应，形成颇为复杂的灾害链。有时候连一些看起来毫不相关的两种灾害之间，也存在着令人难以置信的触发关系。近代历史上，华北、西北地区多次出现旱震交织并发的状况，如光绪初年华北的大旱灾与1879年武都大地震、1920年的北五省大旱与同年的海原大地震，从自然科学的角度来观察，都不是一种偶然的巧合，而是地震在孕震过程中引起的气象变异。

上述中国灾荒的频繁性、复杂性、严重性和广泛性，在世界其他国家中可以说是颇为少见的。流传了数百年的一首凤阳民谣中说

“三年水淹三年旱，三年蝗虫闹灾殃”“十年倒有九年荒”，这绝不是凤阳一地的写照，而完全可以看作旧中国灾荒状况的一个缩影。

饿殍塞途：灾荒对社会生活的沉重打击

许多历史文献谈到自然灾害的严重后果时，总常用“饿殍塞途”“饥民遍野”等字眼加以形容。由于经过了高度的抽象与概括，对这些字眼中间所包含的具体内容，人们往往不大去细想。实际上，在这短短的几个字背后，包含着多少血和泪、辛酸和悲哀！

灾荒对社会经济生活的严重打击，最明显和首要的表现就是对人民生命的摧残和戕害。在旧中国，每一次大的自然灾害，总要造成大量的人口死亡。前面已经提到的地震、瘟疫等灾害是如此，洪水、大旱等灾害更是有过之而无不及。例如，1931 年，长江发生全流域大洪水，黄河下游、淮河流域以及东北辽河、松花江等处亦纷纷泛滥成灾，仅受灾最重的湖南、湖北、安徽、江苏、江西、浙江、河南、山东 8 省之中，按照档案材料和其他各种报刊文献的记载估计，洪水吞没的生命至少在 40 万以上。但这还不是最严重的。鸦片战争后黄河连续三年在河南、江苏决口，死亡人口以百万计；1887 年黄河在郑州决口，河南、安徽、江苏等省死难人数，按当时外国人士的估计，高达 93 万余人；1938 年的花园口决口，又使该三省黄泛区失去了 89 万多条宝贵生命。由于社会条件和技术条件的限制，这些数字不可能非常精确，而根据研究的判断，实际情况只会比这个数字更加严重。

拿前面提到的 1876 年至 1879 年的华北大旱灾即“丁戊奇荒”来说，由于干旱时间长，灾情和人民生命财产的损失就极为惨重。据当时发行的《万国公报》报道，灾区人民无任何粮食可以充饥，只能“食草根，食树皮，食牛皮，食石粉，食泥，食纸，食丝絮，食死人肉，食死人骨，路人相食，家人相食，食人者为人食”，直至最后“饥殍载途，白骨盈野”。当代学者对这次巨灾因灾死亡人数做了各种统计和估算，由于资料的限制，数字有相当大的出入，但最低数字至少在1 000万人左右，最高数字竟达2 000万人以上。近代发生的其他几次特大旱灾，死亡人数同样骇人听闻：1892年至1894年山西大旱，死亡100万；1920年北五省大旱，死亡50万；1925年四川大旱，饿死、病死约115万；1928年至1930年西北、华北大旱，死亡约1 000万；1942年至1943年中原大旱，死亡约300万人。

如果将造成万人以上人口死亡的灾害列为巨灾的话，那么仅近代史上这样的灾害包括水、旱、震、疫等，共发生了119次，平均每年1次以上，死亡总数为3 836万余人，平均每年35万人，在受灾严重地区，灾害造成的人口损失实在不可低估。例如，由于人口损失奇重，河南、山西境内许多地方的人口数量，直至民国时期也未能恢复"丁戊奇荒"前的水平。

其次，频繁而严重的灾荒还破坏了人类的生活环境，迫使大量灾民为了活命不得不离家出走，四处逃荒。其数量通常是因灾害死亡者的数倍、十几倍乃至数十倍。例如，1931年江淮大水灾，流亡人口估计有1 015万余人，占灾区总人口的40%；1934年，安徽870余万灾民中有500多万流移乞讨；1935年7月长江中下游大水，死亡14.2万人，逃荒灾民则达1 100余万人；1938年花园口决口后，黄泛区人口的1/5即391万人被迫漂流异乡。在一些环境恶劣、灾荒频发的地区，逃荒甚至成为人们习以为常、司空见惯的传统或习俗了，如河南黄河沿岸的不少地方、江苏的苏北、湖北的黄梅、江西的九江和北平的远郊等地，都有大批农民结队成群，以"逃荒"为名，出外乞食，形成季节性的流民潮。而那些被突发性灾害驱赶出家园的流民，虽然也有一些人能够在异乡安家立业，但更多的人则由于饥寒交迫，最终也摆脱不了贫病而死的悲惨命运。如1942年至1943年中原大饥荒中，有一位记者曾报道，当时每一列开往西安的火车上都爬满了难民，他们紧紧抓住火车上所能利用的每一个把手和脚蹬，但许多人还是由于过分虚弱而跌下火车，惨死在铁路线上。从洛阳到西安数百里长的铁路线上，到处都是难民的尸体。

再次，严重的自然灾害，除造成人口的大量死亡、逃亡以外，还对社会生产造成巨大的损伤和破坏。其实，人口的大规模死亡本身，就是对社会生产力的极大摧残。但问题还远远不止于此。较大的自然灾害中，除人员伤亡外，一般都伴有物质财富的严重破坏，如庐舍漂没、屋宇倾塌、田苗淹浸、禾稼枯槁、牛马倒毙、禽畜凋零等。并且，广大灾民为了充饥活命，总是不惜一切代价变卖家产，诸凡衣、住、行等方面被认为是有用的物品，无不拿到市场上进行廉价大拍卖。许多地方的灾民甚至将房屋拆卸一空，当作废柴出售，以致出现“到处拆毁，如同兵燹”的惨景。因此，千千万万的饥民，经过顽强的挣扎之后，常常将自己毕生辛勤积攒连同他们祖辈世代传承的极其有限的财产，也不得不同生命一起被残暴的天灾剥夺净尽了。结果在灾情缓解之后，幸存的灾民大多没有种子，没有农具，没有耕牛，连维持简单再生产的条件都丧失殆尽，自然很难重建残破的家园。

在历史上，每当发生重大的自然灾害后，社会生产绝非一两年之内能够缓过劲来，恢复到正常水平的。这一方面是因为灾荒期间人口损失过重，导致被灾地区的土地大量荒芜，另一方面则是因为各种自然灾害对农田生态系统的持久性破坏。如 1938 年黄河决口后，洪水在其后的 9 年中把约 100 亿吨的泥沙倾泻到了淮河流域，在黄泛区形成了广袤的淤荒地带，成为“不毛之地”。况且，近代以来自然灾害的一个显著特点，是灾害的续发性非常突出，往往是旧灾未苏，新的打击又接踵而至。这不但对社会经济的破坏更为严重，而且抗灾防灾的能力每况愈下，使得即使后来同样程度的灾害也会造成更具灾难性的后果。

最后，灾荒对社会生活的再一个影响，是破坏了正常的社会秩序，增加了社会的动荡与不安定，激化了本已相当尖锐的社会矛盾。如前所述，每次较大的自然灾害之后，随之而来的都是生产的凋敝和破坏，都是大量受到饥饿和死亡威胁的“饥民”和“流民”。而这么多风餐露宿、衣食无着的饥民、流民的存在，无疑是堆积在当时统治者脚下的巨大火药桶，只要一点火星，就可以发生毁灭性的爆炸。即使在“承平”之时即社会矛盾相对缓和的情况下，灾民也会为求得眼前温饱而经常进行“抗粮”“抗捐”“闹漕”“抢米”“抗租”等自发性斗争，从而在客观上冲击了旧的社会秩序。而接连不断的灾荒，还使本已存在的群众反对现存统治秩序的斗争，愈发扩大了规模和声势。这在太平天国运动、义和团运动和辛亥革命运动中，都得到了极其清楚的表现。

多难兴邦：中国抗灾救灾斗争的丰富历史遗产

胡适在谈到以往中国人对付灾荒的办法时，曾不无嘲讽意味地说：“天旱了，只会求雨；河决了，只会拜金龙大王；风浪大了，只会祷告观音菩萨或天后娘娘；荒年了，只好逃荒去；瘟疫来了，只好闭门等死；病上身了，只好求神许愿。”这段话，虽然在部分程度上反映了旧中国的社会现实，但若因此认为中国人面对灾荒只是采取消极的应对办法，却也并不符合客观的历史真实。事实上，中国人民从很早时候起就不再匍匐于自然灾害的淫威之下，而是以顽强的英雄气概，与灾荒进行了不间断的、不屈不挠的抗争，面对着严重的自然灾难，更加激发了自强不息的民族精神，在抗击和战胜灾难中不断积累经验，为后世留下了许多宝贵的历史遗产。

早在社会生产力还很低下的时代，就有人对消极祈禳弭灾的观念和活动进行批评，形成了具有朴素唯物主义意味的灾害观。如著名思想家荀子明确地说，“天行有常，不为尧存，不为桀亡”，并把“田薉稼恶，籴贵民饥，道路有死人”的现象归结为“人袄”。东汉王充坚决反对把自然灾害的发生加以神秘化的灾异谴告说，认为“夫国之有灾异也，犹家人之有变怪也”，并反驳说：“尧遭洪水，汤遭大旱，亦有谴告乎?”南北朝时期的《颜氏家训》中亦声称：“日月有迟速，以术求之，预知其度，无灾祥也。”所有这些认识都冲击了天命主义的灾害观，也成为中国古代积极抗灾救荒活动的思想基础。

与灾害观的发展相对应，关于采取怎样的有效措施来进行抗灾救荒的思想，也很早就出现了。如成于战国时代的《周礼》一书就提出“以荒政十有二聚万民”，其内容包括：“一曰散利，二曰薄征，三曰缓刑，四曰弛力，五曰舍禁，六曰去几，七曰眚礼，八曰杀哀，九曰蕃乐，十曰多昏，十有一曰索鬼神，十有二曰除盗贼。”这是我国历史上首次提出的较为系统的荒政思想。除“索鬼神”外，其他各项大体涵盖了政治、经济和社会等方面切实可行的措施。差不多同时代的《礼记》中更明确阐述了积储备荒的必要性：“国无九年之蓄，曰不足；无六年之蓄，曰急；无三年之蓄，曰国非其国也。三年耕必有一年之食，九年耕必有三年之食。以三十年之通，虽有凶寒水溢，民无菜色。”这类思想在后世得到了进一步的发展，尤其是到了明清时代，救荒思想的内容更是极大丰富，对整个救荒过程的各个环节都有相当细致的总结和论述，也对当时荒政制度的建设起到了极大的指导作用。直到今天，这些思想中仍不乏值得借鉴和重视的真知灼见。

我国抗灾斗争的又一个宝贵历史遗产，是积累了世界上可谓独一无二的、大量的灾荒史料。众所周知，我国有着世界上最为悠久的连续文字记载的历史。而在这些史籍中，古人自很早时候起就很注意对灾害现象的记载。在先秦时代的《竹书纪年》《春秋》《左传》《逸周书》等典籍中，就保存了相当多的灾荒史料。而自《汉书》首创灾害专志“五行志”，开正史记录灾害的先河后，后来正史中几乎无不有专门篇幅辑录历朝历代的灾荒史料。不仅如此，我国还有另外一项独有的史志编纂传统，那就是地方志的修撰。特别是到明清时代，纂修方志之风大盛，但凡省、府、州、县乃至乡镇皆有志书。据统计，1949 年前编成的方志总数不下 8 000 种。而在绝大部分方志中，都有“灾祥”“灾异”等专章记录本地区灾害的历史。由于方志中的灾害记录来源广泛，且有较为明确的地理范围，所以在很大程度上可弥补正史中灾害记录之不足。毫无疑问，如此大量且丰富的灾害记录，对于我们总结、认识自然灾害的发生机理和规律，其价值无论怎么强调都不会过分。

我国抗灾斗争的另一个重要历史遗产，是在长期的实践中形成了一套国家力量主导下的、相当系统且周密的荒政制度。如果说前述《周礼》所描绘的荒政还只是表达了一种理想的话，那么至少从秦汉时代开始，就已出现了许多专门应对灾荒的有效政策和行动。而后来各朝代几乎莫不在重视和继承前代荒政经验的基础上，对这项制度的建设又有所发展。特别是到了清代，更是集中国古代荒政制度之大成。至少就具体规定来说，其周密性、规范性都远超以前各代。大体上，清代荒政最值得注意的有两点。其一是备荒制度中的仓储与河防政策。在政权基本稳定以后，康熙、雍正、乾隆都大力推行仓储建设，除规定各地普遍设立官府主管的常平仓外，还倡导和鼓励或官民合办、或民间自办的社仓和义仓，从而形成一套相当完善的仓储网络，并一直延续到晚清时期。在河防方面，清朝也投入了很大的力气，如针对为患最大的黄河，在其立国不久即设河道总督，专门负责对黄河的治理和维护。其二是在救灾上制定了一套完整、固定的程序，使报灾、勘灾、赈灾等步骤环环相扣，强化了救荒行动的效率和效果。并且，为了防止各级官员救荒不力，清廷对报灾和勘灾的时限、审户和放赈的标准，都有极为严格的规定，对违犯者的处罚力度也很大。在政治较为清明、国力相对强盛时，这套荒政制度的确发挥了较大的作用。当然，后面也会谈到，在更多的时候，无论多么严密的制度规定都无法避免封建统治下操作过程的种种弊端。

最后一个值得注意的历史遗产，是我国重视总结救荒经验的传统。约从宋代开始，一批有识之士即系统地总结和整理源自官方和民间的诸多救荒经验和赈灾措施，并著录成书，其书名则直接冠以“救荒”、“救灾”或“荒政”等字样。据初步统计，迄至清末民初，此类救荒专书有 250 余种之多，其中如《救荒活民书》《康济录》《筹济编》《荒政辑要》等，均被当时的统治者奉为救荒圭臬和赈灾指南，且多次刊行，流传颇广。这些救荒文献，一方面为人们了解中国历史上重大灾害的实况及其对社会的影响提供了极为详尽的资料，一方面则通过对各级官府与民间社会历次救灾实践的实录和总结，颇为系统地反映了中国救荒制度的变迁历程，对于人们深入了解历史时期救灾减灾的经验教训，具有非常重要的理论意义和学术价值。在今天党和国家逐步完善社会保障制度、全面建设和谐社会的大背景下，它也会从历史的角度提供极其珍贵的传统文化资源，为国家减灾救灾建设提供宝贵的借鉴。

两重天地：不同社会制度下不同的抗灾成效

虽然一直到今天，自然灾害仍然在很大程度上成为经济发展和社会进步的一个重大障碍，但是，在不同的时代，在不同的社会制度下，由于人民的社会地位不同，组织程度不同，精神状态不同，生产和物质条件不同，更由于政权性质的不同，人们对待灾荒的态度、防灾抗灾的能力和水平，以及灾荒所造成的社会影响和消极后果，存在着巨大的差异。

前面说过，中国古代形成了一套相当周密和系统的荒政制度。在一些时候，这套制度也确实发生了相当的积极作用。但是，这套制度的运转，有关规定和措施的落实，都要靠人来完成，更主要是靠各级官吏去执行。历史上封建政权作为剥削者的政权，本质上与人民群众是根本对立的，而且从来都存在着腐败的一面。这种根深蒂固的腐败，使得任何看似合理的政治机制常常陷于失灵，任何严密的规章制度都难免会成为一纸空文。在许多场合下，实际活动都会表现为对成文规定的明目张胆的破坏和背离，也就从根本上限制了这些规定以及救荒活动的成效。

就拿中国古代荒政制度的集大成阶段即清代荒政来说，即使在被称为“康乾盛世”的鼎盛时期，其中的腐败活动也随处可见。1781 年（乾隆四十六年），甘肃省发生巡抚以下全省上百名官员通同舞弊的冒赈案件，就是明显的例子。迨嘉道国势中衰之后，荒政活动中更是百弊丛生，各种各样的问题俯拾皆是。下至咸、同、光、宣各朝，尽管在形式上仍遵循康乾时期建立的荒政制度，其救灾效果却往往大打折扣。例如，就“报灾”而言，各级官僚不是常常

“以丰为歉”，捏报灾情，就是“以歉为丰”，匿灾不报。虚报是为了贪污，匿灾则或是出于政治上的考虑，以粉饰太平来逃避自己对防灾不力的责任，或是出于对经济方面的贪婪追求。而关于勘灾要有期限、“如逾议处”的严厉规定，也在封建官僚政治面前变得毫无约束力。本来，救荒如救火，不能须臾耽搁。可是，许多官员拘文牵义，使救灾程序演变成一大套繁杂的手续，公文往来旷日持久，往往是远水不解近渴，无数生命就在封建官僚政治的文牍主义中白白葬送了。

至于放赈过程中的种种弊窦和黑幕，就更是一言难尽了。其中比较著名的花样有：“卖荒”，即灾户必须给予查灾官吏一定数量的钱文，方可被填入受灾名册；“卖灾”“买灾”“送灾”“吃灾”，与“卖荒”含义相仿，只是内容更复杂一些，“如胥吏则更无所忌，每每私将灾票售卖，名余额‘卖灾’，小民用钱买票，名曰‘买灾’，或推情转给亲友，名曰‘送灾’，或恃强坐分陋规，名曰‘吃灾’”；“勒折”，即强行向灾户勒索费用，无钱则以应发赈钱相抵；“积压誊黄”，即地方官把刊刻朝廷蠲免钱粮之上谕的黄纸告示搁置起来，照旧催征，催征到一定程度或催征完毕，再放个马后炮，把这些告示冠冕堂皇地张贴出来。

事实上，上面列举的情况只是当时荒政活动中各种痼疾宿弊的一小部分。当时有人评论说，办赈向有“清灾”“浑灾”之分。所谓“清灾”，是指地方官在办赈过程中不仅奉公守法，清正廉洁，而且实心实力办事，绝无浮滥和遗漏。所谓“浑灾”则反之，是指办赈过程中一片混乱，赈灾钱物的发放，冒滥与克扣比比皆是，犹如一潭浑水。在当时的历史条件下，连统治者自己都承认“牧令中十人难得一循吏”，那么真正能够办“清灾”者又有许呢？这样也就不难理解，那时发生一次中等规模的自然灾害，就会出现大量人口或死或逃的惨重后果。

旧中国遇到自然灾害时那种噩梦似的惨况，毕竟已经成为过去。中华人民共和国成立后，由于社会制度和政权性质发生了根本性的变化，国家实实在在地开展了许多卓有成效的减灾抗灾工作，初步建设了一个防洪抗旱的工程体系，从而大大提高了人民群众的防灾抗灾能力，也减轻了灾害造成的损失。如中华人民共和国成立前“三年两决口，百年一改道”的黄河，由于国家投入了大量的人力、物力和财力，使黄河自中华人民共和国成立以来“岁岁安澜”，再未发生过重大的漫决事件。而“大雨大灾，小雨小灾，无雨旱灾”的淮河流域，也因为对淮河干流和支流进行了大规模的综合治理，自然灾害在很大程度上得到了有效的控制。此外，我国还已经建设或正在继续建设一系列大规模的生态工程。在“世界八大生态工程”中，我国就占了 5 项，这对缓解生态危机、改善生存环境都有重大的作用。

不仅如此，即使发生严重的自然灾害，党和政府也能够采取有效措施，领导人民群众取得抗灾救灾的胜利。如 1991 年和 1998 年两次长江大洪水，都是超过历史纪录的特大洪水，而在党和政府统一部署和指挥下，这两次洪水造成的损失都被减小到了最低限度。对比 1931 年长江洪水的景象，我们不难理解江泽民同志 1998 年在全国抗洪抢险总结表彰大会上所说的：“我国社会主义制度具有巨大的优越性，能够集中力量办大事，动员和组织全国人民不断创造伟大的业绩。在我国社会主义制度下，人民是国家的主人……这是我国社会主义制度的显著政治优势。在这次抗洪斗争中，全国各地区各部门发扬‘一方有难、八方支援’和‘全国一盘棋’的大团结、大协作精神，做到了局部利益服从整体利益、眼前利益服从长远利益，集聚了气势磅礴的力量。……这次抗洪抢险的胜利，归根到底是人民力量的胜利。”

诚然，中华人民共和国以往的抗灾救灾工作中也存在着不足，在某些时候还出现过失误。但党和政府总是能够迅速总结正反两方面的经验教训，使之成为下一步制度建设的良好基础。如在 2003 年“非典”事件之后，我国花大力气开展了针对突发事件的应急机制。因此，我们看到，在此次汶川特大地震发生后仅 1 个多小时，以胡锦涛同志为总书记的党中央就对抗震救灾工作进行了全面的部署。温家宝总理在地震发生后 2 个小时，即亲临震中灾区第一线指导工作。而各相关部门、全国各地区也都在第一时间行动起来，积极投入救灾工作中去。与此同时，党和政府还通过各种渠道和途径，把灾情发展和救援工作进展的最新情况向全国以及全世界做了公开、及时的报道，最大限度地实现了救灾工作的透明化。并且，胡锦涛同志还在四川召开的抗震救灾会议上的讲话着重指出："抗震救灾工作必须坚持以人为本。抢救人民群众生命是首要任务，必须继续作为当前抗震救灾工作的重中之重。……只要有一线希望，只要有一点生还可能，我们就要作出百倍努力。"另外，此次救援工作还显示了改革开放以来我国取得的巨大进步，正是由于交通、通讯、医疗等各方面技术条件的改善，使这次地震后的景象与32年前的唐山大地震相比又有了很大的进步。因此，尽管此次地震造成了巨大伤亡，尽管目前救援工作和余震还在继续，但我们坚信，只要坚持做到胡锦涛同志所说的"一手抓抗震救灾工作，一手抓经济社会发展"，全面贯彻科学发展观，就一定能够战胜地震等天灾，进而建成人与自然和谐相处的小康社会。

以唯物史观研究中国灾荒史的开山之作*
——邓拓《中国救荒史》评介

在国内外学术界，只要一提到救荒问题，就不能不想起1937年由邓云特（即邓拓）撰写、商务印书馆出版的《中国救荒史》，这本书被誉为中国救荒问题研究的“扛鼎之作”。那么，邓拓是怎样研究救荒史的呢？作为新闻界的一名健将和“精神界之战士”，邓拓又是如何与中国的历史研究，特别是救荒史研究结下了不解之缘呢？

邓拓为何要研究救荒史

说起来，这大约也正是他传奇式文墨生涯中最具传奇色彩的一页了。谁能想到，一部25万字的经典学术名著，竟是一位25岁的革命青年，在他的第二次铁窗生活之前，利用不到两个月的时间完成的呢！

1933年秋，第一次被捕出狱的邓拓，因失去了和党的联系，先是回家乡福州疗伤，后于次年转道上海，前往河南开封，经其兄邓伯宇的介绍，进入河南大学经济系就读，并在随后的三年度过其一生中极其难得的平静生活。不过，安定的生活环境，不仅没有销蚀其斗争的意志，反而玉成了一位卓有建树的马克思主义历史学家和中国救荒史研究园地中迄今为止最为著名的专家。当时，他在写给同学的一封信中曾经这样说道：“目前困难当头，我们应该做一件扛鼎的工作，不是在战场上和敌人进行生死搏斗，就应该在学术上有

* 本文与夏明方合作撰写，载《北京日报》，2008年6月2日。

所贡献，写一二种大部头的学术著作，发扬祖国的文化。”①

正是基于这样的考虑，邓拓充分利用了当时相对平稳的环境和河南大学以及附近学校大量的图书资料，孜孜不倦地致力于中国社会经济史的研究，力求在马克思主义唯物史观的指导之下探寻中国社会发展的规律。他发表的多篇学术论文，在当时的史学界产生了很大的震动，在研究过程中，有关中国灾荒问题的史料是如此触目惊心，以致引起了这位青年史学家的注意，并随时把它们汇编在一起，后又以此为选题撰成毕业论文。适值商务印书馆正在组织出版“中国文化史丛书”，邓拓即以“中国救荒史”为题应约，但由于各种情况的阻滞，当接到限期交稿的通知时，为时已极紧迫。邓拓不顾暑天酷热，一边写作，一边请人誊抄，夜以继日，落笔如雨，终于克竟其功。此后不久，他因从事抗日救亡运动，再次身陷图圄。只是由于其长兄亲身赴沪，他的书稿才得以及时付梓问世。

邓拓为什么能在很短时间内写出这部“扛鼎之作”

当然，邓著《中国救荒史》之所以能在短时间内杀青，除了他的勤奋与博学之外，还与历史上悠久丰厚的救荒思想之渊源分不开。

自古以来，我国即是一个多灾的国家，灾害频度之繁、强度之深、广度之大，世所罕见。历代封建统治阶级中比较贤明的政治家和思想家，从维护自身统治利益出发，也曾提出、设计和制定了不少救治灾荒的思想、措施和方法，经数千年的递嬗演进，逐步形成了一套比较完整的救荒理论和救荒机制。近代以来，特别是 20 世纪的 20、30 年代，伴随着内忧外患日甚一日，自然灾害也更加频繁、更加严重，以致引起了社会各界的广泛关注。许多有识之士在批判和继承古代救荒经验的基础上，运用现代科学的理论和方法，从各个不同的角度，对灾荒的成因、危害及其救治的途径进行了广泛深

① 廖沫沙等：《忆邓拓》，223 页。

入的思考，初步建立了具有现代科学基础的治灾救荒思想，相关著述亦蔚为大观。这就为邓拓救荒理论的形成提供了丰富的思想素材。

不过，这些著述大都只是涉及某一历史时段或某一方面的灾荒、救荒问题，少有系统的探析，而且毕竟由于历史的或阶级的局限，而在分析过程中不可避免地存在着片面化、绝对化和唯心主义的错误，只有邓著以其翔实的史料、缜密的分析、科学的历史观和现实主义的批判精神，使其著成为其中的“扛鼎之作”，并将中国救荒史的研究推进到一个全新的阶段。

全书共分三编：第一编是关于历代灾荒的史实分析，作者根据各种可靠的历史资料，运用统计方法，第一次全面准确地探讨了中国历史上自远古以迄于民国历代灾荒的实况及其演变趋势和特征，同时分析了灾荒的自然、社会成因及其相互关系，并从人口流移和死亡、农民起义、民族之间的战争、经济衰落等方面，就灾荒对社会的实际影响做了较具体的论述。第二编“历代救荒思想的发展”，首先对相应历史时期的灾荒救治思想进行了科学的归类，将其分为天命主义的禳弭论、消极救济论、积极救济论三大类，其中消极救济论又分为遇灾治标论（包括赈济、调粟、养恤、除害）和灾后补救论（包括安辑、蠲缓、放贷、节约）两小类，而包括重农、仓储在内的“改良社会条件”和包括水利、林垦在内的“改良自然条件”则是积极救济论的主要内容；继而对各类救荒思想的内涵、特点及其社会根源和历史演进趋势亦条分缕析，系统而清晰地揭示出中国数千年救荒思想的全貌和发展脉络。以此编的分类为基础，作者在全书的重点第三编中，详尽地探讨了“历代救荒政策的实施”及其利弊得失，既总结了历史上的经验教训，又为未来救荒事业的发展指明了方向。从史实、思想到政策，作者第一次全面完整地论述了中国救荒史的状况，可以说，这是该书区别于其他同类著作的鲜明特点之一。

全书时时处处透析出唯物辩证法的精髓

对于此部著作，作者于中华人民共和国成立后在重印本序言中曾将其视为自己从事“中国社会经济史研究的副产物的一种”。然而正因为它是这样的一种副产物，就使得作者在一开始清理历史上中国的灾荒状况和救治对策时，即将其纳入到此前在历史研究过程中已经初步掌握的辩证唯物主义和历史唯物主义理论的分析框架之中，第一次对灾荒问题进行了真正科学的论述，其作品也因此成为马克思主义救荒史学筚路蓝缕的开山之作。实际上，这也正是它之所以能够成为一部“扛鼎之作”并不同于其他救荒著述的最重要的原因。

综观初版全文，作者并无一字明言马克思主义的历史观，但却时时处处透析出一种唯物辩证法的精髓。在“绪言”部分阐述“灾荒”的定义时，作者即一反古今学者仅仅“以表面现象之摄取为足”，而“以客观存在之一般具体事实之全内容为根据”，明确指出：“灾荒者，乃以人与人社会关系之失调为基调，而引起人对于自然条件控制之失败所招致之物质生活上之损害与破坏也。”他还进一步指出：“吾人欲寻求历代灾荒积累发展不断扩大再演之原因，惟有于此人与人之生产关系中求之。”基于这样的认识，他批判了以往有关灾荒成因的比较流行的“自然条件决定论”、“技术落后决定论”以及“人口决定论”，认为：“从来灾荒之发生，带根本性的原因无不在于统治阶级的剥削苛敛。”他指出，地理环境、气候变迁等自然条件固然是构成灾荒的原因之一，“但并不是终极的惟一的原因”，作为一种外部条件，“惟有通过社会的内在条件，才能对社会发生影响”；生产力的落后、技术的不进步，“实为自然条件得以发生作用而加害于人类的基本原因”，但“不应脱离生产关系而孤立地考察生产力的发展”，“如果在一定的历史阶段，生产关系能够与生产力相适应，因而促进生产力的发展，那么，即使在当时的技术水平下，也可能避免天灾的袭击，或减轻灾荒的凶险程度”；至于从人口的过多来解释，虽然不是完全没有道理，但绝不是“彻底之科学观察法”，因为人口因素，作为一种社会条件，是离不开“在一定的社会结构中人与人的生产关系”这一“基本的社会条件”的。邓拓在这里所做的论述以及他在此后展开的对灾荒与苛政、战争、生产技术、社会变乱和经济衰败等相互关系的分析，恰恰是以这种“彻底之科学观察法”即唯物辩证法为基准，并有大量的历史事实为佐证，其所得出的结论较之前人也就远为准确和深刻得多，并为后世相当长一段历史时期内的中国救荒史研究铸定了最基本的理论框架。而且，从文中的叙述来看，作者实际上已经将主要由大自然造成的“天灾”与由此演变而来的主要由人祸造成的“饥馑之患”即饥荒区别开来，从而为后来者在解释新的社会环境下饥荒绝迹而灾害未见减少甚至愈趋扩大的矛盾现象提供了可贵的线索，作者的远见卓识，于此可见一斑。

实事求是，坚持真理，原是马克思主义历史观的本质要求，而救荒史的研究，诚如邓拓所言，其宗旨本身就在于“揭示灾荒这一社会病态和它的病源”“借以探求防治的途径”，所有这一切学科特质再加上邓拓自己的个性和经历，又使得他的救荒史研究充溢着秉笔直书和批判现实的锋芒。虽然我们的史学恰恰也是以“究天人之际，通古今之变”开其端绪的，但却不幸而几乎成了绝响，当时即使有不少著作对现实亦表示不满，也大多是隔靴搔痒的“但书”，而邓拓则将其批判的笔触一直延伸到他所生活的那个极度黑暗而又凶险不测的年代，对国民政府时期政治的不良、剥削的严酷、军阀的混战以及救荒政策的弊端痛加针砭，这不正是一位正直的历史学家执着以求的愿为真理而献身的最高精神境界吗？

观世纪风云，话神州沧桑*

——评金冲及《二十世纪中国史纲》

告别20世纪已10年。当代中国人的大多数，都曾有在那个世纪或长或短生活过的经历，都是从那个世纪走过来的。但是，百年岁月是如此漫长，历史内容是如此丰富，社会变革是如此急剧，以致仅凭个人的切身体验，要深刻了解20世纪历史发展的全貌，实在是难乎其难。这大概就是人们常说的“不识庐山真面目，只缘身在此山中”吧！

金冲及同志以历史学家的眼光，根据大量历史资料，写成《二十世纪中国史纲》（以下简称《史纲》）一书①，如作者自己所说，把20世纪“作为一个完整的发展过程来考察和研究”（“引言”），告诉我们“二十世纪中国历史发展的基本脉络线索，特别是中华民族怎样从深重苦难中重新站立起来、又怎样大步走向复兴的基本历程”（1328页）。这就为我们对离现实最近的这一个世纪的历史做出深入理解和科学认识，提供了重要的帮助。由于书中所涉及的历史事实，部分是我们亲身经历过的，另外一些也多少从父祖辈回首往事时一鳞半爪地听到过，因此读起来感到格外亲切。

如果要我用最简明的语言来形容这部书的长处和优点，我觉得就是两个字：真实。这是一部真实再现中国百年巨变的信史。能够当得起这样的评论，主要有两个依据：一是历史叙述的准确有据，一是历史评判的客观公允。

---

* 载《历史研究》，2010年第1期，摘要刊发于《人民日报》，2009年10月23日。

① 北京，社会科学文献出版社，2009。本文以下凡引自此书者，只注页码或篇名。

历史场景的鲜活复原

20 世纪的一百年，是中国人民从逆境中顽强奋斗，最终掌握了自己的命运，走上全面振兴的康庄大道的一百年。在神州大地上，发生了天翻地覆的沧桑巨变。按照《史纲》的说法，“在人类历史上，没有任何一个世纪在变化的规模和深度上能同二十世纪相比”，“对中国来说，这是决定我们民族生死存亡的一百年”（“引言”）。因此，《史纲》的主要内容，就是具体回答这一个世纪在中国究竟发生了哪些变化？这些变化是怎样一步步实现的？为了推动变革中国人民经历了怎样的艰难历程，做出了怎样的奋斗和牺牲？

《史纲》以一个时代主题（中华民族的伟大复兴）、两大历史任务（争取民族独立和人民解放，实现国家的繁荣富强和人民的共同富裕）、三次历史性巨变（辛亥革命、中华人民共和国成立、改革开放）为基本线索，展开对百年历史的具体描述。

要保证历史的真实性，首先要依据可靠的历史资料，以实事求是的态度进行研究，既不能主观臆造，也不能随意曲解。在这方面，《史纲》的态度是十分严谨的。所有的历史叙述，都有经过仔细辨析、严格考证的资料为根据。书中引用的资料极为丰富，特别是大量引用了过去尚未公开发表过的珍贵资料，如党和国家领导人在各种场合的讲话记录、插话记录，在一些文件上的批语，还有一些内部信件和“未刊稿”等，这不仅大大增加了这部书的可信度，也极大地加强了书的可读性。

社会现象是十分复杂的，如果只是胡乱抽出个别事实，罗列一般例子，不仅不能反映历史真相，有时会完全起相反的作用。所以列宁强调，必须“从事实的整体上、从它们的联系中去掌握事实”，“如果不是从整体上、不是从联系中去掌握事实，如果事实是零碎的和随意挑出来的，那么它们就只能是一种儿戏，或者连儿戏也不如”[①]。因此，如何选择和甄别历史资料，就具有重要的意义。可以看出，《史纲》的作者在这方面下了很大的功夫。他经常用事件的当事人的讲话、日记、回忆录等，同官方的或传媒的资料相印证，然后再确定哪些是可信的，是符合实际的。如在论述戊戌维新运动的思想解放作用时，引用了吴玉章、罗振玉、雷沛鸿等人记述自己切身感受的文字；在谈到五四运动的经过及影响时，引用了瞿秋白、许德珩、杨晦、沈雁冰、邓颖超等人的回忆。特别是在一些事实真相并不为公众尽知的问题上，更注意资料选择的权威性和可靠性。如在论述抗战胜利后全面内战是怎样爆发的问题时，引用了蒋介石的讲话、批示，陈诚的密陈，何应钦的计划，起草“剿共计划”的萧毅肃的儿子萧慧麟及张发奎的回忆，这样，事情的本来面目就纤毫无隐了。

注重历史事件之间的联系，努力探求某种历史现象背后的社会原因，大大提高了《史纲》在揭示历史真相方面的深度。例如，在讲到辛亥革命为什么会发生，辛亥革命后为什么会出现军阀统治，北伐战争为什么能够顺利地发展，大革命时期湖南农民运动的革命风暴为什么能猛烈地展开等这些问题时，该书都强调必须从社会条件和社会原因中去找寻答案。“这不是哪一个人所能左右的，而有着历史发展到这个阶段时的深刻社会原因。”（231 页）离开了社会的大背景，“事情为什么会这样发展便无法理解”（368 页）。在分析日本帝国主义发动侵华战争时，几乎每一个重大的侵略步骤都同国际形势的发展变化相联系，如“九一八事变，是在世界范围内经济大衰退的背景下发生的”（325 页）。华北事变，一个重要原因是“由于欧洲德、意两个法西斯势力的崛起和美国国内孤立主义的抬头，英、美在远东一意对日妥协。日本把它看作扩大对华侵略的大好时机”（357 页）。七七事变，“它的发生不是偶然的：既有国际的大背景，又是日本军国主义者加紧对华侵略必然要跨出的一大步”（387 页）。正是注意对历史条件和社会原因的分析，才使得读者对历史事件的

---

① 《列宁全集》，中文 2 版，第 23 卷，364 页。

来龙去脉有更加真切的认识。

即使在一些看似关联不甚明显的历史事件之间，也存在着某种难以分割的因果关系。这里也可以举两个例子。一个是甲午中日战争中，清王朝的主要军事力量“北洋海军全军覆没，淮军除聂士成等部外也丧失殆尽”，“这就使清朝的军事统治出现一个短期内无法填补的实力真空”。这种情况竟然直接影响到后来的义和团运动。“义和团运动所以能在华北迅速兴起，清政府束手无策，进退两难，同这种特定的历史背景直接有关。”（10 页）另一个例子是丧权辱国的《辛丑条约》，其中有一条规定是列强有权在北京至渤海地区驻军。《史纲》指出：“这一条关系重大。以后日本发动卢沟桥事变时使用的军队就是根据这个条约早已盘踞在平津铁路沿线的‘中国驻屯军’。”（34 页）这些以往常常为人们所忽略的细节，其实是历史真相不可或缺的内容。

客观历史是丰富多彩的。史学著作在描述历史时，如果不是从历史实际出发，而是从概念出发，依靠一些范畴和定义来编织历史，抽去了历史发展的具体过程、具体情节，历史就变得干巴巴，枯燥乏味，晦涩难懂，大大降低了历史本身具有的生动性和吸引力。《史纲》在纠正这种弊端方面做了可贵的努力和尝试。譬如，中国共产党怎样从幼稚一步步走向成熟？日本军国主义在发动侵华战争时，怎样从“速战速决”到战略相持再到最后失败？抗战胜利前后国民党政府怎样从获得民众的热切期待到天怒人怨，民心丧尽？对这些重大问题，《史纲》全然不依靠烦琐的概念堆砌、简单的逻辑推演做抽象的空洞说教，而是通过一件件历史事实的描绘，为读者勾画出一条清晰的演变线索。

通过具体的历史情节以更好地反映历史真相，我们也许可以再举一个颇有点典型意义的例子。《史纲》在讲到“文化大革命”后期的历史时，曾多次提到毛泽东和周恩来的病情。1972 年 2 月，毛泽东主席开始病重，《史纲》用了将近 800 字描述这次发病的情况。以后又多次提到他的病情，甚至包括在党的十大开幕式散会时，毛泽东站不起来，不明真相的代表们鼓掌欢呼十分钟，最后在周恩来的巧妙安排下，毛泽东目送代表退场的细节，也如实地做了描述。这绝不是可有可无的笔墨。因为毛泽东的身体状况，同当时的政治生活有着密切的关系。不了解毛主席的病情，对当时发生的有些问题也许就难以索解，至少也会影响做出更深切、更合乎情理的判断。1972 年 5 月，周恩来确诊患有膀胱癌，《史纲》同样用了不少篇幅讲到他的病，特别强调他“在身患癌症的情况下，依然担负着常人难以承受的极端繁重的工作”，甚至列出了 1974 年 1 月至 5 月每天工作多少小时的具体数据（1044 页）。这些客观记录，其实比任何语言都更有感染力地反映了周恩来总理为党和人民的事业“鞠躬尽瘁，死而后已”的崇高品德。

历史现象的理性评析

汉代班固在谈到什么样的史学著作可以称得上是“实录”即真实的记录时，提出了两个条件。其一是叙事要质朴、确切，即所谓“其文直，其事核”；其二是评论要客观、公允，即所谓“不虚美，不隐恶”①。如果对历史人物和历史事件褒贬失当，好恶任意，即使讲的确有其事，也会远离历史的真实。

那么，《史纲》在这个方面做得又怎样呢？

简单化是史学研究的大敌。因为历史现象是极其复杂的。历史人物的所作所为，历史事件的成败得失，往往存在着多重的甚至相互矛盾的表现和影响，在两种对立的不同质的事物之间也常常会有着多种中间的层次。任何简单化的做法都不能充分反映历史的复杂性和多样性。《史纲》作者对此给予了足够的注意。该书在谈到孙中山思想的发展时，指出：“一个人的思想常常不是直线发展的，需要经过某些迂回和曲折，一种新的社会思想的产生，尤其是这样。”（52 页）在论及辛亥革命时期的立宪派时强调：“立宪派在当时可以

① 《汉书·司马迁传》“赞”。

说是一支中间派的力量”，“他们有着明显的两重性，各人的情况和各个时期的表现又有所不同，因此，不能用简单的完全肯定或完全否定来作出评断”（70 页）。对待历史现象的这样一种辩证的态度，贯穿在全书的各个方面。

拿对抗战时期的蒋介石的评论为例。《史纲》指出：“蒋介石和南京政府内许多军政人员也有程度不同的民族主义思想。”（371 页）在严重的民族危机面前，“蒋介石对日本的侵略野心和蛮横行为也感到愤怒”（289 页）。“蒋介石在日记中也曾多次对日本的侵略表示愤慨。”（336 页）这是蒋介石能够始终留在抗战阵营的重要原因，也是同汪精卫之流的汉奸的根本区别。但是，有两个重要的原因，使得蒋介石在长时期内对日一直实行妥协退让的政策：第一，是他“看不到中国民众中蕴藏着巨大潜力，而且总是害怕民众力量起来会威胁他们的统治。这样，面对着经济实力和武器装备远为强大的日本军国主义者，自然怀着极大的恐惧感，觉得自己根本无力同它相抗衡”。第二，他“把消灭共产党看作比抵抗日本侵略更重要得多的事”，所谓“外寇不足虑，内匪实为心腹之患”（372 页）。因此，始终死抱着“攘外必先安内”的错误方针不放。即使在下决心抗战之后，只要对日战事稍有缓和，就立即制造摩擦，甚至发动“反共”高潮。

只有对蒋介石做这样全面的观察，才能理解中国共产党为什么会有从“反蒋抗日”到“逼蒋抗日”再到“联蒋抗日”的政策转变，以及在第二次国共合作建立后必须采取“以斗争求团结”的方针的缘故。后来，当蒋介石从大陆逃到台湾后，虽然仍始终念念不忘反攻大陆，但《史纲》还是实事求是地指出：“蒋介石也有两个可取的地方：一是他不甘心完全受美国政府的摆布，同美国存在矛盾。”他拒绝美国想使中国的海峡两岸长期分裂的主张。“二是他一直认为只有一个中国，台湾是中国的一部分，反对形形色色的‘台独’活动。”（856 页）

我想，这才是历史上真实的蒋介石。

透过历史现象，揭示历史本质，才能不为表面现象所迷惑，不受到某些假象的欺骗。辛亥革命推翻清朝之后，先是袁世凯帝制自为，接着是无休止的军阀混战，于是有人发出了疑问，说是清朝虽然已经腐朽，但“这个形式存在仍有很大意义”，辛亥革命“一下子痛快地把它搞掉，反而糟了，必然军阀混战”。他们认为，这正是辛亥革命“搞糟了”的有力证明。对此，《史纲》做了完全不同的分析，指出：民国成立后，经历了长达十多年的野蛮的北洋军阀统治。“为什么会出现这种令人沮丧的局面？它不是偶然的，而是当时中国的历史条件和社会状况所决定的。”（92页）“经历了辛亥革命风暴的猛烈冲击后，旧社会势力原有的一整套统治秩序和统治方法已被打乱，为了继续维持他们已经摇摇欲坠的支配地位，只能依仗更加赤裸裸的军队暴力来镇压反对力量。”（93页）“它反映了中国旧社会势力的统治已经分崩离析，连表面上的统一也难以维持。”“这是新旧交替过程中难以完全避免的一段曲折。”（95页）在黑暗的后面，黎明的曙光就要到来了。

也有人从另一个片面去看待这段历史，认为在北洋军阀统治时期，国会有了，约法有了，责任内阁也有了，西方国家那一套政治体制已经移植过来了，中国已经向民主政治跨进了一大步。其实，那些被称作民意代表的国会议员们，不论是被用枪杆子逼着也好，被金钱贿买也好，面对着军阀们的颐指气使，他们只不过是被玩弄于股掌之上的工具，同广大民众及政治民主实在是风马牛不相及。正如《史纲》所说：“那些说起来很动听的东西，在西方国家也许取得过一些成效，如果不顾中国国情，硬搬到中国社会中来，却全然变样。”（114页）关于这个问题，鲁迅的一段话讲得一针见血：“凡当中国自身烂着的时候，倘有什么新的进来，旧的便照例有一种异样的挣扎。”① “每一新制度，新学术，新名词，传入中国，便如落在黑色染缸，立刻乌黑一团，化为济私助焰之具。”② 仅仅根据打什么旗号、贴什么标签而不顾及实际去判断历史，是不免会上当受骗的。

---

① 鲁迅：《关于〈小说世界〉》。

② 鲁迅：《偶感》。

历史规律的深刻揭示

回顾既往，不是为了怀旧，不是由于伤逝，更不是迷恋于发思古之幽情，而是为了从历史中获取智慧，吸取力量，以便深刻地了解现在，正确地走向未来。正如胡锦涛同志所说："要坚持以辩证唯物主义和历史唯物主义为指导，认真学习我们党的历史、中国历史、世界历史，深入思考，科学分析，不断提高对共产党执政规律、社会主义建设规律和人类社会发展规律的认识水平，不断提高自觉运用这三个规律的能力，更好地促进社会主义物质文明、政治文明和精神文明的协调发展。"①

因此，一部优秀的史学著作，不但要真实地描述历史，客观地评析历史，还应该努力去揭示历史发展的规律性。所谓规律，实际是指历史现象中本质的必然的联系，历史发展过程的一种主导趋势。

《史纲》的最后一章，以"历史的启示"为题，着重讨论了20世纪中国历史发展进程中几个特别引人注目、特别发人深省的问题，包括：实现中华民族的伟大复兴，关于革命和现代化的关系，在不断探索中前进，走中国特色社会主义道路，中国共产党的领导。正确认识和科学对待这五个问题，就抓住了20世纪中国历史的本质特征，就可以从纷繁复杂的历史现象中逐步掌握其规律性。

实现中华民族的伟大复兴，是贯穿20世纪中国历史的基本线索，也是无数志士仁人顽强追求的目标。"中国的革命也好，建设也好，改革也好，归根到底都是为了实现这个目标。"（1310页）中华民族的伟大复兴，是一个漫长的历史过程。从1840年的鸦片战争起，中华民族开始不断沉沦，同时也开始了争取民族复兴的斗争。经过109年时间，建立了中华人民共和国。从那时起再过一百年，

---

① 《进一步认识把握社会历史发展规律　增强推进改革开放的自觉性主动性》，载《人民日报》，2003年11月26日。

到中华人民共和国成立一百周年的时候，也就是到本世纪中叶，我们将要基本实现四个现代化，把我国建成富强、民主、文明的社会主义国家，这也意味着将要基本实现中华民族的伟大复兴。那么，从19世纪中叶到21世纪中叶，我们的民族从沉沦到复兴，将会整整经过200年时间。而20世纪则是民族复兴的最关键的历史阶段。20世纪的上半叶，民族复兴的内容围绕着争取民族独立和人民解放进行，尤其是把挽救民族危亡放在第一位。这是因为，“在近代中国面对的种种矛盾中，帝国主义和中华民族的矛盾是最主要的矛盾。大家清楚地看到：离开祖国的独立和民族的解放，个人的前途和命运是根本谈不上的”（1311页）。中华人民共和国的成立跨出了实现中华民族伟大复兴的第一步，但任务远远没有完成，因为政治上虽然赢得了独立，经济上却依然十分落后，实现国家的富强和人民的共同富裕还需要极大的努力。20世纪的后半期便集中力量来解决这个问题，并取得了令人瞩目的成就。

革命和现代化的关系，是近年来史学界讨论颇多的一个热门话题。革命同现代化二者究竟是统一的还是相互矛盾对立的？20世纪上半期，中国人民主要从事革命斗争，是不是走入误区或走了弯路？革命只起破坏作用还是为建设创造必要前提？这些问题不搞清楚，也就谈不上对20世纪的中国历史有正确的了解。其实，这些问题，中国人民百年的实践已经做了明确的回答。“当国家的命运还不掌握在中国人自己手里的时候，当统治中国的反动势力拒绝一切根本社会变革的情况下，进行大规模现代化建设，只能是一句空话。如果事情真能用和平的办法来解决，如果这条路还有一点点希望能够走得通，怎么会有那么多人奋起革命，不惜抛头颅、洒热血，做出巨大的自我牺牲呢?”（1315页）“尽管革命变革要付出巨大的代价，但它在一个短时间内对阻碍社会发展的旧事物所起的扫荡作用，是平时多少年也无法同它比拟的，并且要彻底得多，从而为以后社会经济的迅速发展开辟了广阔的道路。”“在二十世纪的中国历史中，革命和现代化并不是对立而不相容的：革命的目的是实现现代化；而现代化需要革命来为它扫清障碍，创造必要的前提。”（1316页）这就是革命和现代化之间的辩证关系。也许还可以补充一句，如果没有现代化的最初起步，近代意义的革命也会缺乏必要的物质条件和思想基础，因而也是不可能发生的。

《史纲》强调："在不断探索中前进，是中华民族在二十世纪艰苦跋涉中的重要特点，也是正确理解这段历史中许多重大问题的关键。"（1318页）为什么20世纪中国社会的变革和发展会遇到如此多的困难？会经历如此多的曲折？会产生如此多的失误？除了客观的社会条件之外，主观上由于没有固有的成例可循，没有现成的答案可抄，一切只能靠自己在实践中摸索，有很大的关系。清人陈宏谋说："在古人之后，议古人之失，则易；处古人之位，为古人之事，则难。"① 这个话有一定的道理。意思无非是说，评论历史人物和事件的是非得失，需要放在当时的具体历史条件下设身处地地去进行分析，考虑到种种复杂的因素，而不能简单地用今天达到的认识去要求前人。当然，对于那些造成严重后果的错误，决不能回避掩饰，敷衍塞责，应该严肃认真地加以总结，使惨痛教训转化成继续前进的精神财富。《史纲》在谈到八七会议时，特别引用了这次会议通过的《告全党党员书》中的一段话："工人阶级的革命党，要纠正自己的错误，只有公开的批评这些错误，而且要使全党党员都参加这种批评。无产阶级的政党不怕公开的承认自己的错误。如果共产主义者不能无所畏惧无所忌讳的批评党的错误、疏忽和缺点，那么，共产主义者也就完了。我们党公开承认并纠正错误，不含混不隐瞒，这并不是示弱，而正是证明中国共产主义运动的力量。"（295页）《史纲》在有关反右派运动及"文化大革命"等章节，都用了不小的篇幅分析这些历史悲剧产生的主客观原因以及造成的危害，表明了作者对待历史郑重负责的态度。

中国人民选择社会主义，开辟中国特色社会主义的康庄大道，正是上面所说艰苦探索得出的最重要的成果。事实上，"只有社会主义才能救中国，只有中国特色社会主义才能发展中国"这个客观规

① 陈宏谋：《从政遗规》卷上。

律，也是在反复实践中逐渐为人们所认识和掌握的。只是在各种资本主义救国方案和发展道路统统碰壁之后，人们才选定社会主义作为自己的政治理想和奋斗目标；只是在建设社会主义的过程中遇到了各种挫折之后，才认识到必须既坚持科学社会主义的基本原则，又根据我国实际和时代特征赋予其鲜明的中国特色，这样的社会主义才具有生机勃勃的强大生命力。

《史纲》强调，回顾百年历程，上面这些问题的解决，都是在中国共产党的领导下，而不是靠其他政治力量领导得到解决的。“中国共产党的诞生和成为中国革命、建设、改革的领导力量，是二十世纪中国历史客观进程的结果。”（1324 页）在中国，农民是重要的革命力量，但太平天国和义和团运动表明单纯依靠他们不能解决中国的问题；封建阶级曾经掌握着统治权力，但在近代历史上的全部表现表明，他们是历史发展的阻碍力量，包括洋务运动和清末新政在内的某些改革活动，虽然曾经起过一定的积极作用，但也并不能为中国找到出路；资产阶级为近代历史的进步做出了自己的贡献，却也无力挽救国家的危亡，领导民族的振兴。事实证明，在中国，中国共产党成为全国人民的领导核心，乃是历史的选择，人民的选择。

20 世纪的历史是如此丰富，要想在一部书中巨细无遗地统统写出来，实在是无法做到的。作者把自己的书叫作《史纲》，就表明这部书只是 20 世纪历史的一个“纲要”，不可能面面俱到。但是，即使如此，我们还是不免为某些重要问题的缺漏而感到某种不足和遗憾。例如，香港、澳门、台湾是中国领土不可分割的一部分，讲 20 世纪中国的历史，当然不能忽略了这些地区的历史发展、历史变革的状况。但是，《史纲》只是在少数涉及与大陆关系的几个地方，讲到它们，如抗美援朝时的台湾，“一国两制”方针的提出和台湾问题及香港、澳门的回归，至于这些地区在整个 20 世纪中的经济、政治、文化及社会状况，百年间的发展变化，则没有用一定的篇幅加以叙述和介绍，在整个中国发生的重大事件中这些地区的活动和反映，也缺少必要的交代。这不能不说是一个美中不足。

当我们在新的世纪里，从新的历史起点出发，去迈步跋涉在新的伟大征程上时，重温刚刚逝去的20世纪的峥嵘岁月，我们将会得到许多发人深省的历史启示。这大概就是这部《史纲》在今天出版的意义所在。

为什么不能把太平天国的上帝教看作“邪教”*
——夏春涛《天国的陨落》评析

夏春涛研究员的新著《天国的陨落——太平天国宗教再研究》，作为“国家清史编纂委员会·研究丛刊”的一种，已经正式出版。① 这是一部迄今为止对太平天国宗教——上帝教的各个方面考察、分析最为详尽深入的学术论著，不仅具体论述了洪秀全创建上帝教的历史过程，剖析了上帝教的教义、经典和宗教生活，上帝教与西方基督教及中国旧有民间宗教的关系，描绘了上帝教在太平军中和在民间的传播状况，并研究了上帝教对太平天国的意识形态及内外政策的影响，深刻阐明了上帝教与太平天国兴亡之间的关系。正如王庆成研究员在为该书所写的序言中所说：这部著作“并不单纯地就宗教论宗教，而是透过宗教对太平天国政治、经济、文化、外交等方面的影响，对宗教与太平天国的兴起和失败的关系，都做了相应的连带研究，有较充分较深入的论述。所以，这本书实际上超过了它的书名所示的范围，在一定程度上是涉及太平天国全部主要历史的著作”（书序一）。

太平天国运动是中国近代历史上的重大事件，对近代中国社会的发展变化产生过极为深刻的影响。《天国的陨落》一书公正地指出：“作为中国历史上旧式农民起义的最高峰，太平天国是一幕既想挣脱枷锁却又无法超越封建制度的悲喜剧，其中的是非功过，绝非一味的肯定或否定所能够涵盖。”（452 页）该书回顾了太平天国这一学术领域的学术史发展过程：从 20 世纪 20 年代起，在老一辈学者

---

* 载《中华读书报》，2006 年 6 月 28 日。

① 北京，中国人民大学出版社，2006。本文以下凡引自此书者，只注页码或篇名。

筚路蓝缕的辛勤开拓下，太平天国史研究从诞生到发展，引起了学术界的瞩目。中华人民共和国成立以后，在唯物史观的指导下，太平天国史研究得到迅速发展，取得了骄人的成绩。与此同时，也“确实存在着偏差，主要表现为在理解和运用唯物史观时存在着简单化、教条化倾向，一味地美化太平大国”（452 页）。十年动乱结束后，史学界做了大量拨乱反正、正本清源的工作，多数学者能够本着实事求是的科学态度，力求客观公正地探讨这段历史，推出了一大批有分量、有影响的研究成果。但是，也有一些人，从一个极端走向另一个极端，对太平天国运动持全盘否定的态度，严厉声讨太平天国，将太平天国描述得一团漆黑，宣称太平天国运动“是一种历史的反动和倒退”，把太平天国统治区描述成“‘洪’水滔天，鬼魅横行，蛇鼠袭人，万家墨面，文化荡然”的人间地狱。而否定太平天国的一个最便捷的办法，就是把太平天国的宗教指为“邪教”，于是，一时间，“太平天国宗教是‘邪教’一说被炒得沸沸扬扬”（439 页）。

显然，要能正确地、客观地评价太平天国，首先要辨清太平天国的上帝教究竟是不是“邪教”？正因为这样，《天国的陨落》在对上帝教的各个方面进行全面剖析的基础上，作为全书总结的“结束语”只集中写了一个问题，问题叫作“太平天国宗教‘邪教’说辨正”。

该书首先从讨论“邪教”的定义入手，认为应该分清楚现今所界定的“邪教”同历史上封建统治阶级所贬称为“邪教”的民间宗教的区别。该书根据我国权威的法律文书，“邪教组织是指冒用宗教、气功或者其他名义建立，神化首要分子，利用制造、散布迷信邪说等手段蛊惑、蒙骗他人，发展、控制成员，危害社会的非法组织”。“邪教对正常的社会秩序造成严重的威胁和破坏，是披着宗教外衣，带有强烈的政治色彩，具有反科学、反社会、反人类、反政府性质的犯罪集团。”（439 页）很显然，按照这个定义，“邪教”不是宗教的某个教派，而是冒用宗教名义、披着宗教外衣的非法组织、犯罪集团。

《天国的陨落》在回顾了历史之后指出，“邪教”是“一个在我国沿用已久的传统概念，旧时是对民间宗教的一种贬称”（439 页）。“民间宗教之所以被指斥为‘邪教’，主要有宗教和政治两方面的因素，而以政治因素为主。”（440 页）

从宗教角度来说，作为从正统宗教分化出来的异端教派，民间教门为了减缓传播时所遇到的阻力，在创建初期通常以正统宗教相标榜，因而遭到后者的排斥，贬之为邪。这种围绕“正”“邪”的纷争反映了正统宗教对民间教门的打压立场。

从政治角度来说，历代封建王朝将民间宗教视为“邪教”，则纯粹出于维护其自身统治的政治考虑。体系完整的正统宗教与教义芜杂的民间宗教是传统中国社会的两大宗教形态。“统治者历来重视对正统宗教的利用，以钳制人们的思想和行为，强化宗教对社会的控制功能。也正因为如此，在正统宗教与民间宗教的所谓门户之争中，官方通常站在前者的立场，斥民间宗教离经叛道的教义为异端邪说，视以结社拜会形式组建的民间教门为煽惑叛乱的异己力量，采用严刑峻法来加以取缔和镇压。”（441 页）

《天国的陨落》一书认为，作为封建社会的一种特殊宗教形态和社会力量，民间宗教主要在下层社会中流传，不可避免地会打上其特有的印记，封建愚昧色彩十分浓厚，存在着许多弱点甚至劣迹，但是，还要看到问题的另外一个方面。民间宗教在下层社会的勃兴，有着深刻的文化和社会政治根源，它是正统宗教世俗化、平民化的产物，同时又是社会矛盾日益激化的伴生物，本质上属于封建时代被压迫者的意识形态和社会组织。“封建暴政是酝酿民间宗教的温床，后者的兴起是对前者一种无声的抗议和挑战。这也是民间宗教虽迭遭官府残酷镇压但仍然风起云涌、生生不息的根本原因。在特定的历史背景下，民间教门还最终走上武装‘反叛’的道路，掀起一股股冲击现行统治秩序的惊涛骇浪。”“尽管民间宗教是一种落后的斗争武器，带有与生俱来的封建色彩，无力或无法最终超越封建统治秩序，建立起一个真正公平合理的社会，但其反抗封建暴政斗争的正义性与合理性是不容否定的。”（443 页）所以，该书认为：“古今‘邪教’一词尽管都是政治概念，但含义各异；古今‘邪教’

组织的性质、背景也大不相同。”（443 页）“我们不能将两者相提并论，更不能沿用封建社会的正统观念，将‘邪教’视为历史上民间宗教的代名词。”（444 页）

概念弄清楚之后，太平天国的上帝教是不是“邪教”的问题，也就可以迎刃而解了。该书指出：“上帝教是较为典型的一种民间宗教，但同时又具有与以往迥然不同的一些特点，标志着在西方基督教的渗透下，近代民间宗教所发生的新与旧的代谢。”（444 页）

在咸丰初年，清政府的积弱积弊和列强的加紧入侵，使国内社会矛盾异常激化，下层民众的武装斗争如火如荼，整个中国几乎成为一片火海。这就是引发太平天国反清风暴的具体社会背景。在当时，受认识水平等历史条件的制约，洪秀全依旧借宗教起事，这是可以理解的，原本无可厚非，除非我们否认太平天国揭帜造反的正义性，或是以今天的眼光来苛求洪秀全。该书强调指出：“与清代民间教门和秘密会党相比，上帝教所信奉的独一真神信仰无疑是一种历史的进步。正是借助于威严刚烈、权能无限的上帝形象，洪秀全才得以有效地统一号令，汇聚力量，整肃军纪，使金田起义的星星之火迅速形成燎原之势。”（449 页）

《天国的陨落》还通过大量史实，令人信服地分析了太平天国力图推翻清朝的腐朽封建政权、建立美好社会理想同借邪教实现个人政治野心，“圣库制度”同邪教敛财，多妻制同邪教教主荒淫纵欲等的原则区别。

《天国的陨落》并不是对太平天国的上帝教做一味的肯定，而是采取辩证分析的态度。该书指出：“无庸讳言，在《共产党宣言》业已问世的年代，洪秀全所手创的宗教是一种拙劣落后的意识形态，存在着先天性的致命缺陷，其不成熟性是显而易见的。”（446 页）“随着时间的推移，上帝教越来越难以自圆其说。尤其是到后期，洪秀全的宗教思想已变得十分苍白，不再像前期那样含有丰富的社会内容，而是一味强化自己作为真命天子的权威，从而导致太平军‘因人心冷淡’而‘锐气减半’。太平天国败亡后，缺乏生命力的上帝教便随之夭折，在中国大地上几乎没有留下一丝痕迹。”（447 页）

《天国的陨落》对太平天国宗教的辩证分析，特别是对上帝教是否“邪教”的有力辨正，具有重要的理论意义和方法论意义。因为弄清这个问题，不仅关系到对太平天国运动如何评价，更关系到如何看待封建时代农民群众的反封建斗争问题。由于历史的和阶级的局限，农民群众不可能掌握先进的思想武器，用以指导自己为摆脱地主阶级和封建政权残酷剥削压迫而做的生死搏斗。正因为这样，如该书所说，除了少数例外，“中国历史上的旧式农民起义几乎无一不以宗教形式起事”（443页）。如果我们按照封建统治阶级的立场和观点，对民间宗教一概以“邪教”目之，将通过民间教门组织的反封建斗争一概视作邪恶的、祸国殃民的作乱，那么，整个封建时代的反封建斗争便被一笔抹杀了，这岂不是重新陷入了历史的大颠倒？

学习前辈学者的优良学风*
——读《刘大年来往书信选》的一点体会

不久前由中央文献出版社出版的《刘大年来往书信选》（上下，下简称《书信选》），收录了著名历史学家刘大年同志自 1946 年至 1999 年的部分来往书信共 487 封。这些书信，从一个侧面反映了半个多世纪来历史学界的许多重要活动和历史情景，内容丰富，信息量大，对于中国史学史来说，具有很高的史料价值。同时，老一辈史学家的文字交往中，生动地反映出他们在治学处世中的精神风貌，使我们学到很多东西，读后深受教益。其中，给我印象最深的，是前辈学者在治学方面严肃认真、一丝不苟、实事求是、精益求精的优良学风。

学风问题反映在很多方面，下面谈一点自己学习的粗浅体会。

第一，对历史学社会功能的深刻认识是优良学风的思想基础。

从来往信件中可以看出，前辈学者对自己的学术工作，倾注了全部心血，做到了全身心的投入，甚至可以说把它视之为自己生命的一部分。所以能做到这一点，有两个方面的因素：一是感情层面的，就是对历史学有深厚的感情，有浓厚的兴趣；一是理性层面的，就是对历史学的社会功能有深刻的认识，因此也就有了强烈的历史责任感。这两个方面是相互影响、相互促进的。

对历史学的社会功能，刘大年在 1983 年 3 月 12 日致胡耀邦的信中，讲得十分充分、十分深刻。他强调，学习历史，研究历史，对提高党的干部的政治思想水平，增强领导能力，具有极其重要的意义。因为“不论是搞革命还是社会主义现代化建设，都离不开中

---

* 载《山西大学学报》（哲学社会科学版），2007 年第 3 期。

国的‘国情’，都要从中国的实际出发。而这个‘国情’和‘实际’，都不能割断中国的历史。回顾过去我们所受到的某些重大挫折和失误，究其原因，不少是与脱离实际、割断历史有关。历史不是与现实生活绝缘的东西，它与社会现实生活密切相关，重视现实与尊重历史是对立统一，是不可分割的两个方面”①。同时，普及历史知识，“对于建设社会主义精神文明，向广大群众，特别是向青年一代进行爱国主义教育”，也有着十分重要的作用。“中国人民是有爱国主义思想传统的。中国近代、现代一切革命者、先进者，首先总是爱国主义者”。“我们祖国的历史，不论是光荣史还是受侵略、受压迫的苦难史，都是培养人们爱国思想的源泉之一。研究、讲授历史，提高人们的爱国主义觉悟，增强民族自尊心和自信心，这是历史工作者义不容辞的光荣职责。我们自己应当在这方面作出最大的努力。”（上，333 页）

在 1997 年 11 月 16 日的一封信中，刘大年说：“如果有一门知识是大家都应该有所了解的，那就是人文社会科学、我们祖国的历史文化。一个人的行动要受灵魂支配，人文社会科学就是支配我们了解过去，辨认祖国的现在、前途命运，自觉地在社会主义道路上胜利前进的灵魂。”（下，659 页）

正是有了这样的认识，我们的学术前辈才可能自觉地发扬我国“学史、治史、用史”的优良传统，把研究历史作为自己始终不渝、矢志不移而且无法须臾割舍的毕生事业。

第二，对马克思主义的坚定信念，是优良学风的灵魂。

在《书信选》中，我们可以处处看到前辈学者对马克思主义发自肺腑的热爱和极为真诚的深厚感情。

一讲马克思主义对历史学的指导作用，一些非议者往往抓住两点：一是指责马克思主义教条、僵化、禁锢思想，缺乏“理性探索精神”；一是说中华人民共和国成立以来，是用政治的力量强迫人们接受了唯物史观，有人在文章中就说，自 20 世纪 50 年代以来，“几

① 《刘大年来往书信选》上，333 页。本文以下凡引自此书者，只注分册、页码。

乎所有史家”都或者屈服于“政治威胁和行政压力”，或者“出于对自身生存利益的考虑”，形成了对唯物史观的“盲目崇拜与狂热迷信”。这两点指责，可以说在《书信选》中得到了很好的回答，生动地证明了这种指责是毫无根据的，是完全违背客观历史实际的。

其实，只要不抱偏见地看一看马克思主义史学家在中国史学史上的历史贡献，只要实事求是地看一看他们提出了多少新的研究领域和研究课题、提出了多少新的学术见解，怎样往古老的历史学中注入了新的科学因素，上面所说的头一个指责也就不攻自破了。戴逸同志曾举出刘大年同志所写的《论康熙》一文，说明大年同志怎样以唯物史观为指导，通过大量的历史资料，科学地分析了种种纷繁复杂的历史现象，纠正了以往清史研究中对清前期历史以及康熙这位做出了杰出历史贡献的封建帝王的不公正的评价，还历史以本来面目，表明了大年同志的实事求是的科学态度和勇于探索的创新精神。这个事例，应该说有力地说明了把唯物史观同保守、僵化硬指为有必然联系是何等缺乏根据。

不过我们还可以看看他们自己对这个问题是怎么想的，怎么要求的。刘大年 1986 年 12 月 1 日给胡思庸的信中这样说：“长话短说，我一向主张，马克思主义的社会科学研究，在追求革命真知。既求知，就不能墨守旧闻，食古不化。反之，也不能赶时髦，看风色行情著文立说。不管别家如何，只要自家了然于怀，成竹在胸，就当秉孟子所说：虽千万人吾往矣。一些读者嘲笑、厌恶的东西，也许恰恰为另一些读者顶礼崇信。不这样，大概就不叫社会科学了，加上马克思主［义］词句与否，情形都会如此。”（下，431 页）1987 年 10 月 18 日在给郭双林的信中，又说：“马克思主义和马克思主义历史学处在新的发展阶段。有志青年应以开辟新局，担当大任相期许。这当然是说立足于科学去真正发展科学，不是指随便的什么‘突破’之类。”（下，456 页）在 1988 年 3 月 20 日致杜语的信中，刘大年又强调：“我自己的经验，写一点东西，总要反复推翻前面的想法，然后才能落在纸上。自己认识问题尚且如此，怎么能够想象看了你的提纲讲的一些泛泛之言，就能一概站得住脚！事情可能相反，讲得越具体，情况越会糟糕。总之，科学研究要解除思想束缚，坚持科学态度。谁有研究，谁就有发言权。问题是这种发言权，是要建立在踏实的科学研究基础上的，而不是信手抓来一点什么，就自以为实现了所谓突破之类。当然，别人讲的对自己有启发的意见，必须充分注意，充分吸收。这就在自己的思想水平、认识能力了。”（下，485 页）不论是反对“墨守旧闻，食古不化”也好，主张在研究过程中要“反复推翻（自己）前面的想法”也好，还是提倡要“解除思想束缚，坚持科学态度”“开辟新局”也好，都鲜明地贯穿了创新意识和创新精神。当然，大年同志同时也强调，学术的创新是一件艰难而繁重的工作，需要殚精竭虑、锲而不舍地努力，“建立在踏实的科学研究的基础上”，才能得到成效，绝不是“赶时髦，看风色行情著文立说”，或者“信手抓来一点什么，就自以为实现了所谓突破之类”所能了事的。对于后面这种情况，与其说是“创新”，不如说是对创新的曲解和亵渎。遗憾的是，时至今日，这类自诩的“创新”其实不过是对历史的信口雌黄的现象，不但未见稍有收敛，反而颇有愈演愈烈之势。也正因为这样，大年同志信中的批评依然有着很强的现实针对性，所以也就依然有着它存在的价值。

马克思主义者坚信马克思主义是科学真理，而真理必须旗帜鲜明。刘大年就明确地宣称，自己对马克思主义“这门无产阶级革命的科学确信不疑，肯定要终生受其鼓舞而已”（上，304 页）。因此在“学术问题”上“一是一，二是二，我不愿隐瞒自己的观点”（下，538 页）。这种学术风格得到了同行老学者和年青学者的尊重。蔡尚思先生信中说：“您自认‘不求鸣高，不问时尚，不作违心之论，枉己殉人’，我觉得这是最为可贵可喜之处。”（下，499 页）一位名叫戴广田的青年写信说：“坚定的原则性，渊博的学识，严肃的战斗态度，充分明快的说理，使人知道作者‘不为浮云遮望言，只缘身在最高层’。先生的大作，在巩固五十年来马克思主义史学阵地和研究成果，进一步开展学术争鸣，批驳各种陈旧的‘时髦’的错误论点，为祖国历史科学的繁荣开拓园地、培植土壤、武装新军方面将起到非常有益的作用。现在和未来的许多人，尤其搞历史研究的，一定对先生怀着敬佩和感激的心情。”（上，303 页）日本的著名学者井上清先生在读了大年同志《论历史研究的对象》一文后，特意写信给予极高的评价，说：“我很赞同先生的观点，先生把马克思主义唯物史观作这样透彻的表述，确实是我近几年读过的文章中最杰出的一篇。”（下，390 页）可以看出，人们对刘大年同志学术工作的肯定和赞许，首先是肯定他对于马克思主义唯物史观的坚定立场和鲜明态度。

关于第二个指责，我们只要看一看罗尔纲先生的信，就可以深切地体味到当时的知识分子是以一种怎样的心情去接受马克思主义的，以及一味宣扬所谓“强迫”“被迫”等是怎样违背了历史的真实。罗尔纲先生在 1958 年 1 月 25 日的信中，谈到他写作《太平天国史稿》的问题时说：“还有读者说，这是对旧史纪传体裁的创造性的修改。鄙见以为纪传体的缺点从刘知幾、章学诚、梁启超等人以来都知其缺点，而无法补救其缺点。这是因为他们生在旧时代，没有得受马列主义的教育。没有受到马列主义的教育，就不会做总结。不会做总结，就不可能在一个革命运动或一个朝代的历史上写出具有总结性的序论。这也就是您去年秋天在《人民日报》上发表那篇论马列主义领导历史学的一个例证。我那篇《序论》的内容写得还幼稚，范老太过奖了。但却很显著地表现出是一个初步受了马列主义教育的人写的东西。”（上，183 页）罗尔纲先生十分谦虚，但从字里行间可以感受到这些话确实是由衷的，真诚的，发自肺腑的。其实，像罗尔纲这样的心情，正是当时大多数知识分子的心情，就是他们一旦接触到唯物史观之后，往往有一种“豁然开朗”之感，觉得在认识历史的观点和方法上，突然展现了一片全新的广阔天地。这在很多老知识分子的回忆中，以及在一些研究史学史或共和国史的学者的著作中，都有颇为翔实的记载，可惜有些人就是闭着眼睛不去读一读。

第三，高度的科学责任心是优良学风的核心内容。

在《书信选》中，给人印象最深的正是前辈学者强烈的科学责任心和著作责任心。他们对自己的研究工作，总是尽心尽力，殚精竭虑，废寝忘食，全力以赴；他们对自己的研究成果，总是一丝不苟，虚心求教，反复修改，精益求精。

这方面的事例，在《书信选》中可以说是比比皆是。

范文澜同志写《中国封建分期问题》的文章时，先把自己的基本构思和主要观点到马列学院讲了一次，“征得很多意见”，然后在综合各方意见的基础上，“比较周到地写出来，再向多方请教”。他自己说：“如能对此问题相当说得通，亦一快事也。”（上，43 页）

范文澜写《中国近代史分期问题》一文，为了“得到批评，以资修改”，同意先在《中国科学院历史研究所第三所集刊》上发表。但当中国科学院要他以这篇文章在学部成立大会上作为正式论文宣读时，则表示“不敢同意”，加以拒绝了。因为他觉得这篇文章还不是定稿，一方面正在请马列学院近代史教研室“予以讨论，将来可据此修改”，一方面特地向胡绳、黎澍等同志请教，“请他们指出应如何改正”（上，114 页）。范老对自己的学术成果如此既谦虚谨慎又严肃认真的态度，确实令人钦佩，令人感动。

文章写出初稿后，先请同行专家和学界朋友阅读，广泛听取意见，经过反复修改，再公开发表，这在我们的前辈学者那里，不仅蔚为风气，几乎可以说成了一种习惯。郭沫若同志写《历史研究》发刊词，自己阅改数遍，还专门请刘大年、尹达同志“尽量地删改、润色”（上，76 页）。此外，在季羡林、华罗庚、汪敬虞、罗尔纲等先生的书信里，也都有这方面的生动记录。

学术前辈在治学上的一丝不苟的精神，常常通过一些看似细小的事情上体现出来。中华人民共和国成立前夕，当时担任华北大学校长的吴玉章同志，在修改他写的《中国历史教程绪论》时，发现书中把“章学诚”误写成“章实诚”，他凭自己的记忆，知道“章名‘学诚’，字‘实斋’”，但他决不凭自己的印象仓促落笔。当时华北大学地处河北正定，又在战争环境，根本没有书籍可资查考。为此，吴老特意写信给大年同志，向他请教，说：“不知是否我记错了，请告我为幸！”（上，30 页）一位年高德劭的老革命家，又担负着大学校长的繁剧任务，却自己编教材，自己讲课，自己修改教材，甚至一个历史人名的对错也不肯有一丝一毫的马虎。这种严谨的学风，实在是值得我们这些后学者认真学习的。

学术前辈把学术看作“天下之公器”，绝不是谋取私利的手段和资本。严中平同志在 1955 年 3 月 27 日的一封信中讲，他搜集了一批关于鸦片战争的珍贵资料，但由于忙于他事，这些资料一直搁置着。他时刻考虑着“这些资料怎样‘交给人民’”。他希望“有人专门研究这个问题，来用我的资料，我随时帮些忙，把这些资料整理（包括翻译）出来”（上，109 页）。这样一种态度，同现在颇为流行的资料垄断、资料封锁，是何等鲜明的对比！

刘大年同志强调：“讲到个人的才能，要承认人的天赋有高下，但相差也不会太远。一个人的强弱高下，最后不取决于天赋，而取决于坚强的意志。意志坚强者总有如愿之日，薄弱者多半怨天尤人，碌碌一生。学问没有秘诀，谁立大志、下苦功、不为身边次要的事羁绊束缚，谁就能达到一定的境界。”（下，606 页）这段话，对于纠正当前随处可见的学风浮躁现象，不失为是一剂对症的良药。

第四，宽广的学术胸怀是优良学风的重要体现。

优良的学风，不仅指对于自己的学术成果，要有严肃认真的态度和严谨求实的作风，同时也包括对待别人的学术成果，要虚心、尊重，特别是对待不同的学术观点，应该有宽容的态度和平等讨论的精神。在这个问题上，前辈学者的宽广学术胸怀，在《书信选》中也有很生动的反映。

范文澜的《中国封建分期问题》文章发表后，吴大琨同志在《历史研究》1954 年第 6 期上发表了《与范文澜同志论划分中国奴隶社会与封建社会的标准问题》的文章，同范老进行学术争鸣。与此同时，胡绳在给刘大年的信中，也指出了范老文章的一些缺点。对此，范老在胡绳的信上，给刘大年写了这样几句话：“胡绳同志的意见很好，我改了一些，请你仔细看看，提出修改的意见。吴大琨文发表很好，以提倡批评风气。”（上，85 页）学术和谐决不意味着不存在或不允许存在不同意见的争论和批评，而是指能够有一个正常开展学术争论和批评的良好环境和氛围。要做到这一点，除了学术大环境以外，学者具有宽阔的学术胸怀是至关重要的。

刘大年同志在给自己的博士生的信中，特别强调学术上坚持独立思考、敢于进行学术争论的重要性。他认为，即使是博士生对自己的导师，如果有不同的学术观点，只要“有理有据”，也可以进行“尖锐反驳”：“现在必须再次重申：在学术问题上你们要坚持独立思考。对于我写的什么，你们可以同意，更可以尖锐反驳。学术讨论中，得力的反驳推进科学。泛泛的赞同未必能增加新的价值。所谓得力的反驳，指有理有据，哪怕一枝一节，只要能收到辩讹纠谬之效。至于自己还根本没有弄懂的东西，就大发议论，反驳别人，当然不在此数。”（下，479页）

以上这些，是我读了《书信选》之后，从老一辈学者身上学到优良学风的点滴体会。我的博士生曾经给我提出过一个问题：“什么是学者风度?”我回答说：“按我的体会，所谓‘学者风度’，一是要有追求学术真理的执着性，二是要有捍卫学术真理的坚定性，三是要有强烈的科学责任心，四是要有善于吸取各种有价值的思想资料的包容性，五是要有关注现实世界的学术良知和学术正义感。”对于“学者风度”的这种概括未必精当，但这几个方面，在老一辈学者身上都有很好的体现，《书信选》就是一个具体生动的证明。

从人与自然关系的视角观察历史*

——《危机与应对：自然灾害与唐代社会》简评

随着自然灾害对于人类造成生命财产损失严重后果的日益凸显，随着加强生态环境建设自觉性的日益提高，灾害学越来越引起学术界的高度关注和重视。其中，灾荒史的研究，是发展迅速、进步显著的一个重要领域。在近年来出版的多部中国灾荒史著作中，由阎守诚教授主编、并由他组建的学术团队集体完成的《危机与应对：自然灾害与唐代社会》一书，是资料丰富、内容充实、颇具新见的一部。

唐代是我国历史上生产发展、经济繁荣、国力强盛的时期，曾经出现过封建时代著名的“盛世”。同时，也是一个自然灾害逐渐频发的时代。在这个颇具典型意义的历史时段，自然灾害发生的状况究竟如何？灾害给予唐代社会何种影响？唐代社会从政府到民间对灾害造成的危机如何应对？怎样从唐代社会的发展看待灾害的因果？本书就是对这些问题的具体而清晰的回答。可以这样说：对于唐史研究来说，本书提供了一个观察唐代社会的新视角；对于灾荒史来说，本书对一个特定历史时期做了具体的标本解剖。这些应该是这部著作的新的学术贡献所在。

作为读者，我从这部书中得到的最深印象有以下三个方面：

一、完整再现了唐代自然灾害的真实面貌。唐代 290 年历史，灾害不断。要从十分分散而又相对稀缺的历史资料中，比较准确、完整地反映出当时自然灾害的历史情景，其难度可以想见。本书根据编著者自己研究提出的灾种分类标准，按照洪涝灾害、干旱灾害、

---

* 载《光明日报》，2009 年 4 月 25 日。

气象灾害、生物灾害、地质灾害、火灾六大类，每类又根据特大、大、一般、微四个灾度等级，不仅具体复原了历年自然灾害的发生状况，而且还尽可能地总结出一些带有规律性的现象，如各种灾害季节发生频率、年度发生频率、时空分布规律等，为读者全面了解唐代自然灾害的全貌，提供了可靠的依据。如果再配合书末所附的《唐代自然灾害年表》，则对整个唐代历年灾情，就可以一目了然了。编著者所以能做到这一点，一个重要原因，在于他们的研究工作，是先从做“中国古代灾荒数据库”开始的。这种做法，既很好地继承了我国史学研究方法的优良传统，又充分利用了现代科研手段和方法，是很值得学习和推广的。

二、深入分析了社会与自然灾害之间的相互关系。正如本书编著者所说，“自然灾害本身具有自然属性和社会属性”，“以灾害为切入点，是观察、研究唐代历史的重要途径”。但是，如果不深入揭示灾害成因中的社会因素，不充分了解灾害对唐代政治、经济、军事、民族、文化诸多方面的全方位影响，对自然灾害的认识就只能停留在“灾象”“灾情”的表面，无法给人们提供思想启示和历史借鉴。本书在这些方面做了很大的努力。如在论述唐代自然灾害发生的社会因素时，具体分析了黄河流域的屯田、长江流域的人水争地、关中地区的过度开发，怎样破坏和恶化了这些地区的生态环境，造成水土流失、土地荒漠化，进而造成这些地区水旱频仍，灾荒不断。这就用生动的历史事实，说明了如果人类违反自然规律，对自然一味掠夺和过度索取，最终就要遭到大自然的报复的道理。同时，本书还着重剖析了唐代一些重大的自然灾害怎样造成了严重的社会危机，给予了当时的政治、经济和社会生活的各个方面以深刻的影响。这方面的论述，在很大程度上加深了对唐代历史的认识。例如，藩镇割据是唐中后期历史上一个关系全局的重要问题，以往的研究，大抵都是从政治层面上加以分析，很少同自然灾害相联系。本书则指出，自然灾害对于藩镇势力的形成，中央政权关于藩镇割据的处置方略，以及藩镇本身的发展变化，都有着重大的影响。

三、全面考察了唐代社会防灾救灾的政策与措施。这是本书研究的重点，从篇幅来说，全书共10章，这方面的内容占了6章。既分析了从帝王将相到平民百姓占主导地位的自然灾害观，又厘清了唐代从中央到地方政权有关防灾救灾的一整套政治体制和运作规程；既论述了官方有关荒政的一系列方针政策和具体实践，又注意到有社会各阶层参与的民间灾害救助活动；既充分肯定政府的救灾活动在减轻灾害后果、缓解社会矛盾方面的积极作用，又如实揭露了在封建统治下救灾工作的局限性甚至存在着的种种弊端和黑幕。为了说明政权机构面对灾害引起的突发危机采取的应对措施是否及时、是否正确、是否有力，对整个社会生活影响的极端重要性，本书用两个历史事件进行了鲜明的对比：唐代末年，发生严重的旱灾和蝗灾，河南一带灾情尤重。地方政府不仅不积极救灾，反而继续征税征徭，终于激发了黄巢起义。正是这次起义成为唐王朝覆亡的直接导因。但是，在715、716年（开元三、四年），同样是在河南地区，同样是严重的旱灾和蝗灾，由于救治得力，灭蝗及时，百姓生活有着，社会稳定。这个历史对比是很有说服力的，它充分说明，统治权力用什么态度和方法去应对自然灾害造成的危机，不仅于灾荒后果、人民疾苦影响甚大，而且也关系到这个政权的存亡绝续。

作为科学发展观的一个重要内容，人们对人与自然的关系给予了越来越强烈的关注。明确提出了要“统筹人与自然的和谐发展”“建立良好的生态环境”“要促进人与自然的和谐，实现经济发展和人口、资源、环境相协调，坚持走生产发展、生活富裕、生态良好的文明发展道路”。要让这些思想深入人心，成为人们的自觉意识和行动，深入研究和总结历史的经验教训，应该是不容忽视的重要一环。

“国家清史编纂委员会·研究丛刊”总序*

“研究丛刊”是为完成清史编纂工程而出版的四种丛刊（其他三种是“文献丛刊”、“档案丛刊”和“编译丛刊”）中的一种，其任务是及时编辑出版清史专题研究的最新学术成果。

修纂清史是新世纪一项规模宏大的文化工程。中央对新编的清史提出了明确的要求，那就是：“编纂的清史质量要高，必须是精品，要注重科学性和可读性。确保编纂出一部能够反映当代中国学术水平的高质量、高标准的清史巨著，使之成为经得起历史检验的传世之作。”① 这是一个极高的标准，要达到这个标准，需要很多的条件，做艰苦的努力。其中最重要和最根本的一条，就是要始终不渝地把全部工作建筑在对清代历史的深入研究和不懈探索的基础之上。

专题性研究同综合性学术成果的关系，是任何一个学术工作者都十分清楚的。专题性研究是基础，综合性学术成果则是概括、提炼、深化和升华。一部优秀的综合性学术成果的产生，又为更加宽阔、更加深入的专题性研究提供契机，开辟道路。可以毫不夸张地说，如果没有20世纪80多年对清代历史的各个方面的专题研究，就不可能有今天提出清史编纂工程的成熟条件。《清史稿》的不尽如人意，除了其他种种原因之外，整个学术界缺乏对清史的前期研究，显然也是一个重要的先天不足。现在，清史研究取得了长足的进步，清史学术园地硕果累累，这正是历史赐给我们的能够超越前人的重要保证。这里，还需要强调的是，要真正能够写出符合中央要求的

---

* 载《光明日报》，2004年7月20日。

① 2003年1月28日李岚清在清史编纂工作座谈会上的讲话。

“清史巨著”和“传世之作”，不但要正确吸收和充分反映已有的清史研究的学术成果，而且在修纂过程中，还要继续进行多方面和多角度的专题研究，使我们对清代历史的认识，不断扩展新的视野，做出新的概括，达到新的境界。

根据这样一些想法，我们希望“研究丛刊”的出版，能够起到这样的作用：一方面，为清史编纂工程不断提供新的研究成果、新的学术资源，使新编的清史真正站在学术前沿，具有较强的时代性特征；另一方面，在清史编纂工程不断前进的过程中，发现和提出新的研究课题，拓展和深化清史专题研究，发挥清史编纂工程对整个清史研究的带动作用和推动作用。另外，有些难以为新编的清史包含和容纳的重要研究成果，也可以通过“研究丛刊”单独发表。总之，我们希望“研究丛刊”成为清史编纂工程同史学界，扩大一点说同学术界、同社会联通和交流的一座学术桥梁、一个学术平台。

为了编好“研究丛刊”，我们将按照学术规律的要求，制定明确的工作规程。除此之外，我们仍然想强调几点，作为编委会和作者、读者共同努力的方向。

一是要尊重和提倡学术创新。创新是一个民族进步的灵魂，是一个国家兴旺发达的不竭动力。对于学术说来，也是学术发展的本质要求。因为学术的发展，从根本上来说，无非是对未知的探求。如果学术一味因袭前人，墨守成规，亦步亦趋，人云亦云，因循守旧，故步自封，那学术就没有了生命力，没有了活力，也就失去了存在的资格和权利。客观世界是千变万化的，人们对客观世界的了解和认识应该不断地发展变化；人的社会实践是永无止境的，我们的理论创新也就没有止境。即使是像历史学这样的学科，也应该在历史资料的发掘和掌握、历史现象的判断和分析、历史规律的认识和把握等方面，有所发现，有所发明，有所创造，有所前进，才称得上是真正的、名副其实的学术工作。

当然，创新不是天马行空，随意臆测，不是无根据的空想瞎说。胡锦涛总书记在今年“七一”重要讲话中指出：“理论创新必须以坚持马克思主义基本原理为前提，否则就会迷失方向，就会走上歧途。”历史学的创新，当然应该坚持历史唯物主义的指导。同时，学术创新，一是必须符合客观实际，对于历史学来说，应该符合历史实际；二是应该正确地对待传统。对传统必须做辩证的、科学的分析，好的就坚持、就继承；坏的或者错的就否定、就摒弃，并用新的观点、新的结论取而代之，学术就在这种辩证对待的过程中得到发展，得到前进。

一是要坚持“在学术面前人人平等”的原则。“研究丛刊”对书稿的取舍，除了坚持“二为”方向即“为人民服务，为社会主义服务”的政治前提外，唯一的标准就是学术水平。除此之外，作者的职位高低、资历深浅、声望大小、辈分长幼以及与工作人员的关系亲疏、人情往来之类，一概都不应成为影响学术判断的因素。我们深知，此话说起来容易，做起来却有相当的难度。但我们必须这样做，才能体现学术的公平和公正，使已经受到某些污染的学术净土尽量保持自己的纯洁。所谓学术水平，当然不是抽象而不可捉摸的。我们希望，收入“研究丛刊”的著作，在选题上有较高的学术价值和现实意义，在内容上有原创性的独立见解，在方法上能做到观点和资料的统一，在文字上清新流畅，尽量体现中国风格和中国气派。这样的作品，我们是万分欢迎的。

还有一点，就是要坚持“双百”方针。“百花齐放、百家争鸣的方针，是促进艺术发展和科学进步的方针，是促进我国的社会主义文化繁荣的方针”①，这是一点不错的。就学术来说，没有不同学术观点之间的相互切磋，相互讨论，相互争辩，学术就不能进步，更谈不上学术的繁荣。梁启超就曾说过：“学问非一派可尽。凡属学问，其性质皆为有益无害，万不可思想统一，如二千年来所谓‘表彰某某，罢黜某某’者。学问不厌辩难。然一面申自己所学，一面仍尊人所学，庶不至入主出奴，蹈前代学风之弊。”② 在这里，梁启超不仅讲到了“学问不厌辩难”的道理，而且还讲了学术论辩应抱的态度。确实，在学术界，恐怕还不能说“双百”方针已经贯彻得

① 毛泽东：《关于正确处理人民内部矛盾的问题》。

② 梁启超：《清代学术概论》。

很好了。过去，有政治上“左”的影响和干扰，但这个问题现在似乎已不是个问题，我们已经有了一个良好的学术大环境。

因此，有一个正确态度去对待学术争鸣，就显得尤其重要。如果在不同学术观点之间，能够怀着追求科学真理的目的，抱着相互尊重、相互学习的态度，采用平心静气、充分说理的方法，具有海纳百川、虚怀若谷的学者风度，那么，学术争论愈充分，学术气氛就愈活跃，学术研究就愈深入，学术队伍也就愈加团结。我们愿意为形成这样一种民主和谐、生动活泼的学术氛围尽自己的绵薄之力。

“研究丛刊”如能成功，说到底，在于学术界乃至广大读者的关心和支持。我们热切地期待这一点，并且将用我们的工作来努力争取这一点。

《天有凶年》前言*

近20年来，国内外学术界对中国灾荒史的研究有着浓厚的学术兴趣，发表了大量富有启发意义的学术成果，其中尤以清代灾荒问题为研究的重点。这是由以下三方面原因所决定的：首先，清朝是中国封建君主专制统治的最后一个王朝，也是离我们最近的一个封建王朝，当代中国的经济、政治、军事、外交、民族关系等诸多方面的问题，大都由清朝演化、延伸而来，研究清代的灾荒，对今天有着最直接的借鉴意义。其次，清代灾荒极其严重，而人民群众的抗灾斗争也积累了丰富的经验，政府的救荒机制及实际运作，也集古代荒政之大成，更加完备和系统，发展到了一个较高的水准。最后，迄今留下的有关灾荒的历史资料，也以清代为最多，例如我们所编的《中国荒政全书》中，清人所写的荒政著作就占了全部资料的百分之九十强，不可谓不宏富。如何在以往研究的基础上进一步加深和拓展对清代灾荒史的研究，是我们在21世纪所面临的一个重大历史课题。

近20年来中国学术界对灾荒史研究的新进展

在中国，近代意义的灾荒史研究，起步于20世纪的20、30年代。一些可敬的学术拓荒者在这一领域披荆斩棘、筚路蓝缕，艰难而卓有成效地开辟着道路。但是，作为历史学的一个分支学科，被

---

* 《天有凶年》，北京，三联书店，2007。本书是2004年春召开的“清代灾荒与中国社会”国际学术研讨会的论文结集。

学术界所接受和承认，并且形成了一支专业队伍，产生了一批研究成果，严格说来，还是近 20 年来的事情。正因为这样，我们着重谈这一个历史阶段的情况。

已经有一些文章对近年来灾荒史研究状况做过学术综述和总结。其中较为重要的，我们可以举出这样三篇：一篇是朱浒博士的《二十世纪清代灾荒史研究述评》，发表在 2003 年第 3 期《清史研究》；一篇是邵永忠博士的《二十世纪以来荒政史研究综述》，发表在 2004 年第 3 期《中国史研究动态》；还有一篇是阎永增、池子华教授的《中国近代灾荒史研究综述》，发表于 2001 年第 2 期《唐山师范学院学报》。这些文章详细列举了有关灾荒史的重要研究著作和文章，评析了这一研究领域的学术成就和不足，瞻望了学科发展的前景和方向。因此，我们完全没有必要再对这些问题做多余的重复，只需要简单明了地归纳一下近 20 年来灾荒史研究发展中的几个特点就可以了。

我以为，近 20 年来灾荒史研究最有意义的新进展，主要表现在这样几个方面：

一是社会和学术界对灾荒史学科地位和作用的认识越来越高，关注和支持的程度越来越大。出现这样一种令人鼓舞的趋势，原因很多，具有决定意义的主要有两条。第一，社会生活本身的要求。我们只要想一想，1991 年和 1998 年的两次全国性大洪水，2003 年春夏的“非典”流行，2004 年岁末印度洋地震引发的殃及 20 余万生命的大海啸，无时无刻不在提醒我们，自然灾害怎样成为人类生存和发展的巨大威胁，加强灾荒史研究具有何等重大的紧迫性。第二，学术工作者通过自身的努力，以自己的研究成果证明了这门学科的学术价值和现实意义。正因为这样，灾荒史研究不仅引起了众多学者的研究兴趣，也成为报刊和出版机构的一个热门选题，国家社科规划办曾经多次将灾荒史列入历史学的年度课题指南，向全国学术界招标。

二是出现了一批内容丰富、质量上乘的研究成果，使灾荒史学科的理论框架逐步清晰、学术内容相对完整、资料依据更加充分，在学科建设上迈出了决定性的步伐。在这方面，有一点也许值得强调一下，那就是这些年来，克服了以往较多注意灾荒的自然方面，相对忽视从社会的角度去审视和观察灾荒的偏向。中华人民共和国成立后，为了经济建设和防灾、抗灾的需要，许多自然科学工作者展开了对各种自然灾害规律的探讨，从天象、气象、水文、地质、地理、生态等角度，系统地揭示了几千年来特别是近五百年来旱、涝、风、虫、地震等各种灾害的演变趋势，自然成因及其影响，提出了灾害防治的技术、工程对策，这是灾荒史研究的一个巨大成就。不足的是，灾荒同社会的相互关系几乎很少被纳入当时的研究视野。其实，自然现象同社会现象从来都不是互不相关而是相互影响的。人生活在一定的自然环境之中，同时也生活在一定的社会条件之下。自然灾害，当然是由自然原因造成的，但不同的政治条件和社会环境，对灾害的发生及其后果会产生很大的差异。所以，只有从灾荒同自然、社会的相互关系、相互作用、相互影响的对立统一中，才能更加深刻、更加全面地揭示自然灾害各个方面的本质。这也许正是灾荒史研究在近20年中取得的最重要的学术进步。

三是初步形成了一支虽然数量不多，但结构合理、思想活跃的专业队伍。学科发展的基础在人才。这种人才由两部分人组成，其一是并不专门从事灾荒史研究，但对这一领域有着浓厚的兴趣，在自己的主攻方向中，随时找到可以与灾荒史结合的切入点，并做出相应的学术贡献。另一种是以灾荒史为主要研究方向的专业人员，这部分人是学科建设的骨干力量。前一类人才应力求其广，后一类人才应力求其精。令人欣慰的是，经过这些年的努力，灾荒史的专业人才机制已经初步建设起来，这次“清代灾荒与中国社会”会议就是一个生动的证明。毫不夸张地说，十几年以前要想组织这样一个会议，几乎是不可能的，因为那个时候还不存在这样一支队伍。现在，不但选择灾荒史为自己主要研究方向的学术工作者不断增多，一些高校和研究机构还经常性地招收灾荒史的硕士、博士研究生，有的还设立了以灾荒史为主要研究内容的博士后流动站，这就为学科的建设和发展提供了可靠的人力保证。

灾荒史研究面临着极好的发展机遇

学术发展史告诉我们，任何一种学术，任何一门学科，只有存在着巨大的社会需求，并且这种客观需求越来越深刻地为社会所认识和了解时，才可能得到迅猛的发展和进步。社会需求是推动学术发展和繁荣的最有力的杠杆。

当今世界，科技进步日新月异，经济发展一日千里，社会面貌瞬息万变。这种情况，对于人和自然的关系来说，对于社会和灾荒的关系来说，其实是一把双刃剑。一方面，科技进步和经济发展，极大地增强了人类“为自己创造新的生存条件”的能力，增强了抵御自然灾害，有效地防灾、抗灾、救灾的能力。但另一方面，由于人类不恰当地对待自然界，迅速发展的科技和经济反而加速了生态环境的恶化，使自然灾害的发生频率日益增高，灾害造成的人员伤亡、财产损失和社会影响也越来越严重。不久以前，联合国公布的一份材料显示，在最近30年时间里，城市快速扩张，大片的森林遭到破坏，内陆的湖泊干涸，触目惊心地展示了人类对地球的破坏性影响。

正因为人们日益认识到这一问题的极端严重性，1987年11月，第42届联合国大会通过了169号决议，把20世纪最后十年定为“国际减轻自然灾害十年”，并成立了“国际减灾十年委员会”。1989年第44届联合国大会又通过了《国际减轻自然灾害十年决议案》及《国际减轻自然灾害十年行动纲领》，目的是通过国际社会的一致努力，充分利用现有的科学技术成就，提高各国抵御自然灾害的能力，减轻自然灾害给世界各国，特别是发展中国家所造成的生命财产损失和社会经济失调。中国政府和中国人民积极响应并参与了这一活动，并取得了显著的成效。这也是中国学术界灾荒史研究在这一时期取得重大突破的重要背景。作为例证，我们可以举出下面两个事实；10卷本、近3 000万字的“灾害管理文库”，主编即由中国国际减灾十年委员会副主任兼秘书长范宝俊担任，整个工作也正是中国实施“国际减灾十年”行动纲领的组成部分；另外，我们课题组编写的《近代中国灾荒纪年》，也在“前言”中明确说明，出版这部书“是参加这项（国际减灾十年）活动的一个小小的努力”。

从中国的国内情况来说，进入21世纪以后，中国政府和中国人民在总结20多年来改革开放和现代化建设的成功经验，吸取世界上其他国家在发展中的经验教训的基础上，对国家和社会的发展问题，达到了一个新的认识，提出了以人为本，全面、协调、可持续的科学发展观。胡锦涛同志对科学发展观做了这样的表述：“坚持以人为本，就是要以实现人的全面发展为目标，从人民群众的根本利益出发谋发展、促发展，不断满足人民群众日益增长的物质文化需要，切实保障人民群众的经济、政治和文化权益，让发展的成果惠及全体人民。全面发展，就是要以经济建设为中心，全面推进经济、政治、文化建设，实现经济发展和社会全面进步。协调发展，就是要统筹城乡发展、统筹区域发展、统筹经济社会发展、统筹人与自然和谐发展、统筹国内发展和对外开放，推进生产力和生产关系、经济基础和上层建筑相协调，推进经济、政治、文化建设的各个环节、各个方面相协调。可持续发展，就是要促进人与自然的和谐，实现经济发展和人口、资源、环境相协调，坚持走生产发展、生活富裕、生态良好的文明发展道路，保证一代接一代地永续发展。”① 与此同时，还提出了建设社会主义和谐社会的构想，这种和谐社会的特征，就是民主法治、公平正义、诚信友爱、充满活力、安定有序、人与自然和谐相处的社会。而人与自然和谐相处的具体内容，就是“生产发展、生活富裕、生态良好”。在这里，人与自然的和谐发展，经济发展和人口、资源、环境相协调，建立良好的生态环境，被放到了突出的位置，而这些，正是灾荒史应该关注和研究的重要内容。

谈到这里，自然不能不提到中国正在着力进行的促进人文社会科学发展的努力。除了中央发布了《关于进一步繁荣发展哲学社会

① 2004年3月10日在中央人口资源环境工作座谈会上的讲话。

科学的意见》，明确了新时期繁荣发展哲学社会科学的指导方针、总体目标和主要任务外，政府还采取了一系列具体措施，包括加强对哲学社会科学工作的领导、加大对人文社会科学研究经费的投入、加紧对人文社会科学学术队伍的建设等，力争人文社会科学在全面建设小康社会、开创中国特色社会主义事业新局面中发挥不可替代的重要作用。之所以能这样做，是因为大家认识到，人文社会科学在社会发展、民族振兴中具有不可低估的战略地位，人文社会科学的发展水平，体现了一个民族的思维能力、精神状态和文明素质，反映了一个国家的综合国力和国际竞争力。这种认识，为学术发展创造了一个良好的社会大环境。

总之，不论从世界范围还是从国内情况来看，社会发展对人和自然的关系，其中也包括灾荒史的研究，提出了客观的强烈要求，这就必然成为一种强大的推动力量，促进灾荒史研究的发展和进步。当然，这里说的主要是有利于学科建设的社会大环境，但如果联系到上面我们所讲的这些年来学术界自身所取得的种种进步，那么，我们完全有理由信心十足地判定，在新的世纪，灾荒史的研究一定会不断取得新的成绩，开创新的局面！

加深和拓展灾荒史研究要重视五个“结合”

良好的学术环境、紧迫的社会需求，毕竟只是灾荒史学科发展的客观条件。要使灾荒史研究取得真正突破性进展，最终还得凭借学者艰苦细致、锲而不舍的学术实践。在学术活动中，我以为要特别重视五个方面的相互结合。

一是社会科学工作者同自然科学工作者的结合。一般说来，不同学科之间的交叉与渗透，是科学发展的重要途径和明显趋势。而对于灾荒史来讲，提倡社会科学工作者同自然科学工作者之间的交流与合作，提倡社会科学同自然科学之间在研究内容、研究思路与研究方法上的交叉与渗透，就尤为重要。因为灾荒史研究的对象，既有自然的，又有社会的，特别是要从自然与社会的相互关系、相互作用中，揭示问题的本质，发现事物的规律。不要说仅靠一支队伍的孤军奋战，无法完成对灾荒史全貌的科学认识，就是两支队伍各自为战，互不通气，也会因视角的狭窄和方法的局限，难以对历史真相做出完整、全面和准确的判断。如果两支队伍携起手来，或者对共同感兴趣的问题多加切磋，或者对重大课题进行联合攻关，一定会大大增强创新的能力，大大推进学科的进步。

二是学术研究的开拓创新同历史资料的发掘整理的结合。创新是学术发展的本质要求，大力加强学术创新体系建设，积极推进学术观点创新、学科体系创新和科研方法创新，是学术繁荣发展的必由之路。灾荒史研究并不是一个老的学科，因此，在打开新的学术视野、提出新的学术课题、掌握新的历史现象和表征、做出新的历史分析和判断等方面，都有着可以纵横驰骋的广阔天地。历史资料是认识历史的根据和基础，没有对历史资料的系统发掘和整理，学术研究的创新就变成无本之木、无源之水，勉强去做也不免成为无米之炊。必须克服重学术研究、轻资料整理的错误倾向。事实上，灾荒史的资料，既大量存在，又分散难找，急需要投入相当的人力、物力，做有计划的发掘整理。例如，中国第一历史档案馆的同志，组织力量初步摸底发现，仅比较集中的有关清代灾赈档案就达四万余件，还不包括分散在其他案卷中的档案资料。如果这部分档案整理出来，必然会对清代灾荒状况提供大量的新情况和新材料。

三是基础研究同应用研究的结合。正确处理基础研究和应用研究的关系，是学术健康发展的必要条件之一。对于像灾荒史这样既包括基础研究又包括应用研究的学科，科学地、合理地对待二者的关系就显得尤为重要。既不能认为只有基础研究才是学问，才有理论性和思想性，应用研究不过是具体的工作计划和对策方案，没有多少学术含量；也不能反过来，认为只有应用研究才有现实价值，能够解决实际问题，基础研究不过是不着边际的空谈，是无裨于实事的纸上谈兵。灾荒史研究所承担的主要任务，包括再现自然灾害肆虐人类的惊心动魄的历史场景，时时唤起人们的历史记忆，不断提高大家居安思危的忧患意识；总结人类同自然灾害作斗争的丰富的经验教训，为今天的防灾抗灾斗争提供宝贵的历史借鉴；探索和把握各种自然灾害发生、发展的客观规律，更好地掌握防止和减轻自然灾害的主动权；提出实现人与自然和谐发展以及应对自然灾害的各种对策建议，保证社会的可持续发展。可见，在这里，基础研究和应用研究二者是不可或缺的。基础研究离不开现实生活的出发点，应用研究也离不开深厚的学术根基。厚此薄彼，有失偏颇；互济互动，相得益彰。

四是中外学者的结合。经济全球化、信息网络化，要求人们更多地站在整个人类和全球的角度，去面对和思考人类生存所无法回避的各种问题。地球是我们共同的家园，同自然灾害作斗争是人类面临的共同课题。越来越严峻的生态环境的恶化，如土壤急剧退化、温室效应加剧、森林面积锐减、海洋污染严重、生物物种减少、人口压力巨大等，几乎在世界各国都变本加厉地蔓延。全球的自然灾害，也就不可避免地呈现出愈来愈频繁的趋势。面对日益严重的自然灾害，动员全世界的力量进行共同的斗争，无疑是十分必要的。特别是印度洋地震引发的海啸大灾难之后，一些学者，如德国基尔大学灾害研究专家沃尔夫·东布罗夫斯基就发出了加强全球防灾活动、制定全球防灾计划的呼吁；在今年年初举行的“世界减灾会议”上，中国政府的代表也强调了进一步开展防灾减灾的国际合作的必要性。在这样的情况下，研究灾荒史的中外学者之间，加强学术交流，不仅相互提供学术资料，交流学术心得，共享学术成果，而且广泛开展实质性的共同研究，就成为一项切实而紧迫的任务。我们真切地期望，以这次会议为契机，在这方面迅速地跨出新的步伐。

五是学术工作者同实际工作者的结合。专门从事灾荒史研究的学术工作者，数量毕竟是有限的。但同自然灾害作斗争，是涉及男女老少每一个人的事情，社会上还有一支数量庞大的防灾抗灾的实际工作者队伍。他们对于社会灾荒的各个方面，有着形象具体的切身体察，有着广泛生动的感性知识，有着丰富深刻的工作经验，他们理应成为学术工作者的良师益友和思想源泉。一般说来，任何一门科学，哪怕是最深奥的学问，如果不同鲜活丰富的社会生活发生紧密的关联，就不可能有生命力。更何况像灾荒史这样同广大群众有着密切联系的学科。如果我们不从广大群众的生动实践中吸取营养，如果我们的研究不能得到广大群众的关注和反响，那就不能不说是我们的悲哀。

让我们携起手来，为清代灾荒史乃至中国灾荒史研究的发展共同奋斗。

《灾荒与晚清政治》序言*

康沛竹同志的博士论文《灾荒与晚清政治》，经过增补、充实和修改，即将由北京大学出版社正式出版了。作者要我写一篇序言。我作为这篇论文写作的指导教师，当然是义不容辞。

人们常常说灾荒史的研究，是一个长期被冷落的领域，几乎是一片未开垦的处女地，只是最近几年才引起了较多的关注。其实，这个说法并不完全符合实际，至少不是十分准确。事实上，早在20世纪的20、30年代，就有一些自然科学和社会科学的学者开始进行灾荒史的研究，并取得一批相应的学术成果。1937年，邓拓同志以邓云特为笔名发表了在他河南大学经济系的毕业论文基础上写成的著作《中国救荒史》，成为我国学术史上第一部较为完整、系统、科学地研究中国历代灾荒的专著。可惜的是，此书出版后，抗日战争全面爆发，学术界人士同全国各阶层人民一样，全身心地投入到这场决定中华民族生死存亡的伟大战斗中去，当然也就不大可能有人继续从事灾荒史的研究工作。抗日战争胜利后，紧接着是三年全面解放战争，中国经历着由黑暗走向光明的伟大历程，学者的主要精力，大抵被更加现实、更加紧迫的政治问题所吸引，也很难顾及灾荒史的研究。这样，邓拓的《中国救荒史》，一时竟似乎成了后继无人的绝响。但这种情况，在中华人民共和国成立后，立即发生了根本的变化。中华人民共和国成立后，为满足国家水利事业和经济建设区域规划的需要，中国科学院、国家地震局、中央军委气象局以及各地气象局、水利局、农林院所和文史馆等单位的科学工作者，通力合作，从浩如烟海的正史、别史、笔记、方志、档案、诗文集、

* 《灾荒与晚清政治》，北京，北京大学出版社，2002。

杂录等古籍中，对中国历代各地各类灾荒史料或旱涝等历史气候资料进行了有组织大规模的发掘整理工作，并在此基础上进一步展开了对各种自然灾害规律的探讨，从天象、气象、水文、地质、地理、生态等角度，运用现代科学理论方法和手段，重点探讨自然灾害本身的发生发展规律，系统地研究和揭示了几千年来特别是近五百年来旱涝地震等各类灾害的演变趋势、自然成因以及影响，提出了灾害防治的技术、工程对策。应该说，这是灾荒史研究的一个巨大的成就。看不到这一点，或者对这方面的成绩估计不足，是毫无道理的，是十分片面的。

当然，这项工作也存在着明显的不足。由于参与其事的主要是自然科学工作者，他们关注的着重点主要是灾荒的自然因素，灾荒与社会的关系常常被排除在研究视野之外，所整理的资料，除水情雨情、农作物歉收或生命财产损失外，其他有关社会方面的资料大都极为可惜地被舍去了。与自然科学工作者相比，社会科学工作者不论是投入的精力还是取得的成果，都远远落在了后边。实事求是地说，在相当长的一段时间里，社会科学工作者特别是史学界，几乎没有什么人涉足这个领域，当然也谈不上有什么值得称道的学术成果。这种情况，直到20世纪80年代末，才开始有所变化。我们前面提到的认为灾荒史研究几乎是一片空白的错觉，大概就是由此而来的。

近年来，随着国内外环境问题的日益加剧，自然灾害肆虐人类依然猖獗，灾荒史的研究越来越引起人们的广泛关注。据初步统计，仅1990—2000年间发表的有关论文的数量，即相当于1920—1980年间研究论文的总和。这是一个十分令人鼓舞的现象。

上面简要的学术史回顾，可以给我们这样一点启示：灾荒史研究要在现有基础上继续深入，取得新的重大进展，有两个问题必须要着重解决。一是要大大加强从社会角度对自然灾害的观察和研究，看社会状况和社会因素对自然灾害的发生具有什么样的作用；同时也看严重的自然灾害在哪些方面以及在多大程度上对社会生活发生着什么样的影响。二是要大大加强自然科学和社会科学之间的学科交叉和渗透，加强社会科学工作者同自然科学工作者之间的交流与合作，有些问题则需要两支队伍的联合攻关。这两个问题之所以重要，不仅是因为研究现状存在着这样的要求，而且也是自然灾害本身的特点所决定的。自然灾害，顾名思义，是由自然原因造成的，就这个意义说，是天灾造成了人祸。但是，人生活在一定的自然环境之中，同时也生活在一定的社会条件之下，自然现象同社会现象从来不是互不相关而是相互影响的。有的时候，人祸往往又会加深了天灾。恩格斯在批评自然主义的历史观的片面性时说道："它认为只是自然界作用于人，只是自然条件到处在决定人的历史发展，它忘记了人也反作用于自然界，改变自然界，为自己创造新的生存条件。"① 在很大程度上，自然灾害不过是大自然对人类过度索取和肆意破坏的报复和惩罚。因此，不同时从自然和社会两个方面开展对灾荒的研究，是很难深刻揭示自然灾害的客观规律，全面了解自然灾害的完整面貌的。

康沛竹同志关于"灾荒与晚清政治"的研究课题，就是在这样一个大的学术背景下确定的。本书的内容，涉及思想观念的层面，分析了晚清时期社会各个阶段、阶层以及各个政治派别对灾荒的认识，即灾荒观；涉及制度的层面，具体论述了晚清政权的防灾、救灾机制；双向讨论了灾荒与政治之间的互动关系，既揭示了晚清灾荒频发的政治原因，又展开叙述了严重的自然灾害对晚清政局产生了一些什么样的重大影响。对这些问题的回答是否清晰，是否深刻，是否有说服力，应该由读者来做出判断和评论。但无论如何，这些问题的提出，本身就是很有意义的事情。

讨论这些内容，有一个问题是无法回避的，那就是封建政治的黑暗和腐败。如果仅仅看官方的制度规定，或者看公开的官方文书，我们会得出一个印象，就是晚清政权有着一个规范的、完善的救荒体制，有一套明确有效的救荒政策。但如果我们深入到当时的政治实践，则我们可以很容易地发现，实际情况完全不是这样。贪污渎

① 恩格斯：《自然辩证法》。

职，趁火打劫，弄虚作假，草菅人命，几乎成了各级封建官吏在严重灾害面前的常态。其实，说一套、做一套，表面一套、背后一套，这本是封建政治的本质表现。但是，有的人却往往习于轻信，以为封建统治者是怎样说的也一定就是这样做的，而不肯去深究一下他们的实际作为究竟如何，结果就使得我们对历史的描述和认知往往离历史的真实甚远。我在这里提到这个问题，当然绝不是说要对封建帝王将相一概加以否定，不去实事求是地、分析地肯定封建统治阶级中某些人的历史功绩，而是说不应该在今天再去笼统地歌颂封建主义，把封建统治者一概打扮成忧国忧民、关心民瘼、一心为百姓谋利益的圣君贤相，让老百姓时时高呼“青天大老爷”和“吾皇圣明”！还是邓小平同志说得好：“旧中国留给我们的，封建专制传统比较多，民主法制传统很少。”① “我们进行了二十八年的新民主主义革命，推翻封建主义的反动统治和封建土地所有制，是成功的，彻底的。但是，肃清思想政治方面的封建主义残余影响这个任务，因为我们对它的重要性估计不足，以后很快转入社会主义革命，所以没有能够完成。现在应该明确提出继续肃清思想政治方面的封建主义残余影响的任务，并在制度上做一系列切实的改革，否则国家和人民还要遭受损失。”②

但愿读这本书，不但能够了解晚清时期的灾荒状况，吸取历史上抗灾防灾的经验教训，提高今天与自然灾害作斗争的能力，还能够进一步了解封建主义，划清文化遗产中民主性精华同封建性糟粕的界限，以便更好地建设民族的、科学的、大众的、有中国特色社会主义的新文化。

---

① 《邓小平文选》，2版，第2卷，332页。

② 同上书，335页。

《中国共产党执政以来防灾救灾的思想与实践》序言*

两年以前，康沛竹同志出版了《灾荒与晚清政治》一书。之后，她决定把所关注的历史时段向下延伸，致力于中华人民共和国成立以来有关自然灾害情况的研究，以及党和政府防灾、抗灾、救灾经验教训的分析总结。经过两年多的努力，写出了《中国共产党执政以来防灾救灾的思想与实践》书稿，即将由北京大学出版社出版。

康沛竹同志的灾荒史研究，把研究重点从晚清转向当代，我是非常赞成的。这是因为：第一，自然灾害，虽然首先是一种自然现象，但人们生活在一定的自然环境之中，同时也生活在一定的社会条件之下，自然现象同社会现象从来不是互不相关而是相互影响的。在大体相似的自然条件下，政治条件和社会环境不同，自然灾害的发生及其后果会有很大的差异。晚清和当代，不论是社会性质还是政治制度，都有着本质的不同。把这两个有着根本区别的历史阶段的灾害状况加以比较研究，就可以大大深化我们对社会和灾荒相互关系的认识。第二，灾荒史的研究，当然有着重要的学术价值，但更重要的，是它所具有的极为强烈的现实意义和实践意义。人们通过对历史上自然灾害造成的巨大苦难以及同它艰苦斗争的曲折经历的揭示，从中得到深刻的历史借鉴和有益的启示。就这方面说，对当代自然灾害情况的研究较之对晚清的研究显然更加直接、更加切近。

从书稿可以看出，作者在描述和分析研究对象的时候，坚持了马克思主义的实事求是的优良学风。对许多问题，既不做刻意的夸

* 《中国共产党执政以来防灾救灾的思想与实践》，北京，北京大学出版社，2005。

张，也不加存心的讳饰；既明确指出自然灾害对社会所造成的后果，在旧社会与中华人民共和国之间存在着天壤之别，又强调自然灾害至今仍然以巨大的破坏力给人民的生命财产带来严重损害，成为经济发展和社会进步的重要制约因素；经济发展固然能极大地增强防灾、抗灾的能力，但是如果处理不当，也会在某些方面增加灾害发生的频率和灾害损失的程度；既充分肯定中国共产党和人民政权在对待自然灾害的态度和做法上，同以往任何一个剥削阶级政权不可同日而语，又指出人们对自然灾害的认识，也必然要经过一个不断深化的发展过程；既满腔热情地讴歌了党领导人民坚韧不拔、顽强拼搏的抗灾斗争，又并不回避曾经有过的失误和挫折。为了能全面、准确地反映历史面貌，作者在写作过程中搜集了大量资料，包括历史典籍、国情报告、政府公告、报章杂志，以及政府有关部门，如民政部、卫生部、农业部等在网上公布的各种最新统计资料。这样一种尊重客观、尊重事实的态度，我以为是值得称道的。

进入新世纪后，时间虽然只有短短的几年，中国人民建设中国特色社会主义的宏伟大业，在党的领导下，不论在理论上还是在实践上都有了新的发展、新的前进。正是在这样的情况下，灾荒史的研究更加凸显了它的重要性和紧迫性。这可以从以下三个方面表现出来：

一是科学发展观的提出。坚持以人为本，全面、协调、可持续的发展观，是总结了20多年来中国改革开放和现代化建设的成功经验，吸取了世界上其他国家在发展进程中的经验教训，反映了中国政府和中国人民对发展问题的新认识。胡锦涛同志对科学发展观做过精辟的论述，指出：“坚持以人为本，就是要以实现人的全面发展为目标，从人民群众的根本利益出发谋发展、促发展，不断满足人民群众日益增长的物质文化需要，切实保障人民群众的经济、政治和文化权益。让发展的成果惠及全体人民。全面发展，就是要以经济建设为中心，全面推进经济、政治、文化建设，实现经济发展和社会全面进步。协调发展，就是要统筹城乡发展、统筹区域发展、统筹经济社会发展、统筹人与自然和谐发展、统筹国内发展和对外开放，推进生产力和生产关系、经济基础和上层建筑相协调，推进经济、政治、文化建设的各个环节、各个方面相协调。可持续发展，就是要促进人与自然的和谐，实现经济发展和人口、资源、环境相协调，坚持走生产发展、生活富裕、生态良好的文明发展道路，保证一代接一代地永续发展。”① 在这里，人与自然的和谐发展，经济发展和人口、资源、环境相协调，被放到了突出的位置，而这些，正是灾荒史应该关注和研究的重要内容。

二是加强党的执政能力建设问题的提出。党的十六届四中全会强调：“加强党的执政能力建设，是时代的要求、人民的要求。进入新世纪新阶段，在机遇和挑战并存的国内外条件下，我们党要带领全国各族人民全面建设小康社会，实现继续推进现代化建设、完成祖国统一、维护世界和平与促进共同发展这三大历史任务，必须大力加强执政能力建设。”作为一个掌握着全国政权并长期执政的党，其执政能力反映在各个方面。毫无疑问，做好防灾救灾工作，尽可能减少自然灾害对社会发展带来的危害，在发生重大灾情时保持社会稳定，是中国共产党始终要面对的一项紧迫而严峻的问题。提高党和政府应对突发性灾害、加强防灾救灾的能力，是提高党的执政能力的一个重要方面。

三是自十六大以来，党不止一次地提出，在充分肯定改革发展的大好形势的同时，必须要“增强忧患意识，居安思危，清醒地看到日趋激烈的国际竞争带来的严峻挑战，清醒地看到前进道路上的困难和风险”。在诸多的困难和风险中，自然灾害的侵袭是决不能掉以轻心的。可惜的是，遗忘似乎是人类最常见的弱点之一。当人们遭受着重大自然灾害的浩劫，承受着切肤之痛时，往往惊心动魄，刻骨铭心，颇有点没齿不忘的样子；但是，随着时光的流逝，印象也就渐渐地淡漠，久而久之，不免好了疮疤忘了痛。人类对大自然的过度索取，对生态环境的肆意破坏，正是自然灾害猖狂肆虐的主要根源。而大灾之后，为了暂时利益、局部利益而肆意破坏生态环

---

① 《认真落实科学发展观的要求　切实做好人口资源环境工作》，载《人民日报》，2004年3月11日。

境的现象依然到处可见。历史学家的任务之一，就是时时唤起人们的历史记忆，希望大家不要忘记历史的经验教训，不断提高大家居安思危的忧患意识。

在这样一个大的背景下，康沛竹同志的这部著作的出版，可以说是适当其时了。学术发展史告诉我们，任何一种学术，任何一个学科，只有存在着巨大的社会需求时，才可能得到迅猛的发展。既然社会发展对人和自然的关系，其中也包括灾荒史的研究，提出了客观的强烈要求，这就必然成为一种强大的推动力量，促进灾荒史研究的发展和进步。我们完全可以相信，更多更好的灾荒史研究成果一定会不断地涌现。

《嘉道时期的灾荒与社会》序言*

张艳丽同志经过几年努力写出的学术专著《嘉道时期的灾荒与社会》，即将由人民出版社出版了。作者希望我为这本书写一篇序言，我当然义不容辞，因为从选题到构思到写作，我同艳丽同志有过几次讨论，也算同这部书有着不解的缘分。

拿到这部书稿的清样，正好是汶川大地震过了整整一个月。这个时候，人们因这场大灾巨祲引起的震惊、悲恸、焦虑、感奋的强烈感情冲击远未过去，余震依然不断地随时发生，地震灾区的抗灾斗争仍在紧张而有序地进行。重读书稿，不由得不从历史到现实，对有关自然灾害的方方面面，对人与自然的种种关系，产生若干联想，寻求历史的启示。

从2008年5月12日14时28分这一刻起，一个月来，国人经历了前所未有的悲伤与感动。悲伤，为着那么多不幸罹难的宝贵生命，为着更多在肉体和精神上受到双重创伤的幸存者，为着无数失去了亲人、破碎了家园的父老乡亲。感动，则是为了那些不惜牺牲自己用身体护翼着幼弱生命的老师和父母，为了那些因救护学生而重新冲入摇晃着的教学楼而以身殉职的师长，为了那些全力抢救别人却舍弃了自己亲人的无私的人，为了那些被埋十几、几十甚至百余小时凭着勇敢和坚强终于使死神望而却步的强者，为了冒着连续不断的余震危险从四面八方自动汇集的志愿者，为了在最艰苦的条件下同群众同甘共苦一起抗震救灾的各级党政干部、共产党员和人民子弟兵，为了所有用各种方式献出一颗炽热爱心的人们。这场地震，极大地净化了人们的心灵，昂扬了我们的民族精神，增强了我们的

* 《嘉道时期的灾荒与社会》，北京，人民出版社，2008。

民族凝聚力和战斗力。

中国地域辽阔，地理条件和气候条件都十分复杂，自古以来就是一个多灾的国家。据中国灾荒史研究的开拓者之一邓拓先生统计，我国历史上水、旱、蝗、雹、风、疫、地震、霜、雪等灾害，自有确切历史记载的公元前 206 年起计算，到 1936 年止，共计 2 142 年间达到 5 150 次，平均每 4 个月强便有一次。在各种灾害中，震灾是对人民生命、财产造成损害极大的灾种之一。我国处于世界上两个最强大的地震带即环太平洋构造带和欧亚构造带的夹持之中，使我国成为震多、震强、震频的国家之一。据《中国地震目录统计》，截至 1949 年，我国发生的 4.75 级以上破坏性地震 1 645 次。仅在 1840 年至 1949 年间，我国即发生 7 级以上地震 64 次，造成千人以上死亡的共 27 次。其中，以 1879 年甘肃武都、1902 年新疆阿图什、1906 年新疆沙湾、1920 年甘肃海原（今属宁夏）、1927 年甘肃古浪、1931 年新疆富蕴等处为震中的大地震，震级皆在 8 级或以上。

中华人民共和国成立以后，由于政权性质和社会制度发生了根本性的变化，自然灾害的发生及其影响也有了完全不同的情形。正如本书的“绪论”所说：“随着经济的发展、生产规模的扩大和社会财富的积累，社会抗灾、防灾的能力大大增强。”但是，并不是说从此以后，自然灾害已经不再对我们构成重大威胁了，事实上，“经济发展的同时，由于某些方面处理不当，也带来一些问题，新的灾害种类如环境污染、水污染等凸显，自然灾害呈现出越来越严峻的发展势头。灾害种类愈益增多，对社会造成的破坏力愈益增大，灾害对人类造成的损失也越来越严重”。1998 年的全国性大水灾，2003 年的“非典”流行，以及刚刚发生的汶川大地震，明白无误地告诉我们，突发性的严重自然灾害，仍然是戕害我国人民生命财产的巨大威胁，是我国实现社会主义现代化、走向中华民族伟大复兴的重大障碍。我们不仅要提高对政治性、社会性各种可能发生的危机的警惕，同时还要加强对由自然原因造成严重灾害的预防和对策研究。在全社会不断增强风险意识和忧患意识，应该是思想政治工作的题中应有之义。

中华民族是一个多灾多难的民族。这种民族灾难，既包括社会的，也包括自然的。但不论哪一种灾难，都没有把我们的民族压倒，都没有使我们的民族屈服。相反，灾难锤炼了我们的民族意志，使我们的民族精神得到极大的发扬。我们的国家、民族正是在克服各种巨大灾难中不断奋起，不断前进。正如江泽民同志指出的："中华民族有着自己的伟大民族精神。这个民族精神，积千年之精华，博大精深，根深蒂固，是中华民族生命机体中不可分割的重要成分。中华民族在五千多年的发展中，历经磨难而信念愈坚，饱尝艰辛而斗志更强，开发建设了祖国的大好河山，创造了灿烂的中华文明，为人类文明进步作出了不可磨灭的贡献。"①

正因为我们国家自然灾害频繁而众多，所以我国人民也就积累了丰富的防灾、抗灾的宝贵经验。这是一笔巨大的历史财富，它既包括在天人关系及灾荒观方面的某些带有科学性的认识，也体现在政治设施方面相对完整严密的救荒机制，更反映在人民群众生动具体的救灾实践，以及记录和总结这些实践的种类繁多的荒政著作之中。本书虽然主要研究清代嘉庆、道光年间的情况，但对这方面也有很好的分析和阐述。

自然现象同社会现象从来不是互不相关而是相互影响的。在大体相似的自然条件下，政治条件和社会环境不同，自然灾害的发生及其后果会有很大的差异。本书具体描述了在清代封建政治统治下救灾、赈灾中的种种弊端，把这个历史情况同今天汶川地震抗震救灾的现实相对比，就让人更加明白地看清了两种社会制度的本质区别，看清了社会主义制度的无比优越性。如果没有党中央科学发展观的正确指引，如果没有社会主义条件下特别是改革开放30年来积累的雄厚物质力量的支持，如果没有迅速发展的科技力量的有力保证，如果没有社会主义可以集中力量办大事的优势，如果没有"以人为本""执政为民"理念对干部、党员和人民解放军的思想武装，要取得今天这样抗震救灾的初步胜利是不可想象的。通过这次抗震

① 《江泽民文选》，第2卷，231页。

救灾的斗争，人们把科学发展观变成了可以看得见摸得着的东西，看到中国共产党“全心全意为人民服务”的根本宗旨不是一句抽象的口号，而是实实在在的从党中央到广大党员的实际行动。

近年来，灾荒史的研究得到了迅速的发展，引起了国内外学术界的浓厚兴趣，也取得了一大批有价值的学术成果。但同社会的现实需要相比，这一学科还有着广阔的发展余地，进一步加深和拓展灾荒史研究，是一个紧迫的时代任务。我们希望有更多的学术工作者关注这一研究领域，产生更多更好的学术精品。我们也希望，张艳丽同志在现有的基础上，百尺竿头，更进一步，在这个领域做出更多的学术贡献。

《近代北京慈善事业研究》序言*

五年前，王娟同志准备以“近代北京的慈善事业”作为自己一个时期研究的专题，前来征求我的意见，我深表赞同。原因有二：一是这些年来，随着经济社会的发展和人们观念的转变，全社会对慈善事业作用和意义的认识有了极大的提高，我国慈善事业的春天正在到来；二是中华民族自古就有慈心为人、善举济世的优良传统，实事求是地回顾和总结我国慈善事业的历史，将会对今天促进社会慈善观念和慈善意识的增强、实现慈善事业的进一步发展，提供有益的历史借鉴。

慈善事业是改善民生、促进社会和谐的崇高事业。它不仅对处于社会底层的弱势群体、因遭受各种难以避免的天灾人祸而出现的困难人群提供种种物质和精神的援助，更重要的是通过各种慈善活动，大力弘扬我们民族固有的乐善好施、济困扶危、热心公益、关爱他人的传统美德。这些崇高品德，正是一个文明、健康、理性、和谐的社会所不可或缺的精神财富。

正因为这样，科学发展观把加快发展慈善事业作为一个有机的内容。党的十六届六中全会强调，要大力发展慈善事业，增强全社会的慈善意识，逐步建立社会保险、社会救助、社会福利、慈善事业相衔接的覆盖城乡居民的社会保障体系，努力构建和谐社会。在2008年12月5日举行的中华慈善大会上，胡锦涛同志号召大家要“高度重视慈善事业”“进一步发扬人道主义精神，乐善好施，扶危济困，热情参与慈善活动，向需要帮助的人们奉献更多的关爱”“把各方面的积极性充分调动起来，为发展我国的慈善事业，为夺取全

---

* 《近代北京慈善事业研究》，北京，人民出版社，2010。

面建设小康社会新胜利作出更大贡献”。

正是在这样的大背景下，王娟同志经过几年锲而不舍的顽强努力，终于完成了学术论著《近代北京慈善事业研究》书稿。初稿写成后，又做了反复的修改，现在即将正式面世了。看着书中引用的各种私人著述、官方文书、报章杂志、档案、方志以及统计报表、社会调查等大量资料，以及根据这些资料做出的言之成理、持之有故的分析判断，不难想象作者在谋篇成章、缀字成文时付出了怎样的辛勤劳动。特别是，作者在完成这部专著的时候，不仅承担着繁重的教学任务，还恰好遇上添丁之喜，经历了初为人母的艰辛和欢乐。在这样的环境下写出的书，自然更增加了一份珍惜之情和值得祝贺的缘由。

从内容来说，这部书把近代北京地区的慈善事业放在我国慈善发展史的大背景下，从慈善事业的思想和实践，慈善活动的救助对象、救助主体以及组织机制等重要方面，较为全面、系统地探讨了北京地区慈善事业的总体状况及其由传统向现代的转型过程，比较细致地分析了产生这一转型过程的社会环境、具体表现与基本特征，并且力求与同一时期江南地区和西方近代慈善事业做横向比较，尽可能地揭示近代北京慈善事业的地区特色。既充分肯定了慈善事业在近代发展的历史进步性，也不回避由于当时社会性质和政权本质所决定的历史局限性。

谁都不会忘记，一年多以前发生的四川汶川特大地震，在引起全国人民极大悲痛的同时，怎样激发了中华民族空前的慈善热情，展开了共和国历史上最大规模的社会捐助行动，为灾区人民战胜灾害、重建家园提供了宝贵的支持。这既是中华民族精神的有力展示，也是社会主义制度优越性的生动体现。

据民政部统计，仅2008年一年，我国慈善捐款捐物就超过了千亿元，从事慈善活动的志愿者达数千万人。以慈善文化、慈善组织、慈善政策、慈善募捐为基本架构，政府支持、社会举办、公众参与的慈善事业发展格局已初步形成。但是，我们也应该清醒地认识到，我国虽有开展慈善活动的悠久传统，但现代意义的慈善事业毕竟起步较晚，慈善事业的发展还有很大的空间。据报纸公布的材料，发达国家的善款一般占到 GDP 的 7%甚至更高，而我国则还不到 1%。可见，使慈善事业同社会发展相适应，还需要付出很大的努力。其中，培育慈善意识，倡导慈善观念，弘扬慈善文化，是一个带有基础意义并要持之以恒长期积累的任务。在这方面，史学工作者有很多事情可做，甚至可以说承担着义不容辞的历史责任。几年以前，周秋光、曾桂林所著的《中国慈善简史》的出版以及人民出版社出版的“中国慈善研究丛书”的问世，起了很好的带头作用。我也希望，王娟同志的这部书，同样能为加快发展我国的慈善事业做出积极的贡献。

《辛亥革命与中国近代社会》序*

1911年10月10日，以武昌首义为标志的辛亥革命推翻了统治中国268年的清王朝，也结束了统治中国两千多年的封建专制制度，传播了民主主义思想，促进了人们的思想解放，推动了中国民族资本主义的发展和近代化进程，因而是中华民族历史上一个重要的里程碑。

2001年7月，我们隆重庆祝了中国共产党建党80周年，3个月之后，我们又隆重地举行辛亥革命90周年的纪念活动。辛亥革命的发生和中国共产党的成立，这两件在中国近代史上具有重大历史意义的大事，相互之间有着紧密的、不可分割的内在联系。辛亥革命，既是旧民主主义革命的最高峰，又是由中国共产党领导的新民主主义革命的前奏和序曲。可以这样说，如果没有辛亥革命铲除了中国封建势力最顽固的堡垒，宣告了封建君主专制统治时代的结束，迈出了中国政治由专制向民主转化的重要一步；如果没有辛亥革命进一步解放了人们的思想，激发了人们的爱国精神，增强了民族凝聚力，推动了追求社会发展、社会进步的革命思潮的高涨；如果没有辛亥革命大大促进了资本主义经济的发展，同时使得工人阶级的力量得到迅速的壮大：那么，中国共产党的成立，就会缺乏必要的政治基础、思想基础和阶级基础。从另一方面说，如果不是辛亥革命的失败，证明了20世纪的中国，走资产阶级共和国的道路是走不通的，必须要另觅一条新路；如果不是辛亥革命的失败，表明资产阶级政党虽然有它的历史进步性，却终究不能成为中华民族伟大复兴的政治指导者，必须要建立一个完全新型的政治组织：那么，中国

---

* 《辛亥革命与中国近代社会》，长沙，岳麓书社，2003。

共产党也不可能在 20 世纪 20 年代应运而生。这就是说，不论是辛亥革命的成功方面还是失败方面，都为中国共产党的诞生做了充分的准备。在这个意义上，可以一点都不夸张地说，没有辛亥革命，也就没有中国共产党。

正因为这样，中国共产党的几代领导人，都对辛亥革命给予了极高的评价。毛泽东同志把孙中山先生称作“伟大的革命先行者”，并强调“现代中国人，除了一小撮反动分子以外，都是孙先生革命事业的继承者”①。邓小平同志对孙中山先生一生“寻求中国的出路”的努力，包括辛亥革命时“学习西方”到后来提出“以俄为师”，都给予了热情的赞扬。② 江泽民同志则把辛亥革命称作 20 世纪“中国人民在前进道路上经历了三次历史性的巨大变化”的头一次，而把孙中山先生看作 20 世纪产生的“三位站在时代前列的伟大人物”之一，与毛泽东、邓小平相并列。③

人民永远会深刻铭记任何一个推动了社会前进的历史事件，人民也永远不会忘怀任何一位为历史做出积极贡献的历史人物。每年国庆的时候，天安门广场总要放上孙中山先生的画像，就是一个生动的例证。特别是在辛亥革命逢十周年的纪念日，国家总是要举行隆重的纪念活动，党和国家领导人总要发表重要讲话。作为纪念活动的一个组成部分，同时还要在武汉举行一次规模巨大的学术讨论会。从 1961 年纪念辛亥革命 50 周年起，除 1971 年正是“文化大革命”期间，未能举行外，70 周年、80 周年，一直到今年的 90 周年，已经成为一个良好的学术传统，前后持续了 40 年之久。由于辛亥革命这一历史事件的特殊重要性，由于这一主题包含着十分丰富的学术内容和强烈的现实意义，也由于它吸引了历史学家的浓厚研究兴趣，每次这样的讨论会，都取得了丰硕的成果和巨大的成功。说这样的讨论会是中国历史学界规格最高和水平最高的学术会议之一，我想是能够得到大家的认同的。

---

① 毛泽东：《纪念孙中山先生》。

② 参见《邓小平文选》，1 版，第 3 卷，205 页。

③ 参见江泽民：《在中国共产党第十五次全国代表大会上的报告》。

改革开放以来，历史学取得了巨大的发展，做一点乐观的估计，可以说实现了初步的繁荣。这包括很多方面，如研究视野的扩展，研究内容的深入，新的历史资料的发掘，史学观点的创新，史学成果的大量涌现，以及同国外史学界交流的增加，等等。但是最重要的一点，也是最带有根本意义的一点，是史学队伍新老交替井然有序，一代有抱负、有胆识、有才华的史学新人茁壮成长。在任何领域，青年人总是朝气蓬勃，总是积极向上，总是勇于创新的。史学领域当然也是这样，他们正是新世纪史学发展的希望所在。

正因为如此，所以在“首义之区”的湖北武昌举行国际学术讨论会的同时，在“首应之区”的湖南长沙也连续举行过几次青年学术讨论会。这似乎已经形成了一种良好的学术传统。1981 年 12 月 5 日至 9 日，在湖南长沙举行了“纪念辛亥革命 70 周年青年学术讨论会”。这是中华人民共和国成立后第一次全国性的青年史学工作者学术讨论会，在那次学术盛会上，一批史学新秀崭露头角。会后，中华书局出版了《纪念辛亥革命七十周年青年学术讨论会论文选》，这是与会代表部分优秀论文的结集，出版后受到了学术界的欢迎。1991 年 10 月 8 日至 14 日，在全国纪念辛亥革命 80 周年之际，第二次全国性的“纪念辛亥革命青年学术讨论会”又在长沙召开。从前两次会议的情况看，的确取得了很大的成绩。一是不少青年学者为会议提供了有价值、有创见的学术论文；一是涌现了一批刻苦钻研、献身史学的有志青年；还有一点非常重要，就是为大家提供了一个相互切磋、相互交流的机会。一个学者，在成长和发展过程中，潜心钻研当然非常重要，但如果远离社会，远离学术界，也会有很大的局限。恩格斯曾经十分惋惜地说过，费尔巴哈如果不是“在穷乡僻壤中过着农民式的孤陋寡闻的生活”，那么，他一定会取得更多的学术成就。① 参加前两次会议的同志，不少已经成为史学界的骨干，很多人已经取得了不小的学术成就，当然这不是仅仅因为参加了某次会议的缘故，这里包含着他们长期的艰苦努力。但参加这样的会

① 参见恩格斯：《路德维希·费尔巴哈和德国古典哲学的终结》。

议，会对他们产生积极的促进作用，这恐怕是不可否认的。去年暑假，在美国密歇根大学历史系任教的卿斯美同志回来看我，还同我回忆起参加“纪念辛亥革命70周年青年学术讨论会”的情况，说起我怎样帮她一起准备大会发言，她觉得那次会议对她是有很大帮助的。我想她说的并不是客气话。

为了继承和发扬这种“奖掖青年，提携后学”的传统，在纪念辛亥革命90周年的时候，由中国史学会和湖南省政协牵头，由中国辛亥革命史研究会、辛亥革命研究中心、湖南省历史学会和湖南师范大学等10多个单位联合发起举办了第三次纪念辛亥革命青年学术讨论会。为了给青年学者提供一个更大范围交流的机会，促进辛亥革命史研究的进一步繁荣，这次会议的规模有所扩大。大会组织委员会共收到国内外青年史学工作者撰写的论文110多篇，经过专家评审，最后挑选出70多篇论文与会。2001年10月11日至14日，“纪念辛亥革命90周年青年学术讨论会”在湖南师范大学国际学术交流中心正式举行。参加这次会议的有来自日本、中国香港和内地的青年学者和特邀专家130多人，这次会议开得很成功。可以预言，这次在新世纪召开的青年学术盛会，将会在辛亥革命史研究方面产生巨大而深远的影响。

这次会议圆满结束后，会议组织委员会决定出版论文集，从入选的73篇论文看，内容涉及辛亥革命的经济、政治、思想、文化及人物研究等，入选的文章一般选题比较新颖，内容也比较丰富，观点正确，资料翔实，有些文章属于填补空白之作，具有一定的学术价值。但是由于有些青年学者是第一次撰写论文，加以时间仓促，略显功力不深，文采不足，为鼓励这部分青年学者的积极性，我们还是将其论文编入了论文集。我想，广大读者对此是完全可以理解的。

值此“纪念辛亥革命90周年青年学术讨论会”论文集出版之际，说一说自己的感受，权充序言。

《近代朝鲜的开港》序言*

伊原泽周教授的新著《近代朝鲜的开港》即将由社会科学文献出版社出版，作者希望我写几句话，作为序言。我虽然对朝鲜历史缺乏深入研究，没有多少发言权，但也欣然应命，以表贺忱。

《近代朝鲜的开港》的主要内容，是论述朝鲜（如作者“凡例”所说，“本书的国名朝鲜，是指往昔的李氏朝鲜而言。为统一其名称，未使用国名韩国”）在复杂的社会条件和国际环境的影响下，从一个“隐士之国”一步步实施“开港”并最终沦为殖民地的历史进程。本书所涉及的历史时期，不仅对于朝鲜，而且对于整个东北亚地区，都是一个充满着矛盾冲突、经历着急剧变化的不平常的时代。由于客观历史本身的复杂性和震撼性，研究这一段历史，必定会给我们提供重要的历史借鉴和深刻的历史启示。

就中国学术界来说，对于朝鲜史、韩国史以及中朝（韩）关系史的研究，一开始就有着鲜明的现实目的，同政治环境存在着紧密的关联。例如，几乎同日本吞并朝鲜同时即著于1910年的梁启超的《日本并吞朝鲜记》，就是为了用朝鲜的悲惨遭遇警醒国人，防止中国重蹈覆辙而写的。中华人民共和国成立后，上述主题的研究，先后在20世纪的50年代和中韩建交前后，形成两次热潮，发表和出版了一批相关的学术成果。这显然也同当时的特殊政治环境有关。不过，从总体上来说，这方面的研究仍然不能说是非常充分的。正如权赫秀教授指出的：“以包括晚清时期在内的近代中朝关系史为例，在中国学界近代中朝关系史的研究就远不及近代中日、中俄甚至中国与欧美各国关系史的研究，在朝鲜、韩国学界则近代朝（韩）

* 《近代朝鲜的开港》，北京，社会科学文献出版社，2008。

中关系史的研究又远不逮近代朝（韩）日、朝（韩）美等关系史的研究。"①

正是在这样的情况下，伊原泽周教授的这部著作就更加显示了它的学术价值。我虽然只是拜读了书稿的部分内容，但我感到本书确实有自己的特点，给我印象较深的，至少有以下两点。

第一，以往的朝鲜史研究，通史性的著作或者研究宏观历史的著作较多，前者如《朝鲜通史》《朝鲜史》《朝鲜简史》《韩国近代史》《朝国现代史》《中朝关系史》《中朝关系简史》《中朝日三国关系史》《中韩日关系史》等，后者如关于"朝贡制度"及"朝贡贸易体系"的几本著名的著作。这些学术成果对于揭示历史的全貌、探究历史的规律，当然有着重要的作用。而伊原泽周教授的新著，更加着重的则是对于专题性课题的历史场景的深入挖掘，力图使我们对于历史的认知建筑在具体生动的历史真相的基础之上。

第二，这部书特意标明在论及朝鲜"开港"的历史过程时，"以中美日三国关系为中心"。这就避免了把朝鲜的近代历史加以孤立、封闭地进行研究的弊端，而是从整个东北亚史的视野、用世界的眼光，把朝鲜近代社会的急剧变化放到朝中日美多边关系之中进行考察，使得研究的视野大大开阔，也就更加有助于我们触摸历史的真相。

我同伊原泽周先生相识已有 10 多年了。除了少数几次私人交往，我们大多数是在一起参加国际学术会议时见面的。他是一位沉稳谦虚的人，对学术则有一种认真负责和执着追求的学者风范。就在不久以前，为了搜集资料，他不顾高龄却仍在美国斯坦福大学胡佛研究所一待就是几个月，每天埋头于浩如烟海的原始档案之中。即此一端，就很值得我钦佩和学习。借伊原泽周先生新著出版的机会，我愿意表达对他健康快乐以及取得更多学术成就的由衷的祝福！

---

① 权赫秀：《清代中朝关系史研究的一部用心之作——评刘为著〈清代中朝使者往来研究〉》，载《史学集刊》，2005 年第 4 期，105 页。

《中国废约史》序言*

1995 年 9 月，李育民同志出版了《近代中国的条约制度》，对晚清以来我国在列强的侵凌欺压下强制签订的不平等条约，从订约过程到条约内容，进行了系统的分析和研究。现在，经过多年的努力，李育民同志又完成了全面反映近代中国反对、废除不平等条约斗争历程的《中国废约史》，即将由中华书局出版。这是一件值得庆贺的事情。育民同志嘱我为该书写一篇序言，虽然我刚从医院出来，也还是欣然从命。

就我国大陆学术界而言，第一部完整叙述中国废除不平等条约历史的学术专著，是王建朗同志于 2000 年出版的《中国废除不平等条约的历程》。该书的学术贡献，是鲜明地提出了这个极有意义的研究课题，并且为这一课题搭建了一个具体而严密的框架，还提出了许多很有见地的学术观点。但是，王建朗同志在书的“后记”中，表达了一种由衷的遗憾，认为“以目前这样的篇幅来容纳这一研究，则不免过于单薄”，“这是一个需要 50 万字才能大致说得清楚的课题”。著作字数的多少自然不必绝对，至少王建朗同志的遗憾，表明在这样一个研究领域，还有着很大拓展和深入的空间和余地。

就这个意义上说，李育民同志的新著，正可以看作对王建朗同志遗憾的一个弥补，一个满足。其实，学术的发展正是在不断探索、不断遗憾、不断弥补、不断超越的过程中实现的。

在近代历史上，殖民主义、帝国主义通过不平等条约，攫取了种种侵略特权，任意对我们的国家、民族作威作福，予取予求。不言而喻，任何一个民族都不会心甘情愿地将自己理应拥有的主权拱

* 《中国废约史》，北京，中华书局，2005。

手送人，任何一个侵略者也绝不可能仅仅通过“友好交往”就把这些特权轻易攫取到手。事实上，在每一个较为重要的不平等条约订立之前，殖民主义、帝国主义都曾动用兵舰大炮，通过血与火的残暴手段，用野蛮的军事侵略（当然必不可少的还要伴随着政治讹诈、经济施压之类的种种名堂）来达到他们的目的。正像第二次鸦片战争时任英国侵华军全权专使的额尔金在谈到《天津条约》时十分形象地说的那样，这些条约是“用手枪抵在咽喉上逼勒而成的”。因此，对于中国人来说，在每一个不平等条约的背后，几乎都蕴含着一个血泪斑斑的悲惨故事。只有了解了这些，我们才能深刻理解在近代历史上，为什么各种政治势力、各种社会力量会那样前赴后继、锲而不舍地为修订和废除不平等条约而努力、斗争。

清人陆曾禹在他所著的《康济录》中发过这样的感慨：“燃眉则急，痛定则忘，图治之所切戒者，莫大于此。”其实，这种“燃眉则急，痛定则忘”的现象，不但是统治者的大忌，也是一个自强不息的民族所不应有的。可惜，健忘恰恰是人类的一个很大的弱点。时间过去了并不很久，但不平等条约曾经给中国人民带来何等深重的苦难，我们这个民族为了挣脱不平等条约的矜制束缚又曾经经历了怎样艰难困苦的斗争，对有些人似乎早已不甚了了。有人甚至对历史上抵制不平等条约的某些做法嗤之为缺乏“现代条约意识”的“愚蠢”行径，而把对于不平等条约的揭露和抨击不屑地斥为一种狭隘的“受害情结”，只是停留在“感情宣泄”而淡化了“理性色彩”。所以，我曾在一篇文章里引用了一中一外两位先生关于不平等条约的议论。一位是漆树芬先生，他在1926年出版的《经济侵略下之中国》一书中写道：

> 比年以来，帝国主义与军阀之狼狈为奸，加重我内乱，掠夺我金钱，屠戮我民命，已成不可掩之事实。而为彼等最便于勾结，最利于进攻之工具，犹当数一部不平等条约。……帝国主义根据不平等条约以达其压迫榨取之目的，军阀则靠此不平等条约以酿成此循环式之内乱，所以这一部不平等条约，实为我之酸心疾致命伤。……由是观之，弱我中国者，资本帝国主

> 义也；致我于危亡者，由此产生之不平等条约也。资本帝国主义实为蚕食我之封豕长蛇，不平等条约实为束缚我之桎梏陷阱。①

另一位是大家都并不陌生的美国政要布热津斯基，他在《大失败——二十世纪共产主义的兴亡》中这样说：

> 19世纪强加给中国的一系列条约、协定和治外法权条款，使人们清清楚楚地看到：不仅中国作为一个国家地位低下，而且中国人作为一个民族同样地位低下。这一衰败的现实同中国人的自我意识发生猛烈的冲突。中国人认为在过去，甚至就在不久以前，他们在文化上和政治上，还都比那伙蛮横的侵略者们富有和强大得多。事实上，中国在经济和政治上发生大滑坡只是近代的事。……这些事实驳斥了西方流行的看法：中国是一个停滞和颓废的帝国，而更加生机勃勃和更富进取精神的欧洲人可以随时欺侮它。②

这两位先生，他们的政治态度和政治立场各不相同，所处的时代条件和社会环境也迥然有别，但在不平等条约给予中华民族的灾难性后果上，却得出了大体相同的结论。

当然，医治人们的健忘症，仅仅靠概括性的历史判断和历史结论，是远远不够的。更重要的，是要生动具体地重现历史场景，向人们重新展示曲折复杂的历史事实，以唤起人们的历史记忆，在回首往昔中记住历史的经验教训，这正是历史学家无可推诿的社会责任之一。

我以为，李育民同志关于不平等条约的研究，从《近代中国的条约制度》到《中国废约史》，就是在尽着一个历史学家提醒社会不要忘记历史的学术责任。

作为一部学术著作，《中国废约史》不仅建立了一个更为完整的体系，全面系统而又翔实细致地论述了中国反对、废除不平等条约

---

① 漆树芳：《经济侵略下之中国·自序》。

② 布热津斯基：《大失败——二十世纪共产主义的兴亡》，179～180页。

的斗争历程，而且还提出了不少新的见解，有着种种值得称道的优点。这些优点归纳起来，就是坚持了实事求是的科学态度和优良学风，具体说来，至少表现在以下三个方面：

一是本书坚持用事实说话，通过大量的历史资料，围绕近代中国反对和废除不平等条约的斗争，揭示了历史的本来面目，令人信服地让读者得出这一斗争是中华民族抵抗外来侵略，摆脱半殖民地地位，争取民族独立和解放的伟大事业的有机组成部分的结论。全书没有空洞的说教，却很好地发挥了“述往事，思来者”“以史为鉴，可以知兴替”的作用。

二是本书没有回避一些难点和热点问题，而是尽量用客观的态度给予合情合理的回答。例如，清朝政府、北洋政府和南京国民政府，都是受帝国主义严密控制的，有的甚至被称为“洋人的朝廷”，为什么它们也会存在着修约意识，甚至做出了种种修约的努力？帝国主义不可能轻易放弃已经攫取到手的侵略权益，为什么在一定条件下它们也会同意中国的废约要求？这些问题，带有很强的理论性和思想性，任何一点主观片面性，都无助于问题的解决，只会增加思想的混乱。应该说，本书在这方面是处理得恰当的。

三是本书较好地处理了在废约斗争中各种政治势力和社会力量的关系，既指出了各种不同力量之间的差别和矛盾，又分析了它们之间的相互促进和相互影响。在帝国主义方面，既讲了它们之间在对待废约斗争上立场、态度、对策、手段等方面的一致性，也具体分析了不同国家之间的差异和区别，以及不同历史阶段的不同变化。这种具体情况具体分析的态度，避免了简单化，使我们能够更加接近历史的真实。

中央提出了繁荣发展哲学社会科学的号召，并为此做出了一系列重大的战略决策，一个有利于哲学社会科学发展的良好学术大环境正在形成。我们衷心希望，作为哲学社会科学重要学科之一的历史学，能够产生更多更好的学术精品，为形成具有中国特色、中国风格和中国气派的哲学社会科学学科体系贡献自己的力量。

《中国军事学术史》序*

经过几年的努力，由糜振玉将军主编、集中了一批中国军事史研究专家共同编写的两卷本《中国军事学术史》出版了。这不论对于军事学还是历史学来说，都是一件值得高兴、值得庆贺的事情。

孔子说："有文事者必有武备，有武事者必有文备。"①《左传·成公十三年》也称："国之大事，在祀与戎。"这些论述揭示了一个基本事实，即自古以来军事始终是社会生活中的重要组成部分。与之相适应，军事史的研究理应成为历史学、军事学研究的主要领域之一。延安时期，毛泽东同志号召加强对中国历史特别是中国近代史的研究时，就专门把军事史提出来，与经济史、政治史、文化史并列，要求"聚集人才，分工合作地"对这些部门先做分析的研究，在此基础上再对全部历史"作综合的研究"②。可见，重视军事史的研究，对于推动整个历史学与军事学的学术研究，深化人们对历史现象的全面认识和历史规律的深刻把握，实在具有不可替代的意义。

近些年来，在哲学社会科学的发展中，军事史的研究取得了令人瞩目的成就，一批观点鲜明、内容丰富、资料翔实、文字清新的战史和军史著作陆续问世，在学术界和社会上产生了积极而深远的影响。当然，同任何事物的发展一样，军事史的研究也存在着弱点和不足，需要进一步的改进和提高。这比较集中地表现在军事史研究领域内部各个分支发展上的不平衡性上，相对而言，兵制与兵书、战争史的研究成绩比较显著，而有关军事学术、军事技术、兵要地理等方面的探讨则较为欠缺和滞后。应该说，这在一定程度上制约

---

* 《中国军事学术史》，北京，解放军出版社，2008。

① 《史记·孔了世家》。

② 《毛泽东选集》，2版，第3卷，802页。

了历史学、军事学学科建设的整体发展。

作为从事的学科密切相关却又对这一领域知之甚少的同行，我们热切期望军事史的研究，能在已有成绩的基础上，开创新的局面，跃上新的台阶，达到新的繁荣。

这首先需要进一步提高对军事史研究重要性的认识。军事文化是灿烂辉煌的中华文明的有机组成部分。一个民族，一个国家，一支军队如果不珍惜和不尊重自己悠久的军事文化传统，不善于从以往的军事历史中借鉴得失，省视成败，就难以全面认识和深刻理解自己国家和民族完整的历史，也就难以在继承军事文化优良传统的基础上进行军事理论创新。

还需要更新思维模式，拓展研究视野，改进研究方法。对军事史学科的内涵外延要有明确、科学的界定，确立起军事史研究的主体性，树立问题意识、自觉意识；改变长期存在的军事与历史两张皮，学科分割隔膜的状况，进一步加强学科之间的交叉、渗透与融合；尽量调整军事史研究领域内各个分支之间研究不平衡的现象，在继续加强兵制史、兵书著作和战争史研究的同时，大力开展以往相对薄弱的军事学术、军事技术、兵要地理等分支学科的研究，使整个军事史的研究更加均衡协调地发展，各个分支方向既独立推进，又互为补充、互相促进。

上面讲到不同学科的交叉与融合，从研究方法来说，在从事军事史研究的过程中，一方面自然要充分运用历史学的方法，更重要的是要尽可能运用军事学的范畴、概念和方法，注重从军事的角度考察问题、解决问题。如在探讨韩信背水阵破赵成功的原因时，除了重视其善于运用军心士气这一要素外，还可以运用变易主客、分别奇正、指画攻守等军事概念与术语，做出更生动更准确的揭示和解答。

令人欣喜的是，《中国军事学术史》的出版，正适应了军事史发展趋势的客观要求，对以往军事史研究领域相对薄弱的方面，做出了新的突破，使这些方面大大得到了加强。本书的编写者正是抱着改变我国还没有一部系统、全面的中国军事学术史的状况，才决定申请将这一课题列入国家“十五”哲学社会科学基金重点项目的。也就是说，编写者在完成这个艰巨而繁重的研究课题时，学术工作者的历史责任感正是他们强大的精神动力。

本书的编写者旗帜鲜明地提出：《中国军事学术史》以辩证唯物主义、历史唯物主义和毛泽东军事思想为指导，遵循实事求是、科学性、批判继承、创新性原则，坚持运用阶级分析法、历史方法、逻辑方法和比较方法，探索我国军事学术在不同历史条件下发展的轨迹，揭示军事学术发展的一般规律。从全书看，应该说这些指导思想、编写原则和编写方法，是得到了较好的贯彻和体现的。本书上起原始社会末期的涿鹿之战，下迄20世纪50年代的抗美援朝战争，对长达4 000余年历史上主要战争的战略指导和重要战役、战斗的作战指导与指挥艺术进行了全面的总结，对主要军事家、军事理论家和主要军事著作的军事学术思想及其对军事学术发展的贡献进行了系统的梳理，对影响军事学术发展的基本要素，如武器技术装备、军队体制编制和军事训练进行了必要的阐述，并就中西军事学术的不同形态与特征进行了深入的比较。应该说，这是迄今为止最为详尽的有关中国军事学术发展历史的客观记录和科学总结，它的问世使中国军事学术史的研究达到了新的水平，大大深化了人们对于中国军事史的认识与掌握，也为向军队干部战士和广大人民群众进行爱国主义、革命英雄主义和光荣传统教育提供了有益的精神食粮，具有重大的学术价值和现实意义，必将产生广泛而长远的学术影响。

我对军事学术史是地地道道的门外汉，书生论武，纸上谈兵，难免会讲出一些外行话，贻笑于大方之家。但为了对编写者勇于开拓、潜心治学的精神表示敬意，对他们奉献的学术成果表示祝贺，还是不揣冒昧，讲了上面这些话，权当是一名读者的一种反应。

《近代文化研究的继承与创新》序*

孙燕京同志嘱我为《近代文化研究的继承与创新》一书写个序言，我未加犹豫，欣然从命。

这部书共收入论文 31 篇，作者都是龚书铎教授的弟子。书的内容全部围绕中国近代文化史的问题，这正是书铎同志培养硕士研究生和博士研究生的专业研究方向。我猜想，在这个时候编辑、出版这样一部书，应该并非偶然。今年恰逢书铎同志的八十华诞，他素性恬淡，一向不大喜欢做寿之类的活动。大概正是因为这个缘故，他的学生们便想出了用出版一部学术著作来表达对老师庆贺与祝福的办法。我从这些年轻朋友的良苦用心中，感受到一股浓郁而温馨的师生情谊。这也是我不揣冒昧，乐于为这本书撰写序言的原因。

不管是论学问还是论年纪，书铎同志都是我的学长。每当学习上有什么疑难，我常向他请教。我们相识已经几十年，不避攀附之嫌，大概可以称得上是老朋友了。可是真要仔细回想一下数十年的交往，不要说根本没有什么感人肺腑、动人心魄的逸事佳话，就是稍微有点生动有趣的小花絮也找不出一件来。有的只不过是趁在一些学术会议上见面的机会，在一起海阔天空地聊聊天。说话的时候，想什么就说什么，怎样想就怎样说，不必装腔作势，拐弯抹角，讲究分寸，注意方法，相互之间无所戒备，套一句老话，就是可以敞开心扉，直抒胸臆。有高兴的事情，讲出来大家一起分享一些快乐；郁闷的时候，互相诉说，也借此消除了些许烦恼。除此之外，似乎再没有什么值得一提的了。总之一句话，我们的交往，实在简单得像一杯白开水一样。不过这里要赶快申明一句：这“白开水”的比

---

* 《近代文化研究的继承与创新》，北京，中华书局，2010。

喻，只是说明我们交往的平淡单调，丝毫没有想借助“君子之交淡如水”的古训，把自己硬挤进“君子”圈子里去的意思。

大凡一个优秀的、有成就的学术带头人，他的主要精力大体只集中在两件事情上：一是做出自己的学术贡献，一是培养一批青年学者。或者说，一个是学科建设，一个是队伍建设。“潜心求真知，沥血育英才”，这两句话大概可以成为他们学术品格的共同写照。这两个方面相互促进，相得益彰。只有在治学中做出自己原创性的学术贡献，才能够确立自己的学术地位，并以此团聚一批学术队伍；也只有建设好一支精良的学术团队，才能够形成合力，进行学术攻关，完成更多的学术创造。如果只是孤军奋战，本事再大，也会有很大的局限性。我以为，书铎同志在这两个方面，做得都是很出色的。

书铎同志的学术成就、著作俱在，无须多说。在这里，我只想谈一点。书铎同志是公开申明自己是信奉马克思主义的唯物史观，并在自己的史学研究中坚持以唯物史观为指导的。从整个史学史来说，自从确立了唯物史观的指导地位以后，中国的历史学得到了前所未有的巨大发展与迅速进步，这本来是有目共睹的事实，任何一个不抱偏见的人都不会加以否认。但是近年来，却偏偏有人对唯物史观大张挞伐，说什么自20世纪50年代以来，“几乎所有史家”都或者屈服于“政治威胁和行政压力”，或者“出于对自身生存利益的考虑”，形成了对唯物史观的“盲目崇拜与狂热迷信”，以致“不知不觉地放弃了对历史过程积极的理性探索精神，习惯成自然地丧失了历史批判的科学能力”，并把这称之为“中国当代史家”最重要的一个“心理障碍”。加给唯物史观的这个罪名，我以为未免失之于武断。谁都清楚，政治上的“威胁”和“压力”也好，“自身生存利益的考虑”也好，是决然无法使人建立起自觉的理想信念的。至于信仰唯物史观是否必然同“理性探索精神”相对立，我们可以借用列宁的一段话来回答：“哲学史和社会科学史都十分清楚地表明：马克思主义同‘宗派主义’毫无相似之处，它绝不是离开世界文明发展大道而产生的一种故步自封、僵化不变的学说。恰恰相反，马克思的全部天才正是在于他回答了人类先进思想已经提出的种种问题。”① 运用唯物史观，究竟对史学研究产生什么样的影响和结果，我们不妨以书铎同志的学术实践作为一个个案解剖一下。书铎同志曾经写下“学术研究当求是而戒趋时”这句话，作为自己“治学的箴言”，他自己是严格践行了的。我们且不谈他的近代文化史研究远远早于学术界所谓的“文化热”之前，虽然不必按时下流行的做法，夸之为引领了学术潮流，至少表明他并非一味盲目地跟风、赶时髦，而是自主地开拓新的学术领域。我们也不谈他主编的《中国社会通史》及《清代理学史》，如何筚路蓝缕，做着前人尚未做过的工作。仅以他同李侃等同志集体编写、由书铎同志对全书通阅统改的《中国近代史》教科书来说，此书从粉碎“四人帮”后出版，到20世纪90年代初，前后共印刷了120万册之多，创下了历史教科书发行量的最高纪录。我当时曾写了一篇题为《〈中国近代史〉印行超百万册感言》的短文，发表在1994年11月22日的《文汇报》上。此书现在仍在许多大学使用，这些年的印数达到了138万册。无论如何，假如真的是一群缺乏“理性探索精神”“丧失了历史批判能力”的史家所写的书，却居然能够拥有如此广大的读者群体，这实在让人难以索解。而这样的指责，对作者的厚诬尚在其次，首先是未免过于低估了读者的辨识能力。

北京师范大学中国近代史学科以文化史为自己的研究特色和学术强项，这是史学界所公认的。做到这一点，是全院师生长期奋斗和共同努力的结果。其中，他们同心同德，尽心尽力，培养了一大批德才兼备的硕士研究生和博士研究生，起了十分重要的作用。这些青年史学工作者，有的充实了本单位的队伍，有的分到其他高等院校及科研单位，不少人已经是学术骨干和中坚力量。在这项工作中，书铎同志倾注了大量心血，发挥了重大作用。这一点，不需要多费笔墨，本书的出版就是一个小小的旁证。

我也就借着为本书写序的机会，来表示对书铎同志八十寿辰的由衷的祝福吧!

① 列宁:《马克思主义的三个来源和三个组成部分》。

《刘大年传》序*

刘潞同志寄来周秋光、黄仁国著《刘大年传》书稿，嘱写一篇序言。大年同志是我素所景仰的学术前辈。在他逝世 10 周年之际，出版一本他的传记，是一件很有意义的事情。作为后学，写一点学习和缅怀的文字，当然是义不容辞。只是我同大年同志个人接触与交往并不多，对他的了解，主要靠听他的报告和读他的论著，所知有限，谈一点想法，不免浮光掠影，难中肯綮，于读者未见得会有多大助益。这是心里颇有点忐忑不安的地方。

大年同志是我国成就卓著的马克思主义史学家。评价大年同志对中国历史学的贡献，应该考虑到两个方面：一是他的学术研究，一是他所做的学术组织和领导工作。我个人以为，不论从所花的时间和精力来说，还是从客观影响和效果来说，后者都是更加重要的一个方面。即使谈他的学术成就，如果不考虑他那些具有深邃思想和丰富内容的作品，是在大部分精力投入各式各样行政工作和社会工作的情况下完成的，也就难以真正理解他为此付出的艰辛和表现出来的毅力。

大年同志的一生，除了“文化大革命”期间以及晚年一段很短的时间外，几乎从未有过完整的可以用来潜心进行学术研究的时候，这对于一位学者来讲，实在是一个最大的苦恼。他所做的各种学术组织、领导工作，这本传记里有详细的记载，一看就可以很清楚。这里需要特别说一说的是，大年同志做这些事情，绝不只是挂个名，说几句不痛不痒的官话，做一点没有错但也没有多少实质内容的所谓“原则指示”，而是认真负责，真抓实干。许多事情都是精心谋

---

* 《刘大年传》，长沙，岳麓书社，2009。

划，思虑周详，多方协调，具体落实，有的则是亲力亲为。就像本书引用金冲及同志所说的一段话："今天，在我们社会科学领域里边，做学术领导和组织工作，能像大年同志那样，能够做得那样好的，还真是不多见。而他所倡导的许多方法，直到今天我们还在受益，常常还是按照这些方法来做的。"（第 14 章第 4 节）我们可以举两个例子。一是"文化大革命"前大年同志担任中国科学院近代史研究所副所长，协助范文澜所长工作。为了保证范老的研究，大年同志把主要的行政工作承担了起来。这种情况，从范老 1957 年 6 月 2 日致中国科学院党组书记、副院长张劲夫的信中，讲得很明白："我今后仍将致全力于写作上，领导我所的工作，仍像过去那样，由大年同志负担。"① 范老是大学问家，在大年同志看来，保证范老的研究时间，是十分必要、十分值得的，他甘愿为此做出牺牲，这也正是他令人敬重的地方。二是大年同志主持和组织的几次重要的学术讨论会，他从主题的确定、论文的征集与评审、与会者的邀请、会议的开法等，无不一一筹划，悉心布置。这方面的情况，本书也有十分详尽的记述。（第 14 章第 4 节，第 15 章第 1 节）这几次会议，在国内外产生了重大的学术影响，这确实同大年同志的组织指挥工作分不开。

俗话说：一心不能二用。要同时做好学术研究和学术领导这两方面的工作，是极不容易的，必须克服常人难以想象的困难，做出比通常加倍的努力。但客观上又要求把二者统一起来，就像周谷城同志所说："一个领导者，要做到尊重知识，尊重人才，自己也得有点知识。做领导工作的人，如果自己没有知识，往往会对人家的学问进步成为一个障碍。"② 大年同志通过自己的艰苦的、不懈的奋斗，很好地解决了这个矛盾，在学术上做出了令人瞩目的成就。

就治学而言，大年同志对我影响最深的，除了那些具体的学术观点、学术见解外，主要有这样三点：一是对史学社会功能的深刻认识，二是对唯物史观的坚定信仰，三是对实事求是优良学风的身体力行。

---

① 《刘大年来往书信选》上，173 页。

② 周谷城：《领导者有知识才能尊重知识》。

大年同志研究历史，并不是为学问而学问，而是把它看作改造社会、服务人民、资政育人的一种手段、一种工具。中外学者中，很有几位都曾把大年同志称作“战士型史学家”的，这不仅因为他曾经亲身参加了抗日战争这场伟大的民族解放运动，是一位驰骋疆场的名副其实的八路军战士；更因为他从事学术工作以后，并不改变献身民族解放和民族振兴伟大事业的初衷，依然将学术作为武器，通过潜心的研究，探求历史的真实，揭示历史的真相，为中国人民的解放事业和社会主义事业提供历史的启示和借鉴。他在1983年3月12日致胡耀邦的信中写道：“不论是搞革命还是社会主义现代化建设，都离不开中国的‘国情’，都要从中国的实际出发。而这个‘国情’和‘实际’，都不能割断中国的历史。回顾过去我们所受到的某些重大挫折和失误，究其原因，不少是与脱离实际、割断历史有关。历史不是与现实生活绝缘的东西，它与社会现实生活密切相关，重视现实与尊重历史是对立统一，是不可分割的两个方面。”同时强调：“我们祖国的历史，不论是光荣史还是受侵略、受压迫的苦难史，都是培养人们爱国思想的源泉之一。研究、讲授历史，提高人们的爱国主义觉悟，增强民族自尊心和自信心，这是历史工作者义不容辞的光荣职责。我们自己应当在这方面作出最大的努力。”① 在另一封信中，他还指出：“如果有一门知识是大家都应该有所了解的，那就是人文社会科学、我们祖国的历史文化。一个人的行动要受灵魂支配，人文社会科学就是支配我们了解过去，辨认祖国的现在、前途命运，自觉地在社会主义道路上胜利前进的灵魂。”②

1980年夏，当大年同志收到一位名叫戴广田的青年的信，称赞他的文章体现了“坚定的原则性，渊博的学识，严肃的战斗态度，充分明快的说理”，在巩固马克思主义史学阵地，“为祖国历史科学的繁荣开拓园地、培植土壤、武装新军方面将起到非常有益的作用”时，大年同志回信说：自己的“马克思主义知识只有那么一点点，不过是对这门无产阶级革命的科学确信不疑，肯定要终生受其鼓舞

① 《刘大年来往书信选》上，333页。

② 《刘大年来往书信选》下，659页。

而已”①。前一句是自谦，后两句则是其一生的真实写照。这是可以从他的全部学术活动中得到生动证明的。所以，我在大年同志逝世一周年时，讲了这样一段话：“大年同志是一位著名的马克思主义史学家。令人尊敬的是，他不随风摇摆，而是凭着自己对唯物史观的坚定信念，努力按照科学的观点和方法，去认识历史，解剖历史，说明历史。他不但在社会主义处于高潮、马克思主义十分吃香的时候是这样，而且在一些国家出现严重曲折，社会主义处于低潮，在有些人看来，似乎马克思主义‘就要消失了，没有了，失败了’的时候，也依然是这样。这实在是非常难能可贵的。”

大年同志十分注意学风问题。所谓学风，是指治学的态度、方法和作风，对于史学工作者来说，很大程度与史德有关。优良学风的核心是实事求是。坚持实事求是，在史学研究中就能够做到尊重历史的真实，一切从客观实际出发，以史料为根据，不杜撰，不虚构，不曲解；潜心钻研而不急功近利，锐意创新而不哗众取宠；评析历史时不虚美，不隐恶，不褒贬任意，不好恶随心；敢于坚持自己的学术观点，也勇于改正已被实践证明了的错误。在这些问题上，大年同志给我们做出了榜样。在他的一些通信中，曾经谈了许多很有见地的话。如：“学问没有秘诀，谁立大志、下苦功、不为身边次要的事羁绊束缚，谁就有可能达到一定的境界。”② “研究工作是老老实实的工作，谁肯下功夫，谁就必将终有所获。”③ “学术问题一是一，二是二，我不愿隐瞒自己的观点。”④ “我一向主张，马克思主义的社会科学研究，在追求革命真知。既求知，就不能墨守旧闻，食古不化。反之，也不能赶时髦，看风色行情著文立说。不管别家如何，只要自家了然于怀，成竹在胸，就当秉孟子所说：虽千万人吾往矣。一些读者嘲笑、厌恶的东西，也许恰恰为另一些读者顶礼崇信。不这样，大概就不叫社会科学了。”⑤ 这些话，确实都是肺腑

① 《刘大年来往书信选》上，303～304 页。
② 《刘大年来往书信选》下，606 页。
③ 同上书，421 页。
④ 同上书，538 页。
⑤ 同上书，432 页。

之言。尤其令人感叹的是，大年同志为对于荣孟源和尚钺同志所做的错误批判，多次公开道歉，并不以政治大背景为理由而原谅、开脱自己，表明了一个共产党人光明磊落的胸襟和情怀。（第10章第1节及第2节）

学术是薪火相传的事业。正像大年同志在庆祝中国史学会成立50周年大会上的讲话所说，“一代人只能完成一代人的任务”。在新的时代，站在新的历史起点上，继承老一辈学者的优良传统，充分发挥历史学认识世界、传承文明、资政育人、服务社会的重要作用，努力争取中国历史学的进一步繁荣发展，应该是对大年同志的最好的纪念。

周恩来论清代历史及清史研究*

周恩来同志是伟大的马克思主义者。他在观察、思考、处理现实问题时，常常运用历史唯物主义的观点，评述历史，分析历史。其中有相当一部分涉及如何看待清代历史的问题，见解精辟，论述深刻，对我们今天学习清史、研究清史，具有很强的指导意义。

清朝在历史上做了几件好事

在很长时间里，对清朝的历史地位一直评价较低。造成这种状况，有多方面的复杂原因。例如，中国在世界上的地位，由盛转衰，由先进转化为落后，确实是在清代这个历史时期中发生的；晚清时期，中华民族在殖民主义侵略下，走到了亡国灭种的边缘，这段屈辱的历史给人们留下了刻骨铭心的印象；辛亥革命时期，革命者为了推翻已经成为“洋人的朝廷”的清王朝，不遗余力地揭露清政权的腐败和黑暗，这当然有它的历史合理性，但却并不是对清朝历史做出的全面评价。

唯物史观的本质要求，是必须辩证地、客观地、全面地对待历史。任何社会都不可能没有矛盾，人类社会总是在矛盾运动中发展进步的。每一个历史时期，都包含着极其丰富的历史内容，其中，既有积极的因素，也有消极的因素；既有好的一面，也有坏的一面。对清朝历史也应作如是观。1961 年 6 月 10 日，周恩来在接见溥仪、嵯峨浩、溥杰等人的时候，高屋建瓴地指出：“清朝所做的坏事，历史已经做了结

* 载《清史参考》，2008 年第 7 期。

论，用不着多提，做的好事是应该讲一下的。”那么，清朝做了哪些好事呢？他说：“清朝是中国最后一个王朝……也做了几件好事：第一件，把中国许多兄弟民族联在一起，把中国的版图确定下来了，九百多万平方公里。第二件，清朝为了要长期统治，减低了田赋，使农民能够休养生息，增加了人口，发展到四万万人，给现在的六亿五千万人口打下了基础。第三件，清朝同时采用满文和汉文，使两种文化逐渐融合接近，促进了中国文化的发展。清朝在确定版图、增加人口、发展文化这三方面做了好事。”① 在另外的场合，周恩来还讲过这样的话：“清末，鼓动革命的文章，例如邹容写的《革命军》，现在读起来还会感到痛快淋漓。当时人们把满族说得坏些，这是可以理解的。可是，今天就不能再那样看待满族了。因为过去统治中国的是满族中的统治阶级，而不是满族整个民族。即使谈到满族统治阶级，他们在历史上的作用，有坏的一面，也有好的一面。”② 这些话，在当时来说，不仅让人耳目一新，而且起了振聋发聩的作用，体现了周恩来的创新精神和理论勇气，也充分反映了他尊重历史的实事求是学风。

肯定清朝的历史贡献，强调要对满族统治阶级的历史作用做具体分析，绝不是要开脱某些历史人物应该承担的历史责任。当谈到晚清直至民国时期的外交史时，周恩来旗帜鲜明地说：“清朝的西太后，北洋政府的袁世凯，国民党的蒋介石，哪一个不是跪倒在地上办外交呢？中国一百年来的外交史是一部屈辱的外交史。我们不学他们。”③ 这掷地有声的语言，泾渭分明地划清了两种社会制度下两种外交的不同性质。

有的帝王也做过促进历史发展的事情

周恩来反复强调，对历史一定要采取历史主义的态度，要用历

---

① 《周恩来选集》下卷，320页。

② 《周恩来统一战线文选》，336页。

③ 《周恩来外交文选》，4～5页。

史唯物主义的眼光去分析历史。首先，不要割断历史，要看到新的东西总是从母胎里生长出来的，“新社会是从旧社会生长出来的，每一代都是从上一代传下来的。所以不能否定旧的一切”[①]。其次，我们的历史遗产中有许多好东西，要好好珍惜；很多民族财富要好好发掘、继承，不能埋没。“中国有这么多的民族，历史这么悠久、这么丰富。如果说我们物质方面的地下资源没有完全开发，我看，我们精神方面的文化资源也同样没有完全开发。谁要忽视了这一点，就是没有爱国主义精神，也就没有国际主义精神，就没有为世界人民作出贡献。”[②] 再次，一定要发扬历史传承下来的优良传统。在各种宝贵传统中，最重要的是革命的传统。例如，农民反对封建主的斗争，中华民族抵抗外来侵略的斗争，这些革命传统，都是很宝贵的，应该很好地继承和发扬。最后，对任何历史现象，都应该采取分析的态度。“抽取好的，排斥糟粕”[③]；“对旧的东西取根本否定或全盘接受的态度，都会使这一社会无法改造”[④]；“有否定，有肯定，这就是辩证法”[⑤]。对封建主义文化，既要否定它的糟粕，又要批判地吸收它好的东西。如果认为传统文化什么都好，一切照搬，就会走向复古主义；如果认为什么都不好，全盘否定，就会走向民族虚无主义。不但要批判地继承我们的传统文化，还要吸收外国的优秀文化，“吸收外国的东西要加以溶化，要使它们不知不觉地和我们民族的文化溶合在一起”，“不是把中国的东西和外国的东西焊接在一起”[⑥]。

周恩来特别讲到对封建统治阶级代表人物的评价问题。他指出：“封建制度是坏的，但统治阶级中也不是一无好人，尽管他们对人民的同情是有局限性的，但是那时的人民对这些人还是歌颂的。”[⑦] 历

① 《周恩来文化文选》，49页。
② 同上书，146页。
③ 同上书，15页。
④ 同上书，49页。
⑤ 《周恩来教育文选》，147页。
⑥ 《周恩来选集》下卷，344页。
⑦ 同上书，197页。

史上的统治阶级中也有一些比较进步的人物，“封建王朝里边也有一些有进步作用的东西，有的帝王也做过促进历史发展的事情，我们也不能采取非历史主义的观点一律抹煞”①。

正是从这样的观点出发，周恩来对康熙皇帝做了实事求是的积极评价。他说：“康熙懂得天文、地理、数学，很有学问。俄国彼得大帝和康熙是同时代的人，因为俄国地处欧洲，手工业比较发达，他汲取了西欧的经验，发展了工商业。中国当时封建经济的统治比较稳固，工商业不发达，康熙只致力于发展封建文化。”② 在这里，周恩来既指出了康熙帝的个人特质，又分析了他所处的历史环境以及对他历史活动的影响，体现了他对唯物史观的驯熟运用。

保护历史遗迹，加强历史研究

周恩来同志十分重视历史教育和历史研究工作，其中很多是同清史有关的。

1965年秋天，周恩来亲自指示中宣部，成立了一个由郭影秋、戴逸等7人组成的清史编纂委员会，计划开展清史纂修工作。可惜很快就发生了“文化大革命”，这个计划当然也就无疾而终。

在“文化大革命”期间，周恩来下大决心，组织了一批学养深厚的老专家，集中精力，对“二十四史”进行标点。他明确指示：“《二十四史》中除已有标点以外，再加《清史稿》，都请中华书局负责加以组织，请人标点，由顾颉刚先生总其成。”③ “二十四史”再加上《清史稿》的标点，成为一项重要的文化工程，在学术界产生了巨大而深远的影响。

周恩来不仅重视传统史书的点校整理，更关注新史书的编写。1973年4月，他提出“要出一本简明扼要、通俗易懂的中国通史”④，

---

① 《周恩来文化文选》，795页。

② 《周恩来选集》下卷，320页。

③ 《周恩来文化文选》，368页。

④ 《周恩来刘少奇朱德陈云与新闻出版》，114页。

让人们了解中国历史的全貌。他认为从清代到民国，有很多问题值得研究，有很多内容可写。他说："写东西不一定只限于文化史。在座的有搞军事的，可以写军事史，如从八旗、绿营、湘军、淮军、新军一直到国民党军队的发展史，都可以写。在座的还有不少工商业者，可以写我国资本主义的发展史，也可以写其中的一个行业，如银行、纺织业等。其他如政治史、经济史、外交史也都可以写。"① 他还提出，利用地方志等历史资料，并对近百年来有代表性的人物进行研究，具有重要的意义："过去编的府志、县志，保留了许多有用的史料。收集旧社会的典型事迹也很有价值，如近百年来有代表性的人物、家庭和家族的情况就值得研究，看看他们是如何产生、发展和衰亡的。"②

周恩来时刻记住我国是个多民族的大家庭，所以在写历史的时候，一定要清除大汉族主义的影响，多替少数民族设想。他说："我国的史书，总是按汉族的观点记录历史事实，把汉人压迫少数民族引起的反抗叫做叛乱。我们不能责备当时的历史学家，因为他们受时代和阶级的限制。但是，现在我们运用这些史料的时候，就要善于分析、研究，要有正确的观点，并且要多替少数民族设想，看有哪些历史问题还没有正确的结论。"③

在保护历史遗迹的问题上，他也贯彻了这样的态度。他指出："兄弟民族中有过一些有成绩的人物，对他们的历史遗迹，我们应该加以保护，例如颐和园中的耶律楚材墓，西湖上的康熙、乾隆碑等等。"④

周恩来同志以伟大的无产阶级革命家的宽广胸怀，观察历史，品评历史，提出了许多发人深省的见解，给了我们以深刻的启示和教益。

---

① 《周恩来选集》下卷，298页。

② 同上书，297页。

③④ 《周恩来统一战线文选》，338页。

学习翦老，缅怀翦老*

我们怀着崇敬的心情，深切怀念老一辈马克思主义史学家翦伯赞同志的110周年诞辰。翦老是中国史学会的创始人之一，我谨代表中国史学会，对《翦伯赞全集》的出版发行以及翦伯赞铜像的落成揭幕，表示热烈的祝贺！

翦老作为一代学术宗师，不论在思想品德、传奇经历还是学术成就等方面，都有许多值得我们学习的地方。对于我这样的后辈来说，给我影响最大、教育最深的，主要是以下三点：

第一，是他对马克思主义的坚定信念，坚持运用唯物史观研究历史、认识历史、分析历史的科学态度；

第二，是他以史学为锐利武器，把学术研究同争取民族振兴、国家富强、社会进步、人民幸福紧紧联系在一起的强烈的历史责任感和社会责任感；

第三，是他坚持实事求是、以追求历史真实为史学最高准则的优良学风，以及新鲜活泼、清新流畅的优美文风。

翦老是中国马克思主义史学的奠基人之一。他1938年出版的《历史哲学教程》，为传播和普及唯物史观起了重要的作用。他毕生完成的几百万字的史学著作，都是熟练运用唯物史观对社会历史进行深刻分析的成果。回顾我国的史学发展史，只要不抱偏见，就可以看出，尽管我国有着治史、学史、用史的优良传统，传统史学也确实有自己辉煌的过去，但马克思主义史学在中国产生之后，历史学的发展出现了一个新的局面，人们对社会历史的认识，在广度和

---

* 本文是2008年4月14日参加北京大学“纪念翦伯赞诞辰110周年纪念会”的发言稿，收入《史学理论与史学史学刊》2008年卷。

深度上，都达到了前所未有的水平。20世纪的30、40年代，翦伯赞同志同与他同时代的一批马克思主义史学家，如郭沫若、吕振羽、范文澜、侯外庐等一起，在唯物史观研究、社会史研究、思想史研究、历史文献研究、中国社会发展史撰述、中国通史撰述等方面，出版了一大批著作，给中国的学术界、思想界注入了新鲜的活力。正如毛泽东同志所说的：包括马克思主义历史学在内的文化新军，“以新的装束和新的武器，联合一切可能的同盟军，摆开了自己的阵势，向着帝国主义文化和封建文化展开了英勇的进攻”，“其声势之浩大，威力之猛烈，简直是所向无敌的。其动员之广大，超过中国任何历史时代”①。作为历史工作者，我们当然决不会忘却这段历史。因为没有马克思主义史学的产生和发展，也就根本谈不上今天历史学的发展与初步繁荣。

翦老不仅是一位睿智的学者，更是一位不屈的战士。他从青年时代开始，就把自己的全副精力贡献给了人民革命和社会建设事业，而历史学则是他赖以实现自己理想信念的有力武器。翦老的学术实践，为我们正确理解历史和现实、学术和政治的辩证关系，提供了很好的启示。一方面，学术有自己的本质属性，有自己的独立地位，学术不应该是政治的附属品，学术不是政治的奴仆，历史同现实也不应该简单类比，牵强地拿历史为现实做注脚。另一方面，任何学术，包括史学研究，总有它一定的现实目标，总是为了满足和解决人们的现实需要而有存在的价值。脱离现实生活的所谓“纯学术”“为历史而历史”也好，“为学术而学术”也好，其实是根本不存在的。事实上，我国任何一部史学名著，从司马迁的《史记》到司马光的《资治通鉴》，作者自己都明白宣布写作的目的是为了总结历史经验教训，给人们提供历史的借鉴。离开了“资政育人”“鉴古知今”，历史学也就失去了自己存在的价值。

在历史研究中，翦老一贯坚持实事求是的思想路线和优良学风，以努力揭示历史的真实为自己追求的目标。这方面，我们可以从20

① 毛泽东：《新民主主义论》。

世纪50年代翦老针对着当时一度颇为流行的“左”的错误史学思潮的批评和讨论中清楚地感觉到。不仅如此，翦老的人生最后归宿，也是为了不肯歪曲历史、不肯伪造历史，宁折不弯，而结束了自己的生命的。至于文风，我们只要提一下翦老那篇脍炙人口的《内蒙访古》就可以了。发扬这样的好文风，应该说在今天有着极为紧迫的现实意义。

当今时代，文化越来越成为民族凝聚力和创造力的重要源泉，越来越成为综合国力竞争的重要因素，推动社会主义文化大发展大繁荣，已经成为一项紧迫的任务。我们站在新的历史起点上，沿着老一辈马克思主义史学家开辟的道路，继续前进，坚持解放思想、实事求是、与时俱进，积极推进学术创新。如翦老所希望的：“让马克思主义照耀历史的天空”，充分发挥史学认识历史、传承文明、资政育人、服务社会的重要作用，我们一定能够取得历史学更加繁荣发展的光辉前景。面对这样的情景，翦老地下有知，也一定会含笑九泉的。

纪念陈锡祺先生*

陈锡祺先生是我素所景仰的老一辈学者。他的道德文章，可以说十分典型地反映了我国老一代正直和具有鲜明学术良知的知识分子的共同性格。朴实，谦逊，对名利的淡泊，对学术的执着，对青年的热情关爱，构成了他们治学处世的基本特征。

我最初知道陈锡祺先生的名字，是读到他1957年出版的《同盟会成立前的孙中山》一书。这本书篇幅不大，是薄薄的一本小册子，但在当时却有很大的影响。那时出书很难，也很少，不像现在，动不动就是几百万、几千万字的大部头。这是中华人民共和国成立后第一部研究孙中山的专著。我对孙中山的了解，除了过去在读近代史的通史著作时涉及一点以外，对孙中山稍为具体细致的活动，正是从这部书里了解到的。此后，陈锡祺先生所著的《孙中山与辛亥革命论集》以及他所主编的《孙中山年谱长编》，都使我获益匪浅。

陈锡祺先生一生对学术的贡献，最重要的当然是在孙中山研究这个领域。对这方面，人们给予了各种各样的很高的评价。有的说是“新中国孙中山研究的开创者”，有的说是“中国研究孙中山的第一人”，孙中山研究会会长金冲及同志则说：“在中国当代学者中，对孙中山研究工作贡献最大的当推陈锡祺教授。”国外有的学者认为“陈教授堪称中国研究‘中山学’的代表”。我想，陈锡祺先生获得这样的评价，应该是当之无愧的。

正好一年以前，我在中山市参加“孙中山思想与和谐社会”学术研讨会时，曾经讲过一段话：“广东一直是孙中山研究的学术重镇

---

* 本文是2008年11月15日在广东中山市“陈锡祺先生追思会”上的发言，收入《陈锡祺先生追思录》，广州，中山大学出版社，2009。

和科研基地。多年来，广东的孙中山研究者，孜孜不倦，辛勤耕耘，推出了一批研究孙中山的学术成果，其中不乏学术精品，对全国的孙中山研究起着重要的带动作用。由孙中山研究会和广东省社会科学院联合主办的纪念孙中山先生诞辰 120 周年、130 周年、140 周年的三次国际学术讨论会，就都是在中山市这里举行的。这三次会吸引了国际国内学术界的广泛关注，具有很高的学术水准，极大地推动了孙中山思想和生平学术研究的深入，在孙中山研究的学术史上具有自己应有的地位。”我想，广东之所以成为孙中山研究的学术重镇和研究基地，毫无疑问，是同陈锡祺先生的悉心倡导、推动以及培育和团聚了一批学风好、有干劲、思路开阔、有协作精神的学术队伍分不开的。

学科的绵延发展，队伍的新老交替，在我国有一句很好的话来形容，叫作“薪火相传”。这个词儿很有意思，细细品味，它包含着两层含义：首先是传承，同时还有生生不息之意，也就是发展。传承与发展，两者是辩证统一的关系。没有传承，发展就变成无源之水，无本之木；但如果只讲传承，没有发展，学术就变成一潭死水，成为僵化的、没有活力的东西。从这里，我想到有关学术创新的一些问题，谈谈这个问题，其实也正是纪念和追思老一辈学者时应该涉及的题中应有之义。

“创新”现在是个很时尚的名词，大家都讲，但大家的认识却未必见得一致。我感到有些人把“学术创新”看得很简单、很轻易，不能充分认识学术创新的艰辛。以浮躁的心情和态度对待学术创新，其结果可能正好南辕而北辙。我觉得，同世界上任何事物一样，学术创新也是有规则的，是必须遵循客观规律的。至少我们要考虑下面这几条：

第一，坚持科学理论的指导，是学术创新的根本。2003 年胡锦涛同志“七一”讲话指出：“理论创新必须以坚持马克思主义基本原理为前提，否则就会迷失方向，就会走上歧途。”有人认为，既然要创新，就要摆脱马克思主义的所谓“束缚”，强调马克思主义的指导，还怎么创新？这种想法，其实不论在道理上还是实践上都是没有根据的。人文社会科学的研究，必须以辩证唯物主义和历史唯物主义为指导，才能够对社会现象和历史现象去粗取精，去伪存真，达到由此及彼、由表及里的科学认识。就像恩格斯说的："蔑视辩证法是不能不受惩罚的。无论对一切理论的思维多么轻视，可是没有理论的思维，就会连两件自然的事实也联系不起来，或者连二者之间所存在的联系都无法了解。"① 拿陈锡祺先生来说，大家都承认他是孙中山研究的开创者、第一人，那么他又是靠什么来开创、来创新的呢？金冲及同志在《孙中山与辛亥革命史研究》一书的"代序"中有一个概括："即便是极左思潮和其他错误思潮泛滥的年代，他（指陈锡祺先生）仍是一如既往，一本初衷，以历史唯物主义观点来研究孙中山，得出自己的结论，不为外界的某些干扰所动，表现了史家肝胆、学者风范。"其实，这种态度，也正是许多老一辈学者的共性。例如在前些年出版的六卷本《中国民俗史》中，我国民俗学泰斗、该书主编钟敬文先生在"总序"中，就特别强调说："其实照我的看法，马克思主义的唯物辩证法对于搞学术研究、对于指导人生选择、对于树立正确的世界观，还是相当有效的，但不是唯一的。""我从20世纪20年代中期起就学辩证法，学到了晚年，也没有放弃。"特别在做文章的时候，辩证法"它非常重要"。当然，马克思主义是个开放的体系，所以，钟敬文先生还指出："应该承认，其他有些理论也有助于我们对人类思维活动和客观世界的认识。"钟敬文先生已经作古了，他的这番话，却代表了老一辈学者从心底发出的肺腑之言，而且也很实事求是，合情合理。

第二，解放思想、实事求是，是学术创新的强大精神武装。创新是一个民族进步的灵魂，是一个国家兴旺发达的不竭动力。对于学术说来，也是学术发展的本质要求。鲁迅曾经把文化的发展比作"长江大河的流行，无法遏止，假使能够遏止，那就成为死水，纵不干涸，也必腐败的"②。它绝不会永远"维持现状"，必须要不断改革，不断创新，才能始终奔腾向前。

---

① 恩格斯：《自然辩证法》。
② 鲁迅：《从"别字"说开去》。

当然，真正意义上的学术创新，绝不是天马行空，随意臆测，绝不是无根据的空想瞎说。因此，一定要把解放思想同实事求是统一起来，任何学术的创新，都必须符合客观实际，接受社会实践的检验；对于像历史学这样的学科来说，则是要符合历史的真实，接受客观历史实际的检验。陈锡祺先生的孙中山研究，所以能经受几十年时间的考验，至今仍然为大家所认同，给后人以启迪，就正是因为他做到了这一点。这种态度，同那种好就是绝对好，一切皆好，坏就是绝对坏，一切皆坏的形式主义方法，是根本对立的。但却能够反映历史的客观真实，因此也才能谈得上学术的创新。

第三，潜心钻研，锲而不舍，是学术创新的基本途径。有些人，用肤浅的、浮躁的目光和态度去对待学术创新，没有任何事实根据就可以轻易“建构体系”，任意“创立新说”。这种哗众取宠的做法，虽然打着“创新”的旗号，其实倒是对创新的亵渎，于学术的发展却是有害无益的。对于这样一种现象，实在值得我们重温一下恩格斯的如下一段话：“唯物主义的认识的发展，哪怕是单单对于一个历史实例，都是一种科学工作，要求多年的冷静钻研，因为这是很明白的，单靠几句空话是做不出什么来的，只有大量的、批判地审查过的、透彻地掌握住了的历史资料，才能解决这样的任务。”① 陈锡祺先生为孙中山研究，可以说花去了毕生的心血，这一点大家比我清楚得多，感受也一定更加深刻得多。可见，严谨学风同学术创新是统一的，有严谨学风，才会有学术创新。有些人把严谨学风同僵化保守联系起来，这实在是十分荒唐的。

第四，正确地、辩证地对待传统，是学术创新的重要条件。从某种意义上说，创新就是对传统的超越。你在传统的基础上，有所发现，有所发明，有所创造，有所前进，你就超越了传统，就做到了学术的创新。有的人把对传统的超越，理解为对传统的简单否定，简单抛弃，对传统的东西一概盲目地、粗暴地、无根据地加以颠覆、颠倒或者翻案，以为这样就是在学术上出了新。其实，这是一种十

① 恩格斯：《论马克思的〈政治经济学批判〉》。

分简单化的做法，并不符合学术发展的规律。梁启超早就说过，学术上的是非，是不能简单地拿新旧作标准来判断的："我们不能说新的完全是好的，旧的完全是坏的；亦不能说古的完全都是，今的完全都不是；古今新旧，不足以为定善恶是非的标准。"① 毛泽东在解释戏剧的"推陈出新"方针时说得更加清楚："陈者旧也。过去的事物都叫旧，也就是所谓传统。传统有精华，也有糟粕，所以要改革。'推'字可以作推开、推掉、推翻解释，也可以解释成推崇、推动、推进嘛。对于旧的传统剧目要具体分析，其中民主性的精华要推崇、推动、推进，封建性的糟粕要推开、推掉、推翻，这就对了。"② 现在有的文章，只要是推翻旧说的便一概称之为"创新"，既不对旧说的"善恶是非"进行必要的分析，也不用客观实际来进行认真的检验，这种学风，实在是不可取的，至少，是对学术创新的一种误解。党的十七大报告对如何对待文化传统有一段十分精辟的论述："中华文化是中华民族生生不息、团结奋进的不竭动力。要全面认识祖国传统文化，取其精华，去其糟粕，使之与当代社会相适应、与现代文明相协调，保持民族性，体现时代性。"事实上，任何一个国家和民族文化的发展，都是在既有文化传统基础上进行的文化传承、变革与创新。所以，我们一定要对传统做辩证的、科学的分析，好的就坚持、就继承、就发扬，错的或者坏的就否定、就摒弃，并用新的观点、新的结论取而代之，学术就在这种辩证对待的过程中得到创造性的发展和前进。陈锡祺先生的孙中山研究，也可以说已经成为一种学术传统，我想，我们也应该用这样的态度来认识陈先生，对待陈先生，纪念陈先生，来继承和发扬他所留下的丰硕的学术遗产。这应该是我们开这个追思会的目的所在。

① 梁启超：《儒家哲学》，见《饮冰室合集》专集之一百三。
② 转引自《新华文摘》，2002 年第 1 期，116 页。

坎坷治学术，沥血育英才*
——纪念尚钺老师诞辰一百周年

今天是敬爱的尚钺老师一百周年诞辰，同时也是他逝世20年的日子。

尚钺同志的一生，经历丰富多彩，斗争曲折复杂，道路崎岖坎坷，在某些时候和某些方面，甚至带有一定的传奇色彩。由于他信念坚定，始终忠诚于党的事业，矢忠矢信，无怨无悔，所以在各种不同的岗位上，都做出了无愧于党和人民的历史贡献。

五四运动时期，年轻的尚钺就是他的家乡河南省的学生运动负责人之一。考入北京大学预科后，尚钺同鲁迅先生有了接触，成为鲁迅周围的一名进步文学青年和《莽原》《狂飙》等刊物的撰稿者、创办者。在蒋介石发动"四一二"反革命政变，大肆屠杀共产党人的白色恐怖中，尚钺加入了中国共产党。入党后，他根据党组织的指示，到河南农村发动农民暴动，后被国民党政府逮捕入狱，受尽了种种酷刑，但仍坚贞不屈，后经多方营救，终以"保外就医"之名出狱。之后，尚钺到东北吉林，在毓文中学以教书的名义为掩护从事革命活动。当时还是青年、后来成为朝鲜人民领袖的金日成同志也在这里学习，他在后来写的回忆录里，专门有一章题为"尚钺先生"，生动地记录了当时他同尚钺同志的密切交往，并且说尚钺同志"给我的青年时代留下了不可磨灭的印象"。接着，尚钺被调到上海任党中央《红旗日报》采访部主任，后又到东北任中共满洲省委秘书长，由于"左"倾错误路线的影响，当时满洲省委被解散，尚

* 本文是在2002年3月23日召开的"尚钺教授百年诞辰纪念会"上的发言，收入《尚钺先生》，北京，中国人民大学出版社，2011。

钺同志也失去了党的关系。为了寻找党组织，他曾只身泅渡黑龙江。在失去党的关系的这段时间里，他依然自觉地按照党员的标准要求自己，积极从事革命活动。抗战开始后，尚钺同志到郭沫若主持的国民政府军事委员会政治部第三厅工作，根据形势发展的需要，时任政治部主任的周恩来同志号召有条件的同志要努力成为一方面的专家，以便今后在思想理论战线上同敌人作长期斗争。尚钺同志积极响应周恩来同志的号召，从此开始了历史研究工作。这些发生在我认识尚钺同志之前的事情，他自己在平时是几乎从不谈起的，我却有幸听他长谈过几次，这是因为，1956 年，尚钺同志曾让我帮他整理过一个送交中组部的材料，是谈关于他任满洲省委秘书长后被迫中断组织关系问题的。可惜的是，不久以后，尚钺同志遭到全国性批判，这件事情也就被搁置了下来，而当时所谈的许多细节，也因为将近半个世纪的时光的流逝，渐渐变得模糊起来，只剩下上面这些简单的梗概了。

我是直到 1952 年才认识尚钺同志的。那时，尚钺同志在我们面前，已经完全不是一个职业革命家和党的工作者的形象，而是地地道道的一位学者、一位老的教育工作者。

作为一位马克思主义历史学家、一位党的教育工作者，我以为，尚钺同志最大的贡献、最重要的成就，集中在两点：一是培养了一批决心献身于历史科学、思想素质和业务素质都很好的史学工作者；二是在史学研究上潜心钻研，大胆创新，取得了许多有价值并在史学界有重大影响的学术成果。

1952 年 9 月，刚刚 20 岁的我以“调干生”考进了中国人民大学，被分到中国历史研究班学习。这是尚钺同志主办的第二个研究班，这样的研究班先后办过四期，培养了 80 余名学生。尚钺同志为办好这几个班，真可以说是废寝忘食，呕心沥血，倾注了大量精力，也取得了很好的效果。

我们这个班一共 26 人，由两部分人组成。一部分人是各大学选送来的历史教师，他们年龄较大，学历较高，有些人已在大学中执教多年，具有助教或者讲师职称，其中最大的是一位已 40 多岁的副教授。另一部分人就是像我这样的所谓“调干生”，大都20岁左右，高中学历，根本没有进过大学的门槛，中华人民共和国成立前后参加了几年革命，成了国家干部，对历史则完全是门外汉，基本上一窍不通。很显然，要教好这样一个对象极其复杂、水平悬殊的班，是非常困难的。尚钺同志首先为我们制订了一个较切合我们实际的教学计划，不是简单地传授历史知识，而是把重点放在用科学的历史观对社会历史做重新观察、重新认识、重新评价上。同时，他坚持由他本人自始至终讲完全部中国古代史，由戴逸同志讲全部中国近代史。就这样，尚钺同志和戴逸同志就成了引领我进入史学殿堂的最初的启蒙导师。

尚钺同志讲课是十分认真的。那时，他主编的《中国历史纲要》虽未正式出版，但已分册印出教材。可是，他每讲一堂课，都要重新写出讲稿。即使是基本史实，也决不采用剪贴的办法，而是一丝不苟地写得清清楚楚。为了保证在两天之内写出三个学时的讲稿，他几乎每天都要工作到深夜。我是学习班长，常常因为课程的问题去找他。有两次，我早晨七点钟左右到他家里去，同他谈上课的事，竟惊奇地发现他趴在桌子上酣睡未醒，后来才知道，因为开夜车开了一个通宵，到黎明时才沉沉睡去。这件事，给我留下了很深的印象。

尚钺同志对我们要求很严格，看到我们稍不用功，就进行严厉批评，说我们“凳子上有钉子吗？坐不住，怎么做学问？”他特别要求我们学风要严谨，要尊重历史，不要人云亦云。但是，在生活上，他对我们这些年轻人十分关心，十分爱护。同学们因为他是一位“老革命”，平时又比较严肃，所以多少有点敬畏，但当时似乎并没有什么“代沟”，不论是思想上、学习上还是生活上有了什么问题，还是愿意找他谈谈。甚至有的同学擦破点皮，流了血，都会去找他要红药水。尚钺同志没有什么娱乐休闲活动，只是每天晚饭前后，在院子里同大家打打康乐球，每当那个时候，不分老师、学生，不分年长年少，谁都可以参加，气氛十分活跃。有时尚钺同志打出一个好球，竟会手舞足蹈起来，使我们感到这位“老革命”真是童心未泯。在学术上，他对我们十分信任，鼓励我们大胆进行科学研究，积极参加各种学术活动，并且要求我们踊跃地在学术会议上发表自己的意见。他常常给我们讲起鲁迅怎样关心和帮助青年，他认为鲁迅的胸怀宽广，也正是鲁迅伟大之所在。

尚钺同志的另一个重要的贡献，就是在史学领域以巨大的学术勇气，提出了许多重要的学术见解，取得了许多重大的学术成果。为此他付出了沉重的代价。可是他却从来没有屈服于压力，违心地改变自己的学术观点。对于自己认为确实是真理的东西，他几乎倾注了全部心力加以维护，加以捍卫，这反映了他为真理斗争、宁折不弯的可贵品格。

尚钺同志的主要学术贡献，集中在两个问题上；一是中国古代史分期问题，他是“魏晋封建论”的主要代表人之一；二是中国资本主义萌芽问题，他认为中国至迟在明代已出现了资本主义的萌芽。本来，这两个问题完全是学术问题，同政治没有什么直接联系。但是，在“左”倾的思想指导下，尚钺同志还是成了重点批判对象。开始是在学校的范围内，后来进而发展为在全国公开点名批判。说他“反毛泽东思想”的理由也很简单，因为《毛泽东选集》中的《中国革命和中国共产党》一文里有这样一句话：“中国自从脱离奴隶制度进到封建制度以后，其经济、政治、文化的发展，就长期地陷在发展迟缓的状态中。这个封建制度，自周秦以来一直延续了三千年左右。”说封建社会从魏晋才开始，这就违背了“自周秦以来”的论断；封建社会的开始已经晚了几百年，又要说明代就有了资本主义的萌芽，这岂不又违背了中国封建社会“长期地陷在发展迟缓的状态中”的论断？现在看起来，也许会觉得这样讨论问题太可笑，在当时却是十分严重的事情。

后来，有些回忆的文章在谈到这类问题的时候，作者往往把自己写得十分清醒，似乎一开始就看出了问题的可笑与荒谬，一开始就自觉地进行了坚决的抵制。对此，我一方面钦羡他们觉悟之高，见事之深；一方面惭愧自己思想的糊涂和愚钝。我扪心自问，当事情发生的时候，除了吃惊之外，首先想到的还是如何响应号召，投入到批判中去。只是在经过了一段时间之后，才逐渐地觉得心里的问题愈来愈多，疑问也愈来愈大，最后才得出批判本身就是错误的这样一种认识。这就是我在批判尚钺的问题上真实的思想发展过程。这种觉悟低、见事迟的毛病，似乎很长时间内没有什么改进，以致“文化大革命”开始，我也以“狂热宣传反革命修正主义”的罪名受到批判时，自己虽对“反革命”的帽子无法接受，但确确实实努力而且认真地去检讨和挖掘自己那么容易接受“修正主义”的原因和思想根源。这自然是很可悲的，但这却是当时真实的我。要说总结经验教训，恐怕先得从这里入手。

对尚钺的全国性批判，是从一位著名学者在报上发表文章，指责尚钺搞“私人科学”开始的。“私人科学”这个词，过去从没有听说过，大家一时弄不清这到底是一个什么罪名。后来才知道，这是从恩格斯的一句话引过来的。根据我上面所说的思想状况，我当然也写了批判文章，发表在《光明日报》上。这是历史，一个认真的史学工作者自然是不应该回避的。

不过我也有一个原则：理论上的批判可以，但在事实方面，决不能随意歪曲，随意捏造。现在想起来，这也有点可笑。所谓“上纲上线”的批判，必然是对事情本来面目的歪曲，哪里还说得上什么不歪曲不捏造之类的问题呢？不过这对于被批判的当事人来说，大概还是能觉察出一点微妙的差别。有一次，尚钺同志病倒了。我和另外两个同志一起去看他。他找了一个机会，偷偷塞给我一张早就写好的纸条。回家打开一看，有几句话，大意是说：你在支部会上的发言，给我提供了一个说明情况、澄清事实的机会，很谢谢你。但你说我有反毛泽东思想的错误，这是不对的。别人不知道，你难道也不了解？这张字条，我一直夹在《鲁迅全集》的某一卷里，直到“文化大革命”开始，抄家之风兴起，我才把它销毁。

为了说明尚钺同志坚持真理的可贵品格，也为了正视自己的弱点和不足，我还想谈这样一件事。在政治批判开始之前，有一个主要在学术范围内批判的准备时期。对于一篇批评文章，尚钺同志很难接受，决定写一篇长文加以反驳。他花了很大的精力，反驳的文章终于写出来了。其实，即使像我这样没有多少社会经验的人，也可以明显地感觉到，这根本不是一般意义的学术争鸣，根本没有平等讨论问题的气氛和条件。所以我两次找到尚钺同志，劝他千万不要把文章寄出去，否则只会变成“反面教材”。但尚钺同志对我的意见却完全不屑一顾，认为既然有批评，就应该容许有反批评。既然自己有不同的看法，怎么能够一声不吭，随便默认呢？他答应尽量把语气改得和缓一些，但观点却决不改动。就这样，他到底还是把文章寄了出去。刘大年同志曾把尚钺同志为这篇稿子写给他的信，收入《刘大年存当代学人手札》中。大年同志还专门为对尚钺、荣孟源同志的错误批判做过检讨，这种磊落态度，也是很值得称道的。

写下这些零星的回忆，既是对我的启蒙老师尚钺同志的深切怀念，也是对自己的一点鞭策。

让延安精神代代相传*

在“弘扬延安精神，培育四有新人”研讨会上，我最想说的是这样两句话。一句是：如果我们不能把包括延安精神在内的革命精神、革命传统真正加以继承和发扬，那么，中国特色社会主义的宏图大业，四个现代化的远大理想，中华民族的伟大振兴，都不能说是有可靠保证的。第二句话是：如果包括延安精神在内的革命精神、革命传统，没有为青年所接受、所认同，不在青年一代的心里扎下根来，就不可能得到真正的继承和发扬。

我想围绕上面这两句话，根据我同青年朋友的接触，就下面五个问题，说一点自己的看法和体会，同大家一起来研究、讨论。

延安精神同中华民族的民族精神是什么关系?

大家知道，党的十六大特别提出要“坚持弘扬和培育民族精神”。为什么要强调这个问题呢?因为“民族精神是一个民族赖以生存和发展的精神支撑。一个民族，没有振奋的精神和高尚的品格，不可能自立于世界民族之林”。民族精神就是一个国家、一个民族的灵魂。一个人如果灵魂不健全、不健康、不高尚，就不可能有大的作为；一个民族、一个国家，如果没有自己的精神支柱，就等于没有灵魂，就会失去凝聚力和生命力。民族精神也是综合国力的重要组成部分。所以，在世界范围各种思想文化相互激荡、综合国力的

---

* 本文是在2004年4月召开的“弘扬延安精神，培育四有新人”研讨会上的发言，载《中华魂》，2004年第12期。

竞争异常激烈的今天，弘扬和培育民族精神就十分必要。中华民族的民族精神，核心是爱国主义，主要内容是四句话十六个字，那就是：团结统一，爱好和平，勤劳勇敢，自强不息。

民族精神是一个历史范畴。随着历史的发展，民族精神的内容也会不断发展、不断丰富。中国共产党成立以后，领导人民闹革命，搞建设。首先是争取民族独立和人民解放，接着为实现国家繁荣富强和人民共同富裕而斗争。在这中间，就产生了革命精神，如井冈山精神、长征精神、延安精神、西柏坡精神，中华人民共和国成立后有抗美援朝精神、“两弹一星”精神、航天精神以及抗洪精神、抗“非典”精神等。这些精神，是民族精神在新的历史条件下的新的体现、新的发展。我们现在特别讨论的延安精神，是指 1936 年至 1948 年党中央在延安和陕甘宁边区时期，以中国共产党人为核心的中华民族优秀分子，在反对帝国主义、封建主义和国民党反动派的伟大斗争实践中的理想追求、精神风貌、思想品德、行为准则、工作作风的精华与结晶。延安时期，在我们党的历史和革命史上，是一个特别重要的历史时期。因为正是在这个时期，党发展成为一个成熟的马克思主义政党，毛泽东思想正式形成，革命事业开创了新的局面，为不久后夺取全国胜利奠定了坚实的基础。在这种情况下，延安精神也就有了十分丰富的内容。延安精神的灵魂就是毛泽东思想，而它的核心则可以概括为这样四句话：坚定正确的政治方向，解放思想、实事求是的思想路线，全心全意为人民服务的根本宗旨，自力更生、艰苦奋斗的创业精神。这就是延安精神。把延安精神同民族精神联系起来，我们可以这样说：延安精神是中华民族的民族精神在新的历史条件下的深化和升华。

延安精神产生在 60 多年以前，现在的情况已经同那个时代相比发生了很大的变化，延安精神还有现实意义吗？还有存在的价值吗？

这个问题是很多人都会提出的。要弄清楚这个问题，必须弄清楚变与不变的辩证关系。简单来说，延安精神的基本原则、基本精神是不能变的，而延安精神的具体内容和具体含义，则应该随着客观形势的变化，赋予新的时代特征和时代内容。

具体地说，第一条，坚定正确的政治方向。我们中国共产党人的最高目标是实现共产主义的社会制度。在这个总目标下，各个时期的政治方向有具体的内容。延安时期政治方向的内容是打倒日本帝国主义，推翻国民党的反动统治。现在政治方向的内容是建设中国特色社会主义，实现中华民族的伟大振兴。所以，政治方向的具体内容变了。第二条，解放思想、实事求是的思想路线。这一条，是永远不能改变的，否则，我们在理论上就会犯错误，而如果理论错了，党的路线、方针、政策也一定要出错。今天坚持解放思想、实事求是的思想路线，就要高举毛泽东思想、邓小平理论、“三个代表”重要思想的旗帜，与时俱进，开拓创新，牢固树立和落实科学发展观，求真务实的政绩观，以人为本的群众观，广纳群贤的人才观，不断推动当代中国先进生产力和先进文化的发展。第三条，全心全意为人民服务的根本宗旨。在延安时期，做到这一点，首先是要勇敢，会打仗，能打胜仗，以保卫老百姓的生命财产，同时密切联系群众，关心群众生活，时刻维护群众的利益。现在情况变了，党成为执政党了，战争结束了，主要搞建设了。这个时候要实现党的根本宗旨，就是要始终代表最广大人民的根本利益，立党为公、执政为民，做到权为民所用、情为民所系、利为民所谋。最近召开的十六届四中全会特别强调，“党只有一心为公，立党才能立得牢；只有一心为民，执政才能执得好”。但是，现在确有那么一些人，完全忘记了这个根本宗旨，把人民公仆变成骑在人民头上的老爷，作威作福，胡作非为，欺压群众，以权谋私，贪婪地大肆搜刮人民的血汗，置群众的生死于不顾，对这些现象，我们大家都是极为气愤的。这也正好从反面说明，根本宗旨这一条，是万万丢不得的。第四条，自力更生、艰苦奋斗的创业精神。当然，今天条件好了，物质基础也雄厚多了，我们不需要再像延安时期那样，自己纺线织布，自己开荒种地，也不需要穿打补丁的衣服了。我们更不是提倡大家都要做苦行僧，过清教徒式的生活。但是，我们不应该以奢侈为荣耀，以浪费为时尚，一味耽于逸乐，习于奢靡，穷奢极欲，肆意挥霍，任意糟蹋国家和人民的财富。我们要时刻记住，我们在建设中国特色社会主义的道路上，不可避免地会遇到各种困难，各种挑战，甚至会遭受各种挫折，要解决这些问题，没有别的办法、别的出路，只有靠自己的艰苦奋斗。现在有一些现象，确实是令人忧虑的。例如，在某些贫困地区，有些干部竟可以置广大老百姓的生产、生活于不顾，花几十万买高级轿车，花几百万请歌星办演唱会，花上千万盖豪华办公楼。这种现象我们能够容忍吗？但是，有些所谓的“理论家”，有些影视作品，却竟然为这些丑恶现象辩护甚至喝彩。有一份很有点影响的报纸，曾经用大字标题公开发表《享乐主义宣言》，从理论上论证享乐主义的合理性。这些东西，是同我们党的方针和群众意愿背道而驰的。胡锦涛同志在西柏坡学习考察时严肃批评说：“应该看到，这些年来，拜金主义、享乐主义和奢靡之风在党员队伍和干部队伍中有滋长蔓延之势，艰苦奋斗的优良作风在一部分党员、干部那里被淡忘了，在少数人那里甚至被丢得差不多了。”他强调指出：“我们党是靠艰苦奋斗起家的，也是靠艰苦奋斗发展壮大、成就伟业的。……艰苦奋斗作为我们党的优良传统和作风，作为马克思主义政党的政治本色，是凝聚党心民心、激励全党和全体人民为实现国家富强、民族振兴共同奋斗的强大精神力量，是我们党保持同人民群众血肉联系的一个重要法宝。……越是改革开放和发展社会主义市场经济，越要弘扬艰苦奋斗的精神。”

说了这些，无非是讲一个意思：时代变了，情况变了，形势变了，但延安精神并没有过时，不仅没有过时，而且愈来愈有必要进一步提倡弘扬，使之发扬光大，在新时代发挥更大的作用。

有人说，现在的年轻人不是理想主义者，而是现实主义者，他们只关心个人的切身利益，跟他们谈理想、谈信念、谈革命精神，他们是不感兴趣的。果真如此吗？

我不赞成这个判断，因为这种说法并不符合实际。诚然，由于利益主体的多元化，社会利益关系的复杂化，由于社会上竞争十分激烈，还由于贫富差别扩大等社会现象的存在，人们会较多地关注自己的物质利益，特别是重视维护自己的合法权益，这是正常的、合理的。但是，决不能说，我们的年青一代，都是一些胸无大志、鼠目寸光的庸人，都是一些自私自利的极端个人主义者。事实完全不是这样。中共中央、国务院在最近发出的《关于进一步加强和改进大学生思想政治教育的意见》中，充分肯定了当代大学生思想政治状况的主流积极、健康、向上。在我们学校里，同学们最感兴趣的报告有两类：一类是有关提高文化素养、文化素质的；另外一类，就是一些英模人物的报告。他们为了国家利益、民族利益、人民利益无私奉献、奋力拼搏的事迹，总是强烈地吸引着、深深地感动着我们的青年学子，每场报告几乎都座无虚席，掌声不断，反响极为热烈。这说明什么？难道不正说明青年们对国家前途、民族命运、人民生活的深切关怀吗？我们还可以从另外一方面来考虑，在大学生中，很少有人不希望我们的祖国更加繁荣富强，不希望我们的民族早日振兴腾飞，不希望自己的家乡更加山清水秀，不希望自己的父老乡亲生活得更加幸福安康的。这就是一种美好的愿望。如果我们能够引导他们把自己的聪明才智同这种美好愿望结合起来，使他们决心把实现个人人生价值同这种美好愿望统一起来，那么，这种美好愿望就变成了崇高的理想。

“延安精神进校园”的意义何在？

我觉得，“延安精神进校园”确实是一件意义重大的事情。它的重要性，是由大学生的历史地位和历史责任所决定的。青年兴则国家兴，青年强则国家强。大学生是十分宝贵的人才资源，是民族的希望，是祖国的未来。大家可以想一想，10 年以后，也许要不了 10 年，今天在校的大学生，绝大部分就会成为那个时候的社会中坚，成为各条战线的骨干力量。因为在中国，尽管大学生的绝对数量在世界上已经名列前茅，但按照人口比重来说，能够接受高等教育的还只占很小比例。所以，当代大学生是同龄人中的幸运儿。这一方面大大增加了他们发展自己的机遇和条件，另一方面也大大加重了他们的社会责任和历史责任。因为他们在走向社会之后，不仅是一个普通的社会成员，而且还应该是国民的表率，社会的栋梁。可以这样说，当代大学生的政治倾向怎样，思想品德怎样，精神风貌怎样，会在很大程度上影响着甚至决定着 10 年以后的社会面貌。这个问题，是一个十分现实也十分严肃的问题，值得我们大家认真地思考。如果我们的大学生，能够把对社会做出贡献看作人生的意义和价值，以把自己的聪明才智奉献给祖国，服务于人民作为快乐和荣耀，自己的个性和个人利益也在这种奉献和服务中得到体现和满足；如果能够正确地对待革命传统，自觉地继承和发扬革命精神，我们的事业就能真正地后继有人。相反，假如我们的大学生中，有相当一批人是一些只知攫取个人私利的唯我主义者，没有强烈的社会责任心，没有全心全意为人民服务的志向，那么，那个时候的社会将是什么样子呢？鲁迅曾经说过，我们的历史之所以能绵延不绝，不断前进，是因为我国自古以来，就有一批埋头苦干的人，拼命硬干的人，为民请命的人，舍身求法的人，他们是真正的“中国的脊梁”。这些人的共同特点，就是为了社会的进步和人民的幸福，具有强烈的献身精神和牺牲精神。这样的精神如果泯灭了，社会岂不成了一个没有“脊梁”的社会？

中共中央、国务院《关于进一步加强和改进大学生思想政治教育的意见》强调，大学生的思想政治教育，应该“以理想信念教育为核心，以爱国主义教育为重点，以思想道德建设为基础，以大学生全面发展为目标”。延安精神恰恰为这四个方面提供了生动的教材和具体形象的内容。

“延安精神进校园”，具体来说，应该如何操作？

关于这个问题，小平同志有一段话，对我们有很强的指导意义。他说：“毛泽东同志说过，人是要有一点精神的。在长期革命战争中，我们在正确的政治方向指导下，从分析实际情况出发，发扬革命和拼命精神，严守纪律和自我牺牲精神，大公无私和先人后己精神，压倒一切敌人、压倒一切困难的精神，坚持革命乐观主义、排除万难去争取胜利的精神，取得了伟大的胜利。搞社会主义建设，实现四个现代化，同样要在党中央的正确领导下，大大发扬这些精神。如果一个共产党员没有这些精神，就决不能算是一个合格的共产党员。不但如此，我们还要大声疾呼和以身作则地把这些精神推广到全体人民、全体青少年中间去，使之成为中华人民共和国的精神文明的主要支柱，为世界上一切要求革命、要求进步的人们所向往，也为世界上许多精神空虚、思想苦闷的人们所羡慕。”①

弘扬延安精神，最重要的是靠持之以恒的提倡和教育。小平同志这里提到“大声疾呼”和“以身作则”，中肯地概括了如何提倡和教育的最主要的工作方法。“大声疾呼”，就是要造成舆论，广泛宣传，讲清在新的历史时期继承和发扬延安精神的重要意义，分析延安精神产生和形成的历史环境和条件，揭示延安精神的基本内涵，表彰在新时期实践延安精神的先进典型，造成浓厚的健康的舆论环

---

① 《邓小平文选》，2版，第2卷，367～368页。

境和社会氛围。“以身作则”，就是要知行统一，付诸实践，决不能说是一套，做又是一套，表里不一，言不由衷。当然，付诸行动，也不是非要做一些轰轰烈烈、一鸣惊人的大事情不可，而是要实实在在，结合大学生活的实际，在学习中，在生活中，在工作中，在判断是非中，在处理人际关系中，真正把延安精神渗透到各个方面去。只有这样，才能够真正做到贴近实际，贴近生活，贴近学生，提高工作的针对性、实效性和吸引力、感染力。我想，只要持之以恒，就一定会使大学生的思想和精神世界，使学校的小环境和社会的大环境，达到一个新的境地，产生一个新的升华。

文化发展趋向：一体化还是多样化*

在世界多极化和经济全球化趋势曲折发展、科技进步日新月异、综合国力竞争日趋激烈的国际形势下，文化与经济和政治相互交融，在综合国力竞争中的地位和作用越来越突出。那么，世界文化发展的趋向究竟如何？中国文化发展的路向又是怎样？

有的人期望并相信，经济全球化必将带来文化一体化，也就是说，经济全球化将推动资本主义意识形态全球化。也有人认为，在经济全球化条件下，中国要走向现代化，文化上就不能与“世界主流文化”亦即资本主义文化格格不入。其实，文化同经济、政治有着密切的关系，但文化并不等同于经济和政治，它们有着各自不同的本质特性。经济全球化的发展，大大加强了国际经济联系和合作。但这绝非必然要削减乃至泯灭各个国家民族文化的特色和本质特征，实现文化趋同，甚至变成某种文化的一统天下。倒是相反，世界文明的发展和进步，要求文化的多样化。文化就其本质来说，是同各民族的精神本性和历史传统紧密相连的，其中包括各民族的思想、文字、思维方式、伦理道德、风俗习惯、心理素质等。各国文明的多样性是人类社会的基本特征，也是人类文明进步的动力。只有尊重各国的历史文化、社会制度和发展模式，承认世界文化多样性的现实，才能使世界的和平与发展得到可靠保证。世界各种文明和社会制度，应当长期共存，在竞争比较中取长补短，在求同存异中共同发展。马克思曾生动地论述过精神世界的客观多样性：“你们赞美大自然悦人心目的千变万化和无穷无尽的丰富宝藏，你们并不要求玫瑰花和紫罗兰散发出同样的芳香，但你们为什么却要求世界上最

---

* 载《人民日报》，2005年4月1日。

丰富的东西——精神只能有一种存在形式呢?”① 的确，只有各国民族文化以各自特有的色彩争奇斗艳、竞相开放，世界文明的百花园才能呈现出姹紫嫣红、满园春色的繁荣景象。如果文化只剩下一种色彩，那只能意味着世界文明的萧条和衰退。用带有中华民族特性的先进文化去丰富世界文化的宝库，才是我们对于世界应有的贡献。

不仅国际形势的新变化大大加重了我们建设中国特色社会主义文化的历史责任，而且从国内来说，科学发展观的提出、全面建设小康社会目标的确定、实现现代化和中华民族伟大复兴庄严使命的召唤，都对发展社会主义文化提出了新的要求。这是因为，社会文明既包括物质文明也包括精神文明，缺少任何一个方面，社会就不可能健康发展。社会主义社会是全面发展、全面进步的社会。社会主义现代化应该有繁荣的经济，也应该有繁荣的文化。坚持以人为本，加快文化建设，不断满足人民群众日益增长的精神文化需求，促进人的全面发展，既是落实科学发展观的本质要求，也是现代化建设的重大任务。

建设中国特色社会主义文化，既是一项紧迫的任务，又需要经过长期不懈的努力。在文化建设过程中，着力把握以下几个统一是十分重要的：

时代性与民族性的统一。在近一个世纪前，关于文化的发展，鲁迅曾说过一句非常简明又深刻的话：“外之既不后于世界之思潮，内之仍弗失固有之血脉。”② 这句话抓住了文化最重要的两个特性，一个是时代性，一个是民族性。所谓时代性，就是说应跟得上时代的潮流；所谓民族性，就是应始终保持中国的特色。不能着眼于世界文化发展的前沿，就会落后；失去了民族的固有血脉，也就没有了根基。所以，文化这两个特性中的任何一个受到损害，都会妨碍中国特色社会主义文化建设。

先进文化发展方向与满足人民群众精神文化需求的统一。我们所说的先进文化，就是指面向现代化、面向世界、面向未来的，民

---

① 《马克思恩格斯全集》，中文1版，第1卷，7页。

② 鲁迅：《文化偏至论》。

族的、科学的、大众的社会主义文化。它顺应历史潮流，反映时代精神，代表社会发展方向，体现人民群众的根本利益，是推动中国特色社会主义宏伟大业和实现中华民族伟大复兴的强大精神力量。同时又应该看到，随着经济社会的迅速发展，社会生活日益多样化，人民群众的精神文化需求也在不断提高，要求也是多种多样的。因此，我们的文化产品应坚持弘扬主旋律、提倡多样化，满足人民群众多层次、多方面的文化需要。但是，这绝不是说可以一味媚俗和迎合，相反，对于落后文化必须努力改造，对于腐朽文化必须坚决抵制。

立足当代与继承发扬优秀文化传统、立足本国与充分吸收世界文化优秀成果的统一。中国特色社会主义文化，渊源于中华民族五千年文明史，又植根于中国特色社会主义实践。正是波澜壮阔、生动活泼的社会实践，为文化的发展提供了坚实基础和肥沃土壤；而有着悠久历史、经过千百年创造和积累的传统文化，又为中国特色社会主义文化的成长提供了不竭源泉。同时，文化的发展离不开异质文化之间的交流与融合，越是大胆地开放、合理地吸取，越有助于民族文化的发展与提高。所以，以贯通古今的宽广眼界和海纳百川的博大胸怀，积极借鉴人类创造的一切文明成果，博采众长，择善而从，正是建设中国特色社会主义文化的康庄大道。

坚持马克思主义指导与贯彻“双百”方针的统一。坚持以马克思主义、毛泽东思想、邓小平理论和“三个代表”重要思想为指导，以科学发展观统领文化建设，这是中国特色社会主义文化的本质要求。马克思主义在文化建设上的指导地位如果有所动摇，全党全国人民就会失去共同的思想基础，就会导致思想混乱和社会动荡，也就谈不上文化的发展。同时，我们也必须尊重文化发展自身的规律。“百花齐放，百家争鸣”的方针，是促进学术发展和科学进步的方针，是促进我国社会主义文化繁荣的方针。只有社会上尊重知识、尊重人才蔚然成风，不同学术观点和学派之间能相互切磋、相互讨论，才会实现学术进步和文化繁荣。

对“民族主义”要做具体的历史的分析*

在这次讨论会上，大家对“民族主义”的历史作用和当代命运，认识上并不一致，甚至存在着根本的对立。有的同志认为，中国近代史上的民族主义，对历史的发展起着重大的积极作用，不存在任何消极的影响，应该给予充分的、完全的肯定。也有同志认为，近代中国的民族主义，主要的作用是负面的，以一种狭隘的、闭塞的心态，阻碍甚至抗拒中国融入世界文明的历史进程。对于学术讨论会来说，有不同意见的争论，是一件大好事，只要大家抱着心平气和、相互尊重、共同探求真理的态度，就可以不断深化对问题的认识，大大提高会议的质量。这样的会开起来才有味道。

我个人的看法，是对上面两种意见都不太赞成，觉得都过于绝对，过于简单化。事实上，民族主义是一个历史的范畴，在不同历史时期，对不同历史人物及不同政治派别，民族主义的内容和作用，会有很大的差异；就是在同一个人和同一件事上面，民族主义的作用也往往有双重性，不可一概而论。所以，对民族主义要做具体的、历史的分析。

意见分歧的产生，一方面当然是由于对历史状况、历史面貌的了解、掌握及判断的不同，另一方面，恐怕也跟对“民族主义”概念存在不同理解，有很大关系。

什么是“民族主义”？学术界对此有着各种各样不同的解释和界定。我们无法全部列举，但可以举一点例子。

被引用最多的是梁启超的定义，他说：“民族主义者，世界最光

---

* 本文是2006年1月8日在“中国近代史上的民族主义”学术讨论会上的发言，载《史学月刊》，2006年第6期。

明、正大、公平之主义也，不使他族侵我之自由，我亦毋侵他族之自由。其在于本国也，人之独立；其在于世界也，国之独立。”除梁启超的意见外，还有各种各样的其他说法。

有的说：民族主义“是民族成员对自己所在的有血缘维系的群体利益的绝对强调”。

有的说：“民族主义是一个民族（潜在的或实际存在的）成员的觉醒，这种觉醒是与实现、维持与延续该民族的认同、整合、繁荣与权力的欲求结合在一起。它作为一种意识形态，是指一种心态，即一个人以民族作为最高效忠对象的心理状况。”

有的说：“民族主义是一个国家、一个民族在与其他国家和民族的交往中表现出来的对自己国家和民族的认同，对自己国家和民族合法利益的维护。”

有的说：“民族主义主要是一种政治原则，它坚持政治与民族的单位必须一致。”

也有的说：“民族主义是一种心理状态，即个人对民族政权的忠诚高于一切。这种心理状态是同生养他的土地、本地的传统以及在这块领土上建立起来的权威等等联系在一起的。”

大家知道，孙中山在著名的《民族主义》演讲中，很大程度上是把“民族主义”同“民族精神”看作同一个东西的。

在这林林总总对于民族主义的解释中，我们想特别讨论一下《中国大百科全书》中关于“民族主义”的条目，这是因为，由于这部书的性质，使得它对于“民族主义”的论述带有一定的权威性，并在社会上产生着广泛的影响。该书关于“民族主义”是这样表述的：

> 资产阶级思想在民族关系上的反映，是资产阶级观察和处理民族问题、民族关系的指导原则。
>
> 在社会主义国家，随着社会主义改造的完成，一般说来产生民族主义的经济基础与阶级基础已经消失。但民族主义思想的残余还将长期存在，还会不时地干扰社会主义革命和社会主义建设事业，损害各民族的团结和国家的统一，不利于执行爱

国主义和国际主义相结合的对外政策。

社会主义国家中存在的民族主义，一般属于人民内部矛盾，需要谨慎妥善地处理。如果处理不当，也可能转化成敌我矛盾。①

虽然条目也讲到要区分资本主义上升时期的民族主义同资产阶级取得政权以后的民族主义的不同，以及压迫民族的民族主义同被压迫民族的民族主义的不同，但可以看出，从总体来说，条目对民族主义是持基本否定的态度的。我以为，对于民族主义的这种表述，颇有值得进一步推敲的地方。

首先是同我国的历史实际不相符合。在中国近代历史上，在资产阶级尚未产生以前，民族主义不论是作为意识形态还是一种社会心理，就已经存在，并且在社会生活中发挥着重大的影响。而综观整个中国近代史，几乎没有一个对历史做出积极贡献的历史人物和推动社会前进的历史事件，不与民族主义有着极为密切的关系。因此，近代中国的民族主义在主要方面来说，是积极的，应予肯定的。为什么出现这样的历史现象，我们在下面还要谈到。

其次，从道理上说，也有不少难以说通的地方。民族主义同爱国主义以及民族精神，当然不是一个东西，有着相当的区别，但它们之间又有着不可分割的联系。我们对历史上和现代的爱国主义和民族精神，一直是给予很高的评价和积极的肯定的。我们始终认为："中华民族是富有爱国主义光荣传统的伟大民族。爱国主义是动员和鼓舞中国人民团结奋斗的一面旗帜，是推动我国社会历史前进的巨大力量，是各族人民共同的精神支柱。"② 党的十六大则更明确提出，要"坚持弘扬和培育民族精神"，强调："民族精神是一个民族赖以生存和发展的精神支撑。一个民族，没有振奋的精神和高尚的品格，不可能自立于世界民族之林。在五千多年的发展中，中华民族形成了以爱国主义为核心的团结统一、爱好和平、勤劳勇敢、自

① 《中国大百科全书》（简明版），第6卷，3395页。

② 《爱国主义教育实施纲要》。

强不息的伟大民族精神。我们党领导人民在长期实践中不断结合时代和社会的发展要求，丰富着这个民族精神。”除非把民族主义看作同爱国主义、民族精神根本对立的，否则就很难对民族主义做完全否定的评价。

我们可不可以考虑这样来对民族主义进行表述：民族主义是以民族权益和民族感情为核心内容的一种政治观念、政治目标和政治追求。这样一种表述的好处是，不事先对民族主义做价值判断，而只是对民族主义的具体范围和内容做客观的叙述，留下根据不同情况做出不同评价的宽广余地。我提出这个建议，只是为大家对这个问题的进一步研究和思考提供一点素材。这样的表述也许是不完善的，或者不准确的，但通过大家的讨论，逐步能够完善起来，以至形成一个多数人能够接受的提法。

殖民主义、帝国主义常常以民族主义作为侵略扩张的工具，第二次世界大战时德国的法西斯主义和日本军国主义就是明显的例证。而对于被侵略被奴役的国家来说，民族主义往往能激发整个民族的忧患意识和自强意识，提高民族自尊心和自信心，增强民族的凝聚力和战斗力，鼓舞人们为争取民族独立、维护民族尊严、实现民族振兴而团结奋斗。

我们说在中国近代历史上，民族主义主要起着积极作用，首先就是因为近代中国是一个备受帝国主义列强欺压、掠夺、凌辱的半殖民地国家。在帝国主义和封建主义的双重压迫和统治下，我们的国家和民族走到了亡国灭种的边缘。如果没有全民族的觉醒和奋起，那中国就只能“束手以待列强之烹割”，中华民族也永无自立于世界民族之林之一日。正是在这种情况下，民族主义就成为一种动员、鼓舞和激励全民族包括社会各个阶层、各种人物以不同方式献身“振兴中华”宏伟大业的巨大精神力量。

近代中国民族主义所以深刻地影响和推动着历史，还因为中国是个有着辉煌历史的文明古国，在相当长的历史时期，中国曾经处于世界先进的地位，中国沦为半殖民地之后，巨大的反差强烈刺激着中国人民的民族情感，这正是民族主义空前活跃的土壤。

也应该注意到，民族主义在中国近代史上，并非没有产生过消极的作用和影响。不待说农民及下层群众（如义和团）或封建统治阶级中的某些政治派别（如封建顽固派），就是思想观念在当时处于先进地位的维新派或革命派，他们在处理对内、对外的民族关系上，也存在着这样那样的局限性，并非尽善尽美。

有人认为，既然经济全球化成为不可抗拒的发展趋势，那么，在当代，民族主义就不再具有其存在的价值和意义。这也是一种过于简单化的想法。许多学者和政治家都强调指出，经济全球化是一把双刃剑，一方面它为发展中国家提供了一个实现跨越式发展的契机，通过进入经济全球化的过程，吸收发达国家的先进技术和先进经验，努力分享经济增长的利益。另一方面，经济全球化毕竟是由西方发达国家主导的，发达国家是经济全球化的最大受益者，发展中国家很难从经济全球化中平等受益。相反，发达国家凭借它们的各种优势，很可能把经济全球化变成一个由经济和军事强国在经济、政治和文化方面控制弱国的进程。所以，经济全球化的发展趋势，决不意味着世界大同已经到来或者即将到来。事实上，当今世界，与经济全球化同时，还存在着政治多极化和文明多样化的客观现实，霸权主义与强权政治也依然到处兴风作浪。随着政治多极化和经济全球化的曲折发展，科技进步的日新月异，各国间综合国力的竞争也日趋激烈。而这种综合国力的竞争，也包括民族意识在内。正如党的十六大报告指出的："当今世界，文化与经济和政治相互交融，在综合国力竞争中的地位和作用越来越突出。文化的力量，深深熔铸在民族的生命力、创造力和凝聚力之中。""面对世界范围各种思想文化的相互激荡，必须把弘扬和培育民族精神作为文化建设极为重要的任务，纳入国民教育全过程，纳入精神文明建设全过程，使全体人民始终保持昂扬向上的精神状态。"

深化区域史研究的一点思考*

“区域史研究的理论与方法”学术研讨会已经完成了各项议程，马上就要闭幕了。吴春梅同志多次要我在闭幕式上讲几句，而且事先作为议程写进了会议手册，虽然我对区域史确实没有研究（这是一句貌似“套话”的真话），也只好勉为其难，谈一点参加会议得到的收获和体会。

我讲三点。

这次会议的特点和收获

这次会议，时间不长，一天半；人也不算多，只 40 多人：但我以为会开得是很成功的。与会的人，认认真真，扎扎实实，围绕会议的主题，进行了热烈的讨论和深入的交流。应该说这是一次成功的学术会议，是一次具有丰富学术含量、取得丰硕学术成果的会议。不管怎样，对我来说，这次会使我学到了很多东西，增长了很多知识，实在是受益匪浅。

做这样的判断的根据何在呢？这次会议有哪些值得称道之处呢？我以为至少可以提出这样四点：

第一，会议的主题抓得很好。这次会议的主题是“区域史研究的理论与方法”。近 20 年来，区域史研究成为一个热点，吸引了广大史学工作者的研究兴趣，产生了一大批优秀的学术成果。不说区

---

* 本文是 2007 年 11 月 11 日在安徽大学“区域史研究的理论与方法”学术研讨会闭幕式上的讲话。

域经济史、社会史、政治史，单就区域文化史来说，京派文化、海派文化、楚文化、齐鲁文化、湖湘文化、岭南文化、巴蜀文化、河洛文化等，都取得了显著的研究成果。同时，区域史研究依然存在着巨大的发展空间和广阔的拓展余地。在这样的情况下，召开这样一个会议，既可以认真总结前一段区域史研究的成绩和经验教训，又可以讨论和展望这一学科的发展前景。所以，这个会开得好，就可以对这个学科的发展起承前启后的作用，起积极推动的作用。扩大一点说，也就会对历史学的发展产生积极的影响。参加这次会议的人，大都是活跃在这个学术领域的实力派学者，他们的踊跃与会，我想很大程度上也是为这个很好的题目所吸引。

第二，这次会议，理论思考、理论探讨的气氛很浓，这也应该说是这次会议的一个优点和特点。由于在 20 世纪 50、60 年代，我们的史学研究，曾经有过如侯建新同志在昨天所说的“以论代史”的弊病，常常把过多的注意力纠缠于概念、定义、某种提法等的争论，相对忽视了对历史实际本身的深入了解和具体分析，影响了历史研究的深入。在克服这个弊病的时候，一些人又走到了另一个极端，一概认为理论的思考、讨论都是说空话，只有实证研究才是真正的学问，以致在很大程度上缺失了浓厚的理论兴趣。这当然也是片面的。这次研讨会，题目就是“区域史研究的理论与方法”，直接讨论这个问题的文章数量虽然并不多，但像徐国利教授、方铁教授的文章，都对这个问题做了深入的思考，对不同意见做了评析，而且提出了自己的看法和意见。更多的同志则是通过对具体的历史进行研究再上升到理论的概括，结合历史实际来谈理论和方法，这种理论和实践紧密结合的办法，既增加了史学研究的思想性和条理性，又增加了史学理论的生动性和厚重感，正是史学理论发展的正确道路。夏明方同志的文章，不仅谈到了后现代史学同区域史研究的关系，更跳出这个范围，对后现代主义与历史学的有关问题进行了认真的讨论。夏明方同志的看法当然不一定得到大家的完全认同，但无论如何，这种分析的态度，较之把“后现代”简单地看作一派胡言，不屑一顾，或者看作一种时尚，趋之若鹜，都是一种更加理性的态度。

第三，这次会上，许多同志按照区域史研究的要求，提供了不少实证性研究的学术论文。有些论文，如区域考古方面，自己完全不懂，没有发言权；有些文章拜读了，我感到有一个优点，就是并不停留在对历史现象的具体描述，并不只是就事论事，像昨天唐力行同志所说，陷入“琐碎化”，或者如池子华同志所说的“碎片化”，只是捡拾某些历史的碎片，而是从具体上升到一般，力图做到微观与宏观的结合，通过历史情景的具体观察和描述做出必要的历史判断，提出启迪心智的历史思考。历史研究的“琐碎化”，正是当前史学研究的一个值得注意的倾向，也是“后现代”史学影响的一个重要表现。在前几天刚刚结束的“纪念孙中山诞辰140周年国际学术研讨会”上，中山大学的桑兵教授也对这个问题发表了意见。他说：“历史研究的琐碎化倾向，越来越严重。大事、要人，越来越脱离人们研究的视线。如果那些具体的、微观的研究不加提炼、不加提升，这种历史研究究竟有多大意义，就很难说。”防止历史研究中的琐碎化倾向，是充分发挥史学社会功能的重要环节。

第四，这次会议开得既严肃认真又生动活泼；既开诚布公、直截了当地对不同意见进行讨论、争辩甚至批评，又实事求是、心平气和、尊重别人、充分说理。这是一个很好的会风，十分值得提倡。譬如，在关于区域史的定义上，徐国利同志的文章分析了对区域史的三种定义，但并不是简单地否定别人，而是提出自己的看法，也不是认为“唯我正确”。一个学术讨论会，如果没有不同意见的讨论、争论，大家各说各的；或者一有不同意见就气氛紧张，甚至意气用事，这就失去了“学术讨论会”的本意。大家常常谈“双百”方针，我是坚决相信“百花齐放、百家争鸣的方针，是促进艺术发展和科学进步的方针，是促进我国的社会主义文化繁荣的方针”的。可惜要真正做到这一点，还有很大的距离，还要做很大的努力。梁启超说：“学问非一派可尽。凡属学问，其性质皆为有益无害，万不可求思想统一，如二千年来所谓‘表彰某某，罢黜某某’者。学问不厌辩难。然一面申自己所学，一面仍尊人所学，庶不至入主出奴，蹈前代学风之弊。”[1] 梁启超强调，学问要“不厌辩难”，但在“辩难”的时候，一方面要“申自己所学”，另一方面则要“尊人所学”，这才是正确的态度。现在的状况是，在很多情况下，要么各说各的，互不交锋；要么一有不同意见，就势不两立，形同水火，尖酸刻薄，一触即跳。这实在是很缺乏学者风度。学者风度应该既要有追求真理的执着性，坚持真理的坚定性，又要有广泛吸取不同学术意见的包容性。我们提倡学术和谐，学术和谐绝不是不容许学术讨论，而是要有正确的态度去对待不同的学术意见，要真正而不是口头上贯彻“双百”方针。

加强区域史研究要着重树立几个观念

对于区域史的定义、区域史研究的理论和方法，虽然这次会议做了很好的讨论，取得了不少的共识，但这些问题，绝不是通过一两次会议就可以完全解决的。学术问题，不必要也不应该匆匆忙忙地做出大家必须遵守的结论。那么，连统一的定义都没有，是不是就没法进行研究了呢？是不是会妨碍研究工作的进一步开展呢？我以为不会。所有的理论，都是在实践的基础上产生的，都是对丰富的实践活动的总结、概括和升华。只有先开展广泛的、深入的区域史研究，才能够从中摸索、总结出区域史研究的客观规律，才能形成有价值、有指导意义的理论。也就是说，不是要等理论成熟了才去开展研究，而是相反，要在研究工作的开展中去创造理论、确立理论、丰富理论；不是等思想完全统一之后再去开展研究，而是在研究中逐步统一思想，统一认识。现在有些人对某个方面的问题，还没有进行认真的研究，就急急忙忙地要“构建”一个“理论框架”，然后把历史事实填充到他的“框架”里面去，其实这恰恰是违反学术规律的，所以往往同历史的真相大相径庭。

---

① 梁启超：《清代学术概论》。

在这次会议上，很多同志谈了自己研究区域史的各种体会，其中有许多是共同的体会。把这些共同的东西梳理一下，归纳一下，我觉得不失为是这次会议的思想成果、学术成果。我不自量力，想在这方面试一试，看看能不能归纳出几条来。给我印象较深的，似乎有这么几点：

第一，研究区域史，首先要强调树立特色观念。要着重发现和揭示这个区域同其他区域不同的特色、特殊的个性、特殊的规律性。徐国利同志的文章强调“区域的独特性”，唐力行同志在发言中强调要在比较中探求和揭示“区域的整体特征”，就都是这个意思。例如，安徽这个地方，生态环境、经济、政治文化、社会生活等方面，都有很多不同于别的地区的鲜明的特点，这就使得我们的区域史研究大有用武之地。特别是文化方面，我们这里保存着许多历史文化遗产，出过许多有重大历史贡献的文化名人，产生过一些著名的学术团体，出现过一些影响全国的文学派别。这些都是我们取之不尽的宝贵学术财富。

第二，要树立全局观念。不能就区域谈区域，把区域史的研究搞成封闭的、与世隔绝的、孤立自在的东西。我很赞成王巍教授“区域史研究必须跳出这一区域”的说法。事实上，区域的活动和发展，决离不开全国的大环境。自从国家产生以来，地区政权之上，都有一个中央政权。中央政权的统治，它所实施的政策，不能不对地区政权产生重大的影响。经济的变动，文化的发展，自然不可能脱离与全国特别是与周围地区的联系和相互影响。可以这样说，自区域文化形成之时起，各个区域文化之间就存在着互动的现象。所以，2007年社科基金中国史的课题指南中，就准备列入这样一个题目：《古代中国区域文化的互动研究》。如果研究区域史，眼光不离本区域一步，那样思路就不能开阔，就会有很大的局限性。唐力行教授也提到，20世纪30年代的世界经济危机，甚至影响到徽州的偏僻农村和普通农民的生活，所以他强调“区域史研究还是要注意整体性研究”。这个事实，也证明了陈谦平教授提出的“区域史研究要有国际化视角”的看法是很有道理的。任何一个地区都是在国家政权整体运作和制约下发展的，所以，缺乏整体观念，没有全局意识，常常会以偏概全，顾此失彼，是很难真正揭示历史的真实面貌的。史学前辈白寿彝先生曾经讲过这么一段话："所谓从整个历史发展看问题，一个是横着看，看在全国范围里起了什么作用，发生了什么影响；再一个是纵着看，看上下几千年。""从整个看问题，那才看得清楚，从局部看局部，怎么能看得清楚呢？"

第三，要有综合观念。区域史是研究区域社会的历史，而任何一个社会形态都是由各种相互联系、相互影响、相互制约的社会关系组合而成的。恩格斯说过："世界表现为一个统一的整体，即一个有联系的整体，这是显而易见的。"他还说："下面这个原理，不只对于经济学，而且对于一切历史的科学（凡不是自然科学的一切科学都是历史性的）都是一个起革命作用的发现：'物质生活的生产方式决定着社会生活、政治生活以及一般精神生活的过程'，在历史中出现的一切社会关系和国家关系，一切宗教制度和法律制度，一切理论观点，只有了解了与它们相对应的每个时代的物质生活条件，把它们从这些物质生活条件中引申出来的时候，才能了解。"① 在一封信里，他又强调，并不是只有经济状况才是社会发展的积极的原因，其实，政治、法权、哲学、宗教、文学、艺术等，虽然以经济发展为基础，但他们之间的"交互作用"同样为社会的发展开辟着道路。对于社会历史的这些带有根本性的看法，都要求我们把社会作为一个整体进行历史的观察。池子华同志在发言中强调，整体史是区域史研究的终极目标，要避免把历史现象和历史要素"碎片化"。所谓整体史，当然并非政治、经济、社会、文化等的简单相加。我们的史学前辈周一良先生说过："一个合格的历史学家应当既见树木，又见森林。即能由此而及彼，因小而及大，看到政治、经济、社会、文化等等不同领域之间的关联，看到纷繁错杂的历史现象之间的内在联系，看到历史是辩证地发展的。"这里说的是整个观察、认识、研究历史的方法，对于区域史来讲当然同样适用。

---

① 恩格斯：《论马克思的〈政治经济学批判〉》。

第四，要特别强调学科的交叉、渗透和融合。现代科学发展的一个重要特点和趋势是不同学科之间的渗透和联合，很多学术的创新正是通过这个途径实现的。但就历史学来讲，学科的分割正是一个大毛病，而且由来已久，痼疾难改。这种学科的分割，既表现在历史学这一学科的内部，又表现在历史学同其他相关学科之间。即使是历史学内部各二级学科之间，也往往是"鸡犬之声相闻，老死不相往来"，更不用说历史学同别的其他学科之间的关系了。昨天上午的开幕式上，朱泓教授讲到区域考古要和历史学之外的其他相关学科联合攻关，如文化学、民俗学、人类学、动植物学、环境学等。不仅区域考古是如此，区域史的其他方面同样要这样做，才能够开阔视野，拓宽领域，相互借鉴，相互促进。

以上几点，是会上谈得较多的，我把这些综合起来，希望不至于歪曲了大家的原意。

重视文明多样化是区域史研究的理论前提

区域史研究的一个理论前提，是对文明多样化的深刻认识。从广义来说，不论是物质文明、政治文明还是精神文明，各个国家、各个民族、各个地区，都要承认它的多样性。这个问题，在经济全球化趋势日益发展的今天，越来越具有重大的原则性意义。

在世界形势的新变化中，加速发展的经济全球化趋势是人们议论最多、也是认识最为分歧的一个问题。政治家、学者以及各方人士，对经济全球化的性质、内容和它可能产生的影响与后果，在认识上存在许多的歧异甚至尖锐的对立。因此，经济全球化将对世界文明的发展与前景产生什么样的影响，在这样的大环境下中国文化的发展路向又是如何，需要我们加以特别的关注和专门的讨论。

有的人期望并且相信，经济全球化必将带来文化的一体化，也就是说可以用经济全球化来推动资本主义意识形态的全球化。也有人认为，在经济全球化的条件下，中国要走向现代化，文化上就不能与“世界主流文化”亦即资本主义文化“格格不入”。毫无疑问，文化同经济、政治有着紧密的联系。经济全球化和信息网络化为各种异质文化间的接触、联系和交往，提供了前所未有的便利条件。在这种情况下，任何一个国家、任何一个民族的文化，同世界完全隔绝而孤立自在地存在，是根本不可能的。但是，文化并不等同于经济和政治，它们各自有着不同的本质特征。经济全球化虽然大大加强了国际经济、文化的联系和合作，但这绝不是说，经济全球化必然要削弱乃至泯灭各个国家民族文化的特色和本质特征，实现文化的趋同，甚至世界文化变成某种文化的一统天下。倒是相反，世界文明的发展进步，恰恰以各个国家和民族发展和丰富自己的文化特色和文化传统为前提，也就是说，客观上要求文明的多样化。这是因为，世界本来就是丰富多彩的，精神世界就更是如此。马克思曾经生动地论述过精神世界的客观多样性：“你们赞美大自然悦人心目的千变万化和无穷无尽的丰富宝藏，你们并不要求玫瑰花和紫罗兰发出同样的芳香，但你们为什么却要求世界上最丰富的东西——精神只能有一种存在形式呢?”① 文化就其本质来说，是同各民族的精神本性和历史传统紧密相连的，其中包括各民族的思想、文字、思维方式、伦理道德、风俗习惯、心理素质等。各国文明的多样性，是人类社会的基本特征，也是人类文明进步的动力。只有尊重各国的历史文化、社会制度和发展模式，承认世界文化多样性的现实，才能使世界的和平与发展得到可靠的保证。世界各种文明和社会制度，应当长期共存，在竞争比较中取长补短，在求同存异中共同发展。只有各国民族文化以各自特有的色彩争奇斗艳、竞相开放时，世界文明的百花园才能呈现出姹紫嫣红、满园春色的繁荣景象；如果文化只剩下了一种色彩，那只能意味着世界文明的萧条和衰退。那种认为国际发生“最持久、最暴虐”的矛盾对立的根本原因，是由于世界各种不同文明之间的相互冲突，尤其是西方文明同非西方文明的冲突的所谓“世界文明冲突论”，是对客观现实世界的曲解，

---

① 《马克思恩格斯全集》，中文1版，第1卷，7页。

它理所当然地遭到了国际上政治界和学术界的强烈批评。不久前，联合国教科文组织以148票赞成、2票反对的压倒多数通过了《文明多样化公约》，这件事极具象征意义地反映了世界舆论对文化霸权主义、文化单边主义的否定与对抗，以及对文明多样性的认同。

上面讲的是世界文明同各国国家的民族文化之间的关系。从一个国家的内部来说，情况当然有许多不同。但中华文明同各个地域文明之间，在不少地方也有着类似的情况。我们的历史悠久、源远流长的中华文明，正如江泽民同志所说："积千年之精华，博大精深，根深蒂固，是中华民族生命机体中不可分割的重要成分。中华民族在五千多年的发展中……创造了灿烂的中华文明，为人类文明进步作出了不可磨灭的贡献。"① 中华文明的多元化特征，正是在长期的历史发展过程中，通过各个民族、各个地区的人民努力奋斗、共同创造而逐步形成的。中华文明是各个地区文明的综合和融会贯通，离开了各个地域文明，中华文明也就成了无源之水、无本之木。同样，中华文明的发展，不是要抹杀甚至取消区域文明的特点，而是要在发展区域文明的基础上，使之得到进一步的繁荣昌盛。

最后，我还想跳出这次会议讲几句话。我这是10年中第三次来到安徽大学。1996年我第一次来安徽大学时，我曾深深地为安徽大学的党政领导及广大师生员工的奋发向上、艰苦奋斗的精神状态所感动；10年后的今天，我又为由这种精神力量转化而成的、包括硬件和软件在内的学校面貌的深刻变化和巨大发展而深深地感动。我衷心地祝愿，安徽大学，当然更包括安大的历史学科，能在现有成绩的基础上，得到新的提高，创造新的辉煌！

---

① 《江泽民文选》，第2卷，231页。

戊戌维新史研究的新突破*

在戊戌变法110周年的时候，中国社科院中国近代思想研究中心同中国人民大学清史研究所联合举办“戊戌维新与晚清社会变革”学术研讨会，我谨代表中国史学会，对这次会议的召开表示热烈的祝贺！

利用重大历史事件的周年纪念，举行学术活动，来推进学术研究的深入和发展，是一个行之有效的很好的形式。回顾一下中华人民共和国成立以来中国近代史领域的学术发展史，给我印象很深的是，第一个全国性的有关近代史的学术会议，是1961年举行的纪念辛亥革命50周年的学术讨论会。那次会议，可以说全国从事中国近代史教学与研究的许多同志都参加了，特别是史学界的老前辈，几乎都出席了。在此以前，史学界从来没有开过这样的会议。那次会对辛亥革命史的研究，对整个中国近代史的研究，起了极大的推动作用。提得高一点，是对于近代史学科发展具有里程碑意义的事件。其实，比这早一点，也就是在1958年，还开过一次纪念戊戌变法60周年的讨论会，不过这是一次小型的会议，参加的人很少，但规格很高，一些史学界的老前辈，如吴老即吴玉章同志、范文澜同志、侯外庐同志，还有刘大年同志、邵循正同志等都参加了。会后，汇集了会议的发言，出了一本很薄的小册子。只要读一读这本书，就可以看出，那次会对戊戌维新运动给予了充分的肯定和极高的评价。至少可以说，是运动发生以来，到那个时候为止，60年间，对戊戌变法所给予的最高的评价和最深刻的分析。吴老用自己的亲身经历，讲了他年轻时怎样受维新运动的影响，被梁启超那笔端常带感情的

---

* 本文是2008年10月11日在“纪念戊戌变法110周年学术研讨会”上的发言。

文章所吸引，所感动，爱国情怀和改革社会的思想，也正是在那个时候油然而生，等到孙中山的三民主义一起来，他就确立了革命的信念，成为同盟会的中坚人物；后来又与时俱进，信仰了马克思主义和共产主义，成为中国共产党的重要领导人。现在有的同志，从简单推理和想当然出发，认为当时既然受“左”的思想的干扰，就一定是推崇革命，贬斥改良，对戊戌变法取批判和否定态度的。我觉得这并不符合当时的历史实际。至于说对戊戌维新运动认识得充分不充分，那是另一个问题，人们总是要站在新的历史高度，对历史做出新的判断和认识。但那个时候，对戊戌维新运动，总的来说是充分肯定的，是给予积极评价的。这一点，只要读一读前面提到的那本论文集，就十分清楚。所以，实事求是，说起来容易，真正做到是很难的。有人批评那时贬低了戊戌变法，主要表现在这样一句话，就是说“戊戌变法的失败宣告了改良主义道路在中国走不通”。其实，这句话并没有错。不但康梁的道路走不通，孙中山的资产阶级共和国的道路也没有能走通，就是说，没有能改变半殖民地半封建的社会性质，没有改变中国人民受奴役、受压迫的悲惨境地，也没有能够使中国真正富强起来。所以后来有中国共产党领导的新民主主义革命，建立了中华人民共和国，建立了社会主义制度。即使这样，也并不是就此万事大吉了。对于什么是社会主义、怎样建设社会主义，仍然在艰苦地进行着探索。探索过程中，有成绩，有失误，甚至犯过大的错误，最后在总结经验教训的基础上，终于找到了一条有中国特色的社会主义道路。30 年的伟大实践，证明这条道路是能够实现中华民族伟大复兴的正确的道路。党的十七大报告指出：“中国特色社会主义道路之所以完全正确、之所以能够引领中国发展进步，关键在于我们既坚持了科学社会主义的基本原则，又根据我国实际和时代特征赋予其鲜明的中国特色。”

说过去的道路没有走通，绝不是说这些历史事件没有任何积极作用，没有做出自己的历史贡献，或者说没有重大的历史意义。事实上，没有戊戌维新的政治改革和思想解放，也就不可能有辛亥革命。没有辛亥革命结束了封建帝制，走向了共和，打通了历史进步的闸门，也就不会有中国共产党的诞生，以及党所领导的革命，当然中华人民共和国的建立也就无从谈起。胡锦涛同志在党的十七大报告中总结改革开放 30 年的历史经验时，特别强调："我们要永远铭记，改革开放伟大事业，是在以毛泽东同志为核心的党的第一代中央领导集体创立毛泽东思想，带领全党全国各族人民建立中华人民共和国、取得社会主义革命和建设伟大成就以及艰辛探索社会主义建设规律取得宝贵经验的基础上进行的。新民主主义革命的胜利，社会主义基本制度的建立，为当代中国一切发展进步奠定了根本政治前提和制度基础。"所以，各个推动了社会前进的历史事件，就像一根链条的一个个环节，环环相扣，缺了其中的一环，整个链条就散了。前面的斗争又像是一块块奠基石，没有这些奠基石，胜利的大厦也盖不起来。这就是我们常说的历史主义的态度。哲学家常常喜欢讲一个吃烧饼的故事：一个人，肚子饿了，买烧饼来吃。一个，两个，一直吃到第五个，饱了。这个人很后悔，说："早知道这样，我一上来就吃第五个烧饼就好了，那可以省多少钱!"因为最后的成功就否定过去斗争的积累，否定过去的历史功绩，就像这位只要吃最后一个烧饼的朋友一样。所以，我觉得历史学家应该要比哲学家更多地讲这个吃烧饼的故事。

我觉得这次会议的主题——"戊戌维新与晚清社会变革"，出得非常好。好在哪里呢？好在一下子把研究的视野拓展了，把研究的内容丰富了。从会议提供的论文看，的确对戊戌新史的研究有了新的发展、新的突破。"社会变革"，包含的内容很多，范围很广，至少应该包括政治、经济、思想、文化、社会生活几个方面。因为戊戌维新是个政治改革运动，所以以往在政治方面研究得多些；戊戌维新又是一个思想解放运动，所以以往在思想史方面涉及的也不少。但是在其他领域的变革，谈得就比较少，应该说，还有很大的扩展余地。例如经济方面，大家知道，生产力是社会发展的最终决定力量，而生产关系则是社会对于政治、法律、宗教、艺术、哲学的观点，以及适合于这些观点的政治、法律等制度赖以存在的经济基础。研究一个社会的发展变革，不从经济方面入手是很难说得清楚的。

拿戊戌维新来说，如果没有前半个世纪经济领域的巨大变动，没有新的经济关系的产生和积累，戊戌维新运动的发生是不可能的。在戊戌变法中，虽然政治问题被摆到了最重要的位置，但经济问题也是人们关注的重要内容。对于经济特别是工商业在社会生活中的地位和作用，正是在这个时候让人们达到了新的认识。“商战”的口号也是在这个时候被最响亮地提了出来。尽管在实际经济政策上没有很多的举措，但确实为后来的经济变革打下了重要的思想基础和社会基础。再说社会生活，这是反映一个历史时期社会风貌、精神风貌的最生动、最直观、最形象的内容；社会生活的变革，可以说是整个社会变革的温度计和晴雨表，最精确又最深刻地反映着社会变革的深度和广度。中国传统文化一向把包括风俗在内的社会生活看作关乎国家治乱的大事。顾炎武在《日知录》中说：“风俗者，天下之大事。”在一封信中又说：“治乱之关，必在人心风俗。”事实上，戊戌维新时期，一些人、一些组织，如谭嗣同等组织的延年会，就专门致力于社会生活的改革。戊戌维新运动怎样和在多大程度上使普通老百姓在社会生活乃至思想观念上发生了变革，这实在是一个非常有意思的研究领域。

戊戌维新运动是一个研究很久、为大家广泛关注、已经有了很多高水平的学术成果的老课题。这种情况带给我们的影响其实是两方面的。一是有利的方面，研究成果多了，研究基础好了，研究起点高了，就更便于我们在一个很好的起点上做出新的前进。人们常说，只有站在巨人的肩膀上才能摘取更加辉煌的学术成果。我体会，这里所说的“巨人”，很大程度上并不是指某一个人，而是指前人，我们的学术前辈。正确地吸取他们的学术成果，然后拿过接力棒，继续前进，就会创造出前所未有的学术成就。另外也有带来困难的一面，很多问题已经讨论过了，很多问题也已经研究得相当深入了。也就是说，在这个领域，要像小平同志说的那样，真能够说一点“新话”，就很困难了。在这种情况下，就特别要强调学术的创新。如果没有像中央提出的“学术观点的创新、学科体系的创新和科研方法的创新”，只是一味墨守成规，陈陈相因，对前人亦步亦趋，人云亦云，那就很难在学术上做出具有原创性的成果。

我曾经发表过一个看法，认为“创新就是对传统的超越”，只有在认真研究传统的基础上，继续前进，才能超越传统，在学术上做出新的突破、新的创造。但超越传统，绝不是对传统做简单的颠覆和彻底的否定，而是对传统做具体的、辩证的分析，取其精华，弃其糟粕。我想，这应该是学术发展的正确途径。

谢谢会议组织者给我这样的发言机会。再一次预祝会议取得圆满的成功！

推进灾害史研究的紧迫性*

今天，我们相聚在美丽的春城昆明，相聚在具有悠久历史和学科特色的著名学府云南大学，共同来研讨“西南灾荒与社会变迁”这样一个主题，对于灾害史这个学科领域来说，称得上是一次学术盛会。

改革开放以来，随着我国经济、社会的快速发展和综合国力的大幅提升，随着政治大环境和学术大环境的不断优化，人文社会科学也得到了巨大的发展和长足的进步。回顾30年的历史，我们可以毫不夸张地说，灾荒史研究，同其他学科相比，是在一个起点相对较低的条件下取得了同样的、甚至可以说是更加迅速的发展。这确实是一个了不起的、值得自豪的成就。这主要表现在：社会和学术界对灾荒史学科地位和作用的认识越来越高，关注和支持的程度越来越大。发掘、整理了一大批内容丰富的珍贵历史资料，完成并出版了相当数量具有创新意义的研究成果，使灾荒史学科的理论框架逐步清晰，学术内容日益充实，资料依据更加充分，在学科建设上迈出了决定性的步伐。形成了一支结构合理、学风严谨的专业队伍。同国外同行之间的学术交流日趋活跃。正因为这些，中国灾荒史研究吸引了国内外学术界的广泛关注，使他们对这一领域产生了浓厚的学术兴趣。

这些成就的取得，当然不是偶然的，而是有着种种主客观原因的。如果简单地说，可以用三句话来表达：一是强烈的社会需求，二是观念的深刻转变，三是学科社会功能的充分发挥。

---

* 本文是2010年8月20日在第7届中国灾害史年会国际学术研讨会开幕式上的发言，收入《中国西南地区灾荒与社会变迁》，昆明，云南大学出版社，2010。

学术发展史告诉我们，任何一种学术，任何一个学科，只有存在着巨大的社会需求，并且这种需求越来越深刻地为社会所认识和了解时，才可能得到迅猛的发展和进步。社会需求是推动学术发展和繁荣的最有力的杠杆。人们谁也不会忘记，近年来发生的那些突发性灾害：国内从1998年夏天的全国性洪涝巨灾，到2003年春夏的“非典”流行，再到2008年5月引起全民族巨大悲痛的汶川大地震，再到今年春的玉树地震，一直到现在正在经历着的由于极端天气条件造成的多发性洪涝灾害（按照回良玉同志的说法，这次灾害“受灾范围之广、洪水量级之大、出现险情之多、灾害损失之重，均为历史罕见”），特别是刚刚发生的甘肃舟曲县突发性特大山洪泥石流地质灾害；国外从2004年岁末印度洋地震引发的大海啸，到前些年发生的导致21万余人罹难的海地大地震，到前两年全球范围的甲型流感大流行，一直到现在仍在肆虐的葡萄牙、俄罗斯的森林大火及大面积旱灾，巴基斯坦的严重洪灾。所有这些，是如此惊心动魄，扣人心弦，它们无时无刻不在提醒我们，自然灾害是人类生存和发展的巨大威胁和障碍。

当今世界，科技进步日新月异，经济发展一日千里，社会面貌瞬息万变。这种情况，对于人和自然的关系来说，对于社会和自然灾害的关系来说，其实是一把双刃剑。一方面，科技进步和经济发展，极大地增强了人类“为自己创造新的生存条件”的能力，增强了抵御自然灾害，有效地防灾、抗灾、救灾的能力。但另一方面，由于人类不恰当地对待自然界，迅速发展的科技和经济反而加速了生态环境的恶化，使自然灾害的发生频率日益增高，灾害造成的人员伤亡、财产损失和社会影响也越来越严重。

正因为这样，保护生态环境，应对气候变化，加强防灾减灾，就成为全人类必须共同面对的重大课题。灾害史的研究也就越来越凸显出其紧迫性和重要性。

从我国的国内情况来说，进入21世纪以后，全党、全国人民在总结改革开放和社会主义现代化建设的历史经验，吸取世界上其他国家在发展中的经验教训的基础上，对国家和社会的发展问题，达到了一个新的认识，提出了以人为本，全面、协调、可持续的科学发展观。其中，“统筹人与自然和谐发展”“促进人与自然的和谐，实现经济发展和人口、资源、环境相协调，坚持走生产发展、生活富裕、生态良好的文明发展道路，保证一代接一代地永续发展”“建立良好的生态环境”，成为科学发展观的重要组成部分。而这些，正是灾害史应该着重关注和研究的主要内容。

当然，灾害史学科能够受到社会的关注和人们的重视，同我们广大灾害史的研究工作者的潜心钻研、刻苦努力是分不开的。正是由于大家的辛勤劳动，使得社会真正感到这门学问能够为现实生活提供历史借鉴和智力支持，这才使灾害史学科得到了自己的用武之地。俗话说：“有为才能有位”，某个学科的学术价值，只有靠自己的学术研究和学术贡献来证明，来取得。这里我可以举一个例子：正因为大家做出了成绩，最近几年，国家社科基金每年中国历史学的课题指南，几乎都有关于灾害史的项目。这当然一方面表明国家和社会对灾害史研究的需求，另一方面也是对灾害史研究者工作的肯定。

同志们：我们都是灾荒史研究的同行。过去有句老话，叫作“同行是冤家”，还有一句话叫作“文人相轻”。这两句话当然并不是普遍规律，但也在一定程度上多少反映社会生活的实际。但是，只要我们大家都有着一种强烈的历史责任感，只要我们大家都努力弘扬实事求是、尊重客观历史真实的优良学风，只要我们大家都有追求真理、捍卫真理、又善于尊重和容纳学术多样性的学者风度，只要我们能够多搭建一些像这次会议一样进行学术交流、信息互通、成果共享的学术平台，上面那两句话就可以各改一个字，“同行是冤家”变成“同行是一家”，“文人相轻”变成“文人相亲”。只要我们的队伍是团结的，同心同德的，朝气蓬勃的，我们就一定会在新的世纪里为灾害史的研究做出新的历史性贡献！

拓展与深化中国当代社会史研究*

改革开放以来，社会史研究的迅速兴起和巨大进步，是中国历史学发展的鲜明特征之一。社会史研究的活跃和深化，大大扩展了史学研究的视野，丰富了历史现象和历史场景的再现，加深了对社会历史的认识和理解。马克思曾经说过："现代历史著述方面的一切真正进步，都是当历史学家从政治形式的外表深入到社会生活的深处时才取得的。"① 马克思的这句话，非常深刻地讲清了社会史研究在整个史学研究中的地位和作用，揭示了加强和发展社会史研究的重要意义。

近年来，中华人民共和国史研究取得了飞速进步，成绩斐然，这是有目共睹的。但是，同历史学的其他学科相比，中国当代社会史的研究，似乎相对薄弱，人们关注的程度还稍嫌不足。出现这样的情况也并不奇怪。新中国60余年的历史，有那么多重大政治事件吸引着人们的注意力，经济社会生活发生了那么多翻天覆地的变化，学者当然会首先把研究精力集中到政治史、经济史方面去，因为毕竟经济发展程度是社会前进的主要尺度，而政治制度和政治举措则是社会状况的集中体现。事实上，中国古代史和近代史，也是在长期以政治史和经济史作为研究主体之后，才出现了所谓的社会史热和文化史热。正如世界上任何事情都有两个方面，中国当代社会史研究的相对薄弱，这当然是一个不足；但如果我们用积极的眼光去看待这一现象，就可得出这样一个结论，即中国当代社会史是一个

---

* 本文系2011年10月在保定参加由中国社会科学院当代中国研究所、中华人民共和国国史学会与河北大学联合举办的"新中国社会变迁与当代社会史研究"学术研讨会上的讲话。

① 《马克思恩格斯全集》，中文1版，第12卷，450页。

具有巨大发展前景和宽广发展余地的领域，是一片学者可以纵横驰骋、大有作为的广阔天地。

拓展与深化中国当代社会史研究，应该特别注意一些什么问题呢？我根据自己的一些体会谈一点想法，同大家一起讨论。

第一，中国当代社会史研究要毫不动摇地坚持唯物史观的指导。说起这个问题，我觉得有一种现象很不正常。本来，马克思主义作为我们党和国家的指导思想，这是正式写进《中华人民共和国宪法》和《中国共产党章程》的。社会主义核心价值体系的基本内容，首要的一条就是马克思主义的指导思想。刘云山最近在全国宣传部长会议上强调要“壮大主流舆论”。那么，什么是“主流舆论”呢？在社会主义国家，“主流舆论”当然是马克思主义，在历史学领域，就是历史唯物主义。但现在却造成这样一种氛围，谁提倡或者宣传一下唯物史观，就会被认为是“不合时宜”，就要承受巨大压力，甚至需要相当的勇气。在有些人的眼里和嘴里，唯物史观几乎是“僵化”和“左”的同义语。其实，历史本来就是一个客观存在，但任何人对历史的观察、认识和诠释必定由某种历史观所支配，不是这一种历史观，就是另外的某种历史观。

实践证明，唯物史观并不能代替历史研究，也没有穷尽真理，但确实为探究历史真相、发现历史规律提供了最科学的观点和方法。关于这个问题，钱学森曾做过重要论述。他说：“人不懂历史唯物主义，就会是愚蠢的人。”“马克思主义哲学是人类智慧的结晶，是法宝，是尚方宝剑，你不要这个东西是要吃亏的。”“应用马克思主义哲学指导我们的工作，这在我国是得天独厚的。从我个人的经历中，我的确深有体会：马克思主义哲学确实是一件宝贝，是一件锐利的武器。我们在搞科学研究时（当然包括交叉学科），如若丢弃这件宝贝不用，实在是太傻瓜了！”由这几句话可以看出，钱学森在谈到历史唯物主义或马克思主义哲学时，不是一般地讲这个理论如何重要，如何正确，而是强调“不懂”“不要”“不用”这个理论，实在太傻了，太愚蠢了，是要吃亏的。这么好的“法宝”、“宝贝”和“锐利武器”，为什么丢弃不用呢？这多么可惜呀！完全是一种惋惜的口吻，并且说明这是他自己切身经历的深刻体会。由此亦可探知，他讲这个话，完全不是像有些人所说，是“迫于”某种“政治压力”，而是发自内心的由衷之言。

对于唯物史观，国外亦有学者做了较为客观的中肯评述。如20世纪70年代，联合国教科文组织决定要编一套“社会科学和人文科学研究主要趋势”系列丛书，其中的历史学卷委托英国当代著名历史学家杰弗里·巴勒克拉夫负责。他执笔起草后，经过集体讨论，写出了《当代史学主要趋势》一书。这部书在谈及马克思主义对史学研究的作用与影响时说：

> 马克思主义作为哲学和总的观念，从五个主要方面对历史学家的思想产生了影响。首先，它既反映又促进了历史学研究方向的转变，从描述孤立的——主要是政治的——事件转向对社会和经济的复杂而长期的过程的研究。其次，马克思主义使历史学家认识到需要研究人们生活的物质条件，把工业关系当作整体的而不是孤立的现象，并且在这个背景下研究技术和经济发展的历史。第三，马克思促进了对人民群众历史作用的研究，尤其是他们在社会和政治动荡时期的作用。第四，马克思的社会阶级结构观念以及他对阶级斗争的研究不仅对历史研究产生了广泛影响，而且特别引起了对研究西方早期资产阶级社会中阶级形成过程的注意，也引起了对研究其他社会制度——尤其是奴隶制社会、农奴制社会和封建制社会——中出现类似过程的注意。最后，马克思主义的重要性在于它重新唤起了对历史研究的理论前提的兴趣以及对整个历史学理论的兴趣。①
>
> 1930年以后，马克思主义的影响广泛扩展，即使那些否定马克思主义历史解释的历史学家们（他们在苏联以外仍占大多数），也不得不用马克思主义的观点来重新考虑自己的观点。②

一个既不是共产党员、也不是马克思主义者的西方当代著名历

---

① 杰弗里·巴勒克拉夫：《当代史学主要趋势》，27页。

② 同上书，32页。

史学家，对唯物史观是这样的看法，我们大概不能说他是“左”或者“僵化”，这是很值得我们深思的。

第二，中国当代社会史研究一定要着眼全局，抓住要领，紧紧把握中华人民共和国历史发展的主题和主线、主流和本质，从中展开纷繁复杂的社会现象的深入发掘与分析。在一定历史时期，大至社会变迁、社会管理，中至社会风习、社会心理，小至人们的饮食起居、衣着打扮、家庭婚姻、人际交往，以及文化生活、宗教活动等所有社会现象，都是历史本质的具体而生动的反映，也都离不开那个时代社会制度和政权性质的制约与影响，同时又对当时的政治、经济产生巨大作用。因此，社会史研究决不能就事论事，支离琐碎，把形形色色的社会现象看作一个个孤立事件的堆积，只见树木，不见森林。

事实上，任何一种历史现象，离开了历史大环境，不把它放到特定的历史背景中去观察，常常会变得无法理解，或做出错误判断。现在有一种时尚，即有些人在后现代主义史学的影响下，流行把历史所谓“碎化”或“碎片化”，大家热衷于去具体研究、描述一个个很细小、零碎的历史现象，认为这样才是对历史真面目的挖掘。这种现象在社会史研究中尤为突出。亦有学者把社会史仅仅理解为社会生活史，以为社会史只应该研究人们日常生活的具体表象，把研究对象及研究内容同宏大历史环境和事件隔绝开来。我以为，以上种种均是对社会史的误解。中国当代社会史研究一定要努力避免这种倾向。毫无疑问，理论思维不能建筑在空想的基础上，必须以丰富的、真实的历史现象为前提，为对象，否则就是胡思乱想，就是唯心主义。但如果只满足于罗列或者捡拾一些历史碎片，也绝不可能触摸到历史的本质。

第三，要尊重历史、敬畏历史，发扬实事求是的优良学风。众所周知，学风浮躁已经成为学术发展的严重制约因素。当然，造成学风浮躁的原因很多，有很复杂的社会根源，但不管有什么客观原因，对于我们史学工作者来说，尊重历史、敬畏历史，把历史真实作为治史的最高准则，都是史德的一个最起码又是很难做到的标准。

任何人只要不是在详细占有材料、把握事实总和的基础上去叙述和分析历史，而是像列宁所说的胡乱抽出一些个别事实和玩弄实例，那么事实就只能是一种儿戏，或者甚至连儿戏也不如。比如，有一本畅销书在讲到辛亥革命发生的社会背景时说，辛亥革命前，中国社会是很稳定的，“经济得到很大的恢复发展”，财政收入大幅度增加，“工商业呈现兴旺景象”，社会治安良好，所以，“革命形势一直都不够成熟”“这个革命的发生，多少有点偶然性”。这个说法，完全不顾革命派连篇累牍对当时亡国灭种民族危机的强烈呼喊，对清王朝腐朽统治的深刻揭露；不顾立宪派对国家命运的巨大忧虑和对政治改革的迫切要求；也无视外国人士对这场革命无法避免的种种预言和警告；甚至不顾清王朝当权者关于当时局势已经“人心土崩，国事瓦解”“气数已尽”的哀叹，只是靠自己的主观臆想编造出来的，离历史的真实实在是十万八千里。我想，任何一位严肃的、有学术良知的史学工作者，一定会毫不犹豫地摒弃这种不良学风。

第四，要旗帜鲜明地同历史虚无主义划清界限。近年来，历史虚无主义十分泛滥，搞乱了许多历史问题。历史虚无主义的主要表现：一是鼓吹“告别革命”论，否定中国人民为争取民族独立和人民解放而进行的反帝反封建斗争；二是把五四以来中国人民选择社会主义道路视为脱离所谓的“以英美为师”的“近代文明的主流”而误入了歧途；三是肆意歪曲中国共产党领导的革命和建设的历史，把它说成是一系列错误的堆积，描写成一团漆黑，并极力丑化甚至妖魔化革命领袖和为革命献身的志士仁人。针对这种情况，习近平曾于全国党史工作会议上的讲话中强调指出：“坚决反对任何歪曲和丑化党的历史的错误倾向。这是党史工作必须遵循的党性原则，也是每一个党史工作者应该履行的政治责任。”

历史虚无主义影响的重灾区，正是中国共产党和中华人民共和国历史。对于这个错误思潮，金冲及曾不无担忧地指出：“现在有一些书刊似乎只津津乐道这段历史（改革开放之前30年的历史——引者注）中的消极方面，仿佛那些年只充满一片黑暗，而对当年举国上下热气腾腾地建设新社会和新国家那些激动人心的往事却抱着奇怪的冷漠态度，以为那都是‘老一套’，不值得再多说。有的人还把一些道听途说以至任意编造的‘故事’当作信史，加以渲染。他们企图留给人们这样一种印象：中国共产党在这段时期内所作的，无非只是一个运动接着一个运动，整了一批人又整了一批人，别的就没有做什么好事。这种误导积以时日可能造成的恶果，从苏联东欧剧变的历史悲剧中已可以看到不少惊心动魄的事例，值得深思。”①

特别是在社会史领域，历史虚无主义通过歪曲或捏造事实，做出某些错误结论，达到某种政治目的。在这里，可以《墓碑——中国60年代大饥荒纪实》一书为例略加说明。在该书中，有这样一段话：“我参照中外多方面的资料，确认从1958年到1962年期间，中国饿死3 600万人。因饥饿使得出生率降低，少出生人数为4 000万人。饿死人数加上因饥饿而少出生的人数，共计7 600万人。”“饿死3 600万人是一个什么样的概念？这个数字相当于1945年8月9日投向长崎的原子弹杀死人数的450倍。”“这是中国历史上所有的灾荒都望尘莫及的数字。”对于这样的说法，台湾的李敖先生给予了批驳。他说：“有些人攻击毛泽东的‘大跃进’和‘文化大革命’死了多少人。其实这种谣言任何人只要用脑袋想一想就会不攻自破。比如，海外说‘大跃进’饿死了3 000万人。要知道，当时中国只有6亿人口，如果饿死3 000万人，就等于20人中饿死一个。换句话说，几乎家家都有亲戚在‘大跃进’中饿死。如此大量的死亡数字必定会引起全国震动。人们不妨看看周围，每百家有几家在‘大跃进’中死过人？这样就很容易知道此种说法是何等荒谬！而在旧中国，饿死人的数量是惊人的，仅1945年湖南就有500万人饿死。”从这个事例可以看出，任何人只要不抱偏见，以客观公正的态度去对待历史，就能够接近或把握历史的真实，而一旦出于某种政治目的，以历史虚无主义为手段，就不能不曲解、涂改甚至伪造历史。

第五，发展当代社会史，最根本的是要加强学术队伍建设。说实话，如果没有人，没有一支兵强马壮的队伍，学科的发展只不过

① 金冲及：《谈谈〈中国共产党历史〉第二卷》。

是一句空话。我们所说的队伍，实际包括两部分人：一部分是广大的国史研究工作者，他们在研究中华人民共和国历史的时候，研究政治、经济、文化、思想等问题时，不可避免地会涉及社会史这个领域，要吸引更多的人来关注、参与和加入社会史重大问题的研究与讨论。更重要的是，要逐步培养、团结和凝聚一批专门从事中国当代社会史研究的专业队伍。这两部分人，前者要求其广，后者要求其精。要建设和壮大一支专业队伍，需要热心人，或者有志于此的专业单位，在自己做出学术成绩的同时，做许多工作，创造各种机会，提供各种平台，也就是说要有人起来挑头做深入细致和艰苦烦琐的组织工作。同时，还应逐步形成几个以研究中国当代社会史为特色的研究中心或研究基地。在这方面，已有高校和科研机构做了探索，值得提倡。

以上对于如何发展和推进中国当代社会史研究，我讲了五点个人意见。应该说明，我的专业主要是晚清史，对于中华人民共和国史，我没有研究，难免有一些外行话，讲错了的地方，请大家批评。

换个角度思考*

孙中山和他领导的辛亥革命，在中国近代史范围内，是最受人们关注、研究得最充分、学术成果也最丰硕的一个领域。有的著作把孙中山研究称作“国际学术界的一门显学”。2001年出版的《孙中山评传》①，引用一位学者对我国大陆地区孙中山研究状况的描述：中华人民共和国成立后的17年，研究孙中山的论文600篇左右。“新时期以来，论文总数已逾两千，研究专著也已由前十七年的不足几十部，增至百部左右；学术会议包括国际会议不断；专门学术研究机构频频出现。”（2页）这里的一些数字，还不包括辛亥革命的研究在内。这种状况，对这个领域学术的进一步发展，会产生两个方面的影响：一是基础扎实，积淀丰厚，学术起点高。这就为学术的继续前进提供了一个肥沃的土壤。但同时，正因为学术起点高，许多问题都已有人研究过了，很多话也已有人说过了，要想说点新话，提出一种新的观点，找出一个新的视角，发掘一些新的史料，就比较困难了。也就是说，在这个领域，要取得新的进展、新的突破、新的收获，对历史做出一点新的分析、新的判断、新的认识，不经过艰苦的努力是难以做到的。

但这种情况，绝不是说孙中山以及辛亥革命的研究已经差不多了，已经没有多少事情可做了，已经快要“功德圆满”了。历史是个客观存在，它的本来面目是不以人们的主观意志为转移的，是不可能随便改变的。但对于历史的认识、领悟、解读，则总是会随着

---

* 本文是2010年11月12日在“孙中山·辛亥革命研究回顾与前瞻高峰论坛”上的发言，收入《孙中山·辛亥革命研究回顾与前瞻高峰论坛纪实》，北京，社会科学文献出版社，2011。

① 南京，南京大学出版社，2001。本文以下凡引自此书者，只注页码。

时代的发展，在新的时代高度做出新的判断。人们既不可能网罗所有历史资料，也不可能穷尽一切历史真理，因此，也就不可能对包括孙中山及辛亥革命在内的任何历史问题达到终极的把握。这就是为什么恩格斯要强调我们对于“人类历史”的认识，总是“不完整的、没有完成的”缘故。昨天（2010 年 8 月 12 日）的《中国社会科学报》恰好发表了彭剑先生的《辛亥革命研究之当为与可为》，文章强调尽管辛亥革命的研究成绩斐然，但“迄今为止远未达到透彻的程度”，“辛亥革命这门学问尚在年轻阶段”，“前辈学人对这场革命的研究尚远未达到透彻的地步”。因此，“对于辛亥革命之研究，不但应当有所作为，而且可以有所作为”。我以为这个看法是颇有见地的。

我们也许可以沿着这个思路谈一点想法。

有关孙中山的著作，说多也算多，说少其实也很少。我们可以比较一下：据记载，世界各国出版的关于拿破仑的著作，有数千种之多，其中相当一部分是拿破仑的历史传记。而孙中山的传记，据《孙中山评传》所列，连同年谱在内，共计只有 10 种。鲁迅曾经用“简直像法国人不知道拿破仑一样”形容一个人最起码常识之缺乏，但中国人不知道孙中山的恐怕还是大有人在。拿破仑是法国的杰出人物，孙中山是中国民主革命的先驱和民族英雄，他们的历史作用尽管不同，但在各自国家乃至世界上的历史地位，应该是不相上下的。而对于这两位历史人物的研究和宣传，竟有如此之大的差别，这不能不值得我们深思。

20 世纪，中国产生了三位站在时代前列的伟大人物：孙中山、毛泽东、邓小平。中国人民在前进道路上经历了三次历史性的巨大变化：辛亥革命、中华人民共和国成立、改革开放。这三个伟大人物和三次历史巨变之间，存在着既继承又发展的辩证关系。毛泽东同志说：“现代中国人，除了一小撮反动分子以外，都是孙先生革命事业的继承者。”① 胡锦涛同志在党的十七大报告中说：“改革开放

① 毛泽东：《纪念孙中山先生》。

伟大事业，是在以毛泽东同志为核心的党的第一代中央领导集体创立毛泽东思想，带领全党全国各族人民建立中华人民共和国、取得社会主义革命和建设伟大成就以及艰辛探索社会主义建设规律取得宝贵经验的基础上进行的”，“是以邓小平同志为核心的党的第二代中央领导集体带领全党全国各族人民开创的”。这两段话，深刻揭示了三位历史伟人和三个重大历史事件之间内在的、有机的联系。中国怎样从旧民主主义革命发展到新民主主义革命、再发展到社会主义革命和社会主义建设？中国是怎样挣脱封建君主专制主义而走向共和的？之后又怎样从资产阶级共和国改弦更张为社会主义共和国？在寻找中国特色社会主义道路上经历了怎样的艰苦探索和顽强奋斗？中国特色社会主义理论体系在形成过程中吸取、扬弃、改造了哪些思想资料？要从源头上弄清这些问题，都离不开对孙中山及辛亥革命的进一步深入研究。前年，我们满怀豪情地纪念了改革开放 30 周年。去年，我们欢欣鼓舞地庆祝了中华人民共和国成立 60 周年。明年，我们将隆重纪念辛亥革命 100 周年。我们回顾历史，牢记历史，为的就是更加深刻地了解百余年来中国人民走过的这一条历史必由之路，更好地高举中国特色社会主义伟大旗帜，为实现中华民族伟大复兴而努力奋斗。从这个意义上说，进一步深化和拓展孙中山及辛亥革命的研究，显然有着现实需要的重要性和紧迫性。

茅家琦教授在论述孙中山的研究状况时，用了“繁荣有余，争鸣不足”八个字加以概括，我以为是基本准确的。不过，“争鸣不足”，必然会在一定程度上损害“繁荣”，使“繁荣”打上某种折扣。这是因为，学术的繁荣，不仅表现在研究成果数量之多少，还表现在思想活跃的程度、相互讨论甚至争辩的风气是否浓厚、学术环境是否健康等，这些就是属于“争鸣”的范围。毛泽东同志说：“讲学术，这种学术也可以讲，那种学术也可以讲，不要拿一种学术压倒一切。你讲的如果是真理，信的人势必会越来越多。”① 真要做到这一点，是很不容易的。20 世纪 50 年代，党提出“百花齐放、百家争

① 《毛泽东文集》，第 7 卷，55 页。

鸣”方针，认为这是“促进艺术发展和科学进步的方针，是促进我国的社会主义文化繁荣的方针”，这本来是一个十分重要十分可贵的认识上的飞跃。实行了一段，一时间学术上果然出现了生气勃勃、欣欣向荣的喜人景象。可惜由于政治上“左”的干扰，这个方针没有能很好地继续贯彻下去。

本来，拨乱反正，清除了“左”的思想后，应该回到正确的道路上，重新用大力气贯彻“双百”方针。但现实状况却并不尽如人意。主要表现在：一、“百家争鸣”这个口号虽然还在提，但力度不够，更没有采取切实有效的措施来贯彻实行。二、学术研究大都是各说各的，很少有认真的讨论和争辩。三、偶有辩论，则争论双方火气很大，甚至实行人身攻击（当然也不排除少数有意的炒作），却淡化了学术内容。可以说，真正意义上的学术争论，实在是凤毛麟角，离形成风气还有很大距离。

“百家争鸣”为什么开展得不理想？我觉得原因有三：一是怕重犯“左”的错误；二是对小平同志“不争论”的“发明”存在误解；三是浮躁学风，妨碍着认真的、严肃的、深入的学术争论的开展。

我们可以具体分析一下。过去在处理学术问题上的“左”，主要表现在三个方面：一是是非标准的颠倒；二是无限上纲，混淆学术问题与政治问题的界限；三是言者有罪，一旦被认为有问题，跟着一系列行政处罚。我们只要坚决防止这几点，是完全可以同“左”的一套划清界限的。至于小平同志讲的“不争论”，是有特定的指向的，他不仅从来没有说学术问题不应该争论，相反曾多次讲过要提倡学术问题上的自由讨论，强调指出：“我们要坚持百家争鸣的方针，允许争论。不同学派之间要互相尊重，取长补短。要提倡学术交流。”① 至于优良学风的提倡，已经引起了学术界的广泛关注，这当然是要经过锲而不舍的努力才能见到成效的事，绝不是一蹴而就即可见效。

坚持“双百”方针，既包括不同学术观点之间的相互尊重、共

① 《邓小平文选》，2版，第2卷，57页。

同切磋、平等讨论，也包括对一些事关原则的问题分清理论是非，通过分析的、说理的方法对错误观点进行有根有据、实事求是的批评。我们正处在一个思想大活跃、观念大碰撞、文化大交流的时代。这样一个大环境，不是减轻而是大大增加了我们正确分辨、积极引导社会思潮的历史责任。就像十七大报告要求的："既尊重差异、包容多样，又有力抵制各种错误和腐朽思想的影响。"努力在多元中立主导，在多样中谋共识。对于历史虚无主义在中国近代史研究特别是孙中山及辛亥革命研究中的种种反映和表现（如指责辛亥革命"革糟了""带给中国很深的灾难""给社会带来各种破坏"；辛亥革命的领导者孙中山应该对民初的"社会动乱"负责；给袁世凯带上"共和元勋"的桂冠，认为中华民国的诞生不是孙中山而是袁世凯的功绩，袁世凯是"坚决抵制和反对二十一条"的爱国者；宣称今天的任务仍是继承慈禧太后的"宪政遗志"；等等），虽然在专业史学工作者中间没有多大的市场，但在社会上尤其是青年学生中却有不小的影响，造成了历史的是非颠倒，形成了严重的思想混乱，严肃的学术工作者理应做出有说服力的正面回应。

从上面这些情况看，说孙中山及辛亥革命研究不仅大有可为，而且任重道远，大概不算过分。

学术创新的艰辛*

创新是一个民族进步的灵魂，是一个国家兴旺发达的不竭动力。对于学术而言，创新也是学术发展的本质要求。学术的发展，从根本上说，无非是对未知的探求。如果一味因袭前人、墨守成规，亦步亦趋、人云亦云，因循守旧、故步自封，那学术就没有了生命力，没有了活力。鲁迅曾经把文化的发展比作“长江大河的流行，无法遏止，假使能够遏止，那就成为死水，纵不干涸，也必腐败的”①。学术同样不能永远“维持现状”，而必须不断创新，这样才能始终奔腾向前。客观世界是千变万化的，人们对客观世界的了解和认识也应该不断地发展变化；社会实践是永无止境的，理论创新和学术创新也就没有止境。

拿历史学专业来说，这本来是一门研究既往岁月的学科，它的考察对象是过去的人和事，一切似乎早已尘埃落定。但是不是因此就可以率循成说，不需要进行新的探索、新的研究了呢？当然不是。事实上，人们对于人类历史的认识，由于历史的、社会的种种局限，也由于历史资料的无法穷尽，所以永远总是不完整的，不可能最终完成的。胡锦涛同志说：“浩瀚而宝贵的历史知识既是人类总结昨天的记录，又是人类把握今天、创造明天的向导。一部人类文明史就是人类不断在以往历史的基础上有所发现、有所发明、有所创造、有所前进的历史。”② 对于今天的史学工作者来说，责无旁贷的历史任务，就是要在历史资料的发掘和掌握、历史现象的判断和分析、

---

* 载《人民日报》，2007 年 5 月 11 日。

① 鲁迅：《从“别字”说开去》。

② 《进一步认识把握社会历史发展规律　增强推进改革开放的自觉性主动性》，载《人民日报》，2003 年 11 月 26 日。

历史规律的认识和把握等方面，不断扩展新的视野，取得新的进展，做出新的概括，达到新的境界。只有这样，才称得上是真正的、名副其实的学术研究工作。

学术创新是艰辛的，任何一位严谨的、具有科学责任心的学者，都会对学术创新的甘苦有深切体会。真正意义上的学术创新，绝不是天马行空、随意臆测，绝不是无根据的空想瞎说。胡锦涛同志强调指出："理论创新必须以坚持马克思主义基本原理为前提，否则就会迷失方向，就会走上歧途。"① 同时，学术创新的健康发展，还需要注意这样两个问题：一是学术成果必须符合客观实际，接受社会实践的检验。对于历史学来说，则是要符合历史的真实，接受客观历史实际的检验。二是应该正确地对待传统。对传统必须做辩证的、科学的分析，好的就坚持、就继承；坏的或者错的就否定、就摒弃，并用新的观点、新的结论取而代之。学术就在这种辩证对待的过程中得到发展、不断前进。

当前，全社会的创新意识大大加强，学术空气空前活跃，令人欣喜。但也要看到，确有一些人用肤浅的、浮躁的目光和态度去对待学术创新，没有任何事实根据就轻易"建构体系"，任意"创立新说"，以"语不惊人死不休"的勇气提出一些匪夷所思的观点。这种哗众取宠的做法，虽然打着"创新"的旗号，其实是对创新的亵渎，于学术的发展有害无益。对于这样一种现象，实在值得我们重温一下恩格斯的如下一段话："唯物主义的认识的发展，哪怕是单单对于一个历史实例，都是一种科学工作，要求多年的冷静钻研，因为这是很明白的，单靠几句空话是做不出什么来的，只有大量的、批判地审查过的、透彻地掌握住了的历史资料，才能解决这样的任务。"②

① 胡锦涛：《在"三个代表"重要思想研讨会上的讲话》，载《人民日报》，2003年7月2日。

② 恩格斯：《论马克思的〈政治经济学批判〉》。

文贵通达*

最近举办的“启功联语墨迹展”上，有一幅联语，文曰：“行文简浅显，做事诚平恒。”启功先生用朴素的语言，深刻揭示了作文、做事的要义，看似平常，其实却是对为人、治学提出的很高要求。

就拿联语的上半句来说，写文章要真能做到“简浅显”，就很不容易，可以说是写作中的一种极高的境界。

眼下，杜撰几个含糊不清的概念，拼凑一些半古半洋的语句，堆砌成一篇佶屈聱牙、不知所云的文章，在有些人那里，几乎成了一种时尚。这可以说是当前文风不正的一个突出表现。这种坏风气也蔓延到研究生教育中间，有人说：有些博士论文常常连博士生导师都看不懂。这可不只是一句玩笑话，而是现实生活的某种真实反映。记得去年丘兆祥教授在所写的《博士论文应该什么样》[①] 的文章中，曾大声疾呼地说：“在时下的青年学子中流行着一种不良的文风：写文著述晦涩难懂，夹缠梗阻，噎塞不通，句义不明，文义模糊，让人昏昏然不知所谓。”这绝不是无的放矢，无病呻吟，而是一针见血，切中时弊。

其实，朴实无华，明白晓畅，乃是一篇好文章的头一个也是最基本的要求。这一点，我们老一辈的文学大家曾经反复强调过。

梁启超要算是文章高手了吧。他在戊戌维新时办《时务报》，发表的文章“如人人意所欲云，江淮河汉之间，爱其文字奇诡，争传诵之”[②]。“当《时务报》盛行，启超名重一时，士大夫爱其语言笔札之妙，争礼下之。自通都大邑，下至僻壤穷陬，无不知有新会梁

---

* 载《人民日报》，2007年11月9日。

① 载《光明日报》，2006年2月15日。

② 《戊戌变法》(一)，373页。

氏者。”① 梁启超自己也说，他办《时务报》和《新民丛报》，“（为文）务为平易畅达，时杂以俚语、韵语及外国语法；纵笔所至不检束。学者竞效之，号新文体”，“然其文条理明晰，笔锋常带情感，对于读者，别有一种魔力焉”②。

梁启超创造了一种“新文体”，这种“新文体”不拘一格，俚语、韵语乃至外国语法均可入文，但前提是必须“平易通达”“条理明晰”。其所以如此的原因，他在别处有很好的说明。他说：“为什么要作文章？为的是作给人看。尤其是历史的文章，为的是作给人看。”③ 文章写得让人看不懂，读来犹如雾里看花，这不但表明作者心目中没有读者，而且也失去了写文章的本意。

梁启超强调好文章首先要做到“词达”。他说：“若为文章之美，不要多说，只要能把意思表明就得。做过一篇文章之后，要看可删的有多少，该删的便删去。我不主张文章作得古奥，总要词达，所谓‘词达而已矣’，达之外不再加多，不再求深。我生平说话不行而文章技术比说话强得多。我所要求的，是章无剩句，句无剩字。这件事很重要。至于如何才能做到，只有常作。”④ 这一段话，把“简、浅、显”三个字都包括进去了。“章无剩句，句无剩字”就是“简”；“不再求深”就是“浅”；“词达”就是“显”。可见，启功先生强调“行文简浅显”，确实是提炼了写好文章的精髓。

五四时期倡导“文学革命”的胡适，也极口称赞梁启超的文章“有很大魔力”，并且对产生这种魔力的原因做了很有意思的分析。他说：“这种魔力的原因约有几种：（1）文体的解放，打破一切‘义法’‘家法’，打破一切‘古文’‘时文’‘散文’‘骈文’的界限；（2）条理的分明，梁启超的长篇文章都长于条理，最容易看下去；（3）辞句的浅显，既容易懂得，又容易模仿；（4）富于刺激性，‘笔锋常带情感’。”⑤

---

① 《戊戌变法》（四），47页。

② 梁启超：《清代学术概论》。

③④ 梁启超：《中国历史研究法补编》。

⑤ 《中国现代学术经典·胡适卷》，613页。

胡适对梁启超文章的推崇，在很大程度上也反映了自己对文章好坏的判断标准。他在评价黄遵宪的诗时，跳出所论的具体范围，谈了自己对于“作诗”与“作文”的一般性看法。他指出：“这种诗的长处在于条理清楚，叙述分明。做诗与做文都应该从这一点下手：先做到一个‘通’字，然后可希望做到一个‘好’字。古来的大家，没有一个不是这样的；古来决没有一首不通的好诗，也没有一首看不懂的好诗。金和与黄遵宪的诗的好处就在他们都是先求‘通’，先求达意，先求懂得。”① 连“通”都做不到，既不能“达意”，又不能让人“懂得”，哪里谈得上是好文章？胡适尖锐地批评一种论调：“有些人竟说‘美文’可以不注重内容，有的人竟说‘美文’自成一种高尚不可捉摸，不必求人解的东西，不受常识与论理的裁制！”② 这实在是强词夺理。内容空洞、不可捉摸、不求人解、违背常识的东西，绝不是“美文”，如果一定要把这样的东西吹捧或炒作成“美文”，那也不过同皇帝的新衣差不多。

对那些文理不通、逻辑混乱、晦涩难懂的文章，最深恶痛绝的，大概要算是毛泽东同志。1958年9月2日，他在一封信里严肃批评有些干部“不大懂辩证逻辑，也不大懂形式逻辑，不大懂文法学，也不大懂修词学”，所以写的文章和文件只是“将一些观点凑合起来，聚沙成堆，缺乏逻辑，准确性、鲜明性都有不足，文字又不通顺，更无高屋建瓴、势如破竹之态”③。他呼吁全党要认真提高写作水平，改进文风。他说：“讲了一万次了，依然纹风不动，灵台如花岗之岩，笔下若玄冰之冻。哪一年稍稍松动一点，使读者感觉有些春意，因而免于早上天堂，略为延长一年两年寿命呢！”④ 把写文理不通的文章看作损人寿命的事情，虽然不无调侃之意，却生动而又尖锐地揭示了文风不正的严重危害，表达了对于改进文风的殷切期望。时间虽然过去了近半个世纪，至今却仍然有着重大的警示意义。

---

① 《中国现代学术经典·胡适卷》，617页。
② 同上书，620页。
③ 《建国以来毛泽东文稿》，第7册，367页。
④ 同上书，368页。

对清史编纂工作的几点建议*

利用清史编委会第7次全体会议的机会，我对怎样进一步做好清史编纂工作，提一点个人的建议。

讲四个问题。

第一个问题：要看到成绩，更要看到困难和挑战

清史工程启动已经将近8年，到底做得怎么样了？面临着怎样一个形势？我们要有个清醒的认识，也要给关心这件事的人们一个明确的交代。

近8年来，大家辛辛苦苦，勤勤恳恳，做了很多工作，花了很多心血，也取得了不小的成绩。这一点首先要肯定。肯定成绩，才能在已有成绩的基础上继续前进，才有圆满完成任务的信心。信心问题很重要，没有信心，什么事情都做不好。

成绩表现在哪些方面呢？主要是五个方面：

一是确立了全书的体裁、体例和框架结构；

二是组织了两支队伍：一支研究、写作队伍，一支组织、管理队伍；

三是写出了大部分初稿；

四是除主体工程外，基础工程在整理、出版历史资料，保存和抢救历史文献方面，做了许多工作，已经正式出版的已达几亿字之

* 本文是2010年10月27日在国家清史编纂委员会第7次全体会议上的讲话，载《清史编纂通讯》，2010年第10期。

多，这是实实在在、大家都看得见而且肯定能传之后世的东西；

五是对于这样一个大的文化工程，可以说是史无前例的，毕竟积累了不少宝贵的经验，当然也有一些教训，教训也是财富。

这五条成绩，是大家共同努力的结果，是大家心血的结晶。特别是戴逸同志，84岁的高龄，身体也不是太好，但还是全身心地扑在清史工程上，不但做学术设计，确定全书的基本思路，提出很多重要的学术观点和见解，甚至亲自动笔写“通纪”的编写大纲，前后一共6稿，还审读了不少阶段性成果或形成初稿的稿子，已经读了好几百万字，而且还要过问许多具体的学术组织工作。我想，用“呕心沥血”来形容，一点也不过分。这一点，只要看一看他的《涓水集》，就可以很清楚了。当然，我们是一个战斗集体，成绩绝不是哪一个人的功劳，没有同心同德、群策群力的共同奋斗，成绩的取得是无法想象的。

清史纂修工程已经取得的成绩，李长春同志、刘延东同志在批示中都做了明确的、充分的肯定，这应该是反映了中央的看法和评价。

但是，光讲这一方面，是不全面的。成绩要讲，但更重要的是要看到面临的困难和挑战。只有把这方面的问题看清了，看准了，有充分的精神准备，有明确的应对措施，我们才能够取得主动，立于不败之地，使清史工程真正做到善始善终。

我在这方面讲得比较多，为了避免误解，我要讲一点为什么要特别强调困难和挑战的原因和理由。先讲一个小故事：党的七大，是一个迎接全国胜利的大会。毛泽东在作大会结论报告时，不是大讲成绩，大讲胜利，而是一连讲了17条困难，告诉大家要“准备吃亏”。这17条困难，我随便举几条：“第一条，要准备挨外国人的骂。第二条，国内大骂。”“第六条，爆发内战。第七条，外国干涉，帮助蒋介石打我们。”“第十条，党内出现悲观心理、疲劳情绪。”“第十二条，经济上没有搞好，发生经济困难。”后来胡乔木说：“这样讲当然不是让人们气馁，而是为了激发大家更昂扬的气概。”“这不能说是无事自扰，相反倒是一种理性的自信。”

其实，任何事情，越到后来，困难和挑战会越来越多，越来越大。这几乎是合乎规律的现象。为什么？一是容易解决的问题，早就解决了，留到后面的往往是最难办的事。二是在前面碰到问题，还可以往后拖，放放再说，到了后面，无可再拖了，你不解决也得解决，没有退路了。三是问题就怕积累，一积累，小问题就会变成大问题，容易解决的问题就甚至会变成难以解开的死结。四是从我们自己的队伍来说，干久了，也容易产生上面毛泽东说的“疲劳情绪”。老话说：“行百里者半九十”，就是这个道理。但是，清史工程还有自己的特殊情况，使得越到后来，困难就愈加突出，愈加严重。

在这个问题上，清史工程的特殊性，究竟表现在哪里呢？我以为主要表现在四个方面。

第一是由清史工程的性质决定的。清史工程算不算国家修史，大家有争论，先不去管它。但无论如何，这是一个国家工程，是中央批准立项的，国家的经费投入，至少在人文社科领域，是中华人民共和国成立以来最多的。所以，大家习惯讲这是新世纪最大的文化工程。当然，与此相适应，中央也对书稿提出了明确的、很高的要求。当大家接受这个任务的时候，自然意识到这个任务既光荣又艰巨。但开始一段时间，思想上主要还是感到兴奋、激动、充满了自豪感。到了现在，离交卷的时候不远了，怎样向中央、向社会、向人民交出一份合格的、满意的答卷，写出一部真正符合中央要求的书稿，就越来越成为一个非常实际、非常紧迫的问题。

第二，是由清史工程的规模决定的。全书计划写 3 500 万字。参加工作的 1 600 余人。这样一个规模下，写作者的水平、书稿初稿的质量参差不齐是正常的、必然的、不可避免的。要求初稿都能达到较好的水平，是不切实际的，也是做不到的。从现实的情况看，虽然大部分初稿已经写出，但基础很好的所占比例并不是很大，绝大部分都需要做很大的修改和加工。这部书不是一套丛书，不是一个书系，而是一部完整的、有机的、统一的学术著作。这就要求每一卷都达到符合要求的质量。这个工作做起来，难度至少不会低于写出初稿。

第三，是由清史工程的工作发展进程决定的。前几年，工作主要是在面上铺开，把工作分解，把力量组织起来。对于每个人来讲，工作量相对较小，一个课题组完成几十万字，一个联系专家管几个课题组，毕竟好办一些。到现在，工作就由分解转化为综合，由分散转化为集中。初稿出来了，审改就不能那么多人参加了。一千多人搞初稿，一百多人搞一审，越到后来，统稿的人就越来越少，这样才能合成一部书。所以，这种大项目，从工作流程来说，必然是呈金字塔形的。开始底座很大，以后参加的人逐步缩小，最后统稿只能由较少的人来做。而综合、统稿的任务是很重的，不要说质量参差不齐，无从措手，即使所有的初稿质量都不错，但观点前后不一、规格五花八门、内容相互重复、文字风格各异，也不能算是一部好的书稿。而要解决这些问题，谈何容易？

上面讲的三个原因，都是客观原因，从某种意义来说，可以说是难以避免的，是不以我们的意志为转移的。任务本身就决定了我们要面对这些问题，这些困难。除此以外，也还有我们自身主观上的原因，我们也不应该回避。下面就讲讲这方面的问题。

第四，我们的有些工作思路、工作方法、工作作风还存在这样那样的缺点和不足，需要我们勇敢面对，认真改进。

书稿要求如此之高，学术内容如此之广，参与人数如此之多，要把这件事做好，客观上要求有一个思路非常清晰、态度非常负责、作风非常扎实、指挥非常有力的领导班子，实行有序、高效、果断、默契的学术组织工作。实事求是地说，在这方面，我们确实还存在着不小的差距，还同客观要求存在着较大的不适应。

在文化部清史纂修领导小组第一次会议上，蔡武同志在充分肯定我们工作的同时，也明确指出："应该客观地承认，在管理上我们还缺乏相应的经验和能力，对一些项目的纂修人员、纂修进度、纂修的实际质量和问题还缺乏深入细致的把握，对一些问题的处理和解决还不够及时有效，规章制度不够健全、决策仓促、不善于组织协调、有些责任不落实、部分执行不得力、工作拖沓、人浮于事、相互推诿、作风漂浮的问题还一定程度的存在。管理上还有很多值得加强和改进的地方。”今年的 7 月 9 日，朱诚如同志代表编委会领导，对领导工作中的缺点和问题作了自我批评，我认为那次讲话是诚恳的、实事求是的，如果能够按着这个思路，痛下决心，进一步改进我们的工作思路和工作作风，营造一个风清气正的良好环境，我们的工作就会大大地前进一步，许多问题和困难就会得到很好的解决。我始终相信这样一个道理：有什么样的精神状态，就会有什么样的工作面貌。

挑战和困难，说到底，最集中地表现为书稿质量和进度（时间）的矛盾。戴逸同志多次强调，质量重于泰山，质量就是生命。质量不行，对不起国家，对不起社会，对不起人民。但工程有个总体时间，以 10 年为期。已经过去了近 8 年，剩下还有 2 年时间。戴逸同志制定了路线图，规定 2012 年底必须向中央交出送审稿。所以时间实在是很紧了。现在的情况，是大部分项目都超期了，都没有能按计划完成。有的虽然按计划交出初稿了，质量又存在着一定的差距。就是说，从总体说，进度和质量都存在着不小的问题。所以时间紧、任务重，就成为当前一个最突出的矛盾。但客观上讲，我们必须坚持时间同质量的统一。不能一讲速度，就“萝卜快了不洗泥”，结果把清史工程变成“豆腐渣”工程；一讲质量，就磨磨蹭蹭，强调“慢工出细活”，结果把清史工程变成没完没了的“胡子”工程。我们的最大难题，恰恰就在这里。

面对着上面所说的一些问题，一些矛盾，一些困难，一些挑战，盲目乐观不行，掩盖回避不行，无动于衷不行，敷衍推托当然更不行。只有直面困难，回应挑战，解决矛盾，才是负责任的态度，才是力争清史工程善始善终的唯一出路。

我们是搞清史的，我引用康熙在《庭训格言》中的一段话，强调一下这个问题的重要性。康熙帝说，平时要“居安思危”，“无事之时，常如有事而防患其未然”；碰到困难和危急的时候，则要“处险不惊”，不惊慌失措，乱了方寸，而是从容处置，积极应对。关键则是要做到“防微杜渐”。“古人所谓防微杜渐者，以事虽小而不防之，则必渐大，渐而不杜，必至于不可杜也。”有问题不去解决，问题就越来越大，最后就很难解决了。要解决问题，一定要从一开始就抓紧。

第二个问题：解决面临的困难和问题，只有靠我们自己的积极应对

当前，我们最需要树立这样一个观念：面对这些问题，解决这些困难，只有靠我们自己，靠编委会、清史办团结起来，把所有参与工作的专家及工作人员的积极性充分调动起来，顽强拼搏，共同努力。不能指望别人，也根本指望不上别人。国家成立清史编委会，就是委托你编出一部高质量的清史来，否则成立编委会干什么？给你那么多钱干什么？给你提供那么好的条件干什么？有关清史编纂的学术问题，你编委会不管，还有谁会来管？还有谁能帮你来管？

如何积极应对困难和挑战，需要群策群力，大家一起来出主意，想办法，更重要的是，不但要坐而言，更要起而行。认准了，想清楚了，就实实在在地干，认认真真地干。

我想提这么几条建议：

第一，要大力倡导任何对书稿提出批评意见都是对清史工程的关爱、帮助和支持的观念。我们所有的工作，其实就是一件事，千方百计、千辛万苦地搞出一个好稿子来。从现在起，我们最主要的事情就是通过各种形式，对稿子进行打磨，不断地修改、提高。好文章是改出来的，一挥而就，出口成章，也许有，但毕竟是少数，多数情况是要反复修改。要做好这件事，最重要的就是要多听大家对书稿的意见，让大家对书稿品头评足，希望大家“横挑鼻子竖挑眼”，要有这样一个浓厚的气氛。但现在的情况，似乎还没有形成可以对书稿直率地、直截了当地、畅所欲言地提出意见的良好氛围。大家对评论书稿还小心翼翼，瞻前顾后，甚至顾虑重重。有好几位同志同我商量，对书稿提意见如何把握分寸？能不能该说的都说？有问题是不是少说一点，把棱角磨掉一点？实事求是地讲问题，问

题提得尖锐一点，会不会得罪人，引起麻烦？为什么人们会有这样的顾虑？很值得我们深思。在这样的气氛下，书稿的缺点和不足就会被掩盖起来，言路就会被堵塞，大家都客客气气，“高抬贵手”，质量就得不到保证。其实，只有发现问题，才能解决问题；只有改掉缺点，才能成为精品。指出书稿的问题，不是对哪个人过不去，完全是为了把书稿搞得更好。所以，我们一定要对所有向书稿提出批评意见的人表示由衷的欢迎，由衷的感谢。在底下谈起此事时，经君健先生特别补充了一句：“光这样说还不够，还要强调，即使提的意见是错误的，也应该欢迎。”我以为他说得很对。听意见，不能要求人家只能讲对的，即使不对，你可以讨论或辩论，也可以不接受，但也应该欢迎。这就叫“言者无罪，闻者足戒”。有了这个态度，才能够让人做到“知无不言，言无不尽”。大家都从大局出发，为了出精品，就好办了。评论的人，不要只考虑人情，不要怕得罪人，提意见是为了书稿质量；听意见的人，要有点气度，站得高一点，正确的意见就接受，有些问题也可以坚持，一起商量，取得共识，把稿子改好。前几天的《文汇报》上，某版头条有篇文章，题目叫《挑刺越多越高兴》，讲的是世博会的组织者，为了把世博会的工作尽量做得完美，发动自己的工作人员和广大群众，一起来挑毛病，然后逐条改进。世博会开展以来，得到了国内外各界的广泛赞誉，我想很重要的一个原因，就是这样的严格要求和宽阔胸怀。这对我们搞学术的人，也有很大的启发。常言道：“学术乃天下之公器。”书稿总有一天要面向社会，面向读者，接受广大读者的检验和评论。有问题我们自己挑刺，自己改正，多么主动。如果把问题掩盖着，藏着掖着，最后让别人指出来，那就悔之晚矣。

第二，各尽其能，各负其责；压力尽量分散，矛盾决不上交；通过每个项目的高质量达到总体书稿的高质量。

工作做到现在这个程度，下面的路怎么走？工作怎么做？可以有两种思路、两种做法，也一定会产生两种结果。

一种做法是前松后紧，前面马马虎虎，遇到问题和困难，能推就推，能拖就拖，一切寄希望于将来解决。结果问题积累起来，想解决都无从下手。从写作初稿到送交一审，是要经过很多程序、通过很多关口的。如果每个程序都很负责任，每个关口都很严格，事情就好办。如果经过一审，仍然还有很多硬伤，体例还不符合规定，写法还很不规范，文字还有许多毛病，资料的引用和处理上还有不少问题，这就说明某个或某几个环节把关不严，放了水，走了过场。一个、两个项目还好办，如果这种情况多了，有一定的普遍性，那就麻烦了。有同志讲得好，初稿存在的问题，必须在一审得到基本解决。机不可失，时不再来。错过这个时机，再要回过头来，去解决书稿的硬伤问题、体例问题、文字问题、资料问题，把 3 500 万字重搞一遍，既没有这个时间，也没有这个经费，更没有这个精力。

另一种做法，就是层层把关，各负其责，一个项目、一个项目解决问题。把责任分解了，摊到每个人头上，只负责一两个项目，四五十万字，问题最多，毕竟也容易解决。你把这个项目框架弄好了，观点厘清了，体例符合规定了，文字通顺规范了，所有的硬伤消灭了，这才算是合格产品了。下一步合到一起，仍会有大量工作要做，要解决内容重复的问题，观点和提法是否有相互矛盾的问题，各部分之间详略是否得当的问题，文字风格如何尽量统一的问题，等等，任务还很重，但如果各个部分质量是过关的，毕竟比较好办了。有人说，你这样要求太高了。是高。但不这样，你还有别的办法吗？我们还有别的路可走吗？俗话说："取法乎上，得乎其中"，如果我们思想上就降低对质量的要求，那么"取法乎中"，就必然"得乎其下"，就要出大问题。

也许还有人记得，将近 5 年前，具体说是 2006 年 3 月 30 日，我有过一个发言，着重讲了建立责任制的问题。当时提出，各个部门，每个人，应该根据自己的职责，切实负起责任来。每个工序都要层层把关，否则，这么大的一个工程，是难以做好的。具体的做法，应该"是跳高而不是接力"。就是说，要立一个标准，二级组及联系专家的任务就是要协助项目组达到这个标准，达到这个高度。而不是搞接力赛，课题组跑一段，半半拉拉地把稿子交给你；联系专家接过来，继续做，然后再半半拉拉交给别人。一棒一棒传下去，这样一定是做不好的。因为谁也动手，谁也不贯通，谁也不负责。所以当时就提出了，一定要从一开始就实行责任制，一个环节一个环节严格把关，不能有一个环节走过场。现在还是要走这条路，别无选择。

责任不是哪一个人的，各负其责，人人有份。当然，责任大小是不一样的。责任的大小同权力成正比，你权力越大，所负的责任也就越重。这就是责权的统一。编委会正副主任，对全书负责；二级项目组组长，对你承担的那个部件的书稿负责；三、四级项目组，对你的送审稿负责；联系专家、一审的主审专家，对你联系的、审改的书稿负责。不能把所有责任都推到戴逸同志一个人身上。决不能有那样的思想："天塌下来有戴逸同志顶着。"我说过多次，大家不使劲，戴逸同志是神仙也没有办法。千斤重担，大家用力，每个人分担几十斤，毫不费力。大家不使劲，一个人挑，非压趴下不可。

第三，相互尊重，相互谅解；顾全大局，保护个性；原则问题要坚持，学术问题多商量。

上面提到这是一部统一的著作，但又是由很多部件组成，初稿出于很多人之手。既要保持书稿的完整性、统一性，又要尊重各位执笔者的个性和权利，这确实是一个矛盾。处理好这个矛盾，是个重要问题，而且是个带有全局性的问题。对待这个问题，一定要十分谨慎，十分细致，十分小心，决不能马虎从事，更不能简单粗暴。

一定要提倡相互尊重，相互谅解。这么大的文化工程，最后没有统稿、不做加工修改，肯定是不行的。从现在收到的初稿看，有这么几种情况，需要在统稿中做工作。一是有一部分稿子质量较差，问题较多，不进一步加工提高，难以使用；二是即使基础较好的稿子，在写作体例上、资料使用上、文字表述上，也存在不少问题，有的甚至存在着明显的硬伤；三是有些质量上乘、水平很高的稿子，全稿都很好，但有的学术观点，完全是个人的看法，一时不一定能为学术界所接受，作为个人著作，是极可宝贵的，很出彩的，但放在这部书里，就不一定合适。对于这种情况，只好通过协商，相互做些让步，做些妥协。这里不是做学术观点的判定，而是研究一个较妥善的表述方法。

一审也好，二审也好，最后的统稿也好，在处理学术问题上一定要很谨慎。在学术问题上，作者、联系专家、审改者之间，存在着不同意见和看法，这完全是正常的、不可避免的。有不同意见怎么办？还是要提倡“相互切磋，平等讨论”，不能简单粗暴处理。有的同志说得也很有道理：稿子是我写的，报纸上已经公布了项目负责人的姓名，将来也许还要署名，如果你把我的独创性见解改掉了，甚至你把我不同意的内容强加给我，那我当然不能接受。所以不能不改，又不能随便地改，轻率地改。一定要兼顾双方的意见。应该采取“原则问题要坚持，学术问题多商量”的方针，既顾全大局，又尊重个性，在相互尊重和相互谅解的基础上共同讨论，一起协商，肯定能找到解决问题的办法的。

第三个问题：充分发挥编委会全体会议及每位委员的积极作用

编委会是“全面负责清史纂修学术组织工作”的学术机构，按照《国家清史编纂委员会章程》第 4 条规定：“编委会的职责是拟定纂修《清史》的规划、方案和规章制度，组织编纂队伍，落实编纂计划，检查编纂进度和质量，对结项成果进行评审等学术组织工作等。”《章程》第 18 条还具体规定了编委会全体会议共有 8 项内容。

编委会的所有委员，近 8 年来，一直积极关心、参与、支持清史工程。主要是四种形式：一是发表许多指导性的、建设性的意见；二是向社会做宣传工作，如王晓秋委员，利用各种机会，写文章，作发言，在全国政协等重要会议上介绍清史工程情况，争取社会各界对清史工程的理解与支持；三是直接参与学术组织、管理工作，不少委员担任了编委会的各种职务；四是承担一部分课题或学术评审等工作。

回顾过去，平心而论，编委会的工作机构，对发挥编委会及其成员的作用，相对来说，倒是比较欠缺，存在着明显的不足。这种不足，只要对照一下前面所说的编委会全体会议的 8 项内容，就可以看出相当一部分没有得到落实，没有做到。当然这里也确实有一些实际的困难，比如有些事情，如果一定要等到一年一度的编委会全体会议来讨论，来决定，就会丧失时机，贻误工作。这我们都应当相互体谅，加以理解。但毫无疑问，如果我们思想上更加重视一些，工作做得更到位一些，编委会委员是可以起更大的作用的。这种不足，主要体现在三个方面：一是按照工作条例，对委员的知情权、决策权体现得不够；二是对委员提出的一些很有价值的建议和批评，认真对待、分析采纳得不够；三是平时的联系和联谊做得不够。

下一步面临着书稿的审改、统稿、合成的任务，可以着重思考、研究、讨论一下，在这种情况下，委员的作用如何发挥的问题。比如，《章程》规定，编委会全体会议有一个内容，就是第 7 条，要负责“评估和验收《清史》最终成果”，这一条怎么落实？一方面，编委会全体成员是要对书稿的质量负责的，最终成果要由编委会全会来“评估和验收”，但另一方面，每一位委员又不大可能读完全部3 500万字稿子，那么，可不可以搞这么一个活动？从现在起，挑一部分好的稿子，一部分中等水平的，一部分较差的，请每个委员各看一两个项目，到一定时候，开一次编委会全会，不讨论别的，专门讨论书稿的质量，看看稿子究竟如何？像这样的稿子应该怎样进一步开展工作？相信这样经过全体委员、这么多专家的会诊，心里就一定比较有底，比较心中有数。这就是个很大的成绩。反正不能当了 10 年委员，对稿子的状况一无所知，一直到面向社会之后才看到庐山真面目，那总是说不过去的。我提这个建议，可不可以做，请编委会领导和委员们考虑。

第四个问题：振奋精神，转变作风，改进工作，埋头苦干，为高质量完成清史工程努力奋斗

我一直认为，我们的困难和挑战，表面上主要表现在书稿上，

深层次的却不能不看到我们自己的认识问题、态度问题、工作作风问题、工作方法问题。要解决这些问题，关键在领导。

今年3月31日，我做过一次发言，内容是提倡五个“讲”。从当时的反映看，大家还是赞成的。底下有同志跟我说：“这些想法很好，问题是要真正按这个去做，才有用。”我十分赞成这个意见。在这里，我把这五个“讲”简单地提一提，因为这是要不断提倡、反复强调才能见效的。

第一是要提倡讲真话。要造成一种宽松环境，让大家可以无所顾忌地讲真话，放心大胆地讲真话，欢迎讲真话，鼓励讲真话，乐于听真话。有一说一，敢说敢当。做到这一点可不容易。因为各种原因，应该说的话不说，应该表的态吞吞吐吐，含含糊糊，“明知不对，少说为佳”，结果贻误了工作，伤害了正气，这种情况，确实是有的。讲真话不免会得罪人，当然，处理问题，方式方法应该注意，但因为顾虑关系问题，该说的话都不说，该坚持的原则也不敢坚持，恐怕不是正确的态度。为了工作，为了把书稿编好，即使真得罪一点人，那也没有办法。只要你坚持的是对的，大家毕竟会从大局出发，会理解你、支持你。当然，真话不一定都对，但假话则一定不对，因为它言不由衷，不实事求是。

第二是要提倡讲效率。就是要雷厉风行，说干就干，不拖拉，不磨蹭。审改工作进度要以月计，以周计，甚至以日计。我们没有别的选择，只能这样做，原因很简单，因为时间只有那么一点了。几百个日日夜夜，屈指可数了。再拖实在是拖不起了。我们回过头来看看，过去七年，时间有没有浪费的地方？有的，还不少。浪费在哪里？并不是在稿子上打磨的时间多了，主要浪费在几个地方：一是决策犹豫，当断不断，“知而不议，议而不决，决而不行”。一碰到困难，或者有点意见分歧，就把事情搁置下来，而且一放就是很长时间。二是预见性差，缺乏远虑。俗话说，“兵马未动，粮草先行”，我们有时是仗都打起来了，粮草还不知在哪里呢？甚至由谁去筹粮还没有安排呢！当然就会被动，事后补救必然造成时间的浪费。三是狠抓落实差。古人有言：“为之，则难者亦易矣；不为，则易者亦难矣。”事是干出来的，想得再好，说得再好，不干等于零。定下来的东西不及时办，可以一天做完的事情一拖好多天，一个月应该完成的事拖个一年半载，也没有人督促检查，这种时间的浪费，比金钱的浪费更让人心疼。

这里讲的效率，是包括进度同质量的统一，好与快的统一。这个问题上面已经讲过了，这里不再重复。总之，速度靠什么来保证？我们应该怎样来争取时间？速度不能靠降低质量来实现！我们只有向科学管理要时间，向转变作风要时间，向调动积极性要时间，向建立责任制要时间，向团结协作要时间，才是真正的出路。

第三是要提倡讲规则。我多次鼓吹过“依法治史”的问题。这么大的摊子，这么重的任务，这么多的项目，这么多人参加，怎样才能做好组织、领导工作？有很多讲究，关键一条，是必须首先立规矩，一切事情，都是有章可循，依法办事。一定要讲程序，不能太随意，不能靠拍脑袋，更不能朝三暮四，朝令夕改。只要真正讲规则，复杂的问题就会简单化，就不会有那么多的扯皮，就可以做到公开、公正、公平。俗话说，没有规矩，不能成方圆。在规矩面前人人平等，这是减少麻烦的最重要的诀窍，也是调动大家积极性的最有效的办法。

第四是要提倡讲责任。实行责任制的重要性，前面已经说过了。要真正负起责任来，就要有点担当，要有点敢作敢为的作风。要有主见，要敢于决断。做事当然要谨慎，但弄到谨小慎微的地步，似乎也大可不必。该表态的不表态，该说话时不说话，该拿主意的时候不拿主意，生怕触犯了谁，得罪了谁。其实大家不过是在一起弄稿子，有什么大不了的事情？没有根本的利害冲突，没有你死我活的尖锐矛盾，有点不同意见，是正常而又正常的事情。老百姓有一句话，很有道理，叫作“上面是无主意政府，下面就无政府主义”。意思是说，领导如果没有主意，没有决断，没有一定之规，下面就各行其是，各自为政。这样，事情就非乱了套不可。

讲责任，一个很重要的问题，是如何对待矛盾和困难？这么大的工程，没有矛盾，不遇到一点困难，是无法想象的；有矛盾，有困难，才是正常现象。遇到矛盾、困难，最糟糕的态度和应对办法，有三种：一是“不承认主义”，对矛盾、困难不理不睬，视而不见，只当它没有一样。可是矛盾、困难是个客观存在，你不理它，它会找你。你不采取积极的态度去解决，矛盾、困难就成为拦路虎，处处阻挡着工作的前进。二是拖延战略，“一躲二拖”，能躲就躲，只要不落到自己头上就行；能拖就拖，只要不到过不去日子的地步，就留到以后再说。殊不知矛盾、困难不及时解决，问题会积累，困难会扩大，矛盾会激化。小问题会变成大问题，小麻烦会变成大麻烦，简单问题会变得复杂化。在这方面，我们已经有过不少的教训，实在值得我们认真地思考。三是和稀泥。出现问题，“一哄二捧”，只要暂时糊弄过去了，就算万事大吉。可是这样一来，往往搞乱了是非，搞乱了人心，搞坏了风气，问题并没有解决，反而留下了后患。

第五是要提倡讲团结。这个问题不用多讲，因为道理很清楚。团结搞好了，大家心情舒畅，工作顺手，即使任务很繁重，也可以快乐和谐，干起来很痛快。在这个问题上处理不好，出点问题，不但工作会受很大损失，事倍功半，就连心情和健康都会受到损害。有些事情，只要大家心态比较好，职责范围又比较明确，是很好办的。团结既是大局观念问题，也是思想感情问题，需要大家用心去培养。

蔡武同志讲过一句话，给我印象很深，他说：“开弓没有回头箭。”既然接受了任务，也已经走了一个“八年抗战”的时间，那么，你走也得往前走，不走也得往前走。不但要走，而且要善始善终，一定要胜利地走到终点。只要下定决心，埋头苦干，我们一定能够成功！

传承与超越*

——祝贺中国人民大学清史研究所建所 30 周年

中国人民大学清史研究所已经走过了 30 年的历程。30 个寒暑，短暂而又漫长。创业之甘苦，学海之浮沉，师友之聚散，世事之往复，一缕缕如烟往事，历历在目，恍如昨日。说这 30 年不过是“弹指一挥间”，实在并不仅仅是诗人的浪漫和夸张。但是，清史所建所以来，不说别的，仅以科研工作而言，30 年间一共出版了 244 部专著，发表了 2 000 余篇论文，连同主编的各种书籍、资料、古籍整理、译著等在内，学术成果达两亿四千余万字之多，这却是所有现在以及曾经在清史研究所工作过的老师和同志们，在一万多个日日夜夜里，埋头苦干，辛勤劳作，共同奋斗的结果。许多同志为此付出了心血，付出了青春，甚至可以说付出了自己的全部学术生命。这确实是一条漫长的路，当然也是一条无悔的路。

我同清史研究所的历史因缘

我同清史研究所发生关系，其实并不是在 30 年前，而是在 43 年之前——虽然那时候还根本没有清史研究所这个机构的存在。

1965 年秋天，具体日期记不清了，大概是国庆节后不久，突然接到学校通知，说是孙泱副校长要找我谈话。我如约而去，谈话是在孙泱同志家里进行的。他告诉我，国家已经成立了清史编纂委员会，我校郭影秋校长、戴逸同志都是委员会成员，清史编纂任务以

* 载《清史研究》，2008 年第 3 期。

中国人民大学为主来承担。为此，学校决定成立清史研究所，作为承担这一任务的专门学术机构，由戴逸同志任所长，你任副所长，协助戴逸同志工作。同时他还说了一些鼓励的话。

那个时候，人大的系、所领导，都是一些老革命、老的著名学者，像我这样30岁刚出头的年青教师，当副所长，不说是“破格”，至少也是“破例”了。学校之所以做出这个决定，主要原因当然是戴逸同志的推荐。戴逸同志是我的老师，他当教研室主任时我又做过他的副手，他对我是十分了解的。但也可能还有另一个因素。郭影秋同志刚调来人大时，我恰好在《文汇报》上发表了一篇题为《论历史的真实》的文章。影秋同志是很关心青年教师的成长的，他看到文章后，跟我谈过一次话，这也许同让我当副所长的事不无关系。当然这仅是一种推测，并没有直接的根据。

但孙泱同志谈话以后，我很快就被借调到中央马列主义研究院去工作了一段时间。又不久，“文化大革命”就开始了，成立清史研究所的事自然也就搁置了下来。谁知道一拖就拖了整整13年！

“文化大革命”开始时，清史研究所的前身中国历史教研室的大部分教师，都还在河北邢台搞“四清”。戴逸同志和我，因为分别被借调到中宣部和北京市委，没有去邢台，“文化大革命”起来就回了学校。我们听着广播里的聂元梓等7人的大字报、“五一六通知”，天天看着学校其他单位轰轰烈烈地揪斗“走资派”和“反动学术权威”，正不知我们的命运会是怎样。记得有一次，我同戴逸同志在北海公园的“濠濮间”整整待了一天，长吁短叹，愁肠百结，心中一片茫然，既说不清下一步事态会如何发展，也想不出一点切实的对策。只是相对唏嘘，黯然神伤。

等邢台“四清”的同志们回校以后，尚钺、戴逸同志就被打成了“反动学术权威”和“反革命修正主义分子”，我和另外五位同志作为“走资派”，跟尚钺、戴逸同志编在一起。好在我官位太小，只是一个教研室副主任，所以除了陪斗及游街一次以外，倒也没有遭到更多的折腾，只是每天集中学习和劳动，还要没完没了地写交代和自我批判的材料。

接着就是到人大“五七干校”。人大被解散后，我被分配到北京市革委会工作。恢复党的组织活动后，成立了新的中共北京市委，我在市委宣传部，先当副处长、处长，后来当了宣传部副部长。

所以，不论是北师大的清史研究小组，还是人大复校后成立的清史研究所，我一概都没有赶上。我虽然同清史研究所发生关系最早，却并不是清史研究所的“开国元勋”。我真正进入清史研究所，其实比很多人都要晚一些。

粉碎“四人帮”以后，中国人民大学复校。此后不久，尚钺同志给我写信，希望我回校参加历史系的工作。戴逸同志也让人带来口信，表达了同样的意愿，但他希望我回到清史研究所。我本来无意于仕途，又始终未能忘情于史学；尚钺同志和戴逸同志又既是我的史学启蒙老师，又是我的老领导，我当然欣然从命，决定回校。影秋同志得知此事后，特意在他所住的医院中约见我一次。郭校长征询我愿意到历史系还是到清史所，我表示愿到清史所，同时提出一个请求，就是到所里以后，希望能集中精力搞科研，不担任任何行政工作。当时影秋同志非常赞成这个想法，他强调说：既然决定走学术发展的道路，就要安下心来，甘于寂寞，心无旁骛，刻苦钻研，只要持之以恒，锲而不舍，就一定能够取得学术成就，做出自己的学术贡献。影秋同志语重心长的谈话，我一直记在心里。

1979年8月，我正式到清史研究所工作。有两年多时间，除了读书、写作之外，确实没有任何其他杂务的干扰。这是我一生中迄今为止仅有的两次集中精力专心读书的时段之一（还有一次是三年困难时期）。可惜好景不长，大约在1981年底，在戴逸同志的反复要求下，我又担任了副所长的职务。

1983年4月，学校做出了一个决定，要戴逸同志兼任历史系主任。戴逸同志十分发愁，因为这样一来，要同时兼管清史所和历史系两个单位的工作，势必把全部精力陷入行政事务之中，不可能再从事学术研究，而且也必定会大大削弱清史所的工作。学校的决定又不能不执行，究竟怎么办？当时几乎陷入束手无策的窘境。经过多次商量，我们终于想出了一个办法，就是戴逸同志去兼任系主任，但只是挂名，把我调离清史研究所，到历史系去担任副主任。历史系的实际工作都由我来负责，戴逸同志只在重大问题上把把关，在重要场合出出面，平时他仍然集中精力领导清史研究所。就我个人来说，这件事看起来有点离奇可笑：为了保证清史所的工作，我离开了清史所。但从全局出发，这样做，显然是有利的，也许甚至是必要的。我协助和配合戴逸同志工作，通过类似这样的曲折的形式，却并不是仅有的一次。

过了两年，学校同意戴逸同志不再兼任历史系主任，由我担任系主任的职务。这样一来，我同清史所就完全没有关系了。

1985 年 9 月，中央任命袁宝华同志为中国人民大学校长，我调任副校长。宝华同志同我谈话时，我提出了一个请求，就是我的组织关系，既不放在校部，也不放在历史系，而转到清史研究所。宝华同志同意了我的请求。当时这样做，并没有什么深意，也许只是出于对清史所难以割舍的情怀。现在看来，把我的组织关系放在清史所，不论对于我个人，还是对于清史研究所，都是很有好处的事。应该说这步棋是下得对的。从那以后，不论我担不担任行政工作，我都没有中断过清史所的教学和科研任务。清史所为我提供了一个良好的学术环境，我也力所能及地为清史所的发展做一点自己的贡献。我始终以身为清史所的一员而感到自豪，衷心希望清史所能够不断进步，兴旺发达。

我们这样走过

清史研究所创建之日，也正是我国改革开放新时期开始之时。清史所 30 年的发展史，恰好同我国改革开放的伟大历史进程同步。大的政治环境、社会环境和学术环境，为清史所的健康发展提供了良好的契机和条件。如果没有解放思想、实事求是思想路线的有力推动，如果没有中国特色社会主义伟大旗帜的正确指引，如果没有我国社会主义经济建设、政治建设、文化建设、社会建设取得的巨大成就，清史所要取得今天的业绩是无法想象的。我们应该庆幸赶上了这样好的时代，应该感谢社会各个方面对清史所发展给予的支持和帮助。

客观环境对清史所的发展是个重要条件，而转化成发展的现实毕竟还要靠自己的艰苦努力。30年来，清史所也积累了丰富的历史经验，形成了具有自己特色的历史传统。那么，有哪些东西是可以作为学术薪火不断传承下去的呢？我个人以为，下面几点是值得我们来思考的：

第一，形成一个既具有重大学术意义又符合时代要求的学科特色。清史研究所的成立，目的和宗旨十分明确，就是要为纂修新的大型清史做学术准备、队伍准备，到条件成熟时，作为清史纂修的骨干力量。清史研究所成立以来，一切工作都是围绕着这个根本任务来展开的。清史研究具有重要的学术价值和强烈的现实意义，这是因为，清朝是中国封建君主专制统治的最后一个王朝。在这个王朝统治时期，中国经历了在世界范围内由先进到落后的历史转折，经历了由独立的封建社会到半殖民地半封建社会的历史转折，也经历了由中世纪到近代社会的历史转折。正是在这种巨大而深刻的变化中，蕴涵了极为丰富的历史内容，也同今天社会生活的各个方面产生了紧密的联系。不仅今日之版图疆域及中华人民共和国成立之初的人口基数奠定于清朝，而且当代中国的经济、政治、军事、外交、民族关系等诸多方面的问题，也大都由清朝演化、延伸而来。可以说，要深刻了解中国的国情，离不开对清朝历史的科学认识。这样一个学术领域，既为研究人员提供了广阔的用武之地，又为历史和现实、学术和社会的结合创造了良好的条件。这些年来，清史所的学术成果，能够在学术界产生较好的影响，在社会上得到一定的认可，正是因为始终牢牢地把握着这个学科特色，千方百计地来打造和丰富这个学科特色。主攻方向明确，问题意识强烈，奋斗目标清楚，大局观念鲜明，大家同心同德，群策群力，一起为着清史学科的建设和发展，贡献出自己的聪明才智，这就是清史所发展到今天的精神动力。

第二，组织一支既各具个性又有强烈团队精神的学术队伍。任何事业都是要靠人来干的。一个学术单位的队伍状况怎样，决定着这个单位学术事业的兴衰隆替。清史研究所这些年来的发展，同清史所有一支素质很好的学术队伍和党政干部队伍分不开。说起队伍建设和人才培养，不能不谈到戴逸同志在这方面所花的心血。戴逸同志对于清史研究所的历史贡献，主要在两个方面：一是学科建设，二是队伍建设。学科建设，不仅他自己对整个清史有着全面深入的研究，形成了一个完整的体系；而且还围绕着清代历史，设计并组织了一系列大的科研项目，如《简明清史》《清代人物传稿》《18世纪的中国与世界》《清史编年》《清通鉴》等，所有这些重大的学术成果，无一不是在他的设计、策划以及直接组织、领导下完成的。队伍建设，更是戴逸同志极为关心并且尽心竭力去做的事情。就我的观察和体会，戴逸同志培养人才的方法，主要有三招：一是示范，二是传授，三是压担子。示范，就是自己率先垂范，身体力行，也就是我们常说的“身教”。他对学术执着追求，刻苦钻研，青灯黄卷，乐此不疲，在这样的榜样面前，无须多说什么，只要是有上进心的学生，自然不敢偷懒，不敢懈怠，不知不觉地就会跟着去做。这是一种无声的命令，无形的力量。我想，作为学术带头人，没有这一条，只会夸夸其谈，说得再多，也是带不出好的队伍来的。传授，就是总结自己的治学经验，没有保留地告诉学生，也就是我们常说的“言传”。我当学生的时候，戴逸同志不仅亲自从头到尾给我们讲中国近代史，而且多次给我们做读书和研究方法的报告。怎样写卡片，怎样做索引，怎样确定研究主题，怎样出科研的副产品，如此等等，这些科研的基本知识和技能，我都是第一次从戴逸同志那儿听来的。压担子，就是到一定时候，戴逸同志就根据学生和青年教师的个人特点，放手地给他们布置任务，同时给予具体的帮助和指导，让他们在干中学，在实践中提高。这是一种最有效的办法。

戴逸同志对人才有一个观念，就是人才应该不拘一格，缤纷多样。在这样的人才观影响下，清史所的学术队伍呈现出一个明显的特点也是优点，就是每个人各具特色，个性鲜明。大家的研究领域，在“清史”这个大范围下，各有专攻，各有所长。研究思路与研究方法也互有差异，有的长于理性思维，宏观观察；有的善于资料发掘，微观描述。甚至言谈举止、文字风格等也都各不相同。尊重不同的个性，就使每个人都各尽所能，各得其所，最大限度地发挥了每个人的聪明才智。

当然，只讲个性不讲共性，只讲个人意识不讲集体观念，一个单位就会变成一盘散沙，大家“八仙过海，各显神通”，却没有凝聚力，形不成合力，不能集中力量办大事。事实上，前面提到的那些重大的学术成果，少则几卷，多则十几、二十几卷，参加者从十几人到几十人，不是相互协作、集体攻关，是根本无法进行的。这些著作的完成，表明清史所的学术队伍具有很强的团队精神。

第三，培养一种既严谨求实又勇于创新的优良学风。学风，是指对待学术的态度和作风。学风的好坏，于学术的兴衰关系甚大。学风正则学术兴。毛泽东同志曾说：学风问题是一个非常重要的问题，就是第一个重要的问题。一个社会是这样，一个单位也是这样。我国传统史学对治史一直有很严格的要求，始终强调写史必须根据事实，“文非泛论，按实而书”，只有“指事说实”，才能写出信史。吴缜在《新唐书纠谬·序》中说：“夫为史之要有三：一曰事实，二曰褒贬，三曰文采。有是事而如是书，斯为事实。因事实而寓惩劝，斯为褒贬。事实、褒贬既得矣，必资文采以行之，夫然后成史。”“若乃事实未明，而徒以褒贬、文采为事，则是既不成书，而又失为史之意矣。”尊重历史的真实，在弄清事实的基础上，对历史事件和历史人物的善恶是非加以客观公正的褒贬和分析评论，写出真正的信史，正是史学良好学风的根本要求。而要做到这一点，必须要严谨扎实，来不得半点虚妄浮躁。有的人有一种奇怪的逻辑，一谈严谨扎实，就同“保守”“僵化”联系起来。这实在有点匪夷所思，难不成学术创新，竟然能够建立在轻浮操切、率性任情、天马行空的基础上吗？这些年来，清史所的同志，在历史资料的发掘整理，在研究领域的开辟拓展，在历史认识的不断深化，在研究视角的独特选取等方面，都做出了自己的学术贡献，有的甚至起到了筚路蓝缕的作用。所有这些学术上的创新，都是经过潜心的钻研、艰苦的探索、锲而不舍的努力才取得的。清史所成立以来，共先后获得省部级以上优秀科研成果奖 49 项、65 人次，其中包括中国图书奖 3 项，吴玉章人文社科优秀著作一等奖 2 项，教育部人文社会科学研究优秀成果一等奖 2 项，北京市哲学社会科学优秀成果一等奖 8 项，茅盾文学奖 1 项。虽然这个数据并不是衡量学风好坏的直接指标，但至少也可以从一个侧面反映出学术界对清史所学术成果的认同程度。我想，从总体来说，清史所的同志，力求做到无哗众取宠之意，有实事求是之心，还是占主导地位的学术风格。

第四，树立一种既坚持自主发展又重视交流合作的学术心态。我一直认为，尽管社会上对学术腐败或学术失范或学术界的不正之风啧有烦言，但相对而言，学术界毕竟还是一方净土。学术评判总体来说还是公平的。你做了多少努力，取得了多少成就，社会上还是会给你相应的承认。而一味靠包装、靠炒作，或者靠关系之类，终究难以达到欺世盗名的目的。如果这个判断大体不错，那么就可以自然得出一个结论：一个学术单位，只有老老实实、兢兢业业、埋头苦干，通过踏实钻研取得学术成果，才能够得到发展，才能有自己的地位。清史所的发展，必须建立在独立自主、自力更生的基础上。这些年来，大家也确实是这样认识的，是这样去做的。但是，“学术乃天下之公器”，与世隔绝，关起门来搞科研，是不行的。我们的研究，必须要融入社会，融入学术界。既主动参与学术界的各种活动，也努力争取学术界和社会各方面的支持和帮助。可以这样说：如果没有史学界同仁以及社会各方面的热心关爱，清史所不可能有今天这样的局面。在 30 年所庆之际，我们千万不能忘了这一点。

随着我国改革开放的深入发展，中外学术交流也大大地开展起来，这为清史所的发展提供了一个难得的机遇。这些年来，清史所在这方面做了许多工作。不论在接受外国访问学者方面，在派遣本所学者出国进修或讲学方面，在培养国外博士生方面，还是在主办或参与国际学术会议方面，都取得了显著的成绩。获得我国历史学博士学位的第一名外国留学生就是清史研究所培养出来的。

30 年时间，值得一说的事情还有很多，这里只是选出几点，谈一点自己的感受，算是留下一些历史的痕迹。

在新的历史起点上

一个历史阶段的终结，也就是另一个历史阶段的开始，只是已经站在了新的历史起点之上。这个历史新起点，既由以往的全部历史积淀打下坚实的基础，也由新的时代提供不同的环境和条件，以便实现新的超越。

清史研究所如何适应时代要求，规划自己的未来发展前景，这个问题，大家一定会从不同角度，提出自己的思考和建议。作为一名老兵，我也谈一点想法，因为并不是从全局出发考虑问题，只是随意发一点零星的议论，未必能讲到点子上。

我主要是讲三个方面的“增强”。

一是要增强实现史学社会功能的自觉性。历史学是一门具有重要社会功能的学问。正像胡锦涛同志所说：“历史是一面映照现实的明镜，也是一本最富哲理的教科书。”① 史学的社会功能，主要体现在这样三个方面：知情达势的认识功能，鉴往知来的借鉴功能，启迪心智的教育功能。为了很好地发挥史学的社会功能，必须正确理解历史和现实、学术和政治的辩证关系。一方面，学术有自己的本质属性，有自己的独立地位，学术不应该是政治的附属品，学术不是政治的奴仆，历史同现实也不应该简单类比，牵强地拿历史为现实做注脚。另一方面，任何学术，包括史学研究，总有它一定的现实目标，总是为了满足和解决人们的现实需要而有存在的价值。脱离现实生活的所谓“纯学术”，其实是根本不存在的。事实上，我国任何一部史学名著，从司马迁的《史记》到司马光的《资治通鉴》，

---

① 在莫斯科会见参加中国抗日战争的俄罗斯老战士代表的讲话。

作者自己都明白宣布写作的目的是为了总结历史经验教训，给人们提供历史的借鉴。离开了“资政育人”“鉴古知今”，历史学也就失去了自己存在的价值。当前，我们正处在一个大发展、大变革的时代，国际国内形势的深刻变化，使意识形态领域面临着空前复杂的情况。从国际看，经济全球化趋势深入发展，各种思想文化相互激荡，不同文明交流、交融、交锋更加频繁，进一步凸显了文化软实力在综合国力竞争中的战略地位；从国内看，随着改革的不断深入，社会生活日趋多样化，社会意识更加多样、多元、多变。这既为社会发展进步注入了活力，也带来了社会思潮的纷繁变幻。在这种情况下，一个有强烈社会责任感和学术良知的史学工作者，就应该按照党的十七大提出的要求，高举中国特色社会主义伟大旗帜，坚持唯物史观的理论指导，“积极探索用社会主义核心价值体系引领社会思潮的有效途径，主动做好意识形态工作，既尊重差异、包容多样，又有力抵制各种错误和腐朽思想的影响”。

二是要增强高质量完成国家清史工程的责任感。前面说过，清史所的成立，目的就是为编纂新的大型清史做准备。现在，国家清史工程已经正式实施，这对于清史所来讲，既提供了一个发展的极好契机，也赋予了极为重大的历史责任。戴逸同志担任了清史编委会主任、清史工程首席专家的重任，清史所的许多同志，或者是重要学术组织工作岗位的主持者，或者是课题的参与者和承担人，清史所在客观上已成为清史工程的骨干力量。清史工程同清史所的发展，完全是一致的，统一的。把清史工程同清史所的发展割裂开来，对立起来，或者认为清史工程影响了清史所的发展，或者认为清史所要在清史工程以外另找出路，这都是目光短浅的认识和做法。清史所要在高质量完成清史工程中求发展，又通过清史所的健康发展推动清史工程的高质量完成。二者相互促进，相得益彰，互利双赢。

三是要增强清史所学科建设和人才培养的计划性。哲学社会科学的繁荣发展，离不开良好的外部条件。近年来，党和国家从中国特色社会主义事业全局出发，不断强调哲学社会科学的重要性和不可替代性，并采取了一系列措施以促进哲学社会科学的繁荣发展。

可以说，理论工作者和学术工作者大有作为的外部条件已经具备。在这样的大环境下，清史所理应迈出新的步伐，做出新的业绩，创造新的辉煌。

中共中央《关于进一步繁荣发展哲学社会科学的意见》指出："繁荣发展哲学社会科学的总体目标是，努力建设面向现代化、面向世界、面向未来，具有中国特色的哲学社会科学。""充分发挥我国哲学社会科学认识世界、传承文明、创新理论、资政育人、服务社会的重要作用。""要按照政治强、业务精、作风正的要求，造就一批用马克思主义武装起来、立足中国、面向世界、学贯中西的思想家和理论家，造就一批理论功底扎实、勇于开拓创新的学科带头人，造就一批年富力强、政治和业务素质良好、锐意进取的青年理论骨干。"在这里，前面讲的是学科建设的方向，后面讲的是人才培养的目标和要求。对于我们清史所这样的基层学术单位来说，这些总的方向、目标和要求，如何落实，如何贯彻，如何具体化，需要结合清史所的实际，进行具体的谋划和深入的思考。工作会有千头万绪，但学科建设和人才培养，永远是研究所工作的最主要的内容。而要在这两个方面取得成效，靠自发性是不行的，必须要有周密的计划，有具体的方案，有切实有力的措施。

清史所曾经有过美好的过去，在祝贺30年所庆的时候，我们相信，清史所一定会有更加美好的未来！

清代官德丛谈

北京，中国人民大学出版社，2012。

自　序

从2008年开始，我在《光明日报·史学》陆续发表了一组读书札记，一共9篇，题为《清代政治文明杂谈》。由于写的时候并非一气呵成，而是断断续续，得空便写一点，所以全部刊发完，前后竟经过了两年多时间。有朋友建议，如果把这些短文集中起来，也许能给愿意翻翻的读者提供一点方便。随后，中国人民大学出版社的同志也表示了同样的想法。我便将这几年写的主题大体相近的文章收集了一下，编成这本小册子。因为文章内容主要是讲政治伦理，也就是现在通称的“官德”，所以书名就叫作《清代官德丛谈》。

这些文章都很短，每篇大都两千多字，花不了十分钟就可以读完一篇。这当然是为了适应报刊的需要，但也正是我所努力追求的。

少写长文，多写短文，是我进入古稀之年后立下的一个心愿。

所以有这个想法，一方面当然是因为自己年岁渐长，精力渐衰，研究宏大主题，创作鸿篇巨制，难免会有力不从心之感。纪晓岚在谈到为什么写《阅微草堂笔记》时，讲了这么一段话：“景薄桑榆，精神日减，无复著书之志，惟时作杂记，聊以消闲。”纪晓岚开始写《阅微草堂笔记》时，不过60多岁，像他这样的学问大家，尚且感到“精神日减，无复著书之志”，何况我辈？自然更应该有自知之明。写点小文章，“聊以消闲”，正是一个合适的选择。

但更主要的却还有另一个原因，是根源于我对如何更好发挥史学社会功能的一点思考。这些年来，历史学取得了很大的成就，出现了一定的繁荣景象。但发展中也存在某些危机，其中之一就是历史研究同社会生活的联系相对薄弱。许多很有价值的学术著作，读者面却十分窄小，通常局限在少数同行专家之间。广大群众接受历史知识的主要渠道，往往是一些历史题材的影视故事或文艺作品，这些作品本来就不是以传播历史知识为职志，有的甚至公开申明是在“消费历史”或“戏说历史”，但人们偏偏误认为所讲的就是历史的真实。这种情况引起了一些人的忧虑。但我们不能禁止人家写历史题材的文艺作品，而必要的虚构又正是文艺作品同史学著作的本质区别之一。所以，倒是我们史学工作者自己，需要改变某些传统习惯，更加努力地写一些能够为广大群众所接受、所喜爱的东西。十几年前，我曾发表过一篇短文，题目叫作《历史学，请走出史学界》，其中说：“史学工作者的作品中，很少有以史学界以外的广大群众为读者对象的。史学研究的成果通常只是作为史学界一部分同人交换研究心得的手段。”这当然十分必要，但却远远不够。“史学家还要善于跨越史学界，关注社会，关注群众，重视对全社会提供对于当前社会生活有借鉴意义的直接或间接的历史认知。”“任何一门科学，哪怕是最深奥的学问，如果不同丰富鲜活的社会生活发生紧密的联系，不同广大群众发生密切的关联，就不可能有生命力。”我努力去学习写一些随笔、小品之类的杂文，就是实践上述想法的一个具体行动。

不过在史学界这个圈子里待久了，要走出去却并不容易，步履蹒跚地走几步，实在也走不多远。但情况还是有了一些变化。短文发表了几篇后，颇有一些熟识的和不太熟识的、搞历史的和并不搞历史的朋友，表示读过或关注过这些文字，有的甚至还说了一些鼓励的话。这在过去发表学术性论文时是很少遇到的。这给了我很大的鼓舞。

去年6月的一天，在一次会议上，令狐安同志递给我他写的一首诗。这首诗已经发表在2011年第11期的《中华魂》上，这里照录如下：

读李文海杂文有感

二〇一〇年三月

仇谤喜谀谁报忧，空文崇尚未知羞。
巧言令色为亲信，逆耳犯颜若寇仇。
钓誉沽名何日止，弄虚作假几时休。
渐习渐惯愁难改，如此怎当孺子牛。

令狐安同志是一位很有正义感的诗人。他在繁重的党政领导工作之余，写了不少充溢家国情怀、关心百姓生活的诗。如他写的《愤闻某地卖官成风有感》《讽某地政绩造假》《斥贪官污吏》《武松无奈大虫何》《忧某市被征地农民二首》等诗作，痛快淋漓地无情鞭挞了现实生活中存在的某些消极腐败现象，情深意切地表达了对普通劳动群众的关切和热爱。在上面那首诗中，他从历史现象中联想到社会现实，凸显了历史同现实的紧密联系。我一向认为，历史离今天、离我们并不遥远，历史虽然过去了几十、几百、几千年，时代和形势发生了天翻地覆的变化，但有一些历史规律、有一些历史经验、有一些历史真理，仍然同我们今天的生活十分贴近，至今并没有失去其生命力。南宋诗人陈渊有诗云："谁云古人远？正是无来去！"今天的人们可以从古人那里得到许多历史的智慧，从过去发生的事情中得到生动的历史借鉴，这正是史学的魅力所在。

今年恰好是统治了中国268年的清王朝覆亡的一百周年。一百年前，革命的人民推翻了已经成为社会发展障碍的清王朝，但历史并未因此就截然割断，一个新的时代仍然要在旧基地上逐渐成长。新旧之间，依然存在着千丝万缕的联系。用历史的眼光去看待前辈曾经的辉煌，用发展的要求去努力挣脱先人留下的因袭的重担，这应该是史学工作者的一个神圣的职责。收在这本小册子里的一些短文，算是朝着这个方向努力的一点痕迹。

毛泽东同志说："读历史是智慧的事。"① 如果通过这本小册子，能够从历史中汲取一些治国理政的政治智慧，那就是"聊以消闲"之余的意外收获了。

2012年3月31日

于世纪城时雨园

① 《致蔡和森等》，见《巨人的性格——毛泽东的书信》，5页。

为政以爱民为本*

——清代政治文明杂谈之一

封建政治充斥着统治阶级与被统治阶级之间的尖锐矛盾与对抗。按照恩格斯的说法，这种“政治权力”早已独立于社会之外，“从公仆变为主人”①。所以，它不可能成为人民利益的代表者。套用一句我国先哲的话，“官视民为草芥，民视官为寇仇”，则是封建官民关系的常态。

但问题还有另外一面。作为传统政治文明的一个重要内容，统治者常常宣扬“重民”思想，提倡关注民生，关心民瘼，强调“为政以爱民为本”。这种观念在清代得到广泛的传播。康熙帝在上谕中就多次提到：“朕事事以百姓为念”，要求各级官吏要“念切民依”，“必使家给人足，安生乐业，方可称太平之治”②；“但操守廉洁，念念从爱百姓起见，便为良吏”③。

这种看似矛盾的历史现象，其实也并不难理解。一方面，任何一个略有头脑的统治者，大抵都能懂得“水能载舟，亦能覆舟”的道理，知道“天下之治乱系乎民”。另一方面，“民本”思想在中国传统文化中一直有着巨大的影响，从《尚书》的“民惟邦本，本固邦宁”，孟子的“民为贵，社稷次之，君为轻”，到清初王夫之的“君以民为基”“无民而君不立”等等，这些思想一脉相承，在封建时代一直同“尊君”观念并行而不绝。这不能不在政治文明中得到强烈的反映。

---

* 载《光明日报》，2008年9月21日。

① 恩格斯：《反杜林论》。

② 《康熙政要》卷1。

③ 《康熙政要》卷9。

在清代名目繁多的“官箴”类著作中，宣扬“国家根本在百姓”“为官一方，必为民出力”的内容，占据了重要的位置。其中，包含着相当丰富的思想内涵，概括起来，主要有以下几点：

一曰“爱民”。有的书中把“爱民”提到治国理政的根本出发点的高度，所谓“朝廷设官，原以为民。官必爱民，乃为尽职”①。只有从爱民出发，才能为官一任，造福一方：“常怀一点爱民之心，时时刻刻皆此念充满于中，自然事事为百姓算计，有一民不被其泽，便如己溺己饥，安得无不忍人之政?”② 有了爱民之心，便能实心任事，勤于政务，不因一己的利弊得失而顾盼彷徨。金庸斋《居官必览》称：“充我恳恻爱民之心，盎然天地之初意，氤氤氲氲，盈满于胸中，发而施之于政事。凡世俗之毁誉利害，休戚得失，一毫勿使芥蒂于心，以杂我正念。”③ 相反，如果为官者缺乏爱民之心，只知谋一己之私，则不但会祸害百姓，残民以逞，而且会动摇政治统治的基础。金庸斋《居官必览》尖锐地指出：“乃居官牧民者，逞志作威，严刑聚敛，贱民如粪土，疾民如仇雠。非但我之一身，罪孽山积，独不为国家根本之计乎?”④

二曰“利民”。不但要“存爱民之心”，更重要的是要“行爱民之政”，也就是要在自己的政治实践中，为民谋利，造福百姓。“利民”的要义是一切政治举措，要时刻注意为百姓兴利除弊：“膺民社者，不必广求施济，但询其利害所在。害民之事，能宽一分，则民受一分之赐；利民之事，早兴一日，则民多一日之安。”⑤ 前引《居官必览》中有这样一段话：“一为民牧，一方生灵，皆系于我，庶几夙夜焦劳，靡解厥职。民之所乐，我则遂之；民之所苦，我则除之。纵不能智虑毕周，跻斯民于衽席，然我为官一日，自当尽一日之责。”⑥ 有的提出“官必好恶同民”的主张，“凡百姓所利，官亦曰

---

① 徐栋、丁日昌：《牧令书辑要·治原》。

② 《朱舜水集·问答三》。

③ 乔立君主编：《官箴》，396 页。

④ 同上书，462 页。

⑤ 觉罗乌尔通阿：《居官日省录》。

⑥ 乔立君主编：《官箴》，397 页。

利”，“百姓所苦，官亦曰苦”①。也有的说，“事关民生”，应该“是其所是，非其所非”②。官员以百姓之苦乐为苦乐，以百姓之是非为是非，虽然由于政治立场的不同和利益冲突的客观存在，真正实行绝非易事，但能够提出这样的命题，并且作为政治道德与行政良知的追求目标，显然有着十分重要的思想意义。

三曰“亲民”。在封建政治下，官民之间尊卑悬绝，等级森严。官吏常常“倚势作威，俨以官府自尊，驱民如羊，纵隶如虎”，而百姓“见里长则面色青黄，望公门则心胆战惊”。这种情况，就造成了“上下之情不通”。《图民录》强调：“凡上下之情，通则治，不通则不治。”“如官有所行，不能达所行之意于民；民有所诉，不能面达所诉之情于官。此上下不通也，不治也。”因为只有官员“平易近民”，“而后民得以尽其情；上得民情，而后可言治理也”。在这里，居官者能否去上下之隔阂，忘一己之威仪，真正做一个亲民之官，是能否实现政通人和的关键。汪辉祖《学治臆说》卷上认为：“治以亲民为要”，“亲民之道，全在体恤民隐，惜民之力，节民之财，遇之以诚，示之以信。不觉官之可畏，而觉官之可感，斯有官民一体之象矣。民有求于官，官无不应；官有劳于民，民无不承”。要做到这一点，就必须放下架子，走出衙门，轻车简从，体察民情。《居官必览》批评了官场流行的“迎送欲远，称号欲尊，拜跪欲恭，供具欲丽，酒食欲丰，驺从欲都，伺候欲谨”，以至“行部所至，万人负累，千家愁苦”③的恶习，勾勒了下面这样一种“亲民之官”的生动形象：“时屏驺从，巡历乡村，与山农野叟，欢然讲论，察访舆情。不烦人迎接，不累人一啜一杯，务期民志常通，欲恶与共。”④

四曰“畏民”。这里所说的“畏民”，不是指畏惧百姓，更不是说有关民生之事，一味畏葸不前，而是指对老百姓要时刻存有敬畏之心。晚清思想家王韬曾说：“勿以民为弱，民盖至弱而不可犯也；

① 袁守定：《图民录》。
② 蒋士铨：《官戒诗》。
③ 乔立君主编：《官箴》，354页。
④ 同上书，342页。

勿以民为贱，民盖至贱而不可虐者也；勿以民为愚，民盖至愚而不可欺也。"① 只有对百姓心存敬畏，居官者才"不敢肆于民上，为所欲为"，也才能真正达到"民之所好，好之；民之所恶，恶之"② 的境地。《图民录》对这个问题说得更透彻一些："居官临民，以敬为本。""敬则百姓受无穷之福，不敬则百姓受无穷之祸。凡贪婪暴虐，毒腐百姓，何一不从不敬生来?"强调"畏民"，其出发点是十分清楚的，那就是他们深深懂得，"民悦则久安长治"。有的书把"官不畏民"叫作"乱阶"，意思是说，一旦官员失去了对百姓的敬畏，就必然无所顾忌，胆大妄为，贪得无厌，民不聊生。那样，社会的动荡也就到来了。

上面所说的"爱民""利民""亲民""畏民"，都是在封建意识形态的范围之内的观念，都是在封建统治秩序条件下的认知。他们的最高信条，不过是"为民做主"，做到"愚者觉之，弱者扶之，屈者申之，危者援之，缺者完之，隐然为一方保障，使一方之人，皆有所恃以无恐"③。也就是替百姓当好主人，这与我们今天所要求的"民主"当然存在着本质的区别。但是，我们不能因此而无视甚至抹杀其珍贵历史遗产的思想价值，这些思想内容，即使在今天也仍然没有失去现实的历史借鉴意义。正如周恩来同志所说："封建制度是坏的，但统治阶级中也不是一无好人，尽管他们对人民的同情是有局限性的，但是那时的人民对这些人还是歌颂的。"④

---

① 《弢园文录外编·重民》。

② 方大湜：《平平言》卷1。

③ 袁守定：《图民录》。

④ 《周恩来选集》下卷，197页。

治天下以惩贪奖廉为要*
——清代政治文明杂谈之二

大约从西晋时起，官场中就流传着“清、慎、勤”是“居官三字诀”的说法。清代的康熙帝曾亲笔书写此三字赐给大臣，以为倡导。清人在解读这三个字时，普遍认为“清者，大节”“三字之中自以清为第一义”。这里所说的“清”，就是指清正廉洁。

清廉的另一极是贪黩。在现实生活中，一则由于封建政权的性质与人民群众相对立，二则由于政治权力缺乏有效的制约和监督，三则由于政治运作机制上存在着种种弊端，封建官员中贪黩行为极为普遍，贪赃枉法现象比比皆是。正像有的书中所说：“求一真正清廉之吏，几等于麟角凤毛。虽在上者日言惩贪，而实有不能苛求之势。”① 这种状况，大大加重了民众的苦难，激化了社会矛盾，导致政局的动荡。

因此，一些较有作为的统治者，总要努力设法倡廉肃贪，整饰吏治，以稳定统治秩序，巩固统治权力。拿前面提到的康熙帝来说，就曾在上谕中多次强调“官以清廉为本”“治天下以惩贪奖廉为要。廉洁者，奖一以劝众；贪婪者，惩一以儆百”②。他在亲撰的《廉静论》中坦率地说：正因为现实生活中存在着严重的贪黩现象，就更应该大力提倡清廉。“自为吏者有贪私之实，而后重廉洁之名，故尤以廉为贵。”“吏苟廉矣，则奉法以利民，不枉法以侵民；守官以勤民，不败官以残民。民安而吏称其职也，吏称其职，而天下治矣，故吏尤以廉为贵也。”③

---

* 载《光明日报》，2008年11月23日，《党风廉政建设》2009年第7期转载。

① 徐世昌：《将吏法言》。

② 《康熙政要》卷15。

③ 《康熙政要》卷13。

为什么把清廉作为为官的根本，把惩贪奖廉作为治天下的要务？主要是因为在现实生活中，官员的贪黩行为危害极大。清代各色“官箴”类著作，对此有着十分详尽深入的论述和揭示。

从自身修养的角度讲，大凡官员一涉贪贿，整个人的品德人格就会全线崩塌，变得猥琐污浊，再也无一丝正气可言。“人只一念贪私，便销刚为柔，塞知为昏，变恩为惨，染洁为污，坏了一生人品，故古人以不贪为宝。”①

从断案执法的角度讲，贪赃必定枉法，一旦贿赂公行，就绝不可能再有公正、公平之存在。对贪官来说，“生死曲直，不断之以法，而断之以赂”；只要利之所在，就可以“曲直倒置，生死任意”②。这样，必然是横暴者肆行无忌，受害者告诉无门，冤抑遍地，公理荡然。所以，人们总结经验说：“人须心中无欲，方能心平。心平，方能事平。故廉又为平之本。吏多不能廉，亦不肯廉，故动多不平之事。”③

从民生的角度讲，贪黩之徒，穷奢极欲，欲壑难填，势必朘民之膏，吮民之血，敲骨吸髓，苛征暴敛。为满足一己之私利，不惜让百姓倾家荡产，妻离子散：“我以之适口，民以之浚血；我以之华体，民以之剥肤；我以之纳交游，民以之鬻妻子；我以之遗子孙，民以之损田庐；我以之恣歌舞，民以之啼饥寒。”④ 结果是民不聊生，众怨沸腾。

有所谓“一贪生百酷”之说。贪官与酷吏，往往是一身而二任的。贪官大抵都“逞志作威，严刑聚敛，贱民如粪土，疾民如仇雠”。原因何在呢？其实也很简单。有人分析说：“凡受贿，则必酷。彼以为不用严刑，则群情不惊，货贿不来也。受贿，则必横。彼以为不颠倒曲直，则理胜于权，人有所恃以无恐也。受贿，则必护近习，通意志。彼以为不虎噬成群，则威令不重；不曲庇私人，则过付无托。”⑤

---

① 彭忠德、李正容编：《居官警语》，195页。

②③ 陈宏谋：《在官法戒录》卷1。

④ 乔立君主编：《官箴》，543页。

⑤ 觉罗乌尔通阿：《居官日省录》。

上面所讲，都是贪官对于社会所造成的严重危害。也有不少著作是着重从贪黩行为对于官员本身的危害来立论的，实际是对贪官的一种警示和忠告。如方大湜在《平平言》卷1中，就归纳了六个方面的危害，来说明“官不可贪”的道理：一是“坏心术”，就是失去了良知，扭曲了人性；二是“败风俗”，就是污染社会风气，扰乱社会秩序；三是“损声名”，就是贪墨之名，“喧传道路”，声名狼藉，人所不齿；四是“干国法”，就是贪赃枉法，法所不容，一味视国法为儿戏，终难逃国法之严惩；五是“辱祖宗”，六是“毒子孙”，就是一旦事情败露，不仅个人身败名裂，而且辱及先人，贻害子孙。如此言之谆谆，反映了社会对于官员贪廉之辨的良苦用心。

贪官并不是与生俱来的。不少人在未仕之先，也曾满腔豪情，壮怀激烈，一心想做个一身正气、两袖清风的好官。“见墨吏所为，辄切齿恨之，高谈击节，似可翱翔古人，而犬豕若辈也。”待到进入仕途，逐步掌握了巨大的权力之后，各种诱惑也就随之而来，面对“势利之熏炙，妻子之浸淫，朋比之怂恿附和”，意志薄弱者“于是乎良心死，而贪心生矣”①。开始的时候，“多在可以无取、可以取之间，意谓伤廉尚小，不妨姑试”，但“利径一开，万难再窒。情移势逼，欲罢不能”②。贪欲是无所底止的，“初犹染指，而积久日滋，性情已为芬膻所中矣。且人心何厌？至百金，则思千金；至千金，必思万金。又甚则权势熏赫，财帛充栋，已积为陈朽，而犹未足也”③。这里的叙述，如此生动又如此准确地描绘了贪官一步步走向泥淖、走向罪恶的心路历程和行为轨迹。从中可以得出的一条经验教训是：清浊廉贪之间，并无不可逾越之鸿沟，要想始终做一个无愧于社稷百姓的“清白吏”，必须立定宗旨，咬紧牙根，经受住各种诱惑，不能在看似小事上打开任何贪欲的缺口。一物之微，一念之差，都可能成为导致道德大堤被冲毁的“蚁穴”。

---

① 金庸斋：《居官必览》。

② 汪辉祖：《学治臆说》卷下。

③ 觉罗乌尔通阿：《居官日省录》。

人们把贪赃枉法看作大奸巨害，对贪官污吏深恶痛绝。所谓“万分廉介，不过小善；半点贪污，便成大恶”[1]，意思是说，清廉本是为官的本分，而只要一涉贪贿，便罪大恶极。所以谆谆告诫居官者，必须“时时警惕，刻刻提防”“务为清廉仁爱之官，勿作苟且贪污之事”[2]。康熙帝甚至强调：“别项人犯，尚可宽恕，贪官之罪，断不可宽。”[3]

在清代，作为一种政治文明、一种政治道德准则，崇廉鄙贪，确是占主流地位的社会舆论，也是世所公认的政治荣辱观。“贪则狼藉之声，甚于粪秽；祸害之加，甚于戈戟；防虑之切，甚于盗贼。”[4] 当然，客观现实并不因此就能出现一个清平世界。广泛流传的“三年清知府，十万雪花银”的民谚，就很好地反映了社会的真实。造成这种现象的原因，我们在前面已经做了交代。但我们不能因此而低估了这种政治文明的思想意义和政治价值，它不仅在历史上曾经起过重要的积极作用，也是留给今天的珍贵历史遗产。

---

① 金庸斋：《居官必览》。

② 徐栋、丁日昌：《牧令书辑要·屏恶》。

③ 《康熙政要》卷15。

④ 袁守定：《图民录》。

俭以成廉，侈以成贪*

——清代政治文明杂谈之三

人们在倡廉肃贪的过程中，察觉到一个重要的社会现象，那就是奢俭和贪廉之间，存在着紧密的关联。侈靡风行之处往往也是贪风炽盛之地，竞尚挥霍之徒也常常是贪赃枉法之辈。康熙时担任过文渊阁大学士的陈廷敬曾说："贪廉者，治理之大关；奢俭者，贪廉之根柢。"① 意思是说：官吏之贪墨或清廉，是事关政治大局的事情；而决定官员或贪或廉的根基，则在于追求奢侈还是谨守俭约。既然人们对贪官污吏深恶痛绝，崇俭鄙侈也自然成为政治伦理的一个重要价值取向。

康熙帝在《庭训格言》中曾这样说："若夫为官者俭，则可以养廉。居官居乡，只缘不俭，宅舍欲美，妻妾欲奉，仆隶欲多，交游欲广，不贪何以给之？与其寡廉，孰若寡欲？语云：'俭以成廉，侈以成贪。'此乃理之必然者。"②

为什么俭可以养廉、侈足以成贪呢？康熙帝所说"此乃理之必然"的"理"，又究竟何在呢？关于这方面的议论，清代的"官箴"书中反映得十分充分。

觉罗乌尔通阿的《居官日省录》中有这样两段话：

> 侈则多欲。君子多欲，则贪慕富贵，枉道速祸；小人多欲，则多求妄用，败家丧身。是以居官必贿，居乡必盗。故曰：侈，恶之大也。③

---

* 载《光明日报》，2009年2月15日。

① 蔡冠洛：《清代七百名人传》。

② 《康熙政要》卷13。

③ 乔立君主编：《官箴》，549页。

盖国家廉俸有常，人念奢侈无度。金樽玉斝，器必精工；细葛轻裘，服必华丽；脂车秣马，壮我观瞻；食美饮甘，遂我哺啜。甚至娇婢娈童，一呼百喏。穷奢极欲，取给无门。由是百计搜求，贪得无厌，势不能不籍下民之脂膏，以供骄奢淫逸之念，其流毒可胜言耶？①

《平平言》的作者方大湜用不同的语言表达了几乎同样的意思：

俭以养廉，老生常谈也。其理，却至当不易。……若习为奢华，饮食、衣服、车马、器皿、玩好等项，件件讲究，所出之数浮于所入，势必缺用。缺用不已，势必借债。借债不已，势必贪赃。②

封建君主也常常用这个道理告诫大小官员。嘉庆皇帝在一个谕旨中指出，那些因贪黩而“身罹重罪”的高官，“如蛾投火，实堪悲悼。推原其故，总由恣情糜费，日事奢华，以致廉俸所入，不足供其挥霍，因而败检逾闲，多方婪索。伊等岂不知得受赃款，律有明条，而利令智昏，遂自蹈重谴而不顾”③。

可惜言者谆谆，听者藐藐。清代官场的侈靡之风，不说愈演愈烈，至少也是经久不衰。这种状况的出现，有深刻的社会根源。说到底，是一个同人民群众相对立的封建政权，对掌握着巨大权力的官员，不可能存在有效的制约和监督机制。在这种情况下，那些原本就没有什么“治国平天下”政治抱负，一心只想升官发财，以攫取政治权力作为个人飞黄腾达手段的人，一旦头戴乌纱，手握重权，就立即安享尊荣，穷奢极欲，整日里锦衣玉食，声色犬马，骄奢淫逸，纸醉金迷，“以官场为享福之地，借临民为行乐之方”。而为了满足这些无休止的欲念，就必定要巧取豪夺，苛征暴敛，贿赂公行，残民以逞。

常言道：“由俭入奢易，由奢入俭难。”对侈靡的追求是难有止

① 乔立君主编：《官箴》，548页。
② 同上书，598页。
③ 《清仁宗实录》卷75。

境的。一旦身涉浮华，就会得陇望蜀，贪多务得，久而久之，则沉溺其中而不可自拔。如有人所生动描述的："侈靡之为害也，取之百姓不已，必至侵及官帑。其始偶然，继乃常然，久且习为固然，而忘其所以然。"① 到那个时候，"利径一开，万难再窒。情移势逼，欲罢不能"，再没有回头路可走。明知长此以往，终不免身败名裂，但欲壑难填，利令智昏，自然也就不惜以身试法了。

官场上的一些陋习，也常常成为助长侈靡之风的温床。例如讲排场的风气，就是如此："仕途中有种习气，俗谓排场，亦曰讲款。如衣服合时，进退中度，仆从都秀，饮馔佳良，器皿精工，轿伞齐整，应对便给，书札殷勤，皆所谓排场也。"② 在这种风气下，不讲排场，似乎就有失身份，反而成了官员中的另类；而竞尚奢华，也就成了官场的一种潜规则。从这里我们再一次看到社会风气对社会生活的巨大影响，一旦某种陋习形成了风气，往往能够造成积非成是、以丑为美的怪现象。

侈靡之风的泛滥，促使社会更加增强了宣扬"以俭养廉"观念的紧迫性。这种观念的提倡，究竟能在多大程度上对侈靡与贪黩现象起到遏制作用，其实是大可存疑的。但无论如何，作为一种政治荣辱观，鲜明地提出"俭以成廉，侈以成贪"，使崇俭鄙侈成为社会的一种主流意识，是有重要的积极意义的，它也可以成为古代政治文明中的一份有价值的历史遗产。

人们总是把俭与廉紧紧地联系在一起。所谓"惟俭足以养廉"，所谓"居官之所恃者在廉，其所以能廉者在俭"，所谓"欲教以廉，先使之俭"，都是讲勤俭是廉洁的根本。从政治上来说，只有经得起财色等物欲诱惑的人，才能身正行端，真正做到"无欲则刚"。"士能寡欲，安于清淡，不为富贵所淫，则其视外物也轻，自然进退不失其正。"③ 从生活上来说，只有清心寡欲，淡泊自甘，才能无觊觎之心，杜贪婪之念。"俭，美德也。余谓仕路诸君子，崇尚尤急。数

① 汪辉祖：《学治臆说》卷下。
② 徐栋、丁日昌：《牧令书辑要·屏恶》。
③ 彭忠德、李正容编：《居官警语》，60 页。

椽可以蔽风雨，不必广厦大庭也；痴奴可以应门户，不必舞女歌童也；绳床可以安梦魂，不必花梨螺钿也；竹椅可以延宾客，不必理石金漆也；新磁可以供饮食，不必成窑宣窑也；五簋可以叙间阔，不必盛席优觞也；经史可以悦耳目，不必名瑟古画也。去一分奢侈，便少一分罪过；省一分经营，便多一分道义。”① 有人总结俭有四大好处：“俭则安分，俭则洁己，俭则爱民，俭则惜福。故曰：俭，美德也，官箴也。”能俭则“不至侵用官项，朘削民膏。身心俱泰，寝食皆安。”②

应该指出，这里所说的俭，同吝啬完全是两码事。“可省则省，谓之俭；不可省而省，谓之吝啬。”③ 俭不是指需要用而硬不用，而是指应该用而用之不过分。提倡俭约，也不是要取消一切正当的物质需求，更不是要装腔作势，矫情作秀。人们常常拿西汉时“以宰相封侯”的公孙弘为例，他标榜自己“布被，食不重肉”，但大家认为这只是“矫情干誉”“饰诈以钓名”，并不合乎俭的本义。其实，所谓俭，只是不要纵情声色、耽于逸乐、暴殄天物、劳民伤财而已。下面的一段话，也许对侈俭之辨讲得比较切实明白：

> 凡宫室、饮食、衣服、器用，受用得有数，朴素些、简淡些，有何不好？人心但从欲如流，往而不返耳！转念之间，每日当省不省者甚多。日减一日，岂不安静快活？不但治生，即是寡欲清心之要。力持此法，更加一勤字，终身不取一毫非分之财，泰然自得，衾影无惭，不胜贪秽之富千万倍耶？④

---

① 陈宏谋：《从政遗规》卷下。

② 乔立君主编：《官箴》，544页。

③ 方大湜：《平平言》卷1。

④ 乔立君主编：《官箴》，549页。

大臣不廉，小臣必污*
——清代政治文明杂谈之四

在关于整饰吏治的问题上，清代从最高封建统治者到一般社会舆论，普遍强调高官在倡廉肃贪中起着极为关键的作用。

顺治帝的《御制人臣儆心录》中有这样一段话：

> 大臣不廉，无以率下，则小臣必污。小臣不廉，无以治民，则风俗必坏。层累而下，诛求勿已，害必加于百姓，而患仍中于邦家。欲冀太平之理，不可得矣。①

这话说得很明白。大臣如果贪赃枉法，小臣必定上行下效，结果是损害了吏治；小臣贿赂公行，必然败坏了社会风气。老百姓固然深受其害，国家更是遗患无穷，天下也就难有太平之日了。

如果说这里还只是一种概括性的描述，那么1680年（康熙十九年）的一个上谕，就紧密联系当时的政治现实，具体而生动地反映了康熙帝对这个问题的思考和担忧：

> 大臣为小臣之表率，京官乃外吏之观型。大法则小廉，源清则流洁，此从来不易之理。如大臣果能精白乃心，恪遵法纪，勤修职业，公而忘私，小臣自有所顾畏，不敢妄行。在外督抚各官，自应慎守公令，洁己爱民。乃大臣等每自谓清正无私，粉饰空言，至其所行，往往营私作弊，有玷官方，深负委任之意。科道系耳目之官，凡有弊端，自当据实参奏。且居处甚近，

---

* 载《光明日报》，2009年3月17日，《党的文献》2009年第1期、《党风廉政建设》2009年第3期、《马克思主义文摘》2009年第5期、《中国党政干部论坛》2010年第9期、《北京日报》2010年10月25日先后转载。

① 乔立君主编：《官箴》，227页。

> 如此情弊，岂无见闻？乃瞻徇情面，缄默不言。即有条奏，多系繁文。言官职掌，殊为未尽。如从公纠举，孰敢恣行无忌？朕以为今日之弊，莫大于此。①

大臣如果是清正廉洁的，小臣也就会“有所顾畏，不敢妄行”；中枢的京官假如都能奉公守法，地方督抚也自然能“慎守公令，洁己爱民”。这就是高官的正面表率作用。但实际情况是，高官口头上信誓旦旦，“自谓清正无私”，行动上则“往往营私作弊，有玷官方”；而身负纠察之责的言官，又大都“瞻徇情面”，对官员的贪黩行为噤若寒蝉，不作一声，使仅存的一点封建官僚体制内极为微弱的权力监督功能，也变得形同虚设。这就不能不造成严重的政治危机。康熙帝认为“今日之弊，莫大于此”，实在是一语中的，绝非小题大做，更不是无病呻吟。

大臣乃倡廉肃贪的关键，这首先是因为他们身居要职，位高权重，他们如何居官任事，必定会对政治生活与社会风气产生重大的影响。一个普通小吏，如果丧失廉耻，就会胡作非为，“不廉，则无所不取；不耻，则无所不为”，最终不免“祸乱败亡”，“况为大臣而无所不取、无所不为乎!”② 其次，大臣一旦身涉贪贿，就从此失去了政治上的指挥权和发言权，再也无法堂堂正正地做人，理直气壮地施政，这就是人们常说的“己不正焉能正人”的道理。“故欲治人者，必先治己。己不能正而责人之不正，己不能廉而责人之不廉，未能效者也。”③ 更加重要的是，大臣的一举一动，起着示范和表率作用，不论是正面的还是负面的，是美好的还是丑恶的，无形之中必定会影响到整个吏治，所谓“上有所好，下必甚焉”。在上者如果热衷于以权谋私，贪黩成性，下属自然变本加厉，愈演愈烈。“官爵愈大，统辖愈众。一人受赂，则千人骫法；千人弄法，则万人助虐”④，最后甚至可以造成“乱天下”的严重结果。这种自上而下的

① 《康熙政要》卷6。
② 陈宏谋：《从政遗规》卷下。
③ 徐世昌：《将吏法言》。
④ 觉罗乌尔通阿：《居官日省录》。

扩散效应，后果是极为严重的，“我取一也，下取百焉；我取十也，下取千焉”，“我所取者一回，而旁人中饱，不计次数矣”①。一般来说，一个身居高位的巨贪，总会卵翼一批爪牙；那些贪赃枉法之辈，也总要找一个执掌大权者做靠山。他们沆瀣一气，上下呼应，把政治风气搞得乌烟瘴气。大家十分熟悉的清代最大的贪官和珅就是一个典型的例子。“清乾隆四十二、三年以后，和珅尊宠用事，以聚敛自丰。是时督抚如国泰、王亶望、陈辉祖、福崧、伍拉纳、浦霖辈，赃款动至数百万之多，皆恃和珅为奥援。用事二十余年，康、雍、乾三朝之气，尽斩丧于一人之手。”②

清代的官场上流传一句谚语，叫作“莫用三爷，废职亡家”。这里所说的“三爷”，其实是指三种人：“子为少爷，婿为姑爷，妻兄弟为舅爷。”这少爷、姑爷和舅爷，“未必才无可用”，但居高位者，绝不可对之倚为心腹，委以重任。原因很简单，这些人“内有嘘云掩月之方，外有投鼠忌器之虑。威之所行，权辄附焉；权之所附，威更炽焉”，一旦权力落入彼等之手，就不免狐假虎威，残民以逞，“通贿赂，变是非”，“弊难枚举”③。如果对亲属任意放纵，最终就不免落得个“废职亡家”的结局。来自民间的这一官场谚语，实际是总结了一条十分重要的历史经验，那就是大臣要做一个清正廉洁的好官，不仅要自己洁身自好、严于律己，而且要严格要求和管理好自己的至爱亲朋，不可任意让他们逞威弄权，尤其不可一味任用至亲，“一用子弟至亲，百弊丛生”④。其实不仅是自己的亲属，只要居官者疏于警惕，忽于防范，就很容易受到各种心怀叵测者的蒙蔽。因此有人说：“居官大戒，第一蒙蔽。盖上下内外，非蒙蔽无以行其奸欺也。蒙蔽之在内者，有官亲、家人；蒙蔽之在外者，有猾书、蠹役。内外勾连，鬻情卖法，则为官者孤立无与，而坐听声名之败裂，其亦危险矣哉！”⑤

① 觉罗乌尔通阿：《居官日省录》。
② 徐世昌：《将吏法言》。
③ 汪辉祖：《学治臆说》卷下。
④ 彭忠德、李正容编：《居官警语》，71页。
⑤ 徐栋、丁日昌：《牧令书辑要·治原》。

所有的贪官污吏，没有一个不知道横征暴敛、肆意搜刮要冒极大的风险、付出沉重的代价。但是，他们还是如上谕所说的“如蛾投火”般地以身试法，甘冒不韪。其原因，当然是鄙婪的贪念、对财富的强烈占有欲的驱使，让他们见利忘义、利令智昏。而在心理上，他们大都心存侥幸，以为贪赃受贿，只要做得机密，便能掩人耳目，不为人知。有的官箴书对这种心理状态进行了分析，指出：“人之爱身，必甚于受贿。而往往以贿易身，何也？大都以为行事密，人不知也。不知今日受贿，明日则喧传阛阓矣，再明日则喧传阖城矣，再明日则喧传道路矣。”① 为什么此类事终究难逃天下人耳目呢？原因很简单，“在公堂行一私，枉一法，瞒不过吏胥；在私宅行一法，受一物，瞒不过僮仆”②。有的人十分迷信亲信对自己的忠诚，殊不知这种所谓的“忠诚”是完全靠不住的。一旦事情将要败露，“平日之所亲信，所用以介事媒钱之人，皆吾仇对矣。身败名裂，心劳日拙，君子悲之”③。

所以，当时人们对身居高位而“朘民之膏，吮民之血”的贪黩之辈，提出了这样一个朴素而深刻的警示：“官有王法，人有公论，岂能幸免？”④

---

① 袁守定：《图民录》。

② 金庸斋：《居官必览》。

③ 袁守定：《图民录》。

④ 陈宏谋：《在官法戒录》卷1。

为政以通下情为急*

——清代政治文明杂谈之五

“政通人和”历来是我国理想的政治理念之一。清人论政，极重求“通”。清代的一些谈论政风吏治的作品中，往往对“通”字给予了很大的关注，并且赋予了相当丰富的内容。例如，陈宏谋的《从政遗规》和金庸斋的《居官必览》，都曾引用过“为政，通下情为急”这句话。袁守定的《图民录》则强调：“凡上下之情，通则治，不通则不治。”还有人说：“善为治者，贵在求民之隐，达民之情，民以为不便者不必行，民以为不可者不必强。”所以“治民之大者，在上下之交不至于隔阂”①。这里所说的“上下之交”而不“隔阂”，其核心内容也还是一个“通”字。

在当时，这些议论，有着很强的现实针对性。

封建政治的一个显著特征，是尊卑悬殊，上下隔绝。戊戌维新时期，谭嗣同深刻揭露在封建君主专制统治下，“君与臣隔，大臣与小臣隔，官与绅隔，绅与士隔，士与民隔，而官与官、绅与绅、士与士、民与民又无不自相为隔”②。在这种情况下，统治者既无心“询察疾苦”，老百姓也无处“陈诉利病”，举国上下，层层相隔，当然是一盘散沙，毫无凝聚力可言，整个社会就不能不呈“乌合兽散”之势。康有为则更一针见血地指出：封建专制政治“如浮屠十级，级级难通；广厦千间，重重并隔。譬咽喉上塞，胸膈下滞，血脉不通，病危立至”。他得出结论说：“考中国败弱之由，百弊丛生，皆由体制尊隔之故。”③

---

* 载《光明日报》，2009年9月15日。

① 彭忠德、李正容编：《居官警语》，146页。

② 谭嗣同：《壮飞楼治事十篇》。

③ 康有为：《上清帝第七书》。

既然君臣之间、官员上下之间乃至官民之间的相互隔绝是由政治体制所决定，那么在封建专制政治体制的框架内，这种状况当然是无法根本改变的。清代政治伦理中之所以大力宣扬通下情、尊舆论、顺民心的重要，正是力图通过政治道德的提倡和约束，在一定程度上去弥补、抵冲政治体制的弊端和缺失。这也正是这一政治伦理的积极意义所在，同时又恰恰是它的局限性的集中体现。

官民相隔、下情不通的最大弊害，是主政者井蛙观天，孤陋寡闻，视世情则管窥蠡测，察时势则如坐云雾。既摧残了民气，压抑了人们的政治活力，又堵塞了当权者的视听，杜绝了政治进步的通道。以这样自我封闭的态度去治国理政，犹如盲人骑瞎马，没有不出乱子的。所以有人把这看作天下最大的忧虑："天下大虑，惟下情不通为可虑。昔人所谓下有危亡之势，而上不知是也。"① 如果不通下情，就不能及时察觉、处理与化解客观存在的社会矛盾，还会使各种矛盾不断积聚和发展，到一定程度，甚至形成严重的社会危机，造成"危亡之势"。这就把"通下情"提到了维护政治稳定的高度，在清代，不能不说是一个颇具卓见的认识。

封建政治的一大通病，是上下欺蒙，许多贪枉不法之事，往往由此而来。雍正时当过直隶总督的李绂在《与泰安各属书》中说："居官大戒，第一蒙蔽。盖上下内外，非蒙蔽无以行其奸欺也。蒙蔽之在内者，有官亲、家人；蒙蔽之在外者，有猾书、蠹役。内外勾连，鬻情卖法，则为官者孤立无与，而坐听声名之败裂，其亦危险矣哉！"② 不幸的是，这种"上下相蒙，只图苟免，全无后虑"的状况，已经成为到处皆然的官场陋习。"通下情"则正是打破欺蒙的重要途径和手段，这是因为，蒙骗只能施之于闭目塞听之辈，却难以奏效于耳聪目明之人。只要主政者能够博闻强识，洞烛幽微，宵小之徒就无所行其奸。陈宏谋《学仕遗规》卷 2 中有一段话讲得十分透彻："欲兴治道，必振纪纲；欲振纪纲，必明赏罚；欲明赏罚，必辨是非；欲辨是非，必决壅蔽；欲决壅蔽，必惩欺罔；欲惩欺罔，

① 金庸斋：《居官必览》。
② 徐栋、丁日昌：《牧令书辑要·治原》。

必通言路。所言虽未必可尽听，而人人皆得尽言，庶奸贪之辈，虑人指摘，不敢肆行无忌也。”

不通下情的一个直接结果，就是政情扞格，政令不行。尽管封建政治充斥着尖锐的官民对立，但作为一种政治理想与政治追求，还是提倡施政应以民为本，即所谓“民之所乐，我则遂之；民之所苦，我则除之”①。“事关民生，是其所是，非其所非。”② 有的甚至提出“官必好恶同民”“凡百姓所利，官亦曰利”“百姓所苦，官亦曰苦”③。可是，要怎样才能做到这一点呢？根本一条，就是要了解与体察下情。只有真正懂得了老百姓的苦乐好恶，是非利害，一个关心民瘼的官员才有可能施惠民之政，行益民之举，这样的政治举措也才能得到民众的拥护。所以，《图民录》强调：“当官无他术，只务合人情，事之顺民情者可行，咈民情者不可行也。”“凡地方行一事，博采舆论，舆论可则可行，舆论不可则不可行。若咈众独断，则民必违犯，而事终梶矣。”

在“贵贱有等，上下有别”的等级观念及等级秩序的支配下，真正要做到“通下情”“察民隐”，绝不是一件容易的事。首先要有敢于冲破传统观念的勇气，放下架子，走出官衙，到“村镇篱落”“穷乡下邑”，不论缙绅儒生、耆老隐逸、渔樵耕读、贩夫走卒、村姑童稚，都延访求教，“使民隐上通”。颇受雍正皇帝赏识的田文镜在所撰的《州县事宜》中发过这样的一段议论：州县官名曰知州、知县，顾名思义，必定要对一州一县的风土人情、物产生计、民生疾苦等“知之周悉，而后处之始当”。“故凡四境之内，毋论远近，或因公务出赴省郡，或缘命盗往来乡村，途次所经，必随事随时，详加体访。”“若深居简出，高坐衙署，使百姓难于见面，于一切物理民情，茫然无知，判然隔绝，不几负此设官之名乎！”④ 陆陇其在《莅政摘要》中讲了这样一个故事：明代著名思想家王阳明，正德年

① 金庸斋：《居官必览》。
② 蒋士铨：《官戒诗》。
③ 袁守定：《图民录》。
④ 《官箴书集成》，第3册，682页。

间任南、赣、汀、漳诸州巡抚时，曾经把官员出行时的“肃静”“回避”牌去掉，另举二牌，一个牌上写“愿闻己过”，一个牌上写“求通民情”。他解释这样做的原因是：“肃静欲使无言，闻过则招之使言；回避欲其不见，通情则召之来见。”据说效果还不坏，“当时不闻以先生为亵体”。也就是说舆论肯定了这种做法，并没有人认为这就亵渎了封建官僚体制。其实，这个故事的真实性并没有十分坚实的依据，但人们乐于流传这个故事本身，就反映了社会的一种意念、一种冀求。应该承认，在官员仪仗中去掉“肃静”“回避”牌固属不易，要在头脑中取消让老百姓“肃静”“回避”的观念，更是难上加难的事情。

对于老百姓的话，不但要能够去听，还要真正能听得进去，才能达到“周知民隐”“体察民情”的目的，否则，就不免仅仅是一种政治作秀。所以大家都强调“通民情”的关键在一个“虚”字，就是必须虚心。“不虚则蔽”“虚则生明”。觉罗乌尔通阿在《居官日省录》中说：“先哲云，官府政事繁多，下情阻隔，全在虚心体察。倘任其聪明，恃其刚介，挟其意气，种种皆能枉人。”“是以居大位而不虚心，则事坏；从政不虚心，则政坏；为学不虚心，则学坏。何也？意气太盛，虽有嘉言在耳，简册在前，不复潜心研究，惟凭私智臆见，谓操纵一切而无难，于是疏略偏蔽，百病交集，害有不可胜言者。”如果自以为是，刚愎自用，趾高气扬，固执己见，“自视地位高于人，才识无不高于人，自是之见渐习渐惯，其尚能低首下心，勤学好问也哉？”这个警告，确实很值得深思。

切戒“悦谀成风”*

——清代政治文明杂谈之六

《牧令书辑要·治原》中说：“官场陋习，乐于见长，不乐于见短，喜顺恶逆。”用现在的话来说，就是大家都乐于报喜不报忧，喜欢听赞扬顺从的话，厌恶听逆耳之言，这已成为官场的一种陋习。

这种现象甚至引起了皇帝的注意。1715年（康熙五十四年），一个上谕这样说：“至于一切颂扬之文，俱属无益。朕见近来颂圣之语殊多，悉应停止。凡事皆宜务实，何必崇尚虚文？即如尔等师生之间，一发议论，即互相推赞。书札往来，亦大都奖誉过情，此甚无谓也。”① 康熙是一个有作为的皇帝，他一直提倡“凡事但求实际，不务虚名”。身处“乾纲独断”的“万乘之尊”，能够反对“颂圣”，把对他的肉麻颂扬看作“俱属无益”的“虚文”，应该说是难能可贵的。但从另一方面也可以看出，在当时的官场中，对皇帝的歌功颂德，对上司的阿谀逢迎，师生、同僚之间的相互吹捧，已经习以为常，无处不在了。谄媚之风的盛行，谀颂之词的泛滥，引起了人们的极大厌恶，纷纷揭露“悦谀成风”已成为政风败坏的一个突出问题。

“好谀”包括两种情况：一是喜欢听别人对自己的阿谀奉承，在别人的吹捧面前自我陶醉，忘乎所以；另一种是对上司望风希旨，投其所好，奴颜婢膝，迎合趋承。这两种情况，都会对执法理政产生很坏的影响。

在封建时代，一旦跨入仕途，立即高踞人上，成为站在老百姓

---

* 载《光明日报》，2010年2月2日，《中国党政干部论坛》2010年第1期转载。

① 《康熙政要》卷8。

头上的老爷，权势显赫，威风八面。所以，“居官时不患无谀词，而患无规语。民即怨诅，不遽入耳”①。官员的特殊地位，使他们很容易听到谀谄之词，却很难听到规劝和批评的话，老百姓即使有对你抱怨甚至诅咒的语言，也不会一下子传进你的耳朵里。当一个人被种种谀词所包围，并且沾沾自喜而得意忘形时，就会产生一系列严重的后果。有的书作了这样的分析：“居官之人，身处民上，一令百从，谀言日至。自视地位高于人，才识无不高于人，自是之见渐习渐惯，其尚能低首下心，勤学好问也哉？趾高气扬，非独办事乖错，必贻民物之忧。即终身才识，亦以一得自阻矣。吁，可畏哉！”② 这段话对好谀之害，揭露得入木三分，可谓鞭辟入里。一个缺乏自觉的人，在谀言的浸淫下，就会自我膨胀，产生一种错觉，好像官位高了，学问才识也会水涨船高，无不高人一等，于是自以为是，趾高气扬，刚愎自用，独断专行。这样，不但办事常常出错，个人也必然故步自封，闭塞了增长才智的通道。

问题远不止此。好谀之人，往往会失去对人对事的是非好恶的准确判断力。对那些巧言令色、希恩固宠之流，视之为心腹，倚之为亲信，言听计从，百依百顺；而对那些敢于犯颜直言，讲一点真话甚至逆耳之言的人，则不惬于心，怒形于色，甚至深恶痛绝。于是，就逐渐形成了一种风气，谄媚之徒飞扬跋扈，正直之士缄口不语。黑白混淆，是非颠倒，歪风盛行，正气不伸。这样的政治环境，必然使谗言佞语乘虚而入，招摇过市。有人一针见血地指出：“闻谤而怒者，谗之囮也；见谀而喜者，佞之媒也。谗言之入，起于好谀。”③

喜欢下属吹捧的人，面对上司，也必定是“趋跄跪拜，迎合谄媚”，“诳语支吾”，“唯诺随人”。他们的处世原则是“善事上官，不恤民瘼”④。只要把上司伺候好了，老百姓的疾苦是不必放在心上

---

① 汪辉祖：《学治臆说》卷下。

② 觉罗乌尔通阿：《居官日省录》。

③ 彭忠德、李正容编：《居官警语》，56 页。

④ 同上书，127 页。

的。这样的人最善于揣摩。“仕途恶习，不讲实在是非，惟以私心摹拟。”“全以私心揣测上司，一倡百和，而激扬之公泯，劝戒之意不昭矣。”“况有揣摩之心，便工迎合之计。奔竞钻营，无所不至，其有关吏治风俗，人品心术，殊非浅鲜。”[①] 陈宏谋《学仕遗规补编》卷3对这种人有这样的描写：“萎靡不振，悦谀成风。上官曰是，彼亦曰是；上官曰非，彼亦曰非。迨其后事势乖违，民怨沸腾，彼则曰此上官之意，非距心所得为也。其居心之险，大非事上之敬。”对这样的人来说，个人私利是衡量一切事物的唯一准绳。为了讨好上司，就一切看上司的脸色行事。上司说黑，决不说白；上司说东，决不说西。粉饰现实，掩盖矛盾。只要能使自己仕途腾达，施政得失、民意好恶，统统可以置之脑后。一旦事情搞砸了，“事势乖违，民怨沸腾”，就立即表示这都是“上官之意”，把所有责任推得干干净净。

喜欢阿谀奉迎的人，不但在需要承担责任的时候，会迅速变脸，就是在平时，也常常是两副嘴脸，这就是人们常说的“媚上者必欺下”。对上是一副面孔，对下则又是另一副面孔。“事上则俯首鞠躬，临民则逞志作威。”[②] “小人之事上也，必谄以媚；其待下也，必傲以忽。”[③] 人们不必惊诧于他们面目变化之神速，因为在这些人的心目中，官与民、上司与下属之间，前者对后者的颐指气使、呼幺喝六，同后者对前者的低眉顺眼、胁肩谄笑，都是天经地义的。他们看似冰火不容的两种面目就合乎逻辑地统一在这种卑劣陈腐的意念之中。

大凡好谀之人，总是特别热衷于沽名邀誉，做表面文章，图热闹好看，真正关乎老百姓痛痒、民生疾苦的事，却漠然置之。有时甚至会打着“便民”的旗号却干着“病民”的勾当。汪辉祖《学治臆说》卷下就讲了这个道理：“一有沽名邀誉之私，其奉我以虚名虚誉者，即导我以偏好偏恶，而便民之事，亦且病民。”方大湜《平平

---

① 徐栋、丁日昌：《牧令书辑要·治原》。

② 陈宏谋：《学仕遗规补编》卷3。

③ 陈宏谋：《从政遗规》卷上。

言》卷1也说："官不可好名。实者，名之形；名者，实之影。一味好名，则纯盗虚声，毫无实际，必至名裂而后已。"很明显，这里所讲的"官不可好名"，绝不是说当官的不必看重和珍惜自己的名声，而是说不要一门心思地去沽名钓誉，欺世盗名，最后落得个图虚名而得实祸。所以，为政"宜崇实效不宜务虚名"，实在是一条至理名言。

说到底，能不能杜绝好谀之风，关键在于官员是不是能够真正实心任事，办事的出发点究竟是"为民"还是"为名"。对于这一点，老百姓心里其实是一清二楚的。高廷瑶《宦游纪略》卷下中有一段话，讲得极为精彩："不可沽名邀誉。到任时做一二事以市名，后将不继，前此皆假矣。进锐退速，名岂能久？惟地方一切利弊，或因或革，实心实力办去，实至而名自彰。百姓愚而最神，所为为名也者，百姓知之；所为为民也者，百姓无不知之。"一个封建士人，竟能以如此明白的语言，宣称素被视作"愚民"的老百姓，其实是"愚而最神"，他们对官员的所作所为，"为名"抑或"为民"，统统都心知肚明，一眼可以看穿，这样的识见在当时实在是不可多得的，但这却是一个千真万确的真理。

疲是居官大病*
——清代政治文明杂谈之七

清人李岳瑞在《春冰室野乘》中讲了这样一个故事，它的生动性和典型性，使读者往往过目难忘，说的是：在嘉庆、道光两朝久任军机大臣的曹振镛，晚年更是“恩遇极隆，身名俱泰”。他的一位门生专门请教他官运亨通的秘诀，曹振镛回答说：“无他，但‘多磕头少说话’耳!”敢于讲话，勇于任事，不免要冒各种风险，只有“多磕头少说话”，才能八面玲珑、四处逢源，在官场上一帆风顺、保位固冠。

这绝不是一个特殊的个例，而是封建官场的普遍现象。戊戌变法时期，梁启超在谈到守旧大臣为什么如此坚决地反对改革时说：那些“内位卿贰，外拥封疆”的高官，“不知经若干年之资俸，经若干辈之奔竞而始能获也”，到了这个地位，只要“循常习故，不办一事”，就可以“从容富贵，穷乐极欲”。“若一日变法，则凡任官者皆须办事”，这些人“既无学问，又无才干，并无精力，何以能办?”①可见，官员之固位擢升，不在于办不办事、能不能办事，而在于熬年头、善钻营。

清代的最高统治者，并不是一点都觉察不到这些弊端，他们也曾设法采取一些措施来救弊补偏。康熙帝亲书“清、慎、勤”居官三字诀赐给大臣，以为倡导，其中“勤”字就是勉励大家要勤于政务，不要尸位素餐、玩忽职守。在三年一次称之为“大计”的官吏考核中，“疲软无为”是应加举劾的罪名之一，按规定，得到这样考

* 载《光明日报》，2010年3月23日，《学习与研究》2010年第3期转载。

① 梁启超：《论变法后安置守旧大臣之法》。

语的要受革职处分。但是，官员一味明哲保身，敷衍塞责，苟且模棱，并不仅仅是个人的政治道德操守问题，而是制度性缺陷的必然表现，单靠口头的提倡和极其有限的监督，自然无济于事。封建皇权的极度膨胀，所谓“乾纲独断”，结果必定是“一人为纲，万夫为柔”，群臣只能叩首颂圣，墨守成规，做一天和尚撞一天钟就算不错，哪里还顾得上勤劳公务、尽心国事？

懒官、庸官充斥朝堂，一个直接的结果就是统治机器失灵，政务废弛，吏治败坏，政治公信力低下。这既破坏了社会秩序的稳定，也伤害了本就生活得十分艰难的普通老百姓的切身利益。

所以，袁守定在《图民录》中指出：“疲是居官大病。所谓疲者，如疲马然，策之不动也。然疲生于挨，朱子所谓挨得过时且过是也。”官员一旦得了“疲”症，就像一匹鞭打不动的老马，怎么赶也是步履蹒跚，踌躇不前，而其根源恰如朱熹所说，因为抱着得过且过的态度，挨一天是一天。不求有功，但求无过，就是他们的处世哲学。什么样的精神状态决定什么样的行为方式，“人心一懒，则百体俱怠；百体俱怠，则心日荒而万事废矣”①。

金庸斋在《居官必览》中也强调：“倦最害事。”“当官者，一日不勤，下必受其弊。”“此身苟一日之闲，百姓罹无涯之苦。”为什么呢？原因很简单，官员如果倦于政事，则“地方利病，应兴应厘，漫不经心，百废莫举”。这样没有担当的官，必然使“民困日深”“民生日艰”。

有人以断狱判案为例，提供庸官殃民的实证。每有命案发生，“有司之悠忽者”往往“迟延日期”，不予置理，直到“尸身发变”，不得已才慢吞吞地赶到现场，“又以亵秽为嫌，远坐他所，止凭仵作衙役混报，既未目击，又不令两造面质，草草讯供，游移通详”。审案时又“听断乏才，优柔不决，经年累月，拖延无期”。最后只能“草率完局，锻炼成招。不但生死含冤，且有牵连拖累，致小民倾家荡产，废时失业者，深堪悯恻。人命如此，其他可知！”②

---

① 觉罗乌尔通阿：《居官日省录》。

② 田文镜：《州县事宜·圣谕条列州县事宜》。

对公事如此漫不经心，荒疏怠忽，又怎么能在官场混得下去呢？他们有一个重要的手段和对策，叫作“弥缝搪塞”。他们对于“民间苦乐”虽然“漠不关心”，对于利国惠民之事虽然束手无策，不过对“饰虚文以媚上司，习时套以规进取”这一套弄虚作假的手段，倒是得心应手，驾轻就熟。平时“但以簿书文移，弥缝搪塞，一生精神，用在酬应世态、绸缪身家之处，互相欺罔”①。他们也并不是成天无所事事，闲居独处，相反，他们时刻奔走于大吏之门，争逐于宴会之场，简直是忙忙碌碌，马不停蹄，在“酬应世态”方面用足了“一生精神”。他们处世有一个最根本的原则，就是：“每事止图可以回复上官，不顾可对士民与否。”② 只要把上司糊弄好了，上司感到满意了，自己的官位也就坐稳了，老百姓的苦乐死活自然不在话下。

清代许多有关“官箴”的书中，对上面这种现象斥之为“伪”，是“仕途之贼”。与这种恶劣的官场习气相对立，人们强烈地呼吁官员应该“以实心行实政”，真正为老百姓办实事，办好事。高廷瑶在《宦游纪略》卷下中问：“官如何才为爱百姓？”作者自己回答说：“必有一副爱之之心，又必有一副爱之之力。无此心则抚摩噢咻，无非沽名市惠，是假之也，何有于民？有此心而才具、精神不足赴所欲为，亦徒虚此爱耳。故真爱百姓者，以实心行实政，废一不可也。”既要有爱民之心，又要有爱民之力。心里根本没有百姓，所作所为不过是沽名钓誉；说是爱百姓，却没有为百姓办事的才具和精力，也只是空言虚词而已。所以“实心”和“实政”，二者缺一不可。

真正心存百姓的官员，要有一副热心肠。就像方大湜《平平言》卷1所说：“富贵利达，眼不可热。民生休戚，肠不可不热。肠不热，则百姓之休戚，如秦越肥瘠，漠不相关矣。”王志伊为《励治撮要》一书所写的序言中提出，一个关爱百姓的官员，应该处处以为百姓兴利除弊为念，做到“重民生，勤民事，薄民赋，保民富，宽民力，从民便，悯民穷，恤民灾，除民害，询民瘼”。

① 陈宏谋：《学仕遗规》卷1。

② 徐栋、丁日昌：《牧令书辑要·治原》。

对封建官僚提出这样的要求，今天看来，未免不切实际，根本不可能做到。但这样的呼声和舆论，毕竟反映了广大群众的良好愿望和迫切冀求，在当时，它起着对黑暗政治的批判及对清明政治的引导的积极作用，至今也仍然不失为传统政治文明中珍贵的历史遗产。

信者，居官、立事之本*
——清代政治文明杂谈之八

我国传统道德一向强调“诚信为本”。所谓“人而无信，不知其可”①，讲的是守信在立身处世中的重要性；所谓“民无信不立”②，讲的是治国理政中建立政治公信力的重要性。把这二者结合起来，凝聚成两句箴言，叫作“人无信不立，政无信不威”。

这样一种传统伦理观念，在清代仍然在人们的政治生活和社会生活中产生着巨大的影响。

郑端所撰的《政学录》卷3中有这样两段话：“信者，居官、立事之本。与民信，则不疑而事可集矣。期会必如其约，无因冗暂违；告谕必如其言，无因事暂改。行之始必要之终，责诸人必先责己。”“毋面诺而背违，毋阳非而阴是。处同僚亦然。有言必践，久久自然孚洽。苟一时欺诳，则终身见疑矣。”汪辉祖的《佐治药言》也说：“官能予人以信，人自帖服。”可见，不论是对于百姓还是同僚，都必须“有言必践”，说到做到。约定的事情不要随意违反，讲过的话不要随意改变。更不能当面一套，背后一套，“面诺而背违”“阳非而阴是”。只要对百姓承诺守信，民众就会信任你，就能做到政通人和，什么事情也都可以做好了。相反，如果你任意欺骗，失信于人，别人也就永远对你心存疑虑，怀揣戒备。

可惜，在封建时代，官场风气却浑浊污秽，真正能够将信作为“立政之本”的官员，几乎是凤毛麟角。或者可以说，人们对于官员

---

* 载《光明日报》，2010年4月6日。

① 《论语·为政》。

② 《论语·颜渊》。

诚信的呼唤与企盼，恰恰根源于官场诚信的缺失。

政治生活中无信、失信、寡信的现象，有哪些主要表现呢？

一是决策轻率，朝令夕改。一些官员自以为大权在握，一令百从，因此一切以自我为中心，凭个人意志定进止。行一政，举一事，既不做调查研究，也不集思广益，独断专行，刚愎自用。“情况不明决心大，心中无数办法多。”一旦遇到阻力，碰见困难，或者发现有扞格难行之处，就立即改变主意，另搞一套。如此朝令夕改，下面自然就无所适从，人们也就对之失去了信任。所以陈宏谋在《从政遗规》卷上中说：“立法之初，贵乎参酌事情，必轻重得宜，可行而无弊者，则播告之。既立之后，谨守勿失，信如四时，坚如金石，则民之所畏，不敢犯矣。或立法之初，不能参酌事情，轻重不伦，遽施于下，既而见其有不可行者，复遂废格，则后有良法，人将视为不信之具矣。令何自而行，禁何自而止乎！”文中所谓守信是为了让民有“所畏”而“不敢犯”，自然是封建统治立场的本质流露，但其中讲到为政守信应该从慎于立法、谨于守法做起的道理，却很值得我们深思。

二是见风使舵，左右逢源。在封建时代，相当一部分官员的处世准则，不是如何朝乾夕惕、勤于公务，而是怎样固宠保位、飞黄腾达。在这种思想指导下，对皇权的奴颜婢膝，对上司的曲意逢迎，就成为混迹官场的不二法门。当时有这样一种说法：各级官吏是“十分精神，三分办政事，七分奉上官”①。也就是说官员的主要精力不在于办理政事，而在于伺奉上司。要讨得上官的欢心，就得善于揣摩，工于迎合，所谓“望风希旨”“先意承志”，一切看上司的脸色行事。不但平日里对上司唯唯诺诺，亦步亦趋，即使集会议事，很多官员也是窥测观望，俯仰随人。康熙帝曾经说，大臣“凡遇会议”，“乃一二人倡率持议于前，众遂附和于后，又其甚者，虽在会议之班，茫无知识，随众画题，更有于集议时缄默自容，及至偾事，巧行推卸”②。对于这样一些人来说，他的主张和议论都是按政治风

---

① 《清世祖实录》卷118。

② 《大清十朝圣训》（康熙朝）。

向的变动而随风摇摆，要么随声附和，要么缄默不语，一旦情况有变，立即翻云覆雨，把自己洗刷和推卸得一干二净。在这种人身上，当然找不到任何“信”的影子。

三是巧言令色，名实相悖。也有一些官员，热衷于做表明文章，说的是一套，做的又是另外一套。文告上冠冕堂皇、天花乱坠，言谈中关心民瘼、多方许诺，实际的作为却判若天壤。其实，我们的先哲早就说过，“轻诺必寡信”①。给人们随便做出种种承诺，到时候无法兑现，就必然失信于人。所以，陆陇其在《莅政摘要》卷下中强调：“言必求其可践，事必求其可行。”“毫不失信，则令不亵而法自行。”可实际情况是，有的人言行之间，完全是南辕而北辙，不但做不到“言必信，行必果”，更常常用漂亮的言辞掩盖自己的丑恶行径。叶燮在《已畦琐语》卷6中记录了当时官场的一个常见的现象：“每见当事悬示云：清白自矢，神明共鉴。且曰：苟有贪污，岂无报应。甚矣，言之可畏也。而取利之方，已不遗余力，无剩智矣。呜呼，纸上之言，吾谁欺，欺天乎?”用尽所有的智慧，不遗余力地攫取不义之财，但照样可以信誓旦旦，对天发誓，表示如有贪污，必遭报应，此类清代官场司空见惯的“贪官倡廉”的滑稽剧，上天可欺，民心难容，老百姓是看得一清二楚的。

四是目无定见，耳有偏听。林则徐曾以“海纳百川，有容乃大；壁立千仞，无欲则刚”作为座右铭。器识窄小、心存偏私、追名逐利、物欲缠身的人，就必定观察事物时没有主见，听取意见时偏听偏信，不可能刚正不阿，言而有信。田文镜在《州县事宜·关防》中这样说：“倘利欲有以薰心，苞苴不无染指，目无定见，耳有偏听。器量不公，或喜怒而任性；面皮不冷，或瞻顾以徇情。则是在己一身，全无检束，众人匿笑，奚有遵循?”信则不疑。你处世既然没有定准，别人当然也就无所“遵循”。正因为这样，人们才要求“为有司者，审理词讼，事无大小，必虚公详慎，勿任一时之性，勿执一己之见”②。这样才能昭信于世，同时也得到世人的信任。

---

① 《老子》六十三章。

② 田文镜：《州县事宜·听断》。

在我国的传统伦理中，“信”总是与“诚”紧密联系在一起的。诚以立万事之本，有诚则必有信。“平日诚以治民，而民信之，则凡有事于民，莫不应矣。”① 诚信的要义是不欺，既不自欺，也不欺人。“一诚有余，百伪不足。”一味弄虚作假，不但偾事害政，对个人也往往弄巧成拙，遗患无穷。《从政遗规》卷上强调：“当官处事，但务着实。如涂擦文书，追改日月，重易押字，万一败露，得罪反重，亦非所以养诚心，事君不欺之道也。百种奸伪，不如一实。反复变诈，不如慎始。”这里虽然揭露了“奸伪”“变诈”的种种弊害，但其落脚点还离不开作伪有违于“事君不欺之道”，这种“忠君”观念，对于封建士人来说，当然是可以理解的。而袁守定的《图民录》则超出这个思想藩篱，着眼于老百姓的“不可欺”，其中说：“若有一毫粉饰，则老百姓断不可欺。”“官之性情心术，百姓无不知之，洞然无所蔽隔。居是职者，乌可不诚?”应该说，这个认识，较之《从政遗规》来，又显胜一筹了。

① 陈宏谋:《从政遗规》卷下。

不专一己之见*
——清代政治文明杂谈之九

毛泽东同志多次强调，领导干部要“多谋善断”。他还有一句名言：“领导者的责任，归结起来，主要地是出主意、用干部两件事。”① 这些话虽然大家耳熟能详，但真正领会和切实做好却并不容易。譬如，什么算是“多谋”？怎样才能“善断”？如何看待“出主意”以及怎样尽量出好主意而不出馊主意？这里面就大有讲究。有的干部既不调查研究，也不集思广益，凭自己拍脑袋或一时心血来潮就出各种主意。“情况不明决心大，胸中无数办法多”，而且一切都得遵循自己的意志办事。甚至认为“意之所欲，信以为不逾；令之所发，概期于必行”，只要自己想做的，别人不能随便逾越；只要自己发的命令，一概要求别人不折不扣地执行。以为这样才算尽到了领导者的责任，彰显了领导者的权威。这样做，其实与毛泽东同志提倡“多谋善断”和“出主意”的初衷恰好南辕北辙，背道而驰。

即使在民主意识极端缺乏的封建时代，人们也觉察和意识到政治生活中完全凭长官意志处理公务的弊端与危害，清人觉罗乌尔通阿在《居官日省录》中便提出了“虚心以延众论，不必谋自己出”的命题，认为一个高明的官员，并不一定要所有的谋略都出于自己的意念，而在于博采众论，择善而从。

较早指出处理政务“每事皆自决断”之不足取的，大概要算是唐太宗李世民。一天，唐太宗问尚书左仆射萧瑀：你对隋文帝怎么看？萧瑀回答说：隋文帝“勤劳思政”，每天坐朝，从早到晚，“虽

* 载《中国党政干部论坛》，2011年第4期。

① 毛泽东：《中国共产党在民族战争中的地位》。

性非仁明，亦是励精之主”。唐太宗不以为然，说：“公知其一，不知其二。此人性至察而心不明。夫心暗则照有不通，至察则多疑于物。”“恒恐群臣内怀不服，不肯信任百司，每事皆自决断，虽则劳神苦形，未能尽合于理。朝臣既知其意，亦不敢直言，宰相以下，惟即承顺而已。”接着，唐太宗强调说：“以天下之广，四海之众，千端万绪，须合变通，皆委百司商量，宰相筹划，于事稳便，方可奏行。岂得以一日万机，独断一人之虑也。”他还进一步算了一笔账：即使一个能力很强的人，仅凭个人一己之力，每天处理十件事，五件做得很好，那还有五件是没有做好的。一天做错五件事，“以日继月，乃至累年，乖谬既多，不亡何待?”① 作为一个封建帝王，把能否听取群臣意见而不独断专行，提高到政权存亡的高度，这大概是唐太宗能够成为史上少有的明君的一个重要原因。

如果在上者“每事皆自决断”，下属难免“不敢直言”，一味“承顺”。这种情况，在封建官场可以说是司空见惯，而其后果则是更加加重了官员刚愎自用、自以为是的恶习。前引《居官日省录》有这么一段描写：“居官之人，身处民上，一令百从，谀言日至。自视地位高于人，才识无不高于人，自是之见渐习渐惯，其尚能低首下心、勤学好问也哉？趾高气扬，非独办事乖错，必贻民物之忧。即终身才识，亦以一得自阻矣。吁，可畏哉!”一个人身居官位，掌握着一定的权力，说话行事，往往一呼百应，“一令百从”。周围的人们或者出于尊重，或者出于礼貌，自然还会有人出于趋炎附势、攀援献媚的心理，常常会送上种种赞誉和奉承。一个严于律己、有自知之明的人，固然能清醒地对待这些，不至于忘乎所以，而有些人在这样的环境下，却往往难以自持，浸淫日久，不免“自是之见渐习渐惯”，就会产生一种错觉，以为自己“地位高于人，才识无不高于人”，于是目空四海，颐指气使，再也没有了向别人“低首下心、勤学好问”的谦虚谨慎之态了。这段话生动地描述了一个高高在上的官员，怎样在“谀言”包围和自我膨胀的恶性循环下，一步

① 《贞观政要·政体第二》。

步变得趾高气扬，独断专行，结果既在公务上乖谬失误，“贻民物之忧”，又阻塞了个人聪明才智的进步和提升。这不论于公于私，确实是一件十分“可畏”的事情。

习惯于独断专行的人，常常以为自己有魄力、有决断、有主见，是敢作敢为、器识远大的表现。其实正好相反，正如唐太宗对隋文帝所批评的，“每事皆自决断”，原因是“多疑于物”“不肯信任百司”，恰恰是心胸狭窄、目光短浅、缺乏容人之量的反映。清代有一部不知作者姓名的书，叫作《刑幕要略》，其中有这么一段话：“近来居官者间有薄视幕友，趾高气扬，遇事独出己见，不待商榷，此固才非远大，难与共事。”① 这个判断的深刻之处，在于一针见血地指出那些“趾高气扬，遇事独出己见”的“居官者”，其实是“才非远大”的庸才，不但没有恢宏气度，而且难以共事。这也许可以如醍醐灌顶，让这些人从自鸣得意的良好自我感觉中清醒过来。

强调不必凡事都要“谋自己出”，当然不是说主政者不要有自己的主见，有自己的判断，而是说出主意、做决策，要有一个深入调查研究、广泛听取意见的过程。对事情的来龙去脉都搞清楚了，对各种正面的、反面的、赞成的、反对的意见都了解了，然后衡量利弊得失，择善而从，做出合乎实际的决断，这样才能叫作“善断”。这一点，清代的官箴书中就有不少总结实践经验而得出的颇有见地的论述。有人说：一个高明的官员，应该“广询博访，取决贤智，不专一己之见，而求通舆论之公”②。也有人说：“任用人材，兴作事功，自己已有一定之见，然不可独用己意，则排沮者必多，吾事败矣。稽于众，取诸人以为善，然后可。”③ 还有人强调官员在审理词讼、断狱判案时，“必虚公详慎，勿任一时之性，勿执一己之见”④。认为只有这样才能保证司法的公平和公正，避免因主观武断、好恶任意、欺骗蒙蔽、瞻顾徇情而造成冤假错案。所有这些，

---

① 《官箴书集成》，第 5 册，26 页。

② 金庸斋：《居官必览》。

③ 陈宏谋：《从政遗规》卷上。

④ 田文镜：《州县事宜·听断》。

都强调处事理政时，必须尽量多听各种意见，所谓“兼听则明”，而不能一切“独用己意”，专执“一己之见”，否则必定导致“心不明”而“于理不合”的后果。郑端在《政学录》卷 3 中用八个字概括固执己见的恶劣影响，叫作“偏听生奸，独任成乱”。偏听偏信，容易为奸人所乘；独断专行，必定会事乖政乱。这是居官者必须时刻警惕、引以为戒的。

风气关乎治乱*

风气是一种无形的巨大力量。一种好的风气，潜移默化地陶冶、浸润着人们的高尚道德情操；而某些不良的观念和行为一旦形成风气，则如水银泻地，无孔不入地侵蚀着社会的健康机体，纵容消极和丑恶现象招摇过市。学风、政风、党风、民风乃至世风也就是我们常说的社会风气，莫不如此。清代学者沈垚曾说："风俗美则小人勉慕于仁义，风俗恶则君子亦宛转于世尚之中，而无以自异。"① 这里所说的"风俗"，其实指的就是风气。可见风气对于人心的善恶、世道的治乱，实在是关系至大。在这方面，历史为我们提供了生动的教材。

清朝乾嘉之际担任过大学士、军机大臣的王杰，在一封奏折里，讲到乾隆中期以前，政风清明，"其时上司亦皆廉洁公正，题升调补，无可营求，即无所谓馈送；州县食其廉俸，自可宽裕，无所谓亏空之说。迨乾隆四十年以后，有擅作威福者，钳制中外，封圻大臣不能不为自全之计，而费无所出，遂以缺分之繁简，分贿赂之等差，馈送之外，上下又复肥己，久之习以为常"。"间有初任人员，天良未泯，小心畏咎，不肯接收，上司转为之说合，懦者千方抑勒，强者百计调停，务使其虚出通关而后已。一县如此，通省皆然；一省如此，天下皆然。于是大县有亏至十余万者，一遇奏销，横征暴敛，挪新掩旧，小民困于追呼，而莫之或恤。靡然从风，恬不为怪。"② 王杰在这里动态地叙述了乾隆年间政风由好转坏的过程，官场上贪污贿赂"靡然从风，恬不为怪"，在这样的风气之下，少数

---

* 载《光明日报》，2005 年 12 月 6 日。

① 《落帆楼集》卷 4。

② 《清经世文编·请核实亏空变通驿站疏》。

“天良未泯”的官员不肯或者不敢接受贿赂，倒反而变成了另类，要受到上司和同僚的劝说或者围攻了。

风气败坏的最大危险，就在于它以一种无形的力量，把假恶丑的东西，“积久成是”，变成似乎合理的存在，甚至造成一种不得不随波逐流的态势。正如清代著名学者章学诚所说：“天下之患，莫患于知其不可，而群趋于不得不然之势。”① 这里，我们可以举个例子，来说明在贪黩成风的情况下，如果有人不肯同流合污，想独善其身，也是难乎其难，弄不好还会反罹其祸。在晚清，河工是有名的肥缺，乃“国家之漏卮，官场之利薮”，任职于此的大小官吏，不但对治河经费任意挥霍，大肆侵吞，而且大家对此也习以为常，视为固然。同治、光绪年间，苏廷魁任河道总督，这是一位清廉正直的官员，在当时可以说是凤毛麟角。在任期间，黄河在河南境内决口，他与河南巡抚一起奏请100万两银子堵塞。他亲自督工，“买料俱亲经手”，决口很快合龙，经决算，还剩下工程款30万两。巡抚主张按惯例由二人瓜分，苏廷魁坚决不允，力主“奏缴还部”。巡抚的贪欲没能满足，羞恨交加，便倒打一耙，捏造罪状，上章弹劾苏廷魁。令人意想不到的是，户部对苏廷魁的做法也大为不满。原来“向来河工告成，无不浮冒虚报者，外得十分之七，大小瓜分，以三分贿部，遂不驳。今苏公缴还余银，除此陋规，部中亦恨”。于是，户部在苏的奏折里挑出“不合例数条”，同河南巡抚一起参劾。在内外夹攻下，苏廷魁最终落得个“革职”还乡的下场。② 这个真实的故事告诉我们，风气的败坏，实实在在地起着“扶邪压正”的恶劣作用。

风气不仅深刻地影响着政治，也极大地影响着人们的日常社会生活。清代的前中期，除了少数享有特权的王公贵族外，社会风气总体来说是淳厚俭朴的，乾隆中叶以后渐趋浮华，尤其到了晚清这个封建末世，追求挥霍奢靡就成了时尚。侈靡之风首先从掌握着政治权力的官场和聚敛着大量财富的商界刮起，这些人成天出入于花

---

① 《章学诚遗书》，327页。

② 参见欧阳昱：《见闻琐录》，91页。

街柳巷，沉溺于酒食征逐，“大宴会则无月无之，小应酬则无日无之”。这种风气必然影响到整个社会，拿首善之区的京师来说，“京师最尚应酬，外省人至，群相邀请，筵宴听戏，往来馈送，以及挟优饮酒，聚众呼卢，虽有数万金，不足供其挥霍”①。可惜在这种声色宴饮的酬酢中却恰恰掩盖着人情的淡漠。《盛世危言》的作者郑观应对此感叹说：人们对“迎送宴会年节之仪、婚丧寿庆之事，亦恒喜耀其外观，有一不臻华美者，则歉然哗然，自尤而人非之。至于精意之存亡，真诚之有无，乃相与置诸勿论”②。人际交往一旦失去了真情，剩下的便只是功利和虚伪了。

不能把这些现象简单地看作只是一种生活陋习。事实上，在奔竞钻营成为恶劣风气的大环境下，一些人正是靠这些作为飞黄腾达的终南捷径，而某些饱学之士却常常因不善此道而困顿淹滞，潦倒终生。我们可以举桐城派古文创始者之一的刘大櫆的遭遇为例。刘大櫆在给朋友的一封书信中这样说：“仆赋资稚鲁，又生长穷乡，不识机宜，不知进退，惟知爱慕古人，务欲一心进取，而与世俗不相投合。心甚方，虽凿之不圆；舌甚钝，虽磨之不利。单身孑立，无亲旧以为攀援，无钱财以资结纳，无华颜软语以媚悦贵人之耳目。日在京师与缙绅士大夫相接见，而舛戾乖违，不得其欢心，而只逢其怒气”，以致“客游京师八九年矣，皇皇焉求升斗之禄而不可得”③。在刘大櫆的身上，我们看到的是不良风气怎样成为扼杀人才的软刀子。

难怪顾炎武反复强调，“风俗者，天下之大事”“目击世趋，方知治乱之关，必在人心风俗”④。这样的历史经验，实在是值得我们深刻吸取的。

---

① 《道光都门纪略》，转引自《北平风俗类征》，320页。
② 《郑观应集》，376页。
③ 《刘大櫆集》，120页。
④ 《日知录·廉耻·与人书九》。

清代官场迎送何以成灾*

在封建官场，同僚或上下级之间的送往迎来，作为正常的人际交往，本是人之常情，无可厚非。但是，在吏治败坏的大环境下，这种官场迎送往往变成一种真正的灾难。

曾经在道光、咸丰年间担任过知府、按察使直至署理巡抚等中高级官职的张集馨，在其笔记和书信中，就屡屡无奈地慨叹自己的从政岁月，“终日送往迎来，听戏宴会，有识者耻之”①。“来往过客，攀挽流连，余等复迭为宾主，几于无日不花天酒地。”② 他在自己的衙署里写过一副对联：“问此官何事最忙，冠盖遥临，酒醴笙簧皆要政；笑终岁为人作嫁，脂膏已竭，亲朋僮仆孰知恩。”③ 可以想见，冠盖迎送，酒醴笙簧，成了官员“最忙”的头等“要政”，他们哪里还有时间和精力去办正经的公务？

这种官僚之间的送往迎来，究竟要耗费多少物资和精力，我们可以看看张集馨在他的自叙年谱中所做的一段具体的描写：

> 西安地当孔道，西藏、新疆以及陇蜀皆道所必经。过客到境，粮道随将军、中丞等在官厅迎接，俟各官回署后，差人遍问称呼，由道中幕友写好送到各署，看明不错，然后差人送至官客公馆，一面张灯结彩，传戏备席。每次皆戏两班，上席五桌，中席十四桌。上席必燕窝烧烤，中席亦鱼翅海参。西安活鱼难得，每大鱼一尾，值制钱四五千文，上席五桌断不能少。其他如白鳝、鹿尾，皆贵重难得之物，亦必设法购求，否则谓

---

* 载《光明日报》，2004年7月20日。

① 张集馨：《道咸宦海见闻录》，80页。

② 同上书，83页。

③ 同上书，82页。

> 道中悭吝。戏筵散后，无论冬夏，总在子末丑初。……次日，过客起身，又往城西公送，并馈送盘缠，其馈送之厚薄，则视官职之尊卑。每次宴会，连戏价、备赏、酒席杂支，总在二百余金，程仪在外。……大宴会则无月无之，小应酬则无日无之。春秋年节，又须请将军、副都统及中丞司道府县，以及外道府县之进省者，皆是戏筵；满城协领、绿营参游，亦于春秋延请一次。如十天半月，幸无过客滋扰，道中又约两司、盐道在署传戏小集，不如是不足以联友谊也。①

不但对于现任官员，必须迎送如仪，戏筵招待，盘缠相赠，就是已被革职的高官过境，也得小心伺候，不能有半点疏忽。因为这些人大多有靠山，说不定什么时候，在关系网的帮助下官复原职，所以不能不先留一条后路。张集馨就讲过在任福建汀漳龙道时接待在鸦片战争中被革职的闽浙总督颜伯焘的情形。这位已革总督在返乡途中“道经漳城”时，竟然带了“兵役、抬夫、家属、舆马仆从几三千名”，每天供应这些人“酒席上下共用四百余桌”。这位下台总督一住就是半个月，在这期间，从二月初一到初十，天天都有“杠夫”抬着行李、辎重通过，“每日总在六七百名”。张集馨觉得有点奇怪，细一打听，据知情者透露，这些东西，有不少是这位已革总督的仆从和营弁，“包揽客商银标及各样货物，得资运送，皆借驿站夫马，既无运费，亦无盗劫，商贾何乐不为，不过驿站受累耳！”②

这种官场迎送之弊，绝不是张集馨一个人的特有经历，也不是仅仅风行于道光、咸丰年间，而是清代封建政治的一种痼疾顽症。事实上，早在顺治年间，它就已成为政治生活中的一个突出问题。1657年（顺治十四年）九月，南赣巡抚佟国器上疏，报告保昌县知县白可久“因冲邑艰烦，屡受使差凌辱；又为派征西船只粮料等项，支吾无术，忧激自刎”。奏疏中还痛切地强调：面对无穷无尽的支应差使，“有司疲于奔命，勒索过当，除自尽之外，几无长策”。可见

---

① 张集馨：《道咸宦海见闻录》，79～80页。

② 同上书，66～67页。

白可久的自刎，并不只是孤立的个案。对于这件事情，顺治皇帝下了这样一道谕旨："向因各省驿递，有差使勒索等弊，已屡旨禁饬。近见州县官有自尽者，动称为此苦累。或实缘钱粮不足，供应不能及额；或委系使差额外勒索，肆行陵逼。如此情由，皆当详察真实，作何协济清厘以绝弊窦，作何严行禁治以垂永久，尔部即会同各该衙门详确议奏。"①

官员之间送往迎来所反映的种种恶风陋习，严重地败坏着社会风气，极大地加重了老百姓的负担，也明显地消减着封建政权的统治效能。最高统治者为了维护统治秩序，保持社会稳定，不得不对这种现象进行禁止和整顿。翻开《清实录》，严厉指斥和禁阻官员之间"迎往送来，交际馈遗""馈送燕会""聚饮成风"的上谕几乎史不绝书。有的说："抚按旧习，迎送往来，交际馈遗，实为可恨，以后除文移会稿外，不许交相馈送。"有的说："各衙门官员，拜往宴会，旷职营私，明季弊习，深可痛恨。著都察院严行禁饬，有故违者，该城御史呈报纠参，隐徇者并治。"有的说："抚按承差，向来滥用，多至百十余人。今各院止许用二十人，以便赍奏。除紧急重大文移外，不得擅差承差扰累驿递，违者重处。"还有的说："馈送燕会，已经屡旨严禁。如有不遵，著科道官指名参奏，从重究处。倘别经发觉，科道官亦著一并处治。"有的上谕甚至规定，御史出巡，必须"减驺从以恤驿困，禁铺设以纾民力，拒参谒以杜逢迎"，"如不恪遵力行，一经发觉，必行重处"。真可以说是三令五申、警钟长鸣了。这些谕旨，态度不可谓不坚决，措施不可谓不严厉，但是，言者谆谆，听者藐藐。在实际政治生活中，非但禁而不止，反而愈演愈烈。

问题究竟出在哪里？一位敢说真话的官员、顺治朝后期任职刑科给事中的任克溥道出了答案。他在一份奏折中说：

有司十分精神，三分办政事，七分奉上官。迎送细节也，有因失而受辱者矣。参谒屡禁也，有渐远而获谴者矣。馈送严

① 《清世祖实录》卷111。

饬也，有以奔竞之疏密定官评之优劣者矣。有司精神有限，竭尽心思，弥缝上官之不暇，而何暇于政务乎！①

这大概正是问题的症结所在。如果官员只是一门心思地巴结逢迎上司，以谋取个人仕途升迁为最高目标；如果上司使迎送有失及疏于参谒的人“受辱”“获谴”，又一味根据“奔竞之疏密”来定“官评之优劣”，那么，禁止“迎送往来，交际馈遗”的谕旨发得再多，话说得再严厉，也是无济于事的。因为事实是人们判断一切的最重要的依据。

① 《清世祖实录》卷118。

变了味儿的“人际交往”*

中国历来重视交友。封建时代称君臣、父子、夫妇、兄弟、朋友五种关系为“五伦”，被看成是最重要的伦常关系。《周礼·地官·师氏》把朋友同父母、师长并列，合称为“三行”。到了今天，真诚友善、相互尊重的朋友关系更是构建和谐人际关系的重要内容。但是，在特定的社会环境下，朋友之间的相互交往也会产生种种弊端和陋习，一旦形成风气，便会成为一种严重的社会公害。

晚清官僚士人间的人际交往，就存在着这种情况。

戊戌维新时期，在雨后春笋般组织起来的各种学会中，有一个学会颇具特色，那就是熊希龄、谭嗣同等倡立的“延年会”。会名“延年”，却并不是讲究养生健身之类的卫生团体或体育组织，而是以改革不良生活习俗为宗旨。在他们看来，人们在有限的生命之中，由于生活方式的不合理，浪费了许多极为宝贵的光阴；如能改变这些无谓的生活习俗，“将使一世之成就可抵数世，一生之岁月恍历数生，一人之才力若并数人”，那也就无异于延长了生命。

谭嗣同在《延年会叙》中，着力批评了当时人际交往中的种种陋习：“宾客之不时，起居之无节，酒食之征逐，博弈之纷呶，声伎戏剧之流连忘返”；客人来访，“主人劳于倒屣，敝于将送，眠食失常，夜以继日，精力以之消铄，光阴以之虚縻”；出门访友，“晨起出阍，暮不得息，望门投刺，冠服重累。以肩舆为居室，以泥首为美观，寻无味之语言，弃有用之日月”；友人相聚，则“礼起饮食，宾尚宴飨，而既非蜡祀，又非庆贺，无故杀犬豕，所遇皆鼎俎，贸贸然肃客，戟戟然赴食。习俗所濡，尤贵卜夜，漏起烛烬而所期不

---

* 载《光明日报》，2006年11月13日。

来，殽干酒清而忍饥默对。既而杯盘杂沓，精粗旅陈，养生之义既乖，玩愒之愆弥厉，使一日而数局，虽数日犹莫能休复其精神”①。

谭嗣同在这里对官僚士人人际交往的状况做了概括性的描述，这种描述是否确切地反映了当时的历史真相，我一直期望着能够通过具体、形象的历史图景得到印证。新近出版的《恽毓鼎澄斋日记》（“国家清史编纂委员会·文献丛刊”的一种），提供了这方面情况的生动实例。

恽毓鼎原籍江苏常州，光绪年间长期担任京官，在京师生活了几十年。他的日记的重要内容之一，就是记载他同朋友、同僚之间的各种交往。我们先看看他对于这种交往既极度厌烦又无法摆脱的无奈心情，如：

1886 年 4 月 11 日（光绪十二年三月初八）：“一日客来访者五十余人，来往如梭，应接不暇。余性恶烦扰，颇简于酬酢焉。”②

1896 年 10 月 21 日（光绪二十二年九月十五日）：“连日疲于酬应，晚归，颓然病矣。”十八日：“午刻至江苏馆赴潘经士之约，申刻至便宜坊赴裴伟丈之约，真可谓困于酒食矣。”（111 页）

1897 年 2 月 22 日（光绪二十三年正月二十一日）：“一日来客甚多，络绎不绝。”二十四日：“半日会客，应对为疲。”（118 页）

同年十二月初二：“此两日，在家则会客，出门则应酬，无一刻可以静坐看书写字，疲苦已极。又不敢令仆人拒客，致启欺侮之渐。傍晚，兰泉折柬招饮，颓然欲病，勉强周旋，竟夜不适。”（145 页）

到了这一年的岁末，恽毓鼎总结一年的生活：“发愤立一宏愿：自戊戌年元旦起，凡事皆立章程，杂费悉从节省，以勤补拙，以俭养廉，减无谓之应酬，读有用之书籍。”（149 页）

可惜的是，在强大而可怕的习惯势力面前，恽毓鼎关于“减无谓之应酬，读有用之书籍”的“宏愿”显然并没有得到实现，在日记中有关“无谓应酬”的慨叹依然随处可见。为节省篇幅计，下面略选数条：

---

① 《谭嗣同全集》（增订本），411 页。

② 《恽毓鼎澄斋日记》，18 页。本文以下凡引自此书者，只注页码。

1898 年 9 月 12 日（光绪二十四年七月二十七日）：“连日酬应冗杂，作种种无益周旋，说种种无益言语，自己正事一例废搁”，“学固日堕，身亦将病矣”（168 页）。

1904 年 3 月 19 日（光绪三十年二月初三）：“自正月至今，无日不有应酬，无日不有吃局，疲困浮动，颓然病矣。”（234 页）

同年十月初一：“自晨至夜客来不绝，舌敝神疲，公私各事俱废。先贤谓，见客说话亦是学问。然对无谓人说无谓话，废时失业则有之，未见其有益也。”（261 页）

1905 年 4 月 11 日（光绪三十一年三月初七）：“自去冬至今，会无谓之客，赴无谓之局，终日征逐，身心俱疲，求一时静坐看书而不可得，以致胸怀扰攘，往往夜不能寐。”（264 页）

在上面的材料中，曾提到一个数字，说一天接待客人 50 余人，这颇有点惊人，但却并不是最高纪录。据《恽毓鼎澄斋日记》所记，1898 年 1 月 25 日（光绪二十四年正月初四）这一天，也就是恽毓鼎立下减少无谓应酬“宏愿”的第七天，他和他的大兄竟然“分拜城外客三百余家”（150 页）。那时的京师，虽然比今天的北京面积要小一些，出门代步的，并没有奥迪、宝马，无非是轿子或者骡马，真无法想象一天中怎么能走访这么多家。

朋友相聚，饭局是必不可少的。这本来不应该简单地一概加以反对。但一旦泛滥成灾，就不免污染社会风气，也成为当事者的严重负担。根据《恽毓鼎澄斋日记》的记录，恽毓鼎一天赶几个饭局的事，司空见惯。所以他在日记里，曾多次发出“困于酒食”（111 页）“无日不局，百事都废”（172 页）“酒食征逐，无日无之，求半日静坐看书而不可得，甚以为苦”（300 页）的感叹。我随意选了 1906 年（光绪三十二年）二月份（因此时正月刚过，应酬相对较少），统计了一下日记主人参与宴饮的情况，计午宴 11 次，晚宴 16 次，另外有几次因病因事未曾赴宴；该月 28 日中无饭局应酬的只有 6 天。

恽毓鼎这样的个案，在当时的官僚士人中，具有很强的典型性和代表性。一则，恽毓鼎一再声称自己是“疏于应酬”“简于酬酢”

之人，并不热衷于往来奔竞；再则，恽毓鼎虽是帝王近臣，但所任职位，大抵是讲习馆总办、国史馆总纂一类清水衙门的主管，加之本人自律颇严，因此家产不丰，时常有“囊空如洗，债务纷集”（160页）之忧。无休止的应酬交际，即使从经济压力而言，也是个不堪承受的重负。这种劳民伤财的应酬，对于恽毓鼎来说，显然有“欲罢不能”的苦衷。斯人如此，他人自然可以想见。

不了解这些具体情形，也就很难理解戊戌时期的改革家为什么要把人际交往中的弊端作为一种重要的社会病态加以革新的深切含义和良苦用心。但是，对于社会习俗的改革，显然要比政治改革更加复杂、更加艰难、更加深刻，恽毓鼎在这个问题上的种种矛盾、彷徨、困惑、焦灼、无奈，就充分反映了这一点。

为了说明人际交往中习惯势力的强大，我们可以讲一个真实的小故事：康有为自己曾说过，他在维新运动中受到许多人的攻讦，除了其他种种原因之外，有一个原因就是因为当时很多人去拜会他，他却未按传统习俗一一答拜，以至于大家认为他目空一切，甚至怀疑是有意侮辱，结果对他大为不满，得罪了很多人。在这样的社会环境下，无怪乎恽毓鼎因为“无谓周旋，不唯废时，且损心气”，虽曾下决心“一日客来甚多，俱谢不见”，但接着就提醒自己，“然只能偶一为之，日日却扫，则未能也”（301页）。

清代积案之弊*

有清一代，积案问题一直是政治生活中的一个痼疾顽症，它既带给民众深重的苦难，也是吏治败坏的突出反映。

所谓积案，是指各级官吏在审理民事诉讼或刑事案件时，积压拖延，长期不予结案的现象。

本来，对于各类案件的审理期限，清代是有明确规定的。方大湜的《平平言》卷 2 对此有详细的记载："审理大小案件，均有限期。"大体说来，州县承审"户婚田土等项"民事案件，限二十日完结。超过限期不到一个月的，官员要"罚俸三个月"，"一月以上者，罚俸一年；半年以上者，罚俸二年；一年以上者，降一级留任"。普通的刑事案件，州县必须在三个月内审毕解到府里，知府须在一个月之内解到臬台衙门，臬司须在一个月之内解到总督巡抚部院，督抚须在一个月内向朝廷"咨题"，合计"统限六个月完结"。如果涉及盗案和命案，则"统限四个月完结"。特大命案，如"杀死三命四命之案"，就必须从快审理，"州县限一月内审解，府州、臬司、督抚各限十日审转具题"。

规定不可谓不清楚，要求也不可谓不严格。但是，封建政治的特点之一，就是制度规定同实际运作往往脱节甚至背离，明文规定是一回事，实际状况却完全是另外一回事。《清史稿·刑法志》在讲到这个问题时，加了这样一句话："然例虽严，而巧于规避者，盖自若也。"这个点评，说到了要害，实在有画龙点睛之妙。

各级官员"巧于规避"的结果，是朝廷对于审案期限的规定变成了一纸具文。积案现象愈来愈普遍，案件积压的时间愈来愈久长，

* 载《中国党政干部论坛》，2009 年第 8 期，《中国文化报》2009 年 11 月 22 日转载。

封建法制固有的黑暗和暴虐也就暴露得愈来愈充分。包世臣在《安吴四种》中谈及道光年间的情形说，“江浙各州县均有积案数千”，“积案至多之省”多达“十余万起”。案件积压的时间，“远者至十余年，近者亦三五年延宕不结”。同治年间，据曾国藩统计，直隶“通省未结同治七年以前之案，积至一万二千起之多”①。丁日昌描述江苏积案情形则说：“案牍日积日多，甚至有窃案延搁十余年未经审定，遣犯例限久满，仍淹禁在狱者。”② 这里讲到的现象，绝不是个别的特例，而只是浮出水面的冰山一角。这一点，我们只要看从皇帝的上谕、大臣的奏疏乃至社会的时论都把积案问题作为关注的热点之一，就可以确信无疑。

为什么官员断案，“往往审而不结”，总喜欢“宕延时日”呢？原因当然很多，但最主要的是两条：

其一是封建官吏玩忽职守，漠视民瘼。本来，在行政权与司法权混一的情况下，“断狱听讼”是封建官僚最主要、最经常的政务活动，所谓“讼狱乃居官之首务”。但实际情况却并非如此。历经康、雍、乾三朝的名臣田文镜在所撰《州县事宜·圣谕条列州县事宜》。中说：“乃有一等阘茸之员，听断乏才，优柔不决，经年累月，拖累无期。”他具体描述了这些官员面对命案时“悠忽”“迟延”“恣意捺搁”，以致审案时“胸无确见，难定爰书”的情况，指出“人命如此，其他可知”。如果说田文镜讲的还只是部分官员的表现，光绪时的一篇时论则把这种现象作为官员的普遍状态来评论，并且讲得一针见血，入木三分：“今之为民父母者，往往玩视民瘼，以奔走大吏之门谓为善于奉承，以争逐宴会之场谓为熟于世故，日行公事，视若具文，以致案牍山积，莫不加意，一案淹留，动辄经年累月。”③ 试想，官员一个个热衷于“奔走大吏之门”“争逐宴会之场”，借此攀附钻营，寻找靠山，拉帮结派，同欲相趋，以此作为升官之捷径、仕途之要诀，哪里还有时间、精力和心思去公平执法、尽心办案？

---

① 转引自赵晓华：《晚清讼狱制度的社会考察》，82页。

② 转引自上书，83页。

③ 《皇朝经世文四编》，752页。

其二，比这个更加重要、更加直接地促使积案日益严重的原因，则是官员为了敲诈勒索的需要而有意为之。因为只有案件久拖不决，才能对涉案各方威逼恫吓，曲法弄权，肆意诛求，讹索无厌。正如陈宏谋《在官法戒录》卷 1 所说："不知事犯到官，原、被、佐证必有数人，各有生理，讼事一日不结，即一日不得脱身。差役借此索诈，书吏从中舞弊，土棍构衅生波，莫不由延搁而起。故讼未结而家已破者有之，可为寒心。"前引《平平言》卷 2 也说，案件一旦积压，"门丁乘机诈索，书役乘机指撞，讼师乘机播弄，案外生许多枝节，人证受许多拖累。本小事也，而酿成大事；本易事也，而变为难结"。这里虽然没有提到官员本身，但谁都心知肚明，在这门丁、差役、书吏、讼师、土棍的身后，正是他们的主子即各级大小不等的贪官污吏。我国历史上向有"灭门刺史""破家县令"的民谚，意思是说，地方官长手握重权，如果他们贪赃枉法，无辜百姓便随时有家破人亡之忧。这种情况，到清代并没有什么改变。

清代对于案件的处理，实行的是"有罪推定"的原则，就是首先假定嫌疑人是有罪的，未经审理以前，一切就均按罪犯对待。不仅如此，官府对于任何一名涉案人员，包括原被告甚至证人在内，都可以任意拘审或者拘押，乃至投入监狱。于是，这些人就都作为待罪之人，成了任人宰割的俎上之肉。所以，遭受积案之害的，并非仅仅是按封建法制所确定的罪犯，更多的是那些莫名其妙地卷入案件的无辜百姓。

积案泛滥的后果是极为严重的。

首先是极大地加重了涉案人员的负担。俗话说："一人到官，全家不安。"涉案之人，不管有理无理，差役一到，就大难临头。"盖此辈城狐社鼠，假威以逞，其视村农犹鱼肉也。一旦奉差赴乡，声焰俱赫，里巷妇子，畏之如蛇蝎，而且指东话西，大言恐吓，饱啖鸡黍，勒索钱文，稍拂其意，辄咆哮詈辱，莫敢谁何。小民但期无事，惟有吞声受之而已。"① 案件受理之后，更得时时花钱、事事花

① 田文镜：《州县事宜·谨差下乡》。

钱："两造构讼，自进城做词之日起，至出结归家之日止，无一日不花钱。拖延日久，则花钱愈多；花钱愈多，则富者必穷，穷者必死。"[①] "金多则诺，金少则勃然作色，任意发枉，讼者吞声。伺鞠则奔走于阶前，等候于门外。拖延烦费，旅馆萧条。茶坊酒肆，到处皆耗财之地；内胥外役，无一非索钱之人。支吾东西而力尽，逢迎左右而囊空。称贷求情，市产悦吏。一状之事未明，全盛之家已破矣。"[②]

其次是大量涉案人员长期羁押，备受凌虐。由于案件"积久不审"，弄得"囹圄滞满"，竟出现"案犯日多，恐狱中将无地可容"的现象。而当时的监狱，完全是地狱般的生活，陈宏谋《从政遗规》卷下有这样一段描写："一人入狱，十人罢业。株连波及，更属无辜。且狱中夏有疫疾湿蒸，冬有皲瘃冻裂。或以小罪，经年桎梏；或以轻罪，迫就死亡。狱卒囚长，需索凌辱，尤可深痛。"许多人就这样既不审讯，又不定罪，不明不白地含冤而死。

最后是妄扳无辜，戕害良善。官吏有意制造积案，目的就是为了创造更多敲诈勒索的机会。他们的惯用手法，就是物色某些殷实之家，无端的加上一个"事主亲友"或"干证"之类的名称，使之变成涉案人员，便可以予取予求，成为勒索的对象。正如《在官法戒录》卷1所说："一狱之兴，本案拖累，已自不少。狱吏复指使妄扳，辗转蔓延，甚有因一人而害及数十百人，因一家而害及数十百家者。即遇明察之官，亟为开脱，业已筋疲力尽，身家难保矣，岂不可恨!"

所有这一切的结果，就是使老百姓彻底失去了对封建法制的信任，对官府畏之如虎狼，对法律避之如鬼魅。"官吏以百姓为鱼肉，百姓以官吏为寇仇"，这样，司法危机就不能不转化为政治危机和社会危机。

---

① 方大湜：《平平言》卷2。

② 刚毅：《居官镜》。

官员尸位与胥吏擅权*

在清朝的政治生活中，“胥吏擅权”是封建政权在运作过程中蠹政害民的一个突出问题。在连篇累牍的官僚奏疏和皇帝谕旨中，对胥吏弄权枉法、鱼肉百姓的揭露和申斥不绝于耳，但却毫无效果，反而愈演愈烈，以致有人把它称之为“丛弊之薮”。清初的顾炎武就说：“今夺百官之权，而一切归之吏胥，是所谓百官者虚名，而柄国者吏胥而已。”① 到晚清，在咸丰时当过巡抚的胡林翼仍然说：“六部之胥，无异宰相之柄。”② 所以，有人把清代的胥吏擅权同明代的太监乱政相提并论，说：“明与宰相、太监共天下，本朝与胥吏共天下。”③

胥吏，也称吏胥，大概包括两类人：一是大小官员的私人仆从，如家丁、长随之类；一是各级衙门的公差、衙役，如门丁、皂隶、听差、捕快、禁卒、仵作、粮差等。这些人在封建等级制度中，身份低下，大都属于贱民等级，有些虽然可以召良民充当，但一入此行，也就“由良入贱”，不仅本人及其子孙“概不准冒入仕籍”，通过考试或捐纳做官，连家谱都得削名，死后也不得入祠。社会上常常是“娼优隶卒”并称，被目之为“不足齿数之列”。

但是，胥吏又是清代贱民等级中的一个特殊阶层，因为封建政治运作的每个环节几乎都离不开胥吏的参与，所谓“地方公事，如凡捕匪、解犯、催征、护饷之类，在在皆须其力”。按照有的人的说法，胥吏是“为官之爪牙，一日不可无，一事不能少”④。因此，他

---

* 载《光明日报》，2005年7月19日。

① 《清经世文编》卷24。

②③ 《清稗类钞·胥役类》。

④ 何耿绳：《学治一得编》。

们手上都掌握着某种或大或小的权力。于是，他们就利用这种权力，敲诈勒索，滥肆搜刮。而且正由于他们身份低贱，连封建道德都失去了对他们的约束力，为非作歹时就更加无所顾忌，胆大妄为。

对封建官员来说，“讼狱乃居官之首务”，“断狱听讼”是封建官僚最主要、最经常的政务活动。而老百姓一旦涉讼，不论是作为原告、被告甚至证人，也不管涉及的是盗案、命案还是普通的户婚田土的民事案件，便时时、处处会受到胥吏的要挟需索。告状要写状纸，需出代书费；将状纸送官，要交传呈费；此外还有路费、盘费、送牌费、盘子费、检卷费、值党费、散班费、听刑费、具结费等。[①]即使撤诉或和解了，还要交一笔“和息费”才能了事。这还算是有名目的费用，至于名目之外，种种勒索钱财的黑幕，简直匪夷所思。发生了窃案，随便找一殷实之家，指为“窝户”，就可以“拘押索钱”，“胥役欲壑既盈始释之，名为洗贼名”[②]。涉案者如果钱没有给足，胥吏就把案件无限期地拖下去，使当事者“欲见官而不能，欲回家而不准，多方留难，且有经旬累月守候而不获过堂者。小民忍气吞声，不得不如愿以偿”[③]。有的案件竟有一拖几年，弄得原被告双方都家破人亡的。当时的报章说：胥吏“偶遇乡人涉讼，不论是非曲直，先揣其肥瘠，量其身家，自初词以及完案，刻刻要钱，务厌其欲而后已，否则事难了结”[④]。有的奏折也说：“州县词讼之案，往往为蠹役需索之资，直省皆然。”[⑤] 总之，在胥吏的拨弄操纵下，事情本身的善恶正邪、是非曲直统统失去了意义，官司的输赢完全看谁能够满足胥吏无厌的贪欲。在这种情况下要求取法律的公正，岂不是做梦？

再拿赈济灾荒来说，“荒政”本来也是封建统治的一项重要政务。为了防止弊端，清王朝原规定勘灾、查赈“不得假手胥役”，但实际上官员“性耽安逸”，对赈灾这类苦差使“每惮其烦”，大都仍

① 参见赵晓华：《晚清讼狱制度的社会考察》，59页。
② 伍丞乔编：《清代吏治丛谈》。
③ 《光绪朝东华录》，第1册，总841页。
④ 《申报》，1886年9月28日。
⑤ 《光绪朝东华录》，第1册，总840页。

然“委之胥役，任其随意放给，府县并不过问”。结果自然可想而知。道光时御史方允镮在奏折中揭露荒政之弊说：“胥吏则更无顾忌，每每私将灾票售卖，名曰‘卖灾’；小民用钱买票，名曰‘买灾’；或推情转给亲友，名曰‘送灾’；或恃强坐分陋规，名曰‘吃灾’。至僻壤愚氓，不特不得领钱，甚至不知朝廷有颁赈恩典。”①赈灾这样的好事尚且这样，遑论其他。

胥吏虽然身份低贱，却实在是个肥差。1893 年 8 月 17 日《申报》的文章说：“今之为差者，无不饱食暖衣，一家温饱而且乘肥策坚，姬妾盈前，锦绣在手，其享用有过于世家者。”难怪很多人拼命钻营请托，甚至花大价钱去买这样一个职位。清王朝对各衙门的胥吏数额，本有严格限制，但实际上总是大大突破，编外的称作“白役”，“白役”比定额之内的胥吏往往要多出好几倍。到晚清，大的州县胥吏不下数千人，小的州县也有几百。如此多的胥吏在社会上到处择肥而噬，老百姓哪里还有什么安稳日子好过？

胥吏擅权，说到底，是封建政治黑暗面的本质表现。而直接的原因，同封建官场上弥漫的官员尸位素餐、因循疲玩的积习有密切关系。当时官员“大率以畏葸为慎，以柔靡为恭”，“京官之办事通病有二：曰退缩，曰琐屑。外官之办事通病有二：曰敷衍，曰颟顸”②。这种情况，当然为胥吏擅权提供了机会和条件。1904 年（光绪三十年）五月的一个上谕这样说：“颇闻各省州县官，多有深居简出，玩视民瘼，一切公事，漫不经意，以致幕友官亲，蒙蔽用事，家丁胥吏狼狈为奸。公款则舞弊浮收，刑案则拖累凌虐。种种鱼肉，为害无穷。小民何辜，受此荼毒。”③ 这个上谕道出了一个政治规则：在上者如果一味敷衍塞责、无所作为，下面就会肆无忌惮、胆大妄为；该办的事如果一味推诿粉饰、疲玩拖沓，各种胡作非为的坏事就会猖獗蔓延，残民以逞。而如俎上之肉任人宰割，荼毒受害最深的则是老百姓。这是很值得深思的。当然，比这更可怕的，是

---

① 录副档，道光二十九年九月初九御史方允镮折。

② 曾国藩：《应诏陈言疏》。

③ 《光绪朝东华录》，第 5 册，总 5193 页。

官员同胥吏上下勾结，朋比为奸。胥吏以官员为靠山，官员以胥吏为爪牙，一起向老百姓敲骨吸髓，作威作福。在封建专制主义的统治下，这种情况正是屡见不鲜的。在这样的政治环境下，老百姓的生活真可以说是暗无天日了。

侈靡与贪黩*

有人把侈靡与贪黩比作一对孪生怪胎。侈靡之习煽动并膨胀着贪欲，贪婪聚敛的财富又在精神和物质两方面助长着侈靡的泛滥。侈靡风行之处往往也是贪风炽盛之地。从某种意义上说，二者存在着互为因果的关系，它们如影随形，亦步亦趋，相互依存，狼狈为奸。

这种社会现象是如此触目惊心而又经久不绝，以致我们的前人不得不反复谈论这一话题，以期引起人们的重视和警觉。

宋代的陈襄在所撰的《州县提纲》卷1中，描述了某些官员由奢入贪的过程："夫平昔奢侈之人，一旦窘乏，必不能堪。窥窃之心，由是而起。猾吏弥缝其意，又从而饵之。"于是，走向贪黩也就成了势所必至的事。他郑重告诫说："一陷贪墨，终身不可洗濯。故可饥、可寒、可杀、可戮，独不可一毫妄取。苟有一毫妄取，虽有奇才异能，终不能以善其后。"清代的刘衡在《蜀僚问答》中也讲了求奢必贪的道理："尝见有甫经得官履任，任意挥霍，事事以华美丰腴相尚，只图好看，卒之入不敷出，私债渐多，不至亏挪帑项、贻累亲朋不止。其既也，身受监追，家遭籍没，子孙贫乏，至不能以自存，则皆不俭之所至也。"①

当然不应该武断地判定所有生活侈靡的人无一不是贪赃枉法之徒，但巨贪大蠹往往穷奢极欲，挥霍无度，却是有目共睹的事实。号称"清代第一大贪官"的和珅，自不用说，仅从嘉庆皇帝公布的和珅"二十大罪状"中随意摘抄数条，如"楠木房屋僭侈逾制，仿

---

* 载《光明日报》，2006年2月28日。

① 《官箴书集成》，第6册，154页。

照宁寿宫制度，圆寓点缀与圆明园蓬岛、瑶台无异”，“所藏珍珠手串有二百余，多于大内数倍，大珠大于御用冠顶”，“宝石顶非所应用，乃有数十，整块大宝石不计其数，胜于大内”，“藏银、衣服数逾千万”①，等等，就可以想象他平时过着一种什么样的骄奢淫逸、锦衣玉食的生活。颇具象征意味的是，和珅的仆人刘全，还在和珅权倾朝野、炙手可热的时候，就因为“服用奢侈，器具完美，恐有借端撞索情事”而受到大臣的参劾。奴仆如此，主子自然更可想见。除和珅外，有清一代因大肆侵贪纳贿而受到严厉惩处的高官，如王亶望、恒文、高恒、李侍尧、钱度等，也大多是“为人傲慢，生活奢侈”“性耽逸乐”“恣情挥霍”之人。

侈靡同贪黩的关系，也许从清代的河道衙门一类地方可以得到更加典型的体现。我们曾经说过，在清代，河工是有名的肥缺，被公认为“国家之漏卮，官场之利薮”。这里官员生活之靡费令人咋舌，达到了登峰造极的地步；而侵吞国帑、婪赃肥己的行为，也是明目张胆，肆无忌惮。这方面的材料极多，仅拿吃喝来说，不但是酒食征逐无虚日，而且“虽历三昼夜之长，而一席之宴不能毕，故河工宴客，往往酒阑人饱，各自引去，从未有终席者”。一次酒宴要吃三天三夜，古今中外的饕餮之徒大概不免要自叹不如。还有演戏，“各厅署内，自元旦至除夕，无日不演剧，自黎明至夜分，虽观剧无人，而演者自若也”。这种从年初到岁末、从清早到夜晚，天天、时时没有一刻停息甚至有时是没有一个观众的演出，除了反映着畸形的炫富心理之外，只能看作对艺术的糟蹋和亵渎。为此而花费的大把银两是从哪里来的呢？材料说：“（河工）每岁经费银数百万，实用之工程，十不及一，其余以供文武员弁之挥霍，大小衙门之酬应，过客游士之余润。凡饮食衣服车马玩好之类，莫不斗奇竞巧，务极奢侈。”也就是说，十分之九的治河经费都被官员花天酒地地挥霍掉了。② 上面的记载在皇帝的谕旨中可以得到证实。如道光帝在一个上谕中就指出：“近日奢靡之风，河员为甚。”“凡河员之车服饮食、

① 《清史稿·和珅传》。

② 以上均见伍丞乔编：《清代吏治丛谈》，507～509页。

宴会供应，无不穷奢极欲，踵事增华。”“往往私资不足，辄取给于公帑，竟有将河库发给岁修银两填补私债之事，以致草率办公，猝遇紧要工程，措手不及，实于河防大有关系。”① 晚清黄河之所以年年决口，从这里不难找到确切的答案。

从侈靡走向贪黩，是有轨迹可寻的。我们可以看看人们对这个问题的思考。

真所谓“由俭入奢易，由奢入俭难”，对侈靡的追求是没有临界线的。所以嘉庆皇帝在一个戒奢惩贪的谕旨中，特地用了“欲壑难盈”四个字，并且强调，那些“由于贪黩”而“身罹重罪”的高官，“如蛾投火，实堪悲悼。推原其故，总由恣情糜费，日事奢华，以致廉俸所入，不足供其挥霍，因而败检逾闲，多方婪索。伊等岂不知得受赃款，律有明条，而利令智昏，遂自蹈重谴而不顾”②。在此之前，乾隆皇帝的一个上谕则描述了贪欲膨胀的具体过程，指出：“不知天下事当豫防其渐。始而食物馈遗；食物不已，必至玩好；玩好不已，必至金银。其为吏治官方之害者，实非浅鲜。”③

除了个人因素以外，习尚侈靡者还面临着一个极大的危险，那就是往往无力抗拒对他的种种诱惑，而这种诱惑对于掌握着各种权力的人来说，又几乎是无处不在的。关于这方面，我们可以引用嘉庆帝论及普遍存在的州县仓库亏空的两个上谕来做说明。一个上谕称，州县仓库亏空，原因不一，“总之大吏不能洁己率属，费用奢靡，取给无度。上司既有欲不刚，属员遂有恃无恐。种种弊端，皆由此起”④。另一个是专讲甘肃情形的：“甘省本系地瘠民贫，近来各州县侵亏仓库，动辄巨万，罹罪者累累相接，固由牧令等贪黩不肖，亦缘近数任总督，皆性好奢靡，踵事增华，以瘠苦之区必欲效豪侈之举。属员悉索供应，曲意逢迎，以致设法巧取，虚领虚报，侵欺国帑。”⑤ 人们常说“无欲则刚”，这里从反面提出问题，叫作

① 《清宣宗实录》卷267。
② 《清仁宗实录》卷75。
③ 《清高宗实录》卷117。
④ 《清仁宗实录》卷41。
⑤ 《清仁宗实录》卷330。

“有欲不刚”，就是说鄙吝的贪欲使得人失去了道德心、廉耻心，也失去了挺直腰杆做人的骨气。于是一些人就乘虚而入，投其所好，一味“曲意逢迎”，满足他的一切要求；只要你对此就范，你就成了逢迎者手中的一张牌，他们就可以“有恃无恐”，对老百姓巧取豪夺，大肆搜刮。

古往今来，侈靡和贪黩从来也没有绝灭过，要求它们彻底绝迹也是不现实的。问题是对这种社会现象，要有个清醒的认识，并有正确的对策和措施，而前提则首先要有健康的社会舆论。如果社会舆论上发生了偏差，就会对社会生活产生极大的消极影响，甚至造成严重的后果。清代著名思想家唐甄曾痛心地说过，他所生活的时代，许多人对性好侈靡之官“谓之能吏，市人慕之，乡党尊之，教子弟者劝之；有为吏而廉者，出无舆，食无肉，衣无裘，谓之无能，市人贱之，乡党笑之，教子弟者戒之”①。这样一种是非的颠倒，无异于对侈靡和贪黩的鼓励和怂恿。

自从沃夫冈·拉茨勒的《奢侈带来富足》出版并成为畅销书之后，接二连三地出版了好些本鼓吹奢侈的书，追求奢侈在一些人那里似乎成了一种潮流、一种时尚。记得有个报纸还曾用核桃大小的字作通栏标题，郑重其事地发表过《享乐主义宣言》。如此说来，这篇小文好像又有点不合时宜了。不过，学术尤其是历史，毕竟有别于时髦女郎的衣着首饰可以随时变换，任意打扮。有些历史经验，是不管人们喜欢不喜欢，都在那里发挥作用的。“历览前贤国与家，成由勤俭败由奢”，这句人们耳熟能详的古训，并不因为有悖于某些时髦理论而失去其真理性，这实在是没有办法的事情。

---

①《清经世文编》，184页。

吃的品位*

自从陆文夫的小说《美食家》发表以后，中国的“美食家”很快便多了起来。这也难怪，眼下正儿八经的这个“家”、那个“家”尚且难以数计，颇有点因滥而贬值的样子，更何况像“美食家”这样既不要专业评定，也无须社会认可，只要有一点钱或者有一点权，又有一个好胃口，就可以自封或被封的称号。其不胫而走，风行一时，实在不值得大惊小怪。

但饮食也是一种文化，而且我国的饮食文化还源远流长，精美绝伦。已故的学术前辈张岱年先生说过：“对于传统文化应加以反思，加以分析，要正确理解传统文化的优缺点。中国传统文化中既有积极的成就，也有消极的赘疣。”① 饮食文化自然也是一样。至少，在吃什么和怎么吃的问题上，由于意境的差异，在品位上也存在着高下之分。

读一读欧阳修的《醉翁亭记》，大概没有人不被这位滁州太守所描写的宴饮场景所陶醉：“临溪而渔，溪深而鱼肥。酿泉为酒，泉香而酒洌。山肴野蔌，杂然而前陈者，太守宴也。宴酣之乐，非丝非竹。射者中，奕者胜，觥筹交错，坐起而喧哗者，众宾欢也。苍颜白发，颓然乎其中者，太守醉也。已而夕阳在山，人影散乱，太守归而宾客从也。树林阴翳，鸣声上下，游人去而禽鸟乐也。”与此有异曲同工之妙的，是苏轼在《超然台记》中的一段描写：“台高而安，深而明，夏凉而冬温。雨雪之朝，风月之夕，予未尝不在，客未尝不从。撷园蔬，取池鱼，酿秫酒，瀹脱粟而食之，曰：‘乐哉！

---

* 载《光明日报》，2005 年 3 月 1 日。

① 张岱年：《传统文化与社会主义》。

游乎！'”虽然苏轼的文章开宗明义着重强调“铺糟啜醨，皆可以醉。果蔬草木，皆可以饱。推此类也，吾安往而不乐”，但我们也大可不必过于矫情，说成只有淡酒粗肴才是食馔之上品。其实，筵席丰盛豪华一点，并不一定就会有伤大雅。请看李白的《春夜宴桃李园序》：“会桃李之芳园，序天伦之乐事。群季俊秀，皆为惠连。吾人咏歌，独惭康乐。幽赏未已，高谈转清。开琼筵以坐花，飞羽觞而醉月。”“琼筵”“羽觞”的筵宴应是相当精美华贵的，但也照样充溢着浓厚的文化品位。

我特别介绍上面三段文字，并不是因为这三位作者都是名人，又都是写文章的高手，因而被他们的锦绣华章所吸引和折服；主要是因为这些文章告诉我们，真正有品位的饮食文化，一要有优美的环境，二要有良好的心态，尤其重要的，则是参与宴饮的人，相互间要相知于形，莫逆于心，有着诚朴纯净的感情。我们读这些文章，感受最深的是其中浓浓的亲情、深深的友情。由此也可以说，人文意蕴应是饮食文化的根基和灵魂。

相比之下，那些成天“酒食征逐”、每日“灯宴无虚”的人，恐怕很难体会到饮食文化的精妙。可惜的是，在旧时的官场，一些人为了奔竞钻营、追名逐利，陷身于“酒肉声色”，出没于食肆酒楼，几成一种无处不在的风气。道光、咸丰年间担任中高级官吏的张集馨，曾慨叹应酬宴饮竟成了自己的主业，处理公务反变成了副业，“终日送往迎来，听戏宴会，有识者耻之”①。官场的风气必然会影响到民间。“京师最尚应酬，外省人至，群相邀请，筵宴听戏，往来馈送，以及挟优饮酒，聚众呼卢，虽有数万金，不足供其挥霍。”②早期维新思想家郑观应显然看到了宴饮之事中人文意蕴的缺失，指出“迎送宴会年节之仪、婚丧寿庆之事，亦恒喜耀其外观，有一不臻华美者，则歉然哗然，自尤而人非之，至于精意之存亡，真诚之有无，乃相与置诸勿论”③。不论送往迎来、过节度岁，还是婚丧寿

---

① 张集馨：《道咸宦海见闻录》，80页。
② 《道光都门纪略》，转引自《北平风俗类征》，320页。
③ 《郑观应集》，376页。

庆，只要是宴筵，就“恒喜耀其外观”，力求“华美”，却不顾“精意之存亡，真诚之有无”。郑观应的这个批评，真是说到了点子上。

“耀其外观”，力“臻华美”，这种错误倾向的极度膨胀，就使事情发生了质的变化。好客变成了炫耀财富，对精美食馔的追求变成了穷奢极欲，满足口腹之欲变成了残忍。也是晚清时人的薛福成在《庸盦笔记》里，对治河官员在狂贪巨敛后，怎样用国家的有限经费和人民的血汗钱肆意挥霍的情景做了真实而生动的刻画：“有鱼羹者，取河鲤最大且活者，倒悬于梁，而以釜炽水于其下，并敲碎鱼首，使其血滴入水中。鱼尚未死，为蒸气所逼，则摆首摇尾，无一息停，其血益从头中滴出。比鱼死，而血已尽在水中，红丝一缕，连绵不断。然后再易一鱼，如法滴血。约十数鱼，庖人乃撩血调羹进之，而全鱼皆无用矣。此不过略举一二，其他珍怪之品，莫不称是。食品既繁，虽历三昼夜之长，而一席之宴不能毕。”对于这种现象，薛福成一面发出“竭生民之膏血，以供贪官污吏之骄奢淫僭，天下安得不贫苦”的感叹；一方面则只能从“因果轮回”观念出发，认定必遭上天的惩罚。其实，如果把上天看作自然，薛福成的这个看法就未必没有道理。这种吃法，刁钻古怪，用尽心机，简直匪夷所思。要论吃喝，这样一种烹庖之法，大概算是到了极致。可是读了这样的描写，有谁能从中得到一丝美的享受呢？一定要把这样的穷奢极欲，暴殄天物，凶残忍性，靡资耗财，称作“饮食文化”，实在唐突了“文化”二字。

像这样的流风余韵，眼下是不是还有影响，不大清楚。不过，从媒体上不时读到几十万元一桌的“黄金宴”“烧钱宴”之类来看，这种思想影响好像还不能说已经完全绝迹。只要不是非法所得，怎样花钱本来是个人的事，别人无权干涉。不过，对这类现象，讲清楚它的品位高下，免得把末流当成前卫，视陈腐以为神奇，恐怕还是社会应尽的责任。

话说贪官“倡廉”*

不久前由九州出版社出版的《官箴》，收入了刚毅编纂的《居官镜》一书。了解一下刚毅是何许人，《居官镜》是一部什么样的书，应是很有意思的事情，也能够给我们提供一些生动的历史联想。

刚毅是晚清的一位高官。同治、光绪年间，他从刑部郎中迅速擢升至封疆大吏，先后做过山西、江苏、广东巡抚，后进京任职，当过礼部、户部、工部、刑部的侍郎和尚书，升军机大臣、协办大学士。在当时，他声名卓著，这除了其显赫的政治地位外，还得益于以下两件事情：一是他担任过“葛毕氏”一案（即妇孺皆知的“杨乃武与小白菜”案）的主审，平反了冤狱；一是他“手辑《牧令须知》诸书”，得到皇帝赏识，“诏饬行各省”①。在政治上，刚毅是一个地地道道的封建顽固派，戊戌维新时期，他竭力反对政治改革，多次向慈禧献策镇压变法运动。义和团运动兴起后，刚毅出于权力斗争的需要，力主利用下层群众自发的反帝爱国热情，拼命煽动盲目的排外情绪。慈禧命他同庄亲王载勋一起，“统率”义和团。八国联军攻陷京师，刚毅随慈禧仓皇出逃，途中病死于山西闻喜。刚毅死后，清廷屈服于列强“惩办祸首”的压力，追夺了他的全部官职。

刚毅编纂的《居官镜》，是一部专讲封建统治之术和政治道德的书。内含《臣道》一章和《治道》六章，分论吏、户、礼、兵、刑、工之政。其中虽然也涉及某些具体的施政措施与方法，但贯穿全书的基本内容，是从政治原则上谈如何做一个好官、清官，讲求“存忠君、为国之心，务立身、行道之本”②，做到“公忠报国，慈祥爱

---

* 载《光明日报》，2006年7月31日。

① 《清史稿》卷465。

② 乔立君主编：《官箴》，649页。本文以下凡引自此书者，只注页码。

民”（652 页）。该书反复强调，“居官办事，全凭公心”，“居官立身，固以操守为本”（650 页）。而官员最重要的操守就是要牢记“为国、爱民之意”（658 页），尤以爱民为为国之基础。“为吏尽职，为民守分，各居其道，治理民安，则国家可以长保。故为政者，必以安民为本。定民之道，必以养民为先”（665 页），倡言官员应该做到“民之所好者，好之；民之所恶者，恶之”（657 页）。

正是从这一点出发，《居官镜》以最清楚明确的语言，大力提倡官吏要清正廉洁，严厉抨击贪赃枉法之徒。书中说：“清洁之操，一尘不染，谓之廉。”（649 页）“以廉言之，理财制用，崇俭务实，使天下家给人足，盗贼不起，争端不作，贪官污吏无以自容，此廉之大者也。箪食豆羹，一介不取，此廉之小者也。”（655 页）该书甚至认为，官员如果只能洁身自好，淡泊其身，而对属员之贪劣妄为，胥吏之苛索敛财，劣绅之横行乡里，失于觉察，疏于整顿，苟且塞责，姑息养奸，“如此违道、干誉之清官，其与贪官，迹虽不同，其所以负恩误国之罪一也”（650 页）。书中对那些“肥甘自奉、轻暖自适、货财自好、刚愎自用、贪得无厌、嫉贤妒能”（658 页）的贪黩之徒，表示出深恶痛绝的态度，并对“掊克聚敛，取下民之脂膏；借润私囊，致使民力益竭，民怨日增”（667 页）的现象，进行了无情的揭露。

应该说，作为一个封建官员，能够有这样一种见识，写出这样一篇文字，实在是难能可贵的了。但是，也许谁也不会想到，这部书的纂修者，本人就是一个大贪巨奸。

在比较正式的传记中，刚毅的贪黩行为，往往语焉不详。如《清史稿·刚毅传》，对此不著一字，讳莫如深。《清代七百名人传》的刚毅传，在谈到他于 1899 年（光绪二十五年）“钦差赴江南查办专件”时，只说“但闻此次所到各省，多有收受陋规之事”，也还是半遮半掩，欲言又止。倒是在一些笔记杂说中，对此有比较详细的记载。如《综论义和团》中，就称刚毅“专主阴谋，日以废立皇上、排斥外人、遏绝新学、搜括民财为得计”①；《清朝野史大观》则讲

① 《义和团史料》上册，157 页。

得更加具体：甲午中日战争后，“派刚毅赴两江、两湖、两广、闽、浙等省大肆搜刮，除常款外，无公私悉取之，岁得千数百万，海内骚然。此犹托为公家所取者耳，而饱入私囊者乃不可胜数，盖回京之时，箱笼等物至数千件，道旁观者皆曰：‘此中悉累累黄白物也。’其贪鄙无耻盖如此”。

像刚毅这样的贪官“倡廉”的怪现象，自然堪称一个绝大的讽刺，但绝不是偶然的例外。讲得冠冕堂皇，却做男盗女娼之事，其实倒是贪官的共性。贪官污吏为了聚敛财富就要大肆搜刮，为了装扮形象、戴稳乌纱帽就要说些反腐倡廉的话，这实在是很合乎逻辑的事情。刚毅纂修《居官镜》，不过是做得更有心机罢了。

这些年，类似《官箴》《居官警语》一类的书，出了好几本。在历史上，“官箴”这类东西，是起过积极作用的，确实是我们今天可以借鉴的政治历史遗产。其积极作用，一方面是在当时条件下最大限度地反映了老百姓对于清明政治的冀求；另一方面是舆论和观念上把清正廉明、关心民瘼、秉公执法等作为政治道德的崇高标准肯定下来。这些都会在现实生活中对封建政治的阴暗面产生一定的制约作用，也会有一部分封建官吏把这样的政治道德作为自己立身处世的行为准则。但是，我们对于这些方面也不能做过高的估价。这不仅因为有相当一部分官员，同刚毅一样，在言和行之间，存在着严重的脱节甚至颠倒；而且所谓的“官箴”，充其量只是官员一种自律信条，对于一个拥有很大权力的人来说，仅有自律而缺失他律，仅靠自我约束而不同时靠制度监督，是很难避免权力的滥用的。

认识、考察、评判一个历史人物，重要的不是看他自己如何表白，如何言谈，而是看他的所作所为。这本来是史学研究的通则，可是也有人在评论历史人物的时候，不知是出于偏见还是由于天真，往往轻信历史人物的自我表白。这样去研究历史，岂不是越研究越糊涂？对于这个问题，我们似乎也能够从刚毅言行相悖的实例中得到一点有益的启示。

顺治帝“下诏求言”为什么失败*

顺治帝登基时才六岁，是个小孩子，大权操在摄政王多尔衮手里。后来顺治帝述忆当时情景说：“昔皇考上宾，朕方六岁，正在幼冲。当时诸王大臣，同心推戴，嗣绍丕基。及定鼎京师，奄有四海，于时睿王摄政，朕惟拱手以承祭祀。凡国家之事，朕既不预，亦未有向朕详陈者。”① 1650 年（顺治七年）冬多尔衮去世，接着顺治帝亲政，又经过一年多的政坛风云，这位十五岁的少年天子才真正掌握了封建王朝的最高统治权力。

顺治帝主政后，面临着各种尖锐的矛盾。为此，他采取了几项重要措施，其中一项就是“下诏求言”。1653 年 5 月 13 日（顺治十年四月十七日）的上谕说：“今年三春不雨，入夏亢旱，农民失业，朕甚忧之。意朕躬有缺失欤？祀享有不诚，诏令有不信，政事有未当欤？抑大小臣工怀偏私，重贿赂，不肯实心为国，旷废职业，以致膏泽不下逮欤？抑当言不言，不当言而言，沽名钓誉，持禄养交，无济于实事欤？抑民间疾苦无所控诉，地方各官不以实上闻欤？著三品以上及科道官各抒所见，凡有关朕躬及天下大利大害、应兴应革者，悉心条奏，毋含糊两可，毋借端影射。若所言合理，切中过失，朕不惮改。”② 这道上谕，言词不可谓不恳切，期望不可谓不殷迫。在以后的几年里，类似的上谕还发过好几次。广开言路，集思广益，调动官员的积极性共同应对政治、军事、经济各方面所面临的严峻形势，这应该说是一个很高明的举措。

但是，事实并没有如顺治帝所预期的那样发展。“下诏求言”遭

---

* 载《光明日报》，2004 年 11 月 30 日。

① 《清世祖实录》卷 88。

② 《清世祖实录》卷 74。

到了群臣的冷遇，效果很不理想。这一点，顺治帝曾多次谈及。如1657年11月21日（顺治十四年十月十六日），他召集三品以上官员，面谕说："朕年来屡饬科道各官，据实陈奏，以广言路。乃不抒诚建议，或报私仇，或受嘱托，或以琐细之事渎陈塞责。虽巧饰言词，而于国家政治有何裨补？"① 1660年7月15日（顺治十七年六月初九）又颁旨说："顷因亢旱为灾，朕省躬引咎，宣谕求言。原欲大小臣工，于朕躬阙失及关系国计民生利害者，指实陈奏，以图兴革。近见入告章疏，多摭拾浮泛修饰繁词，开列款数，沽名塞责，不惟无裨治理，反使虚文愈增，稽误正务。其于朕躬阙失，并内外满汉大小臣工结党徇私，贪赃坏法，以及豪右侵渔、商市强霸，一切蠹政害民之事，未见确有指陈，殊负朕省改谘询实意。"② 此事对这位皇帝影响甚深，可以说是终生未能释怀。一直到他即将结束其二十四岁年轻生命的时候，他还在遗诏中专门写了这样一段话："人之行事，孰能无过。在朕日御万几，岂能一无违错？惟肯听言纳谏，则有过必知。朕每自恃聪明，不能听言纳谏，古云：良贾深藏若虚，君子盛德容貌若愚。朕于斯言大相违背。以致臣工缄默，不肯尽言，是朕之罪一也。"③ 或者说这份遗诏是别人代拟的，不一定代表顺治帝的思想。但无论如何，把这件事情特意郑重其事地写入遗诏，表明顺治皇帝"下诏求言"的失败，则是确凿无疑的。

如果我们再进一步做深入的探究，看看"下诏求言"所以落得个失败的缘由，我们会发现，根本原因不在别处，正是在大力倡导此事的顺治皇帝本人身上。

"下诏求言"的失败，原因主要有三：

第一，按照顺治帝自己的说法，叫作"居心未净"。用我们现在的语言，就是出发点不对，动机不纯。1660年7月2日（顺治十七年五月二十五日）的一个上谕说："朕统御寰区，焦心图治。前此屡有引咎省躬诏谕，自今追思，皆属具文，虚邀名誉，于政事未有实

---

① 《清世祖实录》卷112。
② 《清世祖实录》卷136。
③ 《清世祖实录》卷144。

益。且十二、十三年间，时有过举，经言官指陈，有即加处分者，有优容宽宥，而此心介介尚未全释者。事有错误，犹可改图，居心未净，政事之流弊必多。”① 原来，皇帝的“引咎省躬诏谕”，是做表面文章，很大程度上是为了“虚邀名誉”，说穿了不过是一种政治“作秀”。所以对有些批评皇帝过失的话，或者“即加处分”，有的即使“优容宽宥”，心里却“介介尚未全释”。我们并不惊异顺治帝会有这种心态，因为对于握有最高独断权力的封建君主来说，抱有这样的想法是毫不为怪的；使我们略感惊异的倒是如此坦率的自白，应该说这也是难能可贵的了。但“求言”既然不过是一种政治“作秀”，必定难以收到切实的效果，则是确定无疑的。

第二，正由于出发点存在问题，所以顺治帝对于群臣的意见和建议，并不认真对待，往往束之高阁，置之不理。1660 年 7 月 7 日（顺治十七年六月初一），都察院左副都御史朱之弼上疏说：“顺治十二年下诏求言，内外千百疏，部覆未见施行。臣请此次应诏章疏，倘有事关大利大害、宜因宜革者，祈皇上俯赐裁决。”② 一方面指责群臣“虚文塞责”，一方面对群臣的章疏视若无睹，不理不睬，岂不是叶公好龙，大臣哪里还会有建言献策的积极性？

第三，更加重要的，是顺治帝自食其言，在“求言”的时候，要求大家“有官守者，必尽其职；有言责者，必尽其言”，并且信誓旦旦地表示，“若所言合理，切中过失，朕不惮改”，“即朕躬阙失，亦直言勿讳。朕不惟不加罪，并不芥蒂于心”。但实际上并非如此，这在前引的谕旨中我们已经看到了顺治帝自己的自白。我们还可以举一个具体的实例。1655 年 3 月 5 日（顺治十二年正月二十八日），吏科副理事官彭长庚，因为“水旱相继”，检讨政治得失，在奏折中历数多尔衮开国时的种种功劳，认为对他削爵籍产，“毁灭过甚”，“其中不无冤抑”，提出“赐之昭雪，复其爵号”。多尔衮曾经是顺治帝的最大政治威胁，也可以说是他的头号政敌。要对多尔衮平反，是他无论如何也不能接受和容忍的。于是，他“命议政王、贝勒、

①② 《清世祖实录》卷 136。

大臣会同斟酌密议具奏”。大臣揣摩上意，给彭长庚定了个“阳应求言，阴图构乱，违天悖上，紊乱朝纲，煽惑国家，情罪甚大”的吓人罪名，本拟“斩立决”，看在“系奉旨条奏之时”，从宽免死，给了个“流徙宁古塔地方”的处分。这绝不是孤立的个案。大学士兼吏部尚书王永吉就上奏说：“夫官居言路，敷奏固其职掌，即百职诸司，感事忧时，岂无一得之见？况求之使言，谁不能言？而直言者甚少，何哉？揆厥所由，皆生于不敢。而其所以不敢之故，不过因祸福利害横于前，诛殛放流迫于后尔。”① 有一个叫李森先的御史，更直截了当地指出：“皇上孜孜图治，求言之诏屡下，而两月以来，大小臣工，犹然迟回观望，不肯进言者，皆以从前言事诸臣，一经惩创，则流徙永锢，遂相率以言为戒尔。”② 你想，上书言事必须随时冒着“诛殛放流”的风险，官员怎么能不“以言为戒”呢？

可见，要想真正广开言路，让大家做到“知无不言，言无不尽”，首先必须有一个真诚的态度，不是做表面文章，一味“虚邀名誉”；还必须认真听取和采纳合理的意见，做到择善而从；更要有宽阔的胸怀，能够听得进逆耳之言，特别是要真正做到“言者无罪”，而不能以言治罪。但是，对于一个具有至高无上权力的封建帝王来说，要做到这几点几乎是不可能的。因此，顺治皇帝“下诏求言”的失败也就成为必然了。

---

① 《清世祖实录》卷112。

② 《清世祖实录》卷117。

顺治帝论为官四戒*

尽管封建政治从本质上说是一种专制统治，同人民群众存在着根本的对立，但封建帝王为了追求皇权的永固、王朝的长治久安，也往往努力使自己的政治运作更有效率、吏治更加清明。虽然这种努力的成效如何，在很大程度上要受王朝兴衰周期律的制约与支配。

清朝的顺治皇帝曾经“钦定”过一部《人臣儆心录》（以下简称《儆心录》），这部书被收进了最近出版的由乔立君主编的《官箴》中。读一读这部作品，对我们了解一位封建帝王心目中的好官（书中称为“纯臣”）标准，很有好处；其中有些议论，在今天也并没有失去它的历史借鉴意义。

顺治帝首先并且始终着力强调的，是皇帝至高无上的独断权威，以及人臣对君主的绝对服从和无限忠诚。《儆心录》反复说：“夫万乘之君，至尊也。百官兆民，罔不从令。”① “人君执八柄，以驭其臣。人臣持一心，以事其主。此千古不易之常经也。”（281 页）“臣之事君，一切智术，皆无所施，而惟以区区之衷，可相得而罔间者无他，曰诚而已矣。”（279 页）“君为臣纲”本来是封建意识形态的核心内容和封建伦理道德的最高准则，顺治帝在对百官讲为臣之道时，着重强调这一点，当然是毫不足怪，完全可以理解。但这种“愚忠”思想，同传统文化中的民主性精华相对立，正是封建政治观念的糟粕所在。

为了整饬吏治，提高行政效率，顺治帝对臣工提出了一些戒律，目的是“教忠奖善，励天下人臣之心”，使各级官吏对那些“有玷官

---

* 载《光明日报》，2006 年 5 月 29 日。

① 乔立君主编：《官箴》，277 页。本文以下凡引自此书者，只注页码。

德”的现象能够“慎思之”“明辨之”“深戒之”“力改之”，免得“毒酿一时，秽流万世；势权有尽，唾笑无穷”（274 页）。那么，《儆心录》对官吏提出了哪些告诫呢？

一曰戒贪。贪黩之徒，往往营私而害公，徇利而枉法，所以，“古来人臣之败名、丧德、亡身、覆宗，蔑不由此”（276 页）。贪欲是腐蚀灵魂的毒剂，对个人，它可以使人变得鼠目寸光，寡廉鲜耻。“嗜欲胜，则神智昏。昧久大之图，而计不出乎眉睫。其始也，亦未尝无砥砺之志，而一为利夺，即顿丧其所守，不惜寡廉鲜耻以求之。”（277 页）对他人，则冷漠无情，锱铢必较，拔一毛利天下而不为。“徇利之徒，其处心积虑，昕夕图维者，惟利而已。大则纵其溪壑之欲，而细不遗夫锱铢。念一注于丰腴，而遂不复有及人之惠。”（276 页）对老百姓，则百计搜刮，巧取豪夺，“或机械巧设，欺世以遂其侵渔；或残虐横加，戕物以行其饕餮”（277 页）。《儆心录》特别强调高官贪婪的危害性：“大臣不廉，无以率下，则小臣必污。小臣不廉，无以治民，则风俗必坏。层累而下，诛求勿已，害必加于百姓，而患仍中于邦家。欲冀太平之理，不可得矣。”（277 页）也就是说，高官如果贪黩，一会败坏社会风气，二会破坏社会稳定，后果极为严重，是绝不可以掉以轻心的。

一曰戒伪。这里所说的“伪”，也就是捏饰诓骗，弄虚作假。《儆心录》强调：“不诚则伪，不伪则诚”，诚、伪之间，“纤介之差，谬乃千里”。而对于为政而言，“一诚有余，百伪不足”，因为一有作伪之心，“小则挟术以文奸”，“大则藏欺以误国”（279 页）。顺治帝警告说：“有臣如此，诚国家之大蠹哉！”（280 页）那么，为什么有些人那么热衷于“作伪”呢？说到底，无非是为了希恩邀宠，沽名钓誉，用不正当的手段达到加官晋爵的目的。有的“身居枢要，而中怀欺蔽，欲以智巧，惑主上之聪明”；有的“素承优渥，而心惧衰替，思以迎合，永固其恩宠，遂乃颠倒是非”；也有的“外通请谒，而苞苴是徇，或有内庇知交，而互为掩饰，情殷私室，念薄公家，虽至身蹈欺蒙，而不遑自恤者”（279 页）。特别是有些人“不崇实效，纯务虚名”，这种人“欺世盗声，匿情干誉”，“其行必矫，其意必浮”。顺治帝提出一个尖锐的问题：如果大家都务虚名而不图实效，“则国家之实事，又将谁倚？”（274页）所以他说：“不崇实效，纯务虚名，上则误君，外则误世，内则误身。”（275页）

一曰戒骄。《儆心录》认为，“骄”之一字，是为官之大忌，“盖骄则自盈，自盈则惰慢之气存于中，傲肆之形见于色，虽有善焉，莫之能盖矣”（278页）。书中归纳了导致骄傲的几种根源：有的是“恃夫勋劳者”，有的是“矜夫才学者”，还有的是“挟夫权势者”。不同的心态，造成不同的危害。居功自傲的人，“苟有侈然自诩之心，则恣意而行，鲜所顾忌。节制之，则觖望之念生；优而容之，则又渐滋其跋扈”。最后，终不免因“德不胜骄”，而落得个“功不胜罪”的下场。恃才矜己的人，自认为“天下之莫己若也，于是发论必以为嘉谟，创法必以为成宪。谀之则以为贤，而拂之即以为不肖”。对于别人的聪明才智，“自彼视之，皆无足取”。结果必定是“佞人日亲，正士日疏”，才学也就在自傲心理中变得荡然无存。仗势弄权者，自以为位高权重，“习为倨傲”，不免“颐指当世，凌轹百僚”，甚至一手遮天，指鹿为马，擅权枉法，胡作非为。总之，骄的根源在于“自盈”，即自满自足，而其流弊，“岂第无益于身，抑将贻误于国”（278页），实在是值得为官者时刻警惕的。

一曰戒怠。百官之中，勤谨国事、克尽厥职者固然不乏其人，但“縻禄素餐，尸位溺职”，玩忽职守，敷衍塞责者，也所在多有。《儆心录》列举了这种庸官的几种类型：一种是“怠弛之人”，他们只知满足于高官厚禄，胸无大志，一味“玩愒岁月”“耽于逸豫”；一种是“庸鄙之人”，他们“碌碌取充位，以为莫非王臣，我何独劳为？于是堕国事于因循，而泄泄然，曾无所表见于世”；一种是“邪曲之人”，他们“遐弃正业，若不相涉然，乃持智计以徇私，则弗遗力，逮王事埤我，惟苟焉塞责，不恤其他”；还有一种是“恣傲之人”，他们“虽材足有为，而高自矜诩，惬其意则殚力任之而不辞，少拂抑焉即倦懈心生，而故为不克胜任之状”。这些人表现虽然不一，但共同之点，就是“以之治事，则多败事；以之图功，则鲜成功”（281页）。所以顺治帝认为，这几类人是万不能用的，“得百庸臣，不如得一能臣；得百能臣，不如得一尽心之臣”（282页）。因为只有尽心尽责，才能有所作为。

除以上数端外，《儆心录》还针对官员结党营私之弊，写了《植党论》；针对趋炎附势之弊，写了《附势论》，限于篇幅，不能详述了。

顺治帝的《儆心录》颁行于清初，到了晚清，李伯元的一部《官场现形记》，写尽了宦海百态，其中魑魅魍魉的种种鬼蜮伎俩，却大体跳不出“贪”“伪”“骄”“怠”等几个字。这当然不是说顺治帝有什么先见之明，而只是说明，《儆心录》中所提出的种种弊端，确确实实是官僚政治的痼疾顽症，就像鲁迅所说：“官场伎俩，本小异大同。”[①] 不过，这些弊端，过去尚且为封建政治所不容，到了今天，当然更同社会主义政治文明的发展方向相对立，是需要我们坚决予以摈弃的了。

---

① 鲁迅：《中国小说史略》第28篇“清末之谴责小说”。

总督张悬锡的自杀风波*

1658年（清顺治十五年）春天，直隶河南山东总督张悬锡，在参加完迎接义王孙可望的欢迎宴会后，一回到住处，就抽出佩刀，引颈自刎了。好在被家丁发现，把刀夺下，经过急救保住了性命。

担负着“总督三省重任”的堂堂封疆大吏，怎么会无缘无故地随意轻生呢？顺治帝得到报告，觉得“其中必有重大急迫情节”，便立即派人彻查。

调查报告很快就送了上来。表面的原因似乎很简单，说是张悬锡“迎节失仪，为学士麻勒吉所诘责，一时惶悚无地，遂引佩刀自决”①。但事实是否如此呢？有没有更加深刻的社会原因呢？

张悬锡虽然自杀未遂，但已抱必死之心，所以事前就给皇帝写了一封“遗疏”。常言道：“人之将死，其言也善。”张悬锡这份“遗疏”不但值得一读，而且也道出了他轻生的缘由。

疏中说：“臣自莅任以后，矢心愿作忠良。喜怒不拂民欲，是非必告穹苍。意欲平治天下，谁知直道难行。清白招众之忌，戆直举国如狂。是以满腔愁郁，因而仪节乖张。自知此身必死，何如引咎而亡。”

疏中又言：“臣家无余蓄，亦无良田美宅。莅任后不敢受地方官一钱，以负上恩。惜为人所误，亦天意耳！恭缴敕书关防，以及未用火牌等项，此外别无经手钱粮。”②

最后，这位总督提出，如真要“平治天下”，就必须“禁私征杂派及上官过客借名苛索之弊”，息“借假逃人之名以行诈”之风，以

---

* 载《光明日报》，2004年4月6日。

① 《清世祖实录》卷117。

② 《清世祖实录》卷116。

及“轸恤驿递”、严禁凌虐纤夫等。这里提到的，都是当时的一些突出的苛政，如高级官员每到一地，往往大肆勒索，地方官不但供应无术，还要遭受各种凌辱。在被逼无奈之下，有一些地方官愤而自杀。1657年（顺治十四年）九月的一道上谕就谈及这个问题的严重性。谕曰：上官过境，“有司疲于奔命，勒索过当，除自尽之外，几无长策”①。

张悬锡在“遗疏”中虽没有对自己怎样“招众之忌”做具体说明，但在顺治帝的追问之下，他只得如实招来：“诸臣之待臣也不以礼。始而倨傲之，不与见；既见而鄙薄之，不与坐，不与言。侮辱情状，诚所难堪。然臣犹再三求见，再三求教，怡色下气，婉而受之。”

在张悬锡的自杀行为和他的“遗疏”中，最发人深省的是社会风气所具有的无形却威力巨大的力量。一种良好的社会风气，能够使污浊的、丑恶的人和事受到鄙弃，受到谴责，受到孤立，受到惩罚。相反，如果贪黩和钻营之风弥漫官场，一个人想要清正廉洁，哪怕只是想洁身自好，也反而会遭到恶势力的嫉恨、排挤和打击。张悬锡的所作所为，展示给人们的就是一个一心想“平治天下”、对朝廷“矢心愿作忠良”、对百姓“喜怒不拂民欲”的好官，在一个恶浊不堪的社会环境里，不为官场所容，不受世俗所纳的历史形象。他关于自己“清白招众之忌，戆直举国如狂”的自诉以及“直道难行”的慨叹，其实质就在这里。

在那个时代，像张悬锡这样因不愿同流合污、力图洁身自好而遭受排挤、打击的，绝不是罕见的特例。在康沛竹所著的《灾荒与晚清政治》中，就谈及这样一件事：同治、光绪年间，有一位名叫苏廷魁的官员，平素一贯勤政清廉。在他担任河道总督期间，黄河在河南境内决口。他与河南巡抚一道，向朝廷奏请拨款100万两银子用于堵口工程。他亲自督工，积极备料，严禁贪污，决口很快就合龙了。最后决算，尚存余款30万两。大家知道，清代的“河工”，

① 《清世祖实录》卷111。

向来是个肥缺，从来都是“国家之漏卮，官场之利薮”，在这里，贪污不仅是司空见惯的，简直是习以为常的。所以，河南巡抚主张把余款私分了事，但苏廷魁却坚持要悉数交还户部。巡抚因为“未遂其欲，恨甚”，便捏造种种罪名，上折弹劾苏廷魁。不料，户部对苏廷魁也是一肚子的气，因为按照惯例，报销河工，凡是浮冒虚报的部分，户部和地方官三七分成。苏廷魁实报实销，也就断了他们的财路。于是户部也百般挑剔，制造事端，同河南巡抚一起参劾。在内外夹攻下，苏廷魁最终落得个被“革职”的下场。①

张悬锡的结局是耐人寻味的。顺治帝没有理会他革除苛政的请求，倒也没有追究他“失仪”“自尽”的罪过，只是说他“殊失大臣之体，本当罢黜，但念其素行清谨，姑著降三级调用”，麻勒吉因为“苛索挟逼总督张悬锡”，也得了个降二级留任的处分，也就是“各打二十大板”了事。就这样，张悬锡的自杀变成了一出小小的历史悲剧。

---

① 参见康沛竹：《灾荒与晚清政治》，31页。

康熙帝八拒尊号*

康熙帝曾经说自己“凡事但求实际，不务虚名”①。这倒并不是自诩之词，而是他在治国理政中时刻遵从的一项准则。他曾经先后八次拒绝群臣为他上尊号的请求，这就从一个方面为我们提供了切实的例证。康熙帝这八次拒受尊号的时间是：1681 年（康熙二十年）平定“三藩之乱”后，1683 年（康熙二十二年）台湾郑克塽归降后，1697 年（康熙三十六年）平定噶尔丹后，此外还有五十、六十、七十寿辰（1702、1712、1722）之时共三次，登基五十、六十周年（1711、1721）时共两次。

在封建时代，给皇帝上尊号是一种“大典”，所谓“加上尊号，典礼甚大”②。因为对于一个乾纲独断、至尊无上的封建君主来说，权力和地位都已经臻于巅峰，无可再增，所以“上尊号”便是扩大政治威望、提高历史地位的重要举措，具有重大的政治象征意义。康熙帝拒绝这类活动，究竟出于什么样的心态？有着什么样的政治考虑？我们可以拿第一、二两次的情形做一点剖析。

康熙初，镇守云南的平西王吴三桂、镇守广东的平南王尚可喜、镇守福建的靖南王耿精忠拥兵自重，对清朝中央政权阳奉阴违，形同割据。1673 年（康熙十二年），康熙帝下决心撤藩，吴三桂及耿精忠、尚可喜子尚之信起兵与清对抗，这就是历史上所称的“三藩之乱”。三藩兵力曾一度占领云南、贵州、广西、广东、福建、四川、湖南等省及江西、浙江、湖北、陕西、甘肃一部，对清政权的统治构成了极大的威胁。经过整整八年的艰苦战争，终于在 1681 年（康

---

* 载《中国党政干部论坛》，2011 年第 12 期。

① 《清圣祖实录》卷 268。

② 《康熙政要》，242 页。

熙二十年）十一月取得了平定“三藩之乱”的胜利。两年以后，一直占据台湾奉明朝为正朔的郑氏政权在清军大兵压境的情况下归降清朝，实现了台湾的统一。这两件事无疑意义重大，正是以此为标志，开启了长达百余年的著名的“康乾盛世”。所以在这两次重大历史事件之后，群臣提出要给康熙帝上尊号，应该说也是适逢其会。

我们来看一看当时的具体情形。

平定“三藩之乱”后最早提出要给皇帝上尊号的是监察御史何嘉祐，他的理由是：“今天下荡平，皆赖皇上一人功德所致”，所以“应加皇上尊号，以彰功德”①。此后，有的人也许出于真诚爱戴，有的人也许出于权力崇拜，有的人也许出于阿谀逢迎，有的人也许出于从众心理，总之，大臣从亲王、内阁大学士、九卿到詹事、科道等官员，凡是身份和地位具备向皇帝进言资格的，无不争先恐后，纷纷上奏，掀起了一场请上尊号的热潮。

有些人重复着何嘉祐提出的理由，强调“三藩之乱”的平定是皇上一人之功。如裕亲王福全说：“吴逆反叛以来，臣忝列议政，常见一切调度，将士督进，各路官兵剪除逆寇，非臣等意见能及，皆奉上谕遵行所致。此实系皇上功德，理应崇上尊号。”康亲王杰书、安亲王岳乐也说：“凡恢复城池，剿御贼寇，尽出自皇上庙算，筹画周详。凛奉饬谕，遵行而已。非臣等意虑设施，克收成效。理应加上鸿称，以显功德。”（792 页）康熙帝明确否定了这种说法，说：“所奏称天下荡平，皆朕一人功德所致”，“这所奏无益”（787 页）。他多次同大臣回顾了平三藩的决策情形，表示这一场斗争经历了复杂的过程，如“事有错误，朕亦自任，断不归咎于人”。现在取得了胜利，乃是“荷上天眷佑，祖宗福庇”；将士用力，“疲于征调”；百姓困苦，“敝于转运”；连官员也裁减俸禄，以供军需。这是上下一心，共同奋斗的结果，“若遂侈然以为功德，崇上尊称，滥邀恩赉，实可耻也”（792 页）。

另外一些官员则强调，“今三藩殄灭，后患尽除”“海宇宁谧”

① 《康熙起居注》，第 1 册，787 页。本文以下凡引自此书者，只注页码。

“天下乂安”。有的甚至用了“当此盛世”（786页）这样的字眼。既然如此“功德巍巍，自古圣君所不逮，理宜恭上尊号”（800页）。对于这样一些议论，康熙帝却按照另外一种思路，讲了另外一番道理。他跟太皇太后说：“自寇乱用兵以来，将士罢劳，民生困苦，疮痍未复，喘息未苏。虽兵戈乍戢，疆宇初平，国家纪纲正宜整顿，地方元气正宜培养，臣何敢宴然自处，以为太平无事，受纳尊称。”（798页）他跟大臣说：“顷虽贼乱削平，地方底定，而民困未苏，疮痍未起。君臣之间，正宜各加修省，息兵养民，布宣教化，务以廉洁为本，用致太平。”（792页）“独念数年之中，水旱频仍，灾异叠见。师旅疲于征调，被创者未起；闾阎敝于转运，困苦者未甦。因军兴不给，裁减官员俸禄及各项钱粮，并增加各项银两，仍未复旧。每一轸念，甚歉于怀。若大小臣工人人廉洁，俾生民得所，风俗淳厚，教化振兴，天下共享太平之福，虽不上朕尊号，令名实多。如一切政治不能修举，则上尊号何益？朕断不受此虚名也！”（792～793页）

当大臣一而再、再而三地奏请时，康熙帝斩钉截铁地说：“朕意已定，决不允受。如受之，则前言为虚矣。”（800页）“其上朕尊号之事，断不可行，此乃朕实意，非粉饰之词也。自今以往，大小臣工宜各洗心涤虑，砥节励行，休养苍黎，培复元气。尔等可向九卿各官悉谕朕意，不必再行陈请。”（793页）

两年后，群臣因台湾统一，“神功圣德，超越千古，非加上尊号，无以慰臣民仰戴之愿”，再一次请上尊号。康熙帝同上次一样，坚决拒绝。他说：“治天下之道，但求平易宜民而已，何用矜张粉饰？”“朕但愿以平易之道，图久安长治，不愿烦扰多事，可将朕意传谕九卿、詹事、科道知之。”①

一些评论者往往把康熙帝拒受尊号的行为，归之于他的谦逊。例如《康熙起居注》的执笔者在谈及此事时就说：“群臣请上尊号，至于再四，而谦让弥坚，至德益广。”（803页）《康熙政要》也把这些事迹纳入《论谦让》这一卷的内容之中。这当然并非没有一点道

---

① 《康熙政要》，242页。

理。但把全部问题归结为个人的品德修养，似乎还没有完全说到点子上。其实，我们如果认真读一读详细记录皇帝言行的《康熙起居注》这部书，可以发现，康熙帝对于大臣一些“颂圣”的话，有时明明是言过其实，也常常会欣然接受的。所以，他的拒受尊号，更重要的还是反映了他所具有的宽阔的政治胸怀，反映了如本文一开头提到的“凡事但求实际，不务虚名”的政治风格。如果把问题提高了看，可不可以说，正是这种政治胸怀和政治风格，使他在历史舞台上扮演了“康乾盛世”开拓者的角色。如果他一味追求虚名，受到损害的将恰恰是他的政治实绩。

一场地震引发的政治反思*

1679年9月2日（清康熙十八年七月二十八日）中午，京师地区发生了一场强烈地震。据考证，这次地震的震级达八级，震中在平谷、三河一代，地震波及范围除京城外，还包括周围的河北、山西、陕西、辽宁、山东、河南6省共计200余州县。地震造成的生命、财产损失，由于当时技术水平和社会条件的限制，没有确切的统计，官方文书中只是笼统地说“京城倒坏城堞、衙署、民房，死伤人民甚众”①。但在私人著述中，却颇为详细地记录了这次震灾是如何地触目惊心。

叶梦珠在《阅世编》中记载，地震发生时，“声如轰雷，势如涛涌，白昼晦暝，震倒顺承、德胜、海岱、彰仪等门，城垣坍毁无数，自宫殿以及官廨、民居，十倒七八”，“文武职官、命妇死者甚众，士民不可胜纪”。据顾景星在《白茅堂集》中的描写，“京师大地震，声从西北来，内外城官宦军民死不计其数，大臣重伤，通州、三河尤甚，总河王光裕压死。是日，黄沙冲空，德胜门内涌黄流，天坛旁裂出黑水，古北口山裂”。董含在《三冈识略》中则称：“七月二十八日巳刻，京师地震。自西北起，飞沙扬尘，黑气障空，不见天日。人如坐波浪中，莫不倾跌。未几，四野声如霹雳，鸟兽惊窜。是夜连震三次，平地坼开数丈，德胜门下裂一大沟，水如泉涌。官民震伤不可胜计，至有全家覆没者。”“内外官民，日则暴处，夜则露宿，不敢入室，状如混沌。”“通州城房坍塌更甚，空中有火光，四面焚烧，哭声震天。”“涿州、良乡等处街道震裂，黑水涌出，高

---

* 载《光明日报》，2007年2月9日。

① 《康熙起居注》，第1册，420页。本文以下凡引自此书者，只注页码。

三、四尺。山海关、三河地方平沉为河。”大震过后，余震不断，据《起居注》记载，直到 10 月 19 日（九月十五日），仍“地动未息”（435 页）。

面对突如其来的灾难，康熙帝迅速做出了反应。他一方面“发内帑银十万两”，赈恤灾民；一方面号召“官绅富民”捐资助赈。但他最着力进行的，则是亲自带领大小臣工，对朝政得失认真做一次全面的政治检讨和反思。他自己首先“兢惕悚惶”“力图修省”，“于宫中勤思召灾之由，精求弭灾之道”；同时要求臣工“务期尽除积弊”“各宜洗涤肺肠，公忠自矢，痛改前非，存心爱民为国”（421 页）。地震发生后不到四个小时，康熙立即把“内阁、九卿、詹事、科道满汉各官”召集在一起，并把大学士明珠、李霨等数人召到乾清宫，当面训谕，严厉批评了某些官员“自被任用以来，家计颇已饶裕，乃全无为国报效之心”，不仅不清廉勤政，反而“愈加贪酷，习以为常”的恶劣行径，并且表明了对这种“奸恶”之人如“不加省改”，一经查出，“国法俱在，决不饶恕”（421 页）的决心。

两天后，康熙帝再一次将“满汉学士以下，副都御史以上各官”召集到左翼门，着人口传谕旨，宣布了他所思虑的施政上的六种弊政：一是各级官吏“苛派百姓”，“民间易尽之脂膏，尽归贪吏私橐”，使“民生困苦已极”；二是“大臣朋比徇私者甚多”；三是用兵之时，任意烧杀抢掠，“将良民庐舍焚毁，子女俘获，财物攘取”；四是地方官“于民生疾苦，不使上闻”，遇到水旱灾荒，对蠲免、赈济诸事，“苟且侵渔，捏报虚数，以致百姓不沾实惠”；五是刑狱不公，积案不办，“使良民久羁囹圄。改造口供，草率定案，证据无凭，枉坐人罪”，加之“衙门蠹役，恐吓索诈，致一事而破数家之产”；六是王公大臣之家人奴仆，“侵占小民生理”“干预词讼，肆行非法”（422 页）。康熙帝要求大臣对如何严禁这六种弊政提出具体办法。他特别强调，革除弊政，关键在于高官的率先垂范，因为“大臣廉，则总督、巡抚有所畏惮，不敢枉法以行私；总督、巡抚清正，则属下官吏操守自洁，虽有一二不肖有司，亦必改心易虑，不致大为民害”（422 页）。

大臣根据康熙帝的旨意，在十天之内拟出了革除上述六种弊政的办法，包括对责任者从“革职拿问”“永不叙用”到按律“正法”的严厉措施，康熙帝批准了这个处分办法。

可以看得出，革除这六种弊政，很大程度上是从关注“民生疾苦”、维护“小民生理”出发的。这些措施虽然不能根本解决由封建政治本质决定的特权阶级同普通百姓之间的矛盾，却确实限制了超出封建律法范围对人民的过度掠夺和肆意横暴，从而有利于推进吏治的清明和社会的稳定。

康熙帝这样做，其思想基础是建立在“天象示警”的封建正统灾荒观之上的。这里的“天”，并不是指自然，而是指一种既能够控制、主宰自然，又能够控制、主宰社会的超自然力量。因此，“天象示警”并非指自然对于人类破坏生态环境的行为做出的警告，而是认为，自然灾害的发生是源于上天对社会生活和现实政治中不合理现象的警戒和惩罚。所以，康熙帝在上谕中反复强调：“兹者异常地震，尔九卿、大臣各官其意若何？朕每念及，甚为悚惕，岂非皆由朕躬料理机务未当，大小臣工所行不公不法，科道各官不直行参奏，无以仰合天意，以致变生耶？”（420 页）“顷者，地震示警，实因一切政事不协天心，故召此灾变。”（421 页）“小民愁怨之气，上干天和，以致召水旱、日食、星变、地震、泉涸之异。”（422 页）

这样的灾荒观，当然是不科学的，未能揭示出自然灾害发生的真正原因。但是，这种灾荒观又并非只具有消极的意义。事实上，这种灾荒观，由于强调的方面不同，可以产生两种不同的社会效果。过于突出上天的作用，容易引导人们走向迷信，一味乞求老天的佑护，忽略和放松了抗灾救灾的实际努力，这是消极的一面。着眼于检讨和改进社会生活特别是政治统治中的问题，以此感动上苍，“挽回天意”，这虽然也不是对灾荒的科学认识，但在现实生活中却显然有着积极的意义。康熙帝对于此次京师地震的处置，提供了一个生动具体的实例。

读孙嘉淦《预除三习疏》随想*

一个位高望重、声名显赫、一呼百应的当权者，面对人们如潮而来的赞誉颂扬，面对周围习以为常的顺从唯诺，如何保持清醒的头脑，不仅事关个人的品德修养，更是一个严肃的政治原则问题。

二百多年前，清代有位官员对这个问题发过一段颇为深刻的议论。

发此议论者名叫孙嘉淦，雍正、乾隆时期担任过重要官职。他一生刚正敢言，史称“直谏有声”。1735 年（雍正十三年）十一月，他被刚刚继位的乾隆皇帝擢升为都察院左都御使兼吏部侍郎，就上了一道奏疏。这道奏折同当时大臣对新皇帝一片颂圣之声不同，是警示乾隆帝要预除“三习之弊”，强调如果这三种不良习气“人不能觉，及其既著，积重而不可返”，则“其患不可胜言”①。

孙嘉淦认为“不可不慎戒”而必须“预除”之的，究竟是哪“三习”呢?

一是“耳习于所闻”。对于至高无上、乾纲独断的皇帝来说，“出一言则盈廷称圣，发一令而四海讴歌”。这其间固然难免有奔竞钻营之徒，一味以阿谀奉迎为能事，对此当然要提高警惕，但这对于一个自律较严的人来说，毕竟还容易识别。更值得警惕的，倒是君主德清政仁，兢兢业业地做了好事，人们出于真诚，发自肺腑，表示爱戴之情。大臣“心服而颂”，百姓“身受而感”，“在臣民本非献谀，然而人主之耳则熟于此矣”。当一个人满耳都被或者出于真心、或者别有所图的种种赞颂之词包围时，天长日久，就会形成一

---

* 载《中国党政干部论坛》，2010 年第 12 期。

① 《清史稿·孙嘉淦传》。本文以下凡未注明出处引文，皆出自本传。

个习惯："耳与誉化，非誉则逆。"赞誉一旦成为常态，不赞誉就会被看作对自己的拂逆了。先是对不同的意见加以拒绝，继而对说话木讷、不善于巧舌如簧的也感到不快，久之对"颂扬之不工者"就是马屁拍得不够水准的也深为不满了。这样就造成了一个结果，"是谓耳习于所闻，则喜谀而恶直"。

二是"目习于所见"。在上者愈是高明就愈显得别人愚拙，愈是能力强就愈引起别人的敬畏。在一个有作为的君主眼中，周围的人们"趋跄谄胁，顾盼而皆然；免冠叩首，应声而即是"。当一个人习惯于人们对自己百依百顺、卑词谦恭的时候，就会形成一个习惯："目与媚化，非媚则触。"媚顺一旦成为常态，不媚顺就会被看作对自己的触犯。先是对那些稍露倨傲之色的严加斥责，继而对严正不阿者疏而远之，久之对"便辟之不巧者"也认为是忤逆了。这样就造成了一个结果，"是谓目习于所见，则喜柔而恶刚"。

三是"心习于所是"。一个人办理的事情多了，便自以为见多识广，自视过高而看不起别人；经历的事务广了，便自以为阅历丰富而无所不能。既看不到自己的不足，更不愿正视自己的缺失。"于是乎意之所欲，信以为不逾；令之所发，概期于必行矣。"自己提出的想法绝不允许别人有所逾越，自己发的命令不管对不对一概要求别人照办。这样就造成了一个结果，"是谓心习于所是，则喜从而恶违"。

孙嘉淦强调，能不能预除此"三习之弊"，绝不是无关紧要的小事，而是关系到天下安危、政治清浊的大问题。如果"耳目之习除"，则朝廷里都是正直之士，"众正盈朝，太平可睹矣"。如果听凭"三习"发展起来，开始也许只是稍稍放松了警惕，"初亦似于天下无害，而不知嗜欲燕安功利之说，渐入耳而不烦，而便辟善柔便佞者，亦熟视而不见其可憎。久而习焉，或不自知而为其所中，则黑白可以转色，而东西可以易位。所谓机伏于至微而势成于不可返者，此之谓也"。

孙嘉淦这份奏疏的思想意义，在于他以严密的逻辑思维，极富说服力地描述了一件事情怎样在不知不觉、潜移默化之中，由好变坏，最后造成黑白转色、东西易位的严重结果的。在他的笔下，被谏诤者是德清政仁、奋发有为之人，人们对他的赞誉、服从本也出于真诚，但即使是这样的情况，如果缺乏自觉，本来似乎是正常的歌颂和顺从也就会走向反面，使一个原本有所作为的人，变得趾高气扬，目空一切，独断专行，刚愎自用。更为严重的是，在这样的人的治理下，社会风气必定败坏，政治环境必遭污染。环围四周者，应对则胁肩谄笑，办事则望风希旨。宵小得志，直士钳口；歪风盛行，正气不伸。一旦形成这样的状况，社会的稳定和政治的清明就不能不受到极大的威胁。所谓“治乱之机，千古一辙”，其根由“皆三习为之蔽焉!”这个话虽然有点尖锐，却并非故意耸人听闻，细想起来是很有道理的。

孙嘉淦是对一位刚刚接位的新皇帝提出这个警示的，所以他特别讲了这样一句话：“我皇上圣明临御，如日中天，岂惟并无此弊，抑且并无此习。”他这样讲，一方面当然是谏诤的策略，一方面说的也是实情。但接着这个话茬，他却讲了一个很重要的道理：“然臣正及其未习也而言之，设其习既成，则或有知之而不敢言，抑或言之而不见听者矣。”“预除三习”，重在“预除”二字。只有在这些坏习气尚未形成之时，预先除去，才能奏效。如果习气已成，当权者一心只喜欢听人们的谄谀之词，只喜欢人们低眉顺眼，听到一点批评的话就厌恶斥责，那很多人就不敢讲了，即使讲了还能听得进去吗?

孙嘉淦是一个封建官吏，谏诤的对象是“九五之尊”的封建帝王，他们同今天作为人民公仆的各级干部当然有着性质上的根本不同。但是，我们有些干部，在做了一点工作、取得了一点成绩之后，面对着群众的赞誉，面对着下级的尊重，忘乎所以，逐渐滋长了“喜谀而恶直”“喜柔而恶刚”“喜从而恶违”的坏习气，这却并不是个别存在的现象。鉴古可以知今，我们的干部还是可以从孙嘉淦的这个奏疏中得到某种有益的思想营养。

惨绝人寰的突发灾难*

——光绪三年天津粥厂大火纪实

1878年1月6日（光绪三年十二月初四），天津发生一场特大火灾，造成了生命财产的重大损失，引起了社会各界的巨大震动，也为人们提供了深刻的历史教训。

近两千灾民葬身火海

这天清晨，天津东门外一处地方，突然浓烟滚滚，火光烛天。这时正值寒冬腊月，凛冽的西北风呼啸狂掠，火趁风势，风送火威，顷刻间熊熊烈火，将一座大悲庵及旁边搭建的一百几十间席棚统统吞没在火海之中。

被灾的原来是专门收容饥民的一处粥厂，名为“保生粥厂”。所谓“粥厂”，是清代极其稀缺的社会救济机构中的一种。每到冬天，在一些城市中，由官府划拨或民间捐助，筹集粮款，收容流落街头无衣无食的灾黎和贫民，煮粥施赈。正如一些荒政书所说，一粥之微，虽然无异杯水车薪，但“得之尚能苟延残喘，不得则立时命丧沟壑”。1877年（光绪三年），正是清代历史上最严重的一次旱灾“丁戊奇荒”期间，由于山西、直隶等华北五省连年大旱，流入京津的灾民较往年要多得多。因此，直隶总督衙门特地把天津的粥厂增设至12处，总共收养灾民近六万人。这次发生大火灾的“保生粥厂”，就是专门收养妇女的粥厂之一，其中居住着妇女及幼童两千

---

* 载《光明日报》，2010年8月10日，《中国文化报》2010年9月28日转载。

余人。

这次突发性灾难造成的严重后果，是触目惊心的。1878 年 1 月 25 日《申报》做了这样的报道：

> 初四日凌晨，煮粥方熟，各棚人等正擎钵领粥，呷食未竟，西北角上烟雾迷空，瞬息透顶。……一时妇女蓬头赤脚，拖男带女，夺门而走。……于是人众哭声震天，以挤拥门前，求一生路。回顾西北各棚，已成灰烬。焦头烂额，死尸枕藉。门靠大悲庵，系在东南，逾刻火乘顺风，直逼门前，各人被烟迷目，人多跌倒，俯首听烧。然虽死在目前，而姐弟子母，仍互相依倚，有以额颅触母，有以身体庇子，其死事之惨，实难言状。
>
> 是日之火，起于辰，猛于巳，厂系篾席搭成，拉朽摧枯，至午前则该厂一百余棚，烧毁净尽。以后火尚不息，或炙人肉，或毁人骨，或熬人油，或烧棉衣棉裤，故至酉刻仍有余焰。

新闻报道开始说是“二千余众，尽付一炬”“焚毙妇孺二千余名”，后来经过清点收殓，大体弄清有三四百人获救，“所有尚具人形之老妪少妇孩童幼女，共收得尸一千另十九口”，此外还有“烧毁尸骨无存及四肢散失”者若干。罹难者惨不忍睹，“将近头门之处，尸约积至五尺高”。“尸均烧毁焦黑，其形残缺，俯伸不一。所完整者，大都皮绽骨枯，较常人缩小，上下衣裤毛发，一概无存。最惨者……余如张口露齿，卷手屈足，面目模糊，肢体灰败者，难以殚述。”① 我们把描写得最惨酷的部分文字略去，以减少读者在阅读时的情感刺激。即使这样，也足以使我们对这一场突发性灾难带给人们何等难以言状的痛苦，有着刻骨铭心的深刻印象了。

惨剧是怎样酿成的？

这场巨灾，事发突然，却并不偶然。在这个看似偶然的突发事

---

① 《申报》，1878 年 1 月 26 日。

件背后，其实隐藏着许多必然。酿成这样的惨剧，是由各种因素所促成的，是有深刻的社会根源的。

面对大量灾民和城市贫民的存在，封建统治者为了避免政治动荡，维护社会稳定，不能不采取一些救济措施，这当然是一件好事，是值得肯定的。但封建政权毕竟不是人民利益的代表者，它不可能思虑周详地顾及贫苦群众的安危。因此，好事并不一定能办好，甚至可能引来一场灾祸。就拿“保生粥厂”的建筑来说，本来是借用大悲庵的房舍，后来灾民众多，不敷应用，便在旁边搭盖一片临时“篷寮”。1878 年 1 月 25 日《申报》对此做了如下的描写：

> 上系篾席盖成，外墙范以芦苇，里面彼疆此界，仍以篾席间之。计厂一所，内分百数十棚，南向六十余棚，北向数与相埒。南北棚后，各留一通道，以为进出之地，计一人独步则宽，两人并行则隘。

对于这样一种居住条件，有记者责问说：“毫无纪律之难民妇孺反聚之六营之众，共为一棚，而棚又以芦席为之，其尚欲望其不烧也，有是理乎？”①

谁都可以想到，如此地狭人稠，通道窄隘，四处全是席片芦苇，加之床板上垫的又是稻草，一旦发生火警，后果可想而知。可是，如此隐患四伏、危如累卵的生存环境，主事者既无任何预案，也不采取起码的防范措施。这不能不说是对于人的生命的漠视，是封建官僚政治的本质表现。

粥厂的管理十分混乱。火起时，竟然看不到一个委员、司事的身影，除了煮粥、分粥的工役以外，当时只有一个看门人在场。可是，当人们踉踉跄跄地挤到唯一可以逃生的大门边时，这个看门人竟然做出了一个绝对无法饶恕的举动：坚决不让人逃出门外，而且“将门下钥”，用锁把门关死了。这一来，也就彻底切断了一部分本可以逃离火海的人的生路。

如果脱离历史环境，人们是很难想象这个看门人为什么会采取

---

① 《申报》，1878 年 1 月 29 日。

如此丧心病狂的做法的。原来，官府对待灾民，一直存在着严重的戒备心理，很怕灾民为争取最低生存条件而闹事，其信条是，“驭饥民如驭三军，号令要严明，规矩要划一”①。在这样的指导方针下，粥厂灾民是不能随意出入的，出入有定时，或鸣锣为号，或击梆为记。看门人不让人逃出门外，大概就是根据这个规定。所以当时的报纸批评他是“守常而不达变”，就是说在这样的大灾面前，竟然仍按照平时规矩办事，从这个批评中就可以透露出上面所说的消息。当然，这个举动，不仅极其荒唐，而且可以说到了泯灭人性的程度，令人发指。

大火烧了一阵之后，分管粥厂的筹赈局会办、长芦盐运使如山，津海关道黎兆棠等终于赶到了现场，二人“睹二千余人死状之惨，泣下如雨”“相与莫可如何而已”②。也就是说，除了伤心落泪之外，完全是一筹莫展。稍后，当时称作“火会”的消防队赶来救火，救出的三四百人大概就是他们的功劳。这时恰好有一只兵船经过，士兵用船上的“洋龙”救火，不料因为取水问题，“火会”与士兵发生冲突，相互“追奔逐北”，士兵“遗弃洋龙各器而逸”③。也就是说，面对灾难，“火会”与士兵不是同心协力，尽力施救，而是相互争斗，置危难于不顾。这虽是一个小插曲，却十分典型地折射出那个社会所特有的时代特征。

灾后官方的应对之策

一方面确实感到事态严重，责任重大，另一方面也是迫于社会舆论的压力，直隶总督兼北洋大臣李鸿章于事件发生后的第九天，向朝廷上了一个奏折，报告了这件事情。奏折虽然讲了“竟被烧伤毙多命，足见委员漫不经心，非寻常疏忽可比”，请求对直接责任人——该厂委员吕伟章、丁廷煌“一并革职，永不叙用”，对包括自

① 汪志伊：《荒政辑要》。

②③ 《申报》，1878年1月25日。

己在内的负领导责任的人员像前面提到的如山、黎兆棠及天津道刘秉琳等，"分别议处"。但又强调官员"飞驰往救"，"救出食粥大小人口甚多，其伤毙者亦复不少，一时骤难确计"①。显然使用的还是官场惯用的"弥缝搪塞"的故伎，用含糊的文字把灾难严重程度掩盖起来，以便"大事化小，小事化了"。朝廷迅速做出反应，立即发布谕旨，除责令李鸿章等妥善做好善后工作外，还声色俱厉地指斥地方官员"平时漫不经心，临事又不力筹救护，致饥困余生，罹此惨祸，实堪痛恨"，要求对包括李鸿章在内的相关官员一律"交部议处"②。上谕的用语是颇堪玩味的。既没有对李鸿章的掩饰之词公开反驳，给他留了面子，又指出了并未"力筹救护"的事实，表明朝廷并不相信李鸿章称官员"飞驰往救"谎言的欺蒙，维护了皇权的尊严，也间接地给了李鸿章一个警告。李鸿章的奏折和皇帝的上谕，深刻反映了封建官场政治博弈的曲折和微妙，其中的微言大义，是不加注意就很难察觉的。

这时的李鸿章，正是"内政外交，常以一身当其冲，国家倚为重轻"③ 的时候，是朝廷的"股肱之臣"，所以，所谓"交部议处"云云，只不过是应付社会舆论而做的表面文章，以后就再没有下文，不了了之了。李鸿章的官位依然稳如泰山，不仅如此，相传因黎兆棠是慈禧太后的干女婿，在下旨"交部议处"后不久，就发布了升任直隶按察使的消息。对这件重大事故负有直接责任者在"严办"名义下不降反升，典型地反映了封建政治的黑暗与腐败。所谓责任追究，就在惩处了两个厂务委员后偃旗息鼓了。

平心而论，灾难发生后，地方政府也确实做了一些善后工作。例如，组织慈善机构"泽济首局"收殓罹难者的尸体，盛于薄木棺内，加以掩埋。发动社会捐助，十余日内共募得银三万九千余两，洋银一百二十元，津钱一万六千余吊，棉衣裤三万四千余件。对受害者给予抚恤，规定"当场烧死者每口恤银六两，烧后因伤而死者

① 《津郡粥厂起火事故分别参办并自请议处折》，见《李鸿章全集·奏议》。
② 《清德宗实录》卷64。
③ 《清史稿·李鸿章传》。

每口三两，伤重者二两，伤轻者一两，中分四等，由死者亲属及受伤本人报明给领”①。这些做法，当然是救灾的题中应有之义，但毕竟是应值得肯定的积极措施。

但是，也有一些做法，是未必恰当的。例如，“保生粥厂”大火后，为了害怕发生类似事件，竟全部关闭了天津的所有粥厂，饥民发给高粱一斗五升，统统遣散。这种因噎废食之举，立即引起了社会的强烈震动。原来借粥厂勉强度日的数万饥民，再度流落街头，“鹄面鸠形，目不忍睹”。不少人贫病交迫，冻饿而亡。又如，官府在抚恤受害者的同时，还大做佛事，“（十二月）初八日延僧众放瑜伽焰口，并盖大棚于被灾处，诵经至二十一日。复请城隍神出城赦孤，都魁老会随驾”②。这种今天看来似乎十分可笑的举措，固然包含着浓厚的迷信成分，但仅仅这样看问题还未免有点过于简单，其实其中还有相当的政治作秀的作用。目的在于告诉大家，官府对于罹难者是关心的，虽然未能保护生命于生前，还是要虔心地超度亡灵于死后。对于一个迷信盛行的社会，这种姿态无疑对他们挽回失去的民心不无小补。

---

① 《申报》，1878年3月22日。

② 《申报》，1878年2月11日。

劝善与募赈*

在清代，每当发生较大灾荒的时候，地方官员往往一面请求蠲免钱粮，以减轻百姓负担；一面要求朝廷发帑截漕，以赈济灾民。同时，还要向殷富之家募赈，想方设法筹集更多的救灾物资，以补官府赈济之不足。到了晚清，义赈兴起，向社会各界募集赈款更成为义赈活动的重要环节。而不论是官府还是民间，募赈又总是从劝善入手。

中国有着悠久的慈善文化传统。正像游子安先生在《劝化金箴——清代善书研究》中所说，“劝善与行善，是中国社会最基本的道德律，福善祸淫之说见于先秦儒家思想之中”①，“随着善书广泛传播，修善与行善成为中国人最基本的道德规范，善的观念更深入人心”②。被称为善行的内容很广，从济困扶危、惜老怜贫、矜孤恤寡、施医舍药、修桥补路直至敬惜字纸之类，而“凶荒之年”“捐赀赈灾”，总是各种善行中最重要的内容。

最近出版的《中国荒政全书》第2辑第1卷中收入了清人朱轼修纂的《广惠编》一书，其中搜集了各种劝善、募赈的文字，仔细读读这些文字，能使我们对当时慈善观念的具体内容有一个大致的了解。温家宝总理在2005年的政府工作报告中提出国家要“支持慈善事业的发展”。贯彻这个精神，也需要我们对历史上慈善观念的发展变化做一点分析和研究。

在传统慈善观念中，流传最广、影响最深的，是行善可以“祈福避祸”的思想。儒家的“作善降之百祥，作不善降之百殃”，佛家

---

* 载《光明日报》，2005年9月20日。

① 游子安：《劝化金箴——清代善书研究》，1页。

② 同上书，17页。

的“因果报应”，道家的“天人感应”，都为“积善天必降福，行恶天必降祸”的理念提供了丰富的思想资料。所以在募赈的时候，这方面的言论自然就成为主要内容。《广惠编》中就颇多这样的文字：“捐一分之资，而活数千人之命，上纾朝廷隐忧，下为子孙积福。”①“积金遗于子孙，子孙未必能守。积书遗于子孙，子孙未必能读。不如积阴德于冥冥之中，以为子孙长久之计。”（167页）“不知水火贼盗疾病横灾，皆能令我家业顿尽，少少福分，亦是天帝庇之，岂一俭啬钱癖能致然哉？一旦无常，只供子孙酒色赌荡之资，于是一掷足救千命者有之矣，何如积德邀庇于天之为厚也？”（169页）

然而这种行善积福的道理，存在着两个重要的缺陷。一是把赐福降祸的权力，归之于不可捉摸的“上天”，而祸福的实现，又需待之于来生或体现在子孙身上，未免有点虚无缥缈，在宣传因果报应时又常常带上迷信色彩；二是行善是为了得福，似乎把慈善活动变成了一种交易，又带有了浓厚的功利色彩。所以有人批评说：“托神灵则邻于妄诞，好果报则启其觊觎。”于是，有人就跳出狭隘的个人视角，从社会的角度提出问题，强调出资赈灾，对于施赈者和受赈者是两利的，殷富之家“捐数十百金，以济嗷嗷饥苦之民”，“不惟贫民下户获免饥饿，而上户之所保全，亦自不为不多”（166页）。因富人常会因“多财而招尤取忌”，如果一味“多藏厚蓄”，悭吝惜财，灾荒之年，只顾自己“宣侈导淫”，不肯对冻馁乏食、朝不谋夕的灾民略施赈恤，挣扎在死亡线上的灾民就会铤而走险，富人也就不免“因之贾祸”。一份名为《劝捐赈谕》的文告直截了当地说：“且上户自思所以得保其为上户者，岂不赖朝廷有法度耶？则殷殷劝赈，又不独为尔等图久远，实为尔等图目前。众怒难犯，此我所不敢出诸口者，人人知之，尔富民岂独不知之？此又时势之必然者也。”（167页）意思很清楚，富人要想保住自己的财产，甚至身家性命，就要维护朝廷的“法度”，同时避免引起“众怒”。换句话说，捐资赈灾的善举，正是消解社会矛盾的良方。

---

① 《中国荒政全书》，第2辑第1卷，166页。本文以下凡引自此书者，只注页码。

同样从分析社会矛盾入手，却主要从人们的精神世界中去寻求答案，这应该说是传统慈善观念的一个更高的层次。一篇名为《劝施迂谈》的文章说："呜呼！世事一何其参差不齐哉！然未可一二指数也，姑举所见。吾宾朋宴会，珍馔罗列，僮仆饔飧之余，臭腐狼藉，而贫人有终身不知肉味者，有饥饿死者；吾冬裘夏葛，凉燠以时，犹欲盛纨绮，竞时尚，而贫人有衣不蔽体，傍檐露宿，朔风刺骨，寒颤齿击者；吾高檐大栋，安居其适，犹复为山池台馆鱼鸟花竹之玩，而贫人缓急无赖，至有捐性命割父子夫妻之欢者。"（167～168页）"吾宾朋宴会，珍馔罗列，何不分杯箸之余，为穷人粗粝之需，施之一二，人可延数月之命；施之十百，人可缓数日之死也。衣不可胜用，而敝之箧笥，与无衣同。省一二为裋褐以施衣不蔽体者，则人且挟纩，而吾文绣自若也。吾不为一时耳目之玩，即可全人之性命，保人之骨肉，此高世义举也。以施于谈议，则可传；以省于清夜，则自得。"（168页）人总是有对弱者的同情之心，对他人的关爱之情。在荒年凶岁，能够慷慨捐济，竭力鸿施，既可以使灾民苟延旦夕，起死回生，自己精神上也可以得到极大的慰藉，其快乐远在声色犬马的享受之上。反之，如果在各种灾难面前，冷漠无情，无动于衷，对贫弱不施援手，对社会无所回馈，"清夜寻思，理上说得过否？心上打得过否？"（171页）更何况，人的物质需求毕竟是有限的，"渺渺一身，在世食用有限，死又将之不去"（167页），能够"损有余补不足"，也就是"捐无用为有用"。无论如何，这都是于己于人都有益的大好事。

建立和谐社会战略目标的提出，使人们对发展慈善事业给予了更多的关注。慈善事业并不是解决一切社会问题的万能钥匙，但慈善精神的发扬，确实是促进社会平衡发展的重要的积极力量。了解传统慈善观念，超越传统慈善观念，这也应该是精神文明建设的不可或缺的内容。

“老屋子”的比喻*

在晚清政治生活中，有一个颇有点意味深长的历史现象，那就是：几乎所有不同政治派别的代表人物，都曾经把备受侵凌欺压、面临亡国灭种险境的风雨飘摇的中国比作一栋千疮百孔、即将倾塌的“千岁老屋”。但对于这栋老房子，不同政治派别的人们表示了不同的态度，反映了他们对中国前途命运的思考和应对方略。

最早作这样比喻的大概要算是道光皇帝。1847年（道光二十七年）夏，在接见即将赴四川臬司任的张集馨时，勉励张要认真整顿吏治，说：“汝此去，诸事整顿，我亦说不了许多。譬如人家一所大房子，年深月久，不是东边倒塌，即是西边剥落，住房人随时粘补修理，自然一律整齐，若任听破坏，必至要动大工。此语虽小，可以喻大，即曲突徙薪之论也，汝当思之。”① 道光帝讲这段话时，鸦片战争才过去几年，民族危机和清王朝的统治危机已经日益显露。他关于国家像一所“年深月久”的“大房子”的比喻，反映了他思想上有了可贵的危机意识，但他只是要求“随时粘补修理”，却提不出任何根本解决的办法。

洋务派的领军人物，曾经一度手握清王朝政治、经济、军事、外交重权的李鸿章，在晚年总结自己的政治生涯时，也使用过类似的比喻：“我办了一辈子的事，练兵也，海军也，都是纸糊的老虎，何尝能实在放手办理？不过勉强涂饰，虚有其表，不揭破犹可敷衍一时。如一间破屋，由裱糊匠东补西贴，居然成一净室，虽明知为纸片糊裱，然究竟决不定里面是何等材料，即有小小风雨，打成几

---

* 载《光明日报》，2005年5月24日。

① 张集馨：《道咸宦海见闻录》，89页。

个窟窿，随时补葺，亦可支吾对付。乃必欲爽手扯破，又未预备何种修葺材料，何种改造方式，自然真相破露，不可收拾，但裱糊匠又何术能负其责?”① 李鸿章是在甲午战争之后讲这段话的。由于他对甲午战争的失败负有不可推卸的责任，所以受到社会舆论的强烈谴责。这段话的主旨在于强调客观，诉说苦衷，为自己开脱。所以在这段话之前，他还特别强调说：“乃无端发生中日交涉，至一生事业，扫地无余，如欧阳公所言‘半生名节，被后生辈描画都尽’，环境所迫，无可如何。”② 他所说的“环境所迫”的“环境”，就是指清王朝已经像“一间破屋”，他这个“裱糊匠”只能“勉强涂饰”“支吾对付”，却不料日本侵略者竟来“爽手扯破”，结果“自然真相破露，不可收拾”了。因此，他这个“裱糊匠”是不能“负其责”的。

我们且不论李鸿章的这种辩解是否有道理，他的这段自白，对我们正确了解洋务运动的性质和作用，却是大有帮助的。有人把洋务运动看作中国现代化的发展方向，认为如果按洋务运动的道路一直走下去，“中国早就现代化了”。这个看法显然是难以成立的。维新派领袖梁启超曾经充分肯定洋务运动在学习西方、引进资本主义国家先进科学文化和生产技术方面的“筚路开山”的历史贡献，但同时也严肃地指出，洋务运动是“根本不净，百事皆非”。所谓“根本不净”，是指这个运动以维护封建专制主义为根本目的，一切举措以不触动封建统治秩序为最高准则。但这个时候，封建统治已十分窳败，极端腐朽，早已成了经济发展和社会进步的绊脚石。因此，洋务运动尽管“经划屡年”，最终只能“一无所成”。维新派毫不含糊地指出，洋务运动是一场并未能使国家民族臻于独立富强的失败了的历史活动。维新派对洋务运动的评判，在李鸿章自己的讲话中得到了印证。李鸿章等人办工厂、筑铁路、建海军等，无非是“勉强涂饰，虚有其表”，对“破屋子”“东补西贴”地裱糊一番。当然，修葺裱糊总比什么都不做要好；但要靠这种办法使“破屋子”脱胎

---

①② 吴永口述：《庚子西狩丛谈》，107页。

换骨，焕然一新，显然是缘木求鱼。看来，不论是旁观的梁启超还是当事的李鸿章，对洋务运动的评价比今天的有些研究者似乎还要客观和实事求是一些。

梁启超写文章“笔端常带感情”，是一位充满激情、善于鼓动的宣传家。他也有一段关于“老屋子”的议论，至今读来仍然让人怦然心动。他在《变法通议》中写道：“今有巨厦，更历千岁，瓦墁毁坏，榱栋崩折，非不枵然大也，风雨猝集，则倾圮必矣！而室中之人，犹然酣嬉鼾卧，漠然无所闻见；或则睹其危险，惟知痛哭，束手待毙，不思拯救。又其上者，补苴罅漏，弥缝蚁穴，苟安时日，以觊有功。此三人者，用心不同，漂摇一至，同归死亡。善居室者，去其废坏，廓清而更张之，鸠工庀材，以新厥构。图始虽艰，及其成也，轮焉奂焉，高枕无忧也。惟国亦然。由前之说无不亡，由后之说无不强。”①

关于“老屋子”的比喻，从道光帝那里，我们看到了忧虑和忐忑；从李鸿章那里，我们看到了敷衍和无奈；从梁启超那里，我们则看到了激愤和奋进。梁启超批评的第三种人，实际上指的就是洋务派，在他看来，尽管洋务派在三种人里属于“又其上者”，但由于他们只是“补苴罅漏”“苟安时日”，所以“漂摇一至”，仍然难免“同归死亡”的命运。梁启超认为，对于这栋“老屋子”，应该“去其废坏，廓清而更张之”，也就是要实行大刀阔斧的政治改革。

几乎与此同时，伟大的革命先行者孙中山，在《檀香山兴中会章程》和《香港兴中会章程》中，也将中国比喻为一座即将倒塌的大厦，并大声疾呼地号召志士仁人“亟拯斯民于水火，切扶大厦之将倾”。当时孙中山没有对此展开论述。但在稍后的革命派的报刊上，还是利用“老屋子”的比喻进行了革命的鼓吹和宣传。如汪东以寄生的笔名发表的《论支那立宪必先以革命》② 一文，就这样写道：“且亦知中国之削弱，所以至于此者，其故何也？则以陈陈相因，积弊不扫，而曾无一度之廓清也。日本户水宽人尝评吾国曰：

① 《饮冰室合集》文集之一。

② 载《民报》，第2期。

清人之治国，如居室然，不于其未雨而绸缪之，及其敝坏已达极点，又不毁屋而重构，而维弥补漏，跼蹐以处，疾风骤雨之来，则漂矣。噫嘻！他人言之固如此其亲切而有味也哉！夫今日之中国，其敝坏固已达于极点，而毁屋而重构，轮换一新，未尝无及焉，则革命之谓也；弥缝补漏，跼蹐以处，立宪之谓也。今世各国其号称立宪而未尽泯乎专制之性质者有之，自今以往，世界之程度愈高，则其政体之于民必愈便，百年千载，终不尽易立宪为共和不止。"

批评洋务派"补苴罅漏""苟安时日"的梁启超，转身之间又被革命派批评为"弥缝补漏，跼蹐以处"，批评别人和被别人批评的词句几乎是一样的，但内容却有着很大的不同。革命派批评立宪派只是"补苴罅漏"，是因为革命派深信，对清王朝这栋"老屋子"，仅仅实行一点"去其废坏"的改革是不行的，必须"毁屋而重构"，也就是彻底推翻封建君主专制主义的统治，才能为新世界的到来开辟道路。

清代社会如何看待“官宦子弟”*

封建时代是一个官本位的社会。一入仕途，头戴乌纱，衣着青紫，便权势煊赫，富贵随之。而且“一人得道，鸡犬升天”，妻以夫荣，子以父贵。生活在这样家庭背景下的“官宦子弟”或“世家子弟”，也就是我们今天常说的“官二代”，便成为一个特殊的社会群体，引起各方面的关注与议论。在清人的著述、书信、家训、日记等作品中，便有许多讨论“官宦子弟”的文字。其中，既有人们对他们成长轨迹的观察与思考，也有家长对自己子女的期许与警示。有些认识和看法，颇有历史的借鉴意义。

与被称为“寒士”的普通老百姓相比，“世家子弟”在各方面显然具有巨大的优势。首先是有着富裕的生活条件，如康熙时任大学士的张英所说：“仕宦子弟，则乘舆躯肥”，“席丰履厚，田庐仆役，无一不具”①。乾隆时任知县的汪辉祖也说：“席丰履厚，得所凭依；进身之途，治生之策，诸比常人较易。”② 其次是有着良好的教育条件，就像乾隆时做过小官的白云上所说：“生于书香世家，延名师，择良友，父兄饱学，从而提命讲解，子弟资质聪明，又好读书，自然直上云霄，乃顺境也。”③ 最后是有着广泛的人脉关系，父祖辈既然久处官场，自然“谈笑皆鸿儒，往来无白丁”，交往的都是有权有势之人。曾国藩说，“当家门鼎盛之时，炎凉之状不接于目，衣食之谋不萦于怀”④，就是说，不但不必挂念于衣食琐事，也感受不到世

---

* 载《中国党政干部论坛》，2012 年第 5 期。

① 张英：《聪训斋语》。

② 汪辉祖：《双节堂庸训》。

③ 《白公家训》。

④ 曾国藩：《致诸子书》。

态之炎凉，周围所见只是赞誉奉迎，一呼百应。

可是，社会生活的现实，却往往呈现出复杂和矛盾的状态。上面讲到的那些优越条件，如果思虑不周，自制不力，处置不当，倒反而成为“世家子弟”立身处世的障碍与陷阱，使事情走向反面，极不利于他们的健康成长。

对于“世家子弟”来说，富裕的物质生活条件，最大的危险是让他们习于侈靡，耽于逸乐，“任意花销，以豪华为体面；恣情流荡，以沉溺为欢娱”[①]。“鲜衣怒马，恒舞酣歌。一裘之费，动至数百金。一席之费，动至数金。”[②] 日以驾高车、驱驷马、美裘裳、招摇过市、炫耀乡里为时尚。这样做的结果，浪费金钱尚在其次，更主要的是消磨了志气，泯灭了性灵，既不知稼穑之艰难，也不谙世途之险峻，成了一个“民情不知，世事不晓”的蠢人。康熙帝在《庭训格言》中强调，王公大臣子弟“不可过于娇养”，“若小儿过于娇养，不但饮食失节，抑且不耐寒暑之相侵，即长大成人，非愚即痴”。这里所说的“愚”和“痴”，自然也是指对人情世故懵懂无知的意思。

良好的教育条件，如果缺乏主观的刻苦努力，也并不能保证学业精进。郑板桥有一个很有意思的观察和发现，他在给他弟弟的一封信里说：“富贵人家延师傅教子弟，至勤至切，而立学有成者，多出于附从贫贱之家，而己之子弟不与焉。”“我虽微官，吾儿便是富贵子弟，其成其败，吾已置之不论；但得附从佳子弟有成，亦吾所大愿也。”[③] 郑板桥没有分析产生这种现象的原因，只是说从这个现象中可以看出，“富贵足以愚人，而贫贱足以立志而浚慧”[④]。我想，并不是“世家子弟”大都天生愚钝，而是习于安乐之后，难免失去了刻苦治学的精神，“富厚之家，不论子弟资禀，强令读书，丰其衣食，逸其肢体，至壮岁无成，而强者气骄，弱者性懒，更无他业可就，流为废材”[⑤]。

---

① 《左宗棠全集·家书》。

② 张英：《聪训斋语》。

③④ 《潍县寄舍弟第三书》。

⑤ 汪辉祖：《双节堂庸训》。

以人际关系而言，“世家子弟，门第过盛，万目所瞩”，常常成为某些不肖之徒的追逐目标。而这些子弟“人生二十内外，渐远于师保之严，未跻于成人之列”，性情未定，分辨乏术，“脱有一淫朋匪友，阑入其侧，朝夕浸灌，鲜有不为其所移者”。平日里酒食应酬，嬉游征逐，“甚至有争讼外侮，则又有关说救援之事”。“耗精神而荒正业，广言谈而致是非，种种弊端，不可纪极。”[①] 一旦交友不慎，潜移默化，近墨者黑，心志不坚者难免随波逐流，同流合污。

根据“官宦子弟”成才不易的客观现实，人们在同普通“寒士”相比较中，力图总结出一些规律性的认识。如曾国藩就这样说过：“凡世家子弟，衣食起居，无一不与寒士相同，庶可成大器。若沾染富贵习气，则难望有成。”[②] 左宗棠也说：“然子弟欲其成人，总要从寒苦艰难中做起。”[③] 张英则更进一步，认为官家子弟既然修身立名较一般寒士更难，所以只有“谨饬倍于寒士，俭素倍于寒士，谦冲小心倍于寒士，读书勤苦倍于寒士，乐闻规劝倍于寒士”[④]，才能同寒士一样获得成才的机会。

为了打消“世家子弟”安富尊荣、一味躺在祖先树荫下睡大觉的思想，鼓励他们刻苦自律，奋起上进，家长几乎不约而同地对他们进行“祸福相倚”“富贵不常有”的教育，以增强他们的忧患意识。清初学者张履祥说：“人当富足，若于屋舍求其高大，器物求其精巧，饮食求其珍异，衣服求其鲜华，身没之后，即不免饥寒失所，更有不足没身者。盖奢侈固难贻后，盈虚消息，又天道之常，果其力之有余，便当推以予人。”[⑤] 同治时官至大学士的倭仁，在给两个侄子的信中这样说：“吾家世敦朴素，自入仕途，渐习奢侈，衣服器用踵事增华。纵口腹之欲，典当有所弗惜；饰耳目之观，贳取暂图快意。只知体面，罔顾艰难。抑思盛衰循环，富贵岂能长有？一旦事殊势易，家人习奢日久，必不能顿俭，必至失所。失祖宗节俭之

① 张英：《聪训斋语》。

② 《曾文正公家训》。

③ 《千家训》，396 页。

④ 张英：《聪训斋语》。

⑤ 《张杨园训子语》。

风，致子孙饥寒之渐。”对此，他“独居深念，时切隐忧”①。家长反复强调，能否保持富贵门第，关键在于子孙之贤或不肖。“子弟不成人，富贵适以益其恶；子弟能自立，贫贱益以固其节。”子弟不贤，“其家之败也，可立而待”②。曾国藩也讲过类似的话，他在给儿子的信中说：“凡仕宦之家，由俭入奢易，由奢返俭难。尔年尚幼，切不可贪爱奢华，不可惯习懒惰。无论大家小家、士农工商，勤苦俭约，未有不兴；骄奢倦怠，未有不败。”③

针对“官宦子弟”易犯的通病，人们向他们提出了各种警示，其中既倾注了家长的殷切期望，也反映了社会对他们的约束要求。主要内容有：一曰不可“倚势凌人”。恃父祖的势力横行不法，欺凌他人，结果难免身罹法网，追悔莫及，所以要“以宠荣为惊，以盛满为戒”。二曰不可“耽于逸乐，习于奢华”。纨绔成习，放荡成性，必然贪淫败行，无所不为，最后不仅一事无成，而且将潦倒终生。三曰不可长“矜夸之气”。“世家子弟”年幼时被百般呵护，长大后如众星捧月，“小有失检，谁肯出斥其非？微有骄盈，谁肯深规其过？”在“规益之言少入于耳”的情况下，就容易轻狂恣肆，目空一切，自以为高人一等，唯我独尊。俗话说：“谦受益，满招损。”缺乏自知之明，自然也就阻塞了进步的通道。四曰“不涉公庭”。就是不要利用父祖的权势，出入公门，左右词讼，“不可与州县来往，不可送条子”，“凡大员之家，无半字入公庭，乃为得体”。五曰要“仗义疏财”。戒挥霍资产，但并非一味聚敛。“钱财盈丰，千仓万箱，若遇好事不做，遇贫难不施，不过一守财奴耳。”所以对于穷厄之人，“生则赈给，死则埋骨”，其他善举，量力而行。这不仅是冀图福报，更重要的是“驱其苛刻残忍之气，长其忠厚悱恻之情”。

其实，在“官宦子弟”身上产生的种种问题，追根溯源，往往同身居高位的父祖有密切关系。这一点，一些明智的家长也是有清醒的认识的。张英就说过：“但视己无甚刻薄，后人当无悖出之

---

① 《倭文端公遗书》。

② 孙奇逢：《孝友堂家规》。

③ 《千家训》，314页。

患。己无大偏私，后人自无攘夺之患。己无甚贪婪，后人自当无荡尽之患。”① 只要自己不刻薄、不偏私、不贪婪，子孙就不会你争我夺，甚至家产荡尽。关键还是看本人为子孙树立一个什么榜样。汪辉祖讲得就更加明白：“无论居何等地位，一言一动，要想作子孙榜样，自然不致放纵。”家长不放纵，子弟也就“不敢分毫恣纵，自然由幼至长，渐渐恶念少而善念多，可为树德之基”②。

到这里，就逻辑地引出一个更加根本性质的问题，那就是：官宦之家究竟应该拿什么留给后代？我们可以转述几位清代人对这一问题的回答。张履祥说：“盍思为人父母，将以田宅金钱遗子之为爱其子乎？抑以德义遗子之为爱其子乎？不肖之子，遗此田宅，转盼属之他人；遗此多金，适资丧身之具。孰若遗以德义之可以永世不替？”③ 觉罗乌尔通阿说：“多积不义之财，以付不肖子孙，助其骄淫，其败尤速。故曰：‘积金以遗子孙，子孙未必能守；积书以遗子孙，子孙未必能读。不如积阴德以遗子孙，庶几可久。’”④ 曾国藩讲得更加直白，他在给几个弟弟的一封信中说：“予自三十岁以来，即以做官发财为可耻，以宦囊积金遗子孙为可羞可恨，故私心立誓，总不靠做官发财以遗后人。”“盖儿子若贤，则不靠宦囊，亦能自觅衣饭；儿子若不肖，则多积一钱，渠将多造一孽，后来淫佚作恶，必且大玷家声。故立定此志，决不肯以做官发财，决不肯留银钱与后人。”⑤

清人所讲的“德”也好，“义”也好，当然都有特定的时代和阶级的烙印，同我们今天所倡导的社会公德并不完全相同，但毕竟是指一种良好的家风。家庭作为社会的基本细胞，家风如何，在很大程度上会影响社会风气和社会面貌。对于子孙，将精神遗产的传承置于物质遗产的传承之上，强调为子孙树立良好的家风，才是久远之计，根本之图，应该说这是对于“官宦子弟”问题的一付对症良药。

---

① 张英：《聪训斋语》。

② 汪辉祖：《双节堂庸训》。

③ 《杨园先生全集·训子语上》。

④ 觉罗乌尔通阿：《居官日省录》。

⑤ 《千家训》，355 页。

养生与修身的统一*

——清人家训中的“致寿之道”

家训是中华文明中颇具特色的一种形式，以家长对家人及后世子孙在待人接物、修身养性、齐家治国等方面的教诲和训示为主要内容。家训最早产生于西周，经历代发展，至明清达到鼎盛。

家训主要关注的是家庭成员的道德品质、人生追求及精神情操等方面的问题，希望子孙始终保持清白家风以达到家族的福泽绵长。但正如李鸿章在一封家书中所说：“人虽有文章、名誉、金钱，而无强健之身体，亦何所用之？故养生之术，不可不注意也。养生非求不死，求暂时之康健而处安乐之境耳。”①《聪训斋语》也说：“父母之爱子，第一望其康宁，第二冀其成名，第三愿其保家。”子女的康宁是家长关心的头一个重要问题，所以家训中也有不少有关养生的内容。不过家训中所谈的养生，有一个鲜明的特点，就是紧紧同修身相结合，更多地强调精神因素对身体健康的关系。这一点，在清人家训中表现得十分明显。

上面提到的《聪训斋语》，是曾国藩最为推崇的一部家训。他曾讲过，教育子侄，“不在多书”，只要有康熙帝的《庭训格言》和这一本《聪训斋语》就够了，因为此书“句句皆吾肺腑所欲言”②。《聪训斋语》的作者张英，康熙时官至大学士兼礼部尚书，是清代名臣张廷玉的父亲。他在这部书中，用相当篇幅讲了“致寿之道”，有一些道理颇发人深省。

---

* 载《人民日报》，2012年7月5日。

① 《千家训》，419页。

② 《谕纪泽儿》，见《曾国藩全集·家书》。

张英把“致寿之道”归纳为四个字：慈、俭、和、静。“慈”就是要有爱心，要懂得关爱他人，乐于助人，绝不可有害人之心、行损人之事。“人能慈心一物，不为一切害人之事，即一言有损于人，亦不轻发，推之戒杀生以惜物命，慎翦伐以养天和，无论冥报不爽，即胸中一段吉祥恺悌之气，自然灾沴不干，而可以长龄矣。”“俭”就是要戒奢靡，戒挥霍，朴素简约，淡泊自甘。“俭于饮食，可以养脾胃；俭于嗜欲，可以聚精神；俭于言语，可以养气息非；俭于交游，可以择友寡过；俭于酬酢，可以养身息劳；俭于夜坐，可以安神舒体；俭于饮酒，可以清心养德；俭于思处，可以蠲烦去扰。”这些都对健康长寿有益。“和”就是要心情愉悦，襟怀坦荡。“人常和悦，则心气冲而五脏安，昔人所谓养欢喜神。”他在书中引用一位明朝人的话说：“日间办理公事，每晚家居，必寻可喜笑之事，与客纵谈，掀髯大笑，以发舒一日劳顿郁结之气”，认为“此真养生要诀”。他还转述一位年过百岁的农村老人对长寿经验的回答，说“予乡村人无所知，但一生只是喜欢，从不知忧恼”，他认为这一点是“名利中人”很难做到的。“静”就是要一无挂碍，切戒浮躁，从容镇定，宠辱不惊。“凡遇一切劳顿、忧惶、喜乐、恐惧之事，外则顺以应之，此心凝然不动，如澄潭，如古井”，则一切纷扰自然无所施其害。他总结说，“此四者，于养生之理，极为切实”，是比起“服药导引”更加重要的养生要义。①

张英所谈的“慈、俭、和、静”的内容，既是有益身体健康的重要体验，也是涵养性情、培育良好操守的内在要求。在这里，身和心、体和德、形和神，被很好地结合、统一了起来。在此书的另外地方，张英还讲到了养生的具体禁忌，提出“养生六慎”：“养身之道，一在谨嗜欲，一在慎饮食，一在慎忿怒，一在慎寒暑，一在慎思索，一在慎烦劳。有一于此，足以致病，以贻父母之忧，安得不时时谨凛也。”（212 页）这六慎之中，不少也与修身养性有着紧密的联系。

---

① 参见《家训辑览》，208 页。本文以下凡引自此书者，只注页码。

在清人家训中，通过修身以养生，或寓养生于修身的内容，比较集中的有以下几点：

一曰戒贪。康熙帝在《庭训格言》中就强调："俭约不贪，则可以养福，亦可以致寿。"为什么清廉可以致寿、贪黩足以伤身呢？因为贪官污吏为了聚敛财富，不惜损公肥私，弄权枉法，巧取豪夺，残民以逞。他们的所作所为，既破坏了政治的稳定，又加重了百姓的苦难，所以上下交伐，既为朝廷所不容，更为小民所不齿，成为千夫所指的众矢之的。正如有人所形容的："贪则狼藉之声，甚于粪秽；祸害之加，甚于戈戟；防虑之切，甚于盗贼。"[①] 未曾暴露之时，心神不宁，寝食难安，惶惶不可终日。一旦东窗事发，不但自己身败名裂，而且"秽及父母，祸延子孙"。像这样的人，心劳日拙，心力交瘁，自然难望有身心康泰之日了。

二曰戒多欲。这当然并不是主张"尽革人欲"，宣扬把一切饮食男女、衣食住行等人的本性欲求统统视作罪恶渊薮的禁欲主义，而是指不可纵欲，将物欲的追求作为人生的最大目标，沉溺于锦衣玉食，酣梦于纸醉金迷。严复说："勿嗜爽口之食，必节而精；勿从目前之欲，而贻来日之病。卫生之道，如是而已。"[②] 曾国藩说："古以惩忿窒欲为养生要诀，惩忿即吾前信所谓少恼怒也，窒欲即吾前信所谓知节啬也。因好名好胜而用心太过，亦欲之类也。"[③] 曾国藩把欲的内容从物质的层面扩展到精神层面，指出过分热衷于名利的追求，也是"多欲"的一种表现，不利于身心的健康。张英则详细论述了"多求多欲"造成的种种苦恼："多求而不得则苦，多欲而不遂则苦，不循理则行多窒碍而苦，不安命则意多怨望而苦，是以跼天蹐地，行险徼幸，如衣敝絮行荆棘中，安知有康衢坦途之乐？"[④] 他还以饮食起居日常生活为例，来说明过分追求口腹之欲，怎样成为"致寿"之大害。"古人以眠食二者，为养生之要务。脏腑肠胃，

---

① 袁守定：《图民录》。
② 《严复集·与甥女何纫兰书》。
③ 《谕纪泽儿》，见《曾国藩全集·家书》。
④ 张英：《聪训斋语》。

常令宽舒有余地，则真气得以流行，而疾病少。”那些“燔炙熬煎、香甘肥腻之物，最悦口而不宜于肠胃。彼腻易于粘滞，积久则腹痛气塞，寒暑偶侵，则疾作矣”。睡眠也是一样，“安寝乃人生最乐。古人有言：‘不觅仙方觅睡方。’”①，起居有节，眠食有时，自然神清气爽，益寿延年。

三曰戒恼怒。曾国藩立的家规，有所谓“八本之教”，就是八个根本原则，其中之一是“养生以戒恼怒为本”，把“戒恼怒”作为养生的最重要的一个根本原则。他在给儿子的信中说：“既戒恼怒，又知节啬，养生之道，已尽其在我者矣。”并且说：“须活泼泼地，养得一段生机，亦去恼之道也。”② 就是说，自己在精神上充满生机活力，遇到烦恼之事，也就能驱恼制怒，泰然处之了。清初被称为“畿南三才子”之一的申涵光在所写家训中也说：“嗜欲正浓时，能斩断；怒气正盛时，能按纳。此皆学问得力处。”③ 只有做到这一点，才能够淡泊处世，心康体健。如已经有了疾病，就更应该“视恼怒如蝮蛇，去之不可不勇”。曾国藩在《致沅弟》的一封信中说：“弟信中有云肝病已深，痼疾已成，逢人辄怒，遇事辄忧等语”，“此病非药饵所能为力，必须将万事看空，毋恼毋怒，乃可渐渐减轻”④。说“药饵”无能为力，自然失之于绝对，但注重控制情绪，戒绝恼怒，却颇合乎医理。

四曰亲近自然，动静相济。清人家训中十分注意涵养性情对养生的作用，认为一个人“性情不乖戾，不谿刻，不偏狭，不暴躁”“无忤于人，无羡于人，无争于人，无憾于己”，这样就可以“无心意颠倒之病，无取舍转徙之烦”⑤。而亲近自然则是怡性养情的重要途径。还是这个张英，在上述家训中描写了一幅“茅亭草舍”“菜垄瓜畦”的清雅恬静的田园风光：“淡泊而可免饥寒，徒步而不致委顿。良辰美景，而匏樽不空；岁时伏腊，而鸡豚可办；分花乞竹，

---

① 张英：《聪训斋语》。
② 《曾国藩全集·家书》。
③ 申涵光：《荆园小语》。
④ 《曾国藩全集·家书》。
⑤ 张英：《聪训斋语》。

不须多费，而自有雅人深致；疏池结篱，不烦华侈，而皆能天然入画。”① 曾国藩特别赞许说，这部家训，“其中言养生、择友、观玩山水花竹，纯是一片太和生机”，要求他的子侄“宜常常省览”，并且嘱咐他们“以后在家则莳养花竹，出门则饱看山水，环金陵百里内外，可以遍游也”②。曾国藩还强调要“多走路少坐轿”“每日饭后走数千步，是养生家第一秘诀”。这不仅是为了活动筋骨，也是戒骄戒惰的良方。申涵光关于这方面，讲了一段带有总结性的话：“常有小病则慎疾，常亲小劳则身健。恃壮者一病必危，过懒者久闲愈懦。”③ 心境贵静谧，而身体则应该“常亲小劳”，不可“过懒”“久闲”，此中颇有一点辩证思维。

当我们读这些议论的时候，也许可以得到一些超出养生范围的人生感悟。

① 张英：《聪训斋语》。
② 《千家训》，331页。
③ 申涵光：《荆园小语》。

清朝的“白发卿相”现象*

中国古代将官员退休称为“致仕”，又称“休致”“致事”。《礼记·曲礼》云：“大夫七十而致仕。”历代一般以七十为致仕基本年龄。清人梁章钜曾言：“古人以四十为‘强仕’之始，以五十为‘服官政’之年，以七十为‘致仕’之期。”① 人到七十岁，往往精力不济，即应告老退休。清代的致仕制度较有弹性，高级官员年过七十者只要身体条件允许，常常可以继续留任，对于的确精力不支、告老还乡者也给予丰厚的退休待遇。

清朝法律对致仕年龄的规定相对灵活，一面规定“年老有疾、恋职不去而被议者，则勒令休致”，另一面又规定：“年逾七十之教职内有精力尚健、堪以留任者，亦止准展限五年，概行令其休致。”② 在清代退休制度的实际实行中，官员的致仕年龄并非十分绝对，一成不变。乾隆帝曾经讲过这样的话：“人之可用与否，未可专以年齿论。譬如年逾七十而强健者，亦不可铨选乎？未至七十而病惫龙钟者，亦可姑容乎？惟当看其人之可用与否为去取，不当以七十为限。”③ 清代官品不同，致仕年龄也不一样。三品以上官员致仕，由本衙门奏报皇帝批准；三品及以下由各衙门报给吏部，吏部每半个月汇总报给皇帝。一般来说，三品以上高级官员退休年龄弹性较大，三品及以下官员则比较严格地执行七十致仕的原则。官员年届七十，应当主动告休，亦称“乞休”“乞骸骨”。对于高级官员告休，清代帝王常常加以慰留，以此作为笼络和体恤臣子的重要方

---

* 本文与赵晓华合作撰写。

① 梁章钜：《退庵随笔·官常一》。

② 《钦定六部处分则例》卷4。

③ 《清高宗实录》卷235。

式，如同道光皇帝所言："年至则奉身以退耳，谁复出力为国家图庶务者。我朝待大臣恩礼笃至，而不忍轻令解职，大臣苟非隆老有疾，不轻陈请。"① 因此，许多德高望重、功勋卓著或确为国家所需者提出致仕请求，经常被皇帝加以挽留，以示优崇。1724 年（雍正二年），大学士王顼龄以年老请致仕，雍正予以挽留，称其"学识优裕，品行端雅，增重岩廊，年虽耄耋，体素康宁，今力辞禄位，朕弗忍焉"，"盖一日之留，胜千里之睽也"②。再如 1837 年（道光十七年），年已八十的大学士长龄因病奏请开缺，上谕令其"安心调理，不必限以假期"，后长龄因病势难以速痊，再请开缺，道光帝以其"精力素健，若遽准致仕，朕心实有所不忍"③，因此仍未准长龄开缺。有些在馆阁修书修史的学养高深的官员，其学问、阅历随着年龄增长而愈加丰富，更能为国家发挥作用，此类官员也毋庸受年龄限制而致仕。徐元梦于康熙朝任工部尚书兼翰林院掌院学士，乾隆帝即位后，徐元梦逾八旬，屡次以衰老请辞，乾隆帝则称："徐元梦年虽逾八十，未甚衰惫，可量力供职"，仍命其在内廷行走，领诸馆事，结果以八十七岁老死于馆阁。④ 翻阅史料可见，许多官员年满七十仍照常升转，像徐元梦一样卒于任者大有人在。1805 年（嘉庆十年），八十二岁的纪昀以礼部尚书升协办大学士，加太子少保，同年故去。光绪朝重臣李鸿藻，年过七十仍先后任刑部、礼部、吏部尚书，七十八岁时卒于任上。还有臣子年过七十，已经退休，朝廷又复令其出仕者。1897 年（光绪二十三年），七十七岁的晚清著名律学家薛允升因案从刑部尚书被贬为宗人府府丞，次年以病退休，1900 年（光绪二十六年），薛允升复被起用，次年随慈禧从西安返回北京路上病死，时年八十一岁。

清代满汉大臣致仕之后，一般来说待遇十分丰厚。根据《光绪会典》卷 14 记载："满汉大臣年老乞休者，朝廷待以殊礼，或升职

---

① 《清宣宗实录》卷 301。

② 《清世宗实录》卷 21。

③ 《清宣宗实录》卷 301。

④ 参见《清史稿·徐元梦传》。

加衔，或仍给原俸，或命驰驿还乡。其尤宠异者，或赐袍服文绮，或赐御制，或官其子孙，或遣人存问，或令地方利弊仍许具疏陈奏，皆出自特恩。”从物质待遇来看，1649 年（顺治六年）曾规定：凡官员致仕者，“督、抚、布、按、总兵各给园地三十六亩，道员、副将、参将各给园地二十四亩，府、州、县、游、守等官各给园地十八亩”①。以后主要改成食俸制度。食俸分成食全俸、食半俸及不食俸三种情况。1736 年（乾隆元年），定满汉大学士及曾为部院尚书致仕者，俱照其品级给予全俸，在京从户部支领，在外从该省藩司支领，“永著为例”。1738 年（乾隆三年），又定原品休致文武大臣食俸例。除大学士、尚书内原品休致大臣给食全俸外，为了鼓励主动申请退休，对自行奏请后经批准令原品休致者，也给食全俸。经京察自行奏请及准令原品休致者，由相关部门查明，可给食半俸。若是部议致仕人员，则不能给食俸禄。一些有功之臣致仕，朝廷还常有额外赏赐。1728 年（雍正六年），文华殿大学士兼吏部尚书田从典告休，即被加太子太师，赐帑银五千两，允其升一等侍卫致仕。在政治待遇方面，退职之后存品加衔者不在少数。如 1684 年（康熙二十三年），刑部左侍郎宋文运以病乞休，命加太子少保致仕。1726 年（雍正四年），礼部左侍郎郝林以老疾乞休，也命加尚书衔致仕。另外，退休还可荫子补官。清代规定：“原品解任食俸者准荫。”② 1665 年（康熙四年），都统刘之源乞休，不仅以原衔加太子太保致仕，其子副都统刘光还代为都统。此外，对于高级官员，还会礼送还乡，定期慰问。1733 年（雍正十一年），年逾八旬的大学士陈元龙告老还乡，起程之日，皇帝赏给酒膳果品，并命六部满汉堂官饯送，沿途官弁迎送尽礼。有些备受皇帝信任和宠爱的高级官员，退休时可以同时获得以上这些礼遇，可谓极尽恩荣，风光一时。1758 年（乾隆二十三年），大学士陈世倌告休时，不仅加太子太傅，乾隆还赋诗一章，“以宠其行”，又颁赏筵宴，令部院堂官前往饯行，赐帑金五千两作为路费，驰驿回籍，仍按原品在家食俸，起程时由在京官员

① 《清朝文献通考·田赋五》。

② 《钦定吏部验封司则例》卷 3。

祖送，归途所过地方，地方官在20里以内者送迎，返归故里之后，巡、抚两司还要时加存问，上谕还宽慰其称："俟家居一二年，自行酌量，精力尚健，仍可来京供职。"①

虽然清代对于退休大臣予以相应的礼遇，但是由于退休年龄执行不够严格，加上在职与退休毕竟待遇悬殊，因此，与历代社会一样，到龄不主动告休、恋职不去者在清代依然是官场一种普遍现象。道光初年，大学士伯麟年逾七旬，因患腿疾，步履艰难，见了皇帝不能下跪，即使这样还不想告休，而是请求放其外任。此举令道光帝大怒，他指责伯麟"胆大荒谬，莫此为甚"，如果感觉精力就衰，即应引疾求退，伯麟"只知总督之养尊处优，而不知任大责重"②，此种恋栈之心绝不能再作姑容，伯麟因此被以原品休致。为了防止贪恋禄位、恋职不退的现象，有清历代也从制度上做了些努力。根据清代京察制度中的"六法"处分原则，若被定为"年老、有疾者"要勒令休致。另外，结合定期考课，相关官员要由皇帝或吏部等主管部门验看，决定退休与否。1757年（乾隆二十二年），定部院属官五十五岁以上，堂官详加甄别。1768年（乾隆三十三年），改定京察二、三等留任各官，六十五岁以上引见。1798年（嘉庆三年），命京察二、三等官引见，以年逾七十为限。乾隆四十八年，皇帝召见并不常见的三品官、詹事兴桂，发现其年力已衰，因此降旨令其原品休致。此后，为防衰庸者恋栈不退，定除四品以下京堂特派王大臣验看外，三品京堂也由吏部一体带领引见。虽然律例规定綦严，但是在具体的考课中，"长官往往博宽大之名，每届京察，只黜退数人，虚应故事，余概优容"，部员冗滥及老龄化，从康、雍时已然形成。雍正时期，汪景祺、查嗣庭等指称部员壅滞，甚至有"十年不调、白首为郎"③。为了赖在官位上不退休，隐瞒年龄岁数，竟成官场风气，有人曾感慨："三十年来，士大夫履历，例减年华，甚至减

---

① 《清高宗实录》卷557。

② 《清宣宗实录》卷37。

③ 《清史稿·选举志六》。

至十余年，即同人宴会，亦无以真年告人者。”①

恋栈不休者太多，极易导致人才选拔受阻，加速吏治日趋腐败。乾隆帝再三强调，白发卿相与恋职不去者是有根本差别的：“我朝待大臣恩礼笃至，而不忍轻令解职，大臣苟非隆老有疾，不轻陈请，恐不知者反议其贪位恋职，而谓国家不能优老，全其令名，是不可以不辨。”在他看来，士大夫当为国事尽心竭力，不能因有致仕之期而对公务漠视偷安。致仕是不得已才为之，绝非“仕人之盛节。为人臣者，断不可存此心”，“年至则奉身以退耳，谁复出力为国家图庶务者，此所系于国体、官方、人心、世道者甚大”②。但是，对老臣的过度优崇往往致使官僚队伍老龄化，年富力强的人才缺乏脱颖而出的政治土壤。与乾隆对致仕年龄颇为不屑的态度相比，嘉庆帝则指出，作为臣子应当知道“自权进退”：“古人七十致仕，虽平素才猷卓越者，精力就衰即不肯贻诮素餐，况才具本中平，年齿既迈，仍居高位，其职守所在，悉属旷瘝，而贤路转因而阻塞。”③ 然而，退休年龄执行不严格，到龄不退甚至不退反升者比比皆是，很容易引起官员之间的观望攀比心理，能够从大局出发、主动进退者实属寥寥。总体来看，清代致仕制度能够强化国家的行政职能，鼓励和督促臣僚恪尽职守，在一定程度上维护和改善君臣之间的关系，但是，久仕不退与恋职不去的双重历史现象说明，君权的过度干预，削弱了制度本身应该发挥的作用，这既不利于吏治的清明和整肃，也不利于文官队伍的新陈代谢。

---

① 王士禛：《池北偶谈》卷2，《官常》。

② 《清高宗实录》卷307。

③ 《清仁宗实录》卷274。

一个朝代的终结和一个时代的终结*

1912年2月12日，以清朝隆裕太后用懿旨名义代表六岁的宣统皇帝发布“退位诏书”为标志，存在了268年的清王朝正式宣告结束。皇冠落地，君权陨灭。这对于有着数千年封建君主专制统治历史的中国社会来说，不能不说是一件惊天动地的大事变。

一百年前清王朝的被推翻，不仅是一个朝代的终结，而且也是一个历史时代的终结。与以往历次改朝换代相比，清王朝的覆灭包含了更加丰富、更加深刻的社会内容。党的十五大把辛亥革命推翻清王朝称作20世纪中国人民在前进道路上经历的第一次历史性巨大变化，作为这种变化的重要标志，就是在思想观念和政治制度的一些方面，宣告了旧轨的结束和新路的开启。

这主要体现在以下四个方面。

首先也是最明显的一点，当然是延续了几千年的封建君主专制制度的终结。这方面大家谈得已经很多，这里只需简单的提一下。在过去，从“王侯将相宁有种乎”到“彼可取而代也”，推翻旧王朝的胜利者依然登上皇帝的宝座，君主专制统治依旧，不过是天下易姓而已。清王朝的灭亡则不同，它不仅仅是赶跑了一个皇帝，而且彻底埋葬了君主专制制度，把过去被认为至高无上、神圣不可侵犯的专制、独裁政治，宣布为罪恶的、黑暗的、“不是平等自由的国民所堪受的”，人们公开声称“敢有帝制自为者，天下共击之!”与此同时，还把过去被认为是卑贱的、可以任意生杀予夺的“愚民”“草民”视作国家的主人，在法律条文上正式写上了国家主权“属于国民全体”的内容。这是对以往政治是非的根本颠倒，对后来的政治

* 载《清史参考》，2012年第4期。

产生的影响十分巨大、十分深远。辛亥革命以后，任何形式的反动专制统治都无例外地以失败告终，追根溯源，不能不说同这种政治观念的变革有着密切的关联。因此，清朝灭亡后，政权虽然落到了袁世凯手里，人民革命的政治成果却并没有完全丧失，它不仅铲除了中国封建势力最顽固的堡垒，宣告了封建君主专制统治时代的结束，同时也促进了人们民主意识的极大提高，迈出了从专制向民主转化的重要一步，为中国的政治现代化开创了一个新的阶段。

其次是冲破了对国家和朝廷不加区分、经常把忠君和爱国混淆在一起的思想牢笼，结束了在封建专制统治秩序的体制范围之内寻求救国出路的局面，使爱国主义精神得到了一个新的升华。爱国主义历来是中华民族战胜艰难险阻、推动发展进步的巨大精神力量。但是，长期以来，由于人们分不清国家和朝廷的区别，经常在忠君和爱国之间画上等号。因此，人们在民族危机严重、寻求应变方案时，往往局限在封建体制范围之内，不能突破现成统治秩序的藩篱。太平天国时期，拿起武器的农民虽然公开申明以推翻清朝统治为己任，但他们思想上并不能摆脱皇权主义的束缚，自己建立的“新朝”也还是封建王朝的翻版。戊戌变法时期，梁启超虽然明确提到爱国“必自辨朝廷与国家之区别始”，但自己在很长时间也仍然以“保皇”为职志。只有到了辛亥革命时期，人们才鲜明地提出，要救国，首先要推翻已经成为“洋人的朝廷”的清王朝，打倒把天下当作一己私产的独裁君主，这才是真正的爱国！正是从辛亥革命以后，才公开宣告了以革命手段推翻反动统治的正义性和合法性，也才使爱国主义上升到了一个新的历史阶段。辛亥时期的爱国主义，有着鲜明的时代特色：一是把爱国主义与民族独立要求相结合，以“造成独立自由之国家”为己任；二是把爱国主义与民主主义相结合，为建立共和政治而奋斗不息；三是把爱国主义同国家统一相结合，指出只有国家“统一独立”，才有国家的“兴盛”；只有建立统一的国家，才能“达革新之目的”，使“国家蒙共和之福”。这就把近代的爱国主义提升到了一个崭新的水平。

再次，晚清以来，人们对未来社会的追求，一直以资本主义为目标，只是到清王朝覆亡之后，人们才在中国发展道路上作了重新抉择，选择了社会主义。自鸦片战争到辛亥革命，各个阶级，各种社会阶层，各派政治力量，曾经提出各种各样的救国方案。这些方案之间存在着很大的差异，但有一点是共同的，那就是，除少数例外，它们的学习对象，主要是西方资产阶级的文明；它们所追求的，主要是发展资本主义的经济和文化；它们所设计的道路，不管意识到还是没有意识到，归根结底，跳不出资产阶级共和国的圈子。这不仅是合乎逻辑的，而且也是顺乎时代发展潮流的。因为在那个时候，资本主义的经济、政治和文化，在世界上还处于最先进的地位。发展资本主义，还是中国社会在前进道路上首先要跨出的步伐。但是，正如邓小平同志所说："历史上有人想在中国搞资本主义，总是行不通。"① 包括辛亥革命在内的一次次失败，促使人们重新思考这个问题，得出了"中国搞现代化，只能靠社会主义，不能靠资本主义"② 的历史结论。这个认识上的飞跃，使中国历史在发展方向上产生了根本的变化。

最后也是最重要的一点，是以清王朝的覆亡为标志，中华民族在发展趋向上基本结束了不断沉沦的状态，开始了逐步上升的势头。清朝嘉道以后，开始衰落；鸦片战争以后，民族危机日益深重，甚至到了亡国灭种的边缘。这中间，中国人民从未停止过抗击外来侵略和反对腐朽统治的斗争，也取得过一定的成效。毛泽东同志说过，研究历史，"不仅要研究胜利的历史，也还要研究失败的历史"③。晚清时期，一次次挽救民族危亡的斗争都在中外反动势力的镇压下悲惨地失败了，但这些斗争都留下了历史的印迹，做出了自己的历史贡献。不过从总体上说，所有的斗争都没有能够根本遏制住国家民族不断沉沦的趋势。清朝灭亡以后，情况有了重大的变化。清亡后十年，中国共产党诞生。在中国共产党的领导下，通过难以想象的艰难困苦而又波澜壮阔的人民大革命，在 20 世纪 40 年代取得了中国历史上反抗外来侵略的民族战争的第一次彻底胜利，随后又取

①② 《邓小平文选》，1 版，第 3 卷，229 页。

③ 1961 年 6 月 21 日会见日本共产党中央政治局委员志贺义雄一行的谈话。

得了新民主主义革命的伟大胜利，实现了民族独立和人民解放。中华人民共和国成立后，建立了人民当家做主的政权和社会主义制度，使中国人民站了起来。改革开放后，又在中国特色社会主义的道路上昂首阔步地胜利行进，取得了中华民族伟大复兴的巨大成就。

如果把中华民族从沉沦到复兴的历史过程画成一条曲线，那么，清王朝的覆亡正处于这条曲线的转折点上。从这个视角去观察清王朝的覆亡，也许我们能够更清晰地看清这一历史事变的意义。

清朝统治者的自救努力为何未能挽救灭亡*

晚清时期，面对着内忧外患，政权风雨飘摇、朝不虑夕的危急局面，清朝统治者当然不会无动于衷，束手待毙。他们采取了两手并用的应急措施：一手是开动全部国家机器，对威胁统治权力的敌手全力镇压；另一手是在可能范围内实施某些政治、经济变革，力图以此加强统治力量，化解政治危机。这种情况，最明显的发生在19世纪50、60年代和20世纪的最初十年。

前面一手，当然是对太平天国农民战争和对资产阶级革命运动的镇压，这个众所周知，不必多说。在镇压太平天国时，在外敌不过是“肢体之患”“肘腋之忧”而造反的农民则是“心腹之害”的思想指导下，不惜向刚刚占领过京师、给予清王朝沉重打击的外国侵略军求助，实行“借师助剿”，联合镇压。这充分暴露了清王朝的政治本质。

另外一手，则主要表现在咸同年间的洋务运动和清末最后十年的新政与预备立宪上。

洋务运动和新政、预备立宪，取得了一定的积极成果，这是不应该忽视和否定的。洋务运动时期，建工厂，修铁路，开矿山，行轮船，在中国首次引入了机器生产；开同文馆，派留学生，传播了西方先进的科学文化。所有这些，可以说迈开了中国社会走向近代化的第一步。新政和预备立宪，把学习西方从器物层面伸展到制度层面，一定程度上推进了走向近代化的步伐。这些都应该实事求是地加以肯定。

但是，社会实践对这些活动做了最好的评判。洋务运动最后以

* 载《清史参考》，2012年第5期。

失败而告终；新政和预备立宪，在革命风暴的冲击下，半途夭折，同清王朝一起成了历史的过眼烟云。

为什么清朝统治者的这些自救努力，终究没有能挽救他们的灭亡命运呢？在我看来，这些活动存在着三个致命的弱点：一个叫作“表不治本”，一个叫作“缓不济急”，一个叫作“势不可为”。

先说“表不治本”。洋务运动的指导思想和基本原则是“中体西用”，就是说，封建君主专制制度这个本体是不可动摇的，西方的“坚船利炮”等物质文明则可以拿来应用。新政和预备立宪虽然提出某些政治方面的革新，但出发点和归宿依然是“大清皇帝统治大清帝国，万世一系，永永尊戴”“君上神圣尊严，不可侵犯”①。在封建主义统治秩序的基础上嫁接一些资本主义的因素，这就使它陷入不可调和的矛盾之中。梁启超批评洋务运动是“不变本原，而变枝叶；不变全体，而变一端”②，谭嗣同的批评是“不务本而欲齐其末”③，康有为则指出洋务运动是“根本不净，百事皆非”④。这里所说的“本”“本原”“根本”，指的就是封建君主专制主义这个“命根子”，不跳出这个藩篱，就不免“百事皆非”，其他一切都是空中楼阁，不可能取得实际效果。其实这一点，洋务运动的挂帅人物李鸿章也是心知肚明的。他在一次私人谈话中，就坦率承认：“我办了一辈子的事，练兵也，海军也，都是纸糊的老虎……不过勉强涂饰，虚有其表，不揭破犹可敷衍一时。如一间破屋，由裱糊匠东补西贴，居然成一净室，虽明知为纸片糊裱，然究竟决不定里面是何等材料，即有小小风雨，打成几个窟窿，随时补葺，亦可支吾对付。”但碰到大风大雨，“自然真相败露，不可收拾”⑤。

再说“缓不济急”。洋务运动虽然只是枝节的改革，但在顽固势力看来，已经有“用夷变夏”的危险，所以竭力阻挠和反对。因此洋务运动只能步履维艰，蹒跚前行。仅仅一个修铁路问题，就整整

① 《钦定宪法大纲》。
② 梁启超：《戊戌政变记》卷5。
③ 谭嗣同：《记官绅集议保卫局事》。
④ 康有为：《上清帝第四书》。
⑤ 吴永口述：《庚子西狩丛谈》，107页。

争论了十年。预备立宪时，清廷迫于形势，不得不接过“立宪”的旗帜，但定计之初，就明确说明“至于实行之期，原可宽立年限”，这句话透露了问题的本质。“立宪”本来是个无可奈何的选择，不举这个旗帜，政权危在旦夕；接过这个旗帜，至少可以苟延敷衍一时，所以重点正在“预备”二字。“预备”也者，就是并不打算马上兑现之意，至于什么时候实施，不妨推到遥远的将来。整个预备立宪的过程如此磨磨蹭蹭，一波三折，其实倒是早就确定的方针。这不仅使革命派进一步看清清廷预备立宪之虚伪，也使主张实行君主立宪的立宪派大失所望，使许多立宪派转到共和革命的立场上去。革命形势一触即发，而清廷却企图用这种拖延战术来应付，正所谓“急惊风碰上慢郎中”，其失败也就是不可避免的了。

最后说“势不可为”。是指从当时的客观形势看，控制着中国这个半殖民地的帝国主义列强，绝不允许在这里实行真正意义上的资本主义改革。列强为了最大限度地攫取自己的利益，必然要按照自己的面貌去改造殖民地半殖民地。在这个过程中，不可避免会向这些国家和地区传播某些资本主义的文明，把一些资本主义的生产方式、管理制度、科学技术引到殖民地半殖民地。毫无疑问，这一点在客观上对这些地区的发展会产生一定的积极影响。有些人竭力夸大这一点，宣称殖民主义、帝国主义的侵略带来了西方的文明，没有西方文明中国就不能进步；西方殖民主义势力冲击了中国封建的“超稳定系统”，不但有利于西方资本主义经济文化向世界体系扩展，而且从根本上改变了东方历史的发展过程，“成为东方民族赶上现代文明的唯一现实良机”。这样的说法，就把主次颠倒了，把本质、非本质的东西颠倒了。因为殖民主义侵略、统治这些国家和地区，主要是为了从这些国家和地区攫取政治特权和经济利益，进行残酷的掠夺和剥削，绝不允许这些国家和地区走向现代化。正像马克思在谈到英国入侵印度的影响时指出的，尽管不列颠带给印度蒸汽机和科学，但“英国资产阶级看来将被迫在印度实行的一切，既不会给人民群众带来自由，也不会根本改善他们的社会状况，因为这两者都不仅仅决定于生产力的发展，而且还决定于生产力是否归人民所有”①。中国的情况也是这样。帝国主义列强侵入中国的目的，绝不是要把封建的中国变成资本主义的中国，相反，帝国主义勾结中国封建势力压迫中国资本主义的发展，才是中国近代历史的本质真实。

所以，对洋务运动和清末新政、预备立宪的历史作用，应该给予实事求是的肯定，但如果认为这就是中国现代化的发展方向，甚至认为如果不是辛亥革命的“破坏”和“捣乱”，只要耐心等待清王朝进行有秩序的改革，中国早就实现现代化了，这样的设想，自然远离于历史实际，即使不是偏见，至少也是过于天真了。

总之，清朝统治者曾经做了许多努力，以图挽救王朝的覆亡。这些努力也产生了一些积极的作用，但主客观条件决定了这些努力无法抗拒历史大潮的冲击，“无可奈何花落去”，最后终于没有能避免灭亡的命运。正是在这个意义上，我们讲清王朝的覆灭有着历史的必然性。

---

① 马克思：《不列颠在印度统治的未来结果》。

清王朝与“兴亡周期律”*

1945年黄炎培同毛泽东在延安窑洞里谈到的“兴亡周期律”，是大家所熟知的。清王朝同其他历朝历代一样，当然没有也无法“跳出这周期律的支配力”。想当年，满洲初兴之时，朝气蓬勃，英勇善战，凭着强劲的民族精神和正确的政治、军事方略，迅速地一统天下，真所谓“其兴也勃焉”。那时的统治阶级，“聚精会神，没有一事不用心，没有一人不卖力”，努力去克服各种“艰难困苦”，确立了自己的统治地位。在建立了全国政权之后，继续实行了一系列基本符合社会发展要求的政策，保持了一百多年的社会稳定和繁荣。

然而，正如黄炎培先生所说，“因为历时长久，自然地惰性发作”，封建统治的各种弊端日益显露，有“政怠患成”的，有“人亡政息”的，有“求荣取辱”的，总之，吏治愈来愈败坏，“由少数演为多数，到风气养成，虽有大力，无法扭转，并且无法补救”，最后免不了“其亡也忽焉”的命运。

怎样看待清王朝这个国家政治权力对社会发展的作用？政治发展是以经济发展为基础的。政权作为一种上层建筑，当然建立在一定的经济基础之上。清代在鸦片战争之前，是一个独立的以封建制度为基础的社会，它的上层建筑包括占统治地位的政治、法律观念以及适合于这些观念的制度，当然要反映、维护、巩固封建制度的利益和要求。对这个问题，我们曾经有过某种简单化的认知，认为既然封建制度是黑暗的、落后的，那么作为这个经济基础的上层建筑的清王朝自然也是彻底反动和罪恶的。半个世纪前，周恩来总理对这个问题发表了不同的看法，指出：“封建制度是坏的，但统治阶

---

* 载《清史参考》，2012年第6期。

级中也不是一无好人，尽管他们对人民的同情是有局限性的，但是那时的人民对这些人还是歌颂的。”① 历史上的统治阶级中也有一些比较进步的人物，“封建王朝里边也有一些有进步作用的东西，有的帝王也做过促进历史发展的事情，我们也不能采取非历史主义的观点一律抹杀”②。他甚至称赞“康熙懂得天文、地理、数学，很有学问”。同时也指出，“中国当时封建经济的统治比较稳固，工商业不发达，康熙只致力于发展封建文化”，没有能像同时代的俄国彼得大帝一样汲取西欧的经验，推动工商业和科技的发展。③ 这些话，今天读来也许不会感到那么强烈的新奇和震撼，但在那个流行“打破王朝体系”和打倒一切帝王将相的年代，不能不说起着振聋发聩的作用。

实际上，国家权力对于社会、经济发展的作用，大体有三种情况：一是国家权力沿着社会、经济发展方向起作用，这时国家权力从主要方面就表现为一种积极的推动力量；二是国家权力逆着社会、经济发展方向起作用，那时就会阻碍历史的发展，甚至引起经济和政治秩序的崩溃；第三种情况是国家权力设法改变原有的发展方向，而推动它沿着另一种方向走，但结果不是回归到第一种，就是回归到第二种。有清一代，这三种不同的情况几乎都曾发生过。清代前中期，经过长期战乱，国家要求统一，社会要求稳定，经济要求发展，清王朝实行了一系列有利于这些的方针、政策，取得了政治的安定、经济的进步和文化的繁荣，正是这样，才迎来了所谓的“康乾盛世”。到了清代的中晚期，社会矛盾逐渐激化，后来民族矛盾更上升为主要矛盾，政治动荡，民生凋敝，面对这样的局势，清王朝无力应对，因循敷衍，营私腐败，残民以逞，丧权辱国，这时的政权便成了社会前进的障碍。这中间，清王朝通过洋务运动和清末新政，也曾想某种程度地改变封建政治、经济的发展方向，纳入部分资本主义的因素，但这个时候的中国社会，已经是半殖民地半封建

① 《周恩来选集》下卷，197 页。
② 《周恩来文化文选》，795 页。
③ 参见《周恩来选集》下卷，320 页。

社会，相应的这个政权，也是一个半殖民地半封建的政权，它根本无力解决民族独立及维护国家主权这个根本问题，也就必然失去了解决其他各种社会矛盾的基本前提，最后仍然回到第二种状态，成为革命势力和人民群众不得不加以推翻的对象。

清王朝为什么无法跳出“兴亡周期律”呢？根本原因是由封建君主专制制度所决定的。毛泽东同志在讲到中国共产党已经找到“能跳出这周期律”的“新路”时，强调的是“这条新路，就是民主”，“只有让人民来监督政府，政府才不敢松懈。只有人人起来负责，才不会人亡政息”。“民主”同“君主专制”正好是冰炭不容的两极。在君主专制政体下，皇帝是主宰一切的绝对权威，臣僚百官对百姓固然可以作威作福，对君上也只是仰其鼻息的奴才，哪里容得了“人民来监督政府”？郭成康同志对这一点有着颇为独到的见解。他在论述康、雍、乾“盛世光环掩盖下的隐患”时，特别强调“皇权的过度膨胀”，认为这是“康乾盛世的最大隐患”，“这个隐患的逐渐暴露，恐怕对康雍乾时代国势转衰更有其直接的促进作用”[①]。他从乾隆中期以后迅速蔓延的政治腐败、事关国家与民族命运的决策的严重失误和中华民族人才消磨和思想窒息三个方面，具体分析了一个不仅没有人民监督甚至没有任何制约的独断权力，怎样不可避免地不断削弱自己的统治基础，最后导致这个政权分崩离析，众叛亲离，自取灭亡。

拿反对官员贪黩腐败来说，封建帝王并不是不知道反腐肃贪是事关政权存亡的头等大事。康熙帝就曾在上谕中多次强调“官以清廉为本”“治天下以惩贪奖廉为要”[②]。他在亲撰的《廉静论》中强调说：“自为吏者有贪私之实，而后重廉洁之名，故尤以廉为贵。”“吏苟廉矣，则奉法以利民，不枉法以侵民；守官以勤民，不败官以残民。民安而吏称其职也，吏称其职，而天下治矣，故吏尤以廉为贵也。”[③] 他甚至说过：“别项人犯，尚可宽恕，贪官之罪，断

① 郭成康：《康乾盛世历史报告》，64页。

② 《康熙政要》卷15。

③ 《康熙政要》卷13。

不可宽。”① 从康熙到乾隆，皇帝对查出的大臣贪污案件的处理也确实不可谓不严。可是，客观现实却是惩贪愈严，贪风愈炽。原因何在呢？原因在于，仅仅靠官德的提倡难以抵挡巨大物质利益的诱惑，事发后严刑峻法的惩处也不能完全打消贪官心存侥幸的妄念。要从根本上解决这个问题，还得有赖于对权力有着严密制度化的、多种形式的、有广泛群众参与的有效监督，而这一点，在封建专制政治下自然是无法做到的。

胡锦涛同志在庆祝中国共产党成立 90 周年大会上的讲话中强调："要坚持国家一切权力属于人民，健全民主制度，丰富民主形式，拓宽民主渠道，保证人民依法实行民主选举、民主决策、民主管理、民主监督。”“不断推进社会主义民主政治制度化、规范化、程序化，进一步把我国社会主义政治制度的优越性发挥出来，为党和国家兴旺发达、长治久安提供更加完善的制度保障。”认真地、不折不扣地贯彻落实这些政治理念，就是我们能够跳出“兴亡周期律”的根本保证。

① 《康熙政要》卷 15。

清朝历史地位的总体评价*

清王朝自1644年建立全国政权，至1912年在辛亥革命的急风暴雨冲击下宣告陨灭，统治中国达268年之久，是我国历史上封建君主专制主义的最后一个王朝。

从清朝覆亡一直到中华人民共和国成立之初，将近半个世纪的时间，全社会当然也包括学术界，对清朝历史地位的总体评价是不高的。指责、批判、否定的比较多，而肯定其积极作用的则甚少。整个清朝的历史常常被全盘否定，一笔骂倒，描写成一团漆黑。有的学术著作认为整个清王朝的统治破坏了社会生产力，阻滞了社会经济的前进，摧残了中华文明，推迟了中国历史的发展进程，甚至造成了历史的大倒退。这种认识之所以一时成为社会的流行观念，有极其复杂的原因，大体说来，可以从以下四个方面加以思考：

一是清朝建立之初，一些人受“华夷之辨”传统观念的影响，把改朝换代看作“国破家亡”，新王朝统治的合法性在一个相当长的时间里受到质疑。再加上满洲贵族在统一中国的过程中，确实实行了残酷野蛮的屠杀政策，大大地激化了民族矛盾，给后人留下了一个挥之不去的残暴历史形象。

二是清代不管经历了何等历史的辉煌，但无论如何，中国在世界的地位，从先进到落后的深刻转变与巨大落差，确实是在清朝这个历史时期发生和实现的。特别是到了晚清，我们的国家和民族，在殖民主义的侵略压迫下，沦落到了亡国灭种的边缘。这段屈辱的历史理所当然地给中国人民造成了难以忘怀的伤痛。

---

* 本文节选自《论清史研究与清史纂修的良性互动》，载《明清论丛》，第10辑，略有改动。

三是在推翻清王朝的辛亥革命时期，革命派为了动员群众，宣传革命，集中力量对清廷的腐朽黑暗的统治进行了无情的揭露。这种揭露，正如周恩来总理所说，在当时是有其历史合理性的："清末，鼓动革命的文章，例如邹容写的《革命军》，现在读起来还会感到痛快淋漓。当时人们把满族说得坏些，这是可以理解的。可是，今天就不能再那样看待满族了。"① 这是因为，革命宣传毕竟不是也不能替代对整个清代历史的科学评价。

四是中华人民共和国成立之初的一段时期内，因为在运用唯物史观方面存在着简单化、绝对化的毛病，所以曾经出现了"打破王朝体系"、打倒"帝王将相"等错误口号，在这种"左"的思想的影响下，对清朝历史的一味贬低和否定，也就不足为奇了。

对清朝历史地位的这种否定性评价，必然会大大影响清史研究的发展，制约着人们对清代历史做出实事求是的认识和判断。

长期以来，我们的学术前辈在清史这个研究领域，筚路蓝缕，潜心钻研，对清代历史的各个方面殚精竭虑，抉微探幽，为正确揭示清代历史的真实面貌做出了巨大的努力与贡献。但是，受到对清代历史地位否定性评价的影响，在相当一个时期内，史学界专攻清史研究的学者数量极少，研究状况自然也相对沉寂。要对清代历史进行客观、全面的认识，促进清史研究的发展与繁荣，还需要经过一个艰难的、突破传统观念束缚的过程。

1958年，毛泽东同志在一次讲话中提到，"把纣王、秦始皇、曹操看作坏人是完全错误的"②，不久以后，郭沫若在《人民日报》上发表了《替曹操翻案》的文章，给予了一向被人们认为是"旷世奸雄"的曹操以积极的评价，肯定曹操对当时的人民、对民族的发展和文化的发展的巨大贡献。这些都为对清朝历史地位的重新评价做了重要的铺垫。

1961年可以说是对清朝历史地位总体评价发生根本性转变的一年，值得我们加以特别的关注。这一年，就清史研究而言，发生了

---

① 《周恩来统一战线文选》，336页。

② 《毛泽东著作文集》，第7卷，439页。

两件十分重要的事情。

一件事情是1961年6月10日，周恩来总理在接见溥仪、嵯峨浩、溥杰等人时，对清代历史讲了一段非常重要的话。他说："清朝所做的坏事，历史已经做了结论，用不着多提，做的好事是应该讲一下的。"① "清朝是中国最后一个王朝，它……也做了几件好事：第一件，把中国许多兄弟民族联在一起，把中国的版图确定下来了，九百多万平方公里。第二件，清朝为了要长期统治，减低了田赋，使农民能够休养生息，增加了人口，发展到四万万人，给现在的六亿五千万人口打下了基础。第三件，清朝同时采用满文和汉文，使两种文化逐渐融合接近，促进了中国文化的发展。清朝在确定版图、增加人口、发展文化这三方面做了好事。"② 他还强调指出："封建制度是坏的，但统治阶级中也不是一无好人，尽管他们对人民的同情是有局限性的，但是那时的人民对这些人还是歌颂的。"③ 他甚至旗帜鲜明地称赞"康熙懂得天文、地理、数学，很有学问"④。在另外的场合，周恩来总理还讲过这样的话："过去统治中国的是满族中的统治阶级，而不是满族整个民族。即使谈到满族统治阶级，他们在历史上的作用，有坏的一面，也有好的一面。"⑤ "封建王朝里边也有一些有进步作用的东西，有的帝王也做过促进历史发展的事情，我们也不能采取非历史主义的观点一律抹煞。"⑥ 这些话，根本扭转了对清代历史在总体评价上一味贬低、否定的基调，在当时来说，不仅让人耳目一新，而且起了振聋发聩的作用，体现了周恩来的创新精神和理论勇气，也充分反映了他尊重历史的实事求是学风。

另一件值得一提的事，是在1961年第3期的《历史研究》上，发表了马克思主义史学家刘大年的《论康熙》一文。在这篇文章里，刘大年同志运用历史唯物主义观点，分析了康熙帝所处的时代及他一生的作为，强调指出："在国内，康熙统治期间，中国形成了一个

---

①② 《周恩来选集》下卷，320页。

③ 同上书，197页。

④ 同上书，320页。

⑤ 《周恩来统一战线文选》，336页。

⑥ 《周恩来文化文选》，795页。

疆域辽阔，民族众多，相当坚强统一的封建国家；封建的经济文化在这个条件下，发展到了一个新的顶点。”“对国外，康熙统治期间，中国成为一个繁盛的国家屹立于亚洲东部，这使正在把触角伸向中国的西方早期殖民势力受到遏制，并且对于亚洲邻近国家抵制西方侵略势力也有其影响。”因此他得出结论说：康熙在封建帝王里是一个杰出的、了不起的人物。当然，康熙也自有其消极、保守甚至反动的一面。对于《论康熙》这篇文章，戴逸同志做了这样的学术评价：“在我心目中，《论康熙》是新中国成立以来第一篇用马克思列宁主义来分析研究清代前期历史的重要文章，是一篇经典之作。它详细地阐述了康熙一生的经历，一生的贡献，肯定了康熙，随之肯定了清朝前期的历史地位，纠正了长期以来对清朝历史的片面观点。新中国成立初期，研究清朝前期历史的人很少，一般都是古代史、秦汉史，郭沫若等几位大家都是研究秦汉以前的历史；而且清朝前期的历史常常是被全盘否定。由于辛亥革命高举反满的旗帜，凡清朝政府所做的事，凡清朝的官、皇帝，都不行。当时那种环境对康熙、乾隆的评价都不怎么好，大家一提到清政府就是腐败的代名词，是无能的代名词。清朝历史一片骂倒。那时大家强调中国是一个汉人世界。大年同志这篇文章是新中国成立以来学术界第一个提出真正不同的看法的，是真正用马克思主义的观点来分析清朝的功过是非，写得非常精彩，意义重大。当然他也讲了清朝的缺点、问题，但他比较公正地评价了清朝的历史。”①

对清代历史地位的重新认识，对清朝历史总体评价的重大变化，迅速地推动了清史研究的发展和进步。表现在：研究视野和研究领域的极大拓展，对一些重要历史问题认识的不断深化，对许多历史现象的评析更加客观公正，对清代历史资料的大规模发掘和整理，对清代历史发展规律性的理性思考，以及一批通史性或综合性著作的面世，等等。从这里可以看出，历史的宏观研究和微观研究，绝不是相互排斥、相互矛盾的关系，而是相辅相成、相得益彰。

---

① 《刘大年传》，320～321页。